W0317001

Zugang zur Online-Datenbank:

stotax-portal.de/registrieren

Bitte folgenden Registrierungscode im Eingabefeld „Registrierungscode“ eingeben

24C4S37CED

und durch einen Klick auf „Weiter“ bestätigen. Nach erfolgter Registrierung erhalten Sie für die Aktivierung Ihrer persönlichen Zugangsdaten eine E-Mail.

Stollfuß Medien GmbH & Co. KG

Lohnsteuer – Allgemeiner Tarif

JAHR

Lohnsteuer

Diese **Lohnsteuer-Tabelle** ist für Arbeitnehmer anzuwenden, die in der gesetzlichen Rentenversicherung pflichtversichert sind. Ziel des Lohnsteuerabzugs ist es, für den im Kalenderjahr bezogenen Arbeitslohn die zutreffende Jahreslohnsteuer als endgültige Steuerschuld des Arbeitnehmers einzubehalten. Dementsprechend wird in dieser Tabelle in der Spalte „**Lohn/Gehalt**" der heranzuziehende **Jahresarbeitslohn** ausgewiesen.

Bei Arbeitnehmern, die privat kranken- und pflegeversichert sind, ist vor Anwendung der Tabelle eine Nebenrechnung durchzuführen.

Ab 80 400,– € ist wegen der Ermittlung der Vorsorgepauschale zwischen West und Ost zu unterscheiden.

In den Erläuterungen und im Anhang zur Tabelle finden Sie nähere Informationen hierzu.

Solidaritätszuschlag

Neben der Lohnsteuer ist auch der Solidaritätszuschlag ausgewiesen.

In den Erläuterungen zur Tabelle finden Sie nähere Informationen hierzu.

Kirchensteuer

Diese Tabelle enthält die für alle Bundesländer maßgebenden Steuersätze von **8 %** und **9 %**.

8 % = Baden-Württemberg, Bayern

9 % = Berlin, Brandenburg, Bremen, Hamburg, Hessen, Mecklenburg-Vorpommern, Niedersachsen, Nordrhein-Westfalen, Rheinland-Pfalz, Saarland, Sachsen, Sachsen-Anhalt, Schleswig-Holstein, Thüringen

In den Erläuterungen zur Tabelle finden Sie nähere Informationen hierzu.

Lohn/Gehalt bis €*	Steuerklassen I – VI	LSt	SolZ	8%	9%
		ohne Kinderfreibeträge			
35,99	I,IV	–	–	–	–
	II	–	–	–	–
	III	–	–	–	–
	V	–	–	–	–
	VI	3	–	0,24	0,27
71,99	I,IV	–	–	–	–
	II	–	–	–	–
	III	–	–	–	–
	V	–	–	–	–
	VI	7	–	0,56	0,63
107,99	I,IV	–	–	–	–
	II	–	–	–	–
	III	–	–	–	–
	V	–	–	–	–
	VI	11	–	0,88	0,99
143,99	I,IV	–	–	–	–
	II	–	–	–	–
	III	–	–	–	–
	V	–	–	–	–
	VI	15	–	1,20	1,35
179,99	I,IV	–	–	–	–
	II	–	–	–	–
	III	–	–	–	–
	V	–	–	–	–
	VI	20	–	1,60	1,80
215,99	I,IV	–	–	–	–
	II	–	–	–	–
	III	–	–	–	–
	V	–	–	–	–
	VI	24	–	1,92	2,16
251,99	I,IV	–	–	–	–
	II	–	–	–	–
	III	–	–	–	–
	V	–	–	–	–
	VI	28	–	2,24	2,52
287,99	I,IV	–	–	–	–
	II	–	–	–	–
	III	–	–	–	–
	V	–	–	–	–
	VI	32	–	2,56	2,88
323,99	I,IV	–	–	–	–
	II	–	–	–	–
	III	–	–	–	–
	V	–	–	–	–
	VI	36	–	2,88	3,24
359,99	I,IV	–	–	–	–
	II	–	–	–	–
	III	–	–	–	–
	V	–	–	–	–
	VI	40	–	3,20	3,60
395,99	I,IV	–	–	–	–
	II	–	–	–	–
	III	–	–	–	–
	V	–	–	–	–
	VI	44	–	3,52	3,96
431,99	I,IV	–	–	–	–
	II	–	–	–	–
	III	–	–	–	–
	V	–	–	–	–
	VI	48	–	3,84	4,32
467,99	I,IV	–	–	–	–
	II	–	–	–	–
	III	–	–	–	–
	V	–	–	–	–
	VI	52	–	4,16	4,68
503,99	I,IV	–	–	–	–
	II	–	–	–	–
	III	–	–	–	–
	V	–	–	–	–
	VI	56	–	4,48	5,04
539,99	I,IV	–	–	–	–
	II	–	–	–	–
	III	–	–	–	–
	V	–	–	–	–
	VI	60	–	4,80	5,40
575,99	I,IV	–	–	–	–
	II	–	–	–	–
	III	–	–	–	–
	V	–	–	–	–
	VI	64	–	5,12	5,76
611,99	I,IV	–	–	–	–
	II	–	–	–	–
	III	–	–	–	–
	V	–	–	–	–
	VI	68	–	5,44	6,12
647,99	I,IV	–	–	–	–
	II	–	–	–	–
	III	–	–	–	–
	V	–	–	–	–
	VI	72	–	5,76	6,48
683,99	I,IV	–	–	–	–
	II	–	–	–	–
	III	–	–	–	–
	V	–	–	–	–
	VI	76	–	6,08	6,84
719,99	I,IV	–	–	–	–
	II	–	–	–	–
	III	–	–	–	–
	V	–	–	–	–
	VI	80	–	6,40	7,20
755,99	I,IV	–	–	–	–
	II	–	–	–	–
	III	–	–	–	–
	V	–	–	–	–
	VI	84	–	6,72	7,56
791,99	I,IV	–	–	–	–
	II	–	–	–	–
	III	–	–	–	–
	V	–	–	–	–
	VI	88	–	7,04	7,92
827,99	I,IV	–	–	–	–
	II	–	–	–	–
	III	–	–	–	–
	V	–	–	–	–
	VI	92	–	7,36	8,28
863,99	I,IV	–	–	–	–
	II	–	–	–	–
	III	–	–	–	–
	V	–	–	–	–
	VI	96	–	7,68	8,64
899,99	I,IV	–	–	–	–
	II	–	–	–	–
	III	–	–	–	–
	V	–	–	–	–
	VI	100	–	8,–	9,–
935,99	I,IV	–	–	–	–
	II	–	–	–	–
	III	–	–	–	–
	V	–	–	–	–
	VI	104	–	8,32	9,36
971,99	I,IV	–	–	–	–
	II	–	–	–	–
	III	–	–	–	–
	V	–	–	–	–
	VI	108	–	8,64	9,72
1 007,99	I,IV	–	–	–	–
	II	–	–	–	–
	III	–	–	–	–
	V	–	–	–	–
	VI	112	–	8,96	10,08
1 043,99	I,IV	–	–	–	–
	II	–	–	–	–
	III	–	–	–	–
	V	–	–	–	–
	VI	117	–	9,36	10,53
1 079,99	I,IV	–	–	–	–
	II	–	–	–	–
	III	–	–	–	–
	V	–	–	–	–
	VI	121	–	9,68	10,89
1 115,99	I,IV	–	–	–	–
	II	–	–	–	–
	III	–	–	–	–
	V	–	–	–	–
	VI	125	–	10,–	11,25
1 151,99	I,IV	–	–	–	–
	II	–	–	–	–
	III	–	–	–	–
	V	–	–	–	–
	VI	129	–	10,32	11,61
1 187,99	I,IV	–	–	–	–
	II	–	–	–	–
	III	–	–	–	–
	V	–	–	–	–
	VI	133	–	10,64	11,97
1 223,99	I,IV	–	–	–	–
	II	–	–	–	–
	III	–	–	–	–
	V	–	–	–	–
	VI	137	–	10,96	12,33
1 259,99	I,IV	–	–	–	–
	II	–	–	–	–
	III	–	–	–	–
	V	–	–	–	–
	VI	141	–	11,28	12,69
1 295,99	I,IV	–	–	–	–
	II	–	–	–	–
	III	–	–	–	–
	V	–	–	–	–
	VI	145	–	11,60	13,05
1 331,99	I,IV	–	–	–	–
	II	–	–	–	–
	III	–	–	–	–
	V	4	–	0,32	0,36
	VI	149	–	11,92	13,41
1 367,99	I,IV	–	–	–	–
	II	–	–	–	–
	III	–	–	–	–
	V	8	–	0,64	0,72
	VI	153	–	12,24	13,77
1 403,99	I,IV	–	–	–	–
	II	–	–	–	–
	III	–	–	–	–
	V	12	–	0,96	1,08
	VI	157	–	12,56	14,13
1 439,99	I,IV	–	–	–	–
	II	–	–	–	–
	III	–	–	–	–
	V	16	–	1,28	1,44
	VI	161	–	12,88	14,49
1 475,99	I,IV	–	–	–	–
	II	–	–	–	–
	III	–	–	–	–
	V	20	–	1,60	1,80
	VI	165	–	13,20	14,85
1 511,99	I,IV	–	–	–	–
	II	–	–	–	–
	III	–	–	–	–
	V	24	–	1,92	2,16
	VI	169	–	13,52	15,21
1 547,99	I,IV	–	–	–	–
	II	–	–	–	–
	III	–	–	–	–
	V	28	–	2,24	2,52
	VI	173	–	13,84	15,57
1 583,99	I,IV	–	–	–	–
	II	–	–	–	–
	III	–	–	–	–
	V	32	–	2,56	2,88
	VI	177	–	14,16	15,93
1 619,99	I,IV	–	–	–	–
	II	–	–	–	–
	III	–	–	–	–
	V	36	–	2,88	3,24
	VI	181	–	14,48	16,29
1 655,99	I,IV	–	–	–	–
	II	–	–	–	–
	III	–	–	–	–
	V	40	–	3,20	3,60
	VI	185	–	14,80	16,65
1 691,99	I,IV	–	–	–	–
	II	–	–	–	–
	III	–	–	–	–
	V	44	–	3,52	3,96
	VI	189	–	15,12	17,01
1 727,99	I,IV	–	–	–	–
	II	–	–	–	–
	III	–	–	–	–
	V	48	–	3,84	4,32
	VI	193	–	15,44	17,37

Lohnsteuer, Solidaritätszuschlag und Kirchensteuer in den Steuerklassen

* Die ausgewiesenen Tabellenwerte sind amtlich. Siehe Erläuterungen auf der Umschlaginnenseite (U2).

Lohn/ Gehalt bis €*	Lohnsteuer, Solidaritätszuschlag und Kirchensteuer in den Steuerklassen I – VI	LSt	SolZ	ohne Kinderfreibeträge 8%	9%
1 763,99	I,IV	—	—	—	—
	II	—	—	—	—
	III	—	—	—	—
	V	52	—	4,16	4,68
	VI	197	—	15,76	17,73
1 799,99	I,IV	—	—	—	—
	II	—	—	—	—
	III	—	—	—	—
	V	56	—	4,48	5,04
	VI	201	—	16,08	18,09
1 835,99	I,IV	—	—	—	—
	II	—	—	—	—
	III	—	—	—	—
	V	60	—	4,80	5,40
	VI	205	—	16,40	18,45
1 871,99	I,IV	—	—	—	—
	II	—	—	—	—
	III	—	—	—	—
	V	64	—	5,12	5,76
	VI	210	—	16,80	18,90
1 907,99	I,IV	—	—	—	—
	II	—	—	—	—
	III	—	—	—	—
	V	69	—	5,52	6,21
	VI	214	—	17,12	19,26
1 943,99	I,IV	—	—	—	—
	II	—	—	—	—
	III	—	—	—	—
	V	72	—	5,76	6,48
	VI	217	—	17,36	19,53
1 979,99	I,IV	—	—	—	—
	II	—	—	—	—
	III	—	—	—	—
	V	77	—	6,16	6,93
	VI	222	—	17,76	19,98
2 015,99	I,IV	—	—	—	—
	II	—	—	—	—
	III	—	—	—	—
	V	81	—	6,48	7,29
	VI	226	—	18,08	20,34
2 051,99	I,IV	—	—	—	—
	II	—	—	—	—
	III	—	—	—	—
	V	85	—	6,80	7,65
	VI	230	—	18,40	20,70
2 087,99	I,IV	—	—	—	—
	II	—	—	—	—
	III	—	—	—	—
	V	89	—	7,12	8,01
	VI	234	—	18,72	21,06
2 123,99	I,IV	—	—	—	—
	II	—	—	—	—
	III	—	—	—	—
	V	93	—	7,44	8,37
	VI	238	—	19,04	21,42
2 159,99	I,IV	—	—	—	—
	II	—	—	—	—
	III	—	—	—	—
	V	97	—	7,76	8,73
	VI	242	—	19,36	21,78
2 195,99	I,IV	—	—	—	—
	II	—	—	—	—
	III	—	—	—	—
	V	101	—	8,08	9,09
	VI	246	—	19,68	22,14
2 231,99	I,IV	—	—	—	—
	II	—	—	—	—
	III	—	—	—	—
	V	105	—	8,40	9,45
	VI	250	—	20,—	22,50
2 267,99	I,IV	—	—	—	—
	II	—	—	—	—
	III	—	—	—	—
	V	109	—	8,72	9,81
	VI	254	—	20,32	22,86
2 303,99	I,IV	—	—	—	—
	II	—	—	—	—
	III	—	—	—	—
	V	113	—	9,04	10,17
	VI	258	—	20,64	23,22

Lohn/ Gehalt bis €*	Lohnsteuer, Solidaritätszuschlag und Kirchensteuer in den Steuerklassen I – VI	LSt	SolZ	ohne Kinderfreibeträge 8%	9%
2 339,99	I,IV	—	—	—	—
	II	—	—	—	—
	III	—	—	—	—
	V	117	—	9,36	10,53
	VI	262	—	20,96	23,58
2 375,99	I,IV	—	—	—	—
	II	—	—	—	—
	III	—	—	—	—
	V	121	—	9,68	10,89
	VI	266	—	21,28	23,94
2 411,99	I,IV	—	—	—	—
	II	—	—	—	—
	III	—	—	—	—
	V	125	—	10,—	11,25
	VI	270	—	21,60	24,30
2 447,99	I,IV	—	—	—	—
	II	—	—	—	—
	III	—	—	—	—
	V	129	—	10,32	11,61
	VI	274	—	21,92	24,66
2 483,99	I,IV	—	—	—	—
	II	—	—	—	—
	III	—	—	—	—
	V	133	—	10,64	11,97
	VI	278	—	22,24	25,02
2 519,99	I,IV	—	—	—	—
	II	—	—	—	—
	III	—	—	—	—
	V	137	—	10,96	12,33
	VI	282	—	22,56	25,38
2 555,99	I,IV	—	—	—	—
	II	—	—	—	—
	III	—	—	—	—
	V	141	—	11,28	12,69
	VI	286	—	22,88	25,74
2 591,99	I,IV	—	—	—	—
	II	—	—	—	—
	III	—	—	—	—
	V	145	—	11,60	13,05
	VI	290	—	23,20	26,10
2 627,99	I,IV	—	—	—	—
	II	—	—	—	—
	III	—	—	—	—
	V	149	—	11,92	13,41
	VI	294	—	23,52	26,46
2 663,99	I,IV	—	—	—	—
	II	—	—	—	—
	III	—	—	—	—
	V	153	—	12,24	13,77
	VI	298	—	23,84	26,82
2 699,99	I,IV	—	—	—	—
	II	—	—	—	—
	III	—	—	—	—
	V	157	—	12,56	14,13
	VI	302	—	24,16	27,18
2 735,99	I,IV	—	—	—	—
	II	—	—	—	—
	III	—	—	—	—
	V	161	—	12,88	14,49
	VI	306	—	24,48	27,54
2 771,99	I,IV	—	—	—	—
	II	—	—	—	—
	III	—	—	—	—
	V	165	—	13,20	14,85
	VI	310	—	24,80	27,90
2 807,99	I,IV	—	—	—	—
	II	—	—	—	—
	III	—	—	—	—
	V	169	—	13,52	15,21
	VI	315	—	25,20	28,35
2 843,99	I,IV	—	—	—	—
	II	—	—	—	—
	III	—	—	—	—
	V	174	—	13,92	15,66
	VI	319	—	25,52	28,71
2 879,99	I,IV	—	—	—	—
	II	—	—	—	—
	III	—	—	—	—
	V	178	—	14,24	16,02
	VI	323	—	25,84	29,07

Lohn/ Gehalt bis €*	Lohnsteuer, Solidaritätszuschlag und Kirchensteuer in den Steuerklassen I – VI	LSt	SolZ	ohne Kinderfreibeträge 8%	9%
2 915,99	I,IV	—	—	—	—
	II	—	—	—	—
	III	—	—	—	—
	V	182	—	14,56	16,38
	VI	327	—	26,16	29,43
2 951,99	I,IV	—	—	—	—
	II	—	—	—	—
	III	—	—	—	—
	V	186	—	14,88	16,74
	VI	331	—	26,48	29,79
2 987,99	I,IV	—	—	—	—
	II	—	—	—	—
	III	—	—	—	—
	V	190	—	15,20	17,10
	VI	335	—	26,80	30,15
3 023,99	I,IV	—	—	—	—
	II	—	—	—	—
	III	—	—	—	—
	V	194	—	15,52	17,46
	VI	339	—	27,12	30,51
3 059,99	I,IV	—	—	—	—
	II	—	—	—	—
	III	—	—	—	—
	V	198	—	15,84	17,82
	VI	343	—	27,44	30,87
3 095,99	I,IV	—	—	—	—
	II	—	—	—	—
	III	—	—	—	—
	V	202	—	16,16	18,18
	VI	347	—	27,76	31,23
3 131,99	I,IV	—	—	—	—
	II	—	—	—	—
	III	—	—	—	—
	V	206	—	16,48	18,54
	VI	351	—	28,08	31,59
3 167,99	I,IV	—	—	—	—
	II	—	—	—	—
	III	—	—	—	—
	V	210	—	16,80	18,90
	VI	355	—	28,40	31,95
3 203,99	I,IV	—	—	—	—
	II	—	—	—	—
	III	—	—	—	—
	V	214	—	17,12	19,26
	VI	359	—	28,72	32,31
3 239,99	I,IV	—	—	—	—
	II	—	—	—	—
	III	—	—	—	—
	V	218	—	17,44	19,62
	VI	363	—	29,04	32,67
3 275,99	I,IV	—	—	—	—
	II	—	—	—	—
	III	—	—	—	—
	V	222	—	17,76	19,98
	VI	367	—	29,36	33,03
3 311,99	I,IV	—	—	—	—
	II	—	—	—	—
	III	—	—	—	—
	V	226	—	18,08	20,34
	VI	371	—	29,68	33,39
3 347,99	I,IV	—	—	—	—
	II	—	—	—	—
	III	—	—	—	—
	V	230	—	18,40	20,70
	VI	375	—	30,—	33,75
3 383,99	I,IV	—	—	—	—
	II	—	—	—	—
	III	—	—	—	—
	V	234	—	18,72	21,06
	VI	379	—	30,32	34,11
3 419,99	I,IV	—	—	—	—
	II	—	—	—	—
	III	—	—	—	—
	V	238	—	19,04	21,42
	VI	383	—	30,64	34,47
3 455,99	I,IV	—	—	—	—
	II	—	—	—	—
	III	—	—	—	—
	V	242	—	19,36	21,78
	VI	387	—	30,96	34,83

* Die ausgewiesenen Tabellenwerte sind amtlich. Siehe Erläuterungen auf der Umschlaginnenseite (U2).

JAHR 3 456,–*

Lohn/Gehalt bis €*	Steuerklasse	LSt	SolZ	8%	9%
		Lohnsteuer, Solidaritätszuschlag und Kirchensteuer in den Steuerklassen I – VI	ohne Kinderfreibeträge		
3 491,99	I,IV	–	–	–	–
	II	–	–	–	–
	III	–	–	–	–
	V	246	–	19,68	22,14
	VI	391	–	31,28	35,19
3 527,99	I,IV	–	–	–	–
	II	–	–	–	–
	III	–	–	–	–
	V	250	–	20,–	22,50
	VI	395	–	31,60	35,55
3 563,99	I,IV	–	–	–	–
	II	–	–	–	–
	III	–	–	–	–
	V	254	–	20,32	22,86
	VI	399	–	31,92	35,91
3 599,99	I,IV	–	–	–	–
	II	–	–	–	–
	III	–	–	–	–
	V	258	–	20,64	23,22
	VI	403	–	32,24	36,27
3 635,99	I,IV	–	–	–	–
	II	–	–	–	–
	III	–	–	–	–
	V	262	–	20,96	23,58
	VI	407	–	32,56	36,63
3 671,99	I,IV	–	–	–	–
	II	–	–	–	–
	III	–	–	–	–
	V	266	–	21,28	23,94
	VI	412	–	32,96	37,08
3 707,99	I,IV	–	–	–	–
	II	–	–	–	–
	III	–	–	–	–
	V	271	–	21,68	24,39
	VI	416	–	33,28	37,44
3 743,99	I,IV	–	–	–	–
	II	–	–	–	–
	III	–	–	–	–
	V	275	–	22,–	24,75
	VI	420	–	33,60	37,80
3 779,99	I,IV	–	–	–	–
	II	–	–	–	–
	III	–	–	–	–
	V	279	–	22,32	25,11
	VI	424	–	33,92	38,16
3 815,99	I,IV	–	–	–	–
	II	–	–	–	–
	III	–	–	–	–
	V	283	–	22,64	25,47
	VI	428	–	34,24	38,52
3 851,99	I,IV	–	–	–	–
	II	–	–	–	–
	III	–	–	–	–
	V	287	–	22,96	25,83
	VI	432	–	34,56	38,88
3 887,99	I,IV	–	–	–	–
	II	–	–	–	–
	III	–	–	–	–
	V	291	–	23,28	26,19
	VI	436	–	34,88	39,24
3 923,99	I,IV	–	–	–	–
	II	–	–	–	–
	III	–	–	–	–
	V	295	–	23,60	26,55
	VI	440	–	35,20	39,60
3 959,99	I,IV	–	–	–	–
	II	–	–	–	–
	III	–	–	–	–
	V	299	–	23,92	26,91
	VI	444	–	35,52	39,96
3 995,99	I,IV	–	–	–	–
	II	–	–	–	–
	III	–	–	–	–
	V	303	–	24,24	27,27
	VI	448	–	35,84	40,32
4 031,99	I,IV	–	–	–	–
	II	–	–	–	–
	III	–	–	–	–
	V	307	–	24,56	27,63
	VI	452	–	36,16	40,68
4 067,99	I,IV	–	–	–	–
	II	–	–	–	–
	III	–	–	–	–
	V	311	–	24,88	27,99
	VI	456	–	36,48	41,04
4 103,99	I,IV	–	–	–	–
	II	–	–	–	–
	III	–	–	–	–
	V	315	–	25,20	28,35
	VI	460	–	36,80	41,40
4 139,99	I,IV	–	–	–	–
	II	–	–	–	–
	III	–	–	–	–
	V	319	–	25,52	28,71
	VI	464	–	37,12	41,76
4 175,99	I,IV	–	–	–	–
	II	–	–	–	–
	III	–	–	–	–
	V	323	–	25,84	29,07
	VI	468	–	37,44	42,12
4 211,99	I,IV	–	–	–	–
	II	–	–	–	–
	III	–	–	–	–
	V	327	–	26,16	29,43
	VI	472	–	37,76	42,48
4 247,99	I,IV	–	–	–	–
	II	–	–	–	–
	III	–	–	–	–
	V	331	–	26,48	29,79
	VI	476	–	38,08	42,84
4 283,99	I,IV	–	–	–	–
	II	–	–	–	–
	III	–	–	–	–
	V	335	–	26,80	30,15
	VI	480	–	38,40	43,20
4 319,99	I,IV	–	–	–	–
	II	–	–	–	–
	III	–	–	–	–
	V	339	–	27,12	30,51
	VI	484	–	38,72	43,56
4 355,99	I,IV	–	–	–	–
	II	–	–	–	–
	III	–	–	–	–
	V	343	–	27,44	30,87
	VI	488	–	39,04	43,92
4 391,99	I,IV	–	–	–	–
	II	–	–	–	–
	III	–	–	–	–
	V	347	–	27,76	31,23
	VI	492	–	39,36	44,28
4 427,99	I,IV	–	–	–	–
	II	–	–	–	–
	III	–	–	–	–
	V	351	–	28,08	31,59
	VI	496	–	39,68	44,64
4 463,99	I,IV	–	–	–	–
	II	–	–	–	–
	III	–	–	–	–
	V	355	–	28,40	31,95
	VI	500	–	40,–	45,–
4 499,99	I,IV	–	–	–	–
	II	–	–	–	–
	III	–	–	–	–
	V	359	–	28,72	32,31
	VI	504	–	40,32	45,36
4 535,99	I,IV	–	–	–	–
	II	–	–	–	–
	III	–	–	–	–
	V	364	–	29,12	32,76
	VI	509	–	40,72	45,81
4 571,99	I,IV	–	–	–	–
	II	–	–	–	–
	III	–	–	–	–
	V	368	–	29,44	33,12
	VI	513	–	41,04	46,17
4 607,99	I,IV	–	–	–	–
	II	–	–	–	–
	III	–	–	–	–
	V	372	–	29,76	33,48
	VI	517	–	41,36	46,53
4 643,99	I,IV	–	–	–	–
	II	–	–	–	–
	III	–	–	–	–
	V	376	–	30,08	33,84
	VI	521	–	41,68	46,89
4 679,99	I,IV	–	–	–	–
	II	–	–	–	–
	III	–	–	–	–
	V	380	–	30,40	34,20
	VI	525	–	42,–	47,25
4 715,99	I,IV	–	–	–	–
	II	–	–	–	–
	III	–	–	–	–
	V	384	–	30,72	34,56
	VI	529	–	42,32	47,61
4 751,99	I,IV	–	–	–	–
	II	–	–	–	–
	III	–	–	–	–
	V	388	–	31,04	34,92
	VI	533	–	42,64	47,97
4 787,99	I,IV	–	–	–	–
	II	–	–	–	–
	III	–	–	–	–
	V	392	–	31,36	35,28
	VI	537	–	42,96	48,33
4 823,99	I,IV	–	–	–	–
	II	–	–	–	–
	III	–	–	–	–
	V	396	–	31,68	35,64
	VI	541	–	43,28	48,69
4 859,99	I,IV	–	–	–	–
	II	–	–	–	–
	III	–	–	–	–
	V	400	–	32,–	36,–
	VI	545	–	43,60	49,05
4 895,99	I,IV	–	–	–	–
	II	–	–	–	–
	III	–	–	–	–
	V	404	–	32,32	36,36
	VI	549	–	43,92	49,41
4 931,99	I,IV	–	–	–	–
	II	–	–	–	–
	III	–	–	–	–
	V	408	–	32,64	36,72
	VI	553	–	44,24	49,77
4 967,99	I,IV	–	–	–	–
	II	–	–	–	–
	III	–	–	–	–
	V	412	–	32,96	37,08
	VI	557	–	44,56	50,13
5 003,99	I,IV	–	–	–	–
	II	–	–	–	–
	III	–	–	–	–
	V	416	–	33,28	37,44
	VI	561	–	44,88	50,49
5 039,99	I,IV	–	–	–	–
	II	–	–	–	–
	III	–	–	–	–
	V	420	–	33,60	37,80
	VI	565	–	45,20	50,85
5 075,99	I,IV	–	–	–	–
	II	–	–	–	–
	III	–	–	–	–
	V	424	–	33,92	38,16
	VI	569	–	45,52	51,21
5 111,99	I,IV	–	–	–	–
	II	–	–	–	–
	III	–	–	–	–
	V	428	–	34,24	38,52
	VI	573	–	45,84	51,57
5 147,99	I,IV	–	–	–	–
	II	–	–	–	–
	III	–	–	–	–
	V	432	–	34,56	38,88
	VI	577	–	46,16	51,93
5 183,99	I,IV	–	–	–	–
	II	–	–	–	–
	III	–	–	–	–
	V	436	–	34,88	39,24
	VI	581	–	46,48	52,29

* Die ausgewiesenen Tabellenwerte sind amtlich. Siehe Erläuterungen auf der Umschlaginnenseite (U2).

Lohn/Gehalt bis €*	Steuerklasse	LSt	SolZ	8%	9%
5 219,99	I,IV	—	—	—	—
	II	—	—	—	—
	III	—	—	—	—
	V	440	—	35,20	39,60
	VI	585	—	46,80	52,65
5 255,99	I,IV	—	—	—	—
	II	—	—	—	—
	III	—	—	—	—
	V	444	—	35,52	39,96
	VI	589	—	47,12	53,01
5 291,99	I,IV	—	—	—	—
	II	—	—	—	—
	III	—	—	—	—
	V	448	—	35,84	40,32
	VI	593	—	47,44	53,37
5 327,99	I,IV	—	—	—	—
	II	—	—	—	—
	III	—	—	—	—
	V	452	—	36,16	40,68
	VI	597	—	47,76	53,73
5 363,99	I,IV	—	—	—	—
	II	—	—	—	—
	III	—	—	—	—
	V	456	—	36,48	41,04
	VI	602	—	48,16	54,18
5 399,99	I,IV	—	—	—	—
	II	—	—	—	—
	III	—	—	—	—
	V	461	—	36,88	41,49
	VI	606	—	48,48	54,54
5 435,99	I,IV	—	—	—	—
	II	—	—	—	—
	III	—	—	—	—
	V	465	—	37,20	41,85
	VI	610	—	48,80	54,90
5 471,99	I,IV	—	—	—	—
	II	—	—	—	—
	III	—	—	—	—
	V	469	—	37,52	42,21
	VI	614	—	49,12	55,26
5 507,99	I,IV	—	—	—	—
	II	—	—	—	—
	III	—	—	—	—
	V	473	—	37,84	42,57
	VI	618	—	49,44	55,62
5 543,99	I,IV	—	—	—	—
	II	—	—	—	—
	III	—	—	—	—
	V	477	—	38,16	42,93
	VI	622	—	49,76	55,98
5 579,99	I,IV	—	—	—	—
	II	—	—	—	—
	III	—	—	—	—
	V	481	—	38,48	43,29
	VI	626	—	50,08	56,34
5 615,99	I,IV	—	—	—	—
	II	—	—	—	—
	III	—	—	—	—
	V	485	—	38,80	43,65
	VI	630	—	50,40	56,70
5 651,99	I,IV	—	—	—	—
	II	—	—	—	—
	III	—	—	—	—
	V	489	—	39,12	44,01
	VI	634	—	50,72	57,06
5 687,99	I,IV	—	—	—	—
	II	—	—	—	—
	III	—	—	—	—
	V	493	—	39,44	44,37
	VI	638	—	51,04	57,42
5 723,99	I,IV	—	—	—	—
	II	—	—	—	—
	III	—	—	—	—
	V	497	—	39,76	44,73
	VI	642	—	51,36	57,78
5 759,99	I,IV	—	—	—	—
	II	—	—	—	—
	III	—	—	—	—
	V	501	—	40,08	45,09
	VI	646	—	51,68	58,14

Lohn/Gehalt bis €*	Steuerklasse	LSt	SolZ	8%	9%
5 795,99	I,IV	—	—	—	—
	II	—	—	—	—
	III	—	—	—	—
	V	505	—	40,40	45,45
	VI	650	—	52,—	58,50
5 831,99	I,IV	—	—	—	—
	II	—	—	—	—
	III	—	—	—	—
	V	509	—	40,72	45,81
	VI	654	—	52,32	58,86
5 867,99	I,IV	—	—	—	—
	II	—	—	—	—
	III	—	—	—	—
	V	513	—	41,04	46,17
	VI	658	—	52,64	59,22
5 903,99	I,IV	—	—	—	—
	II	—	—	—	—
	III	—	—	—	—
	V	517	—	41,36	46,53
	VI	662	—	52,96	59,58
5 939,99	I,IV	—	—	—	—
	II	—	—	—	—
	III	—	—	—	—
	V	521	—	41,68	46,89
	VI	666	—	53,28	59,94
5 975,99	I,IV	—	—	—	—
	II	—	—	—	—
	III	—	—	—	—
	V	525	—	42,—	47,25
	VI	670	—	53,60	60,30
6 011,99	I,IV	—	—	—	—
	II	—	—	—	—
	III	—	—	—	—
	V	529	—	42,32	47,61
	VI	674	—	53,92	60,66
6 047,99	I,IV	—	—	—	—
	II	—	—	—	—
	III	—	—	—	—
	V	533	—	42,64	47,97
	VI	678	—	54,24	61,02
6 083,99	I,IV	—	—	—	—
	II	—	—	—	—
	III	—	—	—	—
	V	537	—	42,96	48,33
	VI	682	—	54,56	61,38
6 119,99	I,IV	—	—	—	—
	II	—	—	—	—
	III	—	—	—	—
	V	541	—	43,28	48,69
	VI	686	—	54,88	61,74
6 155,99	I,IV	—	—	—	—
	II	—	—	—	—
	III	—	—	—	—
	V	545	—	43,60	49,05
	VI	690	—	55,20	62,10
6 191,99	I,IV	—	—	—	—
	II	—	—	—	—
	III	—	—	—	—
	V	549	—	43,92	49,41
	VI	694	—	55,52	62,46
6 227,99	I,IV	—	—	—	—
	II	—	—	—	—
	III	—	—	—	—
	V	553	—	44,24	49,77
	VI	699	—	55,92	62,91
6 263,99	I,IV	—	—	—	—
	II	—	—	—	—
	III	—	—	—	—
	V	557	—	44,56	50,13
	VI	702	—	56,16	63,18
6 299,99	I,IV	—	—	—	—
	II	—	—	—	—
	III	—	—	—	—
	V	561	—	44,88	50,49
	VI	707	—	56,56	63,63
6 335,99	I,IV	—	—	—	—
	II	—	—	—	—
	III	—	—	—	—
	V	566	—	45,28	50,94
	VI	711	—	56,88	63,99

Lohn/Gehalt bis €*	Steuerklasse	LSt	SolZ	8%	9%
6 371,99	I,IV	—	—	—	—
	II	—	—	—	—
	III	—	—	—	—
	V	570	—	45,60	51,30
	VI	715	—	57,20	64,35
6 407,99	I,IV	—	—	—	—
	II	—	—	—	—
	III	—	—	—	—
	V	574	—	45,92	51,66
	VI	719	—	57,52	64,71
6 443,99	I,IV	—	—	—	—
	II	—	—	—	—
	III	—	—	—	—
	V	578	—	46,24	52,02
	VI	723	—	57,84	65,07
6 479,99	I,IV	—	—	—	—
	II	—	—	—	—
	III	—	—	—	—
	V	582	—	46,56	52,38
	VI	727	—	58,16	65,43
6 515,99	I,IV	—	—	—	—
	II	—	—	—	—
	III	—	—	—	—
	V	586	—	46,88	52,74
	VI	731	—	58,48	65,79
6 551,99	I,IV	—	—	—	—
	II	—	—	—	—
	III	—	—	—	—
	V	590	—	47,20	53,10
	VI	735	—	58,80	66,15
6 587,99	I,IV	—	—	—	—
	II	—	—	—	—
	III	—	—	—	—
	V	594	—	47,52	53,46
	VI	739	—	59,12	66,51
6 623,99	I,IV	—	—	—	—
	II	—	—	—	—
	III	—	—	—	—
	V	598	—	47,84	53,82
	VI	743	—	59,44	66,87
6 659,99	I,IV	—	—	—	—
	II	—	—	—	—
	III	—	—	—	—
	V	602	—	48,16	54,18
	VI	747	—	59,76	67,23
6 695,99	I,IV	—	—	—	—
	II	—	—	—	—
	III	—	—	—	—
	V	606	—	48,48	54,54
	VI	751	—	60,08	67,59
6 731,99	I,IV	—	—	—	—
	II	—	—	—	—
	III	—	—	—	—
	V	610	—	48,80	54,90
	VI	755	—	60,40	67,95
6 767,99	I,IV	—	—	—	—
	II	—	—	—	—
	III	—	—	—	—
	V	614	—	49,12	55,26
	VI	759	—	60,72	68,31
6 803,99	I,IV	—	—	—	—
	II	—	—	—	—
	III	—	—	—	—
	V	618	—	49,44	55,62
	VI	763	—	61,04	68,67
6 839,99	I,IV	—	—	—	—
	II	—	—	—	—
	III	—	—	—	—
	V	622	—	49,76	55,98
	VI	767	—	61,36	69,03
6 875,99	I,IV	—	—	—	—
	II	—	—	—	—
	III	—	—	—	—
	V	626	—	50,08	56,34
	VI	771	—	61,68	69,39
6 911,99	I,IV	—	—	—	—
	II	—	—	—	—
	III	—	—	—	—
	V	630	—	50,40	56,70
	VI	775	—	62,—	69,75

Table headings: Lohnsteuer, Solidaritätszuschlag und Kirchensteuer in den Steuerklassen I – VI, ohne Kinderfreibeträge

* Die ausgewiesenen Tabellenwerte sind amtlich. Siehe Erläuterungen auf der Umschlaginnenseite (U2).

JAHR 6 912,–*

Lohn/Gehalt bis €*	Lohnsteuer, Solidaritätszuschlag und Kirchensteuer in den Steuerklassen I – VI	LSt	ohne Kinderfreibeträge SolZ	8%	9%
6 947,99	I,IV	—	—	—	—
	II	—	—	—	—
	III	—	—	—	—
	V	634	—	50,72	57,06
	VI	779	—	62,32	70,11
6 983,99	I,IV	—	—	—	—
	II	—	—	—	—
	III	—	—	—	—
	V	638	—	51,04	57,42
	VI	783	—	62,64	70,47
7 019,99	I,IV	—	—	—	—
	II	—	—	—	—
	III	—	—	—	—
	V	642	—	51,36	57,78
	VI	787	—	62,96	70,83
7 055,99	I,IV	—	—	—	—
	II	—	—	—	—
	III	—	—	—	—
	V	646	—	51,68	58,14
	VI	791	—	63,28	71,19
7 091,99	I,IV	—	—	—	—
	II	—	—	—	—
	III	—	—	—	—
	V	650	—	52,—	58,50
	VI	795	—	63,60	71,55
7 127,99	I,IV	—	—	—	—
	II	—	—	—	—
	III	—	—	—	—
	V	654	—	52,32	58,86
	VI	799	—	63,92	71,91
7 163,99	I,IV	—	—	—	—
	II	—	—	—	—
	III	—	—	—	—
	V	658	—	52,64	59,22
	VI	804	—	64,32	72,36
7 199,99	I,IV	—	—	—	—
	II	—	—	—	—
	III	—	—	—	—
	V	663	—	53,04	59,67
	VI	808	—	64,64	72,72
7 235,99	I,IV	—	—	—	—
	II	—	—	—	—
	III	—	—	—	—
	V	667	—	53,36	60,03
	VI	812	—	64,96	73,08
7 271,99	I,IV	—	—	—	—
	II	—	—	—	—
	III	—	—	—	—
	V	671	—	53,68	60,39
	VI	816	—	65,28	73,44
7 307,99	I,IV	—	—	—	—
	II	—	—	—	—
	III	—	—	—	—
	V	675	—	54,—	60,75
	VI	820	—	65,60	73,80
7 343,99	I,IV	—	—	—	—
	II	—	—	—	—
	III	—	—	—	—
	V	679	—	54,32	61,11
	VI	824	—	65,92	74,16
7 379,99	I,IV	—	—	—	—
	II	—	—	—	—
	III	—	—	—	—
	V	683	—	54,64	61,47
	VI	828	—	66,24	74,52
7 415,99	I,IV	—	—	—	—
	II	—	—	—	—
	III	—	—	—	—
	V	687	—	54,96	61,83
	VI	832	—	66,56	74,88
7 451,99	I,IV	—	—	—	—
	II	—	—	—	—
	III	—	—	—	—
	V	691	—	55,28	62,19
	VI	836	—	66,88	75,24
7 487,99	I,IV	—	—	—	—
	II	—	—	—	—
	III	—	—	—	—
	V	695	—	55,60	62,55
	VI	840	—	67,20	75,60

Lohn/Gehalt bis €*	Lohnsteuer, Solidaritätszuschlag und Kirchensteuer in den Steuerklassen I – VI	LSt	ohne Kinderfreibeträge SolZ	8%	9%
7 523,99	I,IV	—	—	—	—
	II	—	—	—	—
	III	—	—	—	—
	V	699	—	55,92	62,91
	VI	844	—	67,52	75,96
7 559,99	I,IV	—	—	—	—
	II	—	—	—	—
	III	—	—	—	—
	V	703	—	56,24	63,27
	VI	848	—	67,84	76,32
7 595,99	I,IV	—	—	—	—
	II	—	—	—	—
	III	—	—	—	—
	V	707	—	56,56	63,63
	VI	852	—	68,16	76,68
7 631,99	I,IV	—	—	—	—
	II	—	—	—	—
	III	—	—	—	—
	V	711	—	56,88	63,99
	VI	856	—	68,48	77,04
7 667,99	I,IV	—	—	—	—
	II	—	—	—	—
	III	—	—	—	—
	V	715	—	57,20	64,35
	VI	860	—	68,80	77,40
7 703,99	I,IV	—	—	—	—
	II	—	—	—	—
	III	—	—	—	—
	V	719	—	57,52	64,71
	VI	864	—	69,12	77,76
7 739,99	I,IV	—	—	—	—
	II	—	—	—	—
	III	—	—	—	—
	V	723	—	57,84	65,07
	VI	868	—	69,44	78,12
7 775,99	I,IV	—	—	—	—
	II	—	—	—	—
	III	—	—	—	—
	V	727	—	58,16	65,43
	VI	872	—	69,76	78,48
7 811,99	I,IV	—	—	—	—
	II	—	—	—	—
	III	—	—	—	—
	V	731	—	58,48	65,79
	VI	876	—	70,08	78,84
7 847,99	I,IV	—	—	—	—
	II	—	—	—	—
	III	—	—	—	—
	V	735	—	58,80	66,15
	VI	880	—	70,40	79,20
7 883,99	I,IV	—	—	—	—
	II	—	—	—	—
	III	—	—	—	—
	V	739	—	59,12	66,51
	VI	884	—	70,72	79,56
7 919,99	I,IV	—	—	—	—
	II	—	—	—	—
	III	—	—	—	—
	V	743	—	59,44	66,87
	VI	888	—	71,04	79,92
7 955,99	I,IV	—	—	—	—
	II	—	—	—	—
	III	—	—	—	—
	V	747	—	59,76	67,23
	VI	892	—	71,36	80,28
7 991,99	I,IV	—	—	—	—
	II	—	—	—	—
	III	—	—	—	—
	V	751	—	60,08	67,59
	VI	896	—	71,68	80,64
8 027,99	I,IV	—	—	—	—
	II	—	—	—	—
	III	—	—	—	—
	V	756	—	60,48	68,04
	VI	901	—	72,08	81,09
8 063,99	I,IV	—	—	—	—
	II	—	—	—	—
	III	—	—	—	—
	V	760	—	60,80	68,40
	VI	905	—	72,40	81,45

Lohn/Gehalt bis €*	Lohnsteuer, Solidaritätszuschlag und Kirchensteuer in den Steuerklassen I – VI	LSt	ohne Kinderfreibeträge SolZ	8%	9%
8 099,99	I,IV	—	—	—	—
	II	—	—	—	—
	III	—	—	—	—
	V	764	—	61,12	68,76
	VI	909	—	72,72	81,81
8 135,99	I,IV	—	—	—	—
	II	—	—	—	—
	III	—	—	—	—
	V	768	—	61,44	69,12
	VI	913	—	73,04	82,17
8 171,99	I,IV	—	—	—	—
	II	—	—	—	—
	III	—	—	—	—
	V	772	—	61,76	69,48
	VI	917	—	73,36	82,53
8 207,99	I,IV	—	—	—	—
	II	—	—	—	—
	III	—	—	—	—
	V	776	—	62,08	69,84
	VI	921	—	73,68	82,89
8 243,99	I,IV	—	—	—	—
	II	—	—	—	—
	III	—	—	—	—
	V	780	—	62,40	70,20
	VI	925	—	74,—	83,25
8 279,99	I,IV	—	—	—	—
	II	—	—	—	—
	III	—	—	—	—
	V	784	—	62,72	70,56
	VI	929	—	74,32	83,61
8 315,99	I,IV	—	—	—	—
	II	—	—	—	—
	III	—	—	—	—
	V	788	—	63,04	70,92
	VI	933	—	74,64	83,97
8 351,99	I,IV	—	—	—	—
	II	—	—	—	—
	III	—	—	—	—
	V	792	—	63,36	71,28
	VI	937	—	74,96	84,33
8 387,99	I,IV	—	—	—	—
	II	—	—	—	—
	III	—	—	—	—
	V	796	—	63,68	71,64
	VI	941	—	75,28	84,69
8 423,99	I,IV	—	—	—	—
	II	—	—	—	—
	III	—	—	—	—
	V	800	—	64,—	72,—
	VI	945	—	75,60	85,05
8 459,99	I,IV	—	—	—	—
	II	—	—	—	—
	III	—	—	—	—
	V	804	—	64,32	72,36
	VI	949	—	75,92	85,41
8 495,99	I,IV	—	—	—	—
	II	—	—	—	—
	III	—	—	—	—
	V	808	—	64,64	72,72
	VI	953	—	76,24	85,77
8 531,99	I,IV	—	—	—	—
	II	—	—	—	—
	III	—	—	—	—
	V	812	—	64,96	73,08
	VI	957	—	76,56	86,13
8 567,99	I,IV	—	—	—	—
	II	—	—	—	—
	III	—	—	—	—
	V	816	—	65,28	73,44
	VI	961	—	76,88	86,49
8 603,99	I,IV	—	—	—	—
	II	—	—	—	—
	III	—	—	—	—
	V	820	—	65,60	73,80
	VI	965	—	77,20	86,85
8 639,99	I,IV	—	—	—	—
	II	—	—	—	—
	III	—	—	—	—
	V	824	—	65,92	74,16
	VI	969	—	77,52	87,21

* Die ausgewiesenen Tabellenwerte sind amtlich. Siehe Erläuterungen auf der Umschlaginnenseite (U2).

Lohn/ Gehalt bis €*	Steuerklasse	Lohnsteuer, Solidaritätszuschlag und Kirchensteuer in den Steuerklassen I – VI, ohne Kinderfreibeträge: LSt	SolZ	8%	9%
8 675,99	I,IV	—	—	—	—
	II	—	—	—	—
	III	—	—	—	—
	V	828	—	66,24	74,52
	VI	973	—	77,84	87,57
8 711,99	I,IV	—	—	—	—
	II	—	—	—	—
	III	—	—	—	—
	V	832	—	66,56	74,88
	VI	977	—	78,16	87,93
8 747,99	I,IV	—	—	—	—
	II	—	—	—	—
	III	—	—	—	—
	V	836	—	66,88	75,24
	VI	981	—	78,48	88,29
8 783,99	I,IV	—	—	—	—
	II	—	—	—	—
	III	—	—	—	—
	V	840	—	67,20	75,60
	VI	985	—	78,80	88,65
8 819,99	I,IV	—	—	—	—
	II	—	—	—	—
	III	—	—	—	—
	V	844	—	67,52	75,96
	VI	989	—	79,12	89,01
8 855,99	I,IV	—	—	—	—
	II	—	—	—	—
	III	—	—	—	—
	V	848	—	67,84	76,32
	VI	994	—	79,52	89,46
8 891,99	I,IV	—	—	—	—
	II	—	—	—	—
	III	—	—	—	—
	V	853	—	68,24	76,77
	VI	998	—	79,84	89,82
8 927,99	I,IV	—	—	—	—
	II	—	—	—	—
	III	—	—	—	—
	V	857	—	68,56	77,13
	VI	1002	—	80,16	90,18
8 963,99	I,IV	—	—	—	—
	II	—	—	—	—
	III	—	—	—	—
	V	861	—	68,88	77,49
	VI	1006	—	80,48	90,54
8 999,99	I,IV	—	—	—	—
	II	—	—	—	—
	III	—	—	—	—
	V	865	—	69,20	77,85
	VI	1010	—	80,80	90,90
9 035,99	I,IV	—	—	—	—
	II	—	—	—	—
	III	—	—	—	—
	V	869	—	69,52	78,21
	VI	1014	—	81,12	91,26
9 071,99	I,IV	—	—	—	—
	II	—	—	—	—
	III	—	—	—	—
	V	873	—	69,84	78,57
	VI	1018	—	81,44	91,62
9 107,99	I,IV	—	—	—	—
	II	—	—	—	—
	III	—	—	—	—
	V	877	—	70,16	78,93
	VI	1022	—	81,76	91,98
9 143,99	I,IV	—	—	—	—
	II	—	—	—	—
	III	—	—	—	—
	V	881	—	70,48	79,29
	VI	1026	—	82,08	92,34
9 179,99	I,IV	—	—	—	—
	II	—	—	—	—
	III	—	—	—	—
	V	885	—	70,80	79,65
	VI	1030	—	82,40	92,70
9 215,99	I,IV	—	—	—	—
	II	—	—	—	—
	III	—	—	—	—
	V	889	—	71,12	80,01
	VI	1034	—	82,72	93,06

Lohn/ Gehalt bis €*	Steuerklasse	Lohnsteuer, Solidaritätszuschlag und Kirchensteuer in den Steuerklassen I – VI, ohne Kinderfreibeträge: LSt	SolZ	8%	9%
9 251,99	I,IV	—	—	—	—
	II	—	—	—	—
	III	—	—	—	—
	V	893	—	71,44	80,37
	VI	1038	—	83,04	93,42
9 287,99	I,IV	—	—	—	—
	II	—	—	—	—
	III	—	—	—	—
	V	897	—	71,76	80,73
	VI	1042	—	83,36	93,78
9 323,99	I,IV	—	—	—	—
	II	—	—	—	—
	III	—	—	—	—
	V	901	—	72,08	81,09
	VI	1046	—	83,68	94,14
9 359,99	I,IV	—	—	—	—
	II	—	—	—	—
	III	—	—	—	—
	V	905	—	72,40	81,45
	VI	1050	—	84,—	94,50
9 395,99	I,IV	—	—	—	—
	II	—	—	—	—
	III	—	—	—	—
	V	909	—	72,72	81,81
	VI	1054	—	84,32	94,86
9 431,99	I,IV	—	—	—	—
	II	—	—	—	—
	III	—	—	—	—
	V	913	—	73,04	82,17
	VI	1058	—	84,64	95,22
9 467,99	I,IV	—	—	—	—
	II	—	—	—	—
	III	—	—	—	—
	V	917	—	73,36	82,53
	VI	1062	—	84,96	95,58
9 503,99	I,IV	—	—	—	—
	II	—	—	—	—
	III	—	—	—	—
	V	921	—	73,68	82,89
	VI	1066	—	85,28	95,94
9 539,99	I,IV	—	—	—	—
	II	—	—	—	—
	III	—	—	—	—
	V	925	—	74,—	83,25
	VI	1070	—	85,60	96,30
9 575,99	I,IV	—	—	—	—
	II	—	—	—	—
	III	—	—	—	—
	V	929	—	74,32	83,61
	VI	1074	—	85,92	96,66
9 611,99	I,IV	—	—	—	—
	II	—	—	—	—
	III	—	—	—	—
	V	933	—	74,64	83,97
	VI	1078	—	86,24	97,02
9 647,99	I,IV	—	—	—	—
	II	—	—	—	—
	III	—	—	—	—
	V	937	—	74,96	84,33
	VI	1082	—	86,56	97,38
9 683,99	I,IV	—	—	—	—
	II	—	—	—	—
	III	—	—	—	—
	V	941	—	75,28	84,69
	VI	1086	—	86,88	97,74
9 719,99	I,IV	—	—	—	—
	II	—	—	—	—
	III	—	—	—	—
	V	945	—	75,60	85,05
	VI	1091	—	87,28	98,19
9 755,99	I,IV	—	—	—	—
	II	—	—	—	—
	III	—	—	—	—
	V	950	—	76,—	85,50
	VI	1095	—	87,60	98,55
9 791,99	I,IV	—	—	—	—
	II	—	—	—	—
	III	—	—	—	—
	V	954	—	76,32	85,86
	VI	1099	—	87,92	98,91

Lohn/ Gehalt bis €*	Steuerklasse	Lohnsteuer, Solidaritätszuschlag und Kirchensteuer in den Steuerklassen I – VI, ohne Kinderfreibeträge: LSt	SolZ	8%	9%
9 827,99	I,IV	—	—	—	—
	II	—	—	—	—
	III	—	—	—	—
	V	958	—	76,64	86,22
	VI	1103	—	88,24	99,27
9 863,99	I,IV	—	—	—	—
	II	—	—	—	—
	III	—	—	—	—
	V	962	—	76,96	86,58
	VI	1107	—	88,56	99,63
9 899,99	I,IV	—	—	—	—
	II	—	—	—	—
	III	—	—	—	—
	V	966	—	77,28	86,94
	VI	1111	—	88,88	99,99
9 935,99	I,IV	—	—	—	—
	II	—	—	—	—
	III	—	—	—	—
	V	970	—	77,60	87,30
	VI	1115	—	89,20	100,35
9 971,99	I,IV	—	—	—	—
	II	—	—	—	—
	III	—	—	—	—
	V	974	—	77,92	87,66
	VI	1119	—	89,52	100,71
10 007,99	I,IV	—	—	—	—
	II	—	—	—	—
	III	—	—	—	—
	V	978	—	78,24	88,02
	VI	1123	—	89,84	101,07
10 043,99	I,IV	—	—	—	—
	II	—	—	—	—
	III	—	—	—	—
	V	982	—	78,56	88,38
	VI	1127	—	90,16	101,43
10 079,99	I,IV	—	—	—	—
	II	—	—	—	—
	III	—	—	—	—
	V	986	—	78,88	88,74
	VI	1131	—	90,48	101,79
10 115,99	I,IV	—	—	—	—
	II	—	—	—	—
	III	—	—	—	—
	V	990	—	79,20	89,10
	VI	1135	—	90,80	102,15
10 151,99	I,IV	—	—	—	—
	II	—	—	—	—
	III	—	—	—	—
	V	994	—	79,52	89,46
	VI	1139	—	91,12	102,51
10 187,99	I,IV	—	—	—	—
	II	—	—	—	—
	III	—	—	—	—
	V	998	—	79,84	89,82
	VI	1143	—	91,44	102,87
10 223,99	I,IV	—	—	—	—
	II	—	—	—	—
	III	—	—	—	—
	V	1002	—	80,16	90,18
	VI	1147	—	91,76	103,23
10 259,99	I,IV	—	—	—	—
	II	—	—	—	—
	III	—	—	—	—
	V	1006	—	80,48	90,54
	VI	1151	—	92,08	103,59
10 295,99	I,IV	—	—	—	—
	II	—	—	—	—
	III	—	—	—	—
	V	1010	—	80,80	90,90
	VI	1155	—	92,40	103,95
10 331,99	I,IV	—	—	—	—
	II	—	—	—	—
	III	—	—	—	—
	V	1014	—	81,12	91,26
	VI	1159	—	92,72	104,31
10 367,99	I,IV	—	—	—	—
	II	—	—	—	—
	III	—	—	—	—
	V	1018	—	81,44	91,62
	VI	1163	—	93,04	104,67

* Die ausgewiesenen Tabellenwerte sind amtlich. Siehe Erläuterungen auf der Umschlaginnenseite (U2).

JAHR 10 368,–*

Lohn/Gehalt bis €*	Steuerklassen I – VI	LSt	SolZ (ohne Kinderfreibeträge)	8%	9%
10 403,99	I,IV	–	–	–	–
	II	–	–	–	–
	III	–	–	–	–
	V	1022	–	81,76	91,98
	VI	1167	–	93,36	105,03
10 439,99	I,IV	–	–	–	–
	II	–	–	–	–
	III	–	–	–	–
	V	1026	–	82,08	92,34
	VI	1171	–	93,68	105,39
10 475,99	I,IV	–	–	–	–
	II	–	–	–	–
	III	–	–	–	–
	V	1030	–	82,40	92,70
	VI	1175	–	94,–	105,75
10 511,99	I,IV	–	–	–	–
	II	–	–	–	–
	III	–	–	–	–
	V	1034	–	82,72	93,06
	VI	1179	–	94,32	106,11
10 547,99	I,IV	–	–	–	–
	II	–	–	–	–
	III	–	–	–	–
	V	1038	–	83,04	93,42
	VI	1183	–	94,64	106,47
10 583,99	I,IV	–	–	–	–
	II	–	–	–	–
	III	–	–	–	–
	V	1043	–	83,44	93,87
	VI	1188	–	95,04	106,92
10 619,99	I,IV	–	–	–	–
	II	–	–	–	–
	III	–	–	–	–
	V	1046	–	83,68	94,14
	VI	1191	–	95,28	107,19
10 655,99	I,IV	–	–	–	–
	II	–	–	–	–
	III	–	–	–	–
	V	1050	–	84,–	94,50
	VI	1196	–	95,68	107,64
10 691,99	I,IV	–	–	–	–
	II	–	–	–	–
	III	–	–	–	–
	V	1055	–	84,40	94,95
	VI	1200	–	96,–	108,–
10 727,99	I,IV	–	–	–	–
	II	–	–	–	–
	III	–	–	–	–
	V	1059	–	84,72	95,31
	VI	1204	–	96,32	108,36
10 763,99	I,IV	–	–	–	–
	II	–	–	–	–
	III	–	–	–	–
	V	1063	–	85,04	95,67
	VI	1208	–	96,64	108,72
10 799,99	I,IV	–	–	–	–
	II	–	–	–	–
	III	–	–	–	–
	V	1067	–	85,36	96,03
	VI	1212	–	96,96	109,08
10 835,99	I,IV	–	–	–	–
	II	–	–	–	–
	III	–	–	–	–
	V	1071	–	85,68	96,39
	VI	1216	–	97,28	109,44
10 871,99	I,IV	–	–	–	–
	II	–	–	–	–
	III	–	–	–	–
	V	1075	–	86,–	96,75
	VI	1220	–	97,60	109,80
10 907,99	I,IV	–	–	–	–
	II	–	–	–	–
	III	–	–	–	–
	V	1079	–	86,32	97,11
	VI	1224	–	97,92	110,16
10 943,99	I,IV	–	–	–	–
	II	–	–	–	–
	III	–	–	–	–
	V	1083	–	86,64	97,47
	VI	1228	–	98,24	110,52
10 979,99	I,IV	–	–	–	–
	II	–	–	–	–
	III	–	–	–	–
	V	1087	–	86,96	97,83
	VI	1232	–	98,56	110,88
11 015,99	I,IV	–	–	–	–
	II	–	–	–	–
	III	–	–	–	–
	V	1091	–	87,28	98,19
	VI	1236	–	98,88	111,24
11 051,99	I,IV	–	–	–	–
	II	–	–	–	–
	III	–	–	–	–
	V	1095	–	87,60	98,55
	VI	1240	–	99,20	111,60
11 087,99	I,IV	–	–	–	–
	II	–	–	–	–
	III	–	–	–	–
	V	1099	–	87,92	98,91
	VI	1244	–	99,52	111,96
11 123,99	I,IV	–	–	–	–
	II	–	–	–	–
	III	–	–	–	–
	V	1103	–	88,24	99,27
	VI	1248	–	99,84	112,32
11 159,99	I,IV	–	–	–	–
	II	–	–	–	–
	III	–	–	–	–
	V	1107	–	88,56	99,63
	VI	1252	–	100,16	112,68
11 195,99	I,IV	–	–	–	–
	II	–	–	–	–
	III	–	–	–	–
	V	1111	–	88,88	99,99
	VI	1256	–	100,48	113,04
11 231,99	I,IV	–	–	–	–
	II	–	–	–	–
	III	–	–	–	–
	V	1115	–	89,20	100,35
	VI	1260	–	100,80	113,40
11 267,99	I,IV	–	–	–	–
	II	–	–	–	–
	III	–	–	–	–
	V	1119	–	89,52	100,71
	VI	1264	–	101,12	113,76
11 303,99	I,IV	–	–	–	–
	II	–	–	–	–
	III	–	–	–	–
	V	1123	–	89,84	101,07
	VI	1268	–	101,44	114,12
11 339,99	I,IV	–	–	–	–
	II	–	–	–	–
	III	–	–	–	–
	V	1127	–	90,16	101,43
	VI	1272	–	101,76	114,48
11 375,99	I,IV	–	–	–	–
	II	–	–	–	–
	III	–	–	–	–
	V	1131	–	90,48	101,79
	VI	1276	–	102,08	114,84
11 411,99	I,IV	–	–	–	–
	II	–	–	–	–
	III	–	–	–	–
	V	1135	–	90,80	102,15
	VI	1281	–	102,48	115,29
11 447,99	I,IV	–	–	–	–
	II	–	–	–	–
	III	–	–	–	–
	V	1139	–	91,12	102,51
	VI	1284	–	102,72	115,56
11 483,99	I,IV	–	–	–	–
	II	–	–	–	–
	III	–	–	–	–
	V	1143	–	91,44	102,87
	VI	1288	–	103,04	115,92
11 519,99	I,IV	–	–	–	–
	II	–	–	–	–
	III	–	–	–	–
	V	1148	–	91,84	103,32
	VI	1293	–	103,44	116,37
11 555,99	I,IV	–	–	–	–
	II	–	–	–	–
	III	–	–	–	–
	V	1152	–	92,16	103,68
	VI	1297	–	103,76	116,73
11 591,99	I,IV	–	–	–	–
	II	–	–	–	–
	III	–	–	–	–
	V	1156	–	92,48	104,04
	VI	1301	–	104,08	117,09
11 627,99	I,IV	–	–	–	–
	II	–	–	–	–
	III	–	–	–	–
	V	1160	–	92,80	104,40
	VI	1305	–	104,40	117,45
11 663,99	I,IV	–	–	–	–
	II	–	–	–	–
	III	–	–	–	–
	V	1164	–	93,12	104,76
	VI	1309	–	104,72	117,81
11 699,99	I,IV	–	–	–	–
	II	–	–	–	–
	III	–	–	–	–
	V	1168	–	93,44	105,12
	VI	1313	–	105,04	118,17
11 735,99	I,IV	–	–	–	–
	II	–	–	–	–
	III	–	–	–	–
	V	1172	–	93,76	105,48
	VI	1317	–	105,36	118,53
11 771,99	I,IV	–	–	–	–
	II	–	–	–	–
	III	–	–	–	–
	V	1176	–	94,08	105,84
	VI	1321	–	105,68	118,89
11 807,99	I,IV	–	–	–	–
	II	–	–	–	–
	III	–	–	–	–
	V	1180	–	94,40	106,20
	VI	1325	–	106,–	119,25
11 843,99	I,IV	–	–	–	–
	II	–	–	–	–
	III	–	–	–	–
	V	1184	–	94,72	106,56
	VI	1329	–	106,32	119,61
11 879,99	I,IV	–	–	–	–
	II	–	–	–	–
	III	–	–	–	–
	V	1188	–	95,04	106,92
	VI	1333	–	106,64	119,97
11 915,99	I,IV	–	–	–	–
	II	–	–	–	–
	III	–	–	–	–
	V	1192	–	95,36	107,28
	VI	1337	–	106,96	120,33
11 951,99	I,IV	–	–	–	–
	II	–	–	–	–
	III	–	–	–	–
	V	1196	–	95,68	107,64
	VI	1341	–	107,28	120,69
11 987,99	I,IV	–	–	–	–
	II	–	–	–	–
	III	–	–	–	–
	V	1200	–	96,–	108,–
	VI	1345	–	107,60	121,05
12 023,99	I,IV	–	–	–	–
	II	–	–	–	–
	III	–	–	–	–
	V	1204	–	96,32	108,36
	VI	1349	–	107,92	121,41
12 059,99	I,IV	–	–	–	–
	II	–	–	–	–
	III	–	–	–	–
	V	1208	–	96,64	108,72
	VI	1353	–	108,24	121,77
12 095,99	I,IV	–	–	–	–
	II	–	–	–	–
	III	–	–	–	–
	V	1212	–	96,96	109,08
	VI	1357	–	108,56	122,13

Column heading: Lohnsteuer, Solidaritätszuschlag und Kirchensteuer in den Steuerklassen I – VI; ohne Kinderfreibeträge: LSt, SolZ, 8%, 9%

* Die ausgewiesenen Tabellenwerte sind amtlich. Siehe Erläuterungen auf der Umschlaginnenseite (U2).

Lohn/Gehalt bis €*	Steuerklasse	LSt	SolZ	8%	9%
12 131,99	I,IV	—	—	—	—
	II	—	—	—	—
	III	—	—	—	—
	V	1216	—	97,28	109,44
	VI	1361	—	108,88	122,49
12 167,99	I,IV	—	—	—	—
	II	—	—	—	—
	III	—	—	—	—
	V	1220	—	97,60	109,80
	VI	1365	—	109,20	122,85
12 203,99	I,IV	—	—	—	—
	II	—	—	—	—
	III	—	—	—	—
	V	1224	—	97,92	110,16
	VI	1369	—	109,52	123,21
12 239,99	I,IV	—	—	—	—
	II	—	—	—	—
	III	—	—	—	—
	V	1228	—	98,24	110,52
	VI	1373	—	109,84	123,57
12 275,99	I,IV	—	—	—	—
	II	—	—	—	—
	III	—	—	—	—
	V	1232	—	98,56	110,88
	VI	1377	—	110,16	123,93
12 311,99	I,IV	—	—	—	—
	II	—	—	—	—
	III	—	—	—	—
	V	1236	—	98,88	111,24
	VI	1381	—	110,48	124,29
12 347,99	I,IV	—	—	—	—
	II	—	—	—	—
	III	—	—	—	—
	V	1240	—	99,20	111,60
	VI	1386	—	110,88	124,74
12 383,99	I,IV	—	—	—	—
	II	—	—	—	—
	III	—	—	—	—
	V	1245	—	99,60	112,05
	VI	1390	—	111,20	125,10
12 419,99	I,IV	—	—	—	—
	II	—	—	—	—
	III	—	—	—	—
	V	1249	—	99,92	112,41
	VI	1394	—	111,52	125,46
12 455,99	I,IV	—	—	—	—
	II	—	—	—	—
	III	—	—	—	—
	V	1253	—	100,24	112,77
	VI	1398	—	111,84	125,82
12 491,99	I,IV	—	—	—	—
	II	—	—	—	—
	III	—	—	—	—
	V	1257	—	100,56	113,13
	VI	1402	—	112,16	126,18
12 527,99	I,IV	—	—	—	—
	II	—	—	—	—
	III	—	—	—	—
	V	1261	—	100,88	113,49
	VI	1406	—	112,48	126,54
12 563,99	I,IV	—	—	—	—
	II	—	—	—	—
	III	—	—	—	—
	V	1265	—	101,20	113,85
	VI	1410	—	112,80	126,90
12 599,99	I,IV	—	—	—	—
	II	—	—	—	—
	III	—	—	—	—
	V	1269	—	101,52	114,21
	VI	1414	—	113,12	127,26
12 635,99	I,IV	—	—	—	—
	II	—	—	—	—
	III	—	—	—	—
	V	1273	—	101,84	114,57
	VI	1418	—	113,44	127,62
12 671,99	I,IV	—	—	—	—
	II	—	—	—	—
	III	—	—	—	—
	V	1277	—	102,16	114,93
	VI	1422	—	113,76	127,98
12 707,99	I,IV	—	—	—	—
	II	—	—	—	—
	III	—	—	—	—
	V	1281	—	102,48	115,29
	VI	1426	—	114,08	128,34
12 743,99	I,IV	—	—	—	—
	II	—	—	—	—
	III	—	—	—	—
	V	1285	—	102,80	115,65
	VI	1430	—	114,40	128,70
12 779,99	I,IV	—	—	—	—
	II	—	—	—	—
	III	—	—	—	—
	V	1289	—	103,12	116,01
	VI	1434	—	114,72	129,06
12 815,99	I,IV	—	—	—	—
	II	—	—	—	—
	III	—	—	—	—
	V	1293	—	103,44	116,37
	VI	1438	—	115,04	129,42
12 851,99	I,IV	—	—	—	—
	II	—	—	—	—
	III	—	—	—	—
	V	1297	—	103,76	116,73
	VI	1442	—	115,36	129,78
12 887,99	I,IV	—	—	—	—
	II	—	—	—	—
	III	—	—	—	—
	V	1301	—	104,08	117,09
	VI	1446	—	115,68	130,14
12 923,99	I,IV	—	—	—	—
	II	—	—	—	—
	III	—	—	—	—
	V	1305	—	104,40	117,45
	VI	1450	—	116,—	130,50
12 959,99	I,IV	—	—	—	—
	II	—	—	—	—
	III	—	—	—	—
	V	1309	—	104,72	117,81
	VI	1454	—	116,32	130,86
12 995,99	I,IV	—	—	—	—
	II	—	—	—	—
	III	—	—	—	—
	V	1313	—	105,04	118,17
	VI	1458	—	116,64	131,22
13 031,99	I,IV	—	—	—	—
	II	—	—	—	—
	III	—	—	—	—
	V	1317	—	105,36	118,53
	VI	1462	—	116,96	131,58
13 067,99	I,IV	—	—	—	—
	II	—	—	—	—
	III	—	—	—	—
	V	1321	—	105,68	118,89
	VI	1466	—	117,28	131,94
13 103,99	I,IV	—	—	—	—
	II	—	—	—	—
	III	—	—	—	—
	V	1325	—	106,—	119,25
	VI	1470	—	117,60	132,30
13 139,99	I,IV	—	—	—	—
	II	—	—	—	—
	III	—	—	—	—
	V	1329	—	106,32	119,61
	VI	1474	—	117,92	132,66
13 175,99	I,IV	—	—	—	—
	II	—	—	—	—
	III	—	—	—	—
	V	1333	—	106,64	119,97
	VI	1478	—	118,24	133,02
13 211,99	I,IV	—	—	—	—
	II	—	—	—	—
	III	—	—	—	—
	V	1337	—	106,96	120,33
	VI	1483	—	118,64	133,47
13 247,99	I,IV	—	—	—	—
	II	—	—	—	—
	III	—	—	—	—
	V	1342	—	107,36	120,78
	VI	1487	—	118,96	133,83
13 283,99	I,IV	—	—	—	—
	II	—	—	—	—
	III	—	—	—	—
	V	1346	—	107,68	121,14
	VI	1491	—	119,28	134,19
13 319,99	I,IV	—	—	—	—
	II	—	—	—	—
	III	—	—	—	—
	V	1350	—	108,—	121,50
	VI	1495	—	119,60	134,55
13 355,99	I,IV	—	—	—	—
	II	—	—	—	—
	III	—	—	—	—
	V	1354	—	108,32	121,86
	VI	1499	—	119,92	134,91
13 391,99	I,IV	—	—	—	—
	II	—	—	—	—
	III	—	—	—	—
	V	1358	—	108,64	122,22
	VI	1503	—	120,24	135,27
13 427,99	I,IV	—	—	—	—
	II	—	—	—	—
	III	—	—	—	—
	V	1362	—	108,96	122,58
	VI	1507	—	120,56	135,63
13 463,99	I,IV	2	—	0,16	0,18
	II	—	—	—	—
	III	—	—	—	—
	V	1366	—	109,28	122,94
	VI	1511	—	120,88	135,99
13 499,99	I,IV	6	—	0,48	0,54
	II	—	—	—	—
	III	—	—	—	—
	V	1370	—	109,60	123,30
	VI	1515	—	121,20	136,35
13 535,99	I,IV	10	—	0,80	0,90
	II	—	—	—	—
	III	—	—	—	—
	V	1374	—	109,92	123,66
	VI	1519	—	121,52	136,71
13 571,99	I,IV	14	—	1,12	1,26
	II	—	—	—	—
	III	—	—	—	—
	V	1378	—	110,24	124,02
	VI	1523	—	121,84	137,07
13 607,99	I,IV	18	—	1,44	1,62
	II	—	—	—	—
	III	—	—	—	—
	V	1382	—	110,56	124,38
	VI	1527	—	122,16	137,43
13 643,99	I,IV	22	—	1,76	1,98
	II	—	—	—	—
	III	—	—	—	—
	V	1386	—	110,88	124,74
	VI	1531	—	122,48	137,79
13 679,99	I,IV	26	—	2,08	2,34
	II	—	—	—	—
	III	—	—	—	—
	V	1390	—	111,20	125,10
	VI	1535	—	122,80	138,15
13 715,99	I,IV	30	—	2,40	2,70
	II	—	—	—	—
	III	—	—	—	—
	V	1394	—	111,52	125,46
	VI	1539	—	123,12	138,51
13 751,99	I,IV	35	—	2,80	3,15
	II	—	—	—	—
	III	—	—	—	—
	V	1398	—	111,84	125,82
	VI	1543	—	123,44	138,87
13 787,99	I,IV	39	—	3,12	3,51
	II	—	—	—	—
	III	—	—	—	—
	V	1402	—	112,16	126,18
	VI	1547	—	123,76	139,23
13 823,99	I,IV	43	—	3,44	3,87
	II	—	—	—	—
	III	—	—	—	—
	V	1406	—	112,48	126,54
	VI	1551	—	124,08	139,59

Column heads: Lohn/Gehalt bis €* — Lohnsteuer, Solidaritätszuschlag und Kirchensteuer in den Steuerklassen I – VI — LSt; ohne Kinderfreibeträge: SolZ, 8%, 9%

* Die ausgewiesenen Tabellenwerte sind amtlich. Siehe Erläuterungen auf der Umschlaginnenseite (U2).

JAHR 13 824,–*

Lohn/Gehalt bis €*	Steuerklasse	LSt	SolZ	8%	9%
13 859,99	I,IV	47	–	3,76	4,23
	II	–	–	–	–
	III	–	–	–	–
	V	1410	–	112,80	126,90
	VI	1555	–	124,40	139,95
13 895,99	I,IV	51	–	4,08	4,59
	II	–	–	–	–
	III	–	–	–	–
	V	1414	–	113,12	127,26
	VI	1559	–	124,72	140,31
13 931,99	I,IV	56	–	4,48	5,04
	II	–	–	–	–
	III	–	–	–	–
	V	1418	–	113,44	127,62
	VI	1563	–	125,04	140,67
13 967,99	I,IV	60	–	4,80	5,40
	II	–	–	–	–
	III	–	–	–	–
	V	1422	–	113,76	127,98
	VI	1567	–	125,36	141,03
14 003,99	I,IV	64	–	5,12	5,76
	II	–	–	–	–
	III	–	–	–	–
	V	1426	–	114,08	128,34
	VI	1571	–	125,68	141,39
14 039,99	I,IV	69	–	5,52	6,21
	II	–	–	–	–
	III	–	–	–	–
	V	1430	–	114,40	128,70
	VI	1581	–	126,48	142,29
14 075,99	I,IV	73	–	5,84	6,57
	II	–	–	–	–
	III	–	–	–	–
	V	1435	–	114,80	129,15
	VI	1593	–	127,44	143,37
14 111,99	I,IV	77	–	6,16	6,93
	II	–	–	–	–
	III	–	–	–	–
	V	1439	–	115,12	129,51
	VI	1605	–	128,40	144,45
14 147,99	I,IV	82	–	6,56	7,38
	II	–	–	–	–
	III	–	–	–	–
	V	1443	–	115,44	129,87
	VI	1617	–	129,36	145,53
14 183,99	I,IV	86	–	6,88	7,74
	II	–	–	–	–
	III	–	–	–	–
	V	1447	–	115,76	130,23
	VI	1629	–	130,32	146,61
14 219,99	I,IV	90	–	7,20	8,10
	II	–	–	–	–
	III	–	–	–	–
	V	1451	–	116,08	130,59
	VI	1641	–	131,28	147,69
14 255,99	I,IV	95	–	7,60	8,55
	II	–	–	–	–
	III	–	–	–	–
	V	1455	–	116,40	130,95
	VI	1654	–	132,32	148,86
14 291,99	I,IV	99	–	7,92	8,91
	II	–	–	–	–
	III	–	–	–	–
	V	1459	–	116,72	131,31
	VI	1666	–	133,28	149,94
14 327,99	I,IV	104	–	8,32	9,36
	II	–	–	–	–
	III	–	–	–	–
	V	1463	–	117,04	131,67
	VI	1678	–	134,24	151,02
14 363,99	I,IV	108	–	8,64	9,72
	II	–	–	–	–
	III	–	–	–	–
	V	1467	–	117,36	132,03
	VI	1690	–	135,20	152,10
14 399,99	I,IV	113	–	9,04	10,17
	II	–	–	–	–
	III	–	–	–	–
	V	1471	–	117,68	132,39
	VI	1702	–	136,16	153,18

Lohn/Gehalt bis €*	Steuerklasse	LSt	SolZ	8%	9%
14 435,99	I,IV	117	–	9,36	10,53
	II	–	–	–	–
	III	–	–	–	–
	V	1475	–	118,–	132,75
	VI	1714	–	137,12	154,26
14 471,99	I,IV	121	–	9,68	10,89
	II	–	–	–	–
	III	–	–	–	–
	V	1479	–	118,32	133,11
	VI	1726	–	138,08	155,34
14 507,99	I,IV	126	–	10,08	11,34
	II	–	–	–	–
	III	–	–	–	–
	V	1483	–	118,64	133,47
	VI	1738	–	139,04	156,42
14 543,99	I,IV	131	–	10,48	11,79
	II	–	–	–	–
	III	–	–	–	–
	V	1487	–	118,96	133,83
	VI	1751	–	140,08	157,59
14 579,99	I,IV	135	–	10,80	12,15
	II	–	–	–	–
	III	–	–	–	–
	V	1491	–	119,28	134,19
	VI	1763	–	141,04	158,67
14 615,99	I,IV	140	–	11,20	12,60
	II	–	–	–	–
	III	–	–	–	–
	V	1495	–	119,60	134,55
	VI	1775	–	142,–	159,75
14 651,99	I,IV	144	–	11,52	12,96
	II	–	–	–	–
	III	–	–	–	–
	V	1499	–	119,92	134,91
	VI	1787	–	142,96	160,83
14 687,99	I,IV	149	–	11,92	13,41
	II	–	–	–	–
	III	–	–	–	–
	V	1503	–	120,24	135,27
	VI	1799	–	143,92	161,91
14 723,99	I,IV	153	–	12,24	13,77
	II	–	–	–	–
	III	–	–	–	–
	V	1507	–	120,56	135,63
	VI	1811	–	144,88	162,99
14 759,99	I,IV	158	–	12,64	14,22
	II	–	–	–	–
	III	–	–	–	–
	V	1511	–	120,88	135,99
	VI	1823	–	145,84	164,07
14 795,99	I,IV	163	–	13,04	14,67
	II	–	–	–	–
	III	–	–	–	–
	V	1515	–	121,20	136,35
	VI	1835	–	146,80	165,15
14 831,99	I,IV	167	–	13,36	15,03
	II	–	–	–	–
	III	–	–	–	–
	V	1519	–	121,52	136,71
	VI	1848	–	147,84	166,32
14 867,99	I,IV	172	–	13,76	15,48
	II	–	–	–	–
	III	–	–	–	–
	V	1523	–	121,84	137,07
	VI	1860	–	148,80	167,40
14 903,99	I,IV	177	–	14,16	15,93
	II	–	–	–	–
	III	–	–	–	–
	V	1527	–	122,16	137,43
	VI	1872	–	149,76	168,48
14 939,99	I,IV	182	–	14,56	16,38
	II	–	–	–	–
	III	–	–	–	–
	V	1532	–	122,56	137,88
	VI	1884	–	150,72	169,56
14 975,99	I,IV	186	–	14,88	16,74
	II	–	–	–	–
	III	–	–	–	–
	V	1535	–	122,80	138,15
	VI	1896	–	151,68	170,64

Lohn/Gehalt bis €*	Steuerklasse	LSt	SolZ	8%	9%
15 011,99	I,IV	191	–	15,28	17,19
	II	–	–	–	–
	III	–	–	–	–
	V	1540	–	123,20	138,60
	VI	1908	–	152,64	171,72
15 047,99	I,IV	196	–	15,68	17,64
	II	–	–	–	–
	III	–	–	–	–
	V	1544	–	123,52	138,96
	VI	1920	–	153,60	172,80
15 083,99	I,IV	201	–	16,08	18,09
	II	–	–	–	–
	III	–	–	–	–
	V	1548	–	123,84	139,32
	VI	1932	–	154,56	173,88
15 119,99	I,IV	205	–	16,40	18,45
	II	–	–	–	–
	III	–	–	–	–
	V	1552	–	124,16	139,68
	VI	1945	–	155,60	175,05
15 155,99	I,IV	210	–	16,80	18,90
	II	–	–	–	–
	III	–	–	–	–
	V	1556	–	124,48	140,04
	VI	1957	–	156,56	176,13
15 191,99	I,IV	215	–	17,20	19,35
	II	–	–	–	–
	III	–	–	–	–
	V	1560	–	124,80	140,40
	VI	1969	–	157,52	177,21
15 227,99	I,IV	220	–	17,60	19,80
	II	–	–	–	–
	III	–	–	–	–
	V	1564	–	125,12	140,76
	VI	1981	–	158,48	178,29
15 263,99	I,IV	225	–	18,–	20,25
	II	–	–	–	–
	III	–	–	–	–
	V	1568	–	125,44	141,12
	VI	1993	–	159,44	179,37
15 299,99	I,IV	230	–	18,40	20,70
	II	–	–	–	–
	III	–	–	–	–
	V	1572	–	125,76	141,48
	VI	2005	–	160,40	180,45
15 335,99	I,IV	235	–	18,80	21,15
	II	–	–	–	–
	III	–	–	–	–
	V	1582	–	126,56	142,38
	VI	2017	–	161,36	181,53
15 371,99	I,IV	240	–	19,20	21,60
	II	–	–	–	–
	III	–	–	–	–
	V	1594	–	127,52	143,46
	VI	2029	–	162,32	182,61
15 407,99	I,IV	245	–	19,60	22,05
	II	–	–	–	–
	III	–	–	–	–
	V	1607	–	128,56	144,63
	VI	2042	–	163,36	183,78
15 443,99	I,IV	249	–	19,92	22,41
	II	–	–	–	–
	III	–	–	–	–
	V	1619	–	129,52	145,71
	VI	2054	–	164,32	184,86
15 479,99	I,IV	254	–	20,32	22,86
	II	–	–	–	–
	III	–	–	–	–
	V	1631	–	130,48	146,79
	VI	2066	–	165,28	185,94
15 515,99	I,IV	259	–	20,72	23,31
	II	–	–	–	–
	III	–	–	–	–
	V	1643	–	131,44	147,87
	VI	2078	–	166,24	187,02
15 551,99	I,IV	264	–	21,12	23,76
	II	–	–	–	–
	III	–	–	–	–
	V	1655	–	132,40	148,95
	VI	2090	–	167,20	188,10

Tabellenkopf: Lohnsteuer, Solidaritätszuschlag und Kirchensteuer in den Steuerklassen I – VI, ohne Kinderfreibeträge

* Die ausgewiesenen Tabellenwerte sind amtlich. Siehe Erläuterungen auf der Umschlaginnenseite (U2).

Abzüge an Lohnsteuer, Solidaritätszuschlag (SolZ) und Kirchensteuer (8%, 9%) in den Steuerklassen

Lohn/ Gehalt bis €*	I – VI	LSt	ohne Kinderfreibeträge SolZ	8%	9%	I, II, III, IV	LSt	mit Zahl der Kinderfreibeträge . . . 0,5 SolZ	0,5 8%	0,5 9%	1 SolZ	1 8%	1 9%	1,5 SolZ	1,5 8%	1,5 9%	2 SolZ	2 8%	2 9%	2,5 SolZ	2,5 8%	2,5 9%	3 SolZ	3 8%	3 9%
15 587,99	I,IV	269	–	21,52	24,21	I	269	–	–	–	–	–	–	–	–	–	–	–	–	–	–	–	–	–	–
	II	–	–	–	–	II	–	–	–	–	–	–	–	–	–	–	–	–	–	–	–	–	–	–	–
	III	–	–	–	–	III	–	–	–	–	–	–	–	–	–	–	–	–	–	–	–	–	–	–	–
	V	1 667	–	133,36	150,03	IV	269	–	–	–	–	–	–	–	–	–	–	–	–	–	–	–	–	–	–
	VI	2 102	–	168,16	189,18																				
15 623,99	I,IV	274	–	21,92	24,66	I	274	–	–	–	–	–	–	–	–	–	–	–	–	–	–	–	–	–	–
	II	–	–	–	–	II	–	–	–	–	–	–	–	–	–	–	–	–	–	–	–	–	–	–	–
	III	–	–	–	–	III	–	–	–	–	–	–	–	–	–	–	–	–	–	–	–	–	–	–	–
	V	1 679	–	134,32	151,11	IV	274	–	–	–	–	–	–	–	–	–	–	–	–	–	–	–	–	–	–
	VI	2 114	–	169,12	190,26																				
15 659,99	I,IV	280	–	22,40	25,20	I	280	–	–	–	–	–	–	–	–	–	–	–	–	–	–	–	–	–	–
	II	–	–	–	–	II	–	–	–	–	–	–	–	–	–	–	–	–	–	–	–	–	–	–	–
	III	–	–	–	–	III	–	–	–	–	–	–	–	–	–	–	–	–	–	–	–	–	–	–	–
	V	1 691	–	135,28	152,19	IV	280	–	–	–	–	–	–	–	–	–	–	–	–	–	–	–	–	–	–
	VI	2 126	–	170,08	191,34																				
15 695,99	I,IV	285	–	22,80	25,65	I	285	–	–	–	–	–	–	–	–	–	–	–	–	–	–	–	–	–	–
	II	–	–	–	–	II	–	–	–	–	–	–	–	–	–	–	–	–	–	–	–	–	–	–	–
	III	–	–	–	–	III	–	–	–	–	–	–	–	–	–	–	–	–	–	–	–	–	–	–	–
	V	1 704	–	136,32	153,36	IV	285	–	–	–	–	–	–	–	–	–	–	–	–	–	–	–	–	–	–
	VI	2 139	–	171,12	192,51																				
15 731,99	I,IV	290	–	23,20	26,10	I	290	–	–	–	–	–	–	–	–	–	–	–	–	–	–	–	–	–	–
	II	–	–	–	–	II	–	–	–	–	–	–	–	–	–	–	–	–	–	–	–	–	–	–	–
	III	–	–	–	–	III	–	–	–	–	–	–	–	–	–	–	–	–	–	–	–	–	–	–	–
	V	1 716	–	137,28	154,44	IV	290	–	–	–	–	–	–	–	–	–	–	–	–	–	–	–	–	–	–
	VI	2 151	–	172,08	193,59																				
15 767,99	I,IV	295	–	23,60	26,55	I	295	–	–	–	–	–	–	–	–	–	–	–	–	–	–	–	–	–	–
	II	–	–	–	–	II	–	–	–	–	–	–	–	–	–	–	–	–	–	–	–	–	–	–	–
	III	–	–	–	–	III	–	–	–	–	–	–	–	–	–	–	–	–	–	–	–	–	–	–	–
	V	1 728	–	138,24	155,52	IV	295	–	–	–	–	–	–	–	–	–	–	–	–	–	–	–	–	–	–
	VI	2 163	–	173,04	194,67																				
15 803,99	I,IV	300	–	24,–	27,–	I	300	–	–	–	–	–	–	–	–	–	–	–	–	–	–	–	–	–	–
	II	–	–	–	–	II	–	–	–	–	–	–	–	–	–	–	–	–	–	–	–	–	–	–	–
	III	–	–	–	–	III	–	–	–	–	–	–	–	–	–	–	–	–	–	–	–	–	–	–	–
	V	1 740	–	139,20	156,60	IV	300	–	–	–	–	–	–	–	–	–	–	–	–	–	–	–	–	–	–
	VI	2 175	–	174,–	195,75																				
15 839,99	I,IV	305	–	24,40	27,45	I	305	–	–	–	–	–	–	–	–	–	–	–	–	–	–	–	–	–	–
	II	1	–	0,08	0,09	II	1	–	–	–	–	–	–	–	–	–	–	–	–	–	–	–	–	–	–
	III	–	–	–	–	III	–	–	–	–	–	–	–	–	–	–	–	–	–	–	–	–	–	–	–
	V	1 752	–	140,16	157,68	IV	305	–	–	–	–	–	–	–	–	–	–	–	–	–	–	–	–	–	–
	VI	2 187	–	174,96	196,83																				
15 875,99	I,IV	311	–	24,88	27,99	I	311	–	–	–	–	–	–	–	–	–	–	–	–	–	–	–	–	–	–
	II	6	–	0,48	0,54	II	6	–	–	–	–	–	–	–	–	–	–	–	–	–	–	–	–	–	–
	III	–	–	–	–	III	–	–	–	–	–	–	–	–	–	–	–	–	–	–	–	–	–	–	–
	V	1 766	–	141,28	158,94	IV	311	–	–	–	–	–	–	–	–	–	–	–	–	–	–	–	–	–	–
	VI	2 201	–	176,08	198,09																				
15 911,99	I,IV	317	–	25,36	28,53	I	317	–	–	–	–	–	–	–	–	–	–	–	–	–	–	–	–	–	–
	II	11	–	0,88	0,99	II	11	–	–	–	–	–	–	–	–	–	–	–	–	–	–	–	–	–	–
	III	–	–	–	–	III	–	–	–	–	–	–	–	–	–	–	–	–	–	–	–	–	–	–	–
	V	1 780	–	142,40	160,20	IV	317	–	–	–	–	–	–	–	–	–	–	–	–	–	–	–	–	–	–
	VI	2 215	–	177,20	199,35																				
15 947,99	I,IV	323	–	25,84	29,07	I	323	–	–	–	–	–	–	–	–	–	–	–	–	–	–	–	–	–	–
	II	15	–	1,20	1,35	II	15	–	–	–	–	–	–	–	–	–	–	–	–	–	–	–	–	–	–
	III	–	–	–	–	III	–	–	–	–	–	–	–	–	–	–	–	–	–	–	–	–	–	–	–
	V	1 794	–	143,52	161,46	IV	323	–	–	–	–	–	–	–	–	–	–	–	–	–	–	–	–	–	–
	VI	2 229	–	178,32	200,61																				
15 983,99	I,IV	329	–	26,32	29,61	I	329	–	–	–	–	–	–	–	–	–	–	–	–	–	–	–	–	–	–
	II	20	–	1,60	1,80	II	20	–	–	–	–	–	–	–	–	–	–	–	–	–	–	–	–	–	–
	III	–	–	–	–	III	–	–	–	–	–	–	–	–	–	–	–	–	–	–	–	–	–	–	–
	V	1 808	–	144,64	162,72	IV	329	–	–	–	–	–	–	–	–	–	–	–	–	–	–	–	–	–	–
	VI	2 243	–	179,44	201,87																				
16 019,99	I,IV	335	–	26,80	30,15	I	335	–	–	–	–	–	–	–	–	–	–	–	–	–	–	–	–	–	–
	II	25	–	2,–	2,25	II	25	–	–	–	–	–	–	–	–	–	–	–	–	–	–	–	–	–	–
	III	–	–	–	–	III	–	–	–	–	–	–	–	–	–	–	–	–	–	–	–	–	–	–	–
	V	1 822	–	145,76	163,98	IV	335	–	–	–	–	–	–	–	–	–	–	–	–	–	–	–	–	–	–
	VI	2 257	–	180,56	203,13																				
16 055,99	I,IV	341	–	27,28	30,69	I	341	–	–	–	–	–	–	–	–	–	–	–	–	–	–	–	–	–	–
	II	30	–	2,40	2,70	II	30	–	–	–	–	–	–	–	–	–	–	–	–	–	–	–	–	–	–
	III	–	–	–	–	III	–	–	–	–	–	–	–	–	–	–	–	–	–	–	–	–	–	–	–
	V	1 836	–	146,88	165,24	IV	341	–	0,24	0,27	–	–	–	–	–	–	–	–	–	–	–	–	–	–	–
	VI	2 271	–	181,68	204,39																				
16 091,99	I,IV	347	–	27,76	31,23	I	347	–	–	–	–	–	–	–	–	–	–	–	–	–	–	–	–	–	–
	II	34	–	2,72	3,06	II	34	–	–	–	–	–	–	–	–	–	–	–	–	–	–	–	–	–	–
	III	–	–	–	–	III	–	–	–	–	–	–	–	–	–	–	–	–	–	–	–	–	–	–	–
	V	1 850	–	148,–	166,50	IV	347	–	0,56	0,63	–	–	–	–	–	–	–	–	–	–	–	–	–	–	–
	VI	2 285	–	182,80	205,65																				
16 127,99	I,IV	353	–	28,24	31,77	I	353	–	–	–	–	–	–	–	–	–	–	–	–	–	–	–	–	–	–
	II	39	–	3,12	3,51	II	39	–	–	–	–	–	–	–	–	–	–	–	–	–	–	–	–	–	–
	III	–	–	–	–	III	–	–	–	–	–	–	–	–	–	–	–	–	–	–	–	–	–	–	–
	V	1 864	–	149,12	167,76	IV	353	–	0,96	1,08	–	–	–	–	–	–	–	–	–	–	–	–	–	–	–
	VI	2 299	–	183,92	206,91																				

* Die ausgewiesenen Tabellenwerte sind amtlich. Siehe Erläuterungen auf der Umschlaginnenseite (U2).

JAHR 16 128,–*

Lohn/ Gehalt bis €*	Abzüge an Lohnsteuer, Solidaritätszuschlag (SolZ) und Kirchensteuer (8%, 9%) in den Steuerklassen I – VI					I, II, III, IV		mit Zahl der Kinderfreibeträge . . . 0,5			1			1,5			2			2,5			3		
		LSt	ohne Kinderfreibeträge SolZ	8%	9%		LSt	SolZ	8%	9%	SolZ	8%	9%	SolZ	8%	9%	SolZ	8%	9%	SolZ	8%	9%	SolZ	8%	9%
16 163,99	I,IV	359	—	28,72	32,31	I	359	—	—	—	—	—	—	—	—	—	—	—	—	—	—	—	—	—	—
	II	44	—	3,52	3,96	II	44	—	—	—	—	—	—	—	—	—	—	—	—	—	—	—	—	—	—
	III	—	—	—	—	III	—	—	—	—	—	—	—	—	—	—	—	—	—	—	—	—	—	—	—
	V	1 878	—	150,24	169,02	IV	359	—	1,36	1,53	—	—	—	—	—	—	—	—	—	—	—	—	—	—	—
	VI	2 313	—	185,04	208,17																				
16 199,99	I,IV	365	—	29,20	32,85	I	365	—	—	—	—	—	—	—	—	—	—	—	—	—	—	—	—	—	—
	II	49	—	3,92	4,41	II	49	—	—	—	—	—	—	—	—	—	—	—	—	—	—	—	—	—	—
	III	—	—	—	—	III	—	—	—	—	—	—	—	—	—	—	—	—	—	—	—	—	—	—	—
	V	1 892	—	151,36	170,28	IV	365	—	1,76	1,98	—	—	—	—	—	—	—	—	—	—	—	—	—	—	—
	VI	2 327	—	186,16	209,43																				
16 235,99	I,IV	372	—	29,76	33,48	I	372	—	—	—	—	—	—	—	—	—	—	—	—	—	—	—	—	—	—
	II	54	—	4,32	4,86	II	54	—	—	—	—	—	—	—	—	—	—	—	—	—	—	—	—	—	—
	III	—	—	—	—	III	—	—	—	—	—	—	—	—	—	—	—	—	—	—	—	—	—	—	—
	V	1 906	—	152,48	171,54	IV	372	—	2,08	2,34	—	—	—	—	—	—	—	—	—	—	—	—	—	—	—
	VI	2 341	—	187,28	210,69																				
16 271,99	I,IV	378	—	30,24	34,02	I	378	—	—	—	—	—	—	—	—	—	—	—	—	—	—	—	—	—	—
	II	59	—	4,72	5,31	II	59	—	—	—	—	—	—	—	—	—	—	—	—	—	—	—	—	—	—
	III	—	—	—	—	III	—	—	—	—	—	—	—	—	—	—	—	—	—	—	—	—	—	—	—
	V	1 919	—	153,52	172,71	IV	378	—	2,48	2,79	—	—	—	—	—	—	—	—	—	—	—	—	—	—	—
	VI	2 355	—	188,40	211,95																				
16 307,99	I,IV	384	—	30,72	34,56	I	384	—	—	—	—	—	—	—	—	—	—	—	—	—	—	—	—	—	—
	II	64	—	5,12	5,76	II	64	—	—	—	—	—	—	—	—	—	—	—	—	—	—	—	—	—	—
	III	—	—	—	—	III	—	—	—	—	—	—	—	—	—	—	—	—	—	—	—	—	—	—	—
	V	1 934	—	154,72	174,06	IV	384	—	2,88	3,24	—	—	—	—	—	—	—	—	—	—	—	—	—	—	—
	VI	2 369	—	189,52	213,21																				
16 343,99	I,IV	390	—	31,20	35,10	I	390	—	—	—	—	—	—	—	—	—	—	—	—	—	—	—	—	—	—
	II	69	—	5,52	6,21	II	69	—	—	—	—	—	—	—	—	—	—	—	—	—	—	—	—	—	—
	III	—	—	—	—	III	—	—	—	—	—	—	—	—	—	—	—	—	—	—	—	—	—	—	—
	V	1 948	—	155,84	175,32	IV	390	—	3,28	3,69	—	—	—	—	—	—	—	—	—	—	—	—	—	—	—
	VI	2 383	—	190,64	214,47																				
16 379,99	I,IV	396	—	31,68	35,64	I	396	—	—	—	—	—	—	—	—	—	—	—	—	—	—	—	—	—	—
	II	74	—	5,92	6,66	II	74	—	—	—	—	—	—	—	—	—	—	—	—	—	—	—	—	—	—
	III	—	—	—	—	III	—	—	—	—	—	—	—	—	—	—	—	—	—	—	—	—	—	—	—
	V	1 961	—	156,88	176,49	IV	396	—	3,68	4,14	—	—	—	—	—	—	—	—	—	—	—	—	—	—	—
	VI	2 397	—	191,76	215,73																				
16 415,99	I,IV	403	—	32,24	36,27	I	403	—	—	—	—	—	—	—	—	—	—	—	—	—	—	—	—	—	—
	II	79	—	6,32	7,11	II	79	—	—	—	—	—	—	—	—	—	—	—	—	—	—	—	—	—	—
	III	—	—	—	—	III	—	—	—	—	—	—	—	—	—	—	—	—	—	—	—	—	—	—	—
	V	1 975	—	158,—	177,75	IV	403	—	4,—	4,50	—	—	—	—	—	—	—	—	—	—	—	—	—	—	—
	VI	2 410	—	192,80	216,90																				
16 451,99	I,IV	409	—	32,72	36,81	I	409	—	—	—	—	—	—	—	—	—	—	—	—	—	—	—	—	—	—
	II	84	—	6,72	7,56	II	84	—	—	—	—	—	—	—	—	—	—	—	—	—	—	—	—	—	—
	III	—	—	—	—	III	—	—	—	—	—	—	—	—	—	—	—	—	—	—	—	—	—	—	—
	V	1 989	—	159,12	179,01	IV	409	—	4,40	4,95	—	—	—	—	—	—	—	—	—	—	—	—	—	—	—
	VI	2 424	—	193,92	218,16																				
16 487,99	I,IV	415	—	33,20	37,35	I	415	—	—	—	—	—	—	—	—	—	—	—	—	—	—	—	—	—	—
	II	89	—	7,12	8,01	II	89	—	—	—	—	—	—	—	—	—	—	—	—	—	—	—	—	—	—
	III	—	—	—	—	III	—	—	—	—	—	—	—	—	—	—	—	—	—	—	—	—	—	—	—
	V	2 003	—	160,24	180,27	IV	415	—	4,80	5,40	—	—	—	—	—	—	—	—	—	—	—	—	—	—	—
	VI	2 438	—	195,04	219,42																				
16 523,99	I,IV	422	—	33,76	37,98	I	422	—	—	—	—	—	—	—	—	—	—	—	—	—	—	—	—	—	—
	II	94	—	7,52	8,46	II	94	—	—	—	—	—	—	—	—	—	—	—	—	—	—	—	—	—	—
	III	—	—	—	—	III	—	—	—	—	—	—	—	—	—	—	—	—	—	—	—	—	—	—	—
	V	2 017	—	161,36	181,53	IV	422	—	5,20	5,85	—	—	—	—	—	—	—	—	—	—	—	—	—	—	—
	VI	2 452	—	196,16	220,68																				
16 559,99	I,IV	428	—	34,24	38,52	I	428	—	—	—	—	—	—	—	—	—	—	—	—	—	—	—	—	—	—
	II	99	—	7,92	8,91	II	99	—	—	—	—	—	—	—	—	—	—	—	—	—	—	—	—	—	—
	III	—	—	—	—	III	—	—	—	—	—	—	—	—	—	—	—	—	—	—	—	—	—	—	—
	V	2 031	—	162,48	182,79	IV	428	—	5,60	6,30	—	—	—	—	—	—	—	—	—	—	—	—	—	—	—
	VI	2 466	—	197,28	221,94																				
16 595,99	I,IV	434	—	34,72	39,06	I	434	—	—	—	—	—	—	—	—	—	—	—	—	—	—	—	—	—	—
	II	104	—	8,32	9,36	II	104	—	—	—	—	—	—	—	—	—	—	—	—	—	—	—	—	—	—
	III	—	—	—	—	III	—	—	—	—	—	—	—	—	—	—	—	—	—	—	—	—	—	—	—
	V	2 045	—	163,60	184,05	IV	434	—	6,—	6,75	—	—	—	—	—	—	—	—	—	—	—	—	—	—	—
	VI	2 480	—	198,40	223,20																				
16 631,99	I,IV	441	—	35,28	39,69	I	441	—	—	—	—	—	—	—	—	—	—	—	—	—	—	—	—	—	—
	II	109	—	8,72	9,81	II	109	—	—	—	—	—	—	—	—	—	—	—	—	—	—	—	—	—	—
	III	—	—	—	—	III	—	—	—	—	—	—	—	—	—	—	—	—	—	—	—	—	—	—	—
	V	2 059	—	164,72	185,31	IV	441	—	6,40	7,20	—	—	—	—	—	—	—	—	—	—	—	—	—	—	—
	VI	2 494	—	199,52	224,46																				
16 667,99	I,IV	447	—	35,76	40,23	I	447	—	—	—	—	—	—	—	—	—	—	—	—	—	—	—	—	—	—
	II	114	—	9,12	10,26	II	114	—	—	—	—	—	—	—	—	—	—	—	—	—	—	—	—	—	—
	III	—	—	—	—	III	—	—	—	—	—	—	—	—	—	—	—	—	—	—	—	—	—	—	—
	V	2 073	—	165,84	186,57	IV	447	—	6,80	7,65	—	—	—	—	—	—	—	—	—	—	—	—	—	—	—
	VI	2 508	—	200,64	225,72																				
16 703,99	I,IV	454	—	36,32	40,86	I	454	—	—	—	—	—	—	—	—	—	—	—	—	—	—	—	—	—	—
	II	119	—	9,52	10,71	II	119	—	—	—	—	—	—	—	—	—	—	—	—	—	—	—	—	—	—
	III	—	—	—	—	III	—	—	—	—	—	—	—	—	—	—	—	—	—	—	—	—	—	—	—
	V	2 087	—	166,96	187,83	IV	454	—	7,20	8,10	—	—	—	—	—	—	—	—	—	—	—	—	—	—	—
	VI	2 522	—	201,76	226,98																				

* Die ausgewiesenen Tabellenwerte sind amtlich. Siehe Erläuterungen auf der Umschlaginnenseite (U2).

Abzüge an Lohnsteuer, Solidaritätszuschlag (SolZ) und Kirchensteuer (8%, 9%) in den Steuerklassen

Lohn/ Gehalt bis €*	I – VI					I, II, III, IV		mit Zahl der Kinderfreibeträge . . . 0,5			1			1,5			2			2,5			3		
		LSt	ohne Kinderfreibeträge SolZ	8%	9%		LSt	SolZ	8%	9%	SolZ	8%	9%	SolZ	8%	9%	SolZ	8%	9%	SolZ	8%	9%	SolZ	8%	9%
16 739,99	I,IV	460	—	36,80	41,40	I	460	—	—	—	—	—	—	—	—	—	—	—	—	—	—	—	—	—	—
	II	125	—	10,—	11,25	II	125	—	—	—	—	—	—	—	—	—	—	—	—	—	—	—	—	—	—
	III	—	—	—	—	III	—	—	—	—	—	—	—	—	—	—	—	—	—	—	—	—	—	—	—
	V	2 101	—	168,08	189,09	IV	460	—	7,60	8,55	—	—	—	—	—	—	—	—	—	—	—	—	—	—	—
	VI	2 536	—	202,88	228,24																				
16 775,99	I,IV	466	—	37,28	41,94	I	466	—	—	—	—	—	—	—	—	—	—	—	—	—	—	—	—	—	—
	II	130	—	10,40	11,70	II	130	—	—	—	—	—	—	—	—	—	—	—	—	—	—	—	—	—	—
	III	—	—	—	—	III	—	—	—	—	—	—	—	—	—	—	—	—	—	—	—	—	—	—	—
	V	2 115	—	169,20	190,35	IV	466	—	8,—	9,—	—	—	—	—	—	—	—	—	—	—	—	—	—	—	—
	VI	2 550	—	204,—	229,50																				
16 811,99	I,IV	473	—	37,84	42,57	I	473	—	—	—	—	—	—	—	—	—	—	—	—	—	—	—	—	—	—
	II	135	—	10,80	12,15	II	135	—	—	—	—	—	—	—	—	—	—	—	—	—	—	—	—	—	—
	III	—	—	—	—	III	—	—	—	—	—	—	—	—	—	—	—	—	—	—	—	—	—	—	—
	V	2 129	—	170,32	191,61	IV	473	—	8,40	9,45	—	—	—	—	—	—	—	—	—	—	—	—	—	—	—
	VI	2 564	—	205,12	230,76																				
16 847,99	I,IV	479	—	38,32	43,11	I	479	—	—	—	—	—	—	—	—	—	—	—	—	—	—	—	—	—	—
	II	140	—	11,20	12,60	II	140	—	—	—	—	—	—	—	—	—	—	—	—	—	—	—	—	—	—
	III	—	—	—	—	III	—	—	—	—	—	—	—	—	—	—	—	—	—	—	—	—	—	—	—
	V	2 142	—	171,36	192,78	IV	479	—	8,88	9,99	—	—	—	—	—	—	—	—	—	—	—	—	—	—	—
	VI	2 578	—	206,24	232,02																				
16 883,99	I,IV	486	—	38,88	43,74	I	486	—	—	—	—	—	—	—	—	—	—	—	—	—	—	—	—	—	—
	II	146	—	11,68	13,14	II	146	—	—	—	—	—	—	—	—	—	—	—	—	—	—	—	—	—	—
	III	—	—	—	—	III	—	—	—	—	—	—	—	—	—	—	—	—	—	—	—	—	—	—	—
	V	2 157	—	172,56	194,13	IV	486	—	9,28	10,44	—	—	—	—	—	—	—	—	—	—	—	—	—	—	—
	VI	2 592	—	207,36	233,28																				
16 919,99	I,IV	493	—	39,44	44,37	I	493	—	—	—	—	—	—	—	—	—	—	—	—	—	—	—	—	—	—
	II	151	—	12,08	13,59	II	151	—	—	—	—	—	—	—	—	—	—	—	—	—	—	—	—	—	—
	III	—	—	—	—	III	—	—	—	—	—	—	—	—	—	—	—	—	—	—	—	—	—	—	—
	V	2 171	—	173,68	195,39	IV	493	—	9,68	10,89	—	—	—	—	—	—	—	—	—	—	—	—	—	—	—
	VI	2 606	—	208,48	234,54																				
16 955,99	I,IV	499	—	39,92	44,91	I	499	—	—	—	—	—	—	—	—	—	—	—	—	—	—	—	—	—	—
	II	156	—	12,48	14,04	II	156	—	—	—	—	—	—	—	—	—	—	—	—	—	—	—	—	—	—
	III	—	—	—	—	III	—	—	—	—	—	—	—	—	—	—	—	—	—	—	—	—	—	—	—
	V	2 184	—	174,72	196,56	IV	499	—	10,08	11,34	—	—	—	—	—	—	—	—	—	—	—	—	—	—	—
	VI	2 620	—	209,60	235,80																				
16 991,99	I,IV	506	—	40,48	45,54	I	506	—	—	—	—	—	—	—	—	—	—	—	—	—	—	—	—	—	—
	II	162	—	12,96	14,58	II	162	—	—	—	—	—	—	—	—	—	—	—	—	—	—	—	—	—	—
	III	—	—	—	—	III	—	—	—	—	—	—	—	—	—	—	—	—	—	—	—	—	—	—	—
	V	2 198	—	175,84	197,82	IV	506	—	10,48	11,79	—	—	—	—	—	—	—	—	—	—	—	—	—	—	—
	VI	2 633	—	210,64	236,97																				
17 027,99	I,IV	512	—	40,96	46,08	I	512	—	—	—	—	—	—	—	—	—	—	—	—	—	—	—	—	—	—
	II	167	—	13,36	15,03	II	167	—	—	—	—	—	—	—	—	—	—	—	—	—	—	—	—	—	—
	III	—	—	—	—	III	—	—	—	—	—	—	—	—	—	—	—	—	—	—	—	—	—	—	—
	V	2 212	—	176,96	199,08	IV	512	—	10,96	12,33	—	—	—	—	—	—	—	—	—	—	—	—	—	—	—
	VI	2 647	—	211,76	238,23																				
17 063,99	I,IV	519	—	41,52	46,71	I	519	—	—	—	—	—	—	—	—	—	—	—	—	—	—	—	—	—	—
	II	172	—	13,76	15,48	II	172	—	—	—	—	—	—	—	—	—	—	—	—	—	—	—	—	—	—
	III	—	—	—	—	III	—	—	—	—	—	—	—	—	—	—	—	—	—	—	—	—	—	—	—
	V	2 226	—	178,08	200,34	IV	519	—	11,36	12,78	—	—	—	—	—	—	—	—	—	—	—	—	—	—	—
	VI	2 661	—	212,88	239,49																				
17 099,99	I,IV	526	—	42,08	47,34	I	526	—	—	—	—	—	—	—	—	—	—	—	—	—	—	—	—	—	—
	II	178	—	14,24	16,02	II	178	—	—	—	—	—	—	—	—	—	—	—	—	—	—	—	—	—	—
	III	—	—	—	—	III	—	—	—	—	—	—	—	—	—	—	—	—	—	—	—	—	—	—	—
	V	2 240	—	179,20	201,60	IV	526	—	11,76	13,23	—	—	—	—	—	—	—	—	—	—	—	—	—	—	—
	VI	2 675	—	214,—	240,75																				
17 135,99	I,IV	532	—	42,56	47,88	I	532	—	—	—	—	—	—	—	—	—	—	—	—	—	—	—	—	—	—
	II	183	—	14,64	16,47	II	183	—	—	—	—	—	—	—	—	—	—	—	—	—	—	—	—	—	—
	III	—	—	—	—	III	—	—	—	—	—	—	—	—	—	—	—	—	—	—	—	—	—	—	—
	V	2 254	—	180,32	202,86	IV	532	—	12,16	13,68	—	—	—	—	—	—	—	—	—	—	—	—	—	—	—
	VI	2 689	—	215,12	242,01																				
17 171,99	I,IV	539	—	43,12	48,51	I	539	—	—	—	—	—	—	—	—	—	—	—	—	—	—	—	—	—	—
	II	189	—	15,12	17,01	II	189	—	—	—	—	—	—	—	—	—	—	—	—	—	—	—	—	—	—
	III	—	—	—	—	III	—	—	—	—	—	—	—	—	—	—	—	—	—	—	—	—	—	—	—
	V	2 268	—	181,44	204,12	IV	539	—	12,64	14,22	—	—	—	—	—	—	—	—	—	—	—	—	—	—	—
	VI	2 703	—	216,24	243,27																				
17 207,99	I,IV	546	—	43,68	49,14	I	546	—	—	—	—	—	—	—	—	—	—	—	—	—	—	—	—	—	—
	II	194	—	15,52	17,46	II	194	—	—	—	—	—	—	—	—	—	—	—	—	—	—	—	—	—	—
	III	—	—	—	—	III	—	—	—	—	—	—	—	—	—	—	—	—	—	—	—	—	—	—	—
	V	2 282	—	182,56	205,38	IV	546	—	13,04	14,67	—	—	—	—	—	—	—	—	—	—	—	—	—	—	—
	VI	2 717	—	217,36	244,53																				
17 243,99	I,IV	552	—	44,16	49,68	I	552	—	—	—	—	—	—	—	—	—	—	—	—	—	—	—	—	—	—
	II	199	—	15,92	17,91	II	199	—	—	—	—	—	—	—	—	—	—	—	—	—	—	—	—	—	—
	III	—	—	—	—	III	—	—	—	—	—	—	—	—	—	—	—	—	—	—	—	—	—	—	—
	V	2 296	—	183,68	206,64	IV	552	—	13,44	15,12	—	—	—	—	—	—	—	—	—	—	—	—	—	—	—
	VI	2 731	—	218,48	245,79																				
17 279,99	I,IV	559	—	44,72	50,31	I	559	—	—	—	—	—	—	—	—	—	—	—	—	—	—	—	—	—	—
	II	205	—	16,40	18,45	II	205	—	—	—	—	—	—	—	—	—	—	—	—	—	—	—	—	—	—
	III	—	—	—	—	III	—	—	—	—	—	—	—	—	—	—	—	—	—	—	—	—	—	—	—
	V	2 310	—	184,80	207,90	IV	559	—	13,92	15,66	—	—	—	—	—	—	—	—	—	—	—	—	—	—	—
	VI	2 745	—	219,60	247,05																				

* Die ausgewiesenen Tabellenwerte sind amtlich. Siehe Erläuterungen auf der Umschlaginnenseite (U2).

Abzüge an Lohnsteuer, Solidaritätszuschlag (SolZ) und Kirchensteuer (8%, 9%) in den Steuerklassen

Lohn/ Gehalt bis €*	I – VI		ohne Kinderfreibeträge			I, II, III, IV		mit Zahl der Kinderfreibeträge . . . 0,5			1			1,5			2			2,5			3		
		LSt	SolZ	8%	9%		LSt	SolZ	8%	9%	SolZ	8%	9%	SolZ	8%	9%	SolZ	8%	9%	SolZ	8%	9%	SolZ	8%	9%
17 315,99	I,IV	566	—	45,28	50,94	I	566	—	—	—	—	—	—	—	—	—	—	—	—	—	—	—	—	—	—
	II	211	—	16,88	18,99	II	211	—	—	—	—	—	—	—	—	—	—	—	—	—	—	—	—	—	—
	III	—	—	—	—	III	—	—	—	—	—	—	—	—	—	—	—	—	—	—	—	—	—	—	—
	V	2 324	—	185,92	209,16	IV	566	—	14,32	16,11	—	—	—	—	—	—	—	—	—	—	—	—	—	—	—
	VI	2 759	—	220,72	248,31																				
17 351,99	I,IV	573	—	45,84	51,57	I	573	—	—	—	—	—	—	—	—	—	—	—	—	—	—	—	—	—	—
	II	216	—	17,28	19,44	II	216	—	—	—	—	—	—	—	—	—	—	—	—	—	—	—	—	—	—
	III	—	—	—	—	III	—	—	—	—	—	—	—	—	—	—	—	—	—	—	—	—	—	—	—
	V	2 338	—	187,04	210,42	IV	573	—	14,80	16,65	—	—	—	—	—	—	—	—	—	—	—	—	—	—	—
	VI	2 773	—	221,84	249,57																				
17 387,99	I,IV	580	—	46,40	52,20	I	580	—	—	—	—	—	—	—	—	—	—	—	—	—	—	—	—	—	—
	II	222	—	17,76	19,98	II	222	—	—	—	—	—	—	—	—	—	—	—	—	—	—	—	—	—	—
	III	—	—	—	—	III	—	—	—	—	—	—	—	—	—	—	—	—	—	—	—	—	—	—	—
	V	2 352	—	188,16	211,68	IV	580	—	15,20	17,10	—	—	—	—	—	—	—	—	—	—	—	—	—	—	—
	VI	2 787	—	222,96	250,83																				
17 423,99	I,IV	587	—	46,96	52,83	I	587	—	—	—	—	—	—	—	—	—	—	—	—	—	—	—	—	—	—
	II	227	—	18,16	20,43	II	227	—	—	—	—	—	—	—	—	—	—	—	—	—	—	—	—	—	—
	III	—	—	—	—	III	—	—	—	—	—	—	—	—	—	—	—	—	—	—	—	—	—	—	—
	V	2 365	—	189,20	212,85	IV	587	—	15,68	17,64	—	—	—	—	—	—	—	—	—	—	—	—	—	—	—
	VI	2 801	—	224,08	252,09																				
17 459,99	I,IV	594	—	47,52	53,46	I	594	—	—	—	—	—	—	—	—	—	—	—	—	—	—	—	—	—	—
	II	233	—	18,64	20,97	II	233	—	—	—	—	—	—	—	—	—	—	—	—	—	—	—	—	—	—
	III	—	—	—	—	III	—	—	—	—	—	—	—	—	—	—	—	—	—	—	—	—	—	—	—
	V	2 380	—	190,40	214,20	IV	594	—	16,08	18,09	—	—	—	—	—	—	—	—	—	—	—	—	—	—	—
	VI	2 815	—	225,20	253,35																				
17 495,99	I,IV	601	—	48,08	54,09	I	601	—	—	—	—	—	—	—	—	—	—	—	—	—	—	—	—	—	—
	II	239	—	19,12	21,51	II	239	—	—	—	—	—	—	—	—	—	—	—	—	—	—	—	—	—	—
	III	—	—	—	—	III	—	—	—	—	—	—	—	—	—	—	—	—	—	—	—	—	—	—	—
	V	2 394	—	191,52	215,46	IV	601	—	16,56	18,63	—	—	—	—	—	—	—	—	—	—	—	—	—	—	—
	VI	2 829	—	226,32	254,61																				
17 531,99	I,IV	607	—	48,56	54,63	I	607	—	—	—	—	—	—	—	—	—	—	—	—	—	—	—	—	—	—
	II	244	—	19,52	21,96	II	244	—	—	—	—	—	—	—	—	—	—	—	—	—	—	—	—	—	—
	III	—	—	—	—	III	—	—	—	—	—	—	—	—	—	—	—	—	—	—	—	—	—	—	—
	V	2 407	—	192,56	216,63	IV	607	—	16,96	19,08	—	—	—	—	—	—	—	—	—	—	—	—	—	—	—
	VI	2 843	—	227,44	255,87																				
17 567,99	I,IV	614	—	49,12	55,26	I	614	—	—	—	—	—	—	—	—	—	—	—	—	—	—	—	—	—	—
	II	250	—	20,—	22,50	II	250	—	—	—	—	—	—	—	—	—	—	—	—	—	—	—	—	—	—
	III	—	—	—	—	III	—	—	—	—	—	—	—	—	—	—	—	—	—	—	—	—	—	—	—
	V	2 421	—	193,68	217,89	IV	614	—	17,44	19,62	—	—	—	—	—	—	—	—	—	—	—	—	—	—	—
	VI	2 856	—	228,48	257,04																				
17 603,99	I,IV	621	—	49,68	55,89	I	621	—	—	—	—	—	—	—	—	—	—	—	—	—	—	—	—	—	—
	II	256	—	20,48	23,04	II	256	—	—	—	—	—	—	—	—	—	—	—	—	—	—	—	—	—	—
	III	—	—	—	—	III	—	—	—	—	—	—	—	—	—	—	—	—	—	—	—	—	—	—	—
	V	2 435	—	194,80	219,15	IV	621	—	17,84	20,07	—	—	—	—	—	—	—	—	—	—	—	—	—	—	—
	VI	2 870	—	229,60	258,30																				
17 639,99	I,IV	628	—	50,24	56,52	I	628	—	—	—	—	—	—	—	—	—	—	—	—	—	—	—	—	—	—
	II	261	—	20,88	23,49	II	261	—	—	—	—	—	—	—	—	—	—	—	—	—	—	—	—	—	—
	III	—	—	—	—	III	—	—	—	—	—	—	—	—	—	—	—	—	—	—	—	—	—	—	—
	V	2 449	—	195,92	220,41	IV	628	—	18,32	20,61	—	—	—	—	—	—	—	—	—	—	—	—	—	—	—
	VI	2 884	—	230,72	259,56																				
17 675,99	I,IV	635	—	50,80	57,15	I	635	—	—	—	—	—	—	—	—	—	—	—	—	—	—	—	—	—	—
	II	267	—	21,36	24,03	II	267	—	—	—	—	—	—	—	—	—	—	—	—	—	—	—	—	—	—
	III	—	—	—	—	III	—	—	—	—	—	—	—	—	—	—	—	—	—	—	—	—	—	—	—
	V	2 463	—	197,04	221,67	IV	635	—	18,80	21,15	—	—	—	—	—	—	—	—	—	—	—	—	—	—	—
	VI	2 898	—	231,84	260,82																				
17 711,99	I,IV	642	—	51,36	57,78	I	642	—	—	—	—	—	—	—	—	—	—	—	—	—	—	—	—	—	—
	II	273	—	21,84	24,57	II	273	—	—	—	—	—	—	—	—	—	—	—	—	—	—	—	—	—	—
	III	—	—	—	—	III	—	—	—	—	—	—	—	—	—	—	—	—	—	—	—	—	—	—	—
	V	2 477	—	198,16	222,93	IV	642	—	19,20	21,60	—	—	—	—	—	—	—	—	—	—	—	—	—	—	—
	VI	2 912	—	232,96	262,08																				
17 747,99	I,IV	649	—	51,92	58,41	I	649	—	—	—	—	—	—	—	—	—	—	—	—	—	—	—	—	—	—
	II	279	—	22,32	25,11	II	279	—	—	—	—	—	—	—	—	—	—	—	—	—	—	—	—	—	—
	III	—	—	—	—	III	—	—	—	—	—	—	—	—	—	—	—	—	—	—	—	—	—	—	—
	V	2 491	—	199,28	224,19	IV	649	—	19,68	22,14	—	—	—	—	—	—	—	—	—	—	—	—	—	—	—
	VI	2 926	—	234,08	263,34																				
17 783,99	I,IV	657	—	52,56	59,13	I	657	—	—	—	—	—	—	—	—	—	—	—	—	—	—	—	—	—	—
	II	285	—	22,80	25,65	II	285	—	—	—	—	—	—	—	—	—	—	—	—	—	—	—	—	—	—
	III	—	—	—	—	III	—	—	—	—	—	—	—	—	—	—	—	—	—	—	—	—	—	—	—
	V	2 505	—	200,40	225,45	IV	657	—	20,16	22,68	—	—	—	—	—	—	—	—	—	—	—	—	—	—	—
	VI	2 940	—	235,20	264,60																				
17 819,99	I,IV	664	—	53,12	59,76	I	664	—	—	—	—	—	—	—	—	—	—	—	—	—	—	—	—	—	—
	II	290	—	23,20	26,10	II	290	—	—	—	—	—	—	—	—	—	—	—	—	—	—	—	—	—	—
	III	—	—	—	—	III	—	—	—	—	—	—	—	—	—	—	—	—	—	—	—	—	—	—	—
	V	2 519	—	201,52	226,71	IV	664	—	20,56	23,13	—	—	—	—	—	—	—	—	—	—	—	—	—	—	—
	VI	2 954	—	236,32	265,86																				
17 855,99	I,IV	671	—	53,68	60,39	I	671	—	—	—	—	—	—	—	—	—	—	—	—	—	—	—	—	—	—
	II	296	—	23,68	26,64	II	296	—	—	—	—	—	—	—	—	—	—	—	—	—	—	—	—	—	—
	III	—	—	—	—	III	—	—	—	—	—	—	—	—	—	—	—	—	—	—	—	—	—	—	—
	V	2 533	—	202,64	227,97	IV	671	—	21,04	23,67	—	—	—	—	—	—	—	—	—	—	—	—	—	—	—
	VI	2 968	—	237,44	267,12																				

* Die ausgewiesenen Tabellenwerte sind amtlich. Siehe Erläuterungen auf der Umschlaginnenseite (U2).

Abzüge an Lohnsteuer, Solidaritätszuschlag (SolZ) und Kirchensteuer (8%, 9%) in den Steuerklassen

Lohn/ Gehalt bis €*	I – VI	LSt	ohne Kinderfreibeträge SolZ	8%	9%	I, II, III, IV	LSt	mit Zahl der Kinderfreibeträge . . . 0,5 SolZ	0,5 8%	0,5 9%	1 SolZ	1 8%	1 9%	1,5 SolZ	1,5 8%	1,5 9%	2 SolZ	2 8%	2 9%	2,5 SolZ	2,5 8%	2,5 9%	3 SolZ	3 8%	3 9%
	I,IV	678	—	54,24	61,02	I	678	—	—	—	—	—	—	—	—	—	—	—	—	—	—	—	—	—	—
	II	302	—	24,16	27,18	II	302	—	—	—	—	—	—	—	—	—	—	—	—	—	—	—	—	—	—
17 891,99	III	—	—	—	—	III	—	—	—	—	—	—	—	—	—	—	—	—	—	—	—	—	—	—	—
	V	2 547	—	203,76	229,23	IV	678	—	21,52	24,21	—	—	—	—	—	—	—	—	—	—	—	—	—	—	—
	VI	2 982	—	238,56	268,38																				
	I,IV	685	—	54,80	61,65	I	685	—	—	—	—	—	—	—	—	—	—	—	—	—	—	—	—	—	—
	II	308	—	24,64	27,72	II	308	—	—	—	—	—	—	—	—	—	—	—	—	—	—	—	—	—	—
17 927,99	III	—	—	—	—	III	—	—	—	—	—	—	—	—	—	—	—	—	—	—	—	—	—	—	—
	V	2 561	—	204,88	230,49	IV	685	—	22,—	24,75	—	—	—	—	—	—	—	—	—	—	—	—	—	—	—
	VI	2 996	—	239,68	269,64																				
	I,IV	692	—	55,36	62,28	I	692	—	—	—	—	—	—	—	—	—	—	—	—	—	—	—	—	—	—
	II	314	—	25,12	28,26	II	314	—	—	—	—	—	—	—	—	—	—	—	—	—	—	—	—	—	—
17 963,99	III	—	—	—	—	III	—	—	—	—	—	—	—	—	—	—	—	—	—	—	—	—	—	—	—
	V	2 575	—	206,—	231,75	IV	692	—	22,48	25,29	—	—	—	—	—	—	—	—	—	—	—	—	—	—	—
	VI	3 010	—	240,80	270,90																				
	I,IV	699	—	55,92	62,91	I	699	—	—	—	—	—	—	—	—	—	—	—	—	—	—	—	—	—	—
	II	320	—	25,60	28,80	II	320	—	—	—	—	—	—	—	—	—	—	—	—	—	—	—	—	—	—
17 999,99	III	—	—	—	—	III	—	—	—	—	—	—	—	—	—	—	—	—	—	—	—	—	—	—	—
	V	2 588	—	207,04	232,92	IV	699	—	22,88	25,74	—	—	—	—	—	—	—	—	—	—	—	—	—	—	—
	VI	3 024	—	241,92	272,16																				
	I,IV	707	—	56,56	63,63	I	707	—	—	—	—	—	—	—	—	—	—	—	—	—	—	—	—	—	—
	II	326	—	26,08	29,34	II	326	—	—	—	—	—	—	—	—	—	—	—	—	—	—	—	—	—	—
18 035,99	III	—	—	—	—	III	—	—	—	—	—	—	—	—	—	—	—	—	—	—	—	—	—	—	—
	V	2 603	—	208,24	234,27	IV	707	—	23,36	26,28	—	—	—	—	—	—	—	—	—	—	—	—	—	—	—
	VI	3 038	—	243,04	273,42																				
	I,IV	714	—	57,12	64,26	I	714	—	—	—	—	—	—	—	—	—	—	—	—	—	—	—	—	—	—
	II	332	—	26,56	29,88	II	332	—	—	—	—	—	—	—	—	—	—	—	—	—	—	—	—	—	—
18 071,99	III	—	—	—	—	III	—	—	—	—	—	—	—	—	—	—	—	—	—	—	—	—	—	—	—
	V	2 617	—	209,36	235,53	IV	714	—	23,84	26,82	—	—	—	—	—	—	—	—	—	—	—	—	—	—	—
	VI	3 052	—	244,16	274,68																				
	I,IV	721	—	57,68	64,89	I	721	—	—	—	—	—	—	—	—	—	—	—	—	—	—	—	—	—	—
	II	338	—	27,04	30,42	II	338	—	—	—	—	—	—	—	—	—	—	—	—	—	—	—	—	—	—
18 107,99	III	—	—	—	—	III	—	—	—	—	—	—	—	—	—	—	—	—	—	—	—	—	—	—	—
	V	2 630	—	210,40	236,70	IV	721	—	24,32	27,36	—	—	—	—	—	—	—	—	—	—	—	—	—	—	—
	VI	3 066	—	245,28	275,94																				
	I,IV	729	—	58,32	65,61	I	729	—	—	—	—	—	—	—	—	—	—	—	—	—	—	—	—	—	—
	II	344	—	27,52	30,96	II	344	—	—	—	—	—	—	—	—	—	—	—	—	—	—	—	—	—	—
18 143,99	III	—	—	—	—	III	—	—	—	—	—	—	—	—	—	—	—	—	—	—	—	—	—	—	—
	V	2 644	—	211,52	237,96	IV	729	—	24,80	27,90	—	—	—	—	—	—	—	—	—	—	—	—	—	—	—
	VI	3 079	—	246,32	277,11																				
	I,IV	736	—	58,88	66,24	I	736	—	—	—	—	—	—	—	—	—	—	—	—	—	—	—	—	—	—
	II	350	—	28,—	31,50	II	350	—	—	—	—	—	—	—	—	—	—	—	—	—	—	—	—	—	—
18 179,99	III	—	—	—	—	III	—	—	—	—	—	—	—	—	—	—	—	—	—	—	—	—	—	—	—
	V	2 658	—	212,64	239,22	IV	736	—	25,28	28,44	—	—	—	—	—	—	—	—	—	—	—	—	—	—	—
	VI	3 093	—	247,44	278,37																				
	I,IV	743	—	59,44	66,87	I	743	—	—	—	—	—	—	—	—	—	—	—	—	—	—	—	—	—	—
	II	356	—	28,48	32,04	II	356	—	—	—	—	—	—	—	—	—	—	—	—	—	—	—	—	—	—
18 215,99	III	—	—	—	—	III	—	—	—	—	—	—	—	—	—	—	—	—	—	—	—	—	—	—	—
	V	2 672	—	213,76	240,48	IV	743	—	25,76	28,98	—	—	—	—	—	—	—	—	—	—	—	—	—	—	—
	VI	3 107	—	248,56	279,63																				
	I,IV	751	—	60,08	67,59	I	751	—	—	—	—	—	—	—	—	—	—	—	—	—	—	—	—	—	—
	II	362	—	28,96	32,58	II	362	—	—	—	—	—	—	—	—	—	—	—	—	—	—	—	—	—	—
18 251,99	III	—	—	—	—	III	—	—	—	—	—	—	—	—	—	—	—	—	—	—	—	—	—	—	—
	V	2 686	—	214,88	241,74	IV	751	—	26,24	29,52	—	—	—	—	—	—	—	—	—	—	—	—	—	—	—
	VI	3 121	—	249,68	280,89																				
	I,IV	758	—	60,64	68,22	I	758	—	—	—	—	—	—	—	—	—	—	—	—	—	—	—	—	—	—
	II	369	—	29,52	33,21	II	369	—	—	—	—	—	—	—	—	—	—	—	—	—	—	—	—	—	—
18 287,99	III	—	—	—	—	III	—	—	—	—	—	—	—	—	—	—	—	—	—	—	—	—	—	—	—
	V	2 700	—	216,—	243,—	IV	758	—	26,72	30,06	—	—	—	—	—	—	—	—	—	—	—	—	—	—	—
	VI	3 135	—	250,80	282,15																				
	I,IV	766	—	61,28	68,94	I	766	—	0,16	0,18	—	—	—	—	—	—	—	—	—	—	—	—	—	—	—
	II	375	—	30,—	33,75	II	375	—	—	—	—	—	—	—	—	—	—	—	—	—	—	—	—	—	—
18 323,99	III	—	—	—	—	III	—	—	—	—	—	—	—	—	—	—	—	—	—	—	—	—	—	—	—
	V	2 714	—	217,12	244,26	IV	766	—	27,20	30,60	—	0,16	0,18	—	—	—	—	—	—	—	—	—	—	—	—
	VI	3 149	—	251,92	283,41																				
	I,IV	773	—	61,84	69,57	I	773	—	0,56	0,63	—	—	—	—	—	—	—	—	—	—	—	—	—	—	—
	II	381	—	30,48	34,29	II	381	—	—	—	—	—	—	—	—	—	—	—	—	—	—	—	—	—	—
18 359,99	III	—	—	—	—	III	—	—	—	—	—	—	—	—	—	—	—	—	—	—	—	—	—	—	—
	V	2 728	—	218,24	245,52	IV	773	—	27,68	31,14	—	0,56	0,63	—	—	—	—	—	—	—	—	—	—	—	—
	VI	3 163	—	253,04	284,67																				
	I,IV	780	—	62,40	70,20	I	780	—	0,88	0,99	—	—	—	—	—	—	—	—	—	—	—	—	—	—	—
	II	387	—	30,96	34,83	II	387	—	—	—	—	—	—	—	—	—	—	—	—	—	—	—	—	—	—
18 395,99	III	—	—	—	—	III	—	—	—	—	—	—	—	—	—	—	—	—	—	—	—	—	—	—	—
	V	2 742	—	219,36	246,78	IV	780	—	28,16	31,68	—	0,88	0,99	—	—	—	—	—	—	—	—	—	—	—	—
	VI	3 177	—	254,16	285,93																				
	I,IV	788	—	63,04	70,92	I	788	—	1,28	1,44	—	—	—	—	—	—	—	—	—	—	—	—	—	—	—
	II	393	—	31,44	35,37	II	393	—	—	—	—	—	—	—	—	—	—	—	—	—	—	—	—	—	—
18 431,99	III	—	—	—	—	III	—	—	—	—	—	—	—	—	—	—	—	—	—	—	—	—	—	—	—
	V	2 756	—	220,48	248,04	IV	788	—	28,64	32,22	—	1,28	1,44	—	—	—	—	—	—	—	—	—	—	—	—
	VI	3 191	—	255,28	287,19																				

*** Die ausgewiesenen Tabellenwerte sind amtlich. Siehe Erläuterungen auf der Umschlaginnenseite (U2).**

Lohn/ Gehalt bis €*	Abzüge an Lohnsteuer, Solidaritätszuschlag (SolZ) und Kirchensteuer (8%, 9%) in den Steuerklassen I – VI					I, II, III, IV		mit Zahl der Kinderfreibeträge . . . 0,5			1			1,5			2			2,5			3		
		ohne Kinder-freibeträge LSt	SolZ	8%	9%		LSt	SolZ	8%	9%	SolZ	8%	9%	SolZ	8%	9%	SolZ	8%	9%	SolZ	8%	9%	SolZ	8%	9%
18 467,99	I,IV	795	–	63,60	71,55	I	795	–	1,68	1,89	–	–	–	–	–	–	–	–	–	–	–	–	–	–	–
	II	400	–	32,–	36,–	II	400	–	–	–	–	–	–	–	–	–	–	–	–	–	–	–	–	–	–
	III	–	–	–	–	III	–	–	–	–	–	–	–	–	–	–	–	–	–	–	–	–	–	–	–
	V	2 770	–	221,60	249,30	IV	795	–	29,12	32,76	–	1,68	1,89	–	–	–	–	–	–	–	–	–	–	–	–
	VI	3 205	–	256,40	288,45																				
18 503,99	I,IV	803	–	64,24	72,27	I	803	–	2,–	2,25	–	–	–	–	–	–	–	–	–	–	–	–	–	–	–
	II	406	–	32,48	36,54	II	406	–	–	–	–	–	–	–	–	–	–	–	–	–	–	–	–	–	–
	III	–	–	–	–	III	–	–	–	–	–	–	–	–	–	–	–	–	–	–	–	–	–	–	–
	V	2 784	–	222,72	250,56	IV	803	–	29,60	33,30	–	2,–	2,25	–	–	–	–	–	–	–	–	–	–	–	–
	VI	3 219	–	257,52	289,71																				
18 539,99	I,IV	810	–	64,80	72,90	I	810	–	2,40	2,70	–	–	–	–	–	–	–	–	–	–	–	–	–	–	–
	II	412	–	32,96	37,08	II	412	–	–	–	–	–	–	–	–	–	–	–	–	–	–	–	–	–	–
	III	–	–	–	–	III	–	–	–	–	–	–	–	–	–	–	–	–	–	–	–	–	–	–	–
	V	2 798	–	223,84	251,82	IV	810	–	30,16	33,93	–	2,40	2,70	–	–	–	–	–	–	–	–	–	–	–	–
	VI	3 233	–	258,64	290,97																				
18 575,99	I,IV	818	–	65,44	73,62	I	818	–	2,80	3,15	–	–	–	–	–	–	–	–	–	–	–	–	–	–	–
	II	418	–	33,44	37,62	II	418	–	–	–	–	–	–	–	–	–	–	–	–	–	–	–	–	–	–
	III	–	–	–	–	III	–	–	–	–	–	–	–	–	–	–	–	–	–	–	–	–	–	–	–
	V	2 812	–	224,96	253,08	IV	818	–	30,64	34,47	–	2,80	3,15	–	–	–	–	–	–	–	–	–	–	–	–
	VI	3 247	–	259,76	292,23																				
18 611,99	I,IV	826	–	66,08	74,34	I	826	–	3,20	3,60	–	–	–	–	–	–	–	–	–	–	–	–	–	–	–
	II	425	–	34,–	38,25	II	425	–	–	–	–	–	–	–	–	–	–	–	–	–	–	–	–	–	–
	III	–	–	–	–	III	–	–	–	–	–	–	–	–	–	–	–	–	–	–	–	–	–	–	–
	V	2 826	–	226,08	254,34	IV	826	–	31,12	35,01	–	3,20	3,60	–	–	–	–	–	–	–	–	–	–	–	–
	VI	3 261	–	260,88	293,49																				
18 647,99	I,IV	833	–	66,64	74,97	I	833	–	3,60	4,05	–	–	–	–	–	–	–	–	–	–	–	–	–	–	–
	II	431	–	34,48	38,79	II	431	–	–	–	–	–	–	–	–	–	–	–	–	–	–	–	–	–	–
	III	–	–	–	–	III	–	–	–	–	–	–	–	–	–	–	–	–	–	–	–	–	–	–	–
	V	2 840	–	227,20	255,60	IV	833	–	31,60	35,55	–	3,60	4,05	–	–	–	–	–	–	–	–	–	–	–	–
	VI	3 275	–	262,–	294,75																				
18 683,99	I,IV	841	–	67,28	75,69	I	841	–	4,–	4,50	–	–	–	–	–	–	–	–	–	–	–	–	–	–	–
	II	437	–	34,96	39,33	II	437	–	–	–	–	–	–	–	–	–	–	–	–	–	–	–	–	–	–
	III	–	–	–	–	III	–	–	–	–	–	–	–	–	–	–	–	–	–	–	–	–	–	–	–
	V	2 854	–	228,32	256,86	IV	841	–	32,08	36,09	–	4,–	4,50	–	–	–	–	–	–	–	–	–	–	–	–
	VI	3 289	–	263,12	296,01																				
18 719,99	I,IV	849	–	67,92	76,41	I	849	–	4,32	4,86	–	–	–	–	–	–	–	–	–	–	–	–	–	–	–
	II	444	–	35,52	39,96	II	444	–	–	–	–	–	–	–	–	–	–	–	–	–	–	–	–	–	–
	III	–	–	–	–	III	–	–	–	–	–	–	–	–	–	–	–	–	–	–	–	–	–	–	–
	V	2 867	–	229,36	258,03	IV	849	–	32,64	36,72	–	4,32	4,86	–	–	–	–	–	–	–	–	–	–	–	–
	VI	3 302	–	264,16	297,18																				
18 755,99	I,IV	856	–	68,48	77,04	I	856	–	4,72	5,31	–	–	–	–	–	–	–	–	–	–	–	–	–	–	–
	II	450	–	36,–	40,50	II	450	–	–	–	–	–	–	–	–	–	–	–	–	–	–	–	–	–	–
	III	–	–	–	–	III	–	–	–	–	–	–	–	–	–	–	–	–	–	–	–	–	–	–	–
	V	2 881	–	230,48	259,29	IV	856	–	33,12	37,26	–	4,72	5,31	–	–	–	–	–	–	–	–	–	–	–	–
	VI	3 316	–	265,28	298,44																				
18 791,99	I,IV	864	–	69,12	77,76	I	864	–	5,12	5,76	–	–	–	–	–	–	–	–	–	–	–	–	–	–	–
	II	457	–	36,56	41,13	II	457	–	–	–	–	–	–	–	–	–	–	–	–	–	–	–	–	–	–
	III	–	–	–	–	III	–	–	–	–	–	–	–	–	–	–	–	–	–	–	–	–	–	–	–
	V	2 895	–	231,60	260,55	IV	864	–	33,60	37,80	–	5,12	5,76	–	–	–	–	–	–	–	–	–	–	–	–
	VI	3 330	–	266,40	299,70																				
18 827,99	I,IV	872	–	69,76	78,48	I	872	–	5,52	6,21	–	–	–	–	–	–	–	–	–	–	–	–	–	–	–
	II	463	–	37,04	41,67	II	463	–	–	–	–	–	–	–	–	–	–	–	–	–	–	–	–	–	–
	III	–	–	–	–	III	–	–	–	–	–	–	–	–	–	–	–	–	–	–	–	–	–	–	–
	V	2 909	–	232,72	261,81	IV	872	–	34,16	38,43	–	5,52	6,21	–	–	–	–	–	–	–	–	–	–	–	–
	VI	3 344	–	267,52	300,96																				
18 863,99	I,IV	879	–	70,32	79,11	I	879	–	5,92	6,66	–	–	–	–	–	–	–	–	–	–	–	–	–	–	–
	II	470	–	37,60	42,30	II	470	–	–	–	–	–	–	–	–	–	–	–	–	–	–	–	–	–	–
	III	–	–	–	–	III	–	–	–	–	–	–	–	–	–	–	–	–	–	–	–	–	–	–	–
	V	2 923	–	233,84	263,07	IV	879	–	34,64	38,97	–	5,92	6,66	–	–	–	–	–	–	–	–	–	–	–	–
	VI	3 358	–	268,64	302,22																				
18 899,99	I,IV	887	–	70,96	79,83	I	887	–	6,32	7,11	–	–	–	–	–	–	–	–	–	–	–	–	–	–	–
	II	476	–	38,08	42,84	II	476	–	–	–	–	–	–	–	–	–	–	–	–	–	–	–	–	–	–
	III	–	–	–	–	III	–	–	–	–	–	–	–	–	–	–	–	–	–	–	–	–	–	–	–
	V	2 937	–	234,96	264,33	IV	887	–	35,12	39,51	–	6,32	7,11	–	–	–	–	–	–	–	–	–	–	–	–
	VI	3 372	–	269,76	303,48																				
18 935,99	I,IV	895	–	71,60	80,55	I	895	–	6,72	7,56	–	–	–	–	–	–	–	–	–	–	–	–	–	–	–
	II	483	–	38,64	43,47	II	483	–	–	–	–	–	–	–	–	–	–	–	–	–	–	–	–	–	–
	III	–	–	–	–	III	–	–	–	–	–	–	–	–	–	–	–	–	–	–	–	–	–	–	–
	V	2 951	–	236,08	265,59	IV	895	–	35,68	40,14	–	6,72	7,56	–	–	–	–	–	–	–	–	–	–	–	–
	VI	3 386	–	270,88	304,74																				
18 971,99	I,IV	903	–	72,24	81,27	I	903	–	7,12	8,01	–	–	–	–	–	–	–	–	–	–	–	–	–	–	–
	II	489	–	39,12	44,01	II	489	–	–	–	–	–	–	–	–	–	–	–	–	–	–	–	–	–	–
	III	–	–	–	–	III	–	–	–	–	–	–	–	–	–	–	–	–	–	–	–	–	–	–	–
	V	2 965	–	237,20	266,85	IV	903	–	36,16	40,68	–	7,12	8,01	–	–	–	–	–	–	–	–	–	–	–	–
	VI	3 400	–	272,–	306,–																				
19 007,99	I,IV	911	–	72,88	81,99	I	911	–	7,52	8,46	–	–	–	–	–	–	–	–	–	–	–	–	–	–	–
	II	496	–	39,68	44,64	II	496	–	–	–	–	–	–	–	–	–	–	–	–	–	–	–	–	–	–
	III	–	–	–	–	III	–	–	–	–	–	–	–	–	–	–	–	–	–	–	–	–	–	–	–
	V	2 979	–	238,32	268,11	IV	911	–	36,72	41,31	–	7,52	8,46	–	–	–	–	–	–	–	–	–	–	–	–
	VI	3 414	–	273,12	307,26																				

*** Die ausgewiesenen Tabellenwerte sind amtlich. Siehe Erläuterungen auf der Umschlaginnenseite (U2).**

Abzüge an Lohnsteuer, Solidaritätszuschlag (SolZ) und Kirchensteuer (8%, 9%) in den Steuerklassen

Lohn/ Gehalt bis €*		I – VI ohne Kinder-freibeträge				I, II, III, IV		mit Zahl der Kinderfreibeträge . . . 0,5			1			1,5			2			2,5			3		
		LSt	SolZ	8%	9%		LSt	SolZ	8%	9%	SolZ	8%	9%	SolZ	8%	9%	SolZ	8%	9%	SolZ	8%	9%	SolZ	8%	9%
19 043,99	I,IV	919	—	73,52	82,71	I	919	—	7,92	8,91	—	—	—	—	—	—	—	—	—	—	—	—	—	—	—
	II	502	—	40,16	45,18	II	502	—	—	—	—	—	—	—	—	—	—	—	—	—	—	—	—	—	—
	III	—	—	—	—	III	—	—	—	—	—	—	—	—	—	—	—	—	—	—	—	—	—	—	—
	V	2 993	—	239,44	269,37	IV	919	—	37,20	41,85	—	7,92	8,91	—	—	—	—	—	—	—	—	—	—	—	—
	VI	3 428	—	274,24	308,52																				
19 079,99	I,IV	926	—	74,08	83,34	I	926	—	8,40	9,45	—	—	—	—	—	—	—	—	—	—	—	—	—	—	—
	II	509	—	40,72	45,81	II	509	—	—	—	—	—	—	—	—	—	—	—	—	—	—	—	—	—	—
	III	—	—	—	—	III	—	—	—	—	—	—	—	—	—	—	—	—	—	—	—	—	—	—	—
	V	3 007	—	240,56	270,63	IV	926	—	37,76	42,48	—	8,40	9,45	—	—	—	—	—	—	—	—	—	—	—	—
	VI	3 442	—	275,36	309,78																				
19 115,99	I,IV	934	—	74,72	84,06	I	934	—	8,80	9,90	—	—	—	—	—	—	—	—	—	—	—	—	—	—	—
	II	516	—	41,28	46,44	II	516	—	—	—	—	—	—	—	—	—	—	—	—	—	—	—	—	—	—
	III	—	—	—	—	III	—	—	—	—	—	—	—	—	—	—	—	—	—	—	—	—	—	—	—
	V	3 021	—	241,68	271,89	IV	934	—	38,24	43,02	—	8,80	9,90	—	—	—	—	—	—	—	—	—	—	—	—
	VI	3 456	—	276,48	311,04																				
19 151,99	I,IV	942	—	75,36	84,78	I	942	—	9,20	10,35	—	—	—	—	—	—	—	—	—	—	—	—	—	—	—
	II	522	—	41,76	46,98	II	522	—	—	—	—	—	—	—	—	—	—	—	—	—	—	—	—	—	—
	III	—	—	—	—	III	—	—	—	—	—	—	—	—	—	—	—	—	—	—	—	—	—	—	—
	V	3 035	—	242,80	273,15	IV	942	—	38,80	43,65	—	9,20	10,35	—	—	—	—	—	—	—	—	—	—	—	—
	VI	3 470	—	277,60	312,30																				
19 187,99	I,IV	950	—	76,—	85,50	I	950	—	9,60	10,80	—	—	—	—	—	—	—	—	—	—	—	—	—	—	—
	II	529	—	42,32	47,61	II	529	—	—	—	—	—	—	—	—	—	—	—	—	—	—	—	—	—	—
	III	—	—	—	—	III	—	—	—	—	—	—	—	—	—	—	—	—	—	—	—	—	—	—	—
	V	3 049	—	243,92	274,41	IV	950	—	39,28	44,19	—	9,60	10,80	—	—	—	—	—	—	—	—	—	—	—	—
	VI	3 484	—	278,72	313,56																				
19 223,99	I,IV	958	—	76,64	86,22	I	958	—	10,—	11,25	—	—	—	—	—	—	—	—	—	—	—	—	—	—	—
	II	536	—	42,88	48,24	II	536	—	—	—	—	—	—	—	—	—	—	—	—	—	—	—	—	—	—
	III	—	—	—	—	III	—	—	—	—	—	—	—	—	—	—	—	—	—	—	—	—	—	—	—
	V	3 063	—	245,04	275,67	IV	958	—	39,84	44,82	—	10,—	11,25	—	—	—	—	—	—	—	—	—	—	—	—
	VI	3 498	—	279,84	314,82																				
19 259,99	I,IV	966	—	77,28	86,94	I	966	—	10,40	11,70	—	—	—	—	—	—	—	—	—	—	—	—	—	—	—
	II	542	—	43,36	48,78	II	542	—	—	—	—	—	—	—	—	—	—	—	—	—	—	—	—	—	—
	III	—	—	—	—	III	—	—	—	—	—	—	—	—	—	—	—	—	—	—	—	—	—	—	—
	V	3 077	—	246,16	276,93	IV	966	—	40,32	45,36	—	10,40	11,70	—	—	—	—	—	—	—	—	—	—	—	—
	VI	3 512	—	280,96	316,08																				
19 295,99	I,IV	974	—	77,92	87,66	I	974	—	10,88	12,24	—	—	—	—	—	—	—	—	—	—	—	—	—	—	—
	II	549	—	43,92	49,41	II	549	—	—	—	—	—	—	—	—	—	—	—	—	—	—	—	—	—	—
	III	—	—	—	—	III	—	—	—	—	—	—	—	—	—	—	—	—	—	—	—	—	—	—	—
	V	3 090	—	247,20	278,10	IV	974	—	40,88	45,99	—	10,88	12,24	—	—	—	—	—	—	—	—	—	—	—	—
	VI	3 526	—	282,08	317,34																				
19 331,99	I,IV	982	—	78,56	88,38	I	982	—	11,28	12,69	—	—	—	—	—	—	—	—	—	—	—	—	—	—	—
	II	556	—	44,48	50,04	II	556	—	—	—	—	—	—	—	—	—	—	—	—	—	—	—	—	—	—
	III	—	—	—	—	III	—	—	—	—	—	—	—	—	—	—	—	—	—	—	—	—	—	—	—
	V	3 104	—	248,32	279,36	IV	982	—	41,44	46,62	—	11,28	12,69	—	—	—	—	—	—	—	—	—	—	—	—
	VI	3 539	—	283,12	318,51																				
19 367,99	I,IV	990	—	79,20	89,10	I	990	—	11,68	13,14	—	—	—	—	—	—	—	—	—	—	—	—	—	—	—
	II	563	—	45,04	50,67	II	563	—	—	—	—	—	—	—	—	—	—	—	—	—	—	—	—	—	—
	III	—	—	—	—	III	—	—	—	—	—	—	—	—	—	—	—	—	—	—	—	—	—	—	—
	V	3 118	—	249,44	280,62	IV	990	—	41,92	47,16	—	11,68	13,14	—	—	—	—	—	—	—	—	—	—	—	—
	VI	3 553	—	284,24	319,77																				
19 403,99	I,IV	998	—	79,84	89,82	I	998	—	12,16	13,68	—	—	—	—	—	—	—	—	—	—	—	—	—	—	—
	II	570	—	45,60	51,30	II	570	—	—	—	—	—	—	—	—	—	—	—	—	—	—	—	—	—	—
	III	—	—	—	—	III	—	—	—	—	—	—	—	—	—	—	—	—	—	—	—	—	—	—	—
	V	3 132	—	250,56	281,88	IV	998	—	42,48	47,79	—	12,16	13,68	—	—	—	—	—	—	—	—	—	—	—	—
	VI	3 568	—	285,44	321,12																				
19 439,99	I,IV	1 006	—	80,48	90,54	I	1 006	—	12,56	14,13	—	—	—	—	—	—	—	—	—	—	—	—	—	—	—
	II	576	—	46,08	51,84	II	576	—	—	—	—	—	—	—	—	—	—	—	—	—	—	—	—	—	—
	III	—	—	—	—	III	—	—	—	—	—	—	—	—	—	—	—	—	—	—	—	—	—	—	—
	V	3 146	—	251,68	283,14	IV	1 006	—	43,04	48,42	—	12,56	14,13	—	—	—	—	—	—	—	—	—	—	—	—
	VI	3 581	—	286,48	322,29																				
19 475,99	I,IV	1 014	—	81,12	91,26	I	1 014	—	12,96	14,58	—	—	—	—	—	—	—	—	—	—	—	—	—	—	—
	II	583	—	46,64	52,47	II	583	—	—	—	—	—	—	—	—	—	—	—	—	—	—	—	—	—	—
	III	—	—	—	—	III	—	—	—	—	—	—	—	—	—	—	—	—	—	—	—	—	—	—	—
	V	3 160	—	252,80	284,40	IV	1 014	—	43,60	49,05	—	12,96	14,58	—	—	—	—	—	—	—	—	—	—	—	—
	VI	3 595	—	287,60	323,55																				
19 511,99	I,IV	1 022	—	81,76	91,98	I	1 022	—	13,36	15,03	—	—	—	—	—	—	—	—	—	—	—	—	—	—	—
	II	590	—	47,20	53,10	II	590	—	—	—	—	—	—	—	—	—	—	—	—	—	—	—	—	—	—
	III	—	—	—	—	III	—	—	—	—	—	—	—	—	—	—	—	—	—	—	—	—	—	—	—
	V	3 174	—	253,92	285,66	IV	1 022	—	44,08	49,59	—	13,36	15,03	—	—	—	—	—	—	—	—	—	—	—	—
	VI	3 609	—	288,72	324,81																				
19 547,99	I,IV	1 030	—	82,40	92,70	I	1 030	—	13,84	15,57	—	—	—	—	—	—	—	—	—	—	—	—	—	—	—
	II	597	—	47,76	53,73	II	597	—	—	—	—	—	—	—	—	—	—	—	—	—	—	—	—	—	—
	III	—	—	—	—	III	—	—	—	—	—	—	—	—	—	—	—	—	—	—	—	—	—	—	—
	V	3 188	—	255,04	286,92	IV	1 030	—	44,64	50,22	—	13,84	15,57	—	—	—	—	—	—	—	—	—	—	—	—
	VI	3 623	—	289,84	326,07																				
19 583,99	I,IV	1 038	—	83,04	93,42	I	1 038	—	14,24	16,02	—	—	—	—	—	—	—	—	—	—	—	—	—	—	—
	II	604	—	48,32	54,36	II	604	—	—	—	—	—	—	—	—	—	—	—	—	—	—	—	—	—	—
	III	—	—	—	—	III	—	—	—	—	—	—	—	—	—	—	—	—	—	—	—	—	—	—	—
	V	3 202	—	256,16	288,18	IV	1 038	—	45,20	50,85	—	14,24	16,02	—	—	—	—	—	—	—	—	—	—	—	—
	VI	3 637	—	290,96	327,33																				

* Die ausgewiesenen Tabellenwerte sind amtlich. Siehe Erläuterungen auf der Umschlaginnenseite (U2).

JAHR **19 584,–***

Abzüge an Lohnsteuer, Solidaritätszuschlag (SolZ) und Kirchensteuer (8%, 9%) in den Steuerklassen

Lohn/ Gehalt bis €*	I – VI	I – VI LSt	ohne Kinderfreibeträge SolZ	ohne Kinderfreibeträge 8%	ohne Kinderfreibeträge 9%	I, II, III, IV	I, II, III, IV LSt	mit Zahl der Kinderfreibeträge . . . 0,5 SolZ	0,5 8%	0,5 9%	1 SolZ	1 8%	1 9%	1,5 SolZ	1,5 8%	1,5 9%	2 SolZ	2 8%	2 9%	2,5 SolZ	2,5 8%	2,5 9%	3 SolZ	3 8%	3 9%
19 619,99	I,IV	1 046	—	83,68	94,14	I	1 046	—	14,72	16,56	—	—	—	—	—	—	—	—	—	—	—	—	—	—	—
	II	611	—	48,88	54,99	II	611	—	—	—	—	—	—	—	—	—	—	—	—	—	—	—	—	—	—
	III	—	—	—	—	III	—	—	—	—	—	—	—	—	—	—	—	—	—	—	—	—	—	—	—
	V	3 216	—	257,28	289,44	IV	1 046	—	45,76	51,48	—	14,72	16,56	—	—	—	—	—	—	—	—	—	—	—	—
	VI	3 651	—	292,08	328,59																				
19 655,99	I,IV	1 054	—	84,32	94,86	I	1 054	—	15,12	17,01	—	—	—	—	—	—	—	—	—	—	—	—	—	—	—
	II	618	—	49,44	55,62	II	618	—	—	—	—	—	—	—	—	—	—	—	—	—	—	—	—	—	—
	III	—	—	—	—	III	—	—	—	—	—	—	—	—	—	—	—	—	—	—	—	—	—	—	—
	V	3 230	—	258,40	290,70	IV	1 054	—	46,32	52,11	—	15,12	17,01	—	—	—	—	—	—	—	—	—	—	—	—
	VI	3 665	—	293,20	329,85																				
19 691,99	I,IV	1 062	—	84,96	95,58	I	1 062	—	15,60	17,55	—	—	—	—	—	—	—	—	—	—	—	—	—	—	—
	II	625	—	50,—	56,25	II	625	—	—	—	—	—	—	—	—	—	—	—	—	—	—	—	—	—	—
	III	—	—	—	—	III	—	—	—	—	—	—	—	—	—	—	—	—	—	—	—	—	—	—	—
	V	3 244	—	259,52	291,96	IV	1 062	—	46,80	52,65	—	15,60	17,55	—	—	—	—	—	—	—	—	—	—	—	—
	VI	3 679	—	294,32	331,11																				
19 727,99	I,IV	1 070	—	85,60	96,30	I	1 070	—	16,—	18,—	—	—	—	—	—	—	—	—	—	—	—	—	—	—	—
	II	632	—	50,56	56,88	II	632	—	—	—	—	—	—	—	—	—	—	—	—	—	—	—	—	—	—
	III	—	—	—	—	III	—	—	—	—	—	—	—	—	—	—	—	—	—	—	—	—	—	—	—
	V	3 258	—	260,64	293,22	IV	1 070	—	47,36	53,28	—	16,—	18,—	—	—	—	—	—	—	—	—	—	—	—	—
	VI	3 693	—	295,44	332,37																				
19 763,99	I,IV	1 078	—	86,24	97,02	I	1 078	—	16,48	18,54	—	—	—	—	—	—	—	—	—	—	—	—	—	—	—
	II	639	—	51,12	57,51	II	639	—	—	—	—	—	—	—	—	—	—	—	—	—	—	—	—	—	—
	III	—	—	—	—	III	—	—	—	—	—	—	—	—	—	—	—	—	—	—	—	—	—	—	—
	V	3 272	—	261,76	294,48	IV	1 078	—	47,92	53,91	—	16,48	18,54	—	—	—	—	—	—	—	—	—	—	—	—
	VI	3 707	—	296,56	333,63																				
19 799,99	I,IV	1 086	—	86,88	97,74	I	1 086	—	16,88	18,99	—	—	—	—	—	—	—	—	—	—	—	—	—	—	—
	II	646	—	51,68	58,14	II	646	—	—	—	—	—	—	—	—	—	—	—	—	—	—	—	—	—	—
	III	—	—	—	—	III	—	—	—	—	—	—	—	—	—	—	—	—	—	—	—	—	—	—	—
	V	3 286	—	262,88	295,74	IV	1 086	—	48,48	54,54	—	16,88	18,99	—	—	—	—	—	—	—	—	—	—	—	—
	VI	3 721	—	297,68	334,89																				
19 835,99	I,IV	1 094	—	87,52	98,46	I	1 094	—	17,36	19,53	—	—	—	—	—	—	—	—	—	—	—	—	—	—	—
	II	653	—	52,24	58,77	II	653	—	—	—	—	—	—	—	—	—	—	—	—	—	—	—	—	—	—
	III	—	—	—	—	III	—	—	—	—	—	—	—	—	—	—	—	—	—	—	—	—	—	—	—
	V	3 300	—	264,—	297,—	IV	1 094	—	49,04	55,17	—	17,36	19,53	—	—	—	—	—	—	—	—	—	—	—	—
	VI	3 735	—	298,80	336,15																				
19 871,99	I,IV	1 102	—	88,16	99,18	I	1 102	—	17,76	19,98	—	—	—	—	—	—	—	—	—	—	—	—	—	—	—
	II	660	—	52,80	59,40	II	660	—	—	—	—	—	—	—	—	—	—	—	—	—	—	—	—	—	—
	III	—	—	—	—	III	—	—	—	—	—	—	—	—	—	—	—	—	—	—	—	—	—	—	—
	V	3 313	—	265,04	298,17	IV	1 102	—	49,60	55,80	—	17,76	19,98	—	—	—	—	—	—	—	—	—	—	—	—
	VI	3 749	—	299,92	337,41																				
19 907,99	I,IV	1 110	—	88,80	99,90	I	1 110	—	18,24	20,52	—	—	—	—	—	—	—	—	—	—	—	—	—	—	—
	II	667	—	53,36	60,03	II	667	—	—	—	—	—	—	—	—	—	—	—	—	—	—	—	—	—	—
	III	—	—	—	—	III	—	—	—	—	—	—	—	—	—	—	—	—	—	—	—	—	—	—	—
	V	3 327	—	266,16	299,43	IV	1 110	—	50,16	56,43	—	18,24	20,52	—	—	—	—	—	—	—	—	—	—	—	—
	VI	3 762	—	300,96	338,58																				
19 943,99	I,IV	1 118	—	89,44	100,62	I	1 118	—	18,72	21,06	—	—	—	—	—	—	—	—	—	—	—	—	—	—	—
	II	674	—	53,92	60,66	II	674	—	—	—	—	—	—	—	—	—	—	—	—	—	—	—	—	—	—
	III	—	—	—	—	III	—	—	—	—	—	—	—	—	—	—	—	—	—	—	—	—	—	—	—
	V	3 341	—	267,28	300,69	IV	1 118	—	50,72	57,06	—	18,72	21,06	—	—	—	—	—	—	—	—	—	—	—	—
	VI	3 776	—	302,08	339,84																				
19 979,99	I,IV	1 126	—	90,08	101,34	I	1 126	—	19,12	21,51	—	—	—	—	—	—	—	—	—	—	—	—	—	—	—
	II	682	—	54,56	61,38	II	682	—	—	—	—	—	—	—	—	—	—	—	—	—	—	—	—	—	—
	III	—	—	—	—	III	—	—	—	—	—	—	—	—	—	—	—	—	—	—	—	—	—	—	—
	V	3 355	—	268,40	301,95	IV	1 126	—	51,28	57,69	—	19,12	21,51	—	—	—	—	—	—	—	—	—	—	—	—
	VI	3 791	—	303,28	341,19																				
20 015,99	I,IV	1 134	—	90,72	102,06	I	1 134	—	19,60	22,05	—	—	—	—	—	—	—	—	—	—	—	—	—	—	—
	II	689	—	55,12	62,01	II	689	—	—	—	—	—	—	—	—	—	—	—	—	—	—	—	—	—	—
	III	—	—	—	—	III	—	—	—	—	—	—	—	—	—	—	—	—	—	—	—	—	—	—	—
	V	3 369	—	269,52	303,21	IV	1 134	—	51,84	58,32	—	19,60	22,05	—	—	—	—	—	—	—	—	—	—	—	—
	VI	3 804	—	304,32	342,36																				
20 051,99	I,IV	1 142	—	91,36	102,78	I	1 142	—	20,08	22,59	—	—	—	—	—	—	—	—	—	—	—	—	—	—	—
	II	696	—	55,68	62,64	II	696	—	—	—	—	—	—	—	—	—	—	—	—	—	—	—	—	—	—
	III	—	—	—	—	III	—	—	—	—	—	—	—	—	—	—	—	—	—	—	—	—	—	—	—
	V	3 383	—	270,64	304,47	IV	1 142	—	52,40	58,95	—	20,08	22,59	—	—	—	—	—	—	—	—	—	—	—	—
	VI	3 818	—	305,44	343,62																				
20 087,99	I,IV	1 150	—	92,—	103,50	I	1 150	—	20,48	23,04	—	—	—	—	—	—	—	—	—	—	—	—	—	—	—
	II	703	—	56,24	63,27	II	703	—	—	—	—	—	—	—	—	—	—	—	—	—	—	—	—	—	—
	III	—	—	—	—	III	—	—	—	—	—	—	—	—	—	—	—	—	—	—	—	—	—	—	—
	V	3 397	—	271,76	305,73	IV	1 150	—	52,96	59,58	—	20,48	23,04	—	—	—	—	—	—	—	—	—	—	—	—
	VI	3 832	—	306,56	344,88																				
20 123,99	I,IV	1 158	—	92,64	104,22	I	1 158	—	20,96	23,58	—	—	—	—	—	—	—	—	—	—	—	—	—	—	—
	II	710	—	56,80	63,90	II	710	—	—	—	—	—	—	—	—	—	—	—	—	—	—	—	—	—	—
	III	—	—	—	—	III	—	—	—	—	—	—	—	—	—	—	—	—	—	—	—	—	—	—	—
	V	3 411	—	272,88	306,99	IV	1 158	—	53,52	60,21	—	20,96	23,58	—	—	—	—	—	—	—	—	—	—	—	—
	VI	3 846	—	307,68	346,14																				
20 159,99	I,IV	1 167	—	93,36	105,03	I	1 167	—	21,44	24,12	—	—	—	—	—	—	—	—	—	—	—	—	—	—	—
	II	718	—	57,44	64,62	II	718	—	—	—	—	—	—	—	—	—	—	—	—	—	—	—	—	—	—
	III	—	—	—	—	III	—	—	—	—	—	—	—	—	—	—	—	—	—	—	—	—	—	—	—
	V	3 425	—	274,—	308,25	IV	1 167	—	54,16	60,93	—	21,44	24,12	—	—	—	—	—	—	—	—	—	—	—	—
	VI	3 860	—	308,80	347,40																				

* Die ausgewiesenen Tabellenwerte sind amtlich. Siehe Erläuterungen auf der Umschlaginnenseite (U2).

Lohn/ Gehalt bis €*	Abzüge an Lohnsteuer, Solidaritätszuschlag (SolZ) und Kirchensteuer (8%, 9%) in den Steuerklassen I – VI					I, II, III, IV																			
			ohne Kinderfreibeträge					mit Zahl der Kinderfreibeträge . . .																	
								0,5			1			1,5			2			2,5			3		
		LSt	SolZ	8%	9%		LSt	SolZ	8%	9%	SolZ	8%	9%	SolZ	8%	9%	SolZ	8%	9%	SolZ	8%	9%	SolZ	8%	9%
20 195,99	I,IV	1 175	—	94,—	105,75	I	1 175	—	21,92	24,66	—	—	—	—	—	—	—	—	—	—	—	—	—	—	—
	II	725	—	58,—	65,25	II	725	—	—	—	—	—	—	—	—	—	—	—	—	—	—	—	—	—	—
	III	—	—	—	—	III	—	—	—	—	—	—	—	—	—	—	—	—	—	—	—	—	—	—	—
	V	3 439	—	275,12	309,51	IV	1 175	—	54,72	61,56	—	21,92	24,66	—	—	—	—	—	—	—	—	—	—	—	—
	VI	3 874	—	309,92	348,66																				
20 231,99	I,IV	1 183	—	94,64	106,47	I	1 183	—	22,40	25,20	—	—	—	—	—	—	—	—	—	—	—	—	—	—	—
	II	732	—	58,56	65,88	II	732	—	—	—	—	—	—	—	—	—	—	—	—	—	—	—	—	—	—
	III	—	—	—	—	III	—	—	—	—	—	—	—	—	—	—	—	—	—	—	—	—	—	—	—
	V	3 453	—	276,24	310,77	IV	1 183	—	55,28	62,19	—	22,40	25,20	—	—	—	—	—	—	—	—	—	—	—	—
	VI	3 888	—	311,04	349,92																				
20 267,99	I,IV	1 191	—	95,28	107,19	I	1 191	—	22,80	25,65	—	—	—	—	—	—	—	—	—	—	—	—	—	—	—
	II	740	—	59,20	66,60	II	740	—	—	—	—	—	—	—	—	—	—	—	—	—	—	—	—	—	—
	III	—	—	—	—	III	—	—	—	—	—	—	—	—	—	—	—	—	—	—	—	—	—	—	—
	V	3 467	—	277,36	312,03	IV	1 191	—	55,84	62,82	—	22,80	25,65	—	—	—	—	—	—	—	—	—	—	—	—
	VI	3 902	—	312,16	351,18																				
20 303,99	I,IV	1 199	—	95,92	107,91	I	1 199	—	23,28	26,19	—	—	—	—	—	—	—	—	—	—	—	—	—	—	—
	II	747	—	59,76	67,23	II	747	—	—	—	—	—	—	—	—	—	—	—	—	—	—	—	—	—	—
	III	—	—	—	—	III	—	—	—	—	—	—	—	—	—	—	—	—	—	—	—	—	—	—	—
	V	3 481	—	278,48	313,29	IV	1 199	—	56,40	63,45	—	23,28	26,19	—	—	—	—	—	—	—	—	—	—	—	—
	VI	3 916	—	313,28	352,44																				
20 339,99	I,IV	1 207	—	96,56	108,63	I	1 207	—	23,76	26,73	—	—	—	—	—	—	—	—	—	—	—	—	—	—	—
	II	755	—	60,40	67,95	II	755	—	—	—	—	—	—	—	—	—	—	—	—	—	—	—	—	—	—
	III	—	—	—	—	III	—	—	—	—	—	—	—	—	—	—	—	—	—	—	—	—	—	—	—
	V	3 495	—	279,60	314,55	IV	1 207	—	57,04	64,17	—	23,76	26,73	—	—	—	—	—	—	—	—	—	—	—	—
	VI	3 930	—	314,40	353,70																				
20 375,99	I,IV	1 215	—	97,20	109,35	I	1 215	—	24,24	27,27	—	—	—	—	—	—	—	—	—	—	—	—	—	—	—
	II	762	—	60,96	68,58	II	762	—	—	—	—	—	—	—	—	—	—	—	—	—	—	—	—	—	—
	III	—	—	—	—	III	—	—	—	—	—	—	—	—	—	—	—	—	—	—	—	—	—	—	—
	V	3 509	—	280,72	315,81	IV	1 215	—	57,60	64,80	—	24,24	27,27	—	—	—	—	—	—	—	—	—	—	—	—
	VI	3 944	—	315,52	354,96																				
20 411,99	I,IV	1 223	—	97,84	110,07	I	1 223	—	24,72	27,81	—	—	—	—	—	—	—	—	—	—	—	—	—	—	—
	II	769	—	61,52	69,21	II	769	—	0,32	0,36	—	—	—	—	—	—	—	—	—	—	—	—	—	—	—
	III	—	—	—	—	III	—	—	—	—	—	—	—	—	—	—	—	—	—	—	—	—	—	—	—
	V	3 523	—	281,84	317,07	IV	1 223	—	58,16	65,43	—	24,72	27,81	—	—	—	—	—	—	—	—	—	—	—	—
	VI	3 958	—	316,64	356,22																				
20 447,99	I,IV	1 231	—	98,48	110,79	I	1 231	—	25,20	28,35	—	—	—	—	—	—	—	—	—	—	—	—	—	—	—
	II	777	—	62,16	69,93	II	777	—	0,72	0,81	—	—	—	—	—	—	—	—	—	—	—	—	—	—	—
	III	—	—	—	—	III	—	—	—	—	—	—	—	—	—	—	—	—	—	—	—	—	—	—	—
	V	3 536	—	282,88	318,24	IV	1 231	—	58,80	66,15	—	25,20	28,35	—	—	—	—	—	—	—	—	—	—	—	—
	VI	3 972	—	317,76	357,48																				
20 483,99	I,IV	1 239	—	99,12	111,51	I	1 239	—	25,68	28,89	—	—	—	—	—	—	—	—	—	—	—	—	—	—	—
	II	784	—	62,72	70,56	II	784	—	1,12	1,26	—	—	—	—	—	—	—	—	—	—	—	—	—	—	—
	III	—	—	—	—	III	—	—	—	—	—	—	—	—	—	—	—	—	—	—	—	—	—	—	—
	V	3 550	—	284,—	319,50	IV	1 239	—	59,36	66,78	—	25,68	28,89	—	—	—	—	—	—	—	—	—	—	—	—
	VI	3 985	—	318,80	358,65																				
20 519,99	I,IV	1 247	—	99,76	112,23	I	1 247	—	26,16	29,43	—	—	—	—	—	—	—	—	—	—	—	—	—	—	—
	II	792	—	63,36	71,28	II	792	—	1,44	1,62	—	—	—	—	—	—	—	—	—	—	—	—	—	—	—
	III	—	—	—	—	III	—	—	—	—	—	—	—	—	—	—	—	—	—	—	—	—	—	—	—
	V	3 564	—	285,12	320,76	IV	1 247	—	59,92	67,41	—	26,16	29,43	—	—	—	—	—	—	—	—	—	—	—	—
	VI	3 999	—	319,92	359,91																				
20 555,99	I,IV	1 256	—	100,48	113,04	I	1 256	—	26,64	29,97	—	—	—	—	—	—	—	—	—	—	—	—	—	—	—
	II	799	—	63,92	71,91	II	799	—	1,84	2,07	—	—	—	—	—	—	—	—	—	—	—	—	—	—	—
	III	—	—	—	—	III	—	—	—	—	—	—	—	—	—	—	—	—	—	—	—	—	—	—	—
	V	3 578	—	286,24	322,02	IV	1 256	—	60,56	68,13	—	26,64	29,97	—	—	—	—	—	—	—	—	—	—	—	—
	VI	4 014	—	321,12	361,26																				
20 591,99	I,IV	1 264	—	101,12	113,76	I	1 264	—	27,12	30,51	—	—	—	—	—	—	—	—	—	—	—	—	—	—	—
	II	807	—	64,56	72,63	II	807	—	2,24	2,52	—	—	—	—	—	—	—	—	—	—	—	—	—	—	—
	III	—	—	—	—	III	—	—	—	—	—	—	—	—	—	—	—	—	—	—	—	—	—	—	—
	V	3 592	—	287,36	323,28	IV	1 264	—	61,12	68,76	—	27,12	30,51	—	0,08	0,09	—	—	—	—	—	—	—	—	—
	VI	4 027	—	322,16	362,43																				
20 627,99	I,IV	1 272	—	101,76	114,48	I	1 272	—	27,60	31,05	—	—	—	—	—	—	—	—	—	—	—	—	—	—	—
	II	814	—	65,12	73,26	II	814	—	2,64	2,97	—	—	—	—	—	—	—	—	—	—	—	—	—	—	—
	III	—	—	—	—	III	—	—	—	—	—	—	—	—	—	—	—	—	—	—	—	—	—	—	—
	V	3 606	—	288,48	324,54	IV	1 272	—	61,76	69,48	—	27,60	31,05	—	0,48	0,54	—	—	—	—	—	—	—	—	—
	VI	4 041	—	323,28	363,69																				
20 663,99	I,IV	1 280	—	102,40	115,20	I	1 280	—	28,08	31,59	—	—	—	—	—	—	—	—	—	—	—	—	—	—	—
	II	822	—	65,76	73,98	II	822	—	2,96	3,33	—	—	—	—	—	—	—	—	—	—	—	—	—	—	—
	III	—	—	—	—	III	—	—	—	—	—	—	—	—	—	—	—	—	—	—	—	—	—	—	—
	V	3 620	—	289,60	325,80	IV	1 280	—	62,32	70,11	—	28,08	31,59	—	0,80	0,90	—	—	—	—	—	—	—	—	—
	VI	4 055	—	324,40	364,95																				
20 699,99	I,IV	1 288	—	103,04	115,92	I	1 288	—	28,56	32,13	—	—	—	—	—	—	—	—	—	—	—	—	—	—	—
	II	829	—	66,32	74,61	II	829	—	3,36	3,78	—	—	—	—	—	—	—	—	—	—	—	—	—	—	—
	III	—	—	—	—	III	—	—	—	—	—	—	—	—	—	—	—	—	—	—	—	—	—	—	—
	V	3 634	—	290,72	327,06	IV	1 288	—	62,88	70,74	—	28,56	32,13	—	1,20	1,35	—	—	—	—	—	—	—	—	—
	VI	4 069	—	325,52	366,21																				
20 735,99	I,IV	1 296	—	103,68	116,64	I	1 296	—	29,04	32,67	—	—	—	—	—	—	—	—	—	—	—	—	—	—	—
	II	837	—	66,96	75,33	II	837	—	3,76	4,23	—	—	—	—	—	—	—	—	—	—	—	—	—	—	—
	III	—	—	—	—	III	—	—	—	—	—	—	—	—	—	—	—	—	—	—	—	—	—	—	—
	V	3 647	—	291,76	328,23	IV	1 296	—	63,44	71,37	—	29,04	32,67	—	1,52	1,71	—	—	—	—	—	—	—	—	—
	VI	4 082	—	326,56	367,38																				

* Die ausgewiesenen Tabellenwerte sind amtlich. Siehe Erläuterungen auf der Umschlaginnenseite (U2).

JAHR 20 736,–*

Lohn/ Gehalt bis €*	Abzüge an Lohnsteuer, Solidaritätszuschlag (SolZ) und Kirchensteuer (8%, 9%) in den Steuerklassen I – VI					I, II, III, IV		mit Zahl der Kinderfreibeträge . . . 0,5			1			1,5			2			2,5			3		
		LSt	ohne Kinderfreibeträge SolZ	8%	9%		LSt	SolZ	8%	9%	SolZ	8%	9%	SolZ	8%	9%	SolZ	8%	9%	SolZ	8%	9%	SolZ	8%	9%
20 771,99	I,IV	1 303	–	104,24	117,27	I	1 303	–	29,44	33,12	–	–	–	–	–	–	–	–	–	–	–	–	–	–	–
	II	843	–	67,44	75,87	II	843	–	4,08	4,59	–	–	–	–	–	–	–	–	–	–	–	–	–	–	–
	III	–	–	–	–	III	–	–	–	–	–	–	–	–	–	–	–	–	–	–	–	–	–	–	–
	V	3 659	–	292,72	329,31	IV	1 303	–	64,–	72,–	–	29,44	33,12	–	1,92	2,16	–	–	–	–	–	–	–	–	–
	VI	4 095	–	327,60	368,55																				
20 807,99	I,IV	1 311	–	104,88	117,99	I	1 311	–	29,92	33,66	–	–	–	–	–	–	–	–	–	–	–	–	–	–	–
	II	850	–	68,–	76,50	II	850	–	4,48	5,04	–	–	–	–	–	–	–	–	–	–	–	–	–	–	–
	III	–	–	–	–	III	–	–	–	–	–	–	–	–	–	–	–	–	–	–	–	–	–	–	–
	V	3 672	–	293,76	330,48	IV	1 311	–	64,56	72,63	–	29,92	33,66	–	2,24	2,52	–	–	–	–	–	–	–	–	–
	VI	4 107	–	328,56	369,63																				
20 843,99	I,IV	1 318	–	105,44	118,62	I	1 318	–	30,32	34,11	–	–	–	–	–	–	–	–	–	–	–	–	–	–	–
	II	857	–	68,56	77,13	II	857	–	4,80	5,40	–	–	–	–	–	–	–	–	–	–	–	–	–	–	–
	III	–	–	–	–	III	–	–	–	–	–	–	–	–	–	–	–	–	–	–	–	–	–	–	–
	V	3 685	–	294,80	331,65	IV	1 318	–	65,12	73,26	–	30,32	34,11	–	2,56	2,88	–	–	–	–	–	–	–	–	–
	VI	4 120	–	329,60	370,80																				
20 879,99	I,IV	1 325	–	106,–	119,25	I	1 325	–	30,80	34,65	–	–	–	–	–	–	–	–	–	–	–	–	–	–	–
	II	864	–	69,12	77,76	II	864	–	5,20	5,85	–	–	–	–	–	–	–	–	–	–	–	–	–	–	–
	III	–	–	–	–	III	–	–	–	–	–	–	–	–	–	–	–	–	–	–	–	–	–	–	–
	V	3 697	–	295,76	332,73	IV	1 325	–	65,68	73,89	–	30,80	34,65	–	2,96	3,33	–	–	–	–	–	–	–	–	–
	VI	4 132	–	330,56	371,88																				
20 915,99	I,IV	1 333	–	106,64	119,97	I	1 333	–	31,28	35,19	–	–	–	–	–	–	–	–	–	–	–	–	–	–	–
	II	871	–	69,68	78,39	II	871	–	5,52	6,21	–	–	–	–	–	–	–	–	–	–	–	–	–	–	–
	III	–	–	–	–	III	–	–	–	–	–	–	–	–	–	–	–	–	–	–	–	–	–	–	–
	V	3 710	–	296,80	333,90	IV	1 333	–	66,24	74,52	–	31,28	35,19	–	3,28	3,69	–	–	–	–	–	–	–	–	–
	VI	4 145	–	331,60	373,05																				
20 951,99	I,IV	1 340	–	107,20	120,60	I	1 340	–	31,68	35,64	–	–	–	–	–	–	–	–	–	–	–	–	–	–	–
	II	878	–	70,24	79,02	II	878	–	5,84	6,57	–	–	–	–	–	–	–	–	–	–	–	–	–	–	–
	III	–	–	–	–	III	–	–	–	–	–	–	–	–	–	–	–	–	–	–	–	–	–	–	–
	V	3 722	–	297,76	334,98	IV	1 340	–	66,72	75,06	–	31,68	35,64	–	3,60	4,05	–	–	–	–	–	–	–	–	–
	VI	4 157	–	332,56	374,13																				
20 987,99	I,IV	1 347	–	107,76	121,23	I	1 347	–	32,16	36,18	–	–	–	–	–	–	–	–	–	–	–	–	–	–	–
	II	885	–	70,80	79,65	II	885	–	6,24	7,02	–	–	–	–	–	–	–	–	–	–	–	–	–	–	–
	III	–	–	–	–	III	–	–	–	–	–	–	–	–	–	–	–	–	–	–	–	–	–	–	–
	V	3 735	–	298,80	336,15	IV	1 347	–	67,28	75,69	–	32,16	36,18	–	4,–	4,50	–	–	–	–	–	–	–	–	–
	VI	4 170	–	333,60	375,30																				
21 023,99	I,IV	1 355	–	108,40	121,95	I	1 355	–	32,56	36,63	–	–	–	–	–	–	–	–	–	–	–	–	–	–	–
	II	892	–	71,36	80,28	II	892	–	6,56	7,38	–	–	–	–	–	–	–	–	–	–	–	–	–	–	–
	III	–	–	–	–	III	–	–	–	–	–	–	–	–	–	–	–	–	–	–	–	–	–	–	–
	V	3 747	–	299,76	337,23	IV	1 355	–	67,84	76,32	–	32,56	36,63	–	4,32	4,86	–	–	–	–	–	–	–	–	–
	VI	4 182	–	334,56	376,38																				
21 059,99	I,IV	1 362	–	108,96	122,58	I	1 362	–	33,04	37,17	–	–	–	–	–	–	–	–	–	–	–	–	–	–	–
	II	899	–	71,92	80,91	II	899	–	6,96	7,83	–	–	–	–	–	–	–	–	–	–	–	–	–	–	–
	III	–	–	–	–	III	–	–	–	–	–	–	–	–	–	–	–	–	–	–	–	–	–	–	–
	V	3 760	–	300,80	338,40	IV	1 362	–	68,40	76,95	–	33,04	37,17	–	4,72	5,31	–	–	–	–	–	–	–	–	–
	VI	4 195	–	335,60	377,55																				
21 095,99	I,IV	1 369	–	109,52	123,21	I	1 369	–	33,52	37,71	–	–	–	–	–	–	–	–	–	–	–	–	–	–	–
	II	906	–	72,48	81,54	II	906	–	7,28	8,19	–	–	–	–	–	–	–	–	–	–	–	–	–	–	–
	III	–	–	–	–	III	–	–	–	–	–	–	–	–	–	–	–	–	–	–	–	–	–	–	–
	V	3 772	–	301,76	339,48	IV	1 369	–	68,96	77,58	–	33,52	37,71	–	5,04	5,67	–	–	–	–	–	–	–	–	–
	VI	4 208	–	336,64	378,72																				
21 131,99	I,IV	1 377	–	110,16	123,93	I	1 377	–	33,92	38,16	–	–	–	–	–	–	–	–	–	–	–	–	–	–	–
	II	913	–	73,04	82,17	II	913	–	7,68	8,64	–	–	–	–	–	–	–	–	–	–	–	–	–	–	–
	III	–	–	–	–	III	–	–	–	–	–	–	–	–	–	–	–	–	–	–	–	–	–	–	–
	V	3 785	–	302,80	340,65	IV	1 377	–	69,52	78,21	–	33,92	38,16	–	5,36	6,03	–	–	–	–	–	–	–	–	–
	VI	4 220	–	337,60	379,80																				
21 167,99	I,IV	1 384	–	110,72	124,56	I	1 384	–	34,40	38,70	–	–	–	–	–	–	–	–	–	–	–	–	–	–	–
	II	920	–	73,60	82,80	II	920	–	8,08	9,09	–	–	–	–	–	–	–	–	–	–	–	–	–	–	–
	III	–	–	–	–	III	–	–	–	–	–	–	–	–	–	–	–	–	–	–	–	–	–	–	–
	V	3 798	–	303,84	341,82	IV	1 384	–	70,08	78,84	–	34,40	38,70	–	5,76	6,48	–	–	–	–	–	–	–	–	–
	VI	4 233	–	338,64	380,97																				
21 203,99	I,IV	1 392	–	111,36	125,28	I	1 392	–	34,88	39,24	–	–	–	–	–	–	–	–	–	–	–	–	–	–	–
	II	928	–	74,24	83,52	II	928	–	8,40	9,45	–	–	–	–	–	–	–	–	–	–	–	–	–	–	–
	III	–	–	–	–	III	–	–	–	–	–	–	–	–	–	–	–	–	–	–	–	–	–	–	–
	V	3 810	–	304,80	342,90	IV	1 392	–	70,64	79,47	–	34,88	39,24	–	6,08	6,84	–	–	–	–	–	–	–	–	–
	VI	4 245	–	339,60	382,05																				
21 239,99	I,IV	1 399	–	111,92	125,91	I	1 399	–	35,36	39,78	–	–	–	–	–	–	–	–	–	–	–	–	–	–	–
	II	934	–	74,72	84,06	II	934	–	8,80	9,90	–	–	–	–	–	–	–	–	–	–	–	–	–	–	–
	III	–	–	–	–	III	–	–	–	–	–	–	–	–	–	–	–	–	–	–	–	–	–	–	–
	V	3 822	–	305,76	343,98	IV	1 399	–	71,20	80,10	–	35,36	39,78	–	6,48	7,29	–	–	–	–	–	–	–	–	–
	VI	4 258	–	340,64	383,22																				
21 275,99	I,IV	1 406	–	112,48	126,54	I	1 406	–	35,76	40,23	–	–	–	–	–	–	–	–	–	–	–	–	–	–	–
	II	942	–	75,36	84,78	II	942	–	9,12	10,26	–	–	–	–	–	–	–	–	–	–	–	–	–	–	–
	III	–	–	–	–	III	–	–	–	–	–	–	–	–	–	–	–	–	–	–	–	–	–	–	–
	V	3 835	–	306,80	345,15	IV	1 406	–	71,76	80,73	–	35,76	40,23	–	6,80	7,65	–	–	–	–	–	–	–	–	–
	VI	4 270	–	341,60	384,30																				
21 311,99	I,IV	1 414	–	113,12	127,26	I	1 414	–	36,24	40,77	–	–	–	–	–	–	–	–	–	–	–	–	–	–	–
	II	949	–	75,92	85,41	II	949	–	9,52	10,71	–	–	–	–	–	–	–	–	–	–	–	–	–	–	–
	III	–	–	–	–	III	–	–	–	–	–	–	–	–	–	–	–	–	–	–	–	–	–	–	–
	V	3 848	–	307,84	346,32	IV	1 414	–	72,32	81,36	–	36,24	40,77	–	7,20	8,10	–	–	–	–	–	–	–	–	–
	VI	4 283	–	342,64	385,47																				

* Die ausgewiesenen Tabellenwerte sind amtlich. Siehe Erläuterungen auf der Umschlaginnenseite (U2).

Abzüge an Lohnsteuer, Solidaritätszuschlag (SolZ) und Kirchensteuer (8%, 9%) in den Steuerklassen

Lohn/ Gehalt bis €*	I – VI (ohne Kinderfreibeträge)					I, II, III, IV (mit Zahl der Kinderfreibeträge . . .)		0,5			1			1,5			2			2,5			3		
		LSt	SolZ	8%	9%		LSt	SolZ	8%	9%	SolZ	8%	9%	SolZ	8%	9%	SolZ	8%	9%	SolZ	8%	9%	SolZ	8%	9%
21 347,99	I,IV	1421	—	113,68	127,89	I	1421	—	36,72	41,31	—	—	—	—	—	—	—	—	—	—	—	—	—	—	—
	II	956	—	76,48	86,04	II	956	—	9,92	11,16	—	—	—	—	—	—	—	—	—	—	—	—	—	—	—
	III	—	—	—	—	III	—	—	—	—	—	—	—	—	—	—	—	—	—	—	—	—	—	—	—
	V	3860	—	308,80	347,40	IV	1421	—	72,88	81,99	—	36,72	41,31	—	7,60	8,55	—	—	—	—	—	—	—	—	—
	VI	4295	—	343,60	386,55																				
21 383,99	I,IV	1429	—	114,32	128,61	I	1429	—	37,20	41,85	—	—	—	—	—	—	—	—	—	—	—	—	—	—	—
	II	963	—	77,04	86,67	II	963	—	10,32	11,61	—	—	—	—	—	—	—	—	—	—	—	—	—	—	—
	III	—	—	—	—	III	—	—	—	—	—	—	—	—	—	—	—	—	—	—	—	—	—	—	—
	V	3873	—	309,84	348,57	IV	1429	—	73,44	82,62	—	37,20	41,85	—	7,92	8,91	—	—	—	—	—	—	—	—	—
	VI	4308	—	344,64	387,72																				
21 419,99	I,IV	1436	—	114,88	129,24	I	1436	—	37,68	42,39	—	—	—	—	—	—	—	—	—	—	—	—	—	—	—
	II	970	—	77,60	87,30	II	970	—	10,64	11,97	—	—	—	—	—	—	—	—	—	—	—	—	—	—	—
	III	—	—	—	—	III	—	—	—	—	—	—	—	—	—	—	—	—	—	—	—	—	—	—	—
	V	3885	—	310,80	349,65	IV	1436	—	74,—	83,25	—	37,68	42,39	—	8,32	9,36	—	—	—	—	—	—	—	—	—
	VI	4321	—	345,68	388,89																				
21 455,99	I,IV	1443	—	115,44	129,87	I	1443	—	38,16	42,93	—	—	—	—	—	—	—	—	—	—	—	—	—	—	—
	II	978	—	78,24	88,02	II	978	—	11,04	12,42	—	—	—	—	—	—	—	—	—	—	—	—	—	—	—
	III	—	—	—	—	III	—	—	—	—	—	—	—	—	—	—	—	—	—	—	—	—	—	—	—
	V	3898	—	311,84	350,82	IV	1443	—	74,56	83,88	—	38,16	42,93	—	8,64	9,72	—	—	—	—	—	—	—	—	—
	VI	4333	—	346,64	389,97																				
21 491,99	I,IV	1451	—	116,08	130,59	I	1451	—	38,56	43,38	—	—	—	—	—	—	—	—	—	—	—	—	—	—	—
	II	985	—	78,80	88,65	II	985	—	11,44	12,87	—	—	—	—	—	—	—	—	—	—	—	—	—	—	—
	III	—	—	—	—	III	—	—	—	—	—	—	—	—	—	—	—	—	—	—	—	—	—	—	—
	V	3911	—	312,88	351,99	IV	1451	—	75,12	84,51	—	38,56	43,38	—	9,04	10,17	—	—	—	—	—	—	—	—	—
	VI	4346	—	347,68	391,14																				
21 527,99	I,IV	1458	—	116,64	131,22	I	1458	—	39,04	43,92	—	—	—	—	—	—	—	—	—	—	—	—	—	—	—
	II	992	—	79,36	89,28	II	992	—	11,84	13,32	—	—	—	—	—	—	—	—	—	—	—	—	—	—	—
	III	—	—	—	—	III	—	—	—	—	—	—	—	—	—	—	—	—	—	—	—	—	—	—	—
	V	3923	—	313,84	353,07	IV	1458	—	75,76	85,23	—	39,04	43,92	—	9,44	10,62	—	—	—	—	—	—	—	—	—
	VI	4358	—	348,64	392,22																				
21 563,99	I,IV	1466	—	117,28	131,94	I	1466	—	39,52	44,46	—	—	—	—	—	—	—	—	—	—	—	—	—	—	—
	II	999	—	79,92	89,91	II	999	—	12,16	13,68	—	—	—	—	—	—	—	—	—	—	—	—	—	—	—
	III	—	—	—	—	III	—	—	—	—	—	—	—	—	—	—	—	—	—	—	—	—	—	—	—
	V	3935	—	314,80	354,15	IV	1466	—	76,32	85,86	—	39,52	44,46	—	9,76	10,98	—	—	—	—	—	—	—	—	—
	VI	4371	—	349,68	393,39																				
21 599,99	I,IV	1473	—	117,84	132,57	I	1473	—	40,—	45,—	—	—	—	—	—	—	—	—	—	—	—	—	—	—	—
	II	1006	—	80,48	90,54	II	1006	—	12,56	14,13	—	—	—	—	—	—	—	—	—	—	—	—	—	—	—
	III	—	—	—	—	III	—	—	—	—	—	—	—	—	—	—	—	—	—	—	—	—	—	—	—
	V	3948	—	315,84	355,32	IV	1473	—	76,88	86,49	—	40,—	45,—	—	10,16	11,43	—	—	—	—	—	—	—	—	—
	VI	4383	—	350,64	394,47																				
21 635,99	I,IV	1480	—	118,40	133,20	I	1480	—	40,48	45,54	—	—	—	—	—	—	—	—	—	—	—	—	—	—	—
	II	1013	—	81,04	91,17	II	1013	—	12,96	14,58	—	—	—	—	—	—	—	—	—	—	—	—	—	—	—
	III	—	—	—	—	III	—	—	—	—	—	—	—	—	—	—	—	—	—	—	—	—	—	—	—
	V	3961	—	316,88	356,49	IV	1480	—	77,44	87,12	—	40,48	45,54	—	10,56	11,88	—	—	—	—	—	—	—	—	—
	VI	4396	—	351,68	395,64																				
21 671,99	I,IV	1488	—	119,04	133,92	I	1488	—	40,96	46,08	—	—	—	—	—	—	—	—	—	—	—	—	—	—	—
	II	1021	—	81,68	91,89	II	1021	—	13,36	15,03	—	—	—	—	—	—	—	—	—	—	—	—	—	—	—
	III	—	—	—	—	III	—	—	—	—	—	—	—	—	—	—	—	—	—	—	—	—	—	—	—
	V	3973	—	317,84	357,57	IV	1488	—	78,—	87,75	—	40,96	46,08	—	10,88	12,24	—	—	—	—	—	—	—	—	—
	VI	4408	—	352,64	396,72																				
21 707,99	I,IV	1495	—	119,60	134,55	I	1495	—	41,44	46,62	—	—	—	—	—	—	—	—	—	—	—	—	—	—	—
	II	1028	—	82,24	92,52	II	1028	—	13,76	15,48	—	—	—	—	—	—	—	—	—	—	—	—	—	—	—
	III	—	—	—	—	III	—	—	—	—	—	—	—	—	—	—	—	—	—	—	—	—	—	—	—
	V	3986	—	318,88	358,74	IV	1495	—	78,56	88,38	—	41,44	46,62	—	11,28	12,69	—	—	—	—	—	—	—	—	—
	VI	4421	—	353,68	397,89																				
21 743,99	I,IV	1503	—	120,24	135,27	I	1503	—	41,92	47,16	—	—	—	—	—	—	—	—	—	—	—	—	—	—	—
	II	1035	—	82,80	93,15	II	1035	—	14,08	15,84	—	—	—	—	—	—	—	—	—	—	—	—	—	—	—
	III	—	—	—	—	III	—	—	—	—	—	—	—	—	—	—	—	—	—	—	—	—	—	—	—
	V	3998	—	319,84	359,82	IV	1503	—	79,20	89,10	—	41,92	47,16	—	11,68	13,14	—	—	—	—	—	—	—	—	—
	VI	4434	—	354,72	399,06																				
21 779,99	I,IV	1510	—	120,80	135,90	I	1510	—	42,40	47,70	—	—	—	—	—	—	—	—	—	—	—	—	—	—	—
	II	1042	—	83,36	93,78	II	1042	—	14,48	16,29	—	—	—	—	—	—	—	—	—	—	—	—	—	—	—
	III	—	—	—	—	III	—	—	—	—	—	—	—	—	—	—	—	—	—	—	—	—	—	—	—
	V	4011	—	320,88	360,99	IV	1510	—	79,76	89,73	—	42,40	47,70	—	12,08	13,59	—	—	—	—	—	—	—	—	—
	VI	4446	—	355,68	400,14																				
21 815,99	I,IV	1518	—	121,44	136,62	I	1518	—	42,88	48,24	—	—	—	—	—	—	—	—	—	—	—	—	—	—	—
	II	1050	—	84,—	94,50	II	1050	—	14,88	16,74	—	—	—	—	—	—	—	—	—	—	—	—	—	—	—
	III	—	—	—	—	III	—	—	—	—	—	—	—	—	—	—	—	—	—	—	—	—	—	—	—
	V	4024	—	321,92	362,16	IV	1518	—	80,32	90,36	—	42,88	48,24	—	12,48	14,04	—	—	—	—	—	—	—	—	—
	VI	4459	—	356,72	401,31																				
21 851,99	I,IV	1525	—	122,—	137,25	I	1525	—	43,36	48,78	—	—	—	—	—	—	—	—	—	—	—	—	—	—	—
	II	1057	—	84,56	95,13	II	1057	—	15,28	17,19	—	—	—	—	—	—	—	—	—	—	—	—	—	—	—
	III	—	—	—	—	III	—	—	—	—	—	—	—	—	—	—	—	—	—	—	—	—	—	—	—
	V	4036	—	322,88	363,24	IV	1525	—	80,88	90,99	—	43,36	48,78	—	12,80	14,40	—	—	—	—	—	—	—	—	—
	VI	4471	—	357,68	402,39																				
21 887,99	I,IV	1533	—	122,64	137,97	I	1533	—	43,84	49,32	—	—	—	—	—	—	—	—	—	—	—	—	—	—	—
	II	1064	—	85,12	95,76	II	1064	—	15,68	17,64	—	—	—	—	—	—	—	—	—	—	—	—	—	—	—
	III	—	—	—	—	III	—	—	—	—	—	—	—	—	—	—	—	—	—	—	—	—	—	—	—
	V	4048	—	323,84	364,32	IV	1533	—	81,44	91,62	—	43,84	49,32	—	13,20	14,85	—	—	—	—	—	—	—	—	—
	VI	4484	—	358,72	403,56																				

* Die ausgewiesenen Tabellenwerte sind amtlich. Siehe Erläuterungen auf der Umschlaginnenseite (U2).

Abzüge an Lohnsteuer, Solidaritätszuschlag (SolZ) und Kirchensteuer (8%, 9%) in den Steuerklassen

Lohn/Gehalt bis €*	I – VI		ohne Kinderfreibeträge			I, II, III, IV		mit Zahl der Kinderfreibeträge . . . 0,5			1			1,5			2			2,5			3		
		LSt	SolZ	8%	9%		LSt	SolZ	8%	9%	SolZ	8%	9%	SolZ	8%	9%	SolZ	8%	9%	SolZ	8%	9%	SolZ	8%	9%
21 923,99	I,IV	1 540	–	123,20	138,60	I	1 540	–	44,32	49,86	–	–	–	–	–	–	–	–	–	–	–	–	–	–	–
	II	1 071	–	85,68	96,39	II	1 071	–	16,08	18,09	–	–	–	–	–	–	–	–	–	–	–	–	–	–	–
	III	–	–	–	–	III	–	–	–	–	–	–	–	–	–	–	–	–	–	–	–	–	–	–	–
	V	4 061	–	324,88	365,49	IV	1 540	–	82,–	92,25	–	44,32	49,86	–	13,60	15,30	–	–	–	–	–	–	–	–	–
	VI	4 496	–	359,68	404,64																				
21 959,99	I,IV	1 548	–	123,84	139,32	I	1 548	–	44,80	50,40	–	–	–	–	–	–	–	–	–	–	–	–	–	–	–
	II	1 078	–	86,24	97,02	II	1 078	–	16,48	18,54	–	–	–	–	–	–	–	–	–	–	–	–	–	–	–
	III	–	–	–	–	III	–	–	–	–	–	–	–	–	–	–	–	–	–	–	–	–	–	–	–
	V	4 074	–	325,92	366,66	IV	1 548	–	82,64	92,97	–	44,80	50,40	–	14,–	15,75	–	–	–	–	–	–	–	–	–
	VI	4 509	–	360,72	405,81																				
21 995,99	I,IV	1 555	–	124,40	139,95	I	1 555	–	45,36	51,03	–	–	–	–	–	–	–	–	–	–	–	–	–	–	–
	II	1 086	–	86,88	97,74	II	1 086	–	16,88	18,99	–	–	–	–	–	–	–	–	–	–	–	–	–	–	–
	III	–	–	–	–	III	–	–	–	–	–	–	–	–	–	–	–	–	–	–	–	–	–	–	–
	V	4 086	–	326,88	367,74	IV	1 555	–	83,20	93,60	–	45,36	51,03	–	14,40	16,20	–	–	–	–	–	–	–	–	–
	VI	4 521	–	361,68	406,89																				
22 031,99	I,IV	1 563	–	125,04	140,67	I	1 563	–	45,84	51,57	–	–	–	–	–	–	–	–	–	–	–	–	–	–	–
	II	1 093	–	87,44	98,37	II	1 093	–	17,28	19,44	–	–	–	–	–	–	–	–	–	–	–	–	–	–	–
	III	–	–	–	–	III	–	–	–	–	–	–	–	–	–	–	–	–	–	–	–	–	–	–	–
	V	4 099	–	327,92	368,91	IV	1 563	–	83,76	94,23	–	45,84	51,57	–	14,80	16,65	–	–	–	–	–	–	–	–	–
	VI	4 534	–	362,72	408,06																				
22 067,99	I,IV	1 570	–	125,60	141,30	I	1 570	–	46,32	52,11	–	–	–	–	–	–	–	–	–	–	–	–	–	–	–
	II	1 100	–	88,–	99,–	II	1 100	–	17,68	19,89	–	–	–	–	–	–	–	–	–	–	–	–	–	–	–
	III	–	–	–	–	III	–	–	–	–	–	–	–	–	–	–	–	–	–	–	–	–	–	–	–
	V	4 111	–	328,88	369,99	IV	1 570	–	84,32	94,86	–	46,32	52,11	–	15,20	17,10	–	–	–	–	–	–	–	–	–
	VI	4 547	–	363,76	409,23																				
22 103,99	I,IV	1 578	–	126,24	142,02	I	1 578	–	46,80	52,65	–	–	–	–	–	–	–	–	–	–	–	–	–	–	–
	II	1 107	–	88,56	99,63	II	1 107	–	18,08	20,34	–	–	–	–	–	–	–	–	–	–	–	–	–	–	–
	III	–	–	–	–	III	–	–	–	–	–	–	–	–	–	–	–	–	–	–	–	–	–	–	–
	V	4 124	–	329,92	371,16	IV	1 578	–	84,96	95,58	–	46,80	52,65	–	15,60	17,55	–	–	–	–	–	–	–	–	–
	VI	4 559	–	364,72	410,31																				
22 139,99	I,IV	1 585	–	126,80	142,65	I	1 585	–	47,28	53,19	–	–	–	–	–	–	–	–	–	–	–	–	–	–	–
	II	1 115	–	89,20	100,35	II	1 115	–	18,48	20,79	–	–	–	–	–	–	–	–	–	–	–	–	–	–	–
	III	–	–	–	–	III	–	–	–	–	–	–	–	–	–	–	–	–	–	–	–	–	–	–	–
	V	4 137	–	330,96	372,33	IV	1 585	–	85,52	96,21	–	47,28	53,19	–	15,92	17,91	–	–	–	–	–	–	–	–	–
	VI	4 572	–	365,76	411,48																				
22 175,99	I,IV	1 592	–	127,36	143,28	I	1 592	–	47,76	53,73	–	–	–	–	–	–	–	–	–	–	–	–	–	–	–
	II	1 122	–	89,76	100,98	II	1 122	–	18,88	21,24	–	–	–	–	–	–	–	–	–	–	–	–	–	–	–
	III	–	–	–	–	III	–	–	–	–	–	–	–	–	–	–	–	–	–	–	–	–	–	–	–
	V	4 149	–	331,92	373,41	IV	1 592	–	86,08	96,84	–	47,76	53,73	–	16,32	18,36	–	–	–	–	–	–	–	–	–
	VI	4 584	–	366,72	412,56																				
22 211,99	I,IV	1 600	–	128,–	144,–	I	1 600	–	48,32	54,36	–	–	–	–	–	–	–	–	–	–	–	–	–	–	–
	II	1 129	–	90,32	101,61	II	1 129	–	19,28	21,69	–	–	–	–	–	–	–	–	–	–	–	–	–	–	–
	III	–	–	–	–	III	–	–	–	–	–	–	–	–	–	–	–	–	–	–	–	–	–	–	–
	V	4 161	–	332,88	374,49	IV	1 600	–	86,64	97,47	–	48,32	54,36	–	16,72	18,81	–	–	–	–	–	–	–	–	–
	VI	4 597	–	367,76	413,73																				
22 247,99	I,IV	1 607	–	128,56	144,63	I	1 607	–	48,80	54,90	–	–	–	–	–	–	–	–	–	–	–	–	–	–	–
	II	1 136	–	90,88	102,24	II	1 136	–	19,68	22,14	–	–	–	–	–	–	–	–	–	–	–	–	–	–	–
	III	–	–	–	–	III	–	–	–	–	–	–	–	–	–	–	–	–	–	–	–	–	–	–	–
	V	4 174	–	333,92	375,66	IV	1 607	–	87,20	98,10	–	48,80	54,90	–	17,12	19,26	–	–	–	–	–	–	–	–	–
	VI	4 609	–	368,72	414,81																				
22 283,99	I,IV	1 615	–	129,20	145,35	I	1 615	–	49,28	55,44	–	–	–	–	–	–	–	–	–	–	–	–	–	–	–
	II	1 144	–	91,52	102,96	II	1 144	–	20,16	22,68	–	–	–	–	–	–	–	–	–	–	–	–	–	–	–
	III	–	–	–	–	III	–	–	–	–	–	–	–	–	–	–	–	–	–	–	–	–	–	–	–
	V	4 187	–	334,96	376,83	IV	1 615	–	87,84	98,82	–	49,28	55,44	–	17,52	19,71	–	–	–	–	–	–	–	–	–
	VI	4 622	–	369,76	415,98																				
22 319,99	I,IV	1 622	–	129,76	145,98	I	1 622	–	49,84	56,07	–	–	–	–	–	–	–	–	–	–	–	–	–	–	–
	II	1 151	–	92,08	103,59	II	1 151	–	20,56	23,13	–	–	–	–	–	–	–	–	–	–	–	–	–	–	–
	III	–	–	–	–	III	–	–	–	–	–	–	–	–	–	–	–	–	–	–	–	–	–	–	–
	V	4 199	–	335,92	377,91	IV	1 622	–	88,40	99,45	–	49,84	56,07	–	17,92	20,16	–	–	–	–	–	–	–	–	–
	VI	4 634	–	370,72	417,06																				
22 355,99	I,IV	1 630	–	130,40	146,70	I	1 630	–	50,32	56,61	–	–	–	–	–	–	–	–	–	–	–	–	–	–	–
	II	1 158	–	92,64	104,22	II	1 158	–	20,96	23,58	–	–	–	–	–	–	–	–	–	–	–	–	–	–	–
	III	–	–	–	–	III	–	–	–	–	–	–	–	–	–	–	–	–	–	–	–	–	–	–	–
	V	4 212	–	336,96	379,08	IV	1 630	–	88,96	100,08	–	50,32	56,61	–	18,40	20,70	–	–	–	–	–	–	–	–	–
	VI	4 647	–	371,76	418,23																				
22 391,99	I,IV	1 637	–	130,96	147,33	I	1 637	–	50,80	57,15	–	–	–	–	–	–	–	–	–	–	–	–	–	–	–
	II	1 165	–	93,20	104,85	II	1 165	–	21,36	24,03	–	–	–	–	–	–	–	–	–	–	–	–	–	–	–
	III	–	–	–	–	III	–	–	–	–	–	–	–	–	–	–	–	–	–	–	–	–	–	–	–
	V	4 224	–	337,92	380,16	IV	1 637	–	89,60	100,80	–	50,80	57,15	–	18,80	21,15	–	–	–	–	–	–	–	–	–
	VI	4 660	–	372,80	419,40																				
22 427,99	I,IV	1 645	–	131,60	148,05	I	1 645	–	51,36	57,78	–	–	–	–	–	–	–	–	–	–	–	–	–	–	–
	II	1 173	–	93,84	105,57	II	1 173	–	21,76	24,48	–	–	–	–	–	–	–	–	–	–	–	–	–	–	–
	III	–	–	–	–	III	–	–	–	–	–	–	–	–	–	–	–	–	–	–	–	–	–	–	–
	V	4 237	–	338,96	381,33	IV	1 645	–	90,16	101,43	–	51,36	57,78	–	19,20	21,60	–	–	–	–	–	–	–	–	–
	VI	4 672	–	373,76	420,48																				
22 463,99	I,IV	1 653	–	132,24	148,77	I	1 653	–	51,84	58,32	–	–	–	–	–	–	–	–	–	–	–	–	–	–	–
	II	1 180	–	94,40	106,20	II	1 180	–	22,24	25,02	–	–	–	–	–	–	–	–	–	–	–	–	–	–	–
	III	–	–	–	–	III	–	–	–	–	–	–	–	–	–	–	–	–	–	–	–	–	–	–	–
	V	4 250	–	340,–	382,50	IV	1 653	–	90,72	102,06	–	51,84	58,32	–	19,60	22,05	–	–	–	–	–	–	–	–	–
	VI	4 685	–	374,80	421,65																				

* Die ausgewiesenen Tabellenwerte sind amtlich. Siehe Erläuterungen auf der Umschlaginnenseite (U2).

Abzüge an Lohnsteuer, Solidaritätszuschlag (SolZ) und Kirchensteuer (8%, 9%) in den Steuerklassen

Lohn/ Gehalt bis €*	I – VI	ohne Kinderfreibeträge				I, II, III, IV	mit Zahl der Kinderfreibeträge . . . 0,5			1			1,5			2			2,5			3		
		LSt	SolZ	8%	9%		LSt	SolZ	8%	9%	SolZ	8%	9%	SolZ	8%	9%	SolZ	8%	9%	SolZ	8%	9%	SolZ	8%	9%
22 499,99	I,IV	1 660	—	132,80	149,40	I	1 660	—	52,32	58,86	—	—	—	—	—	—	—	—	—	—	—	—	—	—	—
	II	1 187	—	94,96	106,83	II	1 187	—	22,64	25,47	—	—	—	—	—	—	—	—	—	—	—	—	—	—	—
	III	—	—	—	—	III	—	—	—	—	—	—	—	—	—	—	—	—	—	—	—	—	—	—	—
	V	4 262	—	340,96	383,58	IV	1 660	—	91,28	102,69	—	52,32	58,86	—	20,—	22,50	—	—	—	—	—	—	—	—	—
	VI	4 697	—	375,76	422,73																				
22 535,99	I,IV	1 667	—	133,36	150,03	I	1 667	—	52,88	59,49	—	—	—	—	—	—	—	—	—	—	—	—	—	—	—
	II	1 194	—	95,52	107,46	II	1 194	—	23,04	25,92	—	—	—	—	—	—	—	—	—	—	—	—	—	—	—
	III	—	—	—	—	III	—	—	—	—	—	—	—	—	—	—	—	—	—	—	—	—	—	—	—
	V	4 274	—	341,92	384,66	IV	1 667	—	91,84	103,32	—	52,88	59,49	—	20,40	22,95	—	—	—	—	—	—	—	—	—
	VI	4 709	—	376,72	423,81																				
22 571,99	I,IV	1 675	—	134,—	150,75	I	1 675	—	53,36	60,03	—	—	—	—	—	—	—	—	—	—	—	—	—	—	—
	II	1 202	—	96,16	108,18	II	1 202	—	23,44	26,37	—	—	—	—	—	—	—	—	—	—	—	—	—	—	—
	III	—	—	—	—	III	—	—	—	—	—	—	—	—	—	—	—	—	—	—	—	—	—	—	—
	V	4 287	—	342,96	385,83	IV	1 675	—	92,48	104,04	—	53,36	60,03	—	20,80	23,40	—	—	—	—	—	—	—	—	—
	VI	4 722	—	377,76	424,98																				
22 607,99	I,IV	1 683	—	134,64	151,47	I	1 683	—	53,84	60,57	—	—	—	—	—	—	—	—	—	—	—	—	—	—	—
	II	1 209	—	96,72	108,81	II	1 209	—	23,92	26,91	—	—	—	—	—	—	—	—	—	—	—	—	—	—	—
	III	—	—	—	—	III	—	—	—	—	—	—	—	—	—	—	—	—	—	—	—	—	—	—	—
	V	4 300	—	344,—	387,—	IV	1 683	—	93,04	104,67	—	53,84	60,57	—	21,20	23,85	—	—	—	—	—	—	—	—	—
	VI	4 735	—	378,80	426,15																				
22 643,99	I,IV	1 690	—	135,20	152,10	I	1 690	—	54,40	61,20	—	—	—	—	—	—	—	—	—	—	—	—	—	—	—
	II	1 216	—	97,28	109,44	II	1 216	—	24,32	27,36	—	—	—	—	—	—	—	—	—	—	—	—	—	—	—
	III	—	—	—	—	III	—	—	—	—	—	—	—	—	—	—	—	—	—	—	—	—	—	—	—
	V	4 312	—	344,96	388,08	IV	1 690	—	93,60	105,30	—	54,40	61,20	—	21,68	24,39	—	—	—	—	—	—	—	—	—
	VI	4 747	—	379,76	427,23																				
22 679,99	I,IV	1 698	—	135,84	152,82	I	1 698	—	54,88	61,74	—	—	—	—	—	—	—	—	—	—	—	—	—	—	—
	II	1 224	—	97,92	110,16	II	1 224	—	24,72	27,81	—	—	—	—	—	—	—	—	—	—	—	—	—	—	—
	III	—	—	—	—	III	—	—	—	—	—	—	—	—	—	—	—	—	—	—	—	—	—	—	—
	V	4 325	—	346,—	389,25	IV	1 698	—	94,24	106,02	—	54,88	61,74	—	22,08	24,84	—	—	—	—	—	—	—	—	—
	VI	4 760	—	380,80	428,40																				
22 715,99	I,IV	1 705	—	136,40	153,45	I	1 705	—	55,44	62,37	—	—	—	—	—	—	—	—	—	—	—	—	—	—	—
	II	1 231	—	98,48	110,79	II	1 231	—	25,20	28,35	—	—	—	—	—	—	—	—	—	—	—	—	—	—	—
	III	—	—	—	—	III	—	—	—	—	—	—	—	—	—	—	—	—	—	—	—	—	—	—	—
	V	4 337	—	346,96	390,33	IV	1 705	—	94,80	106,65	—	55,44	62,37	—	22,48	25,29	—	—	—	—	—	—	—	—	—
	VI	4 772	—	381,76	429,48																				
22 751,99	I,IV	1 713	—	137,04	154,17	I	1 713	—	55,92	62,91	—	—	—	—	—	—	—	—	—	—	—	—	—	—	—
	II	1 238	—	99,04	111,42	II	1 238	—	25,60	28,80	—	—	—	—	—	—	—	—	—	—	—	—	—	—	—
	III	—	—	—	—	III	—	—	—	—	—	—	—	—	—	—	—	—	—	—	—	—	—	—	—
	V	4 350	—	348,—	391,50	IV	1 713	—	95,36	107,28	—	55,92	62,91	—	22,88	25,74	—	—	—	—	—	—	—	—	—
	VI	4 785	—	382,80	430,65																				
22 787,99	I,IV	1 720	—	137,60	154,80	I	1 720	—	56,48	63,54	—	—	—	—	—	—	—	—	—	—	—	—	—	—	—
	II	1 246	—	99,68	112,14	II	1 246	—	26,—	29,25	—	—	—	—	—	—	—	—	—	—	—	—	—	—	—
	III	—	—	—	—	III	—	—	—	—	—	—	—	—	—	—	—	—	—	—	—	—	—	—	—
	V	4 363	—	349,04	392,67	IV	1 720	—	96,—	108,—	—	56,48	63,54	—	23,36	26,28	—	—	—	—	—	—	—	—	—
	VI	4 798	—	383,84	431,82																				
22 823,99	I,IV	1 728	—	138,24	155,52	I	1 728	—	56,96	64,08	—	—	—	—	—	—	—	—	—	—	—	—	—	—	—
	II	1 253	—	100,24	112,77	II	1 253	—	26,48	29,79	—	—	—	—	—	—	—	—	—	—	—	—	—	—	—
	III	—	—	—	—	III	—	—	—	—	—	—	—	—	—	—	—	—	—	—	—	—	—	—	—
	V	4 375	—	350,—	393,75	IV	1 728	—	96,56	108,63	—	56,96	64,08	—	23,76	26,73	—	—	—	—	—	—	—	—	—
	VI	4 810	—	384,80	432,90																				
22 859,99	I,IV	1 735	—	138,80	156,15	I	1 735	—	57,52	64,71	—	—	—	—	—	—	—	—	—	—	—	—	—	—	—
	II	1 260	—	100,80	113,40	II	1 260	—	26,88	30,24	—	—	—	—	—	—	—	—	—	—	—	—	—	—	—
	III	—	—	—	—	III	—	—	—	—	—	—	—	—	—	—	—	—	—	—	—	—	—	—	—
	V	4 387	—	350,96	394,83	IV	1 735	—	97,12	109,26	—	57,52	64,71	—	24,16	27,18	—	—	—	—	—	—	—	—	—
	VI	4 822	—	385,76	433,98																				
22 895,99	I,IV	1 743	—	139,44	156,87	I	1 743	—	58,08	65,34	—	—	—	—	—	—	—	—	—	—	—	—	—	—	—
	II	1 268	—	101,44	114,12	II	1 268	—	27,36	30,78	—	—	—	—	—	—	—	—	—	—	—	—	—	—	—
	III	—	—	—	—	III	—	—	—	—	—	—	—	—	—	—	—	—	—	—	—	—	—	—	—
	V	4 400	—	352,—	396,—	IV	1 743	—	97,68	109,89	—	58,08	65,34	—	24,56	27,63	—	—	—	—	—	—	—	—	—
	VI	4 835	—	386,80	435,15																				
22 931,99	I,IV	1 751	—	140,08	157,59	I	1 751	—	58,56	65,88	—	—	—	—	—	—	—	—	—	—	—	—	—	—	—
	II	1 275	—	102,—	114,75	II	1 275	—	27,76	31,23	—	—	—	—	—	—	—	—	—	—	—	—	—	—	—
	III	—	—	—	—	III	—	—	—	—	—	—	—	—	—	—	—	—	—	—	—	—	—	—	—
	V	4 413	—	353,04	397,17	IV	1 751	—	98,32	110,61	—	58,56	65,88	—	25,04	28,17	—	—	—	—	—	—	—	—	—
	VI	4 848	—	387,84	436,32																				
22 967,99	I,IV	1 758	—	140,64	158,22	I	1 758	—	59,12	66,51	—	—	—	—	—	—	—	—	—	—	—	—	—	—	—
	II	1 282	—	102,56	115,38	II	1 282	—	28,24	31,77	—	—	—	—	—	—	—	—	—	—	—	—	—	—	—
	III	—	—	—	—	III	—	—	—	—	—	—	—	—	—	—	—	—	—	—	—	—	—	—	—
	V	4 425	—	354,—	398,25	IV	1 758	—	98,88	111,24	—	59,12	66,51	—	25,44	28,62	—	—	—	—	—	—	—	—	—
	VI	4 860	—	388,80	437,40																				
23 003,99	I,IV	1 766	—	141,28	158,94	I	1 766	—	59,60	67,05	—	—	—	—	—	—	—	—	—	—	—	—	—	—	—
	II	1 290	—	103,20	116,10	II	1 290	—	28,64	32,22	—	—	—	—	—	—	—	—	—	—	—	—	—	—	—
	III	—	—	—	—	III	—	—	—	—	—	—	—	—	—	—	—	—	—	—	—	—	—	—	—
	V	4 438	—	355,04	399,42	IV	1 766	—	99,44	111,87	—	59,60	67,05	—	25,92	29,16	—	—	—	—	—	—	—	—	—
	VI	4 873	—	389,84	438,57																				
23 039,99	I,IV	1 773	—	141,84	159,57	I	1 773	—	60,16	67,68	—	—	—	—	—	—	—	—	—	—	—	—	—	—	—
	II	1 297	—	103,76	116,73	II	1 297	—	29,12	32,76	—	—	—	—	—	—	—	—	—	—	—	—	—	—	—
	III	—	—	—	—	III	—	—	—	—	—	—	—	—	—	—	—	—	—	—	—	—	—	—	—
	V	4 450	—	356,—	400,50	IV	1 773	—	100,08	112,59	—	60,16	67,68	—	26,32	29,61	—	—	—	—	—	—	—	—	—
	VI	4 885	—	390,80	439,65																				

*** Die ausgewiesenen Tabellenwerte sind amtlich. Siehe Erläuterungen auf der Umschlaginnenseite (U2).**

Abzüge an Lohnsteuer, Solidaritätszuschlag (SolZ) und Kirchensteuer (8%, 9%) in den Steuerklassen

I – VI: ohne Kinderfreibeträge | I, II, III, IV: mit Zahl der Kinderfreibeträge . . .

Lohn/ Gehalt bis €*	I – VI	LSt	SolZ	8%	9%	I, II, III, IV	LSt	0,5 SolZ	0,5 8%	0,5 9%	1 SolZ	1 8%	1 9%	1,5 SolZ	1,5 8%	1,5 9%	2 SolZ	2 8%	2 9%	2,5 SolZ	2,5 8%	2,5 9%	3 SolZ	3 8%	3 9%
23 075,99	I,IV	1781	–	142,48	160,29	I	1781	–	60,72	68,31	–	–	–	–	–	–	–	–	–	–	–	–	–	–	–
	II	1304	–	104,32	117,36	II	1304	–	29,52	33,21	–	–	–	–	–	–	–	–	–	–	–	–	–	–	–
	III	–	–	–	–	III	–	–	–	–	–	–	–	–	–	–	–	–	–	–	–	–	–	–	–
	V	4463	–	357,04	401,67	IV	1781	–	100,64	113,22	–	60,72	68,31	–	26,72	30,06	–	–	–	–	–	–	–	–	–
	VI	4898	–	391,84	440,82																				
23 111,99	I,IV	1788	–	143,04	160,92	I	1788	–	61,20	68,85	–	0,16	0,18	–	–	–	–	–	–	–	–	–	–	–	–
	II	1312	–	104,96	118,08	II	1312	–	30,–	33,75	–	–	–	–	–	–	–	–	–	–	–	–	–	–	–
	III	–	–	–	–	III	–	–	–	–	–	–	–	–	–	–	–	–	–	–	–	–	–	–	–
	V	4475	–	358,–	402,75	IV	1788	–	101,20	113,85	–	61,20	68,85	–	27,20	30,60	–	0,16	0,18	–	–	–	–	–	–
	VI	4910	–	392,80	441,90																				
23 147,99	I,IV	1796	–	143,68	161,64	I	1796	–	61,76	69,48	–	0,48	0,54	–	–	–	–	–	–	–	–	–	–	–	–
	II	1319	–	105,52	118,71	II	1319	–	30,40	34,20	–	–	–	–	–	–	–	–	–	–	–	–	–	–	–
	III	–	–	–	–	III	–	–	–	–	–	–	–	–	–	–	–	–	–	–	–	–	–	–	–
	V	4488	–	359,04	403,92	IV	1796	–	101,76	114,48	–	61,76	69,48	–	27,60	31,05	–	0,48	0,54	–	–	–	–	–	–
	VI	4923	–	393,84	443,07																				
23 183,99	I,IV	1804	–	144,32	162,36	I	1804	–	62,32	70,11	–	0,80	0,90	–	–	–	–	–	–	–	–	–	–	–	–
	II	1326	–	106,08	119,34	II	1326	–	30,88	34,74	–	–	–	–	–	–	–	–	–	–	–	–	–	–	–
	III	–	–	–	–	III	–	–	–	–	–	–	–	–	–	–	–	–	–	–	–	–	–	–	–
	V	4500	–	360,–	405,–	IV	1804	–	102,40	115,20	–	62,32	70,11	–	28,08	31,59	–	0,80	0,90	–	–	–	–	–	–
	VI	4935	–	394,80	444,15																				
23 219,99	I,IV	1811	–	144,88	162,99	I	1811	–	62,88	70,74	–	1,12	1,26	–	–	–	–	–	–	–	–	–	–	–	–
	II	1334	–	106,72	120,06	II	1334	–	31,28	35,19	–	–	–	–	–	–	–	–	–	–	–	–	–	–	–
	III	–	–	–	–	III	–	–	–	–	–	–	–	–	–	–	–	–	–	–	–	–	–	–	–
	V	4513	–	361,04	406,17	IV	1811	–	102,96	115,83	–	62,88	70,74	–	28,48	32,04	–	1,12	1,26	–	–	–	–	–	–
	VI	4948	–	395,84	445,32																				
23 255,99	I,IV	1819	–	145,52	163,71	I	1819	–	63,36	71,28	–	1,52	1,71	–	–	–	–	–	–	–	–	–	–	–	–
	II	1341	–	107,28	120,69	II	1341	–	31,76	35,73	–	–	–	–	–	–	–	–	–	–	–	–	–	–	–
	III	–	–	–	–	III	–	–	–	–	–	–	–	–	–	–	–	–	–	–	–	–	–	–	–
	V	4526	–	362,08	407,34	IV	1819	–	103,60	116,55	–	63,36	71,28	–	28,96	32,58	–	1,52	1,71	–	–	–	–	–	–
	VI	4961	–	396,88	446,49																				
23 291,99	I,IV	1826	–	146,08	164,34	I	1826	–	63,92	71,91	–	1,84	2,07	–	–	–	–	–	–	–	–	–	–	–	–
	II	1348	–	107,84	121,32	II	1348	–	32,24	36,27	–	–	–	–	–	–	–	–	–	–	–	–	–	–	–
	III	–	–	–	–	III	–	–	–	–	–	–	–	–	–	–	–	–	–	–	–	–	–	–	–
	V	4538	–	363,04	408,42	IV	1826	–	104,16	117,18	–	63,92	71,91	–	29,36	33,03	–	1,84	2,07	–	–	–	–	–	–
	VI	4973	–	397,84	447,57																				
23 327,99	I,IV	1834	–	146,72	165,06	I	1834	–	64,48	72,54	–	2,16	2,43	–	–	–	–	–	–	–	–	–	–	–	–
	II	1356	–	108,48	122,04	II	1356	–	32,64	36,72	–	–	–	–	–	–	–	–	–	–	–	–	–	–	–
	III	–	–	–	–	III	–	–	–	–	–	–	–	–	–	–	–	–	–	–	–	–	–	–	–
	V	4551	–	364,08	409,59	IV	1834	–	104,72	117,81	–	64,48	72,54	–	29,84	33,57	–	2,16	2,43	–	–	–	–	–	–
	VI	4986	–	398,88	448,74																				
23 363,99	I,IV	1842	–	147,36	165,78	I	1842	–	65,04	73,17	–	2,56	2,88	–	–	–	–	–	–	–	–	–	–	–	–
	II	1363	–	109,04	122,67	II	1363	–	33,12	37,26	–	–	–	–	–	–	–	–	–	–	–	–	–	–	–
	III	–	–	–	–	III	–	–	–	–	–	–	–	–	–	–	–	–	–	–	–	–	–	–	–
	V	4563	–	365,04	410,67	IV	1842	–	105,36	118,53	–	65,04	73,17	–	30,24	34,02	–	2,56	2,88	–	–	–	–	–	–
	VI	4998	–	399,84	449,82																				
23 399,99	I,IV	1849	–	147,92	166,41	I	1849	–	65,60	73,80	–	2,88	3,24	–	–	–	–	–	–	–	–	–	–	–	–
	II	1371	–	109,68	123,39	II	1371	–	33,60	37,80	–	–	–	–	–	–	–	–	–	–	–	–	–	–	–
	III	–	–	–	–	III	–	–	–	–	–	–	–	–	–	–	–	–	–	–	–	–	–	–	–
	V	4576	–	366,08	411,84	IV	1849	–	105,92	119,16	–	65,60	73,80	–	30,72	34,56	–	2,88	3,24	–	–	–	–	–	–
	VI	5011	–	400,88	450,99																				
23 435,99	I,IV	1857	–	148,56	167,13	I	1857	–	66,08	74,34	–	3,20	3,60	–	–	–	–	–	–	–	–	–	–	–	–
	II	1378	–	110,24	124,02	II	1378	–	34,–	38,25	–	–	–	–	–	–	–	–	–	–	–	–	–	–	–
	III	–	–	–	–	III	–	–	–	–	–	–	–	–	–	–	–	–	–	–	–	–	–	–	–
	V	4588	–	367,04	412,92	IV	1857	–	106,48	119,79	–	66,08	74,34	–	31,12	35,01	–	3,20	3,60	–	–	–	–	–	–
	VI	5023	–	401,84	452,07																				
23 471,99	I,IV	1864	–	149,12	167,76	I	1864	–	66,64	74,97	–	3,60	4,05	–	–	–	–	–	–	–	–	–	–	–	–
	II	1385	–	110,80	124,65	II	1385	–	34,48	38,79	–	–	–	–	–	–	–	–	–	–	–	–	–	–	–
	III	–	–	–	–	III	–	–	–	–	–	–	–	–	–	–	–	–	–	–	–	–	–	–	–
	V	4601	–	368,08	414,09	IV	1864	–	107,12	120,51	–	66,64	74,97	–	31,60	35,55	–	3,60	4,05	–	–	–	–	–	–
	VI	5036	–	402,88	453,24																				
23 507,99	I,IV	1872	–	149,76	168,48	I	1872	–	67,20	75,60	–	3,92	4,41	–	–	–	–	–	–	–	–	–	–	–	–
	II	1393	–	111,44	125,37	II	1393	–	34,96	39,33	–	–	–	–	–	–	–	–	–	–	–	–	–	–	–
	III	–	–	–	–	III	–	–	–	–	–	–	–	–	–	–	–	–	–	–	–	–	–	–	–
	V	4613	–	369,04	415,17	IV	1872	–	107,68	121,14	–	67,20	75,60	–	32,08	36,09	–	3,92	4,41	–	–	–	–	–	–
	VI	5048	–	403,84	454,32																				
23 543,99	I,IV	1880	–	150,40	169,20	I	1880	–	67,76	76,23	–	4,24	4,77	–	–	–	–	–	–	–	–	–	–	–	–
	II	1400	–	112,–	126,–	II	1400	–	35,44	39,87	–	–	–	–	–	–	–	–	–	–	–	–	–	–	–
	III	–	–	–	–	III	–	–	–	–	–	–	–	–	–	–	–	–	–	–	–	–	–	–	–
	V	4626	–	370,08	416,34	IV	1880	–	108,24	121,77	–	67,76	76,23	–	32,48	36,54	–	4,24	4,77	–	–	–	–	–	–
	VI	5061	–	404,88	455,49																				
23 579,99	I,IV	1887	–	150,96	169,83	I	1887	–	68,32	76,86	–	4,64	5,22	–	–	–	–	–	–	–	–	–	–	–	–
	II	1407	–	112,56	126,63	II	1407	–	35,84	40,32	–	–	–	–	–	–	–	–	–	–	–	–	–	–	–
	III	–	–	–	–	III	–	–	–	–	–	–	–	–	–	–	–	–	–	–	–	–	–	–	–
	V	4639	–	371,12	417,51	IV	1887	–	108,88	122,49	–	68,32	76,86	–	32,96	37,08	–	4,64	5,22	–	–	–	–	–	–
	VI	5074	–	405,92	456,66																				
23 615,99	I,IV	1895	–	151,60	170,55	I	1895	–	68,88	77,49	–	4,96	5,58	–	–	–	–	–	–	–	–	–	–	–	–
	II	1415	–	113,20	127,35	II	1415	–	36,32	40,86	–	–	–	–	–	–	–	–	–	–	–	–	–	–	–
	III	–	–	–	–	III	–	–	–	–	–	–	–	–	–	–	–	–	–	–	–	–	–	–	–
	V	4651	–	372,08	418,59	IV	1895	–	109,44	123,12	–	68,88	77,49	–	33,44	37,62	–	4,96	5,58	–	–	–	–	–	–
	VI	5086	–	406,88	457,74																				

* Die ausgewiesenen Tabellenwerte sind amtlich. Siehe Erläuterungen auf der Umschlaginnenseite (U2).

Abzüge an Lohnsteuer, Solidaritätszuschlag (SolZ) und Kirchensteuer (8%, 9%) in den Steuerklassen

Lohn/ Gehalt bis €*		I – VI ohne Kinderfreibeträge					I, II, III, IV mit Zahl der Kinderfreibeträge . . .	0,5			1			1,5			2			2,5			3		
		LSt	SolZ	8%	9%		LSt	SolZ	8%	9%	SolZ	8%	9%	SolZ	8%	9%	SolZ	8%	9%	SolZ	8%	9%	SolZ	8%	9%
23 651,99	I,IV	1 903	–	152,24	171,27	I	1 903	–	69,44	78,12	–	5,36	6,03	–	–	–	–	–	–	–	–	–	–	–	–
	II	1 422	–	113,76	127,98	II	1 422	–	36,80	41,40	–	–	–	–	–	–	–	–	–	–	–	–	–	–	–
	III	–	–	–	–	III	–	–	–	–	–	–	–	–	–	–	–	–	–	–	–	–	–	–	–
	V	4 664	–	373,12	419,76	IV	1 903	–	110,08	123,84	–	69,44	78,12	–	33,92	38,16	–	5,36	6,03	–	–	–	–	–	–
	VI	5 099	–	407,92	458,91																				
23 687,99	I,IV	1 910	–	152,80	171,90	I	1 910	–	70,—	78,75	–	5,68	6,39	–	–	–	–	–	–	–	–	–	–	–	–
	II	1 430	–	114,40	128,70	II	1 430	–	37,28	41,94	–	–	–	–	–	–	–	–	–	–	–	–	–	–	–
	III	–	–	–	–	III	–	–	–	–	–	–	–	–	–	–	–	–	–	–	–	–	–	–	–
	V	4 676	–	374,08	420,84	IV	1 910	–	110,64	124,47	–	70,—	78,75	–	34,32	38,61	–	5,68	6,39	–	–	–	–	–	–
	VI	5 111	–	408,88	459,99																				
23 723,99	I,IV	1 918	–	153,44	172,62	I	1 918	–	70,56	79,38	–	6,08	6,84	–	–	–	–	–	–	–	–	–	–	–	–
	II	1 437	–	114,96	129,33	II	1 437	–	37,76	42,48	–	–	–	–	–	–	–	–	–	–	–	–	–	–	–
	III	–	–	–	–	III	–	–	–	–	–	–	–	–	–	–	–	–	–	–	–	–	–	–	–
	V	4 689	–	375,12	422,01	IV	1 918	–	111,20	125,10	–	70,56	79,38	–	34,80	39,15	–	6,08	6,84	–	–	–	–	–	–
	VI	5 124	–	409,92	461,16																				
23 759,99	I,IV	1 926	–	154,08	173,34	I	1 926	–	71,12	80,01	–	6,40	7,20	–	–	–	–	–	–	–	–	–	–	–	–
	II	1 444	–	115,52	129,96	II	1 444	–	38,16	42,93	–	–	–	–	–	–	–	–	–	–	–	–	–	–	–
	III	–	–	–	–	III	–	–	–	–	–	–	–	–	–	–	–	–	–	–	–	–	–	–	–
	V	4 701	–	376,08	423,09	IV	1 926	–	111,84	125,82	–	71,12	80,01	–	35,28	39,69	–	6,40	7,20	–	–	–	–	–	–
	VI	5 136	–	410,88	462,24																				
23 795,99	I,IV	1 933	–	154,64	173,97	I	1 933	–	71,68	80,64	–	6,80	7,65	–	–	–	–	–	–	–	–	–	–	–	–
	II	1 452	–	116,16	130,68	II	1 452	–	38,64	43,47	–	–	–	–	–	–	–	–	–	–	–	–	–	–	–
	III	–	–	–	–	III	–	–	–	–	–	–	–	–	–	–	–	–	–	–	–	–	–	–	–
	V	4 714	–	377,12	424,26	IV	1 933	–	112,40	126,45	–	71,68	80,64	–	35,68	40,14	–	6,80	7,65	–	–	–	–	–	–
	VI	5 148	–	411,84	463,32																				
23 831,99	I,IV	1 941	–	155,28	174,69	I	1 941	–	72,24	81,27	–	7,12	8,01	–	–	–	–	–	–	–	–	–	–	–	–
	II	1 459	–	116,72	131,31	II	1 459	–	39,12	44,01	–	–	–	–	–	–	–	–	–	–	–	–	–	–	–
	III	–	–	–	–	III	–	–	–	–	–	–	–	–	–	–	–	–	–	–	–	–	–	–	–
	V	4 726	–	378,08	425,34	IV	1 941	–	112,96	127,08	–	72,24	81,27	–	36,16	40,68	–	7,12	8,01	–	–	–	–	–	–
	VI	5 158	–	412,64	464,22																				
23 867,99	I,IV	1 949	–	155,92	175,41	I	1 949	–	72,80	81,90	–	7,52	8,46	–	–	–	–	–	–	–	–	–	–	–	–
	II	1 467	–	117,36	132,03	II	1 467	–	39,60	44,55	–	–	–	–	–	–	–	–	–	–	–	–	–	–	–
	III	–	–	–	–	III	–	–	–	–	–	–	–	–	–	–	–	–	–	–	–	–	–	–	–
	V	4 739	–	379,12	426,51	IV	1 949	–	113,60	127,80	–	72,80	81,90	–	36,64	41,22	–	7,52	8,46	–	–	–	–	–	–
	VI	5 168	–	413,44	465,12																				
23 903,99	I,IV	1 956	–	156,48	176,04	I	1 956	–	73,36	82,53	–	7,84	8,82	–	–	–	–	–	–	–	–	–	–	–	–
	II	1 474	–	117,92	132,66	II	1 474	–	40,08	45,09	–	–	–	–	–	–	–	–	–	–	–	–	–	–	–
	III	–	–	–	–	III	–	–	–	–	–	–	–	–	–	–	–	–	–	–	–	–	–	–	–
	V	4 751	–	380,08	427,59	IV	1 956	–	114,16	128,43	–	73,36	82,53	–	37,12	41,76	–	7,84	8,82	–	–	–	–	–	–
	VI	5 178	–	414,24	466,02																				
23 939,99	I,IV	1 964	–	157,12	176,76	I	1 964	–	73,92	83,16	–	8,24	9,27	–	–	–	–	–	–	–	–	–	–	–	–
	II	1 482	–	118,56	133,38	II	1 482	–	40,56	45,63	–	–	–	–	–	–	–	–	–	–	–	–	–	–	–
	III	–	–	–	–	III	–	–	–	–	–	–	–	–	–	–	–	–	–	–	–	–	–	–	–
	V	4 764	–	381,12	428,76	IV	1 964	–	114,80	129,15	–	73,92	83,16	–	37,60	42,30	–	8,24	9,27	–	–	–	–	–	–
	VI	5 188	–	415,04	466,92																				
23 975,99	I,IV	1 972	–	157,76	177,48	I	1 972	–	74,48	83,79	–	8,64	9,72	–	–	–	–	–	–	–	–	–	–	–	–
	II	1 489	–	119,12	134,01	II	1 489	–	41,04	46,17	–	–	–	–	–	–	–	–	–	–	–	–	–	–	–
	III	–	–	–	–	III	–	–	–	–	–	–	–	–	–	–	–	–	–	–	–	–	–	–	–
	V	4 777	–	382,16	429,93	IV	1 972	–	115,36	129,78	–	74,48	83,79	–	38,08	42,84	–	8,64	9,72	–	–	–	–	–	–
	VI	5 198	–	415,84	467,82																				
24 011,99	I,IV	1 979	–	158,32	178,11	I	1 979	–	75,04	84,42	–	8,96	10,08	–	–	–	–	–	–	–	–	–	–	–	–
	II	1 497	–	119,76	134,73	II	1 497	–	41,52	46,71	–	–	–	–	–	–	–	–	–	–	–	–	–	–	–
	III	–	–	–	–	III	–	–	–	–	–	–	–	–	–	–	–	–	–	–	–	–	–	–	–
	V	4 789	–	383,12	431,01	IV	1 979	–	116,—	130,50	–	75,04	84,42	–	38,56	43,38	–	8,96	10,08	–	–	–	–	–	–
	VI	5 208	–	416,64	468,72																				
24 047,99	I,IV	1 987	–	158,96	178,83	I	1 987	–	75,60	85,05	–	9,36	10,53	–	–	–	–	–	–	–	–	–	–	–	–
	II	1 504	–	120,32	135,36	II	1 504	–	42,—	47,25	–	–	–	–	–	–	–	–	–	–	–	–	–	–	–
	III	–	–	–	–	III	–	–	–	–	–	–	–	–	–	–	–	–	–	–	–	–	–	–	–
	V	4 801	–	384,08	432,09	IV	1 987	–	116,56	131,13	–	75,60	85,05	–	38,96	43,83	–	9,36	10,53	–	–	–	–	–	–
	VI	5 218	–	417,44	469,62																				
24 083,99	I,IV	1 995	–	159,60	179,55	I	1 995	–	76,16	85,68	–	9,68	10,89	–	–	–	–	–	–	–	–	–	–	–	–
	II	1 511	–	120,88	135,99	II	1 511	–	42,48	47,79	–	–	–	–	–	–	–	–	–	–	–	–	–	–	–
	III	–	–	–	–	III	–	–	–	–	–	–	–	–	–	–	–	–	–	–	–	–	–	–	–
	V	4 814	–	385,12	433,26	IV	1 995	–	117,12	131,76	–	76,16	85,68	–	39,44	44,37	–	9,68	10,89	–	–	–	–	–	–
	VI	5 230	–	418,40	470,70																				
24 119,99	I,IV	2 002	–	160,16	180,18	I	2 002	–	76,80	86,40	–	10,08	11,34	–	–	–	–	–	–	–	–	–	–	–	–
	II	1 519	–	121,52	136,71	II	1 519	–	42,96	48,33	–	–	–	–	–	–	–	–	–	–	–	–	–	–	–
	III	–	–	–	–	III	–	–	–	–	–	–	–	–	–	–	–	–	–	–	–	–	–	–	–
	V	4 827	–	386,16	434,43	IV	2 002	–	117,76	132,48	–	76,80	86,40	–	39,92	44,91	–	10,08	11,34	–	–	–	–	–	–
	VI	5 238	–	419,04	471,42																				
24 155,99	I,IV	2 010	–	160,80	180,90	I	2 010	–	77,36	87,03	–	10,48	11,79	–	–	–	–	–	–	–	–	–	–	–	–
	II	1 526	–	122,08	137,34	II	1 526	–	43,44	48,87	–	–	–	–	–	–	–	–	–	–	–	–	–	–	–
	III	–	–	–	–	III	–	–	–	–	–	–	–	–	–	–	–	–	–	–	–	–	–	–	–
	V	4 839	–	387,12	435,51	IV	2 010	–	118,32	133,11	–	77,36	87,03	–	40,40	45,45	–	10,48	11,79	–	–	–	–	–	–
	VI	5 250	–	420,—	472,50																				
24 191,99	I,IV	2 018	–	161,44	181,62	I	2 018	–	77,92	87,66	–	10,88	12,24	–	–	–	–	–	–	–	–	–	–	–	–
	II	1 534	–	122,72	138,06	II	1 534	–	43,92	49,41	–	–	–	–	–	–	–	–	–	–	–	–	–	–	–
	III	–	–	–	–	III	–	–	–	–	–	–	–	–	–	–	–	–	–	–	–	–	–	–	–
	V	4 852	–	388,16	436,68	IV	2 018	–	118,96	133,83	–	77,92	87,66	–	40,88	45,99	–	10,88	12,24	–	–	–	–	–	–
	VI	5 262	–	420,96	473,58																				

* Die ausgewiesenen Tabellenwerte sind amtlich. Siehe Erläuterungen auf der Umschlaginnenseite (U2).

Abzüge an Lohnsteuer, Solidaritätszuschlag (SolZ) und Kirchensteuer (8%, 9%) in den Steuerklassen

Lohn/ Gehalt bis €*	I – VI		ohne Kinderfreibeträge			I, II, III, IV		mit Zahl der Kinderfreibeträge . . . 0,5			1			1,5			2			2,5			3		
		LSt	SolZ	8%	9%		LSt	SolZ	8%	9%	SolZ	8%	9%	SolZ	8%	9%	SolZ	8%	9%	SolZ	8%	9%	SolZ	8%	9%
24 227,99	I,IV	2025	–	162,–	182,25	I	2025	–	78,48	88,29	–	11,20	12,60	–	–	–	–	–	–	–	–	–	–	–	–
	II	1541	–	123,28	138,69	II	1541	–	44,40	49,95	–	–	–	–	–	–	–	–	–	–	–	–	–	–	–
	III	–	–	–	–	III	–	–	–	–	–	–	–	–	–	–	–	–	–	–	–	–	–	–	–
	V	4864	–	389,12	437,76	IV	2025	–	119,52	134,46	–	78,48	88,29	–	41,36	46,53	–	11,20	12,60	–	–	–	–	–	–
	VI	5270	–	421,60	474,30																				
24 263,99	I,IV	2033	–	162,64	182,97	I	2033	–	79,04	88,92	–	11,60	13,05	–	–	–	–	–	–	–	–	–	–	–	–
	II	1549	–	123,92	139,41	II	1549	–	44,88	50,49	–	–	–	–	–	–	–	–	–	–	–	–	–	–	–
	III	–	–	–	–	III	–	–	–	–	–	–	–	–	–	–	–	–	–	–	–	–	–	–	–
	V	4877	–	390,16	438,93	IV	2033	–	120,16	135,18	–	79,04	88,92	–	41,84	47,07	–	11,60	13,05	–	–	–	–	–	–
	VI	5282	–	422,56	475,38																				
24 299,99	I,IV	2041	–	163,28	183,69	I	2041	–	79,68	89,64	–	12,–	13,50	–	–	–	–	–	–	–	–	–	–	–	–
	II	1556	–	124,48	140,04	II	1556	–	45,44	51,12	–	–	–	–	–	–	–	–	–	–	–	–	–	–	–
	III	–	–	–	–	III	–	–	–	–	–	–	–	–	–	–	–	–	–	–	–	–	–	–	–
	V	4890	–	391,20	440,10	IV	2041	–	120,72	135,81	–	79,68	89,64	–	42,32	47,61	–	12,–	13,50	–	–	–	–	–	–
	VI	5290	–	423,20	476,10																				
24 335,99	I,IV	2049	–	163,92	184,41	I	2049	–	80,24	90,27	–	12,40	13,95	–	–	–	–	–	–	–	–	–	–	–	–
	II	1564	–	125,12	140,76	II	1564	–	45,92	51,66	–	–	–	–	–	–	–	–	–	–	–	–	–	–	–
	III	–	–	–	–	III	–	–	–	–	–	–	–	–	–	–	–	–	–	–	–	–	–	–	–
	V	4902	–	392,16	441,18	IV	2049	–	121,36	136,53	–	80,24	90,27	–	42,80	48,15	–	12,40	13,95	–	–	–	–	–	–
	VI	5302	–	424,16	477,18																				
24 371,99	I,IV	2056	–	164,48	185,04	I	2056	–	80,80	90,90	–	12,72	14,31	–	–	–	–	–	–	–	–	–	–	–	–
	II	1571	–	125,68	141,39	II	1571	–	46,40	52,20	–	–	–	–	–	–	–	–	–	–	–	–	–	–	–
	III	–	–	–	–	III	–	–	–	–	–	–	–	–	–	–	–	–	–	–	–	–	–	–	–
	V	4914	–	393,12	442,26	IV	2056	–	121,92	137,16	–	80,80	90,90	–	43,28	48,69	–	12,72	14,31	–	–	–	–	–	–
	VI	5312	–	424,96	478,08																				
24 407,99	I,IV	2064	–	165,12	185,76	I	2064	–	81,36	91,53	–	13,12	14,76	–	–	–	–	–	–	–	–	–	–	–	–
	II	1579	–	126,32	142,11	II	1579	–	46,88	52,74	–	–	–	–	–	–	–	–	–	–	–	–	–	–	–
	III	–	–	–	–	III	–	–	–	–	–	–	–	–	–	–	–	–	–	–	–	–	–	–	–
	V	4927	–	394,16	443,43	IV	2064	–	122,48	137,79	–	81,36	91,53	–	43,76	49,23	–	13,12	14,76	–	–	–	–	–	–
	VI	5322	–	425,76	478,98																				
24 443,99	I,IV	2072	–	165,76	186,48	I	2072	–	81,92	92,16	–	13,52	15,21	–	–	–	–	–	–	–	–	–	–	–	–
	II	1586	–	126,88	142,74	II	1586	–	47,36	53,28	–	–	–	–	–	–	–	–	–	–	–	–	–	–	–
	III	–	–	–	–	III	–	–	–	–	–	–	–	–	–	–	–	–	–	–	–	–	–	–	–
	V	4940	–	395,20	444,60	IV	2072	–	123,12	138,51	–	81,92	92,16	–	44,24	49,77	–	13,52	15,21	–	–	–	–	–	–
	VI	5334	–	426,72	480,06																				
24 479,99	I,IV	2079	–	166,32	187,11	I	2079	–	82,48	92,79	–	13,92	15,66	–	–	–	–	–	–	–	–	–	–	–	–
	II	1594	–	127,52	143,46	II	1594	–	47,84	53,82	–	–	–	–	–	–	–	–	–	–	–	–	–	–	–
	III	–	–	–	–	III	–	–	–	–	–	–	–	–	–	–	–	–	–	–	–	–	–	–	–
	V	4952	–	396,16	445,68	IV	2079	–	123,68	139,14	–	82,48	92,79	–	44,72	50,31	–	13,92	15,66	–	–	–	–	–	–
	VI	5342	–	427,36	480,78																				
24 515,99	I,IV	2087	–	166,96	187,83	I	2087	–	83,12	93,51	–	14,32	16,11	–	–	–	–	–	–	–	–	–	–	–	–
	II	1601	–	128,08	144,09	II	1601	–	48,40	54,45	–	–	–	–	–	–	–	–	–	–	–	–	–	–	–
	III	–	–	–	–	III	–	–	–	–	–	–	–	–	–	–	–	–	–	–	–	–	–	–	–
	V	4965	–	397,20	446,85	IV	2087	–	124,32	139,86	–	83,12	93,51	–	45,28	50,94	–	14,32	16,11	–	–	–	–	–	–
	VI	5354	–	428,32	481,86																				
24 551,99	I,IV	2095	–	167,60	188,55	I	2095	–	83,68	94,14	–	14,72	16,56	–	–	–	–	–	–	–	–	–	–	–	–
	II	1609	–	128,72	144,81	II	1609	–	48,88	54,99	–	–	–	–	–	–	–	–	–	–	–	–	–	–	–
	III	–	–	–	–	III	–	–	–	–	–	–	–	–	–	–	–	–	–	–	–	–	–	–	–
	V	4977	–	398,16	447,93	IV	2095	–	124,88	140,49	–	83,68	94,14	–	45,76	51,48	–	14,72	16,56	–	–	–	–	–	–
	VI	5364	–	429,12	482,76																				
24 587,99	I,IV	2103	–	168,24	189,27	I	2103	–	84,24	94,77	–	15,12	17,01	–	–	–	–	–	–	–	–	–	–	–	–
	II	1616	–	129,28	145,44	II	1616	–	49,36	55,53	–	–	–	–	–	–	–	–	–	–	–	–	–	–	–
	III	–	–	–	–	III	–	–	–	–	–	–	–	–	–	–	–	–	–	–	–	–	–	–	–
	V	4990	–	399,20	449,10	IV	2103	–	125,52	141,21	–	84,24	94,77	–	46,24	52,02	–	15,12	17,01	–	–	–	–	–	–
	VI	5374	–	429,92	483,66																				
24 623,99	I,IV	2110	–	168,80	189,90	I	2110	–	84,80	95,40	–	15,52	17,46	–	–	–	–	–	–	–	–	–	–	–	–
	II	1624	–	129,92	146,16	II	1624	–	49,92	56,16	–	–	–	–	–	–	–	–	–	–	–	–	–	–	–
	III	–	–	–	–	III	–	–	–	–	–	–	–	–	–	–	–	–	–	–	–	–	–	–	–
	V	5003	–	400,24	450,27	IV	2110	–	126,08	141,84	–	84,80	95,40	–	46,72	52,56	–	15,52	17,46	–	–	–	–	–	–
	VI	5386	–	430,88	484,74																				
24 659,99	I,IV	2118	–	169,44	190,62	I	2118	–	85,44	96,12	–	15,92	17,91	–	–	–	–	–	–	–	–	–	–	–	–
	II	1631	–	130,48	146,79	II	1631	–	50,40	56,70	–	–	–	–	–	–	–	–	–	–	–	–	–	–	–
	III	–	–	–	–	III	–	–	–	–	–	–	–	–	–	–	–	–	–	–	–	–	–	–	–
	V	5015	–	401,20	451,35	IV	2118	–	126,72	142,56	–	85,44	96,12	–	47,20	53,10	–	15,92	17,91	–	–	–	–	–	–
	VI	5396	–	431,68	485,64																				
24 695,99	I,IV	2126	–	170,08	191,34	I	2126	–	86,–	96,75	–	16,24	18,27	–	–	–	–	–	–	–	–	–	–	–	–
	II	1638	–	131,04	147,42	II	1638	–	50,88	57,24	–	–	–	–	–	–	–	–	–	–	–	–	–	–	–
	III	–	–	–	–	III	–	–	–	–	–	–	–	–	–	–	–	–	–	–	–	–	–	–	–
	V	5027	–	402,16	452,43	IV	2126	–	127,28	143,19	–	86,–	96,75	–	47,68	53,64	–	16,24	18,27	–	–	–	–	–	–
	VI	5406	–	432,48	486,54																				
24 731,99	I,IV	2134	–	170,72	192,06	I	2134	–	86,56	97,38	–	16,64	18,72	–	–	–	–	–	–	–	–	–	–	–	–
	II	1646	–	131,68	148,14	II	1646	–	51,36	57,78	–	–	–	–	–	–	–	–	–	–	–	–	–	–	–
	III	–	–	–	–	III	–	–	–	–	–	–	–	–	–	–	–	–	–	–	–	–	–	–	–
	V	5040	–	403,20	453,60	IV	2134	–	127,92	143,91	–	86,56	97,38	–	48,24	54,27	–	16,64	18,72	–	–	–	–	–	–
	VI	5416	–	433,28	487,44																				
24 767,99	I,IV	2141	–	171,28	192,69	I	2141	–	87,12	98,01	–	17,04	19,17	–	–	–	–	–	–	–	–	–	–	–	–
	II	1654	–	132,32	148,86	II	1654	–	51,92	58,41	–	–	–	–	–	–	–	–	–	–	–	–	–	–	–
	III	–	–	–	–	III	–	–	–	–	–	–	–	–	–	–	–	–	–	–	–	–	–	–	–
	V	5053	–	404,24	454,77	IV	2141	–	128,48	144,54	–	87,12	98,01	–	48,72	54,81	–	17,04	19,17	–	–	–	–	–	–
	VI	5426	–	434,08	488,34																				

* Die ausgewiesenen Tabellenwerte sind amtlich. Siehe Erläuterungen auf der Umschlaginnenseite (U2).

Lohn/ Gehalt bis €*		I – VI LSt	ohne Kinderfreibeträge SolZ	8%	9%	I, II, III, IV	LSt	mit Zahl der Kinderfreibeträge ... 0,5 SolZ	0,5 8%	0,5 9%	1 SolZ	1 8%	1 9%	1,5 SolZ	1,5 8%	1,5 9%	2 SolZ	2 8%	2 9%	2,5 SolZ	2,5 8%	2,5 9%	3 SolZ	3 8%	3 9%
24 803,99	I,IV	2149	—	171,92	193,41	I	2149	—	87,68	98,64	—	17,52	19,71	—	—	—	—	—	—	—	—	—	—	—	—
	II	1661	—	132,88	149,49	II	1661	—	52,40	58,95	—	—	—	—	—	—	—	—	—	—	—	—	—	—	—
	III	—	—	—	—	III	—	—	—	—	—	—	—	—	—	—	—	—	—	—	—	—	—	—	—
	V	5065	—	405,20	455,85	IV	2149	—	129,12	145,26	—	87,68	98,64	—	49,20	55,35	—	17,52	19,71	—	—	—	—	—	—
	VI	5436	—	434,88	489,24																				
24 839,99	I,IV	2157	—	172,56	194,13	I	2157	—	88,32	99,36	—	17,92	20,16	—	—	—	—	—	—	—	—	—	—	—	—
	II	1669	—	133,52	150,21	II	1669	—	52,96	59,58	—	—	—	—	—	—	—	—	—	—	—	—	—	—	—
	III	—	—	—	—	III	—	—	—	—	—	—	—	—	—	—	—	—	—	—	—	—	—	—	—
	V	5078	—	406,24	457,02	IV	2157	—	129,68	145,89	—	88,32	99,36	—	49,76	55,98	—	17,92	20,16	—	—	—	—	—	—
	VI	5448	—	435,84	490,32																				
24 875,99	I,IV	2165	—	173,20	194,85	I	2165	—	88,88	99,99	—	18,32	20,61	—	—	—	—	—	—	—	—	—	—	—	—
	II	1676	—	134,08	150,84	II	1676	—	53,44	60,12	—	—	—	—	—	—	—	—	—	—	—	—	—	—	—
	III	—	—	—	—	III	—	—	—	—	—	—	—	—	—	—	—	—	—	—	—	—	—	—	—
	V	5090	—	407,20	458,10	IV	2165	—	130,32	146,61	—	88,88	99,99	—	50,24	56,52	—	18,32	20,61	—	—	—	—	—	—
	VI	5460	—	436,80	491,40																				
24 911,99	I,IV	2173	—	173,84	195,57	I	2173	—	89,44	100,62	—	18,72	21,06	—	—	—	—	—	—	—	—	—	—	—	—
	II	1684	—	134,72	151,56	II	1684	—	54,—	60,75	—	—	—	—	—	—	—	—	—	—	—	—	—	—	—
	III	—	—	—	—	III	—	—	—	—	—	—	—	—	—	—	—	—	—	—	—	—	—	—	—
	V	5103	—	408,24	459,27	IV	2173	—	130,88	147,24	—	89,44	100,62	—	50,72	57,06	—	18,72	21,06	—	—	—	—	—	—
	VI	5468	—	437,44	492,12																				
24 947,99	I,IV	2180	—	174,40	196,20	I	2180	—	90,08	101,34	—	19,12	21,51	—	—	—	—	—	—	—	—	—	—	—	—
	II	1691	—	135,28	152,19	II	1691	—	54,48	61,29	—	—	—	—	—	—	—	—	—	—	—	—	—	—	—
	III	—	—	—	—	III	—	—	—	—	—	—	—	—	—	—	—	—	—	—	—	—	—	—	—
	V	5116	—	409,28	460,44	IV	2180	—	131,52	147,96	—	90,08	101,34	—	51,28	57,69	—	19,12	21,51	—	—	—	—	—	—
	VI	5480	—	438,40	493,20																				
24 983,99	I,IV	2188	—	175,04	196,92	I	2188	—	90,64	101,97	—	19,52	21,96	—	—	—	—	—	—	—	—	—	—	—	—
	II	1699	—	135,92	152,91	II	1699	—	54,96	61,83	—	—	—	—	—	—	—	—	—	—	—	—	—	—	—
	III	—	—	—	—	III	—	—	—	—	—	—	—	—	—	—	—	—	—	—	—	—	—	—	—
	V	5128	—	410,24	461,52	IV	2188	—	132,08	148,59	—	90,64	101,97	—	51,76	58,23	—	19,52	21,96	—	—	—	—	—	—
	VI	5488	—	439,04	493,92																				
25 019,99	I,IV	2196	—	175,68	197,64	I	2196	—	91,20	102,60	—	19,92	22,41	—	—	—	—	—	—	—	—	—	—	—	—
	II	1706	—	136,48	153,54	II	1706	—	55,52	62,46	—	—	—	—	—	—	—	—	—	—	—	—	—	—	—
	III	—	—	—	—	III	—	—	—	—	—	—	—	—	—	—	—	—	—	—	—	—	—	—	—
	V	5140	—	411,20	462,60	IV	2196	—	132,72	149,31	—	91,20	102,60	—	52,24	58,77	—	19,92	22,41	—	—	—	—	—	—
	VI	5500	—	440,—	495,—																				
25 055,99	I,IV	2204	—	176,32	198,36	I	2204	—	91,76	103,23	—	20,32	22,86	—	—	—	—	—	—	—	—	—	—	—	—
	II	1714	—	137,12	154,26	II	1714	—	56,—	63,—	—	—	—	—	—	—	—	—	—	—	—	—	—	—	—
	III	—	—	—	—	III	—	—	—	—	—	—	—	—	—	—	—	—	—	—	—	—	—	—	—
	V	5150	—	412,—	463,50	IV	2204	—	133,28	149,94	—	91,76	103,23	—	52,80	59,40	—	20,32	22,86	—	—	—	—	—	—
	VI	5510	—	440,80	495,90																				
25 091,99	I,IV	2211	—	176,88	198,99	I	2211	—	92,32	103,86	—	20,72	23,31	—	—	—	—	—	—	—	—	—	—	—	—
	II	1721	—	137,68	154,89	II	1721	—	56,56	63,63	—	—	—	—	—	—	—	—	—	—	—	—	—	—	—
	III	—	—	—	—	III	—	—	—	—	—	—	—	—	—	—	—	—	—	—	—	—	—	—	—
	V	5162	—	412,96	464,58	IV	2211	—	133,92	150,66	—	92,32	103,86	—	53,28	59,94	—	20,72	23,31	—	—	—	—	—	—
	VI	5522	—	441,76	496,98																				
25 127,99	I,IV	2219	—	177,52	199,71	I	2219	—	92,96	104,58	—	21,20	23,85	—	—	—	—	—	—	—	—	—	—	—	—
	II	1729	—	138,32	155,61	II	1729	—	57,04	64,17	—	—	—	—	—	—	—	—	—	—	—	—	—	—	—
	III	—	—	—	—	III	—	—	—	—	—	—	—	—	—	—	—	—	—	—	—	—	—	—	—
	V	5170	—	413,60	465,30	IV	2219	—	134,48	151,29	—	92,96	104,58	—	53,76	60,48	—	21,20	23,85	—	—	—	—	—	—
	VI	5530	—	442,40	497,70																				
25 163,99	I,IV	2227	—	178,16	200,43	I	2227	—	93,52	105,21	—	21,60	24,30	—	—	—	—	—	—	—	—	—	—	—	—
	II	1737	—	138,96	156,33	II	1737	—	57,60	64,80	—	—	—	—	—	—	—	—	—	—	—	—	—	—	—
	III	—	—	—	—	III	—	—	—	—	—	—	—	—	—	—	—	—	—	—	—	—	—	—	—
	V	5182	—	414,56	466,38	IV	2227	—	135,12	152,01	—	93,52	105,21	—	54,32	61,11	—	21,60	24,30	—	—	—	—	—	—
	VI	5542	—	443,36	498,78																				
25 199,99	I,IV	2235	—	178,80	201,15	I	2235	—	94,08	105,84	—	22,—	24,75	—	—	—	—	—	—	—	—	—	—	—	—
	II	1744	—	139,52	156,96	II	1744	—	58,16	65,43	—	—	—	—	—	—	—	—	—	—	—	—	—	—	—
	III	—	—	—	—	III	—	—	—	—	—	—	—	—	—	—	—	—	—	—	—	—	—	—	—
	V	5190	—	415,20	467,10	IV	2235	—	135,68	152,64	—	94,08	105,84	—	54,80	61,65	—	22,—	24,75	—	—	—	—	—	—
	VI	5552	—	444,16	499,68																				
25 235,99	I,IV	2243	—	179,44	201,87	I	2243	—	94,72	106,56	—	22,40	25,20	—	—	—	—	—	—	—	—	—	—	—	—
	II	1752	—	140,16	157,68	II	1752	—	58,64	65,97	—	—	—	—	—	—	—	—	—	—	—	—	—	—	—
	III	—	—	—	—	III	—	—	—	—	—	—	—	—	—	—	—	—	—	—	—	—	—	—	—
	V	5202	—	416,16	468,18	IV	2243	—	136,32	153,36	—	94,72	106,56	—	55,36	62,28	—	22,40	25,20	—	—	—	—	—	—
	VI	5564	—	445,12	500,76																				
25 271,99	I,IV	2250	—	180,—	202,50	I	2250	—	95,28	107,19	—	22,88	25,74	—	—	—	—	—	—	—	—	—	—	—	—
	II	1759	—	140,72	158,31	II	1759	—	59,20	66,60	—	—	—	—	—	—	—	—	—	—	—	—	—	—	—
	III	—	—	—	—	III	—	—	—	—	—	—	—	—	—	—	—	—	—	—	—	—	—	—	—
	V	5212	—	416,96	469,08	IV	2250	—	136,96	154,08	—	95,28	107,19	—	55,84	62,82	—	22,88	25,74	—	—	—	—	—	—
	VI	5574	—	445,92	501,66																				
25 307,99	I,IV	2258	—	180,64	203,22	I	2258	—	95,84	107,82	—	23,28	26,19	—	—	—	—	—	—	—	—	—	—	—	—
	II	1767	—	141,36	159,03	II	1767	—	59,68	67,14	—	—	—	—	—	—	—	—	—	—	—	—	—	—	—
	III	—	—	—	—	III	—	—	—	—	—	—	—	—	—	—	—	—	—	—	—	—	—	—	—
	V	5222	—	417,76	469,98	IV	2258	—	137,52	154,71	—	95,84	107,82	—	56,40	63,45	—	23,28	26,19	—	—	—	—	—	—
	VI	5584	—	446,72	502,56																				
25 343,99	I,IV	2266	—	181,28	203,94	I	2266	—	96,40	108,45	—	23,68	26,64	—	—	—	—	—	—	—	—	—	—	—	—
	II	1774	—	141,92	159,66	II	1774	—	60,24	67,77	—	—	—	—	—	—	—	—	—	—	—	—	—	—	—
	III	—	—	—	—	III	—	—	—	—	—	—	—	—	—	—	—	—	—	—	—	—	—	—	—
	V	5232	—	418,56	470,88	IV	2266	—	138,08	155,34	—	96,40	108,45	—	56,88	63,99	—	23,68	26,64	—	—	—	—	—	—
	VI	5596	—	447,68	503,64																				

Abzüge an Lohnsteuer, Solidaritätszuschlag (SolZ) und Kirchensteuer (8%, 9%) in den Steuerklassen

* **Die ausgewiesenen Tabellenwerte sind amtlich. Siehe Erläuterungen auf der Umschlaginnenseite (U2).**

Lohn/Gehalt bis €*	Abzüge an Lohnsteuer, Solidaritätszuschlag (SolZ) und Kirchensteuer (8%, 9%) in den Steuerklassen I – VI					I, II, III, IV																			
		ohne Kinderfreibeträge						mit Zahl der Kinderfreibeträge . . . 0,5			1			1,5			2			2,5			3		
		LSt	SolZ	8%	9%		LSt	SolZ	8%	9%	SolZ	8%	9%	SolZ	8%	9%	SolZ	8%	9%	SolZ	8%	9%	SolZ	8%	9%
25 379,99	I,IV	2 274	–	181,92	204,66	I	2 274	–	97,04	109,17	–	24,08	27,09	–	–	–	–	–	–	–	–	–	–	–	–
	II	1 782	–	142,56	160,38	II	1 782	–	60,80	68,40	–	–	–	–	–	–	–	–	–	–	–	–	–	–	–
	III	–	–	–	–	III	–	–	–	–	–	–	–	–	–	–	–	–	–	–	–	–	–	–	–
	V	5 244	–	419,52	471,96	IV	2 274	–	138,72	156,06	–	97,04	109,17	–	57,44	64,62	–	24,08	27,09	–	–	–	–	–	–
	VI	5 604	–	448,32	504,36																				
25 415,99	I,IV	2 282	–	182,56	205,38	I	2 282	–	97,60	109,80	–	24,56	27,63	–	–	–	–	–	–	–	–	–	–	–	–
	II	1 790	–	143,20	161,10	II	1 790	–	61,28	68,94	–	0,16	0,18	–	–	–	–	–	–	–	–	–	–	–	–
	III	–	–	–	–	III	–	–	–	–	–	–	–	–	–	–	–	–	–	–	–	–	–	–	–
	V	5 254	–	420,32	472,86	IV	2 282	–	139,36	156,78	–	97,60	109,80	–	57,92	65,16	–	24,56	27,63	–	–	–	–	–	–
	VI	5 616	–	449,28	505,44																				
25 451,99	I,IV	2 289	–	183,12	206,01	I	2 289	–	98,16	110,43	–	24,96	28,08	–	–	–	–	–	–	–	–	–	–	–	–
	II	1 797	–	143,76	161,73	II	1 797	–	61,84	69,57	–	0,56	0,63	–	–	–	–	–	–	–	–	–	–	–	–
	III	–	–	–	–	III	–	–	–	–	–	–	–	–	–	–	–	–	–	–	–	–	–	–	–
	V	5 264	–	421,12	473,76	IV	2 289	–	139,92	157,41	–	98,16	110,43	–	58,48	65,79	–	24,96	28,08	–	–	–	–	–	–
	VI	5 626	–	450,08	506,34																				
25 487,99	I,IV	2 297	–	183,76	206,73	I	2 297	–	98,80	111,15	–	25,36	28,53	–	–	–	–	–	–	–	–	–	–	–	–
	II	1 805	–	144,40	162,45	II	1 805	–	62,40	70,20	–	0,88	0,99	–	–	–	–	–	–	–	–	–	–	–	–
	III	–	–	–	–	III	–	–	–	–	–	–	–	–	–	–	–	–	–	–	–	–	–	–	–
	V	5 274	–	421,92	474,66	IV	2 297	–	140,56	158,13	–	98,80	111,15	–	59,04	66,42	–	25,36	28,53	–	–	–	–	–	–
	VI	5 638	–	451,04	507,42																				
25 523,99	I,IV	2 305	–	184,40	207,45	I	2 305	–	99,36	111,78	–	25,84	29,07	–	–	–	–	–	–	–	–	–	–	–	–
	II	1 812	–	144,96	163,08	II	1 812	–	62,96	70,83	–	1,20	1,35	–	–	–	–	–	–	–	–	–	–	–	–
	III	–	–	–	–	III	–	–	–	–	–	–	–	–	–	–	–	–	–	–	–	–	–	–	–
	V	5 284	–	422,72	475,56	IV	2 305	–	141,12	158,76	–	99,36	111,78	–	59,52	66,96	–	25,84	29,07	–	–	–	–	–	–
	VI	5 648	–	451,84	508,32																				
25 559,99	I,IV	2 313	–	185,04	208,17	I	2 313	–	99,92	112,41	–	26,24	29,52	–	–	–	–	–	–	–	–	–	–	–	–
	II	1 820	–	145,60	163,80	II	1 820	–	63,44	71,37	–	1,52	1,71	–	–	–	–	–	–	–	–	–	–	–	–
	III	4	–	0,32	0,36	III	4	–	–	–	–	–	–	–	–	–	–	–	–	–	–	–	–	–	–
	V	5 294	–	423,52	476,46	IV	2 313	–	141,76	159,48	–	99,92	112,41	–	60,08	67,59	–	26,24	29,52	–	–	–	–	–	–
	VI	5 660	–	452,80	509,40																				
25 595,99	I,IV	2 321	–	185,68	208,89	I	2 321	–	100,56	113,13	–	26,72	30,06	–	–	–	–	–	–	–	–	–	–	–	–
	II	1 828	–	146,24	164,52	II	1 828	–	64,–	72,–	–	1,92	2,16	–	–	–	–	–	–	–	–	–	–	–	–
	III	8	–	0,64	0,72	III	8	–	–	–	–	–	–	–	–	–	–	–	–	–	–	–	–	–	–
	V	5 306	–	424,48	477,54	IV	2 321	–	142,40	160,20	–	100,56	113,13	–	60,64	68,22	–	26,72	30,06	–	–	–	–	–	–
	VI	5 668	–	453,44	510,12																				
25 631,99	I,IV	2 329	–	186,32	209,61	I	2 329	–	101,12	113,76	–	27,12	30,51	–	–	–	–	–	–	–	–	–	–	–	–
	II	1 835	–	146,80	165,15	II	1 835	–	64,56	72,63	–	2,24	2,52	–	–	–	–	–	–	–	–	–	–	–	–
	III	14	–	1,12	1,26	III	14	–	–	–	–	–	–	–	–	–	–	–	–	–	–	–	–	–	–
	V	5 316	–	425,28	478,44	IV	2 329	–	142,96	160,83	–	101,12	113,76	–	61,12	68,76	–	27,12	30,51	–	0,08	0,09	–	–	–
	VI	5 680	–	454,40	511,20																				
25 667,99	I,IV	2 336	–	186,88	210,24	I	2 336	–	101,68	114,39	–	27,52	30,96	–	–	–	–	–	–	–	–	–	–	–	–
	II	1 843	–	147,44	165,87	II	1 843	–	65,12	73,26	–	2,56	2,88	–	–	–	–	–	–	–	–	–	–	–	–
	III	18	–	1,44	1,62	III	18	–	–	–	–	–	–	–	–	–	–	–	–	–	–	–	–	–	–
	V	5 326	–	426,08	479,34	IV	2 336	–	143,60	161,55	–	101,68	114,39	–	61,68	69,39	–	27,52	30,96	–	0,40	0,45	–	–	–
	VI	5 690	–	455,20	512,10																				
25 703,99	I,IV	2 344	–	187,52	210,96	I	2 344	–	102,32	115,11	–	28,–	31,50	–	–	–	–	–	–	–	–	–	–	–	–
	II	1 850	–	148,–	166,50	II	1 850	–	65,60	73,80	–	2,96	3,33	–	–	–	–	–	–	–	–	–	–	–	–
	III	22	–	1,76	1,98	III	22	–	–	–	–	–	–	–	–	–	–	–	–	–	–	–	–	–	–
	V	5 336	–	426,88	480,24	IV	2 344	–	144,16	162,18	–	102,32	115,11	–	62,24	70,02	–	28,–	31,50	–	0,72	0,81	–	–	–
	VI	5 702	–	456,16	513,18																				
25 739,99	I,IV	2 352	–	188,16	211,68	I	2 352	–	102,88	115,74	–	28,40	31,95	–	–	–	–	–	–	–	–	–	–	–	–
	II	1 858	–	148,64	167,22	II	1 858	–	66,16	74,43	–	3,28	3,69	–	–	–	–	–	–	–	–	–	–	–	–
	III	28	–	2,24	2,52	III	28	–	–	–	–	–	–	–	–	–	–	–	–	–	–	–	–	–	–
	V	5 346	–	427,68	481,14	IV	2 352	–	144,80	162,90	–	102,88	115,74	–	62,72	70,56	–	28,40	31,95	–	1,12	1,26	–	–	–
	VI	5 710	–	456,80	513,90																				
25 775,99	I,IV	2 360	–	188,80	212,40	I	2 360	–	103,44	116,37	–	28,88	32,49	–	–	–	–	–	–	–	–	–	–	–	–
	II	1 866	–	149,28	167,94	II	1 866	–	66,72	75,06	–	3,60	4,05	–	–	–	–	–	–	–	–	–	–	–	–
	III	32	–	2,56	2,88	III	32	–	–	–	–	–	–	–	–	–	–	–	–	–	–	–	–	–	–
	V	5 358	–	428,64	482,22	IV	2 360	–	145,44	163,62	–	103,44	116,37	–	63,28	71,19	–	28,88	32,49	–	1,44	1,62	–	–	–
	VI	5 722	–	457,76	514,98																				
25 811,99	I,IV	2 368	–	189,44	213,12	I	2 368	–	104,08	117,09	–	29,28	32,94	–	–	–	–	–	–	–	–	–	–	–	–
	II	1 873	–	149,84	168,57	II	1 873	–	67,28	75,69	–	4,–	4,50	–	–	–	–	–	–	–	–	–	–	–	–
	III	38	–	3,04	3,42	III	38	–	–	–	–	–	–	–	–	–	–	–	–	–	–	–	–	–	–
	V	5 368	–	429,44	483,12	IV	2 368	–	146,–	164,25	–	104,08	117,09	–	63,84	71,82	–	29,28	32,94	–	1,76	1,98	–	–	–
	VI	5 732	–	458,56	515,88																				
25 847,99	I,IV	2 376	–	190,08	213,84	I	2 376	–	104,64	117,72	–	29,76	33,48	–	–	–	–	–	–	–	–	–	–	–	–
	II	1 881	–	150,48	169,29	II	1 881	–	67,84	76,32	–	4,32	4,86	–	–	–	–	–	–	–	–	–	–	–	–
	III	42	–	3,36	3,78	III	42	–	–	–	–	–	–	–	–	–	–	–	–	–	–	–	–	–	–
	V	5 378	–	430,24	484,02	IV	2 376	–	146,64	164,97	–	104,64	117,72	–	64,40	72,45	–	29,76	33,48	–	2,16	2,43	–	–	–
	VI	5 744	–	459,52	516,96																				
25 883,99	I,IV	2 384	–	190,72	214,56	I	2 384	–	105,20	118,35	–	30,16	33,93	–	–	–	–	–	–	–	–	–	–	–	–
	II	1 889	–	151,12	170,01	II	1 889	–	68,40	76,95	–	4,72	5,31	–	–	–	–	–	–	–	–	–	–	–	–
	III	46	–	3,68	4,14	III	46	–	–	–	–	–	–	–	–	–	–	–	–	–	–	–	–	–	–
	V	5 390	–	431,20	485,10	IV	2 384	–	147,20	165,60	–	105,20	118,35	–	64,96	73,08	–	30,16	33,93	–	2,48	2,79	–	–	–
	VI	5 754	–	460,32	517,86																				
25 919,99	I,IV	2 391	–	191,28	215,19	I	2 391	–	105,84	119,07	–	30,64	34,47	–	–	–	–	–	–	–	–	–	–	–	–
	II	1 896	–	151,68	170,64	II	1 896	–	68,96	77,58	–	5,04	5,67	–	–	–	–	–	–	–	–	–	–	–	–
	III	52	–	4,16	4,68	III	52	–	–	–	–	–	–	–	–	–	–	–	–	–	–	–	–	–	–
	V	5 398	–	431,84	485,82	IV	2 391	–	147,84	166,32	–	105,84	119,07	–	65,44	73,62	–	30,64	34,47	–	2,80	3,15	–	–	–
	VI	5 764	–	461,12	518,76																				

* Die ausgewiesenen Tabellenwerte sind amtlich. Siehe Erläuterungen auf der Umschlaginnenseite (U2).

Lohn/ Gehalt bis €*		I – VI					I, II, III, IV																		
			ohne Kinderfreibeträge					mit Zahl der Kinderfreibeträge . . .																	
								0,5			1			1,5			2			2,5			3		
		LSt	SolZ	8%	9%		LSt	SolZ	8%	9%	SolZ	8%	9%	SolZ	8%	9%	SolZ	8%	9%	SolZ	8%	9%	SolZ	8%	9%
25 955,99	I,IV	2 399	—	191,92	215,91	I	2 399	—	106,40	119,70	—	31,12	35,01	—	—	—	—	—	—	—	—	—	—	—	—
	II	1 904	—	152,32	171,36	II	1 904	—	69,52	78,21	—	5,36	6,03	—	—	—	—	—	—	—	—	—	—	—	—
	III	56	—	4,48	5,04	III	56	—	—	—	—	—	—	—	—	—	—	—	—	—	—	—	—	—	—
	V	5 410	—	432,80	486,90	IV	2 399	—	148,40	166,95	—	106,40	119,70	—	66,—	74,25	—	31,12	35,01	—	3,12	3,51	—	—	—
	VI	5 774	—	461,92	519,66																				
25 991,99	I,IV	2 407	—	192,56	216,63	I	2 407	—	106,96	120,33	—	31,52	35,46	—	—	—	—	—	—	—	—	—	—	—	—
	II	1 911	—	152,88	171,99	II	1 911	—	70,08	78,84	—	5,76	6,48	—	—	—	—	—	—	—	—	—	—	—	—
	III	60	—	4,80	5,40	III	60	—	—	—	—	—	—	—	—	—	—	—	—	—	—	—	—	—	—
	V	5 420	—	433,60	487,80	IV	2 407	—	149,04	167,67	—	106,96	120,33	—	66,56	74,88	—	31,52	35,46	—	3,52	3,96	—	—	—
	VI	5 786	—	462,88	520,74																				
26 027,99	I,IV	2 415	—	193,20	217,35	I	2 415	—	107,60	121,05	—	32,—	36,—	—	—	—	—	—	—	—	—	—	—	—	—
	II	1 919	—	153,52	172,71	II	1 919	—	70,64	79,47	—	6,08	6,84	—	—	—	—	—	—	—	—	—	—	—	—
	III	66	—	5,28	5,94	III	66	—	—	—	—	—	—	—	—	—	—	—	—	—	—	—	—	—	—
	V	5 430	—	434,40	488,70	IV	2 415	—	149,68	168,39	—	107,60	121,05	—	67,12	75,51	—	32,—	36,—	—	3,84	4,32	—	—	—
	VI	5 796	—	463,68	521,64																				
26 063,99	I,IV	2 423	—	193,84	218,07	I	2 423	—	108,16	121,68	—	32,40	36,45	—	—	—	—	—	—	—	—	—	—	—	—
	II	1 927	—	154,16	173,43	II	1 927	—	71,20	80,10	—	6,48	7,29	—	—	—	—	—	—	—	—	—	—	—	—
	III	70	—	5,60	6,30	III	70	—	—	—	—	—	—	—	—	—	—	—	—	—	—	—	—	—	—
	V	5 442	—	435,36	489,78	IV	2 423	—	150,24	169,02	—	108,16	121,68	—	67,68	76,14	—	32,40	36,45	—	4,24	4,77	—	—	—
	VI	5 808	—	464,64	522,72																				
26 099,99	I,IV	2 431	—	194,48	218,79	I	2 431	—	108,80	122,40	—	32,88	36,99	—	—	—	—	—	—	—	—	—	—	—	—
	II	1 934	—	154,72	174,06	II	1 934	—	71,76	80,73	—	6,80	7,65	—	—	—	—	—	—	—	—	—	—	—	—
	III	76	—	6,08	6,84	III	76	—	—	—	—	—	—	—	—	—	—	—	—	—	—	—	—	—	—
	V	5 450	—	436,—	490,50	IV	2 431	—	150,88	169,74	—	108,80	122,40	—	68,24	76,77	—	32,88	36,99	—	4,56	5,13	—	—	—
	VI	5 818	—	465,44	523,62																				
26 135,99	I,IV	2 439	—	195,12	219,51	I	2 439	—	109,36	123,03	—	33,36	37,53	—	—	—	—	—	—	—	—	—	—	—	—
	II	1 942	—	155,36	174,78	II	1 942	—	72,32	81,36	—	7,20	8,10	—	—	—	—	—	—	—	—	—	—	—	—
	III	80	—	6,40	7,20	III	80	—	—	—	—	—	—	—	—	—	—	—	—	—	—	—	—	—	—
	V	5 462	—	436,96	491,58	IV	2 439	—	151,52	170,46	—	109,36	123,03	—	68,80	77,40	—	33,36	37,53	—	4,96	5,58	—	—	—
	VI	5 830	—	466,40	524,70																				
26 171,99	I,IV	2 447	—	195,76	220,23	I	2 447	—	109,92	123,66	—	33,84	38,07	—	—	—	—	—	—	—	—	—	—	—	—
	II	1 950	—	156,—	175,50	II	1 950	—	72,88	81,99	—	7,60	8,55	—	—	—	—	—	—	—	—	—	—	—	—
	III	86	—	6,88	7,74	III	86	—	—	—	—	—	—	—	—	—	—	—	—	—	—	—	—	—	—
	V	5 472	—	437,76	492,48	IV	2 447	—	152,08	171,09	—	109,92	123,66	—	69,36	78,03	—	33,84	38,07	—	5,28	5,94	—	—	—
	VI	5 840	—	467,20	525,60																				
26 207,99	I,IV	2 455	—	196,40	220,95	I	2 455	—	110,56	124,38	—	34,24	38,52	—	—	—	—	—	—	—	—	—	—	—	—
	II	1 958	—	156,64	176,22	II	1 958	—	73,44	82,62	—	7,92	8,91	—	—	—	—	—	—	—	—	—	—	—	—
	III	90	—	7,20	8,10	III	90	—	—	—	—	—	—	—	—	—	—	—	—	—	—	—	—	—	—
	V	5 484	—	438,72	493,56	IV	2 455	—	152,72	171,81	—	110,56	124,38	—	69,92	78,66	—	34,24	38,52	—	5,60	6,30	—	—	—
	VI	5 852	—	468,16	526,68																				
26 243,99	I,IV	2 463	—	197,04	221,67	I	2 463	—	111,12	125,01	—	34,72	39,06	—	—	—	—	—	—	—	—	—	—	—	—
	II	1 965	—	157,20	176,85	II	1 965	—	74,—	83,25	—	8,32	9,36	—	—	—	—	—	—	—	—	—	—	—	—
	III	94	—	7,52	8,46	III	94	—	—	—	—	—	—	—	—	—	—	—	—	—	—	—	—	—	—
	V	5 492	—	439,36	494,28	IV	2 463	—	153,36	172,53	—	111,12	125,01	—	70,40	79,20	—	34,72	39,06	—	6,—	6,75	—	—	—
	VI	5 860	—	468,80	527,40																				
26 279,99	I,IV	2 470	—	197,60	222,30	I	2 470	—	111,68	125,64	—	35,20	39,60	—	—	—	—	—	—	—	—	—	—	—	—
	II	1 973	—	157,84	177,57	II	1 973	—	74,56	83,88	—	8,64	9,72	—	—	—	—	—	—	—	—	—	—	—	—
	III	100	—	8,—	9,—	III	100	—	—	—	—	—	—	—	—	—	—	—	—	—	—	—	—	—	—
	V	5 504	—	440,32	495,36	IV	2 470	—	153,92	173,16	—	111,68	125,64	—	70,96	79,83	—	35,20	39,60	—	6,32	7,11	—	—	—
	VI	5 872	—	469,76	528,48																				
26 315,99	I,IV	2 478	—	198,24	223,02	I	2 478	—	112,32	126,36	—	35,60	40,05	—	—	—	—	—	—	—	—	—	—	—	—
	II	1 980	—	158,40	178,20	II	1 980	—	75,12	84,51	—	9,04	10,17	—	—	—	—	—	—	—	—	—	—	—	—
	III	104	—	8,32	9,36	III	104	—	—	—	—	—	—	—	—	—	—	—	—	—	—	—	—	—	—
	V	5 514	—	441,12	496,26	IV	2 478	—	154,56	173,88	—	112,32	126,36	—	71,52	80,46	—	35,60	40,05	—	6,72	7,56	—	—	—
	VI	5 882	—	470,56	529,38																				
26 351,99	I,IV	2 486	—	198,88	223,74	I	2 486	—	112,88	126,99	—	36,08	40,59	—	—	—	—	—	—	—	—	—	—	—	—
	II	1 988	—	159,04	178,92	II	1 988	—	75,68	85,14	—	9,44	10,62	—	—	—	—	—	—	—	—	—	—	—	—
	III	110	—	8,80	9,90	III	110	—	—	—	—	—	—	—	—	—	—	—	—	—	—	—	—	—	—
	V	5 524	—	441,92	497,16	IV	2 486	—	155,20	174,60	—	112,88	126,99	—	72,16	81,18	—	36,08	40,59	—	7,04	7,92	—	—	—
	VI	5 894	—	471,52	530,46																				
26 387,99	I,IV	2 494	—	199,52	224,46	I	2 494	—	113,52	127,71	—	36,56	41,13	—	—	—	—	—	—	—	—	—	—	—	—
	II	1 996	—	159,68	179,64	II	1 996	—	76,32	85,86	—	9,76	10,98	—	—	—	—	—	—	—	—	—	—	—	—
	III	114	—	9,12	10,26	III	114	—	—	—	—	—	—	—	—	—	—	—	—	—	—	—	—	—	—
	V	5 536	—	442,88	498,24	IV	2 494	—	155,76	175,23	—	113,52	127,71	—	72,72	81,81	—	36,56	41,13	—	7,44	8,37	—	—	—
	VI	5 904	—	472,32	531,36																				
26 423,99	I,IV	2 502	—	200,16	225,18	I	2 502	—	114,08	128,34	—	37,04	41,67	—	—	—	—	—	—	—	—	—	—	—	—
	II	2 004	—	160,32	180,36	II	2 004	—	76,88	86,49	—	10,16	11,43	—	—	—	—	—	—	—	—	—	—	—	—
	III	120	—	9,60	10,80	III	120	—	—	—	—	—	—	—	—	—	—	—	—	—	—	—	—	—	—
	V	5 546	—	443,68	499,14	IV	2 502	—	156,40	175,95	—	114,08	128,34	—	73,28	82,44	—	37,04	41,67	—	7,84	8,82	—	—	—
	VI	5 916	—	473,28	532,44																				
26 459,99	I,IV	2 510	—	200,80	225,90	I	2 510	—	114,72	129,06	—	37,52	42,21	—	—	—	—	—	—	—	—	—	—	—	—
	II	2 011	—	160,88	180,99	II	2 011	—	77,44	87,12	—	10,56	11,88	—	—	—	—	—	—	—	—	—	—	—	—
	III	124	—	9,92	11,16	III	124	—	—	—	—	—	—	—	—	—	—	—	—	—	—	—	—	—	—
	V	5 556	—	444,48	500,04	IV	2 510	—	157,04	176,67	—	114,72	129,06	—	73,84	83,07	—	37,52	42,21	—	8,16	9,18	—	—	—
	VI	5 926	—	474,08	533,34																				
26 495,99	I,IV	2 518	—	201,44	226,62	I	2 518	—	115,28	129,69	—	38,—	42,75	—	—	—	—	—	—	—	—	—	—	—	—
	II	2 019	—	161,52	181,71	II	2 019	—	78,—	87,75	—	10,88	12,24	—	—	—	—	—	—	—	—	—	—	—	—
	III	130	—	10,40	11,70	III	130	—	—	—	—	—	—	—	—	—	—	—	—	—	—	—	—	—	—
	V	5 566	—	445,28	500,94	IV	2 518	—	157,60	177,30	—	115,28	129,69	—	74,40	83,70	—	38,—	42,75	—	8,56	9,63	—	—	—
	VI	5 938	—	475,04	534,42																				

Abzüge an Lohnsteuer, Solidaritätszuschlag (SolZ) und Kirchensteuer (8%, 9%) in den Steuerklassen

* Die ausgewiesenen Tabellenwerte sind amtlich. Siehe Erläuterungen auf der Umschlaginnenseite (U2).

Abzüge an Lohnsteuer, Solidaritätszuschlag (SolZ) und Kirchensteuer (8%, 9%) in den Steuerklassen

Lohn/ Gehalt bis €*		I – VI				I, II, III, IV		mit Zahl der Kinderfreibeträge . . . 0,5			1			1,5			2			2,5			3		
		LSt	ohne Kinderfreibeträge SolZ	8%	9%		LSt	SolZ	8%	9%	SolZ	8%	9%	SolZ	8%	9%	SolZ	8%	9%	SolZ	8%	9%	SolZ	8%	9%
26 531,99	I,IV	2 526	–	202,08	227,34	I	2 526	–	115,84	130,32	–	38,48	43,29	–	–	–	–	–	–	–	–	–	–	–	–
	II	2 027	–	162,16	182,43	II	2 027	–	78,56	88,38	–	11,28	12,69	–	–	–	–	–	–	–	–	–	–	–	–
	III	134	–	10,72	12,06	III	134	–	–	–	–	–	–	–	–	–	–	–	–	–	–	–	–	–	–
	V	5 578	–	446,24	502,02	IV	2 526	–	158,24	178,02	–	115,84	130,32	–	74,96	84,33	–	38,48	43,29	–	8,88	9,99	–	–	–
	VI	5 948	–	475,84	535,32																				
26 567,99	I,IV	2 534	–	202,72	228,06	I	2 534	–	116,48	131,04	–	38,88	43,74	–	–	–	–	–	–	–	–	–	–	–	–
	II	2 034	–	162,72	183,06	II	2 034	–	79,12	89,01	–	11,68	13,14	–	–	–	–	–	–	–	–	–	–	–	–
	III	138	–	11,04	12,42	III	138	–	–	–	–	–	–	–	–	–	–	–	–	–	–	–	–	–	–
	V	5 586	–	446,88	502,74	IV	2 534	–	158,88	178,74	–	116,48	131,04	–	75,52	84,96	–	38,88	43,74	–	9,28	10,44	–	–	–
	VI	5 960	–	476,80	536,40																				
26 603,99	I,IV	2 542	–	203,36	228,78	I	2 542	–	117,04	131,67	–	39,36	44,28	–	–	–	–	–	–	–	–	–	–	–	–
	II	2 042	–	163,36	183,78	II	2 042	–	79,76	89,73	–	12,08	13,59	–	–	–	–	–	–	–	–	–	–	–	–
	III	144	–	11,52	12,96	III	144	–	–	–	–	–	–	–	–	–	–	–	–	–	–	–	–	–	–
	V	5 598	–	447,84	503,82	IV	2 542	–	159,44	179,37	–	117,04	131,67	–	76,08	85,59	–	39,36	44,28	–	9,68	10,89	–	–	–
	VI	5 970	–	477,60	537,30																				
26 639,99	I,IV	2 550	–	204,–	229,50	I	2 550	–	117,60	132,30	–	39,84	44,82	–	–	–	–	–	–	–	–	–	–	–	–
	II	2 050	–	164,–	184,50	II	2 050	–	80,32	90,36	–	12,40	13,95	–	–	–	–	–	–	–	–	–	–	–	–
	III	148	–	11,84	13,32	III	148	–	–	–	–	–	–	–	–	–	–	–	–	–	–	–	–	–	–
	V	5 608	–	448,64	504,72	IV	2 550	–	160,08	180,09	–	117,60	132,30	–	76,64	86,22	–	39,84	44,82	–	10,–	11,25	–	–	–
	VI	5 980	–	478,40	538,20																				
26 675,99	I,IV	2 558	–	204,64	230,22	I	2 558	–	118,24	133,02	–	40,32	45,36	–	–	–	–	–	–	–	–	–	–	–	–
	II	2 057	–	164,56	185,13	II	2 057	–	80,88	90,99	–	12,80	14,40	–	–	–	–	–	–	–	–	–	–	–	–
	III	154	–	12,32	13,86	III	154	–	–	–	–	–	–	–	–	–	–	–	–	–	–	–	–	–	–
	V	5 620	–	449,60	505,80	IV	2 558	–	160,72	180,81	–	118,24	133,02	–	77,28	86,94	–	40,32	45,36	–	10,40	11,70	–	–	–
	VI	5 992	–	479,36	539,28																				
26 711,99	I,IV	2 566	–	205,28	230,94	I	2 566	–	118,80	133,65	–	40,80	45,90	–	–	–	–	–	–	–	–	–	–	–	–
	II	2 065	–	165,20	185,85	II	2 065	–	81,44	91,62	–	13,20	14,85	–	–	–	–	–	–	–	–	–	–	–	–
	III	160	–	12,80	14,40	III	160	–	–	–	–	–	–	–	–	–	–	–	–	–	–	–	–	–	–
	V	5 630	–	450,40	506,70	IV	2 566	–	161,28	181,44	–	118,80	133,65	–	77,84	87,57	–	40,80	45,90	–	10,80	12,15	–	–	–
	VI	6 002	–	480,16	540,18																				
26 747,99	I,IV	2 574	–	205,92	231,66	I	2 574	–	119,44	134,37	–	41,28	46,44	–	–	–	–	–	–	–	–	–	–	–	–
	II	2 073	–	165,84	186,57	II	2 073	–	82,–	92,25	–	13,60	15,30	–	–	–	–	–	–	–	–	–	–	–	–
	III	164	–	13,12	14,76	III	164	–	–	–	–	–	–	–	–	–	–	–	–	–	–	–	–	–	–
	V	5 642	–	451,36	507,78	IV	2 574	–	161,92	182,16	–	119,44	134,37	–	78,40	88,20	–	41,28	46,44	–	11,20	12,60	–	–	–
	VI	6 014	–	481,12	541,26																				
26 783,99	I,IV	2 582	–	206,56	232,38	I	2 582	–	120,–	135,–	–	41,76	46,98	–	–	–	–	–	–	–	–	–	–	–	–
	II	2 081	–	166,48	187,29	II	2 081	–	82,64	92,97	–	14,–	15,75	–	–	–	–	–	–	–	–	–	–	–	–
	III	170	–	13,60	15,30	III	170	–	–	–	–	–	–	–	–	–	–	–	–	–	–	–	–	–	–
	V	5 650	–	452,–	508,50	IV	2 582	–	162,56	182,88	–	120,–	135,–	–	78,96	88,83	–	41,76	46,98	–	11,52	12,96	–	–	–
	VI	6 024	–	481,92	542,16																				
26 819,99	I,IV	2 590	–	207,20	233,10	I	2 590	–	120,64	135,72	–	42,24	47,52	–	–	–	–	–	–	–	–	–	–	–	–
	II	2 088	–	167,04	187,92	II	2 088	–	83,20	93,60	–	14,40	16,20	–	–	–	–	–	–	–	–	–	–	–	–
	III	174	–	13,92	15,66	III	174	–	–	–	–	–	–	–	–	–	–	–	–	–	–	–	–	–	–
	V	5 662	–	452,96	509,58	IV	2 590	–	163,20	183,60	–	120,64	135,72	–	79,52	89,46	–	42,24	47,52	–	11,92	13,41	–	–	–
	VI	6 036	–	482,88	543,24																				
26 855,99	I,IV	2 598	–	207,84	233,82	I	2 598	–	121,20	136,35	–	42,72	48,06	–	–	–	–	–	–	–	–	–	–	–	–
	II	2 096	–	167,68	188,64	II	2 096	–	83,76	94,23	–	14,72	16,56	–	–	–	–	–	–	–	–	–	–	–	–
	III	180	–	14,40	16,20	III	180	–	–	–	–	–	–	–	–	–	–	–	–	–	–	–	–	–	–
	V	5 674	–	453,92	510,66	IV	2 598	–	163,76	184,23	–	121,20	136,35	–	80,08	90,09	–	42,72	48,06	–	12,32	13,86	–	–	–
	VI	6 044	–	483,52	543,96																				
26 891,99	I,IV	2 606	–	208,48	234,54	I	2 606	–	121,84	137,07	–	43,20	48,60	–	–	–	–	–	–	–	–	–	–	–	–
	II	2 104	–	168,32	189,36	II	2 104	–	84,32	94,86	–	15,12	17,01	–	–	–	–	–	–	–	–	–	–	–	–
	III	184	–	14,72	16,56	III	184	–	–	–	–	–	–	–	–	–	–	–	–	–	–	–	–	–	–
	V	5 682	–	454,56	511,38	IV	2 606	–	164,40	184,95	–	121,84	137,07	–	80,72	90,81	–	43,20	48,60	–	12,72	14,31	–	–	–
	VI	6 058	–	484,64	545,22																				
26 927,99	I,IV	2 614	–	209,12	235,26	I	2 614	–	122,40	137,70	–	43,68	49,14	–	–	–	–	–	–	–	–	–	–	–	–
	II	2 112	–	168,96	190,08	II	2 112	–	84,88	95,49	–	15,52	17,46	–	–	–	–	–	–	–	–	–	–	–	–
	III	190	–	15,20	17,10	III	190	–	–	–	–	–	–	–	–	–	–	–	–	–	–	–	–	–	–
	V	5 694	–	455,52	512,46	IV	2 614	–	165,04	185,67	–	122,40	137,70	–	81,28	91,44	–	43,68	49,14	–	13,04	14,67	–	–	–
	VI	6 068	–	485,44	546,12																				
26 963,99	I,IV	2 622	–	209,76	235,98	I	2 622	–	123,04	138,42	–	44,16	49,68	–	–	–	–	–	–	–	–	–	–	–	–
	II	2 119	–	169,52	190,71	II	2 119	–	85,52	96,21	–	15,92	17,91	–	–	–	–	–	–	–	–	–	–	–	–
	III	194	–	15,52	17,46	III	194	–	–	–	–	–	–	–	–	–	–	–	–	–	–	–	–	–	–
	V	5 704	–	456,32	513,36	IV	2 622	–	165,60	186,30	–	123,04	138,42	–	81,84	92,07	–	44,16	49,68	–	13,44	15,12	–	–	–
	VI	6 078	–	486,24	547,02																				
26 999,99	I,IV	2 630	–	210,40	236,70	I	2 630	–	123,60	139,05	–	44,64	50,22	–	–	–	–	–	–	–	–	–	–	–	–
	II	2 127	–	170,16	191,43	II	2 127	–	86,08	96,84	–	16,32	18,36	–	–	–	–	–	–	–	–	–	–	–	–
	III	200	–	16,–	18,–	III	200	–	–	–	–	–	–	–	–	–	–	–	–	–	–	–	–	–	–
	V	5 716	–	457,28	514,44	IV	2 630	–	166,24	187,02	–	123,60	139,05	–	82,40	92,70	–	44,64	50,22	–	13,84	15,57	–	–	–
	VI	6 090	–	487,20	548,10																				
27 035,99	I,IV	2 638	–	211,04	237,42	I	2 638	–	124,24	139,77	–	45,20	50,85	–	–	–	–	–	–	–	–	–	–	–	–
	II	2 135	–	170,80	192,15	II	2 135	–	86,64	97,47	–	16,72	18,81	–	–	–	–	–	–	–	–	–	–	–	–
	III	204	–	16,32	18,36	III	204	–	–	–	–	–	–	–	–	–	–	–	–	–	–	–	–	–	–
	V	5 726	–	458,08	515,34	IV	2 638	–	166,88	187,74	–	124,24	139,77	–	83,04	93,42	–	45,20	50,85	–	14,24	16,02	–	–	–
	VI	6 100	–	488,–	549,–																				
27 071,99	I,IV	2 646	–	211,68	238,14	I	2 646	–	124,80	140,40	–	45,68	51,39	–	–	–	–	–	–	–	–	–	–	–	–
	II	2 143	–	171,44	192,87	II	2 143	–	87,20	98,10	–	17,12	19,26	–	–	–	–	–	–	–	–	–	–	–	–
	III	210	–	16,80	18,90	III	210	–	–	–	–	–	–	–	–	–	–	–	–	–	–	–	–	–	–
	V	5 738	–	459,04	516,42	IV	2 646	–	167,52	188,46	–	124,80	140,40	–	83,60	94,05	–	45,68	51,39	–	14,64	16,47	–	–	–
	VI	6 112	–	488,96	550,08																				

* Die ausgewiesenen Tabellenwerte sind amtlich. Siehe Erläuterungen auf der Umschlaginnenseite (U2).

Abzüge an Lohnsteuer, Solidaritätszuschlag (SolZ) und Kirchensteuer (8%, 9%) in den Steuerklassen

Lohn/ Gehalt bis €*	I – VI	LSt	ohne Kinderfreibeträge SolZ	8%	9%	I, II, III, IV	LSt	mit Zahl der Kinderfreibeträge . . . 0,5 SolZ	0,5 8%	0,5 9%	1 SolZ	1 8%	1 9%	1,5 SolZ	1,5 8%	1,5 9%	2 SolZ	2 8%	2 9%	2,5 SolZ	2,5 8%	2,5 9%	3 SolZ	3 8%	3 9%
27 107,99	I,IV	2 654	—	212,32	238,86	I	2 654	—	125,44	141,12	—	46,16	51,93	—	—	—	—	—	—	—	—	—	—	—	—
	II	2 150	—	172,—	193,50	II	2 150	—	87,84	98,82	—	17,52	19,71	—	—	—	—	—	—	—	—	—	—	—	—
	III	214	—	17,12	19,26	III	214	—	—	—	—	—	—	—	—	—	—	—	—	—	—	—	—	—	—
	V	5 748	—	459,84	517,32	IV	2 654	—	168,08	189,09	—	125,44	141,12	—	84,16	94,68	—	46,16	51,93	—	15,04	16,92	—	—	—
	VI	6 122	—	489,76	550,98																				
27 143,99	I,IV	2 662	—	212,96	239,58	I	2 662	—	126,—	141,75	—	46,64	52,47	—	—	—	—	—	—	—	—	—	—	—	—
	II	2 158	—	172,64	194,22	II	2 158	—	88,40	99,45	—	17,92	20,16	—	—	—	—	—	—	—	—	—	—	—	—
	III	220	—	17,60	19,80	III	220	—	—	—	—	—	—	—	—	—	—	—	—	—	—	—	—	—	—
	V	5 758	—	460,64	518,22	IV	2 662	—	168,72	189,81	—	126,—	141,75	—	84,72	95,31	—	46,64	52,47	—	15,44	17,37	—	—	—
	VI	6 134	—	490,72	552,06																				
27 179,99	I,IV	2 669	—	213,52	240,21	I	2 669	—	126,56	142,38	—	47,12	53,01	—	—	—	—	—	—	—	—	—	—	—	—
	II	2 166	—	173,28	194,94	II	2 166	—	88,96	100,08	—	18,32	20,61	—	—	—	—	—	—	—	—	—	—	—	—
	III	224	—	17,92	20,16	III	224	—	—	—	—	—	—	—	—	—	—	—	—	—	—	—	—	—	—
	V	5 768	—	461,44	519,12	IV	2 669	—	169,36	190,53	—	126,56	142,38	—	85,28	95,94	—	47,12	53,01	—	15,84	17,82	—	—	—
	VI	6 144	—	491,52	552,96																				
27 215,99	I,IV	2 678	—	214,24	241,02	I	2 678	—	127,20	143,10	—	47,60	53,55	—	—	—	—	—	—	—	—	—	—	—	—
	II	2 174	—	173,92	195,66	II	2 174	—	89,52	100,71	—	18,72	21,06	—	—	—	—	—	—	—	—	—	—	—	—
	III	230	—	18,40	20,70	III	230	—	—	—	—	—	—	—	—	—	—	—	—	—	—	—	—	—	—
	V	5 780	—	462,40	520,20	IV	2 678	—	169,92	191,16	—	127,20	143,10	—	85,84	96,57	—	47,60	53,55	—	16,24	18,27	—	—	—
	VI	6 156	—	492,48	554,04																				
27 251,99	I,IV	2 686	—	214,88	241,74	I	2 686	—	127,76	143,73	—	48,16	54,18	—	—	—	—	—	—	—	—	—	—	—	—
	II	2 181	—	174,48	196,29	II	2 181	—	90,16	101,43	—	19,20	21,60	—	—	—	—	—	—	—	—	—	—	—	—
	III	236	—	18,88	21,24	III	236	—	—	—	—	—	—	—	—	—	—	—	—	—	—	—	—	—	—
	V	5 790	—	463,20	521,10	IV	2 686	—	170,56	191,88	—	127,76	143,73	—	86,48	97,29	—	48,16	54,18	—	16,64	18,72	—	—	—
	VI	6 166	—	493,28	554,94																				
27 287,99	I,IV	2 694	—	215,52	242,46	I	2 694	—	128,40	144,45	—	48,64	54,72	—	—	—	—	—	—	—	—	—	—	—	—
	II	2 189	—	175,12	197,01	II	2 189	—	90,72	102,06	—	19,60	22,05	—	—	—	—	—	—	—	—	—	—	—	—
	III	240	—	19,20	21,60	III	240	—	—	—	—	—	—	—	—	—	—	—	—	—	—	—	—	—	—
	V	5 802	—	464,16	522,18	IV	2 694	—	171,20	192,60	—	128,40	144,45	—	87,04	97,92	—	48,64	54,72	—	17,04	19,17	—	—	—
	VI	6 176	—	494,08	555,84																				
27 323,99	I,IV	2 702	—	216,16	243,18	I	2 702	—	128,96	145,08	—	49,12	55,26	—	—	—	—	—	—	—	—	—	—	—	—
	II	2 197	—	175,76	197,73	II	2 197	—	91,28	102,69	—	20,—	22,50	—	—	—	—	—	—	—	—	—	—	—	—
	III	246	—	19,68	22,14	III	246	—	—	—	—	—	—	—	—	—	—	—	—	—	—	—	—	—	—
	V	5 812	—	464,96	523,08	IV	2 702	—	171,84	193,32	—	128,96	145,08	—	87,60	98,55	—	49,12	55,26	—	17,44	19,62	—	—	—
	VI	6 188	—	495,04	556,92																				
27 359,99	I,IV	2 710	—	216,80	243,90	I	2 710	—	129,60	145,80	—	49,60	55,80	—	—	—	—	—	—	—	—	—	—	—	—
	II	2 205	—	176,40	198,45	II	2 205	—	91,84	103,32	—	20,40	22,95	—	—	—	—	—	—	—	—	—	—	—	—
	III	250	—	20,—	22,50	III	250	—	—	—	—	—	—	—	—	—	—	—	—	—	—	—	—	—	—
	V	5 822	—	465,76	523,98	IV	2 710	—	172,48	194,04	—	129,60	145,80	—	88,24	99,27	—	49,60	55,80	—	17,84	20,07	—	—	—
	VI	6 198	—	495,84	557,82																				
27 395,99	I,IV	2 718	—	217,44	244,62	I	2 718	—	130,16	146,43	—	50,16	56,43	—	—	—	—	—	—	—	—	—	—	—	—
	II	2 213	—	177,04	199,17	II	2 213	—	92,48	104,04	—	20,80	23,40	—	—	—	—	—	—	—	—	—	—	—	—
	III	256	—	20,48	23,04	III	256	—	—	—	—	—	—	—	—	—	—	—	—	—	—	—	—	—	—
	V	5 834	—	466,72	525,06	IV	2 718	—	173,04	194,67	—	130,16	146,43	—	88,80	99,90	—	50,16	56,43	—	18,24	20,52	—	—	—
	VI	6 208	—	496,64	558,72																				
27 431,99	I,IV	2 726	—	218,08	245,34	I	2 726	—	130,80	147,15	—	50,64	56,97	—	—	—	—	—	—	—	—	—	—	—	—
	II	2 220	—	177,60	199,80	II	2 220	—	93,04	104,67	—	21,20	23,85	—	—	—	—	—	—	—	—	—	—	—	—
	III	262	—	20,96	23,58	III	262	—	—	—	—	—	—	—	—	—	—	—	—	—	—	—	—	—	—
	V	5 842	—	467,36	525,78	IV	2 726	—	173,68	195,39	—	130,80	147,15	—	89,36	100,53	—	50,64	56,97	—	18,64	20,97	—	—	—
	VI	6 222	—	497,76	559,98																				
27 467,99	I,IV	2 734	—	218,72	246,06	I	2 734	—	131,44	147,87	—	51,12	57,51	—	—	—	—	—	—	—	—	—	—	—	—
	II	2 228	—	178,24	200,52	II	2 228	—	93,60	105,30	—	21,68	24,39	—	—	—	—	—	—	—	—	—	—	—	—
	III	266	—	21,28	23,94	III	266	—	—	—	—	—	—	—	—	—	—	—	—	—	—	—	—	—	—
	V	5 854	—	468,32	526,86	IV	2 734	—	174,32	196,11	—	131,44	147,87	—	89,92	101,16	—	51,12	57,51	—	19,04	21,42	—	—	—
	VI	6 232	—	498,56	560,88																				
27 503,99	I,IV	2 742	—	219,36	246,78	I	2 742	—	132,—	148,50	—	51,68	58,14	—	—	—	—	—	—	—	—	—	—	—	—
	II	2 236	—	178,88	201,24	II	2 236	—	94,16	105,93	—	22,08	24,84	—	—	—	—	—	—	—	—	—	—	—	—
	III	272	—	21,76	24,48	III	272	—	—	—	—	—	—	—	—	—	—	—	—	—	—	—	—	—	—
	V	5 866	—	469,28	527,94	IV	2 742	—	174,96	196,83	—	132,—	148,50	—	90,48	101,79	—	51,68	58,14	—	19,44	21,87	—	—	—
	VI	6 242	—	499,36	561,78																				
27 539,99	I,IV	2 750	—	220,—	247,50	I	2 750	—	132,56	149,13	—	52,16	58,68	—	—	—	—	—	—	—	—	—	—	—	—
	II	2 244	—	179,52	201,96	II	2 244	—	94,80	106,65	—	22,48	25,29	—	—	—	—	—	—	—	—	—	—	—	—
	III	276	—	22,08	24,84	III	276	—	—	—	—	—	—	—	—	—	—	—	—	—	—	—	—	—	—
	V	5 876	—	470,08	528,84	IV	2 750	—	175,52	197,46	—	132,56	149,13	—	91,12	102,51	—	52,16	58,68	—	19,84	22,32	—	—	—
	VI	6 254	—	500,32	562,86																				
27 575,99	I,IV	2 758	—	220,64	248,22	I	2 758	—	133,20	149,85	—	52,64	59,22	—	—	—	—	—	—	—	—	—	—	—	—
	II	2 252	—	180,16	202,68	II	2 252	—	95,36	107,28	—	22,88	25,74	—	—	—	—	—	—	—	—	—	—	—	—
	III	282	—	22,56	25,38	III	282	—	—	—	—	—	—	—	—	—	—	—	—	—	—	—	—	—	—
	V	5 886	—	470,88	529,74	IV	2 758	—	176,16	198,18	—	133,20	149,85	—	91,68	103,14	—	52,64	59,22	—	20,24	22,77	—	—	—
	VI	6 266	—	501,28	563,94																				
27 611,99	I,IV	2 766	—	221,28	248,94	I	2 766	—	133,76	150,48	—	53,20	59,85	—	—	—	—	—	—	—	—	—	—	—	—
	II	2 259	—	180,72	203,31	II	2 259	—	95,92	107,91	—	23,36	26,28	—	—	—	—	—	—	—	—	—	—	—	—
	III	288	—	23,04	25,92	III	288	—	—	—	—	—	—	—	—	—	—	—	—	—	—	—	—	—	—
	V	5 898	—	471,84	530,82	IV	2 766	—	176,80	198,90	—	133,76	150,48	—	92,24	103,77	—	53,20	59,85	—	20,64	23,22	—	—	—
	VI	6 276	—	502,08	564,84																				
27 647,99	I,IV	2 774	—	221,92	249,66	I	2 774	—	134,40	151,20	—	53,68	60,39	—	—	—	—	—	—	—	—	—	—	—	—
	II	2 267	—	181,36	204,03	II	2 267	—	96,56	108,63	—	23,76	26,73	—	—	—	—	—	—	—	—	—	—	—	—
	III	292	—	23,36	26,28	III	292	—	—	—	—	—	—	—	—	—	—	—	—	—	—	—	—	—	—
	V	5 908	—	472,64	531,72	IV	2 774	—	177,44	199,62	—	134,40	151,20	—	92,88	104,49	—	53,68	60,39	—	21,12	23,76	—	—	—
	VI	6 286	—	502,88	565,74																				

* Die ausgewiesenen Tabellenwerte sind amtlich. Siehe Erläuterungen auf der Umschlaginnenseite (U2).

JAHR 27 648,–*

Lohn/ Gehalt bis €*		I – VI LSt	ohne Kinderfreibeträge SolZ	8%	9%		I, II, III, IV LSt	mit Zahl der Kinderfreibeträge … 0,5 SolZ	8%	9%	1 SolZ	8%	9%	1,5 SolZ	8%	9%	2 SolZ	8%	9%	2,5 SolZ	8%	9%	3 SolZ	8%	9%
27 683,99	I,IV	2 782	–	222,56	250,38	I	2 782	–	135,04	151,92	–	54,24	61,02	–	–	–	–	–	–	–	–	–	–	–	–
	II	2 275	–	182,–	204,75	II	2 275	–	97,12	109,26	–	24,16	27,18	–	–	–	–	–	–	–	–	–	–	–	–
	III	298	–	23,84	26,82	III	298	–	–	–	–	–	–	–	–	–	–	–	–	–	–	–	–	–	–
	V	5 920	–	473,60	532,80	IV	2 782	–	178,08	200,34	–	135,04	151,92	–	93,44	105,12	–	54,24	61,02	–	21,52	24,21	–	–	–
	VI	6 298	–	503,84	566,82																				
27 719,99	I,IV	2 790	–	223,20	251,10	I	2 790	–	135,60	152,55	–	54,72	61,56	–	–	–	–	–	–	–	–	–	–	–	–
	II	2 283	–	182,64	205,47	II	2 283	–	97,68	109,89	–	24,56	27,63	–	–	–	–	–	–	–	–	–	–	–	–
	III	304	–	24,32	27,36	III	304	–	–	–	–	–	–	–	–	–	–	–	–	–	–	–	–	–	–
	V	5 930	–	474,40	533,70	IV	2 790	–	178,72	201,06	–	135,60	152,55	–	94,–	105,75	–	54,72	61,56	–	21,92	24,66	–	–	–
	VI	6 308	–	504,64	567,72																				
27 755,99	I,IV	2 798	–	223,84	251,82	I	2 798	–	136,24	153,27	–	55,28	62,19	–	–	–	–	–	–	–	–	–	–	–	–
	II	2 291	–	183,28	206,19	II	2 291	–	98,32	110,61	–	25,04	28,17	–	–	–	–	–	–	–	–	–	–	–	–
	III	308	–	24,64	27,72	III	308	–	–	–	–	–	–	–	–	–	–	–	–	–	–	–	–	–	–
	V	5 942	–	475,36	534,78	IV	2 798	–	179,28	201,69	–	136,24	153,27	–	94,56	106,38	–	55,28	62,19	–	22,32	25,11	–	–	–
	VI	6 320	–	505,60	568,80																				
27 791,99	I,IV	2 806	–	224,48	252,54	I	2 806	–	136,80	153,90	–	55,76	62,73	–	–	–	–	–	–	–	–	–	–	–	–
	II	2 298	–	183,84	206,82	II	2 298	–	98,88	111,24	–	25,44	28,62	–	–	–	–	–	–	–	–	–	–	–	–
	III	314	–	25,12	28,26	III	314	–	–	–	–	–	–	–	–	–	–	–	–	–	–	–	–	–	–
	V	5 950	–	476,–	535,50	IV	2 806	–	179,92	202,41	–	136,80	153,90	–	95,20	107,10	–	55,76	62,73	–	22,72	25,56	–	–	–
	VI	6 330	–	506,40	569,70																				
27 827,99	I,IV	2 814	–	225,12	253,26	I	2 814	–	137,44	154,62	–	56,32	63,36	–	–	–	–	–	–	–	–	–	–	–	–
	II	2 306	–	184,48	207,54	II	2 306	–	99,44	111,87	–	25,84	29,07	–	–	–	–	–	–	–	–	–	–	–	–
	III	320	–	25,60	28,80	III	320	–	–	–	–	–	–	–	–	–	–	–	–	–	–	–	–	–	–
	V	5 962	–	476,96	536,58	IV	2 814	–	180,56	203,13	–	137,44	154,62	–	95,76	107,73	–	56,32	63,36	–	23,20	26,10	–	–	–
	VI	6 342	–	507,36	570,78																				
27 863,99	I,IV	2 822	–	225,76	253,98	I	2 822	–	138,–	155,25	–	56,80	63,90	–	–	–	–	–	–	–	–	–	–	–	–
	II	2 314	–	185,12	208,26	II	2 314	–	100,–	112,50	–	26,32	29,61	–	–	–	–	–	–	–	–	–	–	–	–
	III	324	–	25,92	29,16	III	324	–	–	–	–	–	–	–	–	–	–	–	–	–	–	–	–	–	–
	V	5 972	–	477,76	537,48	IV	2 822	–	181,20	203,85	–	138,–	155,25	–	96,32	108,36	–	56,80	63,90	–	23,60	26,55	–	–	–
	VI	6 354	–	508,32	571,86																				
27 899,99	I,IV	2 830	–	226,40	254,70	I	2 830	–	138,64	155,97	–	57,36	64,53	–	–	–	–	–	–	–	–	–	–	–	–
	II	2 322	–	185,76	208,98	II	2 322	–	100,64	113,22	–	26,72	30,06	–	–	–	–	–	–	–	–	–	–	–	–
	III	330	–	26,40	29,70	III	330	–	–	–	–	–	–	–	–	–	–	–	–	–	–	–	–	–	–
	V	5 984	–	478,72	538,56	IV	2 830	–	181,76	204,48	–	138,64	155,97	–	96,96	109,08	–	57,36	64,53	–	24,–	27,–	–	–	–
	VI	6 364	–	509,12	572,76																				
27 935,99	I,IV	2 839	–	227,12	255,51	I	2 839	–	139,20	156,60	–	57,84	65,07	–	–	–	–	–	–	–	–	–	–	–	–
	II	2 330	–	186,40	209,70	II	2 330	–	101,20	113,85	–	27,20	30,60	–	–	–	–	–	–	–	–	–	–	–	–
	III	336	–	26,88	30,24	III	336	–	–	–	–	–	–	–	–	–	–	–	–	–	–	–	–	–	–
	V	5 994	–	479,52	539,46	IV	2 839	–	182,40	205,20	–	139,20	156,60	–	97,52	109,71	–	57,84	65,07	–	24,48	27,54	–	–	–
	VI	6 374	–	509,92	573,66																				
27 971,99	I,IV	2 847	–	227,76	256,23	I	2 847	–	139,84	157,32	–	58,40	65,70	–	–	–	–	–	–	–	–	–	–	–	–
	II	2 338	–	187,04	210,42	II	2 338	–	101,76	114,48	–	27,60	31,05	–	–	–	–	–	–	–	–	–	–	–	–
	III	340	–	27,20	30,60	III	340	–	–	–	–	–	–	–	–	–	–	–	–	–	–	–	–	–	–
	V	6 004	–	480,32	540,36	IV	2 847	–	183,04	205,92	–	139,84	157,32	–	98,08	110,34	–	58,40	65,70	–	24,88	27,99	–	–	–
	VI	6 386	–	510,88	574,74																				
28 007,99	I,IV	2 855	–	228,40	256,95	I	2 855	–	140,48	158,04	–	58,96	66,33	–	–	–	–	–	–	–	–	–	–	–	–
	II	2 346	–	187,68	211,14	II	2 346	–	102,40	115,20	–	28,08	31,59	–	–	–	–	–	–	–	–	–	–	–	–
	III	346	–	27,68	31,14	III	346	–	–	–	–	–	–	–	–	–	–	–	–	–	–	–	–	–	–
	V	6 016	–	481,28	541,44	IV	2 855	–	183,68	206,64	–	140,48	158,04	–	98,72	111,06	–	58,96	66,33	–	25,28	28,44	–	–	–
	VI	6 398	–	511,84	575,82																				
28 043,99	I,IV	2 863	–	229,04	257,67	I	2 863	–	141,04	158,67	–	59,44	66,87	–	–	–	–	–	–	–	–	–	–	–	–
	II	2 354	–	188,32	211,86	II	2 354	–	102,96	115,83	–	28,48	32,04	–	–	–	–	–	–	–	–	–	–	–	–
	III	352	–	28,16	31,68	III	352	–	–	–	–	–	–	–	–	–	–	–	–	–	–	–	–	–	–
	V	6 026	–	482,08	542,34	IV	2 863	–	184,32	207,36	–	141,04	158,67	–	99,28	111,69	–	59,44	66,87	–	25,76	28,98	–	–	–
	VI	6 410	–	512,80	576,90																				
28 079,99	I,IV	2 871	–	229,68	258,39	I	2 871	–	141,68	159,39	–	60,–	67,50	–	–	–	–	–	–	–	–	–	–	–	–
	II	2 361	–	188,88	212,49	II	2 361	–	103,60	116,55	–	28,96	32,58	–	–	–	–	–	–	–	–	–	–	–	–
	III	358	–	28,64	32,22	III	358	–	–	–	–	–	–	–	–	–	–	–	–	–	–	–	–	–	–
	V	6 038	–	483,04	543,42	IV	2 871	–	184,96	208,08	–	141,68	159,39	–	99,84	112,32	–	60,–	67,50	–	26,16	29,43	–	–	–
	VI	6 420	–	513,60	577,80																				
28 115,99	I,IV	2 879	–	230,32	259,11	I	2 879	–	142,24	160,02	–	60,48	68,04	–	–	–	–	–	–	–	–	–	–	–	–
	II	2 369	–	189,52	213,21	II	2 369	–	104,16	117,18	–	29,36	33,03	–	–	–	–	–	–	–	–	–	–	–	–
	III	362	–	28,96	32,58	III	362	–	–	–	–	–	–	–	–	–	–	–	–	–	–	–	–	–	–
	V	6 048	–	483,84	544,32	IV	2 879	–	185,52	208,71	–	142,24	160,02	–	100,40	112,95	–	60,48	68,04	–	26,56	29,88	–	–	–
	VI	6 430	–	514,40	578,70																				
28 151,99	I,IV	2 887	–	230,96	259,83	I	2 887	–	142,88	160,74	–	61,04	68,67	–	–	–	–	–	–	–	–	–	–	–	–
	II	2 377	–	190,16	213,93	II	2 377	–	104,72	117,81	–	29,84	33,57	–	–	–	–	–	–	–	–	–	–	–	–
	III	368	–	29,44	33,12	III	368	–	–	–	–	–	–	–	–	–	–	–	–	–	–	–	–	–	–
	V	6 060	–	484,80	545,40	IV	2 887	–	186,16	209,43	–	142,88	160,74	–	101,04	113,67	–	61,04	68,67	–	27,04	30,42	–	–	–
	VI	6 442	–	515,36	579,78																				
28 187,99	I,IV	2 895	–	231,60	260,55	I	2 895	–	143,44	161,37	–	61,60	69,30	–	0,40	0,45	–	–	–	–	–	–	–	–	–
	II	2 385	–	190,80	214,65	II	2 385	–	105,28	118,44	–	30,24	34,02	–	–	–	–	–	–	–	–	–	–	–	–
	III	374	–	29,92	33,66	III	374	–	–	–	–	–	–	–	–	–	–	–	–	–	–	–	–	–	–
	V	6 070	–	485,60	546,30	IV	2 895	–	186,80	210,15	–	143,44	161,37	–	101,60	114,30	–	61,60	69,30	–	27,44	30,87	–	0,40	0,45
	VI	6 454	–	516,32	580,86																				
28 223,99	I,IV	2 903	–	232,24	261,27	I	2 903	–	144,08	162,09	–	62,16	69,93	–	0,72	0,81	–	–	–	–	–	–	–	–	–
	II	2 393	–	191,44	215,37	II	2 393	–	105,92	119,16	–	30,72	34,56	–	–	–	–	–	–	–	–	–	–	–	–
	III	380	–	30,40	34,20	III	380	–	–	–	–	–	–	–	–	–	–	–	–	–	–	–	–	–	–
	V	6 082	–	486,56	547,38	IV	2 903	–	187,44	210,87	–	144,08	162,09	–	102,16	114,93	–	62,16	69,93	–	27,92	31,41	–	0,72	0,81
	VI	6 464	–	517,12	581,76																				

Table heading: Abzüge an Lohnsteuer, Solidaritätszuschlag (SolZ) und Kirchensteuer (8%, 9%) in den Steuerklassen

* Die ausgewiesenen Tabellenwerte sind amtlich. Siehe Erläuterungen auf der Umschlaginnenseite (U2).

Abzüge an Lohnsteuer, Solidaritätszuschlag (SolZ) und Kirchensteuer (8%, 9%) in den Steuerklassen

Lohn/ Gehalt bis €*	I – VI		ohne Kinderfreibeträge			I, II, III, IV		mit Zahl der Kinderfreibeträge . . . 0,5			1			1,5			2			2,5			3		
		LSt	SolZ	8%	9%		LSt	SolZ	8%	9%	SolZ	8%	9%	SolZ	8%	9%	SolZ	8%	9%	SolZ	8%	9%	SolZ	8%	9%
	I,IV	2912	–	232,96	262,08	I	2912	–	144,72	162,81	–	62,64	70,47	–	1,04	1,17	–	–	–	–	–	–	–	–	–
	II	2401	–	192,08	216,09	II	2401	–	106,48	119,79	–	31,12	35,01	–	–	–	–	–	–	–	–	–	–	–	–
28 259,99	III	384	–	30,72	34,56	III	384	–	–	–	–	–	–	–	–	–	–	–	–	–	–	–	–	–	–
	V	6092	–	487,36	548,28	IV	2912	–	188,08	211,59	–	144,72	162,81	–	102,80	115,65	–	62,64	70,47	–	28,32	31,86	–	1,04	1,17
	VI	6476	–	518,08	582,84																				
	I,IV	2920	–	233,60	262,80	I	2920	–	145,28	163,44	–	63,20	71,10	–	1,36	1,53	–	–	–	–	–	–	–	–	–
	II	2409	–	192,72	216,81	II	2409	–	107,12	120,51	–	31,60	35,55	–	–	–	–	–	–	–	–	–	–	–	–
28 295,99	III	390	–	31,20	35,10	III	390	–	–	–	–	–	–	–	–	–	–	–	–	–	–	–	–	–	–
	V	6102	–	488,16	549,18	IV	2920	–	188,72	212,31	–	145,28	163,44	–	103,36	116,28	–	63,20	71,10	–	28,80	32,40	–	1,36	1,53
	VI	6486	–	518,88	583,74																				
	I,IV	2928	–	234,24	263,52	I	2928	–	145,92	164,16	–	63,76	71,73	–	1,76	1,98	–	–	–	–	–	–	–	–	–
	II	2417	–	193,36	217,53	II	2417	–	107,68	121,14	–	32,08	36,09	–	–	–	–	–	–	–	–	–	–	–	–
28 331,99	III	396	–	31,68	35,64	III	396	–	–	–	–	–	–	–	–	–	–	–	–	–	–	–	–	–	–
	V	6116	–	489,28	550,44	IV	2928	–	189,36	213,03	–	145,92	164,16	–	103,92	116,91	–	63,76	71,73	–	29,20	32,85	–	1,76	1,98
	VI	6498	–	519,84	584,82																				
	I,IV	2936	–	234,88	264,24	I	2936	–	146,56	164,88	–	64,32	72,36	–	2,08	2,34	–	–	–	–	–	–	–	–	–
	II	2424	–	193,92	218,16	II	2424	–	108,24	121,77	–	32,48	36,54	–	–	–	–	–	–	–	–	–	–	–	–
28 367,99	III	400	–	32,–	36,–	III	400	–	–	–	–	–	–	–	–	–	–	–	–	–	–	–	–	–	–
	V	6126	–	490,08	551,34	IV	2936	–	190,–	213,75	–	146,56	164,88	–	104,56	117,63	–	64,32	72,36	–	29,68	33,39	–	2,08	2,34
	VI	6510	–	520,80	585,90																				
	I,IV	2944	–	235,52	264,96	I	2944	–	147,12	165,51	–	64,80	72,90	–	2,40	2,70	–	–	–	–	–	–	–	–	–
	II	2432	–	194,56	218,88	II	2432	–	108,88	122,49	–	32,96	37,08	–	–	–	–	–	–	–	–	–	–	–	–
28 403,99	III	406	–	32,48	36,54	III	406	–	–	–	–	–	–	–	–	–	–	–	–	–	–	–	–	–	–
	V	6138	–	491,04	552,42	IV	2944	–	190,56	214,38	–	147,12	165,51	–	105,12	118,26	–	64,80	72,90	–	30,16	33,93	–	2,40	2,70
	VI	6520	–	521,60	586,80																				
	I,IV	2952	–	236,16	265,68	I	2952	–	147,76	166,23	–	65,36	73,53	–	2,72	3,06	–	–	–	–	–	–	–	–	–
	II	2440	–	195,20	219,60	II	2440	–	109,44	123,12	–	33,44	37,62	–	–	–	–	–	–	–	–	–	–	–	–
28 439,99	III	412	–	32,96	37,08	III	412	–	–	–	–	–	–	–	–	–	–	–	–	–	–	–	–	–	–
	V	6146	–	491,68	553,14	IV	2952	–	191,20	215,10	–	147,76	166,23	–	105,68	118,89	–	65,36	73,53	–	30,56	34,38	–	2,72	3,06
	VI	6532	–	522,56	587,88																				
	I,IV	2960	–	236,80	266,40	I	2960	–	148,32	166,86	–	65,92	74,16	–	3,12	3,51	–	–	–	–	–	–	–	–	–
	II	2448	–	195,84	220,32	II	2448	–	110,–	123,75	–	33,84	38,07	–	–	–	–	–	–	–	–	–	–	–	–
28 475,99	III	418	–	33,44	37,62	III	418	–	–	–	–	–	–	–	–	–	–	–	–	–	–	–	–	–	–
	V	6160	–	492,80	554,40	IV	2960	–	191,84	215,82	–	148,32	166,86	–	106,32	119,61	–	65,92	74,16	–	31,04	34,92	–	3,12	3,51
	VI	6542	–	523,36	588,78																				
	I,IV	2968	–	237,44	267,12	I	2968	–	148,96	167,58	–	66,48	74,79	–	3,44	3,87	–	–	–	–	–	–	–	–	–
	II	2456	–	196,48	221,04	II	2456	–	110,64	124,47	–	34,32	38,61	–	–	–	–	–	–	–	–	–	–	–	–
28 511,99	III	422	–	33,76	37,98	III	422	–	–	–	–	–	–	–	–	–	–	–	–	–	–	–	–	–	–
	V	6170	–	493,60	555,30	IV	2968	–	192,48	216,54	–	148,96	167,58	–	106,88	120,24	–	66,48	74,79	–	31,44	35,37	–	3,44	3,87
	VI	6554	–	524,32	589,86																				
	I,IV	2977	–	238,16	267,93	I	2977	–	149,60	168,30	–	67,04	75,42	–	3,84	4,32	–	–	–	–	–	–	–	–	–
	II	2464	–	197,12	221,76	II	2464	–	111,20	125,10	–	34,80	39,15	–	–	–	–	–	–	–	–	–	–	–	–
28 547,99	III	428	–	34,24	38,52	III	428	–	–	–	–	–	–	–	–	–	–	–	–	–	–	–	–	–	–
	V	6180	–	494,40	556,20	IV	2977	–	193,12	217,26	–	149,60	168,30	–	107,52	120,96	–	67,04	75,42	–	31,92	35,91	–	3,84	4,32
	VI	6566	–	525,28	590,94																				
	I,IV	2985	–	238,80	268,65	I	2985	–	150,16	168,93	–	67,60	76,05	–	4,16	4,68	–	–	–	–	–	–	–	–	–
	II	2472	–	197,76	222,48	II	2472	–	111,84	125,82	–	35,28	39,69	–	–	–	–	–	–	–	–	–	–	–	–
28 583,99	III	434	–	34,72	39,06	III	434	–	–	–	–	–	–	–	–	–	–	–	–	–	–	–	–	–	–
	V	6192	–	495,36	557,28	IV	2985	–	193,76	217,98	–	150,16	168,93	–	108,08	121,59	–	67,60	76,05	–	32,40	36,45	–	4,16	4,68
	VI	6576	–	526,08	591,84																				
	I,IV	2993	–	239,44	269,37	I	2993	–	150,80	169,65	–	68,16	76,68	–	4,48	5,04	–	–	–	–	–	–	–	–	–
	II	2480	–	198,40	223,20	II	2480	–	112,40	126,45	–	35,68	40,14	–	–	–	–	–	–	–	–	–	–	–	–
28 619,99	III	440	–	35,20	39,60	III	440	–	–	–	–	–	–	–	–	–	–	–	–	–	–	–	–	–	–
	V	6202	–	496,16	558,18	IV	2993	–	194,40	218,70	–	150,80	169,65	–	108,64	122,22	–	68,16	76,68	–	32,80	36,90	–	4,48	5,04
	VI	6588	–	527,04	592,92																				
	I,IV	3001	–	240,08	270,09	I	3001	–	151,44	170,37	–	68,64	77,22	–	4,88	5,49	–	–	–	–	–	–	–	–	–
	II	2488	–	199,04	223,92	II	2488	–	112,96	127,08	–	36,16	40,68	–	–	–	–	–	–	–	–	–	–	–	–
28 655,99	III	446	–	35,68	40,14	III	446	–	–	–	–	–	–	–	–	–	–	–	–	–	–	–	–	–	–
	V	6214	–	497,12	559,26	IV	3001	–	195,04	219,42	–	151,44	170,37	–	109,28	122,94	–	68,64	77,22	–	33,28	37,44	–	4,88	5,49
	VI	6600	–	528,–	594,–																				
	I,IV	3009	–	240,72	270,81	I	3009	–	152,–	171,–	–	69,20	77,85	–	5,20	5,85	–	–	–	–	–	–	–	–	–
	II	2496	–	199,68	224,64	II	2496	–	113,60	127,80	–	36,64	41,22	–	–	–	–	–	–	–	–	–	–	–	–
28 691,99	III	450	–	36,–	40,50	III	450	–	–	–	–	–	–	–	–	–	–	–	–	–	–	–	–	–	–
	V	6224	–	497,92	560,16	IV	3009	–	195,68	220,14	–	152,–	171,–	–	109,84	123,57	–	69,20	77,85	–	33,76	37,98	–	5,20	5,85
	VI	6610	–	528,80	594,90																				
	I,IV	3017	–	241,36	271,53	I	3017	–	152,64	171,72	–	69,76	78,48	–	5,60	6,30	–	–	–	–	–	–	–	–	–
	II	2503	–	200,24	225,27	II	2503	–	114,16	128,43	–	37,12	41,76	–	–	–	–	–	–	–	–	–	–	–	–
28 727,99	III	456	–	36,48	41,04	III	456	–	–	–	–	–	–	–	–	–	–	–	–	–	–	–	–	–	–
	V	6236	–	498,88	561,24	IV	3017	–	196,24	220,77	–	152,64	171,72	–	110,40	124,20	–	69,76	78,48	–	34,16	38,43	–	5,60	6,30
	VI	6620	–	529,60	595,80																				
	I,IV	3026	–	242,08	272,34	I	3026	–	153,20	172,35	–	70,32	79,11	–	5,92	6,66	–	–	–	–	–	–	–	–	–
	II	2511	–	200,88	225,99	II	2511	–	114,72	129,06	–	37,60	42,30	–	–	–	–	–	–	–	–	–	–	–	–
28 763,99	III	462	–	36,96	41,58	III	462	–	–	–	–	–	–	–	–	–	–	–	–	–	–	–	–	–	–
	V	6246	–	499,68	562,14	IV	3026	–	196,88	221,49	–	153,20	172,35	–	111,04	124,92	–	70,32	79,11	–	34,64	38,97	–	5,92	6,66
	VI	6634	–	530,72	597,06																				
	I,IV	3034	–	242,72	273,06	I	3034	–	153,84	173,07	–	70,88	79,74	–	6,32	7,11	–	–	–	–	–	–	–	–	–
	II	2519	–	201,52	226,71	II	2519	–	115,36	129,78	–	38,–	42,75	–	–	–	–	–	–	–	–	–	–	–	–
28 799,99	III	468	–	37,44	42,12	III	468	–	–	–	–	–	–	–	–	–	–	–	–	–	–	–	–	–	–
	V	6256	–	500,48	563,04	IV	3034	–	197,52	222,21	–	153,84	173,07	–	111,60	125,55	–	70,88	79,74	–	35,12	39,51	–	6,32	7,11
	VI	6644	–	531,52	597,96																				

*** Die ausgewiesenen Tabellenwerte sind amtlich. Siehe Erläuterungen auf der Umschlaginnenseite (U2).**

Abzüge an Lohnsteuer, Solidaritätszuschlag (SolZ) und Kirchensteuer (8%, 9%) in den Steuerklassen

Lohn/ Gehalt bis €*	I – VI	LSt	ohne Kinderfreibeträge SolZ	8%	9%	I, II, III, IV	LSt	mit Zahl der Kinderfreibeträge . . . 0,5 SolZ	0,5 8%	0,5 9%	1 SolZ	1 8%	1 9%	1,5 SolZ	1,5 8%	1,5 9%	2 SolZ	2 8%	2 9%	2,5 SolZ	2,5 8%	2,5 9%	3 SolZ	3 8%	3 9%
28 835,99	I,IV	3 042	–	243,36	273,78	I	3 042	–	154,48	173,79	–	71,44	80,37	–	6,64	7,47	–	–	–	–	–	–	–	–	–
	II	2 527	–	202,16	227,43	II	2 527	–	115,92	130,41	–	38,48	43,29	–	–	–	–	–	–	–	–	–	–	–	–
	III	474	–	37,92	42,66	III	474	–	–	–	–	–	–	–	–	–	–	–	–	–	–	–	–	–	–
	V	6 268	–	501,44	564,12	IV	3 042	–	198,16	222,93	–	154,48	173,79	–	112,24	126,27	–	71,44	80,37	–	35,52	39,96	–	6,64	7,47
	VI	6 654	–	532,32	598,86																				
28 871,99	I,IV	3 050	–	244,–	274,50	I	3 050	–	155,04	174,42	–	72,–	81,–	–	7,04	7,92	–	–	–	–	–	–	–	–	–
	II	2 535	–	202,80	228,15	II	2 535	–	116,56	131,13	–	38,96	43,83	–	–	–	–	–	–	–	–	–	–	–	–
	III	480	–	38,40	43,20	III	480	–	–	–	–	–	–	–	–	–	–	–	–	–	–	–	–	–	–
	V	6 280	–	502,40	565,20	IV	3 050	–	198,80	223,65	–	155,04	174,42	–	112,80	126,90	–	72,–	81,–	–	36,–	40,50	–	7,04	7,92
	VI	6 668	–	533,44	600,12																				
28 907,99	I,IV	3 058	–	244,64	275,22	I	3 058	–	155,68	175,14	–	72,56	81,63	–	7,36	8,28	–	–	–	–	–	–	–	–	–
	II	2 543	–	203,44	228,87	II	2 543	–	117,12	131,76	–	39,44	44,37	–	–	–	–	–	–	–	–	–	–	–	–
	III	484	–	38,72	43,56	III	484	–	–	–	–	–	–	–	–	–	–	–	–	–	–	–	–	–	–
	V	6 290	–	503,20	566,10	IV	3 058	–	199,44	224,37	–	155,68	175,14	–	113,36	127,53	–	72,56	81,63	–	36,48	41,04	–	7,36	8,28
	VI	6 678	–	534,24	601,02																				
28 943,99	I,IV	3 067	–	245,36	276,03	I	3 067	–	156,32	175,86	–	73,12	82,26	–	7,76	8,73	–	–	–	–	–	–	–	–	–
	II	2 551	–	204,08	229,59	II	2 551	–	117,76	132,48	–	39,92	44,91	–	–	–	–	–	–	–	–	–	–	–	–
	III	490	–	39,20	44,10	III	490	–	–	–	–	–	–	–	–	–	–	–	–	–	–	–	–	–	–
	V	6 302	–	504,16	567,18	IV	3 067	–	200,08	225,09	–	156,32	175,86	–	114,–	128,25	–	73,12	82,26	–	36,96	41,58	–	7,76	8,73
	VI	6 690	–	535,20	602,10																				
28 979,99	I,IV	3 075	–	246,–	276,75	I	3 075	–	156,88	176,49	–	73,76	82,98	–	8,08	9,09	–	–	–	–	–	–	–	–	–
	II	2 559	–	204,72	230,31	II	2 559	–	118,32	133,11	–	40,40	45,45	–	–	–	–	–	–	–	–	–	–	–	–
	III	496	–	39,68	44,64	III	496	–	–	–	–	–	–	–	–	–	–	–	–	–	–	–	–	–	–
	V	6 312	–	504,96	568,08	IV	3 075	–	200,72	225,81	–	156,88	176,49	–	114,56	128,88	–	73,76	82,98	–	37,44	42,12	–	8,08	9,09
	VI	6 702	–	536,16	603,18																				
29 015,99	I,IV	3 083	–	246,64	277,47	I	3 083	–	157,52	177,21	–	74,32	83,61	–	8,48	9,54	–	–	–	–	–	–	–	–	–
	II	2 567	–	205,36	231,03	II	2 567	–	118,96	133,83	–	40,88	45,99	–	–	–	–	–	–	–	–	–	–	–	–
	III	502	–	40,16	45,18	III	502	–	–	–	–	–	–	–	–	–	–	–	–	–	–	–	–	–	–
	V	6 324	–	505,92	569,16	IV	3 083	–	201,36	226,53	–	157,52	177,21	–	115,20	129,60	–	74,32	83,61	–	37,92	42,66	–	8,48	9,54
	VI	6 712	–	536,96	604,08																				
29 051,99	I,IV	3 091	–	247,28	278,19	I	3 091	–	158,16	177,93	–	74,88	84,24	–	8,88	9,99	–	–	–	–	–	–	–	–	–
	II	2 575	–	206,–	231,75	II	2 575	–	119,52	134,46	–	41,36	46,53	–	–	–	–	–	–	–	–	–	–	–	–
	III	508	–	40,64	45,72	III	508	–	–	–	–	–	–	–	–	–	–	–	–	–	–	–	–	–	–
	V	6 334	–	506,72	570,06	IV	3 091	–	202,–	227,25	–	158,16	177,93	–	115,76	130,23	–	74,88	84,24	–	38,32	43,11	–	8,88	9,99
	VI	6 722	–	537,76	604,98																				
29 087,99	I,IV	3 099	–	247,92	278,91	I	3 099	–	158,72	178,56	–	75,44	84,87	–	9,20	10,35	–	–	–	–	–	–	–	–	–
	II	2 583	–	206,64	232,47	II	2 583	–	120,08	135,09	–	41,84	47,07	–	–	–	–	–	–	–	–	–	–	–	–
	III	514	–	41,12	46,26	III	514	–	–	–	–	–	–	–	–	–	–	–	–	–	–	–	–	–	–
	V	6 346	–	507,68	571,14	IV	3 099	–	202,64	227,97	–	158,72	178,56	–	116,32	130,86	–	75,44	84,87	–	38,80	43,65	–	9,20	10,35
	VI	6 736	–	538,88	606,24																				
29 123,99	I,IV	3 107	–	248,56	279,63	I	3 107	–	159,36	179,28	–	76,–	85,50	–	9,60	10,80	–	–	–	–	–	–	–	–	–
	II	2 591	–	207,28	233,19	II	2 591	–	120,72	135,81	–	42,32	47,61	–	–	–	–	–	–	–	–	–	–	–	–
	III	518	–	41,44	46,62	III	518	–	–	–	–	–	–	–	–	–	–	–	–	–	–	–	–	–	–
	V	6 358	–	508,64	572,22	IV	3 107	–	203,28	228,69	–	159,36	179,28	–	116,96	131,58	–	76,–	85,50	–	39,28	44,19	–	9,60	10,80
	VI	6 746	–	539,68	607,14																				
29 159,99	I,IV	3 116	–	249,28	280,44	I	3 116	–	160,–	180,–	–	76,56	86,13	–	10,–	11,25	–	–	–	–	–	–	–	–	–
	II	2 599	–	207,92	233,91	II	2 599	–	121,28	136,44	–	42,80	48,15	–	–	–	–	–	–	–	–	–	–	–	–
	III	524	–	41,92	47,16	III	524	–	–	–	–	–	–	–	–	–	–	–	–	–	–	–	–	–	–
	V	6 368	–	509,44	573,12	IV	3 116	–	203,92	229,41	–	160,–	180,–	–	117,52	132,21	–	76,56	86,13	–	39,76	44,73	–	10,–	11,25
	VI	6 758	–	540,64	608,22																				
29 195,99	I,IV	3 124	–	249,92	281,16	I	3 124	–	160,56	180,63	–	77,12	86,76	–	10,32	11,61	–	–	–	–	–	–	–	–	–
	II	2 607	–	208,56	234,63	II	2 607	–	121,92	137,16	–	43,28	48,69	–	–	–	–	–	–	–	–	–	–	–	–
	III	530	–	42,40	47,70	III	530	–	–	–	–	–	–	–	–	–	–	–	–	–	–	–	–	–	–
	V	6 380	–	510,40	574,20	IV	3 124	–	204,56	230,13	–	160,56	180,63	–	118,16	132,93	–	77,12	86,76	–	40,24	45,27	–	10,32	11,61
	VI	6 770	–	541,60	609,30																				
29 231,99	I,IV	3 132	–	250,56	281,88	I	3 132	–	161,20	181,35	–	77,76	87,48	–	10,72	12,06	–	–	–	–	–	–	–	–	–
	II	2 615	–	209,20	235,35	II	2 615	–	122,48	137,79	–	43,76	49,23	–	–	–	–	–	–	–	–	–	–	–	–
	III	536	–	42,88	48,24	III	536	–	–	–	–	–	–	–	–	–	–	–	–	–	–	–	–	–	–
	V	6 390	–	511,20	575,10	IV	3 132	–	205,12	230,76	–	161,20	181,35	–	118,72	133,56	–	77,76	87,48	–	40,72	45,81	–	10,72	12,06
	VI	6 780	–	542,40	610,20																				
29 267,99	I,IV	3 140	–	251,20	282,60	I	3 140	–	161,84	182,07	–	78,32	88,11	–	11,12	12,51	–	–	–	–	–	–	–	–	–
	II	2 623	–	209,84	236,07	II	2 623	–	123,12	138,51	–	44,24	49,77	–	–	–	–	–	–	–	–	–	–	–	–
	III	542	–	43,36	48,78	III	542	–	–	–	–	–	–	–	–	–	–	–	–	–	–	–	–	–	–
	V	6 400	–	512,–	576,–	IV	3 140	–	205,76	231,48	–	161,84	182,07	–	119,36	134,28	–	78,32	88,11	–	41,20	46,35	–	11,12	12,51
	VI	6 792	–	543,36	611,28																				
29 303,99	I,IV	3 149	–	251,92	283,41	I	3 149	–	162,48	182,79	–	78,88	88,74	–	11,52	12,96	–	–	–	–	–	–	–	–	–
	II	2 631	–	210,48	236,79	II	2 631	–	123,68	139,14	–	44,72	50,31	–	–	–	–	–	–	–	–	–	–	–	–
	III	548	–	43,84	49,32	III	548	–	–	–	–	–	–	–	–	–	–	–	–	–	–	–	–	–	–
	V	6 414	–	513,12	577,26	IV	3 149	–	206,40	232,20	–	162,48	182,79	–	119,92	134,91	–	78,88	88,74	–	41,68	46,89	–	11,52	12,96
	VI	6 802	–	544,16	612,18																				
29 339,99	I,IV	3 157	–	252,56	284,13	I	3 157	–	163,04	183,42	–	79,44	89,37	–	11,84	13,32	–	–	–	–	–	–	–	–	–
	II	2 639	–	211,12	237,51	II	2 639	–	124,32	139,86	–	45,28	50,94	–	–	–	–	–	–	–	–	–	–	–	–
	III	554	–	44,32	49,86	III	554	–	–	–	–	–	–	–	–	–	–	–	–	–	–	–	–	–	–
	V	6 424	–	513,92	578,16	IV	3 157	–	207,04	232,92	–	163,04	183,42	–	120,56	135,63	–	79,44	89,37	–	42,16	47,43	–	11,84	13,32
	VI	6 816	–	545,28	613,44																				
29 375,99	I,IV	3 165	–	253,20	284,85	I	3 165	–	163,68	184,14	–	80,–	90,–	–	12,24	13,77	–	–	–	–	–	–	–	–	–
	II	2 647	–	211,76	238,23	II	2 647	–	124,88	140,49	–	45,76	51,48	–	–	–	–	–	–	–	–	–	–	–	–
	III	560	–	44,80	50,40	III	560	–	–	–	–	–	–	–	–	–	–	–	–	–	–	–	–	–	–
	V	6 436	–	514,88	579,24	IV	3 165	–	207,68	233,64	–	163,68	184,14	–	121,12	136,26	–	80,–	90,–	–	42,64	47,97	–	12,24	13,77
	VI	6 826	–	546,08	614,34																				

* Die ausgewiesenen Tabellenwerte sind amtlich. Siehe Erläuterungen auf der Umschlaginnenseite (U2).

Lohn/ Gehalt bis €*	Abzüge an Lohnsteuer, Solidaritätszuschlag (SolZ) und Kirchensteuer (8%, 9%) in den Steuerklassen I – VI					I, II, III, IV																			
			ohne Kinderfreibeträge					mit Zahl der Kinderfreibeträge . . . 0,5			1			1,5			2			2,5			3		
		LSt	SolZ	8%	9%		LSt	SolZ	8%	9%	SolZ	8%	9%	SolZ	8%	9%	SolZ	8%	9%	SolZ	8%	9%	SolZ	8%	9%
29 411,99	I,IV	3173	—	253,84	285,57	I	3173	—	164,32	184,86	—	80,56	90,63	—	12,64	14,22	—	—	—	—	—	—	—	—	—
	II	2655	—	212,40	238,95	II	2655	—	125,52	141,21	—	46,24	52,02	—	—	—	—	—	—	—	—	—	—	—	—
	III	566	—	45,28	50,94	III	566	—	—	—	—	—	—	—	—	—	—	—	—	—	—	—	—	—	—
	V	6446	—	515,68	580,14	IV	3173	—	208,32	234,36	—	164,32	184,86	—	121,68	136,89	—	80,56	90,63	—	43,12	48,51	—	12,64	14,22
	VI	6836	—	546,88	615,24																				
29 447,99	I,IV	3182	—	254,56	286,38	I	3182	—	164,88	185,49	—	81,20	91,35	—	13,04	14,67	—	—	—	—	—	—	—	—	—
	II	2663	—	213,04	239,67	II	2663	—	126,08	141,84	—	46,72	52,56	—	—	—	—	—	—	—	—	—	—	—	—
	III	572	—	45,76	51,48	III	572	—	—	—	—	—	—	—	—	—	—	—	—	—	—	—	—	—	—
	V	6456	—	516,48	581,04	IV	3182	—	208,96	235,08	—	164,88	185,49	—	122,32	137,61	—	81,20	91,35	—	43,60	49,05	—	13,04	14,67
	VI	6850	—	548,—	616,50																				
29 483,99	I,IV	3190	—	255,20	287,10	I	3190	—	165,52	186,21	—	81,76	91,98	—	13,36	15,03	—	—	—	—	—	—	—	—	—
	II	2671	—	213,68	240,39	II	2671	—	126,72	142,56	—	47,20	53,10	—	—	—	—	—	—	—	—	—	—	—	—
	III	576	—	46,08	51,84	III	576	—	—	—	—	—	—	—	—	—	—	—	—	—	—	—	—	—	—
	V	6470	—	517,60	582,30	IV	3190	—	209,60	235,80	—	165,52	186,21	—	122,88	138,24	—	81,76	91,98	—	44,08	49,59	—	13,36	15,03
	VI	6860	—	548,80	617,40																				
29 519,99	I,IV	3198	—	255,84	287,82	I	3198	—	166,16	186,93	—	82,32	92,61	—	13,76	15,48	—	—	—	—	—	—	—	—	—
	II	2679	—	214,32	241,11	II	2679	—	127,28	143,19	—	47,68	53,64	—	—	—	—	—	—	—	—	—	—	—	—
	III	584	—	46,72	52,56	III	584	—	—	—	—	—	—	—	—	—	—	—	—	—	—	—	—	—	—
	V	6480	—	518,40	583,20	IV	3198	—	210,24	236,52	—	166,16	186,93	—	123,52	138,96	—	82,32	92,61	—	44,56	50,13	—	13,76	15,48
	VI	6872	—	549,76	618,48																				
29 555,99	I,IV	3206	—	256,48	288,54	I	3206	—	166,80	187,65	—	82,88	93,24	—	14,16	15,93	—	—	—	—	—	—	—	—	—
	II	2687	—	214,96	241,83	II	2687	—	127,92	143,91	—	48,24	54,27	—	—	—	—	—	—	—	—	—	—	—	—
	III	590	—	47,20	53,10	III	590	—	—	—	—	—	—	—	—	—	—	—	—	—	—	—	—	—	—
	V	6490	—	519,20	584,10	IV	3206	—	210,88	237,24	—	166,80	187,65	—	124,08	139,59	—	82,88	93,24	—	45,12	50,76	—	14,16	15,93
	VI	6882	—	550,56	619,38																				
29 591,99	I,IV	3215	—	257,20	289,35	I	3215	—	167,36	188,28	—	83,52	93,96	—	14,56	16,38	—	—	—	—	—	—	—	—	—
	II	2695	—	215,60	242,55	II	2695	—	128,48	144,54	—	48,72	54,81	—	—	—	—	—	—	—	—	—	—	—	—
	III	594	—	47,52	53,46	III	594	—	—	—	—	—	—	—	—	—	—	—	—	—	—	—	—	—	—
	V	6502	—	520,16	585,18	IV	3215	—	211,52	237,96	—	167,36	188,28	—	124,72	140,31	—	83,52	93,96	—	45,60	51,30	—	14,56	16,38
	VI	6896	—	551,68	620,64																				
29 627,99	I,IV	3223	—	257,84	290,07	I	3223	—	168,—	189,—	—	84,08	94,59	—	14,96	16,83	—	—	—	—	—	—	—	—	—
	II	2703	—	216,24	243,27	II	2703	—	129,12	145,26	—	49,20	55,35	—	—	—	—	—	—	—	—	—	—	—	—
	III	600	—	48,—	54,—	III	600	—	—	—	—	—	—	—	—	—	—	—	—	—	—	—	—	—	—
	V	6514	—	521,12	586,26	IV	3223	—	212,16	238,68	—	168,—	189,—	—	125,28	140,94	—	84,08	94,59	—	46,08	51,84	—	14,96	16,83
	VI	6906	—	552,48	621,54																				
29 663,99	I,IV	3231	—	258,48	290,79	I	3231	—	168,64	189,72	—	84,64	95,22	—	15,36	17,28	—	—	—	—	—	—	—	—	—
	II	2711	—	216,88	243,99	II	2711	—	129,68	145,89	—	49,68	55,89	—	—	—	—	—	—	—	—	—	—	—	—
	III	606	—	48,48	54,54	III	606	—	—	—	—	—	—	—	—	—	—	—	—	—	—	—	—	—	—
	V	6524	—	521,92	587,16	IV	3231	—	212,80	239,40	—	168,64	189,72	—	125,92	141,66	—	84,64	95,22	—	46,56	52,38	—	15,36	17,28
	VI	6916	—	553,28	622,44																				
29 699,99	I,IV	3239	—	259,12	291,51	I	3239	—	169,20	190,35	—	85,20	95,85	—	15,76	17,73	—	—	—	—	—	—	—	—	—
	II	2719	—	217,52	244,71	II	2719	—	130,24	146,52	—	50,24	56,52	—	—	—	—	—	—	—	—	—	—	—	—
	III	612	—	48,96	55,08	III	612	—	—	—	—	—	—	—	—	—	—	—	—	—	—	—	—	—	—
	V	6536	—	522,88	588,24	IV	3239	—	213,44	240,12	—	169,20	190,35	—	126,48	142,29	—	85,20	95,85	—	47,04	52,92	—	15,76	17,73
	VI	6930	—	554,40	623,70																				
29 735,99	I,IV	3248	—	259,84	292,32	I	3248	—	169,84	191,07	—	85,76	96,48	—	16,16	18,18	—	—	—	—	—	—	—	—	—
	II	2727	—	218,16	245,43	II	2727	—	130,88	147,24	—	50,72	57,06	—	—	—	—	—	—	—	—	—	—	—	—
	III	618	—	49,44	55,62	III	618	—	—	—	—	—	—	—	—	—	—	—	—	—	—	—	—	—	—
	V	6546	—	523,68	589,14	IV	3248	—	214,08	240,84	—	169,84	191,07	—	127,12	143,01	—	85,76	96,48	—	47,52	53,46	—	16,16	18,18
	VI	6940	—	555,20	624,60																				
29 771,99	I,IV	3256	—	260,48	293,04	I	3256	—	170,48	191,79	—	86,40	97,20	—	16,56	18,63	—	—	—	—	—	—	—	—	—
	II	2735	—	218,80	246,15	II	2735	—	131,52	147,96	—	51,20	57,60	—	—	—	—	—	—	—	—	—	—	—	—
	III	624	—	49,92	56,16	III	624	—	—	—	—	—	—	—	—	—	—	—	—	—	—	—	—	—	—
	V	6558	—	524,64	590,22	IV	3256	—	214,72	241,56	—	170,48	191,79	—	127,68	143,64	—	86,40	97,20	—	48,08	54,09	—	16,56	18,63
	VI	6952	—	556,16	625,68																				
29 807,99	I,IV	3264	—	261,12	293,76	I	3264	—	171,12	192,51	—	86,96	97,83	—	16,96	19,08	—	—	—	—	—	—	—	—	—
	II	2743	—	219,44	246,87	II	2743	—	132,08	148,59	—	51,76	58,23	—	—	—	—	—	—	—	—	—	—	—	—
	III	630	—	50,40	56,70	III	630	—	—	—	—	—	—	—	—	—	—	—	—	—	—	—	—	—	—
	V	6570	—	525,60	591,30	IV	3264	—	215,36	242,28	—	171,12	192,51	—	128,32	144,36	—	86,96	97,83	—	48,56	54,63	—	16,96	19,08
	VI	6962	—	556,96	626,58																				
29 843,99	I,IV	3272	—	261,76	294,48	I	3272	—	171,76	193,23	—	87,52	98,46	—	17,36	19,53	—	—	—	—	—	—	—	—	—
	II	2751	—	220,08	247,59	II	2751	—	132,72	149,31	—	52,24	58,77	—	—	—	—	—	—	—	—	—	—	—	—
	III	636	—	50,88	57,24	III	636	—	—	—	—	—	—	—	—	—	—	—	—	—	—	—	—	—	—
	V	6580	—	526,40	592,20	IV	3272	—	216,—	243,—	—	171,76	193,23	—	128,88	144,99	—	87,52	98,46	—	49,04	55,17	—	17,36	19,53
	VI	6976	—	558,08	627,84																				
29 879,99	I,IV	3281	—	262,48	295,29	I	3281	—	172,32	193,86	—	88,08	99,09	—	17,76	19,98	—	—	—	—	—	—	—	—	—
	II	2759	—	220,72	248,31	II	2759	—	133,28	149,94	—	52,80	59,40	—	—	—	—	—	—	—	—	—	—	—	—
	III	642	—	51,36	57,78	III	642	—	—	—	—	—	—	—	—	—	—	—	—	—	—	—	—	—	—
	V	6590	—	527,20	593,10	IV	3281	—	216,64	243,72	—	172,32	193,86	—	129,52	145,71	—	88,08	99,09	—	49,52	55,71	—	17,76	19,98
	VI	6986	—	558,88	628,74																				
29 915,99	I,IV	3289	—	263,12	296,01	I	3289	—	172,96	194,58	—	88,72	99,81	—	18,16	20,43	—	—	—	—	—	—	—	—	—
	II	2767	—	221,36	249,03	II	2767	—	133,92	150,66	—	53,28	59,94	—	—	—	—	—	—	—	—	—	—	—	—
	III	648	—	51,84	58,32	III	648	—	—	—	—	—	—	—	—	—	—	—	—	—	—	—	—	—	—
	V	6604	—	528,32	594,36	IV	3289	—	217,28	244,44	—	172,96	194,58	—	130,08	146,34	—	88,72	99,81	—	50,08	56,34	—	18,16	20,43
	VI	6998	—	559,84	629,82																				
29 951,99	I,IV	3297	—	263,76	296,73	I	3297	—	173,60	195,30	—	89,28	100,44	—	18,56	20,88	—	—	—	—	—	—	—	—	—
	II	2775	—	222,—	249,75	II	2775	—	134,48	151,29	—	53,76	60,48	—	—	—	—	—	—	—	—	—	—	—	—
	III	654	—	52,32	58,86	III	654	—	—	—	—	—	—	—	—	—	—	—	—	—	—	—	—	—	—
	V	6614	—	529,12	595,26	IV	3297	—	218,—	245,25	—	173,60	195,30	—	130,72	147,06	—	89,28	100,44	—	50,56	56,88	—	18,56	20,88
	VI	7008	—	560,64	630,72																				

* Die ausgewiesenen Tabellenwerte sind amtlich. Siehe Erläuterungen auf der Umschlaginnenseite (U2).

Abzüge an Lohnsteuer, Solidaritätszuschlag (SolZ) und Kirchensteuer (8%, 9%) in den Steuerklassen

Lohn/ Gehalt bis €*	I – VI		ohne Kinderfreibeträge			I, II, III, IV		mit Zahl der Kinderfreibeträge . . . 0,5			1			1,5			2			2,5			3		
		LSt	SolZ	8%	9%		LSt	SolZ	8%	9%	SolZ	8%	9%	SolZ	8%	9%	SolZ	8%	9%	SolZ	8%	9%	SolZ	8%	9%
29 987,99	I,IV	3 306	—	264,48	297,54	I	3 306	—	174,16	195,93	—	89,84	101,07	—	18,96	21,33	—	—	—	—	—	—	—	—	—
	II	2 783	—	222,64	250,47	II	2 783	—	135,12	152,01	—	54,32	61,11	—	—	—	—	—	—	—	—	—	—	—	—
	III	660	—	52,80	59,40	III	660	—	—	—	—	—	—	—	—	—	—	—	—	—	—	—	—	—	—
	V	6 626	—	530,08	596,34	IV	3 306	—	218,56	245,88	—	174,16	195,93	—	131,28	147,69	—	89,84	101,07	—	51,04	57,42	—	18,96	21,33
	VI	7 022	—	561,76	631,98																				
30 023,99	I,IV	3 314	—	265,12	298,26	I	3 314	—	174,80	196,65	—	90,40	101,70	—	19,36	21,78	—	—	—	—	—	—	—	—	—
	II	2 791	—	223,28	251,19	II	2 791	—	135,68	152,64	—	54,80	61,65	—	—	—	—	—	—	—	—	—	—	—	—
	III	666	—	53,28	59,94	III	666	—	—	—	—	—	—	—	—	—	—	—	—	—	—	—	—	—	—
	V	6 636	—	530,88	597,24	IV	3 314	—	219,20	246,60	—	174,80	196,65	—	131,92	148,41	—	90,40	101,70	—	51,60	58,05	—	19,36	21,78
	VI	7 032	—	562,56	632,88																				
30 059,99	I,IV	3 322	—	265,76	298,98	I	3 322	—	175,44	197,37	—	90,96	102,33	—	19,76	22,23	—	—	—	—	—	—	—	—	—
	II	2 799	—	223,92	251,91	II	2 799	—	136,32	153,36	—	55,36	62,28	—	—	—	—	—	—	—	—	—	—	—	—
	III	672	—	53,76	60,48	III	672	—	—	—	—	—	—	—	—	—	—	—	—	—	—	—	—	—	—
	V	6 648	—	531,84	598,32	IV	3 322	—	219,84	247,32	—	175,44	197,37	—	132,48	149,04	—	90,96	102,33	—	52,08	58,59	—	19,76	22,23
	VI	7 044	—	563,52	633,96																				
30 095,99	I,IV	3 331	—	266,48	299,79	I	3 331	—	176,08	198,09	—	91,60	103,05	—	20,16	22,68	—	—	—	—	—	—	—	—	—
	II	2 808	—	224,64	252,72	II	2 808	—	136,88	153,99	—	55,84	62,82	—	—	—	—	—	—	—	—	—	—	—	—
	III	678	—	54,24	61,02	III	678	—	0,16	0,18	—	—	—	—	—	—	—	—	—	—	—	—	—	—	—
	V	6 658	—	532,64	599,22	IV	3 331	—	220,56	248,13	—	176,08	198,09	—	133,12	149,76	—	91,60	103,05	—	52,56	59,13	—	20,16	22,68
	VI	7 056	—	564,48	635,04																				
30 131,99	I,IV	3 339	—	267,12	300,51	I	3 339	—	176,72	198,81	—	92,16	103,68	—	20,64	23,22	—	—	—	—	—	—	—	—	—
	II	2 816	—	225,28	253,44	II	2 816	—	137,52	154,71	—	56,40	63,45	—	—	—	—	—	—	—	—	—	—	—	—
	III	684	—	54,72	61,56	III	684	—	0,64	0,72	—	—	—	—	—	—	—	—	—	—	—	—	—	—	—
	V	6 672	—	533,76	600,48	IV	3 339	—	221,20	248,85	—	176,72	198,81	—	133,68	150,39	—	92,16	103,68	—	53,12	59,76	—	20,64	23,22
	VI	7 068	—	565,44	636,12																				
30 167,99	I,IV	3 347	—	267,76	301,23	I	3 347	—	177,36	199,53	—	92,72	104,31	—	21,04	23,67	—	—	—	—	—	—	—	—	—
	II	2 824	—	225,92	254,16	II	2 824	—	138,08	155,34	—	56,88	63,99	—	—	—	—	—	—	—	—	—	—	—	—
	III	690	—	55,20	62,10	III	690	—	0,96	1,08	—	—	—	—	—	—	—	—	—	—	—	—	—	—	—
	V	6 682	—	534,56	601,38	IV	3 347	—	221,84	249,57	—	177,36	199,53	—	134,32	151,11	—	92,72	104,31	—	53,60	60,30	—	21,04	23,67
	VI	7 078	—	566,24	637,02																				
30 203,99	I,IV	3 356	—	268,48	302,04	I	3 356	—	177,92	200,16	—	93,36	105,03	—	21,44	24,12	—	—	—	—	—	—	—	—	—
	II	2 832	—	226,56	254,88	II	2 832	—	138,72	156,06	—	57,44	64,62	—	—	—	—	—	—	—	—	—	—	—	—
	III	696	—	55,68	62,64	III	696	—	1,28	1,44	—	—	—	—	—	—	—	—	—	—	—	—	—	—	—
	V	6 692	—	535,36	602,28	IV	3 356	—	222,48	250,29	—	177,92	200,16	—	134,88	151,74	—	93,36	105,03	—	54,16	60,93	—	21,44	24,12
	VI	7 090	—	567,20	638,10																				
30 239,99	I,IV	3 364	—	269,12	302,76	I	3 364	—	178,56	200,88	—	93,92	105,66	—	21,84	24,57	—	—	—	—	—	—	—	—	—
	II	2 840	—	227,20	255,60	II	2 840	—	139,36	156,78	—	57,92	65,16	—	—	—	—	—	—	—	—	—	—	—	—
	III	702	—	56,16	63,18	III	702	—	1,76	1,98	—	—	—	—	—	—	—	—	—	—	—	—	—	—	—
	V	6 706	—	536,48	603,54	IV	3 364	—	223,12	251,01	—	178,56	200,88	—	135,52	152,46	—	93,92	105,66	—	54,64	61,47	—	21,84	24,57
	VI	7 102	—	568,16	639,18																				
30 275,99	I,IV	3 372	—	269,76	303,48	I	3 372	—	179,20	201,60	—	94,48	106,29	—	22,24	25,02	—	—	—	—	—	—	—	—	—
	II	2 848	—	227,84	256,32	II	2 848	—	139,92	157,41	—	58,48	65,79	—	—	—	—	—	—	—	—	—	—	—	—
	III	708	—	56,64	63,72	III	708	—	2,08	2,34	—	—	—	—	—	—	—	—	—	—	—	—	—	—	—
	V	6 716	—	537,28	604,44	IV	3 372	—	223,76	251,73	—	179,20	201,60	—	136,08	153,09	—	94,48	106,29	—	55,20	62,10	—	22,24	25,02
	VI	7 114	—	569,12	640,26																				
30 311,99	I,IV	3 380	—	270,40	304,20	I	3 380	—	179,84	202,32	—	95,04	106,92	—	22,72	25,56	—	—	—	—	—	—	—	—	—
	II	2 856	—	228,48	257,04	II	2 856	—	140,56	158,13	—	58,96	66,33	—	—	—	—	—	—	—	—	—	—	—	—
	III	714	—	57,12	64,26	III	714	—	2,40	2,70	—	—	—	—	—	—	—	—	—	—	—	—	—	—	—
	V	6 726	—	538,08	605,34	IV	3 380	—	224,40	252,45	—	179,84	202,32	—	136,72	153,81	—	95,04	106,92	—	55,68	62,64	—	22,72	25,56
	VI	7 124	—	569,92	641,16																				
30 347,99	I,IV	3 389	—	271,12	305,01	I	3 389	—	180,40	202,95	—	95,68	107,64	—	23,12	26,01	—	—	—	—	—	—	—	—	—
	II	2 864	—	229,12	257,76	II	2 864	—	141,12	158,76	—	59,52	66,96	—	—	—	—	—	—	—	—	—	—	—	—
	III	720	—	57,60	64,80	III	720	—	2,88	3,24	—	—	—	—	—	—	—	—	—	—	—	—	—	—	—
	V	6 740	—	539,20	606,60	IV	3 389	—	225,04	253,17	—	180,40	202,95	—	137,28	154,44	—	95,68	107,64	—	56,24	63,27	—	23,12	26,01
	VI	7 136	—	570,88	642,24																				
30 383,99	I,IV	3 397	—	271,76	305,73	I	3 397	—	181,04	203,67	—	96,24	108,27	—	23,52	26,46	—	—	—	—	—	—	—	—	—
	II	2 872	—	229,76	258,48	II	2 872	—	141,76	159,48	—	60,08	67,59	—	—	—	—	—	—	—	—	—	—	—	—
	III	726	—	58,08	65,34	III	726	—	3,20	3,60	—	—	—	—	—	—	—	—	—	—	—	—	—	—	—
	V	6 750	—	540,—	607,50	IV	3 397	—	225,68	253,89	—	181,04	203,67	—	137,92	155,16	—	96,24	108,27	—	56,72	63,81	—	23,52	26,46
	VI	7 150	—	572,—	643,50																				
30 419,99	I,IV	3 405	—	272,40	306,45	I	3 405	—	181,68	204,39	—	96,80	108,90	—	23,92	26,91	—	—	—	—	—	—	—	—	—
	II	2 880	—	230,40	259,20	II	2 880	—	142,32	160,11	—	60,56	68,13	—	—	—	—	—	—	—	—	—	—	—	—
	III	734	—	58,72	66,06	III	734	—	3,52	3,96	—	—	—	—	—	—	—	—	—	—	—	—	—	—	—
	V	6 760	—	540,80	608,40	IV	3 405	—	226,32	254,61	—	181,68	204,39	—	138,56	155,88	—	96,80	108,90	—	57,28	64,44	—	23,92	26,91
	VI	7 160	—	572,80	644,40																				
30 455,99	I,IV	3 414	—	273,12	307,26	I	3 414	—	182,32	205,11	—	97,44	109,62	—	24,40	27,45	—	—	—	—	—	—	—	—	—
	II	2 888	—	231,04	259,92	II	2 888	—	142,96	160,83	—	61,12	68,76	—	0,08	0,09	—	—	—	—	—	—	—	—	—
	III	740	—	59,20	66,60	III	740	—	4,—	4,50	—	—	—	—	—	—	—	—	—	—	—	—	—	—	—
	V	6 774	—	541,92	609,66	IV	3 414	—	226,96	255,33	—	182,32	205,11	—	139,12	156,51	—	97,44	109,62	—	57,76	64,98	—	24,40	27,45
	VI	7 172	—	573,76	645,48																				
30 491,99	I,IV	3 422	—	273,76	307,98	I	3 422	—	182,96	205,83	—	98,—	110,25	—	24,80	27,90	—	—	—	—	—	—	—	—	—
	II	2 897	—	231,76	260,73	II	2 897	—	143,60	161,55	—	61,68	69,39	—	0,40	0,45	—	—	—	—	—	—	—	—	—
	III	746	—	59,68	67,14	III	746	—	4,32	4,86	—	—	—	—	—	—	—	—	—	—	—	—	—	—	—
	V	6 784	—	542,72	610,56	IV	3 422	—	227,60	256,05	—	182,96	205,83	—	139,76	157,23	—	98,—	110,25	—	58,32	65,61	—	24,80	27,90
	VI	7 182	—	574,56	646,38																				
30 527,99	I,IV	3 431	—	274,48	308,79	I	3 431	—	183,60	206,55	—	98,56	110,88	—	25,28	28,44	—	—	—	—	—	—	—	—	—
	II	2 905	—	232,40	261,45	II	2 905	—	144,16	162,18	—	62,24	70,02	—	0,72	0,81	—	—	—	—	—	—	—	—	—
	III	752	—	60,16	67,68	III	752	—	4,80	5,40	—	—	—	—	—	—	—	—	—	—	—	—	—	—	—
	V	6 796	—	543,68	611,64	IV	3 431	—	228,24	256,77	—	183,60	206,55	—	140,32	157,86	—	98,56	110,88	—	58,80	66,15	—	25,28	28,44
	VI	7 194	—	575,52	647,46																				

* Die ausgewiesenen Tabellenwerte sind amtlich. Siehe Erläuterungen auf der Umschlaginnenseite (U2).

Abzüge an Lohnsteuer, Solidaritätszuschlag (SolZ) und Kirchensteuer (8%, 9%) in den Steuerklassen

mit Zahl der Kinderfreibeträge . . .

Lohn/ Gehalt bis €*		I – VI ohne Kinderfreibeträge				I, II, III, IV		0,5			1			1,5			2			2,5			3		
		LSt	SolZ	8%	9%		LSt	SolZ	8%	9%	SolZ	8%	9%	SolZ	8%	9%	SolZ	8%	9%	SolZ	8%	9%	SolZ	8%	9%
	I,IV	3 439	—	275,12	309,51	I	3 439	—	184,24	207,27	—	99,20	111,60	—	25,68	28,89	—	—	—	—	—	—	—	—	—
	II	2 913	—	233,04	262,17	II	2 913	—	144,80	162,90	—	62,72	70,56	—	1,12	1,26	—	—	—	—	—	—	—	—	—
30 563,99	III	758	—	60,64	68,22	III	758	—	5,12	5,76	—	—	—	—	—	—	—	—	—	—	—	—	—	—	—
	V	6 806	—	544,48	612,54	IV	3 439	—	228,96	257,58	—	184,24	207,27	—	140,96	158,58	—	99,20	111,60	—	59,36	66,78	—	25,68	28,89
	VI	7 208	—	576,64	648,72																				
	I,IV	3 447	—	275,76	310,23	I	3 447	—	184,80	207,90	—	99,76	112,23	—	26,08	29,34	—	—	—	—	—	—	—	—	—
	II	2 921	—	233,68	262,89	II	2 921	—	145,36	163,53	—	63,28	71,19	—	1,44	1,62	—	—	—	—	—	—	—	—	—
30 599,99	III	764	—	61,12	68,76	III	764	—	5,44	6,12	—	—	—	—	—	—	—	—	—	—	—	—	—	—	—
	V	6 818	—	545,44	613,62	IV	3 447	—	229,52	258,21	—	184,80	207,90	—	141,52	159,21	—	99,76	112,23	—	59,92	67,41	—	26,08	29,34
	VI	7 218	—	577,44	649,62																				
	I,IV	3 456	—	276,48	311,04	I	3 456	—	185,44	208,62	—	100,32	112,86	—	26,56	29,88	—	—	—	—	—	—	—	—	—
	II	2 929	—	234,32	263,61	II	2 929	—	146,—	164,25	—	63,84	71,82	—	1,76	1,98	—	—	—	—	—	—	—	—	—
30 635,99	III	770	—	61,60	69,30	III	770	—	5,92	6,66	—	—	—	—	—	—	—	—	—	—	—	—	—	—	—
	V	6 830	—	546,40	614,70	IV	3 456	—	230,24	259,02	—	185,44	208,62	—	142,16	159,93	—	100,32	112,86	—	60,40	67,95	—	26,56	29,88
	VI	7 230	—	578,40	650,70																				
	I,IV	3 464	—	277,12	311,76	I	3 464	—	186,08	209,34	—	100,88	113,49	—	26,96	30,33	—	—	—	—	—	—	—	—	—
	II	2 937	—	234,96	264,33	II	2 937	—	146,64	164,97	—	64,40	72,45	—	2,08	2,34	—	—	—	—	—	—	—	—	—
30 671,99	III	776	—	62,08	69,84	III	776	—	6,24	7,02	—	—	—	—	—	—	—	—	—	—	—	—	—	—	—
	V	6 840	—	547,20	615,60	IV	3 464	—	230,88	259,74	—	186,08	209,34	—	142,80	160,65	—	100,88	113,49	—	60,96	68,58	—	26,96	30,33
	VI	7 240	—	579,20	651,60																				
	I,IV	3 472	—	277,76	312,48	I	3 472	—	186,72	210,06	—	101,52	114,21	—	27,36	30,78	—	—	—	—	—	—	—	—	—
	II	2 945	—	235,60	265,05	II	2 945	—	147,20	165,60	—	64,88	72,99	—	2,48	2,79	—	—	—	—	—	—	—	—	—
30 707,99	III	782	—	62,56	70,38	III	782	—	6,72	7,56	—	—	—	—	—	—	—	—	—	—	—	—	—	—	—
	V	6 854	—	548,32	616,86	IV	3 472	—	231,52	260,46	—	186,72	210,06	—	143,36	161,28	—	101,52	114,21	—	61,52	69,21	—	27,36	30,78
	VI	7 254	—	580,32	652,86																				
	I,IV	3 481	—	278,48	313,29	I	3 481	—	187,36	210,78	—	102,08	114,84	—	27,84	31,32	—	—	—	—	—	—	—	—	—
	II	2 953	—	236,24	265,77	II	2 953	—	147,84	166,32	—	65,44	73,62	—	2,80	3,15	—	—	—	—	—	—	—	—	—
30 743,99	III	788	—	63,04	70,92	III	788	—	7,04	7,92	—	—	—	—	—	—	—	—	—	—	—	—	—	—	—
	V	6 864	—	549,12	617,76	IV	3 481	—	232,16	261,18	—	187,36	210,78	—	144,—	162,—	—	102,08	114,84	—	62,—	69,75	—	27,84	31,32
	VI	7 266	—	581,28	653,94																				
	I,IV	3 489	—	279,12	314,01	I	3 489	—	188,—	211,50	—	102,72	115,56	—	28,24	31,77	—	—	—	—	—	—	—	—	—
	II	2 962	—	236,96	266,58	II	2 962	—	148,40	166,95	—	66,—	74,25	—	3,12	3,51	—	—	—	—	—	—	—	—	—
30 779,99	III	796	—	63,68	71,64	III	796	—	7,36	8,28	—	—	—	—	—	—	—	—	—	—	—	—	—	—	—
	V	6 874	—	549,92	618,66	IV	3 489	—	232,80	261,90	—	188,—	211,50	—	144,56	162,63	—	102,72	115,56	—	62,56	70,38	—	28,24	31,77
	VI	7 276	—	582,08	654,84																				
	I,IV	3 498	—	279,84	314,82	I	3 498	—	188,56	212,13	—	103,28	116,19	—	28,72	32,31	—	—	—	—	—	—	—	—	—
	II	2 970	—	237,60	267,30	II	2 970	—	149,04	167,67	—	66,56	74,88	—	3,52	3,96	—	—	—	—	—	—	—	—	—
30 815,99	III	802	—	64,16	72,18	III	802	—	7,84	8,82	—	—	—	—	—	—	—	—	—	—	—	—	—	—	—
	V	6 888	—	551,04	619,92	IV	3 498	—	233,44	262,62	—	188,56	212,13	—	145,20	163,35	—	103,28	116,19	—	63,12	71,01	—	28,72	32,31
	VI	7 288	—	583,04	655,92																				
	I,IV	3 506	—	280,48	315,54	I	3 506	—	189,20	212,85	—	103,84	116,82	—	29,20	32,85	—	—	—	—	—	—	—	—	—
	II	2 978	—	238,24	268,02	II	2 978	—	149,68	168,39	—	67,12	75,51	—	3,84	4,32	—	—	—	—	—	—	—	—	—
30 851,99	III	808	—	64,64	72,72	III	808	—	8,16	9,18	—	—	—	—	—	—	—	—	—	—	—	—	—	—	—
	V	6 898	—	551,84	620,82	IV	3 506	—	234,16	263,43	—	189,20	212,85	—	145,84	164,07	—	103,84	116,82	—	63,68	71,64	—	29,20	32,85
	VI	7 300	—	584,—	657,—																				
	I,IV	3 514	—	281,12	316,26	I	3 514	—	189,84	213,57	—	104,48	117,54	—	29,60	33,30	—	—	—	—	—	—	—	—	—
	II	2 986	—	238,88	268,74	II	2 986	—	150,24	169,02	—	67,68	76,14	—	4,24	4,77	—	—	—	—	—	—	—	—	—
30 887,99	III	814	—	65,12	73,26	III	814	—	8,64	9,72	—	—	—	—	—	—	—	—	—	—	—	—	—	—	—
	V	6 910	—	552,80	621,90	IV	3 514	—	234,80	264,15	—	189,84	213,57	—	146,40	164,70	—	104,48	117,54	—	64,16	72,18	—	29,60	33,30
	VI	7 312	—	584,96	658,08																				
	I,IV	3 523	—	281,84	317,07	I	3 523	—	190,48	214,29	—	105,04	118,17	—	30,—	33,75	—	—	—	—	—	—	—	—	—
	II	2 994	—	239,52	269,46	II	2 994	—	150,88	169,74	—	68,16	76,68	—	4,56	5,13	—	—	—	—	—	—	—	—	—
30 923,99	III	820	—	65,60	73,80	III	820	—	8,96	10,08	—	—	—	—	—	—	—	—	—	—	—	—	—	—	—
	V	6 922	—	553,76	622,98	IV	3 523	—	235,44	264,87	—	190,48	214,29	—	147,04	165,42	—	105,04	118,17	—	64,72	72,81	—	30,—	33,75
	VI	7 324	—	585,92	659,16																				
	I,IV	3 531	—	282,48	317,79	I	3 531	—	191,12	215,01	—	105,60	118,80	—	30,48	34,29	—	—	—	—	—	—	—	—	—
	II	3 002	—	240,16	270,18	II	3 002	—	151,52	170,46	—	68,72	77,31	—	4,88	5,49	—	—	—	—	—	—	—	—	—
30 959,99	III	826	—	66,08	74,34	III	826	—	9,44	10,62	—	—	—	—	—	—	—	—	—	—	—	—	—	—	—
	V	6 934	—	554,72	624,06	IV	3 531	—	236,08	265,59	—	191,12	215,01	—	147,60	166,05	—	105,60	118,80	—	65,28	73,44	—	30,48	34,29
	VI	7 334	—	586,72	660,06																				
	I,IV	3 539	—	283,12	318,51	I	3 539	—	191,76	215,73	—	106,24	119,52	—	30,96	34,83	—	—	—	—	—	—	—	—	—
	II	3 010	—	240,80	270,90	II	3 010	—	152,08	171,09	—	69,28	77,94	—	5,28	5,94	—	—	—	—	—	—	—	—	—
30 995,99	III	832	—	66,56	74,88	III	832	—	9,76	10,98	—	—	—	—	—	—	—	—	—	—	—	—	—	—	—
	V	6 944	—	555,52	624,96	IV	3 539	—	236,72	266,31	—	191,76	215,73	—	148,24	166,77	—	106,24	119,52	—	65,84	74,07	—	30,96	34,83
	VI	7 346	—	587,68	661,14																				
	I,IV	3 548	—	283,84	319,32	I	3 548	—	192,40	216,45	—	106,80	120,15	—	31,36	35,28	—	—	—	—	—	—	—	—	—
	II	3 019	—	241,52	271,71	II	3 019	—	152,72	171,81	—	69,84	78,57	—	5,60	6,30	—	—	—	—	—	—	—	—	—
31 031,99	III	838	—	67,04	75,42	III	838	—	10,24	11,52	—	—	—	—	—	—	—	—	—	—	—	—	—	—	—
	V	6 956	—	556,48	626,04	IV	3 548	—	237,36	267,03	—	192,40	216,45	—	148,88	167,49	—	106,80	120,15	—	66,40	74,70	—	31,36	35,28
	VI	7 358	—	588,64	662,22																				
	I,IV	3 556	—	284,48	320,04	I	3 556	—	193,04	217,17	—	107,36	120,78	—	31,84	35,82	—	—	—	—	—	—	—	—	—
	II	3 027	—	242,16	272,43	II	3 027	—	153,36	172,53	—	70,40	79,20	—	6,—	6,75	—	—	—	—	—	—	—	—	—
31 067,99	III	846	—	67,68	76,14	III	846	—	10,56	11,88	—	—	—	—	—	—	—	—	—	—	—	—	—	—	—
	V	6 968	—	557,44	627,12	IV	3 556	—	238,—	267,75	—	193,04	217,17	—	149,44	168,12	—	107,36	120,78	—	66,96	75,33	—	31,84	35,82
	VI	7 372	—	589,76	663,48																				
	I,IV	3 565	—	285,20	320,85	I	3 565	—	193,60	217,80	—	108,—	121,50	—	32,32	36,36	—	—	—	—	—	—	—	—	—
	II	3 035	—	242,80	273,15	II	3 035	—	153,92	173,16	—	70,96	79,83	—	6,32	7,11	—	—	—	—	—	—	—	—	—
31 103,99	III	852	—	68,16	76,68	III	852	—	11,04	12,42	—	—	—	—	—	—	—	—	—	—	—	—	—	—	—
	V	6 980	—	558,40	628,20	IV	3 565	—	238,64	268,47	—	193,60	217,80	—	150,08	168,84	—	108,—	121,50	—	67,44	75,87	—	32,32	36,36
	VI	7 382	—	590,56	664,38																				

* Die ausgewiesenen Tabellenwerte sind amtlich. Siehe Erläuterungen auf der Umschlaginnenseite (U2).

JAHR 31 104,–*

Abzüge an Lohnsteuer, Solidaritätszuschlag (SolZ) und Kirchensteuer (8%, 9%) in den Steuerklassen

Lohn/ Gehalt bis €*	I – VI		ohne Kinderfreibeträge			I, II, III, IV		mit Zahl der Kinderfreibeträge . . . 0,5			1			1,5			2			2,5			3		
		LSt	SolZ	8%	9%		LSt	SolZ	8%	9%	SolZ	8%	9%	SolZ	8%	9%	SolZ	8%	9%	SolZ	8%	9%	SolZ	8%	9%
31 139,99	I,IV	3 573	–	285,84	321,57	I	3 573	–	194,24	218,52	–	108,56	122,13	–	32,72	36,81	–	–	–	–	–	–	–	–	–
	II	3 043	–	243,44	273,87	II	3 043	–	154,56	173,88	–	71,52	80,46	–	6,72	7,56	–	–	–	–	–	–	–	–	–
	III	858	–	68,64	77,22	III	858	–	11,36	12,78	–	–	–	–	–	–	–	–	–	–	–	–	–	–	–
	V	6 990	–	559,20	629,10	IV	3 573	–	239,36	269,28	–	194,24	218,52	–	150,72	169,56	–	108,56	122,13	–	68,–	76,50	–	32,72	36,81
	VI	7 394	–	591,52	665,46																				
31 175,99	I,IV	3 582	–	286,56	322,38	I	3 582	–	194,88	219,24	–	109,12	122,76	–	33,20	37,35	–	–	–	–	–	–	–	–	–
	II	3 052	–	244,16	274,68	II	3 052	–	155,20	174,60	–	72,16	81,18	–	7,04	7,92	–	–	–	–	–	–	–	–	–
	III	864	–	69,12	77,76	III	864	–	11,68	13,14	–	–	–	–	–	–	–	–	–	–	–	–	–	–	–
	V	7 002	–	560,16	630,18	IV	3 582	–	240,–	270,–	–	194,88	219,24	–	151,28	170,19	–	109,12	122,76	–	68,56	77,13	–	33,20	37,35
	VI	7 406	–	592,48	666,54																				
31 211,99	I,IV	3 590	–	287,20	323,10	I	3 590	–	195,52	219,96	–	109,76	123,48	–	33,68	37,89	–	–	–	–	–	–	–	–	–
	II	3 060	–	244,80	275,40	II	3 060	–	155,76	175,23	–	72,72	81,81	–	7,44	8,37	–	–	–	–	–	–	–	–	–
	III	870	–	69,60	78,30	III	870	–	12,16	13,68	–	–	–	–	–	–	–	–	–	–	–	–	–	–	–
	V	7 012	–	560,96	631,08	IV	3 590	–	240,64	270,72	–	195,52	219,96	–	151,92	170,91	–	109,76	123,48	–	69,12	77,76	–	33,68	37,89
	VI	7 418	–	593,44	667,62																				
31 247,99	I,IV	3 598	–	287,84	323,82	I	3 598	–	196,16	220,68	–	110,32	124,11	–	34,08	38,34	–	–	–	–	–	–	–	–	–
	II	3 068	–	245,44	276,12	II	3 068	–	156,40	175,95	–	73,20	82,35	–	7,76	8,73	–	–	–	–	–	–	–	–	–
	III	876	–	70,08	78,84	III	876	–	12,48	14,04	–	–	–	–	–	–	–	–	–	–	–	–	–	–	–
	V	7 024	–	561,92	632,16	IV	3 598	–	241,28	271,44	–	196,16	220,68	–	152,48	171,54	–	110,32	124,11	–	69,68	78,39	–	34,08	38,34
	VI	7 430	–	594,40	668,70																				
31 283,99	I,IV	3 607	–	288,56	324,63	I	3 607	–	196,80	221,40	–	110,88	124,74	–	34,56	38,88	–	–	–	–	–	–	–	–	–
	II	3 076	–	246,08	276,84	II	3 076	–	156,96	176,58	–	73,84	83,07	–	8,16	9,18	–	–	–	–	–	–	–	–	–
	III	884	–	70,72	79,56	III	884	–	12,96	14,58	–	–	–	–	–	–	–	–	–	–	–	–	–	–	–
	V	7 036	–	562,88	633,24	IV	3 607	–	241,92	272,16	–	196,80	221,40	–	153,12	172,26	–	110,88	124,74	–	70,24	79,02	–	34,56	38,88
	VI	7 442	–	595,36	669,78																				
31 319,99	I,IV	3 615	–	289,20	325,35	I	3 615	–	197,44	222,12	–	111,52	125,46	–	35,04	39,42	–	–	–	–	–	–	–	–	–
	II	3 084	–	246,72	277,56	II	3 084	–	157,60	177,30	–	74,40	83,70	–	8,56	9,63	–	–	–	–	–	–	–	–	–
	III	890	–	71,20	80,10	III	890	–	13,44	15,12	–	–	–	–	–	–	–	–	–	–	–	–	–	–	–
	V	7 048	–	563,84	634,32	IV	3 615	–	242,56	272,88	–	197,44	222,12	–	153,76	172,98	–	111,52	125,46	–	70,80	79,65	–	35,04	39,42
	VI	7 452	–	596,16	670,68																				
31 355,99	I,IV	3 624	–	289,92	326,16	I	3 624	–	198,08	222,84	–	112,08	126,09	–	35,44	39,87	–	–	–	–	–	–	–	–	–
	II	3 092	–	247,36	278,28	II	3 092	–	158,24	178,02	–	74,96	84,33	–	8,88	9,99	–	–	–	–	–	–	–	–	–
	III	896	–	71,68	80,64	III	896	–	13,76	15,48	–	–	–	–	–	–	–	–	–	–	–	–	–	–	–
	V	7 060	–	564,80	635,40	IV	3 624	–	243,28	273,69	–	198,08	222,84	–	154,32	173,61	–	112,08	126,09	–	71,36	80,28	–	35,44	39,87
	VI	7 464	–	597,12	671,76																				
31 391,99	I,IV	3 632	–	290,56	326,88	I	3 632	–	198,72	223,56	–	112,72	126,81	–	35,92	40,41	–	–	–	–	–	–	–	–	–
	II	3 101	–	248,08	279,09	II	3 101	–	158,88	178,74	–	75,52	84,96	–	9,28	10,44	–	–	–	–	–	–	–	–	–
	III	902	–	72,16	81,18	III	902	–	14,24	16,02	–	–	–	–	–	–	–	–	–	–	–	–	–	–	–
	V	7 072	–	565,76	636,48	IV	3 632	–	243,92	274,41	–	198,72	223,56	–	154,96	174,33	–	112,72	126,81	–	71,92	80,91	–	35,92	40,41
	VI	7 476	–	598,08	672,84																				
31 427,99	I,IV	3 641	–	291,28	327,69	I	3 641	–	199,36	224,28	–	113,28	127,44	–	36,40	40,95	–	–	–	–	–	–	–	–	–
	II	3 109	–	248,72	279,81	II	3 109	–	159,44	179,37	–	76,08	85,59	–	9,68	10,89	–	–	–	–	–	–	–	–	–
	III	910	–	72,80	81,90	III	910	–	14,56	16,38	–	–	–	–	–	–	–	–	–	–	–	–	–	–	–
	V	7 082	–	566,56	637,38	IV	3 641	–	244,56	275,13	–	199,36	224,28	–	155,60	175,05	–	113,28	127,44	–	72,48	81,54	–	36,40	40,95
	VI	7 488	–	599,04	673,92																				
31 463,99	I,IV	3 649	–	291,92	328,41	I	3 649	–	200,–	225,–	–	113,92	128,16	–	36,88	41,49	–	–	–	–	–	–	–	–	–
	II	3 117	–	249,36	280,53	II	3 117	–	160,08	180,09	–	76,64	86,22	–	10,–	11,25	–	–	–	–	–	–	–	–	–
	III	916	–	73,28	82,44	III	916	–	15,04	16,92	–	–	–	–	–	–	–	–	–	–	–	–	–	–	–
	V	7 094	–	567,52	638,46	IV	3 649	–	245,20	275,85	–	200,–	225,–	–	156,16	175,68	–	113,92	128,16	–	73,04	82,17	–	36,88	41,49
	VI	7 502	–	600,16	675,18																				
31 499,99	I,IV	3 658	–	292,64	329,22	I	3 658	–	200,64	225,72	–	114,48	128,79	–	37,36	42,03	–	–	–	–	–	–	–	–	–
	II	3 125	–	250,–	281,25	II	3 125	–	160,72	180,81	–	77,28	86,94	–	10,40	11,70	–	–	–	–	–	–	–	–	–
	III	922	–	73,76	82,98	III	922	–	15,36	17,28	–	–	–	–	–	–	–	–	–	–	–	–	–	–	–
	V	7 106	–	568,48	639,54	IV	3 658	–	245,84	276,57	–	200,64	225,72	–	156,80	176,40	–	114,48	128,79	–	73,60	82,80	–	37,36	42,03
	VI	7 512	–	600,96	676,08																				
31 535,99	I,IV	3 666	–	293,28	329,94	I	3 666	–	201,20	226,35	–	115,04	129,42	–	37,76	42,48	–	–	–	–	–	–	–	–	–
	II	3 133	–	250,64	281,97	II	3 133	–	161,28	181,44	–	77,84	87,57	–	10,80	12,15	–	–	–	–	–	–	–	–	–
	III	928	–	74,24	83,52	III	928	–	15,84	17,82	–	–	–	–	–	–	–	–	–	–	–	–	–	–	–
	V	7 118	–	569,44	640,62	IV	3 666	–	246,48	277,29	–	201,20	226,35	–	157,44	177,12	–	115,04	129,42	–	74,16	83,43	–	37,76	42,48
	VI	7 524	–	601,92	677,16																				
31 571,99	I,IV	3 674	–	293,92	330,66	I	3 674	–	201,84	227,07	–	115,68	130,14	–	38,24	43,02	–	–	–	–	–	–	–	–	–
	II	3 142	–	251,36	282,78	II	3 142	–	161,92	182,16	–	78,40	88,20	–	11,12	12,51	–	–	–	–	–	–	–	–	–
	III	936	–	74,88	84,24	III	936	–	16,16	18,18	–	–	–	–	–	–	–	–	–	–	–	–	–	–	–
	V	7 128	–	570,24	641,52	IV	3 674	–	247,20	278,10	–	201,84	227,07	–	158,–	177,75	–	115,68	130,14	–	74,72	84,06	–	38,24	43,02
	VI	7 536	–	602,88	678,24																				
31 607,99	I,IV	3 683	–	294,64	331,47	I	3 683	–	202,48	227,79	–	116,24	130,77	–	38,72	43,56	–	–	–	–	–	–	–	–	–
	II	3 150	–	252,–	283,50	II	3 150	–	162,56	182,88	–	78,96	88,83	–	11,52	12,96	–	–	–	–	–	–	–	–	–
	III	942	–	75,36	84,78	III	942	–	16,64	18,72	–	–	–	–	–	–	–	–	–	–	–	–	–	–	–
	V	7 140	–	571,20	642,60	IV	3 683	–	247,84	278,82	–	202,48	227,79	–	158,64	178,47	–	116,24	130,77	–	75,36	84,78	–	38,72	43,56
	VI	7 546	–	603,68	679,14																				
31 643,99	I,IV	3 691	–	295,28	332,19	I	3 691	–	203,12	228,51	–	116,88	131,49	–	39,20	44,10	–	–	–	–	–	–	–	–	–
	II	3 158	–	252,64	284,22	II	3 158	–	163,12	183,51	–	79,52	89,46	–	11,92	13,41	–	–	–	–	–	–	–	–	–
	III	948	–	75,84	85,32	III	948	–	16,96	19,08	–	–	–	–	–	–	–	–	–	–	–	–	–	–	–
	V	7 152	–	572,16	643,68	IV	3 691	–	248,48	279,54	–	203,12	228,51	–	159,28	179,19	–	116,88	131,49	–	75,92	85,41	–	39,20	44,10
	VI	7 560	–	604,80	680,40																				
31 679,99	I,IV	3 700	–	296,–	333,–	I	3 700	–	203,76	229,23	–	117,44	132,12	–	39,68	44,64	–	–	–	–	–	–	–	–	–
	II	3 166	–	253,28	284,94	II	3 166	–	163,76	184,23	–	80,08	90,09	–	12,32	13,86	–	–	–	–	–	–	–	–	–
	III	954	–	76,32	85,86	III	954	–	17,44	19,62	–	–	–	–	–	–	–	–	–	–	–	–	–	–	–
	V	7 164	–	573,12	644,76	IV	3 700	–	249,12	280,26	–	203,76	229,23	–	159,84	179,82	–	117,44	132,12	–	76,48	86,04	–	39,68	44,64
	VI	7 572	–	605,76	681,48																				

*** Die ausgewiesenen Tabellenwerte sind amtlich. Siehe Erläuterungen auf der Umschlaginnenseite (U2).**

Lohn/ Gehalt bis €*		I – VI	ohne Kinderfreibeträge			I, II, III, IV	mit Zahl der Kinderfreibeträge . . . 0,5			1			1,5			2			2,5			3		
		LSt	SolZ	8%	9%		LSt	SolZ	8%	9%	SolZ	8%	9%	SolZ	8%	9%	SolZ	8%	9%	SolZ	8%	9%	SolZ	8%	9%
31 715,99	I,IV	3708	–	296,64	333,72	I	3708	–	204,40	229,95	–	118,–	132,75	–	40,16	45,18	–	–	–	–	–	–	–	–	–
	II	3175	–	254,–	285,75	II	3175	–	164,40	184,95	–	80,72	90,81	–	12,72	14,31	–	–	–	–	–	–	–	–	–
	III	962	–	76,96	86,58	III	962	–	17,76	19,98	–	–	–	–	–	–	–	–	–	–	–	–	–	–	–
	V	7176	–	574,08	645,84	IV	3708	–	249,84	281,07	–	204,40	229,95	–	160,48	180,54	–	118,–	132,75	–	77,04	86,67	–	40,16	45,18
	VI	7584	–	606,72	682,56																				
31 751,99	I,IV	3717	–	297,36	334,53	I	3717	–	205,04	230,67	–	118,64	133,47	–	40,64	45,72	–	–	–	–	–	–	–	–	–
	II	3183	–	254,64	286,47	II	3183	–	165,04	185,67	–	81,28	91,44	–	13,04	14,67	–	–	–	–	–	–	–	–	–
	III	968	–	77,44	87,12	III	968	–	18,24	20,52	–	–	–	–	–	–	–	–	–	–	–	–	–	–	–
	V	7186	–	574,88	646,74	IV	3717	–	250,48	281,79	–	205,04	230,67	–	161,12	181,26	–	118,64	133,47	–	77,60	87,30	–	40,64	45,72
	VI	7596	–	607,68	683,64																				
31 787,99	I,IV	3725	–	298,–	335,25	I	3725	–	205,68	231,39	–	119,20	134,10	–	41,12	46,26	–	–	–	–	–	–	–	–	–
	II	3191	–	255,28	287,19	II	3191	–	165,60	186,30	–	81,84	92,07	–	13,44	15,12	–	–	–	–	–	–	–	–	–
	III	974	–	77,92	87,66	III	974	–	18,72	21,06	–	–	–	–	–	–	–	–	–	–	–	–	–	–	–
	V	7198	–	575,84	647,82	IV	3725	–	251,12	282,51	–	205,68	231,39	–	161,76	181,98	–	119,20	134,10	–	78,24	88,02	–	41,12	46,26
	VI	7608	–	608,64	684,72																				
31 823,99	I,IV	3734	–	298,72	336,06	I	3734	–	206,32	232,11	–	119,84	134,82	–	41,60	46,80	–	–	–	–	–	–	–	–	–
	II	3199	–	255,92	287,91	II	3199	–	166,24	187,02	–	82,40	92,70	–	13,84	15,57	–	–	–	–	–	–	–	–	–
	III	980	–	78,40	88,20	III	980	–	19,04	21,42	–	–	–	–	–	–	–	–	–	–	–	–	–	–	–
	V	7212	–	576,96	649,08	IV	3734	–	251,76	283,23	–	206,32	232,11	–	162,32	182,61	–	119,84	134,82	–	78,80	88,65	–	41,60	46,80
	VI	7618	–	609,44	685,62																				
31 859,99	I,IV	3742	–	299,36	336,78	I	3742	–	206,96	232,83	–	120,40	135,45	–	42,08	47,34	–	–	–	–	–	–	–	–	–
	II	3207	–	256,56	288,63	II	3207	–	166,88	187,74	–	82,96	93,33	–	14,24	16,02	–	–	–	–	–	–	–	–	–
	III	988	–	79,04	88,92	III	988	–	19,52	21,96	–	–	–	–	–	–	–	–	–	–	–	–	–	–	–
	V	7222	–	577,76	649,98	IV	3742	–	252,40	283,95	–	206,96	232,83	–	162,96	183,33	–	120,40	135,45	–	79,36	89,28	–	42,08	47,34
	VI	7632	–	610,56	686,88																				
31 895,99	I,IV	3751	–	300,08	337,59	I	3751	–	207,60	233,55	–	121,04	136,17	–	42,56	47,88	–	–	–	–	–	–	–	–	–
	II	3216	–	257,28	289,44	II	3216	–	167,44	188,37	–	83,60	94,05	–	14,64	16,47	–	–	–	–	–	–	–	–	–
	III	994	–	79,52	89,46	III	994	–	19,84	22,32	–	–	–	–	–	–	–	–	–	–	–	–	–	–	–
	V	7234	–	578,72	651,06	IV	3751	–	253,12	284,76	–	207,60	233,55	–	163,60	184,05	–	121,04	136,17	–	79,92	89,91	–	42,56	47,88
	VI	7644	–	611,52	687,96																				
31 931,99	I,IV	3759	–	300,72	338,31	I	3759	–	208,24	234,27	–	121,60	136,80	–	43,04	48,42	–	–	–	–	–	–	–	–	–
	II	3224	–	257,92	290,16	II	3224	–	168,08	189,09	–	84,16	94,68	–	15,04	16,92	–	–	–	–	–	–	–	–	–
	III	1000	–	80,–	90,–	III	1000	–	20,32	22,86	–	–	–	–	–	–	–	–	–	–	–	–	–	–	–
	V	7244	–	579,52	651,96	IV	3759	–	253,76	285,48	–	208,24	234,27	–	164,16	184,68	–	121,60	136,80	–	80,48	90,54	–	43,04	48,42
	VI	7656	–	612,48	689,04																				
31 967,99	I,IV	3768	–	301,44	339,12	I	3768	–	208,88	234,99	–	122,24	137,52	–	43,52	48,96	–	–	–	–	–	–	–	–	–
	II	3232	–	258,56	290,88	II	3232	–	168,72	189,81	–	84,72	95,31	–	15,44	17,37	–	–	–	–	–	–	–	–	–
	III	1006	–	80,48	90,54	III	1006	–	20,80	23,40	–	–	–	–	–	–	–	–	–	–	–	–	–	–	–
	V	7258	–	580,64	653,22	IV	3768	–	254,40	286,20	–	208,88	234,99	–	164,80	185,40	–	122,24	137,52	–	81,04	91,17	–	43,52	48,96
	VI	7666	–	613,28	689,94																				
32 003,99	I,IV	3776	–	302,08	339,84	I	3776	–	209,52	235,71	–	122,80	138,15	–	44,–	49,50	–	–	–	–	–	–	–	–	–
	II	3241	–	259,28	291,69	II	3241	–	169,36	190,53	–	85,28	95,94	–	15,84	17,82	–	–	–	–	–	–	–	–	–
	III	1014	–	81,12	91,26	III	1014	–	21,12	23,76	–	–	–	–	–	–	–	–	–	–	–	–	–	–	–
	V	7270	–	581,60	654,30	IV	3776	–	255,04	286,92	–	209,52	235,71	–	165,44	186,12	–	122,80	138,15	–	81,68	91,89	–	44,–	49,50
	VI	7678	–	614,24	691,02																				
32 039,99	I,IV	3785	–	302,80	340,65	I	3785	–	210,16	236,43	–	123,44	138,87	–	44,48	50,04	–	–	–	–	–	–	–	–	–
	II	3249	–	259,92	292,41	II	3249	–	169,92	191,16	–	85,84	96,57	–	16,24	18,27	–	–	–	–	–	–	–	–	–
	III	1020	–	81,60	91,80	III	1020	–	21,60	24,30	–	–	–	–	–	–	–	–	–	–	–	–	–	–	–
	V	7280	–	582,40	655,20	IV	3785	–	255,76	287,73	–	210,16	236,43	–	166,08	186,84	–	123,44	138,87	–	82,24	92,52	–	44,48	50,04
	VI	7690	–	615,20	692,10																				
32 075,99	I,IV	3793	–	303,44	341,37	I	3793	–	210,80	237,15	–	124,–	139,50	–	44,96	50,58	–	–	–	–	–	–	–	–	–
	II	3257	–	260,56	293,13	II	3257	–	170,56	191,88	–	86,48	97,29	–	16,64	18,72	–	–	–	–	–	–	–	–	–
	III	1026	–	82,08	92,34	III	1026	–	22,08	24,84	–	–	–	–	–	–	–	–	–	–	–	–	–	–	–
	V	7292	–	583,36	656,28	IV	3793	–	256,40	288,45	–	210,80	237,15	–	166,64	187,47	–	124,–	139,50	–	82,80	93,15	–	44,96	50,58
	VI	7702	–	616,16	693,18																				
32 111,99	I,IV	3802	–	304,16	342,18	I	3802	–	211,44	237,87	–	124,64	140,22	–	45,52	51,21	–	–	–	–	–	–	–	–	–
	II	3266	–	261,28	293,94	II	3266	–	171,20	192,60	–	87,04	97,92	–	17,04	19,17	–	–	–	–	–	–	–	–	–
	III	1034	–	82,72	93,06	III	1034	–	22,40	25,20	–	–	–	–	–	–	–	–	–	–	–	–	–	–	–
	V	7304	–	584,32	657,36	IV	3802	–	257,04	289,17	–	211,44	237,87	–	167,28	188,19	–	124,64	140,22	–	83,36	93,78	–	45,52	51,21
	VI	7714	–	617,12	694,26																				
32 147,99	I,IV	3810	–	304,80	342,90	I	3810	–	212,08	238,59	–	125,20	140,85	–	46,–	51,75	–	–	–	–	–	–	–	–	–
	II	3274	–	261,92	294,66	II	3274	–	171,84	193,32	–	87,60	98,55	–	17,44	19,62	–	–	–	–	–	–	–	–	–
	III	1040	–	83,20	93,60	III	1040	–	22,88	25,74	–	–	–	–	–	–	–	–	–	–	–	–	–	–	–
	V	7316	–	585,28	658,44	IV	3810	–	257,76	289,98	–	212,08	238,59	–	167,92	188,91	–	125,20	140,85	–	84,–	94,50	–	46,–	51,75
	VI	7728	–	618,24	695,52																				
32 183,99	I,IV	3819	–	305,52	343,71	I	3819	–	212,72	239,31	–	125,76	141,48	–	46,48	52,29	–	–	–	–	–	–	–	–	–
	II	3282	–	262,56	295,38	II	3282	–	172,40	193,95	–	88,16	99,18	–	17,84	20,07	–	–	–	–	–	–	–	–	–
	III	1046	–	83,68	94,14	III	1046	–	23,20	26,10	–	–	–	–	–	–	–	–	–	–	–	–	–	–	–
	V	7328	–	586,24	659,52	IV	3819	–	258,40	290,70	–	212,72	239,31	–	168,48	189,54	–	125,76	141,48	–	84,56	95,13	–	46,48	52,29
	VI	7738	–	619,04	696,42																				
32 219,99	I,IV	3827	–	306,16	344,43	I	3827	–	213,36	240,03	–	126,40	142,20	–	46,96	52,83	–	–	–	–	–	–	–	–	–
	II	3290	–	263,20	296,10	II	3290	–	173,04	194,67	–	88,80	99,90	–	18,24	20,52	–	–	–	–	–	–	–	–	–
	III	1054	–	84,32	94,86	III	1054	–	23,68	26,64	–	–	–	–	–	–	–	–	–	–	–	–	–	–	–
	V	7338	–	587,04	660,42	IV	3827	–	259,04	291,42	–	213,36	240,03	–	169,12	190,26	–	126,40	142,20	–	85,12	95,76	–	46,96	52,83
	VI	7750	–	620,–	697,50																				
32 255,99	I,IV	3836	–	306,88	345,24	I	3836	–	214,–	240,75	–	126,96	142,83	–	47,44	53,37	–	–	–	–	–	–	–	–	–
	II	3299	–	263,92	296,91	II	3299	–	173,68	195,39	–	89,36	100,53	–	18,64	20,97	–	–	–	–	–	–	–	–	–
	III	1060	–	84,80	95,40	III	1060	–	24,16	27,18	–	–	–	–	–	–	–	–	–	–	–	–	–	–	–
	V	7350	–	588,–	661,50	IV	3836	–	259,68	292,14	–	214,–	240,75	–	169,76	190,98	–	126,96	142,83	–	85,68	96,39	–	47,44	53,37
	VI	7762	–	620,96	698,58																				

Abzüge an Lohnsteuer, Solidaritätszuschlag (SolZ) und Kirchensteuer (8%, 9%) in den Steuerklassen

*** Die ausgewiesenen Tabellenwerte sind amtlich. Siehe Erläuterungen auf der Umschlaginnenseite (U2).**

Abzüge an Lohnsteuer, Solidaritätszuschlag (SolZ) und Kirchensteuer (8%, 9%) in den Steuerklassen

Lohn/ Gehalt bis €*	I – VI		ohne Kinder-freibeträge			I, II, III, IV		mit Zahl der Kinderfreibeträge . . . 0,5			1			1,5			2			2,5			3		
		LSt	SolZ	8%	9%		LSt	SolZ	8%	9%	SolZ	8%	9%	SolZ	8%	9%	SolZ	8%	9%	SolZ	8%	9%	SolZ	8%	9%
32 291,99	I,IV	3 844	—	307,52	345,96	I	3 844	—	214,64	241,47	—	127,60	143,55	—	47,92	53,91	—	—	—	—	—	—	—	—	—
	II	3 307	—	264,56	297,63	II	3 307	—	174,32	196,11	—	89,92	101,16	—	19,04	21,42	—	—	—	—	—	—	—	—	—
	III	1 068	—	85,44	96,12	III	1 068	—	24,48	27,54	—	—	—	—	—	—	—	—	—	—	—	—	—	—	—
	V	7 364	—	589,12	662,76	IV	3 844	—	260,32	292,86	—	214,64	241,47	—	170,40	191,70	—	127,60	143,55	—	86,24	97,02	—	47,92	53,91
	VI	7 774	—	621,92	699,66																				
32 327,99	I,IV	3 853	—	308,24	346,77	I	3 853	—	215,28	242,19	—	128,16	144,18	—	48,48	54,54	—	—	—	—	—	—	—	—	—
	II	3 315	—	265,20	298,35	II	3 315	—	174,96	196,83	—	90,48	101,79	—	19,44	21,87	—	—	—	—	—	—	—	—	—
	III	1 074	—	85,92	96,66	III	1 074	—	24,96	28,08	—	—	—	—	—	—	—	—	—	—	—	—	—	—	—
	V	7 374	—	589,92	663,66	IV	3 853	—	261,04	293,67	—	215,28	242,19	—	170,96	192,33	—	128,16	144,18	—	86,88	97,74	—	48,48	54,54
	VI	7 786	—	622,88	700,74																				
32 363,99	I,IV	3 862	—	308,96	347,58	I	3 862	—	215,92	242,91	—	128,80	144,90	—	48,96	55,08	—	—	—	—	—	—	—	—	—
	II	3 324	—	265,92	299,16	II	3 324	—	175,52	197,46	—	91,12	102,51	—	19,84	22,32	—	—	—	—	—	—	—	—	—
	III	1 080	—	86,40	97,20	III	1 080	—	25,44	28,62	—	—	—	—	—	—	—	—	—	—	—	—	—	—	—
	V	7 386	—	590,88	664,74	IV	3 862	—	261,68	294,39	—	215,92	242,91	—	171,60	193,05	—	128,80	144,90	—	87,44	98,37	—	48,96	55,08
	VI	7 798	—	623,84	701,82																				
32 399,99	I,IV	3 870	—	309,60	348,30	I	3 870	—	216,56	243,63	—	129,36	145,53	—	49,44	55,62	—	—	—	—	—	—	—	—	—
	II	3 332	—	266,56	299,88	II	3 332	—	176,16	198,18	—	91,68	103,14	—	20,24	22,77	—	—	—	—	—	—	—	—	—
	III	1 088	—	87,04	97,92	III	1 088	—	25,76	28,98	—	—	—	—	—	—	—	—	—	—	—	—	—	—	—
	V	7 398	—	591,84	665,82	IV	3 870	—	262,32	295,11	—	216,56	243,63	—	172,24	193,77	—	129,36	145,53	—	88,—	99,—	—	49,44	55,62
	VI	7 810	—	624,80	702,90																				
32 435,99	I,IV	3 879	—	310,32	349,11	I	3 879	—	217,20	244,35	—	130,—	146,25	—	50,—	56,25	—	—	—	—	—	—	—	—	—
	II	3 340	—	267,20	300,60	II	3 340	—	176,80	198,90	—	92,24	103,77	—	20,64	23,22	—	—	—	—	—	—	—	—	—
	III	1 094	—	87,52	98,46	III	1 094	—	26,24	29,52	—	—	—	—	—	—	—	—	—	—	—	—	—	—	—
	V	7 410	—	592,80	666,90	IV	3 879	—	263,04	295,92	—	217,20	244,35	—	172,88	194,49	—	130,—	146,25	—	88,56	99,63	—	50,—	56,25
	VI	7 824	—	625,92	704,16																				
32 471,99	I,IV	3 887	—	310,96	349,83	I	3 887	—	217,84	245,07	—	130,56	146,88	—	50,48	56,79	—	—	—	—	—	—	—	—	—
	II	3 348	—	267,84	301,32	II	3 348	—	177,44	199,62	—	92,80	104,40	—	21,04	23,67	—	—	—	—	—	—	—	—	—
	III	1 100	—	88,—	99,—	III	1 100	—	26,72	30,06	—	—	—	—	—	—	—	—	—	—	—	—	—	—	—
	V	7 422	—	593,76	667,98	IV	3 887	—	263,68	296,64	—	217,84	245,07	—	173,44	195,12	—	130,56	146,88	—	89,12	100,26	—	50,48	56,79
	VI	7 834	—	626,72	705,06																				
32 507,99	I,IV	3 896	—	311,68	350,64	I	3 896	—	218,48	245,79	—	131,20	147,60	—	50,96	57,33	—	—	—	—	—	—	—	—	—
	II	3 357	—	268,56	302,13	II	3 357	—	178,—	200,25	—	93,44	105,12	—	21,52	24,21	—	—	—	—	—	—	—	—	—
	III	1 108	—	88,64	99,72	III	1 108	—	27,04	30,42	—	—	—	—	—	—	—	—	—	—	—	—	—	—	—
	V	7 434	—	594,72	669,06	IV	3 896	—	264,32	297,36	—	218,48	245,79	—	174,08	195,84	—	131,20	147,60	—	89,76	100,98	—	50,96	57,33
	VI	7 846	—	627,68	706,14																				
32 543,99	I,IV	3 904	—	312,32	351,36	I	3 904	—	219,12	246,51	—	131,76	148,23	—	51,52	57,96	—	—	—	—	—	—	—	—	—
	II	3 365	—	269,20	302,85	II	3 365	—	178,64	200,97	—	94,—	105,75	—	21,92	24,66	—	—	—	—	—	—	—	—	—
	III	1 114	—	89,12	100,26	III	1 114	—	27,52	30,96	—	—	—	—	—	—	—	—	—	—	—	—	—	—	—
	V	7 446	—	595,68	670,14	IV	3 904	—	264,96	298,08	—	219,12	246,51	—	174,72	196,56	—	131,76	148,23	—	90,32	101,61	—	51,52	57,96
	VI	7 858	—	628,64	707,22																				
32 579,99	I,IV	3 913	—	313,04	352,17	I	3 913	—	219,76	247,23	—	132,40	148,95	—	52,—	58,50	—	—	—	—	—	—	—	—	—
	II	3 373	—	269,84	303,57	II	3 373	—	179,28	201,69	—	94,56	106,38	—	22,32	25,11	—	—	—	—	—	—	—	—	—
	III	1 120	—	89,60	100,80	III	1 120	—	28,—	31,50	—	—	—	—	—	—	—	—	—	—	—	—	—	—	—
	V	7 456	—	596,48	671,04	IV	3 913	—	265,68	298,89	—	219,76	247,23	—	175,36	197,28	—	132,40	148,95	—	90,88	102,24	—	52,—	58,50
	VI	7 870	—	629,60	708,30																				
32 615,99	I,IV	3 921	—	313,68	352,89	I	3 921	—	220,40	247,95	—	132,96	149,58	—	52,48	59,04	—	—	—	—	—	—	—	—	—
	II	3 382	—	270,56	304,38	II	3 382	—	179,92	202,41	—	95,20	107,10	—	22,72	25,56	—	—	—	—	—	—	—	—	—
	III	1 128	—	90,24	101,52	III	1 128	—	28,48	32,04	—	—	—	—	—	—	—	—	—	—	—	—	—	—	—
	V	7 468	—	597,44	672,12	IV	3 921	—	266,32	299,61	—	220,40	247,95	—	176,—	198,—	—	132,96	149,58	—	91,52	102,96	—	52,48	59,04
	VI	7 882	—	630,56	709,38																				
32 651,99	I,IV	3 930	—	314,40	353,70	I	3 930	—	221,04	248,67	—	133,60	150,30	—	53,04	59,67	—	—	—	—	—	—	—	—	—
	II	3 390	—	271,20	305,10	II	3 390	—	180,56	203,13	—	95,76	107,73	—	23,20	26,10	—	—	—	—	—	—	—	—	—
	III	1 134	—	90,72	102,06	III	1 134	—	28,80	32,40	—	—	—	—	—	—	—	—	—	—	—	—	—	—	—
	V	7 480	—	598,40	673,20	IV	3 930	—	266,96	300,33	—	221,04	248,67	—	176,56	198,63	—	133,60	150,30	—	92,08	103,59	—	53,04	59,67
	VI	7 894	—	631,52	710,46																				
32 687,99	I,IV	3 939	—	315,12	354,51	I	3 939	—	221,68	249,39	—	134,24	151,02	—	53,52	60,21	—	—	—	—	—	—	—	—	—
	II	3 399	—	271,92	305,91	II	3 399	—	181,20	203,85	—	96,32	108,36	—	23,60	26,55	—	—	—	—	—	—	—	—	—
	III	1 142	—	91,36	102,78	III	1 142	—	29,28	32,94	—	—	—	—	—	—	—	—	—	—	—	—	—	—	—
	V	7 494	—	599,52	674,46	IV	3 939	—	267,68	301,14	—	221,68	249,39	—	177,20	199,35	—	134,24	151,02	—	92,64	104,22	—	53,52	60,21
	VI	7 906	—	632,48	711,54																				
32 723,99	I,IV	3 947	—	315,76	355,23	I	3 947	—	222,32	250,11	—	134,80	151,65	—	54,08	60,84	—	—	—	—	—	—	—	—	—
	II	3 407	—	272,56	306,63	II	3 407	—	181,76	204,48	—	96,96	109,08	—	24,—	27,—	—	—	—	—	—	—	—	—	—
	III	1 148	—	91,84	103,32	III	1 148	—	29,76	33,48	—	—	—	—	—	—	—	—	—	—	—	—	—	—	—
	V	7 504	—	600,32	675,36	IV	3 947	—	268,32	301,86	—	222,32	250,11	—	177,84	200,07	—	134,80	151,65	—	93,20	104,85	—	54,08	60,84
	VI	7 918	—	633,44	712,62																				
32 759,99	I,IV	3 956	—	316,48	356,04	I	3 956	—	223,04	250,92	—	135,44	152,37	—	54,56	61,38	—	—	—	—	—	—	—	—	—
	II	3 415	—	273,20	307,35	II	3 415	—	182,40	205,20	—	97,52	109,71	—	24,48	27,54	—	—	—	—	—	—	—	—	—
	III	1 154	—	92,32	103,86	III	1 154	—	30,08	33,84	—	—	—	—	—	—	—	—	—	—	—	—	—	—	—
	V	7 516	—	601,28	676,44	IV	3 956	—	269,04	302,67	—	223,04	250,92	—	178,48	200,79	—	135,44	152,37	—	93,84	105,57	—	54,56	61,38
	VI	7 932	—	634,56	713,88																				
32 795,99	I,IV	3 964	—	317,12	356,76	I	3 964	—	223,60	251,55	—	136,—	153,—	—	55,04	61,92	—	—	—	—	—	—	—	—	—
	II	3 423	—	273,84	308,07	II	3 423	—	183,04	205,92	—	98,08	110,34	—	24,88	27,99	—	—	—	—	—	—	—	—	—
	III	1 160	—	92,80	104,40	III	1 160	—	30,40	34,20	—	—	—	—	—	—	—	—	—	—	—	—	—	—	—
	V	7 528	—	602,24	677,52	IV	3 964	—	269,68	303,39	—	223,60	251,55	—	179,04	201,42	—	136,—	153,—	—	94,40	106,20	—	55,04	61,92
	VI	7 944	—	635,52	714,96																				
32 831,99	I,IV	3 973	—	317,84	357,57	I	3 973	—	224,24	252,27	—	136,64	153,72	—	55,60	62,55	—	—	—	—	—	—	—	—	—
	II	3 432	—	274,56	308,88	II	3 432	—	183,68	206,64	—	98,64	110,97	—	25,28	28,44	—	—	—	—	—	—	—	—	—
	III	1 166	—	93,28	104,94	III	1 166	—	30,88	34,74	—	—	—	—	—	—	—	—	—	—	—	—	—	—	—
	V	7 538	—	603,04	678,42	IV	3 973	—	270,32	304,11	—	224,24	252,27	—	179,68	202,14	—	136,64	153,72	—	94,96	106,83	—	55,60	62,55
	VI	7 956	—	636,48	716,04																				

* Die ausgewiesenen Tabellenwerte sind amtlich. Siehe Erläuterungen auf der Umschlaginnenseite (U2).

Abzüge an Lohnsteuer, Solidaritätszuschlag (SolZ) und Kirchensteuer (8%, 9%) in den Steuerklassen

Lohn/ Gehalt bis €*	I – VI		ohne Kinder-freibeträge			I, II, III, IV		mit Zahl der Kinderfreibeträge . . . 0,5			1			1,5			2			2,5			3		
		LSt	SolZ	8%	9%		LSt	SolZ	8%	9%	SolZ	8%	9%	SolZ	8%	9%	SolZ	8%	9%	SolZ	8%	9%	SolZ	8%	9%
32 867,99	I,IV	3 981	—	318,48	358,29	I	3 981	—	224,96	253,08	—	137,20	154,35	—	56,08	63,09	—	—	—	—	—	—	—	—	—
	II	3 440	—	275,20	309,60	II	3 440	—	184,32	207,36	—	99,28	111,69	—	25,76	28,98	—	—	—	—	—	—	—	—	—
	III	1 172	—	93,76	105,48	III	1 172	—	31,20	35,10	—	—	—	—	—	—	—	—	—	—	—	—	—	—	—
	V	7 550	—	604,—	679,50	IV	3 981	—	270,96	304,83	—	224,96	253,08	—	180,32	202,86	—	137,20	154,35	—	95,52	107,46	—	56,08	63,09
	VI	7 968	—	637,44	717,12																				
32 903,99	I,IV	3 990	—	319,20	359,10	I	3 990	—	225,60	253,80	—	137,84	155,07	—	56,64	63,72	—	—	—	—	—	—	—	—	—
	II	3 449	—	275,92	310,41	II	3 449	—	184,96	208,08	—	99,84	112,32	—	26,16	29,43	—	—	—	—	—	—	—	—	—
	III	1 178	—	94,24	106,02	III	1 178	—	31,68	35,64	—	—	—	—	—	—	—	—	—	—	—	—	—	—	—
	V	7 564	—	605,12	680,76	IV	3 990	—	271,68	305,64	—	225,60	253,80	—	180,96	203,58	—	137,84	155,07	—	96,16	108,18	—	56,64	63,72
	VI	7 980	—	638,40	718,20																				
32 939,99	I,IV	3 999	—	319,92	359,91	I	3 999	—	226,24	254,52	—	138,40	155,70	—	57,20	64,35	—	—	—	—	—	—	—	—	—
	II	3 457	—	276,56	311,13	II	3 457	—	185,52	208,71	—	100,40	112,95	—	26,56	29,88	—	—	—	—	—	—	—	—	—
	III	1 184	—	94,72	106,56	III	1 184	—	32,—	36,—	—	—	—	—	—	—	—	—	—	—	—	—	—	—	—
	V	7 576	—	606,08	681,84	IV	3 999	—	272,32	306,36	—	226,24	254,52	—	181,60	204,30	—	138,40	155,70	—	96,72	108,81	—	57,20	64,35
	VI	7 992	—	639,36	719,28																				
32 975,99	I,IV	4 007	—	320,56	360,63	I	4 007	—	226,88	255,24	—	139,04	156,42	—	57,68	64,89	—	—	—	—	—	—	—	—	—
	II	3 465	—	277,20	311,85	II	3 465	—	186,16	209,43	—	101,04	113,67	—	27,04	30,42	—	—	—	—	—	—	—	—	—
	III	1 192	—	95,36	107,28	III	1 192	—	32,48	36,54	—	—	—	—	—	—	—	—	—	—	—	—	—	—	—
	V	7 588	—	607,04	682,92	IV	4 007	—	272,96	307,08	—	226,88	255,24	—	182,24	205,02	—	139,04	156,42	—	97,28	109,44	—	57,68	64,89
	VI	8 004	—	640,32	720,36																				
33 011,99	I,IV	4 016	—	321,28	361,44	I	4 016	—	227,52	255,96	—	139,60	157,05	—	58,24	65,52	—	—	—	—	—	—	—	—	—
	II	3 474	—	277,92	312,66	II	3 474	—	186,80	210,15	—	101,60	114,30	—	27,44	30,87	—	—	—	—	—	—	—	—	—
	III	1 198	—	95,84	107,82	III	1 198	—	32,80	36,90	—	—	—	—	—	—	—	—	—	—	—	—	—	—	—
	V	7 600	—	608,—	684,—	IV	4 016	—	273,68	307,89	—	227,52	255,96	—	182,88	205,74	—	139,60	157,05	—	97,92	110,16	—	58,24	65,52
	VI	8 016	—	641,28	721,44																				
33 047,99	I,IV	4 025	—	322,—	362,25	I	4 025	—	228,16	256,68	—	140,24	157,77	—	58,72	66,06	—	—	—	—	—	—	—	—	—
	II	3 482	—	278,56	313,38	II	3 482	—	187,44	210,87	—	102,16	114,93	—	27,92	31,41	—	—	—	—	—	—	—	—	—
	III	1 204	—	96,32	108,36	III	1 204	—	33,28	37,44	—	—	—	—	—	—	—	—	—	—	—	—	—	—	—
	V	7 610	—	608,80	684,90	IV	4 025	—	274,32	308,61	—	228,16	256,68	—	183,44	206,37	—	140,24	157,77	—	98,48	110,79	—	58,72	66,06
	VI	8 028	—	642,24	722,52																				
33 083,99	I,IV	4 033	—	322,64	362,97	I	4 033	—	228,80	257,40	—	140,88	158,49	—	59,28	66,69	—	—	—	—	—	—	—	—	—
	II	3 491	—	279,28	314,19	II	3 491	—	188,08	211,59	—	102,80	115,65	—	28,32	31,86	—	—	—	—	—	—	—	—	—
	III	1 210	—	96,80	108,90	III	1 210	—	33,60	37,80	—	—	—	—	—	—	—	—	—	—	—	—	—	—	—
	V	7 622	—	609,76	685,98	IV	4 033	—	275,04	309,42	—	228,80	257,40	—	184,08	207,09	—	140,88	158,49	—	99,04	111,42	—	59,28	66,69
	VI	8 040	—	643,20	723,60																				
33 119,99	I,IV	4 042	—	323,36	363,78	I	4 042	—	229,44	258,12	—	141,44	159,12	—	59,76	67,23	—	—	—	—	—	—	—	—	—
	II	3 499	—	279,92	314,91	II	3 499	—	188,72	212,31	—	103,36	116,28	—	28,80	32,40	—	—	—	—	—	—	—	—	—
	III	1 216	—	97,28	109,44	III	1 216	—	34,08	38,34	—	—	—	—	—	—	—	—	—	—	—	—	—	—	—
	V	7 636	—	610,88	687,24	IV	4 042	—	275,68	310,14	—	229,44	258,12	—	184,72	207,81	—	141,44	159,12	—	99,68	112,14	—	59,76	67,23
	VI	8 054	—	644,32	724,86																				
33 155,99	I,IV	4 050	—	324,—	364,50	I	4 050	—	230,08	258,84	—	142,08	159,84	—	60,32	67,86	—	—	—	—	—	—	—	—	—
	II	3 507	—	280,56	315,63	II	3 507	—	189,28	212,94	—	103,92	116,91	—	29,20	32,85	—	—	—	—	—	—	—	—	—
	III	1 222	—	97,76	109,98	III	1 222	—	34,40	38,70	—	—	—	—	—	—	—	—	—	—	—	—	—	—	—
	V	7 648	—	611,84	688,32	IV	4 050	—	276,32	310,86	—	230,08	258,84	—	185,36	208,53	—	142,08	159,84	—	100,24	112,77	—	60,32	67,86
	VI	8 066	—	645,28	725,94																				
33 191,99	I,IV	4 059	—	324,72	365,31	I	4 059	—	230,72	259,56	—	142,64	160,47	—	60,88	68,49	—	—	—	—	—	—	—	—	—
	II	3 516	—	281,28	316,44	II	3 516	—	189,92	213,66	—	104,56	117,63	—	29,68	33,39	—	—	—	—	—	—	—	—	—
	III	1 228	—	98,24	110,52	III	1 228	—	34,88	39,24	—	—	—	—	—	—	—	—	—	—	—	—	—	—	—
	V	7 658	—	612,64	689,22	IV	4 059	—	277,04	311,67	—	230,72	259,56	—	186,—	209,25	—	142,64	160,47	—	100,80	113,40	—	60,88	68,49
	VI	8 078	—	646,24	727,02																				
33 227,99	I,IV	4 068	—	325,44	366,12	I	4 068	—	231,44	260,37	—	143,28	161,19	—	61,44	69,12	—	0,24	0,27	—	—	—	—	—	—
	II	3 524	—	281,92	317,16	II	3 524	—	190,56	214,38	—	105,12	118,26	—	30,08	33,84	—	—	—	—	—	—	—	—	—
	III	1 236	—	98,88	111,24	III	1 236	—	35,20	39,60	—	—	—	—	—	—	—	—	—	—	—	—	—	—	—
	V	7 670	—	613,60	690,30	IV	4 068	—	277,68	312,39	—	231,44	260,37	—	186,64	209,97	—	143,28	161,19	—	101,44	114,12	—	61,44	69,12
	VI	8 090	—	647,20	728,10																				
33 263,99	I,IV	4 076	—	326,08	366,84	I	4 076	—	232,08	261,09	—	143,84	161,82	—	61,92	69,66	—	0,56	0,63	—	—	—	—	—	—
	II	3 532	—	282,56	317,88	II	3 532	—	191,20	215,10	—	105,68	118,89	—	30,56	34,38	—	—	—	—	—	—	—	—	—
	III	1 242	—	99,36	111,78	III	1 242	—	35,68	40,14	—	—	—	—	—	—	—	—	—	—	—	—	—	—	—
	V	7 682	—	614,56	691,38	IV	4 076	—	278,32	313,11	—	232,08	261,09	—	187,20	210,60	—	143,84	161,82	—	102,—	114,75	—	61,92	69,66
	VI	8 102	—	648,16	729,18																				
33 299,99	I,IV	4 085	—	326,80	367,65	I	4 085	—	232,72	261,81	—	144,48	162,54	—	62,48	70,29	—	0,96	1,08	—	—	—	—	—	—
	II	3 541	—	283,28	318,69	II	3 541	—	191,84	215,82	—	106,32	119,61	—	31,04	34,92	—	—	—	—	—	—	—	—	—
	III	1 248	—	99,84	112,32	III	1 248	—	36,—	40,50	—	—	—	—	—	—	—	—	—	—	—	—	—	—	—
	V	7 694	—	615,52	692,46	IV	4 085	—	279,04	313,92	—	232,72	261,81	—	187,84	211,32	—	144,48	162,54	—	102,56	115,38	—	62,48	70,29
	VI	8 114	—	649,12	730,26																				
33 335,99	I,IV	4 094	—	327,52	368,46	I	4 094	—	233,36	262,53	—	145,12	163,26	—	63,04	70,92	—	1,28	1,44	—	—	—	—	—	—
	II	3 549	—	283,92	319,41	II	3 549	—	192,48	216,54	—	106,88	120,24	—	31,44	35,37	—	—	—	—	—	—	—	—	—
	III	1 254	—	100,32	112,86	III	1 254	—	36,48	41,04	—	—	—	—	—	—	—	—	—	—	—	—	—	—	—
	V	7 706	—	616,48	693,54	IV	4 094	—	279,68	314,64	—	233,36	262,53	—	188,48	212,04	—	145,12	163,26	—	103,20	116,10	—	63,04	70,92
	VI	8 126	—	650,08	731,34																				
33 371,99	I,IV	4 102	—	328,16	369,18	I	4 102	—	234,—	263,25	—	145,68	163,89	—	63,60	71,55	—	1,60	1,80	—	—	—	—	—	—
	II	3 558	—	284,64	320,22	II	3 558	—	193,12	217,26	—	107,52	120,96	—	31,92	35,91	—	—	—	—	—	—	—	—	—
	III	1 260	—	100,80	113,40	III	1 260	—	36,96	41,58	—	—	—	—	—	—	—	—	—	—	—	—	—	—	—
	V	7 718	—	617,44	694,62	IV	4 102	—	280,40	315,45	—	234,—	263,25	—	189,12	212,76	—	145,68	163,89	—	103,76	116,73	—	63,60	71,55
	VI	8 138	—	651,04	732,42																				
33 407,99	I,IV	4 111	—	328,88	369,99	I	4 111	—	234,64	263,97	—	146,32	164,61	—	64,08	72,09	—	1,92	2,16	—	—	—	—	—	—
	II	3 566	—	285,28	320,94	II	3 566	—	193,76	217,98	—	108,08	121,59	—	32,32	36,36	—	—	—	—	—	—	—	—	—
	III	1 266	—	101,28	113,94	III	1 266	—	37,28	41,94	—	—	—	—	—	—	—	—	—	—	—	—	—	—	—
	V	7 730	—	618,40	695,70	IV	4 111	—	281,04	316,17	—	234,64	263,97	—	189,76	213,48	—	146,32	164,61	—	104,32	117,36	—	64,08	72,09
	VI	8 150	—	652,—	733,50																				

*** Die ausgewiesenen Tabellenwerte sind amtlich. Siehe Erläuterungen auf der Umschlaginnenseite (U2).**

JAHR 33 408,–*

Abzüge an Lohnsteuer, Solidaritätszuschlag (SolZ) und Kirchensteuer (8%, 9%) in den Steuerklassen

Lohn/Gehalt bis €*	I – VI	LSt	ohne Kinderfreibeträge SolZ	8%	9%	I, II, III, IV	LSt	mit Zahl der Kinderfreibeträge . . . 0,5 SolZ	8%	9%	1 SolZ	8%	9%	1,5 SolZ	8%	9%	2 SolZ	8%	9%	2,5 SolZ	8%	9%	3 SolZ	8%	9%
33 443,99	I,IV	4119	—	329,52	370,71	I	4119	—	235,28	264,69	—	146,88	165,24	—	64,64	72,72	—	2,32	2,61	—	—	—	—	—	—
	II	3574	—	285,92	321,66	II	3574	—	194,32	218,61	—	108,64	122,22	—	32,80	36,90	—	—	—	—	—	—	—	—	—
	III	1272	—	101,76	114,48	III	1272	—	37,60	42,30	—	—	—	—	—	—	—	—	—	—	—	—	—	—	—
	V	7742	—	619,36	696,78	IV	4119	—	281,68	316,89	—	235,28	264,69	—	190,40	214,20	—	146,88	165,24	—	104,96	118,08	—	64,64	72,72
	VI	8162	—	652,96	734,58																				
33 479,99	I,IV	4128	—	330,24	371,52	I	4128	—	235,92	265,41	—	147,52	165,96	—	65,20	73,35	—	2,64	2,97	—	—	—	—	—	—
	II	3583	—	286,64	322,47	II	3583	—	194,96	219,33	—	109,20	122,85	—	33,28	37,44	—	—	—	—	—	—	—	—	—
	III	1278	—	102,24	115,02	III	1278	—	38,08	42,84	—	—	—	—	—	—	—	—	—	—	—	—	—	—	—
	V	7754	—	620,32	697,86	IV	4128	—	282,40	317,70	—	235,92	265,41	—	191,04	214,92	—	147,52	165,96	—	105,52	118,71	—	65,20	73,35
	VI	8174	—	653,92	735,66																				
33 515,99	I,IV	4137	—	330,96	372,33	I	4137	—	236,64	266,22	—	148,16	166,68	—	65,76	73,98	—	2,96	3,33	—	—	—	—	—	—
	II	3591	—	287,28	323,19	II	3591	—	195,60	220,05	—	109,84	123,57	—	33,68	37,89	—	—	—	—	—	—	—	—	—
	III	1286	—	102,88	115,74	III	1286	—	38,56	43,38	—	—	—	—	—	—	—	—	—	—	—	—	—	—	—
	V	7766	—	621,28	698,94	IV	4137	—	283,04	318,42	—	236,64	266,22	—	191,60	215,55	—	148,16	166,68	—	106,08	119,34	—	65,76	73,98
	VI	8186	—	654,88	736,74																				
33 551,99	I,IV	4146	—	331,68	373,14	I	4146	—	237,28	266,94	—	148,72	167,31	—	66,32	74,61	—	3,36	3,78	—	—	—	—	—	—
	II	3600	—	288,—	324,—	II	3600	—	196,24	220,77	—	110,40	124,20	—	34,16	38,43	—	—	—	—	—	—	—	—	—
	III	1292	—	103,36	116,28	III	1292	—	38,88	43,74	—	—	—	—	—	—	—	—	—	—	—	—	—	—	—
	V	7778	—	622,24	700,02	IV	4146	—	283,68	319,14	—	237,28	266,94	—	192,24	216,27	—	148,72	167,31	—	106,72	120,06	—	66,32	74,61
	VI	8200	—	656,—	738,—																				
33 587,99	I,IV	4154	—	332,32	373,86	I	4154	—	237,92	267,66	—	149,36	168,03	—	66,80	75,15	—	3,68	4,14	—	—	—	—	—	—
	II	3608	—	288,64	324,72	II	3608	—	196,88	221,49	—	111,04	124,92	—	34,64	38,97	—	—	—	—	—	—	—	—	—
	III	1298	—	103,84	116,82	III	1298	—	39,36	44,28	—	—	—	—	—	—	—	—	—	—	—	—	—	—	—
	V	7790	—	623,20	701,10	IV	4154	—	284,40	319,95	—	237,92	267,66	—	192,88	216,99	—	149,36	168,03	—	107,28	120,69	—	66,80	75,15
	VI	8212	—	656,96	739,08																				
33 623,99	I,IV	4163	—	333,04	374,67	I	4163	—	238,56	268,38	—	150,—	168,75	—	67,36	75,78	—	4,—	4,50	—	—	—	—	—	—
	II	3617	—	289,36	325,53	II	3617	—	197,52	222,21	—	111,60	125,55	—	35,12	39,51	—	—	—	—	—	—	—	—	—
	III	1304	—	104,32	117,36	III	1304	—	39,68	44,64	—	—	—	—	—	—	—	—	—	—	—	—	—	—	—
	V	7802	—	624,16	702,18	IV	4163	—	285,04	320,67	—	238,56	268,38	—	193,52	217,71	—	150,—	168,75	—	107,84	121,32	—	67,36	75,78
	VI	8224	—	657,92	740,16																				
33 659,99	I,IV	4172	—	333,76	375,48	I	4172	—	239,20	269,10	—	150,56	169,38	—	67,92	76,41	—	4,40	4,95	—	—	—	—	—	—
	II	3625	—	290,—	326,25	II	3625	—	198,16	222,93	—	112,24	126,27	—	35,52	39,96	—	—	—	—	—	—	—	—	—
	III	1310	—	104,80	117,90	III	1310	—	40,16	45,18	—	—	—	—	—	—	—	—	—	—	—	—	—	—	—
	V	7816	—	625,28	703,44	IV	4172	—	285,76	321,48	—	239,20	269,10	—	194,16	218,43	—	150,56	169,38	—	108,48	122,04	—	67,92	76,41
	VI	8236	—	658,88	741,24																				
33 695,99	I,IV	4180	—	334,40	376,20	I	4180	—	239,84	269,82	—	151,20	170,10	—	68,48	77,04	—	4,72	5,31	—	—	—	—	—	—
	II	3634	—	290,72	327,06	II	3634	—	198,80	223,65	—	112,80	126,90	—	36,—	40,50	—	—	—	—	—	—	—	—	—
	III	1318	—	105,44	118,62	III	1318	—	40,48	45,54	—	—	—	—	—	—	—	—	—	—	—	—	—	—	—
	V	7828	—	626,24	704,52	IV	4180	—	286,40	322,20	—	239,84	269,82	—	194,80	219,15	—	151,20	170,10	—	109,04	122,67	—	68,48	77,04
	VI	8248	—	659,84	742,32																				
33 731,99	I,IV	4189	—	335,12	377,01	I	4189	—	240,48	270,54	—	151,76	170,73	—	69,04	77,67	—	5,12	5,76	—	—	—	—	—	—
	II	3642	—	291,36	327,78	II	3642	—	199,44	224,37	—	113,36	127,53	—	36,48	41,04	—	—	—	—	—	—	—	—	—
	III	1324	—	105,92	119,16	III	1324	—	40,96	46,08	—	—	—	—	—	—	—	—	—	—	—	—	—	—	—
	V	7838	—	627,04	705,42	IV	4189	—	287,04	322,92	—	240,48	270,54	—	195,44	219,87	—	151,76	170,73	—	109,60	123,30	—	69,04	77,67
	VI	8262	—	660,96	743,58																				
33 767,99	I,IV	4198	—	335,84	377,82	I	4198	—	241,20	271,35	—	152,40	171,45	—	69,60	78,30	—	5,44	6,12	—	—	—	—	—	—
	II	3650	—	292,—	328,50	II	3650	—	200,08	225,09	—	114,—	128,25	—	36,96	41,58	—	—	—	—	—	—	—	—	—
	III	1330	—	106,40	119,70	III	1330	—	41,44	46,62	—	—	—	—	—	—	—	—	—	—	—	—	—	—	—
	V	7850	—	628,—	706,50	IV	4198	—	287,76	323,73	—	241,20	271,35	—	196,08	220,59	—	152,40	171,45	—	110,24	124,02	—	69,60	78,30
	VI	8274	—	661,92	744,66																				
33 803,99	I,IV	4206	—	336,48	378,54	I	4206	—	241,84	272,07	—	153,04	172,17	—	70,16	78,93	—	5,84	6,57	—	—	—	—	—	—
	II	3659	—	292,72	329,31	II	3659	—	200,72	225,81	—	114,56	128,88	—	37,44	42,12	—	—	—	—	—	—	—	—	—
	III	1336	—	106,88	120,24	III	1336	—	41,76	46,98	—	—	—	—	—	—	—	—	—	—	—	—	—	—	—
	V	7862	—	628,96	707,58	IV	4206	—	288,40	324,45	—	241,84	272,07	—	196,72	221,31	—	153,04	172,17	—	110,80	124,65	—	70,16	78,93
	VI	8286	—	662,88	745,74																				
33 839,99	I,IV	4215	—	337,20	379,35	I	4215	—	242,48	272,79	—	153,60	172,80	—	70,72	79,56	—	6,16	6,93	—	—	—	—	—	—
	II	3667	—	293,36	330,03	II	3667	—	201,36	226,53	—	115,12	129,51	—	37,84	42,57	—	—	—	—	—	—	—	—	—
	III	1344	—	107,52	120,96	III	1344	—	42,24	47,52	—	—	—	—	—	—	—	—	—	—	—	—	—	—	—
	V	7874	—	629,92	708,66	IV	4215	—	289,12	325,26	—	242,48	272,79	—	197,28	221,94	—	153,60	172,80	—	111,44	125,37	—	70,72	79,56
	VI	8298	—	663,84	746,82																				
33 875,99	I,IV	4224	—	337,92	380,16	I	4224	—	243,12	273,51	—	154,24	173,52	—	71,28	80,19	—	6,56	7,38	—	—	—	—	—	—
	II	3676	—	294,08	330,84	II	3676	—	202,—	227,25	—	115,76	130,23	—	38,32	43,11	—	—	—	—	—	—	—	—	—
	III	1350	—	108,—	121,50	III	1350	—	42,56	47,88	—	—	—	—	—	—	—	—	—	—	—	—	—	—	—
	V	7886	—	630,88	709,74	IV	4224	—	289,76	325,98	—	243,12	273,51	—	197,92	222,66	—	154,24	173,52	—	112,—	126,—	—	71,28	80,19
	VI	8312	—	664,96	748,08																				
33 911,99	I,IV	4233	—	338,64	380,97	I	4233	—	243,76	274,23	—	154,88	174,24	—	71,84	80,82	—	6,88	7,74	—	—	—	—	—	—
	II	3684	—	294,72	331,56	II	3684	—	202,64	227,97	—	116,32	130,86	—	38,80	43,65	—	—	—	—	—	—	—	—	—
	III	1356	—	108,48	122,04	III	1356	—	43,04	48,42	—	—	—	—	—	—	—	—	—	—	—	—	—	—	—
	V	7898	—	631,84	710,82	IV	4233	—	290,48	326,79	—	243,76	274,23	—	198,56	223,38	—	154,88	174,24	—	112,56	126,63	—	71,84	80,82
	VI	8324	—	665,92	749,16																				
33 947,99	I,IV	4241	—	339,28	381,69	I	4241	—	244,48	275,04	—	155,44	174,87	—	72,40	81,45	—	7,28	8,19	—	—	—	—	—	—
	II	3693	—	295,44	332,37	II	3693	—	203,28	228,69	—	116,96	131,58	—	39,28	44,19	—	—	—	—	—	—	—	—	—
	III	1362	—	108,96	122,58	III	1362	—	43,52	48,96	—	—	—	—	—	—	—	—	—	—	—	—	—	—	—
	V	7910	—	632,80	711,90	IV	4241	—	291,12	327,51	—	244,48	275,04	—	199,20	224,10	—	155,44	174,87	—	113,20	127,35	—	72,40	81,45
	VI	8336	—	666,88	750,24																				
33 983,99	I,IV	4250	—	340,—	382,50	I	4250	—	245,12	275,76	—	156,08	175,59	—	72,96	82,08	—	7,60	8,55	—	—	—	—	—	—
	II	3701	—	296,08	333,09	II	3701	—	203,92	229,41	—	117,52	132,21	—	39,76	44,73	—	—	—	—	—	—	—	—	—
	III	1368	—	109,44	123,12	III	1368	—	43,84	49,32	—	—	—	—	—	—	—	—	—	—	—	—	—	—	—
	V	7922	—	633,76	712,98	IV	4250	—	291,84	328,32	—	245,12	275,76	—	199,84	224,82	—	156,08	175,59	—	113,76	127,98	—	72,96	82,08
	VI	8348	—	667,84	751,32																				

* Die ausgewiesenen Tabellenwerte sind amtlich. Siehe Erläuterungen auf der Umschlaginnenseite (U2).

Abzüge an Lohnsteuer, Solidaritätszuschlag (SolZ) und Kirchensteuer (8%, 9%) in den Steuerklassen

Lohn/ Gehalt bis €*	I – VI		ohne Kinderfreibeträge			I, II, III, IV		mit Zahl der Kinderfreibeträge . . . 0,5			1			1,5			2			2,5			3		
		LSt	SolZ	8%	9%		LSt	SolZ	8%	9%	SolZ	8%	9%	SolZ	8%	9%	SolZ	8%	9%	SolZ	8%	9%	SolZ	8%	9%
34 019,99	I,IV	4 259	–	340,72	383,31	I	4 259	–	245,76	276,48	–	156,72	176,31	–	73,52	82,71	–	8,–	9,–	–	–	–	–	–	–
	II	3 710	–	296,80	333,90	II	3 710	–	204,56	230,13	–	118,16	132,93	–	40,24	45,27	–	–	–	–	–	–	–	–	–
	III	1 376	–	110,08	123,84	III	1 376	–	44,32	49,86	–	–	–	–	–	–	–	–	–	–	–	–	–	–	–
	V	7 936	–	634,88	714,24	IV	4 259	–	292,48	329,04	–	245,76	276,48	–	200,48	225,54	–	156,72	176,31	–	114,40	128,70	–	73,52	82,71
	VI	8 360	–	668,80	752,40																				
34 055,99	I,IV	4 267	–	341,36	384,03	I	4 267	–	246,40	277,20	–	157,28	176,94	–	74,08	83,34	–	8,32	9,36	–	–	–	–	–	–
	II	3 718	–	297,44	334,62	II	3 718	–	205,12	230,76	–	118,72	133,56	–	40,72	45,81	–	–	–	–	–	–	–	–	–
	III	1 382	–	110,56	124,38	III	1 382	–	44,64	50,22	–	–	–	–	–	–	–	–	–	–	–	–	–	–	–
	V	7 948	–	635,84	715,32	IV	4 267	–	293,12	329,76	–	246,40	277,20	–	201,12	226,26	–	157,28	176,94	–	114,96	129,33	–	74,08	83,34
	VI	8 372	–	669,76	753,48																				
34 091,99	I,IV	4 276	–	342,08	384,84	I	4 276	–	247,04	277,92	–	157,92	177,66	–	74,64	83,97	–	8,72	9,81	–	–	–	–	–	–
	II	3 727	–	298,16	335,43	II	3 727	–	205,76	231,48	–	119,28	134,19	–	41,20	46,35	–	–	–	–	–	–	–	–	–
	III	1 388	–	111,04	124,92	III	1 388	–	45,12	50,76	–	–	–	–	–	–	–	–	–	–	–	–	–	–	–
	V	7 960	–	636,80	716,40	IV	4 276	–	293,84	330,57	–	247,04	277,92	–	201,76	226,98	–	157,92	177,66	–	115,52	129,96	–	74,64	83,97
	VI	8 384	–	670,72	754,56																				
34 127,99	I,IV	4 285	–	342,80	385,65	I	4 285	–	247,68	278,64	–	158,56	178,38	–	75,20	84,60	–	9,12	10,26	–	–	–	–	–	–
	II	3 735	–	298,80	336,15	II	3 735	–	206,40	232,20	–	119,92	134,91	–	41,68	46,89	–	–	–	–	–	–	–	–	–
	III	1 394	–	111,52	125,46	III	1 394	–	45,60	51,30	–	–	–	–	–	–	–	–	–	–	–	–	–	–	–
	V	7 972	–	637,76	717,48	IV	4 285	–	294,48	331,29	–	247,68	278,64	–	202,40	227,70	–	158,56	178,38	–	116,16	130,68	–	75,20	84,60
	VI	8 398	–	671,84	755,82																				
34 163,99	I,IV	4 293	–	343,44	386,37	I	4 293	–	248,40	279,45	–	159,12	179,01	–	75,84	85,32	–	9,44	10,62	–	–	–	–	–	–
	II	3 744	–	299,52	336,96	II	3 744	–	207,04	232,92	–	120,48	135,54	–	42,16	47,43	–	–	–	–	–	–	–	–	–
	III	1 402	–	112,16	126,18	III	1 402	–	45,92	51,66	–	–	–	–	–	–	–	–	–	–	–	–	–	–	–
	V	7 984	–	638,72	718,56	IV	4 293	–	295,20	332,10	–	248,40	279,45	–	203,04	228,42	–	159,12	179,01	–	116,72	131,31	–	75,84	85,32
	VI	8 410	–	672,80	756,90																				
34 199,99	I,IV	4 302	–	344,16	387,18	I	4 302	–	249,04	280,17	–	159,76	179,73	–	76,40	85,95	–	9,84	11,07	–	–	–	–	–	–
	II	3 752	–	300,16	337,68	II	3 752	–	207,68	233,64	–	121,12	136,26	–	42,64	47,97	–	–	–	–	–	–	–	–	–
	III	1 408	–	112,64	126,72	III	1 408	–	46,40	52,20	–	–	–	–	–	–	–	–	–	–	–	–	–	–	–
	V	7 996	–	639,68	719,64	IV	4 302	–	295,84	332,82	–	249,04	280,17	–	203,68	229,14	–	159,76	179,73	–	117,36	132,03	–	76,40	85,95
	VI	8 422	–	673,76	757,98																				
34 235,99	I,IV	4 311	–	344,88	387,99	I	4 311	–	249,68	280,89	–	160,40	180,45	–	76,96	86,58	–	10,24	11,52	–	–	–	–	–	–
	II	3 761	–	300,88	338,49	II	3 761	–	208,32	234,36	–	121,68	136,89	–	43,12	48,51	–	–	–	–	–	–	–	–	–
	III	1 414	–	113,12	127,26	III	1 414	–	46,88	52,74	–	–	–	–	–	–	–	–	–	–	–	–	–	–	–
	V	8 008	–	640,64	720,72	IV	4 311	–	296,56	333,63	–	249,68	280,89	–	204,32	229,86	–	160,40	180,45	–	117,92	132,66	–	76,96	86,58
	VI	8 434	–	674,72	759,06																				
34 271,99	I,IV	4 320	–	345,60	388,80	I	4 320	–	250,32	281,61	–	161,04	181,17	–	77,52	87,21	–	10,56	11,88	–	–	–	–	–	–
	II	3 769	–	301,52	339,21	II	3 769	–	208,96	235,08	–	122,32	137,61	–	43,60	49,05	–	–	–	–	–	–	–	–	–
	III	1 420	–	113,60	127,80	III	1 420	–	47,20	53,10	–	–	–	–	–	–	–	–	–	–	–	–	–	–	–
	V	8 020	–	641,60	721,80	IV	4 320	–	297,20	334,35	–	250,32	281,61	–	204,96	230,58	–	161,04	181,17	–	118,56	133,38	–	77,52	87,21
	VI	8 446	–	675,68	760,14																				
34 307,99	I,IV	4 329	–	346,32	389,61	I	4 329	–	251,04	282,42	–	161,60	181,80	–	78,08	87,84	–	10,96	12,33	–	–	–	–	–	–
	II	3 778	–	302,24	340,02	II	3 778	–	209,60	235,80	–	122,88	138,24	–	44,08	49,59	–	–	–	–	–	–	–	–	–
	III	1 428	–	114,24	128,52	III	1 428	–	47,68	53,64	–	–	–	–	–	–	–	–	–	–	–	–	–	–	–
	V	8 032	–	642,56	722,88	IV	4 329	–	297,92	335,16	–	251,04	282,42	–	205,60	231,30	–	161,60	181,80	–	119,12	134,01	–	78,08	87,84
	VI	8 460	–	676,80	761,40																				
34 343,99	I,IV	4 337	–	346,96	390,33	I	4 337	–	251,68	283,14	–	162,24	182,52	–	78,64	88,47	–	11,36	12,78	–	–	–	–	–	–
	II	3 786	–	302,88	340,74	II	3 786	–	210,24	236,52	–	123,52	138,96	–	44,56	50,13	–	–	–	–	–	–	–	–	–
	III	1 434	–	114,72	129,06	III	1 434	–	48,16	54,18	–	–	–	–	–	–	–	–	–	–	–	–	–	–	–
	V	8 046	–	643,68	724,14	IV	4 337	–	298,56	335,88	–	251,68	283,14	–	206,24	232,02	–	162,24	182,52	–	119,68	134,64	–	78,64	88,47
	VI	8 472	–	677,76	762,48																				
34 379,99	I,IV	4 346	–	347,68	391,14	I	4 346	–	252,32	283,86	–	162,88	183,24	–	79,28	89,19	–	11,76	13,23	–	–	–	–	–	–
	II	3 795	–	303,60	341,55	II	3 795	–	210,88	237,24	–	124,08	139,59	–	45,04	50,67	–	–	–	–	–	–	–	–	–
	III	1 440	–	115,20	129,60	III	1 440	–	48,48	54,54	–	–	–	–	–	–	–	–	–	–	–	–	–	–	–
	V	8 058	–	644,64	725,22	IV	4 346	–	299,28	336,69	–	252,32	283,86	–	206,88	232,74	–	162,88	183,24	–	120,32	135,36	–	79,28	89,19
	VI	8 484	–	678,72	763,56																				
34 415,99	I,IV	4 355	–	348,40	391,95	I	4 355	–	252,96	284,58	–	163,44	183,87	–	79,84	89,82	–	12,08	13,59	–	–	–	–	–	–
	II	3 803	–	304,24	342,27	II	3 803	–	211,52	237,96	–	124,72	140,31	–	45,52	51,21	–	–	–	–	–	–	–	–	–
	III	1 448	–	115,84	130,32	III	1 448	–	48,96	55,08	–	–	–	–	–	–	–	–	–	–	–	–	–	–	–
	V	8 070	–	645,60	726,30	IV	4 355	–	299,92	337,41	–	252,96	284,58	–	207,52	233,46	–	163,44	183,87	–	120,88	135,99	–	79,84	89,82
	VI	8 496	–	679,68	764,64																				
34 451,99	I,IV	4 363	–	349,04	392,67	I	4 363	–	253,60	285,30	–	164,08	184,59	–	80,40	90,45	–	12,48	14,04	–	–	–	–	–	–
	II	3 812	–	304,96	343,08	II	3 812	–	212,16	238,68	–	125,28	140,94	–	46,08	51,84	–	–	–	–	–	–	–	–	–
	III	1 454	–	116,32	130,86	III	1 454	–	49,44	55,62	–	–	–	–	–	–	–	–	–	–	–	–	–	–	–
	V	8 082	–	646,56	727,38	IV	4 363	–	300,64	338,22	–	253,60	285,30	–	208,16	234,18	–	164,08	184,59	–	121,52	136,71	–	80,40	90,45
	VI	8 508	–	680,64	765,72																				
34 487,99	I,IV	4 372	–	349,76	393,48	I	4 372	–	254,32	286,11	–	164,72	185,31	–	80,96	91,08	–	12,88	14,49	–	–	–	–	–	–
	II	3 820	–	305,60	343,80	II	3 820	–	212,80	239,40	–	125,92	141,66	–	46,56	52,38	–	–	–	–	–	–	–	–	–
	III	1 460	–	116,80	131,40	III	1 460	–	49,76	55,98	–	–	–	–	–	–	–	–	–	–	–	–	–	–	–
	V	8 094	–	647,52	728,46	IV	4 372	–	301,28	338,94	–	254,32	286,11	–	208,80	234,90	–	164,72	185,31	–	122,08	137,34	–	80,96	91,08
	VI	8 522	–	681,76	766,98																				
34 523,99	I,IV	4 381	–	350,48	394,29	I	4 381	–	254,96	286,83	–	165,28	185,94	–	81,52	91,71	–	13,28	14,94	–	–	–	–	–	–
	II	3 829	–	306,32	344,61	II	3 829	–	213,44	240,12	–	126,48	142,29	–	47,04	52,92	–	–	–	–	–	–	–	–	–
	III	1 466	–	117,28	131,94	III	1 466	–	50,24	56,52	–	–	–	–	–	–	–	–	–	–	–	–	–	–	–
	V	8 106	–	648,48	729,54	IV	4 381	–	302,–	339,75	–	254,96	286,83	–	209,44	235,62	–	165,28	185,94	–	122,72	138,06	–	81,52	91,71
	VI	8 534	–	682,72	768,06																				
34 559,99	I,IV	4 390	–	351,20	395,10	I	4 390	–	255,60	287,55	–	165,92	186,66	–	82,16	92,43	–	13,68	15,39	–	–	–	–	–	–
	II	3 837	–	306,96	345,33	II	3 837	–	214,08	240,84	–	127,12	143,01	–	47,52	53,46	–	–	–	–	–	–	–	–	–
	III	1 474	–	117,92	132,66	III	1 474	–	50,72	57,06	–	–	–	–	–	–	–	–	–	–	–	–	–	–	–
	V	8 118	–	649,44	730,62	IV	4 390	–	302,64	340,47	–	255,60	287,55	–	210,08	236,34	–	165,92	186,66	–	123,28	138,69	–	82,16	92,43
	VI	8 546	–	683,68	769,14																				

* **Die ausgewiesenen Tabellenwerte sind amtlich. Siehe Erläuterungen auf der Umschlaginnenseite (U2).**

Abzüge an Lohnsteuer, Solidaritätszuschlag (SolZ) und Kirchensteuer (8%, 9%) in den Steuerklassen

Lohn/ Gehalt bis €*	I – VI		ohne Kinderfreibeträge			I, II, III, IV		mit Zahl der Kinderfreibeträge . . . 0,5			1			1,5			2			2,5			3		
		LSt	SolZ	8%	9%		LSt	SolZ	8%	9%	SolZ	8%	9%	SolZ	8%	9%	SolZ	8%	9%	SolZ	8%	9%	SolZ	8%	9%
34 595,99	I,IV	4 399	–	351,92	395,91	I	4 399	–	256,32	288,36	–	166,56	187,38	–	82,72	93,06	–	14,08	15,84	–	–	–	–	–	–
	II	3 846	–	307,68	346,14	II	3 846	–	214,72	241,56	–	127,68	143,64	–	48,08	54,09	–	–	–	–	–	–	–	–	–
	III	1 480	–	118,40	133,20	III	1 480	–	51,04	57,42	–	–	–	–	–	–	–	–	–	–	–	–	–	–	–
	V	8 130	–	650,40	731,70	IV	4 399	–	303,36	341,28	–	256,32	288,36	–	210,72	237,06	–	166,56	187,38	–	123,92	139,41	–	82,72	93,06
	VI	8 560	–	684,80	770,40																				
34 631,99	I,IV	4 407	–	352,56	396,63	I	4 407	–	256,96	289,08	–	167,20	188,10	–	83,28	93,69	–	14,48	16,29	–	–	–	–	–	–
	II	3 854	–	308,32	346,86	II	3 854	–	215,36	242,28	–	128,32	144,36	–	48,56	54,63	–	–	–	–	–	–	–	–	–
	III	1 486	–	118,88	133,74	III	1 486	–	51,52	57,96	–	–	–	–	–	–	–	–	–	–	–	–	–	–	–
	V	8 142	–	651,36	732,78	IV	4 407	–	304,–	342,–	–	256,96	289,08	–	211,36	237,78	–	167,20	188,10	–	124,48	140,04	–	83,28	93,69
	VI	8 572	–	685,76	771,48																				
34 667,99	I,IV	4 416	–	353,28	397,44	I	4 416	–	257,60	289,80	–	167,76	188,73	–	83,84	94,32	–	14,80	16,65	–	–	–	–	–	–
	II	3 863	–	309,04	347,67	II	3 863	–	216,–	243,–	–	128,88	144,99	–	49,04	55,17	–	–	–	–	–	–	–	–	–
	III	1 494	–	119,52	134,46	III	1 494	–	52,–	58,50	–	–	–	–	–	–	–	–	–	–	–	–	–	–	–
	V	8 154	–	652,32	733,86	IV	4 416	–	304,72	342,81	–	257,60	289,80	–	211,92	238,41	–	167,76	188,73	–	125,12	140,76	–	83,84	94,32
	VI	8 584	–	686,72	772,56																				
34 703,99	I,IV	4 425	–	354,–	398,25	I	4 425	–	258,24	290,52	–	168,40	189,45	–	84,40	94,95	–	15,20	17,10	–	–	–	–	–	–
	II	3 871	–	309,68	348,39	II	3 871	–	216,64	243,72	–	129,44	145,62	–	49,52	55,71	–	–	–	–	–	–	–	–	–
	III	1 500	–	120,–	135,–	III	1 500	–	52,32	58,86	–	–	–	–	–	–	–	–	–	–	–	–	–	–	–
	V	8 166	–	653,28	734,94	IV	4 425	–	305,36	343,53	–	258,24	290,52	–	212,56	239,13	–	168,40	189,45	–	125,68	141,39	–	84,40	94,95
	VI	8 596	–	687,68	773,64																				
34 739,99	I,IV	4 434	–	354,72	399,06	I	4 434	–	258,88	291,24	–	169,04	190,17	–	85,04	95,67	–	15,60	17,55	–	–	–	–	–	–
	II	3 880	–	310,40	349,20	II	3 880	–	217,28	244,44	–	130,08	146,34	–	50,08	56,34	–	–	–	–	–	–	–	–	–
	III	1 506	–	120,48	135,54	III	1 506	–	52,80	59,40	–	–	–	–	–	–	–	–	–	–	–	–	–	–	–
	V	8 178	–	654,24	736,02	IV	4 434	–	306,08	344,34	–	258,88	291,24	–	213,20	239,85	–	169,04	190,17	–	126,32	142,11	–	85,04	95,67
	VI	8 608	–	688,64	774,72																				
34 775,99	I,IV	4 442	–	355,36	399,78	I	4 442	–	259,60	292,05	–	169,68	190,89	–	85,60	96,30	–	16,–	18,–	–	–	–	–	–	–
	II	3 888	–	311,04	349,92	II	3 888	–	217,92	245,16	–	130,64	146,97	–	50,56	56,88	–	–	–	–	–	–	–	–	–
	III	1 514	–	121,12	136,26	III	1 514	–	53,28	59,94	–	–	–	–	–	–	–	–	–	–	–	–	–	–	–
	V	8 190	–	655,20	737,10	IV	4 442	–	306,72	345,06	–	259,60	292,05	–	213,92	240,66	–	169,68	190,89	–	126,88	142,74	–	85,60	96,30
	VI	8 622	–	689,76	775,98																				
34 811,99	I,IV	4 451	–	356,08	400,59	I	4 451	–	260,24	292,77	–	170,24	191,52	–	86,16	96,93	–	16,40	18,45	–	–	–	–	–	–
	II	3 897	–	311,76	350,73	II	3 897	–	218,56	245,88	–	131,28	147,69	–	51,04	57,42	–	–	–	–	–	–	–	–	–
	III	1 520	–	121,60	136,80	III	1 520	–	53,60	60,30	–	–	–	–	–	–	–	–	–	–	–	–	–	–	–
	V	8 204	–	656,32	738,36	IV	4 451	–	307,44	345,87	–	260,24	292,77	–	214,56	241,38	–	170,24	191,52	–	127,52	143,46	–	86,16	96,93
	VI	8 634	–	690,72	777,06																				
34 847,99	I,IV	4 460	–	356,80	401,40	I	4 460	–	260,88	293,49	–	170,88	192,24	–	86,72	97,56	–	16,80	18,90	–	–	–	–	–	–
	II	3 906	–	312,48	351,54	II	3 906	–	219,20	246,60	–	131,92	148,41	–	51,60	58,05	–	–	–	–	–	–	–	–	–
	III	1 526	–	122,08	137,34	III	1 526	–	54,08	60,84	–	–	–	–	–	–	–	–	–	–	–	–	–	–	–
	V	8 216	–	657,28	739,44	IV	4 460	–	308,16	346,68	–	260,88	293,49	–	215,20	242,10	–	170,88	192,24	–	128,08	144,09	–	86,72	97,56
	VI	8 646	–	691,68	778,14																				
34 883,99	I,IV	4 469	–	357,52	402,21	I	4 469	–	261,60	294,30	–	171,52	192,96	–	87,36	98,28	–	17,20	19,35	–	–	–	–	–	–
	II	3 914	–	313,12	352,26	II	3 914	–	219,84	247,32	–	132,48	149,04	–	52,08	58,59	–	–	–	–	–	–	–	–	–
	III	1 534	–	122,72	138,06	III	1 534	–	54,56	61,38	–	0,48	0,54	–	–	–	–	–	–	–	–	–	–	–	–
	V	8 228	–	658,24	740,52	IV	4 469	–	308,80	347,40	–	261,60	294,30	–	215,84	242,82	–	171,52	192,96	–	128,72	144,81	–	87,36	98,28
	VI	8 660	–	692,80	779,40																				
34 919,99	I,IV	4 478	–	358,24	403,02	I	4 478	–	262,24	295,02	–	172,16	193,68	–	87,92	98,91	–	17,60	19,80	–	–	–	–	–	–
	II	3 923	–	313,84	353,07	II	3 923	–	220,56	248,13	–	133,12	149,76	–	52,56	59,13	–	–	–	–	–	–	–	–	–
	III	1 540	–	123,20	138,60	III	1 540	–	55,04	61,92	–	0,80	0,90	–	–	–	–	–	–	–	–	–	–	–	–
	V	8 240	–	659,20	741,60	IV	4 478	–	309,52	348,21	–	262,24	295,02	–	216,48	243,54	–	172,16	193,68	–	129,28	145,44	–	87,92	98,91
	VI	8 671	–	693,68	780,39																				
34 955,99	I,IV	4 487	–	358,96	403,83	I	4 487	–	262,88	295,74	–	172,80	194,40	–	88,48	99,54	–	18,–	20,25	–	–	–	–	–	–
	II	3 931	–	314,48	353,79	II	3 931	–	221,20	248,85	–	133,68	150,39	–	53,12	59,76	–	–	–	–	–	–	–	–	–
	III	1 546	–	123,68	139,14	III	1 546	–	55,36	62,28	–	1,12	1,26	–	–	–	–	–	–	–	–	–	–	–	–
	V	8 252	–	660,16	742,68	IV	4 487	–	310,16	348,93	–	262,88	295,74	–	217,12	244,26	–	172,80	194,40	–	129,92	146,16	–	88,48	99,54
	VI	8 684	–	694,72	781,56																				
34 991,99	I,IV	4 495	–	359,60	404,55	I	4 495	–	263,52	296,46	–	173,36	195,03	–	89,04	100,17	–	18,40	20,70	–	–	–	–	–	–
	II	3 940	–	315,20	354,60	II	3 940	–	221,76	249,48	–	134,32	151,11	–	53,60	60,30	–	–	–	–	–	–	–	–	–
	III	1 554	–	124,32	139,86	III	1 554	–	55,84	62,82	–	1,44	1,62	–	–	–	–	–	–	–	–	–	–	–	–
	V	8 266	–	661,28	743,94	IV	4 495	–	310,88	349,74	–	263,52	296,46	–	217,76	244,98	–	173,36	195,03	–	130,48	146,79	–	89,04	100,17
	VI	8 696	–	695,68	782,64																				
35 027,99	I,IV	4 504	–	360,32	405,36	I	4 504	–	264,24	297,27	–	174,–	195,75	–	89,60	100,80	–	18,80	21,15	–	–	–	–	–	–
	II	3 948	–	315,84	355,32	II	3 948	–	222,48	250,29	–	134,88	151,74	–	54,16	60,93	–	–	–	–	–	–	–	–	–
	III	1 560	–	124,80	140,40	III	1 560	–	56,32	63,36	–	1,76	1,98	–	–	–	–	–	–	–	–	–	–	–	–
	V	8 278	–	662,24	745,02	IV	4 504	–	311,52	350,46	–	264,24	297,27	–	218,40	245,70	–	174,–	195,75	–	131,04	147,42	–	89,60	100,80
	VI	8 709	–	696,72	783,81																				
35 063,99	I,IV	4 513	–	361,04	406,17	I	4 513	–	264,88	297,99	–	174,64	196,47	–	90,24	101,52	–	19,20	21,60	–	–	–	–	–	–
	II	3 957	–	316,56	356,13	II	3 957	–	223,12	251,01	–	135,52	152,46	–	54,64	61,47	–	–	–	–	–	–	–	–	–
	III	1 566	–	125,28	140,94	III	1 566	–	56,80	63,90	–	2,08	2,34	–	–	–	–	–	–	–	–	–	–	–	–
	V	8 290	–	663,20	746,10	IV	4 513	–	312,24	351,27	–	264,88	297,99	–	219,04	246,42	–	174,64	196,47	–	131,68	148,14	–	90,24	101,52
	VI	8 721	–	697,68	784,89																				
35 099,99	I,IV	4 522	–	361,76	406,98	I	4 522	–	265,52	298,71	–	175,20	197,10	–	90,80	102,15	–	19,68	22,14	–	–	–	–	–	–
	II	3 966	–	317,28	356,94	II	3 966	–	223,76	251,73	–	136,08	153,09	–	55,12	62,01	–	–	–	–	–	–	–	–	–
	III	1 574	–	125,92	141,66	III	1 574	–	57,12	64,26	–	2,40	2,70	–	–	–	–	–	–	–	–	–	–	–	–
	V	8 302	–	664,16	747,18	IV	4 522	–	312,88	351,99	–	265,52	298,71	–	219,68	247,14	–	175,20	197,10	–	132,32	148,86	–	90,80	102,15
	VI	8 734	–	698,72	786,06																				
35 135,99	I,IV	4 531	–	362,48	407,79	I	4 531	–	266,24	299,52	–	175,84	197,82	–	91,36	102,78	–	20,08	22,59	–	–	–	–	–	–
	II	3 974	–	317,92	357,66	II	3 974	–	224,40	252,45	–	136,72	153,81	–	55,68	62,64	–	–	–	–	–	–	–	–	–
	III	1 580	–	126,40	142,20	III	1 580	–	57,60	64,80	–	2,72	3,06	–	–	–	–	–	–	–	–	–	–	–	–
	V	8 316	–	665,28	748,44	IV	4 531	–	313,60	352,80	–	266,24	299,52	–	220,32	247,86	–	175,84	197,82	–	132,88	149,49	–	91,36	102,78
	VI	8 746	–	699,68	787,14																				

* Die ausgewiesenen Tabellenwerte sind amtlich. Siehe Erläuterungen auf der Umschlaginnenseite (U2).

Abzüge an Lohnsteuer, Solidaritätszuschlag (SolZ) und Kirchensteuer (8%, 9%) in den Steuerklassen

Lohn/ Gehalt bis €*	I – VI	LSt	ohne Kinderfreibeträge SolZ	8%	9%	I, II, III, IV	LSt	mit Zahl der Kinderfreibeträge . . . 0,5 SolZ	8%	9%	1 SolZ	8%	9%	1,5 SolZ	8%	9%	2 SolZ	8%	9%	2,5 SolZ	8%	9%	3 SolZ	8%	9%
35 171,99	I,IV	4 540	–	363,20	408,60	I	4 540	–	266,88	300,24	–	176,48	198,54	–	92,–	103,50	–	20,48	23,04	–	–	–	–	–	–
	II	3 983	–	318,64	358,47	II	3 983	–	225,04	253,17	–	137,28	154,44	–	56,24	63,27	–	–	–	–	–	–	–	–	–
	III	1 588	–	127,04	142,92	III	1 588	–	58,08	65,34	–	3,20	3,60	–	–	–	–	–	–	–	–	–	–	–	–
	V	8 328	–	666,24	749,52	IV	4 540	–	314,32	353,61	–	266,88	300,24	–	220,96	248,58	–	176,48	198,54	–	133,52	150,21	–	92,–	103,50
	VI	8 759	–	700,72	788,31																				
35 207,99	I,IV	4 548	–	363,84	409,32	I	4 548	–	267,52	300,96	–	177,12	199,26	–	92,56	104,13	–	20,88	23,49	–	–	–	–	–	–
	II	3 992	–	319,36	359,28	II	3 992	–	225,68	253,89	–	137,92	155,16	–	56,72	63,81	–	–	–	–	–	–	–	–	–
	III	1 594	–	127,52	143,46	III	1 594	–	58,56	65,88	–	3,52	3,96	–	–	–	–	–	–	–	–	–	–	–	–
	V	8 340	–	667,20	750,60	IV	4 548	–	314,96	354,33	–	267,52	300,96	–	221,60	249,30	–	177,12	199,26	–	134,08	150,84	–	92,56	104,13
	VI	8 772	–	701,76	789,48																				
35 243,99	I,IV	4 557	–	364,56	410,13	I	4 557	–	268,24	301,77	–	177,76	199,98	–	93,12	104,76	–	21,28	23,94	–	–	–	–	–	–
	II	4 000	–	320,–	360,–	II	4 000	–	226,32	254,61	–	138,56	155,88	–	57,28	64,44	–	–	–	–	–	–	–	–	–
	III	1 600	–	128,–	144,–	III	1 600	–	58,88	66,24	–	3,84	4,32	–	–	–	–	–	–	–	–	–	–	–	–
	V	8 352	–	668,16	751,68	IV	4 557	–	315,68	355,14	–	268,24	301,77	–	222,24	250,02	–	177,76	199,98	–	134,72	151,56	–	93,12	104,76
	VI	8 784	–	702,72	790,56																				
35 279,99	I,IV	4 566	–	365,28	410,94	I	4 566	–	268,88	302,49	–	178,40	200,70	–	93,76	105,48	–	21,68	24,39	–	–	–	–	–	–
	II	4 009	–	320,72	360,81	II	4 009	–	226,96	255,33	–	139,12	156,51	–	57,76	64,98	–	–	–	–	–	–	–	–	–
	III	1 608	–	128,64	144,72	III	1 608	–	59,36	66,78	–	4,16	4,68	–	–	–	–	–	–	–	–	–	–	–	–
	V	8 364	–	669,12	752,76	IV	4 566	–	316,32	355,86	–	268,88	302,49	–	222,88	250,74	–	178,40	200,70	–	135,28	152,19	–	93,76	105,48
	VI	8 797	–	703,76	791,73																				
35 315,99	I,IV	4 575	–	366,–	411,75	I	4 575	–	269,52	303,21	–	178,96	201,33	–	94,32	106,11	–	22,16	24,93	–	–	–	–	–	–
	II	4 017	–	321,36	361,53	II	4 017	–	227,60	256,05	–	139,68	157,14	–	58,32	65,61	–	–	–	–	–	–	–	–	–
	III	1 614	–	129,12	145,26	III	1 614	–	59,84	67,32	–	4,48	5,04	–	–	–	–	–	–	–	–	–	–	–	–
	V	8 376	–	670,08	753,84	IV	4 575	–	317,04	356,67	–	269,52	303,21	–	223,52	251,46	–	178,96	201,33	–	135,92	152,91	–	94,32	106,11
	VI	8 809	–	704,72	792,81																				
35 351,99	I,IV	4 584	–	366,72	412,56	I	4 584	–	270,24	304,02	–	179,60	202,05	–	94,88	106,74	–	22,56	25,38	–	–	–	–	–	–
	II	4 026	–	322,08	362,34	II	4 026	–	228,24	256,77	–	140,32	157,86	–	58,80	66,15	–	–	–	–	–	–	–	–	–
	III	1 620	–	129,60	145,80	III	1 620	–	60,32	67,86	–	4,80	5,40	–	–	–	–	–	–	–	–	–	–	–	–
	V	8 388	–	671,04	754,92	IV	4 584	–	317,68	357,39	–	270,24	304,02	–	224,16	252,18	–	179,60	202,05	–	136,48	153,54	–	94,88	106,74
	VI	8 822	–	705,76	793,98																				
35 387,99	I,IV	4 593	–	367,44	413,37	I	4 593	–	270,88	304,74	–	180,24	202,77	–	95,44	107,37	–	22,96	25,83	–	–	–	–	–	–
	II	4 034	–	322,72	363,06	II	4 034	–	228,88	257,49	–	140,96	158,58	–	59,36	66,78	–	–	–	–	–	–	–	–	–
	III	1 628	–	130,24	146,52	III	1 628	–	60,64	68,22	–	5,12	5,76	–	–	–	–	–	–	–	–	–	–	–	–
	V	8 402	–	672,16	756,18	IV	4 593	–	318,40	358,20	–	270,88	304,74	–	224,80	252,90	–	180,24	202,77	–	137,12	154,26	–	95,44	107,37
	VI	8 834	–	706,72	795,06																				
35 423,99	I,IV	4 601	–	368,08	414,09	I	4 601	–	271,52	305,46	–	180,88	203,49	–	96,08	108,09	–	23,36	26,28	–	–	–	–	–	–
	II	4 043	–	323,44	363,87	II	4 043	–	229,52	258,21	–	141,52	159,21	–	59,92	67,41	–	–	–	–	–	–	–	–	–
	III	1 634	–	130,72	147,06	III	1 634	–	61,12	68,76	–	5,60	6,30	–	–	–	–	–	–	–	–	–	–	–	–
	V	8 414	–	673,12	757,26	IV	4 601	–	319,12	359,01	–	271,52	305,46	–	225,44	253,62	–	180,88	203,49	–	137,68	154,89	–	96,08	108,09
	VI	8 847	–	707,76	796,23																				
35 459,99	I,IV	4 610	–	368,80	414,90	I	4 610	–	272,24	306,27	–	181,52	204,21	–	96,64	108,72	–	23,84	26,82	–	–	–	–	–	–
	II	4 052	–	324,16	364,68	II	4 052	–	230,24	259,02	–	142,16	159,93	–	60,40	67,95	–	–	–	–	–	–	–	–	–
	III	1 642	–	131,36	147,78	III	1 642	–	61,60	69,30	–	5,92	6,66	–	–	–	–	–	–	–	–	–	–	–	–
	V	8 426	–	674,08	758,34	IV	4 610	–	319,76	359,73	–	272,24	306,27	–	226,08	254,34	–	181,52	204,21	–	138,32	155,61	–	96,64	108,72
	VI	8 859	–	708,72	797,31																				
35 495,99	I,IV	4 619	–	369,52	415,71	I	4 619	–	272,88	306,99	–	182,08	204,84	–	97,20	109,35	–	24,24	27,27	–	–	–	–	–	–
	II	4 060	–	324,80	365,40	II	4 060	–	230,88	259,74	–	142,80	160,65	–	60,96	68,58	–	–	–	–	–	–	–	–	–
	III	1 648	–	131,84	148,32	III	1 648	–	62,08	69,84	–	6,24	7,02	–	–	–	–	–	–	–	–	–	–	–	–
	V	8 438	–	675,04	759,42	IV	4 619	–	320,48	360,54	–	272,88	306,99	–	226,80	255,15	–	182,08	204,84	–	138,96	156,33	–	97,20	109,35
	VI	8 872	–	709,76	798,48																				
35 531,99	I,IV	4 628	–	370,24	416,52	I	4 628	–	273,52	307,71	–	182,72	205,56	–	97,84	110,07	–	24,64	27,72	–	–	–	–	–	–
	II	4 069	–	325,52	366,21	II	4 069	–	231,52	260,46	–	143,36	161,28	–	61,52	69,21	–	0,32	0,36	–	–	–	–	–	–
	III	1 656	–	132,48	149,04	III	1 656	–	62,56	70,38	–	6,56	7,38	–	–	–	–	–	–	–	–	–	–	–	–
	V	8 452	–	676,16	760,68	IV	4 628	–	321,20	361,35	–	273,52	307,71	–	227,44	255,87	–	182,72	205,56	–	139,52	156,96	–	97,84	110,07
	VI	8 885	–	710,80	799,65																				
35 567,99	I,IV	4 637	–	370,96	417,33	I	4 637	–	274,24	308,52	–	183,36	206,28	–	98,40	110,70	–	25,12	28,26	–	–	–	–	–	–
	II	4 078	–	326,24	367,02	II	4 078	–	232,16	261,18	–	144,–	162,–	–	62,–	69,75	–	0,64	0,72	–	–	–	–	–	–
	III	1 662	–	132,96	149,58	III	1 662	–	62,88	70,74	–	6,88	7,74	–	–	–	–	–	–	–	–	–	–	–	–
	V	8 464	–	677,12	761,76	IV	4 637	–	321,84	362,07	–	274,24	308,52	–	228,08	256,59	–	183,36	206,28	–	140,16	157,68	–	98,40	110,70
	VI	8 897	–	711,76	800,73																				
35 603,99	I,IV	4 646	–	371,68	418,14	I	4 646	–	274,88	309,24	–	184,–	207,–	–	98,96	111,33	–	25,52	28,71	–	–	–	–	–	–
	II	4 086	–	326,88	367,74	II	4 086	–	232,80	261,90	–	144,56	162,63	–	62,56	70,38	–	0,96	1,08	–	–	–	–	–	–
	III	1 668	–	133,44	150,12	III	1 668	–	63,36	71,28	–	7,20	8,10	–	–	–	–	–	–	–	–	–	–	–	–
	V	8 476	–	678,08	762,84	IV	4 646	–	322,56	362,88	–	274,88	309,24	–	228,72	257,31	–	184,–	207,–	–	140,72	158,31	–	98,96	111,33
	VI	8 909	–	712,72	801,81																				
35 639,99	I,IV	4 655	–	372,40	418,95	I	4 655	–	275,52	309,96	–	184,64	207,72	–	99,52	111,96	–	25,92	29,16	–	–	–	–	–	–
	II	4 095	–	327,60	368,55	II	4 095	–	233,44	262,62	–	145,20	163,35	–	63,12	71,01	–	1,28	1,44	–	–	–	–	–	–
	III	1 676	–	134,08	150,84	III	1 676	–	63,84	71,82	–	7,68	8,64	–	–	–	–	–	–	–	–	–	–	–	–
	V	8 488	–	679,04	763,92	IV	4 655	–	323,20	363,60	–	275,52	309,96	–	229,36	258,03	–	184,64	207,72	–	141,36	159,03	–	99,52	111,96
	VI	8 922	–	713,76	802,98																				
35 675,99	I,IV	4 663	–	373,04	419,67	I	4 663	–	276,24	310,77	–	185,20	208,35	–	100,16	112,68	–	26,40	29,70	–	–	–	–	–	–
	II	4 104	–	328,32	369,36	II	4 104	–	234,08	263,34	–	145,76	163,98	–	63,60	71,55	–	1,68	1,89	–	–	–	–	–	–
	III	1 682	–	134,56	151,38	III	1 682	–	64,32	72,36	–	8,–	9,–	–	–	–	–	–	–	–	–	–	–	–	–
	V	8 500	–	680,–	765,–	IV	4 663	–	323,92	364,41	–	276,24	310,77	–	230,–	258,75	–	185,20	208,35	–	141,92	159,66	–	100,16	112,68
	VI	8 935	–	714,80	804,15																				
35 711,99	I,IV	4 672	–	373,76	420,48	I	4 672	–	276,88	311,49	–	185,84	209,07	–	100,72	113,31	–	26,80	30,15	–	–	–	–	–	–
	II	4 112	–	328,96	370,08	II	4 112	–	234,72	264,06	–	146,40	164,70	–	64,16	72,18	–	2,–	2,25	–	–	–	–	–	–
	III	1 690	–	135,20	152,10	III	1 690	–	64,80	72,90	–	8,32	9,36	–	–	–	–	–	–	–	–	–	–	–	–
	V	8 512	–	680,96	766,08	IV	4 672	–	324,64	365,22	–	276,88	311,49	–	230,64	259,47	–	185,84	209,07	–	142,56	160,38	–	100,72	113,31
	VI	8 947	–	715,76	805,23																				

* Die ausgewiesenen Tabellenwerte sind amtlich. Siehe Erläuterungen auf der Umschlaginnenseite (U2).

Lohn/ Gehalt bis €*		LSt	SolZ	8%	9%		LSt	0,5 SolZ	0,5 8%	0,5 9%	1 SolZ	1 8%	1 9%	1,5 SolZ	1,5 8%	1,5 9%	2 SolZ	2 8%	2 9%	2,5 SolZ	2,5 8%	2,5 9%	3 SolZ	3 8%	3 9%
		I – VI	ohne Kinderfreibeträge				**I, II, III, IV** mit Zahl der Kinderfreibeträge . . .																		
35 747,99	I,IV	4 681	—	374,48	421,29	I	4 681	—	277,60	312,30	—	186,48	209,79	—	101,28	113,94	—	27,28	30,69	—	—	—	—	—	—
	II	4 121	—	329,68	370,89	II	4 121	—	235,44	264,87	—	147,04	165,42	—	64,72	72,81	—	2,32	2,61	—	—	—	—	—	—
	III	1 696	—	135,68	152,64	III	1 696	—	65,28	73,44	—	8,64	9,72	—	—	—	—	—	—	—	—	—	—	—	—
	V	8 526	—	682,08	767,34	IV	4 681	—	325,28	365,94	—	277,60	312,30	—	231,28	260,19	—	186,48	209,79	—	143,20	161,10	—	101,28	113,94
	VI	8 960	—	716,80	806,40																				
35 783,99	I,IV	4 690	—	375,20	422,10	I	4 690	—	278,24	313,02	—	187,12	210,51	—	101,92	114,66	—	27,68	31,14	—	—	—	—	—	—
	II	4 130	—	330,40	371,70	II	4 130	—	236,08	265,59	—	147,60	166,05	—	65,28	73,44	—	2,72	3,06	—	—	—	—	—	—
	III	1 704	—	136,32	153,36	III	1 704	—	65,60	73,80	—	9,12	10,26	—	—	—	—	—	—	—	—	—	—	—	—
	V	8 538	—	683,04	768,42	IV	4 690	—	326,—	366,75	—	278,24	313,02	—	231,92	260,91	—	187,12	210,51	—	143,76	161,73	—	101,92	114,66
	VI	8 972	—	717,76	807,48																				
35 819,99	I,IV	4 699	—	375,92	422,91	I	4 699	—	278,88	313,74	—	187,76	211,23	—	102,48	115,29	—	28,16	31,68	—	—	—	—	—	—
	II	4 138	—	331,04	372,42	II	4 138	—	236,72	266,31	—	148,24	166,77	—	65,84	74,07	—	3,04	3,42	—	—	—	—	—	—
	III	1 710	—	136,80	153,90	III	1 710	—	66,08	74,34	—	9,44	10,62	—	—	—	—	—	—	—	—	—	—	—	—
	V	8 550	—	684,—	769,50	IV	4 699	—	326,72	367,56	—	278,88	313,74	—	232,56	261,63	—	187,76	211,23	—	144,40	162,45	—	102,48	115,29
	VI	8 985	—	718,80	808,65																				
35 855,99	I,IV	4 708	—	376,64	423,72	I	4 708	—	279,60	314,55	—	188,40	211,95	—	103,04	115,92	—	28,56	32,13	—	—	—	—	—	—
	II	4 147	—	331,76	373,23	II	4 147	—	237,36	267,03	—	148,88	167,49	—	66,40	74,70	—	3,36	3,78	—	—	—	—	—	—
	III	1 718	—	137,44	154,62	III	1 718	—	66,56	74,88	—	9,76	10,98	—	—	—	—	—	—	—	—	—	—	—	—
	V	8 564	—	685,12	770,76	IV	4 708	—	327,36	368,28	—	279,60	314,55	—	233,28	262,44	—	188,40	211,95	—	144,96	163,08	—	103,04	115,92
	VI	8 998	—	719,84	809,82																				
35 891,99	I,IV	4 717	—	377,36	424,53	I	4 717	—	280,24	315,27	—	189,04	212,67	—	103,68	116,64	—	29,04	32,67	—	—	—	—	—	—
	II	4 156	—	332,48	374,04	II	4 156	—	238,—	267,75	—	149,44	168,12	—	66,96	75,33	—	3,76	4,23	—	—	—	—	—	—
	III	1 724	—	137,92	155,16	III	1 724	—	67,04	75,42	—	10,08	11,34	—	—	—	—	—	—	—	—	—	—	—	—
	V	8 576	—	686,08	771,84	IV	4 717	—	328,08	369,09	—	280,24	315,27	—	233,92	263,16	—	189,04	212,67	—	145,60	163,80	—	103,68	116,64
	VI	9 010	—	720,80	810,90																				
35 927,99	I,IV	4 726	—	378,08	425,34	I	4 726	—	280,88	315,99	—	189,60	213,30	—	104,24	117,27	—	29,44	33,12	—	—	—	—	—	—
	II	4 164	—	333,12	374,76	II	4 164	—	238,64	268,47	—	150,08	168,84	—	67,44	75,87	—	4,08	4,59	—	—	—	—	—	—
	III	1 730	—	138,40	155,70	III	1 730	—	67,52	75,96	—	10,40	11,70	—	—	—	—	—	—	—	—	—	—	—	—
	V	8 588	—	687,04	772,92	IV	4 726	—	328,72	369,81	—	280,88	315,99	—	234,56	263,88	—	189,60	213,30	—	146,16	164,43	—	104,24	117,27
	VI	9 022	—	721,76	811,98																				
35 963,99	I,IV	4 735	—	378,80	426,15	I	4 735	—	281,60	316,80	—	190,24	214,02	—	104,80	117,90	—	29,92	33,66	—	—	—	—	—	—
	II	4 173	—	333,84	375,57	II	4 173	—	239,28	269,19	—	150,64	169,47	—	68,—	76,50	—	4,40	4,95	—	—	—	—	—	—
	III	1 738	—	139,04	156,42	III	1 738	—	67,84	76,32	—	10,72	12,06	—	—	—	—	—	—	—	—	—	—	—	—
	V	8 600	—	688,—	774,—	IV	4 735	—	329,44	370,62	—	281,60	316,80	—	235,20	264,60	—	190,24	214,02	—	146,80	165,15	—	104,80	117,90
	VI	9 035	—	722,80	813,15																				
35 999,99	I,IV	4 744	—	379,52	426,96	I	4 744	—	282,24	317,52	—	190,88	214,74	—	105,44	118,62	—	30,32	34,11	—	—	—	—	—	—
	II	4 182	—	334,56	376,38	II	4 182	—	240,—	270,—	—	151,28	170,19	—	68,56	77,13	—	4,80	5,40	—	—	—	—	—	—
	III	1 744	—	139,52	156,96	III	1 744	—	68,32	76,86	—	11,20	12,60	—	—	—	—	—	—	—	—	—	—	—	—
	V	8 612	—	688,96	775,08	IV	4 744	—	330,16	371,43	—	282,24	317,52	—	235,84	265,32	—	190,88	214,74	—	147,44	165,87	—	105,44	118,62
	VI	9 048	—	723,84	814,32																				
36 035,99	I,IV	4 753	—	380,24	427,77	I	4 753	—	282,96	318,33	—	191,52	215,46	—	106,—	119,25	—	30,80	34,65	—	—	—	—	—	—
	II	4 190	—	335,20	377,10	II	4 190	—	240,64	270,72	—	151,92	170,91	—	69,12	77,76	—	5,12	5,76	—	—	—	—	—	—
	III	1 752	—	140,16	157,68	III	1 752	—	68,80	77,40	—	11,52	12,96	—	—	—	—	—	—	—	—	—	—	—	—
	V	8 626	—	690,08	776,34	IV	4 753	—	330,80	372,15	—	282,96	318,33	—	236,48	266,04	—	191,52	215,46	—	148,—	166,50	—	106,—	119,25
	VI	9 060	—	724,80	815,40																				
36 071,99	I,IV	4 762	—	380,96	428,58	I	4 762	—	283,60	319,05	—	192,16	216,18	—	106,56	119,88	—	31,20	35,10	—	—	—	—	—	—
	II	4 199	—	335,92	377,91	II	4 199	—	241,28	271,44	—	152,48	171,54	—	69,68	78,39	—	5,52	6,21	—	—	—	—	—	—
	III	1 758	—	140,64	158,22	III	1 758	—	69,28	77,94	—	11,84	13,32	—	—	—	—	—	—	—	—	—	—	—	—
	V	8 638	—	691,04	777,42	IV	4 762	—	331,52	372,96	—	283,60	319,05	—	237,12	266,76	—	192,16	216,18	—	148,64	167,22	—	106,56	119,88
	VI	9 073	—	725,84	816,57																				
36 107,99	I,IV	4 771	—	381,68	429,39	I	4 771	—	284,24	319,77	—	192,80	216,90	—	107,20	120,60	—	31,68	35,64	—	—	—	—	—	—
	II	4 208	—	336,64	378,72	II	4 208	—	241,92	272,16	—	153,12	172,26	—	70,24	79,02	—	5,84	6,57	—	—	—	—	—	—
	III	1 766	—	141,28	158,94	III	1 766	—	69,76	78,48	—	12,16	13,68	—	—	—	—	—	—	—	—	—	—	—	—
	V	8 650	—	692,—	778,50	IV	4 771	—	332,24	373,77	—	284,24	319,77	—	237,84	267,57	—	192,80	216,90	—	149,28	167,94	—	107,20	120,60
	VI	9 085	—	726,80	817,65																				
36 143,99	I,IV	4 780	—	382,40	430,20	I	4 780	—	284,96	320,58	—	193,44	217,62	—	107,76	121,23	—	32,16	36,18	—	—	—	—	—	—
	II	4 216	—	337,28	379,44	II	4 216	—	242,56	272,88	—	153,76	172,98	—	70,80	79,65	—	6,24	7,02	—	—	—	—	—	—
	III	1 772	—	141,76	159,48	III	1 772	—	70,24	79,02	—	12,64	14,22	—	—	—	—	—	—	—	—	—	—	—	—
	V	8 663	—	693,04	779,67	IV	4 780	—	332,96	374,58	—	284,96	320,58	—	238,48	268,29	—	193,44	217,62	—	149,84	168,57	—	107,76	121,23
	VI	9 098	—	727,84	818,82																				
36 179,99	I,IV	4 788	—	383,04	430,92	I	4 788	—	285,60	321,30	—	194,08	218,34	—	108,40	121,95	—	32,56	36,63	—	—	—	—	—	—
	II	4 225	—	338,—	380,25	II	4 225	—	243,28	273,69	—	154,32	173,61	—	71,36	80,28	—	6,56	7,38	—	—	—	—	—	—
	III	1 780	—	142,40	160,20	III	1 780	—	70,72	79,56	—	12,96	14,58	—	—	—	—	—	—	—	—	—	—	—	—
	V	8 675	—	694,—	780,75	IV	4 788	—	333,60	375,30	—	285,60	321,30	—	239,12	269,01	—	194,08	218,34	—	150,48	169,29	—	108,40	121,95
	VI	9 111	—	728,88	819,99																				
36 215,99	I,IV	4 797	—	383,76	431,73	I	4 797	—	286,32	322,11	—	194,72	219,06	—	108,96	122,58	—	33,04	37,17	—	—	—	—	—	—
	II	4 234	—	338,72	381,06	II	4 234	—	243,92	274,41	—	154,96	174,33	—	71,92	80,91	—	6,96	7,83	—	—	—	—	—	—
	III	1 788	—	143,04	160,92	III	1 788	—	71,20	80,10	—	13,28	14,94	—	—	—	—	—	—	—	—	—	—	—	—
	V	8 688	—	695,04	781,92	IV	4 797	—	334,32	376,11	—	286,32	322,11	—	239,76	269,73	—	194,72	219,06	—	151,12	170,01	—	108,96	122,58
	VI	9 123	—	729,84	821,07																				
36 251,99	I,IV	4 806	—	384,48	432,54	I	4 806	—	286,96	322,83	—	195,28	219,69	—	109,52	123,21	—	33,52	37,71	—	—	—	—	—	—
	II	4 242	—	339,36	381,78	II	4 242	—	244,56	275,13	—	155,52	174,96	—	72,48	81,54	—	7,28	8,19	—	—	—	—	—	—
	III	1 794	—	143,52	161,46	III	1 794	—	71,68	80,64	—	13,76	15,48	—	—	—	—	—	—	—	—	—	—	—	—
	V	8 700	—	696,—	783,—	IV	4 806	—	334,96	376,83	—	286,96	322,83	—	240,40	270,45	—	195,28	219,69	—	151,68	170,64	—	109,52	123,21
	VI	9 135	—	730,80	822,15																				
36 287,99	I,IV	4 815	—	385,20	433,35	I	4 815	—	287,60	323,55	—	195,92	220,41	—	110,16	123,93	—	33,92	38,16	—	—	—	—	—	—
	II	4 251	—	340,08	382,59	II	4 251	—	245,20	275,85	—	156,16	175,68	—	73,04	82,17	—	7,68	8,64	—	—	—	—	—	—
	III	1 802	—	144,16	162,18	III	1 802	—	72,—	81,—	—	14,08	15,84	—	—	—	—	—	—	—	—	—	—	—	—
	V	8 713	—	697,04	784,17	IV	4 815	—	335,68	377,64	—	287,60	323,55	—	241,04	271,17	—	195,92	220,41	—	152,32	171,36	—	110,16	123,93
	VI	9 148	—	731,84	823,32																				

Table heading: Abzüge an Lohnsteuer, Solidaritätszuschlag (SolZ) und Kirchensteuer (8%, 9%) in den Steuerklassen

* Die ausgewiesenen Tabellenwerte sind amtlich. Siehe Erläuterungen auf der Umschlaginnenseite (U2).

Abzüge an Lohnsteuer, Solidaritätszuschlag (SolZ) und Kirchensteuer (8%, 9%) in den Steuerklassen

mit Zahl der Kinderfreibeträge . . .

Lohn/ Gehalt bis €*	I – VI		ohne Kinderfreibeträge			I, II, III, IV		0,5			1			1,5			2			2,5			3		
		LSt	SolZ	8%	9%		LSt	SolZ	8%	9%	SolZ	8%	9%	SolZ	8%	9%	SolZ	8%	9%	SolZ	8%	9%	SolZ	8%	9%
36 323,99	I,IV	4 824	—	385,92	434,16	I	4 824	—	288,32	324,36	—	196,56	221,13	—	110,72	124,56	—	34,40	38,70	—	—	—	—	—	—
	II	4 260	—	340,80	383,40	II	4 260	—	245,84	276,57	—	156,80	176,40	—	73,60	82,80	—	8,08	9,09	—	—	—	—	—	—
	III	1 808	—	144,64	162,72	III	1 808	—	72,48	81,54	—	14,40	16,20	—	—	—	—	—	—	—	—	—	—	—	—
	V	8 725	—	698,—	785,25	IV	4 824	—	336,40	378,45	—	288,32	324,36	—	241,68	271,89	—	196,56	221,13	—	152,88	171,99	—	110,72	124,56
	VI	9 161	—	732,88	824,49																				
36 359,99	I,IV	4 833	—	386,64	434,97	I	4 833	—	288,96	325,08	—	197,20	221,85	—	111,28	125,19	—	34,88	39,24	—	—	—	—	—	—
	II	4 269	—	341,52	384,21	II	4 269	—	246,48	277,29	—	157,44	177,12	—	74,16	83,43	—	8,40	9,45	—	—	—	—	—	—
	III	1 816	—	145,28	163,44	III	1 816	—	72,96	82,08	—	14,72	16,56	—	—	—	—	—	—	—	—	—	—	—	—
	V	8 738	—	699,04	786,42	IV	4 833	—	337,12	379,26	—	288,96	325,08	—	242,40	272,70	—	197,20	221,85	—	153,52	172,71	—	111,28	125,19
	VI	9 173	—	733,84	825,57																				
36 395,99	I,IV	4 842	—	387,36	435,78	I	4 842	—	289,68	325,89	—	197,84	222,57	—	111,92	125,91	—	35,36	39,78	—	—	—	—	—	—
	II	4 277	—	342,16	384,93	II	4 277	—	247,20	278,10	—	158,—	177,75	—	74,72	84,06	—	8,80	9,90	—	—	—	—	—	—
	III	1 822	—	145,76	163,98	III	1 822	—	73,44	82,62	—	15,20	17,10	—	—	—	—	—	—	—	—	—	—	—	—
	V	8 751	—	700,08	787,59	IV	4 842	—	337,76	379,98	—	289,68	325,89	—	243,04	273,42	—	197,84	222,57	—	154,16	173,43	—	111,92	125,91
	VI	9 186	—	734,88	826,74																				
36 431,99	I,IV	4 851	—	388,08	436,59	I	4 851	—	290,32	326,61	—	198,48	223,29	—	112,48	126,54	—	35,76	40,23	—	—	—	—	—	—
	II	4 286	—	342,88	385,74	II	4 286	—	247,84	278,82	—	158,64	178,47	—	75,36	84,78	—	9,12	10,26	—	—	—	—	—	—
	III	1 830	—	146,40	164,70	III	1 830	—	73,92	83,16	—	15,52	17,46	—	—	—	—	—	—	—	—	—	—	—	—
	V	8 763	—	701,04	788,67	IV	4 851	—	338,48	380,79	—	290,32	326,61	—	243,68	274,14	—	198,48	223,29	—	154,72	174,06	—	112,48	126,54
	VI	9 198	—	735,84	827,82																				
36 467,99	I,IV	4 860	—	388,80	437,40	I	4 860	—	291,04	327,42	—	199,12	224,01	—	113,12	127,26	—	36,24	40,77	—	—	—	—	—	—
	II	4 295	—	343,60	386,55	II	4 295	—	248,48	279,54	—	159,28	179,19	—	75,92	85,41	—	9,52	10,71	—	—	—	—	—	—
	III	1 836	—	146,88	165,24	III	1 836	—	74,40	83,70	—	15,84	17,82	—	—	—	—	—	—	—	—	—	—	—	—
	V	8 776	—	702,08	789,84	IV	4 860	—	339,20	381,60	—	291,04	327,42	—	244,32	274,86	—	199,12	224,01	—	155,36	174,78	—	113,12	127,26
	VI	9 211	—	736,88	828,99																				
36 503,99	I,IV	4 869	—	389,52	438,21	I	4 869	—	291,68	328,14	—	199,76	224,73	—	113,68	127,89	—	36,72	41,31	—	—	—	—	—	—
	II	4 304	—	344,32	387,36	II	4 304	—	249,12	280,26	—	159,84	179,82	—	76,48	86,04	—	9,92	11,16	—	—	—	—	—	—
	III	1 844	—	147,52	165,96	III	1 844	—	74,88	84,24	—	16,32	18,36	—	—	—	—	—	—	—	—	—	—	—	—
	V	8 788	—	703,04	790,92	IV	4 869	—	339,92	382,41	—	291,68	328,14	—	244,96	275,58	—	199,76	224,73	—	156,—	175,50	—	113,68	127,89
	VI	9 224	—	737,92	830,16																				
36 539,99	I,IV	4 878	—	390,24	439,02	I	4 878	—	292,40	328,95	—	200,40	225,45	—	114,24	128,52	—	37,20	41,85	—	—	—	—	—	—
	II	4 312	—	344,96	388,08	II	4 312	—	249,76	280,98	—	160,48	180,54	—	77,04	86,67	—	10,24	11,52	—	—	—	—	—	—
	III	1 850	—	148,—	166,50	III	1 850	—	75,36	84,78	—	16,64	18,72	—	—	—	—	—	—	—	—	—	—	—	—
	V	8 801	—	704,08	792,09	IV	4 878	—	340,56	383,13	—	292,40	328,95	—	245,60	276,30	—	200,40	225,45	—	156,56	176,13	—	114,24	128,52
	VI	9 236	—	738,88	831,24																				
36 575,99	I,IV	4 887	—	390,96	439,83	I	4 887	—	293,04	329,67	—	201,04	226,17	—	114,88	129,24	—	37,68	42,39	—	—	—	—	—	—
	II	4 321	—	345,68	388,89	II	4 321	—	250,48	281,79	—	161,12	181,26	—	77,60	87,30	—	10,64	11,97	—	—	—	—	—	—
	III	1 858	—	148,64	167,22	III	1 858	—	75,84	85,32	—	16,96	19,08	—	—	—	—	—	—	—	—	—	—	—	—
	V	8 813	—	705,04	793,17	IV	4 887	—	341,28	383,94	—	293,04	329,67	—	246,32	277,11	—	201,04	226,17	—	157,20	176,85	—	114,88	129,24
	VI	9 248	—	739,84	832,32																				
36 611,99	I,IV	4 896	—	391,68	440,64	I	4 896	—	293,68	330,39	—	201,68	226,89	—	115,44	129,87	—	38,08	42,84	—	—	—	—	—	—
	II	4 330	—	346,40	389,70	II	4 330	—	251,12	282,51	—	161,68	181,89	—	78,16	87,93	—	11,04	12,42	—	—	—	—	—	—
	III	1 864	—	149,12	167,76	III	1 864	—	76,32	85,86	—	17,28	19,44	—	—	—	—	—	—	—	—	—	—	—	—
	V	8 826	—	706,08	794,34	IV	4 896	—	341,92	384,66	—	293,68	330,39	—	246,96	277,83	—	201,68	226,89	—	157,84	177,57	—	115,44	129,87
	VI	9 261	—	740,88	833,49																				
36 647,99	I,IV	4 905	—	392,40	441,45	I	4 905	—	294,40	331,20	—	202,32	227,61	—	116,08	130,59	—	38,56	43,38	—	—	—	—	—	—
	II	4 339	—	347,12	390,51	II	4 339	—	251,76	283,23	—	162,32	182,61	—	78,80	88,65	—	11,44	12,87	—	—	—	—	—	—
	III	1 872	—	149,76	168,48	III	1 872	—	76,80	86,40	—	17,76	19,98	—	—	—	—	—	—	—	—	—	—	—	—
	V	8 838	—	707,04	795,42	IV	4 905	—	342,64	385,47	—	294,40	331,20	—	247,60	278,55	—	202,32	227,61	—	158,40	178,20	—	116,08	130,59
	VI	9 274	—	741,92	834,66																				
36 683,99	I,IV	4 914	—	393,12	442,26	I	4 914	—	295,04	331,92	—	202,96	228,33	—	116,64	131,22	—	39,04	43,92	—	—	—	—	—	—
	II	4 347	—	347,76	391,23	II	4 347	—	252,40	283,95	—	162,96	183,33	—	79,36	89,28	—	11,76	13,23	—	—	—	—	—	—
	III	1 878	—	150,24	169,02	III	1 878	—	77,12	86,76	—	18,08	20,34	—	—	—	—	—	—	—	—	—	—	—	—
	V	8 851	—	708,08	796,59	IV	4 914	—	343,36	386,28	—	295,04	331,92	—	248,24	279,27	—	202,96	228,33	—	159,04	178,92	—	116,64	131,22
	VI	9 286	—	742,88	835,74																				
36 719,99	I,IV	4 923	—	393,84	443,07	I	4 923	—	295,76	332,73	—	203,60	229,05	—	117,28	131,94	—	39,52	44,46	—	—	—	—	—	—
	II	4 356	—	348,48	392,04	II	4 356	—	253,12	284,76	—	163,60	184,05	—	79,92	89,91	—	12,16	13,68	—	—	—	—	—	—
	III	1 886	—	150,88	169,74	III	1 886	—	77,60	87,30	—	18,40	20,70	—	—	—	—	—	—	—	—	—	—	—	—
	V	8 864	—	709,12	797,76	IV	4 923	—	344,08	387,09	—	295,76	332,73	—	248,96	280,08	—	203,60	229,05	—	159,68	179,64	—	117,28	131,94
	VI	9 299	—	743,92	836,91																				
36 755,99	I,IV	4 932	—	394,56	443,88	I	4 932	—	296,48	333,54	—	204,24	229,77	—	117,84	132,57	—	40,—	45,—	—	—	—	—	—	—
	II	4 365	—	349,20	392,85	II	4 365	—	253,76	285,48	—	164,16	184,68	—	80,48	90,54	—	12,56	14,13	—	—	—	—	—	—
	III	1 894	—	151,52	170,46	III	1 894	—	78,08	87,84	—	18,88	21,24	—	—	—	—	—	—	—	—	—	—	—	—
	V	8 876	—	710,08	798,84	IV	4 932	—	344,80	387,90	—	296,48	333,54	—	249,60	280,80	—	204,24	229,77	—	160,32	180,36	—	117,84	132,57
	VI	9 311	—	744,88	837,99																				
36 791,99	I,IV	4 941	—	395,28	444,69	I	4 941	—	297,12	334,26	—	204,80	230,40	—	118,40	133,20	—	40,48	45,54	—	—	—	—	—	—
	II	4 374	—	349,92	393,66	II	4 374	—	254,40	286,20	—	164,80	185,40	—	81,04	91,17	—	12,96	14,58	—	—	—	—	—	—
	III	1 900	—	152,—	171,—	III	1 900	—	78,56	88,38	—	19,20	21,60	—	—	—	—	—	—	—	—	—	—	—	—
	V	8 889	—	711,12	800,01	IV	4 941	—	345,44	388,62	—	297,12	334,26	—	250,24	281,52	—	204,80	230,40	—	160,88	180,99	—	118,40	133,20
	VI	9 324	—	745,92	839,16																				
36 827,99	I,IV	4 950	—	396,—	445,50	I	4 950	—	297,84	335,07	—	205,44	231,12	—	119,04	133,92	—	40,96	46,08	—	—	—	—	—	—
	II	4 383	—	350,64	394,47	II	4 383	—	255,04	286,92	—	165,44	186,12	—	81,68	91,89	—	13,36	15,03	—	—	—	—	—	—
	III	1 908	—	152,64	171,72	III	1 908	—	79,04	88,92	—	19,52	21,96	—	—	—	—	—	—	—	—	—	—	—	—
	V	8 901	—	712,08	801,09	IV	4 950	—	346,16	389,43	—	297,84	335,07	—	250,88	282,24	—	205,44	231,12	—	161,52	181,71	—	119,04	133,92
	VI	9 337	—	746,96	840,33																				
36 863,99	I,IV	4 959	—	396,72	446,31	I	4 959	—	298,48	335,79	—	206,08	231,84	—	119,60	134,55	—	41,44	46,62	—	—	—	—	—	—
	II	4 391	—	351,28	395,19	II	4 391	—	255,68	287,64	—	166,—	186,75	—	82,24	92,52	—	13,68	15,39	—	—	—	—	—	—
	III	1 914	—	153,12	172,26	III	1 914	—	79,52	89,46	—	20,—	22,50	—	—	—	—	—	—	—	—	—	—	—	—
	V	8 914	—	713,12	802,26	IV	4 959	—	346,88	390,24	—	298,48	335,79	—	251,52	282,96	—	206,08	231,84	—	162,08	182,34	—	119,60	134,55
	VI	9 349	—	747,92	841,41																				

* Die ausgewiesenen Tabellenwerte sind amtlich. Siehe Erläuterungen auf der Umschlaginnenseite (U2).

Abzüge an Lohnsteuer, Solidaritätszuschlag (SolZ) und Kirchensteuer (8%, 9%) in den Steuerklassen

Lohn/ Gehalt bis €*		I – VI	ohne Kinder-freibeträge			I, II, III, IV		mit Zahl der Kinderfreibeträge . . . 0,5			1			1,5			2			2,5			3		
		LSt	SolZ	8%	9%		LSt	SolZ	8%	9%	SolZ	8%	9%	SolZ	8%	9%	SolZ	8%	9%	SolZ	8%	9%	SolZ	8%	9%
36 899,99	I,IV	4 968	–	397,44	447,12	I	4 968	–	299,12	336,51	–	206,72	232,56	–	120,24	135,27	–	41,92	47,16	–	–	–	–	–	–
	II	4 400	–	352,–	396,–	II	4 400	–	256,40	288,45	–	166,64	187,47	–	82,80	93,15	–	14,08	15,84	–	–	–	–	–	–
	III	1 922	–	153,76	172,98	III	1 922	–	80,–	90,–	–	20,32	22,86	–	–	–	–	–	–	–	–	–	–	–	–
	V	8 926	–	714,08	803,34	IV	4 968	–	347,52	390,96	–	299,12	336,51	–	252,24	283,77	–	206,72	232,56	–	162,72	183,06	–	120,24	135,27
	VI	9 361	–	748,88	842,49																				
36 935,99	I,IV	4 977	–	398,16	447,93	I	4 977	–	299,84	337,32	–	207,36	233,28	–	120,80	135,90	–	42,40	47,70	–	–	–	–	–	–
	II	4 409	–	352,72	396,81	II	4 409	–	257,04	289,17	–	167,28	188,19	–	83,36	93,78	–	14,48	16,29	–	–	–	–	–	–
	III	1 930	–	154,40	173,70	III	1 930	–	80,48	90,54	–	20,64	23,22	–	–	–	–	–	–	–	–	–	–	–	–
	V	8 939	–	715,12	804,51	IV	4 977	–	348,24	391,77	–	299,84	337,32	–	252,88	284,49	–	207,36	233,28	–	163,36	183,78	–	120,80	135,90
	VI	9 374	–	749,92	843,66																				
36 971,99	I,IV	4 986	–	398,88	448,74	I	4 986	–	300,48	338,04	–	208,–	234,–	–	121,44	136,62	–	42,88	48,24	–	–	–	–	–	–
	II	4 417	–	353,36	397,53	II	4 417	–	257,68	289,89	–	167,92	188,91	–	83,92	94,41	–	14,88	16,74	–	–	–	–	–	–
	III	1 936	–	154,88	174,24	III	1 936	–	80,96	91,08	–	21,12	23,76	–	–	–	–	–	–	–	–	–	–	–	–
	V	8 951	–	716,08	805,59	IV	4 986	–	348,96	392,58	–	300,48	338,04	–	253,52	285,21	–	208,–	234,–	–	164,–	184,50	–	121,44	136,62
	VI	9 387	–	750,96	844,83																				
37 007,99	I,IV	4 995	–	399,60	449,55	I	4 995	–	301,20	338,85	–	208,64	234,72	–	122,–	137,25	–	43,36	48,78	–	–	–	–	–	–
	II	4 426	–	354,08	398,34	II	4 426	–	258,40	290,70	–	168,48	189,54	–	84,56	95,13	–	15,28	17,19	–	–	–	–	–	–
	III	1 944	–	155,52	174,96	III	1 944	–	81,44	91,62	–	21,44	24,12	–	–	–	–	–	–	–	–	–	–	–	–
	V	8 964	–	717,12	806,76	IV	4 995	–	349,68	393,39	–	301,20	338,85	–	254,16	285,93	–	208,64	234,72	–	164,56	185,13	–	122,–	137,25
	VI	9 399	–	751,92	845,91																				
37 043,99	I,IV	5 004	–	400,32	450,36	I	5 004	–	301,84	339,57	–	209,28	235,44	–	122,64	137,97	–	43,84	49,32	–	–	–	–	–	–
	II	4 435	–	354,80	399,15	II	4 435	–	259,04	291,42	–	169,12	190,26	–	85,12	95,76	–	15,68	17,64	–	–	–	–	–	–
	III	1 950	–	156,–	175,50	III	1 950	–	81,92	92,16	–	21,92	24,66	–	–	–	–	–	–	–	–	–	–	–	–
	V	8 977	–	718,16	807,93	IV	5 004	–	350,40	394,20	–	301,84	339,57	–	254,88	286,74	–	209,28	235,44	–	165,20	185,85	–	122,64	137,97
	VI	9 412	–	752,96	847,08																				
37 079,99	I,IV	5 013	–	401,04	451,17	I	5 013	–	302,56	340,38	–	209,92	236,16	–	123,20	138,60	–	44,32	49,86	–	–	–	–	–	–
	II	4 444	–	355,52	399,96	II	4 444	–	259,68	292,14	–	169,76	190,98	–	85,68	96,39	–	16,08	18,09	–	–	–	–	–	–
	III	1 958	–	156,64	176,22	III	1 958	–	82,40	92,70	–	22,24	25,02	–	–	–	–	–	–	–	–	–	–	–	–
	V	8 989	–	719,12	809,01	IV	5 013	–	351,04	394,92	–	302,56	340,38	–	255,52	287,46	–	209,92	236,16	–	165,84	186,57	–	123,20	138,60
	VI	9 424	–	753,92	848,16																				
37 115,99	I,IV	5 022	–	401,76	451,98	I	5 022	–	303,28	341,19	–	210,56	236,88	–	123,84	139,32	–	44,80	50,40	–	–	–	–	–	–
	II	4 453	–	356,24	400,77	II	4 453	–	260,32	292,86	–	170,40	191,70	–	86,24	97,02	–	16,48	18,54	–	–	–	–	–	–
	III	1 966	–	157,28	176,94	III	1 966	–	82,88	93,24	–	22,56	25,38	–	–	–	–	–	–	–	–	–	–	–	–
	V	9 002	–	720,16	810,18	IV	5 022	–	351,76	395,73	–	303,28	341,19	–	256,16	288,18	–	210,56	236,88	–	166,48	187,29	–	123,84	139,32
	VI	9 437	–	754,96	849,33																				
37 151,99	I,IV	5 031	–	402,48	452,79	I	5 031	–	303,92	341,91	–	211,20	237,60	–	124,40	139,95	–	45,36	51,03	–	–	–	–	–	–
	II	4 462	–	356,96	401,58	II	4 462	–	261,04	293,67	–	170,96	192,33	–	86,88	97,74	–	16,88	18,99	–	–	–	–	–	–
	III	1 972	–	157,76	177,48	III	1 972	–	83,36	93,78	–	23,04	25,92	–	–	–	–	–	–	–	–	–	–	–	–
	V	9 014	–	721,12	811,26	IV	5 031	–	352,48	396,54	–	303,92	341,91	–	256,80	288,90	–	211,20	237,60	–	167,04	187,92	–	124,40	139,95
	VI	9 450	–	756,–	850,50																				
37 187,99	I,IV	5 040	–	403,20	453,60	I	5 040	–	304,56	342,63	–	211,84	238,32	–	124,96	140,58	–	45,84	51,57	–	–	–	–	–	–
	II	4 470	–	357,60	402,30	II	4 470	–	261,68	294,39	–	171,60	193,05	–	87,44	98,37	–	17,28	19,44	–	–	–	–	–	–
	III	1 980	–	158,40	178,20	III	1 980	–	83,84	94,32	–	23,36	26,28	–	–	–	–	–	–	–	–	–	–	–	–
	V	9 027	–	722,16	812,43	IV	5 040	–	353,20	397,35	–	304,56	342,63	–	257,52	289,71	–	211,84	238,32	–	167,68	188,64	–	124,96	140,58
	VI	9 462	–	756,96	851,58																				
37 223,99	I,IV	5 049	–	403,92	454,41	I	5 049	–	305,28	343,44	–	212,48	239,04	–	125,60	141,30	–	46,32	52,11	–	–	–	–	–	–
	II	4 479	–	358,32	403,11	II	4 479	–	262,32	295,11	–	172,24	193,77	–	88,–	99,–	–	17,68	19,89	–	–	–	–	–	–
	III	1 986	–	158,88	178,74	III	1 986	–	84,32	94,86	–	23,68	26,64	–	–	–	–	–	–	–	–	–	–	–	–
	V	9 039	–	723,12	813,51	IV	5 049	–	353,84	398,07	–	305,28	343,44	–	258,16	290,43	–	212,48	239,04	–	168,32	189,36	–	125,60	141,30
	VI	9 474	–	757,92	852,66																				
37 259,99	I,IV	5 058	–	404,64	455,22	I	5 058	–	305,92	344,16	–	213,12	239,76	–	126,16	141,93	–	46,80	52,65	–	–	–	–	–	–
	II	4 488	–	359,04	403,92	II	4 488	–	262,96	295,83	–	172,88	194,49	–	88,56	99,63	–	18,08	20,34	–	–	–	–	–	–
	III	1 994	–	159,52	179,46	III	1 994	–	84,80	95,40	–	24,16	27,18	–	–	–	–	–	–	–	–	–	–	–	–
	V	9 052	–	724,16	814,68	IV	5 058	–	354,56	398,88	–	305,92	344,16	–	258,80	291,15	–	213,12	239,76	–	168,96	190,08	–	126,16	141,93
	VI	9 487	–	758,96	853,83																				
37 295,99	I,IV	5 067	–	405,36	456,03	I	5 067	–	306,64	344,97	–	213,76	240,48	–	126,80	142,65	–	47,28	53,19	–	–	–	–	–	–
	II	4 497	–	359,76	404,73	II	4 497	–	263,68	296,64	–	173,44	195,12	–	89,12	100,26	–	18,48	20,79	–	–	–	–	–	–
	III	2 000	–	160,–	180,–	III	2 000	–	85,28	95,94	–	24,48	27,54	–	–	–	–	–	–	–	–	–	–	–	–
	V	9 064	–	725,12	815,76	IV	5 067	–	355,28	399,69	–	306,64	344,97	–	259,44	291,87	–	213,76	240,48	–	169,52	190,71	–	126,80	142,65
	VI	9 500	–	760,–	855,–																				
37 331,99	I,IV	5 076	–	406,08	456,84	I	5 076	–	307,36	345,78	–	214,40	241,20	–	127,36	143,28	–	47,76	53,73	–	–	–	–	–	–
	II	4 506	–	360,48	405,54	II	4 506	–	264,32	297,36	–	174,08	195,84	–	89,76	100,98	–	18,88	21,24	–	–	–	–	–	–
	III	2 008	–	160,64	180,72	III	2 008	–	85,76	96,48	–	24,96	28,08	–	–	–	–	–	–	–	–	–	–	–	–
	V	9 077	–	726,16	816,93	IV	5 076	–	356,–	400,50	–	307,36	345,78	–	260,16	292,68	–	214,40	241,20	–	170,16	191,43	–	127,36	143,28
	VI	9 512	–	760,96	856,08																				
37 367,99	I,IV	5 086	–	406,88	457,74	I	5 086	–	308,–	346,50	–	215,04	241,92	–	128,–	144,–	–	48,32	54,36	–	–	–	–	–	–
	II	4 514	–	361,12	406,26	II	4 514	–	264,96	298,08	–	174,72	196,56	–	90,32	101,61	–	19,28	21,69	–	–	–	–	–	–
	III	2 016	–	161,28	181,44	III	2 016	–	86,24	97,02	–	25,28	28,44	–	–	–	–	–	–	–	–	–	–	–	–
	V	9 090	–	727,20	818,10	IV	5 086	–	356,72	401,31	–	308,–	346,50	–	260,80	293,40	–	215,04	241,92	–	170,80	192,15	–	128,–	144,–
	VI	9 525	–	762,–	857,25																				
37 403,99	I,IV	5 095	–	407,60	458,55	I	5 095	–	308,72	347,31	–	215,68	242,64	–	128,56	144,63	–	48,80	54,90	–	–	–	–	–	–
	II	4 523	–	361,84	407,07	II	4 523	–	265,68	298,89	–	175,36	197,28	–	90,88	102,24	–	19,68	22,14	–	–	–	–	–	–
	III	2 022	–	161,76	181,98	III	2 022	–	86,72	97,56	–	25,60	28,80	–	–	–	–	–	–	–	–	–	–	–	–
	V	9 102	–	728,16	819,18	IV	5 095	–	357,36	402,03	–	308,72	347,31	–	261,44	294,12	–	215,68	242,64	–	171,44	192,87	–	128,56	144,63
	VI	9 537	–	762,96	858,33																				
37 439,99	I,IV	5 104	–	408,32	459,36	I	5 104	–	309,36	348,03	–	216,32	243,36	–	129,20	145,35	–	49,28	55,44	–	–	–	–	–	–
	II	4 532	–	362,56	407,88	II	4 532	–	266,32	299,61	–	176,–	198,–	–	91,52	102,96	–	20,16	22,68	–	–	–	–	–	–
	III	2 030	–	162,40	182,70	III	2 030	–	87,20	98,10	–	26,08	29,34	–	–	–	–	–	–	–	–	–	–	–	–
	V	9 115	–	729,20	820,35	IV	5 104	–	358,08	402,84	–	309,36	348,03	–	262,16	294,93	–	216,32	243,36	–	172,–	193,50	–	129,20	145,35
	VI	9 550	–	764,–	859,50																				

* Die ausgewiesenen Tabellenwerte sind amtlich. Siehe Erläuterungen auf der Umschlaginnenseite (U2).

Lohn/ Gehalt bis €*		Abzüge an Lohnsteuer, Solidaritätszuschlag (SolZ) und Kirchensteuer (8%, 9%) in den Steuerklassen I – VI ohne Kinderfreibeträge LSt	SolZ	8%	9%	I, II, III, IV	LSt	mit Zahl der Kinderfreibeträge . . . 0,5 SolZ	8%	9%	1 SolZ	8%	9%	1,5 SolZ	8%	9%	2 SolZ	8%	9%	2,5 SolZ	8%	9%	3 SolZ	8%	9%
37 475,99	I,IV	5 113	—	409,04	460,17	I	5 113	—	310,08	348,84	—	216,96	244,08	—	129,76	145,98	—	49,76	55,98	—	—	—	—	—	—
	II	4 541	—	363,28	408,69	II	4 541	—	266,96	300,33	—	176,56	198,63	—	92,08	103,59	—	20,56	23,13	—	—	—	—	—	—
	III	2 036	—	162,88	183,24	III	2 036	—	87,68	98,64	—	26,40	29,70	—	—	—	—	—	—	—	—	—	—	—	—
	V	9 127	—	730,16	821,43	IV	5 113	—	358,80	403,65	—	310,08	348,84	—	262,80	295,65	—	216,96	244,08	—	172,64	194,22	—	129,76	145,98
	VI	9 562	—	764,96	860,58																				
37 511,99	I,IV	5 122	—	409,76	460,98	I	5 122	—	310,72	349,56	—	217,60	244,80	—	130,40	146,70	—	50,32	56,61	—	—	—	—	—	—
	II	4 550	—	364,—	409,50	II	4 550	—	267,68	301,14	—	177,20	199,35	—	92,64	104,22	—	20,96	23,58	—	—	—	—	—	—
	III	2 044	—	163,52	183,96	III	2 044	—	88,16	99,18	—	26,88	30,24	—	—	—	—	—	—	—	—	—	—	—	—
	V	9 140	—	731,20	822,60	IV	5 122	—	359,52	404,46	—	310,72	349,56	—	263,44	296,37	—	217,60	244,80	—	173,28	194,94	—	130,40	146,70
	VI	9 575	—	766,—	861,75																				
37 547,99	I,IV	5 131	—	410,48	461,79	I	5 131	—	311,44	350,37	—	218,24	245,52	—	130,96	147,33	—	50,80	57,15	—	—	—	—	—	—
	II	4 558	—	364,64	410,22	II	4 558	—	268,32	301,86	—	177,84	200,07	—	93,20	104,85	—	21,36	24,03	—	—	—	—	—	—
	III	2 052	—	164,16	184,68	III	2 052	—	88,80	99,90	—	27,20	30,60	—	—	—	—	—	—	—	—	—	—	—	—
	V	9 152	—	732,16	823,68	IV	5 131	—	360,24	405,27	—	311,44	350,37	—	264,08	297,09	—	218,24	245,52	—	173,92	195,66	—	130,96	147,33
	VI	9 587	—	766,96	862,83																				
37 583,99	I,IV	5 140	—	411,20	462,60	I	5 140	—	312,08	351,09	—	218,88	246,24	—	131,60	148,05	—	51,28	57,69	—	—	—	—	—	—
	II	4 567	—	365,36	411,03	II	4 567	—	268,96	302,58	—	178,48	200,79	—	93,84	105,57	—	21,76	24,48	—	—	—	—	—	—
	III	2 058	—	164,64	185,22	III	2 058	—	89,28	100,44	—	27,68	31,14	—	—	—	—	—	—	—	—	—	—	—	—
	V	9 165	—	733,20	824,85	IV	5 140	—	360,88	405,99	—	312,08	351,09	—	264,80	297,90	—	218,88	246,24	—	174,48	196,29	—	131,60	148,05
	VI	9 600	—	768,—	864,—																				
37 619,99	I,IV	5 149	—	411,92	463,41	I	5 149	—	312,80	351,90	—	219,52	246,96	—	132,16	148,68	—	51,84	58,32	—	—	—	—	—	—
	II	4 576	—	366,08	411,84	II	4 576	—	269,68	303,39	—	179,04	201,42	—	94,40	106,20	—	22,16	24,93	—	—	—	—	—	—
	III	2 066	—	165,28	185,94	III	2 066	—	89,76	100,98	—	28,—	31,50	—	—	—	—	—	—	—	—	—	—	—	—
	V	9 177	—	734,16	825,93	IV	5 149	—	361,60	406,80	—	312,80	351,90	—	265,44	298,62	—	219,52	246,96	—	175,12	197,01	—	132,16	148,68
	VI	9 612	—	768,96	865,08																				
37 655,99	I,IV	5 158	—	412,64	464,22	I	5 158	—	313,52	352,71	—	220,16	247,68	—	132,80	149,40	—	52,32	58,86	—	—	—	—	—	—
	II	4 585	—	366,80	412,65	II	4 585	—	270,32	304,11	—	179,68	202,14	—	94,96	106,83	—	22,64	25,47	—	—	—	—	—	—
	III	2 074	—	165,92	186,66	III	2 074	—	90,24	101,52	—	28,32	31,86	—	—	—	—	—	—	—	—	—	—	—	—
	V	9 190	—	735,20	827,10	IV	5 158	—	362,32	407,61	—	313,52	352,71	—	266,08	299,34	—	220,16	247,68	—	175,76	197,73	—	132,80	149,40
	VI	9 625	—	770,—	866,25																				
37 691,99	I,IV	5 167	—	413,36	465,03	I	5 167	—	314,16	353,43	—	220,88	248,49	—	133,36	150,03	—	52,88	59,49	—	—	—	—	—	—
	II	4 594	—	367,52	413,46	II	4 594	—	270,96	304,83	—	180,32	202,86	—	95,52	107,46	—	23,04	25,92	—	—	—	—	—	—
	III	2 080	—	166,40	187,20	III	2 080	—	90,72	102,06	—	28,80	32,40	—	—	—	—	—	—	—	—	—	—	—	—
	V	9 203	—	736,24	828,27	IV	5 167	—	363,04	408,42	—	314,16	353,43	—	266,80	300,15	—	220,88	248,49	—	176,40	198,45	—	133,36	150,03
	VI	9 638	—	771,04	867,42																				
37 727,99	I,IV	5 176	—	414,08	465,84	I	5 176	—	314,88	354,24	—	221,52	249,21	—	134,—	150,75	—	53,36	60,03	—	—	—	—	—	—
	II	4 603	—	368,24	414,27	II	4 603	—	271,68	305,64	—	180,96	203,58	—	96,16	108,18	—	23,44	26,37	—	—	—	—	—	—
	III	2 088	—	167,04	187,92	III	2 088	—	91,20	102,60	—	29,12	32,76	—	—	—	—	—	—	—	—	—	—	—	—
	V	9 215	—	737,20	829,35	IV	5 176	—	363,76	409,23	—	314,88	354,24	—	267,44	300,87	—	221,52	249,21	—	177,04	199,17	—	134,—	150,75
	VI	9 650	—	772,—	868,50																				
37 763,99	I,IV	5 186	—	414,88	466,74	I	5 186	—	315,52	354,96	—	222,16	249,93	—	134,64	151,47	—	53,84	60,57	—	—	—	—	—	—
	II	4 612	—	368,96	415,08	II	4 612	—	272,32	306,36	—	181,60	204,30	—	96,72	108,81	—	23,92	26,91	—	—	—	—	—	—
	III	2 094	—	167,52	188,46	III	2 094	—	91,68	103,14	—	29,60	33,30	—	—	—	—	—	—	—	—	—	—	—	—
	V	9 228	—	738,24	830,52	IV	5 186	—	364,48	410,04	—	315,52	354,96	—	268,08	301,59	—	222,16	249,93	—	177,60	199,80	—	134,64	151,47
	VI	9 663	—	773,04	869,67																				
37 799,99	I,IV	5 194	—	415,52	467,46	I	5 194	—	316,24	355,77	—	222,80	250,65	—	135,20	152,10	—	54,40	61,20	—	—	—	—	—	—
	II	4 620	—	369,60	415,80	II	4 620	—	272,96	307,08	—	182,16	204,93	—	97,28	109,44	—	24,32	27,36	—	—	—	—	—	—
	III	2 102	—	168,16	189,18	III	2 102	—	92,16	103,68	—	29,92	33,66	—	—	—	—	—	—	—	—	—	—	—	—
	V	9 240	—	739,20	831,60	IV	5 194	—	365,12	410,76	—	316,24	355,77	—	268,72	302,31	—	222,80	250,65	—	178,24	200,52	—	135,20	152,10
	VI	9 675	—	774,—	870,75																				
37 835,99	I,IV	5 204	—	416,32	468,36	I	5 204	—	316,88	356,49	—	223,44	251,37	—	135,76	152,73	—	54,88	61,74	—	—	—	—	—	—
	II	4 629	—	370,32	416,61	II	4 629	—	273,68	307,89	—	182,80	205,65	—	97,84	110,07	—	24,72	27,81	—	—	—	—	—	—
	III	2 108	—	168,64	189,72	III	2 108	—	92,64	104,22	—	30,40	34,20	—	—	—	—	—	—	—	—	—	—	—	—
	V	9 253	—	740,24	832,77	IV	5 204	—	365,84	411,57	—	316,88	356,49	—	269,44	303,12	—	223,44	251,37	—	178,88	201,24	—	135,76	152,73
	VI	9 688	—	775,04	871,92																				
37 871,99	I,IV	5 213	—	417,04	469,17	I	5 213	—	317,60	357,30	—	224,08	252,09	—	136,40	153,45	—	55,44	62,37	—	—	—	—	—	—
	II	4 638	—	371,04	417,42	II	4 638	—	274,32	308,61	—	183,44	206,37	—	98,48	110,79	—	25,12	28,26	—	—	—	—	—	—
	III	2 116	—	169,28	190,44	III	2 116	—	93,12	104,76	—	30,72	34,56	—	—	—	—	—	—	—	—	—	—	—	—
	V	9 265	—	741,20	833,85	IV	5 213	—	366,56	412,38	—	317,60	357,30	—	270,08	303,84	—	224,08	252,09	—	179,52	201,96	—	136,40	153,45
	VI	9 700	—	776,—	873,—																				
37 907,99	I,IV	5 222	—	417,76	469,98	I	5 222	—	318,32	358,11	—	224,72	252,81	—	137,04	154,17	—	55,92	62,91	—	—	—	—	—	—
	II	4 647	—	371,76	418,23	II	4 647	—	274,96	309,33	—	184,08	207,09	—	99,04	111,42	—	25,60	28,80	—	—	—	—	—	—
	III	2 124	—	169,92	191,16	III	2 124	—	93,60	105,30	—	31,20	35,10	—	—	—	—	—	—	—	—	—	—	—	—
	V	9 278	—	742,24	835,02	IV	5 222	—	367,28	413,19	—	318,32	358,11	—	270,80	304,65	—	224,72	252,81	—	180,16	202,68	—	137,04	154,17
	VI	9 713	—	777,04	874,17																				
37 943,99	I,IV	5 231	—	418,48	470,79	I	5 231	—	318,96	358,83	—	225,36	253,53	—	137,60	154,80	—	56,48	63,54	—	—	—	—	—	—
	II	4 656	—	372,48	419,04	II	4 656	—	275,68	310,14	—	184,72	207,81	—	99,68	112,14	—	26,—	29,25	—	—	—	—	—	—
	III	2 130	—	170,40	191,70	III	2 130	—	94,08	105,84	—	31,52	35,46	—	—	—	—	—	—	—	—	—	—	—	—
	V	9 290	—	743,20	836,10	IV	5 231	—	368,—	414,—	—	318,96	358,83	—	271,44	305,37	—	225,36	253,53	—	180,72	203,31	—	137,60	154,80
	VI	9 725	—	778,—	875,25																				
37 979,99	I,IV	5 240	—	419,20	471,60	I	5 240	—	319,68	359,64	—	226,—	254,25	—	138,24	155,52	—	56,96	64,08	—	—	—	—	—	—
	II	4 665	—	373,20	419,85	II	4 665	—	276,32	310,86	—	185,36	208,53	—	100,24	112,77	—	26,48	29,79	—	—	—	—	—	—
	III	2 138	—	171,04	192,42	III	2 138	—	94,56	106,38	—	31,84	35,82	—	—	—	—	—	—	—	—	—	—	—	—
	V	9 303	—	744,24	837,27	IV	5 240	—	368,72	414,81	—	319,68	359,64	—	272,08	306,09	—	226,—	254,25	—	181,36	204,03	—	138,24	155,52
	VI	9 738	—	779,04	876,42																				
38 015,99	I,IV	5 249	—	419,92	472,41	I	5 249	—	320,40	360,45	—	226,64	254,97	—	138,80	156,15	—	57,52	64,71	—	—	—	—	—	—
	II	4 674	—	373,92	420,66	II	4 674	—	277,04	311,67	—	186,—	209,25	—	100,80	113,40	—	26,88	30,24	—	—	—	—	—	—
	III	2 146	—	171,68	193,14	III	2 146	—	95,04	106,92	—	32,32	36,36	—	—	—	—	—	—	—	—	—	—	—	—
	V	9 316	—	745,28	838,44	IV	5 249	—	369,44	415,62	—	320,40	360,45	—	272,80	306,90	—	226,64	254,97	—	182,—	204,75	—	138,80	156,15
	VI	9 751	—	780,08	877,59																				

* Die ausgewiesenen Tabellenwerte sind amtlich. Siehe Erläuterungen auf der Umschlaginnenseite (U2).

JAHR 38 016,–*

Abzüge an Lohnsteuer, Solidaritätszuschlag (SolZ) und Kirchensteuer (8%, 9%) in den Steuerklassen

Lohn/ Gehalt bis €*	I – VI					I, II, III, IV																			
			ohne Kinderfreibeträge					mit Zahl der Kinderfreibeträge . . . 0,5			1			1,5			2			2,5			3		
		LSt	SolZ	8%	9%		LSt	SolZ	8%	9%	SolZ	8%	9%	SolZ	8%	9%	SolZ	8%	9%	SolZ	8%	9%	SolZ	8%	9%
38 051,99	I,IV	5258	—	420,64	473,22	I	5258	—	321,04	361,17	—	227,28	255,69	—	139,44	156,87	—	58,08	65,34	—	—	—	—	—	—
	II	4683	—	374,64	421,47	II	4683	—	277,68	312,39	—	186,64	209,97	—	101,44	114,12	—	27,36	30,78	—	—	—	—	—	—
	III	2152	—	172,16	193,68	III	2152	—	95,68	107,64	—	32,64	36,72	—	—	—	—	—	—	—	—	—	—	—	—
	V	9328	—	746,24	839,52	IV	5258	—	370,16	416,43	—	321,04	361,17	—	273,44	307,62	—	227,28	255,69	—	182,64	205,47	—	139,44	156,87
	VI	9763	—	781,04	878,67																				
38 087,99	I,IV	5268	—	421,44	474,12	I	5268	—	321,76	361,98	—	227,92	256,41	—	140,08	157,59	—	58,56	65,88	—	—	—	—	—	—
	II	4692	—	375,36	422,28	II	4692	—	278,32	313,11	—	187,20	210,60	—	102,—	114,75	—	27,76	31,23	—	—	—	—	—	—
	III	2160	—	172,80	194,40	III	2160	—	96,16	108,18	—	33,12	37,26	—	—	—	—	—	—	—	—	—	—	—	—
	V	9341	—	747,28	840,69	IV	5268	—	370,88	417,24	—	321,76	361,98	—	274,08	308,34	—	227,92	256,41	—	183,28	206,19	—	140,08	157,59
	VI	9776	—	782,08	879,84																				
38 123,99	I,IV	5277	—	422,16	474,93	I	5277	—	322,40	362,70	—	228,56	257,13	—	140,64	158,22	—	59,12	66,51	—	—	—	—	—	—
	II	4700	—	376,—	423,—	II	4700	—	278,96	313,83	—	187,84	211,32	—	102,56	115,38	—	28,16	31,68	—	—	—	—	—	—
	III	2166	—	173,28	194,94	III	2166	—	96,64	108,72	—	33,44	37,62	—	—	—	—	—	—	—	—	—	—	—	—
	V	9353	—	748,24	841,77	IV	5277	—	371,52	417,96	—	322,40	362,70	—	274,80	309,15	—	228,56	257,13	—	183,84	206,82	—	140,64	158,22
	VI	9788	—	783,04	880,92																				
38 159,99	I,IV	5286	—	422,88	475,74	I	5286	—	323,12	363,51	—	229,20	257,85	—	141,20	158,85	—	59,60	67,05	—	—	—	—	—	—
	II	4709	—	376,72	423,81	II	4709	—	279,68	314,64	—	188,48	212,04	—	103,12	116,01	—	28,64	32,22	—	—	—	—	—	—
	III	2174	—	173,92	195,66	III	2174	—	97,12	109,26	—	33,92	38,16	—	—	—	—	—	—	—	—	—	—	—	—
	V	9366	—	749,28	842,94	IV	5286	—	372,24	418,77	—	323,12	363,51	—	275,44	309,87	—	229,20	257,85	—	184,48	207,54	—	141,20	158,85
	VI	9801	—	784,08	882,09																				
38 195,99	I,IV	5295	—	423,60	476,55	I	5295	—	323,76	364,23	—	229,92	258,66	—	141,84	159,57	—	60,16	67,68	—	—	—	—	—	—
	II	4718	—	377,44	424,62	II	4718	—	280,32	315,36	—	189,12	212,76	—	103,76	116,73	—	29,04	32,67	—	—	—	—	—	—
	III	2182	—	174,56	196,38	III	2182	—	97,60	109,80	—	34,40	38,70	—	—	—	—	—	—	—	—	—	—	—	—
	V	9378	—	750,24	844,02	IV	5295	—	372,96	419,58	—	323,76	364,23	—	276,08	310,59	—	229,92	258,66	—	185,12	208,26	—	141,84	159,57
	VI	9813	—	785,04	883,17																				
38 231,99	I,IV	5304	—	424,32	477,36	I	5304	—	324,48	365,04	—	230,56	259,38	—	142,48	160,29	—	60,72	68,31	—	—	—	—	—	—
	II	4727	—	378,16	425,43	II	4727	—	281,04	316,17	—	189,76	213,48	—	104,32	117,36	—	29,52	33,21	—	—	—	—	—	—
	III	2188	—	175,04	196,92	III	2188	—	98,08	110,34	—	34,72	39,06	—	—	—	—	—	—	—	—	—	—	—	—
	V	9391	—	751,28	845,19	IV	5304	—	373,68	420,39	—	324,48	365,04	—	276,80	311,40	—	230,56	259,38	—	185,76	208,98	—	142,48	160,29
	VI	9826	—	786,08	884,34																				
38 267,99	I,IV	5313	—	425,04	478,17	I	5313	—	325,20	365,85	—	231,20	260,10	—	143,04	160,92	—	61,20	68,85	—	0,16	0,18	—	—	—
	II	4736	—	378,88	426,24	II	4736	—	281,68	316,89	—	190,40	214,20	—	104,96	118,08	—	30,—	33,75	—	—	—	—	—	—
	III	2196	—	175,68	197,64	III	2196	—	98,56	110,88	—	35,20	39,60	—	—	—	—	—	—	—	—	—	—	—	—
	V	9403	—	752,24	846,27	IV	5313	—	374,40	421,20	—	325,20	365,85	—	277,44	312,12	—	231,20	260,10	—	186,40	209,70	—	143,04	160,92
	VI	9838	—	787,04	885,42																				
38 303,99	I,IV	5322	—	425,76	478,98	I	5322	—	325,84	366,57	—	231,84	260,82	—	143,68	161,64	—	61,76	69,48	—	0,48	0,54	—	—	—
	II	4745	—	379,60	427,05	II	4745	—	282,40	317,70	—	191,04	214,92	—	105,52	118,71	—	30,40	34,20	—	—	—	—	—	—
	III	2204	—	176,32	198,36	III	2204	—	99,20	111,60	—	35,52	39,96	—	—	—	—	—	—	—	—	—	—	—	—
	V	9416	—	753,28	847,44	IV	5322	—	375,12	422,01	—	325,84	366,57	—	278,16	312,93	—	231,84	260,82	—	187,04	210,42	—	143,68	161,64
	VI	9851	—	788,08	886,59																				
38 339,99	I,IV	5332	—	426,56	479,88	I	5332	—	326,56	367,38	—	232,48	261,54	—	144,32	162,36	—	62,32	70,11	—	0,80	0,90	—	—	—
	II	4754	—	380,32	427,86	II	4754	—	283,04	318,42	—	191,60	215,55	—	106,08	119,34	—	30,88	34,74	—	—	—	—	—	—
	III	2210	—	176,80	198,90	III	2210	—	99,68	112,14	—	36,—	40,50	—	—	—	—	—	—	—	—	—	—	—	—
	V	9429	—	754,32	848,61	IV	5332	—	375,84	422,82	—	326,56	367,38	—	278,80	313,65	—	232,48	261,54	—	187,68	211,14	—	144,32	162,36
	VI	9864	—	789,12	887,76																				
38 375,99	I,IV	5341	—	427,28	480,69	I	5341	—	327,28	368,19	—	233,12	262,26	—	144,88	162,99	—	62,88	70,74	—	1,12	1,26	—	—	—
	II	4763	—	381,04	428,67	II	4763	—	283,68	319,14	—	192,24	216,27	—	106,72	120,06	—	31,28	35,19	—	—	—	—	—	—
	III	2218	—	177,44	199,62	III	2218	—	100,16	112,68	—	36,32	40,86	—	—	—	—	—	—	—	—	—	—	—	—
	V	9441	—	755,28	849,69	IV	5341	—	376,56	423,63	—	327,28	368,19	—	279,44	314,37	—	233,12	262,26	—	188,32	211,86	—	144,88	162,99
	VI	9876	—	790,08	888,84																				
38 411,99	I,IV	5350	—	428,—	481,50	I	5350	—	327,92	368,91	—	233,76	262,98	—	145,52	163,71	—	63,36	71,28	—	1,52	1,71	—	—	—
	II	4772	—	381,76	429,48	II	4772	—	284,40	319,95	—	192,88	216,99	—	107,28	120,69	—	31,76	35,73	—	—	—	—	—	—
	III	2224	—	177,92	200,16	III	2224	—	100,64	113,22	—	36,80	41,40	—	—	—	—	—	—	—	—	—	—	—	—
	V	9453	—	756,24	850,77	IV	5350	—	377,20	424,35	—	327,92	368,91	—	280,16	315,18	—	233,76	262,98	—	188,88	212,49	—	145,52	163,71
	VI	9888	—	791,04	889,92																				
38 447,99	I,IV	5359	—	428,72	482,31	I	5359	—	328,64	369,72	—	234,40	263,70	—	146,08	164,34	—	63,92	71,91	—	1,84	2,07	—	—	—
	II	4781	—	382,48	430,29	II	4781	—	285,04	320,67	—	193,52	217,71	—	107,84	121,32	—	32,16	36,18	—	—	—	—	—	—
	III	2232	—	178,56	200,88	III	2232	—	101,12	113,76	—	37,12	41,76	—	—	—	—	—	—	—	—	—	—	—	—
	V	9466	—	757,28	851,94	IV	5359	—	377,92	425,16	—	328,64	369,72	—	280,80	315,90	—	234,40	263,70	—	189,52	213,21	—	146,08	164,34
	VI	9901	—	792,08	891,09																				
38 483,99	I,IV	5368	—	429,44	483,12	I	5368	—	329,36	370,53	—	235,04	264,42	—	146,72	165,06	—	64,48	72,54	—	2,16	2,43	—	—	—
	II	4790	—	383,20	431,10	II	4790	—	285,76	321,48	—	194,16	218,43	—	108,48	122,04	—	32,64	36,72	—	—	—	—	—	—
	III	2240	—	179,20	201,60	III	2240	—	101,60	114,30	—	37,60	42,30	—	—	—	—	—	—	—	—	—	—	—	—
	V	9479	—	758,32	853,11	IV	5368	—	378,64	425,97	—	329,36	370,53	—	281,44	316,62	—	235,04	264,42	—	190,16	213,93	—	146,72	165,06
	VI	9914	—	793,12	892,26																				
38 519,99	I,IV	5377	—	430,16	483,93	I	5377	—	330,—	371,25	—	235,76	265,23	—	147,28	165,69	—	65,04	73,17	—	2,56	2,88	—	—	—
	II	4799	—	383,92	431,91	II	4799	—	286,40	322,20	—	194,80	219,15	—	109,04	122,67	—	33,12	37,26	—	—	—	—	—	—
	III	2246	—	179,68	202,14	III	2246	—	102,08	114,84	—	37,92	42,66	—	—	—	—	—	—	—	—	—	—	—	—
	V	9491	—	759,28	854,19	IV	5377	—	379,36	426,78	—	330,—	371,25	—	282,16	317,43	—	235,76	265,23	—	190,80	214,65	—	147,28	165,69
	VI	9926	—	794,08	893,34																				
38 555,99	I,IV	5387	—	430,96	484,83	I	5387	—	330,72	372,06	—	236,40	265,95	—	147,92	166,41	—	65,52	73,71	—	2,88	3,24	—	—	—
	II	4808	—	384,64	432,72	II	4808	—	287,04	322,92	—	195,44	219,87	—	109,60	123,30	—	33,52	37,71	—	—	—	—	—	—
	III	2254	—	180,32	202,86	III	2254	—	102,72	115,56	—	38,40	43,20	—	—	—	—	—	—	—	—	—	—	—	—
	V	9504	—	760,32	855,36	IV	5387	—	380,08	427,59	—	330,72	372,06	—	282,80	318,15	—	236,40	265,95	—	191,44	215,37	—	147,92	166,41
	VI	9939	—	795,12	894,51																				
38 591,99	I,IV	5396	—	431,68	485,64	I	5396	—	331,44	372,87	—	237,04	266,67	—	148,56	167,13	—	66,08	74,34	—	3,20	3,60	—	—	—
	II	4817	—	385,36	433,53	II	4817	—	287,76	323,73	—	196,08	220,59	—	110,24	124,02	—	34,—	38,25	—	—	—	—	—	—
	III	2260	—	180,80	203,40	III	2260	—	103,20	116,10	—	38,72	43,56	—	—	—	—	—	—	—	—	—	—	—	—
	V	9516	—	761,28	856,44	IV	5396	—	380,80	428,40	—	331,44	372,87	—	283,52	318,96	—	237,04	266,67	—	192,08	216,09	—	148,56	167,13
	VI	9951	—	796,08	895,59																				

* Die ausgewiesenen Tabellenwerte sind amtlich. Siehe Erläuterungen auf der Umschlaginnenseite (U2).

Lohn/ Gehalt bis €*		Abzüge an Lohnsteuer, Solidaritätszuschlag (SolZ) und Kirchensteuer (8%, 9%) in den Steuerklassen I – VI					I, II, III, IV		mit Zahl der Kinderfreibeträge . . . 0,5			1			1,5			2			2,5			3		
		LSt	ohne Kinderfreibeträge SolZ	8%	9%		LSt	SolZ	8%	9%	SolZ	8%	9%	SolZ	8%	9%	SolZ	8%	9%	SolZ	8%	9%	SolZ	8%	9%
	I,IV	5 405	–	432,40	486,45	I	5 405	–	332,08	373,59	–	237,68	267,39	–	149,12	167,76	–	66,64	74,97	–	3,60	4,05	–	–	–
	II	4 826	–	386,08	434,34	II	4 826	–	288,40	324,45	–	196,72	221,31	–	110,80	124,65	–	34,48	38,79	–	–	–	–	–	–
38 627,99	III	2 268	–	181,44	204,12	III	2 268	–	103,68	116,64	–	39,20	44,10	–	–	–	–	–	–	–	–	–	–	–	–
	V	9 529	–	762,32	857,61	IV	5 405	–	381,52	429,21	–	332,08	373,59	–	284,16	319,68	–	237,68	267,39	–	192,72	216,81	–	149,12	167,76
	VI	9 964	–	797,12	896,76																				
	I,IV	5 414	–	433,12	487,26	I	5 414	–	332,80	374,40	–	238,32	268,11	–	149,76	168,48	–	67,20	75,60	–	3,92	4,41	–	–	–
	II	4 835	–	386,80	435,15	II	4 835	–	289,12	325,26	–	197,28	221,94	–	111,44	125,37	–	34,96	39,33	–	–	–	–	–	–
38 663,99	III	2 276	–	182,08	204,84	III	2 276	–	104,16	117,18	–	39,52	44,46	–	–	–	–	–	–	–	–	–	–	–	–
	V	9 542	–	763,36	858,78	IV	5 414	–	382,24	430,02	–	332,80	374,40	–	284,88	320,49	–	238,32	268,11	–	193,36	217,53	–	149,76	168,48
	VI	9 977	–	798,16	897,93																				
	I,IV	5 424	–	433,92	488,16	I	5 424	–	333,52	375,21	–	239,04	268,92	–	150,40	169,20	–	67,76	76,23	–	4,24	4,77	–	–	–
	II	4 844	–	387,52	435,96	II	4 844	–	289,76	325,98	–	197,92	222,66	–	112,–	126,–	–	35,44	39,87	–	–	–	–	–	–
38 699,99	III	2 282	–	182,56	205,38	III	2 282	–	104,64	117,72	–	40,–	45,–	–	–	–	–	–	–	–	–	–	–	–	–
	V	9 554	–	764,32	859,86	IV	5 424	–	382,96	430,83	–	333,52	375,21	–	285,52	321,21	–	239,04	268,92	–	193,92	218,16	–	150,40	169,20
	VI	9 989	–	799,12	899,01																				
	I,IV	5 432	–	434,56	488,88	I	5 432	–	334,16	375,93	–	239,60	269,55	–	150,96	169,83	–	68,32	76,86	–	4,64	5,22	–	–	–
	II	4 852	–	388,16	436,68	II	4 852	–	290,40	326,70	–	198,56	223,38	–	112,56	126,63	–	35,84	40,32	–	–	–	–	–	–
38 735,99	III	2 290	–	183,20	206,10	III	2 290	–	105,28	118,44	–	40,48	45,54	–	–	–	–	–	–	–	–	–	–	–	–
	V	9 566	–	765,28	860,94	IV	5 432	–	383,68	431,64	–	334,16	375,93	–	286,16	321,93	–	239,60	269,55	–	194,56	218,88	–	150,96	169,83
	VI	10 001	–	800,08	900,09																				
	I,IV	5 442	–	435,36	489,78	I	5 442	–	334,88	376,74	–	240,32	270,36	–	151,60	170,55	–	68,88	77,49	–	4,96	5,58	–	–	–
	II	4 861	–	388,88	437,49	II	4 861	–	291,12	327,51	–	199,20	224,10	–	113,20	127,35	–	36,32	40,86	–	–	–	–	–	–
38 771,99	III	2 298	–	183,84	206,82	III	2 298	–	105,76	118,98	–	40,80	45,90	–	–	–	–	–	–	–	–	–	–	–	–
	V	9 579	–	766,32	862,11	IV	5 442	–	384,40	432,45	–	334,88	376,74	–	286,88	322,74	–	240,32	270,36	–	195,20	219,60	–	151,60	170,55
	VI	10 014	–	801,12	901,26																				
	I,IV	5 451	–	436,08	490,59	I	5 451	–	335,60	377,55	–	240,96	271,08	–	152,16	171,18	–	69,44	78,12	–	5,36	6,03	–	–	–
	II	4 870	–	389,60	438,30	II	4 870	–	291,76	328,23	–	199,84	224,82	–	113,76	127,98	–	36,80	41,40	–	–	–	–	–	–
38 807,99	III	2 304	–	184,32	207,36	III	2 304	–	106,24	119,52	–	41,28	46,44	–	–	–	–	–	–	–	–	–	–	–	–
	V	9 591	–	767,28	863,19	IV	5 451	–	385,12	433,26	–	335,60	377,55	–	287,52	323,46	–	240,96	271,08	–	195,84	220,32	–	152,16	171,18
	VI	10 027	–	802,16	902,43																				
	I,IV	5 460	–	436,80	491,40	I	5 460	–	336,24	378,27	–	241,60	271,80	–	152,80	171,90	–	70,–	78,75	–	5,68	6,39	–	–	–
	II	4 879	–	390,32	439,11	II	4 879	–	292,48	329,04	–	200,48	225,54	–	114,40	128,70	–	37,28	41,94	–	–	–	–	–	–
38 843,99	III	2 312	–	184,96	208,08	III	2 312	–	106,72	120,06	–	41,60	46,80	–	–	–	–	–	–	–	–	–	–	–	–
	V	9 604	–	768,32	864,36	IV	5 460	–	385,84	434,07	–	336,24	378,27	–	288,24	324,27	–	241,60	271,80	–	196,48	221,04	–	152,80	171,90
	VI	10 039	–	803,12	903,51																				
	I,IV	5 469	–	437,52	492,21	I	5 469	–	336,96	379,08	–	242,24	272,52	–	153,44	172,62	–	70,56	79,38	–	6,08	6,84	–	–	–
	II	4 888	–	391,04	439,92	II	4 888	–	293,12	329,76	–	201,12	226,26	–	114,96	129,33	–	37,68	42,39	–	–	–	–	–	–
38 879,99	III	2 320	–	185,60	208,80	III	2 320	–	107,20	120,60	–	42,08	47,34	–	–	–	–	–	–	–	–	–	–	–	–
	V	9 617	–	769,36	865,53	IV	5 469	–	386,56	434,88	–	336,96	379,08	–	288,88	324,99	–	242,24	272,52	–	197,12	221,76	–	153,44	172,62
	VI	10 052	–	804,16	904,68																				
	I,IV	5 479	–	438,32	493,11	I	5 479	–	337,68	379,89	–	242,88	273,24	–	154,08	173,34	–	71,12	80,01	–	6,40	7,20	–	–	–
	II	4 897	–	391,76	440,73	II	4 897	–	293,84	330,57	–	201,76	226,98	–	115,52	129,96	–	38,16	42,93	–	–	–	–	–	–
38 915,99	III	2 326	–	186,08	209,34	III	2 326	–	107,84	121,32	–	42,56	47,88	–	–	–	–	–	–	–	–	–	–	–	–
	V	9 629	–	770,32	866,61	IV	5 479	–	387,28	435,69	–	337,68	379,89	–	289,52	325,71	–	242,88	273,24	–	197,76	222,48	–	154,08	173,34
	VI	10 064	–	805,12	905,76																				
	I,IV	5 488	–	439,04	493,92	I	5 488	–	338,40	380,70	–	243,60	274,05	–	154,64	173,97	–	71,68	80,64	–	6,80	7,65	–	–	–
	II	4 906	–	392,48	441,54	II	4 906	–	294,48	331,29	–	202,40	227,70	–	116,16	130,68	–	38,64	43,47	–	–	–	–	–	–
38 951,99	III	2 334	–	186,72	210,06	III	2 334	–	108,32	121,86	–	42,88	48,24	–	–	–	–	–	–	–	–	–	–	–	–
	V	9 642	–	771,36	867,78	IV	5 488	–	388,–	436,50	–	338,40	380,70	–	290,24	326,52	–	243,60	274,05	–	198,40	223,20	–	154,64	173,97
	VI	10 077	–	806,16	906,93																				
	I,IV	5 497	–	439,76	494,73	I	5 497	–	339,04	381,42	–	244,24	274,77	–	155,28	174,69	–	72,24	81,27	–	7,12	8,01	–	–	–
	II	4 915	–	393,20	442,35	II	4 915	–	295,20	332,10	–	203,04	228,42	–	116,72	131,31	–	39,12	44,01	–	–	–	–	–	–
38 987,99	III	2 342	–	187,36	210,78	III	2 342	–	108,80	122,40	–	43,36	48,78	–	–	–	–	–	–	–	–	–	–	–	–
	V	9 654	–	772,32	868,86	IV	5 497	–	388,72	437,31	–	339,04	381,42	–	290,88	327,24	–	244,24	274,77	–	199,04	223,92	–	155,28	174,69
	VI	10 090	–	807,20	908,10																				
	I,IV	5 507	–	440,56	495,63	I	5 507	–	339,76	382,23	–	244,88	275,49	–	155,92	175,41	–	72,80	81,90	–	7,52	8,46	–	–	–
	II	4 924	–	393,92	443,16	II	4 924	–	295,84	332,82	–	203,68	229,14	–	117,36	132,03	–	39,60	44,55	–	–	–	–	–	–
39 023,99	III	2 348	–	187,84	211,32	III	2 348	–	109,28	122,94	–	43,68	49,14	–	–	–	–	–	–	–	–	–	–	–	–
	V	9 667	–	773,36	870,03	IV	5 507	–	389,44	438,12	–	339,76	382,23	–	291,60	328,05	–	244,88	275,49	–	199,68	224,64	–	155,92	175,41
	VI	10 102	–	808,16	909,18																				
	I,IV	5 515	–	441,20	496,35	I	5 515	–	340,48	383,04	–	245,52	276,21	–	156,48	176,04	–	73,36	82,53	–	7,84	8,82	–	–	–
	II	4 933	–	394,64	443,97	II	4 933	–	296,56	333,63	–	204,32	229,86	–	117,92	132,66	–	40,08	45,09	–	–	–	–	–	–
39 059,99	III	2 356	–	188,48	212,04	III	2 356	–	109,76	123,48	–	44,16	49,68	–	–	–	–	–	–	–	–	–	–	–	–
	V	9 679	–	774,32	871,11	IV	5 515	–	390,08	438,84	–	340,48	383,04	–	292,24	328,77	–	245,52	276,21	–	200,24	225,27	–	156,48	176,04
	VI	10 114	–	809,12	910,26																				
	I,IV	5 525	–	442,–	497,25	I	5 525	–	341,12	383,76	–	246,16	276,93	–	157,12	176,76	–	73,92	83,16	–	8,24	9,27	–	–	–
	II	4 942	–	395,36	444,78	II	4 942	–	297,20	334,35	–	204,96	230,58	–	118,48	133,29	–	40,56	45,63	–	–	–	–	–	–
39 095,99	III	2 362	–	188,96	212,58	III	2 362	–	110,40	124,20	–	44,48	50,04	–	–	–	–	–	–	–	–	–	–	–	–
	V	9 692	–	775,36	872,28	IV	5 525	–	390,80	439,65	–	341,12	383,76	–	292,96	329,58	–	246,16	276,93	–	200,88	225,99	–	157,12	176,76
	VI	10 127	–	810,16	911,43																				
	I,IV	5 534	–	442,72	498,06	I	5 534	–	341,84	384,57	–	246,80	277,65	–	157,68	177,39	–	74,48	83,79	–	8,56	9,63	–	–	–
	II	4 951	–	396,08	445,59	II	4 951	–	297,92	335,16	–	205,60	231,30	–	119,12	134,01	–	41,04	46,17	–	–	–	–	–	–
39 131,99	III	2 370	–	189,60	213,30	III	2 370	–	110,88	124,74	–	44,96	50,58	–	–	–	–	–	–	–	–	–	–	–	–
	V	9 704	–	776,32	873,36	IV	5 534	–	391,52	440,46	–	341,84	384,57	–	293,60	330,30	–	246,80	277,65	–	201,52	226,71	–	157,68	177,39
	VI	10 140	–	811,20	912,60																				
	I,IV	5 543	–	443,44	498,87	I	5 543	–	342,56	385,38	–	247,52	278,46	–	158,32	178,11	–	75,04	84,42	–	8,96	10,08	–	–	–
	II	4 960	–	396,80	446,40	II	4 960	–	298,56	335,88	–	206,24	232,02	–	119,68	134,64	–	41,52	46,71	–	–	–	–	–	–
39 167,99	III	2 378	–	190,24	214,02	III	2 378	–	111,36	125,28	–	45,44	51,12	–	–	–	–	–	–	–	–	–	–	–	–
	V	9 717	–	777,36	874,53	IV	5 543	–	392,24	441,27	–	342,56	385,38	–	294,32	331,11	–	247,52	278,46	–	202,16	227,43	–	158,32	178,11
	VI	10 152	–	812,16	913,68																				

* Die ausgewiesenen Tabellenwerte sind amtlich. Siehe Erläuterungen auf der Umschlaginnenseite (U2).

Abzüge an Lohnsteuer, Solidaritätszuschlag (SolZ) und Kirchensteuer (8%, 9%) in den Steuerklassen

Lohn/ Gehalt bis €*	I – VI	LSt	ohne Kinderfreibeträge SolZ	8%	9%	I, II, III, IV	LSt	mit Zahl der Kinderfreibeträge . . . 0,5 SolZ	0,5 8%	0,5 9%	1 SolZ	1 8%	1 9%	1,5 SolZ	1,5 8%	1,5 9%	2 SolZ	2 8%	2 9%	2,5 SolZ	2,5 8%	2,5 9%	3 SolZ	3 8%	3 9%
39 203,99	I,IV	5 553	–	444,24	499,77	I	5 553	–	343,28	386,19	–	248,16	279,18	–	158,96	178,83	–	75,60	85,05	–	9,36	10,53	–	–	–
	II	4 969	–	397,52	447,21	II	4 969	–	299,28	336,69	–	206,88	232,74	–	120,32	135,36	–	42,–	47,25	–	–	–	–	–	–
	III	2 384	–	190,72	214,56	III	2 384	–	111,84	125,82	–	45,76	51,48	–	–	–	–	–	–	–	–	–	–	–	–
	V	9 730	–	778,40	875,70	IV	5 553	–	392,96	442,08	–	343,28	386,19	–	294,96	331,83	–	248,16	279,18	–	202,80	228,15	–	158,96	178,83
	VI	10 165	–	813,20	914,85																				
39 239,99	I,IV	5 562	–	444,96	500,58	I	5 562	–	343,92	386,91	–	248,80	279,90	–	159,60	179,55	–	76,16	85,68	–	9,68	10,89	–	–	–
	II	4 978	–	398,24	448,02	II	4 978	–	299,92	337,41	–	207,52	233,46	–	120,88	135,99	–	42,48	47,79	–	–	–	–	–	–
	III	2 392	–	191,36	215,28	III	2 392	–	112,48	126,54	–	46,24	52,02	–	–	–	–	–	–	–	–	–	–	–	–
	V	9 742	–	779,36	876,78	IV	5 562	–	393,68	442,89	–	343,92	386,91	–	295,68	332,64	–	248,80	279,90	–	203,44	228,87	–	159,60	179,55
	VI	10 177	–	814,16	915,93																				
39 275,99	I,IV	5 571	–	445,68	501,39	I	5 571	–	344,64	387,72	–	249,44	280,62	–	160,16	180,18	–	76,80	86,40	–	10,08	11,34	–	–	–
	II	4 987	–	398,96	448,83	II	4 987	–	300,64	338,22	–	208,16	234,18	–	121,52	136,71	–	42,96	48,33	–	–	–	–	–	–
	III	2 400	–	192,–	216,–	III	2 400	–	112,96	127,08	–	46,72	52,56	–	–	–	–	–	–	–	–	–	–	–	–
	V	9 755	–	780,40	877,95	IV	5 571	–	394,40	443,70	–	344,64	387,72	–	296,32	333,36	–	249,44	280,62	–	204,08	229,59	–	160,16	180,18
	VI	10 190	–	815,20	917,10																				
39 311,99	I,IV	5 581	–	446,48	502,29	I	5 581	–	345,36	388,53	–	250,16	281,43	–	160,80	180,90	–	77,36	87,03	–	10,48	11,79	–	–	–
	II	4 997	–	399,76	449,73	II	4 997	–	301,28	338,94	–	208,80	234,90	–	122,08	137,34	–	43,44	48,87	–	–	–	–	–	–
	III	2 406	–	192,48	216,54	III	2 406	–	113,44	127,62	–	47,04	52,92	–	–	–	–	–	–	–	–	–	–	–	–
	V	9 767	–	781,36	879,03	IV	5 581	–	395,20	444,60	–	345,36	388,53	–	297,04	334,17	–	250,16	281,43	–	204,72	230,31	–	160,80	180,90
	VI	10 203	–	816,24	918,27																				
39 347,99	I,IV	5 590	–	447,20	503,10	I	5 590	–	346,–	389,25	–	250,80	282,15	–	161,36	181,53	–	77,92	87,66	–	10,80	12,15	–	–	–
	II	5 005	–	400,40	450,45	II	5 005	–	302,–	339,75	–	209,36	235,53	–	122,72	138,06	–	43,92	49,41	–	–	–	–	–	–
	III	2 414	–	193,12	217,26	III	2 414	–	114,08	128,34	–	47,52	53,46	–	–	–	–	–	–	–	–	–	–	–	–
	V	9 780	–	782,40	880,20	IV	5 590	–	395,84	445,32	–	346,–	389,25	–	297,68	334,89	–	250,80	282,15	–	205,36	231,03	–	161,36	181,53
	VI	10 215	–	817,20	919,35																				
39 383,99	I,IV	5 599	–	447,92	503,91	I	5 599	–	346,72	390,06	–	251,44	282,87	–	162,–	182,25	–	78,48	88,29	–	11,20	12,60	–	–	–
	II	5 014	–	401,12	451,26	II	5 014	–	302,64	340,47	–	210,–	236,25	–	123,28	138,69	–	44,40	49,95	–	–	–	–	–	–
	III	2 422	–	193,76	217,98	III	2 422	–	114,56	128,88	–	48,–	54,–	–	–	–	–	–	–	–	–	–	–	–	–
	V	9 792	–	783,36	881,28	IV	5 599	–	396,56	446,13	–	346,72	390,06	–	298,32	335,61	–	251,44	282,87	–	206,–	231,75	–	162,–	182,25
	VI	10 227	–	818,16	920,43																				
39 419,99	I,IV	5 608	–	448,64	504,72	I	5 608	–	347,44	390,87	–	252,08	283,59	–	162,64	182,97	–	79,04	88,92	–	11,60	13,05	–	–	–
	II	5 023	–	401,84	452,07	II	5 023	–	303,36	341,28	–	210,64	236,97	–	123,92	139,41	–	44,88	50,49	–	–	–	–	–	–
	III	2 428	–	194,24	218,52	III	2 428	–	115,04	129,42	–	48,32	54,36	–	–	–	–	–	–	–	–	–	–	–	–
	V	9 805	–	784,40	882,45	IV	5 608	–	397,28	446,94	–	347,44	390,87	–	299,04	336,42	–	252,08	283,59	–	206,64	232,47	–	162,64	182,97
	VI	10 240	–	819,20	921,60																				
39 455,99	I,IV	5 617	–	449,36	505,53	I	5 617	–	348,16	391,68	–	252,72	284,31	–	163,28	183,69	–	79,60	89,55	–	12,–	13,50	–	–	–
	II	5 033	–	402,64	452,97	II	5 033	–	304,–	342,–	–	211,28	237,69	–	124,48	140,04	–	45,36	51,03	–	–	–	–	–	–
	III	2 436	–	194,88	219,24	III	2 436	–	115,52	129,96	–	48,80	54,90	–	–	–	–	–	–	–	–	–	–	–	–
	V	9 817	–	785,36	883,53	IV	5 617	–	398,–	447,75	–	348,16	391,68	–	299,68	337,14	–	252,72	284,31	–	207,28	233,19	–	163,28	183,69
	VI	10 253	–	820,24	922,77																				
39 491,99	I,IV	5 627	–	450,16	506,43	I	5 627	–	348,88	392,49	–	253,44	285,12	–	163,84	184,32	–	80,24	90,27	–	12,40	13,95	–	–	–
	II	5 042	–	403,36	453,78	II	5 042	–	304,72	342,81	–	211,92	238,41	–	125,12	140,76	–	45,92	51,66	–	–	–	–	–	–
	III	2 444	–	195,52	219,96	III	2 444	–	116,16	130,68	–	49,28	55,44	–	–	–	–	–	–	–	–	–	–	–	–
	V	9 830	–	786,40	884,70	IV	5 627	–	398,72	448,56	–	348,88	392,49	–	300,40	337,95	–	253,44	285,12	–	207,92	233,91	–	163,84	184,32
	VI	10 265	–	821,20	923,85																				
39 527,99	I,IV	5 636	–	450,88	507,24	I	5 636	–	349,52	393,21	–	254,08	285,84	–	164,48	185,04	–	80,80	90,90	–	12,72	14,31	–	–	–
	II	5 051	–	404,08	454,59	II	5 051	–	305,36	343,53	–	212,56	239,13	–	125,68	141,39	–	46,40	52,20	–	–	–	–	–	–
	III	2 450	–	196,–	220,50	III	2 450	–	116,64	131,22	–	49,60	55,80	–	–	–	–	–	–	–	–	–	–	–	–
	V	9 843	–	787,44	885,87	IV	5 636	–	399,52	449,46	–	349,52	393,21	–	301,04	338,67	–	254,08	285,84	–	208,56	234,63	–	164,48	185,04
	VI	10 278	–	822,24	925,02																				
39 563,99	I,IV	5 645	–	451,60	508,05	I	5 645	–	350,24	394,02	–	254,72	286,56	–	165,12	185,76	–	81,36	91,53	–	13,12	14,76	–	–	–
	II	5 060	–	404,80	455,40	II	5 060	–	306,08	344,34	–	213,20	239,85	–	126,32	142,11	–	46,88	52,74	–	–	–	–	–	–
	III	2 458	–	196,64	221,22	III	2 458	–	117,12	131,76	–	50,08	56,34	–	–	–	–	–	–	–	–	–	–	–	–
	V	9 855	–	788,40	886,95	IV	5 645	–	400,24	450,27	–	350,24	394,02	–	301,76	339,48	–	254,72	286,56	–	209,20	235,35	–	165,12	185,76
	VI	10 290	–	823,20	926,10																				
39 599,99	I,IV	5 655	–	452,40	508,95	I	5 655	–	350,96	394,83	–	255,44	287,37	–	165,76	186,48	–	81,92	92,16	–	13,52	15,21	–	–	–
	II	5 069	–	405,52	456,21	II	5 069	–	306,72	345,06	–	213,92	240,66	–	126,88	142,74	–	47,36	53,28	–	–	–	–	–	–
	III	2 466	–	197,28	221,94	III	2 466	–	117,76	132,48	–	50,56	56,88	–	–	–	–	–	–	–	–	–	–	–	–
	V	9 868	–	789,44	888,12	IV	5 655	–	400,96	451,08	–	350,96	394,83	–	302,48	340,29	–	255,44	287,37	–	209,84	236,07	–	165,76	186,48
	VI	10 303	–	824,24	927,27																				
39 635,99	I,IV	5 664	–	453,12	509,76	I	5 664	–	351,68	395,64	–	256,08	288,09	–	166,32	187,11	–	82,48	92,79	–	13,92	15,66	–	–	–
	II	5 078	–	406,24	457,02	II	5 078	–	307,44	345,87	–	214,56	241,38	–	127,52	143,46	–	47,84	53,82	–	–	–	–	–	–
	III	2 472	–	197,76	222,48	III	2 472	–	118,24	133,02	–	50,88	57,24	–	–	–	–	–	–	–	–	–	–	–	–
	V	9 880	–	790,40	889,20	IV	5 664	–	401,68	451,89	–	351,68	395,64	–	303,12	341,01	–	256,08	288,09	–	210,48	236,79	–	166,32	187,11
	VI	10 316	–	825,28	928,44																				
39 671,99	I,IV	5 673	–	453,84	510,57	I	5 673	–	352,32	396,36	–	256,72	288,81	–	166,96	187,83	–	83,04	93,42	–	14,32	16,11	–	–	–
	II	5 087	–	406,96	457,83	II	5 087	–	308,08	346,59	–	215,12	242,01	–	128,08	144,09	–	48,40	54,45	–	–	–	–	–	–
	III	2 480	–	198,40	223,20	III	2 480	–	118,72	133,56	–	51,36	57,78	–	–	–	–	–	–	–	–	–	–	–	–
	V	9 893	–	791,44	890,37	IV	5 673	–	402,32	452,61	–	352,32	396,36	–	303,76	341,73	–	256,72	288,81	–	211,12	237,51	–	166,96	187,83
	VI	10 328	–	826,24	929,52																				
39 707,99	I,IV	5 682	–	454,56	511,38	I	5 682	–	353,04	397,17	–	257,36	289,53	–	167,60	188,55	–	83,68	94,14	–	14,72	16,56	–	–	–
	II	5 096	–	407,68	458,64	II	5 096	–	308,80	347,40	–	215,76	242,73	–	128,64	144,72	–	48,88	54,99	–	–	–	–	–	–
	III	2 486	–	198,88	223,74	III	2 486	–	119,20	134,10	–	51,84	58,32	–	–	–	–	–	–	–	–	–	–	–	–
	V	9 905	–	792,40	891,45	IV	5 682	–	403,12	453,51	–	353,04	397,17	–	304,48	342,54	–	257,36	289,53	–	211,76	238,23	–	167,60	188,55
	VI	10 340	–	827,20	930,60																				
39 743,99	I,IV	5 692	–	455,36	512,28	I	5 692	–	353,76	397,98	–	258,–	290,25	–	168,16	189,18	–	84,24	94,77	–	15,12	17,01	–	–	–
	II	5 105	–	408,40	459,45	II	5 105	–	309,44	348,12	–	216,40	243,45	–	129,28	145,44	–	49,36	55,53	–	–	–	–	–	–
	III	2 494	–	199,52	224,46	III	2 494	–	119,84	134,82	–	52,16	58,68	–	–	–	–	–	–	–	–	–	–	–	–
	V	9 918	–	793,44	892,62	IV	5 692	–	403,84	454,32	–	353,76	397,98	–	305,12	343,26	–	258,–	290,25	–	212,40	238,95	–	168,16	189,18
	VI	10 353	–	828,24	931,77																				

* Die ausgewiesenen Tabellenwerte sind amtlich. Siehe Erläuterungen auf der Umschlaginnenseite (U2).

Abzüge an Lohnsteuer, Solidaritätszuschlag (SolZ) und Kirchensteuer (8%, 9%) in den Steuerklassen

Lohn/ Gehalt bis €*	I – VI	LSt	ohne Kinderfreibeträge SolZ	8%	9%	I, II, III, IV	LSt	mit Zahl der Kinderfreibeträge … 0,5 SolZ	0,5 8%	0,5 9%	1 SolZ	1 8%	1 9%	1,5 SolZ	1,5 8%	1,5 9%	2 SolZ	2 8%	2 9%	2,5 SolZ	2,5 8%	2,5 9%	3 SolZ	3 8%	3 9%
39 779,99	I,IV	5701	—	456,08	513,09	I	5701	—	354,48	398,79	—	258,72	291,06	—	168,80	189,90	—	84,80	95,40	—	15,52	17,46	—	—	—
	II	5114	—	409,12	460,26	II	5114	—	310,16	348,93	—	217,04	244,17	—	129,84	146,07	—	49,84	56,07	—	—	—	—	—	—
	III	2502	—	200,16	225,18	III	2502	—	120,32	135,36	—	52,64	59,22	—	—	—	—	—	—	—	—	—	—	—	—
	V	9930	—	794,40	893,70	IV	5701	—	404,56	455,13	—	354,48	398,79	—	305,84	344,07	—	258,72	291,06	—	213,04	239,67	—	168,80	189,90
	VI	10366	—	829,28	932,94																				
39 815,99	I,IV	5710	—	456,80	513,90	I	5710	—	355,20	399,60	—	259,36	291,78	—	169,44	190,62	—	85,36	96,03	—	15,84	17,82	—	—	—
	II	5123	—	409,84	461,07	II	5123	—	310,88	349,74	—	217,76	244,98	—	130,48	146,79	—	50,40	56,70	—	—	—	—	—	—
	III	2508	—	200,64	225,72	III	2508	—	120,80	135,90	—	53,12	59,76	—	—	—	—	—	—	—	—	—	—	—	—
	V	9943	—	795,44	894,87	IV	5710	—	405,28	455,94	—	355,20	399,60	—	306,56	344,88	—	259,36	291,78	—	213,68	240,39	—	169,44	190,62
	VI	10378	—	830,24	934,02																				
39 851,99	I,IV	5720	—	457,60	514,80	I	5720	—	355,84	400,32	—	260,—	292,50	—	170,08	191,34	—	86,—	96,75	—	16,24	18,27	—	—	—
	II	5132	—	410,56	461,88	II	5132	—	311,52	350,46	—	218,40	245,70	—	131,04	147,42	—	50,88	57,24	—	—	—	—	—	—
	III	2516	—	201,28	226,44	III	2516	—	121,44	136,62	—	53,44	60,12	—	—	—	—	—	—	—	—	—	—	—	—
	V	9956	—	796,48	896,04	IV	5720	—	406,—	456,75	—	355,84	400,32	—	307,20	345,60	—	260,—	292,50	—	214,32	241,11	—	170,08	191,34
	VI	10391	—	831,28	935,19																				
39 887,99	I,IV	5729	—	458,32	515,61	I	5729	—	356,56	401,13	—	260,72	293,31	—	170,72	192,06	—	86,56	97,38	—	16,64	18,72	—	—	—
	II	5141	—	411,28	462,69	II	5141	—	312,24	351,27	—	219,04	246,42	—	131,68	148,14	—	51,36	57,78	—	—	—	—	—	—
	III	2524	—	201,92	227,16	III	2524	—	121,92	137,16	—	53,92	60,66	—	—	—	—	—	—	—	—	—	—	—	—
	V	9968	—	797,44	897,12	IV	5729	—	406,72	457,56	—	356,56	401,13	—	307,92	346,41	—	260,72	293,31	—	214,96	241,83	—	170,72	192,06
	VI	10403	—	832,24	936,27																				
39 923,99	I,IV	5739	—	459,12	516,51	I	5739	—	357,28	401,94	—	261,36	294,03	—	171,28	192,69	—	87,12	98,01	—	17,04	19,17	—	—	—
	II	5151	—	412,08	463,59	II	5151	—	312,88	351,99	—	219,68	247,14	—	132,32	148,86	—	51,92	58,41	—	—	—	—	—	—
	III	2530	—	202,40	227,70	III	2530	—	122,56	137,88	—	54,40	61,20	—	0,32	0,36	—	—	—	—	—	—	—	—	—
	V	9981	—	798,48	898,29	IV	5739	—	407,44	458,37	—	357,28	401,94	—	308,56	347,13	—	261,36	294,03	—	215,60	242,55	—	171,28	192,69
	VI	10416	—	833,28	937,44																				
39 959,99	I,IV	5748	—	459,84	517,32	I	5748	—	358,—	402,75	—	262,—	294,75	—	171,92	193,41	—	87,68	98,64	—	17,52	19,71	—	—	—
	II	5160	—	412,80	464,40	II	5160	—	313,60	352,80	—	220,32	247,86	—	132,88	149,49	—	52,40	58,95	—	—	—	—	—	—
	III	2538	—	203,04	228,42	III	2538	—	123,04	138,42	—	54,88	61,74	—	0,64	0,72	—	—	—	—	—	—	—	—	—
	V	9993	—	799,44	899,37	IV	5748	—	408,16	459,18	—	358,—	402,75	—	309,28	347,94	—	262,—	294,75	—	216,24	243,27	—	171,92	193,41
	VI	10429	—	834,32	938,61																				
39 995,99	I,IV	5757	—	460,56	518,13	I	5757	—	358,64	403,47	—	262,64	295,47	—	172,56	194,13	—	88,32	99,36	—	17,84	20,07	—	—	—
	II	5168	—	413,44	465,12	II	5168	—	314,24	353,52	—	220,96	248,58	—	133,44	150,12	—	52,88	59,49	—	—	—	—	—	—
	III	2546	—	203,68	229,14	III	2546	—	123,52	138,96	—	55,20	62,10	—	0,96	1,08	—	—	—	—	—	—	—	—	—
	V	10006	—	800,48	900,54	IV	5757	—	408,88	459,99	—	358,64	403,47	—	309,92	348,66	—	262,64	295,47	—	216,88	243,99	—	172,56	194,13
	VI	10441	—	835,28	939,69																				
40 031,99	I,IV	5766	—	461,28	518,94	I	5766	—	359,36	404,28	—	263,36	296,28	—	173,12	194,76	—	88,88	99,99	—	18,24	20,52	—	—	—
	II	5178	—	414,24	466,02	II	5178	—	314,96	354,33	—	221,60	249,30	—	134,08	150,84	—	53,44	60,12	—	—	—	—	—	—
	III	2552	—	204,16	229,68	III	2552	—	124,16	139,68	—	55,68	62,64	—	1,28	1,44	—	—	—	—	—	—	—	—	—
	V	10018	—	801,44	901,62	IV	5766	—	409,60	460,80	—	359,36	404,28	—	310,64	349,47	—	263,36	296,28	—	217,52	244,71	—	173,12	194,76
	VI	10453	—	836,24	940,77																				
40 067,99	I,IV	5776	—	462,08	519,84	I	5776	—	360,08	405,09	—	264,—	297,—	—	173,76	195,48	—	89,44	100,62	—	18,72	21,06	—	—	—
	II	5187	—	414,96	466,83	II	5187	—	315,68	355,14	—	222,24	250,02	—	134,72	151,56	—	53,92	60,66	—	—	—	—	—	—
	III	2560	—	204,80	230,40	III	2560	—	124,64	140,22	—	56,16	63,18	—	1,60	1,80	—	—	—	—	—	—	—	—	—
	V	10031	—	802,48	902,79	IV	5776	—	410,32	461,61	—	360,08	405,09	—	311,28	350,19	—	264,—	297,—	—	218,16	245,43	—	173,76	195,48
	VI	10466	—	837,28	941,94																				
40 103,99	I,IV	5785	—	462,80	520,65	I	5785	—	360,80	405,90	—	264,64	297,72	—	174,40	196,20	—	90,—	101,25	—	19,12	21,51	—	—	—
	II	5196	—	415,68	467,64	II	5196	—	316,32	355,86	—	222,88	250,74	—	135,28	152,19	—	54,48	61,29	—	—	—	—	—	—
	III	2568	—	205,44	231,12	III	2568	—	125,12	140,76	—	56,64	63,72	—	1,92	2,16	—	—	—	—	—	—	—	—	—
	V	10043	—	803,44	903,87	IV	5785	—	411,04	462,42	—	360,80	405,90	—	312,—	351,—	—	264,64	297,72	—	218,80	246,15	—	174,40	196,20
	VI	10479	—	838,32	943,11																				
40 139,99	I,IV	5795	—	463,60	521,55	I	5795	—	361,52	406,71	—	265,36	298,53	—	175,04	196,92	—	90,64	101,97	—	19,52	21,96	—	—	—
	II	5205	—	416,40	468,45	II	5205	—	317,04	356,67	—	223,52	251,46	—	135,92	152,91	—	54,96	61,83	—	—	—	—	—	—
	III	2574	—	205,92	231,66	III	2574	—	125,76	141,48	—	56,96	64,08	—	2,40	2,70	—	—	—	—	—	—	—	—	—
	V	10056	—	804,48	905,04	IV	5795	—	411,76	463,23	—	361,52	406,71	—	312,72	351,81	—	265,36	298,53	—	219,44	246,87	—	175,04	196,92
	VI	10491	—	839,28	944,19																				
40 175,99	I,IV	5804	—	464,32	522,36	I	5804	—	362,24	407,52	—	266,—	299,25	—	175,68	197,64	—	91,20	102,60	—	19,92	22,41	—	—	—
	II	5214	—	417,12	469,26	II	5214	—	317,68	357,39	—	224,16	252,18	—	136,48	153,54	—	55,52	62,46	—	—	—	—	—	—
	III	2582	—	206,56	232,38	III	2582	—	126,24	142,02	—	57,44	64,62	—	2,72	3,06	—	—	—	—	—	—	—	—	—
	V	10069	—	805,52	906,21	IV	5804	—	412,56	464,13	—	362,24	407,52	—	313,36	352,53	—	266,—	299,25	—	220,08	247,59	—	175,68	197,64
	VI	10504	—	840,32	945,36																				
40 211,99	I,IV	5813	—	465,04	523,17	I	5813	—	362,96	408,33	—	266,64	299,97	—	176,32	198,36	—	91,76	103,23	—	20,32	22,86	—	—	—
	II	5223	—	417,84	470,07	II	5223	—	318,40	358,20	—	224,80	252,90	—	137,12	154,26	—	56,—	63,—	—	—	—	—	—	—
	III	2590	—	207,20	233,10	III	2590	—	126,88	142,74	—	57,92	65,16	—	3,04	3,42	—	—	—	—	—	—	—	—	—
	V	10081	—	806,48	907,29	IV	5813	—	413,28	464,94	—	362,96	408,33	—	314,08	353,34	—	266,64	299,97	—	220,72	248,31	—	176,32	198,36
	VI	10516	—	841,28	946,44																				
40 247,99	I,IV	5823	—	465,84	524,07	I	5823	—	363,60	409,05	—	267,36	300,78	—	176,88	198,99	—	92,32	103,86	—	20,72	23,31	—	—	—
	II	5233	—	418,64	470,97	II	5233	—	319,12	359,01	—	225,44	253,62	—	137,68	154,89	—	56,56	63,63	—	—	—	—	—	—
	III	2596	—	207,68	233,64	III	2596	—	127,36	143,28	—	58,40	65,70	—	3,36	3,78	—	—	—	—	—	—	—	—	—
	V	10094	—	807,52	908,46	IV	5823	—	414,—	465,75	—	363,60	409,05	—	314,72	354,06	—	267,36	300,78	—	221,36	249,03	—	176,88	198,99
	VI	10529	—	842,32	947,61																				
40 283,99	I,IV	5832	—	466,56	524,88	I	5832	—	364,32	409,86	—	268,—	301,50	—	177,52	199,71	—	92,96	104,58	—	21,12	23,76	—	—	—
	II	5241	—	419,28	471,69	II	5241	—	319,76	359,73	—	226,08	254,34	—	138,32	155,61	—	57,04	64,17	—	—	—	—	—	—
	III	2604	—	208,32	234,36	III	2604	—	127,84	143,82	—	58,72	66,06	—	3,68	4,14	—	—	—	—	—	—	—	—	—
	V	10106	—	808,48	909,54	IV	5832	—	414,72	466,56	—	364,32	409,86	—	315,44	354,87	—	268,—	301,50	—	222,—	249,75	—	177,52	199,71
	VI	10541	—	843,28	948,69																				
40 319,99	I,IV	5841	—	467,28	525,69	I	5841	—	365,04	410,67	—	268,64	302,22	—	178,16	200,43	—	93,52	105,21	—	21,60	24,30	—	—	—
	II	5251	—	420,08	472,59	II	5251	—	320,48	360,54	—	226,72	255,06	—	138,88	156,24	—	57,60	64,80	—	—	—	—	—	—
	III	2612	—	208,96	235,08	III	2612	—	128,32	144,36	—	59,20	66,60	—	4,—	4,50	—	—	—	—	—	—	—	—	—
	V	10119	—	809,52	910,71	IV	5841	—	415,44	467,37	—	365,04	410,67	—	316,08	355,59	—	268,64	302,22	—	222,64	250,47	—	178,16	200,43
	VI	10554	—	844,32	949,86																				

* Die ausgewiesenen Tabellenwerte sind amtlich. Siehe Erläuterungen auf der Umschlaginnenseite (U2).

Lohn/Gehalt bis €*	I – VI	LSt	ohne Kinderfreibeträge SolZ	8%	9%	I, II, III, IV	LSt	0,5 SolZ	0,5 8%	0,5 9%	1 SolZ	1 8%	1 9%	1,5 SolZ	1,5 8%	1,5 9%	2 SolZ	2 8%	2 9%	2,5 SolZ	2,5 8%	2,5 9%	3 SolZ	3 8%	3 9%
40 355,99	I,IV	5 851	–	468,08	526,59	I	5 851	–	365,76	411,48	–	269,28	302,94	–	178,80	201,15	–	94,08	105,84	–	22,–	24,75	–	–	–
	II	5 260	–	420,80	473,40	II	5 260	–	321,12	361,26	–	227,36	255,78	–	139,52	156,96	–	58,08	65,34	–	–	–	–	–	–
	III	2 618	–	209,44	235,62	III	2 618	–	128,96	145,08	–	59,68	67,14	–	4,32	4,86	–	–	–	–	–	–	–	–	–
	V	10 131	–	810,48	911,79	IV	5 851	–	416,16	468,18	–	365,76	411,48	–	316,80	356,40	–	269,28	302,94	–	223,28	251,19	–	178,80	201,15
	VI	10 566	–	845,28	950,94																				
40 391,99	I,IV	5 860	–	468,80	527,40	I	5 860	–	366,48	412,29	–	270,–	303,75	–	179,36	201,78	–	94,64	106,47	–	22,40	25,20	–	–	–
	II	5 269	–	421,52	474,21	II	5 269	–	321,84	362,07	–	228,08	256,59	–	140,16	157,68	–	58,64	65,97	–	–	–	–	–	–
	III	2 626	–	210,08	236,34	III	2 626	–	129,44	145,62	–	60,16	67,68	–	4,64	5,22	–	–	–	–	–	–	–	–	–
	V	10 144	–	811,52	912,96	IV	5 860	–	416,88	468,99	–	366,48	412,29	–	317,52	357,21	–	270,–	303,75	–	223,92	251,91	–	179,36	201,78
	VI	10 579	–	846,32	952,11																				
40 427,99	I,IV	5 869	–	469,52	528,21	I	5 869	–	367,20	413,10	–	270,64	304,47	–	180,–	202,50	–	95,28	107,19	–	22,80	25,65	–	–	–
	II	5 278	–	422,24	475,02	II	5 278	–	322,56	362,88	–	228,72	257,31	–	140,72	158,31	–	59,20	66,60	–	–	–	–	–	–
	III	2 634	–	210,72	237,06	III	2 634	–	130,08	146,34	–	60,48	68,04	–	5,12	5,76	–	–	–	–	–	–	–	–	–
	V	10 156	–	812,48	914,04	IV	5 869	–	417,60	469,80	–	367,20	413,10	–	318,16	357,93	–	270,64	304,47	–	224,64	252,72	–	180,–	202,50
	VI	10 592	–	847,36	953,28																				
40 463,99	I,IV	5 879	–	470,32	529,11	I	5 879	–	367,84	413,82	–	271,36	305,28	–	180,64	203,22	–	95,84	107,82	–	23,28	26,19	–	–	–
	II	5 287	–	422,96	475,83	II	5 287	–	323,20	363,60	–	229,36	258,03	–	141,36	159,03	–	59,68	67,14	–	–	–	–	–	–
	III	2 640	–	211,20	237,60	III	2 640	–	130,56	146,88	–	60,96	68,58	–	5,44	6,12	–	–	–	–	–	–	–	–	–
	V	10 169	–	813,52	915,21	IV	5 879	–	418,32	470,61	–	367,84	413,82	–	318,88	358,74	–	271,36	305,28	–	225,28	253,44	–	180,64	203,22
	VI	10 604	–	848,32	954,36																				
40 499,99	I,IV	5 888	–	471,04	529,92	I	5 888	–	368,56	414,63	–	272,–	306,–	–	181,28	203,94	–	96,40	108,45	–	23,68	26,64	–	–	–
	II	5 296	–	423,68	476,64	II	5 296	–	323,92	364,41	–	230,–	258,75	–	141,92	159,66	–	60,24	67,77	–	–	–	–	–	–
	III	2 648	–	211,84	238,32	III	2 648	–	131,20	147,60	–	61,44	69,12	–	5,76	6,48	–	–	–	–	–	–	–	–	–
	V	10 182	–	814,56	916,38	IV	5 888	–	419,12	471,51	–	368,56	414,63	–	319,52	359,46	–	272,–	306,–	–	225,92	254,16	–	181,28	203,94
	VI	10 617	–	849,36	955,53																				
40 535,99	I,IV	5 898	–	471,84	530,82	I	5 898	–	369,28	415,44	–	272,64	306,72	–	181,92	204,66	–	97,04	109,17	–	24,08	27,09	–	–	–
	II	5 306	–	424,48	477,54	II	5 306	–	324,64	365,22	–	230,64	259,47	–	142,56	160,38	–	60,80	68,40	–	–	–	–	–	–
	III	2 656	–	212,48	239,04	III	2 656	–	131,68	148,14	–	61,92	69,66	–	6,08	6,84	–	–	–	–	–	–	–	–	–
	V	10 194	–	815,52	917,46	IV	5 898	–	419,84	472,32	–	369,28	415,44	–	320,24	360,27	–	272,64	306,72	–	226,56	254,88	–	181,92	204,66
	VI	10 629	–	850,32	956,61																				
40 571,99	I,IV	5 907	–	472,56	531,63	I	5 907	–	370,–	416,25	–	273,36	307,53	–	182,56	205,38	–	97,60	109,80	–	24,56	27,63	–	–	–
	II	5 315	–	425,20	478,35	II	5 315	–	325,28	365,94	–	231,28	260,19	–	143,20	161,10	–	61,28	68,94	–	0,16	0,18	–	–	–
	III	2 662	–	212,96	239,58	III	2 662	–	132,16	148,68	–	62,40	70,20	–	6,40	7,20	–	–	–	–	–	–	–	–	–
	V	10 207	–	816,56	918,63	IV	5 907	–	420,56	473,13	–	370,–	416,25	–	320,96	361,08	–	273,36	307,53	–	227,20	255,60	–	182,56	205,38
	VI	10 642	–	851,36	957,78																				
40 607,99	I,IV	5 916	–	473,28	532,44	I	5 916	–	370,72	417,06	–	274,–	308,25	–	183,12	206,01	–	98,16	110,43	–	24,96	28,08	–	–	–
	II	5 324	–	425,92	479,16	II	5 324	–	326,–	366,75	–	231,92	260,91	–	143,76	161,73	–	61,84	69,57	–	0,56	0,63	–	–	–
	III	2 670	–	213,60	240,30	III	2 670	–	132,80	149,40	–	62,72	70,56	–	6,88	7,74	–	–	–	–	–	–	–	–	–
	V	10 219	–	817,52	919,71	IV	5 916	–	421,28	473,94	–	370,72	417,06	–	321,60	361,80	–	274,–	308,25	–	227,84	256,32	–	183,12	206,01
	VI	10 654	–	852,32	958,86																				
40 643,99	I,IV	5 926	–	474,08	533,34	I	5 926	–	371,44	417,87	–	274,64	308,97	–	183,76	206,73	–	98,80	111,15	–	25,36	28,53	–	–	–
	II	5 333	–	426,64	479,97	II	5 333	–	326,64	367,47	–	232,56	261,63	–	144,40	162,45	–	62,40	70,20	–	0,88	0,99	–	–	–
	III	2 678	–	214,24	241,02	III	2 678	–	133,28	149,94	–	63,20	71,10	–	7,20	8,10	–	–	–	–	–	–	–	–	–
	V	10 232	–	818,56	920,88	IV	5 926	–	422,–	474,75	–	371,44	417,87	–	322,32	362,61	–	274,64	308,97	–	228,48	257,04	–	183,76	206,73
	VI	10 667	–	853,36	960,03																				
40 679,99	I,IV	5 935	–	474,80	534,15	I	5 935	–	372,16	418,68	–	275,36	309,78	–	184,40	207,45	–	99,36	111,78	–	25,84	29,07	–	–	–
	II	5 342	–	427,36	480,78	II	5 342	–	327,36	368,28	–	233,20	262,35	–	144,96	163,08	–	62,88	70,74	–	1,20	1,35	–	–	–
	III	2 686	–	214,88	241,74	III	2 686	–	133,92	150,66	–	63,68	71,64	–	7,52	8,46	–	–	–	–	–	–	–	–	–
	V	10 244	–	819,52	921,96	IV	5 935	–	422,72	475,56	–	372,16	418,68	–	322,96	363,33	–	275,36	309,78	–	229,12	257,76	–	184,40	207,45
	VI	10 679	–	854,32	961,11																				
40 715,99	I,IV	5 945	–	475,60	535,05	I	5 945	–	372,88	419,49	–	276,–	310,50	–	185,04	208,17	–	99,92	112,41	–	26,24	29,52	–	–	–
	II	5 351	–	428,08	481,59	II	5 351	–	328,08	369,09	–	233,92	263,16	–	145,60	163,80	–	63,44	71,37	–	1,52	1,71	–	–	–
	III	2 692	–	215,36	242,28	III	2 692	–	134,40	151,20	–	64,16	72,18	–	7,84	8,82	–	–	–	–	–	–	–	–	–
	V	10 257	–	820,56	923,13	IV	5 945	–	423,44	476,37	–	372,88	419,49	–	323,68	364,14	–	276,–	310,50	–	229,76	258,48	–	185,04	208,17
	VI	10 692	–	855,36	962,28																				
40 751,99	I,IV	5 954	–	476,32	535,86	I	5 954	–	373,52	420,21	–	276,64	311,22	–	185,68	208,89	–	100,56	113,13	–	26,64	29,97	–	–	–
	II	5 361	–	428,88	482,49	II	5 361	–	328,72	369,81	–	234,56	263,88	–	146,16	164,43	–	64,–	72,–	–	1,92	2,16	–	–	–
	III	2 700	–	216,–	243,–	III	2 700	–	135,04	151,92	–	64,64	72,72	–	8,16	9,18	–	–	–	–	–	–	–	–	–
	V	10 269	–	821,52	924,21	IV	5 954	–	424,24	477,27	–	373,52	420,21	–	324,40	364,95	–	276,64	311,22	–	230,40	259,20	–	185,68	208,89
	VI	10 704	–	856,32	963,36																				
40 787,99	I,IV	5 963	–	477,04	536,67	I	5 963	–	374,24	421,02	–	277,36	312,03	–	186,32	209,61	–	101,12	113,76	–	27,12	30,51	–	–	–
	II	5 370	–	429,60	483,30	II	5 370	–	329,44	370,62	–	235,20	264,60	–	146,80	165,15	–	64,56	72,63	–	2,24	2,52	–	–	–
	III	2 708	–	216,64	243,72	III	2 708	–	135,52	152,46	–	65,12	73,26	–	8,64	9,72	–	–	–	–	–	–	–	–	–
	V	10 282	–	822,56	925,38	IV	5 963	–	424,96	478,08	–	374,24	421,02	–	325,04	365,67	–	277,36	312,03	–	231,04	259,92	–	186,32	209,61
	VI	10 717	–	857,36	964,53																				
40 823,99	I,IV	5 973	–	477,84	537,57	I	5 973	–	374,96	421,83	–	278,–	312,75	–	186,88	210,24	–	101,68	114,39	–	27,52	30,96	–	–	–
	II	5 379	–	430,32	484,11	II	5 379	–	330,16	371,43	–	235,84	265,32	–	147,44	165,87	–	65,12	73,26	–	2,56	2,88	–	–	–
	III	2 714	–	217,12	244,26	III	2 714	–	136,16	153,18	–	65,44	73,62	–	8,96	10,08	–	–	–	–	–	–	–	–	–
	V	10 295	–	823,60	926,55	IV	5 973	–	425,68	478,89	–	374,96	421,83	–	325,76	366,48	–	278,–	312,75	–	231,76	260,73	–	186,88	210,24
	VI	10 730	–	858,40	965,70																				
40 859,99	I,IV	5 982	–	478,56	538,38	I	5 982	–	375,68	422,64	–	278,72	313,56	–	187,52	210,96	–	102,32	115,11	–	28,–	31,50	–	–	–
	II	5 388	–	431,04	484,92	II	5 388	–	330,80	372,15	–	236,48	266,04	–	148,–	166,50	–	65,60	73,80	–	2,96	3,33	–	–	–
	III	2 722	–	217,76	244,98	III	2 722	–	136,64	153,72	–	65,92	74,16	–	9,28	10,44	–	–	–	–	–	–	–	–	–
	V	10 307	–	824,56	927,63	IV	5 982	–	426,40	479,70	–	375,68	422,64	–	326,48	367,29	–	278,72	313,56	–	232,40	261,45	–	187,52	210,96
	VI	10 742	–	859,36	966,78																				
40 895,99	I,IV	5 992	–	479,36	539,28	I	5 992	–	376,40	423,45	–	279,36	314,28	–	188,16	211,68	–	102,88	115,74	–	28,40	31,95	–	–	–
	II	5 397	–	431,76	485,73	II	5 397	–	331,52	372,96	–	237,12	266,76	–	148,64	167,22	–	66,16	74,43	–	3,28	3,69	–	–	–
	III	2 730	–	218,40	245,70	III	2 730	–	137,28	154,44	–	66,40	74,70	–	9,60	10,80	–	–	–	–	–	–	–	–	–
	V	10 320	–	825,60	928,80	IV	5 992	–	427,12	480,51	–	376,40	423,45	–	327,12	368,01	–	279,36	314,28	–	233,04	262,17	–	188,16	211,68
	VI	10 755	–	860,40	967,95																				

Abzüge an Lohnsteuer, Solidaritätszuschlag (SolZ) und Kirchensteuer (8%, 9%) in den Steuerklassen; Spalten 0,5 bis 3: mit Zahl der Kinderfreibeträge . . .

*** Die ausgewiesenen Tabellenwerte sind amtlich. Siehe Erläuterungen auf der Umschlaginnenseite (U2).**

Lohn/ Gehalt bis €*	Abzüge an Lohnsteuer, Solidaritätszuschlag (SolZ) und Kirchensteuer (8%, 9%) in den Steuerklassen I – VI	LSt	SolZ	8%	9%	I, II, III, IV	LSt	0,5 SolZ	0,5 8%	0,5 9%	1 SolZ	1 8%	1 9%	1,5 SolZ	1,5 8%	1,5 9%	2 SolZ	2 8%	2 9%	2,5 SolZ	2,5 8%	2,5 9%	3 SolZ	3 8%	3 9%
			ohne Kinderfreibeträge					mit Zahl der Kinderfreibeträge . . .																	
40 931,99	I,IV	6 001	–	480,08	540,09	I	6 001	–	377,12	424,26	–	280,–	315,–	–	188,80	212,40	–	103,44	116,37	–	28,88	32,49	–	–	–
	II	5 406	–	432,48	486,54	II	5 406	–	332,24	373,77	–	237,76	267,48	–	149,20	167,85	–	66,72	75,06	–	3,60	4,05	–	–	–
	III	2 736	–	218,88	246,24	III	2 736	–	137,76	154,98	–	66,88	75,24	–	9,92	11,16	–	–	–	–	–	–	–	–	–
	V	10 332	–	826,56	929,88	IV	6 001	–	427,84	481,32	–	377,12	424,26	–	327,84	368,82	–	280,–	315,–	–	233,68	262,89	–	188,80	212,40
	VI	10 767	–	861,36	969,03																				
40 967,99	I,IV	6 010	–	480,80	540,90	I	6 010	–	377,84	425,07	–	280,72	315,81	–	189,44	213,12	–	104,–	117,–	–	29,28	32,94	–	–	–
	II	5 416	–	433,28	487,44	II	5 416	–	332,88	374,49	–	238,40	268,20	–	149,84	168,57	–	67,28	75,69	–	4,–	4,50	–	–	–
	III	2 744	–	219,52	246,96	III	2 744	–	138,24	155,52	–	67,36	75,78	–	10,40	11,70	–	–	–	–	–	–	–	–	–
	V	10 345	–	827,60	931,05	IV	6 010	–	428,56	482,13	–	377,84	425,07	–	328,48	369,54	–	280,72	315,81	–	234,32	263,61	–	189,44	213,12
	VI	10 780	–	862,40	970,20																				
41 003,99	I,IV	6 020	–	481,60	541,80	I	6 020	–	378,56	425,88	–	281,36	316,53	–	190,08	213,84	–	104,64	117,72	–	29,76	33,48	–	–	–
	II	5 425	–	434,–	488,25	II	5 425	–	333,60	375,30	–	239,12	269,01	–	150,48	169,29	–	67,84	76,32	–	4,32	4,86	–	–	–
	III	2 752	–	220,16	247,68	III	2 752	–	138,88	156,24	–	67,84	76,32	–	10,72	12,06	–	–	–	–	–	–	–	–	–
	V	10 357	–	828,56	932,13	IV	6 020	–	429,36	483,03	–	378,56	425,88	–	329,20	370,35	–	281,36	316,53	–	234,96	264,33	–	190,08	213,84
	VI	10 792	–	863,36	971,28																				
41 039,99	I,IV	6 029	–	482,32	542,61	I	6 029	–	379,28	426,69	–	282,–	317,25	–	190,72	214,56	–	105,20	118,35	–	30,16	33,93	–	–	–
	II	5 434	–	434,72	489,06	II	5 434	–	334,32	376,11	–	239,76	269,73	–	151,04	169,92	–	68,40	76,95	–	4,64	5,22	–	–	–
	III	2 758	–	220,64	248,22	III	2 758	–	139,36	156,78	–	68,16	76,68	–	11,04	12,42	–	–	–	–	–	–	–	–	–
	V	10 370	–	829,60	933,30	IV	6 029	–	430,08	483,84	–	379,28	426,69	–	329,92	371,16	–	282,–	317,25	–	235,60	265,05	–	190,72	214,56
	VI	10 805	–	864,40	972,45																				
41 075,99	I,IV	6 039	–	483,12	543,51	I	6 039	–	380,–	427,50	–	282,72	318,06	–	191,28	215,19	–	105,84	119,07	–	30,64	34,47	–	–	–
	II	5 443	–	435,44	489,87	II	5 443	–	334,96	376,83	–	240,40	270,45	–	151,68	170,64	–	68,96	77,58	–	5,04	5,67	–	–	–
	III	2 766	–	221,28	248,94	III	2 766	–	140,–	157,50	–	68,64	77,22	–	11,36	12,78	–	–	–	–	–	–	–	–	–
	V	10 382	–	830,56	934,38	IV	6 039	–	430,80	484,65	–	380,–	427,50	–	330,64	371,97	–	282,72	318,06	–	236,24	265,77	–	191,28	215,19
	VI	10 817	–	865,36	973,53																				
41 111,99	I,IV	6 048	–	483,84	544,32	I	6 048	–	380,72	428,31	–	283,36	318,78	–	191,92	215,91	–	106,40	119,70	–	31,12	35,01	–	–	–
	II	5 453	–	436,24	490,77	II	5 453	–	335,68	377,64	–	241,04	271,17	–	152,32	171,36	–	69,52	78,21	–	5,36	6,03	–	–	–
	III	2 774	–	221,92	249,66	III	2 774	–	140,48	158,04	–	69,12	77,76	–	11,68	13,14	–	–	–	–	–	–	–	–	–
	V	10 395	–	831,60	935,55	IV	6 048	–	431,52	485,46	–	380,72	428,31	–	331,28	372,69	–	283,36	318,78	–	236,96	266,58	–	191,92	215,91
	VI	10 830	–	866,40	974,70																				
41 147,99	I,IV	6 058	–	484,64	545,22	I	6 058	–	381,44	429,12	–	284,08	319,59	–	192,56	216,63	–	106,96	120,33	–	31,52	35,46	–	–	–
	II	5 462	–	436,96	491,58	II	5 462	–	336,40	378,45	–	241,68	271,89	–	152,88	171,99	–	70,08	78,84	–	5,76	6,48	–	–	–
	III	2 780	–	222,40	250,20	III	2 780	–	141,12	158,76	–	69,60	78,30	–	12,16	13,68	–	–	–	–	–	–	–	–	–
	V	10 408	–	832,64	936,72	IV	6 058	–	432,32	486,36	–	381,44	429,12	–	332,–	373,50	–	284,08	319,59	–	237,60	267,30	–	192,56	216,63
	VI	10 843	–	867,44	975,87																				
41 183,99	I,IV	6 067	–	485,36	546,03	I	6 067	–	382,16	429,93	–	284,72	320,31	–	193,20	217,35	–	107,60	121,05	–	32,–	36,–	–	–	–
	II	5 471	–	437,68	492,39	II	5 471	–	337,12	379,26	–	242,40	272,70	–	153,52	172,71	–	70,64	79,47	–	6,08	6,84	–	–	–
	III	2 788	–	223,04	250,92	III	2 788	–	141,60	159,30	–	70,08	78,84	–	12,48	14,04	–	–	–	–	–	–	–	–	–
	V	10 420	–	833,60	937,80	IV	6 067	–	433,04	487,17	–	382,16	429,93	–	332,72	374,31	–	284,72	320,31	–	238,24	268,02	–	193,20	217,35
	VI	10 855	–	868,40	976,95																				
41 219,99	I,IV	6 077	–	486,16	546,93	I	6 077	–	382,80	430,65	–	285,36	321,03	–	193,84	218,07	–	108,16	121,68	–	32,40	36,45	–	–	–
	II	5 480	–	438,40	493,20	II	5 480	–	337,76	379,98	–	243,04	273,42	–	154,16	173,43	–	71,20	80,10	–	6,48	7,29	–	–	–
	III	2 796	–	223,68	251,64	III	2 796	–	142,24	160,02	–	70,56	79,38	–	12,80	14,40	–	–	–	–	–	–	–	–	–
	V	10 432	–	834,56	938,88	IV	6 077	–	433,76	487,98	–	382,80	430,65	–	333,36	375,03	–	285,36	321,03	–	238,88	268,74	–	193,84	218,07
	VI	10 867	–	869,36	978,03																				
41 255,99	I,IV	6 086	–	486,88	547,74	I	6 086	–	383,52	431,46	–	286,08	321,84	–	194,48	218,79	–	108,72	122,31	–	32,88	36,99	–	–	–
	II	5 489	–	439,12	494,01	II	5 489	–	338,48	380,79	–	243,68	274,14	–	154,72	174,06	–	71,76	80,73	–	6,80	7,65	–	–	–
	III	2 804	–	224,32	252,36	III	2 804	–	142,72	160,56	–	71,04	79,92	–	13,28	14,94	–	–	–	–	–	–	–	–	–
	V	10 445	–	835,60	940,05	IV	6 086	–	434,48	488,79	–	383,52	431,46	–	334,08	375,84	–	286,08	321,84	–	239,52	269,46	–	194,48	218,79
	VI	10 880	–	870,40	979,20																				
41 291,99	I,IV	6 096	–	487,68	548,64	I	6 096	–	384,24	432,27	–	286,72	322,56	–	195,12	219,51	–	109,36	123,03	–	33,36	37,53	–	–	–
	II	5 498	–	439,84	494,82	II	5 498	–	339,12	381,51	–	244,32	274,86	–	155,36	174,78	–	72,32	81,36	–	7,20	8,10	–	–	–
	III	2 810	–	224,80	252,90	III	2 810	–	143,36	161,28	–	71,52	80,46	–	13,60	15,30	–	–	–	–	–	–	–	–	–
	V	10 458	–	836,64	941,22	IV	6 096	–	435,20	489,60	–	384,24	432,27	–	334,72	376,56	–	286,72	322,56	–	240,16	270,18	–	195,12	219,51
	VI	10 893	–	871,44	980,37																				
41 327,99	I,IV	6 105	–	488,40	549,45	I	6 105	–	384,96	433,08	–	287,44	323,37	–	195,76	220,23	–	109,92	123,66	–	33,76	37,98	–	–	–
	II	5 508	–	440,64	495,72	II	5 508	–	339,84	382,32	–	244,96	275,58	–	156,–	175,50	–	72,88	81,99	–	7,52	8,46	–	–	–
	III	2 818	–	225,44	253,62	III	2 818	–	143,84	161,82	–	71,84	80,82	–	13,92	15,66	–	–	–	–	–	–	–	–	–
	V	10 470	–	837,60	942,30	IV	6 105	–	435,92	490,41	–	384,96	433,08	–	335,44	377,37	–	287,44	323,37	–	240,80	270,90	–	195,76	220,23
	VI	10 905	–	872,40	981,45																				
41 363,99	I,IV	6 115	–	489,20	550,35	I	6 115	–	385,68	433,89	–	288,08	324,09	–	196,40	220,95	–	110,56	124,38	–	34,24	38,52	–	–	–
	II	5 517	–	441,36	496,53	II	5 517	–	340,56	383,13	–	245,60	276,30	–	156,56	176,13	–	73,44	82,62	–	7,92	8,91	–	–	–
	III	2 826	–	226,08	254,34	III	2 826	–	144,48	162,54	–	72,32	81,36	–	14,24	16,02	–	–	–	–	–	–	–	–	–
	V	10 483	–	838,64	943,47	IV	6 115	–	436,72	491,31	–	385,68	433,89	–	336,16	378,18	–	288,08	324,09	–	241,52	271,71	–	196,40	220,95
	VI	10 918	–	873,44	982,62																				
41 399,99	I,IV	6 124	–	489,92	551,16	I	6 124	–	386,40	434,70	–	288,80	324,90	–	197,04	221,67	–	111,12	125,01	–	34,72	39,06	–	–	–
	II	5 526	–	442,08	497,34	II	5 526	–	341,28	383,94	–	246,32	277,11	–	157,20	176,85	–	74,–	83,25	–	8,32	9,36	–	–	–
	III	2 832	–	226,56	254,88	III	2 832	–	144,96	163,08	–	72,80	81,90	–	14,72	16,56	–	–	–	–	–	–	–	–	–
	V	10 495	–	839,60	944,55	IV	6 124	–	437,44	492,12	–	386,40	434,70	–	336,88	378,99	–	288,80	324,90	–	242,16	272,43	–	197,04	221,67
	VI	10 930	–	874,40	983,70																				
41 435,99	I,IV	6 134	–	490,72	552,06	I	6 134	–	387,12	435,51	–	289,44	325,62	–	197,60	222,30	–	111,68	125,64	–	35,20	39,60	–	–	–
	II	5 536	–	442,88	498,24	II	5 536	–	341,92	384,66	–	246,96	277,83	–	157,84	177,57	–	74,56	83,88	–	8,64	9,72	–	–	–
	III	2 840	–	227,20	255,60	III	2 840	–	145,60	163,80	–	73,28	82,44	–	15,04	16,92	–	–	–	–	–	–	–	–	–
	V	10 508	–	840,64	945,72	IV	6 134	–	438,16	492,93	–	387,12	435,51	–	337,52	379,71	–	289,44	325,62	–	242,80	273,15	–	197,60	222,30
	VI	10 943	–	875,44	984,87																				
41 471,99	I,IV	6 143	–	491,44	552,87	I	6 143	–	387,84	436,32	–	290,16	326,43	–	198,24	223,02	–	112,32	126,36	–	35,60	40,05	–	–	–
	II	5 545	–	443,60	499,05	II	5 545	–	342,64	385,47	–	247,60	278,55	–	158,40	178,20	–	75,12	84,51	–	9,04	10,17	–	–	–
	III	2 848	–	227,84	256,32	III	2 848	–	146,24	164,52	–	73,76	82,98	–	15,36	17,28	–	–	–	–	–	–	–	–	–
	V	10 521	–	841,68	946,89	IV	6 143	–	438,88	493,74	–	387,84	436,32	–	338,24	380,52	–	290,16	326,43	–	243,44	273,87	–	198,24	223,02
	VI	10 956	–	876,48	986,04																				

*** Die ausgewiesenen Tabellenwerte sind amtlich. Siehe Erläuterungen auf der Umschlaginnenseite (U2).**

Abzüge an Lohnsteuer, Solidaritätszuschlag (SolZ) und Kirchensteuer (8%, 9%) in den Steuerklassen

Lohn/ Gehalt bis €*		I – VI	ohne Kinder-freibeträge			I, II, III, IV		mit Zahl der Kinderfreibeträge . . . 0,5			1			1,5			2			2,5			3		
		LSt	SolZ	8%	9%		LSt	SolZ	8%	9%	SolZ	8%	9%	SolZ	8%	9%	SolZ	8%	9%	SolZ	8%	9%	SolZ	8%	9%
	I,IV	6 153	–	492,24	553,77	I	6 153	–	388,56	437,13	–	290,80	327,15	–	198,88	223,74	–	112,88	126,99	–	36,08	40,59	–	–	–
	II	5 554	–	444,32	499,86	II	5 554	–	343,36	386,28	–	248,24	279,27	–	159,04	178,92	–	75,68	85,14	–	9,44	10,62	–	–	–
41 507,99	III	2 856	–	228,48	257,04	III	2 856	–	146,72	165,06	–	74,24	83,52	–	15,84	17,82	–	–	–	–	–	–	–	–	–
	V	10 533	–	842,64	947,97	IV	6 153	–	439,68	494,64	–	388,56	437,13	–	338,96	381,33	–	290,80	327,15	–	244,16	274,68	–	198,88	223,74
	VI	10 968	–	877,44	987,12																				
	I,IV	6 162	–	492,96	554,58	I	6 162	–	389,28	437,94	–	291,44	327,87	–	199,52	224,46	–	113,44	127,62	–	36,56	41,13	–	–	–
	II	5 563	–	445,04	500,67	II	5 563	–	344,–	387,–	–	248,88	279,99	–	159,68	179,64	–	76,24	85,77	–	9,76	10,98	–	–	–
41 543,99	III	2 862	–	228,96	257,58	III	2 862	–	147,20	165,60	–	74,72	84,06	–	16,16	18,18	–	–	–	–	–	–	–	–	–
	V	10 545	–	843,60	949,05	IV	6 162	–	440,40	495,45	–	389,28	437,94	–	339,60	382,05	–	291,44	327,87	–	244,72	275,31	–	199,52	224,46
	VI	10 980	–	878,40	988,20																				
	I,IV	6 171	–	493,68	555,39	I	6 171	–	390,–	438,75	–	292,16	328,68	–	200,16	225,18	–	114,08	128,34	–	37,04	41,67	–	–	–
	II	5 572	–	445,76	501,48	II	5 572	–	344,72	387,81	–	249,60	280,80	–	160,24	180,27	–	76,88	86,49	–	10,16	11,43	–	–	–
41 579,99	III	2 870	–	229,60	258,30	III	2 870	–	147,84	166,32	–	75,20	84,60	–	16,48	18,54	–	–	–	–	–	–	–	–	–
	V	10 558	–	844,64	950,22	IV	6 171	–	441,12	496,26	–	390,–	438,75	–	340,32	382,86	–	292,16	328,68	–	245,44	276,12	–	200,16	225,18
	VI	10 993	–	879,44	989,37																				
	I,IV	6 181	–	494,48	556,29	I	6 181	–	390,72	439,56	–	292,80	329,40	–	200,80	225,90	–	114,64	128,97	–	37,52	42,21	–	–	–
	II	5 582	–	446,56	502,38	II	5 582	–	345,44	388,62	–	250,24	281,52	–	160,88	180,99	–	77,44	87,12	–	10,56	11,88	–	–	–
41 615,99	III	2 876	–	230,08	258,84	III	2 876	–	148,48	167,04	–	75,68	85,14	–	16,80	18,90	–	–	–	–	–	–	–	–	–
	V	10 571	–	845,68	951,39	IV	6 181	–	441,84	497,07	–	390,72	439,56	–	341,04	383,67	–	292,80	329,40	–	246,08	276,84	–	200,80	225,90
	VI	11 006	–	880,48	990,54																				
	I,IV	6 191	–	495,28	557,19	I	6 191	–	391,44	440,37	–	293,52	330,21	–	201,44	226,62	–	115,28	129,69	–	37,92	42,66	–	–	–
	II	5 591	–	447,28	503,19	II	5 591	–	346,16	389,43	–	250,88	282,24	–	161,52	181,71	–	78,–	87,75	–	10,88	12,24	–	–	–
41 651,99	III	2 884	–	230,72	259,56	III	2 884	–	148,96	167,58	–	76,16	85,68	–	17,28	19,44	–	–	–	–	–	–	–	–	–
	V	10 583	–	846,64	952,47	IV	6 191	–	442,64	497,97	–	391,44	440,37	–	341,76	384,48	–	293,52	330,21	–	246,72	277,56	–	201,44	226,62
	VI	11 018	–	881,44	991,62																				
	I,IV	6 200	–	496,–	558,–	I	6 200	–	392,16	441,18	–	294,16	330,93	–	202,08	227,34	–	115,84	130,32	–	38,40	43,20	–	–	–
	II	5 600	–	448,–	504,–	II	5 600	–	346,88	390,24	–	251,52	282,96	–	162,08	182,34	–	78,56	88,38	–	11,28	12,69	–	–	–
41 687,99	III	2 892	–	231,36	260,28	III	2 892	–	149,60	168,30	–	76,64	86,22	–	17,60	19,80	–	–	–	–	–	–	–	–	–
	V	10 596	–	847,68	953,64	IV	6 200	–	443,36	498,78	–	392,16	441,18	–	342,40	385,20	–	294,16	330,93	–	247,36	278,28	–	202,08	227,34
	VI	11 031	–	882,48	992,79																				
	I,IV	6 210	–	496,80	558,90	I	6 210	–	392,88	441,99	–	294,88	331,74	–	202,72	228,06	–	116,48	131,04	–	38,88	43,74	–	–	–
	II	5 610	–	448,80	504,90	II	5 610	–	347,52	390,96	–	252,24	283,77	–	162,72	183,06	–	79,12	89,01	–	11,68	13,14	–	–	–
41 723,99	III	2 900	–	232,–	261,–	III	2 900	–	150,08	168,84	–	77,12	86,76	–	17,92	20,16	–	–	–	–	–	–	–	–	–
	V	10 608	–	848,64	954,72	IV	6 210	–	444,08	499,59	–	392,88	441,99	–	343,12	386,01	–	294,88	331,74	–	248,08	279,09	–	202,72	228,06
	VI	11 043	–	883,44	993,87																				
	I,IV	6 219	–	497,52	559,71	I	6 219	–	393,60	442,80	–	295,52	332,46	–	203,36	228,78	–	117,04	131,67	–	39,36	44,28	–	–	–
	II	5 619	–	449,52	505,71	II	5 619	–	348,24	391,77	–	252,88	284,49	–	163,36	183,78	–	79,76	89,73	–	12,08	13,59	–	–	–
41 759,99	III	2 906	–	232,48	261,54	III	2 906	–	150,72	169,56	–	77,44	87,12	–	18,40	20,70	–	–	–	–	–	–	–	–	–
	V	10 621	–	849,68	955,89	IV	6 219	–	444,80	500,40	–	393,60	442,80	–	343,84	386,82	–	295,52	332,46	–	248,72	279,81	–	203,36	228,78
	VI	11 056	–	884,48	995,04																				
	I,IV	6 229	–	498,32	560,61	I	6 229	–	394,32	443,61	–	296,24	333,27	–	204,–	229,50	–	117,60	132,30	–	39,84	44,82	–	–	–
	II	5 628	–	450,24	506,52	II	5 628	–	348,96	392,58	–	253,52	285,21	–	164,–	184,50	–	80,32	90,36	–	12,40	13,95	–	–	–
41 795,99	III	2 914	–	233,12	262,26	III	2 914	–	151,20	170,10	–	77,92	87,66	–	18,72	21,06	–	–	–	–	–	–	–	–	–
	V	10 634	–	850,72	957,06	IV	6 229	–	445,60	501,30	–	394,32	443,61	–	344,56	387,63	–	296,24	333,27	–	249,36	280,53	–	204,–	229,50
	VI	11 069	–	885,52	996,21																				
	I,IV	6 238	–	499,04	561,42	I	6 238	–	395,04	444,42	–	296,88	333,99	–	204,64	230,22	–	118,24	133,02	–	40,32	45,36	–	–	–
	II	5 638	–	451,04	507,42	II	5 638	–	349,68	393,39	–	254,16	285,93	–	164,56	185,13	–	80,88	90,99	–	12,80	14,40	–	–	–
41 831,99	III	2 922	–	233,76	262,98	III	2 922	–	151,84	170,82	–	78,40	88,20	–	19,04	21,42	–	–	–	–	–	–	–	–	–
	V	10 646	–	851,68	958,14	IV	6 238	–	446,32	502,11	–	395,04	444,42	–	345,20	388,35	–	296,88	333,99	–	250,–	281,25	–	204,64	230,22
	VI	11 081	–	886,48	997,29																				
	I,IV	6 248	–	499,84	562,32	I	6 248	–	395,76	445,23	–	297,52	334,71	–	205,28	230,94	–	118,80	133,65	–	40,80	45,90	–	–	–
	II	5 647	–	451,76	508,23	II	5 647	–	350,32	394,11	–	254,80	286,65	–	165,20	185,85	–	81,44	91,62	–	13,20	14,85	–	–	–
41 867,99	III	2 930	–	234,40	263,70	III	2 930	–	152,48	171,54	–	78,88	88,74	–	19,52	21,96	–	–	–	–	–	–	–	–	–
	V	10 658	–	852,64	959,22	IV	6 248	–	447,04	502,92	–	395,76	445,23	–	345,92	389,16	–	297,52	334,71	–	250,64	281,97	–	205,28	230,94
	VI	11 093	–	887,44	998,37																				
	I,IV	6 257	–	500,56	563,13	I	6 257	–	396,48	446,04	–	298,24	335,52	–	205,92	231,66	–	119,44	134,37	–	41,28	46,44	–	–	–
	II	5 656	–	452,48	509,04	II	5 656	–	351,04	394,92	–	255,52	287,46	–	165,84	186,57	–	82,–	92,25	–	13,60	15,30	–	–	–
41 903,99	III	2 936	–	234,88	264,24	III	2 936	–	152,96	172,08	–	79,36	89,28	–	19,84	22,32	–	–	–	–	–	–	–	–	–
	V	10 671	–	853,68	960,39	IV	6 257	–	447,76	503,73	–	396,48	446,04	–	346,64	389,97	–	298,24	335,52	–	251,36	282,78	–	205,92	231,66
	VI	11 106	–	888,48	999,54																				
	I,IV	6 267	–	501,36	564,03	I	6 267	–	397,20	446,85	–	298,88	336,24	–	206,56	232,38	–	120,–	135,–	–	41,76	46,98	–	–	–
	II	5 665	–	453,20	509,85	II	5 665	–	351,76	395,73	–	256,16	288,18	–	166,40	187,20	–	82,56	92,88	–	14,–	15,75	–	–	–
41 939,99	III	2 944	–	235,52	264,96	III	2 944	–	153,60	172,80	–	79,84	89,82	–	20,16	22,68	–	–	–	–	–	–	–	–	–
	V	10 683	–	854,64	961,47	IV	6 267	–	448,56	504,63	–	397,20	446,85	–	347,28	390,69	–	298,88	336,24	–	252,–	283,50	–	206,56	232,38
	VI	11 119	–	889,52	1 000,71																				
	I,IV	6 276	–	502,08	564,84	I	6 276	–	397,92	447,66	–	299,60	337,05	–	207,20	233,10	–	120,64	135,72	–	42,24	47,52	–	–	–
	II	5 675	–	454,–	510,75	II	5 675	–	352,48	396,54	–	256,80	288,90	–	167,04	187,92	–	83,20	93,60	–	14,40	16,20	–	–	–
41 975,99	III	2 952	–	236,16	265,68	III	2 952	–	154,08	173,34	–	80,32	90,36	–	20,64	23,22	–	–	–	–	–	–	–	–	–
	V	10 696	–	855,68	962,64	IV	6 276	–	449,28	505,44	–	397,92	447,66	–	348,–	391,50	–	299,60	337,05	–	252,64	284,22	–	207,20	233,10
	VI	11 131	–	890,48	1 001,79																				
	I,IV	6 286	–	502,88	565,74	I	6 286	–	398,64	448,47	–	300,32	337,86	–	207,84	233,82	–	121,20	136,35	–	42,72	48,06	–	–	–
	II	5 684	–	454,72	511,56	II	5 684	–	353,20	397,35	–	257,52	289,71	–	167,68	188,64	–	83,76	94,23	–	14,72	16,56	–	–	–
42 011,99	III	2 958	–	236,64	266,22	III	2 958	–	154,72	174,06	–	80,80	90,90	–	20,96	23,58	–	–	–	–	–	–	–	–	–
	V	10 709	–	856,72	963,81	IV	6 286	–	450,–	506,25	–	398,64	448,47	–	348,72	392,31	–	300,32	337,86	–	253,28	284,94	–	207,84	233,82
	VI	11 144	–	891,52	1 002,96																				
	I,IV	6 295	–	503,60	566,55	I	6 295	–	399,36	449,28	–	300,96	338,58	–	208,48	234,54	–	121,84	137,07	–	43,20	48,60	–	–	–
	II	5 693	–	455,44	512,37	II	5 693	–	353,84	398,07	–	258,16	290,43	–	168,32	189,36	–	84,32	94,86	–	15,12	17,01	–	–	–
42 047,99	III	2 966	–	237,28	266,94	III	2 966	–	155,36	174,78	–	81,28	91,44	–	21,28	23,94	–	–	–	–	–	–	–	–	–
	V	10 721	–	857,68	964,89	IV	6 295	–	450,80	507,15	–	399,36	449,28	–	349,44	393,12	–	300,96	338,58	–	254,–	285,75	–	208,48	234,54
	VI	11 156	–	892,48	1 004,04																				

* **Die ausgewiesenen Tabellenwerte sind amtlich. Siehe Erläuterungen auf der Umschlaginnenseite (U2).**

Abzüge an Lohnsteuer, Solidaritätszuschlag (SolZ) und Kirchensteuer (8%, 9%) in den Steuerklassen

Lohn/ Gehalt bis €*	I – VI		ohne Kinder-freibeträge			I, II, III, IV		mit Zahl der Kinderfreibeträge . . . 0,5			1			1,5			2			2,5			3		
		LSt	SolZ	8%	9%		LSt	SolZ	8%	9%	SolZ	8%	9%	SolZ	8%	9%	SolZ	8%	9%	SolZ	8%	9%	SolZ	8%	9%
42 083,99	I,IV	6 305	–	504,40	567,45	I	6 305	–	400,08	450,09	–	301,68	339,39	–	209,12	235,26	–	122,40	137,70	–	43,68	49,14	–	–	–
	II	5 703	–	456,24	513,27	II	5 703	–	354,56	398,88	–	258,80	291,15	–	168,96	190,08	–	84,88	95,49	–	15,52	17,46	–	–	–
	III	2 974	–	237,92	267,66	III	2 974	–	155,84	175,32	–	81,76	91,98	–	21,76	24,48	–	–	–	–	–	–	–	–	–
	V	10 734	–	858,72	966,06	IV	6 305	–	451,52	507,96	–	400,08	450,09	–	350,16	393,93	–	301,68	339,39	–	254,64	286,47	–	209,12	235,26
	VI	11 169	–	893,52	1 005,21																				
42 119,99	I,IV	6 315	–	505,20	568,35	I	6 315	–	400,80	450,90	–	302,32	340,11	–	209,76	235,98	–	123,04	138,42	–	44,16	49,68	–	–	–
	II	5 712	–	456,96	514,08	II	5 712	–	355,28	399,69	–	259,44	291,87	–	169,52	190,71	–	85,52	96,21	–	15,92	17,91	–	–	–
	III	2 982	–	238,56	268,38	III	2 982	–	156,48	176,04	–	82,24	92,52	–	22,08	24,84	–	–	–	–	–	–	–	–	–
	V	10 746	–	859,68	967,14	IV	6 315	–	452,24	508,77	–	400,80	450,90	–	350,80	394,65	–	302,32	340,11	–	255,28	287,19	–	209,76	235,98
	VI	11 182	–	894,56	1 006,38																				
42 155,99	I,IV	6 324	–	505,92	569,16	I	6 324	–	401,52	451,71	–	302,96	340,83	–	210,32	236,61	–	123,60	139,05	–	44,64	50,22	–	–	–
	II	5 721	–	457,68	514,89	II	5 721	–	356,–	400,50	–	260,08	292,59	–	170,16	191,43	–	86,08	96,84	–	16,32	18,36	–	–	–
	III	2 988	–	239,04	268,92	III	2 988	–	156,96	176,58	–	82,72	93,06	–	22,40	25,20	–	–	–	–	–	–	–	–	–
	V	10 759	–	860,72	968,31	IV	6 324	–	452,96	509,58	–	401,52	451,71	–	351,52	395,46	–	302,96	340,83	–	255,92	287,91	–	210,32	236,61
	VI	11 194	–	895,52	1 007,46																				
42 191,99	I,IV	6 333	–	506,64	569,97	I	6 333	–	402,24	452,52	–	303,68	341,64	–	210,96	237,33	–	124,16	139,68	–	45,12	50,76	–	–	–
	II	5 730	–	458,40	515,70	II	5 730	–	356,64	401,22	–	260,80	293,40	–	170,80	192,15	–	86,64	97,47	–	16,72	18,81	–	–	–
	III	2 996	–	239,68	269,64	III	2 996	–	157,60	177,30	–	83,20	93,60	–	22,88	25,74	–	–	–	–	–	–	–	–	–
	V	10 771	–	861,68	969,39	IV	6 333	–	453,76	510,48	–	402,24	452,52	–	352,24	396,27	–	303,68	341,64	–	256,56	288,63	–	210,96	237,33
	VI	11 206	–	896,48	1 008,54																				
42 227,99	I,IV	6 343	–	507,44	570,87	I	6 343	–	402,96	453,33	–	304,32	342,36	–	211,60	238,05	–	124,80	140,40	–	45,60	51,30	–	–	–
	II	5 740	–	459,20	516,60	II	5 740	–	357,36	402,03	–	261,44	294,12	–	171,36	192,78	–	87,20	98,10	–	17,12	19,26	–	–	–
	III	3 004	–	240,32	270,36	III	3 004	–	158,08	177,84	–	83,68	94,14	–	23,20	26,10	–	–	–	–	–	–	–	–	–
	V	10 784	–	862,72	970,56	IV	6 343	–	454,48	511,29	–	402,96	453,33	–	352,96	397,08	–	304,32	342,36	–	257,28	289,44	–	211,60	238,05
	VI	11 219	–	897,52	1 009,71																				
42 263,99	I,IV	6 353	–	508,24	571,77	I	6 353	–	403,68	454,14	–	305,04	343,17	–	212,24	238,77	–	125,36	141,03	–	46,16	51,93	–	–	–
	II	5 749	–	459,92	517,41	II	5 749	–	358,08	402,84	–	262,08	294,84	–	172,–	193,50	–	87,76	98,73	–	17,52	19,71	–	–	–
	III	3 010	–	240,80	270,90	III	3 010	–	158,72	178,56	–	84,16	94,68	–	23,68	26,64	–	–	–	–	–	–	–	–	–
	V	10 796	–	863,68	971,64	IV	6 353	–	455,20	512,10	–	403,68	454,14	–	353,60	397,80	–	305,04	343,17	–	257,92	290,16	–	212,24	238,77
	VI	11 232	–	898,56	1 010,88																				
42 299,99	I,IV	6 362	–	508,96	572,58	I	6 362	–	404,40	454,95	–	305,76	343,98	–	212,88	239,49	–	126,–	141,75	–	46,64	52,47	–	–	–
	II	5 759	–	460,72	518,31	II	5 759	–	358,80	403,65	–	262,80	295,65	–	172,64	194,22	–	88,40	99,45	–	17,92	20,16	–	–	–
	III	3 018	–	241,44	271,62	III	3 018	–	159,36	179,28	–	84,64	95,22	–	24,–	27,–	–	–	–	–	–	–	–	–	–
	V	10 809	–	864,72	972,81	IV	6 362	–	456,–	513,–	–	404,40	454,95	–	354,32	398,61	–	305,76	343,98	–	258,56	290,88	–	212,88	239,49
	VI	11 244	–	899,52	1 011,96																				
42 335,99	I,IV	6 372	–	509,76	573,48	I	6 372	–	405,12	455,76	–	306,40	344,70	–	213,52	240,21	–	126,56	142,38	–	47,12	53,01	–	–	–
	II	5 768	–	461,44	519,12	II	5 768	–	359,52	404,46	–	263,44	296,37	–	173,28	194,94	–	88,96	100,08	–	18,32	20,61	–	–	–
	III	3 026	–	242,08	272,34	III	3 026	–	159,84	179,82	–	85,12	95,76	–	24,32	27,36	–	–	–	–	–	–	–	–	–
	V	10 822	–	865,76	973,98	IV	6 372	–	456,72	513,81	–	405,12	455,76	–	355,04	399,42	–	306,40	344,70	–	259,28	291,69	–	213,52	240,21
	VI	11 257	–	900,56	1 013,13																				
42 371,99	I,IV	6 382	–	510,56	574,38	I	6 382	–	405,84	456,57	–	307,12	345,51	–	214,24	241,02	–	127,20	143,10	–	47,60	53,55	–	–	–
	II	5 777	–	462,16	519,93	II	5 777	–	360,24	405,27	–	264,08	297,09	–	173,92	195,66	–	89,52	100,71	–	18,72	21,06	–	–	–
	III	3 034	–	242,72	273,06	III	3 034	–	160,48	180,54	–	85,60	96,30	–	24,80	27,90	–	–	–	–	–	–	–	–	–
	V	10 834	–	866,72	975,06	IV	6 382	–	457,44	514,62	–	405,84	456,57	–	355,76	400,23	–	307,12	345,51	–	259,92	292,41	–	214,24	241,02
	VI	11 269	–	901,52	1 014,21																				
42 407,99	I,IV	6 391	–	511,28	575,19	I	6 391	–	406,56	457,38	–	307,76	346,23	–	214,88	241,74	–	127,76	143,73	–	48,16	54,18	–	–	–
	II	5 787	–	462,96	520,83	II	5 787	–	360,88	405,99	–	264,80	297,90	–	174,48	196,29	–	90,16	101,43	–	19,20	21,60	–	–	–
	III	3 040	–	243,20	273,60	III	3 040	–	160,96	181,08	–	86,08	96,84	–	25,12	28,26	–	–	–	–	–	–	–	–	–
	V	10 847	–	867,76	976,23	IV	6 391	–	458,24	515,52	–	406,56	457,38	–	356,48	401,04	–	307,76	346,23	–	260,56	293,13	–	214,88	241,74
	VI	11 282	–	902,56	1 015,38																				
42 443,99	I,IV	6 401	–	512,08	576,09	I	6 401	–	407,36	458,28	–	308,48	347,04	–	215,52	242,46	–	128,40	144,45	–	48,64	54,72	–	–	–
	II	5 796	–	463,68	521,64	II	5 796	–	361,60	406,80	–	265,44	298,62	–	175,12	197,01	–	90,72	102,06	–	19,60	22,05	–	–	–
	III	3 048	–	243,84	274,32	III	3 048	–	161,60	181,80	–	86,56	97,38	–	25,60	28,80	–	–	–	–	–	–	–	–	–
	V	10 859	–	868,72	977,31	IV	6 401	–	458,96	516,33	–	407,36	458,28	–	357,20	401,85	–	308,48	347,04	–	261,28	293,94	–	215,52	242,46
	VI	11 295	–	903,60	1 016,55																				
42 479,99	I,IV	6 410	–	512,80	576,90	I	6 410	–	408,–	459,–	–	309,12	347,76	–	216,08	243,09	–	128,96	145,08	–	49,12	55,26	–	–	–
	II	5 805	–	464,40	522,45	II	5 805	–	362,32	407,61	–	266,08	299,34	–	175,76	197,73	–	91,28	102,69	–	20,–	22,50	–	–	–
	III	3 056	–	244,48	275,04	III	3 056	–	162,24	182,52	–	87,04	97,92	–	25,92	29,16	–	–	–	–	–	–	–	–	–
	V	10 872	–	869,76	978,48	IV	6 410	–	459,68	517,14	–	408,–	459,–	–	357,84	402,57	–	309,12	347,76	–	261,92	294,66	–	216,08	243,09
	VI	11 307	–	904,56	1 017,63																				
42 515,99	I,IV	6 420	–	513,60	577,80	I	6 420	–	408,72	459,81	–	309,84	348,57	–	216,72	243,81	–	129,60	145,80	–	49,60	55,80	–	–	–
	II	5 815	–	465,20	523,35	II	5 815	–	363,04	408,42	–	266,72	300,06	–	176,40	198,45	–	91,84	103,32	–	20,40	22,95	–	–	–
	III	3 064	–	245,12	275,76	III	3 064	–	162,72	183,06	–	87,52	98,46	–	26,24	29,52	–	–	–	–	–	–	–	–	–
	V	10 884	–	870,72	979,56	IV	6 420	–	460,40	517,95	–	408,72	459,81	–	358,56	403,38	–	309,84	348,57	–	262,56	295,38	–	216,72	243,81
	VI	11 319	–	905,52	1 018,71																				
42 551,99	I,IV	6 429	–	514,32	578,61	I	6 429	–	409,52	460,71	–	310,48	349,29	–	217,44	244,62	–	130,16	146,43	–	50,16	56,43	–	–	–
	II	5 824	–	465,92	524,16	II	5 824	–	363,76	409,23	–	267,44	300,87	–	176,96	199,08	–	92,40	103,95	–	20,80	23,40	–	–	–
	III	3 070	–	245,60	276,30	III	3 070	–	163,36	183,78	–	88,–	99,–	–	26,72	30,06	–	–	–	–	–	–	–	–	–
	V	10 897	–	871,76	980,73	IV	6 429	–	461,20	518,85	–	409,52	460,71	–	359,28	404,19	–	310,48	349,29	–	263,20	296,10	–	217,44	244,62
	VI	11 332	–	906,56	1 019,88																				
42 587,99	I,IV	6 439	–	515,12	579,51	I	6 439	–	410,24	461,52	–	311,20	350,10	–	218,08	245,34	–	130,80	147,15	–	50,64	56,97	–	–	–
	II	5 833	–	466,64	524,97	II	5 833	–	364,40	409,95	–	268,08	301,59	–	177,60	199,80	–	93,04	104,67	–	21,20	23,85	–	–	–
	III	3 078	–	246,24	277,02	III	3 078	–	163,84	184,32	–	88,48	99,54	–	27,04	30,42	–	–	–	–	–	–	–	–	–
	V	10 909	–	872,72	981,81	IV	6 439	–	461,92	519,66	–	410,24	461,52	–	360,–	405,–	–	311,20	350,10	–	263,92	296,91	–	218,08	245,34
	VI	11 345	–	907,60	1 021,05																				
42 623,99	I,IV	6 449	–	515,92	580,41	I	6 449	–	410,96	462,33	–	311,92	350,91	–	218,72	246,06	–	131,36	147,78	–	51,12	57,51	–	–	–
	II	5 843	–	467,44	525,87	II	5 843	–	365,12	410,76	–	268,72	302,31	–	178,24	200,52	–	93,60	105,30	–	21,60	24,30	–	–	–
	III	3 086	–	246,88	277,74	III	3 086	–	164,48	185,04	–	89,12	100,26	–	27,52	30,96	–	–	–	–	–	–	–	–	–
	V	10 922	–	873,76	982,98	IV	6 449	–	462,72	520,56	–	410,96	462,33	–	360,64	405,72	–	311,92	350,91	–	264,56	297,63	–	218,72	246,06
	VI	11 357	–	908,56	1 022,13																				

* Die ausgewiesenen Tabellenwerte sind amtlich. Siehe Erläuterungen auf der Umschlaginnenseite (U2).

Lohn/Gehalt bis €*	Abzüge an Lohnsteuer, Solidaritätszuschlag (SolZ) und Kirchensteuer (8%, 9%) in den Steuerklassen I – VI	LSt	ohne Kinderfreibeträge SolZ	8%	9%	I, II, III, IV	LSt	mit Zahl der Kinderfreibeträge . . . 0,5 SolZ	0,5 8%	0,5 9%	1 SolZ	1 8%	1 9%	1,5 SolZ	1,5 8%	1,5 9%	2 SolZ	2 8%	2 9%	2,5 SolZ	2,5 8%	2,5 9%	3 SolZ	3 8%	3 9%
42 659,99	I,IV	6 458	–	516,64	581,22	I	6 458	–	411,68	463,14	–	312,56	351,63	–	219,36	246,78	–	132,–	148,50	–	51,68	58,14	–	–	–
	II	5 852	–	468,16	526,68	II	5 852	–	365,84	411,57	–	269,44	303,12	–	178,88	201,24	–	94,16	105,93	–	22,08	24,84	–	–	–
	III	3 094	–	247,52	278,46	III	3 094	–	165,12	185,76	–	89,60	100,80	–	27,84	31,32	–	–	–	–	–	–	–	–	–
	V	10 935	–	874,80	984,15	IV	6 458	–	463,44	521,37	–	411,68	463,14	–	361,36	406,53	–	312,56	351,63	–	265,20	298,35	–	219,36	246,78
	VI	11 370	–	909,60	1 023,30																				
42 695,99	I,IV	6 468	–	517,44	582,12	I	6 468	–	412,40	463,95	–	313,28	352,44	–	220,–	247,50	–	132,56	149,13	–	52,16	58,68	–	–	–
	II	5 862	–	468,96	527,58	II	5 862	–	366,56	412,38	–	270,08	303,84	–	179,52	201,96	–	94,80	106,65	–	22,48	25,29	–	–	–
	III	3 100	–	248,–	279,–	III	3 100	–	165,60	186,30	–	90,08	101,34	–	28,32	31,86	–	–	–	–	–	–	–	–	–
	V	10 947	–	875,76	985,23	IV	6 468	–	464,16	522,18	–	412,40	463,95	–	362,08	407,34	–	313,28	352,44	–	265,92	299,16	–	220,–	247,50
	VI	11 382	–	910,56	1 024,38																				
42 731,99	I,IV	6 478	–	518,24	583,02	I	6 478	–	413,12	464,76	–	313,92	353,16	–	220,64	248,22	–	133,20	149,85	–	52,64	59,22	–	–	–
	II	5 871	–	469,68	528,39	II	5 871	–	367,28	413,19	–	270,80	304,65	–	180,16	202,68	–	95,36	107,28	–	22,88	25,74	–	–	–
	III	3 108	–	248,64	279,72	III	3 108	–	166,24	187,02	–	90,56	101,88	–	28,64	32,22	–	–	–	–	–	–	–	–	–
	V	10 960	–	876,80	986,40	IV	6 478	–	464,96	523,08	–	413,12	464,76	–	362,80	408,15	–	313,92	353,16	–	266,56	299,88	–	220,64	248,22
	VI	11 395	–	911,60	1 025,55																				
42 767,99	I,IV	6 487	–	518,96	583,83	I	6 487	–	413,84	465,57	–	314,64	353,97	–	221,28	248,94	–	133,76	150,48	–	53,20	59,85	–	–	–
	II	5 880	–	470,40	529,20	II	5 880	–	368,–	414,–	–	271,44	305,37	–	180,72	203,31	–	95,92	107,91	–	23,36	26,28	–	–	–
	III	3 116	–	249,28	280,44	III	3 116	–	166,88	187,74	–	91,04	102,42	–	29,12	32,76	–	–	–	–	–	–	–	–	–
	V	10 972	–	877,76	987,48	IV	6 487	–	465,68	523,89	–	413,84	465,57	–	363,52	408,96	–	314,64	353,97	–	267,20	300,60	–	221,28	248,94
	VI	11 408	–	912,64	1 026,72																				
42 803,99	I,IV	6 497	–	519,76	584,73	I	6 497	–	414,56	466,38	–	315,28	354,69	–	221,92	249,66	–	134,40	151,20	–	53,68	60,39	–	–	–
	II	5 890	–	471,20	530,10	II	5 890	–	368,72	414,81	–	272,08	306,09	–	181,36	204,03	–	96,48	108,54	–	23,76	26,73	–	–	–
	III	3 122	–	249,76	280,98	III	3 122	–	167,36	188,28	–	91,52	102,96	–	29,44	33,12	–	–	–	–	–	–	–	–	–
	V	10 985	–	878,80	988,65	IV	6 497	–	466,40	524,70	–	414,56	466,38	–	364,24	409,77	–	315,28	354,69	–	267,84	301,32	–	221,92	249,66
	VI	11 420	–	913,60	1 027,80																				
42 839,99	I,IV	6 506	–	520,48	585,54	I	6 506	–	415,28	467,19	–	316,–	355,50	–	222,56	250,38	–	134,96	151,83	–	54,24	61,02	–	–	–
	II	5 899	–	471,92	530,91	II	5 899	–	369,36	415,53	–	272,72	306,81	–	182,–	204,75	–	97,12	109,26	–	24,16	27,18	–	–	–
	III	3 130	–	250,40	281,70	III	3 130	–	168,–	189,–	–	92,–	103,50	–	29,76	33,48	–	–	–	–	–	–	–	–	–
	V	10 997	–	879,76	989,73	IV	6 506	–	467,20	525,60	–	415,28	467,19	–	364,88	410,49	–	316,–	355,50	–	268,56	302,13	–	222,56	250,38
	VI	11 432	–	914,56	1 028,88																				
42 875,99	I,IV	6 516	–	521,28	586,44	I	6 516	–	416,–	468,–	–	316,64	356,22	–	223,20	251,10	–	135,60	152,55	–	54,72	61,56	–	–	–
	II	5 908	–	472,64	531,72	II	5 908	–	370,08	416,34	–	273,44	307,62	–	182,64	205,47	–	97,68	109,89	–	24,56	27,63	–	–	–
	III	3 138	–	251,04	282,42	III	3 138	–	168,48	189,54	–	92,48	104,04	–	30,24	34,02	–	–	–	–	–	–	–	–	–
	V	11 010	–	880,80	990,90	IV	6 516	–	467,92	526,41	–	416,–	468,–	–	365,60	411,30	–	316,64	356,22	–	269,20	302,85	–	223,20	251,10
	VI	11 445	–	915,60	1 030,05																				
42 911,99	I,IV	6 526	–	522,08	587,34	I	6 526	–	416,80	468,90	–	317,36	357,03	–	223,84	251,82	–	136,16	153,18	–	55,28	62,19	–	–	–
	II	5 918	–	473,44	532,62	II	5 918	–	370,80	417,15	–	274,08	308,34	–	183,28	206,19	–	98,24	110,52	–	25,04	28,17	–	–	–
	III	3 146	–	251,68	283,14	III	3 146	–	169,12	190,26	–	92,96	104,58	–	30,56	34,38	–	–	–	–	–	–	–	–	–
	V	11 022	–	881,76	991,98	IV	6 526	–	468,64	527,22	–	416,80	468,90	–	366,32	412,11	–	317,36	357,03	–	269,84	303,57	–	223,84	251,82
	VI	11 458	–	916,64	1 031,22																				
42 947,99	I,IV	6 535	–	522,80	588,15	I	6 535	–	417,52	469,71	–	318,08	357,84	–	224,48	252,54	–	136,80	153,90	–	55,76	62,73	–	–	–
	II	5 927	–	474,16	533,43	II	5 927	–	371,52	417,96	–	274,80	309,15	–	183,84	206,82	–	98,88	111,24	–	25,44	28,62	–	–	–
	III	3 152	–	252,16	283,68	III	3 152	–	169,60	190,80	–	93,44	105,12	–	31,04	34,92	–	–	–	–	–	–	–	–	–
	V	11 035	–	882,80	993,15	IV	6 535	–	469,44	528,12	–	417,52	469,71	–	367,04	412,92	–	318,08	357,84	–	270,56	304,38	–	224,48	252,54
	VI	11 470	–	917,60	1 032,30																				
42 983,99	I,IV	6 545	–	523,60	589,05	I	6 545	–	418,24	470,52	–	318,72	358,56	–	225,12	253,26	–	137,44	154,62	–	56,32	63,36	–	–	–
	II	5 937	–	474,96	534,33	II	5 937	–	372,24	418,77	–	275,44	309,87	–	184,48	207,54	–	99,44	111,87	–	25,84	29,07	–	–	–
	III	3 160	–	252,80	284,40	III	3 160	–	170,24	191,52	–	93,92	105,66	–	31,36	35,28	–	–	–	–	–	–	–	–	–
	V	11 048	–	883,84	994,32	IV	6 545	–	470,16	528,93	–	418,24	470,52	–	367,76	413,73	–	318,72	358,56	–	271,20	305,10	–	225,12	253,26
	VI	11 483	–	918,64	1 033,47																				
43 019,99	I,IV	6 555	–	524,40	589,95	I	6 555	–	418,96	471,33	–	319,44	359,37	–	225,76	253,98	–	138,–	155,25	–	56,80	63,90	–	–	–
	II	5 946	–	475,68	535,14	II	5 946	–	372,96	419,58	–	276,08	310,59	–	185,12	208,26	–	100,–	112,50	–	26,32	29,61	–	–	–
	III	3 168	–	253,44	285,12	III	3 168	–	170,88	192,24	–	94,40	106,20	–	31,84	35,82	–	–	–	–	–	–	–	–	–
	V	11 060	–	884,80	995,40	IV	6 555	–	470,96	529,83	–	418,96	471,33	–	368,48	414,54	–	319,44	359,37	–	271,92	305,91	–	225,76	253,98
	VI	11 495	–	919,60	1 034,55																				
43 055,99	I,IV	6 564	–	525,12	590,76	I	6 564	–	419,68	472,14	–	320,16	360,18	–	226,40	254,70	–	138,64	155,97	–	57,36	64,53	–	–	–
	II	5 956	–	476,48	536,04	II	5 956	–	373,68	420,39	–	276,80	311,40	–	185,76	208,98	–	100,64	113,22	–	26,72	30,06	–	–	–
	III	3 176	–	254,08	285,84	III	3 176	–	171,36	192,78	–	94,88	106,74	–	32,16	36,18	–	–	–	–	–	–	–	–	–
	V	11 073	–	885,84	996,57	IV	6 564	–	471,68	530,64	–	419,68	472,14	–	369,20	415,35	–	320,16	360,18	–	272,56	306,63	–	226,40	254,70
	VI	11 508	–	920,64	1 035,72																				
43 091,99	I,IV	6 574	–	525,92	591,66	I	6 574	–	420,40	472,95	–	320,80	360,90	–	227,04	255,42	–	139,20	156,60	–	57,84	65,07	–	–	–
	II	5 965	–	477,20	536,85	II	5 965	–	374,40	421,20	–	277,44	312,12	–	186,40	209,70	–	101,20	113,85	–	27,20	30,60	–	–	–
	III	3 182	–	254,56	286,38	III	3 182	–	172,–	193,50	–	95,52	107,46	–	32,64	36,72	–	–	–	–	–	–	–	–	–
	V	11 085	–	886,80	997,65	IV	6 574	–	472,40	531,45	–	420,40	472,95	–	369,84	416,07	–	320,80	360,90	–	273,20	307,35	–	227,04	255,42
	VI	11 520	–	921,60	1 036,80																				
43 127,99	I,IV	6 583	–	526,64	592,47	I	6 583	–	421,12	473,76	–	321,52	361,71	–	227,68	256,14	–	139,84	157,32	–	58,40	65,70	–	–	–
	II	5 974	–	477,92	537,66	II	5 974	–	375,04	421,92	–	278,08	312,84	–	187,04	210,42	–	101,76	114,48	–	27,60	31,05	–	–	–
	III	3 190	–	255,20	287,10	III	3 190	–	172,64	194,22	–	96,–	108,–	–	32,96	37,08	–	–	–	–	–	–	–	–	–
	V	11 098	–	887,84	998,82	IV	6 583	–	473,20	532,35	–	421,12	473,76	–	370,56	416,88	–	321,52	361,71	–	273,84	308,07	–	227,68	256,14
	VI	11 533	–	922,64	1 037,97																				
43 163,99	I,IV	6 593	–	527,44	593,37	I	6 593	–	421,84	474,57	–	322,16	362,43	–	228,40	256,95	–	140,40	157,95	–	58,88	66,24	–	–	–
	II	5 984	–	478,72	538,56	II	5 984	–	375,76	422,73	–	278,80	313,65	–	187,60	211,05	–	102,40	115,20	–	28,08	31,59	–	–	–
	III	3 198	–	255,84	287,82	III	3 198	–	173,12	194,76	–	96,48	108,54	–	33,44	37,62	–	–	–	–	–	–	–	–	–
	V	11 110	–	888,80	999,90	IV	6 593	–	473,92	533,16	–	421,84	474,57	–	371,28	417,69	–	322,16	362,43	–	274,56	308,88	–	228,40	256,95
	VI	11 545	–	923,60	1 039,05																				
43 199,99	I,IV	6 603	–	528,24	594,27	I	6 603	–	422,64	475,47	–	322,88	363,24	–	229,04	257,67	–	141,04	158,67	–	59,44	66,87	–	–	–
	II	5 993	–	479,44	539,37	II	5 993	–	376,48	423,54	–	279,44	314,37	–	188,24	211,77	–	102,96	115,83	–	28,48	32,04	–	–	–
	III	3 206	–	256,48	288,54	III	3 206	–	173,76	195,48	–	96,96	109,08	–	33,76	37,98	–	–	–	–	–	–	–	–	–
	V	11 123	–	889,84	1 001,07	IV	6 603	–	474,72	534,06	–	422,64	475,47	–	372,–	418,50	–	322,88	363,24	–	275,20	309,60	–	229,04	257,67
	VI	11 558	–	924,64	1 040,22																				

*** Die ausgewiesenen Tabellenwerte sind amtlich. Siehe Erläuterungen auf der Umschlaginnenseite (U2).**

Abzüge an Lohnsteuer, Solidaritätszuschlag (SolZ) und Kirchensteuer (8%, 9%) in den Steuerklassen

Lohn/ Gehalt bis €*	I – VI					I, II, III, IV		mit Zahl der Kinderfreibeträge . . . 0,5			1			1,5			2			2,5			3		
		LSt	ohne Kinderfreibeträge SolZ	8%	9%		LSt	SolZ	8%	9%	SolZ	8%	9%	SolZ	8%	9%	SolZ	8%	9%	SolZ	8%	9%	SolZ	8%	9%
43 235,99	I,IV	6 613	–	529,04	595,17	I	6 613	–	423,36	476,28	–	323,60	364,05	–	229,68	258,39	–	141,68	159,39	–	60,—	67,50	–	–	–
	II	6 003	–	480,24	540,27	II	6 003	–	377,20	424,35	–	280,16	315,18	–	188,88	212,49	–	103,52	116,46	–	28,96	32,58	–	–	–
	III	3 212	–	256,96	289,08	III	3 212	–	174,24	196,02	–	97,44	109,62	–	34,24	38,52	–	–	–	–	–	–	–	–	–
	V	11 135	–	890,80	1 002,15	IV	6 613	–	475,44	534,87	–	423,36	476,28	–	372,72	419,31	–	323,60	364,05	–	275,92	310,41	–	229,68	258,39
	VI	11 571	–	925,68	1 041,39																				
43 271,99	I,IV	6 622	–	529,76	595,98	I	6 622	–	424,08	477,09	–	324,24	364,77	–	230,32	259,11	–	142,24	160,02	–	60,48	68,04	–	–	–
	II	6 012	–	480,96	541,08	II	6 012	–	377,92	425,16	–	280,80	315,90	–	189,52	213,21	–	104,16	117,18	–	29,36	33,03	–	–	–
	III	3 220	–	257,60	289,80	III	3 220	–	174,88	196,74	–	97,92	110,16	–	34,56	38,88	–	–	–	–	–	–	–	–	–
	V	11 148	–	891,84	1 003,32	IV	6 622	–	476,16	535,68	–	424,08	477,09	–	373,44	420,12	–	324,24	364,77	–	276,56	311,13	–	230,32	259,11
	VI	11 583	–	926,64	1 042,47																				
43 307,99	I,IV	6 632	–	530,56	596,88	I	6 632	–	424,80	477,90	–	324,96	365,58	–	230,96	259,83	–	142,88	160,74	–	61,04	68,67	–	–	–
	II	6 022	–	481,76	541,98	II	6 022	–	378,64	425,97	–	281,44	316,62	–	190,16	213,93	–	104,72	117,81	–	29,84	33,57	–	–	–
	III	3 228	–	258,24	290,52	III	3 228	–	175,52	197,46	–	98,40	110,70	–	35,04	39,42	–	–	–	–	–	–	–	–	–
	V	11 161	–	892,88	1 004,49	IV	6 632	–	476,96	536,58	–	424,80	477,90	–	374,16	420,93	–	324,96	365,58	–	277,20	311,85	–	230,96	259,83
	VI	11 596	–	927,68	1 043,64																				
43 343,99	I,IV	6 642	–	531,36	597,78	I	6 642	–	425,52	478,71	–	325,68	366,39	–	231,60	260,55	–	143,44	161,37	–	61,60	69,30	–	0,40	0,45
	II	6 031	–	482,48	542,79	II	6 031	–	379,36	426,78	–	282,16	317,43	–	190,80	214,65	–	105,28	118,44	–	30,24	34,02	–	–	–
	III	3 236	–	258,88	291,24	III	3 236	–	176,—	198,—	–	99,04	111,42	–	35,36	39,78	–	–	–	–	–	–	–	–	–
	V	11 173	–	893,84	1 005,57	IV	6 642	–	477,68	537,39	–	425,52	478,71	–	374,88	421,74	–	325,68	366,39	–	277,92	312,66	–	231,60	260,55
	VI	11 608	–	928,64	1 044,72																				
43 379,99	I,IV	6 651	–	532,08	598,59	I	6 651	–	426,32	479,61	–	326,32	367,11	–	232,24	261,27	–	144,08	162,09	–	62,16	69,93	–	0,72	0,81
	II	6 040	–	483,20	543,60	II	6 040	–	380,08	427,59	–	282,80	318,15	–	191,44	215,37	–	105,92	119,16	–	30,72	34,56	–	–	–
	III	3 242	–	259,36	291,78	III	3 242	–	176,64	198,72	–	99,52	111,96	–	35,84	40,32	–	–	–	–	–	–	–	–	–
	V	11 186	–	894,88	1 006,74	IV	6 651	–	478,48	538,29	–	426,32	479,61	–	375,60	422,55	–	326,32	367,11	–	278,56	313,38	–	232,24	261,27
	VI	11 621	–	929,68	1 045,89																				
43 415,99	I,IV	6 661	–	532,88	599,49	I	6 661	–	426,96	480,33	–	327,04	367,92	–	232,88	261,99	–	144,64	162,72	–	62,64	70,47	–	1,04	1,17
	II	6 050	–	484,—	544,50	II	6 050	–	380,80	428,40	–	283,44	318,87	–	192,—	216,—	–	106,48	119,79	–	31,12	35,01	–	–	–
	III	3 250	–	260,—	292,50	III	3 250	–	177,12	199,26	–	100,—	112,50	–	36,16	40,68	–	–	–	–	–	–	–	–	–
	V	11 198	–	895,84	1 007,82	IV	6 661	–	479,20	539,10	–	426,96	480,33	–	376,24	423,27	–	327,04	367,92	–	279,20	314,10	–	232,88	261,99
	VI	11 633	–	930,64	1 046,97																				
43 451,99	I,IV	6 671	–	533,68	600,39	I	6 671	–	427,76	481,23	–	327,68	368,64	–	233,52	262,71	–	145,28	163,44	–	63,20	71,10	–	1,36	1,53
	II	6 059	–	484,72	545,31	II	6 059	–	381,52	429,21	–	284,16	319,68	–	192,64	216,72	–	107,04	120,42	–	31,60	35,55	–	–	–
	III	3 258	–	260,64	293,22	III	3 258	–	177,76	199,98	–	100,48	113,04	–	36,64	41,22	–	–	–	–	–	–	–	–	–
	V	11 211	–	896,88	1 008,99	IV	6 671	–	479,92	539,91	–	427,76	481,23	–	376,96	424,08	–	327,68	368,64	–	279,92	314,91	–	233,52	262,71
	VI	11 646	–	931,68	1 048,14																				
43 487,99	I,IV	6 680	–	534,40	601,20	I	6 680	–	428,48	482,04	–	328,40	369,45	–	234,24	263,52	–	145,92	164,16	–	63,76	71,73	–	1,68	1,89
	II	6 069	–	485,52	546,21	II	6 069	–	382,24	430,02	–	284,80	320,40	–	193,28	217,44	–	107,68	121,14	–	32,08	36,09	–	–	–
	III	3 264	–	261,12	293,76	III	3 264	–	178,40	200,70	–	100,96	113,58	–	36,96	41,58	–	–	–	–	–	–	–	–	–
	V	11 223	–	897,84	1 010,07	IV	6 680	–	480,72	540,81	–	428,48	482,04	–	377,68	424,89	–	328,40	369,45	–	280,56	315,63	–	234,24	263,52
	VI	11 658	–	932,64	1 049,22																				
43 523,99	I,IV	6 690	–	535,20	602,10	I	6 690	–	429,20	482,85	–	329,12	370,26	–	234,88	264,24	–	146,48	164,79	–	64,24	72,27	–	2,08	2,34
	II	6 078	–	486,24	547,02	II	6 078	–	382,96	430,83	–	285,52	321,21	–	193,92	218,16	–	108,24	121,77	–	32,48	36,54	–	–	–
	III	3 272	–	261,76	294,48	III	3 272	–	178,88	201,24	–	101,44	114,12	–	37,44	42,12	–	–	–	–	–	–	–	–	–
	V	11 236	–	898,88	1 011,24	IV	6 690	–	481,44	541,62	–	429,20	482,85	–	378,40	425,70	–	329,12	370,26	–	281,28	316,44	–	234,88	264,24
	VI	11 671	–	933,68	1 050,39																				
43 559,99	I,IV	6 700	–	536,—	603,—	I	6 700	–	429,92	483,66	–	329,76	370,98	–	235,52	264,96	–	147,12	165,51	–	64,80	72,90	–	2,40	2,70
	II	6 088	–	487,04	547,92	II	6 088	–	383,68	431,64	–	286,16	321,93	–	194,56	218,88	–	108,88	122,49	–	32,96	37,08	–	–	–
	III	3 280	–	262,40	295,20	III	3 280	–	179,52	201,96	–	101,92	114,66	–	37,76	42,48	–	–	–	–	–	–	–	–	–
	V	11 248	–	899,84	1 012,32	IV	6 700	–	482,24	542,52	–	429,92	483,66	–	379,12	426,51	–	329,76	370,98	–	281,92	317,16	–	235,52	264,96
	VI	11 684	–	934,72	1 051,56																				
43 595,99	I,IV	6 709	–	536,72	603,81	I	6 709	–	430,72	484,56	–	330,48	371,79	–	236,16	265,68	–	147,76	166,23	–	65,36	73,53	–	2,72	3,06
	II	6 097	–	487,76	548,73	II	6 097	–	384,40	432,45	–	286,88	322,74	–	195,20	219,60	–	109,44	123,12	–	33,44	37,62	–	–	–
	III	3 288	–	263,04	295,92	III	3 288	–	180,16	202,68	–	102,56	115,38	–	38,24	43,02	–	–	–	–	–	–	–	–	–
	V	11 261	–	900,88	1 013,49	IV	6 709	–	482,96	543,33	–	430,72	484,56	–	379,84	427,32	–	330,48	371,79	–	282,56	317,88	–	236,16	265,68
	VI	11 696	–	935,68	1 052,64																				
43 631,99	I,IV	6 719	–	537,52	604,71	I	6 719	–	431,44	485,37	–	331,20	372,60	–	236,80	266,40	–	148,32	166,86	–	65,92	74,16	–	3,12	3,51
	II	6 107	–	488,56	549,63	II	6 107	–	385,12	433,26	–	287,52	323,46	–	195,84	220,32	–	110,—	123,75	–	33,84	38,07	–	–	–
	III	3 296	–	263,68	296,64	III	3 296	–	180,64	203,22	–	103,04	115,92	–	38,56	43,38	–	–	–	–	–	–	–	–	–
	V	11 274	–	901,92	1 014,66	IV	6 719	–	483,76	544,23	–	431,44	485,37	–	380,56	428,13	–	331,20	372,60	–	283,28	318,69	–	236,80	266,40
	VI	11 709	–	936,72	1 053,81																				
43 667,99	I,IV	6 729	–	538,32	605,61	I	6 729	–	432,16	486,18	–	331,84	373,32	–	237,44	267,12	–	148,96	167,58	–	66,48	74,79	–	3,44	3,87
	II	6 116	–	489,28	550,44	II	6 116	–	385,84	434,07	–	288,24	324,27	–	196,48	221,04	–	110,64	124,47	–	34,32	38,61	–	–	–
	III	3 302	–	264,16	297,18	III	3 302	–	181,28	203,94	–	103,52	116,46	–	39,04	43,92	–	–	–	–	–	–	–	–	–
	V	11 286	–	902,88	1 015,74	IV	6 729	–	484,48	545,04	–	432,16	486,18	–	381,28	428,94	–	331,84	373,32	–	283,92	319,41	–	237,44	267,12
	VI	11 721	–	937,68	1 054,89																				
43 703,99	I,IV	6 739	–	539,12	606,51	I	6 739	–	432,88	486,99	–	332,56	374,13	–	238,16	267,93	–	149,60	168,30	–	67,04	75,42	–	3,84	4,32
	II	6 126	–	490,08	551,34	II	6 126	–	386,56	434,88	–	288,88	324,99	–	197,12	221,76	–	111,20	125,10	–	34,80	39,15	–	–	–
	III	3 310	–	264,80	297,90	III	3 310	–	181,92	204,66	–	104,—	117,—	–	39,52	44,46	–	–	–	–	–	–	–	–	–
	V	11 299	–	903,92	1 016,91	IV	6 739	–	485,28	545,94	–	432,88	486,99	–	382,—	429,75	–	332,56	374,13	–	284,64	320,22	–	238,16	267,93
	VI	11 734	–	938,72	1 056,06																				
43 739,99	I,IV	6 748	–	539,84	607,32	I	6 748	–	433,60	487,80	–	333,28	374,94	–	238,80	268,65	–	150,16	168,93	–	67,52	75,96	–	4,16	4,68
	II	6 135	–	490,80	552,15	II	6 135	–	387,20	435,60	–	289,52	325,71	–	197,76	222,48	–	111,76	125,73	–	35,20	39,60	–	–	–
	III	3 318	–	265,44	298,62	III	3 318	–	182,40	205,20	–	104,48	117,54	–	39,84	44,82	–	–	–	–	–	–	–	–	–
	V	11 311	–	904,88	1 017,99	IV	6 748	–	486,—	546,75	–	433,60	487,80	–	382,72	430,56	–	333,28	374,94	–	285,28	320,94	–	238,80	268,65
	VI	11 746	–	939,68	1 057,14																				
43 775,99	I,IV	6 758	–	540,64	608,22	I	6 758	–	434,32	488,61	–	333,92	375,66	–	239,44	269,37	–	150,80	169,65	–	68,08	76,59	–	4,48	5,04
	II	6 144	–	491,52	552,96	II	6 144	–	387,92	436,41	–	290,24	326,52	–	198,32	223,11	–	112,40	126,45	–	35,68	40,14	–	–	–
	III	3 326	–	266,08	299,34	III	3 326	–	183,04	205,92	–	105,12	118,26	–	40,32	45,36	–	–	–	–	–	–	–	–	–
	V	11 324	–	905,92	1 019,16	IV	6 758	–	486,72	547,56	–	434,32	488,61	–	383,44	431,37	–	333,92	375,66	–	285,92	321,66	–	239,44	269,37
	VI	11 759	–	940,72	1 058,31																				

* Die ausgewiesenen Tabellenwerte sind amtlich. Siehe Erläuterungen auf der Umschlaginnenseite (U2).

Abzüge an Lohnsteuer, Solidaritätszuschlag (SolZ) und Kirchensteuer (8%, 9%) in den Steuerklassen

Lohn/ Gehalt bis €*	I – VI	LSt	ohne Kinderfreibeträge SolZ	8%	9%	I, II, III, IV	LSt	mit Zahl der Kinderfreibeträge . . . 0,5 SolZ	0,5 8%	0,5 9%	1 SolZ	1 8%	1 9%	1,5 SolZ	1,5 8%	1,5 9%	2 SolZ	2 8%	2 9%	2,5 SolZ	2,5 8%	2,5 9%	3 SolZ	3 8%	3 9%
43 811,99	I,IV	6 768	–	541,44	609,12	I	6 768	–	435,12	489,51	–	334,64	376,47	–	240,08	270,09	–	151,36	170,28	–	68,64	77,22	–	4,88	5,49
	II	6 154	–	492,32	553,86	II	6 154	–	388,64	437,22	–	290,88	327,24	–	198,96	223,83	–	112,96	127,08	–	36,16	40,68	–	–	–
	III	3 332	–	266,56	299,88	III	3 332	–	183,52	206,46	–	105,60	118,80	–	40,64	45,72	–	–	–	–	–	–	–	–	–
	V	11 336	–	906,88	1 020,24	IV	6 768	–	487,52	548,46	–	435,12	489,51	–	384,16	432,18	–	334,64	376,47	–	286,64	322,47	–	240,08	270,09
	VI	11 771	–	941,68	1 059,39																				
43 847,99	I,IV	6 777	–	542,16	609,93	I	6 777	–	435,84	490,32	–	335,36	377,28	–	240,72	270,81	–	152,–	171,–	–	69,20	77,85	–	5,20	5,85
	II	6 163	–	493,04	554,67	II	6 163	–	389,36	438,03	–	291,60	328,05	–	199,60	224,55	–	113,60	127,80	–	36,64	41,22	–	–	–
	III	3 340	–	267,20	300,60	III	3 340	–	184,16	207,18	–	106,08	119,34	–	41,12	46,26	–	–	–	–	–	–	–	–	–
	V	11 349	–	907,92	1 021,41	IV	6 777	–	488,32	549,36	–	435,84	490,32	–	384,88	432,99	–	335,36	377,28	–	287,28	323,19	–	240,72	270,81
	VI	11 784	–	942,72	1 060,56																				
43 883,99	I,IV	6 787	–	542,96	610,83	I	6 787	–	436,56	491,13	–	336,–	378,–	–	241,36	271,53	–	152,64	171,72	–	69,76	78,48	–	5,60	6,30
	II	6 173	–	493,84	555,57	II	6 173	–	390,08	438,84	–	292,24	328,77	–	200,24	225,27	–	114,16	128,43	–	37,12	41,76	–	–	–
	III	3 348	–	267,84	301,32	III	3 348	–	184,80	207,90	–	106,56	119,88	–	41,44	46,62	–	–	–	–	–	–	–	–	–
	V	11 361	–	908,88	1 022,49	IV	6 787	–	489,04	550,17	–	436,56	491,13	–	385,60	433,80	–	336,–	378,–	–	288,–	324,–	–	241,36	271,53
	VI	11 796	–	943,68	1 061,64																				
43 919,99	I,IV	6 797	–	543,76	611,73	I	6 797	–	437,28	491,94	–	336,72	378,81	–	242,08	272,34	–	153,20	172,35	–	70,32	79,11	–	5,92	6,66
	II	6 183	–	494,64	556,47	II	6 183	–	390,80	439,65	–	292,96	329,58	–	200,88	225,99	–	114,72	129,06	–	37,60	42,30	–	–	–
	III	3 356	–	268,48	302,04	III	3 356	–	185,28	208,44	–	107,04	120,42	–	41,92	47,16	–	–	–	–	–	–	–	–	–
	V	11 374	–	909,92	1 023,66	IV	6 797	–	489,84	551,07	–	437,28	491,94	–	386,32	434,61	–	336,72	378,81	–	288,64	324,72	–	242,08	272,34
	VI	11 809	–	944,72	1 062,81																				
43 955,99	I,IV	6 807	–	544,56	612,63	I	6 807	–	438,08	492,84	–	337,44	379,62	–	242,72	273,06	–	153,84	173,07	–	70,88	79,74	–	6,32	7,11
	II	6 192	–	495,36	557,28	II	6 192	–	391,52	440,46	–	293,60	330,30	–	201,52	226,71	–	115,36	129,78	–	38,–	42,75	–	–	–
	III	3 364	–	269,12	302,76	III	3 364	–	185,92	209,16	–	107,68	121,14	–	42,40	47,70	–	–	–	–	–	–	–	–	–
	V	11 387	–	910,96	1 024,83	IV	6 807	–	490,56	551,88	–	438,08	492,84	–	387,04	435,42	–	337,44	379,62	–	289,36	325,53	–	242,72	273,06
	VI	11 822	–	945,76	1 063,98																				
43 991,99	I,IV	6 817	–	545,36	613,53	I	6 817	–	438,80	493,65	–	338,16	380,43	–	243,36	273,78	–	154,48	173,79	–	71,44	80,37	–	6,64	7,47
	II	6 202	–	496,16	558,18	II	6 202	–	392,24	441,27	–	294,32	331,11	–	202,16	227,43	–	115,92	130,41	–	38,48	43,29	–	–	–
	III	3 370	–	269,60	303,30	III	3 370	–	186,56	209,88	–	108,16	121,68	–	42,72	48,06	–	–	–	–	–	–	–	–	–
	V	11 399	–	911,92	1 025,91	IV	6 817	–	491,36	552,78	–	438,80	493,65	–	387,76	436,23	–	338,16	380,43	–	290,–	326,25	–	243,36	273,78
	VI	11 834	–	946,72	1 065,06																				
44 027,99	I,IV	6 826	–	546,08	614,34	I	6 826	–	439,52	494,46	–	338,80	381,15	–	244,–	274,50	–	155,04	174,42	–	72,–	81,–	–	7,04	7,92
	II	6 211	–	496,88	558,99	II	6 211	–	392,96	442,08	–	294,96	331,83	–	202,80	228,15	–	116,56	131,13	–	38,96	43,83	–	–	–
	III	3 378	–	270,24	304,02	III	3 378	–	187,04	210,42	–	108,64	122,22	–	43,20	48,60	–	–	–	–	–	–	–	–	–
	V	11 411	–	912,88	1 026,99	IV	6 826	–	492,08	553,59	–	439,52	494,46	–	388,40	436,95	–	338,80	381,15	–	290,64	326,97	–	244,–	274,50
	VI	11 846	–	947,68	1 066,14																				
44 063,99	I,IV	6 836	–	546,88	615,24	I	6 836	–	440,24	495,27	–	339,52	381,96	–	244,64	275,22	–	155,68	175,14	–	72,56	81,63	–	7,36	8,28
	II	6 220	–	497,60	559,80	II	6 220	–	393,68	442,89	–	295,60	332,55	–	203,44	228,87	–	117,12	131,76	–	39,44	44,37	–	–	–
	III	3 386	–	270,88	304,74	III	3 386	–	187,68	211,14	–	109,12	122,76	–	43,52	48,96	–	–	–	–	–	–	–	–	–
	V	11 424	–	913,92	1 028,16	IV	6 836	–	492,80	554,40	–	440,24	495,27	–	389,12	437,76	–	339,52	381,96	–	291,36	327,78	–	244,64	275,22
	VI	11 859	–	948,72	1 067,31																				
44 099,99	I,IV	6 846	–	547,68	616,14	I	6 846	–	440,96	496,08	–	340,24	382,77	–	245,28	275,94	–	156,24	175,77	–	73,12	82,26	–	7,76	8,73
	II	6 230	–	498,40	560,70	II	6 230	–	394,40	443,70	–	296,32	333,36	–	204,08	229,59	–	117,68	132,39	–	39,92	44,91	–	–	–
	III	3 392	–	271,36	305,28	III	3 392	–	188,16	211,68	–	109,60	123,30	–	44,–	49,50	–	–	–	–	–	–	–	–	–
	V	11 437	–	914,96	1 029,33	IV	6 846	–	493,60	555,30	–	440,96	496,08	–	389,84	438,57	–	340,24	382,77	–	292,–	328,50	–	245,28	275,94
	VI	11 872	–	949,76	1 068,48																				
44 135,99	I,IV	6 855	–	548,40	616,95	I	6 855	–	441,76	496,98	–	340,88	383,49	–	246,–	276,75	–	156,88	176,49	–	73,68	82,89	–	8,08	9,09
	II	6 240	–	499,20	561,60	II	6 240	–	395,12	444,51	–	296,96	334,08	–	204,72	230,31	–	118,32	133,11	–	40,40	45,45	–	–	–
	III	3 400	–	272,–	306,–	III	3 400	–	188,80	212,40	–	110,24	124,02	–	44,48	50,04	–	–	–	–	–	–	–	–	–
	V	11 449	–	915,92	1 030,41	IV	6 855	–	494,32	556,11	–	441,76	496,98	–	390,56	439,38	–	340,88	383,49	–	292,72	329,31	–	246,–	276,75
	VI	11 884	–	950,72	1 069,56																				
44 171,99	I,IV	6 865	–	549,20	617,85	I	6 865	–	442,48	497,79	–	341,60	384,30	–	246,64	277,47	–	157,52	177,21	–	74,24	83,52	–	8,48	9,54
	II	6 249	–	499,92	562,41	II	6 249	–	395,84	445,32	–	297,68	334,89	–	205,36	231,03	–	118,88	133,74	–	40,88	45,99	–	–	–
	III	3 408	–	272,64	306,72	III	3 408	–	189,44	213,12	–	110,72	124,56	–	44,80	50,40	–	–	–	–	–	–	–	–	–
	V	11 462	–	916,96	1 031,58	IV	6 865	–	495,12	557,01	–	442,48	497,79	–	391,28	440,19	–	341,60	384,30	–	293,36	330,03	–	246,64	277,47
	VI	11 897	–	951,76	1 070,73																				
44 207,99	I,IV	6 875	–	550,–	618,75	I	6 875	–	443,20	498,60	–	342,32	385,11	–	247,28	278,19	–	158,16	177,93	–	74,88	84,24	–	8,88	9,99
	II	6 259	–	500,72	563,31	II	6 259	–	396,56	446,13	–	298,32	335,61	–	206,–	231,75	–	119,52	134,46	–	41,36	46,53	–	–	–
	III	3 416	–	273,28	307,44	III	3 416	–	189,92	213,66	–	111,20	125,10	–	45,28	50,94	–	–	–	–	–	–	–	–	–
	V	11 474	–	917,92	1 032,66	IV	6 875	–	495,84	557,82	–	443,20	498,60	–	392,–	441,–	–	342,32	385,11	–	294,08	330,84	–	247,28	278,19
	VI	11 909	–	952,72	1 071,81																				
44 243,99	I,IV	6 885	–	550,80	619,65	I	6 885	–	444,–	499,50	–	343,04	385,92	–	247,92	278,91	–	158,72	178,56	–	75,44	84,87	–	9,20	10,35
	II	6 268	–	501,44	564,12	II	6 268	–	397,28	446,94	–	299,04	336,42	–	206,64	232,47	–	120,08	135,09	–	41,84	47,07	–	–	–
	III	3 424	–	273,92	308,16	III	3 424	–	190,56	214,38	–	111,68	125,64	–	45,76	51,48	–	–	–	–	–	–	–	–	–
	V	11 487	–	918,96	1 033,83	IV	6 885	–	496,64	558,72	–	444,–	499,50	–	392,72	441,81	–	343,04	385,92	–	294,72	331,56	–	247,92	278,91
	VI	11 922	–	953,76	1 072,98																				
44 279,99	I,IV	6 895	–	551,60	620,55	I	6 895	–	444,72	500,31	–	343,68	386,64	–	248,56	279,63	–	159,36	179,28	–	76,–	85,50	–	9,60	10,80
	II	6 278	–	502,24	565,02	II	6 278	–	398,–	447,75	–	299,68	337,14	–	207,28	233,19	–	120,72	135,81	–	42,32	47,61	–	–	–
	III	3 430	–	274,40	308,70	III	3 430	–	191,20	215,10	–	112,32	126,36	–	46,08	51,84	–	–	–	–	–	–	–	–	–
	V	11 500	–	920,–	1 035,–	IV	6 895	–	497,44	559,62	–	444,72	500,31	–	393,44	442,62	–	343,68	386,64	–	295,44	332,37	–	248,56	279,63
	VI	11 935	–	954,80	1 074,15																				
44 315,99	I,IV	6 905	–	552,40	621,45	I	6 905	–	445,44	501,12	–	344,40	387,45	–	249,28	280,44	–	160,–	180,–	–	76,56	86,13	–	10,–	11,25
	II	6 287	–	502,96	565,83	II	6 287	–	398,72	448,56	–	300,40	337,95	–	207,92	233,91	–	121,28	136,44	–	42,80	48,15	–	–	–
	III	3 438	–	275,04	309,42	III	3 438	–	191,68	215,64	–	112,80	126,90	–	46,56	52,38	–	–	–	–	–	–	–	–	–
	V	11 512	–	920,96	1 036,08	IV	6 905	–	498,16	560,43	–	445,44	501,12	–	394,16	443,43	–	344,40	387,45	–	296,08	333,09	–	249,28	280,44
	VI	11 947	–	955,76	1 075,23																				
44 351,99	I,IV	6 914	–	553,12	622,26	I	6 914	–	446,16	501,93	–	345,12	388,26	–	249,92	281,16	–	160,56	180,63	–	77,12	86,76	–	10,32	11,61
	II	6 297	–	503,76	566,73	II	6 297	–	399,44	449,37	–	301,04	338,67	–	208,56	234,63	–	121,92	137,16	–	43,28	48,69	–	–	–
	III	3 446	–	275,68	310,14	III	3 446	–	192,32	216,36	–	113,28	127,44	–	46,88	52,74	–	–	–	–	–	–	–	–	–
	V	11 524	–	921,92	1 037,16	IV	6 914	–	498,88	561,24	–	446,16	501,93	–	394,88	444,24	–	345,12	388,26	–	296,72	333,81	–	249,92	281,16
	VI	11 959	–	956,72	1 076,31																				

* Die ausgewiesenen Tabellenwerte sind amtlich. Siehe Erläuterungen auf der Umschlaginnenseite (U2).

Abzüge an Lohnsteuer, Solidaritätszuschlag (SolZ) und Kirchensteuer (8%, 9%) in den Steuerklassen

Lohn/ Gehalt bis €*	I – VI		ohne Kinderfreibeträge			I, II, III, IV		mit Zahl der Kinderfreibeträge . . . 0,5			1			1,5			2			2,5			3		
		LSt	SolZ	8%	9%		LSt	SolZ	8%	9%	SolZ	8%	9%	SolZ	8%	9%	SolZ	8%	9%	SolZ	8%	9%	SolZ	8%	9%
44 387,99	I,IV	6 924	–	553,92	623,16	I	6 924	–	446,88	502,74	–	345,76	388,98	–	250,56	281,88	–	161,20	181,35	–	77,68	87,39	–	10,72	12,06
	II	6 306	–	504,48	567,54	II	6 306	–	400,16	450,18	–	301,76	339,48	–	209,20	235,35	–	122,48	137,79	–	43,76	49,23	–	–	–
	III	3 454	–	276,32	310,86	III	3 454	–	192,96	217,08	–	113,76	127,98	–	47,36	53,28	–	–	–	–	–	–	–	–	–
	V	11 537	–	922,96	1 038,33	IV	6 924	–	499,68	562,14	–	446,88	502,74	–	395,60	445,05	–	345,76	388,98	–	297,44	334,62	–	250,56	281,88
	VI	11 972	–	957,76	1 077,48																				
44 423,99	I,IV	6 934	–	554,72	624,06	I	6 934	–	447,68	503,64	–	346,48	389,79	–	251,20	282,60	–	161,84	182,07	–	78,32	88,11	–	11,12	12,51
	II	6 316	–	505,28	568,44	II	6 316	–	400,88	450,99	–	302,40	340,20	–	209,84	236,07	–	123,12	138,51	–	44,24	49,77	–	–	–
	III	3 462	–	276,96	311,58	III	3 462	–	193,44	217,62	–	114,40	128,70	–	47,84	53,82	–	–	–	–	–	–	–	–	–
	V	11 550	–	924,–	1 039,50	IV	6 934	–	500,48	563,04	–	447,68	503,64	–	396,32	445,86	–	346,48	389,79	–	298,16	335,43	–	251,20	282,60
	VI	11 985	–	958,80	1 078,65																				
44 459,99	I,IV	6 944	–	555,52	624,96	I	6 944	–	448,40	504,45	–	347,20	390,60	–	251,84	283,32	–	162,40	182,70	–	78,88	88,74	–	11,44	12,87
	II	6 325	–	506,–	569,25	II	6 325	–	401,60	451,80	–	303,12	341,01	–	210,48	236,79	–	123,68	139,14	–	44,72	50,31	–	–	–
	III	3 468	–	277,44	312,12	III	3 468	–	194,08	218,34	–	114,88	129,24	–	48,16	54,18	–	–	–	–	–	–	–	–	–
	V	11 562	–	924,96	1 040,58	IV	6 944	–	501,20	563,85	–	448,40	504,45	–	397,04	446,67	–	347,20	390,60	–	298,80	336,15	–	251,84	283,32
	VI	11 997	–	959,76	1 079,73																				
44 495,99	I,IV	6 953	–	556,24	625,77	I	6 953	–	449,12	505,26	–	347,92	391,41	–	252,56	284,13	–	163,04	183,42	–	79,44	89,37	–	11,84	13,32
	II	6 335	–	506,80	570,15	II	6 335	–	402,32	452,61	–	303,76	341,73	–	211,12	237,51	–	124,32	139,86	–	45,20	50,85	–	–	–
	III	3 476	–	278,08	312,84	III	3 476	–	194,72	219,06	–	115,36	129,78	–	48,64	54,72	–	–	–	–	–	–	–	–	–
	V	11 575	–	926,–	1 041,75	IV	6 953	–	502,–	564,75	–	449,12	505,26	–	397,76	447,48	–	347,92	391,41	–	299,52	336,96	–	252,56	284,13
	VI	12 010	–	960,80	1 080,90																				
44 531,99	I,IV	6 963	–	557,04	626,67	I	6 963	–	449,92	506,16	–	348,64	392,22	–	253,20	284,85	–	163,68	184,14	–	80,–	90,–	–	12,24	13,77
	II	6 345	–	507,60	571,05	II	6 345	–	403,12	453,51	–	304,48	342,54	–	211,76	238,23	–	124,88	140,49	–	45,76	51,48	–	–	–
	III	3 484	–	278,72	313,56	III	3 484	–	195,20	219,60	–	116,–	130,50	–	49,12	55,26	–	–	–	–	–	–	–	–	–
	V	11 587	–	926,96	1 042,83	IV	6 963	–	502,72	565,56	–	449,92	506,16	–	398,48	448,29	–	348,64	392,22	–	300,16	337,68	–	253,20	284,85
	VI	12 022	–	961,76	1 081,98																				
44 567,99	I,IV	6 973	–	557,84	627,57	I	6 973	–	450,64	506,97	–	349,28	392,94	–	253,84	285,57	–	164,32	184,86	–	80,56	90,63	–	12,64	14,22
	II	6 354	–	508,32	571,86	II	6 354	–	403,84	454,32	–	305,12	343,26	–	212,40	238,95	–	125,52	141,21	–	46,24	52,02	–	–	–
	III	3 492	–	279,36	314,28	III	3 492	–	195,84	220,32	–	116,48	131,04	–	49,44	55,62	–	–	–	–	–	–	–	–	–
	V	11 600	–	928,–	1 044,–	IV	6 973	–	503,52	566,46	–	450,64	506,97	–	399,20	449,10	–	349,28	392,94	–	300,88	338,49	–	253,84	285,57
	VI	12 035	–	962,80	1 083,15																				
44 603,99	I,IV	6 983	–	558,64	628,47	I	6 983	–	451,36	507,78	–	350,–	393,75	–	254,56	286,38	–	164,88	185,49	–	81,20	91,35	–	13,04	14,67
	II	6 364	–	509,12	572,76	II	6 364	–	404,56	455,13	–	305,84	344,07	–	213,04	239,67	–	126,08	141,84	–	46,72	52,56	–	–	–
	III	3 500	–	280,–	315,–	III	3 500	–	196,48	221,04	–	116,96	131,58	–	49,92	56,16	–	–	–	–	–	–	–	–	–
	V	11 613	–	929,04	1 045,17	IV	6 983	–	504,24	567,27	–	451,36	507,78	–	400,–	450,–	–	350,–	393,75	–	301,52	339,21	–	254,56	286,38
	VI	12 048	–	963,84	1 084,32																				
44 639,99	I,IV	6 993	–	559,44	629,37	I	6 993	–	452,16	508,68	–	350,72	394,56	–	255,20	287,10	–	165,52	186,21	–	81,76	91,98	–	13,36	15,03
	II	6 374	–	509,92	573,66	II	6 374	–	405,28	455,94	–	306,56	344,88	–	213,68	240,39	–	126,72	142,56	–	47,20	53,10	–	–	–
	III	3 506	–	280,48	315,54	III	3 506	–	196,96	221,58	–	117,60	132,30	–	50,40	56,70	–	–	–	–	–	–	–	–	–
	V	11 625	–	930,–	1 046,25	IV	6 993	–	505,04	568,17	–	452,16	508,68	–	400,72	450,81	–	350,72	394,56	–	302,24	340,02	–	255,20	287,10
	VI	12 060	–	964,80	1 085,40																				
44 675,99	I,IV	7 002	–	560,16	630,18	I	7 002	–	452,88	509,49	–	351,36	395,28	–	255,84	287,82	–	166,16	186,93	–	82,32	92,61	–	13,76	15,48
	II	6 383	–	510,64	574,47	II	6 383	–	406,–	456,75	–	307,20	345,60	–	214,32	241,11	–	127,28	143,19	–	47,68	53,64	–	–	–
	III	3 514	–	281,12	316,26	III	3 514	–	197,60	222,30	–	118,08	132,84	–	50,72	57,06	–	–	–	–	–	–	–	–	–
	V	11 637	–	930,96	1 047,33	IV	7 002	–	505,76	568,98	–	452,88	509,49	–	401,36	451,53	–	351,36	395,28	–	302,88	340,74	–	255,84	287,82
	VI	12 072	–	965,76	1 086,48																				
44 711,99	I,IV	7 012	–	560,96	631,08	I	7 012	–	453,60	510,30	–	352,08	396,09	–	256,48	288,54	–	166,72	187,56	–	82,88	93,24	–	14,16	15,93
	II	6 392	–	511,36	575,28	II	6 392	–	406,72	457,56	–	307,84	346,32	–	214,96	241,83	–	127,84	143,82	–	48,16	54,18	–	–	–
	III	3 522	–	281,76	316,98	III	3 522	–	198,08	222,84	–	118,56	133,38	–	51,20	57,60	–	–	–	–	–	–	–	–	–
	V	11 650	–	932,–	1 048,50	IV	7 012	–	506,56	569,88	–	453,60	510,30	–	402,08	452,34	–	352,08	396,09	–	303,60	341,55	–	256,48	288,54
	VI	12 085	–	966,80	1 087,65																				
44 747,99	I,IV	7 022	–	561,76	631,98	I	7 022	–	454,32	511,11	–	352,80	396,90	–	257,12	289,26	–	167,36	188,28	–	83,44	93,87	–	14,56	16,38
	II	6 402	–	512,16	576,18	II	6 402	–	407,44	458,37	–	308,56	347,13	–	215,60	242,55	–	128,48	144,54	–	48,72	54,81	–	–	–
	III	3 528	–	282,24	317,52	III	3 528	–	198,72	223,56	–	119,04	133,92	–	51,68	58,14	–	–	–	–	–	–	–	–	–
	V	11 663	–	933,04	1 049,67	IV	7 022	–	507,28	570,69	–	454,32	511,11	–	402,88	453,24	–	352,80	396,90	–	304,24	342,27	–	257,12	289,26
	VI	12 098	–	967,84	1 088,82																				
44 783,99	I,IV	7 032	–	562,56	632,88	I	7 032	–	455,12	512,01	–	353,52	397,71	–	257,84	290,07	–	168,–	189,–	–	84,08	94,59	–	14,96	16,83
	II	6 412	–	512,96	577,08	II	6 412	–	408,16	459,18	–	309,28	347,94	–	216,24	243,27	–	129,04	145,17	–	49,20	55,35	–	–	–
	III	3 536	–	282,88	318,24	III	3 536	–	199,36	224,28	–	119,68	134,64	–	52,–	58,50	–	–	–	–	–	–	–	–	–
	V	11 675	–	934,–	1 050,75	IV	7 032	–	508,08	571,59	–	455,12	512,01	–	403,60	454,05	–	353,52	397,71	–	304,96	343,08	–	257,84	290,07
	VI	12 110	–	968,80	1 089,90																				
44 819,99	I,IV	7 042	–	563,36	633,78	I	7 042	–	455,84	512,82	–	354,24	398,52	–	258,48	290,79	–	168,64	189,72	–	84,64	95,22	–	15,36	17,28
	II	6 421	–	513,68	577,89	II	6 421	–	408,88	459,99	–	309,92	348,66	–	216,88	243,99	–	129,68	145,89	–	49,68	55,89	–	–	–
	III	3 544	–	283,52	318,96	III	3 544	–	199,84	224,82	–	120,16	135,18	–	52,48	59,04	–	–	–	–	–	–	–	–	–
	V	11 688	–	935,04	1 051,92	IV	7 042	–	508,88	572,49	–	455,84	512,82	–	404,32	454,86	–	354,24	398,52	–	305,60	343,80	–	258,48	290,79
	VI	12 123	–	969,84	1 091,07																				
44 855,99	I,IV	7 052	–	564,16	634,68	I	7 052	–	456,56	513,63	–	354,96	399,33	–	259,12	291,51	–	169,20	190,35	–	85,20	95,85	–	15,76	17,73
	II	6 431	–	514,48	578,79	II	6 431	–	409,60	460,80	–	310,64	349,47	–	217,52	244,71	–	130,24	146,52	–	50,24	56,52	–	–	–
	III	3 552	–	284,16	319,68	III	3 552	–	200,48	225,54	–	120,64	135,72	–	52,96	59,58	–	–	–	–	–	–	–	–	–
	V	11 700	–	936,–	1 053,–	IV	7 052	–	509,60	573,30	–	456,56	513,63	–	405,04	455,67	–	354,96	399,33	–	306,32	344,61	–	259,12	291,51
	VI	12 135	–	970,80	1 092,15																				
44 891,99	I,IV	7 062	–	564,96	635,58	I	7 062	–	457,36	514,53	–	355,60	400,05	–	259,84	292,32	–	169,84	191,07	–	85,76	96,48	–	16,16	18,18
	II	6 441	–	515,28	579,69	II	6 441	–	410,32	461,61	–	311,28	350,19	–	218,16	245,43	–	130,88	147,24	–	50,72	57,06	–	–	–
	III	3 560	–	284,80	320,40	III	3 560	–	201,12	226,26	–	121,28	136,44	–	53,44	60,12	–	–	–	–	–	–	–	–	–
	V	11 713	–	937,04	1 054,17	IV	7 062	–	510,40	574,20	–	457,36	514,53	–	405,76	456,48	–	355,60	400,05	–	306,96	345,33	–	259,84	292,32
	VI	12 148	–	971,84	1 093,32																				
44 927,99	I,IV	7 071	–	565,68	636,39	I	7 071	–	458,08	515,34	–	356,32	400,86	–	260,48	293,04	–	170,48	191,79	–	86,40	97,20	–	16,56	18,63
	II	6 450	–	516,–	580,50	II	6 450	–	411,04	462,42	–	312,–	351,–	–	218,80	246,15	–	131,52	147,96	–	51,20	57,60	–	–	–
	III	3 566	–	285,28	320,94	III	3 566	–	201,60	226,80	–	121,76	136,98	–	53,76	60,48	–	–	–	–	–	–	–	–	–
	V	11 726	–	938,08	1 055,34	IV	7 071	–	511,20	575,10	–	458,08	515,34	–	406,48	457,29	–	356,32	400,86	–	307,68	346,14	–	260,48	293,04
	VI	12 161	–	972,88	1 094,49																				

*** Die ausgewiesenen Tabellenwerte sind amtlich. Siehe Erläuterungen auf der Umschlaginnenseite (U2).**

Lohn/ Gehalt bis €*		I – VI LSt	ohne Kinderfreibeträge SolZ	8%	9%		I, II, III, IV LSt	mit Zahl der Kinderfreibeträge . . . 0,5 SolZ	0,5 8%	0,5 9%	1 SolZ	1 8%	1 9%	1,5 SolZ	1,5 8%	1,5 9%	2 SolZ	2 8%	2 9%	2,5 SolZ	2,5 8%	2,5 9%	3 SolZ	3 8%	3 9%
44 963,99	I,IV	7 081	–	566,48	637,29	I	7 081	–	458,80	516,15	–	357,04	401,67	–	261,12	293,76	–	171,04	192,42	–	86,96	97,83	–	16,96	19,08
	II	6 460	–	516,80	581,40	II	6 460	–	411,76	463,23	–	312,64	351,72	–	219,44	246,87	–	132,08	148,59	–	51,68	58,14	–	–	–
	III	3 574	–	285,92	321,66	III	3 574	–	202,24	227,52	–	122,24	137,52	–	54,24	61,02	–	0,16	0,18	–	–	–	–	–	–
	V	11 738	–	939,04	1 056,42	IV	7 081	–	511,92	575,91	–	458,80	516,15	–	407,20	458,10	–	357,04	401,67	–	308,32	346,86	–	261,12	293,76
	VI	12 173	–	973,84	1 095,57																				
44 999,99	I,IV	7 091	–	567,28	638,19	I	7 091	–	459,52	516,96	–	357,76	402,48	–	261,76	294,48	–	171,68	193,14	–	87,52	98,46	–	17,36	19,53
	II	6 469	–	517,52	582,21	II	6 469	–	412,48	464,04	–	313,36	352,53	–	220,08	247,59	–	132,64	149,22	–	52,24	58,77	–	–	–
	III	3 582	–	286,56	322,38	III	3 582	–	202,88	228,24	–	122,88	138,24	–	54,72	61,56	–	0,48	0,54	–	–	–	–	–	–
	V	11 750	–	940,–	1 057,50	IV	7 091	–	512,64	576,72	–	459,52	516,96	–	407,92	458,91	–	357,76	402,48	–	309,04	347,67	–	261,76	294,48
	VI	12 185	–	974,80	1 096,65																				
45 035,99	I,IV	7 101	–	568,08	639,09	I	7 101	–	460,32	517,86	–	358,40	403,20	–	262,48	295,29	–	172,32	193,86	–	88,08	99,09	–	17,76	19,98
	II	6 479	–	518,32	583,11	II	6 479	–	413,20	464,85	–	314,–	353,25	–	220,72	248,31	–	133,28	149,94	–	52,72	59,31	–	–	–
	III	3 590	–	287,20	323,10	III	3 590	–	203,36	228,78	–	123,36	138,78	–	55,04	61,92	–	0,80	0,90	–	–	–	–	–	–
	V	11 763	–	941,04	1 058,67	IV	7 101	–	513,44	577,62	–	460,32	517,86	–	408,64	459,72	–	358,40	403,20	–	309,68	348,39	–	262,48	295,29
	VI	12 198	–	975,84	1 097,82																				
45 071,99	I,IV	7 111	–	568,88	639,99	I	7 111	–	461,04	518,67	–	359,12	404,01	–	263,12	296,01	–	172,96	194,58	–	88,64	99,72	–	18,16	20,43
	II	6 489	–	519,12	584,01	II	6 489	–	414,–	465,75	–	314,72	354,06	–	221,36	249,03	–	133,84	150,57	–	53,28	59,94	–	–	–
	III	3 598	–	287,84	323,82	III	3 598	–	204,–	229,50	–	123,84	139,32	–	55,52	62,46	–	1,28	1,44	–	–	–	–	–	–
	V	11 775	–	942,–	1 059,75	IV	7 111	–	514,24	578,52	–	461,04	518,67	–	409,36	460,53	–	359,12	404,01	–	310,40	349,20	–	263,12	296,01
	VI	12 211	–	976,88	1 098,99																				
45 107,99	I,IV	7 121	–	569,68	640,89	I	7 121	–	461,84	519,57	–	359,84	404,82	–	263,76	296,73	–	173,60	195,30	–	89,28	100,44	–	18,56	20,88
	II	6 498	–	519,84	584,82	II	6 498	–	414,72	466,56	–	315,44	354,87	–	222,–	249,75	–	134,48	151,29	–	53,76	60,48	–	–	–
	III	3 606	–	288,48	324,54	III	3 606	–	204,64	230,22	–	124,48	140,04	–	56,–	63,–	–	1,60	1,80	–	–	–	–	–	–
	V	11 788	–	943,04	1 060,92	IV	7 121	–	514,96	579,33	–	461,84	519,57	–	410,08	461,34	–	359,84	404,82	–	311,04	349,92	–	263,76	296,73
	VI	12 223	–	977,84	1 100,07																				
45 143,99	I,IV	7 130	–	570,40	641,70	I	7 130	–	462,56	520,38	–	360,56	405,63	–	264,48	297,54	–	174,16	195,93	–	89,84	101,07	–	18,96	21,33
	II	6 508	–	520,64	585,72	II	6 508	–	415,44	467,37	–	316,08	355,59	–	222,64	250,47	–	135,12	152,01	–	54,32	61,11	–	–	–
	III	3 612	–	288,96	325,08	III	3 612	–	205,28	230,94	–	124,96	140,58	–	56,48	63,54	–	1,92	2,16	–	–	–	–	–	–
	V	11 801	–	944,08	1 062,09	IV	7 130	–	515,76	580,23	–	462,56	520,38	–	410,80	462,15	–	360,56	405,63	–	311,76	350,73	–	264,48	297,54
	VI	12 236	–	978,88	1 101,24																				
45 179,99	I,IV	7 140	–	571,20	642,60	I	7 140	–	463,28	521,19	–	361,28	406,44	–	265,12	298,26	–	174,80	196,65	–	90,40	101,70	–	19,36	21,78
	II	6 518	–	521,44	586,62	II	6 518	–	416,16	468,18	–	316,80	356,40	–	223,28	251,19	–	135,68	152,64	–	54,80	61,65	–	–	–
	III	3 620	–	289,60	325,80	III	3 620	–	205,76	231,48	–	125,60	141,30	–	56,80	63,90	–	2,24	2,52	–	–	–	–	–	–
	V	11 813	–	945,04	1 063,17	IV	7 140	–	516,56	581,13	–	463,28	521,19	–	411,52	462,96	–	361,28	406,44	–	312,48	351,54	–	265,12	298,26
	VI	12 248	–	979,84	1 102,32																				
45 215,99	I,IV	7 150	–	572,–	643,50	I	7 150	–	464,08	522,09	–	362,–	407,25	–	265,76	298,98	–	175,44	197,37	–	90,96	102,33	–	19,76	22,23
	II	6 527	–	522,16	587,43	II	6 527	–	416,88	468,99	–	317,52	357,21	–	223,92	251,91	–	136,32	153,36	–	55,36	62,28	–	–	–
	III	3 628	–	290,24	326,52	III	3 628	–	206,40	232,20	–	126,08	141,84	–	57,28	64,44	–	2,56	2,88	–	–	–	–	–	–
	V	11 826	–	946,08	1 064,34	IV	7 150	–	517,28	581,94	–	464,08	522,09	–	412,32	463,86	–	362,–	407,25	–	313,12	352,26	–	265,76	298,98
	VI	12 261	–	980,88	1 103,49																				
45 251,99	I,IV	7 160	–	572,80	644,40	I	7 160	–	464,80	522,90	–	362,72	408,06	–	266,48	299,79	–	176,08	198,09	–	91,60	103,05	–	20,16	22,68
	II	6 537	–	522,96	588,33	II	6 537	–	417,60	469,80	–	318,16	357,93	–	224,64	252,72	–	136,88	153,99	–	55,84	62,82	–	–	–
	III	3 636	–	290,88	327,24	III	3 636	–	207,04	232,92	–	126,56	142,38	–	57,76	64,98	–	2,88	3,24	–	–	–	–	–	–
	V	11 838	–	947,04	1 065,42	IV	7 160	–	518,08	582,84	–	464,80	522,90	–	413,04	464,67	–	362,72	408,06	–	313,84	353,07	–	266,48	299,79
	VI	12 274	–	981,92	1 104,66																				
45 287,99	I,IV	7 170	–	573,60	645,30	I	7 170	–	465,52	523,71	–	363,36	408,78	–	267,12	300,51	–	176,64	198,72	–	92,16	103,68	–	20,56	23,13
	II	6 546	–	523,68	589,14	II	6 546	–	418,32	470,61	–	318,88	358,74	–	225,20	253,35	–	137,52	154,71	–	56,40	63,45	–	–	–
	III	3 642	–	291,36	327,78	III	3 642	–	207,52	233,46	–	127,20	143,10	–	58,24	65,52	–	3,20	3,60	–	–	–	–	–	–
	V	11 851	–	948,08	1 066,59	IV	7 170	–	518,80	583,65	–	465,52	523,71	–	413,76	465,48	–	363,36	408,78	–	314,48	353,79	–	267,12	300,51
	VI	12 286	–	982,88	1 105,74																				
45 323,99	I,IV	7 180	–	574,40	646,20	I	7 180	–	466,32	524,61	–	364,08	409,59	–	267,76	301,23	–	177,28	199,44	–	92,72	104,31	–	21,04	23,67
	II	6 556	–	524,48	590,04	II	6 556	–	419,04	471,42	–	319,52	359,46	–	225,84	254,07	–	138,08	155,34	–	56,88	63,99	–	–	–
	III	3 650	–	292,–	328,50	III	3 650	–	208,16	234,18	–	127,68	143,64	–	58,56	65,88	–	3,52	3,96	–	–	–	–	–	–
	V	11 863	–	949,04	1 067,67	IV	7 180	–	519,60	584,55	–	466,32	524,61	–	414,48	466,29	–	364,08	409,59	–	315,20	354,60	–	267,76	301,23
	VI	12 298	–	983,84	1 106,82																				
45 359,99	I,IV	7 190	–	575,20	647,10	I	7 190	–	467,04	525,42	–	364,80	410,40	–	268,40	301,95	–	177,92	200,16	–	93,28	104,94	–	21,44	24,12
	II	6 566	–	525,28	590,94	II	6 566	–	419,76	472,23	–	320,24	360,27	–	226,56	254,88	–	138,72	156,06	–	57,44	64,62	–	–	–
	III	3 658	–	292,64	329,22	III	3 658	–	208,64	234,72	–	128,16	144,18	–	59,04	66,42	–	3,84	4,32	–	–	–	–	–	–
	V	11 876	–	950,08	1 068,84	IV	7 190	–	520,40	585,45	–	467,04	525,42	–	415,20	467,10	–	364,80	410,40	–	315,84	355,32	–	268,40	301,95
	VI	12 311	–	984,88	1 107,99																				
45 395,99	I,IV	7 200	–	576,–	648,–	I	7 200	–	467,76	526,23	–	365,52	411,21	–	269,12	302,76	–	178,56	200,88	–	93,92	105,66	–	21,84	24,57
	II	6 575	–	526,–	591,75	II	6 575	–	420,56	473,13	–	320,88	360,99	–	227,20	255,60	–	139,28	156,69	–	57,92	65,16	–	–	–
	III	3 666	–	293,28	329,94	III	3 666	–	209,28	235,44	–	128,80	144,90	–	59,52	66,96	–	4,32	4,86	–	–	–	–	–	–
	V	11 888	–	951,04	1 069,92	IV	7 200	–	521,12	586,26	–	467,76	526,23	–	415,92	467,91	–	365,52	411,21	–	316,56	356,13	–	269,12	302,76
	VI	12 324	–	985,92	1 109,16																				
45 431,99	I,IV	7 210	–	576,80	648,90	I	7 210	–	468,56	527,13	–	366,24	412,02	–	269,76	303,48	–	179,20	201,60	–	94,48	106,29	–	22,24	25,02
	II	6 585	–	526,80	592,65	II	6 585	–	421,28	473,94	–	321,60	361,80	–	227,84	256,32	–	139,92	157,41	–	58,48	65,79	–	–	–
	III	3 674	–	293,92	330,66	III	3 674	–	209,92	236,16	–	129,28	145,44	–	60,–	67,50	–	4,64	5,22	–	–	–	–	–	–
	V	11 901	–	952,08	1 071,09	IV	7 210	–	521,92	587,16	–	468,56	527,13	–	416,64	468,72	–	366,24	412,02	–	317,28	356,94	–	269,76	303,48
	VI	12 336	–	986,88	1 110,24																				
45 467,99	I,IV	7 219	–	577,52	649,71	I	7 219	–	469,28	527,94	–	366,96	412,83	–	270,40	304,20	–	179,84	202,32	–	95,04	106,92	–	22,72	25,56
	II	6 595	–	527,60	593,55	II	6 595	–	422,–	474,75	–	322,32	362,61	–	228,48	257,04	–	140,56	158,13	–	58,96	66,33	–	–	–
	III	3 680	–	294,40	331,20	III	3 680	–	210,40	236,70	–	129,92	146,16	–	60,32	67,86	–	4,96	5,58	–	–	–	–	–	–
	V	11 914	–	953,12	1 072,26	IV	7 219	–	522,72	588,06	–	469,28	527,94	–	417,36	469,53	–	366,96	412,83	–	317,92	357,66	–	270,40	304,20
	VI	12 349	–	987,92	1 111,41																				
45 503,99	I,IV	7 229	–	578,32	650,61	I	7 229	–	470,08	528,84	–	367,60	413,55	–	271,12	305,01	–	180,40	202,95	–	95,68	107,64	–	23,12	26,01
	II	6 604	–	528,32	594,36	II	6 604	–	422,72	475,56	–	322,96	363,33	–	229,12	257,76	–	141,12	158,76	–	59,52	66,96	–	–	–
	III	3 688	–	295,04	331,92	III	3 688	–	211,04	237,42	–	130,40	146,70	–	60,80	68,40	–	5,28	5,94	–	–	–	–	–	–
	V	11 926	–	954,08	1 073,34	IV	7 229	–	523,44	588,87	–	470,08	528,84	–	418,08	470,34	–	367,60	413,55	–	318,64	358,47	–	271,12	305,01
	VI	12 361	–	988,88	1 112,49																				

Abzüge an Lohnsteuer, Solidaritätszuschlag (SolZ) und Kirchensteuer (8%, 9%) in den Steuerklassen

* Die ausgewiesenen Tabellenwerte sind amtlich. Siehe Erläuterungen auf der Umschlaginnenseite (U2).

Abzüge an Lohnsteuer, Solidaritätszuschlag (SolZ) und Kirchensteuer (8%, 9%) in den Steuerklassen

Lohn/ Gehalt bis €*	I – VI	LSt	ohne Kinderfreibeträge SolZ	8%	9%	I, II, III, IV	LSt	0,5 SolZ	0,5 8%	0,5 9%	1 SolZ	1 8%	1 9%	1,5 SolZ	1,5 8%	1,5 9%	2 SolZ	2 8%	2 9%	2,5 SolZ	2,5 8%	2,5 9%	3 SolZ	3 8%	3 9%
	I,IV	7 239	–	579,12	651,51	I	7 239	–	470,80	529,65	–	368,32	414,36	–	271,76	305,73	–	181,04	203,67	–	96,24	108,27	–	23,52	26,46
	II	6 614	–	529,12	595,26	II	6 614	–	423,44	476,37	–	323,68	364,14	–	229,76	258,48	–	141,76	159,48	–	60,08	67,59	–	–	–
45 539,99	III	3 696	–	295,68	332,64	III	3 696	–	211,68	238,14	–	130,88	147,24	–	61,28	68,94	–	5,60	6,30	–	–	–	–	–	–
	V	11 939	–	955,12	1 074,51	IV	7 239	–	524,24	589,77	–	470,80	529,65	–	418,88	471,24	–	368,32	414,36	–	319,36	359,28	–	271,76	305,73
	VI	12 374	–	989,92	1 113,66																				
	I,IV	7 249	–	579,92	652,41	I	7 249	–	471,60	530,55	–	369,04	415,17	–	272,40	306,45	–	181,68	204,39	–	96,80	108,90	–	23,92	26,91
	II	6 624	–	529,92	596,16	II	6 624	–	424,24	477,27	–	324,40	364,95	–	230,40	259,20	–	142,32	160,11	–	60,56	68,13	–	–	–
45 575,99	III	3 704	–	296,32	333,36	III	3 704	–	212,32	238,86	–	131,52	147,96	–	61,76	69,48	–	5,92	6,66	–	–	–	–	–	–
	V	11 951	–	956,08	1 075,59	IV	7 249	–	525,04	590,67	–	471,60	530,55	–	419,60	472,05	–	369,04	415,17	–	320,–	360,–	–	272,40	306,45
	VI	12 387	–	990,96	1 114,83																				
	I,IV	7 259	–	580,72	653,31	I	7 259	–	472,32	531,36	–	369,76	415,98	–	273,12	307,26	–	182,32	205,11	–	97,36	109,53	–	24,40	27,45
	II	6 633	–	530,64	596,97	II	6 633	–	424,88	477,99	–	325,04	365,67	–	231,04	259,92	–	142,96	160,83	–	61,12	68,76	–	0,08	0,09
45 611,99	III	3 712	–	296,96	334,08	III	3 712	–	212,80	239,40	–	132,–	148,50	–	62,24	70,02	–	6,40	7,20	–	–	–	–	–	–
	V	11 964	–	957,12	1 076,76	IV	7 259	–	525,76	591,48	–	472,32	531,36	–	420,32	472,86	–	369,76	415,98	–	320,72	360,81	–	273,12	307,26
	VI	12 399	–	991,92	1 115,91																				
	I,IV	7 269	–	581,52	654,21	I	7 269	–	473,04	532,17	–	370,48	416,79	–	273,76	307,98	–	182,96	205,83	–	98,–	110,25	–	24,80	27,90
	II	6 643	–	531,44	597,87	II	6 643	–	425,68	478,89	–	325,76	366,48	–	231,68	260,64	–	143,52	161,46	–	61,68	69,39	–	0,40	0,45
45 647,99	III	3 720	–	297,60	334,80	III	3 720	–	213,44	240,12	–	132,64	149,22	–	62,72	70,56	–	6,72	7,56	–	–	–	–	–	–
	V	11 976	–	958,08	1 077,84	IV	7 269	–	526,56	592,38	–	473,04	532,17	–	421,04	473,67	–	370,48	416,79	–	321,36	361,53	–	273,76	307,98
	VI	12 411	–	992,88	1 116,99																				
	I,IV	7 279	–	582,32	655,11	I	7 279	–	473,84	533,07	–	371,20	417,60	–	274,40	308,70	–	183,52	206,46	–	98,56	110,88	–	25,20	28,35
	II	6 653	–	532,24	598,77	II	6 653	–	426,40	479,70	–	326,40	367,20	–	232,32	261,36	–	144,16	162,18	–	62,16	69,93	–	0,72	0,81
45 683,99	III	3 726	–	298,08	335,34	III	3 726	–	214,08	240,84	–	133,12	149,76	–	63,04	70,92	–	7,04	7,92	–	–	–	–	–	–
	V	11 989	–	959,12	1 079,01	IV	7 279	–	527,28	593,19	–	473,84	533,07	–	421,76	474,48	–	371,20	417,60	–	322,08	362,34	–	274,40	308,70
	VI	12 424	–	993,92	1 118,16																				
	I,IV	7 289	–	583,12	656,01	I	7 289	–	474,56	533,88	–	371,92	418,41	–	275,12	309,51	–	184,16	207,18	–	99,12	111,51	–	25,68	28,89
	II	6 662	–	532,96	599,58	II	6 662	–	427,12	480,51	–	327,12	368,01	–	233,04	262,17	–	144,80	162,90	–	62,72	70,56	–	1,12	1,26
45 719,99	III	3 734	–	298,72	336,06	III	3 734	–	214,56	241,38	–	133,76	150,48	–	63,52	71,46	–	7,36	8,28	–	–	–	–	–	–
	V	12 001	–	960,08	1 080,09	IV	7 289	–	528,08	594,09	–	474,56	533,88	–	422,48	475,29	–	371,92	418,41	–	322,72	363,06	–	275,12	309,51
	VI	12 437	–	994,96	1 119,33																				
	I,IV	7 299	–	583,92	656,91	I	7 299	–	475,28	534,69	–	372,64	419,22	–	275,76	310,23	–	184,80	207,90	–	99,76	112,23	–	26,08	29,34
	II	6 672	–	533,76	600,48	II	6 672	–	427,84	481,32	–	327,84	368,82	–	233,68	262,89	–	145,36	163,53	–	63,28	71,19	–	1,44	1,62
45 755,99	III	3 742	–	299,36	336,78	III	3 742	–	215,20	242,10	–	134,24	151,02	–	64,–	72,–	–	7,68	8,64	–	–	–	–	–	–
	V	12 014	–	961,12	1 081,26	IV	7 299	–	528,88	594,99	–	475,28	534,69	–	423,20	476,10	–	372,64	419,22	–	323,44	363,87	–	275,76	310,23
	VI	12 449	–	995,92	1 120,41																				
	I,IV	7 309	–	584,72	657,81	I	7 309	–	476,08	535,59	–	373,28	419,94	–	276,48	311,04	–	185,44	208,62	–	100,32	112,86	–	26,56	29,88
	II	6 682	–	534,56	601,38	II	6 682	–	428,56	482,13	–	328,48	369,54	–	234,32	263,61	–	146,–	164,25	–	63,84	71,82	–	1,76	1,98
45 791,99	III	3 750	–	300,–	337,50	III	3 750	–	215,84	242,82	–	134,88	151,74	–	64,48	72,54	–	8,16	9,18	–	–	–	–	–	–
	V	12 027	–	962,16	1 082,43	IV	7 309	–	529,68	595,89	–	476,08	535,59	–	423,92	476,91	–	373,28	419,94	–	324,16	364,68	–	276,48	311,04
	VI	12 462	–	996,96	1 121,58																				
	I,IV	7 319	–	585,52	658,71	I	7 319	–	476,80	536,40	–	374,–	420,75	–	277,12	311,76	–	186,08	209,34	–	100,88	113,49	–	26,96	30,33
	II	6 692	–	535,36	602,28	II	6 692	–	429,36	483,03	–	329,20	370,35	–	234,96	264,33	–	146,64	164,97	–	64,40	72,45	–	2,08	2,34
45 827,99	III	3 758	–	300,64	338,22	III	3 758	–	216,32	243,36	–	135,36	152,28	–	64,96	73,08	–	8,48	9,54	–	–	–	–	–	–
	V	12 039	–	963,12	1 083,51	IV	7 319	–	530,40	596,70	–	476,80	536,40	–	424,72	477,81	–	374,–	420,75	–	324,80	365,40	–	277,12	311,76
	VI	12 474	–	997,92	1 122,66																				
	I,IV	7 329	–	586,32	659,61	I	7 329	–	477,60	537,30	–	374,72	421,56	–	277,76	312,48	–	186,72	210,06	–	101,52	114,21	–	27,36	30,78
	II	6 701	–	536,08	603,09	II	6 701	–	430,08	483,84	–	329,92	371,16	–	235,60	265,05	–	147,20	165,60	–	64,88	72,99	–	2,48	2,79
45 863,99	III	3 766	–	301,28	338,94	III	3 766	–	216,96	244,08	–	135,84	152,82	–	65,28	73,44	–	8,80	9,90	–	–	–	–	–	–
	V	12 052	–	964,16	1 084,68	IV	7 329	–	531,20	597,60	–	477,60	537,30	–	425,44	478,62	–	374,72	421,56	–	325,52	366,21	–	277,76	312,48
	VI	12 487	–	998,96	1 123,83																				
	I,IV	7 338	–	587,04	660,42	I	7 338	–	478,32	538,11	–	375,44	422,37	–	278,40	313,20	–	187,28	210,69	–	102,08	114,84	–	27,84	31,32
	II	6 711	–	536,88	603,99	II	6 711	–	430,80	484,65	–	330,56	371,88	–	236,24	265,77	–	147,84	166,32	–	65,44	73,62	–	2,80	3,15
45 899,99	III	3 772	–	301,76	339,48	III	3 772	–	217,60	244,80	–	136,48	153,54	–	65,76	73,98	–	9,12	10,26	–	–	–	–	–	–
	V	12 064	–	965,12	1 085,76	IV	7 338	–	531,92	598,41	–	478,32	538,11	–	426,16	479,43	–	375,44	422,37	–	326,24	367,02	–	278,40	313,20
	VI	12 499	–	999,92	1 124,91																				
	I,IV	7 348	–	587,84	661,32	I	7 348	–	479,04	538,92	–	376,16	423,18	–	279,12	314,01	–	187,92	211,41	–	102,64	115,47	–	28,24	31,77
	II	6 721	–	537,68	604,89	II	6 721	–	431,52	485,46	–	331,28	372,69	–	236,88	266,49	–	148,40	166,95	–	66,–	74,25	–	3,12	3,51
45 935,99	III	3 780	–	302,40	340,20	III	3 780	–	218,08	245,34	–	136,96	154,08	–	66,24	74,52	–	9,44	10,62	–	–	–	–	–	–
	V	12 077	–	966,16	1 086,93	IV	7 348	–	532,72	599,31	–	479,04	538,92	–	426,88	480,24	–	376,16	423,18	–	326,88	367,74	–	279,12	314,01
	VI	12 512	–	1 000,96	1 126,08																				
	I,IV	7 358	–	588,64	662,22	I	7 358	–	479,84	539,82	–	376,88	423,99	–	279,76	314,73	–	188,56	212,13	–	103,28	116,19	–	28,72	32,31
	II	6 730	–	538,40	605,70	II	6 730	–	432,24	486,27	–	332,–	373,50	–	237,60	267,30	–	149,04	167,67	–	66,56	74,88	–	3,52	3,96
45 971,99	III	3 788	–	303,04	340,92	III	3 788	–	218,72	246,06	–	137,60	154,80	–	66,72	75,06	–	9,92	11,16	–	–	–	–	–	–
	V	12 089	–	967,12	1 088,01	IV	7 358	–	533,52	600,21	–	479,84	539,82	–	427,60	481,05	–	376,88	423,99	–	327,60	368,55	–	279,76	314,73
	VI	12 524	–	1 001,92	1 127,16																				
	I,IV	7 368	–	589,44	663,12	I	7 368	–	480,56	540,63	–	377,60	424,80	–	280,48	315,54	–	189,20	212,85	–	103,84	116,82	–	29,12	32,76
	II	6 740	–	539,20	606,60	II	6 740	–	432,96	487,08	–	332,64	374,22	–	238,24	268,02	–	149,68	168,39	–	67,12	75,51	–	3,84	4,32
46 007,99	III	3 796	–	303,68	341,64	III	3 796	–	219,36	246,78	–	138,08	155,34	–	67,20	75,60	–	10,24	11,52	–	–	–	–	–	–
	V	12 102	–	968,16	1 089,18	IV	7 368	–	534,32	601,11	–	480,56	540,63	–	428,32	481,86	–	377,60	424,80	–	328,32	369,36	–	280,48	315,54
	VI	12 537	–	1 002,96	1 128,33																				
	I,IV	7 378	–	590,24	664,02	I	7 378	–	481,36	541,53	–	378,32	425,61	–	281,12	316,26	–	189,84	213,57	–	104,40	117,45	–	29,60	33,30
	II	6 750	–	540,–	607,50	II	6 750	–	433,76	487,98	–	333,36	375,03	–	238,88	268,74	–	150,24	169,02	–	67,68	76,14	–	4,24	4,77
46 043,99	III	3 802	–	304,16	342,18	III	3 802	–	219,84	247,32	–	138,72	156,06	–	67,68	76,14	–	10,56	11,88	–	–	–	–	–	–
	V	12 114	–	969,12	1 090,26	IV	7 378	–	535,04	601,92	–	481,36	541,53	–	429,12	482,76	–	378,32	425,61	–	328,96	370,08	–	281,12	316,26
	VI	12 550	–	1 004,–	1 129,50																				
	I,IV	7 388	–	591,04	664,92	I	7 388	–	482,08	542,34	–	379,04	426,42	–	281,84	317,07	–	190,48	214,29	–	105,04	118,17	–	30,–	33,75
	II	6 760	–	540,80	608,40	II	6 760	–	434,48	488,79	–	334,08	375,84	–	239,52	269,46	–	150,88	169,74	–	68,16	76,68	–	4,56	5,13
46 079,99	III	3 810	–	304,80	342,90	III	3 810	–	220,48	248,04	–	139,20	156,60	–	68,–	76,50	–	10,88	12,24	–	–	–	–	–	–
	V	12 127	–	970,16	1 091,43	IV	7 388	–	535,84	602,82	–	482,08	542,34	–	429,84	483,57	–	379,04	426,42	–	329,68	370,89	–	281,84	317,07
	VI	12 562	–	1 004,96	1 130,58																				

(mit Zahl der Kinderfreibeträge . . .)

* Die ausgewiesenen Tabellenwerte sind amtlich. Siehe Erläuterungen auf der Umschlaginnenseite (U2).

Lohn/ Gehalt bis €*		Abzüge an Lohnsteuer, Solidaritätszuschlag (SolZ) und Kirchensteuer (8%, 9%) in den Steuerklassen I – VI: LSt	ohne Kinderfreibeträge: SolZ	8%	9%	I, II, III, IV	LSt	mit Zahl der Kinderfreibeträge ... 0,5: SolZ	8%	9%	1: SolZ	8%	9%	1,5: SolZ	8%	9%	2: SolZ	8%	9%	2,5: SolZ	8%	9%	3: SolZ	8%	9%
46 115,99	I,IV	7 398	–	591,84	665,82	I	7 398	–	482,88	543,24	–	379,76	427,23	–	282,48	317,79	–	191,12	215,01	–	105,60	118,80	–	30,48	34,29
	II	6 769	–	541,52	609,21	II	6 769	–	435,20	489,60	–	334,72	376,56	–	240,16	270,18	–	151,52	170,46	–	68,72	77,31	–	4,88	5,49
	III	3 818	–	305,44	343,62	III	3 818	–	221,12	248,76	–	139,84	157,32	–	68,48	77,04	–	11,20	12,60	–	–	–	–	–	–
	V	12 140	–	971,20	1 092,60	IV	7 398	–	536,64	603,72	–	482,88	543,24	–	430,56	484,38	–	379,76	427,23	–	330,40	371,70	–	282,48	317,79
	VI	12 575	–	1 006,–	1 131,75																				
46 151,99	I,IV	7 408	–	592,64	666,72	I	7 408	–	483,60	544,05	–	380,48	428,04	–	283,12	318,51	–	191,76	215,73	–	106,24	119,52	–	30,96	34,83
	II	6 779	–	542,32	610,11	II	6 779	–	435,92	490,41	–	335,44	377,37	–	240,80	270,90	–	152,08	171,09	–	69,28	77,94	–	5,28	5,94
	III	3 826	–	306,08	344,34	III	3 826	–	221,60	249,30	–	140,32	157,86	–	68,96	77,58	–	11,68	13,14	–	–	–	–	–	–
	V	12 152	–	972,16	1 093,68	IV	7 408	–	537,44	604,62	–	483,60	544,05	–	431,28	485,19	–	380,48	428,04	–	331,04	372,42	–	283,12	318,51
	VI	12 587	–	1 006,96	1 132,83																				
46 187,99	I,IV	7 418	–	593,44	667,62	I	7 418	–	484,40	544,95	–	381,20	428,85	–	283,84	319,32	–	192,40	216,45	–	106,80	120,15	–	31,36	35,28
	II	6 789	–	543,12	611,01	II	6 789	–	436,72	491,31	–	336,16	378,18	–	241,52	271,71	–	152,72	171,81	–	69,84	78,57	–	5,60	6,30
	III	3 834	–	306,72	345,06	III	3 834	–	222,24	250,02	–	140,96	158,58	–	69,44	78,12	–	12,–	13,50	–	–	–	–	–	–
	V	12 165	–	973,20	1 094,85	IV	7 418	–	538,16	605,43	–	484,40	544,95	–	432,–	486,–	–	381,20	428,85	–	331,76	373,23	–	283,84	319,32
	VI	12 600	–	1 008,–	1 134,–																				
46 223,99	I,IV	7 428	–	594,24	668,52	I	7 428	–	485,12	545,76	–	381,84	429,57	–	284,48	320,04	–	192,96	217,08	–	107,36	120,78	–	31,84	35,82
	II	6 798	–	543,84	611,82	II	6 798	–	437,44	492,12	–	336,80	378,90	–	242,16	272,43	–	153,28	172,44	–	70,40	79,20	–	6,–	6,75
	III	3 842	–	307,36	345,78	III	3 842	–	222,88	250,74	–	141,44	159,12	–	69,92	78,66	–	12,32	13,86	–	–	–	–	–	–
	V	12 177	–	974,16	1 095,93	IV	7 428	–	538,96	606,33	–	485,12	545,76	–	432,72	486,81	–	381,84	429,57	–	332,40	373,95	–	284,48	320,04
	VI	12 612	–	1 008,96	1 135,08																				
46 259,99	I,IV	7 438	–	595,04	669,42	I	7 438	–	485,84	546,57	–	382,56	430,38	–	285,12	320,76	–	193,60	217,80	–	107,92	121,41	–	32,24	36,27
	II	6 808	–	544,64	612,72	II	6 808	–	438,16	492,93	–	337,52	379,71	–	242,80	273,15	–	153,92	173,16	–	70,96	79,83	–	6,32	7,11
	III	3 848	–	307,84	346,32	III	3 848	–	223,52	251,46	–	142,08	159,84	–	70,40	79,20	–	12,80	14,40	–	–	–	–	–	–
	V	12 190	–	975,20	1 097,10	IV	7 438	–	539,76	607,23	–	485,84	546,57	–	433,52	487,71	–	382,56	430,38	–	333,12	374,76	–	285,12	320,76
	VI	12 625	–	1 010,–	1 136,25																				
46 295,99	I,IV	7 448	–	595,84	670,32	I	7 448	–	486,64	547,47	–	383,28	431,19	–	285,84	321,57	–	194,24	218,52	–	108,56	122,13	–	32,72	36,81
	II	6 818	–	545,44	613,62	II	6 818	–	438,88	493,74	–	338,24	380,52	–	243,44	273,87	–	154,56	173,88	–	71,52	80,46	–	6,72	7,56
	III	3 856	–	308,48	347,04	III	3 856	–	224,–	252,–	–	142,56	160,38	–	70,88	79,74	–	13,12	14,76	–	–	–	–	–	–
	V	12 202	–	976,16	1 098,18	IV	7 448	–	540,48	608,04	–	486,64	547,47	–	434,24	488,52	–	383,28	431,19	–	333,84	375,57	–	285,84	321,57
	VI	12 637	–	1 010,96	1 137,33																				
46 331,99	I,IV	7 458	–	596,64	671,22	I	7 458	–	487,36	548,28	–	384,–	432,–	–	286,48	322,29	–	194,88	219,24	–	109,12	122,76	–	33,20	37,35
	II	6 828	–	546,24	614,52	II	6 828	–	439,60	494,55	–	338,96	381,33	–	244,08	274,59	–	155,12	174,51	–	72,08	81,09	–	7,04	7,92
	III	3 864	–	309,12	347,76	III	3 864	–	224,64	252,72	–	143,20	161,10	–	71,36	80,28	–	13,44	15,12	–	–	–	–	–	–
	V	12 215	–	977,20	1 099,35	IV	7 458	–	541,28	608,94	–	487,36	548,28	–	434,96	489,33	–	384,–	432,–	–	334,56	376,38	–	286,48	322,29
	VI	12 650	–	1 012,–	1 138,50																				
46 367,99	I,IV	7 468	–	597,44	672,12	I	7 468	–	488,16	549,18	–	384,72	432,81	–	287,20	323,10	–	195,52	219,96	–	109,76	123,48	–	33,60	37,80
	II	6 838	–	547,04	615,42	II	6 838	–	440,40	495,45	–	339,60	382,05	–	244,72	275,31	–	155,76	175,23	–	72,64	81,72	–	7,44	8,37
	III	3 872	–	309,76	348,48	III	3 872	–	225,28	253,44	–	143,68	161,64	–	71,84	80,82	–	13,76	15,48	–	–	–	–	–	–
	V	12 227	–	978,16	1 100,43	IV	7 468	–	542,08	609,84	–	488,16	549,18	–	435,68	490,14	–	384,72	432,81	–	335,20	377,10	–	287,20	323,10
	VI	12 663	–	1 013,04	1 139,67																				
46 403,99	I,IV	7 478	–	598,24	673,02	I	7 478	–	488,88	549,99	–	385,44	433,62	–	287,84	323,82	–	196,16	220,68	–	110,32	124,11	–	34,08	38,34
	II	6 847	–	547,76	616,23	II	6 847	–	441,12	496,26	–	340,32	382,86	–	245,44	276,12	–	156,40	175,95	–	73,20	82,35	–	7,76	8,73
	III	3 880	–	310,40	349,20	III	3 880	–	225,76	253,98	–	144,32	162,36	–	72,16	81,18	–	14,24	16,02	–	–	–	–	–	–
	V	12 240	–	979,20	1 101,60	IV	7 478	–	542,88	610,74	–	488,88	549,99	–	436,48	491,04	–	385,44	433,62	–	335,92	377,91	–	287,84	323,82
	VI	12 675	–	1 014,–	1 140,75																				
46 439,99	I,IV	7 488	–	599,04	673,92	I	7 488	–	489,68	550,89	–	386,16	434,43	–	288,56	324,63	–	196,80	221,40	–	110,88	124,74	–	34,56	38,88
	II	6 857	–	548,56	617,13	II	6 857	–	441,84	497,07	–	341,04	383,67	–	246,08	276,84	–	156,96	176,58	–	73,84	83,07	–	8,16	9,18
	III	3 888	–	311,04	349,92	III	3 888	–	226,40	254,70	–	144,80	162,90	–	72,64	81,72	–	14,56	16,38	–	–	–	–	–	–
	V	12 253	–	980,24	1 102,77	IV	7 488	–	543,60	611,55	–	489,68	550,89	–	437,20	491,85	–	386,16	434,43	–	336,64	378,72	–	288,56	324,63
	VI	12 688	–	1 015,04	1 141,92																				
46 475,99	I,IV	7 498	–	599,84	674,82	I	7 498	–	490,40	551,70	–	386,88	435,24	–	289,20	325,35	–	197,44	222,12	–	111,52	125,46	–	35,04	39,42
	II	6 867	–	549,36	618,03	II	6 867	–	442,64	497,97	–	341,76	384,48	–	246,72	277,56	–	157,60	177,30	–	74,40	83,70	–	8,56	9,63
	III	3 896	–	311,68	350,64	III	3 896	–	227,04	255,42	–	145,44	163,62	–	73,12	82,26	–	14,88	16,74	–	–	–	–	–	–
	V	12 265	–	981,20	1 103,85	IV	7 498	–	544,40	612,45	–	490,40	551,70	–	437,92	492,66	–	386,88	435,24	–	337,28	379,44	–	289,20	325,35
	VI	12 700	–	1 016,–	1 143,–																				
46 511,99	I,IV	7 508	–	600,64	675,72	I	7 508	–	491,20	552,60	–	387,60	436,05	–	289,92	326,16	–	198,08	222,84	–	112,08	126,09	–	35,44	39,87
	II	6 877	–	550,16	618,93	II	6 877	–	443,36	498,78	–	342,40	385,20	–	247,36	278,28	–	158,24	178,02	–	74,96	84,33	–	8,88	9,99
	III	3 902	–	312,16	351,18	III	3 902	–	227,68	256,14	–	145,92	164,16	–	73,60	82,80	–	15,20	17,10	–	–	–	–	–	–
	V	12 278	–	982,24	1 105,02	IV	7 508	–	545,20	613,35	–	491,20	552,60	–	438,64	493,47	–	387,60	436,05	–	338,–	380,25	–	289,92	326,16
	VI	12 713	–	1 017,04	1 144,17																				
46 547,99	I,IV	7 518	–	601,44	676,62	I	7 518	–	491,92	553,41	–	388,32	436,86	–	290,56	326,88	–	198,64	223,47	–	112,64	126,72	–	35,92	40,41
	II	6 886	–	550,88	619,74	II	6 886	–	444,08	499,59	–	343,12	386,01	–	248,–	279,–	–	158,80	178,65	–	75,52	84,96	–	9,28	10,44
	III	3 910	–	312,80	351,90	III	3 910	–	228,16	256,68	–	146,56	164,88	–	74,08	83,34	–	15,68	17,64	–	–	–	–	–	–
	V	12 290	–	983,20	1 106,10	IV	7 518	–	545,92	614,16	–	491,92	553,41	–	439,36	494,28	–	388,32	436,86	–	338,72	381,06	–	290,56	326,88
	VI	12 725	–	1 018,–	1 145,25																				
46 583,99	I,IV	7 528	–	602,24	677,52	I	7 528	–	492,72	554,31	–	389,04	437,67	–	291,20	327,60	–	199,28	224,19	–	113,28	127,44	–	36,40	40,95
	II	6 896	–	551,68	620,64	II	6 896	–	444,80	500,40	–	343,84	386,82	–	248,72	279,81	–	159,44	179,37	–	76,08	85,59	–	9,68	10,89
	III	3 918	–	313,44	352,62	III	3 918	–	228,80	257,40	–	147,04	165,42	–	74,56	83,88	–	16,–	18,–	–	–	–	–	–	–
	V	12 303	–	984,24	1 107,27	IV	7 528	–	546,72	615,06	–	492,72	554,31	–	440,16	495,18	–	389,04	437,67	–	339,36	381,78	–	291,20	327,60
	VI	12 738	–	1 019,04	1 146,42																				
46 619,99	I,IV	7 538	–	603,04	678,42	I	7 538	–	493,44	555,12	–	389,76	438,48	–	291,92	328,41	–	199,92	224,91	–	113,84	128,07	–	36,88	41,49
	II	6 906	–	552,48	621,54	II	6 906	–	445,52	501,21	–	344,48	387,54	–	249,36	280,53	–	160,08	180,09	–	76,64	86,22	–	10,–	11,25
	III	3 926	–	314,08	353,34	III	3 926	–	229,44	258,12	–	147,68	166,14	–	75,04	84,42	–	16,32	18,36	–	–	–	–	–	–
	V	12 315	–	985,20	1 108,35	IV	7 538	–	547,52	615,96	–	493,44	555,12	–	440,88	495,99	–	389,76	438,48	–	340,08	382,59	–	291,92	328,41
	VI	12 750	–	1 020,–	1 147,50																				
46 655,99	I,IV	7 548	–	603,84	679,32	I	7 548	–	494,24	556,02	–	390,48	439,29	–	292,56	329,13	–	200,56	225,63	–	114,48	128,79	–	37,36	42,03
	II	6 916	–	553,28	622,44	II	6 916	–	446,32	502,11	–	345,20	388,35	–	250,–	281,25	–	160,64	180,72	–	77,20	86,85	–	10,40	11,70
	III	3 934	–	314,72	354,06	III	3 934	–	229,92	258,66	–	148,16	166,68	–	75,52	84,96	–	16,80	18,90	–	–	–	–	–	–
	V	12 328	–	986,24	1 109,52	IV	7 548	–	548,32	616,86	–	494,24	556,02	–	441,60	496,80	–	390,48	439,29	–	340,80	383,40	–	292,56	329,13
	VI	12 763	–	1 021,04	1 148,67																				

*** Die ausgewiesenen Tabellenwerte sind amtlich. Siehe Erläuterungen auf der Umschlaginnenseite (U2).**

Abzüge an Lohnsteuer, Solidaritätszuschlag (SolZ) und Kirchensteuer (8%, 9%) in den Steuerklassen

Lohn/ Gehalt bis €*	I – VI	LSt	ohne Kinderfreibeträge SolZ	8%	9%	I, II, III, IV	LSt	mit Zahl der Kinderfreibeträge . . . 0,5 SolZ	8%	9%	1 SolZ	8%	9%	1,5 SolZ	8%	9%	2 SolZ	8%	9%	2,5 SolZ	8%	9%	3 SolZ	8%	9%
46 691,99	I,IV	7 558	–	604,64	680,22	I	7 558	–	494,96	556,83	–	391,20	440,10	–	293,28	329,94	–	201,20	226,35	–	115,04	129,42	–	37,76	42,48
	II	6 925	–	554,–	623,25	II	6 925	–	447,04	502,92	–	345,92	389,16	–	250,64	281,97	–	161,28	181,44	–	77,84	87,57	–	10,80	12,15
	III	3 940	–	315,20	354,60	III	3 940	–	230,56	259,38	–	148,80	167,40	–	76,–	85,50	–	17,12	19,26	–	–	–	–	–	–
	V	12 340	–	987,20	1 110,60	IV	7 558	–	549,12	617,76	–	494,96	556,83	–	442,32	497,61	–	391,20	440,10	–	341,52	384,21	–	293,28	329,94
	VI	12 776	–	1 022,08	1 149,84																				
46 727,99	I,IV	7 568	–	605,44	681,12	I	7 568	–	495,76	557,73	–	391,92	440,91	–	293,92	330,66	–	201,84	227,07	–	115,68	130,14	–	38,24	43,02
	II	6 935	–	554,80	624,15	II	6 935	–	447,76	503,73	–	346,64	389,97	–	251,36	282,78	–	161,92	182,16	–	78,40	88,20	–	11,12	12,51
	III	3 948	–	315,84	355,32	III	3 948	–	231,20	260,10	–	149,28	167,94	–	76,48	86,04	–	17,44	19,62	–	–	–	–	–	–
	V	12 353	–	988,24	1 111,77	IV	7 568	–	549,84	618,57	–	495,76	557,73	–	443,12	498,51	–	391,92	440,91	–	342,16	384,93	–	293,92	330,66
	VI	12 788	–	1 023,04	1 150,92																				
46 763,99	I,IV	7 578	–	606,24	682,02	I	7 578	–	496,48	558,54	–	392,64	441,72	–	294,64	331,47	–	202,48	227,79	–	116,24	130,77	–	38,72	43,56
	II	6 945	–	555,60	625,05	II	6 945	–	448,56	504,63	–	347,28	390,69	–	252,–	283,50	–	162,56	182,88	–	78,96	88,83	–	11,52	12,96
	III	3 956	–	316,48	356,04	III	3 956	–	231,68	260,64	–	149,92	168,66	–	76,96	86,58	–	17,76	19,98	–	–	–	–	–	–
	V	12 366	–	989,28	1 112,94	IV	7 578	–	550,64	619,47	–	496,48	558,54	–	443,84	499,32	–	392,64	441,72	–	342,88	385,74	–	294,64	331,47
	VI	12 801	–	1 024,08	1 152,09																				
46 799,99	I,IV	7 589	–	607,12	683,01	I	7 589	–	497,28	559,44	–	393,36	442,53	–	295,28	332,19	–	203,12	228,51	–	116,88	131,49	–	39,20	44,10
	II	6 955	–	556,40	625,95	II	6 955	–	449,28	505,44	–	348,–	391,50	–	252,64	284,22	–	163,12	183,51	–	79,52	89,46	–	11,92	13,41
	III	3 964	–	317,12	356,76	III	3 964	–	232,32	261,36	–	150,56	169,38	–	77,28	86,94	–	18,24	20,52	–	–	–	–	–	–
	V	12 378	–	990,24	1 114,02	IV	7 589	–	551,44	620,37	–	497,28	559,44	–	444,56	500,13	–	393,36	442,53	–	343,60	386,55	–	295,28	332,19
	VI	12 813	–	1 025,04	1 153,17																				
46 835,99	I,IV	7 598	–	607,84	683,82	I	7 598	–	498,–	560,25	–	394,08	443,34	–	296,–	333,–	–	203,76	229,23	–	117,44	132,12	–	39,68	44,64
	II	6 965	–	557,20	626,85	II	6 965	–	450,–	506,25	–	348,72	392,31	–	253,28	284,94	–	163,76	184,23	–	80,08	90,09	–	12,32	13,86
	III	3 972	–	317,76	357,48	III	3 972	–	232,96	262,08	–	151,04	169,92	–	77,76	87,48	–	18,56	20,88	–	–	–	–	–	–
	V	12 390	–	991,20	1 115,10	IV	7 598	–	552,24	621,27	–	498,–	560,25	–	445,28	500,94	–	394,08	443,34	–	344,24	387,27	–	296,–	333,–
	VI	12 825	–	1 026,–	1 154,25																				
46 871,99	I,IV	7 608	–	608,64	684,72	I	7 608	–	498,80	561,15	–	394,80	444,15	–	296,64	333,72	–	204,40	229,95	–	118,–	132,75	–	40,16	45,18
	II	6 974	–	557,92	627,66	II	6 974	–	450,72	507,06	–	349,44	393,12	–	253,92	285,66	–	164,40	184,95	–	80,64	90,72	–	12,64	14,22
	III	3 980	–	318,40	358,20	III	3 980	–	233,60	262,80	–	151,68	170,64	–	78,24	88,02	–	18,88	21,24	–	–	–	–	–	–
	V	12 403	–	992,24	1 116,27	IV	7 608	–	552,96	622,08	–	498,80	561,15	–	446,08	501,84	–	394,80	444,15	–	344,96	388,08	–	296,64	333,72
	VI	12 838	–	1 027,04	1 155,42																				
46 907,99	I,IV	7 618	–	609,44	685,62	I	7 618	–	499,52	561,96	–	395,52	444,96	–	297,36	334,53	–	205,04	230,67	–	118,64	133,47	–	40,64	45,72
	II	6 984	–	558,72	628,56	II	6 984	–	451,52	507,96	–	350,08	393,84	–	254,64	286,47	–	164,96	185,58	–	81,28	91,44	–	13,04	14,67
	III	3 988	–	319,04	358,92	III	3 988	–	234,08	263,34	–	152,16	171,18	–	78,72	88,56	–	19,36	21,78	–	–	–	–	–	–
	V	12 416	–	993,28	1 117,44	IV	7 618	–	553,76	622,98	–	499,52	561,96	–	446,80	502,65	–	395,52	444,96	–	345,68	388,89	–	297,36	334,53
	VI	12 851	–	1 028,08	1 156,59																				
46 943,99	I,IV	7 629	–	610,32	686,61	I	7 629	–	500,32	562,86	–	396,24	445,77	–	298,–	335,25	–	205,68	231,39	–	119,20	134,10	–	41,12	46,26
	II	6 994	–	559,52	629,46	II	6 994	–	452,24	508,77	–	350,80	394,65	–	255,28	287,19	–	165,60	186,30	–	81,84	92,07	–	13,44	15,12
	III	3 994	–	319,52	359,46	III	3 994	–	234,72	264,06	–	152,80	171,90	–	79,20	89,10	–	19,68	22,14	–	–	–	–	–	–
	V	12 428	–	994,24	1 118,52	IV	7 629	–	554,56	623,88	–	500,32	562,86	–	447,52	503,46	–	396,24	445,77	–	346,40	389,70	–	298,–	335,25
	VI	12 863	–	1 029,04	1 157,67																				
46 979,99	I,IV	7 639	–	611,12	687,51	I	7 639	–	501,04	563,67	–	396,96	446,58	–	298,72	336,06	–	206,32	232,11	–	119,84	134,82	–	41,60	46,80
	II	7 004	–	560,32	630,36	II	7 004	–	452,96	509,58	–	351,52	395,46	–	255,92	287,91	–	166,24	187,02	–	82,40	92,70	–	13,84	15,57
	III	4 002	–	320,16	360,18	III	4 002	–	235,36	264,78	–	153,44	172,62	–	79,68	89,64	–	20,16	22,68	–	–	–	–	–	–
	V	12 441	–	995,28	1 119,69	IV	7 639	–	555,36	624,78	–	501,04	563,67	–	448,24	504,27	–	396,96	446,58	–	347,12	390,51	–	298,72	336,06
	VI	12 876	–	1 030,08	1 158,84																				
47 015,99	I,IV	7 649	–	611,92	688,41	I	7 649	–	501,84	564,57	–	397,68	447,39	–	299,36	336,78	–	206,96	232,83	–	120,40	135,45	–	42,08	47,34
	II	7 014	–	561,12	631,26	II	7 014	–	453,76	510,48	–	352,24	396,27	–	256,56	288,63	–	166,88	187,74	–	82,96	93,33	–	14,24	16,02
	III	4 010	–	320,80	360,90	III	4 010	–	235,84	265,32	–	153,92	173,16	–	80,16	90,18	–	20,48	23,04	–	–	–	–	–	–
	V	12 453	–	996,24	1 120,77	IV	7 649	–	556,16	625,68	–	501,84	564,57	–	449,04	505,17	–	397,68	447,39	–	347,76	391,23	–	299,36	336,78
	VI	12 888	–	1 031,04	1 159,92																				
47 051,99	I,IV	7 659	–	612,72	689,31	I	7 659	–	502,64	565,47	–	398,40	448,20	–	300,08	337,59	–	207,60	233,55	–	121,04	136,17	–	42,56	47,88
	II	7 024	–	561,92	632,16	II	7 024	–	454,48	511,29	–	352,96	397,08	–	257,28	289,44	–	167,44	188,37	–	83,60	94,05	–	14,64	16,47
	III	4 018	–	321,44	361,62	III	4 018	–	236,48	266,04	–	154,56	173,88	–	80,64	90,72	–	20,80	23,40	–	–	–	–	–	–
	V	12 466	–	997,28	1 121,94	IV	7 659	–	556,96	626,58	–	502,64	565,47	–	449,76	505,98	–	398,40	448,20	–	348,48	392,04	–	300,08	337,59
	VI	12 901	–	1 032,08	1 161,09																				
47 087,99	I,IV	7 669	–	613,52	690,21	I	7 669	–	503,36	566,28	–	399,12	449,01	–	300,72	338,31	–	208,24	234,27	–	121,60	136,80	–	43,04	48,42
	II	7 034	–	562,72	633,06	II	7 034	–	455,20	512,10	–	353,60	397,80	–	257,92	290,16	–	168,08	189,09	–	84,16	94,68	–	15,04	16,92
	III	4 026	–	322,08	362,34	III	4 026	–	237,12	266,76	–	155,04	174,42	–	81,12	91,26	–	21,28	23,94	–	–	–	–	–	–
	V	12 479	–	998,32	1 123,11	IV	7 669	–	557,68	627,39	–	503,36	566,28	–	450,48	506,79	–	399,12	449,01	–	349,20	392,85	–	300,72	338,31
	VI	12 914	–	1 033,12	1 162,26																				
47 123,99	I,IV	7 679	–	614,32	691,11	I	7 679	–	504,16	567,18	–	399,84	449,82	–	301,44	339,12	–	208,88	234,99	–	122,24	137,52	–	43,52	48,96
	II	7 043	–	563,44	633,87	II	7 043	–	456,–	513,–	–	354,32	398,61	–	258,56	290,88	–	168,72	189,81	–	84,72	95,31	–	15,44	17,37
	III	4 034	–	322,72	363,06	III	4 034	–	237,76	267,48	–	155,68	175,14	–	81,60	91,80	–	21,60	24,30	–	–	–	–	–	–
	V	12 491	–	999,28	1 124,19	IV	7 679	–	558,48	628,29	–	504,16	567,18	–	451,28	507,69	–	399,84	449,82	–	349,92	393,66	–	301,44	339,12
	VI	12 926	–	1 034,08	1 163,34																				
47 159,99	I,IV	7 689	–	615,12	692,01	I	7 689	–	504,88	567,99	–	400,56	450,63	–	302,08	339,84	–	209,52	235,71	–	122,80	138,15	–	44,–	49,50
	II	7 053	–	564,24	634,77	II	7 053	–	456,72	513,81	–	355,04	399,42	–	259,20	291,60	–	169,28	190,44	–	85,28	95,94	–	15,76	17,73
	III	4 040	–	323,20	363,60	III	4 040	–	238,24	268,02	–	156,16	175,68	–	82,08	92,34	–	21,92	24,66	–	–	–	–	–	–
	V	12 503	–	1 000,24	1 125,27	IV	7 689	–	559,28	629,19	–	504,88	567,99	–	452,–	508,50	–	400,56	450,63	–	350,56	394,38	–	302,08	339,84
	VI	12 938	–	1 035,04	1 164,42																				
47 195,99	I,IV	7 699	–	615,92	692,91	I	7 699	–	505,68	568,89	–	401,28	451,44	–	302,80	340,65	–	210,16	236,43	–	123,36	138,78	–	44,48	50,04
	II	7 063	–	565,04	635,67	II	7 063	–	457,44	514,62	–	355,76	400,23	–	259,92	292,41	–	169,92	191,16	–	85,84	96,57	–	16,16	18,18
	III	4 048	–	323,84	364,32	III	4 048	–	238,88	268,74	–	156,80	176,40	–	82,56	92,88	–	22,40	25,20	–	–	–	–	–	–
	V	12 516	–	1 001,28	1 126,44	IV	7 699	–	560,08	630,09	–	505,68	568,89	–	452,72	509,31	–	401,28	451,44	–	351,28	395,19	–	302,80	340,65
	VI	12 951	–	1 036,08	1 165,59																				
47 231,99	I,IV	7 709	–	616,72	693,81	I	7 709	–	506,40	569,70	–	402,–	452,25	–	303,44	341,37	–	210,80	237,15	–	124,–	139,50	–	44,96	50,58
	II	7 073	–	565,84	636,57	II	7 073	–	458,16	515,43	–	356,40	400,95	–	260,56	293,13	–	170,56	191,88	–	86,48	97,29	–	16,56	18,63
	III	4 056	–	324,48	365,04	III	4 056	–	239,52	269,46	–	157,44	177,12	–	83,04	93,42	–	22,72	25,56	–	–	–	–	–	–
	V	12 529	–	1 002,32	1 127,61	IV	7 709	–	560,88	630,99	–	506,40	569,70	–	453,44	510,12	–	402,–	452,25	–	352,–	396,–	–	303,44	341,37
	VI	12 964	–	1 037,12	1 166,76																				

* Die ausgewiesenen Tabellenwerte sind amtlich. Siehe Erläuterungen auf der Umschlaginnenseite (U2).

Lohn/ Gehalt bis €*	Abzüge an Lohnsteuer, Solidaritätszuschlag (SolZ) und Kirchensteuer (8%, 9%) in den Steuerklassen I – VI					I, II, III, IV																			
			ohne Kinderfreibeträge					mit Zahl der Kinderfreibeträge . . .																	
								0,5			1			1,5			2			2,5			3		
		LSt	SolZ	8%	9%		LSt	SolZ	8%	9%	SolZ	8%	9%	SolZ	8%	9%	SolZ	8%	9%	SolZ	8%	9%	SolZ	8%	9%
47 267,99	I,IV	7 719	–	617,52	694,71	I	7 719	–	507,20	570,60	–	402,72	453,06	–	304,16	342,18	–	211,44	237,87	–	124,56	140,13	–	45,44	51,12
	II	7 083	–	566,64	637,47	II	7 083	–	458,96	516,33	–	357,12	401,76	–	261,20	293,85	–	171,20	192,60	–	87,04	97,92	–	16,96	19,08
	III	4 064	–	325,12	365,76	III	4 064	–	240,–	270,–	–	157,92	177,66	–	83,52	93,96	–	23,04	25,92	–	–	–	–	–	–
	V	12 541	–	1 003,28	1 128,69	IV	7 719	–	561,60	631,80	–	507,20	570,60	–	454,24	511,02	–	402,72	453,06	–	352,72	396,81	–	304,16	342,18
	VI	12 976	–	1 038,08	1 167,84																				
47 303,99	I,IV	7 729	–	618,32	695,61	I	7 729	–	507,92	571,41	–	403,44	453,87	–	304,80	342,90	–	212,08	238,59	–	125,20	140,85	–	46,–	51,75
	II	7 092	–	567,36	638,28	II	7 092	–	459,68	517,14	–	357,84	402,57	–	261,92	294,66	–	171,84	193,32	–	87,60	98,55	–	17,44	19,62
	III	4 072	–	325,76	366,48	III	4 072	–	240,64	270,72	–	158,56	178,38	–	84,–	94,50	–	23,52	26,46	–	–	–	–	–	–
	V	12 554	–	1 004,32	1 129,86	IV	7 729	–	562,40	632,70	–	507,92	571,41	–	454,96	511,83	–	403,44	453,87	–	353,36	397,53	–	304,80	342,90
	VI	12 989	–	1 039,12	1 169,01																				
47 339,99	I,IV	7 739	–	619,12	696,51	I	7 739	–	508,72	572,31	–	404,16	454,68	–	305,52	343,71	–	212,72	239,31	–	125,76	141,48	–	46,48	52,29
	II	7 102	–	568,16	639,18	II	7 102	–	460,40	517,95	–	358,56	403,38	–	262,56	295,38	–	172,40	193,95	–	88,16	99,18	–	17,84	20,07
	III	4 080	–	326,40	367,20	III	4 080	–	241,28	271,44	–	159,04	178,92	–	84,48	95,04	–	23,84	26,82	–	–	–	–	–	–
	V	12 566	–	1 005,28	1 130,94	IV	7 739	–	563,20	633,60	–	508,72	572,31	–	455,68	512,64	–	404,16	454,68	–	354,08	398,34	–	305,52	343,71
	VI	13 001	–	1 040,08	1 170,09																				
47 375,99	I,IV	7 750	–	620,–	697,50	I	7 750	–	509,52	573,21	–	404,88	455,49	–	306,16	344,43	–	213,36	240,03	–	126,40	142,20	–	46,96	52,83
	II	7 112	–	568,96	640,08	II	7 112	–	461,20	518,85	–	359,28	404,19	–	263,20	296,10	–	173,04	194,67	–	88,80	99,90	–	18,24	20,52
	III	4 088	–	327,04	367,92	III	4 088	–	241,92	272,16	–	159,68	179,64	–	84,96	95,58	–	24,32	27,36	–	–	–	–	–	–
	V	12 579	–	1 006,32	1 132,11	IV	7 750	–	564,–	634,50	–	509,52	573,21	–	456,48	513,54	–	404,88	455,49	–	354,80	399,15	–	306,16	344,43
	VI	13 014	–	1 041,12	1 171,26																				
47 411,99	I,IV	7 760	–	620,80	698,40	I	7 760	–	510,24	574,02	–	405,60	456,30	–	306,88	345,24	–	214,–	240,75	–	126,96	142,83	–	47,44	53,37
	II	7 122	–	569,76	640,98	II	7 122	–	461,92	519,66	–	360,–	405,–	–	263,92	296,91	–	173,68	195,39	–	89,36	100,53	–	18,64	20,97
	III	4 094	–	327,52	368,46	III	4 094	–	242,40	272,70	–	160,32	180,36	–	85,44	96,12	–	24,64	27,72	–	–	–	–	–	–
	V	12 592	–	1 007,36	1 133,28	IV	7 760	–	564,80	635,40	–	510,24	574,02	–	457,20	514,35	–	405,60	456,30	–	355,52	399,96	–	306,88	345,24
	VI	13 027	–	1 042,16	1 172,43																				
47 447,99	I,IV	7 770	–	621,60	699,30	I	7 770	–	511,04	574,92	–	406,32	457,11	–	307,52	345,96	–	214,64	241,47	–	127,60	143,55	–	47,92	53,91
	II	7 132	–	570,56	641,88	II	7 132	–	462,72	520,56	–	360,64	405,72	–	264,56	297,63	–	174,32	196,11	–	89,92	101,16	–	19,04	21,42
	III	4 102	–	328,16	369,18	III	4 102	–	243,04	273,42	–	160,80	180,90	–	85,92	96,66	–	24,96	28,08	–	–	–	–	–	–
	V	12 604	–	1 008,32	1 134,36	IV	7 770	–	565,60	636,30	–	511,04	574,92	–	458,–	515,25	–	406,32	457,11	–	356,24	400,77	–	307,52	345,96
	VI	13 039	–	1 043,12	1 173,51																				
47 483,99	I,IV	7 780	–	622,40	700,20	I	7 780	–	511,76	575,73	–	407,04	457,92	–	308,24	346,77	–	215,28	242,19	–	128,16	144,18	–	48,48	54,54
	II	7 142	–	571,36	642,78	II	7 142	–	463,44	521,37	–	361,36	406,53	–	265,20	298,35	–	174,88	196,74	–	90,48	101,79	–	19,44	21,87
	III	4 110	–	328,80	369,90	III	4 110	–	243,68	274,14	–	161,44	181,62	–	86,40	97,20	–	25,44	28,62	–	–	–	–	–	–
	V	12 616	–	1 009,28	1 135,44	IV	7 780	–	566,32	637,11	–	511,76	575,73	–	458,72	516,06	–	407,04	457,92	–	356,88	401,49	–	308,24	346,77
	VI	13 051	–	1 044,08	1 174,59																				
47 519,99	I,IV	7 790	–	623,20	701,10	I	7 790	–	512,56	576,63	–	407,76	458,73	–	308,88	347,49	–	215,92	242,91	–	128,80	144,90	–	48,96	55,08
	II	7 152	–	572,16	643,68	II	7 152	–	464,16	522,18	–	362,08	407,34	–	265,84	299,07	–	175,52	197,46	–	91,04	102,42	–	19,84	22,32
	III	4 118	–	329,44	370,62	III	4 118	–	244,32	274,86	–	161,92	182,16	–	86,88	97,74	–	25,76	28,98	–	–	–	–	–	–
	V	12 629	–	1 010,32	1 136,61	IV	7 790	–	567,12	638,01	–	512,56	576,63	–	459,44	516,87	–	407,76	458,73	–	357,60	402,30	–	308,88	347,49
	VI	13 064	–	1 045,12	1 175,76																				
47 555,99	I,IV	7 800	–	624,–	702,–	I	7 800	–	513,36	577,53	–	408,48	459,54	–	309,60	348,30	–	216,56	243,63	–	129,36	145,53	–	49,44	55,62
	II	7 162	–	572,96	644,58	II	7 162	–	464,88	522,99	–	362,80	408,15	–	266,56	299,88	–	176,16	198,18	–	91,68	103,14	–	20,24	22,77
	III	4 126	–	330,08	371,34	III	4 126	–	244,80	275,40	–	162,56	182,88	–	87,36	98,28	–	26,24	29,52	–	–	–	–	–	–
	V	12 642	–	1 011,36	1 137,78	IV	7 800	–	567,92	638,91	–	513,36	577,53	–	460,16	517,68	–	408,48	459,54	–	358,32	403,11	–	309,60	348,30
	VI	13 077	–	1 046,16	1 176,93																				
47 591,99	I,IV	7 810	–	624,80	702,90	I	7 810	–	514,08	578,34	–	409,28	460,44	–	310,24	349,02	–	217,20	244,35	–	130,–	146,25	–	49,92	56,16
	II	7 171	–	573,68	645,39	II	7 171	–	465,68	523,89	–	363,52	408,96	–	267,20	300,60	–	176,80	198,90	–	92,24	103,77	–	20,64	23,22
	III	4 134	–	330,72	372,06	III	4 134	–	245,44	276,12	–	163,20	183,60	–	87,84	98,82	–	26,56	29,88	–	–	–	–	–	–
	V	12 654	–	1 012,32	1 138,86	IV	7 810	–	568,72	639,81	–	514,08	578,34	–	460,96	518,58	–	409,28	460,44	–	359,04	403,92	–	310,24	349,02
	VI	13 089	–	1 047,12	1 178,01																				
47 627,99	I,IV	7 820	–	625,60	703,80	I	7 820	–	514,88	579,24	–	410,–	461,25	–	310,96	349,83	–	217,84	245,07	–	130,56	146,88	–	50,48	56,79
	II	7 181	–	574,48	646,29	II	7 181	–	466,40	524,70	–	364,24	409,77	–	267,84	301,32	–	177,44	199,62	–	92,80	104,40	–	21,04	23,67
	III	4 142	–	331,36	372,78	III	4 142	–	246,08	276,84	–	163,68	184,14	–	88,32	99,36	–	26,88	30,24	–	–	–	–	–	–
	V	12 667	–	1 013,36	1 140,03	IV	7 820	–	569,52	640,71	–	514,88	579,24	–	461,68	519,39	–	410,–	461,25	–	359,76	404,73	–	310,96	349,83
	VI	13 102	–	1 048,16	1 179,18																				
47 663,99	I,IV	7 831	–	626,48	704,79	I	7 831	–	515,60	580,05	–	410,72	462,06	–	311,68	350,64	–	218,48	245,79	–	131,20	147,60	–	50,96	57,33
	II	7 191	–	575,28	647,19	II	7 191	–	467,20	525,60	–	364,88	410,49	–	268,56	302,13	–	178,–	200,25	–	93,44	105,12	–	21,52	24,21
	III	4 150	–	332,–	373,50	III	4 150	–	246,72	277,56	–	164,32	184,86	–	88,96	100,08	–	27,36	30,78	–	–	–	–	–	–
	V	12 679	–	1 014,32	1 141,11	IV	7 831	–	570,32	641,61	–	515,60	580,05	–	462,40	520,20	–	410,72	462,06	–	360,48	405,54	–	311,68	350,64
	VI	13 114	–	1 049,12	1 180,26																				
47 699,99	I,IV	7 841	–	627,28	705,69	I	7 841	–	516,40	580,95	–	411,44	462,87	–	312,32	351,36	–	219,12	246,51	–	131,76	148,23	–	51,52	57,96
	II	7 201	–	576,08	648,09	II	7 201	–	467,92	526,41	–	365,60	411,30	–	269,20	302,85	–	178,64	200,97	–	94,–	105,75	–	21,92	24,66
	III	4 156	–	332,48	374,04	III	4 156	–	247,20	278,10	–	164,96	185,58	–	89,44	100,62	–	27,68	31,14	–	–	–	–	–	–
	V	12 692	–	1 015,36	1 142,28	IV	7 841	–	571,12	642,51	–	516,40	580,95	–	463,20	521,10	–	411,44	462,87	–	361,12	406,26	–	312,32	351,36
	VI	13 127	–	1 050,16	1 181,43																				
47 735,99	I,IV	7 851	–	628,08	706,59	I	7 851	–	517,20	581,85	–	412,16	463,68	–	313,04	352,17	–	219,76	247,23	–	132,40	148,95	–	52,–	58,50
	II	7 211	–	576,88	648,99	II	7 211	–	468,64	527,22	–	366,32	412,11	–	269,84	303,57	–	179,28	201,69	–	94,56	106,38	–	22,32	25,11
	III	4 164	–	333,12	374,76	III	4 164	–	247,84	278,82	–	165,44	186,12	–	89,92	101,16	–	28,16	31,68	–	–	–	–	–	–
	V	12 705	–	1 016,40	1 143,45	IV	7 851	–	571,92	643,41	–	517,20	581,85	–	463,92	521,91	–	412,16	463,68	–	361,84	407,07	–	313,04	352,17
	VI	13 140	–	1 051,20	1 182,60																				
47 771,99	I,IV	7 861	–	628,88	707,49	I	7 861	–	517,92	582,66	–	412,88	464,49	–	313,68	352,89	–	220,40	247,95	–	132,96	149,58	–	52,48	59,04
	II	7 221	–	577,68	649,89	II	7 221	–	469,44	528,12	–	367,04	412,92	–	270,48	304,29	–	179,92	202,41	–	95,12	107,01	–	22,72	25,56
	III	4 172	–	333,76	375,48	III	4 172	–	248,48	279,54	–	166,08	186,84	–	90,40	101,70	–	28,48	32,04	–	–	–	–	–	–
	V	12 717	–	1 017,36	1 144,53	IV	7 861	–	572,64	644,22	–	517,92	582,66	–	464,64	522,72	–	412,88	464,49	–	362,56	407,88	–	313,68	352,89
	VI	13 152	–	1 052,16	1 183,68																				
47 807,99	I,IV	7 871	–	629,68	708,39	I	7 871	–	518,72	583,56	–	413,60	465,30	–	314,40	353,70	–	221,04	248,67	–	133,60	150,30	–	53,04	59,67
	II	7 231	–	578,48	650,79	II	7 231	–	470,16	528,93	–	367,76	413,73	–	271,20	305,10	–	180,56	203,13	–	95,76	107,73	–	23,20	26,10
	III	4 180	–	334,40	376,20	III	4 180	–	248,96	280,08	–	166,56	187,38	–	90,88	102,24	–	28,96	32,58	–	–	–	–	–	–
	V	12 729	–	1 018,32	1 145,61	IV	7 871	–	573,44	645,12	–	518,72	583,56	–	465,44	523,62	–	413,60	465,30	–	363,28	408,69	–	314,40	353,70
	VI	13 164	–	1 053,12	1 184,76																				

* Die ausgewiesenen Tabellenwerte sind amtlich. Siehe Erläuterungen auf der Umschlaginnenseite (U2).

Abzüge an Lohnsteuer, Solidaritätszuschlag (SolZ) und Kirchensteuer (8%, 9%) in den Steuerklassen

Lohn/ Gehalt bis €*	I – VI	LSt	ohne Kinderfreibeträge SolZ	8%	9%	I, II, III, IV	LSt	mit Zahl der Kinderfreibeträge . . . 0,5 SolZ	0,5 8%	0,5 9%	1 SolZ	1 8%	1 9%	1,5 SolZ	1,5 8%	1,5 9%	2 SolZ	2 8%	2 9%	2,5 SolZ	2,5 8%	2,5 9%	3 SolZ	3 8%	3 9%
47 843,99	I,IV	7 881	–	630,48	709,29	I	7 881	–	519,44	584,37	–	414,32	466,11	–	315,04	354,42	–	221,68	249,39	–	134,16	150,93	–	53,52	60,21
	II	7 241	–	579,28	651,69	II	7 241	–	470,88	529,74	–	368,48	414,54	–	271,84	305,82	–	181,12	203,76	–	96,32	108,36	–	23,60	26,55
	III	4 188	–	335,04	376,92	III	4 188	–	249,60	280,80	–	167,20	188,10	–	91,36	102,78	–	29,28	32,94	–	–	–	–	–	–
	V	12 742	–	1 019,36	1 146,78	IV	7 881	–	574,24	646,02	–	519,44	584,37	–	466,16	524,43	–	414,32	466,11	–	364,–	409,50	–	315,04	354,42
	VI	13 177	–	1 054,16	1 185,93																				
47 879,99	I,IV	7 891	–	631,28	710,19	I	7 891	–	520,24	585,27	–	415,04	466,92	–	315,76	355,23	–	222,32	250,11	–	134,80	151,65	–	54,–	60,75
	II	7 251	–	580,08	652,59	II	7 251	–	471,68	530,64	–	369,12	415,26	–	272,56	306,63	–	181,76	204,48	–	96,88	108,99	–	24,–	27,–
	III	4 196	–	335,68	377,64	III	4 196	–	250,24	281,52	–	167,68	188,64	–	91,84	103,32	–	29,60	33,30	–	–	–	–	–	–
	V	12 755	–	1 020,40	1 147,95	IV	7 891	–	575,04	646,92	–	520,24	585,27	–	466,88	525,24	–	415,04	466,92	–	364,64	410,22	–	315,76	355,23
	VI	13 190	–	1 055,20	1 187,10																				
47 915,99	I,IV	7 901	–	632,08	711,09	I	7 901	–	521,04	586,17	–	415,76	467,73	–	316,48	356,04	–	222,96	250,83	–	135,36	152,28	–	54,56	61,38
	II	7 261	–	580,88	653,49	II	7 261	–	472,40	531,45	–	369,84	416,07	–	273,20	307,35	–	182,40	205,20	–	97,52	109,71	–	24,48	27,54
	III	4 202	–	336,16	378,18	III	4 202	–	250,88	282,24	–	168,32	189,36	–	92,32	103,86	–	30,08	33,84	–	–	–	–	–	–
	V	12 767	–	1 021,36	1 149,03	IV	7 901	–	575,84	647,82	–	521,04	586,17	–	467,68	526,14	–	415,76	467,73	–	365,36	411,03	–	316,48	356,04
	VI	13 202	–	1 056,16	1 188,18																				
47 951,99	I,IV	7 912	–	632,96	712,08	I	7 912	–	521,76	586,98	–	416,56	468,63	–	317,12	356,76	–	223,60	251,55	–	136,–	153,–	–	55,04	61,92
	II	7 271	–	581,68	654,39	II	7 271	–	473,20	532,35	–	370,56	416,88	–	273,84	308,07	–	183,04	205,92	–	98,08	110,34	–	24,88	27,99
	III	4 210	–	336,80	378,90	III	4 210	–	251,36	282,78	–	168,96	190,08	–	92,80	104,40	–	30,40	34,20	–	–	–	–	–	–
	V	12 780	–	1 022,40	1 150,20	IV	7 912	–	576,64	648,72	–	521,76	586,98	–	468,40	526,95	–	416,56	468,63	–	366,08	411,84	–	317,12	356,76
	VI	13 215	–	1 057,20	1 189,35																				
47 987,99	I,IV	7 922	–	633,76	712,98	I	7 922	–	522,56	587,88	–	417,28	469,44	–	317,84	357,57	–	224,24	252,27	–	136,64	153,72	–	55,60	62,55
	II	7 280	–	582,40	655,20	II	7 280	–	473,92	533,16	–	371,28	417,69	–	274,56	308,88	–	183,68	206,64	–	98,64	110,97	–	25,28	28,44
	III	4 218	–	337,44	379,62	III	4 218	–	252,–	283,50	–	169,44	190,62	–	93,28	104,94	–	30,88	34,74	–	–	–	–	–	–
	V	12 792	–	1 023,36	1 151,28	IV	7 922	–	577,44	649,62	–	522,56	587,88	–	469,20	527,85	–	417,28	469,44	–	366,80	412,65	–	317,84	357,57
	VI	13 227	–	1 058,16	1 190,43																				
48 023,99	I,IV	7 932	–	634,56	713,88	I	7 932	–	523,36	588,78	–	418,–	470,25	–	318,48	358,29	–	224,96	253,08	–	137,20	154,35	–	56,08	63,09
	II	7 290	–	583,20	656,10	II	7 290	–	474,72	534,06	–	372,–	418,50	–	275,20	309,60	–	184,32	207,36	–	99,28	111,69	–	25,76	28,98
	III	4 226	–	338,08	380,34	III	4 226	–	252,64	284,22	–	170,08	191,34	–	93,76	105,48	–	31,20	35,10	–	–	–	–	–	–
	V	12 805	–	1 024,40	1 152,45	IV	7 932	–	578,24	650,52	–	523,36	588,78	–	469,92	528,66	–	418,–	470,25	–	367,52	413,46	–	318,48	358,29
	VI	13 240	–	1 059,20	1 191,60																				
48 059,99	I,IV	7 942	–	635,36	714,78	I	7 942	–	524,08	589,59	–	418,72	471,06	–	319,20	359,10	–	225,60	253,80	–	137,84	155,07	–	56,64	63,72
	II	7 300	–	584,–	657,–	II	7 300	–	475,44	534,87	–	372,72	419,31	–	275,92	310,41	–	184,96	208,08	–	99,84	112,32	–	26,16	29,43
	III	4 234	–	338,72	381,06	III	4 234	–	253,28	284,94	–	170,56	191,88	–	94,24	106,02	–	31,68	35,64	–	–	–	–	–	–
	V	12 818	–	1 025,44	1 153,62	IV	7 942	–	579,04	651,42	–	524,08	589,59	–	470,72	529,56	–	418,72	471,06	–	368,24	414,27	–	319,20	359,10
	VI	13 253	–	1 060,24	1 192,77																				
48 095,99	I,IV	7 952	–	636,16	715,68	I	7 952	–	524,88	590,49	–	419,44	471,87	–	319,84	359,82	–	226,24	254,52	–	138,40	155,70	–	57,12	64,26
	II	7 310	–	584,80	657,90	II	7 310	–	476,16	535,68	–	373,44	420,12	–	276,56	311,13	–	185,52	208,71	–	100,40	112,95	–	26,56	29,88
	III	4 242	–	339,36	381,78	III	4 242	–	253,76	285,48	–	171,20	192,60	–	94,72	106,56	–	32,–	36,–	–	–	–	–	–	–
	V	12 830	–	1 026,40	1 154,70	IV	7 952	–	579,76	652,23	–	524,88	590,49	–	471,44	530,37	–	419,44	471,87	–	368,88	414,99	–	319,84	359,82
	VI	13 265	–	1 061,20	1 193,85																				
48 131,99	I,IV	7 962	–	636,96	716,58	I	7 962	–	525,60	591,30	–	420,16	472,68	–	320,56	360,63	–	226,88	255,24	–	139,04	156,42	–	57,68	64,89
	II	7 320	–	585,60	658,80	II	7 320	–	476,96	536,58	–	374,16	420,93	–	277,20	311,85	–	186,16	209,43	–	100,96	113,58	–	27,04	30,42
	III	4 250	–	340,–	382,50	III	4 250	–	254,40	286,20	–	171,84	193,32	–	95,36	107,28	–	32,48	36,54	–	–	–	–	–	–
	V	12 842	–	1 027,36	1 155,78	IV	7 962	–	580,56	653,13	–	525,60	591,30	–	472,16	531,18	–	420,16	472,68	–	369,60	415,80	–	320,56	360,63
	VI	13 277	–	1 062,16	1 194,93																				
48 167,99	I,IV	7 973	–	637,84	717,57	I	7 973	–	526,40	592,20	–	420,88	473,49	–	321,28	361,44	–	227,52	255,96	–	139,60	157,05	–	58,24	65,52
	II	7 330	–	586,40	659,70	II	7 330	–	477,68	537,39	–	374,88	421,74	–	277,84	312,57	–	186,80	210,15	–	101,60	114,30	–	27,44	30,87
	III	4 258	–	340,64	383,22	III	4 258	–	255,04	286,92	–	172,32	193,86	–	95,84	107,82	–	32,80	36,90	–	–	–	–	–	–
	V	12 855	–	1 028,40	1 156,95	IV	7 973	–	581,36	654,03	–	526,40	592,20	–	472,96	532,08	–	420,88	473,49	–	370,32	416,61	–	321,28	361,44
	VI	13 290	–	1 063,20	1 196,10																				
48 203,99	I,IV	7 983	–	638,64	718,47	I	7 983	–	527,20	593,10	–	421,60	474,30	–	321,92	362,16	–	228,16	256,68	–	140,24	157,77	–	58,72	66,06
	II	7 340	–	587,20	660,60	II	7 340	–	478,40	538,20	–	375,52	422,46	–	278,56	313,38	–	187,44	210,87	–	102,16	114,93	–	27,92	31,41
	III	4 266	–	341,28	383,94	III	4 266	–	255,68	287,64	–	172,96	194,58	–	96,32	108,36	–	33,28	37,44	–	–	–	–	–	–
	V	12 867	–	1 029,36	1 158,03	IV	7 983	–	582,16	654,93	–	527,20	593,10	–	473,68	532,89	–	421,60	474,30	–	371,04	417,42	–	321,92	362,16
	VI	13 303	–	1 064,24	1 197,27																				
48 239,99	I,IV	7 993	–	639,44	719,37	I	7 993	–	528,–	594,–	–	422,40	475,20	–	322,64	362,97	–	228,80	257,40	–	140,80	158,40	–	59,28	66,69
	II	7 350	–	588,–	661,50	II	7 350	–	479,20	539,10	–	376,24	423,27	–	279,20	314,10	–	188,08	211,59	–	102,72	115,56	–	28,32	31,86
	III	4 272	–	341,76	384,48	III	4 272	–	256,16	288,18	–	173,60	195,30	–	96,80	108,90	–	33,60	37,80	–	–	–	–	–	–
	V	12 880	–	1 030,40	1 159,20	IV	7 993	–	582,96	655,83	–	528,–	594,–	–	474,40	533,70	–	422,40	475,20	–	371,76	418,23	–	322,64	362,97
	VI	13 315	–	1 065,20	1 198,35																				
48 275,99	I,IV	8 003	–	640,24	720,27	I	8 003	–	528,72	594,81	–	423,12	476,01	–	323,36	363,78	–	229,44	258,12	–	141,44	159,12	–	59,76	67,23
	II	7 360	–	588,80	662,40	II	7 360	–	479,92	539,91	–	376,96	424,08	–	279,92	314,91	–	188,72	212,31	–	103,36	116,28	–	28,80	32,40
	III	4 280	–	342,40	385,20	III	4 280	–	256,80	288,90	–	174,08	195,84	–	97,28	109,44	–	34,08	38,34	–	–	–	–	–	–
	V	12 893	–	1 031,44	1 160,37	IV	8 003	–	583,76	656,73	–	528,72	594,81	–	475,20	534,60	–	423,12	476,01	–	372,48	419,04	–	323,36	363,78
	VI	13 328	–	1 066,24	1 199,52																				
48 311,99	I,IV	8 014	–	641,12	721,26	I	8 014	–	529,52	595,71	–	423,84	476,82	–	324,–	364,50	–	230,08	258,84	–	142,08	159,84	–	60,32	67,86
	II	7 370	–	589,60	663,30	II	7 370	–	480,72	540,81	–	377,68	424,89	–	280,56	315,63	–	189,28	212,94	–	103,92	116,91	–	29,20	32,85
	III	4 288	–	343,04	385,92	III	4 288	–	257,44	289,62	–	174,72	196,56	–	97,76	109,98	–	34,40	38,70	–	–	–	–	–	–
	V	12 905	–	1 032,40	1 161,45	IV	8 014	–	584,56	657,63	–	529,52	595,71	–	475,92	535,41	–	423,84	476,82	–	373,20	419,85	–	324,–	364,50
	VI	13 340	–	1 067,20	1 200,60																				
48 347,99	I,IV	8 024	–	641,92	722,16	I	8 024	–	530,32	596,61	–	424,56	477,63	–	324,72	365,31	–	230,72	259,56	–	142,64	160,47	–	60,88	68,49
	II	7 380	–	590,40	664,20	II	7 380	–	481,44	541,62	–	378,40	425,70	–	281,28	316,44	–	189,92	213,66	–	104,56	117,63	–	29,68	33,39
	III	4 296	–	343,68	386,64	III	4 296	–	258,08	290,34	–	175,36	197,28	–	98,24	110,52	–	34,88	39,24	–	–	–	–	–	–
	V	12 918	–	1 033,44	1 162,62	IV	8 024	–	585,36	658,53	–	530,32	596,61	–	476,72	536,31	–	424,56	477,63	–	373,92	420,66	–	324,72	365,31
	VI	13 353	–	1 068,24	1 201,77																				
48 383,99	I,IV	8 034	–	642,72	723,06	I	8 034	–	531,04	597,42	–	425,28	478,44	–	325,44	366,12	–	231,44	260,37	–	143,28	161,19	–	61,44	69,12
	II	7 390	–	591,20	665,10	II	7 390	–	482,24	542,52	–	379,12	426,51	–	281,92	317,16	–	190,56	214,38	–	105,12	118,26	–	30,08	33,84
	III	4 304	–	344,32	387,36	III	4 304	–	258,56	290,88	–	175,84	197,82	–	98,88	111,24	–	35,20	39,60	–	–	–	–	–	–
	V	12 930	–	1 034,40	1 163,70	IV	8 034	–	586,16	659,43	–	531,04	597,42	–	477,44	537,12	–	425,28	478,44	–	374,64	421,47	–	325,44	366,12
	VI	13 366	–	1 069,28	1 202,94																				

* Die ausgewiesenen Tabellenwerte sind amtlich. Siehe Erläuterungen auf der Umschlaginnenseite (U2).

Abzüge an Lohnsteuer, Solidaritätszuschlag (SolZ) und Kirchensteuer (8%, 9%) in den Steuerklassen

Lohn/ Gehalt bis €*	I – VI	LSt	ohne Kinderfreibeträge SolZ	8%	9%	I, II, III, IV	LSt	mit Zahl der Kinderfreibeträge . . . 0,5 SolZ	0,5 8%	0,5 9%	1 SolZ	1 8%	1 9%	1,5 SolZ	1,5 8%	1,5 9%	2 SolZ	2 8%	2 9%	2,5 SolZ	2,5 8%	2,5 9%	3 SolZ	3 8%	3 9%
48 419,99	I,IV	8 044	–	643,52	723,96	I	8 044	–	531,84	598,32	–	426,–	479,25	–	326,08	366,84	–	232,–	261,–	–	143,84	161,82	–	61,92	69,66
	II	7 400	–	592,–	666,–	II	7 400	–	482,96	543,33	–	379,84	427,32	–	282,56	317,88	–	191,20	215,10	–	105,68	118,89	–	30,56	34,38
	III	4 312	–	344,96	388,08	III	4 312	–	259,20	291,60	–	176,48	198,54	–	99,20	111,60	–	35,68	40,14	–	–	–	–	–	–
	V	12 943	–	1 035,44	1 164,87	IV	8 044	–	586,96	660,33	–	531,84	598,32	–	478,16	537,93	–	426,–	479,25	–	375,28	422,19	–	326,08	366,84
	VI	13 378	–	1 070,24	1 204,02																				
48 455,99	I,IV	8 054	–	644,32	724,86	I	8 054	–	532,64	599,22	–	426,72	480,06	–	326,80	367,65	–	232,72	261,81	–	144,48	162,54	–	62,48	70,29
	II	7 410	–	592,80	666,90	II	7 410	–	483,76	544,23	–	380,56	428,13	–	283,28	318,69	–	191,84	215,82	–	106,24	119,52	–	30,96	34,83
	III	4 320	–	345,60	388,80	III	4 320	–	259,84	292,32	–	176,96	199,08	–	99,84	112,32	–	36,–	40,50	–	–	–	–	–	–
	V	12 955	–	1 036,40	1 165,95	IV	8 054	–	587,76	661,23	–	532,64	599,22	–	478,96	538,83	–	426,72	480,06	–	376,–	423,–	–	326,80	367,65
	VI	13 390	–	1 071,20	1 205,10																				
48 491,99	I,IV	8 064	–	645,12	725,76	I	8 064	–	533,36	600,03	–	427,52	480,96	–	327,44	368,37	–	233,36	262,53	–	145,04	163,17	–	63,04	70,92
	II	7 420	–	593,60	667,80	II	7 420	–	484,48	545,04	–	381,28	428,94	–	283,92	319,41	–	192,48	216,54	–	106,88	120,24	–	31,44	35,37
	III	4 326	–	346,08	389,34	III	4 326	–	260,32	292,86	–	177,60	199,80	–	100,32	112,86	–	36,48	41,04	–	–	–	–	–	–
	V	12 968	–	1 037,44	1 167,12	IV	8 064	–	588,56	662,13	–	533,36	600,03	–	479,68	539,64	–	427,52	480,96	–	376,72	423,81	–	327,44	368,37
	VI	13 403	–	1 072,24	1 206,27																				
48 527,99	I,IV	8 075	–	646,–	726,75	I	8 075	–	534,16	600,93	–	428,24	481,77	–	328,16	369,18	–	234,–	263,25	–	145,68	163,89	–	63,52	71,46
	II	7 430	–	594,40	668,70	II	7 430	–	485,20	545,85	–	382,–	429,75	–	284,56	320,13	–	193,12	217,26	–	107,44	120,87	–	31,92	35,91
	III	4 334	–	346,72	390,06	III	4 334	–	260,96	293,58	–	178,08	200,34	–	100,80	113,40	–	36,80	41,40	–	–	–	–	–	–
	V	12 980	–	1 038,40	1 168,20	IV	8 075	–	589,36	663,03	–	534,16	600,93	–	480,48	540,54	–	428,24	481,77	–	377,44	424,62	–	328,16	369,18
	VI	13 416	–	1 073,28	1 207,44																				
48 563,99	I,IV	8 085	–	646,80	727,65	I	8 085	–	534,96	601,83	–	428,96	482,58	–	328,88	369,99	–	234,64	263,97	–	146,32	164,61	–	64,08	72,09
	II	7 440	–	595,20	669,60	II	7 440	–	486,–	546,75	–	382,72	430,56	–	285,28	320,94	–	193,76	217,98	–	108,08	121,59	–	32,32	36,36
	III	4 342	–	347,36	390,78	III	4 342	–	261,60	294,30	–	178,72	201,06	–	101,28	113,94	–	37,28	41,94	–	–	–	–	–	–
	V	12 993	–	1 039,44	1 169,37	IV	8 085	–	590,16	663,93	–	534,96	601,83	–	481,20	541,35	–	428,96	482,58	–	378,16	425,43	–	328,88	369,99
	VI	13 428	–	1 074,24	1 208,52																				
48 599,99	I,IV	8 095	–	647,60	728,55	I	8 095	–	535,68	602,64	–	429,68	483,39	–	329,52	370,71	–	235,28	264,69	–	146,88	165,24	–	64,64	72,72
	II	7 450	–	596,–	670,50	II	7 450	–	486,72	547,56	–	383,44	431,37	–	285,92	321,66	–	194,32	218,61	–	108,64	122,22	–	32,80	36,90
	III	4 350	–	348,–	391,50	III	4 350	–	262,24	295,02	–	179,36	201,78	–	101,76	114,48	–	37,60	42,30	–	–	–	–	–	–
	V	13 006	–	1 040,48	1 170,54	IV	8 095	–	590,96	664,83	–	535,68	602,64	–	482,–	542,25	–	429,68	483,39	–	378,88	426,24	–	329,52	370,71
	VI	13 441	–	1 075,28	1 209,69																				
48 635,99	I,IV	8 105	–	648,40	729,45	I	8 105	–	536,48	603,54	–	430,40	484,20	–	330,24	371,52	–	235,92	265,41	–	147,52	165,96	–	65,20	73,35
	II	7 460	–	596,80	671,40	II	7 460	–	487,52	548,46	–	384,16	432,18	–	286,64	322,47	–	194,96	219,33	–	109,20	122,85	–	33,28	37,44
	III	4 358	–	348,64	392,22	III	4 358	–	262,88	295,74	–	179,84	202,32	–	102,24	115,02	–	38,08	42,84	–	–	–	–	–	–
	V	13 018	–	1 041,44	1 171,62	IV	8 105	–	591,76	665,73	–	536,48	603,54	–	482,72	543,06	–	430,40	484,20	–	379,60	427,05	–	330,24	371,52
	VI	13 453	–	1 076,24	1 210,77																				
48 671,99	I,IV	8 116	–	649,28	730,44	I	8 116	–	537,28	604,44	–	431,20	485,10	–	330,96	372,33	–	236,64	266,22	–	148,16	166,68	–	65,76	73,98
	II	7 470	–	597,60	672,30	II	7 470	–	488,32	549,36	–	384,88	432,99	–	287,28	323,19	–	195,60	220,05	–	109,84	123,57	–	33,68	37,89
	III	4 366	–	349,28	392,94	III	4 366	–	263,36	296,28	–	180,48	203,04	–	102,88	115,74	–	38,56	43,38	–	–	–	–	–	–
	V	13 031	–	1 042,48	1 172,79	IV	8 116	–	592,56	666,63	–	537,28	604,44	–	483,52	543,96	–	431,20	485,10	–	380,32	427,86	–	330,96	372,33
	VI	13 466	–	1 077,28	1 211,94																				
48 707,99	I,IV	8 126	–	650,08	731,34	I	8 126	–	538,–	605,25	–	431,92	485,91	–	331,60	373,05	–	237,20	266,85	–	148,72	167,31	–	66,24	74,52
	II	7 480	–	598,40	673,20	II	7 480	–	489,04	550,17	–	385,52	433,71	–	287,92	323,91	–	196,24	220,77	–	110,40	124,20	–	34,16	38,43
	III	4 374	–	349,92	393,66	III	4 374	–	264,–	297,–	–	181,12	203,76	–	103,36	116,28	–	38,88	43,74	–	–	–	–	–	–
	V	13 043	–	1 043,44	1 173,87	IV	8 126	–	593,28	667,44	–	538,–	605,25	–	484,24	544,77	–	431,92	485,91	–	381,04	428,67	–	331,60	373,05
	VI	13 478	–	1 078,24	1 213,02																				
48 743,99	I,IV	8 136	–	650,88	732,24	I	8 136	–	538,80	606,15	–	432,64	486,72	–	332,32	373,86	–	237,92	267,66	–	149,36	168,03	–	66,80	75,15
	II	7 490	–	599,20	674,10	II	7 490	–	489,76	550,98	–	386,24	434,52	–	288,64	324,72	–	196,88	221,49	–	110,96	124,83	–	34,64	38,97
	III	4 382	–	350,56	394,38	III	4 382	–	264,64	297,72	–	181,60	204,30	–	103,84	116,82	–	39,36	44,28	–	–	–	–	–	–
	V	13 056	–	1 044,48	1 175,04	IV	8 136	–	594,08	668,34	–	538,80	606,15	–	484,96	545,58	–	432,64	486,72	–	381,76	429,48	–	332,32	373,86
	VI	13 491	–	1 079,28	1 214,19																				
48 779,99	I,IV	8 146	–	651,68	733,14	I	8 146	–	539,60	607,05	–	433,36	487,53	–	333,04	374,67	–	238,56	268,38	–	149,92	168,66	–	67,36	75,78
	II	7 500	–	600,–	675,–	II	7 500	–	490,56	551,88	–	386,96	435,33	–	289,28	325,44	–	197,52	222,21	–	111,60	125,55	–	35,04	39,42
	III	4 390	–	351,20	395,10	III	4 390	–	265,28	298,44	–	182,24	205,02	–	104,32	117,36	–	39,68	44,64	–	–	–	–	–	–
	V	13 068	–	1 045,44	1 176,12	IV	8 146	–	594,88	669,24	–	539,60	607,05	–	485,76	546,48	–	433,36	487,53	–	382,48	430,29	–	333,04	374,67
	VI	13 503	–	1 080,24	1 215,27																				
48 815,99	I,IV	8 157	–	652,56	734,13	I	8 157	–	540,40	607,95	–	434,08	488,34	–	333,68	375,39	–	239,20	269,10	–	150,56	169,38	–	67,92	76,41
	II	7 510	–	600,80	675,90	II	7 510	–	491,28	552,69	–	387,68	436,14	–	290,–	326,25	–	198,16	222,93	–	112,16	126,18	–	35,52	39,96
	III	4 398	–	351,84	395,82	III	4 398	–	265,76	298,98	–	182,88	205,74	–	104,80	117,90	–	40,16	45,18	–	–	–	–	–	–
	V	13 081	–	1 046,48	1 177,29	IV	8 157	–	595,68	670,14	–	540,40	607,95	–	486,48	547,29	–	434,08	488,34	–	383,20	431,10	–	333,68	375,39
	VI	13 516	–	1 081,28	1 216,44																				
48 851,99	I,IV	8 167	–	653,36	735,03	I	8 167	–	541,12	608,76	–	434,88	489,24	–	334,40	376,20	–	239,84	269,82	–	151,20	170,10	–	68,48	77,04
	II	7 520	–	601,60	676,80	II	7 520	–	492,08	553,59	–	388,40	436,95	–	290,64	326,97	–	198,80	223,65	–	112,80	126,90	–	36,–	40,50
	III	4 404	–	352,32	396,36	III	4 404	–	266,40	299,70	–	183,36	206,28	–	105,44	118,62	–	40,48	45,54	–	–	–	–	–	–
	V	13 093	–	1 047,44	1 178,37	IV	8 167	–	596,48	671,04	–	541,12	608,76	–	487,28	548,19	–	434,88	489,24	–	383,92	431,91	–	334,40	376,20
	VI	13 529	–	1 082,32	1 217,61																				
48 887,99	I,IV	8 177	–	654,16	735,93	I	8 177	–	541,92	609,66	–	435,60	490,05	–	335,12	377,01	–	240,48	270,54	–	151,76	170,73	–	69,04	77,67
	II	7 530	–	602,40	677,70	II	7 530	–	492,80	554,40	–	389,12	437,76	–	291,36	327,78	–	199,44	224,37	–	113,36	127,53	–	36,48	41,04
	III	4 412	–	352,96	397,08	III	4 412	–	267,04	300,42	–	184,–	207,–	–	105,92	119,16	–	40,96	46,08	–	–	–	–	–	–
	V	13 106	–	1 048,48	1 179,54	IV	8 177	–	597,28	671,94	–	541,92	609,66	–	488,–	549,–	–	435,60	490,05	–	384,64	432,72	–	335,12	377,01
	VI	13 541	–	1 083,28	1 218,69																				
48 923,99	I,IV	8 187	–	654,96	736,83	I	8 187	–	542,72	610,56	–	436,32	490,86	–	335,84	377,82	–	241,20	271,35	–	152,40	171,45	–	69,60	78,30
	II	7 540	–	603,20	678,60	II	7 540	–	493,60	555,30	–	389,84	438,57	–	292,–	328,50	–	200,08	225,09	–	114,–	128,25	–	36,96	41,58
	III	4 420	–	353,60	397,80	III	4 420	–	267,68	301,14	–	184,64	207,72	–	106,40	119,70	–	41,44	46,62	–	–	–	–	–	–
	V	13 119	–	1 049,52	1 180,71	IV	8 187	–	598,16	672,93	–	542,72	610,56	–	488,80	549,90	–	436,32	490,86	–	385,36	433,53	–	335,84	377,82
	VI	13 554	–	1 084,32	1 219,86																				
48 959,99	I,IV	8 198	–	655,84	737,82	I	8 198	–	543,52	611,46	–	437,04	491,67	–	336,48	378,54	–	241,84	272,07	–	153,04	172,17	–	70,16	78,93
	II	7 550	–	604,–	679,50	II	7 550	–	494,32	556,11	–	390,56	439,38	–	292,72	329,31	–	200,72	225,81	–	114,56	128,88	–	37,44	42,12
	III	4 428	–	354,24	398,52	III	4 428	–	268,32	301,86	–	185,12	208,26	–	106,88	120,24	–	41,76	46,98	–	–	–	–	–	–
	V	13 131	–	1 050,48	1 181,79	IV	8 198	–	598,96	673,83	–	543,52	611,46	–	489,52	550,71	–	437,04	491,67	–	386,08	434,34	–	336,48	378,54
	VI	13 566	–	1 085,28	1 220,94																				

* Die ausgewiesenen Tabellenwerte sind amtlich. Siehe Erläuterungen auf der Umschlaginnenseite (U2).

Abzüge an Lohnsteuer, Solidaritätszuschlag (SolZ) und Kirchensteuer (8%, 9%) in den Steuerklassen

Lohn/ Gehalt bis €*	I – VI	LSt	ohne Kinderfreibeträge SolZ	8%	9%	I, II, III, IV	LSt	mit Zahl der Kinderfreibeträge … 0,5 SolZ	0,5 8%	0,5 9%	1 SolZ	1 8%	1 9%	1,5 SolZ	1,5 8%	1,5 9%	2 SolZ	2 8%	2 9%	2,5 SolZ	2,5 8%	2,5 9%	3 SolZ	3 8%	3 9%
48 995,99	I,IV	8 208	–	656,64	738,72	I	8 208	–	544,32	612,36	–	437,84	492,57	–	337,20	379,35	–	242,48	272,79	–	153,60	172,80	–	70,72	79,56
	II	7 560	–	604,80	680,40	II	7 560	–	495,12	557,01	–	391,28	440,19	–	293,36	330,03	–	201,36	226,53	–	115,12	129,51	–	37,84	42,57
	III	4 436	–	354,88	399,24	III	4 436	–	268,80	302,40	–	185,76	208,98	–	107,52	120,96	–	42,24	47,52	–	–	–	–	–	–
	V	13 144	–	1 051,52	1 182,96	IV	8 208	–	599,76	674,73	–	544,32	612,36	–	490,32	551,61	–	437,84	492,57	–	386,80	435,15	–	337,20	379,35
	VI	13 579	–	1 086,32	1 222,11																				
49 031,99	I,IV	8 218	–	657,44	739,62	I	8 218	–	545,04	613,17	–	438,56	493,38	–	337,84	380,07	–	243,12	273,51	–	154,24	173,52	–	71,28	80,19
	II	7 570	–	605,60	681,30	II	7 570	–	495,84	557,82	–	392,–	441,–	–	294,–	330,75	–	201,92	227,16	–	115,76	130,23	–	38,32	43,11
	III	4 444	–	355,52	399,96	III	4 444	–	269,44	303,12	–	186,24	209,52	–	108,–	121,50	–	42,56	47,88	–	–	–	–	–	–
	V	13 156	–	1 052,48	1 184,04	IV	8 218	–	600,48	675,54	–	545,04	613,17	–	491,04	552,42	–	438,56	493,38	–	387,44	435,87	–	337,84	380,07
	VI	13 591	–	1 087,28	1 223,19																				
49 067,99	I,IV	8 228	–	658,24	740,52	I	8 228	–	545,84	614,07	–	439,28	494,19	–	338,56	380,88	–	243,76	274,23	–	154,80	174,15	–	71,84	80,82
	II	7 580	–	606,40	682,20	II	7 580	–	496,64	558,72	–	392,72	441,81	–	294,72	331,56	–	202,56	227,88	–	116,32	130,86	–	38,80	43,65
	III	4 452	–	356,16	400,68	III	4 452	–	270,08	303,84	–	186,88	210,24	–	108,48	122,04	–	43,04	48,42	–	–	–	–	–	–
	V	13 169	–	1 053,52	1 185,21	IV	8 228	–	601,28	676,44	–	545,84	614,07	–	491,84	553,32	–	439,28	494,19	–	388,16	436,68	–	338,56	380,88
	VI	13 604	–	1 088,32	1 224,36																				
49 103,99	I,IV	8 239	–	659,12	741,51	I	8 239	–	546,64	614,97	–	440,–	495,–	–	339,28	381,69	–	244,40	274,95	–	155,44	174,87	–	72,40	81,45
	II	7 590	–	607,20	683,10	II	7 590	–	497,36	559,53	–	393,44	442,62	–	295,36	332,28	–	203,20	228,60	–	116,96	131,58	–	39,28	44,19
	III	4 460	–	356,80	401,40	III	4 460	–	270,56	304,38	–	187,52	210,96	–	108,96	122,58	–	43,36	48,78	–	–	–	–	–	–
	V	13 181	–	1 054,48	1 186,29	IV	8 239	–	602,08	677,34	–	546,64	614,97	–	492,56	554,13	–	440,–	495,–	–	388,88	437,49	–	339,28	381,69
	VI	13 616	–	1 089,28	1 225,44																				
49 139,99	I,IV	8 249	–	659,92	742,41	I	8 249	–	547,36	615,78	–	440,72	495,81	–	340,–	382,50	–	245,12	275,76	–	156,08	175,59	–	72,96	82,08
	II	7 600	–	608,–	684,–	II	7 600	–	498,16	560,43	–	394,16	443,43	–	296,08	333,09	–	203,84	229,32	–	117,52	132,21	–	39,76	44,73
	III	4 468	–	357,44	402,12	III	4 468	–	271,20	305,10	–	188,–	211,50	–	109,44	123,12	–	43,84	49,32	–	–	–	–	–	–
	V	13 194	–	1 055,52	1 187,46	IV	8 249	–	602,88	678,24	–	547,36	615,78	–	493,36	555,03	–	440,72	495,81	–	389,60	438,30	–	340,–	382,50
	VI	13 629	–	1 090,32	1 226,61																				
49 175,99	I,IV	8 259	–	660,72	743,31	I	8 259	–	548,16	616,68	–	441,52	496,71	–	340,64	383,22	–	245,76	276,48	–	156,72	176,31	–	73,52	82,71
	II	7 610	–	608,80	684,90	II	7 610	–	498,88	561,24	–	394,88	444,24	–	296,72	333,81	–	204,48	230,04	–	118,08	132,84	–	40,24	45,27
	III	4 474	–	357,92	402,66	III	4 474	–	271,84	305,82	–	188,64	212,22	–	110,08	123,84	–	44,32	49,86	–	–	–	–	–	–
	V	13 206	–	1 056,48	1 188,54	IV	8 259	–	603,76	679,23	–	548,16	616,68	–	494,08	555,84	–	441,52	496,71	–	390,32	439,11	–	340,64	383,22
	VI	13 642	–	1 091,36	1 227,78																				
49 211,99	I,IV	8 270	–	661,60	744,30	I	8 270	–	548,96	617,58	–	442,24	497,52	–	341,36	384,03	–	246,40	277,20	–	157,28	176,94	–	74,08	83,34
	II	7 620	–	609,60	685,80	II	7 620	–	499,68	562,14	–	395,60	445,05	–	297,44	334,62	–	205,12	230,76	–	118,72	133,56	–	40,72	45,81
	III	4 482	–	358,56	403,38	III	4 482	–	272,48	306,54	–	189,12	212,76	–	110,56	124,38	–	44,64	50,22	–	–	–	–	–	–
	V	13 219	–	1 057,52	1 189,71	IV	8 270	–	604,56	680,13	–	548,96	617,58	–	494,88	556,74	–	442,24	497,52	–	391,04	439,92	–	341,36	384,03
	VI	13 654	–	1 092,32	1 228,86																				
49 247,99	I,IV	8 280	–	662,40	745,20	I	8 280	–	549,76	618,48	–	442,96	498,33	–	342,08	384,84	–	247,04	277,92	–	157,92	177,66	–	74,64	83,97
	II	7 630	–	610,40	686,70	II	7 630	–	500,48	563,04	–	396,32	445,86	–	298,16	335,43	–	205,76	231,48	–	119,28	134,19	–	41,20	46,35
	III	4 490	–	359,20	404,10	III	4 490	–	273,12	307,26	–	189,76	213,48	–	111,04	124,92	–	45,12	50,76	–	–	–	–	–	–
	V	13 232	–	1 058,56	1 190,88	IV	8 280	–	605,36	681,03	–	549,76	618,48	–	495,60	557,55	–	442,96	498,33	–	391,76	440,73	–	342,08	384,84
	VI	13 667	–	1 093,36	1 230,03																				
49 283,99	I,IV	8 290	–	663,20	746,10	I	8 290	–	550,56	619,38	–	443,68	499,14	–	342,80	385,65	–	247,68	278,64	–	158,56	178,38	–	75,20	84,60
	II	7 640	–	611,20	687,60	II	7 640	–	501,20	563,85	–	397,04	446,67	–	298,80	336,15	–	206,40	232,20	–	119,92	134,91	–	41,68	46,89
	III	4 498	–	359,84	404,82	III	4 498	–	273,60	307,80	–	190,40	214,20	–	111,52	125,46	–	45,60	51,30	–	–	–	–	–	–
	V	13 244	–	1 059,52	1 191,96	IV	8 290	–	606,16	681,93	–	550,56	619,38	–	496,40	558,45	–	443,68	499,14	–	392,48	441,54	–	342,80	385,65
	VI	13 679	–	1 094,32	1 231,11																				
49 319,99	I,IV	8 301	–	664,08	747,09	I	8 301	–	551,28	620,19	–	444,48	500,04	–	343,44	386,37	–	248,40	279,45	–	159,12	179,01	–	75,84	85,32
	II	7 650	–	612,–	688,50	II	7 650	–	502,–	564,75	–	397,76	447,48	–	299,52	336,96	–	207,04	232,92	–	120,48	135,54	–	42,16	47,43
	III	4 506	–	360,48	405,54	III	4 506	–	274,24	308,52	–	190,88	214,74	–	112,16	126,18	–	45,92	51,66	–	–	–	–	–	–
	V	13 257	–	1 060,56	1 193,13	IV	8 301	–	606,96	682,83	–	551,28	620,19	–	497,12	559,26	–	444,48	500,04	–	393,20	442,35	–	343,44	386,37
	VI	13 692	–	1 095,36	1 232,28																				
49 355,99	I,IV	8 311	–	664,88	747,99	I	8 311	–	552,08	621,09	–	445,20	500,85	–	344,16	387,18	–	249,04	280,17	–	159,76	179,73	–	76,40	85,95
	II	7 660	–	612,80	689,40	II	7 660	–	502,72	565,56	–	398,48	448,29	–	300,16	337,68	–	207,68	233,64	–	121,12	136,26	–	42,64	47,97
	III	4 514	–	361,12	406,26	III	4 514	–	274,88	309,24	–	191,52	215,46	–	112,64	126,72	–	46,40	52,20	–	–	–	–	–	–
	V	13 269	–	1 061,52	1 194,21	IV	8 311	–	607,76	683,73	–	552,08	621,09	–	497,92	560,16	–	445,20	500,85	–	393,92	443,16	–	344,16	387,18
	VI	13 704	–	1 096,32	1 233,36																				
49 391,99	I,IV	8 321	–	665,68	748,89	I	8 321	–	552,88	621,99	–	445,92	501,66	–	344,88	387,99	–	249,68	280,89	–	160,40	180,45	–	76,96	86,58
	II	7 670	–	613,60	690,30	II	7 670	–	503,52	566,46	–	399,20	449,10	–	300,80	338,40	–	208,32	234,36	–	121,68	136,89	–	43,12	48,51
	III	4 522	–	361,76	406,98	III	4 522	–	275,52	309,96	–	192,16	216,18	–	113,12	127,26	–	46,88	52,74	–	–	–	–	–	–
	V	13 282	–	1 062,56	1 195,38	IV	8 321	–	608,56	684,63	–	552,88	621,99	–	498,64	560,97	–	445,92	501,66	–	394,64	443,97	–	344,88	387,99
	VI	13 717	–	1 097,36	1 234,53																				
49 427,99	I,IV	8 331	–	666,48	749,79	I	8 331	–	553,68	622,89	–	446,64	502,47	–	345,60	388,80	–	250,32	281,61	–	160,96	181,08	–	77,52	87,21
	II	7 680	–	614,40	691,20	II	7 680	–	504,24	567,27	–	399,92	449,91	–	301,52	339,21	–	208,96	235,08	–	122,32	137,61	–	43,60	49,05
	III	4 530	–	362,40	407,70	III	4 530	–	276,–	310,50	–	192,64	216,72	–	113,60	127,80	–	47,20	53,10	–	–	–	–	–	–
	V	13 294	–	1 063,52	1 196,46	IV	8 331	–	609,36	685,53	–	553,68	622,89	–	499,44	561,87	–	446,64	502,47	–	395,36	444,78	–	345,60	388,80
	VI	13 729	–	1 098,32	1 235,61																				
49 463,99	I,IV	8 342	–	667,36	750,78	I	8 342	–	554,40	623,70	–	447,44	503,37	–	346,24	389,52	–	250,96	282,33	–	161,60	181,80	–	78,08	87,84
	II	7 691	–	615,28	692,19	II	7 691	–	505,04	568,17	–	400,64	450,72	–	302,16	339,93	–	209,60	235,80	–	122,88	138,24	–	44,08	49,59
	III	4 538	–	363,04	408,42	III	4 538	–	276,64	311,22	–	193,28	217,44	–	114,24	128,52	–	47,68	53,64	–	–	–	–	–	–
	V	13 307	–	1 064,56	1 197,63	IV	8 342	–	610,16	686,43	–	554,40	623,70	–	500,16	562,68	–	447,44	503,37	–	396,08	445,59	–	346,24	389,52
	VI	13 742	–	1 099,36	1 236,78																				
49 499,99	I,IV	8 352	–	668,16	751,68	I	8 352	–	555,20	624,60	–	448,16	504,18	–	346,96	390,33	–	251,68	283,14	–	162,24	182,52	–	78,64	88,47
	II	7 701	–	616,08	693,09	II	7 701	–	505,76	568,98	–	401,36	451,53	–	302,88	340,74	–	210,24	236,52	–	123,52	138,96	–	44,56	50,13
	III	4 546	–	363,68	409,14	III	4 546	–	277,28	311,94	–	193,92	218,16	–	114,72	129,06	–	48,16	54,18	–	–	–	–	–	–
	V	13 319	–	1 065,52	1 198,71	IV	8 352	–	610,96	687,33	–	555,20	624,60	–	500,96	563,58	–	448,16	504,18	–	396,80	446,40	–	346,96	390,33
	VI	13 755	–	1 100,40	1 237,95																				
49 535,99	I,IV	8 362	–	668,96	752,58	I	8 362	–	556,–	625,50	–	448,88	504,99	–	347,68	391,14	–	252,32	283,86	–	162,88	183,24	–	79,28	89,19
	II	7 711	–	616,88	693,99	II	7 711	–	506,56	569,88	–	402,08	452,34	–	303,60	341,55	–	210,88	237,24	–	124,08	139,59	–	45,04	50,67
	III	4 554	–	364,32	409,86	III	4 554	–	277,92	312,66	–	194,40	218,70	–	115,20	129,60	–	48,48	54,54	–	–	–	–	–	–
	V	13 332	–	1 066,56	1 199,88	IV	8 362	–	611,76	688,23	–	556,–	625,50	–	501,68	564,39	–	448,88	504,99	–	397,52	447,21	–	347,68	391,14
	VI	13 767	–	1 101,36	1 239,03																				

* **Die ausgewiesenen Tabellenwerte sind amtlich. Siehe Erläuterungen auf der Umschlaginnenseite (U2).**

Lohn/ Gehalt bis €*	Abzüge an Lohnsteuer, Solidaritätszuschlag (SolZ) und Kirchensteuer (8%, 9%) in den Steuerklassen I – VI					I, II, III, IV																			
			ohne Kinderfreibeträge					mit Zahl der Kinderfreibeträge . . . 0,5			1			1,5			2			2,5			3		
		LSt	SolZ	8%	9%		LSt	SolZ	8%	9%	SolZ	8%	9%	SolZ	8%	9%	SolZ	8%	9%	SolZ	8%	9%	SolZ	8%	9%
49 571,99	I,IV	8 373	–	669,84	753,57	I	8 373	–	556,80	626,40	–	449,68	505,89	–	348,40	391,95	–	252,96	284,58	–	163,44	183,87	–	79,84	89,82
	II	7 721	–	617,68	694,89	II	7 721	–	507,28	570,69	–	402,88	453,24	–	304,24	342,27	–	211,52	237,96	–	124,72	140,31	–	45,52	51,21
	III	4 562	–	364,96	410,58	III	4 562	–	278,56	313,38	–	195,04	219,42	–	115,84	130,32	–	48,96	55,08	–	–	–	–	–	–
	V	13 345	–	1 067,60	1 201,05	IV	8 373	–	612,56	689,13	–	556,80	626,40	–	502,48	565,29	–	449,68	505,89	–	398,24	448,02	–	348,40	391,95
	VI	13 780	–	1 102,40	1 240,20																				
49 607,99	I,IV	8 383	–	670,64	754,47	I	8 383	–	557,60	627,30	–	450,40	506,70	–	349,04	392,67	–	253,60	285,30	–	164,08	184,59	–	80,40	90,45
	II	7 731	–	618,48	695,79	II	7 731	–	508,08	571,59	–	403,60	454,05	–	304,96	343,08	–	212,16	238,68	–	125,28	140,94	–	46,08	51,84
	III	4 570	–	365,60	411,30	III	4 570	–	279,04	313,92	–	195,68	220,14	–	116,32	130,86	–	49,44	55,62	–	–	–	–	–	–
	V	13 357	–	1 068,56	1 202,13	IV	8 383	–	613,36	690,03	–	557,60	627,30	–	503,28	566,19	–	450,40	506,70	–	398,96	448,83	–	349,04	392,67
	VI	13 792	–	1 103,36	1 241,28																				
49 643,99	I,IV	8 393	–	671,44	755,37	I	8 393	–	558,32	628,11	–	451,12	507,51	–	349,76	393,48	–	254,24	286,02	–	164,64	185,22	–	80,96	91,08
	II	7 741	–	619,28	696,69	II	7 741	–	508,80	572,40	–	404,24	454,77	–	305,60	343,80	–	212,80	239,40	–	125,84	141,57	–	46,56	52,38
	III	4 576	–	366,08	411,84	III	4 576	–	279,68	314,64	–	196,16	220,68	–	116,80	131,40	–	49,76	55,98	–	–	–	–	–	–
	V	13 369	–	1 069,52	1 203,21	IV	8 393	–	614,16	690,93	–	558,32	628,11	–	504,–	567,–	–	451,12	507,51	–	399,68	449,64	–	349,76	393,48
	VI	13 805	–	1 104,40	1 242,45																				
49 679,99	I,IV	8 404	–	672,32	756,36	I	8 404	–	559,12	629,01	–	451,84	508,32	–	350,48	394,29	–	254,96	286,83	–	165,28	185,94	–	81,52	91,71
	II	7 751	–	620,08	697,59	II	7 751	–	509,60	573,30	–	404,96	455,58	–	306,24	344,52	–	213,44	240,12	–	126,48	142,29	–	47,04	52,92
	III	4 584	–	366,72	412,56	III	4 584	–	280,32	315,36	–	196,80	221,40	–	117,28	131,94	–	50,24	56,52	–	–	–	–	–	–
	V	13 382	–	1 070,56	1 204,38	IV	8 404	–	614,96	691,83	–	559,12	629,01	–	504,72	567,81	–	451,84	508,32	–	400,40	450,45	–	350,48	394,29
	VI	13 817	–	1 105,36	1 243,53																				
49 715,99	I,IV	8 414	–	673,12	757,26	I	8 414	–	559,92	629,91	–	452,64	509,22	–	351,20	395,10	–	255,60	287,55	–	165,92	186,66	–	82,08	92,34
	II	7 761	–	620,88	698,49	II	7 761	–	510,40	574,20	–	405,76	456,48	–	306,96	345,33	–	214,08	240,84	–	127,04	142,92	–	47,52	53,46
	III	4 592	–	367,36	413,28	III	4 592	–	280,96	316,08	–	197,44	222,12	–	117,92	132,66	–	50,56	56,88	–	–	–	–	–	–
	V	13 395	–	1 071,60	1 205,55	IV	8 414	–	615,76	692,73	–	559,92	629,91	–	505,52	568,71	–	452,64	509,22	–	401,12	451,26	–	351,20	395,10
	VI	13 830	–	1 106,40	1 244,70																				
49 751,99	I,IV	8 424	–	673,92	758,16	I	8 424	–	560,72	630,81	–	453,36	510,03	–	351,84	395,82	–	256,24	288,27	–	166,56	187,38	–	82,72	93,06
	II	7 771	–	621,68	699,39	II	7 771	–	511,12	575,01	–	406,48	457,29	–	307,68	346,14	–	214,72	241,56	–	127,68	143,64	–	48,–	54,–
	III	4 600	–	368,–	414,–	III	4 600	–	281,44	316,62	–	197,92	222,66	–	118,40	133,20	–	51,04	57,42	–	–	–	–	–	–
	V	13 407	–	1 072,56	1 206,63	IV	8 424	–	616,56	693,63	–	560,72	630,81	–	506,32	569,61	–	453,36	510,03	–	401,84	452,07	–	351,84	395,82
	VI	13 842	–	1 107,36	1 245,78																				
49 787,99	I,IV	8 435	–	674,80	759,15	I	8 435	–	561,52	631,71	–	454,08	510,84	–	352,56	396,63	–	256,96	289,08	–	167,20	188,10	–	83,28	93,69
	II	7 781	–	622,48	700,29	II	7 781	–	511,92	575,91	–	407,20	458,10	–	308,32	346,86	–	215,36	242,28	–	128,24	144,27	–	48,56	54,63
	III	4 608	–	368,64	414,72	III	4 608	–	282,08	317,34	–	198,56	223,38	–	118,88	133,74	–	51,52	57,96	–	–	–	–	–	–
	V	13 420	–	1 073,60	1 207,80	IV	8 435	–	617,44	694,62	–	561,52	631,71	–	507,04	570,42	–	454,08	510,84	–	402,64	452,97	–	352,56	396,63
	VI	13 855	–	1 108,40	1 246,95																				
49 823,99	I,IV	8 445	–	675,60	760,05	I	8 445	–	562,32	632,61	–	454,88	511,74	–	353,28	397,44	–	257,60	289,80	–	167,76	188,73	–	83,84	94,32
	II	7 792	–	623,36	701,28	II	7 792	–	512,64	576,72	–	407,92	458,91	–	309,04	347,67	–	216,–	243,–	–	128,88	144,99	–	49,04	55,17
	III	4 616	–	369,28	415,44	III	4 616	–	282,72	318,06	–	199,20	224,10	–	119,52	134,46	–	52,–	58,50	–	–	–	–	–	–
	V	13 432	–	1 074,56	1 208,88	IV	8 445	–	618,24	695,52	–	562,32	632,61	–	507,84	571,32	–	454,88	511,74	–	403,36	453,78	–	353,28	397,44
	VI	13 868	–	1 109,44	1 248,12																				
49 859,99	I,IV	8 455	–	676,40	760,95	I	8 455	–	563,04	633,42	–	455,60	512,55	–	354,–	398,25	–	258,24	290,52	–	168,40	189,45	–	84,40	94,95
	II	7 802	–	624,16	702,18	II	7 802	–	513,44	577,62	–	408,64	459,72	–	309,68	348,39	–	216,64	243,72	–	129,44	145,62	–	49,52	55,71
	III	4 624	–	369,92	416,16	III	4 624	–	283,36	318,78	–	199,68	224,64	–	120,–	135,–	–	52,32	58,86	–	–	–	–	–	–
	V	13 445	–	1 075,60	1 210,05	IV	8 455	–	619,04	696,42	–	563,04	633,42	–	508,56	572,13	–	455,60	512,55	–	404,08	454,59	–	354,–	398,25
	VI	13 880	–	1 110,40	1 249,20																				
49 895,99	I,IV	8 466	–	677,28	761,94	I	8 466	–	563,84	634,32	–	456,32	513,36	–	354,72	399,06	–	258,88	291,24	–	169,04	190,17	–	85,04	95,67
	II	7 812	–	624,96	703,08	II	7 812	–	514,24	578,52	–	409,36	460,53	–	310,40	349,20	–	217,28	244,44	–	130,08	146,34	–	50,08	56,34
	III	4 632	–	370,56	416,88	III	4 632	–	284,–	319,50	–	200,32	225,36	–	120,48	135,54	–	52,80	59,40	–	–	–	–	–	–
	V	13 458	–	1 076,64	1 211,22	IV	8 466	–	619,84	697,32	–	563,84	634,32	–	509,36	573,03	–	456,32	513,36	–	404,80	455,40	–	354,72	399,06
	VI	13 893	–	1 111,44	1 250,37																				
49 931,99	I,IV	8 476	–	678,08	762,84	I	8 476	–	564,64	635,22	–	457,12	514,26	–	355,36	399,78	–	259,60	292,05	–	169,68	190,89	–	85,60	96,30
	II	7 822	–	625,76	703,98	II	7 822	–	514,96	579,33	–	410,08	461,34	–	311,04	349,92	–	217,92	245,16	–	130,64	146,97	–	50,56	56,88
	III	4 640	–	371,20	417,60	III	4 640	–	284,48	320,04	–	200,96	226,08	–	121,12	136,26	–	53,28	59,94	–	–	–	–	–	–
	V	13 470	–	1 077,60	1 212,30	IV	8 476	–	620,64	698,22	–	564,64	635,22	–	510,16	573,93	–	457,12	514,26	–	405,52	456,21	–	355,36	399,78
	VI	13 905	–	1 112,40	1 251,45																				
49 967,99	I,IV	8 486	–	678,88	763,74	I	8 486	–	565,44	636,12	–	457,84	515,07	–	356,08	400,59	–	260,24	292,77	–	170,24	191,52	–	86,16	96,93
	II	7 832	–	626,56	704,88	II	7 832	–	515,76	580,23	–	410,80	462,15	–	311,76	350,73	–	218,56	245,88	–	131,28	147,69	–	51,04	57,42
	III	4 648	–	371,84	418,32	III	4 648	–	285,12	320,76	–	201,44	226,62	–	121,60	136,80	–	53,60	60,30	–	–	–	–	–	–
	V	13 482	–	1 078,56	1 213,38	IV	8 486	–	621,44	699,12	–	565,44	636,12	–	510,88	574,74	–	457,84	515,07	–	406,24	457,02	–	356,08	400,59
	VI	13 917	–	1 113,36	1 252,53																				
50 003,99	I,IV	8 497	–	679,76	764,73	I	8 497	–	566,24	637,02	–	458,56	515,88	–	356,80	401,40	–	260,88	293,49	–	170,88	192,24	–	86,72	97,56
	II	7 842	–	627,36	705,78	II	7 842	–	516,48	581,04	–	411,52	462,96	–	312,40	351,45	–	219,20	246,60	–	131,84	148,32	–	51,52	57,96
	III	4 656	–	372,48	419,04	III	4 656	–	285,76	321,48	–	202,08	227,34	–	122,08	137,34	–	54,08	60,84	–	–	–	–	–	–
	V	13 495	–	1 079,60	1 214,55	IV	8 497	–	622,24	700,02	–	566,24	637,02	–	511,68	575,64	–	458,56	515,88	–	406,96	457,83	–	356,80	401,40
	VI	13 930	–	1 114,40	1 253,70																				
50 039,99	I,IV	8 507	–	680,56	765,63	I	8 507	–	567,04	637,92	–	459,28	516,69	–	357,52	402,21	–	261,52	294,21	–	171,52	192,96	–	87,28	98,19
	II	7 852	–	628,16	706,68	II	7 852	–	517,28	581,94	–	412,24	463,77	–	313,12	352,26	–	219,84	247,32	–	132,48	149,04	–	52,08	58,59
	III	4 662	–	372,96	419,58	III	4 662	–	286,40	322,20	–	202,72	228,06	–	122,72	138,06	–	54,56	61,38	–	0,48	0,54	–	–	–
	V	13 508	–	1 080,64	1 215,72	IV	8 507	–	623,04	700,92	–	567,04	637,92	–	512,40	576,45	–	459,28	516,69	–	407,68	458,64	–	357,52	402,21
	VI	13 943	–	1 115,44	1 254,87																				
50 075,99	I,IV	8 518	–	681,44	766,62	I	8 518	–	567,76	638,73	–	460,08	517,59	–	358,24	403,02	–	262,24	295,02	–	172,08	193,59	–	87,92	98,91
	II	7 862	–	628,96	707,58	II	7 862	–	518,08	582,84	–	412,96	464,58	–	313,84	353,07	–	220,48	248,04	–	133,04	149,67	–	52,56	59,13
	III	4 670	–	373,60	420,30	III	4 670	–	287,04	322,92	–	203,20	228,60	–	123,20	138,60	–	55,04	61,92	–	0,80	0,90	–	–	–
	V	13 520	–	1 081,60	1 216,80	IV	8 518	–	623,84	701,82	–	567,76	638,73	–	513,20	577,35	–	460,08	517,59	–	408,40	459,45	–	358,24	403,02
	VI	13 955	–	1 116,40	1 255,95																				
50 111,99	I,IV	8 528	–	682,24	767,52	I	8 528	–	568,56	639,63	–	460,80	518,40	–	358,88	403,74	–	262,88	295,74	–	172,72	194,31	–	88,48	99,54
	II	7 873	–	629,84	708,57	II	7 873	–	518,80	583,65	–	413,76	465,48	–	314,48	353,79	–	221,12	248,76	–	133,68	150,39	–	53,12	59,76
	III	4 678	–	374,24	421,02	III	4 678	–	287,52	323,46	–	203,84	229,32	–	123,68	139,14	–	55,36	62,28	–	1,12	1,26	–	–	–
	V	13 533	–	1 082,64	1 217,97	IV	8 528	–	624,72	702,81	–	568,56	639,63	–	514,–	578,25	–	460,80	518,40	–	409,12	460,26	–	358,88	403,74
	VI	13 968	–	1 117,44	1 257,12																				

*** Die ausgewiesenen Tabellenwerte sind amtlich. Siehe Erläuterungen auf der Umschlaginnenseite (U2).**

Abzüge an Lohnsteuer, Solidaritätszuschlag (SolZ) und Kirchensteuer (8%, 9%) in den Steuerklassen

Lohn/ Gehalt bis €*	I – VI	ohne Kinderfreibeträge				I, II, III, IV	mit Zahl der Kinderfreibeträge . . . 0,5			1			1,5			2			2,5			3		
		LSt	SolZ	8%	9%		LSt	SolZ	8%	9%	SolZ	8%	9%	SolZ	8%	9%	SolZ	8%	9%	SolZ	8%	9%	SolZ	8%	9%
50 147,99	I,IV	8 538	–	683,04	768,42	I	8 538	–	569,36	640,53	–	461,52	519,21	–	359,60	404,55	–	263,52	296,46	–	173,36	195,03	–	89,04	100,17
	II	7 883	–	630,64	709,47	II	7 883	–	519,60	584,55	–	414,48	466,29	–	315,20	354,60	–	221,76	249,48	–	134,32	151,11	–	53,60	60,30
	III	4 686	–	374,88	421,74	III	4 686	–	288,16	324,18	–	204,48	230,04	–	124,32	139,86	–	55,84	62,82	–	1,44	1,62	–	–	–
	V	13 545	–	1 083,60	1 219,05	IV	8 538	–	625,52	703,71	–	569,36	640,53	–	514,72	579,06	–	461,52	519,21	–	409,84	461,07	–	359,60	404,55
	VI	13 980	–	1 118,40	1 258,20																				
50 183,99	I,IV	8 549	–	683,92	769,41	I	8 549	–	570,16	641,43	–	462,32	520,11	–	360,32	405,36	–	264,24	297,27	–	174,–	195,75	–	89,60	100,80
	II	7 893	–	631,44	710,37	II	7 893	–	520,40	585,45	–	415,20	467,10	–	315,84	355,32	–	222,48	250,29	–	134,88	151,74	–	54,16	60,93
	III	4 694	–	375,52	422,46	III	4 694	–	288,80	324,90	–	204,96	230,58	–	124,80	140,40	–	56,32	63,36	–	1,76	1,98	–	–	–
	V	13 558	–	1 084,64	1 220,22	IV	8 549	–	626,32	704,61	–	570,16	641,43	–	515,52	579,96	–	462,32	520,11	–	410,56	461,88	–	360,32	405,36
	VI	13 993	–	1 119,44	1 259,37																				
50 219,99	I,IV	8 559	–	684,72	770,31	I	8 559	–	570,96	642,33	–	463,04	520,92	–	361,04	406,17	–	264,88	297,99	–	174,64	196,47	–	90,24	101,52
	II	7 903	–	632,24	711,27	II	7 903	–	521,12	586,26	–	415,92	467,91	–	316,56	356,13	–	223,12	251,01	–	135,52	152,46	–	54,64	61,47
	III	4 702	–	376,16	423,18	III	4 702	–	289,44	325,62	–	205,60	231,30	–	125,28	140,94	–	56,80	63,90	–	2,08	2,34	–	–	–
	V	13 571	–	1 085,68	1 221,39	IV	8 559	–	627,12	705,51	–	570,96	642,33	–	516,24	580,77	–	463,04	520,92	–	411,28	462,69	–	361,04	406,17
	VI	14 006	–	1 120,48	1 260,54																				
50 255,99	I,IV	8 570	–	685,60	771,30	I	8 570	–	571,76	643,23	–	463,84	521,82	–	361,76	406,98	–	265,52	298,71	–	175,20	197,10	–	90,80	102,15
	II	7 913	–	633,04	712,17	II	7 913	–	521,92	587,16	–	416,64	468,72	–	317,28	356,94	–	223,76	251,73	–	136,08	153,09	–	55,12	62,01
	III	4 710	–	376,80	423,90	III	4 710	–	290,08	326,34	–	206,24	232,02	–	125,92	141,66	–	57,12	64,26	–	2,40	2,70	–	–	–
	V	13 583	–	1 086,64	1 222,47	IV	8 570	–	627,92	706,41	–	571,76	643,23	–	517,04	581,67	–	463,84	521,82	–	412,08	463,59	–	361,76	406,98
	VI	14 018	–	1 121,44	1 261,62																				
50 291,99	I,IV	8 580	–	686,40	772,20	I	8 580	–	572,56	644,13	–	464,56	522,63	–	362,40	407,70	–	266,16	299,43	–	175,84	197,82	–	91,36	102,78
	II	7 923	–	633,84	713,07	II	7 923	–	522,64	587,97	–	417,36	469,53	–	317,92	357,66	–	224,40	252,45	–	136,72	153,81	–	55,68	62,64
	III	4 718	–	377,44	424,62	III	4 718	–	290,56	326,88	–	206,72	232,56	–	126,40	142,20	–	57,60	64,80	–	2,72	3,06	–	–	–
	V	13 595	–	1 087,60	1 223,55	IV	8 580	–	628,72	707,31	–	572,56	644,13	–	517,76	582,48	–	464,56	522,63	–	412,72	464,31	–	362,40	407,70
	VI	14 030	–	1 122,40	1 262,70																				
50 327,99	I,IV	8 590	–	687,20	773,10	I	8 590	–	573,28	644,94	–	465,28	523,44	–	363,12	408,51	–	266,88	300,24	–	176,48	198,54	–	91,92	103,41
	II	7 933	–	634,64	713,97	II	7 933	–	523,44	588,87	–	418,08	470,34	–	318,64	358,47	–	225,04	253,17	–	137,28	154,44	–	56,16	63,18
	III	4 726	–	378,08	425,34	III	4 726	–	291,20	327,60	–	207,36	233,28	–	126,88	142,74	–	58,08	65,34	–	3,04	3,42	–	–	–
	V	13 608	–	1 088,64	1 224,72	IV	8 590	–	629,52	708,21	–	573,28	644,94	–	518,56	583,38	–	465,28	523,44	–	413,44	465,12	–	363,12	408,51
	VI	14 043	–	1 123,44	1 263,87																				
50 363,99	I,IV	8 601	–	688,08	774,09	I	8 601	–	574,08	645,84	–	466,08	524,34	–	363,84	409,32	–	267,52	300,96	–	177,12	199,26	–	92,56	104,13
	II	7 944	–	635,52	714,96	II	7 944	–	524,24	589,77	–	418,80	471,15	–	319,28	359,19	–	225,68	253,89	–	137,92	155,16	–	56,72	63,81
	III	4 734	–	378,72	426,06	III	4 734	–	291,84	328,32	–	207,84	233,82	–	127,52	143,46	–	58,40	65,70	–	3,52	3,96	–	–	–
	V	13 621	–	1 089,68	1 225,89	IV	8 601	–	630,32	709,11	–	574,08	645,84	–	519,36	584,28	–	466,08	524,34	–	414,24	466,02	–	363,84	409,32
	VI	14 056	–	1 124,48	1 265,04																				
50 399,99	I,IV	8 611	–	688,88	774,99	I	8 611	–	574,88	646,74	–	466,80	525,15	–	364,56	410,13	–	268,24	301,77	–	177,76	199,98	–	93,12	104,76
	II	7 954	–	636,32	715,86	II	7 954	–	524,96	590,58	–	419,52	471,96	–	320,–	360,–	–	226,32	254,61	–	138,48	155,79	–	57,20	64,35
	III	4 742	–	379,36	426,78	III	4 742	–	292,48	329,04	–	208,48	234,54	–	128,–	144,–	–	58,88	66,24	–	3,84	4,32	–	–	–
	V	13 633	–	1 090,64	1 226,97	IV	8 611	–	631,20	710,10	–	574,88	646,74	–	520,08	585,09	–	466,80	525,15	–	414,96	466,83	–	364,56	410,13
	VI	14 068	–	1 125,44	1 266,12																				
50 435,99	I,IV	8 622	–	689,76	775,98	I	8 622	–	575,68	647,64	–	467,52	525,96	–	365,28	410,94	–	268,88	302,49	–	178,32	200,61	–	93,68	105,39
	II	7 964	–	637,12	716,76	II	7 964	–	525,76	591,48	–	420,32	472,86	–	320,72	360,81	–	226,96	255,33	–	139,12	156,51	–	57,76	64,98
	III	4 750	–	380,–	427,50	III	4 750	–	293,12	329,76	–	209,12	235,26	–	128,64	144,72	–	59,36	66,78	–	4,16	4,68	–	–	–
	V	13 646	–	1 091,68	1 228,14	IV	8 622	–	632,–	711,–	–	575,68	647,64	–	520,88	585,99	–	467,52	525,96	–	415,68	467,64	–	365,28	410,94
	VI	14 081	–	1 126,48	1 267,29																				
50 471,99	I,IV	8 632	–	690,56	776,88	I	8 632	–	576,48	648,54	–	468,32	526,86	–	366,–	411,75	–	269,52	303,21	–	178,96	201,33	–	94,32	106,11
	II	7 974	–	637,92	717,66	II	7 974	–	526,56	592,38	–	421,04	473,67	–	321,36	361,53	–	227,60	256,05	–	139,68	157,14	–	58,32	65,61
	III	4 758	–	380,64	428,22	III	4 758	–	293,60	330,30	–	209,76	235,98	–	129,12	145,26	–	59,84	67,32	–	4,48	5,04	–	–	–
	V	13 658	–	1 092,64	1 229,22	IV	8 632	–	632,80	711,90	–	576,48	648,54	–	521,68	586,89	–	468,32	526,86	–	416,40	468,45	–	366,–	411,75
	VI	14 093	–	1 127,44	1 268,37																				
50 507,99	I,IV	8 643	–	691,44	777,87	I	8 643	–	577,28	649,44	–	469,04	527,67	–	366,72	412,56	–	270,24	304,02	–	179,60	202,05	–	94,88	106,74
	II	7 985	–	638,80	718,65	II	7 985	–	527,28	593,19	–	421,76	474,48	–	322,08	362,34	–	228,24	256,77	–	140,32	157,86	–	58,80	66,15
	III	4 764	–	381,12	428,76	III	4 764	–	294,24	331,02	–	210,24	236,52	–	129,60	145,80	–	60,32	67,86	–	4,80	5,40	–	–	–
	V	13 671	–	1 093,68	1 230,39	IV	8 643	–	633,60	712,80	–	577,28	649,44	–	522,40	587,70	–	469,04	527,67	–	417,12	469,26	–	366,72	412,56
	VI	14 106	–	1 128,48	1 269,54																				
50 543,99	I,IV	8 653	–	692,24	778,77	I	8 653	–	578,08	650,34	–	469,84	528,57	–	367,44	413,37	–	270,88	304,74	–	180,24	202,77	–	95,44	107,37
	II	7 995	–	639,60	719,55	II	7 995	–	528,08	594,09	–	422,48	475,29	–	322,72	363,06	–	228,88	257,49	–	140,96	158,58	–	59,36	66,78
	III	4 772	–	381,76	429,48	III	4 772	–	294,88	331,74	–	210,88	237,24	–	130,24	146,52	–	60,64	68,22	–	5,12	5,76	–	–	–
	V	13 684	–	1 094,72	1 231,56	IV	8 653	–	634,40	713,70	–	578,08	650,34	–	523,20	588,60	–	469,84	528,57	–	417,84	470,07	–	367,44	413,37
	VI	14 119	–	1 129,52	1 270,71																				
50 579,99	I,IV	8 663	–	693,04	779,67	I	8 663	–	578,88	651,24	–	470,56	529,38	–	368,08	414,09	–	271,52	305,46	–	180,80	203,40	–	96,–	108,–
	II	8 005	–	640,40	720,45	II	8 005	–	528,88	594,99	–	423,20	476,10	–	323,44	363,87	–	229,52	258,21	–	141,52	159,21	–	59,84	67,32
	III	4 780	–	382,40	430,20	III	4 780	–	295,52	332,46	–	211,52	237,96	–	130,72	147,06	–	61,12	68,76	–	5,60	6,30	–	–	–
	V	13 696	–	1 095,68	1 232,64	IV	8 663	–	635,20	714,60	–	578,88	651,24	–	523,92	589,41	–	470,56	529,38	–	418,56	470,88	–	368,08	414,09
	VI	14 131	–	1 130,48	1 271,79																				
50 615,99	I,IV	8 674	–	693,92	780,66	I	8 674	–	579,68	652,14	–	471,28	530,19	–	368,80	414,90	–	272,16	306,18	–	181,44	204,12	–	96,64	108,72
	II	8 015	–	641,20	721,35	II	8 015	–	529,60	595,80	–	423,92	476,91	–	324,16	364,68	–	230,16	258,93	–	142,16	159,93	–	60,40	67,95
	III	4 788	–	383,04	430,92	III	4 788	–	296,16	333,18	–	212,–	238,50	–	131,36	147,78	–	61,60	69,30	–	5,92	6,66	–	–	–
	V	13 708	–	1 096,64	1 233,72	IV	8 674	–	636,–	715,50	–	579,68	652,14	–	524,72	590,31	–	471,28	530,19	–	419,28	471,69	–	368,80	414,90
	VI	14 143	–	1 131,44	1 272,87																				
50 651,99	I,IV	8 684	–	694,72	781,56	I	8 684	–	580,48	653,04	–	472,08	531,09	–	369,52	415,71	–	272,88	306,99	–	182,08	204,84	–	97,20	109,35
	II	8 025	–	642,–	722,25	II	8 025	–	530,40	596,70	–	424,64	477,72	–	324,80	365,40	–	230,80	259,65	–	142,72	160,56	–	60,96	68,58
	III	4 796	–	383,68	431,64	III	4 796	–	296,64	333,72	–	212,64	239,22	–	131,84	148,32	–	62,08	69,84	–	6,24	7,02	–	–	–
	V	13 721	–	1 097,68	1 234,89	IV	8 684	–	636,88	716,49	–	580,48	653,04	–	525,52	591,21	–	472,08	531,09	–	420,08	472,59	–	369,52	415,71
	VI	14 156	–	1 132,48	1 274,04																				
50 687,99	I,IV	8 695	–	695,60	782,55	I	8 695	–	581,28	653,94	–	472,80	531,90	–	370,24	416,52	–	273,52	307,71	–	182,72	205,56	–	97,76	109,98
	II	8 035	–	642,80	723,15	II	8 035	–	531,20	597,60	–	425,44	478,62	–	325,52	366,21	–	231,52	260,46	–	143,36	161,28	–	61,44	69,12
	III	4 804	–	384,32	432,36	III	4 804	–	297,28	334,44	–	213,28	239,94	–	132,48	149,04	–	62,56	70,38	–	6,56	7,38	–	–	–
	V	13 734	–	1 098,72	1 236,06	IV	8 695	–	637,68	717,39	–	581,28	653,94	–	526,32	592,11	–	472,80	531,90	–	420,80	473,40	–	370,24	416,52
	VI	14 169	–	1 133,52	1 275,21																				

*** Die ausgewiesenen Tabellenwerte sind amtlich. Siehe Erläuterungen auf der Umschlaginnenseite (U2).**

JAHR 50 688,–*

Abzüge an Lohnsteuer, Solidaritätszuschlag (SolZ) und Kirchensteuer (8%, 9%) in den Steuerklassen

Lohn/ Gehalt bis €*	I – VI		ohne Kinderfreibeträge			I, II, III, IV		mit Zahl der Kinderfreibeträge . . . 0,5			1			1,5			2			2,5			3		
		LSt	SolZ	8%	9%		LSt	SolZ	8%	9%	SolZ	8%	9%	SolZ	8%	9%	SolZ	8%	9%	SolZ	8%	9%	SolZ	8%	9%
50 723,99	I,IV	8 705	–	696,40	783,45	I	8 705	–	582,08	654,84	–	473,52	532,71	–	370,96	417,33	–	274,24	308,52	–	183,36	206,28	–	98,40	110,70
	II	8 046	–	643,68	724,14	II	8 046	–	531,92	598,41	–	426,16	479,43	–	326,24	367,02	–	232,16	261,18	–	143,92	161,91	–	62,–	69,75
	III	4 812	–	384,96	433,08	III	4 812	–	297,92	335,16	–	213,76	240,48	–	132,96	149,58	–	62,88	70,74	–	6,88	7,74	–	–	–
	V	13 746	–	1 099,68	1 237,14	IV	8 705	–	638,48	718,29	–	582,08	654,84	–	527,04	592,92	–	473,52	532,71	–	421,52	474,21	–	370,96	417,33
	VI	14 181	–	1 134,48	1 276,29																				
50 759,99	I,IV	8 716	–	697,28	784,44	I	8 716	–	582,80	655,65	–	474,32	533,61	–	371,68	418,14	–	274,88	309,24	–	184,–	207,–	–	98,96	111,33
	II	8 056	–	644,48	725,04	II	8 056	–	532,72	599,31	–	426,88	480,24	–	326,88	367,74	–	232,80	261,90	–	144,56	162,63	–	62,56	70,38
	III	4 820	–	385,60	433,80	III	4 820	–	298,56	335,88	–	214,40	241,20	–	133,44	150,12	–	63,36	71,28	–	7,20	8,10	–	–	–
	V	13 759	–	1 100,72	1 238,31	IV	8 716	–	639,28	719,19	–	582,80	655,65	–	527,84	593,82	–	474,32	533,61	–	422,24	475,02	–	371,68	418,14
	VI	14 194	–	1 135,52	1 277,46																				
50 795,99	I,IV	8 726	–	698,08	785,34	I	8 726	–	583,60	656,55	–	475,04	534,42	–	372,40	418,95	–	275,52	309,96	–	184,64	207,72	–	99,52	111,96
	II	8 066	–	645,28	725,94	II	8 066	–	533,52	600,21	–	427,60	481,05	–	327,60	368,55	–	233,44	262,62	–	145,20	163,35	–	63,12	71,01
	III	4 828	–	386,24	434,52	III	4 828	–	299,20	336,60	–	215,04	241,92	–	134,08	150,84	–	63,84	71,82	–	7,68	8,64	–	–	–
	V	13 771	–	1 101,68	1 239,39	IV	8 726	–	640,16	720,18	–	583,60	656,55	–	528,64	594,72	–	475,04	534,42	–	422,96	475,83	–	372,40	418,95
	VI	14 206	–	1 136,48	1 278,54																				
50 831,99	I,IV	8 737	–	698,96	786,33	I	8 737	–	584,40	657,45	–	475,84	535,32	–	373,04	419,67	–	276,24	310,77	–	185,20	208,35	–	100,16	112,68
	II	8 076	–	646,08	726,84	II	8 076	–	534,32	601,11	–	428,32	481,86	–	328,32	369,36	–	234,08	263,34	–	145,76	163,98	–	63,60	71,55
	III	4 836	–	386,88	435,24	III	4 836	–	299,84	337,32	–	215,52	242,46	–	134,56	151,38	–	64,32	72,36	–	8,–	9,–	–	–	–
	V	13 784	–	1 102,72	1 240,56	IV	8 737	–	640,96	721,08	–	584,40	657,45	–	529,36	595,53	–	475,84	535,32	–	423,68	476,64	–	373,04	419,67
	VI	14 219	–	1 137,52	1 279,71																				
50 867,99	I,IV	8 747	–	699,76	787,23	I	8 747	–	585,20	658,35	–	476,56	536,13	–	373,76	420,48	–	276,88	311,49	–	185,84	209,07	–	100,72	113,31
	II	8 087	–	646,96	727,83	II	8 087	–	535,04	601,92	–	429,12	482,76	–	328,96	370,08	–	234,72	264,06	–	146,40	164,70	–	64,16	72,18
	III	4 844	–	387,52	435,96	III	4 844	–	300,32	337,86	–	216,16	243,18	–	135,20	152,10	–	64,80	72,90	–	8,32	9,36	–	–	–
	V	13 797	–	1 103,76	1 241,73	IV	8 747	–	641,76	721,98	–	585,20	658,35	–	530,16	596,43	–	476,56	536,13	–	424,48	477,54	–	373,76	420,48
	VI	14 232	–	1 138,56	1 280,88																				
50 903,99	I,IV	8 757	–	700,56	788,13	I	8 757	–	586,–	659,25	–	477,28	536,94	–	374,48	421,29	–	277,52	312,21	–	186,48	209,79	–	101,28	113,94
	II	8 097	–	647,76	728,73	II	8 097	–	535,84	602,82	–	429,76	483,48	–	329,68	370,89	–	235,36	264,78	–	146,96	165,33	–	64,72	72,81
	III	4 852	–	388,16	436,68	III	4 852	–	300,96	338,58	–	216,80	243,90	–	135,68	152,64	–	65,12	73,26	–	8,64	9,72	–	–	–
	V	13 809	–	1 104,72	1 242,81	IV	8 757	–	642,56	722,88	–	586,–	659,25	–	530,88	597,24	–	477,28	536,94	–	425,12	478,26	–	374,48	421,29
	VI	14 244	–	1 139,52	1 281,96																				
50 939,99	I,IV	8 768	–	701,44	789,12	I	8 768	–	586,80	660,15	–	478,08	537,84	–	375,20	422,10	–	278,24	313,02	–	187,12	210,51	–	101,84	114,57
	II	8 107	–	648,56	729,63	II	8 107	–	536,64	603,72	–	430,56	484,38	–	330,32	371,61	–	236,–	265,50	–	147,60	166,05	–	65,28	73,44
	III	4 860	–	388,80	437,40	III	4 860	–	301,60	339,30	–	217,28	244,44	–	136,32	153,36	–	65,60	73,80	–	8,96	10,08	–	–	–
	V	13 821	–	1 105,68	1 243,89	IV	8 768	–	643,36	723,78	–	586,80	660,15	–	531,68	598,14	–	478,08	537,84	–	425,92	479,16	–	375,20	422,10
	VI	14 256	–	1 140,48	1 283,04																				
50 975,99	I,IV	8 778	–	702,24	790,02	I	8 778	–	587,60	661,05	–	478,80	538,65	–	375,92	422,91	–	278,88	313,74	–	187,76	211,23	–	102,48	115,29
	II	8 117	–	649,36	730,53	II	8 117	–	537,36	604,53	–	431,28	485,19	–	331,04	372,42	–	236,72	266,31	–	148,24	166,77	–	65,84	74,07
	III	4 868	–	389,44	438,12	III	4 868	–	302,24	340,02	–	217,92	245,16	–	136,80	153,90	–	66,08	74,34	–	9,44	10,62	–	–	–
	V	13 834	–	1 106,72	1 245,06	IV	8 778	–	644,16	724,68	–	587,60	661,05	–	532,48	599,04	–	478,80	538,65	–	426,64	479,97	–	375,92	422,91
	VI	14 269	–	1 141,52	1 284,21																				
51 011,99	I,IV	8 789	–	703,12	791,01	I	8 789	–	588,40	661,95	–	479,60	539,55	–	376,64	423,72	–	279,52	314,46	–	188,40	211,95	–	103,04	115,92
	II	8 127	–	650,16	731,43	II	8 127	–	538,16	605,43	–	432,–	486,–	–	331,76	373,23	–	237,36	267,03	–	148,80	167,40	–	66,32	74,61
	III	4 876	–	390,08	438,84	III	4 876	–	302,88	340,74	–	218,56	245,88	–	137,28	154,44	–	66,56	74,88	–	9,76	10,98	–	–	–
	V	13 847	–	1 107,76	1 246,23	IV	8 789	–	645,04	725,67	–	588,40	661,95	–	533,28	599,94	–	479,60	539,55	–	427,36	480,78	–	376,64	423,72
	VI	14 282	–	1 142,56	1 285,38																				
51 047,99	I,IV	8 799	–	703,92	791,91	I	8 799	–	589,20	662,85	–	480,32	540,36	–	377,36	424,53	–	280,24	315,27	–	188,96	212,58	–	103,68	116,64
	II	8 138	–	651,04	732,42	II	8 138	–	538,96	606,33	–	432,72	486,81	–	332,40	373,95	–	238,–	267,75	–	149,44	168,12	–	66,88	75,24
	III	4 884	–	390,72	439,56	III	4 884	–	303,36	341,28	–	219,04	246,42	–	137,92	155,16	–	67,04	75,42	–	10,08	11,34	–	–	–
	V	13 859	–	1 108,72	1 247,31	IV	8 799	–	645,84	726,57	–	589,20	662,85	–	534,–	600,75	–	480,32	540,36	–	428,08	481,59	–	377,36	424,53
	VI	14 294	–	1 143,52	1 286,46																				
51 083,99	I,IV	8 810	–	704,80	792,90	I	8 810	–	590,–	663,75	–	481,12	541,26	–	378,08	425,34	–	280,88	315,99	–	189,60	213,30	–	104,24	117,27
	II	8 148	–	651,84	733,32	II	8 148	–	539,76	607,23	–	433,52	487,71	–	333,12	374,76	–	238,64	268,47	–	150,08	168,84	–	67,44	75,87
	III	4 892	–	391,36	440,28	III	4 892	–	304,–	342,–	–	219,68	247,14	–	138,40	155,70	–	67,52	75,96	–	10,40	11,70	–	–	–
	V	13 872	–	1 109,76	1 248,48	IV	8 810	–	646,64	727,47	–	590,–	663,75	–	534,80	601,65	–	481,12	541,26	–	428,88	482,49	–	378,08	425,34
	VI	14 307	–	1 144,56	1 287,63																				
51 119,99	I,IV	8 820	–	705,60	793,80	I	8 820	–	590,80	664,65	–	481,84	542,07	–	378,80	426,15	–	281,60	316,80	–	190,24	214,02	–	104,80	117,90
	II	8 158	–	652,64	734,22	II	8 158	–	540,48	608,04	–	434,24	488,52	–	333,84	375,57	–	239,28	269,19	–	150,64	169,47	–	68,–	76,50
	III	4 900	–	392,–	441,–	III	4 900	–	304,64	342,72	–	220,32	247,86	–	139,04	156,42	–	67,84	76,32	–	10,72	12,06	–	–	–
	V	13 884	–	1 110,72	1 249,56	IV	8 820	–	647,44	728,37	–	590,80	664,65	–	535,60	602,55	–	481,84	542,07	–	429,60	483,30	–	378,80	426,15
	VI	14 319	–	1 145,52	1 288,71																				
51 155,99	I,IV	8 831	–	706,48	794,79	I	8 831	–	591,60	665,55	–	482,64	542,97	–	379,52	426,96	–	282,24	317,52	–	190,88	214,74	–	105,44	118,62
	II	8 169	–	653,52	735,21	II	8 169	–	541,28	608,94	–	434,96	489,33	–	334,56	376,38	–	240,–	270,–	–	151,28	170,19	–	68,56	77,13
	III	4 908	–	392,64	441,72	III	4 908	–	305,28	343,44	–	220,96	248,58	–	139,52	156,96	–	68,32	76,86	–	11,20	12,60	–	–	–
	V	13 897	–	1 111,76	1 250,73	IV	8 831	–	648,32	729,36	–	591,60	665,55	–	536,40	603,45	–	482,64	542,97	–	430,32	484,11	–	379,52	426,96
	VI	14 332	–	1 146,56	1 289,88																				
51 191,99	I,IV	8 841	–	707,28	795,69	I	8 841	–	592,40	666,45	–	483,36	543,78	–	380,24	427,77	–	282,96	318,33	–	191,52	215,46	–	106,–	119,25
	II	8 179	–	654,32	736,11	II	8 179	–	542,08	609,84	–	435,68	490,14	–	335,20	377,10	–	240,64	270,72	–	151,92	170,91	–	69,12	77,76
	III	4 914	–	393,12	442,26	III	4 914	–	305,92	344,16	–	221,44	249,12	–	140,16	157,68	–	68,80	77,40	–	11,52	12,96	–	–	–
	V	13 910	–	1 112,80	1 251,90	IV	8 841	–	649,12	730,26	–	592,40	666,45	–	537,12	604,26	–	483,36	543,78	–	431,04	484,92	–	380,24	427,77
	VI	14 345	–	1 147,60	1 291,05																				
51 227,99	I,IV	8 852	–	708,16	796,68	I	8 852	–	593,20	667,35	–	484,08	544,59	–	380,88	428,49	–	283,60	319,05	–	192,16	216,18	–	106,56	119,88
	II	8 189	–	655,12	737,01	II	8 189	–	542,80	610,65	–	436,40	490,95	–	335,92	377,91	–	241,28	271,44	–	152,48	171,54	–	69,68	78,39
	III	4 922	–	393,76	442,98	III	4 922	–	306,56	344,88	–	222,08	249,84	–	140,64	158,22	–	69,28	77,94	–	11,84	13,32	–	–	–
	V	13 922	–	1 113,76	1 252,98	IV	8 852	–	649,92	731,16	–	593,20	667,35	–	537,92	605,16	–	484,08	544,59	–	431,76	485,73	–	380,88	428,49
	VI	14 357	–	1 148,56	1 292,13																				
51 263,99	I,IV	8 862	–	708,96	797,58	I	8 862	–	594,–	668,25	–	484,88	545,49	–	381,60	429,30	–	284,24	319,77	–	192,80	216,90	–	107,20	120,60
	II	8 199	–	655,92	737,91	II	8 199	–	543,60	611,55	–	437,20	491,85	–	336,56	378,63	–	241,92	272,16	–	153,12	172,26	–	70,24	79,02
	III	4 930	–	394,40	443,70	III	4 930	–	307,04	345,42	–	222,72	250,56	–	141,28	158,94	–	69,76	78,48	–	12,16	13,68	–	–	–
	V	13 934	–	1 114,72	1 254,06	IV	8 862	–	650,72	732,06	–	594,–	668,25	–	538,72	606,06	–	484,88	545,49	–	432,48	486,54	–	381,60	429,30
	VI	14 369	–	1 149,52	1 293,21																				

* Die ausgewiesenen Tabellenwerte sind amtlich. Siehe Erläuterungen auf der Umschlaginnenseite (U2).

Lohn/ Gehalt bis €*	Stkl.	LSt	SolZ	8%	9%	Stkl.	LSt	0,5 SolZ	0,5 8%	0,5 9%	1 SolZ	1 8%	1 9%	1,5 SolZ	1,5 8%	1,5 9%	2 SolZ	2 8%	2 9%	2,5 SolZ	2,5 8%	2,5 9%	3 SolZ	3 8%	3 9%
			I – VI ohne Kinderfreibeträge			**I, II, III, IV** mit Zahl der Kinderfreibeträge . . .																			
51 299,99	I,IV	8 873	–	709,84	798,57	I	8 873	–	594,80	669,15	–	485,60	546,30	–	382,32	430,11	–	284,96	320,58	–	193,44	217,62	–	107,76	121,23
	II	8 209	–	656,72	738,81	II	8 209	–	544,40	612,45	–	437,92	492,66	–	337,28	379,44	–	242,56	272,88	–	153,68	172,89	–	70,80	79,65
	III	4 938	–	395,04	444,42	III	4 938	–	307,68	346,14	–	223,20	251,10	–	141,76	159,48	–	70,24	79,02	–	12,64	14,22	–	–	–
	V	13 947	–	1 115,76	1 255,23	IV	8 873	–	651,60	733,05	–	594,80	669,15	–	539,44	606,87	–	485,60	546,30	–	433,28	487,44	–	382,32	430,11
	VI	14 382	–	1 150,56	1 294,38																				
51 335,99	I,IV	8 883	–	710,64	799,47	I	8 883	–	595,60	670,05	–	486,40	547,20	–	383,04	430,92	–	285,60	321,30	–	194,–	218,25	–	108,32	121,86
	II	8 220	–	657,60	739,80	II	8 220	–	545,20	613,35	–	438,64	493,47	–	338,–	380,25	–	243,20	273,60	–	154,32	173,61	–	71,36	80,28
	III	4 946	–	395,68	445,14	III	4 946	–	308,32	346,86	–	223,84	251,82	–	142,40	160,20	–	70,72	79,56	–	12,96	14,58	–	–	–
	V	13 959	–	1 116,72	1 256,31	IV	8 883	–	652,40	733,95	–	595,60	670,05	–	540,24	607,77	–	486,40	547,20	–	434,–	488,25	–	383,04	430,92
	VI	14 395	–	1 151,60	1 295,55																				
51 371,99	I,IV	8 894	–	711,52	800,46	I	8 894	–	596,40	670,95	–	487,12	548,01	–	383,76	431,73	–	286,32	322,11	–	194,64	218,97	–	108,96	122,58
	II	8 230	–	658,40	740,70	II	8 230	–	545,92	614,16	–	439,36	494,28	–	338,72	381,06	–	243,84	274,32	–	154,96	174,33	–	71,92	80,91
	III	4 954	–	396,32	445,86	III	4 954	–	308,96	347,58	–	224,48	252,54	–	143,04	160,92	–	71,20	80,10	–	13,28	14,94	–	–	–
	V	13 972	–	1 117,76	1 257,48	IV	8 894	–	653,20	734,85	–	596,40	670,95	–	541,04	608,67	–	487,12	548,01	–	434,72	489,06	–	383,76	431,73
	VI	14 407	–	1 152,56	1 296,63																				
51 407,99	I,IV	8 904	–	712,32	801,36	I	8 904	–	597,20	671,85	–	487,92	548,91	–	384,48	432,54	–	286,96	322,83	–	195,28	219,69	–	109,52	123,21
	II	8 240	–	659,20	741,60	II	8 240	–	546,72	615,06	–	440,16	495,18	–	339,36	381,78	–	244,56	275,13	–	155,52	174,96	–	72,48	81,54
	III	4 962	–	396,96	446,58	III	4 962	–	309,60	348,30	–	224,96	253,08	–	143,52	161,46	–	71,68	80,64	–	13,76	15,48	–	–	–
	V	13 985	–	1 118,80	1 258,65	IV	8 904	–	654,–	735,75	–	597,20	671,85	–	541,84	609,57	–	487,92	548,91	–	435,44	489,87	–	384,48	432,54
	VI	14 420	–	1 153,60	1 297,80																				
51 443,99	I,IV	8 915	–	713,20	802,35	I	8 915	–	598,–	672,75	–	488,64	549,72	–	385,20	433,35	–	287,60	323,55	–	195,92	220,41	–	110,16	123,93
	II	8 251	–	660,08	742,59	II	8 251	–	547,52	615,96	–	440,88	495,99	–	340,08	382,59	–	245,20	275,85	–	156,16	175,68	–	73,04	82,17
	III	4 970	–	397,60	447,30	III	4 970	–	310,24	349,02	–	225,60	253,80	–	144,16	162,18	–	72,–	81,–	–	14,08	15,84	–	–	–
	V	13 997	–	1 119,76	1 259,73	IV	8 915	–	654,88	736,74	–	598,–	672,75	–	542,56	610,38	–	488,64	549,72	–	436,24	490,77	–	385,20	433,35
	VI	14 432	–	1 154,56	1 298,88																				
51 479,99	I,IV	8 925	–	714,–	803,25	I	8 925	–	598,80	673,65	–	489,44	550,62	–	385,92	434,16	–	288,32	324,36	–	196,56	221,13	–	110,72	124,56
	II	8 261	–	660,88	743,49	II	8 261	–	548,32	616,86	–	441,60	496,80	–	340,80	383,40	–	245,84	276,57	–	156,80	176,40	–	73,60	82,80
	III	4 978	–	398,24	448,02	III	4 978	–	310,72	349,56	–	226,24	254,52	–	144,64	162,72	–	72,48	81,54	–	14,40	16,20	–	–	–
	V	14 010	–	1 120,80	1 260,90	IV	8 925	–	655,68	737,64	–	598,80	673,65	–	543,36	611,28	–	489,44	550,62	–	436,96	491,58	–	385,92	434,16
	VI	14 445	–	1 155,60	1 300,05																				
51 515,99	I,IV	8 936	–	714,88	804,24	I	8 936	–	599,60	674,55	–	490,16	551,43	–	386,64	434,97	–	288,96	325,08	–	197,20	221,85	–	111,28	125,19
	II	8 271	–	661,68	744,39	II	8 271	–	549,04	617,67	–	442,32	497,61	–	341,44	384,12	–	246,48	277,29	–	157,36	177,03	–	74,16	83,43
	III	4 986	–	398,88	448,74	III	4 986	–	311,36	350,28	–	226,72	255,06	–	145,12	163,26	–	72,96	82,08	–	14,72	16,56	–	–	–
	V	14 022	–	1 121,76	1 261,98	IV	8 936	–	656,48	738,54	–	599,60	674,55	–	544,16	612,18	–	490,16	551,43	–	437,68	492,39	–	386,64	434,97
	VI	14 457	–	1 156,56	1 301,13																				
51 551,99	I,IV	8 946	–	715,68	805,14	I	8 946	–	600,40	675,45	–	490,88	552,24	–	387,36	435,78	–	289,68	325,89	–	197,84	222,57	–	111,92	125,91
	II	8 281	–	662,48	745,29	II	8 281	–	549,84	618,57	–	443,04	498,42	–	342,16	384,93	–	247,12	278,01	–	158,–	177,75	–	74,72	84,06
	III	4 994	–	399,52	449,46	III	4 994	–	312,–	351,–	–	227,36	255,78	–	145,76	163,98	–	73,44	82,62	–	15,20	17,10	–	–	–
	V	14 035	–	1 122,80	1 263,15	IV	8 946	–	657,28	739,44	–	600,40	675,45	–	544,88	612,99	–	490,88	552,24	–	438,40	493,20	–	387,36	435,78
	VI	14 470	–	1 157,60	1 302,30																				
51 587,99	I,IV	8 957	–	716,56	806,13	I	8 957	–	601,20	676,35	–	491,68	553,14	–	388,08	436,59	–	290,32	326,61	–	198,48	223,29	–	112,48	126,54
	II	8 292	–	663,36	746,28	II	8 292	–	550,64	619,47	–	443,84	499,32	–	342,88	385,74	–	247,84	278,82	–	158,64	178,47	–	75,28	84,69
	III	5 002	–	400,16	450,18	III	5 002	–	312,64	351,72	–	228,–	256,50	–	146,24	164,52	–	73,92	83,16	–	15,52	17,46	–	–	–
	V	14 047	–	1 123,76	1 264,23	IV	8 957	–	658,16	740,43	–	601,20	676,35	–	545,68	613,89	–	491,68	553,14	–	439,12	494,01	–	388,08	436,59
	VI	14 482	–	1 158,56	1 303,38																				
51 623,99	I,IV	8 967	–	717,36	807,03	I	8 967	–	602,–	677,25	–	492,48	554,04	–	388,80	437,40	–	291,04	327,42	–	199,12	224,01	–	113,04	127,17
	II	8 302	–	664,16	747,18	II	8 302	–	551,44	620,37	–	444,56	500,13	–	343,60	386,55	–	248,48	279,54	–	159,20	179,10	–	75,92	85,41
	III	5 010	–	400,80	450,90	III	5 010	–	313,28	352,44	–	228,64	257,22	–	146,88	165,24	–	74,40	83,70	–	15,84	17,82	–	–	–
	V	14 060	–	1 124,80	1 265,40	IV	8 967	–	658,96	741,33	–	602,–	677,25	–	546,48	614,79	–	492,48	554,04	–	439,84	494,82	–	388,80	437,40
	VI	14 495	–	1 159,60	1 304,55																				
51 659,99	I,IV	8 978	–	718,24	808,02	I	8 978	–	602,80	678,15	–	493,20	554,85	–	389,52	438,21	–	291,68	328,14	–	199,76	224,73	–	113,68	127,89
	II	8 312	–	664,96	748,08	II	8 312	–	552,24	621,27	–	445,28	500,94	–	344,24	387,27	–	249,12	280,26	–	159,84	179,82	–	76,48	86,04
	III	5 018	–	401,44	451,62	III	5 018	–	313,76	352,98	–	229,12	257,76	–	147,52	165,96	–	74,88	84,24	–	16,16	18,18	–	–	–
	V	14 072	–	1 125,76	1 266,48	IV	8 978	–	659,76	742,23	–	602,80	678,15	–	547,28	615,69	–	493,20	554,85	–	440,64	495,72	–	389,52	438,21
	VI	14 508	–	1 160,64	1 305,72																				
51 695,99	I,IV	8 989	–	719,12	809,01	I	8 989	–	603,60	679,05	–	494,–	555,75	–	390,24	439,02	–	292,40	328,95	–	200,40	225,45	–	114,24	128,52
	II	8 323	–	665,84	749,07	II	8 323	–	552,96	622,08	–	446,08	501,84	–	344,96	388,08	–	249,76	280,98	–	160,48	180,54	–	77,04	86,67
	III	5 026	–	402,08	452,34	III	5 026	–	314,40	353,70	–	229,76	258,48	–	148,–	166,50	–	75,36	84,78	–	16,64	18,72	–	–	–
	V	14 085	–	1 126,80	1 267,65	IV	8 989	–	660,64	743,22	–	603,60	679,05	–	548,08	616,59	–	494,–	555,75	–	441,36	496,53	–	390,24	439,02
	VI	14 520	–	1 161,60	1 306,80																				
51 731,99	I,IV	8 999	–	719,92	809,91	I	8 999	–	604,40	679,95	–	494,72	556,56	–	390,96	439,83	–	293,04	329,67	–	201,04	226,17	–	114,88	129,24
	II	8 333	–	666,64	749,97	II	8 333	–	553,76	622,98	–	446,80	502,65	–	345,68	388,89	–	250,48	281,79	–	161,12	181,26	–	77,60	87,30
	III	5 034	–	402,72	453,06	III	5 034	–	315,04	354,42	–	230,40	259,20	–	148,64	167,22	–	75,84	85,32	–	16,96	19,08	–	–	–
	V	14 098	–	1 127,84	1 268,82	IV	8 999	–	661,44	744,12	–	604,40	679,95	–	548,80	617,40	–	494,72	556,56	–	442,08	497,34	–	390,96	439,83
	VI	14 533	–	1 162,64	1 307,97																				
51 767,99	I,IV	9 010	–	720,80	810,90	I	9 010	–	605,20	680,85	–	495,52	557,46	–	391,68	440,64	–	293,68	330,39	–	201,68	226,89	–	115,44	129,87
	II	8 343	–	667,44	750,87	II	8 343	–	554,56	623,88	–	447,52	503,46	–	346,40	389,70	–	251,12	282,51	–	161,68	181,89	–	78,16	87,93
	III	5 042	–	403,36	453,78	III	5 042	–	315,68	355,14	–	230,88	259,74	–	149,12	167,76	–	76,32	85,86	–	17,28	19,44	–	–	–
	V	14 110	–	1 128,80	1 269,90	IV	9 010	–	662,24	745,02	–	605,20	680,85	–	549,60	618,30	–	495,52	557,46	–	442,88	498,24	–	391,68	440,64
	VI	14 545	–	1 163,60	1 309,05																				
51 803,99	I,IV	9 020	–	721,60	811,80	I	9 020	–	606,–	681,75	–	496,24	558,27	–	392,40	441,45	–	294,40	331,20	–	202,32	227,61	–	116,08	130,59
	II	8 354	–	668,32	751,86	II	8 354	–	555,36	624,78	–	448,24	504,27	–	347,12	390,51	–	251,76	283,23	–	162,32	182,61	–	78,80	88,65
	III	5 050	–	404,–	454,50	III	5 050	–	316,32	355,86	–	231,52	260,46	–	149,76	168,48	–	76,80	86,40	–	17,76	19,98	–	–	–
	V	14 123	–	1 129,84	1 271,07	IV	9 020	–	663,12	746,01	–	606,–	681,75	–	550,40	619,20	–	496,24	558,27	–	443,60	499,05	–	392,40	441,45
	VI	14 558	–	1 164,64	1 310,22																				
51 839,99	I,IV	9 031	–	722,48	812,79	I	9 031	–	606,80	682,65	–	496,96	559,08	–	393,12	442,26	–	295,04	331,92	–	202,88	228,24	–	116,64	131,22
	II	8 364	–	669,12	752,76	II	8 364	–	556,08	625,59	–	448,96	505,08	–	347,76	391,23	–	252,40	283,95	–	162,96	183,33	–	79,36	89,28
	III	5 058	–	404,64	455,22	III	5 058	–	316,96	356,58	–	232,16	261,18	–	150,24	169,02	–	77,12	86,76	–	18,08	20,34	–	–	–
	V	14 135	–	1 130,80	1 272,15	IV	9 031	–	663,92	746,91	–	606,80	682,65	–	551,12	620,01	–	496,96	559,08	–	444,32	499,86	–	393,12	442,26
	VI	14 570	–	1 165,60	1 311,30																				

Table title: Abzüge an Lohnsteuer, Solidaritätszuschlag (SolZ) und Kirchensteuer (8%, 9%) in den Steuerklassen

*** Die ausgewiesenen Tabellenwerte sind amtlich. Siehe Erläuterungen auf der Umschlaginnenseite (U2).**

JAHR 51 840,–*

Abzüge an Lohnsteuer, Solidaritätszuschlag (SolZ) und Kirchensteuer (8%, 9%) in den Steuerklassen

Lohn/ Gehalt bis €*	I – VI	LSt	ohne Kinderfreibeträge SolZ	8%	9%	I, II, III, IV	LSt	mit Zahl der Kinderfreibeträge . . . 0,5 SolZ	8%	9%	1 SolZ	8%	9%	1,5 SolZ	8%	9%	2 SolZ	8%	9%	2,5 SolZ	8%	9%	3 SolZ	8%	9%
51 875,99	I,IV	9 041	–	723,28	813,69	I	9 041	–	607,60	683,55	–	497,76	559,98	–	393,84	443,07	–	295,76	332,73	–	203,52	228,96	–	117,20	131,85
	II	8 374	–	669,92	753,66	II	8 374	–	556,88	626,49	–	449,76	505,98	–	348,48	392,04	–	253,04	284,67	–	163,52	183,96	–	79,92	89,91
	III	5 066	–	405,28	455,94	III	5 066	–	317,60	357,30	–	232,80	261,90	–	150,88	169,74	–	77,60	87,30	–	18,40	20,70	–	–	–
	V	14 148	–	1 131,84	1 273,32	IV	9 041	–	664,72	747,81	–	607,60	683,55	–	551,92	620,91	–	497,76	559,98	–	445,04	500,67	–	393,84	443,07
	VI	14 583	–	1 166,64	1 312,47																				
51 911,99	I,IV	9 052	–	724,16	814,68	I	9 052	–	608,40	684,45	–	498,56	560,88	–	394,56	443,88	–	296,40	333,45	–	204,16	229,68	–	117,84	132,57
	II	8 385	–	670,80	754,65	II	8 385	–	557,68	627,39	–	450,48	506,79	–	349,20	392,85	–	253,76	285,48	–	164,16	184,68	–	80,48	90,54
	III	5 074	–	405,92	456,66	III	5 074	–	318,08	357,84	–	233,28	262,44	–	151,52	170,46	–	78,08	87,84	–	18,88	21,24	–	–	–
	V	14 160	–	1 132,80	1 274,40	IV	9 052	–	665,52	748,71	–	608,40	684,45	–	552,72	621,81	–	498,56	560,88	–	445,76	501,48	–	394,56	443,88
	VI	14 595	–	1 167,60	1 313,55																				
51 947,99	I,IV	9 062	–	724,96	815,58	I	9 062	–	609,20	685,35	–	499,28	561,69	–	395,28	444,69	–	297,12	334,26	–	204,80	230,40	–	118,40	133,20
	II	8 395	–	671,60	755,55	II	8 395	–	558,48	628,29	–	451,20	507,60	–	349,84	393,57	–	254,40	286,20	–	164,80	185,40	–	81,04	91,17
	III	5 082	–	406,56	457,38	III	5 082	–	318,72	358,56	–	233,92	263,16	–	152,–	171,–	–	78,56	88,38	–	19,20	21,60	–	–	–
	V	14 173	–	1 133,84	1 275,57	IV	9 062	–	666,40	749,70	–	609,20	685,35	–	553,52	622,71	–	499,28	561,69	–	446,56	502,38	–	395,28	444,69
	VI	14 608	–	1 168,64	1 314,72																				
51 983,99	I,IV	9 073	–	725,84	816,57	I	9 073	–	610,–	686,25	–	500,08	562,59	–	396,–	445,50	–	297,76	334,98	–	205,44	231,12	–	119,04	133,92
	II	8 405	–	672,40	756,45	II	8 405	–	559,28	629,19	–	452,–	508,50	–	350,56	394,38	–	255,04	286,92	–	165,44	186,12	–	81,60	91,80
	III	5 090	–	407,20	458,10	III	5 090	–	319,36	359,28	–	234,56	263,88	–	152,64	171,72	–	79,04	88,92	–	19,52	21,96	–	–	–
	V	14 185	–	1 134,80	1 276,65	IV	9 073	–	667,20	750,60	–	610,–	686,25	–	554,32	623,61	–	500,08	562,59	–	447,28	503,19	–	396,–	445,50
	VI	14 621	–	1 169,68	1 315,89																				
52 019,99	I,IV	9 084	–	726,72	817,56	I	9 084	–	610,80	687,15	–	500,80	563,40	–	396,72	446,31	–	298,48	335,79	–	206,08	231,84	–	119,60	134,55
	II	8 416	–	673,28	757,44	II	8 416	–	560,08	630,09	–	452,72	509,31	–	351,28	395,19	–	255,68	287,64	–	166,–	186,75	–	82,24	92,52
	III	5 098	–	407,84	458,82	III	5 098	–	320,–	360,–	–	235,20	264,60	–	153,12	172,26	–	79,52	89,46	–	20,–	22,50	–	–	–
	V	14 198	–	1 135,84	1 277,82	IV	9 084	–	668,–	751,50	–	610,80	687,15	–	555,12	624,51	–	500,80	563,40	–	448,–	504,–	–	396,72	446,31
	VI	14 633	–	1 170,64	1 316,97																				
52 055,99	I,IV	9 094	–	727,52	818,46	I	9 094	–	611,60	688,05	–	501,60	564,30	–	397,44	447,12	–	299,12	336,51	–	206,72	232,56	–	120,24	135,27
	II	8 426	–	674,08	758,34	II	8 426	–	560,88	630,99	–	453,44	510,12	–	352,–	396,–	–	256,40	288,45	–	166,64	187,47	–	82,80	93,15
	III	5 106	–	408,48	459,54	III	5 106	–	320,64	360,72	–	235,68	265,14	–	153,76	172,98	–	80,–	90,–	–	20,32	22,86	–	–	–
	V	14 211	–	1 136,88	1 278,99	IV	9 094	–	668,88	752,49	–	611,60	688,05	–	555,84	625,32	–	501,60	564,30	–	448,80	504,90	–	397,44	447,12
	VI	14 646	–	1 171,68	1 318,14																				
52 091,99	I,IV	9 105	–	728,40	819,45	I	9 105	–	612,40	688,95	–	502,32	565,11	–	398,16	447,93	–	299,84	337,32	–	207,36	233,28	–	120,80	135,90
	II	8 436	–	674,88	759,24	II	8 436	–	561,60	631,80	–	454,24	511,02	–	352,72	396,81	–	257,04	289,17	–	167,28	188,19	–	83,36	93,78
	III	5 114	–	409,12	460,26	III	5 114	–	321,28	361,44	–	236,32	265,86	–	154,40	173,70	–	80,48	90,54	–	20,64	23,22	–	–	–
	V	14 223	–	1 137,84	1 280,07	IV	9 105	–	669,68	753,39	–	612,40	688,95	–	556,64	626,22	–	502,32	565,11	–	449,52	505,71	–	398,16	447,93
	VI	14 658	–	1 172,64	1 319,22																				
52 127,99	I,IV	9 116	–	729,28	820,44	I	9 116	–	613,28	689,94	–	503,12	566,01	–	398,88	448,74	–	300,48	338,04	–	208,–	234,–	–	121,44	136,62
	II	8 447	–	675,76	760,23	II	8 447	–	562,40	632,70	–	454,96	511,83	–	353,36	397,53	–	257,68	289,89	–	167,92	188,91	–	83,92	94,41
	III	5 122	–	409,76	460,98	III	5 122	–	321,92	362,16	–	236,96	266,58	–	154,88	174,24	–	80,96	91,08	–	21,12	23,76	–	–	–
	V	14 236	–	1 138,88	1 281,24	IV	9 116	–	670,48	754,29	–	613,28	689,94	–	557,44	627,12	–	503,12	566,01	–	450,24	506,52	–	398,88	448,74
	VI	14 671	–	1 173,68	1 320,39																				
52 163,99	I,IV	9 126	–	730,08	821,34	I	9 126	–	614,–	690,75	–	503,84	566,82	–	399,60	449,55	–	301,20	338,85	–	208,64	234,72	–	122,–	137,25
	II	8 457	–	676,56	761,13	II	8 457	–	563,20	633,60	–	455,68	512,64	–	354,08	398,34	–	258,32	290,61	–	168,48	189,54	–	84,48	95,04
	III	5 128	–	410,24	461,52	III	5 128	–	322,40	362,70	–	237,44	267,12	–	155,52	174,96	–	81,44	91,62	–	21,44	24,12	–	–	–
	V	14 248	–	1 139,84	1 282,32	IV	9 126	–	671,28	755,19	–	614,–	690,75	–	558,24	628,02	–	503,84	566,82	–	450,96	507,33	–	399,60	449,55
	VI	14 683	–	1 174,64	1 321,47																				
52 199,99	I,IV	9 137	–	730,96	822,33	I	9 137	–	614,80	691,65	–	504,64	567,72	–	400,32	450,36	–	301,84	339,57	–	209,28	235,44	–	122,56	137,88
	II	8 467	–	677,36	762,03	II	8 467	–	564,–	634,50	–	456,40	513,45	–	354,80	399,15	–	259,04	291,42	–	169,12	190,26	–	85,12	95,76
	III	5 136	–	410,88	462,24	III	5 136	–	323,04	363,42	–	238,08	267,84	–	156,–	175,50	–	81,92	92,16	–	21,76	24,48	–	–	–
	V	14 261	–	1 140,88	1 283,49	IV	9 137	–	672,16	756,18	–	614,80	691,65	–	559,04	628,92	–	504,64	567,72	–	451,76	508,23	–	400,32	450,36
	VI	14 696	–	1 175,68	1 322,64																				
52 235,99	I,IV	9 147	–	731,76	823,23	I	9 147	–	615,68	692,64	–	505,36	568,53	–	401,04	451,17	–	302,56	340,38	–	209,92	236,16	–	123,20	138,60
	II	8 478	–	678,24	763,02	II	8 478	–	564,80	635,40	–	457,20	514,35	–	355,52	399,96	–	259,68	292,14	–	169,76	190,98	–	85,68	96,39
	III	5 144	–	411,52	462,96	III	5 144	–	323,68	364,14	–	238,72	268,56	–	156,64	176,22	–	82,40	92,70	–	22,24	25,02	–	–	–
	V	14 273	–	1 141,84	1 284,57	IV	9 147	–	672,96	757,08	–	615,68	692,64	–	559,76	629,73	–	505,36	568,53	–	452,48	509,04	–	401,04	451,17
	VI	14 708	–	1 176,64	1 323,72																				
52 271,99	I,IV	9 158	–	732,64	824,22	I	9 158	–	616,48	693,54	–	506,16	569,43	–	401,76	451,98	–	303,20	341,10	–	210,56	236,88	–	123,76	139,23
	II	8 488	–	679,04	763,92	II	8 488	–	565,52	636,21	–	457,92	515,16	–	356,16	400,68	–	260,32	292,86	–	170,32	191,61	–	86,24	97,02
	III	5 152	–	412,16	463,68	III	5 152	–	324,32	364,86	–	239,20	269,10	–	157,12	176,76	–	82,88	93,24	–	22,56	25,38	–	–	–
	V	14 286	–	1 142,88	1 285,74	IV	9 158	–	673,84	758,07	–	616,48	693,54	–	560,56	630,63	–	506,16	569,43	–	453,20	509,85	–	401,76	451,98
	VI	14 721	–	1 177,68	1 324,89																				
52 307,99	I,IV	9 168	–	733,44	825,12	I	9 168	–	617,28	694,44	–	506,96	570,33	–	402,48	452,79	–	303,92	341,91	–	211,20	237,60	–	124,40	139,95
	II	8 499	–	679,92	764,91	II	8 499	–	566,32	637,11	–	458,72	516,06	–	356,88	401,49	–	261,04	293,67	–	170,96	192,33	–	86,80	97,65
	III	5 160	–	412,80	464,40	III	5 160	–	324,96	365,58	–	239,84	269,82	–	157,76	177,48	–	83,36	93,78	–	23,04	25,92	–	–	–
	V	14 298	–	1 143,84	1 286,82	IV	9 168	–	674,64	758,97	–	617,28	694,44	–	561,36	631,53	–	506,96	570,33	–	454,–	510,75	–	402,48	452,79
	VI	14 734	–	1 178,72	1 326,06																				
52 343,99	I,IV	9 179	–	734,32	826,11	I	9 179	–	618,08	695,34	–	507,68	571,14	–	403,20	453,60	–	304,56	342,63	–	211,84	238,32	–	124,96	140,58
	II	8 509	–	680,72	765,81	II	8 509	–	567,12	638,01	–	459,44	516,87	–	357,60	402,30	–	261,68	294,39	–	171,60	193,05	–	87,44	98,37
	III	5 168	–	413,44	465,12	III	5 168	–	325,44	366,12	–	240,48	270,54	–	158,40	178,20	–	83,84	94,32	–	23,36	26,28	–	–	–
	V	14 311	–	1 144,88	1 287,99	IV	9 179	–	675,44	759,87	–	618,08	695,34	–	562,16	632,43	–	507,68	571,14	–	454,72	511,56	–	403,20	453,60
	VI	14 746	–	1 179,68	1 327,14																				
52 379,99	I,IV	9 190	–	735,20	827,10	I	9 190	–	618,88	696,24	–	508,48	572,04	–	403,92	454,41	–	305,28	343,44	–	212,48	239,04	–	125,60	141,30
	II	8 519	–	681,52	766,71	II	8 519	–	567,92	638,91	–	460,16	517,68	–	358,32	403,11	–	262,32	295,11	–	172,24	193,77	–	88,–	99,–
	III	5 176	–	414,08	465,84	III	5 176	–	326,08	366,84	–	241,12	271,26	–	158,88	178,74	–	84,32	94,86	–	23,68	26,64	–	–	–
	V	14 324	–	1 145,92	1 289,16	IV	9 190	–	676,32	760,86	–	618,88	696,24	–	562,96	633,33	–	508,48	572,04	–	455,44	512,37	–	403,92	454,41
	VI	14 759	–	1 180,72	1 328,31																				
52 415,99	I,IV	9 200	–	736,–	828,–	I	9 200	–	619,68	697,14	–	509,28	572,94	–	404,64	455,22	–	305,92	344,16	–	213,12	239,76	–	126,16	141,93
	II	8 530	–	682,40	767,70	II	8 530	–	568,72	639,81	–	460,96	518,58	–	359,04	403,92	–	262,96	295,83	–	172,88	194,49	–	88,56	99,63
	III	5 184	–	414,72	466,56	III	5 184	–	326,72	367,56	–	241,60	271,80	–	159,52	179,46	–	84,80	95,40	–	24,16	27,18	–	–	–
	V	14 336	–	1 146,88	1 290,24	IV	9 200	–	677,12	761,76	–	619,68	697,14	–	563,76	634,23	–	509,28	572,94	–	456,24	513,27	–	404,64	455,22
	VI	14 771	–	1 181,68	1 329,39																				

* Die ausgewiesenen Tabellenwerte sind amtlich. Siehe Erläuterungen auf der Umschlaginnenseite (U2).

Abzüge an Lohnsteuer, Solidaritätszuschlag (SolZ) und Kirchensteuer (8%, 9%) in den Steuerklassen

Lohn/Gehalt bis €*	I – VI	LSt	ohne Kinderfreibeträge SolZ	8%	9%	I, II, III, IV	LSt	mit Zahl der Kinderfreibeträge . . . 0,5 SolZ	0,5 8%	0,5 9%	1 SolZ	1 8%	1 9%	1,5 SolZ	1,5 8%	1,5 9%	2 SolZ	2 8%	2 9%	2,5 SolZ	2,5 8%	2,5 9%	3 SolZ	3 8%	3 9%
52 451,99	I,IV	9 211	–	736,88	828,99	I	9 211	–	620,48	698,04	–	510,–	573,75	–	405,36	456,03	–	306,64	344,97	–	213,76	240,48	–	126,80	142,65
	II	8 540	–	683,20	768,60	II	8 540	–	569,52	640,71	–	461,68	519,39	–	359,68	404,64	–	263,68	296,64	–	173,44	195,12	–	89,12	100,26
	III	5 192	–	415,36	467,28	III	5 192	–	327,36	368,28	–	242,24	272,52	–	160,–	180,–	–	85,28	95,94	–	24,48	27,54	–	–	–
	V	14 348	–	1 147,84	1 291,32	IV	9 211	–	677,92	762,66	–	620,48	698,04	–	564,48	635,04	–	510,–	573,75	–	456,96	514,08	–	405,36	456,03
	VI	14 784	–	1 182,72	1 330,56																				
52 487,99	I,IV	9 221	–	737,68	829,89	I	9 221	–	621,28	698,94	–	510,72	574,56	–	406,08	456,84	–	307,28	345,69	–	214,40	241,20	–	127,36	143,28
	II	8 550	–	684,–	769,50	II	8 550	–	570,24	641,52	–	462,40	520,20	–	360,40	405,45	–	264,32	297,36	–	174,08	195,84	–	89,68	100,89
	III	5 200	–	416,–	468,–	III	5 200	–	328,–	369,–	–	242,88	273,24	–	160,64	180,72	–	85,76	96,48	–	24,96	28,08	–	–	–
	V	14 361	–	1 148,88	1 292,49	IV	9 221	–	678,80	763,65	–	621,28	698,94	–	565,28	635,94	–	510,72	574,56	–	457,68	514,89	–	406,08	456,84
	VI	14 796	–	1 183,68	1 331,64																				
52 523,99	I,IV	9 232	–	738,56	830,88	I	9 232	–	622,08	699,84	–	511,52	575,46	–	406,80	457,65	–	308,–	346,50	–	215,04	241,92	–	128,–	144,–
	II	8 561	–	684,88	770,49	II	8 561	–	571,04	642,42	–	463,20	521,10	–	361,12	406,26	–	264,96	298,08	–	174,72	196,56	–	90,32	101,61
	III	5 208	–	416,64	468,72	III	5 208	–	328,64	369,72	–	243,52	273,96	–	161,28	181,44	–	86,24	97,02	–	25,28	28,44	–	–	–
	V	14 374	–	1 149,92	1 293,66	IV	9 232	–	679,60	764,55	–	622,08	699,84	–	566,08	636,84	–	511,52	575,46	–	458,40	515,70	–	406,80	457,65
	VI	14 809	–	1 184,72	1 332,81																				
52 559,99	I,IV	9 243	–	739,44	831,87	I	9 243	–	622,88	700,74	–	512,32	576,36	–	407,52	458,46	–	308,64	347,22	–	215,68	242,64	–	128,56	144,63
	II	8 571	–	685,68	771,39	II	8 571	–	571,84	643,32	–	463,92	521,91	–	361,84	407,07	–	265,68	298,89	–	175,36	197,28	–	90,88	102,24
	III	5 216	–	417,28	469,44	III	5 216	–	329,28	370,44	–	244,–	274,50	–	161,76	181,98	–	86,72	97,56	–	25,60	28,80	–	–	–
	V	14 386	–	1 150,88	1 294,74	IV	9 243	–	680,40	765,45	–	622,88	700,74	–	566,88	637,74	–	512,32	576,36	–	459,20	516,60	–	407,52	458,46
	VI	14 821	–	1 185,68	1 333,89																				
52 595,99	I,IV	9 253	–	740,24	832,77	I	9 253	–	623,76	701,73	–	513,04	577,17	–	408,24	459,27	–	309,36	348,03	–	216,32	243,36	–	129,20	145,35
	II	8 582	–	686,56	772,38	II	8 582	–	572,64	644,22	–	464,64	522,72	–	362,56	407,88	–	266,32	299,61	–	175,92	197,91	–	91,44	102,87
	III	5 226	–	418,08	470,34	III	5 226	–	329,92	371,16	–	244,64	275,22	–	162,40	182,70	–	87,20	98,10	–	26,08	29,34	–	–	–
	V	14 399	–	1 151,92	1 295,91	IV	9 253	–	681,28	766,44	–	623,76	701,73	–	567,68	638,64	–	513,04	577,17	–	459,92	517,41	–	408,24	459,27
	VI	14 834	–	1 186,72	1 335,06																				
52 631,99	I,IV	9 264	–	741,12	833,76	I	9 264	–	624,56	702,63	–	513,84	578,07	–	409,04	460,17	–	310,08	348,84	–	216,96	244,08	–	129,76	145,98
	II	8 592	–	687,36	773,28	II	8 592	–	573,44	645,12	–	465,44	523,62	–	363,28	408,69	–	266,96	300,33	–	176,56	198,63	–	92,08	103,59
	III	5 234	–	418,72	471,06	III	5 234	–	330,40	371,70	–	245,28	275,94	–	162,88	183,24	–	87,68	98,64	–	26,40	29,70	–	–	–
	V	14 411	–	1 152,88	1 296,99	IV	9 264	–	682,08	767,34	–	624,56	702,63	–	568,48	639,54	–	513,84	578,07	–	460,72	518,31	–	409,04	460,17
	VI	14 847	–	1 187,76	1 336,23																				
52 667,99	I,IV	9 275	–	742,–	834,75	I	9 275	–	625,36	703,53	–	514,64	578,97	–	409,76	460,98	–	310,72	349,56	–	217,60	244,80	–	130,40	146,70
	II	8 602	–	688,16	774,18	II	8 602	–	574,24	646,02	–	466,16	524,43	–	364,–	409,50	–	267,68	301,14	–	177,20	199,35	–	92,64	104,22
	III	5 242	–	419,36	471,78	III	5 242	–	331,04	372,42	–	245,92	276,66	–	163,52	183,96	–	88,16	99,18	–	26,88	30,24	–	–	–
	V	14 424	–	1 153,92	1 298,16	IV	9 275	–	682,96	768,33	–	625,36	703,53	–	569,28	640,44	–	514,64	578,97	–	461,44	519,12	–	409,76	460,98
	VI	14 859	–	1 188,72	1 337,31																				
52 703,99	I,IV	9 286	–	742,88	835,74	I	9 286	–	626,16	704,43	–	515,36	579,78	–	410,48	461,79	–	311,44	350,37	–	218,24	245,52	–	130,96	147,33
	II	8 613	–	689,04	775,17	II	8 613	–	575,04	646,92	–	466,88	525,24	–	364,64	410,22	–	268,32	301,86	–	177,84	200,07	–	93,20	104,85
	III	5 250	–	420,–	472,50	III	5 250	–	331,68	373,14	–	246,40	277,20	–	164,16	184,68	–	88,80	99,90	–	27,20	30,60	–	–	–
	V	14 437	–	1 154,96	1 299,33	IV	9 286	–	683,76	769,23	–	626,16	704,43	–	570,–	641,25	–	515,36	579,78	–	462,16	519,93	–	410,48	461,79
	VI	14 872	–	1 189,76	1 338,48																				
52 739,99	I,IV	9 296	–	743,68	836,64	I	9 296	–	626,96	705,33	–	516,16	580,68	–	411,20	462,60	–	312,08	351,09	–	218,88	246,24	–	131,60	148,05
	II	8 623	–	689,84	776,07	II	8 623	–	575,84	647,82	–	467,68	526,14	–	365,36	411,03	–	268,96	302,58	–	178,48	200,79	–	93,84	105,57
	III	5 258	–	420,64	473,22	III	5 258	–	332,32	373,86	–	247,04	277,92	–	164,64	185,22	–	89,28	100,44	–	27,68	31,14	–	–	–
	V	14 449	–	1 155,92	1 300,41	IV	9 296	–	684,64	770,22	–	626,96	705,33	–	570,80	642,15	–	516,16	580,68	–	462,96	520,83	–	411,20	462,60
	VI	14 884	–	1 190,72	1 339,56																				
52 775,99	I,IV	9 307	–	744,56	837,63	I	9 307	–	627,76	706,23	–	516,88	581,49	–	411,92	463,41	–	312,80	351,90	–	219,52	246,96	–	132,16	148,68
	II	8 634	–	690,72	777,06	II	8 634	–	576,64	648,72	–	468,40	526,95	–	366,08	411,84	–	269,60	303,30	–	179,04	201,42	–	94,40	106,20
	III	5 264	–	421,12	473,76	III	5 264	–	332,96	374,58	–	247,68	278,64	–	165,28	185,94	–	89,60	100,80	–	28,–	31,50	–	–	–
	V	14 461	–	1 156,88	1 301,49	IV	9 307	–	685,44	771,12	–	627,76	706,23	–	571,60	643,05	–	516,88	581,49	–	463,68	521,64	–	411,92	463,41
	VI	14 897	–	1 191,76	1 340,73																				
52 811,99	I,IV	9 317	–	745,36	838,53	I	9 317	–	628,56	707,13	–	517,68	582,39	–	412,64	464,22	–	313,44	352,62	–	220,16	247,68	–	132,80	149,40
	II	8 644	–	691,52	777,96	II	8 644	–	577,36	649,53	–	469,12	527,76	–	366,80	412,65	–	270,32	304,11	–	179,68	202,14	–	94,96	106,83
	III	5 272	–	421,76	474,48	III	5 272	–	333,60	375,30	–	248,16	279,18	–	165,76	186,48	–	90,24	101,52	–	28,32	31,86	–	–	–
	V	14 474	–	1 157,92	1 302,66	IV	9 317	–	686,24	772,02	–	628,56	707,13	–	572,40	643,95	–	517,68	582,39	–	464,40	522,45	–	412,64	464,22
	VI	14 909	–	1 192,72	1 341,81																				
52 847,99	I,IV	9 328	–	746,24	839,52	I	9 328	–	629,44	708,12	–	518,48	583,29	–	413,36	465,03	–	314,16	353,43	–	220,80	248,40	–	133,36	150,03
	II	8 654	–	692,32	778,86	II	8 654	–	578,16	650,43	–	469,92	528,66	–	367,52	413,46	–	270,96	304,83	–	180,32	202,86	–	95,52	107,46
	III	5 280	–	422,40	475,20	III	5 280	–	334,08	375,84	–	248,80	279,90	–	166,40	187,20	–	90,72	102,06	–	28,80	32,40	–	–	–
	V	14 487	–	1 158,96	1 303,83	IV	9 328	–	687,12	773,01	–	629,44	708,12	–	573,20	644,85	–	518,48	583,29	–	465,20	523,35	–	413,36	465,03
	VI	14 922	–	1 193,76	1 342,98																				
52 883,99	I,IV	9 339	–	747,12	840,51	I	9 339	–	630,24	709,02	–	519,20	584,10	–	414,08	465,84	–	314,88	354,24	–	221,44	249,12	–	134,–	150,75
	II	8 665	–	693,20	779,85	II	8 665	–	578,96	651,33	–	470,64	529,47	–	368,24	414,27	–	271,60	305,55	–	180,96	203,58	–	96,16	108,18
	III	5 288	–	423,04	475,92	III	5 288	–	334,72	376,56	–	249,44	280,62	–	167,04	187,92	–	91,20	102,60	–	29,12	32,76	–	–	–
	V	14 499	–	1 159,92	1 304,91	IV	9 339	–	687,92	773,91	–	630,24	709,02	–	574,–	645,75	–	519,20	584,10	–	465,92	524,16	–	414,08	465,84
	VI	14 934	–	1 194,72	1 344,06																				
52 919,99	I,IV	9 349	–	747,92	841,41	I	9 349	–	631,04	709,92	–	520,–	585,–	–	414,80	466,65	–	315,52	354,96	–	222,08	249,84	–	134,56	151,38
	II	8 675	–	694,–	780,75	II	8 675	–	579,76	652,23	–	471,44	530,37	–	368,88	414,99	–	272,32	306,36	–	181,60	204,30	–	96,72	108,81
	III	5 296	–	423,68	476,64	III	5 296	–	335,36	377,28	–	250,08	281,34	–	167,52	188,46	–	91,68	103,14	–	29,60	33,30	–	–	–
	V	14 512	–	1 160,96	1 306,08	IV	9 349	–	688,72	774,81	–	631,04	709,92	–	574,80	646,65	–	520,–	585,–	–	466,64	524,97	–	414,80	466,65
	VI	14 947	–	1 195,76	1 345,23																				
52 955,99	I,IV	9 360	–	748,80	842,40	I	9 360	–	631,84	710,82	–	520,72	585,81	–	415,52	467,46	–	316,24	355,77	–	222,80	250,65	–	135,20	152,10
	II	8 686	–	694,88	781,74	II	8 686	–	580,56	653,13	–	472,16	531,18	–	369,60	415,80	–	272,96	307,08	–	182,16	204,93	–	97,28	109,44
	III	5 304	–	424,32	477,36	III	5 304	–	336,–	378,–	–	250,56	281,88	–	168,16	189,18	–	92,16	103,68	–	29,92	33,66	–	–	–
	V	14 524	–	1 161,92	1 307,16	IV	9 360	–	689,60	775,80	–	631,84	710,82	–	575,60	647,55	–	520,72	585,81	–	467,44	525,87	–	415,52	467,46
	VI	14 960	–	1 196,80	1 346,40																				
52 991,99	I,IV	9 371	–	749,68	843,39	I	9 371	–	632,64	711,72	–	521,52	586,71	–	416,32	468,36	–	316,88	356,49	–	223,44	251,37	–	135,76	152,73
	II	8 696	–	695,68	782,64	II	8 696	–	581,36	654,03	–	472,96	532,08	–	370,32	416,61	–	273,68	307,89	–	182,80	205,65	–	97,84	110,07
	III	5 312	–	424,96	478,08	III	5 312	–	336,64	378,72	–	251,20	282,60	–	168,64	189,72	–	92,64	104,22	–	30,40	34,20	–	–	–
	V	14 537	–	1 162,96	1 308,33	IV	9 371	–	690,40	776,70	–	632,64	711,72	–	576,40	648,45	–	521,52	586,71	–	468,16	526,68	–	416,32	468,36
	VI	14 972	–	1 197,76	1 347,48																				

* Die ausgewiesenen Tabellenwerte sind amtlich. Siehe Erläuterungen auf der Umschlaginnenseite (U2).

Lohn/ Gehalt bis €*		I – VI LSt	ohne Kinderfreibeträge SolZ	8%	9%	I, II, III, IV	LSt	0,5 SolZ	0,5 8%	0,5 9%	1 SolZ	1 8%	1 9%	1,5 SolZ	1,5 8%	1,5 9%	2 SolZ	2 8%	2 9%	2,5 SolZ	2,5 8%	2,5 9%	3 SolZ	3 8%	3 9%
53 027,99	I,IV	9 382	–	750,56	844,38	I	9 382	–	633,44	712,62	–	522,32	587,61	–	417,04	469,17	–	317,60	357,30	–	224,08	252,09	–	136,40	153,45
	II	8 707	–	696,56	783,63	II	8 707	–	582,16	654,93	–	473,68	532,89	–	371,04	417,42	–	274,32	308,61	–	183,44	206,37	–	98,48	110,79
	III	5 320	–	425,60	478,80	III	5 320	–	337,28	379,44	–	251,84	283,32	–	169,28	190,44	–	93,12	104,76	–	30,72	34,56	–	–	–
	V	14 550	–	1 164,–	1 309,50	IV	9 382	–	691,28	777,69	–	633,44	712,62	–	577,12	649,26	–	522,32	587,61	–	468,96	527,58	–	417,04	469,17
	VI	14 985	–	1 198,80	1 348,65																				
53 063,99	I,IV	9 392	–	751,36	845,28	I	9 392	–	634,32	713,61	–	523,12	588,51	–	417,76	469,98	–	318,32	358,11	–	224,72	252,81	–	137,04	154,17
	II	8 717	–	697,36	784,53	II	8 717	–	582,96	655,83	–	474,40	533,70	–	371,76	418,23	–	274,96	309,33	–	184,08	207,09	–	99,04	111,42
	III	5 328	–	426,24	479,52	III	5 328	–	337,92	380,16	–	252,48	284,04	–	169,92	191,16	–	93,60	105,30	–	31,20	35,10	–	–	–
	V	14 562	–	1 164,96	1 310,58	IV	9 392	–	692,08	778,59	–	634,32	713,61	–	577,92	650,16	–	523,12	588,51	–	469,68	528,39	–	417,76	469,98
	VI	14 997	–	1 199,76	1 349,73																				
53 099,99	I,IV	9 403	–	752,24	846,27	I	9 403	–	635,12	714,51	–	523,84	589,32	–	418,48	470,79	–	318,96	358,83	–	225,36	253,53	–	137,60	154,80
	II	8 727	–	698,16	785,43	II	8 727	–	583,76	656,73	–	475,20	534,60	–	372,48	419,04	–	275,60	310,05	–	184,72	207,81	–	99,60	112,05
	III	5 336	–	426,88	480,24	III	5 336	–	338,56	380,88	–	252,96	284,58	–	170,40	191,70	–	94,08	105,84	–	31,52	35,46	–	–	–
	V	14 574	–	1 165,92	1 311,66	IV	9 403	–	692,88	779,49	–	635,12	714,51	–	578,72	651,06	–	523,84	589,32	–	470,40	529,20	–	418,48	470,79
	VI	15 009	–	1 200,72	1 350,81																				
53 135,99	I,IV	9 413	–	753,04	847,17	I	9 413	–	635,92	715,41	–	524,64	590,22	–	419,20	471,60	–	319,68	359,64	–	226,–	254,25	–	138,24	155,52
	II	8 738	–	699,04	786,42	II	8 738	–	584,56	657,63	–	475,92	535,41	–	373,20	419,85	–	276,32	310,86	–	185,28	208,44	–	100,24	112,77
	III	5 344	–	427,52	480,96	III	5 344	–	339,20	381,60	–	253,60	285,30	–	171,04	192,42	–	94,56	106,38	–	31,84	35,82	–	–	–
	V	14 587	–	1 166,96	1 312,83	IV	9 413	–	693,76	780,48	–	635,92	715,41	–	579,52	651,96	–	524,64	590,22	–	471,20	530,10	–	419,20	471,60
	VI	15 022	–	1 201,76	1 351,98																				
53 171,99	I,IV	9 424	–	753,92	848,16	I	9 424	–	636,72	716,31	–	525,36	591,03	–	419,92	472,41	–	320,32	360,36	–	226,64	254,97	–	138,80	156,15
	II	8 748	–	699,84	787,32	II	8 748	–	585,36	658,53	–	476,64	536,22	–	373,92	420,66	–	276,96	311,58	–	185,92	209,16	–	100,80	113,40
	III	5 352	–	428,16	481,68	III	5 352	–	339,68	382,14	–	254,24	286,02	–	171,68	193,14	–	95,04	106,92	–	32,32	36,36	–	–	–
	V	14 600	–	1 168,–	1 314,–	IV	9 424	–	694,56	781,38	–	636,72	716,31	–	580,32	652,86	–	525,36	591,03	–	471,92	530,91	–	419,92	472,41
	VI	15 035	–	1 202,80	1 353,15																				
53 207,99	I,IV	9 435	–	754,80	849,15	I	9 435	–	637,52	717,21	–	526,16	591,93	–	420,64	473,22	–	321,04	361,17	–	227,28	255,69	–	139,44	156,87
	II	8 759	–	700,72	788,31	II	8 759	–	586,16	659,43	–	477,44	537,12	–	374,64	421,47	–	277,68	312,39	–	186,56	209,88	–	101,36	114,03
	III	5 360	–	428,80	482,40	III	5 360	–	340,32	382,86	–	254,88	286,74	–	172,16	193,68	–	95,68	107,64	–	32,64	36,72	–	–	–
	V	14 612	–	1 168,96	1 315,08	IV	9 435	–	695,44	782,37	–	637,52	717,21	–	581,12	653,76	–	526,16	591,93	–	472,64	531,72	–	420,64	473,22
	VI	15 047	–	1 203,76	1 354,23																				
53 243,99	I,IV	9 446	–	755,68	850,14	I	9 446	–	638,32	718,11	–	526,96	592,83	–	421,36	474,03	–	321,76	361,98	–	227,92	256,41	–	140,–	157,50
	II	8 770	–	701,60	789,30	II	8 770	–	586,96	660,33	–	478,16	537,93	–	375,28	422,19	–	278,32	313,11	–	187,20	210,60	–	102,–	114,75
	III	5 370	–	429,60	483,30	III	5 370	–	340,96	383,58	–	255,36	287,28	–	172,80	194,40	–	96,16	108,18	–	33,12	37,26	–	–	–
	V	14 625	–	1 170,–	1 316,25	IV	9 446	–	696,24	783,27	–	638,32	718,11	–	581,92	654,66	–	526,96	592,83	–	473,44	532,62	–	421,36	474,03
	VI	15 060	–	1 204,80	1 355,40																				
53 279,99	I,IV	9 456	–	756,48	851,04	I	9 456	–	639,20	719,10	–	527,68	593,64	–	422,16	474,93	–	322,40	362,70	–	228,56	257,13	–	140,64	158,22
	II	8 780	–	702,40	790,20	II	8 780	–	587,76	661,23	–	478,96	538,83	–	376,–	423,–	–	278,96	313,83	–	187,84	211,32	–	102,56	115,38
	III	5 378	–	430,24	484,02	III	5 378	–	341,60	384,30	–	256,–	288,–	–	173,28	194,94	–	96,64	108,72	–	33,44	37,62	–	–	–
	V	14 637	–	1 170,96	1 317,33	IV	9 456	–	697,12	784,26	–	639,20	719,10	–	582,72	655,56	–	527,68	593,64	–	474,16	533,43	–	422,16	474,93
	VI	15 072	–	1 205,76	1 356,48																				
53 315,99	I,IV	9 467	–	757,36	852,03	I	9 467	–	640,–	720,–	–	528,48	594,54	–	422,88	475,74	–	323,12	363,51	–	229,20	257,85	–	141,20	158,85
	II	8 791	–	703,28	791,19	II	8 791	–	588,56	662,13	–	479,68	539,64	–	376,72	423,81	–	279,68	314,64	–	188,48	212,04	–	103,12	116,01
	III	5 386	–	430,88	484,74	III	5 386	–	342,24	385,02	–	256,64	288,72	–	173,92	195,66	–	97,12	109,26	–	33,92	38,16	–	–	–
	V	14 650	–	1 172,–	1 318,50	IV	9 467	–	697,92	785,16	–	640,–	720,–	–	583,52	656,46	–	528,48	594,54	–	474,96	534,33	–	422,88	475,74
	VI	15 085	–	1 206,80	1 357,65																				
53 351,99	I,IV	9 478	–	758,24	853,02	I	9 478	–	640,80	720,90	–	529,28	595,44	–	423,60	476,55	–	323,76	364,23	–	229,92	258,66	–	141,84	159,57
	II	8 801	–	704,08	792,09	II	8 801	–	589,36	663,03	–	480,48	540,54	–	377,44	424,62	–	280,32	315,36	–	189,12	212,76	–	103,76	116,73
	III	5 394	–	431,52	485,46	III	5 394	–	342,88	385,74	–	257,28	289,44	–	174,56	196,38	–	97,60	109,80	–	34,40	38,70	–	–	–
	V	14 663	–	1 173,04	1 319,67	IV	9 478	–	698,80	786,15	–	640,80	720,90	–	584,32	657,36	–	529,28	595,44	–	475,68	535,14	–	423,60	476,55
	VI	15 098	–	1 207,84	1 358,82																				
53 387,99	I,IV	9 489	–	759,12	854,01	I	9 489	–	641,60	721,80	–	530,–	596,25	–	424,32	477,36	–	324,48	365,04	–	230,56	259,38	–	142,48	160,29
	II	8 812	–	704,96	793,08	II	8 812	–	590,16	663,93	–	481,20	541,35	–	378,16	425,43	–	281,04	316,17	–	189,76	213,48	–	104,32	117,36
	III	5 402	–	432,16	486,18	III	5 402	–	343,52	386,46	–	257,76	289,98	–	175,04	196,92	–	98,08	110,34	–	34,72	39,06	–	–	–
	V	14 675	–	1 174,–	1 320,75	IV	9 489	–	699,60	787,05	–	641,60	721,80	–	585,12	658,26	–	530,–	596,25	–	476,48	536,04	–	424,32	477,36
	VI	15 110	–	1 208,80	1 359,90																				
53 423,99	I,IV	9 499	–	759,92	854,91	I	9 499	–	642,40	722,70	–	530,80	597,15	–	425,04	478,17	–	325,20	365,85	–	231,20	260,10	–	143,04	160,92
	II	8 822	–	705,76	793,98	II	8 822	–	590,88	664,74	–	481,92	542,16	–	378,88	426,24	–	281,68	316,89	–	190,32	214,11	–	104,88	117,99
	III	5 408	–	432,64	486,72	III	5 408	–	344,–	387,–	–	258,40	290,70	–	175,68	197,64	–	98,56	110,88	–	35,04	39,42	–	–	–
	V	14 687	–	1 174,96	1 321,83	IV	9 499	–	700,40	787,95	–	642,40	722,70	–	585,84	659,07	–	530,80	597,15	–	477,20	536,85	–	425,04	478,17
	VI	15 122	–	1 209,76	1 360,98																				
53 459,99	I,IV	9 510	–	760,80	855,90	I	9 510	–	643,20	723,60	–	531,60	598,05	–	425,76	478,98	–	325,84	366,57	–	231,84	260,82	–	143,68	161,64
	II	8 832	–	706,56	794,88	II	8 832	–	591,68	665,64	–	482,72	543,06	–	379,60	427,05	–	282,32	317,61	–	190,96	214,83	–	105,52	118,71
	III	5 416	–	433,28	487,44	III	5 416	–	344,64	387,72	–	259,04	291,42	–	176,16	198,18	–	99,04	111,42	–	35,52	39,96	–	–	–
	V	14 700	–	1 176,–	1 323,–	IV	9 510	–	701,28	788,94	–	643,20	723,60	–	586,64	659,97	–	531,60	598,05	–	477,92	537,66	–	425,76	478,98
	VI	15 135	–	1 210,80	1 362,15																				
53 495,99	I,IV	9 521	–	761,68	856,89	I	9 521	–	644,08	724,59	–	532,32	598,86	–	426,48	479,79	–	326,56	367,38	–	232,48	261,54	–	144,24	162,27
	II	8 843	–	707,44	795,87	II	8 843	–	592,48	666,54	–	483,44	543,87	–	380,32	427,86	–	283,04	318,42	–	191,60	215,55	–	106,08	119,34
	III	5 424	–	433,92	488,16	III	5 424	–	345,28	388,44	–	259,52	291,96	–	176,80	198,90	–	99,68	112,14	–	35,84	40,32	–	–	–
	V	14 713	–	1 177,04	1 324,17	IV	9 521	–	702,16	789,93	–	644,08	724,59	–	587,44	660,87	–	532,32	598,86	–	478,72	538,56	–	426,48	479,79
	VI	15 148	–	1 211,84	1 363,32																				
53 531,99	I,IV	9 531	–	762,48	857,79	I	9 531	–	644,88	725,49	–	533,12	599,76	–	427,28	480,69	–	327,28	368,19	–	233,12	262,26	–	144,88	162,99
	II	8 853	–	708,24	796,77	II	8 853	–	593,28	667,44	–	484,24	544,77	–	381,04	428,67	–	283,68	319,14	–	192,24	216,27	–	106,64	119,97
	III	5 432	–	434,56	488,88	III	5 432	–	345,92	389,16	–	260,16	292,68	–	177,44	199,62	–	100,16	112,68	–	36,32	40,86	–	–	–
	V	14 725	–	1 178,–	1 325,25	IV	9 531	–	702,96	790,83	–	644,88	725,49	–	588,24	661,77	–	533,12	599,76	–	479,44	539,37	–	427,28	480,69
	VI	15 160	–	1 212,80	1 364,40																				
53 567,99	I,IV	9 542	–	763,36	858,78	I	9 542	–	645,68	726,39	–	533,92	600,66	–	428,–	481,50	–	327,92	368,91	–	233,76	262,98	–	145,52	163,71
	II	8 864	–	709,12	797,76	II	8 864	–	594,08	668,34	–	484,96	545,58	–	381,76	429,48	–	284,40	319,95	–	192,88	216,99	–	107,28	120,69
	III	5 440	–	435,20	489,60	III	5 440	–	346,56	389,88	–	260,80	293,40	–	177,92	200,16	–	100,64	113,22	–	36,80	41,40	–	–	–
	V	14 738	–	1 179,04	1 326,42	IV	9 542	–	703,84	791,82	–	645,68	726,39	–	589,04	662,67	–	533,92	600,66	–	480,24	540,27	–	428,–	481,50
	VI	15 173	–	1 213,84	1 365,57																				

Abzüge an Lohnsteuer, Solidaritätszuschlag (SolZ) und Kirchensteuer (8%, 9%) in den Steuerklassen; I, II, III, IV: mit Zahl der Kinderfreibeträge . . .

* Die ausgewiesenen Tabellenwerte sind amtlich. Siehe Erläuterungen auf der Umschlaginnenseite (U2).

Abzüge an Lohnsteuer, Solidaritätszuschlag (SolZ) und Kirchensteuer (8%, 9%) in den Steuerklassen

Lohn/ Gehalt bis €*	I – VI					I, II, III, IV		mit Zahl der Kinderfreibeträge . . .																	
			ohne Kinderfreibeträge					0,5			1			1,5			2			2,5			3		
		LSt	SolZ	8%	9%		LSt	SolZ	8%	9%	SolZ	8%	9%	SolZ	8%	9%	SolZ	8%	9%	SolZ	8%	9%	SolZ	8%	9%
	I,IV	9 553	–	764,24	859,77	I	9 553	–	646,56	727,38	–	534,72	601,56	–	428,72	482,31	–	328,64	369,72	–	234,40	263,70	–	146,08	164,34
	II	8 874	–	709,92	798,66	II	8 874	–	594,88	669,24	–	485,76	546,48	–	382,48	430,29	–	285,04	320,67	–	193,52	217,71	–	107,84	121,32
53 603,99	III	5 450	–	436,–	490,50	III	5 450	–	347,20	390,60	–	261,44	294,12	–	178,56	200,88	–	101,12	113,76	–	37,12	41,76	–	–	–
	V	14 750	–	1 180,–	1 327,50	IV	9 553	–	704,64	792,72	–	646,56	727,38	–	589,84	663,57	–	534,72	601,56	–	480,96	541,08	–	428,72	482,31
	VI	15 185	–	1 214,80	1 366,65																				
	I,IV	9 564	–	765,12	860,76	I	9 564	–	647,36	728,28	–	535,44	602,37	–	429,44	483,12	–	329,36	370,53	–	235,04	264,42	–	146,72	165,06
	II	8 885	–	710,80	799,65	II	8 885	–	595,68	670,14	–	486,48	547,29	–	383,20	431,10	–	285,76	321,48	–	194,16	218,43	–	108,48	122,04
53 639,99	III	5 458	–	436,64	491,22	III	5 458	–	347,84	391,32	–	261,92	294,66	–	179,20	201,60	–	101,60	114,30	–	37,60	42,30	–	–	–
	V	14 763	–	1 181,04	1 328,67	IV	9 564	–	705,52	793,71	–	647,36	728,28	–	590,64	664,47	–	535,44	602,37	–	481,76	541,98	–	429,44	483,12
	VI	15 198	–	1 215,84	1 367,82																				
	I,IV	9 575	–	766,–	861,75	I	9 575	–	648,16	729,18	–	536,24	603,27	–	430,16	483,93	–	330,–	371,25	–	235,76	265,23	–	147,28	165,69
	II	8 896	–	711,68	800,64	II	8 896	–	596,48	671,04	–	487,28	548,19	–	383,92	431,91	–	286,40	322,20	–	194,80	219,15	–	109,04	122,67
53 675,99	III	5 466	–	437,28	491,94	III	5 466	–	348,48	392,04	–	262,56	295,38	–	179,68	202,14	–	102,08	114,84	–	37,92	42,66	–	–	–
	V	14 776	–	1 182,08	1 329,84	IV	9 575	–	706,32	794,61	–	648,16	729,18	–	591,44	665,37	–	536,24	603,27	–	482,48	542,79	–	430,16	483,93
	VI	15 211	–	1 216,88	1 368,99																				
	I,IV	9 585	–	766,80	862,65	I	9 585	–	648,96	730,08	–	536,96	604,08	–	430,88	484,74	–	330,72	372,06	–	236,40	265,95	–	147,92	166,41
	II	8 906	–	712,48	801,54	II	8 906	–	597,28	671,94	–	488,–	549,–	–	384,56	432,63	–	287,04	322,92	–	195,36	219,78	–	109,60	123,30
53 711,99	III	5 474	–	437,92	492,66	III	5 474	–	349,12	392,76	–	263,20	296,10	–	180,32	202,86	–	102,72	115,56	–	38,40	43,20	–	–	–
	V	14 788	–	1 183,04	1 330,92	IV	9 585	–	707,12	795,51	–	648,96	730,08	–	592,24	666,27	–	536,96	604,08	–	483,20	543,60	–	430,88	484,74
	VI	15 223	–	1 217,84	1 370,07																				
	I,IV	9 596	–	767,68	863,64	I	9 596	–	649,76	730,98	–	537,76	604,98	–	431,68	485,64	–	331,36	372,78	–	237,04	266,67	–	148,56	167,13
	II	8 916	–	713,28	802,44	II	8 916	–	598,08	672,84	–	488,80	549,90	–	385,28	433,44	–	287,76	323,73	–	196,–	220,50	–	110,24	124,02
53 747,99	III	5 482	–	438,56	493,38	III	5 482	–	349,76	393,48	–	263,84	296,82	–	180,80	203,40	–	103,20	116,10	–	38,72	43,56	–	–	–
	V	14 800	–	1 184,–	1 332,–	IV	9 596	–	708,–	796,50	–	649,76	730,98	–	593,04	667,17	–	537,76	604,98	–	484,–	544,50	–	431,68	485,64
	VI	15 235	–	1 218,80	1 371,15																				
	I,IV	9 607	–	768,56	864,63	I	9 607	–	650,64	731,97	–	538,56	605,88	–	432,40	486,45	–	332,08	373,59	–	237,68	267,39	–	149,12	167,76
	II	8 927	–	714,16	803,43	II	8 927	–	598,88	673,74	–	489,52	550,71	–	386,–	434,25	–	288,40	324,45	–	196,64	221,22	–	110,80	124,65
53 783,99	III	5 490	–	439,20	494,10	III	5 490	–	350,24	394,02	–	264,48	297,54	–	181,44	204,12	–	103,68	116,64	–	39,20	44,10	–	–	–
	V	14 813	–	1 185,04	1 333,17	IV	9 607	–	708,80	797,40	–	650,64	731,97	–	593,84	668,07	–	538,56	605,88	–	484,72	545,31	–	432,40	486,45
	VI	15 248	–	1 219,84	1 372,32																				
	I,IV	9 617	–	769,36	865,53	I	9 617	–	651,44	732,87	–	539,36	606,78	–	433,12	487,26	–	332,80	374,40	–	238,32	268,11	–	149,76	168,48
	II	8 937	–	714,96	804,33	II	8 937	–	599,68	674,64	–	490,32	551,61	–	386,72	435,06	–	289,12	325,26	–	197,28	221,94	–	111,36	125,28
53 819,99	III	5 498	–	439,84	494,82	III	5 498	–	350,88	394,74	–	264,96	298,08	–	182,08	204,84	–	104,16	117,18	–	39,52	44,46	–	–	–
	V	14 826	–	1 186,08	1 334,34	IV	9 617	–	709,68	798,39	–	651,44	732,87	–	594,64	668,97	–	539,36	606,78	–	485,52	546,21	–	433,12	487,26
	VI	15 261	–	1 220,88	1 373,49																				
	I,IV	9 628	–	770,24	866,52	I	9 628	–	652,24	733,77	–	540,08	607,59	–	433,84	488,07	–	333,52	375,21	–	238,96	268,83	–	150,32	169,11
	II	8 948	–	715,84	805,32	II	8 948	–	600,48	675,54	–	491,04	552,42	–	387,44	435,87	–	289,76	325,98	–	197,92	222,66	–	112,–	126,–
53 855,99	III	5 506	–	440,48	495,54	III	5 506	–	351,52	395,46	–	265,60	298,80	–	182,56	205,38	–	104,64	117,72	–	40,–	45,–	–	–	–
	V	14 838	–	1 187,04	1 335,42	IV	9 628	–	710,48	799,29	–	652,24	733,77	–	595,44	669,87	–	540,08	607,59	–	486,24	547,02	–	433,84	488,07
	VI	15 273	–	1 221,84	1 374,57																				
	I,IV	9 639	–	771,12	867,51	I	9 639	–	653,04	734,67	–	540,88	608,49	–	434,56	488,88	–	334,16	375,93	–	239,60	269,55	–	150,96	169,83
	II	8 959	–	716,72	806,31	II	8 959	–	601,28	676,44	–	491,84	553,32	–	388,16	436,68	–	290,40	326,70	–	198,56	223,38	–	112,56	126,63
53 891,99	III	5 514	–	441,12	496,26	III	5 514	–	352,16	396,18	–	266,24	299,52	–	183,20	206,10	–	105,28	118,44	–	40,48	45,54	–	–	–
	V	14 851	–	1 188,08	1 336,59	IV	9 639	–	711,36	800,28	–	653,04	734,67	–	596,24	670,77	–	540,88	608,49	–	487,04	547,92	–	434,56	488,88
	VI	15 286	–	1 222,88	1 375,74																				
	I,IV	9 650	–	772,–	868,50	I	9 650	–	653,92	735,66	–	541,68	609,39	–	435,36	489,78	–	334,88	376,74	–	240,32	270,36	–	151,60	170,55
	II	8 969	–	717,52	807,21	II	8 969	–	602,08	677,34	–	492,56	554,13	–	388,88	437,49	–	291,12	327,51	–	199,20	224,10	–	113,20	127,35
53 927,99	III	5 522	–	441,76	496,98	III	5 522	–	352,80	396,90	–	266,88	300,24	–	183,84	206,82	–	105,76	118,98	–	40,80	45,90	–	–	–
	V	14 863	–	1 189,04	1 337,67	IV	9 650	–	712,24	801,27	–	653,92	735,66	–	597,04	671,67	–	541,68	609,39	–	487,76	548,73	–	435,36	489,78
	VI	15 298	–	1 223,84	1 376,82																				
	I,IV	9 661	–	772,88	869,49	I	9 661	–	654,72	736,56	–	542,48	610,29	–	436,08	490,59	–	335,60	377,55	–	240,96	271,08	–	152,16	171,18
	II	8 980	–	718,40	808,20	II	8 980	–	602,88	678,24	–	493,36	555,03	–	389,60	438,30	–	291,76	328,23	–	199,84	224,82	–	113,76	127,98
53 963,99	III	5 530	–	442,40	497,70	III	5 530	–	353,44	397,62	–	267,36	300,78	–	184,32	207,36	–	106,24	119,52	–	41,28	46,44	–	–	–
	V	14 876	–	1 190,08	1 338,84	IV	9 661	–	713,04	802,17	–	654,72	736,56	–	597,84	672,57	–	542,48	610,29	–	488,56	549,63	–	436,08	490,59
	VI	15 311	–	1 224,88	1 377,99																				
	I,IV	9 672	–	773,76	870,48	I	9 672	–	655,52	737,46	–	543,28	611,19	–	436,80	491,40	–	336,24	378,27	–	241,60	271,80	–	152,80	171,90
	II	8 990	–	719,20	809,10	II	8 990	–	603,76	679,23	–	494,08	555,84	–	390,32	439,11	–	292,48	329,04	–	200,48	225,54	–	114,40	128,70
53 999,99	III	5 538	–	443,04	498,42	III	5 538	–	354,08	398,34	–	268,–	301,50	–	184,96	208,08	–	106,72	120,06	–	41,60	46,80	–	–	–
	V	14 889	–	1 191,12	1 340,01	IV	9 672	–	713,92	803,16	–	655,52	737,46	–	598,64	673,47	–	543,28	611,19	–	489,28	550,44	–	436,80	491,40
	VI	15 324	–	1 225,92	1 379,16																				
	I,IV	9 682	–	774,56	871,38	I	9 682	–	656,32	738,36	–	544,–	612,–	–	437,52	492,21	–	336,96	379,08	–	242,24	272,52	–	153,44	172,62
	II	9 001	–	720,08	810,09	II	9 001	–	604,48	680,04	–	494,80	556,65	–	391,04	439,92	–	293,12	329,76	–	201,12	226,26	–	114,96	129,33
54 035,99	III	5 546	–	443,68	499,14	III	5 546	–	354,72	399,06	–	268,64	302,22	–	185,44	208,62	–	107,20	120,60	–	42,08	47,34	–	–	–
	V	14 901	–	1 192,08	1 341,09	IV	9 682	–	714,72	804,06	–	656,32	738,36	–	599,44	674,37	–	544,–	612,–	–	490,–	551,25	–	437,52	492,21
	VI	15 336	–	1 226,88	1 380,24																				
	I,IV	9 693	–	775,44	872,37	I	9 693	–	657,20	739,35	–	544,80	612,90	–	438,24	493,02	–	337,68	379,89	–	242,88	273,24	–	154,–	173,25
	II	9 011	–	720,88	810,99	II	9 011	–	605,28	680,94	–	495,60	557,55	–	391,76	440,73	–	293,84	330,57	–	201,76	226,98	–	115,52	129,96
54 071,99	III	5 554	–	444,32	499,86	III	5 554	–	355,20	399,60	–	269,28	302,94	–	186,08	209,34	–	107,68	121,14	–	42,40	47,70	–	–	–
	V	14 913	–	1 193,04	1 342,17	IV	9 693	–	715,60	805,05	–	657,20	739,35	–	600,24	675,27	–	544,80	612,90	–	490,80	552,15	–	438,24	493,02
	VI	15 348	–	1 227,84	1 381,32																				
	I,IV	9 704	–	776,32	873,36	I	9 704	–	658,–	740,25	–	545,60	613,80	–	439,04	493,92	–	338,32	380,61	–	243,52	273,96	–	154,64	173,97
	II	9 022	–	721,76	811,98	II	9 022	–	606,08	681,84	–	496,40	558,45	–	392,48	441,54	–	294,48	331,29	–	202,40	227,70	–	116,16	130,68
54 107,99	III	5 562	–	444,96	500,58	III	5 562	–	355,84	400,32	–	269,76	303,48	–	186,72	210,06	–	108,32	121,86	–	42,88	48,24	–	–	–
	V	14 926	–	1 194,08	1 343,34	IV	9 704	–	716,40	805,95	–	658,–	740,25	–	601,04	676,17	–	545,60	613,80	–	491,52	552,96	–	439,04	493,92
	VI	15 361	–	1 228,88	1 382,49																				
	I,IV	9 715	–	777,20	874,35	I	9 715	–	658,80	741,15	–	546,32	614,61	–	439,76	494,73	–	339,04	381,42	–	244,24	274,77	–	155,28	174,69
	II	9 032	–	722,56	812,88	II	9 032	–	606,96	682,83	–	497,12	559,26	–	393,20	442,35	–	295,20	332,10	–	203,04	228,42	–	116,72	131,31
54 143,99	III	5 570	–	445,60	501,30	III	5 570	–	356,48	401,04	–	270,40	304,20	–	187,20	210,60	–	108,80	122,40	–	43,36	48,78	–	–	–
	V	14 939	–	1 195,12	1 344,51	IV	9 715	–	717,28	806,94	–	658,80	741,15	–	601,84	677,07	–	546,32	614,61	–	492,32	553,86	–	439,76	494,73
	VI	15 374	–	1 229,92	1 383,66																				

* Die ausgewiesenen Tabellenwerte sind amtlich. Siehe Erläuterungen auf der Umschlaginnenseite (U2).

JAHR 54 144,–*

Abzüge an Lohnsteuer, Solidaritätszuschlag (SolZ) und Kirchensteuer (8%, 9%) in den Steuerklassen

Lohn/ Gehalt bis €*	I – VI	LSt	ohne Kinderfreibeträge SolZ	8%	9%	I, II, III, IV	LSt	mit Zahl der Kinderfreibeträge . . . 0,5 SolZ	0,5 8%	0,5 9%	1 SolZ	1 8%	1 9%	1,5 SolZ	1,5 8%	1,5 9%	2 SolZ	2 8%	2 9%	2,5 SolZ	2,5 8%	2,5 9%	3 SolZ	3 8%	3 9%
54 179,99	I,IV	9 725	–	778,–	875,25	I	9 725	–	659,68	742,14	–	547,12	615,51	–	440,48	495,54	–	339,76	382,23	–	244,88	275,49	–	155,84	175,32
	II	9 043	–	723,44	813,87	II	9 043	–	607,76	683,73	–	497,92	560,16	–	393,92	443,16	–	295,84	332,82	–	203,68	229,14	–	117,36	132,03
	III	5 578	–	446,24	502,02	III	5 578	–	357,12	401,76	–	271,04	304,92	–	187,84	211,32	–	109,28	122,94	–	43,68	49,14	–	–	–
	V	14 951	–	1 196,08	1 345,59	IV	9 725	–	718,08	807,84	–	659,68	742,14	–	602,64	677,97	–	547,12	615,51	–	493,04	554,67	–	440,48	495,54
	VI	15 386	–	1 230,88	1 384,74																				
54 215,99	I,IV	9 736	–	778,88	876,24	I	9 736	–	660,48	743,04	–	547,92	616,41	–	441,20	496,35	–	340,48	383,04	–	245,52	276,21	–	156,48	176,04
	II	9 054	–	724,32	814,86	II	9 054	–	608,56	684,63	–	498,64	560,97	–	394,64	443,97	–	296,56	333,63	–	204,32	229,86	–	117,92	132,66
	III	5 586	–	446,88	502,74	III	5 586	–	357,76	402,48	–	271,68	305,64	–	188,48	212,04	–	109,76	123,48	–	44,16	49,68	–	–	–
	V	14 964	–	1 197,12	1 346,76	IV	9 736	–	718,96	808,83	–	660,48	743,04	–	603,44	678,87	–	547,92	616,41	–	493,84	555,57	–	441,20	496,35
	VI	15 399	–	1 231,92	1 385,91																				
54 251,99	I,IV	9 747	–	779,76	877,23	I	9 747	–	661,28	743,94	–	548,72	617,31	–	442,–	497,25	–	341,12	383,76	–	246,16	276,93	–	157,12	176,76
	II	9 064	–	725,12	815,76	II	9 064	–	609,36	685,53	–	499,44	561,87	–	395,36	444,78	–	297,20	334,35	–	204,96	230,58	–	118,48	133,29
	III	5 594	–	447,52	503,46	III	5 594	–	358,40	403,20	–	272,16	306,18	–	188,96	212,58	–	110,40	124,20	–	44,48	50,04	–	–	–
	V	14 976	–	1 198,08	1 347,84	IV	9 747	–	719,76	809,73	–	661,28	743,94	–	604,24	679,77	–	548,72	617,31	–	494,64	556,47	–	442,–	497,25
	VI	15 411	–	1 232,88	1 386,99																				
54 287,99	I,IV	9 758	–	780,64	878,22	I	9 758	–	662,16	744,93	–	549,52	618,21	–	442,72	498,06	–	341,84	384,57	–	246,80	277,65	–	157,68	177,39
	II	9 075	–	726,–	816,75	II	9 075	–	610,16	686,43	–	500,16	562,68	–	396,08	445,59	–	297,92	335,16	–	205,60	231,30	–	119,12	134,01
	III	5 602	–	448,16	504,18	III	5 602	–	359,04	403,92	–	272,80	306,90	–	189,60	213,30	–	110,88	124,74	–	44,96	50,58	–	–	–
	V	14 989	–	1 199,12	1 349,01	IV	9 758	–	720,64	810,72	–	662,16	744,93	–	605,04	680,67	–	549,52	618,21	–	495,36	557,28	–	442,72	498,06
	VI	15 424	–	1 233,92	1 388,16																				
54 323,99	I,IV	9 769	–	781,52	879,21	I	9 769	–	662,96	745,83	–	550,24	619,02	–	443,44	498,87	–	342,56	385,38	–	247,52	278,46	–	158,32	178,11
	II	9 085	–	726,80	817,65	II	9 085	–	610,96	687,33	–	500,96	563,58	–	396,80	446,40	–	298,56	335,88	–	206,24	232,02	–	119,68	134,64
	III	5 610	–	448,80	504,90	III	5 610	–	359,68	404,64	–	273,44	307,62	–	190,24	214,02	–	111,36	125,28	–	45,44	51,12	–	–	–
	V	15 002	–	1 200,16	1 350,18	IV	9 769	–	721,52	811,71	–	662,96	745,83	–	605,84	681,57	–	550,24	619,02	–	496,16	558,18	–	443,44	498,87
	VI	15 437	–	1 234,96	1 389,33																				
54 359,99	I,IV	9 779	–	782,32	880,11	I	9 779	–	663,76	746,73	–	551,04	619,92	–	444,16	499,68	–	343,20	386,10	–	248,16	279,18	–	158,96	178,83
	II	9 096	–	727,68	818,64	II	9 096	–	611,76	688,23	–	501,68	564,39	–	397,52	447,21	–	299,20	336,60	–	206,80	232,65	–	120,32	135,36
	III	5 618	–	449,44	505,62	III	5 618	–	360,32	405,36	–	274,08	308,34	–	190,72	214,56	–	111,84	125,82	–	45,76	51,48	–	–	–
	V	15 014	–	1 201,12	1 351,26	IV	9 779	–	722,32	812,61	–	663,76	746,73	–	606,64	682,47	–	551,04	619,92	–	496,88	558,99	–	444,16	499,68
	VI	15 449	–	1 235,92	1 390,41																				
54 395,99	I,IV	9 790	–	783,20	881,10	I	9 790	–	664,56	747,63	–	551,84	620,82	–	444,96	500,58	–	343,92	386,91	–	248,80	279,90	–	159,52	179,46
	II	9 106	–	728,48	819,54	II	9 106	–	612,56	689,13	–	502,48	565,29	–	398,24	448,02	–	299,92	337,41	–	207,44	233,37	–	120,88	135,99
	III	5 626	–	450,08	506,34	III	5 626	–	360,96	406,08	–	274,72	309,06	–	191,36	215,28	–	112,48	126,54	–	46,24	52,02	–	–	–
	V	15 026	–	1 202,08	1 352,34	IV	9 790	–	723,12	813,51	–	664,56	747,63	–	607,44	683,37	–	551,84	620,82	–	497,60	559,80	–	444,96	500,58
	VI	15 461	–	1 236,88	1 391,49																				
54 431,99	I,IV	9 801	–	784,08	882,09	I	9 801	–	665,44	748,62	–	552,56	621,63	–	445,68	501,39	–	344,64	387,72	–	249,44	280,62	–	160,16	180,18
	II	9 117	–	729,36	820,53	II	9 117	–	613,36	690,03	–	503,20	566,10	–	398,96	448,83	–	300,56	338,13	–	208,08	234,09	–	121,52	136,71
	III	5 634	–	450,72	507,06	III	5 634	–	361,60	406,80	–	275,20	309,60	–	192,–	216,–	–	112,96	127,08	–	46,72	52,56	–	–	–
	V	15 039	–	1 203,12	1 353,51	IV	9 801	–	724,–	814,50	–	665,44	748,62	–	608,24	684,27	–	552,56	621,63	–	498,40	560,70	–	445,68	501,39
	VI	15 474	–	1 237,92	1 392,66																				
54 467,99	I,IV	9 812	–	784,96	883,08	I	9 812	–	666,24	749,52	–	553,36	622,53	–	446,40	502,20	–	345,36	388,53	–	250,08	281,34	–	160,80	180,90
	II	9 128	–	730,24	821,52	II	9 128	–	614,16	690,93	–	504,–	567,–	–	399,68	449,64	–	301,28	338,94	–	208,72	234,81	–	122,08	137,34
	III	5 642	–	451,36	507,78	III	5 642	–	362,24	407,52	–	275,84	310,32	–	192,48	216,54	–	113,44	127,62	–	47,04	52,92	–	–	–
	V	15 051	–	1 204,08	1 354,59	IV	9 812	–	724,88	815,49	–	666,24	749,52	–	609,04	685,17	–	553,36	622,53	–	499,20	561,60	–	446,40	502,20
	VI	15 487	–	1 238,96	1 393,83																				
54 503,99	I,IV	9 823	–	785,84	884,07	I	9 823	–	667,04	750,42	–	554,16	623,43	–	447,20	503,10	–	346,–	389,25	–	250,80	282,15	–	161,36	181,53
	II	9 138	–	731,04	822,42	II	9 138	–	614,96	691,83	–	504,72	567,81	–	400,40	450,45	–	302,–	339,75	–	209,36	235,53	–	122,72	138,06
	III	5 650	–	452,–	508,50	III	5 650	–	362,72	408,06	–	276,48	311,04	–	193,12	217,26	–	114,08	128,34	–	47,52	53,46	–	–	–
	V	15 064	–	1 205,12	1 355,76	IV	9 823	–	725,68	816,39	–	667,04	750,42	–	609,84	686,07	–	554,16	623,43	–	499,92	562,41	–	447,20	503,10
	VI	15 499	–	1 239,92	1 394,91																				
54 539,99	I,IV	9 834	–	786,72	885,06	I	9 834	–	667,92	751,41	–	554,96	624,33	–	447,92	503,91	–	346,72	390,06	–	251,44	282,87	–	162,–	182,25
	II	9 149	–	731,92	823,41	II	9 149	–	615,76	692,73	–	505,52	568,71	–	401,12	451,26	–	302,64	340,47	–	210,–	236,25	–	123,28	138,69
	III	5 658	–	452,64	509,22	III	5 658	–	363,36	408,78	–	277,12	311,76	–	193,76	217,98	–	114,56	128,88	–	48,–	54,–	–	–	–
	V	15 077	–	1 206,16	1 356,93	IV	9 834	–	726,56	817,38	–	667,92	751,41	–	610,72	687,06	–	554,96	624,33	–	500,72	563,31	–	447,92	503,91
	VI	15 512	–	1 240,96	1 396,08																				
54 575,99	I,IV	9 845	–	787,60	886,05	I	9 845	–	668,72	752,31	–	555,76	625,23	–	448,64	504,72	–	347,44	390,87	–	252,08	283,59	–	162,64	182,97
	II	9 160	–	732,80	824,40	II	9 160	–	616,56	693,63	–	506,32	569,61	–	401,84	452,07	–	303,36	341,28	–	210,64	236,97	–	123,92	139,41
	III	5 666	–	453,28	509,94	III	5 666	–	364,–	409,50	–	277,76	312,48	–	194,24	218,52	–	115,04	129,42	–	48,32	54,36	–	–	–
	V	15 089	–	1 207,12	1 358,01	IV	9 845	–	727,44	818,37	–	668,72	752,31	–	611,52	687,96	–	555,76	625,23	–	501,44	564,12	–	448,64	504,72
	VI	15 524	–	1 241,92	1 397,16																				
54 611,99	I,IV	9 855	–	788,40	886,95	I	9 855	–	669,52	753,21	–	556,56	626,13	–	449,36	505,53	–	348,16	391,68	–	252,72	284,31	–	163,28	183,69
	II	9 170	–	733,60	825,30	II	9 170	–	617,44	694,62	–	507,04	570,42	–	402,64	452,97	–	304,–	342,–	–	211,28	237,69	–	124,48	140,04
	III	5 676	–	454,08	510,84	III	5 676	–	364,64	410,22	–	278,24	313,02	–	194,88	219,24	–	115,52	129,96	–	48,80	54,90	–	–	–
	V	15 102	–	1 208,16	1 359,18	IV	9 855	–	728,24	819,27	–	669,52	753,21	–	612,32	688,86	–	556,56	626,13	–	502,24	565,02	–	449,36	505,53
	VI	15 537	–	1 242,96	1 398,33																				
54 647,99	I,IV	9 866	–	789,28	887,94	I	9 866	–	670,32	754,11	–	557,28	626,94	–	450,08	506,34	–	348,80	392,40	–	253,36	285,03	–	163,84	184,32
	II	9 181	–	734,48	826,29	II	9 181	–	618,16	695,43	–	507,84	571,32	–	403,28	453,69	–	304,64	342,72	–	211,92	238,41	–	125,04	140,67
	III	5 682	–	454,56	511,38	III	5 682	–	365,28	410,94	–	278,88	313,74	–	195,36	219,78	–	116,16	130,68	–	49,12	55,26	–	–	–
	V	15 114	–	1 209,12	1 360,26	IV	9 866	–	729,04	820,17	–	670,32	754,11	–	613,12	689,76	–	557,28	626,94	–	502,96	565,83	–	450,08	506,34
	VI	15 549	–	1 243,92	1 399,41																				
54 683,99	I,IV	9 877	–	790,16	888,93	I	9 877	–	671,20	755,10	–	558,08	627,84	–	450,88	507,24	–	349,52	393,21	–	254,08	285,84	–	164,48	185,04
	II	9 191	–	735,28	827,19	II	9 191	–	618,96	696,33	–	508,56	572,13	–	404,–	454,50	–	305,36	343,53	–	212,56	239,13	–	125,68	141,39
	III	5 690	–	455,20	512,10	III	5 690	–	365,92	411,66	–	279,52	314,46	–	196,–	220,50	–	116,64	131,22	–	49,60	55,80	–	–	–
	V	15 127	–	1 210,16	1 361,43	IV	9 877	–	729,92	821,16	–	671,20	755,10	–	613,92	690,66	–	558,08	627,84	–	503,76	566,73	–	450,88	507,24
	VI	15 562	–	1 244,96	1 400,58																				
54 719,99	I,IV	9 888	–	791,04	889,92	I	9 888	–	672,–	756,–	–	558,88	628,74	–	451,60	508,05	–	350,24	394,02	–	254,72	286,56	–	165,12	185,76
	II	9 202	–	736,16	828,18	II	9 202	–	619,84	697,32	–	509,36	573,03	–	404,72	455,31	–	306,08	344,34	–	213,20	239,85	–	126,24	142,02
	III	5 698	–	455,84	512,82	III	5 698	–	366,56	412,38	–	280,16	315,18	–	196,64	221,22	–	117,12	131,76	–	50,08	56,34	–	–	–
	V	15 139	–	1 211,12	1 362,51	IV	9 888	–	730,80	822,15	–	672,–	756,–	–	614,72	691,56	–	558,88	628,74	–	504,48	567,54	–	451,60	508,05
	VI	15 574	–	1 245,92	1 401,66																				

* Die ausgewiesenen Tabellenwerte sind amtlich. Siehe Erläuterungen auf der Umschlaginnenseite (U2).

Abzüge an Lohnsteuer, Solidaritätszuschlag (SolZ) und Kirchensteuer (8%, 9%) in den Steuerklassen

Lohn/ Gehalt bis €*	I – VI					I, II, III, IV																			
			ohne Kinderfreibeträge					mit Zahl der Kinderfreibeträge . . .																	
								0,5			1			1,5			2			2,5			3		
		LSt	SolZ	8%	9%		LSt	SolZ	8%	9%	SolZ	8%	9%	SolZ	8%	9%	SolZ	8%	9%	SolZ	8%	9%	SolZ	8%	9%
54 755,99	I,IV	9 899	–	791,92	890,91	I	9 899	–	672,80	756,90	–	559,68	629,64	–	452,32	508,86	–	350,96	394,83	–	255,36	287,28	–	165,68	186,39
	II	9 213	–	737,04	829,17	II	9 213	–	620,64	698,22	–	510,08	573,84	–	405,52	456,21	–	306,72	345,06	–	213,84	240,57	–	126,88	142,74
	III	5 706	–	456,48	513,54	III	5 706	–	367,20	413,10	–	280,64	315,72	–	197,12	221,76	–	117,60	132,30	–	50,56	56,88	–	–	–
	V	15 152	–	1 212,16	1 363,68	IV	9 899	–	731,60	823,05	–	672,80	756,90	–	615,52	692,46	–	559,68	629,64	–	505,28	568,44	–	452,32	508,86
	VI	15 587	–	1 246,96	1 402,83																				
54 791,99	I,IV	9 910	–	792,80	891,90	I	9 910	–	673,68	757,89	–	560,48	630,54	–	453,12	509,76	–	351,60	395,55	–	256,08	288,09	–	166,32	187,11
	II	9 223	–	737,84	830,07	II	9 223	–	621,44	699,12	–	510,88	574,74	–	406,24	457,02	–	307,44	345,87	–	214,48	241,29	–	127,44	143,37
	III	5 716	–	457,28	514,44	III	5 716	–	367,84	413,82	–	281,28	316,44	–	197,76	222,48	–	118,24	133,02	–	50,88	57,24	–	–	–
	V	15 164	–	1 213,12	1 364,76	IV	9 910	–	732,48	824,04	–	673,68	757,89	–	616,32	693,36	–	560,48	630,54	–	506,–	569,25	–	453,12	509,76
	VI	15 600	–	1 248,–	1 404,–																				
54 827,99	I,IV	9 921	–	793,68	892,89	I	9 921	–	674,48	758,79	–	561,20	631,35	–	453,84	510,57	–	352,32	396,36	–	256,72	288,81	–	166,96	187,83
	II	9 234	–	738,72	831,06	II	9 234	–	622,24	700,02	–	511,68	575,64	–	406,96	457,83	–	308,08	346,59	–	215,12	242,01	–	128,08	144,09
	III	5 724	–	457,92	515,16	III	5 724	–	368,48	414,54	–	281,92	317,16	–	198,40	223,20	–	118,72	133,56	–	51,36	57,78	–	–	–
	V	15 177	–	1 214,16	1 365,93	IV	9 921	–	733,36	825,03	–	674,48	758,79	–	617,12	694,26	–	561,20	631,35	–	506,80	570,15	–	453,84	510,57
	VI	15 612	–	1 248,96	1 405,08																				
54 863,99	I,IV	9 931	–	794,48	893,79	I	9 931	–	675,36	759,78	–	562,–	632,25	–	454,56	511,38	–	353,04	397,17	–	257,36	289,53	–	167,60	188,55
	II	9 245	–	739,60	832,05	II	9 245	–	623,04	700,92	–	512,40	576,45	–	407,68	458,64	–	308,80	347,40	–	215,76	242,73	–	128,64	144,72
	III	5 732	–	458,56	515,88	III	5 732	–	369,12	415,26	–	282,56	317,88	–	198,88	223,74	–	119,20	134,10	–	51,84	58,32	–	–	–
	V	15 190	–	1 215,20	1 367,10	IV	9 931	–	734,16	825,93	–	675,36	759,78	–	617,92	695,16	–	562,–	632,25	–	507,60	571,05	–	454,56	511,38
	VI	15 625	–	1 250,–	1 406,25																				
54 899,99	I,IV	9 942	–	795,36	894,78	I	9 942	–	676,16	760,68	–	562,80	633,15	–	455,36	512,28	–	353,76	397,98	–	258,–	290,25	–	168,16	189,18
	II	9 255	–	740,40	832,95	II	9 255	–	623,84	701,82	–	513,20	577,35	–	408,40	459,45	–	309,44	348,12	–	216,40	243,45	–	129,28	145,44
	III	5 740	–	459,20	516,60	III	5 740	–	369,60	415,80	–	283,20	318,60	–	199,52	224,46	–	119,84	134,82	–	52,16	58,68	–	–	–
	V	15 202	–	1 216,16	1 368,18	IV	9 942	–	735,04	826,92	–	676,16	760,68	–	618,72	696,06	–	562,80	633,15	–	508,32	571,86	–	455,36	512,28
	VI	15 637	–	1 250,96	1 407,33																				
54 935,99	I,IV	9 953	–	796,24	895,77	I	9 953	–	676,96	761,58	–	563,60	634,05	–	456,08	513,09	–	354,48	398,79	–	258,72	291,06	–	168,80	189,90
	II	9 266	–	741,28	833,94	II	9 266	–	624,72	702,81	–	514,–	578,25	–	409,12	460,26	–	310,16	348,93	–	217,04	244,17	–	129,84	146,07
	III	5 748	–	459,84	517,32	III	5 748	–	370,24	416,52	–	283,68	319,14	–	200,16	225,18	–	120,32	135,36	–	52,64	59,22	–	–	–
	V	15 215	–	1 217,20	1 369,35	IV	9 953	–	735,92	827,91	–	676,96	761,58	–	619,60	697,05	–	563,60	634,05	–	509,12	572,76	–	456,08	513,09
	VI	15 650	–	1 252,–	1 408,50																				
54 971,99	I,IV	9 964	–	797,12	896,76	I	9 964	–	677,76	762,48	–	564,40	634,95	–	456,80	513,90	–	355,12	399,51	–	259,36	291,78	–	169,44	190,62
	II	9 276	–	742,08	834,84	II	9 276	–	625,44	703,62	–	514,72	579,06	–	409,84	461,07	–	310,80	349,65	–	217,68	244,89	–	130,48	146,79
	III	5 756	–	460,48	518,04	III	5 756	–	370,88	417,24	–	284,32	319,86	–	200,64	225,72	–	120,80	135,90	–	53,12	59,76	–	–	–
	V	15 227	–	1 218,16	1 370,43	IV	9 964	–	736,72	828,81	–	677,76	762,48	–	620,32	697,86	–	564,40	634,95	–	509,84	573,57	–	456,80	513,90
	VI	15 662	–	1 252,96	1 409,58																				
55 007,99	I,IV	9 975	–	798,–	897,75	I	9 975	–	678,64	763,47	–	565,12	635,76	–	457,60	514,80	–	355,84	400,32	–	260,–	292,50	–	170,08	191,34
	II	9 287	–	742,96	835,83	II	9 287	–	626,24	704,52	–	515,52	579,96	–	410,56	461,88	–	311,52	350,46	–	218,32	245,61	–	131,04	147,42
	III	5 764	–	461,12	518,76	III	5 764	–	371,52	417,96	–	284,96	320,58	–	201,28	226,44	–	121,44	136,62	–	53,44	60,12	–	–	–
	V	15 240	–	1 219,20	1 371,60	IV	9 975	–	737,60	829,80	–	678,64	763,47	–	621,20	698,85	–	565,12	635,76	–	510,64	574,47	–	457,60	514,80
	VI	15 675	–	1 254,–	1 410,75																				
55 043,99	I,IV	9 986	–	798,88	898,74	I	9 986	–	679,44	764,37	–	565,92	636,66	–	458,32	515,61	–	356,56	401,13	–	260,64	293,22	–	170,64	191,97
	II	9 298	–	743,84	836,82	II	9 298	–	627,12	705,51	–	516,24	580,77	–	411,28	462,69	–	312,24	351,27	–	218,96	246,33	–	131,68	148,14
	III	5 772	–	461,76	519,48	III	5 772	–	372,16	418,68	–	285,60	321,30	–	201,92	227,16	–	121,92	137,16	–	53,92	60,66	–	–	–
	V	15 252	–	1 220,16	1 372,68	IV	9 986	–	738,40	830,70	–	679,44	764,37	–	622,–	699,75	–	565,92	636,66	–	511,36	575,28	–	458,32	515,61
	VI	15 687	–	1 254,96	1 411,83																				
55 079,99	I,IV	9 997	–	799,76	899,73	I	9 997	–	680,32	765,36	–	566,72	637,56	–	459,04	516,42	–	357,28	401,94	–	261,36	294,03	–	171,28	192,69
	II	9 308	–	744,64	837,72	II	9 308	–	627,92	706,41	–	517,04	581,67	–	412,–	463,50	–	312,88	351,99	–	219,60	247,05	–	132,24	148,77
	III	5 780	–	462,40	520,20	III	5 780	–	372,80	419,40	–	286,24	322,02	–	202,40	227,70	–	122,56	137,88	–	54,40	61,20	–	0,32	0,36
	V	15 265	–	1 221,20	1 373,85	IV	9 997	–	739,28	831,69	–	680,32	765,36	–	622,80	700,65	–	566,72	637,56	–	512,16	576,18	–	459,04	516,42
	VI	15 700	–	1 256,–	1 413,–																				
55 115,99	I,IV	10 008	–	800,64	900,72	I	10 008	–	681,12	766,26	–	567,52	638,46	–	459,84	517,32	–	358,–	402,75	–	262,–	294,75	–	171,92	193,41
	II	9 319	–	745,52	838,71	II	9 319	–	628,72	707,31	–	517,76	582,48	–	412,72	464,31	–	313,60	352,80	–	220,32	247,86	–	132,88	149,49
	III	5 788	–	463,04	520,92	III	5 788	–	373,44	420,12	–	286,72	322,56	–	203,04	228,42	–	123,04	138,42	–	54,88	61,74	–	0,64	0,72
	V	15 277	–	1 222,16	1 374,93	IV	10 008	–	740,16	832,68	–	681,12	766,26	–	623,60	701,55	–	567,52	638,46	–	512,96	577,08	–	459,84	517,32
	VI	15 713	–	1 257,04	1 414,17																				
55 151,99	I,IV	10 019	–	801,52	901,71	I	10 019	–	682,–	767,25	–	568,32	639,36	–	460,56	518,13	–	358,64	403,47	–	262,64	295,47	–	172,56	194,13
	II	9 330	–	746,40	839,70	II	9 330	–	629,52	708,21	–	518,56	583,38	–	413,44	465,12	–	314,24	353,52	–	220,96	248,58	–	133,44	150,12
	III	5 796	–	463,68	521,64	III	5 796	–	374,08	420,84	–	287,36	323,28	–	203,68	229,14	–	123,52	138,96	–	55,20	62,10	–	0,96	1,08
	V	15 290	–	1 223,20	1 376,10	IV	10 019	–	740,96	833,58	–	682,–	767,25	–	624,40	702,45	–	568,32	639,36	–	513,68	577,89	–	460,56	518,13
	VI	15 725	–	1 258,–	1 415,25																				
55 187,99	I,IV	10 030	–	802,40	902,70	I	10 030	–	682,80	768,15	–	569,12	640,26	–	461,28	518,94	–	359,36	404,28	–	263,36	296,28	–	173,12	194,76
	II	9 340	–	747,20	840,60	II	9 340	–	630,32	709,11	–	519,36	584,28	–	414,24	466,02	–	314,96	354,33	–	221,60	249,30	–	134,08	150,84
	III	5 804	–	464,32	522,36	III	5 804	–	374,72	421,56	–	288,–	324,–	–	204,16	229,68	–	124,16	139,68	–	55,68	62,64	–	1,28	1,44
	V	15 303	–	1 224,24	1 377,27	IV	10 030	–	741,84	834,57	–	682,80	768,15	–	625,20	703,35	–	569,12	640,26	–	514,48	578,79	–	461,28	518,94
	VI	15 738	–	1 259,04	1 416,42																				
55 223,99	I,IV	10 040	–	803,20	903,60	I	10 040	–	683,60	769,05	–	569,92	641,16	–	462,08	519,84	–	360,08	405,09	–	264,–	297,–	–	173,76	195,48
	II	9 351	–	748,08	841,59	II	9 351	–	631,20	710,10	–	520,08	585,09	–	414,96	466,83	–	315,68	355,14	–	222,24	250,02	–	134,72	151,56
	III	5 812	–	464,96	523,08	III	5 812	–	375,36	422,28	–	288,64	324,72	–	204,80	230,40	–	124,64	140,22	–	56,16	63,18	–	1,60	1,80
	V	15 315	–	1 225,20	1 378,35	IV	10 040	–	742,72	835,56	–	683,60	769,05	–	626,–	704,25	–	569,92	641,16	–	515,28	579,69	–	462,08	519,84
	VI	15 750	–	1 260,–	1 417,50																				
55 259,99	I,IV	10 051	–	804,08	904,59	I	10 051	–	684,48	770,04	–	570,64	641,97	–	462,80	520,65	–	360,80	405,90	–	264,64	297,72	–	174,40	196,20
	II	9 362	–	748,96	842,58	II	9 362	–	631,92	710,91	–	520,88	585,99	–	415,68	467,64	–	316,32	355,86	–	222,88	250,74	–	135,28	152,19
	III	5 820	–	465,60	523,80	III	5 820	–	376,–	423,–	–	289,12	325,26	–	205,44	231,12	–	125,12	140,76	–	56,48	63,54	–	1,92	2,16
	V	15 327	–	1 226,16	1 379,43	IV	10 051	–	743,52	836,46	–	684,48	770,04	–	626,80	705,15	–	570,64	641,97	–	516,–	580,50	–	462,80	520,65
	VI	15 763	–	1 261,04	1 418,67																				
55 295,99	I,IV	10 062	–	804,96	905,58	I	10 062	–	685,28	770,94	–	571,44	642,87	–	463,52	521,46	–	361,52	406,71	–	265,28	298,44	–	175,04	196,92
	II	9 372	–	749,76	843,48	II	9 372	–	632,80	711,90	–	521,60	586,80	–	416,40	468,45	–	317,04	356,67	–	223,52	251,46	–	135,84	152,82
	III	5 828	–	466,24	524,52	III	5 828	–	376,64	423,72	–	289,76	325,98	–	205,92	231,66	–	125,76	141,48	–	56,96	64,08	–	2,24	2,52
	V	15 340	–	1 227,20	1 380,60	IV	10 062	–	744,40	837,45	–	685,28	770,94	–	627,60	706,05	–	571,44	642,87	–	516,80	581,40	–	463,52	521,46
	VI	15 775	–	1 262,–	1 419,75																				

*** Die ausgewiesenen Tabellenwerte sind amtlich. Siehe Erläuterungen auf der Umschlaginnenseite (U2).**

Abzüge an Lohnsteuer, Solidaritätszuschlag (SolZ) und Kirchensteuer (8%, 9%) in den Steuerklassen

I – VI: ohne Kinderfreibeträge; I, II, III, IV: mit Zahl der Kinderfreibeträge . . .

Lohn/ Gehalt bis €*		LSt	SolZ	8%	9%		LSt	0,5 SolZ	0,5 8%	0,5 9%	1 SolZ	1 8%	1 9%	1,5 SolZ	1,5 8%	1,5 9%	2 SolZ	2 8%	2 9%	2,5 SolZ	2,5 8%	2,5 9%	3 SolZ	3 8%	3 9%
55 331,99	I,IV	10 073	–	805,84	906,57	I	10 073	–	686,08	771,84	–	572,24	643,77	–	464,32	522,36	–	362,16	407,43	–	266,–	299,25	–	175,60	197,55
	II	9 383	–	750,64	844,47	II	9 383	–	633,60	712,80	–	522,40	587,70	–	417,12	469,26	–	317,68	357,39	–	224,16	252,18	–	136,48	153,54
	III	5 836	–	466,88	525,24	III	5 836	–	377,12	424,26	–	290,40	326,70	–	206,56	232,38	–	126,24	142,02	–	57,44	64,62	–	2,72	3,06
	V	15 353	–	1 228,24	1 381,77	IV	10 073	–	745,20	838,35	–	686,08	771,84	–	628,48	707,04	–	572,24	643,77	–	517,52	582,21	–	464,32	522,36
	VI	15 788	–	1 263,04	1 420,92																				
55 367,99	I,IV	10 084	–	806,72	907,56	I	10 084	–	686,96	772,83	–	573,04	644,67	–	465,04	523,17	–	362,88	408,24	–	266,64	299,97	–	176,24	198,27
	II	9 394	–	751,52	845,46	II	9 394	–	634,40	713,70	–	523,20	588,60	–	417,84	470,07	–	318,40	358,20	–	224,80	252,90	–	137,12	154,26
	III	5 844	–	467,52	525,96	III	5 844	–	377,76	424,98	–	291,04	327,42	–	207,20	233,10	–	126,72	142,56	–	57,92	65,16	–	3,04	3,42
	V	15 365	–	1 229,20	1 382,85	IV	10 084	–	746,08	839,34	–	686,96	772,83	–	629,28	707,94	–	573,04	644,67	–	518,32	583,11	–	465,04	523,17
	VI	15 800	–	1 264,–	1 422,–																				
55 403,99	I,IV	10 095	–	807,60	908,55	I	10 095	–	687,76	773,73	–	573,84	645,57	–	465,76	523,98	–	363,60	409,05	–	267,28	300,69	–	176,88	198,99
	II	9 404	–	752,32	846,36	II	9 404	–	635,20	714,60	–	523,92	589,41	–	418,56	470,88	–	319,04	358,92	–	225,44	253,62	–	137,68	154,89
	III	5 854	–	468,32	526,86	III	5 854	–	378,40	425,70	–	291,68	328,14	–	207,68	233,64	–	127,36	143,28	–	58,40	65,70	–	3,36	3,78
	V	15 378	–	1 230,24	1 384,02	IV	10 095	–	746,96	840,33	–	687,76	773,73	–	630,08	708,84	–	573,84	645,57	–	519,12	584,01	–	465,76	523,98
	VI	15 813	–	1 265,04	1 423,17																				
55 439,99	I,IV	10 106	–	808,48	909,54	I	10 106	–	688,64	774,72	–	574,64	646,47	–	466,56	524,88	–	364,32	409,86	–	268,–	301,50	–	177,52	199,71
	II	9 415	–	753,20	847,35	II	9 415	–	636,–	715,50	–	524,72	590,31	–	419,28	471,69	–	319,76	359,73	–	226,08	254,34	–	138,32	155,61
	III	5 862	–	468,96	527,58	III	5 862	–	379,04	426,42	–	292,16	328,68	–	208,32	234,36	–	127,84	143,82	–	58,72	66,06	–	3,68	4,14
	V	15 390	–	1 231,20	1 385,10	IV	10 106	–	747,84	841,32	–	688,64	774,72	–	630,88	709,74	–	574,64	646,47	–	519,84	584,82	–	466,56	524,88
	VI	15 826	–	1 266,08	1 424,34																				
55 475,99	I,IV	10 117	–	809,36	910,53	I	10 117	–	689,44	775,62	–	575,44	647,37	–	467,28	525,69	–	365,04	410,67	–	268,64	302,22	–	178,16	200,43
	II	9 426	–	754,08	848,34	II	9 426	–	636,88	716,49	–	525,52	591,21	–	420,08	472,59	–	320,48	360,54	–	226,72	255,06	–	138,88	156,24
	III	5 870	–	469,60	528,30	III	5 870	–	379,68	427,14	–	292,80	329,40	–	208,96	235,08	–	128,32	144,36	–	59,20	66,60	–	4,–	4,50
	V	15 403	–	1 232,24	1 386,27	IV	10 117	–	748,64	842,22	–	689,44	775,62	–	631,68	710,64	–	575,44	647,37	–	520,64	585,72	–	467,28	525,69
	VI	15 838	–	1 267,04	1 425,42																				
55 511,99	I,IV	10 128	–	810,24	911,52	I	10 128	–	690,32	776,61	–	576,24	648,27	–	468,08	526,59	–	365,76	411,48	–	269,28	302,94	–	178,80	201,15
	II	9 437	–	754,96	849,33	II	9 437	–	637,68	717,39	–	526,32	592,11	–	420,80	473,40	–	321,12	361,26	–	227,36	255,78	–	139,52	156,96
	III	5 878	–	470,24	529,02	III	5 878	–	380,32	427,86	–	293,44	330,12	–	209,44	235,62	–	128,96	145,08	–	59,68	67,14	–	4,32	4,86
	V	15 416	–	1 233,28	1 387,44	IV	10 128	–	749,52	843,21	–	690,32	776,61	–	632,56	711,63	–	576,24	648,27	–	521,44	586,62	–	468,08	526,59
	VI	15 851	–	1 268,08	1 426,59																				
55 547,99	I,IV	10 139	–	811,12	912,51	I	10 139	–	691,12	777,51	–	577,04	649,17	–	468,80	527,40	–	366,48	412,29	–	270,–	303,75	–	179,36	201,78
	II	9 447	–	755,76	850,23	II	9 447	–	638,48	718,29	–	527,04	592,92	–	421,52	474,21	–	321,84	362,07	–	228,08	256,59	–	140,16	157,68
	III	5 886	–	470,88	529,74	III	5 886	–	380,96	428,58	–	294,08	330,84	–	210,08	236,34	–	129,44	145,62	–	60,16	67,68	–	4,64	5,22
	V	15 428	–	1 234,24	1 388,52	IV	10 139	–	750,40	844,20	–	691,12	777,51	–	633,36	712,53	–	577,04	649,17	–	522,16	587,43	–	468,80	527,40
	VI	15 863	–	1 269,04	1 427,67																				
55 583,99	I,IV	10 149	–	811,92	913,41	I	10 149	–	691,92	778,41	–	577,76	649,98	–	469,52	528,21	–	367,12	413,01	–	270,64	304,47	–	180,–	202,50
	II	9 458	–	756,64	851,22	II	9 458	–	639,28	719,19	–	527,84	593,82	–	422,24	475,02	–	322,48	362,79	–	228,64	257,22	–	140,72	158,31
	III	5 894	–	471,52	530,46	III	5 894	–	381,60	429,30	–	294,72	331,56	–	210,72	237,06	–	130,08	146,34	–	60,48	68,04	–	5,12	5,76
	V	15 440	–	1 235,20	1 389,60	IV	10 149	–	751,20	845,10	–	691,92	778,41	–	634,16	713,43	–	577,76	649,98	–	522,96	588,33	–	469,52	528,21
	VI	15 876	–	1 270,08	1 428,84																				
55 619,99	I,IV	10 160	–	812,80	914,40	I	10 160	–	692,80	779,40	–	578,56	650,88	–	470,32	529,11	–	367,84	413,82	–	271,28	305,19	–	180,64	203,22
	II	9 469	–	757,52	852,21	II	9 469	–	640,08	720,09	–	528,56	594,63	–	422,96	475,83	–	323,20	363,60	–	229,36	258,03	–	141,28	158,94
	III	5 902	–	472,16	531,18	III	5 902	–	382,24	430,02	–	295,36	332,28	–	211,20	237,60	–	130,56	146,88	–	60,96	68,58	–	5,44	6,12
	V	15 453	–	1 236,24	1 390,77	IV	10 160	–	752,08	846,09	–	692,80	779,40	–	634,96	714,33	–	578,56	650,88	–	523,68	589,14	–	470,32	529,11
	VI	15 888	–	1 271,04	1 429,92																				
55 655,99	I,IV	10 171	–	813,68	915,39	I	10 171	–	693,60	780,30	–	579,36	651,78	–	471,04	529,92	–	368,56	414,63	–	272,–	306,–	–	181,28	203,94
	II	9 479	–	758,32	853,11	II	9 479	–	640,88	720,99	–	529,36	595,53	–	423,68	476,64	–	323,92	364,41	–	230,–	258,75	–	141,92	159,66
	III	5 910	–	472,80	531,90	III	5 910	–	382,88	430,74	–	295,84	332,82	–	211,84	238,32	–	131,20	147,60	–	61,44	69,12	–	5,76	6,48
	V	15 466	–	1 237,28	1 391,94	IV	10 171	–	752,96	847,08	–	693,60	780,30	–	635,76	715,23	–	579,36	651,78	–	524,48	590,04	–	471,04	529,92
	VI	15 901	–	1 272,08	1 431,09																				
55 691,99	I,IV	10 182	–	814,56	916,38	I	10 182	–	694,48	781,29	–	580,16	652,68	–	471,76	530,73	–	369,28	415,44	–	272,64	306,72	–	181,92	204,66
	II	9 490	–	759,20	854,10	II	9 490	–	641,76	721,98	–	530,16	596,43	–	424,40	477,45	–	324,56	365,13	–	230,64	259,47	–	142,56	160,38
	III	5 918	–	473,44	532,62	III	5 918	–	383,52	431,46	–	296,48	333,54	–	212,48	239,04	–	131,68	148,14	–	61,92	69,66	–	6,08	6,84
	V	15 478	–	1 238,24	1 393,02	IV	10 182	–	753,76	847,98	–	694,48	781,29	–	636,56	716,13	–	580,16	652,68	–	525,28	590,94	–	471,76	530,73
	VI	15 913	–	1 273,04	1 432,17																				
55 727,99	I,IV	10 193	–	815,44	917,37	I	10 193	–	695,28	782,19	–	580,96	653,58	–	472,56	531,63	–	370,–	416,25	–	273,28	307,44	–	182,48	205,29
	II	9 501	–	760,08	855,09	II	9 501	–	642,56	722,88	–	530,88	597,24	–	425,12	478,26	–	325,28	365,94	–	231,28	260,19	–	143,12	161,01
	III	5 926	–	474,08	533,34	III	5 926	–	384,16	432,18	–	297,12	334,26	–	212,96	239,58	–	132,16	148,68	–	62,40	70,20	–	6,40	7,20
	V	15 491	–	1 239,28	1 394,19	IV	10 193	–	754,64	848,97	–	695,28	782,19	–	637,36	717,03	–	580,96	653,58	–	526,–	591,75	–	472,56	531,63
	VI	15 926	–	1 274,08	1 433,34																				
55 763,99	I,IV	10 205	–	816,40	918,45	I	10 205	–	696,16	783,18	–	581,76	654,48	–	473,28	532,44	–	370,72	417,06	–	274,–	308,25	–	183,12	206,01
	II	9 512	–	760,96	856,08	II	9 512	–	643,36	723,78	–	531,68	598,14	–	425,92	479,16	–	326,–	366,75	–	231,92	260,91	–	143,76	161,73
	III	5 934	–	474,72	534,06	III	5 934	–	384,80	432,90	–	297,76	334,98	–	213,60	240,30	–	132,80	149,40	–	62,72	70,56	–	6,88	7,74
	V	15 503	–	1 240,24	1 395,27	IV	10 205	–	755,52	849,96	–	696,16	783,18	–	638,24	718,02	–	581,76	654,48	–	526,80	592,65	–	473,28	532,44
	VI	15 939	–	1 275,12	1 434,51																				
55 799,99	I,IV	10 216	–	817,28	919,44	I	10 216	–	696,96	784,08	–	582,56	655,38	–	474,08	533,34	–	371,44	417,87	–	274,64	308,97	–	183,76	206,73
	II	9 522	–	761,76	856,98	II	9 522	–	644,16	724,68	–	532,48	599,04	–	426,64	479,97	–	326,64	367,47	–	232,56	261,63	–	144,40	162,45
	III	5 942	–	475,36	534,78	III	5 942	–	385,44	433,62	–	298,40	335,70	–	214,24	241,02	–	133,28	149,94	–	63,20	71,10	–	7,20	8,10
	V	15 516	–	1 241,28	1 396,44	IV	10 216	–	756,40	850,95	–	696,96	784,08	–	639,04	718,92	–	582,56	655,38	–	527,60	593,55	–	474,08	533,34
	VI	15 951	–	1 276,08	1 435,59																				
55 835,99	I,IV	10 227	–	818,16	920,43	I	10 227	–	697,84	785,07	–	583,36	656,28	–	474,80	534,15	–	372,16	418,68	–	275,36	309,78	–	184,40	207,45
	II	9 533	–	762,64	857,97	II	9 533	–	645,04	725,67	–	533,28	599,94	–	427,36	480,78	–	327,36	368,28	–	233,20	262,35	–	144,96	163,08
	III	5 952	–	476,16	535,68	III	5 952	–	386,08	434,34	–	298,88	336,24	–	214,88	241,74	–	133,92	150,66	–	63,68	71,64	–	7,52	8,46
	V	15 529	–	1 242,32	1 397,61	IV	10 227	–	757,20	851,85	–	697,84	785,07	–	639,84	719,82	–	583,36	656,28	–	528,32	594,36	–	474,80	534,15
	VI	15 964	–	1 277,12	1 436,76																				
55 871,99	I,IV	10 238	–	819,04	921,42	I	10 238	–	698,64	785,97	–	584,16	657,18	–	475,60	535,05	–	372,88	419,49	–	276,–	310,50	–	185,04	208,17
	II	9 544	–	763,52	858,96	II	9 544	–	645,84	726,57	–	534,–	600,75	–	428,08	481,59	–	328,08	369,09	–	233,92	263,16	–	145,60	163,80
	III	5 960	–	476,80	536,40	III	5 960	–	386,72	435,06	–	299,52	336,96	–	215,36	242,28	–	134,40	151,20	–	64,16	72,18	–	7,84	8,82
	V	15 541	–	1 243,28	1 398,69	IV	10 238	–	758,08	852,84	–	698,64	785,97	–	640,64	720,72	–	584,16	657,18	–	529,12	595,26	–	475,60	535,05
	VI	15 976	–	1 278,08	1 437,84																				

*** Die ausgewiesenen Tabellenwerte sind amtlich. Siehe Erläuterungen auf der Umschlaginnenseite (U2).**

Abzüge an Lohnsteuer, Solidaritätszuschlag (SolZ) und Kirchensteuer (8%, 9%) in den Steuerklassen

Lohn/ Gehalt bis €*		I – VI				I, II, III, IV																			
			ohne Kinder-freibeträge					**mit** Zahl der Kinderfreibeträge . . .																	
								0,5			1			1,5			2			2,5			3		
		LSt	SolZ	8%	9%		LSt	SolZ	8%	9%	SolZ	8%	9%	SolZ	8%	9%	SolZ	8%	9%	SolZ	8%	9%	SolZ	8%	9%
	I,IV	10 248	–	819,84	922,32	I	10 248	–	699,44	786,87	–	584,96	658,08	–	476,32	535,86	–	373,52	420,21	–	276,64	311,22	–	185,60	208,80
	II	9 554	–	764,32	859,86	II	9 554	–	646,64	727,47	–	534,80	601,65	–	428,80	482,40	–	328,72	369,81	–	234,48	263,79	–	146,16	164,43
55 907,99	III	5 966	–	477,28	536,94	III	5 966	–	387,20	435,60	–	300,16	337,68	–	216,–	243,–	–	134,88	151,74	–	64,64	72,72	–	8,16	9,18
	V	15 553	–	1 244,24	1 399,77	IV	10 248	–	758,96	853,83	–	699,44	786,87	–	641,44	721,62	–	584,96	658,08	–	529,92	596,16	–	476,32	535,86
	VI	15 989	–	1 279,12	1 439,01																				
	I,IV	10 259	–	820,72	923,31	I	10 259	–	700,32	787,86	–	585,76	658,98	–	477,04	536,67	–	374,24	421,02	–	277,28	311,94	–	186,24	209,52
	II	9 565	–	765,20	860,85	II	9 565	–	647,44	728,37	–	535,60	602,55	–	429,52	483,21	–	329,44	370,62	–	235,20	264,60	–	146,80	165,15
55 943,99	III	5 976	–	478,08	537,84	III	5 976	–	387,84	436,32	–	300,80	338,40	–	216,48	243,54	–	135,52	152,46	–	64,96	73,08	–	8,48	9,54
	V	15 566	–	1 245,28	1 400,94	IV	10 259	–	759,76	854,73	–	700,32	787,86	–	642,32	722,61	–	585,76	658,98	–	530,64	596,97	–	477,04	536,67
	VI	16 001	–	1 280,08	1 440,09																				
	I,IV	10 270	–	821,60	924,30	I	10 270	–	701,12	788,76	–	586,56	659,88	–	477,84	537,57	–	374,96	421,83	–	278,–	312,75	–	186,88	210,24
	II	9 576	–	766,08	861,84	II	9 576	–	648,24	729,27	–	536,32	603,36	–	430,32	484,11	–	330,08	371,34	–	235,84	265,32	–	147,36	165,78
55 979,99	III	5 984	–	478,72	538,56	III	5 984	–	388,48	437,04	–	301,44	339,12	–	217,12	244,26	–	136,–	153,–	–	65,44	73,62	–	8,96	10,08
	V	15 579	–	1 246,32	1 402,11	IV	10 270	–	760,64	855,72	–	701,12	788,76	–	643,12	723,51	–	586,56	659,88	–	531,44	597,87	–	477,84	537,57
	VI	16 014	–	1 281,12	1 441,26																				
	I,IV	10 281	–	822,48	925,29	I	10 281	–	702,–	789,75	–	587,36	660,78	–	478,56	538,38	–	375,68	422,64	–	278,64	313,47	–	187,52	210,96
	II	9 587	–	766,96	862,83	II	9 587	–	649,12	730,26	–	537,12	604,26	–	431,04	484,92	–	330,80	372,15	–	236,48	266,04	–	148,–	166,50
56 015,99	III	5 992	–	479,36	539,28	III	5 992	–	389,12	437,76	–	301,92	339,66	–	217,76	244,98	–	136,64	153,72	–	65,92	74,16	–	9,28	10,44
	V	15 591	–	1 247,28	1 403,19	IV	10 281	–	761,52	856,71	–	702,–	789,75	–	643,92	724,41	–	587,36	660,78	–	532,24	598,77	–	478,56	538,38
	VI	16 026	–	1 282,08	1 442,34																				
	I,IV	10 292	–	823,36	926,28	I	10 292	–	702,80	790,65	–	588,16	661,68	–	479,36	539,28	–	376,40	423,45	–	279,36	314,28	–	188,16	211,68
	II	9 598	–	767,84	863,82	II	9 598	–	649,92	731,16	–	537,92	605,16	–	431,76	485,73	–	331,52	372,96	–	237,12	266,76	–	148,64	167,22
56 051,99	III	6 000	–	480,–	540,–	III	6 000	–	389,76	438,48	–	302,56	340,38	–	218,24	245,52	–	137,12	154,26	–	66,40	74,70	–	9,60	10,80
	V	15 604	–	1 248,32	1 404,36	IV	10 292	–	762,40	857,70	–	702,80	790,65	–	644,72	725,31	–	588,16	661,68	–	532,96	599,58	–	479,36	539,28
	VI	16 039	–	1 283,12	1 443,51																				
	I,IV	10 303	–	824,24	927,27	I	10 303	–	703,68	791,64	–	588,96	662,58	–	480,08	540,09	–	377,12	424,26	–	280,–	315,–	–	188,80	212,40
	II	9 608	–	768,64	864,72	II	9 608	–	650,72	732,06	–	538,72	606,06	–	432,48	486,54	–	332,24	373,77	–	237,76	267,48	–	149,20	167,85
56 087,99	III	6 008	–	480,64	540,72	III	6 008	–	390,40	439,20	–	303,20	341,10	–	218,88	246,24	–	137,76	154,98	–	66,88	75,24	–	9,92	11,16
	V	15 616	–	1 249,28	1 405,44	IV	10 303	–	763,20	858,60	–	703,68	791,64	–	645,60	726,30	–	588,96	662,58	–	533,76	600,48	–	480,08	540,09
	VI	16 052	–	1 284,16	1 444,68																				
	I,IV	10 314	–	825,12	928,26	I	10 314	–	704,48	792,54	–	589,76	663,48	–	480,80	540,90	–	377,84	425,07	–	280,72	315,81	–	189,44	213,12
	II	9 619	–	769,52	865,71	II	9 619	–	651,60	733,05	–	539,44	606,87	–	433,28	487,44	–	332,88	374,49	–	238,40	268,20	–	149,84	168,57
56 123,99	III	6 016	–	481,28	541,44	III	6 016	–	391,04	439,92	–	303,84	341,82	–	219,52	246,96	–	138,24	155,52	–	67,36	75,78	–	10,40	11,70
	V	15 629	–	1 250,32	1 406,61	IV	10 314	–	764,08	859,59	–	704,48	792,54	–	646,40	727,20	–	589,76	663,48	–	534,56	601,38	–	480,80	540,90
	VI	16 064	–	1 285,12	1 445,76																				
	I,IV	10 326	–	826,08	929,34	I	10 326	–	705,36	793,53	–	590,56	664,38	–	481,60	541,80	–	378,56	425,88	–	281,36	316,53	–	190,08	213,84
	II	9 630	–	770,40	866,70	II	9 630	–	652,40	733,95	–	540,24	607,77	–	434,–	488,25	–	333,60	375,30	–	239,12	269,01	–	150,48	169,29
56 159,99	III	6 024	–	481,92	542,16	III	6 024	–	391,68	440,64	–	304,48	342,54	–	220,16	247,68	–	138,88	156,24	–	67,84	76,32	–	10,72	12,06
	V	15 642	–	1 251,36	1 407,78	IV	10 326	–	764,96	860,58	–	705,36	793,53	–	647,20	728,10	–	590,56	664,38	–	535,36	602,28	–	481,60	541,80
	VI	16 077	–	1 286,16	1 446,93																				
	I,IV	10 336	–	826,88	930,24	I	10 336	–	706,16	794,43	–	591,28	665,19	–	482,32	542,61	–	379,20	426,60	–	282,–	317,25	–	190,64	214,47
	II	9 641	–	771,28	867,69	II	9 641	–	653,20	734,85	–	541,04	608,67	–	434,72	489,06	–	334,24	376,02	–	239,76	269,73	–	151,04	169,92
56 195,99	III	6 032	–	482,56	542,88	III	6 032	–	392,32	441,36	–	305,12	343,26	–	220,64	248,22	–	139,36	156,78	–	68,16	76,68	–	11,04	12,42
	V	15 654	–	1 252,32	1 408,86	IV	10 336	–	765,76	861,48	–	706,16	794,43	–	648,–	729,–	–	591,28	665,19	–	536,08	603,09	–	482,32	542,61
	VI	16 089	–	1 287,12	1 448,01																				
	I,IV	10 347	–	827,76	931,23	I	10 347	–	707,04	795,42	–	592,08	666,09	–	483,12	543,51	–	379,92	427,41	–	282,72	318,06	–	191,28	215,19
	II	9 651	–	772,08	868,59	II	9 651	–	654,–	735,75	–	541,76	609,48	–	435,44	489,87	–	334,96	376,83	–	240,40	270,45	–	151,68	170,64
56 231,99	III	6 040	–	483,20	543,60	III	6 040	–	392,96	442,08	–	305,60	343,80	–	221,28	248,94	–	140,–	157,50	–	68,64	77,22	–	11,36	12,78
	V	15 666	–	1 253,28	1 409,94	IV	10 347	–	766,64	862,47	–	707,04	795,42	–	648,80	729,90	–	592,08	666,09	–	536,88	603,99	–	483,12	543,51
	VI	16 101	–	1 288,08	1 449,09																				
	I,IV	10 358	–	828,64	932,22	I	10 358	–	707,84	796,32	–	592,88	666,99	–	483,84	544,32	–	380,64	428,22	–	283,36	318,78	–	191,92	215,91
	II	9 662	–	772,96	869,58	II	9 662	–	654,80	736,65	–	542,56	610,38	–	436,16	490,68	–	335,68	377,64	–	241,04	271,17	–	152,24	171,27
56 267,99	III	6 048	–	483,84	544,32	III	6 048	–	393,60	442,80	–	306,24	344,52	–	221,92	249,66	–	140,48	158,04	–	69,12	77,76	–	11,68	13,14
	V	15 679	–	1 254,32	1 411,11	IV	10 358	–	767,52	863,46	–	707,84	796,32	–	649,68	730,89	–	592,88	666,99	–	537,68	604,89	–	483,84	544,32
	VI	16 114	–	1 289,12	1 450,26																				
	I,IV	10 369	–	829,52	933,21	I	10 369	–	708,72	797,31	–	593,68	667,89	–	484,64	545,22	–	381,36	429,03	–	284,–	319,50	–	192,56	216,63
	II	9 673	–	773,84	870,57	II	9 673	–	655,68	737,64	–	543,36	611,28	–	436,88	491,49	–	336,40	378,45	–	241,68	271,89	–	152,88	171,99
56 303,99	III	6 058	–	484,64	545,22	III	6 058	–	394,24	443,52	–	306,88	345,24	–	222,40	250,20	–	141,12	158,76	–	69,60	78,30	–	12,16	13,68
	V	15 692	–	1 255,36	1 412,28	IV	10 369	–	768,40	864,45	–	708,72	797,31	–	650,48	731,79	–	593,68	667,89	–	538,40	605,70	–	484,64	545,22
	VI	16 127	–	1 290,16	1 451,43																				
	I,IV	10 380	–	830,40	934,20	I	10 380	–	709,52	798,21	–	594,48	668,79	–	485,36	546,03	–	382,08	429,84	–	284,72	320,31	–	193,20	217,35
	II	9 684	–	774,72	871,56	II	9 684	–	656,48	738,54	–	544,16	612,18	–	437,68	492,39	–	337,04	379,17	–	242,32	272,61	–	153,52	172,71
56 339,99	III	6 066	–	485,28	545,94	III	6 066	–	394,88	444,24	–	307,52	345,96	–	223,04	250,92	–	141,60	159,30	–	70,08	78,84	–	12,48	14,04
	V	15 704	–	1 256,32	1 413,36	IV	10 380	–	769,28	865,44	–	709,52	798,21	–	651,28	732,69	–	594,48	668,79	–	539,20	606,60	–	485,36	546,03
	VI	16 139	–	1 291,12	1 452,51																				
	I,IV	10 392	–	831,36	935,28	I	10 392	–	710,40	799,20	–	595,28	669,69	–	486,16	546,93	–	382,80	430,65	–	285,36	321,03	–	193,84	218,07
	II	9 695	–	775,60	872,55	II	9 695	–	657,28	739,44	–	544,88	612,99	–	438,40	493,20	–	337,76	379,98	–	243,04	273,42	–	154,16	173,43
56 375,99	III	6 074	–	485,92	546,66	III	6 074	–	395,52	444,96	–	308,16	346,68	–	223,68	251,64	–	142,24	160,02	–	70,56	79,38	–	12,80	14,40
	V	15 717	–	1 257,36	1 414,53	IV	10 392	–	770,08	866,34	–	710,40	799,20	–	652,08	733,59	–	595,28	669,69	–	540,–	607,50	–	486,16	546,93
	VI	16 152	–	1 292,16	1 453,68																				
	I,IV	10 403	–	832,24	936,27	I	10 403	–	711,20	800,10	–	596,08	670,59	–	486,88	547,74	–	383,52	431,46	–	286,08	321,84	–	194,48	218,79
	II	9 705	–	776,40	873,45	II	9 705	–	658,16	740,43	–	545,68	613,89	–	439,12	494,01	–	338,48	380,79	–	243,68	274,14	–	154,72	174,06
56 411,99	III	6 082	–	486,56	547,38	III	6 082	–	396,16	445,68	–	308,80	347,40	–	224,32	252,36	–	142,72	160,56	–	71,04	79,92	–	13,28	14,94
	V	15 729	–	1 258,32	1 415,61	IV	10 403	–	770,96	867,33	–	711,20	800,10	–	652,96	734,58	–	596,08	670,59	–	540,80	608,40	–	486,88	547,74
	VI	16 164	–	1 293,12	1 454,76																				
	I,IV	10 414	–	833,12	937,26	I	10 414	–	712,08	801,09	–	596,88	671,49	–	487,68	548,64	–	384,24	432,27	–	286,72	322,56	–	195,12	219,51
	II	9 716	–	777,28	874,44	II	9 716	–	658,96	741,33	–	546,48	614,79	–	439,84	494,82	–	339,12	381,51	–	244,32	274,86	–	155,36	174,78
56 447,99	III	6 090	–	487,20	548,10	III	6 090	–	396,80	446,40	–	309,28	347,94	–	224,80	252,90	–	143,36	161,28	–	71,52	80,46	–	13,60	15,30
	V	15 742	–	1 259,36	1 416,78	IV	10 414	–	771,84	868,32	–	712,08	801,09	–	653,76	735,48	–	596,88	671,49	–	541,52	609,21	–	487,68	548,64
	VI	16 177	–	1 294,16	1 455,93																				

*** Die ausgewiesenen Tabellenwerte sind amtlich. Siehe Erläuterungen auf der Umschlaginnenseite (U2).**

JAHR 56 448,–*

Lohn/ Gehalt bis €*	Abzüge an Lohnsteuer, Solidaritätszuschlag (SolZ) und Kirchensteuer (8%, 9%) in den Steuerklassen	I – VI	ohne Kinder-freibeträge		I, II, III, IV		mit Zahl der Kinderfreibeträge . . . 0,5			1			1,5			2			2,5			3		
		LSt	SolZ	8%	9%		LSt	SolZ	8%	9%	SolZ	8%	9%	SolZ	8%	9%	SolZ	8%	9%	SolZ	8%	9%	SolZ	8%	9%
56 483,99	I,IV	10 425	–	834,–	938,25	I	10 425	–	712,88	801,99	–	597,76	672,48	–	488,40	549,45	–	384,96	433,08	–	287,44	323,37	–	195,76	220,23
	II	9 727	–	778,16	875,43	II	9 727	–	659,76	742,23	–	547,28	615,69	–	440,64	495,72	–	339,84	382,32	–	244,96	275,58	–	156,–	175,50
	III	6 098	–	487,84	548,82	III	6 098	–	397,44	447,12	–	309,92	348,66	–	225,44	253,62	–	143,84	161,82	–	71,84	80,82	–	13,92	15,66
	V	15 755	–	1 260,40	1 417,95	IV	10 425	–	772,72	869,31	–	712,88	801,99	–	654,56	736,38	–	597,76	672,48	–	542,32	610,11	–	488,40	549,45
	VI	16 190	–	1 295,20	1 457,10																				
56 519,99	I,IV	10 435	–	834,80	939,15	I	10 435	–	713,76	802,98	–	598,48	673,29	–	489,12	550,26	–	385,68	433,89	–	288,08	324,09	–	196,32	220,86
	II	9 738	–	779,04	876,42	II	9 738	–	660,56	743,13	–	548,–	616,50	–	441,36	496,53	–	340,56	383,13	–	245,60	276,30	–	156,56	176,13
	III	6 106	–	488,48	549,54	III	6 106	–	398,08	447,84	–	310,56	349,38	–	225,92	254,16	–	144,48	162,54	–	72,32	81,36	–	14,24	16,02
	V	15 767	–	1 261,36	1 419,03	IV	10 435	–	773,52	870,21	–	713,76	802,98	–	655,36	737,28	–	598,48	673,29	–	543,12	611,01	–	489,12	550,26
	VI	16 202	–	1 296,16	1 458,18																				
56 555,99	I,IV	10 447	–	835,76	940,23	I	10 447	–	714,56	803,88	–	599,28	674,19	–	489,92	551,16	–	386,40	434,70	–	288,72	324,81	–	196,96	221,58
	II	9 749	–	779,92	877,41	II	9 749	–	661,44	744,12	–	548,80	617,40	–	442,08	497,34	–	341,20	383,85	–	246,24	277,02	–	157,20	176,85
	III	6 114	–	489,12	550,26	III	6 114	–	398,72	448,56	–	311,20	350,10	–	226,56	254,88	–	144,96	163,08	–	72,80	81,90	–	14,56	16,38
	V	15 779	–	1 262,32	1 420,11	IV	10 447	–	774,40	871,20	–	714,56	803,88	–	656,24	738,27	–	599,28	674,19	–	543,84	611,82	–	489,92	551,16
	VI	16 214	–	1 297,12	1 459,26																				
56 591,99	I,IV	10 458	–	836,64	941,22	I	10 458	–	715,44	804,87	–	600,08	675,09	–	490,64	551,97	–	387,12	435,51	–	289,44	325,62	–	197,60	222,30
	II	9 759	–	780,72	878,31	II	9 759	–	662,24	745,02	–	549,60	618,30	–	442,80	498,15	–	341,92	384,66	–	246,96	277,83	–	157,76	177,48
	III	6 122	–	489,76	550,98	III	6 122	–	399,36	449,28	–	311,84	350,82	–	227,20	255,60	–	145,60	163,80	–	73,28	82,44	–	15,04	16,92
	V	15 792	–	1 263,36	1 421,28	IV	10 458	–	775,28	872,19	–	715,44	804,87	–	657,04	739,17	–	600,08	675,09	–	544,64	612,72	–	490,64	551,97
	VI	16 227	–	1 298,16	1 460,43																				
56 627,99	I,IV	10 469	–	837,52	942,21	I	10 469	–	716,24	805,77	–	600,88	675,99	–	491,44	552,87	–	387,84	436,32	–	290,08	326,34	–	198,24	223,02
	II	9 770	–	781,60	879,30	II	9 770	–	663,04	745,92	–	550,40	619,20	–	443,60	499,05	–	342,64	385,47	–	247,60	278,55	–	158,40	178,20
	III	6 130	–	490,40	551,70	III	6 130	–	400,–	450,–	–	312,32	351,36	–	227,84	256,32	–	146,08	164,34	–	73,76	82,98	–	15,36	17,28
	V	15 805	–	1 264,40	1 422,45	IV	10 469	–	776,16	873,18	–	716,24	805,77	–	657,84	740,07	–	600,88	675,99	–	545,44	613,62	–	491,44	552,87
	VI	16 240	–	1 299,20	1 461,60																				
56 663,99	I,IV	10 480	–	838,40	943,20	I	10 480	–	717,12	806,76	–	601,68	676,89	–	492,16	553,68	–	388,56	437,13	–	290,80	327,15	–	198,88	223,74
	II	9 781	–	782,48	880,29	II	9 781	–	663,92	746,91	–	551,12	620,01	–	444,32	499,86	–	343,36	386,28	–	248,24	279,27	–	159,04	178,92
	III	6 138	–	491,04	552,42	III	6 138	–	400,64	450,72	–	312,96	352,08	–	228,32	256,86	–	146,72	165,06	–	74,24	83,52	–	15,68	17,64
	V	15 817	–	1 265,36	1 423,53	IV	10 480	–	777,04	874,17	–	717,12	806,76	–	658,64	740,97	–	601,68	676,89	–	546,24	614,52	–	492,16	553,68
	VI	16 252	–	1 300,16	1 462,68																				
56 699,99	I,IV	10 491	–	839,28	944,19	I	10 491	–	717,92	807,66	–	602,48	677,79	–	492,96	554,58	–	389,28	437,94	–	291,44	327,87	–	199,52	224,46
	II	9 792	–	783,36	881,28	II	9 792	–	664,72	747,81	–	551,92	620,91	–	445,04	500,67	–	344,–	387,–	–	248,88	279,99	–	159,68	179,64
	III	6 146	–	491,68	553,14	III	6 146	–	401,28	451,44	–	313,60	352,80	–	228,96	257,58	–	147,20	165,60	–	74,72	84,06	–	16,16	18,18
	V	15 830	–	1 266,40	1 424,70	IV	10 491	–	777,92	875,16	–	717,92	807,66	–	659,52	741,96	–	602,48	677,79	–	547,04	615,42	–	492,96	554,58
	VI	16 265	–	1 301,20	1 463,85																				
56 735,99	I,IV	10 502	–	840,16	945,18	I	10 502	–	718,80	808,65	–	603,36	678,78	–	493,68	555,39	–	390,–	438,75	–	292,16	328,68	–	200,16	225,18
	II	9 803	–	784,24	882,27	II	9 803	–	665,52	748,71	–	552,72	621,81	–	445,76	501,48	–	344,72	387,81	–	249,60	280,80	–	160,24	180,27
	III	6 156	–	492,48	554,04	III	6 156	–	401,92	452,16	–	314,24	353,52	–	229,60	258,30	–	147,84	166,32	–	75,20	84,60	–	16,48	18,54
	V	15 842	–	1 267,36	1 425,78	IV	10 502	–	778,72	876,06	–	718,80	808,65	–	660,32	742,86	–	603,36	678,78	–	547,76	616,23	–	493,68	555,39
	VI	16 277	–	1 302,16	1 464,93																				
56 771,99	I,IV	10 513	–	841,04	946,17	I	10 513	–	719,68	809,64	–	604,16	679,68	–	494,48	556,29	–	390,72	439,56	–	292,80	329,40	–	200,80	225,90
	II	9 814	–	785,12	883,26	II	9 814	–	666,40	749,70	–	553,52	622,71	–	446,56	502,38	–	345,44	388,62	–	250,24	281,52	–	160,88	180,99
	III	6 164	–	493,12	554,76	III	6 164	–	402,56	452,88	–	314,88	354,24	–	230,08	258,84	–	148,48	167,04	–	75,68	85,14	–	16,80	18,90
	V	15 855	–	1 268,40	1 426,95	IV	10 513	–	779,60	877,05	–	719,68	809,64	–	661,12	743,76	–	604,16	679,68	–	548,56	617,13	–	494,48	556,29
	VI	16 290	–	1 303,20	1 466,10																				
56 807,99	I,IV	10 524	–	841,92	947,16	I	10 524	–	720,48	810,54	–	604,96	680,58	–	495,28	557,19	–	391,44	440,37	–	293,52	330,21	–	201,44	226,62
	II	9 825	–	786,–	884,25	II	9 825	–	667,20	750,60	–	554,32	623,61	–	447,28	503,19	–	346,16	389,43	–	250,88	282,24	–	161,52	181,71
	III	6 172	–	493,76	555,48	III	6 172	–	403,20	453,60	–	315,52	354,96	–	230,72	259,56	–	148,96	167,58	–	76,16	85,68	–	17,28	19,44
	V	15 868	–	1 269,44	1 428,12	IV	10 524	–	780,48	878,04	–	720,48	810,54	–	662,–	744,75	–	604,96	680,58	–	549,36	618,03	–	495,28	557,19
	VI	16 303	–	1 304,24	1 467,27																				
56 843,99	I,IV	10 535	–	842,80	948,15	I	10 535	–	721,36	811,53	–	605,68	681,39	–	496,–	558,–	–	392,16	441,18	–	294,16	330,93	–	202,08	227,34
	II	9 835	–	786,80	885,15	II	9 835	–	668,–	751,50	–	555,04	624,42	–	448,–	504,–	–	346,80	390,15	–	251,52	282,96	–	162,08	182,34
	III	6 180	–	494,40	556,20	III	6 180	–	403,84	454,32	–	316,16	355,68	–	231,36	260,28	–	149,60	168,30	–	76,64	86,22	–	17,60	19,80
	V	15 880	–	1 270,40	1 429,20	IV	10 535	–	781,36	879,03	–	721,36	811,53	–	662,80	745,65	–	605,68	681,39	–	550,08	618,84	–	496,–	558,–
	VI	16 315	–	1 305,20	1 468,35																				
56 879,99	I,IV	10 546	–	843,68	949,14	I	10 546	–	722,16	812,43	–	606,48	682,29	–	496,72	558,81	–	392,88	441,99	–	294,80	331,65	–	202,72	228,06
	II	9 846	–	787,68	886,14	II	9 846	–	668,80	752,40	–	555,84	625,32	–	448,72	504,81	–	347,52	390,96	–	252,16	283,68	–	162,72	183,06
	III	6 188	–	495,04	556,92	III	6 188	–	404,48	455,04	–	316,64	356,22	–	232,–	261,–	–	150,08	168,84	–	77,12	86,76	–	17,92	20,16
	V	15 892	–	1 271,36	1 430,28	IV	10 546	–	782,16	879,93	–	722,16	812,43	–	663,60	746,55	–	606,48	682,29	–	550,88	619,74	–	496,72	558,81
	VI	16 327	–	1 306,16	1 469,43																				
56 915,99	I,IV	10 557	–	844,56	950,13	I	10 557	–	723,04	813,42	–	607,36	683,28	–	497,52	559,71	–	393,60	442,80	–	295,52	332,46	–	203,36	228,78
	II	9 857	–	788,56	887,13	II	9 857	–	669,68	753,39	–	556,64	626,22	–	449,52	505,71	–	348,24	391,77	–	252,88	284,49	–	163,36	183,78
	III	6 196	–	495,68	557,64	III	6 196	–	404,96	455,58	–	317,28	356,94	–	232,48	261,54	–	150,72	169,56	–	77,44	87,12	–	18,40	20,70
	V	15 905	–	1 272,40	1 431,45	IV	10 557	–	783,04	880,92	–	723,04	813,42	–	664,40	747,45	–	607,36	683,28	–	551,68	620,64	–	497,52	559,71
	VI	16 340	–	1 307,20	1 470,60																				
56 951,99	I,IV	10 568	–	845,44	951,12	I	10 568	–	723,84	814,32	–	608,16	684,18	–	498,24	560,52	–	394,32	443,61	–	296,16	333,18	–	204,–	229,50
	II	9 868	–	789,44	888,12	II	9 868	–	670,48	754,29	–	557,44	627,12	–	450,24	506,52	–	348,96	392,58	–	253,52	285,21	–	163,92	184,41
	III	6 204	–	496,32	558,36	III	6 204	–	405,60	456,30	–	317,92	357,66	–	233,12	262,26	–	151,20	170,10	–	77,92	87,66	–	18,72	21,06
	V	15 918	–	1 273,44	1 432,62	IV	10 568	–	783,92	881,91	–	723,84	814,32	–	665,28	748,44	–	608,16	684,18	–	552,48	621,54	–	498,24	560,52
	VI	16 353	–	1 308,24	1 471,77																				
56 987,99	I,IV	10 580	–	846,40	952,20	I	10 580	–	724,72	815,31	–	608,96	685,08	–	499,04	561,42	–	395,04	444,42	–	296,88	333,99	–	204,64	230,22
	II	9 879	–	790,32	889,11	II	9 879	–	671,28	755,19	–	558,24	628,02	–	450,96	507,33	–	349,60	393,30	–	254,16	285,93	–	164,56	185,13
	III	6 212	–	496,96	559,08	III	6 212	–	406,24	457,02	–	318,56	358,38	–	233,76	262,98	–	151,84	170,82	–	78,40	88,20	–	19,04	21,42
	V	15 930	–	1 274,40	1 433,70	IV	10 580	–	784,80	882,90	–	724,72	815,31	–	666,08	749,34	–	608,96	685,08	–	553,28	622,44	–	499,04	561,42
	VI	16 365	–	1 309,20	1 472,85																				
57 023,99	I,IV	10 591	–	847,28	953,19	I	10 591	–	725,60	816,30	–	609,76	685,98	–	499,84	562,32	–	395,76	445,23	–	297,52	334,71	–	205,28	230,94
	II	9 890	–	791,20	890,10	II	9 890	–	672,16	756,18	–	559,04	628,92	–	451,76	508,23	–	350,32	394,11	–	254,80	286,65	–	165,20	185,85
	III	6 220	–	497,60	559,80	III	6 220	–	406,88	457,74	–	319,20	359,10	–	234,40	263,70	–	152,48	171,54	–	78,88	88,74	–	19,52	21,96
	V	15 943	–	1 275,44	1 434,87	IV	10 591	–	785,68	883,89	–	725,60	816,30	–	666,96	750,33	–	609,76	685,98	–	554,–	623,25	–	499,84	562,32
	VI	16 378	–	1 310,24	1 474,02																				

* Die ausgewiesenen Tabellenwerte sind amtlich. Siehe Erläuterungen auf der Umschlaginnenseite (U2).

Abzüge an Lohnsteuer, Solidaritätszuschlag (SolZ) und Kirchensteuer (8%, 9%) in den Steuerklassen

Lohn/ Gehalt bis €*	I – VI		ohne Kinderfreibeträge			I, II, III, IV		mit Zahl der Kinderfreibeträge . . . 0,5			1			1,5			2			2,5			3		
		LSt	SolZ	8%	9%		LSt	SolZ	8%	9%	SolZ	8%	9%	SolZ	8%	9%	SolZ	8%	9%	SolZ	8%	9%	SolZ	8%	9%
57 059,99	I,IV	10 602	–	848,16	954,18	I	10 602	–	726,40	817,20	–	610,56	686,88	–	500,56	563,13	–	396,48	446,04	–	298,24	335,52	–	205,92	231,66
	II	9 901	–	792,08	891,09	II	9 901	–	672,96	757,08	–	559,76	629,73	–	452,48	509,04	–	351,04	394,92	–	255,52	287,46	–	165,84	186,57
	III	6 230	–	498,40	560,70	III	6 230	–	407,52	458,46	–	319,84	359,82	–	234,88	264,24	–	152,96	172,08	–	79,36	89,28	–	19,84	22,32
	V	15 955	–	1 276,40	1 435,95	IV	10 602	–	786,56	884,88	–	726,40	817,20	–	667,76	751,23	–	610,56	686,88	–	554,80	624,15	–	500,56	563,13
	VI	16 390	–	1 311,20	1 475,10																				
57 095,99	I,IV	10 613	–	849,04	955,17	I	10 613	–	727,28	818,19	–	611,36	687,78	–	501,36	564,03	–	397,20	446,85	–	298,88	336,24	–	206,56	232,38
	II	9 911	–	792,88	891,99	II	9 911	–	673,84	758,07	–	560,56	630,63	–	453,20	509,85	–	351,76	395,73	–	256,16	288,18	–	166,40	187,20
	III	6 238	–	499,04	561,42	III	6 238	–	408,16	459,18	–	320,48	360,54	–	235,52	264,96	–	153,60	172,80	–	79,84	89,82	–	20,16	22,68
	V	15 968	–	1 277,44	1 437,12	IV	10 613	–	787,44	885,87	–	727,28	818,19	–	668,56	752,13	–	611,36	687,78	–	555,60	625,05	–	501,36	564,03
	VI	16 403	–	1 312,24	1 476,27																				
57 131,99	I,IV	10 624	–	849,92	956,16	I	10 624	–	728,08	819,09	–	612,16	688,68	–	502,08	564,84	–	397,92	447,66	–	299,60	337,05	–	207,12	233,01
	II	9 922	–	793,76	892,98	II	9 922	–	674,64	758,97	–	561,36	631,53	–	453,92	510,66	–	352,40	396,45	–	256,80	288,90	–	167,04	187,92
	III	6 246	–	499,68	562,14	III	6 246	–	408,80	459,90	–	320,96	361,08	–	236,–	265,50	–	154,08	173,34	–	80,32	90,36	–	20,64	23,22
	V	15 980	–	1 278,40	1 438,20	IV	10 624	–	788,24	886,77	–	728,08	819,09	–	669,36	753,03	–	612,16	688,68	–	556,40	625,95	–	502,08	564,84
	VI	16 415	–	1 313,20	1 477,35																				
57 167,99	I,IV	10 635	–	850,80	957,15	I	10 635	–	728,96	820,08	–	612,96	689,58	–	502,88	565,74	–	398,64	448,47	–	300,24	337,77	–	207,76	233,73
	II	9 933	–	794,64	893,97	II	9 933	–	675,44	759,87	–	562,16	632,43	–	454,72	511,56	–	353,12	397,26	–	257,44	289,62	–	167,68	188,64
	III	6 254	–	500,32	562,86	III	6 254	–	409,44	460,62	–	321,60	361,80	–	236,64	266,22	–	154,72	174,06	–	80,80	90,90	–	20,96	23,58
	V	15 993	–	1 279,44	1 439,37	IV	10 635	–	789,12	887,76	–	728,96	820,08	–	670,24	754,02	–	612,96	689,58	–	557,20	626,85	–	502,88	565,74
	VI	16 428	–	1 314,24	1 478,52																				
57 203,99	I,IV	10 646	–	851,68	958,14	I	10 646	–	729,76	820,98	–	613,76	690,48	–	503,60	566,55	–	399,36	449,28	–	300,96	338,58	–	208,40	234,45
	II	9 944	–	795,52	894,96	II	9 944	–	676,24	760,77	–	562,88	633,24	–	455,44	512,37	–	353,84	398,07	–	258,16	290,43	–	168,24	189,27
	III	6 262	–	500,96	563,58	III	6 262	–	410,08	461,34	–	322,24	362,52	–	237,28	266,94	–	155,20	174,60	–	81,28	91,44	–	21,28	23,94
	V	16 005	–	1 280,40	1 440,45	IV	10 646	–	790,–	888,75	–	729,76	820,98	–	671,04	754,92	–	613,76	690,48	–	557,92	627,66	–	503,60	566,55
	VI	16 440	–	1 315,20	1 479,60																				
57 239,99	I,IV	10 657	–	852,56	959,13	I	10 657	–	730,64	821,97	–	614,56	691,38	–	504,40	567,45	–	400,08	450,09	–	301,60	339,30	–	209,04	235,17
	II	9 955	–	796,40	895,95	II	9 955	–	677,12	761,76	–	563,68	634,14	–	456,16	513,18	–	354,56	398,88	–	258,80	291,15	–	168,88	189,99
	III	6 270	–	501,60	564,30	III	6 270	–	410,72	462,06	–	322,88	363,24	–	237,92	267,66	–	155,84	175,32	–	81,76	91,98	–	21,76	24,48
	V	16 018	–	1 281,44	1 441,62	IV	10 657	–	790,88	889,74	–	730,64	821,97	–	671,84	755,82	–	614,56	691,38	–	558,72	628,56	–	504,40	567,45
	VI	16 453	–	1 316,24	1 480,77																				
57 275,99	I,IV	10 669	–	853,52	960,21	I	10 669	–	731,52	822,96	–	615,36	692,28	–	505,12	568,26	–	400,80	450,90	–	302,32	340,11	–	209,68	235,89
	II	9 966	–	797,28	896,94	II	9 966	–	677,92	762,66	–	564,48	635,04	–	456,96	514,08	–	355,28	399,69	–	259,44	291,87	–	169,52	190,71
	III	6 278	–	502,24	565,02	III	6 278	–	411,36	462,78	–	323,52	363,96	–	238,40	268,20	–	156,48	176,04	–	82,24	92,52	–	22,08	24,84
	V	16 031	–	1 282,48	1 442,79	IV	10 669	–	791,76	890,73	–	731,52	822,96	–	672,72	756,81	–	615,36	692,28	–	559,52	629,46	–	505,12	568,26
	VI	16 466	–	1 317,28	1 481,94																				
57 311,99	I,IV	10 680	–	854,40	961,20	I	10 680	–	732,32	823,86	–	616,16	693,18	–	505,92	569,16	–	401,52	451,71	–	302,96	340,83	–	210,32	236,61
	II	9 977	–	798,16	897,93	II	9 977	–	678,80	763,65	–	565,28	635,94	–	457,68	514,89	–	356,–	400,50	–	260,08	292,59	–	170,16	191,43
	III	6 286	–	502,88	565,74	III	6 286	–	412,–	463,50	–	324,–	364,50	–	239,04	268,92	–	156,96	176,58	–	82,72	93,06	–	22,40	25,20
	V	16 043	–	1 283,44	1 443,87	IV	10 680	–	792,64	891,72	–	732,32	823,86	–	673,52	757,71	–	616,16	693,18	–	560,32	630,36	–	505,92	569,16
	VI	16 478	–	1 318,24	1 483,02																				
57 347,99	I,IV	10 691	–	855,28	962,19	I	10 691	–	733,20	824,85	–	616,96	694,08	–	506,64	569,97	–	402,24	452,52	–	303,68	341,64	–	210,96	237,33
	II	9 988	–	799,04	898,92	II	9 988	–	679,60	764,55	–	566,08	636,84	–	458,40	515,70	–	356,64	401,22	–	260,80	293,40	–	170,80	192,15
	III	6 294	–	503,52	566,46	III	6 294	–	412,64	464,22	–	324,64	365,22	–	239,68	269,64	–	157,60	177,30	–	83,20	93,60	–	22,88	25,74
	V	16 056	–	1 284,48	1 445,04	IV	10 691	–	793,52	892,71	–	733,20	824,85	–	674,40	758,70	–	616,96	694,08	–	561,12	631,26	–	506,64	569,97
	VI	16 491	–	1 319,28	1 484,19																				
57 383,99	I,IV	10 702	–	856,16	963,18	I	10 702	–	734,08	825,84	–	617,84	695,07	–	507,44	570,87	–	402,96	453,33	–	304,32	342,36	–	211,60	238,05
	II	9 998	–	799,84	899,82	II	9 998	–	680,40	765,45	–	566,88	637,74	–	459,20	516,60	–	357,36	402,03	–	261,44	294,12	–	171,36	192,78
	III	6 302	–	504,16	567,18	III	6 302	–	413,28	464,94	–	325,28	365,94	–	240,32	270,36	–	158,08	177,84	–	83,68	94,14	–	23,20	26,10
	V	16 068	–	1 285,44	1 446,12	IV	10 702	–	794,40	893,70	–	734,08	825,84	–	675,20	759,60	–	617,84	695,07	–	561,92	632,16	–	507,44	570,87
	VI	16 503	–	1 320,24	1 485,27																				
57 419,99	I,IV	10 713	–	857,04	964,17	I	10 713	–	734,88	826,74	–	618,64	695,97	–	508,24	571,77	–	403,68	454,14	–	305,04	343,17	–	212,24	238,77
	II	10 009	–	800,72	900,81	II	10 009	–	681,28	766,44	–	567,68	638,64	–	459,92	517,41	–	358,08	402,84	–	262,08	294,84	–	172,–	193,50
	III	6 312	–	504,96	568,08	III	6 312	–	413,92	465,66	–	325,92	366,66	–	240,80	270,90	–	158,72	178,56	–	84,16	94,68	–	23,68	26,64
	V	16 081	–	1 286,48	1 447,29	IV	10 713	–	795,28	894,69	–	734,88	826,74	–	676,–	760,50	–	618,64	695,97	–	562,72	633,06	–	508,24	571,77
	VI	16 516	–	1 321,28	1 486,44																				
57 455,99	I,IV	10 724	–	857,92	965,16	I	10 724	–	735,76	827,73	–	619,44	696,87	–	508,96	572,58	–	404,40	454,95	–	305,68	343,89	–	212,88	239,49
	II	10 020	–	801,60	901,80	II	10 020	–	682,08	767,34	–	568,40	639,45	–	460,64	518,22	–	358,80	403,65	–	262,72	295,56	–	172,64	194,22
	III	6 320	–	505,60	568,80	III	6 320	–	414,56	466,38	–	326,56	367,38	–	241,44	271,62	–	159,36	179,28	–	84,64	95,22	–	24,–	27,–
	V	16 093	–	1 287,44	1 448,37	IV	10 724	–	796,08	895,59	–	735,76	827,73	–	676,80	761,40	–	619,44	696,87	–	563,44	633,87	–	508,96	572,58
	VI	16 528	–	1 322,24	1 487,52																				
57 491,99	I,IV	10 735	–	858,80	966,15	I	10 735	–	736,56	828,63	–	620,24	697,77	–	509,76	573,48	–	405,12	455,76	–	306,40	344,70	–	213,52	240,21
	II	10 031	–	802,48	902,79	II	10 031	–	682,88	768,24	–	569,20	640,35	–	461,44	519,12	–	359,44	404,37	–	263,44	296,37	–	173,28	194,94
	III	6 328	–	506,24	569,52	III	6 328	–	415,20	467,10	–	327,20	368,10	–	242,08	272,34	–	159,84	179,82	–	85,12	95,76	–	24,32	27,36
	V	16 106	–	1 288,48	1 449,54	IV	10 735	–	796,96	896,58	–	736,56	828,63	–	677,68	762,39	–	620,24	697,77	–	564,24	634,77	–	509,76	573,48
	VI	16 541	–	1 323,28	1 488,69																				
57 527,99	I,IV	10 746	–	859,68	967,14	I	10 746	–	737,44	829,62	–	621,04	698,67	–	510,48	574,29	–	405,84	456,57	–	307,04	345,42	–	214,16	240,93
	II	10 042	–	803,36	903,78	II	10 042	–	683,76	769,23	–	570,–	641,25	–	462,16	519,93	–	360,16	405,18	–	264,08	297,09	–	173,84	195,57
	III	6 336	–	506,88	570,24	III	6 336	–	415,84	467,82	–	327,84	368,82	–	242,72	273,06	–	160,48	180,54	–	85,60	96,30	–	24,80	27,90
	V	16 118	–	1 289,44	1 450,62	IV	10 746	–	797,84	897,57	–	737,44	829,62	–	678,48	763,29	–	621,04	698,67	–	565,04	635,67	–	510,48	574,29
	VI	16 553	–	1 324,24	1 489,77																				
57 563,99	I,IV	10 758	–	860,64	968,22	I	10 758	–	738,32	830,61	–	621,84	699,57	–	511,28	575,19	–	406,56	457,38	–	307,76	346,23	–	214,80	241,65
	II	10 053	–	804,24	904,77	II	10 053	–	684,56	770,13	–	570,80	642,15	–	462,88	520,74	–	360,88	405,99	–	264,72	297,81	–	174,48	196,29
	III	6 344	–	507,52	570,96	III	6 344	–	416,48	468,54	–	328,48	369,54	–	243,20	273,60	–	160,96	181,08	–	86,08	96,84	–	25,12	28,26
	V	16 131	–	1 290,48	1 451,79	IV	10 758	–	798,72	898,56	–	738,32	830,61	–	679,36	764,28	–	621,84	699,57	–	565,84	636,57	–	511,28	575,19
	VI	16 566	–	1 325,28	1 490,94																				
57 599,99	I,IV	10 769	–	861,52	969,21	I	10 769	–	739,12	831,51	–	622,64	700,47	–	512,–	576,–	–	407,28	458,19	–	308,48	347,04	–	215,44	242,37
	II	10 064	–	805,12	905,76	II	10 064	–	685,44	771,12	–	571,60	643,05	–	463,68	521,64	–	361,60	406,80	–	265,44	298,62	–	175,12	197,01
	III	6 352	–	508,16	571,68	III	6 352	–	417,12	469,26	–	328,96	370,08	–	243,84	274,32	–	161,60	181,80	–	86,56	97,38	–	25,60	28,80
	V	16 143	–	1 291,44	1 452,87	IV	10 769	–	799,60	899,55	–	739,12	831,51	–	680,16	765,18	–	622,64	700,47	–	566,64	637,47	–	512,–	576,–
	VI	16 579	–	1 326,32	1 492,11																				

*** Die ausgewiesenen Tabellenwerte sind amtlich. Siehe Erläuterungen auf der Umschlaginnenseite (U2).**

Abzüge an Lohnsteuer, Solidaritätszuschlag (SolZ) und Kirchensteuer (8%, 9%) in den Steuerklassen

Lohn/ Gehalt bis €*	I – VI	LSt	ohne Kinderfreibeträge SolZ	8%	9%	I, II, III, IV	LSt	mit Zahl der Kinderfreibeträge … 0,5 SolZ	8%	9%	1 SolZ	8%	9%	1,5 SolZ	8%	9%	2 SolZ	8%	9%	2,5 SolZ	8%	9%	3 SolZ	8%	9%
57 635,99	I,IV	10 780	–	862,40	970,20	I	10 780	–	740,–	832,50	–	623,44	701,37	–	512,80	576,90	–	408,–	459,–	–	309,12	347,76	–	216,08	243,09
	II	10 075	–	806,–	906,75	II	10 075	–	686,24	772,02	–	572,40	643,95	–	464,40	522,45	–	362,32	407,61	–	266,08	299,34	–	175,76	197,73
	III	6 360	–	508,80	572,40	III	6 360	–	417,76	469,98	–	329,60	370,80	–	244,48	275,04	–	162,24	182,52	–	87,04	97,92	–	25,92	29,16
	V	16 156	–	1 292,48	1 454,04	IV	10 780	–	800,48	900,54	–	740,–	832,50	–	680,96	766,08	–	623,44	701,37	–	567,36	638,28	–	512,80	576,90
	VI	16 591	–	1 327,28	1 493,19																				
57 671,99	I,IV	10 791	–	863,28	971,19	I	10 791	–	740,88	833,49	–	624,24	702,27	–	513,60	577,80	–	408,72	459,81	–	309,84	348,57	–	216,72	243,81
	II	10 086	–	806,88	907,74	II	10 086	–	687,12	773,01	–	573,20	644,85	–	465,20	523,35	–	363,04	408,42	–	266,72	300,06	–	176,40	198,45
	III	6 370	–	509,60	573,30	III	6 370	–	418,40	470,70	–	330,24	371,52	–	245,12	275,76	–	162,72	183,06	–	87,52	98,46	–	26,24	29,52
	V	16 169	–	1 293,52	1 455,21	IV	10 791	–	801,36	901,53	–	740,88	833,49	–	681,84	767,07	–	624,24	702,27	–	568,16	639,18	–	513,60	577,80
	VI	16 604	–	1 328,32	1 494,36																				
57 707,99	I,IV	10 802	–	864,16	972,18	I	10 802	–	741,68	834,39	–	625,12	703,26	–	514,32	578,61	–	409,52	460,71	–	310,48	349,29	–	217,44	244,62
	II	10 097	–	807,76	908,73	II	10 097	–	687,92	773,91	–	574,–	645,75	–	465,92	524,16	–	363,76	409,23	–	267,44	300,87	–	176,96	199,08
	III	6 378	–	510,24	574,02	III	6 378	–	419,04	471,42	–	330,88	372,24	–	245,60	276,30	–	163,36	183,78	–	88,–	99,–	–	26,72	30,06
	V	16 181	–	1 294,48	1 456,29	IV	10 802	–	802,24	902,52	–	741,68	834,39	–	682,64	767,97	–	625,12	703,26	–	568,96	640,08	–	514,32	578,61
	VI	16 616	–	1 329,28	1 495,44																				
57 743,99	I,IV	10 814	–	865,12	973,26	I	10 814	–	742,56	835,38	–	625,92	704,16	–	515,12	579,51	–	410,24	461,52	–	311,20	350,10	–	218,08	245,34
	II	10 108	–	808,64	909,72	II	10 108	–	688,72	774,81	–	574,80	646,65	–	466,64	524,97	–	364,40	409,95	–	268,08	301,59	–	177,60	199,80
	III	6 386	–	510,88	574,74	III	6 386	–	419,68	472,14	–	331,52	372,96	–	246,24	277,02	–	163,84	184,32	–	88,48	99,54	–	27,04	30,42
	V	16 194	–	1 295,52	1 457,46	IV	10 814	–	803,12	903,51	–	742,56	835,38	–	683,52	768,96	–	625,92	704,16	–	569,76	640,98	–	515,12	579,51
	VI	16 629	–	1 330,32	1 496,61																				
57 779,99	I,IV	10 825	–	866,–	974,25	I	10 825	–	743,36	836,28	–	626,72	705,06	–	515,84	580,32	–	410,96	462,33	–	311,84	350,82	–	218,64	245,97
	II	10 118	–	809,44	910,62	II	10 118	–	689,60	775,80	–	575,52	647,46	–	467,36	525,78	–	365,12	410,76	–	268,72	302,31	–	178,24	200,52
	III	6 394	–	511,52	575,46	III	6 394	–	420,32	472,86	–	332,16	373,68	–	246,88	277,74	–	164,48	185,04	–	88,96	100,08	–	27,52	30,96
	V	16 206	–	1 296,48	1 458,54	IV	10 825	–	803,92	904,41	–	743,36	836,28	–	684,32	769,86	–	626,72	705,06	–	570,56	641,88	–	515,84	580,32
	VI	16 641	–	1 331,28	1 497,69																				
57 815,99	I,IV	10 836	–	866,88	975,24	I	10 836	–	744,24	837,27	–	627,52	705,96	–	516,64	581,22	–	411,68	463,14	–	312,56	351,63	–	219,28	246,69
	II	10 129	–	810,32	911,61	II	10 129	–	690,40	776,70	–	576,32	648,36	–	468,16	526,68	–	365,84	411,57	–	269,44	303,12	–	178,88	201,24
	III	6 402	–	512,16	576,18	III	6 402	–	420,96	473,58	–	332,64	374,22	–	247,36	278,28	–	164,96	185,58	–	89,44	100,62	–	27,84	31,32
	V	16 219	–	1 297,52	1 459,71	IV	10 836	–	804,80	905,40	–	744,24	837,27	–	685,12	770,76	–	627,52	705,96	–	571,36	642,78	–	516,64	581,22
	VI	16 654	–	1 332,32	1 498,86																				
57 851,99	I,IV	10 847	–	867,76	976,23	I	10 847	–	745,12	838,26	–	628,32	706,86	–	517,44	582,12	–	412,40	463,95	–	313,20	352,35	–	220,–	247,50
	II	10 140	–	811,20	912,60	II	10 140	–	691,20	777,60	–	577,12	649,26	–	468,88	527,49	–	366,56	412,38	–	270,08	303,84	–	179,44	201,87
	III	6 410	–	512,80	576,90	III	6 410	–	421,60	474,30	–	333,28	374,94	–	248,–	279,–	–	165,60	186,30	–	89,92	101,16	–	28,16	31,68
	V	16 231	–	1 298,48	1 460,79	IV	10 847	–	805,68	906,39	–	745,12	838,26	–	686,–	771,75	–	628,32	706,86	–	572,16	643,68	–	517,44	582,12
	VI	16 666	–	1 333,28	1 499,94																				
57 887,99	I,IV	10 858	–	868,64	977,22	I	10 858	–	745,92	839,16	–	629,12	707,76	–	518,16	582,93	–	413,12	464,76	–	313,92	353,16	–	220,64	248,22
	II	10 151	–	812,08	913,59	II	10 151	–	692,08	778,59	–	577,92	650,16	–	469,68	528,39	–	367,28	413,19	–	270,72	304,56	–	180,08	202,59
	III	6 418	–	513,44	577,62	III	6 418	–	422,24	475,02	–	333,92	375,66	–	248,64	279,72	–	166,24	187,02	–	90,56	101,88	–	28,64	32,22
	V	16 244	–	1 299,52	1 461,96	IV	10 858	–	806,56	907,38	–	745,92	839,16	–	686,80	772,65	–	629,12	707,76	–	572,96	644,58	–	518,16	582,93
	VI	16 679	–	1 334,32	1 501,11																				
57 923,99	I,IV	10 869	–	869,52	978,21	I	10 869	–	746,80	840,15	–	629,92	708,66	–	518,96	583,83	–	413,84	465,57	–	314,64	353,97	–	221,28	248,94
	II	10 162	–	812,96	914,58	II	10 162	–	692,88	779,49	–	578,72	651,06	–	470,40	529,20	–	368,–	414,–	–	271,44	305,37	–	180,72	203,31
	III	6 426	–	514,08	578,34	III	6 426	–	422,88	475,74	–	334,56	376,38	–	249,28	280,44	–	166,72	187,56	–	91,04	102,42	–	28,96	32,58
	V	16 256	–	1 300,48	1 463,04	IV	10 869	–	807,44	908,37	–	746,80	840,15	–	687,68	773,64	–	629,92	708,66	–	573,68	645,39	–	518,96	583,83
	VI	16 692	–	1 335,36	1 502,28																				
57 959,99	I,IV	10 881	–	870,48	979,29	I	10 881	–	747,68	841,14	–	630,72	709,56	–	519,76	584,73	–	414,56	466,38	–	315,28	354,69	–	221,92	249,66
	II	10 173	–	813,84	915,57	II	10 173	–	693,76	780,48	–	579,52	651,96	–	471,20	530,10	–	368,72	414,81	–	272,08	306,09	–	181,36	204,03
	III	6 434	–	514,72	579,06	III	6 434	–	423,52	476,46	–	335,20	377,10	–	249,76	280,98	–	167,36	188,28	–	91,52	102,96	–	29,44	33,12
	V	16 269	–	1 301,52	1 464,21	IV	10 881	–	808,32	909,36	–	747,68	841,14	–	688,48	774,54	–	630,72	709,56	–	574,48	646,29	–	519,76	584,73
	VI	16 704	–	1 336,32	1 503,36																				
57 995,99	I,IV	10 892	–	871,36	980,28	I	10 892	–	748,56	842,13	–	631,60	710,55	–	520,48	585,54	–	415,28	467,19	–	316,–	355,50	–	222,56	250,38
	II	10 184	–	814,72	916,56	II	10 184	–	694,56	781,38	–	580,32	652,86	–	471,92	530,91	–	369,36	415,53	–	272,72	306,81	–	182,–	204,75
	III	6 444	–	515,52	579,96	III	6 444	–	424,16	477,18	–	335,84	377,82	–	250,40	281,70	–	168,–	189,–	–	92,–	103,50	–	29,76	33,48
	V	16 282	–	1 302,56	1 465,38	IV	10 892	–	809,20	910,35	–	748,56	842,13	–	689,28	775,44	–	631,60	710,55	–	575,28	647,19	–	520,48	585,54
	VI	16 717	–	1 337,36	1 504,53																				
58 031,99	I,IV	10 903	–	872,24	981,27	I	10 903	–	749,36	843,03	–	632,40	711,45	–	521,28	586,44	–	416,–	468,–	–	316,64	356,22	–	223,20	251,10
	II	10 195	–	815,60	917,55	II	10 195	–	695,44	782,37	–	581,12	653,76	–	472,64	531,72	–	370,08	416,34	–	273,44	307,62	–	182,64	205,47
	III	6 452	–	516,16	580,68	III	6 452	–	424,80	477,90	–	336,48	378,54	–	251,04	282,42	–	168,48	189,54	–	92,48	104,04	–	30,24	34,02
	V	16 294	–	1 303,52	1 466,46	IV	10 903	–	810,08	911,34	–	749,36	843,03	–	690,16	776,43	–	632,40	711,45	–	576,08	648,09	–	521,28	586,44
	VI	16 729	–	1 338,32	1 505,61																				
58 067,99	I,IV	10 915	–	873,20	982,35	I	10 915	–	750,24	844,02	–	633,20	712,35	–	522,08	587,34	–	416,80	468,90	–	317,36	357,03	–	223,84	251,82
	II	10 207	–	816,56	918,63	II	10 207	–	696,32	783,36	–	581,92	654,66	–	473,44	532,62	–	370,88	417,24	–	274,08	308,34	–	183,28	206,19
	III	6 460	–	516,80	581,40	III	6 460	–	425,44	478,62	–	337,12	379,26	–	251,68	283,14	–	169,12	190,26	–	92,96	104,58	–	30,56	34,38
	V	16 307	–	1 304,56	1 467,63	IV	10 915	–	810,96	912,33	–	750,24	844,02	–	691,04	777,42	–	633,20	712,35	–	576,88	648,99	–	522,08	587,34
	VI	16 742	–	1 339,36	1 506,78																				
58 103,99	I,IV	10 927	–	874,16	983,43	I	10 927	–	751,20	845,10	–	634,16	713,43	–	522,96	588,33	–	417,60	469,80	–	318,16	357,93	–	224,56	252,63
	II	10 219	–	817,52	919,71	II	10 219	–	697,20	784,35	–	582,80	655,65	–	474,32	533,61	–	371,60	418,05	–	274,88	309,24	–	183,92	206,91
	III	6 470	–	517,60	582,30	III	6 470	–	426,24	479,52	–	337,76	379,98	–	252,32	283,86	–	169,76	190,98	–	93,60	105,30	–	31,04	34,92
	V	16 321	–	1 305,68	1 468,89	IV	10 927	–	811,92	913,41	–	751,20	845,10	–	691,92	778,41	–	634,16	713,43	–	577,76	649,98	–	522,96	588,33
	VI	16 756	–	1 340,48	1 508,04																				
58 139,99	I,IV	10 940	–	875,20	984,60	I	10 940	–	752,16	846,18	–	635,04	714,42	–	523,84	589,32	–	418,40	470,70	–	318,96	358,83	–	225,28	253,44
	II	10 231	–	818,48	920,79	II	10 231	–	698,16	785,43	–	583,68	656,64	–	475,12	534,51	–	372,40	418,95	–	275,60	310,05	–	184,64	207,72
	III	6 478	–	518,24	583,02	III	6 478	–	426,88	480,24	–	338,40	380,70	–	252,96	284,58	–	170,40	191,70	–	94,08	105,84	–	31,52	35,46
	V	16 335	–	1 306,80	1 470,15	IV	10 940	–	812,96	914,58	–	752,16	846,18	–	692,88	779,49	–	635,04	714,42	–	578,72	651,06	–	523,84	589,32
	VI	16 771	–	1 341,68	1 509,39																				
58 175,99	I,IV	10 952	–	876,16	985,68	I	10 952	–	753,12	847,26	–	635,92	715,41	–	524,64	590,22	–	419,20	471,60	–	319,68	359,64	–	226,–	254,25
	II	10 243	–	819,44	921,87	II	10 243	–	699,12	786,51	–	584,56	657,63	–	476,–	535,50	–	373,20	419,85	–	276,32	310,86	–	185,36	208,53
	III	6 488	–	519,04	583,92	III	6 488	–	427,68	481,14	–	339,20	381,60	–	253,60	285,30	–	171,04	192,42	–	94,72	106,56	–	32,–	36,–
	V	16 349	–	1 307,92	1 471,41	IV	10 952	–	813,92	915,66	–	753,12	847,26	–	693,84	780,57	–	635,92	715,41	–	579,60	652,05	–	524,64	590,22
	VI	16 784	–	1 342,72	1 510,56																				

* **Die ausgewiesenen Tabellenwerte sind amtlich. Siehe Erläuterungen auf der Umschlaginnenseite (U2).**

Abzüge an Lohnsteuer, Solidaritätszuschlag (SolZ) und Kirchensteuer (8%, 9%) in den Steuerklassen

Lohn/ Gehalt bis €*	I – VI		ohne Kinderfreibeträge			I, II, III, IV		mit Zahl der Kinderfreibeträge . . . 0,5			1			1,5			2			2,5			3		
		LSt	SolZ	8%	9%		LSt	SolZ	8%	9%	SolZ	8%	9%	SolZ	8%	9%	SolZ	8%	9%	SolZ	8%	9%	SolZ	8%	9%
58 211,99	I,IV	10 965	–	877,20	986,85	I	10 965	–	754,08	848,34	–	636,88	716,49	–	525,52	591,21	–	420,08	472,59	–	320,48	360,54	–	226,72	255,06
	II	10 256	–	820,48	923,04	II	10 256	–	700,–	787,50	–	585,44	658,62	–	476,80	536,40	–	374,–	420,75	–	277,12	311,76	–	186,08	209,34
	III	6 496	–	519,68	584,64	III	6 496	–	428,32	481,86	–	339,84	382,32	–	254,24	286,02	–	171,68	193,14	–	95,20	107,10	–	32,32	36,36
	V	16 363	–	1 309,04	1 472,67	IV	10 965	–	814,88	916,74	–	754,08	848,34	–	694,72	781,56	–	636,88	716,49	–	580,48	653,04	–	525,52	591,21
	VI	16 798	–	1 343,84	1 511,82																				
58 247,99	I,IV	10 977	–	878,16	987,93	I	10 977	–	755,04	849,42	–	637,76	717,48	–	526,40	592,20	–	420,88	473,49	–	321,20	361,35	–	227,44	255,87
	II	10 268	–	821,44	924,12	II	10 268	–	700,96	788,58	–	586,32	659,61	–	477,60	537,30	–	374,80	421,65	–	277,84	312,57	–	186,72	210,06
	III	6 506	–	520,48	585,54	III	6 506	–	429,12	482,76	–	340,48	383,04	–	255,04	286,92	–	172,32	193,86	–	95,68	107,64	–	32,80	36,90
	V	16 377	–	1 310,16	1 473,93	IV	10 977	–	815,84	917,82	–	755,04	849,42	–	695,68	782,64	–	637,76	717,48	–	581,36	654,03	–	526,40	592,20
	VI	16 812	–	1 344,96	1 513,08																				
58 283,99	I,IV	10 990	–	879,20	989,10	I	10 990	–	756,–	850,50	–	638,64	718,47	–	527,20	593,10	–	421,68	474,39	–	322,–	362,25	–	228,16	256,68
	II	10 280	–	822,40	925,20	II	10 280	–	701,84	789,57	–	587,20	660,60	–	478,48	538,29	–	375,60	422,55	–	278,56	313,38	–	187,44	210,87
	III	6 516	–	521,28	586,44	III	6 516	–	429,76	483,48	–	341,28	383,94	–	255,68	287,64	–	172,96	194,58	–	96,32	108,36	–	33,28	37,44
	V	16 391	–	1 311,28	1 475,19	IV	10 990	–	816,80	918,90	–	756,–	850,50	–	696,56	783,63	–	638,64	718,47	–	582,24	655,02	–	527,20	593,10
	VI	16 826	–	1 346,08	1 514,34																				
58 319,99	I,IV	11 002	–	880,16	990,18	I	11 002	–	756,88	851,49	–	639,52	719,46	–	528,08	594,09	–	422,48	475,29	–	322,72	363,06	–	228,88	257,49
	II	10 292	–	823,36	926,28	II	10 292	–	702,80	790,65	–	588,08	661,59	–	479,28	539,19	–	376,40	423,45	–	279,28	314,19	–	188,16	211,68
	III	6 524	–	521,92	587,16	III	6 524	–	430,40	484,20	–	341,92	384,66	–	256,32	288,36	–	173,60	195,30	–	96,80	108,90	–	33,76	37,98
	V	16 405	–	1 312,40	1 476,45	IV	11 002	–	817,76	919,98	–	756,88	851,49	–	697,52	784,71	–	639,52	719,46	–	583,04	655,92	–	528,08	594,09
	VI	16 840	–	1 347,20	1 515,60																				
58 355,99	I,IV	11 015	–	881,20	991,35	I	11 015	–	757,92	852,66	–	640,48	720,54	–	528,96	595,08	–	423,28	476,19	–	323,52	363,96	–	229,60	258,30
	II	10 305	–	824,40	927,45	II	10 305	–	703,76	791,73	–	589,04	662,67	–	480,16	540,18	–	377,20	424,35	–	280,08	315,09	–	188,88	212,49
	III	6 534	–	522,72	588,06	III	6 534	–	431,20	485,10	–	342,56	385,38	–	256,96	289,08	–	174,24	196,02	–	97,44	109,62	–	34,08	38,34
	V	16 419	–	1 313,52	1 477,71	IV	11 015	–	818,80	921,15	–	757,92	852,66	–	698,48	785,79	–	640,48	720,54	–	584,–	657,–	–	528,96	595,08
	VI	16 854	–	1 348,32	1 516,86																				
58 391,99	I,IV	11 027	–	882,16	992,43	I	11 027	–	758,80	853,65	–	641,36	721,53	–	529,84	596,07	–	424,08	477,09	–	324,32	364,86	–	230,32	259,11
	II	10 317	–	825,36	928,53	II	10 317	–	704,64	792,72	–	589,92	663,66	–	480,96	541,08	–	378,–	425,25	–	280,80	315,90	–	189,52	213,21
	III	6 542	–	523,36	588,78	III	6 542	–	431,84	485,82	–	343,36	386,28	–	257,60	289,80	–	174,88	196,74	–	97,92	110,16	–	34,56	38,88
	V	16 433	–	1 314,64	1 478,97	IV	11 027	–	819,76	922,23	–	758,80	853,65	–	699,36	786,78	–	641,36	721,53	–	584,88	657,99	–	529,84	596,07
	VI	16 868	–	1 349,44	1 518,12																				
58 427,99	I,IV	11 040	–	883,20	993,60	I	11 040	–	759,76	854,73	–	642,32	722,61	–	530,64	596,97	–	424,88	477,99	–	325,04	365,67	–	231,04	259,92
	II	10 329	–	826,32	929,61	II	10 329	–	705,60	793,80	–	590,80	664,65	–	481,84	542,07	–	378,72	426,06	–	281,52	316,71	–	190,24	214,02
	III	6 552	–	524,16	589,68	III	6 552	–	432,64	486,72	–	344,–	387,–	–	258,24	290,52	–	175,52	197,46	–	98,56	110,88	–	35,04	39,42
	V	16 447	–	1 315,76	1 480,23	IV	11 040	–	820,72	923,31	–	759,76	854,73	–	700,32	787,86	–	642,32	722,61	–	585,76	658,98	–	530,64	596,97
	VI	16 882	–	1 350,56	1 519,38																				
58 463,99	I,IV	11 052	–	884,16	994,68	I	11 052	–	760,72	855,81	–	643,20	723,60	–	531,52	597,96	–	425,76	478,98	–	325,84	366,57	–	231,76	260,73
	II	10 341	–	827,28	930,69	II	10 341	–	706,56	794,88	–	591,68	665,64	–	482,64	542,97	–	379,52	426,96	–	282,32	317,61	–	190,96	214,83
	III	6 562	–	524,96	590,58	III	6 562	–	433,28	487,44	–	344,64	387,72	–	258,88	291,24	–	176,16	198,18	–	99,04	111,42	–	35,52	39,96
	V	16 461	–	1 316,88	1 481,49	IV	11 052	–	821,68	924,39	–	760,72	855,81	–	701,20	788,85	–	643,20	723,60	–	586,64	659,97	–	531,52	597,96
	VI	16 896	–	1 351,68	1 520,64																				
58 499,99	I,IV	11 064	–	885,12	995,76	I	11 064	–	761,68	856,89	–	644,08	724,59	–	532,40	598,95	–	426,56	479,88	–	326,56	367,38	–	232,48	261,54
	II	10 353	–	828,24	931,77	II	10 353	–	707,44	795,87	–	592,56	666,63	–	483,52	543,96	–	380,32	427,86	–	283,04	318,42	–	191,60	215,55
	III	6 570	–	525,60	591,30	III	6 570	–	434,08	488,34	–	345,28	388,44	–	259,68	292,14	–	176,80	198,90	–	99,68	112,14	–	36,–	40,50
	V	16 474	–	1 317,92	1 482,66	IV	11 064	–	822,72	925,56	–	761,68	856,89	–	702,16	789,93	–	644,08	724,59	–	587,52	660,96	–	532,40	598,95
	VI	16 910	–	1 352,80	1 521,90																				
58 535,99	I,IV	11 077	–	886,16	996,93	I	11 077	–	762,64	857,97	–	645,04	725,67	–	533,28	599,94	–	427,36	480,78	–	327,36	368,28	–	233,20	262,35
	II	10 366	–	829,28	932,94	II	10 366	–	708,40	796,95	–	593,44	667,62	–	484,32	544,86	–	381,12	428,76	–	283,84	319,32	–	192,32	216,36
	III	6 580	–	526,40	592,20	III	6 580	–	434,72	489,06	–	346,08	389,34	–	260,32	292,86	–	177,44	199,62	–	100,16	112,68	–	36,32	40,86
	V	16 489	–	1 319,12	1 484,01	IV	11 077	–	823,68	926,64	–	762,64	857,97	–	703,12	791,01	–	645,04	725,67	–	588,40	661,95	–	533,28	599,94
	VI	16 924	–	1 353,92	1 523,16																				
58 571,99	I,IV	11 090	–	887,20	998,10	I	11 090	–	763,60	859,05	–	645,92	726,66	–	534,08	600,84	–	428,16	481,68	–	328,16	369,18	–	233,92	263,16
	II	10 378	–	830,24	934,02	II	10 378	–	709,36	798,03	–	594,32	668,61	–	485,20	545,85	–	381,92	429,66	–	284,56	320,13	–	193,04	217,17
	III	6 588	–	527,04	592,92	III	6 588	–	435,52	489,96	–	346,72	390,06	–	260,96	293,58	–	178,08	200,34	–	100,80	113,40	–	36,80	41,40
	V	16 503	–	1 320,24	1 485,27	IV	11 090	–	824,64	927,72	–	763,60	859,05	–	704,–	792,–	–	645,92	726,66	–	589,28	662,94	–	534,08	600,84
	VI	16 938	–	1 355,04	1 524,42																				
58 607,99	I,IV	11 102	–	888,16	999,18	I	11 102	–	764,56	860,13	–	646,80	727,65	–	534,96	601,83	–	428,96	482,58	–	328,88	369,99	–	234,64	263,97
	II	10 390	–	831,20	935,10	II	10 390	–	710,24	799,02	–	595,20	669,60	–	486,–	546,75	–	382,72	430,56	–	285,28	320,94	–	193,76	217,98
	III	6 598	–	527,84	593,82	III	6 598	–	436,16	490,68	–	347,36	390,78	–	261,60	294,30	–	178,72	201,06	–	101,28	113,94	–	37,28	41,94
	V	16 516	–	1 321,28	1 486,44	IV	11 102	–	825,60	928,80	–	764,56	860,13	–	704,96	793,08	–	646,80	727,65	–	590,16	663,93	–	534,96	601,83
	VI	16 952	–	1 356,16	1 525,68																				
58 643,99	I,IV	11 115	–	889,20	1 000,35	I	11 115	–	765,52	861,21	–	647,76	728,73	–	535,84	602,82	–	429,76	483,48	–	329,68	370,89	–	235,36	264,78
	II	10 402	–	832,16	936,18	II	10 402	–	711,20	800,10	–	596,08	670,59	–	486,88	547,74	–	383,52	431,46	–	286,–	321,75	–	194,48	218,79
	III	6 608	–	528,64	594,72	III	6 608	–	436,80	491,40	–	348,16	391,68	–	262,24	295,02	–	179,36	201,78	–	101,92	114,66	–	37,76	42,48
	V	16 530	–	1 322,40	1 487,70	IV	11 115	–	826,64	929,97	–	765,52	861,21	–	705,92	794,16	–	647,76	728,73	–	591,04	664,92	–	535,84	602,82
	VI	16 965	1,07	1 357,20	1 526,85																				
58 679,99	I,IV	11 127	–	890,16	1 001,43	I	11 127	–	766,48	862,29	–	648,64	729,72	–	536,72	603,81	–	430,64	484,47	–	330,40	371,70	–	236,08	265,59
	II	10 414	–	833,12	937,26	II	10 414	–	712,16	801,18	–	596,96	671,58	–	487,68	548,64	–	384,32	432,36	–	286,80	322,65	–	195,12	219,51
	III	6 616	–	529,28	595,44	III	6 616	–	437,60	492,30	–	348,80	392,40	–	263,04	295,92	–	180,–	202,50	–	102,40	115,20	–	38,24	43,02
	V	16 544	–	1 323,52	1 488,96	IV	11 127	–	827,60	931,05	–	766,48	862,29	–	706,80	795,15	–	648,64	729,72	–	591,92	665,91	–	536,72	603,81
	VI	16 979	2,73	1 358,32	1 528,11																				
58 715,99	I,IV	11 140	–	891,20	1 002,60	I	11 140	–	767,44	863,37	–	649,60	730,80	–	537,60	604,80	–	431,44	485,37	–	331,20	372,60	–	236,88	266,49
	II	10 427	–	834,16	938,43	II	10 427	–	713,12	802,26	–	597,92	672,66	–	488,56	549,63	–	385,12	433,26	–	287,52	323,46	–	195,84	220,32
	III	6 626	–	530,08	596,34	III	6 626	–	438,40	493,20	–	349,60	393,30	–	263,68	296,64	–	180,64	203,22	–	103,04	115,92	–	38,72	43,56
	V	16 558	–	1 324,64	1 490,22	IV	11 140	–	828,56	932,13	–	767,44	863,37	–	707,76	796,23	–	649,60	730,80	–	592,80	666,90	–	537,60	604,80
	VI	16 994	4,52	1 359,52	1 529,46																				
58 751,99	I,IV	11 152	–	892,16	1 003,68	I	11 152	–	768,40	864,45	–	650,48	731,79	–	538,40	605,70	–	432,24	486,27	–	332,–	373,50	–	237,60	267,30
	II	10 439	–	835,12	939,51	II	10 439	–	714,–	803,25	–	598,80	673,65	–	489,36	550,53	–	385,92	434,16	–	288,32	324,36	–	196,56	221,13
	III	6 634	–	530,72	597,06	III	6 634	–	439,04	493,92	–	350,24	394,02	–	264,32	297,36	–	181,28	203,94	–	103,52	116,46	–	39,04	43,92
	V	16 572	–	1 325,76	1 491,48	IV	11 152	–	829,52	933,21	–	768,40	864,45	–	708,72	797,31	–	650,48	731,79	–	593,68	667,89	–	538,40	605,70
	VI	17 007	6,06	1 360,56	1 530,63																				

* Die ausgewiesenen Tabellenwerte sind amtlich. Siehe Erläuterungen auf der Umschlaginnenseite (U2).

JAHR 58 752,–*

Lohn/ Gehalt bis €*		Abzüge an Lohnsteuer, Solidaritätszuschlag (SolZ) und Kirchensteuer (8%, 9%) in den Steuerklassen I – VI					I, II, III, IV mit Zahl der Kinderfreibeträge . . .																			
			ohne Kinderfreibeträge					0,5			1			1,5			2			2,5			3		
		LSt	SolZ	8%	9%		LSt	SolZ	8%	9%	SolZ	8%	9%	SolZ	8%	9%	SolZ	8%	9%	SolZ	8%	9%	SolZ	8%	9%
58 787,99	I,IV	11 165	–	893,20	1 004,85	I	11 165	–	769,36	865,53	–	651,36	732,78	–	539,28	606,69	–	433,04	487,17	–	332,72	374,31	–	238,32	268,11
	II	10 451	–	836,08	940,59	II	10 451	–	714,96	804,33	–	599,68	674,64	–	490,24	551,52	–	386,72	435,06	–	289,04	325,17	–	197,28	221,94
	III	6 644	–	531,52	597,96	III	6 644	–	439,68	494,64	–	350,88	394,74	–	264,96	298,08	–	181,92	204,66	–	104,16	117,18	–	39,52	44,46
	V	16 586	–	1 326,88	1 492,74	IV	11 165	–	830,56	934,38	–	769,36	865,53	–	709,60	798,30	–	651,36	732,78	–	594,56	668,88	–	539,28	606,69
	VI	17 021	7,73	1 361,68	1 531,89																				
58 823,99	I,IV	11 177	–	894,16	1 005,93	I	11 177	–	770,32	866,61	–	652,24	733,77	–	540,16	607,68	–	433,92	488,16	–	333,52	375,21	–	239,04	268,92
	II	10 464	–	837,12	941,76	II	10 464	–	715,84	805,32	–	600,56	675,63	–	491,04	552,42	–	387,52	435,96	–	289,76	325,98	–	197,92	222,66
	III	6 654	–	532,32	598,86	III	6 654	–	440,48	495,54	–	351,52	395,46	–	265,60	298,80	–	182,56	205,38	–	104,64	117,72	–	40,–	45,–
	V	16 600	–	1 328,–	1 494,–	IV	11 177	–	831,52	935,46	–	770,32	866,61	–	710,56	799,38	–	652,24	733,77	–	595,44	669,87	–	540,16	607,68
	VI	17 035	9,40	1 362,80	1 533,15																				
58 859,99	I,IV	11 190	–	895,20	1 007,10	I	11 190	–	771,28	867,69	–	653,20	734,85	–	541,04	608,67	–	434,72	489,06	–	334,24	376,02	–	239,76	269,73
	II	10 476	–	838,08	942,84	II	10 476	–	716,80	806,40	–	601,44	676,62	–	491,92	553,41	–	388,32	436,86	–	290,56	326,88	–	198,64	223,47
	III	6 662	–	532,96	599,58	III	6 662	–	441,12	496,26	–	352,32	396,36	–	266,24	299,52	–	183,36	206,28	–	105,28	118,44	–	40,48	45,54
	V	16 614	–	1 329,12	1 495,26	IV	11 190	–	832,48	936,54	–	771,28	867,69	–	711,44	800,37	–	653,20	734,85	–	596,32	670,86	–	541,04	608,67
	VI	17 049	11,06	1 363,92	1 534,41																				
58 895,99	I,IV	11 202	–	896,16	1 008,18	I	11 202	–	772,16	868,68	–	654,08	735,84	–	541,84	609,57	–	435,52	489,96	–	335,04	376,92	–	240,48	270,54
	II	10 488	–	839,04	943,92	II	10 488	–	717,76	807,48	–	602,32	677,61	–	492,72	554,31	–	389,04	437,67	–	291,28	327,69	–	199,36	224,28
	III	6 672	–	533,76	600,48	III	6 672	–	441,92	497,16	–	352,96	397,08	–	266,88	300,24	–	183,84	206,82	–	105,76	118,98	–	40,96	46,08
	V	16 628	–	1 330,24	1 496,52	IV	11 202	–	833,44	937,62	–	772,16	868,68	–	712,40	801,45	–	654,08	735,84	–	597,20	671,85	–	541,84	609,57
	VI	17 063	12,73	1 365,04	1 535,67																				
58 931,99	I,IV	11 215	–	897,20	1 009,35	I	11 215	–	773,20	869,85	–	655,04	736,92	–	542,72	610,56	–	436,32	490,86	–	335,84	377,82	–	241,20	271,35
	II	10 501	–	840,08	945,09	II	10 501	–	718,72	808,56	–	603,20	678,60	–	493,60	555,30	–	389,92	438,66	–	292,08	328,59	–	200,08	225,09
	III	6 682	–	534,56	601,38	III	6 682	–	442,56	497,88	–	353,60	397,80	–	267,68	301,14	–	184,64	207,72	–	106,40	119,70	–	41,44	46,62
	V	16 642	–	1 331,36	1 497,78	IV	11 215	–	834,48	938,79	–	773,20	869,85	–	713,36	802,53	–	655,04	736,92	–	598,16	672,93	–	542,72	610,56
	VI	17 077	14,39	1 366,16	1 536,93																				
58 967,99	I,IV	11 228	–	898,24	1 010,52	I	11 228	–	774,16	870,93	–	655,92	737,91	–	543,60	611,55	–	437,20	491,85	–	336,56	378,63	–	241,92	272,16
	II	10 513	–	841,04	946,17	II	10 513	–	719,60	809,55	–	604,08	679,59	–	494,48	556,29	–	390,72	439,56	–	292,80	329,40	–	200,80	225,90
	III	6 690	–	535,20	602,10	III	6 690	–	443,36	498,78	–	354,40	398,70	–	268,32	301,86	–	185,28	208,44	–	107,04	120,42	–	41,92	47,16
	V	16 656	–	1 332,48	1 499,04	IV	11 228	–	835,44	939,87	–	774,16	870,93	–	714,32	803,61	–	655,92	737,91	–	599,04	673,92	–	543,60	611,55
	VI	17 091	16,06	1 367,28	1 538,19																				
59 003,99	I,IV	11 240	–	899,20	1 011,60	I	11 240	–	775,12	872,01	–	656,80	738,90	–	544,48	612,54	–	438,–	492,75	–	337,36	379,53	–	242,64	272,97
	II	10 525	–	842,–	947,25	II	10 525	–	720,56	810,63	–	604,96	680,58	–	495,28	557,19	–	391,44	440,37	–	293,52	330,21	–	201,44	226,62
	III	6 700	–	536,–	603,–	III	6 700	–	444,–	499,50	–	355,04	399,42	–	268,96	302,58	–	185,92	209,16	–	107,52	120,96	–	42,24	47,52
	V	16 670	–	1 333,60	1 500,30	IV	11 240	–	836,40	940,95	–	775,12	872,01	–	715,20	804,60	–	656,80	738,90	–	599,92	674,91	–	544,48	612,54
	VI	17 105	17,73	1 368,40	1 539,45																				
59 039,99	I,IV	11 253	–	900,24	1 012,77	I	11 253	–	776,–	873,–	–	657,76	739,98	–	545,36	613,53	–	438,80	493,65	–	338,16	380,43	–	243,36	273,78
	II	10 537	–	842,96	948,33	II	10 537	–	721,52	811,71	–	605,84	681,57	–	496,16	558,18	–	392,24	441,27	–	294,32	331,11	–	202,16	227,43
	III	6 708	–	536,64	603,72	III	6 708	–	444,80	500,40	–	355,68	400,14	–	269,60	303,30	–	186,56	209,88	–	108,16	121,68	–	42,72	48,06
	V	16 684	–	1 334,72	1 501,56	IV	11 253	–	837,36	942,03	–	776,–	873,–	–	716,16	805,68	–	657,76	739,98	–	600,80	675,90	–	545,36	613,53
	VI	17 119	19,39	1 369,52	1 540,71																				
59 075,99	I,IV	11 265	–	901,20	1 013,85	I	11 265	–	776,96	874,08	–	658,64	740,97	–	546,16	614,43	–	439,60	494,55	–	338,88	381,24	–	244,08	274,59
	II	10 550	–	844,–	949,50	II	10 550	–	722,40	812,70	–	606,72	682,56	–	496,96	559,08	–	393,04	442,17	–	295,04	331,92	–	202,88	228,24
	III	6 718	–	537,44	604,62	III	6 718	–	445,44	501,12	–	356,48	401,04	–	270,24	304,02	–	187,20	210,60	–	108,64	122,22	–	43,20	48,60
	V	16 697	–	1 335,76	1 502,73	IV	11 265	–	838,40	943,20	–	776,96	874,08	–	717,12	806,76	–	658,64	740,97	–	601,68	676,89	–	546,16	614,43
	VI	17 133	21,06	1 370,64	1 541,97																				
59 111,99	I,IV	11 278	–	902,24	1 015,02	I	11 278	–	778,–	875,25	–	659,60	742,05	–	547,04	615,42	–	440,48	495,54	–	339,68	382,14	–	244,80	275,40
	II	10 562	–	844,96	950,58	II	10 562	–	723,36	813,78	–	607,68	683,64	–	497,84	560,07	–	393,92	443,16	–	295,84	332,82	–	203,60	229,05
	III	6 728	–	538,24	605,52	III	6 728	–	446,24	502,02	–	357,12	401,76	–	271,04	304,92	–	187,84	211,32	–	109,28	122,94	–	43,68	49,14
	V	16 712	–	1 336,96	1 504,08	IV	11 278	–	839,36	944,28	–	778,–	875,25	–	718,08	807,84	–	659,60	742,05	–	602,56	677,88	–	547,04	615,42
	VI	17 147	22,72	1 371,76	1 543,23																				
59 147,99	I,IV	11 290	–	903,20	1 016,10	I	11 290	–	778,96	876,33	–	660,48	743,04	–	547,92	616,41	–	441,28	496,44	–	340,48	383,04	–	245,52	276,21
	II	10 574	–	845,92	951,66	II	10 574	–	724,32	814,86	–	608,56	684,63	–	498,72	561,06	–	394,64	443,97	–	296,56	333,63	–	204,32	229,86
	III	6 736	–	538,88	606,24	III	6 736	–	446,88	502,74	–	357,76	402,48	–	271,68	305,64	–	188,48	212,04	–	109,92	123,66	–	44,16	49,68
	V	16 726	–	1 338,08	1 505,34	IV	11 290	–	840,32	945,36	–	778,96	876,33	–	718,96	808,83	–	660,48	743,04	–	603,52	678,96	–	547,92	616,41
	VI	17 161	24,39	1 372,88	1 544,49																				
59 183,99	I,IV	11 303	–	904,24	1 017,27	I	11 303	–	779,92	877,41	–	661,44	744,12	–	548,80	617,40	–	442,08	497,34	–	341,20	383,85	–	246,24	277,02
	II	10 587	–	846,96	952,83	II	10 587	–	725,28	815,94	–	609,44	685,62	–	499,52	561,96	–	395,44	444,87	–	297,28	334,44	–	205,04	230,67
	III	6 746	–	539,68	607,14	III	6 746	–	447,68	503,64	–	358,56	403,38	–	272,32	306,36	–	189,12	212,76	–	110,40	124,20	–	44,64	50,22
	V	16 739	–	1 339,12	1 506,51	IV	11 303	–	841,36	946,53	–	779,92	877,41	–	719,92	809,91	–	661,44	744,12	–	604,40	679,95	–	548,80	617,40
	VI	17 175	26,06	1 374,–	1 545,75																				
59 219,99	I,IV	11 315	–	905,20	1 018,35	I	11 315	–	780,80	878,40	–	662,32	745,11	–	549,68	618,39	–	442,88	498,24	–	342,–	384,75	–	246,96	277,83
	II	10 599	–	847,92	953,91	II	10 599	–	726,16	816,93	–	610,32	686,61	–	500,40	562,95	–	396,24	445,77	–	298,08	335,34	–	205,68	231,39
	III	6 756	–	540,48	608,04	III	6 756	–	448,32	504,36	–	359,20	404,10	–	272,96	307,08	–	189,76	213,48	–	111,04	124,92	–	45,12	50,76
	V	16 753	–	1 340,24	1 507,77	IV	11 315	–	842,32	947,61	–	780,80	878,40	–	720,88	810,99	–	662,32	745,11	–	605,28	680,94	–	549,68	618,39
	VI	17 188	27,60	1 375,04	1 546,92																				
59 255,99	I,IV	11 328	–	906,24	1 019,52	I	11 328	–	781,76	879,48	–	663,20	746,10	–	550,56	619,38	–	443,68	499,14	–	342,80	385,65	–	247,68	278,64
	II	10 611	–	848,88	954,99	II	10 611	–	727,12	818,01	–	611,20	687,60	–	501,20	563,85	–	397,04	446,67	–	298,80	336,15	–	206,40	232,20
	III	6 764	–	541,12	608,76	III	6 764	–	448,96	505,08	–	359,84	404,82	–	273,60	307,80	–	190,40	214,20	–	111,52	125,46	–	45,60	51,30
	V	16 767	–	1 341,36	1 509,03	IV	11 328	–	843,28	948,69	–	781,76	879,48	–	721,76	811,98	–	663,20	746,10	–	606,16	681,93	–	550,56	619,38
	VI	17 202	29,27	1 376,16	1 548,18																				
59 291,99	I,IV	11 341	–	907,28	1 020,69	I	11 341	–	782,80	880,65	–	664,16	747,18	–	551,44	620,37	–	444,56	500,13	–	343,60	386,55	–	248,48	279,54
	II	10 624	–	849,92	956,16	II	10 624	–	728,08	819,09	–	612,16	688,68	–	502,08	564,84	–	397,92	447,66	–	299,60	337,05	–	207,12	233,01
	III	6 774	–	541,92	609,66	III	6 774	–	449,76	505,98	–	360,64	405,72	–	274,40	308,70	–	191,04	214,92	–	112,16	126,18	–	46,08	51,84
	V	16 781	–	1 342,48	1 510,29	IV	11 341	–	844,32	949,86	–	782,80	880,65	–	722,72	813,06	–	664,16	747,18	–	607,04	682,92	–	551,44	620,37
	VI	17 217	31,05	1 377,36	1 549,53																				
59 327,99	I,IV	11 353	–	908,24	1 021,77	I	11 353	–	783,76	881,73	–	665,04	748,17	–	552,32	621,36	–	445,36	501,03	–	344,32	387,36	–	249,20	280,35
	II	10 636	–	850,88	957,24	II	10 636	–	729,04	820,17	–	613,04	689,67	–	502,88	565,74	–	398,72	448,56	–	300,32	337,86	–	207,84	233,82
	III	6 784	–	542,72	610,56	III	6 784	–	450,56	506,88	–	361,28	406,44	–	275,04	309,42	–	191,68	215,64	–	112,80	126,90	–	46,56	52,38
	V	16 795	–	1 343,60	1 511,55	IV	11 353	–	845,28	950,94	–	783,76	881,73	–	723,68	814,14	–	665,04	748,17	–	607,92	683,91	–	552,32	621,36
	VI	17 230	32,60	1 378,40	1 550,70																				

*** Die ausgewiesenen Tabellenwerte sind amtlich. Siehe Erläuterungen auf der Umschlaginnenseite (U2).**

Abzüge an Lohnsteuer, Solidaritätszuschlag (SolZ) und Kirchensteuer (8%, 9%) in den Steuerklassen

Lohn/ Gehalt bis €*	I – VI	LSt	SolZ	8%	9%	I, II, III, IV	LSt	0,5 SolZ	0,5 8%	0,5 9%	1 SolZ	1 8%	1 9%	1,5 SolZ	1,5 8%	1,5 9%	2 SolZ	2 8%	2 9%	2,5 SolZ	2,5 8%	2,5 9%	3 SolZ	3 8%	3 9%
			ohne Kinderfreibeträge					mit Zahl der Kinderfreibeträge . . .																	
59 363,99	I,IV	11 366	–	909,28	1 022,94	I	11 366	–	784,72	882,81	–	666,–	749,25	–	553,12	622,26	–	446,16	501,93	–	345,12	388,26	–	249,92	281,16
	II	10 648	–	851,84	958,32	II	10 648	–	729,92	821,16	–	613,92	690,66	–	503,76	566,73	–	399,52	449,46	–	301,04	338,67	–	208,56	234,63
	III	6 792	–	543,36	611,28	III	6 792	–	451,20	507,60	–	361,92	407,16	–	275,68	310,14	–	192,32	216,36	–	113,28	127,44	–	46,88	52,74
	V	16 809	–	1 344,72	1 512,81	IV	11 366	–	846,24	952,02	–	784,72	882,81	–	724,64	815,22	–	666,–	749,25	–	608,80	684,90	–	553,12	622,26
	VI	17 244	34,27	1 379,52	1 551,96																				
59 399,99	I,IV	11 379	–	910,32	1 024,11	I	11 379	–	785,68	883,89	–	666,88	750,24	–	554,–	623,25	–	447,04	502,92	–	345,92	389,16	–	250,64	281,97
	II	10 661	–	852,88	959,49	II	10 661	–	730,88	822,24	–	614,80	691,65	–	504,64	567,72	–	400,24	450,27	–	301,84	339,57	–	209,28	235,44
	III	6 802	–	544,16	612,18	III	6 802	–	452,–	508,50	–	362,72	408,06	–	276,32	310,86	–	192,96	217,08	–	113,92	128,16	–	47,36	53,28
	V	16 823	–	1 345,84	1 514,07	IV	11 379	–	847,20	953,10	–	785,68	883,89	–	725,52	816,21	–	666,88	750,24	–	609,68	685,89	–	554,–	623,25
	VI	17 258	35,93	1 380,64	1 553,22																				
59 435,99	I,IV	11 391	–	911,28	1 025,19	I	11 391	–	786,64	884,97	–	667,84	751,32	–	554,88	624,24	–	447,84	503,82	–	346,64	389,97	–	251,36	282,78
	II	10 673	–	853,84	960,57	II	10 673	–	731,84	823,32	–	615,68	692,64	–	505,44	568,62	–	401,04	451,17	–	302,56	340,38	–	210,–	236,25
	III	6 810	–	544,80	612,90	III	6 810	–	452,64	509,22	–	363,36	408,78	–	276,96	311,58	–	193,60	217,80	–	114,40	128,70	–	47,84	53,82
	V	16 837	–	1 346,96	1 515,33	IV	11 391	–	848,24	954,27	–	786,64	884,97	–	726,48	817,29	–	667,84	751,32	–	610,64	686,97	–	554,88	624,24
	VI	17 272	37,60	1 381,76	1 554,48																				
59 471,99	I,IV	11 404	–	912,32	1 026,36	I	11 404	–	787,60	886,05	–	668,72	752,31	–	555,76	625,23	–	448,64	504,72	–	347,44	390,87	–	252,08	283,59
	II	10 685	–	854,80	961,65	II	10 685	–	732,80	824,40	–	616,56	693,63	–	506,32	569,61	–	401,84	452,07	–	303,36	341,28	–	210,64	236,97
	III	6 820	–	545,60	613,80	III	6 820	–	453,28	509,94	–	364,–	409,50	–	277,76	312,48	–	194,24	218,52	–	115,04	129,42	–	48,32	54,36
	V	16 851	–	1 348,08	1 516,59	IV	11 404	–	849,20	955,35	–	787,60	886,05	–	727,44	818,37	–	668,72	752,31	–	611,52	687,96	–	555,76	625,23
	VI	17 286	39,27	1 382,88	1 555,74																				
59 507,99	I,IV	11 417	–	913,36	1 027,53	I	11 417	–	788,56	887,13	–	669,68	753,39	–	556,64	626,22	–	449,52	505,71	–	348,24	391,77	–	252,88	284,49
	II	10 698	–	855,84	962,82	II	10 698	–	733,76	825,48	–	617,52	694,71	–	507,20	570,60	–	402,72	453,06	–	304,08	342,09	–	211,36	237,78
	III	6 830	–	546,40	614,70	III	6 830	–	454,08	510,84	–	364,80	410,40	–	278,40	313,20	–	194,88	219,24	–	115,68	130,14	–	48,80	54,90
	V	16 865	–	1 349,20	1 517,85	IV	11 417	–	850,24	956,52	–	788,56	887,13	–	728,40	819,45	–	669,68	753,39	–	612,40	688,95	–	556,64	626,22
	VI	17 300	40,93	1 384,–	1 557,–																				
59 543,99	I,IV	11 429	–	914,32	1 028,61	I	11 429	–	789,52	888,21	–	670,56	754,38	–	557,52	627,21	–	450,32	506,61	–	349,04	392,67	–	253,60	285,30
	II	10 710	–	856,80	963,90	II	10 710	–	734,64	826,47	–	618,40	695,70	–	508,–	571,50	–	403,52	453,96	–	304,88	342,99	–	212,08	238,59
	III	6 838	–	547,04	615,42	III	6 838	–	454,72	511,56	–	365,44	411,12	–	279,04	313,92	–	195,52	219,96	–	116,16	130,68	–	49,28	55,44
	V	16 879	–	1 350,32	1 519,11	IV	11 429	–	851,20	957,60	–	789,52	888,21	–	729,28	820,44	–	670,56	754,38	–	613,28	689,94	–	557,52	627,21
	VI	17 314	42,60	1 385,12	1 558,26																				
59 579,99	I,IV	11 442	–	915,36	1 029,78	I	11 442	–	790,48	889,29	–	671,52	755,46	–	558,40	628,20	–	451,12	507,51	–	349,76	393,48	–	254,32	286,11
	II	10 723	–	857,84	965,07	II	10 723	–	735,60	827,55	–	619,28	696,69	–	508,88	572,49	–	404,32	454,86	–	305,60	343,80	–	212,80	239,40
	III	6 848	–	547,84	616,32	III	6 848	–	455,52	512,46	–	366,08	411,84	–	279,68	314,64	–	196,16	220,68	–	116,80	131,40	–	49,76	55,98
	V	16 893	–	1 351,44	1 520,37	IV	11 442	–	852,16	958,68	–	790,48	889,29	–	730,24	821,52	–	671,52	755,46	–	614,16	690,93	–	558,40	628,20
	VI	17 328	44,26	1 386,24	1 559,52																				
59 615,99	I,IV	11 454	–	916,32	1 030,86	I	11 454	–	791,44	890,37	–	672,40	756,45	–	559,20	629,10	–	451,92	508,41	–	350,56	394,38	–	255,04	286,92
	II	10 735	–	858,80	966,15	II	10 735	–	736,56	828,63	–	620,16	697,68	–	509,68	573,39	–	405,12	455,76	–	306,40	344,70	–	213,52	240,21
	III	6 856	–	548,48	617,04	III	6 856	–	456,16	513,18	–	366,88	412,74	–	280,32	315,36	–	196,80	221,40	–	117,44	132,12	–	50,24	56,52
	V	16 907	–	1 352,56	1 521,63	IV	11 454	–	853,12	959,76	–	791,44	890,37	–	731,20	822,60	–	672,40	756,45	–	615,12	692,01	–	559,20	629,10
	VI	17 342	45,93	1 387,36	1 560,78																				
59 651,99	I,IV	11 467	–	917,36	1 032,03	I	11 467	–	792,40	891,45	–	673,28	757,44	–	560,08	630,09	–	452,80	509,40	–	351,36	395,28	–	255,76	287,73
	II	10 747	–	859,76	967,23	II	10 747	–	737,52	829,71	–	621,04	698,67	–	510,56	574,38	–	405,92	456,66	–	307,12	345,51	–	214,24	241,02
	III	6 866	–	549,28	617,94	III	6 866	–	456,96	514,08	–	367,52	413,46	–	281,12	316,26	–	197,60	222,30	–	117,92	132,66	–	50,72	57,06
	V	16 920	–	1 353,60	1 522,80	IV	11 467	–	854,16	960,93	–	792,40	891,45	–	732,08	823,59	–	673,28	757,44	–	616,–	693,–	–	560,08	630,09
	VI	17 356	47,60	1 388,48	1 562,04																				
59 687,99	I,IV	11 480	–	918,40	1 033,20	I	11 480	–	793,36	892,53	–	674,24	758,52	–	560,96	631,08	–	453,60	510,30	–	352,16	396,18	–	256,48	288,54
	II	10 760	–	860,80	968,40	II	10 760	–	738,48	830,79	–	622,–	699,75	–	511,44	575,37	–	406,72	457,56	–	307,92	346,41	–	214,96	241,83
	III	6 876	–	550,08	618,84	III	6 876	–	457,76	514,98	–	368,32	414,36	–	281,76	316,98	–	198,24	223,02	–	118,56	133,38	–	51,20	57,60
	V	16 935	–	1 354,80	1 524,15	IV	11 480	–	855,12	962,01	–	793,36	892,53	–	733,12	824,76	–	674,24	758,52	–	616,88	693,99	–	560,96	631,08
	VI	17 370	49,26	1 389,60	1 563,30																				
59 723,99	I,IV	11 492	–	919,36	1 034,28	I	11 492	–	794,32	893,61	–	675,20	759,60	–	561,84	632,07	–	454,48	511,29	–	352,88	396,99	–	257,20	289,35
	II	10 772	–	861,76	969,48	II	10 772	–	739,36	831,78	–	622,88	700,74	–	512,24	576,27	–	407,52	458,46	–	308,64	347,22	–	215,68	242,64
	III	6 884	–	550,72	619,56	III	6 884	–	458,40	515,70	–	368,96	415,08	–	282,40	317,70	–	198,88	223,74	–	119,20	134,10	–	51,68	58,14
	V	16 949	–	1 355,92	1 525,41	IV	11 492	–	856,16	963,18	–	794,32	893,61	–	734,–	825,75	–	675,20	759,60	–	617,76	694,98	–	561,84	632,07
	VI	17 384	50,93	1 390,72	1 564,56																				
59 759,99	I,IV	11 505	–	920,40	1 035,45	I	11 505	–	795,28	894,69	–	676,08	760,59	–	562,72	633,06	–	455,28	512,19	–	353,68	397,89	–	258,–	290,25
	II	10 785	–	862,80	970,65	II	10 785	–	740,32	832,86	–	623,76	701,73	–	513,12	577,26	–	408,32	459,36	–	309,44	348,12	–	216,40	243,45
	III	6 894	–	551,52	620,46	III	6 894	–	459,04	516,42	–	369,60	415,80	–	283,04	318,42	–	199,52	224,46	–	119,84	134,82	–	52,16	58,68
	V	16 962	0,71	1 356,96	1 526,58	IV	11 505	–	857,12	964,26	–	795,28	894,69	–	734,96	826,83	–	676,08	760,59	–	618,64	695,97	–	562,72	633,06
	VI	17 398	52,59	1 391,84	1 565,82																				
59 795,99	I,IV	11 518	–	921,44	1 036,62	I	11 518	–	796,24	895,77	–	676,96	761,58	–	563,60	634,05	–	456,08	513,09	–	354,48	398,79	–	258,72	291,06
	II	10 797	–	863,76	971,73	II	10 797	–	741,28	833,94	–	624,72	702,81	–	514,–	578,25	–	409,12	460,26	–	310,16	348,93	–	217,04	244,17
	III	6 904	–	552,32	621,36	III	6 904	–	459,84	517,32	–	370,24	416,52	–	283,68	319,14	–	200,16	225,18	–	120,32	135,36	–	52,64	59,22
	V	16 976	2,38	1 358,08	1 527,84	IV	11 518	–	858,08	965,34	–	796,24	895,77	–	735,92	827,91	–	676,96	761,58	–	619,60	697,05	–	563,60	634,05
	VI	17 411	54,14	1 392,88	1 566,99																				
59 831,99	I,IV	11 530	–	922,40	1 037,70	I	11 530	–	797,20	896,85	–	677,92	762,66	–	564,48	635,04	–	456,88	513,99	–	355,20	399,60	–	259,44	291,87
	II	10 809	–	864,72	972,81	II	10 809	–	742,24	835,02	–	625,60	703,80	–	514,80	579,15	–	409,92	461,16	–	310,88	349,74	–	217,76	244,98
	III	6 912	–	552,96	622,08	III	6 912	–	460,48	518,04	–	371,04	417,42	–	284,48	320,04	–	200,80	225,90	–	120,96	136,08	–	53,12	59,76
	V	16 990	4,04	1 359,20	1 529,10	IV	11 530	–	859,12	966,51	–	797,20	896,85	–	736,80	828,90	–	677,92	762,66	–	620,48	698,04	–	564,48	635,04
	VI	17 425	55,81	1 394,–	1 568,25																				
59 867,99	I,IV	11 543	–	923,44	1 038,87	I	11 543	–	798,24	898,02	–	678,88	763,74	–	565,36	636,03	–	457,76	514,98	–	356,–	400,50	–	260,16	292,68
	II	10 822	–	865,76	973,98	II	10 822	–	743,20	836,10	–	626,48	704,79	–	515,68	580,14	–	410,72	462,06	–	311,68	350,64	–	218,56	245,88
	III	6 922	–	553,76	622,98	III	6 922	–	461,28	518,94	–	371,68	418,14	–	285,12	320,76	–	201,44	226,62	–	121,60	136,80	–	53,60	60,30
	V	17 004	5,71	1 360,32	1 530,36	IV	11 543	–	860,08	967,59	–	798,24	898,02	–	737,84	830,07	–	678,88	763,74	–	621,36	699,03	–	565,36	636,03
	VI	17 440	57,59	1 395,20	1 569,60																				
59 903,99	I,IV	11 556	–	924,48	1 040,04	I	11 556	–	799,20	899,10	–	679,76	764,73	–	566,24	637,02	–	458,56	515,88	–	356,80	401,40	–	260,88	293,49
	II	10 834	–	866,72	975,06	II	10 834	–	744,16	837,18	–	627,36	705,78	–	516,56	581,13	–	411,52	462,96	–	312,48	351,54	–	219,20	246,60
	III	6 932	–	554,56	623,88	III	6 932	–	461,92	519,66	–	372,48	419,04	–	285,76	321,48	–	202,08	227,34	–	122,08	137,34	–	54,08	60,84
	V	17 018	7,37	1 361,44	1 531,62	IV	11 556	–	861,12	968,76	–	799,20	899,10	–	738,72	831,06	–	679,76	764,73	–	622,24	700,02	–	566,24	637,02
	VI	17 453	59,14	1 396,24	1 570,77																				

* Die ausgewiesenen Tabellenwerte sind amtlich. Siehe Erläuterungen auf der Umschlaginnenseite (U2).

Abzüge an Lohnsteuer, Solidaritätszuschlag (SolZ) und Kirchensteuer (8%, 9%) in den Steuerklassen

Lohn/ Gehalt bis €*	I – VI ohne Kinderfreibeträge LSt	SolZ	8%	9%	I, II, III, IV LSt	0,5 SolZ	0,5 8%	0,5 9%	1 SolZ	1 8%	1 9%	1,5 SolZ	1,5 8%	1,5 9%	2 SolZ	2 8%	2 9%	2,5 SolZ	2,5 8%	2,5 9%	3 SolZ	3 8%	3 9%
59 939,99	I,IV 11 568	–	925,44	1 041,12	I 11 568	–	800,16	900,18	–	680,72	765,81	–	567,12	638,01	–	459,44	516,87	–	357,60	402,30	–	261,68	294,39
	II 10 847	–	867,76	976,23	II 10 847	–	745,04	838,17	–	628,32	706,86	–	517,36	582,03	–	412,32	463,86	–	313,20	352,35	–	219,92	247,41
	III 6 940	–	555,20	624,60	III 6 940	–	462,72	520,56	–	373,12	419,76	–	286,40	322,20	–	202,72	228,06	–	122,72	138,06	–	54,56	61,38
	V 17 032	9,04	1 362,56	1 532,88	IV 11 568	–	862,08	969,84	–	800,16	900,18	–	739,68	832,14	–	680,72	765,81	–	623,20	701,10	–	567,12	638,01
	VI 17 467	60,80	1 397,36	1 572,03																			
59 975,99	I,IV 11 581	–	926,48	1 042,29	I 11 581	–	801,12	901,26	–	681,60	766,80	–	568,–	639,–	–	460,24	517,77	–	358,40	403,20	–	262,40	295,20
	II 10 859	–	868,72	977,31	II 10 859	–	746,–	839,25	–	629,20	707,85	–	518,24	583,02	–	413,20	464,85	–	314,–	353,25	–	220,64	248,22
	III 6 950	–	556,–	625,50	III 6 950	–	463,36	521,28	–	373,76	420,48	–	287,04	322,92	–	203,36	228,78	–	123,36	138,78	–	55,04	61,92
	V 17 046	10,71	1 363,68	1 534,14	IV 11 581	–	863,04	970,92	–	801,12	901,26	–	740,64	833,22	–	681,60	766,80	–	624,08	702,09	–	568,–	639,–
	VI 17 481	62,47	1 398,48	1 573,29																			
60 011,99	I,IV 11 594	–	927,52	1 043,46	I 11 594	–	802,08	902,34	–	682,56	767,88	–	568,88	639,99	–	461,04	518,67	–	359,12	404,01	–	263,12	296,01
	II 10 871	–	869,68	978,39	II 10 871	–	746,96	840,33	–	630,08	708,84	–	519,12	584,01	–	414,–	465,75	–	314,72	354,06	–	221,36	249,03
	III 6 960	–	556,80	626,40	III 6 960	–	464,16	522,18	–	374,56	421,38	–	287,84	323,82	–	204,–	229,50	–	123,84	139,32	–	55,52	62,46
	V 17 060	12,37	1 364,80	1 535,40	IV 11 594	–	864,08	972,09	–	802,08	902,34	–	741,52	834,21	–	682,56	767,88	–	624,96	703,08	–	568,88	639,99
	VI 17 495	64,14	1 399,60	1 574,55																			
60 047,99	I,IV 11 606	–	928,48	1 044,54	I 11 606	–	803,04	903,42	–	683,44	768,87	–	569,76	640,98	–	461,92	519,66	–	359,92	404,91	–	263,84	296,82
	II 10 884	–	870,72	979,56	II 10 884	–	747,92	841,41	–	630,96	709,83	–	519,92	584,91	–	414,80	466,65	–	315,52	354,96	–	222,08	249,84
	III 6 968	–	557,44	627,12	III 6 968	–	464,80	522,90	–	375,20	422,10	–	288,48	324,54	–	204,64	230,22	–	124,48	140,04	–	56,–	63,–
	V 17 074	14,04	1 365,92	1 536,66	IV 11 606	–	865,04	973,17	–	803,04	903,42	–	742,48	835,29	–	683,44	768,87	–	625,84	704,07	–	569,76	640,98
	VI 17 509	65,80	1 400,72	1 575,81																			
60 083,99	I,IV 11 619	–	929,52	1 045,71	I 11 619	–	804,–	904,50	–	684,40	769,95	–	570,64	641,97	–	462,72	520,56	–	360,72	405,81	–	264,56	297,63
	II 10 896	–	871,68	980,64	II 10 896	–	748,88	842,49	–	631,92	710,91	–	520,80	585,90	–	415,60	467,55	–	316,24	355,77	–	222,80	250,65
	III 6 978	–	558,24	628,02	III 6 978	–	465,60	523,80	–	375,84	422,82	–	289,12	325,26	–	205,28	230,94	–	125,12	140,76	–	56,48	63,54
	V 17 088	15,70	1 367,04	1 537,92	IV 11 619	–	866,08	974,34	–	804,–	904,50	–	743,44	836,37	–	684,40	769,95	–	626,80	705,15	–	570,64	641,97
	VI 17 523	67,47	1 401,84	1 577,07																			
60 119,99	I,IV 11 632	–	930,56	1 046,88	I 11 632	–	804,96	905,58	–	685,28	770,94	–	571,52	642,96	–	463,60	521,55	–	361,52	406,71	–	265,36	298,53
	II 10 909	–	872,72	981,81	II 10 909	–	749,84	843,57	–	632,80	711,90	–	521,68	586,89	–	416,40	468,45	–	317,04	356,67	–	223,52	251,46
	III 6 988	–	559,04	628,92	III 6 988	–	466,40	524,70	–	376,64	423,72	–	289,76	325,98	–	205,92	231,66	–	125,76	141,48	–	56,96	64,08
	V 17 102	17,37	1 368,16	1 539,18	IV 11 632	–	867,04	975,42	–	804,96	905,58	–	744,40	837,45	–	685,28	770,94	–	627,68	706,14	–	571,52	642,96
	VI 17 537	69,13	1 402,96	1 578,33																			
60 155,99	I,IV 11 645	–	931,60	1 048,05	I 11 645	–	805,92	906,66	–	686,24	772,02	–	572,40	643,95	–	464,40	522,45	–	362,32	407,61	–	266,08	299,34
	II 10 921	–	873,68	982,89	II 10 921	–	750,72	844,56	–	633,68	712,89	–	522,48	587,79	–	417,20	469,35	–	317,76	357,48	–	224,24	252,27
	III 6 996	–	559,68	629,64	III 6 996	–	467,04	525,42	–	377,28	424,44	–	290,56	326,88	–	206,56	232,38	–	126,24	142,02	–	57,44	64,62
	V 17 116	19,04	1 369,28	1 540,44	IV 11 645	–	868,–	976,50	–	805,92	906,66	–	745,36	838,53	–	686,24	772,02	–	628,56	707,13	–	572,40	643,95
	VI 17 551	70,80	1 404,08	1 579,59																			
60 191,99	I,IV 11 657	–	932,56	1 049,13	I 11 657	–	806,96	907,83	–	687,12	773,01	–	573,20	644,85	–	465,20	523,35	–	363,04	408,42	–	266,80	300,15
	II 10 934	–	874,72	984,06	II 10 934	–	751,68	845,64	–	634,56	713,88	–	523,36	588,78	–	418,–	470,25	–	318,56	358,38	–	224,96	253,08
	III 7 006	–	560,48	630,54	III 7 006	–	467,84	526,32	–	377,92	425,16	–	291,20	327,60	–	207,36	233,28	–	126,88	142,74	–	57,92	65,16
	V 17 130	20,70	1 370,40	1 541,70	IV 11 657	–	869,04	977,67	–	806,96	907,83	–	746,32	839,61	–	687,12	773,01	–	629,44	708,12	–	573,20	644,85
	VI 17 565	72,47	1 405,20	1 580,85																			
60 227,99	I,IV 11 670	–	933,60	1 050,30	I 11 670	–	807,92	908,91	–	688,08	774,09	–	574,08	645,84	–	466,08	524,34	–	363,84	409,32	–	267,52	300,96
	II 10 946	–	875,68	985,14	II 10 946	–	752,64	846,72	–	635,52	714,96	–	524,24	589,77	–	418,80	471,15	–	319,28	359,19	–	225,68	253,89
	III 7 014	–	561,12	631,26	III 7 014	–	468,48	527,04	–	378,72	426,06	–	291,84	328,32	–	207,84	233,82	–	127,52	143,46	–	58,40	65,70
	V 17 144	22,37	1 371,52	1 542,96	IV 11 670	–	870,–	978,75	–	807,92	908,91	–	747,20	840,60	–	688,08	774,09	–	630,32	709,11	–	574,08	645,84
	VI 17 579	74,13	1 406,32	1 582,11																			
60 263,99	I,IV 11 683	–	934,64	1 051,47	I 11 683	–	808,88	909,99	–	689,04	775,17	–	575,04	646,92	–	466,88	525,24	–	364,64	410,22	–	268,32	301,86
	II 10 959	–	876,72	986,31	II 10 959	–	753,60	847,80	–	636,40	715,95	–	525,12	590,76	–	419,68	472,14	–	320,08	360,09	–	226,40	254,70
	III 7 024	–	561,92	632,16	III 7 024	–	469,12	527,76	–	379,36	426,78	–	292,48	329,04	–	208,64	234,72	–	128,16	144,18	–	59,04	66,42
	V 17 158	24,03	1 372,64	1 544,22	IV 11 683	–	871,04	979,92	–	808,88	909,99	–	748,24	841,77	–	689,04	775,17	–	631,28	710,19	–	575,04	646,92
	VI 17 593	75,80	1 407,44	1 583,37																			
60 299,99	I,IV 11 696	–	935,68	1 052,64	I 11 696	–	809,84	911,07	–	689,92	776,16	–	575,92	647,91	–	467,76	526,23	–	365,44	411,12	–	269,04	302,67
	II 10 971	–	877,68	987,39	II 10 971	–	754,56	848,88	–	637,28	716,94	–	525,92	591,66	–	420,48	473,04	–	320,88	360,99	–	227,12	255,51
	III 7 034	–	562,72	633,06	III 7 034	–	469,92	528,66	–	380,16	427,68	–	293,28	329,94	–	209,28	235,44	–	128,80	144,90	–	59,52	66,96
	V 17 172	25,70	1 373,76	1 545,48	IV 11 696	–	872,–	981,–	–	809,84	911,07	–	749,12	842,76	–	689,92	776,16	–	632,16	711,18	–	575,92	647,91
	VI 17 607	77,46	1 408,56	1 584,63																			
60 335,99	I,IV 11 708	–	936,64	1 053,72	I 11 708	–	810,80	912,15	–	690,88	777,24	–	576,80	648,90	–	468,56	527,13	–	366,24	412,02	–	269,76	303,48
	II 10 984	–	878,72	988,56	II 10 984	–	755,52	849,96	–	638,24	718,02	–	526,80	592,65	–	421,28	473,94	–	321,60	361,80	–	227,84	256,32
	III 7 042	–	563,36	633,78	III 7 042	–	470,56	529,38	–	380,80	428,40	–	293,92	330,66	–	209,92	236,16	–	129,28	145,44	–	60,–	67,50
	V 17 186	27,37	1 374,88	1 546,74	IV 11 708	–	873,04	982,17	–	810,80	912,15	–	750,08	843,84	–	690,88	777,24	–	633,04	712,17	–	576,80	648,90
	VI 17 621	79,13	1 409,68	1 585,89																			
60 371,99	I,IV 11 721	–	937,68	1 054,89	I 11 721	–	811,76	913,23	–	691,76	778,23	–	577,60	649,80	–	469,36	528,03	–	366,96	412,83	–	270,48	304,29
	II 10 996	–	879,68	989,64	II 10 996	–	756,48	851,04	–	639,12	719,01	–	527,68	593,64	–	422,08	474,84	–	322,40	362,70	–	228,56	257,13
	III 7 052	–	564,16	634,68	III 7 052	–	471,36	530,28	–	381,44	429,12	–	294,56	331,38	–	210,56	236,88	–	129,92	146,16	–	60,48	68,04
	V 17 199	28,91	1 375,92	1 547,91	IV 11 721	–	874,–	983,25	–	811,76	913,23	–	751,04	844,92	–	691,76	778,23	–	634,–	713,25	–	577,60	649,80
	VI 17 634	80,68	1 410,72	1 587,06																			
60 407,99	I,IV 11 734	–	938,72	1 056,06	I 11 734	–	812,72	914,31	–	692,72	779,31	–	578,48	650,79	–	470,24	529,02	–	367,76	413,73	–	271,20	305,10
	II 11 008	–	880,64	990,72	II 11 008	–	757,44	852,12	–	640,–	720,–	–	528,48	594,54	–	422,88	475,74	–	323,12	363,51	–	229,28	257,94
	III 7 062	–	564,96	635,58	III 7 062	–	472,–	531,–	–	382,24	430,02	–	295,20	332,10	–	211,20	237,60	–	130,56	146,88	–	60,96	68,58
	V 17 213	30,58	1 377,04	1 549,17	IV 11 734	–	874,96	984,33	–	812,72	914,31	–	752,–	846,–	–	692,72	779,31	–	634,88	714,24	–	578,48	650,79
	VI 17 648	82,34	1 411,84	1 588,32																			
60 443,99	I,IV 11 747	–	939,76	1 057,23	I 11 747	–	813,76	915,48	–	693,68	780,39	–	579,44	651,87	–	471,04	529,92	–	368,56	414,63	–	272,–	306,–
	II 11 021	–	881,68	991,89	II 11 021	–	758,40	853,20	–	640,96	721,08	–	529,36	595,53	–	423,68	476,64	–	323,92	364,41	–	230,–	258,75
	III 7 070	–	565,60	636,30	III 7 070	–	472,80	531,90	–	382,88	430,74	–	295,84	332,82	–	211,84	238,32	–	131,20	147,60	–	61,44	69,12
	V 17 228	32,36	1 378,24	1 550,52	IV 11 747	–	876,–	985,50	–	813,76	915,48	–	752,96	847,08	–	693,68	780,39	–	635,76	715,23	–	579,44	651,87
	VI 17 663	84,13	1 413,04	1 589,67																			
60 479,99	I,IV 11 759	–	940,72	1 058,31	I 11 759	–	814,72	916,56	–	694,56	781,38	–	580,32	652,86	–	471,92	530,91	–	369,36	415,53	–	272,72	306,81
	II 11 034	–	882,72	993,06	II 11 034	–	759,36	854,28	–	641,84	722,07	–	530,24	596,52	–	424,56	477,63	–	324,64	365,22	–	230,72	259,56
	III 7 080	–	566,40	637,20	III 7 080	–	473,60	532,80	–	383,68	431,64	–	296,64	333,72	–	212,48	239,04	–	131,68	148,14	–	61,92	69,66
	V 17 241	33,91	1 379,28	1 551,69	IV 11 759	–	876,96	986,58	–	814,72	916,56	–	753,92	848,16	–	694,56	781,38	–	636,72	716,31	–	580,32	652,86
	VI 17 676	85,68	1 414,08	1 590,84																			

(Column groups 0,5 to 3: mit Zahl der Kinderfreibeträge …)

* Die ausgewiesenen Tabellenwerte sind amtlich. Siehe Erläuterungen auf der Umschlaginnenseite (U2).

Abzüge an Lohnsteuer, Solidaritätszuschlag (SolZ) und Kirchensteuer (8%, 9%) in den Steuerklassen

Lohn/ Gehalt bis €*	I – VI	LSt	ohne Kinderfreibeträge SolZ	8%	9%	I, II, III, IV	LSt	mit Zahl der Kinderfreibeträge . . . 0,5 SolZ	8%	9%	1 SolZ	8%	9%	1,5 SolZ	8%	9%	2 SolZ	8%	9%	2,5 SolZ	8%	9%	3 SolZ	8%	9%
60 515,99	I,IV	11 772	–	941,76	1 059,48	I	11 772	–	815,68	917,64	–	695,52	782,46	–	581,20	653,85	–	472,72	531,81	–	370,16	416,43	–	273,44	307,62
	II	11 046	–	883,68	994,14	II	11 046	–	760,24	855,27	–	642,72	723,06	–	531,12	597,51	–	425,36	478,53	–	325,44	366,12	–	231,44	260,37
	III	7 090	–	567,20	638,10	III	7 090	–	474,24	533,52	–	384,32	432,36	–	297,28	334,44	–	213,12	239,76	–	132,32	148,86	–	62,40	70,20
	V	17 255	35,58	1 380,40	1 552,95	IV	11 772	–	878,–	987,75	–	815,68	917,64	–	754,88	849,24	–	695,52	782,46	–	637,60	717,30	–	581,20	653,85
	VI	17 690	87,34	1 415,20	1 592,10																				
60 551,99	I,IV	11 785	–	942,80	1 060,65	I	11 785	–	816,64	918,72	–	696,40	783,45	–	582,08	654,84	–	473,52	532,71	–	370,96	417,33	–	274,24	308,52
	II	11 058	–	884,64	995,22	II	11 058	–	761,20	856,35	–	643,68	724,14	–	531,92	598,41	–	426,16	479,43	–	326,24	367,02	–	232,16	261,18
	III	7 100	–	568,–	639,–	III	7 100	–	475,04	534,42	–	384,96	433,08	–	297,92	335,16	–	213,76	240,48	–	132,96	149,58	–	62,88	70,74
	V	17 269	37,24	1 381,52	1 554,21	IV	11 785	–	878,96	988,83	–	816,64	918,72	–	755,76	850,23	–	696,40	783,45	–	638,48	718,29	–	582,08	654,84
	VI	17 704	89,01	1 416,32	1 593,36																				
60 587,99	I,IV	11 797	–	943,76	1 061,73	I	11 797	–	817,60	919,80	–	697,36	784,53	–	582,88	655,74	–	474,40	533,70	–	371,76	418,23	–	274,96	309,33
	II	11 071	–	885,68	996,39	II	11 071	–	762,16	857,43	–	644,56	725,13	–	532,80	599,40	–	426,96	480,33	–	326,96	367,83	–	232,88	261,99
	III	7 108	–	568,64	639,72	III	7 108	–	475,68	535,14	–	385,60	433,80	–	298,56	335,88	–	214,40	241,20	–	133,60	150,30	–	63,36	71,28
	V	17 283	38,91	1 382,64	1 555,47	IV	11 797	–	880,–	990,–	–	817,60	919,80	–	756,72	851,31	–	697,36	784,53	–	639,36	719,28	–	582,88	655,74
	VI	17 718	90,67	1 417,44	1 594,62																				
60 623,99	I,IV	11 810	–	944,80	1 062,90	I	11 810	–	818,56	920,88	–	698,24	785,52	–	583,76	656,73	–	475,20	534,60	–	372,48	419,04	–	275,68	310,14
	II	11 083	–	886,64	997,47	II	11 083	–	763,12	858,51	–	645,44	726,12	–	533,68	600,39	–	427,76	481,23	–	327,76	368,73	–	233,60	262,80
	III	7 118	–	569,44	640,62	III	7 118	–	476,48	536,04	–	386,40	434,70	–	299,36	336,78	–	215,20	242,10	–	134,24	151,02	–	64,–	72,–
	V	17 297	40,57	1 383,76	1 556,73	IV	11 810	–	880,96	991,08	–	818,56	920,88	–	757,68	852,39	–	698,24	785,52	–	640,32	720,36	–	583,76	656,73
	VI	17 732	92,34	1 418,56	1 595,88																				
60 659,99	I,IV	11 823	–	945,84	1 064,07	I	11 823	–	819,60	922,05	–	699,20	786,60	–	584,72	657,81	–	476,08	535,59	–	373,28	419,94	–	276,48	311,04
	II	11 096	–	887,68	998,64	II	11 096	–	764,08	859,59	–	646,40	727,20	–	534,56	601,38	–	428,56	482,13	–	328,48	369,54	–	234,32	263,61
	III	7 128	–	570,24	641,52	III	7 128	–	477,12	536,76	–	387,04	435,42	–	300,–	337,50	–	215,84	242,82	–	134,88	151,74	–	64,48	72,54
	V	17 311	42,24	1 384,88	1 557,99	IV	11 823	–	882,–	992,25	–	819,60	922,05	–	758,64	853,47	–	699,20	786,60	–	641,20	721,35	–	584,72	657,81
	VI	17 746	94,01	1 419,68	1 597,14																				
60 695,99	I,IV	11 836	–	946,88	1 065,24	I	11 836	–	820,56	923,13	–	700,16	787,68	–	585,60	658,80	–	476,88	536,49	–	374,08	420,84	–	277,20	311,85
	II	11 109	–	888,72	999,81	II	11 109	–	765,04	860,67	–	647,28	728,19	–	535,44	602,37	–	429,44	483,12	–	329,28	370,44	–	235,04	264,42
	III	7 136	–	570,88	642,24	III	7 136	–	477,92	537,66	–	387,84	436,32	–	300,64	338,22	–	216,48	243,54	–	135,36	152,28	–	64,96	73,08
	V	17 325	43,91	1 386,–	1 559,25	IV	11 836	–	882,96	993,33	–	820,56	923,13	–	759,60	854,55	–	700,16	787,68	–	642,08	722,34	–	585,60	658,80
	VI	17 760	95,67	1 420,80	1 598,40																				
60 731,99	I,IV	11 849	–	947,92	1 066,41	I	11 849	–	821,52	924,21	–	701,04	788,67	–	586,48	659,79	–	477,76	537,48	–	374,88	421,74	–	277,92	312,66
	II	11 121	–	889,68	1 000,89	II	11 121	–	766,–	861,75	–	648,16	729,18	–	536,24	603,27	–	430,24	484,02	–	330,08	371,34	–	235,76	265,23
	III	7 146	–	571,68	643,14	III	7 146	–	478,56	538,38	–	388,48	437,04	–	301,28	338,94	–	217,12	244,26	–	136,–	153,–	–	65,44	73,62
	V	17 339	45,57	1 387,12	1 560,51	IV	11 849	–	884,–	994,50	–	821,52	924,21	–	760,56	855,63	–	701,04	788,67	–	643,04	723,42	–	586,48	659,79
	VI	17 774	97,34	1 421,92	1 599,66																				
60 767,99	I,IV	11 861	–	948,88	1 067,49	I	11 861	–	822,48	925,29	–	702,–	789,75	–	587,36	660,78	–	478,56	538,38	–	375,68	422,64	–	278,64	313,47
	II	11 133	–	890,64	1 001,97	II	11 133	–	766,96	862,83	–	649,12	730,26	–	537,12	604,26	–	431,04	484,92	–	330,80	372,15	–	236,48	266,04
	III	7 154	–	572,32	643,86	III	7 154	–	479,36	539,28	–	389,12	437,76	–	301,92	339,66	–	217,76	244,98	–	136,64	153,72	–	65,92	74,16
	V	17 353	47,24	1 388,24	1 561,77	IV	11 861	–	884,96	995,58	–	822,48	925,29	–	761,52	856,71	–	702,–	789,75	–	643,92	724,41	–	587,36	660,78
	VI	17 788	99,–	1 423,04	1 600,92																				
60 803,99	I,IV	11 874	–	949,92	1 068,66	I	11 874	–	823,44	926,37	–	702,88	790,74	–	588,24	661,77	–	479,36	539,28	–	376,48	423,54	–	279,44	314,37
	II	11 146	–	891,68	1 003,14	II	11 146	–	767,92	863,91	–	650,–	731,25	–	538,–	605,25	–	431,84	485,82	–	331,60	373,05	–	237,20	266,85
	III	7 164	–	573,12	644,76	III	7 164	–	480,–	540,–	–	389,92	438,66	–	302,72	340,56	–	218,40	245,70	–	137,28	154,44	–	66,40	74,70
	V	17 367	48,90	1 389,36	1 563,03	IV	11 874	–	886,–	996,75	–	823,44	926,37	–	762,48	857,79	–	702,88	790,74	–	644,80	725,40	–	588,24	661,77
	VI	17 802	100,67	1 424,16	1 602,18																				
60 839,99	I,IV	11 887	–	950,96	1 069,83	I	11 887	–	824,48	927,54	–	703,84	791,82	–	589,12	662,76	–	480,24	540,27	–	377,28	424,44	–	280,16	315,18
	II	11 159	–	892,72	1 004,31	II	11 159	–	768,88	864,99	–	650,96	732,33	–	538,88	606,24	–	432,64	486,72	–	332,40	373,95	–	237,92	267,66
	III	7 174	–	573,92	645,66	III	7 174	–	480,80	540,90	–	390,56	439,38	–	303,36	341,28	–	219,04	246,42	–	137,92	155,16	–	67,04	75,42
	V	17 381	50,57	1 390,48	1 564,29	IV	11 887	–	886,96	997,83	–	824,48	927,54	–	763,44	858,87	–	703,84	791,82	–	645,76	726,48	–	589,12	662,76
	VI	17 816	102,34	1 425,28	1 603,44																				
60 875,99	I,IV	11 900	–	952,–	1 071,–	I	11 900	–	825,44	928,62	–	704,80	792,90	–	590,–	663,75	–	481,12	541,26	–	378,08	425,34	–	280,88	315,99
	II	11 171	–	893,68	1 005,39	II	11 171	–	769,84	866,07	–	651,84	733,32	–	539,76	607,23	–	433,52	487,71	–	333,12	374,76	–	238,64	268,47
	III	7 184	–	574,72	646,56	III	7 184	–	481,44	541,62	–	391,36	440,28	–	304,–	342,–	–	219,68	247,14	–	138,40	155,70	–	67,52	75,96
	V	17 395	52,24	1 391,60	1 565,55	IV	11 900	–	888,–	999,–	–	825,44	928,62	–	764,40	859,95	–	704,80	792,90	–	646,64	727,47	–	590,–	663,75
	VI	17 830	104,–	1 426,40	1 604,70																				
60 911,99	I,IV	11 913	–	953,04	1 072,17	I	11 913	–	826,40	929,70	–	705,68	793,89	–	590,88	664,74	–	481,92	542,16	–	378,88	426,24	–	281,68	316,89
	II	11 184	–	894,72	1 006,56	II	11 184	–	770,80	867,15	–	652,72	734,31	–	540,56	608,13	–	434,32	488,61	–	333,92	375,66	–	239,36	269,28
	III	7 192	–	575,36	647,28	III	7 192	–	482,24	542,52	–	392,–	441,–	–	304,80	342,90	–	220,32	247,86	–	139,04	156,42	–	68,–	76,50
	V	17 409	53,90	1 392,72	1 566,81	IV	11 913	–	888,96	1 000,08	–	826,40	929,70	–	765,36	861,03	–	705,68	793,89	–	647,60	728,55	–	590,88	664,74
	VI	17 844	105,67	1 427,52	1 605,96																				
60 947,99	I,IV	11 925	–	954,–	1 073,25	I	11 925	–	827,36	930,78	–	706,64	794,97	–	591,76	665,73	–	482,72	543,06	–	379,60	427,05	–	282,40	317,70
	II	11 196	–	895,68	1 007,64	II	11 196	–	771,76	868,23	–	653,68	735,39	–	541,44	609,12	–	435,12	489,51	–	334,64	376,47	–	240,08	270,09
	III	7 202	–	576,16	648,18	III	7 202	–	482,88	543,24	–	392,64	441,72	–	305,44	343,62	–	220,96	248,58	–	139,68	157,14	–	68,48	77,04
	V	17 422	55,45	1 393,76	1 567,98	IV	11 925	–	890,–	1 001,25	–	827,36	930,78	–	766,32	862,11	–	706,64	794,97	–	648,48	729,54	–	591,76	665,73
	VI	17 858	107,33	1 428,64	1 607,22																				
60 983,99	I,IV	11 938	–	955,04	1 074,42	I	11 938	–	828,40	931,95	–	707,60	796,05	–	592,64	666,72	–	483,60	544,05	–	380,40	427,95	–	283,12	318,51
	II	11 209	–	896,72	1 008,81	II	11 209	–	772,72	869,31	–	654,56	736,38	–	542,32	610,11	–	435,92	490,41	–	335,44	377,37	–	240,80	270,90
	III	7 212	–	576,96	649,08	III	7 212	–	483,68	544,14	–	393,44	442,62	–	306,08	344,34	–	221,60	249,30	–	140,32	157,86	–	68,96	77,58
	V	17 436	57,12	1 394,88	1 569,24	IV	11 938	–	890,96	1 002,33	–	828,40	931,95	–	767,20	863,10	–	707,60	796,05	–	649,36	730,53	–	592,64	666,72
	VI	17 871	108,88	1 429,68	1 608,39																				
61 019,99	I,IV	11 951	–	956,08	1 075,59	I	11 951	–	829,36	933,03	–	708,56	797,13	–	593,52	667,71	–	484,48	545,04	–	381,20	428,85	–	283,92	319,41
	II	11 222	–	897,76	1 009,98	II	11 222	–	773,68	870,39	–	655,52	737,46	–	543,20	611,10	–	436,80	491,40	–	336,24	378,27	–	241,52	271,71
	III	7 220	–	577,60	649,80	III	7 220	–	484,48	545,04	–	394,08	443,34	–	306,72	345,06	–	222,40	250,20	–	140,96	158,58	–	69,44	78,12
	V	17 451	58,90	1 396,08	1 570,59	IV	11 951	–	892,–	1 003,50	–	829,36	933,03	–	768,24	864,27	–	708,56	797,13	–	650,32	731,61	–	593,52	667,71
	VI	17 886	110,67	1 430,88	1 609,74																				
61 055,99	I,IV	11 964	–	957,12	1 076,76	I	11 964	–	830,32	934,11	–	709,44	798,12	–	594,40	668,70	–	485,28	545,94	–	382,–	429,75	–	284,64	320,22
	II	11 234	–	898,72	1 011,06	II	11 234	–	774,64	871,47	–	656,40	738,45	–	544,08	612,09	–	437,60	492,30	–	336,96	379,08	–	242,32	272,61
	III	7 230	–	578,40	650,70	III	7 230	–	485,12	545,76	–	394,88	444,24	–	307,36	345,78	–	223,04	250,92	–	141,60	159,30	–	69,92	78,66
	V	17 464	60,45	1 397,12	1 571,76	IV	11 964	–	893,04	1 004,67	–	830,32	934,11	–	769,20	865,35	–	709,44	798,12	–	651,20	732,60	–	594,40	668,70
	VI	17 900	112,33	1 432,–	1 611,–																				

* Die ausgewiesenen Tabellenwerte sind amtlich. Siehe Erläuterungen auf der Umschlaginnenseite (U2).

Abzüge an Lohnsteuer, Solidaritätszuschlag (SolZ) und Kirchensteuer (8%, 9%) in den Steuerklassen

Lohn/ Gehalt bis €*	I – VI					I, II, III, IV		mit Zahl der Kinderfreibeträge . . . 0,5			1			1,5			2			2,5			3		
		LSt	ohne Kinderfreibeträge SolZ	8%	9%		LSt	SolZ	8%	9%	SolZ	8%	9%	SolZ	8%	9%	SolZ	8%	9%	SolZ	8%	9%	SolZ	8%	9%
61 091,99	I,IV	11 977	–	958,16	1 077,93	I	11 977	–	831,36	935,28	–	710,40	799,20	–	595,28	669,69	–	486,16	546,93	–	382,80	430,65	–	285,36	321,03
	II	11 246	–	899,68	1 012,14	II	11 246	–	775,60	872,55	–	657,28	739,44	–	544,88	612,99	–	438,40	493,20	–	337,76	379,98	–	243,04	273,42
	III	7 240	–	579,20	651,60	III	7 240	–	485,92	546,66	–	395,52	444,96	–	308,16	346,68	–	223,68	251,64	–	142,24	160,02	–	70,56	79,38
	V	17 478	62,11	1 398,24	1 573,02	IV	11 977	–	894,–	1 005,75	–	831,36	935,28	–	770,08	866,34	–	710,40	799,20	–	652,08	733,59	–	595,28	669,69
	VI	17 913	113,88	1 433,04	1 612,17																				
61 127,99	I,IV	11 990	–	959,20	1 079,10	I	11 990	–	832,32	936,36	–	711,28	800,19	–	596,16	670,68	–	486,96	547,83	–	383,60	431,55	–	286,16	321,93
	II	11 259	–	900,72	1 013,31	II	11 259	–	776,56	873,63	–	658,24	740,52	–	545,76	613,98	–	439,20	494,10	–	338,56	380,88	–	243,76	274,23
	III	7 248	–	579,84	652,32	III	7 248	–	486,56	547,38	–	396,16	445,68	–	308,80	347,40	–	224,32	252,36	–	142,88	160,74	–	71,04	79,92
	V	17 492	63,78	1 399,36	1 574,28	IV	11 990	–	894,96	1 006,83	–	832,32	936,36	–	771,04	867,42	–	711,28	800,19	–	653,04	734,67	–	596,16	670,68
	VI	17 927	115,54	1 434,16	1 613,43																				
61 163,99	I,IV	12 002	–	960,16	1 080,18	I	12 002	–	833,28	937,44	–	712,24	801,27	–	597,04	671,67	–	487,76	548,73	–	384,40	432,45	–	286,88	322,74
	II	11 272	–	901,76	1 014,48	II	11 272	–	777,52	874,71	–	659,12	741,51	–	546,64	614,97	–	440,–	495,–	–	339,28	381,69	–	244,48	275,04
	III	7 258	–	580,64	653,22	III	7 258	–	487,36	548,28	–	396,96	446,58	–	309,44	348,12	–	224,96	253,08	–	143,52	161,46	–	71,52	80,46
	V	17 506	65,45	1 400,48	1 575,54	IV	12 002	–	896,–	1 008,–	–	833,28	937,44	–	772,–	868,50	–	712,24	801,27	–	653,92	735,66	–	597,04	671,67
	VI	17 941	117,21	1 435,28	1 614,69																				
61 199,99	I,IV	12 015	–	961,20	1 081,35	I	12 015	–	834,24	938,52	–	713,20	802,35	–	598,–	672,75	–	488,64	549,72	–	385,20	433,35	–	287,60	323,55
	II	11 284	–	902,72	1 015,56	II	11 284	–	778,40	875,70	–	660,–	742,50	–	547,52	615,96	–	440,88	495,99	–	340,08	382,59	–	245,20	275,85
	III	7 268	–	581,44	654,12	III	7 268	–	488,–	549,–	–	397,60	447,30	–	310,08	348,84	–	225,60	253,80	–	144,–	162,–	–	72,–	81,–
	V	17 520	67,11	1 401,60	1 576,80	IV	12 015	–	896,96	1 009,08	–	834,24	938,52	–	772,96	869,58	–	713,20	802,35	–	654,80	736,65	–	598,–	672,75
	VI	17 955	118,88	1 436,40	1 615,95																				
61 235,99	I,IV	12 028	–	962,24	1 082,52	I	12 028	–	835,28	939,69	–	714,16	803,43	–	598,88	673,74	–	489,52	550,71	–	386,–	434,25	–	288,40	324,45
	II	11 297	–	903,76	1 016,73	II	11 297	–	779,44	876,87	–	660,96	743,58	–	548,40	616,95	–	441,68	496,89	–	340,88	383,49	–	245,92	276,66
	III	7 276	–	582,08	654,84	III	7 276	–	488,80	549,90	–	398,40	448,20	–	310,88	349,74	–	226,24	254,52	–	144,64	162,72	–	72,64	81,72
	V	17 534	68,78	1 402,72	1 578,06	IV	12 028	–	898,–	1 010,25	–	835,28	939,69	–	773,92	870,66	–	714,16	803,43	–	655,76	737,73	–	598,88	673,74
	VI	17 969	120,54	1 437,52	1 617,21																				
61 271,99	I,IV	12 041	–	963,28	1 083,69	I	12 041	–	836,24	940,77	–	715,04	804,42	–	599,76	674,73	–	490,32	551,61	–	386,80	435,15	–	289,12	325,26
	II	11 309	–	904,72	1 017,81	II	11 309	–	780,40	877,95	–	661,84	744,57	–	549,28	617,94	–	442,48	497,79	–	341,60	384,30	–	246,64	277,47
	III	7 286	–	582,88	655,74	III	7 286	–	489,44	550,62	–	399,04	448,92	–	311,52	350,46	–	226,88	255,24	–	145,28	163,44	–	73,12	82,26
	V	17 548	70,44	1 403,84	1 579,32	IV	12 041	–	899,04	1 011,42	–	836,24	940,77	–	774,88	871,74	–	715,04	804,42	–	656,64	738,72	–	599,76	674,73
	VI	17 983	122,21	1 438,64	1 618,47																				
61 307,99	I,IV	12 054	–	964,32	1 084,86	I	12 054	–	837,20	941,85	–	716,–	805,50	–	600,64	675,72	–	491,20	552,60	–	387,60	436,05	–	289,84	326,07
	II	11 322	–	905,76	1 018,98	II	11 322	–	781,36	879,03	–	662,80	745,65	–	550,08	618,84	–	443,28	498,69	–	342,40	385,20	–	247,36	278,28
	III	7 296	–	583,68	656,64	III	7 296	–	490,24	551,52	–	399,68	449,64	–	312,16	351,18	–	227,52	255,96	–	145,92	164,16	–	73,60	82,80
	V	17 562	72,11	1 404,96	1 580,58	IV	12 054	–	900,–	1 012,50	–	837,20	941,85	–	775,84	872,82	–	716,–	805,50	–	657,60	739,80	–	600,64	675,72
	VI	17 997	123,87	1 439,76	1 619,73																				
61 343,99	I,IV	12 067	–	965,36	1 086,03	I	12 067	–	838,16	942,93	–	716,88	806,49	–	601,52	676,71	–	492,–	553,50	–	388,40	436,95	–	290,64	326,97
	II	11 334	–	906,72	1 020,06	II	11 334	–	782,32	880,11	–	663,68	746,64	–	550,96	619,83	–	444,16	499,68	–	343,20	386,10	–	248,08	279,09
	III	7 306	–	584,48	657,54	III	7 306	–	490,88	552,24	–	400,48	450,54	–	312,96	352,08	–	228,32	256,86	–	146,56	164,88	–	74,08	83,34
	V	17 576	73,78	1 406,08	1 581,84	IV	12 067	–	901,04	1 013,67	–	838,16	942,93	–	776,80	873,90	–	716,88	806,49	–	658,48	740,79	–	601,52	676,71
	VI	18 011	125,54	1 440,88	1 620,99																				
61 379,99	I,IV	12 079	–	966,32	1 087,11	I	12 079	–	839,20	944,10	–	717,84	807,57	–	602,40	677,70	–	492,88	554,49	–	389,20	437,85	–	291,36	327,78
	II	11 347	–	907,76	1 021,23	II	11 347	–	783,28	881,19	–	664,64	747,72	–	551,84	620,82	–	444,96	500,58	–	343,92	386,91	–	248,80	279,90
	III	7 314	–	585,12	658,26	III	7 314	–	491,68	553,14	–	401,12	451,26	–	313,60	352,80	–	228,96	257,58	–	147,20	165,60	–	74,56	83,88
	V	17 590	75,44	1 407,20	1 583,10	IV	12 079	–	902,–	1 014,75	–	839,20	944,10	–	777,76	874,98	–	717,84	807,57	–	659,36	741,78	–	602,40	677,70
	VI	18 025	127,21	1 442,–	1 622,25																				
61 415,99	I,IV	12 093	–	967,44	1 088,37	I	12 093	–	840,16	945,18	–	718,80	808,65	–	603,36	678,78	–	493,68	555,39	–	390,–	438,75	–	292,16	328,68
	II	11 360	–	908,80	1 022,40	II	11 360	–	784,24	882,27	–	665,52	748,71	–	552,72	621,81	–	445,76	501,48	–	344,72	387,81	–	249,60	280,80
	III	7 324	–	585,92	659,16	III	7 324	–	492,48	554,04	–	401,92	452,16	–	314,24	353,52	–	229,60	258,30	–	147,84	166,32	–	75,20	84,60
	V	17 604	77,11	1 408,32	1 584,36	IV	12 093	–	903,04	1 015,92	–	840,16	945,18	–	778,72	876,06	–	718,80	808,65	–	660,32	742,86	–	603,36	678,78
	VI	18 039	128,87	1 443,12	1 623,51																				
61 451,99	I,IV	12 105	–	968,40	1 089,45	I	12 105	–	841,12	946,26	–	719,76	809,73	–	604,24	679,77	–	494,56	556,38	–	390,80	439,65	–	292,88	329,49
	II	11 372	–	909,76	1 023,48	II	11 372	–	785,20	883,35	–	666,48	749,79	–	553,60	622,80	–	446,64	502,47	–	345,52	388,71	–	250,32	281,61
	III	7 334	–	586,72	660,06	III	7 334	–	493,12	554,76	–	402,56	452,88	–	314,88	354,24	–	230,24	259,02	–	148,48	167,04	–	75,68	85,14
	V	17 618	78,77	1 409,44	1 585,62	IV	12 105	–	904,08	1 017,09	–	841,12	946,26	–	779,68	877,14	–	719,76	809,73	–	661,20	743,85	–	604,24	679,77
	VI	18 053	130,54	1 444,24	1 624,77																				
61 487,99	I,IV	12 118	–	969,44	1 090,62	I	12 118	–	842,16	947,43	–	720,64	810,72	–	605,12	680,76	–	495,36	557,28	–	391,60	440,55	–	293,60	330,30
	II	11 385	–	910,80	1 024,65	II	11 385	–	786,16	884,43	–	667,36	750,78	–	554,48	623,79	–	447,44	503,37	–	346,32	389,61	–	251,04	282,42
	III	7 342	–	587,36	660,78	III	7 342	–	493,92	555,66	–	403,20	453,60	–	315,52	354,96	–	230,88	259,74	–	149,12	167,76	–	76,16	85,68
	V	17 632	80,44	1 410,56	1 586,88	IV	12 118	–	905,04	1 018,17	–	842,16	947,43	–	780,64	878,22	–	720,64	810,72	–	662,16	744,93	–	605,12	680,76
	VI	18 067	132,20	1 445,36	1 626,03																				
61 523,99	I,IV	12 131	–	970,48	1 091,79	I	12 131	–	843,12	948,51	–	721,60	811,80	–	606,–	681,75	–	496,24	558,27	–	392,40	441,45	–	294,40	331,20
	II	11 398	–	911,84	1 025,82	II	11 398	–	787,12	885,51	–	668,24	751,77	–	555,36	624,78	–	448,24	504,27	–	347,04	390,42	–	251,76	283,23
	III	7 352	–	588,16	661,68	III	7 352	–	494,56	556,38	–	404,–	454,50	–	316,32	355,86	–	231,52	260,46	–	149,76	168,48	–	76,80	86,40
	V	17 645	81,99	1 411,60	1 588,05	IV	12 131	–	906,08	1 019,34	–	843,12	948,51	–	781,60	879,30	–	721,60	811,80	–	663,04	745,92	–	606,–	681,75
	VI	18 081	133,87	1 446,48	1 627,29																				
61 559,99	I,IV	12 144	–	971,52	1 092,96	I	12 144	–	844,08	949,59	–	722,56	812,88	–	606,88	682,74	–	497,04	559,17	–	393,20	442,35	–	295,12	332,01
	II	11 410	–	912,80	1 026,90	II	11 410	–	788,08	886,59	–	669,20	752,85	–	556,16	625,68	–	449,04	505,17	–	347,84	391,32	–	252,48	284,04
	III	7 362	–	588,96	662,58	III	7 362	–	495,36	557,28	–	404,64	455,22	–	316,96	356,58	–	232,16	261,18	–	150,40	169,20	–	77,28	86,94
	V	17 659	83,65	1 412,72	1 589,31	IV	12 144	–	907,04	1 020,42	–	844,08	949,59	–	782,56	880,38	–	722,56	812,88	–	664,–	747,–	–	606,88	682,74
	VI	18 094	135,42	1 447,52	1 628,46																				
61 595,99	I,IV	12 157	–	972,56	1 094,13	I	12 157	–	845,12	950,76	–	723,52	813,96	–	607,76	683,73	–	497,92	560,16	–	394,–	443,25	–	295,92	332,91
	II	11 423	–	913,84	1 028,07	II	11 423	–	789,04	887,67	–	670,16	753,93	–	557,12	626,76	–	449,92	506,16	–	348,64	392,22	–	253,20	284,85
	III	7 370	–	589,60	663,30	III	7 370	–	496,–	558,–	–	405,44	456,12	–	317,60	357,30	–	232,80	261,90	–	151,04	169,92	–	77,76	87,48
	V	17 674	85,44	1 413,92	1 590,66	IV	12 157	–	908,08	1 021,59	–	845,12	950,76	–	783,60	881,55	–	723,52	813,96	–	664,88	747,99	–	607,76	683,73
	VI	18 109	137,20	1 448,72	1 629,81																				
61 631,99	I,IV	12 170	–	973,60	1 095,30	I	12 170	–	846,08	951,84	–	724,40	814,95	–	608,64	684,72	–	498,80	561,15	–	394,80	444,15	–	296,64	333,72
	II	11 436	–	914,88	1 029,24	II	11 436	–	790,–	888,75	–	671,04	754,92	–	557,92	627,66	–	450,72	507,06	–	349,44	393,12	–	253,92	285,66
	III	7 380	–	590,40	664,20	III	7 380	–	496,80	558,90	–	406,08	456,84	–	318,40	358,20	–	233,60	262,80	–	151,68	170,64	–	78,24	88,02
	V	17 687	86,98	1 414,96	1 591,83	IV	12 170	–	909,12	1 022,76	–	846,08	951,84	–	784,48	882,54	–	724,40	814,95	–	665,84	749,07	–	608,64	684,72
	VI	18 123	138,87	1 449,84	1 631,07																				

* Die ausgewiesenen Tabellenwerte sind amtlich. Siehe Erläuterungen auf der Umschlaginnenseite (U2).

Abzüge an Lohnsteuer, Solidaritätszuschlag (SolZ) und Kirchensteuer (8%, 9%) in den Steuerklassen

Lohn/ Gehalt bis €*	I – VI					I, II, III, IV		mit Zahl der Kinderfreibeträge . . . 0,5			1			1,5			2			2,5			3		
		LSt	ohne Kinderfreibeträge SolZ	8%	9%		LSt	SolZ	8%	9%	SolZ	8%	9%	SolZ	8%	9%	SolZ	8%	9%	SolZ	8%	9%	SolZ	8%	9%
61 667,99	I,IV	12 183	–	974,64	1 096,47	I	12 183	–	847,04	952,92	–	725,36	816,03	–	609,52	685,71	–	499,60	562,05	–	395,60	445,05	–	297,36	334,53
	II	11 448	–	915,84	1 030,32	II	11 448	–	790,96	889,83	–	671,92	755,91	–	558,80	628,65	–	451,52	507,96	–	350,16	393,93	–	254,64	286,47
	III	7 390	–	591,20	665,10	III	7 390	–	497,44	559,62	–	406,72	457,56	–	319,04	358,92	–	234,24	263,52	–	152,32	171,36	–	78,88	88,74
	V	17 701	88,65	1 416,08	1 593,09	IV	12 183	–	910,08	1 023,84	–	847,04	952,92	–	785,44	883,62	–	725,36	816,03	–	666,72	750,06	–	609,52	685,71
	VI	18 136	140,42	1 450,88	1 632,24																				
61 703,99	I,IV	12 196	–	975,68	1 097,64	I	12 196	–	848,–	954,–	–	726,32	817,11	–	610,48	686,79	–	500,48	563,04	–	396,40	445,95	–	298,16	335,43
	II	11 461	–	916,88	1 031,49	II	11 461	–	791,92	890,91	–	672,88	756,99	–	559,68	629,64	–	452,40	508,95	–	350,96	394,83	–	255,44	287,37
	III	7 400	–	592,–	666,–	III	7 400	–	498,24	560,52	–	407,52	458,46	–	319,68	359,64	–	234,88	264,24	–	152,96	172,08	–	79,36	89,28
	V	17 715	90,32	1 417,20	1 594,35	IV	12 196	–	911,12	1 025,01	–	848,–	954,–	–	786,40	884,70	–	726,32	817,11	–	667,60	751,05	–	610,48	686,79
	VI	18 150	142,08	1 452,–	1 633,50																				
61 739,99	I,IV	12 208	–	976,64	1 098,72	I	12 208	–	849,04	955,17	–	727,20	818,10	–	611,36	687,78	–	501,28	563,94	–	397,20	446,85	–	298,88	336,24
	II	11 473	–	917,84	1 032,57	II	11 473	–	792,88	891,99	–	673,76	757,98	–	560,56	630,63	–	453,20	509,85	–	351,76	395,73	–	256,16	288,18
	III	7 408	–	592,64	666,72	III	7 408	–	498,88	561,24	–	408,16	459,18	–	320,32	360,36	–	235,52	264,96	–	153,60	172,80	–	79,84	89,82
	V	17 729	91,98	1 418,32	1 595,61	IV	12 208	–	912,08	1 026,09	–	849,04	955,17	–	787,36	885,78	–	727,20	818,10	–	668,56	752,13	–	611,36	687,78
	VI	18 164	143,75	1 453,12	1 634,76																				
61 775,99	I,IV	12 221	–	977,68	1 099,89	I	12 221	–	850,–	956,25	–	728,16	819,18	–	612,24	688,77	–	502,16	564,93	–	397,92	447,66	–	299,68	337,14
	II	11 486	–	918,88	1 033,74	II	11 486	–	793,84	893,07	–	674,72	759,06	–	561,44	631,62	–	454,–	510,75	–	352,48	396,54	–	256,88	288,99
	III	7 418	–	593,44	667,62	III	7 418	–	499,68	562,14	–	408,96	460,08	–	321,12	361,26	–	236,16	265,68	–	154,24	173,52	–	80,32	90,36
	V	17 743	93,65	1 419,44	1 596,87	IV	12 221	–	913,12	1 027,26	–	850,–	956,25	–	788,32	886,86	–	728,16	819,18	–	669,44	753,12	–	612,24	688,77
	VI	18 178	145,41	1 454,24	1 636,02																				
61 811,99	I,IV	12 235	–	978,80	1 101,15	I	12 235	–	851,04	957,42	–	729,12	820,26	–	613,12	689,76	–	503,04	565,92	–	398,80	448,65	–	300,40	337,95
	II	11 499	–	919,92	1 034,91	II	11 499	–	794,80	894,15	–	675,60	760,05	–	562,32	632,61	–	454,88	511,74	–	353,28	397,44	–	257,60	289,80
	III	7 428	–	594,24	668,52	III	7 428	–	500,48	563,04	–	409,60	460,80	–	321,76	361,98	–	236,80	266,40	–	154,88	174,24	–	80,96	91,08
	V	17 757	95,31	1 420,56	1 598,13	IV	12 235	–	914,16	1 028,43	–	851,04	957,42	–	789,36	888,03	–	729,12	820,26	–	670,40	754,20	–	613,12	689,76
	VI	18 192	147,08	1 455,36	1 637,28																				
61 847,99	I,IV	12 247	–	979,76	1 102,23	I	12 247	–	852,–	958,50	–	730,08	821,34	–	614,–	690,75	–	503,84	566,82	–	399,60	449,55	–	301,20	338,85
	II	11 512	–	920,96	1 036,08	II	11 512	–	795,76	895,23	–	676,56	761,13	–	563,20	633,60	–	455,68	512,64	–	354,08	398,34	–	258,32	290,61
	III	7 436	–	594,88	669,24	III	7 436	–	501,12	563,76	–	410,24	461,52	–	322,40	362,70	–	237,44	267,12	–	155,52	174,96	–	81,44	91,62
	V	17 771	96,98	1 421,68	1 599,39	IV	12 247	–	915,12	1 029,51	–	852,–	958,50	–	790,32	889,11	–	730,08	821,34	–	671,28	755,19	–	614,–	690,75
	VI	18 206	148,75	1 456,48	1 638,54																				
61 883,99	I,IV	12 260	–	980,80	1 103,40	I	12 260	–	852,96	959,58	–	731,04	822,42	–	614,88	691,74	–	504,72	567,81	–	400,40	450,45	–	301,92	339,66
	II	11 524	–	921,92	1 037,16	II	11 524	–	796,72	896,31	–	677,44	762,12	–	564,08	634,59	–	456,48	513,54	–	354,88	399,24	–	259,04	291,42
	III	7 446	–	595,68	670,14	III	7 446	–	501,92	564,66	–	411,04	462,42	–	323,20	363,60	–	238,08	267,84	–	156,16	175,68	–	81,92	92,16
	V	17 785	98,65	1 422,80	1 600,65	IV	12 260	–	916,16	1 030,68	–	852,96	959,58	–	791,28	890,19	–	731,04	822,42	–	672,24	756,27	–	614,88	691,74
	VI	18 220	150,41	1 457,60	1 639,80																				
61 919,99	I,IV	12 273	–	981,84	1 104,57	I	12 273	–	853,92	960,66	–	731,92	823,41	–	615,84	692,82	–	505,52	568,71	–	401,20	451,35	–	302,64	340,47
	II	11 537	–	922,96	1 038,33	II	11 537	–	797,76	897,48	–	678,40	763,20	–	564,96	635,58	–	457,36	514,53	–	355,60	400,05	–	259,84	292,32
	III	7 456	–	596,48	671,04	III	7 456	–	502,56	565,38	–	411,68	463,14	–	323,84	364,32	–	238,72	268,56	–	156,64	176,22	–	82,56	92,88
	V	17 799	100,31	1 423,92	1 601,91	IV	12 273	–	917,20	1 031,85	–	853,92	960,66	–	792,24	891,27	–	731,92	823,41	–	673,12	757,26	–	615,84	692,82
	VI	18 234	152,08	1 458,72	1 641,06																				
61 955,99	I,IV	12 286	–	982,88	1 105,74	I	12 286	–	854,96	961,83	–	732,88	824,49	–	616,72	693,81	–	506,40	569,70	–	402,–	452,25	–	303,44	341,37
	II	11 549	–	923,92	1 039,41	II	11 549	–	798,72	898,56	–	679,28	764,19	–	565,76	636,48	–	458,16	515,43	–	356,40	400,95	–	260,56	293,13
	III	7 464	–	597,12	671,76	III	7 464	–	503,36	566,28	–	412,48	464,04	–	324,48	365,04	–	239,52	269,46	–	157,44	177,12	–	83,04	93,42
	V	17 813	101,98	1 425,04	1 603,17	IV	12 286	–	918,16	1 032,93	–	854,96	961,83	–	793,20	892,35	–	732,88	824,49	–	674,08	758,34	–	616,72	693,81
	VI	18 248	153,74	1 459,84	1 642,32																				
61 991,99	I,IV	12 299	–	983,92	1 106,91	I	12 299	–	855,92	962,91	–	733,84	825,57	–	617,60	694,80	–	507,28	570,69	–	402,80	453,15	–	304,16	342,18
	II	11 562	–	924,96	1 040,58	II	11 562	–	799,68	899,64	–	680,24	765,27	–	566,72	637,56	–	459,04	516,42	–	357,20	401,85	–	261,28	293,94
	III	7 474	–	597,92	672,66	III	7 474	–	504,16	567,18	–	413,12	464,76	–	325,12	365,76	–	240,16	270,18	–	158,08	177,84	–	83,52	93,96
	V	17 827	103,64	1 426,16	1 604,43	IV	12 299	–	919,20	1 034,10	–	855,92	962,91	–	794,16	893,43	–	733,84	825,57	–	674,96	759,33	–	617,60	694,80
	VI	18 262	155,41	1 460,96	1 643,58																				
62 027,99	I,IV	12 312	–	984,96	1 108,08	I	12 312	–	856,96	964,08	–	734,80	826,65	–	618,48	695,79	–	508,08	571,59	–	403,60	454,05	–	304,96	343,08
	II	11 575	–	926,–	1 041,75	II	11 575	–	800,64	900,72	–	681,12	766,26	–	567,52	638,46	–	459,84	517,32	–	358,–	402,75	–	262,–	294,75
	III	7 484	–	598,72	673,56	III	7 484	–	504,80	567,90	–	413,92	465,66	–	325,92	366,66	–	240,80	270,90	–	158,72	178,56	–	84,16	94,68
	V	17 841	105,31	1 427,28	1 605,69	IV	12 312	–	920,24	1 035,27	–	856,96	964,08	–	795,12	894,51	–	734,80	826,65	–	675,92	760,41	–	618,48	695,79
	VI	18 276	157,08	1 462,08	1 644,84																				
62 063,99	I,IV	12 325	–	986,–	1 109,25	I	12 325	–	857,92	965,16	–	735,76	827,73	–	619,44	696,87	–	508,96	572,58	–	404,40	454,95	–	305,68	343,89
	II	11 588	–	927,04	1 042,92	II	11 588	–	801,60	901,80	–	682,08	767,34	–	568,40	639,45	–	460,64	518,22	–	358,80	403,65	–	262,72	295,56
	III	7 494	–	599,52	674,46	III	7 494	–	505,60	568,80	–	414,56	466,38	–	326,56	367,38	–	241,44	271,62	–	159,36	179,28	–	84,64	95,22
	V	17 855	106,98	1 428,40	1 606,95	IV	12 325	–	921,20	1 036,35	–	857,92	965,16	–	796,08	895,59	–	735,76	827,73	–	676,80	761,40	–	619,44	696,87
	VI	18 290	158,74	1 463,20	1 646,10																				
62 099,99	I,IV	12 338	–	987,04	1 110,42	I	12 338	–	858,88	966,24	–	736,64	828,72	–	620,32	697,86	–	509,84	573,57	–	405,20	455,85	–	306,48	344,79
	II	11 600	–	928,–	1 044,–	II	11 600	–	802,56	902,88	–	682,96	768,33	–	569,28	640,44	–	461,52	519,21	–	359,52	404,46	–	263,52	296,46
	III	7 502	–	600,16	675,18	III	7 502	–	506,24	569,52	–	415,20	467,10	–	327,20	368,10	–	242,08	272,34	–	159,84	179,82	–	85,12	95,76
	V	17 868	108,52	1 429,44	1 608,12	IV	12 338	–	922,24	1 037,52	–	858,88	966,24	–	797,04	896,67	–	736,64	828,72	–	677,76	762,48	–	620,32	697,86
	VI	18 304	160,41	1 464,32	1 647,36																				
62 135,99	I,IV	12 351	–	988,08	1 111,59	I	12 351	–	859,92	967,41	–	737,60	829,80	–	621,20	698,85	–	510,64	574,47	–	406,–	456,75	–	307,20	345,60
	II	11 613	–	929,04	1 045,17	II	11 613	–	803,52	903,96	–	683,92	769,41	–	570,16	641,43	–	462,32	520,11	–	360,32	405,36	–	264,24	297,27
	III	7 512	–	600,96	676,08	III	7 512	–	507,04	570,42	–	416,–	468,–	–	327,84	368,82	–	242,72	273,06	–	160,64	180,72	–	85,76	96,48
	V	17 882	110,19	1 430,56	1 609,38	IV	12 351	–	923,28	1 038,69	–	859,92	967,41	–	798,–	897,75	–	737,60	829,80	–	678,64	763,47	–	621,20	698,85
	VI	18 317	161,95	1 465,36	1 648,53																				
62 171,99	I,IV	12 364	–	989,12	1 112,76	I	12 364	–	860,88	968,49	–	738,56	830,88	–	622,08	699,84	–	511,52	575,46	–	406,80	457,65	–	308,–	346,50
	II	11 626	–	930,08	1 046,34	II	11 626	–	804,56	905,13	–	684,88	770,49	–	571,04	642,42	–	463,20	521,10	–	361,12	406,26	–	264,96	298,08
	III	7 522	–	601,76	676,98	III	7 522	–	507,84	571,32	–	416,64	468,72	–	328,64	369,72	–	243,52	273,96	–	161,28	181,44	–	86,24	97,02
	V	17 897	111,97	1 431,76	1 610,73	IV	12 364	–	924,32	1 039,86	–	860,88	968,49	–	799,04	898,92	–	738,56	830,88	–	679,60	764,55	–	622,08	699,84
	VI	18 332	163,74	1 466,56	1 649,88																				
62 207,99	I,IV	12 377	–	990,16	1 113,93	I	12 377	–	861,92	969,66	–	739,52	831,96	–	623,04	700,92	–	512,40	576,45	–	407,60	458,55	–	308,72	347,31
	II	11 638	–	931,04	1 047,42	II	11 638	–	805,52	906,21	–	685,76	771,48	–	571,92	643,41	–	464,–	522,–	–	361,92	407,16	–	265,68	298,89
	III	7 530	–	602,40	677,70	III	7 530	–	508,48	572,04	–	417,44	469,62	–	329,28	370,44	–	244,16	274,68	–	161,76	181,98	–	86,72	97,56
	V	17 910	113,52	1 432,80	1 611,90	IV	12 377	–	925,28	1 040,94	–	861,92	969,66	–	800,–	900,–	–	739,52	831,96	–	680,48	765,54	–	623,04	700,92
	VI	18 346	165,41	1 467,68	1 651,14																				

*** Die ausgewiesenen Tabellenwerte sind amtlich. Siehe Erläuterungen auf der Umschlaginnenseite (U2).**

Lohn/Gehalt bis €*		I – VI LSt	ohne Kinderfreibeträge SolZ	8%	9%		I, II, III, IV LSt	0,5 SolZ	8%	9%	1 SolZ	8%	9%	1,5 SolZ	8%	9%	2 SolZ	8%	9%	2,5 SolZ	8%	9%	3 SolZ	8%	9%
62 243,99	I,IV	12 390	–	991,20	1 115,10	I	12 390	–	862,88	970,74	–	740,48	833,04	–	623,92	701,91	–	513,20	577,35	–	408,40	459,45	–	309,52	348,21
	II	11 651	–	932,08	1 048,59	II	11 651	–	806,48	907,29	–	686,72	772,56	–	572,80	644,40	–	464,80	522,90	–	362,72	408,06	–	266,48	299,79
	III	7 540	–	603,20	678,60	III	7 540	–	509,28	572,94	–	418,08	470,34	–	329,92	371,16	–	244,80	275,40	–	162,56	182,88	–	87,36	98,28
	V	17 924	115,19	1 433,92	1 613,16	IV	12 390	–	926,32	1 042,11	–	862,88	970,74	–	800,96	901,08	–	740,48	833,04	–	681,44	766,62	–	623,92	701,91
	VI	18 359	166,95	1 468,72	1 652,31																				
62 279,99	I,IV	12 403	–	992,24	1 116,27	I	12 403	–	863,84	971,82	–	741,36	834,03	–	624,80	702,90	–	514,08	578,34	–	409,20	460,35	–	310,24	349,02
	II	11 664	–	933,12	1 049,76	II	11 664	–	807,44	908,37	–	687,60	773,55	–	573,68	645,39	–	465,60	523,80	–	363,44	408,87	–	267,20	300,60
	III	7 550	–	604,–	679,50	III	7 550	–	509,92	573,66	–	418,88	471,24	–	330,56	371,88	–	245,44	276,12	–	163,04	183,42	–	87,84	98,82
	V	17 938	116,85	1 435,04	1 614,42	IV	12 403	–	927,28	1 043,19	–	863,84	971,82	–	801,92	902,16	–	741,36	834,03	–	682,32	767,61	–	624,80	702,90
	VI	18 373	168,62	1 469,84	1 653,57																				
62 315,99	I,IV	12 416	–	993,28	1 117,44	I	12 416	–	864,88	972,99	–	742,32	835,11	–	625,68	703,89	–	514,88	579,24	–	410,–	461,25	–	311,04	349,92
	II	11 676	–	934,08	1 050,84	II	11 676	–	808,40	909,45	–	688,56	774,63	–	574,56	646,38	–	466,48	524,79	–	364,24	409,77	–	267,92	301,41
	III	7 560	–	604,80	680,40	III	7 560	–	510,72	574,56	–	419,52	471,96	–	331,36	372,78	–	246,08	276,84	–	163,84	184,32	–	88,48	99,54
	V	17 952	118,52	1 436,16	1 615,68	IV	12 416	–	928,32	1 044,36	–	864,88	972,99	–	802,88	903,24	–	742,32	835,11	–	683,28	768,69	–	625,68	703,89
	VI	18 387	170,28	1 470,96	1 654,83																				
62 351,99	I,IV	12 429	–	994,32	1 118,61	I	12 429	–	865,84	974,07	–	743,28	836,19	–	626,56	704,88	–	515,76	580,23	–	410,80	462,15	–	311,76	350,73
	II	11 689	–	935,12	1 052,01	II	11 689	–	809,36	910,53	–	689,44	775,62	–	575,44	647,37	–	467,28	525,69	–	365,04	410,67	–	268,64	302,22
	III	7 568	–	605,44	681,12	III	7 568	–	511,36	575,28	–	420,16	472,68	–	332,–	373,50	–	246,72	277,56	–	164,32	184,86	–	88,96	100,08
	V	17 966	120,19	1 437,28	1 616,94	IV	12 429	–	929,36	1 045,53	–	865,84	974,07	–	803,84	904,32	–	743,28	836,19	–	684,16	769,68	–	626,56	704,88
	VI	18 401	171,95	1 472,08	1 656,09																				
62 387,99	I,IV	12 442	–	995,36	1 119,78	I	12 442	–	866,88	975,24	–	744,24	837,27	–	627,52	705,96	–	516,64	581,22	–	411,68	463,14	–	312,56	351,63
	II	11 702	–	936,16	1 053,18	II	11 702	–	810,32	911,61	–	690,40	776,70	–	576,32	648,36	–	468,16	526,68	–	365,84	411,57	–	269,44	303,12
	III	7 578	–	606,24	682,02	III	7 578	–	512,16	576,18	–	420,96	473,58	–	332,64	374,22	–	247,36	278,28	–	164,96	185,58	–	89,44	100,62
	V	17 980	121,85	1 438,40	1 618,20	IV	12 442	–	930,40	1 046,70	–	866,88	975,24	–	804,80	905,40	–	744,24	837,27	–	685,12	770,76	–	627,52	705,96
	VI	18 415	173,62	1 473,20	1 657,35																				
62 423,99	I,IV	12 455	–	996,40	1 120,95	I	12 455	–	867,84	976,32	–	745,20	838,35	–	628,40	706,95	–	517,52	582,21	–	412,48	464,04	–	313,28	352,44
	II	11 715	–	937,20	1 054,35	II	11 715	–	811,28	912,69	–	691,36	777,78	–	577,20	649,35	–	468,96	527,58	–	366,64	412,47	–	270,16	303,93
	III	7 588	–	607,04	682,92	III	7 588	–	512,96	577,08	–	421,60	474,30	–	333,44	375,12	–	248,16	279,18	–	165,76	186,48	–	90,08	101,34
	V	17 994	123,52	1 439,52	1 619,46	IV	12 455	–	931,36	1 047,78	–	867,84	976,32	–	805,76	906,48	–	745,20	838,35	–	686,08	771,84	–	628,40	706,95
	VI	18 429	175,28	1 474,32	1 658,61																				
62 459,99	I,IV	12 468	–	997,44	1 122,12	I	12 468	–	868,80	977,40	–	746,16	839,43	–	629,28	707,94	–	518,32	583,11	–	413,28	464,94	–	314,08	353,34
	II	11 727	–	938,16	1 055,43	II	11 727	–	812,32	913,86	–	692,24	778,77	–	578,08	650,34	–	469,84	528,57	–	367,44	413,37	–	270,88	304,74
	III	7 596	–	607,68	683,64	III	7 596	–	513,60	577,80	–	422,40	475,20	–	334,08	375,84	–	248,80	279,90	–	166,24	187,02	–	90,56	101,88
	V	18 008	125,18	1 440,64	1 620,72	IV	12 468	–	932,40	1 048,95	–	868,80	977,40	–	806,72	907,56	–	746,16	839,43	–	686,96	772,83	–	629,28	707,94
	VI	18 443	176,95	1 475,44	1 659,87																				
62 495,99	I,IV	12 481	–	998,48	1 123,29	I	12 481	–	869,84	978,57	–	747,04	840,42	–	630,16	708,93	–	519,20	584,10	–	414,08	465,84	–	314,80	354,15
	II	11 740	–	939,20	1 056,60	II	11 740	–	813,28	914,94	–	693,20	779,85	–	578,96	651,33	–	470,64	529,47	–	368,16	414,18	–	271,60	305,55
	III	7 606	–	608,48	684,54	III	7 606	–	514,40	578,70	–	423,04	475,92	–	334,72	376,56	–	249,44	280,62	–	167,04	187,92	–	91,20	102,60
	V	18 022	126,85	1 441,76	1 621,98	IV	12 481	–	933,44	1 050,12	–	869,84	978,57	–	807,68	908,64	–	747,04	840,42	–	687,92	773,91	–	630,16	708,93
	VI	18 457	178,61	1 476,56	1 661,13																				
62 531,99	I,IV	12 494	–	999,52	1 124,46	I	12 494	–	870,80	979,65	–	748,–	841,50	–	631,12	710,01	–	520,–	585,–	–	414,88	466,74	–	315,60	355,05
	II	11 753	–	940,24	1 057,77	II	11 753	–	814,24	916,02	–	694,08	780,84	–	579,84	652,32	–	471,44	530,37	–	368,96	415,08	–	272,32	306,36
	III	7 616	–	609,28	685,44	III	7 616	–	515,04	579,42	–	423,84	476,82	–	335,36	377,28	–	250,08	281,34	–	167,52	188,46	–	91,68	103,14
	V	18 036	128,52	1 442,88	1 623,24	IV	12 494	–	934,40	1 051,20	–	870,80	979,65	–	808,64	909,72	–	748,–	841,50	–	688,80	774,90	–	631,12	710,01
	VI	18 471	180,28	1 477,68	1 662,39																				
62 567,99	I,IV	12 507	–	1 000,56	1 125,63	I	12 507	–	871,84	980,82	–	748,96	842,58	–	632,–	711,–	–	520,88	585,99	–	415,68	467,64	–	316,32	355,86
	II	11 766	–	941,28	1 058,94	II	11 766	–	815,20	917,10	–	695,04	781,92	–	580,72	653,31	–	472,32	531,36	–	369,76	415,98	–	273,12	307,26
	III	7 626	–	610,08	686,34	III	7 626	–	515,84	580,32	–	424,48	477,54	–	336,16	378,18	–	250,72	282,06	–	168,32	189,36	–	92,16	103,68
	V	18 050	130,18	1 444,–	1 624,50	IV	12 507	–	935,44	1 052,37	–	871,84	980,82	–	809,68	910,89	–	748,96	842,58	–	689,76	775,98	–	632,–	711,–
	VI	18 485	181,95	1 478,80	1 663,65																				
62 603,99	I,IV	12 520	–	1 001,60	1 126,80	I	12 520	–	872,80	981,90	–	749,92	843,66	–	632,88	711,99	–	521,76	586,98	–	416,48	468,54	–	317,12	356,76
	II	11 779	–	942,32	1 060,11	II	11 779	–	816,16	918,18	–	696,–	783,–	–	581,60	654,30	–	473,12	532,26	–	370,56	416,88	–	273,84	308,07
	III	7 636	–	610,88	687,24	III	7 636	–	516,48	581,04	–	425,28	478,44	–	336,80	378,90	–	251,36	282,78	–	168,96	190,08	–	92,80	104,40
	V	18 064	131,85	1 445,12	1 625,76	IV	12 520	–	936,48	1 053,54	–	872,80	981,90	–	810,64	911,97	–	749,92	843,66	–	690,72	777,06	–	632,88	711,99
	VI	18 499	183,61	1 479,92	1 664,91																				
62 639,99	I,IV	12 533	–	1 002,64	1 127,97	I	12 533	–	873,84	983,07	–	750,88	844,74	–	633,84	713,07	–	522,64	587,97	–	417,28	469,44	–	317,84	357,57
	II	11 791	–	943,28	1 061,19	II	11 791	–	817,12	919,26	–	696,88	783,99	–	582,48	655,29	–	474,–	533,25	–	371,36	417,78	–	274,56	308,88
	III	7 644	–	611,52	687,96	III	7 644	–	517,28	581,94	–	425,92	479,16	–	337,44	379,62	–	252,–	283,50	–	169,44	190,62	–	93,28	104,94
	V	18 078	133,51	1 446,24	1 627,02	IV	12 533	–	937,52	1 054,71	–	873,84	983,07	–	811,60	913,05	–	750,88	844,74	–	691,60	778,05	–	633,84	713,07
	VI	18 513	185,28	1 481,04	1 666,17																				
62 675,99	I,IV	12 546	–	1 003,68	1 129,14	I	12 546	–	874,80	984,15	–	751,84	845,82	–	634,72	714,06	–	523,44	588,87	–	418,08	470,34	–	318,64	358,47
	II	11 804	–	944,32	1 062,36	II	11 804	–	818,16	920,43	–	697,84	785,07	–	583,36	656,28	–	474,80	534,15	–	372,16	418,68	–	275,36	309,78
	III	7 654	–	612,32	688,86	III	7 654	–	518,08	582,84	–	426,72	480,06	–	338,24	380,52	–	252,80	284,40	–	170,24	191,52	–	93,92	105,66
	V	18 091	135,06	1 447,28	1 628,19	IV	12 546	–	938,48	1 055,79	–	874,80	984,15	–	812,56	914,13	–	751,84	845,82	–	692,56	779,13	–	634,72	714,06
	VI	18 527	186,94	1 482,16	1 667,43																				
62 711,99	I,IV	12 559	–	1 004,72	1 130,31	I	12 559	–	875,76	985,23	–	752,72	846,81	–	635,60	715,05	–	524,32	589,86	–	418,88	471,24	–	319,36	359,28
	II	11 817	–	945,36	1 063,53	II	11 817	–	819,12	921,51	–	698,72	786,06	–	584,24	657,27	–	475,68	535,14	–	372,88	419,49	–	276,08	310,59
	III	7 664	–	613,12	689,76	III	7 664	–	518,72	583,56	–	427,36	480,78	–	338,88	381,24	–	253,44	285,12	–	170,72	192,06	–	94,40	106,20
	V	18 105	136,73	1 448,40	1 629,45	IV	12 559	–	939,52	1 056,96	–	875,76	985,23	–	813,52	915,21	–	752,72	846,81	–	693,44	780,12	–	635,60	715,05
	VI	18 540	188,49	1 483,20	1 668,60																				
62 747,99	I,IV	12 572	–	1 005,76	1 131,48	I	12 572	–	876,80	986,40	–	753,76	847,98	–	636,56	716,13	–	525,20	590,85	–	419,76	472,23	–	320,16	360,18
	II	11 830	–	946,40	1 064,70	II	11 830	–	820,08	922,59	–	699,68	787,14	–	585,12	658,26	–	476,48	536,04	–	373,76	420,48	–	276,80	311,40
	III	7 672	–	613,76	690,48	III	7 672	–	519,52	584,46	–	428,–	481,50	–	339,52	381,96	–	254,08	285,84	–	171,52	192,96	–	95,04	106,92
	V	18 120	138,51	1 449,60	1 630,80	IV	12 572	–	940,56	1 058,13	–	876,80	986,40	–	814,56	916,38	–	753,76	847,98	–	694,40	781,20	–	636,56	716,13
	VI	18 555	190,28	1 484,40	1 669,95																				
62 783,99	I,IV	12 585	–	1 006,80	1 132,65	I	12 585	–	877,84	987,57	–	754,64	848,97	–	637,44	717,12	–	526,08	591,84	–	420,56	473,13	–	320,96	361,08
	II	11 842	–	947,36	1 065,78	II	11 842	–	821,04	923,67	–	700,64	788,22	–	586,–	659,25	–	477,36	537,03	–	374,48	421,29	–	277,60	312,30
	III	7 682	–	614,56	691,38	III	7 682	–	520,16	585,18	–	428,80	482,40	–	340,32	382,86	–	254,72	286,56	–	172,16	193,68	–	95,52	107,46
	V	18 133	140,06	1 450,64	1 631,97	IV	12 585	–	941,60	1 059,30	–	877,84	987,57	–	815,52	917,46	–	754,64	848,97	–	695,28	782,19	–	637,44	717,12
	VI	18 569	191,94	1 485,52	1 671,21																				

Table header: Abzüge an Lohnsteuer, Solidaritätszuschlag (SolZ) und Kirchensteuer (8%, 9%) in den Steuerklassen I – VI (ohne Kinderfreibeträge) and I, II, III, IV (mit Zahl der Kinderfreibeträge . . . 0,5 / 1 / 1,5 / 2 / 2,5 / 3)

* Die ausgewiesenen Tabellenwerte sind amtlich. Siehe Erläuterungen auf der Umschlaginnenseite (U2).

Abzüge an Lohnsteuer, Solidaritätszuschlag (SolZ) und Kirchensteuer (8%, 9%) in den Steuerklassen

Lohn/ Gehalt bis €*	I – VI					I, II, III, IV		mit Zahl der Kinderfreibeträge . . . 0,5			1			1,5			2			2,5			3		
		LSt	ohne Kinderfreibeträge SolZ	8%	9%		LSt	SolZ	8%	9%	SolZ	8%	9%	SolZ	8%	9%	SolZ	8%	9%	SolZ	8%	9%	SolZ	8%	9%
62 819,99	I,IV	12 598	–	1 007,84	1 133,82	I	12 598	–	878,80	988,65	–	755,60	850,05	–	638,32	718,11	–	526,88	592,74	–	421,36	474,03	–	321,68	361,89
	II	11 855	–	948,40	1 066,95	II	11 855	–	822,–	924,75	–	701,52	789,21	–	586,88	660,24	–	478,16	537,93	–	375,28	422,19	–	278,32	313,11
	III	7 692	–	615,36	692,28	III	7 692	–	520,96	586,08	–	429,44	483,12	–	340,96	383,58	–	255,36	287,28	–	172,80	194,40	–	96,16	108,18
	V	18 147	141,72	1 451,76	1 633,23	IV	12 598	–	942,56	1 060,38	–	878,80	988,65	–	816,48	918,54	–	755,60	850,05	–	696,24	783,27	–	638,32	718,11
	VI	18 582	193,49	1 486,56	1 672,38																				
62 855,99	I,IV	12 611	–	1 008,88	1 134,99	I	12 611	–	879,76	989,73	–	756,56	851,13	–	639,20	719,10	–	527,76	593,73	–	422,16	474,93	–	322,48	362,79
	II	11 868	–	949,44	1 068,12	II	11 868	–	823,04	925,92	–	702,48	790,29	–	587,76	661,23	–	478,96	538,83	–	376,08	423,09	–	279,04	313,92
	III	7 702	–	616,16	693,18	III	7 702	–	521,76	586,98	–	430,24	484,02	–	341,60	384,30	–	256,–	288,–	–	173,44	195,12	–	96,64	108,72
	V	18 161	143,39	1 452,88	1 634,49	IV	12 611	–	943,60	1 061,55	–	879,76	989,73	–	817,44	919,62	–	756,56	851,13	–	697,20	784,35	–	639,20	719,10
	VI	18 596	195,16	1 487,68	1 673,64																				
62 891,99	I,IV	12 624	–	1 009,92	1 136,16	I	12 624	–	880,80	990,90	–	757,52	852,21	–	640,16	720,18	–	528,64	594,72	–	422,96	475,83	–	323,20	363,60
	II	11 881	–	950,48	1 069,29	II	11 881	–	824,–	927,–	–	703,36	791,28	–	588,64	662,22	–	479,84	539,82	–	376,88	423,99	–	279,76	314,73
	III	7 710	–	616,80	693,90	III	7 710	–	522,40	587,70	–	430,88	484,74	–	342,40	385,20	–	256,64	288,72	–	174,08	195,84	–	97,12	109,26
	V	18 175	145,06	1 454,–	1 635,75	IV	12 624	–	944,64	1 062,72	–	880,80	990,90	–	818,40	920,70	–	757,52	852,21	–	698,08	785,34	–	640,16	720,18
	VI	18 610	196,82	1 488,80	1 674,90																				
62 927,99	I,IV	12 637	–	1 010,96	1 137,33	I	12 637	–	881,76	991,98	–	758,48	853,29	–	641,04	721,17	–	529,44	595,62	–	423,76	476,73	–	324,–	364,50
	II	11 893	–	951,44	1 070,37	II	11 893	–	824,96	928,08	–	704,32	792,36	–	589,52	663,21	–	480,64	540,72	–	377,68	424,89	–	280,56	315,63
	III	7 720	–	617,60	694,80	III	7 720	–	523,20	588,60	–	431,68	485,64	–	343,04	385,92	–	257,44	289,62	–	174,72	196,56	–	97,76	109,98
	V	18 189	146,72	1 455,12	1 637,01	IV	12 637	–	945,68	1 063,89	–	881,76	991,98	–	819,36	921,78	–	758,48	853,29	–	699,04	786,42	–	641,04	721,17
	VI	18 624	198,49	1 489,92	1 676,16																				
62 963,99	I,IV	12 651	–	1 012,08	1 138,59	I	12 651	–	882,80	993,15	–	759,44	854,37	–	641,92	722,16	–	530,32	596,61	–	424,64	477,72	–	324,80	365,40
	II	11 906	–	952,48	1 071,54	II	11 906	–	825,92	929,16	–	705,28	793,44	–	590,48	664,29	–	481,52	541,71	–	378,48	425,79	–	281,28	316,44
	III	7 730	–	618,40	695,70	III	7 730	–	523,84	589,32	–	432,32	486,36	–	343,68	386,64	–	258,08	290,34	–	175,36	197,28	–	98,40	110,70
	V	18 203	148,39	1 456,24	1 638,27	IV	12 651	–	946,72	1 065,06	–	882,80	993,15	–	820,40	922,95	–	759,44	854,37	–	700,–	787,50	–	641,92	722,16
	VI	18 638	200,15	1 491,04	1 677,42																				
62 999,99	I,IV	12 664	–	1 013,12	1 139,76	I	12 664	–	883,76	994,23	–	760,40	855,45	–	642,88	723,24	–	531,20	597,60	–	425,44	478,62	–	325,52	366,21
	II	11 919	–	953,52	1 072,71	II	11 919	–	826,96	930,33	–	706,16	794,43	–	591,36	665,28	–	482,32	542,61	–	379,28	426,69	–	282,–	317,25
	III	7 740	–	619,20	696,60	III	7 740	–	524,64	590,22	–	433,12	487,26	–	344,48	387,54	–	258,72	291,06	–	176,–	198,–	–	98,88	111,24
	V	18 217	150,05	1 457,36	1 639,53	IV	12 664	–	947,68	1 066,14	–	883,76	994,23	–	821,36	924,03	–	760,40	855,45	–	700,88	788,49	–	642,88	723,24
	VI	18 652	201,82	1 492,16	1 678,68																				
63 035,99	I,IV	12 677	–	1 014,16	1 140,93	I	12 677	–	884,80	995,40	–	761,36	856,53	–	643,76	724,23	–	532,08	598,59	–	426,24	479,52	–	326,32	367,11
	II	11 932	–	954,56	1 073,88	II	11 932	–	827,92	931,41	–	707,12	795,51	–	592,24	666,27	–	483,20	543,60	–	380,08	427,59	–	282,80	318,15
	III	7 748	–	619,84	697,32	III	7 748	–	525,44	591,12	–	433,76	487,98	–	345,12	388,26	–	259,36	291,78	–	176,64	198,72	–	99,52	111,96
	V	18 231	151,72	1 458,48	1 640,79	IV	12 677	–	948,72	1 067,31	–	884,80	995,40	–	822,32	925,11	–	761,36	856,53	–	701,84	789,57	–	643,76	724,23
	VI	18 666	203,49	1 493,28	1 679,94																				
63 071,99	I,IV	12 690	–	1 015,20	1 142,10	I	12 690	–	885,76	996,48	–	762,32	857,61	–	644,64	725,22	–	532,88	599,49	–	427,04	480,42	–	327,04	367,92
	II	11 945	–	955,60	1 075,05	II	11 945	–	828,88	932,49	–	708,08	796,59	–	593,12	667,26	–	484,–	544,50	–	380,80	428,40	–	283,52	318,96
	III	7 758	–	620,64	698,22	III	7 758	–	526,08	591,84	–	434,40	488,70	–	345,76	388,98	–	260,–	292,50	–	177,28	199,44	–	100,–	112,50
	V	18 245	153,39	1 459,60	1 642,05	IV	12 690	–	949,76	1 068,48	–	885,76	996,48	–	823,28	926,19	–	762,32	857,61	–	702,72	790,56	–	644,64	725,22
	VI	18 680	205,15	1 494,40	1 681,20																				
63 107,99	I,IV	12 703	–	1 016,24	1 143,27	I	12 703	–	886,80	997,65	–	763,20	858,60	–	645,60	726,30	–	533,76	600,48	–	427,84	481,32	–	327,84	368,82
	II	11 957	–	956,56	1 076,13	II	11 957	–	829,84	933,57	–	708,96	797,58	–	594,–	668,25	–	484,88	545,49	–	381,60	429,30	–	284,24	319,77
	III	7 768	–	621,44	699,12	III	7 768	–	526,88	592,74	–	435,20	489,60	–	346,56	389,88	–	260,64	293,22	–	177,92	200,16	–	100,48	113,04
	V	18 259	155,05	1 460,72	1 643,31	IV	12 703	–	950,72	1 069,56	–	886,80	997,65	–	824,24	927,27	–	763,20	858,60	–	703,68	791,64	–	645,60	726,30
	VI	18 694	206,82	1 495,52	1 682,46																				
63 143,99	I,IV	12 716	–	1 017,28	1 144,44	I	12 716	–	887,84	998,82	–	764,24	859,77	–	646,48	727,29	–	534,64	601,47	–	428,72	482,31	–	328,64	369,72
	II	11 971	–	957,68	1 077,39	II	11 971	–	830,88	934,74	–	709,92	798,66	–	594,88	669,24	–	485,76	546,48	–	382,40	430,20	–	285,04	320,67
	III	7 778	–	622,24	700,02	III	7 778	–	527,52	593,46	–	436,–	490,50	–	347,20	390,60	–	261,44	294,12	–	178,56	200,88	–	101,12	113,76
	V	18 273	156,72	1 461,84	1 644,57	IV	12 716	–	951,84	1 070,82	–	887,84	998,82	–	825,28	928,44	–	764,24	859,77	–	704,64	792,72	–	646,48	727,29
	VI	18 708	208,48	1 496,64	1 683,72																				
63 179,99	I,IV	12 729	–	1 018,32	1 145,61	I	12 729	–	888,80	999,90	–	765,20	860,85	–	647,36	728,28	–	535,52	602,46	–	429,52	483,21	–	329,36	370,53
	II	11 983	–	958,64	1 078,47	II	11 983	–	831,84	935,82	–	710,88	799,74	–	595,76	670,23	–	486,56	547,38	–	383,20	431,10	–	285,76	321,48
	III	7 786	–	622,88	700,74	III	7 786	–	528,32	594,36	–	436,64	491,22	–	347,84	391,32	–	262,08	294,84	–	179,20	201,60	–	101,60	114,30
	V	18 287	158,38	1 462,96	1 645,83	IV	12 729	–	952,80	1 071,90	–	888,80	999,90	–	826,24	929,52	–	765,20	860,85	–	705,52	793,71	–	647,36	728,28
	VI	18 722	210,15	1 497,76	1 684,98																				
63 215,99	I,IV	12 742	–	1 019,36	1 146,78	I	12 742	–	889,76	1 000,98	–	766,08	861,84	–	648,32	729,36	–	536,40	603,45	–	430,32	484,11	–	330,16	371,43
	II	11 996	–	959,68	1 079,64	II	11 996	–	832,80	936,90	–	711,76	800,73	–	596,64	671,22	–	487,36	548,28	–	384,–	432,–	–	286,48	322,29
	III	7 796	–	623,68	701,64	III	7 796	–	529,12	595,26	–	437,28	491,94	–	348,64	392,22	–	262,72	295,56	–	179,84	202,32	–	102,24	115,02
	V	18 301	160,05	1 464,08	1 647,09	IV	12 742	–	953,84	1 073,07	–	889,76	1 000,98	–	827,20	930,60	–	766,08	861,84	–	706,48	794,79	–	648,32	729,36
	VI	18 736	211,82	1 498,88	1 686,24																				
63 251,99	I,IV	12 755	–	1 020,40	1 147,95	I	12 755	–	890,80	1 002,15	–	767,04	862,92	–	649,20	730,35	–	537,20	604,35	–	431,12	485,01	–	330,88	372,24
	II	12 009	–	960,72	1 080,81	II	12 009	–	833,76	937,98	–	712,72	801,81	–	597,52	672,21	–	488,24	549,27	–	384,80	432,90	–	287,28	323,19
	III	7 806	–	624,48	702,54	III	7 806	–	529,76	595,98	–	438,08	492,84	–	349,28	392,94	–	263,36	296,28	–	180,48	203,04	–	102,72	115,56
	V	18 314	161,60	1 465,12	1 648,26	IV	12 755	–	954,88	1 074,24	–	890,80	1 002,15	–	828,16	931,68	–	767,04	862,92	–	707,36	795,78	–	649,20	730,35
	VI	18 750	213,48	1 500,–	1 687,50																				
63 287,99	I,IV	12 768	–	1 021,44	1 149,12	I	12 768	–	891,76	1 003,23	–	768,–	864,–	–	650,08	731,34	–	538,08	605,34	–	431,92	485,91	–	331,68	373,14
	II	12 022	–	961,76	1 081,98	II	12 022	–	834,72	939,06	–	713,68	802,89	–	598,40	673,20	–	489,04	550,17	–	385,60	433,80	–	288,–	324,–
	III	7 816	–	625,28	703,44	III	7 816	–	530,56	596,88	–	438,72	493,56	–	349,92	393,66	–	264,–	297,–	–	181,12	203,76	–	103,36	116,28
	V	18 328	163,26	1 466,24	1 649,52	IV	12 768	–	955,92	1 075,41	–	891,76	1 003,23	–	829,20	932,85	–	768,–	864,–	–	708,32	796,86	–	650,08	731,34
	VI	18 763	215,03	1 501,04	1 688,67																				
63 323,99	I,IV	12 782	–	1 022,56	1 150,38	I	12 782	–	892,80	1 004,40	–	768,96	865,08	–	651,04	732,42	–	538,96	606,33	–	432,80	486,90	–	332,48	374,04
	II	12 035	–	962,80	1 083,15	II	12 035	–	835,76	940,23	–	714,64	803,97	–	599,36	674,28	–	489,92	551,16	–	386,40	434,70	–	288,80	324,90
	III	7 826	–	626,08	704,34	III	7 826	–	531,36	597,78	–	439,52	494,46	–	350,72	394,56	–	264,80	297,90	–	181,76	204,48	–	104,–	117,–
	V	18 343	165,05	1 467,44	1 650,87	IV	12 782	–	956,96	1 076,58	–	892,80	1 004,40	–	830,16	933,93	–	768,96	865,08	–	709,28	797,94	–	651,04	732,42
	VI	18 778	216,81	1 502,24	1 690,02																				
63 359,99	I,IV	12 795	–	1 023,60	1 151,55	I	12 795	–	893,84	1 005,57	–	769,92	866,16	–	651,92	733,41	–	539,84	607,32	–	433,60	487,80	–	333,20	374,85
	II	12 048	–	963,84	1 084,32	II	12 048	–	836,72	941,31	–	715,52	804,96	–	600,24	675,27	–	490,80	552,15	–	387,20	435,60	–	289,52	325,71
	III	7 834	–	626,72	705,06	III	7 834	–	532,–	598,50	–	440,16	495,18	–	351,36	395,28	–	265,44	298,62	–	182,40	205,20	–	104,48	117,54
	V	18 356	166,60	1 468,48	1 652,04	IV	12 795	–	957,92	1 077,66	–	893,84	1 005,57	–	831,12	935,01	–	769,92	866,16	–	710,24	799,02	–	651,92	733,41
	VI	18 792	218,48	1 503,36	1 691,28																				

* Die ausgewiesenen Tabellenwerte sind amtlich. Siehe Erläuterungen auf der Umschlaginnenseite (U2).

Abzüge an Lohnsteuer, Solidaritätszuschlag (SolZ) und Kirchensteuer (8%, 9%) in den Steuerklassen

Lohn/ Gehalt bis €*		I – VI ohne Kinderfreibeträge				I, II, III, IV mit Zahl der Kinderfreibeträge . . .		0,5			1			1,5			2			2,5			3		
		LSt	SolZ	8%	9%		LSt	SolZ	8%	9%	SolZ	8%	9%	SolZ	8%	9%	SolZ	8%	9%	SolZ	8%	9%	SolZ	8%	9%
63 395,99	I,IV	12 808	–	1 024,64	1 152,72	I	12 808	–	894,80	1 006,65	–	770,88	867,24	–	652,88	734,49	–	540,72	608,31	–	434,40	488,70	–	334,–	375,75
	II	12 060	–	964,80	1 085,40	II	12 060	–	837,68	942,39	–	716,48	806,04	–	601,12	676,26	–	491,60	553,05	–	388,–	436,50	–	290,24	326,52
	III	7 844	–	627,52	705,96	III	7 844	–	532,80	599,40	–	440,96	496,08	–	352,–	396,–	–	266,08	299,34	–	183,04	205,92	–	105,12	118,26
	V	18 370	168,26	1 469,60	1 653,30	IV	12 808	–	958,96	1 078,83	–	894,80	1 006,65	–	832,16	936,18	–	770,88	867,24	–	711,12	800,01	–	652,88	734,49
	VI	18 805	220,03	1 504,40	1 692,45																				
63 431,99	I,IV	12 821	–	1 025,68	1 153,89	I	12 821	–	895,84	1 007,82	–	771,84	868,32	–	653,76	735,48	–	541,52	609,21	–	435,20	489,60	–	334,72	376,56
	II	12 073	–	965,84	1 086,57	II	12 073	–	838,72	943,56	–	717,36	807,03	–	602,–	677,25	–	492,48	554,04	–	388,80	437,40	–	291,04	327,42
	III	7 854	–	628,32	706,86	III	7 854	–	533,44	600,12	–	441,60	496,80	–	352,64	396,72	–	266,72	300,06	–	183,68	206,64	–	105,60	118,80
	V	18 384	169,93	1 470,72	1 654,56	IV	12 821	–	960,–	1 080,–	–	895,84	1 007,82	–	833,12	937,26	–	771,84	868,32	–	712,08	801,09	–	653,76	735,48
	VI	18 819	221,69	1 505,52	1 693,71																				
63 467,99	I,IV	12 834	–	1 026,72	1 155,06	I	12 834	–	896,80	1 008,90	–	772,80	869,40	–	654,64	736,47	–	542,40	610,20	–	436,–	490,50	–	335,52	377,46
	II	12 086	–	966,88	1 087,74	II	12 086	–	839,68	944,64	–	718,32	808,11	–	602,88	678,24	–	493,28	554,94	–	389,60	438,30	–	291,76	328,23
	III	7 862	–	628,96	707,58	III	7 862	–	534,24	601,02	–	442,40	497,70	–	353,44	397,62	–	267,36	300,78	–	184,32	207,36	–	106,24	119,52
	V	18 398	171,59	1 471,84	1 655,82	IV	12 834	–	961,04	1 081,17	–	896,80	1 008,90	–	834,08	938,34	–	772,80	869,40	–	712,96	802,08	–	654,64	736,47
	VI	18 833	223,36	1 506,64	1 694,97																				
63 503,99	I,IV	12 847	–	1 027,76	1 156,23	I	12 847	–	897,84	1 010,07	–	773,76	870,48	–	655,60	737,55	–	543,28	611,19	–	436,88	491,49	–	336,32	378,36
	II	12 099	–	967,92	1 088,91	II	12 099	–	840,64	945,72	–	719,28	809,19	–	603,76	679,23	–	494,16	555,93	–	390,40	439,20	–	292,48	329,04
	III	7 872	–	629,76	708,48	III	7 872	–	534,88	601,74	–	443,04	498,42	–	354,08	398,34	–	268,–	301,50	–	184,96	208,08	–	106,72	120,06
	V	18 412	173,26	1 472,96	1 657,08	IV	12 847	–	962,08	1 082,34	–	897,84	1 010,07	–	835,04	939,42	–	773,76	870,48	–	713,92	803,16	–	655,60	737,55
	VI	18 847	225,02	1 507,76	1 696,23																				
63 539,99	I,IV	12 860	–	1 028,80	1 157,40	I	12 860	–	898,88	1 011,24	–	774,72	871,56	–	656,48	738,54	–	544,16	612,18	–	437,68	492,39	–	337,12	379,26
	II	12 112	–	968,96	1 090,08	II	12 112	–	841,68	946,89	–	720,24	810,27	–	604,64	680,22	–	494,96	556,83	–	391,20	440,10	–	293,28	329,94
	III	7 882	–	630,56	709,38	III	7 882	–	535,68	602,64	–	443,84	499,32	–	354,72	399,06	–	268,80	302,40	–	185,60	208,80	–	107,36	120,78
	V	18 426	174,93	1 474,08	1 658,34	IV	12 860	–	963,12	1 083,51	–	898,88	1 011,24	–	836,08	940,59	–	774,72	871,56	–	714,88	804,24	–	656,48	738,54
	VI	18 861	226,69	1 508,88	1 697,49																				
63 575,99	I,IV	12 873	–	1 029,84	1 158,57	I	12 873	–	899,84	1 012,32	–	775,68	872,64	–	657,44	739,62	–	545,04	613,17	–	438,48	493,29	–	337,84	380,07
	II	12 125	–	970,–	1 091,25	II	12 125	–	842,64	947,97	–	721,12	811,26	–	605,52	681,21	–	495,84	557,82	–	392,–	441,–	–	294,–	330,75
	III	7 892	–	631,36	710,28	III	7 892	–	536,48	603,54	–	444,48	500,04	–	355,52	399,96	–	269,44	303,12	–	186,24	209,52	–	108,–	121,50
	V	18 440	176,59	1 475,20	1 659,60	IV	12 873	–	964,16	1 084,68	–	899,84	1 012,32	–	837,04	941,67	–	775,68	872,64	–	715,84	805,32	–	657,44	739,62
	VI	18 875	228,36	1 510,–	1 698,75																				
63 611,99	I,IV	12 886	–	1 030,88	1 159,74	I	12 886	–	900,88	1 013,49	–	776,64	873,72	–	658,32	740,61	–	545,84	614,07	–	439,28	494,19	–	338,64	380,97
	II	12 138	–	971,04	1 092,42	II	12 138	–	843,60	949,05	–	722,08	812,34	–	606,40	682,20	–	496,64	558,72	–	392,80	441,90	–	294,80	331,65
	III	7 900	–	632,–	711,–	III	7 900	–	537,12	604,26	–	445,12	500,76	–	356,16	400,68	–	270,08	303,84	–	186,88	210,24	–	108,48	122,04
	V	18 454	178,26	1 476,32	1 660,86	IV	12 886	–	965,12	1 085,76	–	900,88	1 013,49	–	838,–	942,75	–	776,64	873,72	–	716,72	806,31	–	658,32	740,61
	VI	18 889	230,02	1 511,12	1 700,01																				
63 647,99	I,IV	12 900	–	1 032,–	1 161,–	I	12 900	–	901,84	1 014,57	–	777,60	874,80	–	659,20	741,60	–	546,72	615,06	–	440,16	495,18	–	339,36	381,78
	II	12 150	–	972,–	1 093,50	II	12 150	–	844,56	950,13	–	723,04	813,42	–	607,36	683,28	–	497,52	559,71	–	393,60	442,80	–	295,52	332,46
	III	7 910	–	632,80	711,90	III	7 910	–	537,92	605,16	–	445,92	501,66	–	356,80	401,40	–	270,72	304,56	–	187,52	210,96	–	109,12	122,76
	V	18 468	179,92	1 477,44	1 662,12	IV	12 900	–	966,16	1 086,93	–	901,84	1 014,57	–	838,96	943,83	–	777,60	874,80	–	717,68	807,39	–	659,20	741,60
	VI	18 903	231,69	1 512,24	1 701,27																				
63 683,99	I,IV	12 913	–	1 033,04	1 162,17	I	12 913	–	902,88	1 015,74	–	778,56	875,88	–	660,16	742,68	–	547,60	616,05	–	440,96	496,08	–	340,16	382,68
	II	12 163	–	973,04	1 094,67	II	12 163	–	845,60	951,30	–	723,92	814,41	–	608,24	684,27	–	498,32	560,61	–	394,40	443,70	–	296,24	333,27
	III	7 920	–	633,60	712,80	III	7 920	–	538,56	605,88	–	446,56	502,38	–	357,60	402,30	–	271,36	305,28	–	188,16	211,68	–	109,60	123,30
	V	18 482	181,59	1 478,56	1 663,38	IV	12 913	–	967,20	1 088,10	–	902,88	1 015,74	–	840,–	945,–	–	778,56	875,88	–	718,64	808,47	–	660,16	742,68
	VI	18 917	233,35	1 513,36	1 702,53																				
63 719,99	I,IV	12 926	–	1 034,08	1 163,34	I	12 926	–	903,84	1 016,82	–	779,52	876,96	–	661,04	743,67	–	548,48	617,04	–	441,76	496,98	–	340,96	383,58
	II	12 177	–	974,16	1 095,93	II	12 177	–	846,56	952,38	–	724,88	815,49	–	609,12	685,26	–	499,20	561,60	–	395,20	444,60	–	297,04	334,17
	III	7 930	–	634,40	713,70	III	7 930	–	539,36	606,78	–	447,36	503,28	–	358,24	403,02	–	272,–	306,–	–	188,80	212,40	–	110,24	124,02
	V	18 496	183,26	1 479,68	1 664,64	IV	12 926	–	968,24	1 089,27	–	903,84	1 016,82	–	840,96	946,08	–	779,52	876,96	–	719,60	809,55	–	661,04	743,67
	VI	18 931	235,02	1 514,48	1 703,79																				
63 755,99	I,IV	12 939	–	1 035,12	1 164,51	I	12 939	–	904,88	1 017,99	–	780,48	878,04	–	662,–	744,75	–	549,36	618,03	–	442,64	497,97	–	341,76	384,48
	II	12 189	–	975,12	1 097,01	II	12 189	–	847,52	953,46	–	725,84	816,57	–	610,–	686,25	–	500,08	562,59	–	396,–	445,50	–	297,76	334,98
	III	7 940	–	635,20	714,60	III	7 940	–	540,16	607,68	–	448,–	504,–	–	358,88	403,74	–	272,80	306,90	–	189,44	213,12	–	110,88	124,74
	V	18 510	184,92	1 480,80	1 665,90	IV	12 939	–	969,28	1 090,44	–	904,88	1 017,99	–	841,92	947,16	–	780,48	878,04	–	720,48	810,54	–	662,–	744,75
	VI	18 945	236,69	1 515,60	1 705,05																				
63 791,99	I,IV	12 952	–	1 036,16	1 165,68	I	12 952	–	905,84	1 019,07	–	781,44	879,12	–	662,88	745,74	–	550,24	619,02	–	443,44	498,87	–	342,48	385,29
	II	12 202	–	976,16	1 098,18	II	12 202	–	848,56	954,63	–	726,80	817,65	–	610,88	687,24	–	500,88	563,49	–	396,80	446,40	–	298,56	335,88
	III	7 948	–	635,84	715,32	III	7 948	–	540,80	608,40	–	448,80	504,90	–	359,68	404,64	–	273,44	307,62	–	190,08	213,84	–	111,36	125,28
	V	18 524	186,59	1 481,92	1 667,16	IV	12 952	–	970,32	1 091,61	–	905,84	1 019,07	–	842,96	948,33	–	781,44	879,12	–	721,44	811,62	–	662,88	745,74
	VI	18 959	238,35	1 516,72	1 706,31																				
63 827,99	I,IV	12 965	–	1 037,20	1 166,85	I	12 965	–	906,88	1 020,24	–	782,40	880,20	–	663,84	746,82	–	551,04	619,92	–	444,24	499,77	–	343,28	386,19
	II	12 215	–	977,20	1 099,35	II	12 215	–	849,52	955,71	–	727,68	818,64	–	611,76	688,23	–	501,76	564,48	–	397,60	447,30	–	299,28	336,69
	III	7 958	–	636,64	716,22	III	7 958	–	541,60	609,30	–	449,44	505,62	–	360,32	405,36	–	274,08	308,34	–	190,72	214,56	–	112,–	126,–
	V	18 537	188,13	1 482,96	1 668,33	IV	12 965	–	971,36	1 092,78	–	906,88	1 020,24	–	843,92	949,41	–	782,40	880,20	–	722,40	812,70	–	663,84	746,82
	VI	18 973	240,02	1 517,84	1 707,57																				
63 863,99	I,IV	12 979	–	1 038,32	1 168,11	I	12 979	–	907,92	1 021,41	–	783,36	881,28	–	664,72	747,81	–	551,92	620,91	–	445,04	500,67	–	344,–	387,–
	II	12 228	–	978,24	1 100,52	II	12 228	–	850,48	956,79	–	728,64	819,72	–	612,72	689,31	–	502,56	565,38	–	398,40	448,20	–	300,–	337,50
	III	7 968	–	637,44	717,12	III	7 968	–	542,40	610,20	–	450,24	506,52	–	360,96	406,08	–	274,72	309,06	–	191,36	215,28	–	112,48	126,54
	V	18 551	189,80	1 484,08	1 669,59	IV	12 979	–	972,32	1 093,86	–	907,92	1 021,41	–	844,88	950,49	–	783,36	881,28	–	723,28	813,69	–	664,72	747,81
	VI	18 986	241,57	1 518,88	1 708,74																				
63 899,99	I,IV	12 992	–	1 039,36	1 169,28	I	12 992	–	908,88	1 022,49	–	784,32	882,36	–	665,68	748,89	–	552,80	621,90	–	445,92	501,66	–	344,80	387,90
	II	12 241	–	979,28	1 101,69	II	12 241	–	851,52	957,96	–	729,60	820,80	–	613,60	690,30	–	503,44	566,37	–	399,20	449,10	–	300,80	338,40
	III	7 978	–	638,24	718,02	III	7 978	–	543,04	610,92	–	450,88	507,24	–	361,76	406,98	–	275,36	309,78	–	192,16	216,18	–	113,12	127,26
	V	18 566	191,59	1 485,28	1 670,94	IV	12 992	–	973,44	1 095,12	–	908,88	1 022,49	–	845,92	951,66	–	784,32	882,36	–	724,24	814,77	–	665,68	748,89
	VI	19 001	243,35	1 520,08	1 710,09																				
63 935,99	I,IV	13 005	–	1 040,40	1 170,45	I	13 005	–	909,92	1 023,66	–	785,28	883,44	–	666,56	749,88	–	553,68	622,89	–	446,72	502,56	–	345,60	388,80
	II	12 254	–	980,32	1 102,86	II	12 254	–	852,48	959,04	–	730,56	821,88	–	614,48	691,29	–	504,32	567,36	–	400,–	450,–	–	301,52	339,21
	III	7 988	–	639,04	718,92	III	7 988	–	543,84	611,82	–	451,68	508,14	–	362,40	407,70	–	276,16	310,68	–	192,80	216,90	–	113,76	127,98
	V	18 579	193,13	1 486,32	1 672,11	IV	13 005	–	974,40	1 096,20	–	909,92	1 023,66	–	846,88	952,74	–	785,28	883,44	–	725,20	815,85	–	666,56	749,88
	VI	19 015	245,02	1 521,20	1 711,35																				

* Die ausgewiesenen Tabellenwerte sind amtlich. Siehe Erläuterungen auf der Umschlaginnenseite (U2).

Lohn/ Gehalt bis €*		Abzüge an Lohnsteuer, Solidaritätszuschlag (SolZ) und Kirchensteuer (8%, 9%) in den Steuerklassen I – VI				I, II, III, IV		mit Zahl der Kinderfreibeträge . . . 0,5			1			1,5			2			2,5			3		
			ohne Kinder-freibeträge																						
		LSt	SolZ	8%	9%		LSt	SolZ	8%	9%	SolZ	8%	9%	SolZ	8%	9%	SolZ	8%	9%	SolZ	8%	9%	SolZ	8%	9%
63 971,99	I,IV	13 018	–	1 041,44	1 171,62	I	13 018	–	910,96	1 024,83	–	786,24	884,52	–	667,44	750,87	–	554,56	623,88	–	447,52	503,46	–	346,40	389,70
	II	12 267	–	981,36	1 104,03	II	12 267	–	853,52	960,21	–	731,52	822,96	–	615,36	692,28	–	505,12	568,26	–	400,80	450,90	–	302,32	340,11
	III	7 996	–	639,68	719,64	III	7 996	–	544,64	612,72	–	452,32	508,86	–	363,04	408,42	–	276,80	311,40	–	193,44	217,62	–	114,24	128,52
	V	18 593	194,80	1 487,44	1 673,37	IV	13 018	–	975,44	1 097,37	–	910,96	1 024,83	–	847,84	953,82	–	786,24	884,52	–	726,16	816,93	–	667,44	750,87
	VI	19 028	246,56	1 522,24	1 712,52																				
64 007,99	I,IV	13 031	–	1 042,48	1 172,79	I	13 031	–	911,92	1 025,91	–	787,20	885,60	–	668,40	751,95	–	555,44	624,87	–	448,32	504,36	–	347,12	390,51
	II	12 280	–	982,40	1 105,20	II	12 280	–	854,48	961,29	–	732,40	823,95	–	616,24	693,27	–	506,–	569,25	–	401,60	451,80	–	303,04	340,92
	III	8 006	–	640,48	720,54	III	8 006	–	545,28	613,44	–	453,12	509,76	–	363,84	409,32	–	277,44	312,12	–	194,08	218,34	–	114,88	129,24
	V	18 607	196,46	1 488,56	1 674,63	IV	13 031	–	976,48	1 098,54	–	911,92	1 025,91	–	848,80	954,90	–	787,20	885,60	–	727,04	817,92	–	668,40	751,95
	VI	19 042	248,23	1 523,36	1 713,78																				
64 043,99	I,IV	13 045	–	1 043,60	1 174,05	I	13 045	–	912,96	1 027,08	–	788,16	886,68	–	669,28	752,94	–	556,32	625,86	–	449,20	505,35	–	347,92	391,41
	II	12 293	–	983,44	1 106,37	II	12 293	–	855,44	962,37	–	733,36	825,03	–	617,12	694,26	–	506,80	570,15	–	402,40	452,70	–	303,84	341,82
	III	8 016	–	641,28	721,44	III	8 016	–	546,08	614,34	–	453,76	510,48	–	364,48	410,04	–	278,08	312,84	–	194,72	219,06	–	115,36	129,78
	V	18 621	198,13	1 489,68	1 675,89	IV	13 045	–	977,52	1 099,71	–	912,96	1 027,08	–	849,84	956,07	–	788,16	886,68	–	728,–	819,–	–	669,28	752,94
	VI	19 056	249,90	1 524,48	1 715,04																				
64 079,99	I,IV	13 058	–	1 044,64	1 175,22	I	13 058	–	914,–	1 028,25	–	789,20	887,85	–	670,24	754,02	–	557,20	626,85	–	450,–	506,25	–	348,72	392,31
	II	12 306	–	984,48	1 107,54	II	12 306	–	856,48	963,54	–	734,32	826,11	–	618,08	695,34	–	507,68	571,14	–	403,20	453,60	–	304,56	342,63
	III	8 026	–	642,08	722,34	III	8 026	–	546,72	615,06	–	454,56	511,38	–	365,12	410,76	–	278,72	313,56	–	195,36	219,78	–	116,–	130,50
	V	18 635	199,80	1 490,80	1 677,15	IV	13 058	–	978,56	1 100,88	–	914,–	1 028,25	–	850,80	957,15	–	789,20	887,85	–	728,96	820,08	–	670,24	754,02
	VI	19 070	251,56	1 525,60	1 716,30																				
64 115,99	I,IV	13 071	–	1 045,68	1 176,39	I	13 071	–	914,96	1 029,33	–	790,16	888,93	–	671,12	755,01	–	558,08	627,84	–	450,80	507,15	–	349,52	393,21
	II	12 319	–	985,52	1 108,71	II	12 319	–	857,44	964,62	–	735,28	827,19	–	618,96	696,33	–	508,56	572,13	–	404,–	454,50	–	305,36	343,53
	III	8 034	–	642,72	723,06	III	8 034	–	547,52	615,96	–	455,20	512,10	–	365,92	411,66	–	279,52	314,46	–	196,–	220,50	–	116,64	131,22
	V	18 649	201,46	1 491,92	1 678,41	IV	13 071	–	979,60	1 102,05	–	914,96	1 029,33	–	851,84	958,32	–	790,16	888,93	–	729,92	821,16	–	671,12	755,01
	VI	19 084	253,23	1 526,72	1 717,56																				
64 151,99	I,IV	13 084	–	1 046,72	1 177,56	I	13 084	–	916,–	1 030,50	–	791,12	890,01	–	672,08	756,09	–	558,96	628,83	–	451,68	508,14	–	350,24	394,02
	II	12 332	–	986,56	1 109,88	II	12 332	–	858,40	965,70	–	736,24	828,27	–	619,84	697,32	–	509,36	573,03	–	404,80	455,40	–	306,08	344,34
	III	8 044	–	643,52	723,96	III	8 044	–	548,32	616,86	–	456,–	513,–	–	366,56	412,38	–	280,16	315,18	–	196,64	221,22	–	117,12	131,76
	V	18 663	203,13	1 493,04	1 679,67	IV	13 084	–	980,64	1 103,22	–	916,–	1 030,50	–	852,80	959,40	–	791,12	890,01	–	730,80	822,15	–	672,08	756,09
	VI	19 098	254,89	1 527,84	1 718,82																				
64 187,99	I,IV	13 098	–	1 047,84	1 178,82	I	13 098	–	916,96	1 031,58	–	792,08	891,09	–	672,96	757,08	–	559,76	629,73	–	452,48	509,04	–	351,04	394,92
	II	12 345	–	987,60	1 111,05	II	12 345	–	859,44	966,87	–	737,12	829,26	–	620,72	698,31	–	510,24	574,02	–	405,60	456,30	–	306,88	345,24
	III	8 054	–	644,32	724,86	III	8 054	–	548,96	617,58	–	456,64	513,72	–	367,36	413,28	–	280,80	315,90	–	197,28	221,94	–	117,76	132,48
	V	18 677	204,79	1 494,16	1 680,93	IV	13 098	–	981,68	1 104,39	–	916,96	1 031,58	–	853,76	960,48	–	792,08	891,09	–	731,76	823,23	–	672,96	757,08
	VI	19 112	256,56	1 528,96	1 720,08																				
64 223,99	I,IV	13 111	–	1 048,88	1 179,99	I	13 111	–	918,–	1 032,75	–	793,04	892,17	–	673,92	758,16	–	560,64	630,72	–	453,28	509,94	–	351,84	395,82
	II	12 357	–	988,56	1 112,13	II	12 357	–	860,40	967,95	–	738,08	830,34	–	621,68	699,39	–	511,12	575,01	–	406,40	457,20	–	307,60	346,05
	III	8 064	–	645,12	725,76	III	8 064	–	549,76	618,48	–	457,44	514,62	–	368,–	414,–	–	281,44	316,62	–	197,92	222,66	–	118,40	133,20
	V	18 691	206,46	1 495,28	1 682,19	IV	13 111	–	982,72	1 105,56	–	918,–	1 032,75	–	854,80	961,65	–	793,04	892,17	–	732,72	824,31	–	673,92	758,16
	VI	19 126	258,23	1 530,08	1 721,34																				
64 259,99	I,IV	13 124	–	1 049,92	1 181,16	I	13 124	–	918,96	1 033,83	–	794,–	893,25	–	674,80	759,15	–	561,52	631,71	–	454,16	510,93	–	352,56	396,63
	II	12 370	–	989,60	1 113,30	II	12 370	–	861,36	969,03	–	739,04	831,42	–	622,56	700,38	–	511,92	575,91	–	407,20	458,10	–	308,32	346,86
	III	8 074	–	645,92	726,66	III	8 074	–	550,56	619,38	–	458,08	515,34	–	368,64	414,72	–	282,08	317,34	–	198,56	223,38	–	118,88	133,74
	V	18 705	208,13	1 496,40	1 683,45	IV	13 124	–	983,68	1 106,64	–	918,96	1 033,83	–	855,76	962,73	–	794,–	893,25	–	733,68	825,39	–	674,80	759,15
	VI	19 140	259,89	1 531,20	1 722,60																				
64 295,99	I,IV	13 137	–	1 050,96	1 182,33	I	13 137	–	920,–	1 035,–	–	794,96	894,33	–	675,76	760,23	–	562,40	632,70	–	454,96	511,83	–	353,36	397,53
	II	12 384	–	990,72	1 114,56	II	12 384	–	862,40	970,20	–	740,–	832,50	–	623,44	701,37	–	512,80	576,90	–	408,–	459,–	–	309,12	347,76
	III	8 082	–	646,56	727,38	III	8 082	–	551,20	620,10	–	458,88	516,24	–	369,44	415,62	–	282,88	318,24	–	199,20	224,10	–	119,52	134,46
	V	18 719	209,79	1 497,52	1 684,71	IV	13 137	–	984,80	1 107,90	–	920,–	1 035,–	–	856,72	963,81	–	794,96	894,33	–	734,64	826,47	–	675,76	760,23
	VI	19 154	261,56	1 532,32	1 723,86																				
64 331,99	I,IV	13 151	–	1 052,08	1 183,59	I	13 151	–	921,04	1 036,17	–	795,92	895,41	–	676,64	761,22	–	563,28	633,69	–	455,76	512,73	–	354,16	398,43
	II	12 397	–	991,76	1 115,73	II	12 397	–	863,36	971,28	–	740,96	833,58	–	624,32	702,36	–	513,68	577,89	–	408,80	459,90	–	309,92	348,66
	III	8 092	–	647,36	728,28	III	8 092	–	552,–	621,–	–	459,52	516,96	–	370,08	416,34	–	283,52	318,96	–	199,84	224,82	–	120,16	135,18
	V	18 733	211,46	1 498,64	1 685,97	IV	13 151	–	985,84	1 109,07	–	921,04	1 036,17	–	857,76	964,98	–	795,92	895,41	–	735,52	827,46	–	676,64	761,22
	VI	19 168	263,22	1 533,44	1 725,12																				
64 367,99	I,IV	13 164	–	1 053,12	1 184,76	I	13 164	–	922,08	1 037,34	–	796,88	896,49	–	677,60	762,30	–	564,16	634,68	–	456,64	513,72	–	354,96	399,33
	II	12 409	–	992,72	1 116,81	II	12 409	–	864,40	972,45	–	741,84	834,57	–	625,28	703,44	–	514,48	578,79	–	409,60	460,80	–	310,64	349,47
	III	8 102	–	648,16	729,18	III	8 102	–	552,80	621,90	–	460,32	517,86	–	370,72	417,06	–	284,16	319,68	–	200,48	225,54	–	120,80	135,90
	V	18 747	213,12	1 499,76	1 687,23	IV	13 164	–	986,88	1 110,24	–	922,08	1 037,34	–	858,72	966,06	–	796,88	896,49	–	736,48	828,54	–	677,60	762,30
	VI	19 182	264,89	1 534,56	1 726,38																				
64 403,99	I,IV	13 177	–	1 054,16	1 185,93	I	13 177	–	923,04	1 038,42	–	797,84	897,57	–	678,48	763,29	–	565,04	635,67	–	457,44	514,62	–	355,76	400,23
	II	12 422	–	993,76	1 117,98	II	12 422	–	865,36	973,53	–	742,80	835,65	–	626,16	704,43	–	515,36	579,78	–	410,40	461,70	–	311,36	350,28
	III	8 112	–	648,96	730,08	III	8 112	–	553,44	622,62	–	460,96	518,58	–	371,36	417,78	–	284,80	320,40	–	201,12	226,26	–	121,28	136,44
	V	18 761	214,79	1 500,88	1 688,49	IV	13 177	–	987,84	1 111,32	–	923,04	1 038,42	–	859,68	967,14	–	797,84	897,57	–	737,44	829,62	–	678,48	763,29
	VI	19 196	266,56	1 535,68	1 727,64																				
64 439,99	I,IV	13 190	–	1 055,20	1 187,10	I	13 190	–	924,08	1 039,59	–	798,80	898,65	–	679,44	764,37	–	565,92	636,66	–	458,24	515,52	–	356,48	401,04
	II	12 435	–	994,80	1 119,15	II	12 435	–	866,32	974,61	–	743,76	836,73	–	627,04	705,42	–	516,24	580,77	–	411,20	462,60	–	312,16	351,18
	III	8 120	–	649,60	730,80	III	8 120	–	554,24	623,52	–	461,76	519,48	–	372,16	418,68	–	285,60	321,30	–	201,76	226,98	–	121,92	137,16
	V	18 774	216,34	1 501,92	1 689,66	IV	13 190	–	988,88	1 112,49	–	924,08	1 039,59	–	860,72	968,31	–	798,80	898,65	–	738,40	830,70	–	679,44	764,37
	VI	19 209	268,10	1 536,72	1 728,81																				
64 475,99	I,IV	13 204	–	1 056,32	1 188,36	I	13 204	–	925,12	1 040,76	–	799,76	899,73	–	680,32	765,36	–	566,80	637,65	–	459,12	516,51	–	357,28	401,94
	II	12 449	–	995,92	1 120,41	II	12 449	–	867,36	975,78	–	744,72	837,81	–	628,–	706,50	–	517,04	581,67	–	412,08	463,59	–	312,96	352,08
	III	8 130	–	650,40	731,70	III	8 130	–	555,04	624,42	–	462,40	520,20	–	372,80	419,40	–	286,24	322,02	–	202,56	227,88	–	122,56	137,88
	V	18 789	218,12	1 503,12	1 691,01	IV	13 204	–	990,–	1 113,75	–	925,12	1 040,76	–	861,68	969,39	–	799,76	899,73	–	739,36	831,78	–	680,32	765,36
	VI	19 224	269,89	1 537,92	1 730,16																				
64 511,99	I,IV	13 217	–	1 057,36	1 189,53	I	13 217	–	926,08	1 041,84	–	800,72	900,81	–	681,28	766,44	–	567,68	638,64	–	459,92	517,41	–	358,08	402,84
	II	12 462	–	996,96	1 121,58	II	12 462	–	868,32	976,86	–	745,68	838,89	–	628,88	707,49	–	517,92	582,66	–	412,88	464,49	–	313,68	352,89
	III	8 140	–	651,20	732,60	III	8 140	–	555,68	625,14	–	463,20	521,10	–	373,60	420,30	–	286,88	322,74	–	203,20	228,60	–	123,04	138,42
	V	18 803	219,79	1 504,24	1 692,27	IV	13 217	–	991,04	1 114,92	–	926,08	1 041,84	–	862,72	970,56	–	800,72	900,81	–	740,24	832,77	–	681,28	766,44
	VI	19 238	271,55	1 539,04	1 731,42																				

* Die ausgewiesenen Tabellenwerte sind amtlich. Siehe Erläuterungen auf der Umschlaginnenseite (U2).

JAHR 64 512,–*

Lohn/ Gehalt bis €*		Abzüge an Lohnsteuer, Solidaritätszuschlag (SolZ) und Kirchensteuer (8%, 9%) in den Steuerklassen I – VI LSt	ohne Kinderfreibeträge SolZ	8%	9%	I, II, III, IV	LSt	mit Zahl der Kinderfreibeträge . . . 0,5 SolZ	8%	9%	1 SolZ	8%	9%	1,5 SolZ	8%	9%	2 SolZ	8%	9%	2,5 SolZ	8%	9%	3 SolZ	8%	9%
64 547,99	I,IV	13 230	–	1 058,40	1 190,70	I	13 230	–	927,12	1 043,01	–	801,68	901,89	–	682,16	767,43	–	568,56	639,63	–	460,72	518,31	–	358,88	403,74
	II	12 474	–	997,92	1 122,66	II	12 474	–	869,36	978,03	–	746,64	839,97	–	629,76	708,48	–	518,80	583,65	–	413,68	465,39	–	314,48	353,79
	III	8 150	–	652,–	733,50	III	8 150	–	556,48	626,04	–	463,84	521,82	–	374,24	421,02	–	287,52	323,46	–	203,84	229,32	–	123,68	139,14
	V	18 816	221,34	1 505,28	1 693,44	IV	13 230	–	992,–	1 116,–	–	927,12	1 043,01	–	863,68	971,64	–	801,68	901,89	–	741,20	833,85	–	682,16	767,43
	VI	19 251	273,10	1 540,08	1 732,59																				
64 583,99	I,IV	13 243	–	1 059,44	1 191,87	I	13 243	–	928,16	1 044,18	–	802,72	903,06	–	683,12	768,51	–	569,44	640,62	–	461,60	519,30	–	359,68	404,64
	II	12 487	–	998,96	1 123,83	II	12 487	–	870,32	979,11	–	747,52	840,96	–	630,64	709,47	–	519,60	584,55	–	414,48	466,29	–	315,20	354,60
	III	8 160	–	652,80	734,40	III	8 160	–	557,12	626,76	–	464,64	522,72	–	374,88	421,74	–	288,16	324,18	–	204,48	230,04	–	124,32	139,86
	V	18 830	223,–	1 506,40	1 694,70	IV	13 243	–	993,04	1 117,17	–	928,16	1 044,18	–	864,64	972,72	–	802,72	903,06	–	742,16	834,93	–	683,12	768,51
	VI	19 265	274,77	1 541,20	1 733,85																				
64 619,99	I,IV	13 257	–	1 060,56	1 193,13	I	13 257	–	929,12	1 045,26	–	803,68	904,14	–	684,–	769,50	–	570,24	641,52	–	462,40	520,20	–	360,40	405,45
	II	12 500	–	1 000,–	1 125,–	II	12 500	–	871,36	980,28	–	748,48	842,04	–	631,52	710,46	–	520,48	585,54	–	415,28	467,19	–	316,–	355,50
	III	8 168	–	653,44	735,12	III	8 168	–	557,92	627,66	–	465,28	523,44	–	375,68	422,64	–	288,96	325,08	–	205,12	230,76	–	124,96	140,58
	V	18 844	224,67	1 507,52	1 695,96	IV	13 257	–	994,08	1 118,34	–	929,12	1 045,26	–	865,68	973,89	–	803,68	904,14	–	743,12	836,01	–	684,–	769,50
	VI	19 279	276,43	1 542,32	1 735,11																				
64 655,99	I,IV	13 270	–	1 061,60	1 194,30	I	13 270	–	930,16	1 046,43	–	804,64	905,22	–	684,96	770,58	–	571,20	642,60	–	463,28	521,19	–	361,20	406,35
	II	12 514	–	1 001,12	1 126,26	II	12 514	–	872,32	981,36	–	749,44	843,12	–	632,48	711,54	–	521,36	586,53	–	416,08	468,09	–	316,72	356,31
	III	8 178	–	654,24	736,02	III	8 178	–	558,72	628,56	–	466,08	524,34	–	376,32	423,36	–	289,60	325,80	–	205,76	231,48	–	125,44	141,12
	V	18 858	226,33	1 508,64	1 697,22	IV	13 270	–	995,20	1 119,60	–	930,16	1 046,43	–	866,64	974,97	–	804,64	905,22	–	744,08	837,09	–	684,96	770,58
	VI	19 293	278,10	1 543,44	1 736,37																				
64 691,99	I,IV	13 283	–	1 062,64	1 195,47	I	13 283	–	931,20	1 047,60	–	805,60	906,30	–	685,92	771,66	–	572,08	643,59	–	464,08	522,09	–	362,–	407,25
	II	12 527	–	1 002,16	1 127,43	II	12 527	–	873,36	982,53	–	750,40	844,20	–	633,36	712,53	–	522,24	587,52	–	416,88	468,99	–	317,52	357,21
	III	8 188	–	655,04	736,92	III	8 188	–	559,36	629,28	–	466,72	525,06	–	376,96	424,08	–	290,24	326,52	–	206,40	232,20	–	126,08	141,84
	V	18 872	228,–	1 509,76	1 698,48	IV	13 283	–	996,24	1 120,77	–	931,20	1 047,60	–	867,68	976,14	–	805,60	906,30	–	745,04	838,17	–	685,92	771,66
	VI	19 307	279,76	1 544,56	1 737,63																				
64 727,99	I,IV	13 297	–	1 063,76	1 196,73	I	13 297	–	932,24	1 048,77	–	806,56	907,38	–	686,80	772,65	–	572,96	644,58	–	464,88	522,99	–	362,80	408,15
	II	12 540	–	1 003,20	1 128,60	II	12 540	–	874,32	983,61	–	751,36	845,28	–	634,24	713,52	–	523,04	588,42	–	417,76	469,98	–	318,24	358,02
	III	8 198	–	655,84	737,82	III	8 198	–	560,16	630,18	–	467,52	525,96	–	377,76	424,98	–	290,88	327,24	–	207,04	232,92	–	126,72	142,56
	V	18 886	229,67	1 510,88	1 699,74	IV	13 297	–	997,20	1 121,85	–	932,24	1 048,77	–	868,64	977,22	–	806,56	907,38	–	745,92	839,16	–	686,80	772,65
	VI	19 321	281,43	1 545,68	1 738,89																				
64 763,99	I,IV	13 310	–	1 064,80	1 197,90	I	13 310	–	933,20	1 049,85	–	807,52	908,46	–	687,76	773,73	–	573,76	645,48	–	465,76	523,98	–	363,60	409,05
	II	12 553	–	1 004,24	1 129,77	II	12 553	–	875,28	984,69	–	752,32	846,36	–	635,20	714,60	–	523,92	589,41	–	418,56	470,88	–	319,04	358,92
	III	8 208	–	656,64	738,72	III	8 208	–	560,96	631,08	–	468,16	526,68	–	378,40	425,70	–	291,52	327,96	–	207,68	233,64	–	127,20	143,10
	V	18 900	231,33	1 512,–	1 701,–	IV	13 310	–	998,24	1 123,02	–	933,20	1 049,85	–	869,68	978,39	–	807,52	908,46	–	746,88	840,24	–	687,76	773,73
	VI	19 335	283,10	1 546,80	1 740,15																				
64 799,99	I,IV	13 323	–	1 065,84	1 199,07	I	13 323	–	934,24	1 051,02	–	808,48	909,54	–	688,64	774,72	–	574,64	646,47	–	466,56	524,88	–	364,32	409,86
	II	12 566	–	1 005,28	1 130,94	II	12 566	–	876,32	985,86	–	753,28	847,44	–	636,08	715,59	–	524,80	590,40	–	419,36	471,78	–	319,76	359,73
	III	8 216	–	657,28	739,44	III	8 216	–	561,60	631,80	–	468,96	527,58	–	379,20	426,60	–	292,32	328,86	–	208,32	234,36	–	127,84	143,82
	V	18 914	233,–	1 513,12	1 702,26	IV	13 323	–	999,28	1 124,19	–	934,24	1 051,02	–	870,64	979,47	–	808,48	909,54	–	747,84	841,32	–	688,64	774,72
	VI	19 349	284,76	1 547,92	1 741,41																				
64 835,99	I,IV	13 336	–	1 066,88	1 200,24	I	13 336	–	935,28	1 052,19	–	809,44	910,62	–	689,60	775,80	–	575,52	647,46	–	467,36	525,78	–	365,12	410,76
	II	12 579	–	1 006,32	1 132,11	II	12 579	–	877,28	986,94	–	754,16	848,43	–	636,96	716,58	–	525,60	591,30	–	420,16	472,68	–	320,56	360,63
	III	8 226	–	658,08	740,34	III	8 226	–	562,40	632,70	–	469,60	528,30	–	379,84	427,32	–	292,96	329,58	–	208,96	235,08	–	128,48	144,54
	V	18 928	234,66	1 514,24	1 703,52	IV	13 336	–	1 000,32	1 125,36	–	935,28	1 052,19	–	871,60	980,55	–	809,44	910,62	–	748,80	842,40	–	689,60	775,80
	VI	19 363	286,43	1 549,04	1 742,67																				
64 871,99	I,IV	13 350	–	1 068,–	1 201,50	I	13 350	–	936,32	1 053,36	–	810,48	911,79	–	690,48	776,79	–	576,48	648,54	–	468,24	526,77	–	365,92	411,66
	II	12 592	–	1 007,36	1 133,28	II	12 592	–	878,32	988,11	–	755,20	849,60	–	637,92	717,66	–	526,48	592,29	–	420,96	473,58	–	321,36	361,53
	III	8 236	–	658,88	741,24	III	8 236	–	563,20	633,60	–	470,40	529,20	–	380,48	428,04	–	293,60	330,30	–	209,60	235,80	–	129,12	145,26
	V	18 942	236,33	1 515,36	1 704,78	IV	13 350	–	1 001,44	1 126,62	–	936,32	1 053,36	–	872,64	981,72	–	810,48	911,79	–	749,76	843,48	–	690,48	776,79
	VI	19 377	288,09	1 550,16	1 743,93																				
64 907,99	I,IV	13 363	–	1 069,04	1 202,67	I	13 363	–	937,28	1 054,44	–	811,44	912,87	–	691,44	777,87	–	577,28	649,44	–	469,04	527,67	–	366,72	412,56
	II	12 605	–	1 008,40	1 134,45	II	12 605	–	879,28	989,19	–	756,08	850,59	–	638,80	718,65	–	527,36	593,28	–	421,76	474,48	–	322,08	362,34
	III	8 246	–	659,68	742,14	III	8 246	–	564,–	634,50	–	471,04	529,92	–	381,28	428,94	–	294,24	331,02	–	210,24	236,52	–	129,76	145,98
	V	18 956	238,–	1 516,48	1 706,04	IV	13 363	–	1 002,48	1 127,79	–	937,28	1 054,44	–	873,60	982,80	–	811,44	912,87	–	750,72	844,56	–	691,44	777,87
	VI	19 391	289,76	1 551,28	1 745,19																				
64 943,99	I,IV	13 376	–	1 070,08	1 203,84	I	13 376	–	938,32	1 055,61	–	812,40	913,95	–	692,32	778,86	–	578,16	650,43	–	469,92	528,66	–	367,52	413,46
	II	12 618	–	1 009,44	1 135,62	II	12 618	–	880,32	990,36	–	757,04	851,67	–	639,68	719,64	–	528,16	594,18	–	422,56	475,38	–	322,88	363,24
	III	8 256	–	660,48	743,04	III	8 256	–	564,64	635,22	–	471,84	530,82	–	381,92	429,66	–	295,04	331,92	–	210,88	237,24	–	130,24	146,52
	V	18 970	239,66	1 517,60	1 707,30	IV	13 376	–	1 003,52	1 128,96	–	938,32	1 055,61	–	874,64	983,97	–	812,40	913,95	–	751,68	845,64	–	692,32	778,86
	VI	19 405	291,43	1 552,40	1 746,45																				
64 979,99	I,IV	13 390	–	1 071,20	1 205,10	I	13 390	–	939,36	1 056,78	–	813,36	915,03	–	693,28	779,94	–	579,04	651,42	–	470,72	529,56	–	368,24	414,27
	II	12 631	–	1 010,48	1 136,79	II	12 631	–	881,28	991,44	–	758,–	852,75	–	640,56	720,63	–	529,04	595,17	–	423,36	476,28	–	323,60	364,05
	III	8 266	–	661,28	743,94	III	8 266	–	565,44	636,12	–	472,48	531,54	–	382,56	430,38	–	295,68	332,64	–	211,68	238,14	–	130,88	147,24
	V	18 984	241,33	1 518,72	1 708,56	IV	13 390	–	1 004,56	1 130,13	–	939,36	1 056,78	–	875,60	985,05	–	813,36	915,03	–	752,56	846,63	–	693,28	779,94
	VI	19 419	293,09	1 553,52	1 747,71																				
65 015,99	I,IV	13 403	–	1 072,24	1 206,27	I	13 403	–	940,32	1 057,86	–	814,32	916,11	–	694,24	781,02	–	579,92	652,41	–	471,60	530,55	–	369,04	415,17
	II	12 644	–	1 011,52	1 137,96	II	12 644	–	882,32	992,61	–	758,96	853,83	–	641,52	721,71	–	529,92	596,16	–	424,24	477,27	–	324,40	364,95
	III	8 274	–	661,92	744,66	III	8 274	–	566,08	636,84	–	473,28	532,44	–	383,36	431,28	–	296,32	333,36	–	212,32	238,86	–	131,52	147,96
	V	18 997	242,87	1 519,76	1 709,73	IV	13 403	–	1 005,52	1 131,21	–	940,32	1 057,86	–	876,64	986,22	–	814,32	916,11	–	753,52	847,71	–	694,24	781,02
	VI	19 433	294,76	1 554,64	1 748,97																				
65 051,99	I,IV	13 417	–	1 073,36	1 207,53	I	13 417	–	941,36	1 059,03	–	815,36	917,28	–	695,12	782,01	–	580,88	653,49	–	472,40	531,45	–	369,84	416,07
	II	12 657	–	1 012,56	1 139,13	II	12 657	–	883,28	993,69	–	759,92	854,91	–	642,40	722,70	–	530,80	597,15	–	425,04	478,17	–	325,20	365,85
	III	8 284	–	662,72	745,56	III	8 284	–	566,88	637,74	–	473,92	533,16	–	384,–	432,–	–	296,96	334,08	–	212,96	239,58	–	132,16	148,68
	V	19 012	244,66	1 520,96	1 711,08	IV	13 417	–	1 006,64	1 132,47	–	941,36	1 059,03	–	877,60	987,30	–	815,36	917,28	–	754,48	848,79	–	695,12	782,01
	VI	19 447	296,42	1 555,76	1 750,23																				
65 087,99	I,IV	13 430	–	1 074,40	1 208,70	I	13 430	–	942,40	1 060,20	–	816,32	918,36	–	696,08	783,09	–	581,76	654,48	–	473,28	532,44	–	370,64	416,97
	II	12 670	–	1 013,60	1 140,30	II	12 670	–	884,32	994,86	–	760,88	855,99	–	643,36	723,78	–	531,68	598,14	–	425,84	479,07	–	325,92	366,66
	III	8 294	–	663,52	746,46	III	8 294	–	567,68	638,64	–	474,72	534,06	–	384,80	432,90	–	297,76	334,98	–	213,60	240,30	–	132,80	149,40
	V	19 026	246,33	1 522,08	1 712,34	IV	13 430	–	1 007,68	1 133,64	–	942,40	1 060,20	–	878,64	988,47	–	816,32	918,36	–	755,44	849,87	–	696,08	783,09
	VI	19 461	298,09	1 556,88	1 751,49																				

* Die ausgewiesenen Tabellenwerte sind amtlich. Siehe Erläuterungen auf der Umschlaginnenseite (U2).

Abzüge an Lohnsteuer, Solidaritätszuschlag (SolZ) und Kirchensteuer (8%, 9%) in den Steuerklassen

Lohn/ Gehalt bis €*	I – VI		ohne Kinder-freibeträge			I, II, III, IV		mit Zahl der Kinderfreibeträge . . . 0,5			1			1,5			2			2,5			3		
		LSt	SolZ	8%	9%		LSt	SolZ	8%	9%	SolZ	8%	9%	SolZ	8%	9%	SolZ	8%	9%	SolZ	8%	9%	SolZ	8%	9%
	I,IV	13 443	–	1 075,44	1 209,87	I	13 443	–	943,44	1 061,37	–	817,28	919,44	–	696,96	784,08	–	582,56	655,38	–	474,08	533,34	–	371,44	417,87
	II	12 683	–	1 014,64	1 141,47	II	12 683	–	885,28	995,94	–	761,84	857,07	–	644,24	724,77	–	532,48	599,04	–	426,64	479,97	–	326,72	367,56
65 123,99	III	8 304	–	664,32	747,36	III	8 304	–	568,32	639,36	–	475,36	534,78	–	385,44	433,62	–	298,40	335,70	–	214,24	241,02	–	133,28	149,94
	V	19 039	247,87	1 523,12	1 713,51	IV	13 443	–	1 008,72	1 134,81	–	943,44	1 061,37	–	879,60	989,55	–	817,28	919,44	–	756,40	850,95	–	696,96	784,08
	VI	19 475	299,76	1 558,–	1 752,75																				
	I,IV	13 456	–	1 076,48	1 211,04	I	13 456	–	944,40	1 062,45	–	818,24	920,52	–	697,92	785,16	–	583,44	656,37	–	474,88	534,24	–	372,24	418,77
	II	12 696	–	1 015,68	1 142,64	II	12 696	–	886,32	997,11	–	762,80	858,15	–	645,12	725,76	–	533,36	600,03	–	427,44	480,87	–	327,44	368,37
65 159,99	III	8 314	–	665,12	748,26	III	8 314	–	569,12	640,26	–	476,16	535,68	–	386,08	434,34	–	299,04	336,42	–	214,88	241,74	–	133,92	150,66
	V	19 053	249,54	1 524,24	1 714,77	IV	13 456	–	1 009,76	1 135,98	–	944,40	1 062,45	–	880,64	990,72	–	818,24	920,52	–	757,36	852,03	–	697,92	785,16
	VI	19 488	301,30	1 559,04	1 753,92																				
	I,IV	13 470	–	1 077,60	1 212,30	I	13 470	–	945,44	1 063,62	–	819,20	921,60	–	698,88	786,24	–	584,32	657,36	–	475,76	535,23	–	373,04	419,67
	II	12 709	–	1 016,72	1 143,81	II	12 709	–	887,28	998,19	–	763,76	859,23	–	646,–	726,75	–	534,24	601,02	–	428,24	481,77	–	328,24	369,27
65 195,99	III	8 322	–	665,76	748,98	III	8 322	–	569,92	641,16	–	476,80	536,40	–	386,88	435,24	–	299,68	337,14	–	215,52	242,46	–	134,56	151,38
	V	19 067	251,20	1 525,36	1 716,03	IV	13 470	–	1 010,80	1 137,15	–	945,44	1 063,62	–	881,60	991,80	–	819,20	921,60	–	758,32	853,11	–	698,88	786,24
	VI	19 502	302,97	1 560,16	1 755,18																				
	I,IV	13 483	–	1 078,64	1 213,47	I	13 483	–	946,48	1 064,79	–	820,24	922,77	–	699,76	787,23	–	585,28	658,44	–	476,56	536,13	–	373,84	420,57
	II	12 723	–	1 017,84	1 145,07	II	12 723	–	888,32	999,36	–	764,72	860,31	–	646,96	727,83	–	535,12	602,01	–	429,12	482,76	–	329,04	370,17
65 231,99	III	8 332	–	666,56	749,88	III	8 332	–	570,56	641,88	–	477,60	537,30	–	387,52	435,96	–	300,32	337,86	–	216,16	243,18	–	135,20	152,10
	V	19 081	252,87	1 526,48	1 717,29	IV	13 483	–	1 011,84	1 138,32	–	946,48	1 064,79	–	882,64	992,97	–	820,24	922,77	–	759,28	854,19	–	699,76	787,23
	VI	19 517	304,75	1 561,36	1 756,53																				
	I,IV	13 497	–	1 079,76	1 214,73	I	13 497	–	947,52	1 065,96	–	821,20	923,85	–	700,72	788,31	–	586,16	659,43	–	477,44	537,12	–	374,64	421,47
	II	12 736	–	1 018,88	1 146,24	II	12 736	–	889,28	1 000,44	–	765,68	861,39	–	647,84	728,82	–	535,92	602,91	–	429,92	483,66	–	329,76	370,98
65 267,99	III	8 342	–	667,36	750,78	III	8 342	–	571,36	642,78	–	478,40	538,20	–	388,32	436,86	–	301,12	338,76	–	216,80	243,90	–	135,84	152,82
	V	19 095	254,54	1 527,60	1 718,55	IV	13 497	–	1 012,88	1 139,49	–	947,52	1 065,96	–	883,60	994,05	–	821,20	923,85	–	760,24	855,27	–	700,72	788,31
	VI	19 530	306,30	1 562,40	1 757,70																				
	I,IV	13 510	–	1 080,80	1 215,90	I	13 510	–	948,56	1 067,13	–	822,16	924,93	–	701,68	789,39	–	587,04	660,42	–	478,24	538,02	–	375,36	422,28
	II	12 749	–	1 019,92	1 147,41	II	12 749	–	890,32	1 001,61	–	766,64	862,47	–	648,80	729,90	–	536,80	603,90	–	430,72	484,56	–	330,56	371,88
65 303,99	III	8 352	–	668,16	751,68	III	8 352	–	572,16	643,68	–	479,04	538,92	–	388,96	437,58	–	301,76	339,48	–	217,44	244,62	–	136,32	153,36
	V	19 109	256,20	1 528,72	1 719,81	IV	13 510	–	1 013,92	1 140,66	–	948,56	1 067,13	–	884,64	995,22	–	822,16	924,93	–	761,20	856,35	–	701,68	789,39
	VI	19 544	307,97	1 563,52	1 758,96																				
	I,IV	13 523	–	1 081,84	1 217,07	I	13 523	–	949,52	1 068,21	–	823,12	926,01	–	702,56	790,38	–	587,92	661,41	–	479,12	539,01	–	376,16	423,18
	II	12 762	–	1 020,96	1 148,58	II	12 762	–	891,28	1 002,69	–	767,52	863,46	–	649,68	730,89	–	537,68	604,89	–	431,52	485,46	–	331,28	372,69
65 339,99	III	8 362	–	668,96	752,58	III	8 362	–	572,96	644,58	–	479,84	539,82	–	389,60	438,30	–	302,40	340,20	–	218,08	245,34	–	136,96	154,08
	V	19 123	257,87	1 529,84	1 721,07	IV	13 523	–	1 014,96	1 141,83	–	949,52	1 068,21	–	885,60	996,30	–	823,12	926,01	–	762,08	857,34	–	702,56	790,38
	VI	19 558	309,63	1 564,64	1 760,22																				
	I,IV	13 537	–	1 082,96	1 218,33	I	13 537	–	950,56	1 069,38	–	824,08	927,09	–	703,52	791,46	–	588,80	662,40	–	479,92	539,91	–	376,96	424,08
	II	12 775	–	1 022,–	1 149,75	II	12 775	–	892,32	1 003,86	–	768,48	864,54	–	650,56	731,88	–	538,56	605,88	–	432,32	486,36	–	332,08	373,59
65 375,99	III	8 370	–	669,60	753,30	III	8 370	–	573,60	645,30	–	480,48	540,54	–	390,40	439,20	–	303,04	340,92	–	218,72	246,06	–	137,60	154,80
	V	19 137	259,53	1 530,96	1 722,33	IV	13 537	–	1 016,–	1 143,–	–	950,56	1 069,38	–	886,56	997,38	–	824,08	927,09	–	763,04	858,42	–	703,52	791,46
	VI	19 572	311,30	1 565,76	1 761,48																				
	I,IV	13 550	–	1 084,–	1 219,50	I	13 550	–	951,60	1 070,55	–	825,04	928,17	–	704,40	792,45	–	589,68	663,39	–	480,80	540,90	–	377,76	424,98
	II	12 788	–	1 023,04	1 150,92	II	12 788	–	893,28	1 004,94	–	769,44	865,62	–	651,52	732,96	–	539,36	606,78	–	433,20	487,35	–	332,80	374,40
65 411,99	III	8 380	–	670,40	754,20	III	8 380	–	574,40	646,20	–	481,28	541,44	–	391,04	439,92	–	303,84	341,82	–	219,52	246,96	–	138,24	155,52
	V	19 151	261,20	1 532,08	1 723,59	IV	13 550	–	1 017,04	1 144,17	–	951,60	1 070,55	–	887,60	998,55	–	825,04	928,17	–	764,–	859,50	–	704,40	792,45
	VI	19 586	312,97	1 566,88	1 762,74																				
	I,IV	13 564	–	1 085,12	1 220,76	I	13 564	–	952,64	1 071,72	–	826,08	929,34	–	705,36	793,53	–	590,56	664,38	–	481,60	541,80	–	378,56	425,88
	II	12 801	–	1 024,08	1 152,09	II	12 801	–	894,32	1 006,11	–	770,40	866,70	–	652,40	733,95	–	540,24	607,77	–	434,–	488,25	–	333,60	375,30
65 447,99	III	8 390	–	671,20	755,10	III	8 390	–	575,20	647,10	–	481,92	542,16	–	391,68	440,64	–	304,48	342,54	–	220,16	247,68	–	138,88	156,24
	V	19 165	262,87	1 533,20	1 724,85	IV	13 564	–	1 018,16	1 145,43	–	952,64	1 071,72	–	888,64	999,72	–	826,08	929,34	–	764,96	860,58	–	705,36	793,53
	VI	19 600	314,63	1 568,–	1 764,–																				
	I,IV	13 577	–	1 086,16	1 221,93	I	13 577	–	953,68	1 072,89	–	827,04	930,42	–	706,32	794,61	–	591,44	665,37	–	482,48	542,79	–	379,36	426,78
	II	12 814	–	1 025,12	1 153,26	II	12 814	–	895,36	1 007,28	–	771,36	867,78	–	653,28	734,94	–	541,12	608,76	–	434,80	489,15	–	334,40	376,20
65 483,99	III	8 400	–	672,–	756,–	III	8 400	–	575,84	647,82	–	482,72	543,06	–	392,48	441,54	–	305,12	343,26	–	220,80	248,40	–	139,52	156,96
	V	19 179	264,53	1 534,32	1 726,11	IV	13 577	–	1 019,20	1 146,60	–	953,68	1 072,89	–	889,60	1 000,80	–	827,04	930,42	–	765,92	861,66	–	706,32	794,61
	VI	19 614	316,30	1 569,12	1 765,26																				
	I,IV	13 590	–	1 087,20	1 223,10	I	13 590	–	954,72	1 074,06	–	828,–	931,50	–	707,20	795,60	–	592,32	666,36	–	483,28	543,69	–	380,16	427,68
	II	12 827	–	1 026,16	1 154,43	II	12 827	–	896,32	1 008,36	–	772,32	868,86	–	654,24	736,02	–	542,–	609,75	–	435,60	490,05	–	335,12	377,01
65 519,99	III	8 410	–	672,80	756,90	III	8 410	–	576,64	648,72	–	483,36	543,78	–	393,12	442,26	–	305,76	343,98	–	221,44	249,12	–	140,16	157,68
	V	19 193	266,20	1 535,44	1 727,37	IV	13 590	–	1 020,24	1 147,77	–	954,72	1 074,06	–	890,64	1 001,97	–	828,–	931,50	–	766,88	862,74	–	707,20	795,60
	VI	19 628	317,96	1 570,24	1 766,52																				
	I,IV	13 604	–	1 088,32	1 224,36	I	13 604	–	955,68	1 075,14	–	828,96	932,58	–	708,16	796,68	–	593,20	667,35	–	484,16	544,68	–	380,96	428,58
	II	12 841	–	1 027,28	1 155,69	II	12 841	–	897,36	1 009,53	–	773,28	869,94	–	655,12	737,01	–	542,88	610,74	–	436,48	491,04	–	335,92	377,91
65 555,99	III	8 420	–	673,60	757,80	III	8 420	–	577,28	649,44	–	484,16	544,68	–	393,76	442,98	–	306,56	344,88	–	222,08	249,84	–	140,64	158,22
	V	19 207	267,86	1 536,56	1 728,63	IV	13 604	–	1 021,28	1 148,94	–	955,68	1 075,14	–	891,60	1 003,05	–	828,96	932,58	–	767,84	863,82	–	708,16	796,68
	VI	19 642	319,63	1 571,36	1 767,78																				
	I,IV	13 617	–	1 089,36	1 225,53	I	13 617	–	956,72	1 076,31	–	830,–	933,75	–	709,12	797,76	–	594,08	668,34	–	484,96	545,58	–	381,68	429,39
	II	12 854	–	1 028,32	1 156,86	II	12 854	–	898,32	1 010,61	–	774,24	871,02	–	656,–	738,–	–	543,68	611,64	–	437,28	491,94	–	336,72	378,81
65 591,99	III	8 428	–	674,24	758,52	III	8 428	–	578,08	650,34	–	484,80	545,40	–	394,56	443,88	–	307,20	345,60	–	222,72	250,56	–	141,28	158,94
	V	19 220	269,41	1 537,60	1 729,80	IV	13 617	–	1 022,32	1 150,11	–	956,72	1 076,31	–	892,64	1 004,22	–	830,–	933,75	–	768,80	864,90	–	709,12	797,76
	VI	19 656	321,30	1 572,48	1 769,04																				
	I,IV	13 631	–	1 090,48	1 226,79	I	13 631	–	957,76	1 077,48	–	830,96	934,83	–	710,08	798,84	–	594,96	669,33	–	485,84	546,57	–	382,56	430,38
	II	12 867	–	1 029,36	1 158,03	II	12 867	–	899,36	1 011,78	–	775,20	872,10	–	656,96	739,08	–	544,56	612,63	–	438,08	492,84	–	337,52	379,71
65 627,99	III	8 438	–	675,04	759,42	III	8 438	–	578,88	651,24	–	485,60	546,30	–	395,20	444,60	–	307,84	346,32	–	223,36	251,28	–	141,92	159,66
	V	19 235	271,20	1 538,80	1 731,15	IV	13 631	–	1 023,36	1 151,28	–	957,76	1 077,48	–	893,60	1 005,30	–	830,96	934,83	–	769,76	865,98	–	710,08	798,84
	VI	19 670	322,96	1 573,60	1 770,30																				
	I,IV	13 644	–	1 091,52	1 227,96	I	13 644	–	958,80	1 078,65	–	831,92	935,91	–	710,96	799,83	–	595,84	670,32	–	486,64	547,47	–	383,28	431,19
	II	12 880	–	1 030,40	1 159,20	II	12 880	–	900,32	1 012,86	–	776,16	873,18	–	657,92	740,16	–	545,44	613,62	–	438,88	493,74	–	338,24	380,52
65 663,99	III	8 448	–	675,84	760,32	III	8 448	–	579,68	652,14	–	486,24	547,02	–	396,–	445,50	–	308,48	347,04	–	224,–	252,–	–	142,56	160,38
	V	19 249	272,86	1 539,92	1 732,41	IV	13 644	–	1 024,40	1 152,45	–	958,80	1 078,65	–	894,64	1 006,47	–	831,92	935,91	–	770,72	867,06	–	710,96	799,83
	VI	19 684	324,63	1 574,72	1 771,56																				

* Die ausgewiesenen Tabellenwerte sind amtlich. Siehe Erläuterungen auf der Umschlaginnenseite (U2).

JAHR 65 664,–*

Lohn/ Gehalt bis €*		Abzüge an Lohnsteuer, Solidaritätszuschlag (SolZ) und Kirchensteuer (8%, 9%) in den Steuerklassen I – VI				I, II, III, IV		mit Zahl der Kinderfreibeträge . . . 0,5			1			1,5			2			2,5			3		
		LSt	ohne Kinderfreibeträge SolZ	8%	9%		LSt	SolZ	8%	9%	SolZ	8%	9%	SolZ	8%	9%	SolZ	8%	9%	SolZ	8%	9%	SolZ	8%	9%
65 699,99	I,IV	13 657	–	1 092,56	1 229,13	I	13 657	–	959,84	1 079,82	–	832,88	936,99	–	711,92	800,91	–	596,72	671,31	–	487,52	548,46	–	384,08	432,09
	II	12 893	–	1 031,44	1 160,37	II	12 893	–	901,36	1 014,03	–	777,12	874,26	–	658,80	741,15	–	546,32	614,61	–	439,76	494,73	–	339,04	381,42
	III	8 458	–	676,64	761,22	III	8 458	–	580,32	652,86	–	487,04	547,92	–	396,64	446,22	–	309,28	347,94	–	224,80	252,90	–	143,20	161,10
	V	19 262	274,41	1 540,96	1 733,58	IV	13 657	–	1 025,44	1 153,62	–	959,84	1 079,82	–	895,60	1 007,55	–	832,88	936,99	–	771,68	868,14	–	711,92	800,91
	VI	19 698	326,29	1 575,84	1 772,82																				
65 735,99	I,IV	13 671	–	1 093,68	1 230,39	I	13 671	–	960,80	1 080,90	–	833,92	938,16	–	712,80	801,90	–	597,68	672,39	–	488,32	549,36	–	384,88	432,99
	II	12 906	–	1 032,48	1 161,54	II	12 906	–	902,32	1 015,11	–	778,08	875,34	–	659,68	742,14	–	547,20	615,60	–	440,56	495,63	–	339,76	382,23
	III	8 468	–	677,44	762,12	III	8 468	–	581,12	653,76	–	487,68	548,64	–	397,28	446,94	–	309,92	348,66	–	225,28	253,44	–	143,84	161,82
	V	19 276	276,08	1 542,08	1 734,84	IV	13 671	–	1 026,48	1 154,79	–	960,80	1 080,90	–	896,64	1 008,72	–	833,92	938,16	–	772,64	869,22	–	712,80	801,90
	VI	19 711	327,84	1 576,88	1 773,99																				
65 771,99	I,IV	13 684	–	1 094,72	1 231,56	I	13 684	–	961,84	1 082,07	–	834,88	939,24	–	713,76	802,98	–	598,56	673,38	–	489,20	550,35	–	385,68	433,89
	II	12 919	–	1 033,52	1 162,71	II	12 919	–	903,36	1 016,28	–	779,04	876,42	–	660,64	743,22	–	548,08	616,59	–	441,36	496,53	–	340,56	383,13
	III	8 478	–	678,24	763,02	III	8 478	–	581,92	654,66	–	488,48	549,54	–	398,08	447,84	–	310,56	349,38	–	226,08	254,34	–	144,48	162,54
	V	19 290	277,74	1 543,20	1 736,10	IV	13 684	–	1 027,52	1 155,96	–	961,84	1 082,07	–	897,60	1 009,80	–	834,88	939,24	–	773,60	870,30	–	713,76	802,98
	VI	19 725	329,51	1 578,–	1 775,25																				
65 807,99	I,IV	13 698	–	1 095,84	1 232,82	I	13 698	–	962,88	1 083,24	–	835,84	940,32	–	714,72	804,06	–	599,44	674,37	–	490,–	551,25	–	386,48	434,79
	II	12 933	–	1 034,64	1 163,97	II	12 933	–	904,40	1 017,45	–	780,–	877,50	–	661,52	744,21	–	548,96	617,58	–	442,24	497,52	–	341,36	384,03
	III	8 488	–	679,04	763,92	III	8 488	–	582,72	655,56	–	489,28	550,44	–	398,72	448,56	–	311,20	350,10	–	226,72	255,06	–	145,12	163,26
	V	19 304	279,41	1 544,32	1 737,36	IV	13 698	–	1 028,64	1 157,22	–	962,88	1 083,24	–	898,64	1 010,97	–	835,84	940,32	–	774,56	871,38	–	714,72	804,06
	VI	19 740	331,29	1 579,20	1 776,60																				
65 843,99	I,IV	13 711	–	1 096,88	1 233,99	I	13 711	–	963,92	1 084,41	–	836,88	941,49	–	715,68	805,14	–	600,32	675,36	–	490,88	552,24	–	387,28	435,69
	II	12 946	–	1 035,68	1 165,14	II	12 946	–	905,36	1 018,53	–	780,96	878,58	–	662,48	745,29	–	549,76	618,48	–	443,04	498,42	–	342,16	384,93
	III	8 496	–	679,68	764,64	III	8 496	–	583,36	656,28	–	489,92	551,16	–	399,52	449,46	–	312,–	351,–	–	227,36	255,78	–	145,76	163,98
	V	19 318	281,07	1 545,44	1 738,62	IV	13 711	–	1 029,68	1 158,39	–	963,92	1 084,41	–	899,68	1 012,14	–	836,88	941,49	–	775,52	872,46	–	715,68	805,14
	VI	19 753	332,84	1 580,24	1 777,77																				
65 879,99	I,IV	13 725	–	1 098,–	1 235,25	I	13 725	–	964,96	1 085,58	–	837,84	942,57	–	716,56	806,13	–	601,20	676,35	–	491,68	553,14	–	388,08	436,59
	II	12 959	–	1 036,72	1 166,31	II	12 959	–	906,40	1 019,70	–	781,92	879,66	–	663,36	746,28	–	550,64	619,47	–	443,84	499,32	–	342,88	385,74
	III	8 506	–	680,48	765,54	III	8 506	–	584,16	657,18	–	490,72	552,06	–	400,16	450,18	–	312,64	351,72	–	228,–	256,50	–	146,40	164,70
	V	19 332	282,74	1 546,56	1 739,88	IV	13 725	–	1 030,72	1 159,56	–	964,96	1 085,58	–	900,64	1 013,22	–	837,84	942,57	–	776,48	873,54	–	716,56	806,13
	VI	19 767	334,50	1 581,36	1 779,03																				
65 915,99	I,IV	13 738	–	1 099,04	1 236,42	I	13 738	–	966,–	1 086,75	–	838,80	943,65	–	717,52	807,21	–	602,08	677,34	–	492,56	554,13	–	388,88	437,49
	II	12 972	–	1 037,76	1 167,48	II	12 972	–	907,36	1 020,78	–	782,88	880,74	–	664,24	747,27	–	551,52	620,46	–	444,64	500,22	–	343,68	386,64
	III	8 516	–	681,28	766,44	III	8 516	–	584,80	657,90	–	491,36	552,78	–	400,80	450,90	–	313,28	352,44	–	228,64	257,22	–	147,04	165,42
	V	19 346	284,41	1 547,68	1 741,14	IV	13 738	–	1 031,76	1 160,73	–	966,–	1 086,75	–	901,68	1 014,39	–	838,80	943,65	–	777,44	874,62	–	717,52	807,21
	VI	19 781	336,17	1 582,48	1 780,29																				
65 951,99	I,IV	13 751	–	1 100,08	1 237,59	I	13 751	–	967,04	1 087,92	–	839,76	944,73	–	718,40	808,20	–	602,96	678,33	–	493,36	555,03	–	389,68	438,39
	II	12 985	–	1 038,80	1 168,65	II	12 985	–	908,40	1 021,95	–	783,84	881,82	–	665,20	748,35	–	552,40	621,45	–	445,44	501,12	–	344,40	387,45
	III	8 526	–	682,08	767,34	III	8 526	–	585,60	658,80	–	492,16	553,68	–	401,60	451,80	–	313,92	353,16	–	229,28	257,94	–	147,68	166,14
	V	19 360	286,07	1 548,80	1 742,40	IV	13 751	–	1 032,80	1 161,90	–	967,04	1 087,92	–	902,64	1 015,47	–	839,76	944,73	–	778,40	875,70	–	718,40	808,20
	VI	19 795	337,84	1 583,60	1 781,55																				
65 987,99	I,IV	13 765	–	1 101,20	1 238,85	I	13 765	–	968,–	1 089,–	–	840,80	945,90	–	719,36	809,28	–	603,84	679,32	–	494,24	556,02	–	390,48	439,29
	II	12 998	–	1 039,84	1 169,82	II	12 998	–	909,44	1 023,12	–	784,80	882,90	–	666,08	749,34	–	553,28	622,44	–	446,32	502,11	–	345,20	388,35
	III	8 534	–	682,72	768,06	III	8 534	–	586,40	659,70	–	492,80	554,40	–	402,24	452,52	–	314,72	354,06	–	229,92	258,66	–	148,16	166,68
	V	19 374	287,74	1 549,92	1 743,66	IV	13 765	–	1 033,84	1 163,07	–	968,–	1 089,–	–	903,68	1 016,64	–	840,80	945,90	–	779,36	876,78	–	719,36	809,28
	VI	19 809	339,50	1 584,72	1 782,81																				
66 023,99	I,IV	13 778	–	1 102,24	1 240,02	I	13 778	–	969,12	1 090,26	–	841,76	946,98	–	720,32	810,36	–	604,80	680,40	–	495,12	557,01	–	391,28	440,19
	II	13 012	–	1 040,96	1 171,08	II	13 012	–	910,40	1 024,20	–	785,76	883,98	–	667,04	750,42	–	554,16	623,43	–	447,12	503,01	–	346,–	389,25
	III	8 544	–	683,52	768,96	III	8 544	–	587,20	660,60	–	493,60	555,30	–	403,04	453,42	–	315,36	354,78	–	230,56	259,38	–	148,80	167,40
	V	19 388	289,40	1 551,04	1 744,92	IV	13 778	–	1 034,96	1 164,33	–	969,12	1 090,26	–	904,72	1 017,81	–	841,76	946,98	–	780,32	877,86	–	720,32	810,36
	VI	19 823	341,17	1 585,84	1 784,07																				
66 059,99	I,IV	13 792	–	1 103,36	1 241,28	I	13 792	–	970,08	1 091,34	–	842,72	948,06	–	721,28	811,44	–	605,68	681,39	–	495,92	557,91	–	392,08	441,09
	II	13 025	–	1 042,–	1 172,25	II	13 025	–	911,44	1 025,37	–	786,72	885,06	–	667,92	751,41	–	555,04	624,42	–	447,92	503,91	–	346,80	390,15
	III	8 554	–	684,32	769,86	III	8 554	–	587,84	661,32	–	494,40	556,20	–	403,68	454,14	–	316,–	355,50	–	231,36	260,28	–	149,44	168,12
	V	19 402	291,07	1 552,16	1 746,18	IV	13 792	–	1 036,–	1 165,50	–	970,08	1 091,34	–	905,68	1 018,89	–	842,72	948,06	–	781,28	878,94	–	721,28	811,44
	VI	19 837	342,83	1 586,96	1 785,33																				
66 095,99	I,IV	13 805	–	1 104,40	1 242,45	I	13 805	–	971,12	1 092,51	–	843,76	949,23	–	722,16	812,43	–	606,56	682,38	–	496,80	558,90	–	392,88	441,99
	II	13 038	–	1 043,04	1 173,42	II	13 038	–	912,48	1 026,54	–	787,68	886,14	–	668,88	752,49	–	555,84	625,32	–	448,80	504,90	–	347,52	390,96
	III	8 564	–	685,12	770,76	III	8 564	–	588,64	662,22	–	495,04	556,92	–	404,48	455,04	–	316,64	356,22	–	232,–	261,–	–	150,08	168,84
	V	19 416	292,74	1 553,28	1 747,44	IV	13 805	–	1 037,04	1 166,67	–	971,12	1 092,51	–	906,72	1 020,06	–	843,76	949,23	–	782,24	880,02	–	722,16	812,43
	VI	19 851	344,50	1 588,08	1 786,59																				
66 131,99	I,IV	13 819	–	1 105,52	1 243,71	I	13 819	–	972,16	1 093,68	–	844,72	950,31	–	723,12	813,51	–	607,44	683,37	–	497,60	559,80	–	393,68	442,89
	II	13 051	–	1 044,08	1 174,59	II	13 051	–	913,44	1 027,62	–	788,64	887,22	–	669,76	753,48	–	556,72	626,31	–	449,60	505,80	–	348,32	391,86
	III	8 574	–	685,92	771,66	III	8 574	–	589,44	663,12	–	495,84	557,82	–	405,12	455,76	–	317,44	357,12	–	232,64	261,72	–	150,72	169,56
	V	19 430	294,40	1 554,40	1 748,70	IV	13 819	–	1 038,08	1 167,84	–	972,16	1 093,68	–	907,68	1 021,14	–	844,72	950,31	–	783,20	881,10	–	723,12	813,51
	VI	19 865	346,17	1 589,20	1 787,85																				
66 167,99	I,IV	13 832	–	1 106,56	1 244,88	I	13 832	–	973,20	1 094,85	–	845,68	951,39	–	724,08	814,59	–	608,32	684,36	–	498,48	560,79	–	394,48	443,79
	II	13 064	–	1 045,12	1 175,76	II	13 064	–	914,48	1 028,79	–	789,60	888,30	–	670,64	754,47	–	557,60	627,30	–	450,40	506,70	–	349,12	392,76
	III	8 584	–	686,72	772,56	III	8 584	–	590,08	663,84	–	496,48	558,54	–	405,76	456,48	–	318,08	357,84	–	233,28	262,44	–	151,36	170,28
	V	19 443	295,95	1 555,44	1 749,87	IV	13 832	–	1 039,12	1 169,01	–	973,20	1 094,85	–	908,72	1 022,31	–	845,68	951,39	–	784,16	882,18	–	724,08	814,59
	VI	19 879	347,83	1 590,32	1 789,11																				
66 203,99	I,IV	13 846	–	1 107,68	1 246,14	I	13 846	–	974,24	1 096,02	–	846,72	952,56	–	725,04	815,67	–	609,20	685,35	–	499,28	561,69	–	395,28	444,69
	II	13 078	–	1 046,24	1 177,02	II	13 078	–	915,52	1 029,96	–	790,64	889,47	–	671,60	755,55	–	558,48	628,29	–	451,28	507,69	–	349,92	393,66
	III	8 594	–	687,52	773,46	III	8 594	–	590,88	664,74	–	497,28	559,44	–	406,56	457,38	–	318,72	358,56	–	233,92	263,16	–	152,–	171,–
	V	19 458	297,73	1 556,64	1 751,22	IV	13 846	–	1 040,24	1 170,27	–	974,24	1 096,02	–	909,76	1 023,48	–	846,72	952,56	–	785,12	883,26	–	725,04	815,67
	VI	19 893	349,50	1 591,44	1 790,37																				
66 239,99	I,IV	13 859	–	1 108,72	1 247,31	I	13 859	–	975,28	1 097,19	–	847,68	953,64	–	726,–	816,75	–	610,16	686,43	–	500,16	562,68	–	396,08	445,59
	II	13 091	–	1 047,28	1 178,19	II	13 091	–	916,48	1 031,04	–	791,60	890,55	–	672,56	756,63	–	559,36	629,28	–	452,08	508,59	–	350,64	394,47
	III	8 604	–	688,32	774,36	III	8 604	–	591,68	665,64	–	497,92	560,16	–	407,20	458,10	–	319,52	359,46	–	234,56	263,88	–	152,64	171,72
	V	19 472	299,40	1 557,76	1 752,48	IV	13 859	–	1 041,28	1 171,44	–	975,28	1 097,19	–	910,72	1 024,56	–	847,68	953,64	–	786,08	884,34	–	726,–	816,75
	VI	19 907	351,16	1 592,56	1 791,63																				

* Die ausgewiesenen Tabellenwerte sind amtlich. Siehe Erläuterungen auf der Umschlaginnenseite (U2).

Abzüge an Lohnsteuer, Solidaritätszuschlag (SolZ) und Kirchensteuer (8%, 9%) in den Steuerklassen

Lohn/ Gehalt bis €*	I – VI	ohne Kinderfreibeträge LSt	SolZ	8%	9%	I, II, III, IV	LSt	0,5 SolZ	0,5 8%	0,5 9%	1 SolZ	1 8%	1 9%	1,5 SolZ	1,5 8%	1,5 9%	2 SolZ	2 8%	2 9%	2,5 SolZ	2,5 8%	2,5 9%	3 SolZ	3 8%	3 9%
66 275,99	I,IV	13 873	–	1 109,84	1 248,57	I	13 873	–	976,32	1 098,36	–	848,64	954,72	–	726,88	817,74	–	611,04	687,42	–	501,04	563,67	–	396,88	446,49
	II	13 104	–	1 048,32	1 179,36	II	13 104	–	917,52	1 032,21	–	792,56	891,63	–	673,44	757,62	–	560,24	630,27	–	452,88	509,49	–	351,44	395,37
	III	8 612	–	688,96	775,08	III	8 612	–	592,32	666,36	–	498,72	561,06	–	408,–	459,–	–	320,16	360,18	–	235,20	264,60	–	153,28	172,44
	V	19 485	300,95	1 558,80	1 753,65	IV	13 873	–	1 042,32	1 172,61	–	976,32	1 098,36	–	911,76	1 025,73	–	848,64	954,72	–	787,04	885,42	–	726,88	817,74
	VI	19 921	352,83	1 593,68	1 792,89																				
66 311,99	I,IV	13 886	–	1 110,88	1 249,74	I	13 886	–	977,36	1 099,53	–	849,68	955,89	–	727,84	818,82	–	611,92	688,41	–	501,84	564,57	–	397,68	447,39
	II	13 118	–	1 049,44	1 180,62	II	13 118	–	918,48	1 033,29	–	793,52	892,71	–	674,40	758,70	–	561,12	631,26	–	453,76	510,48	–	352,24	396,27
	III	8 622	–	689,76	775,98	III	8 622	–	593,12	667,26	–	499,36	561,78	–	408,64	459,72	–	320,80	360,90	–	235,84	265,32	–	153,92	173,16
	V	19 499	302,61	1 559,92	1 754,91	IV	13 886	–	1 043,36	1 173,78	–	977,36	1 099,53	–	912,72	1 026,81	–	849,68	955,89	–	788,–	886,50	–	727,84	818,82
	VI	19 934	354,38	1 594,72	1 794,06																				
66 347,99	I,IV	13 900	–	1 112,–	1 251,–	I	13 900	–	978,32	1 100,61	–	850,64	956,97	–	728,80	819,90	–	612,80	689,40	–	502,72	565,56	–	398,48	448,29
	II	13 131	–	1 050,48	1 181,79	II	13 131	–	919,52	1 034,46	–	794,48	893,79	–	675,28	759,69	–	562,–	632,25	–	454,56	511,38	–	352,96	397,08
	III	8 632	–	690,56	776,88	III	8 632	–	593,92	668,16	–	500,16	562,68	–	409,28	460,44	–	321,44	361,62	–	236,48	266,04	–	154,56	173,88
	V	19 513	304,28	1 561,04	1 756,17	IV	13 900	–	1 044,40	1 174,95	–	978,32	1 100,61	–	913,76	1 027,98	–	850,64	956,97	–	788,96	887,58	–	728,80	819,90
	VI	19 948	356,04	1 595,84	1 795,32																				
66 383,99	I,IV	13 913	–	1 113,04	1 252,17	I	13 913	–	979,44	1 101,87	–	851,60	958,05	–	729,76	820,98	–	613,68	690,39	–	503,52	566,46	–	399,28	449,19
	II	13 144	–	1 051,52	1 182,96	II	13 144	–	920,56	1 035,63	–	795,44	894,87	–	676,24	760,77	–	562,88	633,24	–	455,36	512,28	–	353,76	397,98
	III	8 642	–	691,36	777,78	III	8 642	–	594,72	669,06	–	500,96	563,58	–	410,08	461,34	–	322,24	362,52	–	237,28	266,94	–	155,20	174,60
	V	19 527	305,94	1 562,16	1 757,43	IV	13 913	–	1 045,52	1 176,21	–	979,44	1 101,87	–	914,80	1 029,15	–	851,60	958,05	–	789,92	888,66	–	729,76	820,98
	VI	19 963	357,83	1 597,04	1 796,67																				
66 419,99	I,IV	13 927	–	1 114,16	1 253,43	I	13 927	–	980,48	1 103,04	–	852,64	959,22	–	730,64	821,97	–	614,56	691,38	–	504,40	567,45	–	400,08	450,09
	II	13 157	–	1 052,56	1 184,13	II	13 157	–	921,60	1 036,80	–	796,40	895,95	–	677,12	761,76	–	563,76	634,23	–	456,24	513,27	–	354,56	398,88
	III	8 652	–	692,16	778,68	III	8 652	–	595,36	669,78	–	501,60	564,30	–	410,72	462,06	–	322,88	363,24	–	237,92	267,66	–	155,84	175,32
	V	19 541	307,61	1 563,28	1 758,69	IV	13 927	–	1 046,56	1 177,38	–	980,48	1 103,04	–	915,76	1 030,23	–	852,64	959,22	–	790,88	889,74	–	730,64	821,97
	VI	19 976	359,38	1 598,08	1 797,84																				
66 455,99	I,IV	13 940	–	1 115,20	1 254,60	I	13 940	–	981,44	1 104,12	–	853,60	960,30	–	731,60	823,05	–	615,52	692,46	–	505,28	568,44	–	400,88	450,99
	II	13 171	–	1 053,68	1 185,39	II	13 171	–	922,56	1 037,88	–	797,36	897,03	–	678,08	762,84	–	564,64	635,22	–	457,04	514,17	–	355,36	399,78
	III	8 662	–	692,96	779,58	III	8 662	–	596,16	670,68	–	502,40	565,20	–	411,52	462,96	–	323,52	363,96	–	238,56	268,38	–	156,48	176,04
	V	19 555	309,28	1 564,40	1 759,95	IV	13 940	–	1 047,60	1 178,55	–	981,44	1 104,12	–	916,80	1 031,40	–	853,60	960,30	–	791,84	890,82	–	731,60	823,05
	VI	19 990	361,04	1 599,20	1 799,10																				
66 491,99	I,IV	13 954	–	1 116,32	1 255,86	I	13 954	–	982,48	1 105,29	–	854,56	961,38	–	732,56	824,13	–	616,40	693,45	–	506,08	569,34	–	401,68	451,89
	II	13 184	–	1 054,72	1 186,56	II	13 184	–	923,60	1 039,05	–	798,32	898,11	–	678,96	763,83	–	565,44	636,12	–	457,84	515,07	–	356,16	400,68
	III	8 672	–	693,76	780,48	III	8 672	–	596,96	671,58	–	503,04	565,92	–	412,16	463,68	–	324,16	364,68	–	239,20	269,10	–	157,12	176,76
	V	19 569	310,94	1 565,52	1 761,21	IV	13 954	–	1 048,64	1 179,72	–	982,48	1 105,29	–	917,84	1 032,57	–	854,56	961,38	–	792,80	891,90	–	732,56	824,13
	VI	20 004	362,71	1 600,32	1 800,36																				
66 527,99	I,IV	13 967	–	1 117,36	1 257,03	I	13 967	–	983,52	1 106,46	–	855,60	962,55	–	733,44	825,12	–	617,28	694,44	–	506,96	570,33	–	402,48	452,79
	II	13 197	–	1 055,76	1 187,73	II	13 197	–	924,56	1 040,13	–	799,28	899,19	–	679,92	764,91	–	566,32	637,11	–	458,72	516,06	–	356,88	401,49
	III	8 680	–	694,40	781,20	III	8 680	–	597,60	672,30	–	503,84	566,82	–	412,80	464,40	–	324,96	365,58	–	239,84	269,82	–	157,76	177,48
	V	19 583	312,61	1 566,64	1 762,47	IV	13 967	–	1 049,68	1 180,89	–	983,52	1 106,46	–	918,80	1 033,65	–	855,60	962,55	–	793,76	892,98	–	733,44	825,12
	VI	20 018	364,37	1 601,44	1 801,62																				
66 563,99	I,IV	13 981	–	1 118,48	1 258,29	I	13 981	–	984,56	1 107,63	–	856,56	963,63	–	734,40	826,20	–	618,16	695,43	–	507,76	571,23	–	403,28	453,69
	II	13 210	–	1 056,80	1 188,90	II	13 210	–	925,60	1 041,30	–	800,24	900,27	–	680,80	765,90	–	567,20	638,10	–	459,52	516,96	–	357,68	402,39
	III	8 690	–	695,20	782,10	III	8 690	–	598,40	673,20	–	504,48	567,54	–	413,60	465,30	–	325,60	366,30	–	240,48	270,54	–	158,40	178,20
	V	19 597	314,27	1 567,76	1 763,73	IV	13 981	–	1 050,80	1 182,15	–	984,56	1 107,63	–	919,84	1 034,82	–	856,56	963,63	–	794,72	894,06	–	734,40	826,20
	VI	20 032	366,04	1 602,56	1 802,88																				
66 599,99	I,IV	13 995	–	1 119,60	1 259,55	I	13 995	–	985,60	1 108,80	–	857,60	964,80	–	735,36	827,28	–	619,04	696,42	–	508,64	572,22	–	404,08	454,59
	II	13 224	–	1 057,92	1 190,16	II	13 224	–	926,64	1 042,47	–	801,28	901,44	–	681,76	766,98	–	568,08	639,09	–	460,32	517,86	–	358,48	403,29
	III	8 700	–	696,–	783,–	III	8 700	–	599,20	674,10	–	505,28	568,44	–	414,40	466,20	–	326,24	367,02	–	241,28	271,44	–	159,04	178,92
	V	19 611	315,94	1 568,88	1 764,99	IV	13 995	–	1 051,84	1 183,32	–	985,60	1 108,80	–	920,88	1 035,99	–	857,60	964,80	–	795,76	895,23	–	735,36	827,28
	VI	20 046	367,71	1 603,68	1 804,14																				
66 635,99	I,IV	14 008	–	1 120,64	1 260,72	I	14 008	–	986,64	1 109,97	–	858,56	965,88	–	736,32	828,36	–	620,–	697,50	–	509,52	573,21	–	404,88	455,49
	II	13 237	–	1 058,96	1 191,33	II	13 237	–	927,68	1 043,64	–	802,24	902,52	–	682,64	767,97	–	568,96	640,08	–	461,20	518,85	–	359,28	404,19
	III	8 710	–	696,80	783,90	III	8 710	–	600,–	675,–	–	505,92	569,16	–	415,04	466,92	–	327,04	367,92	–	241,92	272,16	–	159,68	179,64
	V	19 625	317,61	1 570,–	1 766,25	IV	14 008	–	1 052,88	1 184,49	–	986,64	1 109,97	–	921,84	1 037,07	–	858,56	965,88	–	796,72	896,31	–	736,32	828,36
	VI	20 060	369,37	1 604,80	1 805,40																				
66 671,99	I,IV	14 021	–	1 121,68	1 261,89	I	14 021	–	987,68	1 111,14	–	859,52	966,96	–	737,28	829,44	–	620,88	698,49	–	510,32	574,11	–	405,68	456,39
	II	13 250	–	1 060,–	1 192,50	II	13 250	–	928,64	1 044,72	–	803,20	903,60	–	683,60	769,05	–	569,84	641,07	–	462,–	519,75	–	360,08	405,09
	III	8 720	–	697,60	784,80	III	8 720	–	600,64	675,72	–	506,72	570,06	–	415,68	467,64	–	327,68	368,64	–	242,56	272,88	–	160,32	180,36
	V	19 639	319,27	1 571,12	1 767,51	IV	14 021	–	1 054,–	1 185,75	–	987,68	1 111,14	–	922,88	1 038,24	–	859,52	966,96	–	797,68	897,39	–	737,28	829,44
	VI	20 074	371,04	1 605,92	1 806,66																				
66 707,99	I,IV	14 035	–	1 122,80	1 263,15	I	14 035	–	988,72	1 112,31	–	860,48	968,04	–	738,16	830,43	–	621,76	699,48	–	511,20	575,10	–	406,48	457,29
	II	13 263	–	1 061,04	1 193,67	II	13 263	–	929,68	1 045,89	–	804,16	904,68	–	684,48	770,04	–	570,72	642,06	–	462,80	520,65	–	360,80	405,90
	III	8 730	–	698,40	785,70	III	8 730	–	601,44	676,62	–	507,52	570,96	–	416,48	468,54	–	328,32	369,36	–	243,20	273,60	–	160,96	181,08
	V	19 653	320,94	1 572,24	1 768,77	IV	14 035	–	1 055,04	1 186,92	–	988,72	1 112,31	–	923,92	1 039,41	–	860,48	968,04	–	798,64	898,47	–	738,16	830,43
	VI	20 088	372,70	1 607,04	1 807,92																				
66 743,99	I,IV	14 048	–	1 123,84	1 264,32	I	14 048	–	989,76	1 113,48	–	861,52	969,21	–	739,12	831,51	–	622,64	700,47	–	512,–	576,–	–	407,28	458,19
	II	13 277	–	1 062,16	1 194,93	II	13 277	–	930,64	1 046,97	–	805,12	905,76	–	685,44	771,12	–	571,60	643,05	–	463,68	521,64	–	361,60	406,80
	III	8 740	–	699,20	786,60	III	8 740	–	602,24	677,52	–	508,16	571,68	–	417,12	469,26	–	328,96	370,08	–	243,84	274,32	–	161,60	181,80
	V	19 666	322,49	1 573,28	1 769,94	IV	14 048	–	1 056,08	1 188,09	–	989,76	1 113,48	–	924,88	1 040,49	–	861,52	969,21	–	799,60	899,55	–	739,12	831,51
	VI	20 102	374,37	1 608,16	1 809,18																				
66 779,99	I,IV	14 062	–	1 124,96	1 265,58	I	14 062	–	990,80	1 114,65	–	862,56	970,38	–	740,08	832,59	–	623,60	701,55	–	512,88	576,99	–	408,16	459,18
	II	13 290	–	1 063,20	1 196,10	II	13 290	–	931,76	1 048,23	–	806,08	906,84	–	686,40	772,20	–	572,48	644,04	–	464,48	522,54	–	362,40	407,70
	III	8 750	–	700,–	787,50	III	8 750	–	603,04	678,42	–	508,96	572,58	–	417,92	470,16	–	329,76	370,98	–	244,48	275,04	–	162,24	182,52
	V	19 681	324,27	1 574,48	1 771,29	IV	14 062	–	1 057,20	1 189,35	–	990,80	1 114,65	–	925,92	1 041,66	–	862,56	970,38	–	800,56	900,63	–	740,08	832,59
	VI	20 116	376,04	1 609,28	1 810,44																				
66 815,99	I,IV	14 076	–	1 126,08	1 266,84	I	14 076	–	991,84	1 115,82	–	863,52	971,46	–	741,04	833,67	–	624,48	702,54	–	513,76	577,98	–	408,96	460,08
	II	13 303	–	1 064,24	1 197,27	II	13 303	–	932,72	1 049,31	–	807,04	907,92	–	687,28	773,19	–	573,36	645,03	–	465,36	523,53	–	363,20	408,60
	III	8 758	–	700,64	788,22	III	8 758	–	603,68	679,14	–	509,60	573,30	–	418,56	470,88	–	330,40	371,70	–	245,12	275,76	–	162,88	183,24
	V	19 695	325,94	1 575,60	1 772,55	IV	14 076	–	1 058,24	1 190,52	–	991,84	1 115,82	–	926,96	1 042,83	–	863,52	971,46	–	801,52	901,71	–	741,04	833,67
	VI	20 130	377,70	1 610,40	1 811,70																				

mit Zahl der Kinderfreibeträge . . .

* Die ausgewiesenen Tabellenwerte sind amtlich. Siehe Erläuterungen auf der Umschlaginnenseite (U2).

Abzüge an Lohnsteuer, Solidaritätszuschlag (SolZ) und Kirchensteuer (8%, 9%) in den Steuerklassen

Lohn/ Gehalt bis €*	I – VI					I, II, III, IV																			
			ohne Kinderfreibeträge					mit Zahl der Kinderfreibeträge . . .																	
								0,5			1			1,5			2			2,5			3		
		LSt	SolZ	8%	9%		LSt	SolZ	8%	9%	SolZ	8%	9%	SolZ	8%	9%	SolZ	8%	9%	SolZ	8%	9%	SolZ	8%	9%
66 851,99	I,IV	14 089	–	1 127,12	1 268,01	I	14 089	–	992,88	1 116,99	–	864,48	972,54	–	742,–	834,75	–	625,36	703,53	–	514,64	578,97	–	409,76	460,98
	II	13 317	–	1 065,36	1 198,53	II	13 317	–	933,76	1 050,48	–	808,–	909,–	–	688,16	774,18	–	574,24	646,02	–	466,16	524,43	–	364,–	409,50
	III	8 768	–	701,44	789,12	III	8 768	–	604,48	680,04	–	510,40	574,20	–	419,36	471,78	–	331,04	372,42	–	245,92	276,66	–	163,52	183,96
	V	19 708	327,48	1 576,64	1 773,72	IV	14 089	–	1 059,28	1 191,69	–	992,88	1 116,99	–	927,92	1 043,91	–	864,48	972,54	–	802,48	902,79	–	742,–	834,75
	VI	20 144	379,37	1 611,52	1 812,96																				
66 887,99	I,IV	14 103	–	1 128,24	1 269,27	I	14 103	–	993,92	1 118,16	–	865,52	973,71	–	742,96	835,83	–	626,24	704,52	–	515,44	579,87	–	410,56	461,88
	II	13 330	–	1 066,40	1 199,70	II	13 330	–	934,72	1 051,56	–	808,96	910,08	–	689,12	775,26	–	575,12	647,01	–	466,96	525,33	–	364,72	410,31
	III	8 778	–	702,24	790,02	III	8 778	–	605,28	680,94	–	511,04	574,92	–	420,–	472,50	–	331,68	373,14	–	246,56	277,38	–	164,16	184,68
	V	19 722	329,15	1 577,76	1 774,98	IV	14 103	–	1 060,32	1 192,86	–	993,92	1 118,16	–	928,96	1 045,08	–	865,52	973,71	–	803,44	903,87	–	742,96	835,83
	VI	20 157	380,91	1 612,56	1 814,13																				
66 923,99	I,IV	14 116	–	1 129,28	1 270,44	I	14 116	–	994,96	1 119,33	–	866,48	974,79	–	743,84	836,82	–	627,12	705,51	–	516,32	580,86	–	411,36	462,78
	II	13 343	–	1 067,44	1 200,87	II	13 343	–	935,76	1 052,73	–	810,–	911,25	–	690,08	776,34	–	576,–	648,–	–	467,84	526,32	–	365,52	411,21
	III	8 788	–	703,04	790,92	III	8 788	–	605,92	681,66	–	511,84	575,82	–	420,64	473,22	–	332,48	374,04	–	247,20	278,10	–	164,80	185,40
	V	19 736	330,82	1 578,88	1 776,24	IV	14 116	–	1 061,36	1 194,03	–	994,96	1 119,33	–	930,–	1 046,25	–	866,48	974,79	–	804,40	904,95	–	743,84	836,82
	VI	20 171	382,58	1 613,68	1 815,39																				
66 959,99	I,IV	14 130	–	1 130,40	1 271,70	I	14 130	–	996,–	1 120,50	–	867,52	975,96	–	744,88	837,99	–	628,08	706,59	–	517,20	581,85	–	412,16	463,68
	II	13 357	–	1 068,56	1 202,13	II	13 357	–	936,80	1 053,90	–	810,96	912,33	–	690,96	777,33	–	576,88	648,99	–	468,64	527,22	–	366,32	412,11
	III	8 798	–	703,84	791,82	III	8 798	–	606,72	682,56	–	512,64	576,72	–	421,44	474,12	–	333,12	374,76	–	247,84	278,82	–	165,44	186,12
	V	19 750	332,48	1 580,–	1 777,50	IV	14 130	–	1 062,48	1 195,29	–	996,–	1 120,50	–	931,04	1 047,42	–	867,52	975,96	–	805,44	906,12	–	744,88	837,99
	VI	20 186	384,37	1 614,88	1 816,74																				
66 995,99	I,IV	14 144	–	1 131,52	1 272,96	I	14 144	–	997,04	1 121,67	–	868,48	977,04	–	745,76	838,98	–	628,96	707,58	–	518,–	582,75	–	412,96	464,58
	II	13 370	–	1 069,60	1 203,30	II	13 370	–	937,84	1 055,07	–	811,92	913,41	–	691,92	778,41	–	577,76	649,98	–	469,52	528,21	–	367,12	413,01
	III	8 808	–	704,64	792,72	III	8 808	–	607,52	683,46	–	513,28	577,44	–	422,08	474,84	–	333,76	375,48	–	248,48	279,54	–	166,08	186,84
	V	19 764	334,15	1 581,12	1 778,76	IV	14 144	–	1 063,52	1 196,46	–	997,04	1 121,67	–	932,–	1 048,50	–	868,48	977,04	–	806,40	907,20	–	745,76	838,98
	VI	20 199	385,91	1 615,92	1 817,91																				
67 031,99	I,IV	14 157	–	1 132,56	1 274,13	I	14 157	–	998,08	1 122,84	–	869,44	978,12	–	746,72	840,06	–	629,84	708,57	–	518,88	583,74	–	413,76	465,48
	II	13 383	–	1 070,64	1 204,47	II	13 383	–	938,88	1 056,24	–	812,88	914,49	–	692,80	779,40	–	578,64	650,97	–	470,32	529,11	–	367,92	413,91
	III	8 818	–	705,44	793,62	III	8 818	–	608,32	684,36	–	514,08	578,34	–	422,88	475,74	–	334,56	376,38	–	249,12	280,26	–	166,72	187,56
	V	19 778	335,81	1 582,24	1 780,02	IV	14 157	–	1 064,56	1 197,63	–	998,08	1 122,84	–	933,04	1 049,67	–	869,44	978,12	–	807,36	908,28	–	746,72	840,06
	VI	20 213	387,58	1 617,04	1 819,17																				
67 067,99	I,IV	14 171	–	1 133,68	1 275,39	I	14 171	–	999,12	1 124,01	–	870,48	979,29	–	747,68	841,14	–	630,72	709,56	–	519,76	584,73	–	414,56	466,38
	II	13 397	–	1 071,76	1 205,73	II	13 397	–	939,84	1 057,32	–	813,84	915,57	–	693,76	780,48	–	579,52	651,96	–	471,20	530,10	–	368,72	414,81
	III	8 826	–	706,08	794,34	III	8 826	–	608,96	685,08	–	514,72	579,06	–	423,52	476,46	–	335,20	377,10	–	249,76	280,98	–	167,36	188,28
	V	19 792	337,48	1 583,36	1 781,28	IV	14 171	–	1 065,68	1 198,89	–	999,12	1 124,01	–	934,08	1 050,84	–	870,48	979,29	–	808,32	909,36	–	747,68	841,14
	VI	20 227	389,24	1 618,16	1 820,43																				
67 103,99	I,IV	14 184	–	1 134,72	1 276,56	I	14 184	–	1 000,16	1 125,18	–	871,44	980,37	–	748,64	842,22	–	631,68	710,64	–	520,56	585,63	–	415,36	467,28
	II	13 410	–	1 072,80	1 206,90	II	13 410	–	940,88	1 058,49	–	814,80	916,65	–	694,64	781,47	–	580,40	652,95	–	472,–	531,–	–	369,44	415,62
	III	8 836	–	706,88	795,24	III	8 836	–	609,76	685,98	–	515,52	579,96	–	424,32	477,36	–	335,84	377,82	–	250,56	281,88	–	168,–	189,–
	V	19 806	339,15	1 584,48	1 782,54	IV	14 184	–	1 066,72	1 200,06	–	1 000,16	1 125,18	–	935,04	1 051,92	–	871,44	980,37	–	809,28	910,44	–	748,64	842,22
	VI	20 241	390,91	1 619,28	1 821,69																				
67 139,99	I,IV	14 198	–	1 135,84	1 277,82	I	14 198	–	1 001,20	1 126,35	–	872,40	981,45	–	749,52	843,21	–	632,56	711,63	–	521,44	586,62	–	416,16	468,18
	II	13 423	–	1 073,84	1 208,07	II	13 423	–	941,92	1 059,66	–	815,84	917,82	–	695,60	782,55	–	581,28	653,94	–	472,80	531,90	–	370,24	416,52
	III	8 846	–	707,68	796,14	III	8 846	–	610,56	686,88	–	516,32	580,86	–	424,96	478,08	–	336,48	378,54	–	251,20	282,60	–	168,64	189,72
	V	19 820	340,81	1 585,60	1 783,80	IV	14 198	–	1 067,76	1 201,23	–	1 001,20	1 126,35	–	936,08	1 053,09	–	872,40	981,45	–	810,24	911,52	–	749,52	843,21
	VI	20 255	392,58	1 620,40	1 822,95																				
67 175,99	I,IV	14 212	–	1 136,96	1 279,08	I	14 212	–	1 002,24	1 127,52	–	873,44	982,62	–	750,56	844,38	–	633,44	712,62	–	522,32	587,61	–	417,04	469,17
	II	13 437	–	1 074,96	1 209,33	II	13 437	–	942,96	1 060,83	–	816,80	918,90	–	696,56	783,63	–	582,16	654,93	–	473,68	532,89	–	371,04	417,42
	III	8 856	–	708,48	797,04	III	8 856	–	611,20	687,60	–	516,96	581,58	–	425,60	478,80	–	337,28	379,44	–	251,84	283,32	–	169,28	190,44
	V	19 834	342,48	1 586,72	1 785,06	IV	14 212	–	1 068,88	1 202,49	–	1 002,24	1 127,52	–	937,12	1 054,26	–	873,44	982,62	–	811,28	912,69	–	750,56	844,38
	VI	20 269	394,24	1 621,52	1 824,21																				
67 211,99	I,IV	14 225	–	1 138,–	1 280,25	I	14 225	–	1 003,28	1 128,69	–	874,48	983,79	–	751,44	845,37	–	634,40	713,70	–	523,12	588,51	–	417,84	470,07
	II	13 450	–	1 076,–	1 210,50	II	13 450	–	943,92	1 061,91	–	817,76	919,98	–	697,44	784,62	–	583,04	655,92	–	474,48	533,79	–	371,84	418,32
	III	8 866	–	709,28	797,94	III	8 866	–	612,–	688,50	–	517,76	582,48	–	426,40	479,70	–	337,92	380,16	–	252,48	284,04	–	169,92	191,16
	V	19 848	344,14	1 587,84	1 786,32	IV	14 225	–	1 069,92	1 203,66	–	1 003,28	1 128,69	–	938,16	1 055,43	–	874,48	983,79	–	812,24	913,77	–	751,44	845,37
	VI	20 283	395,91	1 622,64	1 825,47																				
67 247,99	I,IV	14 239	–	1 139,12	1 281,51	I	14 239	–	1 004,32	1 129,86	–	875,44	984,87	–	752,40	846,45	–	635,28	714,69	–	524,–	589,50	–	418,64	470,97
	II	13 463	–	1 077,04	1 211,67	II	13 463	–	944,96	1 063,08	–	818,72	921,06	–	698,40	785,70	–	583,92	656,91	–	475,36	534,78	–	372,64	419,22
	III	8 876	–	710,08	798,84	III	8 876	–	612,80	689,40	–	518,40	583,20	–	427,04	480,42	–	338,56	380,88	–	253,12	284,76	–	170,56	191,88
	V	19 862	345,81	1 588,96	1 787,58	IV	14 239	–	1 070,96	1 204,83	–	1 004,32	1 129,86	–	939,12	1 056,51	–	875,44	984,87	–	813,20	914,85	–	752,40	846,45
	VI	20 297	397,57	1 623,76	1 826,73																				
67 283,99	I,IV	14 252	–	1 140,16	1 282,68	I	14 252	–	1 005,36	1 131,03	–	876,40	985,95	–	753,36	847,53	–	636,16	715,68	–	524,88	590,49	–	419,44	471,87
	II	13 477	–	1 078,16	1 212,93	II	13 477	–	946,–	1 064,25	–	819,68	922,14	–	699,28	786,69	–	584,80	657,90	–	476,16	535,68	–	373,44	420,12
	III	8 886	–	710,88	799,74	III	8 886	–	613,60	690,30	–	519,20	584,10	–	427,84	481,32	–	339,36	381,78	–	253,76	285,48	–	171,20	192,60
	V	19 876	347,48	1 590,08	1 788,84	IV	14 252	–	1 072,08	1 206,09	–	1 005,36	1 131,03	–	940,16	1 057,68	–	876,40	985,95	–	814,16	915,93	–	753,36	847,53
	VI	20 311	399,24	1 624,88	1 827,99																				
67 319,99	I,IV	14 266	–	1 141,28	1 283,94	I	14 266	–	1 006,40	1 132,20	–	877,44	987,12	–	754,32	848,61	–	637,04	716,67	–	525,68	591,39	–	420,24	472,77
	II	13 490	–	1 079,20	1 214,10	II	13 490	–	946,96	1 065,33	–	820,72	923,31	–	700,24	787,77	–	585,68	658,89	–	477,04	536,67	–	374,16	420,93
	III	8 894	–	711,52	800,46	III	8 894	–	614,24	691,02	–	519,84	584,82	–	428,48	482,04	–	340,–	382,50	–	254,40	286,20	–	171,84	193,32
	V	19 889	349,02	1 591,12	1 790,01	IV	14 266	–	1 073,12	1 207,26	–	1 006,40	1 132,20	–	941,20	1 058,85	–	877,44	987,12	–	815,12	917,01	–	754,32	848,61
	VI	20 325	400,91	1 626,–	1 829,25																				
67 355,99	I,IV	14 280	–	1 142,40	1 285,20	I	14 280	–	1 007,44	1 133,37	–	878,40	988,20	–	755,28	849,69	–	638,–	717,75	–	526,56	592,38	–	421,04	473,67
	II	13 504	–	1 080,32	1 215,36	II	13 504	–	948,08	1 066,59	–	821,68	924,39	–	701,20	788,85	–	586,56	659,88	–	477,84	537,57	–	375,04	421,92
	III	8 904	–	712,32	801,36	III	8 904	–	615,04	691,92	–	520,64	585,72	–	429,28	482,94	–	340,64	383,22	–	255,20	287,10	–	172,48	194,04
	V	19 904	350,81	1 592,32	1 791,36	IV	14 280	–	1 074,16	1 208,43	–	1 007,44	1 133,37	–	942,24	1 060,02	–	878,40	988,20	–	816,16	918,18	–	755,28	849,69
	VI	20 339	402,57	1 627,12	1 830,51																				
67 391,99	I,IV	14 293	–	1 143,44	1 286,37	I	14 293	–	1 008,48	1 134,54	–	879,44	989,37	–	756,24	850,77	–	638,88	718,74	–	527,44	593,37	–	421,84	474,57
	II	13 517	–	1 081,36	1 216,53	II	13 517	–	949,04	1 067,67	–	822,64	925,47	–	702,16	789,93	–	587,44	660,87	–	478,72	538,56	–	375,76	422,73
	III	8 914	–	713,12	802,26	III	8 914	–	615,84	692,82	–	521,44	586,62	–	429,92	483,66	–	341,44	384,12	–	255,84	287,82	–	173,12	194,76
	V	19 918	352,47	1 593,44	1 792,62	IV	14 293	–	1 075,28	1 209,69	–	1 008,48	1 134,54	–	943,20	1 061,10	–	879,44	989,37	–	817,12	919,26	–	756,24	850,77
	VI	20 353	404,24	1 628,24	1 831,77																				

* Die ausgewiesenen Tabellenwerte sind amtlich. Siehe Erläuterungen auf der Umschlaginnenseite (U2).

Lohn/ Gehalt	Abzüge an Lohnsteuer, Solidaritätszuschlag (SolZ) und Kirchensteuer (8%, 9%) in den Steuerklassen																								
	I – VI					I, II, III, IV																			
			ohne Kinder-freibeträge					mit Zahl der Kinderfreibeträge . . .																	
								0,5			1			1,5			2			2,5			3		
bis €*		LSt	SolZ	8%	9%		LSt	SolZ	8%	9%	SolZ	8%	9%	SolZ	8%	9%	SolZ	8%	9%	SolZ	8%	9%	SolZ	8%	9%
67 427,99	I,IV	14 307	–	1 144,56	1 287,63	I	14 307	–	1 009,52	1 135,71	–	880,40	990,45	–	757,20	851,85	–	639,76	719,73	–	528,32	594,36	–	422,72	475,56
	II	13 530	–	1 082,40	1 217,70	II	13 530	–	950,08	1 068,84	–	823,60	926,55	–	703,04	790,92	–	588,32	661,86	–	479,52	539,46	–	376,56	423,63
	III	8 924	–	713,92	803,16	III	8 924	–	616,64	693,72	–	522,08	587,34	–	430,56	484,38	–	342,08	384,84	–	256,48	288,54	–	173,76	195,48
	V	19 931	354,02	1 594,48	1 793,79	IV	14 307	–	1 076,32	1 210,86	–	1 009,52	1 135,71	–	944,24	1 062,27	–	880,40	990,45	–	818,08	920,34	–	757,20	851,85
	VI	20 367	405,90	1 629,36	1 833,03																				
67 463,99	I,IV	14 321	–	1 145,68	1 288,89	I	14 321	–	1 010,56	1 136,88	–	881,44	991,62	–	758,16	852,93	–	640,72	720,81	–	529,12	595,26	–	423,52	476,46
	II	13 543	–	1 083,44	1 218,87	II	13 543	–	951,12	1 070,01	–	824,56	927,63	–	704,–	792,–	–	589,20	662,85	–	480,32	540,36	–	377,36	424,53
	III	8 934	–	714,72	804,06	III	8 934	–	617,28	694,44	–	522,88	588,24	–	431,36	485,28	–	342,72	385,56	–	257,12	289,26	–	174,40	196,20
	V	19 945	355,69	1 595,60	1 795,05	IV	14 321	–	1 077,36	1 212,03	–	1 010,56	1 136,88	–	945,28	1 063,44	–	881,44	991,62	–	819,04	921,42	–	758,16	852,93
	VI	20 380	407,45	1 630,40	1 834,20																				
67 499,99	I,IV	14 334	–	1 146,72	1 290,06	I	14 334	–	1 011,60	1 138,05	–	882,40	992,70	–	759,04	853,92	–	641,60	721,80	–	530,–	596,25	–	424,32	477,36
	II	13 557	–	1 084,56	1 220,13	II	13 557	–	952,08	1 071,09	–	825,60	928,80	–	704,88	792,99	–	590,08	663,84	–	481,20	541,35	–	378,16	425,43
	III	8 944	–	715,52	804,96	III	8 944	–	618,08	695,34	–	523,52	588,96	–	432,–	486,–	–	343,52	386,46	–	257,76	289,98	–	175,04	196,92
	V	19 959	357,35	1 596,72	1 796,31	IV	14 334	–	1 078,48	1 213,29	–	1 011,60	1 138,05	–	946,32	1 064,61	–	882,40	992,70	–	820,–	922,50	–	759,04	853,92
	VI	20 394	409,12	1 631,52	1 835,46																				
67 535,99	I,IV	14 348	–	1 147,84	1 291,32	I	14 348	–	1 012,72	1 139,31	–	883,44	993,87	–	760,08	855,09	–	642,56	722,88	–	530,88	597,24	–	425,12	478,26
	II	13 570	–	1 085,60	1 221,30	II	13 570	–	953,20	1 072,35	–	826,56	929,88	–	705,84	794,07	–	591,04	664,92	–	482,08	542,34	–	378,96	426,33
	III	8 954	–	716,32	805,86	III	8 954	–	618,88	696,24	–	524,32	589,86	–	432,80	486,90	–	344,16	387,18	–	258,40	290,70	–	175,68	197,64
	V	19 973	359,02	1 597,84	1 797,57	IV	14 348	–	1 079,52	1 214,46	–	1 012,72	1 139,31	–	947,36	1 065,78	–	883,44	993,87	–	821,04	923,67	–	760,08	855,09
	VI	20 409	410,90	1 632,72	1 836,81																				
67 571,99	I,IV	14 362	–	1 148,96	1 292,58	I	14 362	–	1 013,76	1 140,48	–	884,40	994,95	–	760,96	856,08	–	643,44	723,87	–	531,76	598,23	–	425,92	479,16
	II	13 584	–	1 086,72	1 222,56	II	13 584	–	954,16	1 073,43	–	827,52	930,96	–	706,80	795,15	–	591,92	665,91	–	482,88	543,24	–	379,76	427,23
	III	8 964	–	717,12	806,76	III	8 964	–	619,68	697,14	–	525,12	590,76	–	433,44	487,62	–	344,80	387,90	–	259,20	291,60	–	176,32	198,36
	V	19 987	360,68	1 598,96	1 798,83	IV	14 362	–	1 080,64	1 215,72	–	1 013,76	1 140,48	–	948,32	1 066,86	–	884,40	994,95	–	822,–	924,75	–	760,96	856,08
	VI	20 422	412,45	1 633,76	1 837,98																				
67 607,99	I,IV	14 375	–	1 150,–	1 293,75	I	14 375	–	1 014,80	1 141,65	–	885,44	996,12	–	761,92	857,16	–	644,32	724,86	–	532,64	599,22	–	426,72	480,06
	II	13 597	–	1 087,76	1 223,73	II	13 597	–	955,20	1 074,60	–	828,48	932,04	–	707,68	796,14	–	592,80	666,90	–	483,76	544,23	–	380,56	428,13
	III	8 974	–	717,92	807,66	III	8 974	–	620,32	697,86	–	525,76	591,48	–	434,24	488,52	–	345,60	388,80	–	259,84	292,32	–	176,96	199,08
	V	20 001	362,35	1 600,08	1 800,09	IV	14 375	–	1 081,68	1 216,89	–	1 014,80	1 141,65	–	949,36	1 068,03	–	885,44	996,12	–	822,96	925,83	–	761,92	857,16
	VI	20 436	414,12	1 634,88	1 839,24																				
67 643,99	I,IV	14 389	–	1 151,12	1 295,01	I	14 389	–	1 015,84	1 142,82	–	886,40	997,20	–	762,88	858,24	–	645,20	725,85	–	533,44	600,12	–	427,60	481,05
	II	13 610	–	1 088,80	1 224,90	II	13 610	–	956,24	1 075,77	–	829,52	933,21	–	708,64	797,22	–	593,68	667,89	–	484,56	545,13	–	381,36	429,03
	III	8 984	–	718,72	808,56	III	8 984	–	621,12	698,76	–	526,56	592,38	–	434,88	489,24	–	346,24	389,52	–	260,48	293,04	–	177,60	199,80
	V	20 015	364,02	1 601,20	1 801,35	IV	14 389	–	1 082,72	1 218,06	–	1 015,84	1 142,82	–	950,40	1 069,20	–	886,40	997,20	–	823,92	926,91	–	762,88	858,24
	VI	20 450	415,78	1 636,–	1 840,50																				
67 679,99	I,IV	14 403	–	1 152,24	1 296,27	I	14 403	–	1 016,88	1 143,99	–	887,44	998,37	–	763,84	859,32	–	646,16	726,93	–	534,32	601,11	–	428,40	481,95
	II	13 624	–	1 089,92	1 226,16	II	13 624	–	957,28	1 076,94	–	830,48	934,29	–	709,60	798,30	–	594,56	668,88	–	485,36	546,03	–	382,16	429,93
	III	8 992	–	719,36	809,28	III	8 992	–	621,92	699,66	–	527,36	593,28	–	435,68	490,14	–	346,88	390,24	–	261,12	293,76	–	178,24	200,52
	V	20 029	365,68	1 602,32	1 802,61	IV	14 403	–	1 083,84	1 219,32	–	1 016,88	1 143,99	–	951,44	1 070,37	–	887,44	998,37	–	824,88	927,99	–	763,84	859,32
	VI	20 464	417,45	1 637,12	1 841,76																				
67 715,99	I,IV	14 416	–	1 153,28	1 297,44	I	14 416	–	1 017,92	1 145,16	–	888,40	999,45	–	764,80	860,40	–	647,04	727,92	–	535,20	602,10	–	429,20	482,85
	II	13 637	–	1 090,96	1 227,33	II	13 637	–	958,24	1 078,02	–	831,44	935,37	–	710,48	799,29	–	595,44	669,87	–	486,24	547,02	–	382,88	430,74
	III	9 002	–	720,16	810,18	III	9 002	–	622,72	700,56	–	528,–	594,–	–	436,32	490,86	–	347,68	391,14	–	261,76	294,48	–	178,88	201,24
	V	20 043	367,35	1 603,44	1 803,87	IV	14 416	–	1 084,88	1 220,49	–	1 017,92	1 145,16	–	952,40	1 071,45	–	888,40	999,45	–	825,84	929,07	–	764,80	860,40
	VI	20 478	419,11	1 638,24	1 843,02																				
67 751,99	I,IV	14 430	–	1 154,40	1 298,70	I	14 430	–	1 018,96	1 146,33	–	889,44	1 000,62	–	765,76	861,48	–	648,–	729,–	–	536,08	603,09	–	430,–	483,75
	II	13 651	–	1 092,08	1 228,59	II	13 651	–	959,28	1 079,19	–	832,48	936,54	–	711,44	800,37	–	596,32	670,86	–	487,12	548,01	–	383,76	431,73
	III	9 012	–	720,96	811,08	III	9 012	–	623,52	701,46	–	528,80	594,90	–	437,12	491,76	–	348,32	391,86	–	262,56	295,38	–	179,52	201,96
	V	20 057	369,01	1 604,56	1 805,13	IV	14 430	–	1 086,–	1 221,75	–	1 018,96	1 146,33	–	953,44	1 072,62	–	889,44	1 000,62	–	826,88	930,24	–	765,76	861,48
	VI	20 492	420,78	1 639,36	1 844,28																				
67 787,99	I,IV	14 444	–	1 155,52	1 299,96	I	14 444	–	1 020,–	1 147,50	–	890,40	1 001,70	–	766,72	862,56	–	648,88	729,99	–	536,88	603,99	–	430,80	484,65
	II	13 664	–	1 093,12	1 229,76	II	13 664	–	960,32	1 080,36	–	833,44	937,62	–	712,40	801,45	–	597,20	671,85	–	487,92	548,91	–	384,48	432,54
	III	9 022	–	721,76	811,98	III	9 022	–	624,16	702,18	–	529,44	595,62	–	437,76	492,48	–	348,96	392,58	–	263,20	296,10	–	180,16	202,68
	V	20 071	370,68	1 605,68	1 806,39	IV	14 444	–	1 087,04	1 222,92	–	1 020,–	1 147,50	–	954,48	1 073,79	–	890,40	1 001,70	–	827,84	931,32	–	766,72	862,56
	VI	20 506	422,45	1 640,48	1 845,54																				
67 823,99	I,IV	14 457	–	1 156,56	1 301,13	I	14 457	–	1 021,04	1 148,67	–	891,44	1 002,87	–	767,68	863,64	–	649,76	730,98	–	537,76	604,98	–	431,68	485,64
	II	13 678	–	1 094,24	1 231,02	II	13 678	–	961,36	1 081,53	–	834,40	938,70	–	713,28	802,44	–	598,08	672,84	–	488,80	549,90	–	385,28	433,44
	III	9 032	–	722,56	812,88	III	9 032	–	624,96	703,08	–	530,24	596,52	–	438,56	493,38	–	349,76	393,48	–	263,84	296,82	–	180,80	203,40
	V	20 085	372,35	1 606,80	1 807,65	IV	14 457	–	1 088,08	1 224,09	–	1 021,04	1 148,67	–	955,52	1 074,96	–	891,44	1 002,87	–	828,80	932,40	–	767,68	863,64
	VI	20 520	424,11	1 641,60	1 846,80																				
67 859,99	I,IV	14 471	–	1 157,68	1 302,39	I	14 471	–	1 022,08	1 149,84	–	892,40	1 003,95	–	768,64	864,72	–	650,72	732,06	–	538,64	605,97	–	432,48	486,54
	II	13 691	–	1 095,28	1 232,19	II	13 691	–	962,40	1 082,70	–	835,36	939,78	–	714,24	803,52	–	598,96	673,83	–	489,60	550,80	–	386,08	434,34
	III	9 042	–	723,36	813,78	III	9 042	–	625,76	703,98	–	531,04	597,42	–	439,20	494,10	–	350,40	394,20	–	264,48	297,54	–	181,44	204,12
	V	20 099	374,01	1 607,92	1 808,91	IV	14 471	–	1 089,20	1 225,35	–	1 022,08	1 149,84	–	956,56	1 076,13	–	892,40	1 003,95	–	829,76	933,48	–	768,64	864,72
	VI	20 534	425,78	1 642,72	1 848,06																				
67 895,99	I,IV	14 485	–	1 158,80	1 303,65	I	14 485	–	1 023,12	1 151,01	–	893,44	1 005,12	–	769,60	865,80	–	651,60	733,05	–	539,52	606,96	–	433,28	487,44
	II	13 704	–	1 096,32	1 233,36	II	13 704	–	963,44	1 083,87	–	836,32	940,86	–	715,20	804,60	–	599,84	674,82	–	490,40	551,70	–	386,88	435,24
	III	9 052	–	724,16	814,68	III	9 052	–	626,40	704,70	–	531,68	598,14	–	440,–	495,–	–	351,04	394,92	–	265,12	298,26	–	182,08	204,84
	V	20 112	375,56	1 608,96	1 810,08	IV	14 485	–	1 090,24	1 226,52	–	1 023,12	1 151,01	–	957,52	1 077,21	–	893,44	1 005,12	–	830,80	934,65	–	769,60	865,80
	VI	20 548	427,44	1 643,84	1 849,32																				
67 931,99	I,IV	14 499	–	1 159,92	1 304,91	I	14 499	–	1 024,24	1 152,27	–	894,48	1 006,29	–	770,56	866,88	–	652,56	734,13	–	540,40	607,95	–	434,08	488,34
	II	13 718	–	1 097,44	1 234,62	II	13 718	–	964,48	1 085,04	–	837,36	942,03	–	716,16	805,68	–	600,80	675,90	–	491,28	552,69	–	387,68	436,14
	III	9 062	–	724,96	815,58	III	9 062	–	627,20	705,60	–	532,48	599,04	–	440,64	495,72	–	351,84	395,82	–	265,76	298,98	–	182,88	205,74
	V	20 127	377,34	1 610,16	1 811,43	IV	14 499	–	1 091,36	1 227,78	–	1 024,24	1 152,27	–	958,64	1 078,47	–	894,48	1 006,29	–	831,76	935,73	–	770,56	866,88
	VI	20 562	429,11	1 644,96	1 850,58																				
67 967,99	I,IV	14 512	–	1 160,96	1 306,08	I	14 512	–	1 025,28	1 153,44	–	895,44	1 007,37	–	771,52	867,96	–	653,44	735,12	–	541,20	608,85	–	434,88	489,24
	II	13 731	–	1 098,48	1 235,79	II	13 731	–	965,52	1 086,21	–	838,32	943,11	–	717,04	806,67	–	601,68	676,89	–	492,16	553,68	–	388,48	437,04
	III	9 072	–	725,76	816,48	III	9 072	–	628,–	706,50	–	533,12	599,76	–	441,28	496,44	–	352,48	396,54	–	266,40	299,70	–	183,36	206,28
	V	20 141	379,01	1 611,28	1 812,69	IV	14 512	–	1 092,40	1 228,95	–	1 025,28	1 153,44	–	959,60	1 079,55	–	895,44	1 007,37	–	832,72	936,81	–	771,52	867,96
	VI	20 576	430,78	1 646,08	1 851,84																				

* Die ausgewiesenen Tabellenwerte sind amtlich. Siehe Erläuterungen auf der Umschlaginnenseite (U2).

Lohn/ Gehalt bis €*	Abzüge an Lohnsteuer, Solidaritätszuschlag (SolZ) und Kirchensteuer (8%, 9%) in den Steuerklassen I – VI					I, II, III, IV		mit Zahl der Kinderfreibeträge . . . 0,5			1			1,5			2			2,5			3		
			ohne Kinderfreibeträge																						
		LSt	SolZ	8%	9%		LSt	SolZ	8%	9%	SolZ	8%	9%	SolZ	8%	9%	SolZ	8%	9%	SolZ	8%	9%	SolZ	8%	9%
68 003,99	I,IV	14 526	–	1 162,08	1 307,34	I	14 526	–	1 026,32	1 154,61	–	896,48	1 008,54	–	772,48	869,04	–	654,32	736,11	–	542,08	609,84	–	435,76	490,23
	II	13 745	–	1 099,60	1 237,05	II	13 745	–	966,48	1 087,29	–	839,28	944,19	–	718,–	807,75	–	602,56	677,88	–	492,96	554,58	–	389,28	437,94
	III	9 082	–	726,56	817,38	III	9 082	–	628,80	707,40	–	533,92	600,66	–	442,08	497,34	–	353,12	397,26	–	267,20	300,60	–	184,16	207,18
	V	20 154	380,56	1 612,32	1 813,86	IV	14 526	–	1 093,44	1 230,12	–	1 026,32	1 154,61	–	960,64	1 080,72	–	896,48	1 008,54	–	833,68	937,89	–	772,48	869,04
	VI	20 590	432,44	1 647,20	1 853,10																				
68 039,99	I,IV	14 540	–	1 163,20	1 308,60	I	14 540	–	1 027,36	1 155,78	–	897,44	1 009,62	–	773,44	870,12	–	655,28	737,19	–	542,96	610,83	–	436,56	491,13
	II	13 758	–	1 100,64	1 238,22	II	13 758	–	967,52	1 088,46	–	840,32	945,36	–	718,88	808,74	–	603,44	678,87	–	493,84	555,57	–	390,08	438,84
	III	9 090	–	727,20	818,10	III	9 090	–	629,44	708,12	–	534,72	601,56	–	442,72	498,06	–	353,76	397,98	–	267,84	301,32	–	184,64	207,72
	V	20 168	382,22	1 613,44	1 815,12	IV	14 540	–	1 094,56	1 231,38	–	1 027,36	1 155,78	–	961,68	1 081,89	–	897,44	1 009,62	–	834,72	939,06	–	773,44	870,12
	VI	20 603	433,99	1 648,24	1 854,27																				
68 075,99	I,IV	14 553	–	1 164,24	1 309,77	I	14 553	–	1 028,40	1 156,95	–	898,48	1 010,79	–	774,32	871,11	–	656,16	738,18	–	543,84	611,82	–	437,36	492,03
	II	13 772	–	1 101,76	1 239,48	II	13 772	–	968,56	1 089,63	–	841,28	946,44	–	719,84	809,82	–	604,32	679,86	–	494,64	556,47	–	390,88	439,74
	III	9 100	–	728,–	819,–	III	9 100	–	630,24	709,02	–	535,36	602,28	–	443,52	498,96	–	354,56	398,88	–	268,48	302,04	–	185,44	208,62
	V	20 182	383,89	1 614,56	1 816,38	IV	14 553	–	1 095,60	1 232,55	–	1 028,40	1 156,95	–	962,72	1 083,06	–	898,48	1 010,79	–	835,68	940,14	–	774,32	871,11
	VI	20 617	435,65	1 649,36	1 855,53																				
68 111,99	I,IV	14 567	–	1 165,36	1 311,03	I	14 567	–	1 029,52	1 158,21	–	899,44	1 011,87	–	775,36	872,28	–	657,12	739,26	–	544,72	612,81	–	438,16	492,93
	II	13 785	–	1 102,80	1 240,65	II	13 785	–	969,60	1 090,80	–	842,24	947,52	–	720,80	810,90	–	605,20	680,85	–	495,52	557,46	–	391,68	440,64
	III	9 110	–	728,80	819,90	III	9 110	–	631,04	709,92	–	536,16	603,18	–	444,16	499,68	–	355,20	399,60	–	269,12	302,76	–	186,08	209,34
	V	20 196	385,56	1 615,68	1 817,64	IV	14 567	–	1 096,72	1 233,81	–	1 029,52	1 158,21	–	963,76	1 084,23	–	899,44	1 011,87	–	836,64	941,22	–	775,36	872,28
	VI	20 632	437,44	1 650,56	1 856,88																				
68 147,99	I,IV	14 581	–	1 166,48	1 312,29	I	14 581	–	1 030,56	1 159,38	–	900,48	1 013,04	–	776,32	873,36	–	658,–	740,25	–	545,60	613,80	–	439,04	493,92
	II	13 799	–	1 103,92	1 241,91	II	13 799	–	970,64	1 091,97	–	843,28	948,69	–	721,76	811,98	–	606,08	681,84	–	496,40	558,45	–	392,48	441,54
	III	9 120	–	729,60	820,80	III	9 120	–	631,84	710,82	–	536,96	604,08	–	444,96	500,58	–	355,84	400,32	–	269,76	303,48	–	186,72	210,06
	V	20 210	387,22	1 616,80	1 818,90	IV	14 581	–	1 097,76	1 234,98	–	1 030,56	1 159,38	–	964,80	1 085,40	–	900,48	1 013,04	–	837,68	942,39	–	776,32	873,36
	VI	20 645	438,99	1 651,60	1 858,05																				
68 183,99	I,IV	14 595	–	1 167,60	1 313,55	I	14 595	–	1 031,60	1 160,55	–	901,44	1 014,12	–	777,28	874,44	–	658,88	741,24	–	546,40	614,70	–	439,84	494,82
	II	13 812	–	1 104,96	1 243,08	II	13 812	–	971,68	1 093,14	–	844,24	949,77	–	722,64	812,97	–	607,04	682,92	–	497,20	559,35	–	393,28	442,44
	III	9 130	–	730,40	821,70	III	9 130	–	632,64	711,72	–	537,60	604,80	–	445,60	501,30	–	356,64	401,22	–	270,56	304,38	–	187,36	210,78
	V	20 224	388,89	1 617,92	1 820,16	IV	14 595	–	1 098,88	1 236,24	–	1 031,60	1 160,55	–	965,76	1 086,48	–	901,44	1 014,12	–	838,64	943,47	–	777,28	874,44
	VI	20 659	440,65	1 652,72	1 859,31																				
68 219,99	I,IV	14 608	–	1 168,64	1 314,72	I	14 608	–	1 032,64	1 161,72	–	902,48	1 015,29	–	778,24	875,52	–	659,84	742,32	–	547,28	615,69	–	440,64	495,72
	II	13 826	–	1 106,08	1 244,34	II	13 826	–	972,72	1 094,31	–	845,20	950,85	–	723,60	814,05	–	607,92	683,91	–	498,08	560,34	–	394,08	443,34
	III	9 140	–	731,20	822,60	III	9 140	–	633,28	712,44	–	538,40	605,70	–	446,40	502,20	–	357,28	401,94	–	271,20	305,10	–	188,–	211,50
	V	20 238	390,55	1 619,04	1 821,42	IV	14 608	–	1 099,92	1 237,41	–	1 032,64	1 161,72	–	966,80	1 087,65	–	902,48	1 015,29	–	839,60	944,55	–	778,24	875,52
	VI	20 673	442,32	1 653,84	1 860,57																				
68 255,99	I,IV	14 622	–	1 169,76	1 315,98	I	14 622	–	1 033,68	1 162,89	–	903,44	1 016,37	–	779,12	876,51	–	660,72	743,31	–	548,16	616,68	–	441,44	496,62
	II	13 839	–	1 107,12	1 245,51	II	13 839	–	973,68	1 095,39	–	846,16	951,93	–	724,56	815,13	–	608,80	684,90	–	498,88	561,24	–	394,88	444,24
	III	9 150	–	732,–	823,50	III	9 150	–	634,08	713,34	–	539,04	606,42	–	447,04	502,92	–	357,92	402,66	–	271,84	305,82	–	188,64	212,22
	V	20 252	392,22	1 620,16	1 822,68	IV	14 622	–	1 100,96	1 238,58	–	1 033,68	1 162,89	–	967,84	1 088,82	–	903,44	1 016,37	–	840,56	945,63	–	779,12	876,51
	VI	20 687	443,98	1 654,96	1 861,83																				
68 291,99	I,IV	14 636	–	1 170,88	1 317,24	I	14 636	–	1 034,72	1 164,06	–	904,48	1 017,54	–	780,08	877,59	–	661,60	744,30	–	549,04	617,67	–	442,24	497,52
	II	13 852	–	1 108,16	1 246,68	II	13 852	–	974,72	1 096,56	–	847,20	953,10	–	725,44	816,12	–	609,68	685,89	–	499,76	562,23	–	395,68	445,14
	III	9 160	–	732,80	824,40	III	9 160	–	634,88	714,24	–	539,84	607,32	–	447,84	503,82	–	358,72	403,56	–	272,48	306,54	–	189,28	212,94
	V	20 266	393,89	1 621,28	1 823,94	IV	14 636	–	1 102,08	1 239,84	–	1 034,72	1 164,06	–	968,88	1 089,99	–	904,48	1 017,54	–	841,60	946,80	–	780,08	877,59
	VI	20 701	445,65	1 656,08	1 863,09																				
68 327,99	I,IV	14 650	–	1 172,–	1 318,50	I	14 650	–	1 035,84	1 165,32	–	905,52	1 018,71	–	781,12	878,76	–	662,56	745,38	–	549,92	618,66	–	443,12	498,51
	II	13 866	–	1 109,28	1 247,94	II	13 866	–	975,84	1 097,82	–	848,16	954,18	–	726,48	817,29	–	610,56	686,88	–	500,56	563,13	–	396,48	446,04
	III	9 170	–	733,60	825,30	III	9 170	–	635,68	715,14	–	540,64	608,22	–	448,48	504,54	–	359,36	404,28	–	273,12	307,26	–	189,92	213,66
	V	20 280	395,55	1 622,40	1 825,20	IV	14 650	–	1 103,12	1 241,01	–	1 035,84	1 165,32	–	969,92	1 091,16	–	905,52	1 018,71	–	842,56	947,88	–	781,12	878,76
	VI	20 715	447,32	1 657,20	1 864,35																				
68 363,99	I,IV	14 663	–	1 173,04	1 319,67	I	14 663	–	1 036,88	1 166,49	–	906,48	1 019,79	–	782,08	879,84	–	663,44	746,37	–	550,80	619,65	–	443,92	499,41
	II	13 880	–	1 110,40	1 249,20	II	13 880	–	976,80	1 098,90	–	849,20	955,35	–	727,36	818,28	–	611,44	687,87	–	501,44	564,12	–	397,28	446,94
	III	9 180	–	734,40	826,20	III	9 180	–	636,32	715,86	–	541,28	608,94	–	449,28	505,44	–	360,–	405,–	–	273,92	308,16	–	190,56	214,38
	V	20 294	397,22	1 623,52	1 826,46	IV	14 663	–	1 104,24	1 242,27	–	1 036,88	1 166,49	–	970,96	1 092,33	–	906,48	1 019,79	–	843,52	948,96	–	782,08	879,84
	VI	20 729	448,98	1 658,32	1 865,61																				
68 399,99	I,IV	14 677	–	1 174,16	1 320,93	I	14 677	–	1 037,92	1 167,66	–	907,52	1 020,96	–	783,04	880,92	–	664,40	747,45	–	551,60	620,55	–	444,72	500,31
	II	13 893	–	1 111,44	1 250,37	II	13 893	–	977,84	1 100,07	–	850,16	956,43	–	728,32	819,36	–	612,32	688,86	–	502,24	565,02	–	398,08	447,84
	III	9 190	–	735,20	827,10	III	9 190	–	637,12	716,76	–	542,08	609,84	–	449,92	506,16	–	360,80	405,90	–	274,56	308,88	–	191,20	215,10
	V	20 308	398,88	1 624,64	1 827,72	IV	14 677	–	1 105,28	1 243,44	–	1 037,92	1 167,66	–	972,–	1 093,50	–	907,52	1 020,96	–	844,56	950,13	–	783,04	880,92
	VI	20 743	450,65	1 659,44	1 866,87																				
68 435,99	I,IV	14 691	–	1 175,28	1 322,19	I	14 691	–	1 038,96	1 168,83	–	908,56	1 022,13	–	784,–	882,–	–	665,28	748,44	–	552,48	621,54	–	445,60	501,30
	II	13 907	–	1 112,56	1 251,63	II	13 907	–	978,88	1 101,24	–	851,12	957,51	–	729,28	820,44	–	613,28	689,94	–	503,12	566,01	–	398,88	448,74
	III	9 200	–	736,–	828,–	III	9 200	–	637,92	717,66	–	542,88	610,74	–	450,72	507,06	–	361,44	406,62	–	275,20	309,60	–	191,84	215,82
	V	20 322	400,55	1 625,76	1 828,98	IV	14 691	–	1 106,40	1 244,70	–	1 038,96	1 168,83	–	973,04	1 094,67	–	908,56	1 022,13	–	845,52	951,21	–	784,–	882,–
	VI	20 757	452,31	1 660,56	1 868,13																				
68 471,99	I,IV	14 704	–	1 176,32	1 323,36	I	14 704	–	1 040,–	1 170,–	–	909,52	1 023,21	–	784,96	883,08	–	666,24	749,52	–	553,36	622,53	–	446,40	502,20
	II	13 920	–	1 113,60	1 252,80	II	13 920	–	979,92	1 102,41	–	852,08	958,59	–	730,16	821,43	–	614,16	690,93	–	504,–	567,–	–	399,68	449,64
	III	9 208	–	736,64	828,72	III	9 208	–	638,72	718,56	–	543,52	611,46	–	451,36	507,78	–	362,08	407,34	–	275,84	310,32	–	192,48	216,54
	V	20 336	402,22	1 626,88	1 830,24	IV	14 704	–	1 107,44	1 245,87	–	1 040,–	1 170,–	–	974,–	1 095,75	–	909,52	1 023,21	–	846,48	952,29	–	784,96	883,08
	VI	20 771	453,98	1 661,68	1 869,39																				
68 507,99	I,IV	14 719	–	1 177,52	1 324,71	I	14 719	–	1 041,12	1 171,26	–	910,56	1 024,38	–	785,92	884,16	–	667,12	750,51	–	554,24	623,52	–	447,20	503,10
	II	13 934	–	1 114,72	1 254,06	II	13 934	–	980,96	1 103,58	–	853,12	959,76	–	731,12	822,51	–	615,04	691,92	–	504,80	567,90	–	400,48	450,54
	III	9 218	–	737,44	829,62	III	9 218	–	639,36	719,28	–	544,32	612,36	–	452,16	508,68	–	362,88	408,24	–	276,48	311,04	–	193,12	217,26
	V	20 350	403,88	1 628,–	1 831,50	IV	14 719	–	1 108,56	1 247,13	–	1 041,12	1 171,26	–	975,12	1 097,01	–	910,56	1 024,38	–	847,52	953,46	–	785,92	884,16
	VI	20 785	455,65	1 662,80	1 870,65																				
68 543,99	I,IV	14 732	–	1 178,56	1 325,88	I	14 732	–	1 042,16	1 172,43	–	911,60	1 025,55	–	786,88	885,24	–	668,08	751,59	–	555,12	624,51	–	448,08	504,09
	II	13 947	–	1 115,76	1 255,23	II	13 947	–	982,–	1 104,75	–	854,08	960,84	–	732,08	823,59	–	615,92	692,91	–	505,68	568,89	–	401,28	451,44
	III	9 228	–	738,24	830,52	III	9 228	–	640,16	720,18	–	545,12	613,26	–	452,80	509,40	–	363,52	408,96	–	277,28	311,94	–	193,76	217,98
	V	20 364	405,55	1 629,12	1 832,76	IV	14 732	–	1 109,60	1 248,30	–	1 042,16	1 172,43	–	976,08	1 098,09	–	911,60	1 025,55	–	848,48	954,54	–	786,88	885,24
	VI	20 799	457,31	1 663,92	1 871,91																				

* Die ausgewiesenen Tabellenwerte sind amtlich. Siehe Erläuterungen auf der Umschlaginnenseite (U2).

Abzüge an Lohnsteuer, Solidaritätszuschlag (SolZ) und Kirchensteuer (8%, 9%) in den Steuerklassen

Lohn/ Gehalt bis €*	I – VI		ohne Kinderfreibeträge			I, II, III, IV		mit Zahl der Kinderfreibeträge . . . 0,5			1			1,5			2			2,5			3		
		LSt	SolZ	8%	9%		LSt	SolZ	8%	9%	SolZ	8%	9%	SolZ	8%	9%	SolZ	8%	9%	SolZ	8%	9%	SolZ	8%	9%
68 579,99	I,IV	14 746	–	1 179,68	1 327,14	I	14 746	–	1 043,20	1 173,60	–	912,56	1 026,63	–	787,84	886,32	–	668,96	752,58	–	556,–	625,50	–	448,88	504,99
	II	13 961	–	1 116,88	1 256,49	II	13 961	–	983,04	1 105,92	–	855,12	962,01	–	733,04	824,67	–	616,80	693,90	–	506,56	569,88	–	402,08	452,34
	III	9 238	–	739,04	831,42	III	9 238	–	640,96	721,08	–	545,76	613,98	–	453,60	510,30	–	364,16	409,68	–	277,92	312,66	–	194,40	218,70
	V	20 378	407,21	1 630,24	1 834,02	IV	14 746	–	1 110,72	1 249,56	–	1 043,20	1 173,60	–	977,12	1 099,26	–	912,56	1 026,63	–	849,44	955,62	–	787,84	886,32
	VI	20 813	458,98	1 665,04	1 873,17																				
68 615,99	I,IV	14 760	–	1 180,80	1 328,40	I	14 760	–	1 044,24	1 174,77	–	913,60	1 027,80	–	788,80	887,40	–	669,84	753,57	–	556,88	626,49	–	449,68	505,89
	II	13 974	–	1 117,92	1 257,66	II	13 974	–	984,08	1 107,09	–	856,08	963,09	–	734,–	825,75	–	617,76	694,98	–	507,36	570,78	–	402,88	453,24
	III	9 248	–	739,84	832,32	III	9 248	–	641,76	721,98	–	546,56	614,88	–	454,24	511,02	–	364,96	410,58	–	278,56	313,38	–	195,04	219,42
	V	20 391	408,76	1 631,28	1 835,19	IV	14 760	–	1 111,76	1 250,73	–	1 044,24	1 174,77	–	978,16	1 100,43	–	913,60	1 027,80	–	850,48	956,79	–	788,80	887,40
	VI	20 826	460,53	1 666,08	1 874,34																				
68 651,99	I,IV	14 773	–	1 181,84	1 329,57	I	14 773	–	1 045,28	1 175,94	–	914,56	1 028,88	–	789,76	888,48	–	670,80	754,65	–	557,68	627,39	–	450,48	506,79
	II	13 988	–	1 119,04	1 258,92	II	13 988	–	985,12	1 108,26	–	857,04	964,17	–	734,88	826,74	–	618,64	695,97	–	508,24	571,77	–	403,68	454,14
	III	9 258	–	740,64	833,22	III	9 258	–	642,40	722,70	–	547,20	615,60	–	454,88	511,74	–	365,60	411,30	–	279,20	314,10	–	195,68	220,14
	V	20 405	410,43	1 632,40	1 836,45	IV	14 773	–	1 112,88	1 251,99	–	1 045,28	1 175,94	–	979,20	1 101,60	–	914,56	1 028,88	–	851,44	957,87	–	789,76	888,48
	VI	20 840	462,19	1 667,20	1 875,60																				
68 687,99	I,IV	14 788	–	1 183,04	1 330,92	I	14 788	–	1 046,40	1 177,20	–	915,60	1 030,05	–	790,72	889,56	–	671,76	755,73	–	558,64	628,47	–	451,36	507,78
	II	14 001	–	1 120,08	1 260,09	II	14 001	–	986,16	1 109,43	–	858,08	965,34	–	735,84	827,82	–	619,52	696,96	–	509,12	572,76	–	404,48	455,04
	III	9 268	–	741,44	834,12	III	9 268	–	643,20	723,60	–	548,–	616,50	–	455,68	512,64	–	366,24	412,02	–	279,84	314,82	–	196,32	220,86
	V	20 420	412,21	1 633,60	1 837,80	IV	14 788	–	1 113,92	1 253,16	–	1 046,40	1 177,20	–	980,24	1 102,77	–	915,60	1 030,05	–	852,40	958,95	–	790,72	889,56
	VI	20 855	463,98	1 668,40	1 876,95																				
68 723,99	I,IV	14 801	–	1 184,08	1 332,09	I	14 801	–	1 047,44	1 178,37	–	916,64	1 031,22	–	791,68	890,64	–	672,64	756,72	–	559,44	629,37	–	452,16	508,68
	II	14 015	–	1 121,20	1 261,35	II	14 015	–	987,20	1 110,60	–	859,04	966,42	–	736,80	828,90	–	620,40	697,95	–	509,92	573,66	–	405,28	455,94
	III	9 278	–	742,24	835,02	III	9 278	–	644,–	724,50	–	548,80	617,40	–	456,48	513,54	–	367,04	412,92	–	280,64	315,72	–	197,12	221,76
	V	20 433	413,76	1 634,64	1 838,97	IV	14 801	–	1 115,04	1 254,42	–	1 047,44	1 178,37	–	981,28	1 103,94	–	916,64	1 031,22	–	853,44	960,12	–	791,68	890,64
	VI	20 868	465,52	1 669,44	1 878,12																				
68 759,99	I,IV	14 815	–	1 185,20	1 333,35	I	14 815	–	1 048,48	1 179,54	–	917,60	1 032,30	–	792,64	891,72	–	673,52	757,71	–	560,32	630,36	–	453,04	509,67
	II	14 028	–	1 122,24	1 262,52	II	14 028	–	988,24	1 111,77	–	860,08	967,59	–	737,76	829,98	–	621,36	699,03	–	510,80	574,65	–	406,08	456,84
	III	9 288	–	743,04	835,92	III	9 288	–	644,80	725,40	–	549,44	618,12	–	457,12	514,26	–	367,68	413,64	–	281,28	316,44	–	197,60	222,30
	V	20 447	415,42	1 635,76	1 840,23	IV	14 815	–	1 116,08	1 255,59	–	1 048,48	1 179,54	–	982,32	1 105,11	–	917,60	1 032,30	–	854,40	961,20	–	792,64	891,72
	VI	20 882	467,19	1 670,56	1 879,38																				
68 795,99	I,IV	14 829	–	1 186,32	1 334,61	I	14 829	–	1 049,52	1 180,71	–	918,64	1 033,47	–	793,60	892,80	–	674,48	758,79	–	561,20	631,35	–	453,84	510,57
	II	14 042	–	1 123,36	1 263,78	II	14 042	–	989,28	1 112,94	–	861,04	968,67	–	738,72	831,06	–	622,24	700,02	–	511,60	575,55	–	406,88	457,74
	III	9 298	–	743,84	836,82	III	9 298	–	645,60	726,30	–	550,24	619,02	–	457,92	515,16	–	368,48	414,54	–	281,92	317,16	–	198,40	223,20
	V	20 461	417,09	1 636,88	1 841,49	IV	14 829	–	1 117,20	1 256,85	–	1 049,52	1 180,71	–	983,36	1 106,28	–	918,64	1 033,47	–	855,36	962,28	–	793,60	892,80
	VI	20 896	468,86	1 671,68	1 880,64																				
68 831,99	I,IV	14 843	–	1 187,44	1 335,87	I	14 843	–	1 050,56	1 181,88	–	919,60	1 034,55	–	794,56	893,88	–	675,36	759,78	–	562,08	632,34	–	454,64	511,47
	II	14 055	–	1 124,40	1 264,95	II	14 055	–	990,32	1 114,11	–	862,–	969,75	–	739,60	832,05	–	623,12	701,01	–	512,48	576,54	–	407,68	458,64
	III	9 308	–	744,64	837,72	III	9 308	–	646,24	727,02	–	550,88	619,74	–	458,56	515,88	–	369,12	415,26	–	282,56	317,88	–	199,04	223,92
	V	20 475	418,76	1 638,–	1 842,75	IV	14 843	–	1 118,24	1 258,02	–	1 050,56	1 181,88	–	984,40	1 107,45	–	919,60	1 034,55	–	856,40	963,45	–	794,56	893,88
	VI	20 910	470,52	1 672,80	1 881,90																				
68 867,99	I,IV	14 856	–	1 188,48	1 337,04	I	14 856	–	1 051,60	1 183,05	–	920,64	1 035,72	–	795,52	894,96	–	676,32	760,86	–	562,96	633,33	–	455,44	512,37
	II	14 069	–	1 125,52	1 266,21	II	14 069	–	991,28	1 115,19	–	862,96	970,83	–	740,56	833,13	–	624,–	702,–	–	513,36	577,53	–	408,48	459,54
	III	9 318	–	745,44	838,62	III	9 318	–	647,04	727,92	–	551,68	620,64	–	459,36	516,78	–	369,76	415,98	–	283,20	318,60	–	199,68	224,64
	V	20 489	420,42	1 639,12	1 844,01	IV	14 856	–	1 119,36	1 259,28	–	1 051,60	1 183,05	–	985,44	1 108,62	–	920,64	1 035,72	–	857,36	964,53	–	795,52	894,96
	VI	20 924	472,19	1 673,92	1 883,16																				
68 903,99	I,IV	14 870	–	1 189,60	1 338,30	I	14 870	–	1 052,72	1 184,31	–	921,68	1 036,89	–	796,56	896,13	–	677,28	761,94	–	563,84	634,32	–	456,32	513,36
	II	14 083	–	1 126,64	1 267,47	II	14 083	–	992,40	1 116,45	–	864,–	972,–	–	741,52	834,21	–	624,96	703,08	–	514,16	578,43	–	409,36	460,53
	III	9 328	–	746,24	839,52	III	9 328	–	647,84	728,82	–	552,48	621,54	–	460,–	517,50	–	370,56	416,88	–	284,–	319,50	–	200,32	225,36
	V	20 503	422,09	1 640,24	1 845,27	IV	14 870	–	1 120,48	1 260,54	–	1 052,72	1 184,31	–	986,48	1 109,79	–	921,68	1 036,89	–	858,40	965,70	–	796,56	896,13
	VI	20 938	473,85	1 675,04	1 884,42																				
68 939,99	I,IV	14 884	–	1 190,72	1 339,56	I	14 884	–	1 053,76	1 185,48	–	922,72	1 038,06	–	797,52	897,21	–	678,16	762,93	–	564,72	635,31	–	457,12	514,26
	II	14 096	–	1 127,68	1 268,64	II	14 096	–	993,44	1 117,62	–	865,04	973,17	–	742,48	835,29	–	625,84	704,07	–	515,04	579,42	–	410,16	461,43
	III	9 338	–	747,04	840,42	III	9 338	–	648,64	729,72	–	553,12	622,26	–	460,80	518,40	–	371,20	417,60	–	284,64	320,22	–	200,96	226,08
	V	20 517	423,75	1 641,36	1 846,53	IV	14 884	–	1 121,52	1 261,71	–	1 053,76	1 185,48	–	987,52	1 110,96	–	922,72	1 038,06	–	859,36	966,78	–	797,52	897,21
	VI	20 952	475,52	1 676,16	1 885,68																				
68 975,99	I,IV	14 898	–	1 191,84	1 340,82	I	14 898	–	1 054,80	1 186,65	–	923,68	1 039,14	–	798,48	898,29	–	679,04	763,92	–	565,60	636,30	–	458,–	515,25
	II	14 110	–	1 128,80	1 269,90	II	14 110	–	994,48	1 118,79	–	866,–	974,25	–	743,44	836,37	–	626,72	705,06	–	515,92	580,41	–	410,96	462,33
	III	9 348	–	747,84	841,32	III	9 348	–	649,44	730,62	–	553,92	623,16	–	461,44	519,12	–	371,84	418,32	–	285,28	320,94	–	201,60	226,80
	V	20 531	425,42	1 642,48	1 847,79	IV	14 898	–	1 122,56	1 262,88	–	1 054,80	1 186,65	–	988,56	1 112,13	–	923,68	1 039,14	–	860,32	967,86	–	798,48	898,29
	VI	20 966	477,19	1 677,28	1 886,94																				
69 011,99	I,IV	14 912	–	1 192,96	1 342,08	I	14 912	–	1 055,92	1 187,91	–	924,72	1 040,31	–	799,44	899,37	–	680,–	765,–	–	566,48	637,29	–	458,80	516,15
	II	14 123	–	1 129,84	1 271,07	II	14 123	–	995,52	1 119,96	–	866,96	975,33	–	744,32	837,36	–	627,60	706,05	–	516,72	581,31	–	411,76	463,23
	III	9 356	–	748,48	842,04	III	9 356	–	650,08	731,34	–	554,72	624,06	–	462,08	519,84	–	372,64	419,22	–	285,92	321,66	–	202,24	227,52
	V	20 545	427,09	1 643,60	1 849,05	IV	14 912	–	1 123,68	1 264,14	–	1 055,92	1 187,91	–	989,60	1 113,30	–	924,72	1 040,31	–	861,36	969,03	–	799,44	899,37
	VI	20 980	478,85	1 678,40	1 888,20																				
69 047,99	I,IV	14 926	–	1 194,08	1 343,34	I	14 926	–	1 056,96	1 189,08	–	925,68	1 041,39	–	800,40	900,45	–	680,88	765,99	–	567,36	638,28	–	459,60	517,05
	II	14 137	–	1 130,96	1 272,33	II	14 137	–	996,48	1 121,04	–	868,–	976,50	–	745,28	838,44	–	628,48	707,04	–	517,60	582,30	–	412,56	464,13
	III	9 366	–	749,28	842,94	III	9 366	–	650,88	732,24	–	555,36	624,78	–	462,88	520,74	–	373,28	419,94	–	286,56	322,38	–	202,88	228,24
	V	20 559	428,75	1 644,72	1 850,31	IV	14 926	–	1 124,72	1 265,31	–	1 056,96	1 189,08	–	990,56	1 114,38	–	925,68	1 041,39	–	862,32	970,11	–	800,40	900,45
	VI	20 994	480,52	1 679,52	1 889,46																				
69 083,99	I,IV	14 940	–	1 195,20	1 344,60	I	14 940	–	1 058,–	1 190,25	–	926,72	1 042,56	–	801,36	901,53	–	681,84	767,07	–	568,24	639,27	–	460,48	518,04
	II	14 151	–	1 132,08	1 273,59	II	14 151	–	997,60	1 122,30	–	868,96	977,58	–	746,24	839,52	–	629,44	708,12	–	518,48	583,29	–	413,36	465,03
	III	9 376	–	750,08	843,84	III	9 376	–	651,68	733,14	–	556,16	625,68	–	463,68	521,64	–	374,08	420,84	–	287,36	323,28	–	203,52	228,96
	V	20 573	430,42	1 645,84	1 851,57	IV	14 940	–	1 125,84	1 266,57	–	1 058,–	1 190,25	–	991,68	1 115,64	–	926,72	1 042,56	–	863,36	971,28	–	801,36	901,53
	VI	21 008	482,18	1 680,64	1 890,72																				
69 119,99	I,IV	14 953	–	1 196,24	1 345,77	I	14 953	–	1 059,12	1 191,51	–	927,76	1 043,73	–	802,32	902,61	–	682,80	768,15	–	569,12	640,26	–	461,28	518,94
	II	14 164	–	1 133,12	1 274,76	II	14 164	–	998,64	1 123,47	–	870,–	978,75	–	747,20	840,60	–	630,32	709,11	–	519,28	584,19	–	414,16	465,93
	III	9 386	–	750,88	844,74	III	9 386	–	652,48	734,04	–	556,96	626,58	–	464,32	522,36	–	374,72	421,56	–	288,–	324,–	–	204,16	229,68
	V	20 587	432,08	1 646,96	1 852,83	IV	14 953	–	1 126,96	1 267,83	–	1 059,12	1 191,51	–	992,72	1 116,81	–	927,76	1 043,73	–	864,32	972,36	–	802,32	902,61
	VI	21 022	483,85	1 681,76	1 891,98																				

* Die ausgewiesenen Tabellenwerte sind amtlich. Siehe Erläuterungen auf der Umschlaginnenseite (U2).

Abzüge an Lohnsteuer, Solidaritätszuschlag (SolZ) und Kirchensteuer (8%, 9%) in den Steuerklassen

Lohn/ Gehalt bis €*	I – VI					I, II, III, IV		mit Zahl der Kinderfreibeträge . . . 0,5			1			1,5			2			2,5			3		
		LSt	ohne Kinderfreibeträge SolZ	8%	9%		LSt	SolZ	8%	9%	SolZ	8%	9%	SolZ	8%	9%	SolZ	8%	9%	SolZ	8%	9%	SolZ	8%	9%
69 155,99	I,IV	14 967	–	1 197,36	1 347,03	I	14 967	–	1 060,16	1 192,68	–	928,80	1 044,90	–	803,28	903,69	–	683,68	769,14	–	570,–	641,25	–	462,08	519,84
	II	14 178	–	1 134,24	1 276,02	II	14 178	–	999,68	1 124,64	–	870,96	979,83	–	748,16	841,68	–	631,20	710,10	–	520,16	585,18	–	414,96	466,83
	III	9 396	–	751,68	845,64	III	9 396	–	653,28	734,94	–	557,76	627,48	–	465,12	523,26	–	375,36	422,28	–	288,64	324,72	–	204,80	230,40
	V	20 601	433,75	1 648,08	1 854,09	IV	14 967	–	1 128,–	1 269,–	–	1 060,16	1 192,68	–	993,76	1 117,98	–	928,80	1 044,90	–	865,28	973,44	–	803,28	903,69
	VI	21 036	485,52	1 682,88	1 893,24																				
69 191,99	I,IV	14 981	–	1 198,48	1 348,29	I	14 981	–	1 061,20	1 193,85	–	929,76	1 045,98	–	804,24	904,77	–	684,64	770,22	–	570,80	642,15	–	462,96	520,83
	II	14 191	–	1 135,28	1 277,19	II	14 191	–	1 000,72	1 125,81	–	871,92	980,91	–	749,12	842,76	–	632,08	711,09	–	521,04	586,17	–	415,76	467,73
	III	9 406	–	752,48	846,54	III	9 406	–	653,92	735,66	–	558,40	628,20	–	465,76	523,98	–	376,–	423,–	–	289,28	325,44	–	205,44	231,12
	V	20 614	435,30	1 649,12	1 855,26	IV	14 981	–	1 129,12	1 270,26	–	1 061,20	1 193,85	–	994,72	1 119,06	–	929,76	1 045,98	–	866,32	974,61	–	804,24	904,77
	VI	21 050	487,18	1 684,–	1 894,50																				
69 227,99	I,IV	14 995	–	1 199,60	1 349,55	I	14 995	–	1 062,24	1 195,02	–	930,80	1 047,15	–	805,20	905,85	–	685,52	771,21	–	571,68	643,14	–	463,76	521,73
	II	14 205	–	1 136,40	1 278,45	II	14 205	–	1 001,76	1 126,98	–	872,96	982,08	–	750,08	843,84	–	633,04	712,17	–	521,84	587,07	–	416,56	468,63
	III	9 416	–	753,28	847,44	III	9 416	–	654,72	736,56	–	559,20	629,10	–	466,56	524,88	–	376,80	423,90	–	289,92	326,16	–	206,08	231,84
	V	20 628	436,96	1 650,24	1 856,52	IV	14 995	–	1 130,16	1 271,43	–	1 062,24	1 195,02	–	995,76	1 120,23	–	930,80	1 047,15	–	867,28	975,69	–	805,20	905,85
	VI	21 063	488,73	1 685,04	1 895,67																				
69 263,99	I,IV	15 009	–	1 200,72	1 350,81	I	15 009	–	1 063,36	1 196,28	–	931,84	1 048,32	–	806,24	907,02	–	686,48	772,29	–	572,64	644,22	–	464,64	522,72
	II	14 219	–	1 137,52	1 279,71	II	14 219	–	1 002,80	1 128,15	–	874,–	983,25	–	751,04	844,92	–	633,92	713,16	–	522,72	588,06	–	417,44	469,62
	III	9 426	–	754,08	848,34	III	9 426	–	655,52	737,46	–	560,–	630,–	–	467,20	525,60	–	377,44	424,62	–	290,72	327,06	–	206,88	232,74
	V	20 643	438,75	1 651,44	1 857,87	IV	15 009	–	1 131,28	1 272,69	–	1 063,36	1 196,28	–	996,88	1 121,49	–	931,84	1 048,32	–	868,32	976,86	–	806,24	907,02
	VI	21 078	490,51	1 686,24	1 897,02																				
69 299,99	I,IV	15 023	–	1 201,84	1 352,07	I	15 023	–	1 064,40	1 197,45	–	932,88	1 049,49	–	807,20	908,10	–	687,36	773,28	–	573,44	645,12	–	465,44	523,62
	II	14 232	–	1 138,56	1 280,88	II	14 232	–	1 003,84	1 129,32	–	874,96	984,33	–	751,92	845,91	–	634,80	714,15	–	523,60	589,05	–	418,24	470,52
	III	9 436	–	754,88	849,24	III	9 436	–	656,32	738,36	–	560,64	630,72	–	468,–	526,50	–	378,24	425,52	–	291,36	327,78	–	207,52	233,46
	V	20 656	440,30	1 652,48	1 859,04	IV	15 023	–	1 132,40	1 273,95	–	1 064,40	1 197,45	–	997,92	1 122,66	–	932,88	1 049,49	–	869,28	977,94	–	807,20	908,10
	VI	21 092	492,18	1 687,36	1 898,28																				
69 335,99	I,IV	15 037	–	1 202,96	1 353,33	I	15 037	–	1 065,44	1 198,62	–	933,84	1 050,57	–	808,16	909,18	–	688,32	774,36	–	574,32	646,11	–	466,24	524,52
	II	14 246	–	1 139,68	1 282,14	II	14 246	–	1 004,88	1 130,49	–	875,92	985,41	–	752,88	846,99	–	635,76	715,23	–	524,48	590,04	–	419,04	471,42
	III	9 446	–	755,68	850,14	III	9 446	–	657,12	739,26	–	561,44	631,62	–	468,64	527,22	–	378,88	426,24	–	292,–	328,50	–	208,16	234,18
	V	20 670	441,96	1 653,60	1 860,30	IV	15 037	–	1 133,44	1 275,12	–	1 065,44	1 198,62	–	998,96	1 123,83	–	933,84	1 050,57	–	870,24	979,02	–	808,16	909,18
	VI	21 105	493,73	1 688,40	1 899,45																				
69 371,99	I,IV	15 050	–	1 204,–	1 354,50	I	15 050	–	1 066,56	1 199,88	–	934,88	1 051,74	–	809,12	910,26	–	689,20	775,35	–	575,20	647,10	–	467,12	525,51
	II	14 259	–	1 140,72	1 283,31	II	14 259	–	1 005,92	1 131,66	–	876,96	986,58	–	753,84	848,07	–	636,64	716,22	–	525,28	590,94	–	419,84	472,32
	III	9 456	–	756,48	851,04	III	9 456	–	657,76	739,98	–	562,08	632,34	–	469,44	528,12	–	379,52	426,96	–	292,64	329,22	–	208,80	234,90
	V	20 684	443,63	1 654,72	1 861,56	IV	15 050	–	1 134,56	1 276,38	–	1 066,56	1 199,88	–	1 000,–	1 125,–	–	934,88	1 051,74	–	871,28	980,19	–	809,12	910,26
	VI	21 119	495,39	1 689,52	1 900,71																				
69 407,99	I,IV	15 064	–	1 205,12	1 355,76	I	15 064	–	1 067,60	1 201,05	–	935,92	1 052,91	–	810,08	911,34	–	690,16	776,43	–	576,08	648,09	–	467,92	526,41
	II	14 273	–	1 141,84	1 284,57	II	14 273	–	1 006,96	1 132,83	–	877,92	987,66	–	754,80	849,15	–	637,52	717,21	–	526,16	591,93	–	420,64	473,22
	III	9 466	–	757,28	851,94	III	9 466	–	658,56	740,88	–	562,88	633,24	–	470,08	528,84	–	380,32	427,86	–	293,44	330,12	–	209,44	235,62
	V	20 698	445,29	1 655,84	1 862,82	IV	15 064	–	1 135,60	1 277,55	–	1 067,60	1 201,05	–	1 001,04	1 126,17	–	935,92	1 052,91	–	872,24	981,27	–	810,08	911,34
	VI	21 133	497,06	1 690,64	1 901,97																				
69 443,99	I,IV	15 078	–	1 206,24	1 357,02	I	15 078	–	1 068,64	1 202,22	–	936,88	1 053,99	–	811,04	912,42	–	691,04	777,42	–	576,96	649,08	–	468,72	527,31
	II	14 286	–	1 142,88	1 285,74	II	14 286	–	1 008,–	1 134,–	–	878,96	988,83	–	755,76	850,23	–	638,40	718,20	–	527,04	592,92	–	421,44	474,12
	III	9 476	–	758,08	852,84	III	9 476	–	659,36	741,78	–	563,68	634,14	–	470,88	529,74	–	380,96	428,58	–	294,08	330,84	–	210,08	236,34
	V	20 712	446,96	1 656,96	1 864,08	IV	15 078	–	1 136,72	1 278,81	–	1 068,64	1 202,22	–	1 002,–	1 127,25	–	936,88	1 053,99	–	873,28	982,44	–	811,04	912,42
	VI	21 147	498,72	1 691,76	1 903,23																				
69 479,99	I,IV	15 092	–	1 207,36	1 358,28	I	15 092	–	1 069,76	1 203,48	–	937,92	1 055,16	–	812,08	913,59	–	692,–	778,50	–	577,84	650,07	–	469,60	528,30
	II	14 300	–	1 144,–	1 287,–	II	14 300	–	1 009,04	1 135,17	–	879,92	989,91	–	756,72	851,31	–	639,36	719,28	–	527,92	593,91	–	422,32	475,11
	III	9 486	–	758,88	853,74	III	9 486	–	660,16	742,68	–	564,32	634,86	–	471,52	530,46	–	381,60	429,30	–	294,72	331,56	–	210,72	237,06
	V	20 726	448,63	1 658,08	1 865,34	IV	15 092	–	1 137,84	1 280,07	–	1 069,76	1 203,48	–	1 003,12	1 128,51	–	937,92	1 055,16	–	874,24	983,52	–	812,08	913,59
	VI	21 161	500,39	1 692,88	1 904,49																				
69 515,99	I,IV	15 106	–	1 208,48	1 359,54	I	15 106	–	1 070,80	1 204,65	–	938,96	1 056,33	–	813,04	914,67	–	692,96	779,58	–	578,72	651,06	–	470,40	529,20
	II	14 314	–	1 145,12	1 288,26	II	14 314	–	1 010,08	1 136,34	–	880,96	991,08	–	757,68	852,39	–	640,24	720,27	–	528,72	594,81	–	423,12	476,01
	III	9 496	–	759,68	854,64	III	9 496	–	660,96	743,58	–	565,12	635,76	–	472,32	531,36	–	382,40	430,20	–	295,36	332,28	–	211,36	237,78
	V	20 740	450,29	1 659,20	1 866,60	IV	15 106	–	1 138,88	1 281,24	–	1 070,80	1 204,65	–	1 004,16	1 129,68	–	938,96	1 056,33	–	875,28	984,69	–	813,04	914,67
	VI	21 175	502,06	1 694,–	1 905,75																				
69 551,99	I,IV	15 120	–	1 209,60	1 360,80	I	15 120	–	1 071,84	1 205,82	–	940,–	1 057,50	–	814,–	915,75	–	693,84	780,57	–	579,60	652,05	–	471,28	530,19
	II	14 328	–	1 146,24	1 289,52	II	14 328	–	1 011,12	1 137,51	–	881,92	992,16	–	758,64	853,47	–	641,20	721,35	–	529,60	595,80	–	423,92	476,91
	III	9 506	–	760,48	855,54	III	9 506	–	661,60	744,30	–	565,92	636,66	–	472,96	532,08	–	383,04	430,92	–	296,–	333,–	–	212,–	238,50
	V	20 754	451,96	1 660,32	1 867,86	IV	15 120	–	1 140,–	1 282,50	–	1 071,84	1 205,82	–	1 005,20	1 130,85	–	940,–	1 057,50	–	876,24	985,77	–	814,–	915,75
	VI	21 189	503,72	1 695,12	1 907,01																				
69 587,99	I,IV	15 134	–	1 210,72	1 362,06	I	15 134	–	1 072,88	1 206,99	–	940,96	1 058,58	–	814,96	916,83	–	694,80	781,65	–	580,48	653,04	–	472,08	531,09
	II	14 341	–	1 147,28	1 290,69	II	14 341	–	1 012,16	1 138,68	–	882,96	993,33	–	759,52	854,46	–	642,08	722,34	–	530,48	596,79	–	424,72	477,81
	III	9 516	–	761,28	856,44	III	9 516	–	662,40	745,20	–	566,56	637,38	–	473,76	532,98	–	383,84	431,82	–	296,80	333,90	–	212,64	239,22
	V	20 768	453,62	1 661,44	1 869,12	IV	15 134	–	1 141,04	1 283,67	–	1 072,88	1 206,99	–	1 006,24	1 132,02	–	940,96	1 058,58	–	877,20	986,85	–	814,96	916,83
	VI	21 203	505,39	1 696,24	1 908,27																				
69 623,99	I,IV	15 148	–	1 211,84	1 363,32	I	15 148	–	1 074,–	1 208,25	–	942,–	1 059,75	–	815,92	917,91	–	695,68	782,64	–	581,36	654,03	–	472,96	532,08
	II	14 355	–	1 148,40	1 291,95	II	14 355	–	1 013,20	1 139,85	–	883,92	994,41	–	760,48	855,54	–	642,96	723,33	–	531,28	597,69	–	425,52	478,71
	III	9 524	–	761,92	857,16	III	9 524	–	663,20	746,10	–	567,36	638,28	–	474,40	533,70	–	384,48	432,54	–	297,44	334,62	–	213,28	239,94
	V	20 782	455,29	1 662,56	1 870,38	IV	15 148	–	1 142,16	1 284,93	–	1 074,–	1 208,25	–	1 007,28	1 133,19	–	942,–	1 059,75	–	878,24	988,02	–	815,92	917,91
	VI	21 217	507,05	1 697,36	1 909,53																				
69 659,99	I,IV	15 162	–	1 212,96	1 364,58	I	15 162	–	1 075,04	1 209,42	–	943,04	1 060,92	–	816,88	918,99	–	696,64	783,72	–	582,32	655,11	–	473,76	532,98
	II	14 369	–	1 149,52	1 293,21	II	14 369	–	1 014,32	1 141,11	–	884,96	995,58	–	761,44	856,62	–	643,92	724,41	–	532,16	598,68	–	426,40	479,70
	III	9 536	–	762,88	858,24	III	9 536	–	664,–	747,–	–	568,16	639,18	–	475,20	534,60	–	385,12	433,26	–	298,08	335,34	–	213,92	240,66
	V	20 796	456,96	1 663,68	1 871,64	IV	15 162	–	1 143,28	1 286,19	–	1 075,04	1 209,42	–	1 008,32	1 134,36	–	943,04	1 060,92	–	879,28	989,19	–	816,88	918,99
	VI	21 231	508,72	1 698,48	1 910,79																				
69 695,99	I,IV	15 176	–	1 214,08	1 365,84	I	15 176	–	1 076,16	1 210,68	–	944,08	1 062,09	–	817,92	920,16	–	697,60	784,80	–	583,12	656,01	–	474,64	533,97
	II	14 382	–	1 150,56	1 294,38	II	14 382	–	1 015,36	1 142,28	–	885,92	996,66	–	762,40	857,70	–	644,80	725,40	–	533,04	599,67	–	427,20	480,60
	III	9 546	–	763,68	859,14	III	9 546	–	664,80	747,90	–	568,80	639,90	–	475,84	535,32	–	385,92	434,16	–	298,72	336,06	–	214,72	241,56
	V	20 810	458,62	1 664,80	1 872,90	IV	15 176	–	1 144,40	1 287,45	–	1 076,16	1 210,68	–	1 009,36	1 135,53	–	944,08	1 062,09	–	880,24	990,27	–	817,92	920,16
	VI	21 245	510,39	1 699,60	1 912,05																				

*** Die ausgewiesenen Tabellenwerte sind amtlich. Siehe Erläuterungen auf der Umschlaginnenseite (U2).**

Abzüge an Lohnsteuer, Solidaritätszuschlag (SolZ) und Kirchensteuer (8%, 9%) in den Steuerklassen

Lohn/ Gehalt bis €*	I – VI	LSt	ohne Kinderfreibeträge SolZ	8%	9%	I, II, III, IV	LSt	mit Zahl der Kinderfreibeträge ... 0,5 SolZ	8%	9%	1 SolZ	8%	9%	1,5 SolZ	8%	9%	2 SolZ	8%	9%	2,5 SolZ	8%	9%	3 SolZ	8%	9%
	I,IV	15 190	–	1 215,20	1 367,10	I	15 190	–	1 077,20	1 211,85	–	945,12	1 063,26	–	818,88	921,24	–	698,48	785,79	–	584,–	657,–	–	475,44	534,87
	II	14 396	–	1 151,68	1 295,64	II	14 396	–	1 016,40	1 143,45	–	886,96	997,83	–	763,36	858,78	–	645,68	726,39	–	533,92	600,66	–	428,–	481,50
69 731,99	III	9 554	–	764,32	859,86	III	9 554	–	665,60	748,80	–	569,60	640,80	–	476,64	536,22	–	386,56	434,88	–	299,52	336,96	–	215,20	242,10
	V	20 824	460,29	1 665,92	1 874,16	IV	15 190	–	1 145,44	1 288,62	–	1 077,20	1 211,85	–	1 010,40	1 136,70	–	945,12	1 063,26	–	881,20	991,35	–	818,88	921,24
	VI	21 259	512,05	1 700,72	1 913,31																				
	I,IV	15 204	–	1 216,32	1 368,36	I	15 204	–	1 078,24	1 213,02	–	946,08	1 064,34	–	819,84	922,32	–	699,44	786,87	–	584,88	657,99	–	476,24	535,77
	II	14 410	–	1 152,80	1 296,90	II	14 410	–	1 017,44	1 144,62	–	887,92	998,91	–	764,32	859,86	–	646,64	727,47	–	534,72	601,56	–	428,80	482,40
69 767,99	III	9 566	–	765,28	860,94	III	9 566	–	666,24	749,52	–	570,40	641,70	–	477,28	536,94	–	387,20	435,60	–	300,16	337,68	–	216,–	243,–
	V	20 837	461,83	1 666,96	1 875,33	IV	15 204	–	1 146,56	1 289,88	–	1 078,24	1 213,02	–	1 011,44	1 137,87	–	946,08	1 064,34	–	882,24	992,52	–	819,84	922,32
	VI	21 273	513,72	1 701,84	1 914,57																				
	I,IV	15 217	–	1 217,36	1 369,53	I	15 217	–	1 079,28	1 214,19	–	947,12	1 065,51	–	820,80	923,40	–	700,32	787,86	–	585,76	658,98	–	477,12	536,76
	II	14 423	–	1 153,84	1 298,07	II	14 423	–	1 018,48	1 145,79	–	888,96	1 000,08	–	765,28	860,94	–	647,52	728,46	–	535,60	602,55	–	429,60	483,30
69 803,99	III	9 574	–	765,92	861,66	III	9 574	–	667,04	750,42	–	571,04	642,42	–	478,08	537,84	–	388,–	436,50	–	300,80	338,40	–	216,64	243,72
	V	20 851	463,50	1 668,08	1 876,59	IV	15 217	–	1 147,60	1 291,05	–	1 079,28	1 214,19	–	1 012,48	1 139,04	–	947,12	1 065,51	–	883,20	993,60	–	820,80	923,40
	VI	21 286	515,27	1 702,88	1 915,74																				
	I,IV	15 232	–	1 218,56	1 370,88	I	15 232	–	1 080,40	1 215,45	–	948,16	1 066,68	–	821,76	924,48	–	701,28	788,94	–	586,72	660,06	–	478,–	537,75
	II	14 437	–	1 154,96	1 299,33	II	14 437	–	1 019,52	1 146,96	–	889,92	1 001,16	–	766,24	862,02	–	648,40	729,45	–	536,48	603,54	–	430,40	484,20
69 839,99	III	9 584	–	766,72	862,56	III	9 584	–	667,84	751,32	–	571,84	643,32	–	478,72	538,56	–	388,64	437,22	–	301,44	339,12	–	217,28	244,44
	V	20 866	465,29	1 669,28	1 877,94	IV	15 232	–	1 148,72	1 292,31	–	1 080,40	1 215,45	–	1 013,52	1 140,21	–	948,16	1 066,68	–	884,24	994,77	–	821,76	924,48
	VI	21 301	517,05	1 704,08	1 917,09																				
	I,IV	15 246	–	1 219,68	1 372,14	I	15 246	–	1 081,44	1 216,62	–	949,20	1 067,85	–	822,80	925,65	–	702,24	790,02	–	587,60	661,05	–	478,80	538,65
	II	14 451	–	1 156,08	1 300,59	II	14 451	–	1 020,56	1 148,13	–	890,96	1 002,33	–	767,20	863,10	–	649,36	730,53	–	537,36	604,53	–	431,28	485,19
69 875,99	III	9 594	–	767,52	863,46	III	9 594	–	668,64	752,22	–	572,64	644,22	–	479,52	539,46	–	389,44	438,12	–	302,24	340,02	–	217,92	245,16
	V	20 879	466,83	1 670,32	1 879,11	IV	15 246	–	1 149,84	1 293,57	–	1 081,44	1 216,62	–	1 014,56	1 141,38	–	949,20	1 067,85	–	885,28	995,94	–	822,80	925,65
	VI	21 315	518,72	1 705,20	1 918,35																				
	I,IV	15 259	–	1 220,72	1 373,31	I	15 259	–	1 082,56	1 217,88	–	950,24	1 069,02	–	823,76	926,73	–	703,12	791,01	–	588,48	662,04	–	479,60	539,55
	II	14 464	–	1 157,12	1 301,76	II	14 464	–	1 021,60	1 149,30	–	891,92	1 003,41	–	768,16	864,18	–	650,24	731,52	–	538,24	605,52	–	432,08	486,09
69 911,99	III	9 604	–	768,32	864,36	III	9 604	–	669,44	753,12	–	573,28	644,94	–	480,16	540,18	–	390,08	438,84	–	302,88	340,74	–	218,56	245,88
	V	20 893	468,50	1 671,44	1 880,37	IV	15 259	–	1 150,88	1 294,74	–	1 082,56	1 217,88	–	1 015,60	1 142,55	–	950,24	1 069,02	–	886,24	997,02	–	823,76	926,73
	VI	21 328	520,26	1 706,24	1 919,52																				
	I,IV	15 273	–	1 221,84	1 374,57	I	15 273	–	1 083,60	1 219,05	–	951,20	1 070,10	–	824,72	927,81	–	704,08	792,09	–	589,36	663,03	–	480,48	540,54
	II	14 478	–	1 158,24	1 303,02	II	14 478	–	1 022,64	1 150,47	–	892,96	1 004,58	–	769,12	865,26	–	651,12	732,51	–	539,04	606,42	–	432,88	486,99
69 947,99	III	9 614	–	769,12	865,26	III	9 614	–	670,24	754,02	–	574,08	645,84	–	480,96	541,08	–	390,72	439,56	–	303,52	341,46	–	219,20	246,60
	V	20 907	470,16	1 672,56	1 881,63	IV	15 273	–	1 152,–	1 296,–	–	1 083,60	1 219,05	–	1 016,64	1 143,72	–	951,20	1 070,10	–	887,20	998,10	–	824,72	927,81
	VI	21 342	521,93	1 707,36	1 920,78																				
	I,IV	15 287	–	1 222,96	1 375,83	I	15 287	–	1 084,64	1 220,22	–	952,24	1 071,27	–	825,68	928,89	–	705,04	793,17	–	590,24	664,02	–	481,28	541,44
	II	14 492	–	1 159,36	1 304,28	II	14 492	–	1 023,68	1 151,64	–	893,92	1 005,66	–	770,08	866,34	–	652,08	733,59	–	539,92	607,41	–	433,68	487,89
69 983,99	III	9 624	–	769,92	866,16	III	9 624	–	670,88	754,74	–	574,88	646,74	–	481,60	541,80	–	391,52	440,46	–	304,16	342,18	–	219,84	247,32
	V	20 921	471,83	1 673,68	1 882,89	IV	15 287	–	1 153,12	1 297,26	–	1 084,64	1 220,22	–	1 017,76	1 144,98	–	952,24	1 071,27	–	888,24	999,27	–	825,68	928,89
	VI	21 356	523,60	1 708,48	1 922,04																				
	I,IV	15 301	–	1 224,08	1 377,09	I	15 301	–	1 085,76	1 221,48	–	953,28	1 072,44	–	826,64	929,97	–	705,92	794,16	–	591,12	665,01	–	482,16	542,43
	II	14 505	–	1 160,40	1 305,45	II	14 505	–	1 024,72	1 152,81	–	894,96	1 006,83	–	771,04	867,42	–	652,96	734,58	–	540,80	608,40	–	434,48	488,79
70 019,99	III	9 634	–	770,72	867,06	III	9 634	–	671,68	755,64	–	575,52	647,46	–	482,40	542,70	–	392,16	441,18	–	304,96	343,08	–	220,48	248,04
	V	20 935	473,50	1 674,80	1 884,15	IV	15 301	–	1 154,16	1 298,43	–	1 085,76	1 221,48	–	1 018,80	1 146,15	–	953,28	1 072,44	–	889,20	1 000,35	–	826,64	929,97
	VI	21 370	525,26	1 709,60	1 923,30																				
	I,IV	15 315	–	1 225,20	1 378,35	I	15 315	–	1 086,80	1 222,65	–	954,32	1 073,61	–	827,68	931,14	–	706,88	795,24	–	592,–	666,–	–	482,96	543,33
	II	14 519	–	1 161,52	1 306,71	II	14 519	–	1 025,84	1 154,07	–	896,–	1 008,–	–	772,–	868,50	–	653,92	735,66	–	541,68	609,39	–	435,36	489,78
70 055,99	III	9 644	–	771,52	867,96	III	9 644	–	672,48	756,54	–	576,32	648,36	–	483,20	543,60	–	392,96	442,08	–	305,60	343,80	–	221,28	248,94
	V	20 949	475,16	1 675,92	1 885,41	IV	15 315	–	1 155,28	1 299,69	–	1 086,80	1 222,65	–	1 019,84	1 147,32	–	954,32	1 073,61	–	890,24	1 001,52	–	827,68	931,14
	VI	21 384	526,93	1 710,72	1 924,56																				
	I,IV	15 329	–	1 226,32	1 379,61	I	15 329	–	1 087,92	1 223,91	–	955,36	1 074,78	–	828,64	932,22	–	707,84	796,32	–	592,88	666,99	–	483,84	544,32
	II	14 533	–	1 162,64	1 307,97	II	14 533	–	1 026,88	1 155,24	–	896,96	1 009,08	–	772,96	869,58	–	654,80	736,65	–	542,56	610,38	–	436,16	490,68
70 091,99	III	9 654	–	772,32	868,86	III	9 654	–	673,28	757,44	–	577,12	649,26	–	483,84	544,32	–	393,60	442,80	–	306,24	344,52	–	221,76	249,48
	V	20 963	476,83	1 677,04	1 886,67	IV	15 329	–	1 156,40	1 300,95	–	1 087,92	1 223,91	–	1 020,88	1 148,49	–	955,36	1 074,78	–	891,28	1 002,69	–	828,64	932,22
	VI	21 398	528,59	1 711,84	1 925,82																				
	I,IV	15 343	–	1 227,44	1 380,87	I	15 343	–	1 088,96	1 225,08	–	956,32	1 075,86	–	829,60	933,30	–	708,72	797,31	–	593,76	667,98	–	484,64	545,22
	II	14 547	–	1 163,76	1 309,23	II	14 547	–	1 027,92	1 156,41	–	898,–	1 010,25	–	773,92	870,66	–	655,68	737,64	–	543,36	611,28	–	436,96	491,58
70 127,99	III	9 664	–	773,12	869,76	III	9 664	–	674,08	758,34	–	577,92	650,16	–	484,64	545,22	–	394,24	443,52	–	306,88	345,24	–	222,56	250,38
	V	20 977	478,49	1 678,16	1 887,93	IV	15 343	–	1 157,52	1 302,21	–	1 088,96	1 225,08	–	1 021,92	1 149,66	–	956,32	1 075,86	–	892,24	1 003,77	–	829,60	933,30
	VI	21 412	530,26	1 712,96	1 927,08																				
	I,IV	15 357	–	1 228,56	1 382,13	I	15 357	–	1 090,–	1 226,25	–	957,36	1 077,03	–	830,56	934,38	–	709,68	798,39	–	594,64	668,97	–	485,52	546,21
	II	14 560	–	1 164,80	1 310,40	II	14 560	–	1 028,96	1 157,58	–	898,96	1 011,33	–	774,88	871,74	–	656,64	738,72	–	544,24	612,27	–	437,76	492,48
70 163,99	III	9 674	–	773,92	870,66	III	9 674	–	674,72	759,06	–	578,56	650,88	–	485,28	545,94	–	395,04	444,42	–	307,52	345,96	–	223,20	251,10
	V	20 991	480,16	1 679,28	1 889,19	IV	15 357	–	1 158,56	1 303,38	–	1 090,–	1 226,25	–	1 022,96	1 150,83	–	957,36	1 077,03	–	893,28	1 004,94	–	830,56	934,38
	VI	21 426	531,93	1 714,08	1 928,34																				
	I,IV	15 371	–	1 229,68	1 383,39	I	15 371	–	1 091,12	1 227,51	–	958,40	1 078,20	–	831,52	935,46	–	710,64	799,47	–	595,52	669,96	–	486,32	547,11
	II	14 574	–	1 165,92	1 311,66	II	14 574	–	1 030,–	1 158,75	–	900,–	1 012,50	–	775,84	872,82	–	657,52	739,71	–	545,12	613,26	–	438,56	493,38
70 199,99	III	9 684	–	774,72	871,56	III	9 684	–	675,52	759,96	–	579,36	651,78	–	486,08	546,84	–	395,68	445,14	–	308,32	346,86	–	223,84	251,82
	V	21 005	481,83	1 680,40	1 890,45	IV	15 371	–	1 159,68	1 304,64	–	1 091,12	1 227,51	–	1 024,–	1 152,–	–	958,40	1 078,20	–	894,24	1 006,02	–	831,52	935,46
	VI	21 440	533,59	1 715,20	1 929,60																				
	I,IV	15 385	–	1 230,80	1 384,65	I	15 385	–	1 092,24	1 228,77	–	959,44	1 079,37	–	832,56	936,63	–	711,60	800,55	–	596,40	670,95	–	487,20	548,10
	II	14 588	–	1 167,04	1 312,92	II	14 588	–	1 031,04	1 159,92	–	900,96	1 013,58	–	776,80	873,90	–	658,48	740,79	–	546,–	614,25	–	439,44	494,37
70 235,99	III	9 694	–	775,52	872,46	III	9 694	–	676,32	760,86	–	580,16	652,68	–	486,72	547,56	–	396,48	446,04	–	308,96	347,58	–	224,48	252,54
	V	21 019	483,49	1 681,52	1 891,71	IV	15 385	–	1 160,80	1 305,90	–	1 092,24	1 228,77	–	1 025,12	1 153,26	–	959,44	1 079,37	–	895,28	1 007,19	–	832,56	936,63
	VI	21 454	535,26	1 716,32	1 930,86																				
	I,IV	15 399	–	1 231,92	1 385,91	I	15 399	–	1 093,28	1 229,94	–	960,48	1 080,54	–	833,52	937,71	–	712,48	801,54	–	597,28	671,94	–	488,–	549,–
	II	14 602	–	1 168,16	1 314,18	II	14 602	–	1 032,16	1 161,18	–	902,–	1 014,75	–	777,76	874,98	–	659,36	741,78	–	546,88	615,24	–	440,24	495,27
70 271,99	III	9 704	–	776,32	873,36	III	9 704	–	677,12	761,76	–	580,80	653,40	–	487,52	548,46	–	397,12	446,76	–	309,60	348,30	–	225,12	253,26
	V	21 033	485,16	1 682,64	1 892,97	IV	15 399	–	1 161,84	1 307,07	–	1 093,28	1 229,94	–	1 026,16	1 154,43	–	960,48	1 080,54	–	896,24	1 008,27	–	833,52	937,71
	VI	21 468	536,92	1 717,44	1 932,12																				

* Die ausgewiesenen Tabellenwerte sind amtlich. Siehe Erläuterungen auf der Umschlaginnenseite (U2).

Abzüge an Lohnsteuer, Solidaritätszuschlag (SolZ) und Kirchensteuer (8%, 9%) in den Steuerklassen

Lohn/ Gehalt bis €*		I – VI				I, II, III, IV		mit Zahl der Kinderfreibeträge . . . 0,5			1			1,5			2			2,5			3		
		LSt	ohne Kinderfreibeträge SolZ	8%	9%		LSt	SolZ	8%	9%	SolZ	8%	9%	SolZ	8%	9%	SolZ	8%	9%	SolZ	8%	9%	SolZ	8%	9%
70 307,99	I,IV	15 413	–	1 233,04	1 387,17	I	15 413	–	1 094,32	1 231,11	–	961,52	1 081,71	–	834,48	938,79	–	713,44	802,62	–	598,24	673,02	–	488,88	549,99
	II	14 615	–	1 169,20	1 315,35	II	14 615	–	1 033,20	1 162,35	–	902,96	1 015,83	–	778,72	876,06	–	660,24	742,77	–	547,76	616,23	–	441,04	496,17
	III	9 714	–	777,12	874,26	III	9 714	–	677,92	762,66	–	581,60	654,30	–	488,32	549,36	–	397,76	447,48	–	310,40	349,20	–	225,76	253,98
	V	21 047	486,82	1 683,76	1 894,23	IV	15 413	–	1 162,96	1 308,33	–	1 094,32	1 231,11	–	1 027,20	1 155,60	–	961,52	1 081,71	–	897,28	1 009,44	–	834,48	938,79
	VI	21 482	538,59	1 718,56	1 933,38																				
70 343,99	I,IV	15 427	–	1 234,16	1 388,43	I	15 427	–	1 095,44	1 232,37	–	962,48	1 082,79	–	835,52	939,96	–	714,32	803,61	–	599,12	674,01	–	489,68	550,89
	II	14 629	–	1 170,32	1 316,61	II	14 629	–	1 034,24	1 163,52	–	904,–	1 017,–	–	779,68	877,14	–	661,20	743,85	–	548,56	617,13	–	441,92	497,16
	III	9 724	–	777,92	875,16	III	9 724	–	678,72	763,56	–	582,40	655,20	–	488,96	550,08	–	398,56	448,38	–	311,04	349,92	–	226,40	254,70
	V	21 060	488,37	1 684,80	1 895,40	IV	15 427	–	1 164,08	1 309,59	–	1 095,44	1 232,37	–	1 028,24	1 156,77	–	962,48	1 082,79	–	898,24	1 010,52	–	835,52	939,96
	VI	21 496	540,26	1 719,68	1 934,64																				
70 379,99	I,IV	15 440	–	1 235,20	1 389,60	I	15 440	–	1 096,48	1 233,54	–	963,52	1 083,96	–	836,48	941,04	–	715,28	804,69	–	600,–	675,–	–	490,56	551,88
	II	14 643	–	1 171,44	1 317,87	II	14 643	–	1 035,28	1 164,69	–	904,96	1 018,08	–	780,64	878,22	–	662,08	744,84	–	549,44	618,12	–	442,72	498,06
	III	9 734	–	778,72	876,06	III	9 734	–	679,36	764,28	–	583,04	655,92	–	489,76	550,98	–	399,20	449,10	–	311,68	350,64	–	227,04	255,42
	V	21 074	490,04	1 685,92	1 896,66	IV	15 440	–	1 165,12	1 310,76	–	1 096,48	1 233,54	–	1 029,28	1 157,94	–	963,52	1 083,96	–	899,28	1 011,69	–	836,48	941,04
	VI	21 509	541,80	1 720,72	1 935,81																				
70 415,99	I,IV	15 455	–	1 236,40	1 390,95	I	15 455	–	1 097,60	1 234,80	–	964,56	1 085,13	–	837,44	942,12	–	716,24	805,77	–	600,88	675,99	–	491,44	552,87
	II	14 657	–	1 172,56	1 319,13	II	14 657	–	1 036,32	1 165,86	–	906,–	1 019,25	–	781,60	879,30	–	663,04	745,92	–	550,32	619,11	–	443,52	498,96
	III	9 744	–	779,52	876,96	III	9 744	–	680,16	765,18	–	583,84	656,82	–	490,40	551,70	–	400,–	450,–	–	312,32	351,36	–	227,84	256,32
	V	21 089	491,82	1 687,12	1 898,01	IV	15 455	–	1 166,24	1 312,02	–	1 097,60	1 234,80	–	1 030,32	1 159,11	–	964,56	1 085,13	–	900,32	1 012,86	–	837,44	942,12
	VI	21 524	543,59	1 721,92	1 937,16																				
70 451,99	I,IV	15 469	–	1 237,52	1 392,21	I	15 469	–	1 098,64	1 235,97	–	965,60	1 086,30	–	838,48	943,29	–	717,20	806,85	–	601,76	676,98	–	492,24	553,77
	II	14 670	–	1 173,60	1 320,30	II	14 670	–	1 037,36	1 167,03	–	907,04	1 020,42	–	782,56	880,38	–	663,92	746,91	–	551,20	620,10	–	444,32	499,86
	III	9 754	–	780,32	877,86	III	9 754	–	680,96	766,08	–	584,64	657,72	–	491,20	552,60	–	400,64	450,72	–	313,12	352,26	–	228,48	257,04
	V	21 102	493,37	1 688,16	1 899,18	IV	15 469	–	1 167,36	1 313,28	–	1 098,64	1 235,97	–	1 031,36	1 160,28	–	965,60	1 086,30	–	901,28	1 013,94	–	838,48	943,29
	VI	21 538	545,25	1 723,04	1 938,42																				
70 487,99	I,IV	15 482	–	1 238,56	1 393,38	I	15 482	–	1 099,68	1 237,14	–	966,64	1 087,47	–	839,44	944,37	–	718,08	807,84	–	602,64	677,97	–	493,04	554,67
	II	14 684	–	1 174,72	1 321,56	II	14 684	–	1 038,48	1 168,29	–	908,–	1 021,50	–	783,52	881,46	–	664,88	747,99	–	552,08	621,09	–	445,20	500,85
	III	9 764	–	781,12	878,76	III	9 764	–	681,76	766,98	–	585,28	658,44	–	491,84	553,32	–	401,28	451,44	–	313,76	352,98	–	229,12	257,76
	V	21 116	495,04	1 689,28	1 900,44	IV	15 482	–	1 168,48	1 314,54	–	1 099,68	1 237,14	–	1 032,48	1 161,54	–	966,64	1 087,47	–	902,32	1 015,11	–	839,44	944,37
	VI	21 551	546,80	1 724,08	1 939,59																				
70 523,99	I,IV	15 496	–	1 239,68	1 394,64	I	15 496	–	1 100,80	1 238,40	–	967,68	1 088,64	–	840,40	945,45	–	719,04	808,92	–	603,52	678,96	–	493,92	555,66
	II	14 698	–	1 175,84	1 322,82	II	14 698	–	1 039,52	1 169,46	–	909,04	1 022,67	–	784,48	882,54	–	665,76	748,98	–	552,96	622,08	–	446,–	501,75
	III	9 774	–	781,92	879,66	III	9 774	–	682,56	767,88	–	586,08	659,34	–	492,64	554,22	–	402,08	452,34	–	314,40	353,70	–	229,76	258,48
	V	21 130	496,70	1 690,40	1 901,70	IV	15 496	–	1 169,52	1 315,71	–	1 100,80	1 238,40	–	1 033,52	1 162,71	–	967,68	1 088,64	–	903,28	1 016,19	–	840,40	945,45
	VI	21 565	548,47	1 725,20	1 940,85																				
70 559,99	I,IV	15 510	–	1 240,80	1 395,90	I	15 510	–	1 101,84	1 239,57	–	968,72	1 089,81	–	841,36	946,53	–	720,–	810,–	–	604,40	679,95	–	494,72	556,56
	II	14 712	–	1 176,96	1 324,08	II	14 712	–	1 040,56	1 170,63	–	910,08	1 023,84	–	785,44	883,62	–	666,64	749,97	–	553,84	623,07	–	446,80	502,65
	III	9 784	–	782,72	880,56	III	9 784	–	683,36	768,78	–	586,88	660,24	–	493,28	554,94	–	402,72	453,06	–	315,04	354,42	–	230,40	259,20
	V	21 144	498,37	1 691,52	1 902,96	IV	15 510	–	1 170,64	1 316,97	–	1 101,84	1 239,57	–	1 034,56	1 163,88	–	968,72	1 089,81	–	904,32	1 017,36	–	841,36	946,53
	VI	21 579	550,13	1 726,32	1 942,11																				
70 595,99	I,IV	15 524	–	1 241,92	1 397,16	I	15 524	–	1 102,96	1 240,83	–	969,68	1 090,89	–	842,40	947,70	–	720,88	810,99	–	605,28	680,94	–	495,60	557,55
	II	14 725	–	1 178,–	1 325,25	II	14 725	–	1 041,60	1 171,80	–	911,04	1 024,92	–	786,40	884,70	–	667,60	751,05	–	554,64	623,97	–	447,60	503,55
	III	9 794	–	783,52	881,46	III	9 794	–	684,–	769,50	–	587,52	660,96	–	494,08	555,84	–	403,36	453,78	–	315,68	355,14	–	231,04	259,92
	V	21 158	500,03	1 692,64	1 904,22	IV	15 524	–	1 171,76	1 318,23	–	1 102,96	1 240,83	–	1 035,60	1 165,05	–	969,68	1 090,89	–	905,28	1 018,44	–	842,40	947,70
	VI	21 593	551,80	1 727,44	1 943,37																				
70 631,99	I,IV	15 538	–	1 243,04	1 398,42	I	15 538	–	1 104,–	1 242,–	–	970,80	1 092,15	–	843,36	948,78	–	721,84	812,07	–	606,24	682,02	–	496,48	558,54
	II	14 739	–	1 179,12	1 326,51	II	14 739	–	1 042,64	1 172,97	–	912,08	1 026,09	–	787,36	885,78	–	668,56	752,13	–	555,60	625,05	–	448,48	504,54
	III	9 804	–	784,32	882,36	III	9 804	–	684,80	770,40	–	588,32	661,86	–	494,72	556,56	–	404,16	454,68	–	316,48	356,04	–	231,68	260,64
	V	21 172	501,70	1 693,76	1 905,48	IV	15 538	–	1 172,88	1 319,49	–	1 104,–	1 242,–	–	1 036,64	1 166,22	–	970,80	1 092,15	–	906,32	1 019,61	–	843,36	948,78
	VI	21 607	553,46	1 728,56	1 944,63																				
70 667,99	I,IV	15 552	–	1 244,16	1 399,68	I	15 552	–	1 105,12	1 243,26	–	971,76	1 093,23	–	844,32	949,86	–	722,80	813,15	–	607,12	683,01	–	497,28	559,44
	II	14 753	–	1 180,24	1 327,77	II	14 753	–	1 043,76	1 174,23	–	913,12	1 027,26	–	788,32	886,86	–	669,44	753,12	–	556,40	625,95	–	449,28	505,44
	III	9 814	–	785,12	883,26	III	9 814	–	685,60	771,30	–	589,12	662,76	–	495,52	557,46	–	404,80	455,40	–	317,12	356,76	–	232,32	261,36
	V	21 186	503,37	1 694,88	1 906,74	IV	15 552	–	1 174,–	1 320,75	–	1 105,12	1 243,26	–	1 037,68	1 167,39	–	971,76	1 093,23	–	907,36	1 020,78	–	844,32	949,86
	VI	21 621	555,13	1 729,68	1 945,89																				
70 703,99	I,IV	15 566	–	1 245,28	1 400,94	I	15 566	–	1 106,16	1 244,43	–	972,80	1 094,40	–	845,36	951,03	–	723,76	814,23	–	608,–	684,–	–	498,16	560,43
	II	14 767	–	1 181,36	1 329,03	II	14 767	–	1 044,80	1 175,40	–	914,08	1 028,34	–	789,28	887,94	–	670,32	754,11	–	557,28	626,94	–	450,08	506,34
	III	9 824	–	785,92	884,16	III	9 824	–	686,40	772,20	–	589,92	663,66	–	496,16	558,18	–	405,60	456,30	–	317,76	357,48	–	232,96	262,08
	V	21 200	505,03	1 696,–	1 908,–	IV	15 566	–	1 175,04	1 321,92	–	1 106,16	1 244,43	–	1 038,80	1 168,65	–	972,80	1 094,40	–	908,32	1 021,86	–	845,36	951,03
	VI	21 635	556,80	1 730,80	1 947,15																				
70 739,99	I,IV	15 580	–	1 246,40	1 402,20	I	15 580	–	1 107,28	1 245,69	–	973,84	1 095,57	–	846,32	952,11	–	724,64	815,22	–	608,88	684,99	–	498,96	561,33
	II	14 781	–	1 182,48	1 330,29	II	14 781	–	1 045,84	1 176,57	–	915,12	1 029,51	–	790,24	889,02	–	671,28	755,19	–	558,16	627,93	–	450,96	507,33
	III	9 834	–	786,72	885,06	III	9 834	–	687,20	773,10	–	590,56	664,38	–	496,96	559,08	–	406,24	457,02	–	318,56	358,38	–	233,76	262,98
	V	21 214	506,70	1 697,12	1 909,26	IV	15 580	–	1 176,16	1 323,18	–	1 107,28	1 245,69	–	1 039,84	1 169,82	–	973,84	1 095,57	–	909,36	1 023,03	–	846,32	952,11
	VI	21 649	558,46	1 731,92	1 948,41																				
70 775,99	I,IV	15 594	–	1 247,52	1 403,46	I	15 594	–	1 108,32	1 246,86	–	974,88	1 096,74	–	847,28	953,19	–	725,60	816,30	–	609,76	685,98	–	499,84	562,32
	II	14 794	–	1 183,52	1 331,46	II	14 794	–	1 046,88	1 177,74	–	916,08	1 030,59	–	791,20	890,10	–	672,16	756,18	–	559,04	628,92	–	451,76	508,23
	III	9 844	–	787,52	885,96	III	9 844	–	688,–	774,–	–	591,36	665,28	–	497,60	559,80	–	406,88	457,74	–	319,20	359,10	–	234,40	263,70
	V	21 228	508,36	1 698,24	1 910,52	IV	15 594	–	1 177,28	1 324,44	–	1 108,32	1 246,86	–	1 040,88	1 170,99	–	974,88	1 096,74	–	910,32	1 024,11	–	847,28	953,19
	VI	21 663	560,13	1 733,04	1 949,67																				
70 811,99	I,IV	15 608	–	1 248,64	1 404,72	I	15 608	–	1 109,44	1 248,12	–	975,92	1 097,91	–	848,32	954,36	–	726,56	817,38	–	610,72	687,06	–	500,72	563,31
	II	14 808	–	1 184,64	1 332,72	II	14 808	–	1 048,–	1 179,–	–	917,12	1 031,76	–	792,16	891,18	–	673,12	757,26	–	559,92	629,91	–	452,64	509,22
	III	9 854	–	788,32	886,86	III	9 854	–	688,80	774,90	–	592,16	666,18	–	498,40	560,70	–	407,68	458,64	–	319,84	359,82	–	235,04	264,42
	V	21 242	510,03	1 699,36	1 911,78	IV	15 608	–	1 178,40	1 325,70	–	1 109,44	1 248,12	–	1 041,92	1 172,16	–	975,92	1 097,91	–	911,36	1 025,28	–	848,32	954,36
	VI	21 677	561,79	1 734,16	1 950,93																				
70 847,99	I,IV	15 622	–	1 249,76	1 405,98	I	15 622	–	1 110,48	1 249,29	–	976,96	1 099,08	–	849,28	955,44	–	727,52	818,46	–	611,60	688,05	–	501,52	564,21
	II	14 822	–	1 185,76	1 333,98	II	14 822	–	1 049,04	1 180,17	–	918,16	1 032,93	–	793,12	892,26	–	674,–	758,25	–	560,80	630,90	–	453,44	510,12
	III	9 864	–	789,12	887,76	III	9 864	–	689,60	775,80	–	592,96	667,08	–	499,20	561,60	–	408,48	459,54	–	320,64	360,72	–	235,68	265,14
	V	21 256	511,70	1 700,48	1 913,04	IV	15 622	–	1 179,52	1 326,96	–	1 110,48	1 249,29	–	1 042,96	1 173,33	–	976,96	1 099,08	–	912,40	1 026,45	–	849,28	955,44
	VI	21 691	563,46	1 735,28	1 952,19																				

* Die ausgewiesenen Tabellenwerte sind amtlich. Siehe Erläuterungen auf der Umschlaginnenseite (U2).

Abzüge an Lohnsteuer, Solidaritätszuschlag (SolZ) und Kirchensteuer (8%, 9%) in den Steuerklassen

Lohn/ Gehalt bis €*	I – VI					I, II, III, IV																			
			ohne Kinderfreibeträge					mit Zahl der Kinderfreibeträge . . . 0,5			1			1,5			2			2,5			3		
		LSt	SolZ	8%	9%		LSt	SolZ	8%	9%	SolZ	8%	9%	SolZ	8%	9%	SolZ	8%	9%	SolZ	8%	9%	SolZ	8%	9%
70 883,99	I,IV	15 636	–	1 250,88	1 407,24	I	15 636	–	1 111,60	1 250,55	–	978,–	1 100,25	–	850,24	956,52	–	728,40	819,45	–	612,48	689,04	–	502,40	565,20
	II	14 836	–	1 186,88	1 335,24	II	14 836	–	1 050,08	1 181,34	–	919,12	1 034,01	–	794,08	893,34	–	674,96	759,33	–	561,68	631,89	–	454,24	511,02
	III	9 874	–	789,92	888,66	III	9 874	–	690,24	776,52	–	593,60	667,80	–	499,84	562,32	–	409,12	460,26	–	321,28	361,44	–	236,32	265,86
	V	21 270	513,36	1 701,60	1 914,30	IV	15 636	–	1 180,56	1 328,13	–	1 111,60	1 250,55	–	1 044,08	1 174,59	–	978,–	1 100,25	–	913,36	1 027,53	–	850,24	956,52
	VI	21 705	565,13	1 736,40	1 953,45																				
70 919,99	I,IV	15 650	–	1 252,–	1 408,50	I	15 650	–	1 112,64	1 251,72	–	979,04	1 101,42	–	851,28	957,69	–	729,36	820,53	–	613,36	690,03	–	503,20	566,10
	II	14 850	–	1 188,–	1 336,50	II	14 850	–	1 051,12	1 182,51	–	920,16	1 035,18	–	795,04	894,42	–	675,84	760,32	–	562,56	632,88	–	455,04	511,92
	III	9 884	–	790,72	889,56	III	9 884	–	691,04	777,42	–	594,40	668,70	–	500,64	563,22	–	409,76	460,98	–	321,92	362,16	–	236,96	266,58
	V	21 283	514,91	1 702,64	1 915,47	IV	15 650	–	1 181,68	1 329,39	–	1 112,64	1 251,72	–	1 045,12	1 175,76	–	979,04	1 101,42	–	914,40	1 028,70	–	851,28	957,69
	VI	21 719	566,79	1 737,52	1 954,71																				
70 955,99	I,IV	15 663	–	1 253,04	1 409,67	I	15 663	–	1 113,76	1 252,98	–	980,–	1 102,50	–	852,24	958,77	–	730,32	821,61	–	614,24	691,02	–	504,08	567,09
	II	14 863	–	1 189,04	1 337,67	II	14 863	–	1 052,16	1 183,68	–	921,20	1 036,35	–	796,–	895,50	–	676,80	761,40	–	563,36	633,78	–	455,92	512,91
	III	9 894	–	791,52	890,46	III	9 894	–	691,84	778,32	–	595,04	669,42	–	501,28	563,94	–	410,56	461,88	–	322,56	362,88	–	237,60	267,30
	V	21 297	516,57	1 703,76	1 916,73	IV	15 663	–	1 182,80	1 330,65	–	1 113,76	1 252,98	–	1 046,16	1 176,93	–	980,–	1 102,50	–	915,36	1 029,78	–	852,24	958,77
	VI	21 732	568,34	1 738,56	1 955,88																				
70 991,99	I,IV	15 678	–	1 254,24	1 411,02	I	15 678	–	1 114,80	1 254,15	–	981,12	1 103,76	–	853,28	959,94	–	731,28	822,69	–	615,20	692,10	–	504,96	568,08
	II	14 878	–	1 190,24	1 339,02	II	14 878	–	1 053,28	1 184,94	–	922,24	1 037,52	–	797,04	896,67	–	677,68	762,39	–	564,32	634,86	–	456,72	513,81
	III	9 904	–	792,32	891,36	III	9 904	–	692,64	779,22	–	595,84	670,32	–	502,08	564,84	–	411,20	462,60	–	323,36	363,78	–	238,24	268,02
	V	21 312	518,36	1 704,96	1 918,08	IV	15 678	–	1 183,92	1 331,91	–	1 114,80	1 254,15	–	1 047,20	1 178,10	–	981,12	1 103,76	–	916,40	1 030,95	–	853,28	959,94
	VI	21 747	570,12	1 739,76	1 957,23																				
71 027,99	I,IV	15 692	–	1 255,36	1 412,28	I	15 692	–	1 115,92	1 255,41	–	982,16	1 104,93	–	854,24	961,02	–	732,24	823,77	–	616,08	693,09	–	505,76	568,98
	II	14 891	–	1 191,28	1 340,19	II	14 891	–	1 054,32	1 186,11	–	923,20	1 038,60	–	798,–	897,75	–	678,64	763,47	–	565,12	635,76	–	457,60	514,80
	III	9 914	–	793,12	892,26	III	9 914	–	693,44	780,12	–	596,64	671,22	–	502,88	565,74	–	412,–	463,50	–	324,–	364,50	–	239,04	268,92
	V	21 325	519,91	1 706,–	1 919,25	IV	15 692	–	1 185,04	1 333,17	–	1 115,92	1 255,41	–	1 048,32	1 179,36	–	982,16	1 104,93	–	917,44	1 032,12	–	854,24	961,02
	VI	21 761	571,79	1 740,88	1 958,49																				
71 063,99	I,IV	15 705	–	1 256,40	1 413,45	I	15 705	–	1 116,96	1 256,58	–	983,12	1 106,01	–	855,20	962,10	–	733,12	824,76	–	616,96	694,08	–	506,64	569,97
	II	14 905	–	1 192,40	1 341,45	II	14 905	–	1 055,36	1 187,28	–	924,24	1 039,77	–	798,96	898,83	–	679,52	764,46	–	566,–	636,75	–	458,40	515,70
	III	9 924	–	793,92	893,16	III	9 924	–	694,24	781,02	–	597,44	672,12	–	503,52	566,46	–	412,64	464,22	–	324,64	365,22	–	239,68	269,64
	V	21 339	521,57	1 707,12	1 920,51	IV	15 705	–	1 186,08	1 334,34	–	1 116,96	1 256,58	–	1 049,36	1 180,53	–	983,12	1 106,01	–	918,48	1 033,29	–	855,20	962,10
	VI	21 774	573,34	1 741,92	1 959,66																				
71 099,99	I,IV	15 719	–	1 257,52	1 414,71	I	15 719	–	1 118,08	1 257,84	–	984,16	1 107,18	–	856,16	963,18	–	734,08	825,84	–	617,84	695,07	–	507,44	570,87
	II	14 919	–	1 193,52	1 342,71	II	14 919	–	1 056,40	1 188,45	–	925,20	1 040,85	–	799,92	899,91	–	680,48	765,54	–	566,88	637,74	–	459,20	516,60
	III	9 934	–	794,72	894,06	III	9 934	–	695,04	781,92	–	598,08	672,84	–	504,32	567,36	–	413,28	464,94	–	325,28	365,94	–	240,32	270,36
	V	21 353	523,24	1 708,24	1 921,77	IV	15 719	–	1 187,20	1 335,60	–	1 118,08	1 257,84	–	1 050,40	1 181,70	–	984,16	1 107,18	–	919,44	1 034,37	–	856,16	963,18
	VI	21 788	575,–	1 743,04	1 960,92																				
71 135,99	I,IV	15 733	–	1 258,64	1 415,97	I	15 733	–	1 119,12	1 259,01	–	985,20	1 108,35	–	857,20	964,35	–	735,04	826,92	–	618,72	696,06	–	508,32	571,86
	II	14 933	–	1 194,64	1 343,97	II	14 933	–	1 057,52	1 189,71	–	926,24	1 042,02	–	800,88	900,99	–	681,36	766,53	–	567,76	638,73	–	460,–	517,50
	III	9 944	–	795,52	894,96	III	9 944	–	695,68	782,64	–	598,88	673,74	–	504,96	568,08	–	414,08	465,84	–	326,08	366,84	–	240,96	271,08
	V	21 367	524,90	1 709,36	1 923,03	IV	15 733	–	1 188,32	1 336,86	–	1 119,12	1 259,01	–	1 051,44	1 182,87	–	985,20	1 108,35	–	920,48	1 035,54	–	857,20	964,35
	VI	21 802	576,67	1 744,16	1 962,18																				
71 171,99	I,IV	15 747	–	1 259,76	1 417,23	I	15 747	–	1 120,24	1 260,27	–	986,24	1 109,52	–	858,16	965,43	–	735,92	827,91	–	619,60	697,05	–	509,20	572,85
	II	14 946	–	1 195,68	1 345,14	II	14 946	–	1 058,56	1 190,88	–	927,28	1 043,19	–	801,84	902,07	–	682,32	767,61	–	568,64	639,72	–	460,88	518,49
	III	9 954	–	796,32	895,86	III	9 954	–	696,48	783,54	–	599,68	674,64	–	505,76	568,98	–	414,72	466,56	–	326,72	367,56	–	241,60	271,80
	V	21 381	526,57	1 710,48	1 924,29	IV	15 747	–	1 189,44	1 338,12	–	1 120,24	1 260,27	–	1 052,48	1 184,04	–	986,24	1 109,52	–	921,44	1 036,62	–	858,16	965,43
	VI	21 816	578,34	1 745,28	1 963,44																				
71 207,99	I,IV	15 761	–	1 260,88	1 418,49	I	15 761	–	1 121,36	1 261,53	–	987,28	1 110,69	–	859,20	966,60	–	736,88	828,99	–	620,56	698,13	–	510,–	573,75
	II	14 961	–	1 196,88	1 346,49	II	14 961	–	1 059,60	1 192,05	–	928,32	1 044,36	–	802,80	903,15	–	683,28	768,69	–	569,52	640,71	–	461,68	519,39
	III	9 964	–	797,12	896,76	III	9 964	–	697,28	784,44	–	600,48	675,54	–	506,56	569,88	–	415,52	467,46	–	327,36	368,28	–	242,24	272,52
	V	21 395	528,24	1 711,60	1 925,55	IV	15 761	–	1 190,56	1 339,38	–	1 121,36	1 261,53	–	1 053,60	1 185,30	–	987,28	1 110,69	–	922,48	1 037,79	–	859,20	966,60
	VI	21 830	580,–	1 746,40	1 964,70																				
71 243,99	I,IV	15 775	–	1 262,–	1 419,75	I	15 775	–	1 122,40	1 262,70	–	988,32	1 111,86	–	860,16	967,68	–	737,84	830,07	–	621,44	699,12	–	510,88	574,74
	II	14 974	–	1 197,92	1 347,66	II	14 974	–	1 060,72	1 193,31	–	929,28	1 045,44	–	803,76	904,23	–	684,16	769,68	–	570,40	641,70	–	462,56	520,38
	III	9 974	–	797,92	897,66	III	9 974	–	698,08	785,34	–	601,12	676,26	–	507,20	570,60	–	416,16	468,18	–	328,–	369,–	–	242,88	273,24
	V	21 409	529,90	1 712,72	1 926,81	IV	15 775	–	1 191,60	1 340,55	–	1 122,40	1 262,70	–	1 054,64	1 186,47	–	988,32	1 111,86	–	923,52	1 038,96	–	860,16	967,68
	VI	21 844	581,67	1 747,52	1 965,96																				
71 279,99	I,IV	15 789	–	1 263,12	1 421,01	I	15 789	–	1 123,52	1 263,96	–	989,36	1 113,03	–	861,12	968,76	–	738,80	831,15	–	622,32	700,11	–	511,76	575,73
	II	14 988	–	1 199,04	1 348,92	II	14 988	–	1 061,76	1 194,48	–	930,32	1 046,61	–	804,72	905,31	–	685,12	770,76	–	571,28	642,69	–	463,36	521,28
	III	9 984	–	798,72	898,56	III	9 984	–	698,88	786,24	–	601,92	677,16	–	508,–	571,50	–	416,96	469,08	–	328,80	369,90	–	243,68	274,14
	V	21 423	531,57	1 713,84	1 928,07	IV	15 789	–	1 192,72	1 341,81	–	1 123,52	1 263,96	–	1 055,68	1 187,64	–	989,36	1 113,03	–	924,56	1 040,13	–	861,12	968,76
	VI	21 858	583,33	1 748,64	1 967,22																				
71 315,99	I,IV	15 803	–	1 264,24	1 422,27	I	15 803	–	1 124,56	1 265,13	–	990,40	1 114,20	–	862,16	969,93	–	739,76	832,23	–	623,20	701,10	–	512,56	576,63
	II	15 002	–	1 200,16	1 350,18	II	15 002	–	1 062,80	1 195,65	–	931,36	1 047,78	–	805,76	906,48	–	686,–	771,75	–	572,16	643,68	–	464,16	522,18
	III	9 994	–	799,52	899,46	III	9 994	–	699,68	787,14	–	602,72	678,06	–	508,64	572,22	–	417,60	469,80	–	329,44	370,62	–	244,32	274,86
	V	21 437	533,23	1 714,96	1 929,33	IV	15 803	–	1 193,84	1 343,07	–	1 124,56	1 265,13	–	1 056,72	1 188,81	–	990,40	1 114,20	–	925,52	1 041,21	–	862,16	969,93
	VI	21 872	585,–	1 749,76	1 968,48																				
71 351,99	I,IV	15 817	–	1 265,36	1 423,53	I	15 817	–	1 125,60	1 266,30	–	991,44	1 115,37	–	863,12	971,01	–	740,64	833,22	–	624,08	702,09	–	513,44	577,62
	II	15 016	–	1 201,28	1 351,44	II	15 016	–	1 063,84	1 196,82	–	932,32	1 048,86	–	806,72	907,56	–	686,88	772,74	–	573,04	644,67	–	465,04	523,17
	III	10 004	–	800,32	900,36	III	10 004	–	700,48	788,04	–	603,36	678,78	–	509,44	573,12	–	418,24	470,52	–	330,08	371,34	–	244,96	275,58
	V	21 451	534,90	1 716,08	1 930,59	IV	15 817	–	1 194,96	1 344,33	–	1 125,60	1 266,30	–	1 057,84	1 190,07	–	991,44	1 115,37	–	926,56	1 042,38	–	863,12	971,01
	VI	21 886	586,67	1 750,88	1 969,74																				
71 387,99	I,IV	15 831	–	1 266,48	1 424,79	I	15 831	–	1 126,72	1 267,56	–	992,48	1 116,54	–	864,16	972,18	–	741,68	834,39	–	625,04	703,17	–	514,32	578,61
	II	15 030	–	1 202,40	1 352,70	II	15 030	–	1 064,96	1 198,08	–	933,36	1 050,03	–	807,68	908,64	–	687,84	773,82	–	573,92	645,66	–	465,84	524,07
	III	10 014	–	801,12	901,26	III	10 014	–	701,28	788,94	–	604,16	679,68	–	510,08	573,84	–	419,04	471,42	–	330,88	372,24	–	245,60	276,30
	V	21 465	536,57	1 717,20	1 931,85	IV	15 831	–	1 196,08	1 345,59	–	1 126,72	1 267,56	–	1 058,88	1 191,24	–	992,48	1 116,54	–	927,60	1 043,55	–	864,16	972,18
	VI	21 900	588,33	1 752,–	1 971,–																				
71 423,99	I,IV	15 845	–	1 267,60	1 426,05	I	15 845	–	1 127,84	1 268,82	–	993,52	1 117,71	–	865,12	973,26	–	742,56	835,38	–	625,92	704,16	–	515,12	579,51
	II	15 044	–	1 203,52	1 353,96	II	15 044	–	1 066,–	1 199,25	–	934,40	1 051,20	–	808,64	909,72	–	688,80	774,90	–	574,80	646,65	–	466,72	525,06
	III	10 024	–	801,92	902,16	III	10 024	–	701,92	789,66	–	604,96	680,58	–	510,88	574,74	–	419,68	472,14	–	331,52	372,96	–	246,24	277,02
	V	21 479	538,23	1 718,32	1 933,11	IV	15 845	–	1 197,20	1 346,85	–	1 127,84	1 268,82	–	1 059,92	1 192,41	–	993,52	1 117,71	–	928,56	1 044,63	–	865,12	973,26
	VI	21 914	590,–	1 753,12	1 972,26																				

* Die ausgewiesenen Tabellenwerte sind amtlich. Siehe Erläuterungen auf der Umschlaginnenseite (U2).

Abzüge an Lohnsteuer, Solidaritätszuschlag (SolZ) und Kirchensteuer (8%, 9%) in den Steuerklassen

Lohn/ Gehalt bis €*	I – VI	LSt	ohne Kinderfreibeträge SolZ	8%	9%	I, II, III, IV	LSt	mit Zahl der Kinderfreibeträge . . . 0,5 SolZ	8%	9%	1 SolZ	8%	9%	1,5 SolZ	8%	9%	2 SolZ	8%	9%	2,5 SolZ	8%	9%	3 SolZ	8%	9%
71 459,99	I,IV	15 859	–	1 268,72	1 427,31	I	15 859	–	1 128,88	1 269,99	–	994,56	1 118,88	–	866,08	974,34	–	743,52	836,46	–	626,80	705,15	–	516,–	580,50
	II	15 058	–	1 204,64	1 355,22	II	15 058	–	1 067,04	1 200,42	–	935,44	1 052,37	–	809,60	910,80	–	689,68	775,89	–	575,68	647,64	–	467,52	525,96
	III	10 034	–	802,72	903,06	III	10 034	–	702,72	790,56	–	605,76	681,48	–	511,68	575,64	–	420,48	473,04	–	332,16	373,68	–	246,88	277,74
	V	21 493	539,90	1 719,44	1 934,37	IV	15 859	–	1 198,32	1 348,11	–	1 128,88	1 269,99	–	1 061,04	1 193,67	–	994,56	1 118,88	–	929,60	1 045,80	–	866,08	974,34
	VI	21 928	591,66	1 754,24	1 973,52																				
71 495,99	I,IV	15 873	–	1 269,84	1 428,57	I	15 873	–	1 130,–	1 271,25	–	995,60	1 120,05	–	867,12	975,51	–	744,48	837,54	–	627,68	706,14	–	516,88	581,49
	II	15 071	–	1 205,68	1 356,39	II	15 071	–	1 068,16	1 201,68	–	936,40	1 053,45	–	810,56	911,88	–	690,64	776,97	–	576,56	648,63	–	468,32	526,86
	III	10 044	–	803,52	903,96	III	10 044	–	703,52	791,46	–	606,40	682,20	–	512,32	576,36	–	421,12	473,76	–	332,80	374,40	–	247,52	278,46
	V	21 506	541,45	1 720,48	1 935,54	IV	15 873	–	1 199,36	1 349,28	–	1 130,–	1 271,25	–	1 062,08	1 194,84	–	995,60	1 120,05	–	930,64	1 046,97	–	867,12	975,51
	VI	21 942	593,33	1 755,36	1 974,78																				
71 531,99	I,IV	15 886	–	1 270,88	1 429,74	I	15 886	–	1 131,04	1 272,42	–	996,64	1 121,22	–	868,08	976,59	–	745,44	838,62	–	628,64	707,22	–	517,68	582,39
	II	15 085	–	1 206,80	1 357,65	II	15 085	–	1 069,20	1 202,85	–	937,44	1 054,62	–	811,52	912,96	–	691,52	777,96	–	577,44	649,62	–	469,20	527,85
	III	10 054	–	804,32	904,86	III	10 054	–	704,32	792,36	–	607,20	683,10	–	513,12	577,26	–	421,92	474,66	–	333,60	375,30	–	248,32	279,36
	V	21 520	543,11	1 721,60	1 936,80	IV	15 886	–	1 200,48	1 350,54	–	1 131,04	1 272,42	–	1 063,12	1 196,01	–	996,64	1 121,22	–	931,60	1 048,05	–	868,08	976,59
	VI	21 955	594,88	1 756,40	1 975,95																				
71 567,99	I,IV	15 901	–	1 272,08	1 431,09	I	15 901	–	1 132,16	1 273,68	–	997,68	1 122,39	–	869,12	977,76	–	746,40	839,70	–	629,52	708,21	–	518,56	583,38
	II	15 099	–	1 207,92	1 358,91	II	15 099	–	1 070,24	1 204,02	–	938,48	1 055,79	–	812,56	914,13	–	692,48	779,04	–	578,32	650,61	–	470,–	528,75
	III	10 064	–	805,12	905,76	III	10 064	–	705,12	793,26	–	608,–	684,–	–	513,76	577,98	–	422,56	475,38	–	334,24	376,02	–	248,96	280,08
	V	21 535	544,90	1 722,80	1 938,15	IV	15 901	–	1 201,60	1 351,80	–	1 132,16	1 273,68	–	1 064,24	1 197,27	–	997,68	1 122,39	–	932,64	1 049,22	–	869,12	977,76
	VI	21 970	596,66	1 757,60	1 977,30																				
71 603,99	I,IV	15 915	–	1 273,20	1 432,35	I	15 915	–	1 133,28	1 274,94	–	998,72	1 123,56	–	870,08	978,84	–	747,36	840,78	–	630,40	709,20	–	519,44	584,37
	II	15 113	–	1 209,04	1 360,17	II	15 113	–	1 071,36	1 205,28	–	939,52	1 056,96	–	813,52	915,21	–	693,44	780,12	–	579,20	651,60	–	470,88	529,74
	III	10 074	–	805,92	906,66	III	10 074	–	705,92	794,16	–	608,64	684,72	–	514,56	578,88	–	423,20	476,10	–	334,88	376,74	–	249,60	280,80
	V	21 548	546,44	1 723,84	1 939,32	IV	15 915	–	1 202,72	1 353,06	–	1 133,28	1 274,94	–	1 065,28	1 198,44	–	998,72	1 123,56	–	933,68	1 050,39	–	870,08	978,84
	VI	21 984	598,33	1 758,72	1 978,56																				
71 639,99	I,IV	15 928	–	1 274,24	1 433,52	I	15 928	–	1 134,32	1 276,11	–	999,76	1 124,73	–	871,12	980,01	–	748,24	841,77	–	631,36	710,28	–	520,24	585,27
	II	15 127	–	1 210,16	1 361,43	II	15 127	–	1 072,40	1 206,45	–	940,48	1 058,04	–	814,48	916,29	–	694,32	781,11	–	580,08	652,59	–	471,68	530,64
	III	10 084	–	806,72	907,56	III	10 084	–	706,72	795,06	–	609,44	685,62	–	515,20	579,60	–	424,–	477,–	–	335,68	377,64	–	250,24	281,52
	V	21 562	548,11	1 724,96	1 940,58	IV	15 928	–	1 203,84	1 354,32	–	1 134,32	1 276,11	–	1 066,32	1 199,61	–	999,76	1 124,73	–	934,72	1 051,56	–	871,12	980,01
	VI	21 997	599,87	1 759,76	1 979,73																				
71 675,99	I,IV	15 942	–	1 275,36	1 434,78	I	15 942	–	1 135,44	1 277,37	–	1 000,80	1 125,90	–	872,08	981,09	–	749,20	842,85	–	632,24	711,27	–	521,12	586,26
	II	15 141	–	1 211,28	1 362,69	II	15 141	–	1 073,44	1 207,62	–	941,52	1 059,21	–	815,44	917,37	–	695,28	782,19	–	580,96	653,58	–	472,48	531,54
	III	10 094	–	807,52	908,46	III	10 094	–	707,36	795,78	–	610,24	686,52	–	516,–	580,50	–	424,64	477,72	–	336,32	378,36	–	250,88	282,24
	V	21 576	549,78	1 726,08	1 941,84	IV	15 942	–	1 204,96	1 355,58	–	1 135,44	1 277,37	–	1 067,36	1 200,78	–	1 000,80	1 125,90	–	935,68	1 052,64	–	872,08	981,09
	VI	22 011	601,54	1 760,88	1 980,99																				
71 711,99	I,IV	15 956	–	1 276,48	1 436,04	I	15 956	–	1 136,48	1 278,54	–	1 001,84	1 127,07	–	873,04	982,17	–	750,16	843,93	–	633,12	712,26	–	522,–	587,25
	II	15 155	–	1 212,40	1 363,95	II	15 155	–	1 074,56	1 208,88	–	942,56	1 060,38	–	816,40	918,45	–	696,16	783,18	–	581,84	654,57	–	473,36	532,53
	III	10 104	–	808,32	909,36	III	10 104	–	708,16	796,68	–	611,04	687,42	–	516,80	581,40	–	425,44	478,62	–	336,96	379,08	–	251,52	282,96
	V	21 590	551,44	1 727,20	1 943,10	IV	15 956	–	1 206,08	1 356,84	–	1 136,48	1 278,54	–	1 068,48	1 202,04	–	1 001,84	1 127,07	–	936,72	1 053,81	–	873,04	982,17
	VI	22 025	603,21	1 762,–	1 982,25																				
71 747,99	I,IV	15 970	–	1 277,60	1 437,30	I	15 970	–	1 137,60	1 279,80	–	1 002,88	1 128,24	–	874,08	983,34	–	751,12	845,01	–	634,–	713,25	–	522,80	588,15
	II	15 169	–	1 213,52	1 365,21	II	15 169	–	1 075,60	1 210,05	–	943,52	1 061,46	–	817,36	919,53	–	697,12	784,26	–	582,72	655,56	–	474,16	533,43
	III	10 114	–	809,12	910,26	III	10 114	–	708,96	797,58	–	611,68	688,14	–	517,44	582,12	–	426,08	479,34	–	337,60	379,80	–	252,16	283,68
	V	21 604	553,11	1 728,32	1 944,36	IV	15 970	–	1 207,12	1 358,01	–	1 137,60	1 279,80	–	1 069,52	1 203,21	–	1 002,88	1 128,24	–	937,76	1 054,98	–	874,08	983,34
	VI	22 039	604,87	1 763,12	1 983,51																				
71 783,99	I,IV	15 984	–	1 278,72	1 438,56	I	15 984	–	1 138,72	1 281,06	–	1 003,92	1 129,41	–	875,04	984,42	–	752,08	846,09	–	634,96	714,33	–	523,68	589,14
	II	15 183	–	1 214,64	1 366,47	II	15 183	–	1 076,64	1 211,22	–	944,56	1 062,63	–	818,40	920,70	–	698,08	785,34	–	583,60	656,55	–	475,04	534,42
	III	10 124	–	809,92	911,16	III	10 124	–	709,76	798,48	–	612,48	689,04	–	518,24	583,02	–	426,88	480,24	–	338,40	380,70	–	252,96	284,58
	V	21 618	554,77	1 729,44	1 945,62	IV	15 984	–	1 208,32	1 359,36	–	1 138,72	1 281,06	–	1 070,56	1 204,38	–	1 003,92	1 129,41	–	938,80	1 056,15	–	875,04	984,42
	VI	22 053	606,54	1 764,24	1 984,77																				
71 819,99	I,IV	15 998	–	1 279,84	1 439,82	I	15 998	–	1 139,76	1 282,23	–	1 004,96	1 130,58	–	876,08	985,59	–	753,04	847,17	–	635,84	715,32	–	524,56	590,13
	II	15 197	–	1 215,76	1 367,73	II	15 197	–	1 077,76	1 212,48	–	945,60	1 063,80	–	819,36	921,78	–	698,96	786,33	–	584,48	657,54	–	475,84	535,32
	III	10 134	–	810,72	912,06	III	10 134	–	710,56	799,38	–	613,28	689,94	–	518,88	583,74	–	427,52	480,96	–	339,04	381,42	–	253,60	285,30
	V	21 632	556,44	1 730,56	1 946,88	IV	15 998	–	1 209,44	1 360,62	–	1 139,76	1 282,23	–	1 071,68	1 205,64	–	1 004,96	1 130,58	–	939,76	1 057,23	–	876,08	985,59
	VI	22 067	608,20	1 765,36	1 986,03																				
71 855,99	I,IV	16 012	–	1 280,96	1 441,08	I	16 012	–	1 140,88	1 283,49	–	1 006,–	1 131,75	–	877,04	986,67	–	754,–	848,25	–	636,72	716,31	–	525,44	591,12
	II	15 211	–	1 216,88	1 368,99	II	15 211	–	1 078,80	1 213,65	–	946,64	1 064,97	–	820,32	922,86	–	699,92	787,41	–	585,36	658,53	–	476,72	536,31
	III	10 144	–	811,52	912,96	III	10 144	–	711,36	800,28	–	614,08	690,84	–	519,68	584,64	–	428,16	481,68	–	339,68	382,14	–	254,24	286,02
	V	21 646	558,11	1 731,68	1 948,14	IV	16 012	–	1 210,48	1 361,79	–	1 140,88	1 283,49	–	1 072,72	1 206,81	–	1 006,–	1 131,75	–	940,80	1 058,40	–	877,04	986,67
	VI	22 081	609,87	1 766,48	1 987,29																				
71 891,99	I,IV	16 026	–	1 282,08	1 442,34	I	16 026	–	1 142,–	1 284,75	–	1 007,04	1 132,92	–	878,08	987,84	–	754,88	849,24	–	637,68	717,39	–	526,24	592,02
	II	15 225	–	1 218,–	1 370,25	II	15 225	–	1 079,84	1 214,82	–	947,68	1 066,14	–	821,28	923,94	–	700,80	788,40	–	586,24	659,52	–	477,52	537,21
	III	10 154	–	812,32	913,86	III	10 154	–	712,16	801,18	–	614,72	691,56	–	520,48	585,54	–	428,96	482,58	–	340,48	383,04	–	254,88	286,74
	V	21 660	559,77	1 732,80	1 949,40	IV	16 026	–	1 211,60	1 363,05	–	1 142,–	1 284,75	–	1 073,76	1 207,98	–	1 007,04	1 132,92	–	941,84	1 059,57	–	878,08	987,84
	VI	22 095	611,54	1 767,60	1 988,55																				
71 927,99	I,IV	16 040	–	1 283,20	1 443,60	I	16 040	–	1 143,04	1 285,92	–	1 008,08	1 134,09	–	879,04	988,92	–	755,84	850,32	–	638,56	718,38	–	527,12	593,01
	II	15 238	–	1 219,04	1 371,42	II	15 238	–	1 080,96	1 216,08	–	948,64	1 067,22	–	822,24	925,02	–	701,76	789,48	–	587,12	660,51	–	478,40	538,20
	III	10 164	–	813,12	914,76	III	10 164	–	712,80	801,90	–	615,52	692,46	–	521,12	586,26	–	429,60	483,30	–	341,12	383,76	–	255,52	287,46
	V	21 674	561,44	1 733,92	1 950,66	IV	16 040	–	1 212,72	1 364,31	–	1 143,04	1 285,92	–	1 074,88	1 209,24	–	1 008,08	1 134,09	–	942,80	1 060,65	–	879,04	988,92
	VI	22 109	613,20	1 768,72	1 989,81																				
71 963,99	I,IV	16 054	–	1 284,32	1 444,86	I	16 054	–	1 144,16	1 287,18	–	1 009,20	1 135,35	–	880,08	990,09	–	756,80	851,40	–	639,44	719,37	–	528,–	594,–
	II	15 253	–	1 220,24	1 372,77	II	15 253	–	1 082,–	1 217,25	–	949,68	1 068,39	–	823,28	926,19	–	702,72	790,56	–	588,–	661,50	–	479,20	539,10
	III	10 174	–	813,92	915,66	III	10 174	–	713,60	802,80	–	616,32	693,36	–	521,92	587,16	–	430,40	484,20	–	341,76	384,48	–	256,16	288,18
	V	21 688	563,10	1 735,04	1 951,92	IV	16 054	–	1 213,84	1 365,57	–	1 144,16	1 287,18	–	1 075,92	1 210,41	–	1 009,20	1 135,35	–	943,92	1 061,91	–	880,08	990,09
	VI	22 123	614,87	1 769,84	1 991,07																				
71 999,99	I,IV	16 068	–	1 285,44	1 446,12	I	16 068	–	1 145,28	1 288,44	–	1 010,24	1 136,52	–	881,04	991,17	–	757,76	852,48	–	640,40	720,45	–	528,88	594,99
	II	15 267	–	1 221,36	1 374,03	II	15 267	–	1 083,12	1 218,51	–	950,72	1 069,56	–	824,24	927,27	–	703,60	791,55	–	588,88	662,49	–	480,08	540,09
	III	10 186	–	814,88	916,74	III	10 186	–	714,40	803,70	–	617,12	694,26	–	522,56	587,88	–	431,04	484,92	–	342,56	385,38	–	256,96	289,08
	V	21 702	564,77	1 736,16	1 953,18	IV	16 068	–	1 214,96	1 366,83	–	1 145,28	1 288,44	–	1 076,96	1 211,58	–	1 010,24	1 136,52	–	944,88	1 062,99	–	881,04	991,17
	VI	22 137	616,53	1 770,96	1 992,33																				

*** Die ausgewiesenen Tabellenwerte sind amtlich. Siehe Erläuterungen auf der Umschlaginnenseite (U2).**

Abzüge an Lohnsteuer, Solidaritätszuschlag (SolZ) und Kirchensteuer (8%, 9%) in den Steuerklassen

Lohn/ Gehalt	I – VI					I, II, III, IV																			
			ohne Kinderfreibeträge					mit Zahl der Kinderfreibeträge . . .																	
								0,5			1			1,5			2			2,5			3		
bis €*		LSt	SolZ	8%	9%		LSt	SolZ	8%	9%	SolZ	8%	9%	SolZ	8%	9%	SolZ	8%	9%	SolZ	8%	9%	SolZ	8%	9%
72 035,99	I,IV	16 082	–	1 286,56	1 447,38	I	16 082	–	1 146,32	1 289,61	–	1 011,28	1 137,69	–	882,08	992,34	–	758,72	853,56	–	641,28	721,44	–	529,68	595,89
	II	15 280	–	1 222,40	1 375,20	II	15 280	–	1 084,16	1 219,68	–	951,76	1 070,73	–	825,20	928,35	–	704,56	792,63	–	589,76	663,48	–	480,88	540,99
	III	10 194	–	815,52	917,46	III	10 194	–	715,20	804,60	–	617,76	694,98	–	523,36	588,78	–	431,84	485,82	–	343,20	386,10	–	257,60	289,80
	V	21 716	566,44	1 737,28	1 954,44	IV	16 082	–	1 216,08	1 368,09	–	1 146,32	1 289,61	–	1 078,08	1 212,84	–	1 011,28	1 137,69	–	945,92	1 064,16	–	882,08	992,34
	VI	22 151	618,20	1 772,08	1 993,59																				
72 071,99	I,IV	16 096	–	1 287,68	1 448,64	I	16 096	–	1 147,44	1 290,87	–	1 012,32	1 138,86	–	883,04	993,42	–	759,68	854,64	–	642,16	722,43	–	530,56	596,88
	II	15 294	–	1 223,52	1 376,46	II	15 294	–	1 085,20	1 220,85	–	952,80	1 071,90	–	826,16	929,43	–	705,52	793,71	–	590,64	664,47	–	481,76	541,98
	III	10 206	–	816,48	918,54	III	10 206	–	716,–	805,50	–	618,56	695,88	–	524,16	589,68	–	432,48	486,54	–	343,84	386,82	–	258,24	290,52
	V	21 729	567,98	1 738,32	1 955,61	IV	16 096	–	1 217,20	1 369,35	–	1 147,44	1 290,87	–	1 079,12	1 214,01	–	1 012,32	1 138,86	–	946,96	1 065,33	–	883,04	993,42
	VI	22 165	619,87	1 773,20	1 994,85																				
72 107,99	I,IV	16 109	–	1 288,72	1 449,81	I	16 109	–	1 148,48	1 292,04	–	1 013,36	1 140,03	–	884,–	994,50	–	760,64	855,72	–	643,04	723,42	–	531,44	597,87
	II	15 308	–	1 224,64	1 377,72	II	15 308	–	1 086,32	1 222,11	–	953,76	1 072,98	–	827,20	930,60	–	706,40	794,70	–	591,52	665,46	–	482,56	542,88
	III	10 214	–	817,12	919,26	III	10 214	–	716,80	806,40	–	619,36	696,78	–	524,80	590,40	–	433,28	487,44	–	344,64	387,72	–	258,88	291,24
	V	21 743	569,65	1 739,44	1 956,87	IV	16 109	–	1 218,32	1 370,61	–	1 148,48	1 292,04	–	1 080,16	1 215,18	–	1 013,36	1 140,03	–	947,92	1 066,41	–	884,–	994,50
	VI	22 178	621,41	1 774,24	1 996,02																				
72 143,99	I,IV	16 124	–	1 289,92	1 451,16	I	16 124	–	1 149,60	1 293,30	–	1 014,40	1 141,20	–	885,04	995,67	–	761,60	856,80	–	644,–	724,50	–	532,32	598,86
	II	15 322	–	1 225,76	1 378,98	II	15 322	–	1 087,36	1 223,28	–	954,80	1 074,15	–	828,16	931,68	–	707,36	795,78	–	592,48	666,54	–	483,44	543,87
	III	10 226	–	818,08	920,34	III	10 226	–	717,60	807,30	–	620,16	697,68	–	525,60	591,30	–	433,92	488,16	–	345,28	388,44	–	259,52	291,96
	V	21 758	571,43	1 740,64	1 958,22	IV	16 124	–	1 219,44	1 371,87	–	1 149,60	1 293,30	–	1 081,28	1 216,44	–	1 014,40	1 141,20	–	949,04	1 067,67	–	885,04	995,67
	VI	22 193	623,20	1 775,44	1 997,37																				
72 179,99	I,IV	16 138	–	1 291,04	1 452,42	I	16 138	–	1 150,72	1 294,56	–	1 015,44	1 142,37	–	886,08	996,84	–	762,56	857,88	–	644,88	725,49	–	533,12	599,76
	II	15 336	–	1 226,88	1 380,24	II	15 336	–	1 088,48	1 224,54	–	955,84	1 075,32	–	829,12	932,76	–	708,32	796,86	–	593,36	667,53	–	484,24	544,77
	III	10 236	–	818,88	921,24	III	10 236	–	718,40	808,20	–	620,80	698,40	–	526,24	592,02	–	434,72	489,06	–	345,92	389,16	–	260,16	292,68
	V	21 771	572,98	1 741,68	1 959,39	IV	16 138	–	1 220,56	1 373,13	–	1 150,72	1 294,56	–	1 082,32	1 217,61	–	1 015,44	1 142,37	–	950,–	1 068,75	–	886,08	996,84
	VI	22 207	624,86	1 776,56	1 998,63																				
72 215,99	I,IV	16 151	–	1 292,08	1 453,59	I	16 151	–	1 151,84	1 295,82	–	1 016,48	1 143,54	–	887,04	997,92	–	763,52	858,96	–	645,84	726,57	–	534,–	600,75
	II	15 350	–	1 228,–	1 381,50	II	15 350	–	1 089,52	1 225,71	–	956,88	1 076,49	–	830,08	933,84	–	709,20	797,85	–	594,24	668,52	–	485,12	545,76
	III	10 246	–	819,68	922,14	III	10 246	–	719,20	809,10	–	621,60	699,30	–	527,04	592,92	–	435,36	489,78	–	346,72	390,06	–	260,80	293,40
	V	21 785	574,65	1 742,80	1 960,65	IV	16 151	–	1 221,68	1 374,39	–	1 151,84	1 295,82	–	1 083,44	1 218,87	–	1 016,48	1 143,54	–	951,04	1 069,92	–	887,04	997,92
	VI	22 220	626,41	1 777,60	1 999,80																				
72 251,99	I,IV	16 165	–	1 293,20	1 454,85	I	16 165	–	1 152,88	1 296,99	–	1 017,52	1 144,71	–	888,08	999,09	–	764,48	860,04	–	646,72	727,56	–	534,88	601,74
	II	15 364	–	1 229,12	1 382,76	II	15 364	–	1 090,56	1 226,88	–	957,92	1 077,66	–	831,12	935,01	–	710,16	798,93	–	595,12	669,51	–	485,92	546,66
	III	10 256	–	820,48	923,04	III	10 256	–	720,–	810,–	–	622,40	700,20	–	527,84	593,82	–	436,16	490,68	–	347,36	390,78	–	261,60	294,30
	V	21 799	576,31	1 743,92	1 961,91	IV	16 165	–	1 222,80	1 375,65	–	1 152,88	1 296,99	–	1 084,48	1 220,04	–	1 017,52	1 144,71	–	952,08	1 071,09	–	888,08	999,09
	VI	22 234	628,08	1 778,72	2 001,06																				
72 287,99	I,IV	16 179	–	1 294,32	1 456,11	I	16 179	–	1 154,–	1 298,25	–	1 018,56	1 145,88	–	889,04	1 000,17	–	765,36	861,03	–	647,60	728,55	–	535,68	602,64
	II	15 378	–	1 230,24	1 384,02	II	15 378	–	1 091,68	1 228,14	–	958,88	1 078,74	–	832,08	936,09	–	711,12	800,01	–	596,–	670,50	–	486,72	547,56
	III	10 266	–	821,28	923,94	III	10 266	–	720,64	810,72	–	623,20	701,10	–	528,48	594,54	–	436,80	491,40	–	348,–	391,50	–	262,24	295,02
	V	21 813	577,98	1 745,04	1 963,17	IV	16 179	–	1 223,84	1 376,82	–	1 154,–	1 298,25	–	1 085,52	1 221,21	–	1 018,56	1 145,88	–	953,04	1 072,17	–	889,04	1 000,17
	VI	22 248	629,74	1 779,84	2 002,32																				
72 323,99	I,IV	16 193	–	1 295,44	1 457,37	I	16 193	–	1 155,04	1 299,42	–	1 019,60	1 147,05	–	890,–	1 001,25	–	766,32	862,11	–	648,56	729,63	–	536,56	603,63
	II	15 392	–	1 231,36	1 385,28	II	15 392	–	1 092,72	1 229,31	–	959,92	1 079,91	–	833,04	937,17	–	712,–	801,–	–	596,88	671,49	–	487,60	548,55
	III	10 276	–	822,08	924,84	III	10 276	–	721,44	811,62	–	623,84	701,82	–	529,28	595,44	–	437,44	492,12	–	348,80	392,40	–	262,88	295,74
	V	21 827	579,64	1 746,16	1 964,43	IV	16 193	–	1 224,96	1 378,08	–	1 155,04	1 299,42	–	1 086,64	1 222,47	–	1 019,60	1 147,05	–	954,08	1 073,34	–	890,–	1 001,25
	VI	22 262	631,41	1 780,96	2 003,58																				
72 359,99	I,IV	16 207	–	1 296,56	1 458,63	I	16 207	–	1 156,16	1 300,68	–	1 020,72	1 148,31	–	891,04	1 002,42	–	767,36	863,28	–	649,44	730,62	–	537,44	604,62
	II	15 406	–	1 232,48	1 386,54	II	15 406	–	1 093,84	1 230,57	–	960,96	1 081,08	–	834,08	938,34	–	712,96	802,08	–	597,76	672,48	–	488,48	549,54
	III	10 286	–	822,88	925,74	III	10 286	–	722,24	812,52	–	624,64	702,72	–	529,92	596,16	–	438,24	493,02	–	349,44	393,12	–	263,52	296,46
	V	21 841	581,31	1 747,28	1 965,69	IV	16 207	–	1 226,16	1 379,43	–	1 156,16	1 300,68	–	1 087,68	1 223,64	–	1 020,72	1 148,31	–	955,12	1 074,51	–	891,04	1 002,42
	VI	22 276	633,08	1 782,08	2 004,84																				
72 395,99	I,IV	16 221	–	1 297,68	1 459,89	I	16 221	–	1 157,28	1 301,94	–	1 021,76	1 149,48	–	892,08	1 003,59	–	768,24	864,27	–	650,32	731,61	–	538,32	605,61
	II	15 420	–	1 233,60	1 387,80	II	15 420	–	1 094,88	1 231,74	–	962,–	1 082,25	–	835,04	939,42	–	713,92	803,16	–	598,64	673,47	–	489,28	550,44
	III	10 296	–	823,68	926,64	III	10 296	–	723,04	813,42	–	625,44	703,62	–	530,72	597,06	–	438,88	493,74	–	350,08	393,84	–	264,16	297,18
	V	21 855	582,98	1 748,40	1 966,95	IV	16 221	–	1 227,20	1 380,60	–	1 157,28	1 301,94	–	1 088,80	1 224,90	–	1 021,76	1 149,48	–	956,16	1 075,68	–	892,08	1 003,59
	VI	22 290	634,74	1 783,20	2 006,10																				
72 431,99	I,IV	16 235	–	1 298,80	1 461,15	I	16 235	–	1 158,40	1 303,20	–	1 022,80	1 150,65	–	893,04	1 004,67	–	769,20	865,35	–	651,28	732,69	–	539,20	606,60
	II	15 434	–	1 234,72	1 389,06	II	15 434	–	1 095,92	1 232,91	–	963,04	1 083,42	–	836,–	940,50	–	714,80	804,15	–	599,52	674,46	–	490,16	551,43
	III	10 306	–	824,48	927,54	III	10 306	–	723,84	814,32	–	626,24	704,52	–	531,52	597,96	–	439,68	494,64	–	350,88	394,74	–	264,96	298,08
	V	21 869	584,64	1 749,52	1 968,21	IV	16 235	–	1 228,32	1 381,86	–	1 158,40	1 303,20	–	1 089,84	1 226,07	–	1 022,80	1 150,65	–	957,20	1 076,85	–	893,04	1 004,67
	VI	22 304	636,41	1 784,32	2 007,36																				
72 467,99	I,IV	16 249	–	1 299,92	1 462,41	I	16 249	–	1 159,44	1 304,37	–	1 023,84	1 151,82	–	894,08	1 005,84	–	770,16	866,43	–	652,16	733,68	–	540,–	607,50
	II	15 448	–	1 235,84	1 390,32	II	15 448	–	1 097,04	1 234,17	–	964,08	1 084,59	–	836,96	941,58	–	715,76	805,23	–	600,40	675,45	–	490,96	552,33
	III	10 316	–	825,28	928,44	III	10 316	–	724,64	815,22	–	626,88	705,24	–	532,16	598,68	–	440,32	495,36	–	351,52	395,46	–	265,60	298,80
	V	21 883	586,31	1 750,64	1 969,47	IV	16 249	–	1 229,44	1 383,12	–	1 159,44	1 304,37	–	1 090,88	1 227,24	–	1 023,84	1 151,82	–	958,24	1 078,02	–	894,08	1 005,84
	VI	22 318	638,07	1 785,44	2 008,62																				
72 503,99	I,IV	16 263	–	1 301,04	1 463,67	I	16 263	–	1 160,56	1 305,63	–	1 024,88	1 152,99	–	895,04	1 006,92	–	771,12	867,51	–	653,04	734,67	–	540,88	608,49
	II	15 461	–	1 236,88	1 391,49	II	15 461	–	1 098,08	1 235,34	–	965,12	1 085,76	–	837,92	942,66	–	716,72	806,31	–	601,28	676,44	–	491,84	553,32
	III	10 326	–	826,08	929,34	III	10 326	–	725,44	816,12	–	627,68	706,14	–	532,96	599,58	–	441,12	496,26	–	352,16	396,18	–	266,24	299,52
	V	21 897	587,97	1 751,76	1 970,73	IV	16 263	–	1 230,56	1 384,38	–	1 160,56	1 305,63	–	1 092,–	1 228,50	–	1 024,88	1 152,99	–	959,20	1 079,10	–	895,04	1 006,92
	VI	22 332	639,74	1 786,56	2 009,88																				
72 539,99	I,IV	16 277	–	1 302,16	1 464,93	I	16 277	–	1 161,68	1 306,89	–	1 025,92	1 154,16	–	896,08	1 008,09	–	772,08	868,59	–	654,–	735,75	–	541,76	609,48
	II	15 476	–	1 238,08	1 392,84	II	15 476	–	1 099,20	1 236,60	–	966,16	1 086,93	–	838,96	943,83	–	717,68	807,39	–	602,24	677,52	–	492,64	554,22
	III	10 336	–	826,88	930,24	III	10 336	–	726,24	817,02	–	628,48	707,04	–	533,76	600,48	–	441,76	496,98	–	352,96	397,08	–	266,88	300,24
	V	21 911	589,64	1 752,88	1 971,99	IV	16 277	–	1 231,68	1 385,64	–	1 161,68	1 306,89	–	1 093,04	1 229,67	–	1 025,92	1 154,16	–	960,24	1 080,27	–	896,08	1 008,09
	VI	22 346	641,41	1 787,68	2 011,14																				
72 575,99	I,IV	16 291	–	1 303,28	1 466,19	I	16 291	–	1 162,80	1 308,15	–	1 026,96	1 155,33	–	897,12	1 009,26	–	773,04	869,67	–	654,88	736,74	–	542,64	610,47
	II	15 490	–	1 239,20	1 394,10	II	15 490	–	1 100,24	1 237,77	–	967,20	1 088,10	–	839,92	944,91	–	718,56	808,38	–	603,12	678,51	–	493,52	555,21
	III	10 346	–	827,68	931,14	III	10 346	–	727,04	817,92	–	629,28	707,94	–	534,40	601,20	–	442,56	497,88	–	353,60	397,80	–	267,52	300,96
	V	21 925	591,31	1 754,–	1 973,25	IV	16 291	–	1 232,80	1 386,90	–	1 162,80	1 308,15	–	1 094,16	1 230,93	–	1 026,96	1 155,33	–	961,28	1 081,44	–	897,12	1 009,26
	VI	22 360	643,07	1 788,80	2 012,40																				

* Die ausgewiesenen Tabellenwerte sind amtlich. Siehe Erläuterungen auf der Umschlaginnenseite (U2).

JAHR 72 576,–*

Abzüge an Lohnsteuer, Solidaritätszuschlag (SolZ) und Kirchensteuer (8%, 9%) in den Steuerklassen

Lohn/ Gehalt bis €*	I – VI		ohne Kinder-freibeträge			I, II, III, IV		mit Zahl der Kinderfreibeträge . . . 0,5			1			1,5			2			2,5			3		
		LSt	SolZ	8%	9%		LSt	SolZ	8%	9%	SolZ	8%	9%	SolZ	8%	9%	SolZ	8%	9%	SolZ	8%	9%	SolZ	8%	9%
72 611,99	I,IV	16 305	–	1 304,40	1 467,45	I	16 305	–	1 163,84	1 309,32	–	1 028,–	1 156,50	–	898,08	1 010,34	–	774,–	870,75	–	655,84	737,82	–	543,52	611,46
	II	15 503	–	1 240,24	1 395,27	II	15 503	–	1 101,36	1 239,03	–	968,16	1 089,18	–	840,88	945,99	–	719,52	809,46	–	604,–	679,50	–	494,32	556,11
	III	10 356	–	828,48	932,04	III	10 356	–	727,84	818,82	–	630,08	708,84	–	535,20	602,10	–	443,20	498,60	–	354,24	398,52	–	268,32	301,86
	V	21 939	592,97	1 755,12	1 974,51	IV	16 305	–	1 233,92	1 388,16	–	1 163,84	1 309,32	–	1 095,20	1 232,10	–	1 028,–	1 156,50	–	962,32	1 082,61	–	898,08	1 010,34
	VI	22 374	644,74	1 789,92	2 013,66																				
72 647,99	I,IV	16 319	–	1 305,52	1 468,71	I	16 319	–	1 164,96	1 310,58	–	1 029,04	1 157,67	–	899,12	1 011,51	–	774,96	871,83	–	656,72	738,81	–	544,40	612,45
	II	15 517	–	1 241,36	1 396,53	II	15 517	–	1 102,40	1 240,20	–	969,20	1 090,35	–	841,92	947,16	–	720,48	810,54	–	604,88	680,49	–	495,20	557,10
	III	10 366	–	829,28	932,94	III	10 366	–	728,48	819,54	–	630,72	709,56	–	535,84	602,82	–	444,–	499,50	–	354,88	399,24	–	268,96	302,58
	V	21 953	594,64	1 756,24	1 975,77	IV	16 319	–	1 235,04	1 389,42	–	1 164,96	1 310,58	–	1 096,32	1 233,36	–	1 029,04	1 157,67	–	963,36	1 083,78	–	899,12	1 011,51
	VI	22 388	646,40	1 791,04	2 014,92																				
72 683,99	I,IV	16 333	–	1 306,64	1 469,97	I	16 333	–	1 166,08	1 311,84	–	1 030,16	1 158,93	–	900,08	1 012,59	–	775,92	872,91	–	657,60	739,80	–	545,20	613,35
	II	15 531	–	1 242,48	1 397,79	II	15 531	–	1 103,52	1 241,46	–	970,24	1 091,52	–	842,88	948,24	–	721,36	811,53	–	605,76	681,48	–	496,–	558,–
	III	10 376	–	830,08	933,84	III	10 376	–	729,28	820,44	–	631,52	710,46	–	536,64	603,72	–	444,64	500,22	–	355,68	400,14	–	269,60	303,30
	V	21 966	596,19	1 757,28	1 976,94	IV	16 333	–	1 236,16	1 390,68	–	1 166,08	1 311,84	–	1 097,36	1 234,53	–	1 030,16	1 158,93	–	964,40	1 084,95	–	900,08	1 012,59
	VI	22 401	647,95	1 792,08	2 016,09																				
72 719,99	I,IV	16 347	–	1 307,76	1 471,23	I	16 347	–	1 167,20	1 313,10	–	1 031,20	1 160,10	–	901,12	1 013,76	–	776,88	873,99	–	658,56	740,88	–	546,08	614,34
	II	15 545	–	1 243,60	1 399,05	II	15 545	–	1 104,56	1 242,63	–	971,28	1 092,69	–	843,84	949,32	–	722,32	812,61	–	606,64	682,47	–	496,88	558,99
	III	10 386	–	830,88	934,74	III	10 386	–	730,08	821,34	–	632,32	711,36	–	537,44	604,62	–	445,44	501,12	–	356,32	400,86	–	270,24	304,02
	V	21 981	597,97	1 758,48	1 978,29	IV	16 347	–	1 237,28	1 391,94	–	1 167,20	1 313,10	–	1 098,48	1 235,79	–	1 031,20	1 160,10	–	965,44	1 086,12	–	901,12	1 013,76
	VI	22 416	649,74	1 793,28	2 017,44																				
72 755,99	I,IV	16 361	–	1 308,88	1 472,49	I	16 361	–	1 168,24	1 314,27	–	1 032,24	1 161,27	–	902,08	1 014,84	–	777,84	875,07	–	659,44	741,87	–	546,96	615,33
	II	15 559	–	1 244,72	1 400,31	II	15 559	–	1 105,68	1 243,89	–	972,32	1 093,86	–	844,88	950,49	–	723,28	813,69	–	607,60	683,55	–	497,76	559,98
	III	10 396	–	831,68	935,64	III	10 396	–	730,88	822,24	–	632,96	712,08	–	538,08	605,34	–	446,08	501,84	–	356,96	401,58	–	270,88	304,74
	V	21 995	599,64	1 759,60	1 979,55	IV	16 361	–	1 238,40	1 393,20	–	1 168,24	1 314,27	–	1 099,52	1 236,96	–	1 032,24	1 161,27	–	966,48	1 087,29	–	902,08	1 014,84
	VI	22 430	651,40	1 794,40	2 018,70																				
72 791,99	I,IV	16 375	–	1 310,–	1 473,75	I	16 375	–	1 169,36	1 315,53	–	1 033,28	1 162,44	–	903,12	1 016,01	–	778,80	876,15	–	660,40	742,95	–	547,84	616,32
	II	15 573	–	1 245,84	1 401,57	II	15 573	–	1 106,72	1 245,06	–	973,36	1 095,03	–	845,84	951,57	–	724,24	814,77	–	608,48	684,54	–	498,56	560,88
	III	10 408	–	832,64	936,72	III	10 408	–	731,68	823,14	–	633,76	712,98	–	538,88	606,24	–	446,88	502,74	–	357,76	402,48	–	271,52	305,46
	V	22 008	601,18	1 760,64	1 980,72	IV	16 375	–	1 239,52	1 394,46	–	1 169,36	1 315,53	–	1 100,56	1 238,13	–	1 033,28	1 162,44	–	967,44	1 088,37	–	903,12	1 016,01
	VI	22 443	652,95	1 795,44	2 019,87																				
72 827,99	I,IV	16 388	–	1 311,04	1 474,92	I	16 388	–	1 170,48	1 316,79	–	1 034,32	1 163,61	–	904,08	1 017,09	–	779,76	877,23	–	661,28	743,94	–	548,72	617,31
	II	15 587	–	1 246,96	1 402,83	II	15 587	–	1 107,84	1 246,32	–	974,40	1 096,20	–	846,80	952,65	–	725,12	815,76	–	609,36	685,53	–	499,44	561,87
	III	10 416	–	833,28	937,44	III	10 416	–	732,48	824,04	–	634,56	713,88	–	539,52	606,96	–	447,52	503,46	–	358,40	403,20	–	272,16	306,18
	V	22 022	602,85	1 761,76	1 981,98	IV	16 388	–	1 240,64	1 395,72	–	1 170,48	1 316,79	–	1 101,68	1 239,39	–	1 034,32	1 163,61	–	968,48	1 089,54	–	904,08	1 017,09
	VI	22 457	654,61	1 796,56	2 021,13																				
72 863,99	I,IV	16 402	–	1 312,16	1 476,18	I	16 402	–	1 171,52	1 317,96	–	1 035,36	1 164,78	–	905,12	1 018,26	–	780,72	878,31	–	662,24	745,02	–	549,60	618,30
	II	15 601	–	1 248,08	1 404,09	II	15 601	–	1 108,88	1 247,49	–	975,36	1 097,28	–	847,76	953,73	–	726,08	816,84	–	610,24	686,52	–	500,24	562,77
	III	10 428	–	834,24	938,52	III	10 428	–	733,28	824,94	–	635,36	714,78	–	540,32	607,86	–	448,32	504,36	–	359,04	403,92	–	272,96	307,08
	V	22 036	604,52	1 762,88	1 983,24	IV	16 402	–	1 241,68	1 396,89	–	1 171,52	1 317,96	–	1 102,72	1 240,56	–	1 035,36	1 164,78	–	969,52	1 090,71	–	905,12	1 018,26
	VI	22 471	656,28	1 797,68	2 022,39																				
72 899,99	I,IV	16 416	–	1 313,28	1 477,44	I	16 416	–	1 172,64	1 319,22	–	1 036,48	1 166,04	–	906,16	1 019,43	–	781,68	879,39	–	663,12	746,01	–	550,40	619,20
	II	15 615	–	1 249,20	1 405,35	II	15 615	–	1 109,92	1 248,66	–	976,40	1 098,45	–	848,80	954,90	–	727,04	817,92	–	611,12	687,51	–	501,12	563,76
	III	10 436	–	834,88	939,24	III	10 436	–	734,08	825,84	–	636,–	715,50	–	540,96	608,58	–	448,96	505,08	–	359,84	404,82	–	273,60	307,80
	V	22 050	606,18	1 764,–	1 984,50	IV	16 416	–	1 242,80	1 398,15	–	1 172,64	1 319,22	–	1 103,84	1 241,82	–	1 036,48	1 166,04	–	970,56	1 091,88	–	906,16	1 019,43
	VI	22 485	657,95	1 798,80	2 023,65																				
72 935,99	I,IV	16 430	–	1 314,40	1 478,70	I	16 430	–	1 173,76	1 320,48	–	1 037,52	1 167,21	–	907,12	1 020,51	–	782,64	880,47	–	664,08	747,09	–	551,28	620,19
	II	15 629	–	1 250,32	1 406,61	II	15 629	–	1 111,04	1 249,92	–	977,52	1 099,71	–	849,76	955,98	–	728,–	819,–	–	612,–	688,50	–	502,–	564,75
	III	10 448	–	835,84	940,32	III	10 448	–	734,88	826,74	–	636,80	716,40	–	541,76	609,48	–	449,60	505,80	–	360,48	405,54	–	274,24	308,52
	V	22 064	607,85	1 765,12	1 985,76	IV	16 430	–	1 244,–	1 399,50	–	1 173,76	1 320,48	–	1 104,88	1 242,99	–	1 037,52	1 167,21	–	971,60	1 093,05	–	907,12	1 020,51
	VI	22 499	659,61	1 799,92	2 024,91																				
72 971,99	I,IV	16 444	–	1 315,52	1 479,96	I	16 444	–	1 174,88	1 321,74	–	1 038,56	1 168,38	–	908,16	1 021,68	–	783,60	881,55	–	664,96	748,08	–	552,16	621,18
	II	15 643	–	1 251,44	1 407,87	II	15 643	–	1 112,16	1 251,18	–	978,48	1 100,79	–	850,80	957,15	–	728,88	819,99	–	612,96	689,58	–	502,80	565,65
	III	10 458	–	836,64	941,22	III	10 458	–	735,68	827,64	–	637,60	717,30	–	542,56	610,38	–	450,40	506,70	–	361,28	406,44	–	274,88	309,24
	V	22 078	609,51	1 766,24	1 987,02	IV	16 444	–	1 245,04	1 400,67	–	1 174,88	1 321,74	–	1 106,–	1 244,25	–	1 038,56	1 168,38	–	972,64	1 094,22	–	908,16	1 021,68
	VI	22 513	661,28	1 801,04	2 026,17																				
73 007,99	I,IV	16 458	–	1 316,64	1 481,22	I	16 458	–	1 175,92	1 322,91	–	1 039,60	1 169,55	–	909,12	1 022,76	–	784,56	882,63	–	665,84	749,07	–	553,04	622,17
	II	15 657	–	1 252,56	1 409,13	II	15 657	–	1 113,20	1 252,35	–	979,52	1 101,96	–	851,76	958,23	–	729,84	821,07	–	613,84	690,57	–	503,68	566,64
	III	10 468	–	837,44	942,12	III	10 468	–	736,48	828,54	–	638,40	718,20	–	543,20	611,10	–	451,04	507,42	–	361,92	407,16	–	275,52	309,96
	V	22 092	611,18	1 767,36	1 988,28	IV	16 458	–	1 246,16	1 401,93	–	1 175,92	1 322,91	–	1 107,04	1 245,42	–	1 039,60	1 169,55	–	973,68	1 095,39	–	909,12	1 022,76
	VI	22 527	662,94	1 802,16	2 027,43																				
73 043,99	I,IV	16 472	–	1 317,76	1 482,48	I	16 472	–	1 177,04	1 324,17	–	1 040,64	1 170,72	–	910,16	1 023,93	–	785,52	883,71	–	666,80	750,15	–	553,92	623,16
	II	15 671	–	1 253,68	1 410,39	II	15 671	–	1 114,24	1 253,52	–	980,56	1 103,13	–	852,72	959,31	–	730,80	822,15	–	614,72	691,56	–	504,48	567,54
	III	10 478	–	838,24	943,02	III	10 478	–	737,28	829,44	–	639,20	719,10	–	544,–	612,–	–	451,84	508,32	–	362,56	407,88	–	276,32	310,86
	V	22 106	612,85	1 768,48	1 989,54	IV	16 472	–	1 247,28	1 403,19	–	1 177,04	1 324,17	–	1 108,16	1 246,68	–	1 040,64	1 170,72	–	974,72	1 096,56	–	910,16	1 023,93
	VI	22 541	664,61	1 803,28	2 028,69																				
73 079,99	I,IV	16 486	–	1 318,88	1 483,74	I	16 486	–	1 178,16	1 325,43	–	1 041,76	1 171,98	–	911,20	1 025,10	–	786,48	884,79	–	667,68	751,14	–	554,80	624,15
	II	15 684	–	1 254,72	1 411,56	II	15 684	–	1 115,36	1 254,78	–	981,60	1 104,30	–	853,68	960,39	–	731,68	823,14	–	615,60	692,55	–	505,36	568,53
	III	10 488	–	839,04	943,92	III	10 488	–	737,92	830,16	–	639,84	719,82	–	544,80	612,90	–	452,48	509,04	–	363,20	408,60	–	276,96	311,58
	V	22 120	614,51	1 769,60	1 990,80	IV	16 486	–	1 248,40	1 404,45	–	1 178,16	1 325,43	–	1 109,20	1 247,85	–	1 041,76	1 171,98	–	975,68	1 097,64	–	911,20	1 025,10
	VI	22 555	666,28	1 804,40	2 029,95																				
73 115,99	I,IV	16 500	–	1 320,–	1 485,–	I	16 500	–	1 179,28	1 326,69	–	1 042,80	1 173,15	–	912,24	1 026,27	–	787,44	885,87	–	668,64	752,22	–	555,68	625,14
	II	15 699	–	1 255,92	1 412,91	II	15 699	–	1 116,48	1 256,04	–	982,64	1 105,47	–	854,72	961,56	–	732,72	824,31	–	616,48	693,54	–	506,24	569,52
	III	10 498	–	839,84	944,82	III	10 498	–	738,72	831,06	–	640,64	720,72	–	545,44	613,62	–	453,28	509,94	–	364,–	409,50	–	277,60	312,30
	V	22 134	616,18	1 770,72	1 992,06	IV	16 500	–	1 249,52	1 405,71	–	1 179,28	1 326,69	–	1 110,32	1 249,11	–	1 042,80	1 173,15	–	976,80	1 098,90	–	912,24	1 026,27
	VI	22 569	667,94	1 805,52	2 031,21																				
73 151,99	I,IV	16 514	–	1 321,12	1 486,26	I	16 514	–	1 180,40	1 327,95	–	1 043,84	1 174,32	–	913,20	1 027,35	–	788,40	886,95	–	669,52	753,21	–	556,56	626,13
	II	15 713	–	1 257,04	1 414,17	II	15 713	–	1 117,52	1 257,21	–	983,68	1 106,64	–	855,68	962,64	–	733,60	825,30	–	617,44	694,62	–	507,04	570,42
	III	10 508	–	840,64	945,72	III	10 508	–	739,52	831,96	–	641,44	721,62	–	546,24	614,52	–	454,08	510,84	–	364,64	410,22	–	278,24	313,02
	V	22 148	617,84	1 771,84	1 993,32	IV	16 514	–	1 250,64	1 406,97	–	1 180,40	1 327,95	–	1 111,36	1 250,28	–	1 043,84	1 174,32	–	977,76	1 099,98	–	913,20	1 027,35
	VI	22 583	669,61	1 806,64	2 032,47																				

* Die ausgewiesenen Tabellenwerte sind amtlich. Siehe Erläuterungen auf der Umschlaginnenseite (U2).

Abzüge an Lohnsteuer, Solidaritätszuschlag (SolZ) und Kirchensteuer (8%, 9%) in den Steuerklassen

Lohn/ Gehalt bis €*	I – VI					I, II, III, IV		mit Zahl der Kinderfreibeträge . . . 0,5			1			1,5			2			2,5			3		
		LSt	ohne Kinderfreibeträge SolZ	8%	9%		LSt	SolZ	8%	9%	SolZ	8%	9%	SolZ	8%	9%	SolZ	8%	9%	SolZ	8%	9%	SolZ	8%	9%
73 187,99	I,IV	16 528	–	1 322,24	1 487,52	I	16 528	–	1 181,44	1 329,12	–	1 044,88	1 175,49	–	914,24	1 028,52	–	789,36	888,03	–	670,48	754,29	–	557,36	627,03
	II	15 726	–	1 258,08	1 415,34	II	15 726	–	1 118,64	1 258,47	–	984,72	1 107,81	–	856,72	963,81	–	734,56	826,38	–	618,32	695,61	–	507,92	571,41
	III	10 518	–	841,44	946,62	III	10 518	–	740,32	832,86	–	642,24	722,52	–	547,04	615,42	–	454,72	511,56	–	365,28	410,94	–	278,88	313,74
	V	22 162	619,51	1 772,96	1 994,58	IV	16 528	–	1 251,76	1 408,23	–	1 181,44	1 329,12	–	1 112,48	1 251,54	–	1 044,88	1 175,49	–	978,80	1 101,15	–	914,24	1 028,52
	VI	22 597	671,27	1 807,76	2 033,73																				
73 223,99	I,IV	16 542	–	1 323,36	1 488,78	I	16 542	–	1 182,56	1 330,38	–	1 045,92	1 176,66	–	915,20	1 029,60	–	790,32	889,11	–	671,36	755,28	–	558,24	628,02
	II	15 740	–	1 259,20	1 416,60	II	15 740	–	1 119,68	1 259,64	–	985,76	1 108,98	–	857,68	964,89	–	735,52	827,46	–	619,20	696,60	–	508,72	572,31
	III	10 528	–	842,24	947,52	III	10 528	–	741,12	833,76	–	643,04	723,42	–	547,68	616,14	–	455,36	512,28	–	366,08	411,84	–	279,68	314,64
	V	22 176	621,18	1 774,08	1 995,84	IV	16 542	–	1 252,88	1 409,49	–	1 182,56	1 330,38	–	1 113,52	1 252,71	–	1 045,92	1 176,66	–	979,84	1 102,32	–	915,20	1 029,60
	VI	22 611	672,94	1 808,88	2 034,99																				
73 259,99	I,IV	16 556	–	1 324,48	1 490,04	I	16 556	–	1 183,68	1 331,64	–	1 047,04	1 177,92	–	916,24	1 030,77	–	791,28	890,19	–	672,32	756,36	–	559,12	629,01
	II	15 754	–	1 260,32	1 417,86	II	15 754	–	1 120,80	1 260,90	–	986,80	1 110,15	–	858,64	965,97	–	736,40	828,45	–	620,08	697,59	–	509,60	573,30
	III	10 538	–	843,04	948,42	III	10 538	–	741,92	834,66	–	643,68	724,14	–	548,48	617,04	–	456,16	513,18	–	366,72	412,56	–	280,32	315,36
	V	22 189	622,72	1 775,12	1 997,01	IV	16 556	–	1 254,–	1 410,75	–	1 183,68	1 331,64	–	1 114,64	1 253,97	–	1 047,04	1 177,92	–	980,88	1 103,49	–	916,24	1 030,77
	VI	22 625	674,61	1 810,–	2 036,25																				
73 295,99	I,IV	16 570	–	1 325,60	1 491,30	I	16 570	–	1 184,80	1 332,90	–	1 048,08	1 179,09	–	917,28	1 031,94	–	792,32	891,36	–	673,20	757,35	–	560,–	630,–
	II	15 768	–	1 261,44	1 419,12	II	15 768	–	1 121,92	1 262,16	–	987,84	1 111,32	–	859,68	967,14	–	737,44	829,62	–	620,96	698,58	–	510,48	574,29
	III	10 548	–	843,84	949,32	III	10 548	–	742,72	835,56	–	644,48	725,04	–	549,28	617,94	–	456,80	513,90	–	367,52	413,46	–	280,96	316,08
	V	22 204	624,51	1 776,32	1 998,36	IV	16 570	–	1 255,12	1 412,01	–	1 184,80	1 332,90	–	1 115,68	1 255,14	–	1 048,08	1 179,09	–	981,92	1 104,66	–	917,28	1 031,94
	VI	22 639	676,27	1 811,12	2 037,51																				
73 331,99	I,IV	16 584	–	1 326,72	1 492,56	I	16 584	–	1 185,92	1 334,16	–	1 049,12	1 180,26	–	918,24	1 033,02	–	793,28	892,44	–	674,16	758,43	–	560,88	630,99
	II	15 782	–	1 262,56	1 420,38	II	15 782	–	1 122,96	1 263,33	–	988,88	1 112,49	–	860,64	968,22	–	738,32	830,61	–	621,92	699,66	–	511,28	575,19
	III	10 560	–	844,80	950,40	III	10 560	–	743,52	836,46	–	645,28	725,94	–	549,92	618,66	–	457,60	514,80	–	368,16	414,18	–	281,60	316,80
	V	22 218	626,17	1 777,44	1 999,62	IV	16 584	–	1 256,24	1 413,27	–	1 185,92	1 334,16	–	1 116,80	1 256,40	–	1 049,12	1 180,26	–	982,96	1 105,83	–	918,24	1 033,02
	VI	22 653	677,94	1 812,24	2 038,77																				
73 367,99	I,IV	16 598	–	1 327,84	1 493,82	I	16 598	–	1 187,04	1 335,42	–	1 050,16	1 181,43	–	919,28	1 034,19	–	794,24	893,52	–	675,04	759,42	–	561,76	631,98
	II	15 796	–	1 263,68	1 421,64	II	15 796	–	1 124,–	1 264,50	–	989,92	1 113,66	–	861,68	969,39	–	739,28	831,69	–	622,80	700,65	–	512,16	576,18
	III	10 568	–	845,44	951,12	III	10 568	–	744,32	837,36	–	646,08	726,84	–	550,72	619,56	–	458,24	515,52	–	368,80	414,90	–	282,24	317,52
	V	22 231	627,72	1 778,48	2 000,79	IV	16 598	–	1 257,36	1 414,53	–	1 187,04	1 335,42	–	1 117,84	1 257,57	–	1 050,16	1 181,43	–	984,–	1 107,–	–	919,28	1 034,19
	VI	22 667	679,60	1 813,36	2 040,03																				
73 403,99	I,IV	16 611	–	1 328,88	1 494,99	I	16 611	–	1 188,08	1 336,59	–	1 051,28	1 182,69	–	920,24	1 035,27	–	795,20	894,60	–	676,–	760,50	–	562,64	632,97
	II	15 810	–	1 264,80	1 422,90	II	15 810	–	1 125,12	1 265,76	–	990,96	1 114,83	–	862,64	970,47	–	740,24	832,77	–	623,68	701,64	–	513,04	577,17
	III	10 580	–	846,40	952,20	III	10 580	–	745,12	838,26	–	646,88	727,74	–	551,52	620,46	–	459,04	516,42	–	369,60	415,80	–	283,04	318,42
	V	22 245	629,39	1 779,60	2 002,05	IV	16 611	–	1 258,48	1 415,79	–	1 188,08	1 336,59	–	1 118,96	1 258,83	–	1 051,28	1 182,69	–	985,04	1 108,17	–	920,24	1 035,27
	VI	22 680	681,15	1 814,40	2 041,20																				
73 439,99	I,IV	16 625	–	1 330,–	1 496,25	I	16 625	–	1 189,20	1 337,85	–	1 052,32	1 183,86	–	921,28	1 036,44	–	796,16	895,68	–	676,88	761,49	–	563,52	633,96
	II	15 824	–	1 265,92	1 424,16	II	15 824	–	1 126,16	1 266,93	–	992,–	1 116,–	–	863,60	971,55	–	741,20	833,85	–	624,56	702,63	–	513,84	578,07
	III	10 590	–	847,20	953,10	III	10 590	–	745,92	839,16	–	647,52	728,46	–	552,16	621,18	–	459,68	517,14	–	370,24	416,52	–	283,68	319,14
	V	22 259	631,05	1 780,72	2 003,31	IV	16 625	–	1 259,60	1 417,05	–	1 189,20	1 337,85	–	1 120,–	1 260,–	–	1 052,32	1 183,86	–	986,08	1 109,34	–	921,28	1 036,44
	VI	22 694	682,82	1 815,52	2 042,46																				
73 475,99	I,IV	16 639	–	1 331,12	1 497,51	I	16 639	–	1 190,32	1 339,11	–	1 053,36	1 185,03	–	922,32	1 037,61	–	797,12	896,76	–	677,76	762,48	–	564,40	634,95
	II	15 838	–	1 267,04	1 425,42	II	15 838	–	1 127,28	1 268,19	–	993,04	1 117,17	–	864,64	972,72	–	742,08	834,84	–	625,44	703,62	–	514,72	579,06
	III	10 600	–	848,–	954,–	III	10 600	–	746,72	840,06	–	648,32	729,36	–	552,96	622,08	–	460,48	518,04	–	370,88	417,24	–	284,32	319,86
	V	22 273	632,72	1 781,84	2 004,57	IV	16 639	–	1 260,64	1 418,22	–	1 190,32	1 339,11	–	1 121,12	1 261,26	–	1 053,36	1 185,03	–	987,12	1 110,51	–	922,32	1 037,61
	VI	22 708	684,48	1 816,64	2 043,72																				
73 511,99	I,IV	16 653	–	1 332,24	1 498,77	I	16 653	–	1 191,44	1 340,37	–	1 054,48	1 186,29	–	923,36	1 038,78	–	798,08	897,84	–	678,72	763,56	–	565,28	635,94
	II	15 852	–	1 268,16	1 426,68	II	15 852	–	1 128,40	1 269,45	–	994,08	1 118,34	–	865,60	973,80	–	743,04	835,92	–	626,40	704,70	–	515,60	580,05
	III	10 610	–	848,80	954,90	III	10 610	–	747,52	840,96	–	649,12	730,26	–	553,76	622,98	–	461,12	518,76	–	371,68	418,14	–	284,96	320,58
	V	22 287	634,38	1 782,96	2 005,83	IV	16 653	–	1 261,84	1 419,57	–	1 191,44	1 340,37	–	1 122,24	1 262,52	–	1 054,48	1 186,29	–	988,16	1 111,68	–	923,36	1 038,78
	VI	22 722	686,15	1 817,76	2 044,98																				
73 547,99	I,IV	16 667	–	1 333,36	1 500,03	I	16 667	–	1 192,56	1 341,63	–	1 055,52	1 187,46	–	924,32	1 039,86	–	799,04	898,92	–	679,68	764,64	–	566,16	636,93
	II	15 866	–	1 269,28	1 427,94	II	15 866	–	1 129,44	1 270,62	–	995,12	1 119,51	–	866,64	974,97	–	744,–	837,–	–	627,28	705,69	–	516,40	580,95
	III	10 620	–	849,60	955,80	III	10 620	–	748,32	841,86	–	649,92	731,16	–	554,40	623,70	–	461,92	519,66	–	372,32	418,86	–	285,76	321,48
	V	22 301	636,05	1 784,08	2 007,09	IV	16 667	–	1 262,96	1 420,83	–	1 192,56	1 341,63	–	1 123,28	1 263,69	–	1 055,52	1 187,46	–	989,20	1 112,85	–	924,32	1 039,86
	VI	22 736	687,82	1 818,88	2 046,24																				
73 583,99	I,IV	16 681	–	1 334,48	1 501,29	I	16 681	–	1 193,60	1 342,80	–	1 056,56	1 188,63	–	925,36	1 041,03	–	800,–	900,–	–	680,56	765,63	–	567,04	637,92
	II	15 880	–	1 270,40	1 429,20	II	15 880	–	1 130,56	1 271,88	–	996,16	1 120,68	–	867,60	976,05	–	744,96	838,08	–	628,16	706,68	–	517,28	581,94
	III	10 630	–	850,40	956,70	III	10 630	–	749,12	842,76	–	650,72	732,06	–	555,20	624,60	–	462,56	520,38	–	372,96	419,58	–	286,40	322,20
	V	22 315	637,72	1 785,20	2 008,35	IV	16 681	–	1 264,–	1 422,–	–	1 193,60	1 342,80	–	1 124,40	1 264,95	–	1 056,56	1 188,63	–	990,24	1 114,02	–	925,36	1 041,03
	VI	22 750	689,48	1 820,–	2 047,50																				
73 619,99	I,IV	16 695	–	1 335,60	1 502,55	I	16 695	–	1 194,72	1 344,06	–	1 057,60	1 189,80	–	926,40	1 042,20	–	800,96	901,08	–	681,52	766,71	–	567,84	638,82
	II	15 894	–	1 271,52	1 430,46	II	15 894	–	1 131,60	1 273,05	–	997,20	1 121,85	–	868,56	977,13	–	745,92	839,16	–	629,04	707,67	–	518,16	582,93
	III	10 640	–	851,20	957,60	III	10 640	–	749,76	843,48	–	651,36	732,78	–	555,84	625,32	–	463,36	521,28	–	373,76	420,48	–	287,04	322,92
	V	22 329	639,38	1 786,32	2 009,61	IV	16 695	–	1 265,12	1 423,26	–	1 194,72	1 344,06	–	1 125,44	1 266,12	–	1 057,60	1 189,80	–	991,28	1 115,19	–	926,40	1 042,20
	VI	22 764	691,15	1 821,12	2 048,76																				
73 655,99	I,IV	16 709	–	1 336,72	1 503,81	I	16 709	–	1 195,84	1 345,32	–	1 058,64	1 190,97	–	927,36	1 043,28	–	801,92	902,16	–	682,40	767,70	–	568,72	639,81
	II	15 907	–	1 272,56	1 431,63	II	15 907	–	1 132,72	1 274,31	–	998,24	1 123,02	–	869,60	978,30	–	746,80	840,15	–	630,–	708,75	–	518,96	583,83
	III	10 650	–	852,–	958,50	III	10 650	–	750,56	844,38	–	652,16	733,68	–	556,64	626,22	–	464,–	522,–	–	374,40	421,20	–	287,68	323,64
	V	22 343	641,05	1 787,44	2 010,87	IV	16 709	–	1 266,24	1 424,52	–	1 195,84	1 345,32	–	1 126,56	1 267,38	–	1 058,64	1 190,97	–	992,32	1 116,36	–	927,36	1 043,28
	VI	22 778	692,81	1 822,24	2 050,02																				
73 691,99	I,IV	16 723	–	1 337,84	1 505,07	I	16 723	–	1 196,96	1 346,58	–	1 059,76	1 192,23	–	928,40	1 044,45	–	802,96	903,33	–	683,36	768,78	–	569,68	640,89
	II	15 922	–	1 273,76	1 432,98	II	15 922	–	1 133,84	1 275,57	–	999,28	1 124,19	–	870,64	979,47	–	747,84	841,32	–	630,88	709,74	–	519,84	584,82
	III	10 660	–	852,80	959,40	III	10 660	–	751,52	845,46	–	652,96	734,58	–	557,44	627,12	–	464,80	522,90	–	375,20	422,10	–	288,48	324,54
	V	22 357	642,71	1 788,56	2 012,13	IV	16 723	–	1 267,36	1 425,78	–	1 196,96	1 346,58	–	1 127,60	1 268,55	–	1 059,76	1 192,23	–	993,36	1 117,53	–	928,40	1 044,45
	VI	22 792	694,48	1 823,36	2 051,28																				
73 727,99	I,IV	16 737	–	1 338,96	1 506,33	I	16 737	–	1 198,08	1 347,84	–	1 060,80	1 193,40	–	929,44	1 045,62	–	803,92	904,41	–	684,24	769,77	–	570,48	641,79
	II	15 936	–	1 274,88	1 434,24	II	15 936	–	1 134,88	1 276,74	–	1 000,32	1 125,36	–	871,60	980,55	–	748,72	842,31	–	631,76	710,73	–	520,72	585,81
	III	10 670	–	853,60	960,30	III	10 670	–	752,16	846,18	–	653,76	735,48	–	558,08	627,84	–	465,44	523,62	–	375,84	422,82	–	289,12	325,26
	V	22 371	644,38	1 789,68	2 013,39	IV	16 737	–	1 268,48	1 427,04	–	1 198,08	1 347,84	–	1 128,72	1 269,81	–	1 060,80	1 193,40	–	994,40	1 118,70	–	929,44	1 045,62
	VI	22 806	696,15	1 824,48	2 052,54																				

* Die ausgewiesenen Tabellenwerte sind amtlich. Siehe Erläuterungen auf der Umschlaginnenseite (U2).

JAHR 73 728,–*

Lohn/ Gehalt bis €*		I – VI	ohne Kinderfreibeträge			I, II, III, IV		mit Zahl der Kinderfreibeträge . . . 0,5			1			1,5			2			2,5			3		
		LSt	SolZ	8%	9%		LSt	SolZ	8%	9%	SolZ	8%	9%	SolZ	8%	9%	SolZ	8%	9%	SolZ	8%	9%	SolZ	8%	9%
73 763,99	I,IV	16 751	–	1 340,08	1 507,59	I	16 751	–	1 199,20	1 349,10	–	1 061,84	1 194,57	–	930,40	1 046,70	–	804,88	905,49	–	685,20	770,85	–	571,36	642,78
	II	15 949	–	1 275,92	1 435,41	II	15 949	–	1 136,–	1 278,–	–	1 001,36	1 126,53	–	872,56	981,63	–	749,68	843,39	–	632,72	711,81	–	521,52	586,71
	III	10 682	–	854,56	961,38	III	10 682	–	752,96	847,08	–	654,56	736,38	–	558,88	628,74	–	466,24	524,52	–	376,48	423,54	–	289,76	325,98
	V	22 385	646,05	1 790,80	2 014,65	IV	16 751	–	1 269,60	1 428,30	–	1 199,20	1 349,10	–	1 129,76	1 270,98	–	1 061,84	1 194,57	–	995,44	1 119,87	–	930,40	1 046,70
	VI	22 820	697,81	1 825,60	2 053,80																				
73 799,99	I,IV	16 765	–	1 341,20	1 508,85	I	16 765	–	1 200,32	1 350,36	–	1 062,96	1 195,83	–	931,44	1 047,87	–	805,84	906,57	–	686,08	771,84	–	572,24	643,77
	II	15 963	–	1 277,04	1 436,67	II	15 963	–	1 137,04	1 279,17	–	1 002,40	1 127,70	–	873,60	982,80	–	750,64	844,47	–	633,60	712,80	–	522,40	587,70
	III	10 690	–	855,20	962,10	III	10 690	–	753,76	847,98	–	655,20	737,10	–	559,68	629,64	–	466,88	525,24	–	377,12	424,26	–	290,40	326,70
	V	22 399	647,71	1 791,92	2 015,91	IV	16 765	–	1 270,72	1 429,56	–	1 200,32	1 350,36	–	1 130,88	1 272,24	–	1 062,96	1 195,83	–	996,48	1 121,04	–	931,44	1 047,87
	VI	22 834	699,48	1 826,72	2 055,06																				
73 835,99	I,IV	16 779	–	1 342,32	1 510,11	I	16 779	–	1 201,36	1 351,53	–	1 064,–	1 197,–	–	932,48	1 049,04	–	806,80	907,65	–	687,04	772,92	–	573,12	644,76
	II	15 977	–	1 278,16	1 437,93	II	15 977	–	1 138,16	1 280,43	–	1 003,44	1 128,87	–	874,56	983,88	–	751,60	845,55	–	634,48	713,79	–	523,28	588,69
	III	10 702	–	856,16	963,18	III	10 702	–	754,56	848,88	–	656,–	738,–	–	560,32	630,36	–	467,68	526,14	–	377,92	425,16	–	291,04	327,42
	V	22 412	649,26	1 792,96	2 017,08	IV	16 779	–	1 271,84	1 430,82	–	1 201,36	1 351,53	–	1 131,92	1 273,41	–	1 064,–	1 197,–	–	997,52	1 122,21	–	932,48	1 049,04
	VI	22 848	701,14	1 827,84	2 056,32																				
73 871,99	I,IV	16 793	–	1 343,44	1 511,37	I	16 793	–	1 202,56	1 352,88	–	1 065,04	1 198,17	–	933,52	1 050,21	–	807,76	908,73	–	688,–	774,–	–	574,–	645,75
	II	15 991	–	1 279,28	1 439,19	II	15 991	–	1 139,28	1 281,69	–	1 004,48	1 130,04	–	875,60	985,05	–	752,56	846,63	–	635,44	714,87	–	524,16	589,68
	III	10 712	–	856,96	964,08	III	10 712	–	755,36	849,78	–	656,80	738,90	–	561,12	631,26	–	468,48	527,04	–	378,56	425,88	–	291,84	328,32
	V	22 427	651,04	1 794,16	2 018,43	IV	16 793	–	1 272,96	1 432,08	–	1 202,56	1 352,88	–	1 133,04	1 274,67	–	1 065,04	1 198,17	–	998,56	1 123,38	–	933,52	1 050,21
	VI	22 862	702,81	1 828,96	2 057,58																				
73 907,99	I,IV	16 807	–	1 344,56	1 512,63	I	16 807	–	1 203,60	1 354,05	–	1 066,16	1 199,43	–	934,48	1 051,29	–	808,80	909,90	–	688,88	774,99	–	574,88	646,74
	II	16 005	–	1 280,40	1 440,45	II	16 005	–	1 140,32	1 282,86	–	1 005,52	1 131,21	–	876,56	986,13	–	753,52	847,71	–	636,32	715,86	–	524,96	590,58
	III	10 722	–	857,76	964,98	III	10 722	–	756,16	850,68	–	657,60	739,80	–	561,92	632,16	–	469,12	527,76	–	379,36	426,78	–	292,48	329,04
	V	22 441	652,71	1 795,28	2 019,69	IV	16 807	–	1 274,08	1 433,34	–	1 203,60	1 354,05	–	1 134,16	1 275,93	–	1 066,16	1 199,43	–	999,60	1 124,55	–	934,48	1 051,29
	VI	22 876	704,48	1 830,08	2 058,84																				
73 943,99	I,IV	16 821	–	1 345,68	1 513,89	I	16 821	–	1 204,72	1 355,31	–	1 067,20	1 200,60	–	935,52	1 052,46	–	809,76	910,98	–	689,84	776,07	–	575,76	647,73
	II	16 019	–	1 281,52	1 441,71	II	16 019	–	1 141,44	1 284,12	–	1 006,56	1 132,38	–	877,60	987,30	–	754,48	848,79	–	637,20	716,85	–	525,84	591,57
	III	10 732	–	858,56	965,88	III	10 732	–	756,96	851,58	–	658,40	740,70	–	562,56	632,88	–	469,92	528,66	–	380,–	427,50	–	293,12	329,76
	V	22 454	654,26	1 796,32	2 020,86	IV	16 821	–	1 275,20	1 434,60	–	1 204,72	1 355,31	–	1 135,20	1 277,10	–	1 067,20	1 200,60	–	1 000,64	1 125,72	–	935,52	1 052,46
	VI	22 890	706,14	1 831,20	2 060,10																				
73 979,99	I,IV	16 834	–	1 346,72	1 515,06	I	16 834	–	1 205,84	1 356,57	–	1 068,24	1 201,77	–	936,56	1 053,63	–	810,72	912,06	–	690,72	777,06	–	576,64	648,72
	II	16 033	–	1 282,64	1 442,97	II	16 033	–	1 142,56	1 285,38	–	1 007,60	1 133,55	–	878,56	988,38	–	755,36	849,78	–	638,08	717,84	–	526,72	592,56
	III	10 742	–	859,36	966,78	III	10 742	–	757,76	852,48	–	659,04	741,42	–	563,36	633,78	–	470,56	529,38	–	380,64	428,22	–	293,76	330,48
	V	22 468	655,92	1 797,44	2 022,12	IV	16 834	–	1 276,32	1 435,86	–	1 205,84	1 356,57	–	1 136,32	1 278,36	–	1 068,24	1 201,77	–	1 001,68	1 126,89	–	936,56	1 053,63
	VI	22 903	707,69	1 832,24	2 061,27																				
74 015,99	I,IV	16 848	–	1 347,84	1 516,32	I	16 848	–	1 206,96	1 357,83	–	1 069,28	1 202,94	–	937,52	1 054,71	–	811,68	913,14	–	691,68	778,14	–	577,52	649,71
	II	16 047	–	1 283,76	1 444,23	II	16 047	–	1 143,60	1 286,55	–	1 008,64	1 134,72	–	879,52	989,46	–	756,32	850,86	–	639,04	718,92	–	527,52	593,46
	III	10 752	–	860,16	967,68	III	10 752	–	758,56	853,38	–	659,84	742,32	–	564,16	634,68	–	471,36	530,28	–	381,44	429,12	–	294,40	331,20
	V	22 482	657,59	1 798,56	2 023,38	IV	16 848	–	1 277,44	1 437,12	–	1 206,96	1 357,83	–	1 137,36	1 279,53	–	1 069,28	1 202,94	–	1 002,72	1 128,06	–	937,52	1 054,71
	VI	22 917	709,35	1 833,36	2 062,53																				
74 051,99	I,IV	16 862	–	1 348,96	1 517,58	I	16 862	–	1 208,08	1 359,09	–	1 070,40	1 204,20	–	938,56	1 055,88	–	812,64	914,22	–	692,56	779,13	–	578,40	650,70
	II	16 061	–	1 284,88	1 445,49	II	16 061	–	1 144,72	1 287,81	–	1 009,68	1 135,89	–	880,56	990,63	–	757,28	851,94	–	639,92	719,91	–	528,40	594,45
	III	10 762	–	860,96	968,58	III	10 762	–	759,36	854,28	–	660,64	743,22	–	564,80	635,40	–	472,–	531,–	–	382,08	429,84	–	295,20	332,10
	V	22 496	659,26	1 799,68	2 024,64	IV	16 862	–	1 278,48	1 438,29	–	1 208,08	1 359,09	–	1 138,48	1 280,79	–	1 070,40	1 204,20	–	1 003,76	1 129,23	–	938,56	1 055,88
	VI	22 931	711,02	1 834,48	2 063,79																				
74 087,99	I,IV	16 876	–	1 350,08	1 518,84	I	16 876	–	1 209,20	1 360,35	–	1 071,44	1 205,37	–	939,60	1 057,05	–	813,60	915,30	–	693,52	780,21	–	579,28	651,69
	II	16 075	–	1 286,–	1 446,75	II	16 075	–	1 145,84	1 289,07	–	1 010,72	1 137,06	–	881,60	991,80	–	758,24	853,02	–	640,80	720,90	–	529,28	595,44
	III	10 772	–	861,76	969,48	III	10 772	–	760,16	855,18	–	661,44	744,12	–	565,60	636,30	–	472,80	531,90	–	382,88	430,74	–	295,84	332,82
	V	22 510	660,92	1 800,80	2 025,90	IV	16 876	–	1 279,68	1 439,64	–	1 209,20	1 360,35	–	1 139,60	1 282,05	–	1 071,44	1 205,37	–	1 004,80	1 130,40	–	939,60	1 057,05
	VI	22 945	712,69	1 835,60	2 065,05																				
74 123,99	I,IV	16 890	–	1 351,20	1 520,10	I	16 890	–	1 210,32	1 361,61	–	1 072,56	1 206,63	–	940,64	1 058,22	–	814,56	916,38	–	694,48	781,29	–	580,16	652,68
	II	16 089	–	1 287,12	1 448,01	II	16 089	–	1 146,88	1 290,24	–	1 011,76	1 138,23	–	882,56	992,88	–	759,20	854,10	–	641,76	721,98	–	530,16	596,43
	III	10 784	–	862,72	970,56	III	10 784	–	760,96	856,08	–	662,24	745,02	–	566,40	637,20	–	473,44	532,62	–	383,52	431,46	–	296,48	333,54
	V	22 524	662,59	1 801,92	2 027,16	IV	16 890	–	1 280,80	1 440,90	–	1 210,32	1 361,61	–	1 140,72	1 283,31	–	1 072,56	1 206,63	–	1 005,84	1 131,57	–	940,64	1 058,22
	VI	22 959	714,35	1 836,72	2 066,31																				
74 159,99	I,IV	16 904	–	1 352,32	1 521,36	I	16 904	–	1 211,44	1 362,87	–	1 073,60	1 207,80	–	941,60	1 059,30	–	815,60	917,55	–	695,36	782,28	–	581,04	653,67
	II	16 103	–	1 288,24	1 449,27	II	16 103	–	1 148,–	1 291,50	–	1 012,80	1 139,40	–	883,52	993,96	–	760,16	855,18	–	642,64	722,97	–	530,96	597,33
	III	10 792	–	863,36	971,28	III	10 792	–	761,76	856,98	–	662,88	745,74	–	567,04	637,92	–	474,24	533,52	–	384,16	432,18	–	297,12	334,26
	V	22 538	664,25	1 803,04	2 028,42	IV	16 904	–	1 281,84	1 442,07	–	1 211,44	1 362,87	–	1 141,76	1 284,48	–	1 073,60	1 207,80	–	1 006,88	1 132,74	–	941,60	1 059,30
	VI	22 973	716,02	1 837,84	2 067,57																				
74 195,99	I,IV	16 918	–	1 353,44	1 522,62	I	16 918	–	1 212,56	1 364,13	–	1 074,64	1 208,97	–	942,64	1 060,47	–	816,56	918,63	–	696,32	783,36	–	581,92	654,66
	II	16 117	–	1 289,36	1 450,53	II	16 117	–	1 149,04	1 292,67	–	1 013,84	1 140,57	–	884,56	995,13	–	761,12	856,26	–	643,52	723,96	–	531,84	598,32
	III	10 804	–	864,32	972,36	III	10 804	–	762,56	857,88	–	663,68	746,64	–	567,84	638,82	–	474,88	534,24	–	384,96	433,08	–	297,92	335,16
	V	22 552	665,92	1 804,16	2 029,68	IV	16 918	–	1 282,96	1 443,33	–	1 212,56	1 364,13	–	1 142,88	1 285,74	–	1 074,64	1 208,97	–	1 007,92	1 133,91	–	942,64	1 060,47
	VI	22 987	717,68	1 838,96	2 068,83																				
74 231,99	I,IV	16 932	–	1 354,56	1 523,88	I	16 932	–	1 213,60	1 365,30	–	1 075,68	1 210,14	–	943,68	1 061,64	–	817,52	919,71	–	697,20	784,35	–	582,80	655,65
	II	16 130	–	1 290,40	1 451,70	II	16 130	–	1 150,16	1 293,93	–	1 014,88	1 141,74	–	885,52	996,21	–	762,08	857,34	–	644,48	725,04	–	532,72	599,31
	III	10 814	–	865,12	973,26	III	10 814	–	763,36	858,78	–	664,48	747,54	–	568,48	639,54	–	475,68	535,14	–	385,60	433,80	–	298,56	335,88
	V	22 566	667,59	1 805,28	2 030,94	IV	16 932	–	1 284,08	1 444,59	–	1 213,60	1 365,30	–	1 143,92	1 286,91	–	1 075,68	1 210,14	–	1 008,96	1 135,08	–	943,68	1 061,64
	VI	23 001	719,35	1 840,08	2 070,09																				
74 267,99	I,IV	16 946	–	1 355,68	1 525,14	I	16 946	–	1 214,80	1 366,65	–	1 076,80	1 211,40	–	944,72	1 062,81	–	818,48	920,79	–	698,16	785,43	–	583,68	656,64
	II	16 145	–	1 291,60	1 453,05	II	16 145	–	1 151,28	1 295,19	–	1 016,–	1 143,–	–	886,56	997,38	–	763,04	858,42	–	645,36	726,03	–	533,60	600,30
	III	10 824	–	865,92	974,16	III	10 824	–	764,16	859,68	–	665,28	748,44	–	569,28	640,44	–	476,32	535,86	–	386,24	434,52	–	299,20	336,60
	V	22 580	669,25	1 806,40	2 032,20	IV	16 946	–	1 285,20	1 445,85	–	1 214,80	1 366,65	–	1 145,04	1 288,17	–	1 076,80	1 211,40	–	1 010,–	1 136,25	–	944,72	1 062,81
	VI	23 015	721,02	1 841,20	2 071,35																				
74 303,99	I,IV	16 960	0,47	1 356,80	1 526,40	I	16 960	–	1 215,92	1 367,91	–	1 077,84	1 212,57	–	945,76	1 063,98	–	819,44	921,87	–	699,12	786,51	–	584,56	657,63
	II	16 159	–	1 292,72	1 454,31	II	16 159	–	1 152,40	1 296,45	–	1 017,04	1 144,17	–	887,60	998,55	–	764,–	859,50	–	646,24	727,02	–	534,48	601,29
	III	10 834	–	866,72	975,06	III	10 834	–	764,96	860,58	–	666,08	749,34	–	570,08	641,34	–	477,12	536,76	–	387,04	435,42	–	299,84	337,32
	V	22 594	670,92	1 807,52	2 033,46	IV	16 960	–	1 286,32	1 447,11	–	1 215,92	1 367,91	–	1 146,16	1 289,43	–	1 077,84	1 212,57	–	1 011,04	1 137,42	–	945,76	1 063,98
	VI	23 029	722,68	1 842,32	2 072,61																				

Abzüge an Lohnsteuer, Solidaritätszuschlag (SolZ) und Kirchensteuer (8%, 9%) in den Steuerklassen

* Die ausgewiesenen Tabellenwerte sind amtlich. Siehe Erläuterungen auf der Umschlaginnenseite (U2).

Abzüge an Lohnsteuer, Solidaritätszuschlag (SolZ) und Kirchensteuer (8%, 9%) in den Steuerklassen

Lohn/ Gehalt bis €*	I – VI		ohne Kinderfreibeträge			I, II, III, IV		mit Zahl der Kinderfreibeträge . . . 0,5			1			1,5			2			2,5			3		
		LSt	SolZ	8%	9%		LSt	SolZ	8%	9%	SolZ	8%	9%	SolZ	8%	9%	SolZ	8%	9%	SolZ	8%	9%	SolZ	8%	9%
74 339,99	I,IV	16 974	2,14	1 357,92	1 527,66	I	16 974	–	1 216,96	1 369,08	–	1 078,96	1 213,83	–	946,72	1 065,06	–	820,48	923,04	–	700,–	787,50	–	585,44	658,62
	II	16 172	–	1 293,76	1 455,48	II	16 172	–	1 153,44	1 297,62	–	1 018,08	1 145,34	–	888,56	999,63	–	764,96	860,58	–	647,20	728,10	–	535,28	602,19
	III	10 844	–	867,52	975,96	III	10 844	–	765,60	861,30	–	666,72	750,06	–	570,88	642,24	–	477,76	537,48	–	387,68	436,14	–	300,48	338,04
	V	22 608	672,58	1 808,64	2 034,72	IV	16 974	–	1 287,44	1 448,37	–	1 216,96	1 369,08	–	1 147,20	1 290,60	–	1 078,96	1 213,83	–	1 012,08	1 138,59	–	946,72	1 065,06
	VI	23 043	724,35	1 843,44	2 073,87																				
74 375,99	I,IV	16 988	3,80	1 359,04	1 528,92	I	16 988	–	1 218,08	1 370,34	–	1 080,–	1 215,–	–	947,76	1 066,23	–	821,44	924,12	–	700,96	788,58	–	586,32	659,61
	II	16 186	–	1 294,88	1 456,74	II	16 186	–	1 154,56	1 298,88	–	1 019,12	1 146,51	–	889,52	1 000,71	–	765,92	861,66	–	648,08	729,09	–	536,16	603,18
	III	10 854	–	868,32	976,86	III	10 854	–	766,56	862,38	–	667,52	750,96	–	571,52	642,96	–	478,56	538,38	–	388,48	437,04	–	301,28	338,94
	V	22 622	674,25	1 809,76	2 035,98	IV	16 988	–	1 288,56	1 449,63	–	1 218,08	1 370,34	–	1 148,32	1 291,86	–	1 080,–	1 215,–	–	1 013,12	1 139,76	–	947,76	1 066,23
	VI	23 057	726,01	1 844,56	2 075,13																				
74 411,99	I,IV	17 002	5,47	1 360,16	1 530,18	I	17 002	–	1 219,20	1 371,60	–	1 081,04	1 216,17	–	948,80	1 067,40	–	822,40	925,20	–	701,84	789,57	–	587,20	660,60
	II	16 200	–	1 296,–	1 458,–	II	16 200	–	1 155,60	1 300,05	–	1 020,16	1 147,68	–	890,56	1 001,88	–	766,80	862,65	–	648,96	730,08	–	537,04	604,17
	III	10 864	–	869,12	977,76	III	10 864	–	767,20	863,10	–	668,32	751,86	–	572,32	643,86	–	479,20	539,10	–	389,12	437,76	–	301,92	339,66
	V	22 635	675,80	1 810,80	2 037,15	IV	17 002	–	1 289,68	1 450,89	–	1 219,20	1 371,60	–	1 149,36	1 293,03	–	1 081,04	1 216,17	–	1 014,16	1 140,93	–	948,80	1 067,40
	VI	23 071	727,68	1 845,68	2 076,39																				
74 447,99	I,IV	17 016	7,14	1 361,28	1 531,44	I	17 016	–	1 220,32	1 372,86	–	1 082,16	1 217,43	–	949,84	1 068,57	–	823,36	926,28	–	702,80	790,65	–	588,16	661,68
	II	16 214	–	1 297,12	1 459,26	II	16 214	–	1 156,72	1 301,31	–	1 021,20	1 148,85	–	891,60	1 003,05	–	767,84	863,82	–	649,92	731,16	–	537,92	605,16
	III	10 874	–	869,92	978,66	III	10 874	–	768,–	864,–	–	669,12	752,76	–	573,12	644,76	–	480,–	540,–	–	389,76	438,48	–	302,56	340,38
	V	22 650	677,58	1 812,–	2 038,50	IV	17 016	–	1 290,80	1 452,15	–	1 220,32	1 372,86	–	1 150,48	1 294,29	–	1 082,16	1 217,43	–	1 015,28	1 142,19	–	949,84	1 068,57
	VI	23 085	729,35	1 846,80	2 077,65																				
74 483,99	I,IV	17 030	8,80	1 362,40	1 532,70	I	17 030	–	1 221,44	1 374,12	–	1 083,20	1 218,60	–	950,88	1 069,74	–	824,40	927,45	–	703,76	791,73	–	589,04	662,67
	II	16 228	–	1 298,24	1 460,52	II	16 228	–	1 157,84	1 302,57	–	1 022,24	1 150,02	–	892,56	1 004,13	–	768,80	864,90	–	650,80	732,15	–	538,80	606,15
	III	10 886	–	870,88	979,74	III	10 886	–	768,96	865,08	–	669,92	753,66	–	573,76	645,48	–	480,64	540,72	–	390,56	439,38	–	303,36	341,28
	V	22 664	679,25	1 813,12	2 039,76	IV	17 030	–	1 291,92	1 453,41	–	1 221,44	1 374,12	–	1 151,60	1 295,55	–	1 083,20	1 218,60	–	1 016,32	1 143,36	–	950,88	1 069,74
	VI	23 099	731,01	1 847,92	2 078,91																				
74 519,99	I,IV	17 044	10,47	1 363,52	1 533,96	I	17 044	–	1 222,56	1 375,38	–	1 084,32	1 219,86	–	951,84	1 070,82	–	825,36	928,53	–	704,64	792,72	–	589,92	663,66
	II	16 242	–	1 299,36	1 461,78	II	16 242	–	1 158,96	1 303,83	–	1 023,28	1 151,19	–	893,60	1 005,30	–	769,68	865,89	–	651,76	733,23	–	539,60	607,05
	III	10 896	–	871,68	980,64	III	10 896	–	769,60	865,80	–	670,56	754,38	–	574,56	646,38	–	481,44	541,62	–	391,20	440,10	–	304,–	342,–
	V	22 677	680,79	1 814,16	2 040,93	IV	17 044	–	1 293,04	1 454,67	–	1 222,56	1 375,38	–	1 152,72	1 296,81	–	1 084,32	1 219,86	–	1 017,36	1 144,53	–	951,84	1 070,82
	VI	23 113	732,68	1 849,04	2 080,17																				
74 555,99	I,IV	17 057	12,01	1 364,56	1 535,13	I	17 057	–	1 223,68	1 376,64	–	1 085,36	1 221,03	–	952,88	1 071,99	–	826,32	929,61	–	705,60	793,80	–	590,80	664,65
	II	16 256	–	1 300,48	1 463,04	II	16 256	–	1 160,–	1 305,–	–	1 024,32	1 152,36	–	894,56	1 006,38	–	770,64	866,97	–	652,64	734,22	–	540,48	608,04
	III	10 906	–	872,48	981,54	III	10 906	–	770,40	866,70	–	671,36	755,28	–	575,36	647,28	–	482,08	542,34	–	392,–	441,–	–	304,64	342,72
	V	22 691	682,46	1 815,28	2 042,19	IV	17 057	–	1 294,16	1 455,93	–	1 223,68	1 376,64	–	1 153,76	1 297,98	–	1 085,36	1 221,03	–	1 018,40	1 145,70	–	952,88	1 071,99
	VI	23 126	734,23	1 850,08	2 081,34																				
74 591,99	I,IV	17 071	13,68	1 365,68	1 536,39	I	17 071	–	1 224,80	1 377,90	–	1 086,40	1 222,20	–	953,92	1 073,16	–	827,28	930,69	–	706,56	794,88	–	591,68	665,64
	II	16 270	–	1 301,60	1 464,30	II	16 270	–	1 161,12	1 306,26	–	1 025,44	1 153,62	–	895,60	1 007,55	–	771,60	868,05	–	653,52	735,21	–	541,36	609,03
	III	10 916	–	873,28	982,44	III	10 916	–	771,20	867,60	–	672,16	756,18	–	576,–	648,–	–	482,88	543,24	–	392,64	441,72	–	305,28	343,44
	V	22 705	684,13	1 816,40	2 043,45	IV	17 071	–	1 295,28	1 457,19	–	1 224,80	1 377,90	–	1 154,88	1 299,24	–	1 086,40	1 222,20	–	1 019,44	1 146,87	–	953,92	1 073,16
	VI	23 140	735,89	1 851,20	2 082,60																				
74 627,99	I,IV	17 085	15,35	1 366,80	1 537,65	I	17 085	–	1 225,92	1 379,16	–	1 087,52	1 223,46	–	954,96	1 074,33	–	828,24	931,77	–	707,44	795,87	–	592,56	666,63
	II	16 284	–	1 302,72	1 465,56	II	16 284	–	1 162,24	1 307,52	–	1 026,48	1 154,79	–	896,56	1 008,63	–	772,56	869,13	–	654,48	736,29	–	542,16	609,93
	III	10 926	–	874,08	983,34	III	10 926	–	772,–	868,50	–	672,96	757,08	–	576,80	648,90	–	483,52	543,96	–	393,28	442,44	–	305,92	344,16
	V	22 719	685,79	1 817,52	2 044,71	IV	17 085	–	1 296,32	1 458,36	–	1 225,92	1 379,16	–	1 156,–	1 300,50	–	1 087,52	1 223,46	–	1 020,48	1 148,04	–	954,96	1 074,33
	VI	23 154	737,56	1 852,32	2 083,86																				
74 663,99	I,IV	17 099	17,01	1 367,92	1 538,91	I	17 099	–	1 227,04	1 380,42	–	1 088,56	1 224,63	–	956,–	1 075,50	–	829,28	932,94	–	708,40	796,95	–	593,44	667,62
	II	16 298	–	1 303,84	1 466,82	II	16 298	–	1 163,36	1 308,78	–	1 027,52	1 155,96	–	897,60	1 009,80	–	773,52	870,21	–	655,36	737,28	–	543,12	611,01
	III	10 936	–	874,88	984,24	III	10 936	–	772,80	869,40	–	673,76	757,98	–	577,60	649,80	–	484,32	544,86	–	394,08	443,34	–	306,72	345,06
	V	22 733	687,46	1 818,64	2 045,97	IV	17 099	–	1 297,52	1 459,71	–	1 227,04	1 380,42	–	1 157,12	1 301,76	–	1 088,56	1 224,63	–	1 021,52	1 149,21	–	956,–	1 075,50
	VI	23 168	739,22	1 853,44	2 085,12																				
74 699,99	I,IV	17 113	18,68	1 369,04	1 540,17	I	17 113	–	1 228,16	1 381,68	–	1 089,68	1 225,89	–	956,96	1 076,58	–	830,24	934,02	–	709,36	798,03	–	594,32	668,61
	II	16 312	–	1 304,96	1 468,08	II	16 312	–	1 164,40	1 309,95	–	1 028,56	1 157,13	–	898,56	1 010,88	–	774,48	871,29	–	656,32	738,36	–	543,92	611,91
	III	10 946	–	875,68	985,14	III	10 946	–	773,60	870,30	–	674,56	758,88	–	578,24	650,52	–	485,12	545,76	–	394,72	444,06	–	307,36	345,78
	V	22 747	689,12	1 819,76	2 047,23	IV	17 113	–	1 298,64	1 460,97	–	1 228,16	1 381,68	–	1 158,16	1 302,93	–	1 089,68	1 225,89	–	1 022,56	1 150,38	–	956,96	1 076,58
	VI	23 182	740,89	1 854,56	2 086,38																				
74 735,99	I,IV	17 127	20,34	1 370,16	1 541,43	I	17 127	–	1 229,28	1 382,94	–	1 090,72	1 227,06	–	958,–	1 077,75	–	831,20	935,10	–	710,24	799,02	–	595,20	669,60
	II	16 326	–	1 306,08	1 469,34	II	16 326	–	1 165,52	1 311,21	–	1 029,60	1 158,30	–	899,60	1 012,05	–	775,44	872,37	–	657,20	739,35	–	544,80	612,90
	III	10 956	–	876,48	986,04	III	10 956	–	774,40	871,20	–	675,36	759,78	–	579,04	651,42	–	485,76	546,48	–	395,52	444,96	–	308,–	346,50
	V	22 761	690,79	1 820,88	2 048,49	IV	17 127	–	1 299,68	1 462,14	–	1 229,28	1 382,94	–	1 159,28	1 304,19	–	1 090,72	1 227,06	–	1 023,60	1 151,55	–	958,–	1 077,75
	VI	23 196	742,56	1 855,68	2 087,64																				
74 771,99	I,IV	17 141	22,01	1 371,28	1 542,69	I	17 141	–	1 230,40	1 384,20	–	1 091,76	1 228,23	–	959,04	1 078,92	–	832,16	936,18	–	711,20	800,10	–	596,08	670,59
	II	16 340	–	1 307,20	1 470,60	II	16 340	–	1 166,64	1 312,47	–	1 030,64	1 159,47	–	900,56	1 013,13	–	776,40	873,45	–	658,08	740,34	–	545,68	613,89
	III	10 966	–	877,28	986,94	III	10 966	–	775,20	872,10	–	676,–	760,50	–	579,84	652,32	–	486,56	547,38	–	396,16	445,68	–	308,64	347,22
	V	22 775	692,46	1 822,–	2 049,75	IV	17 141	–	1 300,80	1 463,40	–	1 230,40	1 384,20	–	1 160,32	1 305,36	–	1 091,76	1 228,23	–	1 024,64	1 152,72	–	959,04	1 078,92
	VI	23 210	744,22	1 856,80	2 088,90																				
74 807,99	I,IV	17 155	23,68	1 372,40	1 543,95	I	17 155	–	1 231,44	1 385,37	–	1 092,88	1 229,49	–	960,08	1 080,09	–	833,12	937,26	–	712,16	801,18	–	596,96	671,58
	II	16 354	–	1 308,32	1 471,86	II	16 354	–	1 167,68	1 313,64	–	1 031,68	1 160,64	–	901,60	1 014,30	–	777,36	874,53	–	659,04	741,42	–	546,56	614,88
	III	10 978	–	878,24	988,02	III	10 978	–	776,–	873,–	–	676,80	761,40	–	580,64	653,22	–	487,20	548,10	–	396,80	446,40	–	309,44	348,12
	V	22 789	694,12	1 823,12	2 051,01	IV	17 155	–	1 301,92	1 464,66	–	1 231,44	1 385,37	–	1 161,44	1 306,62	–	1 092,88	1 229,49	–	1 025,76	1 153,98	–	960,08	1 080,09
	VI	23 224	745,89	1 857,92	2 090,16																				
74 843,99	I,IV	17 169	25,34	1 373,52	1 545,21	I	17 169	–	1 232,64	1 386,72	–	1 093,92	1 230,66	–	961,12	1 081,26	–	834,16	938,43	–	713,12	802,26	–	597,92	672,66
	II	16 368	–	1 309,44	1 473,12	II	16 368	–	1 168,80	1 314,90	–	1 032,80	1 161,90	–	902,64	1 015,47	–	778,32	875,61	–	659,92	742,41	–	547,44	615,87
	III	10 988	–	879,04	988,92	III	10 988	–	776,80	873,90	–	677,60	762,30	–	581,28	653,94	–	488,–	549,–	–	397,60	447,30	–	310,08	348,84
	V	22 803	695,79	1 824,24	2 052,27	IV	17 169	–	1 303,04	1 465,92	–	1 232,64	1 386,72	–	1 162,56	1 307,88	–	1 093,92	1 230,66	–	1 026,80	1 155,15	–	961,12	1 081,26
	VI	23 238	747,55	1 859,04	2 091,42																				
74 879,99	I,IV	17 183	27,01	1 374,64	1 546,47	I	17 183	–	1 233,76	1 387,98	–	1 095,04	1 231,92	–	962,16	1 082,43	–	835,12	939,51	–	714,–	803,25	–	598,80	673,65
	II	16 382	–	1 310,56	1 474,38	II	16 382	–	1 169,92	1 316,16	–	1 033,84	1 163,07	–	903,60	1 016,55	–	779,28	876,69	–	660,88	743,49	–	548,32	616,86
	III	10 998	–	879,84	989,82	III	10 998	–	777,60	874,80	–	678,40	763,20	–	582,08	654,84	–	488,64	549,72	–	398,24	448,02	–	310,72	349,56
	V	22 817	697,45	1 825,36	2 053,53	IV	17 183	–	1 304,16	1 467,18	–	1 233,76	1 387,98	–	1 163,68	1 309,14	–	1 095,04	1 231,92	–	1 027,84	1 156,32	–	962,16	1 082,43
	VI	23 252	749,22	1 860,16	2 092,68																				

* Die ausgewiesenen Tabellenwerte sind amtlich. Siehe Erläuterungen auf der Umschlaginnenseite (U2).

74 880,–*

Abzüge an Lohnsteuer, Solidaritätszuschlag (SolZ) und Kirchensteuer (8%, 9%) in den Steuerklassen

Lohn/ Gehalt bis €*	I – VI	LSt	ohne Kinderfreibeträge SolZ	8%	9%	I, II, III, IV	LSt	mit Zahl der Kinderfreibeträge . . . 0,5 SolZ	0,5 8%	0,5 9%	1 SolZ	1 8%	1 9%	1,5 SolZ	1,5 8%	1,5 9%	2 SolZ	2 8%	2 9%	2,5 SolZ	2,5 8%	2,5 9%	3 SolZ	3 8%	3 9%
74 915,99	I,IV	17 197	28,67	1 375,76	1 547,73	I	17 197	–	1 234,80	1 389,15	–	1 096,08	1 233,09	–	963,20	1 083,60	–	836,08	940,59	–	714,96	804,33	–	599,68	674,64
	II	16 396	–	1 311,68	1 475,64	II	16 396	–	1 171,04	1 317,42	–	1 034,88	1 164,24	–	904,64	1 017,72	–	780,24	877,77	–	661,76	744,48	–	549,12	617,76
	III	11 008	–	880,64	990,72	III	11 008	–	778,40	875,70	–	679,20	764,10	–	582,88	655,74	–	489,44	550,62	–	399,04	448,92	–	311,52	350,46
	V	22 831	699,12	1 826,48	2 054,79	IV	17 197	–	1 305,28	1 468,44	–	1 234,80	1 389,15	–	1 164,72	1 310,31	–	1 096,08	1 233,09	–	1 028,88	1 157,49	–	963,20	1 083,60
	VI	23 266	750,89	1 861,28	2 093,94																				
74 951,99	I,IV	17 211	30,34	1 376,88	1 548,99	I	17 211	–	1 235,92	1 390,41	–	1 097,12	1 234,26	–	964,16	1 084,68	–	837,12	941,76	–	715,84	805,32	–	600,56	675,63
	II	16 409	–	1 312,72	1 476,81	II	16 409	–	1 172,08	1 318,59	–	1 035,92	1 165,41	–	905,60	1 018,80	–	781,20	878,85	–	662,64	745,47	–	550,–	618,75
	III	11 018	–	881,44	991,62	III	11 018	–	779,20	876,60	–	679,84	764,82	–	583,52	656,46	–	490,08	551,34	–	399,68	449,64	–	312,16	351,18
	V	22 845	700,79	1 827,60	2 056,05	IV	17 211	–	1 306,40	1 469,70	–	1 235,92	1 390,41	–	1 165,84	1 311,57	–	1 097,12	1 234,26	–	1 029,92	1 158,66	–	964,16	1 084,68
	VI	23 280	752,55	1 862,40	2 095,20																				
74 987,99	I,IV	17 225	32,01	1 378,–	1 550,25	I	17 225	–	1 237,04	1 391,67	–	1 098,24	1 235,52	–	965,20	1 085,85	–	838,08	942,84	–	716,80	806,40	–	601,44	676,62
	II	16 423	–	1 313,84	1 478,07	II	16 423	–	1 173,20	1 319,85	–	1 036,96	1 166,58	–	906,64	1 019,97	–	782,16	879,93	–	663,60	746,55	–	550,88	619,74
	III	11 028	–	882,24	992,52	III	11 028	–	780,–	877,50	–	680,64	765,72	–	584,32	657,36	–	490,88	552,24	–	400,32	450,36	–	312,80	351,90
	V	22 858	702,33	1 828,64	2 057,22	IV	17 225	–	1 307,52	1 470,96	–	1 237,04	1 391,67	–	1 166,96	1 312,83	–	1 098,24	1 235,52	–	1 030,96	1 159,83	–	965,20	1 085,85
	VI	23 294	754,22	1 863,52	2 096,46																				
75 023,99	I,IV	17 239	33,67	1 379,12	1 551,51	I	17 239	–	1 238,16	1 392,93	–	1 099,36	1 236,78	–	966,24	1 087,02	–	839,04	943,92	–	717,76	807,48	–	602,32	677,61
	II	16 438	–	1 315,04	1 479,42	II	16 438	–	1 174,32	1 321,11	–	1 038,08	1 167,84	–	907,68	1 021,14	–	783,12	881,01	–	664,48	747,54	–	551,76	620,73
	III	11 040	–	883,20	993,60	III	11 040	–	780,80	878,40	–	681,44	766,62	–	585,12	658,26	–	491,68	553,14	–	401,12	451,26	–	313,44	352,62
	V	22 873	704,12	1 829,84	2 058,57	IV	17 239	–	1 308,64	1 472,22	–	1 238,16	1 392,93	–	1 168,08	1 314,09	–	1 099,36	1 236,78	–	1 032,08	1 161,09	–	966,24	1 087,02
	VI	23 308	755,88	1 864,64	2 097,72																				
75 059,99	I,IV	17 253	35,34	1 380,24	1 552,77	I	17 253	–	1 239,28	1 394,19	–	1 100,40	1 237,95	–	967,28	1 088,19	–	840,08	945,09	–	718,72	808,56	–	603,20	678,60
	II	16 451	–	1 316,08	1 480,59	II	16 451	–	1 175,44	1 322,37	–	1 039,12	1 169,01	–	908,64	1 022,22	–	784,08	882,09	–	665,44	748,62	–	552,64	621,72
	III	11 048	–	883,84	994,32	III	11 048	–	781,60	879,30	–	682,24	767,52	–	585,76	658,98	–	492,32	553,86	–	401,76	451,98	–	314,08	353,34
	V	22 887	705,78	1 830,96	2 059,83	IV	17 253	–	1 309,76	1 473,48	–	1 239,28	1 394,19	–	1 169,12	1 315,26	–	1 100,40	1 237,95	–	1 033,12	1 162,26	–	967,28	1 088,19
	VI	23 322	757,55	1 865,76	2 098,98																				
75 095,99	I,IV	17 267	37,–	1 381,36	1 554,03	I	17 267	–	1 240,40	1 395,45	–	1 101,44	1 239,12	–	968,32	1 089,36	–	841,04	946,17	–	719,60	809,55	–	604,08	679,59
	II	16 465	–	1 317,20	1 481,85	II	16 465	–	1 176,56	1 323,63	–	1 040,16	1 170,18	–	909,68	1 023,39	–	785,04	883,17	–	666,32	749,61	–	553,52	622,71
	III	11 060	–	884,80	995,40	III	11 060	–	782,40	880,20	–	683,04	768,42	–	586,56	659,88	–	493,12	554,76	–	402,56	452,88	–	314,88	354,24
	V	22 900	707,33	1 832,–	2 061,–	IV	17 267	–	1 310,88	1 474,74	–	1 240,40	1 395,45	–	1 170,24	1 316,52	–	1 101,44	1 239,12	–	1 034,16	1 163,43	–	968,32	1 089,36
	VI	23 336	759,22	1 866,88	2 100,24																				
75 131,99	I,IV	17 280	38,55	1 382,40	1 555,20	I	17 280	–	1 241,52	1 396,71	–	1 102,56	1 240,38	–	969,36	1 090,53	–	842,–	947,25	–	720,56	810,63	–	604,96	680,58
	II	16 479	–	1 318,32	1 483,11	II	16 479	–	1 177,60	1 324,80	–	1 041,20	1 171,35	–	910,72	1 024,56	–	786,–	884,25	–	667,28	750,69	–	554,32	623,61
	III	11 070	–	885,60	996,30	III	11 070	–	783,20	881,10	–	683,84	769,32	–	587,36	660,78	–	493,76	555,48	–	403,20	453,60	–	315,52	354,96
	V	22 914	709,–	1 833,12	2 062,26	IV	17 280	–	1 312,–	1 476,–	–	1 241,52	1 396,71	–	1 171,36	1 317,78	–	1 102,56	1 240,38	–	1 035,20	1 164,60	–	969,36	1 090,53
	VI	23 349	760,76	1 867,92	2 101,41																				
75 167,99	I,IV	17 294	40,22	1 383,52	1 556,46	I	17 294	–	1 242,64	1 397,97	–	1 103,60	1 241,55	–	970,32	1 091,61	–	842,96	948,33	–	721,52	811,71	–	605,84	681,57
	II	16 493	–	1 319,44	1 484,37	II	16 493	–	1 178,72	1 326,06	–	1 042,24	1 172,52	–	911,68	1 025,64	–	786,96	885,33	–	668,16	751,68	–	555,20	624,60
	III	11 080	–	886,40	997,20	III	11 080	–	784,–	882,–	–	684,64	770,22	–	588,–	661,50	–	494,56	556,38	–	403,84	454,32	–	316,16	355,68
	V	22 928	710,66	1 834,24	2 063,52	IV	17 294	–	1 313,12	1 477,26	–	1 242,64	1 397,97	–	1 172,48	1 319,04	–	1 103,60	1 241,55	–	1 036,24	1 165,77	–	970,32	1 091,61
	VI	23 363	762,43	1 869,04	2 102,67																				
75 203,99	I,IV	17 308	41,88	1 384,64	1 557,72	I	17 308	–	1 243,76	1 399,23	–	1 104,72	1 242,81	–	971,36	1 092,78	–	844,–	949,50	–	722,40	812,70	–	606,72	682,56
	II	16 507	–	1 320,56	1 485,63	II	16 507	–	1 179,84	1 327,32	–	1 043,28	1 173,69	–	912,72	1 026,81	–	787,92	886,41	–	669,04	752,67	–	556,08	625,59
	III	11 090	–	887,20	998,10	III	11 090	–	784,80	882,90	–	685,28	770,94	–	588,80	662,40	–	495,20	557,10	–	404,64	455,22	–	316,80	356,40
	V	22 942	712,33	1 835,36	2 064,78	IV	17 308	–	1 314,16	1 478,43	–	1 243,76	1 399,23	–	1 173,52	1 320,21	–	1 104,72	1 242,81	–	1 037,28	1 166,94	–	971,36	1 092,78
	VI	23 377	764,09	1 870,16	2 103,93																				
75 239,99	I,IV	17 322	43,55	1 385,76	1 558,98	I	17 322	–	1 244,88	1 400,49	–	1 105,76	1 243,98	–	972,48	1 094,04	–	844,96	950,58	–	723,36	813,78	–	607,68	683,64
	II	16 521	–	1 321,68	1 486,89	II	16 521	–	1 180,96	1 328,58	–	1 044,40	1 174,95	–	913,76	1 027,98	–	788,96	887,58	–	670,–	753,75	–	556,96	626,58
	III	11 100	–	888,–	999,–	III	11 100	–	785,60	883,80	–	686,08	771,84	–	589,60	663,30	–	496,–	558,–	–	405,28	455,94	–	317,60	357,30
	V	22 956	714,–	1 836,48	2 066,04	IV	17 322	–	1 315,36	1 479,78	–	1 244,88	1 400,49	–	1 174,64	1 321,47	–	1 105,76	1 243,98	–	1 038,40	1 168,20	–	972,48	1 094,04
	VI	23 391	765,76	1 871,28	2 105,19																				
75 275,99	I,IV	17 336	45,22	1 386,88	1 560,24	I	17 336	–	1 246,–	1 401,75	–	1 106,88	1 245,24	–	973,44	1 095,12	–	845,92	951,66	–	724,32	814,86	–	608,56	684,63
	II	16 535	–	1 322,80	1 488,15	II	16 535	–	1 182,08	1 329,84	–	1 045,44	1 176,12	–	914,72	1 029,06	–	789,92	888,66	–	670,96	754,83	–	557,84	627,57
	III	11 110	–	888,80	999,90	III	11 110	–	786,40	884,70	–	686,88	772,74	–	590,40	664,20	–	496,64	558,72	–	406,08	456,84	–	318,24	358,02
	V	22 970	715,66	1 837,60	2 067,30	IV	17 336	–	1 316,48	1 481,04	–	1 246,–	1 401,75	–	1 175,76	1 322,73	–	1 106,88	1 245,24	–	1 039,44	1 169,37	–	973,44	1 095,12
	VI	23 405	767,43	1 872,40	2 106,45																				
75 311,99	I,IV	17 350	46,88	1 388,–	1 561,50	I	17 350	–	1 247,12	1 403,01	–	1 107,92	1 246,41	–	974,48	1 096,29	–	846,96	952,83	–	725,28	815,94	–	609,44	685,62
	II	16 549	–	1 323,92	1 489,41	II	16 549	–	1 183,12	1 331,01	–	1 046,48	1 177,29	–	915,76	1 030,23	–	790,88	889,74	–	671,84	755,82	–	558,72	628,56
	III	11 120	–	889,60	1 000,80	III	11 120	–	787,20	885,60	–	687,68	773,64	–	591,04	664,92	–	497,44	559,62	–	406,72	457,56	–	318,88	358,74
	V	22 984	717,33	1 838,72	2 068,56	IV	17 350	–	1 317,52	1 482,21	–	1 247,12	1 403,01	–	1 176,88	1 323,99	–	1 107,92	1 246,41	–	1 040,48	1 170,54	–	974,48	1 096,29
	VI	23 419	769,09	1 873,52	2 107,71																				
75 347,99	I,IV	17 364	48,55	1 389,12	1 562,76	I	17 364	–	1 248,24	1 404,27	–	1 109,04	1 247,67	–	975,52	1 097,46	–	847,92	953,91	–	726,16	816,93	–	610,32	686,61
	II	16 563	–	1 325,04	1 490,67	II	16 563	–	1 184,24	1 332,27	–	1 047,52	1 178,46	–	916,72	1 031,31	–	791,84	890,82	–	672,72	756,81	–	559,60	629,55
	III	11 132	–	890,56	1 001,88	III	11 132	–	788,–	886,50	–	688,48	774,54	–	591,84	665,82	–	498,24	560,52	–	407,36	458,28	–	319,68	359,64
	V	22 998	718,99	1 839,84	2 069,82	IV	17 364	–	1 318,64	1 483,47	–	1 248,24	1 404,27	–	1 177,92	1 325,16	–	1 109,04	1 247,67	–	1 041,52	1 171,71	–	975,52	1 097,46
	VI	23 433	770,76	1 874,64	2 108,97																				
75 383,99	I,IV	17 378	50,21	1 390,24	1 564,02	I	17 378	–	1 249,28	1 405,44	–	1 110,08	1 248,84	–	976,56	1 098,63	–	848,88	954,99	–	727,12	818,01	–	611,20	687,60
	II	16 577	–	1 326,16	1 491,93	II	16 577	–	1 185,36	1 333,53	–	1 048,64	1 179,72	–	917,76	1 032,48	–	792,80	891,90	–	673,68	757,89	–	560,48	630,54
	III	11 142	–	891,36	1 002,78	III	11 142	–	788,80	887,40	–	689,28	775,44	–	592,64	666,72	–	498,88	561,24	–	408,16	459,18	–	320,32	360,36
	V	23 012	720,66	1 840,96	2 071,08	IV	17 378	–	1 319,76	1 484,73	–	1 249,28	1 405,44	–	1 179,04	1 326,42	–	1 110,08	1 248,84	–	1 042,56	1 172,88	–	976,56	1 098,63
	VI	23 447	772,42	1 875,76	2 110,23																				
75 419,99	I,IV	17 392	51,88	1 391,36	1 565,28	I	17 392	–	1 250,48	1 406,79	–	1 111,20	1 250,10	–	977,60	1 099,80	–	849,92	956,16	–	728,08	819,09	–	612,16	688,68
	II	16 591	–	1 327,28	1 493,19	II	16 591	–	1 186,48	1 334,79	–	1 049,68	1 180,89	–	918,80	1 033,65	–	793,76	892,98	–	674,64	758,97	–	561,36	631,53
	III	11 152	–	892,16	1 003,68	III	11 152	–	789,60	888,30	–	689,92	776,16	–	593,28	667,44	–	499,68	562,14	–	408,80	459,90	–	320,96	361,08
	V	23 026	722,33	1 842,08	2 072,34	IV	17 392	–	1 320,88	1 485,99	–	1 250,48	1 406,79	–	1 180,16	1 327,68	–	1 111,20	1 250,10	–	1 043,68	1 174,14	–	977,60	1 099,80
	VI	23 461	774,09	1 876,88	2 111,49																				
75 455,99	I,IV	17 406	53,55	1 392,48	1 566,54	I	17 406	–	1 251,60	1 408,05	–	1 112,24	1 251,27	–	978,64	1 100,97	–	850,88	957,24	–	729,04	820,17	–	613,04	689,67
	II	16 605	–	1 328,40	1 494,45	II	16 605	–	1 187,60	1 336,05	–	1 050,72	1 182,06	–	919,76	1 034,73	–	794,72	894,06	–	675,52	759,96	–	562,24	632,52
	III	11 162	–	892,96	1 004,58	III	11 162	–	790,40	889,20	–	690,72	777,06	–	594,08	668,34	–	500,32	562,86	–	409,60	460,80	–	321,76	361,98
	V	23 040	723,99	1 843,20	2 073,60	IV	17 406	–	1 322,–	1 487,25	–	1 251,60	1 408,05	–	1 181,28	1 328,94	–	1 112,24	1 251,27	–	1 044,72	1 175,31	–	978,64	1 100,97
	VI	23 475	775,76	1 878,–	2 112,75																				

* Die ausgewiesenen Tabellenwerte sind amtlich. Siehe Erläuterungen auf der Umschlaginnenseite (U2).

Lohn/ Gehalt bis €*		Abzüge an Lohnsteuer, Solidaritätszuschlag (SolZ) und Kirchensteuer (8%, 9%) in den Steuerklassen I – VI				I, II, III, IV		mit Zahl der Kinderfreibeträge . . . 0,5			1			1,5			2			2,5			3		
		LSt	ohne Kinderfreibeträge SolZ	8%	9%		LSt	SolZ	8%	9%	SolZ	8%	9%	SolZ	8%	9%	SolZ	8%	9%	SolZ	8%	9%	SolZ	8%	9%
75 491,99	I,IV	17 420	55,21	1 393,60	1 567,80	I	17 420	–	1 252,64	1 409,22	–	1 113,36	1 252,53	–	979,68	1 102,14	–	851,84	958,32	–	729,92	821,16	–	613,92	690,66
	II	16 619	–	1 329,52	1 495,71	II	16 619	–	1 188,64	1 337,22	–	1 051,76	1 183,23	–	920,80	1 035,90	–	795,68	895,14	–	676,40	760,95	–	563,04	633,42
	III	11 172	–	893,76	1 005,48	III	11 172	–	791,20	890,10	–	691,52	777,96	–	594,88	669,24	–	501,12	563,76	–	410,24	461,52	–	322,40	362,70
	V	23 054	725,66	1 844,32	2 074,86	IV	17 420	–	1 323,12	1 488,51	–	1 252,64	1 409,22	–	1 182,40	1 330,20	–	1 113,36	1 252,53	–	1 045,76	1 176,48	–	979,68	1 102,14
	VI	23 489	777,42	1 879,12	2 114,01																				
75 527,99	I,IV	17 434	56,88	1 394,72	1 569,06	I	17 434	–	1 253,76	1 410,48	–	1 114,40	1 253,70	–	980,72	1 103,31	–	852,88	959,49	–	730,88	822,24	–	614,80	691,65
	II	16 632	–	1 330,56	1 496,88	II	16 632	–	1 189,76	1 338,48	–	1 052,88	1 184,49	–	921,84	1 037,07	–	796,64	896,22	–	677,36	762,03	–	563,92	634,41
	III	11 182	–	894,56	1 006,38	III	11 182	–	792,–	891,–	–	692,32	778,86	–	595,68	670,14	–	501,76	564,48	–	410,88	462,24	–	323,04	363,42
	V	23 068	727,32	1 845,44	2 076,12	IV	17 434	–	1 324,24	1 489,77	–	1 253,76	1 410,48	–	1 183,44	1 331,37	–	1 114,40	1 253,70	–	1 046,80	1 177,65	–	980,72	1 103,31
	VI	23 503	779,09	1 880,24	2 115,27																				
75 563,99	I,IV	17 448	58,54	1 395,84	1 570,32	I	17 448	–	1 254,88	1 411,74	–	1 115,52	1 254,96	–	981,76	1 104,48	–	853,84	960,57	–	731,84	823,32	–	615,68	692,64
	II	16 646	–	1 331,68	1 498,14	II	16 646	–	1 190,88	1 339,74	–	1 053,92	1 185,66	–	922,80	1 038,15	–	797,60	897,30	–	678,24	763,02	–	564,80	635,40
	III	11 192	–	895,36	1 007,28	III	11 192	–	792,80	891,90	–	693,12	779,76	–	596,32	670,86	–	502,56	565,38	–	411,68	463,14	–	323,68	364,14
	V	23 081	728,87	1 846,48	2 077,29	IV	17 448	–	1 325,36	1 491,03	–	1 254,88	1 411,74	–	1 184,56	1 332,63	–	1 115,52	1 254,96	–	1 047,84	1 178,82	–	981,76	1 104,48
	VI	23 517	780,75	1 881,36	2 116,53																				
75 599,99	I,IV	17 462	60,21	1 396,96	1 571,58	I	17 462	–	1 256,–	1 413,–	–	1 116,56	1 256,13	–	982,80	1 105,65	–	854,88	961,74	–	732,80	824,40	–	616,64	693,72
	II	16 661	–	1 332,88	1 499,49	II	16 661	–	1 192,–	1 341,–	–	1 054,96	1 186,83	–	923,84	1 039,32	–	798,56	898,38	–	679,20	764,10	–	565,68	636,39
	III	11 204	–	896,32	1 008,36	III	11 204	–	793,60	892,80	–	693,92	780,66	–	597,12	671,76	–	503,20	566,10	–	412,32	463,86	–	324,48	365,04
	V	23 096	730,66	1 847,68	2 078,64	IV	17 462	–	1 326,48	1 492,29	–	1 256,–	1 413,–	–	1 185,68	1 333,89	–	1 116,56	1 256,13	–	1 048,96	1 180,08	–	982,80	1 105,65
	VI	23 531	782,42	1 882,48	2 117,79																				
75 635,99	I,IV	17 476	61,88	1 398,08	1 572,84	I	17 476	–	1 257,12	1 414,26	–	1 117,68	1 257,39	–	983,84	1 106,82	–	855,84	962,82	–	733,76	825,48	–	617,52	694,71
	II	16 674	–	1 333,92	1 500,66	II	16 674	–	1 193,12	1 342,26	–	1 056,08	1 188,09	–	924,88	1 040,49	–	799,52	899,46	–	680,16	765,18	–	566,56	637,38
	III	11 214	–	897,12	1 009,26	III	11 214	–	794,40	893,70	–	694,72	781,56	–	597,92	672,66	–	504,–	567,–	–	413,12	464,76	–	325,12	365,76
	V	23 110	732,32	1 848,80	2 079,90	IV	17 476	–	1 327,60	1 493,55	–	1 257,12	1 414,26	–	1 186,80	1 335,15	–	1 117,68	1 257,39	–	1 050,–	1 181,25	–	983,84	1 106,82
	VI	23 545	784,09	1 883,60	2 119,05																				
75 671,99	I,IV	17 490	63,54	1 399,20	1 574,10	I	17 490	–	1 258,24	1 415,52	–	1 118,72	1 258,56	–	984,88	1 107,99	–	856,80	963,90	–	734,64	826,47	–	618,40	695,70
	II	16 688	–	1 335,04	1 501,92	II	16 688	–	1 194,24	1 343,52	–	1 057,12	1 189,26	–	925,84	1 041,57	–	800,56	900,63	–	681,04	766,17	–	567,44	638,37
	III	11 224	–	897,92	1 010,16	III	11 224	–	795,20	894,60	–	695,36	782,28	–	598,56	673,38	–	504,64	567,72	–	413,76	465,48	–	325,76	366,48
	V	23 123	733,87	1 849,84	2 081,07	IV	17 490	–	1 328,72	1 494,81	–	1 258,24	1 415,52	–	1 187,92	1 336,41	–	1 118,72	1 258,56	–	1 051,04	1 182,42	–	984,88	1 107,99
	VI	23 559	785,75	1 884,72	2 120,31																				
75 707,99	I,IV	17 503	65,09	1 400,24	1 575,27	I	17 503	–	1 259,36	1 416,78	–	1 119,84	1 259,82	–	985,84	1 109,07	–	857,84	965,07	–	735,60	827,55	–	619,28	696,69
	II	16 702	–	1 336,16	1 503,18	II	16 702	–	1 195,28	1 344,69	–	1 058,16	1 190,43	–	926,88	1 042,74	–	801,52	901,71	–	682,–	767,25	–	568,32	639,36
	III	11 234	–	898,72	1 011,06	III	11 234	–	796,–	895,50	–	696,16	783,18	–	599,36	674,28	–	505,44	568,62	–	414,56	466,38	–	326,40	367,20
	V	23 137	735,53	1 850,96	2 082,33	IV	17 503	–	1 329,84	1 496,07	–	1 259,36	1 416,78	–	1 189,04	1 337,67	–	1 119,84	1 259,82	–	1 052,08	1 183,59	–	985,84	1 109,07
	VI	23 572	787,30	1 885,76	2 121,48																				
75 743,99	I,IV	17 517	66,75	1 401,36	1 576,53	I	17 517	–	1 260,48	1 418,04	–	1 120,88	1 260,99	–	986,88	1 110,24	–	858,80	966,15	–	736,56	828,63	–	620,16	697,68
	II	16 716	–	1 337,28	1 504,44	II	16 716	–	1 196,40	1 345,95	–	1 059,20	1 191,60	–	927,92	1 043,91	–	802,48	902,79	–	682,88	768,24	–	569,20	640,35
	III	11 244	–	899,52	1 011,96	III	11 244	–	796,80	896,40	–	696,96	784,08	–	600,16	675,18	–	506,24	569,52	–	415,20	467,10	–	327,20	368,10
	V	23 151	737,20	1 852,08	2 083,59	IV	17 517	–	1 330,96	1 497,33	–	1 260,48	1 418,04	–	1 190,08	1 338,84	–	1 120,88	1 260,99	–	1 053,20	1 184,85	–	986,88	1 110,24
	VI	23 586	788,97	1 886,88	2 122,74																				
75 779,99	I,IV	17 531	68,42	1 402,48	1 577,79	I	17 531	–	1 261,60	1 419,30	–	1 122,–	1 262,25	–	987,92	1 111,41	–	859,76	967,23	–	737,52	829,71	–	621,04	698,67
	II	16 730	–	1 338,40	1 505,70	II	16 730	–	1 197,52	1 347,21	–	1 060,24	1 192,77	–	928,88	1 044,99	–	803,44	903,87	–	683,84	769,32	–	570,08	641,34
	III	11 254	–	900,32	1 012,86	III	11 254	–	797,60	897,30	–	697,76	784,98	–	600,80	675,90	–	506,88	570,24	–	415,84	467,82	–	327,84	368,82
	V	23 165	738,87	1 853,20	2 084,85	IV	17 531	–	1 332,–	1 498,50	–	1 261,60	1 419,30	–	1 191,20	1 340,10	–	1 122,–	1 262,25	–	1 054,24	1 186,02	–	987,92	1 111,41
	VI	23 600	790,63	1 888,–	2 124,–																				
75 815,99	I,IV	17 545	70,09	1 403,60	1 579,05	I	17 545	–	1 262,72	1 420,56	–	1 123,12	1 263,51	–	988,96	1 112,58	–	860,80	968,40	–	738,48	830,79	–	622,–	699,75
	II	16 744	–	1 339,52	1 506,96	II	16 744	–	1 198,64	1 348,47	–	1 061,36	1 194,03	–	929,92	1 046,16	–	804,40	904,95	–	684,72	770,31	–	570,96	642,33
	III	11 266	–	901,28	1 013,94	III	11 266	–	798,40	898,20	–	698,56	785,88	–	601,60	676,80	–	507,68	571,14	–	416,64	468,72	–	328,48	369,54
	V	23 179	740,53	1 854,32	2 086,11	IV	17 545	–	1 333,20	1 499,85	–	1 262,72	1 420,56	–	1 192,32	1 341,36	–	1 123,12	1 263,51	–	1 055,28	1 187,19	–	988,96	1 112,58
	VI	23 614	792,30	1 889,12	2 125,26																				
75 851,99	I,IV	17 559	71,75	1 404,72	1 580,31	I	17 559	–	1 263,84	1 421,82	–	1 124,16	1 264,68	–	990,–	1 113,75	–	861,76	969,48	–	739,36	831,78	–	622,88	700,74
	II	16 758	–	1 340,64	1 508,22	II	16 758	–	1 199,76	1 349,73	–	1 062,40	1 195,20	–	930,96	1 047,33	–	805,36	906,03	–	685,68	771,39	–	571,84	643,32
	III	11 276	–	902,08	1 014,84	III	11 276	–	799,20	899,10	–	699,36	786,78	–	602,40	677,70	–	508,32	571,86	–	417,28	469,44	–	329,12	370,26
	V	23 193	742,20	1 855,44	2 087,37	IV	17 559	–	1 334,32	1 501,11	–	1 263,84	1 421,82	–	1 193,44	1 342,62	–	1 124,16	1 264,68	–	1 056,40	1 188,45	–	990,–	1 113,75
	VI	23 628	793,96	1 890,24	2 126,52																				
75 887,99	I,IV	17 573	73,42	1 405,84	1 581,57	I	17 573	–	1 264,96	1 423,08	–	1 125,28	1 265,94	–	991,04	1 114,92	–	862,80	970,65	–	740,32	832,86	–	623,76	701,73
	II	16 772	–	1 341,76	1 509,48	II	16 772	–	1 200,88	1 350,99	–	1 063,44	1 196,37	–	932,–	1 048,50	–	806,32	907,11	–	686,56	772,38	–	572,72	644,31
	III	11 286	–	902,88	1 015,74	III	11 286	–	800,–	900,–	–	700,16	787,68	–	603,20	678,60	–	509,12	572,76	–	418,08	470,34	–	329,92	371,16
	V	23 207	743,86	1 856,56	2 088,63	IV	17 573	–	1 335,36	1 502,28	–	1 264,96	1 423,08	–	1 194,56	1 343,88	–	1 125,28	1 265,94	–	1 057,44	1 189,62	–	991,04	1 114,92
	VI	23 642	795,63	1 891,36	2 127,78																				
75 923,99	I,IV	17 587	75,08	1 406,96	1 582,83	I	17 587	–	1 266,08	1 424,34	–	1 126,32	1 267,11	–	992,08	1 116,09	–	863,76	971,73	–	741,28	833,94	–	624,72	702,81
	II	16 786	–	1 342,88	1 510,74	II	16 786	–	1 202,–	1 352,25	–	1 064,56	1 197,63	–	932,96	1 049,58	–	807,28	908,19	–	687,52	773,46	–	573,60	645,30
	III	11 296	–	903,68	1 016,64	III	11 296	–	800,80	900,90	–	700,80	788,40	–	603,84	679,32	–	509,76	573,48	–	418,72	471,06	–	330,56	371,88
	V	23 221	745,53	1 857,68	2 089,89	IV	17 587	–	1 336,48	1 503,54	–	1 266,08	1 424,34	–	1 195,68	1 345,14	–	1 126,32	1 267,11	–	1 058,48	1 190,79	–	992,08	1 116,09
	VI	23 656	797,30	1 892,48	2 129,04																				
75 959,99	I,IV	17 601	76,75	1 408,08	1 584,09	I	17 601	–	1 267,12	1 425,51	–	1 127,44	1 268,37	–	993,12	1 117,26	–	864,72	972,81	–	742,24	835,02	–	625,60	703,80
	II	16 800	–	1 344,–	1 512,–	II	16 800	–	1 203,04	1 353,42	–	1 065,60	1 198,80	–	934,–	1 050,75	–	808,24	909,27	–	688,40	774,45	–	574,48	646,29
	III	11 306	–	904,48	1 017,54	III	11 306	–	801,60	901,80	–	701,60	789,30	–	604,64	680,22	–	510,56	574,38	–	419,52	471,96	–	331,20	372,60
	V	23 235	747,20	1 858,80	2 091,15	IV	17 601	–	1 337,60	1 504,80	–	1 267,12	1 425,51	–	1 196,72	1 346,31	–	1 127,44	1 268,37	–	1 059,52	1 191,96	–	993,12	1 117,26
	VI	23 670	798,96	1 893,60	2 130,30																				
75 995,99	I,IV	17 615	78,42	1 409,20	1 585,35	I	17 615	–	1 268,32	1 426,86	–	1 128,48	1 269,54	–	994,16	1 118,43	–	865,76	973,98	–	743,20	836,10	–	626,48	704,79
	II	16 814	–	1 345,12	1 513,26	II	16 814	–	1 204,24	1 354,77	–	1 066,72	1 200,06	–	935,04	1 051,92	–	809,28	910,44	–	689,36	775,53	–	575,36	647,28
	III	11 316	–	905,28	1 018,44	III	11 316	–	802,40	902,70	–	702,40	790,20	–	605,44	681,12	–	511,36	575,28	–	420,16	472,68	–	332,–	373,50
	V	23 249	748,86	1 859,92	2 092,41	IV	17 615	–	1 338,72	1 506,06	–	1 268,32	1 426,86	–	1 197,92	1 347,66	–	1 128,48	1 269,54	–	1 060,64	1 193,22	–	994,16	1 118,43
	VI	23 684	800,63	1 894,72	2 131,56																				
76 031,99	I,IV	17 629	80,08	1 410,32	1 586,61	I	17 629	–	1 269,44	1 428,12	–	1 129,60	1 270,80	–	995,20	1 119,60	–	866,72	975,06	–	744,16	837,18	–	627,36	705,78
	II	16 828	–	1 346,24	1 514,52	II	16 828	–	1 205,28	1 355,94	–	1 067,76	1 201,23	–	936,08	1 053,09	–	810,24	911,52	–	690,32	776,61	–	576,24	648,27
	III	11 326	–	906,08	1 019,34	III	11 326	–	803,20	903,60	–	703,20	791,10	–	606,24	682,02	–	512,–	576,–	–	420,80	473,40	–	332,64	374,22
	V	23 263	750,53	1 861,04	2 093,67	IV	17 629	–	1 339,84	1 507,32	–	1 269,44	1 428,12	–	1 198,96	1 348,83	–	1 129,60	1 270,80	–	1 061,68	1 194,39	–	995,20	1 119,60
	VI	23 698	802,29	1 895,84	2 132,82																				

*** Die ausgewiesenen Tabellenwerte sind amtlich. Siehe Erläuterungen auf der Umschlaginnenseite (U2).**

JAHR 76 032,–*

Lohn/ Gehalt bis €*		I – VI LSt	ohne Kinderfreibeträge SolZ	8%	9%	I, II, III, IV	LSt	0,5 SolZ	8%	9%	1 SolZ	8%	9%	1,5 SolZ	8%	9%	2 SolZ	8%	9%	2,5 SolZ	8%	9%	3 SolZ	8%	9%
76 067,99	I,IV	17 643	81,75	1 411,44	1 587,87	I	17 643	–	1 270,48	1 429,29	–	1 130,64	1 271,97	–	996,24	1 120,77	–	867,76	976,23	–	745,04	838,17	–	628,32	706,86
	II	16 842	–	1 347,36	1 515,78	II	16 842	–	1 206,40	1 357,20	–	1 068,80	1 202,40	–	937,04	1 054,17	–	811,20	912,60	–	691,20	777,60	–	577,12	649,26
	III	11 338	–	907,04	1 020,42	III	11 338	–	804,–	904,50	–	704,–	792,–	–	606,88	682,74	–	512,80	576,90	–	421,60	474,30	–	333,28	374,94
	V	23 277	752,19	1 862,16	2 094,93	IV	17 643	–	1 340,96	1 508,58	–	1 270,48	1 429,29	–	1 200,08	1 350,09	–	1 130,64	1 271,97	–	1 062,72	1 195,56	–	996,24	1 120,77
	VI	23 712	803,96	1 896,96	2 134,08																				
76 103,99	I,IV	17 657	83,41	1 412,56	1 589,13	I	17 657	–	1 271,60	1 430,55	–	1 131,76	1 273,23	–	997,28	1 121,94	–	868,72	977,31	–	746,–	839,25	–	629,20	707,85
	II	16 855	–	1 348,40	1 516,95	II	16 855	–	1 207,52	1 358,46	–	1 069,84	1 203,57	–	938,08	1 055,34	–	812,16	913,68	–	692,16	778,68	–	578,–	650,25
	III	11 348	–	907,84	1 021,32	III	11 348	–	804,80	905,40	–	704,80	792,90	–	607,68	683,64	–	513,44	577,62	–	422,24	475,02	–	333,92	375,66
	V	23 291	753,86	1 863,28	2 096,19	IV	17 657	–	1 342,08	1 509,84	–	1 271,60	1 430,55	–	1 201,20	1 351,35	–	1 131,76	1 273,23	–	1 063,76	1 196,73	–	997,28	1 121,94
	VI	23 726	805,63	1 898,08	2 135,34																				
76 139,99	I,IV	17 671	85,08	1 413,68	1 590,39	I	17 671	–	1 272,72	1 431,81	–	1 132,88	1 274,49	–	998,32	1 123,11	–	869,68	978,39	–	746,96	840,33	–	630,08	708,84
	II	16 869	–	1 349,52	1 518,21	II	16 869	–	1 208,64	1 359,72	–	1 070,88	1 204,74	–	939,12	1 056,51	–	813,12	914,76	–	693,04	779,67	–	578,88	651,24
	III	11 358	–	908,64	1 022,22	III	11 358	–	805,60	906,30	–	705,60	793,80	–	608,48	684,54	–	514,24	578,52	–	423,04	475,92	–	334,72	376,56
	V	23 304	755,41	1 864,32	2 097,36	IV	17 671	–	1 343,20	1 511,10	–	1 272,72	1 431,81	–	1 202,32	1 352,61	–	1 132,88	1 274,49	–	1 064,88	1 197,99	–	998,32	1 123,11
	VI	23 740	807,29	1 899,20	2 136,60																				
76 175,99	I,IV	17 685	86,75	1 414,80	1 591,65	I	17 685	–	1 273,84	1 433,07	–	1 133,92	1 275,66	–	999,44	1 124,37	–	870,72	979,56	–	747,92	841,41	–	631,04	709,92
	II	16 884	–	1 350,72	1 519,56	II	16 884	–	1 209,76	1 360,98	–	1 072,–	1 206,–	–	940,16	1 057,68	–	814,16	915,93	–	694,–	780,75	–	579,76	652,23
	III	11 368	–	909,44	1 023,12	III	11 368	–	806,40	907,20	–	706,40	794,70	–	609,28	685,44	–	515,04	579,42	–	423,68	476,64	–	335,36	377,28
	V	23 319	757,19	1 865,52	2 098,71	IV	17 685	–	1 344,32	1 512,36	–	1 273,84	1 433,07	–	1 203,44	1 353,87	–	1 133,92	1 275,66	–	1 065,92	1 199,16	–	999,44	1 124,37
	VI	23 754	808,96	1 900,32	2 137,86																				
76 211,99	I,IV	17 699	88,41	1 415,92	1 592,91	I	17 699	–	1 274,96	1 434,33	–	1 135,04	1 276,92	–	1 000,40	1 125,45	–	871,68	980,64	–	748,88	842,49	–	631,92	710,91
	II	16 897	–	1 351,76	1 520,73	II	16 897	–	1 210,88	1 362,24	–	1 073,04	1 207,17	–	941,12	1 058,76	–	815,12	917,01	–	694,96	781,83	–	580,64	653,22
	III	11 378	–	910,24	1 024,02	III	11 378	–	807,20	908,10	–	707,20	795,60	–	609,92	686,16	–	515,68	580,14	–	424,48	477,54	–	336,–	378,–
	V	23 333	758,86	1 866,64	2 099,97	IV	17 699	–	1 345,44	1 513,62	–	1 274,96	1 434,33	–	1 204,56	1 355,13	–	1 135,04	1 276,92	–	1 067,04	1 200,42	–	1 000,40	1 125,45
	VI	23 768	810,62	1 901,44	2 139,12																				
76 247,99	I,IV	17 713	90,08	1 417,04	1 594,17	I	17 713	–	1 276,08	1 435,59	–	1 136,08	1 278,09	–	1 001,44	1 126,62	–	872,72	981,81	–	749,84	843,57	–	632,80	711,90
	II	16 911	–	1 352,88	1 521,99	II	16 911	–	1 212,–	1 363,50	–	1 074,16	1 208,43	–	942,16	1 059,93	–	816,08	918,09	–	695,84	782,82	–	581,52	654,21
	III	11 390	–	911,20	1 025,10	III	11 390	–	808,–	909,–	–	708,–	796,50	–	610,72	687,06	–	516,48	581,04	–	425,12	478,26	–	336,80	378,90
	V	23 346	760,41	1 867,68	2 101,14	IV	17 713	–	1 346,56	1 514,88	–	1 276,08	1 435,59	–	1 205,68	1 356,39	–	1 136,08	1 278,09	–	1 068,08	1 201,59	–	1 001,44	1 126,62
	VI	23 782	812,29	1 902,56	2 140,38																				
76 283,99	I,IV	17 726	91,63	1 418,08	1 595,34	I	17 726	–	1 277,20	1 436,85	–	1 137,20	1 279,35	–	1 002,48	1 127,79	–	873,68	982,89	–	750,72	844,56	–	633,68	712,89
	II	16 925	–	1 354,–	1 523,25	II	16 925	–	1 213,12	1 364,76	–	1 075,20	1 209,60	–	943,20	1 061,10	–	817,04	919,17	–	696,80	783,90	–	582,40	655,20
	III	11 400	–	912,–	1 026,–	III	11 400	–	808,80	909,90	–	708,64	797,22	–	611,52	687,96	–	517,12	581,76	–	425,76	478,98	–	337,44	379,62
	V	23 360	762,07	1 868,80	2 102,40	IV	17 726	–	1 347,68	1 516,14	–	1 277,20	1 436,85	–	1 206,72	1 357,56	–	1 137,20	1 279,35	–	1 069,12	1 202,76	–	1 002,48	1 127,79
	VI	23 795	813,84	1 903,60	2 141,55																				
76 319,99	I,IV	17 740	93,29	1 419,20	1 596,60	I	17 740	–	1 278,32	1 438,11	–	1 138,32	1 280,61	–	1 003,52	1 128,96	–	874,72	984,06	–	751,68	845,64	–	634,56	713,88
	II	16 939	–	1 355,12	1 524,51	II	16 939	–	1 214,24	1 366,02	–	1 076,24	1 210,77	–	944,16	1 062,18	–	818,–	920,25	–	697,68	784,89	–	583,28	656,19
	III	11 410	–	912,80	1 026,90	III	11 410	–	809,60	910,80	–	709,44	798,12	–	612,16	688,68	–	517,92	582,66	–	426,56	479,88	–	338,08	380,34
	V	23 374	763,74	1 869,92	2 103,66	IV	17 740	–	1 348,80	1 517,40	–	1 278,32	1 438,11	–	1 207,84	1 358,82	–	1 138,32	1 280,61	–	1 070,16	1 203,93	–	1 003,52	1 128,96
	VI	23 809	815,50	1 904,72	2 142,81																				
76 355,99	I,IV	17 755	95,08	1 420,40	1 597,95	I	17 755	–	1 279,44	1 439,37	–	1 139,44	1 281,87	–	1 004,64	1 130,22	–	875,68	985,14	–	752,64	846,72	–	635,52	714,96
	II	16 953	–	1 356,24	1 525,77	II	16 953	–	1 215,36	1 367,28	–	1 077,36	1 212,03	–	945,28	1 063,44	–	819,04	921,42	–	698,64	785,97	–	584,16	657,18
	III	11 420	–	913,60	1 027,80	III	11 420	–	810,56	911,88	–	710,24	799,02	–	612,96	689,58	–	518,72	583,56	–	427,36	480,78	–	338,88	381,24
	V	23 388	765,40	1 871,04	2 104,92	IV	17 755	–	1 349,92	1 518,66	–	1 279,44	1 439,37	–	1 208,96	1 360,08	–	1 139,44	1 281,87	–	1 071,28	1 205,19	–	1 004,64	1 130,22
	VI	23 824	817,29	1 905,92	2 144,16																				
76 391,99	I,IV	17 768	96,62	1 421,44	1 599,12	I	17 768	–	1 280,56	1 440,63	–	1 140,48	1 283,04	–	1 005,68	1 131,39	–	876,72	986,31	–	753,60	847,80	–	636,40	715,95
	II	16 967	1,30	1 357,36	1 527,03	II	16 967	–	1 216,48	1 368,54	–	1 078,40	1 213,20	–	946,24	1 064,52	–	820,–	922,50	–	699,60	787,05	–	585,04	658,17
	III	11 430	–	914,40	1 028,70	III	11 430	–	811,20	912,60	–	711,04	799,92	–	613,76	690,48	–	519,36	584,28	–	428,–	481,50	–	339,52	381,96
	V	23 402	767,07	1 872,16	2 106,18	IV	17 768	–	1 351,04	1 519,92	–	1 280,56	1 440,63	–	1 210,08	1 361,34	–	1 140,48	1 283,04	–	1 072,32	1 206,36	–	1 005,68	1 131,39
	VI	23 837	818,83	1 906,96	2 145,33																				
76 427,99	I,IV	17 782	98,29	1 422,56	1 600,38	I	17 782	–	1 281,68	1 441,89	–	1 141,60	1 284,30	–	1 006,72	1 132,56	–	877,68	987,39	–	754,56	848,88	–	637,28	716,94
	II	16 981	2,97	1 358,48	1 528,29	II	16 981	–	1 217,60	1 369,80	–	1 079,44	1 214,37	–	947,28	1 065,69	–	820,96	923,58	–	700,48	788,04	–	585,92	659,16
	III	11 440	–	915,20	1 029,60	III	11 440	–	812,16	913,68	–	711,84	800,82	–	614,56	691,38	–	520,16	585,18	–	428,64	482,22	–	340,16	382,68
	V	23 416	768,74	1 873,28	2 107,44	IV	17 782	–	1 352,16	1 521,18	–	1 281,68	1 441,89	–	1 211,20	1 362,60	–	1 141,60	1 284,30	–	1 073,36	1 207,53	–	1 006,72	1 132,56
	VI	23 851	820,50	1 908,08	2 146,59																				
76 463,99	I,IV	17 796	99,96	1 423,68	1 601,64	I	17 796	–	1 282,80	1 443,15	–	1 142,64	1 285,47	–	1 007,76	1 133,73	–	878,72	988,56	–	755,52	849,96	–	638,24	718,02
	II	16 995	4,64	1 359,60	1 529,55	II	16 995	–	1 218,64	1 370,97	–	1 080,56	1 215,63	–	948,32	1 066,86	–	821,92	924,66	–	701,44	789,12	–	586,80	660,15
	III	11 450	–	916,–	1 030,50	III	11 450	–	812,80	914,40	–	712,64	801,72	–	615,20	692,10	–	520,80	585,90	–	429,44	483,12	–	340,80	383,40
	V	23 430	770,40	1 874,40	2 108,70	IV	17 796	–	1 353,20	1 522,35	–	1 282,80	1 443,15	–	1 212,32	1 363,86	–	1 142,64	1 285,47	–	1 074,48	1 208,79	–	1 007,76	1 133,73
	VI	23 865	822,17	1 909,20	2 147,85																				
76 499,99	I,IV	17 810	101,62	1 424,80	1 602,90	I	17 810	–	1 283,92	1 444,41	–	1 143,76	1 286,73	–	1 008,80	1 134,90	–	879,68	989,64	–	756,48	851,04	–	639,12	719,01
	II	17 009	6,30	1 360,72	1 530,81	II	17 009	–	1 219,76	1 372,23	–	1 081,60	1 216,80	–	949,28	1 067,94	–	822,88	925,74	–	702,32	790,11	–	587,68	661,14
	III	11 462	–	916,96	1 031,58	III	11 462	–	813,76	915,48	–	713,44	802,62	–	616,–	693,–	–	521,60	586,80	–	430,08	483,84	–	341,60	384,30
	V	23 444	772,07	1 875,52	2 109,96	IV	17 810	–	1 354,32	1 523,61	–	1 283,92	1 444,41	–	1 213,44	1 365,12	–	1 143,76	1 286,73	–	1 075,52	1 209,96	–	1 008,80	1 134,90
	VI	23 879	823,83	1 910,32	2 149,11																				
76 535,99	I,IV	17 824	103,29	1 425,92	1 604,16	I	17 824	–	1 284,96	1 445,58	–	1 144,80	1 287,90	–	1 009,84	1 136,07	–	880,64	990,72	–	757,44	852,12	–	640,–	720,–
	II	17 023	7,97	1 361,84	1 532,07	II	17 023	–	1 220,88	1 373,49	–	1 082,64	1 217,97	–	950,32	1 069,11	–	823,84	926,82	–	703,28	791,19	–	588,56	662,13
	III	11 472	–	917,76	1 032,48	III	11 472	–	814,40	916,20	–	714,08	803,34	–	616,80	693,90	–	522,24	587,52	–	430,88	484,74	–	342,24	385,02
	V	23 458	773,73	1 876,64	2 111,22	IV	17 824	–	1 355,44	1 524,87	–	1 284,96	1 445,58	–	1 214,56	1 366,38	–	1 144,80	1 287,90	–	1 076,56	1 211,13	–	1 009,84	1 136,07
	VI	23 893	825,50	1 911,44	2 150,37																				
76 571,99	I,IV	17 838	104,95	1 427,04	1 605,42	I	17 838	–	1 286,16	1 446,93	–	1 145,92	1 289,16	–	1 010,88	1 137,24	–	881,68	991,89	–	758,40	853,20	–	640,96	721,08
	II	17 037	9,63	1 362,96	1 533,33	II	17 037	–	1 222,–	1 374,75	–	1 083,76	1 219,23	–	951,36	1 070,28	–	824,88	927,99	–	704,24	792,27	–	589,44	663,12
	III	11 482	–	918,56	1 033,38	III	11 482	–	815,36	917,28	–	714,88	804,24	–	617,60	694,80	–	523,04	588,42	–	431,52	485,46	–	342,88	385,74
	V	23 472	775,40	1 877,76	2 112,48	IV	17 838	0,11	1 356,56	1 526,13	–	1 286,16	1 446,93	–	1 215,68	1 367,64	–	1 145,92	1 289,16	–	1 077,68	1 212,39	–	1 010,88	1 137,24
	VI	23 907	827,16	1 912,56	2 151,63																				
76 607,99	I,IV	17 852	106,62	1 428,16	1 606,68	I	17 852	–	1 287,28	1 448,19	–	1 147,04	1 290,42	–	1 011,92	1 138,41	–	882,72	993,06	–	759,36	854,28	–	641,84	722,07
	II	17 051	11,30	1 364,08	1 534,59	II	17 051	–	1 223,12	1 376,01	–	1 084,80	1 220,40	–	952,40	1 071,45	–	825,84	929,07	–	705,12	793,26	–	590,32	664,11
	III	11 492	–	919,36	1 034,28	III	11 492	–	816,16	918,18	–	715,68	805,14	–	618,24	695,52	–	523,84	589,32	–	432,32	486,36	–	343,68	386,64
	V	23 486	777,07	1 878,88	2 113,74	IV	17 852	1,78	1 357,68	1 527,39	–	1 287,28	1 448,19	–	1 216,80	1 368,90	–	1 147,04	1 290,42	–	1 078,72	1 213,56	–	1 011,92	1 138,41
	VI	23 921	828,83	1 913,68	2 152,89																				

Abzüge an Lohnsteuer, Solidaritätszuschlag (SolZ) und Kirchensteuer (8%, 9%) in den Steuerklassen; I, II, III, IV: mit Zahl der Kinderfreibeträge . . .

* Die ausgewiesenen Tabellenwerte sind amtlich. Siehe Erläuterungen auf der Umschlaginnenseite (U2).

Abzüge an Lohnsteuer, Solidaritätszuschlag (SolZ) und Kirchensteuer (8%, 9%) in den Steuerklassen

Lohn/ Gehalt bis €*	I – VI					I, II, III, IV		mit Zahl der Kinderfreibeträge . . . 0,5			1			1,5			2			2,5			3		
		LSt	ohne Kinderfreibeträge SolZ	8%	9%		LSt	SolZ	8%	9%	SolZ	8%	9%	SolZ	8%	9%	SolZ	8%	9%	SolZ	8%	9%	SolZ	8%	9%
76 643,99	I,IV	17 866	108,29	1 429,28	1 607,94	I	17 866	–	1 288,32	1 449,36	–	1 148,08	1 291,59	–	1 012,96	1 139,58	–	883,68	994,14	–	760,24	855,27	–	642,72	723,06
	II	17 065	12,97	1 365,20	1 535,85	II	17 065	–	1 224,24	1 377,27	–	1 085,92	1 221,66	–	953,44	1 072,62	–	826,80	930,15	–	706,08	794,34	–	591,20	665,10
	III	11 502	–	920,16	1 035,18	III	11 502	–	816,96	919,08	–	716,48	806,04	–	619,04	696,42	–	524,48	590,04	–	432,96	487,08	–	344,32	387,36
	V	23 500	778,73	1 880,–	2 115,–	IV	17 866	3,45	1 358,80	1 528,65	–	1 288,32	1 449,36	–	1 217,92	1 370,16	–	1 148,08	1 291,59	–	1 079,84	1 214,82	–	1 012,96	1 139,58
	VI	23 935	830,50	1 914,80	2 154,15																				
76 679,99	I,IV	17 880	109,95	1 430,40	1 609,20	I	17 880	–	1 289,44	1 450,62	–	1 149,20	1 292,85	–	1 014,–	1 140,75	–	884,64	995,22	–	761,20	856,35	–	643,68	724,14
	II	17 078	14,51	1 366,24	1 537,02	II	17 078	–	1 225,36	1 378,53	–	1 086,96	1 222,83	–	954,40	1 073,70	–	827,76	931,23	–	707,04	795,42	–	592,08	666,09
	III	11 514	–	921,12	1 036,26	III	11 514	–	817,76	919,98	–	717,28	806,94	–	619,84	697,32	–	525,28	590,94	–	433,76	487,98	–	344,96	388,08
	V	23 514	780,40	1 881,12	2 116,26	IV	17 880	5,11	1 359,92	1 529,91	–	1 289,44	1 450,62	–	1 219,04	1 371,42	–	1 149,20	1 292,85	–	1 080,88	1 215,99	–	1 014,–	1 140,75
	VI	23 949	832,16	1 915,92	2 155,41																				
76 715,99	I,IV	17 894	111,62	1 431,52	1 610,46	I	17 894	–	1 290,56	1 451,88	–	1 150,32	1 294,11	–	1 015,04	1 141,92	–	885,68	996,39	–	762,16	857,43	–	644,56	725,13
	II	17 092	16,18	1 367,36	1 538,28	II	17 092	–	1 226,48	1 379,79	–	1 088,–	1 224,–	–	955,44	1 074,87	–	828,72	932,31	–	707,92	796,41	–	592,96	667,08
	III	11 524	–	921,92	1 037,16	III	11 524	–	818,56	920,88	–	718,08	807,84	–	620,48	698,04	–	525,92	591,66	–	434,40	488,70	–	345,76	388,98
	V	23 528	782,06	1 882,24	2 117,52	IV	17 894	6,78	1 361,04	1 531,17	–	1 290,56	1 451,88	–	1 220,08	1 372,59	–	1 150,32	1 294,11	–	1 081,92	1 217,16	–	1 015,04	1 141,92
	VI	23 963	833,83	1 917,04	2 156,67																				
76 751,99	I,IV	17 908	113,28	1 432,64	1 611,72	I	17 908	–	1 291,68	1 453,14	–	1 151,44	1 295,37	–	1 016,08	1 143,09	–	886,72	997,56	–	763,12	858,51	–	645,52	726,21
	II	17 107	17,96	1 368,56	1 539,63	II	17 107	–	1 227,60	1 381,05	–	1 089,12	1 225,26	–	956,48	1 076,04	–	829,76	933,48	–	708,88	797,49	–	593,92	668,16
	III	11 534	–	922,72	1 038,06	III	11 534	–	819,36	921,78	–	718,88	808,74	–	621,28	698,94	–	526,72	592,56	–	435,04	489,42	–	346,40	389,70
	V	23 542	783,73	1 883,36	2 118,78	IV	17 908	8,44	1 362,16	1 532,43	–	1 291,68	1 453,14	–	1 221,28	1 373,94	–	1 151,44	1 295,37	–	1 083,04	1 218,42	–	1 016,08	1 143,09
	VI	23 977	835,49	1 918,16	2 157,93																				
76 787,99	I,IV	17 922	114,95	1 433,76	1 612,98	I	17 922	–	1 292,80	1 454,40	–	1 152,48	1 296,54	–	1 017,12	1 144,26	–	887,68	998,64	–	764,08	859,59	–	646,40	727,20
	II	17 120	19,51	1 369,60	1 540,80	II	17 120	–	1 228,72	1 382,31	–	1 090,16	1 226,43	–	957,52	1 077,21	–	830,72	934,56	–	709,84	798,57	–	594,80	669,15
	III	11 544	–	923,52	1 038,96	III	11 544	–	820,16	922,68	–	719,68	809,64	–	622,08	699,84	–	527,52	593,46	–	435,84	490,32	–	347,04	390,42
	V	23 556	785,40	1 884,48	2 120,04	IV	17 922	10,11	1 363,28	1 533,69	–	1 292,80	1 454,40	–	1 222,40	1 375,20	–	1 152,48	1 296,54	–	1 084,08	1 219,59	–	1 017,12	1 144,26
	VI	23 991	837,16	1 919,28	2 159,19																				
76 823,99	I,IV	17 936	116,62	1 434,88	1 614,24	I	17 936	–	1 293,92	1 455,66	–	1 153,60	1 297,80	–	1 018,16	1 145,43	–	888,72	999,81	–	765,04	860,67	–	647,28	728,19
	II	17 134	21,18	1 370,72	1 542,06	II	17 134	–	1 229,84	1 383,57	–	1 091,28	1 227,69	–	958,56	1 078,38	–	831,68	935,64	–	710,72	799,56	–	595,68	670,14
	III	11 554	–	924,32	1 039,86	III	11 554	–	820,96	923,58	–	720,48	810,54	–	622,88	700,74	–	528,16	594,18	–	436,48	491,04	–	347,84	391,32
	V	23 570	787,06	1 885,60	2 121,30	IV	17 936	11,78	1 364,40	1 534,95	–	1 293,92	1 455,66	–	1 223,44	1 376,37	–	1 153,60	1 297,80	–	1 085,12	1 220,76	–	1 018,16	1 145,43
	VI	24 005	838,83	1 920,40	2 160,45																				
76 859,99	I,IV	17 950	118,28	1 436,–	1 615,50	I	17 950	–	1 295,04	1 456,92	–	1 154,64	1 298,97	–	1 019,20	1 146,60	–	889,68	1 000,89	–	766,–	861,75	–	648,16	729,18
	II	17 148	22,84	1 371,84	1 543,32	II	17 148	–	1 230,96	1 384,83	–	1 092,32	1 228,86	–	959,60	1 079,55	–	832,72	936,81	–	711,68	800,64	–	596,56	671,13
	III	11 566	–	925,28	1 040,94	III	11 566	–	821,76	924,48	–	721,28	811,44	–	623,68	701,64	–	528,96	595,08	–	437,28	491,94	–	348,48	392,04
	V	23 583	788,61	1 886,64	2 122,47	IV	17 950	13,44	1 365,52	1 536,21	–	1 295,04	1 456,92	–	1 224,56	1 377,63	–	1 154,64	1 298,97	–	1 086,24	1 222,02	–	1 019,20	1 146,60
	VI	24 018	840,37	1 921,44	2 161,62																				
76 895,99	I,IV	17 963	119,83	1 437,04	1 616,67	I	17 963	–	1 296,16	1 458,18	–	1 155,76	1 300,23	–	1 020,24	1 147,77	–	890,64	1 001,97	–	766,96	862,83	–	649,12	730,26
	II	17 162	24,51	1 372,96	1 544,58	II	17 162	–	1 232,08	1 386,09	–	1 093,36	1 230,03	–	960,56	1 080,63	–	833,68	937,89	–	712,64	801,72	–	597,44	672,12
	III	11 576	–	926,08	1 041,84	III	11 576	–	822,56	925,38	–	721,92	812,16	–	624,32	702,36	–	529,76	595,98	–	437,92	492,66	–	349,12	392,76
	V	23 597	790,27	1 887,76	2 123,73	IV	17 963	15,11	1 366,64	1 537,47	–	1 296,16	1 458,18	–	1 225,68	1 378,89	–	1 155,76	1 300,23	–	1 087,28	1 223,19	–	1 020,24	1 147,77
	VI	24 032	842,04	1 922,56	2 162,88																				
76 931,99	I,IV	17 978	121,61	1 438,24	1 618,02	I	17 978	–	1 297,28	1 459,44	–	1 156,88	1 301,49	–	1 021,36	1 149,03	–	891,68	1 003,14	–	767,92	863,91	–	650,–	731,25
	II	17 176	26,18	1 374,08	1 545,84	II	17 176	–	1 233,20	1 387,35	–	1 094,48	1 231,29	–	961,68	1 081,89	–	834,64	938,97	–	713,60	802,80	–	598,32	673,11
	III	11 586	–	926,88	1 042,74	III	11 586	–	823,36	926,28	–	722,72	813,06	–	625,12	703,26	–	530,40	596,70	–	438,72	493,56	–	349,92	393,66
	V	23 612	792,06	1 888,96	2 125,08	IV	17 978	16,77	1 367,76	1 538,73	–	1 297,28	1 459,44	–	1 226,80	1 380,15	–	1 156,88	1 301,49	–	1 088,40	1 224,45	–	1 021,36	1 149,03
	VI	24 047	843,82	1 923,76	2 164,23																				
76 967,99	I,IV	17 992	123,28	1 439,36	1 619,28	I	17 992	–	1 298,40	1 460,70	–	1 158,–	1 302,75	–	1 022,40	1 150,20	–	892,72	1 004,31	–	768,88	864,99	–	650,96	732,33
	II	17 190	27,84	1 375,20	1 547,10	II	17 190	–	1 234,32	1 388,61	–	1 095,60	1 232,55	–	962,64	1 082,97	–	835,60	940,05	–	714,48	803,79	–	599,20	674,10
	III	11 596	–	927,68	1 043,64	III	11 596	–	824,16	927,18	–	723,52	813,96	–	625,92	704,16	–	531,20	597,60	–	439,36	494,28	–	350,56	394,38
	V	23 625	793,61	1 890,–	2 126,25	IV	17 992	18,44	1 368,88	1 539,99	–	1 298,40	1 460,70	–	1 227,92	1 381,41	–	1 158,–	1 302,75	–	1 089,44	1 225,62	–	1 022,40	1 150,20
	VI	24 060	845,37	1 924,80	2 165,40																				
77 003,99	I,IV	18 005	124,83	1 440,40	1 620,45	I	18 005	–	1 299,52	1 461,96	–	1 159,04	1 303,92	–	1 023,44	1 151,37	–	893,68	1 005,39	–	769,84	866,07	–	651,84	733,32
	II	17 204	29,51	1 376,32	1 548,36	II	17 204	–	1 235,44	1 389,87	–	1 096,64	1 233,72	–	963,68	1 084,14	–	836,64	941,22	–	715,44	804,87	–	600,08	675,09
	III	11 606	–	928,48	1 044,54	III	11 606	–	824,96	928,08	–	724,32	814,86	–	626,72	705,06	–	531,84	598,32	–	440,16	495,18	–	351,20	395,10
	V	23 639	795,27	1 891,12	2 127,51	IV	18 005	20,11	1 370,–	1 541,25	–	1 299,52	1 461,96	–	1 229,04	1 382,67	–	1 159,04	1 303,92	–	1 090,48	1 226,79	–	1 023,44	1 151,37
	VI	24 074	847,04	1 925,92	2 166,66																				
77 039,99	I,IV	18 019	126,49	1 441,52	1 621,71	I	18 019	–	1 300,64	1 463,22	–	1 160,16	1 305,18	–	1 024,48	1 152,54	–	894,72	1 006,56	–	770,80	867,15	–	652,72	734,31
	II	17 218	31,17	1 377,44	1 549,62	II	17 218	–	1 236,48	1 391,04	–	1 097,68	1 234,89	–	964,72	1 085,31	–	837,60	942,30	–	716,32	805,86	–	600,96	676,08
	III	11 618	–	929,44	1 045,62	III	11 618	–	825,76	928,98	–	725,12	815,76	–	627,36	705,78	–	532,64	599,22	–	440,80	495,90	–	352,–	396,–
	V	23 653	796,94	1 892,24	2 128,77	IV	18 019	21,65	1 371,04	1 542,42	–	1 300,64	1 463,22	–	1 230,16	1 383,93	–	1 160,16	1 305,18	–	1 091,60	1 228,05	–	1 024,48	1 152,54
	VI	24 088	848,70	1 927,04	2 167,92																				
77 075,99	I,IV	18 033	128,16	1 442,64	1 622,97	I	18 033	–	1 301,76	1 464,48	–	1 161,28	1 306,44	–	1 025,52	1 153,71	–	895,68	1 007,64	–	771,76	868,23	–	653,68	735,39
	II	17 232	32,84	1 378,56	1 550,88	II	17 232	–	1 237,60	1 392,30	–	1 098,80	1 236,15	–	965,76	1 086,48	–	838,56	943,38	–	717,28	806,94	–	601,84	677,07
	III	11 628	–	930,24	1 046,52	III	11 628	–	826,56	929,88	–	725,92	816,66	–	628,16	706,68	–	533,44	600,12	–	441,44	496,62	–	352,64	396,72
	V	23 667	798,60	1 893,36	2 130,03	IV	18 033	23,32	1 372,16	1 543,68	–	1 301,76	1 464,48	–	1 231,28	1 385,19	–	1 161,28	1 306,44	–	1 092,64	1 229,22	–	1 025,52	1 153,71
	VI	24 102	850,37	1 928,16	2 169,18																				
77 111,99	I,IV	18 047	129,82	1 443,76	1 624,23	I	18 047	–	1 302,80	1 465,65	–	1 162,32	1 307,61	–	1 026,56	1 154,88	–	896,72	1 008,81	–	772,72	869,31	–	654,56	736,38
	II	17 246	34,51	1 379,68	1 552,14	II	17 246	–	1 238,72	1 393,56	–	1 099,84	1 237,32	–	966,72	1 087,56	–	839,52	944,46	–	718,24	808,02	–	602,72	678,06
	III	11 638	–	931,04	1 047,42	III	11 638	–	827,36	930,78	–	726,72	817,56	–	628,96	707,58	–	534,08	600,84	–	442,24	497,52	–	353,28	397,44
	V	23 681	800,27	1 894,48	2 131,29	IV	18 047	24,99	1 373,28	1 544,94	–	1 302,80	1 465,65	–	1 232,40	1 386,45	–	1 162,32	1 307,61	–	1 093,76	1 230,48	–	1 026,56	1 154,88
	VI	24 116	852,04	1 929,28	2 170,44																				
77 147,99	I,IV	18 061	131,49	1 444,88	1 625,49	I	18 061	–	1 304,–	1 467,–	–	1 163,44	1 308,87	–	1 027,68	1 156,14	–	897,76	1 009,98	–	773,68	870,39	–	655,52	737,46
	II	17 260	36,17	1 380,80	1 553,40	II	17 260	–	1 239,84	1 394,82	–	1 100,96	1 238,58	–	967,84	1 088,82	–	840,56	945,63	–	719,20	809,10	–	603,68	679,14
	III	11 648	–	931,84	1 048,32	III	11 648	–	828,16	931,68	–	727,52	818,46	–	629,76	708,48	–	534,88	601,74	–	443,04	498,42	–	354,08	398,34
	V	23 695	801,94	1 895,60	2 132,55	IV	18 061	26,65	1 374,40	1 546,20	–	1 304,–	1 467,–	–	1 233,52	1 387,71	–	1 163,44	1 308,87	–	1 094,80	1 231,65	–	1 027,68	1 156,14
	VI	24 130	853,70	1 930,40	2 171,70																				
77 183,99	I,IV	18 075	133,16	1 446,–	1 626,75	I	18 075	–	1 305,12	1 468,26	–	1 164,56	1 310,13	–	1 028,72	1 157,31	–	898,72	1 011,06	–	774,64	871,47	–	656,40	738,45
	II	17 274	37,84	1 381,92	1 554,66	II	17 274	–	1 240,96	1 396,08	–	1 102,–	1 239,75	–	968,80	1 089,90	–	841,52	946,71	–	720,08	810,09	–	604,56	680,13
	III	11 658	–	932,64	1 049,22	III	11 658	–	828,96	932,58	–	728,32	819,36	–	630,40	709,20	–	535,52	602,46	–	443,68	499,14	–	354,72	399,06
	V	23 709	803,60	1 896,72	2 133,81	IV	18 075	28,32	1 375,52	1 547,46	–	1 305,12	1 468,26	–	1 234,64	1 388,97	–	1 164,56	1 310,13	–	1 095,92	1 232,91	–	1 028,72	1 157,31
	VI	24 144	855,37	1 931,52	2 172,96																				

* Die ausgewiesenen Tabellenwerte sind amtlich. Siehe Erläuterungen auf der Umschlaginnenseite (U2).

JAHR 77 184,–*

Lohn/ Gehalt bis €*	Abzüge an Lohnsteuer, Solidaritätszuschlag (SolZ) und Kirchensteuer (8%, 9%) in den Steuerklassen I – VI					I, II, III, IV mit Zahl der Kinderfreibeträge . . .																			
			ohne Kinderfreibeträge					0,5			1			1,5			2			2,5			3		
		LSt	SolZ	8%	9%		LSt	SolZ	8%	9%	SolZ	8%	9%	SolZ	8%	9%	SolZ	8%	9%	SolZ	8%	9%	SolZ	8%	9%
77 219,99	I,IV	18 089	134,82	1 447,12	1 628,01	I	18 089	–	1 306,16	1 469,43	–	1 165,68	1 311,39	–	1 029,76	1 158,48	–	899,68	1 012,14	–	775,60	872,55	–	657,28	739,44
	II	17 288	39,50	1 383,04	1 555,92	II	17 288	–	1 242,08	1 397,34	–	1 103,12	1 241,01	–	969,84	1 091,07	–	842,48	947,79	–	721,04	811,17	–	605,44	681,12
	III	11 670	–	933,60	1 050,30	III	11 670	–	829,76	933,48	–	729,12	820,26	–	631,20	710,10	–	536,32	603,36	–	444,48	500,04	–	355,36	399,78
	V	23 723	805,27	1 897,84	2 135,07	IV	18 089	29,98	1 376,64	1 548,72	–	1 306,16	1 469,43	–	1 235,76	1 390,23	–	1 165,68	1 311,39	–	1 096,96	1 234,08	–	1 029,76	1 158,48
	VI	24 158	857,03	1 932,64	2 174,22																				
77 255,99	I,IV	18 103	136,49	1 448,24	1 629,27	I	18 103	–	1 307,28	1 470,69	–	1 166,72	1 312,56	–	1 030,80	1 159,65	–	900,72	1 013,31	–	776,56	873,63	–	658,24	740,52
	II	17 301	41,05	1 384,08	1 557,09	II	17 301	–	1 243,20	1 398,60	–	1 104,16	1 242,18	–	970,88	1 092,24	–	843,52	948,96	–	722,–	812,25	–	606,32	682,11
	III	11 680	–	934,40	1 051,20	III	11 680	–	830,56	934,38	–	729,76	820,98	–	632,–	711,–	–	537,12	604,26	–	445,12	500,76	–	356,–	400,50
	V	23 737	806,93	1 898,96	2 136,33	IV	18 103	31,65	1 377,76	1 549,98	–	1 307,28	1 470,69	–	1 236,88	1 391,49	–	1 166,72	1 312,56	–	1 098,–	1 235,25	–	1 030,80	1 159,65
	VI	24 172	858,70	1 933,76	2 175,48																				
77 291,99	I,IV	18 117	138,15	1 449,36	1 630,53	I	18 117	–	1 308,40	1 471,95	–	1 167,84	1 313,82	–	1 031,84	1 160,82	–	901,76	1 014,48	–	777,52	874,71	–	659,12	741,51
	II	17 315	42,72	1 385,20	1 558,35	II	17 315	–	1 244,32	1 399,86	–	1 105,20	1 243,35	–	971,92	1 093,41	–	844,48	950,04	–	722,88	813,24	–	607,20	683,10
	III	11 690	–	935,20	1 052,10	III	11 690	–	831,52	935,46	–	730,56	821,88	–	632,80	711,90	–	537,76	604,98	–	445,76	501,48	–	356,80	401,40
	V	23 751	808,60	1 900,08	2 137,59	IV	18 117	33,32	1 378,88	1 551,24	–	1 308,40	1 471,95	–	1 237,92	1 392,66	–	1 167,84	1 313,82	–	1 099,12	1 236,51	–	1 031,84	1 160,82
	VI	24 186	860,37	1 934,88	2 176,74																				
77 327,99	I,IV	18 131	139,82	1 450,48	1 631,79	I	18 131	–	1 309,52	1 473,21	–	1 168,96	1 315,08	–	1 032,88	1 161,99	–	902,72	1 015,56	–	778,48	875,79	–	660,08	742,59
	II	17 330	44,50	1 386,40	1 559,70	II	17 330	–	1 245,44	1 401,12	–	1 106,32	1 244,61	–	972,96	1 094,58	–	845,44	951,12	–	723,84	814,32	–	608,16	684,18
	III	11 700	–	936,–	1 053,–	III	11 700	–	832,32	936,36	–	731,36	822,78	–	633,60	712,80	–	538,56	605,88	–	446,56	502,38	–	357,44	402,12
	V	23 765	810,27	1 901,20	2 138,85	IV	18 131	34,98	1 380,–	1 552,50	–	1 309,52	1 473,21	–	1 239,12	1 394,01	–	1 168,96	1 315,08	–	1 100,24	1 237,77	–	1 032,88	1 161,99
	VI	24 200	862,03	1 936,–	2 178,–																				
77 363,99	I,IV	18 145	141,49	1 451,60	1 633,05	I	18 145	–	1 310,64	1 474,47	–	1 170,08	1 316,34	–	1 034,–	1 163,25	–	903,76	1 016,73	–	779,44	876,87	–	660,96	743,58
	II	17 343	46,05	1 387,44	1 560,87	II	17 343	–	1 246,56	1 402,38	–	1 107,44	1 245,87	–	974,–	1 095,75	–	846,48	952,29	–	724,80	815,40	–	609,04	685,17
	III	11 710	–	936,80	1 053,90	III	11 710	–	833,12	937,26	–	732,16	823,68	–	634,24	713,52	–	539,36	606,78	–	447,20	503,10	–	358,08	402,84
	V	23 779	811,93	1 902,32	2 140,11	IV	18 145	36,65	1 381,12	1 553,76	–	1 310,64	1 474,47	–	1 240,24	1 395,27	–	1 170,08	1 316,34	–	1 101,28	1 238,94	–	1 034,–	1 163,25
	VI	24 214	863,70	1 937,12	2 179,26																				
77 399,99	I,IV	18 159	143,15	1 452,72	1 634,31	I	18 159	–	1 311,76	1 475,73	–	1 171,12	1 317,51	–	1 035,04	1 164,42	–	904,72	1 017,81	–	780,40	877,95	–	661,84	744,57
	II	17 357	47,71	1 388,56	1 562,13	II	17 357	–	1 247,68	1 403,64	–	1 108,48	1 247,04	–	975,04	1 096,92	–	847,44	953,37	–	725,76	816,48	–	609,92	686,16
	III	11 722	–	937,76	1 054,98	III	11 722	–	833,92	938,16	–	732,96	824,58	–	635,04	714,42	–	540,–	607,50	–	448,–	504,–	–	358,88	403,74
	V	23 793	813,60	1 903,44	2 141,37	IV	18 159	38,31	1 382,24	1 555,02	–	1 311,76	1 475,73	–	1 241,28	1 396,44	–	1 171,12	1 317,51	–	1 102,32	1 240,11	–	1 035,04	1 164,42
	VI	24 228	865,36	1 938,24	2 180,52																				
77 435,99	I,IV	18 173	144,82	1 453,84	1 635,57	I	18 173	–	1 312,88	1 476,99	–	1 172,24	1 318,77	–	1 036,08	1 165,59	–	905,76	1 018,98	–	781,36	879,03	–	662,80	745,65
	II	17 371	49,38	1 389,68	1 563,39	II	17 371	–	1 248,80	1 404,90	–	1 109,52	1 248,21	–	976,08	1 098,09	–	848,40	954,45	–	726,64	817,47	–	610,80	687,15
	III	11 732	–	938,56	1 055,88	III	11 732	–	834,72	939,06	–	733,76	825,48	–	635,84	715,32	–	540,80	608,40	–	448,64	504,72	–	359,52	404,46
	V	23 806	815,15	1 904,48	2 142,54	IV	18 173	39,98	1 383,36	1 556,28	–	1 312,88	1 476,99	–	1 242,40	1 397,70	–	1 172,24	1 318,77	–	1 103,44	1 241,37	–	1 036,08	1 165,59
	VI	24 242	867,03	1 939,36	2 181,78																				
77 471,99	I,IV	18 186	146,37	1 454,88	1 636,74	I	18 186	–	1 314,–	1 478,25	–	1 173,36	1 320,03	–	1 037,12	1 166,76	–	906,72	1 020,06	–	782,32	880,11	–	663,68	746,64
	II	17 385	51,05	1 390,80	1 564,65	II	17 385	–	1 249,92	1 406,16	–	1 110,64	1 249,47	–	977,04	1 099,17	–	849,44	955,62	–	727,60	818,55	–	611,68	688,14
	III	11 742	–	939,36	1 056,78	III	11 742	–	835,52	939,96	–	734,56	826,38	–	636,64	716,22	–	541,60	609,30	–	449,44	505,62	–	360,32	405,36
	V	23 820	816,81	1 905,60	2 143,80	IV	18 186	41,65	1 384,48	1 557,54	–	1 314,–	1 478,25	–	1 243,52	1 398,96	–	1 173,36	1 320,03	–	1 104,48	1 242,54	–	1 037,12	1 166,76
	VI	24 255	868,58	1 940,40	2 182,95																				
77 507,99	I,IV	18 201	148,15	1 456,08	1 638,09	I	18 201	–	1 315,12	1 479,51	–	1 174,48	1 321,29	–	1 038,16	1 167,93	–	907,76	1 021,23	–	783,28	881,19	–	664,64	747,72
	II	17 399	52,71	1 391,92	1 565,91	II	17 399	–	1 251,04	1 407,42	–	1 111,76	1 250,73	–	978,16	1 100,43	–	850,40	956,70	–	728,56	819,63	–	612,64	689,22
	III	11 752	–	940,16	1 057,68	III	11 752	–	836,32	940,86	–	735,36	827,28	–	637,44	717,12	–	542,24	610,02	–	450,08	506,34	–	360,96	406,08
	V	23 835	818,60	1 906,80	2 145,15	IV	18 201	43,31	1 385,60	1 558,80	–	1 315,12	1 479,51	–	1 244,64	1 400,22	–	1 174,48	1 321,29	–	1 105,60	1 243,80	–	1 038,16	1 167,93
	VI	24 270	870,36	1 941,60	2 184,30																				
77 543,99	I,IV	18 215	149,82	1 457,20	1 639,35	I	18 215	–	1 316,24	1 480,77	–	1 175,60	1 322,55	–	1 039,20	1 169,10	–	908,80	1 022,40	–	784,24	882,27	–	665,52	748,71
	II	17 413	54,38	1 393,04	1 567,17	II	17 413	–	1 252,16	1 408,68	–	1 112,80	1 251,90	–	979,20	1 101,60	–	851,36	957,78	–	729,52	820,71	–	613,52	690,21
	III	11 762	–	940,96	1 058,58	III	11 762	–	837,12	941,76	–	736,16	828,18	–	638,08	717,84	–	543,04	610,92	–	450,88	507,24	–	361,60	406,80
	V	23 848	820,14	1 907,84	2 146,32	IV	18 215	44,98	1 386,72	1 560,06	–	1 316,24	1 480,77	–	1 245,76	1 401,48	–	1 175,60	1 322,55	–	1 106,64	1 244,97	–	1 039,20	1 169,10
	VI	24 284	872,03	1 942,72	2 185,56																				
77 579,99	I,IV	18 228	151,36	1 458,24	1 640,52	I	18 228	–	1 317,36	1 482,03	–	1 176,64	1 323,72	–	1 040,32	1 170,36	–	909,76	1 023,48	–	785,20	883,35	–	666,48	749,79
	II	17 427	56,04	1 394,16	1 568,43	II	17 427	–	1 253,28	1 409,94	–	1 113,92	1 253,16	–	980,16	1 102,68	–	852,40	958,95	–	730,48	821,79	–	614,40	691,20
	III	11 774	–	941,92	1 059,66	III	11 774	–	837,92	942,66	–	736,96	829,08	–	638,88	718,74	–	543,84	611,82	–	451,52	507,96	–	362,40	407,70
	V	23 862	821,81	1 908,96	2 147,58	IV	18 228	46,64	1 387,84	1 561,32	–	1 317,36	1 482,03	–	1 246,88	1 402,74	–	1 176,64	1 323,72	–	1 107,76	1 246,23	–	1 040,32	1 170,36
	VI	24 297	873,57	1 943,76	2 186,73																				
77 615,99	I,IV	18 242	153,03	1 459,36	1 641,78	I	18 242	–	1 318,48	1 483,29	–	1 177,76	1 324,98	–	1 041,36	1 171,53	–	910,80	1 024,65	–	786,16	884,43	–	667,36	750,78
	II	17 441	57,71	1 395,28	1 569,69	II	17 441	–	1 254,32	1 411,11	–	1 114,96	1 254,33	–	981,20	1 103,85	–	853,36	960,03	–	731,36	822,78	–	615,28	692,19
	III	11 784	–	942,72	1 060,56	III	11 784	–	838,72	943,56	–	737,76	829,98	–	639,68	719,64	–	544,48	612,54	–	452,32	508,86	–	363,04	408,42
	V	23 876	823,48	1 910,08	2 148,84	IV	18 242	48,31	1 388,96	1 562,58	–	1 318,48	1 483,29	–	1 248,–	1 404,–	–	1 177,76	1 324,98	–	1 108,80	1 247,40	–	1 041,36	1 171,53
	VI	24 311	875,24	1 944,88	2 187,99																				
77 651,99	I,IV	18 256	154,70	1 460,48	1 643,04	I	18 256	–	1 319,60	1 484,55	–	1 178,88	1 326,24	–	1 042,40	1 172,70	–	911,84	1 025,82	–	787,12	885,51	–	668,24	751,77
	II	17 455	59,38	1 396,40	1 570,95	II	17 455	–	1 255,44	1 412,37	–	1 116,–	1 255,50	–	982,24	1 105,02	–	854,32	961,11	–	732,32	823,86	–	616,16	693,18
	III	11 794	–	943,52	1 061,46	III	11 794	–	839,52	944,46	–	738,56	830,88	–	640,48	720,54	–	545,28	613,44	–	452,96	509,58	–	363,68	409,14
	V	23 890	825,14	1 911,20	2 150,10	IV	18 256	49,86	1 390,–	1 563,75	–	1 319,60	1 484,55	–	1 249,12	1 405,26	–	1 178,88	1 326,24	–	1 109,92	1 248,66	–	1 042,40	1 172,70
	VI	24 325	876,91	1 946,–	2 189,25																				
77 687,99	I,IV	18 270	156,36	1 461,60	1 644,30	I	18 270	–	1 320,64	1 485,72	–	1 179,92	1 327,41	–	1 043,44	1 173,87	–	912,80	1 026,90	–	788,08	886,59	–	669,20	752,85
	II	17 469	61,04	1 397,52	1 572,21	II	17 469	–	1 256,56	1 413,63	–	1 117,12	1 256,76	–	983,28	1 106,19	–	855,36	962,28	–	733,28	824,94	–	617,04	694,17
	III	11 804	–	944,32	1 062,36	III	11 804	–	840,32	945,36	–	739,20	831,60	–	641,12	721,26	–	545,92	614,16	–	453,76	510,48	–	364,32	409,86
	V	23 904	826,81	1 912,32	2 151,36	IV	18 270	51,52	1 391,12	1 565,01	–	1 320,64	1 485,72	–	1 250,24	1 406,52	–	1 179,92	1 327,41	–	1 110,96	1 249,83	–	1 043,44	1 173,87
	VI	24 339	878,57	1 947,12	2 190,51																				
77 723,99	I,IV	18 284	158,03	1 462,72	1 645,56	I	18 284	–	1 321,84	1 487,07	–	1 181,04	1 328,67	–	1 044,56	1 175,13	–	913,84	1 028,07	–	789,04	887,67	–	670,16	753,93
	II	17 483	62,71	1 398,64	1 573,47	II	17 483	–	1 257,68	1 414,89	–	1 118,24	1 258,02	–	984,32	1 107,36	–	856,32	963,36	–	734,24	826,02	–	618,–	695,25
	III	11 814	–	945,12	1 063,26	III	11 814	–	841,12	946,26	–	740,–	832,50	–	641,92	722,16	–	546,72	615,06	–	454,40	511,20	–	365,12	410,76
	V	23 918	828,47	1 913,44	2 152,62	IV	18 284	53,31	1 392,32	1 566,36	–	1 321,84	1 487,07	–	1 251,36	1 407,78	–	1 181,04	1 328,67	–	1 112,08	1 251,09	–	1 044,56	1 175,13
	VI	24 353	880,24	1 948,24	2 191,77																				
77 759,99	I,IV	18 298	159,69	1 463,84	1 646,82	I	18 298	–	1 322,96	1 488,33	–	1 182,16	1 329,93	–	1 045,60	1 176,30	–	914,88	1 029,24	–	790,–	888,75	–	671,04	754,92
	II	17 497	64,37	1 399,76	1 574,73	II	17 497	–	1 258,80	1 416,15	–	1 119,28	1 259,19	–	985,36	1 108,53	–	857,36	964,53	–	735,12	827,01	–	618,88	696,24
	III	11 826	–	946,08	1 064,34	III	11 826	–	841,92	947,16	–	740,80	833,40	–	642,72	723,06	–	547,52	615,96	–	455,20	512,10	–	365,76	411,48
	V	23 932	830,14	1 914,56	2 153,88	IV	18 298	54,85	1 393,36	1 567,53	–	1 322,96	1 488,33	–	1 252,48	1 409,04	–	1 182,16	1 329,93	–	1 113,12	1 252,26	–	1 045,60	1 176,30
	VI	24 367	881,90	1 949,36	2 193,03																				

* Die ausgewiesenen Tabellenwerte sind amtlich. Siehe Erläuterungen auf der Umschlaginnenseite (U2).

Abzüge an Lohnsteuer, Solidaritätszuschlag (SolZ) und Kirchensteuer (8%, 9%) in den Steuerklassen

Lohn/ Gehalt bis €*	I – VI	LSt	ohne Kinderfreibeträge SolZ	8%	9%	I, II, III, IV	LSt	0,5 SolZ	0,5 8%	0,5 9%	1 SolZ	1 8%	1 9%	1,5 SolZ	1,5 8%	1,5 9%	2 SolZ	2 8%	2 9%	2,5 SolZ	2,5 8%	2,5 9%	3 SolZ	3 8%	3 9%
77 795,99	I,IV	18 312	161,36	1 464,96	1 648,08	I	18 312	–	1 324,–	1 489,50	–	1 183,28	1 331,19	–	1 046,64	1 177,47	–	915,84	1 030,32	–	790,96	889,83	–	671,92	755,91
	II	17 511	66,04	1 400,88	1 575,99	II	17 511	–	1 259,92	1 417,41	–	1 120,40	1 260,45	–	986,40	1 109,70	–	858,32	965,61	–	736,08	828,09	–	619,76	697,23
	III	11 836	–	946,88	1 065,24	III	11 836	–	842,72	948,06	–	741,60	834,30	–	643,52	723,96	–	548,16	616,68	–	455,84	512,82	–	366,56	412,38
	V	23 946	831,81	1 915,68	2 155,14	IV	18 312	56,52	1 394,48	1 568,79	–	1 324,–	1 489,50	–	1 253,60	1 410,30	–	1 183,28	1 331,19	–	1 114,24	1 253,52	–	1 046,64	1 177,47
	VI	24 381	883,57	1 950,48	2 194,29																				
77 831,99	I,IV	18 326	163,03	1 466,08	1 649,34	I	18 326	–	1 325,12	1 490,76	–	1 184,40	1 332,45	–	1 047,68	1 178,64	–	916,88	1 031,49	–	791,92	890,91	–	672,88	756,99
	II	17 524	67,59	1 401,92	1 577,16	II	17 524	–	1 261,04	1 418,67	–	1 121,44	1 261,62	–	987,44	1 110,87	–	859,28	966,69	–	737,04	829,17	–	620,64	698,22
	III	11 846	–	947,68	1 066,14	III	11 846	–	843,68	949,14	–	742,40	835,20	–	644,16	724,68	–	548,96	617,58	–	456,64	513,72	–	367,20	413,10
	V	23 960	833,47	1 916,80	2 156,40	IV	18 326	58,19	1 395,60	1 570,05	–	1 325,12	1 490,76	–	1 254,72	1 411,56	–	1 184,40	1 332,45	–	1 115,28	1 254,69	–	1 047,68	1 178,64
	VI	24 395	885,24	1 951,60	2 195,55																				
77 867,99	I,IV	18 340	164,69	1 467,20	1 650,60	I	18 340	–	1 326,24	1 492,02	–	1 185,44	1 333,62	–	1 048,72	1 179,81	–	917,84	1 032,57	–	792,88	891,99	–	673,76	757,98
	II	17 538	69,25	1 403,04	1 578,42	II	17 538	–	1 262,16	1 419,93	–	1 122,56	1 262,88	–	988,48	1 112,04	–	860,32	967,86	–	738,–	830,25	–	621,52	699,21
	III	11 856	–	948,48	1 067,04	III	11 856	–	844,32	949,86	–	743,20	836,10	–	644,96	725,58	–	549,60	618,30	–	457,28	514,44	–	367,84	413,82
	V	23 974	835,14	1 917,92	2 157,66	IV	18 340	59,85	1 396,72	1 571,31	–	1 326,24	1 492,02	–	1 255,76	1 412,73	–	1 185,44	1 333,62	–	1 116,40	1 255,95	–	1 048,72	1 179,81
	VI	24 409	886,90	1 952,72	2 196,81																				
77 903,99	I,IV	18 354	166,36	1 468,32	1 651,86	I	18 354	–	1 327,36	1 493,28	–	1 186,64	1 334,97	–	1 049,84	1 181,07	–	918,88	1 033,74	–	793,84	893,07	–	674,72	759,06
	II	17 553	71,04	1 404,24	1 579,77	II	17 553	–	1 263,28	1 421,19	–	1 123,68	1 264,14	–	989,52	1 113,21	–	861,28	968,94	–	738,96	831,33	–	622,48	700,29
	III	11 868	–	949,44	1 068,12	III	11 868	–	845,28	950,94	–	744,–	837,–	–	645,76	726,48	–	550,40	619,20	–	458,08	515,34	–	368,64	414,72
	V	23 988	836,80	1 919,04	2 158,92	IV	18 354	61,52	1 397,84	1 572,57	–	1 327,36	1 493,28	–	1 256,96	1 414,08	–	1 186,64	1 334,97	–	1 117,44	1 257,12	–	1 049,84	1 181,07
	VI	24 423	888,57	1 953,84	2 198,07																				
77 939,99	I,IV	18 368	168,02	1 469,44	1 653,12	I	18 368	–	1 328,48	1 494,54	–	1 187,68	1 336,14	–	1 050,88	1 182,24	–	919,92	1 034,91	–	794,80	894,15	–	675,60	760,05
	II	17 566	72,59	1 405,28	1 580,94	II	17 566	–	1 264,40	1 422,45	–	1 124,72	1 265,31	–	990,56	1 114,38	–	862,32	970,11	–	739,84	832,32	–	623,36	701,28
	III	11 878	–	950,24	1 069,02	III	11 878	–	846,08	951,84	–	744,80	837,90	–	646,56	727,38	–	551,20	620,10	–	458,72	516,06	–	369,28	415,44
	V	24 002	838,47	1 920,16	2 160,18	IV	18 368	63,18	1 398,96	1 573,83	–	1 328,48	1 494,54	–	1 258,08	1 415,34	–	1 187,68	1 336,14	–	1 118,56	1 258,38	–	1 050,88	1 182,24
	VI	24 437	890,23	1 954,96	2 199,33																				
77 975,99	I,IV	18 382	169,69	1 470,56	1 654,38	I	18 382	–	1 329,60	1 495,80	–	1 188,80	1 337,40	–	1 051,92	1 183,41	–	920,96	1 036,08	–	795,76	895,23	–	676,56	761,13
	II	17 580	74,25	1 406,40	1 582,20	II	17 580	–	1 265,52	1 423,71	–	1 125,84	1 266,57	–	991,60	1 115,55	–	863,28	971,19	–	740,80	833,40	–	624,24	702,27
	III	11 888	–	951,04	1 069,92	III	11 888	–	846,88	952,74	–	745,60	838,80	–	647,20	728,10	–	551,84	620,82	–	459,52	516,96	–	369,92	416,16
	V	24 016	840,14	1 921,28	2 161,44	IV	18 382	64,85	1 400,08	1 575,09	–	1 329,60	1 495,80	–	1 259,12	1 416,51	–	1 188,80	1 337,40	–	1 119,60	1 259,55	–	1 051,92	1 183,41
	VI	24 451	891,90	1 956,08	2 200,59																				
78 011,99	I,IV	18 396	171,36	1 471,68	1 655,64	I	18 396	–	1 330,72	1 497,06	–	1 189,92	1 338,66	–	1 052,96	1 184,58	–	921,92	1 037,16	–	796,72	896,31	–	677,44	762,12
	II	17 594	75,92	1 407,52	1 583,46	II	17 594	–	1 266,64	1 424,97	–	1 126,88	1 267,74	–	992,64	1 116,72	–	864,24	972,27	–	741,76	834,48	–	625,12	703,26
	III	11 898	–	951,84	1 070,82	III	11 898	–	847,68	953,64	–	746,40	839,70	–	648,–	729,–	–	552,64	621,72	–	460,16	517,68	–	370,72	417,06
	V	24 029	841,68	1 922,32	2 162,61	IV	18 396	66,52	1 401,20	1 576,35	–	1 330,72	1 497,06	–	1 260,24	1 417,77	–	1 189,92	1 338,66	–	1 120,72	1 260,81	–	1 052,96	1 184,58
	VI	24 465	893,57	1 957,20	2 201,85																				
78 047,99	I,IV	18 409	172,90	1 472,72	1 656,81	I	18 409	–	1 331,84	1 498,32	–	1 191,04	1 339,92	–	1 054,–	1 185,75	–	922,96	1 038,33	–	797,76	897,48	–	678,40	763,20
	II	17 608	77,58	1 408,64	1 584,72	II	17 608	–	1 267,76	1 426,23	–	1 128,–	1 269,–	–	993,68	1 117,89	–	865,28	973,44	–	742,72	835,56	–	626,–	704,25
	III	11 908	–	952,64	1 071,72	III	11 908	–	848,48	954,54	–	747,20	840,60	–	648,80	729,90	–	553,44	622,62	–	460,96	518,58	–	371,36	417,78
	V	24 043	843,35	1 923,44	2 163,87	IV	18 409	68,18	1 402,32	1 577,61	–	1 331,84	1 498,32	–	1 261,36	1 419,03	–	1 191,04	1 339,92	–	1 121,76	1 261,98	–	1 054,–	1 185,75
	VI	24 478	895,11	1 958,24	2 203,02																				
78 083,99	I,IV	18 424	174,69	1 473,92	1 658,16	I	18 424	–	1 332,96	1 499,58	–	1 192,16	1 341,18	–	1 055,12	1 187,01	–	924,–	1 039,50	–	798,72	898,56	–	679,36	764,28
	II	17 622	79,25	1 409,76	1 585,98	II	17 622	–	1 268,88	1 427,49	–	1 129,04	1 270,17	–	994,72	1 119,06	–	866,24	974,52	–	743,68	836,64	–	626,96	705,33
	III	11 920	–	953,60	1 072,80	III	11 920	–	849,28	955,44	–	748,–	841,50	–	649,60	730,80	–	554,08	623,34	–	461,60	519,30	–	372,–	418,50
	V	24 058	845,13	1 924,64	2 165,22	IV	18 424	69,85	1 403,44	1 578,87	–	1 332,96	1 499,58	–	1 262,48	1 420,29	–	1 192,16	1 341,18	–	1 122,88	1 263,24	–	1 055,12	1 187,01
	VI	24 493	896,90	1 959,44	2 204,37																				
78 119,99	I,IV	18 438	176,35	1 475,04	1 659,42	I	18 438	–	1 334,08	1 500,84	–	1 193,20	1 342,35	–	1 056,16	1 188,18	–	924,96	1 040,58	–	799,68	899,64	–	680,24	765,27
	II	17 636	80,92	1 410,88	1 587,24	II	17 636	–	1 270,–	1 428,75	–	1 130,16	1 271,43	–	995,76	1 120,23	–	867,28	975,69	–	744,64	837,72	–	627,84	706,32
	III	11 930	–	954,40	1 073,70	III	11 930	–	850,08	956,34	–	748,80	842,40	–	650,40	731,70	–	554,88	624,24	–	462,40	520,20	–	372,80	419,40
	V	24 071	846,68	1 925,68	2 166,39	IV	18 438	71,51	1 404,56	1 580,13	–	1 334,08	1 500,84	–	1 263,60	1 421,55	–	1 193,20	1 342,35	–	1 124,–	1 264,50	–	1 056,16	1 188,18
	VI	24 507	898,56	1 960,56	2 205,63																				
78 155,99	I,IV	18 451	177,90	1 476,08	1 660,59	I	18 451	–	1 335,20	1 502,10	–	1 194,32	1 343,61	–	1 057,20	1 189,35	–	926,–	1 041,75	–	800,64	900,72	–	681,12	766,26
	II	17 650	82,58	1 412,–	1 588,50	II	17 650	–	1 271,12	1 430,01	–	1 131,20	1 272,60	–	996,80	1 121,40	–	868,24	976,77	–	745,52	838,71	–	628,72	707,31
	III	11 940	–	955,20	1 074,60	III	11 940	–	850,88	957,24	–	749,60	843,30	–	651,04	732,42	–	555,68	625,14	–	463,04	520,92	–	373,44	420,12
	V	24 085	848,35	1 926,80	2 167,65	IV	18 451	73,18	1 405,68	1 581,39	–	1 335,20	1 502,10	–	1 264,72	1 422,81	–	1 194,32	1 343,61	–	1 125,04	1 265,67	–	1 057,20	1 189,35
	VI	24 520	900,11	1 961,60	2 206,80																				
78 191,99	I,IV	18 465	179,57	1 477,20	1 661,85	I	18 465	–	1 336,32	1 503,36	–	1 195,44	1 344,87	–	1 058,32	1 190,61	–	927,04	1 042,92	–	801,60	901,80	–	682,08	767,34
	II	17 664	84,25	1 413,12	1 589,76	II	17 664	–	1 272,16	1 431,18	–	1 132,32	1 273,86	–	997,84	1 122,57	–	869,20	977,85	–	746,48	839,79	–	629,68	708,39
	III	11 950	–	956,–	1 075,50	III	11 950	–	851,68	958,14	–	750,40	844,20	–	651,84	733,32	–	556,32	625,86	–	463,84	521,82	–	374,24	421,02
	V	24 099	850,01	1 927,92	2 168,91	IV	18 465	74,85	1 406,80	1 582,65	–	1 336,32	1 503,36	–	1 265,84	1 424,07	–	1 195,44	1 344,87	–	1 126,16	1 266,93	–	1 058,32	1 190,61
	VI	24 534	901,78	1 962,72	2 208,06																				
78 227,99	I,IV	18 479	181,23	1 478,32	1 663,11	I	18 479	–	1 337,44	1 504,62	–	1 196,56	1 346,13	–	1 059,36	1 191,78	–	928,–	1 044,–	–	802,56	902,88	–	682,96	768,33
	II	17 678	85,91	1 414,24	1 591,02	II	17 678	–	1 273,28	1 432,44	–	1 133,36	1 275,03	–	998,88	1 123,74	–	870,24	979,02	–	747,44	840,87	–	630,56	709,38
	III	11 960	–	956,80	1 076,40	III	11 960	–	852,48	959,04	–	751,04	844,92	–	652,64	734,22	–	557,12	626,76	–	464,48	522,54	–	374,88	421,74
	V	24 113	851,68	1 929,04	2 170,17	IV	18 479	76,39	1 407,84	1 583,82	–	1 337,44	1 504,62	–	1 266,96	1 425,33	–	1 196,56	1 346,13	–	1 127,20	1 268,10	–	1 059,36	1 191,78
	VI	24 548	903,44	1 963,84	2 209,32																				
78 263,99	I,IV	18 493	182,90	1 479,44	1 664,37	I	18 493	–	1 338,56	1 505,88	–	1 197,68	1 347,39	–	1 060,40	1 192,95	–	929,04	1 045,17	–	803,52	903,96	–	683,92	769,41
	II	17 692	87,58	1 415,36	1 592,28	II	17 692	–	1 274,40	1 433,70	–	1 134,48	1 276,29	–	999,92	1 124,91	–	871,20	980,10	–	748,40	841,95	–	631,44	710,37
	III	11 972	–	957,76	1 077,48	III	11 972	–	853,44	960,12	–	752,–	846,–	–	653,44	735,12	–	557,92	627,66	–	465,28	523,44	–	375,52	422,46
	V	24 127	853,34	1 930,16	2 171,43	IV	18 493	78,06	1 408,96	1 585,08	–	1 338,56	1 505,88	–	1 268,08	1 426,59	–	1 197,68	1 347,39	–	1 128,32	1 269,36	–	1 060,40	1 192,95
	VI	24 562	905,11	1 964,96	2 210,58																				
78 299,99	I,IV	18 507	184,56	1 480,56	1 665,63	I	18 507	–	1 339,68	1 507,14	–	1 198,80	1 348,65	–	1 061,52	1 194,21	–	930,08	1 046,34	–	804,56	905,13	–	684,88	770,49
	II	17 706	89,25	1 416,48	1 593,54	II	17 706	–	1 275,52	1 434,96	–	1 135,60	1 277,55	–	1 000,96	1 126,08	–	872,24	981,27	–	749,36	843,03	–	632,40	711,45
	III	11 982	–	958,56	1 078,38	III	11 982	–	854,24	961,02	–	752,80	846,90	–	654,24	736,02	–	558,56	628,38	–	465,92	524,16	–	376,32	423,36
	V	24 141	855,01	1 931,28	2 172,69	IV	18 507	79,84	1 410,16	1 586,43	–	1 339,68	1 507,14	–	1 269,20	1 427,85	–	1 198,80	1 348,65	–	1 129,44	1 270,62	–	1 061,52	1 194,21
	VI	24 576	906,78	1 966,08	2 211,84																				
78 335,99	I,IV	18 521	186,23	1 481,68	1 666,89	I	18 521	–	1 340,80	1 508,40	–	1 199,92	1 349,91	–	1 062,56	1 195,38	–	931,04	1 047,42	–	805,52	906,21	–	685,76	771,48
	II	17 720	90,91	1 417,60	1 594,80	II	17 720	–	1 276,64	1 436,22	–	1 136,64	1 278,72	–	1 002,–	1 127,25	–	873,20	982,35	–	750,32	844,11	–	633,28	712,44
	III	11 992	–	959,36	1 079,28	III	11 992	–	855,04	961,92	–	753,44	847,62	–	654,88	736,74	–	559,36	629,28	–	466,72	525,06	–	376,96	424,08
	V	24 155	856,68	1 932,40	2 173,95	IV	18 521	81,39	1 411,20	1 587,60	–	1 340,80	1 508,40	–	1 270,32	1 429,11	–	1 199,92	1 349,91	–	1 130,48	1 271,79	–	1 062,56	1 195,38
	VI	24 590	908,44	1 967,20	2 213,10																				

Columns 0,5 to 3: mit Zahl der Kinderfreibeträge . . .

* Die ausgewiesenen Tabellenwerte sind amtlich. Siehe Erläuterungen auf der Umschlaginnenseite (U2).

JAHR 78 336,–*

Abzüge an Lohnsteuer, Solidaritätszuschlag (SolZ) und Kirchensteuer (8%, 9%) in den Steuerklassen

Lohn/ Gehalt bis €*	I – VI		ohne Kinderfreibeträge			I, II, III, IV		mit Zahl der Kinderfreibeträge . . . 0,5			1			1,5			2			2,5			3		
		LSt	SolZ	8%	9%		LSt	SolZ	8%	9%	SolZ	8%	9%	SolZ	8%	9%	SolZ	8%	9%	SolZ	8%	9%	SolZ	8%	9%
78 371,99	I,IV	18 535	187,90	1 482,80	1 668,15	I	18 535	–	1 341,92	1 509,66	–	1 200,96	1 351,08	–	1 063,60	1 196,55	–	932,08	1 048,59	–	806,48	907,29	–	686,72	772,56
	II	17 734	92,58	1 418,72	1 596,06	II	17 734	–	1 277,76	1 437,48	–	1 137,76	1 279,98	–	1 003,04	1 128,42	–	874,24	983,52	–	751,28	845,19	–	634,16	713,43
	III	12 004	–	960,32	1 080,36	III	12 004	–	855,84	962,82	–	754,24	848,52	–	655,68	737,64	–	560,16	630,18	–	467,36	525,78	–	377,60	424,80
	V	24 169	858,34	1 933,52	2 175,21	IV	18 535	83,06	1 412,32	1 588,86	–	1 341,92	1 509,66	–	1 271,44	1 430,37	–	1 200,96	1 351,08	–	1 131,60	1 273,05	–	1 063,60	1 196,55
	VI	24 604	910,11	1 968,32	2 214,36																				
78 407,99	I,IV	18 549	189,56	1 483,92	1 669,41	I	18 549	–	1 342,96	1 510,83	–	1 202,08	1 352,34	–	1 064,64	1 197,72	–	933,12	1 049,76	–	807,44	908,37	–	687,60	773,55
	II	17 747	94,12	1 419,76	1 597,23	II	17 747	–	1 278,88	1 438,74	–	1 138,88	1 281,24	–	1 004,08	1 129,59	–	875,20	984,60	–	752,16	846,18	–	635,04	714,42
	III	12 014	–	961,12	1 081,26	III	12 014	–	856,64	963,72	–	755,04	849,42	–	656,48	738,54	–	560,80	630,90	–	468,16	526,68	–	378,40	425,70
	V	24 183	860,01	1 934,64	2 176,47	IV	18 549	84,72	1 413,44	1 590,12	–	1 342,96	1 510,83	–	1 272,56	1 431,63	–	1 202,08	1 352,34	–	1 132,64	1 274,22	–	1 064,64	1 197,72
	VI	24 618	911,77	1 969,44	2 215,62																				
78 443,99	I,IV	18 563	191,23	1 485,04	1 670,67	I	18 563	–	1 344,08	1 512,09	–	1 203,20	1 353,60	–	1 065,68	1 198,89	–	934,08	1 050,84	–	808,40	909,45	–	688,56	774,63
	II	17 761	95,79	1 420,88	1 598,49	II	17 761	–	1 280,–	1 440,–	–	1 139,92	1 282,41	–	1 005,12	1 130,76	–	876,16	985,68	–	753,12	847,26	–	635,92	715,41
	III	12 024	–	961,92	1 082,16	III	12 024	–	857,44	964,62	–	755,84	850,32	–	657,28	739,44	–	561,60	631,80	–	468,80	527,40	–	379,04	426,42
	V	24 197	861,67	1 935,76	2 177,73	IV	18 563	86,39	1 414,56	1 591,38	–	1 344,08	1 512,09	–	1 273,60	1 432,80	–	1 203,20	1 353,60	–	1 133,76	1 275,48	–	1 065,68	1 198,89
	VI	24 632	913,44	1 970,56	2 216,88																				
78 479,99	I,IV	18 577	192,89	1 486,16	1 671,93	I	18 577	–	1 345,28	1 513,44	–	1 204,32	1 354,86	–	1 066,80	1 200,15	–	935,12	1 052,01	–	809,36	910,53	–	689,52	775,71
	II	17 776	97,58	1 422,08	1 599,84	II	17 776	–	1 281,12	1 441,26	–	1 141,04	1 283,67	–	1 006,16	1 131,93	–	877,20	986,85	–	754,08	848,34	–	636,88	716,49
	III	12 034	–	962,72	1 083,06	III	12 034	–	858,24	965,52	–	756,64	851,22	–	658,08	740,34	–	562,40	632,70	–	469,60	528,30	–	379,84	427,32
	V	24 211	863,34	1 936,88	2 178,99	IV	18 577	88,06	1 415,68	1 592,64	–	1 345,28	1 513,44	–	1 274,80	1 434,15	–	1 204,32	1 354,86	–	1 134,80	1 276,65	–	1 066,80	1 200,15
	VI	24 646	915,11	1 971,68	2 218,14																				
78 515,99	I,IV	18 591	194,56	1 487,28	1 673,19	I	18 591	–	1 346,32	1 514,61	–	1 205,44	1 356,12	–	1 067,84	1 201,32	–	936,16	1 053,18	–	810,32	911,61	–	690,40	776,70
	II	17 789	99,12	1 423,12	1 601,01	II	17 789	–	1 282,24	1 442,52	–	1 142,16	1 284,93	–	1 007,20	1 133,10	–	878,16	987,93	–	755,04	849,42	–	637,76	717,48
	III	12 044	–	963,52	1 083,96	III	12 044	–	859,04	966,42	–	757,44	852,12	–	658,72	741,06	–	563,04	633,42	–	470,24	529,02	–	380,48	428,04
	V	24 225	865,01	1 938,–	2 180,25	IV	18 591	89,72	1 416,80	1 593,90	–	1 346,32	1 514,61	–	1 275,92	1 435,41	–	1 205,44	1 356,12	–	1 135,92	1 277,91	–	1 067,84	1 201,32
	VI	24 660	916,77	1 972,80	2 219,40																				
78 551,99	I,IV	18 605	196,23	1 488,40	1 674,45	I	18 605	–	1 347,44	1 515,87	–	1 206,56	1 357,38	–	1 068,96	1 202,58	–	937,20	1 054,35	–	811,28	912,69	–	691,36	777,78
	II	17 803	100,79	1 424,24	1 602,27	II	17 803	–	1 283,36	1 443,78	–	1 143,20	1 286,10	–	1 008,24	1 134,27	–	879,20	989,10	–	756,–	850,50	–	638,72	718,56
	III	12 056	–	964,48	1 085,04	III	12 056	–	859,84	967,32	–	758,24	853,02	–	659,52	741,96	–	563,84	634,32	–	471,04	529,92	–	381,12	428,76
	V	24 239	866,67	1 939,12	2 181,51	IV	18 605	91,39	1 417,92	1 595,16	–	1 347,44	1 515,87	–	1 276,96	1 436,58	–	1 206,56	1 357,38	–	1 137,04	1 279,17	–	1 068,96	1 202,58
	VI	24 674	918,44	1 973,92	2 220,66																				
78 587,99	I,IV	18 619	197,89	1 489,52	1 675,71	I	18 619	–	1 348,56	1 517,13	–	1 207,68	1 358,64	–	1 070,–	1 203,75	–	938,16	1 055,43	–	812,32	913,86	–	692,24	778,77
	II	17 817	102,45	1 425,36	1 603,53	II	17 817	–	1 284,48	1 445,04	–	1 144,32	1 287,36	–	1 009,28	1 135,44	–	880,16	990,18	–	756,96	851,58	–	639,60	719,55
	III	12 066	–	965,28	1 085,94	III	12 066	–	860,64	968,22	–	759,04	853,92	–	660,32	742,86	–	564,48	635,04	–	471,68	530,64	–	381,76	429,48
	V	24 252	868,22	1 940,16	2 182,68	IV	18 619	93,05	1 419,04	1 596,42	–	1 348,56	1 517,13	–	1 278,08	1 437,84	–	1 207,68	1 358,64	–	1 138,08	1 280,34	–	1 070,–	1 203,75
	VI	24 688	920,10	1 975,04	2 221,92																				
78 623,99	I,IV	18 632	199,44	1 490,56	1 676,88	I	18 632	–	1 349,68	1 518,39	–	1 208,80	1 359,90	–	1 071,04	1 204,92	–	939,20	1 056,60	–	813,28	914,94	–	693,20	779,85
	II	17 831	104,12	1 426,48	1 604,79	II	17 831	–	1 285,60	1 446,30	–	1 145,36	1 288,53	–	1 010,32	1 136,61	–	881,20	991,35	–	757,92	852,66	–	640,48	720,54
	III	12 076	–	966,08	1 086,84	III	12 076	–	861,44	969,12	–	759,84	854,82	–	661,12	743,76	–	565,28	635,94	–	472,48	531,54	–	382,56	430,38
	V	24 266	869,89	1 941,28	2 183,94	IV	18 632	94,72	1 420,16	1 597,68	–	1 349,68	1 518,39	–	1 279,20	1 439,10	–	1 208,80	1 359,90	–	1 139,20	1 281,60	–	1 071,04	1 204,92
	VI	24 701	921,65	1 976,08	2 223,09																				
78 659,99	I,IV	18 647	201,22	1 491,76	1 678,23	I	18 647	–	1 350,80	1 519,65	–	1 209,92	1 361,16	–	1 072,16	1 206,18	–	940,24	1 057,77	–	814,24	916,02	–	694,08	780,84
	II	17 845	105,79	1 427,60	1 606,05	II	17 845	–	1 286,72	1 447,56	–	1 146,48	1 289,79	–	1 011,44	1 137,87	–	882,24	992,52	–	758,88	853,74	–	641,44	721,62
	III	12 088	–	967,04	1 087,92	III	12 088	–	862,40	970,20	–	760,64	855,72	–	661,92	744,66	–	566,08	636,84	–	473,28	532,44	–	383,20	431,10
	V	24 281	871,67	1 942,48	2 185,29	IV	18 647	96,39	1 421,28	1 598,94	–	1 350,80	1 519,65	–	1 280,32	1 440,36	–	1 209,92	1 361,16	–	1 140,32	1 282,86	–	1 072,16	1 206,18
	VI	24 716	923,44	1 977,28	2 224,44																				
78 695,99	I,IV	18 661	202,89	1 492,88	1 679,49	I	18 661	–	1 351,92	1 520,91	–	1 211,04	1 362,42	–	1 073,20	1 207,35	–	941,28	1 058,94	–	815,20	917,10	–	695,04	781,92
	II	17 859	107,45	1 428,72	1 607,31	II	17 859	–	1 287,84	1 448,82	–	1 147,60	1 291,05	–	1 012,48	1 139,04	–	883,20	993,60	–	759,84	854,82	–	642,32	722,61
	III	12 098	–	967,84	1 088,82	III	12 098	–	863,20	971,10	–	761,44	856,62	–	662,72	745,56	–	566,88	637,74	–	473,92	533,16	–	384,–	432,–
	V	24 294	873,22	1 943,52	2 186,46	IV	18 661	98,05	1 422,40	1 600,20	–	1 351,92	1 520,91	–	1 281,44	1 441,62	–	1 211,04	1 362,42	–	1 141,36	1 284,03	–	1 073,20	1 207,35
	VI	24 730	925,10	1 978,40	2 225,70																				
78 731,99	I,IV	18 674	204,44	1 493,92	1 680,66	I	18 674	–	1 353,04	1 522,17	–	1 212,08	1 363,59	–	1 074,24	1 208,52	–	942,32	1 060,11	–	816,16	918,18	–	696,–	783,–
	II	17 873	109,12	1 429,84	1 608,57	II	17 873	–	1 288,96	1 450,08	–	1 148,64	1 292,22	–	1 013,52	1 140,21	–	884,16	994,68	–	760,80	855,90	–	643,20	723,60
	III	12 108	–	968,64	1 089,72	III	12 108	–	864,–	972,–	–	762,24	857,52	–	663,36	746,28	–	567,52	638,46	–	474,72	534,06	–	384,64	432,72
	V	24 308	874,88	1 944,64	2 187,72	IV	18 674	99,72	1 423,52	1 601,46	–	1 353,04	1 522,17	–	1 282,56	1 442,88	–	1 212,08	1 363,59	–	1 142,48	1 285,29	–	1 074,24	1 208,52
	VI	24 743	926,65	1 979,44	2 226,87																				
78 767,99	I,IV	18 688	206,10	1 495,04	1 681,92	I	18 688	–	1 354,16	1 523,43	–	1 213,20	1 364,85	–	1 075,36	1 209,78	–	943,28	1 061,19	–	817,12	919,26	–	696,88	783,99
	II	17 887	110,78	1 430,96	1 609,83	II	17 887	–	1 290,–	1 451,25	–	1 149,76	1 293,48	–	1 014,56	1 141,38	–	885,20	995,85	–	761,68	856,89	–	644,08	724,59
	III	12 118	–	969,44	1 090,62	III	12 118	–	864,80	972,90	–	763,04	858,42	–	664,16	747,18	–	568,32	639,36	–	475,36	534,78	–	385,28	433,44
	V	24 322	876,55	1 945,76	2 188,98	IV	18 688	101,38	1 424,64	1 602,72	–	1 354,16	1 523,43	–	1 283,68	1 444,14	–	1 213,20	1 364,85	–	1 143,52	1 286,46	–	1 075,36	1 209,78
	VI	24 757	928,31	1 980,56	2 228,13																				
78 803,99	I,IV	18 702	207,77	1 496,16	1 683,18	I	18 702	–	1 355,28	1 524,69	–	1 214,32	1 366,11	–	1 076,40	1 210,95	–	944,32	1 062,36	–	818,16	920,43	–	697,84	785,07
	II	17 901	112,45	1 432,08	1 611,09	II	17 901	–	1 291,12	1 452,51	–	1 150,88	1 294,74	–	1 015,60	1 142,55	–	886,16	996,93	–	762,64	857,97	–	645,04	725,67
	III	12 130	–	970,40	1 091,70	III	12 130	–	865,60	973,80	–	763,84	859,32	–	664,96	748,08	–	569,12	640,26	–	476,16	535,68	–	386,08	434,34
	V	24 336	878,22	1 946,88	2 190,24	IV	18 702	102,93	1 425,68	1 603,89	–	1 355,28	1 524,69	–	1 284,80	1 445,40	–	1 214,32	1 366,11	–	1 144,64	1 287,72	–	1 076,40	1 210,95
	VI	24 771	929,98	1 981,68	2 229,39																				
78 839,99	I,IV	18 716	209,44	1 497,28	1 684,44	I	18 716	–	1 356,40	1 525,95	–	1 215,44	1 367,37	–	1 077,44	1 212,12	–	945,36	1 063,53	–	819,12	921,51	–	698,72	786,06
	II	17 915	114,12	1 433,20	1 612,35	II	17 915	–	1 292,24	1 453,77	–	1 151,92	1 295,91	–	1 016,64	1 143,72	–	887,20	998,10	–	763,60	859,05	–	645,92	726,66
	III	12 140	–	971,20	1 092,60	III	12 140	–	866,40	974,70	–	764,64	860,22	–	665,76	748,98	–	569,76	640,98	–	476,80	536,40	–	386,72	435,06
	V	24 350	879,88	1 948,–	2 191,50	IV	18 716	104,60	1 426,80	1 605,15	–	1 356,40	1 525,95	–	1 285,92	1 446,66	–	1 215,44	1 367,37	–	1 145,68	1 288,89	–	1 077,44	1 212,12
	VI	24 785	931,65	1 982,80	2 230,65																				
78 875,99	I,IV	18 730	211,10	1 498,40	1 685,70	I	18 730	1,54	1 357,52	1 527,21	–	1 216,56	1 368,63	–	1 078,56	1 213,38	–	946,40	1 064,70	–	820,08	922,59	–	699,68	787,14
	II	17 929	115,78	1 434,32	1 613,61	II	17 929	–	1 293,36	1 455,03	–	1 153,04	1 297,17	–	1 017,68	1 144,89	–	888,16	999,18	–	764,56	860,13	–	646,88	727,74
	III	12 150	–	972,–	1 093,50	III	12 150	–	867,20	975,60	–	765,44	861,12	–	666,56	749,88	–	570,56	641,88	–	477,60	537,30	–	387,52	435,96
	V	24 364	881,55	1 949,12	2 192,76	IV	18 730	106,38	1 428,–	1 606,50	1,54	1 357,52	1 527,21	–	1 287,04	1 447,92	–	1 216,56	1 368,63	–	1 146,80	1 290,15	–	1 078,56	1 213,38
	VI	24 799	933,31	1 983,92	2 231,91																				
78 911,99	I,IV	18 744	212,77	1 499,52	1 686,96	I	18 744	3,21	1 358,64	1 528,47	–	1 217,68	1 369,89	–	1 079,60	1 214,55	–	947,36	1 065,78	–	821,04	923,67	–	700,64	788,22
	II	17 943	117,45	1 435,44	1 614,87	II	17 943	–	1 294,48	1 456,29	–	1 154,16	1 298,43	–	1 018,72	1 146,06	–	889,20	1 000,35	–	765,52	861,21	–	647,76	728,73
	III	12 160	–	972,80	1 094,40	III	12 160	–	868,–	976,50	–	766,24	862,02	–	667,36	750,78	–	571,36	642,78	–	478,24	538,02	–	388,16	436,68
	V	24 378	883,21	1 950,24	2 194,02	IV	18 744	107,93	1 429,04	1 607,67	3,21	1 358,64	1 528,47	–	1 288,16	1 449,18	–	1 217,68	1 369,89	–	1 147,92	1 291,41	–	1 079,60	1 214,55
	VI	24 813	934,98	1 985,04	2 233,17																				

*** Die ausgewiesenen Tabellenwerte sind amtlich. Siehe Erläuterungen auf der Umschlaginnenseite (U2).**

Lohn/ Gehalt bis €*	Abzüge an Lohnsteuer, Solidaritätszuschlag (SolZ) und Kirchensteuer (8%, 9%) in den Steuerklassen I – VI		ohne Kinderfreibeträge			I, II, III, IV		mit Zahl der Kinderfreibeträge . . . 0,5			1			1,5			2			2,5			3		
		LSt	SolZ	8%	9%		LSt	SolZ	8%	9%	SolZ	8%	9%	SolZ	8%	9%	SolZ	8%	9%	SolZ	8%	9%	SolZ	8%	9%
78 947,99	I,IV	18 758	214,43	1 500,64	1 688,22	I	18 758	4,87	1 359,76	1 529,73	–	1 218,80	1 371,15	–	1 080,64	1 215,72	–	948,40	1 066,95	–	822,–	924,75	–	701,52	789,21
	II	17 957	119,11	1 436,56	1 616,13	II	17 957	–	1 295,60	1 457,55	–	1 155,20	1 299,60	–	1 019,76	1 147,23	–	890,16	1 001,43	–	766,48	862,29	–	648,64	729,72
	III	12 170	–	973,60	1 095,30	III	12 170	–	868,80	977,40	–	767,04	862,92	–	668,–	751,50	–	572,–	643,50	–	479,04	538,92	–	388,80	437,40
	V	24 392	884,88	1 951,36	2 195,28	IV	18 758	109,59	1 430,16	1 608,93	4,87	1 359,76	1 529,73	–	1 289,28	1 450,44	–	1 218,80	1 371,15	–	1 149,04	1 292,67	–	1 080,64	1 215,72
	VI	24 827	936,64	1 986,16	2 234,43																				
78 983,99	I,IV	18 772	216,10	1 501,76	1 689,48	I	18 772	6,42	1 360,80	1 530,90	–	1 219,92	1 372,41	–	1 081,76	1 216,98	–	949,44	1 068,12	–	823,04	925,92	–	702,48	790,29
	II	17 971	120,78	1 437,68	1 617,39	II	17 971	–	1 296,72	1 458,81	–	1 156,32	1 300,86	–	1 020,80	1 148,40	–	891,20	1 002,60	–	767,44	863,37	–	649,60	730,80
	III	12 182	–	974,56	1 096,38	III	12 182	–	869,76	978,48	–	767,84	863,82	–	668,80	752,40	–	572,80	644,40	–	479,68	539,64	–	389,60	438,30
	V	24 406	886,55	1 952,48	2 196,54	IV	18 772	111,26	1 431,28	1 610,19	6,42	1 360,80	1 530,90	–	1 290,40	1 451,70	–	1 219,92	1 372,41	–	1 150,08	1 293,84	–	1 081,76	1 216,98
	VI	24 841	938,31	1 987,28	2 235,69																				
79 019,99	I,IV	18 786	217,77	1 502,88	1 690,74	I	18 786	8,09	1 361,92	1 532,16	–	1 221,04	1 373,67	–	1 082,80	1 218,15	–	950,48	1 069,29	–	824,–	927,–	–	703,36	791,28
	II	17 984	122,33	1 438,72	1 618,56	II	17 984	–	1 297,84	1 460,07	–	1 157,44	1 302,12	–	1 021,84	1 149,57	–	892,16	1 003,68	–	768,40	864,45	–	650,48	731,79
	III	12 192	–	975,36	1 097,28	III	12 192	–	870,40	979,20	–	768,48	864,54	–	669,60	753,30	–	573,44	645,12	–	480,48	540,54	–	390,24	439,02
	V	24 420	888,21	1 953,60	2 197,80	IV	18 786	112,93	1 432,40	1 611,45	8,09	1 361,92	1 532,16	–	1 291,52	1 452,96	–	1 221,04	1 373,67	–	1 151,20	1 295,10	–	1 082,80	1 218,15
	VI	24 855	939,98	1 988,40	2 236,95																				
79 055,99	I,IV	18 800	219,43	1 504,–	1 692,–	I	18 800	9,87	1 363,12	1 533,51	–	1 222,16	1 374,93	–	1 083,92	1 219,41	–	951,52	1 070,46	–	824,96	928,08	–	704,32	792,36
	II	17 999	124,11	1 439,92	1 619,91	II	17 999	–	1 298,96	1 461,33	–	1 158,56	1 303,38	–	1 022,96	1 150,83	–	893,20	1 004,85	–	769,36	865,53	–	651,36	732,78
	III	12 202	–	976,16	1 098,18	III	12 202	–	871,36	980,28	–	769,44	865,62	–	670,40	754,20	–	574,24	646,02	–	481,12	541,26	–	390,88	439,74
	V	24 434	889,88	1 954,72	2 199,06	IV	18 800	114,59	1 433,52	1 612,71	9,87	1 363,12	1 533,51	–	1 292,64	1 454,22	–	1 222,16	1 374,93	–	1 152,32	1 296,36	–	1 083,92	1 219,41
	VI	24 869	941,64	1 989,52	2 238,21																				
79 091,99	I,IV	18 814	221,10	1 505,12	1 693,26	I	18 814	11,42	1 364,16	1 534,68	–	1 223,28	1 376,19	–	1 084,96	1 220,58	–	952,48	1 071,54	–	825,92	929,16	–	705,28	793,44
	II	18 013	125,78	1 441,04	1 621,17	II	18 013	–	1 300,08	1 462,59	–	1 159,60	1 304,55	–	1 024,–	1 152,–	–	894,24	1 006,02	–	770,32	866,61	–	652,32	733,86
	III	12 214	–	977,12	1 099,26	III	12 214	–	872,16	981,18	–	770,24	866,52	–	671,20	755,10	–	575,04	646,92	–	481,92	542,16	–	391,68	440,64
	V	24 448	891,54	1 955,84	2 200,32	IV	18 814	116,26	1 434,64	1 613,97	11,42	1 364,16	1 534,68	–	1 293,76	1 455,48	–	1 223,28	1 376,19	–	1 153,36	1 297,53	–	1 084,96	1 220,58
	VI	24 883	943,31	1 990,64	2 239,47																				
79 127,99	I,IV	18 828	222,76	1 506,24	1 694,52	I	18 828	13,09	1 365,28	1 535,94	–	1 224,40	1 377,45	–	1 086,–	1 221,75	–	953,52	1 072,71	–	826,96	930,33	–	706,16	794,43
	II	18 026	127,33	1 442,08	1 622,34	II	18 026	–	1 301,20	1 463,85	–	1 160,72	1 305,81	–	1 025,04	1 153,17	–	895,20	1 007,10	–	771,28	867,69	–	653,20	734,85
	III	12 224	–	977,92	1 100,16	III	12 224	–	872,96	982,08	–	770,88	867,24	–	671,84	755,82	–	575,84	647,82	–	482,56	542,88	–	392,32	441,36
	V	24 462	893,21	1 956,96	2 201,58	IV	18 828	117,92	1 435,76	1 615,23	13,09	1 365,28	1 535,94	–	1 294,88	1 456,74	–	1 224,40	1 377,45	–	1 154,48	1 298,79	–	1 086,–	1 221,75
	VI	24 897	944,97	1 991,76	2 240,73																				
79 163,99	I,IV	18 842	224,43	1 507,36	1 695,78	I	18 842	14,75	1 366,40	1 537,20	–	1 225,52	1 378,71	–	1 087,12	1 223,01	–	954,56	1 073,88	–	827,92	931,41	–	707,12	795,51
	II	18 040	128,99	1 443,20	1 623,60	II	18 040	–	1 302,32	1 465,11	–	1 161,84	1 307,07	–	1 026,08	1 154,34	–	896,24	1 008,27	–	772,24	868,77	–	654,08	735,84
	III	12 234	–	978,72	1 101,06	III	12 234	–	873,76	982,98	–	771,84	868,32	–	672,64	756,72	–	576,48	648,54	–	483,36	543,78	–	393,12	442,26
	V	24 475	894,76	1 958,–	2 202,75	IV	18 842	119,59	1 436,88	1 616,49	14,75	1 366,40	1 537,20	–	1 295,92	1 457,91	–	1 225,52	1 378,71	–	1 155,60	1 300,05	–	1 087,12	1 223,01
	VI	24 911	946,64	1 992,88	2 241,99																				
79 199,99	I,IV	18 855	225,98	1 508,40	1 696,95	I	18 855	16,42	1 367,52	1 538,46	–	1 226,56	1 379,88	–	1 088,16	1 224,18	–	955,60	1 075,05	–	828,88	932,49	–	708,08	796,59
	II	18 054	130,66	1 444,32	1 624,86	II	18 054	–	1 303,44	1 466,37	–	1 162,88	1 308,24	–	1 027,12	1 155,51	–	897,20	1 009,35	–	773,20	869,85	–	655,04	736,92
	III	12 244	–	979,52	1 101,96	III	12 244	–	874,56	983,88	–	772,48	869,04	–	673,44	757,62	–	577,28	649,44	–	484,–	544,50	–	393,76	442,98
	V	24 489	896,42	1 959,12	2 204,01	IV	18 855	121,26	1 438,–	1 617,75	16,42	1 367,52	1 538,46	–	1 297,04	1 459,17	–	1 226,56	1 379,88	–	1 156,64	1 301,22	–	1 088,16	1 224,18
	VI	24 924	948,19	1 993,92	2 243,16																				
79 235,99	I,IV	18 870	227,76	1 509,60	1 698,30	I	18 870	18,08	1 368,64	1 539,72	–	1 227,76	1 381,23	–	1 089,28	1 225,44	–	956,64	1 076,22	–	829,84	933,57	–	709,04	797,67
	II	18 068	132,32	1 445,44	1 626,12	II	18 068	–	1 304,56	1 467,63	–	1 164,–	1 309,50	–	1 028,16	1 156,68	–	898,24	1 010,52	–	774,16	870,93	–	655,92	737,91
	III	12 256	–	980,48	1 103,04	III	12 256	–	875,36	984,78	–	773,28	869,94	–	674,24	758,52	–	578,08	650,34	–	484,80	545,40	–	394,40	443,70
	V	24 504	898,21	1 960,32	2 205,36	IV	18 870	122,92	1 439,12	1 619,01	18,08	1 368,64	1 539,72	–	1 298,24	1 460,52	–	1 227,76	1 381,23	–	1 157,76	1 302,48	–	1 089,28	1 225,44
	VI	24 939	949,97	1 995,12	2 244,51																				
79 271,99	I,IV	18 884	229,43	1 510,72	1 699,56	I	18 884	19,75	1 369,76	1 540,98	–	1 228,88	1 382,49	–	1 090,32	1 226,61	–	957,68	1 077,39	–	830,88	934,74	–	709,92	798,66
	II	18 082	133,99	1 446,56	1 627,38	II	18 082	–	1 305,68	1 468,89	–	1 165,12	1 310,76	–	1 029,20	1 157,85	–	899,20	1 011,60	–	775,12	872,01	–	656,88	738,99
	III	12 266	–	981,28	1 103,94	III	12 266	–	876,32	985,86	–	774,24	871,02	–	675,04	759,42	–	578,72	651,06	–	485,60	546,30	–	395,20	444,60
	V	24 517	899,75	1 961,36	2 206,53	IV	18 884	124,59	1 440,24	1 620,27	19,75	1 369,76	1 540,98	–	1 299,28	1 461,69	–	1 228,88	1 382,49	–	1 158,88	1 303,74	–	1 090,32	1 226,61
	VI	24 953	951,64	1 996,24	2 245,77																				
79 307,99	I,IV	18 897	230,97	1 511,76	1 700,73	I	18 897	21,42	1 370,88	1 542,24	–	1 229,92	1 383,66	–	1 091,36	1 227,78	–	958,64	1 078,47	–	831,84	935,82	–	710,88	799,74
	II	18 096	135,66	1 447,68	1 628,64	II	18 096	–	1 306,80	1 470,15	–	1 166,24	1 312,02	–	1 030,32	1 159,11	–	900,24	1 012,77	–	776,08	873,09	–	657,76	739,98
	III	12 276	–	982,08	1 104,84	III	12 276	–	877,12	986,76	–	774,88	871,74	–	675,68	760,14	–	579,52	651,96	–	486,24	547,02	–	395,84	445,32
	V	24 531	901,42	1 962,48	2 207,79	IV	18 897	126,25	1 441,36	1 621,53	21,42	1 370,88	1 542,24	–	1 300,40	1 462,95	–	1 229,92	1 383,66	–	1 159,92	1 304,91	–	1 091,36	1 227,78
	VI	24 966	953,19	1 997,28	2 246,94																				
79 343,99	I,IV	18 911	232,64	1 512,88	1 701,99	I	18 911	23,08	1 372,–	1 543,50	–	1 231,04	1 384,92	–	1 092,48	1 229,04	–	959,68	1 079,64	–	832,80	936,90	–	711,76	800,73
	II	18 110	137,32	1 448,80	1 629,90	II	18 110	–	1 307,84	1 471,32	–	1 167,28	1 313,19	–	1 031,36	1 160,28	–	901,20	1 013,85	–	777,04	874,17	–	658,64	740,97
	III	12 286	–	982,88	1 105,74	III	12 286	–	877,92	987,66	–	775,68	872,64	–	676,48	761,04	–	580,32	652,86	–	487,04	547,92	–	396,64	446,22
	V	24 545	903,09	1 963,60	2 209,05	IV	18 911	127,92	1 442,48	1 622,79	23,08	1 372,–	1 543,50	–	1 301,52	1 464,21	–	1 231,04	1 384,92	–	1 161,04	1 306,17	–	1 092,48	1 229,04
	VI	24 980	954,85	1 998,40	2 248,20																				
79 379,99	I,IV	18 925	234,31	1 514,–	1 703,25	I	18 925	24,75	1 373,12	1 544,76	–	1 232,16	1 386,18	–	1 093,52	1 230,21	–	960,72	1 080,81	–	833,76	937,98	–	712,72	801,81
	II	18 124	138,99	1 449,92	1 631,16	II	18 124	–	1 308,96	1 472,58	–	1 168,40	1 314,45	–	1 032,40	1 161,45	–	902,24	1 015,02	–	778,–	875,25	–	659,60	742,05
	III	12 298	–	983,84	1 106,82	III	12 298	–	878,72	988,56	–	776,48	873,54	–	677,28	761,94	–	580,96	653,58	–	487,68	548,64	–	397,28	446,94
	V	24 559	904,75	1 964,72	2 210,31	IV	18 925	129,47	1 443,52	1 623,96	24,75	1 373,12	1 544,76	–	1 302,64	1 465,47	–	1 232,16	1 386,18	–	1 162,16	1 307,43	–	1 093,52	1 230,21
	VI	24 994	956,52	1 999,52	2 249,46																				
79 415,99	I,IV	18 939	235,97	1 515,12	1 704,51	I	18 939	26,41	1 374,24	1 546,02	–	1 233,28	1 387,44	–	1 094,56	1 231,38	–	961,76	1 081,98	–	834,72	939,06	–	713,68	802,89
	II	18 138	140,65	1 451,04	1 632,42	II	18 138	–	1 310,08	1 473,84	–	1 169,52	1 315,71	–	1 033,44	1 162,62	–	903,20	1 016,10	–	778,96	876,33	–	660,48	743,04
	III	12 308	–	984,64	1 107,72	III	12 308	–	879,52	989,46	–	777,28	874,44	–	678,08	762,84	–	581,76	654,48	–	488,48	549,54	–	397,92	447,66
	V	24 573	906,42	1 965,84	2 211,57	IV	18 939	131,13	1 444,64	1 625,22	26,41	1 374,24	1 546,02	–	1 303,76	1 466,73	–	1 233,28	1 387,44	–	1 163,20	1 308,60	–	1 094,56	1 231,38
	VI	25 008	958,18	2 000,64	2 250,72																				
79 451,99	I,IV	18 953	237,64	1 516,24	1 705,77	I	18 953	28,08	1 375,36	1 547,28	–	1 234,40	1 388,70	–	1 095,68	1 232,64	–	962,80	1 083,15	–	835,76	940,23	–	714,64	803,97
	II	18 152	142,32	1 452,16	1 633,68	II	18 152	–	1 311,20	1 475,10	–	1 170,64	1 316,97	–	1 034,48	1 163,79	–	904,24	1 017,27	–	779,92	877,41	–	661,44	744,12
	III	12 318	–	985,44	1 108,62	III	12 318	–	880,32	990,36	–	778,08	875,34	–	678,88	763,74	–	582,56	655,38	–	489,12	550,26	–	398,72	448,56
	V	24 587	908,08	1 966,96	2 212,83	IV	18 953	132,92	1 445,84	1 626,57	28,08	1 375,36	1 547,28	–	1 304,88	1 467,99	–	1 234,40	1 388,70	–	1 164,32	1 309,86	–	1 095,68	1 232,64
	VI	25 022	959,85	2 001,76	2 251,98																				
79 487,99	I,IV	18 967	239,30	1 517,36	1 707,03	I	18 967	29,75	1 376,48	1 548,54	–	1 235,52	1 389,96	–	1 096,80	1 233,90	–	963,84	1 084,32	–	836,72	941,31	–	715,52	804,96
	II	18 166	143,99	1 453,28	1 634,94	II	18 166	–	1 312,32	1 476,36	–	1 171,68	1 318,14	–	1 035,52	1 164,96	–	905,28	1 018,44	–	780,88	878,49	–	662,32	745,11
	III	12 328	–	986,24	1 109,52	III	12 328	–	881,12	991,26	–	778,88	876,24	–	679,68	764,64	–	583,20	656,10	–	489,92	551,16	–	399,36	449,28
	V	24 601	909,75	1 968,08	2 214,09	IV	18 967	134,47	1 446,88	1 627,74	29,75	1 376,48	1 548,54	–	1 306,–	1 469,25	–	1 235,52	1 389,96	–	1 165,44	1 311,12	–	1 096,80	1 233,90
	VI	25 036	961,52	2 002,88	2 253,24																				

* Die ausgewiesenen Tabellenwerte sind amtlich. Siehe Erläuterungen auf der Umschlaginnenseite (U2).

Lohn/ Gehalt bis €*		I – VI LSt	ohne Kinderfreibeträge SolZ	8%	9%	I, II, III, IV	LSt	0,5 SolZ	0,5 8%	0,5 9%	1 SolZ	1 8%	1 9%	1,5 SolZ	1,5 8%	1,5 9%	2 SolZ	2 8%	2 9%	2,5 SolZ	2,5 8%	2,5 9%	3 SolZ	3 8%	3 9%
79 523,99	I,IV	18 981	240,97	1 518,48	1 708,29	I	18 981	31,41	1 377,60	1 549,80	–	1 236,64	1 391,22	–	1 097,84	1 235,07	–	964,80	1 085,40	–	837,68	942,39	–	716,48	806,04
	II	18 180	145,65	1 454,40	1 636,20	II	18 180	–	1 313,44	1 477,62	–	1 172,80	1 319,40	–	1 036,64	1 166,22	–	906,24	1 019,52	–	781,84	879,57	–	663,28	746,19
	III	12 340	–	987,20	1 110,60	III	12 340	–	881,92	992,16	–	779,68	877,14	–	680,48	765,54	–	584,–	657,–	–	490,56	551,88	–	400,16	450,18
	V	24 615	911,42	1 969,20	2 215,35	IV	18 981	136,13	1 448,–	1 629,–	31,41	1 377,60	1 549,80	–	1 307,12	1 470,51	–	1 236,64	1 391,22	–	1 166,56	1 312,38	–	1 097,84	1 235,07
	VI	25 050	963,18	2 004,–	2 254,50																				
79 559,99	I,IV	18 995	242,64	1 519,60	1 709,55	I	18 995	32,96	1 378,64	1 550,97	–	1 237,76	1 392,48	–	1 098,88	1 236,24	–	965,84	1 086,57	–	838,72	943,56	–	717,36	807,03
	II	18 194	147,32	1 455,52	1 637,46	II	18 194	–	1 314,56	1 478,88	–	1 173,92	1 320,66	–	1 037,68	1 167,39	–	907,28	1 020,69	–	782,80	880,65	–	664,16	747,18
	III	12 350	–	988,–	1 111,50	III	12 350	–	882,72	993,06	–	780,48	878,04	–	681,12	766,26	–	584,80	657,90	–	491,36	552,78	–	400,80	450,90
	V	24 629	913,08	1 970,32	2 216,61	IV	18 995	137,80	1 449,12	1 630,26	32,96	1 378,64	1 550,97	–	1 308,24	1 471,77	–	1 237,76	1 392,48	–	1 167,60	1 313,55	–	1 098,88	1 236,24
	VI	25 064	964,85	2 005,12	2 255,76																				
79 595,99	I,IV	19 009	244,30	1 520,72	1 710,81	I	19 009	34,62	1 379,76	1 552,23	–	1 238,88	1 393,74	–	1 100,–	1 237,50	–	966,88	1 087,74	–	839,68	944,64	–	718,32	808,11
	II	18 207	148,86	1 456,56	1 638,63	II	18 207	–	1 315,68	1 480,14	–	1 174,96	1 321,83	–	1 038,72	1 168,56	–	908,24	1 021,77	–	783,76	881,73	–	665,04	748,17
	III	12 360	–	988,80	1 112,40	III	12 360	–	883,68	994,14	–	781,28	878,94	–	681,92	767,16	–	585,60	658,80	–	492,–	553,50	–	401,44	451,62
	V	24 643	914,75	1 971,44	2 217,87	IV	19 009	139,46	1 450,24	1 631,52	34,62	1 379,76	1 552,23	–	1 309,36	1 473,03	–	1 238,88	1 393,74	–	1 168,72	1 314,81	–	1 100,–	1 237,50
	VI	25 078	966,51	2 006,24	2 257,02																				
79 631,99	I,IV	19 023	245,97	1 521,84	1 712,07	I	19 023	36,41	1 380,96	1 553,58	–	1 240,–	1 395,–	–	1 101,04	1 238,67	–	967,92	1 088,91	–	840,64	945,72	–	719,28	809,19
	II	18 222	150,65	1 457,76	1 639,98	II	18 222	–	1 316,80	1 481,40	–	1 176,16	1 323,18	–	1 039,76	1 169,73	–	909,28	1 022,94	–	784,72	882,81	–	666,–	749,25
	III	12 372	–	989,76	1 113,48	III	12 372	–	884,48	995,04	–	782,08	879,84	–	682,72	768,06	–	586,24	659,52	–	492,80	554,40	–	402,24	452,52
	V	24 657	916,41	1 972,56	2 219,13	IV	19 023	141,13	1 451,36	1 632,78	36,41	1 380,96	1 553,58	–	1 310,48	1 474,29	–	1 240,–	1 395,–	–	1 169,84	1 316,07	–	1 101,04	1 238,67
	VI	25 092	968,18	2 007,36	2 258,28																				
79 667,99	I,IV	19 037	247,63	1 522,96	1 713,33	I	19 037	37,96	1 382,–	1 554,75	–	1 241,12	1 396,26	–	1 102,16	1 239,93	–	968,96	1 090,08	–	841,68	946,89	–	720,24	810,27
	II	18 236	152,32	1 458,88	1 641,24	II	18 236	–	1 317,92	1 482,66	–	1 177,20	1 324,35	–	1 040,80	1 170,90	–	910,32	1 024,11	–	785,68	883,89	–	666,96	750,33
	III	12 382	–	990,56	1 114,38	III	12 382	–	885,28	995,94	–	782,88	880,74	–	683,52	768,96	–	587,04	660,42	–	493,44	555,12	–	402,88	453,24
	V	24 671	918,08	1 973,68	2 220,39	IV	19 037	142,80	1 452,48	1 634,04	37,96	1 382,–	1 554,75	–	1 311,60	1 475,55	–	1 241,12	1 396,26	–	1 170,96	1 317,33	–	1 102,16	1 239,93
	VI	25 106	969,85	2 008,48	2 259,54																				
79 703,99	I,IV	19 051	249,30	1 524,08	1 714,59	I	19 051	39,62	1 383,12	1 556,01	–	1 242,24	1 397,52	–	1 103,20	1 241,10	–	970,–	1 091,25	–	842,64	947,97	–	721,12	811,26
	II	18 249	153,86	1 459,92	1 642,41	II	18 249	–	1 319,04	1 483,92	–	1 178,32	1 325,61	–	1 041,84	1 172,07	–	911,28	1 025,19	–	786,64	884,97	–	667,84	751,32
	III	12 392	–	991,36	1 115,28	III	12 392	–	886,08	996,84	–	783,68	881,64	–	684,32	769,86	–	587,84	661,32	–	494,24	556,02	–	403,68	454,14
	V	24 685	919,75	1 974,80	2 221,65	IV	19 051	144,46	1 453,60	1 635,30	39,62	1 383,12	1 556,01	–	1 312,72	1 476,81	–	1 242,24	1 397,52	–	1 172,08	1 318,59	–	1 103,20	1 241,10
	VI	25 120	971,51	2 009,60	2 260,80																				
79 739,99	I,IV	19 065	250,97	1 525,20	1 715,85	I	19 065	41,29	1 384,24	1 557,27	–	1 243,36	1 398,78	–	1 104,32	1 242,36	–	971,04	1 092,42	–	843,60	949,05	–	722,08	812,34
	II	18 263	155,53	1 461,04	1 643,67	II	18 263	–	1 320,16	1 485,18	–	1 179,44	1 326,87	–	1 042,96	1 173,33	–	912,32	1 026,36	–	787,60	886,05	–	668,72	752,31
	III	12 402	–	992,16	1 116,18	III	12 402	–	886,88	997,74	–	784,48	882,54	–	685,12	770,76	–	588,48	662,04	–	494,88	556,74	–	404,32	454,86
	V	24 698	921,29	1 975,84	2 222,82	IV	19 065	146,13	1 454,72	1 636,56	41,29	1 384,24	1 557,27	–	1 313,76	1 477,98	–	1 243,36	1 398,78	–	1 173,12	1 319,76	–	1 104,32	1 242,36
	VI	25 134	973,18	2 010,72	2 262,06																				
79 775,99	I,IV	19 078	252,51	1 526,24	1 717,02	I	19 078	42,95	1 385,36	1 558,53	–	1 244,48	1 400,04	–	1 105,36	1 243,53	–	972,–	1 093,50	–	844,56	950,13	–	723,04	813,42
	II	18 277	157,19	1 462,16	1 644,93	II	18 277	–	1 321,28	1 486,44	–	1 180,48	1 328,04	–	1 044,–	1 174,50	–	913,36	1 027,53	–	788,56	887,13	–	669,68	753,39
	III	12 414	–	993,12	1 117,26	III	12 414	–	887,68	998,64	–	785,28	883,44	–	685,76	771,48	–	589,28	662,94	–	495,68	557,64	–	404,96	455,58
	V	24 712	922,96	1 976,96	2 224,08	IV	19 078	147,79	1 455,84	1 637,82	42,95	1 385,36	1 558,53	–	1 314,88	1 479,24	–	1 244,48	1 400,04	–	1 174,24	1 321,02	–	1 105,36	1 243,53
	VI	25 147	974,72	2 011,76	2 263,23																				
79 811,99	I,IV	19 093	254,30	1 527,44	1 718,37	I	19 093	44,62	1 386,48	1 559,79	–	1 245,60	1 401,30	–	1 106,48	1 244,79	–	973,12	1 094,76	–	845,60	951,30	–	724,–	814,50
	II	18 291	158,86	1 463,28	1 646,19	II	18 291	–	1 322,40	1 487,70	–	1 181,68	1 329,39	–	1 045,04	1 175,67	–	914,40	1 028,70	–	789,52	888,21	–	670,56	754,38
	III	12 424	–	993,92	1 118,16	III	12 424	–	888,64	999,72	–	786,08	884,34	–	686,56	772,38	–	590,08	663,84	–	496,48	558,54	–	405,76	456,48
	V	24 727	924,74	1 978,16	2 225,43	IV	19 093	149,46	1 456,96	1 639,08	44,62	1 386,48	1 559,79	–	1 316,08	1 480,59	–	1 245,60	1 401,30	–	1 175,36	1 322,28	–	1 106,48	1 244,79
	VI	25 162	976,51	2 012,96	2 264,58																				
79 847,99	I,IV	19 107	255,96	1 528,56	1 719,63	I	19 107	46,29	1 387,60	1 561,05	–	1 246,72	1 402,56	–	1 107,52	1 245,96	–	974,16	1 095,93	–	846,56	952,38	–	724,88	815,49
	II	18 305	160,53	1 464,40	1 647,45	II	18 305	–	1 323,52	1 488,96	–	1 182,72	1 330,56	–	1 046,08	1 176,84	–	915,36	1 029,78	–	790,48	889,29	–	671,52	755,46
	III	12 434	–	994,72	1 119,06	III	12 434	–	889,44	1 000,62	–	786,88	885,24	–	687,36	773,28	–	590,72	664,56	–	497,12	559,26	–	406,40	457,20
	V	24 740	926,29	1 979,20	2 226,60	IV	19 107	151,13	1 458,08	1 640,34	46,29	1 387,60	1 561,05	–	1 317,12	1 481,76	–	1 246,72	1 402,56	–	1 176,48	1 323,54	–	1 107,52	1 245,96
	VI	25 176	978,18	2 014,08	2 265,84																				
79 883,99	I,IV	19 120	257,51	1 529,60	1 720,80	I	19 120	47,95	1 388,72	1 562,31	–	1 247,84	1 403,82	–	1 108,64	1 247,22	–	975,12	1 097,01	–	847,52	953,46	–	725,84	816,57
	II	18 319	162,19	1 465,52	1 648,71	II	18 319	–	1 324,64	1 490,22	–	1 183,84	1 331,82	–	1 047,20	1 178,10	–	916,40	1 030,95	–	791,44	890,37	–	672,40	756,45
	III	12 446	–	995,68	1 120,14	III	12 446	–	890,24	1 001,52	–	787,68	886,14	–	688,16	774,18	–	591,52	665,46	–	497,92	560,16	–	407,20	458,10
	V	24 754	927,96	1 980,32	2 227,86	IV	19 120	152,79	1 459,20	1 641,60	47,95	1 388,72	1 562,31	–	1 318,24	1 483,02	–	1 247,84	1 403,82	–	1 177,52	1 324,71	–	1 108,64	1 247,22
	VI	25 189	979,72	2 015,12	2 267,01																				
79 919,99	I,IV	19 134	259,18	1 530,72	1 722,06	I	19 134	49,62	1 389,84	1 563,57	–	1 248,88	1 404,99	–	1 109,68	1 248,39	–	976,16	1 098,18	–	848,56	954,63	–	726,80	817,65
	II	18 333	163,86	1 466,64	1 649,97	II	18 333	–	1 325,68	1 491,39	–	1 184,96	1 333,08	–	1 048,24	1 179,27	–	917,36	1 032,03	–	792,40	891,45	–	673,36	757,53
	III	12 456	–	996,48	1 121,04	III	12 456	–	891,04	1 002,42	–	788,48	887,04	–	688,96	775,08	–	592,32	666,36	–	498,56	560,88	–	407,84	458,82
	V	24 768	929,62	1 981,44	2 229,12	IV	19 134	154,46	1 460,32	1 642,86	49,62	1 389,84	1 563,57	–	1 319,36	1 484,28	–	1 248,88	1 404,99	–	1 178,64	1 325,97	–	1 109,68	1 248,39
	VI	25 203	981,39	2 016,24	2 268,27																				
79 955,99	I,IV	19 148	260,84	1 531,84	1 723,32	I	19 148	51,28	1 390,96	1 564,83	–	1 250,–	1 406,25	–	1 110,80	1 249,65	–	977,20	1 099,35	–	849,52	955,71	–	727,68	818,64
	II	18 347	165,52	1 467,76	1 651,23	II	18 347	–	1 326,80	1 492,65	–	1 186,–	1 334,25	–	1 049,28	1 180,44	–	918,40	1 033,20	–	793,36	892,53	–	674,24	758,52
	III	12 466	–	997,28	1 121,94	III	12 466	–	891,84	1 003,32	–	789,28	887,94	–	689,76	775,98	–	593,12	667,26	–	499,36	561,78	–	408,64	459,72
	V	24 782	931,29	1 982,56	2 230,38	IV	19 148	156,–	1 461,36	1 644,03	51,28	1 390,96	1 564,83	–	1 320,48	1 485,54	–	1 250,–	1 406,25	–	1 179,76	1 327,23	–	1 110,80	1 249,65
	VI	25 217	983,05	2 017,36	2 269,53																				
79 991,99	I,IV	19 162	262,51	1 532,96	1 724,58	I	19 162	52,95	1 392,08	1 566,09	–	1 251,12	1 407,51	–	1 111,84	1 250,82	–	978,24	1 100,52	–	850,48	956,79	–	728,64	819,72
	II	18 361	167,19	1 468,88	1 652,49	II	18 361	–	1 327,92	1 493,91	–	1 187,12	1 335,51	–	1 050,32	1 181,61	–	919,36	1 034,28	–	794,32	893,61	–	675,20	759,60
	III	12 476	–	998,08	1 122,84	III	12 476	–	892,64	1 004,22	–	790,08	888,84	–	690,40	776,70	–	593,76	667,98	–	500,–	562,50	–	409,28	460,44
	V	24 796	932,96	1 983,68	2 231,64	IV	19 162	157,67	1 462,48	1 645,29	52,95	1 392,08	1 566,09	–	1 321,60	1 486,80	–	1 251,12	1 407,51	–	1 180,88	1 328,49	–	1 111,84	1 250,82
	VI	25 231	984,72	2 018,48	2 270,79																				
80 027,99	I,IV	19 176	264,18	1 534,08	1 725,84	I	19 176	54,62	1 393,20	1 567,35	–	1 252,24	1 408,77	–	1 112,96	1 252,08	–	979,28	1 101,69	–	851,52	957,96	–	729,60	820,80
	II	18 375	168,86	1 470,–	1 653,75	II	18 375	–	1 329,04	1 495,17	–	1 188,24	1 336,77	–	1 051,44	1 182,87	–	920,40	1 035,45	–	795,36	894,78	–	676,08	760,59
	III	12 488	–	999,04	1 123,92	III	12 488	–	893,44	1 005,12	–	790,88	889,74	–	691,20	777,60	–	594,56	668,88	–	500,80	563,40	–	409,92	461,16
	V	24 810	934,62	1 984,80	2 232,90	IV	19 176	159,46	1 463,68	1 646,64	54,62	1 393,20	1 567,35	–	1 322,72	1 488,06	–	1 252,24	1 408,77	–	1 182,–	1 329,75	–	1 112,96	1 252,08
	VI	25 245	986,39	2 019,60	2 272,05																				
80 063,99	I,IV	19 190	265,84	1 535,20	1 727,10	I	19 190	56,28	1 394,32	1 568,61	–	1 253,36	1 410,03	–	1 114,–	1 253,25	–	980,32	1 102,86	–	852,48	959,04	–	730,56	821,88
	II	18 389	170,52	1 471,12	1 655,01	II	18 389	–	1 330,16	1 496,43	–	1 189,36	1 338,03	–	1 052,48	1 184,04	–	921,44	1 036,62	–	796,32	895,86	–	677,04	761,67
	III	12 498	–	999,84	1 124,82	III	12 498	–	894,40	1 006,20	–	791,68	890,64	–	692,–	778,50	–	595,36	669,78	–	501,60	564,30	–	410,72	462,06
	V	24 824	936,29	1 985,92	2 234,16	IV	19 190	161,–	1 464,72	1 647,81	56,28	1 394,32	1 568,61	–	1 323,84	1 489,32	–	1 253,36	1 410,03	–	1 183,04	1 330,92	–	1 114,–	1 253,25
	VI	25 259	988,05	2 020,72	2 273,31																				

Abzüge an Lohnsteuer, Solidaritätszuschlag (SolZ) und Kirchensteuer (8%, 9%) in den Steuerklassen I – VI (ohne Kinderfreibeträge) bzw. I, II, III, IV (mit Zahl der Kinderfreibeträge . . .)

* Die ausgewiesenen Tabellenwerte sind amtlich. Siehe Erläuterungen auf der Umschlaginnenseite (U2).

Abzüge an Lohnsteuer, Solidaritätszuschlag (SolZ) und Kirchensteuer (8%, 9%) in den Steuerklassen

Lohn/ Gehalt bis €*	I – VI		ohne Kinderfreibeträge			I, II, III, IV		mit Zahl der Kinderfreibeträge . . . 0,5			1			1,5			2			2,5			3		
		LSt	SolZ	8%	9%		LSt	SolZ	8%	9%	SolZ	8%	9%	SolZ	8%	9%	SolZ	8%	9%	SolZ	8%	9%	SolZ	8%	9%
80 099,99	I,IV	19 204	267,51	1 536,32	1 728,36	I	19 204	57,95	1 395,44	1 569,87	–	1 254,48	1 411,29	–	1 115,12	1 254,51	–	981,36	1 104,03	–	853,52	960,21	–	731,52	822,96
	II	18 403	172,19	1 472,24	1 656,27	II	18 403	–	1 331,28	1 497,69	–	1 190,48	1 339,29	–	1 053,52	1 185,21	–	922,48	1 037,79	–	797,28	896,94	–	677,92	762,66
	III	12 508	–	1 000,64	1 125,72	III	12 508	–	895,04	1 006,92	–	792,48	891,54	–	692,80	779,40	–	596,–	670,50	–	502,24	565,02	–	411,36	462,78
	V	24 838	937,95	1 987,04	2 235,42	IV	19 204	162,67	1 465,84	1 649,07	57,95	1 395,44	1 569,87	–	1 324,96	1 490,58	–	1 254,48	1 411,29	–	1 184,16	1 332,18	–	1 115,12	1 254,51
	VI	25 273	989,72	2 021,84	2 274,57																				
80 135,99	I,IV	19 218	269,17	1 537,44	1 729,62	I	19 218	59,50	1 396,48	1 571,04	–	1 255,60	1 412,55	–	1 116,16	1 255,68	–	982,40	1 105,20	–	854,48	961,29	–	732,40	823,95
	II	18 417	173,85	1 473,36	1 657,53	II	18 417	–	1 332,40	1 498,95	–	1 191,60	1 340,55	–	1 054,56	1 186,38	–	923,44	1 038,87	–	798,24	898,02	–	678,88	763,74
	III	12 520	–	1 001,60	1 126,80	III	12 520	–	896,–	1 008,–	–	793,28	892,44	–	693,60	780,30	–	596,80	671,40	–	503,04	565,92	–	412,16	463,68
	V	24 852	939,62	1 988,16	2 236,68	IV	19 218	164,33	1 466,96	1 650,33	59,50	1 396,48	1 571,04	–	1 326,08	1 491,84	–	1 255,60	1 412,55	–	1 185,28	1 333,44	–	1 116,16	1 255,68
	VI	25 287	991,38	2 022,96	2 275,83																				
80 171,99	I,IV	19 232	270,84	1 538,56	1 730,88	I	19 232	61,16	1 397,60	1 572,30	–	1 256,72	1 413,81	–	1 117,28	1 256,94	–	983,44	1 106,37	–	855,44	962,37	–	733,36	825,03
	II	18 430	175,40	1 474,40	1 658,70	II	18 430	–	1 333,52	1 500,21	–	1 192,64	1 341,72	–	1 055,60	1 187,55	–	924,48	1 040,04	–	799,20	899,10	–	679,76	764,73
	III	12 530	–	1 002,40	1 127,70	III	12 530	–	896,80	1 008,90	–	794,08	893,34	–	694,40	781,20	–	597,60	672,30	–	503,68	566,64	–	412,80	464,40
	V	24 866	941,29	1 989,28	2 237,94	IV	19 232	166,–	1 468,08	1 651,59	61,16	1 397,60	1 572,30	–	1 327,20	1 493,10	–	1 256,72	1 413,81	–	1 186,40	1 334,70	–	1 117,28	1 256,94
	VI	25 301	993,05	2 024,08	2 277,09																				
80 207,99	I,IV	19 246	272,51	1 539,68	1 732,14	I	19 246	62,95	1 398,80	1 573,65	–	1 257,84	1 415,07	–	1 118,32	1 258,11	–	984,48	1 107,54	–	856,48	963,54	–	734,32	826,11
	II	18 445	177,19	1 475,60	1 660,05	II	18 445	–	1 334,64	1 501,47	–	1 193,84	1 343,07	–	1 056,72	1 188,81	–	925,52	1 041,21	–	800,16	900,18	–	680,72	765,81
	III	12 540	–	1 003,20	1 128,60	III	12 540	–	897,60	1 009,80	–	794,88	894,24	–	695,20	782,10	–	598,40	673,20	–	504,48	567,54	–	413,44	465,12
	V	24 880	942,95	1 990,40	2 239,20	IV	19 246	167,67	1 469,20	1 652,85	62,95	1 398,80	1 573,65	–	1 328,32	1 494,36	–	1 257,84	1 415,07	–	1 187,52	1 335,96	–	1 118,32	1 258,11
	VI	25 315	994,72	2 025,20	2 278,35																				
80 243,99	I,IV	19 260	274,17	1 540,80	1 733,40	I	19 260	64,49	1 399,84	1 574,82	–	1 258,96	1 416,33	–	1 119,44	1 259,37	–	985,52	1 108,71	–	857,44	964,62	–	735,28	827,19
	II	18 459	178,85	1 476,72	1 661,31	II	18 459	–	1 335,76	1 502,73	–	1 194,88	1 344,24	–	1 057,76	1 189,98	–	926,48	1 042,29	–	801,12	901,26	–	681,60	766,80
	III	12 552	–	1 004,16	1 129,68	III	12 552	–	898,40	1 010,70	–	795,68	895,14	–	696,–	783,–	–	599,04	673,92	–	505,28	568,44	–	414,24	466,02
	V	24 894	944,62	1 991,52	2 240,46	IV	19 260	169,33	1 470,32	1 654,11	64,49	1 399,84	1 574,82	–	1 329,44	1 495,62	–	1 258,96	1 416,33	–	1 188,64	1 337,22	–	1 119,44	1 259,37
	VI	25 329	996,38	2 026,32	2 279,61																				
80 279,99	I,IV	19 274	275,84	1 541,92	1 734,66	I	19 274	66,16	1 400,96	1 576,08	–	1 260,08	1 417,59	–	1 120,48	1 260,54	–	986,56	1 109,88	–	858,40	965,70	–	736,24	828,27
	II	18 472	180,40	1 477,76	1 662,48	II	18 472	–	1 336,88	1 503,99	–	1 196,–	1 345,50	–	1 058,80	1 191,15	–	927,52	1 043,46	–	802,08	902,34	–	682,56	767,88
	III	12 562	–	1 004,96	1 130,58	III	12 562	–	899,20	1 011,60	–	796,48	896,04	–	696,64	783,72	–	599,84	674,82	–	505,92	569,16	–	414,88	466,74
	V	24 908	946,28	1 992,64	2 241,72	IV	19 274	171,–	1 471,44	1 655,37	66,16	1 400,96	1 576,08	–	1 330,56	1 496,88	–	1 260,08	1 417,59	–	1 189,68	1 338,39	–	1 120,48	1 260,54
	VI	25 343	998,05	2 027,44	2 280,87																				
80 315,99	I,IV	19 288	277,50	1 543,04	1 735,92	I	19 288	67,83	1 402,08	1 577,34	–	1 261,20	1 418,85	–	1 121,60	1 261,80	–	987,60	1 111,05	–	859,44	966,87	–	737,12	829,26
	II	18 486	182,07	1 478,88	1 663,74	II	18 486	–	1 338,–	1 505,25	–	1 197,12	1 346,76	–	1 059,92	1 192,41	–	928,56	1 044,63	–	803,04	903,42	–	683,44	768,87
	III	12 572	–	1 005,76	1 131,48	III	12 572	–	900,16	1 012,68	–	797,28	896,94	–	697,44	784,62	–	600,64	675,72	–	506,72	570,06	–	415,68	467,64
	V	24 921	947,83	1 993,68	2 242,89	IV	19 288	172,66	1 472,56	1 656,63	67,83	1 402,08	1 577,34	–	1 331,60	1 498,05	–	1 261,20	1 418,85	–	1 190,80	1 339,65	–	1 121,60	1 261,80
	VI	25 357	999,71	2 028,56	2 282,13																				
80 351,99	I,IV	19 301	279,05	1 544,08	1 737,09	I	19 301	69,49	1 403,20	1 578,60	–	1 262,32	1 420,11	–	1 122,64	1 262,97	–	988,56	1 112,13	–	860,40	967,95	–	738,08	830,34
	II	18 500	183,73	1 480,–	1 665,–	II	18 500	–	1 339,12	1 506,51	–	1 198,24	1 348,02	–	1 060,96	1 193,58	–	929,52	1 045,71	–	804,–	904,50	–	684,40	769,95
	III	12 582	–	1 006,56	1 132,38	III	12 582	–	900,80	1 013,40	–	798,08	897,84	–	698,24	785,52	–	601,28	676,44	–	507,36	570,78	–	416,32	468,36
	V	24 935	949,50	1 994,80	2 244,15	IV	19 301	174,33	1 473,68	1 657,89	69,49	1 403,20	1 578,60	–	1 332,72	1 499,31	–	1 262,32	1 420,11	–	1 191,92	1 340,91	–	1 122,64	1 262,97
	VI	25 370	1 001,26	2 029,60	2 283,30																				
80 387,99	I,IV	19 316	280,84	1 545,28	1 738,44	I	19 316	71,16	1 404,32	1 579,86	–	1 263,44	1 421,37	–	1 123,76	1 264,23	–	989,68	1 113,39	–	861,44	969,12	–	739,04	831,42
	II	18 514	185,40	1 481,12	1 666,26	II	18 514	–	1 340,24	1 507,77	–	1 199,36	1 349,28	–	1 062,–	1 194,75	–	930,56	1 046,88	–	805,04	905,67	–	685,36	771,03
	III	12 594	–	1 007,52	1 133,46	III	12 594	–	901,76	1 014,48	–	798,88	898,74	–	699,04	786,42	–	602,08	677,34	–	508,16	571,68	–	417,12	469,26
	V	24 950	951,28	1 996,–	2 245,50	IV	19 316	176,–	1 474,80	1 659,15	71,16	1 404,32	1 579,86	–	1 333,92	1 500,66	–	1 263,44	1 421,37	–	1 193,04	1 342,17	–	1 123,76	1 264,23
	VI	25 385	1 003,05	2 030,80	2 284,65																				

Für Löhne und Gehälter ab 77 400,– € ist wegen der Auswirkung der Beitragsbemessungsgrenze in der Renten- und Arbeitslosenversicherung auf die Vorsorgepauschale eine Unterscheidung nach West und Ost zu beachten. Nähere Informationen hierzu in den Erläuterungen zu den Lohnsteuertabellen.

Lohn/ Gehalt bis €*	I – VI		ohne Kinderfreibeträge			I, II, III, IV		mit Zahl der Kinderfreibeträge . . . 0,5			1			1,5			2			2,5			3		
		LSt	SolZ	8%	9%		LSt	SolZ	8%	9%	SolZ	8%	9%	SolZ	8%	9%	SolZ	8%	9%	SolZ	8%	9%	SolZ	8%	9%
80 423,99 West	I,IV	19 330	282,50	1 546,40	1 739,70	I	19 330	72,82	1 405,44	1 581,12	–	1 264,56	1 422,63	–	1 124,88	1 265,49	–	990,72	1 114,56	–	862,40	970,20	–	740,–	832,50
	II	18 528	187,06	1 482,24	1 667,52	II	18 528	–	1 341,36	1 509,03	–	1 200,48	1 350,54	–	1 063,12	1 196,01	–	931,60	1 048,05	–	806,–	906,75	–	686,24	772,02
	III	12 604	–	1 008,32	1 134,36	III	12 604	–	902,56	1 015,38	–	799,68	899,64	–	699,84	787,32	–	602,88	678,24	–	508,80	572,40	–	417,76	469,98
	V	24 963	952,83	1 997,04	2 246,67	IV	19 330	177,66	1 475,92	1 660,41	72,82	1 405,44	1 581,12	–	1 334,96	1 501,83	–	1 264,56	1 422,63	–	1 194,16	1 343,43	–	1 124,88	1 265,49
	VI	25 399	1 004,71	2 031,92	2 285,91																				
80 423,99 Ost	I,IV	19 330	282,50	1 546,40	1 739,70	I	19 330	72,94	1 405,52	1 581,21	–	1 264,64	1 422,72	–	1 124,88	1 265,49	–	990,72	1 114,56	–	862,48	970,29	–	740,08	832,59
	II	18 529	187,18	1 482,32	1 667,61	II	18 529	–	1 341,44	1 509,12	–	1 200,56	1 350,63	–	1 063,12	1 196,01	–	931,68	1 048,14	–	806,08	906,84	–	686,32	772,11
	III	12 604	–	1 008,32	1 134,36	III	12 604	–	902,56	1 015,38	–	799,84	899,82	–	699,84	787,32	–	602,88	678,24	–	508,96	572,58	–	417,76	469,98
	V	24 964	952,95	1 997,12	2 246,76	IV	19 330	177,78	1 476,–	1 660,50	72,94	1 405,52	1 581,21	–	1 335,04	1 501,92	–	1 264,64	1 422,72	–	1 194,24	1 343,52	–	1 124,88	1 265,49
	VI	25 399	1 004,71	2 031,92	2 285,91																				
80 459,99 West	I,IV	19 343	284,05	1 547,44	1 740,87	I	19 343	74,49	1 406,56	1 582,38	–	1 265,68	1 423,89	–	1 125,92	1 266,66	–	991,76	1 115,73	–	863,36	971,28	–	740,96	833,58
	II	18 542	188,73	1 483,36	1 668,78	II	18 542	–	1 342,48	1 510,29	–	1 201,60	1 351,80	–	1 064,16	1 197,18	–	932,64	1 049,22	–	806,96	907,83	–	687,20	773,10
	III	12 614	–	1 009,12	1 135,26	III	12 614	–	903,36	1 016,28	–	800,48	900,54	–	700,64	788,22	–	603,68	679,14	–	509,60	573,30	–	418,40	470,70
	V	24 977	954,49	1 998,16	2 247,93	IV	19 343	179,33	1 477,04	1 661,67	74,49	1 406,56	1 582,38	–	1 336,08	1 503,09	–	1 265,68	1 423,89	–	1 195,28	1 344,69	–	1 125,92	1 266,66
	VI	25 412	1 006,26	2 032,96	2 287,08																				
80 459,99 Ost	I,IV	19 346	284,41	1 547,68	1 741,14	I	19 346	74,73	1 406,72	1 582,56	–	1 265,84	1 424,07	–	1 126,08	1 266,84	–	991,84	1 115,82	–	863,52	971,46	–	741,04	833,67
	II	18 544	188,97	1 483,52	1 668,96	II	18 544	–	1 342,64	1 510,47	–	1 201,76	1 351,98	–	1 064,32	1 197,36	–	932,80	1 049,40	–	807,12	908,01	–	687,28	773,19
	III	12 616	–	1 009,28	1 135,44	III	12 616	–	903,52	1 016,46	–	800,64	900,72	–	700,80	788,40	–	603,68	679,14	–	509,76	573,48	–	418,56	470,88
	V	24 979	954,73	1 998,32	2 248,11	IV	19 346	179,57	1 477,20	1 661,85	74,73	1 406,72	1 582,56	–	1 336,24	1 503,27	–	1 265,84	1 424,07	–	1 195,44	1 344,87	–	1 126,08	1 266,84
	VI	25 415	1 006,62	2 033,20	2 287,35																				
80 495,99 West	I,IV	19 357	285,71	1 548,56	1 742,13	I	19 357	76,16	1 407,68	1 583,64	–	1 266,72	1 425,06	–	1 127,04	1 267,92	–	992,72	1 116,81	–	864,40	972,45	–	741,84	834,57
	II	18 556	190,40	1 484,48	1 670,04	II	18 556	–	1 343,60	1 511,55	–	1 202,64	1 352,97	–	1 065,20	1 198,35	–	933,60	1 050,30	–	807,92	908,91	–	688,08	774,09
	III	12 626	–	1 010,08	1 136,34	III	12 626	–	904,16	1 017,18	–	801,28	901,44	–	701,44	789,12	–	604,32	679,86	–	510,40	574,20	–	419,20	471,60
	V	24 991	956,16	1 999,28	2 249,19	IV	19 357	180,99	1 478,16	1 662,93	76,16	1 407,68	1 583,64	–	1 337,20	1 504,35	–	1 266,72	1 425,06	–	1 196,32	1 345,86	–	1 127,04	1 267,92
	VI	25 426	1 007,93	2 034,08	2 288,34																				
80 495,99 Ost	I,IV	19 361	286,19	1 548,88	1 742,49	I	19 361	76,51	1 407,92	1 583,91	–	1 267,04	1 425,42	–	1 127,28	1 268,19	–	993,04	1 117,17	–	864,64	972,72	–	742,08	834,84
	II	18 559	190,75	1 484,72	1 670,31	II	18 559	–	1 343,84	1 511,82	–	1 202,96	1 353,33	–	1 065,44	1 198,62	–	933,84	1 050,57	–	808,16	909,18	–	688,32	774,36
	III	12 628	–	1 010,24	1 136,52	III	12 628	–	904,48	1 017,54	–	801,60	901,80	–	701,60	789,30	–	604,64	680,22	–	510,56	574,38	–	419,36	471,78
	V	24 995	956,64	1 999,60	2 249,55	IV	19 361	181,35	1 478,40	1 663,20	76,51	1 407,92	1 583,91	–	1 337,44	1 504,62	–	1 267,04	1 425,42	–	1 196,64	1 346,22	–	1 127,28	1 268,19
	VI	25 430	1 008,40	2 034,40	2 288,70																				

* Die ausgewiesenen Tabellenwerte sind amtlich. Siehe Erläuterungen auf der Umschlaginnenseite (U2).

JAHR 80 496,–*

Lohn/ Gehalt bis €*	Abzüge an Lohnsteuer, Solidaritätszuschlag (SolZ) und Kirchensteuer (8%, 9%) in den Steuerklassen I – VI					I, II, III, IV		mit Zahl der Kinderfreibeträge . . . 0,5			1			1,5			2			2,5			3		
		LSt	ohne Kinderfreibeträge SolZ	8%	9%		LSt	SolZ	8%	9%	SolZ	8%	9%	SolZ	8%	9%	SolZ	8%	9%	SolZ	8%	9%	SolZ	8%	9%
80 531,99 West	I,IV	19 371	287,38	1 549,68	1 743,39	I	19 371	77,82	1 408,80	1 584,90	–	1 267,84	1 426,32	–	1 128,08	1 269,09	–	993,76	1 117,98	–	865,36	973,53	–	742,80	835,65
	II	18 570	192,06	1 485,60	1 671,30	II	18 570	–	1 344,64	1 512,72	–	1 203,76	1 354,23	–	1 066,24	1 199,52	–	934,64	1 051,47	–	808,88	909,99	–	689,04	775,17
	III	12 636	–	1 010,88	1 137,24	III	12 636	–	904,96	1 018,08	–	802,08	902,34	–	702,08	789,84	–	605,12	680,76	–	511,04	574,92	–	419,84	472,32
	V	25 005	957,83	2 000,40	2 250,45	IV	19 371	182,54	1 479,20	1 664,10	77,82	1 408,80	1 584,90	–	1 338,32	1 505,61	–	1 267,84	1 426,32	–	1 197,44	1 347,12	–	1 128,08	1 269,09
	VI	25 440	1 009,59	2 035,20	2 289,60																				
80 531,99 Ost	I,IV	19 376	287,98	1 550,08	1 743,84	I	19 376	78,30	1 409,12	1 585,26	–	1 268,24	1 426,77	–	1 128,48	1 269,54	–	994,16	1 118,43	–	865,68	973,89	–	743,12	836,01
	II	18 574	192,54	1 485,92	1 671,66	II	18 574	–	1 345,04	1 513,17	–	1 204,16	1 354,68	–	1 066,64	1 199,97	–	934,96	1 051,83	–	809,20	910,35	–	689,28	775,44
	III	12 640	–	1 011,20	1 137,60	III	12 640	–	905,28	1 018,44	–	802,40	902,70	–	702,40	790,20	–	605,44	681,12	–	511,36	575,28	–	420,16	472,68
	V	25 010	958,42	2 000,80	2 250,90	IV	19 376	183,14	1 479,60	1 664,55	78,30	1 409,12	1 585,26	–	1 338,72	1 506,06	–	1 268,24	1 426,77	–	1 197,84	1 347,57	–	1 128,48	1 269,54
	VI	25 445	1 010,19	2 035,60	2 290,05																				
80 567,99 West	I,IV	19 385	289,05	1 550,80	1 744,65	I	19 385	79,49	1 409,92	1 586,16	–	1 268,96	1 427,58	–	1 129,20	1 270,35	–	994,80	1 119,15	–	866,32	974,61	–	743,76	836,73
	II	18 584	193,73	1 486,72	1 672,56	II	18 584	–	1 345,76	1 513,98	–	1 204,88	1 355,49	–	1 067,36	1 200,78	–	935,68	1 052,64	–	809,84	911,07	–	689,92	776,16
	III	12 646	–	1 011,68	1 138,14	III	12 646	–	905,92	1 019,16	–	802,88	903,24	–	702,88	790,74	–	605,92	681,66	–	511,84	575,82	–	420,64	473,22
	V	25 019	959,49	2 001,52	2 251,71	IV	19 385	184,21	1 480,32	1 665,36	79,49	1 409,92	1 586,16	–	1 339,44	1 506,87	–	1 268,96	1 427,58	–	1 198,56	1 348,38	–	1 129,20	1 270,35
	VI	25 454	1 011,26	2 036,32	2 290,86																				
80 567,99 Ost	I,IV	19 391	289,76	1 551,28	1 745,19	I	19 391	80,08	1 410,32	1 586,61	–	1 269,44	1 428,12	–	1 129,60	1 270,80	–	995,28	1 119,69	–	866,80	975,15	–	744,16	837,18
	II	18 590	194,44	1 487,20	1 673,10	II	18 590	–	1 346,24	1 514,52	–	1 205,36	1 356,03	–	1 067,76	1 201,23	–	936,08	1 053,09	–	810,24	911,52	–	690,32	776,61
	III	12 650	–	1 012,–	1 138,50	III	12 650	–	906,24	1 019,52	–	803,20	903,60	–	703,20	791,10	–	606,24	682,02	–	512,16	576,18	–	420,96	473,58
	V	25 025	960,21	2 002,–	2 252,25	IV	19 391	184,92	1 480,80	1 665,90	80,08	1 410,32	1 586,61	–	1 339,92	1 507,41	–	1 269,44	1 428,12	–	1 199,04	1 348,92	–	1 129,60	1 270,80
	VI	25 460	1 011,97	2 036,80	2 291,40																				
80 603,99 West	I,IV	19 399	290,71	1 551,92	1 745,91	I	19 399	81,15	1 411,04	1 587,42	–	1 270,08	1 428,84	–	1 130,32	1 271,61	–	995,92	1 120,41	–	867,36	975,78	–	744,72	837,81
	II	18 598	195,39	1 487,84	1 673,82	II	18 598	–	1 346,96	1 515,33	–	1 206,–	1 356,75	–	1 068,40	1 201,95	–	936,72	1 053,81	–	810,88	912,24	–	690,88	777,24
	III	12 658	–	1 012,64	1 139,22	III	12 658	–	906,72	1 020,06	–	803,68	904,14	–	703,68	791,64	–	606,72	682,56	–	512,48	576,54	–	421,28	473,94
	V	25 033	961,16	2 002,64	2 252,97	IV	19 399	185,99	1 481,52	1 666,71	81,15	1 411,04	1 587,42	–	1 340,56	1 508,13	–	1 270,08	1 428,84	–	1 199,68	1 349,64	–	1 130,32	1 271,61
	VI	25 468	1 012,92	2 037,44	2 292,12																				
80 603,99 Ost	I,IV	19 406	291,55	1 552,48	1 746,54	I	19 406	81,99	1 411,60	1 588,05	–	1 270,64	1 429,47	–	1 130,80	1 272,15	–	996,40	1 120,95	–	867,84	976,32	–	745,20	838,35
	II	18 605	196,23	1 488,40	1 674,45	II	18 605	–	1 347,44	1 515,87	–	1 206,56	1 357,38	–	1 068,96	1 202,58	–	937,20	1 054,35	–	811,28	912,69	–	691,36	777,78
	III	12 662	–	1 012,96	1 139,58	III	12 662	–	907,04	1 020,42	–	804,16	904,68	–	704,16	792,18	–	607,04	682,92	–	512,96	577,08	–	421,60	474,30
	V	25 040	961,99	2 003,20	2 253,60	IV	19 406	186,71	1 482,–	1 667,25	81,99	1 411,60	1 588,05	–	1 341,12	1 508,76	–	1 270,64	1 429,47	–	1 200,24	1 350,27	–	1 130,80	1 272,15
	VI	25 475	1 013,76	2 038,–	2 292,75																				
80 639,99 West	I,IV	19 413	292,38	1 553,04	1 747,17	I	19 413	82,82	1 412,16	1 588,68	–	1 271,20	1 430,10	–	1 131,36	1 272,78	–	996,96	1 121,58	–	868,32	976,86	–	745,68	838,89
	II	18 612	197,06	1 488,96	1 675,08	II	18 612	–	1 348,–	1 516,50	–	1 207,12	1 358,01	–	1 069,44	1 203,12	–	937,68	1 054,89	–	811,84	913,32	–	691,76	778,23
	III	12 668	–	1 013,44	1 140,12	III	12 668	–	907,52	1 020,96	–	804,48	905,04	–	704,48	792,54	–	607,36	683,28	–	513,28	577,44	–	422,08	474,84
	V	25 047	962,82	2 003,76	2 254,23	IV	19 413	187,54	1 482,56	1 667,88	82,82	1 412,16	1 588,68	–	1 341,68	1 509,39	–	1 271,20	1 430,10	–	1 200,80	1 350,90	–	1 131,36	1 272,78
	VI	25 482	1 014,59	2 038,56	2 293,38																				
80 639,99 Ost	I,IV	19 421	293,33	1 553,68	1 747,89	I	19 421	83,77	1 412,80	1 589,40	–	1 271,84	1 430,82	–	1 132,–	1 273,50	–	997,52	1 122,21	–	868,96	977,58	–	746,24	839,52
	II	18 620	198,01	1 489,60	1 675,80	II	18 620	–	1 348,64	1 517,22	–	1 207,76	1 358,73	–	1 070,08	1 203,84	–	938,32	1 055,61	–	812,40	913,95	–	692,32	778,86
	III	12 674	–	1 013,92	1 140,66	III	12 674	–	908,–	1 021,50	–	804,96	905,58	–	704,96	793,08	–	607,84	683,82	–	513,60	577,80	–	422,40	475,20
	V	25 055	963,78	2 004,40	2 254,95	IV	19 421	188,49	1 483,20	1 668,60	83,77	1 412,80	1 589,40	–	1 342,32	1 510,11	–	1 271,84	1 430,82	–	1 201,44	1 351,62	–	1 132,–	1 273,50
	VI	25 490	1 015,54	2 039,20	2 294,10																				
80 675,99 West	I,IV	19 427	294,04	1 554,16	1 748,43	I	19 427	84,49	1 413,28	1 589,94	–	1 272,32	1 431,36	–	1 132,48	1 274,04	–	997,92	1 122,66	–	869,36	978,03	–	746,64	839,97
	II	18 626	198,73	1 490,08	1 676,34	II	18 626	–	1 349,12	1 517,76	–	1 208,24	1 359,27	–	1 070,56	1 204,38	–	938,72	1 056,06	–	812,80	914,40	–	692,72	779,31
	III	12 678	–	1 014,24	1 141,02	III	12 678	–	908,32	1 021,86	–	805,28	905,94	–	705,28	793,44	–	608,16	684,18	–	513,92	578,16	–	422,72	475,56
	V	25 061	964,49	2 004,88	2 255,49	IV	19 427	189,21	1 483,68	1 669,14	84,49	1 413,28	1 589,94	–	1 342,80	1 510,65	–	1 272,32	1 431,36	–	1 201,92	1 352,16	–	1 132,48	1 274,04
	VI	25 496	1 016,26	2 039,68	2 294,64																				
80 675,99 Ost	I,IV	19 436	295,12	1 554,88	1 749,24	I	19 436	85,56	1 414,–	1 590,75	–	1 273,04	1 432,17	–	1 133,20	1 274,85	–	998,64	1 123,47	–	870,–	978,75	–	747,20	840,60
	II	18 635	199,80	1 490,80	1 677,15	II	18 635	–	1 349,84	1 518,57	–	1 208,96	1 360,08	–	1 071,28	1 205,19	–	939,36	1 056,78	–	813,44	915,12	–	693,36	780,03
	III	12 686	–	1 014,88	1 141,74	III	12 686	–	908,96	1 022,58	–	805,92	906,66	–	705,76	793,98	–	608,64	684,72	–	514,40	578,70	–	423,20	476,10
	V	25 070	965,56	2 005,60	2 256,30	IV	19 436	190,40	1 484,48	1 670,04	85,56	1 414,–	1 590,75	–	1 343,52	1 511,46	–	1 273,04	1 432,17	–	1 202,64	1 352,97	–	1 133,20	1 274,85
	VI	25 505	1 017,33	2 040,40	2 295,45																				
80 711,99 West	I,IV	19 441	295,71	1 555,28	1 749,69	I	19 441	86,03	1 414,32	1 591,11	–	1 273,44	1 432,62	–	1 133,52	1 275,21	–	998,96	1 123,83	–	870,32	979,11	–	747,52	840,96
	II	18 640	200,39	1 491,20	1 677,60	II	18 640	–	1 350,24	1 519,02	–	1 209,36	1 360,53	–	1 071,60	1 205,55	–	939,76	1 057,23	–	813,76	915,48	–	693,68	780,39
	III	12 688	–	1 015,04	1 141,92	III	12 688	–	909,12	1 022,76	–	806,08	906,84	–	706,08	794,34	–	608,96	685,08	–	514,72	579,06	–	423,36	476,28
	V	25 075	966,16	2 006,–	2 256,75	IV	19 441	190,87	1 484,80	1 670,40	86,03	1 414,32	1 591,11	–	1 343,92	1 511,91	–	1 273,44	1 432,62	–	1 203,04	1 353,42	–	1 133,52	1 275,21
	VI	25 510	1 017,90	2 040,80	2 295,90																				
80 711,99 Ost	I,IV	19 451	296,90	1 556,08	1 750,59	I	19 451	87,34	1 415,20	1 592,10	–	1 274,24	1 433,52	–	1 134,32	1 276,11	–	999,76	1 124,73	–	871,12	980,01	–	748,24	841,77
	II	18 650	201,58	1 492,–	1 678,50	II	18 650	–	1 351,12	1 520,01	–	1 210,16	1 361,43	–	1 072,40	1 206,45	–	940,48	1 058,04	–	814,48	916,29	–	694,32	781,11
	III	12 698	–	1 015,84	1 142,82	III	12 698	–	909,76	1 023,48	–	806,72	907,56	–	706,72	795,06	–	609,44	685,62	–	515,20	579,60	–	424,–	477,–
	V	25 085	967,35	2 006,80	2 257,65	IV	19 451	192,18	1 485,68	1 671,39	87,34	1 415,20	1 592,10	–	1 344,72	1 512,81	–	1 274,24	1 433,52	–	1 203,84	1 354,32	–	1 134,32	1 276,11
	VI	25 520	1 019,11	2 041,60	2 296,80																				
80 747,99 West	I,IV	19 455	297,38	1 556,40	1 750,95	I	19 455	87,70	1 415,44	1 592,37	–	1 274,56	1 433,88	–	1 134,64	1 276,47	–	1 000,–	1 125,–	–	871,36	980,28	–	748,48	842,04
	II	18 653	201,94	1 492,24	1 678,77	II	18 653	–	1 351,36	1 520,28	–	1 210,48	1 361,79	–	1 072,64	1 206,72	–	940,72	1 058,31	–	814,72	916,56	–	694,56	781,38
	III	12 700	–	1 016,–	1 143,–	III	12 700	–	909,92	1 023,66	–	806,88	907,74	–	706,88	795,24	–	609,60	685,80	–	515,52	579,96	–	424,16	477,18
	V	25 089	967,82	2 007,12	2 258,01	IV	19 455	192,54	1 485,92	1 671,66	87,70	1 415,44	1 592,37	–	1 345,04	1 513,17	–	1 274,56	1 433,88	–	1 204,08	1 354,59	–	1 134,64	1 276,47
	VI	25 524	1 019,59	2 041,92	2 297,16																				
80 747,99 Ost	I,IV	19 467	298,80	1 557,36	1 752,03	I	19 467	89,13	1 416,40	1 593,45	–	1 275,52	1 434,96	–	1 135,52	1 277,46	–	1 000,88	1 125,99	–	872,16	981,18	–	749,28	842,94
	II	18 665	203,37	1 493,20	1 679,85	II	18 665	–	1 352,32	1 521,36	–	1 211,36	1 362,78	–	1 073,52	1 207,71	–	941,60	1 059,30	–	815,52	917,46	–	695,36	782,28
	III	12 708	–	1 016,64	1 143,72	III	12 708	–	910,72	1 024,56	–	807,68	908,64	–	707,52	795,96	–	610,24	686,52	–	516,–	580,50	–	424,80	477,90
	V	25 100	969,13	2 008,–	2 259,–	IV	19 467	193,97	1 486,88	1 672,74	89,13	1 416,40	1 593,45	–	1 345,92	1 514,16	–	1 275,52	1 434,96	–	1 205,04	1 355,67	–	1 135,52	1 277,46
	VI	25 536	1 021,02	2 042,88	2 298,24																				
80 783,99 West	I,IV	19 469	299,04	1 557,52	1 752,21	I	19 469	89,48	1 416,64	1 593,72	–	1 275,68	1 435,14	–	1 135,76	1 277,73	–	1 001,12	1 126,26	–	872,32	981,36	–	749,44	843,12
	II	18 668	203,72	1 493,44	1 680,12	II	18 668	–	1 352,48	1 521,54	–	1 211,60	1 363,05	–	1 073,76	1 207,98	–	941,76	1 059,48	–	815,68	917,64	–	695,52	782,46
	III	12 710	–	1 016,80	1 143,90	III	12 710	–	910,88	1 024,74	–	807,84	908,82	–	707,68	796,14	–	610,40	686,70	–	516,16	580,68	–	424,96	478,08
	V	25 103	969,49	2 008,24	2 259,27	IV	19 469	194,20	1 487,04	1 672,92	89,48	1 416,64	1 593,72	–	1 346,16	1 514,43	–	1 275,68	1 435,14	–	1 205,28	1 355,94	–	1 135,76	1 277,73
	VI	25 538	1 021,25	2 043,04	2 298,42																				
80 783,99 Ost	I,IV	19 482	300,59	1 558,56	1 753,38	I	19 482	90,91	1 417,60	1 594,80	–	1 276,72	1 436,31	–	1 136,72	1 278,81	–	1 002,–	1 127,25	–	873,28	982,44	–	750,32	844,11
	II	18 680	205,15	1 494,40	1 681,20	II	18 680	–	1 353,52	1 522,71	–	1 212,56	1 364,13	–	1 074,72	1 209,06	–	942,72	1 060,56	–	816,56	918,63	–	696,32	783,36
	III	12 720	–	1 017,60	1 144,80	III	12 720	–	911,52	1 025,46	–	808,48	909,54	–	708,32	796,86	–	611,20	687,60	–	516,80	581,40	–	425,60	478,80
	V	25 116	971,04	2 009,28	2 260,44	IV	19 482	195,75	1 488,08	1 674,09	90,91	1 417,60	1 594,80	–	1 347,12	1 515,51	–	1 276,72	1 436,31	–	1 206,24	1 357,02	–	1 136,72	1 278,81
	VI	25 551	1 022,80	2 044,08	2 299,59																				

* Die ausgewiesenen Tabellenwerte sind amtlich. Siehe Erläuterungen auf der Umschlaginnenseite (U2).

Abzüge an Lohnsteuer, Solidaritätszuschlag (SolZ) und Kirchensteuer (8%, 9%) in den Steuerklassen

Lohn/ Gehalt bis €*	I – VI		ohne Kinder-freibeträge			I, II, III, IV		mit Zahl der Kinderfreibeträge . . . 0,5			1			1,5			2			2,5			3		
		LSt	SolZ	8%	9%		LSt	SolZ	8%	9%	SolZ	8%	9%	SolZ	8%	9%	SolZ	8%	9%	SolZ	8%	9%	SolZ	8%	9%
80 819,99 West	I,IV	19 483	300,71	1 558,64	1 753,47	I	19 483	91,03	1 417,68	1 594,89	–	1 276,80	1 436,40	–	1 136,80	1 278,90	–	1 002,16	1 127,43	–	873,36	982,53	–	750,40	844,20
	II	18 682	205,39	1 494,56	1 681,38	II	18 682	–	1 353,60	1 522,80	–	1 212,72	1 364,31	–	1 074,80	1 209,15	–	942,80	1 060,65	–	816,72	918,81	–	696,40	783,45
	III	12 720	–	1 017,60	1 144,80	III	12 720	–	911,68	1 025,64	–	808,48	909,54	–	708,32	796,86	–	611,20	687,60	–	516,96	581,58	–	425,60	478,80
	V	25 117	971,15	2 009,36	2 260,53	IV	19 483	195,87	1 488,16	1 674,18	91,03	1 417,68	1 594,89	–	1 347,28	1 515,69	–	1 276,80	1 436,40	–	1 206,32	1 357,11	–	1 136,80	1 278,90
	VI	25 552	1 022,92	2 044,16	2 299,68																				
80 819,99 Ost	I,IV	19 497	302,37	1 559,76	1 754,73	I	19 497	92,70	1 418,80	1 596,15	–	1 277,92	1 437,66	–	1 137,92	1 280,16	–	1 003,20	1 128,60	–	874,32	983,61	–	751,36	845,28
	II	18 695	206,94	1 495,60	1 682,55	II	18 695	–	1 354,72	1 524,06	–	1 213,76	1 365,48	–	1 075,84	1 210,32	–	943,84	1 061,82	–	817,68	919,89	–	697,36	784,53
	III	12 732	–	1 018,56	1 145,88	III	12 732	–	912,48	1 026,54	–	809,44	910,62	–	709,12	797,76	–	612,–	688,50	–	517,60	582,30	–	426,24	479,52
	V	25 131	972,82	2 010,48	2 261,79	IV	19 497	197,54	1 489,28	1 675,44	92,70	1 418,80	1 596,15	–	1 348,40	1 516,95	–	1 277,92	1 437,66	–	1 207,44	1 358,37	–	1 137,92	1 280,16
	VI	25 566	1 024,59	2 045,28	2 300,94																				
80 855,99 West	I,IV	19 497	302,37	1 559,76	1 754,73	I	19 497	92,70	1 418,80	1 596,15	–	1 277,92	1 437,66	–	1 137,92	1 280,16	–	1 003,20	1 128,60	–	874,32	983,61	–	751,36	845,28
	II	18 695	206,94	1 495,60	1 682,55	II	18 695	–	1 354,72	1 524,06	–	1 213,76	1 365,48	–	1 075,84	1 210,32	–	943,84	1 061,82	–	817,68	919,89	–	697,36	784,53
	III	12 732	–	1 018,56	1 145,88	III	12 732	–	912,48	1 026,54	–	809,44	910,62	–	709,12	797,76	–	612,–	688,50	–	517,60	582,30	–	426,24	479,52
	V	25 131	972,82	2 010,48	2 261,79	IV	19 497	197,54	1 489,28	1 675,44	92,70	1 418,80	1 596,15	–	1 348,40	1 516,95	–	1 277,92	1 437,66	–	1 207,44	1 358,37	–	1 137,92	1 280,16
	VI	25 566	1 024,59	2 045,28	2 300,94																				
80 855,99 Ost	I,IV	19 512	304,16	1 560,96	1 756,08	I	19 512	94,48	1 420,–	1 597,50	–	1 279,12	1 439,01	–	1 139,04	1 281,42	–	1 004,32	1 129,86	–	875,44	984,87	–	752,40	846,45
	II	18 711	208,84	1 496,88	1 683,99	II	18 711	–	1 355,92	1 525,41	–	1 215,04	1 366,92	–	1 077,04	1 211,67	–	944,96	1 063,08	–	818,72	921,06	–	698,40	785,70
	III	12 744	–	1 019,52	1 146,96	III	12 744	–	913,44	1 027,62	–	810,24	911,52	–	710,08	798,84	–	612,80	689,40	–	518,40	583,20	–	427,04	480,42
	V	25 146	974,61	2 011,68	2 263,14	IV	19 512	199,32	1 490,48	1 676,79	94,48	1 420,–	1 597,50	–	1 349,60	1 518,30	–	1 279,12	1 439,01	–	1 208,64	1 359,72	–	1 139,04	1 281,42
	VI	25 581	1 026,37	2 046,48	2 302,29																				
80 891,99 West	I,IV	19 511	304,04	1 560,88	1 755,99	I	19 511	94,36	1 419,92	1 597,41	–	1 279,04	1 438,92	–	1 138,96	1 281,33	–	1 004,24	1 129,77	–	875,28	984,69	–	752,32	846,36
	II	18 709	208,60	1 496,72	1 683,81	II	18 709	–	1 355,84	1 525,32	–	1 214,88	1 366,74	–	1 076,96	1 211,58	–	944,80	1 062,90	–	818,64	920,97	–	698,32	785,61
	III	12 742	–	1 019,36	1 146,78	III	12 742	–	913,28	1 027,44	–	810,08	911,34	–	709,92	798,66	–	612,64	689,22	–	518,40	583,20	–	427,04	480,42
	V	25 145	974,49	2 011,60	2 263,05	IV	19 511	199,20	1 490,40	1 676,70	94,36	1 419,92	1 597,41	–	1 349,44	1 518,12	–	1 279,04	1 438,92	–	1 208,56	1 359,63	–	1 138,96	1 281,33
	VI	25 580	1 026,25	2 046,40	2 302,20																				
80 891,99 Ost	I,IV	19 527	305,94	1 562,16	1 757,43	I	19 527	96,39	1 421,28	1 598,94	–	1 280,32	1 440,36	–	1 140,24	1 282,77	–	1 005,44	1 131,12	–	876,48	986,04	–	753,44	847,62
	II	18 726	210,63	1 498,08	1 685,34	II	18 726	0,95	1 357,12	1 526,76	–	1 216,24	1 368,27	–	1 078,16	1 212,93	–	946,08	1 064,34	–	819,76	922,23	–	699,36	786,78
	III	12 754	–	1 020,32	1 147,86	III	12 754	–	914,24	1 028,52	–	811,04	912,42	–	710,88	799,74	–	613,60	690,30	–	519,20	584,10	–	427,84	481,32
	V	25 161	976,39	2 012,88	2 264,49	IV	19 527	201,11	1 491,68	1 678,14	96,39	1 421,28	1 598,94	–	1 350,80	1 519,65	–	1 280,32	1 440,36	–	1 209,84	1 361,07	–	1 140,24	1 282,77
	VI	25 596	1 028,16	2 047,68	2 303,64																				
80 927,99 West	I,IV	19 525	305,71	1 562,–	1 757,25	I	19 525	96,03	1 421,04	1 598,67	–	1 280,16	1 440,18	–	1 140,08	1 282,59	–	1 005,28	1 130,94	–	876,32	985,86	–	753,28	847,44
	II	18 723	210,27	1 497,84	1 685,07	II	18 723	0,71	1 356,96	1 526,58	–	1 216,–	1 368,–	–	1 078,–	1 212,75	–	945,84	1 064,07	–	819,60	922,05	–	699,20	786,60
	III	12 752	–	1 020,16	1 147,68	III	12 752	–	914,08	1 028,34	–	811,04	912,42	–	710,72	799,56	–	613,44	690,12	–	519,20	584,10	–	427,68	481,14
	V	25 158	976,03	2 012,64	2 264,22	IV	19 525	200,87	1 491,52	1 677,96	96,03	1 421,04	1 598,67	–	1 350,56	1 519,38	–	1 280,16	1 440,18	–	1 209,68	1 360,89	–	1 140,08	1 282,59
	VI	25 593	1 027,80	2 047,44	2 303,37																				
80 927,99 Ost	I,IV	19 542	307,73	1 563,36	1 758,78	I	19 542	98,17	1 422,48	1 600,29	–	1 281,52	1 441,71	–	1 141,44	1 284,12	–	1 006,56	1 132,38	–	877,60	987,30	–	754,48	848,79
	II	18 741	212,41	1 499,28	1 686,69	II	18 741	2,73	1 358,32	1 528,11	–	1 217,44	1 369,62	–	1 079,36	1 214,28	–	947,12	1 065,51	–	820,80	923,40	–	700,40	787,95
	III	12 766	–	1 021,28	1 148,94	III	12 766	–	915,20	1 029,60	–	812,–	913,50	–	711,68	800,64	–	614,40	691,20	–	520,–	585,–	–	428,64	482,22
	V	25 176	978,18	2 014,08	2 265,84	IV	19 542	202,89	1 492,88	1 679,49	98,17	1 422,48	1 600,29	–	1 352,–	1 521,–	–	1 281,52	1 441,71	–	1 211,04	1 362,42	–	1 141,44	1 284,12
	VI	25 611	1 029,94	2 048,88	2 304,99																				
80 963,99 West	I,IV	19 539	307,37	1 563,12	1 758,51	I	19 539	97,69	1 422,16	1 599,93	–	1 281,28	1 441,44	–	1 141,20	1 283,85	–	1 006,32	1 132,11	–	877,36	987,03	–	754,24	848,52
	II	18 737	211,93	1 498,96	1 686,33	II	18 737	2,38	1 358,08	1 527,84	–	1 217,12	1 369,26	–	1 079,12	1 214,01	–	946,88	1 065,24	–	820,56	923,13	–	700,16	787,68
	III	12 764	–	1 021,12	1 148,76	III	12 764	–	915,04	1 029,42	–	811,84	913,32	–	711,52	800,46	–	614,24	691,02	–	519,84	584,82	–	428,48	482,04
	V	25 173	977,82	2 013,84	2 265,57	IV	19 539	202,53	1 492,64	1 679,22	97,69	1 422,16	1 599,93	–	1 351,76	1 520,73	–	1 281,28	1 441,44	–	1 210,80	1 362,15	–	1 141,20	1 283,85
	VI	25 608	1 029,58	2 048,64	2 304,72																				
80 963,99 Ost	I,IV	19 557	309,51	1 564,56	1 760,13	I	19 557	99,96	1 423,68	1 601,64	–	1 282,72	1 443,06	–	1 142,64	1 285,47	–	1 007,68	1 133,64	–	878,64	988,47	–	755,52	849,96
	II	18 756	214,20	1 500,48	1 688,04	II	18 756	4,52	1 359,52	1 529,46	–	1 218,64	1 370,97	–	1 080,48	1 215,54	–	948,24	1 066,77	–	821,92	924,66	–	701,36	789,03
	III	12 778	–	1 022,24	1 150,02	III	12 778	–	916,–	1 030,50	–	812,80	914,40	–	712,64	801,72	–	615,20	692,10	–	520,80	585,90	–	429,44	483,12
	V	25 191	979,96	2 015,28	2 267,19	IV	19 557	204,79	1 494,16	1 680,93	99,96	1 423,68	1 601,64	–	1 353,20	1 522,35	–	1 282,72	1 443,06	–	1 212,32	1 363,86	–	1 142,64	1 285,47
	VI	25 626	1 031,73	2 050,08	2 306,34																				
80 999,99 West	I,IV	19 553	309,04	1 564,24	1 759,77	I	19 553	99,36	1 423,28	1 601,19	–	1 282,40	1 442,70	–	1 142,24	1 285,02	–	1 007,36	1 133,28	–	878,32	988,11	–	755,20	849,60
	II	18 751	213,60	1 500,08	1 687,59	II	18 751	4,04	1 359,20	1 529,10	–	1 218,24	1 370,52	–	1 080,16	1 215,18	–	947,92	1 066,41	–	821,60	924,30	–	701,12	788,76
	III	12 774	–	1 021,92	1 149,66	III	12 774	–	915,84	1 030,32	–	812,64	914,22	–	712,32	801,36	–	615,04	691,92	–	520,64	585,72	–	429,12	482,76
	V	25 187	979,48	2 014,96	2 266,83	IV	19 553	204,20	1 493,76	1 680,48	99,36	1 423,28	1 601,19	–	1 352,80	1 521,90	–	1 282,40	1 442,70	–	1 211,92	1 363,41	–	1 142,24	1 285,02
	VI	25 622	1 031,25	2 049,76	2 305,98																				
80 999,99 Ost	I,IV	19 572	311,30	1 565,76	1 761,48	I	19 572	101,74	1 424,88	1 602,99	–	1 283,92	1 444,41	–	1 143,84	1 286,82	–	1 008,80	1 134,90	–	879,76	989,73	–	756,48	851,04
	II	18 771	215,98	1 501,68	1 689,39	II	18 771	6,42	1 360,80	1 530,90	–	1 219,84	1 372,32	–	1 081,68	1 216,89	–	949,36	1 068,03	–	822,96	925,83	–	702,40	790,20
	III	12 790	–	1 023,20	1 151,10	III	12 790	–	916,96	1 031,58	–	813,76	915,48	–	713,44	802,62	–	616,–	693,–	–	521,60	586,80	–	430,24	484,02
	V	25 206	981,75	2 016,48	2 268,54	IV	19 572	206,58	1 495,36	1 682,28	101,74	1 424,88	1 602,99	–	1 354,40	1 523,70	–	1 283,92	1 444,41	–	1 213,52	1 365,21	–	1 143,84	1 286,82
	VI	25 641	1 033,51	2 051,28	2 307,69																				
81 035,99 West	I,IV	19 567	310,70	1 565,36	1 761,03	I	19 567	101,03	1 424,40	1 602,45	–	1 283,52	1 443,96	–	1 143,36	1 286,28	–	1 008,40	1 134,45	–	879,28	989,19	–	756,08	850,59
	II	18 765	215,27	1 501,20	1 688,85	II	18 765	5,71	1 360,32	1 530,36	–	1 219,36	1 371,78	–	1 081,20	1 216,35	–	948,96	1 067,58	–	822,56	925,38	–	702,–	789,75
	III	12 784	–	1 022,72	1 150,56	III	12 784	–	916,64	1 031,22	–	813,44	915,12	–	713,12	802,26	–	615,68	692,64	–	521,28	586,44	–	429,92	483,66
	V	25 200	981,03	2 016,–	2 268,–	IV	19 567	205,87	1 494,88	1 681,74	101,03	1 424,40	1 602,45	–	1 353,92	1 523,16	–	1 283,52	1 443,96	–	1 213,04	1 364,67	–	1 143,36	1 286,28
	VI	25 635	1 032,80	2 050,80	2 307,15																				
81 035,99 Ost	I,IV	19 588	313,20	1 567,04	1 762,92	I	19 588	103,53	1 426,08	1 604,34	–	1 285,20	1 445,85	–	1 144,96	1 288,08	–	1 010,–	1 136,25	–	880,80	990,90	–	757,52	852,21
	II	18 786	217,77	1 502,88	1 690,74	II	18 786	8,21	1 362,–	1 532,25	–	1 221,04	1 373,67	–	1 082,80	1 218,15	–	950,48	1 069,29	–	824,–	927,–	–	703,44	791,37
	III	12 800	–	1 024,–	1 152,–	III	12 800	–	917,92	1 032,66	–	814,56	916,38	–	714,24	803,52	–	616,96	694,08	–	522,40	587,70	–	430,88	484,74
	V	25 221	983,53	2 017,68	2 269,89	IV	19 588	208,36	1 496,56	1 683,63	103,53	1 426,08	1 604,34	–	1 355,60	1 525,05	–	1 285,20	1 445,85	–	1 214,72	1 366,56	–	1 144,96	1 288,08
	VI	25 656	1 035,30	2 052,48	2 309,04																				
81 071,99 West	I,IV	19 580	312,25	1 566,40	1 762,20	I	19 580	102,69	1 425,52	1 603,71	–	1 284,56	1 445,13	–	1 144,40	1 287,45	–	1 009,44	1 135,62	–	880,32	990,36	–	757,04	851,67
	II	18 779	216,93	1 502,32	1 690,11	II	18 779	7,37	1 361,44	1 531,62	–	1 220,48	1 373,04	–	1 082,32	1 217,61	–	949,92	1 068,66	–	823,52	926,46	–	702,96	790,83
	III	12 796	–	1 023,68	1 151,64	III	12 796	–	917,44	1 032,12	–	814,24	916,02	–	713,92	803,16	–	616,48	693,54	–	522,08	587,34	–	430,56	484,38
	V	25 214	982,70	2 017,12	2 269,26	IV	19 580	207,53	1 496,–	1 683,–	102,69	1 425,52	1 603,71	–	1 355,04	1 524,42	–	1 284,56	1 445,13	–	1 214,16	1 365,93	–	1 144,40	1 287,45
	VI	25 649	1 034,46	2 051,92	2 308,41																				
81 071,99 Ost	I,IV	19 603	314,99	1 568,24	1 764,27	I	19 603	105,31	1 427,28	1 605,69	–	1 286,40	1 447,20	–	1 146,16	1 289,43	–	1 011,12	1 137,51	–	881,92	992,16	–	758,56	853,38
	II	18 801	219,55	1 504,08	1 692,09	II	18 801	9,99	1 363,20	1 533,60	–	1 222,24	1 375,02	–	1 084,–	1 219,50	–	951,60	1 070,55	–	825,04	928,17	–	704,40	792,45
	III	12 812	–	1 024,96	1 153,08	III	12 812	–	918,72	1 033,56	–	815,52	917,46	–	715,20	804,60	–	617,76	694,98	–	523,20	588,60	–	431,68	485,64
	V	25 236	985,32	2 018,88	2 271,24	IV	19 603	210,15	1 497,76	1 684,98	105,31	1 427,28	1 605,69	0,47	1 356,80	1 526,40	–	1 286,40	1 447,20	–	1 215,92	1 367,91	–	1 146,16	1 289,43
	VI	25 672	1 037,20	2 053,76	2 310,48																				

* Die ausgewiesenen Tabellenwerte sind amtlich. Siehe Erläuterungen auf der Umschlaginnenseite (U2).

JAHR 81 072,–*

Abzüge an Lohnsteuer, Solidaritätszuschlag (SolZ) und Kirchensteuer (8%, 9%) in den Steuerklassen

Lohn/ Gehalt bis €*	I – VI	LSt	SolZ	8%	9%	I, II, III, IV	LSt	0,5 SolZ	0,5 8%	0,5 9%	1 SolZ	1 8%	1 9%	1,5 SolZ	1,5 8%	1,5 9%	2 SolZ	2 8%	2 9%	2,5 SolZ	2,5 8%	2,5 9%	3 SolZ	3 8%	3 9%
			ohne Kinderfreibeträge					mit Zahl der Kinderfreibeträge . . .																	
81 107,99 West	I,IV	19 594	313,92	1 567,52	1 763,46	I	19 594	104,36	1 426,64	1 604,97	–	1 285,68	1 446,39	–	1 145,52	1 288,71	–	1 010,48	1 136,79	–	881,28	991,44	–	758,–	852,75
	II	18 793	218,60	1 503,44	1 691,37	II	18 793	8,92	1 362,48	1 532,79	–	1 221,60	1 374,30	–	1 083,36	1 218,78	–	950,96	1 069,83	–	824,48	927,54	–	703,84	791,82
	III	12 806	–	1 024,48	1 152,54	III	12 806	–	918,24	1 033,02	–	815,04	916,92	–	714,72	804,06	–	617,28	694,44	–	522,88	588,24	–	431,36	485,28
	V	25 228	984,36	2 018,24	2 270,52	IV	19 594	209,08	1 497,04	1 684,17	104,36	1 426,64	1 604,97	–	1 356,16	1 525,68	–	1 285,68	1 446,39	–	1 215,28	1 367,19	–	1 145,52	1 288,71
	VI	25 663	1 036,13	2 053,04	2 309,67																				
81 107,99 Ost	I,IV	19 618	316,77	1 569,44	1 765,62	I	19 618	107,10	1 428,48	1 607,04	–	1 287,60	1 448,55	–	1 147,36	1 290,78	–	1 012,24	1 138,77	–	882,96	993,33	–	759,60	854,55
	II	18 816	221,34	1 505,28	1 693,44	II	18 816	11,78	1 364,40	1 534,95	–	1 223,44	1 376,37	–	1 085,12	1 220,76	–	952,72	1 071,81	–	826,16	929,43	–	705,44	793,62
	III	12 824	–	1 025,92	1 154,16	III	12 824	–	919,68	1 034,64	–	816,32	918,36	–	716,–	805,50	–	618,56	695,88	–	524,–	589,50	–	432,48	486,54
	V	25 252	987,22	2 020,16	2 272,68	IV	19 618	211,93	1 498,96	1 686,33	107,10	1 428,48	1 607,04	2,38	1 358,08	1 527,84	–	1 287,60	1 448,55	–	1 217,12	1 369,26	–	1 147,36	1 290,78
	VI	25 687	1 038,98	2 054,96	2 311,83																				
81 143,99 West	I,IV	19 608	315,58	1 568,64	1 764,72	I	19 608	106,02	1 427,76	1 606,23	–	1 286,80	1 447,65	–	1 146,64	1 289,97	–	1 011,52	1 137,96	–	882,32	992,61	–	758,96	853,83
	II	18 807	220,26	1 504,56	1 692,63	II	18 807	10,59	1 363,60	1 534,05	–	1 222,72	1 375,56	–	1 084,40	1 219,95	–	952,–	1 071,–	–	825,44	928,62	–	704,80	792,90
	III	12 816	–	1 025,28	1 153,44	III	12 816	–	919,04	1 033,92	–	815,84	917,82	–	715,36	804,78	–	617,92	695,16	–	523,52	588,96	–	432,–	486,–
	V	25 242	986,03	2 019,36	2 271,78	IV	19 608	210,74	1 498,16	1 685,43	106,02	1 427,76	1 606,23	1,19	1 357,28	1 526,94	–	1 286,80	1 447,65	–	1 216,32	1 368,36	–	1 146,64	1 289,97
	VI	25 677	1 037,79	2 054,16	2 310,93																				
81 143,99 Ost	I,IV	19 633	318,56	1 570,64	1 766,97	I	19 633	108,88	1 429,68	1 608,39	–	1 288,80	1 449,90	–	1 148,56	1 292,13	–	1 013,36	1 140,03	–	884,08	994,59	–	760,64	855,72
	II	18 832	223,24	1 506,56	1 694,88	II	18 832	13,56	1 365,60	1 536,30	–	1 224,72	1 377,81	–	1 086,32	1 222,11	–	953,84	1 073,07	–	827,20	930,60	–	706,48	794,79
	III	12 836	–	1 026,88	1 155,24	III	12 836	–	920,64	1 035,72	–	817,28	919,44	–	716,80	806,40	–	619,36	696,78	–	524,80	590,40	–	433,28	487,44
	V	25 267	989,–	2 021,36	2 274,03	IV	19 633	213,72	1 500,16	1 687,68	108,88	1 429,68	1 608,39	4,16	1 359,28	1 529,19	–	1 288,80	1 449,90	–	1 218,32	1 370,61	–	1 148,56	1 292,13
	VI	25 702	1 040,77	2 056,16	2 313,18																				
81 179,99 West	I,IV	19 622	317,25	1 569,76	1 765,98	I	19 622	107,69	1 428,88	1 607,49	–	1 287,92	1 448,91	–	1 147,76	1 291,23	–	1 012,56	1 139,13	–	883,28	993,69	–	759,92	854,91
	II	18 821	221,93	1 505,68	1 693,89	II	18 821	12,37	1 364,80	1 535,40	–	1 223,84	1 376,82	–	1 085,52	1 221,21	–	953,04	1 072,17	–	826,48	929,79	–	705,76	793,98
	III	12 828	–	1 026,24	1 154,52	III	12 828	–	919,84	1 034,82	–	816,64	918,72	–	716,16	805,68	–	618,72	696,06	–	524,32	589,86	–	432,64	486,72
	V	25 256	987,70	2 020,48	2 273,04	IV	19 622	212,53	1 499,36	1 686,78	107,69	1 428,88	1 607,49	2,85	1 358,40	1 528,20	–	1 287,92	1 448,91	–	1 217,52	1 369,71	–	1 147,76	1 291,23
	VI	25 691	1 039,46	2 055,28	2 312,19																				
81 179,99 Ost	I,IV	19 648	320,34	1 571,84	1 768,32	I	19 648	110,78	1 430,96	1 609,83	–	1 290,–	1 451,25	–	1 149,76	1 293,48	–	1 014,48	1 141,29	–	885,12	995,76	–	761,68	856,89
	II	18 847	225,02	1 507,76	1 696,23	II	18 847	15,35	1 366,80	1 537,65	–	1 225,92	1 379,16	–	1 087,52	1 223,46	–	954,96	1 074,33	–	828,24	931,77	–	707,44	795,87
	III	12 848	–	1 027,84	1 156,32	III	12 848	–	921,44	1 036,62	–	818,08	920,34	–	717,60	807,30	–	620,16	697,68	–	525,60	591,30	–	434,08	488,34
	V	25 282	990,79	2 022,56	2 275,38	IV	19 648	215,50	1 501,36	1 689,03	110,78	1 430,96	1 609,83	5,95	1 360,48	1 530,54	–	1 290,–	1 451,25	–	1 219,52	1 371,96	–	1 149,76	1 293,48
	VI	25 717	1 042,55	2 057,36	2 314,53																				
81 215,99 West	I,IV	19 636	318,92	1 570,88	1 767,24	I	19 636	109,36	1 430,–	1 608,75	–	1 289,04	1 450,17	–	1 148,80	1 292,40	–	1 013,60	1 140,30	–	884,32	994,86	–	760,88	855,99
	II	18 835	223,60	1 506,80	1 695,15	II	18 835	13,92	1 365,84	1 536,57	–	1 224,96	1 378,08	–	1 086,56	1 222,38	–	954,08	1 073,34	–	827,44	930,87	–	706,64	794,97
	III	12 838	–	1 027,04	1 155,42	III	12 838	–	920,80	1 035,90	–	817,44	919,62	–	716,96	806,58	–	619,52	696,96	–	524,96	590,58	–	433,44	487,62
	V	25 270	989,36	2 021,60	2 274,30	IV	19 636	214,08	1 500,40	1 687,95	109,36	1 430,–	1 608,75	4,52	1 359,52	1 529,46	–	1 289,04	1 450,17	–	1 218,64	1 370,97	–	1 148,80	1 292,40
	VI	25 705	1 041,13	2 056,40	2 313,45																				
81 215,99 Ost	I,IV	19 663	322,13	1 573,04	1 769,67	I	19 663	112,57	1 432,16	1 611,18	–	1 291,20	1 452,60	–	1 150,88	1 294,74	–	1 015,60	1 142,55	–	886,24	997,02	–	762,72	858,06
	II	18 862	226,81	1 508,96	1 697,58	II	18 862	17,13	1 368,–	1 539,–	–	1 227,12	1 380,51	–	1 088,64	1 224,72	–	956,08	1 075,59	–	829,28	932,94	–	708,48	797,04
	III	12 858	–	1 028,64	1 157,22	III	12 858	–	922,40	1 037,70	–	819,04	921,42	–	718,56	808,38	–	620,96	698,58	–	526,40	592,20	–	434,88	489,24
	V	25 297	992,57	2 023,76	2 276,73	IV	19 663	217,29	1 502,56	1 690,38	112,57	1 432,16	1 611,18	7,73	1 361,68	1 531,89	–	1 291,20	1 452,60	–	1 220,72	1 373,31	–	1 150,88	1 294,74
	VI	25 732	1 044,34	2 058,56	2 315,88																				
81 251,99 West	I,IV	19 650	320,58	1 572,–	1 768,50	I	19 650	111,02	1 431,12	1 610,01	–	1 290,16	1 451,43	–	1 149,92	1 293,66	–	1 014,64	1 141,47	–	885,28	995,94	–	761,84	857,07
	II	18 849	225,26	1 507,92	1 696,41	II	18 849	15,58	1 366,96	1 537,83	–	1 226,08	1 379,34	–	1 087,68	1 223,64	–	955,12	1 074,51	–	828,40	931,95	–	707,60	796,05
	III	12 848	–	1 027,84	1 156,32	III	12 848	–	921,60	1 036,80	–	818,24	920,52	–	717,76	807,48	–	620,32	697,86	–	525,76	591,48	–	434,08	488,34
	V	25 284	991,03	2 022,72	2 275,56	IV	19 650	215,74	1 501,52	1 689,21	111,02	1 431,12	1 610,01	6,18	1 360,64	1 530,72	–	1 290,16	1 451,43	–	1 219,68	1 372,14	–	1 149,92	1 293,66
	VI	25 719	1 042,79	2 057,52	2 314,71																				
81 251,99 Ost	I,IV	19 678	323,91	1 574,24	1 771,02	I	19 678	114,35	1 433,36	1 612,53	–	1 292,40	1 453,95	–	1 152,08	1 296,09	–	1 016,80	1 143,90	–	887,36	998,28	–	763,76	859,23
	II	18 877	228,59	1 510,16	1 698,93	II	18 877	18,92	1 369,20	1 540,35	–	1 228,32	1 381,86	–	1 089,84	1 226,07	–	957,12	1 076,76	–	830,40	934,20	–	709,44	798,12
	III	12 870	–	1 029,60	1 158,30	III	12 870	–	923,20	1 038,60	–	819,84	922,32	–	719,36	809,28	–	621,76	699,48	–	527,20	593,10	–	435,52	489,96
	V	25 312	994,36	2 024,96	2 278,08	IV	19 678	219,07	1 503,76	1 691,73	114,35	1 433,36	1 612,53	9,52	1 362,88	1 533,24	–	1 292,40	1 453,95	–	1 222,–	1 374,75	–	1 152,08	1 296,09
	VI	25 747	1 046,12	2 059,76	2 317,23																				
81 287,99 West	I,IV	19 664	322,25	1 573,12	1 769,76	I	19 664	112,57	1 432,16	1 611,18	–	1 291,28	1 452,69	–	1 150,96	1 294,83	–	1 015,68	1 142,64	–	886,32	997,11	–	762,80	858,15
	II	18 863	226,93	1 509,04	1 697,67	II	18 863	17,25	1 368,08	1 539,09	–	1 227,20	1 380,60	–	1 088,72	1 224,81	–	956,08	1 075,59	–	829,36	933,03	–	708,56	797,13
	III	12 860	–	1 028,80	1 157,40	III	12 860	–	922,40	1 037,70	–	819,04	921,42	–	718,56	808,38	–	621,12	698,76	–	526,56	592,38	–	434,88	489,24
	V	25 298	992,69	2 023,84	2 276,82	IV	19 664	217,41	1 502,64	1 690,47	112,57	1 432,16	1 611,18	7,85	1 361,76	1 531,98	–	1 291,28	1 452,69	–	1 220,80	1 373,40	–	1 150,96	1 294,83
	VI	25 733	1 044,46	2 058,64	2 315,97																				
81 287,99 Ost	I,IV	19 693	325,70	1 575,44	1 772,37	I	19 693	116,14	1 434,56	1 613,88	–	1 293,60	1 455,30	–	1 153,28	1 297,44	–	1 017,92	1 145,16	–	888,40	999,45	–	764,80	860,40
	II	18 892	230,38	1 511,36	1 700,28	II	18 892	20,82	1 370,48	1 541,79	–	1 229,52	1 383,21	–	1 090,96	1 227,33	–	958,24	1 078,02	–	831,44	935,37	–	710,48	799,29
	III	12 882	–	1 030,56	1 159,38	III	12 882	–	924,16	1 039,68	–	820,80	923,40	–	720,16	810,18	–	622,72	700,56	–	528,–	594,–	–	436,32	490,86
	V	25 327	996,14	2 026,16	2 279,43	IV	19 693	220,98	1 505,04	1 693,17	116,14	1 434,56	1 613,88	11,30	1 364,08	1 534,59	–	1 293,60	1 455,30	–	1 223,20	1 376,10	–	1 153,28	1 297,44
	VI	25 762	1 047,91	2 060,96	2 318,58																				
81 323,99 West	I,IV	19 678	323,91	1 574,24	1 771,02	I	19 678	114,24	1 433,28	1 612,44	–	1 292,40	1 453,95	–	1 152,08	1 296,09	–	1 016,72	1 143,81	–	887,28	998,19	–	763,76	859,23
	II	18 876	228,48	1 510,08	1 698,84	II	18 876	18,92	1 369,20	1 540,35	–	1 228,24	1 381,77	–	1 089,76	1 225,98	–	957,12	1 076,76	–	830,32	934,11	–	709,44	798,12
	III	12 870	–	1 029,60	1 158,30	III	12 870	–	923,20	1 038,60	–	819,84	922,32	–	719,36	809,28	–	621,76	699,48	–	527,20	593,10	–	435,52	489,96
	V	25 312	994,36	2 024,96	2 278,08	IV	19 678	219,07	1 503,76	1 691,73	114,24	1 433,28	1 612,44	9,52	1 362,88	1 533,24	–	1 292,40	1 453,95	–	1 221,92	1 374,66	–	1 152,08	1 296,09
	VI	25 747	1 046,12	2 059,76	2 317,23																				
81 323,99 Ost	I,IV	19 708	327,48	1 576,64	1 773,72	I	19 708	117,92	1 435,76	1 615,23	–	1 294,88	1 456,74	–	1 154,48	1 298,79	–	1 019,04	1 146,42	–	889,52	1 000,71	–	765,84	861,57
	II	18 907	232,16	1 512,56	1 701,63	II	18 907	22,61	1 371,68	1 543,14	–	1 230,72	1 384,56	–	1 092,16	1 228,68	–	959,36	1 079,28	–	832,48	936,54	–	711,52	800,46
	III	12 894	–	1 031,52	1 160,46	III	12 894	–	925,12	1 040,76	–	821,60	924,30	–	721,12	811,26	–	623,52	701,46	–	528,80	594,90	–	437,12	491,76
	V	25 342	997,93	2 027,36	2 280,78	IV	19 708	222,76	1 506,24	1 694,52	117,92	1 435,76	1 615,23	13,09	1 365,28	1 535,94	–	1 294,88	1 456,74	–	1 224,40	1 377,45	–	1 154,48	1 298,79
	VI	25 777	1 049,69	2 062,16	2 319,93																				
81 359,99 West	I,IV	19 692	325,58	1 575,36	1 772,28	I	19 692	116,02	1 434,48	1 613,79	–	1 293,52	1 455,21	–	1 153,20	1 297,35	–	1 017,84	1 145,07	–	888,32	999,36	–	764,72	860,31
	II	18 891	230,26	1 511,28	1 700,19	II	18 891	20,58	1 370,32	1 541,61	–	1 229,44	1 383,12	–	1 090,88	1 227,24	–	958,16	1 077,93	–	831,36	935,28	–	710,40	799,20
	III	12 880	–	1 030,40	1 159,20	III	12 880	–	924,–	1 039,50	–	820,64	923,22	–	720,16	810,18	–	622,56	700,38	–	528,–	594,–	–	436,32	490,86
	V	25 326	996,03	2 026,08	2 279,34	IV	19 692	220,74	1 504,88	1 692,99	116,02	1 434,48	1 613,79	11,18	1 364,–	1 534,50	–	1 293,52	1 455,21	–	1 223,04	1 375,92	–	1 153,20	1 297,35
	VI	25 761	1 047,79	2 060,88	2 318,49																				
81 359,99 Ost	I,IV	19 724	329,39	1 577,92	1 775,16	I	19 724	119,71	1 436,96	1 616,58	–	1 296,08	1 458,09	–	1 155,68	1 300,14	–	1 020,16	1 147,68	–	890,56	1 001,88	–	766,88	862,74
	II	18 922	233,95	1 513,76	1 702,98	II	18 922	24,39	1 372,88	1 544,49	–	1 231,92	1 385,91	–	1 093,28	1 229,94	–	960,48	1 080,54	–	833,60	937,80	–	712,48	801,54
	III	12 906	–	1 032,48	1 161,54	III	12 906	–	925,92	1 041,66	–	822,40	925,20	–	721,92	812,16	–	624,32	702,36	–	529,60	595,80	–	437,92	492,66
	V	25 357	999,71	2 028,56	2 282,13	IV	19 724	224,55	1 507,44	1 695,87	119,71	1 436,96	1 616,58	14,87	1 366,48	1 537,29	–	1 296,08	1 458,09	–	1 225,60	1 378,80	–	1 155,68	1 300,14
	VI	25 793	1 051,60	2 063,44	2 321,37																				

* Die ausgewiesenen Tabellenwerte sind amtlich. Siehe Erläuterungen auf der Umschlaginnenseite (U2).

Abzüge an Lohnsteuer, Solidaritätszuschlag (SolZ) und Kirchensteuer (8%, 9%) in den Steuerklassen

Lohn/ Gehalt bis €*	I – VI					I, II, III, IV		mit Zahl der Kinderfreibeträge . . .																	
			ohne Kinderfreibeträge					0,5			1			1,5			2			2,5			3		
		LSt	SolZ	8%	9%		LSt	SolZ	8%	9%	SolZ	8%	9%	SolZ	8%	9%	SolZ	8%	9%	SolZ	8%	9%	SolZ	8%	9%
81 395,99 West	I,IV	19 706	327,25	1 576,48	1 773,54	I	19 706	117,57	1 435,52	1 614,96	–	1 294,64	1 456,47	–	1 154,24	1 298,52	–	1 018,88	1 146,24	–	889,28	1 000,44	–	765,68	861,39
	II	18 905	231,93	1 512,40	1 701,45	II	18 905	22,25	1 371,44	1 542,87	–	1 230,56	1 384,38	–	1 091,92	1 228,41	–	959,20	1 079,10	–	832,32	936,36	–	711,36	800,28
	III	12 892	–	1 031,36	1 160,28	III	12 892	–	924,96	1 040,58	–	821,44	924,12	–	720,96	811,08	–	623,36	701,28	–	528,64	594,72	–	436,96	491,58
	V	25 340	997,69	2 027,20	2 280,60	IV	19 706	222,41	1 506,–	1 694,25	117,57	1 435,52	1 614,96	12,85	1 365,12	1 535,76	–	1 294,64	1 456,47	–	1 224,16	1 377,18	–	1 154,24	1 298,52
	VI	25 775	1 049,46	2 062,–	2 319,75																				
81 395,99 Ost	I,IV	19 739	331,17	1 579,12	1 776,51	I	19 739	121,49	1 438,16	1 617,93	–	1 297,28	1 459,44	–	1 156,88	1 301,49	–	1 021,36	1 149,03	–	891,68	1 003,14	–	767,92	863,91
	II	18 937	235,73	1 514,96	1 704,33	II	18 937	26,18	1 374,08	1 545,84	–	1 233,12	1 387,26	–	1 094,48	1 231,29	–	961,60	1 081,80	–	834,64	938,97	–	713,52	802,71
	III	12 916	–	1 033,28	1 162,44	III	12 916	–	926,88	1 042,74	–	823,36	926,28	–	722,72	813,06	–	625,12	703,26	–	530,40	596,70	–	438,72	493,56
	V	25 373	1 001,62	2 029,84	2 283,57	IV	19 739	226,33	1 508,64	1 697,22	121,49	1 438,16	1 617,93	16,66	1 367,68	1 538,64	–	1 297,28	1 459,44	–	1 226,80	1 380,15	–	1 156,88	1 301,49
	VI	25 808	1 053,38	2 064,64	2 322,72																				
81 431,99 West	I,IV	19 720	328,91	1 577,60	1 774,80	I	19 720	119,23	1 436,64	1 616,22	–	1 295,76	1 457,73	–	1 155,36	1 299,78	–	1 019,92	1 147,41	–	890,32	1 001,61	–	766,64	862,47
	II	18 918	233,47	1 513,44	1 702,62	II	18 918	23,91	1 372,56	1 544,13	–	1 231,60	1 385,55	–	1 093,04	1 229,67	–	960,24	1 080,27	–	833,28	937,44	–	712,24	801,27
	III	12 902	–	1 032,16	1 161,18	III	12 902	–	925,76	1 041,48	–	822,24	925,02	–	721,76	811,98	–	624,16	702,18	–	529,44	595,62	–	437,76	492,48
	V	25 354	999,36	2 028,32	2 281,86	IV	19 720	224,07	1 507,12	1 695,51	119,23	1 436,64	1 616,22	14,51	1 366,24	1 537,02	–	1 295,76	1 457,73	–	1 225,28	1 378,44	–	1 155,36	1 299,78
	VI	25 789	1 051,12	2 063,12	2 321,01																				
81 431,99 Ost	I,IV	19 754	332,96	1 580,32	1 777,86	I	19 754	123,28	1 439,36	1 619,28	–	1 298,48	1 460,79	–	1 158,08	1 302,84	–	1 022,48	1 150,29	–	892,72	1 004,31	–	768,96	865,08
	II	18 952	237,52	1 516,16	1 705,68	II	18 952	27,96	1 375,28	1 547,19	–	1 234,40	1 388,70	–	1 095,60	1 232,55	–	962,72	1 083,06	–	835,68	940,14	–	714,56	803,88
	III	12 928	–	1 034,24	1 163,52	III	12 928	–	927,84	1 043,82	–	824,16	927,18	–	723,68	814,14	–	625,92	704,16	–	531,20	597,60	–	439,52	494,46
	V	25 388	1 003,40	2 031,04	2 284,92	IV	19 754	228,12	1 509,84	1 698,57	123,28	1 439,36	1 619,28	18,56	1 368,96	1 540,08	–	1 298,48	1 460,79	–	1 228,–	1 381,50	–	1 158,08	1 302,84
	VI	25 823	1 055,17	2 065,84	2 324,07																				
81 467,99 West	I,IV	19 734	330,58	1 578,72	1 776,06	I	19 734	120,90	1 437,76	1 617,48	–	1 296,88	1 458,99	–	1 156,48	1 301,04	–	1 020,96	1 148,58	–	891,28	1 002,69	–	767,52	863,46
	II	18 932	235,14	1 514,56	1 703,88	II	18 932	25,58	1 373,68	1 545,39	–	1 232,72	1 386,81	–	1 094,08	1 230,84	–	961,20	1 081,35	–	834,24	938,52	–	713,20	802,35
	III	12 912	–	1 032,96	1 162,08	III	12 912	–	926,56	1 042,38	–	823,04	925,92	–	722,56	812,88	–	624,80	702,90	–	530,24	596,52	–	438,40	493,20
	V	25 368	1 001,02	2 029,44	2 283,12	IV	19 734	225,74	1 508,24	1 696,77	120,90	1 437,76	1 617,48	16,06	1 367,28	1 538,19	–	1 296,88	1 458,99	–	1 226,40	1 379,70	–	1 156,48	1 301,04
	VI	25 803	1 052,79	2 064,24	2 322,27																				
81 467,99 Ost	I,IV	19 769	334,74	1 581,52	1 779,21	I	19 769	125,06	1 440,56	1 620,63	–	1 299,68	1 462,14	–	1 159,20	1 304,10	–	1 023,60	1 151,55	–	893,84	1 005,57	–	770,–	866,25
	II	18 968	239,42	1 517,44	1 707,12	II	18 968	29,75	1 376,48	1 548,54	–	1 235,60	1 390,05	–	1 096,80	1 233,90	–	963,84	1 084,32	–	836,80	941,40	–	715,60	805,05
	III	12 940	–	1 035,20	1 164,60	III	12 940	–	928,64	1 044,72	–	825,12	928,26	–	724,48	815,04	–	626,72	705,06	–	532,–	598,50	–	440,16	495,18
	V	25 403	1 005,19	2 032,24	2 286,27	IV	19 769	229,90	1 511,04	1 699,92	125,06	1 440,56	1 620,63	20,34	1 370,16	1 541,43	–	1 299,68	1 462,14	–	1 229,20	1 382,85	–	1 159,20	1 304,10
	VI	25 838	1 056,95	2 067,04	2 325,42																				
81 503,99 West	I,IV	19 748	332,24	1 579,84	1 777,32	I	19 748	122,57	1 438,88	1 618,74	–	1 298,–	1 460,25	–	1 157,52	1 302,21	–	1 022,–	1 149,75	–	892,32	1 003,86	–	768,48	864,54
	II	18 946	236,81	1 515,68	1 705,14	II	18 946	27,25	1 374,80	1 546,65	–	1 233,84	1 388,07	–	1 095,12	1 232,01	–	962,24	1 082,52	–	835,28	939,69	–	714,16	803,43
	III	12 924	–	1 033,92	1 163,16	III	12 924	–	927,36	1 043,28	–	823,84	926,82	–	723,20	813,60	–	625,60	703,80	–	530,88	597,24	–	439,04	493,92
	V	25 381	1 002,57	2 030,48	2 284,29	IV	19 748	227,40	1 509,36	1 698,03	122,57	1 438,88	1 618,74	17,73	1 368,40	1 539,45	–	1 298,–	1 460,25	–	1 227,52	1 380,96	–	1 157,52	1 302,21
	VI	25 817	1 054,45	2 065,36	2 323,53																				
81 503,99 Ost	I,IV	19 784	336,53	1 582,72	1 780,56	I	19 784	126,97	1 441,84	1 622,07	–	1 300,88	1 463,49	–	1 160,40	1 305,45	–	1 024,72	1 152,81	–	894,96	1 006,83	–	771,04	867,42
	II	18 983	241,21	1 518,64	1 708,47	II	18 983	31,53	1 377,68	1 549,89	–	1 236,80	1 391,40	–	1 098,–	1 235,25	–	964,96	1 085,58	–	837,84	942,57	–	716,56	806,13
	III	12 952	–	1 036,16	1 165,68	III	12 952	–	929,60	1 045,80	–	825,92	929,16	–	725,28	815,94	–	627,68	706,14	–	532,80	599,40	–	440,96	496,08
	V	25 418	1 006,97	2 033,44	2 287,62	IV	19 784	231,69	1 512,24	1 701,27	126,97	1 441,84	1 622,07	22,13	1 371,36	1 542,78	–	1 300,88	1 463,49	–	1 230,40	1 384,20	–	1 160,40	1 305,45
	VI	25 853	1 058,74	2 068,24	2 326,77																				
81 539,99 West	I,IV	19 762	333,91	1 580,96	1 778,58	I	19 762	124,23	1 440,–	1 620,–	–	1 299,12	1 461,51	–	1 158,64	1 303,47	–	1 023,04	1 150,92	–	893,36	1 005,03	–	769,52	865,71
	II	18 960	238,47	1 516,80	1 706,40	II	18 960	28,91	1 375,92	1 547,91	–	1 234,96	1 389,33	–	1 096,24	1 233,27	–	963,28	1 083,69	–	836,24	940,77	–	715,12	804,51
	III	12 934	–	1 034,72	1 164,06	III	12 934	–	928,16	1 044,18	–	824,64	927,72	–	724,–	814,50	–	626,40	704,70	–	531,68	598,14	–	439,84	494,82
	V	25 396	1 004,36	2 031,68	2 285,64	IV	19 762	229,07	1 510,48	1 699,29	124,23	1 440,–	1 620,–	19,51	1 369,60	1 540,80	–	1 299,12	1 461,51	–	1 228,64	1 382,22	–	1 158,64	1 303,47
	VI	25 831	1 056,12	2 066,48	2 324,79																				
81 539,99 Ost	I,IV	19 799	338,31	1 583,92	1 781,91	I	19 799	128,75	1 443,04	1 623,42	–	1 302,08	1 464,84	–	1 161,60	1 306,80	–	1 025,84	1 154,07	–	896,–	1 008,–	–	772,08	868,59
	II	18 998	242,99	1 519,84	1 709,82	II	18 998	33,32	1 378,88	1 551,24	–	1 238,–	1 392,75	–	1 099,12	1 236,51	–	966,08	1 086,84	–	838,88	943,74	–	717,60	807,30
	III	12 962	–	1 036,96	1 166,58	III	12 962	–	930,40	1 046,70	–	826,88	930,24	–	726,24	817,02	–	628,48	707,04	–	533,60	600,30	–	441,76	496,98
	V	25 433	1 008,76	2 034,64	2 288,97	IV	19 799	233,47	1 513,44	1 702,62	128,75	1 443,04	1 623,42	23,91	1 372,56	1 544,13	–	1 302,08	1 464,84	–	1 231,60	1 385,55	–	1 161,60	1 306,80
	VI	25 868	1 060,52	2 069,44	2 328,12																				
81 575,99 West	I,IV	19 776	335,58	1 582,08	1 779,84	I	19 776	125,90	1 441,12	1 621,26	–	1 300,24	1 462,77	–	1 159,76	1 304,73	–	1 024,08	1 152,09	–	894,32	1 006,11	–	770,40	866,70
	II	18 974	240,14	1 517,92	1 707,66	II	18 974	30,58	1 377,04	1 549,17	–	1 236,08	1 390,59	–	1 097,28	1 234,44	–	964,32	1 084,86	–	837,20	941,85	–	716,–	805,50
	III	12 944	–	1 035,52	1 164,96	III	12 944	–	929,12	1 045,26	–	825,44	928,62	–	724,80	815,40	–	627,20	705,60	–	532,32	598,86	–	440,64	495,72
	V	25 410	1 006,02	2 032,80	2 286,90	IV	19 776	230,74	1 511,60	1 700,55	125,90	1 441,12	1 621,26	21,06	1 370,64	1 541,97	–	1 300,24	1 462,77	–	1 229,76	1 383,48	–	1 159,76	1 304,73
	VI	25 845	1 057,79	2 067,60	2 326,05																				
81 575,99 Ost	I,IV	19 814	340,10	1 585,12	1 783,26	I	19 814	130,54	1 444,24	1 624,77	–	1 303,28	1 466,19	–	1 162,80	1 308,15	–	1 027,04	1 155,42	–	897,12	1 009,26	–	773,12	869,76
	II	19 013	244,78	1 521,04	1 711,17	II	19 013	35,10	1 380,08	1 552,59	–	1 239,20	1 394,10	–	1 100,32	1 237,86	–	967,20	1 088,10	–	840,–	945,–	–	718,64	808,47
	III	12 974	–	1 037,92	1 167,66	III	12 974	–	931,36	1 047,78	–	827,68	931,14	–	727,04	817,92	–	629,28	707,94	–	534,40	601,20	–	442,56	497,88
	V	25 448	1 010,54	2 035,84	2 290,32	IV	19 814	235,38	1 514,72	1 704,06	130,54	1 444,24	1 624,77	25,70	1 373,76	1 545,48	–	1 303,28	1 466,19	–	1 232,88	1 386,99	–	1 162,80	1 308,15
	VI	25 883	1 062,31	2 070,64	2 329,47																				
81 611,99 West	I,IV	19 790	337,24	1 583,20	1 781,10	I	19 790	127,56	1 442,24	1 622,52	–	1 301,36	1 464,03	–	1 160,88	1 305,99	–	1 025,12	1 153,26	–	895,36	1 007,28	–	771,36	867,78
	II	18 988	241,80	1 519,04	1 708,92	II	18 988	32,24	1 378,16	1 550,43	–	1 237,20	1 391,85	–	1 098,40	1 235,70	–	965,36	1 086,03	–	838,24	943,02	–	716,96	806,58
	III	12 956	–	1 036,48	1 166,04	III	12 956	–	929,92	1 046,16	–	826,24	929,52	–	725,60	816,30	–	627,84	706,32	–	533,12	599,76	–	441,28	496,44
	V	25 423	1 007,57	2 033,84	2 288,07	IV	19 790	232,40	1 512,72	1 701,81	127,56	1 442,24	1 622,52	22,72	1 371,76	1 543,23	–	1 301,36	1 464,03	–	1 230,88	1 384,74	–	1 160,88	1 305,99
	VI	25 859	1 059,45	2 068,72	2 327,31																				
81 611,99 Ost	I,IV	19 829	341,88	1 586,32	1 784,61	I	19 829	132,32	1 445,44	1 626,12	–	1 304,48	1 467,54	–	1 164,–	1 309,50	–	1 028,16	1 156,68	–	898,24	1 010,52	–	774,16	870,93
	II	19 028	246,56	1 522,24	1 712,52	II	19 028	37,–	1 381,36	1 554,03	–	1 240,40	1 395,45	–	1 101,44	1 239,12	–	968,32	1 089,36	–	841,04	946,17	–	719,60	809,55
	III	12 986	–	1 038,88	1 168,74	III	12 986	–	932,32	1 048,86	–	828,64	932,22	–	727,84	818,82	–	630,08	708,84	–	535,20	602,10	–	443,36	498,78
	V	25 463	1 012,33	2 037,04	2 291,67	IV	19 829	237,16	1 515,92	1 705,41	132,32	1 445,44	1 626,12	27,48	1 374,96	1 546,83	–	1 304,48	1 467,54	–	1 234,08	1 388,34	–	1 164,–	1 309,50
	VI	25 898	1 064,09	2 071,84	2 330,82																				
81 647,99 West	I,IV	19 803	338,79	1 584,24	1 782,27	I	19 803	129,23	1 443,36	1 623,78	–	1 302,40	1 465,20	–	1 161,92	1 307,16	–	1 026,16	1 154,43	–	896,32	1 008,36	–	772,32	868,86
	II	19 002	243,47	1 520,16	1 710,18	II	19 002	33,91	1 379,28	1 551,69	–	1 238,32	1 393,11	–	1 099,44	1 236,87	–	966,40	1 087,20	–	839,20	944,10	–	717,84	807,57
	III	12 966	–	1 037,28	1 166,94	III	12 966	–	930,72	1 047,06	–	827,04	930,42	–	726,40	817,20	–	628,64	707,22	–	533,92	600,66	–	441,92	497,16
	V	25 437	1 009,23	2 034,96	2 289,33	IV	19 803	234,07	1 513,84	1 703,07	129,23	1 443,36	1 623,78	24,39	1 372,88	1 544,49	–	1 302,40	1 465,20	–	1 232,–	1 386,–	–	1 161,92	1 307,16
	VI	25 872	1 061,–	2 069,76	2 328,48																				
81 647,99 Ost	I,IV	19 845	343,79	1 587,60	1 786,05	I	19 845	134,11	1 446,64	1 627,47	–	1 305,76	1 468,98	–	1 165,20	1 310,85	–	1 029,28	1 157,94	–	899,28	1 011,69	–	775,20	872,10
	II	19 043	248,35	1 523,44	1 713,87	II	19 043	38,79	1 382,56	1 555,38	–	1 241,60	1 396,80	–	1 102,64	1 240,47	–	969,44	1 090,62	–	842,08	947,34	–	720,64	810,72
	III	12 998	–	1 039,84	1 169,82	III	12 998	–	933,12	1 049,76	–	829,44	933,12	–	728,80	819,90	–	630,88	709,74	–	536,–	603,–	–	444,16	499,68
	V	25 478	1 014,11	2 038,24	2 293,02	IV	19 845	238,95	1 517,12	1 706,76	134,11	1 446,64	1 627,47	29,27	1 376,16	1 548,18	–	1 305,76	1 468,98	–	1 235,28	1 389,69	–	1 165,20	1 310,85
	VI	25 914	1 066,–	2 073,12	2 332,26																				

* Die ausgewiesenen Tabellenwerte sind amtlich. Siehe Erläuterungen auf der Umschlaginnenseite (U2).

Abzüge an Lohnsteuer, Solidaritätszuschlag (SolZ) und Kirchensteuer (8%, 9%) in den Steuerklassen

Lohn/ Gehalt bis €*	I – VI		ohne Kinderfreibeträge			I, II, III, IV		mit Zahl der Kinderfreibeträge . . . 0,5			1			1,5			2			2,5			3		
		LSt	SolZ	8%	9%		LSt	SolZ	8%	9%	SolZ	8%	9%	SolZ	8%	9%	SolZ	8%	9%	SolZ	8%	9%	SolZ	8%	9%
81 683,99 West	I,IV	19 817	340,45	1 585,36	1 783,53	I	19 817	130,90	1 444,48	1 625,04	–	1 303,52	1 466,46	–	1 163,04	1 308,42	–	1 027,28	1 155,69	–	897,36	1 009,53	–	773,28	869,94
	II	19 016	245,14	1 521,28	1 711,44	II	19 016	35,46	1 380,32	1 552,86	–	1 239,44	1 394,37	–	1 100,56	1 238,13	–	967,44	1 088,37	–	840,16	945,18	–	718,80	808,65
	III	12 976	–	1 038,08	1 167,84	III	12 976	–	931,52	1 047,96	–	827,84	931,32	–	727,20	818,10	–	629,44	708,12	–	534,56	601,38	–	442,72	498,06
	V	25 451	1 010,90	2 036,08	2 290,59	IV	19 817	235,73	1 514,96	1 704,33	130,90	1 444,48	1 625,04	26,06	1 374,–	1 545,75	–	1 303,52	1 466,46	–	1 233,12	1 387,26	–	1 163,04	1 308,42
	VI	25 886	1 062,67	2 070,88	2 329,74																				
81 683,99 Ost	I,IV	19 860	345,57	1 588,80	1 787,40	I	19 860	135,89	1 447,84	1 628,82	–	1 306,96	1 470,33	–	1 166,40	1 312,20	–	1 030,48	1 159,29	–	900,40	1 012,95	–	776,24	873,27
	II	19 058	250,13	1 524,64	1 715,22	II	19 058	40,57	1 383,76	1 556,73	–	1 242,80	1 398,15	–	1 103,84	1 241,82	–	970,56	1 091,88	–	843,20	948,60	–	721,68	811,89
	III	13 010	–	1 040,80	1 170,90	III	13 010	–	934,08	1 050,84	–	830,40	934,20	–	729,60	820,80	–	631,68	710,64	–	536,80	603,90	–	444,96	500,58
	V	25 494	1 016,02	2 039,52	2 294,46	IV	19 860	240,73	1 518,32	1 708,11	135,89	1 447,84	1 628,82	31,05	1 377,36	1 549,53	–	1 306,96	1 470,33	–	1 236,48	1 391,04	–	1 166,40	1 312,20
	VI	25 929	1 067,78	2 074,32	2 333,61																				
81 719,99 West	I,IV	19 831	342,12	1 586,48	1 784,79	I	19 831	132,56	1 445,60	1 626,30	–	1 304,64	1 467,72	–	1 164,16	1 309,68	–	1 028,32	1 156,86	–	898,32	1 010,61	–	774,24	871,02
	II	19 030	246,80	1 522,40	1 712,70	II	19 030	37,12	1 381,44	1 554,12	–	1 240,56	1 395,63	–	1 101,60	1 239,30	–	968,40	1 089,45	–	841,12	946,26	–	719,76	809,73
	III	12 988	–	1 039,04	1 168,92	III	12 988	–	932,32	1 048,86	–	828,64	932,22	–	728,–	819,–	–	630,24	709,02	–	535,36	602,28	–	443,36	498,78
	V	25 465	1 012,57	2 037,20	2 291,85	IV	19 831	237,28	1 516,–	1 705,50	132,56	1 445,60	1 626,30	27,72	1 375,12	1 547,01	–	1 304,64	1 467,72	–	1 234,16	1 388,43	–	1 164,16	1 309,68
	VI	25 900	1 064,33	2 072,–	2 331,–																				
81 719,99 Ost	I,IV	19 875	347,36	1 590,–	1 788,75	I	19 875	137,68	1 449,04	1 630,17	–	1 308,16	1 471,68	–	1 167,60	1 313,55	–	1 031,60	1 160,55	–	901,44	1 014,12	–	777,28	874,44
	II	19 073	251,92	1 525,84	1 716,57	II	19 073	42,36	1 384,96	1 558,08	–	1 244,–	1 399,50	–	1 104,96	1 243,08	–	971,68	1 093,14	–	844,24	949,77	–	722,64	812,97
	III	13 020	–	1 041,60	1 171,80	III	13 020	–	935,04	1 051,92	–	831,20	935,10	–	730,40	821,70	–	632,64	711,72	–	537,60	604,80	–	445,60	501,30
	V	25 509	1 017,80	2 040,72	2 295,81	IV	19 875	242,52	1 519,52	1 709,46	137,68	1 449,04	1 630,17	32,96	1 378,64	1 550,97	–	1 308,16	1 471,68	–	1 237,68	1 392,39	–	1 167,60	1 313,55
	VI	25 944	1 069,57	2 075,52	2 334,96																				
81 755,99 West	I,IV	19 845	343,79	1 587,60	1 786,05	I	19 845	134,23	1 446,72	1 627,56	–	1 305,76	1 468,98	–	1 165,28	1 310,94	–	1 029,36	1 158,03	–	899,36	1 011,78	–	775,20	872,10
	II	19 044	248,47	1 523,52	1 713,96	II	19 044	38,91	1 382,64	1 555,47	–	1 241,68	1 396,89	–	1 102,72	1 240,56	–	969,52	1 090,71	–	842,16	947,43	–	720,72	810,81
	III	12 998	–	1 039,84	1 169,82	III	12 998	–	933,28	1 049,94	–	829,60	933,30	–	728,80	819,90	–	631,04	709,92	–	536,16	603,18	–	444,16	499,68
	V	25 479	1 014,23	2 038,32	2 293,11	IV	19 845	239,07	1 517,20	1 706,85	134,23	1 446,72	1 627,56	29,39	1 376,24	1 548,27	–	1 305,76	1 468,98	–	1 235,36	1 389,78	–	1 165,28	1 310,94
	VI	25 914	1 066,–	2 073,12	2 332,26																				
81 755,99 Ost	I,IV	19 890	349,14	1 591,20	1 790,10	I	19 890	139,46	1 450,24	1 631,52	–	1 309,36	1 473,03	–	1 168,80	1 314,90	–	1 032,72	1 161,81	–	902,56	1 015,38	–	778,32	875,61
	II	19 089	253,82	1 527,12	1 718,01	II	19 089	44,14	1 386,16	1 559,43	–	1 245,28	1 400,94	–	1 106,16	1 244,43	–	972,80	1 094,40	–	845,28	950,94	–	723,68	814,14
	III	13 032	–	1 042,56	1 172,88	III	13 032	–	935,84	1 052,82	–	832,16	936,18	–	731,36	822,78	–	633,44	712,62	–	538,40	605,70	–	446,40	502,20
	V	25 524	1 019,59	2 041,92	2 297,16	IV	19 890	244,30	1 520,72	1 710,81	139,46	1 450,24	1 631,52	34,74	1 379,84	1 552,32	–	1 309,36	1 473,03	–	1 238,88	1 393,74	–	1 168,80	1 314,90
	VI	25 959	1 071,35	2 076,72	2 336,31																				
81 791,99 West	I,IV	19 859	345,45	1 588,72	1 787,31	I	19 859	135,89	1 447,84	1 628,82	–	1 306,88	1 470,24	–	1 166,32	1 312,11	–	1 030,40	1 159,20	–	900,32	1 012,86	–	776,16	873,18
	II	19 058	250,13	1 524,64	1 715,22	II	19 058	40,46	1 383,68	1 556,64	–	1 242,80	1 398,15	–	1 103,76	1 241,73	–	970,48	1 091,79	–	843,12	948,51	–	721,60	811,80
	III	13 008	–	1 040,64	1 170,72	III	13 008	–	934,08	1 050,84	–	830,40	934,20	–	729,60	820,80	–	631,68	710,64	–	536,80	603,90	–	444,80	500,40
	V	25 493	1 015,90	2 039,44	2 294,37	IV	19 859	240,73	1 518,32	1 708,11	135,89	1 447,84	1 628,82	31,05	1 377,36	1 549,53	–	1 306,88	1 470,24	–	1 236,48	1 391,04	–	1 166,32	1 312,11
	VI	25 928	1 067,66	2 074,24	2 333,52																				
81 791,99 Ost	I,IV	19 905	350,93	1 592,40	1 791,45	I	19 905	141,37	1 451,52	1 632,96	–	1 310,56	1 474,38	–	1 169,92	1 316,16	–	1 033,84	1 163,07	–	903,68	1 016,64	–	779,36	876,78
	II	19 104	255,61	1 528,32	1 719,36	II	19 104	45,93	1 387,36	1 560,78	–	1 246,48	1 402,29	–	1 107,28	1 245,69	–	973,92	1 095,66	–	846,40	952,20	–	724,72	815,31
	III	13 044	–	1 043,52	1 173,96	III	13 044	–	936,80	1 053,90	–	832,96	937,08	–	732,16	823,68	–	634,24	713,52	–	539,20	606,60	–	447,20	503,10
	V	25 539	1 021,37	2 043,12	2 298,51	IV	19 905	246,09	1 521,92	1 712,16	141,37	1 451,52	1 632,96	36,53	1 381,04	1 553,67	–	1 310,56	1 474,38	–	1 240,08	1 395,09	–	1 169,92	1 316,16
	VI	25 974	1 073,14	2 077,92	2 337,66																				
81 827,99 West	I,IV	19 873	347,12	1 589,84	1 788,57	I	19 873	137,56	1 448,96	1 630,08	–	1 308,–	1 471,50	–	1 167,44	1 313,37	–	1 031,44	1 160,37	–	901,36	1 014,03	–	777,12	874,26
	II	19 072	251,80	1 525,76	1 716,48	II	19 072	42,12	1 384,80	1 557,90	–	1 243,92	1 399,41	–	1 104,88	1 242,99	–	971,52	1 092,96	–	844,08	949,59	–	722,56	812,88
	III	13 020	–	1 041,60	1 171,80	III	13 020	–	934,88	1 051,74	–	831,20	935,10	–	730,40	821,70	–	632,48	711,54	–	537,60	604,80	–	445,60	501,30
	V	25 507	1 017,56	2 040,56	2 295,63	IV	19 873	242,28	1 519,36	1 709,28	137,56	1 448,96	1 630,08	32,72	1 378,48	1 550,79	–	1 308,–	1 471,50	–	1 237,52	1 392,21	–	1 167,44	1 313,37
	VI	25 942	1 069,33	2 075,36	2 334,78																				
81 827,99 Ost	I,IV	19 920	352,71	1 593,60	1 792,80	I	19 920	143,15	1 452,72	1 634,31	–	1 311,76	1 475,73	–	1 171,12	1 317,51	–	1 035,04	1 164,42	–	904,72	1 017,81	–	780,40	877,95
	II	19 119	257,39	1 529,52	1 720,71	II	19 119	47,71	1 388,56	1 562,13	–	1 247,68	1 403,64	–	1 108,48	1 247,04	–	975,04	1 096,92	–	847,44	953,37	–	725,76	816,48
	III	13 056	–	1 044,48	1 175,04	III	13 056	–	937,76	1 054,98	–	833,92	938,16	–	732,96	824,58	–	635,04	714,42	–	540,–	607,50	–	448,–	504,–
	V	25 554	1 023,16	2 044,32	2 299,86	IV	19 920	247,87	1 523,12	1 713,51	143,15	1 452,72	1 634,31	38,31	1 382,24	1 555,02	–	1 311,76	1 475,73	–	1 241,28	1 396,44	–	1 171,12	1 317,51
	VI	25 989	1 074,92	2 079,12	2 339,01																				
81 863,99 West	I,IV	19 887	348,78	1 590,96	1 789,83	I	19 887	139,11	1 450,–	1 631,25	–	1 309,12	1 472,76	–	1 168,56	1 314,63	–	1 032,48	1 161,54	–	902,32	1 015,11	–	778,08	875,34
	II	19 086	253,47	1 526,88	1 717,74	II	19 086	43,79	1 385,92	1 559,16	–	1 245,04	1 400,67	–	1 105,92	1 244,16	–	972,56	1 094,13	–	845,12	950,76	–	723,52	813,96
	III	13 030	–	1 042,40	1 172,70	III	13 030	–	935,68	1 052,64	–	832,–	936,–	–	731,04	822,42	–	633,28	712,44	–	538,24	605,52	–	446,24	502,02
	V	25 521	1 019,23	2 041,68	2 296,89	IV	19 887	243,95	1 520,48	1 710,54	139,11	1 450,–	1 631,25	34,39	1 379,60	1 552,05	–	1 309,12	1 472,76	–	1 238,64	1 393,47	–	1 168,56	1 314,63
	VI	25 956	1 071,–	2 076,48	2 336,04																				
81 863,99 Ost	I,IV	19 935	354,50	1 594,80	1 794,15	I	19 935	144,94	1 453,92	1 635,66	–	1 312,96	1 477,08	–	1 172,32	1 318,86	–	1 036,16	1 165,68	–	905,84	1 019,07	–	781,44	879,12
	II	19 134	259,18	1 530,72	1 722,06	II	19 134	49,50	1 389,76	1 563,48	–	1 248,88	1 404,99	–	1 109,68	1 248,39	–	976,16	1 098,18	–	848,48	954,54	–	726,72	817,56
	III	13 068	–	1 045,44	1 176,12	III	13 068	–	938,56	1 055,88	–	834,72	939,06	–	733,92	825,66	–	635,84	715,32	–	540,80	608,40	–	448,80	504,90
	V	25 569	1 024,94	2 045,52	2 301,21	IV	19 935	249,78	1 524,40	1 714,95	144,94	1 453,92	1 635,66	40,10	1 383,44	1 556,37	–	1 312,96	1 477,08	–	1 242,56	1 397,88	–	1 172,32	1 318,86
	VI	26 004	1 076,71	2 080,32	2 340,36																				
81 899,99 West	I,IV	19 901	350,45	1 592,08	1 791,09	I	19 901	140,77	1 451,12	1 632,51	–	1 310,24	1 474,02	–	1 169,60	1 315,80	–	1 033,52	1 162,71	–	903,36	1 016,28	–	779,04	876,42
	II	19 099	255,01	1 527,92	1 718,91	II	19 099	45,45	1 387,04	1 560,42	–	1 246,16	1 401,93	–	1 106,96	1 245,33	–	973,60	1 095,30	–	846,08	951,84	–	724,40	814,95
	III	13 040	–	1 043,20	1 173,60	III	13 040	–	936,48	1 053,54	–	832,80	936,90	–	731,84	823,32	–	634,08	713,34	–	539,04	606,42	–	447,04	502,92
	V	25 535	1 020,90	2 042,80	2 298,15	IV	19 901	245,61	1 521,60	1 711,80	140,77	1 451,12	1 632,51	36,05	1 380,72	1 553,31	–	1 310,24	1 474,02	–	1 239,76	1 394,73	–	1 169,60	1 315,80
	VI	25 970	1 072,66	2 077,60	2 337,30																				
81 899,99 Ost	I,IV	19 950	356,28	1 596,–	1 795,50	I	19 950	146,72	1 455,12	1 637,01	–	1 314,16	1 478,43	–	1 173,52	1 320,21	–	1 037,28	1 166,94	–	906,96	1 020,33	–	782,48	880,29
	II	19 149	260,96	1 531,92	1 723,41	II	19 149	51,40	1 391,04	1 564,92	–	1 250,08	1 406,34	–	1 110,80	1 249,65	–	977,28	1 099,44	–	849,60	955,80	–	727,76	818,73
	III	13 078	–	1 046,24	1 177,02	III	13 078	–	939,52	1 056,96	–	835,68	940,14	–	734,72	826,56	–	636,64	716,22	–	541,60	609,30	–	449,60	505,80
	V	25 584	1 026,73	2 046,72	2 302,56	IV	19 950	251,56	1 525,60	1 716,30	146,72	1 455,12	1 637,01	41,88	1 384,64	1 557,72	–	1 314,16	1 478,43	–	1 243,76	1 399,23	–	1 173,52	1 320,21
	VI	26 019	1 078,49	2 081,52	2 341,71																				
81 935,99 West	I,IV	19 915	352,12	1 593,20	1 792,35	I	19 915	142,56	1 452,32	1 633,86	–	1 311,36	1 475,28	–	1 170,72	1 317,06	–	1 034,64	1 163,97	–	904,40	1 017,45	–	780,–	877,50
	II	19 114	256,80	1 529,12	1 720,26	II	19 114	47,12	1 388,16	1 561,68	–	1 247,28	1 403,19	–	1 108,08	1 246,59	–	974,64	1 096,47	–	847,12	953,01	–	725,36	816,03
	III	13 052	–	1 044,16	1 174,68	III	13 052	–	937,44	1 054,62	–	833,60	937,80	–	732,64	824,22	–	634,72	714,06	–	539,84	607,32	–	447,68	503,64
	V	25 549	1 022,56	2 043,92	2 299,41	IV	19 915	247,28	1 522,72	1 713,06	142,56	1 452,32	1 633,86	37,72	1 381,84	1 554,57	–	1 311,36	1 475,28	–	1 240,88	1 395,99	–	1 170,72	1 317,06
	VI	25 984	1 074,33	2 078,72	2 338,56																				
81 935,99 Ost	I,IV	19 966	358,19	1 597,28	1 796,94	I	19 966	148,51	1 456,32	1 638,36	–	1 315,44	1 479,87	–	1 174,72	1 321,56	–	1 038,48	1 168,29	–	908,–	1 021,50	–	783,52	881,46
	II	19 164	262,75	1 533,12	1 724,76	II	19 164	53,19	1 392,24	1 566,27	–	1 251,28	1 407,69	–	1 112,–	1 251,–	–	978,40	1 100,70	–	850,64	956,97	–	728,80	819,90
	III	13 090	–	1 047,20	1 178,10	III	13 090	–	940,48	1 058,04	–	836,48	941,04	–	735,52	827,46	–	637,60	717,30	–	542,40	610,20	–	450,40	506,70
	V	25 599	1 028,51	2 047,92	2 303,91	IV	19 966	253,35	1 526,80	1 717,65	148,51	1 456,32	1 638,36	43,67	1 385,84	1 559,07	–	1 315,44	1 479,87	–	1 244,96	1 400,58	–	1 174,72	1 321,56
	VI	26 034	1 080,28	2 082,72	2 343,06																				

* Die ausgewiesenen Tabellenwerte sind amtlich. Siehe Erläuterungen auf der Umschlaginnenseite (U2).

Abzüge an Lohnsteuer, Solidaritätszuschlag (SolZ) und Kirchensteuer (8%, 9%) in den Steuerklassen

Lohn/ Gehalt bis €*	I – VI		ohne Kinderfreibeträge			I, II, III, IV		mit Zahl der Kinderfreibeträge . . . 0,5			1			1,5			2			2,5			3		
		LSt	SolZ	8%	9%		LSt	SolZ	8%	9%	SolZ	8%	9%	SolZ	8%	9%	SolZ	8%	9%	SolZ	8%	9%	SolZ	8%	9%
81 971,99 West	I,IV	19 929	353,78	1 594,32	1 793,61	I	19 929	144,10	1 453,36	1 635,03	—	1 312,48	1 476,54	—	1 171,84	1 318,32	—	1 035,68	1 165,14	—	905,36	1 018,53	—	780,96	878,58
	II	19 128	258,46	1 530,24	1 721,52	II	19 128	48,79	1 389,28	1 562,94	—	1 248,40	1 404,45	—	1 109,20	1 247,85	—	975,68	1 097,64	—	848,08	954,09	—	726,32	817,11
	III	13 062	—	1 044,96	1 175,58	III	13 062	—	938,24	1 055,52	—	834,40	938,70	—	733,44	825,12	—	635,52	714,96	—	540,48	608,04	—	448,48	504,54
	V	25 563	1 024,23	2 045,04	2 300,67	IV	19 929	248,94	1 523,84	1 714,32	144,10	1 453,36	1 635,03	39,38	1 382,96	1 555,83	—	1 312,48	1 476,54	—	1 242,—	1 397,25	—	1 171,84	1 318,32
	VI	25 998	1 075,99	2 079,84	2 339,82																				
81 971,99 Ost	I,IV	19 981	359,97	1 598,48	1 798,29	I	19 981	150,29	1 457,52	1 639,71	—	1 316,64	1 481,22	—	1 175,92	1 322,91	—	1 039,60	1 169,55	—	909,12	1 022,76	—	784,56	882,63
	II	19 179	264,53	1 534,32	1 726,11	II	19 179	54,97	1 393,44	1 567,62	—	1 252,48	1 409,04	—	1 113,20	1 252,35	—	979,52	1 101,96	—	851,76	958,23	—	729,84	821,07
	III	13 102	—	1 048,16	1 179,18	III	13 102	—	941,28	1 058,94	—	837,44	942,12	—	736,48	828,54	—	638,40	718,20	—	543,20	611,10	—	451,04	507,42
	V	25 614	1 030,30	2 049,12	2 305,26	IV	19 981	255,13	1 528,—	1 719,—	150,29	1 457,52	1 639,71	45,45	1 387,04	1 560,42	—	1 316,64	1 481,22	—	1 246,16	1 401,93	—	1 175,92	1 322,91
	VI	26 050	1 082,18	2 084,—	2 344,50																				
82 007,99 West	I,IV	19 943	355,45	1 595,44	1 794,87	I	19 943	145,77	1 454,48	1 636,29	—	1 313,60	1 477,80	—	1 172,96	1 319,58	—	1 036,72	1 166,31	—	906,40	1 019,70	—	781,92	879,66
	II	19 141	260,01	1 531,28	1 722,69	II	19 141	50,45	1 390,40	1 564,20	—	1 249,52	1 405,71	—	1 110,24	1 249,02	—	976,72	1 098,81	—	849,04	955,17	—	727,28	818,19
	III	13 074	—	1 045,92	1 176,66	III	13 074	—	939,04	1 056,42	—	835,20	939,60	—	734,24	826,02	—	636,32	715,86	—	541,28	608,94	—	449,12	505,26
	V	25 577	1 025,89	2 046,16	2 301,93	IV	19 943	250,61	1 524,96	1 715,58	145,77	1 454,48	1 636,29	41,05	1 384,08	1 557,09	—	1 313,60	1 477,80	—	1 243,12	1 398,51	—	1 172,96	1 319,58
	VI	26 012	1 077,66	2 080,96	2 341,08																				
82 007,99 Ost	I,IV	19 996	361,76	1 599,68	1 799,64	I	19 996	152,08	1 458,72	1 641,06	—	1 317,84	1 482,57	—	1 177,12	1 324,26	—	1 040,72	1 170,81	—	910,24	1 024,02	—	785,60	883,80
	II	19 194	266,32	1 535,52	1 727,46	II	19 194	56,76	1 394,64	1 568,97	—	1 253,68	1 410,39	—	1 114,32	1 253,61	—	980,64	1 103,22	—	852,80	959,40	—	730,80	822,15
	III	13 114	—	1 049,12	1 180,26	III	13 114	—	942,24	1 060,02	—	838,24	943,02	—	737,28	829,44	—	639,20	719,10	—	544,—	612,—	—	451,84	508,32
	V	25 630	1 032,20	2 050,40	2 306,70	IV	19 996	256,92	1 529,20	1 720,35	152,08	1 458,72	1 641,06	47,36	1 388,32	1 561,86	—	1 317,84	1 482,57	—	1 247,36	1 403,28	—	1 177,12	1 324,26
	VI	26 065	1 083,97	2 085,20	2 345,85																				
82 043,99 West	I,IV	19 957	357,11	1 596,56	1 796,13	I	19 957	147,44	1 455,60	1 637,55	—	1 314,72	1 479,06	—	1 174,—	1 320,75	—	1 037,76	1 167,48	—	907,36	1 020,78	—	782,88	880,74
	II	19 155	261,68	1 532,40	1 723,95	II	19 155	52,12	1 391,52	1 565,46	—	1 250,56	1 406,88	—	1 111,28	1 250,19	—	977,76	1 099,98	—	850,—	956,25	—	728,16	819,18
	III	13 084	—	1 046,72	1 177,56	III	13 084	—	939,84	1 057,32	—	836,—	940,50	—	735,04	826,92	—	636,96	716,58	—	541,92	609,66	—	449,92	506,16
	V	25 591	1 027,56	2 047,28	2 303,19	IV	19 957	252,28	1 526,08	1 716,84	147,44	1 455,60	1 637,55	42,60	1 385,12	1 558,26	—	1 314,72	1 479,06	—	1 244,24	1 399,77	—	1 174,—	1 320,75
	VI	26 026	1 079,33	2 082,08	2 342,34																				
82 043,99 Ost	I,IV	20 011	363,54	1 600,88	1 800,99	I	20 011	153,86	1 459,92	1 642,41	—	1 319,04	1 483,92	—	1 178,32	1 325,61	—	1 041,84	1 172,07	—	911,28	1 025,19	—	786,64	884,97
	II	19 210	268,22	1 536,80	1 728,90	II	19 210	58,54	1 395,84	1 570,32	—	1 254,96	1 411,83	—	1 115,52	1 254,96	—	981,76	1 104,48	—	853,84	960,57	—	731,84	823,32
	III	13 126	—	1 050,08	1 181,34	III	13 126	—	943,20	1 061,10	—	839,20	944,10	—	738,08	830,34	—	640,—	720,—	—	544,80	612,90	—	452,64	509,22
	V	25 645	1 033,99	2 051,60	2 308,05	IV	20 011	258,70	1 530,40	1 721,70	153,86	1 459,92	1 642,41	49,14	1 389,52	1 563,21	—	1 319,04	1 483,92	—	1 248,56	1 404,63	—	1 178,32	1 325,61
	VI	26 080	1 085,75	2 086,40	2 347,20																				
82 079,99 West	I,IV	19 971	358,78	1 597,68	1 797,39	I	19 971	149,10	1 456,72	1 638,81	—	1 315,84	1 480,32	—	1 175,12	1 322,01	—	1 038,80	1 168,65	—	908,40	1 021,95	—	783,84	881,82
	II	19 169	263,34	1 533,52	1 725,21	II	19 169	53,78	1 392,64	1 566,72	—	1 251,68	1 408,14	—	1 112,40	1 251,45	—	978,80	1 101,15	—	851,04	957,42	—	729,12	820,26
	III	13 094	—	1 047,52	1 178,46	III	13 094	—	940,64	1 058,22	—	836,80	941,40	—	735,84	827,82	—	637,76	717,48	—	542,72	610,56	—	450,56	506,88
	V	25 604	1 029,11	2 048,32	2 304,36	IV	19 971	253,94	1 527,20	1 718,10	149,10	1 456,72	1 638,81	44,26	1 386,24	1 559,52	—	1 315,84	1 480,32	—	1 245,36	1 401,03	—	1 175,12	1 322,01
	VI	26 040	1 080,99	2 083,20	2 343,60																				
82 079,99 Ost	I,IV	20 026	365,33	1 602,08	1 802,34	I	20 026	155,77	1 461,20	1 643,85	—	1 320,24	1 485,27	—	1 179,52	1 326,96	—	1 043,04	1 173,42	—	912,40	1 026,45	—	787,68	886,14
	II	19 225	270,01	1 538,—	1 730,25	II	19 225	60,33	1 397,04	1 571,67	—	1 256,16	1 413,18	—	1 116,72	1 256,31	—	982,88	1 105,74	—	854,96	961,83	—	732,88	824,49
	III	13 138	—	1 051,04	1 182,42	III	13 138	—	944,—	1 062,—	—	840,—	945,—	—	739,04	831,42	—	640,80	720,90	—	545,76	613,98	—	453,44	510,12
	V	25 660	1 035,77	2 052,80	2 309,40	IV	20 026	260,49	1 531,60	1 723,05	155,77	1 461,20	1 643,85	50,93	1 390,72	1 564,56	—	1 320,24	1 485,27	—	1 249,76	1 405,98	—	1 179,52	1 326,96
	VI	26 095	1 087,54	2 087,60	2 348,55																				
82 115,99 West	I,IV	19 985	360,45	1 598,80	1 798,65	I	19 985	150,77	1 457,84	1 640,07	—	1 316,96	1 481,58	—	1 176,24	1 323,27	—	1 039,92	1 169,91	—	909,44	1 023,12	—	784,80	882,90
	II	19 183	265,01	1 534,64	1 726,47	II	19 183	55,45	1 393,76	1 567,98	—	1 252,88	1 409,49	—	1 113,52	1 252,71	—	979,84	1 102,32	—	852,—	958,50	—	730,08	821,34
	III	13 106	—	1 048,48	1 179,54	III	13 106	—	941,60	1 059,30	—	837,60	942,30	—	736,64	828,72	—	638,56	718,38	—	543,52	611,46	—	451,36	507,78
	V	25 619	1 030,89	2 049,52	2 305,71	IV	19 985	255,61	1 528,32	1 719,36	150,77	1 457,84	1 640,07	46,05	1 387,44	1 560,87	—	1 316,96	1 481,58	—	1 246,48	1 402,29	—	1 176,24	1 323,27
	VI	26 054	1 082,66	2 084,32	2 344,86																				
82 115,99 Ost	I,IV	20 041	367,11	1 603,28	1 803,69	I	20 041	157,55	1 462,40	1 645,20	—	1 321,44	1 486,62	—	1 180,72	1 328,31	—	1 044,16	1 174,68	—	913,52	1 027,71	—	788,72	887,31
	II	19 240	271,79	1 539,20	1 731,60	II	19 240	62,11	1 398,24	1 573,02	—	1 257,36	1 414,53	—	1 117,84	1 257,57	—	984,—	1 107,—	—	856,—	963,—	—	733,92	825,66
	III	13 148	—	1 051,84	1 183,32	III	13 148	—	944,96	1 063,08	—	840,96	946,08	—	739,84	832,32	—	641,76	721,98	—	546,56	614,88	—	454,24	511,02
	V	25 675	1 037,56	2 054,—	2 310,75	IV	20 041	262,27	1 532,80	1 724,40	157,55	1 462,40	1 645,20	52,71	1 391,92	1 565,91	—	1 321,44	1 486,62	—	1 250,96	1 407,33	—	1 180,72	1 328,31
	VI	26 110	1 089,32	2 088,80	2 349,90																				
82 151,99 West	I,IV	19 999	362,11	1 599,92	1 799,91	I	19 999	152,43	1 458,96	1 641,33	—	1 318,08	1 482,84	—	1 177,36	1 324,53	—	1 040,96	1 171,08	—	910,40	1 024,20	—	785,76	883,98
	II	19 197	266,67	1 535,76	1 727,73	II	19 197	57,12	1 394,88	1 569,24	—	1 253,92	1 410,66	—	1 114,56	1 253,88	—	980,88	1 103,49	—	853,04	959,67	—	731,04	822,42
	III	13 116	—	1 049,28	1 180,44	III	13 116	—	942,40	1 060,20	—	838,40	943,20	—	737,44	829,62	—	639,36	719,28	—	544,16	612,18	—	452,—	508,50
	V	25 633	1 032,56	2 050,64	2 306,97	IV	19 999	257,27	1 529,44	1 720,62	152,43	1 458,96	1 641,33	47,60	1 388,48	1 562,04	—	1 318,08	1 482,84	—	1 247,60	1 403,55	—	1 177,36	1 324,53
	VI	26 068	1 084,32	2 085,44	2 346,12																				
82 151,99 Ost	I,IV	20 056	368,90	1 604,48	1 805,04	I	20 056	159,34	1 463,60	1 646,55	—	1 322,64	1 487,97	—	1 181,92	1 329,66	—	1 045,28	1 175,94	—	914,64	1 028,97	—	789,76	888,48
	II	19 255	273,58	1 540,40	1 732,95	II	19 255	63,90	1 399,44	1 574,37	—	1 258,56	1 415,88	—	1 119,04	1 258,92	—	985,12	1 108,26	—	857,12	964,26	—	734,96	826,83
	III	13 160	—	1 052,80	1 184,40	III	13 160	—	945,92	1 064,16	—	841,76	946,98	—	740,64	833,22	—	642,56	722,88	—	547,36	615,78	—	455,04	511,92
	V	25 690	1 039,34	2 055,20	2 312,10	IV	20 056	264,06	1 534,—	1 725,75	159,34	1 463,60	1 646,55	54,50	1 393,12	1 567,26	—	1 322,64	1 487,97	—	1 252,24	1 408,77	—	1 181,92	1 329,66
	VI	26 125	1 091,11	2 090,—	2 351,25																				
82 187,99 West	I,IV	20 013	363,78	1 601,04	1 801,17	I	20 013	154,10	1 460,08	1 642,59	—	1 319,20	1 484,10	—	1 178,48	1 325,79	—	1 042,—	1 172,25	—	911,44	1 025,37	—	786,72	885,06
	II	19 211	268,34	1 536,88	1 728,99	II	19 211	58,78	1 396,—	1 570,50	—	1 255,04	1 411,92	—	1 115,68	1 255,14	—	981,84	1 104,57	—	854,—	960,75	—	732,—	823,50
	III	13 126	—	1 050,08	1 181,34	III	13 126	—	943,20	1 061,10	—	839,20	944,10	—	738,24	830,52	—	640,16	720,18	—	544,96	613,08	—	452,80	509,40
	V	25 646	1 034,11	2 051,68	2 308,14	IV	20 013	258,94	1 530,56	1 721,88	154,10	1 460,08	1 642,59	49,26	1 389,60	1 563,30	—	1 319,20	1 484,10	—	1 248,72	1 404,81	—	1 178,48	1 325,79
	VI	26 082	1 085,99	2 086,56	2 347,38																				
82 187,99 Ost	I,IV	20 071	370,68	1 605,68	1 806,39	I	20 071	161,12	1 464,80	1 647,90	—	1 323,84	1 489,32	—	1 183,12	1 331,01	—	1 046,48	1 177,29	—	915,68	1 030,14	—	790,80	889,65
	II	19 270	275,36	1 541,60	1 734,30	II	19 270	65,80	1 400,72	1 575,81	—	1 259,76	1 417,23	—	1 120,24	1 260,27	—	986,24	1 109,52	—	858,16	965,43	—	735,92	827,91
	III	13 172	—	1 053,76	1 185,48	III	13 172	—	946,72	1 065,06	—	842,72	948,06	—	741,60	834,30	—	643,36	723,78	—	548,16	616,68	—	455,84	512,82
	V	25 705	1 041,13	2 056,40	2 313,45	IV	20 071	265,96	1 535,28	1 727,19	161,12	1 464,80	1 647,90	56,28	1 394,32	1 568,61	—	1 323,84	1 489,32	—	1 253,44	1 410,12	—	1 183,12	1 331,01
	VI	26 140	1 092,89	2 091,20	2 352,60																				
82 223,99 West	I,IV	20 026	365,33	1 602,08	1 802,34	I	20 026	155,77	1 461,20	1 643,85	—	1 320,24	1 485,27	—	1 179,52	1 326,96	—	1 043,04	1 173,42	—	912,48	1 026,54	—	787,68	886,14
	II	19 225	270,01	1 538,—	1 730,25	II	19 225	60,45	1 397,12	1 571,76	—	1 256,16	1 413,18	—	1 116,72	1 256,31	—	982,88	1 105,74	—	854,96	961,83	—	732,88	824,49
	III	13 138	—	1 051,04	1 182,42	III	13 138	—	944,—	1 062,—	—	840,—	945,—	—	739,04	831,42	—	640,80	720,90	—	545,76	613,98	—	453,44	510,12
	V	25 660	1 035,77	2 052,80	2 309,40	IV	20 026	260,61	1 531,68	1 723,14	155,77	1 461,20	1 643,85	50,93	1 390,72	1 564,56	—	1 320,24	1 485,27	—	1 249,84	1 406,07	—	1 179,52	1 326,96
	VI	26 095	1 087,54	2 087,60	2 348,55																				
82 223,99 Ost	I,IV	20 086	372,47	1 606,88	1 807,74	I	20 086	162,91	1 466,—	1 649,25	—	1 325,12	1 490,76	—	1 184,32	1 332,36	—	1 047,60	1 178,55	—	916,80	1 031,40	—	791,84	890,82
	II	19 285	277,15	1 542,80	1 735,65	II	19 285	67,59	1 401,92	1 577,16	—	1 260,96	1 418,58	—	1 121,36	1 261,53	—	987,36	1 110,78	—	859,20	966,60	—	736,96	829,08
	III	13 184	—	1 054,72	1 186,56	III	13 184	—	947,68	1 066,14	—	843,52	948,96	—	742,40	835,20	—	644,16	724,68	—	548,96	617,58	—	456,48	513,54
	V	25 720	1 042,91	2 057,60	2 314,80	IV	20 086	267,75	1 536,48	1 728,54	162,91	1 466,—	1 649,25	58,07	1 395,52	1 569,96	—	1 325,12	1 490,76	—	1 254,64	1 411,47	—	1 184,32	1 332,36
	VI	26 155	1 094,68	2 092,40	2 353,95																				

*** Die ausgewiesenen Tabellenwerte sind amtlich. Siehe Erläuterungen auf der Umschlaginnenseite (U2).**

JAHR 82 224,–*

Abzüge an Lohnsteuer, Solidaritätszuschlag (SolZ) und Kirchensteuer (8%, 9%) in den Steuerklassen

Lohn/Gehalt bis €*	I – VI		ohne Kinderfreibeträge			I, II, III, IV		mit Zahl der Kinderfreibeträge . . . 0,5			1			1,5			2			2,5			3		
		LSt	SolZ	8%	9%		LSt	SolZ	8%	9%	SolZ	8%	9%	SolZ	8%	9%	SolZ	8%	9%	SolZ	8%	9%	SolZ	8%	9%
82 259,99 West	I,IV	20 040	366,99	1 603,20	1 803,60	I	20 040	157,43	1 462,32	1 645,11	–	1 321,36	1 486,53	–	1 180,64	1 328,22	–	1 044,08	1 174,59	–	913,44	1 027,62	–	788,64	887,22
	II	19 239	271,67	1 539,12	1 731,51	II	19 239	61,99	1 398,16	1 572,93	–	1 257,28	1 414,44	–	1 117,84	1 257,57	–	983,92	1 106,91	–	855,92	962,91	–	733,84	825,57
	III	13 148	–	1 051,84	1 183,32	III	13 148	–	944,96	1 063,08	–	840,80	945,90	–	739,84	832,32	–	641,60	721,80	–	546,40	614,70	–	454,24	511,02
	V	25 674	1 037,44	2 053,92	2 310,66	IV	20 040	262,27	1 532,80	1 724,40	157,43	1 462,32	1 645,11	52,59	1 391,84	1 565,82	–	1 321,36	1 486,53	–	1 250,96	1 407,33	–	1 180,64	1 328,22
	VI	26 109	1 089,20	2 088,72	2 349,81																				
82 259,99 Ost	I,IV	20 102	374,37	1 608,16	1 809,18	I	20 102	164,69	1 467,20	1 650,60	–	1 326,32	1 492,11	–	1 185,52	1 333,71	–	1 048,80	1 179,90	–	917,92	1 032,66	–	792,88	891,99
	II	19 300	278,93	1 544,–	1 737,–	II	19 300	69,37	1 403,12	1 578,51	–	1 262,16	1 419,93	–	1 122,56	1 262,88	–	988,48	1 112,04	–	860,32	967,86	–	738,–	830,25
	III	13 196	–	1 055,68	1 187,64	III	13 196	–	948,64	1 067,22	–	844,48	950,04	–	743,20	836,10	–	644,96	725,58	–	549,76	618,48	–	457,28	514,44
	V	25 735	1 044,70	2 058,80	2 316,15	IV	20 102	269,53	1 537,68	1 729,89	164,69	1 467,20	1 650,60	59,85	1 396,72	1 571,31	–	1 326,32	1 492,11	–	1 255,84	1 412,82	–	1 185,52	1 333,71
	VI	26 171	1 096,58	2 093,68	2 355,39																				
82 295,99 West	I,IV	20 054	368,66	1 604,32	1 804,86	I	20 054	159,10	1 463,44	1 646,37	–	1 322,48	1 487,79	–	1 181,76	1 329,48	–	1 045,12	1 175,76	–	914,48	1 028,79	–	789,60	888,30
	II	19 253	273,34	1 540,24	1 732,77	II	19 253	63,66	1 399,28	1 574,19	–	1 258,40	1 415,70	–	1 118,88	1 258,74	–	984,96	1 108,08	–	856,96	964,08	–	734,80	826,65
	III	13 158	–	1 052,64	1 184,22	III	13 158	–	945,76	1 063,98	–	841,60	946,80	–	740,48	833,04	–	642,40	722,70	–	547,20	615,60	–	454,88	511,74
	V	25 688	1 039,10	2 055,04	2 311,92	IV	20 054	263,82	1 533,84	1 725,57	159,10	1 463,44	1 646,37	54,26	1 392,96	1 567,08	–	1 322,48	1 487,79	–	1 252,–	1 408,50	–	1 181,76	1 329,48
	VI	26 123	1 090,87	2 089,84	2 351,07																				
82 295,99 Ost	I,IV	20 117	376,15	1 609,36	1 810,53	I	20 117	166,48	1 468,40	1 651,95	–	1 327,52	1 493,46	–	1 186,72	1 335,06	–	1 049,92	1 181,16	–	918,96	1 033,83	–	794,–	893,25
	II	19 315	280,72	1 545,20	1 738,35	II	19 315	71,16	1 404,32	1 579,86	–	1 263,36	1 421,28	–	1 123,76	1 264,23	–	989,60	1 113,30	–	861,36	969,03	–	739,04	831,42
	III	13 206	–	1 056,48	1 188,54	III	13 206	–	949,44	1 068,12	–	845,28	950,94	–	744,16	837,18	–	645,92	726,66	–	550,56	619,38	–	458,08	515,34
	V	25 751	1 046,60	2 060,08	2 317,59	IV	20 117	271,32	1 538,88	1 731,24	166,48	1 468,40	1 651,95	61,64	1 397,92	1 572,66	–	1 327,52	1 493,46	–	1 257,04	1 414,17	–	1 186,72	1 335,06
	VI	26 186	1 098,37	2 094,88	2 356,74																				
82 331,99 West	I,IV	20 068	370,32	1 605,44	1 806,12	I	20 068	160,76	1 464,56	1 647,63	–	1 323,60	1 489,05	–	1 182,88	1 330,74	–	1 046,24	1 177,02	–	915,52	1 029,96	–	790,64	889,47
	II	19 267	275,–	1 541,36	1 734,03	II	19 267	65,45	1 400,48	1 575,54	–	1 259,52	1 416,96	–	1 120,–	1 260,–	–	986,–	1 109,25	–	857,92	965,16	–	735,76	827,73
	III	13 170	–	1 053,60	1 185,30	III	13 170	–	946,56	1 064,88	–	842,56	947,88	–	741,28	833,94	–	643,20	723,60	–	547,84	616,32	–	455,68	512,64
	V	25 702	1 040,77	2 056,16	2 313,18	IV	20 068	265,60	1 535,04	1 726,92	160,76	1 464,56	1 647,63	55,93	1 394,08	1 568,34	–	1 323,60	1 489,05	–	1 253,20	1 409,85	–	1 182,88	1 330,74
	VI	26 137	1 092,53	2 090,96	2 352,33																				
82 331,99 Ost	I,IV	20 132	377,94	1 610,56	1 811,88	I	20 132	168,26	1 469,60	1 653,30	–	1 328,72	1 494,81	–	1 187,92	1 336,41	–	1 051,04	1 182,42	–	920,08	1 035,09	–	795,04	894,42
	II	19 330	282,50	1 546,40	1 739,70	II	19 330	72,94	1 405,52	1 581,21	–	1 264,64	1 422,72	–	1 124,88	1 265,49	–	990,72	1 114,56	–	862,48	970,29	–	740,08	832,59
	III	13 218	–	1 057,44	1 189,62	III	13 218	–	950,40	1 069,20	–	846,24	952,02	–	744,96	838,08	–	646,72	727,56	–	551,36	620,28	–	458,88	516,24
	V	25 766	1 048,39	2 061,28	2 318,94	IV	20 132	273,10	1 540,08	1 732,59	168,26	1 469,60	1 653,30	63,54	1 399,20	1 574,10	–	1 328,72	1 494,81	–	1 258,24	1 415,52	–	1 187,92	1 336,41
	VI	26 201	1 100,15	2 096,08	2 358,09																				
82 367,99 West	I,IV	20 082	371,99	1 606,56	1 807,38	I	20 082	162,43	1 465,68	1 648,89	–	1 324,72	1 490,31	–	1 184,–	1 332,–	–	1 047,28	1 178,19	–	916,48	1 031,04	–	791,60	890,55
	II	19 281	276,67	1 542,48	1 735,29	II	19 281	66,99	1 401,52	1 576,71	–	1 260,64	1 418,22	–	1 121,04	1 261,17	–	987,04	1 110,42	–	858,96	966,33	–	736,72	828,81
	III	13 180	–	1 054,40	1 186,20	III	13 180	–	947,36	1 065,78	–	843,36	948,78	–	742,24	835,02	–	644,–	724,50	–	548,64	617,22	–	456,32	513,36
	V	25 716	1 042,44	2 057,28	2 314,44	IV	20 082	267,27	1 536,16	1 728,18	162,43	1 465,68	1 648,89	57,59	1 395,20	1 569,60	–	1 324,72	1 490,31	–	1 254,32	1 411,11	–	1 184,–	1 332,–
	VI	26 151	1 094,20	2 092,08	2 353,59																				
82 367,99 Ost	I,IV	20 147	379,72	1 611,76	1 813,23	I	20 147	170,05	1 470,80	1 654,65	–	1 329,92	1 496,16	–	1 189,12	1 337,76	–	1 052,24	1 183,77	–	921,20	1 036,35	–	796,08	895,59
	II	19 346	284,41	1 547,68	1 741,14	II	19 346	74,73	1 406,72	1 582,56	–	1 265,84	1 424,07	–	1 126,08	1 266,84	–	991,84	1 115,82	–	863,52	971,46	–	741,04	833,67
	III	13 230	–	1 058,40	1 190,70	III	13 230	–	951,36	1 070,28	–	847,04	952,92	–	745,76	838,98	–	647,52	728,46	–	552,16	621,18	–	459,68	517,14
	V	25 781	1 050,17	2 062,48	2 320,29	IV	20 147	274,89	1 541,28	1 733,94	170,05	1 470,80	1 654,65	65,33	1 400,40	1 575,45	–	1 329,92	1 496,16	–	1 259,44	1 416,87	–	1 189,12	1 337,76
	VI	26 216	1 101,94	2 097,28	2 359,44																				
82 403,99 West	I,IV	20 096	373,66	1 607,68	1 808,64	I	20 096	164,10	1 466,80	1 650,15	–	1 325,84	1 491,57	–	1 185,04	1 333,17	–	1 048,32	1 179,36	–	917,52	1 032,21	–	792,56	891,63
	II	19 295	278,34	1 543,60	1 736,55	II	19 295	68,66	1 402,64	1 577,97	–	1 261,76	1 419,48	–	1 122,16	1 262,43	–	988,08	1 111,59	–	859,92	967,41	–	737,60	829,80
	III	13 190	–	1 055,20	1 187,10	III	13 190	–	948,16	1 066,68	–	844,16	949,68	–	742,88	835,74	–	644,64	725,22	–	549,44	618,12	–	456,96	514,08
	V	25 730	1 044,10	2 058,40	2 315,70	IV	20 096	268,82	1 537,20	1 729,35	164,10	1 466,80	1 650,15	59,26	1 396,32	1 570,86	–	1 325,84	1 491,57	–	1 255,36	1 412,28	–	1 185,04	1 333,17
	VI	26 165	1 095,87	2 093,20	2 354,85																				
82 403,99 Ost	I,IV	20 162	381,51	1 612,96	1 814,58	I	20 162	171,95	1 472,08	1 656,09	–	1 331,12	1 497,51	–	1 190,32	1 339,11	–	1 053,36	1 185,03	–	922,32	1 037,61	–	797,12	896,76
	II	19 361	286,19	1 548,88	1 742,49	II	19 361	76,51	1 407,92	1 583,91	–	1 267,04	1 425,42	–	1 127,28	1 268,19	–	993,04	1 117,17	–	864,64	972,72	–	742,08	834,84
	III	13 242	–	1 059,36	1 191,78	III	13 242	–	952,16	1 071,18	–	848,–	954,–	–	746,72	840,06	–	648,32	729,36	–	552,96	622,08	–	460,48	518,04
	V	25 796	1 051,96	2 063,68	2 321,64	IV	20 162	276,67	1 542,48	1 735,29	171,95	1 472,08	1 656,09	67,11	1 401,60	1 576,80	–	1 331,12	1 497,51	–	1 260,64	1 418,22	–	1 190,32	1 339,11
	VI	26 231	1 103,72	2 098,48	2 360,79																				
82 439,99 West	I,IV	20 110	375,32	1 608,80	1 809,90	I	20 110	165,76	1 467,92	1 651,41	–	1 326,96	1 492,83	–	1 186,16	1 334,43	–	1 049,44	1 180,62	–	918,48	1 033,29	–	793,52	892,71
	II	19 309	280,–	1 544,72	1 737,81	II	19 309	70,32	1 403,76	1 579,23	–	1 262,88	1 420,74	–	1 123,20	1 263,60	–	989,12	1 112,76	–	860,88	968,49	–	738,56	830,88
	III	13 202	–	1 056,16	1 188,18	III	13 202	–	949,12	1 067,76	–	844,96	950,58	–	743,68	836,64	–	645,44	726,12	–	550,08	618,84	–	457,76	514,98
	V	25 744	1 045,77	2 059,52	2 316,96	IV	20 110	270,48	1 538,32	1 730,61	165,76	1 467,92	1 651,41	60,92	1 397,44	1 572,12	–	1 326,96	1 492,83	–	1 256,48	1 413,54	–	1 186,16	1 334,43
	VI	26 179	1 097,53	2 094,32	2 356,11																				
82 439,99 Ost	I,IV	20 177	383,29	1 614,16	1 815,93	I	20 177	173,74	1 473,28	1 657,44	–	1 332,32	1 498,86	–	1 191,52	1 340,46	–	1 054,48	1 186,29	–	923,36	1 038,78	–	798,16	897,93
	II	19 376	287,98	1 550,08	1 743,84	II	19 376	78,30	1 409,12	1 585,26	–	1 268,24	1 426,77	–	1 128,48	1 269,54	–	994,16	1 118,43	–	865,68	973,89	–	743,12	836,01
	III	13 254	–	1 060,32	1 192,86	III	13 254	–	953,12	1 072,26	–	848,80	954,90	–	747,52	840,96	–	649,12	730,26	–	553,76	622,98	–	461,28	518,94
	V	25 811	1 053,74	2 064,88	2 322,99	IV	20 177	278,46	1 543,68	1 736,64	173,74	1 473,28	1 657,44	68,90	1 402,80	1 578,15	–	1 332,32	1 498,86	–	1 261,84	1 419,57	–	1 191,52	1 340,46
	VI	26 246	1 105,51	2 099,68	2 362,14																				
82 475,99 West	I,IV	20 124	376,99	1 609,92	1 811,16	I	20 124	167,31	1 468,96	1 652,58	–	1 328,08	1 494,09	–	1 187,28	1 335,69	–	1 050,48	1 181,79	–	919,52	1 034,46	–	794,48	893,79
	II	19 322	281,55	1 545,76	1 738,98	II	19 322	71,99	1 404,88	1 580,49	–	1 264,–	1 422,–	–	1 124,32	1 264,86	–	990,16	1 113,93	–	861,92	969,66	–	739,52	831,96
	III	13 212	–	1 056,96	1 189,08	III	13 212	–	949,92	1 068,66	–	845,76	951,48	–	744,48	837,54	–	646,24	727,02	–	550,88	619,74	–	458,40	515,70
	V	25 758	1 047,43	2 060,64	2 318,22	IV	20 124	272,15	1 539,44	1 731,87	167,31	1 468,96	1 652,58	62,59	1 398,56	1 573,38	–	1 328,08	1 494,09	–	1 257,60	1 414,80	–	1 187,28	1 335,69
	VI	26 193	1 099,20	2 095,44	2 357,37																				
82 475,99 Ost	I,IV	20 192	385,08	1 615,36	1 817,28	I	20 192	175,52	1 474,48	1 658,79	–	1 333,52	1 500,21	–	1 192,72	1 341,81	–	1 055,68	1 187,64	–	924,48	1 040,04	–	799,20	899,10
	II	19 391	289,76	1 551,28	1 745,19	II	19 391	80,08	1 410,32	1 586,61	–	1 269,44	1 428,12	–	1 129,60	1 270,80	–	995,28	1 119,69	–	866,80	975,15	–	744,16	837,18
	III	13 266	–	1 061,28	1 193,94	III	13 266	–	954,08	1 073,34	–	849,76	955,98	–	748,32	841,86	–	649,92	731,16	–	554,56	623,88	–	462,08	519,84
	V	25 826	1 055,53	2 066,08	2 324,34	IV	20 192	280,36	1 544,96	1 738,08	175,52	1 474,48	1 658,79	70,68	1 404,–	1 579,50	–	1 333,52	1 500,21	–	1 263,12	1 421,01	–	1 192,72	1 341,81
	VI	26 261	1 107,29	2 100,88	2 363,49																				
82 511,99 West	I,IV	20 138	378,65	1 611,04	1 812,42	I	20 138	169,09	1 470,16	1 653,93	–	1 329,20	1 495,35	–	1 188,40	1 336,95	–	1 051,52	1 182,96	–	920,56	1 035,63	–	795,44	894,87
	II	19 337	283,33	1 546,96	1 740,33	II	19 337	73,66	1 406,–	1 581,75	–	1 265,12	1 423,26	–	1 125,44	1 266,12	–	991,20	1 115,10	–	862,88	970,74	–	740,48	833,04
	III	13 224	–	1 057,92	1 190,16	III	13 224	–	950,72	1 069,56	–	846,56	952,38	–	745,28	838,44	–	647,04	727,92	–	551,68	620,64	–	459,20	516,60
	V	25 772	1 049,10	2 061,76	2 319,48	IV	20 138	273,81	1 540,56	1 733,13	169,09	1 470,16	1 653,93	64,26	1 399,68	1 574,64	–	1 329,20	1 495,35	–	1 258,72	1 416,06	–	1 188,40	1 336,95
	VI	26 207	1 100,86	2 096,56	2 358,63																				
82 511,99 Ost	I,IV	20 207	386,86	1 616,56	1 818,63	I	20 207	177,31	1 475,68	1 660,14	–	1 334,72	1 501,56	–	1 193,92	1 343,16	–	1 056,80	1 188,90	–	925,60	1 041,30	–	800,24	900,27
	II	19 406	291,55	1 552,48	1 746,54	II	19 406	81,99	1 411,60	1 588,05	–	1 270,64	1 429,47	–	1 130,80	1 272,15	–	996,40	1 120,95	–	867,84	976,32	–	745,20	838,35
	III	13 276	–	1 062,08	1 194,84	III	13 276	–	954,88	1 074,24	–	850,56	956,88	–	749,28	842,94	–	650,88	732,24	–	555,36	624,78	–	462,88	520,74
	V	25 841	1 057,31	2 067,28	2 325,69	IV	20 207	282,14	1 546,16	1 739,43	177,31	1 475,68	1 660,14	72,47	1 405,20	1 580,85	–	1 334,72	1 501,56	–	1 264,32	1 422,36	–	1 193,92	1 343,16
	VI	26 276	1 109,08	2 102,08	2 364,84																				

* Die ausgewiesenen Tabellenwerte sind amtlich. Siehe Erläuterungen auf der Umschlaginnenseite (U2).

Abzüge an Lohnsteuer, Solidaritätszuschlag (SolZ) und Kirchensteuer (8%, 9%) in den Steuerklassen

Lohn/ Gehalt bis €*	I – VI	LSt	ohne Kinderfreibeträge SolZ	8%	9%	I, II, III, IV	LSt	mit Zahl der Kinderfreibeträge . . . 0,5 SolZ	0,5 8%	0,5 9%	1 SolZ	1 8%	1 9%	1,5 SolZ	1,5 8%	1,5 9%	2 SolZ	2 8%	2 9%	2,5 SolZ	2,5 8%	2,5 9%	3 SolZ	3 8%	3 9%
82 547,99 West	I,IV	20 152	380,32	1 612,16	1 813,68	I	20 152	170,76	1 471,28	1 655,19	–	1 330,32	1 496,61	–	1 189,52	1 338,21	–	1 052,56	1 184,13	–	921,60	1 036,80	–	796,40	895,95
	II	19 351	285,–	1 548,08	1 741,59	II	19 351	75,32	1 407,12	1 583,01	–	1 266,24	1 424,52	–	1 126,48	1 267,29	–	992,24	1 116,27	–	863,92	971,91	–	741,44	834,12
	III	13 234	–	1 058,72	1 191,06	III	13 234	–	951,52	1 070,46	–	847,36	953,28	–	746,08	839,34	–	647,84	728,82	–	552,32	621,36	–	460,–	517,50
	V	25 786	1 050,77	2 062,88	2 320,74	IV	20 152	275,48	1 541,68	1 734,39	170,76	1 471,28	1 655,19	65,92	1 400,80	1 575,90	–	1 330,32	1 496,61	–	1 259,84	1 417,32	–	1 189,52	1 338,21
	VI	26 221	1 102,53	2 097,68	2 359,89																				
82 547,99 Ost	I,IV	20 223	388,77	1 617,84	1 820,07	I	20 223	179,09	1 476,88	1 661,49	–	1 336,–	1 503,–	–	1 195,12	1 344,51	–	1 058,–	1 190,25	–	926,72	1 042,56	–	801,28	901,44
	II	19 421	293,33	1 553,68	1 747,89	II	19 421	83,77	1 412,80	1 589,40	–	1 271,84	1 430,82	–	1 132,–	1 273,50	–	997,52	1 122,21	–	868,96	977,58	–	746,24	839,52
	III	13 288	–	1 063,04	1 195,92	III	13 288	–	955,84	1 075,32	–	851,52	957,96	–	750,08	843,84	–	651,68	733,14	–	556,16	625,68	–	463,52	521,46
	V	25 856	1 059,10	2 068,48	2 327,04	IV	20 223	283,93	1 547,36	1 740,78	179,09	1 476,88	1 661,49	74,25	1 406,40	1 582,20	–	1 336,–	1 503,–	–	1 265,52	1 423,71	–	1 195,12	1 344,51
	VI	26 292	1 110,98	2 103,36	2 366,28																				
82 583,99 West	I,IV	20 166	381,99	1 613,28	1 814,94	I	20 166	172,31	1 472,32	1 656,36	–	1 331,44	1 497,87	–	1 190,64	1 339,47	–	1 053,68	1 185,39	–	922,56	1 037,88	–	797,36	897,03
	II	19 364	286,55	1 549,12	1 742,76	II	19 364	76,99	1 408,24	1 584,27	–	1 267,36	1 425,78	–	1 127,60	1 268,55	–	993,28	1 117,44	–	864,88	972,99	–	742,32	835,11
	III	13 244	–	1 059,52	1 191,96	III	13 244	–	952,32	1 071,36	–	848,16	954,18	–	746,88	840,24	–	648,48	729,54	–	553,12	622,26	–	460,64	518,22
	V	25 800	1 052,43	2 064,–	2 322,–	IV	20 166	277,15	1 542,80	1 735,65	172,31	1 472,32	1 656,36	67,59	1 401,92	1 577,16	–	1 331,44	1 497,87	–	1 260,96	1 418,58	–	1 190,64	1 339,47
	VI	26 235	1 104,20	2 098,80	2 361,15																				
82 583,99 Ost	I,IV	20 238	390,55	1 619,04	1 821,42	I	20 238	180,88	1 478,08	1 662,84	–	1 337,20	1 504,35	–	1 196,32	1 345,86	–	1 059,12	1 191,51	–	927,76	1 043,73	–	802,40	902,70
	II	19 436	295,12	1 554,88	1 749,24	II	19 436	85,56	1 414,–	1 590,75	–	1 273,04	1 432,17	–	1 133,20	1 274,85	–	998,64	1 123,47	–	870,–	978,75	–	747,20	840,60
	III	13 300	–	1 064,–	1 197,–	III	13 300	–	956,80	1 076,40	–	852,32	958,86	–	751,04	844,92	–	652,48	734,04	–	556,96	626,58	–	464,32	522,36
	V	25 872	1 061,–	2 069,76	2 328,48	IV	20 238	285,71	1 548,56	1 742,13	180,88	1 478,08	1 662,84	76,04	1 407,60	1 583,55	–	1 337,20	1 504,35	–	1 266,72	1 425,06	–	1 196,32	1 345,86
	VI	26 307	1 112,76	2 104,56	2 367,63																				
82 619,99 West	I,IV	20 180	383,65	1 614,40	1 816,20	I	20 180	173,97	1 473,44	1 657,62	–	1 332,56	1 499,13	–	1 191,68	1 340,64	–	1 054,72	1 186,56	–	923,60	1 039,05	–	798,32	898,11
	II	19 378	288,21	1 550,24	1 744,02	II	19 378	78,65	1 409,36	1 585,53	–	1 268,40	1 426,95	–	1 128,64	1 269,72	–	994,32	1 118,61	–	865,84	974,07	–	743,28	836,19
	III	13 256	–	1 060,48	1 193,04	III	13 256	–	953,28	1 072,44	–	848,96	955,08	–	747,68	841,14	–	649,28	730,44	–	553,92	623,16	–	461,44	519,12
	V	25 814	1 054,10	2 065,12	2 323,26	IV	20 180	278,81	1 543,92	1 736,91	173,97	1 473,44	1 657,62	69,13	1 402,96	1 578,33	–	1 332,56	1 499,13	–	1 262,08	1 419,84	–	1 191,68	1 340,64
	VI	26 249	1 105,86	2 099,92	2 362,41																				
82 619,99 Ost	I,IV	20 253	392,34	1 620,24	1 822,77	I	20 253	182,66	1 479,28	1 664,19	–	1 338,40	1 505,70	–	1 197,52	1 347,21	–	1 060,24	1 192,77	–	928,88	1 044,99	–	803,44	903,87
	II	19 451	296,90	1 556,08	1 750,59	II	19 451	87,34	1 415,20	1 592,10	–	1 274,24	1 433,52	–	1 134,32	1 276,11	–	999,76	1 124,73	–	871,12	980,01	–	748,24	841,77
	III	13 312	–	1 064,96	1 198,08	III	13 312	–	957,60	1 077,30	–	853,28	959,94	–	751,84	845,82	–	653,28	734,94	–	557,76	627,48	–	465,12	523,26
	V	25 887	1 062,78	2 070,96	2 329,83	IV	20 253	287,50	1 549,76	1 743,48	182,66	1 479,28	1 664,19	77,94	1 408,88	1 584,99	–	1 338,40	1 505,70	–	1 267,92	1 426,41	–	1 197,52	1 347,21
	VI	26 322	1 114,55	2 105,76	2 368,98																				
82 655,99 West	I,IV	20 194	385,32	1 615,52	1 817,46	I	20 194	175,64	1 474,56	1 658,88	–	1 333,68	1 500,39	–	1 192,80	1 341,90	–	1 055,76	1 187,73	–	924,56	1 040,13	–	799,28	899,19
	II	19 392	289,88	1 551,36	1 745,28	II	19 392	80,32	1 410,48	1 586,79	–	1 269,52	1 428,21	–	1 129,76	1 270,98	–	995,36	1 119,78	–	866,88	975,24	–	744,24	837,27
	III	13 266	–	1 061,28	1 193,94	III	13 266	–	954,08	1 073,34	–	849,76	955,98	–	748,48	842,04	–	650,08	731,34	–	554,56	623,88	–	462,08	519,84
	V	25 827	1 055,64	2 066,16	2 324,43	IV	20 194	280,48	1 545,04	1 738,17	175,64	1 474,56	1 658,88	70,80	1 404,08	1 579,59	–	1 333,68	1 500,39	–	1 263,20	1 421,10	–	1 192,80	1 341,90
	VI	26 263	1 107,53	2 101,04	2 363,67																				
82 655,99 Ost	I,IV	20 268	394,12	1 621,44	1 824,12	I	20 268	184,45	1 480,48	1 665,54	–	1 339,60	1 507,05	–	1 198,72	1 348,56	–	1 061,44	1 194,12	–	930,–	1 046,25	–	804,48	905,04
	II	19 467	298,80	1 557,36	1 752,03	II	19 467	89,13	1 416,40	1 593,45	–	1 275,52	1 434,96	–	1 135,52	1 277,46	–	1 000,88	1 125,99	–	872,16	981,18	–	749,28	842,94
	III	13 324	–	1 065,92	1 199,16	III	13 324	–	958,56	1 078,38	–	854,08	960,84	–	752,64	846,72	–	654,24	736,02	–	558,56	628,38	–	465,92	524,16
	V	25 902	1 064,57	2 072,16	2 331,18	IV	20 268	289,28	1 550,96	1 744,83	184,45	1 480,48	1 665,54	79,73	1 410,08	1 586,34	–	1 339,60	1 507,05	–	1 269,12	1 427,76	–	1 198,72	1 348,56
	VI	26 337	1 116,33	2 106,96	2 370,33																				
82 691,99 West	I,IV	20 208	386,98	1 616,64	1 818,72	I	20 208	177,31	1 475,68	1 660,14	–	1 334,80	1 501,65	–	1 193,92	1 343,16	–	1 056,88	1 188,99	–	925,60	1 041,30	–	800,32	900,36
	II	19 406	291,55	1 552,48	1 746,54	II	19 406	81,99	1 411,60	1 588,05	–	1 270,72	1 429,56	–	1 130,88	1 272,24	–	996,40	1 120,95	–	867,84	976,32	–	745,20	838,35
	III	13 276	–	1 062,08	1 194,84	III	13 276	–	954,88	1 074,24	–	850,56	956,88	–	749,28	842,94	–	650,88	732,24	–	555,36	624,78	–	462,88	520,74
	V	25 842	1 057,43	2 067,36	2 325,78	IV	20 208	282,14	1 546,16	1 739,43	177,31	1 475,68	1 660,14	72,59	1 405,28	1 580,94	–	1 334,80	1 501,65	–	1 264,32	1 422,36	–	1 193,92	1 343,16
	VI	26 277	1 109,19	2 102,16	2 364,93																				
82 691,99 Ost	I,IV	20 283	395,91	1 622,64	1 825,47	I	20 283	186,35	1 481,76	1 666,98	–	1 340,80	1 508,40	–	1 199,92	1 349,91	–	1 062,56	1 195,38	–	931,12	1 047,51	–	805,52	906,21
	II	19 482	300,59	1 558,56	1 753,38	II	19 482	90,91	1 417,60	1 594,80	–	1 276,72	1 436,31	–	1 136,72	1 278,81	–	1 002,–	1 127,25	–	873,28	982,44	–	750,32	844,11
	III	13 336	–	1 066,88	1 200,24	III	13 336	–	959,52	1 079,46	–	855,04	961,92	–	753,60	847,80	–	655,04	736,92	–	559,36	629,28	–	466,72	525,06
	V	25 917	1 066,35	2 073,36	2 332,53	IV	20 283	291,07	1 552,16	1 746,18	186,35	1 481,76	1 666,98	81,51	1 411,28	1 587,69	–	1 340,80	1 508,40	–	1 270,32	1 429,11	–	1 199,92	1 349,91
	VI	26 352	1 118,12	2 108,16	2 371,68																				
82 727,99 West	I,IV	20 222	388,65	1 617,76	1 819,98	I	20 222	178,97	1 476,80	1 661,40	–	1 335,92	1 502,91	–	1 195,04	1 344,42	–	1 057,92	1 190,16	–	926,64	1 042,47	–	801,28	901,44
	II	19 420	293,21	1 553,60	1 747,80	II	19 420	83,65	1 412,72	1 589,31	–	1 271,76	1 430,73	–	1 131,92	1 273,41	–	997,44	1 122,12	–	868,88	977,49	–	746,16	839,43
	III	13 288	–	1 063,04	1 195,92	III	13 288	–	955,84	1 075,32	–	851,52	957,96	–	750,08	843,84	–	651,68	733,14	–	556,16	625,68	–	463,52	521,46
	V	25 856	1 059,10	2 068,48	2 327,04	IV	20 222	283,81	1 547,28	1 740,69	178,97	1 476,80	1 661,40	74,13	1 406,32	1 582,11	–	1 335,92	1 502,91	–	1 265,44	1 423,62	–	1 195,04	1 344,42
	VI	26 291	1 110,86	2 103,28	2 366,19																				
82 727,99 Ost	I,IV	20 298	397,69	1 623,84	1 826,82	I	20 298	188,13	1 482,96	1 668,33	–	1 342,–	1 509,75	–	1 201,12	1 351,26	–	1 063,76	1 196,73	–	932,24	1 048,77	–	806,56	907,38
	II	19 497	302,37	1 559,76	1 754,73	II	19 497	92,70	1 418,80	1 596,15	–	1 277,92	1 437,66	–	1 137,92	1 280,16	–	1 003,20	1 128,60	–	874,32	983,61	–	751,36	845,28
	III	13 346	–	1 067,68	1 201,14	III	13 346	–	960,32	1 080,36	–	855,84	962,82	–	754,40	848,70	–	655,84	737,82	–	560,16	630,18	–	467,52	525,96
	V	25 932	1 068,14	2 074,56	2 333,88	IV	20 298	292,85	1 553,36	1 747,53	188,13	1 482,96	1 668,33	83,30	1 412,48	1 589,04	–	1 342,–	1 509,75	–	1 271,52	1 430,46	–	1 201,12	1 351,26
	VI	26 367	1 119,90	2 109,36	2 373,03																				
82 763,99 West	I,IV	20 236	390,32	1 618,88	1 821,24	I	20 236	180,64	1 477,92	1 662,66	–	1 337,04	1 504,17	–	1 196,16	1 345,68	–	1 058,96	1 191,33	–	927,68	1 043,64	–	802,24	902,52
	II	19 434	294,88	1 554,72	1 749,06	II	19 434	85,32	1 413,84	1 590,57	–	1 272,88	1 431,99	–	1 133,04	1 274,67	–	998,48	1 123,29	–	869,84	978,57	–	747,12	840,51
	III	13 298	–	1 063,84	1 196,82	III	13 298	–	956,64	1 076,22	–	852,16	958,68	–	750,88	844,74	–	652,32	733,86	–	556,80	626,40	–	464,32	522,36
	V	25 869	1 060,64	2 069,52	2 328,21	IV	20 236	285,48	1 548,40	1 741,95	180,64	1 477,92	1 662,66	75,80	1 407,44	1 583,37	–	1 337,04	1 504,17	–	1 266,56	1 424,88	–	1 196,16	1 345,68
	VI	26 305	1 112,53	2 104,40	2 367,45																				
82 763,99 Ost	I,IV	20 313	399,48	1 625,04	1 828,17	I	20 313	189,92	1 484,16	1 669,68	–	1 343,20	1 511,10	–	1 202,32	1 352,61	–	1 064,88	1 197,99	–	933,28	1 049,94	–	807,60	908,55
	II	19 512	304,16	1 560,96	1 756,08	II	19 512	94,48	1 420,–	1 597,50	–	1 279,12	1 439,01	–	1 139,04	1 281,42	–	1 004,32	1 129,86	–	875,44	984,87	–	752,40	846,45
	III	13 358	–	1 068,64	1 202,22	III	13 358	–	961,28	1 081,44	–	856,80	963,90	–	755,20	849,60	–	656,64	738,72	–	560,96	631,08	–	468,32	526,86
	V	25 947	1 069,92	2 075,76	2 335,23	IV	20 313	294,76	1 554,64	1 748,97	189,92	1 484,16	1 669,68	85,08	1 413,68	1 590,39	–	1 343,20	1 511,10	–	1 272,80	1 431,90	–	1 202,32	1 352,61
	VI	26 382	1 121,69	2 110,56	2 374,38																				
82 799,99 West	I,IV	20 249	391,86	1 619,92	1 822,41	I	20 249	182,30	1 479,04	1 663,92	–	1 338,08	1 505,34	–	1 197,28	1 346,94	–	1 060,–	1 192,50	–	928,64	1 044,72	–	803,20	903,60
	II	19 448	296,54	1 555,84	1 750,32	II	19 448	86,98	1 414,96	1 591,83	–	1 274,–	1 433,25	–	1 134,08	1 275,84	–	999,52	1 124,46	–	870,88	979,74	–	748,–	841,50
	III	13 310	–	1 064,80	1 197,90	III	13 310	–	957,44	1 077,12	–	853,12	959,76	–	751,68	845,64	–	653,12	734,76	–	557,60	627,30	–	464,96	523,08
	V	25 883	1 062,31	2 070,64	2 329,47	IV	20 249	287,14	1 549,52	1 743,21	182,30	1 479,04	1 663,92	77,46	1 408,56	1 584,63	–	1 338,08	1 505,34	–	1 267,68	1 426,14	–	1 197,28	1 346,94
	VI	26 318	1 114,07	2 105,44	2 368,62																				
82 799,99 Ost	I,IV	20 328	401,26	1 626,24	1 829,52	I	20 328	191,70	1 485,36	1 671,03	–	1 344,40	1 512,45	–	1 203,52	1 353,96	–	1 066,–	1 199,25	–	934,40	1 051,20	–	808,64	909,72
	II	19 527	305,94	1 562,16	1 757,43	II	19 527	96,39	1 421,28	1 598,94	–	1 280,32	1 440,36	–	1 140,24	1 282,77	–	1 005,44	1 131,12	–	876,48	986,04	–	753,44	847,62
	III	13 370	–	1 069,60	1 203,30	III	13 370	–	962,24	1 082,52	–	857,76	964,98	–	756,16	850,68	–	657,44	739,62	–	561,76	631,98	–	469,12	527,76
	V	25 962	1 071,71	2 076,96	2 336,58	IV	20 328	296,54	1 555,84	1 750,32	191,70	1 485,36	1 671,03	86,87	1 414,88	1 591,74	–	1 344,40	1 512,45	–	1 274,–	1 433,25	–	1 203,52	1 353,96
	VI	26 397	1 123,47	2 111,76	2 375,73																				

* Die ausgewiesenen Tabellenwerte sind amtlich. Siehe Erläuterungen auf der Umschlaginnenseite (U2).

Abzüge an Lohnsteuer, Solidaritätszuschlag (SolZ) und Kirchensteuer (8%, 9%) in den Steuerklassen

Lohn/ Gehalt bis €*		I – VI ohne Kinderfreibeträge LSt	SolZ	8%	9%	I, II, III, IV	LSt	0,5 SolZ	8%	9%	1 SolZ	8%	9%	1,5 SolZ	8%	9%	2 SolZ	8%	9%	2,5 SolZ	8%	9%	3 SolZ	8%	9%
82 835,99 West	I,IV	20 263	393,53	1 621,04	1 823,67	I	20 263	183,97	1 480,16	1 665,18	–	1 339,20	1 506,60	–	1 198,32	1 348,11	–	1 061,04	1 193,67	–	929,68	1 045,89	–	804,16	904,68
	II	19 462	298,21	1 556,96	1 751,58	II	19 462	88,53	1 416,–	1 593,–	–	1 275,12	1 434,51	–	1 135,20	1 277,10	–	1 000,56	1 125,63	–	871,84	980,82	–	748,96	842,58
	III	13 320	–	1 065,60	1 198,80	III	13 320	–	958,24	1 078,02	–	853,92	960,66	–	752,32	846,36	–	653,92	735,66	–	558,24	628,02	–	465,60	523,80
	V	25 897	1 063,97	2 071,76	2 330,73	IV	20 263	288,81	1 550,64	1 744,47	183,97	1 480,16	1 665,18	79,13	1 409,68	1 585,89	–	1 339,20	1 506,60	–	1 268,80	1 427,40	–	1 198,32	1 348,11
	VI	26 332	1 115,74	2 106,56	2 369,88																				
82 835,99 Ost	I,IV	20 344	403,17	1 627,52	1 830,96	I	20 344	193,49	1 486,56	1 672,38	–	1 345,68	1 513,89	–	1 204,72	1 355,31	–	1 067,20	1 200,60	–	935,52	1 052,46	–	809,76	910,98
	II	19 542	307,73	1 563,36	1 758,78	II	19 542	98,17	1 422,48	1 600,29	–	1 281,52	1 441,71	–	1 141,44	1 284,12	–	1 006,56	1 132,38	–	877,60	987,30	–	754,48	848,79
	III	13 382	–	1 070,56	1 204,38	III	13 382	–	963,04	1 083,42	–	858,56	965,88	–	756,96	851,58	–	658,40	740,70	–	562,56	632,88	–	469,92	528,66
	V	25 977	1 073,49	2 078,16	2 337,93	IV	20 344	298,33	1 557,04	1 751,67	193,49	1 486,56	1 672,38	88,65	1 416,08	1 593,09	–	1 345,68	1 513,89	–	1 275,20	1 434,60	–	1 204,72	1 355,31
	VI	26 412	1 125,26	2 112,96	2 377,08																				
82 871,99 West	I,IV	20 277	395,19	1 622,16	1 824,93	I	20 277	185,64	1 481,28	1 666,44	–	1 340,32	1 507,86	–	1 199,44	1 349,37	–	1 062,16	1 194,93	–	930,64	1 046,97	–	805,12	905,76
	II	19 476	299,88	1 558,08	1 752,84	II	19 476	90,20	1 417,12	1 594,26	–	1 276,24	1 435,77	–	1 136,24	1 278,27	–	1 001,60	1 126,80	–	872,80	981,90	–	749,92	843,66
	III	13 330	–	1 066,40	1 199,70	III	13 330	–	959,04	1 078,92	–	854,72	961,56	–	753,28	847,44	–	654,72	736,56	–	559,04	628,92	–	466,40	524,70
	V	25 911	1 065,64	2 072,88	2 331,99	IV	20 277	290,36	1 551,68	1 745,64	185,64	1 481,28	1 666,44	80,80	1 410,80	1 587,15	–	1 340,32	1 507,86	–	1 269,84	1 428,57	–	1 199,44	1 349,37
	VI	26 346	1 117,41	2 107,68	2 371,14																				
82 871,99 Ost	I,IV	20 359	404,95	1 628,72	1 832,31	I	20 359	195,27	1 487,76	1 673,73	–	1 346,88	1 515,24	–	1 205,92	1 356,66	–	1 068,32	1 201,86	–	936,64	1 053,72	–	810,80	912,15
	II	19 557	309,51	1 564,56	1 760,13	II	19 557	99,96	1 423,68	1 601,64	–	1 282,72	1 443,06	–	1 142,64	1 285,47	–	1 007,68	1 133,64	–	878,64	988,47	–	755,52	849,96
	III	13 394	–	1 071,52	1 205,46	III	13 394	–	964,–	1 084,50	–	859,52	966,96	–	757,76	852,48	–	659,20	741,60	–	563,36	633,78	–	470,56	529,38
	V	25 992	1 075,28	2 079,36	2 339,28	IV	20 359	300,11	1 558,24	1 753,02	195,27	1 487,76	1 673,73	90,44	1 417,28	1 594,44	–	1 346,88	1 515,24	–	1 276,40	1 435,95	–	1 205,92	1 356,66
	VI	26 428	1 127,16	2 114,24	2 378,52																				
82 907,99 West	I,IV	20 291	396,86	1 623,28	1 826,19	I	20 291	187,30	1 482,40	1 667,70	–	1 341,44	1 509,12	–	1 200,56	1 350,63	–	1 063,20	1 196,10	–	931,76	1 048,23	–	806,08	906,84
	II	19 490	301,54	1 559,20	1 754,10	II	19 490	91,98	1 418,32	1 595,61	–	1 277,36	1 437,03	–	1 137,36	1 279,53	–	1 002,64	1 127,97	–	873,84	983,07	–	750,88	844,74
	III	13 342	–	1 067,36	1 200,78	III	13 342	–	960,–	1 080,–	–	855,52	962,46	–	754,08	848,34	–	655,52	737,46	–	559,84	629,82	–	467,20	525,60
	V	25 925	1 067,31	2 074,–	2 333,25	IV	20 291	292,14	1 552,88	1 746,99	187,30	1 482,40	1 667,70	82,46	1 411,92	1 588,41	–	1 341,44	1 509,12	–	1 271,04	1 429,92	–	1 200,56	1 350,63
	VI	26 360	1 119,07	2 108,80	2 372,40																				
82 907,99 Ost	I,IV	20 374	406,74	1 629,92	1 833,66	I	20 374	197,06	1 488,96	1 675,08	–	1 348,08	1 516,59	–	1 207,12	1 358,01	–	1 069,52	1 203,21	–	937,76	1 054,98	–	811,84	913,32
	II	19 572	311,30	1 565,76	1 761,48	II	19 572	101,74	1 424,88	1 602,99	–	1 283,92	1 444,41	–	1 143,84	1 286,82	–	1 008,80	1 134,90	–	879,76	989,73	–	756,48	851,04
	III	13 406	–	1 072,48	1 206,54	III	13 406	–	964,96	1 085,58	–	860,32	967,86	–	758,72	853,56	–	660,–	742,50	–	564,16	634,68	–	471,36	530,28
	V	26 008	1 077,18	2 080,64	2 340,72	IV	20 374	301,90	1 559,44	1 754,37	197,06	1 488,96	1 675,08	92,34	1 418,56	1 595,88	–	1 348,08	1 516,59	–	1 277,60	1 437,30	–	1 207,12	1 358,01
	VI	26 443	1 128,95	2 115,44	2 379,87																				
82 943,99 West	I,IV	20 305	398,53	1 624,40	1 827,45	I	20 305	188,97	1 483,52	1 668,96	–	1 342,56	1 510,38	–	1 201,68	1 351,89	–	1 064,24	1 197,27	–	932,72	1 049,31	–	807,04	907,92
	II	19 504	303,21	1 560,32	1 755,36	II	19 504	93,53	1 419,36	1 596,78	–	1 278,48	1 438,29	–	1 138,48	1 280,79	–	1 003,68	1 129,14	–	874,80	984,15	–	751,84	845,82
	III	13 352	–	1 068,16	1 201,68	III	13 352	–	960,80	1 080,90	–	856,32	963,36	–	754,72	849,06	–	656,16	738,18	–	560,48	630,54	–	467,84	526,32
	V	25 939	1 068,97	2 075,12	2 334,51	IV	20 305	293,81	1 554,–	1 748,25	188,97	1 483,52	1 668,96	84,13	1 413,04	1 589,67	–	1 342,56	1 510,38	–	1 272,16	1 431,18	–	1 201,68	1 351,89
	VI	26 374	1 120,74	2 109,92	2 373,66																				
82 943,99 Ost	I,IV	20 389	408,52	1 631,12	1 835,01	I	20 389	198,84	1 490,16	1 676,43	–	1 349,28	1 517,94	–	1 208,40	1 359,45	–	1 070,64	1 204,47	–	938,88	1 056,24	–	812,88	914,49
	II	19 588	313,20	1 567,04	1 762,92	II	19 588	103,53	1 426,08	1 604,34	–	1 285,20	1 445,85	–	1 144,96	1 288,08	–	1 010,–	1 136,25	–	880,80	990,90	–	757,52	852,21
	III	13 418	–	1 073,44	1 207,62	III	13 418	–	965,76	1 086,48	–	861,28	968,94	–	759,52	854,46	–	660,80	743,40	–	565,12	635,76	–	472,16	531,18
	V	26 023	1 078,97	2 081,84	2 342,07	IV	20 389	303,68	1 560,64	1 755,72	198,84	1 490,16	1 676,43	94,12	1 419,76	1 597,23	–	1 349,28	1 517,94	–	1 278,80	1 438,65	–	1 208,40	1 359,45
	VI	26 458	1 130,73	2 116,64	2 381,22																				
82 979,99 West	I,IV	20 319	400,19	1 625,52	1 828,71	I	20 319	190,63	1 484,64	1 670,22	–	1 343,68	1 511,64	–	1 202,80	1 353,15	–	1 065,36	1 198,53	–	933,76	1 050,48	–	808,–	909,–
	II	19 518	304,87	1 561,44	1 756,62	II	19 518	95,20	1 420,48	1 598,04	–	1 279,60	1 439,55	–	1 139,52	1 281,96	–	1 004,72	1 130,31	–	875,84	985,32	–	752,80	846,90
	III	13 364	–	1 069,12	1 202,76	III	13 364	–	961,60	1 081,80	–	857,12	964,26	–	755,52	849,96	–	656,96	739,08	–	561,28	631,44	–	468,64	527,22
	V	25 953	1 070,64	2 076,24	2 335,77	IV	20 319	295,35	1 555,04	1 749,42	190,63	1 484,64	1 670,22	85,79	1 414,16	1 590,93	–	1 343,68	1 511,64	–	1 273,20	1 432,35	–	1 202,80	1 353,15
	VI	26 388	1 122,40	2 111,04	2 374,92																				
82 979,99 Ost	I,IV	20 404	410,31	1 632,32	1 836,36	I	20 404	200,75	1 491,44	1 677,87	–	1 350,48	1 519,29	–	1 209,60	1 360,80	–	1 071,84	1 205,82	–	939,92	1 057,41	–	813,92	915,66
	II	19 603	314,99	1 568,24	1 764,27	II	19 603	105,31	1 427,28	1 605,69	–	1 286,40	1 447,20	–	1 146,16	1 289,43	–	1 011,12	1 137,51	–	881,92	992,16	–	758,56	853,38
	III	13 428	–	1 074,24	1 208,52	III	13 428	–	966,72	1 087,56	–	862,08	969,84	–	760,48	855,54	–	661,60	744,30	–	565,92	636,66	–	472,96	532,08
	V	26 038	1 080,75	2 083,04	2 343,42	IV	20 404	305,47	1 561,84	1 757,07	200,75	1 491,44	1 677,87	95,91	1 420,96	1 598,58	–	1 350,48	1 519,29	–	1 280,–	1 440,–	–	1 209,60	1 360,80
	VI	26 473	1 132,52	2 117,84	2 382,57																				
83 015,99 West	I,IV	20 333	401,86	1 626,64	1 829,97	I	20 333	192,30	1 485,76	1 671,48	–	1 344,80	1 512,90	–	1 203,92	1 354,41	–	1 066,40	1 199,70	–	934,72	1 051,56	–	808,96	910,08
	II	19 532	306,54	1 562,56	1 757,88	II	19 532	96,86	1 421,60	1 599,30	–	1 280,72	1 440,81	–	1 140,64	1 283,22	–	1 005,76	1 131,48	–	876,80	986,40	–	753,76	847,98
	III	13 374	–	1 069,92	1 203,66	III	13 374	–	962,40	1 082,70	–	857,92	965,16	–	756,32	850,86	–	657,76	739,98	–	562,08	632,34	–	469,28	527,94
	V	25 967	1 072,30	2 077,36	2 337,03	IV	20 333	297,02	1 556,16	1 750,68	192,30	1 485,76	1 671,48	87,46	1 415,28	1 592,19	–	1 344,80	1 512,90	–	1 274,32	1 433,61	–	1 203,92	1 354,41
	VI	26 402	1 124,07	2 112,16	2 376,18																				
83 015,99 Ost	I,IV	20 419	412,09	1 633,52	1 837,71	I	20 419	202,53	1 492,64	1 679,22	–	1 351,68	1 520,64	–	1 210,80	1 362,15	–	1 072,96	1 207,08	–	941,04	1 058,67	–	815,04	916,92
	II	19 618	316,77	1 569,44	1 765,62	II	19 618	107,10	1 428,48	1 607,04	–	1 287,60	1 448,55	–	1 147,36	1 290,78	–	1 012,24	1 138,77	–	882,96	993,33	–	759,60	854,55
	III	13 440	–	1 075,20	1 209,60	III	13 440	–	967,68	1 088,64	–	863,04	970,92	–	761,28	856,44	–	662,56	745,38	–	566,72	637,56	–	473,76	532,98
	V	26 053	1 082,54	2 084,24	2 344,77	IV	20 419	307,25	1 563,04	1 758,42	202,53	1 492,64	1 679,22	97,69	1 422,16	1 599,93	–	1 351,68	1 520,64	–	1 281,20	1 441,35	–	1 210,80	1 362,15
	VI	26 488	1 134,30	2 119,04	2 383,92																				
83 051,99 West	I,IV	20 347	403,52	1 627,76	1 831,23	I	20 347	193,85	1 486,80	1 672,65	–	1 345,92	1 514,16	–	1 205,04	1 355,67	–	1 067,44	1 200,87	–	935,76	1 052,73	–	810,–	911,25
	II	19 546	308,21	1 563,68	1 759,14	II	19 546	98,53	1 422,72	1 600,56	–	1 281,84	1 442,07	–	1 141,68	1 284,39	–	1 006,80	1 132,65	–	877,84	987,57	–	754,64	848,97
	III	13 384	–	1 070,72	1 204,56	III	13 384	–	963,36	1 083,78	–	858,72	966,06	–	757,12	851,76	–	658,56	740,88	–	562,88	633,24	–	470,08	528,84
	V	25 981	1 073,97	2 078,48	2 338,29	IV	20 347	298,69	1 557,28	1 751,94	193,85	1 486,80	1 672,65	89,13	1 416,40	1 593,45	–	1 345,92	1 514,16	–	1 275,44	1 434,87	–	1 205,04	1 355,67
	VI	26 416	1 125,74	2 113,28	2 377,44																				
83 051,99 Ost	I,IV	20 434	413,88	1 634,72	1 839,06	I	20 434	204,32	1 493,84	1 680,57	–	1 352,88	1 521,99	–	1 212,–	1 363,50	–	1 074,16	1 208,43	–	942,16	1 059,93	–	816,08	918,09
	II	19 633	318,56	1 570,64	1 766,97	II	19 633	108,88	1 429,68	1 608,39	–	1 288,80	1 449,90	–	1 148,56	1 292,13	–	1 013,36	1 140,03	–	884,08	994,59	–	760,64	855,72
	III	13 452	–	1 076,16	1 210,68	III	13 452	–	968,48	1 089,54	–	863,84	971,82	–	762,08	857,34	–	663,36	746,28	–	567,52	638,46	–	474,56	533,88
	V	26 068	1 084,32	2 085,44	2 346,12	IV	20 434	309,04	1 564,24	1 759,77	204,32	1 493,84	1 680,57	99,48	1 423,36	1 601,28	–	1 352,88	1 521,99	–	1 282,48	1 442,79	–	1 212,–	1 363,50
	VI	26 503	1 136,09	2 120,24	2 385,27																				
83 087,99 West	I,IV	20 361	405,19	1 628,88	1 832,49	I	20 361	195,63	1 488,–	1 674,–	–	1 347,04	1 515,42	–	1 206,16	1 356,93	–	1 068,56	1 202,13	–	936,80	1 053,90	–	810,96	912,33
	II	19 560	309,87	1 564,80	1 760,40	II	19 560	100,19	1 423,84	1 601,82	–	1 282,96	1 443,33	–	1 142,80	1 285,65	–	1 007,92	1 133,91	–	878,80	988,65	–	755,68	850,14
	III	13 396	–	1 071,68	1 205,64	III	13 396	–	964,16	1 084,68	–	859,52	966,96	–	757,92	852,66	–	659,36	741,78	–	563,52	633,96	–	470,72	529,56
	V	25 995	1 075,64	2 079,60	2 339,55	IV	20 361	300,35	1 558,40	1 753,20	195,63	1 488,–	1 674,–	90,79	1 417,52	1 594,71	–	1 347,04	1 515,42	–	1 276,56	1 436,13	–	1 206,16	1 356,93
	VI	26 430	1 127,40	2 114,40	2 378,70																				
83 087,99 Ost	I,IV	20 449	415,66	1 635,92	1 840,41	I	20 449	206,10	1 495,04	1 681,92	–	1 354,08	1 523,34	–	1 213,20	1 364,85	–	1 075,28	1 209,69	–	943,28	1 061,19	–	817,12	919,26
	II	19 648	320,34	1 571,84	1 768,32	II	19 648	110,78	1 430,96	1 609,83	–	1 290,–	1 451,25	–	1 149,76	1 293,48	–	1 014,48	1 141,29	–	885,12	995,76	–	761,68	856,89
	III	13 464	–	1 077,12	1 211,76	III	13 464	–	969,44	1 090,62	–	864,80	972,90	–	763,04	858,42	–	664,16	747,18	–	568,32	639,36	–	475,36	534,78
	V	26 083	1 086,11	2 086,64	2 347,47	IV	20 449	310,94	1 565,52	1 761,21	206,10	1 495,04	1 681,92	101,26	1 424,56	1 602,63	–	1 354,08	1 523,34	–	1 283,68	1 444,14	–	1 213,20	1 364,85
	VI	26 518	1 137,87	2 121,44	2 386,62																				

* Die ausgewiesenen Tabellenwerte sind amtlich. Siehe Erläuterungen auf der Umschlaginnenseite (U2).

Abzüge an Lohnsteuer, Solidaritätszuschlag (SolZ) und Kirchensteuer (8%, 9%) in den Steuerklassen

Lohn/ Gehalt bis €*	I – VI	LSt	SolZ	8%	9%	I, II, III, IV	LSt	0,5 SolZ	0,5 8%	0,5 9%	1 SolZ	1 8%	1 9%	1,5 SolZ	1,5 8%	1,5 9%	2 SolZ	2 8%	2 9%	2,5 SolZ	2,5 8%	2,5 9%	3 SolZ	3 8%	3 9%
			ohne Kinderfreibeträge					mit Zahl der Kinderfreibeträge . . .																	
83 123,99 West	I,IV	20 375	406,86	1 630,—	1 833,75	I	20 375	197,30	1 489,12	1 675,26	–	1 348,16	1 516,68	–	1 207,28	1 358,19	–	1 069,60	1 203,30	–	937,84	1 055,07	–	811,92	913,41
	II	19 574	311,54	1 565,92	1 761,66	II	19 574	101,86	1 424,96	1 603,08	–	1 284,08	1 444,59	–	1 143,92	1 286,91	–	1 008,96	1 135,08	–	879,84	989,82	–	756,56	851,13
	III	13 406	–	1 072,48	1 206,54	III	13 406	–	964,96	1 085,58	–	860,32	967,86	–	758,72	853,56	–	660,—	742,50	–	564,32	634,86	–	471,52	530,46
	V	26 009	1 077,30	2 080,72	2 340,81	IV	20 375	302,02	1 559,52	1 754,46	197,30	1 489,12	1 675,26	92,46	1 418,64	1 595,97	–	1 348,16	1 516,68	–	1 277,68	1 437,39	–	1 207,28	1 358,19
	VI	26 444	1 129,07	2 115,52	2 379,96																				
83 123,99 Ost	I,IV	20 464	417,45	1 637,12	1 841,76	I	20 464	207,89	1 496,24	1 683,27	–	1 355,36	1 524,78	–	1 214,40	1 366,20	–	1 076,48	1 211,04	–	944,40	1 062,45	–	818,16	920,43
	II	19 663	322,13	1 573,04	1 769,67	II	19 663	112,57	1 432,16	1 611,18	–	1 291,20	1 452,60	–	1 150,88	1 294,74	–	1 015,60	1 142,55	–	886,24	997,02	–	762,72	858,06
	III	13 476	–	1 078,08	1 212,84	III	13 476	–	970,40	1 091,70	–	865,60	973,80	–	763,84	859,32	–	664,96	748,08	–	569,12	640,26	–	476,16	535,68
	V	26 098	1 087,89	2 087,84	2 348,82	IV	20 464	312,73	1 566,72	1 762,56	207,89	1 496,24	1 683,27	103,05	1 425,76	1 603,98	–	1 355,36	1 524,78	–	1 284,88	1 445,49	–	1 214,40	1 366,20
	VI	26 533	1 139,66	2 122,64	2 387,97																				
83 159,99 West	I,IV	20 389	408,52	1 631,12	1 835,01	I	20 389	198,84	1 490,16	1 676,43	–	1 349,28	1 517,94	–	1 208,40	1 359,45	–	1 070,64	1 204,47	–	938,88	1 056,24	–	812,88	914,49
	II	19 588	313,20	1 567,04	1 762,92	II	19 588	103,53	1 426,08	1 604,34	–	1 285,20	1 445,85	–	1 144,96	1 288,08	–	1 010,—	1 136,25	–	880,80	990,90	–	757,52	852,21
	III	13 418	–	1 073,44	1 207,62	III	13 418	–	965,76	1 086,48	–	861,28	968,94	–	759,52	854,46	–	660,80	743,40	–	565,12	635,76	–	472,16	531,18
	V	26 023	1 078,97	2 081,84	2 342,07	IV	20 389	303,68	1 560,64	1 755,72	198,84	1 490,16	1 676,43	94,12	1 419,76	1 597,23	–	1 349,28	1 517,94	–	1 278,80	1 438,65	–	1 208,40	1 359,45
	VI	26 458	1 130,73	2 116,64	2 381,22																				
83 159,99 Ost	I,IV	20 480	419,35	1 638,40	1 843,20	I	20 480	209,67	1 497,44	1 684,62	0,11	1 356,56	1 526,13	–	1 215,60	1 367,55	–	1 077,60	1 212,30	–	945,52	1 063,71	–	819,28	921,69
	II	19 678	323,91	1 574,24	1 771,02	II	19 678	114,35	1 433,36	1 612,53	–	1 292,40	1 453,95	–	1 152,08	1 296,09	–	1 016,80	1 143,90	–	887,36	998,28	–	763,76	859,23
	III	13 488	–	1 079,04	1 213,92	III	13 488	–	971,36	1 092,78	–	866,56	974,88	–	764,80	860,40	–	665,92	749,16	–	569,92	641,16	–	476,96	536,58
	V	26 113	1 089,68	2 089,04	2 350,17	IV	20 480	314,51	1 567,92	1 763,91	209,67	1 497,44	1 684,62	104,83	1 426,96	1 605,33	0,11	1 356,56	1 526,13	–	1 286,08	1 446,84	–	1 215,60	1 367,55
	VI	26 549	1 141,56	2 123,92	2 389,41																				
83 195,99 West	I,IV	20 403	410,19	1 632,24	1 836,27	I	20 403	200,51	1 491,28	1 677,69	–	1 350,40	1 519,20	–	1 209,44	1 360,62	–	1 071,76	1 205,73	–	939,84	1 057,32	–	813,84	915,57
	II	19 601	314,75	1 568,08	1 764,09	II	19 601	105,19	1 427,20	1 605,60	–	1 286,24	1 447,02	–	1 146,08	1 289,34	–	1 011,04	1 137,42	–	881,84	992,07	–	758,48	853,29
	III	13 428	–	1 074,24	1 208,52	III	13 428	–	966,56	1 087,38	–	862,08	969,84	–	760,32	855,36	–	661,60	744,30	–	565,76	636,48	–	472,96	532,08
	V	26 037	1 080,63	2 082,96	2 343,33	IV	20 403	305,35	1 561,76	1 756,98	200,51	1 491,28	1 677,69	95,79	1 420,88	1 598,49	–	1 350,40	1 519,20	–	1 279,92	1 439,91	–	1 209,44	1 360,62
	VI	26 472	1 132,40	2 117,76	2 382,48																				
83 195,99 Ost	I,IV	20 495	421,14	1 639,60	1 844,55	I	20 495	211,46	1 498,64	1 685,97	1,90	1 357,76	1 527,48	–	1 216,80	1 368,90	–	1 078,80	1 213,65	–	946,56	1 064,88	–	820,32	922,86
	II	19 693	325,70	1 575,44	1 772,37	II	19 693	116,14	1 434,56	1 613,88	–	1 293,60	1 455,30	–	1 153,28	1 297,44	–	1 017,92	1 145,16	–	888,40	999,45	–	764,80	860,40
	III	13 498	–	1 079,84	1 214,82	III	13 498	–	972,16	1 093,68	–	867,36	975,78	–	765,60	861,30	–	666,72	750,06	–	570,72	642,06	–	477,76	537,48
	V	26 129	1 091,58	2 090,32	2 351,61	IV	20 495	316,30	1 569,12	1 765,26	211,46	1 498,64	1 685,97	106,62	1 428,16	1 606,68	1,90	1 357,76	1 527,48	–	1 287,28	1 448,19	–	1 216,80	1 368,90
	VI	26 564	1 143,35	2 125,12	2 390,76																				
83 231,99 West	I,IV	20 417	411,85	1 633,36	1 837,53	I	20 417	202,18	1 492,40	1 678,95	–	1 351,52	1 520,46	–	1 210,56	1 361,88	–	1 072,80	1 206,90	–	940,88	1 058,49	–	814,80	916,65
	II	19 615	316,42	1 569,20	1 765,35	II	19 615	106,86	1 428,32	1 606,86	–	1 287,36	1 448,28	–	1 147,20	1 290,60	–	1 012,08	1 138,59	–	882,80	993,15	–	759,44	854,37
	III	13 438	–	1 075,04	1 209,42	III	13 438	–	967,52	1 088,46	–	862,88	970,74	–	761,12	856,26	–	662,40	745,20	–	566,56	637,38	–	473,60	532,80
	V	26 050	1 082,18	2 084,—	2 344,50	IV	20 417	307,02	1 562,88	1 758,24	202,18	1 492,40	1 678,95	97,34	1 421,92	1 599,66	–	1 351,52	1 520,46	–	1 281,04	1 441,17	–	1 210,56	1 361,88
	VI	26 486	1 134,07	2 118,88	2 383,74																				
83 231,99 Ost	I,IV	20 510	422,92	1 640,80	1 845,90	I	20 510	213,24	1 499,84	1 687,32	3,68	1 358,96	1 528,83	–	1 218,—	1 370,25	–	1 079,92	1 214,91	–	947,68	1 066,14	–	821,36	924,03
	II	19 708	327,48	1 576,64	1 773,72	II	19 708	117,92	1 435,76	1 615,23	–	1 294,88	1 456,74	–	1 154,48	1 298,79	–	1 019,04	1 146,42	–	889,52	1 000,71	–	765,84	861,57
	III	13 510	–	1 080,80	1 215,90	III	13 510	–	973,12	1 094,76	–	868,32	976,86	–	766,40	862,20	–	667,52	750,96	–	571,52	642,96	–	478,56	538,38
	V	26 144	1 093,37	2 091,52	2 352,96	IV	20 510	318,08	1 570,32	1 766,61	213,24	1 499,84	1 687,32	108,52	1 429,44	1 608,12	3,68	1 358,96	1 528,83	–	1 288,48	1 449,54	–	1 218,—	1 370,25
	VI	26 579	1 145,13	2 126,32	2 392,11																				
83 267,99 West	I,IV	20 431	413,52	1 634,48	1 838,79	I	20 431	203,84	1 493,52	1 680,21	–	1 352,64	1 521,72	–	1 211,68	1 363,14	–	1 073,84	1 208,07	–	941,92	1 059,66	–	815,84	917,82
	II	19 630	318,20	1 570,40	1 766,70	II	19 630	108,52	1 429,44	1 608,12	–	1 288,56	1 449,63	–	1 148,32	1 291,86	–	1 013,12	1 139,76	–	883,84	994,32	–	760,40	855,45
	III	13 450	–	1 076,—	1 210,50	III	13 450	–	968,32	1 089,36	–	863,68	971,64	–	761,92	857,16	–	663,20	746,10	–	567,36	638,28	–	474,40	533,70
	V	26 065	1 083,97	2 085,20	2 345,85	IV	20 431	308,68	1 564,—	1 759,50	203,84	1 493,52	1 680,21	99,12	1 423,12	1 601,01	–	1 352,64	1 521,72	–	1 282,16	1 442,43	–	1 211,68	1 363,14
	VI	26 500	1 135,73	2 120,—	2 385,—																				
83 267,99 Ost	I,IV	20 525	424,71	1 642,—	1 847,25	I	20 525	215,03	1 501,04	1 688,67	5,47	1 360,16	1 530,18	–	1 219,28	1 371,69	–	1 081,12	1 216,26	–	948,80	1 067,40	–	822,40	925,20
	II	19 724	329,39	1 577,92	1 775,16	II	19 724	119,71	1 436,96	1 616,58	–	1 296,08	1 458,09	–	1 155,68	1 300,14	–	1 020,16	1 147,68	–	890,56	1 001,88	–	766,88	862,74
	III	13 522	–	1 081,76	1 216,98	III	13 522	–	974,08	1 095,84	–	869,12	977,76	–	767,36	863,28	–	668,32	751,86	–	572,32	643,86	–	479,20	539,10
	V	26 159	1 095,15	2 092,72	2 354,31	IV	20 525	319,87	1 571,52	1 767,96	215,03	1 501,04	1 688,67	110,31	1 430,64	1 609,47	5,47	1 360,16	1 530,18	–	1 289,68	1 450,89	–	1 219,28	1 371,69
	VI	26 594	1 146,92	2 127,52	2 393,46																				
83 303,99 West	I,IV	20 445	415,19	1 635,60	1 840,05	I	20 445	205,51	1 494,64	1 681,47	–	1 353,76	1 522,98	–	1 212,80	1 364,40	–	1 074,96	1 209,33	–	942,96	1 060,83	–	816,80	918,90
	II	19 643	319,75	1 571,44	1 767,87	II	19 643	110,19	1 430,56	1 609,38	–	1 289,60	1 450,80	–	1 149,36	1 293,03	–	1 014,16	1 140,93	–	884,80	995,40	–	761,36	856,53
	III	13 460	–	1 076,80	1 211,40	III	13 460	–	969,12	1 090,26	–	864,48	972,54	–	762,72	858,06	–	663,84	746,82	–	568,—	639,—	–	475,04	534,42
	V	26 079	1 085,63	2 086,32	2 347,11	IV	20 445	310,35	1 565,12	1 760,76	205,51	1 494,64	1 681,47	100,79	1 424,24	1 602,27	–	1 353,76	1 522,98	–	1 283,28	1 443,69	–	1 212,80	1 364,40
	VI	26 514	1 137,40	2 121,12	2 386,26																				
83 303,99 Ost	I,IV	20 540	426,49	1 643,20	1 848,60	I	20 540	216,93	1 502,32	1 690,11	7,25	1 361,36	1 531,53	–	1 220,48	1 373,04	–	1 082,24	1 217,52	–	949,92	1 068,66	–	823,44	926,37
	II	19 739	331,17	1 579,12	1 776,51	II	19 739	121,49	1 438,16	1 617,93	–	1 297,28	1 459,44	–	1 156,88	1 301,49	–	1 021,36	1 149,03	–	891,68	1 003,14	–	767,92	863,91
	III	13 534	–	1 082,72	1 218,06	III	13 534	–	974,88	1 096,74	–	870,08	978,84	–	768,16	864,18	–	669,12	752,76	–	573,12	644,76	–	480,—	540,—
	V	26 174	1 096,94	2 093,92	2 355,66	IV	20 540	321,65	1 572,72	1 769,31	216,93	1 502,32	1 690,11	112,09	1 431,84	1 610,82	7,25	1 361,36	1 531,53	–	1 290,88	1 452,24	–	1 220,48	1 373,04
	VI	26 609	1 148,70	2 128,72	2 394,81																				
83 339,99 West	I,IV	20 459	416,85	1 636,72	1 841,31	I	20 459	207,17	1 495,76	1 682,73	–	1 354,88	1 524,24	–	1 213,92	1 365,66	–	1 076,—	1 210,50	–	943,92	1 061,91	–	817,76	919,98
	II	19 657	321,41	1 572,56	1 769,13	II	19 657	111,86	1 431,68	1 610,64	–	1 290,72	1 452,06	–	1 150,48	1 294,29	–	1 015,20	1 142,10	–	885,84	996,57	–	762,32	857,61
	III	13 470	–	1 077,60	1 212,30	III	13 470	–	970,08	1 091,34	–	865,28	973,44	–	763,52	858,96	–	664,64	747,72	–	568,80	639,90	–	475,84	535,32
	V	26 092	1 087,18	2 087,36	2 348,28	IV	20 459	312,01	1 566,24	1 762,02	207,17	1 495,76	1 682,73	102,34	1 425,28	1 603,44	–	1 354,88	1 524,24	–	1 284,40	1 444,95	–	1 213,92	1 365,66
	VI	26 528	1 139,06	2 122,24	2 387,52																				
83 339,99 Ost	I,IV	20 555	428,28	1 644,40	1 849,95	I	20 555	218,72	1 503,52	1 691,46	9,04	1 362,56	1 532,88	–	1 221,68	1 374,39	–	1 083,44	1 218,87	–	951,04	1 069,92	–	824,56	927,63
	II	19 754	332,96	1 580,32	1 777,86	II	19 754	123,28	1 439,36	1 619,28	–	1 298,48	1 460,79	–	1 158,08	1 302,84	–	1 022,48	1 150,29	–	892,72	1 004,31	–	768,96	865,08
	III	13 546	–	1 083,68	1 219,14	III	13 546	–	975,84	1 097,82	–	871,04	979,92	–	768,96	865,08	–	670,08	753,84	–	573,92	645,66	–	480,80	540,90
	V	26 189	1 098,72	2 095,12	2 357,01	IV	20 555	323,44	1 573,92	1 770,66	218,72	1 503,52	1 691,46	113,88	1 433,04	1 612,17	9,04	1 362,56	1 532,88	–	1 292,08	1 453,59	–	1 221,68	1 374,39
	VI	26 624	1 150,49	2 129,92	2 396,16																				
83 375,99 West	I,IV	20 472	418,40	1 637,76	1 842,48	I	20 472	208,84	1 496,88	1 683,99	–	1 355,92	1 525,41	–	1 215,04	1 366,92	–	1 077,04	1 211,67	–	944,96	1 063,08	–	818,72	921,06
	II	19 671	323,08	1 573,68	1 770,39	II	19 671	113,52	1 432,80	1 611,90	–	1 291,84	1 453,32	–	1 151,52	1 295,46	–	1 016,24	1 143,27	–	886,80	997,65	–	763,28	858,69
	III	13 482	–	1 078,56	1 213,38	III	13 482	–	970,88	1 092,24	–	866,08	974,34	–	764,32	859,86	–	665,44	748,62	–	569,44	640,62	–	476,48	536,04
	V	26 106	1 088,85	2 088,48	2 349,54	IV	20 472	313,68	1 567,36	1 763,28	208,84	1 496,88	1 683,99	104,—	1 426,40	1 604,70	–	1 355,92	1 525,41	–	1 285,52	1 446,21	–	1 215,04	1 366,92
	VI	26 541	1 140,61	2 123,28	2 388,69																				
83 375,99 Ost	I,IV	20 570	430,06	1 645,60	1 851,30	I	20 570	220,50	1 504,72	1 692,81	10,82	1 363,76	1 534,23	–	1 222,88	1 375,74	–	1 084,56	1 220,13	–	952,16	1 071,18	–	825,60	928,80
	II	19 769	334,74	1 581,52	1 779,21	II	19 769	125,06	1 440,56	1 620,63	–	1 299,68	1 462,14	–	1 159,20	1 304,10	–	1 023,60	1 151,55	–	893,84	1 005,57	–	770,—	866,25
	III	13 558	–	1 084,64	1 220,22	III	13 558	–	976,80	1 098,90	–	871,84	980,82	–	769,92	866,16	–	670,88	754,74	–	574,72	646,56	–	481,60	541,80
	V	26 204	1 100,51	2 096,32	2 358,36	IV	20 570	325,34	1 575,20	1 772,10	220,50	1 504,72	1 692,81	115,66	1 434,24	1 613,52	10,82	1 363,76	1 534,23	–	1 293,36	1 455,03	–	1 222,88	1 375,74
	VI	26 639	1 152,27	2 131,12	2 397,51																				

* Die ausgewiesenen Tabellenwerte sind amtlich. Siehe Erläuterungen auf der Umschlaginnenseite (U2).

Abzüge an Lohnsteuer, Solidaritätszuschlag (SolZ) und Kirchensteuer (8%, 9%) in den Steuerklassen

Lohn/ Gehalt bis €*	I – VI	LSt	SolZ	8%	9%	I, II, III, IV	LSt	0,5 SolZ	0,5 8%	0,5 9%	1 SolZ	1 8%	1 9%	1,5 SolZ	1,5 8%	1,5 9%	2 SolZ	2 8%	2 9%	2,5 SolZ	2,5 8%	2,5 9%	3 SolZ	3 8%	3 9%
83 411,99 West	I,IV	20 486	420,07	1 638,88	1 843,74	I	20 486	210,51	1 498,—	1 685,25	0,83	1 357,04	1 526,67	—	1 216,16	1 368,18	—	1 078,16	1 212,93	—	946,—	1 064,25	—	819,68	922,14
	II	19 685	324,75	1 574,80	1 771,65	II	19 685	115,07	1 433,84	1 613,07	—	1 292,96	1 454,58	—	1 152,64	1 296,72	—	1 017,28	1 144,44	—	887,84	998,82	—	764,24	859,77
	III	13 492	—	1 079,36	1 214,28	III	13 492	—	971,68	1 093,14	—	866,88	975,24	—	765,12	860,76	—	666,24	749,52	—	570,24	641,52	—	477,28	536,94
	V	26 120	1 090,51	2 089,60	2 350,80	IV	20 486	315,35	1 568,48	1 764,54	210,51	1 498,—	1 685,25	105,67	1 427,52	1 605,96	0,83	1 357,04	1 526,67	—	1 286,64	1 447,47	—	1 216,16	1 368,18
	VI	26 555	1 142,28	2 124,40	2 389,95																				
83 411,99 Ost	I,IV	20 585	431,85	1 646,80	1 852,65	I	20 585	222,29	1 505,92	1 694,16	12,61	1 364,96	1 535,58	—	1 224,08	1 377,09	—	1 085,76	1 221,48	—	953,28	1 072,44	—	826,64	929,97
	II	19 784	336,53	1 582,72	1 780,56	II	19 784	126,97	1 441,84	1 622,07	—	1 300,88	1 463,49	—	1 160,40	1 305,45	—	1 024,72	1 152,81	—	894,96	1 006,83	—	771,04	867,42
	III	13 570	—	1 085,60	1 221,30	III	13 570	—	977,60	1 099,80	—	872,80	981,90	—	770,72	867,06	—	671,68	755,64	—	575,52	647,46	—	482,40	542,70
	V	26 219	1 102,29	2 097,52	2 359,71	IV	20 585	327,13	1 576,40	1 773,45	222,29	1 505,92	1 694,16	117,45	1 435,44	1 614,87	12,61	1 364,96	1 535,58	—	1 294,56	1 456,38	—	1 224,08	1 377,09
	VI	26 654	1 154,06	2 132,32	2 398,86																				
83 447,99 West	I,IV	20 500	421,73	1 640,—	1 845,—	I	20 500	212,17	1 499,12	1 686,51	2,49	1 358,16	1 527,93	—	1 217,28	1 369,44	—	1 079,20	1 214,10	—	946,96	1 065,33	—	820,72	923,31
	II	19 699	326,41	1 575,92	1 772,91	II	19 699	116,73	1 434,96	1 614,33	—	1 294,08	1 455,84	—	1 153,68	1 297,89	—	1 018,32	1 145,61	—	888,80	999,90	—	765,20	860,85
	III	13 502	—	1 080,16	1 215,18	III	13 502	—	972,48	1 094,04	—	867,68	976,14	—	765,92	861,66	—	667,04	750,42	—	571,04	642,42	—	477,92	537,66
	V	26 134	1 092,18	2 090,72	2 352,06	IV	20 500	316,89	1 569,52	1 765,71	212,17	1 499,12	1 686,51	107,33	1 428,64	1 607,22	2,49	1 358,16	1 527,93	—	1 287,68	1 448,64	—	1 217,28	1 369,44
	VI	26 569	1 143,94	2 125,52	2 391,21																				
83 447,99 Ost	I,IV	20 601	433,75	1 648,08	1 854,09	I	20 601	224,07	1 507,12	1 695,51	14,51	1 366,24	1 537,02	—	1 225,28	1 378,44	—	1 086,88	1 222,74	—	954,40	1 073,70	—	827,76	931,23
	II	19 799	338,31	1 583,92	1 781,91	II	19 799	128,75	1 443,04	1 623,42	—	1 302,08	1 464,84	—	1 161,60	1 306,80	—	1 025,84	1 154,07	—	896,—	1 008,—	—	772,08	868,59
	III	13 582	—	1 086,56	1 222,38	III	13 582	—	978,56	1 100,88	—	873,60	982,80	—	771,68	868,14	—	672,48	756,54	—	576,48	648,54	—	483,20	543,60
	V	26 234	1 104,08	2 098,72	2 361,06	IV	20 601	328,91	1 577,60	1 774,80	224,07	1 507,12	1 695,51	119,23	1 436,64	1 616,22	14,51	1 366,24	1 537,02	—	1 295,76	1 457,73	—	1 225,28	1 378,44
	VI	26 670	1 155,96	2 133,60	2 400,30																				
83 483,99 West	I,IV	20 514	423,40	1 641,12	1 846,26	I	20 514	213,84	1 500,24	1 687,77	4,16	1 359,28	1 529,19	—	1 218,40	1 370,70	—	1 080,32	1 215,36	—	948,08	1 066,59	—	821,68	924,39
	II	19 713	328,08	1 577,04	1 774,17	II	19 713	118,52	1 436,16	1 615,68	—	1 295,20	1 457,10	—	1 154,80	1 299,15	—	1 019,36	1 146,78	—	889,84	1 001,07	—	766,16	861,93
	III	13 514	—	1 081,12	1 216,26	III	13 514	—	973,44	1 095,12	—	868,48	977,04	—	766,72	862,56	—	667,68	751,14	—	571,68	643,14	—	478,72	538,56
	V	26 148	1 093,84	2 091,84	2 353,32	IV	20 514	318,68	1 570,72	1 767,06	213,84	1 500,24	1 687,77	109,—	1 429,76	1 608,48	4,16	1 359,28	1 529,19	—	1 288,88	1 449,99	—	1 218,40	1 370,70
	VI	26 583	1 145,61	2 126,64	2 392,47																				
83 483,99 Ost	I,IV	20 616	435,54	1 649,28	1 855,44	I	20 616	225,86	1 508,32	1 696,86	16,30	1 367,44	1 538,37	—	1 226,48	1 379,79	—	1 088,08	1 224,09	—	955,52	1 074,96	—	828,80	932,40
	II	19 814	340,10	1 585,12	1 783,26	II	19 814	130,54	1 444,24	1 624,77	—	1 303,28	1 466,19	—	1 162,80	1 308,15	—	1 027,04	1 155,42	—	897,12	1 009,26	—	773,12	869,76
	III	13 592	—	1 087,36	1 223,28	III	13 592	—	979,52	1 101,96	—	874,56	983,88	—	772,48	869,04	—	673,44	757,62	—	577,28	649,44	—	484,—	544,50
	V	26 250	1 105,98	2 100,—	2 362,50	IV	20 616	330,70	1 578,80	1 776,15	225,86	1 508,32	1 696,86	121,02	1 437,84	1 617,57	16,30	1 367,44	1 538,37	—	1 296,96	1 459,08	—	1 226,48	1 379,79
	VI	26 685	1 157,75	2 134,80	2 401,65																				
83 519,99 West	I,IV	20 528	425,06	1 642,24	1 847,52	I	20 528	215,50	1 501,36	1 689,03	5,83	1 360,40	1 530,45	—	1 219,52	1 371,96	—	1 081,36	1 216,53	—	949,04	1 067,67	—	822,64	925,47
	II	19 727	329,74	1 578,16	1 775,43	II	19 727	120,07	1 437,20	1 616,85	—	1 296,32	1 458,36	—	1 155,92	1 300,41	—	1 020,40	1 147,95	—	890,80	1 002,15	—	767,12	863,01
	III	13 526	—	1 082,08	1 217,34	III	13 526	—	974,24	1 096,02	—	869,44	978,12	—	767,52	863,46	—	668,48	752,04	—	572,48	644,04	—	479,52	539,46
	V	26 162	1 095,51	2 092,96	2 354,58	IV	20 528	320,34	1 571,84	1 768,32	215,50	1 501,36	1 689,03	110,67	1 430,88	1 609,74	5,83	1 360,40	1 530,45	—	1 290,—	1 451,25	—	1 219,52	1 371,96
	VI	26 597	1 147,27	2 127,76	2 393,73																				
83 519,99 Ost	I,IV	20 631	437,32	1 650,48	1 856,79	I	20 631	227,64	1 509,52	1 698,21	18,08	1 368,64	1 539,72	—	1 227,68	1 381,14	—	1 089,20	1 225,35	—	956,56	1 076,13	—	829,84	933,57
	II	19 829	341,88	1 586,32	1 784,61	II	19 829	132,32	1 445,44	1 626,12	—	1 304,48	1 467,54	—	1 164,—	1 309,50	—	1 028,16	1 156,68	—	898,24	1 010,52	—	774,16	870,93
	III	13 604	—	1 088,32	1 224,36	III	13 604	—	980,48	1 103,04	—	875,36	984,78	—	773,28	869,94	—	674,24	758,52	—	578,08	650,34	—	484,80	545,40
	V	26 265	1 107,77	2 101,20	2 363,85	IV	20 631	332,48	1 580,—	1 777,50	227,64	1 509,52	1 698,21	122,92	1 439,12	1 619,01	18,08	1 368,64	1 539,72	—	1 298,16	1 460,43	—	1 227,68	1 381,14
	VI	26 700	1 159,53	2 136,—	2 403,—																				
83 555,99 West	I,IV	20 542	426,73	1 643,36	1 848,78	I	20 542	217,17	1 502,48	1 690,29	7,49	1 361,52	1 531,71	—	1 220,64	1 373,22	—	1 082,40	1 217,70	—	950,08	1 068,84	—	823,60	926,55
	II	19 741	331,41	1 579,28	1 776,69	II	19 741	121,73	1 438,32	1 618,11	—	1 297,44	1 459,62	—	1 157,04	1 301,67	—	1 021,52	1 149,21	—	891,84	1 003,32	—	768,08	864,09
	III	13 536	—	1 082,88	1 218,24	III	13 536	—	975,04	1 096,92	—	870,24	979,02	—	768,32	864,36	—	669,28	752,94	—	573,28	644,94	—	480,16	540,18
	V	26 176	1 097,18	2 094,08	2 355,84	IV	20 542	321,89	1 572,88	1 769,49	217,17	1 502,48	1 690,29	112,33	1 432,—	1 611,—	7,49	1 361,52	1 531,71	—	1 291,04	1 452,42	—	1 220,64	1 373,22
	VI	26 611	1 148,94	2 128,88	2 394,99																				
83 555,99 Ost	I,IV	20 646	439,11	1 651,68	1 858,14	I	20 646	229,43	1 510,72	1 699,56	19,87	1 369,84	1 541,07	—	1 228,88	1 382,49	—	1 090,40	1 226,70	—	957,68	1 077,39	—	830,88	934,74
	II	19 845	343,79	1 587,60	1 786,05	II	19 845	134,11	1 446,64	1 627,47	—	1 305,76	1 468,98	—	1 165,20	1 310,85	—	1 029,28	1 157,94	—	899,28	1 011,69	—	775,20	872,10
	III	13 616	—	1 089,28	1 225,44	III	13 616	—	981,28	1 103,94	—	876,32	985,86	—	774,24	871,02	—	675,04	759,42	—	578,88	651,24	—	485,60	546,30
	V	26 280	1 109,55	2 102,40	2 365,20	IV	20 646	334,27	1 581,20	1 778,85	229,43	1 510,72	1 699,56	124,71	1 440,32	1 620,36	19,87	1 369,84	1 541,07	—	1 299,36	1 461,78	—	1 228,88	1 382,49
	VI	26 715	1 161,32	2 137,20	2 404,35																				
83 591,99 West	I,IV	20 556	428,40	1 644,48	1 850,04	I	20 556	218,84	1 503,60	1 691,55	9,16	1 362,64	1 532,97	—	1 221,76	1 374,48	—	1 083,44	1 218,87	—	951,12	1 070,01	—	824,56	927,63
	II	19 755	333,08	1 580,40	1 777,95	II	19 755	123,40	1 439,44	1 619,37	—	1 298,56	1 460,88	—	1 158,08	1 302,84	—	1 022,56	1 150,38	—	892,80	1 004,40	—	768,96	865,08
	III	13 546	—	1 083,68	1 219,14	III	13 546	—	975,84	1 097,82	—	871,04	979,92	—	769,12	865,26	—	670,08	753,84	—	574,08	645,84	—	480,96	541,08
	V	26 190	1 098,84	2 095,20	2 357,10	IV	20 556	323,56	1 574,—	1 770,75	218,84	1 503,60	1 691,55	114,—	1 433,12	1 612,26	9,16	1 362,64	1 532,97	—	1 292,16	1 453,68	—	1 221,76	1 374,48
	VI	26 625	1 150,61	2 130,—	2 396,25																				
83 591,99 Ost	I,IV	20 661	440,89	1 652,88	1 859,49	I	20 661	231,33	1 512,—	1 701,—	21,65	1 371,04	1 542,42	—	1 230,16	1 383,93	—	1 091,52	1 227,96	—	958,80	1 078,65	—	832,—	936,—
	II	19 860	345,57	1 588,80	1 787,40	II	19 860	135,89	1 447,84	1 628,82	—	1 306,96	1 470,33	—	1 166,40	1 312,20	—	1 030,48	1 159,29	—	900,40	1 012,95	—	776,24	873,27
	III	13 628	—	1 090,24	1 226,52	III	13 628	—	982,24	1 105,02	—	877,12	986,76	—	775,04	871,92	—	675,84	760,32	—	579,68	652,14	—	486,40	547,20
	V	26 295	1 111,34	2 103,60	2 366,55	IV	20 661	336,05	1 582,40	1 780,20	231,33	1 512,—	1 701,—	126,49	1 441,52	1 621,71	21,65	1 371,04	1 542,42	—	1 300,56	1 463,13	—	1 230,16	1 383,93
	VI	26 730	1 163,10	2 138,40	2 405,70																				
83 627,99 West	I,IV	20 570	430,06	1 645,60	1 851,30	I	20 570	220,38	1 504,64	1 692,72	10,82	1 363,76	1 534,23	—	1 222,80	1 375,65	—	1 084,56	1 220,13	—	952,08	1 071,09	—	825,60	928,80
	II	19 769	334,74	1 581,52	1 779,21	II	19 769	125,06	1 440,56	1 620,63	—	1 299,68	1 462,14	—	1 159,20	1 304,10	—	1 023,60	1 151,55	—	893,84	1 005,57	—	769,92	866,16
	III	13 556	—	1 084,48	1 220,04	III	13 556	—	976,64	1 098,72	—	871,84	980,82	—	769,92	866,16	—	670,88	754,74	—	574,72	646,56	—	481,60	541,80
	V	26 204	1 100,51	2 096,32	2 358,36	IV	20 570	325,22	1 575,12	1 772,01	220,38	1 504,64	1 692,72	115,66	1 434,24	1 613,52	10,82	1 363,76	1 534,23	—	1 293,28	1 454,94	—	1 222,80	1 375,65
	VI	26 639	1 152,27	2 131,12	2 397,51																				
83 627,99 Ost	I,IV	20 676	442,68	1 654,08	1 860,84	I	20 676	233,12	1 513,20	1 702,35	23,44	1 372,24	1 543,77	—	1 231,36	1 385,28	—	1 092,72	1 229,31	—	959,92	1 079,91	—	833,04	937,17
	II	19 875	347,36	1 590,—	1 788,75	II	19 875	137,68	1 449,04	1 630,17	—	1 308,16	1 471,68	—	1 167,60	1 313,55	—	1 031,60	1 160,55	—	901,44	1 014,12	—	777,28	874,44
	III	13 640	—	1 091,20	1 227,60	III	13 640	—	983,20	1 106,10	—	878,08	987,84	—	776,—	873,—	—	676,80	761,40	—	580,48	653,04	—	487,20	548,10
	V	26 310	1 113,12	2 104,80	2 367,90	IV	20 676	337,84	1 583,60	1 781,55	233,12	1 513,20	1 702,35	128,28	1 442,72	1 623,06	23,44	1 372,24	1 543,77	—	1 301,76	1 464,48	—	1 231,36	1 385,28
	VI	26 745	1 164,89	2 139,60	2 407,05																				
83 663,99 West	I,IV	20 584	431,73	1 646,72	1 852,56	I	20 584	222,17	1 505,84	1 694,07	12,49	1 364,88	1 535,49	—	1 224,—	1 377,—	—	1 085,60	1 221,30	—	953,20	1 072,35	—	826,56	929,88
	II	19 783	336,41	1 582,64	1 780,47	II	19 783	126,73	1 441,68	1 621,89	—	1 300,80	1 463,40	—	1 160,32	1 305,36	—	1 024,64	1 152,72	—	894,88	1 006,74	—	770,96	867,33
	III	13 568	—	1 085,44	1 221,12	III	13 568	—	977,60	1 099,80	—	872,64	981,72	—	770,72	867,06	—	671,68	755,64	—	575,52	647,46	—	482,40	542,70
	V	26 218	1 102,17	2 097,44	2 359,62	IV	20 584	326,89	1 576,24	1 773,27	222,17	1 505,84	1 694,07	117,33	1 435,36	1 614,78	12,49	1 364,88	1 535,49	—	1 294,40	1 456,20	—	1 224,—	1 377,—
	VI	26 653	1 153,94	2 132,24	2 398,77																				
83 663,99 Ost	I,IV	20 691	444,46	1 655,28	1 862,19	I	20 691	234,90	1 514,40	1 703,70	25,22	1 373,44	1 545,12	—	1 232,56	1 386,63	—	1 093,92	1 230,66	—	961,04	1 081,17	—	834,08	938,34
	II	19 890	349,14	1 591,20	1 790,10	II	19 890	139,46	1 450,24	1 631,52	—	1 309,36	1 473,03	—	1 168,80	1 314,90	—	1 032,72	1 161,81	—	902,56	1 015,38	—	778,32	875,61
	III	13 652	—	1 092,16	1 228,68	III	13 652	—	984,—	1 107,—	—	879,04	988,92	—	776,80	873,90	—	677,60	762,30	—	581,28	653,94	—	488,—	549,—
	V	26 325	1 114,91	2 106,—	2 369,25	IV	20 691	339,74	1 584,88	1 782,99	234,90	1 514,40	1 703,70	130,06	1 443,92	1 624,41	25,22	1 373,44	1 545,12	—	1 303,04	1 465,92	—	1 232,56	1 386,63
	VI	26 760	1 166,67	2 140,80	2 408,40																				

I – VI: ohne Kinderfreibeträge. I, II, III, IV: mit Zahl der Kinderfreibeträge . . .

*** Die ausgewiesenen Tabellenwerte sind amtlich. Siehe Erläuterungen auf der Umschlaginnenseite (U2).**

Lohn/ Gehalt bis €*	Abzüge an Lohnsteuer, Solidaritätszuschlag (SolZ) und Kirchensteuer (8%, 9%) in den Steuerklassen I – VI					I, II, III, IV																			
			ohne Kinderfreibeträge					mit Zahl der Kinderfreibeträge . . . 0,5			1			1,5			2			2,5			3		
		LSt	SolZ	8%	9%		LSt	SolZ	8%	9%	SolZ	8%	9%	SolZ	8%	9%	SolZ	8%	9%	SolZ	8%	9%	SolZ	8%	9%
83 699,99 West	I,IV	20 598	433,39	1 647,84	1 853,82	I	20 598	223,83	1 506,96	1 695,33	14,16	1 366,—	1 536,75	—	1 225,12	1 378,26	—	1 086,72	1 222,56	—	954,16	1 073,43	—	827,52	930,96
	II	19 797	338,07	1 583,76	1 781,73	II	19 797	128,40	1 442,80	1 623,15	—	1 301,92	1 464,66	—	1 161,44	1 306,62	—	1 025,68	1 153,89	—	895,84	1 007,82	—	771,84	868,32
	III	13 580	—	1 086,40	1 222,20	III	13 580	—	978,40	1 100,70	—	873,44	982,62	—	771,52	867,96	—	672,48	756,54	—	576,32	648,36	—	483,04	543,42
	V	26 232	1 103,84	2 098,56	2 360,88	IV	20 598	328,55	1 577,36	1 774,53	223,83	1 506,96	1 695,33	119,—	1 436,48	1 616,04	14,16	1 366,—	1 536,75	—	1 295,52	1 457,46	—	1 225,12	1 378,26
	VI	26 667	1 155,60	2 133,36	2 400,03																				
83 699,99 Ost	I,IV	20 706	446,25	1 656,48	1 863,54	I	20 706	236,69	1 515,60	1 705,05	27,01	1 374,64	1 546,47	—	1 233,76	1 387,98	—	1 095,04	1 231,92	—	962,16	1 082,43	—	835,20	939,60
	II	19 905	350,93	1 592,40	1 791,45	II	19 905	141,37	1 451,52	1 632,96	—	1 310,56	1 474,38	—	1 169,92	1 316,16	—	1 033,84	1 163,07	—	903,68	1 016,64	—	779,36	876,78
	III	13 664	—	1 093,12	1 229,76	III	13 664	—	984,96	1 108,08	—	879,84	989,82	—	777,60	874,80	—	678,40	763,20	—	582,08	654,84	—	488,80	549,90
	V	26 340	1 116,69	2 107,20	2 370,60	IV	20 706	341,53	1 586,08	1 784,34	236,69	1 515,60	1 705,05	131,85	1 445,12	1 625,76	27,01	1 374,64	1 546,47	—	1 304,24	1 467,27	—	1 233,76	1 387,98
	VI	26 775	1 168,46	2 142,—	2 409,75																				
83 735,99 West	I,IV	20 612	435,06	1 648,96	1 855,08	I	20 612	225,38	1 508,—	1 696,50	15,82	1 367,12	1 538,01	—	1 226,16	1 379,43	—	1 087,76	1 223,73	—	955,20	1 074,60	—	828,48	932,04
	II	19 811	339,74	1 584,88	1 782,99	II	19 811	130,06	1 443,92	1 624,41	—	1 303,04	1 465,92	—	1 162,48	1 307,79	—	1 026,72	1 155,06	—	896,88	1 008,99	—	772,80	869,40
	III	13 590	—	1 087,20	1 223,10	III	13 590	—	979,20	1 101,60	—	874,24	983,52	—	772,32	868,86	—	673,12	757,26	—	576,96	649,08	—	483,84	544,32
	V	26 246	1 105,51	2 099,68	2 362,14	IV	20 612	330,22	1 578,48	1 775,79	225,38	1 508,—	1 696,50	120,66	1 437,60	1 617,30	15,82	1 367,12	1 538,01	—	1 296,64	1 458,72	—	1 226,16	1 379,43
	VI	26 681	1 157,27	2 134,48	2 401,29																				
83 735,99 Ost	I,IV	20 722	448,15	1 657,76	1 864,98	I	20 722	238,47	1 516,80	1 706,40	28,91	1 375,92	1 547,91	—	1 234,96	1 389,33	—	1 096,24	1 233,27	—	963,28	1 083,69	—	836,24	940,77
	II	19 920	352,71	1 593,60	1 792,80	II	19 920	143,15	1 452,72	1 634,31	—	1 311,76	1 475,73	—	1 171,12	1 317,51	—	1 035,04	1 164,42	—	904,72	1 017,81	—	780,40	877,95
	III	13 676	—	1 094,08	1 230,84	III	13 676	—	985,92	1 109,16	—	880,80	990,90	—	778,56	875,88	—	679,20	764,10	—	582,88	655,74	—	489,44	550,62
	V	26 355	1 118,48	2 108,40	2 371,95	IV	20 722	343,31	1 587,28	1 785,69	238,47	1 516,80	1 706,40	133,63	1 446,32	1 627,11	28,91	1 375,92	1 547,91	—	1 305,44	1 468,62	—	1 234,96	1 389,33
	VI	26 790	1 170,24	2 143,20	2 411,10																				
83 771,99 West	I,IV	20 626	436,73	1 650,08	1 856,34	I	20 626	227,05	1 509,12	1 697,76	17,49	1 368,24	1 539,27	—	1 227,28	1 380,69	—	1 088,80	1 224,90	—	956,24	1 075,77	—	829,52	933,21
	II	19 824	341,29	1 585,92	1 784,16	II	19 824	131,73	1 445,04	1 625,67	—	1 304,08	1 467,09	—	1 163,60	1 309,05	—	1 027,76	1 156,23	—	897,84	1 010,07	—	773,76	870,48
	III	13 600	—	1 088,—	1 224,—	III	13 600	—	980,16	1 102,68	—	875,04	984,42	—	773,12	869,76	—	673,92	758,16	—	577,76	649,98	—	484,48	545,04
	V	26 260	1 107,17	2 100,80	2 363,40	IV	20 626	331,89	1 579,60	1 777,05	227,05	1 509,12	1 697,76	122,33	1 438,72	1 618,56	17,49	1 368,24	1 539,27	—	1 297,76	1 459,98	—	1 227,28	1 380,69
	VI	26 695	1 158,94	2 135,60	2 402,55																				
83 771,99 Ost	I,IV	20 737	449,93	1 658,96	1 866,33	I	20 737	240,26	1 518,—	1 707,75	30,70	1 377,12	1 549,26	—	1 236,16	1 390,68	—	1 097,36	1 234,53	—	964,40	1 084,95	—	837,28	941,94
	II	19 935	354,50	1 594,80	1 794,15	II	19 935	144,94	1 453,92	1 635,66	—	1 312,96	1 477,08	—	1 172,32	1 318,86	—	1 036,16	1 165,68	—	905,84	1 019,07	—	781,44	879,12
	III	13 686	—	1 094,88	1 231,74	III	13 686	—	986,88	1 110,24	—	881,60	991,80	—	779,36	876,78	—	680,16	765,18	—	583,68	656,64	—	490,24	551,52
	V	26 370	1 120,26	2 109,60	2 373,30	IV	20 737	345,10	1 588,48	1 787,04	240,26	1 518,—	1 707,75	135,42	1 447,52	1 628,46	30,70	1 377,12	1 549,26	—	1 306,64	1 469,97	—	1 236,16	1 390,68
	VI	26 806	1 172,15	2 144,48	2 412,54																				
83 807,99 West	I,IV	20 640	438,39	1 651,20	1 857,60	I	20 640	228,71	1 510,24	1 699,02	19,15	1 369,36	1 540,53	—	1 228,40	1 381,95	—	1 089,92	1 226,16	—	957,28	1 076,94	—	830,48	934,29
	II	19 838	342,95	1 587,04	1 785,42	II	19 838	133,39	1 446,16	1 626,93	—	1 305,20	1 468,35	—	1 164,72	1 310,31	—	1 028,80	1 157,40	—	898,88	1 011,24	—	774,72	871,56
	III	13 612	—	1 088,96	1 225,08	III	13 612	—	980,96	1 103,58	—	875,84	985,32	—	773,76	870,48	—	674,72	759,06	—	578,56	650,88	—	485,28	545,94
	V	26 273	1 108,72	2 101,84	2 364,57	IV	20 640	333,55	1 580,72	1 778,31	228,71	1 510,24	1 699,02	123,87	1 439,76	1 619,73	19,15	1 369,36	1 540,53	—	1 298,88	1 461,24	—	1 228,40	1 381,95
	VI	26 709	1 160,60	2 136,72	2 403,81																				
83 807,99 Ost	I,IV	20 752	451,72	1 660,16	1 867,68	I	20 752	242,04	1 519,20	1 709,10	32,48	1 378,32	1 550,61	—	1 237,36	1 392,03	—	1 098,56	1 235,88	—	965,52	1 086,21	—	838,40	943,20
	II	19 950	356,28	1 596,—	1 795,50	II	19 950	146,72	1 455,12	1 637,01	—	1 314,16	1 478,43	—	1 173,52	1 320,21	—	1 037,28	1 166,94	—	906,96	1 020,33	—	782,48	880,29
	III	13 698	—	1 095,84	1 232,82	III	13 698	—	987,68	1 111,14	—	882,56	992,88	—	780,32	877,86	—	680,96	766,08	—	584,48	657,54	—	491,04	552,42
	V	26 386	1 122,17	2 110,88	2 374,74	IV	20 752	346,88	1 589,68	1 788,39	242,04	1 519,20	1 709,10	137,32	1 448,80	1 629,90	32,48	1 378,32	1 550,61	—	1 307,84	1 471,32	—	1 237,36	1 392,03
	VI	26 821	1 173,93	2 145,68	2 413,89																				
83 843,99 West	I,IV	20 654	440,06	1 652,32	1 858,86	I	20 654	230,38	1 511,36	1 700,28	20,82	1 370,48	1 541,79	—	1 229,52	1 383,21	—	1 091,04	1 227,42	—	958,32	1 078,11	—	831,44	935,37
	II	19 853	344,74	1 588,24	1 786,77	II	19 853	135,06	1 447,28	1 628,19	—	1 306,40	1 469,70	—	1 165,84	1 311,57	—	1 029,92	1 158,66	—	899,84	1 012,32	—	775,68	872,64
	III	13 622	—	1 089,76	1 225,98	III	13 622	—	981,76	1 104,48	—	876,80	986,40	—	774,72	871,56	—	675,52	759,96	—	579,20	651,60	—	485,92	546,66
	V	26 288	1 110,50	2 103,04	2 365,92	IV	20 654	335,22	1 581,84	1 779,57	230,38	1 511,36	1 700,28	125,66	1 440,96	1 621,08	20,82	1 370,48	1 541,79	—	1 300,—	1 462,50	—	1 229,52	1 383,21
	VI	26 723	1 162,27	2 137,84	2 405,07																				
83 843,99 Ost	I,IV	20 767	453,50	1 661,36	1 869,03	I	20 767	243,83	1 520,40	1 710,45	34,27	1 379,52	1 551,96	—	1 238,56	1 393,38	—	1 099,68	1 237,14	—	966,64	1 087,47	—	839,44	944,37
	II	19 966	358,19	1 597,28	1 796,94	II	19 966	148,51	1 456,32	1 638,36	—	1 315,44	1 479,87	—	1 174,72	1 321,56	—	1 038,48	1 168,29	—	908,—	1 021,50	—	783,52	881,46
	III	13 710	—	1 096,80	1 233,90	III	13 710	—	988,64	1 112,22	—	883,36	993,78	—	781,12	878,76	—	681,76	766,98	—	585,28	658,44	—	491,84	553,32
	V	26 401	1 123,95	2 112,08	2 376,09	IV	20 767	348,67	1 590,88	1 789,74	243,83	1 520,40	1 710,45	139,11	1 450,—	1 631,25	34,27	1 379,52	1 551,96	—	1 309,04	1 472,67	—	1 238,56	1 393,38
	VI	26 836	1 175,72	2 146,88	2 415,24																				
83 879,99 West	I,IV	20 668	441,72	1 653,44	1 860,12	I	20 668	232,05	1 512,48	1 701,54	22,49	1 371,60	1 543,05	—	1 230,64	1 384,47	—	1 092,08	1 228,59	—	959,28	1 079,19	—	832,48	936,54
	II	19 866	346,29	1 589,28	1 787,94	II	19 866	136,73	1 448,40	1 629,45	—	1 307,44	1 470,87	—	1 166,88	1 312,74	—	1 030,96	1 159,83	—	900,88	1 013,49	—	776,64	873,72
	III	13 634	—	1 090,72	1 227,06	III	13 634	—	982,72	1 105,56	—	877,60	987,30	—	775,52	872,46	—	676,32	760,86	—	580,—	652,50	—	486,72	547,56
	V	26 302	1 112,17	2 104,16	2 367,18	IV	20 668	336,88	1 582,96	1 780,83	232,05	1 512,48	1 701,54	127,33	1 442,08	1 622,34	22,49	1 371,60	1 543,05	—	1 301,12	1 463,76	—	1 230,64	1 384,47
	VI	26 737	1 163,93	2 138,96	2 406,33																				
83 879,99 Ost	I,IV	20 782	455,29	1 662,56	1 870,38	I	20 782	245,73	1 521,68	1 711,89	36,05	1 380,72	1 553,31	—	1 239,84	1 394,82	—	1 100,88	1 238,49	—	967,76	1 088,73	—	840,48	945,54
	II	19 981	359,97	1 598,48	1 798,29	II	19 981	150,29	1 457,52	1 639,71	—	1 316,64	1 481,22	—	1 175,92	1 322,91	—	1 039,60	1 169,55	—	909,12	1 022,76	—	784,56	882,63
	III	13 722	—	1 097,76	1 234,98	III	13 722	—	989,60	1 113,30	—	884,32	994,86	—	781,92	879,66	—	682,56	767,88	—	586,24	659,52	—	492,64	554,22
	V	26 416	1 125,74	2 113,28	2 377,44	IV	20 782	350,45	1 592,08	1 791,09	245,73	1 521,68	1 711,89	140,89	1 451,20	1 632,60	36,05	1 380,72	1 553,31	—	1 310,24	1 474,02	—	1 239,84	1 394,82
	VI	26 851	1 177,50	2 148,08	2 416,59																				
83 915,99 West	I,IV	20 682	443,39	1 654,56	1 861,38	I	20 682	233,71	1 513,60	1 702,80	24,15	1 372,72	1 544,31	—	1 231,76	1 385,73	—	1 093,12	1 229,76	—	960,32	1 080,36	—	833,44	937,62
	II	19 880	347,95	1 590,40	1 789,20	II	19 880	138,39	1 449,52	1 630,71	—	1 308,56	1 472,13	—	1 168,—	1 314,—	—	1 032,—	1 161,—	—	901,84	1 014,57	—	777,60	874,80
	III	13 644	—	1 091,52	1 227,96	III	13 644	—	983,52	1 106,46	—	878,40	988,20	—	776,16	873,18	—	676,96	761,58	—	580,80	653,40	—	487,36	548,28
	V	26 315	1 113,72	2 105,20	2 368,35	IV	20 682	338,55	1 584,08	1 782,09	233,71	1 513,60	1 702,80	128,87	1 443,12	1 623,51	24,15	1 372,72	1 544,31	—	1 302,24	1 465,02	—	1 231,76	1 385,73
	VI	26 751	1 165,60	2 140,08	2 407,59																				
83 915,99 Ost	I,IV	20 797	457,07	1 663,76	1 871,73	I	20 797	247,52	1 522,88	1 713,24	37,84	1 381,92	1 554,66	—	1 241,04	1 396,17	—	1 102,08	1 239,84	—	968,88	1 089,99	—	841,60	946,80
	II	19 996	361,76	1 599,68	1 799,64	II	19 996	152,08	1 458,72	1 641,06	—	1 317,84	1 482,57	—	1 177,12	1 324,26	—	1 040,72	1 170,81	—	910,24	1 024,02	—	785,60	883,80
	III	13 734	—	1 098,72	1 236,06	III	13 734	—	990,56	1 114,38	—	885,28	995,94	—	782,88	880,74	—	683,52	768,96	—	587,04	660,42	—	493,44	555,12
	V	26 431	1 127,52	2 114,48	2 378,79	IV	20 797	352,24	1 593,28	1 792,44	247,52	1 522,88	1 713,24	142,68	1 452,40	1 633,95	37,84	1 381,92	1 554,66	—	1 311,44	1 475,37	—	1 241,04	1 396,17
	VI	26 866	1 179,29	2 149,28	2 417,94																				
83 951,99 West	I,IV	20 695	444,94	1 655,60	1 862,55	I	20 695	235,38	1 514,72	1 704,06	25,82	1 373,84	1 545,57	—	1 232,88	1 386,99	—	1 094,24	1 231,02	—	961,36	1 081,53	—	834,40	938,70
	II	19 894	349,62	1 591,52	1 790,46	II	19 894	140,06	1 450,64	1 631,97	—	1 309,68	1 473,39	—	1 169,12	1 315,26	—	1 033,04	1 162,17	—	902,88	1 015,74	—	778,56	875,88
	III	13 654	—	1 092,32	1 228,86	III	13 654	—	984,32	1 107,36	—	879,20	989,10	—	777,12	874,26	—	677,76	762,48	—	581,44	654,12	—	488,16	549,18
	V	26 329	1 115,38	2 106,32	2 369,61	IV	20 695	340,22	1 585,20	1 783,35	235,38	1 514,72	1 704,06	130,54	1 444,24	1 624,77	25,82	1 373,84	1 545,57	—	1 303,36	1 466,28	—	1 232,88	1 386,99
	VI	26 764	1 167,15	2 141,12	2 408,76																				
83 951,99 Ost	I,IV	20 812	458,86	1 664,96	1 873,08	I	20 812	249,30	1 524,08	1 714,59	39,62	1 383,12	1 556,01	—	1 242,24	1 397,52	—	1 103,20	1 241,10	—	970,—	1 091,25	—	842,64	947,97
	II	20 011	363,54	1 600,88	1 800,99	II	20 011	153,86	1 459,92	1 642,41	—	1 319,04	1 483,92	—	1 178,32	1 325,61	—	1 041,84	1 172,07	—	911,28	1 025,19	—	786,64	884,97
	III	13 746	—	1 099,68	1 237,14	III	13 746	—	991,36	1 115,28	—	886,08	996,84	—	783,68	881,64	—	684,32	769,86	—	587,84	661,32	—	494,24	556,02
	V	26 446	1 129,31	2 115,68	2 380,14	IV	20 812	354,02	1 594,48	1 793,79	249,30	1 524,08	1 714,59	144,46	1 453,60	1 635,30	39,62	1 383,12	1 556,01	—	1 312,72	1 476,81	—	1 242,24	1 397,52
	VI	26 881	1 181,07	2 150,48	2 419,29																				

*** Die ausgewiesenen Tabellenwerte sind amtlich. Siehe Erläuterungen auf der Umschlaginnenseite (U2).**

Abzüge an Lohnsteuer, Solidaritätszuschlag (SolZ) und Kirchensteuer (8%, 9%) in den Steuerklassen

Lohn/ Gehalt bis €*	I – VI	LSt	ohne Kinderfreibeträge SolZ	8%	9%	I, II, III, IV	LSt	mit Zahl der Kinderfreibeträge . . . 0,5 SolZ	8%	9%	1 SolZ	8%	9%	1,5 SolZ	8%	9%	2 SolZ	8%	9%	2,5 SolZ	8%	9%	3 SolZ	8%	9%
83 987,99 West	I,IV	20 709	446,60	1 656,72	1 863,81	I	20 709	237,04	1 515,84	1 705,32	27,37	1 374,88	1 546,74	–	1 234,–	1 388,25	–	1 095,28	1 232,19	–	962,40	1 082,70	–	835,36	939,78
	II	19 908	351,28	1 592,64	1 791,72	II	19 908	141,61	1 451,68	1 633,14	–	1 310,80	1 474,65	–	1 170,16	1 316,43	–	1 034,08	1 163,34	–	903,84	1 016,82	–	779,52	876,96
	III	13 666	–	1 093,28	1 229,94	III	13 666	–	985,12	1 108,26	–	880,–	990,–	–	777,76	874,98	–	678,56	763,38	–	582,24	655,02	–	488,80	549,90
	V	26 343	1 117,05	2 107,44	2 370,87	IV	20 709	341,88	1 586,32	1 784,61	237,04	1 515,84	1 705,32	132,20	1 445,36	1 626,03	27,37	1 374,88	1 546,74	–	1 304,48	1 467,54	–	1 234,–	1 388,25
	VI	26 778	1 168,81	2 142,24	2 410,02																				
83 987,99 Ost	I,IV	20 827	460,64	1 666,16	1 874,43	I	20 827	251,09	1 525,28	1 715,94	41,41	1 384,32	1 557,36	–	1 243,44	1 398,87	–	1 104,40	1 242,45	–	971,12	1 092,51	–	843,68	949,14
	II	20 026	365,33	1 602,08	1 802,34	II	20 026	155,77	1 461,20	1 643,85	–	1 320,24	1 485,27	–	1 179,52	1 326,96	–	1 043,04	1 173,42	–	912,40	1 026,45	–	787,68	886,14
	III	13 758	–	1 100,64	1 238,22	III	13 758	–	992,32	1 116,36	–	887,04	997,92	–	784,64	882,72	–	685,12	770,76	–	588,64	662,22	–	495,04	556,92
	V	26 461	1 131,09	2 116,88	2 381,49	IV	20 827	355,92	1 595,76	1 795,23	251,09	1 525,28	1 715,94	146,25	1 454,80	1 636,65	41,41	1 384,32	1 557,36	–	1 313,92	1 478,16	–	1 243,44	1 398,87
	VI	26 896	1 182,86	2 151,68	2 420,64																				
84 023,99 West	I,IV	20 723	448,27	1 657,84	1 865,07	I	20 723	238,71	1 516,96	1 706,58	29,03	1 376,–	1 548,–	–	1 235,12	1 389,51	–	1 096,32	1 233,36	–	963,44	1 083,87	–	836,32	940,86
	II	19 922	352,95	1 593,76	1 792,98	II	19 922	143,27	1 452,80	1 634,40	–	1 311,92	1 475,91	–	1 171,28	1 317,69	–	1 035,12	1 164,51	–	904,88	1 017,99	–	780,48	878,04
	III	13 676	–	1 094,08	1 230,84	III	13 676	–	986,08	1 109,34	–	880,80	990,90	–	778,56	875,88	–	679,36	764,28	–	583,04	655,92	–	489,60	550,80
	V	26 357	1 118,71	2 108,56	2 372,13	IV	20 723	343,43	1 587,36	1 785,78	238,71	1 516,96	1 706,58	133,87	1 446,48	1 627,29	29,03	1 376,–	1 548,–	–	1 305,52	1 468,71	–	1 235,12	1 389,51
	VI	26 792	1 170,48	2 143,36	2 411,28																				
84 023,99 Ost	I,IV	20 842	462,43	1 667,36	1 875,78	I	20 842	252,87	1 526,48	1 717,29	43,31	1 385,60	1 558,80	–	1 244,64	1 400,22	–	1 105,52	1 243,71	–	972,24	1 093,77	–	844,80	950,40
	II	20 041	367,11	1 603,28	1 803,69	II	20 041	157,55	1 462,40	1 645,20	–	1 321,44	1 486,62	–	1 180,72	1 328,31	–	1 044,16	1 174,68	–	913,52	1 027,71	–	788,72	887,31
	III	13 770	–	1 101,60	1 239,30	III	13 770	–	993,28	1 117,44	–	887,84	998,82	–	785,44	883,62	–	685,92	771,66	–	589,44	663,12	–	495,84	557,82
	V	26 476	1 132,88	2 118,08	2 382,84	IV	20 842	357,71	1 596,96	1 796,58	252,87	1 526,48	1 717,29	148,03	1 456,–	1 638,–	43,31	1 385,60	1 558,80	–	1 315,12	1 479,51	–	1 244,64	1 400,22
	VI	26 911	1 184,64	2 152,88	2 421,99																				
84 059,99 West	I,IV	20 737	449,93	1 658,96	1 866,33	I	20 737	240,38	1 518,08	1 707,84	30,82	1 377,20	1 549,35	–	1 236,24	1 390,77	–	1 097,44	1 234,62	–	964,48	1 085,04	–	837,36	942,03
	II	19 936	354,62	1 594,88	1 794,24	II	19 936	145,06	1 454,–	1 635,75	–	1 313,04	1 477,17	–	1 172,40	1 318,95	–	1 036,24	1 165,77	–	905,92	1 019,16	–	781,44	879,12
	III	13 688	–	1 095,04	1 231,92	III	13 688	–	986,88	1 110,24	–	881,76	991,98	–	779,52	876,96	–	680,16	765,18	–	583,84	656,82	–	490,40	551,70
	V	26 371	1 120,38	2 109,68	2 373,39	IV	20 737	345,21	1 588,56	1 787,13	240,38	1 518,08	1 707,84	135,54	1 447,60	1 628,55	30,82	1 377,20	1 549,35	–	1 306,72	1 470,06	–	1 236,24	1 390,77
	VI	26 806	1 172,15	2 144,48	2 412,54																				
84 059,99 Ost	I,IV	20 858	464,33	1 668,64	1 877,22	I	20 858	254,66	1 527,68	1 718,64	45,10	1 386,80	1 560,15	–	1 245,84	1 401,57	–	1 106,72	1 245,06	–	973,36	1 095,03	–	845,84	951,57
	II	20 056	368,90	1 604,48	1 805,04	II	20 056	159,34	1 463,60	1 646,55	–	1 322,64	1 487,97	–	1 181,92	1 329,66	–	1 045,28	1 175,94	–	914,64	1 028,97	–	789,76	888,48
	III	13 780	–	1 102,40	1 240,20	III	13 780	–	994,08	1 118,34	–	888,80	999,90	–	786,40	884,70	–	686,88	772,74	–	590,24	664,02	–	496,64	558,72
	V	26 491	1 134,66	2 119,28	2 384,19	IV	20 858	359,49	1 598,16	1 797,93	254,66	1 527,68	1 718,64	149,82	1 457,20	1 639,35	45,10	1 386,80	1 560,15	–	1 316,32	1 480,86	–	1 245,84	1 401,57
	VI	26 927	1 186,54	2 154,16	2 423,43																				
84 095,99 West	I,IV	20 751	451,60	1 660,08	1 867,59	I	20 751	242,04	1 519,20	1 709,10	32,36	1 378,24	1 550,52	–	1 237,36	1 392,03	–	1 098,48	1 235,79	–	965,52	1 086,21	–	838,32	943,11
	II	19 950	356,28	1 596,–	1 795,50	II	19 950	146,60	1 455,04	1 636,92	–	1 314,16	1 478,43	–	1 173,52	1 320,21	–	1 037,28	1 166,94	–	906,88	1 020,24	–	782,40	880,20
	III	13 698	–	1 095,84	1 232,82	III	13 698	–	987,68	1 111,14	–	882,40	992,70	–	780,16	877,68	–	680,96	766,08	–	584,48	657,54	–	491,04	552,42
	V	26 385	1 122,05	2 110,80	2 374,65	IV	20 751	346,88	1 589,68	1 788,39	242,04	1 519,20	1 709,10	137,20	1 448,72	1 629,81	32,36	1 378,24	1 550,52	–	1 307,84	1 471,32	–	1 237,36	1 392,03
	VI	26 820	1 173,81	2 145,60	2 413,80																				
84 095,99 Ost	I,IV	20 873	466,12	1 669,84	1 878,57	I	20 873	256,44	1 528,88	1 719,99	46,88	1 388,–	1 561,50	–	1 247,04	1 402,92	–	1 107,92	1 246,41	–	974,48	1 096,29	–	846,88	952,74
	II	20 071	370,68	1 605,68	1 806,39	II	20 071	161,12	1 464,80	1 647,90	–	1 323,84	1 489,32	–	1 183,12	1 331,01	–	1 046,48	1 177,29	–	915,68	1 030,14	–	790,80	889,65
	III	13 792	–	1 103,36	1 241,28	III	13 792	–	995,04	1 119,42	–	889,60	1 000,80	–	787,20	885,60	–	687,68	773,64	–	591,04	664,92	–	497,44	559,62
	V	26 507	1 136,56	2 120,56	2 385,63	IV	20 873	361,28	1 599,36	1 799,28	256,44	1 528,88	1 719,99	151,60	1 458,40	1 640,70	46,88	1 388,–	1 561,50	–	1 317,52	1 482,21	–	1 247,04	1 402,92
	VI	26 942	1 188,33	2 155,36	2 424,78																				
84 131,99 West	I,IV	20 765	453,27	1 661,20	1 868,85	I	20 765	243,71	1 520,32	1 710,36	34,03	1 379,36	1 551,78	–	1 238,48	1 393,29	–	1 099,60	1 237,05	–	966,48	1 087,29	–	839,28	944,19
	II	19 964	357,95	1 597,12	1 796,76	II	19 964	148,27	1 456,16	1 638,18	–	1 315,28	1 479,69	–	1 174,56	1 321,38	–	1 038,32	1 168,11	–	907,92	1 021,41	–	783,36	881,28
	III	13 708	–	1 096,64	1 233,72	III	13 708	–	988,48	1 112,04	–	883,36	993,78	–	780,96	878,58	–	681,60	766,80	–	585,28	658,44	–	491,84	553,32
	V	26 399	1 123,71	2 111,92	2 375,91	IV	20 765	348,43	1 590,72	1 789,56	243,71	1 520,32	1 710,36	138,87	1 449,84	1 631,07	34,03	1 379,36	1 551,78	–	1 308,88	1 472,49	–	1 238,48	1 393,29
	VI	26 834	1 175,48	2 146,72	2 415,06																				
84 131,99 Ost	I,IV	20 888	467,90	1 671,04	1 879,92	I	20 888	258,23	1 530,08	1 721,34	48,67	1 389,20	1 562,85	–	1 248,24	1 404,27	–	1 109,04	1 247,67	–	975,60	1 097,55	–	848,–	954,–
	II	20 086	372,47	1 606,88	1 807,74	II	20 086	162,91	1 466,–	1 649,25	–	1 325,12	1 490,76	–	1 184,32	1 332,36	–	1 047,60	1 178,55	–	916,80	1 031,40	–	791,84	890,82
	III	13 804	–	1 104,32	1 242,36	III	13 804	–	996,–	1 120,50	–	890,56	1 001,88	–	788,–	886,50	–	688,48	774,54	–	591,84	665,82	–	498,24	560,52
	V	26 522	1 138,35	2 121,76	2 386,98	IV	20 888	363,06	1 600,56	1 800,63	258,23	1 530,08	1 721,34	153,51	1 459,68	1 642,14	48,67	1 389,20	1 562,85	–	1 318,72	1 483,56	–	1 248,24	1 404,27
	VI	26 957	1 190,11	2 156,56	2 426,13																				
84 167,99 West	I,IV	20 779	454,93	1 662,32	1 870,11	I	20 779	245,37	1 521,44	1 711,62	35,70	1 380,48	1 553,04	–	1 239,60	1 394,55	–	1 100,64	1 238,22	–	967,52	1 088,46	–	840,32	945,36
	II	19 978	359,61	1 598,24	1 798,02	II	19 978	149,94	1 457,28	1 639,44	–	1 316,40	1 480,95	–	1 175,68	1 322,64	–	1 039,36	1 169,28	–	908,88	1 022,49	–	784,32	882,36
	III	13 720	–	1 097,60	1 234,80	III	13 720	–	989,44	1 113,12	–	884,16	994,68	–	781,76	879,48	–	682,40	767,70	–	585,92	659,16	–	492,48	554,04
	V	26 413	1 125,38	2 113,04	2 377,17	IV	20 779	350,09	1 591,84	1 790,82	245,37	1 521,44	1 711,62	140,53	1 450,96	1 632,33	35,70	1 380,48	1 553,04	–	1 310,–	1 473,75	–	1 239,60	1 394,55
	VI	26 848	1 177,14	2 147,84	2 416,32																				
84 167,99 Ost	I,IV	20 903	469,69	1 672,24	1 881,27	I	20 903	260,01	1 531,28	1 722,69	50,45	1 390,40	1 564,20	–	1 249,52	1 405,71	–	1 110,24	1 249,02	–	976,72	1 098,81	–	849,04	955,17
	II	20 102	374,37	1 608,16	1 809,18	II	20 102	164,69	1 467,20	1 650,60	–	1 326,32	1 492,11	–	1 185,52	1 333,71	–	1 048,80	1 179,90	–	917,92	1 032,66	–	792,88	891,99
	III	13 816	–	1 105,28	1 243,44	III	13 816	–	996,96	1 121,58	–	891,52	1 002,96	–	788,96	887,58	–	689,28	775,44	–	592,64	666,72	–	499,04	561,42
	V	26 537	1 140,13	2 122,96	2 388,33	IV	20 903	364,85	1 601,76	1 801,98	260,01	1 531,28	1 722,69	155,29	1 460,88	1 643,49	50,45	1 390,40	1 564,20	–	1 319,92	1 484,91	–	1 249,52	1 405,71
	VI	26 972	1 191,90	2 157,76	2 427,48																				
84 203,99 West	I,IV	20 793	456,60	1 663,44	1 871,37	I	20 793	246,92	1 522,48	1 712,79	37,36	1 381,60	1 554,30	–	1 240,64	1 395,72	–	1 101,76	1 239,48	–	968,56	1 089,63	–	841,28	946,44
	II	19 992	361,28	1 599,36	1 799,28	II	19 992	151,60	1 458,40	1 640,70	–	1 317,52	1 482,21	–	1 176,80	1 323,90	–	1 040,40	1 170,45	–	909,92	1 023,66	–	785,28	883,44
	III	13 730	–	1 098,40	1 235,70	III	13 730	–	990,24	1 114,02	–	884,96	995,58	–	782,56	880,38	–	683,20	768,60	–	586,72	660,06	–	493,28	554,94
	V	26 427	1 127,04	2 114,16	2 378,43	IV	20 793	351,76	1 592,96	1 792,08	246,92	1 522,48	1 712,79	142,20	1 452,08	1 633,59	37,36	1 381,60	1 554,30	–	1 311,12	1 475,01	–	1 240,64	1 395,72
	VI	26 862	1 178,81	2 148,96	2 417,58																				
84 203,99 Ost	I,IV	20 918	471,47	1 673,44	1 882,62	I	20 918	261,91	1 532,56	1 724,13	52,24	1 391,60	1 565,55	–	1 250,72	1 407,06	–	1 111,44	1 250,37	–	977,84	1 100,07	–	850,08	956,34
	II	20 117	376,15	1 609,36	1 810,53	II	20 117	166,48	1 468,40	1 651,95	–	1 327,52	1 493,46	–	1 186,72	1 335,06	–	1 049,92	1 181,16	–	918,96	1 033,83	–	794,–	893,25
	III	13 828	–	1 106,24	1 244,52	III	13 828	–	997,76	1 122,48	–	892,32	1 003,86	–	789,76	888,48	–	690,24	776,52	–	593,44	667,62	–	499,84	562,32
	V	26 552	1 141,92	2 124,16	2 389,68	IV	20 918	366,63	1 602,96	1 803,33	261,91	1 532,56	1 724,13	157,08	1 462,08	1 644,84	52,24	1 391,60	1 565,55	–	1 321,12	1 486,26	–	1 250,72	1 407,06
	VI	26 987	1 193,68	2 158,96	2 428,83																				
84 239,99 West	I,IV	20 807	458,26	1 664,56	1 872,63	I	20 807	248,71	1 523,68	1 714,14	39,03	1 382,72	1 555,56	–	1 241,84	1 397,07	–	1 102,80	1 240,65	–	969,60	1 090,80	–	842,24	947,52
	II	20 006	362,95	1 600,48	1 800,54	II	20 006	153,27	1 459,52	1 641,96	–	1 318,64	1 483,47	–	1 177,92	1 325,16	–	1 041,52	1 171,71	–	910,96	1 024,83	–	786,32	884,61
	III	13 742	–	1 099,36	1 236,78	III	13 742	–	991,04	1 114,92	–	885,76	996,48	–	783,36	881,28	–	684,–	769,50	–	587,52	660,96	–	493,92	555,66
	V	26 441	1 128,71	2 115,28	2 379,69	IV	20 807	353,43	1 594,08	1 793,34	248,71	1 523,68	1 714,14	143,87	1 453,20	1 634,85	39,03	1 382,72	1 555,56	–	1 312,24	1 476,27	–	1 241,84	1 397,07
	VI	26 876	1 180,48	2 150,08	2 418,84																				
84 239,99 Ost	I,IV	20 933	473,26	1 674,64	1 883,97	I	20 933	263,70	1 533,76	1 725,48	54,02	1 392,80	1 566,90	–	1 251,92	1 408,41	–	1 112,56	1 251,63	–	978,96	1 101,33	–	851,20	957,60
	II	20 132	377,94	1 610,56	1 811,88	II	20 132	168,26	1 469,60	1 653,30	–	1 328,72	1 494,81	–	1 187,92	1 336,41	–	1 051,04	1 182,42	–	920,08	1 035,09	–	795,04	894,42
	III	13 840	–	1 107,20	1 245,60	III	13 840	–	998,72	1 123,56	–	893,28	1 004,94	–	790,72	889,56	–	691,04	777,42	–	594,40	668,70	–	500,64	563,22
	V	26 567	1 143,70	2 125,36	2 391,03	IV	20 933	368,42	1 604,16	1 804,68	263,70	1 533,76	1 725,48	158,86	1 463,28	1 646,19	54,02	1 392,80	1 566,90	–	1 322,32	1 487,61	–	1 251,92	1 408,41
	VI	27 002	1 195,47	2 160,16	2 430,18																				

* Die ausgewiesenen Tabellenwerte sind amtlich. Siehe Erläuterungen auf der Umschlaginnenseite (U2).

Abzüge an Lohnsteuer, Solidaritätszuschlag (SolZ) und Kirchensteuer (8%, 9%) in den Steuerklassen

Lohn/ Gehalt bis €*	I – VI	LSt	ohne Kinderfreibeträge SolZ	8%	9%	I, II, III, IV	LSt	mit Zahl der Kinderfreibeträge . . . 0,5 SolZ	0,5 8%	0,5 9%	1 SolZ	1 8%	1 9%	1,5 SolZ	1,5 8%	1,5 9%	2 SolZ	2 8%	2 9%	2,5 SolZ	2,5 8%	2,5 9%	3 SolZ	3 8%	3 9%
84 275,99 West	I,IV	20 821	459,93	1 665,68	1 873,89	I	20 821	250,37	1 524,80	1 715,40	40,69	1 383,84	1 556,82	—	1 242,96	1 398,33	—	1 103,92	1 241,91	—	970,64	1 091,97	—	843,28	948,69
	II	20 020	364,61	1 601,60	1 801,80	II	20 020	154,93	1 460,64	1 643,22	—	1 319,76	1 484,73	—	1 179,04	1 326,42	—	1 042,56	1 172,88	—	911,92	1 025,91	—	787,28	885,69
	III	13 752	—	1 100,16	1 237,68	III	13 752	—	991,84	1 115,82	—	886,56	997,38	—	784,16	882,18	—	684,80	770,40	—	588,32	661,86	—	494,72	556,56
	V	26 455	1 130,38	2 116,40	2 380,95	IV	20 821	355,09	1 595,20	1 794,60	250,37	1 524,80	1 715,40	145,53	1 454,32	1 636,11	40,69	1 383,84	1 556,82	—	1 313,36	1 477,53	—	1 242,96	1 398,33
	VI	26 890	1 182,14	2 151,20	2 420,10																				
84 275,99 Ost	I,IV	20 948	475,04	1 675,84	1 885,32	I	20 948	265,48	1 534,96	1 726,83	55,81	1 394,—	1 568,25	—	1 253,12	1 409,76	—	1 113,76	1 252,98	—	980,08	1 102,59	—	852,24	958,77
	II	20 147	379,72	1 611,76	1 813,23	II	20 147	170,05	1 470,80	1 654,65	—	1 329,92	1 496,16	—	1 189,12	1 337,76	—	1 052,24	1 183,77	—	921,20	1 036,35	—	796,08	895,59
	III	13 852	—	1 108,16	1 246,68	III	13 852	—	999,68	1 124,64	—	894,08	1 005,84	—	791,52	890,46	—	691,84	778,32	—	595,20	669,60	—	501,44	564,12
	V	26 582	1 145,49	2 126,56	2 392,38	IV	20 948	370,32	1 605,44	1 806,12	265,48	1 534,96	1 726,83	160,65	1 464,48	1 647,54	55,81	1 394,—	1 568,25	—	1 323,60	1 489,05	—	1 253,12	1 409,76
	VI	27 017	1 197,25	2 161,36	2 431,53																				
84 311,99 West	I,IV	20 835	461,60	1 666,80	1 875,15	I	20 835	251,92	1 525,84	1 716,57	42,36	1 384,96	1 558,08	—	1 244,—	1 399,50	—	1 104,96	1 243,08	—	971,68	1 093,14	—	844,24	949,77
	II	20 034	366,28	1 602,72	1 803,06	II	20 034	156,60	1 461,76	1 644,48	—	1 320,88	1 485,99	—	1 180,08	1 327,59	—	1 043,60	1 174,05	—	912,96	1 027,08	—	788,24	886,77
	III	13 764	—	1 101,12	1 238,76	III	13 764	—	992,80	1 116,90	—	887,36	998,28	—	784,96	883,08	—	685,60	771,30	—	588,96	662,58	—	495,36	557,28
	V	26 469	1 132,04	2 117,52	2 382,21	IV	20 835	356,76	1 596,32	1 795,86	251,92	1 525,84	1 716,57	147,20	1 455,44	1 637,37	42,36	1 384,96	1 558,08	—	1 314,48	1 478,79	—	1 244,—	1 399,50
	VI	26 904	1 183,81	2 152,32	2 421,36																				
84 311,99 Ost	I,IV	20 963	476,83	1 677,04	1 886,67	I	20 963	267,27	1 536,16	1 728,18	57,59	1 395,20	1 569,60	—	1 254,32	1 411,11	—	1 114,96	1 254,33	—	981,20	1 103,85	—	853,36	960,03
	II	20 162	381,51	1 612,96	1 814,58	II	20 162	171,95	1 472,08	1 656,09	—	1 331,12	1 497,51	—	1 190,32	1 339,11	—	1 053,36	1 185,03	—	922,32	1 037,61	—	797,12	896,76
	III	13 864	—	1 109,12	1 247,76	III	13 864	—	1 000,64	1 125,72	—	895,04	1 006,92	—	792,32	891,36	—	692,64	779,22	—	596,—	670,50	—	502,24	565,02
	V	26 597	1 147,27	2 127,76	2 393,73	IV	20 963	372,11	1 606,64	1 807,47	267,27	1 536,16	1 728,18	162,43	1 465,68	1 648,89	57,59	1 395,20	1 569,60	—	1 324,80	1 490,40	—	1 254,32	1 411,11
	VI	27 032	1 199,04	2 162,56	2 432,88																				
84 347,99 West	I,IV	20 849	463,26	1 667,92	1 876,41	I	20 849	253,58	1 526,96	1 717,83	44,03	1 386,08	1 559,34	—	1 245,12	1 400,76	—	1 106,08	1 244,34	—	972,72	1 094,31	—	845,20	950,85
	II	20 047	367,82	1 603,76	1 804,23	II	20 047	158,27	1 462,88	1 645,74	—	1 321,92	1 487,16	—	1 181,20	1 328,85	—	1 044,64	1 175,22	—	914,—	1 028,25	—	789,20	887,85
	III	13 774	—	1 101,92	1 239,66	III	13 774	—	993,60	1 117,80	—	888,16	999,18	—	785,76	883,98	—	686,24	772,02	—	589,76	663,48	—	496,16	558,18
	V	26 483	1 133,71	2 118,64	2 383,47	IV	20 849	358,42	1 597,44	1 797,12	253,58	1 526,96	1 717,83	148,86	1 456,56	1 638,63	44,03	1 386,08	1 559,34	—	1 315,60	1 480,05	—	1 245,12	1 400,76
	VI	26 918	1 185,47	2 153,44	2 422,62																				
84 347,99 Ost	I,IV	20 979	478,73	1 678,32	1 888,11	I	20 979	269,05	1 537,36	1 729,53	59,50	1 396,48	1 571,04	—	1 255,52	1 412,46	—	1 116,08	1 255,59	—	982,32	1 105,11	—	854,40	961,20
	II	20 177	383,29	1 614,16	1 815,93	II	20 177	173,74	1 473,28	1 657,44	—	1 332,32	1 498,86	—	1 191,52	1 340,46	—	1 054,48	1 186,29	—	923,36	1 038,78	—	798,16	897,93
	III	13 876	—	1 110,08	1 248,84	III	13 876	—	1 001,44	1 126,62	—	895,84	1 007,82	—	793,28	892,44	—	693,60	780,30	—	596,80	671,40	—	502,88	565,74
	V	26 612	1 149,06	2 128,96	2 395,08	IV	20 979	373,89	1 607,84	1 808,82	269,05	1 537,36	1 729,53	164,22	1 466,88	1 650,24	59,50	1 396,48	1 571,04	—	1 326,—	1 491,75	—	1 255,52	1 412,46
	VI	27 048	1 200,94	2 163,84	2 434,32																				
84 383,99 West	I,IV	20 863	464,93	1 669,04	1 877,67	I	20 863	255,25	1 528,08	1 719,09	45,69	1 387,20	1 560,60	—	1 246,24	1 402,02	—	1 107,12	1 245,51	—	973,68	1 095,39	—	846,16	951,93
	II	20 061	369,49	1 604,88	1 805,49	II	20 061	159,93	1 464,—	1 647,—	—	1 323,04	1 488,42	—	1 182,32	1 330,11	—	1 045,68	1 176,39	—	914,96	1 029,33	—	790,16	888,93
	III	13 784	—	1 102,72	1 240,56	III	13 784	—	994,40	1 118,70	—	889,12	1 000,26	—	786,56	884,88	—	687,04	772,92	—	590,56	664,38	—	496,96	559,08
	V	26 496	1 135,26	2 119,68	2 384,64	IV	20 863	360,09	1 598,56	1 798,38	255,25	1 528,08	1 719,09	150,41	1 457,60	1 639,80	45,69	1 387,20	1 560,60	—	1 316,72	1 481,31	—	1 246,24	1 402,02
	VI	26 932	1 187,14	2 154,56	2 423,88																				
84 383,99 Ost	I,IV	20 994	480,52	1 679,52	1 889,46	I	20 994	270,84	1 538,56	1 730,88	61,28	1 397,68	1 572,39	—	1 256,72	1 413,81	—	1 117,28	1 256,94	—	983,44	1 106,37	—	855,44	962,37
	II	20 192	385,08	1 615,36	1 817,28	II	20 192	175,52	1 474,48	1 658,79	—	1 333,52	1 500,21	—	1 192,72	1 341,81	—	1 055,68	1 187,64	—	924,48	1 040,04	—	799,20	899,10
	III	13 888	—	1 111,04	1 249,92	III	13 888	—	1 002,40	1 127,70	—	896,80	1 008,90	—	794,08	893,34	—	694,40	781,20	—	597,60	672,30	—	503,68	566,64
	V	26 628	1 150,96	2 130,24	2 396,52	IV	20 994	375,68	1 609,04	1 810,17	270,84	1 538,56	1 730,88	166,—	1 468,08	1 651,59	61,28	1 397,68	1 572,39	—	1 327,20	1 493,10	—	1 256,72	1 413,81
	VI	27 063	1 202,73	2 165,04	2 435,67																				
84 419,99 West	I,IV	20 877	466,59	1 670,16	1 878,93	I	20 877	256,92	1 529,20	1 720,35	47,36	1 388,32	1 561,86	—	1 247,36	1 403,28	—	1 108,24	1 246,77	—	974,80	1 096,65	—	847,20	953,10
	II	20 076	371,28	1 606,08	1 806,84	II	20 076	161,60	1 465,12	1 648,26	—	1 324,24	1 489,77	—	1 183,44	1 331,37	—	1 046,80	1 177,65	—	916,—	1 030,50	—	791,12	890,01
	III	13 796	—	1 103,68	1 241,64	III	13 796	—	995,36	1 119,78	—	889,92	1 001,16	—	787,36	885,78	—	687,84	773,82	—	591,36	665,28	—	497,60	559,80
	V	26 511	1 137,04	2 120,88	2 385,99	IV	20 877	361,76	1 599,68	1 799,64	256,92	1 529,20	1 720,35	152,20	1 458,80	1 641,15	47,36	1 388,32	1 561,86	—	1 317,84	1 482,57	—	1 247,36	1 403,28
	VI	26 946	1 188,81	2 155,68	2 425,14																				
84 419,99 Ost	I,IV	21 009	482,30	1 680,72	1 890,81	I	21 009	272,62	1 539,76	1 732,23	63,07	1 398,88	1 573,74	—	1 257,92	1 415,16	—	1 118,48	1 258,29	—	984,56	1 107,63	—	856,56	963,63
	II	20 207	386,86	1 616,56	1 818,63	II	20 207	177,31	1 475,68	1 660,14	—	1 334,72	1 501,56	—	1 193,92	1 343,16	—	1 056,80	1 188,90	—	925,60	1 041,30	—	800,24	900,27
	III	13 898	—	1 111,84	1 250,82	III	13 898	—	1 003,36	1 128,78	—	897,76	1 009,98	—	795,04	894,42	—	695,20	782,10	—	598,40	673,20	—	504,48	567,54
	V	26 643	1 152,75	2 131,44	2 397,87	IV	21 009	377,46	1 610,24	1 811,52	272,62	1 539,76	1 732,23	167,90	1 469,36	1 653,03	63,07	1 398,88	1 573,74	—	1 328,40	1 494,45	—	1 257,92	1 415,16
	VI	27 078	1 204,51	2 166,24	2 437,02																				
84 455,99 West	I,IV	20 891	468,26	1 671,28	1 880,19	I	20 891	258,58	1 530,32	1 721,61	49,02	1 389,44	1 563,12	—	1 248,48	1 404,54	—	1 109,28	1 247,94	—	975,84	1 097,82	—	848,16	954,18
	II	20 089	372,82	1 607,12	1 808,01	II	20 089	163,26	1 466,24	1 649,52	—	1 325,28	1 490,94	—	1 184,56	1 332,63	—	1 047,84	1 178,82	—	917,04	1 031,67	—	792,08	891,09
	III	13 806	—	1 104,48	1 242,54	III	13 806	—	996,16	1 120,68	—	890,72	1 002,06	—	788,16	886,68	—	688,64	774,72	—	592,—	666,—	—	498,40	560,70
	V	26 525	1 138,71	2 122,—	2 387,25	IV	20 891	363,42	1 600,80	1 800,90	258,58	1 530,32	1 721,61	153,86	1 459,92	1 642,41	49,02	1 389,44	1 563,12	—	1 318,96	1 483,83	—	1 248,48	1 404,54
	VI	26 960	1 190,47	2 156,80	2 426,40																				
84 455,99 Ost	I,IV	21 024	484,09	1 681,92	1 892,16	I	21 024	274,41	1 540,96	1 733,58	64,85	1 400,08	1 575,09	—	1 259,12	1 416,51	—	1 119,60	1 259,55	—	985,68	1 108,89	—	857,60	964,80
	II	20 223	388,77	1 617,84	1 820,07	II	20 223	179,09	1 476,88	1 661,49	—	1 336,—	1 503,—	—	1 195,12	1 344,51	—	1 058,—	1 190,25	—	926,72	1 042,56	—	801,28	901,44
	III	13 910	—	1 112,80	1 251,90	III	13 910	—	1 004,32	1 129,86	—	898,56	1 010,88	—	795,84	895,32	—	696,16	783,18	—	599,20	674,10	—	505,28	568,44
	V	26 658	1 154,53	2 132,64	2 399,22	IV	21 024	379,25	1 611,44	1 812,87	274,41	1 540,96	1 733,58	169,69	1 470,56	1 654,38	64,85	1 400,08	1 575,09	—	1 329,60	1 495,80	—	1 259,12	1 416,51
	VI	27 093	1 206,30	2 167,44	2 438,37																				
84 491,99 West	I,IV	20 905	469,93	1 672,40	1 881,45	I	20 905	260,25	1 531,44	1 722,87	50,69	1 390,56	1 564,38	—	1 249,60	1 405,80	—	1 110,40	1 249,20	—	976,80	1 098,90	—	849,20	955,35
	II	20 103	374,49	1 608,24	1 809,27	II	20 103	164,93	1 467,36	1 650,78	—	1 326,40	1 492,20	—	1 185,60	1 333,80	—	1 048,88	1 179,99	—	918,—	1 032,75	—	793,04	892,17
	III	13 818	—	1 105,44	1 243,62	III	13 818	—	996,96	1 121,58	—	891,52	1 002,96	—	788,96	887,58	—	689,44	775,62	—	592,80	666,90	—	499,04	561,42
	V	26 538	1 140,25	2 123,04	2 388,42	IV	20 905	365,09	1 601,92	1 802,16	260,25	1 531,44	1 722,87	155,41	1 460,96	1 643,58	50,69	1 390,56	1 564,38	—	1 320,08	1 485,09	—	1 249,60	1 405,80
	VI	26 974	1 192,14	2 157,92	2 427,66																				
84 491,99 Ost	I,IV	21 039	485,87	1 683,12	1 893,51	I	21 039	276,31	1 542,24	1 735,02	66,64	1 401,28	1 576,44	—	1 260,40	1 417,95	—	1 120,80	1 260,90	—	986,80	1 110,15	—	858,72	966,06
	II	20 238	390,55	1 619,04	1 821,42	II	20 238	180,88	1 478,08	1 662,84	—	1 337,20	1 504,35	—	1 196,32	1 345,86	—	1 059,12	1 191,51	—	927,76	1 043,73	—	802,40	902,70
	III	13 922	—	1 113,76	1 252,98	III	13 922	—	1 005,12	1 130,76	—	899,52	1 011,96	—	796,80	896,40	—	696,96	784,08	—	600,—	675,—	—	506,08	569,34
	V	26 673	1 156,32	2 133,84	2 400,57	IV	21 039	381,03	1 612,64	1 814,22	276,31	1 542,24	1 735,02	171,47	1 471,76	1 655,73	66,64	1 401,28	1 576,44	—	1 330,80	1 497,15	—	1 260,40	1 417,95
	VI	27 108	1 208,08	2 168,64	2 439,72																				
84 527,99 West	I,IV	20 918	471,47	1 673,44	1 882,62	I	20 918	261,91	1 532,56	1 724,13	52,36	1 391,68	1 565,64	—	1 250,72	1 407,06	—	1 111,44	1 250,37	—	977,84	1 100,07	—	850,16	956,43
	II	20 117	376,15	1 609,36	1 810,53	II	20 117	166,60	1 468,48	1 652,04	—	1 327,52	1 493,46	—	1 186,72	1 335,06	—	1 049,92	1 181,16	—	919,04	1 033,92	—	794,—	893,25
	III	13 828	—	1 106,24	1 244,52	III	13 828	—	997,76	1 122,48	—	892,32	1 003,86	—	789,76	888,48	—	690,24	776,52	—	593,44	667,62	—	499,84	562,32
	V	26 552	1 141,92	2 124,16	2 389,68	IV	20 918	366,75	1 603,04	1 803,42	261,91	1 532,56	1 724,13	157,08	1 462,08	1 644,84	52,36	1 391,68	1 565,64	—	1 321,20	1 486,35	—	1 250,72	1 407,06
	VI	26 987	1 193,68	2 158,96	2 428,83																				
84 527,99 Ost	I,IV	21 054	487,66	1 684,32	1 894,86	I	21 054	278,10	1 543,44	1 736,37	68,42	1 402,48	1 577,79	—	1 261,60	1 419,30	—	1 122,—	1 262,25	—	987,92	1 111,41	—	859,76	967,23
	II	20 253	392,34	1 620,24	1 822,77	II	20 253	182,66	1 479,28	1 664,19	—	1 338,40	1 505,70	—	1 197,52	1 347,21	—	1 060,24	1 192,77	—	928,88	1 044,99	—	803,44	903,87
	III	13 934	—	1 114,72	1 254,06	III	13 934	—	1 006,08	1 131,84	—	900,32	1 012,86	—	797,60	897,30	—	697,76	784,98	—	600,80	675,90	—	506,88	570,24
	V	26 688	1 158,10	2 135,04	2 401,92	IV	21 054	382,82	1 613,84	1 815,57	278,10	1 543,44	1 736,37	173,26	1 472,96	1 657,08	68,42	1 402,48	1 577,79	—	1 332,—	1 498,50	—	1 261,60	1 419,30
	VI	27 123	1 209,87	2 169,84	2 441,07																				

* Die ausgewiesenen Tabellenwerte sind amtlich. Siehe Erläuterungen auf der Umschlaginnenseite (U2).

JAHR 84 528,–*

Abzüge an Lohnsteuer, Solidaritätszuschlag (SolZ) und Kirchensteuer (8%, 9%) in den Steuerklassen

Lohn/ Gehalt bis €*	I – VI					I, II, III, IV																			
			ohne Kinder-freibeträge					mit Zahl der Kinderfreibeträge . . .																	
								0,5			1			1,5			2			2,5			3		
		LSt	SolZ	8%	9%		LSt	SolZ	8%	9%	SolZ	8%	9%	SolZ	8%	9%	SolZ	8%	9%	SolZ	8%	9%	SolZ	8%	9%
84 563,99 West	I,IV	20 932	473,14	1 674,56	1 883,88	I	20 932	263,58	1 533,68	1 725,39	53,90	1 392,72	1 566,81	–	1 251,84	1 408,32	–	1 112,56	1 251,63	–	978,88	1 101,24	–	851,12	957,51
	II	20 131	377,82	1 610,48	1 811,79	II	20 131	168,26	1 469,60	1 653,30	–	1 328,64	1 494,72	–	1 187,84	1 336,32	–	1 050,96	1 182,33	–	920,–	1 035,–	–	794,96	894,33
	III	13 840	–	1 107,20	1 245,60	III	13 840	–	998,72	1 123,56	–	893,12	1 004,76	–	790,56	889,38	–	691,04	777,42	–	594,24	668,52	–	500,48	563,04
	V	26 566	1 143,59	2 125,28	2 390,94	IV	20 932	368,42	1 604,16	1 804,68	263,58	1 533,68	1 725,39	158,74	1 463,20	1 646,10	53,90	1 392,72	1 566,81	–	1 322,32	1 487,61	–	1 251,84	1 408,32
	VI	27 001	1 195,35	2 160,08	2 430,09																				
84 563,99 Ost	I,IV	21 069	489,44	1 685,52	1 896,21	I	21 069	279,88	1 544,64	1 737,72	70,21	1 403,68	1 579,14	–	1 262,80	1 420,65	–	1 123,12	1 263,51	–	989,04	1 112,67	–	860,88	968,49
	II	20 268	394,12	1 621,44	1 824,12	II	20 268	184,45	1 480,48	1 665,54	–	1 339,60	1 507,05	–	1 198,72	1 348,56	–	1 061,44	1 194,12	–	930,–	1 046,25	–	804,48	905,04
	III	13 946	–	1 115,68	1 255,14	III	13 946	–	1 007,04	1 132,92	–	901,28	1 013,94	–	798,40	898,20	–	698,56	785,88	–	601,76	676,98	–	507,68	571,14
	V	26 703	1 159,89	2 136,24	2 403,27	IV	21 069	384,72	1 615,12	1 817,01	279,88	1 544,64	1 737,72	175,04	1 474,16	1 658,43	70,21	1 403,68	1 579,14	–	1 333,28	1 499,94	–	1 262,80	1 420,65
	VI	27 138	1 211,65	2 171,04	2 442,42																				
84 599,99 West	I,IV	20 946	474,81	1 675,68	1 885,14	I	20 946	265,25	1 534,80	1 726,65	55,57	1 393,84	1 568,07	–	1 252,96	1 409,58	–	1 113,60	1 252,80	–	979,92	1 102,41	–	852,08	958,59
	II	20 145	379,49	1 611,60	1 813,05	II	20 145	169,81	1 470,64	1 654,47	–	1 329,76	1 495,98	–	1 188,96	1 337,58	–	1 052,08	1 183,59	–	921,04	1 036,17	–	795,92	895,41
	III	13 850	–	1 108,–	1 246,50	III	13 850	–	999,52	1 124,46	–	893,92	1 005,66	–	791,36	890,28	–	691,68	778,14	–	595,04	669,42	–	501,28	563,94
	V	26 580	1 145,25	2 126,40	2 392,20	IV	20 946	369,97	1 605,20	1 805,85	265,25	1 534,80	1 726,65	160,41	1 464,32	1 647,36	55,57	1 393,84	1 568,07	–	1 323,44	1 488,87	–	1 252,96	1 409,58
	VI	27 015	1 197,02	2 161,20	2 431,35																				
84 599,99 Ost	I,IV	21 084	491,23	1 686,72	1 897,56	I	21 084	281,67	1 545,84	1 739,07	71,99	1 404,88	1 580,49	–	1 264,–	1 422,–	–	1 124,32	1 264,86	–	990,16	1 113,93	–	861,92	969,66
	II	20 283	395,91	1 622,64	1 825,47	II	20 283	186,35	1 481,76	1 666,98	–	1 340,80	1 508,40	–	1 199,92	1 349,91	–	1 062,56	1 195,38	–	931,12	1 047,51	–	805,52	906,21
	III	13 958	–	1 116,64	1 256,22	III	13 958	–	1 008,–	1 134,–	–	902,24	1 015,02	–	799,36	899,28	–	699,52	786,96	–	602,56	677,88	–	508,48	572,04
	V	26 718	1 161,67	2 137,44	2 404,62	IV	21 084	386,51	1 616,32	1 818,36	281,67	1 545,84	1 739,07	176,83	1 475,36	1 659,78	71,99	1 404,88	1 580,49	–	1 334,48	1 501,29	–	1 264,–	1 422,–
	VI	27 153	1 213,44	2 172,24	2 443,77																				
84 635,99 West	I,IV	20 960	476,47	1 676,80	1 886,40	I	20 960	266,91	1 535,92	1 727,91	57,35	1 395,04	1 569,42	–	1 254,08	1 410,84	–	1 114,72	1 254,06	–	980,96	1 103,58	–	853,12	959,76
	II	20 159	381,15	1 612,72	1 814,31	II	20 159	171,59	1 471,84	1 655,82	–	1 330,88	1 497,24	–	1 190,08	1 338,84	–	1 053,12	1 184,76	–	922,08	1 037,34	–	796,88	896,49
	III	13 860	–	1 108,80	1 247,40	III	13 860	–	1 000,32	1 125,36	–	894,88	1 006,74	–	792,16	891,18	–	692,48	779,04	–	595,84	670,32	–	501,92	564,66
	V	26 594	1 146,92	2 127,52	2 393,46	IV	20 960	371,75	1 606,40	1 807,20	266,91	1 535,92	1 727,91	162,07	1 465,44	1 648,62	57,35	1 395,04	1 569,42	–	1 324,56	1 490,13	–	1 254,08	1 410,84
	VI	27 029	1 198,68	2 162,32	2 432,61																				
84 635,99 Ost	I,IV	21 100	493,13	1 688,–	1 899,–	I	21 100	283,45	1 547,04	1 740,42	73,89	1 406,16	1 581,93	–	1 265,20	1 423,35	–	1 125,52	1 266,21	–	991,28	1 115,19	–	862,96	970,83
	II	20 298	397,69	1 623,84	1 826,82	II	20 298	188,13	1 482,96	1 668,33	–	1 342,–	1 509,75	–	1 201,12	1 351,26	–	1 063,76	1 196,73	–	932,24	1 048,77	–	806,56	907,38
	III	13 970	–	1 117,60	1 257,30	III	13 970	–	1 008,80	1 134,90	–	903,04	1 015,92	–	800,16	900,18	–	700,32	787,86	–	603,36	678,78	–	509,28	572,94
	V	26 733	1 163,46	2 138,64	2 405,97	IV	21 100	388,29	1 617,52	1 819,71	283,45	1 547,04	1 740,42	178,61	1 476,56	1 661,13	73,89	1 406,16	1 581,93	–	1 335,68	1 502,64	–	1 265,20	1 423,35
	VI	27 168	1 215,22	2 173,44	2 445,12																				
84 671,99 West	I,IV	20 974	478,14	1 677,92	1 887,66	I	20 974	268,58	1 537,04	1 729,17	58,90	1 396,08	1 570,59	–	1 255,20	1 412,10	–	1 115,76	1 255,23	–	982,–	1 104,75	–	854,08	960,84
	II	20 173	382,82	1 613,84	1 815,57	II	20 173	173,26	1 472,96	1 657,08	–	1 332,–	1 498,50	–	1 191,20	1 340,10	–	1 054,16	1 185,93	–	923,12	1 038,51	–	797,84	897,57
	III	13 872	–	1 109,76	1 248,48	III	13 872	–	1 001,28	1 126,44	–	895,68	1 007,64	–	792,96	892,08	–	693,28	779,94	–	596,48	671,04	–	502,72	565,56
	V	26 608	1 148,58	2 128,64	2 394,72	IV	20 974	373,42	1 607,52	1 808,46	268,58	1 537,04	1 729,17	163,74	1 466,56	1 649,88	58,90	1 396,08	1 570,59	–	1 325,68	1 491,39	–	1 255,20	1 412,10
	VI	27 043	1 200,35	2 163,44	2 433,87																				
84 671,99 Ost	I,IV	21 115	494,92	1 689,20	1 900,35	I	21 115	285,24	1 548,24	1 741,77	75,68	1 407,36	1 583,28	–	1 266,40	1 424,70	–	1 126,72	1 267,56	–	992,48	1 116,54	–	864,08	972,09
	II	20 313	399,48	1 625,04	1 828,17	II	20 313	189,92	1 484,16	1 669,68	–	1 343,20	1 511,10	–	1 202,32	1 352,61	–	1 064,88	1 197,99	–	933,28	1 049,94	–	807,60	908,55
	III	13 982	–	1 118,56	1 258,38	III	13 982	–	1 009,76	1 135,98	–	904,–	1 017,–	–	801,12	901,26	–	701,12	788,76	–	604,16	679,68	–	510,08	573,84
	V	26 748	1 165,24	2 139,84	2 407,32	IV	21 115	390,08	1 618,72	1 821,06	285,24	1 548,24	1 741,77	180,40	1 477,76	1 662,48	75,68	1 407,36	1 583,28	–	1 336,88	1 503,99	–	1 266,40	1 424,70
	VI	27 184	1 217,13	2 174,72	2 446,56																				
84 707,99 West	I,IV	20 988	479,80	1 679,04	1 888,92	I	20 988	270,24	1 538,16	1 730,43	60,57	1 397,20	1 571,85	–	1 256,32	1 413,36	–	1 116,88	1 256,49	–	983,04	1 105,92	–	855,12	962,01
	II	20 187	384,48	1 614,96	1 816,83	II	20 187	174,81	1 474,–	1 658,25	–	1 333,12	1 499,76	–	1 192,24	1 341,27	–	1 055,28	1 187,19	–	924,08	1 039,59	–	798,80	898,65
	III	13 882	–	1 110,56	1 249,38	III	13 882	–	1 002,08	1 127,34	–	896,48	1 008,54	–	793,76	892,98	–	694,08	780,84	–	597,28	671,94	–	503,52	566,46
	V	26 622	1 150,25	2 129,76	2 395,98	IV	20 988	374,96	1 608,56	1 809,63	270,24	1 538,16	1 730,43	165,41	1 467,68	1 651,14	60,57	1 397,20	1 571,85	–	1 326,80	1 492,65	–	1 256,32	1 413,36
	VI	27 057	1 202,01	2 164,56	2 435,13																				
84 707,99 Ost	I,IV	21 130	496,70	1 690,40	1 901,70	I	21 130	287,02	1 549,44	1 743,12	77,46	1 408,56	1 584,63	–	1 267,60	1 426,05	–	1 127,84	1 268,82	–	993,60	1 117,80	–	865,12	973,26
	II	20 328	401,26	1 626,24	1 829,52	II	20 328	191,70	1 485,36	1 671,03	–	1 344,40	1 512,45	–	1 203,52	1 353,96	–	1 066,–	1 199,25	–	934,40	1 051,20	–	808,64	909,72
	III	13 994	–	1 119,52	1 259,46	III	13 994	–	1 010,72	1 137,06	–	904,80	1 017,90	–	801,92	902,16	–	701,92	789,66	–	604,96	680,58	–	510,88	574,74
	V	26 764	1 167,15	2 141,12	2 408,76	IV	21 130	391,86	1 619,92	1 822,41	287,02	1 549,44	1 743,12	182,30	1 479,04	1 663,92	77,46	1 408,56	1 584,63	–	1 338,08	1 505,34	–	1 267,60	1 426,05
	VI	27 199	1 218,91	2 175,92	2 447,91																				
84 743,99 West	I,IV	21 002	481,47	1 680,16	1 890,18	I	21 002	271,91	1 539,28	1 731,69	62,23	1 398,32	1 573,11	–	1 257,44	1 414,62	–	1 117,92	1 257,66	–	984,08	1 107,09	–	856,08	963,09
	II	20 201	386,15	1 616,08	1 818,09	II	20 201	176,47	1 475,12	1 659,51	–	1 334,24	1 501,02	–	1 193,36	1 342,53	–	1 056,32	1 188,36	–	925,12	1 040,76	–	799,76	899,73
	III	13 894	–	1 111,52	1 250,46	III	13 894	–	1 002,88	1 128,24	–	897,28	1 009,44	–	794,56	893,88	–	694,88	781,74	–	598,08	672,84	–	504,16	567,18
	V	26 636	1 151,92	2 130,88	2 397,24	IV	21 002	376,63	1 609,68	1 810,89	271,91	1 539,28	1 731,69	167,07	1 468,80	1 652,40	62,23	1 398,32	1 573,11	–	1 327,84	1 493,82	–	1 257,44	1 414,62
	VI	27 071	1 203,68	2 165,68	2 436,39																				
84 743,99 Ost	I,IV	21 145	498,49	1 691,60	1 903,05	I	21 145	288,81	1 550,64	1 744,47	79,25	1 409,76	1 585,98	–	1 268,80	1 427,40	–	1 129,04	1 270,17	–	994,72	1 119,06	–	866,24	974,52
	II	20 344	403,17	1 627,52	1 830,96	II	20 344	193,49	1 486,56	1 672,38	–	1 345,68	1 513,89	–	1 204,72	1 355,31	–	1 067,20	1 200,60	–	935,52	1 052,46	–	809,76	910,98
	III	14 006	–	1 120,48	1 260,54	III	14 006	–	1 011,68	1 138,14	–	905,76	1 018,98	–	802,88	903,24	–	702,88	790,74	–	605,76	681,48	–	511,68	575,64
	V	26 779	1 168,93	2 142,32	2 410,11	IV	21 145	393,65	1 621,12	1 823,76	288,81	1 550,64	1 744,47	184,09	1 480,24	1 665,27	79,25	1 409,76	1 585,98	–	1 339,28	1 506,69	–	1 268,80	1 427,40
	VI	27 214	1 220,70	2 177,12	2 449,26																				
84 779,99 West	I,IV	21 016	483,14	1 681,28	1 891,44	I	21 016	273,46	1 540,32	1 732,86	63,90	1 399,44	1 574,37	–	1 258,48	1 415,79	–	1 119,04	1 258,92	–	985,12	1 108,26	–	857,04	964,17
	II	20 215	387,82	1 617,20	1 819,35	II	20 215	178,14	1 476,24	1 660,77	–	1 335,36	1 502,28	–	1 194,48	1 343,79	–	1 057,36	1 189,53	–	926,08	1 041,84	–	800,72	900,81
	III	13 904	–	1 112,32	1 251,36	III	13 904	–	1 003,68	1 129,14	–	898,08	1 010,34	–	795,36	894,78	–	695,68	782,64	–	598,72	673,56	–	504,96	568,08
	V	26 650	1 153,58	2 132,–	2 398,50	IV	21 016	378,30	1 610,80	1 812,15	273,46	1 540,32	1 732,86	168,74	1 469,92	1 653,66	63,90	1 399,44	1 574,37	–	1 328,96	1 495,08	–	1 258,48	1 415,79
	VI	27 085	1 205,35	2 166,80	2 437,65																				
84 779,99 Ost	I,IV	21 160	500,27	1 692,80	1 904,40	I	21 160	290,71	1 551,92	1 745,91	81,03	1 410,96	1 587,33	–	1 270,08	1 428,84	–	1 130,24	1 271,52	–	995,84	1 120,32	–	867,28	975,69
	II	20 359	404,95	1 628,72	1 832,31	II	20 359	195,27	1 487,76	1 673,73	–	1 346,88	1 515,24	–	1 205,92	1 356,66	–	1 068,32	1 201,86	–	936,64	1 053,72	–	810,80	912,15
	III	14 018	–	1 121,44	1 261,62	III	14 018	–	1 012,48	1 139,04	–	906,72	1 020,06	–	803,68	904,14	–	703,68	791,64	–	606,56	682,38	–	512,48	576,54
	V	26 794	1 170,72	2 143,52	2 411,46	IV	21 160	395,43	1 622,32	1 825,11	290,71	1 551,92	1 745,91	185,87	1 481,44	1 666,62	81,03	1 410,96	1 587,33	–	1 340,48	1 508,04	–	1 270,08	1 428,84
	VI	27 229	1 222,48	2 178,32	2 450,61																				
84 815,99 West	I,IV	21 030	484,80	1 682,40	1 892,70	I	21 030	275,24	1 541,52	1 734,21	65,56	1 400,56	1 575,63	–	1 259,68	1 417,14	–	1 120,08	1 260,09	–	986,16	1 109,43	–	858,08	965,34
	II	20 229	389,48	1 618,32	1 820,61	II	20 229	179,80	1 477,36	1 662,03	–	1 336,48	1 503,54	–	1 195,60	1 345,05	–	1 058,48	1 190,79	–	927,12	1 043,01	–	801,76	901,98
	III	13 916	–	1 113,28	1 252,44	III	13 916	–	1 004,64	1 130,22	–	898,88	1 011,24	–	796,16	895,68	–	696,48	783,54	–	599,52	674,46	–	505,60	568,80
	V	26 664	1 155,25	2 133,12	2 399,76	IV	21 030	379,96	1 611,92	1 813,41	275,24	1 541,52	1 734,21	170,40	1 471,04	1 654,92	65,56	1 400,56	1 575,63	–	1 330,16	1 496,43	–	1 259,68	1 417,14
	VI	27 099	1 207,01	2 167,92	2 438,91																				
84 815,99 Ost	I,IV	21 175	502,06	1 694,–	1 905,75	I	21 175	292,50	1 553,12	1 747,26	82,82	1 412,16	1 588,68	–	1 271,28	1 430,19	–	1 131,36	1 272,78	–	996,96	1 121,58	–	868,40	976,95
	II	20 374	406,74	1 629,92	1 833,66	II	20 374	197,06	1 488,96	1 675,08	–	1 348,08	1 516,59	–	1 207,12	1 358,01	–	1 069,52	1 203,21	–	937,76	1 054,98	–	811,84	913,32
	III	14 028	–	1 122,24	1 262,52	III	14 028	–	1 013,44	1 140,12	–	907,52	1 020,96	–	804,64	905,22	–	704,48	792,54	–	607,36	683,28	–	513,28	577,44
	V	26 809	1 172,50	2 144,72	2 412,81	IV	21 175	397,22	1 623,52	1 826,46	292,50	1 553,12	1 747,26	187,66	1 482,64	1 667,97	82,82	1 412,16	1 588,68	–	1 341,68	1 509,39	–	1 271,28	1 430,19
	VI	27 244	1 224,27	2 179,52	2 451,96																				

*** Die ausgewiesenen Tabellenwerte sind amtlich. Siehe Erläuterungen auf der Umschlaginnenseite (U2).**

Lohn/ Gehalt bis €*		Abzüge an Lohnsteuer, Solidaritätszuschlag (SolZ) und Kirchensteuer (8%, 9%) in den Steuerklassen I – VI				I, II, III, IV		mit Zahl der Kinderfreibeträge . . .																	
			ohne Kinderfreibeträge					0,5			1			1,5			2			2,5			3		
		LSt	SolZ	8%	9%		LSt	SolZ	8%	9%	SolZ	8%	9%	SolZ	8%	9%	SolZ	8%	9%	SolZ	8%	9%	SolZ	8%	9%
84 851,99 West	I,IV	21 044	486,47	1 683,52	1 893,96	I	21 044	276,91	1 542,64	1 735,47	67,23	1 401,68	1 576,89	–	1 260,80	1 418,40	–	1 121,20	1 261,35	–	987,20	1 110,60	–	859,04	966,42
	II	20 243	391,15	1 619,44	1 821,87	II	20 243	181,47	1 478,48	1 663,29	–	1 337,60	1 504,80	–	1 196,72	1 346,31	–	1 059,52	1 191,96	–	928,16	1 044,18	–	802,72	903,06
	III	13 926	–	1 114,08	1 253,34	III	13 926	–	1 005,44	1 131,12	–	899,84	1 012,32	–	796,96	896,58	–	697,28	784,44	–	600,32	675,36	–	506,40	569,70
	V	26 678	1 156,91	2 134,24	2 401,02	IV	21 044	381,63	1 613,04	1 814,67	276,91	1 542,64	1 735,47	172,07	1 472,16	1 656,18	67,23	1 401,68	1 576,89	–	1 331,20	1 497,60	–	1 260,80	1 418,40
	VI	27 113	1 208,68	2 169,04	2 440,17																				
84 851,99 Ost	I,IV	21 190	503,84	1 695,20	1 907,10	I	21 190	294,28	1 554,32	1 748,61	84,60	1 413,36	1 590,03	–	1 272,48	1 431,54	–	1 132,56	1 274,13	–	998,08	1 122,84	–	869,44	978,12
	II	20 389	408,52	1 631,12	1 835,01	II	20 389	198,84	1 490,16	1 676,43	–	1 349,28	1 517,94	–	1 208,40	1 359,45	–	1 070,64	1 204,47	–	938,88	1 056,24	–	812,88	914,49
	III	14 040	–	1 123,20	1 263,60	III	14 040	–	1 014,40	1 141,20	–	908,48	1 022,04	–	805,44	906,12	–	705,44	793,62	–	608,32	684,36	–	514,08	578,34
	V	26 824	1 174,29	2 145,92	2 414,16	IV	21 190	399,–	1 624,72	1 827,81	294,28	1 554,32	1 748,61	189,44	1 483,84	1 669,32	84,60	1 413,36	1 590,03	–	1 342,96	1 510,83	–	1 272,48	1 431,54
	VI	27 259	1 226,05	2 180,72	2 453,31																				
84 887,99 West	I,IV	21 058	488,13	1 684,64	1 895,22	I	21 058	278,46	1 543,68	1 736,64	68,90	1 402,80	1 578,15	–	1 261,84	1 419,57	–	1 122,24	1 262,52	–	988,24	1 111,77	–	860,08	967,59
	II	20 257	392,81	1 620,56	1 823,13	II	20 257	183,14	1 479,60	1 664,55	–	1 338,72	1 506,06	–	1 197,84	1 347,57	–	1 060,56	1 193,13	–	929,20	1 045,35	–	803,68	904,14
	III	13 936	–	1 114,88	1 254,24	III	13 936	–	1 006,24	1 132,02	–	900,64	1 013,22	–	797,76	897,48	–	697,92	785,16	–	601,12	676,26	–	507,04	570,42
	V	26 692	1 158,58	2 135,36	2 402,28	IV	21 058	383,29	1 614,16	1 815,93	278,46	1 543,68	1 736,64	173,74	1 473,28	1 657,44	68,90	1 402,80	1 578,15	–	1 332,32	1 498,86	–	1 261,84	1 419,57
	VI	27 127	1 210,34	2 170,16	2 441,43																				
84 887,99 Ost	I,IV	21 205	505,63	1 696,40	1 908,45	I	21 205	296,07	1 555,52	1 749,96	86,39	1 414,56	1 591,38	–	1 273,68	1 432,89	–	1 133,76	1 275,48	–	999,20	1 124,10	–	870,56	979,38
	II	20 404	410,31	1 632,32	1 836,36	II	20 404	200,75	1 491,44	1 677,87	–	1 350,48	1 519,29	–	1 209,60	1 360,80	–	1 071,84	1 205,82	–	939,92	1 057,41	–	813,92	915,66
	III	14 052	–	1 124,16	1 264,68	III	14 052	–	1 015,36	1 142,28	–	909,28	1 022,94	–	806,24	907,02	–	706,24	794,52	–	609,12	685,26	–	514,88	579,24
	V	26 839	1 176,07	2 147,12	2 415,51	IV	21 205	400,91	1 626,–	1 829,25	296,07	1 555,52	1 749,96	191,23	1 485,04	1 670,67	86,39	1 414,56	1 591,38	–	1 344,16	1 512,18	–	1 273,68	1 432,89
	VI	27 274	1 227,84	2 181,92	2 454,66																				
84 923,99 West	I,IV	21 072	489,80	1 685,76	1 896,48	I	21 072	280,12	1 544,80	1 737,90	70,56	1 403,92	1 579,41	–	1 262,96	1 420,83	–	1 123,36	1 263,78	–	989,28	1 112,94	–	861,04	968,67
	II	20 270	394,36	1 621,60	1 824,30	II	20 270	184,80	1 480,72	1 665,81	–	1 339,76	1 507,23	–	1 198,88	1 348,74	–	1 061,60	1 194,30	–	930,16	1 046,43	–	804,64	905,22
	III	13 948	–	1 115,84	1 255,32	III	13 948	–	1 007,20	1 133,10	–	901,44	1 014,12	–	798,56	898,38	–	698,72	786,06	–	601,76	676,98	–	507,84	571,32
	V	26 706	1 160,25	2 136,48	2 403,54	IV	21 072	384,96	1 615,28	1 817,19	280,12	1 544,80	1 737,90	175,40	1 474,40	1 658,70	70,56	1 403,92	1 579,41	–	1 333,44	1 500,12	–	1 262,96	1 420,83
	VI	27 141	1 212,01	2 171,28	2 442,69																				
84 923,99 Ost	I,IV	21 220	507,41	1 697,60	1 909,80	I	21 220	297,85	1 556,72	1 751,31	88,29	1 415,84	1 592,82	–	1 274,88	1 434,24	–	1 134,96	1 276,83	–	1 000,32	1 125,36	–	871,60	980,55
	II	20 419	412,09	1 633,52	1 837,71	II	20 419	202,53	1 492,64	1 679,22	–	1 351,68	1 520,64	–	1 210,80	1 362,15	–	1 072,96	1 207,08	–	941,04	1 058,67	–	815,04	916,92
	III	14 064	–	1 125,12	1 265,76	III	14 064	–	1 016,16	1 143,18	–	910,24	1 024,02	–	807,20	908,10	–	707,04	795,42	–	609,92	686,16	–	515,68	580,14
	V	26 854	1 177,86	2 148,32	2 416,86	IV	21 220	402,69	1 627,20	1 830,60	297,85	1 556,72	1 751,31	193,01	1 486,24	1 672,02	88,29	1 415,84	1 592,82	–	1 345,36	1 513,53	–	1 274,88	1 434,24
	VI	27 289	1 229,62	2 183,12	2 456,01																				
84 959,99 West	I,IV	21 086	491,47	1 686,88	1 897,74	I	21 086	281,79	1 545,92	1 739,16	72,23	1 405,04	1 580,67	–	1 264,08	1 422,09	–	1 124,40	1 264,95	–	990,32	1 114,11	–	862,–	969,75
	II	20 284	396,03	1 622,72	1 825,56	II	20 284	186,47	1 481,84	1 667,07	–	1 340,88	1 508,49	–	1 200,–	1 350,–	–	1 062,64	1 195,47	–	931,20	1 047,60	–	805,60	906,30
	III	13 958	–	1 116,64	1 256,22	III	13 958	–	1 008,–	1 134,–	–	902,24	1 015,02	–	799,36	899,28	–	699,52	786,96	–	602,56	677,88	–	508,48	572,04
	V	26 720	1 161,91	2 137,60	2 404,80	IV	21 086	386,63	1 616,40	1 818,45	281,79	1 545,92	1 739,16	176,95	1 475,44	1 659,87	72,23	1 405,04	1 580,67	–	1 334,56	1 501,38	–	1 264,08	1 422,09
	VI	27 155	1 213,68	2 172,40	2 443,95																				
84 959,99 Ost	I,IV	21 236	509,32	1 698,88	1 911,24	I	21 236	299,64	1 557,92	1 752,66	90,08	1 417,04	1 594,17	–	1 276,08	1 435,59	–	1 136,08	1 278,09	–	1 001,44	1 126,62	–	872,72	981,81
	II	20 434	413,88	1 634,72	1 839,06	II	20 434	204,32	1 493,84	1 680,57	–	1 352,88	1 521,99	–	1 212,–	1 363,50	–	1 074,16	1 208,43	–	942,16	1 059,93	–	816,08	918,09
	III	14 076	–	1 126,08	1 266,84	III	14 076	–	1 017,12	1 144,26	–	911,20	1 025,10	–	808,–	909,–	–	708,–	796,50	–	610,72	687,06	–	516,48	581,04
	V	26 869	1 179,64	2 149,52	2 418,21	IV	21 236	404,48	1 628,40	1 831,95	299,64	1 557,92	1 752,66	194,80	1 487,44	1 673,37	90,08	1 417,04	1 594,17	–	1 346,56	1 514,88	–	1 276,08	1 435,59
	VI	27 305	1 231,53	2 184,40	2 457,45																				
84 995,99 West	I,IV	21 100	493,13	1 688,–	1 899,–	I	21 100	283,45	1 547,04	1 740,42	73,89	1 406,16	1 581,93	–	1 265,20	1 423,35	–	1 125,52	1 266,21	–	991,36	1 115,28	–	863,04	970,92
	II	20 299	397,81	1 623,92	1 826,91	II	20 299	188,13	1 482,96	1 668,33	–	1 342,08	1 509,84	–	1 201,12	1 351,26	–	1 063,76	1 196,73	–	932,24	1 048,77	–	806,56	907,38
	III	13 970	–	1 117,60	1 257,30	III	13 970	–	1 008,80	1 134,90	–	903,04	1 015,92	–	800,16	900,18	–	700,32	787,86	–	603,36	678,78	–	509,28	572,94
	V	26 734	1 163,58	2 138,72	2 406,06	IV	21 100	388,29	1 617,52	1 819,71	283,45	1 547,04	1 740,42	178,73	1 476,64	1 661,22	73,89	1 406,16	1 581,93	–	1 335,68	1 502,64	–	1 265,20	1 423,35
	VI	27 169	1 215,34	2 173,52	2 445,21																				
84 995,99 Ost	I,IV	21 251	511,10	1 700,08	1 912,59	I	21 251	301,42	1 559,12	1 754,01	91,86	1 418,24	1 595,52	–	1 277,28	1 436,94	–	1 137,28	1 279,44	–	1 002,64	1 127,97	–	873,76	982,98
	II	20 449	415,66	1 635,92	1 840,41	II	20 449	206,10	1 495,04	1 681,92	–	1 354,08	1 523,34	–	1 213,20	1 364,85	–	1 075,28	1 209,69	–	943,28	1 061,19	–	817,12	919,26
	III	14 088	–	1 127,04	1 267,92	III	14 088	–	1 018,08	1 145,34	–	912,–	1 026,–	–	808,96	910,08	–	708,80	797,40	–	611,52	687,96	–	517,28	581,94
	V	26 885	1 181,55	2 150,80	2 419,65	IV	21 251	406,26	1 629,60	1 833,30	301,42	1 559,12	1 754,01	196,58	1 488,64	1 674,72	91,86	1 418,24	1 595,52	–	1 347,76	1 516,23	–	1 277,28	1 436,94
	VI	27 320	1 233,31	2 185,60	2 458,80																				
85 031,99 West	I,IV	21 114	494,80	1 689,12	1 900,26	I	21 114	285,12	1 548,16	1 741,68	75,56	1 407,28	1 583,19	–	1 266,32	1 424,61	–	1 126,64	1 267,47	–	992,40	1 116,45	–	864,–	972,–
	II	20 312	399,36	1 624,96	1 828,08	II	20 312	189,80	1 484,08	1 669,59	–	1 343,12	1 511,01	–	1 202,24	1 352,52	–	1 064,80	1 197,90	–	933,28	1 049,94	–	807,60	908,55
	III	13 980	–	1 118,40	1 258,20	III	13 980	–	1 009,76	1 135,98	–	903,84	1 016,82	–	801,12	901,26	–	701,12	788,76	–	604,16	679,68	–	510,08	573,84
	V	26 748	1 165,24	2 139,84	2 407,32	IV	21 114	389,96	1 618,64	1 820,97	285,12	1 548,16	1 741,68	180,40	1 477,76	1 662,48	75,56	1 407,28	1 583,19	–	1 336,80	1 503,90	–	1 266,32	1 424,61
	VI	27 183	1 217,01	2 174,64	2 446,47																				
85 031,99 Ost	I,IV	21 266	512,89	1 701,28	1 913,94	I	21 266	303,21	1 560,32	1 755,36	93,65	1 419,44	1 596,87	–	1 278,48	1 438,29	–	1 138,48	1 280,79	–	1 003,76	1 129,23	–	874,88	984,24
	II	20 464	417,45	1 637,12	1 841,76	II	20 464	207,89	1 496,24	1 683,27	–	1 355,36	1 524,78	–	1 214,40	1 366,20	–	1 076,48	1 211,04	–	944,40	1 062,45	–	818,16	920,43
	III	14 100	–	1 128,–	1 269,–	III	14 100	–	1 019,04	1 146,42	–	912,96	1 027,08	–	809,76	910,98	–	709,60	798,30	–	612,32	688,86	–	518,08	582,84
	V	26 900	1 183,33	2 152,–	2 421,–	IV	21 266	408,05	1 630,80	1 834,65	303,21	1 560,32	1 755,36	198,49	1 489,92	1 676,16	93,65	1 419,44	1 596,87	–	1 348,96	1 517,58	–	1 278,48	1 438,29
	VI	27 335	1 235,10	2 186,80	2 460,15																				
85 067,99 West	I,IV	21 128	496,46	1 690,24	1 901,52	I	21 128	286,79	1 549,28	1 742,94	77,23	1 408,40	1 584,45	–	1 267,44	1 425,87	–	1 127,68	1 268,64	–	993,44	1 117,62	–	865,04	973,17
	II	20 326	401,03	1 626,08	1 829,34	II	20 326	191,47	1 485,20	1 670,85	–	1 344,24	1 512,27	–	1 203,36	1 353,78	–	1 065,84	1 199,07	–	934,24	1 051,02	–	808,56	909,63
	III	13 992	–	1 119,36	1 259,28	III	13 992	–	1 010,56	1 136,88	–	904,64	1 017,72	–	801,76	901,98	–	701,92	789,66	–	604,80	680,40	–	510,72	574,56
	V	26 762	1 166,91	2 140,96	2 408,58	IV	21 128	391,62	1 619,76	1 822,23	286,79	1 549,28	1 742,94	181,95	1 478,80	1 663,65	77,23	1 408,40	1 584,45	–	1 337,92	1 505,16	–	1 267,44	1 425,87
	VI	27 197	1 218,67	2 175,76	2 447,73																				
85 067,99 Ost	I,IV	21 281	514,67	1 702,48	1 915,29	I	21 281	304,99	1 561,52	1 756,71	95,43	1 420,64	1 598,22	–	1 279,76	1 439,73	–	1 139,68	1 282,14	–	1 004,88	1 130,49	–	875,92	985,41
	II	20 480	419,35	1 638,40	1 843,20	II	20 480	209,67	1 497,44	1 684,62	0,11	1 356,56	1 526,13	–	1 215,60	1 367,55	–	1 077,60	1 212,30	–	945,52	1 063,71	–	819,28	921,69
	III	14 112	–	1 128,96	1 270,08	III	14 112	–	1 019,84	1 147,32	–	913,76	1 027,98	–	810,72	912,06	–	710,40	799,20	–	613,12	689,76	–	518,88	583,74
	V	26 915	1 185,12	2 153,20	2 422,35	IV	21 281	409,83	1 632,–	1 836,–	304,99	1 561,52	1 756,71	200,27	1 491,12	1 677,51	95,43	1 420,64	1 598,22	–	1 350,16	1 518,93	–	1 279,76	1 439,73
	VI	27 350	1 236,88	2 188,–	2 461,50																				
85 103,99 West	I,IV	21 142	498,13	1 691,36	1 902,78	I	21 142	288,45	1 550,40	1 744,20	78,89	1 409,52	1 585,71	–	1 268,56	1 427,13	–	1 128,80	1 269,90	–	994,48	1 118,79	–	866,–	974,25
	II	20 340	402,69	1 627,20	1 830,60	II	20 340	193,13	1 486,32	1 672,11	–	1 345,36	1 513,53	–	1 204,48	1 355,04	–	1 066,96	1 200,33	–	935,28	1 052,19	–	809,52	910,71
	III	14 002	–	1 120,16	1 260,18	III	14 002	–	1 011,36	1 137,78	–	905,60	1 018,80	–	802,56	902,88	–	702,72	790,56	–	605,60	681,30	–	511,52	575,46
	V	26 775	1 168,46	2 142,–	2 409,75	IV	21 142	393,29	1 620,88	1 823,49	288,45	1 550,40	1 744,20	183,61	1 479,92	1 664,91	78,89	1 409,52	1 585,71	–	1 339,04	1 506,42	–	1 268,56	1 427,13
	VI	27 210	1 220,22	2 176,80	2 448,90																				
85 103,99 Ost	I,IV	21 296	516,46	1 703,68	1 916,64	I	21 296	306,90	1 562,80	1 758,15	97,22	1 421,84	1 599,57	–	1 280,96	1 441,08	–	1 140,88	1 283,49	–	1 006,–	1 131,75	–	877,04	986,67
	II	20 495	421,14	1 639,60	1 844,55	II	20 495	211,46	1 498,64	1 685,97	1,90	1 357,76	1 527,48	–	1 216,80	1 368,90	–	1 078,80	1 213,65	–	946,56	1 064,88	–	820,32	922,86
	III	14 124	–	1 129,92	1 271,16	III	14 124	–	1 020,80	1 148,40	–	914,72	1 029,06	–	811,52	912,96	–	711,36	800,28	–	614,08	690,84	–	519,68	584,64
	V	26 930	1 186,90	2 154,40	2 423,70	IV	21 296	411,62	1 633,20	1 837,35	306,90	1 562,80	1 758,15	202,06	1 492,32	1 678,86	97,22	1 421,84	1 599,57	–	1 351,36	1 520,28	–	1 280,96	1 441,08
	VI	27 365	1 238,67	2 189,20	2 462,85																				

* Die ausgewiesenen Tabellenwerte sind amtlich. Siehe Erläuterungen auf der Umschlaginnenseite (U2).

JAHR 85 104,–*

Abzüge an Lohnsteuer, Solidaritätszuschlag (SolZ) und Kirchensteuer (8%, 9%) in den Steuerklassen

Lohn/ Gehalt bis €*	I – VI	LSt	ohne Kinderfreibeträge SolZ	8%	9%	I, II, III, IV	LSt	mit Zahl der Kinderfreibeträge . . . 0,5 SolZ	8%	9%	1 SolZ	8%	9%	1,5 SolZ	8%	9%	2 SolZ	8%	9%	2,5 SolZ	8%	9%	3 SolZ	8%	9%
85 139,99 West	I,IV	21 155	499,68	1 692,40	1 903,95	I	21 155	290,12	1 551,52	1 745,46	80,44	1 410,56	1 586,88	–	1 269,68	1 428,39	–	1 129,84	1 271,07	–	995,52	1 119,96	–	866,96	975,33
	II	20 354	404,36	1 628,32	1 831,86	II	20 354	194,80	1 487,44	1 673,37	–	1 346,48	1 514,79	–	1 205,60	1 356,30	–	1 068,–	1 201,50	–	936,32	1 053,36	–	810,48	911,79
	III	14 014	–	1 121,12	1 261,26	III	14 014	–	1 012,16	1 138,68	–	906,40	1 019,70	–	803,36	903,78	–	703,36	791,28	–	606,40	682,20	–	512,16	576,18
	V	26 789	1 170,12	2 143,12	2 411,01	IV	21 155	394,96	1 622,–	1 824,75	290,12	1 551,52	1 745,46	185,28	1 481,04	1 666,17	80,44	1 410,56	1 586,88	–	1 340,16	1 507,68	–	1 269,68	1 428,39
	VI	27 224	1 221,89	2 177,92	2 450,16																				
85 139,99 Ost	I,IV	21 311	518,24	1 704,88	1 917,99	I	21 311	308,68	1 564,–	1 759,50	99,–	1 423,04	1 600,92	–	1 282,16	1 442,43	–	1 142,–	1 284,75	–	1 007,12	1 133,01	–	878,08	987,84
	II	20 510	422,92	1 640,80	1 845,90	II	20 510	213,24	1 499,84	1 687,32	3,68	1 358,96	1 528,83	–	1 218,–	1 370,25	–	1 079,92	1 214,91	–	947,68	1 066,14	–	821,36	924,03
	III	14 136	–	1 130,88	1 272,24	III	14 136	–	1 021,76	1 149,48	–	915,68	1 030,14	–	812,48	914,04	–	712,16	801,18	–	614,88	691,74	–	520,48	585,54
	V	26 945	1 188,69	2 155,60	2 425,05	IV	21 311	413,40	1 634,40	1 838,70	308,68	1 564,–	1 759,50	203,84	1 493,52	1 680,21	99,–	1 423,04	1 600,92	–	1 352,56	1 521,63	–	1 282,16	1 442,43
	VI	27 380	1 240,45	2 190,40	2 464,20																				
85 175,99 West	I,IV	21 169	501,34	1 693,52	1 905,21	I	21 169	291,78	1 552,64	1 746,72	82,11	1 411,68	1 588,14	–	1 270,80	1 429,65	–	1 130,96	1 272,33	–	996,48	1 121,04	–	868,–	976,50
	II	20 368	406,02	1 629,44	1 833,12	II	20 368	196,35	1 488,48	1 674,54	–	1 347,60	1 516,05	–	1 206,72	1 357,56	–	1 069,04	1 202,67	–	937,28	1 054,44	–	811,44	912,87
	III	14 024	–	1 121,92	1 262,16	III	14 024	–	1 013,12	1 139,76	–	907,20	1 020,60	–	804,16	904,68	–	704,16	792,18	–	607,20	683,10	–	512,96	577,08
	V	26 803	1 171,79	2 144,24	2 412,27	IV	21 169	396,50	1 623,04	1 825,92	291,78	1 552,64	1 746,72	186,94	1 482,16	1 667,43	82,11	1 411,68	1 588,14	–	1 341,28	1 508,94	–	1 270,80	1 429,65
	VI	27 238	1 223,55	2 179,04	2 451,42																				
85 175,99 Ost	I,IV	21 326	520,03	1 706,08	1 919,34	I	21 326	310,47	1 565,20	1 760,85	100,79	1 424,24	1 602,27	–	1 283,36	1 443,78	–	1 143,20	1 286,10	–	1 008,24	1 134,27	–	879,20	989,10
	II	20 525	424,71	1 642,–	1 847,25	II	20 525	215,03	1 501,04	1 688,67	5,47	1 360,16	1 530,18	–	1 219,28	1 371,69	–	1 081,12	1 216,26	–	948,80	1 067,40	–	822,40	925,20
	III	14 148	–	1 131,84	1 273,32	III	14 148	–	1 022,72	1 150,56	–	916,48	1 031,04	–	813,28	914,94	–	712,96	802,08	–	615,68	692,64	–	521,28	586,44
	V	26 960	1 190,47	2 156,80	2 426,40	IV	21 326	415,31	1 635,68	1 840,14	310,47	1 565,20	1 760,85	205,63	1 494,72	1 681,56	100,79	1 424,24	1 602,27	–	1 353,84	1 523,07	–	1 283,36	1 443,78
	VI	27 395	1 242,24	2 191,60	2 465,55																				
85 211,99 West	I,IV	21 184	503,13	1 694,72	1 906,56	I	21 184	293,45	1 553,76	1 747,98	83,89	1 412,88	1 589,49	–	1 271,92	1 430,91	–	1 132,08	1 273,59	–	997,60	1 122,30	–	869,04	977,67
	II	20 383	407,81	1 630,64	1 834,47	II	20 383	198,13	1 489,68	1 675,89	–	1 348,80	1 517,40	–	1 207,84	1 358,82	–	1 070,16	1 203,93	–	938,40	1 055,70	–	812,48	914,04
	III	14 036	–	1 122,88	1 263,24	III	14 036	–	1 013,92	1 140,66	–	908,–	1 021,50	–	805,12	905,76	–	704,96	793,08	–	607,84	683,82	–	513,76	577,98
	V	26 818	1 173,57	2 145,44	2 413,62	IV	21 184	398,29	1 624,24	1 827,27	293,45	1 553,76	1 747,98	188,73	1 483,36	1 668,78	83,89	1 412,88	1 589,49	–	1 342,40	1 510,20	–	1 271,92	1 430,91
	VI	27 253	1 225,34	2 180,24	2 452,77																				
85 211,99 Ost	I,IV	21 341	521,81	1 707,28	1 920,69	I	21 341	312,25	1 566,40	1 762,20	102,57	1 425,44	1 603,62	–	1 284,56	1 445,13	–	1 144,40	1 287,45	–	1 009,36	1 135,53	–	880,24	990,27
	II	20 540	426,49	1 643,20	1 848,60	II	20 540	216,93	1 502,32	1 690,11	7,25	1 361,36	1 531,53	–	1 220,48	1 373,04	–	1 082,24	1 217,52	–	949,92	1 068,66	–	823,44	926,37
	III	14 160	–	1 132,80	1 274,40	III	14 160	–	1 023,68	1 151,64	–	917,44	1 032,12	–	814,24	916,02	–	713,92	803,16	–	616,48	693,54	–	522,08	587,34
	V	26 975	1 192,26	2 158,–	2 427,75	IV	21 341	417,09	1 636,88	1 841,49	312,25	1 566,40	1 762,20	207,41	1 495,92	1 682,91	102,57	1 425,44	1 603,62	–	1 355,04	1 524,42	–	1 284,56	1 445,13
	VI	27 410	1 244,02	2 192,80	2 466,90																				
85 247,99 West	I,IV	21 199	504,91	1 695,92	1 907,91	I	21 199	295,35	1 555,04	1 749,42	85,68	1 414,08	1 590,84	–	1 273,20	1 432,35	–	1 133,28	1 274,94	–	998,72	1 123,56	–	870,08	978,84
	II	20 398	409,59	1 631,84	1 835,82	II	20 398	199,92	1 490,88	1 677,24	–	1 350,–	1 518,75	–	1 209,04	1 360,17	–	1 071,36	1 205,28	–	939,52	1 056,96	–	813,52	915,21
	III	14 048	–	1 123,84	1 264,32	III	14 048	–	1 014,88	1 141,74	–	908,96	1 022,58	–	805,92	906,66	–	705,92	794,16	–	608,64	684,72	–	514,56	578,88
	V	26 833	1 175,36	2 146,64	2 414,97	IV	21 199	400,07	1 625,44	1 828,62	295,35	1 555,04	1 749,42	190,51	1 484,56	1 670,13	85,68	1 414,08	1 590,84	–	1 343,60	1 511,55	–	1 273,20	1 432,35
	VI	27 268	1 227,12	2 181,44	2 454,12																				
85 247,99 Ost	I,IV	21 357	523,71	1 708,56	1 922,13	I	21 357	314,04	1 567,60	1 763,55	104,48	1 426,72	1 605,06	–	1 285,76	1 446,48	–	1 145,60	1 288,80	–	1 010,56	1 136,88	–	881,36	991,53
	II	20 555	428,28	1 644,40	1 849,95	II	20 555	218,72	1 503,52	1 691,46	9,04	1 362,56	1 532,88	–	1 221,68	1 374,39	–	1 083,44	1 218,87	–	951,04	1 069,92	–	824,56	927,63
	III	14 172	–	1 133,76	1 275,48	III	14 172	–	1 024,48	1 152,54	–	918,40	1 033,20	–	815,04	916,92	–	714,72	804,06	–	617,28	694,44	–	522,88	588,24
	V	26 990	1 194,04	2 159,20	2 429,10	IV	21 357	418,88	1 638,08	1 842,84	314,04	1 567,60	1 763,55	209,20	1 497,12	1 684,26	104,48	1 426,72	1 605,06	–	1 356,24	1 525,77	–	1 285,76	1 446,48
	VI	27 426	1 245,83	2 194,08	2 468,34																				
85 283,99 West	I,IV	21 214	506,70	1 697,12	1 909,26	I	21 214	297,14	1 556,24	1 750,77	87,46	1 415,28	1 592,19	–	1 274,40	1 433,70	–	1 134,48	1 276,29	–	999,84	1 124,82	–	871,20	980,10
	II	20 413	411,38	1 633,04	1 837,17	II	20 413	201,70	1 492,08	1 678,59	–	1 351,20	1 520,10	–	1 210,24	1 361,52	–	1 072,48	1 206,54	–	940,56	1 058,13	–	814,56	916,38
	III	14 060	–	1 124,80	1 265,40	III	14 060	–	1 015,84	1 142,82	–	909,76	1 023,48	–	806,72	907,56	–	706,72	795,06	–	609,60	685,80	–	515,36	579,78
	V	26 848	1 177,14	2 147,84	2 416,32	IV	21 214	401,86	1 626,64	1 829,97	297,14	1 556,24	1 750,77	192,30	1 485,76	1 671,48	87,46	1 415,28	1 592,19	–	1 344,80	1 512,90	–	1 274,40	1 433,70
	VI	27 283	1 228,91	2 182,64	2 455,47																				
85 283,99 Ost	I,IV	21 372	525,50	1 709,76	1 923,48	I	21 372	315,82	1 568,80	1 764,90	106,26	1 427,92	1 606,41	–	1 286,96	1 447,83	–	1 146,80	1 290,15	–	1 011,68	1 138,14	–	882,48	992,79
	II	20 570	430,06	1 645,60	1 851,30	II	20 570	220,50	1 504,72	1 692,81	10,82	1 363,76	1 534,23	–	1 222,88	1 375,74	–	1 084,56	1 220,13	–	952,16	1 071,18	–	825,60	928,80
	III	14 184	–	1 134,72	1 276,56	III	14 184	–	1 025,44	1 153,62	–	919,20	1 034,10	–	815,84	917,82	–	715,52	804,96	–	618,08	695,34	–	523,68	589,14
	V	27 006	1 195,95	2 160,48	2 430,54	IV	21 372	420,66	1 639,28	1 844,19	315,82	1 568,80	1 764,90	210,98	1 498,32	1 685,61	106,26	1 427,92	1 606,41	1,42	1 357,44	1 527,12	–	1 286,96	1 447,83
	VI	27 441	1 247,71	2 195,28	2 469,69																				
85 319,99 West	I,IV	21 229	508,48	1 698,32	1 910,61	I	21 229	298,92	1 557,44	1 752,12	89,25	1 416,48	1 593,54	–	1 275,60	1 435,05	–	1 135,60	1 277,55	–	1 001,04	1 126,17	–	872,24	981,27
	II	20 428	413,16	1 634,24	1 838,52	II	20 428	203,49	1 493,28	1 679,94	–	1 352,40	1 521,45	–	1 211,52	1 362,96	–	1 073,68	1 207,89	–	941,68	1 059,39	–	815,60	917,55
	III	14 072	–	1 125,76	1 266,48	III	14 072	–	1 016,80	1 143,90	–	910,72	1 024,56	–	807,68	908,64	–	707,52	795,96	–	610,40	686,70	–	516,16	580,68
	V	26 863	1 178,93	2 149,04	2 417,67	IV	21 229	403,76	1 627,92	1 831,41	298,92	1 557,44	1 752,12	194,08	1 486,96	1 672,83	89,25	1 416,48	1 593,54	–	1 346,08	1 514,34	–	1 275,60	1 435,05
	VI	27 298	1 230,69	2 183,84	2 456,82																				
85 319,99 Ost	I,IV	21 387	527,28	1 710,96	1 924,83	I	21 387	317,61	1 570,–	1 766,25	108,05	1 429,12	1 607,76	–	1 288,16	1 449,18	–	1 147,92	1 291,41	–	1 012,80	1 139,40	–	883,52	993,96
	II	20 585	431,85	1 646,80	1 852,65	II	20 585	222,29	1 505,92	1 694,16	12,61	1 364,96	1 535,58	–	1 224,08	1 377,09	–	1 085,76	1 221,48	–	953,28	1 072,44	–	826,64	929,97
	III	14 194	–	1 135,52	1 277,46	III	14 194	–	1 026,40	1 154,70	–	920,16	1 035,18	–	816,80	918,90	–	716,48	806,04	–	618,88	696,24	–	524,48	590,04
	V	27 021	1 197,73	2 161,68	2 431,89	IV	21 387	422,45	1 640,48	1 845,54	317,61	1 570,–	1 766,25	212,89	1 499,60	1 687,05	108,05	1 429,12	1 607,76	3,21	1 358,64	1 528,47	–	1 288,16	1 449,18
	VI	27 456	1 249,50	2 196,48	2 471,04																				
85 355,99 West	I,IV	21 244	510,27	1 699,52	1 911,96	I	21 244	300,71	1 558,64	1 753,47	91,03	1 417,68	1 594,89	–	1 276,80	1 436,40	–	1 136,80	1 278,90	–	1 002,16	1 127,43	–	873,36	982,53
	II	20 443	414,95	1 635,44	1 839,87	II	20 443	205,39	1 494,56	1 681,38	–	1 353,60	1 522,80	–	1 212,72	1 364,31	–	1 074,80	1 209,15	–	942,80	1 060,65	–	816,72	918,81
	III	14 082	–	1 126,56	1 267,38	III	14 082	–	1 017,60	1 144,80	–	911,68	1 025,64	–	808,48	909,54	–	708,32	796,86	–	611,20	687,60	–	516,96	581,58
	V	26 878	1 180,71	2 150,24	2 419,02	IV	21 244	405,55	1 629,12	1 832,76	300,71	1 558,64	1 753,47	195,87	1 488,16	1 674,18	91,03	1 417,68	1 594,89	–	1 347,28	1 515,69	–	1 276,80	1 436,40
	VI	27 313	1 232,48	2 185,04	2 458,17																				
85 355,99 Ost	I,IV	21 402	529,07	1 712,16	1 926,18	I	21 402	319,39	1 571,20	1 767,60	109,83	1 430,32	1 609,11	–	1 289,36	1 450,53	–	1 149,12	1 292,76	–	1 013,92	1 140,66	–	884,64	995,22
	II	20 601	433,75	1 648,08	1 854,09	II	20 601	224,07	1 507,12	1 695,51	14,51	1 366,24	1 537,02	–	1 225,28	1 378,44	–	1 086,88	1 222,74	–	954,40	1 073,70	–	827,76	931,23
	III	14 206	–	1 136,48	1 278,54	III	14 206	–	1 027,36	1 155,78	–	920,96	1 036,08	–	817,60	919,80	–	717,28	806,94	–	619,84	697,32	–	525,28	590,94
	V	27 036	1 199,52	2 162,88	2 433,24	IV	21 402	424,23	1 641,68	1 846,89	319,39	1 571,20	1 767,60	214,67	1 500,80	1 688,40	109,83	1 430,32	1 609,11	4,99	1 359,84	1 529,82	–	1 289,36	1 450,53
	VI	27 471	1 251,28	2 197,68	2 472,39																				
85 391,99 West	I,IV	21 260	512,17	1 700,80	1 913,40	I	21 260	302,49	1 559,84	1 754,82	92,93	1 418,96	1 596,33	–	1 278,–	1 437,75	–	1 138,–	1 280,25	–	1 003,28	1 128,69	–	874,40	983,70
	II	20 458	416,73	1 636,64	1 841,22	II	20 458	207,17	1 495,76	1 682,73	–	1 354,80	1 524,15	–	1 213,92	1 365,66	–	1 076,–	1 210,50	–	943,92	1 061,91	–	817,76	919,98
	III	14 094	–	1 127,52	1 268,46	III	14 094	–	1 018,56	1 145,88	–	912,48	1 026,54	–	809,44	910,62	–	709,28	797,94	–	612,–	688,50	–	517,76	582,48
	V	26 893	1 182,50	2 151,44	2 420,37	IV	21 260	407,33	1 630,32	1 834,11	302,49	1 559,84	1 754,82	197,65	1 489,36	1 675,53	92,93	1 418,96	1 596,33	–	1 348,48	1 517,04	–	1 278,–	1 437,75
	VI	27 329	1 234,38	2 186,32	2 459,61																				
85 391,99 Ost	I,IV	21 417	530,85	1 713,36	1 927,53	I	21 417	321,30	1 572,48	1 769,04	111,62	1 431,52	1 610,46	–	1 290,64	1 451,97	–	1 150,32	1 294,11	–	1 015,04	1 141,92	–	885,68	996,39
	II	20 616	435,54	1 649,28	1 855,44	II	20 616	225,86	1 508,32	1 696,86	16,30	1 367,44	1 538,37	–	1 226,48	1 379,79	–	1 088,08	1 224,09	–	955,52	1 074,96	–	828,80	932,40
	III	14 218	–	1 137,44	1 279,62	III	14 218	–	1 028,16	1 156,68	–	921,92	1 037,16	–	818,56	920,88	–	718,08	807,84	–	620,64	698,22	–	526,08	591,84
	V	27 051	1 201,30	2 164,08	2 434,59	IV	21 417	426,02	1 642,88	1 848,24	321,30	1 572,48	1 769,04	216,46	1 502,–	1 689,75	111,62	1 431,52	1 610,46	6,78	1 361,04	1 531,17	–	1 290,64	1 451,97
	VI	27 486	1 253,07	2 198,88	2 473,74																				

* Die ausgewiesenen Tabellenwerte sind amtlich. Siehe Erläuterungen auf der Umschlaginnenseite (U2).

Lohn/ Gehalt bis €*		Abzüge an Lohnsteuer, Solidaritätszuschlag (SolZ) und Kirchensteuer (8%, 9%) in den Steuerklassen I – VI				I, II, III, IV		mit Zahl der Kinderfreibeträge . . .																	
			ohne Kinderfreibeträge					0,5			1			1,5			2			2,5			3		
		LSt	SolZ	8%	9%		LSt	SolZ	8%	9%	SolZ	8%	9%	SolZ	8%	9%	SolZ	8%	9%	SolZ	8%	9%	SolZ	8%	9%
85 427,99 West	I,IV	21 275	513,96	1 702,—	1 914,75	I	21 275	304,28	1 561,04	1 756,17	94,72	1 420,16	1 597,68	—	1 279,20	1 439,10	—	1 139,20	1 281,60	—	1 004,40	1 129,95	—	875,52	984,96
	II	20 473	418,52	1 637,84	1 842,57	II	20 473	208,96	1 496,96	1 684,08	—	1 356,—	1 525,50	—	1 215,12	1 367,01	—	1 077,12	1 211,76	—	945,04	1 063,17	—	818,80	921,15
	III	14 106	—	1 128,48	1 269,54	III	14 106	—	1 019,52	1 146,96	—	913,44	1 027,62	—	810,24	911,52	—	710,08	798,84	—	612,80	689,40	—	518,56	583,38
	V	26 909	1 184,40	2 152,72	2 421,81	IV	21 275	409,12	1 631,52	1 835,46	304,28	1 561,04	1 756,17	199,44	1 490,56	1 676,88	94,72	1 420,16	1 597,68	—	1 349,68	1 518,39	—	1 279,20	1 439,10
	VI	27 344	1 236,17	2 187,52	2 460,96																				
85 427,99 Ost	I,IV	21 432	532,64	1 714,56	1 928,88	I	21 432	323,08	1 573,68	1 770,39	113,40	1 432,72	1 611,81	—	1 291,84	1 453,32	—	1 151,52	1 295,46	—	1 016,24	1 143,27	—	886,80	997,65
	II	20 631	437,32	1 650,48	1 856,79	II	20 631	227,64	1 509,52	1 698,21	18,08	1 368,64	1 539,72	—	1 227,68	1 381,14	—	1 089,20	1 225,35	—	956,56	1 076,13	—	829,84	933,57
	III	14 230	—	1 138,40	1 280,70	III	14 230	—	1 029,12	1 157,76	—	922,88	1 038,24	—	819,36	921,78	—	718,88	808,74	—	621,44	699,12	—	526,88	592,74
	V	27 066	1 203,09	2 165,28	2 435,94	IV	21 432	427,80	1 644,08	1 849,59	323,08	1 573,68	1 770,39	218,24	1 503,20	1 691,10	113,40	1 432,72	1 611,81	8,56	1 362,24	1 532,52	—	1 291,84	1 453,32
	VI	27 501	1 254,85	2 200,08	2 475,09																				
85 463,99 West	I,IV	21 290	515,74	1 703,20	1 916,10	I	21 290	306,06	1 562,24	1 757,52	96,50	1 421,36	1 599,03	—	1 280,40	1 440,45	—	1 140,32	1 282,86	—	1 005,52	1 131,21	—	876,56	986,13
	II	20 488	420,30	1 639,04	1 843,92	II	20 488	210,74	1 498,16	1 685,43	1,07	1 357,20	1 526,85	—	1 216,32	1 368,36	—	1 078,32	1 213,11	—	946,16	1 064,43	—	819,84	922,32
	III	14 118	—	1 129,44	1 270,62	III	14 118	—	1 020,48	1 148,04	—	914,40	1 028,70	—	811,20	912,60	—	710,88	799,74	—	613,60	690,30	—	519,36	584,28
	V	26 924	1 186,19	2 153,92	2 423,16	IV	21 290	410,90	1 632,72	1 836,81	306,06	1 562,24	1 757,52	201,34	1 491,84	1 678,32	96,50	1 421,36	1 599,03	—	1 350,88	1 519,74	—	1 280,40	1 440,45
	VI	27 359	1 237,95	2 188,72	2 462,31																				
85 463,99 Ost	I,IV	21 447	534,42	1 715,76	1 930,23	I	21 447	324,87	1 574,88	1 771,74	115,19	1 433,92	1 613,16	—	1 293,04	1 454,67	—	1 152,72	1 296,81	—	1 017,36	1 144,53	—	887,84	998,82
	II	20 646	439,11	1 651,68	1 858,14	II	20 646	229,43	1 510,72	1 699,56	19,87	1 369,84	1 541,07	—	1 228,88	1 382,49	—	1 090,40	1 226,70	—	957,68	1 077,39	—	830,88	934,74
	III	14 242	—	1 139,36	1 281,78	III	14 242	—	1 030,08	1 158,84	—	923,68	1 039,14	—	820,32	922,86	—	719,84	809,82	—	622,24	700,02	—	527,68	593,64
	V	27 081	1 204,87	2 166,48	2 437,29	IV	21 447	429,70	1 645,36	1 851,03	324,87	1 574,88	1 771,74	220,03	1 504,40	1 692,45	115,19	1 433,92	1 613,16	10,47	1 363,52	1 533,96	—	1 293,04	1 454,67
	VI	27 516	1 256,64	2 201,28	2 476,44																				
85 499,99 West	I,IV	21 305	517,53	1 704,40	1 917,45	I	21 305	307,85	1 563,44	1 758,87	98,29	1 422,56	1 600,38	—	1 281,60	1 441,80	—	1 141,52	1 284,21	—	1 006,64	1 132,47	—	877,68	987,39
	II	20 504	422,21	1 640,32	1 845,36	II	20 504	212,53	1 499,36	1 686,78	2,97	1 358,48	1 528,29	—	1 217,52	1 369,71	—	1 079,44	1 214,37	—	947,28	1 065,69	—	820,88	923,49
	III	14 130	—	1 130,40	1 271,70	III	14 130	—	1 021,28	1 148,94	—	915,20	1 029,60	—	812,—	913,50	—	711,84	800,82	—	614,40	691,20	—	520,16	585,18
	V	26 939	1 187,97	2 155,12	2 424,51	IV	21 305	412,69	1 633,92	1 838,16	307,85	1 563,44	1 758,87	203,13	1 493,04	1 679,67	98,29	1 422,56	1 600,38	—	1 352,08	1 521,09	—	1 281,60	1 441,80
	VI	27 374	1 239,74	2 189,92	2 463,66																				
85 499,99 Ost	I,IV	21 462	536,21	1 716,96	1 931,58	I	21 462	326,65	1 576,08	1 773,09	116,97	1 435,12	1 614,51	—	1 294,24	1 456,02	—	1 153,92	1 298,16	—	1 018,48	1 145,79	—	888,96	1 000,08
	II	20 661	440,89	1 652,88	1 859,49	II	20 661	231,33	1 512,—	1 701,—	21,65	1 371,04	1 542,42	—	1 230,16	1 383,93	—	1 091,52	1 227,96	—	958,80	1 078,65	—	832,—	936,—
	III	14 254	—	1 140,32	1 282,86	III	14 254	—	1 031,04	1 159,92	—	924,64	1 040,22	—	821,12	923,76	—	720,64	810,72	—	623,04	700,92	—	528,48	594,54
	V	27 096	1 206,66	2 167,68	2 438,64	IV	21 462	431,49	1 646,56	1 852,38	326,65	1 576,08	1 773,09	221,81	1 505,60	1 693,80	116,97	1 435,12	1 614,51	12,25	1 364,72	1 535,31	—	1 294,24	1 456,02
	VI	27 531	1 258,42	2 202,48	2 477,79																				
85 535,99 West	I,IV	21 320	519,31	1 705,60	1 918,80	I	21 320	309,75	1 564,72	1 760,31	100,07	1 423,76	1 601,73	—	1 282,88	1 443,24	—	1 142,72	1 285,56	—	1 007,76	1 133,73	—	878,72	988,56
	II	20 519	423,99	1 641,52	1 846,71	II	20 519	214,31	1 500,56	1 688,13	4,76	1 359,68	1 529,64	—	1 218,72	1 371,06	—	1 080,64	1 215,72	—	948,32	1 066,86	—	822,—	924,75
	III	14 142	—	1 131,36	1 272,78	III	14 142	—	1 022,24	1 150,02	—	916,16	1 030,68	—	812,96	914,58	—	712,64	801,72	—	615,36	692,28	—	520,96	586,08
	V	26 954	1 189,76	2 156,32	2 425,86	IV	21 320	414,47	1 635,12	1 839,51	309,75	1 564,72	1 760,31	204,91	1 494,24	1 681,02	100,07	1 423,76	1 601,73	—	1 353,28	1 522,44	—	1 282,88	1 443,24
	VI	27 389	1 241,52	2 191,12	2 465,01																				
85 535,99 Ost	I,IV	21 478	538,11	1 718,24	1 933,02	I	21 478	328,44	1 577,28	1 774,44	118,88	1 436,40	1 615,95	—	1 295,44	1 457,37	—	1 155,04	1 299,42	—	1 019,60	1 147,05	—	890,—	1 001,25
	II	20 676	442,68	1 654,08	1 860,84	II	20 676	233,12	1 513,20	1 702,35	23,44	1 372,24	1 543,77	—	1 231,36	1 385,28	—	1 092,72	1 229,31	—	959,92	1 079,91	—	833,04	937,17
	III	14 266	—	1 141,28	1 283,94	III	14 266	—	1 032,—	1 161,—	—	925,60	1 041,30	—	822,08	924,84	—	721,44	811,62	—	623,84	701,82	—	529,28	595,44
	V	27 111	1 208,44	2 168,88	2 439,99	IV	21 478	433,27	1 647,76	1 853,73	328,44	1 577,28	1 774,44	223,60	1 506,80	1 695,15	118,88	1 436,40	1 615,95	14,04	1 365,92	1 536,66	—	1 295,44	1 457,37
	VI	27 546	1 260,21	2 203,68	2 479,14																				
85 571,99 West	I,IV	21 335	521,10	1 706,80	1 920,15	I	21 335	311,54	1 565,92	1 761,66	101,86	1 424,96	1 603,08	—	1 284,08	1 444,59	—	1 143,92	1 286,91	—	1 008,96	1 135,08	—	879,84	989,82
	II	20 534	425,78	1 642,72	1 848,06	II	20 534	216,10	1 501,76	1 689,48	6,54	1 360,88	1 530,99	—	1 219,92	1 372,41	—	1 081,76	1 216,98	—	949,44	1 068,12	—	823,04	925,92
	III	14 154	—	1 132,32	1 273,86	III	14 154	—	1 023,20	1 151,10	—	916,96	1 031,58	—	813,76	915,48	—	713,44	802,62	—	616,16	693,18	—	521,76	586,98
	V	26 969	1 191,54	2 157,52	2 427,21	IV	21 335	416,26	1 636,32	1 840,86	311,54	1 565,92	1 761,66	206,70	1 495,44	1 682,37	101,86	1 424,96	1 603,08	—	1 354,48	1 523,79	—	1 284,08	1 444,59
	VI	27 404	1 243,31	2 192,32	2 466,36																				
85 571,99 Ost	I,IV	21 493	539,90	1 719,44	1 934,37	I	21 493	330,22	1 578,48	1 775,79	120,66	1 437,60	1 617,30	—	1 296,64	1 458,72	—	1 156,24	1 300,77	—	1 020,72	1 148,31	—	891,12	1 002,51
	II	20 691	444,46	1 655,28	1 862,19	II	20 691	234,90	1 514,40	1 703,70	25,22	1 373,44	1 545,12	—	1 232,56	1 386,63	—	1 093,92	1 230,66	—	961,04	1 081,17	—	834,08	938,34
	III	14 278	—	1 142,24	1 285,02	III	14 278	—	1 032,80	1 161,90	—	926,40	1 042,20	—	822,88	925,74	—	722,40	812,70	—	624,80	702,90	—	530,08	596,34
	V	27 126	1 210,23	2 170,08	2 441,34	IV	21 493	435,06	1 648,96	1 855,08	330,22	1 578,48	1 775,79	225,38	1 508,—	1 696,50	120,66	1 437,60	1 617,30	15,82	1 367,12	1 538,01	—	1 296,64	1 458,72
	VI	27 562	1 262,11	2 204,96	2 480,58																				
85 607,99 West	I,IV	21 350	522,88	1 708,—	1 921,50	I	21 350	313,32	1 567,12	1 763,01	103,64	1 426,16	1 604,43	—	1 285,28	1 445,94	—	1 145,12	1 288,26	—	1 010,08	1 136,34	—	880,88	990,99
	II	20 549	427,56	1 643,92	1 849,41	II	20 549	217,88	1 502,96	1 690,83	8,33	1 362,08	1 532,34	—	1 221,12	1 373,76	—	1 082,96	1 218,33	—	950,56	1 069,38	—	824,08	927,09
	III	14 166	—	1 133,28	1 274,94	III	14 166	—	1 024,16	1 152,18	—	917,92	1 032,66	—	814,72	916,56	—	714,40	803,70	—	616,96	694,08	—	522,56	587,88
	V	26 984	1 193,33	2 158,72	2 428,56	IV	21 350	418,16	1 637,60	1 842,30	313,32	1 567,12	1 763,01	208,48	1 496,64	1 683,72	103,64	1 426,16	1 604,43	—	1 355,76	1 525,23	—	1 285,28	1 445,94
	VI	27 419	1 245,09	2 193,52	2 467,71																				
85 607,99 Ost	I,IV	21 508	541,68	1 720,64	1 935,72	I	21 508	332,01	1 579,68	1 777,14	122,45	1 438,80	1 618,65	—	1 297,84	1 460,07	—	1 157,44	1 302,12	—	1 021,92	1 149,66	—	892,24	1 003,77
	II	20 706	446,25	1 656,48	1 863,54	II	20 706	236,69	1 515,60	1 705,05	27,01	1 374,64	1 546,47	—	1 233,76	1 387,98	—	1 095,04	1 231,92	—	962,16	1 082,43	—	835,20	939,60
	III	14 290	—	1 143,20	1 286,10	III	14 290	—	1 033,76	1 162,98	—	927,36	1 043,28	—	823,84	926,82	—	723,20	813,60	—	625,60	703,80	—	530,88	597,24
	V	27 142	1 212,13	2 171,36	2 442,78	IV	21 508	436,84	1 650,16	1 856,43	332,01	1 579,68	1 777,14	227,29	1 509,28	1 697,94	122,45	1 438,80	1 618,65	17,61	1 368,32	1 539,36	—	1 297,84	1 460,07
	VI	27 577	1 263,89	2 206,16	2 481,93																				
85 643,99 West	I,IV	21 365	524,67	1 709,20	1 922,85	I	21 365	315,11	1 568,32	1 764,36	105,43	1 427,36	1 605,78	—	1 286,48	1 447,29	—	1 146,24	1 289,52	—	1 011,20	1 137,60	—	882,—	992,25
	II	20 564	429,35	1 645,12	1 850,76	II	20 564	219,79	1 504,24	1 692,27	10,11	1 363,28	1 533,69	—	1 222,40	1 375,20	—	1 084,08	1 219,59	—	951,68	1 070,64	—	825,12	928,26
	III	14 178	—	1 134,24	1 276,02	III	14 178	—	1 025,12	1 153,26	—	918,88	1 033,74	—	815,52	917,46	—	715,20	804,60	—	617,76	694,98	—	523,36	588,78
	V	26 999	1 195,11	2 159,92	2 429,91	IV	21 365	419,95	1 638,80	1 843,65	315,11	1 568,32	1 764,36	210,27	1 497,84	1 685,07	105,43	1 427,36	1 605,78	0,71	1 356,96	1 526,58	—	1 286,48	1 447,29
	VI	27 434	1 246,88	2 194,72	2 469,06																				
85 643,99 Ost	I,IV	21 523	543,47	1 721,84	1 937,07	I	21 523	333,79	1 580,88	1 778,49	124,23	1 440,—	1 620,—	—	1 299,04	1 461,42	—	1 158,64	1 303,47	—	1 023,04	1 150,92	—	893,28	1 004,94
	II	20 722	448,15	1 657,76	1 864,98	II	20 722	238,47	1 516,80	1 706,40	28,91	1 375,92	1 547,91	—	1 234,96	1 389,33	—	1 096,24	1 233,27	—	963,28	1 083,69	—	836,24	940,77
	III	14 302	—	1 144,16	1 287,18	III	14 302	—	1 034,72	1 164,06	—	928,16	1 044,18	—	824,64	927,72	—	724,—	814,50	—	626,40	704,70	—	531,68	598,14
	V	27 157	1 213,91	2 172,56	2 444,13	IV	21 523	438,63	1 651,36	1 857,78	333,79	1 580,88	1 778,49	229,07	1 510,48	1 699,29	124,23	1 440,—	1 620,—	19,39	1 369,52	1 540,71	—	1 299,04	1 461,42
	VI	27 592	1 265,68	2 207,36	2 483,28																				
85 679,99 West	I,IV	21 380	526,45	1 710,40	1 924,20	I	21 380	316,89	1 569,52	1 765,71	107,33	1 428,64	1 607,22	—	1 287,68	1 448,64	—	1 147,44	1 290,87	—	1 012,32	1 138,86	—	883,04	993,42
	II	20 579	431,13	1 646,32	1 852,11	II	20 579	221,57	1 505,44	1 693,62	11,90	1 364,48	1 535,04	—	1 223,60	1 376,55	—	1 085,28	1 220,94	—	952,80	1 071,90	—	826,24	929,52
	III	14 190	—	1 135,20	1 277,10	III	14 190	—	1 025,92	1 154,16	—	919,68	1 034,64	—	816,48	918,54	—	716,—	805,50	—	618,56	695,88	—	524,16	589,68
	V	27 014	1 196,90	2 161,12	2 431,26	IV	21 380	421,73	1 640,—	1 845,—	316,89	1 569,52	1 765,71	212,05	1 499,04	1 686,42	107,33	1 428,64	1 607,22	2,49	1 358,16	1 527,93	—	1 287,68	1 448,64
	VI	27 449	1 248,66	2 195,92	2 470,41																				
85 679,99 Ost	I,IV	21 538	545,25	1 723,04	1 938,42	I	21 538	335,69	1 582,16	1 779,93	126,02	1 441,20	1 621,35	—	1 300,32	1 462,86	—	1 159,84	1 304,82	—	1 024,16	1 152,18	—	894,40	1 006,20
	II	20 737	449,93	1 658,96	1 866,33	II	20 737	240,26	1 518,—	1 707,75	30,70	1 377,12	1 549,26	—	1 236,16	1 390,68	—	1 097,36	1 234,53	—	964,40	1 084,95	—	837,28	941,94
	III	14 314	—	1 145,12	1 288,26	III	14 314	—	1 035,68	1 165,14	—	929,12	1 045,26	—	825,60	928,80	—	724,96	815,58	—	627,20	705,60	—	532,48	599,04
	V	27 172	1 215,70	2 173,76	2 445,48	IV	21 538	440,41	1 652,56	1 859,13	335,69	1 582,16	1 779,93	230,86	1 511,68	1 700,64	126,02	1 441,20	1 621,35	21,18	1 370,72	1 542,06	—	1 300,32	1 462,86
	VI	27 607	1 267,46	2 208,56	2 484,63																				

* Die ausgewiesenen Tabellenwerte sind amtlich. Siehe Erläuterungen auf der Umschlaginnenseite (U2).

Abzüge an Lohnsteuer, Solidaritätszuschlag (SolZ) und Kirchensteuer (8%, 9%) in den Steuerklassen

Lohn/ Gehalt bis €*	I – VI					I, II, III, IV		mit Zahl der Kinderfreibeträge . . . 0,5			1			1,5			2			2,5			3		
		LSt	ohne Kinderfreibeträge SolZ	8%	9%		LSt	SolZ	8%	9%	SolZ	8%	9%	SolZ	8%	9%	SolZ	8%	9%	SolZ	8%	9%	SolZ	8%	9%
85 715,99	I,IV	21 396	528,36	1 711,68	1 925,64	I	21 396	318,68	1 570,72	1 767,06	109,12	1 429,84	1 608,57	–	1 288,88	1 449,99	–	1 148,64	1 292,22	–	1 013,44	1 140,12	–	884,16	994,68
West	II	20 594	432,92	1 647,52	1 853,46	II	20 594	223,36	1 506,64	1 694,97	13,68	1 365,68	1 536,39	–	1 224,80	1 377,90	–	1 086,40	1 222,20	–	953,92	1 073,16	–	827,28	930,69
	III	14 202	–	1 136,16	1 278,18	III	14 202	–	1 026,88	1 155,24	–	920,64	1 035,72	–	817,28	919,44	–	716,80	806,40	–	619,36	696,78	–	524,96	590,58
	V	27 029	1 198,68	2 162,32	2 432,61	IV	21 396	423,52	1 641,20	1 846,35	318,68	1 570,72	1 767,06	213,84	1 500,24	1 687,77	109,12	1 429,84	1 608,57	4,28	1 359,36	1 529,28	–	1 288,88	1 449,99
	VI	27 465	1 250,57	2 197,20	2 471,85																				
85 715,99	I,IV	21 553	547,04	1 724,24	1 939,77	I	21 553	337,48	1 583,36	1 781,28	127,80	1 442,40	1 622,70	–	1 301,52	1 464,21	–	1 161,04	1 306,17	–	1 025,28	1 153,44	–	895,52	1 007,46
Ost	II	20 752	451,72	1 660,16	1 867,68	II	20 752	242,04	1 519,20	1 709,10	32,48	1 378,32	1 550,61	–	1 237,36	1 392,03	–	1 098,56	1 235,88	–	965,52	1 086,21	–	838,40	943,20
	III	14 326	–	1 146,08	1 289,34	III	14 326	–	1 036,64	1 166,22	–	930,08	1 046,34	–	826,40	929,70	–	725,76	816,48	–	628,–	706,50	–	533,28	599,94
	V	27 187	1 217,48	2 174,96	2 446,83	IV	21 553	442,20	1 653,76	1 860,48	337,48	1 583,36	1 781,28	232,64	1 512,88	1 701,99	127,80	1 442,40	1 622,70	22,96	1 371,92	1 543,41	–	1 301,52	1 464,21
	VI	27 622	1 269,25	2 209,76	2 485,98																				
85 751,99	I,IV	21 411	530,14	1 712,88	1 926,99	I	21 411	320,46	1 571,92	1 768,41	110,90	1 431,04	1 609,92	–	1 290,08	1 451,34	–	1 149,84	1 293,57	–	1 014,56	1 141,38	–	885,28	995,94
West	II	20 609	434,70	1 648,72	1 854,81	II	20 609	225,14	1 507,84	1 696,32	15,47	1 366,88	1 537,74	–	1 226,–	1 379,25	–	1 087,60	1 223,55	–	955,04	1 074,42	–	828,32	931,86
	III	14 214	–	1 137,12	1 279,26	III	14 214	–	1 027,84	1 156,32	–	921,44	1 036,62	–	818,08	920,34	–	717,76	807,48	–	620,16	697,68	–	525,76	591,48
	V	27 045	1 200,59	2 163,60	2 434,05	IV	21 411	425,30	1 642,40	1 847,70	320,46	1 571,92	1 768,41	215,74	1 501,52	1 689,21	110,90	1 431,04	1 609,92	6,06	1 360,56	1 530,63	–	1 290,08	1 451,34
	VI	27 480	1 252,35	2 198,40	2 473,20																				
85 751,99	I,IV	21 568	548,82	1 725,44	1 941,12	I	21 568	339,26	1 584,56	1 782,63	129,59	1 443,60	1 624,05	–	1 302,72	1 465,56	–	1 162,24	1 307,52	–	1 026,48	1 154,79	–	896,56	1 008,63
Ost	II	20 767	453,50	1 661,36	1 869,03	II	20 767	243,83	1 520,40	1 710,45	34,27	1 379,52	1 551,96	–	1 238,56	1 393,38	–	1 099,68	1 237,14	–	966,64	1 087,47	–	839,44	944,37
	III	14 338	–	1 147,04	1 290,42	III	14 338	–	1 037,44	1 167,12	–	930,88	1 047,24	–	827,36	930,78	–	726,56	817,38	–	628,80	707,40	–	534,08	600,84
	V	27 202	1 219,27	2 176,16	2 448,18	IV	21 568	443,98	1 654,96	1 861,83	339,26	1 584,56	1 782,63	234,43	1 514,08	1 703,34	129,59	1 443,60	1 624,05	24,87	1 373,20	1 544,85	–	1 302,72	1 465,56
	VI	27 637	1 271,03	2 210,96	2 487,33																				
85 787,99	I,IV	21 426	531,93	1 714,08	1 928,34	I	21 426	322,25	1 573,12	1 769,76	112,69	1 432,24	1 611,27	–	1 291,28	1 452,69	–	1 151,04	1 294,92	–	1 015,76	1 142,73	–	886,32	997,11
West	II	20 624	436,49	1 649,92	1 856,16	II	20 624	226,93	1 509,04	1 697,67	17,37	1 368,16	1 539,18	–	1 227,20	1 380,60	–	1 088,72	1 224,81	–	956,16	1 075,68	–	829,44	933,12
	III	14 226	–	1 138,08	1 280,34	III	14 226	–	1 028,80	1 157,40	–	922,40	1 037,70	–	819,04	921,42	–	718,56	808,38	–	621,12	698,76	–	526,56	592,38
	V	27 060	1 202,37	2 164,80	2 435,40	IV	21 426	427,09	1 643,60	1 849,05	322,25	1 573,12	1 769,76	217,53	1 502,72	1 690,56	112,69	1 432,24	1 611,27	7,85	1 361,76	1 531,98	–	1 291,28	1 452,69
	VI	27 495	1 254,14	2 199,60	2 474,55																				
85 787,99	I,IV	21 583	550,61	1 726,64	1 942,47	I	21 583	341,05	1 585,76	1 783,98	131,37	1 444,80	1 625,40	–	1 303,92	1 466,91	–	1 163,36	1 308,78	–	1 027,60	1 156,05	–	897,68	1 009,89
Ost	II	20 782	455,29	1 662,56	1 870,38	II	20 782	245,73	1 521,68	1 711,89	36,05	1 380,72	1 553,31	–	1 239,84	1 394,82	–	1 100,88	1 238,49	–	967,76	1 088,73	–	840,48	945,54
	III	14 350	–	1 148,–	1 291,50	III	14 350	–	1 038,40	1 168,20	–	931,84	1 048,32	–	828,16	931,68	–	727,52	818,46	–	629,76	708,48	–	534,88	601,74
	V	27 217	1 221,05	2 177,36	2 449,53	IV	21 583	445,89	1 656,24	1 863,27	341,05	1 585,76	1 783,98	236,21	1 515,28	1 704,69	131,37	1 444,80	1 625,40	26,65	1 374,40	1 546,20	–	1 303,92	1 466,91
	VI	27 652	1 272,82	2 212,16	2 488,68																				
85 823,99	I,IV	21 441	533,71	1 715,28	1 929,69	I	21 441	324,03	1 574,32	1 771,11	114,47	1 433,44	1 612,62	–	1 292,56	1 454,13	–	1 152,24	1 296,27	–	1 016,88	1 143,99	–	887,44	998,37
West	II	20 640	438,39	1 651,20	1 857,60	II	20 640	228,71	1 510,24	1 699,02	19,15	1 369,36	1 540,53	–	1 228,40	1 381,95	–	1 089,92	1 226,16	–	957,28	1 076,94	–	830,48	934,29
	III	14 238	–	1 139,04	1 281,42	III	14 238	–	1 029,60	1 158,30	–	923,36	1 038,78	–	819,84	922,32	–	719,36	809,28	–	621,92	699,66	–	527,36	593,28
	V	27 075	1 204,16	2 166,–	2 436,75	IV	21 441	428,87	1 644,80	1 850,40	324,03	1 574,32	1 771,11	219,31	1 503,92	1 691,91	114,47	1 433,44	1 612,62	9,63	1 362,96	1 533,33	–	1 292,56	1 454,13
	VI	27 510	1 255,92	2 200,80	2 475,90																				
85 823,99	I,IV	21 598	552,39	1 727,84	1 943,82	I	21 598	342,83	1 586,96	1 785,33	133,28	1 446,08	1 626,84	–	1 305,12	1 468,26	–	1 164,56	1 310,13	–	1 028,72	1 157,31	–	898,72	1 011,06
Ost	II	20 797	457,07	1 663,76	1 871,73	II	20 797	247,52	1 522,88	1 713,24	37,84	1 381,92	1 554,66	–	1 241,04	1 396,17	–	1 102,08	1 239,84	–	968,88	1 089,99	–	841,60	946,80
	III	14 362	–	1 148,96	1 292,58	III	14 362	–	1 039,36	1 169,28	–	932,80	1 049,40	–	829,12	932,76	–	728,32	819,36	–	630,56	709,38	–	535,68	602,64
	V	27 232	1 222,84	2 178,56	2 450,88	IV	21 598	447,67	1 657,44	1 864,62	342,83	1 586,96	1 785,33	238,–	1 516,48	1 706,04	133,28	1 446,08	1 626,84	28,44	1 375,60	1 547,55	–	1 305,12	1 468,26
	VI	27 667	1 274,60	2 213,36	2 490,03																				
85 859,99	I,IV	21 456	535,50	1 716,48	1 931,04	I	21 456	325,94	1 575,60	1 772,55	116,26	1 434,64	1 613,97	–	1 293,76	1 455,48	–	1 153,36	1 297,53	–	1 018,–	1 145,25	–	888,48	999,54
West	II	20 655	440,18	1 652,40	1 858,95	II	20 655	230,50	1 511,44	1 700,37	20,94	1 370,56	1 541,88	–	1 229,60	1 383,30	–	1 091,04	1 227,42	–	958,40	1 078,20	–	831,52	935,46
	III	14 250	–	1 140,–	1 282,50	III	14 250	–	1 030,56	1 159,38	–	924,16	1 039,68	–	820,80	923,40	–	720,32	810,36	–	622,72	700,56	–	528,16	594,18
	V	27 090	1 205,94	2 167,20	2 438,10	IV	21 456	430,66	1 646,–	1 851,75	325,94	1 575,60	1 772,55	221,10	1 505,12	1 693,26	116,26	1 434,64	1 613,97	11,42	1 364,16	1 534,68	–	1 293,76	1 455,48
	VI	27 525	1 257,71	2 202,–	2 477,25																				
85 859,99	I,IV	21 614	554,30	1 729,12	1 945,26	I	21 614	344,62	1 588,16	1 786,68	135,06	1 447,28	1 628,19	–	1 306,32	1 469,61	–	1 165,76	1 311,48	–	1 029,84	1 158,57	–	899,84	1 012,32
Ost	II	20 812	458,86	1 664,96	1 873,08	II	20 812	249,30	1 524,08	1 714,59	39,62	1 383,12	1 556,01	–	1 242,24	1 397,52	–	1 103,20	1 241,10	–	970,–	1 091,25	–	842,64	947,97
	III	14 374	–	1 149,92	1 293,66	III	14 374	–	1 040,32	1 170,36	–	933,60	1 050,30	–	829,92	933,66	–	729,12	820,26	–	631,36	710,28	–	536,48	603,54
	V	27 247	1 224,62	2 179,76	2 452,23	IV	21 614	449,46	1 658,64	1 865,97	344,62	1 588,16	1 786,68	239,78	1 517,68	1 707,39	135,06	1 447,28	1 628,19	30,22	1 376,80	1 548,90	–	1 306,32	1 469,61
	VI	27 683	1 276,51	2 214,64	2 491,47																				
85 895,99	I,IV	21 471	537,28	1 717,68	1 932,39	I	21 471	327,72	1 576,80	1 773,90	118,04	1 435,84	1 615,32	–	1 294,96	1 456,83	–	1 154,56	1 298,88	–	1 019,12	1 146,51	–	889,60	1 000,80
West	II	20 670	441,96	1 653,60	1 860,30	II	20 670	232,28	1 512,64	1 701,72	22,72	1 371,76	1 543,23	–	1 230,80	1 384,65	–	1 092,24	1 228,77	–	959,44	1 079,37	–	832,56	936,63
	III	14 260	–	1 140,80	1 283,40	III	14 260	–	1 031,52	1 160,46	–	925,12	1 040,76	–	821,60	924,30	–	721,12	811,26	–	623,52	701,46	–	528,96	595,08
	V	27 105	1 207,73	2 168,40	2 439,45	IV	21 471	432,44	1 647,20	1 853,10	327,72	1 576,80	1 773,90	222,88	1 506,32	1 694,61	118,04	1 435,84	1 615,32	13,32	1 365,44	1 536,12	–	1 294,96	1 456,83
	VI	27 540	1 259,49	2 203,20	2 478,60																				
85 895,99	I,IV	21 629	556,08	1 730,32	1 946,61	I	21 629	346,40	1 589,36	1 788,03	136,85	1 448,48	1 629,54	–	1 307,52	1 470,96	–	1 166,96	1 312,83	–	1 031,04	1 159,92	–	900,96	1 013,58
Ost	II	20 827	460,64	1 666,16	1 874,43	II	20 827	251,09	1 525,28	1 715,94	41,41	1 384,32	1 557,36	–	1 243,44	1 398,87	–	1 104,40	1 242,45	–	971,12	1 092,51	–	843,68	949,14
	III	14 386	–	1 150,88	1 294,74	III	14 386	–	1 041,28	1 171,44	–	934,56	1 051,38	–	830,88	934,74	–	730,08	821,34	–	632,16	711,18	–	537,28	604,44
	V	27 263	1 226,53	2 181,04	2 453,67	IV	21 629	451,24	1 659,84	1 867,32	346,40	1 589,36	1 788,03	241,57	1 518,88	1 708,74	136,85	1 448,48	1 629,54	32,01	1 378,–	1 550,25	–	1 307,52	1 470,96
	VI	27 698	1 278,29	2 215,84	2 492,82																				
85 931,99	I,IV	21 486	539,07	1 718,88	1 933,74	I	21 486	329,51	1 578,–	1 775,25	119,83	1 437,04	1 616,67	–	1 296,16	1 458,18	–	1 155,76	1 300,23	–	1 020,24	1 147,77	–	890,64	1 001,97
West	II	20 685	443,75	1 654,80	1 861,65	II	20 685	234,07	1 513,84	1 703,07	24,51	1 372,96	1 544,58	–	1 232,08	1 386,09	–	1 093,36	1 230,03	–	960,56	1 080,63	–	833,68	937,89
	III	14 272	–	1 141,76	1 284,48	III	14 272	–	1 032,48	1 161,54	–	926,08	1 041,84	–	822,56	925,38	–	721,92	812,16	–	624,32	702,36	–	529,76	595,98
	V	27 120	1 209,51	2 169,60	2 440,80	IV	21 486	434,35	1 648,48	1 854,54	329,51	1 578,–	1 775,25	224,67	1 507,52	1 695,96	119,83	1 437,04	1 616,67	15,11	1 366,64	1 537,47	–	1 296,16	1 458,18
	VI	27 555	1 261,28	2 204,40	2 479,95																				
85 931,99	I,IV	21 644	557,87	1 731,52	1 947,96	I	21 644	348,19	1 590,56	1 789,38	138,63	1 449,68	1 630,89	–	1 308,72	1 472,31	–	1 168,16	1 314,18	–	1 032,16	1 161,18	–	902,–	1 014,75
Ost	II	20 842	462,43	1 667,36	1 875,78	II	20 842	252,87	1 526,48	1 717,29	43,31	1 385,60	1 558,80	–	1 244,64	1 400,22	–	1 105,52	1 243,71	–	972,24	1 093,77	–	844,80	950,40
	III	14 398	–	1 151,84	1 295,82	III	14 398	–	1 042,08	1 172,34	–	935,52	1 052,46	–	831,68	935,64	–	730,88	822,24	–	632,96	712,08	–	538,08	605,34
	V	27 278	1 228,31	2 182,24	2 455,02	IV	21 644	453,03	1 661,04	1 868,67	348,19	1 590,56	1 789,38	243,47	1 520,16	1 710,18	138,63	1 449,68	1 630,89	33,79	1 379,20	1 551,60	–	1 308,72	1 472,31
	VI	27 713	1 280,08	2 217,04	2 494,17																				
85 967,99	I,IV	21 501	540,85	1 720,08	1 935,09	I	21 501	331,29	1 579,20	1 776,60	121,61	1 438,24	1 618,02	–	1 297,36	1 459,53	–	1 156,96	1 301,58	–	1 021,44	1 149,12	–	891,76	1 003,23
West	II	20 700	445,53	1 656,–	1 863,–	II	20 700	235,97	1 515,12	1 704,51	26,29	1 374,16	1 545,93	–	1 233,28	1 387,44	–	1 094,56	1 231,38	–	961,68	1 081,89	–	834,72	939,06
	III	14 284	–	1 142,72	1 285,56	III	14 284	–	1 033,44	1 162,62	–	926,88	1 042,74	–	823,36	926,28	–	722,88	813,24	–	625,12	703,26	–	530,56	596,88
	V	27 135	1 211,30	2 170,80	2 442,15	IV	21 501	436,13	1 649,68	1 855,89	331,29	1 579,20	1 776,60	226,45	1 508,72	1 697,31	121,61	1 438,24	1 618,02	16,89	1 367,84	1 538,82	–	1 297,36	1 459,53
	VI	27 570	1 263,06	2 205,60	2 481,30																				
85 967,99	I,IV	21 659	559,65	1 732,72	1 949,31	I	21 659	349,97	1 591,76	1 790,73	140,42	1 450,88	1 632,24	–	1 310,–	1 473,75	–	1 169,36	1 315,53	–	1 033,28	1 162,44	–	903,12	1 016,01
Ost	II	20 858	464,33	1 668,64	1 877,22	II	20 858	254,66	1 527,68	1 718,64	45,10	1 386,80	1 560,15	–	1 245,84	1 401,57	–	1 106,72	1 245,06	–	973,36	1 095,03	–	845,84	951,57
	III	14 410	–	1 152,80	1 296,90	III	14 410	–	1 043,04	1 173,42	–	936,32	1 053,36	–	832,64	936,72	–	731,68	823,14	–	633,76	712,98	–	538,88	606,24
	V	27 293	1 230,10	2 183,44	2 456,37	IV	21 659	454,81	1 662,24	1 870,02	349,97	1 591,76	1 790,73	245,25	1 521,36	1 711,53	140,42	1 450,88	1 632,24	35,58	1 380,40	1 552,95	–	1 310,–	1 473,75
	VI	27 728	1 281,86	2 218,24	2 495,52																				

* Die ausgewiesenen Tabellenwerte sind amtlich. Siehe Erläuterungen auf der Umschlaginnenseite (U2).

Abzüge an Lohnsteuer, Solidaritätszuschlag (SolZ) und Kirchensteuer (8%, 9%) in den Steuerklassen

Lohn/ Gehalt bis €*	I – VI					I, II, III, IV		mit Zahl der Kinderfreibeträge . . . 0,5			1			1,5			2			2,5			3		
		LSt	ohne Kinderfreibeträge SolZ	8%	9%		LSt	SolZ	8%	9%	SolZ	8%	9%	SolZ	8%	9%	SolZ	8%	9%	SolZ	8%	9%	SolZ	8%	9%
86 003,99 West	I,IV	21 517	542,75	1 721,36	1 936,53	I	21 517	333,08	1 580,40	1 777,95	123,52	1 439,52	1 619,46	–	1 298,56	1 460,88	–	1 158,16	1 302,93	–	1 022,56	1 150,38	–	892,88	1 004,49
	II	20 715	447,32	1 657,20	1 864,35	II	20 715	237,76	1 516,32	1 705,86	28,08	1 375,36	1 547,28	–	1 234,48	1 388,79	–	1 095,76	1 232,73	–	962,80	1 083,15	–	835,76	940,23
	III	14 296	–	1 143,68	1 286,64	III	14 296	–	1 034,24	1 163,52	–	927,84	1 043,82	–	824,32	927,36	–	723,68	814,14	–	626,08	704,34	–	531,36	597,78
	V	27 150	1 213,08	2 172,–	2 443,50	IV	21 517	437,92	1 650,88	1 857,24	333,08	1 580,40	1 777,95	228,24	1 509,92	1 698,66	123,52	1 439,52	1 619,46	18,68	1 369,04	1 540,17	–	1 298,56	1 460,88
	VI	27 586	1 264,97	2 206,88	2 482,74																				
86 003,99 Ost	I,IV	21 674	561,44	1 733,92	1 950,66	I	21 674	351,88	1 593,04	1 792,17	142,20	1 452,08	1 633,59	–	1 311,20	1 475,10	–	1 170,56	1 316,88	–	1 034,48	1 163,79	–	904,24	1 017,27
	II	20 873	466,12	1 669,84	1 878,57	II	20 873	256,44	1 528,88	1 719,99	46,88	1 388,–	1 561,50	–	1 247,04	1 402,92	–	1 107,92	1 246,41	–	974,48	1 096,29	–	846,88	952,74
	III	14 420	–	1 153,60	1 297,80	III	14 420	–	1 044,–	1 174,50	–	937,28	1 054,44	–	833,44	937,62	–	732,64	824,22	–	634,72	714,06	–	539,68	607,14
	V	27 308	1 231,88	2 184,64	2 457,72	IV	21 674	456,60	1 663,44	1 871,37	351,88	1 593,04	1 792,17	247,04	1 522,56	1 712,88	142,20	1 452,08	1 633,59	37,36	1 381,60	1 554,30	–	1 311,20	1 475,10
	VI	27 743	1 283,65	2 219,44	2 496,87																				
86 039,99 West	I,IV	21 532	544,54	1 722,56	1 937,88	I	21 532	334,86	1 581,60	1 779,30	125,30	1 440,72	1 620,81	–	1 299,76	1 462,23	–	1 159,36	1 304,28	–	1 023,68	1 151,64	–	893,92	1 005,66
	II	20 730	449,10	1 658,40	1 865,70	II	20 730	239,54	1 517,52	1 707,21	29,86	1 376,56	1 548,63	–	1 235,68	1 390,14	–	1 096,88	1 233,99	–	963,92	1 084,41	–	836,88	941,49
	III	14 308	–	1 144,64	1 287,72	III	14 308	–	1 035,20	1 164,60	–	928,80	1 044,90	–	825,12	928,26	–	724,48	815,04	–	626,88	705,24	–	532,16	598,68
	V	27 166	1 214,99	2 173,28	2 444,94	IV	21 532	439,70	1 652,08	1 858,59	334,86	1 581,60	1 779,30	230,02	1 511,12	1 700,01	125,30	1 440,72	1 620,81	20,46	1 370,24	1 541,52	–	1 299,76	1 462,23
	VI	27 601	1 266,75	2 208,08	2 484,09																				
86 039,99 Ost	I,IV	21 689	563,22	1 735,12	1 952,01	I	21 689	353,66	1 594,24	1 793,52	143,99	1 453,28	1 634,94	–	1 312,40	1 476,45	–	1 171,76	1 318,23	–	1 035,60	1 165,05	–	905,28	1 018,44
	II	20 888	467,90	1 671,04	1 879,92	II	20 888	258,23	1 530,08	1 721,34	48,67	1 389,20	1 562,85	–	1 248,24	1 404,27	–	1 109,04	1 247,67	–	975,60	1 097,55	–	848,–	954,–
	III	14 432	–	1 154,56	1 298,88	III	14 432	–	1 044,96	1 175,58	–	938,08	1 055,34	–	834,40	938,70	–	733,44	825,12	–	635,52	714,96	–	540,48	608,04
	V	27 323	1 233,67	2 185,84	2 459,07	IV	21 689	458,38	1 664,64	1 872,72	353,66	1 594,24	1 793,52	248,82	1 523,76	1 714,23	143,99	1 453,28	1 634,94	39,15	1 382,80	1 555,65	–	1 312,40	1 476,45
	VI	27 758	1 285,43	2 220,64	2 498,22																				
86 075,99 West	I,IV	21 547	546,32	1 723,76	1 939,23	I	21 547	336,65	1 582,80	1 780,65	127,09	1 441,92	1 622,16	–	1 300,96	1 463,58	–	1 160,48	1 305,54	–	1 024,80	1 152,90	–	895,04	1 006,92
	II	20 745	450,89	1 659,60	1 867,05	II	20 745	241,33	1 518,72	1 708,56	31,65	1 377,76	1 549,98	–	1 236,88	1 391,49	–	1 098,08	1 235,34	–	965,04	1 085,67	–	837,92	942,66
	III	14 320	–	1 145,60	1 288,80	III	14 320	–	1 036,16	1 165,68	–	929,60	1 045,80	–	826,08	929,34	–	725,44	816,12	–	627,68	706,14	–	532,96	599,58
	V	27 181	1 216,77	2 174,48	2 446,29	IV	21 547	441,49	1 653,28	1 859,94	336,65	1 582,80	1 780,65	231,93	1 512,40	1 701,45	127,09	1 441,92	1 622,16	22,25	1 371,44	1 542,87	–	1 300,96	1 463,58
	VI	27 616	1 268,54	2 209,28	2 485,44																				
86 075,99 Ost	I,IV	21 704	565,01	1 736,32	1 953,36	I	21 704	355,45	1 595,44	1 794,87	145,77	1 454,48	1 636,29	–	1 313,60	1 477,80	–	1 172,96	1 319,58	–	1 036,72	1 166,31	–	906,40	1 019,70
	II	20 903	469,69	1 672,24	1 881,27	II	20 903	260,01	1 531,28	1 722,69	50,45	1 390,40	1 564,20	–	1 249,52	1 405,71	–	1 110,24	1 249,02	–	976,72	1 098,81	–	849,04	955,17
	III	14 444	–	1 155,52	1 299,96	III	14 444	–	1 045,92	1 176,66	–	939,04	1 056,42	–	835,20	939,60	–	734,24	826,02	–	636,32	715,86	–	541,28	608,94
	V	27 338	1 235,45	2 187,04	2 460,42	IV	21 704	460,29	1 665,92	1 874,16	355,45	1 595,44	1 794,87	250,61	1 524,96	1 715,58	145,77	1 454,48	1 636,29	41,05	1 384,08	1 557,09	–	1 313,60	1 477,80
	VI	27 773	1 287,22	2 221,84	2 499,57																				
86 111,99 West	I,IV	21 562	548,11	1 724,96	1 940,58	I	21 562	338,43	1 584,–	1 782,–	128,87	1 443,12	1 623,51	–	1 302,16	1 464,93	–	1 161,68	1 306,89	–	1 026,–	1 154,25	–	896,08	1 008,09
	II	20 761	452,79	1 660,88	1 868,49	II	20 761	243,11	1 519,92	1 709,91	33,55	1 379,04	1 551,42	–	1 238,08	1 392,84	–	1 099,20	1 236,60	–	966,16	1 086,93	–	838,96	943,83
	III	14 332	–	1 146,56	1 289,88	III	14 332	–	1 037,12	1 166,76	–	930,56	1 046,88	–	826,88	930,24	–	726,24	817,02	–	628,48	707,04	–	533,76	600,48
	V	27 196	1 218,56	2 175,68	2 447,64	IV	21 562	443,27	1 654,48	1 861,29	338,43	1 584,–	1 782,–	233,71	1 513,60	1 702,80	128,87	1 443,12	1 623,51	24,03	1 372,64	1 544,22	–	1 302,16	1 464,93
	VI	27 631	1 270,32	2 210,48	2 486,79																				
86 111,99 Ost	I,IV	21 719	566,79	1 737,52	1 954,71	I	21 719	357,23	1 596,64	1 796,22	147,56	1 455,68	1 637,64	–	1 314,80	1 479,15	–	1 174,16	1 320,93	–	1 037,84	1 167,57	–	907,52	1 020,96
	II	20 918	471,47	1 673,44	1 882,62	II	20 918	261,91	1 532,56	1 724,13	52,24	1 391,60	1 565,55	–	1 250,72	1 407,06	–	1 111,44	1 250,37	–	977,84	1 100,07	–	850,08	956,34
	III	14 456	–	1 156,48	1 301,04	III	14 456	–	1 046,72	1 177,56	–	940,–	1 057,50	–	836,–	940,50	–	735,20	827,10	–	637,12	716,76	–	542,08	609,84
	V	27 353	1 237,24	2 188,24	2 461,77	IV	21 719	462,07	1 667,12	1 875,51	357,23	1 596,64	1 796,22	252,39	1 526,16	1 716,93	147,56	1 455,68	1 637,64	42,84	1 385,28	1 558,44	–	1 314,80	1 479,15
	VI	27 788	1 289,–	2 223,04	2 500,92																				
86 147,99 West	I,IV	21 577	549,89	1 726,16	1 941,93	I	21 577	340,34	1 585,28	1 783,44	130,66	1 444,32	1 624,86	–	1 303,44	1 466,37	–	1 162,88	1 308,24	–	1 027,12	1 155,51	–	897,20	1 009,35
	II	20 776	454,58	1 662,08	1 869,84	II	20 776	244,90	1 521,12	1 711,26	35,34	1 380,24	1 552,77	–	1 239,28	1 394,19	–	1 100,40	1 237,95	–	967,28	1 088,19	–	840,08	945,09
	III	14 344	–	1 147,52	1 290,96	III	14 344	–	1 038,08	1 167,84	–	931,36	1 047,78	–	827,84	931,32	–	727,04	817,92	–	629,28	707,94	–	534,56	601,38
	V	27 211	1 220,34	2 176,88	2 448,99	IV	21 577	445,06	1 655,68	1 862,64	340,34	1 585,28	1 783,44	235,50	1 514,80	1 704,15	130,66	1 444,32	1 624,86	25,82	1 373,84	1 545,57	–	1 303,44	1 466,37
	VI	27 646	1 272,11	2 211,68	2 488,14																				
86 147,99 Ost	I,IV	21 735	568,70	1 738,80	1 956,15	I	21 735	359,02	1 597,84	1 797,57	149,46	1 456,96	1 639,08	–	1 316,–	1 480,50	–	1 175,36	1 322,28	–	1 039,04	1 168,92	–	908,56	1 022,13
	II	20 933	473,26	1 674,64	1 883,97	II	20 933	263,70	1 533,76	1 725,48	54,02	1 392,80	1 566,90	–	1 251,92	1 408,41	–	1 112,56	1 251,63	–	978,96	1 101,33	–	851,20	957,60
	III	14 468	–	1 157,44	1 302,12	III	14 468	–	1 047,68	1 178,64	–	940,80	1 058,40	–	836,96	941,58	–	736,–	828,–	–	637,92	717,66	–	542,88	610,74
	V	27 368	1 239,02	2 189,44	2 463,12	IV	21 735	463,86	1 668,32	1 876,86	359,02	1 597,84	1 797,57	254,18	1 527,36	1 718,28	149,46	1 456,96	1 639,08	44,62	1 386,48	1 559,79	–	1 316,–	1 480,50
	VI	27 804	1 290,91	2 224,32	2 502,36																				
86 183,99 West	I,IV	21 592	551,68	1 727,36	1 943,28	I	21 592	342,12	1 586,48	1 784,79	132,44	1 445,52	1 626,21	–	1 304,64	1 467,72	–	1 164,08	1 309,59	–	1 028,24	1 156,77	–	898,32	1 010,61
	II	20 791	456,36	1 663,28	1 871,19	II	20 791	246,68	1 522,32	1 712,61	37,12	1 381,44	1 554,12	–	1 240,48	1 395,54	–	1 101,60	1 239,30	–	968,40	1 089,45	–	841,12	946,26
	III	14 356	–	1 148,48	1 292,04	III	14 356	–	1 038,88	1 168,74	–	932,32	1 048,86	–	828,64	932,22	–	728,–	819,–	–	630,08	708,84	–	535,36	602,28
	V	27 226	1 222,13	2 178,08	2 450,34	IV	21 592	446,84	1 656,88	1 863,99	342,12	1 586,48	1 784,79	237,28	1 516,–	1 705,50	132,44	1 445,52	1 626,21	27,60	1 375,04	1 546,92	–	1 304,64	1 467,72
	VI	27 661	1 273,89	2 212,88	2 489,49																				
86 183,99 Ost	I,IV	21 750	570,48	1 740,–	1 957,50	I	21 750	360,80	1 599,04	1 798,92	151,24	1 458,16	1 640,43	–	1 317,20	1 481,85	–	1 176,56	1 323,63	–	1 040,16	1 170,18	–	909,68	1 023,39
	II	20 948	475,04	1 675,84	1 885,32	II	20 948	265,48	1 534,96	1 726,83	55,81	1 394,–	1 568,25	–	1 253,12	1 409,76	–	1 113,76	1 252,98	–	980,08	1 102,59	–	852,24	958,77
	III	14 480	–	1 158,40	1 303,20	III	14 480	–	1 048,64	1 179,72	–	941,76	1 059,48	–	837,76	942,48	–	736,80	828,90	–	638,72	718,56	–	543,68	611,64
	V	27 384	1 240,93	2 190,72	2 464,56	IV	21 750	465,64	1 669,52	1 878,21	360,80	1 599,04	1 798,92	255,96	1 528,56	1 719,63	151,24	1 458,16	1 640,43	46,41	1 387,68	1 561,14	–	1 317,20	1 481,85
	VI	27 819	1 292,69	2 225,52	2 503,71																				
86 219,99 West	I,IV	21 607	553,46	1 728,56	1 944,63	I	21 607	343,91	1 587,68	1 786,14	134,23	1 446,72	1 627,56	–	1 305,84	1 469,07	–	1 165,28	1 310,94	–	1 029,36	1 158,03	–	899,36	1 011,78
	II	20 806	458,15	1 664,48	1 872,54	II	20 806	248,47	1 523,52	1 713,96	38,91	1 382,64	1 555,47	–	1 241,68	1 396,89	–	1 102,72	1 240,56	–	969,52	1 090,71	–	842,16	947,43
	III	14 368	–	1 149,44	1 293,12	III	14 368	–	1 039,84	1 169,82	–	933,28	1 049,94	–	829,60	933,30	–	728,80	819,90	–	631,04	709,92	–	536,16	603,18
	V	27 241	1 223,91	2 179,28	2 451,69	IV	21 607	448,74	1 658,16	1 865,43	343,91	1 587,68	1 786,14	239,07	1 517,20	1 706,85	134,23	1 446,72	1 627,56	29,51	1 376,32	1 548,36	–	1 305,84	1 469,07
	VI	27 676	1 275,68	2 214,08	2 490,84																				
86 219,99 Ost	I,IV	21 765	572,27	1 741,20	1 958,85	I	21 765	362,59	1 600,24	1 800,27	153,03	1 459,36	1 641,78	–	1 318,40	1 483,20	–	1 177,68	1 324,89	–	1 041,28	1 171,44	–	910,80	1 024,65
	II	20 963	476,83	1 677,04	1 886,67	II	20 963	267,27	1 536,16	1 728,18	57,59	1 395,20	1 569,60	–	1 254,32	1 411,11	–	1 114,96	1 254,33	–	981,20	1 103,85	–	853,36	960,03
	III	14 492	–	1 159,36	1 304,28	III	14 492	–	1 049,60	1 180,80	–	942,72	1 060,56	–	838,72	943,56	–	737,76	829,98	–	639,68	719,64	–	544,48	612,54
	V	27 399	1 242,71	2 191,92	2 465,91	IV	21 765	467,43	1 670,72	1 879,56	362,59	1 600,24	1 800,27	257,87	1 529,84	1 721,07	153,03	1 459,36	1 641,78	48,19	1 388,88	1 562,49	–	1 318,40	1 483,20
	VI	27 834	1 294,48	2 226,72	2 505,06																				
86 255,99 West	I,IV	21 622	555,25	1 729,76	1 945,98	I	21 622	345,69	1 588,88	1 787,49	136,01	1 447,92	1 628,91	–	1 307,04	1 470,42	–	1 166,48	1 312,29	–	1 030,56	1 159,38	–	900,48	1 013,04
	II	20 821	459,93	1 665,68	1 873,89	II	20 821	250,37	1 524,80	1 715,40	40,69	1 383,84	1 556,82	–	1 242,96	1 398,33	–	1 103,92	1 241,91	–	970,64	1 091,97	–	843,28	948,69
	III	14 380	–	1 150,40	1 294,20	III	14 380	–	1 040,80	1 170,90	–	934,08	1 050,84	–	830,40	934,20	–	729,60	820,80	–	631,84	710,82	–	536,96	604,08
	V	27 256	1 225,70	2 180,48	2 453,04	IV	21 622	450,53	1 659,36	1 866,78	345,69	1 588,88	1 787,49	240,85	1 518,40	1 708,20	136,01	1 447,92	1 628,91	31,29	1 377,52	1 549,71	–	1 307,04	1 470,42
	VI	27 691	1 277,46	2 215,28	2 492,19																				
86 255,99 Ost	I,IV	21 780	574,05	1 742,40	1 960,20	I	21 780	364,37	1 601,44	1 801,62	154,81	1 460,56	1 643,13	–	1 319,60	1 484,55	–	1 178,88	1 326,24	–	1 042,48	1 172,79	–	911,84	1 025,82
	II	20 979	478,73	1 678,32	1 888,11	II	20 979	269,05	1 537,36	1 729,53	59,50	1 396,48	1 571,04	–	1 255,52	1 412,46	–	1 116,08	1 255,59	–	982,32	1 105,11	–	854,40	961,20
	III	14 504	–	1 160,32	1 305,36	III	14 504	–	1 050,56	1 181,88	–	943,52	1 061,46	–	839,52	944,46	–	738,56	830,88	–	640,48	720,54	–	545,28	613,44
	V	27 414	1 244,50	2 193,12	2 467,26	IV	21 780	469,21	1 671,92	1 880,91	364,37	1 601,44	1 801,62	259,65	1 531,04	1 722,42	154,81	1 460,56	1 643,13	49,98	1 390,08	1 563,84	–	1 319,60	1 484,55
	VI	27 849	1 296,26	2 227,92	2 506,41																				

* Die ausgewiesenen Tabellenwerte sind amtlich. Siehe Erläuterungen auf der Umschlaginnenseite (U2).

JAHR 86 256,–*

Abzüge an Lohnsteuer, Solidaritätszuschlag (SolZ) und Kirchensteuer (8%, 9%) in den Steuerklassen

Lohn/ Gehalt bis €*	I – VI		ohne Kinderfreibeträge			I, II, III, IV		mit Zahl der Kinderfreibeträge . . . 0,5			1			1,5			2			2,5			3		
		LSt	SolZ	8%	9%		LSt	SolZ	8%	9%	SolZ	8%	9%	SolZ	8%	9%	SolZ	8%	9%	SolZ	8%	9%	SolZ	8%	9%
86 291,99 West	I,IV	21 638	557,15	1 731,04	1 947,42	I	21 638	347,48	1 590,08	1 788,84	137,92	1 449,20	1 630,35	–	1 308,24	1 471,77	–	1 167,68	1 313,64	–	1 031,68	1 160,64	–	901,60	1 014,30
	II	20 836	461,72	1 666,88	1 875,24	II	20 836	252,16	1 526,–	1 716,75	42,48	1 385,04	1 558,17	–	1 244,16	1 399,68	–	1 105,04	1 243,17	–	971,76	1 093,23	–	844,32	949,86
	III	14 392	–	1 151,36	1 295,28	III	14 392	–	1 041,76	1 171,98	–	935,04	1 051,92	–	831,36	935,28	–	730,56	821,88	–	632,64	711,72	–	537,76	604,98
	V	27 271	1 227,48	2 181,68	2 454,39	IV	21 638	452,31	1 660,56	1 868,13	347,48	1 590,08	1 788,84	242,64	1 519,60	1 709,55	137,92	1 449,20	1 630,35	33,08	1 378,72	1 551,06	–	1 308,24	1 471,77
	VI	27 707	1 279,36	2 216,56	2 493,63																				
86 291,99 Ost	I,IV	21 795	575,84	1 743,60	1 961,55	I	21 795	366,28	1 602,72	1 803,06	156,60	1 461,76	1 644,48	–	1 320,88	1 485,99	–	1 180,08	1 327,59	–	1 043,60	1 174,05	–	912,96	1 027,08
	II	20 994	480,52	1 679,52	1 889,46	II	20 994	270,84	1 538,56	1 730,88	61,28	1 397,68	1 572,39	–	1 256,72	1 413,81	–	1 117,28	1 256,94	–	983,44	1 106,37	–	855,44	962,37
	III	14 516	–	1 161,28	1 306,44	III	14 516	–	1 051,36	1 182,78	–	944,48	1 062,54	–	840,48	945,54	–	739,36	831,78	–	641,28	721,44	–	546,08	614,34
	V	27 429	1 246,28	2 194,32	2 468,61	IV	21 795	471,–	1 673,12	1 882,26	366,28	1 602,72	1 803,06	261,44	1 532,24	1 723,77	156,60	1 461,76	1 644,48	51,76	1 391,28	1 565,19	–	1 320,88	1 485,99
	VI	27 864	1 298,05	2 229,12	2 507,76																				
86 327,99 West	I,IV	21 653	558,94	1 732,24	1 948,77	I	21 653	349,26	1 591,28	1 790,19	139,70	1 450,40	1 631,70	–	1 309,44	1 473,12	–	1 168,88	1 314,99	–	1 032,80	1 161,90	–	902,64	1 015,47
	II	20 851	463,50	1 668,08	1 876,59	II	20 851	253,94	1 527,20	1 718,10	44,26	1 386,24	1 559,52	–	1 245,36	1 401,03	–	1 106,24	1 244,52	–	972,88	1 094,49	–	845,36	951,03
	III	14 404	–	1 152,32	1 296,36	III	14 404	–	1 042,72	1 173,06	–	936,–	1 053,–	–	832,16	936,18	–	731,36	822,78	–	633,44	712,62	–	538,56	605,88
	V	27 287	1 229,38	2 182,96	2 455,83	IV	21 653	454,10	1 661,76	1 869,48	349,26	1 591,28	1 790,19	244,42	1 520,80	1 710,90	139,70	1 450,40	1 631,70	34,86	1 379,92	1 552,41	–	1 309,44	1 473,12
	VI	27 722	1 281,15	2 217,76	2 494,98																				
86 327,99 Ost	I,IV	21 810	577,62	1 744,80	1 962,90	I	21 810	368,06	1 603,92	1 804,41	158,38	1 462,96	1 645,83	–	1 322,08	1 487,34	–	1 181,28	1 328,94	–	1 044,72	1 175,31	–	914,08	1 028,34
	II	21 009	482,30	1 680,72	1 890,81	II	21 009	272,62	1 539,76	1 732,23	63,07	1 398,88	1 573,74	–	1 257,92	1 415,16	–	1 118,48	1 258,29	–	984,56	1 107,63	–	856,56	963,63
	III	14 528	–	1 162,24	1 307,52	III	14 528	–	1 052,32	1 183,86	–	945,44	1 063,62	–	841,28	946,44	–	740,32	832,86	–	642,08	722,34	–	546,88	615,24
	V	27 444	1 248,07	2 195,52	2 469,96	IV	21 810	472,78	1 674,32	1 883,61	368,06	1 603,92	1 804,41	263,22	1 533,44	1 725,12	158,38	1 462,96	1 645,83	53,55	1 392,48	1 566,54	–	1 322,08	1 487,34
	VI	27 879	1 299,83	2 230,32	2 509,11																				
86 363,99 West	I,IV	21 668	560,72	1 733,44	1 950,12	I	21 668	351,05	1 592,48	1 791,54	141,49	1 451,60	1 633,05	–	1 310,64	1 474,47	–	1 170,08	1 316,34	–	1 034,–	1 163,25	–	903,76	1 016,73
	II	20 866	465,29	1 669,28	1 877,94	II	20 866	255,73	1 528,40	1 719,45	46,05	1 387,44	1 560,87	–	1 246,56	1 402,38	–	1 107,44	1 245,87	–	974,–	1 095,75	–	846,48	952,29
	III	14 416	–	1 153,28	1 297,44	III	14 416	–	1 043,52	1 173,96	–	936,80	1 053,90	–	833,12	937,26	–	732,16	823,68	–	634,24	713,52	–	539,36	606,78
	V	27 302	1 231,17	2 184,16	2 457,18	IV	21 668	455,88	1 662,96	1 870,83	351,05	1 592,48	1 791,54	246,33	1 522,08	1 712,34	141,49	1 451,60	1 633,05	36,65	1 381,12	1 553,76	–	1 310,64	1 474,47
	VI	27 737	1 282,93	2 218,96	2 496,33																				
86 363,99 Ost	I,IV	21 825	579,41	1 746,–	1 964,25	I	21 825	369,85	1 605,12	1 805,76	160,17	1 464,16	1 647,18	–	1 323,28	1 488,69	–	1 182,48	1 330,29	–	1 045,92	1 176,66	–	915,12	1 029,51
	II	21 024	484,09	1 681,92	1 892,16	II	21 024	274,41	1 540,96	1 733,58	64,85	1 400,08	1 575,09	–	1 259,12	1 416,51	–	1 119,60	1 259,55	–	985,68	1 108,89	–	857,60	964,80
	III	14 540	–	1 163,20	1 308,60	III	14 540	–	1 053,28	1 184,94	–	946,24	1 064,52	–	842,24	947,52	–	741,12	833,76	–	642,88	723,24	–	547,68	616,14
	V	27 459	1 249,85	2 196,72	2 471,31	IV	21 825	474,69	1 675,60	1 885,05	369,85	1 605,12	1 805,76	265,01	1 534,64	1 726,47	160,17	1 464,16	1 647,18	55,45	1 393,76	1 567,98	–	1 323,28	1 488,69
	VI	27 894	1 301,62	2 231,52	2 510,46																				
86 399,99 West	I,IV	21 683	562,51	1 734,64	1 951,47	I	21 683	352,83	1 593,68	1 792,89	143,27	1 452,80	1 634,40	–	1 311,84	1 475,82	–	1 171,28	1 317,69	–	1 035,12	1 164,51	–	904,88	1 017,99
	II	20 882	467,19	1 670,56	1 879,38	II	20 882	257,51	1 529,60	1 720,80	47,95	1 388,72	1 562,31	–	1 247,76	1 403,73	–	1 108,56	1 247,13	–	975,12	1 097,01	–	847,52	953,46
	III	14 428	–	1 154,24	1 298,52	III	14 428	–	1 044,48	1 175,04	–	937,76	1 054,98	–	833,92	938,16	–	733,12	824,76	–	635,04	714,42	–	540,16	607,68
	V	27 317	1 232,95	2 185,36	2 458,53	IV	21 683	457,67	1 664,16	1 872,18	352,83	1 593,68	1 792,89	248,11	1 523,28	1 713,69	143,27	1 452,80	1 634,40	38,43	1 382,32	1 555,11	–	1 311,84	1 475,82
	VI	27 752	1 284,72	2 220,16	2 497,68																				
86 399,99 Ost	I,IV	21 840	581,19	1 747,20	1 965,60	I	21 840	371,63	1 606,32	1 807,11	161,95	1 465,36	1 648,53	–	1 324,48	1 490,04	–	1 183,68	1 331,64	–	1 047,04	1 177,92	–	916,24	1 030,77
	II	21 039	485,87	1 683,12	1 893,51	II	21 039	276,31	1 542,24	1 735,02	66,64	1 401,28	1 576,44	–	1 260,40	1 417,95	–	1 120,80	1 260,90	–	986,80	1 110,15	–	858,72	966,06
	III	14 552	–	1 164,16	1 309,68	III	14 552	–	1 054,24	1 186,02	–	947,20	1 065,60	–	843,04	948,42	–	741,92	834,66	–	643,84	724,32	–	548,48	617,04
	V	27 474	1 251,64	2 197,92	2 472,66	IV	21 840	476,47	1 676,80	1 886,40	371,63	1 606,32	1 807,11	266,79	1 535,84	1 727,82	161,95	1 465,36	1 648,53	57,23	1 394,96	1 569,33	–	1 324,48	1 490,04
	VI	27 909	1 303,40	2 232,72	2 511,81																				
86 435,99 West	I,IV	21 698	564,29	1 735,84	1 952,82	I	21 698	354,73	1 594,96	1 794,33	145,06	1 454,–	1 635,75	–	1 313,12	1 477,26	–	1 172,48	1 319,04	–	1 036,24	1 165,77	–	905,92	1 019,16
	II	20 897	468,97	1 671,76	1 880,73	II	20 897	259,30	1 530,80	1 722,15	49,74	1 389,92	1 563,66	–	1 248,96	1 405,08	–	1 109,76	1 248,48	–	976,24	1 098,27	–	848,56	954,63
	III	14 440	–	1 155,20	1 299,60	III	14 440	–	1 045,44	1 176,12	–	938,72	1 056,06	–	834,88	939,24	–	733,92	825,66	–	636,–	715,50	–	540,96	608,58
	V	27 332	1 234,74	2 186,56	2 459,88	IV	21 698	459,45	1 665,36	1 873,53	354,73	1 594,96	1 794,33	249,90	1 524,48	1 715,04	145,06	1 454,–	1 635,75	40,22	1 383,52	1 556,46	–	1 313,12	1 477,26
	VI	27 767	1 286,50	2 221,36	2 499,03																				
86 435,99 Ost	I,IV	21 856	583,10	1 748,48	1 967,04	I	21 856	373,42	1 607,52	1 808,46	163,86	1 466,64	1 649,97	–	1 325,68	1 491,39	–	1 184,88	1 332,99	–	1 048,16	1 179,18	–	917,36	1 032,03
	II	21 054	487,66	1 684,32	1 894,86	II	21 054	278,10	1 543,44	1 736,37	68,42	1 402,48	1 577,79	–	1 261,60	1 419,30	–	1 122,–	1 262,25	–	987,92	1 111,41	–	859,76	967,23
	III	14 564	–	1 165,12	1 310,76	III	14 564	–	1 055,20	1 187,10	–	948,16	1 066,68	–	844,–	949,50	–	742,88	835,74	–	644,64	725,22	–	549,28	617,94
	V	27 489	1 253,42	2 199,12	2 474,01	IV	21 856	478,26	1 678,–	1 887,75	373,42	1 607,52	1 808,46	268,58	1 537,04	1 729,17	163,86	1 466,64	1 649,97	59,02	1 396,16	1 570,68	–	1 325,68	1 491,39
	VI	27 924	1 305,19	2 233,92	2 513,16																				
86 471,99 West	I,IV	21 713	566,08	1 737,04	1 954,17	I	21 713	356,52	1 596,16	1 795,68	146,84	1 455,20	1 637,10	–	1 314,32	1 478,61	–	1 173,60	1 320,30	–	1 037,36	1 167,03	–	907,04	1 020,42
	II	20 912	470,76	1 672,96	1 882,08	II	20 912	261,08	1 532,–	1 723,50	51,52	1 391,12	1 565,01	–	1 250,16	1 406,43	–	1 110,96	1 249,83	–	977,36	1 099,53	–	849,68	955,89
	III	14 452	–	1 156,16	1 300,68	III	14 452	–	1 046,40	1 177,20	–	939,52	1 056,96	–	835,68	940,14	–	734,72	826,56	–	636,80	716,40	–	541,76	609,48
	V	27 347	1 236,52	2 187,76	2 461,23	IV	21 713	461,24	1 666,56	1 874,88	356,52	1 596,16	1 795,68	251,68	1 525,68	1 716,39	146,84	1 455,20	1 637,10	42,–	1 384,72	1 557,81	–	1 314,32	1 478,61
	VI	27 782	1 288,29	2 222,56	2 500,38																				
86 471,99 Ost	I,IV	21 871	584,88	1 749,68	1 968,39	I	21 871	375,20	1 608,72	1 809,81	165,64	1 467,84	1 651,32	–	1 326,88	1 492,74	–	1 186,08	1 334,34	–	1 049,36	1 180,53	–	918,48	1 033,29
	II	21 069	489,44	1 685,52	1 896,21	II	21 069	279,88	1 544,64	1 737,72	70,21	1 403,68	1 579,14	–	1 262,80	1 420,65	–	1 123,12	1 263,51	–	989,04	1 112,67	–	860,88	968,49
	III	14 576	–	1 166,08	1 311,84	III	14 576	–	1 056,16	1 188,18	–	948,96	1 067,58	–	844,96	950,58	–	743,68	836,64	–	645,44	726,12	–	550,08	618,84
	V	27 504	1 255,21	2 200,32	2 475,36	IV	21 871	480,04	1 679,20	1 889,10	375,20	1 608,72	1 809,81	270,36	1 538,24	1 730,52	165,64	1 467,84	1 651,32	60,80	1 397,36	1 572,03	–	1 326,88	1 492,74
	VI	27 940	1 307,09	2 235,20	2 514,60																				
86 507,99 West	I,IV	21 728	567,86	1 738,24	1 955,52	I	21 728	358,30	1 597,36	1 797,03	148,63	1 456,40	1 638,45	–	1 315,52	1 479,96	–	1 174,80	1 321,65	–	1 038,56	1 168,38	–	908,16	1 021,68
	II	20 927	472,54	1 674,16	1 883,43	II	20 927	262,87	1 533,20	1 724,85	53,31	1 392,32	1 566,36	–	1 251,36	1 407,78	–	1 112,08	1 251,09	–	978,48	1 100,79	–	850,72	957,06
	III	14 464	–	1 157,12	1 301,76	III	14 464	–	1 047,36	1 178,28	–	940,48	1 058,04	–	836,64	941,22	–	735,68	827,64	–	637,60	717,30	–	542,56	610,38
	V	27 362	1 238,31	2 188,96	2 462,58	IV	21 728	463,14	1 667,84	1 876,32	358,30	1 597,36	1 797,03	253,47	1 526,88	1 717,74	148,63	1 456,40	1 638,45	43,91	1 386,–	1 559,25	–	1 315,52	1 479,96
	VI	27 797	1 290,07	2 223,76	2 501,73																				
86 507,99 Ost	I,IV	21 886	586,67	1 750,88	1 969,74	I	21 886	376,99	1 609,92	1 811,16	167,43	1 469,04	1 652,67	–	1 328,08	1 494,09	–	1 187,28	1 335,69	–	1 050,48	1 181,79	–	919,52	1 034,46
	II	21 084	491,23	1 686,72	1 897,56	II	21 084	281,67	1 545,84	1 739,07	71,99	1 404,88	1 580,49	–	1 264,–	1 422,–	–	1 124,32	1 264,86	–	990,16	1 113,93	–	861,92	969,66
	III	14 588	–	1 167,04	1 312,92	III	14 588	–	1 056,96	1 189,08	–	949,92	1 068,66	–	845,76	951,48	–	744,48	837,54	–	646,24	727,02	–	550,88	619,74
	V	27 520	1 257,11	2 201,60	2 476,80	IV	21 886	481,83	1 680,40	1 890,45	376,99	1 609,92	1 811,16	272,27	1 539,52	1 731,96	167,43	1 469,04	1 652,67	62,59	1 398,56	1 573,38	–	1 328,08	1 494,09
	VI	27 955	1 308,88	2 236,40	2 515,95																				
86 543,99 West	I,IV	21 743	569,65	1 739,44	1 956,87	I	21 743	360,09	1 598,56	1 798,38	150,41	1 457,60	1 639,80	–	1 316,72	1 481,31	–	1 176,–	1 323,–	–	1 039,68	1 169,64	–	909,20	1 022,85
	II	20 942	474,33	1 675,36	1 884,78	II	20 942	264,77	1 534,48	1 726,29	55,09	1 393,52	1 567,71	–	1 252,64	1 409,22	–	1 113,28	1 252,44	–	979,60	1 102,05	–	851,84	958,32
	III	14 476	–	1 158,08	1 302,84	III	14 476	–	1 048,16	1 179,18	–	941,44	1 059,12	–	837,44	942,12	–	736,48	828,54	–	638,40	718,20	–	543,36	611,28
	V	27 377	1 240,09	2 190,16	2 463,93	IV	21 743	464,93	1 669,04	1 877,67	360,09	1 598,56	1 798,38	255,25	1 528,08	1 719,09	150,41	1 457,60	1 639,80	45,69	1 387,20	1 560,60	–	1 316,72	1 481,31
	VI	27 812	1 291,86	2 224,96	2 503,08																				
86 543,99 Ost	I,IV	21 901	588,45	1 752,08	1 971,09	I	21 901	378,77	1 611,12	1 812,51	169,21	1 470,24	1 654,02	–	1 329,28	1 495,44	–	1 188,48	1 337,04	–	1 051,60	1 183,05	–	920,64	1 035,72
	II	21 100	493,13	1 688,–	1 899,–	II	21 100	283,45	1 547,04	1 740,42	73,89	1 406,16	1 581,93	–	1 265,20	1 423,35	–	1 125,52	1 266,21	–	991,28	1 115,19	–	862,96	970,83
	III	14 600	–	1 168,–	1 314,–	III	14 600	–	1 057,92	1 190,16	–	950,88	1 069,74	–	846,72	952,56	–	745,44	838,62	–	647,04	727,92	–	551,68	620,64
	V	27 535	1 258,90	2 202,80	2 478,15	IV	21 901	483,61	1 681,60	1 891,80	378,77	1 611,12	1 812,51	274,05	1 540,72	1 733,31	169,21	1 470,24	1 654,02	64,37	1 399,76	1 574,73	–	1 329,28	1 495,44
	VI	27 970	1 310,66	2 237,60	2 517,30																				

* Die ausgewiesenen Tabellenwerte sind amtlich. Siehe Erläuterungen auf der Umschlaginnenseite (U2).

Abzüge an Lohnsteuer, Solidaritätszuschlag (SolZ) und Kirchensteuer (8%, 9%) in den Steuerklassen

Lohn/ Gehalt bis €*	I – VI		ohne Kinderfreibeträge			I, II, III, IV		mit Zahl der Kinderfreibeträge . . . 0,5			1			1,5			2			2,5			3		
		LSt	SolZ	8%	9%		LSt	SolZ	8%	9%	SolZ	8%	9%	SolZ	8%	9%	SolZ	8%	9%	SolZ	8%	9%	SolZ	8%	9%
86 579,99	I,IV	21 758	571,43	1 740,64	1 958,22	I	21 758	361,87	1 599,76	1 799,73	152,32	1 458,88	1 641,24	–	1 317,92	1 482,66	–	1 177,20	1 324,35	–	1 040,80	1 170,90	–	910,32	1 024,11
West	II	20 957	476,11	1 676,56	1 886,13	II	20 957	266,56	1 535,68	1 727,64	56,88	1 394,72	1 569,06	–	1 253,84	1 410,57	–	1 114,48	1 253,79	–	980,72	1 103,31	–	852,88	959,49
	III	14 488	–	1 159,04	1 303,92	III	14 488	–	1 049,12	1 180,26	–	942,24	1 060,02	–	838,40	943,20	–	737,28	829,44	–	639,20	719,10	–	544,16	612,18
	V	27 392	1 241,88	2 191,36	2 465,28	IV	21 758	466,71	1 670,24	1 879,02	361,87	1 599,76	1 799,73	257,04	1 529,28	1 720,44	152,32	1 458,88	1 641,24	47,48	1 388,40	1 561,95	–	1 317,92	1 482,66
	VI	27 827	1 293,64	2 226,16	2 504,43																				
86 579,99	I,IV	21 916	590,24	1 753,28	1 972,44	I	21 916	380,68	1 612,40	1 813,95	171,–	1 471,44	1 655,37	–	1 330,56	1 496,88	–	1 189,68	1 338,39	–	1 052,80	1 184,40	–	921,76	1 036,98
Ost	II	21 115	494,92	1 689,20	1 900,35	II	21 115	285,24	1 548,24	1 741,77	75,68	1 407,36	1 583,28	–	1 266,40	1 424,70	–	1 126,72	1 267,56	–	992,48	1 116,54	–	864,08	972,09
	III	14 612	–	1 168,96	1 315,08	III	14 612	–	1 058,88	1 191,24	–	951,68	1 070,64	–	847,52	953,46	–	746,24	839,52	–	648,–	729,–	–	552,48	621,54
	V	27 550	1 260,68	2 204,–	2 479,50	IV	21 916	485,40	1 682,80	1 893,15	380,68	1 612,40	1 813,95	275,84	1 541,92	1 734,66	171,–	1 471,44	1 655,37	66,16	1 400,96	1 576,08	–	1 330,56	1 496,88
	VI	27 985	1 312,45	2 238,80	2 518,65																				
86 615,99	I,IV	21 774	573,34	1 741,92	1 959,66	I	21 774	363,66	1 600,96	1 801,08	154,10	1 460,08	1 642,59	–	1 319,12	1 484,01	–	1 178,40	1 325,70	–	1 042,–	1 172,25	–	911,44	1 025,37
West	II	20 972	477,90	1 677,76	1 887,48	II	20 972	268,34	1 536,88	1 728,99	58,66	1 395,92	1 570,41	–	1 255,04	1 411,92	–	1 115,60	1 255,05	–	981,84	1 104,57	–	853,92	960,66
	III	14 500	–	1 160,–	1 305,–	III	14 500	–	1 050,08	1 181,34	–	943,20	1 061,10	–	839,20	944,10	–	738,24	830,52	–	640,–	720,–	–	544,96	613,08
	V	27 407	1 243,66	2 192,56	2 466,63	IV	21 774	468,50	1 671,44	1 880,37	363,66	1 600,96	1 801,08	258,82	1 530,48	1 721,79	154,10	1 460,08	1 642,59	49,26	1 389,60	1 563,30	–	1 319,12	1 484,01
	VI	27 843	1 295,55	2 227,44	2 505,87																				
86 615,99	I,IV	21 931	592,02	1 754,48	1 973,79	I	21 931	382,46	1 613,60	1 815,30	172,78	1 472,64	1 656,72	–	1 331,76	1 498,23	–	1 190,88	1 339,74	–	1 053,92	1 185,66	–	922,88	1 038,24
Ost	II	21 130	496,70	1 690,40	1 901,70	II	21 130	287,02	1 549,44	1 743,12	77,46	1 408,56	1 584,63	–	1 267,60	1 426,05	–	1 127,84	1 268,82	–	993,60	1 117,80	–	865,12	973,26
	III	14 624	–	1 169,92	1 316,16	III	14 624	–	1 059,84	1 192,32	–	952,64	1 071,72	–	848,48	954,54	–	747,04	840,42	–	648,80	729,90	–	553,28	622,44
	V	27 565	1 262,47	2 205,20	2 480,85	IV	21 931	487,18	1 684,–	1 894,50	382,46	1 613,60	1 815,30	277,62	1 543,12	1 736,01	172,78	1 472,64	1 656,72	67,94	1 402,16	1 577,43	–	1 331,76	1 498,23
	VI	28 000	1 314,23	2 240,–	2 520,–																				
86 651,99	I,IV	21 789	575,12	1 743,12	1 961,01	I	21 789	365,44	1 602,16	1 802,43	155,89	1 461,28	1 643,94	–	1 320,32	1 485,36	–	1 179,60	1 327,05	–	1 043,12	1 173,51	–	912,48	1 026,54
West	II	20 987	479,68	1 678,96	1 888,83	II	20 987	270,13	1 538,08	1 730,34	60,45	1 397,12	1 571,76	–	1 256,24	1 413,27	–	1 116,80	1 256,40	–	982,96	1 105,83	–	855,04	961,92
	III	14 512	–	1 160,96	1 306,08	III	14 512	–	1 051,04	1 182,42	–	944,16	1 062,18	–	840,16	945,18	–	739,04	831,42	–	640,96	721,08	–	545,76	613,98
	V	27 423	1 245,57	2 193,84	2 468,07	IV	21 789	470,28	1 672,64	1 881,72	365,44	1 602,16	1 802,43	260,72	1 531,76	1 723,23	155,89	1 461,28	1 643,94	51,05	1 390,80	1 564,65	–	1 320,32	1 485,36
	VI	27 858	1 297,33	2 228,64	2 507,22																				
86 651,99	I,IV	21 946	593,81	1 755,68	1 975,14	I	21 946	384,25	1 614,80	1 816,65	174,57	1 473,84	1 658,07	–	1 332,96	1 499,58	–	1 192,08	1 341,09	–	1 055,12	1 187,01	–	923,92	1 039,41
Ost	II	21 145	498,49	1 691,60	1 903,05	II	21 145	288,81	1 550,64	1 744,47	79,25	1 409,76	1 585,98	–	1 268,80	1 427,40	–	1 129,04	1 270,17	–	994,72	1 119,06	–	866,24	974,52
	III	14 636	–	1 170,88	1 317,24	III	14 636	–	1 060,80	1 193,40	–	953,60	1 072,80	–	849,28	955,44	–	748,–	841,50	–	649,60	730,80	–	554,08	623,34
	V	27 580	1 264,25	2 206,40	2 482,20	IV	21 946	488,97	1 685,20	1 895,85	384,25	1 614,80	1 816,65	279,41	1 544,32	1 737,36	174,57	1 473,84	1 658,07	69,85	1 403,44	1 578,87	–	1 332,96	1 499,58
	VI	28 015	1 316,02	2 241,20	2 521,35																				
86 687,99	I,IV	21 804	576,91	1 744,32	1 962,36	I	21 804	367,23	1 603,36	1 803,78	157,67	1 462,48	1 645,29	–	1 321,52	1 486,71	–	1 180,80	1 328,40	–	1 044,24	1 174,77	–	913,60	1 027,80
West	II	21 002	481,47	1 680,16	1 890,18	II	21 002	271,91	1 539,28	1 731,69	62,35	1 398,40	1 573,20	–	1 257,44	1 414,62	–	1 118,–	1 257,75	–	984,08	1 107,09	–	856,08	963,09
	III	14 524	–	1 161,92	1 307,16	III	14 524	–	1 052,–	1 183,50	–	944,96	1 063,08	–	840,96	946,08	–	739,84	832,32	–	641,76	721,98	–	546,56	614,88
	V	27 438	1 247,35	2 195,04	2 469,42	IV	21 804	472,07	1 673,84	1 883,07	367,23	1 603,36	1 803,78	262,51	1 532,96	1 724,58	157,67	1 462,48	1 645,29	52,83	1 392,–	1 566,–	–	1 321,52	1 486,71
	VI	27 873	1 299,12	2 229,84	2 508,57																				
86 687,99	I,IV	21 961	595,59	1 756,88	1 976,49	I	21 961	386,03	1 616,–	1 818,–	176,35	1 475,04	1 659,42	–	1 334,16	1 500,93	–	1 193,28	1 342,44	–	1 056,24	1 188,27	–	925,04	1 040,67
Ost	II	21 160	500,27	1 692,80	1 904,40	II	21 160	290,71	1 551,92	1 745,91	81,03	1 410,96	1 587,33	–	1 270,08	1 428,84	–	1 130,24	1 271,52	–	995,84	1 120,32	–	867,28	975,69
	III	14 648	–	1 171,84	1 318,32	III	14 648	–	1 061,76	1 194,48	–	954,40	1 073,70	–	850,24	956,52	–	748,80	842,40	–	650,40	731,70	–	554,88	624,24
	V	27 595	1 266,04	2 207,60	2 483,55	IV	21 961	490,87	1 686,48	1 897,29	386,03	1 616,–	1 818,–	281,19	1 545,52	1 738,71	176,35	1 475,04	1 659,42	71,63	1 404,64	1 580,22	–	1 334,16	1 500,93
	VI	28 030	1 317,80	2 242,40	2 522,70																				
86 723,99	I,IV	21 819	578,69	1 745,52	1 963,71	I	21 819	369,01	1 604,56	1 805,13	159,46	1 463,68	1 646,64	–	1 322,80	1 488,15	–	1 182,–	1 329,75	–	1 045,44	1 176,12	–	914,72	1 029,06
West	II	21 018	483,37	1 681,44	1 891,62	II	21 018	273,70	1 540,48	1 733,04	64,14	1 399,60	1 574,55	–	1 258,64	1 415,97	–	1 119,12	1 259,01	–	985,20	1 108,35	–	857,20	964,35
	III	14 536	–	1 162,88	1 308,24	III	14 536	–	1 052,96	1 184,58	–	945,92	1 064,16	–	841,92	947,16	–	740,80	833,40	–	642,56	722,88	–	547,36	615,78
	V	27 453	1 249,14	2 196,24	2 470,77	IV	21 819	473,85	1 675,04	1 884,42	369,01	1 604,56	1 805,13	264,29	1 534,16	1 725,93	159,46	1 463,68	1 646,64	54,62	1 393,20	1 567,35	–	1 322,80	1 488,15
	VI	27 888	1 300,90	2 231,04	2 509,92																				
86 723,99	I,IV	21 976	597,38	1 758,08	1 977,84	I	21 976	387,82	1 617,20	1 819,35	178,26	1 476,32	1 660,86	–	1 335,36	1 502,28	–	1 194,48	1 343,79	–	1 057,36	1 189,53	–	926,16	1 041,93
Ost	II	21 175	502,06	1 694,–	1 905,75	II	21 175	292,50	1 553,12	1 747,26	82,82	1 412,16	1 588,68	–	1 271,28	1 430,19	–	1 131,36	1 272,78	–	996,96	1 121,58	–	868,40	976,95
	III	14 660	–	1 172,80	1 319,40	III	14 660	–	1 062,56	1 195,38	–	955,36	1 074,78	–	851,04	957,42	–	749,76	843,48	–	651,20	732,60	–	555,68	625,14
	V	27 610	1 267,82	2 208,80	2 484,90	IV	21 976	492,66	1 687,68	1 898,64	387,82	1 617,20	1 819,35	282,98	1 546,72	1 740,06	178,26	1 476,32	1 660,86	73,42	1 405,84	1 581,57	–	1 335,36	1 502,28
	VI	28 045	1 319,59	2 243,60	2 524,05																				
86 759,99	I,IV	21 834	580,48	1 746,72	1 965,06	I	21 834	370,92	1 605,84	1 806,57	161,24	1 464,88	1 647,99	–	1 324,–	1 489,50	–	1 183,20	1 331,10	–	1 046,56	1 177,38	–	915,76	1 030,23
West	II	21 033	485,16	1 682,64	1 892,97	II	21 033	275,48	1 541,68	1 734,39	65,92	1 400,80	1 575,90	–	1 259,84	1 417,32	–	1 120,32	1 260,36	–	986,32	1 109,61	–	858,24	965,52
	III	14 548	–	1 163,84	1 309,32	III	14 548	–	1 053,76	1 185,48	–	946,88	1 065,24	–	842,72	948,06	–	741,60	834,30	–	643,36	723,78	–	548,16	616,68
	V	27 468	1 250,92	2 197,44	2 472,12	IV	21 834	475,64	1 676,24	1 885,77	370,92	1 605,84	1 806,57	266,08	1 535,36	1 727,28	161,24	1 464,88	1 647,99	56,40	1 394,40	1 568,70	–	1 324,–	1 489,50
	VI	27 903	1 302,69	2 232,24	2 511,27																				
86 759,99	I,IV	21 992	599,28	1 759,36	1 979,28	I	21 992	389,60	1 618,40	1 820,70	180,04	1 477,52	1 662,21	–	1 336,56	1 503,63	–	1 195,68	1 345,14	–	1 058,56	1 190,88	–	927,28	1 043,19
Ost	II	21 190	503,84	1 695,20	1 907,10	II	21 190	294,28	1 554,32	1 748,61	84,60	1 413,36	1 590,03	–	1 272,48	1 431,54	–	1 132,56	1 274,13	–	998,08	1 122,84	–	869,44	978,12
	III	14 672	–	1 173,76	1 320,48	III	14 672	–	1 063,52	1 196,46	–	956,32	1 075,86	–	852,–	958,50	–	750,56	844,38	–	652,16	733,68	–	556,64	626,22
	V	27 625	1 269,61	2 210,–	2 486,25	IV	21 992	494,44	1 688,88	1 899,99	389,60	1 618,40	1 820,70	284,76	1 547,92	1 741,41	180,04	1 477,52	1 662,21	75,20	1 407,04	1 582,92	–	1 336,56	1 503,63
	VI	28 061	1 321,49	2 244,88	2 525,49																				
86 795,99	I,IV	21 849	582,26	1 747,92	1 966,41	I	21 849	372,70	1 607,04	1 807,92	163,03	1 466,08	1 649,34	–	1 325,20	1 490,85	–	1 184,40	1 332,45	–	1 047,68	1 178,64	–	916,88	1 031,49
West	II	21 048	486,94	1 683,84	1 894,32	II	21 048	277,27	1 542,88	1 735,74	67,71	1 402,–	1 577,25	–	1 261,04	1 418,67	–	1 121,52	1 261,71	–	987,44	1 110,87	–	859,36	966,78
	III	14 558	–	1 164,64	1 310,22	III	14 558	–	1 054,72	1 186,56	–	947,68	1 066,14	–	843,68	949,14	–	742,40	835,20	–	644,16	724,68	–	548,96	617,58
	V	27 483	1 252,71	2 198,64	2 473,47	IV	21 849	477,42	1 677,44	1 887,12	372,70	1 607,04	1 807,92	267,86	1 536,56	1 728,63	163,03	1 466,08	1 649,34	58,31	1 395,68	1 570,14	–	1 325,20	1 490,85
	VI	27 918	1 304,47	2 233,44	2 512,62																				
86 795,99	I,IV	22 007	601,06	1 760,56	1 980,63	I	22 007	391,39	1 619,60	1 822,05	181,83	1 478,72	1 663,56	–	1 337,76	1 504,98	–	1 196,88	1 346,49	–	1 059,68	1 192,14	–	928,32	1 044,36
Ost	II	21 205	505,63	1 696,40	1 908,45	II	21 205	296,07	1 555,52	1 749,96	86,39	1 414,56	1 591,38	–	1 273,68	1 432,89	–	1 133,76	1 275,48	–	999,20	1 124,10	–	870,56	979,38
	III	14 684	–	1 174,72	1 321,56	III	14 684	–	1 064,48	1 197,54	–	957,12	1 076,76	–	852,80	959,40	–	751,36	845,28	–	652,96	734,58	–	557,44	627,12
	V	27 641	1 271,51	2 211,28	2 487,69	IV	22 007	496,23	1 690,08	1 901,34	391,39	1 619,60	1 822,05	286,55	1 549,12	1 742,76	181,83	1 478,72	1 663,56	76,99	1 408,24	1 584,27	–	1 337,76	1 504,98
	VI	28 076	1 323,28	2 246,08	2 526,84																				
86 831,99	I,IV	21 864	584,05	1 749,12	1 967,76	I	21 864	374,49	1 608,24	1 809,27	164,81	1 467,28	1 650,69	–	1 326,40	1 492,20	–	1 185,60	1 333,80	–	1 048,88	1 179,99	–	918,–	1 032,75
West	II	21 063	488,73	1 685,04	1 895,67	II	21 063	279,05	1 544,08	1 737,09	69,49	1 403,20	1 578,60	–	1 262,32	1 420,11	–	1 122,64	1 262,97	–	988,56	1 112,13	–	860,40	967,95
	III	14 570	–	1 165,60	1 311,30	III	14 570	–	1 055,68	1 187,64	–	948,64	1 067,22	–	844,48	950,04	–	743,36	836,28	–	645,12	725,76	–	549,76	618,48
	V	27 498	1 254,49	2 199,84	2 474,82	IV	21 864	479,33	1 678,72	1 888,56	374,49	1 608,24	1 809,27	269,65	1 537,76	1 729,98	164,81	1 467,28	1 650,69	60,09	1 396,88	1 571,49	–	1 326,40	1 492,20
	VI	27 933	1 306,26	2 234,64	2 513,97																				
86 831,99	I,IV	22 022	602,85	1 761,76	1 981,98	I	22 022	393,17	1 620,80	1 823,40	183,61	1 479,92	1 664,91	–	1 338,96	1 506,33	–	1 198,08	1 347,84	–	1 060,88	1 193,49	–	929,44	1 045,62
Ost	II	21 220	507,41	1 697,60	1 909,80	II	21 220	297,85	1 556,72	1 751,31	88,29	1 415,84	1 592,82	–	1 274,88	1 434,24	–	1 134,96	1 276,83	–	1 000,32	1 125,36	–	871,60	980,55
	III	14 696	–	1 175,68	1 322,64	III	14 696	–	1 065,44	1 198,62	–	958,08	1 077,84	–	853,76	960,48	–	752,32	846,36	–	653,76	735,48	–	558,24	628,02
	V	27 656	1 273,30	2 212,48	2 489,04	IV	22 022	498,01	1 691,28	1 902,69	393,17	1 620,80	1 823,40	288,45	1 550,40	1 744,20	183,61	1 479,92	1 664,91	78,77	1 409,44	1 585,62	–	1 338,96	1 506,33
	VI	28 091	1 325,06	2 247,28	2 528,19																				

* Die ausgewiesenen Tabellenwerte sind amtlich. Siehe Erläuterungen auf der Umschlaginnenseite (U2).

JAHR 86 832,–*

Abzüge an Lohnsteuer, Solidaritätszuschlag (SolZ) und Kirchensteuer (8%, 9%) in den Steuerklassen

Lohn/Gehalt bis €*	I – VI					I, II, III, IV		mit Zahl der Kinderfreibeträge . . . 0,5			1			1,5			2			2,5			3		
		LSt	ohne Kinderfreibeträge SolZ	8%	9%		LSt	SolZ	8%	9%	SolZ	8%	9%	SolZ	8%	9%	SolZ	8%	9%	SolZ	8%	9%	SolZ	8%	9%
86 867,99 West	I,IV	21 879	585,83	1 750,32	1 969,11	I	21 879	376,27	1 609,44	1 810,62	166,60	1 468,48	1 652,04	–	1 327,60	1 493,55	–	1 186,80	1 335,15	–	1 050,–	1 181,25	–	919,12	1 034,01
	II	21 078	490,51	1 686,24	1 897,02	II	21 078	280,95	1 545,36	1 738,53	71,28	1 404,40	1 579,95	–	1 263,52	1 421,46	–	1 123,84	1 264,32	–	989,68	1 113,39	–	861,44	969,12
	III	14 582	–	1 166,56	1 312,38	III	14 582	–	1 056,64	1 188,72	–	949,44	1 068,12	–	845,44	951,12	–	744,16	837,18	–	645,92	726,66	–	550,56	619,38
	V	27 513	1 256,28	2 201,04	2 476,17	IV	21 879	481,11	1 679,92	1 889,91	376,27	1 609,44	1 810,62	271,43	1 538,96	1 731,33	166,60	1 468,48	1 652,04	61,88	1 398,08	1 572,84	–	1 327,60	1 493,55
	VI	27 948	1 308,04	2 235,84	2 515,32																				
86 867,99 Ost	I,IV	22 037	604,63	1 762,96	1 983,33	I	22 037	394,96	1 622,–	1 824,75	185,40	1 481,12	1 666,26	–	1 340,24	1 507,77	–	1 199,36	1 349,28	–	1 062,–	1 194,75	–	930,56	1 046,88
	II	21 236	509,32	1 698,88	1 911,24	II	21 236	299,64	1 557,92	1 752,66	90,08	1 417,04	1 594,17	–	1 276,08	1 435,59	–	1 136,08	1 278,09	–	1 001,44	1 126,62	–	872,72	981,81
	III	14 708	–	1 176,64	1 323,72	III	14 708	–	1 066,40	1 199,70	–	959,04	1 078,92	–	854,56	961,38	–	753,12	847,26	–	654,56	736,38	–	559,04	628,92
	V	27 671	1 275,08	2 213,68	2 490,39	IV	22 037	499,80	1 692,48	1 904,04	394,96	1 622,–	1 824,75	290,24	1 551,60	1 745,55	185,40	1 481,12	1 666,26	80,56	1 410,64	1 586,97	–	1 340,24	1 507,77
	VI	28 106	1 326,85	2 248,48	2 529,54																				
86 903,99 West	I,IV	21 895	587,74	1 751,60	1 970,55	I	21 895	378,06	1 610,64	1 811,97	168,50	1 469,76	1 653,48	–	1 328,80	1 494,90	–	1 188,–	1 336,50	–	1 051,12	1 182,51	–	920,16	1 035,18
	II	21 093	492,30	1 687,44	1 898,37	II	21 093	282,74	1 546,56	1 739,88	73,06	1 405,60	1 581,30	–	1 264,72	1 422,81	–	1 125,04	1 265,67	–	990,88	1 114,74	–	862,56	970,38
	III	14 594	–	1 167,52	1 313,46	III	14 594	–	1 057,60	1 189,80	–	950,40	1 069,20	–	846,24	952,02	–	744,96	838,08	–	646,72	727,56	–	551,36	620,28
	V	27 528	1 258,06	2 202,24	2 477,52	IV	21 895	482,90	1 681,12	1 891,26	378,06	1 610,64	1 811,97	273,22	1 540,16	1 732,68	168,50	1 469,76	1 653,48	63,66	1 399,28	1 574,19	–	1 328,80	1 494,90
	VI	27 964	1 309,95	2 237,12	2 516,76																				
86 903,99 Ost	I,IV	22 052	606,42	1 764,16	1 984,68	I	22 052	396,86	1 623,28	1 826,19	187,18	1 482,32	1 667,61	–	1 341,44	1 509,12	–	1 200,56	1 350,63	–	1 063,12	1 196,01	–	931,68	1 048,14
	II	21 251	511,10	1 700,08	1 912,59	II	21 251	301,42	1 559,12	1 754,01	91,86	1 418,24	1 595,52	–	1 277,28	1 436,94	–	1 137,28	1 279,44	–	1 002,64	1 127,97	–	873,76	982,98
	III	14 720	–	1 177,60	1 324,80	III	14 720	–	1 067,36	1 200,78	–	959,84	1 079,82	–	855,52	962,46	–	753,92	848,16	–	655,36	737,28	–	559,84	629,82
	V	27 686	1 276,87	2 214,88	2 491,74	IV	22 052	501,58	1 693,68	1 905,39	396,86	1 623,28	1 826,19	292,02	1 552,80	1 746,90	187,18	1 482,32	1 667,61	82,34	1 411,84	1 588,32	–	1 341,44	1 509,12
	VI	28 121	1 328,63	2 249,68	2 530,89																				
86 939,99 West	I,IV	21 910	589,52	1 752,80	1 971,90	I	21 910	379,84	1 611,84	1 813,32	170,28	1 470,96	1 654,83	–	1 330,–	1 496,25	–	1 189,20	1 337,85	–	1 052,32	1 183,86	–	921,28	1 036,44
	II	21 108	494,08	1 688,64	1 899,72	II	21 108	284,52	1 547,76	1 741,23	74,85	1 406,80	1 582,65	–	1 265,92	1 424,16	–	1 126,16	1 266,93	–	992,–	1 116,–	–	863,60	971,55
	III	14 606	–	1 168,48	1 314,54	III	14 606	–	1 058,40	1 190,70	–	951,36	1 070,28	–	847,20	953,10	–	745,92	839,16	–	647,52	728,46	–	552,16	621,18
	V	27 544	1 259,97	2 203,52	2 478,96	IV	21 910	484,68	1 682,32	1 892,61	379,84	1 611,84	1 813,32	275,–	1 541,36	1 734,03	170,28	1 470,96	1 654,83	65,45	1 400,48	1 575,54	–	1 330,–	1 496,25
	VI	27 979	1 311,73	2 238,32	2 518,11																				
86 939,99 Ost	I,IV	22 067	608,20	1 765,36	1 986,03	I	22 067	398,65	1 624,48	1 827,54	188,97	1 483,52	1 668,96	–	1 342,64	1 510,47	–	1 201,76	1 351,98	–	1 064,32	1 197,36	–	932,80	1 049,40
	II	21 266	512,89	1 701,28	1 913,94	II	21 266	303,21	1 560,32	1 755,36	93,65	1 419,44	1 596,87	–	1 278,48	1 438,29	–	1 138,48	1 280,79	–	1 003,76	1 129,23	–	874,88	984,24
	III	14 732	–	1 178,56	1 325,88	III	14 732	–	1 068,16	1 201,68	–	960,80	1 080,90	–	856,32	963,36	–	754,88	849,24	–	656,32	738,36	–	560,64	630,72
	V	27 701	1 278,65	2 216,08	2 493,09	IV	22 067	503,37	1 694,88	1 906,74	398,65	1 624,48	1 827,54	293,81	1 554,–	1 748,25	188,97	1 483,52	1 668,96	84,13	1 413,04	1 589,67	–	1 342,64	1 510,47
	VI	28 136	1 330,42	2 250,88	2 532,24																				
86 975,99 West	I,IV	21 925	591,31	1 754,–	1 973,25	I	21 925	381,63	1 613,04	1 814,67	172,07	1 472,16	1 656,18	–	1 331,20	1 497,60	–	1 190,40	1 339,20	–	1 053,44	1 185,12	–	922,40	1 037,70
	II	21 123	495,87	1 689,84	1 901,07	II	21 123	286,31	1 548,96	1 742,58	76,63	1 408,–	1 584,–	–	1 267,12	1 425,51	–	1 127,36	1 268,28	–	993,12	1 117,26	–	864,72	972,81
	III	14 618	–	1 169,44	1 315,62	III	14 618	–	1 059,36	1 191,78	–	952,16	1 071,18	–	848,–	954,–	–	746,72	840,06	–	648,32	729,36	–	552,96	622,08
	V	27 559	1 261,75	2 204,72	2 480,31	IV	21 925	486,47	1 683,52	1 893,96	381,63	1 613,04	1 814,67	276,91	1 542,64	1 735,47	172,07	1 472,16	1 656,18	67,23	1 401,68	1 576,89	–	1 331,20	1 497,60
	VI	27 994	1 313,52	2 239,52	2 519,46																				
86 975,99 Ost	I,IV	22 082	609,99	1 766,56	1 987,38	I	22 082	400,43	1 625,68	1 828,89	190,75	1 484,72	1 670,31	–	1 343,84	1 511,82	–	1 202,96	1 353,33	–	1 065,44	1 198,62	–	933,84	1 050,57
	II	21 281	514,67	1 702,48	1 915,29	II	21 281	304,99	1 561,52	1 756,71	95,43	1 420,64	1 598,22	–	1 279,76	1 439,73	–	1 139,68	1 282,14	–	1 004,88	1 130,49	–	875,92	985,41
	III	14 744	–	1 179,52	1 326,96	III	14 744	–	1 069,12	1 202,76	–	961,76	1 081,98	–	857,28	964,44	–	755,68	850,14	–	657,12	739,26	–	561,44	631,62
	V	27 716	1 280,44	2 217,28	2 494,44	IV	22 082	505,27	1 696,16	1 908,18	400,43	1 625,68	1 828,89	295,59	1 555,20	1 749,60	190,75	1 484,72	1 670,31	86,03	1 414,32	1 591,11	–	1 343,84	1 511,82
	VI	28 151	1 332,20	2 252,08	2 533,59																				
87 011,99 West	I,IV	21 940	593,09	1 755,20	1 974,60	I	21 940	383,41	1 614,24	1 816,02	173,85	1 473,36	1 657,53	–	1 332,40	1 498,95	–	1 191,60	1 340,55	–	1 054,64	1 186,47	–	923,52	1 038,96
	II	21 139	497,77	1 691,12	1 902,51	II	21 139	288,09	1 550,16	1 743,93	78,54	1 409,28	1 585,44	–	1 268,32	1 426,86	–	1 128,56	1 269,63	–	994,24	1 118,52	–	865,76	973,98
	III	14 630	–	1 170,40	1 316,70	III	14 630	–	1 060,32	1 192,86	–	953,12	1 072,26	–	848,96	955,08	–	747,52	840,96	–	649,28	730,44	–	553,76	622,98
	V	27 574	1 263,54	2 205,92	2 481,66	IV	21 940	488,25	1 684,72	1 895,31	383,41	1 614,24	1 816,02	278,69	1 543,84	1 736,82	173,85	1 473,36	1 657,53	69,02	1 402,88	1 578,24	–	1 332,40	1 498,95
	VI	28 009	1 315,30	2 240,72	2 520,81																				
87 011,99 Ost	I,IV	22 097	611,77	1 767,76	1 988,73	I	22 097	402,22	1 626,88	1 830,24	192,54	1 485,92	1 671,66	–	1 345,04	1 513,17	–	1 204,16	1 354,68	–	1 066,64	1 199,97	–	934,96	1 051,83
	II	21 296	516,46	1 703,68	1 916,64	II	21 296	306,90	1 562,80	1 758,15	97,22	1 421,84	1 599,57	–	1 280,96	1 441,08	–	1 140,88	1 283,49	–	1 006,–	1 131,75	–	877,04	986,67
	III	14 756	–	1 180,48	1 328,04	III	14 756	–	1 070,08	1 203,84	–	962,56	1 082,88	–	858,08	965,34	–	756,48	851,04	–	657,92	740,16	–	562,24	632,52
	V	27 731	1 282,22	2 218,48	2 495,79	IV	22 097	507,05	1 697,36	1 909,53	402,22	1 626,88	1 830,24	297,38	1 556,40	1 750,95	192,54	1 485,92	1 671,66	87,82	1 415,52	1 592,46	–	1 345,04	1 513,17
	VI	28 166	1 333,99	2 253,28	2 534,94																				
87 047,99 West	I,IV	21 955	594,88	1 756,40	1 975,95	I	21 955	385,32	1 615,52	1 817,46	175,64	1 474,56	1 658,88	–	1 333,68	1 500,39	–	1 192,80	1 341,90	–	1 055,76	1 187,73	–	924,56	1 040,13
	II	21 154	499,56	1 692,32	1 903,86	II	21 154	289,88	1 551,36	1 745,28	80,32	1 410,48	1 586,79	–	1 269,52	1 428,21	–	1 129,76	1 270,98	–	995,36	1 119,78	–	866,88	975,24
	III	14 642	–	1 171,36	1 317,78	III	14 642	–	1 061,28	1 193,94	–	954,08	1 073,34	–	849,76	955,98	–	748,48	842,04	–	650,08	731,34	–	554,56	623,88
	V	27 589	1 265,32	2 207,12	2 483,01	IV	21 955	490,04	1 685,92	1 896,66	385,32	1 615,52	1 817,46	280,48	1 545,04	1 738,17	175,64	1 474,56	1 658,88	70,80	1 404,08	1 579,59	–	1 333,68	1 500,39
	VI	28 024	1 317,09	2 241,92	2 522,16																				
87 047,99 Ost	I,IV	22 113	613,68	1 769,04	1 990,17	I	22 113	404,–	1 628,08	1 831,59	194,44	1 487,20	1 673,10	–	1 346,24	1 514,52	–	1 205,36	1 356,03	–	1 067,76	1 201,23	–	936,08	1 053,09
	II	21 311	518,24	1 704,88	1 917,99	II	21 311	308,68	1 564,–	1 759,50	99,–	1 423,04	1 600,92	–	1 282,16	1 442,43	–	1 142,–	1 284,75	–	1 007,12	1 133,01	–	878,08	987,84
	III	14 768	–	1 181,44	1 329,12	III	14 768	–	1 071,04	1 204,92	–	963,52	1 083,96	–	859,04	966,42	–	757,44	852,12	–	658,72	741,06	–	563,04	633,42
	V	27 746	1 284,01	2 219,68	2 497,14	IV	22 113	508,84	1 698,56	1 910,88	404,–	1 628,08	1 831,59	299,16	1 557,60	1 752,30	194,44	1 487,20	1 673,10	89,60	1 416,72	1 593,81	–	1 346,24	1 514,52
	VI	28 182	1 335,89	2 254,56	2 536,38																				
87 083,99 West	I,IV	21 970	596,66	1 757,60	1 977,30	I	21 970	387,10	1 616,72	1 818,81	177,42	1 475,76	1 660,23	–	1 334,88	1 501,74	–	1 194,–	1 343,25	–	1 056,88	1 188,99	–	925,68	1 041,39
	II	21 169	501,34	1 693,52	1 905,21	II	21 169	291,66	1 552,56	1 746,63	82,11	1 411,68	1 588,14	–	1 270,72	1 429,56	–	1 130,88	1 272,24	–	996,48	1 121,04	–	867,92	976,41
	III	14 654	–	1 172,32	1 318,86	III	14 654	–	1 062,24	1 195,02	–	955,04	1 074,42	–	850,72	957,06	–	749,28	842,94	–	650,88	732,24	–	555,36	624,78
	V	27 604	1 267,11	2 208,32	2 484,36	IV	21 970	491,82	1 687,12	1 898,01	387,10	1 616,72	1 818,81	282,26	1 546,24	1 739,52	177,42	1 475,76	1 660,23	72,59	1 405,28	1 580,94	–	1 334,88	1 501,74
	VI	28 039	1 318,87	2 243,12	2 523,51																				
87 083,99 Ost	I,IV	22 128	615,46	1 770,24	1 991,52	I	22 128	405,79	1 629,28	1 832,94	196,23	1 488,40	1 674,45	–	1 347,44	1 515,87	–	1 206,56	1 357,38	–	1 068,96	1 202,58	–	937,20	1 054,35
	II	21 326	520,03	1 706,08	1 919,34	II	21 326	310,47	1 565,20	1 760,85	100,79	1 424,24	1 602,27	–	1 283,36	1 443,78	–	1 143,20	1 286,10	–	1 008,24	1 134,27	–	879,20	989,10
	III	14 780	–	1 182,40	1 330,20	III	14 780	–	1 072,–	1 206,–	–	964,48	1 085,04	–	859,84	967,32	–	758,24	853,02	–	659,52	741,96	–	563,84	634,32
	V	27 762	1 285,91	2 220,96	2 498,58	IV	22 128	510,62	1 699,76	1 912,23	405,79	1 629,28	1 832,94	300,95	1 558,80	1 753,65	196,23	1 488,40	1 674,45	91,39	1 417,92	1 595,16	–	1 347,44	1 515,87
	VI	28 197	1 337,67	2 255,76	2 537,73																				
87 119,99 West	I,IV	21 985	598,45	1 758,80	1 978,65	I	21 985	388,89	1 617,92	1 820,16	179,21	1 476,96	1 661,58	–	1 336,08	1 503,09	–	1 195,20	1 344,60	–	1 058,08	1 190,34	–	926,80	1 042,65
	II	21 184	503,13	1 694,72	1 906,56	II	21 184	293,45	1 553,76	1 747,98	83,89	1 412,88	1 589,49	–	1 271,92	1 430,91	–	1 132,08	1 273,59	–	997,60	1 122,30	–	869,04	977,67
	III	14 666	–	1 173,28	1 319,94	III	14 666	–	1 063,20	1 196,10	–	955,84	1 075,32	–	851,52	957,96	–	750,08	843,84	–	651,68	733,14	–	556,16	625,68
	V	27 619	1 268,89	2 209,52	2 485,71	IV	21 985	493,73	1 688,40	1 899,45	388,89	1 617,92	1 820,16	284,05	1 547,44	1 740,87	179,21	1 476,96	1 661,58	74,49	1 406,56	1 582,38	–	1 336,08	1 503,09
	VI	28 054	1 320,66	2 244,32	2 524,86																				
87 119,99 Ost	I,IV	22 143	617,25	1 771,44	1 992,87	I	22 143	407,57	1 630,48	1 834,29	198,01	1 489,60	1 675,80	–	1 348,64	1 517,22	–	1 207,76	1 358,73	–	1 070,08	1 203,84	–	938,32	1 055,61
	II	21 341	521,81	1 707,28	1 920,69	II	21 341	312,25	1 566,40	1 762,20	102,57	1 425,44	1 603,62	–	1 284,56	1 445,13	–	1 144,40	1 287,45	–	1 009,36	1 135,53	–	880,24	990,27
	III	14 792	–	1 183,36	1 331,28	III	14 792	–	1 072,96	1 207,08	–	965,44	1 086,12	–	860,80	968,40	–	759,20	854,10	–	660,48	743,04	–	564,64	635,22
	V	27 777	1 287,69	2 222,16	2 499,93	IV	22 143	512,41	1 700,96	1 913,58	407,57	1 630,48	1 834,29	302,85	1 560,08	1 755,09	198,01	1 489,60	1 675,80	93,17	1 419,12	1 596,51	–	1 348,64	1 517,22
	VI	28 212	1 339,46	2 256,96	2 539,08																				

* Die ausgewiesenen Tabellenwerte sind amtlich. Siehe Erläuterungen auf der Umschlaginnenseite (U2).

Abzüge an Lohnsteuer, Solidaritätszuschlag (SolZ) und Kirchensteuer (8%, 9%) in den Steuerklassen

Lohn/Gehalt bis €*		I – VI				I, II, III, IV																			
			ohne Kinderfreibeträge					mit Zahl der Kinderfreibeträge . . .																	
								0,5			1			1,5			2			2,5			3		
		LSt	SolZ	8%	9%		LSt	SolZ	8%	9%	SolZ	8%	9%	SolZ	8%	9%	SolZ	8%	9%	SolZ	8%	9%	SolZ	8%	9%
87 155,99 West	I,IV	22 000	600,23	1 760,—	1 980,—	I	22 000	390,67	1 619,12	1 821,51	180,99	1 478,16	1 662,93	—	1 337,28	1 504,44	—	1 196,40	1 345,95	—	1 059,20	1 191,60	—	927,92	1 043,91
	II	21 199	504,91	1 695,92	1 907,91	II	21 199	295,35	1 555,04	1 749,42	85,68	1 414,08	1 590,84	—	1 273,20	1 432,35	—	1 133,28	1 274,94	—	998,72	1 123,56	—	870,08	978,84
	III	14 678	—	1 174,24	1 321,02	III	14 678	—	1 064,—	1 197,—	—	956,80	1 076,40	—	852,48	959,04	—	751,04	844,92	—	652,48	734,04	—	556,96	626,58
	V	27 634	1 270,68	2 210,72	2 487,06	IV	22 000	495,51	1 689,60	1 900,80	390,67	1 619,12	1 821,51	285,83	1 548,64	1 742,22	180,99	1 478,16	1 662,93	76,27	1 407,76	1 583,73	—	1 337,28	1 504,44
	VI	28 069	1 322,44	2 245,52	2 526,21																				
87 155,99 Ost	I,IV	22 158	619,03	1 772,64	1 994,22	I	22 158	409,36	1 631,68	1 835,64	199,80	1 490,80	1 677,15	—	1 349,84	1 518,57	—	1 208,96	1 360,08	—	1 071,28	1 205,19	—	939,36	1 056,78
	II	21 357	523,71	1 708,56	1 922,13	II	21 357	314,04	1 567,60	1 763,55	104,48	1 426,72	1 605,06	—	1 285,76	1 446,48	—	1 145,60	1 288,80	—	1 010,56	1 136,88	—	881,36	991,53
	III	14 804	—	1 184,32	1 332,36	III	14 804	—	1 073,76	1 207,98	—	966,24	1 087,02	—	861,60	969,30	—	760,—	855,—	—	661,28	743,94	—	565,44	636,12
	V	27 792	1 289,48	2 223,36	2 501,28	IV	22 158	514,19	1 702,16	1 914,93	409,36	1 631,68	1 835,64	304,64	1 561,28	1 756,44	199,80	1 490,80	1 677,15	94,96	1 420,32	1 597,86	—	1 349,84	1 518,57
	VI	28 227	1 341,24	2 258,16	2 540,43																				
87 191,99 West	I,IV	22 016	602,14	1 761,28	1 981,44	I	22 016	392,46	1 620,32	1 822,86	182,90	1 479,44	1 664,37	—	1 338,48	1 505,79	—	1 197,60	1 347,30	—	1 060,40	1 192,95	—	928,96	1 045,08
	II	21 214	506,70	1 697,12	1 909,26	II	21 214	297,14	1 556,24	1 750,77	87,46	1 415,28	1 592,19	—	1 274,40	1 433,70	—	1 134,48	1 276,29	—	999,84	1 124,82	—	871,20	980,10
	III	14 690	—	1 175,20	1 322,10	III	14 690	—	1 064,96	1 198,08	—	957,76	1 077,48	—	853,28	959,94	—	751,84	845,82	—	653,44	735,12	—	557,76	627,48
	V	27 649	1 272,46	2 211,92	2 488,41	IV	22 016	497,30	1 690,80	1 902,15	392,46	1 620,32	1 822,86	287,62	1 549,84	1 743,57	182,90	1 479,44	1 664,37	78,06	1 408,96	1 585,08	—	1 338,48	1 505,79
	VI	28 085	1 324,35	2 246,80	2 527,65																				
87 191,99 Ost	I,IV	22 173	620,82	1 773,84	1 995,57	I	22 173	411,26	1 632,96	1 837,08	201,58	1 492,—	1 678,50	—	1 351,12	1 520,01	—	1 210,16	1 361,43	—	1 072,40	1 206,45	—	940,48	1 058,04
	II	21 372	525,50	1 709,76	1 923,48	II	21 372	315,82	1 568,80	1 764,90	106,26	1 427,92	1 606,41	—	1 286,96	1 447,83	—	1 146,80	1 290,15	—	1 011,68	1 138,14	—	882,48	992,79
	III	14 816	—	1 185,28	1 333,44	III	14 816	—	1 074,72	1 209,06	—	967,20	1 088,10	—	862,56	970,38	—	760,80	855,90	—	662,08	744,84	—	566,24	637,02
	V	27 807	1 291,26	2 224,56	2 502,63	IV	22 173	515,98	1 703,36	1 916,28	411,26	1 632,96	1 837,08	306,42	1 562,48	1 757,79	201,58	1 492,—	1 678,50	96,74	1 421,52	1 599,21	—	1 351,12	1 520,01
	VI	28 242	1 343,03	2 259,36	2 541,78																				
87 227,99 West	I,IV	22 031	603,92	1 762,48	1 982,79	I	22 031	394,24	1 621,52	1 824,21	184,68	1 480,64	1 665,72	—	1 339,68	1 507,14	—	1 198,80	1 348,65	—	1 061,52	1 194,21	—	930,08	1 046,34
	II	21 229	508,48	1 698,32	1 910,61	II	21 229	298,92	1 557,44	1 752,12	89,25	1 416,48	1 593,54	—	1 275,60	1 435,05	—	1 135,60	1 277,55	—	1 001,04	1 126,17	—	872,24	981,27
	III	14 702	—	1 176,16	1 323,18	III	14 702	—	1 065,92	1 199,16	—	958,56	1 078,38	—	854,24	961,02	—	752,80	846,90	—	654,24	736,02	—	558,56	628,38
	V	27 665	1 274,37	2 213,20	2 489,85	IV	22 031	499,08	1 692,—	1 903,50	394,24	1 621,52	1 824,21	289,40	1 551,04	1 744,92	184,68	1 480,64	1 665,72	79,84	1 410,16	1 586,43	—	1 339,68	1 507,14
	VI	28 100	1 326,13	2 248,—	2 529,—																				
87 227,99 Ost	I,IV	22 188	622,60	1 775,04	1 996,92	I	22 188	413,04	1 634,16	1 838,43	203,37	1 493,20	1 679,85	—	1 352,32	1 521,36	—	1 211,36	1 362,78	—	1 073,52	1 207,71	—	941,60	1 059,30
	II	21 387	527,28	1 710,96	1 924,83	II	21 387	317,61	1 570,—	1 766,25	108,05	1 429,12	1 607,76	—	1 288,16	1 449,18	—	1 147,92	1 291,41	—	1 012,80	1 139,40	—	883,52	993,96
	III	14 828	—	1 186,24	1 334,52	III	14 828	—	1 075,68	1 210,14	—	968,16	1 089,18	—	863,36	971,28	—	761,76	856,98	—	662,88	745,74	—	567,04	637,92
	V	27 822	1 293,05	2 225,76	2 503,98	IV	22 188	517,76	1 704,56	1 917,63	413,04	1 634,16	1 838,43	308,21	1 563,68	1 759,14	203,37	1 493,20	1 679,85	98,53	1 422,72	1 600,56	—	1 352,32	1 521,36
	VI	28 257	1 344,81	2 260,56	2 543,13																				
87 263,99 West	I,IV	22 046	605,71	1 763,68	1 984,14	I	22 046	396,03	1 622,72	1 825,56	186,47	1 481,84	1 667,07	—	1 340,88	1 508,49	—	1 200,—	1 350,—	—	1 062,64	1 195,47	—	931,20	1 047,60
	II	21 244	510,27	1 699,52	1 911,96	II	21 244	300,71	1 558,64	1 753,47	91,03	1 417,68	1 594,89	—	1 276,80	1 436,40	—	1 136,80	1 278,90	—	1 002,16	1 127,43	—	873,36	982,53
	III	14 714	—	1 177,12	1 324,26	III	14 714	—	1 066,88	1 200,24	—	959,52	1 079,46	—	855,04	961,92	—	753,60	847,80	—	655,04	736,92	—	559,36	629,28
	V	27 680	1 276,15	2 214,40	2 491,20	IV	22 046	500,87	1 693,20	1 904,85	396,03	1 622,72	1 825,56	291,31	1 552,32	1 746,36	186,47	1 481,84	1 667,07	81,63	1 411,36	1 587,78	—	1 340,88	1 508,49
	VI	28 115	1 327,92	2 249,20	2 530,35																				
87 263,99 Ost	I,IV	22 203	624,39	1 776,24	1 998,27	I	22 203	414,83	1 635,36	1 839,78	205,15	1 494,40	1 681,20	—	1 353,52	1 522,71	—	1 212,56	1 364,13	—	1 074,72	1 209,06	—	942,72	1 060,56
	II	21 402	529,07	1 712,16	1 926,18	II	21 402	319,39	1 571,20	1 767,60	109,83	1 430,32	1 609,11	—	1 289,36	1 450,53	—	1 149,12	1 292,76	—	1 013,92	1 140,66	—	884,64	995,22
	III	14 840	—	1 187,20	1 335,60	III	14 840	—	1 076,64	1 211,22	—	968,96	1 090,08	—	864,32	972,36	—	762,56	857,88	—	663,68	746,64	—	567,84	638,82
	V	27 837	1 294,83	2 226,96	2 505,33	IV	22 203	519,67	1 705,84	1 919,07	414,83	1 635,36	1 839,78	309,99	1 564,88	1 760,49	205,15	1 494,40	1 681,20	100,43	1 424,—	1 602,—	—	1 353,52	1 522,71
	VI	28 272	1 346,60	2 261,76	2 544,48																				
87 299,99 West	I,IV	22 061	607,49	1 764,88	1 985,49	I	22 061	397,81	1 623,92	1 826,91	188,25	1 483,04	1 668,42	—	1 342,08	1 509,84	—	1 201,20	1 351,35	—	1 063,84	1 196,82	—	932,32	1 048,86
	II	21 260	512,17	1 700,80	1 913,40	II	21 260	302,49	1 559,84	1 754,82	92,93	1 418,96	1 596,33	—	1 278,—	1 437,75	—	1 138,—	1 280,25	—	1 003,28	1 128,69	—	874,40	983,70
	III	14 726	—	1 178,08	1 325,34	III	14 726	—	1 067,84	1 201,32	—	960,48	1 080,54	—	856,—	963,—	—	754,40	848,70	—	655,84	737,82	—	560,32	630,36
	V	27 695	1 277,94	2 215,60	2 492,55	IV	22 061	502,65	1 694,40	1 906,20	397,81	1 623,92	1 826,91	293,09	1 553,52	1 747,71	188,25	1 483,04	1 668,42	83,41	1 412,56	1 589,13	—	1 342,08	1 509,84
	VI	28 130	1 329,70	2 250,40	2 531,70																				
87 299,99 Ost	I,IV	22 218	626,17	1 777,44	1 999,62	I	22 218	416,61	1 636,56	1 841,13	206,94	1 495,60	1 682,55	—	1 354,72	1 524,06	—	1 213,76	1 365,48	—	1 075,84	1 210,32	—	943,84	1 061,82
	II	21 417	530,85	1 713,36	1 927,53	II	21 417	321,30	1 572,48	1 769,04	111,62	1 431,52	1 610,46	—	1 290,64	1 451,97	—	1 150,32	1 294,11	—	1 015,04	1 141,92	—	885,68	996,39
	III	14 852	—	1 188,16	1 336,68	III	14 852	—	1 077,60	1 212,30	—	969,92	1 091,16	—	865,28	973,44	—	763,36	858,78	—	664,64	747,72	—	568,64	639,72
	V	27 852	1 296,62	2 228,16	2 506,68	IV	22 218	521,45	1 707,04	1 920,42	416,61	1 636,56	1 841,13	311,78	1 566,08	1 761,84	206,94	1 495,60	1 682,55	102,22	1 425,20	1 603,35	—	1 354,72	1 524,06
	VI	28 287	1 348,38	2 262,96	2 545,83																				
87 335,99 West	I,IV	22 076	609,28	1 766,08	1 986,84	I	22 076	399,72	1 625,20	1 828,35	190,04	1 484,24	1 669,77	—	1 343,36	1 511,28	—	1 202,40	1 352,70	—	1 064,96	1 198,08	—	933,44	1 050,12
	II	21 275	513,96	1 702,—	1 914,75	II	21 275	304,28	1 561,04	1 756,17	94,72	1 420,16	1 597,68	—	1 279,20	1 439,10	—	1 139,20	1 281,60	—	1 004,40	1 129,95	—	875,52	984,96
	III	14 738	—	1 179,04	1 326,42	III	14 738	—	1 068,80	1 202,40	—	961,28	1 081,44	—	856,80	963,90	—	755,36	849,78	—	656,64	738,72	—	561,12	631,26
	V	27 710	1 279,72	2 216,80	2 493,90	IV	22 076	504,44	1 695,60	1 907,55	399,72	1 625,20	1 828,35	294,88	1 554,72	1 749,06	190,04	1 484,24	1 669,77	85,20	1 413,76	1 590,48	—	1 343,36	1 511,28
	VI	28 145	1 331,49	2 251,60	2 533,05																				
87 335,99 Ost	I,IV	22 234	628,08	1 778,72	2 001,06	I	22 234	418,40	1 637,76	1 842,48	208,84	1 496,88	1 683,99	—	1 355,92	1 525,41	—	1 215,04	1 366,92	—	1 077,04	1 211,67	—	944,96	1 063,08
	II	21 432	532,64	1 714,56	1 928,88	II	21 432	323,08	1 573,68	1 770,39	113,40	1 432,72	1 611,81	—	1 291,84	1 453,32	—	1 151,52	1 295,46	—	1 016,24	1 143,27	—	886,80	997,65
	III	14 864	—	1 189,12	1 337,76	III	14 864	—	1 078,56	1 213,38	—	970,88	1 092,24	—	866,08	974,34	—	764,32	859,86	—	665,44	748,62	—	569,44	640,62
	V	27 867	1 298,40	2 229,36	2 508,03	IV	22 234	523,24	1 708,24	1 921,77	418,40	1 637,76	1 842,48	313,56	1 567,28	1 763,19	208,84	1 496,88	1 683,99	104,—	1 426,40	1 604,70	—	1 355,92	1 525,41
	VI	28 302	1 350,17	2 264,16	2 547,18																				
87 371,99 West	I,IV	22 091	611,06	1 767,28	1 988,19	I	22 091	401,50	1 626,40	1 829,70	191,82	1 485,44	1 671,12	—	1 344,56	1 512,63	—	1 203,60	1 354,05	—	1 066,16	1 199,43	—	934,48	1 051,29
	II	21 290	515,74	1 703,20	1 916,10	II	21 290	306,06	1 562,24	1 757,52	96,50	1 421,36	1 599,03	—	1 280,40	1 440,45	—	1 140,32	1 282,86	—	1 005,52	1 131,21	—	876,56	986,13
	III	14 750	—	1 180,—	1 327,50	III	14 750	—	1 069,60	1 203,30	—	962,24	1 082,52	—	857,76	964,98	—	756,16	850,68	—	657,60	739,80	—	561,92	632,16
	V	27 725	1 281,51	2 218,—	2 495,25	IV	22 091	506,22	1 696,80	1 908,90	401,50	1 626,40	1 829,70	296,66	1 555,92	1 750,41	191,82	1 485,44	1 671,12	86,98	1 414,96	1 591,83	—	1 344,56	1 512,63
	VI	28 160	1 333,27	2 252,80	2 534,40																				
87 371,99 Ost	I,IV	22 249	629,86	1 779,92	2 002,41	I	22 249	420,18	1 638,96	1 843,83	210,63	1 498,08	1 685,34	0,95	1 357,12	1 526,76	—	1 216,24	1 368,27	—	1 078,16	1 212,93	—	946,08	1 064,34
	II	21 447	534,42	1 715,76	1 930,23	II	21 447	324,87	1 574,88	1 771,74	115,19	1 433,92	1 613,16	—	1 293,04	1 454,67	—	1 152,72	1 296,81	—	1 017,36	1 144,53	—	887,84	998,82
	III	14 876	—	1 190,08	1 338,84	III	14 876	—	1 079,52	1 214,46	—	971,68	1 093,14	—	867,04	975,42	—	765,12	860,76	—	666,24	749,52	—	570,24	641,52
	V	27 882	1 300,19	2 230,56	2 509,38	IV	22 249	525,02	1 709,44	1 923,12	420,18	1 638,96	1 843,83	315,35	1 568,48	1 764,54	210,63	1 498,08	1 685,34	105,79	1 427,60	1 606,05	0,95	1 357,12	1 526,76
	VI	28 318	1 352,07	2 265,44	2 548,62																				
87 407,99 West	I,IV	22 106	612,85	1 768,48	1 989,54	I	22 106	403,29	1 627,60	1 831,05	193,61	1 486,64	1 672,47	—	1 345,76	1 513,98	—	1 204,88	1 355,49	—	1 067,28	1 200,69	—	935,60	1 052,55
	II	21 305	517,53	1 704,40	1 917,45	II	21 305	307,85	1 563,44	1 758,87	98,29	1 422,56	1 600,38	—	1 281,60	1 441,80	—	1 141,52	1 284,21	—	1 006,64	1 132,47	—	877,68	987,39
	III	14 762	—	1 180,96	1 328,58	III	14 762	—	1 070,56	1 204,38	—	963,20	1 083,60	—	858,56	965,88	—	756,96	851,58	—	658,40	740,70	—	562,72	633,06
	V	27 740	1 283,29	2 219,20	2 496,60	IV	22 106	508,13	1 698,08	1 910,34	403,29	1 627,60	1 831,05	298,45	1 557,12	1 751,76	193,61	1 486,64	1 672,47	88,89	1 416,24	1 593,27	—	1 345,76	1 513,98
	VI	28 175	1 335,06	2 254,—	2 535,75																				
87 407,99 Ost	I,IV	22 264	631,65	1 781,12	2 003,76	I	22 264	421,97	1 640,16	1 845,18	212,41	1 499,28	1 686,69	2,73	1 358,32	1 528,11	—	1 217,44	1 369,62	—	1 079,36	1 214,28	—	947,12	1 065,51
	II	21 462	536,21	1 716,96	1 931,58	II	21 462	326,65	1 576,08	1 773,09	116,97	1 435,12	1 614,51	—	1 294,24	1 456,02	—	1 153,92	1 298,16	—	1 018,48	1 145,79	—	888,96	1 000,08
	III	14 888	—	1 191,04	1 339,92	III	14 888	—	1 080,32	1 215,36	—	972,64	1 094,22	—	867,84	976,32	—	766,08	861,84	—	667,04	750,42	—	571,20	642,60
	V	27 898	1 302,09	2 231,84	2 510,82	IV	22 264	526,81	1 710,64	1 924,47	421,97	1 640,16	1 845,18	317,25	1 569,76	1 765,98	212,41	1 499,28	1 686,69	107,57	1 428,80	1 607,40	2,73	1 358,32	1 528,11
	VI	28 333	1 353,86	2 266,64	2 549,97																				

* Die ausgewiesenen Tabellenwerte sind amtlich. Siehe Erläuterungen auf der Umschlaginnenseite (U2).

Abzüge an Lohnsteuer, Solidaritätszuschlag (SolZ) und Kirchensteuer (8%, 9%) in den Steuerklassen

Lohn/Gehalt bis €*	I – VI	LSt	ohne Kinderfreibeträge SolZ	8%	9%	I, II, III, IV	LSt	mit Zahl der Kinderfreibeträge . . . 0,5 SolZ	8%	9%	1 SolZ	8%	9%	1,5 SolZ	8%	9%	2 SolZ	8%	9%	2,5 SolZ	8%	9%	3 SolZ	8%	9%
87 443,99 West	I,IV	22 121	614,63	1 769,68	1 990,89	I	22 121	405,07	1 628,80	1 832,40	195,39	1 487,84	1 673,82	–	1 346,96	1 515,33	–	1 206,08	1 356,84	–	1 068,48	1 202,04	–	936,72	1 053,81
	II	21 320	519,31	1 705,60	1 918,80	II	21 320	309,75	1 564,72	1 760,31	100,07	1 423,76	1 601,73	–	1 282,88	1 443,24	–	1 142,72	1 285,56	–	1 007,76	1 133,73	–	878,72	988,56
	III	14 774	–	1 181,92	1 329,66	III	14 774	–	1 071,52	1 205,46	–	964,–	1 084,50	–	859,52	966,96	–	757,92	852,66	–	659,20	741,60	–	563,52	633,96
	V	27 755	1 285,08	2 220,40	2 497,95	IV	22 121	509,91	1 699,28	1 911,69	405,07	1 628,80	1 832,40	300,23	1 558,32	1 753,11	195,39	1 487,84	1 673,82	90,67	1 417,44	1 594,62	–	1 346,96	1 515,33
	VI	28 190	1 336,84	2 255,20	2 537,10																				
87 443,99 Ost	I,IV	22 279	633,43	1 782,32	2 005,11	I	22 279	423,75	1 641,36	1 846,53	214,20	1 500,48	1 688,04	4,52	1 359,52	1 529,46	–	1 218,64	1 370,97	–	1 080,48	1 215,54	–	948,24	1 066,77
	II	21 478	538,11	1 718,24	1 933,02	II	21 478	328,44	1 577,28	1 774,44	118,88	1 436,40	1 615,95	–	1 295,44	1 457,37	–	1 155,04	1 299,42	–	1 019,60	1 147,05	–	890,–	1 001,25
	III	14 900	–	1 192,–	1 341,–	III	14 900	–	1 081,28	1 216,44	–	973,60	1 095,30	–	868,80	977,40	–	766,88	862,74	–	668,–	751,50	–	572,–	643,50
	V	27 913	1 303,88	2 233,04	2 512,17	IV	22 279	528,59	1 711,84	1 925,82	423,75	1 641,36	1 846,53	319,03	1 570,96	1 767,33	214,20	1 500,48	1 688,04	109,36	1 430,–	1 608,75	4,52	1 359,52	1 529,46
	VI	28 348	1 355,64	2 267,84	2 551,32																				
87 479,99 West	I,IV	22 136	616,42	1 770,88	1 992,24	I	22 136	406,86	1 630,–	1 833,75	197,30	1 489,12	1 675,26	–	1 348,16	1 516,68	–	1 207,28	1 358,19	–	1 069,60	1 203,30	–	937,84	1 055,07
	II	21 335	521,10	1 706,80	1 920,15	II	21 335	311,54	1 565,92	1 761,66	101,86	1 424,96	1 603,08	–	1 284,08	1 444,59	–	1 143,92	1 286,91	–	1 008,96	1 135,08	–	879,84	989,82
	III	14 786	–	1 182,88	1 330,74	III	14 786	–	1 072,48	1 206,54	–	964,96	1 085,58	–	860,32	967,86	–	758,72	853,56	–	660,–	742,50	–	564,32	634,86
	V	27 770	1 286,86	2 221,60	2 499,30	IV	22 136	511,70	1 700,48	1 913,04	406,86	1 630,–	1 833,75	302,02	1 559,52	1 754,46	197,30	1 489,12	1 675,26	92,46	1 418,64	1 595,97	–	1 348,16	1 516,68
	VI	28 205	1 338,63	2 256,40	2 538,45																				
87 479,99 Ost	I,IV	22 294	635,22	1 783,52	2 006,46	I	22 294	425,66	1 642,64	1 847,97	215,98	1 501,68	1 689,39	6,42	1 360,80	1 530,90	–	1 219,84	1 372,32	–	1 081,68	1 216,89	–	949,36	1 068,03
	II	21 493	539,90	1 719,44	1 934,37	II	21 493	330,22	1 578,48	1 775,79	120,66	1 437,60	1 617,30	–	1 296,64	1 458,72	–	1 156,24	1 300,77	–	1 020,72	1 148,31	–	891,12	1 002,51
	III	14 912	–	1 192,96	1 342,08	III	14 912	–	1 082,24	1 217,52	–	974,56	1 096,38	–	869,60	978,30	–	767,68	863,64	–	668,80	752,40	–	572,80	644,40
	V	27 928	1 305,66	2 234,24	2 513,52	IV	22 294	530,38	1 713,04	1 927,17	425,66	1 642,64	1 847,97	320,82	1 572,16	1 768,68	215,98	1 501,68	1 689,39	111,14	1 431,20	1 610,10	6,42	1 360,80	1 530,90
	VI	28 363	1 357,43	2 269,04	2 552,67																				
87 515,99 West	I,IV	22 152	618,32	1 772,16	1 993,68	I	22 152	408,64	1 631,20	1 835,10	199,08	1 490,32	1 676,61	–	1 349,36	1 518,03	–	1 208,48	1 359,54	–	1 070,72	1 204,56	–	938,96	1 056,33
	II	21 350	522,88	1 708,–	1 921,50	II	21 350	313,32	1 567,12	1 763,01	103,64	1 426,16	1 604,43	–	1 285,28	1 445,94	–	1 145,12	1 288,26	–	1 010,08	1 136,34	–	880,88	990,99
	III	14 798	–	1 183,84	1 331,82	III	14 798	–	1 073,44	1 207,62	–	965,92	1 086,66	–	861,28	968,94	–	759,68	854,64	–	660,96	743,58	–	565,12	635,76
	V	27 785	1 288,65	2 222,80	2 500,65	IV	22 152	513,48	1 701,68	1 914,39	408,64	1 631,20	1 835,10	303,80	1 560,72	1 755,81	199,08	1 490,32	1 676,61	94,24	1 419,84	1 597,32	–	1 349,36	1 518,03
	VI	28 221	1 340,53	2 257,60	2 539,89																				
87 515,99 Ost	I,IV	22 309	637,–	1 784,72	2 007,81	I	22 309	427,44	1 643,84	1 849,32	217,77	1 502,88	1 690,74	8,21	1 362,–	1 532,25	–	1 221,04	1 373,67	–	1 082,80	1 218,15	–	950,48	1 069,29
	II	21 508	541,68	1 720,64	1 935,72	II	21 508	332,01	1 579,68	1 777,14	122,45	1 438,80	1 618,65	–	1 297,84	1 460,07	–	1 157,44	1 302,12	–	1 021,92	1 149,66	–	892,24	1 003,77
	III	14 924	–	1 193,92	1 343,16	III	14 924	–	1 083,20	1 218,60	–	975,36	1 097,28	–	870,56	979,38	–	768,64	864,72	–	669,60	753,30	–	573,60	645,30
	V	27 943	1 307,45	2 235,44	2 514,87	IV	22 309	532,16	1 714,24	1 928,52	427,44	1 643,84	1 849,32	322,60	1 573,36	1 770,03	217,77	1 502,88	1 690,74	112,93	1 432,40	1 611,45	8,21	1 362,–	1 532,25
	VI	28 378	1 359,21	2 270,24	2 554,02																				
87 551,99 West	I,IV	22 167	620,10	1 773,36	1 995,03	I	22 167	410,43	1 632,40	1 836,45	200,87	1 491,52	1 677,96	–	1 350,56	1 519,38	–	1 209,68	1 360,89	–	1 071,92	1 205,91	–	940,–	1 057,50
	II	21 365	524,67	1 709,20	1 922,85	II	21 365	315,11	1 568,32	1 764,36	105,43	1 427,36	1 605,78	–	1 286,48	1 447,29	–	1 146,24	1 289,52	–	1 011,20	1 137,60	–	882,–	992,25
	III	14 810	–	1 184,80	1 332,90	III	14 810	–	1 074,40	1 208,70	–	966,72	1 087,56	–	862,08	969,84	–	760,48	855,54	–	661,76	744,48	–	565,92	636,66
	V	27 801	1 290,55	2 224,08	2 502,09	IV	22 167	515,27	1 702,88	1 915,74	410,43	1 632,40	1 836,45	305,71	1 562,–	1 757,25	200,87	1 491,52	1 677,96	96,03	1 421,04	1 598,67	–	1 350,56	1 519,38
	VI	28 236	1 342,32	2 258,88	2 541,24																				
87 551,99 Ost	I,IV	22 324	638,79	1 785,92	2 009,16	I	22 324	429,23	1 645,04	1 850,67	219,55	1 504,08	1 692,09	9,99	1 363,20	1 533,60	–	1 222,24	1 375,02	–	1 084,–	1 219,50	–	951,60	1 070,55
	II	21 523	543,47	1 721,84	1 937,07	II	21 523	333,79	1 580,88	1 778,49	124,23	1 440,–	1 620,–	–	1 299,04	1 461,42	–	1 158,64	1 303,47	–	1 023,04	1 150,92	–	893,28	1 004,94
	III	14 936	–	1 194,88	1 344,24	III	14 936	–	1 084,16	1 219,68	–	976,32	1 098,36	–	871,36	980,28	–	769,44	865,62	–	670,40	754,20	–	574,40	646,20
	V	27 958	1 309,23	2 236,64	2 516,22	IV	22 324	533,95	1 715,44	1 929,87	429,23	1 645,04	1 850,67	324,39	1 574,56	1 771,38	219,55	1 504,08	1 692,09	114,83	1 433,68	1 612,89	9,99	1 363,20	1 533,60
	VI	28 393	1 361,–	2 271,44	2 555,37																				
87 587,99 West	I,IV	22 182	621,89	1 774,56	1 996,38	I	22 182	412,21	1 633,60	1 837,80	202,65	1 492,72	1 679,31	–	1 351,76	1 520,73	–	1 210,88	1 362,24	–	1 073,04	1 207,17	–	941,12	1 058,76
	II	21 380	526,45	1 710,40	1 924,20	II	21 380	316,89	1 569,52	1 765,71	107,33	1 428,64	1 607,22	–	1 287,68	1 448,64	–	1 147,44	1 290,87	–	1 012,32	1 138,86	–	883,04	993,42
	III	14 822	–	1 185,76	1 333,98	III	14 822	–	1 075,36	1 209,78	–	967,68	1 088,64	–	863,04	970,92	–	761,28	856,44	–	662,56	745,38	–	566,72	637,56
	V	27 816	1 292,34	2 225,28	2 503,44	IV	22 182	517,05	1 704,08	1 917,09	412,21	1 633,60	1 837,80	307,49	1 563,20	1 758,60	202,65	1 492,72	1 679,31	97,81	1 422,24	1 600,02	–	1 351,76	1 520,73
	VI	28 251	1 344,10	2 260,08	2 542,59																				
87 587,99 Ost	I,IV	22 339	640,57	1 787,12	2 010,51	I	22 339	431,01	1 646,24	1 852,02	221,34	1 505,28	1 693,44	11,78	1 364,40	1 534,95	–	1 223,44	1 376,37	–	1 085,12	1 220,76	–	952,72	1 071,81
	II	21 538	545,25	1 723,04	1 938,42	II	21 538	335,69	1 582,16	1 779,93	126,02	1 441,20	1 621,35	–	1 300,32	1 462,86	–	1 159,84	1 304,82	–	1 024,16	1 152,18	–	894,40	1 006,20
	III	14 948	–	1 195,84	1 345,32	III	14 948	–	1 085,12	1 220,76	–	977,28	1 099,44	–	872,32	981,36	–	770,40	866,70	–	671,36	755,28	–	575,20	647,10
	V	27 973	1 311,02	2 237,84	2 517,57	IV	22 339	535,85	1 716,72	1 931,31	431,01	1 646,24	1 852,02	326,17	1 575,76	1 772,73	221,34	1 505,28	1 693,44	116,62	1 434,88	1 614,24	11,78	1 364,40	1 534,95
	VI	28 408	1 362,78	2 272,64	2 556,72																				
87 623,99 West	I,IV	22 197	623,67	1 775,76	1 997,73	I	22 197	414,–	1 634,80	1 839,15	204,44	1 493,92	1 680,66	–	1 353,04	1 522,17	–	1 212,08	1 363,59	–	1 074,24	1 208,52	–	942,24	1 060,02
	II	21 396	528,36	1 711,68	1 925,64	II	21 396	318,68	1 570,72	1 767,06	109,12	1 429,84	1 608,57	–	1 288,88	1 449,99	–	1 148,64	1 292,22	–	1 013,44	1 140,12	–	884,16	994,68
	III	14 834	–	1 186,72	1 335,06	III	14 834	–	1 076,16	1 210,68	–	968,64	1 089,72	–	864,–	972,–	–	762,24	857,52	–	663,36	746,28	–	567,52	638,46
	V	27 831	1 294,12	2 226,48	2 504,79	IV	22 197	518,84	1 705,28	1 918,44	414,–	1 634,80	1 839,15	309,28	1 564,40	1 759,95	204,44	1 493,92	1 680,66	99,60	1 423,44	1 601,37	–	1 353,04	1 522,17
	VI	28 266	1 345,89	2 261,28	2 543,94																				
87 623,99 Ost	I,IV	22 354	642,36	1 788,32	2 011,86	I	22 354	432,80	1 647,44	1 853,37	223,24	1 506,56	1 694,88	13,56	1 365,60	1 536,30	–	1 224,72	1 377,81	–	1 086,32	1 222,11	–	953,84	1 073,07
	II	21 553	547,04	1 724,24	1 939,77	II	21 553	337,48	1 583,36	1 781,28	127,80	1 442,40	1 622,70	–	1 301,52	1 464,21	–	1 161,04	1 306,17	–	1 025,28	1 153,44	–	895,52	1 007,46
	III	14 960	–	1 196,80	1 346,40	III	14 960	–	1 086,08	1 221,84	–	978,08	1 100,34	–	873,12	982,26	–	771,20	867,60	–	672,16	756,18	–	576,–	648,–
	V	27 988	1 312,80	2 239,04	2 518,92	IV	22 354	537,64	1 717,92	1 932,66	432,80	1 647,44	1 853,37	327,96	1 576,96	1 774,08	223,24	1 506,56	1 694,88	118,40	1 436,08	1 615,59	13,56	1 365,60	1 536,30
	VI	28 423	1 364,57	2 273,84	2 558,07																				
87 659,99 West	I,IV	22 212	625,46	1 776,96	1 999,08	I	22 212	415,90	1 636,08	1 840,59	206,22	1 495,12	1 682,01	–	1 354,24	1 523,52	–	1 213,28	1 364,94	–	1 075,36	1 209,78	–	943,36	1 061,28
	II	21 411	530,14	1 712,88	1 926,99	II	21 411	320,46	1 571,92	1 768,41	110,90	1 431,04	1 609,92	–	1 290,08	1 451,34	–	1 149,84	1 293,57	–	1 014,56	1 141,38	–	885,28	995,94
	III	14 846	–	1 187,68	1 336,14	III	14 846	–	1 077,12	1 211,76	–	969,44	1 090,62	–	864,80	972,90	–	763,04	858,42	–	664,16	747,18	–	568,32	639,36
	V	27 846	1 295,91	2 227,68	2 506,14	IV	22 212	520,62	1 706,48	1 919,79	415,90	1 636,08	1 840,59	311,06	1 565,60	1 761,30	206,22	1 495,12	1 682,01	101,38	1 424,64	1 602,72	–	1 354,24	1 523,52
	VI	28 281	1 347,67	2 262,48	2 545,29																				
87 659,99 Ost	I,IV	22 370	644,26	1 789,60	2 013,30	I	22 370	434,58	1 648,64	1 854,72	225,02	1 507,76	1 696,23	15,35	1 366,80	1 537,65	–	1 225,92	1 379,16	–	1 087,52	1 223,46	–	954,96	1 074,33
	II	21 568	548,82	1 725,44	1 941,12	II	21 568	339,26	1 584,56	1 782,63	129,59	1 443,60	1 624,05	–	1 302,72	1 465,56	–	1 162,24	1 307,52	–	1 026,48	1 154,79	–	896,56	1 008,63
	III	14 972	–	1 197,76	1 347,48	III	14 972	–	1 086,88	1 222,74	–	979,04	1 101,42	–	874,08	983,34	–	772,–	868,50	–	672,96	757,08	–	576,80	648,90
	V	28 003	1 314,59	2 240,24	2 520,27	IV	22 370	539,42	1 719,12	1 934,01	434,58	1 648,64	1 854,72	329,74	1 578,16	1 775,43	225,02	1 507,76	1 696,23	120,19	1 437,28	1 616,94	15,35	1 366,80	1 537,65
	VI	28 439	1 366,47	2 275,12	2 559,51																				
87 695,99 West	I,IV	22 227	627,24	1 778,16	2 000,43	I	22 227	417,69	1 637,28	1 841,94	208,01	1 496,32	1 683,36	–	1 355,44	1 524,87	–	1 214,48	1 366,29	–	1 076,56	1 211,13	–	944,48	1 062,54
	II	21 426	531,93	1 714,08	1 928,34	II	21 426	322,25	1 573,12	1 769,76	112,69	1 432,24	1 611,27	–	1 291,28	1 452,69	–	1 151,04	1 294,92	–	1 015,76	1 142,73	–	886,32	997,11
	III	14 858	–	1 188,64	1 337,22	III	14 858	–	1 078,08	1 212,84	–	970,40	1 091,70	–	865,76	973,98	–	763,84	859,32	–	665,12	748,26	–	569,12	640,26
	V	27 861	1 297,69	2 228,88	2 507,49	IV	22 227	522,41	1 707,68	1 921,14	417,69	1 637,28	1 841,94	312,85	1 566,80	1 762,65	208,01	1 496,32	1 683,36	103,29	1 425,92	1 604,16	–	1 355,44	1 524,87
	VI	28 296	1 349,46	2 263,68	2 546,64																				
87 695,99 Ost	I,IV	22 385	646,05	1 790,80	2 014,65	I	22 385	436,37	1 649,84	1 856,07	226,81	1 508,96	1 697,58	17,13	1 368,–	1 539,–	–	1 227,12	1 380,51	–	1 088,64	1 224,72	–	956,08	1 075,59
	II	21 583	550,61	1 726,64	1 942,47	II	21 583	341,05	1 585,76	1 783,98	131,37	1 444,80	1 625,40	–	1 303,92	1 466,91	–	1 163,36	1 308,78	–	1 027,60	1 156,05	–	897,68	1 009,89
	III	14 984	–	1 198,72	1 348,56	III	14 984	–	1 087,84	1 223,82	–	980,–	1 102,50	–	875,04	984,42	–	772,96	869,58	–	673,76	757,98	–	577,60	649,80
	V	28 019	1 316,49	2 241,52	2 521,71	IV	22 385	541,21	1 720,32	1 935,36	436,37	1 649,84	1 856,07	331,53	1 579,36	1 776,78	226,81	1 508,96	1 697,58	121,97	1 438,48	1 618,29	17,13	1 368,–	1 539,–
	VI	28 454	1 368,26	2 276,32	2 560,86																				

* Die ausgewiesenen Tabellenwerte sind amtlich. Siehe Erläuterungen auf der Umschlaginnenseite (U2).

Abzüge an Lohnsteuer, Solidaritätszuschlag (SolZ) und Kirchensteuer (8%, 9%) in den Steuerklassen

Lohn/ Gehalt bis €*	I – VI		ohne Kinderfreibeträge			I, II, III, IV		mit Zahl der Kinderfreibeträge . . . 0,5			1			1,5			2			2,5			3		
		LSt	SolZ	8%	9%		LSt	SolZ	8%	9%	SolZ	8%	9%	SolZ	8%	9%	SolZ	8%	9%	SolZ	8%	9%	SolZ	8%	9%
87 731,99 West	I,IV	22 242	629,03	1 779,36	2 001,78	I	22 242	419,47	1 638,48	1 843,29	209,79	1 497,52	1 684,71	0,23	1 356,64	1 526,22	—	1 215,68	1 367,64	—	1 077,68	1 212,39	—	945,60	1 063,80
	II	21 441	533,71	1 715,28	1 929,69	II	21 441	324,03	1 574,32	1 771,11	114,47	1 433,44	1 612,62	—	1 292,56	1 454,13	—	1 152,24	1 296,27	—	1 016,88	1 143,99	—	887,44	998,37
	III	14 870	—	1 189,60	1 338,30	III	14 870	—	1 079,04	1 213,92	—	971,36	1 092,78	—	866,56	974,88	—	764,80	860,40	—	665,92	749,16	—	569,92	641,16
	V	27 876	1 299,48	2 230,08	2 508,84	IV	22 242	524,31	1 708,96	1 922,58	419,47	1 638,48	1 843,29	314,63	1 568,—	1 764,—	209,79	1 497,52	1 684,71	105,07	1 427,12	1 605,51	0,23	1 356,64	1 526,22
	VI	28 311	1 351,24	2 264,88	2 547,99																				
87 731,99 Ost	I,IV	22 400	647,83	1 792,—	2 016,—	I	22 400	438,15	1 651,04	1 857,42	228,59	1 510,16	1 698,93	18,92	1 369,20	1 540,35	—	1 228,32	1 381,86	—	1 089,84	1 226,07	—	957,12	1 076,76
	II	21 598	552,39	1 727,84	1 943,82	II	21 598	342,83	1 586,96	1 785,33	133,28	1 446,08	1 626,84	—	1 305,12	1 468,26	—	1 164,56	1 310,13	—	1 028,72	1 157,31	—	898,72	1 011,06
	III	14 996	—	1 199,68	1 349,64	III	14 996	—	1 088,80	1 224,90	—	980,80	1 103,40	—	875,84	985,32	—	773,76	870,48	—	674,56	758,88	—	578,40	650,70
	V	28 034	1 318,28	2 242,72	2 523,06	IV	22 400	542,99	1 721,52	1 936,71	438,15	1 651,04	1 857,42	333,43	1 580,64	1 778,22	228,59	1 510,16	1 698,93	123,76	1 439,68	1 619,64	18,92	1 369,20	1 540,35
	VI	28 469	1 370,04	2 277,52	2 562,21																				
87 767,99 West	I,IV	22 257	630,81	1 780,56	2 003,13	I	22 257	421,26	1 639,68	1 844,64	211,58	1 498,72	1 686,06	2,02	1 357,84	1 527,57	—	1 216,96	1 369,08	—	1 078,88	1 213,74	—	946,72	1 065,06
	II	21 456	535,50	1 716,48	1 931,04	II	21 456	325,94	1 575,60	1 772,55	116,26	1 434,64	1 613,97	—	1 293,76	1 455,48	—	1 153,36	1 297,53	—	1 018,—	1 145,25	—	888,48	999,54
	III	14 882	—	1 190,56	1 339,38	III	14 882	—	1 080,—	1 215,—	—	972,32	1 093,86	—	867,52	975,96	—	765,60	861,30	—	666,72	750,06	—	570,72	642,06
	V	27 891	1 301,26	2 231,28	2 510,19	IV	22 257	526,09	1 710,16	1 923,93	421,26	1 639,68	1 844,64	316,42	1 569,20	1 765,35	211,58	1 498,72	1 686,06	106,86	1 428,32	1 606,86	2,02	1 357,84	1 527,57
	VI	28 326	1 353,03	2 266,08	2 549,34																				
87 767,99 Ost	I,IV	22 415	649,62	1 793,20	2 017,35	I	22 415	439,94	1 652,24	1 858,77	230,38	1 511,36	1 700,28	20,82	1 370,48	1 541,79	—	1 229,52	1 383,21	—	1 090,96	1 227,33	—	958,24	1 078,02
	II	21 614	554,30	1 729,12	1 945,26	II	21 614	344,62	1 588,16	1 786,68	135,06	1 447,28	1 628,19	—	1 306,32	1 469,61	—	1 165,76	1 311,48	—	1 029,84	1 158,57	—	899,84	1 012,32
	III	15 008	—	1 200,64	1 350,72	III	15 008	—	1 089,76	1 225,98	—	981,76	1 104,48	—	876,80	986,40	—	774,72	871,56	—	675,52	759,96	—	579,20	651,60
	V	28 049	1 320,06	2 243,92	2 524,41	IV	22 415	544,78	1 722,72	1 938,06	439,94	1 652,24	1 858,77	335,22	1 581,84	1 779,57	230,38	1 511,36	1 700,28	125,54	1 440,88	1 620,99	20,82	1 370,48	1 541,79
	VI	28 484	1 371,83	2 278,72	2 563,56																				
87 803,99 West	I,IV	22 273	632,72	1 781,84	2 004,57	I	22 273	423,04	1 640,88	1 845,99	213,48	1 500,—	1 687,50	3,80	1 359,04	1 528,92	—	1 218,16	1 370,43	—	1 080,—	1 215,—	—	947,76	1 066,23
	II	21 471	537,28	1 717,68	1 932,39	II	21 471	327,72	1 576,80	1 773,90	118,04	1 435,84	1 615,32	—	1 294,96	1 456,83	—	1 154,56	1 298,88	—	1 019,12	1 146,51	—	889,60	1 000,80
	III	14 894	—	1 191,52	1 340,46	III	14 894	—	1 080,96	1 216,08	—	973,12	1 094,76	—	868,32	976,86	—	766,56	862,38	—	667,52	750,96	—	571,52	642,96
	V	27 906	1 303,05	2 232,48	2 511,54	IV	22 273	527,88	1 711,36	1 925,28	423,04	1 640,88	1 845,99	318,20	1 570,40	1 766,70	213,48	1 500,—	1 687,50	108,64	1 429,52	1 608,21	3,80	1 359,04	1 528,92
	VI	28 342	1 354,93	2 267,36	2 550,78																				
87 803,99 Ost	I,IV	22 430	651,40	1 794,40	2 018,70	I	22 430	441,84	1 653,52	1 860,21	232,16	1 512,56	1 701,63	22,61	1 371,68	1 543,14	—	1 230,72	1 384,56	—	1 092,16	1 228,68	—	959,36	1 079,28
	II	21 629	556,08	1 730,32	1 946,61	II	21 629	346,40	1 589,36	1 788,03	136,85	1 448,48	1 629,54	—	1 307,52	1 470,96	—	1 166,96	1 312,83	—	1 031,04	1 159,92	—	900,96	1 013,58
	III	15 020	—	1 201,60	1 351,80	III	15 020	—	1 090,72	1 227,06	—	982,72	1 105,56	—	877,60	987,30	—	775,52	872,46	—	676,32	760,86	—	580,—	652,50
	V	28 064	1 321,85	2 245,12	2 525,76	IV	22 430	546,56	1 723,92	1 939,41	441,84	1 653,52	1 860,21	337,—	1 583,04	1 780,92	232,16	1 512,56	1 701,63	127,33	1 442,08	1 622,34	22,61	1 371,68	1 543,14
	VI	28 499	1 373,61	2 279,92	2 564,91																				
87 839,99 West	I,IV	22 288	634,50	1 783,04	2 005,92	I	22 288	424,83	1 642,08	1 847,34	215,27	1 501,20	1 688,85	5,59	1 360,24	1 530,27	—	1 219,36	1 371,78	—	1 081,20	1 216,35	—	948,88	1 067,49
	II	21 486	539,07	1 718,88	1 933,74	II	21 486	329,51	1 578,—	1 775,25	119,83	1 437,04	1 616,67	—	1 296,16	1 458,18	—	1 155,76	1 300,23	—	1 020,24	1 147,77	—	890,64	1 001,97
	III	14 906	—	1 192,48	1 341,54	III	14 906	—	1 081,92	1 217,16	—	974,08	1 095,84	—	869,28	977,94	—	767,36	863,28	—	668,48	752,04	—	572,32	643,86
	V	27 922	1 304,95	2 233,76	2 512,98	IV	22 288	529,66	1 712,56	1 926,63	424,83	1 642,08	1 847,34	319,99	1 571,60	1 768,05	215,27	1 501,20	1 688,85	110,43	1 430,72	1 609,56	5,59	1 360,24	1 530,27
	VI	28 357	1 356,71	2 268,56	2 552,13																				
87 839,99 Ost	I,IV	22 445	653,19	1 795,60	2 020,05	I	22 445	443,63	1 654,72	1 861,56	233,95	1 513,76	1 702,98	24,39	1 372,88	1 544,49	—	1 231,92	1 385,91	—	1 093,28	1 229,94	—	960,48	1 080,54
	II	21 644	557,87	1 731,52	1 947,96	II	21 644	348,19	1 590,56	1 789,38	138,63	1 449,68	1 630,89	—	1 308,72	1 472,31	—	1 168,16	1 314,18	—	1 032,16	1 161,18	—	902,—	1 014,75
	III	15 032	—	1 202,56	1 352,88	III	15 032	—	1 091,68	1 228,14	—	983,68	1 106,64	—	878,56	988,38	—	776,32	873,36	—	677,12	761,76	—	580,80	653,40
	V	28 079	1 323,63	2 246,32	2 527,11	IV	22 445	548,35	1 725,12	1 940,76	443,63	1 654,72	1 861,56	338,79	1 584,24	1 782,27	233,95	1 513,76	1 702,98	129,11	1 443,28	1 623,69	24,39	1 372,88	1 544,49
	VI	28 514	1 375,40	2 281,12	2 566,26																				
87 875,99 West	I,IV	22 303	636,29	1 784,24	2 007,27	I	22 303	426,61	1 643,28	1 848,69	217,05	1 502,40	1 690,20	7,37	1 361,44	1 531,62	—	1 220,56	1 373,13	—	1 082,32	1 217,61	—	950,—	1 068,75
	II	21 501	540,85	1 720,08	1 935,09	II	21 501	331,29	1 579,20	1 776,60	121,61	1 438,24	1 618,02	—	1 297,36	1 459,53	—	1 156,96	1 301,58	—	1 021,44	1 149,12	—	891,76	1 003,23
	III	14 918	—	1 193,44	1 342,62	III	14 918	—	1 082,72	1 218,06	—	975,04	1 096,92	—	870,08	978,84	—	768,16	864,18	—	669,28	752,94	—	573,28	644,94
	V	27 937	1 306,73	2 234,96	2 514,33	IV	22 303	531,45	1 713,76	1 927,98	426,61	1 643,28	1 848,69	321,89	1 572,88	1 769,49	217,05	1 502,40	1 690,20	112,21	1 431,92	1 610,91	7,37	1 361,44	1 531,62
	VI	28 372	1 358,50	2 269,76	2 553,48																				
87 875,99 Ost	I,IV	22 460	654,97	1 796,80	2 021,40	I	22 460	445,41	1 655,92	1 862,91	235,73	1 514,96	1 704,33	26,18	1 374,08	1 545,84	—	1 233,12	1 387,26	—	1 094,48	1 231,29	—	961,60	1 081,80
	II	21 659	559,65	1 732,72	1 949,31	II	21 659	349,97	1 591,76	1 790,73	140,42	1 450,88	1 632,24	—	1 310,—	1 473,75	—	1 169,36	1 315,53	—	1 033,28	1 162,44	—	903,12	1 016,01
	III	15 044	—	1 203,52	1 353,96	III	15 044	—	1 092,64	1 229,22	—	984,48	1 107,54	—	879,36	989,28	—	777,28	874,44	—	677,92	762,66	—	581,76	654,48
	V	28 094	1 325,42	2 247,52	2 528,46	IV	22 460	550,25	1 726,40	1 942,20	445,41	1 655,92	1 862,91	340,57	1 585,44	1 783,62	235,73	1 514,96	1 704,33	131,01	1 444,56	1 625,13	26,18	1 374,08	1 545,84
	VI	28 529	1 377,18	2 282,32	2 567,61																				
87 911,99 West	I,IV	22 318	638,07	1 785,44	2 008,62	I	22 318	428,40	1 644,48	1 850,04	218,84	1 503,60	1 691,55	9,16	1 362,64	1 532,97	—	1 221,76	1 374,48	—	1 083,52	1 218,96	—	951,12	1 070,01
	II	21 517	542,75	1 721,36	1 936,53	II	21 517	333,08	1 580,40	1 777,95	123,52	1 439,52	1 619,46	—	1 298,56	1 460,88	—	1 158,16	1 302,93	—	1 022,56	1 150,38	—	892,88	1 004,49
	III	14 930	—	1 194,40	1 343,70	III	14 930	—	1 083,68	1 219,14	—	975,84	1 097,82	—	871,04	979,92	—	769,12	865,26	—	670,08	753,84	—	574,08	645,84
	V	27 952	1 308,52	2 236,16	2 515,68	IV	22 318	533,23	1 714,96	1 929,33	428,40	1 644,48	1 850,04	323,68	1 574,08	1 770,84	218,84	1 503,60	1 691,55	114,—	1 433,12	1 612,26	9,16	1 362,64	1 532,97
	VI	28 387	1 360,28	2 270,96	2 554,83																				
87 911,99 Ost	I,IV	22 475	656,76	1 798,—	2 022,75	I	22 475	447,20	1 657,12	1 864,26	237,52	1 516,16	1 705,68	27,96	1 375,28	1 547,19	—	1 234,40	1 388,70	—	1 095,60	1 232,55	—	962,72	1 083,06
	II	21 674	561,44	1 733,92	1 950,66	II	21 674	351,88	1 593,04	1 792,17	142,20	1 452,08	1 633,59	—	1 311,20	1 475,10	—	1 170,56	1 316,88	—	1 034,48	1 163,79	—	904,24	1 017,27
	III	15 056	—	1 204,48	1 355,04	III	15 056	—	1 093,60	1 230,30	—	985,44	1 108,62	—	880,32	990,36	—	778,08	875,34	—	678,88	763,74	—	582,56	655,38
	V	28 109	1 327,20	2 248,72	2 529,81	IV	22 475	552,04	1 727,60	1 943,55	447,20	1 657,12	1 864,26	342,36	1 586,64	1 784,97	237,52	1 516,16	1 705,68	132,80	1 445,76	1 626,48	27,96	1 375,28	1 547,19
	VI	28 544	1 378,97	2 283,52	2 568,96																				
87 947,99 West	I,IV	22 333	639,86	1 786,64	2 009,97	I	22 333	430,30	1 645,76	1 851,48	220,62	1 504,80	1 692,90	11,06	1 363,92	1 534,41	—	1 222,96	1 375,83	—	1 084,64	1 220,22	—	952,24	1 071,27
	II	21 532	544,54	1 722,56	1 937,88	II	21 532	334,86	1 581,60	1 779,30	125,30	1 440,72	1 620,81	—	1 299,76	1 462,23	—	1 159,36	1 304,28	—	1 023,68	1 151,64	—	893,92	1 005,66
	III	14 944	—	1 195,52	1 344,96	III	14 944	—	1 084,64	1 220,22	—	976,80	1 098,90	—	871,84	980,82	—	769,92	866,16	—	670,88	754,74	—	574,88	646,74
	V	27 967	1 310,30	2 237,36	2 517,03	IV	22 333	535,02	1 716,16	1 930,68	430,30	1 645,76	1 851,48	325,46	1 575,28	1 772,19	220,62	1 504,80	1 692,90	115,78	1 434,32	1 613,61	11,06	1 363,92	1 534,41
	VI	28 402	1 362,07	2 272,16	2 556,18																				
87 947,99 Ost	I,IV	22 491	658,66	1 799,28	2 024,19	I	22 491	448,98	1 658,32	1 865,61	239,42	1 517,44	1 707,12	29,75	1 376,48	1 548,54	—	1 235,60	1 390,05	—	1 096,80	1 233,90	—	963,84	1 084,32
	II	21 689	563,22	1 735,12	1 952,01	II	21 689	353,66	1 594,24	1 793,52	143,99	1 453,28	1 634,94	—	1 312,40	1 476,45	—	1 171,76	1 318,23	—	1 035,60	1 165,05	—	905,28	1 018,44
	III	15 068	—	1 205,44	1 356,12	III	15 068	—	1 094,40	1 231,20	—	986,40	1 109,70	—	881,12	991,26	—	779,04	876,42	—	679,68	764,64	—	583,36	656,28
	V	28 124	1 328,99	2 249,92	2 531,16	IV	22 491	553,82	1 728,80	1 944,90	448,98	1 658,32	1 865,61	344,14	1 587,84	1 786,32	239,42	1 517,44	1 707,12	134,58	1 446,96	1 627,83	29,75	1 376,48	1 548,54
	VI	28 560	1 380,87	2 284,80	2 570,40																				
87 983,99 West	I,IV	22 348	641,64	1 787,84	2 011,32	I	22 348	432,08	1 646,96	1 852,83	222,41	1 506,—	1 694,25	12,85	1 365,12	1 535,76	—	1 224,16	1 377,18	—	1 085,84	1 221,57	—	953,36	1 072,53
	II	21 547	546,32	1 723,76	1 939,23	II	21 547	336,65	1 582,80	1 780,65	127,09	1 441,92	1 622,16	—	1 300,96	1 463,58	—	1 160,48	1 305,54	—	1 024,80	1 152,90	—	895,04	1 006,92
	III	14 956	—	1 196,48	1 346,04	III	14 956	—	1 085,60	1 221,30	—	977,76	1 099,98	—	872,80	981,90	—	770,88	867,24	—	671,68	755,64	—	575,68	647,64
	V	27 982	1 312,09	2 238,56	2 518,38	IV	22 348	536,80	1 717,36	1 932,03	432,08	1 646,96	1 852,83	327,25	1 576,48	1 773,54	222,41	1 506,—	1 694,25	117,57	1 435,52	1 614,96	12,85	1 365,12	1 535,76
	VI	28 417	1 363,85	2 273,36	2 557,53																				
87 983,99 Ost	I,IV	22 506	660,45	1 800,48	2 025,54	I	22 506	450,77	1 659,52	1 866,96	241,21	1 518,64	1 708,47	31,53	1 377,68	1 549,89	—	1 236,80	1 391,40	—	1 098,—	1 235,25	—	964,96	1 085,58
	II	21 704	565,01	1 736,32	1 953,36	II	21 704	355,45	1 595,44	1 794,87	145,77	1 454,48	1 636,29	—	1 313,60	1 477,80	—	1 172,96	1 319,58	—	1 036,72	1 166,31	—	906,40	1 019,70
	III	15 082	—	1 206,56	1 357,38	III	15 082	—	1 095,36	1 232,28	—	987,20	1 110,60	—	882,08	992,34	—	779,84	877,32	—	680,48	765,54	—	584,16	657,18
	V	28 140	1 330,89	2 251,20	2 532,60	IV	22 506	555,61	1 730,—	1 946,25	450,77	1 659,52	1 866,96	345,93	1 589,04	1 787,67	241,21	1 518,64	1 708,47	136,37	1 448,16	1 629,18	31,53	1 377,68	1 549,89
	VI	28 575	1 382,66	2 286,—	2 571,75																				

* Die ausgewiesenen Tabellenwerte sind amtlich. Siehe Erläuterungen auf der Umschlaginnenseite (U2).

JAHR 87 984,–*

Abzüge an Lohnsteuer, Solidaritätszuschlag (SolZ) und Kirchensteuer (8%, 9%) in den Steuerklassen

Lohn/ Gehalt bis €*	I – VI					I, II, III, IV		mit Zahl der Kinderfreibeträge . . . 0,5			1			1,5			2			2,5			3		
			ohne Kinderfreibeträge																						
		LSt	SolZ	8%	9%		LSt	SolZ	8%	9%	SolZ	8%	9%	SolZ	8%	9%	SolZ	8%	9%	SolZ	8%	9%	SolZ	8%	9%
88 019,99 West	I,IV	22 363	643,43	1 789,04	2 012,67	I	22 363	433,87	1 648,16	1 854,18	224,19	1 507,20	1 695,60	14,63	1 366,32	1 537,11	–	1 225,36	1 378,53	–	1 086,96	1 222,83	–	954,48	1 073,79
	II	21 562	548,11	1 724,96	1 940,58	II	21 562	338,43	1 584,–	1 782,–	128,87	1 443,12	1 623,51	–	1 302,16	1 464,93	–	1 161,68	1 306,89	–	1 026,–	1 154,25	–	896,08	1 008,09
	III	14 968	–	1 197,44	1 347,12	III	14 968	–	1 086,56	1 222,38	–	978,72	1 101,06	–	873,76	982,98	–	771,68	868,14	–	672,64	756,72	–	576,48	648,54
	V	27 997	1 313,87	2 239,76	2 519,73	IV	22 363	538,71	1 718,64	1 933,47	433,87	1 648,16	1 854,18	329,03	1 577,68	1 774,89	224,19	1 507,20	1 695,60	119,47	1 436,80	1 616,40	14,63	1 366,32	1 537,11
	VI	28 432	1 365,64	2 274,56	2 558,88																				
88 019,99 Ost	I,IV	22 521	662,23	1 801,68	2 026,89	I	22 521	452,55	1 660,72	1 868,31	242,99	1 519,84	1 709,82	33,32	1 378,88	1 551,24	–	1 238,–	1 392,75	–	1 099,12	1 236,51	–	966,08	1 086,84
	II	21 719	566,79	1 737,52	1 954,71	II	21 719	357,23	1 596,64	1 796,22	147,56	1 455,68	1 637,64	–	1 314,80	1 479,15	–	1 174,16	1 320,93	–	1 037,84	1 167,57	–	907,52	1 020,96
	III	15 094	–	1 207,52	1 358,46	III	15 094	–	1 096,32	1 233,36	–	988,16	1 111,68	–	883,04	993,42	–	780,64	878,22	–	681,28	766,44	–	584,96	658,08
	V	28 155	1 332,68	2 252,40	2 533,95	IV	22 521	557,39	1 731,20	1 947,60	452,55	1 660,72	1 868,31	347,83	1 590,32	1 789,11	242,99	1 519,84	1 709,82	138,15	1 449,36	1 630,53	33,32	1 378,88	1 551,24
	VI	28 590	1 384,44	2 287,20	2 573,10																				
88 055,99 West	I,IV	22 378	645,21	1 790,24	2 014,02	I	22 378	435,65	1 649,36	1 855,53	225,98	1 508,40	1 696,95	16,42	1 367,52	1 538,46	–	1 226,56	1 379,88	–	1 088,16	1 224,18	–	955,60	1 075,05
	II	21 577	549,89	1 726,16	1 941,93	II	21 577	340,34	1 585,28	1 783,44	130,66	1 444,32	1 624,86	–	1 303,44	1 466,37	–	1 162,88	1 308,24	–	1 027,12	1 155,51	–	897,20	1 009,35
	III	14 980	–	1 198,40	1 348,20	III	14 980	–	1 087,52	1 223,46	–	979,52	1 101,96	–	874,56	983,88	–	772,48	869,04	–	673,44	757,62	–	577,28	649,44
	V	28 012	1 315,66	2 240,96	2 521,08	IV	22 378	540,49	1 719,84	1 934,82	435,65	1 649,36	1 855,53	330,82	1 578,88	1 776,24	225,98	1 508,40	1 696,95	121,26	1 438,–	1 617,75	16,42	1 367,52	1 538,46
	VI	28 447	1 367,42	2 275,76	2 560,23																				
88 055,99 Ost	I,IV	22 536	664,02	1 802,88	2 028,24	I	22 536	454,34	1 661,92	1 869,66	244,78	1 521,04	1 711,17	35,10	1 380,08	1 552,59	–	1 239,20	1 394,10	–	1 100,32	1 237,86	–	967,20	1 088,10
	II	21 735	568,70	1 738,80	1 956,15	II	21 735	359,02	1 597,84	1 797,57	149,46	1 456,96	1 639,08	–	1 316,–	1 480,50	–	1 175,36	1 322,28	–	1 039,04	1 168,92	–	908,56	1 022,13
	III	15 106	–	1 208,48	1 359,54	III	15 106	–	1 097,28	1 234,44	–	989,12	1 112,76	–	883,84	994,32	–	781,60	879,30	–	682,24	767,52	–	585,76	658,98
	V	28 170	1 334,46	2 253,60	2 535,30	IV	22 536	559,18	1 732,40	1 948,95	454,34	1 661,92	1 869,66	349,62	1 591,52	1 790,46	244,78	1 521,04	1 711,17	139,94	1 450,56	1 631,88	35,10	1 380,08	1 552,59
	VI	28 605	1 386,23	2 288,40	2 574,45																				
88 091,99 West	I,IV	22 394	647,12	1 791,52	2 015,46	I	22 394	437,44	1 650,56	1 856,88	227,88	1 509,68	1 698,39	18,20	1 368,72	1 539,81	–	1 227,84	1 381,32	–	1 089,36	1 225,53	–	956,72	1 076,31
	II	21 592	551,68	1 727,36	1 943,28	II	21 592	342,12	1 586,48	1 784,79	132,44	1 445,52	1 626,21	–	1 304,64	1 467,72	–	1 164,08	1 309,59	–	1 028,24	1 156,77	–	898,32	1 010,61
	III	14 992	–	1 199,36	1 349,28	III	14 992	–	1 088,48	1 224,54	–	980,48	1 103,04	–	875,52	984,96	–	773,44	870,12	–	674,24	758,52	–	578,08	650,34
	V	28 027	1 317,44	2 242,16	2 522,43	IV	22 394	542,28	1 721,04	1 936,17	437,44	1 650,56	1 856,88	332,60	1 580,08	1 777,59	227,88	1 509,68	1 698,39	123,04	1 439,20	1 619,10	18,20	1 368,72	1 539,81
	VI	28 463	1 369,33	2 277,04	2 561,67																				
88 091,99 Ost	I,IV	22 551	665,80	1 804,08	2 029,59	I	22 551	456,24	1 663,20	1 871,10	246,56	1 522,24	1 712,52	37,–	1 381,36	1 554,03	–	1 240,40	1 395,45	–	1 101,44	1 239,12	–	968,32	1 089,36
	II	21 750	570,48	1 740,–	1 957,50	II	21 750	360,80	1 599,04	1 798,92	151,24	1 458,16	1 640,43	–	1 317,20	1 481,85	–	1 176,56	1 323,63	–	1 040,16	1 170,18	–	909,68	1 023,39
	III	15 118	–	1 209,44	1 360,62	III	15 118	–	1 098,24	1 235,52	–	990,08	1 113,84	–	884,80	995,40	–	782,40	880,20	–	683,04	768,42	–	586,56	659,88
	V	28 185	1 336,25	2 254,80	2 536,65	IV	22 551	560,96	1 733,60	1 950,30	456,24	1 663,20	1 871,10	351,40	1 592,72	1 791,81	246,56	1 522,24	1 712,52	141,72	1 451,76	1 633,23	37,–	1 381,36	1 554,03
	VI	28 620	1 388,01	2 289,60	2 575,80																				
88 127,99 West	I,IV	22 409	648,90	1 792,72	2 016,81	I	22 409	439,22	1 651,76	1 858,23	229,67	1 510,88	1 699,74	19,99	1 369,92	1 541,16	–	1 229,04	1 382,67	–	1 090,48	1 226,79	–	957,84	1 077,57
	II	21 607	553,46	1 728,56	1 944,63	II	21 607	343,91	1 587,68	1 786,14	134,23	1 446,72	1 627,56	–	1 305,84	1 469,07	–	1 165,28	1 310,94	–	1 029,36	1 158,03	–	899,36	1 011,78
	III	15 004	–	1 200,32	1 350,36	III	15 004	–	1 089,28	1 225,44	–	981,44	1 104,12	–	876,32	985,86	–	774,24	871,02	–	675,04	759,42	–	578,88	651,24
	V	28 043	1 319,35	2 243,44	2 523,87	IV	22 409	544,06	1 722,24	1 937,52	439,22	1 651,76	1 858,23	334,39	1 581,28	1 778,94	229,67	1 510,88	1 699,74	124,83	1 440,40	1 620,45	19,99	1 369,92	1 541,16
	VI	28 478	1 371,11	2 278,24	2 563,02																				
88 127,99 Ost	I,IV	22 566	667,59	1 805,28	2 030,94	I	22 566	458,03	1 664,40	1 872,45	248,35	1 523,44	1 713,87	38,79	1 382,56	1 555,38	–	1 241,60	1 396,80	–	1 102,64	1 240,47	–	969,44	1 090,62
	II	21 765	572,27	1 741,20	1 958,85	II	21 765	362,59	1 600,24	1 800,27	153,03	1 459,36	1 641,78	–	1 318,40	1 483,20	–	1 177,68	1 324,89	–	1 041,28	1 171,44	–	910,80	1 024,65
	III	15 130	–	1 210,40	1 361,70	III	15 130	–	1 099,20	1 236,60	–	990,88	1 114,74	–	885,60	996,30	–	783,36	881,28	–	683,84	769,32	–	587,36	660,78
	V	28 200	1 338,03	2 256,–	2 538,–	IV	22 566	562,75	1 734,80	1 951,65	458,03	1 664,40	1 872,45	353,19	1 593,92	1 793,16	248,35	1 523,44	1 713,87	143,51	1 452,96	1 634,58	38,79	1 382,56	1 555,38
	VI	28 635	1 389,80	2 290,80	2 577,15																				
88 163,99 West	I,IV	22 424	650,69	1 793,92	2 018,16	I	22 424	441,01	1 652,96	1 859,58	231,45	1 512,08	1 701,09	21,77	1 371,12	1 542,51	–	1 230,24	1 384,02	–	1 091,68	1 228,14	–	958,88	1 078,74
	II	21 622	555,25	1 729,76	1 945,98	II	21 622	345,69	1 588,88	1 787,49	136,01	1 447,92	1 628,91	–	1 307,04	1 470,42	–	1 166,48	1 312,29	–	1 030,56	1 159,38	–	900,48	1 013,04
	III	15 016	–	1 201,28	1 351,44	III	15 016	–	1 090,24	1 226,52	–	982,24	1 105,02	–	877,28	986,94	–	775,20	872,10	–	676,–	760,50	–	579,68	652,14
	V	28 058	1 321,13	2 244,64	2 525,22	IV	22 424	545,85	1 723,44	1 938,87	441,01	1 652,96	1 859,58	336,29	1 582,56	1 780,38	231,45	1 512,08	1 701,09	126,61	1 441,60	1 621,80	21,77	1 371,12	1 542,51
	VI	28 493	1 372,90	2 279,44	2 564,37																				
88 163,99 Ost	I,IV	22 581	669,37	1 806,48	2 032,29	I	22 581	459,81	1 665,60	1 873,80	250,13	1 524,64	1 715,22	40,57	1 383,76	1 556,73	–	1 242,80	1 398,15	–	1 103,84	1 241,82	–	970,56	1 091,88
	II	21 780	574,05	1 742,40	1 960,20	II	21 780	364,37	1 601,44	1 801,62	154,81	1 460,56	1 643,13	–	1 319,60	1 484,55	–	1 178,88	1 326,24	–	1 042,48	1 172,79	–	911,84	1 025,82
	III	15 142	–	1 211,36	1 362,78	III	15 142	–	1 100,16	1 237,68	–	991,84	1 115,82	–	886,56	997,38	–	784,16	882,18	–	684,64	770,22	–	588,16	661,68
	V	28 215	1 339,82	2 257,20	2 539,35	IV	22 581	564,65	1 736,08	1 953,09	459,81	1 665,60	1 873,80	354,97	1 595,12	1 794,51	250,13	1 524,64	1 715,22	145,41	1 454,24	1 636,02	40,57	1 383,76	1 556,73
	VI	28 650	1 391,58	2 292,–	2 578,50																				
88 199,99 West	I,IV	22 439	652,47	1 795,12	2 019,51	I	22 439	442,79	1 654,16	1 860,93	233,24	1 513,28	1 702,44	23,56	1 372,32	1 543,86	–	1 231,44	1 385,37	–	1 092,80	1 229,40	–	960,–	1 080,–
	II	21 638	557,15	1 731,04	1 947,42	II	21 638	347,48	1 590,08	1 788,84	137,92	1 449,20	1 630,35	–	1 308,24	1 471,77	–	1 167,68	1 313,64	–	1 031,68	1 160,64	–	901,60	1 014,30
	III	15 028	–	1 202,24	1 352,52	III	15 028	–	1 091,20	1 227,60	–	983,20	1 106,10	–	878,08	987,84	–	776,–	873,–	–	676,80	761,40	–	580,48	653,04
	V	28 073	1 322,92	2 245,84	2 526,57	IV	22 439	547,63	1 724,64	1 940,22	442,79	1 654,16	1 860,93	338,07	1 583,76	1 781,73	233,24	1 513,28	1 702,44	128,40	1 442,80	1 623,15	23,56	1 372,32	1 543,86
	VI	28 508	1 374,68	2 280,64	2 565,72																				
88 199,99 Ost	I,IV	22 596	671,16	1 807,68	2 033,64	I	22 596	461,60	1 666,80	1 875,15	251,92	1 525,84	1 716,57	42,36	1 384,96	1 558,08	–	1 244,–	1 399,50	–	1 104,96	1 243,08	–	971,68	1 093,14
	II	21 795	575,84	1 743,60	1 961,55	II	21 795	366,28	1 602,72	1 803,06	156,60	1 461,76	1 644,48	–	1 320,88	1 485,99	–	1 180,08	1 327,59	–	1 043,60	1 174,05	–	912,96	1 027,08
	III	15 154	–	1 212,32	1 363,86	III	15 154	–	1 101,12	1 238,76	–	992,80	1 116,90	–	887,36	998,28	–	784,96	883,08	–	685,60	771,30	–	588,96	662,58
	V	28 230	1 341,60	2 258,40	2 540,70	IV	22 596	566,44	1 737,28	1 954,44	461,60	1 666,80	1 875,15	356,76	1 596,32	1 795,86	251,92	1 525,84	1 716,57	147,20	1 455,44	1 637,37	42,36	1 384,96	1 558,08
	VI	28 665	1 393,37	2 293,20	2 579,85																				
88 235,99 West	I,IV	22 454	654,26	1 796,32	2 020,86	I	22 454	444,70	1 655,44	1 862,37	235,02	1 514,48	1 703,79	25,46	1 373,60	1 545,30	–	1 232,64	1 386,72	–	1 094,–	1 230,75	–	961,12	1 081,26
	II	21 653	558,94	1 732,24	1 948,77	II	21 653	349,26	1 591,28	1 790,19	139,70	1 450,40	1 631,70	–	1 309,44	1 473,12	–	1 168,88	1 314,99	–	1 032,80	1 161,90	–	902,64	1 015,47
	III	15 040	–	1 203,20	1 353,60	III	15 040	–	1 092,16	1 228,68	–	984,16	1 107,18	–	879,04	988,92	–	776,80	873,90	–	677,60	762,30	–	581,28	653,94
	V	28 088	1 324,70	2 247,04	2 527,92	IV	22 454	549,42	1 725,84	1 941,57	444,70	1 655,44	1 862,37	339,86	1 584,96	1 783,08	235,02	1 514,48	1 703,79	130,18	1 444,–	1 624,50	25,46	1 373,60	1 545,30
	VI	28 523	1 376,47	2 281,84	2 567,07																				
88 235,99 Ost	I,IV	22 612	673,06	1 808,96	2 035,08	I	22 612	463,38	1 668,–	1 876,50	253,82	1 527,12	1 718,01	44,14	1 386,16	1 559,43	–	1 245,28	1 400,94	–	1 106,16	1 244,43	–	972,80	1 094,40
	II	21 810	577,62	1 744,80	1 962,90	II	21 810	368,06	1 603,92	1 804,41	158,38	1 462,96	1 645,83	–	1 322,08	1 487,34	–	1 181,28	1 328,94	–	1 044,72	1 175,31	–	914,08	1 028,34
	III	15 166	–	1 213,28	1 364,94	III	15 166	–	1 102,08	1 239,84	–	993,76	1 117,98	–	888,32	999,36	–	785,92	884,16	–	686,40	772,20	–	589,92	663,66
	V	28 245	1 343,39	2 259,60	2 542,05	IV	22 612	568,22	1 738,48	1 955,79	463,38	1 668,–	1 876,50	358,54	1 597,52	1 797,21	253,82	1 527,12	1 718,01	148,98	1 456,64	1 638,72	44,14	1 386,16	1 559,43
	VI	28 680	1 395,15	2 294,40	2 581,20																				
88 271,99 West	I,IV	22 469	656,04	1 797,52	2 022,21	I	22 469	446,48	1 656,64	1 863,72	236,81	1 515,68	1 705,14	27,25	1 374,80	1 546,65	–	1 233,84	1 388,07	–	1 095,12	1 232,01	–	962,24	1 082,52
	II	21 668	560,72	1 733,44	1 950,12	II	21 668	351,05	1 592,48	1 791,54	141,49	1 451,60	1 633,05	–	1 310,64	1 474,47	–	1 170,08	1 316,34	–	1 034,–	1 163,25	–	903,76	1 016,73
	III	15 052	–	1 204,16	1 354,68	III	15 052	–	1 093,12	1 229,76	–	985,12	1 108,26	–	879,84	989,82	–	777,76	874,98	–	678,40	763,20	–	582,08	654,84
	V	28 103	1 326,49	2 248,24	2 529,27	IV	22 469	551,20	1 727,04	1 942,92	446,48	1 656,64	1 863,72	341,64	1 586,16	1 784,43	236,81	1 515,68	1 705,14	131,97	1 445,20	1 625,85	27,25	1 374,80	1 546,65
	VI	28 538	1 378,25	2 283,04	2 568,42																				
88 271,99 Ost	I,IV	22 627	674,84	1 810,16	2 036,43	I	22 627	465,17	1 669,20	1 877,85	255,61	1 528,32	1 719,36	45,93	1 387,36	1 560,78	–	1 246,48	1 402,29	–	1 107,28	1 245,69	–	973,92	1 095,66
	II	21 825	579,41	1 746,–	1 964,25	II	21 825	369,85	1 605,12	1 805,76	160,17	1 464,16	1 647,18	–	1 323,28	1 488,69	–	1 182,48	1 330,29	–	1 045,92	1 176,66	–	915,12	1 029,51
	III	15 178	–	1 214,24	1 366,02	III	15 178	–	1 102,88	1 240,74	–	994,56	1 118,88	–	889,28	1 000,44	–	786,72	885,06	–	687,20	773,10	–	590,72	664,56
	V	28 260	1 345,17	2 260,80	2 543,40	IV	22 627	570,01	1 739,68	1 957,14	465,17	1 669,20	1 877,85	360,33	1 598,72	1 798,56	255,61	1 528,32	1 719,36	150,77	1 457,84	1 640,07	45,93	1 387,36	1 560,78
	VI	28 696	1 397,06	2 295,68	2 582,64																				

* Die ausgewiesenen Tabellenwerte sind amtlich. Siehe Erläuterungen auf der Umschlaginnenseite (U2).

Abzüge an Lohnsteuer, Solidaritätszuschlag (SolZ) und Kirchensteuer (8%, 9%) in den Steuerklassen

Lohn/ Gehalt bis €*	I – VI	LSt	ohne Kinderfreibeträge SolZ	8%	9%	I, II, III, IV	LSt	mit Zahl der Kinderfreibeträge . . . 0,5 SolZ	0,5 8%	0,5 9%	1 SolZ	1 8%	1 9%	1,5 SolZ	1,5 8%	1,5 9%	2 SolZ	2 8%	2 9%	2,5 SolZ	2,5 8%	2,5 9%	3 SolZ	3 8%	3 9%
88 307,99 West	I,IV	22 484	657,83	1 798,72	2 023,56	I	22 484	448,27	1 657,84	1 865,07	238,59	1 516,88	1 706,49	29,03	1 376,—	1 548,—	—	1 235,04	1 389,42	—	1 096,32	1 233,36	—	963,36	1 083,78
	II	21 683	562,51	1 734,64	1 951,47	II	21 683	352,83	1 593,68	1 792,89	143,27	1 452,80	1 634,40	—	1 311,84	1 475,82	—	1 171,28	1 317,69	—	1 035,12	1 164,51	—	904,88	1 017,99
	III	15 064	—	1 205,12	1 355,76	III	15 064	—	1 094,08	1 230,84	—	985,92	1 109,16	—	880,80	990,90	—	778,56	875,88	—	679,36	764,28	—	582,88	655,74
	V	28 118	1 328,27	2 249,44	2 530,62	IV	22 484	553,11	1 728,32	1 944,36	448,27	1 657,84	1 865,07	343,43	1 587,36	1 785,78	238,59	1 516,88	1 706,49	133,87	1 446,48	1 627,29	29,03	1 376,—	1 548,—
	VI	28 553	1 380,04	2 284,24	2 569,77																				
88 307,99 Ost	I,IV	22 642	676,63	1 811,36	2 037,78	I	22 642	466,95	1 670,40	1 879,20	257,39	1 529,52	1 720,71	47,71	1 388,56	1 562,13	—	1 247,68	1 403,64	—	1 108,48	1 247,04	—	975,04	1 096,92
	II	21 840	581,19	1 747,20	1 965,60	II	21 840	371,63	1 606,32	1 807,11	161,95	1 465,36	1 648,53	—	1 324,48	1 490,04	—	1 183,68	1 331,64	—	1 047,04	1 177,92	—	916,24	1 030,77
	III	15 190	—	1 215,20	1 367,10	III	15 190	—	1 103,84	1 241,82	—	995,52	1 119,96	—	890,08	1 001,34	—	787,68	886,14	—	688,—	774,—	—	591,52	665,46
	V	28 276	1 347,08	2 262,08	2 544,84	IV	22 642	571,79	1 740,88	1 958,49	466,95	1 670,40	1 879,20	362,23	1 600,—	1 800,—	257,39	1 529,52	1 720,71	152,55	1 459,04	1 641,42	47,71	1 388,56	1 562,13
	VI	28 711	1 398,84	2 296,88	2 583,99																				
88 343,99 West	I,IV	22 499	659,61	1 799,92	2 024,91	I	22 499	450,05	1 659,04	1 866,42	240,38	1 518,08	1 707,84	30,82	1 377,20	1 549,35	—	1 236,24	1 390,77	—	1 097,44	1 234,62	—	964,48	1 085,04
	II	21 698	564,29	1 735,84	1 952,82	II	21 698	354,73	1 594,96	1 794,33	145,06	1 454,—	1 635,75	—	1 313,12	1 477,26	—	1 172,48	1 319,04	—	1 036,24	1 165,77	—	905,92	1 019,16
	III	15 076	—	1 206,08	1 356,84	III	15 076	—	1 095,04	1 231,92	—	986,88	1 110,24	—	881,76	991,98	—	779,52	876,96	—	680,16	765,18	—	583,84	656,82
	V	28 133	1 330,06	2 250,64	2 531,97	IV	22 499	554,89	1 729,52	1 945,71	450,05	1 659,04	1 866,42	345,21	1 588,56	1 787,13	240,38	1 518,08	1 707,84	135,66	1 447,68	1 628,64	30,82	1 377,20	1 549,35
	VI	28 568	1 381,82	2 285,44	2 571,12																				
88 343,99 Ost	I,IV	22 657	678,41	1 812,56	2 039,13	I	22 657	468,74	1 671,60	1 880,55	259,18	1 530,72	1 722,06	49,50	1 389,76	1 563,48	—	1 248,88	1 404,99	—	1 109,68	1 248,39	—	976,16	1 098,18
	II	21 856	583,10	1 748,48	1 967,04	II	21 856	373,42	1 607,52	1 808,46	163,86	1 466,64	1 649,97	—	1 325,68	1 491,39	—	1 184,88	1 332,99	—	1 048,16	1 179,18	—	917,36	1 032,03
	III	15 202	—	1 216,16	1 368,18	III	15 202	—	1 104,80	1 242,90	—	996,48	1 121,04	—	891,04	1 002,42	—	788,48	887,04	—	688,96	775,08	—	592,32	666,36
	V	28 291	1 348,86	2 263,28	2 546,19	IV	22 657	573,58	1 742,08	1 959,84	468,74	1 671,60	1 880,55	364,02	1 601,20	1 801,35	259,18	1 530,72	1 722,06	154,34	1 460,24	1 642,77	49,50	1 389,76	1 563,48
	VI	28 726	1 400,63	2 298,08	2 585,34																				
88 379,99 West	I,IV	22 514	661,40	1 801,12	2 026,26	I	22 514	451,84	1 660,24	1 867,77	242,28	1 519,36	1 709,28	32,60	1 378,40	1 550,70	—	1 237,52	1 392,21	—	1 098,64	1 235,97	—	965,60	1 086,30
	II	21 713	566,08	1 737,04	1 954,17	II	21 713	356,52	1 596,16	1 795,68	146,84	1 455,20	1 637,10	—	1 314,32	1 478,61	—	1 173,60	1 320,30	—	1 037,36	1 167,03	—	907,04	1 020,42
	III	15 088	—	1 207,04	1 357,92	III	15 088	—	1 096,—	1 233,—	—	987,84	1 111,32	—	882,56	992,88	—	780,32	877,86	—	680,96	766,08	—	584,64	657,72
	V	28 148	1 331,84	2 251,84	2 533,32	IV	22 514	556,68	1 730,72	1 947,06	451,84	1 660,24	1 867,77	347,—	1 589,76	1 788,48	242,28	1 519,36	1 709,28	137,44	1 448,88	1 629,99	32,60	1 378,40	1 550,70
	VI	28 583	1 383,61	2 286,64	2 572,47																				
88 379,99 Ost	I,IV	22 672	680,20	1 813,76	2 040,48	I	22 672	470,64	1 672,88	1 881,99	260,96	1 531,92	1 723,41	51,40	1 391,04	1 564,92	—	1 250,08	1 406,34	—	1 110,80	1 249,65	—	977,28	1 099,44
	II	21 871	584,88	1 749,68	1 968,39	II	21 871	375,20	1 608,72	1 809,81	165,64	1 467,84	1 651,32	—	1 326,88	1 492,74	—	1 186,08	1 334,34	—	1 049,36	1 180,53	—	918,48	1 033,29
	III	15 214	—	1 217,12	1 369,26	III	15 214	—	1 105,76	1 243,98	—	997,44	1 122,12	—	891,84	1 003,32	—	789,28	887,94	—	689,76	775,98	—	593,12	667,26
	V	28 306	1 350,65	2 264,48	2 547,54	IV	22 672	575,36	1 743,28	1 961,19	470,64	1 672,88	1 881,99	365,80	1 602,40	1 802,70	260,96	1 531,92	1 723,41	156,12	1 461,44	1 644,12	51,40	1 391,04	1 564,92
	VI	28 741	1 402,41	2 299,28	2 586,69																				
88 415,99 West	I,IV	22 530	663,30	1 802,40	2 027,70	I	22 530	453,62	1 661,44	1 869,12	244,06	1 520,56	1 710,63	34,39	1 379,60	1 552,05	—	1 238,72	1 393,56	—	1 099,84	1 237,32	—	966,72	1 087,56
	II	21 728	567,86	1 738,24	1 955,52	II	21 728	358,30	1 597,36	1 797,03	148,63	1 456,40	1 638,45	—	1 315,52	1 479,96	—	1 174,80	1 321,65	—	1 038,56	1 168,38	—	908,16	1 021,68
	III	15 100	—	1 208,—	1 359,—	III	15 100	—	1 096,80	1 233,90	—	988,64	1 112,22	—	883,52	993,96	—	781,12	878,76	—	681,76	766,98	—	585,44	658,62
	V	28 163	1 333,63	2 253,04	2 534,67	IV	22 530	558,46	1 731,92	1 948,41	453,62	1 661,44	1 869,12	348,78	1 590,96	1 789,83	244,06	1 520,56	1 710,63	139,23	1 450,08	1 631,34	34,39	1 379,60	1 552,05
	VI	28 599	1 385,51	2 287,92	2 573,91																				
88 415,99 Ost	I,IV	22 687	681,98	1 814,96	2 041,83	I	22 687	472,43	1 674,08	1 883,34	262,75	1 533,12	1 724,76	53,19	1 392,24	1 566,27	—	1 251,28	1 407,69	—	1 112,—	1 251,—	—	978,40	1 100,70
	II	21 886	586,67	1 750,88	1 969,74	II	21 886	376,99	1 609,92	1 811,16	167,43	1 469,04	1 652,67	—	1 328,08	1 494,09	—	1 187,28	1 335,69	—	1 050,48	1 181,79	—	919,52	1 034,46
	III	15 226	—	1 218,08	1 370,34	III	15 226	—	1 106,72	1 245,06	—	998,24	1 123,02	—	892,80	1 004,40	—	790,24	889,02	—	690,56	776,88	—	593,92	668,16
	V	28 321	1 352,43	2 265,68	2 548,89	IV	22 687	577,15	1 744,48	1 962,54	472,43	1 674,08	1 883,34	367,59	1 603,60	1 804,05	262,75	1 533,12	1 724,76	157,91	1 462,64	1 645,47	53,19	1 392,24	1 566,27
	VI	28 756	1 404,20	2 300,48	2 588,04																				
88 451,99 West	I,IV	22 545	665,09	1 803,60	2 029,05	I	22 545	455,41	1 662,64	1 870,47	245,85	1 521,76	1 711,98	36,17	1 380,80	1 553,40	—	1 239,92	1 394,91	—	1 100,96	1 238,58	—	967,84	1 088,82
	II	21 743	569,65	1 739,44	1 956,87	II	21 743	360,09	1 598,56	1 798,38	150,41	1 457,60	1 639,80	—	1 316,72	1 481,31	—	1 176,—	1 323,—	—	1 039,68	1 169,64	—	909,20	1 022,85
	III	15 112	—	1 208,96	1 360,08	III	15 112	—	1 097,76	1 234,98	—	989,60	1 113,30	—	884,32	994,86	—	782,08	879,84	—	682,72	768,06	—	586,24	659,52
	V	28 179	1 335,53	2 254,32	2 536,11	IV	22 545	560,25	1 733,12	1 949,76	455,41	1 662,64	1 870,47	350,69	1 592,24	1 791,27	245,85	1 521,76	1 711,98	141,01	1 451,28	1 632,69	36,17	1 380,80	1 553,40
	VI	28 614	1 387,30	2 289,12	2 575,26																				
88 451,99 Ost	I,IV	22 702	683,77	1 816,16	2 043,18	I	22 702	474,21	1 675,28	1 884,69	264,53	1 534,32	1 726,11	54,97	1 393,44	1 567,62	—	1 252,48	1 409,04	—	1 113,20	1 252,35	—	979,52	1 101,96
	II	21 901	588,45	1 752,08	1 971,09	II	21 901	378,77	1 611,12	1 812,51	169,21	1 470,24	1 654,02	—	1 329,28	1 495,44	—	1 188,48	1 337,04	—	1 051,60	1 183,05	—	920,64	1 035,72
	III	15 238	—	1 219,04	1 371,42	III	15 238	—	1 107,68	1 246,14	—	999,20	1 124,10	—	893,60	1 005,30	—	791,04	889,92	—	691,52	777,96	—	594,72	669,06
	V	28 336	1 354,22	2 266,88	2 550,24	IV	22 702	578,93	1 745,68	1 963,89	474,21	1 675,28	1 884,69	369,37	1 604,80	1 805,40	264,53	1 534,32	1 726,11	159,81	1 463,92	1 646,91	54,97	1 393,44	1 567,62
	VI	28 771	1 405,98	2 301,68	2 589,39																				
88 487,99 West	I,IV	22 560	666,87	1 804,80	2 030,40	I	22 560	457,19	1 663,84	1 871,82	247,63	1 522,96	1 713,33	37,96	1 382,—	1 554,75	—	1 241,12	1 396,26	—	1 102,16	1 239,93	—	968,96	1 090,08
	II	21 758	571,43	1 740,64	1 958,22	II	21 758	361,87	1 599,76	1 799,73	152,32	1 458,88	1 641,24	—	1 317,92	1 482,66	—	1 177,20	1 324,35	—	1 040,80	1 170,90	—	910,32	1 024,11
	III	15 124	—	1 209,92	1 361,16	III	15 124	—	1 098,72	1 236,06	—	990,56	1 114,38	—	885,28	995,94	—	782,88	880,74	—	683,52	768,96	—	587,04	660,42
	V	28 194	1 337,32	2 255,52	2 537,46	IV	22 560	562,03	1 734,32	1 951,11	457,19	1 663,84	1 871,82	352,47	1 593,44	1 792,62	247,63	1 522,96	1 713,33	142,80	1 452,48	1 634,04	37,96	1 382,—	1 554,75
	VI	28 629	1 389,08	2 290,32	2 576,61																				
88 487,99 Ost	I,IV	22 717	685,55	1 817,36	2 044,53	I	22 717	476,—	1 676,48	1 886,04	266,32	1 535,52	1 727,46	56,76	1 394,64	1 568,97	—	1 253,68	1 410,39	—	1 114,32	1 253,61	—	980,64	1 103,22
	II	21 916	590,24	1 753,28	1 972,44	II	21 916	380,68	1 612,40	1 813,95	171,—	1 471,44	1 655,37	—	1 330,56	1 496,88	—	1 189,68	1 338,39	—	1 052,80	1 184,40	—	921,76	1 036,98
	III	15 250	—	1 220,—	1 372,50	III	15 250	—	1 108,64	1 247,22	—	1 000,16	1 125,18	—	894,56	1 006,38	—	792,—	891,—	—	692,32	778,86	—	595,52	669,96
	V	28 351	1 356,—	2 268,08	2 551,59	IV	22 717	580,83	1 746,96	1 965,33	476,—	1 676,48	1 886,04	371,16	1 606,—	1 806,75	266,32	1 535,52	1 727,46	161,60	1 465,12	1 648,26	56,76	1 394,64	1 568,97
	VI	28 786	1 407,77	2 302,88	2 590,74																				
88 523,99 West	I,IV	22 575	668,66	1 806,—	2 031,75	I	22 575	458,98	1 665,04	1 873,17	249,42	1 524,16	1 714,68	39,86	1 383,28	1 556,19	—	1 242,32	1 397,61	—	1 103,28	1 241,19	—	970,08	1 091,34
	II	21 774	573,34	1 741,92	1 959,66	II	21 774	363,66	1 600,96	1 801,08	154,10	1 460,08	1 642,59	—	1 319,12	1 484,01	—	1 178,40	1 325,70	—	1 042,—	1 172,25	—	911,44	1 025,37
	III	15 136	—	1 210,88	1 362,24	III	15 136	—	1 099,68	1 237,14	—	991,52	1 115,46	—	886,08	996,84	—	783,84	881,82	—	684,32	769,86	—	587,84	661,32
	V	28 209	1 339,10	2 256,72	2 538,81	IV	22 575	563,82	1 735,52	1 952,46	458,98	1 665,04	1 873,17	354,26	1 594,64	1 793,97	249,42	1 524,16	1 714,68	144,58	1 453,68	1 635,39	39,86	1 383,28	1 556,19
	VI	28 644	1 390,87	2 291,52	2 577,96																				
88 523,99 Ost	I,IV	22 732	687,34	1 818,56	2 045,88	I	22 732	477,78	1 677,68	1 887,39	268,22	1 536,80	1 728,90	58,54	1 395,84	1 570,32	—	1 254,96	1 411,83	—	1 115,52	1 254,96	—	981,76	1 104,48
	II	21 931	592,02	1 754,48	1 973,79	II	21 931	382,46	1 613,60	1 815,30	172,78	1 472,64	1 656,72	—	1 331,76	1 498,23	—	1 190,88	1 339,74	—	1 053,92	1 185,66	—	922,88	1 038,24
	III	15 262	—	1 220,96	1 373,58	III	15 262	—	1 109,60	1 248,30	—	1 000,96	1 126,08	—	895,52	1 007,46	—	792,80	891,90	—	693,12	779,76	—	596,32	670,86
	V	28 366	1 357,79	2 269,28	2 552,94	IV	22 732	582,62	1 748,16	1 966,68	477,78	1 677,68	1 887,39	372,94	1 607,20	1 808,10	268,22	1 536,80	1 728,90	163,38	1 466,32	1 649,61	58,54	1 395,84	1 570,32
	VI	28 801	1 409,55	2 304,08	2 592,09																				
88 559,99 West	I,IV	22 590	670,44	1 807,20	2 033,10	I	22 590	460,88	1 666,32	1 874,61	251,20	1 525,36	1 716,03	41,65	1 384,48	1 557,54	—	1 243,52	1 398,96	—	1 104,48	1 242,54	—	971,20	1 092,60
	II	21 789	575,12	1 743,12	1 961,01	II	21 789	365,44	1 602,16	1 802,43	155,89	1 461,28	1 643,94	—	1 320,32	1 485,36	—	1 179,60	1 327,05	—	1 043,12	1 173,51	—	912,48	1 026,54
	III	15 148	—	1 211,84	1 363,32	III	15 148	—	1 100,64	1 238,22	—	992,32	1 116,36	—	887,04	997,92	—	784,64	882,72	—	685,12	770,76	—	588,64	662,22
	V	28 224	1 340,89	2 257,92	2 540,16	IV	22 590	565,60	1 736,72	1 953,81	460,88	1 666,32	1 874,61	356,04	1 595,84	1 795,32	251,20	1 525,36	1 716,03	146,37	1 454,88	1 636,74	41,65	1 384,48	1 557,54
	VI	28 659	1 392,65	2 292,72	2 579,31																				
88 559,99 Ost	I,IV	22 748	689,24	1 819,84	2 047,32	I	22 748	479,57	1 678,88	1 888,74	270,01	1 538,—	1 730,25	60,33	1 397,04	1 571,67	—	1 256,16	1 413,18	—	1 116,72	1 256,31	—	982,88	1 105,74
	II	21 946	593,81	1 755,68	1 975,14	II	21 946	384,25	1 614,80	1 816,65	174,57	1 473,84	1 658,07	—	1 332,96	1 499,58	—	1 192,08	1 341,09	—	1 055,12	1 187,01	—	923,92	1 039,41
	III	15 274	—	1 221,92	1 374,66	III	15 274	—	1 110,56	1 249,38	—	1 001,92	1 127,16	—	896,32	1 008,36	—	793,76	892,98	—	693,92	780,66	—	597,12	671,76
	V	28 381	1 359,57	2 270,48	2 554,29	IV	22 748	584,40	1 749,36	1 968,03	479,57	1 678,88	1 888,74	374,73	1 608,40	1 809,45	270,01	1 538,—	1 730,25	165,17	1 467,52	1 650,96	60,33	1 397,04	1 571,67
	VI	28 817	1 411,45	2 305,36	2 593,53																				

*** Die ausgewiesenen Tabellenwerte sind amtlich. Siehe Erläuterungen auf der Umschlaginnenseite (U2).**

JAHR 88 560,–*

Abzüge an Lohnsteuer, Solidaritätszuschlag (SolZ) und Kirchensteuer (8%, 9%) in den Steuerklassen

Lohn/ Gehalt bis €*	I – VI		ohne Kinderfreibeträge			I, II, III, IV		mit Zahl der Kinderfreibeträge . . . 0,5			1			1,5			2			2,5			3		
		LSt	SolZ	8%	9%		LSt	SolZ	8%	9%	SolZ	8%	9%	SolZ	8%	9%	SolZ	8%	9%	SolZ	8%	9%	SolZ	8%	9%
88 595,99 West	I,IV	22 605	672,23	1 808,40	2 034,45	I	22 605	462,67	1 667,52	1 875,96	252,99	1 526,56	1 717,38	43,43	1 385,68	1 558,89	—	1 244,72	1 400,31	—	1 105,68	1 243,89	—	972,32	1 093,86
	II	21 804	576,91	1 744,32	1 962,36	II	21 804	367,23	1 603,36	1 803,78	157,67	1 462,48	1 645,29	—	1 321,52	1 486,71	—	1 180,80	1 328,40	—	1 044,24	1 174,77	—	913,60	1 027,80
	III	15 160	—	1 212,80	1 364,40	III	15 160	—	1 101,60	1 239,30	—	993,28	1 117,44	—	888,—	999,—	—	785,44	883,62	—	686,08	771,84	—	589,44	663,12
	V	28 239	1 342,67	2 259,12	2 541,51	IV	22 605	567,39	1 737,92	1 955,16	462,67	1 667,52	1 875,96	357,83	1 597,04	1 796,67	252,99	1 526,56	1 717,38	148,27	1 456,16	1 638,18	43,43	1 385,68	1 558,89
	VI	28 674	1 394,44	2 293,92	2 580,66																				
88 595,99 Ost	I,IV	22 763	691,03	1 821,04	2 048,67	I	22 763	481,35	1 680,08	1 890,09	271,79	1 539,20	1 731,60	62,11	1 398,24	1 573,02	—	1 257,36	1 414,53	—	1 117,84	1 257,57	—	984,—	1 107,—
	II	21 961	595,59	1 756,88	1 976,49	II	21 961	386,03	1 616,—	1 818,—	176,35	1 475,04	1 659,42	—	1 334,16	1 500,93	—	1 193,28	1 342,44	—	1 056,24	1 188,27	—	925,04	1 040,67
	III	15 286	—	1 222,88	1 375,74	III	15 286	—	1 111,36	1 250,28	—	1 002,88	1 128,24	—	897,28	1 009,44	—	794,56	893,88	—	694,88	781,74	—	598,08	672,84
	V	28 397	1 361,47	2 271,76	2 555,73	IV	22 763	586,19	1 750,56	1 969,38	481,35	1 680,08	1 890,09	376,51	1 609,60	1 810,80	271,79	1 539,20	1 731,60	166,95	1 468,72	1 652,31	62,11	1 398,24	1 573,02
	VI	28 832	1 413,24	2 306,56	2 594,88																				
88 631,99 West	I,IV	22 620	674,01	1 809,60	2 035,80	I	22 620	464,45	1 668,72	1 877,31	254,77	1 527,76	1 718,73	45,22	1 386,88	1 560,24	—	1 245,92	1 401,66	—	1 106,80	1 245,15	—	973,44	1 095,12
	II	21 819	578,69	1 745,52	1 963,71	II	21 819	369,01	1 604,56	1 805,13	159,46	1 463,68	1 646,64	—	1 322,80	1 488,15	—	1 182,—	1 329,75	—	1 045,44	1 176,12	—	914,72	1 029,06
	III	15 172	—	1 213,76	1 365,48	III	15 172	—	1 102,56	1 240,38	—	994,24	1 118,52	—	888,80	999,90	—	786,40	884,70	—	686,88	772,74	—	590,24	664,02
	V	28 254	1 344,46	2 260,32	2 542,86	IV	22 620	569,29	1 739,20	1 956,60	464,45	1 668,72	1 877,31	359,61	1 598,24	1 798,02	254,77	1 527,76	1 718,73	150,05	1 457,36	1 639,53	45,22	1 386,88	1 560,24
	VI	28 689	1 396,22	2 295,12	2 582,01																				
88 631,99 Ost	I,IV	22 778	692,81	1 822,24	2 050,02	I	22 778	483,14	1 681,28	1 891,44	273,58	1 540,40	1 732,95	63,90	1 399,44	1 574,37	—	1 258,56	1 415,88	—	1 119,04	1 258,92	—	985,12	1 108,26
	II	21 976	597,38	1 758,08	1 977,84	II	21 976	387,82	1 617,20	1 819,35	178,26	1 476,32	1 660,86	—	1 335,36	1 502,28	—	1 194,48	1 343,79	—	1 057,36	1 189,53	—	926,16	1 041,93
	III	15 298	—	1 223,84	1 376,82	III	15 298	—	1 112,32	1 251,36	—	1 003,84	1 129,32	—	898,08	1 010,34	—	795,36	894,78	—	695,68	782,64	—	598,88	673,74
	V	28 412	1 363,26	2 272,96	2 557,08	IV	22 778	587,97	1 751,76	1 970,73	483,14	1 681,28	1 891,44	378,42	1 610,88	1 812,24	273,58	1 540,40	1 732,95	168,74	1 469,92	1 653,66	63,90	1 399,44	1 574,37
	VI	28 847	1 415,02	2 307,76	2 596,23																				
88 667,99 West	I,IV	22 635	675,80	1 810,80	2 037,15	I	22 635	466,24	1 669,92	1 878,66	256,56	1 528,96	1 720,08	47,—	1 388,08	1 561,59	—	1 247,20	1 403,10	—	1 108,—	1 246,50	—	974,56	1 096,38
	II	21 834	580,48	1 746,72	1 965,06	II	21 834	370,92	1 605,84	1 806,57	161,24	1 464,88	1 647,99	—	1 324,—	1 489,50	—	1 183,20	1 331,10	—	1 046,56	1 177,38	—	915,76	1 030,23
	III	15 184	—	1 214,72	1 366,56	III	15 184	—	1 103,52	1 241,46	—	995,04	1 119,42	—	889,76	1 000,98	—	787,20	885,60	—	687,68	773,64	—	591,04	664,92
	V	28 269	1 346,24	2 261,52	2 544,21	IV	22 635	571,08	1 740,40	1 957,95	466,24	1 669,92	1 878,66	361,40	1 599,44	1 799,37	256,56	1 528,96	1 720,08	151,84	1 458,56	1 640,88	47,—	1 388,08	1 561,59
	VI	28 704	1 398,01	2 296,32	2 583,36																				
88 667,99 Ost	I,IV	22 793	694,60	1 823,44	2 051,37	I	22 793	484,92	1 682,48	1 892,79	275,36	1 541,60	1 734,30	65,80	1 400,72	1 575,81	—	1 259,76	1 417,23	—	1 120,24	1 260,27	—	986,24	1 109,52
	II	21 992	599,28	1 759,36	1 979,28	II	21 992	389,60	1 618,40	1 820,70	180,04	1 477,52	1 662,21	—	1 336,56	1 503,63	—	1 195,68	1 345,14	—	1 058,56	1 190,88	—	927,28	1 043,19
	III	15 310	—	1 224,80	1 377,90	III	15 310	—	1 113,28	1 252,44	—	1 004,64	1 130,22	—	899,04	1 011,42	—	796,32	895,86	—	696,48	783,54	—	599,68	674,64
	V	28 427	1 365,04	2 274,16	2 558,43	IV	22 793	589,76	1 752,96	1 972,08	484,92	1 682,48	1 892,79	380,20	1 612,08	1 813,59	275,36	1 541,60	1 734,30	170,52	1 471,12	1 655,01	65,80	1 400,72	1 575,81
	VI	28 862	1 416,81	2 308,96	2 597,58																				
88 703,99 West	I,IV	22 651	677,70	1 812,08	2 038,59	I	22 651	468,02	1 671,12	1 880,01	258,46	1 530,24	1 721,52	48,79	1 389,28	1 562,94	—	1 248,40	1 404,45	—	1 109,20	1 247,85	—	975,68	1 097,64
	II	21 849	582,26	1 747,92	1 966,41	II	21 849	372,70	1 607,04	1 807,92	163,03	1 466,08	1 649,34	—	1 325,20	1 490,85	—	1 184,40	1 332,45	—	1 047,68	1 178,64	—	916,88	1 031,49
	III	15 196	—	1 215,68	1 367,64	III	15 196	—	1 104,48	1 242,54	—	996,—	1 120,50	—	890,56	1 001,88	—	788,16	886,68	—	688,48	774,54	—	592,—	666,—
	V	28 284	1 348,03	2 262,72	2 545,56	IV	22 651	572,86	1 741,60	1 959,30	468,02	1 671,12	1 880,01	363,18	1 600,64	1 800,72	258,46	1 530,24	1 721,52	153,62	1 459,76	1 642,23	48,79	1 389,28	1 562,94
	VI	28 720	1 399,91	2 297,60	2 584,80																				
88 703,99 Ost	I,IV	22 808	696,38	1 824,64	2 052,72	I	22 808	486,82	1 683,76	1 894,23	277,15	1 542,80	1 735,65	67,59	1 401,92	1 577,16	—	1 260,96	1 418,58	—	1 121,36	1 261,53	—	987,36	1 110,78
	II	22 007	601,06	1 760,56	1 980,63	II	22 007	391,39	1 619,60	1 822,05	181,83	1 478,72	1 663,56	—	1 337,76	1 504,98	—	1 196,88	1 346,49	—	1 059,68	1 192,14	—	928,32	1 044,36
	III	15 324	—	1 225,92	1 379,16	III	15 324	—	1 114,24	1 253,52	—	1 005,60	1 131,30	—	900,—	1 012,50	—	797,12	896,76	—	697,28	784,44	—	600,48	675,54
	V	28 442	1 366,83	2 275,36	2 559,78	IV	22 808	591,54	1 754,16	1 973,43	486,82	1 683,76	1 894,23	381,99	1 613,28	1 814,94	277,15	1 542,80	1 735,65	172,31	1 472,32	1 656,36	67,59	1 401,92	1 577,16
	VI	28 877	1 418,59	2 310,16	2 598,93																				
88 739,99 West	I,IV	22 666	679,49	1 813,28	2 039,94	I	22 666	469,81	1 672,32	1 881,36	260,25	1 531,44	1 722,87	50,57	1 390,48	1 564,29	—	1 249,60	1 405,80	—	1 110,32	1 249,11	—	976,80	1 098,90
	II	21 864	584,05	1 749,12	1 967,76	II	21 864	374,49	1 608,24	1 809,27	164,81	1 467,28	1 650,69	—	1 326,40	1 492,20	—	1 185,60	1 333,80	—	1 048,88	1 179,99	—	918,—	1 032,75
	III	15 208	—	1 216,64	1 368,72	III	15 208	—	1 105,28	1 243,44	—	996,96	1 121,58	—	891,52	1 002,96	—	788,96	887,58	—	689,44	775,62	—	592,80	666,90
	V	28 300	1 349,93	2 264,—	2 547,—	IV	22 666	574,65	1 742,80	1 960,65	469,81	1 672,32	1 881,36	364,97	1 601,84	1 802,07	260,25	1 531,44	1 722,87	155,41	1 460,96	1 643,58	50,57	1 390,48	1 564,29
	VI	28 735	1 401,70	2 298,80	2 586,15																				
88 739,99 Ost	I,IV	22 823	698,17	1 825,84	2 054,07	I	22 823	488,61	1 684,96	1 895,58	278,93	1 544,—	1 737,—	69,37	1 403,12	1 578,51	—	1 262,16	1 419,93	—	1 122,56	1 262,88	—	988,48	1 112,04
	II	22 022	602,85	1 761,76	1 981,98	II	22 022	393,17	1 620,80	1 823,40	183,61	1 479,92	1 664,91	—	1 338,96	1 506,33	—	1 198,08	1 347,84	—	1 060,88	1 193,49	—	929,44	1 045,62
	III	15 336	—	1 226,88	1 380,24	III	15 336	—	1 115,20	1 254,60	—	1 006,56	1 132,38	—	900,80	1 013,40	—	798,08	897,84	—	698,24	785,52	—	601,28	676,44
	V	28 457	1 368,61	2 276,56	2 561,13	IV	22 823	593,33	1 755,36	1 974,78	488,61	1 684,96	1 895,58	383,77	1 614,48	1 816,29	278,93	1 544,—	1 737,—	174,09	1 473,52	1 657,71	69,37	1 403,12	1 578,51
	VI	28 892	1 420,38	2 311,36	2 600,28																				
88 775,99 West	I,IV	22 681	681,27	1 814,48	2 041,29	I	22 681	471,59	1 673,52	1 882,71	262,03	1 532,64	1 724,22	52,36	1 391,68	1 565,64	—	1 250,80	1 407,15	—	1 111,52	1 250,46	—	977,92	1 100,16
	II	21 879	585,83	1 750,32	1 969,11	II	21 879	376,27	1 609,44	1 810,62	166,60	1 468,48	1 652,04	—	1 327,60	1 493,55	—	1 186,80	1 335,15	—	1 050,—	1 181,25	—	919,12	1 034,01
	III	15 220	—	1 217,60	1 369,80	III	15 220	—	1 106,24	1 244,52	—	997,92	1 122,66	—	892,32	1 003,86	—	789,76	888,48	—	690,24	776,52	—	593,60	667,80
	V	28 315	1 351,72	2 265,20	2 548,35	IV	22 681	576,43	1 744,—	1 962,—	471,59	1 673,52	1 882,71	366,87	1 603,12	1 803,51	262,03	1 532,64	1 724,22	157,19	1 462,16	1 644,93	52,36	1 391,68	1 565,64
	VI	28 750	1 403,48	2 300,—	2 587,50																				
88 775,99 Ost	I,IV	22 838	699,95	1 827,04	2 055,42	I	22 838	490,39	1 686,16	1 896,93	280,72	1 545,20	1 738,35	71,16	1 404,32	1 579,86	—	1 263,36	1 421,28	—	1 123,76	1 264,23	—	989,60	1 113,30
	II	22 037	604,63	1 762,96	1 983,33	II	22 037	394,96	1 622,—	1 824,75	185,40	1 481,12	1 666,26	—	1 340,24	1 507,77	—	1 199,36	1 349,28	—	1 062,—	1 194,75	—	930,56	1 046,88
	III	15 348	—	1 227,84	1 381,32	III	15 348	—	1 116,16	1 255,68	—	1 007,52	1 133,46	—	901,76	1 014,48	—	798,88	898,74	—	699,04	786,42	—	602,08	677,34
	V	28 472	1 370,40	2 277,76	2 562,48	IV	22 838	595,23	1 756,64	1 976,22	490,39	1 686,16	1 896,93	385,56	1 615,68	1 817,64	280,72	1 545,20	1 738,35	176,—	1 474,80	1 659,15	71,16	1 404,32	1 579,86
	VI	28 907	1 422,16	2 312,56	2 601,63																				
88 811,99 West	I,IV	22 696	683,06	1 815,68	2 042,64	I	22 696	473,38	1 674,72	1 884,06	263,82	1 533,84	1 725,57	54,14	1 392,88	1 566,99	—	1 252,—	1 408,50	—	1 112,72	1 251,81	—	979,04	1 101,42
	II	21 895	587,74	1 751,60	1 970,55	II	21 895	378,06	1 610,64	1 811,97	168,50	1 469,76	1 653,48	—	1 328,80	1 494,90	—	1 188,—	1 336,50	—	1 051,12	1 182,51	—	920,16	1 035,18
	III	15 232	—	1 218,56	1 370,88	III	15 232	—	1 107,20	1 245,60	—	998,72	1 123,56	—	893,28	1 004,94	—	790,72	889,56	—	691,04	777,42	—	594,40	668,70
	V	28 330	1 353,50	2 266,40	2 549,70	IV	22 696	578,22	1 745,20	1 963,35	473,38	1 674,72	1 884,06	368,66	1 604,32	1 804,86	263,82	1 533,84	1 725,57	158,98	1 463,36	1 646,28	54,14	1 392,88	1 566,99
	VI	28 765	1 405,27	2 301,20	2 588,85																				
88 811,99 Ost	I,IV	22 853	701,74	1 828,24	2 056,77	I	22 853	492,18	1 687,36	1 898,28	282,50	1 546,40	1 739,70	72,94	1 405,52	1 581,21	—	1 264,64	1 422,72	—	1 124,88	1 265,49	—	990,72	1 114,56
	II	22 052	606,42	1 764,16	1 984,68	II	22 052	396,86	1 623,28	1 826,19	187,18	1 482,32	1 667,61	—	1 341,44	1 509,12	—	1 200,56	1 350,63	—	1 063,12	1 196,01	—	931,68	1 048,14
	III	15 360	—	1 228,80	1 382,40	III	15 360	—	1 117,12	1 256,76	—	1 008,32	1 134,36	—	902,56	1 015,38	—	799,84	899,82	—	699,84	787,32	—	602,88	678,24
	V	28 487	1 372,18	2 278,96	2 563,83	IV	22 853	597,02	1 757,84	1 977,57	492,18	1 687,36	1 898,28	387,34	1 616,88	1 818,99	282,50	1 546,40	1 739,70	177,78	1 476,—	1 660,50	72,94	1 405,52	1 581,21
	VI	28 922	1 423,95	2 313,76	2 602,98																				
88 847,99 West	I,IV	22 711	684,84	1 816,88	2 043,99	I	22 711	475,28	1 676,—	1 885,50	265,60	1 535,04	1 726,92	56,04	1 394,16	1 568,43	—	1 253,20	1 409,85	—	1 113,84	1 253,07	—	980,16	1 102,68
	II	21 910	589,52	1 752,80	1 971,90	II	21 910	379,84	1 611,84	1 813,32	170,28	1 470,96	1 654,83	—	1 330,—	1 496,25	—	1 189,20	1 337,85	—	1 052,32	1 183,86	—	921,28	1 036,44
	III	15 244	—	1 219,52	1 371,96	III	15 244	—	1 108,16	1 246,68	—	999,68	1 124,64	—	894,24	1 006,02	—	791,52	890,46	—	691,84	778,32	—	595,20	669,60
	V	28 345	1 355,29	2 267,60	2 551,05	IV	22 711	580,—	1 746,40	1 964,70	475,28	1 676,—	1 885,50	370,44	1 605,52	1 806,21	265,60	1 535,04	1 726,92	160,76	1 464,56	1 647,63	56,04	1 394,16	1 568,43
	VI	28 780	1 407,05	2 302,40	2 590,20																				
88 847,99 Ost	I,IV	22 869	703,64	1 829,52	2 058,21	I	22 869	493,96	1 688,56	1 899,63	284,41	1 547,68	1 741,14	74,73	1 406,72	1 582,56	—	1 265,84	1 424,07	—	1 126,08	1 266,84	—	991,84	1 115,82
	II	22 067	608,20	1 765,36	1 986,03	II	22 067	398,65	1 624,48	1 827,54	188,97	1 483,52	1 668,96	—	1 342,64	1 510,47	—	1 201,76	1 351,98	—	1 064,32	1 197,36	—	932,80	1 049,40
	III	15 372	—	1 229,76	1 383,48	III	15 372	—	1 118,08	1 257,84	—	1 009,28	1 135,44	—	903,52	1 016,46	—	800,64	900,72	—	700,80	788,40	—	603,68	679,14
	V	28 502	1 373,97	2 280,16	2 565,18	IV	22 869	598,80	1 759,04	1 978,92	493,96	1 688,56	1 899,63	389,13	1 618,08	1 820,34	284,41	1 547,68	1 741,14	179,57	1 477,20	1 661,85	74,73	1 406,72	1 582,56
	VI	28 938	1 425,85	2 315,04	2 604,42																				

* Die ausgewiesenen Tabellenwerte sind amtlich. Siehe Erläuterungen auf der Umschlaginnenseite (U2).

Abzüge an Lohnsteuer, Solidaritätszuschlag (SolZ) und Kirchensteuer (8%, 9%) in den Steuerklassen

Lohn/Gehalt bis €*	I – VI		ohne Kinderfreibeträge			I, II, III, IV		mit Zahl der Kinderfreibeträge . . . 0,5			1			1,5			2			2,5			3		
		LSt	SolZ	8%	9%		LSt	SolZ	8%	9%	SolZ	8%	9%	SolZ	8%	9%	SolZ	8%	9%	SolZ	8%	9%	SolZ	8%	9%
88 883,99 West	I,IV	22 726	686,63	1 818,08	2 045,34	I	22 726	477,07	1 677,20	1 886,85	267,39	1 536,24	1 728,27	57,83	1 395,36	1 569,78	—	1 254,40	1 411,20	—	1 115,04	1 254,42	—	981,28	1 103,94
	II	21 925	591,31	1 754,—	1 973,25	II	21 925	381,63	1 613,04	1 814,67	172,07	1 472,16	1 656,18	—	1 331,20	1 497,60	—	1 190,40	1 339,20	—	1 053,44	1 185,12	—	922,40	1 037,70
	III	15 258	—	1 220,64	1 373,22	III	15 258	—	1 109,12	1 247,76	—	1 000,64	1 125,72	—	895,04	1 006,92	—	792,48	891,54	—	692,80	779,40	—	596,—	670,50
	V	28 360	1 357,07	2 268,80	2 552,40	IV	22 726	581,79	1 747,60	1 966,05	477,07	1 677,20	1 886,85	372,23	1 606,72	1 807,56	267,39	1 536,24	1 728,27	162,55	1 465,76	1 648,98	57,83	1 395,36	1 569,78
	VI	28 795	1 408,84	2 303,60	2 591,55																				
88 883,99 Ost	I,IV	22 884	705,43	1 830,72	2 059,56	I	22 884	495,75	1 689,76	1 900,98	286,19	1 548,88	1 742,49	76,51	1 407,92	1 583,91	—	1 267,04	1 425,42	—	1 127,28	1 268,19	—	993,04	1 117,17
	II	22 082	609,99	1 766,56	1 987,38	II	22 082	400,43	1 625,68	1 828,89	190,75	1 484,72	1 670,31	—	1 343,84	1 511,82	—	1 202,96	1 353,33	—	1 065,44	1 198,62	—	933,84	1 050,57
	III	15 384	—	1 230,72	1 384,56	III	15 384	—	1 119,04	1 258,92	—	1 010,24	1 136,52	—	904,48	1 017,54	—	801,60	901,80	—	701,60	789,30	—	604,64	680,22
	V	28 518	1 375,87	2 281,44	2 566,62	IV	22 884	600,59	1 760,24	1 980,27	495,75	1 689,76	1 900,98	390,91	1 619,28	1 821,69	286,19	1 548,88	1 742,49	181,35	1 478,40	1 663,20	76,51	1 407,92	1 583,91
	VI	28 953	1 427,64	2 316,24	2 605,77																				
88 919,99 West	I,IV	22 741	688,41	1 819,28	2 046,69	I	22 741	478,85	1 678,40	1 888,20	269,17	1 537,44	1 729,62	59,61	1 396,56	1 571,13	—	1 255,60	1 412,55	—	1 116,24	1 255,77	—	982,40	1 105,20
	II	21 940	593,09	1 755,20	1 974,60	II	21 940	383,41	1 614,24	1 816,02	173,85	1 473,36	1 657,53	—	1 332,40	1 498,95	—	1 191,60	1 340,55	—	1 054,64	1 186,47	—	923,52	1 038,96
	III	15 270	—	1 221,60	1 374,30	III	15 270	—	1 110,08	1 248,84	—	1 001,60	1 126,80	—	896,—	1 008,—	—	793,28	892,44	—	693,60	780,30	—	596,80	671,40
	V	28 375	1 358,86	2 270,—	2 553,75	IV	22 741	583,69	1 748,88	1 967,49	478,85	1 678,40	1 888,20	374,01	1 607,92	1 808,91	269,17	1 537,44	1 729,62	164,45	1 467,04	1 650,42	59,61	1 396,56	1 571,13
	VI	28 810	1 410,62	2 304,80	2 592,90																				
88 919,99 Ost	I,IV	22 899	707,21	1 831,92	2 060,91	I	22 899	497,53	1 690,96	1 902,33	287,98	1 550,08	1 743,84	78,30	1 409,12	1 585,26	—	1 268,24	1 426,77	—	1 128,48	1 269,54	—	994,16	1 118,43
	II	22 097	611,77	1 767,76	1 988,73	II	22 097	402,22	1 626,88	1 830,24	192,54	1 485,92	1 671,66	—	1 345,04	1 513,17	—	1 204,16	1 354,68	—	1 066,64	1 199,97	—	934,96	1 051,83
	III	15 396	—	1 231,68	1 385,64	III	15 396	—	1 120,—	1 260,—	—	1 011,20	1 137,60	—	905,28	1 018,44	—	802,40	902,70	—	702,40	790,20	—	605,44	681,12
	V	28 533	1 377,66	2 282,64	2 567,97	IV	22 899	602,37	1 761,44	1 981,62	497,53	1 690,96	1 902,33	392,81	1 620,56	1 823,13	287,98	1 550,08	1 743,84	183,14	1 479,60	1 664,55	78,30	1 409,12	1 585,26
	VI	28 968	1 429,42	2 317,44	2 607,12																				
88 955,99 West	I,IV	22 756	690,20	1 820,48	2 048,04	I	22 756	480,64	1 679,60	1 889,55	270,96	1 538,64	1 730,97	61,40	1 397,76	1 572,48	—	1 256,80	1 413,90	—	1 117,36	1 257,03	—	983,52	1 106,46
	II	21 955	594,88	1 756,40	1 975,95	II	21 955	385,32	1 615,52	1 817,46	175,64	1 474,56	1 658,88	—	1 333,68	1 500,39	—	1 192,80	1 341,90	—	1 055,76	1 187,73	—	924,56	1 040,13
	III	15 282	—	1 222,56	1 375,38	III	15 282	—	1 111,04	1 249,92	—	1 002,40	1 127,70	—	896,80	1 008,90	—	794,24	893,52	—	694,40	781,20	—	597,60	672,30
	V	28 390	1 360,64	2 271,20	2 555,10	IV	22 756	585,48	1 750,08	1 968,84	480,64	1 679,60	1 889,55	375,80	1 609,12	1 810,26	270,96	1 538,64	1 730,97	166,24	1 468,24	1 651,77	61,40	1 397,76	1 572,48
	VI	28 825	1 412,41	2 306,—	2 594,25																				
88 955,99 Ost	I,IV	22 914	709,—	1 833,12	2 062,26	I	22 914	499,32	1 692,16	1 903,68	289,76	1 551,28	1 745,19	80,08	1 410,32	1 586,61	—	1 269,44	1 428,12	—	1 129,60	1 270,80	—	995,28	1 119,69
	II	22 113	613,68	1 769,04	1 990,17	II	22 113	404,—	1 628,08	1 831,59	194,44	1 487,20	1 673,10	—	1 346,24	1 514,52	—	1 205,36	1 356,03	—	1 067,76	1 201,23	—	936,08	1 053,09
	III	15 408	—	1 232,64	1 386,72	III	15 408	—	1 120,96	1 261,08	—	1 012,—	1 138,50	—	906,24	1 019,52	—	803,20	903,60	—	703,20	791,10	—	606,24	682,02
	V	28 548	1 379,44	2 283,84	2 569,32	IV	22 914	604,16	1 762,64	1 982,97	499,32	1 692,16	1 903,68	394,60	1 621,76	1 824,48	289,76	1 551,28	1 745,19	184,92	1 480,80	1 665,90	80,08	1 410,32	1 586,61
	VI	28 983	1 431,21	2 318,64	2 608,47																				
88 991,99 West	I,IV	22 772	692,10	1 821,76	2 049,48	I	22 772	482,42	1 680,80	1 890,90	272,86	1 539,92	1 732,41	63,18	1 398,96	1 573,83	—	1 258,08	1 415,34	—	1 118,56	1 258,38	—	984,64	1 107,72
	II	21 970	596,66	1 757,60	1 977,30	II	21 970	387,10	1 616,72	1 818,81	177,42	1 475,76	1 660,23	—	1 334,88	1 501,74	—	1 194,—	1 343,25	—	1 056,88	1 188,99	—	925,68	1 041,39
	III	15 294	—	1 223,52	1 376,46	III	15 294	—	1 112,—	1 251,—	—	1 003,36	1 128,78	—	897,76	1 009,98	—	795,04	894,42	—	695,36	782,28	—	598,40	673,20
	V	28 405	1 362,43	2 272,40	2 556,45	IV	22 772	587,26	1 751,28	1 970,19	482,42	1 680,80	1 890,90	377,58	1 610,32	1 811,61	272,86	1 539,92	1 732,41	168,02	1 469,44	1 653,12	63,18	1 398,96	1 573,83
	VI	28 841	1 414,31	2 307,28	2 595,69																				
88 991,99 Ost	I,IV	22 929	710,78	1 834,32	2 063,61	I	22 929	501,22	1 693,44	1 905,12	291,55	1 552,48	1 746,54	81,99	1 411,60	1 588,05	—	1 270,64	1 429,47	—	1 130,80	1 272,15	—	996,40	1 120,95
	II	22 128	615,46	1 770,24	1 991,52	II	22 128	405,79	1 629,28	1 832,94	196,23	1 488,40	1 674,45	—	1 347,44	1 515,87	—	1 206,56	1 357,38	—	1 068,96	1 202,58	—	937,20	1 054,35
	III	15 420	—	1 233,60	1 387,80	III	15 420	—	1 121,76	1 261,98	—	1 012,96	1 139,58	—	907,04	1 020,42	—	804,16	904,68	—	704,16	792,18	—	607,04	682,92
	V	28 563	1 381,23	2 285,04	2 570,67	IV	22 929	605,94	1 763,84	1 984,32	501,22	1 693,44	1 905,12	396,38	1 622,96	1 825,83	291,55	1 552,48	1 746,54	186,71	1 482,—	1 667,25	81,99	1 411,60	1 588,05
	VI	28 998	1 432,99	2 319,84	2 609,82																				
89 027,99 West	I,IV	22 787	693,88	1 822,96	2 050,83	I	22 787	484,21	1 682,—	1 892,25	274,65	1 541,12	1 733,76	64,97	1 400,16	1 575,18	—	1 259,28	1 416,69	—	1 119,76	1 259,73	—	985,76	1 108,98
	II	21 985	598,45	1 758,80	1 978,65	II	21 985	388,89	1 617,92	1 820,16	179,21	1 476,96	1 661,58	—	1 336,08	1 503,09	—	1 195,20	1 344,60	—	1 058,08	1 190,34	—	926,80	1 042,65
	III	15 306	—	1 224,48	1 377,54	III	15 306	—	1 112,96	1 252,08	—	1 004,32	1 129,86	—	898,72	1 011,06	—	795,84	895,32	—	696,16	783,18	—	599,36	674,28
	V	28 421	1 364,33	2 273,68	2 557,89	IV	22 787	589,05	1 752,48	1 971,54	484,21	1 682,—	1 892,25	379,37	1 611,52	1 812,96	274,65	1 541,12	1 733,76	169,81	1 470,64	1 654,47	64,97	1 400,16	1 575,18
	VI	28 856	1 416,10	2 308,48	2 597,04																				
89 027,99 Ost	I,IV	22 944	712,57	1 835,52	2 064,96	I	22 944	503,01	1 694,64	1 906,47	293,33	1 553,68	1 747,89	83,77	1 412,80	1 589,40	—	1 271,84	1 430,82	—	1 132,—	1 273,50	—	997,52	1 122,21
	II	22 143	617,25	1 771,44	1 992,87	II	22 143	407,57	1 630,48	1 834,29	198,01	1 489,60	1 675,80	—	1 348,64	1 517,22	—	1 207,76	1 358,73	—	1 070,08	1 203,84	—	938,32	1 055,61
	III	15 432	—	1 234,56	1 388,88	III	15 432	—	1 122,72	1 263,06	—	1 013,92	1 140,66	—	908,—	1 021,50	—	804,96	905,58	—	704,96	793,08	—	607,84	683,82
	V	28 578	1 383,01	2 286,24	2 572,02	IV	22 944	607,73	1 765,04	1 985,67	503,01	1 694,64	1 906,47	398,17	1 624,16	1 827,18	293,33	1 553,68	1 747,89	188,49	1 483,20	1 668,60	83,77	1 412,80	1 589,40
	VI	29 013	1 434,78	2 321,04	2 611,17																				
89 063,99 West	I,IV	22 802	695,67	1 824,16	2 052,18	I	22 802	485,99	1 683,20	1 893,60	276,43	1 542,32	1 735,11	66,75	1 401,36	1 576,53	—	1 260,48	1 418,04	—	1 120,88	1 260,99	—	986,88	1 110,24
	II	22 000	600,23	1 760,—	1 980,—	II	22 000	390,67	1 619,12	1 821,51	180,99	1 478,16	1 662,93	—	1 337,28	1 504,44	—	1 196,40	1 345,95	—	1 059,20	1 191,60	—	927,92	1 043,91
	III	15 318	—	1 225,44	1 378,62	III	15 318	—	1 113,92	1 253,16	—	1 005,28	1 130,94	—	899,52	1 011,96	—	796,80	896,40	—	696,96	784,08	—	600,16	675,18
	V	28 436	1 366,12	2 274,88	2 559,24	IV	22 802	590,83	1 753,68	1 972,89	485,99	1 683,20	1 893,60	381,27	1 612,80	1 814,40	276,43	1 542,32	1 735,11	171,59	1 471,84	1 655,82	66,75	1 401,36	1 576,53
	VI	28 871	1 417,88	2 309,68	2 598,39																				
89 063,99 Ost	I,IV	22 959	714,35	1 836,72	2 066,31	I	22 959	504,79	1 695,84	1 907,82	295,12	1 554,88	1 749,24	85,56	1 414,—	1 590,75	—	1 273,04	1 432,17	—	1 133,20	1 274,85	—	998,64	1 123,47
	II	22 158	619,03	1 772,64	1 994,22	II	22 158	409,36	1 631,68	1 835,64	199,80	1 490,80	1 677,15	—	1 349,84	1 518,57	—	1 208,96	1 360,08	—	1 071,28	1 205,19	—	939,36	1 056,78
	III	15 444	—	1 235,52	1 389,96	III	15 444	—	1 123,68	1 264,14	—	1 014,88	1 141,74	—	908,96	1 022,58	—	805,92	906,66	—	705,76	793,98	—	608,64	684,72
	V	28 593	1 384,80	2 287,44	2 573,37	IV	22 959	609,63	1 766,32	1 987,11	504,79	1 695,84	1 907,82	399,95	1 625,36	1 828,53	295,12	1 554,88	1 749,24	190,40	1 484,48	1 670,04	85,56	1 414,—	1 590,75
	VI	29 028	1 436,56	2 322,24	2 612,52																				
89 099,99 West	I,IV	22 817	697,45	1 825,36	2 053,53	I	22 817	487,78	1 684,40	1 894,95	278,22	1 543,52	1 736,46	68,54	1 402,56	1 577,88	—	1 261,68	1 419,39	—	1 122,08	1 262,34	—	988,—	1 111,50
	II	22 016	602,14	1 761,28	1 981,44	II	22 016	392,46	1 620,32	1 822,86	182,90	1 479,44	1 664,37	—	1 338,48	1 505,79	—	1 197,60	1 347,30	—	1 060,40	1 192,95	—	928,96	1 045,08
	III	15 330	—	1 226,40	1 379,70	III	15 330	—	1 114,72	1 254,06	—	1 006,08	1 131,84	—	900,48	1 013,04	—	797,60	897,30	—	697,76	784,98	—	600,96	676,08
	V	28 451	1 367,90	2 276,08	2 560,59	IV	22 817	592,62	1 754,88	1 974,24	487,78	1 684,40	1 894,95	383,06	1 614,—	1 815,75	278,22	1 543,52	1 736,46	173,38	1 473,04	1 657,17	68,54	1 402,56	1 577,88
	VI	28 886	1 419,67	2 310,88	2 599,74																				
89 099,99 Ost	I,IV	22 974	716,14	1 837,92	2 067,66	I	22 974	506,58	1 697,04	1 909,17	296,90	1 556,08	1 750,59	87,34	1 415,20	1 592,10	—	1 274,24	1 433,52	—	1 134,32	1 276,11	—	999,76	1 124,73
	II	22 173	620,82	1 773,84	1 995,57	II	22 173	411,26	1 632,96	1 837,08	201,58	1 492,—	1 678,50	—	1 351,12	1 520,01	—	1 210,16	1 361,43	—	1 072,40	1 206,45	—	940,48	1 058,04
	III	15 456	—	1 236,48	1 391,04	III	15 456	—	1 124,64	1 265,22	—	1 015,84	1 142,82	—	909,76	1 023,48	—	806,72	907,56	—	706,72	795,06	—	609,44	685,62
	V	28 608	1 386,58	2 288,64	2 574,72	IV	22 974	611,42	1 767,52	1 988,46	506,58	1 697,04	1 909,17	401,74	1 626,56	1 829,88	296,90	1 556,08	1 750,59	192,18	1 485,68	1 671,39	87,34	1 415,20	1 592,10
	VI	29 043	1 438,35	2 323,44	2 613,87																				
89 135,99 West	I,IV	22 832	699,24	1 826,56	2 054,88	I	22 832	489,68	1 685,68	1 896,39	280,—	1 544,72	1 737,81	70,44	1 403,84	1 579,32	—	1 262,88	1 420,74	—	1 123,28	1 263,69	—	989,12	1 112,76
	II	22 031	603,92	1 762,48	1 982,79	II	22 031	394,24	1 621,52	1 824,21	184,68	1 480,64	1 665,72	—	1 339,68	1 507,14	—	1 198,80	1 348,65	—	1 061,52	1 194,21	—	930,08	1 046,34
	III	15 342	—	1 227,36	1 380,78	III	15 342	—	1 115,68	1 255,14	—	1 007,04	1 132,92	—	901,28	1 013,94	—	798,56	898,38	—	698,72	786,06	—	601,76	676,98
	V	28 466	1 369,69	2 277,28	2 561,94	IV	22 832	594,40	1 756,08	1 975,59	489,68	1 685,68	1 896,39	384,84	1 615,20	1 817,10	280,—	1 544,72	1 737,81	175,16	1 474,24	1 658,52	70,44	1 403,84	1 579,32
	VI	28 901	1 421,45	2 312,08	2 601,09																				
89 135,99 Ost	I,IV	22 990	718,04	1 839,20	2 069,10	I	22 990	508,36	1 698,24	1 910,52	298,80	1 557,36	1 752,03	89,13	1 416,40	1 593,45	—	1 275,52	1 434,96	—	1 135,52	1 277,46	—	1 000,88	1 125,99
	II	22 188	622,60	1 775,04	1 996,92	II	22 188	413,04	1 634,16	1 838,43	203,37	1 493,20	1 679,85	—	1 352,32	1 521,36	—	1 211,36	1 362,78	—	1 073,52	1 207,71	—	941,60	1 059,30
	III	15 468	—	1 237,44	1 392,12	III	15 468	—	1 125,60	1 266,30	—	1 016,64	1 143,72	—	910,72	1 024,56	—	807,68	908,64	—	707,52	795,96	—	610,24	686,52
	V	28 623	1 388,37	2 289,84	2 576,07	IV	22 990	613,20	1 768,72	1 989,81	508,36	1 698,24	1 910,52	403,52	1 627,76	1 831,23	298,80	1 557,36	1 752,03	193,97	1 486,88	1 672,74	89,13	1 416,40	1 593,45
	VI	29 058	1 440,13	2 324,64	2 615,22																				

* Die ausgewiesenen Tabellenwerte sind amtlich. Siehe Erläuterungen auf der Umschlaginnenseite (U2).

JAHR 89 136,–*

Abzüge an Lohnsteuer, Solidaritätszuschlag (SolZ) und Kirchensteuer (8%, 9%) in den Steuerklassen

Lohn/ Gehalt bis €*	I – VI		ohne Kinderfreibeträge			I, II, III, IV		mit Zahl der Kinderfreibeträge . . . 0,5			1			1,5			2			2,5			3		
		LSt	SolZ	8%	9%		LSt	SolZ	8%	9%	SolZ	8%	9%	SolZ	8%	9%	SolZ	8%	9%	SolZ	8%	9%	SolZ	8%	9%
89 171,99 West	I,IV	22 847	701,02	1 827,76	2 056,23	I	22 847	491,47	1 686,88	1 897,74	281,79	1 545,92	1 739,16	72,23	1 405,04	1 580,67	–	1 264,08	1 422,09	–	1 124,40	1 264,95	–	990,32	1 114,11
	II	22 046	605,71	1 763,68	1 984,14	II	22 046	396,03	1 622,72	1 825,56	186,47	1 481,84	1 667,07	–	1 340,88	1 508,49	–	1 200,–	1 350,–	–	1 062,64	1 195,47	–	931,20	1 047,60
	III	15 354	–	1 228,32	1 381,86	III	15 354	–	1 116,64	1 256,22	–	1 008,–	1 134,–	–	902,24	1 015,02	–	799,36	899,28	–	699,52	786,96	–	602,56	677,88
	V	28 481	1 371,47	2 278,48	2 563,29	IV	22 847	596,19	1 757,28	1 976,94	491,47	1 686,88	1 897,74	386,63	1 616,40	1 818,45	281,79	1 545,92	1 739,16	176,95	1 475,44	1 659,87	72,23	1 405,04	1 580,67
	VI	28 916	1 423,24	2 313,28	2 602,44																				
89 171,99 Ost	I,IV	23 005	719,83	1 840,40	2 070,45	I	23 005	510,15	1 699,44	1 911,87	300,59	1 558,56	1 753,38	90,91	1 417,60	1 594,80	–	1 276,72	1 436,31	–	1 136,72	1 278,81	–	1 002,–	1 127,25
	II	22 203	624,39	1 776,24	1 998,27	II	22 203	414,83	1 635,36	1 839,78	205,15	1 494,40	1 681,20	–	1 353,52	1 522,71	–	1 212,56	1 364,13	–	1 074,72	1 209,06	–	942,72	1 060,56
	III	15 482	–	1 238,56	1 393,38	III	15 482	–	1 126,56	1 267,38	–	1 017,60	1 144,80	–	911,52	1 025,46	–	808,48	909,54	–	708,32	796,86	–	611,20	687,60
	V	28 638	1 390,15	2 291,04	2 577,42	IV	23 005	614,99	1 769,92	1 991,16	510,15	1 699,44	1 911,87	405,31	1 628,96	1 832,58	300,59	1 558,56	1 753,38	195,75	1 488,08	1 674,09	90,91	1 417,60	1 594,80
	VI	29 074	1 442,04	2 325,92	2 616,66																				
89 207,99 West	I,IV	22 862	702,81	1 828,96	2 057,58	I	22 862	493,25	1 688,08	1 899,09	283,57	1 547,12	1 740,51	74,01	1 406,24	1 582,02	–	1 265,28	1 423,44	–	1 125,60	1 266,30	–	991,44	1 115,37
	II	22 061	607,49	1 764,88	1 985,49	II	22 061	397,81	1 623,92	1 826,91	188,25	1 483,04	1 668,42	–	1 342,08	1 509,84	–	1 201,20	1 351,35	–	1 063,84	1 196,82	–	932,32	1 048,86
	III	15 366	–	1 229,28	1 382,94	III	15 366	–	1 117,60	1 257,30	–	1 008,96	1 135,08	–	903,04	1 015,92	–	800,32	900,36	–	700,32	787,86	–	603,36	678,78
	V	28 496	1 373,26	2 279,68	2 564,64	IV	22 862	598,09	1 758,56	1 978,38	493,25	1 688,08	1 899,09	388,41	1 617,60	1 819,80	283,57	1 547,12	1 740,51	178,85	1 476,72	1 661,31	74,01	1 406,24	1 582,02
	VI	28 931	1 425,02	2 314,48	2 603,79																				
89 207,99 Ost	I,IV	23 020	721,61	1 841,60	2 071,80	I	23 020	511,93	1 700,64	1 913,22	302,37	1 559,76	1 754,73	92,70	1 418,80	1 596,15	–	1 277,92	1 437,66	–	1 137,92	1 280,16	–	1 003,20	1 128,60
	II	22 218	626,17	1 777,44	1 999,62	II	22 218	416,61	1 636,56	1 841,13	206,94	1 495,60	1 682,55	–	1 354,72	1 524,06	–	1 213,76	1 365,48	–	1 075,84	1 210,32	–	943,84	1 061,82
	III	15 494	–	1 239,52	1 394,46	III	15 494	–	1 127,52	1 268,46	–	1 018,56	1 145,88	–	912,48	1 026,54	–	809,44	910,62	–	709,12	797,76	–	612,–	688,50
	V	28 654	1 392,06	2 292,32	2 578,86	IV	23 020	616,77	1 771,12	1 992,51	511,93	1 700,64	1 913,22	407,21	1 630,24	1 834,02	302,37	1 559,76	1 754,73	197,54	1 489,28	1 675,44	92,70	1 418,80	1 596,15
	VI	29 089	1 443,82	2 327,12	2 618,01																				
89 243,99 West	I,IV	22 877	704,59	1 830,16	2 058,93	I	22 877	495,04	1 689,28	1 900,44	285,36	1 548,32	1 741,86	75,80	1 407,44	1 583,37	–	1 266,48	1 424,79	–	1 126,80	1 267,65	–	992,56	1 116,63
	II	22 076	609,28	1 766,08	1 986,84	II	22 076	399,72	1 625,20	1 828,35	190,04	1 484,24	1 669,77	–	1 343,36	1 511,28	–	1 202,40	1 352,70	–	1 064,96	1 198,08	–	933,44	1 050,12
	III	15 378	–	1 230,24	1 384,02	III	15 378	–	1 118,56	1 258,38	–	1 009,76	1 135,98	–	904,–	1 017,–	–	801,12	901,26	–	701,28	788,94	–	604,16	679,68
	V	28 511	1 375,04	2 280,88	2 565,99	IV	22 877	599,87	1 759,76	1 979,73	495,04	1 689,28	1 900,44	390,20	1 618,80	1 821,15	285,36	1 548,32	1 741,86	180,64	1 477,92	1 662,66	75,80	1 407,44	1 583,37
	VI	28 946	1 426,81	2 315,68	2 605,14																				
89 243,99 Ost	I,IV	23 035	723,40	1 842,80	2 073,15	I	23 035	513,72	1 701,84	1 914,57	304,16	1 560,96	1 756,08	94,48	1 420,–	1 597,50	–	1 279,12	1 439,01	–	1 139,04	1 281,42	–	1 004,32	1 129,86
	II	22 234	628,08	1 778,72	2 001,06	II	22 234	418,40	1 637,76	1 842,48	208,84	1 496,88	1 683,99	–	1 355,92	1 525,41	–	1 215,04	1 366,92	–	1 077,04	1 211,67	–	944,96	1 063,08
	III	15 506	–	1 240,48	1 395,54	III	15 506	–	1 128,48	1 269,54	–	1 019,52	1 146,96	–	913,44	1 027,62	–	810,24	911,52	–	710,08	798,84	–	612,80	689,40
	V	28 669	1 393,84	2 293,52	2 580,21	IV	23 035	618,56	1 772,32	1 993,86	513,72	1 701,84	1 914,57	409,–	1 631,44	1 835,37	304,16	1 560,96	1 756,08	199,32	1 490,48	1 676,79	94,48	1 420,–	1 597,50
	VI	29 104	1 445,61	2 328,32	2 619,36																				
89 279,99 West	I,IV	22 892	706,38	1 831,36	2 060,28	I	22 892	496,82	1 690,48	1 901,79	287,26	1 549,60	1 743,30	77,58	1 408,64	1 584,72	–	1 267,76	1 426,23	–	1 128,–	1 269,–	–	993,68	1 117,89
	II	22 091	611,06	1 767,28	1 988,19	II	22 091	401,50	1 626,40	1 829,70	191,82	1 485,44	1 671,12	–	1 344,56	1 512,63	–	1 203,60	1 354,05	–	1 066,16	1 199,43	–	934,48	1 051,29
	III	15 390	–	1 231,20	1 385,10	III	15 390	–	1 119,52	1 259,46	–	1 010,72	1 137,06	–	904,96	1 018,08	–	802,08	902,34	–	702,08	789,84	–	604,96	680,58
	V	28 526	1 376,83	2 282,08	2 567,34	IV	22 892	601,66	1 760,96	1 981,08	496,82	1 690,48	1 901,79	391,98	1 620,–	1 822,50	287,26	1 549,60	1 743,30	182,42	1 479,12	1 664,01	77,58	1 408,64	1 584,72
	VI	28 961	1 428,59	2 316,88	2 606,49																				
89 279,99 Ost	I,IV	23 050	725,18	1 844,–	2 074,50	I	23 050	515,62	1 703,12	1 916,01	305,94	1 562,16	1 757,43	96,39	1 421,28	1 598,94	–	1 280,32	1 440,36	–	1 140,24	1 282,77	–	1 005,44	1 131,12
	II	22 249	629,86	1 779,92	2 002,41	II	22 249	420,18	1 638,96	1 843,83	210,63	1 498,08	1 685,34	0,95	1 357,12	1 526,76	–	1 216,24	1 368,27	–	1 078,16	1 212,93	–	946,08	1 064,34
	III	15 518	–	1 241,44	1 396,62	III	15 518	–	1 129,44	1 270,62	–	1 020,32	1 147,86	–	914,24	1 028,52	–	811,04	912,42	–	710,88	799,74	–	613,60	690,30
	V	28 684	1 395,63	2 294,72	2 581,56	IV	23 050	620,34	1 773,52	1 995,21	515,62	1 703,12	1 916,01	410,78	1 632,64	1 836,72	305,94	1 562,16	1 757,43	201,11	1 491,68	1 678,14	96,39	1 421,28	1 598,94
	VI	29 119	1 447,39	2 329,52	2 620,71																				
89 315,99 West	I,IV	22 908	708,28	1 832,64	2 061,72	I	22 908	498,61	1 691,68	1 903,14	289,05	1 550,80	1 744,65	79,37	1 409,84	1 586,07	–	1 268,96	1 427,58	–	1 129,12	1 270,26	–	994,80	1 119,15
	II	22 106	612,85	1 768,48	1 989,54	II	22 106	403,29	1 627,60	1 831,05	193,61	1 486,64	1 672,47	–	1 345,76	1 513,98	–	1 204,88	1 355,49	–	1 067,28	1 200,69	–	935,60	1 052,55
	III	15 402	–	1 232,16	1 386,18	III	15 402	–	1 120,48	1 260,54	–	1 011,68	1 138,14	–	905,76	1 018,98	–	802,88	903,24	–	702,88	790,74	–	605,92	681,66
	V	28 541	1 378,61	2 283,28	2 568,69	IV	22 908	603,44	1 762,16	1 982,43	498,61	1 691,68	1 903,14	393,77	1 621,20	1 823,85	289,05	1 550,80	1 744,65	184,21	1 480,32	1 665,36	79,37	1 409,84	1 586,07
	VI	28 977	1 430,49	2 318,16	2 607,93																				
89 315,99 Ost	I,IV	23 065	726,97	1 845,20	2 075,85	I	23 065	517,41	1 704,32	1 917,36	307,73	1 563,36	1 758,78	98,17	1 422,48	1 600,29	–	1 281,52	1 441,71	–	1 141,44	1 284,12	–	1 006,56	1 132,38
	II	22 264	631,65	1 781,12	2 003,76	II	22 264	421,97	1 640,16	1 845,18	212,41	1 499,28	1 686,69	2,73	1 358,32	1 528,11	–	1 217,44	1 369,62	–	1 079,36	1 214,28	–	947,12	1 065,51
	III	15 530	–	1 242,40	1 397,70	III	15 530	–	1 130,40	1 271,70	–	1 021,28	1 148,94	–	915,20	1 029,60	–	812,–	913,50	–	711,68	800,64	–	614,40	691,20
	V	28 699	1 397,41	2 295,92	2 582,91	IV	23 065	622,13	1 774,72	1 996,56	517,41	1 704,32	1 917,36	412,57	1 633,84	1 838,07	307,73	1 563,36	1 758,78	202,89	1 492,88	1 679,49	98,17	1 422,48	1 600,29
	VI	29 134	1 449,18	2 330,72	2 622,06																				
89 351,99 West	I,IV	22 923	710,07	1 833,84	2 063,07	I	22 923	500,39	1 692,88	1 904,49	290,83	1 552,–	1 746,–	81,15	1 411,04	1 587,42	–	1 270,16	1 428,93	–	1 130,32	1 271,61	–	995,92	1 120,41
	II	22 121	614,63	1 769,68	1 990,89	II	22 121	405,07	1 628,80	1 832,40	195,39	1 487,84	1 673,82	–	1 346,96	1 515,33	–	1 206,08	1 356,84	–	1 068,48	1 202,04	–	936,72	1 053,81
	III	15 414	–	1 233,12	1 387,26	III	15 414	–	1 121,44	1 261,62	–	1 012,64	1 139,22	–	906,72	1 020,06	–	803,68	904,14	–	703,68	791,64	–	606,72	682,56
	V	28 557	1 380,51	2 284,56	2 570,13	IV	22 923	605,23	1 763,36	1 983,78	500,39	1 692,88	1 904,49	395,67	1 622,48	1 825,29	290,83	1 552,–	1 746,–	185,99	1 481,52	1 666,71	81,15	1 411,04	1 587,42
	VI	28 992	1 432,28	2 319,36	2 609,28																				
89 351,99 Ost	I,IV	23 080	728,75	1 846,40	2 077,20	I	23 080	519,19	1 705,52	1 918,71	309,51	1 564,56	1 760,13	99,96	1 423,68	1 601,64	–	1 282,72	1 443,06	–	1 142,64	1 285,47	–	1 007,68	1 133,64
	II	22 279	633,43	1 782,32	2 005,11	II	22 279	423,75	1 641,36	1 846,53	214,20	1 500,48	1 688,04	4,52	1 359,52	1 529,46	–	1 218,64	1 370,97	–	1 080,48	1 215,54	–	948,24	1 066,77
	III	15 542	–	1 243,36	1 398,78	III	15 542	–	1 131,36	1 272,78	–	1 022,24	1 150,02	–	916,–	1 030,50	–	812,80	914,40	–	712,64	801,72	–	615,20	692,10
	V	28 714	1 399,20	2 297,12	2 584,26	IV	23 080	623,91	1 775,92	1 997,91	519,19	1 705,52	1 918,71	414,35	1 635,04	1 839,42	309,51	1 564,56	1 760,13	204,79	1 494,16	1 680,93	99,96	1 423,68	1 601,64
	VI	29 149	1 450,96	2 331,92	2 623,41																				
89 387,99 West	I,IV	22 938	711,85	1 835,04	2 064,42	I	22 938	502,18	1 694,08	1 905,84	292,62	1 553,20	1 747,35	82,94	1 412,24	1 588,77	–	1 271,36	1 430,28	–	1 131,52	1 272,96	–	997,04	1 121,67
	II	22 136	616,42	1 770,88	1 992,24	II	22 136	406,86	1 630,–	1 833,75	197,30	1 489,12	1 675,26	–	1 348,16	1 516,68	–	1 207,28	1 358,19	–	1 069,60	1 203,30	–	937,84	1 055,07
	III	15 426	–	1 234,08	1 388,34	III	15 426	–	1 122,40	1 262,70	–	1 013,44	1 140,12	–	907,52	1 020,96	–	804,64	905,22	–	704,64	792,72	–	607,52	683,46
	V	28 572	1 382,30	2 285,76	2 571,48	IV	22 938	607,01	1 764,56	1 985,13	502,18	1 694,08	1 905,84	397,46	1 623,68	1 826,64	292,62	1 553,20	1 747,35	187,78	1 482,72	1 668,06	82,94	1 412,24	1 588,77
	VI	29 007	1 434,06	2 320,56	2 610,63																				
89 387,99 Ost	I,IV	23 095	730,54	1 847,60	2 078,55	I	23 095	520,98	1 706,72	1 920,06	311,30	1 565,76	1 761,48	101,74	1 424,88	1 602,99	–	1 283,92	1 444,41	–	1 143,84	1 286,82	–	1 008,80	1 134,90
	II	22 294	635,22	1 783,52	2 006,46	II	22 294	425,66	1 642,64	1 847,97	215,98	1 501,68	1 689,39	6,42	1 360,80	1 530,90	–	1 219,84	1 372,32	–	1 081,68	1 216,89	–	949,36	1 068,03
	III	15 554	–	1 244,32	1 399,86	III	15 554	–	1 132,32	1 273,86	–	1 023,20	1 151,10	–	916,96	1 031,58	–	813,76	915,48	–	713,44	802,62	–	616,–	693,–
	V	28 729	1 400,98	2 298,32	2 585,61	IV	23 095	625,82	1 777,20	1 999,35	520,98	1 706,72	1 920,06	416,14	1 636,24	1 840,77	311,30	1 565,76	1 761,48	206,58	1 495,36	1 682,28	101,74	1 424,88	1 602,99
	VI	29 164	1 452,75	2 333,12	2 624,76																				
89 423,99 West	I,IV	22 953	713,64	1 836,24	2 065,77	I	22 953	503,96	1 695,28	1 907,19	294,40	1 554,40	1 748,70	84,84	1 413,52	1 590,21	–	1 272,56	1 431,63	–	1 132,64	1 274,22	–	998,16	1 122,93
	II	22 152	618,32	1 772,16	1 993,68	II	22 152	408,64	1 631,20	1 835,10	199,08	1 490,32	1 676,61	–	1 349,36	1 518,03	–	1 208,48	1 359,54	–	1 070,72	1 204,56	–	938,96	1 056,33
	III	15 440	–	1 235,20	1 389,60	III	15 440	–	1 123,36	1 263,78	–	1 014,40	1 141,20	–	908,48	1 022,04	–	805,44	906,12	–	705,44	793,62	–	608,32	684,36
	V	28 587	1 384,08	2 286,96	2 572,83	IV	22 953	608,80	1 765,76	1 986,48	503,96	1 695,28	1 907,19	399,24	1 624,88	1 827,99	294,40	1 554,40	1 748,70	189,56	1 483,92	1 669,41	84,84	1 413,52	1 590,21
	VI	29 022	1 435,85	2 321,76	2 611,98																				
89 423,99 Ost	I,IV	23 110	732,32	1 848,80	2 079,90	I	23 110	522,76	1 707,92	1 921,41	313,20	1 567,04	1 762,92	103,53	1 426,08	1 604,34	–	1 285,20	1 445,85	–	1 144,96	1 288,08	–	1 010,–	1 136,25
	II	22 309	637,–	1 784,72	2 007,81	II	22 309	427,44	1 643,84	1 849,32	217,77	1 502,88	1 690,74	8,21	1 362,–	1 532,25	–	1 221,04	1 373,67	–	1 082,80	1 218,15	–	950,48	1 069,29
	III	15 566	–	1 245,28	1 400,94	III	15 566	–	1 133,28	1 274,94	–	1 024,–	1 152,–	–	917,92	1 032,66	–	814,56	916,38	–	714,24	803,52	–	616,96	694,08
	V	28 744	1 402,77	2 299,52	2 586,96	IV	23 110	627,60	1 778,40	2 000,70	522,76	1 707,92	1 921,41	417,92	1 637,44	1 842,12	313,20	1 567,04	1 762,92	208,36	1 496,56	1 683,63	103,53	1 426,08	1 604,34
	VI	29 179	1 454,53	2 334,32	2 626,11																				

* Die ausgewiesenen Tabellenwerte sind amtlich. Siehe Erläuterungen auf der Umschlaginnenseite (U2).

Lohn/ Gehalt bis €*			Abzüge an Lohnsteuer, Solidaritätszuschlag (SolZ) und Kirchensteuer (8%, 9%) in den Steuerklassen I – VI ohne Kinderfreibeträge			I, II, III, IV		mit Zahl der Kinderfreibeträge . . . 0,5			1			1,5			2			2,5			3		
		LSt	SolZ	8%	9%		LSt	SolZ	8%	9%	SolZ	8%	9%	SolZ	8%	9%	SolZ	8%	9%	SolZ	8%	9%	SolZ	8%	9%
89 459,99 West	I,IV	22 968	715,42	1 837,44	2 067,12	I	22 968	505,86	1 696,56	1 908,63	296,19	1 555,60	1 750,05	86,63	1 414,72	1 591,56	–	1 273,76	1 432,98	–	1 133,84	1 275,57	–	999,28	1 124,19
	II	22 167	620,10	1 773,36	1 995,03	II	22 167	410,43	1 632,40	1 836,45	200,87	1 491,52	1 677,96	–	1 350,56	1 519,38	–	1 209,68	1 360,89	–	1 071,92	1 205,91	–	940,–	1 057,50
	III	15 452	–	1 236,16	1 390,68	III	15 452	–	1 124,32	1 264,86	–	1 015,36	1 142,28	–	909,44	1 023,12	–	806,40	907,20	–	706,24	794,52	–	609,12	685,26
	V	28 602	1 385,87	2 288,16	2 574,18	IV	22 968	610,58	1 766,96	1 987,83	505,86	1 696,56	1 908,63	401,03	1 626,08	1 829,34	296,19	1 555,60	1 750,05	191,35	1 485,12	1 670,76	86,63	1 414,72	1 591,56
	VI	29 037	1 437,63	2 322,96	2 613,33																				
89 459,99 Ost	I,IV	23 126	734,23	1 850,08	2 081,34	I	23 126	524,55	1 709,12	1 922,76	314,99	1 568,24	1 764,27	105,31	1 427,28	1 605,69	–	1 286,40	1 447,20	–	1 146,16	1 289,43	–	1 011,12	1 137,51
	II	22 324	638,79	1 785,92	2 009,16	II	22 324	429,23	1 645,04	1 850,67	219,55	1 504,08	1 692,09	9,99	1 363,20	1 533,60	–	1 222,24	1 375,02	–	1 084,–	1 219,50	–	951,60	1 070,55
	III	15 578	–	1 246,24	1 402,02	III	15 578	–	1 134,24	1 276,02	–	1 024,96	1 153,08	–	918,72	1 033,56	–	815,52	917,46	–	715,20	804,60	–	617,76	694,98
	V	28 759	1 404,55	2 300,72	2 588,31	IV	23 126	629,39	1 779,60	2 002,05	524,55	1 709,12	1 922,76	419,71	1 638,64	1 843,47	314,99	1 568,24	1 764,27	210,15	1 497,76	1 684,98	105,31	1 427,28	1 605,69
	VI	29 195	1 456,44	2 335,60	2 627,55																				
89 495,99 West	I,IV	22 983	717,21	1 838,64	2 068,47	I	22 983	507,65	1 697,76	1 909,98	297,97	1 556,80	1 751,40	88,41	1 415,92	1 592,91	–	1 274,96	1 434,33	–	1 135,04	1 276,92	–	1 000,40	1 125,45
	II	22 182	621,89	1 774,56	1 996,38	II	22 182	412,21	1 633,60	1 837,80	202,65	1 492,72	1 679,31	–	1 351,76	1 520,73	–	1 210,88	1 362,24	–	1 073,04	1 207,17	–	941,12	1 058,76
	III	15 464	–	1 237,12	1 391,76	III	15 464	–	1 125,28	1 265,94	–	1 016,32	1 143,36	–	910,24	1 024,02	–	807,20	908,10	–	707,20	795,60	–	609,92	686,16
	V	28 617	1 387,65	2 289,36	2 575,53	IV	22 983	612,37	1 768,16	1 989,18	507,65	1 697,76	1 909,98	402,81	1 627,28	1 830,69	297,97	1 556,80	1 751,40	193,25	1 486,40	1 672,20	88,41	1 415,92	1 592,91
	VI	29 052	1 439,42	2 324,16	2 614,68																				
89 495,99 Ost	I,IV	23 141	736,01	1 851,28	2 082,69	I	23 141	526,33	1 710,32	1 924,11	316,77	1 569,44	1 765,62	107,10	1 428,48	1 607,04	–	1 287,60	1 448,55	–	1 147,36	1 290,78	–	1 012,24	1 138,77
	II	22 339	640,57	1 787,12	2 010,51	II	22 339	431,01	1 646,24	1 852,02	221,34	1 505,28	1 693,44	11,78	1 364,40	1 534,95	–	1 223,44	1 376,37	–	1 085,12	1 220,76	–	952,72	1 071,81
	III	15 590	–	1 247,20	1 403,10	III	15 590	–	1 135,04	1 276,92	–	1 025,92	1 154,16	–	919,68	1 034,64	–	816,32	918,36	–	716,–	805,50	–	618,56	695,88
	V	28 775	1 406,46	2 302,–	2 589,75	IV	23 141	631,17	1 780,80	2 003,40	526,33	1 710,32	1 924,11	421,49	1 639,84	1 844,82	316,77	1 569,44	1 765,62	211,93	1 498,96	1 686,33	107,10	1 428,48	1 607,04
	VI	29 210	1 458,22	2 336,80	2 628,90																				
89 531,99 West	I,IV	22 998	718,99	1 839,84	2 069,82	I	22 998	509,43	1 698,96	1 911,33	299,76	1 558,–	1 752,75	90,20	1 417,12	1 594,26	–	1 276,16	1 435,68	–	1 136,24	1 278,27	–	1 001,60	1 126,80
	II	22 197	623,67	1 775,76	1 997,73	II	22 197	414,–	1 634,80	1 839,15	204,44	1 493,92	1 680,66	–	1 353,04	1 522,17	–	1 212,08	1 363,59	–	1 074,24	1 208,52	–	942,24	1 060,02
	III	15 476	–	1 238,08	1 392,84	III	15 476	–	1 126,08	1 266,84	–	1 017,12	1 144,26	–	911,20	1 025,10	–	808,16	909,18	–	708,–	796,50	–	610,72	687,06
	V	28 632	1 389,44	2 290,56	2 576,88	IV	22 998	614,27	1 769,44	1 990,62	509,43	1 698,96	1 911,33	404,60	1 628,48	1 832,04	299,76	1 558,–	1 752,75	195,04	1 487,60	1 673,55	90,20	1 417,12	1 594,26
	VI	29 067	1 441,20	2 325,36	2 616,03																				
89 531,99 Ost	I,IV	23 156	737,80	1 852,48	2 084,04	I	23 156	528,12	1 711,52	1 925,46	318,56	1 570,64	1 766,97	108,88	1 429,68	1 608,39	–	1 288,80	1 449,90	–	1 148,56	1 292,13	–	1 013,36	1 140,03
	II	22 354	642,36	1 788,32	2 011,86	II	22 354	432,80	1 647,44	1 853,37	223,24	1 506,56	1 694,88	13,56	1 365,60	1 536,30	–	1 224,72	1 377,81	–	1 086,32	1 222,11	–	953,84	1 073,07
	III	15 602	–	1 248,16	1 404,18	III	15 602	–	1 136,–	1 278,–	–	1 026,88	1 155,24	–	920,64	1 035,72	–	817,28	919,44	–	716,80	806,40	–	619,36	696,78
	V	28 790	1 408,24	2 303,20	2 591,10	IV	23 156	632,96	1 782,–	2 004,75	528,12	1 711,52	1 925,46	423,40	1 641,12	1 846,26	318,56	1 570,64	1 766,97	213,72	1 500,16	1 687,68	108,88	1 429,68	1 608,39
	VI	29 225	1 460,01	2 338,–	2 630,25																				
89 567,99 West	I,IV	23 013	720,78	1 841,04	2 071,17	I	23 013	511,22	1 700,16	1 912,68	301,54	1 559,20	1 754,10	91,98	1 418,32	1 595,61	–	1 277,44	1 437,12	–	1 137,36	1 279,53	–	1 002,72	1 128,06
	II	22 212	625,46	1 776,96	1 999,08	II	22 212	415,90	1 636,08	1 840,59	206,22	1 495,12	1 682,01	–	1 354,24	1 523,52	–	1 213,28	1 364,94	–	1 075,36	1 209,78	–	943,36	1 061,28
	III	15 488	–	1 239,04	1 393,92	III	15 488	–	1 127,04	1 267,92	–	1 018,08	1 145,34	–	912,16	1 026,18	–	808,96	910,08	–	708,80	797,40	–	611,52	687,96
	V	28 647	1 391,22	2 291,76	2 578,23	IV	23 013	616,06	1 770,64	1 991,97	511,22	1 700,16	1 912,68	406,38	1 629,68	1 833,39	301,54	1 559,20	1 754,10	196,82	1 488,80	1 674,90	91,98	1 418,32	1 595,61
	VI	29 082	1 442,99	2 326,56	2 617,38																				
89 567,99 Ost	I,IV	23 171	739,58	1 853,68	2 085,39	I	23 171	529,90	1 712,72	1 926,81	320,34	1 571,84	1 768,32	110,78	1 430,96	1 609,83	–	1 290,–	1 451,25	–	1 149,76	1 293,48	–	1 014,48	1 141,29
	II	22 370	644,26	1 789,60	2 013,30	II	22 370	434,58	1 648,64	1 854,72	225,02	1 507,76	1 696,23	15,35	1 366,80	1 537,65	–	1 225,92	1 379,16	–	1 087,52	1 223,46	–	954,96	1 074,33
	III	15 614	–	1 249,12	1 405,26	III	15 614	–	1 136,96	1 279,08	–	1 027,84	1 156,32	–	921,44	1 036,62	–	818,08	920,34	–	717,60	807,30	–	620,16	697,68
	V	28 805	1 410,03	2 304,40	2 592,45	IV	23 171	634,74	1 783,20	2 006,10	529,90	1 712,72	1 926,81	425,18	1 642,32	1 847,61	320,34	1 571,84	1 768,32	215,50	1 501,36	1 689,03	110,78	1 430,96	1 609,83
	VI	29 240	1 461,79	2 339,20	2 631,60																				
89 603,99 West	I,IV	23 029	722,68	1 842,32	2 072,61	I	23 029	513,–	1 701,36	1 914,03	303,45	1 560,48	1 755,54	93,77	1 419,52	1 596,96	–	1 278,64	1 438,47	–	1 138,56	1 280,88	–	1 003,84	1 129,32
	II	22 227	627,24	1 778,16	2 000,43	II	22 227	417,69	1 637,28	1 841,94	208,01	1 496,32	1 683,36	–	1 355,44	1 524,87	–	1 214,48	1 366,29	–	1 076,56	1 211,13	–	944,48	1 062,54
	III	15 500	–	1 240,–	1 395,–	III	15 500	–	1 128,–	1 269,–	–	1 019,04	1 146,42	–	912,96	1 027,08	–	809,92	911,16	–	709,60	798,30	–	612,48	689,04
	V	28 662	1 393,01	2 292,96	2 579,58	IV	23 029	617,84	1 771,84	1 993,32	513,–	1 701,36	1 914,03	408,17	1 630,88	1 834,74	303,45	1 560,48	1 755,54	198,61	1 490,–	1 676,25	93,77	1 419,52	1 596,96
	VI	29 098	1 444,89	2 327,84	2 618,82																				
89 603,99 Ost	I,IV	23 186	741,37	1 854,88	2 086,74	I	23 186	531,81	1 714,–	1 928,25	322,13	1 573,04	1 769,67	112,57	1 432,16	1 611,18	–	1 291,20	1 452,60	–	1 150,88	1 294,74	–	1 015,60	1 142,55
	II	22 385	646,05	1 790,80	2 014,65	II	22 385	436,37	1 649,84	1 856,07	226,81	1 508,96	1 697,58	17,13	1 368,–	1 539,–	–	1 227,12	1 380,51	–	1 088,64	1 224,72	–	956,08	1 075,59
	III	15 628	–	1 250,24	1 406,52	III	15 628	–	1 137,92	1 280,16	–	1 028,64	1 157,22	–	922,40	1 037,70	–	819,04	921,42	–	718,56	808,38	–	620,96	698,58
	V	28 820	1 411,81	2 305,60	2 593,80	IV	23 186	636,53	1 784,40	2 007,45	531,81	1 714,–	1 928,25	426,97	1 643,52	1 848,96	322,13	1 573,04	1 769,67	217,29	1 502,56	1 690,38	112,57	1 432,16	1 611,18
	VI	29 255	1 463,58	2 340,40	2 632,95																				
89 639,99 West	I,IV	23 044	724,47	1 843,52	2 073,96	I	23 044	514,79	1 702,56	1 915,38	305,23	1 561,68	1 756,89	95,55	1 420,72	1 598,31	–	1 279,84	1 439,82	–	1 139,76	1 282,23	–	1 004,96	1 130,58
	II	22 242	629,03	1 779,36	2 001,78	II	22 242	419,47	1 638,48	1 843,29	209,79	1 497,52	1 684,71	0,23	1 356,64	1 526,22	–	1 215,68	1 367,64	–	1 077,68	1 212,39	–	945,60	1 063,80
	III	15 512	–	1 240,96	1 396,08	III	15 512	–	1 128,96	1 270,08	–	1 020,–	1 147,50	–	913,92	1 028,16	–	810,72	912,06	–	710,56	799,38	–	613,28	689,94
	V	28 678	1 394,91	2 294,24	2 581,02	IV	23 044	619,63	1 773,04	1 994,67	514,79	1 702,56	1 915,38	409,95	1 632,08	1 836,09	305,23	1 561,68	1 756,89	200,39	1 491,20	1 677,60	95,55	1 420,72	1 598,31
	VI	29 113	1 446,68	2 329,04	2 620,17																				
89 639,99 Ost	I,IV	23 201	743,15	1 856,08	2 088,09	I	23 201	533,59	1 715,20	1 929,60	323,91	1 574,24	1 771,02	114,35	1 433,36	1 612,53	–	1 292,40	1 453,95	–	1 152,08	1 296,09	–	1 016,80	1 143,90
	II	22 400	647,83	1 792,–	2 016,–	II	22 400	438,15	1 651,04	1 857,42	228,59	1 510,16	1 698,93	18,92	1 369,20	1 540,35	–	1 228,32	1 381,86	–	1 089,84	1 226,07	–	957,12	1 076,76
	III	15 640	–	1 251,20	1 407,60	III	15 640	–	1 138,88	1 281,24	–	1 029,60	1 158,30	–	923,20	1 038,60	–	819,84	922,32	–	719,36	809,28	–	621,76	699,48
	V	28 835	1 413,60	2 306,80	2 595,15	IV	23 201	638,31	1 785,60	2 008,80	533,59	1 715,20	1 929,60	428,75	1 644,72	1 850,31	323,91	1 574,24	1 771,02	219,07	1 503,76	1 691,73	114,35	1 433,36	1 612,53
	VI	29 270	1 465,36	2 341,60	2 634,30																				
89 675,99 West	I,IV	23 059	726,25	1 844,72	2 075,31	I	23 059	516,57	1 703,76	1 916,73	307,02	1 562,88	1 758,24	97,34	1 421,92	1 599,66	–	1 281,04	1 441,17	–	1 140,96	1 283,58	–	1 006,08	1 131,84
	II	22 257	630,81	1 780,56	2 003,13	II	22 257	421,26	1 639,68	1 844,64	211,58	1 498,72	1 686,06	2,02	1 357,84	1 527,57	–	1 216,96	1 369,08	–	1 078,88	1 213,74	–	946,72	1 065,06
	III	15 524	–	1 241,92	1 397,16	III	15 524	–	1 129,92	1 271,16	–	1 020,96	1 148,58	–	914,72	1 029,06	–	811,52	912,96	–	711,36	800,28	–	614,08	690,84
	V	28 693	1 396,70	2 295,44	2 582,37	IV	23 059	621,41	1 774,24	1 996,02	516,57	1 703,76	1 916,73	411,85	1 633,36	1 837,53	307,02	1 562,88	1 758,24	202,18	1 492,40	1 678,95	97,34	1 421,92	1 599,66
	VI	29 128	1 448,46	2 330,24	2 621,52																				
89 675,99 Ost	I,IV	23 216	744,94	1 857,28	2 089,44	I	23 216	535,38	1 716,40	1 930,95	325,70	1 575,44	1 772,37	116,14	1 434,56	1 613,88	–	1 293,60	1 455,30	–	1 153,28	1 297,44	–	1 017,92	1 145,16
	II	22 415	649,62	1 793,20	2 017,35	II	22 415	439,94	1 652,24	1 858,77	230,38	1 511,36	1 700,28	20,82	1 370,48	1 541,79	–	1 229,52	1 383,21	–	1 090,96	1 227,33	–	958,24	1 078,02
	III	15 652	–	1 252,16	1 408,68	III	15 652	–	1 139,84	1 282,32	–	1 030,56	1 159,38	–	924,16	1 039,68	–	820,80	923,40	–	720,16	810,18	–	622,72	700,56
	V	28 850	1 415,38	2 308,–	2 596,50	IV	23 216	640,22	1 786,88	2 010,24	535,38	1 716,40	1 930,95	430,54	1 645,92	1 851,66	325,70	1 575,44	1 772,37	220,98	1 505,04	1 693,17	116,14	1 434,56	1 613,88
	VI	29 285	1 467,15	2 342,80	2 635,65																				
89 711,99 West	I,IV	23 074	728,04	1 845,92	2 076,66	I	23 074	518,36	1 704,96	1 918,08	308,80	1 564,08	1 759,59	99,12	1 423,12	1 601,01	–	1 282,24	1 442,52	–	1 142,16	1 284,93	–	1 007,20	1 133,10
	II	22 273	632,72	1 781,84	2 004,57	II	22 273	423,04	1 640,88	1 845,99	213,48	1 500,–	1 687,50	3,80	1 359,04	1 528,92	–	1 218,16	1 370,43	–	1 080,–	1 215,–	–	947,76	1 066,23
	III	15 536	–	1 242,88	1 398,24	III	15 536	–	1 130,88	1 272,24	–	1 021,76	1 149,48	–	915,68	1 030,14	–	812,48	914,04	–	712,16	801,18	–	614,88	691,74
	V	28 708	1 398,48	2 296,64	2 583,72	IV	23 074	623,20	1 775,44	1 997,37	518,36	1 704,96	1 918,08	413,64	1 634,56	1 838,88	308,80	1 564,08	1 759,59	203,96	1 493,60	1 680,30	99,12	1 423,12	1 601,01
	VI	29 143	1 450,25	2 331,44	2 622,87																				
89 711,99 Ost	I,IV	23 231	746,72	1 858,48	2 090,79	I	23 231	537,16	1 717,60	1 932,30	327,48	1 576,64	1 773,72	117,92	1 435,76	1 615,23	–	1 294,88	1 456,74	–	1 154,48	1 298,79	–	1 019,04	1 146,42
	II	22 430	651,40	1 794,40	2 018,70	II	22 430	441,84	1 653,52	1 860,21	232,16	1 512,56	1 701,63	22,61	1 371,68	1 543,14	–	1 230,72	1 384,56	–	1 092,16	1 228,68	–	959,36	1 079,28
	III	15 664	–	1 253,12	1 409,76	III	15 664	–	1 140,80	1 283,40	–	1 031,52	1 160,46	–	925,12	1 040,76	–	821,60	924,30	–	721,12	811,26	–	623,52	701,46
	V	28 865	1 417,17	2 309,20	2 597,85	IV	23 231	642,–	1 788,08	2 011,59	537,16	1 717,60	1 932,30	432,32	1 647,12	1 853,01	327,48	1 576,64	1 773,72	222,76	1 506,24	1 694,52	117,92	1 435,76	1 615,23
	VI	29 300	1 468,93	2 344,–	2 637,–																				

* Die ausgewiesenen Tabellenwerte sind amtlich. Siehe Erläuterungen auf der Umschlaginnenseite (U2).

JAHR 89 712,–*

Abzüge an Lohnsteuer, Solidaritätszuschlag (SolZ) und Kirchensteuer (8%, 9%) in den Steuerklassen

Lohn/ Gehalt bis €*	I – VI					I, II, III, IV																			
			ohne Kinderfreibeträge					mit Zahl der Kinderfreibeträge . . . 0,5			1			1,5			2			2,5			3		
		LSt	SolZ	8%	9%		LSt	SolZ	8%	9%	SolZ	8%	9%	SolZ	8%	9%	SolZ	8%	9%	SolZ	8%	9%	SolZ	8%	9%
89 747,99 West	I,IV	23 089	729,82	1 847,12	2 078,01	I	23 089	520,26	1 706,24	1 919,52	310,59	1 565,28	1 760,94	101,03	1 424,40	1 602,45	–	1 283,44	1 443,87	–	1 143,28	1 286,19	–	1 008,32	1 134,36
	II	22 288	634,50	1 783,04	2 005,92	II	22 288	424,83	1 642,08	1 847,34	215,27	1 501,20	1 688,85	5,59	1 360,24	1 530,27	–	1 219,36	1 371,78	–	1 081,20	1 216,35	–	948,88	1 067,49
	III	15 548	–	1 243,84	1 399,32	III	15 548	–	1 131,84	1 273,32	–	1 022,72	1 150,56	–	916,64	1 031,22	–	813,28	914,94	–	713,12	802,26	–	615,68	692,64
	V	28 723	1 400,27	2 297,84	2 585,07	IV	23 089	624,98	1 776,64	1 998,72	520,26	1 706,24	1 919,52	415,42	1 635,76	1 840,23	310,59	1 565,28	1 760,94	205,75	1 494,80	1 681,65	101,03	1 424,40	1 602,45
	VI	29 158	1 452,03	2 332,64	2 624,22																				
89 747,99 Ost	I,IV	23 247	748,62	1 859,76	2 092,23	I	23 247	538,95	1 718,80	1 933,65	329,39	1 577,92	1 775,16	119,71	1 436,96	1 616,58	–	1 296,08	1 458,09	–	1 155,68	1 300,14	–	1 020,16	1 147,68
	II	22 445	653,19	1 795,60	2 020,05	II	22 445	443,63	1 654,72	1 861,56	233,95	1 513,76	1 702,98	24,39	1 372,88	1 544,49	–	1 231,92	1 385,91	–	1 093,28	1 229,94	–	960,48	1 080,54
	III	15 676	–	1 254,08	1 410,84	III	15 676	–	1 141,76	1 284,48	–	1 032,48	1 161,54	–	925,92	1 041,66	–	822,40	925,20	–	721,92	812,16	–	624,32	702,36
	V	28 880	1 418,95	2 310,40	2 599,20	IV	23 247	643,79	1 789,28	2 012,94	538,95	1 718,80	1 933,65	434,11	1 648,32	1 854,36	329,39	1 577,92	1 775,16	224,55	1 507,44	1 695,87	119,71	1 436,96	1 616,58
	VI	29 316	1 470,84	2 345,28	2 638,44																				
89 783,99 West	I,IV	23 104	731,61	1 848,32	2 079,36	I	23 104	522,05	1 707,44	1 920,87	312,37	1 566,48	1 762,29	102,81	1 425,60	1 603,80	–	1 284,64	1 445,22	–	1 144,48	1 287,54	–	1 009,52	1 135,71
	II	22 303	636,29	1 784,24	2 007,27	II	22 303	426,61	1 643,28	1 848,69	217,05	1 502,40	1 690,20	7,37	1 361,44	1 531,62	–	1 220,56	1 373,13	–	1 082,32	1 217,61	–	950,–	1 068,75
	III	15 560	–	1 244,80	1 400,40	III	15 560	–	1 132,80	1 274,40	–	1 023,68	1 151,64	–	917,44	1 032,12	–	814,24	916,02	–	713,92	803,16	–	616,48	693,54
	V	28 738	1 402,05	2 299,04	2 586,42	IV	23 104	626,77	1 777,84	2 000,07	522,05	1 707,44	1 920,87	417,21	1 636,96	1 841,58	312,37	1 566,48	1 762,29	207,53	1 496,–	1 683,–	102,81	1 425,60	1 603,80
	VI	29 173	1 453,82	2 333,84	2 625,57																				
89 783,99 Ost	I,IV	23 262	750,41	1 860,96	2 093,58	I	23 262	540,73	1 720,–	1 935,–	331,17	1 579,12	1 776,51	121,49	1 438,16	1 617,93	–	1 297,28	1 459,44	–	1 156,88	1 301,49	–	1 021,36	1 149,03
	II	22 460	654,97	1 796,80	2 021,40	II	22 460	445,41	1 655,92	1 862,91	235,73	1 514,96	1 704,33	26,18	1 374,08	1 545,84	–	1 233,12	1 387,26	–	1 094,48	1 231,29	–	961,60	1 081,80
	III	15 688	–	1 255,04	1 411,92	III	15 688	–	1 142,72	1 285,56	–	1 033,28	1 162,44	–	926,88	1 042,74	–	823,36	926,28	–	722,72	813,06	–	625,12	703,26
	V	28 896	1 420,86	2 311,68	2 600,64	IV	23 262	645,57	1 790,48	2 014,29	540,73	1 720,–	1 935,–	435,89	1 649,52	1 855,71	331,17	1 579,12	1 776,51	226,33	1 508,64	1 697,22	121,49	1 438,16	1 617,93
	VI	29 331	1 472,62	2 346,48	2 639,79																				
89 819,99 West	I,IV	23 119	733,39	1 849,52	2 080,71	I	23 119	523,83	1 708,64	1 922,22	314,16	1 567,68	1 763,64	104,60	1 426,80	1 605,15	–	1 285,84	1 446,57	–	1 145,68	1 288,89	–	1 010,64	1 136,97
	II	22 318	638,07	1 785,44	2 008,62	II	22 318	428,40	1 644,48	1 850,04	218,84	1 503,60	1 691,55	9,16	1 362,64	1 532,97	–	1 221,76	1 374,48	–	1 083,52	1 218,96	–	951,12	1 070,01
	III	15 572	–	1 245,76	1 401,48	III	15 572	–	1 133,76	1 275,48	–	1 024,64	1 152,72	–	918,40	1 033,20	–	815,04	916,92	–	714,72	804,06	–	617,28	694,44
	V	28 753	1 403,84	2 300,24	2 587,77	IV	23 119	628,67	1 779,12	2 001,51	523,83	1 708,64	1 922,22	418,99	1 638,16	1 842,93	314,16	1 567,68	1 763,64	209,44	1 497,28	1 684,44	104,60	1 426,80	1 605,15
	VI	29 188	1 455,60	2 335,04	2 626,92																				
89 819,99 Ost	I,IV	23 277	752,19	1 862,16	2 094,93	I	23 277	542,52	1 721,20	1 936,35	332,96	1 580,32	1 777,86	123,28	1 439,36	1 619,28	–	1 298,48	1 460,79	–	1 158,08	1 302,84	–	1 022,48	1 150,29
	II	22 475	656,76	1 798,–	2 022,75	II	22 475	447,20	1 657,12	1 864,26	237,52	1 516,16	1 705,68	27,96	1 375,28	1 547,19	–	1 234,40	1 388,70	–	1 095,60	1 232,55	–	962,72	1 083,06
	III	15 700	–	1 256,–	1 413,–	III	15 700	–	1 143,68	1 286,64	–	1 034,24	1 163,52	–	927,84	1 043,82	–	824,16	927,18	–	723,68	814,14	–	625,92	704,16
	V	28 911	1 422,64	2 312,88	2 601,99	IV	23 277	647,36	1 791,68	2 015,64	542,52	1 721,20	1 936,35	437,80	1 650,80	1 857,15	332,96	1 580,32	1 777,86	228,12	1 509,84	1 698,57	123,28	1 439,36	1 619,28
	VI	29 346	1 474,41	2 347,68	2 641,14																				
89 855,99 West	I,IV	23 134	735,18	1 850,72	2 082,06	I	23 134	525,62	1 709,84	1 923,57	315,94	1 568,88	1 764,99	106,38	1 428,–	1 606,50	–	1 287,04	1 447,92	–	1 146,88	1 290,24	–	1 011,76	1 138,23
	II	22 333	639,86	1 786,64	2 009,97	II	22 333	430,30	1 645,76	1 851,48	220,62	1 504,80	1 692,90	11,06	1 363,92	1 534,41	–	1 222,96	1 375,83	–	1 084,64	1 220,22	–	952,24	1 071,27
	III	15 586	–	1 246,88	1 402,74	III	15 586	–	1 134,72	1 276,56	–	1 025,44	1 153,62	–	919,20	1 034,10	–	816,–	918,–	–	715,68	805,14	–	618,24	695,52
	V	28 768	1 405,62	2 301,44	2 589,12	IV	23 134	630,46	1 780,32	2 002,86	525,62	1 709,84	1 923,57	420,78	1 639,36	1 844,28	315,94	1 568,88	1 764,99	211,22	1 498,48	1 685,79	106,38	1 428,–	1 606,50
	VI	29 203	1 457,39	2 336,24	2 628,27																				
89 855,99 Ost	I,IV	23 292	753,98	1 863,36	2 096,28	I	23 292	544,30	1 722,40	1 937,70	334,74	1 581,52	1 779,21	125,06	1 440,56	1 620,63	–	1 299,68	1 462,14	–	1 159,20	1 304,10	–	1 023,60	1 151,55
	II	22 491	658,66	1 799,28	2 024,19	II	22 491	448,98	1 658,32	1 865,61	239,42	1 517,44	1 707,12	29,75	1 376,48	1 548,54	–	1 235,60	1 390,05	–	1 096,80	1 233,90	–	963,84	1 084,32
	III	15 712	–	1 256,96	1 414,08	III	15 712	–	1 144,64	1 287,72	–	1 035,20	1 164,60	–	928,64	1 044,72	–	825,12	928,26	–	724,48	815,04	–	626,72	705,06
	V	28 926	1 424,43	2 314,08	2 603,34	IV	23 292	649,14	1 792,88	2 016,99	544,30	1 722,40	1 937,70	439,58	1 652,–	1 858,50	334,74	1 581,52	1 779,21	229,90	1 511,04	1 699,92	125,06	1 440,56	1 620,63
	VI	29 361	1 476,19	2 348,88	2 642,49																				
89 891,99 West	I,IV	23 150	737,08	1 852,–	2 083,50	I	23 150	527,40	1 711,04	1 924,92	317,84	1 570,16	1 766,43	108,17	1 429,20	1 607,85	–	1 288,32	1 449,36	–	1 148,08	1 291,59	–	1 012,88	1 139,49
	II	22 348	641,64	1 787,84	2 011,32	II	22 348	432,08	1 646,96	1 852,83	222,41	1 506,–	1 694,25	12,85	1 365,12	1 535,76	–	1 224,16	1 377,18	–	1 085,84	1 221,57	–	953,36	1 072,53
	III	15 598	–	1 247,84	1 403,82	III	15 598	–	1 135,68	1 277,64	–	1 026,40	1 154,70	–	920,16	1 035,18	–	816,80	918,90	–	716,48	806,04	–	619,04	696,42
	V	28 783	1 407,41	2 302,64	2 590,47	IV	23 150	632,24	1 781,52	2 004,21	527,40	1 711,04	1 924,92	422,56	1 640,56	1 845,63	317,84	1 570,16	1 766,43	213,01	1 499,68	1 687,14	108,17	1 429,20	1 607,85
	VI	29 219	1 459,29	2 337,52	2 629,71																				
89 891,99 Ost	I,IV	23 307	755,76	1 864,56	2 097,63	I	23 307	546,21	1 723,68	1 939,14	336,53	1 582,72	1 780,56	126,97	1 441,84	1 622,07	–	1 300,88	1 463,49	–	1 160,40	1 305,45	–	1 024,72	1 152,81
	II	22 506	660,45	1 800,48	2 025,54	II	22 506	450,77	1 659,52	1 866,96	241,21	1 518,64	1 708,47	31,53	1 377,68	1 549,89	–	1 236,80	1 391,40	–	1 098,–	1 235,25	–	964,96	1 085,58
	III	15 724	–	1 257,92	1 415,16	III	15 724	–	1 145,60	1 288,80	–	1 036,16	1 165,68	–	929,60	1 045,80	–	825,92	929,16	–	725,28	815,94	–	627,68	706,14
	V	28 941	1 426,21	2 315,28	2 604,69	IV	23 307	650,93	1 794,08	2 018,34	546,21	1 723,68	1 939,14	441,37	1 653,20	1 859,85	336,53	1 582,72	1 780,56	231,69	1 512,24	1 701,27	126,97	1 441,84	1 622,07
	VI	29 376	1 477,98	2 350,08	2 643,84																				
89 927,99 West	I,IV	23 165	738,87	1 853,20	2 084,85	I	23 165	529,19	1 712,24	1 926,27	319,63	1 571,36	1 767,78	109,95	1 430,40	1 609,20	–	1 289,52	1 450,71	–	1 149,20	1 292,85	–	1 014,–	1 140,75
	II	22 363	643,43	1 789,04	2 012,67	II	22 363	433,87	1 648,16	1 854,18	224,19	1 507,20	1 695,60	14,63	1 366,32	1 537,11	–	1 225,36	1 378,53	–	1 086,96	1 222,83	–	954,48	1 073,79
	III	15 610	–	1 248,80	1 404,90	III	15 610	–	1 136,64	1 278,72	–	1 027,36	1 155,78	–	921,12	1 036,26	–	817,76	919,98	–	717,28	806,94	–	619,84	697,32
	V	28 799	1 409,31	2 303,92	2 591,91	IV	23 165	634,03	1 782,72	2 005,56	529,19	1 712,24	1 926,27	424,35	1 641,76	1 846,98	319,63	1 571,36	1 767,78	214,79	1 500,88	1 688,49	109,95	1 430,40	1 609,20
	VI	29 234	1 461,08	2 338,72	2 631,06																				
89 927,99 Ost	I,IV	23 322	757,55	1 865,76	2 098,98	I	23 322	547,99	1 724,88	1 940,49	338,31	1 583,92	1 781,91	128,75	1 443,04	1 623,42	–	1 302,08	1 464,84	–	1 161,60	1 306,80	–	1 025,84	1 154,07
	II	22 521	662,23	1 801,68	2 026,89	II	22 521	452,55	1 660,72	1 868,31	242,99	1 519,84	1 709,82	33,32	1 378,88	1 551,24	–	1 238,–	1 392,75	–	1 099,12	1 236,51	–	966,08	1 086,84
	III	15 738	–	1 259,04	1 416,42	III	15 738	–	1 146,56	1 289,88	–	1 036,96	1 166,58	–	930,40	1 046,70	–	826,88	930,24	–	726,24	817,02	–	628,48	707,04
	V	28 956	1 428,–	2 316,48	2 606,04	IV	23 322	652,71	1 795,28	2 019,69	547,99	1 724,88	1 940,49	443,15	1 654,40	1 861,20	338,31	1 583,92	1 781,91	233,47	1 513,44	1 702,62	128,75	1 443,04	1 623,42
	VI	29 391	1 479,76	2 351,28	2 645,19																				
89 963,99 West	I,IV	23 180	740,65	1 854,40	2 086,20	I	23 180	530,97	1 713,44	1 927,62	321,41	1 572,56	1 769,13	111,74	1 431,60	1 610,55	–	1 290,72	1 452,06	–	1 150,40	1 294,20	–	1 015,20	1 142,10
	II	22 378	645,21	1 790,24	2 014,02	II	22 378	435,65	1 649,36	1 855,53	225,98	1 508,40	1 696,95	16,42	1 367,52	1 538,46	–	1 226,56	1 379,88	–	1 088,16	1 224,18	–	955,60	1 075,05
	III	15 622	–	1 249,76	1 405,98	III	15 622	–	1 137,60	1 279,80	–	1 028,32	1 156,86	–	921,92	1 037,16	–	818,56	920,88	–	718,08	807,84	–	620,64	698,22
	V	28 814	1 411,10	2 305,12	2 593,26	IV	23 180	635,81	1 783,92	2 006,91	530,97	1 713,44	1 927,62	426,25	1 643,04	1 848,42	321,41	1 572,56	1 769,13	216,58	1 502,08	1 689,84	111,74	1 431,60	1 610,55
	VI	29 249	1 462,86	2 339,92	2 632,41																				
89 963,99 Ost	I,IV	23 337	759,33	1 866,96	2 100,33	I	23 337	549,78	1 726,08	1 941,84	340,10	1 585,12	1 783,26	130,54	1 444,24	1 624,77	–	1 303,28	1 466,19	–	1 162,80	1 308,15	–	1 027,04	1 155,42
	II	22 536	664,02	1 802,88	2 028,24	II	22 536	454,34	1 661,92	1 869,66	244,78	1 521,04	1 711,17	35,10	1 380,08	1 552,59	–	1 239,20	1 394,10	–	1 100,32	1 237,86	–	967,20	1 088,10
	III	15 750	–	1 260,–	1 417,50	III	15 750	–	1 147,52	1 290,96	–	1 037,92	1 167,66	–	931,36	1 047,78	–	827,68	931,14	–	727,04	817,92	–	629,28	707,94
	V	28 971	1 429,78	2 317,68	2 607,39	IV	23 337	654,61	1 796,56	2 021,13	549,78	1 726,08	1 941,84	444,94	1 655,60	1 862,55	340,10	1 585,12	1 783,26	235,38	1 514,72	1 704,06	130,54	1 444,24	1 624,77
	VI	29 406	1 481,55	2 352,48	2 646,54																				
89 999,99 West	I,IV	23 195	742,44	1 855,60	2 087,55	I	23 195	532,76	1 714,64	1 928,97	323,20	1 573,76	1 770,48	113,52	1 432,80	1 611,90	–	1 291,92	1 453,41	–	1 151,60	1 295,55	–	1 016,32	1 143,36
	II	22 394	647,12	1 791,52	2 015,46	II	22 394	437,44	1 650,56	1 856,88	227,88	1 509,68	1 698,39	18,20	1 368,72	1 539,81	–	1 227,84	1 381,32	–	1 089,36	1 225,53	–	956,72	1 076,31
	III	15 634	–	1 250,72	1 407,06	III	15 634	–	1 138,56	1 280,88	–	1 029,28	1 157,94	–	922,88	1 038,24	–	819,52	921,96	–	719,04	808,92	–	621,44	699,12
	V	28 829	1 412,88	2 306,32	2 594,61	IV	23 195	637,60	1 785,12	2 008,26	532,76	1 714,64	1 928,97	428,04	1 644,24	1 849,77	323,20	1 573,76	1 770,48	218,36	1 503,28	1 691,19	113,52	1 432,80	1 611,90
	VI	29 264	1 464,65	2 341,12	2 633,76																				
89 999,99 Ost	I,IV	23 352	761,12	1 868,16	2 101,68	I	23 352	551,56	1 727,28	1 943,19	341,88	1 586,32	1 784,61	132,32	1 445,44	1 626,12	–	1 304,48	1 467,54	–	1 164,–	1 309,50	–	1 028,16	1 156,68
	II	22 551	665,80	1 804,08	2 029,59	II	22 551	456,24	1 663,20	1 871,10	246,56	1 522,24	1 712,52	37,–	1 381,36	1 554,03	–	1 240,40	1 395,45	–	1 101,44	1 239,12	–	968,32	1 089,36
	III	15 762	–	1 260,96	1 418,58	III	15 762	–	1 148,48	1 292,04	–	1 038,88	1 168,74	–	932,32	1 048,86	–	828,64	932,22	–	727,84	818,82	–	630,08	708,84
	V	28 986	1 431,57	2 318,88	2 608,74	IV	23 352	656,40	1 797,76	2 022,48	551,56	1 727,28	1 943,19	446,72	1 656,80	1 863,90	341,88	1 586,32	1 784,61	237,16	1 515,92	1 705,41	132,32	1 445,44	1 626,12
	VI	29 421	1 483,33	2 353,68	2 647,89																				

*** Die ausgewiesenen Tabellenwerte sind amtlich. Siehe Erläuterungen auf der Umschlaginnenseite (U2).**

Abzüge an Lohnsteuer, Solidaritätszuschlag (SolZ) und Kirchensteuer (8%, 9%) in den Steuerklassen

Lohn/ Gehalt bis €*	I – VI	ohne Kinderfreibeträge				I, II, III, IV	mit Zahl der Kinderfreibeträge . . . 0,5			1			1,5			2			2,5			3		
		LSt	SolZ	8%	9%		LSt	SolZ	8%	9%	SolZ	8%	9%	SolZ	8%	9%	SolZ	8%	9%	SolZ	8%	9%	SolZ	8%	9%
90 035,99 West	I,IV	23 210	744,22	1 856,80	2 088,90	I	23 210	534,66	1 715,92	1 930,41	324,98	1 574,96	1 771,83	115,43	1 434,08	1 613,34	–	1 293,12	1 454,76	–	1 152,80	1 296,90	–	1 017,44	1 144,62
	II	22 409	648,90	1 792,72	2 016,81	II	22 409	439,22	1 651,76	1 858,23	229,67	1 510,88	1 699,74	19,99	1 369,92	1 541,16	–	1 229,04	1 382,67	–	1 090,48	1 226,79	–	957,84	1 077,57
	III	15 646	–	1 251,68	1 408,14	III	15 646	–	1 139,52	1 281,96	–	1 030,08	1 158,84	–	923,84	1 039,32	–	820,32	922,86	–	719,84	809,82	–	622,24	700,02
	V	28 844	1 414,67	2 307,52	2 595,96	IV	23 210	639,38	1 786,32	2 009,61	534,66	1 715,92	1 930,41	429,82	1 645,44	1 851,12	324,98	1 574,96	1 771,83	220,15	1 504,48	1 692,54	115,43	1 434,08	1 613,34
	VI	29 279	1 466,43	2 342,32	2 635,11																				
90 035,99 Ost	I,IV	23 368	763,02	1 869,44	2 103,12	I	23 368	553,35	1 728,48	1 944,54	343,79	1 587,60	1 786,05	134,11	1 446,64	1 627,47	–	1 305,76	1 468,98	–	1 165,20	1 310,85	–	1 029,28	1 157,94
	II	22 566	667,59	1 805,28	2 030,94	II	22 566	458,03	1 664,40	1 872,45	248,35	1 523,44	1 713,87	38,79	1 382,56	1 555,38	–	1 241,60	1 396,80	–	1 102,64	1 240,47	–	969,44	1 090,62
	III	15 774	–	1 261,92	1 419,66	III	15 774	–	1 149,44	1 293,12	–	1 039,84	1 169,82	–	933,12	1 049,76	–	829,44	933,12	–	728,80	819,90	–	630,88	709,74
	V	29 001	1 433,35	2 320,08	2 610,09	IV	23 368	658,18	1 798,96	2 023,83	553,35	1 728,48	1 944,54	448,51	1 658,–	1 865,25	343,79	1 587,60	1 786,05	238,95	1 517,12	1 706,76	134,11	1 446,64	1 627,47
	VI	29 436	1 485,12	2 354,88	2 649,24																				
90 071,99 West	I,IV	23 225	746,01	1 858,–	2 090,25	I	23 225	536,45	1 717,12	1 931,76	326,77	1 576,16	1 773,18	117,21	1 435,28	1 614,69	–	1 294,32	1 456,11	–	1 154,–	1 298,25	–	1 018,56	1 145,88
	II	22 424	650,69	1 793,92	2 018,16	II	22 424	441,01	1 652,96	1 859,58	231,45	1 512,08	1 701,09	21,77	1 371,12	1 542,51	–	1 230,24	1 384,02	–	1 091,68	1 228,14	–	958,88	1 078,74
	III	15 658	–	1 252,64	1 409,22	III	15 658	–	1 140,32	1 282,86	–	1 031,04	1 159,92	–	924,64	1 040,22	–	821,28	923,94	–	720,64	810,72	–	623,20	701,10
	V	28 859	1 416,45	2 308,72	2 597,31	IV	23 225	641,17	1 787,52	2 010,96	536,45	1 717,12	1 931,76	431,61	1 646,64	1 852,47	326,77	1 576,16	1 773,18	221,93	1 505,68	1 693,89	117,21	1 435,28	1 614,69
	VI	29 294	1 468,22	2 343,52	2 636,46																				
90 071,99 Ost	I,IV	23 383	764,81	1 870,64	2 104,47	I	23 383	555,13	1 729,68	1 945,89	345,57	1 588,80	1 787,40	135,89	1 447,84	1 628,82	–	1 306,96	1 470,33	–	1 166,40	1 312,20	–	1 030,48	1 159,29
	II	22 581	669,37	1 806,48	2 032,29	II	22 581	459,81	1 665,60	1 873,80	250,13	1 524,64	1 715,22	40,57	1 383,76	1 556,73	–	1 242,80	1 398,15	–	1 103,84	1 241,82	–	970,56	1 091,88
	III	15 786	–	1 262,88	1 420,74	III	15 786	–	1 150,40	1 294,20	–	1 040,80	1 170,90	–	934,08	1 050,84	–	830,40	934,20	–	729,60	820,80	–	631,68	710,64
	V	29 016	1 435,14	2 321,28	2 611,44	IV	23 383	659,97	1 800,16	2 025,18	555,13	1 729,68	1 945,89	450,29	1 659,20	1 866,60	345,57	1 588,80	1 787,40	240,73	1 518,32	1 708,11	135,89	1 447,84	1 628,82
	VI	29 452	1 487,02	2 356,16	2 650,68																				
90 107,99 West	I,IV	23 240	747,79	1 859,20	2 091,60	I	23 240	538,23	1 718,32	1 933,11	328,55	1 577,36	1 774,53	119,–	1 436,48	1 616,04	–	1 295,52	1 457,46	–	1 155,20	1 299,60	–	1 019,68	1 147,14
	II	22 439	652,47	1 795,12	2 019,51	II	22 439	442,79	1 654,16	1 860,93	233,24	1 513,28	1 702,44	23,56	1 372,32	1 543,86	–	1 231,44	1 385,37	–	1 092,80	1 229,40	–	960,–	1 080,–
	III	15 670	–	1 253,60	1 410,30	III	15 670	–	1 141,28	1 283,94	–	1 032,–	1 161,–	–	925,60	1 041,30	–	822,08	924,84	–	721,60	811,80	–	624,–	702,–
	V	28 874	1 418,24	2 309,92	2 598,66	IV	23 240	643,07	1 788,80	2 012,40	538,23	1 718,32	1 933,11	433,39	1 647,84	1 853,82	328,55	1 577,36	1 774,53	223,83	1 506,96	1 695,33	119,–	1 436,48	1 616,04
	VI	29 309	1 470,–	2 344,72	2 637,81																				
90 107,99 Ost	I,IV	23 398	766,59	1 871,84	2 105,82	I	23 398	556,92	1 730,88	1 947,24	347,36	1 590,–	1 788,75	137,68	1 449,04	1 630,17	–	1 308,16	1 471,68	–	1 167,60	1 313,55	–	1 031,60	1 160,55
	II	22 596	671,16	1 807,68	2 033,64	II	22 596	461,60	1 666,80	1 875,15	251,92	1 525,84	1 716,57	42,36	1 384,96	1 558,08	–	1 244,–	1 399,50	–	1 104,96	1 243,08	–	971,68	1 093,14
	III	15 798	–	1 263,84	1 421,82	III	15 798	–	1 151,36	1 295,28	–	1 041,60	1 171,80	–	935,04	1 051,92	–	831,20	935,10	–	730,40	821,70	–	632,64	711,72
	V	29 032	1 437,04	2 322,56	2 612,88	IV	23 398	661,75	1 801,36	2 026,53	556,92	1 730,88	1 947,24	452,20	1 660,48	1 868,04	347,36	1 590,–	1 788,75	242,52	1 519,52	1 709,46	137,68	1 449,04	1 630,17
	VI	29 467	1 488,80	2 357,36	2 652,03																				
90 143,99 West	I,IV	23 255	749,58	1 860,40	2 092,95	I	23 255	540,02	1 719,52	1 934,46	330,34	1 578,56	1 775,88	120,78	1 437,68	1 617,39	–	1 296,72	1 458,81	–	1 156,32	1 300,86	–	1 020,88	1 148,49
	II	22 454	654,26	1 796,32	2 020,86	II	22 454	444,70	1 655,44	1 862,37	235,02	1 514,48	1 703,79	25,46	1 373,60	1 545,30	–	1 232,64	1 386,72	–	1 094,–	1 230,75	–	961,12	1 081,26
	III	15 682	–	1 254,56	1 411,38	III	15 682	–	1 142,24	1 285,02	–	1 032,96	1 162,08	–	926,40	1 042,20	–	823,04	925,92	–	722,40	812,70	–	624,80	702,90
	V	28 889	1 420,02	2 311,12	2 600,01	IV	23 255	644,86	1 790,–	2 013,75	540,02	1 719,52	1 934,46	435,18	1 649,04	1 855,17	330,34	1 578,56	1 775,88	225,62	1 508,16	1 696,68	120,78	1 437,68	1 617,39
	VI	29 324	1 471,79	2 345,92	2 639,16																				
90 143,99 Ost	I,IV	23 413	768,38	1 873,04	2 107,17	I	23 413	558,70	1 732,08	1 948,59	349,14	1 591,20	1 790,10	139,46	1 450,24	1 631,52	–	1 309,36	1 473,03	–	1 168,80	1 314,90	–	1 032,72	1 161,81
	II	22 612	673,06	1 808,96	2 035,08	II	22 612	463,38	1 668,–	1 876,50	253,82	1 527,12	1 718,01	44,14	1 386,16	1 559,43	–	1 245,28	1 400,94	–	1 106,16	1 244,43	–	972,80	1 094,40
	III	15 810	–	1 264,80	1 422,90	III	15 810	–	1 152,32	1 296,36	–	1 042,56	1 172,88	–	935,84	1 052,82	–	832,16	936,18	–	731,36	822,78	–	633,44	712,62
	V	29 047	1 438,82	2 323,76	2 614,23	IV	23 413	663,54	1 802,56	2 027,88	558,70	1 732,08	1 948,59	453,98	1 661,68	1 869,39	349,14	1 591,20	1 790,10	244,30	1 520,72	1 710,81	139,46	1 450,24	1 631,52
	VI	29 482	1 490,59	2 358,56	2 653,38																				
90 179,99 West	I,IV	23 270	751,36	1 861,60	2 094,30	I	23 270	541,80	1 720,72	1 935,81	332,24	1 579,84	1 777,32	122,57	1 438,88	1 618,74	–	1 298,–	1 460,25	–	1 157,52	1 302,21	–	1 022,–	1 149,75
	II	22 469	656,04	1 797,52	2 022,21	II	22 469	446,48	1 656,64	1 863,72	236,81	1 515,68	1 705,14	27,25	1 374,80	1 546,65	–	1 233,84	1 388,07	–	1 095,12	1 232,01	–	962,24	1 082,52
	III	15 694	–	1 255,52	1 412,46	III	15 694	–	1 143,20	1 286,10	–	1 033,92	1 163,16	–	927,36	1 043,28	–	823,84	926,82	–	723,20	813,60	–	625,60	703,80
	V	28 904	1 421,81	2 312,32	2 601,36	IV	23 270	646,64	1 791,20	2 015,10	541,80	1 720,72	1 935,81	436,96	1 650,24	1 856,52	332,24	1 579,84	1 777,32	227,40	1 509,36	1 698,03	122,57	1 438,88	1 618,74
	VI	29 339	1 473,57	2 347,12	2 640,51																				
90 179,99 Ost	I,IV	23 428	770,16	1 874,24	2 108,52	I	23 428	560,60	1 733,36	1 950,03	350,93	1 592,40	1 791,45	141,37	1 451,52	1 632,96	–	1 310,56	1 474,38	–	1 169,92	1 316,16	–	1 033,84	1 163,07
	II	22 627	674,84	1 810,16	2 036,43	II	22 627	465,17	1 669,20	1 877,85	255,61	1 528,32	1 719,36	45,93	1 387,36	1 560,78	–	1 246,48	1 402,29	–	1 107,28	1 245,69	–	973,92	1 095,66
	III	15 822	–	1 265,76	1 423,98	III	15 822	–	1 153,28	1 297,44	–	1 043,52	1 173,96	–	936,80	1 053,90	–	832,96	937,08	–	732,16	823,68	–	634,24	713,52
	V	29 062	1 440,61	2 324,96	2 615,58	IV	23 428	665,32	1 803,76	2 029,23	560,60	1 733,36	1 950,03	455,77	1 662,88	1 870,74	350,93	1 592,40	1 791,45	246,09	1 521,92	1 712,16	141,37	1 451,52	1 632,96
	VI	29 497	1 492,37	2 359,76	2 654,73																				
90 215,99 West	I,IV	23 286	753,27	1 862,88	2 095,74	I	23 286	543,59	1 721,92	1 937,16	334,03	1 581,04	1 778,67	124,35	1 440,08	1 620,09	–	1 299,20	1 461,60	–	1 158,72	1 303,56	–	1 023,12	1 151,01
	II	22 484	657,83	1 798,72	2 023,56	II	22 484	448,27	1 657,84	1 865,07	238,59	1 516,88	1 706,49	29,03	1 376,–	1 548,–	–	1 235,04	1 389,42	–	1 096,32	1 233,36	–	963,36	1 083,78
	III	15 708	–	1 256,64	1 413,72	III	15 708	–	1 144,16	1 287,18	–	1 034,72	1 164,06	–	928,32	1 044,36	–	824,64	927,72	–	724,16	814,68	–	626,40	704,70
	V	28 919	1 423,59	2 313,52	2 602,71	IV	23 286	648,43	1 792,40	2 016,45	543,59	1 721,92	1 937,16	438,75	1 651,44	1 857,87	334,03	1 581,04	1 778,67	229,19	1 510,56	1 699,38	124,35	1 440,08	1 620,09
	VI	29 355	1 475,48	2 348,40	2 641,95																				
90 215,99 Ost	I,IV	23 443	771,95	1 875,44	2 109,87	I	23 443	562,39	1 734,56	1 951,38	352,71	1 593,60	1 792,80	143,15	1 452,72	1 634,31	–	1 311,76	1 475,73	–	1 171,12	1 317,51	–	1 035,04	1 164,42
	II	22 642	676,63	1 811,36	2 037,78	II	22 642	466,95	1 670,40	1 879,20	257,39	1 529,52	1 720,71	47,71	1 388,56	1 562,13	–	1 247,68	1 403,64	–	1 108,48	1 247,04	–	975,04	1 096,92
	III	15 834	–	1 266,72	1 425,06	III	15 834	–	1 154,08	1 298,34	–	1 044,48	1 175,04	–	937,76	1 054,98	–	833,92	938,16	–	732,96	824,58	–	635,04	714,42
	V	29 077	1 442,39	2 326,16	2 616,93	IV	23 443	667,11	1 804,96	2 030,58	562,39	1 734,56	1 951,38	457,55	1 664,08	1 872,09	352,71	1 593,60	1 792,80	247,87	1 523,12	1 713,51	143,15	1 452,72	1 634,31
	VI	29 512	1 494,16	2 360,96	2 656,08																				
90 251,99 West	I,IV	23 301	755,05	1 864,08	2 097,09	I	23 301	545,37	1 723,12	1 938,51	335,81	1 582,24	1 780,02	126,14	1 441,28	1 621,44	–	1 300,40	1 462,95	–	1 159,92	1 304,91	–	1 024,24	1 152,27
	II	22 499	659,61	1 799,92	2 024,91	II	22 499	450,05	1 659,04	1 866,42	240,38	1 518,08	1 707,84	30,82	1 377,20	1 549,35	–	1 236,24	1 390,77	–	1 097,44	1 234,62	–	964,48	1 085,04
	III	15 720	–	1 257,60	1 414,80	III	15 720	–	1 145,12	1 288,26	–	1 035,68	1 165,14	–	929,12	1 045,26	–	825,60	928,80	–	724,96	815,58	–	627,20	705,60
	V	28 935	1 425,50	2 314,80	2 604,15	IV	23 301	650,21	1 793,60	2 017,80	545,37	1 723,12	1 938,51	440,65	1 652,72	1 859,31	335,81	1 582,24	1 780,02	230,97	1 511,76	1 700,73	126,14	1 441,28	1 621,44
	VI	29 370	1 477,26	2 349,60	2 643,30																				
90 251,99 Ost	I,IV	23 458	773,73	1 876,64	2 111,22	I	23 458	564,17	1 735,76	1 952,73	354,50	1 594,80	1 794,15	144,94	1 453,92	1 635,66	–	1 312,96	1 477,08	–	1 172,32	1 318,86	–	1 036,16	1 165,68
	II	22 657	678,41	1 812,56	2 039,13	II	22 657	468,74	1 671,60	1 880,55	259,18	1 530,72	1 722,06	49,50	1 389,76	1 563,48	–	1 248,88	1 404,99	–	1 109,68	1 248,39	–	976,16	1 098,18
	III	15 848	–	1 267,84	1 426,32	III	15 848	–	1 155,04	1 299,42	–	1 045,44	1 176,12	–	938,56	1 055,88	–	834,72	939,06	–	733,92	825,66	–	635,84	715,32
	V	29 092	1 444,18	2 327,36	2 618,28	IV	23 458	668,89	1 806,16	2 031,93	564,17	1 735,76	1 952,73	459,34	1 665,28	1 873,44	354,50	1 594,80	1 794,15	249,78	1 524,40	1 714,95	144,94	1 453,92	1 635,66
	VI	29 527	1 495,94	2 362,16	2 657,43																				
90 287,99 West	I,IV	23 316	756,84	1 865,28	2 098,44	I	23 316	547,16	1 724,32	1 939,86	337,60	1 583,44	1 781,37	127,92	1 442,48	1 622,79	–	1 301,60	1 464,30	–	1 161,12	1 306,26	–	1 025,44	1 153,62
	II	22 514	661,40	1 801,12	2 026,26	II	22 514	451,84	1 660,24	1 867,77	242,28	1 519,36	1 709,28	32,60	1 378,40	1 550,70	–	1 237,52	1 392,21	–	1 098,64	1 235,97	–	965,60	1 086,30
	III	15 732	–	1 258,56	1 415,88	III	15 732	–	1 146,08	1 289,34	–	1 036,64	1 166,22	–	930,08	1 046,34	–	826,40	929,70	–	725,76	816,48	–	628,–	706,50
	V	28 950	1 427,28	2 316,–	2 605,50	IV	23 316	652,–	1 794,80	2 019,15	547,16	1 724,32	1 939,86	442,44	1 653,92	1 860,66	337,60	1 583,44	1 781,37	232,76	1 512,96	1 702,08	127,92	1 442,48	1 622,79
	VI	29 385	1 479,05	2 350,80	2 644,65																				
90 287,99 Ost	I,IV	23 473	775,52	1 877,84	2 112,57	I	23 473	565,96	1 736,96	1 954,08	356,28	1 596,–	1 795,50	146,72	1 455,12	1 637,01	–	1 314,16	1 478,43	–	1 173,52	1 320,21	–	1 037,28	1 166,94
	II	22 672	680,20	1 813,76	2 040,48	II	22 672	470,64	1 672,88	1 881,99	260,96	1 531,92	1 723,41	51,40	1 391,04	1 564,92	–	1 250,08	1 406,34	–	1 110,80	1 249,65	–	977,28	1 099,44
	III	15 860	–	1 268,80	1 427,40	III	15 860	–	1 156,–	1 300,50	–	1 046,24	1 177,02	–	939,52	1 056,96	–	835,68	940,14	–	734,72	826,56	–	636,64	716,22
	V	29 107	1 445,96	2 328,56	2 619,63	IV	23 473	670,80	1 807,44	2 033,37	565,96	1 736,96	1 954,08	461,12	1 666,48	1 874,79	356,28	1 596,–	1 795,50	251,56	1 525,60	1 716,30	146,72	1 455,12	1 637,01
	VI	29 542	1 497,73	2 363,36	2 658,78																				

* Die ausgewiesenen Tabellenwerte sind amtlich. Siehe Erläuterungen auf der Umschlaginnenseite (U2).

JAHR 90 288,–*

Abzüge an Lohnsteuer, Solidaritätszuschlag (SolZ) und Kirchensteuer (8%, 9%) in den Steuerklassen

Lohn/Gehalt bis €*	I – VI	LSt	ohne Kinderfreibeträge SolZ	8%	9%	I, II, III, IV	LSt	mit Zahl der Kinderfreibeträge . . . 0,5 SolZ	0,5 8%	0,5 9%	1 SolZ	1 8%	1 9%	1,5 SolZ	1,5 8%	1,5 9%	2 SolZ	2 8%	2 9%	2,5 SolZ	2,5 8%	2,5 9%	3 SolZ	3 8%	3 9%
90 323,99 West	I,IV	23 331	758,62	1 866,48	2 099,79	I	23 331	548,94	1 725,52	1 941,21	339,38	1 584,64	1 782,72	129,82	1 443,76	1 624,23	—	1 302,80	1 465,65	—	1 162,32	1 307,61	—	1 026,56	1 154,88
	II	22 530	663,30	1 802,40	2 027,70	II	22 530	453,62	1 661,44	1 869,12	244,06	1 520,56	1 710,63	34,39	1 379,60	1 552,05	—	1 238,72	1 393,56	—	1 099,84	1 237,32	—	966,72	1 087,56
	III	15 744	—	1 259,52	1 416,96	III	15 744	—	1 147,04	1 290,42	—	1 037,60	1 167,30	—	931,04	1 047,42	—	827,36	930,78	—	726,72	817,56	—	628,96	707,58
	V	28 965	1 429,07	2 317,20	2 606,85	IV	23 331	653,78	1 796,—	2 020,50	548,94	1 725,52	1 941,21	444,22	1 655,12	1 862,01	339,38	1 584,64	1 782,72	234,54	1 514,16	1 703,43	129,82	1 443,76	1 624,23
	VI	29 400	1 480,83	2 352,—	2 646,—																				
90 323,99 Ost	I,IV	23 488	777,30	1 879,04	2 113,92	I	23 488	567,74	1 738,16	1 955,43	358,19	1 597,28	1 796,94	148,51	1 456,32	1 638,36	—	1 315,44	1 479,87	—	1 174,72	1 321,56	—	1 038,48	1 168,29
	II	22 687	681,98	1 814,96	2 041,83	II	22 687	472,43	1 674,08	1 883,34	262,75	1 533,12	1 724,76	53,19	1 392,24	1 566,27	—	1 251,28	1 407,69	—	1 112,—	1 251,—	—	978,40	1 100,70
	III	15 872	—	1 269,76	1 428,48	III	15 872	—	1 156,96	1 301,58	—	1 047,20	1 178,10	—	940,48	1 058,04	—	836,48	941,04	—	735,52	827,46	—	637,60	717,30
	V	29 122	1 447,75	2 329,76	2 620,98	IV	23 488	672,58	1 808,64	2 034,72	567,74	1 738,16	1 955,43	462,91	1 667,68	1 876,14	358,19	1 597,28	1 796,94	253,35	1 526,80	1 717,65	148,51	1 456,32	1 638,36
	VI	29 557	1 499,51	2 364,56	2 660,13																				
90 359,99 West	I,IV	23 346	760,41	1 867,68	2 101,14	I	23 346	550,85	1 726,80	1 942,65	341,17	1 585,84	1 784,07	131,61	1 444,96	1 625,58	—	1 304,—	1 467,—	—	1 163,52	1 308,96	—	1 027,68	1 156,14
	II	22 545	665,09	1 803,60	2 029,05	II	22 545	455,41	1 662,64	1 870,47	245,85	1 521,76	1 711,98	36,17	1 380,80	1 553,40	—	1 239,92	1 394,91	—	1 100,96	1 238,58	—	967,84	1 088,82
	III	15 756	—	1 260,48	1 418,04	III	15 756	—	1 148,—	1 291,50	—	1 038,40	1 168,20	—	931,84	1 048,32	—	828,16	931,68	—	727,52	818,46	—	629,76	708,48
	V	28 980	1 430,85	2 318,40	2 608,20	IV	23 346	655,57	1 797,20	2 021,85	550,85	1 726,80	1 942,65	446,01	1 656,32	1 863,36	341,17	1 585,84	1 784,07	236,33	1 515,36	1 704,78	131,61	1 444,96	1 625,58
	VI	29 415	1 482,62	2 353,20	2 647,35																				
90 359,99 Ost	I,IV	23 504	779,21	1 880,32	2 115,36	I	23 504	569,53	1 739,36	1 956,78	359,97	1 598,48	1 798,29	150,29	1 457,52	1 639,71	—	1 316,64	1 481,22	—	1 175,92	1 322,91	—	1 039,60	1 169,55
	II	22 702	683,77	1 816,16	2 043,18	II	22 702	474,21	1 675,28	1 884,69	264,53	1 534,32	1 726,11	54,97	1 393,44	1 567,62	—	1 252,48	1 409,04	—	1 113,20	1 252,35	—	979,52	1 101,96
	III	15 884	—	1 270,72	1 429,56	III	15 884	—	1 157,92	1 302,66	—	1 048,16	1 179,18	—	941,28	1 058,94	—	837,44	942,12	—	736,48	828,54	—	638,40	718,20
	V	29 137	1 449,53	2 330,96	2 622,33	IV	23 504	674,37	1 809,84	2 036,07	569,53	1 739,36	1 956,78	464,69	1 668,88	1 877,49	359,97	1 598,48	1 798,29	255,13	1 528,—	1 719,—	150,29	1 457,52	1 639,71
	VI	29 573	1 501,42	2 365,84	2 661,57																				
90 395,99 West	I,IV	23 361	762,19	1 868,88	2 102,49	I	23 361	552,63	1 728,—	1 944,—	342,95	1 587,04	1 785,42	133,39	1 446,16	1 626,93	—	1 305,20	1 468,35	—	1 164,72	1 310,31	—	1 028,80	1 157,40
	II	22 560	666,87	1 804,80	2 030,40	II	22 560	457,19	1 663,84	1 871,82	247,63	1 522,96	1 713,33	37,96	1 382,—	1 554,75	—	1 241,12	1 396,26	—	1 102,16	1 239,93	—	968,96	1 090,08
	III	15 768	—	1 261,44	1 419,12	III	15 768	—	1 148,96	1 292,58	—	1 039,36	1 169,28	—	932,80	1 049,40	—	829,12	932,76	—	728,32	819,36	—	630,56	709,38
	V	28 995	1 432,64	2 319,60	2 609,55	IV	23 361	657,35	1 798,40	2 023,20	552,63	1 728,—	1 944,—	447,79	1 657,52	1 864,71	342,95	1 587,04	1 785,42	238,23	1 516,64	1 706,22	133,39	1 446,16	1 626,93
	VI	29 430	1 484,40	2 354,40	2 648,70																				
90 395,99 Ost	I,IV	23 519	780,99	1 881,52	2 116,71	I	23 519	571,31	1 740,56	1 958,13	361,76	1 599,68	1 799,64	152,08	1 458,72	1 641,06	—	1 317,84	1 482,57	—	1 177,12	1 324,26	—	1 040,72	1 170,81
	II	22 717	685,55	1 817,36	2 044,53	II	22 717	476,—	1 676,48	1 886,04	266,32	1 535,52	1 727,46	56,76	1 394,64	1 568,97	—	1 253,68	1 410,39	—	1 114,32	1 253,61	—	980,64	1 103,22
	III	15 896	—	1 271,68	1 430,64	III	15 896	—	1 158,88	1 303,74	—	1 049,12	1 180,26	—	942,24	1 060,02	—	838,24	943,02	—	737,28	829,44	—	639,20	719,10
	V	29 153	1 451,44	2 332,24	2 623,77	IV	23 519	676,15	1 811,04	2 037,42	571,31	1 740,56	1 958,13	466,48	1 670,08	1 878,84	361,76	1 599,68	1 799,64	256,92	1 529,20	1 720,35	152,08	1 458,72	1 641,06
	VI	29 588	1 503,20	2 367,04	2 662,92																				
90 431,99 West	I,IV	23 376	763,98	1 870,08	2 103,84	I	23 376	554,42	1 729,20	1 945,35	344,74	1 588,24	1 786,77	135,18	1 447,36	1 628,28	—	1 306,40	1 469,70	—	1 165,84	1 311,57	—	1 030,—	1 158,75
	II	22 575	668,66	1 806,—	2 031,75	II	22 575	458,98	1 665,04	1 873,17	249,42	1 524,16	1 714,68	39,86	1 383,28	1 556,19	—	1 242,32	1 397,61	—	1 103,28	1 241,19	—	970,08	1 091,34
	III	15 780	—	1 262,40	1 420,20	III	15 780	—	1 149,92	1 293,66	—	1 040,32	1 170,36	—	933,76	1 050,48	—	829,92	933,66	—	729,28	820,44	—	631,36	710,28
	V	29 010	1 434,42	2 320,80	2 610,90	IV	23 376	659,26	1 799,68	2 024,64	554,42	1 729,20	1 945,35	449,58	1 658,72	1 866,06	344,74	1 588,24	1 786,77	240,02	1 517,84	1 707,57	135,18	1 447,36	1 628,28
	VI	29 445	1 486,19	2 355,60	2 650,05																				
90 431,99 Ost	I,IV	23 534	782,78	1 882,72	2 118,06	I	23 534	573,10	1 741,76	1 959,48	363,54	1 600,88	1 800,99	153,86	1 459,92	1 642,41	—	1 319,04	1 483,92	—	1 178,32	1 325,61	—	1 041,84	1 172,07
	II	22 732	687,34	1 818,56	2 045,88	II	22 732	477,78	1 677,68	1 887,39	268,22	1 536,80	1 728,90	58,54	1 395,84	1 570,32	—	1 254,96	1 411,83	—	1 115,52	1 254,96	—	981,76	1 104,48
	III	15 908	—	1 272,64	1 431,72	III	15 908	—	1 159,84	1 304,82	—	1 050,08	1 181,34	—	943,20	1 061,10	—	839,20	944,10	—	738,08	830,34	—	640,—	720,—
	V	29 168	1 453,22	2 333,44	2 625,12	IV	23 534	677,94	1 812,24	2 038,77	573,10	1 741,76	1 959,48	468,38	1 671,36	1 880,28	363,54	1 600,88	1 800,99	258,70	1 530,40	1 721,70	153,86	1 459,92	1 642,41
	VI	29 603	1 504,99	2 368,24	2 664,27																				
90 467,99 West	I,IV	23 391	765,76	1 871,28	2 105,19	I	23 391	556,20	1 730,40	1 946,70	346,52	1 589,44	1 788,12	136,96	1 448,56	1 629,63	—	1 307,68	1 471,14	—	1 167,04	1 312,92	—	1 031,12	1 160,01
	II	22 590	670,44	1 807,20	2 033,10	II	22 590	460,88	1 666,32	1 874,61	251,20	1 525,36	1 716,03	41,65	1 384,48	1 557,54	—	1 243,52	1 398,96	—	1 104,48	1 242,54	—	971,20	1 092,60
	III	15 792	—	1 263,36	1 421,28	III	15 792	—	1 150,88	1 294,74	—	1 041,28	1 171,44	—	934,56	1 051,38	—	830,88	934,74	—	730,08	821,34	—	632,16	711,18
	V	29 025	1 436,21	2 322,—	2 612,25	IV	23 391	661,04	1 800,88	2 025,99	556,20	1 730,40	1 946,70	451,36	1 659,92	1 867,41	346,52	1 589,44	1 788,12	241,80	1 519,04	1 708,92	136,96	1 448,56	1 629,63
	VI	29 460	1 487,97	2 356,80	2 651,40																				
90 467,99 Ost	I,IV	23 549	784,56	1 883,92	2 119,41	I	23 549	574,88	1 742,96	1 960,83	365,33	1 602,08	1 802,34	155,77	1 461,20	1 643,85	—	1 320,24	1 485,27	—	1 179,52	1 326,96	—	1 043,04	1 173,42
	II	22 748	689,24	1 819,84	2 047,32	II	22 748	479,57	1 678,88	1 888,74	270,01	1 538,—	1 730,25	60,33	1 397,04	1 571,67	—	1 256,16	1 413,18	—	1 116,72	1 256,31	—	982,88	1 105,74
	III	15 920	—	1 273,60	1 432,80	III	15 920	—	1 160,80	1 305,90	—	1 051,04	1 182,42	—	944,—	1 062,—	—	840,—	945,—	—	739,04	831,42	—	640,80	720,90
	V	29 183	1 455,01	2 334,64	2 626,47	IV	23 549	679,72	1 813,44	2 040,12	574,88	1 742,96	1 960,83	470,16	1 672,56	1 881,63	365,33	1 602,08	1 802,34	260,49	1 531,60	1 723,05	155,77	1 461,20	1 643,85
	VI	29 618	1 506,77	2 369,44	2 665,62																				
90 503,99 West	I,IV	23 407	767,66	1 872,56	2 106,63	I	23 407	557,99	1 731,60	1 948,05	348,43	1 590,72	1 789,56	138,75	1 449,76	1 630,98	—	1 308,88	1 472,49	—	1 168,24	1 314,27	—	1 032,24	1 161,27
	II	22 605	672,23	1 808,40	2 034,45	II	22 605	462,67	1 667,52	1 875,96	252,99	1 526,56	1 717,38	43,43	1 385,68	1 558,89	—	1 244,72	1 400,31	—	1 105,68	1 243,89	—	972,32	1 093,86
	III	15 804	—	1 264,32	1 422,36	III	15 804	—	1 151,84	1 295,82	—	1 042,24	1 172,52	—	935,52	1 052,46	—	831,68	935,64	—	730,88	822,24	—	632,96	712,08
	V	29 040	1 437,99	2 323,20	2 613,60	IV	23 407	662,83	1 802,08	2 027,34	557,99	1 731,60	1 948,05	453,15	1 661,12	1 868,76	348,43	1 590,72	1 789,56	243,59	1 520,24	1 710,27	138,75	1 449,76	1 630,98
	VI	29 476	1 489,88	2 358,08	2 652,84																				
90 503,99 Ost	I,IV	23 564	786,35	1 885,12	2 120,76	I	23 564	576,79	1 744,24	1 962,27	367,11	1 603,28	1 803,69	157,55	1 462,40	1 645,20	—	1 321,44	1 486,62	—	1 180,72	1 328,31	—	1 044,16	1 174,68
	II	22 763	691,03	1 821,04	2 048,67	II	22 763	481,35	1 680,08	1 890,09	271,79	1 539,20	1 731,60	62,11	1 398,24	1 573,02	—	1 257,36	1 414,53	—	1 117,84	1 257,57	—	984,—	1 107,—
	III	15 932	—	1 274,56	1 433,88	III	15 932	—	1 161,76	1 306,98	—	1 051,84	1 183,32	—	944,96	1 063,08	—	840,96	946,08	—	739,84	832,32	—	641,76	721,98
	V	29 198	1 456,79	2 335,84	2 627,82	IV	23 564	681,51	1 814,64	2 041,47	576,79	1 744,24	1 962,27	471,95	1 673,76	1 882,98	367,11	1 603,28	1 803,69	262,27	1 532,80	1 724,40	157,55	1 462,40	1 645,20
	VI	29 633	1 508,56	2 370,64	2 666,97																				
90 539,99 West	I,IV	23 422	769,45	1 873,76	2 107,98	I	23 422	559,77	1 732,80	1 949,40	350,21	1 591,92	1 790,91	140,53	1 450,96	1 632,33	—	1 310,08	1 473,84	—	1 169,44	1 315,62	—	1 033,36	1 162,53
	II	22 620	674,01	1 809,60	2 035,80	II	22 620	464,45	1 668,72	1 877,31	254,77	1 527,76	1 718,73	45,22	1 386,88	1 560,24	—	1 245,92	1 401,66	—	1 106,80	1 245,15	—	973,44	1 095,12
	III	15 818	—	1 265,44	1 423,62	III	15 818	—	1 152,80	1 296,90	—	1 043,04	1 173,42	—	936,32	1 053,36	—	832,64	936,72	—	731,84	823,32	—	633,92	713,16
	V	29 056	1 439,90	2 324,48	2 615,04	IV	23 422	664,61	1 803,28	2 028,69	559,77	1 732,80	1 949,40	454,93	1 662,32	1 870,11	350,21	1 591,92	1 790,91	245,37	1 521,44	1 711,62	140,53	1 450,96	1 632,33
	VI	29 491	1 491,66	2 359,28	2 654,19																				
90 539,99 Ost	I,IV	23 579	788,13	1 886,32	2 122,11	I	23 579	578,57	1 745,44	1 963,62	368,90	1 604,48	1 805,04	159,34	1 463,60	1 646,55	—	1 322,64	1 487,97	—	1 181,92	1 329,66	—	1 045,28	1 175,94
	II	22 778	692,81	1 822,24	2 050,02	II	22 778	483,14	1 681,28	1 891,44	273,58	1 540,40	1 732,95	63,90	1 399,44	1 574,37	—	1 258,56	1 415,88	—	1 119,04	1 258,92	—	985,12	1 108,26
	III	15 946	—	1 275,68	1 435,14	III	15 946	—	1 162,72	1 308,06	—	1 052,80	1 184,40	—	945,92	1 064,16	—	841,76	946,98	—	740,64	833,22	—	642,56	722,88
	V	29 213	1 458,58	2 337,04	2 629,17	IV	23 579	683,29	1 815,84	2 042,82	578,57	1 745,44	1 963,62	473,73	1 674,96	1 884,33	368,90	1 604,48	1 805,04	264,06	1 534,—	1 725,75	159,34	1 463,60	1 646,55
	VI	29 648	1 510,34	2 371,84	2 668,32																				
90 575,99 West	I,IV	23 437	771,23	1 874,96	2 109,33	I	23 437	561,56	1 734,—	1 950,75	352,—	1 593,12	1 792,26	142,32	1 452,16	1 633,68	—	1 311,28	1 475,19	—	1 170,64	1 316,97	—	1 034,56	1 163,88
	II	22 635	675,80	1 810,80	2 037,15	II	22 635	466,24	1 669,92	1 878,66	256,56	1 528,96	1 720,08	47,—	1 388,08	1 561,59	—	1 247,20	1 403,10	—	1 108,—	1 246,50	—	974,56	1 096,38
	III	15 830	—	1 266,40	1 424,70	III	15 830	—	1 153,76	1 297,98	—	1 044,—	1 174,50	—	937,28	1 054,44	—	833,44	937,62	—	732,64	824,22	—	634,72	714,06
	V	29 071	1 441,68	2 325,68	2 616,39	IV	23 437	666,40	1 804,48	2 030,04	561,56	1 734,—	1 950,75	456,84	1 663,60	1 871,55	352,—	1 593,12	1 792,26	247,16	1 522,64	1 712,97	142,32	1 452,16	1 633,68
	VI	29 506	1 493,45	2 360,48	2 655,54																				
90 575,99 Ost	I,IV	23 594	789,92	1 887,52	2 123,46	I	23 594	580,36	1 746,64	1 964,97	370,68	1 605,68	1 806,39	161,12	1 464,80	1 647,90	—	1 323,84	1 489,32	—	1 183,12	1 331,01	—	1 046,48	1 177,29
	II	22 793	694,60	1 823,44	2 051,37	II	22 793	484,92	1 682,48	1 892,79	275,36	1 541,60	1 734,30	65,80	1 400,72	1 575,81	—	1 259,76	1 417,23	—	1 120,24	1 260,27	—	986,24	1 109,52
	III	15 958	—	1 276,64	1 436,22	III	15 958	—	1 163,68	1 309,14	—	1 053,76	1 185,48	—	946,72	1 065,06	—	842,72	948,06	—	741,60	834,30	—	643,36	723,78
	V	29 228	1 460,36	2 338,24	2 630,52	IV	23 594	685,20	1 817,12	2 044,26	580,36	1 746,64	1 964,97	475,52	1 676,16	1 885,68	370,68	1 605,68	1 806,39	265,96	1 535,28	1 727,19	161,12	1 464,80	1 647,90
	VI	29 663	1 512,13	2 373,04	2 669,67																				

* Die ausgewiesenen Tabellenwerte sind amtlich. Siehe Erläuterungen auf der Umschlaginnenseite (U2).

Abzüge an Lohnsteuer, Solidaritätszuschlag (SolZ) und Kirchensteuer (8%, 9%) in den Steuerklassen

Lohn/Gehalt bis €*	I – VI	LSt	ohne Kinderfreibeträge SolZ	8%	9%	I, II, III, IV	LSt	mit Zahl der Kinderfreibeträge . . . 0,5 SolZ	0,5 8%	0,5 9%	1 SolZ	1 8%	1 9%	1,5 SolZ	1,5 8%	1,5 9%	2 SolZ	2 8%	2 9%	2,5 SolZ	2,5 8%	2,5 9%	3 SolZ	3 8%	3 9%
90 611,99 West	I,IV	23 452	773,02	1 876,16	2 110,68	I	23 452	563,34	1 735,20	1 952,10	353,78	1 594,32	1 793,61	144,10	1 453,36	1 635,03	—	1 312,48	1 476,54	—	1 171,84	1 318,32	—	1 035,68	1 165,14
	II	22 651	677,70	1 812,08	2 038,59	II	22 651	468,02	1 671,12	1 880,01	258,46	1 530,24	1 721,52	48,79	1 389,28	1 562,94	—	1 248,40	1 404,45	—	1 109,20	1 247,85	—	975,68	1 097,64
	III	15 842	—	1 267,36	1 425,78	III	15 842	—	1 154,72	1 299,06	—	1 044,96	1 175,58	—	938,24	1 055,52	—	834,40	938,70	—	733,44	825,12	—	635,52	714,96
	V	29 086	1 443,47	2 326,88	2 617,74	IV	23 452	668,18	1 805,68	2 031,39	563,34	1 735,20	1 952,10	458,62	1 664,80	1 872,90	353,78	1 594,32	1 793,61	248,94	1 523,84	1 714,32	144,10	1 453,36	1 635,03
	VI	29 521	1 495,23	2 361,68	2 656,89																				
90 611,99 Ost	I,IV	23 609	791,70	1 888,72	2 124,81	I	23 609	582,14	1 747,84	1 966,32	372,47	1 606,88	1 807,74	162,91	1 466,—	1 649,25	—	1 325,12	1 490,76	—	1 184,32	1 332,36	—	1 047,60	1 178,55
	II	22 808	696,38	1 824,64	2 052,72	II	22 808	486,82	1 683,76	1 894,23	277,15	1 542,80	1 735,65	67,59	1 401,92	1 577,16	—	1 260,96	1 418,58	—	1 121,36	1 261,53	—	987,36	1 110,78
	III	15 970	—	1 277,60	1 437,30	III	15 970	—	1 164,64	1 310,22	—	1 054,72	1 186,56	—	947,68	1 066,14	—	843,52	948,96	—	742,40	835,20	—	644,16	724,68
	V	29 243	1 462,15	2 339,44	2 631,87	IV	23 609	686,98	1 818,32	2 045,61	582,14	1 747,84	1 966,32	477,30	1 677,36	1 887,03	372,47	1 606,88	1 807,74	267,75	1 536,48	1 728,54	162,91	1 466,—	1 649,25
	VI	29 678	1 513,91	2 374,24	2 671,02																				
90 647,99 West	I,IV	23 467	774,80	1 877,36	2 112,03	I	23 467	565,25	1 736,48	1 953,54	355,57	1 595,52	1 794,96	146,01	1 454,64	1 636,47	—	1 313,68	1 477,89	—	1 173,04	1 319,67	—	1 036,80	1 166,40
	II	22 666	679,49	1 813,28	2 039,94	II	22 666	469,81	1 672,32	1 881,36	260,25	1 531,44	1 722,87	50,57	1 390,48	1 564,29	—	1 249,60	1 405,80	—	1 110,32	1 249,11	—	976,80	1 098,90
	III	15 854	—	1 268,32	1 426,86	III	15 854	—	1 155,68	1 300,14	—	1 045,92	1 176,66	—	939,04	1 056,42	—	835,20	939,60	—	734,40	826,20	—	636,32	715,86
	V	29 101	1 445,25	2 328,08	2 619,09	IV	23 467	669,97	1 806,88	2 032,74	565,25	1 736,48	1 953,54	460,41	1 666,—	1 874,25	355,57	1 595,52	1 794,96	250,73	1 525,04	1 715,67	146,01	1 454,64	1 636,47
	VI	29 536	1 497,02	2 362,88	2 658,24																				
90 647,99 Ost	I,IV	23 625	793,61	1 890,—	2 126,25	I	23 625	583,93	1 749,04	1 967,67	374,37	1 608,16	1 809,18	164,69	1 467,20	1 650,60	—	1 326,32	1 492,11	—	1 185,52	1 333,71	—	1 048,80	1 179,90
	II	22 823	698,17	1 825,84	2 054,07	II	22 823	488,61	1 684,96	1 895,58	278,93	1 544,—	1 737,—	69,37	1 403,12	1 578,51	—	1 262,16	1 419,93	—	1 122,56	1 262,88	—	988,48	1 112,04
	III	15 982	—	1 278,56	1 438,38	III	15 982	—	1 165,60	1 311,30	—	1 055,68	1 187,64	—	948,64	1 067,22	—	844,48	950,04	—	743,20	836,10	—	644,96	725,58
	V	29 258	1 463,93	2 340,64	2 633,22	IV	23 625	688,77	1 819,52	2 046,96	583,93	1 749,04	1 967,67	479,09	1 678,56	1 888,38	374,37	1 608,16	1 809,18	269,53	1 537,68	1 729,89	164,69	1 467,20	1 650,60
	VI	29 694	1 515,82	2 375,52	2 672,46																				
90 683,99 West	I,IV	23 482	776,59	1 878,56	2 113,38	I	23 482	567,03	1 737,68	1 954,89	357,35	1 596,72	1 796,31	147,79	1 455,84	1 637,82	—	1 314,88	1 479,24	—	1 174,24	1 321,02	—	1 038,—	1 167,75
	II	22 681	681,27	1 814,48	2 041,29	II	22 681	471,59	1 673,52	1 882,71	262,03	1 532,64	1 724,22	52,36	1 391,68	1 565,64	—	1 250,80	1 407,15	—	1 111,52	1 250,46	—	977,92	1 100,16
	III	15 866	—	1 269,28	1 427,94	III	15 866	—	1 156,64	1 301,22	—	1 046,88	1 177,74	—	940,—	1 057,50	—	836,16	940,68	—	735,20	827,10	—	637,12	716,76
	V	29 116	1 447,04	2 329,28	2 620,44	IV	23 482	671,75	1 808,08	2 034,09	567,03	1 737,68	1 954,89	462,19	1 667,20	1 875,60	357,35	1 596,72	1 796,31	252,51	1 526,24	1 717,02	147,79	1 455,84	1 637,82
	VI	29 551	1 498,80	2 364,08	2 659,59																				
90 683,99 Ost	I,IV	23 640	795,39	1 891,20	2 127,60	I	23 640	585,71	1 750,24	1 969,02	376,15	1 609,36	1 810,53	166,48	1 468,40	1 651,95	—	1 327,52	1 493,46	—	1 186,72	1 335,06	—	1 049,92	1 181,16
	II	22 838	699,95	1 827,04	2 055,42	II	22 838	490,39	1 686,16	1 896,93	280,72	1 545,20	1 738,35	71,16	1 404,32	1 579,86	—	1 263,36	1 421,28	—	1 123,76	1 264,23	—	989,60	1 113,30
	III	15 994	—	1 279,52	1 439,46	III	15 994	—	1 166,56	1 312,38	—	1 056,48	1 188,54	—	949,44	1 068,12	—	845,28	950,94	—	744,16	837,18	—	645,92	726,66
	V	29 274	1 465,84	2 341,92	2 634,66	IV	23 640	690,55	1 820,72	2 048,31	585,71	1 750,24	1 969,02	480,87	1 679,76	1 889,73	376,15	1 609,36	1 810,53	271,32	1 538,88	1 731,24	166,48	1 468,40	1 651,95
	VI	29 709	1 517,60	2 376,72	2 673,81																				
90 719,99 West	I,IV	23 497	778,37	1 879,76	2 114,73	I	23 497	568,82	1 738,88	1 956,24	359,14	1 597,92	1 797,66	149,58	1 457,04	1 639,17	—	1 316,08	1 480,59	—	1 175,44	1 322,37	—	1 039,12	1 169,01
	II	22 696	683,06	1 815,68	2 042,64	II	22 696	473,38	1 674,72	1 884,06	263,82	1 533,84	1 725,57	54,14	1 392,88	1 566,99	—	1 252,—	1 408,50	—	1 112,72	1 251,81	—	979,04	1 101,42
	III	15 878	—	1 270,24	1 429,02	III	15 878	—	1 157,60	1 302,30	—	1 047,84	1 178,82	—	940,96	1 058,58	—	836,96	941,58	—	736,—	828,—	—	638,08	717,84
	V	29 131	1 448,82	2 330,48	2 621,79	IV	23 497	673,65	1 809,36	2 035,53	568,82	1 738,88	1 956,24	463,98	1 668,40	1 876,95	359,14	1 597,92	1 797,66	254,42	1 527,52	1 718,46	149,58	1 457,04	1 639,17
	VI	29 566	1 500,59	2 365,28	2 660,94																				
90 719,99 Ost	I,IV	23 655	797,18	1 892,40	2 128,95	I	23 655	587,50	1 751,44	1 970,37	377,94	1 610,56	1 811,88	168,26	1 469,60	1 653,30	—	1 328,72	1 494,81	—	1 187,92	1 336,41	—	1 051,04	1 182,42
	II	22 853	701,74	1 828,24	2 056,77	II	22 853	492,18	1 687,36	1 898,28	282,50	1 546,40	1 739,70	72,94	1 405,52	1 581,21	—	1 264,64	1 422,72	—	1 124,88	1 265,49	—	990,72	1 114,56
	III	16 006	—	1 280,48	1 440,54	III	16 006	—	1 167,52	1 313,46	—	1 057,44	1 189,62	—	950,40	1 069,20	—	846,24	952,02	—	744,96	838,08	—	646,72	727,56
	V	29 289	1 467,62	2 343,12	2 636,01	IV	23 655	692,34	1 821,92	2 049,66	587,50	1 751,44	1 970,37	482,78	1 681,04	1 891,17	377,94	1 610,56	1 811,88	273,10	1 540,08	1 732,59	168,26	1 469,60	1 653,30
	VI	29 724	1 519,39	2 377,92	2 675,16																				
90 755,99 West	I,IV	23 512	780,16	1 880,96	2 116,08	I	23 512	570,60	1 740,08	1 957,59	360,92	1 599,12	1 799,01	151,36	1 458,24	1 640,52	—	1 317,28	1 481,94	—	1 176,64	1 323,72	—	1 040,24	1 170,27
	II	22 711	684,84	1 816,88	2 043,99	II	22 711	475,28	1 676,—	1 885,50	265,60	1 535,04	1 726,92	56,04	1 394,16	1 568,43	—	1 253,20	1 409,85	—	1 113,84	1 253,07	—	980,16	1 102,68
	III	15 890	—	1 271,20	1 430,10	III	15 890	—	1 158,56	1 303,38	—	1 048,64	1 179,72	—	941,76	1 059,48	—	837,92	942,66	—	736,96	829,08	—	638,88	718,74
	V	29 146	1 450,61	2 331,68	2 623,14	IV	23 512	675,44	1 810,56	2 036,88	570,60	1 740,08	1 957,59	465,76	1 669,60	1 878,30	360,92	1 599,12	1 799,01	256,20	1 528,72	1 719,81	151,36	1 458,24	1 640,52
	VI	29 581	1 502,37	2 366,48	2 662,29																				
90 755,99 Ost	I,IV	23 670	798,96	1 893,60	2 130,30	I	23 670	589,28	1 752,64	1 971,72	379,72	1 611,76	1 813,23	170,05	1 470,80	1 654,65	—	1 329,92	1 496,16	—	1 189,12	1 337,76	—	1 052,24	1 183,77
	II	22 869	703,64	1 829,52	2 058,21	II	22 869	493,96	1 688,56	1 899,63	284,41	1 547,68	1 741,14	74,73	1 406,72	1 582,56	—	1 265,84	1 424,07	—	1 126,08	1 266,84	—	991,84	1 115,82
	III	16 018	—	1 281,44	1 441,62	III	16 018	—	1 168,48	1 314,54	—	1 058,40	1 190,70	—	951,36	1 070,28	—	847,04	952,92	—	745,76	838,98	—	647,52	728,46
	V	29 304	1 469,41	2 344,32	2 637,36	IV	23 670	694,12	1 823,12	2 051,01	589,28	1 752,64	1 971,72	484,56	1 682,24	1 892,52	379,72	1 611,76	1 813,23	274,89	1 541,28	1 733,94	170,05	1 470,80	1 654,65
	VI	29 739	1 521,17	2 379,12	2 676,51																				
90 791,99 West	I,IV	23 528	782,06	1 882,24	2 117,52	I	23 528	572,39	1 741,28	1 958,94	362,83	1 600,40	1 800,45	153,15	1 459,44	1 641,87	—	1 318,56	1 483,38	—	1 177,84	1 325,07	—	1 041,44	1 171,62
	II	22 726	686,63	1 818,08	2 045,34	II	22 726	477,07	1 677,20	1 886,85	267,39	1 536,24	1 728,27	57,83	1 395,36	1 569,78	—	1 254,40	1 411,20	—	1 115,04	1 254,42	—	981,28	1 103,94
	III	15 902	—	1 272,16	1 431,18	III	15 902	—	1 159,52	1 304,46	—	1 049,60	1 180,80	—	942,72	1 060,56	—	838,72	943,56	—	737,76	829,98	—	639,68	719,64
	V	29 161	1 452,39	2 332,88	2 624,49	IV	23 528	677,22	1 811,76	2 038,23	572,39	1 741,28	1 958,94	467,55	1 670,80	1 879,65	362,83	1 600,40	1 800,45	257,99	1 529,92	1 721,16	153,15	1 459,44	1 641,87
	VI	29 597	1 504,27	2 367,76	2 663,73																				
90 791,99 Ost	I,IV	23 685	800,75	1 894,80	2 131,65	I	23 685	591,19	1 753,92	1 973,16	381,51	1 612,96	1 814,58	171,95	1 472,08	1 656,09	—	1 331,12	1 497,51	—	1 190,32	1 339,11	—	1 053,36	1 185,03
	II	22 884	705,43	1 830,72	2 059,56	II	22 884	495,75	1 689,76	1 900,98	286,19	1 548,88	1 742,49	76,51	1 407,92	1 583,91	—	1 267,04	1 425,42	—	1 127,28	1 268,19	—	993,04	1 117,17
	III	16 032	—	1 282,56	1 442,88	III	16 032	—	1 169,44	1 315,62	—	1 059,36	1 191,78	—	952,16	1 071,18	—	848,—	954,—	—	746,72	840,06	—	648,32	729,36
	V	29 319	1 471,19	2 345,52	2 638,71	IV	23 685	695,91	1 824,32	2 052,36	591,19	1 753,92	1 973,16	486,35	1 683,44	1 893,87	381,51	1 612,96	1 814,58	276,67	1 542,48	1 735,29	171,95	1 472,08	1 656,09
	VI	29 754	1 522,96	2 380,32	2 677,86																				
90 827,99 West	I,IV	23 543	783,85	1 883,44	2 118,87	I	23 543	574,17	1 742,48	1 960,29	364,61	1 601,60	1 801,80	154,93	1 460,64	1 643,22	—	1 319,76	1 484,73	—	1 179,04	1 326,42	—	1 042,56	1 172,88
	II	22 741	688,41	1 819,28	2 046,69	II	22 741	478,85	1 678,40	1 888,20	269,17	1 537,44	1 729,62	59,61	1 396,56	1 571,13	—	1 255,60	1 412,55	—	1 116,24	1 255,77	—	982,40	1 105,20
	III	15 916	—	1 273,28	1 432,44	III	15 916	—	1 160,48	1 305,54	—	1 050,56	1 181,88	—	943,68	1 061,64	—	839,68	944,64	—	738,56	830,88	—	640,48	720,54
	V	29 177	1 454,29	2 334,16	2 625,93	IV	23 543	679,01	1 812,96	2 039,58	574,17	1 742,48	1 960,29	469,33	1 672,—	1 881,—	364,61	1 601,60	1 801,80	259,77	1 531,12	1 722,51	154,93	1 460,64	1 643,22
	VI	29 612	1 506,06	2 368,96	2 665,08																				
90 827,99 Ost	I,IV	23 700	802,53	1 896,—	2 133,—	I	23 700	592,97	1 755,12	1 974,51	383,29	1 614,16	1 815,93	173,74	1 473,28	1 657,44	—	1 332,32	1 498,86	—	1 191,52	1 340,46	—	1 054,48	1 186,29
	II	22 899	707,21	1 831,92	2 060,91	II	22 899	497,53	1 690,96	1 902,33	287,98	1 550,08	1 743,84	78,30	1 409,12	1 585,26	—	1 268,24	1 426,77	—	1 128,48	1 269,54	—	994,16	1 118,43
	III	16 044	—	1 283,52	1 443,96	III	16 044	—	1 170,40	1 316,70	—	1 060,32	1 192,86	—	953,12	1 072,26	—	848,80	954,90	—	747,52	840,96	—	649,12	730,26
	V	29 334	1 472,98	2 346,72	2 640,06	IV	23 700	697,69	1 825,52	2 053,71	592,97	1 755,12	1 974,51	488,13	1 684,64	1 895,22	383,29	1 614,16	1 815,93	278,46	1 543,68	1 736,64	173,74	1 473,28	1 657,44
	VI	29 769	1 524,74	2 381,52	2 679,21																				
90 863,99 West	I,IV	23 558	785,63	1 884,64	2 120,22	I	23 558	575,96	1 743,68	1 961,64	366,40	1 602,80	1 803,15	156,72	1 461,84	1 644,57	—	1 320,96	1 486,08	—	1 180,24	1 327,77	—	1 043,68	1 174,14
	II	22 756	690,20	1 820,48	2 048,04	II	22 756	480,64	1 679,60	1 889,55	270,96	1 538,64	1 730,97	61,40	1 397,76	1 572,48	—	1 256,80	1 413,90	—	1 117,36	1 257,03	—	983,52	1 106,46
	III	15 928	—	1 274,24	1 433,52	III	15 928	—	1 161,44	1 306,62	—	1 051,52	1 182,96	—	944,48	1 062,54	—	840,48	945,54	—	739,52	831,96	—	641,28	721,44
	V	29 192	1 456,08	2 335,36	2 627,28	IV	23 558	680,79	1 814,16	2 040,93	575,96	1 743,68	1 961,64	471,24	1 673,28	1 882,44	366,40	1 602,80	1 803,15	261,56	1 532,32	1 723,86	156,72	1 461,84	1 644,57
	VI	29 627	1 507,84	2 370,16	2 666,43																				
90 863,99 Ost	I,IV	23 715	804,32	1 897,20	2 134,35	I	23 715	594,76	1 756,32	1 975,86	385,08	1 615,36	1 817,28	175,52	1 474,48	1 658,79	—	1 333,52	1 500,21	—	1 192,72	1 341,81	—	1 055,68	1 187,64
	II	22 914	709,—	1 833,12	2 062,26	II	22 914	499,32	1 692,16	1 903,68	289,76	1 551,28	1 745,19	80,08	1 410,32	1 586,61	—	1 269,44	1 428,12	—	1 129,60	1 270,80	—	995,28	1 119,69
	III	16 056	—	1 284,48	1 445,04	III	16 056	—	1 171,36	1 317,78	—	1 061,28	1 193,94	—	954,08	1 073,34	—	849,76	955,98	—	748,32	841,86	—	649,92	731,16
	V	29 349	1 474,76	2 347,92	2 641,41	IV	23 715	699,60	1 826,80	2 055,15	594,76	1 756,32	1 975,86	489,92	1 685,84	1 896,57	385,08	1 615,36	1 817,28	280,36	1 544,96	1 738,08	175,52	1 474,48	1 658,79
	VI	29 784	1 526,53	2 382,72	2 680,56																				

*** Die ausgewiesenen Tabellenwerte sind amtlich. Siehe Erläuterungen auf der Umschlaginnenseite (U2).**

JAHR 90 864,–*

Lohn/ Gehalt bis €*	Abzüge an Lohnsteuer, Solidaritätszuschlag (SolZ) und Kirchensteuer (8%, 9%) in den Steuerklassen I – VI					I, II, III, IV		mit Zahl der Kinderfreibeträge . . . 0,5			1			1,5			2			2,5			3		
		LSt	ohne Kinderfreibeträge SolZ	8%	9%		LSt	SolZ	8%	9%	SolZ	8%	9%	SolZ	8%	9%	SolZ	8%	9%	SolZ	8%	9%	SolZ	8%	9%
90 899,99 West	I,IV	23 573	787,42	1 885,84	2 121,57	I	23 573	577,74	1 744,88	1 962,99	368,18	1 604,–	1 804,50	158,50	1 463,04	1 645,92	–	1 322,16	1 487,43	–	1 181,44	1 329,12	–	1 044,88	1 175,49
	II	22 772	692,10	1 821,76	2 049,48	II	22 772	482,42	1 680,80	1 890,90	272,86	1 539,92	1 732,41	63,18	1 398,96	1 573,83	–	1 258,08	1 415,34	–	1 118,56	1 258,38	–	984,64	1 107,72
	III	15 940	–	1 275,20	1 434,60	III	15 940	–	1 162,40	1 307,70	–	1 052,48	1 184,04	–	945,44	1 063,62	–	841,44	946,62	–	740,32	832,86	–	642,08	722,34
	V	29 207	1 457,86	2 336,56	2 628,63	IV	23 573	682,58	1 815,36	2 042,28	577,74	1 744,88	1 962,99	473,02	1 674,48	1 883,79	368,18	1 604,–	1 804,50	263,34	1 533,52	1 725,21	158,50	1 463,04	1 645,92
	VI	29 642	1 509,63	2 371,36	2 667,78																				
90 899,99 Ost	I,IV	23 730	806,10	1 898,40	2 135,70	I	23 730	596,54	1 757,52	1 977,21	386,86	1 616,56	1 818,63	177,31	1 475,68	1 660,14	–	1 334,72	1 501,56	–	1 193,92	1 343,16	–	1 056,80	1 188,90
	II	22 929	710,78	1 834,32	2 063,61	II	22 929	501,22	1 693,44	1 905,12	291,55	1 552,48	1 746,54	81,99	1 411,60	1 588,05	–	1 270,64	1 429,47	–	1 130,80	1 272,15	–	996,40	1 120,95
	III	16 068	–	1 285,44	1 446,12	III	16 068	–	1 172,32	1 318,86	–	1 062,08	1 194,84	–	954,88	1 074,24	–	850,56	956,88	–	749,28	842,94	–	650,88	732,24
	V	29 364	1 476,55	2 349,12	2 642,76	IV	23 730	701,38	1 828,–	2 056,50	596,54	1 757,52	1 977,21	491,70	1 687,04	1 897,92	386,86	1 616,56	1 818,63	282,14	1 546,16	1 739,43	177,31	1 475,68	1 660,14
	VI	29 799	1 528,31	2 383,92	2 681,91																				
90 935,99 West	I,IV	23 588	789,20	1 887,04	2 122,92	I	23 588	579,64	1 746,16	1 964,43	369,97	1 605,20	1 805,85	160,41	1 464,32	1 647,36	–	1 323,36	1 488,78	–	1 182,64	1 330,47	–	1 046,–	1 176,75
	II	22 787	693,88	1 822,96	2 050,83	II	22 787	484,21	1 682,–	1 892,25	274,65	1 541,12	1 733,76	64,97	1 400,16	1 575,18	–	1 259,28	1 416,69	–	1 119,76	1 259,73	–	985,76	1 108,98
	III	15 952	–	1 276,16	1 435,68	III	15 952	–	1 163,36	1 308,78	–	1 053,28	1 184,94	–	946,40	1 064,70	–	842,24	947,52	–	741,12	833,76	–	643,04	723,42
	V	29 222	1 459,65	2 337,76	2 629,98	IV	23 588	684,36	1 816,56	2 043,63	579,64	1 746,16	1 964,43	474,81	1 675,68	1 885,14	369,97	1 605,20	1 805,85	265,13	1 534,72	1 726,56	160,41	1 464,32	1 647,36
	VI	29 657	1 511,41	2 372,56	2 669,13																				
90 935,99 Ost	I,IV	23 746	808,01	1 899,68	2 137,14	I	23 746	598,33	1 758,72	1 978,56	388,77	1 617,84	1 820,07	179,09	1 476,88	1 661,49	–	1 336,–	1 503,–	–	1 195,12	1 344,51	–	1 058,–	1 190,25
	II	22 944	712,57	1 835,52	2 064,96	II	22 944	503,01	1 694,64	1 906,47	293,33	1 553,68	1 747,89	83,77	1 412,80	1 589,40	–	1 271,84	1 430,82	–	1 132,–	1 273,50	–	997,52	1 122,21
	III	16 080	–	1 286,40	1 447,20	III	16 080	–	1 173,28	1 319,94	–	1 063,04	1 195,92	–	955,84	1 075,32	–	851,52	957,96	–	750,08	843,84	–	651,68	733,14
	V	29 379	1 478,33	2 350,32	2 644,11	IV	23 746	703,17	1 829,20	2 057,85	598,33	1 758,72	1 978,56	493,49	1 688,24	1 899,27	388,77	1 617,84	1 820,07	283,93	1 547,36	1 740,78	179,09	1 476,88	1 661,49
	VI	29 814	1 530,10	2 385,12	2 683,26																				
90 971,99 West	I,IV	23 603	790,99	1 888,24	2 124,27	I	23 603	581,43	1 747,36	1 965,78	371,75	1 606,40	1 807,20	162,19	1 465,52	1 648,71	–	1 324,56	1 490,13	–	1 183,84	1 331,82	–	1 047,12	1 178,01
	II	22 802	695,67	1 824,16	2 052,18	II	22 802	485,99	1 683,20	1 893,60	276,43	1 542,32	1 735,11	66,75	1 401,36	1 576,53	–	1 260,48	1 418,04	–	1 120,88	1 260,99	–	986,88	1 110,24
	III	15 964	–	1 277,12	1 436,76	III	15 964	–	1 164,32	1 309,86	–	1 054,24	1 186,02	–	947,20	1 065,60	–	843,20	948,60	–	742,08	834,84	–	643,84	724,32
	V	29 237	1 461,43	2 338,96	2 631,33	IV	23 603	686,15	1 817,76	2 044,98	581,43	1 747,36	1 965,78	476,59	1 676,88	1 886,49	371,75	1 606,40	1 807,20	266,91	1 535,92	1 727,91	162,19	1 465,52	1 648,71
	VI	29 672	1 513,20	2 373,76	2 670,48																				
90 971,99 Ost	I,IV	23 761	809,79	1 900,88	2 138,49	I	23 761	600,11	1 759,92	1 979,91	390,55	1 619,04	1 821,42	180,88	1 478,08	1 662,84	–	1 337,20	1 504,35	–	1 196,32	1 345,86	–	1 059,12	1 191,51
	II	22 959	714,35	1 836,72	2 066,31	II	22 959	504,79	1 695,84	1 907,82	295,12	1 554,88	1 749,24	85,56	1 414,–	1 590,75	–	1 273,04	1 432,17	–	1 133,20	1 274,85	–	998,64	1 123,47
	III	16 092	–	1 287,36	1 448,28	III	16 092	–	1 174,24	1 321,02	–	1 064,–	1 197,–	–	956,80	1 076,40	–	852,32	958,86	–	751,04	844,92	–	652,48	734,04
	V	29 394	1 480,12	2 351,52	2 645,46	IV	23 761	704,95	1 830,40	2 059,20	600,11	1 759,92	1 979,91	495,27	1 689,44	1 900,62	390,55	1 619,04	1 821,42	285,71	1 548,56	1 742,13	180,88	1 478,08	1 662,84
	VI	29 830	1 532,–	2 386,40	2 684,70																				
91 007,99 West	I,IV	23 618	792,77	1 889,44	2 125,62	I	23 618	583,21	1 748,56	1 967,13	373,54	1 607,60	1 808,55	163,98	1 466,72	1 650,06	–	1 325,76	1 491,48	–	1 185,04	1 333,17	–	1 048,32	1 179,36
	II	22 817	697,45	1 825,36	2 053,53	II	22 817	487,78	1 684,40	1 894,95	278,22	1 543,52	1 736,46	68,54	1 402,56	1 577,88	–	1 261,68	1 419,39	–	1 122,08	1 262,34	–	988,–	1 111,50
	III	15 976	–	1 278,08	1 437,84	III	15 976	–	1 165,12	1 310,76	–	1 055,20	1 187,10	–	948,16	1 066,68	–	844,–	949,50	–	742,88	835,74	–	644,64	725,22
	V	29 252	1 463,22	2 340,16	2 632,68	IV	23 618	688,05	1 819,04	2 046,42	583,21	1 748,56	1 967,13	478,38	1 678,08	1 887,84	373,54	1 607,60	1 808,55	268,82	1 537,20	1 729,35	163,98	1 466,72	1 650,06
	VI	29 687	1 514,98	2 374,96	2 671,83																				
91 007,99 Ost	I,IV	23 776	811,58	1 902,08	2 139,84	I	23 776	601,90	1 761,12	1 981,26	392,34	1 620,24	1 822,77	182,66	1 479,28	1 664,19	–	1 338,40	1 505,70	–	1 197,52	1 347,21	–	1 060,24	1 192,77
	II	22 974	716,14	1 837,92	2 067,66	II	22 974	506,58	1 697,04	1 909,17	296,90	1 556,08	1 750,59	87,34	1 415,20	1 592,10	–	1 274,24	1 433,52	–	1 134,32	1 276,11	–	999,76	1 124,73
	III	16 104	–	1 288,32	1 449,36	III	16 104	–	1 175,20	1 322,10	–	1 064,96	1 198,08	–	957,60	1 077,30	–	853,28	959,94	–	751,84	845,82	–	653,28	734,94
	V	29 410	1 482,02	2 352,80	2 646,90	IV	23 776	706,74	1 831,60	2 060,55	601,90	1 761,12	1 981,26	497,18	1 690,72	1 902,06	392,34	1 620,24	1 822,77	287,50	1 549,76	1 743,48	182,66	1 479,28	1 664,19
	VI	29 845	1 533,79	2 387,60	2 686,05																				
91 043,99 West	I,IV	23 633	794,56	1 890,64	2 126,97	I	23 633	585,–	1 749,76	1 968,48	375,32	1 608,80	1 809,90	165,76	1 467,92	1 651,41	–	1 326,96	1 492,83	–	1 186,24	1 334,52	–	1 049,44	1 180,62
	II	22 832	699,24	1 826,56	2 054,88	II	22 832	489,68	1 685,68	1 896,39	280,–	1 544,72	1 737,81	70,44	1 403,84	1 579,32	–	1 262,88	1 420,74	–	1 123,28	1 263,69	–	989,12	1 112,76
	III	15 988	–	1 279,04	1 438,92	III	15 988	–	1 166,08	1 311,84	–	1 056,16	1 188,18	–	949,12	1 067,76	–	844,96	950,58	–	743,68	836,64	–	645,44	726,12
	V	29 267	1 465,–	2 341,36	2 634,03	IV	23 633	689,84	1 820,24	2 047,77	585,–	1 749,76	1 968,48	480,16	1 679,28	1 889,19	375,32	1 608,80	1 809,90	270,60	1 538,40	1 730,70	165,76	1 467,92	1 651,41
	VI	29 702	1 516,77	2 376,16	2 673,18																				
91 043,99 Ost	I,IV	23 791	813,36	1 903,28	2 141,19	I	23 791	603,68	1 762,32	1 982,61	394,12	1 621,44	1 824,12	184,45	1 480,48	1 665,54	–	1 339,60	1 507,05	–	1 198,72	1 348,56	–	1 061,44	1 194,12
	II	22 990	718,04	1 839,20	2 069,10	II	22 990	508,36	1 698,24	1 910,52	298,80	1 557,36	1 752,03	89,13	1 416,40	1 593,45	–	1 275,52	1 434,96	–	1 135,52	1 277,46	–	1 000,88	1 125,99
	III	16 118	–	1 289,44	1 450,62	III	16 118	–	1 176,16	1 323,18	–	1 065,92	1 199,16	–	958,56	1 078,38	–	854,08	960,84	–	752,64	846,72	–	654,24	736,02
	V	29 425	1 483,81	2 354,–	2 648,25	IV	23 791	708,52	1 832,80	2 061,90	603,68	1 762,32	1 982,61	498,96	1 691,92	1 903,41	394,12	1 621,44	1 824,12	289,28	1 550,96	1 744,83	184,45	1 480,48	1 665,54
	VI	29 860	1 535,57	2 388,80	2 687,40																				
91 079,99 West	I,IV	23 648	796,34	1 891,84	2 128,32	I	23 648	586,78	1 750,96	1 969,83	377,23	1 610,08	1 811,34	167,55	1 469,12	1 652,76	–	1 328,24	1 494,27	–	1 187,44	1 335,87	–	1 050,56	1 181,88
	II	22 847	701,02	1 827,76	2 056,23	II	22 847	491,47	1 686,88	1 897,74	281,79	1 545,92	1 739,16	72,23	1 405,04	1 580,67	–	1 264,08	1 422,09	–	1 124,40	1 264,95	–	990,32	1 114,11
	III	16 002	–	1 280,16	1 440,18	III	16 002	–	1 167,04	1 312,92	–	1 057,12	1 189,26	–	949,92	1 068,66	–	845,76	951,48	–	744,64	837,72	–	646,24	727,02
	V	29 282	1 466,79	2 342,56	2 635,38	IV	23 648	691,62	1 821,44	2 049,12	586,78	1 750,96	1 969,83	481,95	1 680,48	1 890,54	377,23	1 610,08	1 811,34	272,39	1 539,60	1 732,05	167,55	1 469,12	1 652,76
	VI	29 717	1 518,55	2 377,36	2 674,53																				
91 079,99 Ost	I,IV	23 806	815,15	1 904,48	2 142,54	I	23 806	605,59	1 763,60	1 984,05	395,91	1 622,64	1 825,47	186,35	1 481,76	1 666,98	–	1 340,80	1 508,40	–	1 199,92	1 349,91	–	1 062,56	1 195,38
	II	23 005	719,83	1 840,40	2 070,45	II	23 005	510,15	1 699,44	1 911,87	300,59	1 558,56	1 753,38	90,91	1 417,60	1 594,80	–	1 276,72	1 436,31	–	1 136,72	1 278,81	–	1 002,–	1 127,25
	III	16 130	–	1 290,40	1 451,70	III	16 130	–	1 177,12	1 324,26	–	1 066,88	1 200,24	–	959,52	1 079,46	–	855,04	961,92	–	753,60	847,80	–	655,04	736,92
	V	29 440	1 485,59	2 355,20	2 649,60	IV	23 806	710,31	1 834,–	2 063,25	605,59	1 763,60	1 984,05	500,75	1 693,12	1 904,76	395,91	1 622,64	1 825,47	291,07	1 552,16	1 746,18	186,35	1 481,76	1 666,98
	VI	29 875	1 537,36	2 390,–	2 688,75																				
91 115,99 West	I,IV	23 664	798,25	1 893,12	2 129,76	I	23 664	588,57	1 752,16	1 971,18	379,01	1 611,28	1 812,69	169,33	1 470,32	1 654,11	–	1 329,44	1 495,62	–	1 188,64	1 337,22	–	1 051,76	1 183,23
	II	22 862	702,81	1 828,96	2 057,58	II	22 862	493,25	1 688,08	1 899,09	283,57	1 547,12	1 740,51	74,01	1 406,24	1 582,02	–	1 265,28	1 423,44	–	1 125,60	1 266,30	–	991,44	1 115,37
	III	16 014	–	1 281,12	1 441,26	III	16 014	–	1 168,–	1 314,–	–	1 058,08	1 190,34	–	950,88	1 069,74	–	846,72	952,56	–	745,44	838,62	–	647,20	728,10
	V	29 297	1 468,57	2 343,76	2 636,73	IV	23 664	693,41	1 822,64	2 050,47	588,57	1 752,16	1 971,18	483,73	1 681,68	1 891,89	379,01	1 611,28	1 812,69	274,17	1 540,80	1 733,40	169,33	1 470,32	1 654,11
	VI	29 733	1 520,46	2 378,64	2 675,97																				
91 115,99 Ost	I,IV	23 821	816,93	1 905,68	2 143,89	I	23 821	607,37	1 764,80	1 985,40	397,69	1 623,84	1 826,82	188,13	1 482,96	1 668,33	–	1 342,–	1 509,75	–	1 201,12	1 351,26	–	1 063,76	1 196,73
	II	23 020	721,61	1 841,60	2 071,80	II	23 020	511,93	1 700,64	1 913,22	302,37	1 559,76	1 754,73	92,70	1 418,80	1 596,15	–	1 277,92	1 437,66	–	1 137,92	1 280,16	–	1 003,20	1 128,60
	III	16 142	–	1 291,36	1 452,78	III	16 142	–	1 178,08	1 325,34	–	1 067,68	1 201,14	–	960,32	1 080,36	–	855,84	962,82	–	754,40	848,70	–	655,84	737,82
	V	29 455	1 487,38	2 356,40	2 650,95	IV	23 821	712,09	1 835,20	2 064,60	607,37	1 764,80	1 985,40	502,53	1 694,32	1 906,11	397,69	1 623,84	1 826,82	292,85	1 553,36	1 747,53	188,13	1 482,96	1 668,33
	VI	29 890	1 539,14	2 391,20	2 690,10																				
91 151,99 West	I,IV	23 679	800,03	1 894,32	2 131,11	I	23 679	590,35	1 753,36	1 972,53	380,80	1 612,48	1 814,04	171,12	1 471,52	1 655,46	–	1 330,64	1 496,97	–	1 189,84	1 338,57	–	1 052,88	1 184,49
	II	22 877	704,59	1 830,16	2 058,93	II	22 877	495,04	1 689,28	1 900,44	285,36	1 548,32	1 741,86	75,80	1 407,44	1 583,37	–	1 266,48	1 424,79	–	1 126,80	1 267,65	–	992,56	1 116,63
	III	16 026	–	1 282,08	1 442,34	III	16 026	–	1 168,96	1 315,08	–	1 058,88	1 191,24	–	951,84	1 070,82	–	847,52	953,46	–	746,24	839,52	–	648,–	729,–
	V	29 313	1 470,48	2 345,04	2 638,17	IV	23 679	695,19	1 823,84	2 051,82	590,35	1 753,36	1 972,53	485,63	1 682,96	1 893,33	380,80	1 612,48	1 814,04	275,96	1 542,–	1 734,75	171,12	1 471,52	1 655,46
	VI	29 748	1 522,24	2 379,84	2 677,32																				
91 151,99 Ost	I,IV	23 836	818,72	1 906,88	2 145,24	I	23 836	609,16	1 766,–	1 986,75	399,48	1 625,04	1 828,17	189,92	1 484,16	1 669,68	–	1 343,20	1 511,10	–	1 202,32	1 352,61	–	1 064,88	1 197,99
	II	23 035	723,40	1 842,80	2 073,15	II	23 035	513,72	1 701,84	1 914,57	304,16	1 560,96	1 756,08	94,48	1 420,–	1 597,50	–	1 279,12	1 439,01	–	1 139,04	1 281,42	–	1 004,32	1 129,86
	III	16 154	–	1 292,32	1 453,86	III	16 154	–	1 179,04	1 326,42	–	1 068,64	1 202,22	–	961,28	1 081,44	–	856,80	963,90	–	755,20	849,60	–	656,64	738,72
	V	29 470	1 489,16	2 357,60	2 652,30	IV	23 836	713,88	1 836,40	2 065,95	609,16	1 766,–	1 986,75	504,32	1 695,52	1 907,46	399,48	1 625,04	1 828,17	294,76	1 554,64	1 748,97	189,92	1 484,16	1 669,68
	VI	29 905	1 540,93	2 392,40	2 691,45																				

* Die ausgewiesenen Tabellenwerte sind amtlich. Siehe Erläuterungen auf der Umschlaginnenseite (U2).

Abzüge an Lohnsteuer, Solidaritätszuschlag (SolZ) und Kirchensteuer (8%, 9%) in den Steuerklassen

Lohn/ Gehalt bis €*	I – VI	LSt	ohne Kinderfreibeträge SolZ	8%	9%	I, II, III, IV	LSt	mit Zahl der Kinderfreibeträge ... 0,5 SolZ	0,5 8%	0,5 9%	1 SolZ	1 8%	1 9%	1,5 SolZ	1,5 8%	1,5 9%	2 SolZ	2 8%	2 9%	2,5 SolZ	2,5 8%	2,5 9%	3 SolZ	3 8%	3 9%
91 187,99 West	I,IV	23 694	801,82	1 895,52	2 132,46	I	23 694	592,14	1 754,56	1 973,88	382,58	1 613,68	1 815,39	172,90	1 472,72	1 656,81	–	1 331,84	1 498,32	–	1 191,04	1 339,92	–	1 054,–	1 185,75
	II	22 892	706,38	1 831,36	2 060,28	II	22 892	496,82	1 690,48	1 901,79	287,26	1 549,60	1 743,30	77,58	1 408,64	1 584,72	–	1 267,76	1 426,23	–	1 128,–	1 269,–	–	993,68	1 117,89
	III	16 038	–	1 283,04	1 443,42	III	16 038	–	1 169,92	1 316,16	–	1 059,84	1 192,32	–	952,64	1 071,72	–	848,48	954,54	–	747,20	840,60	–	648,80	729,90
	V	29 328	1 472,26	2 346,24	2 639,52	IV	23 694	696,98	1 825,04	2 053,17	592,14	1 754,56	1 973,88	487,42	1 684,16	1 894,68	382,58	1 613,68	1 815,39	277,74	1 543,20	1 736,10	172,90	1 472,72	1 656,81
	VI	29 763	1 524,03	2 381,04	2 678,67																				
91 187,99 Ost	I,IV	23 851	820,50	1 908,08	2 146,59	I	23 851	610,94	1 767,20	1 988,10	401,26	1 626,24	1 829,52	191,70	1 485,36	1 671,03	–	1 344,40	1 512,45	–	1 203,52	1 353,96	–	1 066,–	1 199,25
	II	23 050	725,18	1 844,–	2 074,50	II	23 050	515,62	1 703,12	1 916,01	305,94	1 562,16	1 757,43	96,39	1 421,28	1 598,94	–	1 280,32	1 440,36	–	1 140,24	1 282,77	–	1 005,44	1 131,12
	III	16 166	–	1 293,28	1 454,94	III	16 166	–	1 180,–	1 327,50	–	1 069,60	1 203,30	–	962,24	1 082,52	–	857,76	964,98	–	756,16	850,68	–	657,44	739,62
	V	29 485	1 490,95	2 358,80	2 653,65	IV	23 851	715,78	1 837,68	2 067,39	610,94	1 767,20	1 988,10	506,10	1 696,72	1 908,81	401,26	1 626,24	1 829,52	296,54	1 555,84	1 750,32	191,70	1 485,36	1 671,03
	VI	29 920	1 542,71	2 393,60	2 692,80																				
91 223,99 West	I,IV	23 709	803,60	1 896,72	2 133,81	I	23 709	593,92	1 755,76	1 975,23	384,37	1 614,88	1 816,74	174,81	1 474,–	1 658,25	–	1 333,04	1 499,67	–	1 192,24	1 341,27	–	1 055,20	1 187,10
	II	22 908	708,28	1 832,64	2 061,72	II	22 908	498,61	1 691,68	1 903,14	289,05	1 550,80	1 744,65	79,37	1 409,84	1 586,07	–	1 268,96	1 427,58	–	1 129,12	1 270,26	–	994,80	1 119,15
	III	16 050	–	1 284,–	1 444,50	III	16 050	–	1 170,88	1 317,24	–	1 060,80	1 193,40	–	953,60	1 072,80	–	849,28	955,44	–	748,–	841,50	–	649,60	730,80
	V	29 343	1 474,05	2 347,44	2 640,87	IV	23 709	698,76	1 826,24	2 054,52	593,92	1 755,76	1 975,23	489,20	1 685,36	1 896,03	384,37	1 614,88	1 816,74	279,53	1 544,40	1 737,45	174,81	1 474,–	1 658,25
	VI	29 778	1 525,81	2 382,24	2 680,02																				
91 223,99 Ost	I,IV	23 866	822,29	1 909,28	2 147,94	I	23 866	612,73	1 768,40	1 989,45	403,17	1 627,52	1 830,96	193,49	1 486,56	1 672,38	–	1 345,68	1 513,89	–	1 204,72	1 355,31	–	1 067,20	1 200,60
	II	23 065	726,97	1 845,20	2 075,85	II	23 065	517,41	1 704,32	1 917,36	307,73	1 563,36	1 758,78	98,17	1 422,48	1 600,29	–	1 281,52	1 441,71	–	1 141,44	1 284,12	–	1 006,56	1 132,38
	III	16 178	–	1 294,24	1 456,02	III	16 178	–	1 180,96	1 328,58	–	1 070,56	1 204,38	–	963,04	1 083,42	–	858,56	965,88	–	756,96	851,58	–	658,40	740,70
	V	29 500	1 492,73	2 360,–	2 655,–	IV	23 866	717,57	1 838,88	2 068,74	612,73	1 768,40	1 989,45	507,89	1 697,92	1 910,16	403,17	1 627,52	1 830,96	298,33	1 557,04	1 751,67	193,49	1 486,56	1 672,38
	VI	29 935	1 544,50	2 394,80	2 694,15																				
91 259,99 West	I,IV	23 724	805,39	1 897,92	2 135,16	I	23 724	595,83	1 757,04	1 976,67	386,15	1 616,08	1 818,09	176,59	1 475,20	1 659,60	–	1 334,24	1 501,02	–	1 193,44	1 342,62	–	1 056,32	1 188,36
	II	22 923	710,07	1 833,84	2 063,07	II	22 923	500,39	1 692,88	1 904,49	290,83	1 552,–	1 746,–	81,15	1 411,04	1 587,42	–	1 270,16	1 428,93	–	1 130,32	1 271,61	–	995,92	1 120,41
	III	16 062	–	1 284,96	1 445,58	III	16 062	–	1 171,84	1 318,32	–	1 061,76	1 194,48	–	954,56	1 073,88	–	850,24	956,52	–	748,80	842,40	–	650,40	731,70
	V	29 358	1 475,83	2 348,64	2 642,22	IV	23 724	700,55	1 827,44	2 055,87	595,83	1 757,04	1 976,67	490,99	1 686,56	1 897,38	386,15	1 616,08	1 818,09	281,31	1 545,60	1 738,80	176,59	1 475,20	1 659,60
	VI	29 793	1 527,60	2 383,44	2 681,37																				
91 259,99 Ost	I,IV	23 882	824,19	1 910,56	2 149,38	I	23 882	614,51	1 769,60	1 990,80	404,95	1 628,72	1 832,31	195,27	1 487,76	1 673,73	–	1 346,88	1 515,24	–	1 205,92	1 356,66	–	1 068,32	1 201,86
	II	23 080	728,75	1 846,40	2 077,20	II	23 080	519,19	1 705,52	1 918,71	309,51	1 564,56	1 760,13	99,96	1 423,68	1 601,64	–	1 282,72	1 443,06	–	1 142,64	1 285,47	–	1 007,68	1 133,64
	III	16 192	–	1 295,36	1 457,28	III	16 192	–	1 181,92	1 329,66	–	1 071,52	1 205,46	–	964,–	1 084,50	–	859,52	966,96	–	757,76	852,48	–	659,20	741,60
	V	29 515	1 494,52	2 361,20	2 656,35	IV	23 882	719,35	1 840,08	2 070,09	614,51	1 769,60	1 990,80	509,67	1 699,12	1 911,51	404,95	1 628,72	1 832,31	300,11	1 558,24	1 753,02	195,27	1 487,76	1 673,73
	VI	29 951	1 546,40	2 396,08	2 695,59																				
91 295,99 West	I,IV	23 739	807,17	1 899,12	2 136,51	I	23 739	597,61	1 758,24	1 978,02	387,94	1 617,28	1 819,44	178,38	1 476,40	1 660,95	–	1 335,44	1 502,37	–	1 194,64	1 343,97	–	1 057,52	1 189,71
	II	22 938	711,85	1 835,04	2 064,42	II	22 938	502,18	1 694,08	1 905,84	292,62	1 553,20	1 747,35	82,94	1 412,24	1 588,77	–	1 271,36	1 430,28	–	1 131,52	1 272,96	–	997,04	1 121,67
	III	16 074	–	1 285,92	1 446,66	III	16 074	–	1 172,80	1 319,40	–	1 062,72	1 195,56	–	955,36	1 074,78	–	851,04	957,42	–	749,76	843,48	–	651,36	732,78
	V	29 373	1 477,62	2 349,84	2 643,57	IV	23 739	702,33	1 828,64	2 057,22	597,61	1 758,24	1 978,02	492,77	1 687,76	1 898,73	387,94	1 617,28	1 819,44	283,22	1 546,88	1 740,24	178,38	1 476,40	1 660,95
	VI	29 808	1 529,38	2 384,64	2 682,72																				
91 295,99 Ost	I,IV	23 897	825,97	1 911,76	2 150,73	I	23 897	616,30	1 770,80	1 992,15	406,74	1 629,92	1 833,66	197,06	1 488,96	1 675,08	–	1 348,08	1 516,59	–	1 207,12	1 358,01	–	1 069,52	1 203,21
	II	23 095	730,54	1 847,60	2 078,55	II	23 095	520,98	1 706,72	1 920,06	311,30	1 565,76	1 761,48	101,74	1 424,88	1 602,99	–	1 283,92	1 444,41	–	1 143,84	1 286,82	–	1 008,80	1 134,90
	III	16 204	–	1 296,32	1 458,36	III	16 204	–	1 182,88	1 330,74	–	1 072,48	1 206,54	–	964,96	1 085,58	–	860,32	967,86	–	758,72	853,56	–	660,–	742,50
	V	29 531	1 496,42	2 362,48	2 657,79	IV	23 897	721,14	1 841,28	2 071,44	616,30	1 770,80	1 992,15	511,46	1 700,32	1 912,86	406,74	1 629,92	1 833,66	301,90	1 559,44	1 754,37	197,06	1 488,96	1 675,08
	VI	29 966	1 548,19	2 397,28	2 696,94																				
91 331,99 West	I,IV	23 754	808,96	1 900,32	2 137,86	I	23 754	599,40	1 759,44	1 979,37	389,72	1 618,48	1 820,79	180,16	1 477,60	1 662,30	–	1 336,64	1 503,72	–	1 195,84	1 345,32	–	1 058,64	1 190,97
	II	22 953	713,64	1 836,24	2 065,77	II	22 953	503,96	1 695,28	1 907,19	294,40	1 554,40	1 748,70	84,84	1 413,52	1 590,21	–	1 272,56	1 431,63	–	1 132,64	1 274,22	–	998,16	1 122,93
	III	16 088	–	1 287,04	1 447,92	III	16 088	–	1 173,76	1 320,48	–	1 063,68	1 196,64	–	956,32	1 075,86	–	852,–	958,50	–	750,56	844,38	–	652,16	733,68
	V	29 388	1 479,40	2 351,04	2 644,92	IV	23 754	704,24	1 829,92	2 058,66	599,40	1 759,44	1 979,37	494,56	1 688,96	1 900,08	389,72	1 618,48	1 820,79	285,–	1 548,08	1 741,59	180,16	1 477,60	1 662,30
	VI	29 823	1 531,17	2 385,84	2 684,07																				
91 331,99 Ost	I,IV	23 912	827,76	1 912,96	2 152,08	I	23 912	618,08	1 772,–	1 993,50	408,52	1 631,12	1 835,01	198,84	1 490,16	1 676,43	–	1 349,28	1 517,94	–	1 208,40	1 359,45	–	1 070,64	1 204,47
	II	23 110	732,32	1 848,80	2 079,90	II	23 110	522,76	1 707,92	1 921,41	313,20	1 567,04	1 762,92	103,53	1 426,08	1 604,34	–	1 285,20	1 445,85	–	1 144,96	1 288,08	–	1 010,–	1 136,25
	III	16 216	–	1 297,28	1 459,44	III	16 216	–	1 183,84	1 331,82	–	1 073,44	1 207,62	–	965,76	1 086,48	–	861,28	968,94	–	759,52	854,46	–	660,80	743,40
	V	29 546	1 498,21	2 363,68	2 659,14	IV	23 912	722,92	1 842,48	2 072,79	618,08	1 772,–	1 993,50	513,36	1 701,60	1 914,30	408,52	1 631,12	1 835,01	303,68	1 560,64	1 755,72	198,84	1 490,16	1 676,43
	VI	29 981	1 549,97	2 398,48	2 698,29																				
91 367,99 West	I,IV	23 769	810,74	1 901,52	2 139,21	I	23 769	601,18	1 760,64	1 980,72	391,51	1 619,68	1 822,14	181,95	1 478,80	1 663,65	–	1 337,92	1 505,16	–	1 197,04	1 346,67	–	1 059,76	1 192,23
	II	22 968	715,42	1 837,44	2 067,12	II	22 968	505,86	1 696,56	1 908,63	296,19	1 555,60	1 750,05	86,63	1 414,72	1 591,56	–	1 273,76	1 432,98	–	1 133,84	1 275,57	–	999,28	1 124,19
	III	16 100	–	1 288,–	1 449,–	III	16 100	–	1 174,72	1 321,56	–	1 064,48	1 197,54	–	957,28	1 076,94	–	852,80	959,40	–	751,52	845,46	–	652,96	734,58
	V	29 403	1 481,19	2 352,24	2 646,27	IV	23 769	706,02	1 831,12	2 060,01	601,18	1 760,64	1 980,72	496,34	1 690,16	1 901,43	391,51	1 619,68	1 822,14	286,79	1 549,28	1 742,94	181,95	1 478,80	1 663,65
	VI	29 838	1 532,95	2 387,04	2 685,42																				
91 367,99 Ost	I,IV	23 927	829,54	1 914,16	2 153,43	I	23 927	619,87	1 773,20	1 994,85	410,31	1 632,32	1 836,36	200,75	1 491,44	1 677,87	–	1 350,48	1 519,29	–	1 209,60	1 360,80	–	1 071,84	1 205,82
	II	23 126	734,23	1 850,08	2 081,34	II	23 126	524,55	1 709,12	1 922,76	314,99	1 568,24	1 764,27	105,31	1 427,28	1 605,69	–	1 286,40	1 447,20	–	1 146,16	1 289,43	–	1 011,12	1 137,51
	III	16 228	–	1 298,24	1 460,52	III	16 228	–	1 184,80	1 332,90	–	1 074,24	1 208,52	–	966,72	1 087,56	–	862,08	969,84	–	760,48	855,54	–	661,60	744,30
	V	29 561	1 499,99	2 364,88	2 660,49	IV	23 927	724,71	1 843,68	2 074,14	619,87	1 773,20	1 994,85	515,15	1 702,80	1 915,65	410,31	1 632,32	1 836,36	305,47	1 561,84	1 757,07	200,75	1 491,44	1 677,87
	VI	29 996	1 551,76	2 399,68	2 699,64																				
91 403,99 West	I,IV	23 785	812,65	1 902,80	2 140,65	I	23 785	602,97	1 761,84	1 982,07	393,41	1 620,96	1 823,58	183,73	1 480,–	1 665,–	–	1 339,12	1 506,51	–	1 198,24	1 348,02	–	1 060,96	1 193,58
	II	22 983	717,21	1 838,64	2 068,47	II	22 983	507,65	1 697,76	1 909,98	297,97	1 556,80	1 751,40	88,41	1 415,92	1 592,91	–	1 274,96	1 434,33	–	1 135,04	1 276,92	–	1 000,40	1 125,45
	III	16 112	–	1 288,96	1 450,08	III	16 112	–	1 175,68	1 322,64	–	1 065,44	1 198,62	–	958,08	1 077,84	–	853,76	960,48	–	752,32	846,36	–	653,76	735,48
	V	29 418	1 482,97	2 353,44	2 647,62	IV	23 785	707,81	1 832,32	2 061,36	602,97	1 761,84	1 982,07	498,13	1 691,36	1 902,78	393,41	1 620,96	1 823,58	288,57	1 550,48	1 744,29	183,73	1 480,–	1 665,–
	VI	29 854	1 534,86	2 388,32	2 686,86																				
91 403,99 Ost	I,IV	23 942	831,33	1 915,36	2 154,78	I	23 942	621,77	1 774,48	1 996,29	412,09	1 633,52	1 837,71	202,53	1 492,64	1 679,22	–	1 351,68	1 520,64	–	1 210,80	1 362,15	–	1 072,96	1 207,08
	II	23 141	736,01	1 851,28	2 082,69	II	23 141	526,33	1 710,32	1 924,11	316,77	1 569,44	1 765,62	107,10	1 428,48	1 607,04	–	1 287,60	1 448,55	–	1 147,36	1 290,78	–	1 012,24	1 138,77
	III	16 240	–	1 299,20	1 461,60	III	16 240	–	1 185,76	1 333,98	–	1 075,20	1 209,60	–	967,68	1 088,64	–	863,04	970,92	–	761,28	856,44	–	662,56	745,38
	V	29 576	1 501,78	2 366,08	2 661,84	IV	23 942	726,49	1 844,88	2 075,49	621,77	1 774,48	1 996,29	516,93	1 704,–	1 917,–	412,09	1 633,52	1 837,71	307,25	1 563,04	1 758,42	202,53	1 492,64	1 679,22
	VI	30 011	1 553,54	2 400,88	2 700,99																				
91 439,99 West	I,IV	23 800	814,43	1 904,–	2 142,–	I	23 800	604,75	1 763,04	1 983,42	395,19	1 622,16	1 824,93	185,52	1 481,20	1 666,35	–	1 340,32	1 507,86	–	1 199,44	1 349,37	–	1 062,08	1 194,84
	II	22 998	718,99	1 839,84	2 069,82	II	22 998	509,43	1 698,96	1 911,33	299,76	1 558,–	1 752,75	90,20	1 417,12	1 594,26	–	1 276,16	1 435,68	–	1 136,24	1 278,27	–	1 001,60	1 126,80
	III	16 124	–	1 289,92	1 451,16	III	16 124	–	1 176,64	1 323,72	–	1 066,40	1 199,70	–	959,04	1 078,92	–	854,56	961,38	–	753,12	847,26	–	654,56	736,38
	V	29 434	1 484,88	2 354,72	2 649,06	IV	23 800	709,59	1 833,52	2 062,71	604,75	1 763,04	1 983,42	499,91	1 692,56	1 904,13	395,19	1 622,16	1 824,93	290,36	1 551,68	1 745,64	185,52	1 481,20	1 666,35
	VI	29 869	1 536,64	2 389,52	2 688,21																				
91 439,99 Ost	I,IV	23 957	833,11	1 916,56	2 156,13	I	23 957	623,56	1 775,68	1 997,64	413,88	1 634,72	1 839,06	204,32	1 493,84	1 680,57	–	1 352,88	1 521,99	–	1 212,–	1 363,50	–	1 074,16	1 208,43
	II	23 156	737,80	1 852,48	2 084,04	II	23 156	528,12	1 711,52	1 925,46	318,56	1 570,64	1 766,97	108,88	1 429,68	1 608,39	–	1 288,80	1 449,90	–	1 148,56	1 292,13	–	1 013,36	1 140,03
	III	16 252	–	1 300,16	1 462,68	III	16 252	–	1 186,72	1 335,06	–	1 076,16	1 210,68	–	968,48	1 089,54	–	863,84	971,82	–	762,08	857,34	–	663,36	746,28
	V	29 591	1 503,56	2 367,28	2 663,19	IV	23 957	728,28	1 846,08	2 076,84	623,56	1 775,68	1 997,64	518,72	1 705,20	1 918,35	413,88	1 634,72	1 839,06	309,04	1 564,24	1 759,77	204,32	1 493,84	1 680,57
	VI	30 026	1 555,33	2 402,08	2 702,34																				

* Die ausgewiesenen Tabellenwerte sind amtlich. Siehe Erläuterungen auf der Umschlaginnenseite (U2).

Abzüge an Lohnsteuer, Solidaritätszuschlag (SolZ) und Kirchensteuer (8%, 9%) in den Steuerklassen

Lohn/ Gehalt bis €*		I – VI				I, II, III, IV	mit Zahl der Kinderfreibeträge . . . 0,5			1			1,5			2			2,5			3		
		LSt	ohne Kinderfreibeträge SolZ	8%	9%		LSt	SolZ	8%	9%	SolZ	8%	9%	SolZ	8%	9%	SolZ	8%	9%	SolZ	8%	9%	SolZ	8%	9%
91 475,99 West	I,IV	23 815	816,22	1 905,20	2 143,35	I	23 815	606,54	1 764,24	1 984,77	396,98	1 623,36	1 826,28	187,30	1 482,40	1 667,70	—	1 341,52	1 509,21	—	1 200,64	1 350,72	—	1 063,28	1 196,19
	II	23 013	720,78	1 841,04	2 071,17	II	23 013	511,22	1 700,16	1 912,68	301,54	1 559,20	1 754,10	91,98	1 418,32	1 595,61	—	1 277,44	1 437,12	—	1 137,36	1 279,53	—	1 002,72	1 128,06
	III	16 136	—	1 290,88	1 452,24	III	16 136	—	1 177,60	1 324,80	—	1 067,36	1 200,78	—	960,—	1 080,—	—	855,52	962,46	—	754,08	848,34	—	655,52	737,46
	V	29 449	1 486,66	2 355,92	2 650,41	IV	23 815	711,38	1 834,72	2 064,06	606,54	1 764,24	1 984,77	501,82	1 693,84	1 905,57	396,98	1 623,36	1 826,28	292,14	1 552,88	1 746,99	187,30	1 482,40	1 667,70
	VI	29 884	1 538,43	2 390,72	2 689,56																				
91 475,99 Ost	I,IV	23 972	834,90	1 917,76	2 157,48	I	23 972	625,34	1 776,88	1 998,99	415,66	1 635,92	1 840,41	206,10	1 495,04	1 681,92	—	1 354,08	1 523,34	—	1 213,20	1 364,85	—	1 075,28	1 209,69
	II	23 171	739,58	1 853,68	2 085,39	II	23 171	529,90	1 712,72	1 926,81	320,34	1 571,84	1 768,32	110,78	1 430,96	1 609,83	—	1 290,—	1 451,25	—	1 149,76	1 293,48	—	1 014,48	1 141,29
	III	16 266	—	1 301,28	1 463,94	III	16 266	—	1 187,68	1 336,14	—	1 077,12	1 211,76	—	969,44	1 090,62	—	864,80	972,90	—	763,04	858,42	—	664,16	747,18
	V	29 606	1 505,35	2 368,48	2 664,54	IV	23 972	730,18	1 847,36	2 078,28	625,34	1 776,88	1 998,99	520,50	1 706,40	1 919,70	415,66	1 635,92	1 840,41	310,94	1 565,52	1 761,21	206,10	1 495,04	1 681,92
	VI	30 041	1 557,11	2 403,28	2 703,69																				
91 511,99 West	I,IV	23 830	818,—	1 906,40	2 144,70	I	23 830	608,32	1 765,44	1 986,12	398,76	1 624,56	1 827,63	189,09	1 483,60	1 669,05	—	1 342,72	1 510,56	—	1 201,84	1 352,07	—	1 064,40	1 197,45
	II	23 029	722,68	1 842,32	2 072,61	II	23 029	513,—	1 701,36	1 914,03	303,45	1 560,48	1 755,54	93,77	1 419,52	1 596,96	—	1 278,64	1 438,47	—	1 138,56	1 280,88	—	1 003,84	1 129,32
	III	16 148	—	1 291,84	1 453,32	III	16 148	—	1 178,56	1 325,88	—	1 068,32	1 201,86	—	960,80	1 080,90	—	856,48	963,54	—	754,88	849,24	—	656,32	738,36
	V	29 464	1 488,45	2 357,12	2 651,76	IV	23 830	713,16	1 835,92	2 065,41	608,32	1 765,44	1 986,12	503,60	1 695,04	1 906,92	398,76	1 624,56	1 827,63	293,93	1 554,08	1 748,34	189,09	1 483,60	1 669,05
	VI	29 899	1 540,21	2 391,92	2 690,91																				
91 511,99 Ost	I,IV	23 987	836,68	1 918,96	2 158,83	I	23 987	627,13	1 778,08	2 000,34	417,45	1 637,12	1 841,76	207,89	1 496,24	1 683,27	—	1 355,36	1 524,78	—	1 214,40	1 366,20	—	1 076,48	1 211,04
	II	23 186	741,37	1 854,88	2 086,74	II	23 186	531,81	1 714,—	1 928,25	322,13	1 573,04	1 769,67	112,57	1 432,16	1 611,18	—	1 291,20	1 452,60	—	1 150,88	1 294,74	—	1 015,60	1 142,55
	III	16 278	—	1 302,24	1 465,02	III	16 278	—	1 188,64	1 337,22	—	1 078,08	1 212,84	—	970,40	1 091,70	—	865,60	973,80	—	763,84	859,32	—	664,96	748,08
	V	29 621	1 507,13	2 369,68	2 665,89	IV	23 987	731,96	1 848,56	2 079,63	627,13	1 778,08	2 000,34	522,29	1 707,60	1 921,05	417,45	1 637,12	1 841,76	312,73	1 566,72	1 762,56	207,89	1 496,24	1 683,27
	VI	30 056	1 558,90	2 404,48	2 705,04																				
91 547,99 West	I,IV	23 845	819,79	1 907,60	2 146,05	I	23 845	610,23	1 766,72	1 987,56	400,55	1 625,76	1 828,98	190,99	1 484,88	1 670,49	—	1 343,92	1 511,91	—	1 203,04	1 353,42	—	1 065,52	1 198,71
	II	23 044	724,47	1 843,52	2 073,96	II	23 044	514,79	1 702,56	1 915,38	305,23	1 561,68	1 756,89	95,55	1 420,72	1 598,31	—	1 279,84	1 439,82	—	1 139,76	1 282,23	—	1 004,96	1 130,58
	III	16 160	—	1 292,80	1 454,40	III	16 160	—	1 179,52	1 326,96	—	1 069,28	1 202,94	—	961,76	1 081,98	—	857,28	964,44	—	755,68	850,14	—	657,12	739,26
	V	29 479	1 490,23	2 358,32	2 653,11	IV	23 845	714,95	1 837,12	2 066,76	610,23	1 766,72	1 987,56	505,39	1 696,24	1 908,27	400,55	1 625,76	1 828,98	295,71	1 555,28	1 749,69	190,99	1 484,88	1 670,49
	VI	29 914	1 542,—	2 393,12	2 692,26																				
91 547,99 Ost	I,IV	24 003	838,59	1 920,24	2 160,27	I	24 003	628,91	1 779,28	2 001,69	419,35	1 638,40	1 843,20	209,67	1 497,44	1 684,62	0,11	1 356,56	1 526,13	—	1 215,60	1 367,55	—	1 077,60	1 212,30
	II	23 201	743,15	1 856,08	2 088,09	II	23 201	533,59	1 715,20	1 929,60	323,91	1 574,24	1 771,02	114,35	1 433,36	1 612,53	—	1 292,40	1 453,95	—	1 152,08	1 296,09	—	1 016,80	1 143,90
	III	16 290	—	1 303,20	1 466,10	III	16 290	—	1 189,60	1 338,30	—	1 079,04	1 213,92	—	971,36	1 092,78	—	866,56	974,88	—	764,80	860,40	—	665,92	749,16
	V	29 636	1 508,92	2 370,88	2 667,24	IV	24 003	733,75	1 849,76	2 080,98	628,91	1 779,28	2 001,69	524,07	1 708,80	1 922,40	419,35	1 638,40	1 843,20	314,51	1 567,92	1 763,91	209,67	1 497,44	1 684,62
	VI	30 072	1 560,80	2 405,76	2 706,48																				
91 583,99 West	I,IV	23 860	821,57	1 908,80	2 147,40	I	23 860	612,01	1 767,92	1 988,91	402,33	1 626,96	1 830,33	192,78	1 486,08	1 671,84	—	1 345,12	1 513,26	—	1 204,24	1 354,77	—	1 066,72	1 200,06
	II	23 059	726,25	1 844,72	2 075,31	II	23 059	516,57	1 703,76	1 916,73	307,02	1 562,88	1 758,24	97,34	1 421,92	1 599,66	—	1 281,04	1 441,17	—	1 140,96	1 283,58	—	1 006,08	1 131,84
	III	16 174	—	1 293,92	1 455,66	III	16 174	—	1 180,48	1 328,04	—	1 070,08	1 203,84	—	962,72	1 083,06	—	858,24	965,52	—	756,64	851,22	—	657,92	740,16
	V	29 494	1 492,02	2 359,52	2 654,46	IV	23 860	716,73	1 838,32	2 068,11	612,01	1 767,92	1 988,91	507,17	1 697,44	1 909,62	402,33	1 626,96	1 830,33	297,50	1 556,48	1 751,04	192,78	1 486,08	1 671,84
	VI	29 929	1 543,78	2 394,32	2 693,61																				
91 583,99 Ost	I,IV	24 018	840,37	1 921,44	2 161,62	I	24 018	630,70	1 780,48	2 003,04	421,14	1 639,60	1 844,55	211,46	1 498,64	1 685,97	1,90	1 357,76	1 527,48	—	1 216,80	1 368,90	—	1 078,80	1 213,65
	II	23 216	744,94	1 857,28	2 089,44	II	23 216	535,38	1 716,40	1 930,95	325,70	1 575,44	1 772,37	116,14	1 434,56	1 613,88	—	1 293,60	1 455,30	—	1 153,28	1 297,44	—	1 017,92	1 145,16
	III	16 302	—	1 304,16	1 467,18	III	16 302	—	1 190,56	1 339,38	—	1 079,84	1 214,82	—	972,16	1 093,68	—	867,36	975,78	—	765,60	861,30	—	666,72	750,06
	V	29 652	1 510,82	2 372,16	2 668,68	IV	24 018	735,53	1 850,96	2 082,33	630,70	1 780,48	2 003,04	525,86	1 710,—	1 923,75	421,14	1 639,60	1 844,55	316,30	1 569,12	1 765,26	211,46	1 498,64	1 685,97
	VI	30 087	1 562,58	2 406,96	2 707,83																				
91 619,99 West	I,IV	23 875	823,36	1 910,—	2 148,75	I	23 875	613,80	1 769,12	1 990,26	404,12	1 628,16	1 831,68	194,56	1 487,28	1 673,19	—	1 346,32	1 514,61	—	1 205,44	1 356,12	—	1 067,84	1 201,32
	II	23 074	728,04	1 845,92	2 076,66	II	23 074	518,36	1 704,96	1 918,08	308,80	1 564,08	1 759,59	99,12	1 423,12	1 601,01	—	1 282,24	1 442,52	—	1 142,16	1 284,93	—	1 007,20	1 133,10
	III	16 186	—	1 294,88	1 456,74	III	16 186	—	1 181,44	1 329,12	—	1 071,04	1 204,92	—	963,52	1 083,96	—	859,04	966,42	—	757,44	852,12	—	658,72	741,06
	V	29 509	1 493,80	2 360,72	2 655,81	IV	23 875	718,64	1 839,60	2 069,55	613,80	1 769,12	1 990,26	508,96	1 698,64	1 910,97	404,12	1 628,16	1 831,68	299,40	1 557,76	1 752,48	194,56	1 487,28	1 673,19
	VI	29 944	1 545,57	2 395,52	2 694,96																				
91 619,99 Ost	I,IV	24 033	842,16	1 922,64	2 162,97	I	24 033	632,48	1 781,68	2 004,39	422,92	1 640,80	1 845,90	213,24	1 499,84	1 687,32	3,68	1 358,96	1 528,83	—	1 218,—	1 370,25	—	1 079,92	1 214,91
	II	23 231	746,72	1 858,48	2 090,79	II	23 231	537,16	1 717,60	1 932,30	327,48	1 576,64	1 773,72	117,92	1 435,76	1 615,23	—	1 294,88	1 456,74	—	1 154,48	1 298,79	—	1 019,04	1 146,42
	III	16 314	—	1 305,12	1 468,26	III	16 314	—	1 191,52	1 340,46	—	1 080,80	1 215,90	—	973,12	1 094,76	—	868,32	976,86	—	766,40	862,20	—	667,52	750,96
	V	29 667	1 512,60	2 373,36	2 670,03	IV	24 033	737,32	1 852,16	2 083,68	632,48	1 781,68	2 004,39	527,76	1 711,28	1 925,19	422,92	1 640,80	1 845,90	318,08	1 570,32	1 766,61	213,24	1 499,84	1 687,32
	VI	30 102	1 564,37	2 408,16	2 709,18																				
91 655,99 West	I,IV	23 890	825,14	1 911,20	2 150,10	I	23 890	615,58	1 770,32	1 991,61	405,90	1 629,36	1 833,03	196,35	1 488,48	1 674,54	—	1 347,52	1 515,96	—	1 206,64	1 357,47	—	1 069,04	1 202,67
	II	23 089	729,82	1 847,12	2 078,01	II	23 089	520,26	1 706,24	1 919,52	310,59	1 565,28	1 760,94	101,03	1 424,40	1 602,45	—	1 283,44	1 443,87	—	1 143,28	1 286,19	—	1 008,32	1 134,36
	III	16 198	—	1 295,84	1 457,82	III	16 198	—	1 182,40	1 330,20	—	1 072,—	1 206,—	—	964,48	1 085,04	—	860,—	967,50	—	758,24	853,02	—	659,68	742,14
	V	29 524	1 495,59	2 361,92	2 657,16	IV	23 890	720,42	1 840,80	2 070,90	615,58	1 770,32	1 991,61	510,74	1 699,84	1 912,32	405,90	1 629,36	1 833,03	301,18	1 558,96	1 753,83	196,35	1 488,48	1 674,54
	VI	29 959	1 547,35	2 396,72	2 696,31																				
91 655,99 Ost	I,IV	24 048	843,94	1 923,84	2 164,32	I	24 048	634,27	1 782,88	2 005,74	424,71	1 642,—	1 847,25	215,03	1 501,04	1 688,67	5,47	1 360,16	1 530,18	—	1 219,28	1 371,69	—	1 081,12	1 216,26
	II	23 247	748,62	1 859,76	2 092,23	II	23 247	538,95	1 718,80	1 933,65	329,39	1 577,92	1 775,16	119,71	1 436,96	1 616,58	—	1 296,08	1 458,09	—	1 155,68	1 300,14	—	1 020,16	1 147,68
	III	16 326	—	1 306,08	1 469,34	III	16 326	—	1 192,48	1 341,54	—	1 081,76	1 216,98	—	974,08	1 095,84	—	869,12	977,76	—	767,36	863,28	—	668,32	751,86
	V	29 682	1 514,39	2 374,56	2 671,38	IV	24 048	739,10	1 853,36	2 085,03	634,27	1 782,88	2 005,74	529,55	1 712,48	1 926,54	424,71	1 642,—	1 847,25	319,87	1 571,52	1 767,96	215,03	1 501,04	1 688,67
	VI	30 117	1 566,15	2 409,36	2 710,53																				
91 691,99 West	I,IV	23 906	827,05	1 912,48	2 151,54	I	23 906	617,37	1 771,52	1 992,96	407,81	1 630,64	1 834,47	198,13	1 489,68	1 675,89	—	1 348,80	1 517,40	—	1 207,84	1 358,82	—	1 070,16	1 203,93
	II	23 104	731,61	1 848,32	2 079,36	II	23 104	522,05	1 707,44	1 920,87	312,37	1 566,48	1 762,29	102,81	1 425,60	1 603,80	—	1 284,64	1 445,22	—	1 144,48	1 287,54	—	1 009,52	1 135,71
	III	16 210	—	1 296,80	1 458,90	III	16 210	—	1 183,36	1 331,28	—	1 072,96	1 207,08	—	965,44	1 086,12	—	860,80	968,40	—	759,20	854,10	—	660,48	743,04
	V	29 539	1 497,37	2 363,12	2 658,51	IV	23 906	722,21	1 842,—	2 072,25	617,37	1 771,52	1 992,96	512,53	1 701,04	1 913,67	407,81	1 630,64	1 834,47	302,97	1 560,16	1 755,18	198,13	1 489,68	1 675,89
	VI	29 975	1 549,26	2 398,—	2 697,75																				
91 691,99 Ost	I,IV	24 063	845,73	1 925,04	2 165,67	I	24 063	636,17	1 784,16	2 007,18	426,49	1 643,20	1 848,60	216,93	1 502,32	1 690,11	7,25	1 361,36	1 531,53	—	1 220,48	1 373,04	—	1 082,24	1 217,52
	II	23 262	750,41	1 860,96	2 093,58	II	23 262	540,73	1 720,—	1 935,—	331,17	1 579,12	1 776,51	121,49	1 438,16	1 617,93	—	1 297,28	1 459,44	—	1 156,88	1 301,49	—	1 021,36	1 149,03
	III	16 340	—	1 307,20	1 470,60	III	16 340	—	1 193,44	1 342,62	—	1 082,72	1 218,06	—	974,88	1 096,74	—	870,08	978,84	—	768,16	864,18	—	669,12	752,76
	V	29 697	1 516,17	2 375,76	2 672,73	IV	24 063	740,89	1 854,56	2 086,38	636,17	1 784,16	2 007,18	531,33	1 713,68	1 927,89	426,49	1 643,20	1 848,60	321,65	1 572,72	1 769,31	216,93	1 502,32	1 690,11
	VI	30 132	1 567,94	2 410,56	2 711,88																				
91 727,99 West	I,IV	23 921	828,83	1 913,68	2 152,89	I	23 921	619,15	1 772,72	1 994,31	409,59	1 631,84	1 835,82	199,92	1 490,88	1 677,24	—	1 350,—	1 518,75	—	1 209,04	1 360,17	—	1 071,36	1 205,28
	II	23 119	733,39	1 849,52	2 080,71	II	23 119	523,83	1 708,64	1 922,22	314,16	1 567,68	1 763,64	104,60	1 426,80	1 605,15	—	1 285,84	1 446,57	—	1 145,68	1 288,89	—	1 010,64	1 136,97
	III	16 222	—	1 297,76	1 459,98	III	16 222	—	1 184,32	1 332,36	—	1 073,92	1 208,16	—	966,40	1 087,20	—	861,76	969,48	—	760,—	855,—	—	661,28	743,94
	V	29 555	1 499,28	2 364,40	2 659,95	IV	23 921	723,99	1 843,20	2 073,60	619,15	1 772,72	1 994,31	514,31	1 702,24	1 915,02	409,59	1 631,84	1 835,82	304,75	1 561,36	1 756,53	199,92	1 490,88	1 677,24
	VI	29 990	1 551,04	2 399,20	2 699,10																				
91 727,99 Ost	I,IV	24 078	847,51	1 926,24	2 167,02	I	24 078	637,95	1 785,36	2 008,53	428,28	1 644,40	1 849,95	218,72	1 503,52	1 691,46	9,04	1 362,56	1 532,88	—	1 221,68	1 374,39	—	1 083,44	1 218,87
	II	23 277	752,19	1 862,16	2 094,93	II	23 277	542,52	1 721,20	1 936,35	332,96	1 580,32	1 777,86	123,28	1 439,36	1 619,28	—	1 298,48	1 460,79	—	1 158,08	1 302,84	—	1 022,48	1 150,29
	III	16 352	—	1 308,16	1 471,68	III	16 352	—	1 194,40	1 343,70	—	1 083,68	1 219,14	—	975,84	1 097,82	—	871,04	979,92	—	768,96	865,08	—	670,08	753,84
	V	29 712	1 517,96	2 376,96	2 674,08	IV	24 078	742,67	1 855,76	2 087,73	637,95	1 785,36	2 008,53	533,12	1 714,88	1 929,24	428,28	1 644,40	1 849,95	323,44	1 573,92	1 770,66	218,72	1 503,52	1 691,46
	VI	30 147	1 569,72	2 411,76	2 713,23																				

* Die ausgewiesenen Tabellenwerte sind amtlich. Siehe Erläuterungen auf der Umschlaginnenseite (U2).

Abzüge an Lohnsteuer, Solidaritätszuschlag (SolZ) und Kirchensteuer (8%, 9%) in den Steuerklassen

Lohn/ Gehalt bis €*	I – VI	LSt	ohne Kinderfreibeträge SolZ	8%	9%	I, II, III, IV	LSt	mit Zahl der Kinderfreibeträge . . . 0,5 SolZ	0,5 8%	0,5 9%	1 SolZ	1 8%	1 9%	1,5 SolZ	1,5 8%	1,5 9%	2 SolZ	2 8%	2 9%	2,5 SolZ	2,5 8%	2,5 9%	3 SolZ	3 8%	3 9%
91 763,99 West	I,IV	23 936	830,62	1 914,88	2 154,24	I	23 936	620,94	1 773,92	1 995,66	411,38	1 633,04	1 837,17	201,70	1 492,08	1 678,59	–	1 351,20	1 520,10	–	1 210,24	1 361,52	–	1 072,48	1 206,54
	II	23 134	735,18	1 850,72	2 082,06	II	23 134	525,62	1 709,84	1 923,57	315,94	1 568,88	1 764,99	106,38	1 428,–	1 606,50	–	1 287,04	1 447,92	–	1 146,88	1 290,24	–	1 011,76	1 138,23
	III	16 234	–	1 298,72	1 461,06	III	16 234	–	1 185,28	1 333,44	–	1 074,88	1 209,24	–	967,20	1 088,10	–	862,56	970,38	–	760,96	856,08	–	662,08	744,84
	V	29 570	1 501,06	2 365,60	2 661,30	IV	23 936	725,78	1 844,40	2 074,95	620,94	1 773,92	1 995,66	516,22	1 703,52	1 916,46	411,38	1 633,04	1 837,17	306,54	1 562,56	1 757,88	201,70	1 492,08	1 678,59
	VI	30 005	1 552,83	2 400,40	2 700,45																				
91 763,99 Ost	I,IV	24 093	849,30	1 927,44	2 168,37	I	24 093	639,74	1 786,56	2 009,88	430,06	1 645,60	1 851,30	220,50	1 504,72	1 692,81	10,82	1 363,76	1 534,23	–	1 222,88	1 375,74	–	1 084,56	1 220,13
	II	23 292	753,98	1 863,36	2 096,28	II	23 292	544,30	1 722,40	1 937,70	334,74	1 581,52	1 779,21	125,06	1 440,56	1 620,63	–	1 299,68	1 462,14	–	1 159,20	1 304,10	–	1 023,60	1 151,55
	III	16 364	–	1 309,12	1 472,76	III	16 364	–	1 195,36	1 344,78	–	1 084,64	1 220,22	–	976,80	1 098,90	–	871,84	980,82	–	769,92	866,16	–	670,88	754,74
	V	29 727	1 519,74	2 378,16	2 675,43	IV	24 093	744,58	1 857,04	2 089,17	639,74	1 786,56	2 009,88	534,90	1 716,08	1 930,59	430,06	1 645,60	1 851,30	325,34	1 575,20	1 772,10	220,50	1 504,72	1 692,81
	VI	30 162	1 571,51	2 412,96	2 714,58																				
91 799,99 West	I,IV	23 951	832,40	1 916,08	2 155,59	I	23 951	622,72	1 775,12	1 997,01	413,16	1 634,24	1 838,52	203,49	1 493,28	1 679,94	–	1 352,40	1 521,45	–	1 211,52	1 362,96	–	1 073,68	1 207,89
	II	23 150	737,08	1 852,–	2 083,50	II	23 150	527,40	1 711,04	1 924,92	317,84	1 570,16	1 766,43	108,17	1 429,20	1 607,85	–	1 288,32	1 449,36	–	1 148,08	1 291,59	–	1 012,88	1 139,49
	III	16 248	–	1 299,84	1 462,32	III	16 248	–	1 186,24	1 334,52	–	1 075,68	1 210,14	–	968,16	1 089,18	–	863,52	971,46	–	761,76	856,98	–	663,04	745,92
	V	29 585	1 502,85	2 366,80	2 662,65	IV	23 951	727,56	1 845,60	2 076,30	622,72	1 775,12	1 997,01	518,–	1 704,72	1 917,81	413,16	1 634,24	1 838,52	308,32	1 563,76	1 759,23	203,49	1 493,28	1 679,94
	VI	30 020	1 554,61	2 401,60	2 701,80																				
91 799,99 Ost	I,IV	24 108	851,08	1 928,64	2 169,72	I	24 108	641,52	1 787,76	2 011,23	431,85	1 646,80	1 852,65	222,29	1 505,92	1 694,16	12,61	1 364,96	1 535,58	–	1 224,08	1 377,09	–	1 085,76	1 221,48
	II	23 307	755,76	1 864,56	2 097,63	II	23 307	546,21	1 723,68	1 939,14	336,53	1 582,72	1 780,56	126,97	1 441,84	1 622,07	–	1 300,88	1 463,49	–	1 160,40	1 305,45	–	1 024,72	1 152,81
	III	16 376	–	1 310,08	1 473,84	III	16 376	–	1 196,32	1 345,86	–	1 085,60	1 221,30	–	977,60	1 099,80	–	872,80	981,90	–	770,72	867,06	–	671,68	755,64
	V	29 742	1 521,53	2 379,36	2 676,78	IV	24 108	746,36	1 858,24	2 090,52	641,52	1 787,76	2 011,23	536,69	1 717,28	1 931,94	431,85	1 646,80	1 852,65	327,13	1 576,40	1 773,45	222,29	1 505,92	1 694,16
	VI	30 177	1 573,29	2 414,16	2 715,93																				
91 835,99 West	I,IV	23 966	834,19	1 917,28	2 156,94	I	23 966	624,63	1 776,40	1 998,45	414,95	1 635,44	1 839,87	205,39	1 494,56	1 681,38	–	1 353,60	1 522,80	–	1 212,72	1 364,31	–	1 074,80	1 209,15
	II	23 165	738,87	1 853,20	2 084,85	II	23 165	529,19	1 712,24	1 926,27	319,63	1 571,36	1 767,78	109,95	1 430,40	1 609,20	–	1 289,52	1 450,71	–	1 149,20	1 292,85	–	1 014,–	1 140,75
	III	16 260	–	1 300,80	1 463,40	III	16 260	–	1 187,20	1 335,60	–	1 076,64	1 211,22	–	969,12	1 090,26	–	864,32	972,36	–	762,56	857,88	–	663,84	746,82
	V	29 600	1 504,63	2 368,–	2 664,–	IV	23 966	729,35	1 846,80	2 077,65	624,63	1 776,40	1 998,45	519,79	1 705,92	1 919,16	414,95	1 635,44	1 839,87	310,11	1 564,96	1 760,58	205,39	1 494,56	1 681,38
	VI	30 035	1 556,40	2 402,80	2 703,15																				
91 835,99 Ost	I,IV	24 124	852,99	1 929,92	2 171,16	I	24 124	643,31	1 788,96	2 012,58	433,75	1 648,08	1 854,09	224,07	1 507,12	1 695,51	14,51	1 366,24	1 537,02	–	1 225,28	1 378,44	–	1 086,88	1 222,74
	II	23 322	757,55	1 865,76	2 098,98	II	23 322	547,99	1 724,88	1 940,49	338,31	1 583,92	1 781,91	128,75	1 443,04	1 623,42	–	1 302,08	1 464,84	–	1 161,60	1 306,80	–	1 025,84	1 154,07
	III	16 388	–	1 311,04	1 474,92	III	16 388	–	1 197,28	1 346,94	–	1 086,56	1 222,38	–	978,56	1 100,88	–	873,60	982,80	–	771,68	868,14	–	672,48	756,54
	V	29 757	1 523,31	2 380,56	2 678,13	IV	24 124	748,15	1 859,44	2 091,87	643,31	1 788,96	2 012,58	538,47	1 718,48	1 933,29	433,75	1 648,08	1 854,09	328,91	1 577,60	1 774,80	224,07	1 507,12	1 695,51
	VI	30 192	1 575,08	2 415,36	2 717,28																				
91 871,99 West	I,IV	23 981	835,97	1 918,48	2 158,29	I	23 981	626,41	1 777,60	1 999,80	416,73	1 636,64	1 841,22	207,17	1 495,76	1 682,73	–	1 354,80	1 524,15	–	1 213,92	1 365,66	–	1 076,–	1 210,50
	II	23 180	740,65	1 854,40	2 086,20	II	23 180	530,97	1 713,44	1 927,62	321,41	1 572,56	1 769,13	111,74	1 431,60	1 610,55	–	1 290,72	1 452,06	–	1 150,40	1 294,20	–	1 015,20	1 142,10
	III	16 272	–	1 301,76	1 464,48	III	16 272	–	1 188,16	1 336,68	–	1 077,60	1 212,30	–	969,92	1 091,16	–	865,28	973,44	–	763,52	858,96	–	664,64	747,72
	V	29 615	1 506,42	2 369,20	2 665,35	IV	23 981	731,13	1 848,–	2 079,–	626,41	1 777,60	1 999,80	521,57	1 707,12	1 920,51	416,73	1 636,64	1 841,22	311,89	1 566,16	1 761,93	207,17	1 495,76	1 682,73
	VI	30 050	1 558,18	2 404,–	2 704,50																				
91 871,99 Ost	I,IV	24 139	854,77	1 931,12	2 172,51	I	24 139	645,09	1 790,16	2 013,93	435,54	1 649,28	1 855,44	225,86	1 508,32	1 696,86	16,30	1 367,44	1 538,37	–	1 226,48	1 379,79	–	1 088,08	1 224,09
	II	23 337	759,33	1 866,96	2 100,33	II	23 337	549,78	1 726,08	1 941,84	340,10	1 585,12	1 783,26	130,54	1 444,24	1 624,77	–	1 303,28	1 466,19	–	1 162,80	1 308,15	–	1 027,04	1 155,42
	III	16 400	–	1 312,–	1 476,–	III	16 400	–	1 198,24	1 348,02	–	1 087,36	1 223,28	–	979,52	1 101,96	–	874,56	983,88	–	772,48	869,04	–	673,44	757,62
	V	29 772	1 525,10	2 381,76	2 679,48	IV	24 139	749,93	1 860,64	2 093,22	645,09	1 790,16	2 013,93	540,26	1 719,68	1 934,64	435,54	1 649,28	1 855,44	330,70	1 578,80	1 776,15	225,86	1 508,32	1 696,86
	VI	30 208	1 576,98	2 416,64	2 718,72																				
91 907,99 West	I,IV	23 996	837,76	1 919,68	2 159,64	I	23 996	628,20	1 778,80	2 001,15	418,52	1 637,84	1 842,57	208,96	1 496,96	1 684,08	–	1 356,–	1 525,50	–	1 215,12	1 367,01	–	1 077,12	1 211,76
	II	23 195	742,44	1 855,60	2 087,55	II	23 195	532,76	1 714,64	1 928,97	323,20	1 573,76	1 770,48	113,52	1 432,80	1 611,90	–	1 291,92	1 453,41	–	1 151,60	1 295,55	–	1 016,32	1 143,36
	III	16 284	–	1 302,72	1 465,56	III	16 284	–	1 189,12	1 337,76	–	1 078,56	1 213,38	–	970,88	1 092,24	–	866,08	974,34	–	764,32	859,86	–	665,44	748,62
	V	29 630	1 508,20	2 370,40	2 666,70	IV	23 996	733,04	1 849,28	2 080,44	628,20	1 778,80	2 001,15	523,36	1 708,32	1 921,86	418,52	1 637,84	1 842,57	313,80	1 567,44	1 763,37	208,96	1 496,96	1 684,08
	VI	30 065	1 559,97	2 405,20	2 705,85																				
91 907,99 Ost	I,IV	24 154	856,56	1 932,32	2 173,86	I	24 154	646,88	1 791,36	2 015,28	437,32	1 650,48	1 856,79	227,64	1 509,52	1 698,21	18,08	1 368,64	1 539,72	–	1 227,68	1 381,14	–	1 089,20	1 225,35
	II	23 352	761,12	1 868,16	2 101,68	II	23 352	551,56	1 727,28	1 943,19	341,88	1 586,32	1 784,61	132,32	1 445,44	1 626,12	–	1 304,48	1 467,54	–	1 164,–	1 309,50	–	1 028,16	1 156,68
	III	16 414	–	1 313,12	1 477,26	III	16 414	–	1 199,20	1 349,10	–	1 088,32	1 224,36	–	980,48	1 103,04	–	875,36	984,78	–	773,28	869,94	–	674,24	758,52
	V	29 788	1 527,–	2 383,04	2 680,92	IV	24 154	751,72	1 861,84	2 094,57	646,88	1 791,36	2 015,28	542,16	1 720,96	1 936,08	437,32	1 650,48	1 856,79	332,48	1 580,–	1 777,50	227,64	1 509,52	1 698,21
	VI	30 223	1 578,77	2 417,84	2 720,07																				
91 943,99 West	I,IV	24 011	839,54	1 920,88	2 160,99	I	24 011	629,98	1 780,–	2 002,50	420,30	1 639,04	1 843,92	210,74	1 498,16	1 685,43	1,07	1 357,20	1 526,85	–	1 216,32	1 368,36	–	1 078,32	1 213,11
	II	23 210	744,22	1 856,80	2 088,90	II	23 210	534,66	1 715,92	1 930,41	324,98	1 574,96	1 771,83	115,43	1 434,08	1 613,34	–	1 293,12	1 454,76	–	1 152,80	1 296,90	–	1 017,44	1 144,62
	III	16 296	–	1 303,68	1 466,64	III	16 296	–	1 190,08	1 338,84	–	1 079,52	1 214,46	–	971,84	1 093,32	–	867,04	975,42	–	765,28	860,94	–	666,24	749,52
	V	29 645	1 509,99	2 371,60	2 668,05	IV	24 011	734,82	1 850,48	2 081,79	629,98	1 780,–	2 002,50	525,14	1 709,52	1 923,21	420,30	1 639,04	1 843,92	315,58	1 568,64	1 764,72	210,74	1 498,16	1 685,43
	VI	30 080	1 561,75	2 406,40	2 707,20																				
91 943,99 Ost	I,IV	24 169	858,34	1 933,52	2 175,21	I	24 169	648,66	1 792,56	2 016,63	439,11	1 651,68	1 858,14	229,43	1 510,72	1 699,56	19,87	1 369,84	1 541,07	–	1 228,88	1 382,49	–	1 090,40	1 226,70
	II	23 368	763,02	1 869,44	2 103,12	II	23 368	553,35	1 728,48	1 944,54	343,79	1 587,60	1 786,05	134,11	1 446,64	1 627,47	–	1 305,76	1 468,98	–	1 165,20	1 310,85	–	1 029,28	1 157,94
	III	16 426	–	1 314,08	1 478,34	III	16 426	–	1 200,16	1 350,18	–	1 089,28	1 225,44	–	981,28	1 103,94	–	876,32	985,86	–	774,24	871,02	–	675,04	759,42
	V	29 803	1 528,79	2 384,24	2 682,27	IV	24 169	753,50	1 863,04	2 095,92	648,66	1 792,56	2 016,63	543,94	1 722,16	1 937,43	439,11	1 651,68	1 858,14	334,27	1 581,20	1 778,85	229,43	1 510,72	1 699,56
	VI	30 238	1 580,55	2 419,04	2 721,42																				
91 979,99 West	I,IV	24 026	841,33	1 922,08	2 162,34	I	24 026	631,77	1 781,20	2 003,85	422,21	1 640,32	1 845,36	212,53	1 499,36	1 686,78	2,97	1 358,48	1 528,29	–	1 217,52	1 369,71	–	1 079,44	1 214,37
	II	23 225	746,01	1 858,–	2 090,25	II	23 225	536,45	1 717,12	1 931,76	326,77	1 576,16	1 773,18	117,21	1 435,28	1 614,69	–	1 294,32	1 456,11	–	1 154,–	1 298,25	–	1 018,56	1 145,88
	III	16 308	–	1 304,64	1 467,72	III	16 308	–	1 191,04	1 339,92	–	1 080,48	1 215,54	–	972,64	1 094,22	–	867,84	976,32	–	766,08	861,84	–	667,20	750,60
	V	29 660	1 511,77	2 372,80	2 669,40	IV	24 026	736,61	1 851,68	2 083,14	631,77	1 781,20	2 003,85	526,93	1 710,72	1 924,56	422,21	1 640,32	1 845,36	317,37	1 569,84	1 766,07	212,53	1 499,36	1 686,78
	VI	30 095	1 563,54	2 407,60	2 708,55																				
91 979,99 Ost	I,IV	24 184	860,13	1 934,72	2 176,56	I	24 184	650,57	1 793,84	2 018,07	440,89	1 652,88	1 859,49	231,33	1 512,–	1 701,–	21,65	1 371,04	1 542,42	–	1 230,16	1 383,93	–	1 091,52	1 227,96
	II	23 383	764,81	1 870,64	2 104,47	II	23 383	555,13	1 729,68	1 945,89	345,57	1 588,80	1 787,40	135,89	1 447,84	1 628,82	–	1 306,96	1 470,33	–	1 166,40	1 312,20	–	1 030,48	1 159,29
	III	16 438	–	1 315,04	1 479,42	III	16 438	–	1 201,12	1 351,26	–	1 090,24	1 226,52	–	982,24	1 105,02	–	877,12	986,76	–	775,04	871,92	–	675,84	760,32
	V	29 818	1 530,57	2 385,44	2 683,62	IV	24 184	755,29	1 864,24	2 097,27	650,57	1 793,84	2 018,07	545,73	1 723,36	1 938,78	440,89	1 652,88	1 859,49	336,05	1 582,40	1 780,20	231,33	1 512,–	1 701,–
	VI	30 253	1 582,34	2 420,24	2 722,77																				
92 015,99 West	I,IV	24 042	843,23	1 923,36	2 163,78	I	24 042	633,55	1 782,40	2 005,20	423,99	1 641,52	1 846,71	214,31	1 500,56	1 688,13	4,76	1 359,68	1 529,64	–	1 218,72	1 371,06	–	1 080,64	1 215,72
	II	23 240	747,79	1 859,20	2 091,60	II	23 240	538,23	1 718,32	1 933,11	328,55	1 577,36	1 774,53	119,–	1 436,48	1 616,04	–	1 295,52	1 457,46	–	1 155,20	1 299,60	–	1 019,68	1 147,14
	III	16 322	–	1 305,76	1 468,98	III	16 322	–	1 192,–	1 341,–	–	1 081,44	1 216,62	–	973,60	1 095,30	–	868,80	977,40	–	766,88	862,74	–	668,–	751,50
	V	29 675	1 513,56	2 374,–	2 670,75	IV	24 042	738,39	1 852,88	2 084,49	633,55	1 782,40	2 005,20	528,71	1 711,92	1 925,91	423,99	1 641,52	1 846,71	319,15	1 571,04	1 767,42	214,31	1 500,56	1 688,13
	VI	30 111	1 565,44	2 408,88	2 709,99																				
92 015,99 Ost	I,IV	24 199	861,91	1 935,92	2 177,91	I	24 199	652,35	1 795,04	2 019,42	442,68	1 654,08	1 860,84	233,12	1 513,20	1 702,35	23,44	1 372,24	1 543,77	–	1 231,36	1 385,28	–	1 092,72	1 229,31
	II	23 398	766,59	1 871,84	2 105,82	II	23 398	556,92	1 730,88	1 947,24	347,36	1 590,–	1 788,75	137,68	1 449,04	1 630,17	–	1 308,16	1 471,68	–	1 167,60	1 313,55	–	1 031,60	1 160,55
	III	16 450	–	1 316,–	1 480,50	III	16 450	–	1 202,08	1 352,34	–	1 091,20	1 227,60	–	983,20	1 106,10	–	878,08	987,84	–	776,–	873,–	–	676,80	761,40
	V	29 833	1 532,36	2 386,64	2 684,97	IV	24 199	757,07	1 865,44	2 098,62	652,35	1 795,04	2 019,42	547,51	1 724,56	1 940,13	442,68	1 654,08	1 860,84	337,84	1 583,60	1 781,55	233,12	1 513,20	1 702,35
	VI	30 268	1 584,12	2 421,44	2 724,12																				

* Die ausgewiesenen Tabellenwerte sind amtlich. Siehe Erläuterungen auf der Umschlaginnenseite (U2).

Abzüge an Lohnsteuer, Solidaritätszuschlag (SolZ) und Kirchensteuer (8%, 9%) in den Steuerklassen

Lohn/ Gehalt	I – VI		ohne Kinderfreibeträge			I, II, III, IV		mit Zahl der Kinderfreibeträge . . .																	
								0,5			1			1,5			2			2,5			3		
bis €*		LSt	SolZ	8%	9%		LSt	SolZ	8%	9%	SolZ	8%	9%	SolZ	8%	9%	SolZ	8%	9%	SolZ	8%	9%	SolZ	8%	9%
92 051,99 West	I,IV	24 057	845,01	1 924,56	2 165,13	I	24 057	635,34	1 783,60	2 006,55	425,78	1 642,72	1 848,06	216,10	1 501,76	1 689,48	6,54	1 360,88	1 530,99	–	1 219,92	1 372,41	–	1 081,76	1 216,98
	II	23 255	749,58	1 860,40	2 092,95	II	23 255	540,02	1 719,52	1 934,46	330,34	1 578,56	1 775,88	120,78	1 437,68	1 617,39	–	1 296,72	1 458,81	–	1 156,32	1 300,86	–	1 020,88	1 148,49
	III	16 334	–	1 306,72	1 470,06	III	16 334	–	1 192,96	1 342,08	–	1 082,24	1 217,52	–	974,56	1 096,38	–	869,76	978,48	–	767,84	863,82	–	668,80	752,40
	V	29 691	1 515,46	2 375,28	2 672,19	IV	24 057	740,18	1 854,08	2 085,84	635,34	1 783,60	2 006,55	530,62	1 713,20	1 927,35	425,78	1 642,72	1 848,06	320,94	1 572,24	1 768,77	216,10	1 501,76	1 689,48
	VI	30 126	1 567,23	2 410,08	2 711,34																				
92 051,99 Ost	I,IV	24 214	863,70	1 937,12	2 179,26	I	24 214	654,14	1 796,24	2 020,77	444,46	1 655,28	1 862,19	234,90	1 514,40	1 703,70	25,22	1 373,44	1 545,12	–	1 232,56	1 386,63	–	1 093,92	1 230,66
	II	23 413	768,38	1 873,04	2 107,17	II	23 413	558,70	1 732,08	1 948,59	349,14	1 591,20	1 790,10	139,46	1 450,24	1 631,52	–	1 309,36	1 473,03	–	1 168,80	1 314,90	–	1 032,72	1 161,81
	III	16 462	–	1 316,96	1 481,58	III	16 462	–	1 203,04	1 353,42	–	1 092,16	1 228,68	–	984,–	1 107,–	–	879,04	988,92	–	776,80	873,90	–	677,60	762,30
	V	29 848	1 534,14	2 387,84	2 686,32	IV	24 214	758,86	1 866,64	2 099,97	654,14	1 796,24	2 020,77	549,30	1 725,76	1 941,48	444,46	1 655,28	1 862,19	339,74	1 584,88	1 782,99	234,90	1 514,40	1 703,70
	VI	30 283	1 585,91	2 422,64	2 725,47																				
92 087,99 West	I,IV	24 072	846,80	1 925,76	2 166,48	I	24 072	637,12	1 784,80	2 007,90	427,56	1 643,92	1 849,41	217,88	1 502,96	1 690,83	8,33	1 362,08	1 532,34	–	1 221,12	1 373,76	–	1 082,96	1 218,33
	II	23 270	751,36	1 861,60	2 094,30	II	23 270	541,80	1 720,72	1 935,81	332,24	1 579,84	1 777,32	122,57	1 438,88	1 618,74	–	1 298,–	1 460,25	–	1 157,52	1 302,21	–	1 022,–	1 149,75
	III	16 346	–	1 307,68	1 471,14	III	16 346	–	1 193,92	1 343,16	–	1 083,20	1 218,60	–	975,52	1 097,46	–	870,56	979,38	–	768,64	864,72	–	669,60	753,30
	V	29 706	1 517,25	2 376,48	2 673,54	IV	24 072	741,96	1 855,28	2 087,19	637,12	1 784,80	2 007,90	532,40	1 714,40	1 928,70	427,56	1 643,92	1 849,41	322,72	1 573,44	1 770,12	217,88	1 502,96	1 690,83
	VI	30 141	1 569,01	2 411,28	2 712,69																				
92 087,99 Ost	I,IV	24 229	865,48	1 938,32	2 180,61	I	24 229	655,92	1 797,44	2 022,12	446,25	1 656,48	1 863,54	236,69	1 515,60	1 705,05	27,01	1 374,64	1 546,47	–	1 233,76	1 387,98	–	1 095,04	1 231,92
	II	23 428	770,16	1 874,24	2 108,52	II	23 428	560,60	1 733,36	1 950,03	350,93	1 592,40	1 791,45	141,37	1 451,52	1 632,96	–	1 310,56	1 474,38	–	1 169,92	1 316,16	–	1 033,84	1 163,07
	III	16 476	–	1 318,08	1 482,84	III	16 476	–	1 204,–	1 354,50	–	1 093,12	1 229,76	–	984,96	1 108,08	–	879,84	989,82	–	777,60	874,80	–	678,40	763,20
	V	29 863	1 535,93	2 389,04	2 687,67	IV	24 229	760,76	1 867,92	2 101,41	655,92	1 797,44	2 022,12	551,08	1 726,96	1 942,83	446,25	1 656,48	1 863,54	341,53	1 586,08	1 784,34	236,69	1 515,60	1 705,05
	VI	30 298	1 587,69	2 423,84	2 726,82																				
92 123,99 West	I,IV	24 087	848,58	1 926,96	2 167,83	I	24 087	638,91	1 786,–	2 009,25	429,35	1 645,12	1 850,76	219,79	1 504,24	1 692,27	10,11	1 363,28	1 533,69	–	1 222,40	1 375,20	–	1 084,08	1 219,59
	II	23 286	753,27	1 862,88	2 095,74	II	23 286	543,59	1 721,92	1 937,16	334,03	1 581,04	1 778,67	124,35	1 440,08	1 620,09	–	1 299,20	1 461,60	–	1 158,72	1 303,56	–	1 023,12	1 151,01
	III	16 358	–	1 308,64	1 472,22	III	16 358	–	1 195,04	1 344,42	–	1 084,16	1 219,68	–	976,32	1 098,36	–	871,52	980,46	–	769,44	865,62	–	670,56	754,38
	V	29 721	1 519,03	2 377,68	2 674,89	IV	24 087	743,75	1 856,48	2 088,54	638,91	1 786,–	2 009,25	534,19	1 715,60	1 930,05	429,35	1 645,12	1 850,76	324,51	1 574,64	1 771,47	219,79	1 504,24	1 692,27
	VI	30 156	1 570,80	2 412,48	2 714,04																				
92 123,99 Ost	I,IV	24 244	867,27	1 939,52	2 181,96	I	24 244	657,71	1 798,64	2 023,47	448,15	1 657,76	1 864,98	238,47	1 516,80	1 706,40	28,91	1 375,92	1 547,91	–	1 234,96	1 389,33	–	1 096,24	1 233,27
	II	23 443	771,95	1 875,44	2 109,87	II	23 443	562,39	1 734,56	1 951,38	352,71	1 593,60	1 792,80	143,15	1 452,72	1 634,31	–	1 311,76	1 475,73	–	1 171,12	1 317,51	–	1 035,04	1 164,42
	III	16 488	–	1 319,04	1 483,92	III	16 488	–	1 204,96	1 355,58	–	1 094,08	1 230,84	–	985,92	1 109,16	–	880,80	990,90	–	778,56	875,88	–	679,20	764,10
	V	29 878	1 537,71	2 390,24	2 689,02	IV	24 244	762,55	1 869,12	2 102,76	657,71	1 798,64	2 023,47	552,87	1 728,16	1 944,18	448,15	1 657,76	1 864,98	343,31	1 587,28	1 785,69	238,47	1 516,80	1 706,40
	VI	30 313	1 589,48	2 425,04	2 728,17																				
92 159,99 West	I,IV	24 102	850,37	1 928,16	2 169,18	I	24 102	640,81	1 787,28	2 010,69	431,13	1 646,32	1 852,11	221,57	1 505,44	1 693,62	11,90	1 364,48	1 535,04	–	1 223,60	1 376,55	–	1 085,28	1 220,94
	II	23 301	755,05	1 864,08	2 097,09	II	23 301	545,37	1 723,12	1 938,51	335,81	1 582,24	1 780,02	126,14	1 441,28	1 621,44	–	1 300,40	1 462,95	–	1 159,92	1 304,91	–	1 024,24	1 152,27
	III	16 370	–	1 309,60	1 473,30	III	16 370	–	1 196,–	1 345,50	–	1 085,12	1 220,76	–	977,28	1 099,44	–	872,32	981,36	–	770,40	866,70	–	671,36	755,28
	V	29 736	1 520,82	2 378,88	2 676,24	IV	24 102	745,53	1 857,68	2 089,89	640,81	1 787,28	2 010,69	535,97	1 716,80	1 931,40	431,13	1 646,32	1 852,11	326,29	1 575,84	1 772,82	221,57	1 505,44	1 693,62
	VI	30 171	1 572,58	2 413,68	2 715,39																				
92 159,99 Ost	I,IV	24 260	869,17	1 940,80	2 183,40	I	24 260	659,49	1 799,84	2 024,82	449,93	1 658,96	1 866,33	240,26	1 518,–	1 707,75	30,70	1 377,12	1 549,26	–	1 236,16	1 390,68	–	1 097,36	1 234,53
	II	23 458	773,73	1 876,64	2 111,22	II	23 458	564,17	1 735,76	1 952,73	354,50	1 594,80	1 794,15	144,94	1 453,92	1 635,66	–	1 312,96	1 477,08	–	1 172,32	1 318,86	–	1 036,16	1 165,68
	III	16 500	–	1 320,–	1 485,–	III	16 500	–	1 206,08	1 356,84	–	1 094,88	1 231,74	–	986,88	1 110,24	–	881,60	991,80	–	779,36	876,78	–	680,16	765,18
	V	29 893	1 539,50	2 391,44	2 690,37	IV	24 260	764,33	1 870,32	2 104,11	659,49	1 799,84	2 024,82	554,65	1 729,36	1 945,53	449,93	1 658,96	1 866,33	345,10	1 588,48	1 787,04	240,26	1 518,–	1 707,75
	VI	30 329	1 591,38	2 426,32	2 729,61																				
92 195,99 West	I,IV	24 117	852,15	1 929,36	2 170,53	I	24 117	642,60	1 788,48	2 012,04	432,92	1 647,52	1 853,46	223,36	1 506,64	1 694,97	13,68	1 365,68	1 536,39	–	1 224,80	1 377,90	–	1 086,40	1 222,20
	II	23 316	756,84	1 865,28	2 098,44	II	23 316	547,16	1 724,32	1 939,86	337,60	1 583,44	1 781,37	127,92	1 442,48	1 622,79	–	1 301,60	1 464,30	–	1 161,12	1 306,26	–	1 025,44	1 153,62
	III	16 384	–	1 310,72	1 474,56	III	16 384	–	1 196,96	1 346,58	–	1 086,08	1 221,84	–	978,24	1 100,52	–	873,28	982,44	–	771,20	867,60	–	672,16	756,18
	V	29 751	1 522,60	2 380,08	2 677,59	IV	24 117	747,32	1 858,88	2 091,24	642,60	1 788,48	2 012,04	537,76	1 718,–	1 932,75	432,92	1 647,52	1 853,46	328,20	1 577,12	1 774,26	223,36	1 506,64	1 694,97
	VI	30 186	1 574,37	2 414,88	2 716,74																				
92 195,99 Ost	I,IV	24 275	870,96	1 942,–	2 184,75	I	24 275	661,28	1 801,04	2 026,17	451,72	1 660,16	1 867,68	242,04	1 519,20	1 709,10	32,48	1 378,32	1 550,61	–	1 237,36	1 392,03	–	1 098,56	1 235,88
	II	23 473	775,52	1 877,84	2 112,57	II	23 473	565,96	1 736,96	1 954,08	356,28	1 596,–	1 795,50	146,72	1 455,12	1 637,01	–	1 314,16	1 478,43	–	1 173,52	1 320,21	–	1 037,28	1 166,94
	III	16 512	–	1 320,96	1 486,08	III	16 512	–	1 207,04	1 357,92	–	1 095,84	1 232,82	–	987,68	1 111,14	–	882,56	992,88	–	780,32	877,86	–	680,96	766,08
	V	29 909	1 541,40	2 392,72	2 691,81	IV	24 275	766,12	1 871,52	2 105,46	661,28	1 801,04	2 026,17	556,44	1 730,56	1 946,88	451,72	1 660,16	1 867,68	346,88	1 589,68	1 788,39	242,04	1 519,20	1 709,10
	VI	30 344	1 593,17	2 427,52	2 730,96																				
92 231,99 West	I,IV	24 132	853,94	1 930,56	2 171,88	I	24 132	644,38	1 789,68	2 013,39	434,70	1 648,72	1 854,81	225,14	1 507,84	1 696,32	15,47	1 366,88	1 537,74	–	1 226,–	1 379,25	–	1 087,60	1 223,55
	II	23 331	758,62	1 866,48	2 099,79	II	23 331	548,94	1 725,52	1 941,21	339,38	1 584,64	1 782,72	129,82	1 443,76	1 624,23	–	1 302,80	1 465,65	–	1 162,32	1 307,61	–	1 026,56	1 154,88
	III	16 396	–	1 311,68	1 475,64	III	16 396	–	1 197,92	1 347,66	–	1 087,04	1 222,92	–	979,04	1 101,42	–	874,08	983,34	–	772,16	868,68	–	672,96	757,08
	V	29 766	1 524,39	2 381,28	2 678,94	IV	24 132	749,22	1 860,16	2 092,68	644,38	1 789,68	2 013,39	539,54	1 719,20	1 934,10	434,70	1 648,72	1 854,81	329,98	1 578,32	1 775,61	225,14	1 507,84	1 696,32
	VI	30 201	1 576,15	2 416,08	2 718,09																				
92 231,99 Ost	I,IV	24 290	872,74	1 943,20	2 186,10	I	24 290	663,06	1 802,24	2 027,52	453,50	1 661,36	1 869,03	243,83	1 520,40	1 710,45	34,27	1 379,52	1 551,96	–	1 238,56	1 393,38	–	1 099,68	1 237,14
	II	23 488	777,30	1 879,04	2 113,92	II	23 488	567,74	1 738,16	1 955,43	358,19	1 597,28	1 796,94	148,51	1 456,32	1 638,36	–	1 315,44	1 479,87	–	1 174,72	1 321,56	–	1 038,48	1 168,29
	III	16 524	–	1 321,92	1 487,16	III	16 524	–	1 208,–	1 359,–	–	1 096,80	1 233,90	–	988,64	1 112,22	–	883,36	993,78	–	781,12	878,76	–	681,76	766,98
	V	29 924	1 543,19	2 393,92	2 693,16	IV	24 290	767,90	1 872,72	2 106,81	663,06	1 802,24	2 027,52	558,34	1 731,84	1 948,32	453,50	1 661,36	1 869,03	348,67	1 590,88	1 789,74	243,83	1 520,40	1 710,45
	VI	30 359	1 594,95	2 428,72	2 732,31																				
92 267,99 West	I,IV	24 147	855,72	1 931,76	2 173,23	I	24 147	646,17	1 790,88	2 014,74	436,49	1 649,92	1 856,16	226,93	1 509,04	1 697,67	17,37	1 368,16	1 539,18	–	1 227,20	1 380,60	–	1 088,72	1 224,81
	II	23 346	760,41	1 867,68	2 101,14	II	23 346	550,85	1 726,80	1 942,65	341,17	1 585,84	1 784,07	131,61	1 444,96	1 625,58	–	1 304,–	1 467,–	–	1 163,52	1 308,96	–	1 027,68	1 156,14
	III	16 408	–	1 312,64	1 476,72	III	16 408	–	1 198,88	1 348,74	–	1 088,–	1 224,–	–	980,–	1 102,50	–	875,04	984,42	–	772,96	869,58	–	673,92	758,16
	V	29 781	1 526,17	2 382,48	2 680,29	IV	24 147	751,–	1 861,36	2 094,03	646,17	1 790,88	2 014,74	541,33	1 720,40	1 935,45	436,49	1 649,92	1 856,16	331,77	1 579,52	1 776,96	226,93	1 509,04	1 697,67
	VI	30 216	1 577,94	2 417,28	2 719,44																				
92 267,99 Ost	I,IV	24 305	874,53	1 944,40	2 187,45	I	24 305	664,85	1 803,44	2 028,87	455,29	1 662,56	1 870,38	245,73	1 521,68	1 711,89	36,05	1 380,72	1 553,31	–	1 239,84	1 394,82	–	1 100,88	1 238,49
	II	23 504	779,21	1 880,32	2 115,36	II	23 504	569,53	1 739,36	1 956,78	359,97	1 598,48	1 798,29	150,29	1 457,52	1 639,71	–	1 316,64	1 481,22	–	1 175,92	1 322,91	–	1 039,60	1 169,55
	III	16 538	–	1 323,04	1 488,42	III	16 538	–	1 208,96	1 360,08	–	1 097,76	1 234,98	–	989,60	1 113,30	–	884,32	994,86	–	781,92	879,66	–	682,56	767,88
	V	29 939	1 544,97	2 395,12	2 694,51	IV	24 305	769,69	1 873,92	2 108,16	664,85	1 803,44	2 028,87	560,13	1 733,04	1 949,67	455,29	1 662,56	1 870,38	350,45	1 592,08	1 791,09	245,73	1 521,68	1 711,89
	VI	30 374	1 596,74	2 429,92	2 733,66																				
92 303,99 West	I,IV	24 163	857,63	1 933,04	2 174,67	I	24 163	647,95	1 792,08	2 016,09	438,39	1 651,20	1 857,60	228,71	1 510,24	1 699,02	19,15	1 369,36	1 540,53	–	1 228,40	1 381,95	–	1 089,92	1 226,16
	II	23 361	762,19	1 868,88	2 102,49	II	23 361	552,63	1 728,–	1 944,–	342,95	1 587,04	1 785,42	133,39	1 446,16	1 626,93	–	1 305,20	1 468,35	–	1 164,72	1 310,31	–	1 028,80	1 157,40
	III	16 420	–	1 313,60	1 477,80	III	16 420	–	1 199,84	1 349,82	–	1 088,96	1 225,08	–	980,96	1 103,58	–	875,84	985,32	–	773,76	870,48	–	674,72	759,06
	V	29 796	1 527,96	2 383,68	2 681,64	IV	24 163	752,79	1 862,56	2 095,38	647,95	1 792,08	2 016,09	543,11	1 721,60	1 936,80	438,39	1 651,20	1 857,60	333,55	1 580,72	1 778,31	228,71	1 510,24	1 699,02
	VI	30 232	1 579,84	2 418,56	2 720,88																				
92 303,99 Ost	I,IV	24 320	876,31	1 945,60	2 188,80	I	24 320	666,75	1 804,72	2 030,31	457,07	1 663,76	1 871,73	247,52	1 522,88	1 713,24	37,84	1 381,92	1 554,66	–	1 241,04	1 396,17	–	1 102,08	1 239,84
	II	23 519	780,99	1 881,52	2 116,71	II	23 519	571,31	1 740,56	1 958,13	361,76	1 599,68	1 799,64	152,08	1 458,72	1 641,06	–	1 317,84	1 482,57	–	1 177,12	1 324,26	–	1 040,72	1 170,81
	III	16 550	–	1 324,–	1 489,50	III	16 550	–	1 209,92	1 361,16	–	1 098,72	1 236,06	–	990,56	1 114,38	–	885,28	995,94	–	782,88	880,74	–	683,52	768,96
	V	29 954	1 546,76	2 396,32	2 695,86	IV	24 320	771,47	1 875,12	2 109,51	666,75	1 804,72	2 030,31	561,91	1 734,24	1 951,02	457,07	1 663,76	1 871,73	352,24	1 593,28	1 792,44	247,52	1 522,88	1 713,24
	VI	30 389	1 598,52	2 431,12	2 735,01																				

* Die ausgewiesenen Tabellenwerte sind amtlich. Siehe Erläuterungen auf der Umschlaginnenseite (U2).

Lohn/ Gehalt bis €*	Abzüge an Lohnsteuer, Solidaritätszuschlag (SolZ) und Kirchensteuer (8%, 9%) in den Steuerklassen I – VI		ohne Kinderfreibeträge			I, II, III, IV		mit Zahl der Kinderfreibeträge . . . 0,5			1			1,5			2			2,5			3		
		LSt	SolZ	8%	9%		LSt	SolZ	8%	9%	SolZ	8%	9%	SolZ	8%	9%	SolZ	8%	9%	SolZ	8%	9%	SolZ	8%	9%
92 339,99 West	I,IV	24 178	859,41	1 934,24	2 176,02	I	24 178	649,74	1 793,28	2 017,44	440,18	1 652,40	1 858,95	230,50	1 511,44	1 700,37	20,94	1 370,56	1 541,88	—	1 229,60	1 383,30	—	1 091,04	1 227,42
	II	23 376	763,98	1 870,08	2 103,84	II	23 376	554,42	1 729,20	1 945,35	344,74	1 588,24	1 786,77	135,18	1 447,36	1 628,28	—	1 306,40	1 469,70	—	1 165,84	1 311,57	—	1 030,—	1 158,75
	III	16 432	—	1 314,56	1 478,88	III	16 432	—	1 200,80	1 350,90	—	1 089,76	1 225,98	—	981,76	1 104,48	—	876,80	986,40	—	774,72	871,56	—	675,52	759,96
	V	29 812	1 529,86	2 384,96	2 683,08	IV	24 178	754,57	1 863,76	2 096,73	649,74	1 793,28	2 017,44	544,90	1 722,80	1 938,15	440,18	1 652,40	1 858,95	335,34	1 581,92	1 779,66	230,50	1 511,44	1 700,37
	VI	30 247	1 581,62	2 419,76	2 722,23																				
92 339,99 Ost	I,IV	24 335	878,10	1 946,80	2 190,15	I	24 335	668,54	1 805,92	2 031,66	458,86	1 664,96	1 873,08	249,30	1 524,08	1 714,59	39,62	1 383,12	1 556,01	—	1 242,24	1 397,52	—	1 103,20	1 241,10
	II	23 534	782,78	1 882,72	2 118,06	II	23 534	573,10	1 741,76	1 959,48	363,54	1 600,88	1 800,99	153,86	1 459,92	1 642,41	—	1 319,04	1 483,92	—	1 178,32	1 325,61	—	1 041,84	1 172,07
	III	16 562	—	1 324,96	1 490,58	III	16 562	—	1 210,88	1 362,24	—	1 099,68	1 237,14	—	991,36	1 115,28	—	886,08	996,84	—	783,68	881,64	—	684,32	769,86
	V	29 969	1 548,54	2 397,52	2 697,21	IV	24 335	773,26	1 876,32	2 110,86	668,54	1 805,92	2 031,66	563,70	1 735,44	1 952,37	458,86	1 664,96	1 873,08	354,02	1 594,48	1 793,79	249,30	1 524,08	1 714,59
	VI	30 404	1 600,31	2 432,32	2 736,36																				
92 375,99 West	I,IV	24 193	861,20	1 935,44	2 177,37	I	24 193	651,52	1 794,48	2 018,79	441,96	1 653,60	1 860,30	232,28	1 512,64	1 701,72	22,72	1 371,76	1 543,23	—	1 230,80	1 384,65	—	1 092,24	1 228,77
	II	23 391	765,76	1 871,28	2 105,19	II	23 391	556,20	1 730,40	1 946,70	346,52	1 589,44	1 788,12	136,96	1 448,56	1 629,63	—	1 307,68	1 471,14	—	1 167,04	1 312,92	—	1 031,12	1 160,01
	III	16 444	—	1 315,52	1 479,96	III	16 444	—	1 201,76	1 351,98	—	1 090,72	1 227,06	—	982,72	1 105,56	—	877,76	987,48	—	775,52	872,46	—	676,32	760,86
	V	29 827	1 531,64	2 386,16	2 684,43	IV	24 193	756,36	1 864,96	2 098,08	651,52	1 794,48	2 018,79	546,80	1 724,08	1 939,59	441,96	1 653,60	1 860,30	337,12	1 583,12	1 781,01	232,28	1 512,64	1 701,72
	VI	30 262	1 583,41	2 420,96	2 723,58																				
92 375,99 Ost	I,IV	24 350	879,88	1 948,—	2 191,50	I	24 350	670,32	1 807,12	2 033,01	460,64	1 666,16	1 874,43	251,09	1 525,28	1 715,94	41,41	1 384,32	1 557,36	—	1 243,44	1 398,87	—	1 104,40	1 242,45
	II	23 549	784,56	1 883,92	2 119,41	II	23 549	574,88	1 742,96	1 960,83	365,33	1 602,08	1 802,34	155,77	1 461,20	1 643,85	—	1 320,24	1 485,27	—	1 179,52	1 326,96	—	1 043,04	1 173,42
	III	16 574	—	1 325,92	1 491,66	III	16 574	—	1 211,84	1 363,32	—	1 100,64	1 238,22	—	992,32	1 116,36	—	887,04	997,92	—	784,64	882,72	—	685,12	770,76
	V	29 984	1 550,33	2 398,72	2 698,56	IV	24 350	775,16	1 877,60	2 112,30	670,32	1 807,12	2 033,01	565,48	1 736,64	1 953,72	460,64	1 666,16	1 874,43	355,92	1 595,76	1 795,23	251,09	1 525,28	1 715,94
	VI	30 419	1 602,09	2 433,52	2 737,71																				
92 411,99 West	I,IV	24 208	862,98	1 936,64	2 178,72	I	24 208	653,31	1 795,68	2 020,14	443,75	1 654,80	1 861,65	234,07	1 513,84	1 703,07	24,51	1 372,96	1 544,58	—	1 232,08	1 386,09	—	1 093,36	1 230,03
	II	23 407	767,66	1 872,56	2 106,63	II	23 407	557,99	1 731,60	1 948,05	348,43	1 590,72	1 789,56	138,75	1 449,76	1 630,98	—	1 308,88	1 472,49	—	1 168,24	1 314,27	—	1 032,24	1 161,27
	III	16 458	—	1 316,64	1 481,22	III	16 458	—	1 202,72	1 353,06	—	1 091,68	1 228,14	—	983,68	1 106,64	—	878,56	988,38	—	776,48	873,54	—	677,28	761,94
	V	29 842	1 533,43	2 387,36	2 685,78	IV	24 208	758,14	1 866,16	2 099,43	653,31	1 795,68	2 020,14	548,59	1 725,28	1 940,94	443,75	1 654,80	1 861,65	338,91	1 584,32	1 782,36	234,07	1 513,84	1 703,07
	VI	30 277	1 585,19	2 422,16	2 724,93																				
92 411,99 Ost	I,IV	24 365	881,67	1 949,20	2 192,85	I	24 365	672,11	1 808,32	2 034,36	462,43	1 667,36	1 875,78	252,87	1 526,48	1 717,29	43,31	1 385,60	1 558,80	—	1 244,64	1 400,22	—	1 105,52	1 243,71
	II	23 564	786,35	1 885,12	2 120,76	II	23 564	576,79	1 744,24	1 962,27	367,11	1 603,28	1 803,69	157,55	1 462,40	1 645,20	—	1 321,44	1 486,62	—	1 180,72	1 328,31	—	1 044,16	1 174,68
	III	16 586	—	1 326,88	1 492,74	III	16 586	—	1 212,80	1 364,40	—	1 101,60	1 239,30	—	993,28	1 117,44	—	887,84	998,82	—	785,44	883,62	—	685,92	771,66
	V	29 999	1 552,11	2 399,92	2 699,91	IV	24 365	776,95	1 878,80	2 113,65	672,11	1 808,32	2 034,36	567,27	1 737,84	1 955,07	462,43	1 667,36	1 875,78	357,71	1 596,96	1 796,58	252,87	1 526,48	1 717,29
	VI	30 434	1 603,88	2 434,72	2 739,06																				
92 447,99 West	I,IV	24 223	864,77	1 937,84	2 180,07	I	24 223	655,21	1 796,96	2 021,58	445,53	1 656,—	1 863,—	235,97	1 515,12	1 704,51	26,29	1 374,16	1 545,93	—	1 233,28	1 387,44	—	1 094,56	1 231,38
	II	23 422	769,45	1 873,76	2 107,98	II	23 422	559,77	1 732,80	1 949,40	350,21	1 591,92	1 790,91	140,53	1 450,96	1 632,33	—	1 310,08	1 473,84	—	1 169,44	1 315,62	—	1 033,36	1 162,53
	III	16 470	—	1 317,60	1 482,30	III	16 470	—	1 203,68	1 354,14	—	1 092,64	1 229,22	—	984,64	1 107,72	—	879,52	989,46	—	777,28	874,44	—	678,08	762,84
	V	29 857	1 535,21	2 388,56	2 687,13	IV	24 223	759,93	1 867,36	2 100,78	655,21	1 796,96	2 021,58	550,37	1 726,48	1 942,29	445,53	1 656,—	1 863,—	340,69	1 585,52	1 783,71	235,97	1 515,12	1 704,51
	VI	30 292	1 586,98	2 423,36	2 726,28																				
92 447,99 Ost	I,IV	24 381	883,57	1 950,48	2 194,29	I	24 381	673,89	1 809,52	2 035,71	464,33	1 668,64	1 877,22	254,66	1 527,68	1 718,64	45,10	1 386,80	1 560,15	—	1 245,84	1 401,57	—	1 106,72	1 245,06
	II	23 579	788,13	1 886,32	2 122,11	II	23 579	578,57	1 745,44	1 963,62	368,90	1 604,48	1 805,04	159,34	1 463,60	1 646,55	—	1 322,64	1 487,97	—	1 181,92	1 329,66	—	1 045,28	1 175,94
	III	16 600	—	1 328,—	1 494,—	III	16 600	—	1 213,76	1 365,48	—	1 102,40	1 240,20	—	994,08	1 118,34	—	888,80	999,90	—	786,40	884,70	—	686,88	772,74
	V	30 014	1 553,90	2 401,12	2 701,26	IV	24 381	778,73	1 880,—	2 115,—	673,89	1 809,52	2 035,71	569,05	1 739,04	1 956,42	464,33	1 668,64	1 877,22	359,49	1 598,16	1 797,93	254,66	1 527,68	1 718,64
	VI	30 450	1 605,78	2 436,—	2 740,50																				
92 483,99 West	I,IV	24 238	866,55	1 939,04	2 181,42	I	24 238	656,99	1 798,16	2 022,93	447,32	1 657,20	1 864,35	237,76	1 516,32	1 705,86	28,08	1 375,36	1 547,28	—	1 234,48	1 388,79	—	1 095,76	1 232,73
	II	23 437	771,23	1 874,96	2 109,33	II	23 437	561,56	1 734,—	1 950,75	352,—	1 593,12	1 792,26	142,32	1 452,16	1 633,68	—	1 311,28	1 475,19	—	1 170,64	1 316,97	—	1 034,56	1 163,88
	III	16 482	—	1 318,56	1 483,38	III	16 482	—	1 204,64	1 355,22	—	1 093,60	1 230,30	—	985,44	1 108,62	—	880,32	990,36	—	778,08	875,34	—	678,88	763,74
	V	29 872	1 537,—	2 389,76	2 688,48	IV	24 238	761,71	1 868,56	2 102,13	656,99	1 798,16	2 022,93	552,16	1 727,68	1 943,64	447,32	1 657,20	1 864,35	342,48	1 586,72	1 785,06	237,76	1 516,32	1 705,86
	VI	30 307	1 588,76	2 424,56	2 727,63																				
92 483,99 Ost	I,IV	24 396	885,36	1 951,68	2 195,64	I	24 396	675,68	1 810,72	2 037,06	466,12	1 669,84	1 878,57	256,44	1 528,88	1 719,99	46,88	1 388,—	1 561,50	—	1 247,04	1 402,92	—	1 107,92	1 246,41
	II	23 594	789,92	1 887,52	2 123,46	II	23 594	580,36	1 746,64	1 964,97	370,68	1 605,68	1 806,39	161,12	1 464,80	1 647,90	—	1 323,84	1 489,32	—	1 183,12	1 331,01	—	1 046,48	1 177,29
	III	16 612	—	1 328,96	1 495,08	III	16 612	—	1 214,72	1 366,56	—	1 103,36	1 241,28	—	995,04	1 119,42	—	889,60	1 000,80	—	787,20	885,60	—	687,68	773,64
	V	30 030	1 555,80	2 402,40	2 702,70	IV	24 396	780,52	1 881,20	2 116,35	675,68	1 810,72	2 037,06	570,84	1 740,24	1 957,77	466,12	1 669,84	1 878,57	361,28	1 599,36	1 799,28	256,44	1 528,88	1 719,99
	VI	30 465	1 607,57	2 437,20	2 741,85																				
92 519,99 West	I,IV	24 253	868,34	1 940,24	2 182,77	I	24 253	658,78	1 799,36	2 024,28	449,10	1 658,40	1 865,70	239,54	1 517,52	1 707,21	29,86	1 376,56	1 548,63	—	1 235,68	1 390,14	—	1 096,88	1 233,99
	II	23 452	773,02	1 876,16	2 110,68	II	23 452	563,34	1 735,20	1 952,10	353,78	1 594,32	1 793,61	144,10	1 453,36	1 635,03	—	1 312,48	1 476,54	—	1 171,84	1 318,32	—	1 035,68	1 165,14
	III	16 494	—	1 319,52	1 484,46	III	16 494	—	1 205,60	1 356,30	—	1 094,56	1 231,38	—	986,40	1 109,70	—	881,28	991,44	—	779,04	876,42	—	679,68	764,64
	V	29 887	1 538,78	2 390,96	2 689,83	IV	24 253	763,62	1 869,84	2 103,57	658,78	1 799,36	2 024,28	553,94	1 728,88	1 944,99	449,10	1 658,40	1 865,70	344,38	1 588,—	1 786,50	239,54	1 517,52	1 707,21
	VI	30 322	1 590,55	2 425,76	2 728,98																				
92 519,99 Ost	I,IV	24 411	887,14	1 952,88	2 196,99	I	24 411	677,46	1 811,92	2 038,41	467,90	1 671,04	1 879,92	258,23	1 530,08	1 721,34	48,67	1 389,20	1 562,85	—	1 248,24	1 404,27	—	1 109,04	1 247,67
	II	23 609	791,70	1 888,72	2 124,81	II	23 609	582,14	1 747,84	1 966,32	372,47	1 606,88	1 807,74	162,91	1 466,—	1 649,25	—	1 325,12	1 490,76	—	1 184,32	1 332,36	—	1 047,60	1 178,55
	III	16 624	—	1 329,92	1 496,16	III	16 624	—	1 215,68	1 367,64	—	1 104,32	1 242,36	—	996,—	1 120,50	—	890,56	1 001,88	—	788,—	886,50	—	688,48	774,54
	V	30 045	1 557,59	2 403,60	2 704,05	IV	24 411	782,30	1 882,40	2 117,70	677,46	1 811,92	2 038,41	572,74	1 741,52	1 959,21	467,90	1 671,04	1 879,92	363,06	1 600,56	1 800,63	258,23	1 530,08	1 721,34
	VI	30 480	1 609,35	2 438,40	2 743,20																				
92 555,99 West	I,IV	24 268	870,12	1 941,44	2 184,12	I	24 268	660,56	1 800,56	2 025,63	450,89	1 659,60	1 867,05	241,33	1 518,72	1 708,56	31,65	1 377,76	1 549,98	—	1 236,88	1 391,49	—	1 098,08	1 235,34
	II	23 467	774,80	1 877,36	2 112,03	II	23 467	565,25	1 736,48	1 953,54	355,57	1 595,52	1 794,96	146,01	1 454,64	1 636,47	—	1 313,68	1 477,89	—	1 173,04	1 319,67	—	1 036,80	1 166,40
	III	16 506	—	1 320,48	1 485,54	III	16 506	—	1 206,56	1 357,38	—	1 095,52	1 232,46	—	987,36	1 110,78	—	882,08	992,34	—	779,84	877,32	—	680,48	765,54
	V	29 902	1 540,57	2 392,16	2 691,18	IV	24 268	765,40	1 871,04	2 104,92	660,56	1 800,56	2 025,63	555,73	1 730,08	1 946,34	450,89	1 659,60	1 867,05	346,17	1 589,20	1 787,85	241,33	1 518,72	1 708,56
	VI	30 337	1 592,33	2 426,96	2 730,33																				
92 555,99 Ost	I,IV	24 426	888,93	1 954,08	2 198,34	I	24 426	679,25	1 813,12	2 039,76	469,69	1 672,24	1 881,27	260,01	1 531,28	1 722,69	50,45	1 390,40	1 564,20	—	1 249,52	1 405,71	—	1 110,24	1 249,02
	II	23 625	793,61	1 890,—	2 126,25	II	23 625	583,93	1 749,04	1 967,67	374,37	1 608,16	1 809,18	164,69	1 467,20	1 650,60	—	1 326,32	1 492,11	—	1 185,52	1 333,71	—	1 048,80	1 179,90
	III	16 636	—	1 330,88	1 497,24	III	16 636	—	1 216,64	1 368,72	—	1 105,28	1 243,44	—	996,96	1 121,58	—	891,52	1 002,96	—	788,96	887,58	—	689,28	775,44
	V	30 060	1 559,37	2 404,80	2 705,40	IV	24 426	784,09	1 883,60	2 119,05	679,25	1 813,12	2 039,76	574,53	1 742,72	1 960,56	469,69	1 672,24	1 881,27	364,85	1 601,76	1 801,98	260,01	1 531,28	1 722,69
	VI	30 495	1 611,14	2 439,60	2 744,55																				
92 591,99 West	I,IV	24 284	872,03	1 942,72	2 185,56	I	24 284	662,35	1 801,76	2 026,98	452,79	1 660,88	1 868,49	243,11	1 519,92	1 709,91	33,55	1 379,04	1 551,42	—	1 238,08	1 392,84	—	1 099,20	1 236,60
	II	23 482	776,59	1 878,56	2 113,38	II	23 482	567,03	1 737,68	1 954,89	357,35	1 596,72	1 796,31	147,79	1 455,84	1 637,82	—	1 314,88	1 479,24	—	1 174,24	1 321,02	—	1 038,—	1 167,75
	III	16 520	—	1 321,60	1 486,80	III	16 520	—	1 207,52	1 358,46	—	1 096,48	1 233,54	—	988,32	1 111,86	—	883,04	993,42	—	780,80	878,40	—	681,44	766,62
	V	29 917	1 542,35	2 393,36	2 692,53	IV	24 284	767,19	1 872,24	2 106,27	662,35	1 801,76	2 026,98	557,51	1 731,28	1 947,69	452,79	1 660,88	1 868,49	347,95	1 590,40	1 789,20	243,11	1 519,92	1 709,91
	VI	30 353	1 594,24	2 428,24	2 731,77																				
92 591,99 Ost	I,IV	24 441	890,71	1 955,28	2 199,69	I	24 441	681,15	1 814,40	2 041,20	471,47	1 673,44	1 882,62	261,91	1 532,56	1 724,13	52,24	1 391,60	1 565,55	—	1 250,72	1 407,06	—	1 111,44	1 250,37
	II	23 640	795,39	1 891,20	2 127,60	II	23 640	585,71	1 750,24	1 969,02	376,15	1 609,36	1 810,53	166,48	1 468,40	1 651,95	—	1 327,52	1 493,46	—	1 186,72	1 335,06	—	1 049,92	1 181,16
	III	16 648	—	1 331,84	1 498,32	III	16 648	—	1 217,60	1 369,80	—	1 106,24	1 244,52	—	997,76	1 122,48	—	892,32	1 003,86	—	789,76	888,48	—	690,24	776,52
	V	30 075	1 561,16	2 406,—	2 706,75	IV	24 441	785,87	1 884,80	2 120,40	681,15	1 814,40	2 041,20	576,31	1 743,92	1 961,91	471,47	1 673,44	1 882,62	366,63	1 602,96	1 803,33	261,91	1 532,56	1 724,13
	VI	30 510	1 612,92	2 440,80	2 745,90																				

*** Die ausgewiesenen Tabellenwerte sind amtlich. Siehe Erläuterungen auf der Umschlaginnenseite (U2).**

92 592,–*

Abzüge an Lohnsteuer, Solidaritätszuschlag (SolZ) und Kirchensteuer (8%, 9%) in den Steuerklassen

Lohn/ Gehalt bis €*		I – VI	ohne Kinderfreibeträge			I, II, III, IV	mit Zahl der Kinderfreibeträge . . . 0,5			1			1,5			2			2,5			3		
		LSt	SolZ	8%	9%		LSt	SolZ	8%	9%	SolZ	8%	9%	SolZ	8%	9%	SolZ	8%	9%	SolZ	8%	9%	SolZ	8%	9%
92 627,99	I,IV	24 299	873,81	1 943,92	2 186,91	I	24 299	664,13	1 802,96	2 028,33	454,58	1 662,08	1 869,84	244,90	1 521,12	1 711,26	35,34	1 380,24	1 552,77	–	1 239,28	1 394,19	–	1 100,40	1 237,95
	II	23 497	778,37	1 879,76	2 114,73	II	23 497	568,82	1 738,88	1 956,24	359,14	1 597,92	1 797,66	149,58	1 457,04	1 639,17	–	1 316,08	1 480,59	–	1 175,44	1 322,37	–	1 039,12	1 169,01
	III	16 532	–	1 322,56	1 487,88	III	16 532	–	1 208,48	1 359,54	–	1 097,28	1 234,44	–	989,12	1 112,76	–	883,84	994,32	–	781,60	879,30	–	682,24	767,52
West	V	29 933	1 544,26	2 394,64	2 693,97	IV	24 299	768,97	1 873,44	2 107,62	664,13	1 802,96	2 028,33	559,30	1 732,48	1 949,04	454,58	1 662,08	1 869,84	349,74	1 591,60	1 790,55	244,90	1 521,12	1 711,26
	VI	30 368	1 596,02	2 429,44	2 733,12																				
92 627,99	I,IV	24 456	892,50	1 956,48	2 201,04	I	24 456	682,94	1 815,60	2 042,55	473,26	1 674,64	1 883,97	263,70	1 533,76	1 725,48	54,02	1 392,80	1 566,90	–	1 251,92	1 408,41	–	1 112,56	1 251,63
	II	23 655	797,18	1 892,40	2 128,95	II	23 655	587,50	1 751,44	1 970,37	377,94	1 610,56	1 811,88	168,26	1 469,60	1 653,30	–	1 328,72	1 494,81	–	1 187,92	1 336,41	–	1 051,04	1 182,42
	III	16 662	–	1 332,96	1 499,58	III	16 662	–	1 218,56	1 370,88	–	1 107,20	1 245,60	–	998,72	1 123,56	–	893,28	1 004,94	–	790,72	889,56	–	691,04	777,42
Ost	V	30 090	1 562,94	2 407,20	2 708,10	IV	24 456	787,66	1 886,–	2 121,75	682,94	1 815,60	2 042,55	578,10	1 745,12	1 963,26	473,26	1 674,64	1 883,97	368,42	1 604,16	1 804,68	263,70	1 533,76	1 725,48
	VI	30 525	1 614,71	2 442,–	2 747,25																				
92 663,99	I,IV	24 314	875,60	1 945,12	2 188,26	I	24 314	665,92	1 804,16	2 029,68	456,36	1 663,28	1 871,19	246,68	1 522,32	1 712,61	37,12	1 381,44	1 554,12	–	1 240,48	1 395,54	–	1 101,60	1 239,30
	II	23 512	780,16	1 880,96	2 116,08	II	23 512	570,60	1 740,08	1 957,59	360,92	1 599,12	1 799,01	151,36	1 458,24	1 640,52	–	1 317,28	1 481,94	–	1 176,64	1 323,72	–	1 040,24	1 170,27
	III	16 544	–	1 323,52	1 488,96	III	16 544	–	1 209,44	1 360,62	–	1 098,24	1 235,52	–	990,08	1 113,84	–	884,80	995,40	–	782,40	880,20	–	683,04	768,42
West	V	29 948	1 546,04	2 395,84	2 695,32	IV	24 314	770,76	1 874,64	2 108,97	665,92	1 804,16	2 029,68	561,20	1 733,76	1 950,48	456,36	1 663,28	1 871,19	351,52	1 592,80	1 791,90	246,68	1 522,32	1 712,61
	VI	30 383	1 597,81	2 430,64	2 734,47																				
92 663,99	I,IV	24 471	894,28	1 957,68	2 202,39	I	24 471	684,72	1 816,80	2 043,90	475,04	1 675,84	1 885,32	265,48	1 534,96	1 726,83	55,81	1 394,–	1 568,25	–	1 253,12	1 409,76	–	1 113,76	1 252,98
	II	23 670	798,96	1 893,60	2 130,30	II	23 670	589,28	1 752,64	1 971,72	379,72	1 611,76	1 813,23	170,05	1 470,80	1 654,65	–	1 329,92	1 496,16	–	1 189,12	1 337,76	–	1 052,24	1 183,77
	III	16 674	–	1 333,92	1 500,66	III	16 674	–	1 219,52	1 371,96	–	1 108,16	1 246,68	–	999,68	1 124,64	–	894,08	1 005,84	–	791,52	890,46	–	691,84	778,32
Ost	V	30 105	1 564,73	2 408,40	2 709,45	IV	24 471	789,56	1 887,28	2 123,19	684,72	1 816,80	2 043,90	579,88	1 746,32	1 964,61	475,04	1 675,84	1 885,32	370,32	1 605,44	1 806,12	265,48	1 534,96	1 726,83
	VI	30 540	1 616,49	2 443,20	2 748,60																				
92 699,99	I,IV	24 329	877,38	1 946,32	2 189,61	I	24 329	667,70	1 805,36	2 031,03	458,15	1 664,48	1 872,54	248,47	1 523,52	1 713,96	38,91	1 382,64	1 555,47	–	1 241,68	1 396,89	–	1 102,72	1 240,56
	II	23 528	782,06	1 882,24	2 117,52	II	23 528	572,39	1 741,28	1 958,94	362,83	1 600,40	1 800,45	153,15	1 459,44	1 641,87	–	1 318,56	1 483,38	–	1 177,84	1 325,07	–	1 041,44	1 171,62
	III	16 556	–	1 324,48	1 490,04	III	16 556	–	1 210,40	1 361,70	–	1 099,20	1 236,60	–	991,04	1 114,92	–	885,76	996,48	–	783,36	881,28	–	683,84	769,32
West	V	29 963	1 547,83	2 397,04	2 696,67	IV	24 329	772,54	1 875,84	2 110,32	667,70	1 805,36	2 031,03	562,98	1 734,96	1 951,83	458,15	1 664,48	1 872,54	353,31	1 594,–	1 793,25	248,47	1 523,52	1 713,96
	VI	30 398	1 599,59	2 431,84	2 735,82																				
92 699,99	I,IV	24 486	896,07	1 958,88	2 203,74	I	24 486	686,51	1 818,–	2 045,25	476,83	1 677,04	1 886,67	267,27	1 536,16	1 728,18	57,59	1 395,20	1 569,60	–	1 254,32	1 411,11	–	1 114,96	1 254,33
	II	23 685	800,75	1 894,80	2 131,65	II	23 685	591,19	1 753,92	1 973,16	381,51	1 612,96	1 814,58	171,95	1 472,08	1 656,09	–	1 331,12	1 497,51	–	1 190,32	1 339,11	–	1 053,36	1 185,03
	III	16 686	–	1 334,88	1 501,74	III	16 686	–	1 220,48	1 373,04	–	1 109,12	1 247,76	–	1 000,64	1 125,72	–	895,04	1 006,92	–	792,32	891,36	–	692,64	779,22
Ost	V	30 120	1 566,51	2 409,60	2 710,80	IV	24 486	791,35	1 888,48	2 124,54	686,51	1 818,–	2 045,25	581,67	1 747,52	1 965,96	476,83	1 677,04	1 886,67	372,11	1 606,64	1 807,47	267,27	1 536,16	1 728,18
	VI	30 555	1 618,28	2 444,40	2 749,95																				
92 735,99	I,IV	24 344	879,17	1 947,52	2 190,96	I	24 344	669,61	1 806,64	2 032,47	459,93	1 665,68	1 873,89	250,37	1 524,80	1 715,40	40,69	1 383,84	1 556,82	–	1 242,96	1 398,33	–	1 103,92	1 241,91
	II	23 543	783,85	1 883,44	2 118,87	II	23 543	574,17	1 742,48	1 960,29	364,61	1 601,60	1 801,80	154,93	1 460,64	1 643,22	–	1 319,76	1 484,73	–	1 179,04	1 326,42	–	1 042,56	1 172,88
	III	16 568	–	1 325,44	1 491,12	III	16 568	–	1 211,36	1 362,78	–	1 100,16	1 237,68	–	991,84	1 115,82	–	886,56	997,38	–	784,16	882,18	–	684,80	770,40
West	V	29 978	1 549,61	2 398,24	2 698,02	IV	24 344	774,33	1 877,04	2 111,67	669,61	1 806,64	2 032,47	564,77	1 736,16	1 953,18	459,93	1 665,68	1 873,89	355,09	1 595,20	1 794,60	250,37	1 524,80	1 715,40
	VI	30 413	1 601,38	2 433,04	2 737,17																				
92 735,99	I,IV	24 502	897,97	1 960,16	2 205,18	I	24 502	688,29	1 819,20	2 046,60	478,73	1 678,32	1 888,11	269,05	1 537,36	1 729,53	59,50	1 396,48	1 571,04	–	1 255,52	1 412,46	–	1 116,08	1 255,59
	II	23 700	802,53	1 896,–	2 133,–	II	23 700	592,97	1 755,12	1 974,51	383,29	1 614,16	1 815,93	173,74	1 473,28	1 657,44	–	1 332,32	1 498,86	–	1 191,52	1 340,46	–	1 054,48	1 186,29
	III	16 698	–	1 335,84	1 502,82	III	16 698	–	1 221,44	1 374,12	–	1 110,08	1 248,84	–	1 001,44	1 126,62	–	895,84	1 007,82	–	793,28	892,44	–	693,60	780,30
Ost	V	30 135	1 568,30	2 410,80	2 712,15	IV	24 502	793,13	1 889,68	2 125,89	688,29	1 819,20	2 046,60	583,45	1 748,72	1 967,31	478,73	1 678,32	1 888,11	373,89	1 607,84	1 808,82	269,05	1 537,36	1 729,53
	VI	30 570	1 620,06	2 445,60	2 751,30																				
92 771,99	I,IV	24 359	880,95	1 948,72	2 192,31	I	24 359	671,39	1 807,84	2 033,82	461,72	1 666,88	1 875,24	252,16	1 526,–	1 716,75	42,48	1 385,04	1 558,17	–	1 244,16	1 399,68	–	1 105,04	1 243,17
	II	23 558	785,63	1 884,64	2 120,22	II	23 558	575,96	1 743,68	1 961,64	366,40	1 602,80	1 803,15	156,72	1 461,84	1 644,57	–	1 320,96	1 486,08	–	1 180,24	1 327,77	–	1 043,68	1 174,14
	III	16 582	–	1 326,56	1 492,38	III	16 582	–	1 212,32	1 363,86	–	1 101,12	1 238,76	–	992,80	1 116,90	–	887,52	998,46	–	785,12	883,26	–	685,60	771,30
West	V	29 993	1 551,40	2 399,44	2 699,37	IV	24 359	776,11	1 878,24	2 113,02	671,39	1 807,84	2 033,82	566,55	1 737,36	1 954,53	461,72	1 666,88	1 875,24	356,88	1 596,40	1 795,95	252,16	1 526,–	1 716,75
	VI	30 428	1 603,16	2 434,24	2 738,52																				
92 771,99	I,IV	24 517	899,75	1 961,36	2 206,53	I	24 517	690,08	1 820,40	2 047,95	480,52	1 679,52	1 889,46	270,84	1 538,56	1 730,88	61,28	1 397,68	1 572,39	–	1 256,72	1 413,81	–	1 117,28	1 256,94
	II	23 715	804,32	1 897,20	2 134,35	II	23 715	594,76	1 756,32	1 975,86	385,08	1 615,36	1 817,28	175,52	1 474,48	1 658,79	–	1 333,52	1 500,21	–	1 192,72	1 341,81	–	1 055,68	1 187,64
	III	16 710	–	1 336,80	1 503,90	III	16 710	–	1 222,40	1 375,20	–	1 111,04	1 249,92	–	1 002,40	1 127,70	–	896,80	1 008,90	–	794,08	893,34	–	694,40	781,20
Ost	V	30 150	1 570,08	2 412,–	2 713,50	IV	24 517	794,92	1 890,88	2 127,24	690,08	1 820,40	2 047,95	585,24	1 749,92	1 968,66	480,52	1 679,52	1 889,46	375,68	1 609,04	1 810,17	270,84	1 538,56	1 730,88
	VI	30 586	1 621,97	2 446,88	2 752,74																				
92 807,99	I,IV	24 374	882,74	1 949,92	2 193,66	I	24 374	673,18	1 809,04	2 035,17	463,50	1 668,08	1 876,59	253,94	1 527,20	1 718,10	44,26	1 386,24	1 559,52	–	1 245,36	1 401,03	–	1 106,24	1 244,52
	II	23 573	787,42	1 885,84	2 121,57	II	23 573	577,74	1 744,88	1 962,99	368,18	1 604,–	1 804,50	158,50	1 463,04	1 645,92	–	1 322,16	1 487,43	–	1 181,44	1 329,12	–	1 044,88	1 175,49
	III	16 594	–	1 327,52	1 493,46	III	16 594	–	1 213,28	1 364,94	–	1 102,08	1 239,84	–	993,76	1 117,98	–	888,32	999,36	–	785,92	884,16	–	686,40	772,20
West	V	30 008	1 553,18	2 400,64	2 700,72	IV	24 374	778,02	1 879,52	2 114,46	673,18	1 809,04	2 035,17	568,34	1 738,56	1 955,88	463,50	1 668,08	1 876,59	358,78	1 597,68	1 797,39	253,94	1 527,20	1 718,10
	VI	30 443	1 604,95	2 435,44	2 739,87																				
92 807,99	I,IV	24 532	901,54	1 962,56	2 207,88	I	24 532	691,86	1 821,60	2 049,30	482,30	1 680,72	1 890,81	272,62	1 539,76	1 732,23	63,07	1 398,88	1 573,74	–	1 257,92	1 415,16	–	1 118,48	1 258,29
	II	23 730	806,10	1 898,40	2 135,70	II	23 730	596,54	1 757,52	1 977,21	386,86	1 616,56	1 818,63	177,31	1 475,68	1 660,14	–	1 334,72	1 501,56	–	1 193,92	1 343,16	–	1 056,80	1 188,90
	III	16 724	–	1 337,92	1 505,16	III	16 724	–	1 223,36	1 376,28	–	1 111,84	1 250,82	–	1 003,36	1 128,78	–	897,76	1 009,98	–	795,04	894,42	–	695,20	782,10
Ost	V	30 166	1 571,99	2 413,28	2 714,94	IV	24 532	796,70	1 892,08	2 128,59	691,86	1 821,60	2 049,30	587,14	1 751,20	1 970,10	482,30	1 680,72	1 890,81	377,46	1 610,24	1 811,52	272,62	1 539,76	1 732,23
	VI	30 601	1 623,75	2 448,08	2 754,09																				
92 843,99	I,IV	24 389	884,52	1 951,12	2 195,01	I	24 389	674,96	1 810,24	2 036,52	465,29	1 669,28	1 877,94	255,73	1 528,40	1 719,45	46,05	1 387,44	1 560,87	–	1 246,56	1 402,38	–	1 107,44	1 245,87
	II	23 588	789,20	1 887,04	2 122,92	II	23 588	579,64	1 746,16	1 964,43	369,97	1 605,20	1 805,85	160,41	1 464,32	1 647,36	–	1 323,36	1 488,78	–	1 182,64	1 330,47	–	1 046,–	1 176,75
	III	16 606	–	1 328,48	1 494,54	III	16 606	–	1 214,24	1 366,02	–	1 103,04	1 240,92	–	994,72	1 119,06	–	889,28	1 000,44	–	786,88	885,24	–	687,36	773,28
West	V	30 023	1 554,97	2 401,84	2 702,07	IV	24 389	779,80	1 880,72	2 115,81	674,96	1 810,24	2 036,52	570,12	1 739,76	1 957,23	465,29	1 669,28	1 877,94	360,57	1 598,88	1 798,74	255,73	1 528,40	1 719,45
	VI	30 458	1 606,73	2 436,64	2 741,22																				
92 843,99	I,IV	24 547	903,32	1 963,76	2 209,23	I	24 547	693,65	1 822,80	2 050,65	484,09	1 681,92	1 892,16	274,41	1 540,96	1 733,58	64,85	1 400,08	1 575,09	–	1 259,12	1 416,51	–	1 119,60	1 259,55
	II	23 746	808,01	1 899,68	2 137,14	II	23 746	598,33	1 758,72	1 978,56	388,77	1 617,84	1 820,07	179,09	1 476,88	1 661,49	–	1 336,–	1 503,–	–	1 195,12	1 344,51	–	1 058,–	1 190,25
	III	16 736	–	1 338,88	1 506,24	III	16 736	–	1 224,32	1 377,36	–	1 112,80	1 251,90	–	1 004,32	1 129,86	–	898,56	1 010,88	–	795,84	895,32	–	696,16	783,18
Ost	V	30 181	1 573,77	2 414,48	2 716,29	IV	24 547	798,49	1 893,28	2 129,94	693,65	1 822,80	2 050,65	588,93	1 752,40	1 971,45	484,09	1 681,92	1 892,16	379,25	1 611,44	1 812,87	274,41	1 540,96	1 733,58
	VI	30 616	1 625,54	2 449,28	2 755,44																				
92 879,99	I,IV	24 404	886,31	1 952,32	2 196,36	I	24 404	676,75	1 811,44	2 037,87	467,19	1 670,56	1 879,38	257,51	1 529,60	1 720,80	47,95	1 388,72	1 562,31	–	1 247,76	1 403,73	–	1 108,56	1 247,13
	II	23 603	790,99	1 888,24	2 124,27	II	23 603	581,43	1 747,36	1 965,78	371,75	1 606,40	1 807,20	162,19	1 465,52	1 648,71	–	1 324,56	1 490,13	–	1 183,84	1 331,82	–	1 047,12	1 178,01
	III	16 618	–	1 329,44	1 495,62	III	16 618	–	1 215,20	1 367,10	–	1 104,–	1 242,–	–	995,52	1 119,96	–	890,08	1 001,34	–	787,68	886,14	–	688,16	774,18
West	V	30 038	1 556,75	2 403,04	2 703,42	IV	24 404	781,59	1 881,92	2 117,16	676,75	1 811,44	2 037,87	571,91	1 740,96	1 958,58	467,19	1 670,56	1 879,38	362,35	1 600,08	1 800,09	257,51	1 529,60	1 720,80
	VI	30 473	1 608,52	2 437,84	2 742,57																				
92 879,99	I,IV	24 562	905,11	1 964,96	2 210,58	I	24 562	695,55	1 824,08	2 052,09	485,87	1 683,12	1 893,51	276,31	1 542,24	1 735,02	66,64	1 401,28	1 576,44	–	1 260,40	1 417,95	–	1 120,80	1 260,90
	II	23 761	809,79	1 900,88	2 138,49	II	23 761	600,11	1 759,92	1 979,91	390,55	1 619,04	1 821,42	180,88	1 478,08	1 662,84	–	1 337,20	1 504,35	–	1 196,32	1 345,86	–	1 059,12	1 191,51
	III	16 748	–	1 339,84	1 507,32	III	16 748	–	1 225,44	1 378,62	–	1 113,76	1 252,98	–	1 005,12	1 130,76	–	899,52	1 011,96	–	796,80	896,40	–	696,96	784,08
Ost	V	30 196	1 575,56	2 415,68	2 717,64	IV	24 562	800,27	1 894,48	2 131,29	695,55	1 824,08	2 052,09	590,71	1 753,60	1 972,80	485,87	1 683,12	1 893,51	381,03	1 612,64	1 814,22	276,31	1 542,24	1 735,02
	VI	30 631	1 627,32	2 450,48	2 756,79																				

*** Die ausgewiesenen Tabellenwerte sind amtlich. Siehe Erläuterungen auf der Umschlaginnenseite (U2).**

Abzüge an Lohnsteuer, Solidaritätszuschlag (SolZ) und Kirchensteuer (8%, 9%) in den Steuerklassen

Lohn/ Gehalt bis €*	I – VI					I, II, III, IV		mit Zahl der Kinderfreibeträge . . . 0,5			1			1,5			2			2,5			3		
		LSt	ohne Kinderfreibeträge SolZ	8%	9%		LSt	SolZ	8%	9%	SolZ	8%	9%	SolZ	8%	9%	SolZ	8%	9%	SolZ	8%	9%	SolZ	8%	9%
92 915,99 West	I,IV	24 420	888,21	1 953,60	2 197,80	I	24 420	678,53	1 812,64	2 039,22	468,97	1 671,76	1 880,73	259,30	1 530,80	1 722,15	49,74	1 389,92	1 563,66	–	1 248,96	1 405,08	–	1 109,76	1 248,48
	II	23 618	792,77	1 889,44	2 125,62	II	23 618	583,21	1 748,56	1 967,13	373,54	1 607,60	1 808,55	163,98	1 466,72	1 650,06	–	1 325,76	1 491,48	–	1 185,04	1 333,17	–	1 048,32	1 179,36
	III	16 630	–	1 330,40	1 496,70	III	16 630	–	1 216,16	1 368,18	–	1 104,96	1 243,08	–	996,48	1 121,04	–	891,04	1 002,42	–	788,48	887,04	–	688,96	775,08
	V	30 053	1 558,54	2 404,24	2 704,77	IV	24 420	783,37	1 883,12	2 118,51	678,53	1 812,64	2 039,22	573,69	1 742,16	1 959,93	468,97	1 671,76	1 880,73	364,14	1 601,28	1 801,44	259,30	1 530,80	1 722,15
	VI	30 489	1 610,42	2 439,12	2 744,01																				
92 915,99 Ost	I,IV	24 577	906,89	1 966,16	2 211,93	I	24 577	697,34	1 825,28	2 053,44	487,66	1 684,32	1 894,86	278,10	1 543,44	1 736,37	68,42	1 402,48	1 577,79	–	1 261,60	1 419,30	–	1 122,–	1 262,25
	II	23 776	811,58	1 902,08	2 139,84	II	23 776	601,90	1 761,12	1 981,26	392,34	1 620,24	1 822,77	182,66	1 479,28	1 664,19	–	1 338,40	1 505,70	–	1 197,52	1 347,21	–	1 060,24	1 192,77
	III	16 760	–	1 340,80	1 508,40	III	16 760	–	1 226,40	1 379,70	–	1 114,72	1 254,06	–	1 006,08	1 131,84	–	900,32	1 012,86	–	797,60	897,30	–	697,76	784,98
	V	30 211	1 577,34	2 416,88	2 718,99	IV	24 577	802,06	1 895,68	2 132,64	697,34	1 825,28	2 053,44	592,50	1 754,80	1 974,15	487,66	1 684,32	1 894,86	382,82	1 613,84	1 815,57	278,10	1 543,44	1 736,37
	VI	30 646	1 629,11	2 451,68	2 758,14																				
92 951,99 West	I,IV	24 435	890,–	1 954,80	2 199,15	I	24 435	680,32	1 813,84	2 040,57	470,76	1 672,96	1 882,08	261,08	1 532,–	1 723,50	51,52	1 391,12	1 565,01	–	1 250,16	1 406,43	–	1 110,96	1 249,83
	II	23 633	794,56	1 890,64	2 126,97	II	23 633	585,–	1 749,76	1 968,48	375,32	1 608,80	1 809,90	165,76	1 467,92	1 651,41	–	1 326,96	1 492,83	–	1 186,24	1 334,52	–	1 049,44	1 180,62
	III	16 644	–	1 331,52	1 497,96	III	16 644	–	1 217,12	1 369,26	–	1 105,76	1 243,98	–	997,44	1 122,12	–	892,–	1 003,50	–	789,44	888,12	–	689,76	775,98
	V	30 069	1 560,44	2 405,52	2 706,21	IV	24 435	785,16	1 884,32	2 119,86	680,32	1 813,84	2 040,57	575,60	1 743,44	1 961,37	470,76	1 672,96	1 882,08	365,92	1 602,48	1 802,79	261,08	1 532,–	1 723,50
	VI	30 504	1 612,21	2 440,32	2 745,36																				
92 951,99 Ost	I,IV	24 592	908,68	1 967,36	2 213,28	I	24 592	699,12	1 826,48	2 054,79	489,44	1 685,52	1 896,21	279,88	1 544,64	1 737,72	70,21	1 403,68	1 579,14	–	1 262,80	1 420,65	–	1 123,12	1 263,51
	II	23 791	813,36	1 903,28	2 141,19	II	23 791	603,68	1 762,32	1 982,61	394,12	1 621,44	1 824,12	184,45	1 480,48	1 665,54	–	1 339,60	1 507,05	–	1 198,72	1 348,56	–	1 061,44	1 194,12
	III	16 774	–	1 341,92	1 509,66	III	16 774	–	1 227,36	1 380,78	–	1 115,68	1 255,14	–	1 007,04	1 132,92	–	901,28	1 013,94	–	798,40	898,20	–	698,56	785,88
	V	30 226	1 579,13	2 418,08	2 720,34	IV	24 592	803,84	1 896,88	2 133,99	699,12	1 826,48	2 054,79	594,28	1 756,–	1 975,50	489,44	1 685,52	1 896,21	384,72	1 615,12	1 817,01	279,88	1 544,64	1 737,72
	VI	30 661	1 630,89	2 452,88	2 759,49																				
92 987,99 West	I,IV	24 450	891,78	1 956,–	2 200,50	I	24 450	682,10	1 815,04	2 041,92	472,54	1 674,16	1 883,43	262,87	1 533,20	1 724,85	53,31	1 392,32	1 566,36	–	1 251,36	1 407,78	–	1 112,08	1 251,09
	II	23 648	796,34	1 891,84	2 128,32	II	23 648	586,78	1 750,96	1 969,83	377,23	1 610,08	1 811,34	167,55	1 469,12	1 652,76	–	1 328,24	1 494,27	–	1 187,44	1 335,87	–	1 050,56	1 181,88
	III	16 656	–	1 332,48	1 499,04	III	16 656	–	1 218,08	1 370,34	–	1 106,72	1 245,06	–	998,40	1 123,20	–	892,80	1 004,40	–	790,24	889,02	–	690,72	777,06
	V	30 084	1 562,23	2 406,72	2 707,56	IV	24 450	786,94	1 885,52	2 121,21	682,10	1 815,04	2 041,92	577,38	1 744,64	1 962,72	472,54	1 674,16	1 883,43	367,71	1 603,68	1 804,14	262,87	1 533,20	1 724,85
	VI	30 519	1 613,99	2 441,52	2 746,71																				
92 987,99 Ost	I,IV	24 607	910,46	1 968,56	2 214,63	I	24 607	700,91	1 827,68	2 056,14	491,23	1 686,72	1 897,56	281,67	1 545,84	1 739,07	71,99	1 404,88	1 580,49	–	1 264,–	1 422,–	–	1 124,32	1 264,86
	II	23 806	815,15	1 904,48	2 142,54	II	23 806	605,59	1 763,60	1 984,05	395,91	1 622,64	1 825,47	186,35	1 481,76	1 666,98	–	1 340,80	1 508,40	–	1 199,92	1 349,91	–	1 062,56	1 195,38
	III	16 786	–	1 342,88	1 510,74	III	16 786	–	1 228,32	1 381,86	–	1 116,64	1 256,22	–	1 008,–	1 134,–	–	902,24	1 015,02	–	799,36	899,28	–	699,52	786,96
	V	30 241	1 580,91	2 419,28	2 721,69	IV	24 607	805,74	1 898,16	2 135,43	700,91	1 827,68	2 056,14	596,07	1 757,20	1 976,85	491,23	1 686,72	1 897,56	386,51	1 616,32	1 818,36	281,67	1 545,84	1 739,07
	VI	30 676	1 632,68	2 454,08	2 760,84																				
93 023,99 West	I,IV	24 465	893,57	1 957,20	2 201,85	I	24 465	683,89	1 816,24	2 043,27	474,33	1 675,36	1 884,78	264,77	1 534,48	1 726,29	55,09	1 393,52	1 567,71	–	1 252,64	1 409,22	–	1 113,28	1 252,44
	II	23 664	798,25	1 893,12	2 129,76	II	23 664	588,57	1 752,16	1 971,18	379,01	1 611,28	1 812,69	169,33	1 470,32	1 654,11	–	1 329,44	1 495,62	–	1 188,64	1 337,22	–	1 051,76	1 183,23
	III	16 668	–	1 333,44	1 500,12	III	16 668	–	1 219,04	1 371,42	–	1 107,68	1 246,14	–	999,20	1 124,10	–	893,76	1 005,48	–	791,20	890,10	–	691,52	777,96
	V	30 099	1 564,01	2 407,92	2 708,91	IV	24 465	788,73	1 886,72	2 122,56	683,89	1 816,24	2 043,27	579,17	1 745,84	1 964,07	474,33	1 675,36	1 884,78	369,49	1 604,88	1 805,49	264,77	1 534,48	1 726,29
	VI	30 534	1 615,78	2 442,72	2 748,06																				
93 023,99 Ost	I,IV	24 622	912,25	1 969,76	2 215,98	I	24 622	702,69	1 828,88	2 057,49	493,13	1 688,–	1 899,–	283,45	1 547,04	1 740,42	73,89	1 406,16	1 581,93	–	1 265,20	1 423,35	–	1 125,52	1 266,21
	II	23 821	816,93	1 905,68	2 143,89	II	23 821	607,37	1 764,80	1 985,40	397,69	1 623,84	1 826,82	188,13	1 482,96	1 668,33	–	1 342,–	1 509,75	–	1 201,12	1 351,26	–	1 063,76	1 196,73
	III	16 798	–	1 343,84	1 511,82	III	16 798	–	1 229,28	1 382,94	–	1 117,60	1 257,30	–	1 008,80	1 134,90	–	903,04	1 015,92	–	800,16	900,18	–	700,32	787,86
	V	30 256	1 582,70	2 420,48	2 723,04	IV	24 622	807,53	1 899,36	2 136,78	702,69	1 828,88	2 057,49	597,85	1 758,40	1 978,20	493,13	1 688,–	1 899,–	388,29	1 617,52	1 819,71	283,45	1 547,04	1 740,42
	VI	30 691	1 634,46	2 455,28	2 762,19																				
93 059,99 West	I,IV	24 480	895,35	1 958,40	2 203,20	I	24 480	685,79	1 817,52	2 044,71	476,11	1 676,56	1 886,13	266,56	1 535,68	1 727,64	56,88	1 394,72	1 569,06	–	1 253,84	1 410,57	–	1 114,48	1 253,79
	II	23 679	800,03	1 894,32	2 131,11	II	23 679	590,35	1 753,36	1 972,53	380,80	1 612,48	1 814,04	171,12	1 471,52	1 655,46	–	1 330,64	1 496,97	–	1 189,84	1 338,57	–	1 052,88	1 184,49
	III	16 680	–	1 334,40	1 501,20	III	16 680	–	1 220,16	1 372,68	–	1 108,64	1 247,22	–	1 000,16	1 125,18	–	894,56	1 006,38	–	792,–	891,–	–	692,32	778,86
	V	30 114	1 565,80	2 409,12	2 710,26	IV	24 480	790,51	1 887,92	2 123,91	685,79	1 817,52	2 044,71	580,95	1 747,04	1 965,42	476,11	1 676,56	1 886,13	371,28	1 606,08	1 806,84	266,56	1 535,68	1 727,64
	VI	30 549	1 617,56	2 443,92	2 749,41																				
93 059,99 Ost	I,IV	24 638	914,15	1 971,04	2 217,42	I	24 638	704,48	1 830,08	2 058,84	494,92	1 689,20	1 900,35	285,24	1 548,24	1 741,77	75,68	1 407,36	1 583,28	–	1 266,40	1 424,70	–	1 126,72	1 267,56
	II	23 836	818,72	1 906,88	2 145,24	II	23 836	609,16	1 766,–	1 986,75	399,48	1 625,04	1 828,17	189,92	1 484,16	1 669,68	–	1 343,20	1 511,10	–	1 202,32	1 352,61	–	1 064,88	1 197,99
	III	16 810	–	1 344,80	1 512,90	III	16 810	–	1 230,24	1 384,02	–	1 118,56	1 258,38	–	1 009,76	1 135,98	–	904,–	1 017,–	–	801,12	901,26	–	701,12	788,76
	V	30 271	1 584,48	2 421,68	2 724,39	IV	24 638	809,31	1 900,56	2 138,13	704,48	1 830,08	2 058,84	599,64	1 759,60	1 979,55	494,92	1 689,20	1 900,35	390,08	1 618,72	1 821,06	285,24	1 548,24	1 741,77
	VI	30 707	1 636,36	2 456,56	2 763,63																				
93 095,99 West	I,IV	24 495	897,14	1 959,60	2 204,55	I	24 495	687,58	1 818,72	2 046,06	477,90	1 677,76	1 887,48	268,34	1 536,88	1 728,99	58,66	1 395,92	1 570,41	–	1 255,04	1 411,92	–	1 115,60	1 255,05
	II	23 694	801,82	1 895,52	2 132,46	II	23 694	592,14	1 754,56	1 973,88	382,58	1 613,68	1 815,39	172,90	1 472,72	1 656,81	–	1 331,84	1 498,32	–	1 191,04	1 339,92	–	1 054,–	1 185,75
	III	16 694	–	1 335,52	1 502,46	III	16 694	–	1 221,12	1 373,76	–	1 109,60	1 248,30	–	1 001,12	1 126,26	–	895,52	1 007,46	–	792,80	891,90	–	693,12	779,76
	V	30 129	1 567,58	2 410,32	2 711,61	IV	24 495	792,30	1 889,12	2 125,26	687,58	1 818,72	2 046,06	582,74	1 748,24	1 966,77	477,90	1 677,76	1 887,48	373,18	1 607,36	1 808,28	268,34	1 536,88	1 728,99
	VI	30 564	1 619,35	2 445,12	2 750,76																				
93 095,99 Ost	I,IV	24 653	915,94	1 972,24	2 218,77	I	24 653	706,26	1 831,28	2 060,19	496,70	1 690,40	1 901,70	287,02	1 549,44	1 743,12	77,46	1 408,56	1 584,63	–	1 267,60	1 426,05	–	1 127,84	1 268,82
	II	23 851	820,50	1 908,08	2 146,59	II	23 851	610,94	1 767,20	1 988,10	401,26	1 626,24	1 829,52	191,70	1 485,36	1 671,03	–	1 344,40	1 512,45	–	1 203,52	1 353,96	–	1 066,–	1 199,25
	III	16 824	–	1 345,92	1 514,16	III	16 824	–	1 231,20	1 385,10	–	1 119,52	1 259,46	–	1 010,72	1 137,06	–	904,80	1 017,90	–	801,92	902,16	–	701,92	789,66
	V	30 287	1 586,38	2 422,96	2 725,83	IV	24 653	811,10	1 901,76	2 139,48	706,26	1 831,28	2 060,19	601,42	1 760,80	1 980,90	496,70	1 690,40	1 901,70	391,86	1 619,92	1 822,41	287,02	1 549,44	1 743,12
	VI	30 722	1 638,15	2 457,76	2 764,98																				
93 131,99 West	I,IV	24 510	898,92	1 960,80	2 205,90	I	24 510	689,36	1 819,92	2 047,41	479,68	1 678,96	1 888,83	270,13	1 538,08	1 730,34	60,45	1 397,12	1 571,76	–	1 256,24	1 413,27	–	1 116,80	1 256,40
	II	23 709	803,60	1 896,72	2 133,81	II	23 709	593,92	1 755,76	1 975,23	384,37	1 614,88	1 816,74	174,81	1 474,–	1 658,25	–	1 333,04	1 499,67	–	1 192,24	1 341,27	–	1 055,20	1 187,10
	III	16 706	–	1 336,48	1 503,54	III	16 706	–	1 222,08	1 374,84	–	1 110,56	1 249,38	–	1 002,08	1 127,34	–	896,48	1 008,54	–	793,76	892,98	–	694,08	780,84
	V	30 144	1 569,37	2 411,52	2 712,96	IV	24 510	794,20	1 890,40	2 126,70	689,36	1 819,92	2 047,41	584,52	1 749,44	1 968,12	479,68	1 678,96	1 888,83	374,96	1 608,56	1 809,63	270,13	1 538,08	1 730,34
	VI	30 579	1 621,13	2 446,32	2 752,11																				
93 131,99 Ost	I,IV	24 668	917,72	1 973,44	2 220,12	I	24 668	708,05	1 832,48	2 061,54	498,49	1 691,60	1 903,05	288,81	1 550,64	1 744,47	79,25	1 409,76	1 585,98	–	1 268,80	1 427,40	–	1 129,04	1 270,17
	II	23 866	822,29	1 909,28	2 147,94	II	23 866	612,73	1 768,40	1 989,45	403,17	1 627,52	1 830,96	193,49	1 486,56	1 672,38	–	1 345,68	1 513,89	–	1 204,72	1 355,31	–	1 067,20	1 200,60
	III	16 836	–	1 346,88	1 515,24	III	16 836	–	1 232,16	1 386,18	–	1 120,48	1 260,54	–	1 011,68	1 138,14	–	905,76	1 018,98	–	802,88	903,24	–	702,88	790,74
	V	30 302	1 588,17	2 424,16	2 727,18	IV	24 668	812,88	1 902,96	2 140,83	708,05	1 832,48	2 061,54	603,33	1 762,08	1 982,34	498,49	1 691,60	1 903,05	393,65	1 621,12	1 823,76	288,81	1 550,64	1 744,47
	VI	30 737	1 639,93	2 458,96	2 766,33																				
93 167,99 West	I,IV	24 525	900,71	1 962,–	2 207,25	I	24 525	691,15	1 821,12	2 048,76	481,47	1 680,16	1 890,18	271,91	1 539,28	1 731,69	62,35	1 398,40	1 573,20	–	1 257,44	1 414,62	–	1 118,–	1 257,75
	II	23 724	805,39	1 897,92	2 135,16	II	23 724	595,83	1 757,04	1 976,67	386,15	1 616,08	1 818,09	176,59	1 475,20	1 659,60	–	1 334,24	1 501,02	–	1 193,44	1 342,62	–	1 056,32	1 188,36
	III	16 718	–	1 337,44	1 504,62	III	16 718	–	1 223,04	1 375,92	–	1 111,52	1 250,46	–	1 002,88	1 128,24	–	897,28	1 009,44	–	794,56	893,88	–	694,88	781,74
	V	30 159	1 571,15	2 412,72	2 714,31	IV	24 525	795,99	1 891,60	2 128,05	691,15	1 821,12	2 048,76	586,31	1 750,64	1 969,47	481,47	1 680,16	1 890,18	376,75	1 609,76	1 810,98	271,91	1 539,28	1 731,69
	VI	30 594	1 622,92	2 447,52	2 753,46																				
93 167,99 Ost	I,IV	24 683	919,51	1 974,64	2 221,47	I	24 683	709,83	1 833,68	2 062,89	500,27	1 692,80	1 904,40	290,71	1 551,92	1 745,91	81,03	1 410,96	1 587,33	–	1 270,08	1 428,84	–	1 130,24	1 271,52
	II	23 882	824,19	1 910,56	2 149,38	II	23 882	614,51	1 769,60	1 990,80	404,95	1 628,72	1 832,31	195,27	1 487,76	1 673,73	–	1 346,88	1 515,24	–	1 205,92	1 356,66	–	1 068,32	1 201,86
	III	16 848	–	1 347,84	1 516,32	III	16 848	–	1 233,12	1 387,26	–	1 121,44	1 261,62	–	1 012,48	1 139,04	–	906,72	1 020,06	–	803,68	904,14	–	703,68	791,64
	V	30 317	1 589,95	2 425,36	2 728,53	IV	24 683	814,67	1 904,16	2 142,18	709,83	1 833,68	2 062,89	605,11	1 763,28	1 983,69	500,27	1 692,80	1 904,40	395,43	1 622,32	1 825,11	290,71	1 551,92	1 745,91
	VI	30 752	1 641,72	2 460,16	2 767,68																				

* Die ausgewiesenen Tabellenwerte sind amtlich. Siehe Erläuterungen auf der Umschlaginnenseite (U2).

Abzüge an Lohnsteuer, Solidaritätszuschlag (SolZ) und Kirchensteuer (8%, 9%) in den Steuerklassen

Lohn/ Gehalt bis €*		I – VI ohne Kinderfreibeträge LSt	SolZ	8%	9%	I, II, III, IV	LSt	mit Zahl der Kinderfreibeträge . . . 0,5 SolZ	8%	9%	1 SolZ	8%	9%	1,5 SolZ	8%	9%	2 SolZ	8%	9%	2,5 SolZ	8%	9%	3 SolZ	8%	9%
93 203,99 West	I,IV	24 541	902,61	1 963,28	2 208,69	I	24 541	692,93	1 822,32	2 050,11	483,37	1 681,44	1 891,62	273,70	1 540,48	1 733,04	64,14	1 399,60	1 574,55	–	1 258,64	1 415,97	–	1 119,12	1 259,01
	II	23 739	807,17	1 899,12	2 136,51	II	23 739	597,61	1 758,24	1 978,02	387,94	1 617,28	1 819,44	178,38	1 476,40	1 660,95	–	1 335,44	1 502,37	–	1 194,64	1 343,97	–	1 057,52	1 189,71
	III	16 730	–	1 338,40	1 505,70	III	16 730	–	1 224,–	1 377,–	–	1 112,48	1 251,54	–	1 003,84	1 129,32	–	898,24	1 010,52	–	795,52	894,96	–	695,68	782,64
	V	30 174	1 572,94	2 413,92	2 715,66	IV	24 541	797,77	1 892,80	2 129,40	692,93	1 822,32	2 050,11	588,09	1 751,84	1 970,82	483,37	1 681,44	1 891,62	378,53	1 610,96	1 812,33	273,70	1 540,48	1 733,04
	VI	30 610	1 624,82	2 448,80	2 754,90																				
93 203,99 Ost	I,IV	24 698	921,29	1 975,84	2 222,82	I	24 698	711,73	1 834,96	2 064,33	502,06	1 694,–	1 905,75	292,50	1 553,12	1 747,26	82,82	1 412,16	1 588,68	–	1 271,28	1 430,19	–	1 131,36	1 272,78
	II	23 897	825,97	1 911,76	2 150,73	II	23 897	616,30	1 770,80	1 992,15	406,74	1 629,92	1 833,66	197,06	1 488,96	1 675,08	–	1 348,08	1 516,59	–	1 207,12	1 358,01	–	1 069,52	1 203,21
	III	16 860	–	1 348,80	1 517,40	III	16 860	–	1 234,08	1 388,34	–	1 122,24	1 262,52	–	1 013,44	1 140,12	–	907,52	1 020,96	–	804,64	905,22	–	704,48	792,54
	V	30 332	1 591,74	2 426,56	2 729,88	IV	24 698	816,45	1 905,36	2 143,53	711,73	1 834,96	2 064,33	606,90	1 764,48	1 985,04	502,06	1 694,–	1 905,75	397,22	1 623,52	1 826,46	292,50	1 553,12	1 747,26
	VI	30 767	1 643,29	2 461,36	2 769,03																				
93 239,99 West	I,IV	24 556	904,40	1 964,48	2 210,04	I	24 556	694,72	1 823,52	2 051,46	485,16	1 682,64	1 892,97	275,48	1 541,68	1 734,39	65,92	1 400,80	1 575,90	–	1 259,84	1 417,32	–	1 120,32	1 260,36
	II	23 754	808,96	1 900,32	2 137,86	II	23 754	599,40	1 759,44	1 979,37	389,72	1 618,48	1 820,79	180,16	1 477,60	1 662,30	–	1 336,64	1 503,72	–	1 195,84	1 345,32	–	1 058,64	1 190,97
	III	16 742	–	1 339,36	1 506,78	III	16 742	–	1 224,96	1 378,08	–	1 113,44	1 252,62	–	1 004,80	1 130,40	–	899,04	1 011,42	–	796,32	895,86	–	696,48	783,54
	V	30 190	1 574,84	2 415,20	2 717,10	IV	24 556	799,56	1 894,–	2 130,75	694,72	1 823,52	2 051,46	589,88	1 753,04	1 972,17	485,16	1 682,64	1 892,97	380,32	1 612,16	1 813,68	275,48	1 541,68	1 734,39
	VI	30 625	1 626,61	2 450,–	2 756,25																				
93 239,99 Ost	I,IV	24 713	923,08	1 977,04	2 224,17	I	24 713	713,52	1 836,16	2 065,68	503,84	1 695,20	1 907,10	294,28	1 554,32	1 748,61	84,60	1 413,36	1 590,03	–	1 272,48	1 431,54	–	1 132,56	1 274,13
	II	23 912	827,76	1 912,96	2 152,08	II	23 912	618,08	1 772,–	1 993,50	408,52	1 631,12	1 835,01	198,84	1 490,16	1 676,43	–	1 349,28	1 517,94	–	1 208,40	1 359,45	–	1 070,64	1 204,47
	III	16 872	–	1 349,76	1 518,48	III	16 872	–	1 235,04	1 389,42	–	1 123,20	1 263,60	–	1 014,40	1 141,20	–	908,48	1 022,04	–	805,44	906,12	–	705,44	793,62
	V	30 347	1 593,52	2 427,76	2 731,23	IV	24 713	818,24	1 906,56	2 144,88	713,52	1 836,16	2 065,68	608,68	1 765,68	1 986,39	503,84	1 695,20	1 907,10	399,–	1 624,72	1 827,81	294,28	1 554,32	1 748,61
	VI	30 782	1 645,29	2 462,56	2 770,38																				
93 275,99 West	I,IV	24 571	906,18	1 965,68	2 211,39	I	24 571	696,50	1 824,72	2 052,81	486,94	1 683,84	1 894,32	277,27	1 542,88	1 735,74	67,71	1 402,–	1 577,25	–	1 261,04	1 418,67	–	1 121,52	1 261,71
	II	23 769	810,74	1 901,52	2 139,21	II	23 769	601,18	1 760,64	1 980,72	391,51	1 619,68	1 822,14	181,95	1 478,80	1 663,65	–	1 337,92	1 505,16	–	1 197,04	1 346,67	–	1 059,76	1 192,23
	III	16 756	–	1 340,48	1 508,04	III	16 756	–	1 225,92	1 379,16	–	1 114,40	1 253,70	–	1 005,76	1 131,48	–	900,–	1 012,50	–	797,28	896,94	–	697,44	784,62
	V	30 205	1 576,63	2 416,40	2 718,45	IV	24 571	801,34	1 895,20	2 132,10	696,50	1 824,72	2 052,81	591,78	1 754,32	1 973,61	486,94	1 683,84	1 894,32	382,10	1 613,36	1 815,03	277,27	1 542,88	1 735,74
	VI	30 640	1 628,39	2 451,20	2 757,60																				
93 275,99 Ost	I,IV	24 728	924,86	1 978,24	2 225,52	I	24 728	715,30	1 837,36	2 067,03	505,63	1 696,40	1 908,45	296,07	1 555,52	1 749,96	86,39	1 414,56	1 591,38	–	1 273,68	1 432,89	–	1 133,76	1 275,48
	II	23 927	829,54	1 914,16	2 153,43	II	23 927	619,87	1 773,20	1 994,85	410,31	1 632,32	1 836,36	200,75	1 491,44	1 677,87	–	1 350,48	1 519,29	–	1 209,60	1 360,80	–	1 071,84	1 205,82
	III	16 886	–	1 350,88	1 519,74	III	16 886	–	1 236,–	1 390,50	–	1 124,16	1 264,68	–	1 015,36	1 142,28	–	909,28	1 022,94	–	806,24	907,02	–	706,24	794,52
	V	30 362	1 595,31	2 428,96	2 732,58	IV	24 728	820,14	1 907,84	2 146,32	715,30	1 837,36	2 067,03	610,47	1 766,88	1 987,74	505,63	1 696,40	1 908,45	400,91	1 626,–	1 829,25	296,07	1 555,52	1 749,96
	VI	30 797	1 647,07	2 463,76	2 771,73																				
93 311,99 West	I,IV	24 586	907,97	1 966,88	2 212,74	I	24 586	698,29	1 825,92	2 054,16	488,73	1 685,04	1 895,67	279,05	1 544,08	1 737,09	69,49	1 403,20	1 578,60	–	1 262,32	1 420,11	–	1 122,64	1 262,97
	II	23 785	812,65	1 902,80	2 140,65	II	23 785	602,97	1 761,84	1 982,07	393,41	1 620,96	1 823,58	183,73	1 480,–	1 665,–	–	1 339,12	1 506,51	–	1 198,24	1 348,02	–	1 060,96	1 193,58
	III	16 768	–	1 341,44	1 509,12	III	16 768	–	1 226,88	1 380,24	–	1 115,20	1 254,60	–	1 006,56	1 132,38	–	900,80	1 013,40	–	798,08	897,84	–	698,24	785,52
	V	30 220	1 578,41	2 417,60	2 719,80	IV	24 586	803,13	1 896,40	2 133,45	698,29	1 825,92	2 054,16	593,57	1 755,52	1 974,96	488,73	1 685,04	1 895,67	383,89	1 614,56	1 816,38	279,05	1 544,08	1 737,09
	VI	30 655	1 630,18	2 452,40	2 758,95																				
93 311,99 Ost	I,IV	24 743	926,65	1 979,44	2 226,87	I	24 743	717,09	1 838,56	2 068,38	507,41	1 697,60	1 909,80	297,85	1 556,72	1 751,31	88,29	1 415,84	1 592,82	–	1 274,88	1 434,24	–	1 134,96	1 276,83
	II	23 942	831,33	1 915,36	2 154,78	II	23 942	621,77	1 774,48	1 996,29	412,09	1 633,52	1 837,71	202,53	1 492,64	1 679,22	–	1 351,68	1 520,64	–	1 210,80	1 362,15	–	1 072,96	1 207,08
	III	16 898	–	1 351,84	1 520,82	III	16 898	–	1 236,96	1 391,58	–	1 125,12	1 265,76	–	1 016,16	1 143,18	–	910,24	1 024,02	–	807,20	908,10	–	707,04	795,42
	V	30 377	1 597,09	2 430,16	2 733,93	IV	24 743	821,93	1 909,04	2 147,67	717,09	1 838,56	2 068,38	612,25	1 768,08	1 989,09	507,41	1 697,60	1 909,80	402,69	1 627,20	1 830,60	297,85	1 556,72	1 751,31
	VI	30 812	1 648,86	2 464,96	2 773,08																				
93 347,99 West	I,IV	24 601	909,75	1 968,08	2 214,09	I	24 601	700,19	1 827,20	2 055,60	490,51	1 686,24	1 897,02	280,95	1 545,36	1 738,53	71,28	1 404,40	1 579,95	–	1 263,52	1 421,46	–	1 123,84	1 264,32
	II	23 800	814,43	1 904,–	2 142,–	II	23 800	604,75	1 763,04	1 983,42	395,19	1 622,16	1 824,93	185,52	1 481,20	1 666,35	–	1 340,32	1 507,86	–	1 199,44	1 349,37	–	1 062,08	1 194,84
	III	16 780	–	1 342,40	1 510,20	III	16 780	–	1 227,84	1 381,32	–	1 116,16	1 255,68	–	1 007,52	1 133,46	–	901,76	1 014,48	–	799,04	898,92	–	699,04	786,42
	V	30 235	1 580,20	2 418,80	2 721,15	IV	24 601	804,91	1 897,60	2 134,80	700,19	1 827,20	2 055,60	595,35	1 756,72	1 976,31	490,51	1 686,24	1 897,02	385,67	1 615,76	1 817,73	280,95	1 545,36	1 738,53
	VI	30 670	1 631,96	2 453,60	2 760,30																				
93 347,99 Ost	I,IV	24 759	928,55	1 980,72	2 228,31	I	24 759	718,87	1 839,76	2 069,73	509,32	1 698,88	1 911,24	299,64	1 557,92	1 752,66	90,08	1 417,04	1 594,17	–	1 276,08	1 435,59	–	1 136,08	1 278,09
	II	23 957	833,11	1 916,56	2 156,13	II	23 957	623,56	1 775,68	1 997,64	413,88	1 634,72	1 839,06	204,32	1 493,84	1 680,57	–	1 352,88	1 521,99	–	1 212,–	1 363,50	–	1 074,16	1 208,43
	III	16 910	–	1 352,80	1 521,90	III	16 910	–	1 237,92	1 392,66	–	1 126,08	1 266,84	–	1 017,12	1 144,26	–	911,20	1 025,10	–	808,–	909,–	–	708,–	796,50
	V	30 392	1 598,88	2 431,36	2 735,28	IV	24 759	823,71	1 910,24	2 149,02	718,87	1 839,76	2 069,73	614,04	1 769,28	1 990,44	509,32	1 698,88	1 911,24	404,48	1 628,40	1 831,95	299,64	1 557,92	1 752,66
	VI	30 828	1 650,76	2 466,24	2 774,52																				
93 383,99 West	I,IV	24 616	911,54	1 969,28	2 215,44	I	24 616	701,98	1 828,40	2 056,95	492,30	1 687,44	1 898,37	282,74	1 546,56	1 739,88	73,06	1 405,60	1 581,30	–	1 264,72	1 422,81	–	1 125,04	1 265,67
	II	23 815	816,22	1 905,20	2 143,35	II	23 815	606,54	1 764,24	1 984,77	396,98	1 623,36	1 826,28	187,30	1 482,40	1 667,70	–	1 341,52	1 509,21	–	1 200,64	1 350,72	–	1 063,28	1 196,19
	III	16 792	–	1 343,36	1 511,28	III	16 792	–	1 228,80	1 382,40	–	1 117,12	1 256,76	–	1 008,48	1 134,54	–	902,72	1 015,56	–	799,84	899,82	–	700,–	787,50
	V	30 250	1 581,98	2 420,–	2 722,50	IV	24 616	806,70	1 898,80	2 136,15	701,98	1 828,40	2 056,95	597,14	1 757,92	1 977,66	492,30	1 687,44	1 898,37	387,46	1 616,96	1 819,08	282,74	1 546,56	1 739,88
	VI	30 685	1 633,75	2 454,80	2 761,65																				
93 383,99 Ost	I,IV	24 774	930,34	1 981,92	2 229,66	I	24 774	720,66	1 840,96	2 071,08	511,10	1 700,08	1 912,59	301,42	1 559,12	1 754,01	91,86	1 418,24	1 595,52	–	1 277,28	1 436,94	–	1 137,28	1 279,44
	II	23 972	834,90	1 917,76	2 157,48	II	23 972	625,34	1 776,88	1 998,99	415,66	1 635,92	1 840,41	206,10	1 495,04	1 681,92	–	1 354,08	1 523,34	–	1 213,20	1 364,85	–	1 075,28	1 209,69
	III	16 922	–	1 353,76	1 522,98	III	16 922	–	1 239,04	1 393,92	–	1 127,04	1 267,92	–	1 018,08	1 145,34	–	912,–	1 026,–	–	808,96	910,08	–	708,80	797,40
	V	30 408	1 600,78	2 432,64	2 736,72	IV	24 774	825,50	1 911,44	2 150,37	720,66	1 840,96	2 071,08	615,82	1 770,48	1 991,79	511,10	1 700,08	1 912,59	406,26	1 629,60	1 833,30	301,42	1 559,12	1 754,01
	VI	30 843	1 652,55	2 467,44	2 775,87																				
93 419,99 West	I,IV	24 631	913,32	1 970,48	2 216,79	I	24 631	703,76	1 829,60	2 058,30	494,08	1 688,64	1 899,72	284,52	1 547,76	1 741,23	74,85	1 406,80	1 582,65	–	1 265,92	1 424,16	–	1 126,16	1 266,93
	II	23 830	818,–	1 906,40	2 144,70	II	23 830	608,32	1 765,44	1 986,12	398,76	1 624,56	1 827,63	189,09	1 483,60	1 669,05	–	1 342,72	1 510,56	–	1 201,84	1 352,07	–	1 064,40	1 197,45
	III	16 806	–	1 344,48	1 512,54	III	16 806	–	1 229,76	1 383,48	–	1 118,08	1 257,84	–	1 009,44	1 135,62	–	903,52	1 016,46	–	800,64	900,72	–	700,80	788,40
	V	30 265	1 583,77	2 421,20	2 723,85	IV	24 631	808,60	1 900,08	2 137,59	703,76	1 829,60	2 058,30	598,92	1 759,12	1 979,01	494,08	1 688,64	1 899,72	389,36	1 618,24	1 820,52	284,52	1 547,76	1 741,23
	VI	30 700	1 635,53	2 456,–	2 763,–																				
93 419,99 Ost	I,IV	24 789	932,12	1 983,12	2 231,01	I	24 789	722,44	1 842,16	2 072,43	512,89	1 701,28	1 913,94	303,21	1 560,32	1 755,36	93,65	1 419,44	1 596,87	–	1 278,48	1 438,29	–	1 138,48	1 280,79
	II	23 987	836,68	1 918,96	2 158,83	II	23 987	627,13	1 778,08	2 000,34	417,45	1 637,12	1 841,76	207,89	1 496,24	1 683,27	–	1 355,36	1 524,78	–	1 214,40	1 366,20	–	1 076,48	1 211,04
	III	16 936	–	1 354,88	1 524,24	III	16 936	–	1 240,–	1 395,–	–	1 128,–	1 269,–	–	1 019,04	1 146,42	–	912,96	1 027,08	–	809,76	910,98	–	709,60	798,30
	V	30 423	1 602,57	2 433,84	2 738,07	IV	24 789	827,28	1 912,64	2 151,72	722,44	1 842,16	2 072,43	617,72	1 771,76	1 993,23	512,89	1 701,28	1 913,94	408,05	1 630,80	1 834,65	303,21	1 560,32	1 755,36
	VI	30 858	1 654,33	2 468,64	2 777,22																				
93 455,99 West	I,IV	24 646	915,11	1 971,68	2 218,14	I	24 646	705,55	1 830,80	2 059,65	495,87	1 689,84	1 901,07	286,31	1 548,96	1 742,58	76,63	1 408,–	1 584,–	–	1 267,12	1 425,51	–	1 127,36	1 268,28
	II	23 845	819,79	1 907,60	2 146,05	II	23 845	610,23	1 766,72	1 987,56	400,55	1 625,76	1 828,98	190,99	1 484,88	1 670,49	–	1 343,92	1 511,91	–	1 203,04	1 353,42	–	1 065,52	1 198,71
	III	16 818	–	1 345,44	1 513,62	III	16 818	–	1 230,72	1 384,56	–	1 119,04	1 258,92	–	1 010,24	1 136,52	–	904,48	1 017,54	–	801,60	901,80	–	701,60	789,30
	V	30 280	1 585,55	2 422,40	2 725,20	IV	24 646	810,39	1 901,28	2 138,94	705,55	1 830,80	2 059,65	600,71	1 760,32	1 980,36	495,87	1 689,84	1 901,07	391,15	1 619,44	1 821,87	286,31	1 548,96	1 742,58
	VI	30 715	1 637,32	2 457,20	2 764,35																				
93 455,99 Ost	I,IV	24 804	933,91	1 984,32	2 232,36	I	24 804	724,23	1 843,36	2 073,78	514,67	1 702,48	1 915,29	304,99	1 561,52	1 756,71	95,43	1 420,64	1 598,22	–	1 279,76	1 439,73	–	1 139,68	1 282,14
	II	24 003	838,59	1 920,24	2 160,27	II	24 003	628,91	1 779,28	2 001,69	419,35	1 638,40	1 843,20	209,67	1 497,44	1 684,62	0,11	1 356,56	1 526,13	–	1 215,60	1 367,55	–	1 077,60	1 212,30
	III	16 948	–	1 355,84	1 525,32	III	16 948	–	1 240,96	1 396,08	–	1 128,96	1 270,08	–	1 019,84	1 147,32	–	913,76	1 027,98	–	810,72	912,06	–	710,40	799,20
	V	30 438	1 604,35	2 435,04	2 739,42	IV	24 804	829,07	1 913,84	2 153,07	724,23	1 843,36	2 073,78	619,51	1 772,96	1 994,58	514,67	1 702,48	1 915,29	409,83	1 632,–	1 836,–	304,99	1 561,52	1 756,71
	VI	30 873	1 656,12	2 469,84	2 778,57																				

* Die ausgewiesenen Tabellenwerte sind amtlich. Siehe Erläuterungen auf der Umschlaginnenseite (U2).

Lohn/ Gehalt bis €*		I – VI				I, II, III, IV																			
			ohne Kinderfreibeträge					**mit** Zahl der Kinderfreibeträge . . .																	
								0,5			1			1,5			2			2,5			3		
		LSt	SolZ	8%	9%		LSt	SolZ	8%	9%	SolZ	8%	9%	SolZ	8%	9%	SolZ	8%	9%	SolZ	8%	9%	SolZ	8%	9%
93 491,99 West	I,IV	24 662	917,01	1 972,96	2 219,58	I	24 662	707,33	1 832,—	2 061,—	497,77	1 691,12	1 902,51	288,09	1 550,16	1 743,93	78,54	1 409,28	1 585,44	—	1 268,32	1 426,86	—	1 128,56	1 269,63
	II	23 860	821,57	1 908,80	2 147,40	II	23 860	612,01	1 767,92	1 988,91	402,33	1 626,96	1 830,33	192,78	1 486,08	1 671,84	—	1 345,12	1 513,26	—	1 204,24	1 354,77	—	1 066,72	1 200,06
	III	16 830	—	1 346,40	1 514,70	III	16 830	—	1 231,68	1 385,64	—	1 120,—	1 260,—	—	1 011,20	1 137,60	—	905,28	1 018,44	—	802,40	902,70	—	702,40	790,20
	V	30 295	1 587,34	2 423,60	2 726,55	IV	24 662	812,17	1 902,48	2 140,29	707,33	1 832,—	2 061,—	602,49	1 761,52	1 981,71	497,77	1 691,12	1 902,51	392,93	1 620,64	1 823,22	288,09	1 550,16	1 743,93
	VI	30 731	1 639,22	2 458,48	2 765,79																				
93 491,99 Ost	I,IV	24 819	935,69	1 985,52	2 233,71	I	24 819	726,13	1 844,64	2 075,22	516,46	1 703,68	1 916,64	306,90	1 562,80	1 758,15	97,22	1 421,84	1 599,57	—	1 280,96	1 441,08	—	1 140,88	1 283,49
	II	24 018	840,37	1 921,44	2 161,62	II	24 018	630,70	1 780,48	2 003,04	421,14	1 639,60	1 844,55	211,46	1 498,64	1 685,97	1,90	1 357,76	1 527,48	—	1 216,80	1 368,90	—	1 078,80	1 213,65
	III	16 960	—	1 356,80	1 526,40	III	16 960	—	1 241,92	1 397,16	—	1 129,92	1 271,16	—	1 020,80	1 148,40	—	914,72	1 029,06	—	811,52	912,96	—	711,36	800,28
	V	30 453	1 606,14	2 436,24	2 740,77	IV	24 819	830,85	1 915,04	2 154,42	726,13	1 844,64	2 075,22	621,29	1 774,16	1 995,93	516,46	1 703,68	1 916,64	411,62	1 633,20	1 837,35	306,90	1 562,80	1 758,15
	VI	30 888	1 657,90	2 471,04	2 779,92																				
93 527,99 West	I,IV	24 677	918,79	1 974,16	2 220,93	I	24 677	709,12	1 833,20	2 062,35	499,56	1 692,32	1 903,86	289,88	1 551,36	1 745,28	80,32	1 410,48	1 586,79	—	1 269,52	1 428,21	—	1 129,76	1 270,98
	II	23 875	823,36	1 910,—	2 148,75	II	23 875	613,80	1 769,12	1 990,26	404,12	1 628,16	1 831,68	194,56	1 487,28	1 673,19	—	1 346,32	1 514,61	—	1 205,44	1 356,12	—	1 067,84	1 201,32
	III	16 842	—	1 347,36	1 515,78	III	16 842	—	1 232,64	1 386,72	—	1 120,96	1 261,08	—	1 012,16	1 138,68	—	906,24	1 019,52	—	803,36	903,78	—	703,36	791,28
	V	30 311	1 589,24	2 424,88	2 727,99	IV	24 677	813,96	1 903,68	2 141,64	709,12	1 833,20	2 062,35	604,28	1 762,72	1 983,06	499,56	1 692,32	1 903,86	394,72	1 621,84	1 824,57	289,88	1 551,36	1 745,28
	VI	30 746	1 641,01	2 459,68	2 767,14																				
93 527,99 Ost	I,IV	24 834	937,48	1 986,72	2 235,06	I	24 834	727,92	1 845,84	2 076,57	518,24	1 704,88	1 917,99	308,68	1 564,—	1 759,50	99,—	1 423,04	1 600,92	—	1 282,16	1 442,43	—	1 142,—	1 284,75
	II	24 033	842,16	1 922,64	2 162,97	II	24 033	632,48	1 781,68	2 004,39	422,92	1 640,80	1 845,90	213,24	1 499,84	1 687,32	3,68	1 358,96	1 528,83	—	1 218,—	1 370,25	—	1 079,92	1 214,91
	III	16 972	—	1 357,76	1 527,48	III	16 972	—	1 242,88	1 398,24	—	1 130,88	1 272,24	—	1 021,76	1 149,48	—	915,68	1 030,14	—	812,48	914,04	—	712,16	801,18
	V	30 468	1 607,92	2 437,44	2 742,12	IV	24 834	832,64	1 916,24	2 155,77	727,92	1 845,84	2 076,57	623,08	1 775,36	1 997,28	518,24	1 704,88	1 917,99	413,40	1 634,40	1 838,70	308,68	1 564,—	1 759,50
	VI	30 903	1 659,69	2 472,24	2 781,27																				
93 563,99 West	I,IV	24 692	920,58	1 975,36	2 222,28	I	24 692	710,90	1 834,40	2 063,70	501,34	1 693,52	1 905,21	291,66	1 552,56	1 746,63	82,11	1 411,68	1 588,14	—	1 270,72	1 429,56	—	1 130,88	1 272,24
	II	23 890	825,14	1 911,20	2 150,10	II	23 890	615,58	1 770,32	1 991,61	405,90	1 629,36	1 833,03	196,35	1 488,48	1 674,54	—	1 347,52	1 515,96	—	1 206,64	1 357,47	—	1 069,04	1 202,67
	III	16 854	—	1 348,32	1 516,86	III	16 854	—	1 233,60	1 387,80	—	1 121,92	1 262,16	—	1 013,12	1 139,76	—	907,20	1 020,60	—	804,16	904,68	—	704,16	792,18
	V	30 326	1 591,03	2 426,08	2 729,34	IV	24 692	815,74	1 904,88	2 142,99	710,90	1 834,40	2 063,70	606,18	1 764,—	1 984,50	501,34	1 693,52	1 905,21	396,50	1 623,04	1 825,92	291,66	1 552,56	1 746,63
	VI	30 761	1 642,79	2 460,88	2 768,49																				
93 563,99 Ost	I,IV	24 849	939,26	1 987,92	2 236,41	I	24 849	729,70	1 847,04	2 077,92	520,03	1 706,08	1 919,34	310,47	1 565,20	1 760,85	100,79	1 424,24	1 602,27	—	1 283,36	1 443,78	—	1 143,20	1 286,10
	II	24 048	843,94	1 923,84	2 164,32	II	24 048	634,27	1 782,88	2 005,74	424,71	1 642,—	1 847,25	215,03	1 501,04	1 688,67	5,47	1 360,16	1 530,18	—	1 219,28	1 371,69	—	1 081,12	1 216,26
	III	16 986	—	1 358,88	1 528,74	III	16 986	—	1 243,84	1 399,32	—	1 131,84	1 273,32	—	1 022,72	1 150,56	—	916,48	1 031,04	—	813,28	914,94	—	712,96	802,08
	V	30 483	1 609,71	2 438,64	2 743,47	IV	24 849	834,54	1 917,52	2 157,21	729,70	1 847,04	2 077,92	624,86	1 776,56	1 998,63	520,03	1 706,08	1 919,34	415,31	1 635,68	1 840,14	310,47	1 565,20	1 760,85
	VI	30 918	1 661,47	2 473,44	2 782,62																				
93 599,99 West	I,IV	24 707	922,36	1 976,56	2 223,63	I	24 707	712,69	1 835,60	2 065,05	503,13	1 694,72	1 906,56	293,45	1 553,76	1 747,98	83,89	1 412,88	1 589,49	—	1 271,92	1 430,91	—	1 132,08	1 273,59
	II	23 906	827,05	1 912,48	2 151,54	II	23 906	617,37	1 771,52	1 992,96	407,81	1 630,64	1 834,47	198,13	1 489,68	1 675,89	—	1 348,80	1 517,40	—	1 207,84	1 358,82	—	1 070,16	1 203,93
	III	16 868	—	1 349,44	1 518,12	III	16 868	—	1 234,72	1 389,06	—	1 122,88	1 263,24	—	1 013,92	1 140,66	—	908,—	1 021,50	—	805,12	905,76	—	704,96	793,08
	V	30 341	1 592,81	2 427,28	2 730,69	IV	24 707	817,53	1 906,08	2 144,34	712,69	1 835,60	2 065,05	607,97	1 765,20	1 985,85	503,13	1 694,72	1 906,56	398,29	1 624,24	1 827,27	293,45	1 553,76	1 747,98
	VI	30 776	1 644,58	2 462,08	2 769,84																				
93 599,99 Ost	I,IV	24 864	941,05	1 989,12	2 237,76	I	24 864	731,49	1 848,24	2 079,27	521,81	1 707,28	1 920,69	312,25	1 566,40	1 762,20	102,57	1 425,44	1 603,62	—	1 284,56	1 445,13	—	1 144,40	1 287,45
	II	24 063	845,73	1 925,04	2 165,67	II	24 063	636,17	1 784,16	2 007,18	426,49	1 643,20	1 848,60	216,93	1 502,32	1 690,11	7,25	1 361,36	1 531,53	—	1 220,48	1 373,04	—	1 082,24	1 217,52
	III	16 998	—	1 359,84	1 529,82	III	16 998	—	1 244,80	1 400,40	—	1 132,80	1 274,40	—	1 023,68	1 151,64	—	917,44	1 032,12	—	814,24	916,02	—	713,92	803,16
	V	30 498	1 611,49	2 439,84	2 744,82	IV	24 864	836,33	1 918,72	2 158,56	731,49	1 848,24	2 079,27	626,65	1 777,76	1 999,98	521,81	1 707,28	1 920,69	417,09	1 636,88	1 841,49	312,25	1 566,40	1 762,20
	VI	30 933	1 663,26	2 474,64	2 783,97																				
93 635,99 West	I,IV	24 722	924,15	1 977,76	2 224,98	I	24 722	714,59	1 836,88	2 066,49	504,91	1 695,92	1 907,91	295,35	1 555,04	1 749,42	85,68	1 414,08	1 590,84	—	1 273,20	1 432,35	—	1 133,28	1 274,94
	II	23 921	828,83	1 913,68	2 152,89	II	23 921	619,15	1 772,72	1 994,31	409,59	1 631,84	1 835,82	199,92	1 490,88	1 677,24	—	1 350,—	1 518,75	—	1 209,04	1 360,17	—	1 071,36	1 205,28
	III	16 880	—	1 350,40	1 519,20	III	16 880	—	1 235,68	1 390,14	—	1 123,84	1 264,32	—	1 014,88	1 141,74	—	908,96	1 022,58	—	805,92	906,66	—	705,92	794,16
	V	30 356	1 594,60	2 428,48	2 732,04	IV	24 722	819,31	1 907,28	2 145,69	714,59	1 836,88	2 066,49	609,75	1 766,40	1 987,20	504,91	1 695,92	1 907,91	400,07	1 625,44	1 828,62	295,35	1 555,04	1 749,42
	VI	30 791	1 646,36	2 463,28	2 771,19																				
93 635,99 Ost	I,IV	24 880	942,95	1 990,40	2 239,20	I	24 880	733,27	1 849,44	2 080,62	523,71	1 708,56	1 922,13	314,04	1 567,60	1 763,55	104,48	1 426,72	1 605,06	—	1 285,76	1 446,48	—	1 145,60	1 288,80
	II	24 078	847,51	1 926,24	2 167,02	II	24 078	637,95	1 785,36	2 008,53	428,28	1 644,40	1 849,95	218,72	1 503,52	1 691,46	9,04	1 362,56	1 532,88	—	1 221,68	1 374,39	—	1 083,44	1 218,87
	III	17 010	—	1 360,80	1 530,90	III	17 010	—	1 245,76	1 401,48	—	1 133,76	1 275,48	—	1 024,48	1 152,54	—	918,40	1 033,20	—	815,04	916,92	—	714,72	804,06
	V	30 513	1 613,28	2 441,04	2 746,17	IV	24 880	838,11	1 919,92	2 159,91	733,27	1 849,44	2 080,62	628,43	1 778,96	2 001,33	523,71	1 708,56	1 922,13	418,88	1 638,08	1 842,84	314,04	1 567,60	1 763,55
	VI	30 948	1 665,04	2 475,84	2 785,32																				
93 671,99 West	I,IV	24 737	925,93	1 978,96	2 226,33	I	24 737	716,38	1 838,08	2 067,84	506,70	1 697,12	1 909,26	297,14	1 556,24	1 750,77	87,46	1 415,28	1 592,19	—	1 274,40	1 433,70	—	1 134,48	1 276,29
	II	23 936	830,62	1 914,88	2 154,24	II	23 936	620,94	1 773,92	1 995,66	411,38	1 633,04	1 837,17	201,70	1 492,08	1 678,59	—	1 351,20	1 520,10	—	1 210,24	1 361,52	—	1 072,48	1 206,54
	III	16 892	—	1 351,36	1 520,28	III	16 892	—	1 236,64	1 391,22	—	1 124,80	1 265,40	—	1 015,84	1 142,82	—	909,76	1 023,48	—	806,72	907,56	—	706,72	795,06
	V	30 371	1 596,38	2 429,68	2 733,39	IV	24 737	821,10	1 908,48	2 147,04	716,38	1 838,08	2 067,84	611,54	1 767,60	1 988,55	506,70	1 697,12	1 909,26	401,86	1 626,64	1 829,97	297,14	1 556,24	1 750,77
	VI	30 806	1 648,15	2 464,48	2 772,54																				
93 671,99 Ost	I,IV	24 895	944,74	1 991,60	2 240,55	I	24 895	735,06	1 850,64	2 081,97	525,50	1 709,76	1 923,48	315,82	1 568,80	1 764,90	106,26	1 427,92	1 606,41	—	1 286,96	1 447,83	—	1 146,80	1 290,15
	II	24 093	849,30	1 927,44	2 168,37	II	24 093	639,74	1 786,56	2 009,88	430,06	1 645,60	1 851,30	220,50	1 504,72	1 692,81	10,82	1 363,76	1 534,23	—	1 222,88	1 375,74	—	1 084,56	1 220,13
	III	17 022	—	1 361,76	1 531,98	III	17 022	—	1 246,72	1 402,56	—	1 134,72	1 276,56	—	1 025,44	1 153,62	—	919,20	1 034,10	—	815,84	917,82	—	715,52	804,96
	V	30 528	1 615,06	2 442,24	2 747,52	IV	24 895	839,90	1 921,12	2 161,26	735,06	1 850,64	2 081,97	630,22	1 780,16	2 002,68	525,50	1 709,76	1 923,48	420,66	1 639,28	1 844,19	315,82	1 568,80	1 764,90
	VI	30 964	1 666,95	2 477,12	2 786,76																				
93 707,99 West	I,IV	24 752	927,72	1 980,16	2 227,68	I	24 752	718,16	1 839,28	2 069,19	508,48	1 698,32	1 910,61	298,92	1 557,44	1 752,12	89,25	1 416,48	1 593,54	—	1 275,60	1 435,05	—	1 135,60	1 277,55
	II	23 951	832,40	1 916,08	2 155,59	II	23 951	622,72	1 775,12	1 997,01	413,16	1 634,24	1 838,52	203,49	1 493,28	1 679,94	—	1 352,40	1 521,45	—	1 211,52	1 362,96	—	1 073,68	1 207,89
	III	16 904	—	1 352,32	1 521,36	III	16 904	—	1 237,60	1 392,30	—	1 125,76	1 266,48	—	1 016,80	1 143,90	—	910,72	1 024,56	—	807,68	908,64	—	707,52	795,96
	V	30 386	1 598,17	2 430,88	2 734,74	IV	24 752	823,—	1 909,76	2 148,48	718,16	1 839,28	2 069,19	613,32	1 768,80	1 989,90	508,48	1 698,32	1 910,61	403,76	1 627,92	1 831,41	298,92	1 557,44	1 752,12
	VI	30 821	1 649,93	2 465,68	2 773,89																				
93 707,99 Ost	I,IV	24 910	946,52	1 992,80	2 241,90	I	24 910	736,84	1 851,84	2 083,32	527,28	1 710,96	1 924,83	317,61	1 570,—	1 766,25	108,05	1 429,12	1 607,76	—	1 288,16	1 449,18	—	1 147,92	1 291,41
	II	24 108	851,08	1 928,64	2 169,72	II	24 108	641,52	1 787,76	2 011,23	431,85	1 646,80	1 852,65	222,29	1 505,92	1 694,16	12,61	1 364,96	1 535,58	—	1 224,08	1 377,09	—	1 085,76	1 221,48
	III	17 036	—	1 362,88	1 533,24	III	17 036	—	1 247,68	1 403,64	—	1 135,52	1 277,46	—	1 026,40	1 154,70	—	920,16	1 035,18	—	816,80	918,90	—	716,48	806,04
	V	30 544	1 616,97	2 443,52	2 748,96	IV	24 910	841,68	1 922,32	2 162,61	736,84	1 851,84	2 083,32	632,12	1 781,44	2 004,12	527,28	1 710,96	1 924,83	422,45	1 640,48	1 845,54	317,61	1 570,—	1 766,25
	VI	30 979	1 668,73	2 478,32	2 788,11																				
93 743,99 West	I,IV	24 767	929,50	1 981,36	2 229,03	I	24 767	719,95	1 840,48	2 070,54	510,27	1 699,52	1 911,96	300,71	1 558,64	1 753,47	91,03	1 417,68	1 594,89	—	1 276,80	1 436,40	—	1 136,80	1 278,90
	II	23 966	834,19	1 917,28	2 156,94	II	23 966	624,63	1 776,40	1 998,45	414,95	1 635,44	1 839,87	205,39	1 494,56	1 681,38	—	1 353,60	1 522,80	—	1 212,72	1 364,31	—	1 074,80	1 209,15
	III	16 918	—	1 353,44	1 522,62	III	16 918	—	1 238,56	1 393,38	—	1 126,56	1 267,38	—	1 017,60	1 144,80	—	911,68	1 025,64	—	808,48	909,54	—	708,32	796,86
	V	30 401	1 599,95	2 432,08	2 736,09	IV	24 767	824,78	1 910,96	2 149,83	719,95	1 840,48	2 070,54	615,11	1 770,—	1 991,25	510,27	1 699,52	1 911,96	405,55	1 629,12	1 832,76	300,71	1 558,64	1 753,47
	VI	30 836	1 651,72	2 466,88	2 775,24																				
93 743,99 Ost	I,IV	24 925	948,31	1 994,—	2 243,25	I	24 925	738,63	1 853,04	2 084,67	529,07	1 712,16	1 926,18	319,39	1 571,20	1 767,60	109,83	1 430,32	1 609,11	—	1 289,36	1 450,53	—	1 149,12	1 292,76
	II	24 124	852,99	1 929,92	2 171,16	II	24 124	643,31	1 788,96	2 012,58	433,75	1 648,08	1 854,09	224,07	1 507,12	1 695,51	14,51	1 366,24	1 537,02	—	1 225,28	1 378,44	—	1 086,88	1 222,74
	III	17 048	—	1 363,84	1 534,32	III	17 048	—	1 248,64	1 404,72	—	1 136,48	1 278,54	—	1 027,36	1 155,78	—	920,96	1 036,08	—	817,60	919,80	—	717,28	806,94
	V	30 559	1 618,75	2 444,72	2 750,31	IV	24 925	843,47	1 923,52	2 163,96	738,63	1 853,04	2 084,67	633,91	1 782,64	2 005,47	529,07	1 712,16	1 926,18	424,23	1 641,68	1 846,89	319,39	1 571,20	1 767,60
	VI	30 994	1 670,52	2 479,52	2 789,46																				

Abzüge an Lohnsteuer, Solidaritätszuschlag (SolZ) und Kirchensteuer (8%, 9%) in den Steuerklassen

* Die ausgewiesenen Tabellenwerte sind amtlich. Siehe Erläuterungen auf der Umschlaginnenseite (U2).

JAHR 93 744,–*

Lohn/ Gehalt bis €*		Abzüge an Lohnsteuer, Solidaritätszuschlag (SolZ) und Kirchensteuer (8%, 9%) in den Steuerklassen I – VI				I, II, III, IV		mit Zahl der Kinderfreibeträge . . .																	
			ohne Kinderfreibeträge					0,5			1			1,5			2			2,5			3		
		LSt	SolZ	8%	9%		LSt	SolZ	8%	9%	SolZ	8%	9%	SolZ	8%	9%	SolZ	8%	9%	SolZ	8%	9%	SolZ	8%	9%
93 779,99 West	I,IV	24 782	931,29	1 982,56	2 230,38	I	24 782	721,73	1 841,68	2 071,89	512,17	1 700,80	1 913,40	302,49	1 559,84	1 754,82	92,93	1 418,96	1 596,33	–	1 278,–	1 437,75	–	1 138,–	1 280,25
	II	23 981	835,97	1 918,48	2 158,29	II	23 981	626,41	1 777,60	1 999,80	416,73	1 636,64	1 841,22	207,17	1 495,76	1 682,73	–	1 354,80	1 524,15	–	1 213,92	1 365,66	–	1 076,–	1 210,50
	III	16 930	–	1 354,40	1 523,70	III	16 930	–	1 239,52	1 394,46	–	1 127,52	1 268,46	–	1 018,56	1 145,88	–	912,48	1 026,54	–	809,44	910,62	–	709,28	797,94
	V	30 416	1 601,74	2 433,28	2 737,44	IV	24 782	826,57	1 912,16	2 151,18	721,73	1 841,68	2 071,89	616,89	1 771,20	1 992,60	512,17	1 700,80	1 913,40	407,33	1 630,32	1 834,11	302,49	1 559,84	1 754,82
	VI	30 851	1 653,50	2 468,08	2 776,59																				
93 779,99 Ost	I,IV	24 940	950,09	1 995,20	2 244,60	I	24 940	740,53	1 854,32	2 086,11	530,85	1 713,36	1 927,53	321,30	1 572,48	1 769,04	111,62	1 431,52	1 610,46	–	1 290,64	1 451,97	–	1 150,32	1 294,11
	II	24 139	854,77	1 931,12	2 172,51	II	24 139	645,09	1 790,16	2 013,93	435,54	1 649,28	1 855,44	225,86	1 508,32	1 696,86	16,30	1 367,44	1 538,37	–	1 226,48	1 379,79	–	1 088,08	1 224,09
	III	17 060	–	1 364,80	1 535,40	III	17 060	–	1 249,76	1 405,98	–	1 137,44	1 279,62	–	1 028,16	1 156,68	–	921,92	1 037,16	–	818,56	920,88	–	718,08	807,84
	V	30 574	1 620,54	2 445,92	2 751,66	IV	24 940	845,25	1 924,72	2 165,31	740,53	1 854,32	2 086,11	635,69	1 783,84	2 006,82	530,85	1 713,36	1 927,53	426,02	1 642,88	1 848,24	321,30	1 572,48	1 769,04
	VI	31 009	1 672,30	2 480,72	2 790,81																				
93 815,99 West	I,IV	24 798	933,19	1 983,84	2 231,82	I	24 798	723,52	1 842,88	2 073,24	513,96	1 702,–	1 914,75	304,28	1 561,04	1 756,17	94,72	1 420,16	1 597,68	–	1 279,20	1 439,10	–	1 139,20	1 281,60
	II	23 996	837,76	1 919,68	2 159,64	II	23 996	628,20	1 778,80	2 001,15	418,52	1 637,84	1 842,57	208,96	1 496,96	1 684,08	–	1 356,–	1 525,50	–	1 215,12	1 367,01	–	1 077,12	1 211,76
	III	16 942	–	1 355,36	1 524,78	III	16 942	–	1 240,48	1 395,54	–	1 128,48	1 269,54	–	1 019,52	1 146,96	–	913,44	1 027,62	–	810,24	911,52	–	710,08	798,84
	V	30 431	1 603,52	2 434,48	2 738,79	IV	24 798	828,35	1 913,36	2 152,53	723,52	1 842,88	2 073,24	618,68	1 772,40	1 993,95	513,96	1 702,–	1 914,75	409,12	1 631,52	1 835,46	304,28	1 561,04	1 756,17
	VI	30 867	1 655,40	2 469,36	2 778,03																				
93 815,99 Ost	I,IV	24 955	951,88	1 996,40	2 245,95	I	24 955	742,32	1 855,52	2 087,46	532,64	1 714,56	1 928,88	323,08	1 573,68	1 770,39	113,40	1 432,72	1 611,81	–	1 291,84	1 453,32	–	1 151,52	1 295,46
	II	24 154	856,56	1 932,32	2 173,86	II	24 154	646,88	1 791,36	2 015,28	437,32	1 650,48	1 856,79	227,64	1 509,52	1 698,21	18,08	1 368,64	1 539,72	–	1 227,68	1 381,14	–	1 089,20	1 225,35
	III	17 072	–	1 365,76	1 536,48	III	17 072	–	1 250,72	1 407,06	–	1 138,40	1 280,70	–	1 029,12	1 157,76	–	922,88	1 038,24	–	819,36	921,78	–	718,88	808,74
	V	30 589	1 622,32	2 447,12	2 753,01	IV	24 955	847,04	1 925,92	2 166,66	742,32	1 855,52	2 087,46	637,48	1 785,04	2 008,17	532,64	1 714,56	1 928,88	427,80	1 644,08	1 849,59	323,08	1 573,68	1 770,39
	VI	31 024	1 674,09	2 481,92	2 792,16																				
93 851,99 West	I,IV	24 813	934,98	1 985,04	2 233,17	I	24 813	725,30	1 844,08	2 074,59	515,74	1 703,20	1 916,10	306,06	1 562,24	1 757,52	96,50	1 421,36	1 599,03	–	1 280,40	1 440,45	–	1 140,32	1 282,86
	II	24 011	839,54	1 920,88	2 160,99	II	24 011	629,98	1 780,–	2 002,50	420,30	1 639,04	1 843,92	210,74	1 498,16	1 685,43	1,07	1 357,20	1 526,85	–	1 216,32	1 368,36	–	1 078,32	1 213,11
	III	16 954	–	1 356,32	1 525,86	III	16 954	–	1 241,44	1 396,62	–	1 129,44	1 270,62	–	1 020,48	1 148,04	–	914,40	1 028,70	–	811,20	912,60	–	710,88	799,74
	V	30 447	1 605,42	2 435,76	2 740,23	IV	24 813	830,14	1 914,56	2 153,88	725,30	1 844,08	2 074,59	620,58	1 773,68	1 995,39	515,74	1 703,20	1 916,10	410,90	1 632,72	1 836,81	306,06	1 562,24	1 757,52
	VI	30 882	1 657,19	2 470,56	2 779,38																				
93 851,99 Ost	I,IV	24 970	953,66	1 997,60	2 247,30	I	24 970	744,10	1 856,72	2 088,81	534,42	1 715,76	1 930,23	324,87	1 574,88	1 771,74	115,19	1 433,92	1 613,16	–	1 293,04	1 454,67	–	1 152,72	1 296,81
	II	24 169	858,34	1 933,52	2 175,21	II	24 169	648,66	1 792,56	2 016,63	439,11	1 651,68	1 858,14	229,43	1 510,72	1 699,56	19,87	1 369,84	1 541,07	–	1 228,88	1 382,49	–	1 090,40	1 226,70
	III	17 086	–	1 366,88	1 537,74	III	17 086	–	1 251,68	1 408,14	–	1 139,36	1 281,78	–	1 030,08	1 158,84	–	923,68	1 039,14	–	820,32	922,86	–	719,84	809,82
	V	30 604	1 624,11	2 448,32	2 754,36	IV	24 970	848,82	1 927,12	2 168,01	744,10	1 856,72	2 088,81	639,26	1 786,24	2 009,52	534,42	1 715,76	1 930,23	429,70	1 645,36	1 851,03	324,87	1 574,88	1 771,74
	VI	31 039	1 675,87	2 483,12	2 793,51																				
93 887,99 West	I,IV	24 828	936,76	1 986,24	2 234,52	I	24 828	727,09	1 845,28	2 075,94	517,53	1 704,40	1 917,45	307,85	1 563,44	1 758,87	98,29	1 422,56	1 600,38	–	1 281,60	1 441,80	–	1 141,52	1 284,21
	II	24 026	841,33	1 922,08	2 162,34	II	24 026	631,77	1 781,20	2 003,85	422,21	1 640,32	1 845,36	212,53	1 499,36	1 686,78	2,97	1 358,48	1 528,29	–	1 217,52	1 369,71	–	1 079,44	1 214,37
	III	16 968	–	1 357,44	1 527,12	III	16 968	–	1 242,40	1 397,70	–	1 130,40	1 271,70	–	1 021,28	1 148,94	–	915,20	1 029,60	–	812,–	913,50	–	711,84	800,82
	V	30 462	1 607,21	2 436,96	2 741,58	IV	24 828	831,92	1 915,76	2 155,23	727,09	1 845,28	2 075,94	622,37	1 774,88	1 996,74	517,53	1 704,40	1 917,45	412,69	1 633,92	1 838,16	307,85	1 563,44	1 758,87
	VI	30 897	1 658,97	2 471,76	2 780,73																				
93 887,99 Ost	I,IV	24 985	955,45	1 998,80	2 248,65	I	24 985	745,89	1 857,92	2 090,16	536,21	1 716,96	1 931,58	326,65	1 576,08	1 773,09	116,97	1 435,12	1 614,51	–	1 294,24	1 456,02	–	1 153,92	1 298,16
	II	24 184	860,13	1 934,72	2 176,56	II	24 184	650,57	1 793,84	2 018,07	440,89	1 652,88	1 859,49	231,33	1 512,–	1 701,–	21,65	1 371,04	1 542,42	–	1 230,16	1 383,93	–	1 091,52	1 227,96
	III	17 098	–	1 367,84	1 538,82	III	17 098	–	1 252,64	1 409,22	–	1 140,32	1 282,86	–	1 031,04	1 159,92	–	924,64	1 040,22	–	821,12	923,76	–	720,64	810,72
	V	30 619	1 625,89	2 449,52	2 755,71	IV	24 985	850,73	1 928,40	2 169,45	745,89	1 857,92	2 090,16	641,05	1 787,44	2 010,87	536,21	1 716,96	1 931,58	431,49	1 646,56	1 852,38	326,65	1 576,08	1 773,09
	VI	31 054	1 677,66	2 484,32	2 794,86																				
93 923,99 West	I,IV	24 843	938,55	1 987,44	2 235,87	I	24 843	728,87	1 846,48	2 077,29	519,31	1 705,60	1 918,80	309,75	1 564,72	1 760,31	100,07	1 423,76	1 601,73	–	1 282,88	1 443,24	–	1 142,72	1 285,56
	II	24 042	843,23	1 923,36	2 163,78	II	24 042	633,55	1 782,40	2 005,20	423,99	1 641,52	1 846,71	214,31	1 500,56	1 688,13	4,76	1 359,68	1 529,64	–	1 218,72	1 371,06	–	1 080,64	1 215,72
	III	16 980	–	1 358,40	1 528,20	III	16 980	–	1 243,36	1 398,78	–	1 131,36	1 272,78	–	1 022,24	1 150,02	–	916,16	1 030,68	–	812,96	914,58	–	712,64	801,72
	V	30 477	1 608,99	2 438,16	2 742,93	IV	24 843	833,71	1 916,96	2 156,58	728,87	1 846,48	2 077,29	624,15	1 776,08	1 998,09	519,31	1 705,60	1 918,80	414,47	1 635,12	1 839,51	309,75	1 564,72	1 760,31
	VI	30 912	1 660,76	2 472,96	2 782,08																				
93 923,99 Ost	I,IV	25 000	957,23	2 000,–	2 250,–	I	25 000	747,67	1 859,12	2 091,51	538,11	1 718,24	1 933,02	328,44	1 577,28	1 774,44	118,88	1 436,40	1 615,95	–	1 295,44	1 457,37	–	1 155,04	1 299,42
	II	24 199	861,91	1 935,92	2 177,91	II	24 199	652,35	1 795,04	2 019,42	442,68	1 654,08	1 860,84	233,12	1 513,20	1 702,35	23,44	1 372,24	1 543,77	–	1 231,36	1 385,28	–	1 092,72	1 229,31
	III	17 110	–	1 368,80	1 539,90	III	17 110	–	1 253,60	1 410,30	–	1 141,28	1 283,94	–	1 032,–	1 161,–	–	925,60	1 041,30	–	822,08	924,84	–	721,44	811,62
	V	30 634	1 627,68	2 450,72	2 757,06	IV	25 000	852,51	1 929,60	2 170,80	747,67	1 859,12	2 091,51	642,83	1 788,64	2 012,22	538,11	1 718,24	1 933,02	433,27	1 647,76	1 853,73	328,44	1 577,28	1 774,44
	VI	31 069	1 679,44	2 485,52	2 796,21																				
93 959,99 West	I,IV	24 858	940,33	1 988,64	2 237,22	I	24 858	730,77	1 847,76	2 078,73	521,10	1 706,80	1 920,15	311,54	1 565,92	1 761,66	101,86	1 424,96	1 603,08	–	1 284,08	1 444,59	–	1 143,92	1 286,91
	II	24 057	845,01	1 924,56	2 165,13	II	24 057	635,34	1 783,60	2 006,55	425,78	1 642,72	1 848,06	216,10	1 501,76	1 689,48	6,54	1 360,88	1 530,99	–	1 219,92	1 372,41	–	1 081,76	1 216,98
	III	16 992	–	1 359,36	1 529,28	III	16 992	–	1 244,32	1 399,86	–	1 132,32	1 273,86	–	1 023,20	1 151,10	–	916,96	1 031,58	–	813,76	915,48	–	713,44	802,62
	V	30 492	1 610,78	2 439,36	2 744,28	IV	24 858	835,49	1 918,16	2 157,93	730,77	1 847,76	2 078,73	625,94	1 777,28	1 999,44	521,10	1 706,80	1 920,15	416,26	1 636,32	1 840,86	311,54	1 565,92	1 761,66
	VI	30 927	1 662,54	2 474,16	2 783,43																				
93 959,99 Ost	I,IV	25 016	959,14	2 001,28	2 251,44	I	25 016	749,46	1 860,32	2 092,86	539,90	1 719,44	1 934,37	330,22	1 578,48	1 775,79	120,66	1 437,60	1 617,30	–	1 296,64	1 458,72	–	1 156,24	1 300,77
	II	24 214	863,70	1 937,12	2 179,26	II	24 214	654,14	1 796,24	2 020,77	444,46	1 655,28	1 862,19	234,90	1 514,40	1 703,70	25,22	1 373,44	1 545,12	–	1 232,56	1 386,63	–	1 093,92	1 230,66
	III	17 122	–	1 369,76	1 540,98	III	17 122	–	1 254,56	1 411,38	–	1 142,24	1 285,02	–	1 032,80	1 161,90	–	926,40	1 042,20	–	822,88	925,74	–	722,40	812,70
	V	30 649	1 629,46	2 451,92	2 758,41	IV	25 016	854,30	1 930,80	2 172,15	749,46	1 860,32	2 092,86	644,62	1 789,84	2 013,57	539,90	1 719,44	1 934,37	435,06	1 648,96	1 855,08	330,22	1 578,48	1 775,79
	VI	31 085	1 681,35	2 486,80	2 797,65																				
93 995,99 West	I,IV	24 873	942,12	1 989,84	2 238,57	I	24 873	732,56	1 848,96	2 080,08	522,88	1 708,–	1 921,50	313,32	1 567,12	1 763,01	103,64	1 426,16	1 604,43	–	1 285,28	1 445,94	–	1 145,12	1 288,26
	II	24 072	846,80	1 925,76	2 166,48	II	24 072	637,12	1 784,80	2 007,90	427,56	1 643,92	1 849,41	217,88	1 502,96	1 690,83	8,33	1 362,08	1 532,34	–	1 221,12	1 373,76	–	1 082,96	1 218,33
	III	17 004	–	1 360,32	1 530,36	III	17 004	–	1 245,28	1 400,94	–	1 133,28	1 274,94	–	1 024,16	1 152,18	–	917,92	1 032,66	–	814,72	916,56	–	714,40	803,70
	V	30 507	1 612,56	2 440,56	2 745,63	IV	24 873	837,28	1 919,36	2 159,28	732,56	1 848,96	2 080,08	627,72	1 778,48	2 000,79	522,88	1 708,–	1 921,50	418,16	1 637,60	1 842,30	313,32	1 567,12	1 763,01
	VI	30 942	1 664,33	2 475,36	2 784,78																				
93 995,99 Ost	I,IV	25 031	960,92	2 002,48	2 252,79	I	25 031	751,24	1 861,52	2 094,21	541,68	1 720,64	1 935,72	332,01	1 579,68	1 777,14	122,45	1 438,80	1 618,65	–	1 297,84	1 460,07	–	1 157,44	1 302,12
	II	24 229	865,48	1 938,32	2 180,61	II	24 229	655,92	1 797,44	2 022,12	446,25	1 656,48	1 863,54	236,69	1 515,60	1 705,05	27,01	1 374,64	1 546,47	–	1 233,76	1 387,98	–	1 095,04	1 231,92
	III	17 136	–	1 370,88	1 542,24	III	17 136	–	1 255,52	1 412,46	–	1 143,20	1 286,10	–	1 033,76	1 162,98	–	927,36	1 043,28	–	823,84	926,82	–	723,20	813,60
	V	30 665	1 631,37	2 453,20	2 759,85	IV	25 031	856,08	1 932,–	2 173,50	751,24	1 861,52	2 094,21	646,40	1 791,04	2 014,92	541,68	1 720,64	1 935,72	436,84	1 650,16	1 856,43	332,01	1 579,68	1 777,14
	VI	31 100	1 683,13	2 488,–	2 799,–																				
94 031,99 West	I,IV	24 888	943,90	1 991,04	2 239,92	I	24 888	734,34	1 850,16	2 081,43	524,67	1 709,20	1 922,85	315,11	1 568,32	1 764,36	105,43	1 427,36	1 605,78	–	1 286,48	1 447,29	–	1 146,24	1 289,52
	II	24 087	848,58	1 926,96	2 167,83	II	24 087	638,91	1 786,–	2 009,25	429,35	1 645,12	1 850,76	219,79	1 504,24	1 692,27	10,11	1 363,28	1 533,69	–	1 222,40	1 375,20	–	1 084,08	1 219,59
	III	17 018	–	1 361,44	1 531,62	III	17 018	–	1 246,40	1 402,20	–	1 134,24	1 276,02	–	1 025,12	1 153,26	–	918,88	1 033,74	–	815,52	917,46	–	715,20	804,60
	V	30 522	1 614,35	2 441,76	2 746,98	IV	24 888	839,18	1 920,64	2 160,72	734,34	1 850,16	2 081,43	629,51	1 779,68	2 002,14	524,67	1 709,20	1 922,85	419,95	1 638,80	1 843,65	315,11	1 568,32	1 764,36
	VI	30 957	1 666,11	2 476,56	2 786,13																				
94 031,99 Ost	I,IV	25 046	962,71	2 003,68	2 254,14	I	25 046	753,03	1 862,72	2 095,56	543,47	1 721,84	1 937,07	333,79	1 580,88	1 778,49	124,23	1 440,–	1 620,–	–	1 299,04	1 461,42	–	1 158,64	1 303,47
	II	24 244	867,27	1 939,52	2 181,96	II	24 244	657,71	1 798,64	2 023,47	448,15	1 657,76	1 864,98	238,47	1 516,80	1 706,40	28,91	1 375,92	1 547,91	–	1 234,96	1 389,33	–	1 096,24	1 233,27
	III	17 148	–	1 371,84	1 543,32	III	17 148	–	1 256,48	1 413,54	–	1 144,16	1 287,18	–	1 034,72	1 164,06	–	928,16	1 044,18	–	824,64	927,72	–	724,–	814,50
	V	30 680	1 633,15	2 454,40	2 761,20	IV	25 046	857,87	1 933,20	2 174,85	753,03	1 862,72	2 095,56	648,31	1 792,32	2 016,36	543,47	1 721,84	1 937,07	438,63	1 651,36	1 857,78	333,79	1 580,88	1 778,49
	VI	31 115	1 684,92	2 489,20	2 800,35																				

*** Die ausgewiesenen Tabellenwerte sind amtlich. Siehe Erläuterungen auf der Umschlaginnenseite (U2).**

Abzüge an Lohnsteuer, Solidaritätszuschlag (SolZ) und Kirchensteuer (8%, 9%) in den Steuerklassen

Lohn/ Gehalt bis €*	I – VI	LSt	SolZ (ohne Kinderfreibeträge)	8%	9%	I, II, III, IV	LSt	0,5 SolZ	0,5 8%	0,5 9%	1 SolZ	1 8%	1 9%	1,5 SolZ	1,5 8%	1,5 9%	2 SolZ	2 8%	2 9%	2,5 SolZ	2,5 8%	2,5 9%	3 SolZ	3 8%	3 9%
94 067,99 West	I,IV	24 903	945,69	1 992,24	2 241,27	I	24 903	736,13	1 851,36	2 082,78	526,45	1 710,40	1 924,20	316,89	1 569,52	1 765,71	107,33	1 428,64	1 607,22	—	1 287,68	1 448,64	—	1 147,44	1 290,87
	II	24 102	850,37	1 928,16	2 169,18	II	24 102	640,81	1 787,28	2 010,69	431,13	1 646,32	1 852,11	221,57	1 505,44	1 693,62	11,90	1 364,48	1 535,04	—	1 223,60	1 376,55	—	1 085,28	1 220,94
	III	17 030	—	1 362,40	1 532,70	III	17 030	—	1 247,36	1 403,28	—	1 135,20	1 277,10	—	1 025,92	1 154,16	—	919,68	1 034,64	—	816,48	918,54	—	716,—	805,50
	V	30 537	1 616,13	2 442,96	2 748,33	IV	24 903	840,97	1 921,84	2 162,07	736,13	1 851,36	2 082,78	631,29	1 780,88	2 003,49	526,45	1 710,40	1 924,20	421,73	1 640,—	1 845,—	316,89	1 569,52	1 765,71
	VI	30 972	1 667,90	2 477,76	2 787,48																				
94 067,99 Ost	I,IV	25 061	964,49	2 004,88	2 255,49	I	25 061	754,81	1 863,92	2 096,91	545,25	1 723,04	1 938,42	335,69	1 582,16	1 779,93	126,02	1 441,20	1 621,35	—	1 300,32	1 462,86	—	1 159,84	1 304,82
	II	24 260	869,17	1 940,80	2 183,40	II	24 260	659,49	1 799,84	2 024,82	449,93	1 658,96	1 866,33	240,26	1 518,—	1 707,75	30,70	1 377,12	1 549,26	—	1 236,16	1 390,68	—	1 097,36	1 234,53
	III	17 160	—	1 372,80	1 544,40	III	17 160	—	1 257,44	1 414,62	—	1 145,12	1 288,26	—	1 035,68	1 165,14	—	929,12	1 045,26	—	825,60	928,80	—	724,96	815,58
	V	30 695	1 634,94	2 455,60	2 762,55	IV	25 061	859,65	1 934,40	2 176,20	754,81	1 863,92	2 096,91	650,09	1 793,52	2 017,71	545,25	1 723,04	1 938,42	440,41	1 652,56	1 859,13	335,69	1 582,16	1 779,93
	VI	31 130	1 686,70	2 490,40	2 801,70																				
94 103,99 West	I,IV	24 919	947,59	1 993,52	2 242,71	I	24 919	737,91	1 852,56	2 084,13	528,36	1 711,68	1 925,64	318,68	1 570,72	1 767,06	109,12	1 429,84	1 608,57	—	1 288,88	1 449,99	—	1 148,64	1 292,22
	II	24 117	852,15	1 929,36	2 170,53	II	24 117	642,60	1 788,48	2 012,04	432,92	1 647,52	1 853,46	223,36	1 506,64	1 694,97	13,68	1 365,68	1 536,39	—	1 224,80	1 377,90	—	1 086,40	1 222,20
	III	17 042	—	1 363,36	1 533,78	III	17 042	—	1 248,32	1 404,36	—	1 136,16	1 278,18	—	1 026,88	1 155,24	—	920,64	1 035,72	—	817,28	919,44	—	716,80	806,40
	V	30 552	1 617,92	2 444,16	2 749,68	IV	24 919	842,75	1 923,04	2 163,42	737,91	1 852,56	2 084,13	633,08	1 782,08	2 004,84	528,36	1 711,68	1 925,64	423,52	1 641,20	1 846,35	318,68	1 570,72	1 767,06
	VI	30 988	1 669,80	2 479,04	2 788,92																				
94 103,99 Ost	I,IV	25 076	966,28	2 006,08	2 256,84	I	25 076	756,72	1 865,20	2 098,35	547,04	1 724,24	1 939,77	337,48	1 583,36	1 781,28	127,80	1 442,40	1 622,70	—	1 301,52	1 464,21	—	1 161,04	1 306,17
	II	24 275	870,96	1 942,—	2 184,75	II	24 275	661,28	1 801,04	2 026,17	451,72	1 660,16	1 867,68	242,04	1 519,20	1 709,10	32,48	1 378,32	1 550,61	—	1 237,36	1 392,03	—	1 098,56	1 235,88
	III	17 172	—	1 373,76	1 545,48	III	17 172	—	1 258,40	1 415,70	—	1 146,08	1 289,34	—	1 036,64	1 166,22	—	930,08	1 046,34	—	826,40	929,70	—	725,76	816,48
	V	30 710	1 636,72	2 456,80	2 763,90	IV	25 076	861,44	1 935,60	2 177,55	756,72	1 865,20	2 098,35	651,88	1 794,72	2 019,06	547,04	1 724,24	1 939,77	442,20	1 653,76	1 860,48	337,48	1 583,36	1 781,28
	VI	31 145	1 688,43	2 491,60	2 803,05																				
94 139,99 West	I,IV	24 934	949,38	1 994,72	2 244,06	I	24 934	739,70	1 853,76	2 085,48	530,14	1 712,88	1 926,99	320,46	1 571,92	1 768,41	110,90	1 431,04	1 609,92	—	1 290,08	1 451,34	—	1 149,84	1 293,57
	II	24 132	853,94	1 930,56	2 171,88	II	24 132	644,38	1 789,68	2 013,39	434,70	1 648,72	1 854,81	225,14	1 507,84	1 696,32	15,47	1 366,88	1 537,74	—	1 226,—	1 379,25	—	1 087,60	1 223,55
	III	17 054	—	1 364,32	1 534,86	III	17 054	—	1 249,28	1 405,44	—	1 137,12	1 279,26	—	1 027,84	1 156,32	—	921,44	1 036,62	—	818,08	920,34	—	717,76	807,48
	V	30 568	1 619,82	2 445,44	2 751,12	IV	24 934	844,54	1 924,24	2 164,77	739,70	1 853,76	2 085,48	634,86	1 783,28	2 006,19	530,14	1 712,88	1 926,99	425,30	1 642,40	1 847,70	320,46	1 571,92	1 768,41
	VI	31 003	1 671,59	2 480,24	2 790,27																				
94 139,99 Ost	I,IV	25 091	968,06	2 007,28	2 258,19	I	25 091	758,50	1 866,40	2 099,70	548,82	1 725,44	1 941,12	339,26	1 584,56	1 782,63	129,59	1 443,60	1 624,05	—	1 302,72	1 465,56	—	1 162,24	1 307,52
	II	24 290	872,74	1 943,20	2 186,10	II	24 290	663,06	1 802,24	2 027,52	453,50	1 661,36	1 869,03	243,83	1 520,40	1 710,45	34,27	1 379,52	1 551,96	—	1 238,56	1 393,38	—	1 099,68	1 237,14
	III	17 186	—	1 374,88	1 546,74	III	17 186	—	1 259,52	1 416,96	—	1 147,04	1 290,42	—	1 037,44	1 167,12	—	930,88	1 047,24	—	827,36	930,78	—	726,56	817,38
	V	30 725	1 638,51	2 458,—	2 765,25	IV	25 091	863,22	1 936,80	2 178,90	758,50	1 866,40	2 099,70	653,66	1 795,92	2 020,41	548,82	1 725,44	1 941,12	443,98	1 654,96	1 861,83	339,26	1 584,56	1 782,63
	VI	31 160	1 690,27	2 492,80	2 804,40																				
94 175,99 West	I,IV	24 949	951,16	1 995,92	2 245,41	I	24 949	741,48	1 854,96	2 086,83	531,93	1 714,08	1 928,34	322,25	1 573,12	1 769,76	112,69	1 432,24	1 611,27	—	1 291,28	1 452,69	—	1 151,04	1 294,92
	II	24 147	855,72	1 931,76	2 173,23	II	24 147	646,17	1 790,88	2 014,74	436,49	1 649,92	1 856,16	226,93	1 509,04	1 697,67	17,37	1 368,16	1 539,18	—	1 227,20	1 380,60	—	1 088,72	1 224,81
	III	17 068	—	1 365,44	1 536,12	III	17 068	—	1 250,24	1 406,52	—	1 138,08	1 280,34	—	1 028,80	1 157,40	—	922,40	1 037,70	—	819,04	921,42	—	718,56	808,38
	V	30 583	1 621,61	2 446,64	2 752,47	IV	24 949	846,32	1 925,44	2 166,12	741,48	1 854,96	2 086,83	636,76	1 784,56	2 007,63	531,93	1 714,08	1 928,34	427,09	1 643,60	1 849,05	322,25	1 573,12	1 769,76
	VI	31 018	1 673,37	2 481,44	2 791,62																				
94 175,99 Ost	I,IV	25 106	969,85	2 008,48	2 259,54	I	25 106	760,29	1 867,60	2 101,05	550,61	1 726,64	1 942,47	341,05	1 585,76	1 783,98	131,37	1 444,80	1 625,40	—	1 303,92	1 466,91	—	1 163,36	1 308,78
	II	24 305	874,53	1 944,40	2 187,45	II	24 305	664,85	1 803,44	2 028,87	455,29	1 662,56	1 870,38	245,73	1 521,68	1 711,89	36,05	1 380,72	1 553,31	—	1 239,84	1 394,82	—	1 100,88	1 238,49
	III	17 198	—	1 375,84	1 547,82	III	17 198	—	1 260,48	1 418,04	—	1 148,—	1 291,50	—	1 038,40	1 168,20	—	931,84	1 048,32	—	828,16	931,68	—	727,52	818,46
	V	30 740	1 640,29	2 459,20	2 766,60	IV	25 106	865,13	1 938,08	2 180,34	760,29	1 867,60	2 101,05	655,45	1 797,12	2 021,76	550,61	1 726,64	1 942,47	445,89	1 656,24	1 863,27	341,05	1 585,76	1 783,98
	VI	31 175	1 692,06	2 494,—	2 805,75																				
94 211,99 West	I,IV	24 964	952,95	1 997,12	2 246,76	I	24 964	743,27	1 856,16	2 088,18	533,71	1 715,28	1 929,69	324,03	1 574,32	1 771,11	114,47	1 433,44	1 612,62	—	1 292,56	1 454,13	—	1 152,24	1 296,27
	II	24 163	857,63	1 933,04	2 174,67	II	24 163	647,95	1 792,08	2 016,09	438,39	1 651,20	1 857,60	228,71	1 510,24	1 699,02	19,15	1 369,36	1 540,53	—	1 228,40	1 381,95	—	1 089,92	1 226,16
	III	17 080	—	1 366,40	1 537,20	III	17 080	—	1 251,20	1 407,60	—	1 139,04	1 281,42	—	1 029,60	1 158,30	—	923,36	1 038,78	—	819,84	922,32	—	719,36	809,28
	V	30 598	1 623,39	2 447,84	2 753,82	IV	24 964	848,11	1 926,64	2 167,47	743,27	1 856,16	2 088,18	638,55	1 785,76	2 008,98	533,71	1 715,28	1 929,69	428,87	1 644,80	1 850,40	324,03	1 574,32	1 771,11
	VI	31 033	1 675,16	2 482,64	2 792,97																				
94 211,99 Ost	I,IV	25 121	971,63	2 009,68	2 260,89	I	25 121	762,07	1 868,80	2 102,40	552,39	1 727,84	1 943,82	342,83	1 586,96	1 785,33	133,28	1 446,08	1 626,84	—	1 305,12	1 468,26	—	1 164,56	1 310,13
	II	24 320	876,31	1 945,60	2 188,80	II	24 320	666,75	1 804,72	2 030,31	457,07	1 663,76	1 871,73	247,52	1 522,88	1 713,24	37,84	1 381,92	1 554,66	—	1 241,04	1 396,17	—	1 102,08	1 239,84
	III	17 210	—	1 376,80	1 548,90	III	17 210	—	1 261,44	1 419,12	—	1 148,96	1 292,58	—	1 039,36	1 169,28	—	932,80	1 049,40	—	829,12	932,76	—	728,32	819,36
	V	30 755	1 642,08	2 460,40	2 767,95	IV	25 121	866,91	1 939,28	2 181,69	762,07	1 868,80	2 102,40	657,23	1 798,32	2 023,11	552,39	1 727,84	1 943,82	447,67	1 657,44	1 864,62	342,83	1 586,96	1 785,33
	VI	31 190	1 693,84	2 495,20	2 807,10																				
94 247,99 West	I,IV	24 979	954,73	1 998,32	2 248,11	I	24 979	745,17	1 857,44	2 089,62	535,50	1 716,48	1 931,04	325,94	1 575,60	1 772,55	116,26	1 434,64	1 613,97	—	1 293,76	1 455,48	—	1 153,36	1 297,53
	II	24 178	859,41	1 934,24	2 176,02	II	24 178	649,74	1 793,28	2 017,44	440,18	1 652,40	1 858,95	230,50	1 511,44	1 700,37	20,94	1 370,56	1 541,88	—	1 229,60	1 383,30	—	1 091,04	1 227,42
	III	17 092	—	1 367,36	1 538,28	III	17 092	—	1 252,16	1 408,68	—	1 140,—	1 282,50	—	1 030,56	1 159,38	—	924,16	1 039,68	—	820,80	923,40	—	720,32	810,36
	V	30 613	1 625,18	2 449,04	2 755,17	IV	24 979	849,89	1 927,84	2 168,82	745,17	1 857,44	2 089,62	640,33	1 786,96	2 010,33	535,50	1 716,48	1 931,04	430,66	1 646,—	1 851,75	325,94	1 575,60	1 772,55
	VI	31 048	1 676,94	2 483,84	2 794,32																				
94 247,99 Ost	I,IV	25 137	973,53	2 010,96	2 262,33	I	25 137	763,86	1 870,—	2 103,75	554,30	1 729,12	1 945,26	344,62	1 588,16	1 786,68	135,06	1 447,28	1 628,19	—	1 306,32	1 469,61	—	1 165,76	1 311,48
	II	24 335	878,10	1 946,80	2 190,15	II	24 335	668,54	1 805,92	2 031,66	458,86	1 664,96	1 873,08	249,30	1 524,08	1 714,59	39,62	1 383,12	1 556,01	—	1 242,24	1 397,52	—	1 103,20	1 241,10
	III	17 224	—	1 377,92	1 550,16	III	17 224	—	1 262,40	1 420,20	—	1 149,92	1 293,66	—	1 040,32	1 170,36	—	933,60	1 050,30	—	829,92	933,66	—	729,12	820,26
	V	30 770	1 643,86	2 461,60	2 769,30	IV	25 137	868,70	1 940,48	2 183,04	763,86	1 870,—	2 103,75	659,02	1 799,52	2 024,46	554,30	1 729,12	1 945,26	449,46	1 658,64	1 865,97	344,62	1 588,16	1 786,68
	VI	31 206	1 695,75	2 496,48	2 808,54																				
94 283,99 West	I,IV	24 994	956,52	1 999,52	2 249,46	I	24 994	746,96	1 858,64	2 090,97	537,28	1 717,68	1 932,39	327,72	1 576,80	1 773,90	118,04	1 435,84	1 615,32	—	1 294,96	1 456,83	—	1 154,56	1 298,88
	II	24 193	861,20	1 935,44	2 177,37	II	24 193	651,52	1 794,48	2 018,79	441,96	1 653,60	1 860,30	232,28	1 512,64	1 701,72	22,72	1 371,76	1 543,23	—	1 230,80	1 384,65	—	1 092,24	1 228,77
	III	17 104	—	1 368,32	1 539,36	III	17 104	—	1 253,12	1 409,76	—	1 140,80	1 283,40	—	1 031,52	1 160,46	—	925,12	1 040,76	—	821,60	924,30	—	721,12	811,26
	V	30 628	1 626,96	2 450,24	2 756,52	IV	24 994	851,68	1 929,04	2 170,17	746,96	1 858,64	2 090,97	642,12	1 788,16	2 011,68	537,28	1 717,68	1 932,39	432,44	1 647,20	1 853,10	327,72	1 576,80	1 773,90
	VI	31 063	1 678,73	2 485,04	2 795,67																				
94 283,99 Ost	I,IV	25 152	975,32	2 012,16	2 263,68	I	25 152	765,64	1 871,20	2 105,10	556,08	1 730,32	1 946,61	346,40	1 589,36	1 788,03	136,85	1 448,48	1 629,54	—	1 307,52	1 470,96	—	1 166,96	1 312,83
	II	24 350	879,88	1 948,—	2 191,50	II	24 350	670,32	1 807,12	2 033,01	460,64	1 666,16	1 874,43	251,09	1 525,28	1 715,94	41,41	1 384,32	1 557,36	—	1 243,44	1 398,87	—	1 104,40	1 242,45
	III	17 236	—	1 378,88	1 551,24	III	17 236	—	1 263,36	1 421,28	—	1 150,88	1 294,74	—	1 041,28	1 171,44	—	934,56	1 051,38	—	830,88	934,74	—	730,08	821,34
	V	30 786	1 645,77	2 462,88	2 770,74	IV	25 152	870,48	1 941,68	2 184,39	765,64	1 871,20	2 105,10	660,80	1 800,72	2 025,81	556,08	1 730,32	1 946,61	451,24	1 659,84	1 867,32	346,40	1 589,36	1 788,03
	VI	31 221	1 697,53	2 497,68	2 809,89																				
94 319,99 West	I,IV	25 009	958,30	2 000,72	2 250,81	I	25 009	748,74	1 859,84	2 092,32	539,07	1 718,88	1 933,74	329,51	1 578,—	1 775,25	119,83	1 437,04	1 616,67	—	1 296,16	1 458,18	—	1 155,76	1 300,23
	II	24 208	862,98	1 936,64	2 178,72	II	24 208	653,31	1 795,68	2 020,14	443,75	1 654,80	1 861,65	234,07	1 513,84	1 703,07	24,51	1 372,96	1 544,58	—	1 232,08	1 386,09	—	1 093,36	1 230,03
	III	17 118	—	1 369,44	1 540,62	III	17 118	—	1 254,08	1 410,84	—	1 141,76	1 284,48	—	1 032,48	1 161,54	—	926,08	1 041,84	—	822,56	925,38	—	721,92	812,16
	V	30 643	1 628,75	2 451,44	2 757,87	IV	25 009	853,58	1 930,32	2 171,61	748,74	1 859,84	2 092,32	643,90	1 789,36	2 013,03	539,07	1 718,88	1 933,74	434,35	1 648,48	1 854,54	329,51	1 578,—	1 775,25
	VI	31 078	1 680,51	2 486,24	2 797,02																				
94 319,99 Ost	I,IV	25 167	977,10	2 013,36	2 265,03	I	25 167	767,43	1 872,40	2 106,45	557,87	1 731,52	1 947,96	348,19	1 590,56	1 789,38	138,63	1 449,68	1 630,89	—	1 308,72	1 472,31	—	1 168,16	1 314,18
	II	24 365	881,67	1 949,20	2 192,85	II	24 365	672,11	1 808,32	2 034,36	462,43	1 667,36	1 875,78	252,87	1 526,48	1 717,29	43,31	1 385,60	1 558,80	—	1 244,64	1 400,22	—	1 105,52	1 243,71
	III	17 248	—	1 379,84	1 552,32	III	17 248	—	1 264,32	1 422,36	—	1 151,84	1 295,82	—	1 042,08	1 172,34	—	935,52	1 052,46	—	831,68	935,64	—	730,88	822,24
	V	30 801	1 647,55	2 464,08	2 772,09	IV	25 167	872,27	1 942,88	2 185,74	767,43	1 872,40	2 106,45	662,71	1 802,—	2 027,25	557,87	1 731,52	1 947,96	453,03	1 661,04	1 868,67	348,19	1 590,56	1 789,38
	VI	31 236	1 699,32	2 498,88	2 811,24																				

(mit Zahl der Kinderfreibeträge . . . 0,5 / 1 / 1,5 / 2 / 2,5 / 3)

*** Die ausgewiesenen Tabellenwerte sind amtlich. Siehe Erläuterungen auf der Umschlaginnenseite (U2).**

JAHR 94 320,–*

Abzüge an Lohnsteuer, Solidaritätszuschlag (SolZ) und Kirchensteuer (8%, 9%) in den Steuerklassen

I – VI: ohne Kinderfreibeträge. I, II, III, IV: mit Zahl der Kinderfreibeträge . . .

Lohn/ Gehalt bis €*	StKl	LSt	SolZ	8%	9%	StKl	LSt	0,5 SolZ	0,5 8%	0,5 9%	1 SolZ	1 8%	1 9%	1,5 SolZ	1,5 8%	1,5 9%	2 SolZ	2 8%	2 9%	2,5 SolZ	2,5 8%	2,5 9%	3 SolZ	3 8%	3 9%
94 355,99 West	I,IV	25 024	960,09	2 001,92	2 252,16	I	25 024	750,53	1 861,04	2 093,67	540,85	1 720,08	1 935,09	331,29	1 579,20	1 776,60	121,61	1 438,24	1 618,02	–	1 297,36	1 459,53	–	1 156,96	1 301,58
	II	24 223	864,77	1 937,84	2 180,07	II	24 223	655,21	1 796,96	2 021,58	445,53	1 656,–	1 863,–	235,97	1 515,12	1 704,51	26,29	1 374,16	1 545,93	–	1 233,28	1 387,44	–	1 094,56	1 231,38
	III	17 130	–	1 370,40	1 541,70	III	17 130	–	1 255,04	1 411,92	–	1 142,72	1 285,56	–	1 033,44	1 162,62	–	926,88	1 042,74	–	823,36	926,28	–	722,88	813,24
	V	30 658	1 630,53	2 452,64	2 759,22	IV	25 024	855,37	1 931,52	2 172,96	750,53	1 861,04	2 093,67	645,69	1 790,56	2 014,38	540,85	1 720,08	1 935,09	436,13	1 649,68	1 855,89	331,29	1 579,20	1 776,60
	VI	31 093	1 682,30	2 487,44	2 798,37																				
94 355,99 Ost	I,IV	25 182	978,89	2 014,56	2 266,38	I	25 182	769,21	1 873,60	2 107,80	559,65	1 732,72	1 949,31	349,97	1 591,76	1 790,73	140,42	1 450,88	1 632,24	–	1 310,–	1 473,75	–	1 169,36	1 315,53
	II	24 381	883,57	1 950,48	2 194,29	II	24 381	673,89	1 809,52	2 035,71	464,33	1 668,64	1 877,22	254,66	1 527,68	1 718,64	45,10	1 386,80	1 560,15	–	1 245,84	1 401,57	–	1 106,72	1 245,06
	III	17 260	–	1 380,80	1 553,40	III	17 260	–	1 265,28	1 423,44	–	1 152,80	1 296,90	–	1 043,04	1 173,42	–	936,32	1 053,36	–	832,64	936,72	–	731,68	823,14
	V	30 816	1 649,34	2 465,28	2 773,44	IV	25 182	874,05	1 944,08	2 187,09	769,21	1 873,60	2 107,80	664,49	1 803,20	2 028,60	559,65	1 732,72	1 949,31	454,81	1 662,24	1 870,02	349,97	1 591,76	1 790,73
	VI	31 251	1 701,10	2 500,08	2 812,59																				
94 391,99 West	I,IV	25 040	961,99	2 003,20	2 253,60	I	25 040	752,31	1 862,24	2 095,02	542,75	1 721,36	1 936,53	333,08	1 580,40	1 777,95	123,52	1 439,52	1 619,46	–	1 298,56	1 460,88	–	1 158,16	1 302,93
	II	24 238	866,55	1 939,04	2 181,42	II	24 238	656,99	1 798,16	2 022,93	447,32	1 657,20	1 864,35	237,76	1 516,32	1 705,86	28,08	1 375,36	1 547,28	–	1 234,48	1 388,79	–	1 095,76	1 232,73
	III	17 142	–	1 371,36	1 542,78	III	17 142	–	1 256,16	1 413,18	–	1 143,68	1 286,64	–	1 034,24	1 163,52	–	927,84	1 043,82	–	824,32	927,36	–	723,68	814,14
	V	30 673	1 632,32	2 453,84	2 760,57	IV	25 040	857,15	1 932,72	2 174,31	752,31	1 862,24	2 095,02	647,47	1 791,76	2 015,73	542,75	1 721,36	1 936,53	437,92	1 650,88	1 857,24	333,08	1 580,40	1 777,95
	VI	31 109	1 684,20	2 488,72	2 799,81																				
94 391,99 Ost	I,IV	25 197	980,67	2 015,76	2 267,73	I	25 197	771,12	1 874,88	2 109,24	561,44	1 733,92	1 950,66	351,88	1 593,04	1 792,17	142,20	1 452,08	1 633,59	–	1 311,20	1 475,10	–	1 170,56	1 316,88
	II	24 396	885,36	1 951,68	2 195,64	II	24 396	675,68	1 810,72	2 037,06	466,12	1 669,84	1 878,57	256,44	1 528,88	1 719,99	46,88	1 388,–	1 561,50	–	1 247,04	1 402,92	–	1 107,92	1 246,41
	III	17 274	–	1 381,92	1 554,66	III	17 274	–	1 266,24	1 424,52	–	1 153,60	1 297,80	–	1 044,–	1 174,50	–	937,28	1 054,44	–	833,44	937,62	–	732,64	824,22
	V	30 831	1 651,12	2 466,48	2 774,79	IV	25 197	875,84	1 945,28	2 188,44	771,12	1 874,88	2 109,24	666,28	1 804,40	2 029,95	561,44	1 733,92	1 950,66	456,60	1 663,44	1 871,37	351,88	1 593,04	1 792,17
	VI	31 266	1 702,89	2 501,28	2 813,94																				
94 427,99 West	I,IV	25 055	963,78	2 004,40	2 254,95	I	25 055	754,10	1 863,44	2 096,37	544,54	1 722,56	1 937,88	334,86	1 581,60	1 779,30	125,30	1 440,72	1 620,81	–	1 299,76	1 462,23	–	1 159,36	1 304,28
	II	24 253	868,34	1 940,24	2 182,77	II	24 253	658,78	1 799,36	2 024,28	449,10	1 658,40	1 865,70	239,54	1 517,52	1 707,21	29,86	1 376,56	1 548,63	–	1 235,68	1 390,14	–	1 096,88	1 233,99
	III	17 154	–	1 372,32	1 543,86	III	17 154	–	1 257,12	1 414,26	–	1 144,64	1 287,72	–	1 035,20	1 164,60	–	928,80	1 044,90	–	825,12	928,26	–	724,48	815,04
	V	30 689	1 634,22	2 455,12	2 762,01	IV	25 055	858,94	1 933,92	2 175,66	754,10	1 863,44	2 096,37	649,26	1 792,96	2 017,08	544,54	1 722,56	1 937,88	439,70	1 652,08	1 858,59	334,86	1 581,60	1 779,30
	VI	31 124	1 685,99	2 489,92	2 801,16																				
94 427,99 Ost	I,IV	25 212	982,46	2 016,96	2 269,08	I	25 212	772,90	1 876,08	2 110,59	563,22	1 735,12	1 952,01	353,66	1 594,24	1 793,52	143,99	1 453,28	1 634,94	–	1 312,40	1 476,45	–	1 171,76	1 318,23
	II	24 411	887,14	1 952,88	2 196,99	II	24 411	677,46	1 811,92	2 038,41	467,90	1 671,04	1 879,92	258,23	1 530,08	1 721,34	48,67	1 389,20	1 562,85	–	1 248,24	1 404,27	–	1 109,04	1 247,67
	III	17 286	–	1 382,88	1 555,74	III	17 286	–	1 267,36	1 425,78	–	1 154,56	1 298,88	–	1 044,96	1 175,58	–	938,08	1 055,34	–	834,40	938,70	–	733,44	825,12
	V	30 846	1 652,91	2 467,68	2 776,14	IV	25 212	877,62	1 946,48	2 189,79	772,90	1 876,08	2 110,59	668,06	1 805,60	2 031,30	563,22	1 735,12	1 952,01	458,38	1 664,64	1 872,72	353,66	1 594,24	1 793,52
	VI	31 281	1 704,67	2 502,48	2 815,29																				
94 463,99 West	I,IV	25 070	965,56	2 005,60	2 256,30	I	25 070	755,88	1 864,64	2 097,72	546,32	1 723,76	1 939,23	336,65	1 582,80	1 780,65	127,09	1 441,92	1 622,16	–	1 300,96	1 463,58	–	1 160,48	1 305,54
	II	24 268	870,12	1 941,44	2 184,12	II	24 268	660,56	1 800,56	2 025,63	450,89	1 659,60	1 867,05	241,33	1 518,72	1 708,56	31,65	1 377,76	1 549,98	–	1 236,88	1 391,49	–	1 098,08	1 235,34
	III	17 168	–	1 373,44	1 545,12	III	17 168	–	1 258,08	1 415,34	–	1 145,60	1 288,80	–	1 036,16	1 165,68	–	929,60	1 045,80	–	826,08	929,34	–	725,44	816,12
	V	30 704	1 636,01	2 456,32	2 763,36	IV	25 070	860,72	1 935,12	2 177,01	755,88	1 864,64	2 097,72	651,16	1 794,24	2 018,52	546,32	1 723,76	1 939,23	441,49	1 653,28	1 859,94	336,65	1 582,80	1 780,65
	VI	31 139	1 687,77	2 491,12	2 802,51																				
94 463,99 Ost	I,IV	25 227	984,24	2 018,16	2 270,43	I	25 227	774,69	1 877,28	2 111,94	565,01	1 736,32	1 953,36	355,45	1 595,44	1 794,87	145,77	1 454,48	1 636,29	–	1 313,60	1 477,80	–	1 172,96	1 319,58
	II	24 426	888,93	1 954,08	2 198,34	II	24 426	679,25	1 813,12	2 039,76	469,69	1 672,24	1 881,27	260,01	1 531,28	1 722,69	50,45	1 390,40	1 564,20	–	1 249,52	1 405,71	–	1 110,24	1 249,02
	III	17 298	–	1 383,84	1 556,82	III	17 298	–	1 268,32	1 426,86	–	1 155,52	1 299,96	–	1 045,92	1 176,66	–	939,04	1 056,42	–	835,20	939,60	–	734,24	826,02
	V	30 861	1 654,69	2 468,88	2 777,49	IV	25 227	879,52	1 947,76	2 191,23	774,69	1 877,28	2 111,94	669,85	1 806,80	2 032,65	565,01	1 736,32	1 953,36	460,29	1 665,92	1 874,16	355,45	1 595,44	1 794,87
	VI	31 296	1 706,46	2 503,68	2 816,64																				
94 499,99 West	I,IV	25 085	967,35	2 006,80	2 257,65	I	25 085	757,67	1 865,84	2 099,07	548,11	1 724,96	1 940,58	338,43	1 584,–	1 782,–	128,87	1 443,12	1 623,51	–	1 302,16	1 464,93	–	1 161,68	1 306,89
	II	24 284	872,03	1 942,72	2 185,56	II	24 284	662,35	1 801,76	2 026,98	452,79	1 660,88	1 868,49	243,11	1 519,92	1 709,91	33,55	1 379,04	1 551,42	–	1 238,08	1 392,84	–	1 099,20	1 236,60
	III	17 180	–	1 374,40	1 546,20	III	17 180	–	1 259,04	1 416,42	–	1 146,56	1 289,88	–	1 037,12	1 166,76	–	930,56	1 046,88	–	826,88	930,24	–	726,24	817,02
	V	30 719	1 637,79	2 457,52	2 764,71	IV	25 085	862,51	1 936,32	2 178,36	757,67	1 865,84	2 099,07	652,95	1 795,44	2 019,87	548,11	1 724,96	1 940,58	443,27	1 654,48	1 861,29	338,43	1 584,–	1 782,–
	VI	31 154	1 689,56	2 492,32	2 803,86																				
94 499,99 Ost	I,IV	25 242	986,03	2 019,36	2 271,78	I	25 242	776,47	1 878,48	2 113,29	566,79	1 737,52	1 954,71	357,23	1 596,64	1 796,22	147,56	1 455,68	1 637,64	–	1 314,80	1 479,15	–	1 174,16	1 320,93
	II	24 441	890,71	1 955,28	2 199,69	II	24 441	681,15	1 814,40	2 041,20	471,47	1 673,44	1 882,62	261,91	1 532,56	1 724,13	52,24	1 391,60	1 565,55	–	1 250,72	1 407,06	–	1 111,44	1 250,37
	III	17 312	–	1 384,96	1 558,08	III	17 312	–	1 269,28	1 427,94	–	1 156,48	1 301,04	–	1 046,72	1 177,56	–	940,–	1 057,50	–	836,–	940,50	–	735,20	827,10
	V	30 876	1 656,48	2 470,08	2 778,84	IV	25 242	881,31	1 948,96	2 192,58	776,47	1 878,48	2 113,29	671,63	1 808,–	2 034,–	566,79	1 737,52	1 954,71	462,07	1 667,12	1 875,51	357,23	1 596,64	1 796,22
	VI	31 311	1 708,24	2 504,88	2 817,99																				
94 535,99 West	I,IV	25 100	969,13	2 008,–	2 259,–	I	25 100	759,57	1 867,12	2 100,51	549,89	1 726,16	1 941,93	340,34	1 585,28	1 783,44	130,66	1 444,32	1 624,86	–	1 303,44	1 466,37	–	1 162,88	1 308,24
	II	24 299	873,81	1 943,92	2 186,91	II	24 299	664,13	1 802,96	2 028,33	454,58	1 662,08	1 869,84	244,90	1 521,12	1 711,26	35,34	1 380,24	1 552,77	–	1 239,28	1 394,19	–	1 100,40	1 237,95
	III	17 192	–	1 375,36	1 547,28	III	17 192	–	1 260,–	1 417,50	–	1 147,52	1 290,96	–	1 038,08	1 167,84	–	931,36	1 047,78	–	827,84	931,32	–	727,04	817,92
	V	30 734	1 639,58	2 458,72	2 766,06	IV	25 100	864,29	1 937,52	2 179,71	759,57	1 867,12	2 100,51	654,73	1 796,64	2 021,22	549,89	1 726,16	1 941,93	445,06	1 655,68	1 862,64	340,34	1 585,28	1 783,44
	VI	31 169	1 691,34	2 493,52	2 805,21																				
94 535,99 Ost	I,IV	25 258	987,93	2 020,64	2 273,22	I	25 258	778,26	1 879,68	2 114,64	568,70	1 738,80	1 956,15	359,02	1 597,84	1 797,57	149,46	1 456,96	1 639,08	–	1 316,–	1 480,50	–	1 175,36	1 322,28
	II	24 456	892,50	1 956,48	2 201,04	II	24 456	682,94	1 815,60	2 042,55	473,26	1 674,64	1 883,97	263,70	1 533,76	1 725,48	54,02	1 392,80	1 566,90	–	1 251,92	1 408,41	–	1 112,56	1 251,63
	III	17 324	–	1 385,92	1 559,16	III	17 324	–	1 270,24	1 429,02	–	1 157,44	1 302,12	–	1 047,68	1 178,64	–	940,80	1 058,40	–	836,96	941,58	–	736,–	828,–
	V	30 891	1 658,26	2 471,28	2 780,19	IV	25 258	883,09	1 950,16	2 193,93	778,26	1 879,68	2 114,64	673,42	1 809,20	2 035,35	568,70	1 738,80	1 956,15	463,86	1 668,32	1 876,86	359,02	1 597,84	1 797,57
	VI	31 326	1 710,03	2 506,08	2 819,34																				
94 571,99 West	I,IV	25 115	970,92	2 009,20	2 260,35	I	25 115	761,36	1 868,32	2 101,86	551,68	1 727,36	1 943,28	342,12	1 586,48	1 784,79	132,44	1 445,52	1 626,21	–	1 304,64	1 467,72	–	1 164,08	1 309,59
	II	24 314	875,60	1 945,12	2 188,26	II	24 314	665,92	1 804,16	2 029,68	456,36	1 663,28	1 871,19	246,68	1 522,32	1 712,61	37,12	1 381,44	1 554,12	–	1 240,48	1 395,54	–	1 101,60	1 239,30
	III	17 204	–	1 376,32	1 548,36	III	17 204	–	1 260,96	1 418,58	–	1 148,48	1 292,04	–	1 038,88	1 168,74	–	932,32	1 048,86	–	828,64	932,22	–	728,–	819,–
	V	30 749	1 641,36	2 459,92	2 767,41	IV	25 115	866,08	1 938,72	2 181,06	761,36	1 868,32	2 101,86	656,52	1 797,84	2 022,57	551,68	1 727,36	1 943,28	446,84	1 656,88	1 863,99	342,12	1 586,48	1 784,79
	VI	31 184	1 693,13	2 494,72	2 806,56																				
94 571,99 Ost	I,IV	25 273	989,72	2 021,84	2 274,57	I	25 273	780,04	1 880,88	2 115,99	570,48	1 740,–	1 957,50	360,80	1 599,04	1 798,92	151,24	1 458,16	1 640,43	–	1 317,20	1 481,85	–	1 176,56	1 323,63
	II	24 471	894,28	1 957,68	2 202,39	II	24 471	684,72	1 816,80	2 043,90	475,04	1 675,84	1 885,32	265,48	1 534,96	1 726,83	55,81	1 394,–	1 568,25	–	1 253,12	1 409,76	–	1 113,76	1 252,98
	III	17 336	–	1 386,88	1 560,24	III	17 336	–	1 271,20	1 430,10	–	1 158,40	1 303,20	–	1 048,64	1 179,72	–	941,76	1 059,48	–	837,76	942,48	–	736,80	828,90
	V	30 906	1 660,05	2 472,48	2 781,54	IV	25 273	884,88	1 951,36	2 195,28	780,04	1 880,88	2 115,99	675,20	1 810,40	2 036,70	570,48	1 740,–	1 957,50	465,64	1 669,52	1 878,21	360,80	1 599,04	1 798,92
	VI	31 342	1 711,93	2 507,36	2 820,78																				
94 607,99 West	I,IV	25 130	972,70	2 010,40	2 261,70	I	25 130	763,14	1 869,52	2 103,21	553,46	1 728,56	1 944,63	343,91	1 587,68	1 786,14	134,23	1 446,72	1 627,56	–	1 305,84	1 469,07	–	1 165,28	1 310,94
	II	24 329	877,38	1 946,32	2 189,61	II	24 329	667,70	1 805,36	2 031,03	458,15	1 664,48	1 872,54	248,47	1 523,52	1 713,96	38,91	1 382,64	1 555,47	–	1 241,68	1 396,89	–	1 102,72	1 240,56
	III	17 218	–	1 377,44	1 549,62	III	17 218	–	1 261,92	1 419,66	–	1 149,44	1 293,12	–	1 039,84	1 169,82	–	933,28	1 049,94	–	829,60	933,30	–	728,80	819,90
	V	30 764	1 643,15	2 461,12	2 768,76	IV	25 130	867,98	1 940,–	2 182,50	763,14	1 869,52	2 103,21	658,30	1 799,04	2 023,92	553,46	1 728,56	1 944,63	448,74	1 658,16	1 865,43	343,91	1 587,68	1 786,14
	VI	31 199	1 694,91	2 495,92	2 807,91																				
94 607,99 Ost	I,IV	25 288	991,50	2 023,04	2 275,92	I	25 288	781,83	1 882,08	2 117,34	572,27	1 741,20	1 958,85	362,59	1 600,24	1 800,27	153,03	1 459,36	1 641,78	–	1 318,40	1 483,20	–	1 177,68	1 324,89
	II	24 486	896,07	1 958,88	2 203,74	II	24 486	686,51	1 818,–	2 045,25	476,83	1 677,04	1 886,67	267,27	1 536,16	1 728,18	57,59	1 395,20	1 569,60	–	1 254,32	1 411,11	–	1 114,96	1 254,33
	III	17 348	–	1 387,84	1 561,32	III	17 348	–	1 272,16	1 431,18	–	1 159,36	1 304,28	–	1 049,60	1 180,80	–	942,72	1 060,56	–	838,72	943,56	–	737,76	829,98
	V	30 922	1 661,95	2 473,76	2 782,98	IV	25 288	886,66	1 952,56	2 196,63	781,83	1 882,08	2 117,34	677,11	1 811,68	2 038,14	572,27	1 741,20	1 958,85	467,43	1 670,72	1 879,56	362,59	1 600,24	1 800,27
	VI	31 357	1 713,71	2 508,56	2 822,13																				

* Die ausgewiesenen Tabellenwerte sind amtlich. Siehe Erläuterungen auf der Umschlaginnenseite (U2).

Abzüge an Lohnsteuer, Solidaritätszuschlag (SolZ) und Kirchensteuer (8%, 9%) in den Steuerklassen

Lohn/ Gehalt bis €*	I – VI	LSt	ohne Kinderfreibeträge SolZ	8%	9%	I, II, III, IV	LSt	mit Zahl der Kinderfreibeträge . . . 0,5 SolZ	0,5 8%	0,5 9%	1 SolZ	1 8%	1 9%	1,5 SolZ	1,5 8%	1,5 9%	2 SolZ	2 8%	2 9%	2,5 SolZ	2,5 8%	2,5 9%	3 SolZ	3 8%	3 9%
94 643,99 West	I,IV	25 145	974,49	2 011,60	2 263,05	I	25 145	764,93	1 870,72	2 104,56	555,25	1 729,76	1 945,98	345,69	1 588,88	1 787,49	136,01	1 447,92	1 628,91	—	1 307,04	1 470,42	—	1 166,48	1 312,29
	II	24 344	879,17	1 947,52	2 190,96	II	24 344	669,61	1 806,64	2 032,47	459,93	1 665,68	1 873,89	250,37	1 524,80	1 715,40	40,69	1 383,84	1 556,82	—	1 242,96	1 398,33	—	1 103,92	1 241,91
	III	17 230	—	1 378,40	1 550,70	III	17 230	—	1 262,88	1 420,74	—	1 150,40	1 294,20	—	1 040,80	1 170,90	—	934,08	1 050,84	—	830,40	934,20	—	729,60	820,80
	V	30 779	1 644,93	2 462,32	2 770,11	IV	25 145	869,77	1 941,20	2 183,85	764,93	1 870,72	2 104,56	660,09	1 800,24	2 025,27	555,25	1 729,76	1 945,98	450,53	1 659,36	1 866,78	345,69	1 588,88	1 787,49
	VI	31 214	1 696,70	2 497,12	2 809,26																				
94 643,99 Ost	I,IV	25 303	993,29	2 024,24	2 277,27	I	25 303	783,61	1 883,28	2 118,69	574,05	1 742,40	1 960,20	364,37	1 601,44	1 801,62	154,81	1 460,56	1 643,13	—	1 319,60	1 484,55	—	1 178,88	1 326,24
	II	24 502	897,97	1 960,16	2 205,18	II	24 502	688,29	1 819,20	2 046,60	478,73	1 678,32	1 888,11	269,05	1 537,36	1 729,53	59,50	1 396,48	1 571,04	—	1 255,52	1 412,46	—	1 116,08	1 255,59
	III	17 362	—	1 388,96	1 562,58	III	17 362	—	1 273,12	1 432,26	—	1 160,32	1 305,36	—	1 050,56	1 181,88	—	943,52	1 061,46	—	839,52	944,46	—	738,56	830,88
	V	30 937	1 663,73	2 474,96	2 784,33	IV	25 303	888,45	1 953,76	2 197,98	783,61	1 883,28	2 118,69	678,89	1 812,88	2 039,49	574,05	1 742,40	1 960,20	469,21	1 671,92	1 880,91	364,37	1 601,44	1 801,62
	VI	31 372	1 715,50	2 509,76	2 823,48																				
94 679,99 West	I,IV	25 160	976,27	2 012,80	2 264,40	I	25 160	766,71	1 871,92	2 105,91	557,15	1 731,04	1 947,42	347,48	1 590,08	1 788,84	137,92	1 449,20	1 630,35	—	1 308,24	1 471,77	—	1 167,68	1 313,64
	II	24 359	880,95	1 948,72	2 192,31	II	24 359	671,39	1 807,84	2 033,82	461,72	1 666,88	1 875,24	252,16	1 526,—	1 716,75	42,48	1 385,04	1 558,17	—	1 244,16	1 399,68	—	1 105,04	1 243,17
	III	17 242	—	1 379,36	1 551,78	III	17 242	—	1 263,84	1 421,82	—	1 151,36	1 295,28	—	1 041,76	1 171,98	—	935,04	1 051,92	—	831,36	935,28	—	730,56	821,88
	V	30 794	1 646,72	2 463,52	2 771,46	IV	25 160	871,55	1 942,40	2 185,20	766,71	1 871,92	2 105,91	661,87	1 801,44	2 026,62	557,15	1 731,04	1 947,42	452,31	1 660,56	1 868,13	347,48	1 590,08	1 788,84
	VI	31 229	1 698,48	2 498,32	2 810,61																				
94 679,99 Ost	I,IV	25 318	995,07	2 025,44	2 278,62	I	25 318	785,51	1 884,56	2 120,13	575,84	1 743,60	1 961,55	366,28	1 602,72	1 803,06	156,60	1 461,76	1 644,48	—	1 320,88	1 485,99	—	1 180,08	1 327,59
	II	24 517	899,75	1 961,36	2 206,53	II	24 517	690,08	1 820,40	2 047,95	480,52	1 679,52	1 889,46	270,84	1 538,56	1 730,88	61,28	1 397,68	1 572,39	—	1 256,72	1 413,81	—	1 117,28	1 256,94
	III	17 374	—	1 389,92	1 563,66	III	17 374	—	1 274,08	1 433,34	—	1 161,28	1 306,44	—	1 051,36	1 182,78	—	944,48	1 062,54	—	840,48	945,54	—	739,36	831,78
	V	30 952	1 665,52	2 476,16	2 785,68	IV	25 318	890,23	1 954,96	2 199,33	785,51	1 884,56	2 120,13	680,68	1 814,08	2 040,84	575,84	1 743,60	1 961,55	471,—	1 673,12	1 882,26	366,28	1 602,72	1 803,06
	VI	31 387	1 717,28	2 510,96	2 824,83																				
94 715,99 West	I,IV	25 176	978,18	2 014,08	2 265,84	I	25 176	768,50	1 873,12	2 107,26	558,94	1 732,24	1 948,77	349,26	1 591,28	1 790,19	139,70	1 450,40	1 631,70	—	1 309,44	1 473,12	—	1 168,88	1 314,99
	II	24 374	882,74	1 949,92	2 193,66	II	24 374	673,18	1 809,04	2 035,17	463,50	1 668,08	1 876,59	253,94	1 527,20	1 718,10	44,26	1 386,24	1 559,52	—	1 245,36	1 401,03	—	1 106,24	1 244,52
	III	17 256	—	1 380,48	1 553,04	III	17 256	—	1 264,96	1 423,08	—	1 152,32	1 296,36	—	1 042,72	1 173,06	—	936,—	1 053,—	—	832,16	936,18	—	731,36	822,78
	V	30 809	1 648,50	2 464,72	2 772,81	IV	25 176	873,34	1 943,60	2 186,55	768,50	1 873,12	2 107,26	663,66	1 802,64	2 027,97	558,94	1 732,24	1 948,77	454,10	1 661,76	1 869,48	349,26	1 591,28	1 790,19
	VI	31 245	1 700,39	2 499,60	2 812,05																				
94 715,99 Ost	I,IV	25 333	996,86	2 026,64	2 279,97	I	25 333	787,30	1 885,76	2 121,48	577,62	1 744,80	1 962,90	368,06	1 603,92	1 804,41	158,38	1 462,96	1 645,83	—	1 322,08	1 487,34	—	1 181,28	1 328,94
	II	24 532	901,54	1 962,56	2 207,88	II	24 532	691,86	1 821,60	2 049,30	482,30	1 680,72	1 890,81	272,62	1 539,76	1 732,23	63,07	1 398,88	1 573,74	—	1 257,92	1 415,16	—	1 118,48	1 258,29
	III	17 386	—	1 390,88	1 564,74	III	17 386	—	1 275,20	1 434,60	—	1 162,24	1 307,52	—	1 052,32	1 183,86	—	945,44	1 063,62	—	841,28	946,44	—	740,32	832,86
	V	30 967	1 667,30	2 477,36	2 787,03	IV	25 333	892,02	1 956,16	2 200,68	787,30	1 885,76	2 121,48	682,46	1 815,28	2 042,19	577,62	1 744,80	1 962,90	472,78	1 674,32	1 883,61	368,06	1 603,92	1 804,41
	VI	31 402	1 719,07	2 512,16	2 826,18																				
94 751,99 West	I,IV	25 191	979,96	2 015,28	2 267,19	I	25 191	770,28	1 874,32	2 108,61	560,72	1 733,44	1 950,12	351,05	1 592,48	1 791,54	141,49	1 451,60	1 633,05	—	1 310,64	1 474,47	—	1 170,08	1 316,34
	II	24 389	884,52	1 951,12	2 195,01	II	24 389	674,96	1 810,24	2 036,52	465,29	1 669,28	1 877,94	255,73	1 528,40	1 719,45	46,05	1 387,44	1 560,87	—	1 246,56	1 402,38	—	1 107,44	1 245,87
	III	17 268	—	1 381,44	1 554,12	III	17 268	—	1 265,92	1 424,16	—	1 153,28	1 297,44	—	1 043,52	1 173,96	—	936,80	1 053,90	—	833,12	937,26	—	732,16	823,68
	V	30 825	1 650,41	2 466,—	2 774,25	IV	25 191	875,12	1 944,80	2 187,90	770,28	1 874,32	2 108,61	665,56	1 803,92	2 029,41	560,72	1 733,44	1 950,12	455,88	1 662,96	1 870,83	351,05	1 592,48	1 791,54
	VI	31 260	1 702,17	2 500,80	2 813,40																				
94 751,99 Ost	I,IV	25 348	998,64	2 027,84	2 281,32	I	25 348	789,08	1 886,96	2 122,83	579,41	1 746,—	1 964,25	369,85	1 605,12	1 805,76	160,17	1 464,16	1 647,18	—	1 323,28	1 488,69	—	1 182,48	1 330,29
	II	24 547	903,32	1 963,76	2 209,23	II	24 547	693,65	1 822,80	2 050,65	484,09	1 681,92	1 892,16	274,41	1 540,96	1 733,58	64,85	1 400,08	1 575,09	—	1 259,12	1 416,51	—	1 119,60	1 259,55
	III	17 400	—	1 392,—	1 566,—	III	17 400	—	1 276,16	1 435,68	—	1 163,20	1 308,60	—	1 053,28	1 184,94	—	946,24	1 064,52	—	842,24	947,52	—	741,12	833,76
	V	30 982	1 669,09	2 478,56	2 788,38	IV	25 348	893,80	1 957,36	2 202,03	789,08	1 886,96	2 122,83	684,25	1 816,48	2 043,54	579,41	1 746,—	1 964,25	474,69	1 675,60	1 885,05	369,85	1 605,12	1 805,76
	VI	31 417	1 720,85	2 513,36	2 827,53																				
94 787,99 West	I,IV	25 206	981,75	2 016,48	2 268,54	I	25 206	772,07	1 875,52	2 109,96	562,51	1 734,64	1 951,47	352,83	1 593,68	1 792,89	143,27	1 452,80	1 634,40	—	1 311,84	1 475,82	—	1 171,28	1 317,69
	II	24 404	886,31	1 952,32	2 196,36	II	24 404	676,75	1 811,44	2 037,87	467,19	1 670,56	1 879,38	257,51	1 529,60	1 720,80	47,95	1 388,72	1 562,31	—	1 247,76	1 403,73	—	1 108,56	1 247,13
	III	17 280	—	1 382,40	1 555,20	III	17 280	—	1 266,88	1 425,24	—	1 154,24	1 298,52	—	1 044,48	1 175,04	—	937,76	1 054,98	—	833,92	938,16	—	733,12	824,76
	V	30 840	1 652,19	2 467,20	2 775,60	IV	25 206	876,91	1 946,—	2 189,25	772,07	1 875,52	2 109,96	667,35	1 805,12	2 030,76	562,51	1 734,64	1 951,47	457,67	1 664,16	1 872,18	352,83	1 593,68	1 792,89
	VI	31 275	1 703,96	2 502,—	2 814,75																				
94 787,99 Ost	I,IV	25 363	1 000,43	2 029,04	2 282,67	I	25 363	790,87	1 888,16	2 124,18	581,19	1 747,20	1 965,60	371,63	1 606,32	1 807,11	161,95	1 465,36	1 648,53	—	1 324,48	1 490,04	—	1 183,68	1 331,64
	II	24 562	905,11	1 964,96	2 210,58	II	24 562	695,55	1 824,08	2 052,09	485,87	1 683,12	1 893,51	276,31	1 542,24	1 735,02	66,64	1 401,28	1 576,44	—	1 260,40	1 417,95	—	1 120,80	1 260,90
	III	17 412	—	1 392,96	1 567,08	III	17 412	—	1 277,12	1 436,76	—	1 164,16	1 309,68	—	1 054,24	1 186,02	—	947,20	1 065,60	—	843,04	948,42	—	741,92	834,66
	V	30 997	1 670,87	2 479,76	2 789,73	IV	25 363	895,71	1 958,64	2 203,47	790,87	1 888,16	2 124,18	686,03	1 817,68	2 044,89	581,19	1 747,20	1 965,60	476,47	1 676,80	1 886,40	371,63	1 606,32	1 807,11
	VI	31 432	1 722,64	2 514,56	2 828,88																				
94 823,99 West	I,IV	25 221	983,53	2 017,68	2 269,89	I	25 221	773,85	1 876,72	2 111,31	564,29	1 735,84	1 952,82	354,73	1 594,96	1 794,33	145,06	1 454,—	1 635,75	—	1 313,12	1 477,26	—	1 172,48	1 319,04
	II	24 420	888,21	1 953,60	2 197,80	II	24 420	678,53	1 812,64	2 039,22	468,97	1 671,76	1 880,73	259,30	1 530,80	1 722,15	49,74	1 389,92	1 563,66	—	1 248,96	1 405,08	—	1 109,76	1 248,48
	III	17 292	—	1 383,36	1 556,28	III	17 292	—	1 267,84	1 426,32	—	1 155,20	1 299,60	—	1 045,44	1 176,12	—	938,72	1 056,06	—	834,88	939,24	—	733,92	825,66
	V	30 855	1 653,98	2 468,40	2 776,95	IV	25 221	878,69	1 947,20	2 190,60	773,85	1 876,72	2 111,31	669,13	1 806,32	2 032,11	564,29	1 735,84	1 952,82	459,45	1 665,36	1 873,53	354,73	1 594,96	1 794,33
	VI	31 290	1 705,74	2 503,20	2 816,10																				
94 823,99 Ost	I,IV	25 378	1 002,21	2 030,24	2 284,02	I	25 378	792,65	1 889,36	2 125,53	583,10	1 748,48	1 967,04	373,42	1 607,52	1 808,46	163,86	1 466,64	1 649,97	—	1 325,68	1 491,39	—	1 184,88	1 332,99
	II	24 577	906,89	1 966,16	2 211,93	II	24 577	697,34	1 825,28	2 053,44	487,66	1 684,32	1 894,86	278,10	1 543,44	1 736,37	68,42	1 402,48	1 577,79	—	1 261,60	1 419,30	—	1 122,—	1 262,25
	III	17 424	—	1 393,92	1 568,16	III	17 424	—	1 278,08	1 437,84	—	1 165,12	1 310,76	—	1 055,20	1 187,10	—	948,16	1 066,68	—	844,—	949,50	—	742,88	835,74
	V	31 012	1 672,66	2 480,96	2 791,08	IV	25 378	897,49	1 959,84	2 204,82	792,65	1 889,36	2 125,53	687,82	1 818,88	2 046,24	583,10	1 748,48	1 967,04	478,26	1 678,—	1 887,75	373,42	1 607,52	1 808,46
	VI	31 447	1 724,42	2 515,76	2 830,23																				
94 859,99 West	I,IV	25 236	985,32	2 018,88	2 271,24	I	25 236	775,76	1 878,—	2 112,75	566,08	1 737,04	1 954,17	356,52	1 596,16	1 795,68	146,84	1 455,20	1 637,10	—	1 314,32	1 478,61	—	1 173,60	1 320,30
	II	24 435	890,—	1 954,80	2 199,15	II	24 435	680,32	1 813,84	2 040,57	470,76	1 672,96	1 882,08	261,08	1 532,—	1 723,50	51,52	1 391,12	1 565,01	—	1 250,16	1 406,43	—	1 110,96	1 249,83
	III	17 306	—	1 384,48	1 557,54	III	17 306	—	1 268,80	1 427,40	—	1 156,16	1 300,68	—	1 046,40	1 177,20	—	939,52	1 056,96	—	835,68	940,14	—	734,72	826,56
	V	30 870	1 655,76	2 469,60	2 778,30	IV	25 236	880,48	1 948,40	2 191,95	775,76	1 878,—	2 112,75	670,92	1 807,52	2 033,46	566,08	1 737,04	1 954,17	461,24	1 666,56	1 874,88	356,52	1 596,16	1 795,68
	VI	31 305	1 707,53	2 504,40	2 817,45																				
94 859,99 Ost	I,IV	25 394	1 004,12	2 031,52	2 285,46	I	25 394	794,44	1 890,56	2 126,88	584,88	1 749,68	1 968,39	375,20	1 608,72	1 809,81	165,64	1 467,84	1 651,32	—	1 326,88	1 492,74	—	1 186,08	1 334,34
	II	24 592	908,68	1 967,36	2 213,28	II	24 592	699,12	1 826,48	2 054,79	489,44	1 685,52	1 896,21	279,88	1 544,64	1 737,72	70,21	1 403,68	1 579,14	—	1 262,80	1 420,65	—	1 123,12	1 263,51
	III	17 436	—	1 394,88	1 569,24	III	17 436	—	1 279,04	1 438,92	—	1 166,08	1 311,84	—	1 056,16	1 188,18	—	948,96	1 067,58	—	844,96	950,58	—	743,68	836,64
	V	31 027	1 674,44	2 482,16	2 792,43	IV	25 394	899,28	1 961,04	2 206,17	794,44	1 890,56	2 126,88	689,60	1 820,08	2 047,59	584,88	1 749,68	1 968,39	480,04	1 679,20	1 889,10	375,20	1 608,72	1 809,81
	VI	31 463	1 726,33	2 517,04	2 831,67																				
94 895,99 West	I,IV	25 251	987,10	2 020,08	2 272,59	I	25 251	777,54	1 879,20	2 114,10	567,86	1 738,24	1 955,52	358,30	1 597,36	1 797,03	148,63	1 456,40	1 638,45	—	1 315,52	1 479,96	—	1 174,80	1 321,65
	II	24 450	891,78	1 956,—	2 200,50	II	24 450	682,10	1 815,04	2 041,92	472,54	1 674,16	1 883,43	262,87	1 533,20	1 724,85	53,31	1 392,32	1 566,36	—	1 251,36	1 407,78	—	1 112,08	1 251,09
	III	17 318	—	1 385,44	1 558,62	III	17 318	—	1 269,76	1 428,48	—	1 157,12	1 301,76	—	1 047,36	1 178,28	—	940,48	1 058,04	—	836,64	941,22	—	735,68	827,64
	V	30 885	1 657,55	2 470,80	2 779,65	IV	25 251	882,26	1 949,60	2 193,30	777,54	1 879,20	2 114,10	672,70	1 808,72	2 034,81	567,86	1 738,24	1 955,52	463,14	1 667,84	1 876,32	358,30	1 597,36	1 797,03
	VI	31 320	1 709,31	2 505,60	2 818,80																				
94 895,99 Ost	I,IV	25 409	1 005,90	2 032,72	2 286,81	I	25 409	796,22	1 891,76	2 128,23	586,67	1 750,88	1 969,74	376,99	1 609,92	1 811,16	167,43	1 469,04	1 652,67	—	1 328,08	1 494,09	—	1 187,28	1 335,69
	II	24 607	910,46	1 968,56	2 214,63	II	24 607	700,91	1 827,68	2 056,14	491,23	1 686,72	1 897,56	281,67	1 545,84	1 739,07	71,99	1 404,88	1 580,49	—	1 264,—	1 422,—	—	1 124,32	1 264,86
	III	17 450	—	1 396,—	1 570,50	III	17 450	—	1 280,—	1 440,—	—	1 167,04	1 312,92	—	1 056,96	1 189,08	—	949,92	1 068,66	—	845,76	951,48	—	744,48	837,54
	V	31 043	1 676,35	2 484,24	2 793,87	IV	25 409	901,06	1 962,24	2 207,52	796,22	1 891,76	2 128,23	691,39	1 821,28	2 048,94	586,67	1 750,88	1 969,74	481,83	1 680,40	1 890,45	376,99	1 609,92	1 811,16
	VI	31 478	1 728,11	2 518,24	2 833,02																				

* Die ausgewiesenen Tabellenwerte sind amtlich. Siehe Erläuterungen auf der Umschlaginnenseite (U2).

Abzüge an Lohnsteuer, Solidaritätszuschlag (SolZ) und Kirchensteuer (8%, 9%) in den Steuerklassen

Lohn/ Gehalt bis €*	I – VI		ohne Kinderfreibeträge			I, II, III, IV		mit Zahl der Kinderfreibeträge . . . 0,5			1			1,5			2			2,5			3		
		LSt	SolZ	8%	9%		LSt	SolZ	8%	9%	SolZ	8%	9%	SolZ	8%	9%	SolZ	8%	9%	SolZ	8%	9%	SolZ	8%	9%
94 931,99 West	I,IV	25 266	988,89	2 021,28	2 273,94	I	25 266	779,33	1 880,40	2 115,45	569,65	1 739,44	1 956,87	360,09	1 598,56	1 798,38	150,41	1 457,60	1 639,80	–	1 316,72	1 481,31	–	1 176,–	1 323,–
	II	24 465	893,57	1 957,20	2 201,85	II	24 465	683,89	1 816,24	2 043,27	474,33	1 675,36	1 884,78	264,77	1 534,48	1 726,29	55,09	1 393,52	1 567,71	–	1 252,64	1 409,22	–	1 113,28	1 252,44
	III	17 330	–	1 386,40	1 559,70	III	17 330	–	1 270,72	1 429,56	–	1 158,08	1 302,84	–	1 048,16	1 179,18	–	941,44	1 059,12	–	837,44	942,12	–	736,48	828,54
	V	30 900	1 659,33	2 472,–	2 781,–	IV	25 266	884,17	1 950,88	2 194,74	779,33	1 880,40	2 115,45	674,49	1 809,92	2 036,16	569,65	1 739,44	1 956,87	464,93	1 669,04	1 877,67	360,09	1 598,56	1 798,38
	VI	31 335	1 711,10	2 506,80	2 820,15																				
94 931,99 Ost	I,IV	25 424	1 007,69	2 033,92	2 288,16	I	25 424	798,01	1 892,96	2 129,58	588,45	1 752,08	1 971,09	378,77	1 611,12	1 812,51	169,21	1 470,24	1 654,02	–	1 329,28	1 495,44	–	1 188,48	1 337,04
	II	24 622	912,25	1 969,76	2 215,98	II	24 622	702,69	1 828,88	2 057,49	493,13	1 688,–	1 899,–	283,45	1 547,04	1 740,42	73,89	1 406,16	1 581,93	–	1 265,20	1 423,35	–	1 125,52	1 266,21
	III	17 462	–	1 396,96	1 571,58	III	17 462	–	1 280,96	1 441,08	–	1 168,–	1 314,–	–	1 057,92	1 190,16	–	950,88	1 069,74	–	846,72	952,56	–	745,44	838,62
	V	31 058	1 678,13	2 484,64	2 795,22	IV	25 424	902,85	1 963,44	2 208,87	798,01	1 892,96	2 129,58	693,29	1 822,56	2 050,38	588,45	1 752,08	1 971,09	483,61	1 681,60	1 891,80	378,77	1 611,12	1 812,51
	VI	31 493	1 729,90	2 519,44	2 834,37																				
94 967,99 West	I,IV	25 281	990,67	2 022,48	2 275,29	I	25 281	781,11	1 881,60	2 116,80	571,43	1 740,64	1 958,22	361,87	1 599,76	1 799,73	152,32	1 458,88	1 641,24	–	1 317,92	1 482,66	–	1 177,20	1 324,35
	II	24 480	895,35	1 958,40	2 203,20	II	24 480	685,79	1 817,52	2 044,71	476,11	1 676,56	1 886,13	266,56	1 535,68	1 727,64	56,88	1 394,72	1 569,06	–	1 253,84	1 410,57	–	1 114,48	1 253,79
	III	17 344	–	1 387,52	1 560,96	III	17 344	–	1 271,68	1 430,64	–	1 159,04	1 303,92	–	1 049,12	1 180,26	–	942,24	1 060,02	–	838,40	943,20	–	737,28	829,44
	V	30 915	1 661,12	2 473,20	2 782,35	IV	25 281	885,95	1 952,08	2 196,09	781,11	1 881,60	2 116,80	676,27	1 811,12	2 037,51	571,43	1 740,64	1 958,22	466,71	1 670,24	1 879,02	361,87	1 599,76	1 799,73
	VI	31 350	1 712,88	2 508,–	2 821,50																				
94 967,99 Ost	I,IV	25 439	1 009,47	2 035,12	2 289,51	I	25 439	799,79	1 894,16	2 130,93	590,24	1 753,28	1 972,44	380,68	1 612,40	1 813,95	171,–	1 471,44	1 655,37	–	1 330,56	1 496,88	–	1 189,68	1 338,39
	II	24 638	914,15	1 971,04	2 217,42	II	24 638	704,48	1 830,08	2 058,84	494,92	1 689,20	1 900,35	285,24	1 548,24	1 741,77	75,68	1 407,36	1 583,28	–	1 266,40	1 424,70	–	1 126,72	1 267,56
	III	17 474	–	1 397,92	1 572,66	III	17 474	–	1 282,08	1 442,34	–	1 168,96	1 315,08	–	1 058,88	1 191,24	–	951,68	1 070,64	–	847,52	953,46	–	746,24	839,52
	V	31 073	1 679,92	2 485,84	2 796,57	IV	25 439	904,63	1 964,64	2 210,22	799,79	1 894,16	2 130,93	695,07	1 823,76	2 051,73	590,24	1 753,28	1 972,44	485,40	1 682,80	1 893,15	380,68	1 612,40	1 813,95
	VI	31 508	1 731,68	2 520,64	2 835,72																				
95 003,99 West	I,IV	25 297	992,57	2 023,76	2 276,73	I	25 297	782,90	1 882,80	2 118,15	573,34	1 741,92	1 959,66	363,66	1 600,96	1 801,08	154,10	1 460,08	1 642,59	–	1 319,12	1 484,01	–	1 178,40	1 325,70
	II	24 495	897,14	1 959,60	2 204,55	II	24 495	687,58	1 818,72	2 046,06	477,90	1 677,76	1 887,48	268,34	1 536,88	1 728,99	58,66	1 395,92	1 570,41	–	1 255,04	1 411,92	–	1 115,60	1 255,05
	III	17 356	–	1 388,48	1 562,04	III	17 356	–	1 272,80	1 431,90	–	1 160,–	1 305,–	–	1 050,08	1 181,34	–	943,20	1 061,10	–	839,20	944,10	–	738,24	830,52
	V	30 930	1 662,90	2 474,40	2 783,70	IV	25 297	887,74	1 953,28	2 197,44	782,90	1 882,80	2 118,15	678,06	1 812,32	2 038,86	573,34	1 741,92	1 959,66	468,50	1 671,44	1 880,37	363,66	1 600,96	1 801,08
	VI	31 366	1 714,79	2 509,28	2 822,94																				
95 003,99 Ost	I,IV	25 454	1 011,26	2 036,32	2 290,86	I	25 454	801,70	1 895,44	2 132,37	592,02	1 754,48	1 973,79	382,46	1 613,60	1 815,30	172,78	1 472,64	1 656,72	–	1 331,76	1 498,23	–	1 190,88	1 339,74
	II	24 653	915,94	1 972,24	2 218,77	II	24 653	706,26	1 831,28	2 060,19	496,70	1 690,40	1 901,70	287,02	1 549,44	1 743,12	77,46	1 408,56	1 584,63	–	1 267,60	1 426,05	–	1 127,84	1 268,82
	III	17 488	–	1 399,04	1 573,92	III	17 488	–	1 283,04	1 443,42	–	1 169,92	1 316,16	–	1 059,84	1 192,32	–	952,64	1 071,72	–	848,48	954,54	–	747,04	840,42
	V	31 088	1 681,70	2 487,04	2 797,92	IV	25 454	906,42	1 965,84	2 211,57	801,70	1 895,44	2 132,37	696,86	1 824,96	2 053,08	592,02	1 754,48	1 973,79	487,18	1 684,–	1 894,50	382,46	1 613,60	1 815,30
	VI	31 523	1 733,47	2 521,84	2 837,07																				
95 039,99 West	I,IV	25 312	994,36	2 024,96	2 278,08	I	25 312	784,68	1 884,–	2 119,50	575,12	1 743,12	1 961,01	365,44	1 602,16	1 802,43	155,89	1 461,28	1 643,94	–	1 320,32	1 485,36	–	1 179,60	1 327,05
	II	24 510	898,92	1 960,80	2 205,90	II	24 510	689,36	1 819,92	2 047,41	479,68	1 678,96	1 888,83	270,13	1 538,08	1 730,34	60,45	1 397,12	1 571,76	–	1 256,24	1 413,27	–	1 116,80	1 256,40
	III	17 368	–	1 389,44	1 563,12	III	17 368	–	1 273,76	1 432,98	–	1 160,96	1 306,08	–	1 051,04	1 182,42	–	944,16	1 062,18	–	840,16	945,18	–	739,04	831,42
	V	30 946	1 664,81	2 475,68	2 785,14	IV	25 312	889,52	1 954,48	2 198,79	784,68	1 884,–	2 119,50	679,84	1 813,52	2 040,21	575,12	1 743,12	1 961,01	470,28	1 672,64	1 881,72	365,44	1 602,16	1 802,43
	VI	31 381	1 716,57	2 510,48	2 824,29																				
95 039,99 Ost	I,IV	25 469	1 013,04	2 037,52	2 292,21	I	25 469	803,48	1 896,64	2 133,72	593,81	1 755,68	1 975,14	384,25	1 614,80	1 816,65	174,57	1 473,84	1 658,07	–	1 332,96	1 499,58	–	1 192,08	1 341,09
	II	24 668	917,72	1 973,44	2 220,12	II	24 668	708,05	1 832,48	2 061,54	498,49	1 691,60	1 903,05	288,81	1 550,64	1 744,47	79,25	1 409,76	1 585,98	–	1 268,80	1 427,40	–	1 129,04	1 270,17
	III	17 500	–	1 400,–	1 575,–	III	17 500	–	1 284,–	1 444,50	–	1 170,88	1 317,24	–	1 060,80	1 193,40	–	953,60	1 072,80	–	849,28	955,44	–	748,–	841,50
	V	31 103	1 683,49	2 488,24	2 799,27	IV	25 469	908,20	1 967,04	2 212,92	803,48	1 896,64	2 133,72	698,64	1 826,16	2 054,43	593,81	1 755,68	1 975,14	488,97	1 685,20	1 895,85	384,25	1 614,80	1 816,65
	VI	31 538	1 734,59	2 523,04	2 838,42																				
95 075,99 West	I,IV	25 327	996,14	2 026,16	2 279,43	I	25 327	786,47	1 885,20	2 120,85	576,91	1 744,32	1 962,36	367,23	1 603,36	1 803,78	157,67	1 462,48	1 645,29	–	1 321,52	1 486,71	–	1 180,80	1 328,40
	II	24 525	900,71	1 962,–	2 207,25	II	24 525	691,15	1 821,12	2 048,76	481,47	1 680,16	1 890,18	271,91	1 539,28	1 731,69	62,35	1 398,40	1 573,20	–	1 257,44	1 414,62	–	1 118,–	1 257,75
	III	17 380	–	1 390,40	1 564,20	III	17 380	–	1 274,72	1 434,06	–	1 161,92	1 307,16	–	1 052,–	1 183,50	–	944,96	1 063,08	–	840,96	946,08	–	739,84	832,32
	V	30 961	1 666,59	2 476,88	2 786,49	IV	25 327	891,31	1 955,68	2 200,14	786,47	1 885,20	2 120,85	681,75	1 814,80	2 041,65	576,91	1 744,32	1 962,36	472,07	1 673,84	1 883,07	367,23	1 603,36	1 803,78
	VI	31 396	1 718,36	2 511,68	2 825,64																				
95 075,99 Ost	I,IV	25 484	1 014,83	2 038,72	2 293,56	I	25 484	805,27	1 897,84	2 135,07	595,59	1 756,88	1 976,49	386,03	1 616,–	1 818,–	176,35	1 475,04	1 659,42	–	1 334,16	1 500,93	–	1 193,28	1 342,44
	II	24 683	919,51	1 974,64	2 221,47	II	24 683	709,83	1 833,68	2 062,89	500,27	1 692,80	1 904,40	290,71	1 551,92	1 745,91	81,03	1 410,96	1 587,33	–	1 270,08	1 428,84	–	1 130,24	1 271,52
	III	17 512	–	1 400,96	1 576,08	III	17 512	–	1 284,96	1 445,58	–	1 171,84	1 318,32	–	1 061,76	1 194,48	–	954,40	1 073,70	–	850,24	956,52	–	748,80	842,40
	V	31 118	1 685,27	2 489,44	2 800,62	IV	25 484	910,11	1 968,32	2 214,36	805,27	1 897,84	2 135,07	700,43	1 827,36	2 055,78	595,59	1 756,88	1 976,49	490,87	1 686,48	1 897,29	386,03	1 616,–	1 818,–
	VI	31 553	1 735,41	2 524,24	2 839,77																				
95 111,99 West	I,IV	25 342	997,93	2 027,36	2 280,78	I	25 342	788,25	1 886,40	2 122,20	578,69	1 745,52	1 963,71	369,01	1 604,56	1 805,13	159,46	1 463,68	1 646,64	–	1 322,80	1 488,15	–	1 182,–	1 329,75
	II	24 541	902,61	1 963,28	2 208,69	II	24 541	692,93	1 822,32	2 050,11	483,37	1 681,44	1 891,62	273,70	1 540,48	1 733,04	64,14	1 399,60	1 574,55	–	1 258,64	1 415,97	–	1 119,12	1 259,01
	III	17 394	–	1 391,52	1 565,46	III	17 394	–	1 275,68	1 435,14	–	1 162,88	1 308,24	–	1 052,96	1 184,58	–	945,92	1 064,16	–	841,92	947,16	–	740,80	833,40
	V	30 976	1 668,38	2 478,08	2 787,84	IV	25 342	893,09	1 956,88	2 201,49	788,25	1 886,40	2 122,20	683,53	1 816,–	2 043,–	578,69	1 745,52	1 963,71	473,85	1 675,04	1 884,42	369,01	1 604,56	1 805,13
	VI	31 411	1 720,14	2 512,88	2 826,99																				
95 111,99 Ost	I,IV	25 499	1 016,61	2 039,92	2 294,91	I	25 499	807,05	1 899,04	2 136,42	597,38	1 758,08	1 977,84	387,82	1 617,20	1 819,35	178,26	1 476,32	1 660,86	–	1 335,36	1 502,28	–	1 194,48	1 343,79
	II	24 698	921,29	1 975,84	2 222,82	II	24 698	711,73	1 834,96	2 064,33	502,06	1 694,–	1 905,75	292,50	1 553,12	1 747,26	82,82	1 412,16	1 588,68	–	1 271,28	1 430,19	–	1 131,36	1 272,78
	III	17 526	–	1 402,08	1 577,34	III	17 526	–	1 285,92	1 446,66	–	1 172,80	1 319,40	–	1 062,56	1 195,38	–	955,36	1 074,78	–	851,04	957,42	–	749,76	843,48
	V	31 133	1 687,06	2 490,64	2 801,97	IV	25 499	911,89	1 969,52	2 215,71	807,05	1 899,04	2 136,42	702,21	1 828,56	2 057,13	597,38	1 758,08	1 977,84	492,66	1 687,68	1 898,64	387,82	1 617,20	1 819,35
	VI	31 568	1 736,24	2 525,44	2 841,12																				
95 147,99 West	I,IV	25 357	999,71	2 028,56	2 282,13	I	25 357	790,16	1 887,68	2 123,64	580,48	1 746,72	1 965,06	370,92	1 605,84	1 806,57	161,24	1 464,88	1 647,99	–	1 324,–	1 489,50	–	1 183,20	1 331,10
	II	24 556	904,40	1 964,48	2 210,04	II	24 556	694,72	1 823,52	2 051,46	485,16	1 682,64	1 892,97	275,48	1 541,68	1 734,39	65,92	1 400,80	1 575,90	–	1 259,84	1 417,32	–	1 120,32	1 260,36
	III	17 406	–	1 392,48	1 566,54	III	17 406	–	1 276,64	1 436,22	–	1 163,84	1 309,32	–	1 053,76	1 185,48	–	946,88	1 065,24	–	842,72	948,06	–	741,60	834,30
	V	30 991	1 670,16	2 479,28	2 789,19	IV	25 357	894,88	1 958,08	2 202,84	790,16	1 887,68	2 123,64	685,32	1 817,20	2 044,35	580,48	1 746,72	1 965,06	475,64	1 676,24	1 885,77	370,92	1 605,84	1 806,57
	VI	31 426	1 721,93	2 514,08	2 828,34																				
95 147,99 Ost	I,IV	25 515	1 018,52	2 041,20	2 296,35	I	25 515	808,84	1 900,24	2 137,77	599,28	1 759,36	1 979,28	389,60	1 618,40	1 820,70	180,04	1 477,52	1 662,21	–	1 336,56	1 503,63	–	1 195,68	1 345,14
	II	24 713	923,08	1 977,04	2 224,17	II	24 713	713,52	1 836,16	2 065,68	503,84	1 695,20	1 907,10	294,28	1 554,32	1 748,61	84,60	1 413,36	1 590,03	–	1 272,48	1 431,54	–	1 132,56	1 274,13
	III	17 538	–	1 403,04	1 578,42	III	17 538	–	1 286,88	1 447,74	–	1 173,76	1 320,48	–	1 063,52	1 196,46	–	956,32	1 075,86	–	852,–	958,50	–	750,56	844,38
	V	31 148	1 688,84	2 491,84	2 803,32	IV	25 515	913,68	1 970,72	2 217,06	808,84	1 900,24	2 137,77	704,–	1 829,76	2 058,48	599,28	1 759,36	1 979,28	494,44	1 688,88	1 899,99	389,60	1 618,40	1 820,70
	VI	31 584	1 737,12	2 526,72	2 842,56																				
95 183,99 West	I,IV	25 372	1 001,50	2 029,76	2 283,48	I	25 372	791,94	1 888,88	2 124,99	582,26	1 747,92	1 966,41	372,70	1 607,04	1 807,92	163,03	1 466,08	1 649,34	–	1 325,20	1 490,85	–	1 184,40	1 332,45
	II	24 571	906,18	1 965,68	2 211,39	II	24 571	696,50	1 824,72	2 052,81	486,94	1 683,84	1 894,32	277,27	1 542,88	1 735,74	67,71	1 402,–	1 577,25	–	1 261,04	1 418,67	–	1 121,52	1 261,71
	III	17 418	–	1 393,44	1 567,62	III	17 418	–	1 277,60	1 437,30	–	1 164,64	1 310,22	–	1 054,72	1 186,56	–	947,68	1 066,14	–	843,68	949,14	–	742,40	835,20
	V	31 006	1 671,95	2 480,48	2 790,54	IV	25 372	896,66	1 959,28	2 204,19	791,94	1 888,88	2 124,99	687,10	1 818,40	2 045,70	582,26	1 747,92	1 966,41	477,42	1 677,44	1 887,12	372,70	1 607,04	1 807,92
	VI	31 441	1 723,71	2 515,28	2 829,69																				
95 183,99 Ost	I,IV	25 530	1 020,30	2 042,40	2 297,70	I	25 530	810,62	1 901,44	2 139,12	601,06	1 760,56	1 980,63	391,39	1 619,60	1 822,05	181,83	1 478,72	1 663,56	–	1 337,76	1 504,98	–	1 196,88	1 346,49
	II	24 728	924,86	1 978,24	2 225,52	II	24 728	715,30	1 837,36	2 067,03	505,63	1 696,40	1 908,45	296,07	1 555,52	1 749,96	86,39	1 414,56	1 591,38	–	1 273,68	1 432,89	–	1 133,76	1 275,48
	III	17 550	–	1 404,–	1 579,50	III	17 550	–	1 287,84	1 448,82	–	1 174,72	1 321,56	–	1 064,48	1 197,54	–	957,12	1 076,76	–	852,80	959,40	–	751,36	845,28
	V	31 164	1 690,75	2 493,12	2 804,76	IV	25 530	915,46	1 971,92	2 218,41	810,62	1 901,44	2 139,12	705,78	1 830,96	2 059,83	601,06	1 760,56	1 980,63	496,23	1 690,08	1 901,34	391,39	1 619,60	1 822,05
	VI	31 599	1 737,94	2 527,92	2 843,91																				

* Die ausgewiesenen Tabellenwerte sind amtlich. Siehe Erläuterungen auf der Umschlaginnenseite (U2).

Abzüge an Lohnsteuer, Solidaritätszuschlag (SolZ) und Kirchensteuer (8%, 9%) in den Steuerklassen

Lohn/ Gehalt bis €*	I – VI		ohne Kinderfreibeträge			I, II, III, IV		mit Zahl der Kinderfreibeträge . . . 0,5			1			1,5			2			2,5			3		
		LSt	SolZ	8%	9%		LSt	SolZ	8%	9%	SolZ	8%	9%	SolZ	8%	9%	SolZ	8%	9%	SolZ	8%	9%	SolZ	8%	9%
95 219,99 West	I,IV	25 387	1 003,28	2 030,96	2 284,83	I	25 387	793,73	1 890,08	2 126,34	584,05	1 749,12	1 967,76	374,49	1 608,24	1 809,27	164,81	1 467,28	1 650,69	—	1 326,40	1 492,20	—	1 185,60	1 333,80
	II	24 586	907,97	1 966,88	2 212,74	II	24 586	698,29	1 825,92	2 054,16	488,73	1 685,04	1 895,67	279,05	1 544,08	1 737,09	69,49	1 403,20	1 578,60	—	1 262,32	1 420,11	—	1 122,64	1 262,97
	III	17 432	—	1 394,56	1 568,88	III	17 432	—	1 278,56	1 438,38	—	1 165,60	1 311,30	—	1 055,68	1 187,64	—	948,64	1 067,22	—	844,48	950,04	—	743,36	836,28
	V	31 021	1 673,73	2 481,68	2 791,89	IV	25 387	898,56	1 960,56	2 205,63	793,73	1 890,08	2 126,34	688,89	1 819,60	2 047,05	584,05	1 749,12	1 967,76	479,33	1 678,72	1 888,56	374,49	1 608,24	1 809,27
	VI	31 456	1 725,50	2 516,48	2 831,04																				
95 219,99 Ost	I,IV	25 545	1 022,09	2 043,60	2 299,05	I	25 545	812,41	1 902,64	2 140,47	602,85	1 761,76	1 981,98	393,17	1 620,80	1 823,40	183,61	1 479,92	1 664,91	—	1 338,96	1 506,33	—	1 198,08	1 347,84
	II	24 743	926,65	1 979,44	2 226,87	II	24 743	717,09	1 838,56	2 068,38	507,41	1 697,60	1 909,80	297,85	1 556,72	1 751,31	88,29	1 415,84	1 592,82	—	1 274,88	1 434,24	—	1 134,96	1 276,83
	III	17 562	—	1 404,96	1 580,58	III	17 562	—	1 288,96	1 450,08	—	1 175,68	1 322,64	—	1 065,44	1 198,62	—	958,08	1 077,84	—	853,76	960,48	—	752,32	846,36
	V	31 179	1 692,53	2 494,32	2 806,11	IV	25 545	917,25	1 973,12	2 219,76	812,41	1 902,64	2 140,47	707,69	1 832,24	2 061,27	602,85	1 761,76	1 981,98	498,01	1 691,28	1 902,69	393,17	1 620,80	1 823,40
	VI	31 614	1 738,77	2 529,12	2 845,26																				
95 255,99 West	I,IV	25 402	1 005,07	2 032,16	2 286,18	I	25 402	795,51	1 891,28	2 127,69	585,83	1 750,32	1 969,11	376,27	1 609,44	1 810,62	166,60	1 468,48	1 652,04	—	1 327,60	1 493,55	—	1 186,80	1 335,15
	II	24 601	909,75	1 968,08	2 214,09	II	24 601	700,19	1 827,20	2 055,60	490,51	1 686,24	1 897,02	280,95	1 545,36	1 738,53	71,28	1 404,40	1 579,95	—	1 263,52	1 421,46	—	1 123,84	1 264,32
	III	17 444	—	1 395,52	1 569,96	III	17 444	—	1 279,52	1 439,46	—	1 166,56	1 312,38	—	1 056,64	1 188,72	—	949,44	1 068,12	—	845,44	951,12	—	744,16	837,18
	V	31 036	1 675,52	2 482,88	2 793,24	IV	25 402	900,35	1 961,76	2 206,98	795,51	1 891,28	2 127,69	690,67	1 820,80	2 048,40	585,83	1 750,32	1 969,11	481,11	1 679,92	1 889,91	376,27	1 609,44	1 810,62
	VI	31 471	1 727,28	2 517,68	2 832,39																				
95 255,99 Ost	I,IV	25 560	1 023,87	2 044,80	2 300,40	I	25 560	814,19	1 903,84	2 141,82	604,63	1 762,96	1 983,33	394,96	1 622,—	1 824,75	185,40	1 481,12	1 666,26	—	1 340,24	1 507,77	—	1 199,36	1 349,28
	II	24 759	928,55	1 980,72	2 228,31	II	24 759	718,87	1 839,76	2 069,73	509,32	1 698,88	1 911,24	299,64	1 557,92	1 752,66	90,08	1 417,04	1 594,17	—	1 276,08	1 435,59	—	1 136,08	1 278,09
	III	17 576	—	1 406,08	1 581,84	III	17 576	—	1 289,92	1 451,16	—	1 176,64	1 323,72	—	1 066,40	1 199,70	—	959,04	1 078,92	—	854,56	961,38	—	753,12	847,26
	V	31 194	1 694,32	2 495,52	2 807,46	IV	25 560	919,03	1 974,32	2 221,11	814,19	1 903,84	2 141,82	709,47	1 833,44	2 062,62	604,63	1 762,96	1 983,33	499,80	1 692,48	1 904,04	394,96	1 622,—	1 824,75
	VI	31 629	1 739,59	2 530,32	2 846,61																				
95 291,99 West	I,IV	25 418	1 006,97	2 033,44	2 287,62	I	25 418	797,30	1 892,48	2 129,04	587,74	1 751,60	1 970,55	378,06	1 610,64	1 811,97	168,50	1 469,76	1 653,48	—	1 328,80	1 494,90	—	1 188,—	1 336,50
	II	24 616	911,54	1 969,28	2 215,44	II	24 616	701,98	1 828,40	2 056,95	492,30	1 687,44	1 898,37	282,74	1 546,56	1 739,88	73,06	1 405,60	1 581,30	—	1 264,72	1 422,81	—	1 125,04	1 265,67
	III	17 456	—	1 396,48	1 571,04	III	17 456	—	1 280,64	1 440,72	—	1 167,52	1 313,46	—	1 057,60	1 189,80	—	950,40	1 069,20	—	846,24	952,02	—	744,96	838,08
	V	31 051	1 677,30	2 484,08	2 794,59	IV	25 418	902,13	1 962,96	2 208,33	797,30	1 892,48	2 129,04	692,46	1 822,—	2 049,75	587,74	1 751,60	1 970,55	482,90	1 681,12	1 891,26	378,06	1 610,64	1 811,97
	VI	31 487	1 729,18	2 518,96	2 833,83																				
95 291,99 Ost	I,IV	25 575	1 025,66	2 046,—	2 301,75	I	25 575	816,10	1 905,12	2 143,26	606,42	1 764,16	1 984,68	396,86	1 623,28	1 826,19	187,18	1 482,32	1 667,61	—	1 341,44	1 509,12	—	1 200,56	1 350,63
	II	24 774	930,34	1 981,92	2 229,66	II	24 774	720,66	1 840,96	2 071,08	511,10	1 700,08	1 912,59	301,42	1 559,12	1 754,01	91,86	1 418,24	1 595,52	—	1 277,28	1 436,94	—	1 137,28	1 279,44
	III	17 588	—	1 407,04	1 582,92	III	17 588	—	1 290,88	1 452,24	—	1 177,60	1 324,80	—	1 067,36	1 200,78	—	959,84	1 079,82	—	855,52	962,46	—	753,92	848,16
	V	31 209	1 696,10	2 496,72	2 808,81	IV	25 575	920,82	1 975,52	2 222,46	816,10	1 905,12	2 143,26	711,26	1 834,64	2 063,97	606,42	1 764,16	1 984,68	501,58	1 693,68	1 905,39	396,86	1 623,28	1 826,19
	VI	31 644	1 740,42	2 531,52	2 847,96																				
95 327,99 West	I,IV	25 433	1 008,76	2 034,64	2 288,97	I	25 433	799,08	1 893,68	2 130,39	589,52	1 752,80	1 971,90	379,84	1 611,84	1 813,32	170,28	1 470,96	1 654,83	—	1 330,—	1 496,25	—	1 189,20	1 337,85
	II	24 631	913,32	1 970,48	2 216,79	II	24 631	703,76	1 829,60	2 058,30	494,08	1 688,64	1 899,72	284,52	1 547,76	1 741,23	74,85	1 406,80	1 582,65	—	1 265,92	1 424,16	—	1 126,16	1 266,93
	III	17 468	—	1 397,44	1 572,12	III	17 468	—	1 281,60	1 441,80	—	1 168,48	1 314,54	—	1 058,40	1 190,70	—	951,36	1 070,28	—	847,20	953,10	—	745,92	839,16
	V	31 067	1 679,20	2 485,36	2 796,03	IV	25 433	903,92	1 964,16	2 209,68	799,08	1 893,68	2 130,39	694,24	1 823,20	2 051,10	589,52	1 752,80	1 971,90	484,68	1 682,32	1 892,61	379,84	1 611,84	1 813,32
	VI	31 502	1 730,97	2 520,16	2 835,18																				
95 327,99 Ost	I,IV	25 590	1 027,44	2 047,20	2 303,10	I	25 590	817,88	1 906,32	2 144,61	608,20	1 765,36	1 986,03	398,65	1 624,48	1 827,54	188,97	1 483,52	1 668,96	—	1 342,64	1 510,47	—	1 201,76	1 351,98
	II	24 789	932,12	1 983,12	2 231,01	II	24 789	722,44	1 842,16	2 072,43	512,89	1 701,28	1 913,94	303,21	1 560,32	1 755,36	93,65	1 419,44	1 596,87	—	1 278,48	1 438,29	—	1 138,48	1 280,79
	III	17 600	—	1 408,—	1 584,—	III	17 600	—	1 291,84	1 453,32	—	1 178,56	1 325,88	—	1 068,16	1 201,68	—	960,80	1 080,90	—	856,32	963,36	—	754,88	849,24
	V	31 224	1 697,89	2 497,92	2 810,16	IV	25 590	922,60	1 976,72	2 223,81	817,88	1 906,32	2 144,61	713,04	1 835,84	2 065,32	608,20	1 765,36	1 986,03	503,37	1 694,88	1 906,74	398,65	1 624,48	1 827,54
	VI	31 659	1 741,24	2 532,72	2 849,31																				
95 363,99 West	I,IV	25 448	1 010,54	2 035,84	2 290,32	I	25 448	800,87	1 894,88	2 131,74	591,31	1 754,—	1 973,25	381,63	1 613,04	1 814,67	172,07	1 472,16	1 656,18	—	1 331,20	1 497,60	—	1 190,40	1 339,20
	II	24 646	915,11	1 971,68	2 218,14	II	24 646	705,55	1 830,80	2 059,65	495,87	1 689,84	1 901,07	286,31	1 548,96	1 742,58	76,63	1 408,—	1 584,—	—	1 267,12	1 425,51	—	1 127,36	1 268,28
	III	17 482	—	1 398,56	1 573,38	III	17 482	—	1 282,56	1 442,88	—	1 169,44	1 315,62	—	1 059,36	1 191,78	—	952,16	1 071,18	—	848,—	954,—	—	746,72	840,06
	V	31 082	1 680,99	2 486,56	2 797,38	IV	25 448	905,70	1 965,36	2 211,03	800,87	1 894,88	2 131,74	696,15	1 824,48	2 052,54	591,31	1 754,—	1 973,25	486,47	1 683,52	1 893,96	381,63	1 613,04	1 814,67
	VI	31 517	1 732,75	2 521,36	2 836,53																				
95 363,99 Ost	I,IV	25 605	1 029,23	2 048,40	2 304,45	I	25 605	819,67	1 907,52	2 145,96	609,99	1 766,56	1 987,38	400,43	1 625,68	1 828,89	190,75	1 484,72	1 670,31	—	1 343,84	1 511,82	—	1 202,96	1 353,33
	II	24 804	933,91	1 984,32	2 232,36	II	24 804	724,23	1 843,36	2 073,78	514,67	1 702,48	1 915,29	304,99	1 561,52	1 756,71	95,43	1 420,64	1 598,22	—	1 279,76	1 439,73	—	1 139,68	1 282,14
	III	17 614	—	1 409,12	1 585,26	III	17 614	—	1 292,80	1 454,40	—	1 179,52	1 326,96	—	1 069,12	1 202,76	—	961,76	1 081,98	—	857,28	964,44	—	755,68	850,14
	V	31 239	1 699,67	2 499,12	2 811,51	IV	25 605	924,51	1 978,—	2 225,25	819,67	1 907,52	2 145,96	714,83	1 837,04	2 066,67	609,99	1 766,56	1 987,38	505,27	1 696,16	1 908,18	400,43	1 625,68	1 828,89
	VI	31 674	1 742,07	2 533,92	2 850,66																				
95 399,99 West	I,IV	25 463	1 012,33	2 037,04	2 291,67	I	25 463	802,65	1 896,08	2 133,09	593,09	1 755,20	1 974,60	383,41	1 614,24	1 816,02	173,85	1 473,36	1 657,53	—	1 332,40	1 498,95	—	1 191,60	1 340,55
	II	24 662	917,01	1 972,96	2 219,58	II	24 662	707,33	1 832,—	2 061,—	497,77	1 691,12	1 902,51	288,09	1 550,16	1 743,93	78,54	1 409,28	1 585,44	—	1 268,32	1 426,86	—	1 128,56	1 269,63
	III	17 494	—	1 399,52	1 574,46	III	17 494	—	1 283,52	1 443,96	—	1 170,40	1 316,70	—	1 060,32	1 192,86	—	953,12	1 072,26	—	848,96	955,08	—	747,52	840,96
	V	31 097	1 682,77	2 487,76	2 798,73	IV	25 463	907,49	1 966,56	2 212,38	802,65	1 896,08	2 133,09	697,93	1 825,68	2 053,89	593,09	1 755,20	1 974,60	488,25	1 684,72	1 895,31	383,41	1 614,24	1 816,02
	VI	31 532	1 734,26	2 522,56	2 837,88																				
95 399,99 Ost	I,IV	25 620	1 031,01	2 049,60	2 305,80	I	25 620	821,45	1 908,72	2 147,31	611,77	1 767,76	1 988,73	402,22	1 626,88	1 830,24	192,54	1 485,92	1 671,66	—	1 345,04	1 513,17	—	1 204,16	1 354,68
	II	24 819	935,69	1 985,52	2 233,71	II	24 819	726,13	1 844,64	2 075,22	516,46	1 703,68	1 916,64	306,90	1 562,80	1 758,15	97,22	1 421,84	1 599,57	—	1 280,96	1 441,08	—	1 140,88	1 283,49
	III	17 626	—	1 410,08	1 586,34	III	17 626	—	1 293,76	1 455,48	—	1 180,48	1 328,04	—	1 070,08	1 203,84	—	962,56	1 082,88	—	858,08	965,34	—	756,48	851,04
	V	31 254	1 701,46	2 500,32	2 812,86	IV	25 620	926,29	1 979,20	2 226,60	821,45	1 908,72	2 147,31	716,61	1 838,24	2 068,02	611,77	1 767,76	1 988,73	507,05	1 697,36	1 909,53	402,22	1 626,88	1 830,24
	VI	31 689	1 742,89	2 535,12	2 852,01																				
95 435,99 West	I,IV	25 478	1 014,11	2 038,24	2 293,02	I	25 478	804,55	1 897,36	2 134,53	594,88	1 756,40	1 975,95	385,32	1 615,52	1 817,46	175,64	1 474,56	1 658,88	—	1 333,68	1 500,39	—	1 192,80	1 341,90
	II	24 677	918,79	1 974,16	2 220,93	II	24 677	709,12	1 833,20	2 062,35	499,56	1 692,32	1 903,86	289,88	1 551,36	1 745,28	80,32	1 410,48	1 586,79	—	1 269,52	1 428,21	—	1 129,76	1 270,98
	III	17 506	—	1 400,48	1 575,54	III	17 506	—	1 284,48	1 445,04	—	1 171,36	1 317,78	—	1 061,28	1 193,94	—	954,08	1 073,34	—	849,76	955,98	—	748,48	842,04
	V	31 112	1 684,56	2 488,96	2 800,08	IV	25 478	909,27	1 967,76	2 213,73	804,55	1 897,36	2 134,53	699,72	1 826,88	2 055,24	594,88	1 756,40	1 975,95	490,04	1 685,92	1 896,66	385,32	1 615,52	1 817,46
	VI	31 547	1 735,08	2 523,76	2 839,23																				
95 435,99 Ost	I,IV	25 636	1 032,92	2 050,88	2 307,24	I	25 636	823,24	1 909,92	2 148,66	613,68	1 769,04	1 990,17	404,—	1 628,08	1 831,59	194,44	1 487,20	1 673,10	—	1 346,24	1 514,52	—	1 205,36	1 356,03
	II	24 834	937,48	1 986,72	2 235,06	II	24 834	727,92	1 845,84	2 076,57	518,24	1 704,88	1 917,99	308,68	1 564,—	1 759,50	99,—	1 423,04	1 600,92	—	1 282,16	1 442,43	—	1 142,—	1 284,75
	III	17 638	—	1 411,04	1 587,42	III	17 638	—	1 294,72	1 456,56	—	1 181,44	1 329,12	—	1 071,04	1 204,92	—	963,52	1 083,96	—	859,04	966,42	—	757,44	852,12
	V	31 269	1 703,24	2 501,52	2 814,21	IV	25 636	928,08	1 980,40	2 227,95	823,24	1 909,92	2 148,66	718,40	1 839,44	2 069,37	613,68	1 769,04	1 990,17	508,84	1 698,56	1 910,88	404,—	1 628,08	1 831,59
	VI	31 704	1 743,72	2 536,32	2 853,36																				
95 471,99 West	I,IV	25 493	1 015,90	2 039,44	2 294,37	I	25 493	806,34	1 898,56	2 135,88	596,66	1 757,60	1 977,30	387,10	1 616,72	1 818,81	177,42	1 475,76	1 660,23	—	1 334,88	1 501,74	—	1 194,—	1 343,25
	II	24 692	920,58	1 975,36	2 222,28	II	24 692	710,90	1 834,40	2 063,70	501,34	1 693,52	1 905,21	291,66	1 552,56	1 746,63	82,11	1 411,68	1 588,14	—	1 270,72	1 429,56	—	1 130,88	1 272,24
	III	17 520	—	1 401,60	1 576,80	III	17 520	—	1 285,44	1 446,12	—	1 172,32	1 318,86	—	1 062,24	1 195,02	—	955,04	1 074,42	—	850,72	957,06	—	749,28	842,94
	V	31 127	1 686,34	2 490,16	2 801,43	IV	25 493	911,06	1 968,96	2 215,08	806,34	1 898,56	2 135,88	701,50	1 828,08	2 056,59	596,66	1 757,60	1 977,30	491,82	1 687,12	1 898,01	387,10	1 616,72	1 818,81
	VI	31 562	1 735,91	2 524,96	2 840,58																				
95 471,99 Ost	I,IV	25 651	1 034,70	2 052,08	2 308,59	I	25 651	825,02	1 911,12	2 150,01	615,46	1 770,24	1 991,52	405,79	1 629,28	1 832,94	196,23	1 488,40	1 674,45	—	1 347,44	1 515,87	—	1 206,56	1 357,38
	II	24 849	939,26	1 987,92	2 236,41	II	24 849	729,70	1 847,04	2 077,92	520,03	1 706,08	1 919,34	310,47	1 565,20	1 760,85	100,79	1 424,24	1 602,27	—	1 283,36	1 443,78	—	1 143,20	1 286,10
	III	17 652	—	1 412,16	1 588,68	III	17 652	—	1 295,84	1 457,82	—	1 182,40	1 330,20	—	1 072,—	1 206,—	—	964,48	1 085,04	—	859,84	967,32	—	758,24	853,02
	V	31 284	1 705,03	2 502,72	2 815,56	IV	25 651	929,86	1 981,60	2 229,30	825,02	1 911,12	2 150,01	720,18	1 840,64	2 070,72	615,46	1 770,24	1 991,52	510,62	1 699,76	1 912,23	405,79	1 629,28	1 832,94
	VI	31 720	1 744,60	2 537,60	2 854,80																				

*** Die ausgewiesenen Tabellenwerte sind amtlich. Siehe Erläuterungen auf der Umschlaginnenseite (U2).**

Abzüge an Lohnsteuer, Solidaritätszuschlag (SolZ) und Kirchensteuer (8%, 9%) in den Steuerklassen

Lohn/ Gehalt	I – VI		ohne Kinderfreibeträge			I, II, III, IV		mit Zahl der Kinderfreibeträge . . . 0,5			1			1,5			2			2,5			3		
bis €*		LSt	SolZ	8%	9%		LSt	SolZ	8%	9%	SolZ	8%	9%	SolZ	8%	9%	SolZ	8%	9%	SolZ	8%	9%	SolZ	8%	9%
95 507,99	I,IV	25 508	1 017,68	2 040,64	2 295,72	I	25 508	808,12	1 899,76	2 137,23	598,45	1 758,80	1 978,65	388,89	1 617,92	1 820,16	179,21	1 476,96	1 661,58	–	1 336,08	1 503,09	–	1 195,20	1 344,60
West	II	24 707	922,36	1 976,56	2 223,63	II	24 707	712,69	1 835,60	2 065,05	503,13	1 694,72	1 906,56	293,45	1 553,76	1 747,98	83,89	1 412,88	1 589,49	–	1 271,92	1 430,91	–	1 132,08	1 273,59
	III	17 532	–	1 402,56	1 577,88	III	17 532	–	1 286,40	1 447,20	–	1 173,28	1 319,94	–	1 063,20	1 196,10	–	955,84	1 075,32	–	851,52	957,96	–	750,08	843,84
	V	31 142	1 688,13	2 491,36	2 802,78	IV	25 508	912,96	1 970,24	2 216,52	808,12	1 899,76	2 137,23	703,29	1 829,28	2 057,94	598,45	1 758,80	1 978,65	493,73	1 688,40	1 899,45	388,89	1 617,92	1 820,16
	VI	31 577	1 736,73	2 526,16	2 841,93																				
95 507,99	I,IV	25 666	1 036,49	2 053,28	2 309,94	I	25 666	826,81	1 912,32	2 151,36	617,25	1 771,44	1 992,87	407,57	1 630,48	1 834,29	198,01	1 489,60	1 675,80	–	1 348,64	1 517,22	–	1 207,76	1 358,73
Ost	II	24 864	941,05	1 989,12	2 237,76	II	24 864	731,49	1 848,24	2 079,27	521,81	1 707,28	1 920,69	312,25	1 566,40	1 762,20	102,57	1 425,44	1 603,62	–	1 284,56	1 445,13	–	1 144,40	1 287,45
	III	17 664	–	1 413,12	1 589,76	III	17 664	–	1 296,80	1 458,90	–	1 183,36	1 331,28	–	1 072,96	1 207,08	–	965,44	1 086,12	–	860,80	968,40	–	759,20	854,10
	V	31 300	1 706,93	2 504,–	2 817,–	IV	25 666	931,65	1 982,80	2 230,65	826,81	1 912,32	2 151,36	722,09	1 841,92	2 072,16	617,25	1 771,44	1 992,87	512,41	1 700,96	1 913,58	407,57	1 630,48	1 834,29
	VI	31 735	1 745,42	2 538,80	2 856,15																				
95 543,99	I,IV	25 523	1 019,47	2 041,84	2 297,07	I	25 523	809,91	1 900,96	2 138,58	600,23	1 760,–	1 980,–	390,67	1 619,12	1 821,51	180,99	1 478,16	1 662,93	–	1 337,28	1 504,44	–	1 196,40	1 345,95
West	II	24 722	924,15	1 977,76	2 224,98	II	24 722	714,59	1 836,88	2 066,49	504,91	1 695,92	1 907,91	295,35	1 555,04	1 749,42	85,68	1 414,08	1 590,84	–	1 273,20	1 432,35	–	1 133,28	1 274,94
	III	17 544	–	1 403,52	1 578,96	III	17 544	–	1 287,52	1 448,46	–	1 174,24	1 321,02	–	1 064,–	1 197,–	–	956,80	1 076,40	–	852,48	959,04	–	751,04	844,92
	V	31 157	1 689,91	2 492,56	2 804,13	IV	25 523	914,75	1 971,44	2 217,87	809,91	1 900,96	2 138,58	705,07	1 830,48	2 059,29	600,23	1 760,–	1 980,–	495,51	1 689,60	1 900,80	390,67	1 619,12	1 821,51
	VI	31 592	1 737,56	2 527,36	2 843,28																				
95 543,99	I,IV	25 681	1 038,27	2 054,48	2 311,29	I	25 681	828,59	1 913,52	2 152,71	619,03	1 772,64	1 994,22	409,36	1 631,68	1 835,64	199,80	1 490,80	1 677,15	–	1 349,84	1 518,57	–	1 208,96	1 360,08
Ost	II	24 880	942,95	1 990,40	2 239,20	II	24 880	733,27	1 849,44	2 080,62	523,71	1 708,56	1 922,13	314,04	1 567,60	1 763,55	104,48	1 426,72	1 605,06	–	1 285,76	1 446,48	–	1 145,60	1 288,80
	III	17 676	–	1 414,08	1 590,84	III	17 676	–	1 297,76	1 459,98	–	1 184,32	1 332,36	–	1 073,76	1 207,98	–	966,24	1 087,02	–	861,60	969,30	–	760,–	855,–
	V	31 315	1 708,72	2 505,20	2 818,35	IV	25 681	933,43	1 984,–	2 232,–	828,59	1 913,52	2 152,71	723,87	1 843,12	2 073,51	619,03	1 772,64	1 994,22	514,19	1 702,16	1 914,93	409,36	1 631,68	1 835,64
	VI	31 750	1 746,25	2 540,–	2 857,50																				
95 579,99	I,IV	25 538	1 021,25	2 043,04	2 298,42	I	25 538	811,69	1 902,16	2 139,93	602,14	1 761,28	1 981,44	392,46	1 620,32	1 822,86	182,90	1 479,44	1 664,37	–	1 338,48	1 505,79	–	1 197,60	1 347,30
West	II	24 737	925,93	1 978,96	2 226,33	II	24 737	716,38	1 838,08	2 067,84	506,70	1 697,12	1 909,26	297,14	1 556,24	1 750,77	87,46	1 415,28	1 592,19	–	1 274,40	1 433,70	–	1 134,48	1 276,29
	III	17 558	–	1 404,64	1 580,22	III	17 558	–	1 288,48	1 449,54	–	1 175,20	1 322,10	–	1 064,96	1 198,08	–	957,76	1 077,48	–	853,28	959,94	–	751,84	845,82
	V	31 172	1 691,70	2 493,76	2 805,48	IV	25 538	916,53	1 972,64	2 219,22	811,69	1 902,16	2 139,93	706,86	1 831,68	2 060,64	602,14	1 761,28	1 981,44	497,30	1 690,80	1 902,15	392,46	1 620,32	1 822,86
	VI	31 607	1 738,38	2 528,56	2 844,63																				
95 579,99	I,IV	25 696	1 040,06	2 055,68	2 312,64	I	25 696	830,50	1 914,80	2 154,15	620,82	1 773,84	1 995,57	411,26	1 632,96	1 837,08	201,58	1 492,–	1 678,50	–	1 351,12	1 520,01	–	1 210,16	1 361,43
Ost	II	24 895	944,74	1 991,60	2 240,55	II	24 895	735,06	1 850,64	2 081,97	525,50	1 709,76	1 923,48	315,82	1 568,80	1 764,90	106,26	1 427,92	1 606,41	–	1 286,96	1 447,83	–	1 146,80	1 290,15
	III	17 690	–	1 415,20	1 592,10	III	17 690	–	1 298,72	1 461,06	–	1 185,28	1 333,44	–	1 074,72	1 209,06	–	967,20	1 088,10	–	862,56	970,38	–	760,80	855,90
	V	31 330	1 710,50	2 506,40	2 819,70	IV	25 696	935,22	1 985,20	2 233,35	830,50	1 914,80	2 154,15	725,66	1 844,32	2 074,86	620,82	1 773,84	1 995,57	515,98	1 703,36	1 916,28	411,26	1 632,96	1 837,08
	VI	31 765	1 747,07	2 541,20	2 858,85																				
95 615,99	I,IV	25 554	1 023,16	2 044,32	2 299,86	I	25 554	813,48	1 903,36	2 141,28	603,92	1 762,48	1 982,79	394,24	1 621,52	1 824,21	184,68	1 480,64	1 665,72	–	1 339,68	1 507,14	–	1 198,80	1 348,65
West	II	24 752	927,72	1 980,16	2 227,68	II	24 752	718,16	1 839,28	2 069,19	508,48	1 698,32	1 910,61	298,92	1 557,44	1 752,12	89,25	1 416,48	1 593,54	–	1 275,60	1 435,05	–	1 135,60	1 277,55
	III	17 570	–	1 405,60	1 581,30	III	17 570	–	1 289,44	1 450,62	–	1 176,16	1 323,18	–	1 065,92	1 199,16	–	958,56	1 078,38	–	854,24	961,02	–	752,80	846,90
	V	31 187	1 693,48	2 494,96	2 806,83	IV	25 554	918,32	1 973,84	2 220,57	813,48	1 903,36	2 141,28	708,64	1 832,88	2 061,99	603,92	1 762,48	1 982,79	499,08	1 692,–	1 903,50	394,24	1 621,52	1 824,21
	VI	31 623	1 739,26	2 529,84	2 846,07																				
95 615,99	I,IV	25 711	1 041,84	2 056,88	2 313,99	I	25 711	832,28	1 916,–	2 155,50	622,60	1 775,04	1 996,92	413,04	1 634,16	1 838,43	203,37	1 493,20	1 679,85	–	1 352,32	1 521,36	–	1 211,36	1 362,78
Ost	II	24 910	946,52	1 992,80	2 241,90	II	24 910	736,84	1 851,84	2 083,32	527,28	1 710,96	1 924,83	317,61	1 570,–	1 766,25	108,05	1 429,12	1 607,76	–	1 288,16	1 449,18	–	1 147,92	1 291,41
	III	17 702	–	1 416,16	1 593,18	III	17 702	–	1 299,68	1 462,14	–	1 186,24	1 334,52	–	1 075,68	1 210,14	–	968,16	1 089,18	–	863,36	971,28	–	761,76	856,98
	V	31 345	1 712,29	2 507,60	2 821,05	IV	25 711	937,–	1 986,40	2 234,70	832,28	1 916,–	2 155,50	727,44	1 845,52	2 076,21	622,60	1 775,04	1 996,92	517,76	1 704,56	1 917,63	413,04	1 634,16	1 838,43
	VI	31 780	1 747,90	2 542,40	2 860,20																				
95 651,99	I,IV	25 569	1 024,94	2 045,52	2 301,21	I	25 569	815,26	1 904,56	2 142,63	605,71	1 763,68	1 984,14	396,03	1 622,72	1 825,56	186,47	1 481,84	1 667,07	–	1 340,88	1 508,49	–	1 200,–	1 350,–
West	II	24 767	929,50	1 981,36	2 229,03	II	24 767	719,95	1 840,48	2 070,54	510,27	1 699,52	1 911,96	300,71	1 558,64	1 753,47	91,03	1 417,68	1 594,89	–	1 276,80	1 436,40	–	1 136,80	1 278,90
	III	17 582	–	1 406,56	1 582,38	III	17 582	–	1 290,40	1 451,70	–	1 177,12	1 324,26	–	1 066,88	1 200,24	–	959,52	1 079,46	–	855,04	961,92	–	753,60	847,80
	V	31 203	1 695,39	2 496,24	2 808,27	IV	25 569	920,10	1 975,04	2 221,92	815,26	1 904,56	2 142,63	710,54	1 834,16	2 063,43	605,71	1 763,68	1 984,14	500,87	1 693,20	1 904,85	396,03	1 622,72	1 825,56
	VI	31 638	1 740,09	2 531,04	2 847,42																				
95 651,99	I,IV	25 726	1 043,63	2 058,08	2 315,34	I	25 726	834,07	1 917,20	2 156,85	624,39	1 776,24	1 998,27	414,83	1 635,36	1 839,78	205,15	1 494,40	1 681,20	–	1 353,52	1 522,71	–	1 212,56	1 364,13
Ost	II	24 925	948,31	1 994,–	2 243,25	II	24 925	738,63	1 853,04	2 084,67	529,07	1 712,16	1 926,18	319,39	1 571,20	1 767,60	109,83	1 430,32	1 609,11	–	1 289,36	1 450,53	–	1 149,12	1 292,76
	III	17 714	–	1 417,12	1 594,26	III	17 714	–	1 300,64	1 463,22	–	1 187,20	1 335,60	–	1 076,64	1 211,22	–	968,96	1 090,08	–	864,32	972,36	–	762,56	857,88
	V	31 360	1 714,07	2 508,80	2 822,40	IV	25 726	938,79	1 987,60	2 236,05	834,07	1 917,20	2 156,85	729,23	1 846,72	2 077,56	624,39	1 776,24	1 998,27	519,67	1 705,84	1 919,07	414,83	1 635,36	1 839,78
	VI	31 795	1 748,72	2 543,60	2 861,55																				
95 687,99	I,IV	25 584	1 026,73	2 046,72	2 302,56	I	25 584	817,05	1 905,76	2 143,98	607,49	1 764,88	1 985,49	397,81	1 623,92	1 826,91	188,25	1 483,04	1 668,42	–	1 342,08	1 509,84	–	1 201,20	1 351,35
West	II	24 782	931,29	1 982,56	2 230,38	II	24 782	721,73	1 841,68	2 071,89	512,17	1 700,80	1 913,40	302,49	1 559,84	1 754,82	92,93	1 418,96	1 596,33	–	1 278,–	1 437,75	–	1 138,–	1 280,25
	III	17 596	–	1 407,68	1 583,64	III	17 596	–	1 291,36	1 452,78	–	1 178,08	1 325,34	–	1 067,84	1 201,32	–	960,48	1 080,54	–	856,–	963,–	–	754,40	848,70
	V	31 218	1 697,17	2 497,44	2 809,62	IV	25 584	921,89	1 976,24	2 223,27	817,05	1 905,76	2 143,98	712,33	1 835,36	2 064,78	607,49	1 764,88	1 985,49	502,65	1 694,40	1 906,20	397,81	1 623,92	1 826,91
	VI	31 653	1 740,91	2 532,24	2 848,77																				
95 687,99	I,IV	25 741	1 045,41	2 059,28	2 316,69	I	25 741	835,85	1 918,40	2 158,20	626,17	1 777,44	1 999,62	416,61	1 636,56	1 841,13	206,94	1 495,60	1 682,55	–	1 354,72	1 524,06	–	1 213,76	1 365,48
Ost	II	24 940	950,09	1 995,20	2 244,60	II	24 940	740,53	1 854,32	2 086,11	530,85	1 713,36	1 927,53	321,30	1 572,48	1 769,04	111,62	1 431,52	1 610,46	–	1 290,64	1 451,97	–	1 150,32	1 294,11
	III	17 728	–	1 418,24	1 595,52	III	17 728	–	1 301,76	1 464,48	–	1 188,16	1 336,68	–	1 077,60	1 212,30	–	969,92	1 091,16	–	865,28	973,44	–	763,36	858,78
	V	31 375	1 715,86	2 510,–	2 823,75	IV	25 741	940,69	1 988,88	2 237,49	835,85	1 918,40	2 158,20	731,01	1 847,92	2 078,91	626,17	1 777,44	1 999,62	521,45	1 707,04	1 920,42	416,61	1 636,56	1 841,13
	VI	31 810	1 749,55	2 544,80	2 862,90																				
95 723,99	I,IV	25 599	1 028,51	2 047,92	2 303,91	I	25 599	818,83	1 906,96	2 145,33	609,28	1 766,08	1 986,84	399,72	1 625,20	1 828,35	190,04	1 484,24	1 669,77	–	1 343,36	1 511,28	–	1 202,40	1 352,70
West	II	24 798	933,19	1 983,84	2 231,82	II	24 798	723,52	1 842,88	2 073,24	513,96	1 702,–	1 914,75	304,28	1 561,04	1 756,17	94,72	1 420,16	1 597,68	–	1 279,20	1 439,10	–	1 139,20	1 281,60
	III	17 608	–	1 408,64	1 584,72	III	17 608	–	1 292,32	1 453,86	–	1 179,04	1 326,42	–	1 068,80	1 202,40	–	961,28	1 081,44	–	856,80	963,90	–	755,36	849,78
	V	31 233	1 698,96	2 498,64	2 810,97	IV	25 599	923,67	1 977,44	2 224,62	818,83	1 906,96	2 145,33	714,11	1 836,56	2 066,13	609,28	1 766,08	1 986,84	504,44	1 695,60	1 907,55	399,72	1 625,20	1 828,35
	VI	31 668	1 741,74	2 533,44	2 850,12																				
95 723,99	I,IV	25 756	1 047,20	2 060,48	2 318,04	I	25 756	837,64	1 919,60	2 159,55	628,08	1 778,72	2 001,06	418,40	1 637,76	1 842,48	208,84	1 496,88	1 683,99	–	1 355,92	1 525,41	–	1 215,04	1 366,92
Ost	II	24 955	951,88	1 996,40	2 245,95	II	24 955	742,32	1 855,52	2 087,46	532,64	1 714,56	1 928,88	323,08	1 573,68	1 770,39	113,40	1 432,72	1 611,81	–	1 291,84	1 453,32	–	1 151,52	1 295,46
	III	17 740	–	1 419,20	1 596,60	III	17 740	–	1 302,72	1 465,56	–	1 189,12	1 337,76	–	1 078,56	1 213,38	–	970,88	1 092,24	–	866,08	974,34	–	764,32	859,86
	V	31 390	1 717,64	2 511,20	2 825,10	IV	25 756	942,48	1 990,08	2 238,84	837,64	1 919,60	2 159,55	732,80	1 849,12	2 080,26	628,08	1 778,72	2 001,06	523,24	1 708,24	1 921,77	418,40	1 637,76	1 842,48
	VI	31 825	1 750,37	2 546,–	2 864,25																				
95 759,99	I,IV	25 614	1 030,30	2 049,12	2 305,26	I	25 614	820,74	1 908,24	2 146,77	611,06	1 767,28	1 988,19	401,50	1 626,40	1 829,70	191,82	1 485,44	1 671,12	–	1 344,56	1 512,63	–	1 203,60	1 354,05
West	II	24 813	934,98	1 985,04	2 233,17	II	24 813	725,30	1 844,08	2 074,59	515,74	1 703,20	1 916,10	306,06	1 562,24	1 757,52	96,50	1 421,36	1 599,03	–	1 280,40	1 440,45	–	1 140,32	1 282,86
	III	17 620	–	1 409,60	1 585,80	III	17 620	–	1 293,44	1 455,12	–	1 180,–	1 327,50	–	1 069,60	1 203,30	–	962,24	1 082,52	–	857,76	964,98	–	756,16	850,68
	V	31 248	1 700,74	2 499,84	2 812,32	IV	25 614	925,46	1 978,64	2 225,97	820,74	1 908,24	2 146,77	715,90	1 837,76	2 067,48	611,06	1 767,28	1 988,19	506,22	1 696,80	1 908,90	401,50	1 626,40	1 829,70
	VI	31 683	1 742,56	2 534,64	2 851,47																				
95 759,99	I,IV	25 772	1 049,10	2 061,76	2 319,48	I	25 772	839,42	1 920,80	2 160,90	629,86	1 779,92	2 002,41	420,18	1 638,96	1 843,83	210,63	1 498,08	1 685,34	0,95	1 357,12	1 526,76	–	1 216,24	1 368,27
Ost	II	24 970	953,66	1 997,60	2 247,30	II	24 970	744,10	1 856,72	2 088,81	534,42	1 715,76	1 930,23	324,87	1 574,88	1 771,74	115,19	1 433,92	1 613,16	–	1 293,04	1 454,67	–	1 152,72	1 296,81
	III	17 752	–	1 420,16	1 597,68	III	17 752	–	1 303,68	1 466,64	–	1 190,08	1 338,84	–	1 079,52	1 214,46	–	971,68	1 093,14	–	867,04	975,42	–	765,12	860,76
	V	31 405	1 719,43	2 512,40	2 826,45	IV	25 772	944,26	1 991,28	2 240,19	839,42	1 920,80	2 160,90	734,58	1 850,32	2 081,61	629,86	1 779,92	2 002,41	525,02	1 709,44	1 923,12	420,18	1 638,96	1 843,83
	VI	31 841	1 751,25	2 547,28	2 865,69																				

* Die ausgewiesenen Tabellenwerte sind amtlich. Siehe Erläuterungen auf der Umschlaginnenseite (U2).

Abzüge an Lohnsteuer, Solidaritätszuschlag (SolZ) und Kirchensteuer (8%, 9%) in den Steuerklassen

Lohn/ Gehalt bis €*	I – VI		ohne Kinderfreibeträge			I, II, III, IV		mit Zahl der Kinderfreibeträge . . . 0,5			1			1,5			2			2,5			3		
		LSt	SolZ	8%	9%		LSt	SolZ	8%	9%	SolZ	8%	9%	SolZ	8%	9%	SolZ	8%	9%	SolZ	8%	9%	SolZ	8%	9%
	I,IV	25 629	1 032,08	2 050,32	2 306,61	I	25 629	822,52	1 909,44	2 148,12	612,85	1 768,48	1 989,54	403,29	1 627,60	1 831,05	193,61	1 486,64	1 672,47	—	1 345,76	1 513,98	—	1 204,88	1 355,49
95 795,99	II	24 828	936,76	1 986,24	2 234,52	II	24 828	727,09	1 845,28	2 075,94	517,53	1 704,40	1 917,45	307,85	1 563,44	1 758,87	98,29	1 422,56	1 600,38	—	1 281,60	1 441,80	—	1 141,52	1 284,21
	III	17 632	—	1 410,56	1 586,88	III	17 632	—	1 294,40	1 456,20	—	1 180,96	1 328,58	—	1 070,56	1 204,38	—	963,20	1 083,60	—	858,56	965,88	—	756,96	851,58
West	V	31 263	1 702,53	2 501,04	2 813,67	IV	25 629	927,24	1 979,84	2 227,32	822,52	1 909,44	2 148,12	717,68	1 838,96	2 068,83	612,85	1 768,48	1 989,54	508,13	1 698,08	1 910,34	403,29	1 627,60	1 831,05
	VI	31 698	1 743,39	2 535,84	2 852,82																				
	I,IV	25 787	1 050,88	2 062,96	2 320,83	I	25 787	841,21	1 922,—	2 162,25	631,65	1 781,12	2 003,76	421,97	1 640,16	1 845,18	212,41	1 499,28	1 686,69	2,73	1 358,32	1 528,11	—	1 217,44	1 369,62
95 795,99	II	24 985	955,45	1 998,80	2 248,65	II	24 985	745,89	1 857,92	2 090,16	536,21	1 716,96	1 931,58	326,65	1 576,08	1 773,09	116,97	1 435,12	1 614,51	—	1 294,24	1 456,02	—	1 153,92	1 298,16
	III	17 766	—	1 421,28	1 598,94	III	17 766	—	1 304,64	1 467,72	—	1 191,04	1 339,92	—	1 080,32	1 215,36	—	972,64	1 094,22	—	867,84	976,32	—	766,08	861,84
Ost	V	31 421	1 721,33	2 513,68	2 827,89	IV	25 787	946,05	1 992,48	2 241,54	841,21	1 922,—	2 162,25	736,37	1 851,52	2 082,96	631,65	1 781,12	2 003,76	526,81	1 710,64	1 924,47	421,97	1 640,16	1 845,18
	VI	31 856	1 752,08	2 548,48	2 867,04																				
	I,IV	25 644	1 033,87	2 051,52	2 307,96	I	25 644	824,31	1 910,64	2 149,47	614,63	1 769,68	1 990,89	405,07	1 628,80	1 832,40	195,39	1 487,84	1 673,82	—	1 346,96	1 515,33	—	1 206,08	1 356,84
95 831,99	II	24 843	938,55	1 987,44	2 235,87	II	24 843	728,87	1 846,48	2 077,29	519,31	1 705,60	1 918,80	309,75	1 564,72	1 760,31	100,07	1 423,76	1 601,73	—	1 282,88	1 443,24	—	1 142,72	1 285,56
	III	17 646	—	1 411,68	1 588,14	III	17 646	—	1 295,36	1 457,28	—	1 181,92	1 329,66	—	1 071,52	1 205,46	—	964,—	1 084,50	—	859,52	966,96	—	757,92	852,66
West	V	31 278	1 704,31	2 502,24	2 815,02	IV	25 644	929,15	1 981,12	2 228,76	824,31	1 910,64	2 149,47	719,47	1 840,16	2 070,18	614,63	1 769,68	1 990,89	509,91	1 699,28	1 911,69	405,07	1 628,80	1 832,40
	VI	31 713	1 744,21	2 537,04	2 854,17																				
	I,IV	25 802	1 052,67	2 064,16	2 322,18	I	25 802	842,99	1 923,20	2 163,60	633,43	1 782,32	2 005,11	423,75	1 641,36	1 846,53	214,20	1 500,48	1 688,04	4,52	1 359,52	1 529,46	—	1 218,64	1 370,97
95 831,99	II	25 000	957,23	2 000,—	2 250,—	II	25 000	747,67	1 859,12	2 091,51	538,11	1 718,24	1 933,02	328,44	1 577,28	1 774,44	118,88	1 436,40	1 615,95	—	1 295,44	1 457,37	—	1 155,04	1 299,42
	III	17 778	—	1 422,24	1 600,02	III	17 778	—	1 305,60	1 468,80	—	1 192,—	1 341,—	—	1 081,28	1 216,44	—	973,60	1 095,30	—	868,80	977,40	—	766,88	862,74
Ost	V	31 436	1 723,12	2 514,88	2 829,24	IV	25 802	947,83	1 993,68	2 242,89	842,99	1 923,20	2 163,60	738,27	1 852,80	2 084,40	633,43	1 782,32	2 005,11	528,59	1 711,84	1 925,82	423,75	1 641,36	1 846,53
	VI	31 871	1 752,90	2 549,68	2 868,39																				
	I,IV	25 659	1 035,65	2 052,72	2 309,31	I	25 659	826,09	1 911,84	2 150,82	616,42	1 770,88	1 992,24	406,86	1 630,—	1 833,75	197,30	1 489,12	1 675,26	—	1 348,16	1 516,68	—	1 207,28	1 358,19
95 867,99	II	24 858	940,33	1 988,64	2 237,22	II	24 858	730,77	1 847,76	2 078,73	521,10	1 706,80	1 920,15	311,54	1 565,92	1 761,66	101,86	1 424,96	1 603,08	—	1 284,08	1 444,59	—	1 143,92	1 286,91
	III	17 658	—	1 412,64	1 589,22	III	17 658	—	1 296,32	1 458,36	—	1 182,88	1 330,74	—	1 072,48	1 206,54	—	964,96	1 085,58	—	860,32	967,86	—	758,72	853,56
West	V	31 293	1 706,10	2 503,44	2 816,37	IV	25 659	930,93	1 982,32	2 230,11	826,09	1 911,84	2 150,82	721,25	1 841,36	2 071,53	616,42	1 770,88	1 992,24	511,70	1 700,48	1 913,04	406,86	1 630,—	1 833,75
	VI	31 728	1 745,04	2 538,24	2 855,52																				
	I,IV	25 817	1 054,45	2 065,36	2 323,53	I	25 817	844,78	1 924,40	2 164,95	635,22	1 783,52	2 006,46	425,66	1 642,64	1 847,97	215,98	1 501,68	1 689,39	6,42	1 360,80	1 530,90	—	1 219,84	1 372,32
95 867,99	II	25 016	959,14	2 001,28	2 251,44	II	25 016	749,46	1 860,32	2 092,86	539,90	1 719,44	1 934,37	330,22	1 578,48	1 775,79	120,66	1 437,60	1 617,30	—	1 296,64	1 458,72	—	1 156,24	1 300,77
	III	17 790	—	1 423,20	1 601,10	III	17 790	—	1 306,56	1 469,88	—	1 192,96	1 342,08	—	1 082,24	1 217,52	—	974,56	1 096,38	—	869,60	978,30	—	767,68	863,64
Ost	V	31 451	1 724,90	2 516,08	2 830,59	IV	25 817	949,62	1 994,88	2 244,24	844,78	1 924,40	2 164,95	740,06	1 854,—	2 085,75	635,22	1 783,52	2 006,46	530,38	1 713,04	1 927,17	425,66	1 642,64	1 847,97
	VI	31 886	1 753,73	2 550,88	2 869,74																				
	I,IV	25 675	1 037,56	2 054,—	2 310,75	I	25 675	827,88	1 913,04	2 152,17	618,32	1 772,16	1 993,68	408,64	1 631,20	1 835,10	199,08	1 490,32	1 676,61	—	1 349,36	1 518,03	—	1 208,48	1 359,54
95 903,99	II	24 873	942,12	1 989,84	2 238,57	II	24 873	732,56	1 848,96	2 080,08	522,88	1 708,—	1 921,50	313,32	1 567,12	1 763,01	103,64	1 426,16	1 604,43	—	1 285,28	1 445,94	—	1 145,12	1 288,26
	III	17 670	—	1 413,60	1 590,30	III	17 670	—	1 297,28	1 459,44	—	1 183,84	1 331,82	—	1 073,44	1 207,62	—	965,92	1 086,66	—	861,28	968,94	—	759,68	854,64
West	V	31 308	1 707,88	2 504,64	2 817,72	IV	25 675	932,72	1 983,52	2 231,46	827,88	1 913,04	2 152,17	723,04	1 842,56	2 072,88	618,32	1 772,16	1 993,68	513,48	1 701,68	1 914,39	408,64	1 631,20	1 835,10
	VI	31 744	1 745,92	2 539,52	2 856,96																				
	I,IV	25 832	1 056,24	2 066,56	2 324,88	I	25 832	846,68	1 925,68	2 166,39	637,—	1 784,72	2 007,81	427,44	1 643,84	1 849,32	217,77	1 502,88	1 690,74	8,21	1 362,—	1 532,25	—	1 221,04	1 373,67
95 903,99	II	25 031	960,92	2 002,48	2 252,79	II	25 031	751,24	1 861,52	2 094,21	541,68	1 720,64	1 935,72	332,01	1 579,68	1 777,14	122,45	1 438,80	1 618,65	—	1 297,84	1 460,07	—	1 157,44	1 302,12
	III	17 804	—	1 424,32	1 602,36	III	17 804	—	1 307,68	1 471,14	—	1 193,92	1 343,16	—	1 083,20	1 218,60	—	975,36	1 097,28	—	870,56	979,38	—	768,64	864,72
Ost	V	31 466	1 726,69	2 517,28	2 831,94	IV	25 832	951,40	1 996,08	2 245,59	846,68	1 925,68	2 166,39	741,84	1 855,20	2 087,10	637,—	1 784,72	2 007,81	532,16	1 714,24	1 928,52	427,44	1 643,84	1 849,32
	VI	31 901	1 754,55	2 552,08	2 871,09																				
	I,IV	25 690	1 039,34	2 055,20	2 312,10	I	25 690	829,66	1 914,24	2 153,52	620,10	1 773,36	1 995,03	410,43	1 632,40	1 836,45	200,87	1 491,52	1 677,96	—	1 350,56	1 519,38	—	1 209,68	1 360,89
95 939,99	II	24 888	943,90	1 991,04	2 239,92	II	24 888	734,34	1 850,16	2 081,43	524,67	1 709,20	1 922,85	315,11	1 568,32	1 764,36	105,43	1 427,36	1 605,78	—	1 286,48	1 447,29	—	1 146,24	1 289,52
	III	17 684	—	1 414,72	1 591,56	III	17 684	—	1 298,24	1 460,52	—	1 184,80	1 332,90	—	1 074,40	1 208,70	—	966,72	1 087,56	—	862,08	969,84	—	760,48	855,54
West	V	31 324	1 709,79	2 505,92	2 819,16	IV	25 690	934,50	1 984,72	2 232,81	829,66	1 914,24	2 153,52	724,82	1 843,76	2 074,23	620,10	1 773,36	1 995,03	515,27	1 702,88	1 915,74	410,43	1 632,40	1 836,45
	VI	31 759	1 746,74	2 540,72	2 858,31																				
	I,IV	25 847	1 058,02	2 067,76	2 326,23	I	25 847	848,47	1 926,88	2 167,74	638,79	1 785,92	2 009,16	429,23	1 645,04	1 850,67	219,55	1 504,08	1 692,09	9,99	1 363,20	1 533,60	—	1 222,24	1 375,02
95 939,99	II	25 046	962,71	2 003,68	2 254,14	II	25 046	753,03	1 862,72	2 095,56	543,47	1 721,84	1 937,07	333,79	1 580,88	1 778,49	124,23	1 440,—	1 620,—	—	1 299,04	1 461,42	—	1 158,64	1 303,47
	III	17 816	—	1 425,28	1 603,44	III	17 816	—	1 308,64	1 472,22	—	1 194,88	1 344,24	—	1 084,16	1 219,68	—	976,32	1 098,36	—	871,36	980,28	—	769,44	865,62
Ost	V	31 481	1 728,47	2 518,48	2 833,29	IV	25 847	953,19	1 997,28	2 246,94	848,47	1 926,88	2 167,74	743,63	1 856,40	2 088,45	638,79	1 785,92	2 009,16	533,95	1 715,44	1 929,87	429,23	1 645,04	1 850,67
	VI	31 916	1 755,38	2 553,28	2 872,44																				
	I,IV	25 705	1 041,13	2 056,40	2 313,45	I	25 705	831,45	1 915,44	2 154,87	621,89	1 774,56	1 996,38	412,21	1 633,60	1 837,80	202,65	1 492,72	1 679,31	—	1 351,76	1 520,73	—	1 210,88	1 362,24
95 975,99	II	24 903	945,69	1 992,24	2 241,27	II	24 903	736,13	1 851,36	2 082,78	526,45	1 710,40	1 924,20	316,89	1 569,52	1 765,71	107,33	1 428,64	1 607,22	—	1 287,68	1 448,64	—	1 147,44	1 290,87
	III	17 696	—	1 415,68	1 592,64	III	17 696	—	1 299,36	1 461,78	—	1 185,76	1 333,98	—	1 075,36	1 209,78	—	967,68	1 088,64	—	863,04	970,92	—	761,28	856,44
West	V	31 339	1 711,57	2 507,12	2 820,51	IV	25 705	936,29	1 985,92	2 234,16	831,45	1 915,44	2 154,87	726,73	1 845,04	2 075,67	621,89	1 774,56	1 996,38	517,05	1 704,08	1 917,09	412,21	1 633,60	1 837,80
	VI	31 774	1 747,57	2 541,92	2 859,66																				
	I,IV	25 862	1 059,81	2 068,96	2 327,58	I	25 862	850,25	1 928,08	2 169,09	640,57	1 787,12	2 010,51	431,01	1 646,24	1 852,02	221,34	1 505,28	1 693,44	11,78	1 364,40	1 534,95	—	1 223,44	1 376,37
95 975,99	II	25 061	964,49	2 004,88	2 255,49	II	25 061	754,81	1 863,92	2 096,91	545,25	1 723,04	1 938,42	335,69	1 582,16	1 779,93	126,02	1 441,20	1 621,35	—	1 300,32	1 462,86	—	1 159,84	1 304,82
	III	17 828	—	1 426,24	1 604,52	III	17 828	—	1 309,60	1 473,30	—	1 195,84	1 345,32	—	1 085,12	1 220,76	—	977,28	1 099,44	—	872,32	981,36	—	770,40	866,70
Ost	V	31 496	1 730,26	2 519,68	2 834,64	IV	25 862	955,09	1 998,56	2 248,38	850,25	1 928,08	2 169,09	745,41	1 857,60	2 089,80	640,57	1 787,12	2 010,51	535,85	1 716,72	1 931,31	431,01	1 646,24	1 852,02
	VI	31 931	1 756,20	2 554,48	2 873,79																				
	I,IV	25 720	1 042,91	2 057,60	2 314,80	I	25 720	833,23	1 916,64	2 156,22	623,67	1 775,76	1 997,73	414,—	1 634,80	1 839,15	204,44	1 493,92	1 680,66	—	1 353,04	1 522,17	—	1 212,08	1 363,59
96 011,99	II	24 919	947,59	1 993,52	2 242,71	II	24 919	737,91	1 852,56	2 084,13	528,36	1 711,68	1 925,64	318,68	1 570,72	1 767,06	109,12	1 429,84	1 608,57	—	1 288,88	1 449,99	—	1 148,64	1 292,22
	III	17 708	—	1 416,64	1 593,72	III	17 708	—	1 300,32	1 462,86	—	1 186,72	1 335,06	—	1 076,16	1 210,68	—	968,64	1 089,72	—	864,—	972,—	—	762,24	857,52
West	V	31 354	1 713,36	2 508,32	2 821,86	IV	25 720	938,07	1 987,12	2 235,51	833,23	1 916,64	2 156,22	728,51	1 846,24	2 077,02	623,67	1 775,76	1 997,73	518,84	1 705,28	1 918,44	414,—	1 634,80	1 839,15
	VI	31 789	1 748,39	2 543,12	2 861,01																				
	I,IV	25 877	1 061,59	2 070,16	2 328,93	I	25 877	852,04	1 929,28	2 170,44	642,36	1 788,32	2 011,86	432,80	1 647,44	1 853,37	223,24	1 506,56	1 694,88	13,56	1 365,60	1 536,30	—	1 224,72	1 377,81
96 011,99	II	25 076	966,28	2 006,08	2 256,84	II	25 076	756,72	1 865,20	2 098,35	547,04	1 724,24	1 939,77	337,48	1 583,36	1 781,28	127,80	1 442,40	1 622,70	—	1 301,52	1 464,21	—	1 161,04	1 306,17
	III	17 842	—	1 427,36	1 605,78	III	17 842	—	1 310,56	1 474,38	—	1 196,80	1 346,40	—	1 086,08	1 221,84	—	978,08	1 100,34	—	873,12	982,26	—	771,20	867,60
Ost	V	31 511	1 732,04	2 520,88	2 835,99	IV	25 877	956,87	1 999,76	2 249,73	852,04	1 929,28	2 170,44	747,20	1 858,80	2 091,15	642,36	1 788,32	2 011,86	537,64	1 717,92	1 932,66	432,80	1 647,44	1 853,37
	VI	31 946	1 757,03	2 555,68	2 875,14																				
	I,IV	25 735	1 044,70	2 058,80	2 316,15	I	25 735	835,14	1 917,92	2 157,66	625,46	1 776,96	1 999,08	415,90	1 636,08	1 840,59	206,22	1 495,12	1 682,01	—	1 354,24	1 523,52	—	1 213,28	1 364,94
96 047,99	II	24 934	949,38	1 994,72	2 244,06	II	24 934	739,70	1 853,76	2 085,48	530,14	1 712,88	1 926,99	320,46	1 571,92	1 768,41	110,90	1 431,04	1 609,92	—	1 290,08	1 451,34	—	1 149,84	1 293,57
	III	17 722	—	1 417,76	1 594,98	III	17 722	—	1 301,28	1 463,94	—	1 187,68	1 336,14	—	1 077,12	1 211,76	—	969,44	1 090,62	—	864,80	972,90	—	763,04	858,42
West	V	31 369	1 715,14	2 509,52	2 823,21	IV	25 735	939,86	1 988,32	2 236,86	835,14	1 917,92	2 157,66	730,30	1 847,44	2 078,37	625,46	1 776,96	1 999,08	520,62	1 706,48	1 919,79	415,90	1 636,08	1 840,59
	VI	31 804	1 749,22	2 544,32	2 862,36																				
	I,IV	25 893	1 063,50	2 071,44	2 330,37	I	25 893	853,82	1 930,48	2 171,79	644,26	1 789,60	2 013,30	434,58	1 648,64	1 854,72	225,02	1 507,76	1 696,23	15,35	1 366,80	1 537,65	—	1 225,92	1 379,16
96 047,99	II	25 091	968,06	2 007,28	2 258,19	II	25 091	758,50	1 866,40	2 099,70	548,82	1 725,44	1 941,12	339,26	1 584,56	1 782,63	129,59	1 443,60	1 624,05	—	1 302,72	1 465,56	—	1 162,24	1 307,52
	III	17 854	—	1 428,32	1 606,86	III	17 854	—	1 311,52	1 475,46	—	1 197,76	1 347,48	—	1 086,88	1 222,74	—	979,04	1 101,42	—	874,08	983,34	—	772,—	868,50
Ost	V	31 526	1 733,83	2 522,08	2 837,34	IV	25 893	958,66	2 000,96	2 251,08	853,82	1 930,48	2 171,79	748,98	1 860,—	2 092,50	644,26	1 789,60	2 013,30	539,42	1 719,12	1 934,01	434,58	1 648,64	1 854,72
	VI	31 962	1 757,91	2 556,96	2 876,58																				

* Die ausgewiesenen Tabellenwerte sind amtlich. Siehe Erläuterungen auf der Umschlaginnenseite (U2).

Abzüge an Lohnsteuer, Solidaritätszuschlag (SolZ) und Kirchensteuer (8%, 9%) in den Steuerklassen

Lohn/ Gehalt bis €*	I – VI					I, II, III, IV		mit Zahl der Kinderfreibeträge . . . 0,5			1			1,5			2			2,5			3		
		ohne Kinder-freibeträge																							
		LSt	SolZ	8%	9%		LSt	SolZ	8%	9%	SolZ	8%	9%	SolZ	8%	9%	SolZ	8%	9%	SolZ	8%	9%	SolZ	8%	9%
96 083,99 West	I,IV	25 750	1 046,48	2 060,—	2 317,50	I	25 750	836,92	1 919,12	2 159,01	627,24	1 778,16	2 000,43	417,69	1 637,28	1 841,94	208,01	1 496,32	1 683,36	—	1 355,44	1 524,87	—	1 214,48	1 366,29
	II	24 949	951,16	1 995,92	2 245,41	II	24 949	741,48	1 854,96	2 086,83	531,93	1 714,08	1 928,34	322,25	1 573,12	1 769,76	112,69	1 432,24	1 611,27	—	1 291,28	1 452,69	—	1 151,04	1 294,92
	III	17 734	—	1 418,72	1 596,06	III	17 734	—	1 302,24	1 465,02	—	1 188,64	1 337,22	—	1 078,08	1 212,84	—	970,40	1 091,70	—	865,76	973,98	—	763,84	859,32
	V	31 384	1 716,93	2 510,72	2 824,56	IV	25 750	941,64	1 989,52	2 238,21	836,92	1 919,12	2 159,01	732,08	1 848,64	2 079,72	627,24	1 778,16	2 000,43	522,41	1 707,68	1 921,14	417,69	1 637,28	1 841,94
	VI	31 819	1 750,04	2 545,52	2 863,71																				
96 083,99 Ost	I,IV	25 908	1 065,28	2 072,64	2 331,72	I	25 908	855,61	1 931,68	2 173,14	646,05	1 790,80	2 014,65	436,37	1 649,84	1 856,07	226,81	1 508,96	1 697,58	17,13	1 368,—	1 539,—	—	1 227,12	1 380,51
	II	25 106	969,85	2 008,48	2 259,54	II	25 106	760,29	1 867,60	2 101,05	550,61	1 726,64	1 942,47	341,05	1 585,76	1 783,98	131,37	1 444,80	1 625,40	—	1 303,92	1 466,91	—	1 163,36	1 308,78
	III	17 866	—	1 429,28	1 607,94	III	17 866	—	1 312,64	1 476,72	—	1 198,72	1 348,56	—	1 087,84	1 223,82	—	980,—	1 102,50	—	875,04	984,42	—	772,96	869,58
	V	31 542	1 734,81	2 523,36	2 838,78	IV	25 908	960,44	2 002,16	2 252,43	855,61	1 931,68	2 173,14	750,77	1 861,20	2 093,85	646,05	1 790,80	2 014,65	541,21	1 720,32	1 935,36	436,37	1 649,84	1 856,07
	VI	31 977	1 758,73	2 558,16	2 877,93																				
96 119,99 West	I,IV	25 765	1 048,27	2 061,20	2 318,85	I	25 765	838,71	1 920,32	2 160,36	629,03	1 779,36	2 001,78	419,47	1 638,48	1 843,29	209,79	1 497,52	1 684,71	0,23	1 356,64	1 526,22	—	1 215,68	1 367,64
	II	24 964	952,95	1 997,12	2 246,76	II	24 964	743,27	1 856,16	2 088,18	533,71	1 715,28	1 929,69	324,03	1 574,32	1 771,11	114,47	1 433,44	1 612,62	—	1 292,56	1 454,13	—	1 152,24	1 296,27
	III	17 746	—	1 419,68	1 597,14	III	17 746	—	1 303,20	1 466,10	—	1 189,60	1 338,30	—	1 079,04	1 213,92	—	971,36	1 092,78	—	866,56	974,88	—	764,80	860,40
	V	31 399	1 718,71	2 511,92	2 825,91	IV	25 765	943,55	1 990,80	2 239,65	838,71	1 920,32	2 160,36	733,87	1 849,84	2 081,07	629,03	1 779,36	2 001,78	524,31	1 708,96	1 922,58	419,47	1 638,48	1 843,29
	VI	31 834	1 750,87	2 546,72	2 865,06																				
96 119,99 Ost	I,IV	25 923	1 067,07	2 073,84	2 333,07	I	25 923	857,39	1 932,88	2 174,49	647,83	1 792,—	2 016,—	438,15	1 651,04	1 857,42	228,59	1 510,16	1 698,93	18,92	1 369,20	1 540,35	—	1 228,32	1 381,86
	II	25 121	971,63	2 009,68	2 260,89	II	25 121	762,07	1 868,80	2 102,40	552,39	1 727,84	1 943,82	342,83	1 586,96	1 785,33	133,28	1 446,08	1 626,84	—	1 305,12	1 468,26	—	1 164,56	1 310,13
	III	17 880	—	1 430,40	1 609,20	III	17 880	—	1 313,60	1 477,80	—	1 199,68	1 349,64	—	1 088,80	1 224,90	—	980,80	1 103,40	—	875,84	985,32	—	773,76	870,48
	V	31 557	1 735,63	2 524,56	2 840,13	IV	25 923	962,23	2 003,36	2 253,78	857,39	1 932,88	2 174,49	752,67	1 862,48	2 095,29	647,83	1 792,—	2 016,—	542,99	1 721,52	1 936,71	438,15	1 651,04	1 857,42
	VI	31 992	1 759,56	2 559,36	2 879,28																				
96 155,99 West	I,IV	25 780	1 050,05	2 062,40	2 320,20	I	25 780	840,49	1 921,52	2 161,71	630,81	1 780,56	2 003,13	421,26	1 639,68	1 844,64	211,58	1 498,72	1 686,06	2,02	1 357,84	1 527,57	—	1 216,96	1 369,08
	II	24 979	954,73	1 998,32	2 248,11	II	24 979	745,17	1 857,44	2 089,62	535,50	1 716,48	1 931,04	325,94	1 575,60	1 772,55	116,26	1 434,64	1 613,97	—	1 293,76	1 455,48	—	1 153,36	1 297,53
	III	17 760	—	1 420,80	1 598,40	III	17 760	—	1 304,16	1 467,18	—	1 190,56	1 339,38	—	1 080,—	1 215,—	—	972,32	1 093,86	—	867,52	975,96	—	765,60	861,30
	V	31 414	1 720,50	2 513,12	2 827,26	IV	25 780	945,33	1 992,—	2 241,—	840,49	1 921,52	2 161,71	735,65	1 851,04	2 082,42	630,81	1 780,56	2 003,13	526,09	1 710,16	1 923,93	421,26	1 639,68	1 844,64
	VI	31 849	1 751,69	2 547,92	2 866,41																				
96 155,99 Ost	I,IV	25 938	1 068,85	2 075,04	2 334,42	I	25 938	859,18	1 934,08	2 175,84	649,62	1 793,20	2 017,35	439,94	1 652,24	1 858,77	230,38	1 511,36	1 700,28	20,82	1 370,48	1 541,79	—	1 229,52	1 383,21
	II	25 137	973,53	2 010,96	2 262,33	II	25 137	763,86	1 870,—	2 103,75	554,30	1 729,12	1 945,26	344,62	1 588,16	1 786,68	135,06	1 447,28	1 628,19	—	1 306,32	1 469,61	—	1 165,76	1 311,48
	III	17 892	—	1 431,36	1 610,28	III	17 892	—	1 314,56	1 478,88	—	1 200,64	1 350,72	—	1 089,76	1 225,98	—	981,76	1 104,48	—	876,80	986,40	—	774,72	871,56
	V	31 572	1 736,46	2 525,76	2 841,48	IV	25 938	964,01	2 004,56	2 255,13	859,18	1 934,08	2 175,84	754,46	1 863,68	2 096,64	649,62	1 793,20	2 017,35	544,78	1 722,72	1 938,06	439,94	1 652,24	1 858,77
	VI	32 007	1 760,38	2 560,56	2 880,63																				
96 191,99 West	I,IV	25 796	1 051,96	2 063,68	2 321,64	I	25 796	842,28	1 922,72	2 163,06	632,72	1 781,84	2 004,57	423,04	1 640,88	1 845,99	213,48	1 500,—	1 687,50	3,80	1 359,04	1 528,92	—	1 218,16	1 370,43
	II	24 994	956,52	1 999,52	2 249,46	II	24 994	746,96	1 858,64	2 090,97	537,28	1 717,68	1 932,39	327,72	1 576,80	1 773,90	118,04	1 435,84	1 615,32	—	1 294,96	1 456,83	—	1 154,56	1 298,88
	III	17 772	—	1 421,76	1 599,48	III	17 772	—	1 305,28	1 468,44	—	1 191,52	1 340,46	—	1 080,96	1 216,08	—	973,12	1 094,76	—	868,32	976,86	—	766,56	862,38
	V	31 429	1 722,28	2 514,32	2 828,61	IV	25 796	947,12	1 993,20	2 242,35	842,28	1 922,72	2 163,06	737,44	1 852,24	2 083,77	632,72	1 781,84	2 004,57	527,88	1 711,36	1 925,28	423,04	1 640,88	1 845,99
	VI	31 865	1 752,57	2 549,20	2 867,85																				
96 191,99 Ost	I,IV	25 953	1 070,64	2 076,24	2 335,77	I	25 953	861,08	1 935,36	2 177,28	651,40	1 794,40	2 018,70	441,84	1 653,52	1 860,21	232,16	1 512,56	1 701,63	22,61	1 371,68	1 543,14	—	1 230,72	1 384,56
	II	25 152	975,32	2 012,16	2 263,68	II	25 152	765,64	1 871,20	2 105,10	556,08	1 730,32	1 946,61	346,40	1 589,36	1 788,03	136,85	1 448,48	1 629,54	—	1 307,52	1 470,96	—	1 166,96	1 312,83
	III	17 904	—	1 432,32	1 611,36	III	17 904	—	1 315,52	1 479,96	—	1 201,60	1 351,80	—	1 090,72	1 227,06	—	982,72	1 105,56	—	877,60	987,30	—	775,52	872,46
	V	31 587	1 737,28	2 526,96	2 842,83	IV	25 953	965,80	2 005,76	2 256,48	861,08	1 935,36	2 177,28	756,24	1 864,88	2 097,99	651,40	1 794,40	2 018,70	546,56	1 723,92	1 939,41	441,84	1 653,52	1 860,21
	VI	32 022	1 761,21	2 561,76	2 881,98																				
96 227,99 West	I,IV	25 811	1 053,74	2 064,88	2 322,99	I	25 811	844,06	1 923,92	2 164,41	634,50	1 783,04	2 005,92	424,83	1 642,08	1 847,34	215,27	1 501,20	1 688,85	5,59	1 360,24	1 530,27	—	1 219,36	1 371,78
	II	25 009	958,30	2 000,72	2 250,81	II	25 009	748,74	1 859,84	2 092,32	539,07	1 718,88	1 933,74	329,51	1 578,—	1 775,25	119,83	1 437,04	1 616,67	—	1 296,16	1 458,18	—	1 155,76	1 300,23
	III	17 784	—	1 422,72	1 600,56	III	17 784	—	1 306,24	1 469,52	—	1 192,48	1 341,54	—	1 081,92	1 217,16	—	974,08	1 095,84	—	869,28	977,94	—	767,36	863,28
	V	31 445	1 724,19	2 515,60	2 830,05	IV	25 811	948,90	1 994,40	2 243,70	844,06	1 923,92	2 164,41	739,22	1 853,44	2 085,12	634,50	1 783,04	2 005,92	529,66	1 712,56	1 926,63	424,83	1 642,08	1 847,34
	VI	31 880	1 753,40	2 550,40	2 869,20																				
96 227,99 Ost	I,IV	25 968	1 072,42	2 077,44	2 337,12	I	25 968	862,86	1 936,56	2 178,63	653,19	1 795,60	2 020,05	443,63	1 654,72	1 861,56	233,95	1 513,76	1 702,98	24,39	1 372,88	1 544,49	—	1 231,92	1 385,91
	II	25 167	977,10	2 013,36	2 265,03	II	25 167	767,43	1 872,40	2 106,45	557,87	1 731,52	1 947,96	348,19	1 590,56	1 789,38	138,63	1 449,68	1 630,89	—	1 308,72	1 472,31	—	1 168,16	1 314,18
	III	17 918	—	1 433,44	1 612,62	III	17 918	—	1 316,48	1 481,04	—	1 202,56	1 352,88	—	1 091,68	1 228,14	—	983,68	1 106,64	—	878,56	988,38	—	776,32	873,36
	V	31 602	1 738,11	2 528,16	2 844,18	IV	25 968	967,58	2 006,96	2 257,83	862,86	1 936,56	2 178,63	758,03	1 866,08	2 099,34	653,19	1 795,60	2 020,05	548,35	1 725,12	1 940,76	443,63	1 654,72	1 861,56
	VI	32 037	1 762,03	2 562,96	2 883,33																				
96 263,99 West	I,IV	25 826	1 055,53	2 066,08	2 324,34	I	25 826	845,85	1 925,12	2 165,76	636,29	1 784,24	2 007,27	426,61	1 643,28	1 848,69	217,05	1 502,40	1 690,20	7,37	1 361,44	1 531,62	—	1 220,56	1 373,13
	II	25 024	960,09	2 001,92	2 252,16	II	25 024	750,53	1 861,04	2 093,67	540,85	1 720,08	1 935,09	331,29	1 579,20	1 776,60	121,61	1 438,24	1 618,02	—	1 297,36	1 459,53	—	1 156,96	1 301,58
	III	17 798	—	1 423,84	1 601,82	III	17 798	—	1 307,20	1 470,60	—	1 193,44	1 342,62	—	1 082,72	1 218,06	—	975,04	1 096,92	—	870,08	978,84	—	768,16	864,18
	V	31 460	1 725,97	2 516,80	2 831,40	IV	25 826	950,69	1 995,60	2 245,05	845,85	1 925,12	2 165,76	741,13	1 854,72	2 086,56	636,29	1 784,24	2 007,27	531,45	1 713,76	1 927,98	426,61	1 643,28	1 848,69
	VI	31 895	1 754,22	2 551,60	2 870,55																				
96 263,99 Ost	I,IV	25 983	1 074,21	2 078,64	2 338,47	I	25 983	864,65	1 937,76	2 179,98	654,97	1 796,80	2 021,40	445,41	1 655,92	1 862,91	235,73	1 514,96	1 704,33	26,18	1 374,08	1 545,84	—	1 233,12	1 387,26
	II	25 182	978,89	2 014,56	2 266,38	II	25 182	769,21	1 873,60	2 107,80	559,65	1 732,72	1 949,31	349,97	1 591,76	1 790,73	140,42	1 450,88	1 632,24	—	1 310,—	1 473,75	—	1 169,36	1 315,53
	III	17 930	—	1 434,40	1 613,70	III	17 930	—	1 317,60	1 482,30	—	1 203,52	1 353,96	—	1 092,64	1 229,22	—	984,48	1 107,54	—	879,36	989,28	—	777,28	874,44
	V	31 617	1 738,93	2 529,36	2 845,53	IV	25 983	969,49	2 008,24	2 259,27	864,65	1 937,76	2 179,98	759,81	1 867,28	2 100,69	654,97	1 796,80	2 021,40	550,25	1 726,40	1 942,20	445,41	1 655,92	1 862,91
	VI	32 052	1 762,86	2 564,16	2 884,68																				
96 299,99 West	I,IV	25 841	1 057,31	2 067,28	2 325,69	I	25 841	847,63	1 926,32	2 167,11	638,07	1 785,44	2 008,62	428,40	1 644,48	1 850,04	218,84	1 503,60	1 691,55	9,16	1 362,64	1 532,97	—	1 221,76	1 374,48
	II	25 040	961,99	2 003,20	2 253,60	II	25 040	752,31	1 862,24	2 095,02	542,75	1 721,36	1 936,53	333,08	1 580,40	1 777,95	123,52	1 439,52	1 619,46	—	1 298,56	1 460,88	—	1 158,16	1 302,93
	III	17 810	—	1 424,80	1 602,90	III	17 810	—	1 308,16	1 471,68	—	1 194,40	1 343,70	—	1 083,68	1 219,14	—	975,84	1 097,82	—	871,04	979,92	—	769,12	865,26
	V	31 475	1 727,76	2 518,—	2 832,75	IV	25 841	952,47	1 996,80	2 246,40	847,63	1 926,32	2 167,11	742,91	1 855,92	2 087,91	638,07	1 785,44	2 008,62	533,23	1 714,96	1 929,33	428,40	1 644,48	1 850,04
	VI	31 910	1 755,05	2 552,80	2 871,90																				
96 299,99 Ost	I,IV	25 998	1 075,99	2 079,84	2 339,82	I	25 998	866,43	1 938,96	2 181,33	656,76	1 798,—	2 022,75	447,20	1 657,12	1 864,26	237,52	1 516,16	1 705,68	27,96	1 375,28	1 547,19	—	1 234,40	1 388,70
	II	25 197	980,67	2 015,76	2 267,73	II	25 197	771,12	1 874,88	2 109,24	561,44	1 733,92	1 950,66	351,88	1 593,04	1 792,17	142,20	1 452,08	1 633,59	—	1 311,20	1 475,10	—	1 170,56	1 316,88
	III	17 942	—	1 435,36	1 614,78	III	17 942	—	1 318,56	1 483,38	—	1 204,48	1 355,04	—	1 093,60	1 230,30	—	985,44	1 108,62	—	880,32	990,36	—	778,08	875,34
	V	31 632	1 739,76	2 530,56	2 846,88	IV	25 998	971,27	2 009,44	2 260,62	866,43	1 938,96	2 181,33	761,60	1 868,48	2 102,04	656,76	1 798,—	2 022,75	552,04	1 727,60	1 943,55	447,20	1 657,12	1 864,26
	VI	32 067	1 763,68	2 565,36	2 886,03																				
96 335,99 West	I,IV	25 856	1 059,10	2 068,48	2 327,04	I	25 856	849,54	1 927,60	2 168,55	639,86	1 786,64	2 009,97	430,30	1 645,76	1 851,48	220,62	1 504,80	1 692,90	11,06	1 363,92	1 534,41	—	1 222,96	1 375,83
	II	25 055	963,78	2 004,40	2 254,95	II	25 055	754,10	1 863,44	2 096,37	544,54	1 722,56	1 937,88	334,86	1 581,60	1 779,30	125,30	1 440,72	1 620,81	—	1 299,76	1 462,23	—	1 159,36	1 304,28
	III	17 822	—	1 425,76	1 603,98	III	17 822	—	1 309,12	1 472,76	—	1 195,52	1 344,96	—	1 084,64	1 220,22	—	976,80	1 098,90	—	871,84	980,82	—	769,92	866,16
	V	31 490	1 729,54	2 519,20	2 834,10	IV	25 856	954,26	1 998,—	2 247,75	849,54	1 927,60	2 168,55	744,70	1 857,12	2 089,26	639,86	1 786,64	2 009,97	535,02	1 716,16	1 930,68	430,30	1 645,76	1 851,48
	VI	31 925	1 755,87	2 554,—	2 873,25																				
96 335,99 Ost	I,IV	26 014	1 077,90	2 081,12	2 341,26	I	26 014	868,22	1 940,16	2 182,68	658,66	1 799,28	2 024,19	448,98	1 658,32	1 865,61	239,42	1 517,44	1 707,12	29,75	1 376,48	1 548,54	—	1 235,60	1 390,05
	II	25 212	982,46	2 016,96	2 269,08	II	25 212	772,90	1 876,08	2 110,59	563,22	1 735,12	1 952,01	353,66	1 594,24	1 793,52	143,99	1 453,28	1 634,94	—	1 312,40	1 476,45	—	1 171,76	1 318,23
	III	17 956	—	1 436,48	1 616,04	III	17 956	—	1 319,52	1 484,46	—	1 205,44	1 356,12	—	1 094,40	1 231,20	—	986,40	1 109,70	—	881,12	991,26	—	779,04	876,42
	V	31 647	1 740,58	2 531,76	2 848,23	IV	26 014	973,06	2 010,64	2 261,97	868,22	1 940,16	2 182,68	763,38	1 869,68	2 103,39	658,66	1 799,28	2 024,19	553,82	1 728,80	1 944,90	448,98	1 658,32	1 865,61
	VI	32 082	1 764,51	2 566,56	2 887,38																				

* Die ausgewiesenen Tabellenwerte sind amtlich. Siehe Erläuterungen auf der Umschlaginnenseite (U2).

Abzüge an Lohnsteuer, Solidaritätszuschlag (SolZ) und Kirchensteuer (8%, 9%) in den Steuerklassen

Lohn/ Gehalt bis €*	I – VI		ohne Kinderfreibeträge			I, II, III, IV		mit Zahl der Kinderfreibeträge . . . 0,5			1			1,5			2			2,5			3		
		LSt	SolZ	8%	9%		LSt	SolZ	8%	9%	SolZ	8%	9%	SolZ	8%	9%	SolZ	8%	9%	SolZ	8%	9%	SolZ	8%	9%
	I,IV	25 871	1 060,88	2 069,68	2 328,39	I	25 871	851,32	1 928,80	2 169,90	641,64	1 787,84	2 011,32	432,08	1 646,96	1 852,83	222,41	1 506,—	1 694,25	12,85	1 365,12	1 535,76	—	1 224,16	1 377,18
96 371,99	II	25 070	965,56	2 005,60	2 256,30	II	25 070	755,88	1 864,64	2 097,72	546,32	1 723,76	1 939,23	336,65	1 582,80	1 780,65	127,09	1 441,92	1 622,16	—	1 300,96	1 463,58	—	1 160,48	1 305,54
	III	17 836	—	1 426,88	1 605,24	III	17 836	—	1 310,08	1 473,84	—	1 196,48	1 346,04	—	1 085,60	1 221,30	—	977,76	1 099,98	—	872,80	981,90	—	770,88	867,24
West	V	31 505	1 731,33	2 520,40	2 835,45	IV	25 871	956,04	1 999,20	2 249,10	851,32	1 928,80	2 169,90	746,48	1 858,32	2 090,61	641,64	1 787,84	2 011,32	536,80	1 717,36	1 932,03	432,08	1 646,96	1 852,83
	VI	31 940	1 756,70	2 555,20	2 874,60																				
	I,IV	26 029	1 079,68	2 082,32	2 342,61	I	26 029	870,—	1 941,36	2 184,03	660,45	1 800,48	2 025,54	450,77	1 659,52	1 866,96	241,21	1 518,64	1 708,47	31,53	1 377,68	1 549,89	—	1 236,80	1 391,40
96 371,99	II	25 227	984,24	2 018,16	2 270,43	II	25 227	774,69	1 877,28	2 111,94	565,01	1 736,32	1 953,36	355,45	1 595,44	1 794,87	145,77	1 454,48	1 636,29	—	1 313,60	1 477,80	—	1 172,96	1 319,58
	III	17 968	—	1 437,44	1 617,12	III	17 968	—	1 320,48	1 485,54	—	1 206,56	1 357,38	—	1 095,36	1 232,28	—	987,20	1 110,60	—	882,08	992,34	—	779,84	877,32
Ost	V	31 662	1 741,41	2 532,96	2 849,58	IV	26 029	974,84	2 011,84	2 263,32	870,—	1 941,36	2 184,03	765,17	1 870,88	2 104,74	660,45	1 800,48	2 025,54	555,61	1 730,—	1 946,25	450,77	1 659,52	1 866,96
	VI	32 098	1 765,39	2 567,84	2 888,82																				
	I,IV	25 886	1 062,67	2 070,88	2 329,74	I	25 886	853,11	1 930,—	2 171,25	643,43	1 789,04	2 012,67	433,87	1 648,16	1 854,18	224,19	1 507,20	1 695,60	14,63	1 366,32	1 537,11	—	1 225,36	1 378,53
96 407,99	II	25 085	967,35	2 006,80	2 257,65	II	25 085	757,67	1 865,84	2 099,07	548,11	1 724,96	1 940,58	338,43	1 584,—	1 782,—	128,87	1 443,12	1 623,51	—	1 302,16	1 464,93	—	1 161,68	1 306,89
	III	17 848	—	1 427,84	1 606,32	III	17 848	—	1 311,20	1 475,10	—	1 197,44	1 347,12	—	1 086,56	1 222,38	—	978,72	1 101,06	—	873,76	982,98	—	771,68	868,14
West	V	31 520	1 733,11	2 521,60	2 836,80	IV	25 886	957,95	2 000,48	2 250,54	853,11	1 930,—	2 171,25	748,27	1 859,52	2 091,96	643,43	1 789,04	2 012,67	538,71	1 718,64	1 933,47	433,87	1 648,16	1 854,18
	VI	31 955	1 757,52	2 556,40	2 875,95																				
	I,IV	26 044	1 081,47	2 083,52	2 343,96	I	26 044	871,79	1 942,56	2 185,38	662,23	1 801,68	2 026,89	452,55	1 660,72	1 868,31	242,99	1 519,84	1 709,82	33,32	1 378,88	1 551,24	—	1 238,—	1 392,75
96 407,99	II	25 242	986,03	2 019,36	2 271,78	II	25 242	776,47	1 878,48	2 113,29	566,79	1 737,52	1 954,71	357,23	1 596,64	1 796,22	147,56	1 455,68	1 637,64	—	1 314,80	1 479,15	—	1 174,16	1 320,93
	III	17 980	—	1 438,40	1 618,20	III	17 980	—	1 321,44	1 486,62	—	1 207,52	1 358,46	—	1 096,32	1 233,36	—	988,16	1 111,68	—	883,04	993,42	—	780,64	878,22
Ost	V	31 678	1 742,29	2 534,24	2 851,02	IV	26 044	976,63	2 013,04	2 264,67	871,79	1 942,56	2 185,38	767,07	1 872,16	2 106,18	662,23	1 801,68	2 026,89	557,39	1 731,20	1 947,60	452,55	1 660,72	1 868,31
	VI	32 113	1 766,21	2 569,04	2 890,17																				
	I,IV	25 901	1 064,45	2 072,08	2 331,09	I	25 901	854,89	1 931,20	2 172,60	645,21	1 790,24	2 014,02	435,65	1 649,36	1 855,53	225,98	1 508,40	1 696,95	16,42	1 367,52	1 538,46	—	1 226,56	1 379,88
96 443,99	II	25 100	969,13	2 008,—	2 259,—	II	25 100	759,57	1 867,12	2 100,51	549,89	1 726,16	1 941,93	340,34	1 585,28	1 783,44	130,66	1 444,32	1 624,86	—	1 303,44	1 466,37	—	1 162,88	1 308,24
	III	17 860	—	1 428,80	1 607,40	III	17 860	—	1 312,16	1 476,18	—	1 198,40	1 348,20	—	1 087,52	1 223,46	—	979,52	1 101,96	—	874,56	983,88	—	772,48	869,04
West	V	31 535	1 734,42	2 522,80	2 838,15	IV	25 901	959,73	2 001,68	2 251,89	854,89	1 931,20	2 172,60	750,05	1 860,72	2 093,31	645,21	1 790,24	2 014,02	540,49	1 719,84	1 934,82	435,65	1 649,36	1 855,53
	VI	31 970	1 758,35	2 557,60	2 877,30																				
	I,IV	26 059	1 083,25	2 084,72	2 345,31	I	26 059	873,57	1 943,76	2 186,73	664,02	1 802,88	2 028,24	454,34	1 661,92	1 869,66	244,78	1 521,04	1 711,17	35,10	1 380,08	1 552,59	—	1 239,20	1 394,10
96 443,99	II	25 258	987,93	2 020,64	2 273,22	II	25 258	778,26	1 879,68	2 114,64	568,70	1 738,80	1 956,15	359,02	1 597,84	1 797,57	149,46	1 456,96	1 639,08	—	1 316,—	1 480,50	—	1 175,36	1 322,28
	III	17 994	—	1 439,52	1 619,46	III	17 994	—	1 322,40	1 487,70	—	1 208,48	1 359,54	—	1 097,28	1 234,44	—	989,12	1 112,76	—	883,84	994,32	—	781,60	879,30
Ost	V	31 693	1 743,11	2 535,44	2 852,37	IV	26 059	978,41	2 014,24	2 266,02	873,57	1 943,76	2 186,73	768,85	1 873,36	2 107,53	664,02	1 802,88	2 028,24	559,18	1 732,40	1 948,95	454,34	1 661,92	1 869,66
	VI	32 128	1 767,04	2 570,24	2 891,52																				
	I,IV	25 916	1 066,24	2 073,28	2 332,44	I	25 916	856,68	1 932,40	2 173,95	647,12	1 791,52	2 015,46	437,44	1 650,56	1 856,88	227,88	1 509,68	1 698,39	18,20	1 368,72	1 539,81	—	1 227,84	1 381,32
96 479,99	II	25 115	970,92	2 009,20	2 260,35	II	25 115	761,36	1 868,32	2 101,86	551,68	1 727,36	1 943,28	342,12	1 586,48	1 784,79	132,44	1 445,52	1 626,21	—	1 304,64	1 467,72	—	1 164,08	1 309,59
	III	17 874	—	1 429,92	1 608,66	III	17 874	—	1 313,12	1 477,26	—	1 199,36	1 349,28	—	1 088,48	1 224,54	—	980,48	1 103,04	—	875,52	984,96	—	773,44	870,12
West	V	31 550	1 735,25	2 524,—	2 839,50	IV	25 916	961,52	2 002,88	2 253,24	856,68	1 932,40	2 173,95	751,84	1 861,92	2 094,66	647,12	1 791,52	2 015,46	542,28	1 721,04	1 936,17	437,44	1 650,56	1 856,88
	VI	31 985	1 759,17	2 558,80	2 878,65																				
	I,IV	26 074	1 085,04	2 085,92	2 346,66	I	26 074	875,48	1 945,04	2 188,17	665,80	1 804,08	2 029,59	456,24	1 663,20	1 871,10	246,56	1 522,24	1 712,52	37,—	1 381,36	1 554,03	—	1 240,40	1 395,45
96 479,99	II	25 273	989,72	2 021,84	2 274,57	II	25 273	780,04	1 880,88	2 115,99	570,48	1 740,—	1 957,50	360,80	1 599,04	1 798,92	151,24	1 458,16	1 640,43	—	1 317,20	1 481,85	—	1 176,56	1 323,63
	III	18 006	—	1 440,48	1 620,54	III	18 006	—	1 323,52	1 488,96	—	1 209,44	1 360,62	—	1 098,24	1 235,52	—	990,08	1 113,84	—	884,80	995,40	—	782,40	880,20
Ost	V	31 708	1 743,94	2 536,64	2 853,72	IV	26 074	980,20	2 015,44	2 267,37	875,48	1 945,04	2 188,17	770,64	1 874,56	2 108,88	665,80	1 804,08	2 029,59	560,96	1 733,60	1 950,30	456,24	1 663,20	1 871,10
	VI	32 143	1 767,86	2 571,44	2 892,87																				
	I,IV	25 932	1 068,14	2 074,56	2 333,88	I	25 932	858,46	1 933,60	2 175,30	648,90	1 792,72	2 016,81	439,22	1 651,76	1 858,23	229,67	1 510,88	1 699,74	19,99	1 369,92	1 541,16	—	1 229,04	1 382,67
96 515,99	II	25 130	972,70	2 010,40	2 261,70	II	25 130	763,14	1 869,52	2 103,21	553,46	1 728,56	1 944,63	343,91	1 587,68	1 786,14	134,23	1 446,72	1 627,56	—	1 305,84	1 469,07	—	1 165,28	1 310,94
	III	17 886	—	1 430,88	1 609,74	III	17 886	—	1 314,08	1 478,34	—	1 200,32	1 350,36	—	1 089,28	1 225,44	—	981,44	1 104,12	—	876,32	985,86	—	774,24	871,02
West	V	31 565	1 736,07	2 525,20	2 840,85	IV	25 932	963,30	2 004,08	2 254,59	858,46	1 933,60	2 175,30	753,62	1 863,12	2 096,01	648,90	1 792,72	2 016,81	544,06	1 722,24	1 937,52	439,22	1 651,76	1 858,23
	VI	32 001	1 760,05	2 560,08	2 880,09																				
	I,IV	26 089	1 086,82	2 087,12	2 348,01	I	26 089	877,26	1 946,24	2 189,52	667,59	1 805,28	2 030,94	458,03	1 664,40	1 872,45	248,35	1 523,44	1 713,87	38,79	1 382,56	1 555,38	—	1 241,60	1 396,80
96 515,99	II	25 288	991,50	2 023,04	2 275,92	II	25 288	781,83	1 882,08	2 117,34	572,27	1 741,20	1 958,85	362,59	1 600,24	1 800,27	153,03	1 459,36	1 641,78	—	1 318,40	1 483,20	—	1 177,68	1 324,89
	III	18 018	—	1 441,44	1 621,62	III	18 018	—	1 324,48	1 490,04	—	1 210,40	1 361,70	—	1 099,20	1 236,60	—	990,88	1 114,74	—	885,60	996,30	—	783,36	881,28
Ost	V	31 723	1 744,76	2 537,84	2 855,07	IV	26 089	981,98	2 016,64	2 268,72	877,26	1 946,24	2 189,52	772,42	1 875,76	2 110,23	667,59	1 805,28	2 030,94	562,75	1 734,80	1 951,65	458,03	1 664,40	1 872,45
	VI	32 158	1 768,69	2 572,64	2 894,22																				
	I,IV	25 947	1 069,92	2 075,76	2 335,23	I	25 947	860,25	1 934,80	2 176,65	650,69	1 793,92	2 018,16	441,01	1 652,96	1 859,58	231,45	1 512,08	1 701,09	21,77	1 371,12	1 542,51	—	1 230,24	1 384,02
96 551,99	II	25 145	974,49	2 011,60	2 263,05	II	25 145	764,93	1 870,72	2 104,56	555,25	1 729,76	1 945,98	345,69	1 588,88	1 787,49	136,01	1 447,92	1 628,91	—	1 307,04	1 470,42	—	1 166,48	1 312,29
	III	17 898	—	1 431,84	1 610,82	III	17 898	—	1 315,04	1 479,42	—	1 201,28	1 351,44	—	1 090,24	1 226,52	—	982,24	1 105,02	—	877,28	986,94	—	775,20	872,10
West	V	31 581	1 736,95	2 526,48	2 842,29	IV	25 947	965,09	2 005,28	2 255,94	860,25	1 934,80	2 176,65	755,53	1 864,40	2 097,45	650,69	1 793,92	2 018,16	545,85	1 723,44	1 938,87	441,01	1 652,96	1 859,58
	VI	32 016	1 760,88	2 561,28	2 881,44																				
	I,IV	26 104	1 088,61	2 088,32	2 349,36	I	26 104	879,05	1 947,44	2 190,87	669,37	1 806,48	2 032,29	459,81	1 665,60	1 873,80	250,13	1 524,64	1 715,22	40,57	1 383,76	1 556,73	—	1 242,80	1 398,15
96 551,99	II	25 303	993,29	2 024,24	2 277,27	II	25 303	783,61	1 883,28	2 118,69	574,05	1 742,40	1 960,20	364,37	1 601,44	1 801,62	154,81	1 460,56	1 643,13	—	1 319,60	1 484,55	—	1 178,88	1 326,24
	III	18 032	—	1 442,56	1 622,88	III	18 032	—	1 325,44	1 491,12	—	1 211,36	1 362,78	—	1 100,16	1 237,68	—	991,84	1 115,82	—	886,56	997,38	—	784,16	882,18
Ost	V	31 738	1 745,59	2 539,04	2 856,42	IV	26 104	983,77	2 017,84	2 270,07	879,05	1 947,44	2 190,87	774,21	1 876,96	2 111,58	669,37	1 806,48	2 032,29	564,65	1 736,08	1 953,09	459,81	1 665,60	1 873,80
	VI	32 173	1 769,51	2 573,84	2 895,57																				
	I,IV	25 962	1 071,71	2 076,96	2 336,58	I	25 962	862,03	1 936,—	2 178,—	652,47	1 795,12	2 019,51	442,79	1 654,16	1 860,93	233,24	1 513,28	1 702,44	23,56	1 372,32	1 543,86	—	1 231,44	1 385,37
96 587,99	II	25 160	976,27	2 012,80	2 264,40	II	25 160	766,71	1 871,92	2 105,91	557,15	1 731,04	1 947,42	347,48	1 590,08	1 788,84	137,92	1 449,20	1 630,35	—	1 308,24	1 471,77	—	1 167,68	1 313,64
	III	17 912	—	1 432,96	1 612,08	III	17 912	—	1 316,16	1 480,68	—	1 202,24	1 352,52	—	1 091,20	1 227,60	—	983,20	1 106,10	—	878,08	987,84	—	776,—	873,—
West	V	31 596	1 737,78	2 527,68	2 843,64	IV	25 962	966,87	2 006,48	2 257,29	862,03	1 936,—	2 178,—	757,31	1 865,60	2 098,80	652,47	1 795,12	2 019,51	547,63	1 724,64	1 940,22	442,79	1 654,16	1 860,93
	VI	32 031	1 761,70	2 562,48	2 882,79																				
	I,IV	26 119	1 090,39	2 089,52	2 350,71	I	26 119	880,83	1 948,64	2 192,22	671,16	1 807,68	2 033,64	461,60	1 666,80	1 875,15	251,92	1 525,84	1 716,57	42,36	1 384,96	1 558,08	—	1 244,—	1 399,50
96 587,99	II	25 318	995,07	2 025,44	2 278,62	II	25 318	785,51	1 884,56	2 120,13	575,84	1 743,60	1 961,55	366,28	1 602,72	1 803,06	156,60	1 461,76	1 644,48	—	1 320,88	1 485,99	—	1 180,08	1 327,59
	III	18 044	—	1 443,52	1 623,96	III	18 044	—	1 326,40	1 492,20	—	1 212,32	1 363,86	—	1 101,12	1 238,76	—	992,80	1 116,90	—	887,36	998,28	—	784,96	883,08
Ost	V	31 753	1 746,41	2 540,24	2 857,77	IV	26 119	985,67	2 019,12	2 271,51	880,83	1 948,64	2 192,22	775,99	1 878,16	2 112,93	671,16	1 807,68	2 033,64	566,44	1 737,28	1 954,44	461,60	1 666,80	1 875,15
	VI	32 188	1 770,34	2 575,04	2 896,92																				
	I,IV	25 977	1 073,49	2 078,16	2 337,93	I	25 977	863,82	1 937,20	2 179,35	654,26	1 796,32	2 020,86	444,70	1 655,44	1 862,37	235,02	1 514,48	1 703,79	25,46	1 373,60	1 545,30	—	1 232,64	1 386,72
96 623,99	II	25 176	978,18	2 014,08	2 265,84	II	25 176	768,50	1 873,12	2 107,26	558,94	1 732,24	1 948,77	349,26	1 591,28	1 790,19	139,70	1 450,40	1 631,70	—	1 309,44	1 473,12	—	1 168,88	1 314,99
	III	17 924	—	1 433,92	1 613,16	III	17 924	—	1 317,12	1 481,76	—	1 203,20	1 353,60	—	1 092,16	1 228,68	—	984,16	1 107,18	—	879,04	988,92	—	776,80	873,90
West	V	31 611	1 738,60	2 528,88	2 844,99	IV	25 977	968,66	2 007,68	2 258,64	863,82	1 937,20	2 179,35	759,10	1 866,80	2 100,15	654,26	1 796,32	2 020,86	549,42	1 725,84	1 941,57	444,70	1 655,44	1 862,37
	VI	32 046	1 762,53	2 563,68	2 884,14																				
	I,IV	26 134	1 092,18	2 090,72	2 352,06	I	26 134	882,62	1 949,84	2 193,57	673,06	1 808,96	2 035,08	463,38	1 668,—	1 876,50	253,82	1 527,12	1 718,01	44,14	1 386,16	1 559,43	—	1 245,28	1 400,94
96 623,99	II	25 333	996,86	2 026,64	2 279,97	II	25 333	787,30	1 885,76	2 121,48	577,62	1 744,80	1 962,90	368,06	1 603,92	1 804,41	158,38	1 462,96	1 645,83	—	1 322,08	1 487,34	—	1 181,28	1 328,94
	III	18 058	—	1 444,64	1 625,22	III	18 058	—	1 327,36	1 493,28	—	1 213,28	1 364,94	—	1 102,08	1 239,84	—	993,76	1 117,98	—	888,32	999,36	—	785,92	884,16
Ost	V	31 768	1 747,24	2 541,44	2 859,12	IV	26 134	987,46	2 020,32	2 272,86	882,62	1 949,84	2 193,57	777,78	1 879,36	2 114,28	673,06	1 808,96	2 035,08	568,22	1 738,48	1 955,79	463,38	1 668,—	1 876,50
	VI	32 203	1 771,16	2 576,24	2 898,27																				

* Die ausgewiesenen Tabellenwerte sind amtlich. Siehe Erläuterungen auf der Umschlaginnenseite (U2).

Abzüge an Lohnsteuer, Solidaritätszuschlag (SolZ) und Kirchensteuer (8%, 9%) in den Steuerklassen

Lohn/ Gehalt bis €*	I – VI	LSt	ohne Kinderfreibeträge SolZ	8%	9%	I, II, III, IV	LSt	0,5 SolZ	0,5 8%	0,5 9%	1 SolZ	1 8%	1 9%	1,5 SolZ	1,5 8%	1,5 9%	2 SolZ	2 8%	2 9%	2,5 SolZ	2,5 8%	2,5 9%	3 SolZ	3 8%	3 9%
96 659,99 West	I,IV	25 992	1 075,28	2 079,36	2 339,28	I	25 992	865,72	1 938,48	2 180,79	656,04	1 797,52	2 022,21	446,48	1 656,64	1 863,72	236,81	1 515,68	1 705,14	27,25	1 374,80	1 546,65	–	1 233,84	1 388,07
	II	25 191	979,96	2 015,28	2 267,19	II	25 191	770,28	1 874,32	2 108,61	560,72	1 733,44	1 950,12	351,05	1 592,48	1 791,54	141,49	1 451,60	1 633,05	–	1 310,64	1 474,47	–	1 170,08	1 316,34
	III	17 938	–	1 435,04	1 614,42	III	17 938	–	1 318,08	1 482,84	–	1 204,16	1 354,68	–	1 093,12	1 229,76	–	985,12	1 108,26	–	879,84	989,82	–	777,76	874,98
	V	31 626	1 739,43	2 530,08	2 846,34	IV	25 992	970,44	2 008,88	2 259,99	865,72	1 938,48	2 180,79	760,88	1 868,–	2 101,50	656,04	1 797,52	2 022,21	551,20	1 727,04	1 942,92	446,48	1 656,64	1 863,72
	VI	32 061	1 763,35	2 564,88	2 885,49																				
96 659,99 Ost	I,IV	26 150	1 094,08	2 092,–	2 353,50	I	26 150	884,40	1 951,04	2 194,92	674,84	1 810,16	2 036,43	465,17	1 669,20	1 877,85	255,61	1 528,32	1 719,36	45,93	1 387,36	1 560,78	–	1 246,48	1 402,29
	II	25 348	998,64	2 027,84	2 281,32	II	25 348	789,08	1 886,96	2 122,83	579,41	1 746,–	1 964,25	369,85	1 605,12	1 805,76	160,17	1 464,16	1 647,18	–	1 323,28	1 488,69	–	1 182,48	1 330,29
	III	18 070	–	1 445,60	1 626,30	III	18 070	–	1 328,48	1 494,54	–	1 214,24	1 366,02	–	1 102,88	1 240,74	–	994,56	1 118,88	–	889,28	1 000,44	–	786,72	885,06
	V	31 783	1 748,06	2 542,64	2 860,47	IV	26 150	989,24	2 021,52	2 274,21	884,40	1 951,04	2 194,92	779,56	1 880,56	2 115,63	674,84	1 810,16	2 036,43	570,01	1 739,68	1 957,14	465,17	1 669,20	1 877,85
	VI	32 219	1 772,04	2 577,52	2 899,71																				
96 695,99 West	I,IV	26 007	1 077,06	2 080,56	2 340,63	I	26 007	867,51	1 939,68	2 182,14	657,83	1 798,72	2 023,56	448,27	1 657,84	1 865,07	238,59	1 516,88	1 706,49	29,03	1 376,–	1 548,–	–	1 235,04	1 389,42
	II	25 206	981,75	2 016,48	2 268,54	II	25 206	772,07	1 875,52	2 109,96	562,51	1 734,64	1 951,47	352,83	1 593,68	1 792,89	143,27	1 452,80	1 634,40	–	1 311,84	1 475,82	–	1 171,28	1 317,69
	III	17 950	–	1 436,–	1 615,50	III	17 950	–	1 319,04	1 483,92	–	1 205,12	1 355,76	–	1 094,08	1 230,84	–	985,92	1 109,16	–	880,80	990,90	–	778,56	875,88
	V	31 641	1 740,25	2 531,28	2 847,69	IV	26 007	972,23	2 010,08	2 261,34	867,51	1 939,68	2 182,14	762,67	1 869,20	2 102,85	657,83	1 798,72	2 023,56	553,11	1 728,32	1 944,36	448,27	1 657,84	1 865,07
	VI	32 076	1 764,18	2 566,08	2 886,84																				
96 695,99 Ost	I,IV	26 165	1 095,87	2 093,20	2 354,85	I	26 165	886,19	1 952,24	2 196,27	676,63	1 811,36	2 037,78	466,95	1 670,40	1 879,20	257,39	1 529,52	1 720,71	47,71	1 388,56	1 562,13	–	1 247,68	1 403,64
	II	25 363	1 000,43	2 029,04	2 282,67	II	25 363	790,87	1 888,16	2 124,18	581,19	1 747,20	1 965,60	371,63	1 606,32	1 807,11	161,95	1 465,36	1 648,53	–	1 324,48	1 490,04	–	1 183,68	1 331,64
	III	18 082	–	1 446,56	1 627,38	III	18 082	–	1 329,44	1 495,62	–	1 215,20	1 367,10	–	1 103,84	1 241,82	–	995,52	1 119,96	–	890,08	1 001,34	–	787,68	886,14
	V	31 799	1 748,94	2 543,92	2 861,91	IV	26 165	991,03	2 022,72	2 275,56	886,19	1 952,24	2 196,27	781,35	1 881,76	2 116,98	676,63	1 811,36	2 037,78	571,79	1 740,88	1 958,49	466,95	1 670,40	1 879,20
	VI	32 234	1 772,87	2 578,72	2 901,06																				
96 731,99 West	I,IV	26 022	1 078,85	2 081,76	2 341,98	I	26 022	869,29	1 940,88	2 183,49	659,61	1 799,92	2 024,91	450,05	1 659,04	1 866,42	240,38	1 518,08	1 707,84	30,82	1 377,20	1 549,35	–	1 236,24	1 390,77
	II	25 221	983,53	2 017,68	2 269,89	II	25 221	773,85	1 876,72	2 111,31	564,29	1 735,84	1 952,82	354,73	1 594,96	1 794,33	145,06	1 454,–	1 635,75	–	1 313,12	1 477,26	–	1 172,48	1 319,04
	III	17 962	–	1 436,96	1 616,58	III	17 962	–	1 320,–	1 485,–	–	1 206,08	1 356,84	–	1 095,04	1 231,92	–	986,88	1 110,24	–	881,76	991,98	–	779,52	876,96
	V	31 656	1 741,08	2 532,48	2 849,04	IV	26 022	974,13	2 011,36	2 262,78	869,29	1 940,88	2 183,49	764,45	1 870,40	2 104,20	659,61	1 799,92	2 024,91	554,89	1 729,52	1 945,71	450,05	1 659,04	1 866,42
	VI	32 091	1 765,–	2 567,28	2 888,19																				
96 731,99 Ost	I,IV	26 180	1 097,65	2 094,40	2 356,20	I	26 180	887,97	1 953,44	2 197,62	678,41	1 812,56	2 039,13	468,74	1 671,60	1 880,55	259,18	1 530,72	1 722,06	49,50	1 389,76	1 563,48	–	1 248,88	1 404,99
	II	25 378	1 002,21	2 030,24	2 284,02	II	25 378	792,65	1 889,36	2 125,53	583,10	1 748,48	1 967,04	373,42	1 607,52	1 808,46	163,86	1 466,64	1 649,97	–	1 325,68	1 491,39	–	1 184,88	1 332,99
	III	18 096	–	1 447,68	1 628,64	III	18 096	–	1 330,40	1 496,70	–	1 216,16	1 368,18	–	1 104,80	1 242,90	–	996,48	1 121,04	–	891,04	1 002,42	–	788,48	887,04
	V	31 814	1 749,77	2 545,12	2 863,26	IV	26 180	992,81	2 023,92	2 276,91	887,97	1 953,44	2 197,62	783,25	1 883,04	2 118,42	678,41	1 812,56	2 039,13	573,58	1 742,08	1 959,84	468,74	1 671,60	1 880,55
	VI	32 249	1 773,69	2 579,92	2 902,41																				
96 767,99 West	I,IV	26 037	1 080,63	2 082,96	2 343,33	I	26 037	871,08	1 942,08	2 184,84	661,40	1 801,12	2 026,26	451,84	1 660,24	1 867,77	242,28	1 519,36	1 709,28	32,60	1 378,40	1 550,70	–	1 237,52	1 392,21
	II	25 236	985,32	2 018,88	2 271,24	II	25 236	775,76	1 878,–	2 112,75	566,08	1 737,04	1 954,17	356,52	1 596,16	1 795,68	146,84	1 455,20	1 637,10	–	1 314,32	1 478,61	–	1 173,60	1 320,30
	III	17 976	–	1 438,08	1 617,84	III	17 976	–	1 321,12	1 486,26	–	1 207,04	1 357,92	–	1 096,–	1 233,–	–	987,84	1 111,32	–	882,56	992,88	–	780,32	877,86
	V	31 671	1 741,90	2 533,68	2 850,39	IV	26 037	975,91	2 012,56	2 264,13	871,08	1 942,08	2 184,84	766,24	1 871,60	2 105,55	661,40	1 801,12	2 026,26	556,68	1 730,72	1 947,06	451,84	1 660,24	1 867,77
	VI	32 106	1 765,83	2 568,48	2 889,54																				
96 767,99 Ost	I,IV	26 195	1 099,44	2 095,60	2 357,55	I	26 195	889,76	1 954,64	2 198,97	680,20	1 813,76	2 040,48	470,64	1 672,88	1 881,99	260,96	1 531,92	1 723,41	51,40	1 391,04	1 564,92	–	1 250,08	1 406,34
	II	25 394	1 004,12	2 031,52	2 285,46	II	25 394	794,44	1 890,56	2 126,88	584,88	1 749,68	1 968,39	375,20	1 608,72	1 809,81	165,64	1 467,84	1 651,32	–	1 326,88	1 492,74	–	1 186,08	1 334,34
	III	18 108	–	1 448,64	1 629,72	III	18 108	–	1 331,36	1 497,78	–	1 217,12	1 369,26	–	1 105,76	1 243,98	–	997,44	1 122,12	–	891,84	1 003,32	–	789,28	887,94
	V	31 829	1 750,59	2 546,32	2 864,61	IV	26 195	994,60	2 025,12	2 278,26	889,76	1 954,64	2 198,97	785,04	1 884,24	2 119,77	680,20	1 813,76	2 040,48	575,36	1 743,28	1 961,19	470,64	1 672,88	1 881,99
	VI	32 264	1 774,52	2 581,12	2 903,76																				
96 803,99 West	I,IV	26 053	1 082,54	2 084,24	2 344,77	I	26 053	872,86	1 943,28	2 186,19	663,30	1 802,40	2 027,70	453,62	1 661,44	1 869,12	244,06	1 520,56	1 710,63	34,39	1 379,60	1 552,05	–	1 238,72	1 393,56
	II	25 251	987,10	2 020,08	2 272,59	II	25 251	777,54	1 879,20	2 114,10	567,86	1 738,24	1 955,52	358,30	1 597,36	1 797,03	148,63	1 456,40	1 638,45	–	1 315,52	1 479,96	–	1 174,80	1 321,65
	III	17 988	–	1 439,04	1 618,92	III	17 988	–	1 322,08	1 487,34	–	1 208,–	1 359,–	–	1 096,80	1 233,90	–	988,64	1 112,22	–	883,52	993,96	–	781,12	878,76
	V	31 686	1 742,73	2 534,88	2 851,74	IV	26 053	977,70	2 013,76	2 265,48	872,86	1 943,28	2 186,19	768,02	1 872,80	2 106,90	663,30	1 802,40	2 027,70	558,46	1 731,92	1 948,41	453,62	1 661,44	1 869,12
	VI	32 122	1 766,71	2 569,76	2 890,98																				
96 803,99 Ost	I,IV	26 210	1 101,22	2 096,80	2 358,90	I	26 210	891,66	1 955,92	2 200,41	681,98	1 814,96	2 041,83	472,43	1 674,08	1 883,34	262,75	1 533,12	1 724,76	53,19	1 392,24	1 566,27	–	1 251,28	1 407,69
	II	25 409	1 005,90	2 032,72	2 286,81	II	25 409	796,22	1 891,76	2 128,23	586,67	1 750,88	1 969,74	376,99	1 609,92	1 811,16	167,43	1 469,04	1 652,67	–	1 328,08	1 494,09	–	1 187,28	1 335,69
	III	18 120	–	1 449,60	1 630,80	III	18 120	–	1 332,48	1 499,04	–	1 218,08	1 370,34	–	1 106,72	1 245,06	–	998,24	1 123,02	–	892,80	1 004,40	–	790,24	889,02
	V	31 844	1 751,42	2 547,52	2 865,96	IV	26 210	996,38	2 026,32	2 279,61	891,66	1 955,92	2 200,41	786,82	1 885,44	2 121,12	681,98	1 814,96	2 041,83	577,15	1 744,48	1 962,54	472,43	1 674,08	1 883,34
	VI	32 279	1 775,34	2 582,32	2 905,11																				
96 839,99 West	I,IV	26 068	1 084,32	2 085,44	2 346,12	I	26 068	874,65	1 944,48	2 187,54	665,09	1 803,60	2 029,05	455,41	1 662,64	1 870,47	245,85	1 521,76	1 711,98	36,17	1 380,80	1 553,40	–	1 239,92	1 394,91
	II	25 266	988,89	2 021,28	2 273,94	II	25 266	779,33	1 880,40	2 115,45	569,65	1 739,44	1 956,87	360,09	1 598,56	1 798,38	150,41	1 457,60	1 639,80	–	1 316,72	1 481,31	–	1 176,–	1 323,–
	III	18 000	–	1 440,–	1 620,–	III	18 000	–	1 323,04	1 488,42	–	1 208,96	1 360,08	–	1 097,76	1 234,98	–	989,60	1 113,30	–	884,32	994,86	–	782,08	879,84
	V	31 702	1 743,61	2 536,16	2 853,18	IV	26 068	979,48	2 014,96	2 266,83	874,65	1 944,48	2 187,54	769,81	1 874,–	2 108,25	665,09	1 803,60	2 029,05	560,25	1 733,12	1 949,76	455,41	1 662,64	1 870,47
	VI	32 137	1 767,53	2 570,96	2 892,33																				
96 839,99 Ost	I,IV	26 225	1 103,01	2 098,–	2 360,25	I	26 225	893,45	1 957,12	2 201,76	683,77	1 816,16	2 043,18	474,21	1 675,28	1 884,69	264,53	1 534,32	1 726,11	54,97	1 393,44	1 567,62	–	1 252,48	1 409,04
	II	25 424	1 007,69	2 033,92	2 288,16	II	25 424	798,01	1 892,96	2 129,58	588,45	1 752,08	1 971,09	378,77	1 611,12	1 812,51	169,21	1 470,24	1 654,02	–	1 329,28	1 495,44	–	1 188,48	1 337,04
	III	18 134	–	1 450,72	1 632,06	III	18 134	–	1 333,44	1 500,12	–	1 219,04	1 371,42	–	1 107,68	1 246,14	–	999,20	1 124,10	–	893,60	1 005,30	–	791,04	889,92
	V	31 859	1 752,24	2 548,72	2 867,31	IV	26 225	998,17	2 027,52	2 280,96	893,45	1 957,12	2 201,76	788,61	1 886,64	2 122,47	683,77	1 816,16	2 043,18	578,93	1 745,68	1 963,89	474,21	1 675,28	1 884,69
	VI	32 294	1 776,17	2 583,52	2 906,46																				
96 875,99 West	I,IV	26 083	1 086,11	2 086,64	2 347,47	I	26 083	876,43	1 945,68	2 188,89	666,87	1 804,80	2 030,40	457,19	1 663,84	1 871,82	247,63	1 522,96	1 713,33	37,96	1 382,–	1 554,75	–	1 241,12	1 396,26
	II	25 281	990,67	2 022,48	2 275,29	II	25 281	781,11	1 881,60	2 116,80	571,43	1 740,64	1 958,22	361,87	1 599,76	1 799,73	152,32	1 458,88	1 641,24	–	1 317,92	1 482,66	–	1 177,20	1 324,35
	III	18 014	–	1 441,12	1 621,26	III	18 014	–	1 324,–	1 489,50	–	1 209,92	1 361,16	–	1 098,72	1 236,06	–	990,56	1 114,38	–	885,28	995,94	–	782,88	880,74
	V	31 717	1 744,43	2 537,36	2 854,53	IV	26 083	981,27	2 016,16	2 268,18	876,43	1 945,68	2 188,89	771,71	1 875,28	2 109,69	666,87	1 804,80	2 030,40	562,03	1 734,32	1 951,11	457,19	1 663,84	1 871,82
	VI	32 152	1 768,36	2 572,16	2 893,68																				
96 875,99 Ost	I,IV	26 240	1 104,79	2 099,20	2 361,60	I	26 240	895,23	1 958,32	2 203,11	685,55	1 817,36	2 044,53	476,–	1 676,48	1 886,04	266,32	1 535,52	1 727,46	56,76	1 394,64	1 568,97	–	1 253,68	1 410,39
	II	25 439	1 009,47	2 035,12	2 289,51	II	25 439	799,79	1 894,16	2 130,93	590,24	1 753,28	1 972,44	380,68	1 612,40	1 813,95	171,–	1 471,44	1 655,37	–	1 330,56	1 496,88	–	1 189,68	1 338,39
	III	18 146	–	1 451,68	1 633,14	III	18 146	–	1 334,40	1 501,20	–	1 220,–	1 372,50	–	1 108,64	1 247,22	–	1 000,16	1 125,18	–	894,56	1 006,38	–	792,–	891,–
	V	31 874	1 753,07	2 549,92	2 868,66	IV	26 240	1 000,07	2 028,80	2 282,40	895,23	1 958,32	2 203,11	790,39	1 887,84	2 123,82	685,55	1 817,36	2 044,53	580,83	1 746,96	1 965,33	476,–	1 676,48	1 886,04
	VI	32 309	1 776,99	2 584,72	2 907,81																				
96 911,99 West	I,IV	26 098	1 087,89	2 087,84	2 348,82	I	26 098	878,22	1 946,88	2 190,24	668,66	1 806,–	2 031,75	458,98	1 665,04	1 873,17	249,42	1 524,16	1 714,68	39,86	1 383,28	1 556,19	–	1 242,32	1 397,61
	II	25 297	992,57	2 023,76	2 276,73	II	25 297	782,90	1 882,80	2 118,15	573,34	1 741,92	1 959,66	363,66	1 600,96	1 801,08	154,10	1 460,08	1 642,59	–	1 319,12	1 484,01	–	1 178,40	1 325,70
	III	18 026	–	1 442,08	1 622,34	III	18 026	–	1 324,96	1 490,58	–	1 210,88	1 362,24	–	1 099,68	1 237,14	–	991,52	1 115,46	–	886,08	996,84	–	783,84	881,82
	V	31 732	1 745,26	2 538,56	2 855,88	IV	26 098	983,05	2 017,36	2 269,53	878,22	1 946,88	2 190,24	773,50	1 876,48	2 111,04	668,66	1 806,–	2 031,75	563,82	1 735,52	1 952,46	458,98	1 665,04	1 873,17
	VI	32 167	1 769,18	2 573,36	2 895,03																				
96 911,99 Ost	I,IV	26 255	1 106,58	2 100,40	2 362,95	I	26 255	897,02	1 959,52	2 204,46	687,34	1 818,56	2 045,88	477,78	1 677,68	1 887,39	268,22	1 536,80	1 728,90	58,54	1 395,84	1 570,32	–	1 254,96	1 411,83
	II	25 454	1 011,26	2 036,32	2 290,86	II	25 454	801,70	1 895,44	2 132,37	592,02	1 754,48	1 973,79	382,46	1 613,60	1 815,30	172,78	1 472,64	1 656,72	–	1 331,76	1 498,23	–	1 190,88	1 339,74
	III	18 158	–	1 452,64	1 634,22	III	18 158	–	1 335,36	1 502,28	–	1 220,96	1 373,58	–	1 109,60	1 248,30	–	1 000,96	1 126,08	–	895,52	1 007,46	–	792,80	891,90
	V	31 889	1 753,89	2 551,12	2 870,01	IV	26 255	1 001,86	2 030,–	2 283,75	897,02	1 959,52	2 204,46	792,18	1 889,04	2 125,17	687,34	1 818,56	2 045,88	582,62	1 748,16	1 966,68	477,78	1 677,68	1 887,39
	VI	32 324	1 777,82	2 585,92	2 909,16																				

* Die ausgewiesenen Tabellenwerte sind amtlich. Siehe Erläuterungen auf der Umschlaginnenseite (U2).

Abzüge an Lohnsteuer, Solidaritätszuschlag (SolZ) und Kirchensteuer (8%, 9%) in den Steuerklassen

Lohn/ Gehalt bis €*	I – VI		ohne Kinder-freibeträge			I, II, III, IV		mit Zahl der Kinderfreibeträge . . . 0,5			1			1,5			2			2,5			3		
		LSt	SolZ	8%	9%		LSt	SolZ	8%	9%	SolZ	8%	9%	SolZ	8%	9%	SolZ	8%	9%	SolZ	8%	9%	SolZ	8%	9%
96 947,99 West	I,IV	26 113	1 089,68	2 089,04	2 350,17	I	26 113	880,12	1 948,16	2 191,68	670,44	1 807,20	2 033,10	460,88	1 666,32	1 874,61	251,20	1 525,36	1 716,03	41,65	1 384,48	1 557,54	—	1 243,52	1 398,96
	II	25 312	994,36	2 024,96	2 278,08	II	25 312	784,68	1 884,—	2 119,50	575,12	1 743,12	1 961,01	365,44	1 602,16	1 802,43	155,89	1 461,28	1 643,94	—	1 320,32	1 485,36	—	1 179,60	1 327,05
	III	18 038	—	1 443,04	1 623,42	III	18 038	—	1 326,08	1 491,84	—	1 211,84	1 363,32	—	1 100,64	1 238,22	—	992,32	1 116,36	—	887,04	997,92	—	784,64	882,72
	V	31 747	1 746,08	2 539,76	2 857,23	IV	26 113	984,84	2 018,56	2 270,88	880,12	1 948,16	2 191,68	775,28	1 877,68	2 112,39	670,44	1 807,20	2 033,10	565,60	1 736,72	1 953,81	460,88	1 666,32	1 874,61
	VI	32 182	1 770,01	2 574,56	2 896,38																				
96 947,99 Ost	I,IV	26 271	1 108,48	2 101,68	2 364,39	I	26 271	898,80	1 960,72	2 205,81	689,24	1 819,84	2 047,32	479,57	1 678,88	1 888,74	270,01	1 538,—	1 730,25	60,33	1 397,04	1 571,67	—	1 256,16	1 413,18
	II	25 469	1 013,04	2 037,52	2 292,21	II	25 469	803,48	1 896,64	2 133,72	593,81	1 755,68	1 975,14	384,25	1 614,80	1 816,65	174,57	1 473,84	1 658,07	—	1 332,96	1 499,58	—	1 192,08	1 341,09
	III	18 172	—	1 453,76	1 635,48	III	18 172	—	1 336,32	1 503,36	—	1 221,92	1 374,66	—	1 110,56	1 249,38	—	1 001,92	1 127,16	—	896,32	1 008,36	—	793,76	892,98
	V	31 904	1 754,72	2 552,32	2 871,36	IV	26 271	1 003,64	2 031,20	2 285,10	898,80	1 960,72	2 205,81	793,96	1 890,24	2 126,52	689,24	1 819,84	2 047,32	584,40	1 749,36	1 968,03	479,57	1 678,88	1 888,74
	VI	32 340	1 778,70	2 587,20	2 910,60																				
96 983,99 West	I,IV	26 128	1 091,46	2 090,24	2 351,52	I	26 128	881,90	1 949,36	2 193,03	672,23	1 808,40	2 034,45	462,67	1 667,52	1 875,96	252,99	1 526,56	1 717,38	43,43	1 385,68	1 558,89	—	1 244,72	1 400,31
	II	25 327	996,14	2 026,16	2 279,43	II	25 327	786,47	1 885,20	2 120,85	576,91	1 744,32	1 962,36	367,23	1 603,36	1 803,78	157,67	1 462,48	1 645,29	—	1 321,52	1 486,71	—	1 180,80	1 328,40
	III	18 052	—	1 444,16	1 624,68	III	18 052	—	1 327,04	1 492,92	—	1 212,80	1 364,40	—	1 101,60	1 239,30	—	993,28	1 117,44	—	888,—	999,—	—	785,44	883,62
	V	31 762	1 746,91	2 540,96	2 858,58	IV	26 128	986,62	2 019,76	2 272,23	881,90	1 949,36	2 193,03	777,07	1 878,88	2 113,74	672,23	1 808,40	2 034,45	567,39	1 737,92	1 955,16	462,67	1 667,52	1 875,96
	VI	32 197	1 770,83	2 575,76	2 897,73																				
96 983,99 Ost	I,IV	26 286	1 110,27	2 102,88	2 365,74	I	26 286	900,59	1 961,92	2 207,16	691,03	1 821,04	2 048,67	481,35	1 680,08	1 890,09	271,79	1 539,20	1 731,60	62,11	1 398,24	1 573,02	—	1 257,36	1 414,53
	II	25 484	1 014,83	2 038,72	2 293,56	II	25 484	805,27	1 897,84	2 135,07	595,59	1 756,88	1 976,49	386,03	1 616,—	1 818,—	176,35	1 475,04	1 659,42	—	1 334,16	1 500,93	—	1 193,28	1 342,44
	III	18 184	—	1 454,72	1 636,56	III	18 184	—	1 337,44	1 504,62	—	1 222,88	1 375,74	—	1 111,36	1 250,28	—	1 002,88	1 128,24	—	897,28	1 009,44	—	794,56	893,88
	V	31 920	1 755,60	2 553,60	2 872,80	IV	26 286	1 005,43	2 032,40	2 286,45	900,59	1 961,92	2 207,16	795,75	1 891,44	2 127,87	691,03	1 821,04	2 048,67	586,19	1 750,56	1 969,38	481,35	1 680,08	1 890,09
	VI	32 355	1 779,52	2 588,40	2 911,95																				
97 019,99 West	I,IV	26 143	1 093,25	2 091,44	2 352,87	I	26 143	883,69	1 950,56	2 194,38	674,01	1 809,60	2 035,80	464,45	1 668,72	1 877,31	254,77	1 527,76	1 718,73	45,22	1 386,88	1 560,24	—	1 245,92	1 401,66
	II	25 342	997,93	2 027,36	2 280,78	II	25 342	788,25	1 886,40	2 122,20	578,69	1 745,52	1 963,71	369,01	1 604,56	1 805,13	159,46	1 463,68	1 646,64	—	1 322,80	1 488,15	—	1 182,—	1 329,75
	III	18 064	—	1 445,12	1 625,76	III	18 064	—	1 328,—	1 494,—	—	1 213,76	1 365,48	—	1 102,56	1 240,38	—	994,24	1 118,52	—	888,80	999,90	—	786,40	884,70
	V	31 777	1 747,73	2 542,16	2 859,93	IV	26 143	988,53	2 021,04	2 273,67	883,69	1 950,56	2 194,38	778,85	1 880,08	2 115,09	674,01	1 809,60	2 035,80	569,29	1 739,20	1 956,60	464,45	1 668,72	1 877,31
	VI	32 212	1 771,66	2 576,96	2 899,08																				
97 019,99 Ost	I,IV	26 301	1 112,05	2 104,08	2 367,09	I	26 301	902,37	1 963,12	2 208,51	692,81	1 822,24	2 050,02	483,14	1 681,28	1 891,44	273,58	1 540,40	1 732,95	63,90	1 399,44	1 574,37	—	1 258,56	1 415,88
	II	25 499	1 016,61	2 039,92	2 294,91	II	25 499	807,05	1 899,04	2 136,42	597,38	1 758,08	1 977,84	387,82	1 617,20	1 819,35	178,26	1 476,32	1 660,86	—	1 335,36	1 502,28	—	1 194,48	1 343,79
	III	18 198	—	1 455,84	1 637,82	III	18 198	—	1 338,40	1 505,70	—	1 223,84	1 376,82	—	1 112,32	1 251,36	—	1 003,84	1 129,32	—	898,08	1 010,34	—	795,36	894,78
	V	31 935	1 756,42	2 554,80	2 874,15	IV	26 301	1 007,21	2 033,60	2 287,80	902,37	1 963,12	2 208,51	797,65	1 892,72	2 129,31	692,81	1 822,24	2 050,02	587,97	1 751,76	1 970,73	483,14	1 681,28	1 891,44
	VI	32 370	1 780,35	2 589,60	2 913,30																				
97 055,99 West	I,IV	26 158	1 095,03	2 092,64	2 354,22	I	26 158	885,47	1 951,76	2 195,73	675,80	1 810,80	2 037,15	466,24	1 669,92	1 878,66	256,56	1 528,96	1 720,08	47,—	1 388,08	1 561,59	—	1 247,20	1 403,10
	II	25 357	999,71	2 028,56	2 282,13	II	25 357	790,16	1 887,68	2 123,64	580,48	1 746,72	1 965,06	370,92	1 605,84	1 806,57	161,24	1 464,88	1 647,99	—	1 324,—	1 489,50	—	1 183,20	1 331,10
	III	18 076	—	1 446,08	1 626,84	III	18 076	—	1 328,96	1 495,08	—	1 214,72	1 366,56	—	1 103,52	1 241,46	—	995,04	1 119,42	—	889,76	1 000,98	—	787,20	885,60
	V	31 792	1 748,56	2 543,36	2 861,28	IV	26 158	990,31	2 022,24	2 275,02	885,47	1 951,76	2 195,73	780,64	1 881,28	2 116,44	675,80	1 810,80	2 037,15	571,08	1 740,40	1 957,95	466,24	1 669,92	1 878,66
	VI	32 227	1 772,48	2 578,16	2 900,43																				
97 055,99 Ost	I,IV	26 316	1 113,84	2 105,28	2 368,44	I	26 316	904,16	1 964,32	2 209,86	694,60	1 823,44	2 051,37	484,92	1 682,48	1 892,79	275,36	1 541,60	1 734,30	65,80	1 400,72	1 575,81	—	1 259,76	1 417,23
	II	25 515	1 018,52	2 041,20	2 296,35	II	25 515	808,84	1 900,24	2 137,77	599,28	1 759,36	1 979,28	389,60	1 618,40	1 820,70	180,04	1 477,52	1 662,21	—	1 336,56	1 503,63	—	1 195,68	1 345,14
	III	18 210	—	1 456,80	1 638,90	III	18 210	—	1 339,36	1 506,78	—	1 224,80	1 377,90	—	1 113,28	1 252,44	—	1 004,64	1 130,22	—	899,04	1 011,42	—	796,32	895,86
	V	31 950	1 757,25	2 556,—	2 875,50	IV	26 316	1 009,—	2 034,80	2 289,15	904,16	1 964,32	2 209,86	799,44	1 893,92	2 130,66	694,60	1 823,44	2 051,37	589,76	1 752,96	1 972,08	484,92	1 682,48	1 892,79
	VI	32 385	1 781,17	2 590,80	2 914,65																				
97 091,99 West	I,IV	26 174	1 096,94	2 093,92	2 355,66	I	26 174	887,26	1 952,96	2 197,08	677,70	1 812,08	2 038,59	468,02	1 671,12	1 880,01	258,46	1 530,24	1 721,52	48,79	1 389,28	1 562,94	—	1 248,40	1 404,45
	II	25 372	1 001,50	2 029,76	2 283,48	II	25 372	791,94	1 888,88	2 124,99	582,26	1 747,92	1 966,41	372,70	1 607,04	1 807,92	163,03	1 466,08	1 649,34	—	1 325,20	1 490,85	—	1 184,40	1 332,45
	III	18 090	—	1 447,20	1 628,10	III	18 090	—	1 329,92	1 496,16	—	1 215,68	1 367,64	—	1 104,48	1 242,54	—	996,—	1 120,50	—	890,56	1 001,88	—	788,16	886,68
	V	31 807	1 749,38	2 544,56	2 862,63	IV	26 174	992,10	2 023,44	2 276,37	887,26	1 952,96	2 197,08	782,42	1 882,48	2 117,79	677,70	1 812,08	2 038,59	572,86	1 741,60	1 959,30	468,02	1 671,12	1 880,01
	VI	32 243	1 773,36	2 579,44	2 901,87																				
97 091,99 Ost	I,IV	26 331	1 115,62	2 106,48	2 369,79	I	26 331	906,06	1 965,60	2 211,30	696,38	1 824,64	2 052,72	486,82	1 683,76	1 894,23	277,15	1 542,80	1 735,65	67,59	1 401,92	1 577,16	—	1 260,96	1 418,58
	II	25 530	1 020,30	2 042,40	2 297,70	II	25 530	810,62	1 901,44	2 139,12	601,06	1 760,56	1 980,63	391,39	1 619,60	1 822,05	181,83	1 478,72	1 663,56	—	1 337,76	1 504,98	—	1 196,88	1 346,49
	III	18 222	—	1 457,76	1 639,98	III	18 222	—	1 340,32	1 507,86	—	1 225,92	1 379,16	—	1 114,24	1 253,52	—	1 005,60	1 131,30	—	900,—	1 012,50	—	797,12	896,76
	V	31 965	1 758,07	2 557,20	2 876,85	IV	26 331	1 010,78	2 036,—	2 290,50	906,06	1 965,60	2 211,30	801,22	1 895,12	2 132,01	696,38	1 824,64	2 052,72	591,54	1 754,16	1 973,43	486,82	1 683,76	1 894,23
	VI	32 400	1 782,—	2 592,—	2 916,—																				
97 127,99 West	I,IV	26 189	1 098,72	2 095,12	2 357,01	I	26 189	889,04	1 954,16	2 198,43	679,49	1 813,28	2 039,94	469,81	1 672,32	1 881,36	260,25	1 531,44	1 722,87	50,57	1 390,48	1 564,29	—	1 249,60	1 405,80
	II	25 387	1 003,28	2 030,96	2 284,83	II	25 387	793,73	1 890,08	2 126,34	584,05	1 749,12	1 967,76	374,49	1 608,24	1 809,27	164,81	1 467,28	1 650,69	—	1 326,40	1 492,20	—	1 185,60	1 333,80
	III	18 102	—	1 448,16	1 629,18	III	18 102	—	1 331,04	1 497,42	—	1 216,64	1 368,72	—	1 105,28	1 243,44	—	996,96	1 121,58	—	891,52	1 002,96	—	788,96	887,58
	V	31 823	1 750,26	2 545,84	2 864,07	IV	26 189	993,88	2 024,64	2 277,72	889,04	1 954,16	2 198,43	784,21	1 883,68	2 119,14	679,49	1 813,28	2 039,94	574,65	1 742,80	1 960,65	469,81	1 672,32	1 881,36
	VI	32 258	1 774,19	2 580,64	2 903,22																				
97 127,99 Ost	I,IV	26 346	1 117,41	2 107,68	2 371,14	I	26 346	907,85	1 966,80	2 212,65	698,17	1 825,84	2 054,07	488,61	1 684,96	1 895,58	278,93	1 544,—	1 737,—	69,37	1 403,12	1 578,51	—	1 262,16	1 419,93
	II	25 545	1 022,09	2 043,60	2 299,05	II	25 545	812,41	1 902,64	2 140,47	602,85	1 761,76	1 981,98	393,17	1 620,80	1 823,40	183,61	1 479,92	1 664,91	—	1 338,96	1 506,33	—	1 198,08	1 347,84
	III	18 236	—	1 458,88	1 641,24	III	18 236	—	1 341,28	1 508,94	—	1 226,88	1 380,24	—	1 115,20	1 254,60	—	1 006,56	1 132,38	—	900,80	1 013,40	—	798,08	897,84
	V	31 980	1 758,90	2 558,40	2 878,20	IV	26 346	1 012,57	2 037,20	2 291,85	907,85	1 966,80	2 212,65	803,01	1 896,32	2 133,36	698,17	1 825,84	2 054,07	593,33	1 755,36	1 974,78	488,61	1 684,96	1 895,58
	VI	32 415	1 782,82	2 593,20	2 917,35																				
97 163,99 West	I,IV	26 204	1 100,51	2 096,32	2 358,36	I	26 204	890,83	1 955,36	2 199,78	681,27	1 814,48	2 041,29	471,59	1 673,52	1 882,71	262,03	1 532,64	1 724,22	52,36	1 391,68	1 565,64	—	1 250,80	1 407,15
	II	25 402	1 005,07	2 032,16	2 286,18	II	25 402	795,51	1 891,28	2 127,69	585,83	1 750,32	1 969,11	376,27	1 609,44	1 810,62	166,60	1 468,48	1 652,04	—	1 327,60	1 493,55	—	1 186,80	1 335,15
	III	18 116	—	1 449,28	1 630,44	III	18 116	—	1 332,—	1 498,50	—	1 217,60	1 369,80	—	1 106,24	1 244,52	—	997,92	1 122,66	—	892,32	1 003,86	—	789,76	888,48
	V	31 838	1 751,09	2 547,04	2 865,42	IV	26 204	995,67	2 025,84	2 279,07	890,83	1 955,36	2 199,78	786,11	1 884,96	2 120,58	681,27	1 814,48	2 041,29	576,43	1 744,—	1 962,—	471,59	1 673,52	1 882,71
	VI	32 273	1 775,01	2 581,84	2 904,57																				
97 163,99 Ost	I,IV	26 361	1 119,19	2 108,88	2 372,49	I	26 361	909,63	1 968,—	2 214,—	699,95	1 827,04	2 055,42	490,39	1 686,16	1 896,93	280,72	1 545,20	1 738,35	71,16	1 404,32	1 579,86	—	1 263,36	1 421,28
	II	25 560	1 023,87	2 044,80	2 300,40	II	25 560	814,19	1 903,84	2 141,82	604,63	1 762,96	1 983,33	394,96	1 622,—	1 824,75	185,40	1 481,12	1 666,26	—	1 340,24	1 507,77	—	1 199,36	1 349,28
	III	18 248	—	1 459,84	1 642,32	III	18 248	—	1 342,40	1 510,20	—	1 227,84	1 381,32	—	1 116,16	1 255,68	—	1 007,52	1 133,46	—	901,76	1 014,48	—	798,88	898,74
	V	31 995	1 759,72	2 559,60	2 879,55	IV	26 361	1 014,47	2 038,48	2 293,29	909,63	1 968,—	2 214,—	804,79	1 897,52	2 134,71	699,95	1 827,04	2 055,42	595,23	1 756,64	1 976,22	490,39	1 686,16	1 896,93
	VI	32 430	1 783,65	2 594,40	2 918,70																				
97 199,99 West	I,IV	26 219	1 102,29	2 097,52	2 359,71	I	26 219	892,61	1 956,56	2 201,13	683,06	1 815,68	2 042,64	473,38	1 674,72	1 884,06	263,82	1 533,84	1 725,57	54,14	1 392,88	1 566,99	—	1 252,—	1 408,50
	II	25 418	1 006,97	2 033,44	2 287,62	II	25 418	797,30	1 892,48	2 129,04	587,74	1 751,60	1 970,55	378,06	1 610,64	1 811,97	168,50	1 469,76	1 653,48	—	1 328,80	1 494,90	—	1 188,—	1 336,50
	III	18 128	—	1 450,24	1 631,52	III	18 128	—	1 332,96	1 499,58	—	1 218,56	1 370,88	—	1 107,20	1 245,60	—	998,72	1 123,56	—	893,28	1 004,94	—	790,72	889,56
	V	31 853	1 751,91	2 548,24	2 866,77	IV	26 219	997,45	2 027,04	2 280,42	892,61	1 956,56	2 201,13	787,89	1 886,16	2 121,93	683,06	1 815,68	2 042,64	578,22	1 745,20	1 963,35	473,38	1 674,72	1 884,06
	VI	32 288	1 775,84	2 583,04	2 905,92																				
97 199,99 Ost	I,IV	26 376	1 120,98	2 110,08	2 373,84	I	26 376	911,42	1 969,20	2 215,35	701,74	1 828,24	2 056,77	492,18	1 687,36	1 898,28	282,50	1 546,40	1 739,70	72,94	1 405,52	1 581,21	—	1 264,64	1 422,72
	II	25 575	1 025,66	2 046,—	2 301,75	II	25 575	816,10	1 905,12	2 143,26	606,42	1 764,16	1 984,68	396,86	1 623,28	1 826,19	187,18	1 482,32	1 667,61	—	1 341,44	1 509,12	—	1 200,56	1 350,63
	III	18 262	—	1 460,96	1 643,58	III	18 262	—	1 343,36	1 511,28	—	1 228,80	1 382,40	—	1 117,12	1 256,76	—	1 008,32	1 134,36	—	902,56	1 015,38	—	799,84	899,82
	V	32 010	1 760,55	2 560,80	2 880,90	IV	26 376	1 016,26	2 039,68	2 294,64	911,42	1 969,20	2 215,35	806,58	1 898,72	2 136,06	701,74	1 828,24	2 056,77	597,02	1 757,84	1 977,57	492,18	1 687,36	1 898,28
	VI	32 445	1 784,47	2 595,60	2 920,05																				

* Die ausgewiesenen Tabellenwerte sind amtlich. Siehe Erläuterungen auf der Umschlaginnenseite (U2).

Abzüge an Lohnsteuer, Solidaritätszuschlag (SolZ) und Kirchensteuer (8%, 9%) in den Steuerklassen

Lohn/Gehalt bis €*	I – VI	LSt	ohne Kinderfreibeträge SolZ	8%	9%	I, II, III, IV	LSt	mit Zahl der Kinderfreibeträge … 0,5 SolZ	8%	9%	1 SolZ	8%	9%	1,5 SolZ	8%	9%	2 SolZ	8%	9%	2,5 SolZ	8%	9%	3 SolZ	8%	9%
97 235,99 West	I,IV	26 234	1 104,08	2 098,72	2 361,06	I	26 234	894,52	1 957,84	2 202,57	684,84	1 816,88	2 043,99	475,28	1 676,–	1 885,50	265,60	1 535,04	1 726,92	56,04	1 394,16	1 568,43	–	1 253,20	1 409,85
	II	25 433	1 008,76	2 034,64	2 288,97	II	25 433	799,08	1 893,68	2 130,39	589,52	1 752,80	1 971,90	379,84	1 611,84	1 813,32	170,28	1 470,96	1 654,83	–	1 330,–	1 496,25	–	1 189,20	1 337,85
	III	18 140	–	1 451,20	1 632,60	III	18 140	–	1 333,92	1 500,66	–	1 219,52	1 371,96	–	1 108,16	1 246,68	–	999,68	1 124,64	–	894,24	1 006,02	–	791,52	890,46
	V	31 868	1 752,74	2 549,44	2 868,12	IV	26 234	999,24	2 028,24	2 281,77	894,52	1 957,84	2 202,57	789,68	1 887,36	2 123,28	684,84	1 816,88	2 043,99	580,–	1 746,40	1 964,70	475,28	1 676,–	1 885,50
	VI	32 303	1 776,66	2 584,24	2 907,27																				
97 235,99 Ost	I,IV	26 392	1 122,88	2 111,36	2 375,28	I	26 392	913,20	1 970,40	2 216,70	703,64	1 829,52	2 058,21	493,96	1 688,56	1 899,63	284,41	1 547,68	1 741,14	74,73	1 406,72	1 582,56	–	1 265,84	1 424,07
	II	25 590	1 027,44	2 047,20	2 303,10	II	25 590	817,88	1 906,32	2 144,61	608,20	1 765,36	1 986,03	398,65	1 624,48	1 827,54	188,97	1 483,52	1 668,96	–	1 342,64	1 510,47	–	1 201,76	1 351,98
	III	18 274	–	1 461,92	1 644,66	III	18 274	–	1 344,32	1 512,36	–	1 229,76	1 383,48	–	1 118,08	1 257,84	–	1 009,28	1 135,44	–	903,52	1 016,46	–	800,64	900,72
	V	32 025	1 761,37	2 562,–	2 882,25	IV	26 392	1 018,04	2 040,88	2 295,99	913,20	1 970,40	2 216,70	808,36	1 899,92	2 137,41	703,64	1 829,52	2 058,21	598,80	1 759,04	1 978,92	493,96	1 688,56	1 899,63
	VI	32 460	1 785,30	2 596,80	2 921,40																				
97 271,99 West	I,IV	26 249	1 105,86	2 099,92	2 362,41	I	26 249	896,30	1 959,04	2 203,92	686,63	1 818,08	2 045,34	477,07	1 677,20	1 886,85	267,39	1 536,24	1 728,27	57,83	1 395,36	1 569,78	–	1 254,40	1 411,20
	II	25 448	1 010,54	2 035,84	2 290,32	II	25 448	800,87	1 894,88	2 131,74	591,31	1 754,–	1 973,25	381,63	1 613,04	1 814,67	172,07	1 472,16	1 656,18	–	1 331,20	1 497,60	–	1 190,40	1 339,20
	III	18 154	–	1 452,32	1 633,86	III	18 154	–	1 334,88	1 501,74	–	1 220,64	1 373,22	–	1 109,12	1 247,76	–	1 000,64	1 125,72	–	895,04	1 006,92	–	792,48	891,54
	V	31 883	1 753,56	2 550,64	2 869,47	IV	26 249	1 001,02	2 029,44	2 283,12	896,30	1 959,04	2 203,92	791,46	1 888,56	2 124,63	686,63	1 818,08	2 045,34	581,79	1 747,60	1 966,05	477,07	1 677,20	1 886,85
	VI	32 318	1 777,49	2 585,44	2 908,62																				
97 271,99 Ost	I,IV	26 407	1 124,66	2 112,56	2 376,63	I	26 407	914,99	1 971,60	2 218,05	705,43	1 830,72	2 059,56	495,75	1 689,76	1 900,98	286,19	1 548,88	1 742,49	76,51	1 407,92	1 583,91	–	1 267,04	1 425,42
	II	25 605	1 029,23	2 048,40	2 304,45	II	25 605	819,67	1 907,52	2 145,96	609,99	1 766,56	1 987,38	400,43	1 625,68	1 828,89	190,75	1 484,72	1 670,31	–	1 343,84	1 511,82	–	1 202,96	1 353,33
	III	18 286	–	1 462,88	1 645,74	III	18 286	–	1 345,28	1 513,44	–	1 230,72	1 384,56	–	1 119,04	1 258,92	–	1 010,24	1 136,52	–	904,48	1 017,54	–	801,60	901,80
	V	32 040	1 762,20	2 563,20	2 883,60	IV	26 407	1 019,83	2 042,08	2 297,34	914,99	1 971,60	2 218,05	810,15	1 901,12	2 138,76	705,43	1 830,72	2 059,56	600,59	1 760,24	1 980,27	495,75	1 689,76	1 900,98
	VI	32 476	1 786,18	2 598,08	2 922,84																				
97 307,99 West	I,IV	26 264	1 107,65	2 101,12	2 363,76	I	26 264	898,09	1 960,24	2 205,27	688,41	1 819,28	2 046,69	478,85	1 678,40	1 888,20	269,17	1 537,44	1 729,62	59,61	1 396,56	1 571,13	–	1 255,60	1 412,55
	II	25 463	1 012,33	2 037,04	2 291,67	II	25 463	802,65	1 896,08	2 133,09	593,09	1 755,20	1 974,60	383,41	1 614,24	1 816,02	173,85	1 473,36	1 657,53	–	1 332,40	1 498,95	–	1 191,60	1 340,55
	III	18 166	–	1 453,28	1 634,94	III	18 166	–	1 336,–	1 503,–	–	1 221,60	1 374,30	–	1 110,08	1 248,84	–	1 001,60	1 126,80	–	896,–	1 008,–	–	793,28	892,44
	V	31 898	1 754,39	2 551,84	2 870,82	IV	26 264	1 002,93	2 030,72	2 284,56	898,09	1 960,24	2 205,27	793,25	1 889,76	2 125,98	688,41	1 819,28	2 046,69	583,69	1 748,88	1 967,49	478,85	1 678,40	1 888,20
	VI	32 333	1 778,31	2 586,64	2 909,97																				
97 307,99 Ost	I,IV	26 422	1 126,45	2 113,76	2 377,98	I	26 422	916,77	1 972,80	2 219,40	707,21	1 831,92	2 060,91	497,53	1 690,96	1 902,33	287,98	1 550,08	1 743,84	78,30	1 409,12	1 585,26	–	1 268,24	1 426,77
	II	25 620	1 031,01	2 049,60	2 305,80	II	25 620	821,45	1 908,72	2 147,31	611,77	1 767,76	1 988,73	402,22	1 626,88	1 830,24	192,54	1 485,92	1 671,66	–	1 345,04	1 513,17	–	1 204,16	1 354,68
	III	18 300	–	1 464,–	1 647,–	III	18 300	–	1 346,40	1 514,70	–	1 231,68	1 385,64	–	1 120,–	1 260,–	–	1 011,20	1 137,60	–	905,28	1 018,44	–	802,40	902,70
	V	32 056	1 763,08	2 564,48	2 885,04	IV	26 422	1 021,61	2 043,28	2 298,69	916,77	1 972,80	2 219,40	812,05	1 902,40	2 140,20	707,21	1 831,92	2 060,91	602,37	1 761,44	1 981,62	497,53	1 690,96	1 902,33
	VI	32 491	1 787,–	2 599,28	2 924,19																				
97 343,99 West	I,IV	26 279	1 109,43	2 102,32	2 365,11	I	26 279	899,87	1 961,44	2 206,62	690,20	1 820,48	2 048,04	480,64	1 679,60	1 889,55	270,96	1 538,64	1 730,97	61,40	1 397,76	1 572,48	–	1 256,80	1 413,90
	II	25 478	1 014,11	2 038,24	2 293,02	II	25 478	804,55	1 897,36	2 134,53	594,88	1 756,40	1 975,95	385,32	1 615,52	1 817,46	175,64	1 474,56	1 658,88	–	1 333,68	1 500,39	–	1 192,80	1 341,90
	III	18 178	–	1 454,24	1 636,02	III	18 178	–	1 336,96	1 504,08	–	1 222,56	1 375,38	–	1 111,04	1 249,92	–	1 002,40	1 127,70	–	896,80	1 008,90	–	794,24	893,52
	V	31 913	1 755,21	2 553,04	2 872,17	IV	26 279	1 004,71	2 031,92	2 285,91	899,87	1 961,44	2 206,62	795,03	1 890,96	2 127,33	690,20	1 820,48	2 048,04	585,48	1 750,08	1 968,84	480,64	1 679,60	1 889,55
	VI	32 348	1 779,14	2 587,84	2 911,32																				
97 343,99 Ost	I,IV	26 437	1 128,23	2 114,96	2 379,33	I	26 437	918,56	1 974,–	2 220,75	709,–	1 833,12	2 062,26	499,32	1 692,16	1 903,68	289,76	1 551,28	1 745,19	80,08	1 410,32	1 586,61	–	1 269,44	1 428,12
	II	25 636	1 032,92	2 050,88	2 307,24	II	25 636	823,24	1 909,92	2 148,66	613,68	1 769,04	1 990,17	404,–	1 628,08	1 831,59	194,44	1 487,20	1 673,10	–	1 346,24	1 514,52	–	1 205,36	1 356,03
	III	18 312	–	1 464,96	1 648,08	III	18 312	–	1 347,36	1 515,78	–	1 232,64	1 386,72	–	1 120,96	1 261,08	–	1 012,–	1 138,50	–	906,24	1 019,52	–	803,20	903,60
	V	32 071	1 763,90	2 565,68	2 886,39	IV	26 437	1 023,40	2 044,48	2 300,04	918,56	1 974,–	2 220,75	813,84	1 903,60	2 141,55	709,–	1 833,12	2 062,26	604,16	1 762,64	1 982,97	499,32	1 692,16	1 903,68
	VI	32 506	1 787,83	2 600,48	2 925,54																				
97 379,99 West	I,IV	26 294	1 111,22	2 103,52	2 366,46	I	26 294	901,66	1 962,64	2 207,97	692,10	1 821,76	2 049,48	482,42	1 680,80	1 890,90	272,86	1 539,92	1 732,41	63,18	1 398,96	1 573,83	–	1 258,08	1 415,34
	II	25 493	1 015,90	2 039,44	2 294,37	II	25 493	806,34	1 898,56	2 135,88	596,66	1 757,60	1 977,30	387,10	1 616,72	1 818,81	177,42	1 475,76	1 660,23	–	1 334,88	1 501,74	–	1 194,–	1 343,25
	III	18 192	–	1 455,36	1 637,28	III	18 192	–	1 337,92	1 505,16	–	1 223,52	1 376,46	–	1 112,–	1 251,–	–	1 003,36	1 128,78	–	897,76	1 009,98	–	795,04	894,42
	V	31 928	1 756,04	2 554,24	2 873,52	IV	26 294	1 006,50	2 033,12	2 287,26	901,66	1 962,64	2 207,97	796,82	1 892,16	2 128,68	692,10	1 821,76	2 049,48	587,26	1 751,28	1 970,19	482,42	1 680,80	1 890,90
	VI	32 363	1 779,96	2 589,04	2 912,67																				
97 379,99 Ost	I,IV	26 452	1 130,02	2 116,16	2 380,68	I	26 452	920,46	1 975,28	2 222,19	710,78	1 834,32	2 063,61	501,22	1 693,44	1 905,12	291,55	1 552,48	1 746,54	81,99	1 411,60	1 588,05	–	1 270,64	1 429,47
	II	25 651	1 034,70	2 052,08	2 308,59	II	25 651	825,02	1 911,12	2 150,01	615,46	1 770,24	1 991,52	405,79	1 629,28	1 832,94	196,23	1 488,40	1 674,45	–	1 347,44	1 515,87	–	1 206,56	1 357,38
	III	18 324	–	1 465,92	1 649,16	III	18 324	–	1 348,32	1 516,86	–	1 233,60	1 387,80	–	1 121,76	1 261,98	–	1 012,96	1 139,58	–	907,04	1 020,42	–	804,16	904,68
	V	32 086	1 764,73	2 566,88	2 887,74	IV	26 452	1 025,18	2 045,68	2 301,39	920,46	1 975,28	2 222,19	815,62	1 904,80	2 142,90	710,78	1 834,32	2 063,61	605,94	1 763,84	1 984,32	501,22	1 693,44	1 905,12
	VI	32 521	1 788,65	2 601,68	2 926,89																				
97 415,99 West	I,IV	26 310	1 113,12	2 104,80	2 367,90	I	26 310	903,44	1 963,84	2 209,32	693,88	1 822,96	2 050,83	484,21	1 682,–	1 892,25	274,65	1 541,12	1 733,76	64,97	1 400,16	1 575,18	–	1 259,28	1 416,69
	II	25 508	1 017,68	2 040,64	2 295,72	II	25 508	808,12	1 899,76	2 137,23	598,45	1 758,80	1 978,65	388,89	1 617,92	1 820,16	179,21	1 476,96	1 661,58	–	1 336,08	1 503,09	–	1 195,20	1 344,60
	III	18 204	–	1 456,32	1 638,36	III	18 204	–	1 338,88	1 506,24	–	1 224,48	1 377,54	–	1 112,96	1 252,08	–	1 004,32	1 129,86	–	898,72	1 011,06	–	795,84	895,32
	V	31 943	1 756,86	2 555,44	2 874,87	IV	26 310	1 008,28	2 034,32	2 288,61	903,44	1 963,84	2 209,32	798,60	1 893,36	2 130,03	693,88	1 822,96	2 050,83	589,05	1 752,48	1 971,54	484,21	1 682,–	1 892,25
	VI	32 379	1 780,84	2 590,32	2 914,11																				
97 415,99 Ost	I,IV	26 467	1 131,80	2 117,36	2 382,03	I	26 467	922,25	1 976,48	2 223,54	712,57	1 835,52	2 064,96	503,01	1 694,64	1 906,47	293,33	1 553,68	1 747,89	83,77	1 412,80	1 589,40	–	1 271,84	1 430,82
	II	25 666	1 036,49	2 053,28	2 309,94	II	25 666	826,81	1 912,32	2 151,36	617,25	1 771,44	1 992,87	407,57	1 630,48	1 834,29	198,01	1 489,60	1 675,80	–	1 348,64	1 517,22	–	1 207,76	1 358,73
	III	18 338	–	1 467,04	1 650,42	III	18 338	–	1 349,28	1 517,94	–	1 234,56	1 388,88	–	1 122,72	1 263,06	–	1 013,92	1 140,66	–	908,–	1 021,50	–	804,96	905,58
	V	32 101	1 765,55	2 568,08	2 889,09	IV	26 467	1 026,97	2 046,88	2 302,74	922,25	1 976,48	2 223,54	817,41	1 906,–	2 144,25	712,57	1 835,52	2 064,96	607,73	1 765,04	1 985,67	503,01	1 694,64	1 906,47
	VI	32 536	1 789,48	2 602,88	2 928,24																				
97 451,99 West	I,IV	26 325	1 114,91	2 106,–	2 369,25	I	26 325	905,23	1 965,04	2 210,67	695,67	1 824,16	2 052,18	485,99	1 683,20	1 893,60	276,43	1 542,32	1 735,11	66,75	1 401,36	1 576,53	–	1 260,48	1 418,04
	II	25 523	1 019,47	2 041,84	2 297,07	II	25 523	809,91	1 900,96	2 138,58	600,23	1 760,–	1 980,–	390,67	1 619,12	1 821,51	180,99	1 478,16	1 662,93	–	1 337,28	1 504,44	–	1 196,40	1 345,95
	III	18 218	–	1 457,44	1 639,62	III	18 218	–	1 340,–	1 507,50	–	1 225,44	1 378,62	–	1 113,92	1 253,16	–	1 005,28	1 130,94	–	899,52	1 011,96	–	796,80	896,40
	V	31 959	1 757,74	2 556,72	2 876,31	IV	26 325	1 010,07	2 035,52	2 289,96	905,23	1 965,04	2 210,67	800,51	1 894,64	2 131,47	695,67	1 824,16	2 052,18	590,83	1 753,68	1 972,89	485,99	1 683,20	1 893,60
	VI	32 394	1 781,67	2 591,52	2 915,46																				
97 451,99 Ost	I,IV	26 482	1 133,59	2 118,56	2 383,38	I	26 482	924,03	1 977,68	2 224,89	714,35	1 836,72	2 066,31	504,79	1 695,84	1 907,82	295,12	1 554,88	1 749,24	85,56	1 414,–	1 590,75	–	1 273,04	1 432,17
	II	25 681	1 038,27	2 054,48	2 311,29	II	25 681	828,59	1 913,52	2 152,71	619,03	1 772,64	1 994,22	409,36	1 631,68	1 835,64	199,80	1 490,80	1 677,15	–	1 349,84	1 518,57	–	1 208,96	1 360,08
	III	18 350	–	1 468,–	1 651,50	III	18 350	–	1 350,40	1 519,20	–	1 235,52	1 389,96	–	1 123,68	1 264,14	–	1 014,88	1 141,74	–	908,96	1 022,58	–	805,92	906,66
	V	32 116	1 766,38	2 569,28	2 890,44	IV	26 482	1 028,75	2 048,08	2 304,09	924,03	1 977,68	2 224,89	819,19	1 907,20	2 145,60	714,35	1 836,72	2 066,31	609,63	1 766,32	1 987,11	504,79	1 695,84	1 907,82
	VI	32 551	1 790,30	2 604,08	2 929,59																				
97 487,99 West	I,IV	26 340	1 116,69	2 107,20	2 370,60	I	26 340	907,01	1 966,24	2 212,02	697,45	1 825,36	2 053,53	487,78	1 684,40	1 894,95	278,22	1 543,52	1 736,46	68,54	1 402,56	1 577,88	–	1 261,68	1 419,39
	II	25 538	1 021,25	2 043,04	2 298,42	II	25 538	811,69	1 902,16	2 139,93	602,14	1 761,28	1 981,44	392,46	1 620,32	1 822,86	182,90	1 479,44	1 664,37	–	1 338,48	1 505,79	–	1 197,60	1 347,30
	III	18 230	–	1 458,40	1 640,70	III	18 230	–	1 340,96	1 508,58	–	1 226,40	1 379,70	–	1 114,72	1 254,06	–	1 006,08	1 131,84	–	900,48	1 013,04	–	797,60	897,30
	V	31 974	1 758,57	2 557,92	2 877,66	IV	26 340	1 011,85	2 036,72	2 291,31	907,01	1 966,24	2 212,02	802,29	1 895,84	2 132,82	697,45	1 825,36	2 053,53	592,62	1 754,88	1 974,24	487,78	1 684,40	1 894,95
	VI	32 409	1 782,49	2 592,72	2 916,81																				
97 487,99 Ost	I,IV	26 497	1 135,37	2 119,76	2 384,73	I	26 497	925,82	1 978,88	2 226,24	716,14	1 837,92	2 067,66	506,58	1 697,04	1 909,17	296,90	1 556,08	1 750,59	87,34	1 415,20	1 592,10	–	1 274,24	1 433,52
	II	25 696	1 040,06	2 055,68	2 312,64	II	25 696	830,50	1 914,80	2 154,15	620,82	1 773,84	1 995,57	411,26	1 632,96	1 837,08	201,58	1 492,–	1 678,50	–	1 351,12	1 520,01	–	1 210,16	1 361,43
	III	18 364	–	1 469,12	1 652,76	III	18 364	–	1 351,36	1 520,28	–	1 236,48	1 391,04	–	1 124,64	1 265,22	–	1 015,84	1 142,82	–	909,76	1 023,48	–	806,72	907,56
	V	32 131	1 767,20	2 570,48	2 891,79	IV	26 497	1 030,65	2 049,36	2 305,53	925,82	1 978,88	2 226,24	820,98	1 908,40	2 146,95	716,14	1 837,92	2 067,66	611,42	1 767,52	1 988,46	506,58	1 697,04	1 909,17
	VI	32 566	1 791,13	2 605,28	2 930,94																				

* Die ausgewiesenen Tabellenwerte sind amtlich. Siehe Erläuterungen auf der Umschlaginnenseite (U2).

Abzüge an Lohnsteuer, Solidaritätszuschlag (SolZ) und Kirchensteuer (8%, 9%) in den Steuerklassen

Lohn/Gehalt bis €*	I – VI	LSt	SolZ	8%	9%	I, II, III, IV	LSt	0,5 SolZ	0,5 8%	0,5 9%	1 SolZ	1 8%	1 9%	1,5 SolZ	1,5 8%	1,5 9%	2 SolZ	2 8%	2 9%	2,5 SolZ	2,5 8%	2,5 9%	3 SolZ	3 8%	3 9%
97 523,99 West	I,IV	26 355	1 118,48	2 108,40	2 371,95	I	26 355	908,80	1 967,44	2 213,37	699,24	1 826,56	2 054,88	489,68	1 685,68	1 896,39	280,—	1 544,72	1 737,81	70,44	1 403,84	1 579,32	—	1 262,88	1 420,74
	II	25 554	1 023,16	2 044,32	2 299,86	II	25 554	813,48	1 903,36	2 141,28	603,92	1 762,48	1 982,79	394,24	1 621,52	1 824,21	184,68	1 480,64	1 665,72	—	1 339,68	1 507,14	—	1 198,80	1 348,65
	III	18 242	—	1 459,36	1 641,78	III	18 242	—	1 341,92	1 509,66	—	1 227,36	1 380,78	—	1 115,68	1 255,14	—	1 007,04	1 132,92	—	901,28	1 013,94	—	798,56	898,38
	V	31 989	1 759,39	2 559,12	2 879,01	IV	26 355	1 013,64	2 037,92	2 292,66	908,80	1 967,44	2 213,37	804,08	1 897,04	2 134,17	699,24	1 826,56	2 054,88	594,40	1 756,08	1 975,59	489,68	1 685,68	1 896,39
	VI	32 424	1 783,32	2 593,92	2 918,16																				
97 523,99 Ost	I,IV	26 512	1 137,16	2 120,96	2 386,08	I	26 512	927,60	1 980,08	2 227,59	718,04	1 839,20	2 069,10	508,36	1 698,24	1 910,52	298,80	1 557,36	1 752,03	89,13	1 416,40	1 593,45	—	1 275,52	1 434,96
	II	25 711	1 041,84	2 056,88	2 313,99	II	25 711	832,28	1 916,—	2 155,50	622,60	1 775,04	1 996,92	413,04	1 634,16	1 838,43	203,37	1 493,20	1 679,85	—	1 352,32	1 521,36	—	1 211,36	1 362,78
	III	18 376	—	1 470,08	1 653,84	III	18 376	—	1 352,32	1 521,36	—	1 237,44	1 392,12	—	1 125,60	1 266,30	—	1 016,64	1 143,72	—	910,72	1 024,56	—	807,68	908,64
	V	32 146	1 768,03	2 571,68	2 893,14	IV	26 512	1 032,44	2 050,56	2 306,88	927,60	1 980,08	2 227,59	822,76	1 909,60	2 148,30	718,04	1 839,20	2 069,10	613,20	1 768,72	1 989,81	508,36	1 698,24	1 910,52
	VI	32 581	1 791,95	2 606,48	2 932,29																				
97 559,99 West	I,IV	26 370	1 120,26	2 109,60	2 373,30	I	26 370	910,70	1 968,72	2 214,81	701,02	1 827,76	2 056,23	491,47	1 686,88	1 897,74	281,79	1 545,92	1 739,16	72,23	1 405,04	1 580,67	—	1 264,08	1 422,09
	II	25 569	1 024,94	2 045,52	2 301,21	II	25 569	815,26	1 904,56	2 142,63	605,71	1 763,68	1 984,14	396,03	1 622,72	1 825,56	186,47	1 481,84	1 667,07	—	1 340,88	1 508,49	—	1 200,—	1 350,—
	III	18 256	—	1 460,48	1 643,04	III	18 256	—	1 342,88	1 510,74	—	1 228,32	1 381,86	—	1 116,64	1 256,22	—	1 008,—	1 134,—	—	902,24	1 015,02	—	799,36	899,28
	V	32 004	1 760,22	2 560,32	2 880,36	IV	26 370	1 015,42	2 039,12	2 294,01	910,70	1 968,72	2 214,81	805,86	1 898,24	2 135,52	701,02	1 827,76	2 056,23	596,19	1 757,28	1 976,94	491,47	1 686,88	1 897,74
	VI	32 439	1 784,14	2 595,12	2 919,51																				
97 559,99 Ost	I,IV	26 528	1 139,06	2 122,24	2 387,52	I	26 528	929,39	1 981,28	2 228,94	719,83	1 840,40	2 070,45	510,15	1 699,44	1 911,87	300,59	1 558,56	1 753,38	90,91	1 417,60	1 594,80	—	1 276,72	1 436,31
	II	25 726	1 043,63	2 058,08	2 315,34	II	25 726	834,07	1 917,20	2 156,85	624,39	1 776,24	1 998,27	414,83	1 635,36	1 839,78	205,15	1 494,40	1 681,20	—	1 353,52	1 522,71	—	1 212,56	1 364,13
	III	18 388	—	1 471,04	1 654,92	III	18 388	—	1 353,28	1 522,44	—	1 238,56	1 393,38	—	1 126,56	1 267,38	—	1 017,60	1 144,80	—	911,52	1 025,46	—	808,48	909,54
	V	32 161	1 768,85	2 572,88	2 894,49	IV	26 528	1 034,22	2 051,76	2 308,23	929,39	1 981,28	2 228,94	824,55	1 910,80	2 149,65	719,83	1 840,40	2 070,45	614,99	1 769,92	1 991,16	510,15	1 699,44	1 911,87
	VI	32 597	1 792,83	2 607,76	2 933,73																				
97 595,99 West	I,IV	26 385	1 122,05	2 110,80	2 374,65	I	26 385	912,49	1 969,92	2 216,16	702,81	1 828,96	2 057,58	493,25	1 688,08	1 899,09	283,57	1 547,12	1 740,51	74,01	1 406,24	1 582,02	—	1 265,28	1 423,44
	II	25 584	1 026,73	2 046,72	2 302,56	II	25 584	817,05	1 905,76	2 143,98	607,49	1 764,88	1 985,49	397,81	1 623,92	1 826,91	188,25	1 483,04	1 668,42	—	1 342,08	1 509,84	—	1 201,20	1 351,35
	III	18 268	—	1 461,44	1 644,12	III	18 268	—	1 343,84	1 511,82	—	1 229,28	1 382,94	—	1 117,60	1 257,30	—	1 008,96	1 135,08	—	903,04	1 015,92	—	800,32	900,36
	V	32 019	1 761,04	2 561,52	2 881,71	IV	26 385	1 017,21	2 040,32	2 295,36	912,49	1 969,92	2 216,16	807,65	1 899,44	2 136,87	702,81	1 828,96	2 057,58	598,09	1 758,56	1 978,38	493,25	1 688,08	1 899,09
	VI	32 454	1 784,97	2 596,32	2 920,86																				
97 595,99 Ost	I,IV	26 543	1 140,85	2 123,44	2 388,87	I	26 543	931,17	1 982,48	2 230,29	721,61	1 841,60	2 071,80	511,93	1 700,64	1 913,22	302,37	1 559,76	1 754,73	92,70	1 418,80	1 596,15	—	1 277,92	1 437,66
	II	25 741	1 045,41	2 059,28	2 316,69	II	25 741	835,85	1 918,40	2 158,20	626,17	1 777,44	1 999,62	416,61	1 636,56	1 841,13	206,94	1 495,60	1 682,55	—	1 354,72	1 524,06	—	1 213,76	1 365,48
	III	18 402	—	1 472,16	1 656,18	III	18 402	—	1 354,40	1 523,70	—	1 239,52	1 394,46	—	1 127,52	1 268,46	—	1 018,56	1 145,88	—	912,48	1 026,54	—	809,44	910,62
	V	32 177	1 769,73	2 574,16	2 895,93	IV	26 543	1 036,01	2 052,96	2 309,58	931,17	1 982,48	2 230,29	826,33	1 912,—	2 151,—	721,61	1 841,60	2 071,80	616,77	1 771,12	1 992,51	511,93	1 700,64	1 913,22
	VI	32 612	1 793,66	2 608,96	2 935,08																				
97 631,99 West	I,IV	26 400	1 123,83	2 112,—	2 376,—	I	26 400	914,27	1 971,12	2 217,51	704,59	1 830,16	2 058,93	495,04	1 689,28	1 900,44	285,36	1 548,32	1 741,86	75,80	1 407,44	1 583,37	—	1 266,48	1 424,79
	II	25 599	1 028,51	2 047,92	2 303,91	II	25 599	818,83	1 906,96	2 145,33	609,28	1 766,08	1 986,84	399,72	1 625,20	1 828,35	190,04	1 484,24	1 669,77	—	1 343,36	1 511,28	—	1 202,40	1 352,70
	III	18 280	—	1 462,40	1 645,20	III	18 280	—	1 344,96	1 513,08	—	1 230,24	1 384,02	—	1 118,56	1 258,38	—	1 009,76	1 135,98	—	904,—	1 017,—	—	801,12	901,26
	V	32 034	1 761,87	2 562,72	2 883,06	IV	26 400	1 019,11	2 041,60	2 296,80	914,27	1 971,12	2 217,51	809,43	1 900,64	2 138,22	704,59	1 830,16	2 058,93	599,87	1 759,76	1 979,73	495,04	1 689,28	1 900,44
	VI	32 469	1 785,79	2 597,52	2 922,21																				
97 631,99 Ost	I,IV	26 558	1 142,63	2 124,64	2 390,22	I	26 558	932,96	1 983,68	2 231,64	723,40	1 842,80	2 073,15	513,72	1 701,84	1 914,57	304,16	1 560,96	1 756,08	94,48	1 420,—	1 597,50	—	1 279,12	1 439,01
	II	25 756	1 047,20	2 060,48	2 318,04	II	25 756	837,64	1 919,60	2 159,55	628,08	1 778,72	2 001,06	418,40	1 637,76	1 842,48	208,84	1 496,88	1 683,99	—	1 355,92	1 525,41	—	1 215,04	1 366,92
	III	18 414	—	1 473,12	1 657,26	III	18 414	—	1 355,36	1 524,78	—	1 240,48	1 395,54	—	1 128,48	1 269,54	—	1 019,52	1 146,96	—	913,44	1 027,62	—	810,24	911,52
	V	32 192	1 770,56	2 575,36	2 897,28	IV	26 558	1 037,79	2 054,16	2 310,93	932,96	1 983,68	2 231,64	828,24	1 913,28	2 152,44	723,40	1 842,80	2 073,15	618,56	1 772,32	1 993,86	513,72	1 701,84	1 914,57
	VI	32 627	1 794,48	2 610,16	2 936,43																				
97 667,99 West	I,IV	26 415	1 125,62	2 113,20	2 377,35	I	26 415	916,06	1 972,32	2 218,86	706,38	1 831,36	2 060,28	496,82	1 690,48	1 901,79	287,26	1 549,60	1 743,30	77,58	1 408,64	1 584,72	—	1 267,76	1 426,23
	II	25 614	1 030,30	2 049,12	2 305,26	II	25 614	820,74	1 908,24	2 146,77	611,06	1 767,28	1 988,19	401,50	1 626,40	1 829,70	191,82	1 485,44	1 671,12	—	1 344,56	1 512,63	—	1 203,60	1 354,05
	III	18 294	—	1 463,52	1 646,46	III	18 294	—	1 345,92	1 514,16	—	1 231,20	1 385,10	—	1 119,52	1 259,46	—	1 010,72	1 137,06	—	904,96	1 018,08	—	802,08	902,34
	V	32 049	1 762,69	2 563,92	2 884,41	IV	26 415	1 020,90	2 042,80	2 298,15	916,06	1 972,32	2 218,86	811,22	1 901,84	2 139,57	706,38	1 831,36	2 060,28	601,66	1 760,96	1 981,08	496,82	1 690,48	1 901,79
	VI	32 484	1 786,62	2 598,72	2 923,56																				
97 667,99 Ost	I,IV	26 573	1 144,42	2 125,84	2 391,57	I	26 573	934,74	1 984,88	2 232,99	725,18	1 844,—	2 074,50	515,62	1 703,12	1 916,01	305,94	1 562,16	1 757,43	96,39	1 421,28	1 598,94	—	1 280,32	1 440,36
	II	25 772	1 049,10	2 061,76	2 319,48	II	25 772	839,42	1 920,80	2 160,90	629,86	1 779,92	2 002,41	420,18	1 638,96	1 843,83	210,63	1 498,08	1 685,34	0,95	1 357,12	1 526,76	—	1 216,24	1 368,27
	III	18 428	—	1 474,24	1 658,52	III	18 428	—	1 356,32	1 525,86	—	1 241,44	1 396,62	—	1 129,44	1 270,62	—	1 020,32	1 147,86	—	914,24	1 028,52	—	811,04	912,42
	V	32 207	1 771,38	2 576,56	2 898,63	IV	26 573	1 039,58	2 055,36	2 312,28	934,74	1 984,88	2 232,99	830,02	1 914,48	2 153,79	725,18	1 844,—	2 074,50	620,34	1 773,52	1 995,21	515,62	1 703,12	1 916,01
	VI	32 642	1 795,31	2 611,36	2 937,78																				
97 703,99 West	I,IV	26 431	1 127,52	2 114,48	2 378,79	I	26 431	917,84	1 973,52	2 220,21	708,28	1 832,64	2 061,72	498,61	1 691,68	1 903,14	289,05	1 550,80	1 744,65	79,37	1 409,84	1 586,07	—	1 268,96	1 427,58
	II	25 629	1 032,08	2 050,32	2 306,61	II	25 629	822,52	1 909,44	2 148,12	612,85	1 768,48	1 989,54	403,29	1 627,60	1 831,05	193,61	1 486,64	1 672,47	—	1 345,76	1 513,98	—	1 204,88	1 355,49
	III	18 306	—	1 464,48	1 647,54	III	18 306	—	1 346,88	1 515,24	—	1 232,16	1 386,18	—	1 120,48	1 260,54	—	1 011,68	1 138,14	—	905,76	1 018,98	—	802,88	903,24
	V	32 064	1 763,52	2 565,12	2 885,76	IV	26 431	1 022,68	2 044,—	2 299,50	917,84	1 973,52	2 220,21	813,—	1 903,04	2 140,92	708,28	1 832,64	2 061,72	603,44	1 762,16	1 982,43	498,61	1 691,68	1 903,14
	VI	32 500	1 787,50	2 600,—	2 925,—																				
97 703,99 Ost	I,IV	26 588	1 146,20	2 127,04	2 392,92	I	26 588	936,64	1 986,16	2 234,43	726,97	1 845,20	2 075,85	517,41	1 704,32	1 917,36	307,73	1 563,36	1 758,78	98,17	1 422,48	1 600,29	—	1 281,52	1 441,71
	II	25 787	1 050,88	2 062,96	2 320,83	II	25 787	841,21	1 922,—	2 162,25	631,65	1 781,12	2 003,76	421,97	1 640,16	1 845,18	212,41	1 499,28	1 686,69	2,73	1 358,32	1 528,11	—	1 217,44	1 369,62
	III	18 440	—	1 475,20	1 659,60	III	18 440	—	1 357,28	1 526,94	—	1 242,40	1 397,70	—	1 130,40	1 271,70	—	1 021,28	1 148,94	—	915,20	1 029,60	—	812,—	913,50
	V	32 222	1 772,21	2 577,76	2 899,98	IV	26 588	1 041,36	2 056,56	2 313,63	936,64	1 986,16	2 234,43	831,81	1 915,68	2 155,14	726,97	1 845,20	2 075,85	622,13	1 774,72	1 996,56	517,41	1 704,32	1 917,36
	VI	32 657	1 796,13	2 612,56	2 939,13																				
97 739,99 West	I,IV	26 446	1 129,31	2 115,68	2 380,14	I	26 446	919,63	1 974,72	2 221,56	710,07	1 833,84	2 063,07	500,39	1 692,88	1 904,49	290,83	1 552,—	1 746,—	81,15	1 411,04	1 587,42	—	1 270,16	1 428,93
	II	25 644	1 033,87	2 051,52	2 307,96	II	25 644	824,31	1 910,64	2 149,47	614,63	1 769,68	1 990,89	405,07	1 628,80	1 832,40	195,39	1 487,84	1 673,82	—	1 346,96	1 515,33	—	1 206,08	1 356,84
	III	18 320	—	1 465,60	1 648,80	III	18 320	—	1 347,84	1 516,32	—	1 233,12	1 387,26	—	1 121,44	1 261,62	—	1 012,64	1 139,22	—	906,72	1 020,06	—	803,68	904,14
	V	32 080	1 764,40	2 566,40	2 887,20	IV	26 446	1 024,47	2 045,20	2 300,85	919,63	1 974,72	2 221,56	814,79	1 904,24	2 142,27	710,07	1 833,84	2 063,07	605,23	1 763,36	1 983,78	500,39	1 692,88	1 904,49
	VI	32 515	1 788,32	2 601,20	2 926,35																				
97 739,99 Ost	I,IV	26 603	1 147,99	2 128,24	2 394,27	I	26 603	938,43	1 987,36	2 235,78	728,75	1 846,40	2 077,20	519,19	1 705,52	1 918,71	309,51	1 564,56	1 760,13	99,96	1 423,68	1 601,64	—	1 282,72	1 443,06
	II	25 802	1 052,67	2 064,16	2 322,18	II	25 802	842,99	1 923,20	2 163,60	633,43	1 782,32	2 005,11	423,75	1 641,36	1 846,53	214,20	1 500,48	1 688,04	4,52	1 359,52	1 529,46	—	1 218,64	1 370,97
	III	18 452	—	1 476,16	1 660,68	III	18 452	—	1 358,24	1 528,02	—	1 243,36	1 398,78	—	1 131,36	1 272,78	—	1 022,24	1 150,02	—	916,—	1 030,50	—	812,80	914,40
	V	32 237	1 773,03	2 578,96	2 901,33	IV	26 603	1 043,15	2 057,76	2 314,98	938,43	1 987,36	2 235,78	833,59	1 916,88	2 156,49	728,75	1 846,40	2 077,20	623,91	1 775,92	1 997,91	519,19	1 705,52	1 918,71
	VI	32 672	1 796,96	2 613,76	2 940,48																				
97 775,99 West	I,IV	26 461	1 131,09	2 116,88	2 381,49	I	26 461	921,41	1 975,92	2 222,91	711,85	1 835,04	2 064,42	502,18	1 694,08	1 905,84	292,62	1 553,20	1 747,35	82,94	1 412,24	1 588,77	—	1 271,36	1 430,28
	II	25 659	1 035,65	2 052,72	2 309,31	II	25 659	826,09	1 911,84	2 150,82	616,42	1 770,88	1 992,24	406,86	1 630,—	1 833,75	197,30	1 489,12	1 675,26	—	1 348,16	1 516,68	—	1 207,28	1 358,19
	III	18 332	—	1 466,56	1 649,88	III	18 332	—	1 348,96	1 517,58	—	1 234,08	1 388,34	—	1 122,40	1 262,70	—	1 013,44	1 140,12	—	907,52	1 020,96	—	804,64	905,22
	V	32 095	1 765,22	2 567,60	2 888,55	IV	26 461	1 026,25	2 046,40	2 302,20	921,41	1 975,92	2 222,91	816,69	1 905,52	2 143,71	711,85	1 835,04	2 064,42	607,01	1 764,56	1 985,13	502,18	1 694,08	1 905,84
	VI	32 530	1 789,15	2 602,40	2 927,70																				
97 775,99 Ost	I,IV	26 618	1 149,77	2 129,44	2 395,62	I	26 618	940,21	1 988,56	2 237,13	730,54	1 847,60	2 078,55	520,98	1 706,72	1 920,06	311,30	1 565,76	1 761,48	101,74	1 424,88	1 602,99	—	1 283,92	1 444,41
	II	25 817	1 054,45	2 065,36	2 323,53	II	25 817	844,78	1 924,40	2 164,95	635,22	1 783,52	2 006,46	425,66	1 642,64	1 847,97	215,98	1 501,68	1 689,39	6,42	1 360,80	1 530,90	—	1 219,84	1 372,32
	III	18 466	—	1 477,28	1 661,94	III	18 466	—	1 359,36	1 529,28	—	1 244,32	1 399,86	—	1 132,32	1 273,86	—	1 023,20	1 151,10	—	916,96	1 031,58	—	813,76	915,48
	V	32 252	1 773,86	2 580,16	2 902,68	IV	26 618	1 045,05	2 059,04	2 316,42	940,21	1 988,56	2 237,13	835,38	1 918,08	2 157,84	730,54	1 847,60	2 078,55	625,82	1 777,20	1 999,35	520,98	1 706,72	1 920,06
	VI	32 687	1 797,78	2 614,96	2 941,83																				

Column groups 0,5 to 3: mit Zahl der Kinderfreibeträge . . . ; I – VI: ohne Kinderfreibeträge

*** Die ausgewiesenen Tabellenwerte sind amtlich. Siehe Erläuterungen auf der Umschlaginnenseite (U2).**

JAHR 97 776,–*

Abzüge an Lohnsteuer, Solidaritätszuschlag (SolZ) und Kirchensteuer (8%, 9%) in den Steuerklassen

Lohn/ Gehalt bis €*	I – VI					I, II, III, IV		mit Zahl der Kinderfreibeträge . . .																	
			ohne Kinderfreibeträge					0,5			1			1,5			2			2,5			3		
		LSt	SolZ	8%	9%		LSt	SolZ	8%	9%	SolZ	8%	9%	SolZ	8%	9%	SolZ	8%	9%	SolZ	8%	9%	SolZ	8%	9%
97 811,99 West	I,IV	26 476	1 132,88	2 118,08	2 382,84	I	26 476	923,20	1 977,12	2 224,26	713,64	1 836,24	2 065,77	503,96	1 695,28	1 907,19	294,40	1 554,40	1 748,70	84,84	1 413,52	1 590,21	–	1 272,56	1 431,63
	II	25 675	1 037,56	2 054,–	2 310,75	II	25 675	827,88	1 913,04	2 152,17	618,32	1 772,16	1 993,68	408,64	1 631,20	1 835,10	199,08	1 490,32	1 676,61	–	1 349,36	1 518,03	–	1 208,48	1 359,54
	III	18 344	–	1 467,52	1 650,96	III	18 344	–	1 349,92	1 518,66	–	1 235,20	1 389,60	–	1 123,36	1 263,78	–	1 014,40	1 141,20	–	908,48	1 022,04	–	805,44	906,12
	V	32 110	1 766,05	2 568,80	2 889,90	IV	26 476	1 028,04	2 047,60	2 303,55	923,20	1 977,12	2 224,26	818,48	1 906,72	2 145,06	713,64	1 836,24	2 065,77	608,80	1 765,76	1 986,48	503,96	1 695,28	1 907,19
	VI	32 545	1 789,97	2 603,60	2 929,05																				
97 811,99 Ost	I,IV	26 633	1 151,56	2 130,64	2 396,97	I	26 633	942,–	1 989,76	2 238,48	732,32	1 848,80	2 079,90	522,76	1 707,92	1 921,41	313,20	1 567,04	1 762,92	103,53	1 426,08	1 604,34	–	1 285,20	1 445,85
	II	25 832	1 056,24	2 066,56	2 324,88	II	25 832	846,68	1 925,68	2 166,39	637,–	1 784,72	2 007,81	427,44	1 643,84	1 849,32	217,77	1 502,88	1 690,74	8,21	1 362,–	1 532,25	–	1 221,04	1 373,67
	III	18 478	–	1 478,24	1 663,02	III	18 478	–	1 360,32	1 530,36	–	1 245,28	1 400,94	–	1 133,28	1 274,94	–	1 024,–	1 152,–	–	917,92	1 032,66	–	814,56	916,38
	V	32 267	1 774,68	2 581,36	2 904,03	IV	26 633	1 046,84	2 060,24	2 317,77	942,–	1 989,76	2 238,48	837,16	1 919,28	2 159,19	732,32	1 848,80	2 079,90	627,60	1 778,40	2 000,70	522,76	1 707,92	1 921,41
	VI	32 702	1 798,61	2 616,16	2 943,18																				
97 847,99 West	I,IV	26 491	1 134,66	2 119,28	2 384,19	I	26 491	925,10	1 978,40	2 225,70	715,42	1 837,44	2 067,12	505,86	1 696,56	1 908,63	296,19	1 555,60	1 750,05	86,63	1 414,72	1 591,56	–	1 273,76	1 432,98
	II	25 690	1 039,34	2 055,20	2 312,10	II	25 690	829,66	1 914,24	2 153,52	620,10	1 773,36	1 995,03	410,43	1 632,40	1 836,45	200,87	1 491,52	1 677,96	–	1 350,56	1 519,38	–	1 209,68	1 360,89
	III	18 358	–	1 468,64	1 652,22	III	18 358	–	1 350,88	1 519,74	–	1 236,16	1 390,68	–	1 124,32	1 264,86	–	1 015,36	1 142,28	–	909,44	1 023,12	–	806,40	907,20
	V	32 125	1 766,87	2 570,–	2 891,25	IV	26 491	1 029,82	2 048,80	2 304,90	925,10	1 978,40	2 225,70	820,26	1 907,92	2 146,41	715,42	1 837,44	2 067,12	610,58	1 766,96	1 987,83	505,86	1 696,56	1 908,63
	VI	32 560	1 790,80	2 604,80	2 930,40																				
97 847,99 Ost	I,IV	26 649	1 153,46	2 131,92	2 398,41	I	26 649	943,78	1 990,96	2 239,83	734,23	1 850,08	2 081,34	524,55	1 709,12	1 922,76	314,99	1 568,24	1 764,27	105,31	1 427,28	1 605,69	–	1 286,40	1 447,20
	II	25 847	1 058,02	2 067,76	2 326,23	II	25 847	848,47	1 926,88	2 167,74	638,79	1 785,92	2 009,16	429,23	1 645,04	1 850,67	219,55	1 504,08	1 692,09	9,99	1 363,20	1 533,60	–	1 222,24	1 375,02
	III	18 492	–	1 479,36	1 664,28	III	18 492	–	1 361,28	1 531,44	–	1 246,24	1 402,02	–	1 134,24	1 276,02	–	1 024,96	1 153,08	–	918,72	1 033,56	–	815,52	917,46
	V	32 282	1 775,51	2 582,56	2 905,38	IV	26 649	1 048,62	2 061,44	2 319,12	943,78	1 990,96	2 239,83	838,95	1 920,48	2 160,54	734,23	1 850,08	2 081,34	629,39	1 779,60	2 002,05	524,55	1 709,12	1 922,76
	VI	32 718	1 799,49	2 617,44	2 944,62																				
97 883,99 West	I,IV	26 506	1 136,45	2 120,48	2 385,54	I	26 506	926,89	1 979,60	2 227,05	717,21	1 838,64	2 068,47	507,65	1 697,76	1 909,98	297,97	1 556,80	1 751,40	88,41	1 415,92	1 592,91	–	1 274,96	1 434,33
	II	25 705	1 041,13	2 056,40	2 313,45	II	25 705	831,45	1 915,44	2 154,87	621,89	1 774,56	1 996,38	412,21	1 633,60	1 837,80	202,65	1 492,72	1 679,31	–	1 351,76	1 520,73	–	1 210,88	1 362,24
	III	18 370	–	1 469,60	1 653,30	III	18 370	–	1 351,84	1 520,82	–	1 237,12	1 391,76	–	1 125,28	1 265,94	–	1 016,32	1 143,36	–	910,24	1 024,02	–	807,20	908,10
	V	32 140	1 767,70	2 571,20	2 892,60	IV	26 506	1 031,61	2 050,–	2 306,25	926,89	1 979,60	2 227,05	822,05	1 909,12	2 147,76	717,21	1 838,64	2 068,47	612,37	1 768,16	1 989,18	507,65	1 697,76	1 909,98
	VI	32 575	1 791,62	2 606,–	2 931,75																				
97 883,99 Ost	I,IV	26 664	1 155,25	2 133,12	2 399,76	I	26 664	945,57	1 992,16	2 241,18	736,01	1 851,28	2 082,69	526,33	1 710,32	1 924,11	316,77	1 569,44	1 765,62	107,10	1 428,48	1 607,04	–	1 287,60	1 448,55
	II	25 862	1 059,81	2 068,96	2 327,58	II	25 862	850,25	1 928,08	2 169,09	640,57	1 787,12	2 010,51	431,01	1 646,24	1 852,02	221,34	1 505,28	1 693,44	11,78	1 364,40	1 534,95	–	1 223,44	1 376,37
	III	18 504	–	1 480,32	1 665,36	III	18 504	–	1 362,24	1 532,52	–	1 247,20	1 403,10	–	1 135,04	1 276,92	–	1 025,92	1 154,16	–	919,68	1 034,64	–	816,32	918,36
	V	32 298	1 776,39	2 583,84	2 906,82	IV	26 664	1 050,41	2 062,64	2 320,47	945,57	1 992,16	2 241,18	840,73	1 921,68	2 161,89	736,01	1 851,28	2 082,69	631,17	1 780,80	2 003,40	526,33	1 710,32	1 924,11
	VI	32 733	1 800,31	2 618,64	2 945,97																				
97 919,99 West	I,IV	26 521	1 138,23	2 121,68	2 386,89	I	26 521	928,67	1 980,80	2 228,40	718,99	1 839,84	2 069,82	509,43	1 698,96	1 911,33	299,76	1 558,–	1 752,75	90,20	1 417,12	1 594,26	–	1 276,16	1 435,68
	II	25 720	1 042,91	2 057,60	2 314,80	II	25 720	833,23	1 916,64	2 156,22	623,67	1 775,76	1 997,73	414,–	1 634,80	1 839,15	204,44	1 493,92	1 680,66	–	1 353,04	1 522,17	–	1 212,08	1 363,59
	III	18 384	–	1 470,72	1 654,56	III	18 384	–	1 352,80	1 521,90	–	1 238,08	1 392,84	–	1 126,08	1 266,84	–	1 017,12	1 144,26	–	911,20	1 025,10	–	808,16	909,18
	V	32 155	1 768,52	2 572,40	2 893,95	IV	26 521	1 033,51	2 051,28	2 307,69	928,67	1 980,80	2 228,40	823,83	1 910,32	2 149,11	718,99	1 839,84	2 069,82	614,27	1 769,44	1 990,62	509,43	1 698,96	1 911,33
	VI	32 590	1 792,45	2 607,20	2 933,10																				
97 919,99 Ost	I,IV	26 679	1 157,03	2 134,32	2 401,11	I	26 679	947,35	1 993,36	2 242,53	737,80	1 852,48	2 084,04	528,12	1 711,52	1 925,46	318,56	1 570,64	1 766,97	108,88	1 429,68	1 608,39	–	1 288,80	1 449,90
	II	25 877	1 061,59	2 070,16	2 328,93	II	25 877	852,04	1 929,28	2 170,44	642,36	1 788,32	2 011,86	432,80	1 647,44	1 853,37	223,24	1 506,56	1 694,88	13,56	1 365,60	1 536,30	–	1 224,72	1 377,81
	III	18 516	–	1 481,28	1 666,44	III	18 516	–	1 363,36	1 533,78	–	1 248,16	1 404,18	–	1 136,–	1 278,–	–	1 026,88	1 155,24	–	920,64	1 035,72	–	817,28	919,44
	V	32 313	1 777,21	2 585,04	2 908,17	IV	26 679	1 052,19	2 063,84	2 321,82	947,35	1 993,36	2 242,53	842,63	1 922,96	2 163,33	737,80	1 852,48	2 084,04	632,96	1 782,–	2 004,75	528,12	1 711,52	1 925,46
	VI	32 748	1 801,14	2 619,84	2 947,32																				
97 955,99 West	I,IV	26 536	1 140,02	2 122,88	2 388,24	I	26 536	930,46	1 982,–	2 229,75	720,78	1 841,04	2 071,17	511,22	1 700,16	1 912,68	301,54	1 559,20	1 754,10	91,98	1 418,32	1 595,61	–	1 277,44	1 437,12
	II	25 735	1 044,70	2 058,80	2 316,15	II	25 735	835,14	1 917,92	2 157,66	625,46	1 776,96	1 999,08	415,90	1 636,08	1 840,59	206,22	1 495,12	1 682,01	–	1 354,24	1 523,52	–	1 213,28	1 364,94
	III	18 396	–	1 471,68	1 655,64	III	18 396	–	1 353,92	1 523,16	–	1 239,04	1 393,92	–	1 127,04	1 267,92	–	1 018,08	1 145,34	–	912,16	1 026,18	–	808,96	910,08
	V	32 170	1 769,35	2 573,60	2 895,30	IV	26 536	1 035,30	2 052,48	2 309,04	930,46	1 982,–	2 229,75	825,62	1 911,52	2 150,46	720,78	1 841,04	2 071,17	616,06	1 770,64	1 991,97	511,22	1 700,16	1 912,68
	VI	32 605	1 793,27	2 608,40	2 934,45																				
97 955,99 Ost	I,IV	26 694	1 158,82	2 135,52	2 402,46	I	26 694	949,14	1 994,56	2 243,88	739,58	1 853,68	2 085,39	529,90	1 712,72	1 926,81	320,34	1 571,84	1 768,32	110,78	1 430,96	1 609,83	–	1 290,–	1 451,25
	II	25 893	1 063,50	2 071,44	2 330,37	II	25 893	853,82	1 930,48	2 171,79	644,26	1 789,60	2 013,30	434,58	1 648,64	1 854,72	225,02	1 507,76	1 696,23	15,35	1 366,80	1 537,65	–	1 225,92	1 379,16
	III	18 530	–	1 482,40	1 667,70	III	18 530	–	1 364,32	1 534,86	–	1 249,12	1 405,26	–	1 136,96	1 279,08	–	1 027,84	1 156,32	–	921,44	1 036,62	–	818,08	920,34
	V	32 328	1 778,04	2 586,24	2 909,52	IV	26 694	1 053,98	2 065,04	2 323,17	949,14	1 994,56	2 243,88	844,42	1 924,16	2 164,68	739,58	1 853,68	2 085,39	634,74	1 783,20	2 006,10	529,90	1 712,72	1 926,81
	VI	32 763	1 801,96	2 621,04	2 948,67																				
97 991,99 West	I,IV	26 552	1 141,92	2 124,16	2 389,68	I	26 552	932,24	1 983,20	2 231,10	722,68	1 842,32	2 072,61	513,–	1 701,36	1 914,03	303,45	1 560,48	1 755,54	93,77	1 419,52	1 596,96	–	1 278,64	1 438,47
	II	25 750	1 046,48	2 060,–	2 317,50	II	25 750	836,92	1 919,12	2 159,01	627,24	1 778,16	2 000,43	417,69	1 637,28	1 841,94	208,01	1 496,32	1 683,36	–	1 355,44	1 524,87	–	1 214,48	1 366,29
	III	18 408	–	1 472,64	1 656,72	III	18 408	–	1 354,88	1 524,24	–	1 240,–	1 395,–	–	1 128,–	1 269,–	–	1 019,04	1 146,42	–	912,96	1 027,08	–	809,92	911,16
	V	32 185	1 770,17	2 574,80	2 896,65	IV	26 552	1 037,08	2 053,68	2 310,39	932,24	1 983,20	2 231,10	827,40	1 912,72	2 151,81	722,68	1 842,32	2 072,61	617,84	1 771,84	1 993,32	513,–	1 701,36	1 914,03
	VI	32 621	1 794,15	2 609,68	2 935,89																				
97 991,99 Ost	I,IV	26 709	1 160,60	2 136,72	2 403,81	I	26 709	951,04	1 995,84	2 245,32	741,37	1 854,88	2 086,74	531,81	1 714,–	1 928,25	322,13	1 573,04	1 769,67	112,57	1 432,16	1 611,18	–	1 291,20	1 452,60
	II	25 908	1 065,28	2 072,64	2 331,72	II	25 908	855,61	1 931,68	2 173,14	646,05	1 790,80	2 014,65	436,37	1 649,84	1 856,07	226,81	1 508,96	1 697,58	17,13	1 368,–	1 539,–	–	1 227,12	1 380,51
	III	18 542	–	1 483,36	1 668,78	III	18 542	–	1 365,28	1 535,94	–	1 250,24	1 406,52	–	1 137,92	1 280,16	–	1 028,64	1 157,22	–	922,40	1 037,70	–	819,04	921,42
	V	32 343	1 778,86	2 587,44	2 910,87	IV	26 709	1 055,76	2 066,24	2 324,52	951,04	1 995,84	2 245,32	846,20	1 925,36	2 166,03	741,37	1 854,88	2 086,74	636,53	1 784,40	2 007,45	531,81	1 714,–	1 928,25
	VI	32 778	1 802,79	2 622,24	2 950,02																				
98 027,99 West	I,IV	26 567	1 143,70	2 125,36	2 391,03	I	26 567	934,03	1 984,40	2 232,45	724,47	1 843,52	2 073,96	514,79	1 702,56	1 915,38	305,23	1 561,68	1 756,89	95,55	1 420,72	1 598,31	–	1 279,84	1 439,82
	II	25 765	1 048,27	2 061,20	2 318,85	II	25 765	838,71	1 920,32	2 160,36	629,03	1 779,36	2 001,78	419,47	1 638,48	1 843,29	209,79	1 497,52	1 684,71	0,23	1 356,64	1 526,22	–	1 215,68	1 367,64
	III	18 422	–	1 473,76	1 657,98	III	18 422	–	1 355,84	1 525,32	–	1 240,96	1 396,08	–	1 128,96	1 270,08	–	1 020,–	1 147,50	–	913,92	1 028,16	–	810,72	912,06
	V	32 201	1 771,05	2 576,08	2 898,09	IV	26 567	1 038,87	2 054,88	2 311,74	934,03	1 984,40	2 232,45	829,19	1 913,92	2 153,16	724,47	1 843,52	2 073,96	619,63	1 773,04	1 994,67	514,79	1 702,56	1 915,38
	VI	32 636	1 794,98	2 610,88	2 937,24																				
98 027,99 Ost	I,IV	26 724	1 162,39	2 137,92	2 405,16	I	26 724	952,83	1 997,04	2 246,67	743,15	1 856,08	2 088,09	533,59	1 715,20	1 929,60	323,91	1 574,24	1 771,02	114,35	1 433,36	1 612,53	–	1 292,40	1 453,95
	II	25 923	1 067,07	2 073,84	2 333,07	II	25 923	857,39	1 932,88	2 174,49	647,83	1 792,–	2 016,–	438,15	1 651,04	1 857,42	228,59	1 510,16	1 698,93	18,92	1 369,20	1 540,35	–	1 228,32	1 381,86
	III	18 556	–	1 484,48	1 670,04	III	18 556	–	1 366,40	1 537,20	–	1 251,20	1 407,60	–	1 138,88	1 281,24	–	1 029,60	1 158,30	–	923,20	1 038,60	–	819,84	922,32
	V	32 358	1 779,69	2 588,64	2 912,22	IV	26 724	1 057,55	2 067,44	2 325,87	952,83	1 997,04	2 246,67	847,99	1 926,56	2 167,38	743,15	1 856,08	2 088,09	638,31	1 785,60	2 008,80	533,59	1 715,20	1 929,60
	VI	32 793	1 803,61	2 623,44	2 951,37																				
98 063,99 West	I,IV	26 582	1 145,49	2 126,56	2 392,38	I	26 582	935,81	1 985,60	2 233,80	726,25	1 844,72	2 075,31	516,57	1 703,76	1 916,73	307,02	1 562,88	1 758,24	97,34	1 421,92	1 599,66	–	1 281,04	1 441,17
	II	25 780	1 050,05	2 062,40	2 320,20	II	25 780	840,49	1 921,52	2 161,71	630,81	1 780,56	2 003,13	421,26	1 639,68	1 844,64	211,58	1 498,72	1 686,06	2,02	1 357,84	1 527,57	–	1 216,96	1 369,08
	III	18 434	–	1 474,72	1 659,06	III	18 434	–	1 356,80	1 526,40	–	1 241,92	1 397,16	–	1 129,92	1 271,16	–	1 020,96	1 148,58	–	914,72	1 029,06	–	811,52	912,96
	V	32 216	1 771,88	2 577,28	2 899,44	IV	26 582	1 040,65	2 056,08	2 313,09	935,81	1 985,60	2 233,80	831,09	1 915,20	2 154,60	726,25	1 844,72	2 075,31	621,41	1 774,24	1 996,02	516,57	1 703,76	1 916,73
	VI	32 651	1 795,80	2 612,08	2 938,59																				
98 063,99 Ost	I,IV	26 739	1 164,17	2 139,12	2 406,51	I	26 739	954,61	1 998,24	2 248,02	744,94	1 857,28	2 089,44	535,38	1 716,40	1 930,95	325,70	1 575,44	1 772,37	116,14	1 434,56	1 613,88	–	1 293,60	1 455,30
	II	25 938	1 068,85	2 075,04	2 334,42	II	25 938	859,18	1 934,08	2 175,84	649,62	1 793,20	2 017,35	439,94	1 652,24	1 858,77	230,38	1 511,36	1 700,28	20,82	1 370,48	1 541,79	–	1 229,52	1 383,21
	III	18 568	–	1 485,44	1 671,12	III	18 568	–	1 367,36	1 538,28	–	1 252,16	1 408,68	–	1 139,84	1 282,32	–	1 030,56	1 159,38	–	924,16	1 039,68	–	820,80	923,40
	V	32 373	1 780,51	2 589,84	2 913,57	IV	26 739	1 059,45	2 068,72	2 327,31	954,61	1 998,24	2 248,02	849,77	1 927,76	2 168,73	744,94	1 857,28	2 089,44	640,22	1 786,88	2 010,24	535,38	1 716,40	1 930,95
	VI	32 808	1 804,44	2 624,64	2 952,72																				

* Die ausgewiesenen Tabellenwerte sind amtlich. Siehe Erläuterungen auf der Umschlaginnenseite (U2).

Abzüge an Lohnsteuer, Solidaritätszuschlag (SolZ) und Kirchensteuer (8%, 9%) in den Steuerklassen

Lohn/ Gehalt bis €*	I – VI	LSt	ohne Kinderfreibeträge SolZ	8%	9%	I, II, III, IV	LSt	mit Zahl der Kinderfreibeträge . . . 0,5 SolZ	0,5 8%	0,5 9%	1 SolZ	1 8%	1 9%	1,5 SolZ	1,5 8%	1,5 9%	2 SolZ	2 8%	2 9%	2,5 SolZ	2,5 8%	2,5 9%	3 SolZ	3 8%	3 9%
98 099,99 West	I,IV	26 597	1 147,27	2 127,76	2 393,73	I	26 597	937,60	1 986,80	2 235,15	728,04	1 845,92	2 076,66	518,36	1 704,96	1 918,08	308,80	1 564,08	1 759,59	99,12	1 423,12	1 601,01	—	1 282,24	1 442,52
	II	25 796	1 051,96	2 063,68	2 321,64	II	25 796	842,28	1 922,72	2 163,06	632,72	1 781,84	2 004,57	423,04	1 640,88	1 845,99	213,48	1 500,—	1 687,50	3,80	1 359,04	1 528,92	—	1 218,16	1 370,43
	III	18 448	—	1 475,84	1 660,32	III	18 448	—	1 357,92	1 527,66	—	1 242,88	1 398,24	—	1 130,88	1 272,24	—	1 021,76	1 149,48	—	915,68	1 030,14	—	812,48	914,04
	V	32 231	1 772,70	2 578,48	2 900,79	IV	26 597	1 042,44	2 057,28	2 314,44	937,60	1 986,80	2 235,15	832,88	1 916,40	2 155,95	728,04	1 845,92	2 076,66	623,20	1 775,44	1 997,37	518,36	1 704,96	1 918,08
	VI	32 666	1 796,63	2 613,28	2 939,94																				
98 099,99 Ost	I,IV	26 754	1 165,96	2 140,32	2 407,86	I	26 754	956,40	1 999,44	2 249,37	746,72	1 858,48	2 090,79	537,16	1 717,60	1 932,30	327,48	1 576,64	1 773,72	117,92	1 435,76	1 615,23	—	1 294,88	1 456,74
	II	25 953	1 070,64	2 076,24	2 335,77	II	25 953	861,08	1 935,36	2 177,28	651,40	1 794,40	2 018,70	441,84	1 653,52	1 860,21	232,16	1 512,56	1 701,63	22,61	1 371,68	1 543,14	—	1 230,72	1 384,56
	III	18 582	—	1 486,56	1 672,38	III	18 582	—	1 368,32	1 539,36	—	1 253,12	1 409,76	—	1 140,80	1 283,40	—	1 031,52	1 160,46	—	925,12	1 040,76	—	821,60	924,30
	V	32 388	1 781,34	2 591,04	2 914,92	IV	26 754	1 061,24	2 069,92	2 328,66	956,40	1 999,44	2 249,37	851,56	1 928,96	2 170,08	746,72	1 858,48	2 090,79	642,—	1 788,08	2 011,59	537,16	1 717,60	1 932,30
	VI	32 823	1 805,26	2 625,84	2 954,07																				
98 135,99 West	I,IV	26 612	1 149,06	2 128,96	2 395,08	I	26 612	939,50	1 988,08	2 236,59	729,82	1 847,12	2 078,01	520,26	1 706,24	1 919,52	310,59	1 565,28	1 760,94	101,03	1 424,40	1 602,45	—	1 283,44	1 443,87
	II	25 811	1 053,74	2 064,88	2 322,99	II	25 811	844,06	1 923,92	2 164,41	634,50	1 783,04	2 005,92	424,83	1 642,08	1 847,34	215,27	1 501,20	1 688,85	5,59	1 360,24	1 530,27	—	1 219,36	1 371,78
	III	18 460	—	1 476,80	1 661,40	III	18 460	—	1 358,88	1 528,74	—	1 243,84	1 399,32	—	1 131,84	1 273,32	—	1 022,72	1 150,56	—	916,64	1 031,22	—	813,28	914,94
	V	32 246	1 773,53	2 579,68	2 902,14	IV	26 612	1 044,22	2 058,48	2 315,79	939,50	1 988,08	2 236,59	834,66	1 917,60	2 157,30	729,82	1 847,12	2 078,01	624,98	1 776,64	1 998,72	520,26	1 706,24	1 919,52
	VI	32 681	1 797,45	2 614,48	2 941,29																				
98 135,99 Ost	I,IV	26 770	1 167,86	2 141,60	2 409,30	I	26 770	958,18	2 000,64	2 250,72	748,62	1 859,76	2 092,23	538,95	1 718,80	1 933,65	329,39	1 577,92	1 775,16	119,71	1 436,96	1 616,58	—	1 296,08	1 458,09
	II	25 968	1 072,42	2 077,44	2 337,12	II	25 968	862,86	1 936,56	2 178,63	653,19	1 795,60	2 020,05	443,63	1 654,72	1 861,56	233,95	1 513,76	1 702,98	24,39	1 372,88	1 544,49	—	1 231,92	1 385,91
	III	18 594	—	1 487,52	1 673,46	III	18 594	—	1 369,28	1 540,44	—	1 254,08	1 410,84	—	1 141,76	1 284,48	—	1 032,48	1 161,54	—	925,92	1 041,66	—	822,40	925,20
	V	32 403	1 782,16	2 592,24	2 916,27	IV	26 770	1 063,02	2 071,12	2 330,01	958,18	2 000,64	2 250,72	853,34	1 930,16	2 171,43	748,62	1 859,76	2 092,23	643,79	1 789,28	2 012,94	538,95	1 718,80	1 933,65
	VI	32 838	1 806,09	2 627,04	2 955,42																				
98 171,99 West	I,IV	26 627	1 150,84	2 130,16	2 396,43	I	26 627	941,29	1 989,28	2 237,94	731,61	1 848,32	2 079,36	522,05	1 707,44	1 920,87	312,37	1 566,48	1 762,29	102,81	1 425,60	1 603,80	—	1 284,64	1 445,22
	II	25 826	1 055,53	2 066,08	2 324,34	II	25 826	845,85	1 925,12	2 165,76	636,29	1 784,24	2 007,27	426,61	1 643,28	1 848,69	217,05	1 502,40	1 690,20	7,37	1 361,44	1 531,62	—	1 220,56	1 373,13
	III	18 472	—	1 477,76	1 662,48	III	18 472	—	1 359,84	1 529,82	—	1 244,80	1 400,40	—	1 132,80	1 274,40	—	1 023,68	1 151,64	—	917,44	1 032,12	—	814,24	916,02
	V	32 261	1 774,35	2 580,88	2 903,49	IV	26 627	1 046,01	2 059,68	2 317,14	941,29	1 989,28	2 237,94	836,45	1 918,80	2 158,65	731,61	1 848,32	2 079,36	626,77	1 777,84	2 000,07	522,05	1 707,44	1 920,87
	VI	32 696	1 798,28	2 615,68	2 942,64																				
98 171,99 Ost	I,IV	26 785	1 169,65	2 142,80	2 410,65	I	26 785	959,97	2 001,84	2 252,07	750,41	1 860,96	2 093,58	540,73	1 720,—	1 935,—	331,17	1 579,12	1 776,51	121,49	1 438,16	1 617,93	—	1 297,28	1 459,44
	II	25 983	1 074,21	2 078,64	2 338,47	II	25 983	864,65	1 937,76	2 179,98	654,97	1 796,80	2 021,40	445,41	1 655,92	1 862,91	235,73	1 514,96	1 704,33	26,18	1 374,08	1 545,84	—	1 233,12	1 387,26
	III	18 606	—	1 488,48	1 674,54	III	18 606	—	1 370,40	1 541,70	—	1 255,04	1 411,92	—	1 142,72	1 285,56	—	1 033,28	1 162,44	—	926,88	1 042,74	—	823,36	926,28
	V	32 418	1 782,99	2 593,44	2 917,62	IV	26 785	1 064,81	2 072,32	2 331,36	959,97	2 001,84	2 252,07	855,13	1 931,36	2 172,78	750,41	1 860,96	2 093,58	645,57	1 790,48	2 014,29	540,73	1 720,—	1 935,—
	VI	32 854	1 806,97	2 628,32	2 956,86																				
98 207,99 West	I,IV	26 642	1 152,63	2 131,36	2 397,78	I	26 642	943,07	1 990,48	2 239,29	733,39	1 849,52	2 080,71	523,83	1 708,64	1 922,22	314,16	1 567,68	1 763,64	104,60	1 426,80	1 605,15	—	1 285,84	1 446,57
	II	25 841	1 057,31	2 067,28	2 325,69	II	25 841	847,63	1 926,32	2 167,11	638,07	1 785,44	2 008,62	428,40	1 644,48	1 850,04	218,84	1 503,60	1 691,55	9,16	1 362,64	1 532,97	—	1 221,76	1 374,48
	III	18 486	—	1 478,88	1 663,74	III	18 486	—	1 360,80	1 530,90	—	1 245,76	1 401,48	—	1 133,76	1 275,48	—	1 024,64	1 152,72	—	918,40	1 033,20	—	815,04	916,92
	V	32 276	1 775,18	2 582,08	2 904,84	IV	26 642	1 047,91	2 060,96	2 318,58	943,07	1 990,48	2 239,29	838,23	1 920,—	2 160,—	733,39	1 849,52	2 080,71	628,67	1 779,12	2 001,51	523,83	1 708,64	1 922,22
	VI	32 711	1 799,10	2 616,88	2 943,99																				
98 207,99 Ost	I,IV	26 800	1 171,43	2 144,—	2 412,—	I	26 800	961,75	2 003,04	2 253,42	752,19	1 862,16	2 094,93	542,52	1 721,20	1 936,35	332,96	1 580,32	1 777,86	123,28	1 439,36	1 619,28	—	1 298,48	1 460,79
	II	25 998	1 075,99	2 079,84	2 339,82	II	25 998	866,43	1 938,96	2 181,33	656,76	1 798,—	2 022,75	447,20	1 657,12	1 864,26	237,52	1 516,16	1 705,68	27,96	1 375,28	1 547,19	—	1 234,40	1 388,70
	III	18 620	—	1 489,60	1 675,80	III	18 620	—	1 371,36	1 542,78	—	1 256,—	1 413,—	—	1 143,68	1 286,64	—	1 034,24	1 163,52	—	927,84	1 043,82	—	824,16	927,18
	V	32 434	1 783,87	2 594,72	2 919,06	IV	26 800	1 066,59	2 073,52	2 332,71	961,75	2 003,04	2 253,42	857,03	1 932,64	2 174,22	752,19	1 862,16	2 094,93	647,36	1 791,68	2 015,64	542,52	1 721,20	1 936,35
	VI	32 869	1 807,79	2 629,52	2 958,21																				
98 243,99 West	I,IV	26 657	1 154,41	2 132,56	2 399,13	I	26 657	944,86	1 991,68	2 240,64	735,18	1 850,72	2 082,06	525,62	1 709,84	1 923,57	315,94	1 568,88	1 764,99	106,38	1 428,—	1 606,50	—	1 287,04	1 447,92
	II	25 856	1 059,10	2 068,48	2 327,04	II	25 856	849,54	1 927,60	2 168,55	639,86	1 786,64	2 009,97	430,30	1 645,76	1 851,48	220,62	1 504,80	1 692,90	11,06	1 363,92	1 534,41	—	1 222,96	1 375,83
	III	18 498	—	1 479,84	1 664,82	III	18 498	—	1 361,92	1 532,16	—	1 246,88	1 402,74	—	1 134,72	1 276,56	—	1 025,44	1 153,62	—	919,20	1 034,10	—	816,—	918,—
	V	32 291	1 776,—	2 583,28	2 906,19	IV	26 657	1 049,69	2 062,16	2 319,93	944,86	1 991,68	2 240,64	840,02	1 921,20	2 161,35	735,18	1 850,72	2 082,06	630,46	1 780,32	2 002,86	525,62	1 709,84	1 923,57
	VI	32 726	1 799,93	2 618,08	2 945,34																				
98 243,99 Ost	I,IV	26 815	1 173,22	2 145,20	2 413,35	I	26 815	963,54	2 004,24	2 254,77	753,98	1 863,36	2 096,28	544,30	1 722,40	1 937,70	334,74	1 581,52	1 779,21	125,06	1 440,56	1 620,63	—	1 299,68	1 462,14
	II	26 014	1 077,90	2 081,12	2 341,26	II	26 014	868,22	1 940,16	2 182,68	658,66	1 799,28	2 024,19	448,98	1 658,32	1 865,61	239,42	1 517,44	1 707,12	29,75	1 376,48	1 548,54	—	1 235,60	1 390,05
	III	18 632	—	1 490,56	1 676,88	III	18 632	—	1 372,32	1 543,86	—	1 256,96	1 414,08	—	1 144,64	1 287,72	—	1 035,20	1 164,60	—	928,64	1 044,72	—	825,12	928,26
	V	32 449	1 784,69	2 595,92	2 920,41	IV	26 815	1 068,38	2 074,72	2 334,06	963,54	2 004,24	2 254,77	858,82	1 933,84	2 175,57	753,98	1 863,36	2 096,28	649,14	1 792,88	2 016,99	544,30	1 722,40	1 937,70
	VI	32 884	1 808,62	2 630,72	2 959,56																				
98 279,99 West	I,IV	26 672	1 156,20	2 133,76	2 400,48	I	26 672	946,64	1 992,88	2 241,99	737,08	1 852,—	2 083,50	527,40	1 711,04	1 924,92	317,84	1 570,16	1 766,43	108,17	1 429,20	1 607,85	—	1 288,32	1 449,36
	II	25 871	1 060,88	2 069,68	2 328,39	II	25 871	851,32	1 928,80	2 169,90	641,64	1 787,84	2 011,32	432,08	1 646,96	1 852,83	222,41	1 506,—	1 694,25	12,85	1 365,12	1 535,76	—	1 224,16	1 377,18
	III	18 512	—	1 480,96	1 666,08	III	18 512	—	1 362,88	1 533,24	—	1 247,84	1 403,82	—	1 135,68	1 277,64	—	1 026,40	1 154,70	—	920,16	1 035,18	—	816,80	918,90
	V	32 306	1 776,83	2 584,48	2 907,54	IV	26 672	1 051,48	2 063,36	2 321,28	946,64	1 992,88	2 241,99	841,80	1 922,40	2 162,70	737,08	1 852,—	2 083,50	632,24	1 781,52	2 004,21	527,40	1 711,04	1 924,92
	VI	32 741	1 800,75	2 619,28	2 946,69																				
98 279,99 Ost	I,IV	26 830	1 175,—	2 146,40	2 414,70	I	26 830	965,44	2 005,52	2 256,21	755,76	1 864,56	2 097,63	546,21	1 723,68	1 939,14	336,53	1 582,72	1 780,56	126,97	1 441,84	1 622,07	—	1 300,88	1 463,49
	II	26 029	1 079,68	2 082,32	2 342,61	II	26 029	870,—	1 941,36	2 184,03	660,45	1 800,48	2 025,54	450,77	1 659,52	1 866,96	241,21	1 518,64	1 708,47	31,53	1 377,68	1 549,89	—	1 236,80	1 391,40
	III	18 646	—	1 491,68	1 678,14	III	18 646	—	1 373,28	1 544,94	—	1 257,92	1 415,16	—	1 145,60	1 288,80	—	1 036,16	1 165,68	—	929,60	1 045,80	—	825,92	929,16
	V	32 464	1 785,52	2 597,12	2 921,76	IV	26 830	1 070,16	2 075,92	2 335,41	965,44	2 005,52	2 256,21	860,60	1 935,04	2 176,92	755,76	1 864,56	2 097,63	650,93	1 794,08	2 018,34	546,21	1 723,68	1 939,14
	VI	32 899	1 809,44	2 631,92	2 960,91																				
98 315,99 West	I,IV	26 688	1 158,10	2 135,04	2 401,92	I	26 688	948,43	1 994,08	2 243,34	738,87	1 853,20	2 084,85	529,19	1 712,24	1 926,27	319,63	1 571,36	1 767,78	109,95	1 430,40	1 609,20	—	1 289,52	1 450,71
	II	25 886	1 062,67	2 070,88	2 329,74	II	25 886	853,11	1 930,—	2 171,25	643,43	1 789,04	2 012,67	433,87	1 648,16	1 854,18	224,19	1 507,20	1 695,60	14,63	1 366,32	1 537,11	—	1 225,36	1 378,53
	III	18 524	—	1 481,92	1 667,16	III	18 524	—	1 363,84	1 534,32	—	1 248,80	1 404,90	—	1 136,64	1 278,72	—	1 027,36	1 155,78	—	921,12	1 036,26	—	817,76	919,98
	V	32 321	1 777,65	2 585,68	2 908,89	IV	26 688	1 053,26	2 064,56	2 322,63	948,43	1 994,08	2 243,34	843,59	1 923,60	2 164,05	738,87	1 853,20	2 084,85	634,03	1 782,72	2 005,56	529,19	1 712,24	1 926,27
	VI	32 757	1 801,63	2 620,56	2 948,13																				
98 315,99 Ost	I,IV	26 845	1 176,79	2 147,60	2 416,05	I	26 845	967,23	2 006,72	2 257,56	757,55	1 865,76	2 098,98	547,99	1 724,88	1 940,49	338,31	1 583,92	1 781,91	128,75	1 443,04	1 623,42	—	1 302,08	1 464,84
	II	26 044	1 081,47	2 083,52	2 343,96	II	26 044	871,79	1 942,56	2 185,38	662,23	1 801,68	2 026,89	452,55	1 660,72	1 868,31	242,99	1 519,84	1 709,82	33,32	1 378,88	1 551,24	—	1 238,—	1 392,75
	III	18 658	—	1 492,64	1 679,22	III	18 658	—	1 374,40	1 546,20	—	1 259,04	1 416,42	—	1 146,56	1 289,88	—	1 036,96	1 166,58	—	930,40	1 046,70	—	826,88	930,24
	V	32 479	1 786,34	2 598,32	2 923,11	IV	26 845	1 071,95	2 077,12	2 336,76	967,23	2 006,72	2 257,56	862,39	1 936,24	2 178,27	757,55	1 865,76	2 098,98	652,71	1 795,28	2 019,69	547,99	1 724,88	1 940,49
	VI	32 914	1 810,27	2 633,12	2 962,26																				
98 351,99 West	I,IV	26 703	1 159,89	2 136,24	2 403,27	I	26 703	950,21	1 995,28	2 244,69	740,65	1 854,40	2 086,20	530,97	1 713,44	1 927,62	321,41	1 572,56	1 769,13	111,74	1 431,60	1 610,55	—	1 290,72	1 452,06
	II	25 901	1 064,45	2 072,08	2 331,09	II	25 901	854,89	1 931,20	2 172,60	645,21	1 790,24	2 014,02	435,65	1 649,36	1 855,53	225,98	1 508,40	1 696,95	16,42	1 367,52	1 538,46	—	1 226,56	1 379,88
	III	18 536	—	1 482,88	1 668,24	III	18 536	—	1 364,80	1 535,40	—	1 249,76	1 405,98	—	1 137,60	1 279,80	—	1 028,32	1 156,86	—	921,92	1 037,16	—	818,56	920,88
	V	32 337	1 778,53	2 586,96	2 910,33	IV	26 703	1 055,05	2 065,76	2 323,98	950,21	1 995,28	2 244,69	845,49	1 924,88	2 165,49	740,65	1 854,40	2 086,20	635,81	1 783,92	2 006,91	530,97	1 713,44	1 927,62
	VI	32 772	1 802,46	2 621,76	2 949,48																				
98 351,99 Ost	I,IV	26 860	1 178,57	2 148,80	2 417,40	I	26 860	969,01	2 007,92	2 258,91	759,33	1 866,96	2 100,33	549,78	1 726,08	1 941,84	340,10	1 585,12	1 783,26	130,54	1 444,24	1 624,77	—	1 303,28	1 466,19
	II	26 059	1 083,25	2 084,72	2 345,31	II	26 059	873,57	1 943,76	2 186,73	664,02	1 802,88	2 028,24	454,34	1 661,92	1 869,66	244,78	1 521,04	1 711,17	35,10	1 380,08	1 552,59	—	1 239,20	1 394,10
	III	18 670	—	1 493,60	1 680,30	III	18 670	—	1 375,36	1 547,28	—	1 260,—	1 417,50	—	1 147,52	1 290,96	—	1 037,92	1 167,66	—	931,36	1 047,78	—	827,68	931,14
	V	32 494	1 787,17	2 599,52	2 924,46	IV	26 860	1 073,73	2 078,32	2 338,11	969,01	2 007,92	2 258,91	864,17	1 937,44	2 179,62	759,33	1 866,96	2 100,33	654,61	1 796,56	2 021,13	549,78	1 726,08	1 941,84
	VI	32 929	1 811,09	2 634,32	2 963,61																				

* Die ausgewiesenen Tabellenwerte sind amtlich. Siehe Erläuterungen auf der Umschlaginnenseite (U2).

JAHR 98 352,–*

Abzüge an Lohnsteuer, Solidaritätszuschlag (SolZ) und Kirchensteuer (8%, 9%) in den Steuerklassen

Lohn/ Gehalt bis €*	I – VI	LSt	ohne Kinderfreibeträge SolZ	8%	9%	I, II, III, IV	LSt	mit Zahl der Kinderfreibeträge . . . 0,5 SolZ	0,5 8%	0,5 9%	1 SolZ	1 8%	1 9%	1,5 SolZ	1,5 8%	1,5 9%	2 SolZ	2 8%	2 9%	2,5 SolZ	2,5 8%	2,5 9%	3 SolZ	3 8%	3 9%
98 387,99 West	I,IV	26 718	1 161,67	2 137,44	2 404,62	I	26 718	952,–	1 996,48	2 246,04	742,44	1 855,60	2 087,55	532,76	1 714,64	1 928,97	323,20	1 573,76	1 770,48	113,52	1 432,80	1 611,90	–	1 291,92	1 453,41
	II	25 916	1 066,24	2 073,28	2 332,44	II	25 916	856,68	1 932,40	2 173,95	647,12	1 791,52	2 015,46	437,44	1 650,56	1 856,88	227,88	1 509,68	1 698,39	18,20	1 368,72	1 539,81	–	1 227,84	1 381,32
	III	18 550	–	1 484,–	1 669,50	III	18 550	–	1 365,92	1 536,66	–	1 250,72	1 407,06	–	1 138,56	1 280,88	–	1 029,28	1 157,94	–	922,88	1 038,24	–	819,52	921,96
	V	32 352	1 779,36	2 588,16	2 911,68	IV	26 718	1 056,83	2 066,96	2 325,33	952,–	1 996,48	2 246,04	847,28	1 926,08	2 166,84	742,44	1 855,60	2 087,55	637,60	1 785,12	2 008,26	532,76	1 714,64	1 928,97
	VI	32 787	1 803,28	2 622,96	2 950,83																				
98 387,99 Ost	I,IV	26 875	1 180,36	2 150,–	2 418,75	I	26 875	970,80	2 009,12	2 260,26	761,12	1 868,16	2 101,68	551,56	1 727,28	1 943,19	341,88	1 586,32	1 784,61	132,32	1 445,44	1 626,12	–	1 304,48	1 467,54
	II	26 074	1 085,04	2 085,92	2 346,66	II	26 074	875,48	1 945,04	2 188,17	665,80	1 804,08	2 029,59	456,24	1 663,20	1 871,10	246,56	1 522,24	1 712,52	37,–	1 381,36	1 554,03	–	1 240,40	1 395,45
	III	18 684	–	1 494,72	1 681,56	III	18 684	–	1 376,32	1 548,36	–	1 260,96	1 418,58	–	1 148,48	1 292,04	–	1 038,88	1 168,74	–	932,32	1 048,86	–	828,64	932,22
	V	32 509	1 787,99	2 600,72	2 925,81	IV	26 875	1 075,64	2 079,60	2 339,55	970,80	2 009,12	2 260,26	865,96	1 938,64	2 180,97	761,12	1 868,16	2 101,68	656,40	1 797,76	2 022,48	551,56	1 727,28	1 943,19
	VI	32 944	1 811,92	2 635,52	2 964,96																				
98 423,99 West	I,IV	26 733	1 163,46	2 138,64	2 405,97	I	26 733	953,78	1 997,68	2 247,39	744,22	1 856,80	2 088,90	534,66	1 715,92	1 930,41	324,98	1 574,96	1 771,83	115,43	1 434,08	1 613,34	–	1 293,12	1 454,76
	II	25 932	1 068,14	2 074,56	2 333,88	II	25 932	858,46	1 933,60	2 175,30	648,90	1 792,72	2 016,81	439,22	1 651,76	1 858,23	229,67	1 510,88	1 699,74	19,99	1 369,92	1 541,16	–	1 229,04	1 382,67
	III	18 562	–	1 484,96	1 670,58	III	18 562	–	1 366,88	1 537,74	–	1 251,68	1 408,14	–	1 139,52	1 281,96	–	1 030,08	1 158,84	–	923,84	1 039,32	–	820,32	922,86
	V	32 367	1 780,18	2 589,36	2 913,03	IV	26 733	1 058,62	2 068,16	2 326,68	953,78	1 997,68	2 247,39	849,06	1 927,28	2 168,19	744,22	1 856,80	2 088,90	639,38	1 786,32	2 009,61	534,66	1 715,92	1 930,41
	VI	32 802	1 804,11	2 624,16	2 952,18																				
98 423,99 Ost	I,IV	26 890	1 182,14	2 151,20	2 420,10	I	26 890	972,58	2 010,32	2 261,61	763,02	1 869,44	2 103,12	553,35	1 728,48	1 944,54	343,79	1 587,60	1 786,05	134,11	1 446,64	1 627,47	–	1 305,76	1 468,98
	II	26 089	1 086,82	2 087,12	2 348,01	II	26 089	877,26	1 946,24	2 189,52	667,59	1 805,28	2 030,94	458,03	1 664,40	1 872,45	248,35	1 523,44	1 713,87	38,79	1 382,56	1 555,38	–	1 241,60	1 396,80
	III	18 696	–	1 495,68	1 682,64	III	18 696	–	1 377,28	1 549,44	–	1 261,92	1 419,66	–	1 149,44	1 293,12	–	1 039,84	1 169,82	–	933,12	1 049,76	–	829,44	933,12
	V	32 524	1 788,82	2 601,92	2 927,16	IV	26 890	1 077,42	2 080,80	2 340,90	972,58	2 010,32	2 261,61	867,74	1 939,84	2 182,32	763,02	1 869,44	2 103,12	658,18	1 798,96	2 023,83	553,35	1 728,48	1 944,54
	VI	32 959	1 812,74	2 636,72	2 966,31																				
98 459,99 West	I,IV	26 748	1 165,24	2 139,84	2 407,32	I	26 748	955,68	1 998,96	2 248,83	746,01	1 858,–	2 090,25	536,45	1 717,12	1 931,76	326,77	1 576,16	1 773,18	117,21	1 435,28	1 614,69	–	1 294,32	1 456,11
	II	25 947	1 069,92	2 075,76	2 335,23	II	25 947	860,25	1 934,80	2 176,65	650,69	1 793,92	2 018,16	441,01	1 652,96	1 859,58	231,45	1 512,08	1 701,09	21,77	1 371,12	1 542,51	–	1 230,24	1 384,02
	III	18 576	–	1 486,08	1 671,84	III	18 576	–	1 367,84	1 538,82	–	1 252,64	1 409,22	–	1 140,32	1 282,86	–	1 031,04	1 159,92	–	924,64	1 040,22	–	821,28	923,94
	V	32 382	1 781,01	2 590,56	2 914,38	IV	26 748	1 060,40	2 069,36	2 328,03	955,68	1 998,96	2 248,83	850,85	1 928,48	2 169,54	746,01	1 858,–	2 090,25	641,17	1 787,52	2 010,96	536,45	1 717,12	1 931,76
	VI	32 817	1 804,93	2 625,36	2 953,53																				
98 459,99 Ost	I,IV	26 906	1 184,05	2 152,48	2 421,54	I	26 906	974,37	2 011,52	2 262,96	764,81	1 870,64	2 104,47	555,13	1 729,68	1 945,89	345,57	1 588,80	1 787,40	135,89	1 447,84	1 628,82	–	1 306,96	1 470,33
	II	26 104	1 088,61	2 088,32	2 349,36	II	26 104	879,05	1 947,44	2 190,87	669,37	1 806,48	2 032,29	459,81	1 665,60	1 873,80	250,13	1 524,64	1 715,22	40,57	1 383,76	1 556,73	–	1 242,80	1 398,15
	III	18 710	–	1 496,80	1 683,90	III	18 710	–	1 378,40	1 550,70	–	1 262,88	1 420,74	–	1 150,40	1 294,20	–	1 040,80	1 170,90	–	934,08	1 050,84	–	830,40	934,20
	V	32 539	1 789,64	2 603,12	2 928,51	IV	26 906	1 079,21	2 082,–	2 342,25	974,37	2 011,52	2 262,96	869,53	1 941,04	2 183,67	764,81	1 870,64	2 104,47	659,97	1 800,16	2 025,18	555,13	1 729,68	1 945,89
	VI	32 975	1 813,62	2 638,–	2 967,75																				
98 495,99 West	I,IV	26 763	1 167,03	2 141,04	2 408,67	I	26 763	957,47	2 000,16	2 250,18	747,79	1 859,20	2 091,60	538,23	1 718,32	1 933,11	328,55	1 577,36	1 774,53	119,–	1 436,48	1 616,04	–	1 295,52	1 457,46
	II	25 962	1 071,71	2 076,96	2 336,58	II	25 962	862,03	1 936,–	2 178,–	652,47	1 795,12	2 019,51	442,79	1 654,16	1 860,93	233,24	1 513,28	1 702,44	23,56	1 372,32	1 543,86	–	1 231,44	1 385,37
	III	18 588	–	1 487,04	1 672,92	III	18 588	–	1 368,96	1 540,08	–	1 253,60	1 410,30	–	1 141,28	1 283,94	–	1 032,–	1 161,–	–	925,60	1 041,30	–	822,08	924,84
	V	32 397	1 781,83	2 591,76	2 915,73	IV	26 763	1 062,19	2 070,56	2 329,38	957,47	2 000,16	2 250,18	852,63	1 929,68	2 170,89	747,79	1 859,20	2 091,60	643,07	1 788,80	2 012,40	538,23	1 718,32	1 933,11
	VI	32 832	1 805,76	2 626,56	2 954,88																				
98 495,99 Ost	I,IV	26 921	1 185,83	2 153,68	2 422,89	I	26 921	976,15	2 012,72	2 264,31	766,59	1 871,84	2 105,82	556,92	1 730,88	1 947,24	347,36	1 590,–	1 788,75	137,68	1 449,04	1 630,17	–	1 308,16	1 471,68
	II	26 119	1 090,39	2 089,52	2 350,71	II	26 119	880,83	1 948,64	2 192,22	671,16	1 807,68	2 033,64	461,60	1 666,80	1 875,15	251,92	1 525,84	1 716,57	42,36	1 384,96	1 558,08	–	1 244,–	1 399,50
	III	18 722	–	1 497,76	1 684,98	III	18 722	–	1 379,36	1 551,78	–	1 263,84	1 421,82	–	1 151,36	1 295,28	–	1 041,60	1 171,80	–	935,04	1 051,92	–	831,20	935,10
	V	32 555	1 790,52	2 604,40	2 929,95	IV	26 921	1 080,99	2 083,20	2 343,60	976,15	2 012,72	2 264,31	871,31	1 942,24	2 185,02	766,59	1 871,84	2 105,82	661,75	1 801,36	2 026,53	556,92	1 730,88	1 947,24
	VI	32 990	1 814,45	2 639,20	2 969,10																				
98 531,99 West	I,IV	26 778	1 168,81	2 142,24	2 410,02	I	26 778	959,25	2 001,36	2 251,53	749,58	1 860,40	2 092,95	540,02	1 719,52	1 934,46	330,34	1 578,56	1 775,88	120,78	1 437,68	1 617,39	–	1 296,72	1 458,81
	II	25 977	1 073,49	2 078,16	2 337,93	II	25 977	863,82	1 937,20	2 179,35	654,26	1 796,32	2 020,86	444,70	1 655,44	1 862,37	235,02	1 514,48	1 703,79	25,46	1 373,60	1 545,30	–	1 232,64	1 386,72
	III	18 602	–	1 488,16	1 674,18	III	18 602	–	1 369,92	1 541,16	–	1 254,56	1 411,38	–	1 142,24	1 285,02	–	1 032,96	1 162,08	–	926,40	1 042,20	–	823,04	925,92
	V	32 412	1 782,66	2 592,96	2 917,08	IV	26 778	1 064,09	2 071,84	2 330,82	959,25	2 001,36	2 251,53	854,42	1 930,88	2 172,24	749,58	1 860,40	2 092,95	644,86	1 790,–	2 013,75	540,02	1 719,52	1 934,46
	VI	32 847	1 806,58	2 627,76	2 956,23																				
98 531,99 Ost	I,IV	26 936	1 187,62	2 154,88	2 424,24	I	26 936	977,94	2 013,92	2 265,66	768,38	1 873,04	2 107,17	558,70	1 732,08	1 948,59	349,14	1 591,20	1 790,10	139,46	1 450,24	1 631,52	–	1 309,36	1 473,03
	II	26 134	1 092,18	2 090,72	2 352,06	II	26 134	882,62	1 949,84	2 193,57	673,06	1 808,96	2 035,08	463,38	1 668,–	1 876,50	253,82	1 527,12	1 718,01	44,14	1 386,16	1 559,43	–	1 245,28	1 400,94
	III	18 736	–	1 498,88	1 686,24	III	18 736	–	1 380,32	1 552,86	–	1 264,80	1 422,90	–	1 152,32	1 296,36	–	1 042,56	1 172,88	–	935,84	1 052,82	–	832,16	936,18
	V	32 570	1 791,35	2 605,60	2 931,30	IV	26 936	1 082,78	2 084,40	2 344,95	977,94	2 013,92	2 265,66	873,22	1 943,52	2 186,46	768,38	1 873,04	2 107,17	663,54	1 802,56	2 027,88	558,70	1 732,08	1 948,59
	VI	33 005	1 815,27	2 640,40	2 970,45																				
98 567,99 West	I,IV	26 793	1 170,60	2 143,44	2 411,37	I	26 793	961,04	2 002,56	2 252,88	751,36	1 861,60	2 094,30	541,80	1 720,72	1 935,81	332,24	1 579,84	1 777,32	122,57	1 438,88	1 618,74	–	1 298,–	1 460,25
	II	25 992	1 075,28	2 079,36	2 339,28	II	25 992	865,72	1 938,48	2 180,79	656,04	1 797,52	2 022,21	446,48	1 656,64	1 863,72	236,81	1 515,68	1 705,14	27,25	1 374,80	1 546,65	–	1 233,84	1 388,07
	III	18 614	–	1 489,12	1 675,26	III	18 614	–	1 370,88	1 542,24	–	1 255,52	1 412,46	–	1 143,20	1 286,10	–	1 033,92	1 163,16	–	927,36	1 043,28	–	823,84	926,82
	V	32 427	1 783,48	2 594,16	2 918,43	IV	26 793	1 065,88	2 073,04	2 332,17	961,04	2 002,56	2 252,88	856,20	1 932,08	2 173,59	751,36	1 861,60	2 094,30	646,64	1 791,20	2 015,10	541,80	1 720,72	1 935,81
	VI	32 862	1 807,41	2 628,96	2 957,58																				
98 567,99 Ost	I,IV	26 951	1 189,40	2 156,08	2 425,59	I	26 951	979,72	2 015,12	2 267,01	770,16	1 874,24	2 108,52	560,60	1 733,36	1 950,03	350,93	1 592,40	1 791,45	141,37	1 451,52	1 632,96	–	1 310,56	1 474,38
	II	26 150	1 094,08	2 092,–	2 353,50	II	26 150	884,40	1 951,04	2 194,92	674,84	1 810,16	2 036,43	465,17	1 669,20	1 877,85	255,61	1 528,32	1 719,36	45,93	1 387,36	1 560,78	–	1 246,48	1 402,29
	III	18 748	–	1 499,84	1 687,32	III	18 748	–	1 381,44	1 554,12	–	1 265,76	1 423,98	–	1 153,28	1 297,44	–	1 043,52	1 173,96	–	936,80	1 053,90	–	832,96	937,08
	V	32 585	1 792,17	2 606,80	2 932,65	IV	26 951	1 084,56	2 085,60	2 346,30	979,72	2 015,12	2 267,01	875,–	1 944,72	2 187,81	770,16	1 874,24	2 108,52	665,32	1 803,76	2 029,23	560,60	1 733,36	1 950,03
	VI	33 020	1 816,10	2 641,60	2 971,80																				
98 603,99 West	I,IV	26 809	1 172,50	2 144,72	2 412,81	I	26 809	962,82	2 003,76	2 254,23	753,27	1 862,88	2 095,74	543,59	1 721,92	1 937,16	334,03	1 581,04	1 778,67	124,35	1 440,08	1 620,09	–	1 299,20	1 461,60
	II	26 007	1 077,06	2 080,56	2 340,63	II	26 007	867,51	1 939,68	2 182,14	657,83	1 798,72	2 023,56	448,27	1 657,84	1 865,07	238,59	1 516,88	1 706,49	29,03	1 376,–	1 548,–	–	1 235,04	1 389,42
	III	18 626	–	1 490,08	1 676,34	III	18 626	–	1 371,84	1 543,32	–	1 256,64	1 413,72	–	1 144,16	1 287,18	–	1 034,72	1 164,06	–	928,32	1 044,36	–	824,64	927,72
	V	32 442	1 784,31	2 595,36	2 919,78	IV	26 809	1 067,66	2 074,24	2 333,52	962,82	2 003,76	2 254,23	857,99	1 933,28	2 174,94	753,27	1 862,88	2 095,74	648,43	1 792,40	2 016,45	543,59	1 721,92	1 937,16
	VI	32 878	1 808,29	2 630,24	2 959,02																				
98 603,99 Ost	I,IV	26 966	1 191,19	2 157,28	2 426,94	I	26 966	981,63	2 016,40	2 268,45	771,95	1 875,44	2 109,87	562,39	1 734,56	1 951,38	352,71	1 593,60	1 792,80	143,15	1 452,72	1 634,31	–	1 311,76	1 475,73
	II	26 165	1 095,87	2 093,20	2 354,85	II	26 165	886,19	1 952,24	2 196,27	676,63	1 811,36	2 037,78	466,95	1 670,40	1 879,20	257,39	1 529,52	1 720,71	47,71	1 388,56	1 562,13	–	1 247,68	1 403,64
	III	18 762	–	1 500,96	1 688,58	III	18 762	–	1 382,40	1 555,20	–	1 266,72	1 425,06	–	1 154,08	1 298,34	–	1 044,48	1 175,04	–	937,76	1 054,98	–	833,92	938,16
	V	32 600	1 793,–	2 608,–	2 934,–	IV	26 966	1 086,35	2 086,80	2 347,65	981,63	2 016,40	2 268,45	876,79	1 945,92	2 189,16	771,95	1 875,44	2 109,87	667,11	1 804,96	2 030,58	562,39	1 734,56	1 951,38
	VI	33 035	1 816,92	2 642,80	2 973,15																				
98 639,99 West	I,IV	26 824	1 174,29	2 145,92	2 414,16	I	26 824	964,61	2 004,96	2 255,58	755,05	1 864,08	2 097,09	545,37	1 723,12	1 938,51	335,81	1 582,24	1 780,02	126,14	1 441,28	1 621,44	–	1 300,40	1 462,95
	II	26 022	1 078,85	2 081,76	2 341,98	II	26 022	869,29	1 940,88	2 183,49	659,61	1 799,92	2 024,91	450,05	1 659,04	1 866,42	240,38	1 518,08	1 707,84	30,82	1 377,20	1 549,35	–	1 236,24	1 390,77
	III	18 640	–	1 491,20	1 677,60	III	18 640	–	1 372,96	1 544,58	–	1 257,60	1 414,80	–	1 145,12	1 288,26	–	1 035,68	1 165,14	–	929,12	1 045,26	–	825,60	928,80
	V	32 458	1 785,19	2 596,64	2 921,22	IV	26 824	1 069,45	2 075,44	2 334,87	964,61	2 004,96	2 255,58	859,77	1 934,48	2 176,29	755,05	1 864,08	2 097,09	650,21	1 793,60	2 017,80	545,37	1 723,12	1 938,51
	VI	32 893	1 809,11	2 631,44	2 960,37																				
98 639,99 Ost	I,IV	26 981	1 192,97	2 158,48	2 428,29	I	26 981	983,41	2 017,60	2 269,80	773,73	1 876,64	2 111,22	564,17	1 735,76	1 952,73	354,50	1 594,80	1 794,15	144,94	1 453,92	1 635,66	–	1 312,96	1 477,08
	II	26 180	1 097,65	2 094,40	2 356,20	II	26 180	887,97	1 953,44	2 197,62	678,41	1 812,56	2 039,13	468,74	1 671,60	1 880,55	259,18	1 530,72	1 722,06	49,50	1 389,76	1 563,48	–	1 248,88	1 404,99
	III	18 774	–	1 501,92	1 689,66	III	18 774	–	1 383,36	1 556,28	–	1 267,84	1 426,32	–	1 155,04	1 299,42	–	1 045,44	1 176,12	–	938,56	1 055,88	–	834,72	939,06
	V	32 615	1 793,82	2 609,20	2 935,35	IV	26 981	1 088,13	2 088,–	2 349,–	983,41	2 017,60	2 269,80	878,57	1 947,12	2 190,51	773,73	1 876,64	2 111,22	668,89	1 806,16	2 031,93	564,17	1 735,76	1 952,73
	VI	33 050	1 817,75	2 644,–	2 974,50																				

* Die ausgewiesenen Tabellenwerte sind amtlich. Siehe Erläuterungen auf der Umschlaginnenseite (U2).

Lohn/ Gehalt bis €*	Abzüge an Lohnsteuer, Solidaritätszuschlag (SolZ) und Kirchensteuer (8%, 9%) in den Steuerklassen I – VI					I, II, III, IV																			
			ohne Kinderfreibeträge					mit Zahl der Kinderfreibeträge . . . 0,5			1			1,5			2			2,5			3		
		LSt	SolZ	8%	9%		LSt	SolZ	8%	9%	SolZ	8%	9%	SolZ	8%	9%	SolZ	8%	9%	SolZ	8%	9%	SolZ	8%	9%
98 675,99 West	I,IV	26 839	1 176,07	2 147,12	2 415,51	I	26 839	966,39	2 006,16	2 256,93	756,84	1 865,28	2 098,44	547,16	1 724,32	1 939,86	337,60	1 583,44	1 781,37	127,92	1 442,48	1 622,79	—	1 301,60	1 464,30
	II	26 037	1 080,63	2 082,96	2 343,33	II	26 037	871,08	1 942,08	2 184,84	661,40	1 801,12	2 026,26	451,84	1 660,24	1 867,77	242,28	1 519,36	1 709,28	32,60	1 378,40	1 550,70	—	1 237,52	1 392,21
	III	18 652	—	1 492,16	1 678,68	III	18 652	—	1 373,92	1 545,66	—	1 258,56	1 415,88	—	1 146,08	1 289,34	—	1 036,64	1 166,22	—	930,08	1 046,34	—	826,40	929,70
	V	32 473	1 786,01	2 597,84	2 922,57	IV	26 839	1 071,23	2 076,64	2 336,22	966,39	2 006,16	2 256,93	861,67	1 935,76	2 177,73	756,84	1 865,28	2 098,44	652,—	1 794,80	2 019,15	547,16	1 724,32	1 939,86
	VI	32 908	1 809,94	2 632,64	2 961,72																				
98 675,99 Ost	I,IV	26 996	1 194,76	2 159,68	2 429,64	I	26 996	985,20	2 018,80	2 271,15	775,52	1 877,84	2 112,57	565,96	1 736,96	1 954,08	356,28	1 596,—	1 795,50	146,72	1 455,12	1 637,01	—	1 314,16	1 478,43
	II	26 195	1 099,44	2 095,60	2 357,55	II	26 195	889,76	1 954,64	2 198,97	680,20	1 813,76	2 040,48	470,64	1 672,88	1 881,99	260,96	1 531,92	1 723,41	51,40	1 391,04	1 564,92	—	1 250,08	1 406,34
	III	18 786	—	1 502,88	1 690,74	III	18 786	—	1 384,32	1 557,36	—	1 268,80	1 427,40	—	1 156,—	1 300,50	—	1 046,24	1 177,02	—	939,52	1 056,96	—	835,68	940,14
	V	32 630	1 794,65	2 610,40	2 936,70	IV	26 996	1 090,04	2 089,28	2 350,44	985,20	2 018,80	2 271,15	880,36	1 948,32	2 191,86	775,52	1 877,84	2 112,57	670,80	1 807,44	2 033,37	565,96	1 736,96	1 954,08
	VI	33 065	1 818,57	2 645,20	2 975,85																				
98 711,99 West	I,IV	26 854	1 177,86	2 148,32	2 416,86	I	26 854	968,18	2 007,36	2 258,28	758,62	1 866,48	2 099,79	548,94	1 725,52	1 941,21	339,38	1 584,64	1 782,72	129,82	1 443,76	1 624,23	—	1 302,80	1 465,65
	II	26 053	1 082,54	2 084,24	2 344,77	II	26 053	872,86	1 943,28	2 186,19	663,30	1 802,40	2 027,70	453,62	1 661,44	1 869,12	244,06	1 520,56	1 710,63	34,39	1 379,60	1 552,05	—	1 238,72	1 393,56
	III	18 666	—	1 493,28	1 679,94	III	18 666	—	1 374,88	1 546,74	—	1 259,52	1 416,96	—	1 147,04	1 290,42	—	1 037,60	1 167,30	—	931,04	1 047,42	—	827,36	930,78
	V	32 488	1 786,84	2 599,04	2 923,92	IV	26 854	1 073,02	2 077,84	2 337,57	968,18	2 007,36	2 258,28	863,46	1 936,96	2 179,08	758,62	1 866,48	2 099,79	653,78	1 796,—	2 020,50	548,94	1 725,52	1 941,21
	VI	32 923	1 810,76	2 633,84	2 963,07																				
98 711,99 Ost	I,IV	27 011	1 196,54	2 160,88	2 430,99	I	27 011	986,98	2 020,—	2 272,50	777,30	1 879,04	2 113,92	567,74	1 738,16	1 955,43	358,19	1 597,28	1 796,94	148,51	1 456,32	1 638,36	—	1 315,44	1 479,87
	II	26 210	1 101,22	2 096,80	2 358,90	II	26 210	891,66	1 955,92	2 200,41	681,98	1 814,96	2 041,83	472,43	1 674,08	1 883,34	262,75	1 533,12	1 724,76	53,19	1 392,24	1 566,27	—	1 251,28	1 407,69
	III	18 800	—	1 504,—	1 692,—	III	18 800	—	1 385,44	1 558,62	—	1 269,76	1 428,48	—	1 156,96	1 301,58	—	1 047,20	1 178,10	—	940,48	1 058,04	—	836,48	941,04
	V	32 645	1 795,47	2 611,60	2 938,05	IV	27 011	1 091,82	2 090,48	2 351,79	986,98	2 020,—	2 272,50	882,14	1 949,52	2 193,21	777,30	1 879,04	2 113,92	672,58	1 808,64	2 034,72	567,74	1 738,16	1 955,43
	VI	33 080	1 819,40	2 646,40	2 977,20																				
98 747,99 West	I,IV	26 869	1 179,64	2 149,52	2 418,21	I	26 869	970,08	2 008,64	2 259,72	760,41	1 867,68	2 101,14	550,85	1 726,80	1 942,65	341,17	1 585,84	1 784,07	131,61	1 444,96	1 625,58	—	1 304,—	1 467,—
	II	26 068	1 084,32	2 085,44	2 346,12	II	26 068	874,65	1 944,48	2 187,54	665,09	1 803,60	2 029,05	455,41	1 662,64	1 870,47	245,85	1 521,76	1 711,98	36,17	1 380,80	1 553,40	—	1 239,92	1 394,91
	III	18 678	—	1 494,24	1 681,02	III	18 678	—	1 375,84	1 547,82	—	1 260,48	1 418,04	—	1 148,—	1 291,50	—	1 038,40	1 168,20	—	931,84	1 048,32	—	828,16	931,68
	V	32 503	1 787,66	2 600,24	2 925,27	IV	26 869	1 074,80	2 079,04	2 338,92	970,08	2 008,64	2 259,72	865,24	1 938,16	2 180,43	760,41	1 867,68	2 101,14	655,57	1 797,20	2 021,85	550,85	1 726,80	1 942,65
	VI	32 938	1 811,59	2 635,04	2 964,42																				
98 747,99 Ost	I,IV	27 027	1 198,44	2 162,16	2 432,43	I	27 027	988,77	2 021,20	2 273,85	779,21	1 880,32	2 115,36	569,53	1 739,36	1 956,78	359,97	1 598,48	1 798,29	150,29	1 457,52	1 639,71	—	1 316,64	1 481,22
	II	26 225	1 103,01	2 098,—	2 360,25	II	26 225	893,45	1 957,12	2 201,76	683,77	1 816,16	2 043,18	474,21	1 675,28	1 884,69	264,53	1 534,32	1 726,11	54,97	1 393,44	1 567,62	—	1 252,48	1 409,04
	III	18 812	—	1 504,96	1 693,08	III	18 812	—	1 386,40	1 559,70	—	1 270,72	1 429,56	—	1 157,92	1 302,66	—	1 048,16	1 179,18	—	941,28	1 058,94	—	837,44	942,12
	V	32 660	1 796,30	2 612,80	2 939,40	IV	27 027	1 093,61	2 091,68	2 353,14	988,77	2 021,20	2 273,85	883,93	1 950,72	2 194,56	779,21	1 880,32	2 115,36	674,37	1 809,84	2 036,07	569,53	1 739,36	1 956,78
	VI	33 096	1 820,28	2 647,68	2 978,64																				
98 783,99 West	I,IV	26 884	1 181,43	2 150,72	2 419,56	I	26 884	971,87	2 009,84	2 261,07	762,19	1 868,88	2 102,49	552,63	1 728,—	1 944,—	342,95	1 587,04	1 785,42	133,39	1 446,16	1 626,93	—	1 305,20	1 468,35
	II	26 083	1 086,11	2 086,64	2 347,47	II	26 083	876,43	1 945,68	2 188,89	666,87	1 804,80	2 030,40	457,19	1 663,84	1 871,82	247,63	1 522,96	1 713,33	37,96	1 382,—	1 554,75	—	1 241,12	1 396,26
	III	18 690	—	1 495,20	1 682,10	III	18 690	—	1 376,96	1 549,08	—	1 261,44	1 419,12	—	1 148,96	1 292,58	—	1 039,36	1 169,28	—	932,80	1 049,40	—	829,12	932,76
	V	32 518	1 788,49	2 601,44	2 926,62	IV	26 884	1 076,59	2 080,24	2 340,27	971,87	2 009,84	2 261,07	867,03	1 939,36	2 181,78	762,19	1 868,88	2 102,49	657,35	1 798,40	2 023,20	552,63	1 728,—	1 944,—
	VI	32 953	1 812,41	2 636,24	2 965,77																				
98 783,99 Ost	I,IV	27 042	1 200,23	2 163,36	2 433,78	I	27 042	990,55	2 022,40	2 275,20	780,99	1 881,52	2 116,71	571,31	1 740,56	1 958,13	361,76	1 599,68	1 799,64	152,08	1 458,72	1 641,06	—	1 317,84	1 482,57
	II	26 240	1 104,79	2 099,20	2 361,60	II	26 240	895,23	1 958,32	2 203,11	685,55	1 817,36	2 044,53	476,—	1 676,48	1 886,04	266,32	1 535,52	1 727,46	56,76	1 394,64	1 568,97	—	1 253,68	1 410,39
	III	18 826	—	1 506,08	1 694,34	III	18 826	—	1 387,36	1 560,78	—	1 271,68	1 430,64	—	1 158,88	1 303,74	—	1 049,12	1 180,26	—	942,24	1 060,02	—	838,24	943,02
	V	32 676	1 797,18	2 614,08	2 940,84	IV	27 042	1 095,39	2 092,88	2 354,49	990,55	2 022,40	2 275,20	885,71	1 951,92	2 195,91	780,99	1 881,52	2 116,71	676,15	1 811,04	2 037,42	571,31	1 740,56	1 958,13
	VI	33 111	1 821,10	2 648,88	2 979,99																				
98 819,99 West	I,IV	26 899	1 183,21	2 151,92	2 420,91	I	26 899	973,65	2 011,04	2 262,42	763,98	1 870,08	2 103,84	554,42	1 729,20	1 945,35	344,74	1 588,24	1 786,77	135,18	1 447,36	1 628,28	—	1 306,40	1 469,70
	II	26 098	1 087,89	2 087,84	2 348,82	II	26 098	878,22	1 946,88	2 190,24	668,66	1 806,—	2 031,75	458,98	1 665,04	1 873,17	249,42	1 524,16	1 714,68	39,86	1 383,28	1 556,19	—	1 242,32	1 397,61
	III	18 704	—	1 496,32	1 683,36	III	18 704	—	1 377,92	1 550,16	—	1 262,40	1 420,20	—	1 149,92	1 293,66	—	1 040,32	1 170,36	—	933,76	1 050,48	—	829,92	933,66
	V	32 533	1 789,31	2 602,64	2 927,97	IV	26 899	1 078,49	2 081,52	2 341,71	973,65	2 011,04	2 262,42	868,81	1 940,56	2 183,13	763,98	1 870,08	2 103,84	659,26	1 799,68	2 024,64	554,42	1 729,20	1 945,35
	VI	32 968	1 813,24	2 637,44	2 967,12																				
98 819,99 Ost	I,IV	27 057	1 202,01	2 164,56	2 435,13	I	27 057	992,34	2 023,60	2 276,55	782,78	1 882,72	2 118,06	573,10	1 741,76	1 959,48	363,54	1 600,88	1 800,99	153,86	1 459,92	1 642,41	—	1 319,04	1 483,92
	II	26 255	1 106,58	2 100,40	2 362,95	II	26 255	897,02	1 959,52	2 204,46	687,34	1 818,56	2 045,88	477,78	1 677,68	1 887,39	268,22	1 536,80	1 728,90	58,54	1 395,84	1 570,32	—	1 254,96	1 411,83
	III	18 838	—	1 507,04	1 695,42	III	18 838	—	1 388,48	1 562,04	—	1 272,64	1 431,72	—	1 159,84	1 304,82	—	1 050,08	1 181,34	—	943,20	1 061,10	—	839,20	944,10
	V	32 691	1 798,—	2 615,28	2 942,19	IV	27 057	1 097,18	2 094,08	2 355,84	992,34	2 023,60	2 276,55	887,62	1 953,20	2 197,35	782,78	1 882,72	2 118,06	677,94	1 812,24	2 038,77	573,10	1 741,76	1 959,48
	VI	33 126	1 821,93	2 650,08	2 981,34																				
98 855,99 West	I,IV	26 914	1 185,—	2 153,12	2 422,26	I	26 914	975,44	2 012,24	2 263,77	765,76	1 871,28	2 105,19	556,20	1 730,40	1 946,70	346,52	1 589,44	1 788,12	136,96	1 448,56	1 629,63	—	1 307,68	1 471,14
	II	26 113	1 089,68	2 089,04	2 350,17	II	26 113	880,12	1 948,16	2 191,68	670,44	1 807,20	2 033,10	460,88	1 666,32	1 874,61	251,20	1 525,36	1 716,03	41,65	1 384,48	1 557,54	—	1 243,52	1 398,96
	III	18 716	—	1 497,28	1 684,44	III	18 716	—	1 378,88	1 551,24	—	1 263,36	1 421,28	—	1 150,88	1 294,74	—	1 041,28	1 171,44	—	934,56	1 051,38	—	830,88	934,74
	V	32 548	1 790,14	2 603,84	2 929,32	IV	26 914	1 080,28	2 082,72	2 343,06	975,44	2 012,24	2 263,77	870,60	1 941,76	2 184,48	765,76	1 871,28	2 105,19	661,04	1 800,88	2 025,99	556,20	1 730,40	1 946,70
	VI	32 983	1 814,06	2 638,64	2 968,47																				
98 855,99 Ost	I,IV	27 072	1 203,80	2 165,76	2 436,48	I	27 072	994,12	2 024,80	2 277,90	784,56	1 883,92	2 119,41	574,88	1 742,96	1 960,83	365,33	1 602,08	1 802,34	155,77	1 461,20	1 643,85	—	1 320,24	1 485,27
	II	26 271	1 108,48	2 101,68	2 364,39	II	26 271	898,80	1 960,72	2 205,81	689,24	1 819,84	2 047,32	479,57	1 678,88	1 888,74	270,01	1 538,—	1 730,25	60,33	1 397,04	1 571,67	—	1 256,16	1 413,18
	III	18 852	—	1 508,16	1 696,68	III	18 852	—	1 389,44	1 563,12	—	1 273,60	1 432,80	—	1 160,80	1 305,90	—	1 051,04	1 182,42	—	944,—	1 062,—	—	840,—	945,—
	V	32 706	1 798,83	2 616,48	2 943,54	IV	27 072	1 098,96	2 095,28	2 357,19	994,12	2 024,80	2 277,90	889,40	1 954,40	2 198,70	784,56	1 883,92	2 119,41	679,72	1 813,44	2 040,12	574,88	1 742,96	1 960,83
	VI	33 141	1 822,75	2 651,28	2 982,69																				
98 891,99 West	I,IV	26 930	1 186,90	2 154,40	2 423,70	I	26 930	977,22	2 013,44	2 265,12	767,66	1 872,56	2 106,63	557,99	1 731,60	1 948,05	348,43	1 590,72	1 789,56	138,75	1 449,76	1 630,98	—	1 308,88	1 472,49
	II	26 128	1 091,46	2 090,24	2 351,52	II	26 128	881,90	1 949,36	2 193,03	672,23	1 808,40	2 034,45	462,67	1 667,52	1 875,96	252,99	1 526,56	1 717,38	43,43	1 385,68	1 558,89	—	1 244,72	1 400,31
	III	18 730	—	1 498,40	1 685,70	III	18 730	—	1 379,84	1 552,32	—	1 264,32	1 422,36	—	1 151,84	1 295,82	—	1 042,24	1 172,52	—	935,52	1 052,46	—	831,68	935,64
	V	32 563	1 790,96	2 605,04	2 930,67	IV	26 930	1 082,06	2 083,92	2 344,41	977,22	2 013,44	2 265,12	872,38	1 942,96	2 185,83	767,66	1 872,56	2 106,63	662,83	1 802,08	2 027,34	557,99	1 731,60	1 948,05
	VI	32 999	1 814,94	2 639,92	2 969,91																				
98 891,99 Ost	I,IV	27 087	1 205,58	2 166,96	2 437,83	I	27 087	996,03	2 026,08	2 279,34	786,35	1 885,12	2 120,76	576,79	1 744,24	1 962,27	367,11	1 603,28	1 803,69	157,55	1 462,40	1 645,20	—	1 321,44	1 486,62
	II	26 286	1 110,27	2 102,88	2 365,74	II	26 286	900,59	1 961,92	2 207,16	691,03	1 821,04	2 048,67	481,35	1 680,08	1 890,09	271,79	1 539,20	1 731,60	62,11	1 398,24	1 573,02	—	1 257,36	1 414,53
	III	18 864	—	1 509,12	1 697,76	III	18 864	—	1 390,40	1 564,20	—	1 274,56	1 433,88	—	1 161,76	1 306,98	—	1 051,84	1 183,32	—	944,96	1 063,08	—	840,96	946,08
	V	32 721	1 799,65	2 617,68	2 944,89	IV	27 087	1 100,75	2 096,48	2 358,54	996,03	2 026,08	2 279,34	891,19	1 955,60	2 200,05	786,35	1 885,12	2 120,76	681,51	1 814,64	2 041,47	576,79	1 744,24	1 962,27
	VI	33 156	1 823,58	2 652,48	2 984,04																				
98 927,99 West	I,IV	26 945	1 188,69	2 155,60	2 425,05	I	26 945	979,01	2 014,64	2 266,47	769,45	1 873,76	2 107,98	559,77	1 732,80	1 949,40	350,21	1 591,92	1 790,91	140,53	1 450,96	1 632,33	—	1 310,08	1 473,84
	II	26 143	1 093,25	2 091,44	2 352,87	II	26 143	883,69	1 950,56	2 194,38	674,01	1 809,60	2 035,80	464,45	1 668,72	1 877,31	254,77	1 527,76	1 718,73	45,22	1 386,88	1 560,24	—	1 245,92	1 401,66
	III	18 742	—	1 499,36	1 686,78	III	18 742	—	1 380,96	1 553,58	—	1 265,44	1 423,62	—	1 152,80	1 296,90	—	1 043,04	1 173,42	—	936,32	1 053,36	—	832,64	936,72
	V	32 579	1 791,84	2 606,32	2 932,11	IV	26 945	1 083,85	2 085,12	2 345,76	979,01	2 014,64	2 266,47	874,17	1 944,16	2 187,18	769,45	1 873,76	2 107,98	664,61	1 803,28	2 028,69	559,77	1 732,80	1 949,40
	VI	33 014	1 815,77	2 641,12	2 971,26																				
98 927,99 Ost	I,IV	27 102	1 207,37	2 168,16	2 439,18	I	27 102	997,81	2 027,28	2 280,69	788,13	1 886,32	2 122,11	578,57	1 745,44	1 963,62	368,90	1 604,48	1 805,04	159,34	1 463,60	1 646,55	—	1 322,64	1 487,97
	II	26 301	1 112,05	2 104,08	2 367,09	II	26 301	902,37	1 963,12	2 208,51	692,81	1 822,24	2 050,02	483,14	1 681,28	1 891,44	273,58	1 540,40	1 732,95	63,90	1 399,44	1 574,37	—	1 258,56	1 415,88
	III	18 876	—	1 510,08	1 698,84	III	18 876	—	1 391,36	1 565,28	—	1 275,68	1 435,14	—	1 162,72	1 308,06	—	1 052,80	1 184,40	—	945,92	1 064,16	—	841,76	946,98
	V	32 736	1 800,48	2 618,88	2 946,24	IV	27 102	1 102,53	2 097,68	2 359,89	997,81	2 027,28	2 280,69	892,97	1 956,80	2 201,40	788,13	1 886,32	2 122,11	683,29	1 815,84	2 042,82	578,57	1 745,44	1 963,62
	VI	33 171	1 824,40	2 653,68	2 985,39																				

* Die ausgewiesenen Tabellenwerte sind amtlich. Siehe Erläuterungen auf der Umschlaginnenseite (U2).

JAHR 98 928,–*

Lohn/Gehalt bis €*		I – VI					Abzüge an Lohnsteuer, Solidaritätszuschlag (SolZ) und Kirchensteuer (8%, 9%) in den Steuerklassen I, II, III, IV mit Zahl der Kinderfreibeträge . . .																			
			ohne Kinderfreibeträge					0,5			1			1,5			2			2,5			3		
		LSt	SolZ	8%	9%		LSt	SolZ	8%	9%	SolZ	8%	9%	SolZ	8%	9%	SolZ	8%	9%	SolZ	8%	9%	SolZ	8%	9%
98 963,99 West	I,IV	26 960	1 190,47	2 156,80	2 426,40	I	26 960	980,79	2 015,84	2 267,82	771,23	1 874,96	2 109,33	561,56	1 734,—	1 950,75	352,—	1 593,12	1 792,26	142,32	1 452,16	1 633,68	—	1 311,28	1 475,19
	II	26 158	1 095,03	2 092,64	2 354,22	II	26 158	885,47	1 951,76	2 195,73	675,80	1 810,80	2 037,15	466,24	1 669,92	1 878,66	256,56	1 528,96	1 720,08	47,—	1 388,08	1 561,59	—	1 247,20	1 403,10
	III	18 756	—	1 500,48	1 688,04	III	18 756	—	1 381,92	1 554,66	—	1 266,40	1 424,70	—	1 153,76	1 297,98	—	1 044,—	1 174,50	—	937,28	1 054,44	—	833,44	937,62
	V	32 594	1 792,67	2 607,52	2 933,46	IV	26 960	1 085,63	2 086,32	2 347,11	980,79	2 015,84	2 267,82	876,07	1 945,44	2 188,62	771,23	1 874,96	2 109,33	666,40	1 804,48	2 030,04	561,56	1 734,—	1 950,75
	VI	33 029	1 816,59	2 642,32	2 972,61																				
98 963,99 Ost	I,IV	27 117	1 209,15	2 169,36	2 440,53	I	27 117	999,60	2 028,48	2 282,04	789,92	1 887,52	2 123,46	580,36	1 746,64	1 964,97	370,68	1 605,68	1 806,39	161,12	1 464,80	1 647,90	—	1 323,84	1 489,32
	II	26 316	1 113,84	2 105,28	2 368,44	II	26 316	904,16	1 964,32	2 209,86	694,60	1 823,44	2 051,37	484,92	1 682,48	1 892,79	275,36	1 541,60	1 734,30	65,80	1 400,72	1 575,81	—	1 259,76	1 417,23
	III	18 890	—	1 511,20	1 700,10	III	18 890	—	1 392,48	1 566,54	—	1 276,64	1 436,22	—	1 163,68	1 309,14	—	1 053,76	1 185,48	—	946,72	1 065,06	—	842,72	948,06
	V	32 751	1 801,30	2 620,08	2 947,59	IV	27 117	1 104,43	2 098,96	2 361,33	999,60	2 028,48	2 282,04	894,76	1 958,—	2 202,75	789,92	1 887,52	2 123,46	685,20	1 817,12	2 044,26	580,36	1 746,64	1 964,97
	VI	33 186	1 825,23	2 654,88	2 986,74																				
98 999,99 West	I,IV	26 975	1 192,26	2 158,—	2 427,75	I	26 975	982,58	2 017,04	2 269,17	773,02	1 876,16	2 110,68	563,34	1 735,20	1 952,10	353,78	1 594,32	1 793,61	144,10	1 453,36	1 635,03	—	1 312,48	1 476,54
	II	26 174	1 096,94	2 093,92	2 355,66	II	26 174	887,26	1 952,96	2 197,08	677,70	1 812,08	2 038,59	468,02	1 671,12	1 880,01	258,46	1 530,24	1 721,52	48,79	1 389,28	1 562,94	—	1 248,40	1 404,45
	III	18 768	—	1 501,44	1 689,12	III	18 768	—	1 382,88	1 555,74	—	1 267,36	1 425,78	—	1 154,72	1 299,06	—	1 044,96	1 175,58	—	938,24	1 055,52	—	834,40	938,70
	V	32 609	1 793,49	2 608,72	2 934,81	IV	26 975	1 087,42	2 087,52	2 348,46	982,58	2 017,04	2 269,17	877,86	1 946,64	2 189,97	773,02	1 876,16	2 110,68	668,18	1 805,68	2 031,39	563,34	1 735,20	1 952,10
	VI	33 044	1 817,42	2 643,52	2 973,96																				
98 999,99 Ost	I,IV	27 132	1 210,94	2 170,56	2 441,88	I	27 132	1 001,38	2 029,68	2 283,39	791,70	1 888,72	2 124,81	582,14	1 747,84	1 966,32	372,47	1 606,88	1 807,74	162,91	1 466,—	1 649,25	—	1 325,12	1 490,76
	II	26 331	1 115,62	2 106,48	2 369,79	II	26 331	906,06	1 965,60	2 211,30	696,38	1 824,64	2 052,72	486,82	1 683,76	1 894,23	277,15	1 542,80	1 735,65	67,59	1 401,92	1 577,16	—	1 260,96	1 418,58
	III	18 902	—	1 512,16	1 701,18	III	18 902	—	1 393,44	1 567,62	—	1 277,60	1 437,30	—	1 164,64	1 310,22	—	1 054,72	1 186,56	—	947,68	1 066,14	—	843,52	948,96
	V	32 766	1 802,13	2 621,28	2 948,94	IV	27 132	1 106,22	2 100,16	2 362,68	1 001,38	2 029,68	2 283,39	896,54	1 959,20	2 204,10	791,70	1 888,72	2 124,81	686,98	1 818,32	2 045,61	582,14	1 747,84	1 966,32
	VI	33 201	1 826,05	2 656,08	2 988,09																				
99 035,99 West	I,IV	26 990	1 194,04	2 159,20	2 429,10	I	26 990	984,48	2 018,32	2 270,61	774,80	1 877,36	2 112,03	565,25	1 736,48	1 953,54	355,57	1 595,52	1 794,96	146,01	1 454,64	1 636,47	—	1 313,68	1 477,89
	II	26 189	1 098,72	2 095,12	2 357,01	II	26 189	889,04	1 954,16	2 198,43	679,49	1 813,28	2 039,94	469,81	1 672,32	1 881,36	260,25	1 531,44	1 722,87	50,57	1 390,48	1 564,29	—	1 249,60	1 405,80
	III	18 782	—	1 502,56	1 690,38	III	18 782	—	1 384,—	1 557,—	—	1 268,32	1 426,86	—	1 155,68	1 300,14	—	1 045,92	1 176,66	—	939,04	1 056,42	—	835,20	939,60
	V	32 624	1 794,32	2 609,92	2 936,16	IV	26 990	1 089,20	2 088,72	2 349,81	984,48	2 018,32	2 270,61	879,64	1 947,84	2 191,32	774,80	1 877,36	2 112,03	669,97	1 806,88	2 032,74	565,25	1 736,48	1 953,54
	VI	33 059	1 818,24	2 644,72	2 975,31																				
99 035,99 Ost	I,IV	27 148	1 212,84	2 171,84	2 443,32	I	27 148	1 003,17	2 030,88	2 284,74	793,61	1 890,—	2 126,25	583,93	1 749,04	1 967,67	374,37	1 608,16	1 809,18	164,69	1 467,20	1 650,60	—	1 326,32	1 492,11
	II	26 346	1 117,41	2 107,68	2 371,14	II	26 346	907,85	1 966,80	2 212,65	698,17	1 825,84	2 054,07	488,61	1 684,96	1 895,58	278,93	1 544,—	1 737,—	69,37	1 403,12	1 578,51	—	1 262,16	1 419,93
	III	18 916	—	1 513,28	1 702,44	III	18 916	—	1 394,40	1 568,70	—	1 278,56	1 438,38	—	1 165,60	1 311,30	—	1 055,68	1 187,64	—	948,64	1 067,22	—	844,48	950,04
	V	32 781	1 802,95	2 622,48	2 950,29	IV	27 148	1 108,—	2 101,36	2 364,03	1 003,17	2 030,88	2 284,74	898,33	1 960,40	2 205,45	793,61	1 890,—	2 126,25	688,77	1 819,52	2 046,96	583,93	1 749,04	1 967,67
	VI	33 216	1 826,88	2 657,28	2 989,44																				
99 071,99 West	I,IV	27 005	1 195,83	2 160,40	2 430,45	I	27 005	986,27	2 019,52	2 271,96	776,59	1 878,56	2 113,38	567,03	1 737,68	1 954,89	357,35	1 596,72	1 796,31	147,79	1 455,84	1 637,82	—	1 314,88	1 479,24
	II	26 204	1 100,51	2 096,32	2 358,36	II	26 204	890,83	1 955,36	2 199,78	681,27	1 814,48	2 041,29	471,59	1 673,52	1 882,71	262,03	1 532,64	1 724,22	52,36	1 391,68	1 565,64	—	1 250,80	1 407,15
	III	18 794	—	1 503,52	1 691,46	III	18 794	—	1 384,96	1 558,08	—	1 269,28	1 427,94	—	1 156,64	1 301,22	—	1 046,88	1 177,74	—	940,—	1 057,50	—	836,16	940,68
	V	32 639	1 795,14	2 611,12	2 937,51	IV	27 005	1 090,99	2 089,92	2 351,16	986,27	2 019,52	2 271,96	881,43	1 949,04	2 192,67	776,59	1 878,56	2 113,38	671,75	1 808,08	2 034,09	567,03	1 737,68	1 954,89
	VI	33 074	1 819,07	2 645,92	2 976,66																				
99 071,99 Ost	I,IV	27 163	1 214,63	2 173,04	2 444,67	I	27 163	1 004,95	2 032,08	2 286,09	795,39	1 891,20	2 127,60	585,71	1 750,24	1 969,02	376,15	1 609,36	1 810,53	166,48	1 468,40	1 651,95	—	1 327,52	1 493,46
	II	26 361	1 119,19	2 108,88	2 372,49	II	26 361	909,63	1 968,—	2 214,—	699,95	1 827,04	2 055,42	490,39	1 686,16	1 896,93	280,72	1 545,20	1 738,35	71,16	1 404,32	1 579,86	—	1 263,36	1 421,28
	III	18 928	—	1 514,24	1 703,52	III	18 928	—	1 395,52	1 569,96	—	1 279,52	1 439,46	—	1 166,56	1 312,38	—	1 056,48	1 188,54	—	949,44	1 068,12	—	845,28	950,94
	V	32 796	1 803,78	2 623,68	2 951,64	IV	27 163	1 109,79	2 102,56	2 365,38	1 004,95	2 032,08	2 286,09	900,11	1 961,60	2 206,80	795,39	1 891,20	2 127,60	690,55	1 820,72	2 048,31	585,71	1 750,24	1 969,02
	VI	33 232	1 827,76	2 658,56	2 990,88																				
99 107,99 West	I,IV	27 020	1 197,61	2 161,60	2 431,80	I	27 020	988,05	2 020,72	2 273,31	778,37	1 879,76	2 114,73	568,82	1 738,88	1 956,24	359,14	1 597,92	1 797,66	149,58	1 457,04	1 639,17	—	1 316,08	1 480,59
	II	26 219	1 102,29	2 097,52	2 359,71	II	26 219	892,61	1 956,56	2 201,13	683,06	1 815,68	2 042,64	473,38	1 674,72	1 884,06	263,82	1 533,84	1 725,57	54,14	1 392,88	1 566,99	—	1 252,—	1 408,50
	III	18 806	—	1 504,48	1 692,54	III	18 806	—	1 385,92	1 559,16	—	1 270,24	1 429,02	—	1 157,60	1 302,30	—	1 047,84	1 178,82	—	940,96	1 058,58	—	836,96	941,58
	V	32 654	1 795,97	2 612,32	2 938,86	IV	27 020	1 092,89	2 091,20	2 352,60	988,05	2 020,72	2 273,31	883,21	1 950,24	2 194,02	778,37	1 879,76	2 114,73	673,65	1 809,36	2 035,53	568,82	1 738,88	1 956,24
	VI	33 089	1 819,89	2 647,12	2 978,01																				
99 107,99 Ost	I,IV	27 178	1 216,41	2 174,24	2 446,02	I	27 178	1 006,74	2 033,28	2 287,44	797,18	1 892,40	2 128,95	587,50	1 751,44	1 970,37	377,94	1 610,56	1 811,88	168,26	1 469,60	1 653,30	—	1 328,72	1 494,81
	II	26 376	1 120,98	2 110,08	2 373,84	II	26 376	911,42	1 969,20	2 215,35	701,74	1 828,24	2 056,77	492,18	1 687,36	1 898,28	282,50	1 546,40	1 739,70	72,94	1 405,52	1 581,21	—	1 264,64	1 422,72
	III	18 942	—	1 515,36	1 704,78	III	18 942	—	1 396,48	1 571,04	—	1 280,48	1 440,54	—	1 167,52	1 313,46	—	1 057,44	1 189,62	—	950,40	1 069,20	—	846,24	952,02
	V	32 812	1 804,66	2 624,96	2 953,08	IV	27 178	1 111,57	2 103,76	2 366,73	1 006,74	2 033,28	2 287,44	902,02	1 962,88	2 208,24	797,18	1 892,40	2 128,95	692,34	1 821,92	2 049,66	587,50	1 751,44	1 970,37
	VI	33 247	1 828,58	2 659,76	2 992,23																				
99 143,99 West	I,IV	27 035	1 199,40	2 162,80	2 433,15	I	27 035	989,84	2 021,92	2 274,66	780,16	1 880,96	2 116,08	570,60	1 740,08	1 957,59	360,92	1 599,12	1 799,01	151,36	1 458,24	1 640,52	—	1 317,28	1 481,94
	II	26 234	1 104,08	2 098,72	2 361,06	II	26 234	894,52	1 957,84	2 202,57	684,84	1 816,88	2 043,99	475,28	1 676,—	1 885,50	265,60	1 535,04	1 726,92	56,04	1 394,16	1 568,43	—	1 253,20	1 409,85
	III	18 820	—	1 505,60	1 693,80	III	18 820	—	1 386,88	1 560,24	—	1 271,20	1 430,10	—	1 158,56	1 303,38	—	1 048,64	1 179,72	—	941,76	1 059,48	—	837,92	942,66
	V	32 669	1 796,79	2 613,52	2 940,21	IV	27 035	1 094,68	2 092,40	2 353,95	989,84	2 021,92	2 274,66	885,—	1 951,44	2 195,37	780,16	1 880,96	2 116,08	675,44	1 810,56	2 036,88	570,60	1 740,08	1 957,59
	VI	33 104	1 820,72	2 648,32	2 979,36																				
99 143,99 Ost	I,IV	27 193	1 218,20	2 175,44	2 447,37	I	27 193	1 008,52	2 034,48	2 288,79	798,96	1 893,60	2 130,30	589,28	1 752,64	1 971,72	379,72	1 611,76	1 813,23	170,05	1 470,80	1 654,65	—	1 329,92	1 496,16
	II	26 392	1 122,88	2 111,36	2 375,28	II	26 392	913,20	1 970,40	2 216,70	703,64	1 829,52	2 058,21	493,96	1 688,56	1 899,63	284,41	1 547,68	1 741,14	74,73	1 406,72	1 582,56	—	1 265,84	1 424,07
	III	18 954	—	1 516,32	1 705,86	III	18 954	—	1 397,44	1 572,12	—	1 281,44	1 441,62	—	1 168,48	1 314,54	—	1 058,40	1 190,70	—	951,36	1 070,28	—	847,04	952,92
	V	32 827	1 805,48	2 626,16	2 954,43	IV	27 193	1 113,36	2 104,96	2 368,08	1 008,52	2 034,48	2 288,79	903,80	1 964,08	2 209,59	798,96	1 893,60	2 130,30	694,12	1 823,12	2 051,01	589,28	1 752,64	1 971,72
	VI	33 262	1 829,41	2 660,96	2 993,58																				
99 179,99 West	I,IV	27 050	1 201,18	2 164,—	2 434,50	I	27 050	991,62	2 023,12	2 276,01	782,06	1 882,24	2 117,52	572,39	1 741,28	1 958,94	362,83	1 600,40	1 800,45	153,15	1 459,44	1 641,87	—	1 318,56	1 483,38
	II	26 249	1 105,86	2 099,92	2 362,41	II	26 249	896,30	1 959,04	2 203,92	686,63	1 818,08	2 045,34	477,07	1 677,20	1 886,85	267,39	1 536,24	1 728,27	57,83	1 395,36	1 569,78	—	1 254,40	1 411,20
	III	18 832	—	1 506,56	1 694,88	III	18 832	—	1 388,—	1 561,50	—	1 272,16	1 431,18	—	1 159,52	1 304,46	—	1 049,60	1 180,80	—	942,72	1 060,56	—	838,72	943,56
	V	32 684	1 797,62	2 614,72	2 941,56	IV	27 050	1 096,46	2 093,60	2 355,30	991,62	2 023,12	2 276,01	886,78	1 952,64	2 196,72	782,06	1 882,24	2 117,52	677,22	1 811,76	2 038,23	572,39	1 741,28	1 958,94
	VI	33 119	1 821,54	2 649,52	2 980,71																				
99 179,99 Ost	I,IV	27 208	1 219,98	2 176,64	2 448,72	I	27 208	1 010,42	2 035,76	2 290,23	800,75	1 894,80	2 131,65	591,19	1 753,92	1 973,16	381,51	1 612,96	1 814,58	171,95	1 472,08	1 656,09	—	1 331,12	1 497,51
	II	26 407	1 124,66	2 112,56	2 376,63	II	26 407	914,99	1 971,60	2 218,05	705,43	1 830,72	2 059,56	495,75	1 689,76	1 900,98	286,19	1 548,88	1 742,49	76,51	1 407,92	1 583,91	—	1 267,04	1 425,42
	III	18 968	—	1 517,44	1 707,12	III	18 968	—	1 398,40	1 573,20	—	1 282,56	1 442,88	—	1 169,44	1 315,62	—	1 059,36	1 191,78	—	952,16	1 071,18	—	848,—	954,—
	V	32 842	1 806,31	2 627,36	2 955,78	IV	27 208	1 115,14	2 106,16	2 369,43	1 010,42	2 035,76	2 290,23	905,59	1 965,28	2 210,94	800,75	1 894,80	2 131,65	695,91	1 824,32	2 052,36	591,19	1 753,92	1 973,16
	VI	33 277	1 830,23	2 662,16	2 994,93																				
99 215,99 West	I,IV	27 066	1 203,09	2 165,28	2 435,94	I	27 066	993,41	2 024,32	2 277,36	783,85	1 883,44	2 118,87	574,17	1 742,48	1 960,29	364,61	1 601,60	1 801,80	154,93	1 460,64	1 643,22	—	1 319,76	1 484,73
	II	26 264	1 107,65	2 101,12	2 363,76	II	26 264	898,09	1 960,24	2 205,27	688,41	1 819,28	2 046,69	478,85	1 678,40	1 888,20	269,17	1 537,44	1 729,62	59,61	1 396,56	1 571,13	—	1 255,60	1 412,55
	III	18 846	—	1 507,68	1 696,14	III	18 846	—	1 388,96	1 562,58	—	1 273,28	1 432,44	—	1 160,48	1 305,54	—	1 050,56	1 181,88	—	943,68	1 061,64	—	839,68	944,64
	V	32 699	1 798,44	2 615,92	2 942,91	IV	27 066	1 098,25	2 094,80	2 356,65	993,41	2 024,32	2 277,36	888,57	1 953,84	2 198,07	783,85	1 883,44	2 118,87	679,01	1 812,96	2 039,58	574,17	1 742,48	1 960,29
	VI	33 135	1 822,42	2 650,80	2 982,15																				
99 215,99 Ost	I,IV	27 223	1 221,77	2 177,84	2 450,07	I	27 223	1 012,21	2 036,96	2 291,58	802,53	1 896,—	2 133,—	592,97	1 755,12	1 974,51	383,29	1 614,16	1 815,93	173,74	1 473,28	1 657,44	—	1 332,32	1 498,86
	II	26 422	1 126,45	2 113,76	2 377,98	II	26 422	916,77	1 972,80	2 219,40	707,21	1 831,92	2 060,91	497,53	1 690,96	1 902,33	287,98	1 550,08	1 743,84	78,30	1 409,12	1 585,26	—	1 268,24	1 426,77
	III	18 980	—	1 518,40	1 708,20	III	18 980	—	1 399,52	1 574,46	—	1 283,52	1 443,96	—	1 170,40	1 316,70	—	1 060,32	1 192,86	—	953,12	1 072,26	—	848,80	954,90
	V	32 857	1 807,13	2 628,56	2 957,13	IV	27 223	1 116,93	2 107,36	2 370,78	1 012,21	2 036,96	2 291,58	907,37	1 966,48	2 212,29	802,53	1 896,—	2 133,—	697,69	1 825,52	2 053,71	592,97	1 755,12	1 974,51
	VI	33 292	1 831,06	2 663,36	2 996,28																				

* Die ausgewiesenen Tabellenwerte sind amtlich. Siehe Erläuterungen auf der Umschlaginnenseite (U2).

Lohn/ Gehalt bis €*		Abzüge an Lohnsteuer, Solidaritätszuschlag (SolZ) und Kirchensteuer (8%, 9%) in den Steuerklassen I – VI				I, II, III, IV		mit Zahl der Kinderfreibeträge . . . 0,5			1			1,5			2			2,5			3		
		LSt	ohne Kinderfreibeträge SolZ	8%	9%		LSt	SolZ	8%	9%	SolZ	8%	9%	SolZ	8%	9%	SolZ	8%	9%	SolZ	8%	9%	SolZ	8%	9%
99 251,99 West	I,IV	27 081	1 204,87	2 166,48	2 437,29	I	27 081	995,19	2 025,52	2 278,71	785,63	1 884,64	2 120,22	575,96	1 743,68	1 961,64	366,40	1 602,80	1 803,15	156,72	1 461,84	1 644,57	–	1 320,96	1 486,08
	II	26 279	1 109,43	2 102,32	2 365,11	II	26 279	899,87	1 961,44	2 206,62	690,20	1 820,48	2 048,04	480,64	1 679,60	1 889,55	270,96	1 538,64	1 730,97	61,40	1 397,76	1 572,48	–	1 256,80	1 413,90
	III	18 858	–	1 508,64	1 697,22	III	18 858	–	1 389,92	1 563,66	–	1 274,24	1 433,52	–	1 161,44	1 306,62	–	1 051,52	1 182,96	–	944,48	1 062,54	–	840,48	945,54
	V	32 715	1 799,32	2 617,20	2 944,35	IV	27 081	1 100,03	2 096,–	2 358,–	995,19	2 025,52	2 278,71	890,47	1 955,12	2 199,51	785,63	1 884,64	2 120,22	680,79	1 814,16	2 040,93	575,96	1 743,68	1 961,64
	VI	33 150	1 823,25	2 652,–	2 983,50																				
99 251,99 Ost	I,IV	27 238	1 223,55	2 179,04	2 451,42	I	27 238	1 013,99	2 038,16	2 292,93	804,32	1 897,20	2 134,35	594,76	1 756,32	1 975,86	385,08	1 615,36	1 817,28	175,52	1 474,48	1 658,79	–	1 333,52	1 500,21
	II	26 437	1 128,23	2 114,96	2 379,33	II	26 437	918,56	1 974,–	2 220,75	709,–	1 833,12	2 062,26	499,32	1 692,16	1 903,68	289,76	1 551,28	1 745,19	80,08	1 410,32	1 586,61	–	1 269,44	1 428,12
	III	18 994	–	1 519,52	1 709,46	III	18 994	–	1 400,48	1 575,54	–	1 284,48	1 445,04	–	1 171,36	1 317,78	–	1 061,28	1 193,94	–	954,08	1 073,34	–	849,76	955,98
	V	32 872	1 807,96	2 629,76	2 958,48	IV	27 238	1 118,71	2 108,56	2 372,13	1 013,99	2 038,16	2 292,93	909,16	1 967,68	2 213,64	804,32	1 897,20	2 134,35	699,60	1 826,80	2 055,15	594,76	1 756,32	1 975,86
	VI	33 307	1 831,88	2 664,56	2 997,63																				
99 287,99 West	I,IV	27 096	1 206,66	2 167,68	2 438,64	I	27 096	996,98	2 026,72	2 280,06	787,42	1 885,84	2 121,57	577,74	1 744,88	1 962,99	368,18	1 604,–	1 804,50	158,50	1 463,04	1 645,92	–	1 322,16	1 487,43
	II	26 294	1 111,22	2 103,52	2 366,46	II	26 294	901,66	1 962,64	2 207,97	692,10	1 821,76	2 049,48	482,42	1 680,80	1 890,90	272,86	1 539,92	1 732,41	63,18	1 398,96	1 573,83	–	1 258,08	1 415,34
	III	18 872	–	1 509,76	1 698,48	III	18 872	–	1 391,04	1 564,92	–	1 275,20	1 434,60	–	1 162,40	1 307,70	–	1 052,48	1 184,04	–	945,44	1 063,62	–	841,44	946,62
	V	32 730	1 800,15	2 618,40	2 945,70	IV	27 096	1 101,82	2 097,20	2 359,35	996,98	2 026,72	2 280,06	892,26	1 956,32	2 200,86	787,42	1 885,84	2 121,57	682,58	1 815,36	2 042,28	577,74	1 744,88	1 962,99
	VI	33 165	1 824,07	2 653,20	2 984,85																				
99 287,99 Ost	I,IV	27 253	1 225,34	2 180,24	2 452,77	I	27 253	1 015,78	2 039,36	2 294,28	806,10	1 898,40	2 135,70	596,54	1 757,52	1 977,21	386,86	1 616,56	1 818,63	177,31	1 475,68	1 660,14	–	1 334,72	1 501,56
	II	26 452	1 130,02	2 116,16	2 380,68	II	26 452	920,46	1 975,28	2 222,19	710,78	1 834,32	2 063,61	501,22	1 693,44	1 905,12	291,55	1 552,48	1 746,54	81,99	1 411,60	1 588,05	–	1 270,64	1 429,47
	III	19 006	–	1 520,48	1 710,54	III	19 006	–	1 401,44	1 576,62	–	1 285,44	1 446,12	–	1 172,32	1 318,86	–	1 062,08	1 194,84	–	954,88	1 074,24	–	850,56	956,88
	V	32 887	1 808,78	2 630,96	2 959,83	IV	27 253	1 120,62	2 109,84	2 373,57	1 015,78	2 039,36	2 294,28	910,94	1 968,88	2 214,99	806,10	1 898,40	2 135,70	701,38	1 828,–	2 056,50	596,54	1 757,52	1 977,21
	VI	33 322	1 832,71	2 665,76	2 998,98																				
99 323,99 West	I,IV	27 111	1 208,44	2 168,88	2 439,99	I	27 111	998,76	2 027,92	2 281,41	789,20	1 887,04	2 122,92	579,64	1 746,16	1 964,43	369,97	1 605,20	1 805,85	160,41	1 464,32	1 647,36	–	1 323,36	1 488,78
	II	26 310	1 113,12	2 104,80	2 367,90	II	26 310	903,44	1 963,84	2 209,32	693,88	1 822,96	2 050,83	484,21	1 682,–	1 892,25	274,65	1 541,12	1 733,76	64,97	1 400,16	1 575,18	–	1 259,28	1 416,69
	III	18 884	–	1 510,72	1 699,56	III	18 884	–	1 392,–	1 566,–	–	1 276,16	1 435,68	–	1 163,36	1 308,78	–	1 053,28	1 184,94	–	946,40	1 064,70	–	842,24	947,52
	V	32 745	1 800,97	2 619,60	2 947,05	IV	27 111	1 103,60	2 098,40	2 360,70	998,76	2 027,92	2 281,41	894,04	1 957,52	2 202,21	789,20	1 887,04	2 122,92	684,36	1 816,56	2 043,63	579,64	1 746,16	1 964,43
	VI	33 180	1 824,90	2 654,40	2 986,20																				
99 323,99 Ost	I,IV	27 268	1 227,12	2 181,44	2 454,12	I	27 268	1 017,56	2 040,56	2 295,63	808,01	1 899,68	2 137,14	598,33	1 758,72	1 978,56	388,77	1 617,84	1 820,07	179,09	1 476,88	1 661,49	–	1 336,–	1 503,–
	II	26 467	1 131,80	2 117,36	2 382,03	II	26 467	922,25	1 976,48	2 223,54	712,57	1 835,52	2 064,96	503,01	1 694,64	1 906,47	293,33	1 553,68	1 747,89	83,77	1 412,80	1 589,40	–	1 271,84	1 430,82
	III	19 020	–	1 521,60	1 711,80	III	19 020	–	1 402,56	1 577,88	–	1 286,40	1 447,20	–	1 173,28	1 319,94	–	1 063,04	1 195,92	–	955,84	1 075,32	–	851,52	957,96
	V	32 902	1 809,61	2 632,16	2 961,18	IV	27 268	1 122,40	2 111,04	2 374,92	1 017,56	2 040,56	2 295,63	912,73	1 970,08	2 216,34	808,01	1 899,68	2 137,14	703,17	1 829,20	2 057,85	598,33	1 758,72	1 978,56
	VI	33 337	1 833,53	2 666,96	3 000,33																				
99 359,99 West	I,IV	27 126	1 210,23	2 170,08	2 441,34	I	27 126	1 000,67	2 029,20	2 282,85	790,99	1 888,24	2 124,27	581,43	1 747,36	1 965,78	371,75	1 606,40	1 807,20	162,19	1 465,52	1 648,71	–	1 324,56	1 490,13
	II	26 325	1 114,91	2 106,–	2 369,25	II	26 325	905,23	1 965,04	2 210,67	695,67	1 824,16	2 052,18	485,99	1 683,20	1 893,60	276,43	1 542,32	1 735,11	66,75	1 401,36	1 576,53	–	1 260,48	1 418,04
	III	18 898	–	1 511,84	1 700,82	III	18 898	–	1 392,96	1 567,08	–	1 277,12	1 436,76	–	1 164,32	1 309,86	–	1 054,24	1 186,02	–	947,20	1 065,60	–	843,20	948,60
	V	32 760	1 801,80	2 620,80	2 948,40	IV	27 126	1 105,39	2 099,60	2 362,05	1 000,67	2 029,20	2 282,85	895,83	1 958,72	2 203,56	790,99	1 888,24	2 124,27	686,15	1 817,76	2 044,98	581,43	1 747,36	1 965,78
	VI	33 195	1 825,72	2 655,60	2 987,55																				
99 359,99 Ost	I,IV	27 284	1 229,03	2 182,72	2 455,56	I	27 284	1 019,35	2 041,76	2 296,98	809,79	1 900,88	2 138,49	600,11	1 759,92	1 979,91	390,55	1 619,04	1 821,42	180,88	1 478,08	1 662,84	–	1 337,20	1 504,35
	II	26 482	1 133,59	2 118,56	2 383,38	II	26 482	924,03	1 977,68	2 224,89	714,35	1 836,72	2 066,31	504,79	1 695,84	1 907,82	295,12	1 554,88	1 749,24	85,56	1 414,–	1 590,75	–	1 273,04	1 432,17
	III	19 032	–	1 522,56	1 712,88	III	19 032	–	1 403,52	1 578,96	–	1 287,36	1 448,28	–	1 174,24	1 321,02	–	1 064,–	1 197,–	–	956,80	1 076,40	–	852,32	958,86
	V	32 917	1 810,43	2 633,36	2 962,53	IV	27 284	1 124,19	2 112,24	2 376,27	1 019,35	2 041,76	2 296,98	914,51	1 971,28	2 217,69	809,79	1 900,88	2 138,49	704,95	1 830,40	2 059,20	600,11	1 759,92	1 979,91
	VI	33 353	1 834,41	2 668,24	3 001,77																				
99 395,99 West	I,IV	27 141	1 212,01	2 171,28	2 442,69	I	27 141	1 002,45	2 030,40	2 284,20	792,77	1 889,44	2 125,62	583,21	1 748,56	1 967,13	373,54	1 607,60	1 808,55	163,98	1 466,72	1 650,06	–	1 325,76	1 491,48
	II	26 340	1 116,69	2 107,20	2 370,60	II	26 340	907,01	1 966,24	2 212,02	697,45	1 825,36	2 053,53	487,78	1 684,40	1 894,95	278,22	1 543,52	1 736,46	68,54	1 402,56	1 577,88	–	1 261,68	1 419,39
	III	18 910	–	1 512,80	1 701,90	III	18 910	–	1 393,92	1 568,16	–	1 278,08	1 437,84	–	1 165,12	1 310,76	–	1 055,20	1 187,10	–	948,16	1 066,68	–	844,–	949,50
	V	32 775	1 802,62	2 622,–	2 949,75	IV	27 141	1 107,17	2 100,80	2 363,40	1 002,45	2 030,40	2 284,20	897,61	1 959,92	2 204,91	792,77	1 889,44	2 125,62	688,05	1 819,04	2 046,42	583,21	1 748,56	1 967,13
	VI	33 210	1 826,55	2 656,80	2 988,90																				
99 395,99 Ost	I,IV	27 299	1 230,81	2 183,92	2 456,91	I	27 299	1 021,13	2 042,96	2 298,33	811,58	1 902,08	2 139,84	601,90	1 761,12	1 981,26	392,34	1 620,24	1 822,77	182,66	1 479,28	1 664,19	–	1 338,40	1 505,70
	II	26 497	1 135,37	2 119,76	2 384,73	II	26 497	925,82	1 978,88	2 226,24	716,14	1 837,92	2 067,66	506,58	1 697,04	1 909,17	296,90	1 556,08	1 750,59	87,34	1 415,20	1 592,10	–	1 274,24	1 433,52
	III	19 044	–	1 523,52	1 713,96	III	19 044	–	1 404,48	1 580,04	–	1 288,32	1 449,36	–	1 175,20	1 322,10	–	1 064,96	1 198,08	–	957,60	1 077,30	–	853,28	959,94
	V	32 933	1 811,31	2 634,64	2 963,97	IV	27 299	1 125,97	2 113,44	2 377,62	1 021,13	2 042,96	2 298,33	916,30	1 972,48	2 219,04	811,58	1 902,08	2 139,84	706,74	1 831,60	2 060,55	601,90	1 761,12	1 981,26
	VI	33 368	1 835,24	2 669,44	3 003,12																				
99 431,99 West	I,IV	27 156	1 213,80	2 172,48	2 444,04	I	27 156	1 004,24	2 031,60	2 285,55	794,56	1 890,64	2 126,97	585,–	1 749,76	1 968,48	375,32	1 608,80	1 809,90	165,76	1 467,92	1 651,41	–	1 326,96	1 492,83
	II	26 355	1 118,48	2 108,40	2 371,95	II	26 355	908,80	1 967,44	2 213,37	699,24	1 826,56	2 054,88	489,68	1 685,68	1 896,39	280,–	1 544,72	1 737,81	70,44	1 403,84	1 579,32	–	1 262,88	1 420,74
	III	18 922	–	1 513,76	1 702,98	III	18 922	–	1 395,04	1 569,42	–	1 279,04	1 438,92	–	1 166,08	1 311,84	–	1 056,16	1 188,18	–	949,12	1 067,76	–	844,96	950,58
	V	32 790	1 803,45	2 623,20	2 951,10	IV	27 156	1 109,08	2 102,08	2 364,84	1 004,24	2 031,60	2 285,55	899,40	1 961,12	2 206,26	794,56	1 890,64	2 126,97	689,84	1 820,24	2 047,77	585,–	1 749,76	1 968,48
	VI	33 225	1 827,37	2 658,–	2 990,25																				
99 431,99 Ost	I,IV	27 314	1 232,60	2 185,12	2 458,26	I	27 314	1 022,92	2 044,16	2 299,68	813,36	1 903,28	2 141,19	603,68	1 762,32	1 982,61	394,12	1 621,44	1 824,12	184,45	1 480,48	1 665,54	–	1 339,60	1 507,05
	II	26 512	1 137,16	2 120,96	2 386,08	II	26 512	927,60	1 980,08	2 227,59	718,04	1 839,20	2 069,10	508,36	1 698,24	1 910,52	298,80	1 557,36	1 752,03	89,13	1 416,40	1 593,45	–	1 275,52	1 434,96
	III	19 058	–	1 524,64	1 715,22	III	19 058	–	1 405,60	1 581,30	–	1 289,44	1 450,62	–	1 176,16	1 323,18	–	1 065,92	1 199,16	–	958,56	1 078,38	–	854,08	960,84
	V	32 948	1 812,14	2 635,84	2 965,32	IV	27 314	1 127,76	2 114,64	2 378,97	1 022,92	2 044,16	2 299,68	918,20	1 973,76	2 220,48	813,36	1 903,28	2 141,19	708,52	1 832,80	2 061,90	603,68	1 762,32	1 982,61
	VI	33 383	1 836,06	2 670,64	3 004,47																				
99 467,99 West	I,IV	27 171	1 215,58	2 173,68	2 445,39	I	27 171	1 006,02	2 032,80	2 286,90	796,34	1 891,84	2 128,32	586,78	1 750,96	1 969,83	377,23	1 610,08	1 811,34	167,55	1 469,12	1 652,76	–	1 328,24	1 494,27
	II	26 370	1 120,26	2 109,60	2 373,30	II	26 370	910,70	1 968,72	2 214,81	701,02	1 827,76	2 056,23	491,47	1 686,88	1 897,74	281,79	1 545,92	1 739,16	72,23	1 405,04	1 580,67	–	1 264,08	1 422,09
	III	18 936	–	1 514,88	1 704,24	III	18 936	–	1 396,–	1 570,50	–	1 280,16	1 440,18	–	1 167,04	1 312,92	–	1 057,12	1 189,26	–	949,92	1 068,66	–	845,76	951,48
	V	32 805	1 804,27	2 624,40	2 952,45	IV	27 171	1 110,86	2 103,28	2 366,19	1 006,02	2 032,80	2 286,90	901,18	1 962,32	2 207,61	796,34	1 891,84	2 128,32	691,62	1 821,44	2 049,12	586,78	1 750,96	1 969,83
	VI	33 240	1 828,20	2 659,20	2 991,60																				
99 467,99 Ost	I,IV	27 329	1 234,38	2 186,32	2 459,61	I	27 329	1 024,70	2 045,36	2 301,03	815,15	1 904,48	2 142,54	605,59	1 763,60	1 984,05	395,91	1 622,64	1 825,47	186,35	1 481,76	1 666,98	–	1 340,80	1 508,40
	II	26 528	1 139,06	2 122,24	2 387,52	II	26 528	929,39	1 981,28	2 228,94	719,83	1 840,40	2 070,45	510,15	1 699,44	1 911,87	300,59	1 558,56	1 753,38	90,91	1 417,60	1 594,80	–	1 276,72	1 436,31
	III	19 070	–	1 525,60	1 716,30	III	19 070	–	1 406,56	1 582,38	–	1 290,40	1 451,70	–	1 177,12	1 324,26	–	1 066,88	1 200,24	–	959,52	1 079,46	–	855,04	961,92
	V	32 963	1 812,96	2 637,04	2 966,67	IV	27 329	1 129,54	2 115,84	2 380,32	1 024,70	2 045,36	2 301,03	919,98	1 974,96	2 221,83	815,15	1 904,48	2 142,54	710,31	1 834,–	2 063,25	605,59	1 763,60	1 984,05
	VI	33 398	1 836,89	2 671,84	3 005,82																				
99 503,99 West	I,IV	27 187	1 217,48	2 174,96	2 446,83	I	27 187	1 007,81	2 034,–	2 288,25	798,25	1 893,12	2 129,76	588,57	1 752,16	1 971,18	379,01	1 611,28	1 812,69	169,33	1 470,32	1 654,11	–	1 329,44	1 495,62
	II	26 385	1 122,05	2 110,80	2 374,65	II	26 385	912,49	1 969,92	2 216,16	702,81	1 828,96	2 057,58	493,25	1 688,08	1 899,09	283,57	1 547,12	1 740,51	74,01	1 406,24	1 582,02	–	1 265,28	1 423,44
	III	18 948	–	1 515,84	1 705,32	III	18 948	–	1 396,96	1 571,58	–	1 281,12	1 441,26	–	1 168,–	1 314,–	–	1 058,08	1 190,34	–	950,88	1 069,74	–	846,72	952,56
	V	32 820	1 805,10	2 625,60	2 953,80	IV	27 187	1 112,65	2 104,48	2 367,54	1 007,81	2 034,–	2 288,25	902,97	1 963,52	2 208,96	798,25	1 893,12	2 129,76	693,41	1 822,64	2 050,47	588,57	1 752,16	1 971,18
	VI	33 256	1 829,08	2 660,48	2 993,04																				
99 503,99 Ost	I,IV	27 344	1 236,17	2 187,52	2 460,96	I	27 344	1 026,61	2 046,64	2 302,47	816,93	1 905,68	2 143,89	607,37	1 764,80	1 985,40	397,69	1 623,84	1 826,82	188,13	1 482,96	1 668,33	–	1 342,–	1 509,75
	II	26 543	1 140,85	2 123,44	2 388,87	II	26 543	931,17	1 982,48	2 230,29	721,61	1 841,60	2 071,80	511,93	1 700,64	1 913,22	302,37	1 559,76	1 754,73	92,70	1 418,80	1 596,15	–	1 277,92	1 437,66
	III	19 084	–	1 526,72	1 717,56	III	19 084	–	1 407,52	1 583,46	–	1 291,36	1 452,78	–	1 178,08	1 325,34	–	1 067,68	1 201,14	–	960,32	1 080,36	–	855,84	962,82
	V	32 978	1 813,79	2 638,24	2 968,02	IV	27 344	1 131,33	2 117,04	2 381,67	1 026,61	2 046,64	2 302,47	921,77	1 976,16	2 223,18	816,93	1 905,68	2 143,89	712,09	1 835,20	2 064,60	607,37	1 764,80	1 985,40
	VI	33 413	1 837,71	2 673,04	3 007,17																				

*** Die ausgewiesenen Tabellenwerte sind amtlich. Siehe Erläuterungen auf der Umschlaginnenseite (U2).**

JAHR 99 504,–*

Abzüge an Lohnsteuer, Solidaritätszuschlag (SolZ) und Kirchensteuer (8%, 9%) in den Steuerklassen

Lohn/ Gehalt bis €*	I – VI					I, II, III, IV mit Zahl der Kinderfreibeträge . . .																			
			ohne Kinderfreibeträge					0,5			1			1,5			2			2,5			3		
		LSt	SolZ	8%	9%		LSt	SolZ	8%	9%	SolZ	8%	9%	SolZ	8%	9%	SolZ	8%	9%	SolZ	8%	9%	SolZ	8%	9%
99 539,99 West	I,IV	27 202	1 219,27	2 176,16	2 448,18	I	27 202	1 009,59	2 035,20	2 289,60	800,03	1 894,32	2 131,11	590,35	1 753,36	1 972,53	380,80	1 612,48	1 814,04	171,12	1 471,52	1 655,46	—	1 330,64	1 496,97
	II	26 400	1 123,83	2 112,—	2 376,—	II	26 400	914,27	1 971,12	2 217,51	704,59	1 830,16	2 058,93	495,04	1 689,28	1 900,44	285,36	1 548,32	1 741,86	75,80	1 407,44	1 583,37	—	1 266,48	1 424,79
	III	18 962	—	1 516,96	1 706,58	III	18 962	—	1 398,08	1 572,84	—	1 282,08	1 442,34	—	1 168,96	1 315,08	—	1 058,88	1 191,24	—	951,84	1 070,82	—	847,52	953,46
	V	32 836	1 805,98	2 626,88	2 955,24	IV	27 202	1 114,43	2 105,68	2 368,89	1 009,59	2 035,20	2 289,60	904,75	1 964,72	2 210,31	800,03	1 894,32	2 131,11	695,19	1 823,84	2 051,82	590,35	1 753,36	1 972,53
	VI	33 271	1 829,90	2 661,68	2 994,39																				
99 539,99 Ost	I,IV	27 359	1 237,95	2 188,72	2 462,31	I	27 359	1 028,39	2 047,84	2 303,82	818,72	1 906,88	2 145,24	609,16	1 766,—	1 986,75	399,48	1 625,04	1 828,17	189,92	1 484,16	1 669,68	—	1 343,20	1 511,10
	II	26 558	1 142,63	2 124,64	2 390,22	II	26 558	932,96	1 983,68	2 231,64	723,40	1 842,80	2 073,15	513,72	1 701,84	1 914,57	304,16	1 560,96	1 756,08	94,48	1 420,—	1 597,50	—	1 279,12	1 439,01
	III	19 096	—	1 527,68	1 718,64	III	19 096	—	1 408,64	1 584,72	—	1 292,32	1 453,86	—	1 179,04	1 326,42	—	1 068,64	1 202,22	—	961,28	1 081,44	—	856,80	963,90
	V	32 993	1 814,61	2 639,44	2 969,37	IV	27 359	1 133,11	2 118,24	2 383,02	1 028,39	2 047,84	2 303,82	923,55	1 977,36	2 224,53	818,72	1 906,88	2 145,24	713,88	1 836,40	2 065,95	609,16	1 766,—	1 986,75
	VI	33 428	1 838,54	2 674,24	3 008,52																				
99 575,99 West	I,IV	27 217	1 221,05	2 177,36	2 449,53	I	27 217	1 011,38	2 036,40	2 290,95	801,82	1 895,52	2 132,46	592,14	1 754,56	1 973,88	382,58	1 613,68	1 815,39	172,90	1 472,72	1 656,81	—	1 331,84	1 498,32
	II	26 415	1 125,62	2 113,20	2 377,35	II	26 415	916,06	1 972,32	2 218,86	706,38	1 831,36	2 060,28	496,82	1 690,48	1 901,79	287,26	1 549,60	1 743,30	77,58	1 408,64	1 584,72	—	1 267,76	1 426,23
	III	18 974	—	1 517,92	1 707,66	III	18 974	—	1 399,04	1 573,92	—	1 283,04	1 443,42	—	1 169,92	1 316,16	—	1 059,84	1 192,32	—	952,64	1 071,72	—	848,48	954,54
	V	32 851	1 806,80	2 628,08	2 956,59	IV	27 217	1 116,22	2 106,88	2 370,24	1 011,38	2 036,40	2 290,95	906,66	1 966,—	2 211,75	801,82	1 895,52	2 132,46	696,98	1 825,04	2 053,17	592,14	1 754,56	1 973,88
	VI	33 286	1 830,73	2 662,88	2 995,74																				
99 575,99 Ost	I,IV	27 374	1 239,74	2 189,92	2 463,66	I	27 374	1 030,18	2 049,04	2 305,17	820,50	1 908,08	2 146,59	610,94	1 767,20	1 988,10	401,26	1 626,24	1 829,52	191,70	1 485,36	1 671,03	—	1 344,40	1 512,45
	II	26 573	1 144,42	2 125,84	2 391,57	II	26 573	934,74	1 984,88	2 232,99	725,18	1 844,—	2 074,50	515,62	1 703,12	1 916,01	305,94	1 562,16	1 757,43	96,39	1 421,28	1 598,94	—	1 280,32	1 440,36
	III	19 110	—	1 528,80	1 719,90	III	19 110	—	1 409,60	1 585,80	—	1 293,28	1 454,94	—	1 180,—	1 327,50	—	1 069,60	1 203,30	—	962,24	1 082,52	—	857,76	964,98
	V	33 008	1 815,44	2 640,64	2 970,72	IV	27 374	1 135,02	2 119,52	2 384,46	1 030,18	2 049,04	2 305,17	925,34	1 978,56	2 225,88	820,50	1 908,08	2 146,59	715,78	1 837,68	2 067,39	610,94	1 767,20	1 988,10
	VI	33 443	1 839,36	2 675,44	3 009,87																				
99 611,99 West	I,IV	27 232	1 222,84	2 178,56	2 450,88	I	27 232	1 013,16	2 037,60	2 292,30	803,60	1 896,72	2 133,81	593,92	1 755,76	1 975,23	384,37	1 614,88	1 816,74	174,81	1 474,—	1 658,25	—	1 333,04	1 499,67
	II	26 431	1 127,52	2 114,48	2 378,79	II	26 431	917,84	1 973,52	2 220,21	708,28	1 832,64	2 061,72	498,61	1 691,68	1 903,14	289,05	1 550,80	1 744,65	79,37	1 409,84	1 586,07	—	1 268,96	1 427,58
	III	18 988	—	1 519,04	1 708,92	III	18 988	—	1 400,—	1 575,—	—	1 284,—	1 444,50	—	1 170,88	1 317,24	—	1 060,80	1 193,40	—	953,60	1 072,80	—	849,28	955,44
	V	32 866	1 807,63	2 629,28	2 957,94	IV	27 232	1 118,—	2 108,08	2 371,59	1 013,16	2 037,60	2 292,30	908,44	1 967,20	2 213,10	803,60	1 896,72	2 133,81	698,76	1 826,24	2 054,52	593,92	1 755,76	1 975,23
	VI	33 301	1 831,55	2 664,08	2 997,09																				
99 611,99 Ost	I,IV	27 389	1 241,52	2 191,12	2 465,01	I	27 389	1 031,96	2 050,24	2 306,52	822,29	1 909,28	2 147,94	612,73	1 768,40	1 989,45	403,17	1 627,52	1 830,96	193,49	1 486,56	1 672,38	—	1 345,68	1 513,89
	II	26 588	1 146,20	2 127,04	2 392,92	II	26 588	936,64	1 986,16	2 234,43	726,97	1 845,20	2 075,85	517,41	1 704,32	1 917,36	307,73	1 563,36	1 758,78	98,17	1 422,48	1 600,29	—	1 281,52	1 441,71
	III	19 122	—	1 529,76	1 720,98	III	19 122	—	1 410,56	1 586,88	—	1 294,24	1 456,02	—	1 180,96	1 328,58	—	1 070,56	1 204,38	—	963,04	1 083,42	—	858,56	965,88
	V	33 023	1 816,26	2 641,84	2 972,07	IV	27 389	1 136,80	2 120,72	2 385,81	1 031,96	2 050,24	2 306,52	927,12	1 979,76	2 227,23	822,29	1 909,28	2 147,94	717,57	1 838,88	2 068,74	612,73	1 768,40	1 989,45
	VI	33 458	1 840,19	2 676,64	3 011,22																				
99 647,99 West	I,IV	27 247	1 224,62	2 179,76	2 452,23	I	27 247	1 015,07	2 038,88	2 293,74	805,39	1 897,92	2 135,16	595,83	1 757,04	1 976,67	386,15	1 616,08	1 818,09	176,59	1 475,20	1 659,60	—	1 334,24	1 501,02
	II	26 446	1 129,31	2 115,68	2 380,14	II	26 446	919,63	1 974,72	2 221,56	710,07	1 833,84	2 063,07	500,39	1 692,88	1 904,49	290,83	1 552,—	1 746,—	81,15	1 411,04	1 587,42	—	1 270,16	1 428,93
	III	19 000	—	1 520,—	1 710,—	III	19 000	—	1 401,12	1 576,26	—	1 284,96	1 445,58	—	1 171,84	1 318,32	—	1 061,76	1 194,48	—	954,56	1 073,88	—	850,24	956,52
	V	32 881	1 808,45	2 630,48	2 959,29	IV	27 247	1 119,79	2 109,28	2 372,94	1 015,07	2 038,88	2 293,74	910,23	1 968,40	2 214,45	805,39	1 897,92	2 135,16	700,55	1 827,44	2 055,87	595,83	1 757,04	1 976,67
	VI	33 316	1 832,38	2 665,28	2 998,44																				
99 647,99 Ost	I,IV	27 405	1 243,43	2 192,40	2 466,45	I	27 405	1 033,75	2 051,44	2 307,87	824,19	1 910,56	2 149,38	614,51	1 769,60	1 990,80	404,95	1 628,72	1 832,31	195,27	1 487,76	1 673,73	—	1 346,88	1 515,24
	II	26 603	1 147,99	2 128,24	2 394,27	II	26 603	938,43	1 987,36	2 235,78	728,75	1 846,40	2 077,20	519,19	1 705,52	1 918,71	309,51	1 564,56	1 760,13	99,96	1 423,68	1 601,64	—	1 282,72	1 443,06
	III	19 136	—	1 530,88	1 722,24	III	19 136	—	1 411,52	1 587,96	—	1 295,36	1 457,28	—	1 181,92	1 329,66	—	1 071,52	1 205,46	—	964,—	1 084,50	—	859,52	966,96
	V	33 038	1 817,09	2 643,04	2 973,42	IV	27 405	1 138,59	2 121,92	2 387,16	1 033,75	2 051,44	2 307,87	928,91	1 980,96	2 228,58	824,19	1 910,56	2 149,38	719,35	1 840,08	2 070,09	614,51	1 769,60	1 990,80
	VI	33 474	1 841,07	2 677,92	3 012,66																				
99 683,99 West	I,IV	27 262	1 226,41	2 180,96	2 453,58	I	27 262	1 016,85	2 040,08	2 295,09	807,17	1 899,12	2 136,51	597,61	1 758,24	1 978,02	387,94	1 617,28	1 819,44	178,38	1 476,40	1 660,95	—	1 335,44	1 502,37
	II	26 461	1 131,09	2 116,88	2 381,49	II	26 461	921,41	1 975,92	2 222,91	711,85	1 835,04	2 064,42	502,18	1 694,08	1 905,84	292,62	1 553,20	1 747,35	82,94	1 412,24	1 588,77	—	1 271,36	1 430,28
	III	19 014	—	1 521,12	1 711,26	III	19 014	—	1 402,08	1 577,34	—	1 285,92	1 446,66	—	1 172,80	1 319,40	—	1 062,72	1 195,56	—	955,36	1 074,78	—	851,04	957,42
	V	32 896	1 809,28	2 631,68	2 960,64	IV	27 262	1 121,57	2 110,48	2 374,29	1 016,85	2 040,08	2 295,09	912,01	1 969,60	2 215,80	807,17	1 899,12	2 136,51	702,33	1 828,64	2 057,22	597,61	1 758,24	1 978,02
	VI	33 331	1 833,20	2 666,48	2 999,79																				
99 683,99 Ost	I,IV	27 420	1 245,21	2 193,60	2 467,80	I	27 420	1 035,53	2 052,64	2 309,22	825,97	1 911,76	2 150,73	616,30	1 770,80	1 992,15	406,74	1 629,92	1 833,66	197,06	1 488,96	1 675,08	—	1 348,08	1 516,59
	II	26 618	1 149,77	2 129,44	2 395,62	II	26 618	940,21	1 988,56	2 237,13	730,54	1 847,60	2 078,55	520,98	1 706,72	1 920,06	311,30	1 565,76	1 761,48	101,74	1 424,88	1 602,99	—	1 283,92	1 444,41
	III	19 148	—	1 531,84	1 723,32	III	19 148	—	1 412,64	1 589,22	—	1 296,32	1 458,36	—	1 182,88	1 330,74	—	1 072,48	1 206,54	—	964,96	1 085,58	—	860,32	967,86
	V	33 054	1 817,97	2 644,32	2 974,86	IV	27 420	1 140,37	2 123,12	2 388,51	1 035,53	2 052,64	2 309,22	930,69	1 982,16	2 229,93	825,97	1 911,76	2 150,73	721,14	1 841,28	2 071,44	616,30	1 770,80	1 992,15
	VI	33 489	1 841,89	2 679,12	3 014,01																				
99 719,99 West	I,IV	27 277	1 228,19	2 182,16	2 454,93	I	27 277	1 018,64	2 041,28	2 296,44	808,96	1 900,32	2 137,86	599,40	1 759,44	1 979,37	389,72	1 618,48	1 820,79	180,16	1 477,60	1 662,30	—	1 336,64	1 503,72
	II	26 476	1 132,88	2 118,08	2 382,84	II	26 476	923,20	1 977,12	2 224,26	713,64	1 836,24	2 065,77	503,96	1 695,28	1 907,19	294,40	1 554,40	1 748,70	84,84	1 413,52	1 590,21	—	1 272,56	1 431,63
	III	19 026	—	1 522,08	1 712,34	III	19 026	—	1 403,04	1 578,42	—	1 287,04	1 447,92	—	1 173,76	1 320,48	—	1 063,68	1 196,64	—	956,32	1 075,86	—	852,—	958,50
	V	32 911	1 810,10	2 632,88	2 961,99	IV	27 277	1 123,47	2 111,76	2 375,73	1 018,64	2 041,28	2 296,44	913,80	1 970,80	2 217,15	808,96	1 900,32	2 137,86	704,24	1 829,92	2 058,66	599,40	1 759,44	1 979,37
	VI	33 346	1 834,03	2 667,68	3 001,14																				
99 719,99 Ost	I,IV	27 435	1 247,—	2 194,80	2 469,15	I	27 435	1 037,32	2 053,84	2 310,57	827,76	1 912,96	2 152,08	618,08	1 772,—	1 993,50	408,52	1 631,12	1 835,01	198,84	1 490,16	1 676,43	—	1 349,28	1 517,94
	II	26 633	1 151,56	2 130,64	2 396,97	II	26 633	942,—	1 989,76	2 238,48	732,32	1 848,80	2 079,90	522,76	1 707,92	1 921,41	313,20	1 567,04	1 762,92	103,53	1 426,08	1 604,34	—	1 285,20	1 445,85
	III	19 162	—	1 532,96	1 724,58	III	19 162	—	1 413,60	1 590,30	—	1 297,28	1 459,44	—	1 183,84	1 331,82	—	1 073,44	1 207,62	—	965,76	1 086,48	—	861,28	968,94
	V	33 069	1 818,79	2 645,52	2 976,21	IV	27 435	1 142,16	2 124,32	2 389,86	1 037,32	2 053,84	2 310,57	932,60	1 983,44	2 231,37	827,76	1 912,96	2 152,08	722,92	1 842,48	2 072,79	618,08	1 772,—	1 993,50
	VI	33 504	1 842,72	2 680,32	3 015,36																				
99 755,99 West	I,IV	27 292	1 229,98	2 183,36	2 456,28	I	27 292	1 020,42	2 042,48	2 297,79	810,74	1 901,52	2 139,21	601,18	1 760,64	1 980,72	391,51	1 619,68	1 822,14	181,95	1 478,80	1 663,65	—	1 337,92	1 505,16
	II	26 491	1 134,66	2 119,28	2 384,19	II	26 491	925,10	1 978,40	2 225,70	715,42	1 837,44	2 067,12	505,86	1 696,56	1 908,63	296,19	1 555,60	1 750,05	86,63	1 414,72	1 591,56	—	1 273,76	1 432,98
	III	19 040	—	1 523,20	1 713,60	III	19 040	—	1 404,—	1 579,50	—	1 288,—	1 449,—	—	1 174,72	1 321,56	—	1 064,48	1 197,54	—	957,28	1 076,94	—	852,80	959,40
	V	32 926	1 810,93	2 634,08	2 963,34	IV	27 292	1 125,26	2 112,96	2 377,08	1 020,42	2 042,48	2 297,79	915,58	1 972,—	2 218,50	810,74	1 901,52	2 139,21	706,02	1 831,12	2 060,01	601,18	1 760,64	1 980,72
	VI	33 361	1 834,85	2 668,88	3 002,49																				
99 755,99 Ost	I,IV	27 450	1 248,78	2 196,—	2 470,50	I	27 450	1 039,10	2 055,04	2 311,92	829,54	1 914,16	2 153,43	619,87	1 773,20	1 994,85	410,31	1 632,32	1 836,36	200,75	1 491,44	1 677,87	—	1 350,48	1 519,29
	II	26 649	1 153,46	2 131,92	2 398,41	II	26 649	943,78	1 990,96	2 239,83	734,23	1 850,08	2 081,34	524,55	1 709,12	1 922,76	314,99	1 568,24	1 764,27	105,31	1 427,28	1 605,69	—	1 286,40	1 447,20
	III	19 174	—	1 533,92	1 725,66	III	19 174	—	1 414,56	1 591,38	—	1 298,24	1 460,52	—	1 184,80	1 332,90	—	1 074,24	1 208,52	—	966,72	1 087,56	—	862,08	969,84
	V	33 084	1 819,62	2 646,72	2 977,56	IV	27 450	1 143,94	2 125,52	2 391,21	1 039,10	2 055,04	2 311,92	934,38	1 984,64	2 232,72	829,54	1 914,16	2 153,43	724,71	1 843,68	2 074,14	619,87	1 773,20	1 994,85
	VI	33 519	1 843,54	2 681,52	3 016,71																				
99 791,99 West	I,IV	27 308	1 231,88	2 184,64	2 457,72	I	27 308	1 022,21	2 043,68	2 299,14	812,65	1 902,80	2 140,65	602,97	1 761,84	1 982,07	393,41	1 620,96	1 823,58	183,73	1 480,—	1 665,—	—	1 339,12	1 506,51
	II	26 506	1 136,45	2 120,48	2 385,54	II	26 506	926,89	1 979,60	2 227,05	717,21	1 838,64	2 068,47	507,65	1 697,76	1 909,98	297,97	1 556,80	1 751,40	88,41	1 415,92	1 592,91	—	1 274,96	1 434,33
	III	19 052	—	1 524,16	1 714,68	III	19 052	—	1 405,12	1 580,76	—	1 288,96	1 450,08	—	1 175,68	1 322,64	—	1 065,44	1 198,62	—	958,08	1 077,84	—	853,76	960,48
	V	32 941	1 811,75	2 635,28	2 964,69	IV	27 308	1 127,04	2 114,16	2 378,43	1 022,21	2 043,68	2 299,14	917,37	1 973,20	2 219,85	812,65	1 902,80	2 140,65	707,81	1 832,32	2 061,36	602,97	1 761,84	1 982,07
	VI	33 377	1 835,73	2 670,16	3 003,93																				
99 791,99 Ost	I,IV	27 465	1 250,57	2 197,20	2 471,85	I	27 465	1 041,01	2 056,32	2 313,36	831,33	1 915,36	2 154,78	621,77	1 774,48	1 996,29	412,09	1 633,52	1 837,71	202,53	1 492,64	1 679,22	—	1 351,68	1 520,64
	II	26 664	1 155,25	2 133,12	2 399,76	II	26 664	945,57	1 992,16	2 241,18	736,01	1 851,28	2 082,69	526,33	1 710,32	1 924,11	316,77	1 569,44	1 765,62	107,10	1 428,48	1 607,04	—	1 287,60	1 448,55
	III	19 188	—	1 535,04	1 726,92	III	19 188	—	1 415,68	1 592,64	—	1 299,20	1 461,60	—	1 185,76	1 333,98	—	1 075,20	1 209,60	—	967,68	1 088,64	—	863,04	970,92
	V	33 099	1 820,44	2 647,92	2 978,91	IV	27 465	1 145,73	2 126,72	2 392,56	1 041,01	2 056,32	2 313,36	936,17	1 985,84	2 234,07	831,33	1 915,36	2 154,78	726,49	1 844,88	2 075,49	621,77	1 774,48	1 996,29
	VI	33 534	1 844,37	2 682,72	3 018,06																				

* Die ausgewiesenen Tabellenwerte sind amtlich. Siehe Erläuterungen auf der Umschlaginnenseite (U2).

Abzüge an Lohnsteuer, Solidaritätszuschlag (SolZ) und Kirchensteuer (8%, 9%) in den Steuerklassen

Lohn/ Gehalt bis €*	I – VI	LSt	ohne Kinder-freibeträge SolZ	8%	9%	I, II, III, IV	LSt	mit Zahl der Kinderfreibeträge . . . 0,5 SolZ	8%	9%	1 SolZ	8%	9%	1,5 SolZ	8%	9%	2 SolZ	8%	9%	2,5 SolZ	8%	9%	3 SolZ	8%	9%
99 827,99 West	I,IV	27 323	1 233,67	2 185,84	2 459,07	I	27 323	1 023,99	2 044,88	2 300,49	814,43	1 904,—	2 142,—	604,75	1 763,04	1 983,42	395,19	1 622,16	1 824,93	185,52	1 481,20	1 666,35	—	1 340,32	1 507,86
	II	26 521	1 138,23	2 121,68	2 386,89	II	26 521	928,67	1 980,80	2 228,40	718,99	1 839,84	2 069,82	509,43	1 698,96	1 911,33	299,76	1 558,—	1 752,75	90,20	1 417,12	1 594,26	—	1 276,16	1 435,68
	III	19 066	—	1 525,28	1 715,94	III	19 066	—	1 406,08	1 581,84	—	1 289,92	1 451,16	—	1 176,64	1 323,72	—	1 066,40	1 199,70	—	959,04	1 078,92	—	854,56	961,38
	V	32 957	1 812,63	2 636,56	2 966,13	IV	27 323	1 128,83	2 115,36	2 379,78	1 023,99	2 044,88	2 300,49	919,15	1 974,40	2 221,20	814,43	1 904,—	2 142,—	709,59	1 833,52	2 062,71	604,75	1 763,04	1 983,42
	VI	33 392	1 836,56	2 671,36	3 005,28																				
99 827,99 Ost	I,IV	27 480	1 252,35	2 198,40	2 473,20	I	27 480	1 042,79	2 057,52	2 314,71	833,11	1 916,56	2 156,13	623,56	1 775,68	1 997,64	413,88	1 634,72	1 839,06	204,32	1 493,84	1 680,57	—	1 352,88	1 521,99
	II	26 679	1 157,03	2 134,32	2 401,11	II	26 679	947,35	1 993,36	2 242,53	737,80	1 852,48	2 084,04	528,12	1 711,52	1 925,46	318,56	1 570,64	1 766,97	108,88	1 429,68	1 608,39	—	1 288,80	1 449,90
	III	19 200	—	1 536,—	1 728,—	III	19 200	—	1 416,64	1 593,72	—	1 300,16	1 462,68	—	1 186,72	1 335,06	—	1 076,16	1 210,68	—	968,48	1 089,54	—	863,84	971,82
	V	33 114	1 821,27	2 649,12	2 980,26	IV	27 480	1 147,51	2 127,92	2 393,91	1 042,79	2 057,52	2 314,71	937,95	1 987,04	2 235,42	833,11	1 916,56	2 156,13	728,28	1 846,08	2 076,84	623,56	1 775,68	1 997,64
	VI	33 549	1 845,19	2 683,92	3 019,41																				
99 863,99 West	I,IV	27 338	1 235,45	2 187,04	2 460,42	I	27 338	1 025,78	2 046,08	2 301,84	816,22	1 905,20	2 143,35	606,54	1 764,24	1 984,77	396,98	1 623,36	1 826,28	187,30	1 482,40	1 667,70	—	1 341,52	1 509,21
	II	26 536	1 140,02	2 122,88	2 388,24	II	26 536	930,46	1 982,—	2 229,75	720,78	1 841,04	2 071,17	511,22	1 700,16	1 912,68	301,54	1 559,20	1 754,10	91,98	1 418,32	1 595,61	—	1 277,44	1 437,12
	III	19 078	—	1 526,24	1 717,02	III	19 078	—	1 407,04	1 582,92	—	1 290,88	1 452,24	—	1 177,60	1 324,80	—	1 067,36	1 200,78	—	960,—	1 080,—	—	855,52	962,46
	V	32 972	1 813,46	2 637,76	2 967,48	IV	27 338	1 130,61	2 116,56	2 381,13	1 025,78	2 046,08	2 301,84	921,06	1 975,68	2 222,64	816,22	1 905,20	2 143,35	711,38	1 834,72	2 064,06	606,54	1 764,24	1 984,77
	VI	33 407	1 837,38	2 672,56	3 006,63																				
99 863,99 Ost	I,IV	27 495	1 254,14	2 199,60	2 474,55	I	27 495	1 044,58	2 058,72	2 316,06	834,90	1 917,76	2 157,48	625,34	1 776,88	1 998,99	415,66	1 635,92	1 840,41	206,10	1 495,04	1 681,92	—	1 354,08	1 523,34
	II	26 694	1 158,82	2 135,52	2 402,46	II	26 694	949,14	1 994,56	2 243,88	739,58	1 853,68	2 085,39	529,90	1 712,72	1 926,81	320,34	1 571,84	1 768,32	110,78	1 430,96	1 609,83	—	1 290,—	1 451,25
	III	19 214	—	1 537,12	1 729,26	III	19 214	—	1 417,60	1 594,80	—	1 301,28	1 463,94	—	1 187,68	1 336,14	—	1 077,12	1 211,76	—	969,44	1 090,62	—	864,80	972,90
	V	33 129	1 822,09	2 650,32	2 981,61	IV	27 495	1 149,42	2 129,20	2 395,35	1 044,58	2 058,72	2 316,06	939,74	1 988,24	2 236,77	834,90	1 917,76	2 157,48	730,18	1 847,36	2 078,28	625,34	1 776,88	1 998,99
	VI	33 564	1 846,02	2 685,12	3 020,76																				
99 899,99 West	I,IV	27 353	1 237,24	2 188,24	2 461,77	I	27 353	1 027,56	2 047,28	2 303,19	818,—	1 906,40	2 144,70	608,32	1 765,44	1 986,12	398,76	1 624,56	1 827,63	189,09	1 483,60	1 669,05	—	1 342,72	1 510,56
	II	26 552	1 141,92	2 124,16	2 389,68	II	26 552	932,24	1 983,20	2 231,10	722,68	1 842,32	2 072,61	513,—	1 701,36	1 914,03	303,45	1 560,48	1 755,54	93,77	1 419,52	1 596,96	—	1 278,64	1 438,47
	III	19 090	—	1 527,20	1 718,10	III	19 090	—	1 408,16	1 584,18	—	1 291,84	1 453,32	—	1 178,56	1 325,88	—	1 068,32	1 201,86	—	960,80	1 080,90	—	856,48	963,54
	V	32 987	1 814,28	2 638,96	2 968,83	IV	27 353	1 132,40	2 117,76	2 382,48	1 027,56	2 047,28	2 303,19	922,84	1 976,88	2 223,99	818,—	1 906,40	2 144,70	713,16	1 835,92	2 065,41	608,32	1 765,44	1 986,12
	VI	33 422	1 838,21	2 673,76	3 007,98																				
99 899,99 Ost	I,IV	27 510	1 255,92	2 200,80	2 475,90	I	27 510	1 046,36	2 059,92	2 317,41	836,68	1 918,96	2 158,83	627,13	1 778,08	2 000,34	417,45	1 637,12	1 841,76	207,89	1 496,24	1 683,27	—	1 355,36	1 524,78
	II	26 709	1 160,60	2 136,72	2 403,81	II	26 709	951,04	1 995,84	2 245,32	741,37	1 854,88	2 086,74	531,81	1 714,—	1 928,25	322,13	1 573,04	1 769,67	112,57	1 432,16	1 611,18	—	1 291,20	1 452,60
	III	19 226	—	1 538,08	1 730,34	III	19 226	—	1 418,72	1 596,06	—	1 302,24	1 465,02	—	1 188,64	1 337,22	—	1 078,08	1 212,84	—	970,40	1 091,70	—	865,60	973,80
	V	33 144	1 822,92	2 651,52	2 982,96	IV	27 510	1 151,20	2 130,40	2 396,70	1 046,36	2 059,92	2 317,41	941,52	1 989,44	2 238,12	836,68	1 918,96	2 158,83	731,96	1 848,56	2 079,63	627,13	1 778,08	2 000,34
	VI	33 579	1 846,84	2 686,32	3 022,11																				
99 935,99 West	I,IV	27 368	1 239,02	2 189,44	2 463,12	I	27 368	1 029,46	2 048,56	2 304,63	819,79	1 907,60	2 146,05	610,23	1 766,72	1 987,56	400,55	1 625,76	1 828,98	190,99	1 484,88	1 670,49	—	1 343,92	1 511,91
	II	26 567	1 143,70	2 125,36	2 391,03	II	26 567	934,03	1 984,40	2 232,45	724,47	1 843,52	2 073,96	514,79	1 702,56	1 915,38	305,23	1 561,68	1 756,89	95,55	1 420,72	1 598,31	—	1 279,84	1 439,82
	III	19 104	—	1 528,32	1 719,36	III	19 104	—	1 409,12	1 585,26	—	1 292,80	1 454,40	—	1 179,52	1 326,96	—	1 069,28	1 202,94	—	961,76	1 081,98	—	857,28	964,44
	V	33 002	1 815,11	2 640,16	2 970,18	IV	27 368	1 134,18	2 118,96	2 383,83	1 029,46	2 048,56	2 304,63	924,63	1 978,08	2 225,34	819,79	1 907,60	2 146,05	714,95	1 837,12	2 066,76	610,23	1 766,72	1 987,56
	VI	33 437	1 839,03	2 674,96	3 009,33																				
99 935,99 Ost	I,IV	27 526	1 257,83	2 202,08	2 477,34	I	27 526	1 048,15	2 061,12	2 318,76	838,59	1 920,24	2 160,27	628,91	1 779,28	2 001,69	419,35	1 638,40	1 843,20	209,67	1 497,44	1 684,62	0,11	1 356,56	1 526,13
	II	26 724	1 162,39	2 137,92	2 405,16	II	26 724	952,83	1 997,04	2 246,67	743,15	1 856,08	2 088,09	533,59	1 715,20	1 929,60	323,91	1 574,24	1 771,02	114,35	1 433,36	1 612,53	—	1 292,40	1 453,95
	III	19 240	—	1 539,20	1 731,60	III	19 240	—	1 419,68	1 597,14	—	1 303,20	1 466,10	—	1 189,60	1 338,30	—	1 079,04	1 213,92	—	971,36	1 092,78	—	866,56	974,88
	V	33 159	1 823,74	2 652,72	2 984,31	IV	27 526	1 152,99	2 131,60	2 398,05	1 048,15	2 061,12	2 318,76	943,31	1 990,64	2 239,47	838,59	1 920,24	2 160,27	733,75	1 849,76	2 080,98	628,91	1 779,28	2 001,69
	VI	33 594	1 847,67	2 687,52	3 023,46																				
99 971,99 West	I,IV	27 383	1 240,81	2 190,64	2 464,47	I	27 383	1 031,25	2 049,76	2 305,98	821,57	1 908,80	2 147,40	612,01	1 767,92	1 988,91	402,33	1 626,96	1 830,33	192,78	1 486,08	1 671,84	—	1 345,12	1 513,26
	II	26 582	1 145,49	2 126,56	2 392,38	II	26 582	935,81	1 985,60	2 233,80	726,25	1 844,72	2 075,31	516,57	1 703,76	1 916,73	307,02	1 562,88	1 758,24	97,34	1 421,92	1 599,66	—	1 281,04	1 441,17
	III	19 116	—	1 529,28	1 720,44	III	19 116	—	1 410,08	1 586,34	—	1 293,92	1 455,66	—	1 180,48	1 328,04	—	1 070,08	1 203,84	—	962,72	1 083,06	—	858,24	965,52
	V	33 017	1 815,93	2 641,36	2 971,53	IV	27 383	1 135,97	2 120,16	2 385,18	1 031,25	2 049,76	2 305,98	926,41	1 979,28	2 226,69	821,57	1 908,80	2 147,40	716,73	1 838,32	2 068,11	612,01	1 767,92	1 988,91
	VI	33 452	1 839,86	2 676,16	3 010,68																				
99 971,99 Ost	I,IV	27 541	1 259,61	2 203,28	2 478,69	I	27 541	1 049,93	2 062,32	2 320,11	840,37	1 921,44	2 161,62	630,70	1 780,48	2 003,04	421,14	1 639,60	1 844,55	211,46	1 498,64	1 685,97	1,90	1 357,76	1 527,48
	II	26 739	1 164,17	2 139,12	2 406,51	II	26 739	954,61	1 998,24	2 248,02	744,94	1 857,28	2 089,44	535,38	1 716,40	1 930,95	325,70	1 575,44	1 772,37	116,14	1 434,56	1 613,88	—	1 293,60	1 455,30
	III	19 252	—	1 540,16	1 732,68	III	19 252	—	1 420,64	1 598,22	—	1 304,16	1 467,18	—	1 190,56	1 339,38	—	1 079,84	1 214,82	—	972,16	1 093,68	—	867,36	975,78
	V	33 174	1 824,57	2 653,92	2 985,66	IV	27 541	1 154,77	2 132,80	2 399,40	1 049,93	2 062,32	2 320,11	945,09	1 991,84	2 240,82	840,37	1 921,44	2 161,62	735,53	1 850,96	2 082,33	630,70	1 780,48	2 003,04
	VI	33 610	1 848,55	2 688,80	3 024,90																				
100 007,99 West	I,IV	27 398	1 242,59	2 191,84	2 465,82	I	27 398	1 033,03	2 050,96	2 307,33	823,36	1 910,—	2 148,75	613,80	1 769,12	1 990,26	404,12	1 628,16	1 831,68	194,56	1 487,28	1 673,19	—	1 346,32	1 514,61
	II	26 597	1 147,27	2 127,76	2 393,73	II	26 597	937,60	1 986,80	2 235,15	728,04	1 845,92	2 076,66	518,36	1 704,96	1 918,08	308,80	1 564,08	1 759,59	99,12	1 423,12	1 601,01	—	1 282,24	1 442,52
	III	19 130	—	1 530,40	1 721,70	III	19 130	—	1 411,20	1 587,60	—	1 294,88	1 456,74	—	1 181,44	1 329,12	—	1 071,04	1 204,92	—	963,52	1 083,96	—	859,04	966,42
	V	33 032	1 816,76	2 642,56	2 972,88	IV	27 398	1 137,87	2 121,44	2 386,62	1 033,03	2 050,96	2 307,33	928,20	1 980,48	2 228,04	823,36	1 910,—	2 148,75	718,64	1 839,60	2 069,55	613,80	1 769,12	1 990,26
	VI	33 467	1 840,68	2 677,36	3 012,03																				
100 007,99 Ost	I,IV	27 556	1 261,40	2 204,48	2 480,04	I	27 556	1 051,72	2 063,52	2 321,46	842,16	1 922,64	2 162,97	632,48	1 781,68	2 004,39	422,92	1 640,80	1 845,90	213,24	1 499,84	1 687,32	3,68	1 358,96	1 528,83
	II	26 754	1 165,96	2 140,32	2 407,86	II	26 754	956,40	1 999,44	2 249,37	746,72	1 858,48	2 090,79	537,16	1 717,60	1 932,30	327,48	1 576,64	1 773,72	117,92	1 435,76	1 615,23	—	1 294,88	1 456,74
	III	19 266	—	1 541,28	1 733,94	III	19 266	—	1 421,76	1 599,48	—	1 305,12	1 468,26	—	1 191,52	1 340,46	—	1 080,80	1 215,90	—	973,12	1 094,76	—	868,32	976,86
	V	33 190	1 825,45	2 655,20	2 987,10	IV	27 556	1 156,56	2 134,—	2 400,75	1 051,72	2 063,52	2 321,46	947,—	1 993,12	2 242,26	842,16	1 922,64	2 162,97	737,32	1 852,16	2 083,68	632,48	1 781,68	2 004,39
	VI	33 625	1 849,37	2 690,—	3 026,25																				
100 043,99 West	I,IV	27 413	1 244,38	2 193,04	2 467,17	I	27 413	1 034,82	2 052,16	2 308,68	825,14	1 911,20	2 150,10	615,58	1 770,32	1 991,61	405,90	1 629,36	1 833,03	196,35	1 488,48	1 674,54	—	1 347,52	1 515,96
	II	26 612	1 149,06	2 128,96	2 395,08	II	26 612	939,50	1 988,08	2 236,59	729,82	1 847,12	2 078,01	520,26	1 706,24	1 919,52	310,59	1 565,28	1 760,94	101,03	1 424,40	1 602,45	—	1 283,44	1 443,87
	III	19 142	—	1 531,36	1 722,78	III	19 142	—	1 412,16	1 588,68	—	1 295,84	1 457,82	—	1 182,40	1 330,20	—	1 072,—	1 206,—	—	964,48	1 085,04	—	860,—	967,50
	V	33 047	1 817,58	2 643,76	2 974,23	IV	27 413	1 139,66	2 122,64	2 387,97	1 034,82	2 052,16	2 308,68	929,98	1 981,68	2 229,39	825,14	1 911,20	2 150,10	720,42	1 840,80	2 070,90	615,58	1 770,32	1 991,61
	VI	33 482	1 841,51	2 678,56	3 013,38																				
100 043,99 Ost	I,IV	27 571	1 263,18	2 205,68	2 481,39	I	27 571	1 053,50	2 064,72	2 322,81	843,94	1 923,84	2 164,32	634,27	1 782,88	2 005,74	424,71	1 642,—	1 847,25	215,03	1 501,04	1 688,67	5,47	1 360,16	1 530,18
	II	26 770	1 167,86	2 141,60	2 409,30	II	26 770	958,18	2 000,64	2 250,72	748,62	1 859,76	2 092,23	538,95	1 718,80	1 933,65	329,39	1 577,92	1 775,16	119,71	1 436,96	1 616,58	—	1 296,08	1 458,09
	III	19 278	—	1 542,24	1 735,02	III	19 278	—	1 422,72	1 600,56	—	1 306,08	1 469,34	—	1 192,48	1 341,54	—	1 081,76	1 216,98	—	974,08	1 095,84	—	869,12	977,76
	V	33 205	1 826,27	2 656,40	2 988,45	IV	27 571	1 158,34	2 135,20	2 402,10	1 053,50	2 064,72	2 322,81	948,78	1 994,32	2 243,61	843,94	1 923,84	2 164,32	739,10	1 853,36	2 085,03	634,27	1 782,88	2 005,74
	VI	33 640	1 850,20	2 691,20	3 027,60																				
100 079,99 West	I,IV	27 428	1 246,16	2 194,24	2 468,52	I	27 428	1 036,60	2 053,36	2 310,03	827,05	1 912,48	2 151,54	617,37	1 771,52	1 992,96	407,81	1 630,64	1 834,47	198,13	1 489,68	1 675,89	—	1 348,80	1 517,40
	II	26 627	1 150,84	2 130,16	2 396,43	II	26 627	941,29	1 989,28	2 237,94	731,61	1 848,32	2 079,36	522,05	1 707,44	1 920,87	312,37	1 566,48	1 762,29	102,81	1 425,60	1 603,80	—	1 284,64	1 445,22
	III	19 156	—	1 532,48	1 724,04	III	19 156	—	1 413,12	1 589,76	—	1 296,80	1 458,90	—	1 183,36	1 331,28	—	1 072,96	1 207,08	—	965,44	1 086,12	—	860,80	968,40
	V	33 062	1 818,41	2 644,96	2 975,58	IV	27 428	1 141,44	2 123,84	2 389,32	1 036,60	2 053,36	2 310,03	931,77	1 982,88	2 230,74	827,05	1 912,48	2 151,54	722,21	1 842,—	2 072,25	617,37	1 771,52	1 992,96
	VI	33 497	1 842,33	2 679,76	3 014,73																				
100 079,99 Ost	I,IV	27 586	1 264,97	2 206,88	2 482,74	I	27 586	1 055,41	2 066,—	2 324,25	845,73	1 925,04	2 165,67	636,17	1 784,16	2 007,18	426,49	1 643,20	1 848,60	216,93	1 502,32	1 690,11	7,25	1 361,36	1 531,53
	II	26 785	1 169,65	2 142,80	2 410,65	II	26 785	959,97	2 001,84	2 252,07	750,41	1 860,96	2 093,58	540,73	1 720,—	1 935,—	331,17	1 579,12	1 776,51	121,49	1 438,16	1 617,93	—	1 297,28	1 459,44
	III	19 292	—	1 543,36	1 736,28	III	19 292	—	1 423,68	1 601,64	—	1 307,20	1 470,60	—	1 193,44	1 342,62	—	1 082,72	1 218,06	—	974,88	1 096,74	—	870,08	978,84
	V	33 220	1 827,10	2 657,60	2 989,80	IV	27 586	1 160,13	2 136,40	2 403,45	1 055,41	2 066,—	2 324,25	950,57	1 995,52	2 244,96	845,73	1 925,04	2 165,67	740,89	1 854,56	2 086,38	636,17	1 784,16	2 007,18
	VI	33 655	1 851,02	2 692,40	3 028,95																				

* Die ausgewiesenen Tabellenwerte sind amtlich. Siehe Erläuterungen auf der Umschlaginnenseite (U2).

Abzüge an Lohnsteuer, Solidaritätszuschlag (SolZ) und Kirchensteuer (8%, 9%) in den Steuerklassen

Lohn/ Gehalt bis €*	I – VI	LSt	ohne Kinderfreibeträge SolZ	8%	9%	I, II, III, IV	LSt	mit Zahl der Kinderfreibeträge … 0,5 SolZ	0,5 8%	0,5 9%	1 SolZ	1 8%	1 9%	1,5 SolZ	1,5 8%	1,5 9%	2 SolZ	2 8%	2 9%	2,5 SolZ	2,5 8%	2,5 9%	3 SolZ	3 8%	3 9%
100 115,99 West	I,IV	27 444	1 248,07	2 195,52	2 469,96	I	27 444	1 038,39	2 054,56	2 311,38	828,83	1 913,68	2 152,89	619,15	1 772,72	1 994,31	409,59	1 631,84	1 835,82	199,92	1 490,88	1 677,24	–	1 350,–	1 518,75
	II	26 642	1 152,63	2 131,36	2 397,78	II	26 642	943,07	1 990,48	2 239,29	733,39	1 849,52	2 080,71	523,83	1 708,64	1 922,22	314,16	1 567,68	1 763,64	104,60	1 426,80	1 605,15	–	1 285,84	1 446,57
	III	19 168	–	1 533,44	1 725,12	III	19 168	–	1 414,24	1 591,02	–	1 297,76	1 459,98	–	1 184,32	1 332,36	–	1 073,92	1 208,16	–	966,40	1 087,20	–	861,76	969,48
	V	33 077	1 819,23	2 646,16	2 976,93	IV	27 444	1 143,23	2 125,04	2 390,67	1 038,39	2 054,56	2 311,38	933,55	1 984,08	2 232,09	828,83	1 913,68	2 152,89	723,99	1 843,20	2 073,60	619,15	1 772,72	1 994,31
	VI	33 513	1 843,21	2 681,04	3 016,17																				
100 115,99 Ost	I,IV	27 601	1 266,75	2 208,08	2 484,09	I	27 601	1 057,19	2 067,20	2 325,60	847,51	1 926,24	2 167,02	637,95	1 785,36	2 008,53	428,28	1 644,40	1 849,95	218,72	1 503,52	1 691,46	9,04	1 362,56	1 532,88
	II	26 800	1 171,43	2 144,–	2 412,–	II	26 800	961,75	2 003,04	2 253,42	752,19	1 862,16	2 094,93	542,52	1 721,20	1 936,35	332,96	1 580,32	1 777,86	123,28	1 439,36	1 619,28	–	1 298,48	1 460,79
	III	19 304	–	1 544,32	1 737,36	III	19 304	–	1 424,80	1 602,90	–	1 308,16	1 471,68	–	1 194,40	1 343,70	–	1 083,68	1 219,14	–	975,84	1 097,82	–	871,04	979,92
	V	33 235	1 827,92	2 658,80	2 991,15	IV	27 601	1 161,91	2 137,60	2 404,80	1 057,19	2 067,20	2 325,60	952,35	1 996,72	2 246,31	847,51	1 926,24	2 167,02	742,67	1 855,76	2 087,73	637,95	1 785,36	2 008,53
	VI	33 670	1 851,85	2 693,60	3 030,30																				
100 151,99 West	I,IV	27 459	1 249,85	2 196,72	2 471,31	I	27 459	1 040,17	2 055,76	2 312,73	830,62	1 914,88	2 154,24	620,94	1 773,92	1 995,66	411,38	1 633,04	1 837,17	201,70	1 492,08	1 678,59	–	1 351,20	1 520,10
	II	26 657	1 154,41	2 132,56	2 399,13	II	26 657	944,86	1 991,68	2 240,64	735,18	1 850,72	2 082,06	525,62	1 709,84	1 923,57	315,94	1 568,88	1 764,99	106,38	1 428,–	1 606,50	–	1 287,04	1 447,92
	III	19 182	–	1 534,56	1 726,38	III	19 182	–	1 415,20	1 592,10	–	1 298,72	1 461,06	–	1 185,28	1 333,44	–	1 074,88	1 209,24	–	967,20	1 088,10	–	862,56	970,38
	V	33 093	1 820,11	2 647,44	2 978,37	IV	27 459	1 145,01	2 126,24	2 392,02	1 040,17	2 055,76	2 312,73	935,45	1 985,36	2 233,53	830,62	1 914,88	2 154,24	725,78	1 844,40	2 074,95	620,94	1 773,92	1 995,66
	VI	33 528	1 844,04	2 682,24	3 017,52																				
100 151,99 Ost	I,IV	27 616	1 268,54	2 209,28	2 485,44	I	27 616	1 058,98	2 068,40	2 326,95	849,30	1 927,44	2 168,37	639,74	1 786,56	2 009,88	430,06	1 645,60	1 851,30	220,50	1 504,72	1 692,81	10,82	1 363,76	1 534,23
	II	26 815	1 173,22	2 145,20	2 413,35	II	26 815	963,54	2 004,24	2 254,77	753,98	1 863,36	2 096,28	544,30	1 722,40	1 937,70	334,74	1 581,52	1 779,21	125,06	1 440,56	1 620,63	–	1 299,68	1 462,14
	III	19 318	–	1 545,44	1 738,62	III	19 318	–	1 425,76	1 603,98	–	1 309,12	1 472,76	–	1 195,36	1 344,78	–	1 084,64	1 220,22	–	976,80	1 098,90	–	871,84	980,82
	V	33 250	1 828,75	2 660,–	2 992,50	IV	27 616	1 163,70	2 138,80	2 406,15	1 058,98	2 068,40	2 326,95	954,14	1 997,92	2 247,66	849,30	1 927,44	2 168,37	744,58	1 857,04	2 089,17	639,74	1 786,56	2 009,88
	VI	33 685	1 852,67	2 694,80	3 031,65																				
100 187,99 West	I,IV	27 474	1 251,64	2 197,92	2 472,66	I	27 474	1 041,96	2 056,96	2 314,08	832,40	1 916,08	2 155,59	622,72	1 775,12	1 997,01	413,16	1 634,24	1 838,52	203,49	1 493,28	1 679,94	–	1 352,40	1 521,45
	II	26 672	1 156,20	2 133,76	2 400,48	II	26 672	946,64	1 992,88	2 241,99	737,08	1 852,–	2 083,50	527,40	1 711,04	1 924,92	317,84	1 570,16	1 766,43	108,17	1 429,20	1 607,85	–	1 288,32	1 449,36
	III	19 194	–	1 535,52	1 727,46	III	19 194	–	1 416,16	1 593,18	–	1 299,84	1 462,32	–	1 186,24	1 334,52	–	1 075,68	1 210,14	–	968,16	1 089,18	–	863,52	971,46
	V	33 108	1 820,94	2 648,64	2 979,72	IV	27 474	1 146,80	2 127,44	2 393,37	1 041,96	2 056,96	2 314,08	937,24	1 986,56	2 234,88	832,40	1 916,08	2 155,59	727,56	1 845,60	2 076,30	622,72	1 775,12	1 997,01
	VI	33 543	1 844,86	2 683,44	3 018,87																				
100 187,99 Ost	I,IV	27 631	1 270,32	2 210,48	2 486,79	I	27 631	1 060,76	2 069,60	2 328,30	851,08	1 928,64	2 169,72	641,52	1 787,76	2 011,23	431,85	1 646,80	1 852,65	222,29	1 505,92	1 694,16	12,61	1 364,96	1 535,58
	II	26 830	1 175,–	2 146,40	2 414,70	II	26 830	965,44	2 005,52	2 256,21	755,76	1 864,56	2 097,63	546,21	1 723,68	1 939,14	336,53	1 582,72	1 780,56	126,97	1 441,84	1 622,07	–	1 300,88	1 463,49
	III	19 330	–	1 546,40	1 739,70	III	19 330	–	1 426,72	1 605,06	–	1 310,08	1 473,84	–	1 196,32	1 345,86	–	1 085,60	1 221,30	–	977,60	1 099,80	–	872,80	981,90
	V	33 265	1 829,57	2 661,20	2 993,85	IV	27 631	1 165,60	2 140,08	2 407,59	1 060,76	2 069,60	2 328,30	955,92	1 999,12	2 249,01	851,08	1 928,64	2 169,72	746,36	1 858,24	2 090,52	641,52	1 787,76	2 011,23
	VI	33 700	1 853,50	2 696,–	3 033,–																				
100 223,99 West	I,IV	27 489	1 253,42	2 199,12	2 474,01	I	27 489	1 043,74	2 058,16	2 315,43	834,19	1 917,28	2 156,94	624,63	1 776,40	1 998,45	414,95	1 635,44	1 839,87	205,39	1 494,56	1 681,38	–	1 353,60	1 522,80
	II	26 688	1 158,10	2 135,04	2 401,92	II	26 688	948,43	1 994,08	2 243,34	738,87	1 853,20	2 084,85	529,19	1 712,24	1 926,27	319,63	1 571,36	1 767,78	109,95	1 430,40	1 609,20	–	1 289,52	1 450,71
	III	19 208	–	1 536,64	1 728,72	III	19 208	–	1 417,28	1 594,44	–	1 300,80	1 463,40	–	1 187,20	1 335,60	–	1 076,64	1 211,22	–	969,12	1 090,26	–	864,32	972,36
	V	33 123	1 821,76	2 649,84	2 981,07	IV	27 489	1 148,58	2 128,64	2 394,72	1 043,74	2 058,16	2 315,43	939,02	1 987,76	2 236,23	834,19	1 917,28	2 156,94	729,35	1 846,80	2 077,65	624,63	1 776,40	1 998,45
	VI	33 558	1 845,69	2 684,64	3 020,22																				
100 223,99 Ost	I,IV	27 646	1 272,11	2 211,68	2 488,14	I	27 646	1 062,55	2 070,80	2 329,65	852,99	1 929,92	2 171,16	643,31	1 788,96	2 012,58	433,75	1 648,08	1 854,09	224,07	1 507,12	1 695,51	14,51	1 366,24	1 537,02
	II	26 845	1 176,79	2 147,60	2 416,05	II	26 845	967,23	2 006,72	2 257,56	757,55	1 865,76	2 098,98	547,99	1 724,88	1 940,49	338,31	1 583,92	1 781,91	128,75	1 443,04	1 623,42	–	1 302,08	1 464,84
	III	19 344	–	1 547,52	1 740,96	III	19 344	–	1 427,84	1 606,32	–	1 311,04	1 474,92	–	1 197,28	1 346,94	–	1 086,56	1 222,38	–	978,56	1 100,88	–	873,60	982,80
	V	33 280	1 830,40	2 662,40	2 995,20	IV	27 646	1 167,39	2 141,28	2 408,94	1 062,55	2 070,80	2 329,65	957,71	2 000,32	2 250,36	852,99	1 929,92	2 171,16	748,15	1 859,44	2 091,87	643,31	1 788,96	2 012,58
	VI	33 715	1 854,32	2 697,20	3 034,35																				
100 259,99 West	I,IV	27 504	1 255,21	2 200,32	2 475,36	I	27 504	1 045,65	2 059,44	2 316,87	835,97	1 918,48	2 158,29	626,41	1 777,60	1 999,80	416,73	1 636,64	1 841,22	207,17	1 495,76	1 682,73	–	1 354,80	1 524,15
	II	26 703	1 159,89	2 136,24	2 403,27	II	26 703	950,21	1 995,28	2 244,69	740,65	1 854,40	2 086,20	530,97	1 713,44	1 927,62	321,41	1 572,56	1 769,13	111,74	1 431,60	1 610,55	–	1 290,72	1 452,06
	III	19 220	–	1 537,60	1 729,80	III	19 220	–	1 418,24	1 595,52	–	1 301,76	1 464,48	–	1 188,16	1 336,68	–	1 077,60	1 212,30	–	969,92	1 091,16	–	865,28	973,44
	V	33 138	1 822,59	2 651,04	2 982,42	IV	27 504	1 150,37	2 129,84	2 396,07	1 045,65	2 059,44	2 316,87	940,81	1 988,96	2 237,58	835,97	1 918,48	2 158,29	731,13	1 848,–	2 079,–	626,41	1 777,60	1 999,80
	VI	33 573	1 846,51	2 685,84	3 021,57																				
100 259,99 Ost	I,IV	27 662	1 274,01	2 212,96	2 489,58	I	27 662	1 064,33	2 072,–	2 331,–	854,77	1 931,12	2 172,51	645,09	1 790,16	2 013,93	435,54	1 649,28	1 855,44	225,86	1 508,32	1 696,86	16,30	1 367,44	1 538,37
	II	26 860	1 178,57	2 148,80	2 417,40	II	26 860	969,01	2 007,92	2 258,91	759,33	1 866,96	2 100,33	549,78	1 726,08	1 941,84	340,10	1 585,12	1 783,26	130,54	1 444,24	1 624,77	–	1 303,28	1 466,19
	III	19 356	–	1 548,48	1 742,04	III	19 356	–	1 428,80	1 607,40	–	1 312,–	1 476,–	–	1 198,24	1 348,02	–	1 087,36	1 223,28	–	979,52	1 101,96	–	874,56	983,88
	V	33 295	1 831,22	2 663,60	2 996,55	IV	27 662	1 169,17	2 142,48	2 410,29	1 064,33	2 072,–	2 331,–	959,49	2 001,52	2 251,71	854,77	1 931,12	2 172,51	749,93	1 860,64	2 093,22	645,09	1 790,16	2 013,93
	VI	33 731	1 855,20	2 698,48	3 035,79																				
100 295,99 West	I,IV	27 519	1 256,99	2 201,52	2 476,71	I	27 519	1 047,43	2 060,64	2 318,22	837,76	1 919,68	2 159,64	628,20	1 778,80	2 001,15	418,52	1 637,84	1 842,57	208,96	1 496,96	1 684,08	–	1 356,–	1 525,50
	II	26 718	1 161,67	2 137,44	2 404,62	II	26 718	952,–	1 996,48	2 246,04	742,44	1 855,60	2 087,55	532,76	1 714,64	1 928,97	323,20	1 573,76	1 770,48	113,52	1 432,80	1 611,90	–	1 291,92	1 453,41
	III	19 234	–	1 538,72	1 731,06	III	19 234	–	1 419,20	1 596,60	–	1 302,72	1 465,56	–	1 189,12	1 337,76	–	1 078,56	1 213,38	–	970,88	1 092,24	–	866,08	974,34
	V	33 153	1 823,41	2 652,24	2 983,77	IV	27 519	1 152,15	2 131,04	2 397,42	1 047,43	2 060,64	2 318,22	942,59	1 990,16	2 238,93	837,76	1 919,68	2 159,64	733,04	1 849,28	2 080,44	628,20	1 778,80	2 001,15
	VI	33 588	1 847,34	2 687,04	3 022,92																				
100 295,99 Ost	I,IV	27 677	1 275,79	2 214,16	2 490,93	I	27 677	1 066,12	2 073,20	2 332,35	856,56	1 932,32	2 173,86	646,88	1 791,36	2 015,28	437,32	1 650,48	1 856,79	227,64	1 509,52	1 698,21	18,08	1 368,64	1 539,72
	II	26 875	1 180,36	2 150,–	2 418,75	II	26 875	970,80	2 009,12	2 260,26	761,12	1 868,16	2 101,68	551,56	1 727,28	1 943,19	341,88	1 586,32	1 784,61	132,32	1 445,44	1 626,12	–	1 304,48	1 467,54
	III	19 370	–	1 549,60	1 743,30	III	19 370	–	1 429,76	1 608,48	–	1 313,12	1 477,26	–	1 199,20	1 349,10	–	1 088,32	1 224,36	–	980,48	1 103,04	–	875,36	984,78
	V	33 311	1 832,10	2 664,88	2 997,99	IV	27 677	1 170,96	2 143,68	2 411,64	1 066,12	2 073,20	2 332,35	961,28	2 002,72	2 253,06	856,56	1 932,32	2 173,86	751,72	1 861,84	2 094,57	646,88	1 791,36	2 015,28
	VI	33 746	1 856,03	2 699,68	3 037,14																				
100 331,99 West	I,IV	27 534	1 258,78	2 202,72	2 478,06	I	27 534	1 049,22	2 061,84	2 319,57	839,54	1 920,88	2 160,99	629,98	1 780,–	2 002,50	420,30	1 639,04	1 843,92	210,74	1 498,16	1 685,43	1,07	1 357,20	1 526,85
	II	26 733	1 163,46	2 138,64	2 405,97	II	26 733	953,78	1 997,68	2 247,39	744,22	1 856,80	2 088,90	534,66	1 715,92	1 930,41	324,98	1 574,96	1 771,83	115,43	1 434,08	1 613,34	–	1 293,12	1 454,76
	III	19 246	–	1 539,68	1 732,14	III	19 246	–	1 420,32	1 597,86	–	1 303,68	1 466,64	–	1 190,08	1 338,84	–	1 079,52	1 214,46	–	971,84	1 093,32	–	867,04	975,42
	V	33 168	1 824,24	2 653,44	2 985,12	IV	27 534	1 154,06	2 132,32	2 398,86	1 049,22	2 061,84	2 319,57	944,38	1 991,36	2 240,28	839,54	1 920,88	2 160,99	734,82	1 850,48	2 081,79	629,98	1 780,–	2 002,50
	VI	33 603	1 848,16	2 688,24	3 024,27																				
100 331,99 Ost	I,IV	27 692	1 277,58	2 215,36	2 492,28	I	27 692	1 067,90	2 074,40	2 333,70	858,34	1 933,52	2 175,21	648,66	1 792,56	2 016,63	439,11	1 651,68	1 858,14	229,43	1 510,72	1 699,56	19,87	1 369,84	1 541,07
	II	26 890	1 182,14	2 151,20	2 420,10	II	26 890	972,58	2 010,32	2 261,61	763,02	1 869,44	2 103,12	553,35	1 728,48	1 944,54	343,79	1 587,60	1 786,05	134,11	1 446,64	1 627,47	–	1 305,76	1 468,98
	III	19 382	–	1 550,56	1 744,38	III	19 382	–	1 430,88	1 609,74	–	1 314,08	1 478,34	–	1 200,16	1 350,18	–	1 089,28	1 225,44	–	981,28	1 103,94	–	876,32	985,86
	V	33 326	1 832,93	2 666,08	2 999,34	IV	27 692	1 172,74	2 144,88	2 412,99	1 067,90	2 074,40	2 333,70	963,18	2 004,–	2 254,50	858,34	1 933,52	2 175,21	753,50	1 863,04	2 095,92	648,66	1 792,56	2 016,63
	VI	33 761	1 856,85	2 700,88	3 038,49																				
100 367,99 West	I,IV	27 549	1 260,56	2 203,92	2 479,41	I	27 549	1 051,–	2 063,04	2 320,92	841,33	1 922,08	2 162,34	631,77	1 781,20	2 003,85	422,21	1 640,32	1 845,36	212,53	1 499,36	1 686,78	2,97	1 358,48	1 528,29
	II	26 748	1 165,24	2 139,84	2 407,32	II	26 748	955,68	1 998,96	2 248,83	746,01	1 858,–	2 090,25	536,45	1 717,12	1 931,76	326,77	1 576,16	1 773,18	117,21	1 435,28	1 614,69	–	1 294,32	1 456,11
	III	19 260	–	1 540,80	1 733,40	III	19 260	–	1 421,28	1 598,94	–	1 304,64	1 467,72	–	1 191,04	1 339,92	–	1 080,48	1 215,54	–	972,64	1 094,22	–	867,84	976,32
	V	33 183	1 825,06	2 654,64	2 986,47	IV	27 549	1 155,84	2 133,52	2 400,21	1 051,–	2 063,04	2 320,92	946,16	1 992,56	2 241,63	841,33	1 922,08	2 162,34	736,61	1 851,68	2 083,14	631,77	1 781,20	2 003,85
	VI	33 618	1 848,99	2 689,44	3 025,62																				
100 367,99 Ost	I,IV	27 707	1 279,36	2 216,56	2 493,63	I	27 707	1 069,69	2 075,60	2 335,05	860,13	1 934,72	2 176,56	650,57	1 793,84	2 018,07	440,89	1 652,88	1 859,49	231,33	1 512,–	1 701,–	21,65	1 371,04	1 542,42
	II	26 906	1 184,05	2 152,48	2 421,54	II	26 906	974,37	2 011,52	2 262,96	764,81	1 870,64	2 104,47	555,13	1 729,68	1 945,89	345,57	1 588,80	1 787,40	135,89	1 447,84	1 628,82	–	1 306,96	1 470,33
	III	19 396	–	1 551,68	1 745,64	III	19 396	–	1 431,84	1 610,82	–	1 315,04	1 479,42	–	1 201,12	1 351,26	–	1 090,24	1 226,52	–	982,24	1 105,02	–	877,12	986,76
	V	33 341	1 833,75	2 667,28	3 000,69	IV	27 707	1 174,53	2 146,08	2 414,34	1 069,69	2 075,60	2 335,05	964,97	2 005,20	2 255,85	860,13	1 934,72	2 176,56	755,29	1 864,24	2 097,27	650,57	1 793,84	2 018,07
	VI	33 776	1 857,68	2 702,08	3 039,84																				

* Die ausgewiesenen Tabellenwerte sind amtlich. Siehe Erläuterungen auf der Umschlaginnenseite (U2).

Abzüge an Lohnsteuer, Solidaritätszuschlag (SolZ) und Kirchensteuer (8%, 9%) in den Steuerklassen

Lohn/ Gehalt bis €*	I – VI		ohne Kinderfreibeträge			I, II, III, IV		mit Zahl der Kinderfreibeträge . . . 0,5			1			1,5			2			2,5			3		
		LSt	SolZ	8%	9%		LSt	SolZ	8%	9%	SolZ	8%	9%	SolZ	8%	9%	SolZ	8%	9%	SolZ	8%	9%	SolZ	8%	9%
100 403,99 West	I,IV	27 565	1 262,47	2 205,20	2 480,85	I	27 565	1 052,79	2 064,24	2 322,27	843,23	1 923,36	2 163,78	633,55	1 782,40	2 005,20	423,99	1 641,52	1 846,71	214,31	1 500,56	1 688,13	4,76	1 359,68	1 529,64
	II	26 763	1 167,03	2 141,04	2 408,67	II	26 763	957,47	2 000,16	2 250,18	747,79	1 859,20	2 091,60	538,23	1 718,32	1 933,11	328,55	1 577,36	1 774,53	119,—	1 436,48	1 616,04	—	1 295,52	1 457,46
	III	19 272	—	1 541,76	1 734,48	III	19 272	—	1 422,24	1 600,02	—	1 305,76	1 468,98	—	1 192,—	1 341,—	—	1 081,44	1 216,62	—	973,60	1 095,30	—	868,80	977,40
	V	33 198	1 825,89	2 655,84	2 987,82	IV	27 565	1 157,63	2 134,72	2 401,56	1 052,79	2 064,24	2 322,27	947,95	1 993,76	2 242,98	843,23	1 923,36	2 163,78	738,39	1 852,88	2 084,49	633,55	1 782,40	2 005,20
	VI	33 634	1 849,87	2 690,72	3 027,06																				
100 403,99 Ost	I,IV	27 722	1 281,15	2 217,76	2 494,98	I	27 722	1 071,59	2 076,88	2 336,49	861,91	1 935,92	2 177,91	652,35	1 795,04	2 019,42	442,68	1 654,08	1 860,84	233,12	1 513,20	1 702,35	23,44	1 372,24	1 543,77
	II	26 921	1 185,83	2 153,68	2 422,89	II	26 921	976,15	2 012,72	2 264,31	766,59	1 871,84	2 105,82	556,92	1 730,88	1 947,24	347,36	1 590,—	1 788,75	137,68	1 449,04	1 630,17	—	1 308,16	1 471,68
	III	19 408	—	1 552,64	1 746,72	III	19 408	—	1 432,80	1 611,90	—	1 316,—	1 480,50	—	1 202,08	1 352,34	—	1 091,20	1 227,60	—	983,20	1 106,10	—	878,08	987,84
	V	33 356	1 834,58	2 668,48	3 002,04	IV	27 722	1 176,31	2 147,28	2 415,69	1 071,59	2 076,88	2 336,49	966,75	2 006,40	2 257,20	861,91	1 935,92	2 177,91	757,07	1 865,44	2 098,62	652,35	1 795,04	2 019,42
	VI	33 791	1 858,50	2 703,28	3 041,19																				
100 439,99 West	I,IV	27 580	1 264,25	2 206,40	2 482,20	I	27 580	1 054,57	2 065,44	2 323,62	845,01	1 924,56	2 165,13	635,34	1 783,60	2 006,55	425,78	1 642,72	1 848,06	216,10	1 501,76	1 689,48	6,54	1 360,88	1 530,99
	II	26 778	1 168,81	2 142,24	2 410,02	II	26 778	959,25	2 001,36	2 251,53	749,58	1 860,40	2 092,95	540,02	1 719,52	1 934,46	330,34	1 578,56	1 775,88	120,78	1 437,68	1 617,39	—	1 296,72	1 458,81
	III	19 286	—	1 542,88	1 735,74	III	19 286	—	1 423,36	1 601,28	—	1 306,72	1 470,06	—	1 192,96	1 342,08	—	1 082,24	1 217,52	—	974,56	1 096,38	—	869,76	978,48
	V	33 214	1 826,77	2 657,12	2 989,26	IV	27 580	1 159,41	2 135,92	2 402,91	1 054,57	2 065,44	2 323,62	949,73	1 994,96	2 244,33	845,01	1 924,56	2 165,13	740,18	1 854,08	2 085,84	635,34	1 783,60	2 006,55
	VI	33 649	1 850,69	2 691,92	3 028,41																				
100 439,99 Ost	I,IV	27 737	1 282,93	2 218,96	2 496,33	I	27 737	1 073,38	2 078,08	2 337,84	863,70	1 937,12	2 179,26	654,14	1 796,24	2 020,77	444,46	1 655,28	1 862,19	234,90	1 514,40	1 703,70	25,22	1 373,44	1 545,12
	II	26 936	1 187,62	2 154,88	2 424,24	II	26 936	977,94	2 013,92	2 265,66	768,38	1 873,04	2 107,17	558,70	1 732,08	1 948,59	349,14	1 591,20	1 790,10	139,46	1 450,24	1 631,52	—	1 309,36	1 473,03
	III	19 422	—	1 553,76	1 747,98	III	19 422	—	1 433,92	1 613,16	—	1 316,96	1 481,58	—	1 203,04	1 353,42	—	1 092,16	1 228,68	—	984,—	1 107,—	—	879,04	988,92
	V	33 371	1 835,40	2 669,68	3 003,39	IV	27 737	1 178,10	2 148,48	2 417,04	1 073,38	2 078,08	2 337,84	968,54	2 007,60	2 258,55	863,70	1 937,12	2 179,26	758,86	1 866,64	2 099,97	654,14	1 796,24	2 020,77
	VI	33 806	1 859,33	2 704,48	3 042,54																				
100 475,99 West	I,IV	27 595	1 266,04	2 207,60	2 483,55	I	27 595	1 056,36	2 066,64	2 324,97	846,80	1 925,76	2 166,48	637,12	1 784,80	2 007,90	427,56	1 643,92	1 849,41	217,88	1 502,96	1 690,83	8,33	1 362,08	1 532,34
	II	26 793	1 170,60	2 143,44	2 411,37	II	26 793	961,04	2 002,56	2 252,88	751,36	1 861,60	2 094,30	541,80	1 720,72	1 935,81	332,24	1 579,84	1 777,32	122,57	1 438,88	1 618,74	—	1 298,—	1 460,25
	III	19 298	—	1 543,84	1 736,82	III	19 298	—	1 424,32	1 602,36	—	1 307,68	1 471,14	—	1 193,92	1 343,16	—	1 083,20	1 218,60	—	975,52	1 097,46	—	870,56	979,38
	V	33 229	1 827,59	2 658,32	2 990,61	IV	27 595	1 161,20	2 137,12	2 404,26	1 056,36	2 066,64	2 324,97	951,64	1 996,24	2 245,77	846,80	1 925,76	2 166,48	741,96	1 855,28	2 087,19	637,12	1 784,80	2 007,90
	VI	33 664	1 851,52	2 693,12	3 029,76																				
100 475,99 Ost	I,IV	27 752	1 284,72	2 220,16	2 497,68	I	27 752	1 075,16	2 079,28	2 339,19	865,48	1 938,32	2 180,61	655,92	1 797,44	2 022,12	446,25	1 656,48	1 863,54	236,69	1 515,60	1 705,05	27,01	1 374,64	1 546,47
	II	26 951	1 189,40	2 156,08	2 425,59	II	26 951	979,72	2 015,12	2 267,01	770,16	1 874,24	2 108,52	560,60	1 733,36	1 950,03	350,93	1 592,40	1 791,45	141,37	1 451,52	1 632,96	—	1 310,56	1 474,38
	III	19 434	—	1 554,72	1 749,06	III	19 434	—	1 434,88	1 614,24	—	1 318,08	1 482,84	—	1 204,—	1 354,50	—	1 093,12	1 229,76	—	984,96	1 108,08	—	879,84	989,82
	V	33 386	1 836,23	2 670,88	3 004,74	IV	27 752	1 180,—	2 149,76	2 418,48	1 075,16	2 079,28	2 339,19	970,32	2 008,80	2 259,90	865,48	1 938,32	2 180,61	760,76	1 867,92	2 101,41	655,92	1 797,44	2 022,12
	VI	33 821	1 860,15	2 705,68	3 043,89																				
100 511,99 West	I,IV	27 610	1 267,82	2 208,80	2 484,90	I	27 610	1 058,14	2 067,84	2 326,32	848,58	1 926,96	2 167,83	638,91	1 786,—	2 009,25	429,35	1 645,12	1 850,76	219,79	1 504,24	1 692,27	10,11	1 363,28	1 533,69
	II	26 809	1 172,50	2 144,72	2 412,81	II	26 809	962,82	2 003,76	2 254,23	753,27	1 862,88	2 095,74	543,59	1 721,92	1 937,16	334,03	1 581,04	1 778,67	124,35	1 440,08	1 620,09	—	1 299,20	1 461,60
	III	19 312	—	1 544,96	1 738,08	III	19 312	—	1 425,28	1 603,44	—	1 308,64	1 472,22	—	1 195,04	1 344,42	—	1 084,16	1 219,68	—	976,32	1 098,36	—	871,52	980,46
	V	33 244	1 828,42	2 659,52	2 991,96	IV	27 610	1 162,98	2 138,32	2 405,61	1 058,14	2 067,84	2 326,32	953,42	1 997,44	2 247,12	848,58	1 926,96	2 167,83	743,75	1 856,48	2 088,54	638,91	1 786,—	2 009,25
	VI	33 679	1 852,34	2 694,32	3 031,11																				
100 511,99 Ost	I,IV	27 767	1 286,50	2 221,36	2 499,03	I	27 767	1 076,95	2 080,48	2 340,54	867,27	1 939,52	2 181,96	657,71	1 798,64	2 023,47	448,15	1 657,76	1 864,98	238,47	1 516,80	1 706,40	28,91	1 375,92	1 547,91
	II	26 966	1 191,19	2 157,28	2 426,94	II	26 966	981,63	2 016,40	2 268,45	771,95	1 875,44	2 109,87	562,39	1 734,56	1 951,38	352,71	1 593,60	1 792,80	143,15	1 452,72	1 634,31	—	1 311,76	1 475,73
	III	19 448	—	1 555,84	1 750,32	III	19 448	—	1 435,84	1 615,32	—	1 319,04	1 483,92	—	1 204,96	1 355,58	—	1 094,08	1 230,84	—	985,92	1 109,16	—	880,80	990,90
	V	33 401	1 837,05	2 672,08	3 006,09	IV	27 767	1 181,78	2 150,96	2 419,83	1 076,95	2 080,48	2 340,54	972,11	2 010,—	2 261,25	867,27	1 939,52	2 181,96	762,55	1 869,12	2 102,76	657,71	1 798,64	2 023,47
	VI	33 836	1 860,98	2 706,88	3 045,24																				
100 547,99 West	I,IV	27 625	1 269,61	2 210,—	2 486,25	I	27 625	1 060,05	2 069,12	2 327,76	850,37	1 928,16	2 169,18	640,81	1 787,28	2 010,69	431,13	1 646,32	1 852,11	221,57	1 505,44	1 693,62	11,90	1 364,48	1 535,04
	II	26 824	1 174,29	2 145,92	2 414,16	II	26 824	964,61	2 004,96	2 255,58	755,05	1 864,08	2 097,09	545,37	1 723,12	1 938,51	335,81	1 582,24	1 780,02	126,14	1 441,28	1 621,44	—	1 300,40	1 462,95
	III	19 324	—	1 545,92	1 739,16	III	19 324	—	1 426,40	1 604,70	—	1 309,60	1 473,30	—	1 196,—	1 345,50	—	1 085,12	1 220,76	—	977,28	1 099,44	—	872,32	981,36
	V	33 259	1 829,24	2 660,72	2 993,31	IV	27 625	1 164,77	2 139,52	2 406,96	1 060,05	2 069,12	2 327,76	955,21	1 998,64	2 248,47	850,37	1 928,16	2 169,18	745,53	1 857,68	2 089,89	640,81	1 787,28	2 010,69
	VI	33 694	1 853,17	2 695,52	3 032,46																				
100 547,99 Ost	I,IV	27 783	1 288,41	2 222,64	2 500,47	I	27 783	1 078,73	2 081,68	2 341,89	869,17	1 940,80	2 183,40	659,49	1 799,84	2 024,82	449,93	1 658,96	1 866,33	240,26	1 518,—	1 707,75	30,70	1 377,12	1 549,26
	II	26 981	1 192,97	2 158,48	2 428,29	II	26 981	983,41	2 017,60	2 269,80	773,73	1 876,64	2 111,22	564,17	1 735,76	1 952,73	354,50	1 594,80	1 794,15	144,94	1 453,92	1 635,66	—	1 312,96	1 477,08
	III	19 460	—	1 556,80	1 751,40	III	19 460	—	1 436,96	1 616,58	—	1 320,—	1 485,—	—	1 206,08	1 356,84	—	1 094,88	1 231,74	—	986,88	1 110,24	—	881,60	991,80
	V	33 416	1 837,88	2 673,28	3 007,44	IV	27 783	1 183,57	2 152,16	2 421,18	1 078,73	2 081,68	2 341,89	973,89	2 011,20	2 262,60	869,17	1 940,80	2 183,40	764,33	1 870,32	2 104,11	659,49	1 799,84	2 024,82
	VI	33 852	1 861,86	2 708,16	3 046,68																				
100 583,99 West	I,IV	27 640	1 271,39	2 211,20	2 487,60	I	27 640	1 061,83	2 070,32	2 329,11	852,15	1 929,36	2 170,53	642,60	1 788,48	2 012,04	432,92	1 647,52	1 853,46	223,36	1 506,64	1 694,97	13,68	1 365,68	1 536,39
	II	26 839	1 176,07	2 147,12	2 415,51	II	26 839	966,39	2 006,16	2 256,93	756,84	1 865,28	2 098,44	547,16	1 724,32	1 939,86	337,60	1 583,44	1 781,37	127,92	1 442,48	1 622,79	—	1 301,60	1 464,30
	III	19 338	—	1 547,04	1 740,42	III	19 338	—	1 427,36	1 605,78	—	1 310,72	1 474,56	—	1 196,96	1 346,58	—	1 086,08	1 221,84	—	978,24	1 100,52	—	873,28	982,44
	V	33 274	1 830,07	2 661,92	2 994,66	IV	27 640	1 166,55	2 140,72	2 408,31	1 061,83	2 070,32	2 329,11	956,99	1 999,84	2 249,82	852,15	1 929,36	2 170,53	747,32	1 858,88	2 091,24	642,60	1 788,48	2 012,04
	VI	33 709	1 853,99	2 696,72	3 033,81																				
100 583,99 Ost	I,IV	27 798	1 290,19	2 223,84	2 501,82	I	27 798	1 080,52	2 082,88	2 343,24	870,96	1 942,—	2 184,75	661,28	1 801,04	2 026,17	451,72	1 660,16	1 867,68	242,04	1 519,20	1 709,10	32,48	1 378,32	1 550,61
	II	26 996	1 194,76	2 159,68	2 429,64	II	26 996	985,20	2 018,80	2 271,15	775,52	1 877,84	2 112,57	565,96	1 736,96	1 954,08	356,28	1 596,—	1 795,50	146,72	1 455,12	1 637,01	—	1 314,16	1 478,43
	III	19 474	—	1 557,92	1 752,66	III	19 474	—	1 437,92	1 617,66	—	1 320,96	1 486,08	—	1 207,04	1 357,92	—	1 095,84	1 232,82	—	987,68	1 111,14	—	882,56	992,88
	V	33 432	1 838,76	2 674,56	3 008,88	IV	27 798	1 185,35	2 153,36	2 422,53	1 080,52	2 082,88	2 343,24	975,68	2 012,40	2 263,95	870,96	1 942,—	2 184,75	766,12	1 871,52	2 105,46	661,28	1 801,04	2 026,17
	VI	33 867	1 862,68	2 709,36	3 048,03																				
100 619,99 West	I,IV	27 655	1 273,18	2 212,40	2 488,95	I	27 655	1 063,62	2 071,52	2 330,46	853,94	1 930,56	2 171,88	644,38	1 789,68	2 013,39	434,70	1 648,72	1 854,81	225,14	1 507,84	1 696,32	15,47	1 366,88	1 537,74
	II	26 854	1 177,86	2 148,32	2 416,86	II	26 854	968,18	2 007,36	2 258,28	758,62	1 866,48	2 099,79	548,94	1 725,52	1 941,21	339,38	1 584,64	1 782,72	129,82	1 443,76	1 624,23	—	1 302,80	1 465,65
	III	19 350	—	1 548,—	1 741,50	III	19 350	—	1 428,32	1 606,86	—	1 311,68	1 475,64	—	1 197,92	1 347,66	—	1 087,04	1 222,92	—	979,04	1 101,42	—	874,08	983,34
	V	33 289	1 830,89	2 663,12	2 996,01	IV	27 655	1 168,46	2 142,—	2 409,75	1 063,62	2 071,52	2 330,46	958,78	2 001,04	2 251,17	853,94	1 930,56	2 171,88	749,22	1 860,16	2 092,68	644,38	1 789,68	2 013,39
	VI	33 724	1 854,82	2 697,92	3 035,16																				
100 619,99 Ost	I,IV	27 813	1 291,98	2 225,04	2 503,17	I	27 813	1 082,30	2 084,08	2 344,59	872,74	1 943,20	2 186,10	663,06	1 802,24	2 027,52	453,50	1 661,36	1 869,03	243,83	1 520,40	1 710,45	34,27	1 379,52	1 551,96
	II	27 011	1 196,54	2 160,88	2 430,99	II	27 011	986,98	2 020,—	2 272,50	777,30	1 879,04	2 113,92	567,74	1 738,16	1 955,43	358,19	1 597,28	1 796,94	148,51	1 456,32	1 638,36	—	1 315,44	1 479,87
	III	19 486	—	1 558,88	1 753,74	III	19 486	—	1 439,04	1 618,92	—	1 321,92	1 487,16	—	1 208,—	1 359,—	—	1 096,80	1 233,90	—	988,64	1 112,22	—	883,36	993,78
	V	33 447	1 839,58	2 675,76	3 010,23	IV	27 813	1 187,14	2 154,56	2 423,88	1 082,30	2 084,08	2 344,59	977,58	2 013,68	2 265,39	872,74	1 943,20	2 186,10	767,90	1 872,72	2 106,81	663,06	1 802,24	2 027,52
	VI	33 882	1 863,51	2 710,56	3 049,38																				
100 655,99 West	I,IV	27 670	1 274,96	2 213,60	2 490,30	I	27 670	1 065,40	2 072,72	2 331,81	855,72	1 931,76	2 173,23	646,17	1 790,88	2 014,74	436,49	1 649,92	1 856,16	226,93	1 509,04	1 697,67	17,37	1 368,16	1 539,18
	II	26 869	1 179,64	2 149,52	2 418,21	II	26 869	970,08	2 008,64	2 259,72	760,41	1 867,68	2 101,14	550,85	1 726,80	1 942,65	341,17	1 585,84	1 784,07	131,61	1 444,96	1 625,58	—	1 304,—	1 467,—
	III	19 364	—	1 549,12	1 742,76	III	19 364	—	1 429,44	1 608,12	—	1 312,64	1 476,72	—	1 198,88	1 348,74	—	1 088,—	1 224,—	—	980,—	1 102,50	—	875,04	984,42
	V	33 304	1 831,72	2 664,32	2 997,36	IV	27 670	1 170,24	2 143,20	2 411,10	1 065,40	2 072,72	2 331,81	960,56	2 002,24	2 252,52	855,72	1 931,76	2 173,23	751,—	1 861,36	2 094,03	646,17	1 790,88	2 014,74
	VI	33 739	1 855,64	2 699,12	3 036,51																				
100 655,99 Ost	I,IV	27 828	1 293,76	2 226,24	2 504,52	I	27 828	1 084,09	2 085,28	2 345,94	874,53	1 944,40	2 187,45	664,85	1 803,44	2 028,87	455,29	1 662,56	1 870,38	245,73	1 521,68	1 711,89	36,05	1 380,72	1 553,31
	II	27 027	1 198,44	2 162,16	2 432,43	II	27 027	988,77	2 021,20	2 273,85	779,21	1 880,32	2 115,36	569,53	1 739,36	1 956,78	359,97	1 598,48	1 798,29	150,29	1 457,52	1 639,71	—	1 316,64	1 481,22
	III	19 500	—	1 560,—	1 755,—	III	19 500	—	1 440,—	1 620,—	—	1 323,04	1 488,42	—	1 208,96	1 360,08	—	1 097,76	1 234,98	—	989,60	1 113,30	—	884,32	994,86
	V	33 462	1 840,41	2 676,96	3 011,58	IV	27 828	1 188,92	2 155,76	2 425,23	1 084,09	2 085,28	2 345,94	979,37	2 014,88	2 266,74	874,53	1 944,40	2 187,45	769,69	1 873,92	2 108,16	664,85	1 803,44	2 028,87
	VI	33 897	1 864,33	2 711,76	3 050,73																				

* Die ausgewiesenen Tabellenwerte sind amtlich. Siehe Erläuterungen auf der Umschlaginnenseite (U2).

100 656,–*

Abzüge an Lohnsteuer, Solidaritätszuschlag (SolZ) und Kirchensteuer (8%, 9%) in den Steuerklassen

Lohn/Gehalt bis €*	I – VI		ohne Kinderfreibeträge			I, II, III, IV		mit Zahl der Kinderfreibeträge . . . 0,5			1			1,5			2			2,5			3		
		LSt	SolZ	8%	9%		LSt	SolZ	8%	9%	SolZ	8%	9%	SolZ	8%	9%	SolZ	8%	9%	SolZ	8%	9%	SolZ	8%	9%
100 691,99 West	I,IV	27 686	1 276,87	2 214,88	2 491,74	I	27 686	1 067,19	2 073,92	2 333,16	857,63	1 933,04	2 174,67	647,95	1 792,08	2 016,09	438,39	1 651,20	1 857,60	228,71	1 510,24	1 699,02	19,15	1 369,36	1 540,53
	II	26 884	1 181,43	2 150,72	2 419,56	II	26 884	971,87	2 009,84	2 261,07	762,19	1 868,88	2 102,49	552,63	1 728,–	1 944,–	342,95	1 587,04	1 785,42	133,39	1 446,16	1 626,93	–	1 305,20	1 468,35
	III	19 376	–	1 550,08	1 743,84	III	19 376	–	1 430,40	1 609,20	–	1 313,60	1 477,80	–	1 199,84	1 349,82	–	1 088,96	1 225,08	–	980,96	1 103,58	–	875,84	985,32
	V	33 319	1 832,54	2 665,52	2 998,71	IV	27 686	1 172,03	2 144,40	2 412,45	1 067,19	2 073,92	2 333,16	962,35	2 003,44	2 253,87	857,63	1 933,04	2 174,67	752,79	1 862,56	2 095,38	647,95	1 792,08	2 016,09
	VI	33 755	1 856,52	2 700,40	3 037,95																				
100 691,99 Ost	I,IV	27 843	1 295,55	2 227,44	2 505,87	I	27 843	1 085,99	2 086,56	2 347,38	876,31	1 945,60	2 188,80	666,75	1 804,72	2 030,31	457,07	1 663,76	1 871,73	247,52	1 522,88	1 713,24	37,84	1 381,92	1 554,66
	II	27 042	1 200,23	2 163,36	2 433,78	II	27 042	990,55	2 022,40	2 275,20	780,99	1 881,52	2 116,71	571,31	1 740,56	1 958,13	361,76	1 599,68	1 799,64	152,08	1 458,72	1 641,06	–	1 317,84	1 482,57
	III	19 512	–	1 560,96	1 756,08	III	19 512	–	1 440,96	1 621,08	–	1 324,–	1 489,50	–	1 209,92	1 361,16	–	1 098,72	1 236,06	–	990,56	1 114,38	–	885,28	995,94
	V	33 477	1 841,23	2 678,16	3 012,93	IV	27 843	1 190,71	2 156,96	2 426,58	1 085,99	2 086,56	2 347,38	981,15	2 016,08	2 268,09	876,31	1 945,60	2 188,80	771,47	1 875,12	2 109,51	666,75	1 804,72	2 030,31
	VI	33 912	1 865,16	2 712,96	3 052,08																				
100 727,99 West	I,IV	27 701	1 278,65	2 216,08	2 493,09	I	27 701	1 068,97	2 075,12	2 334,51	859,41	1 934,24	2 176,02	649,74	1 793,28	2 017,44	440,18	1 652,40	1 858,95	230,50	1 511,44	1 700,37	20,94	1 370,56	1 541,88
	II	26 899	1 183,21	2 151,92	2 420,91	II	26 899	973,65	2 011,04	2 262,42	763,98	1 870,08	2 103,84	554,42	1 729,20	1 945,35	344,74	1 588,24	1 786,77	135,18	1 447,36	1 628,28	–	1 306,40	1 469,70
	III	19 390	–	1 551,20	1 745,10	III	19 390	–	1 431,36	1 610,28	–	1 314,56	1 478,88	–	1 200,80	1 350,90	–	1 089,76	1 225,98	–	981,76	1 104,48	–	876,80	986,40
	V	33 335	1 833,42	2 666,80	3 000,15	IV	27 701	1 173,81	2 145,60	2 413,80	1 068,97	2 075,12	2 334,51	964,13	2 004,64	2 255,22	859,41	1 934,24	2 176,02	754,57	1 863,76	2 096,73	649,74	1 793,28	2 017,44
	VI	33 770	1 857,35	2 701,60	3 039,30																				
100 727,99 Ost	I,IV	27 858	1 297,33	2 228,64	2 507,22	I	27 858	1 087,77	2 087,76	2 348,73	878,10	1 946,80	2 190,15	668,54	1 805,92	2 031,66	458,86	1 664,96	1 873,08	249,30	1 524,08	1 714,59	39,62	1 383,12	1 556,01
	II	27 057	1 202,01	2 164,56	2 435,13	II	27 057	992,34	2 023,60	2 276,55	782,78	1 882,72	2 118,06	573,10	1 741,76	1 959,48	363,54	1 600,88	1 800,99	153,86	1 459,92	1 642,41	–	1 319,04	1 483,92
	III	19 526	–	1 562,08	1 757,34	III	19 526	–	1 442,08	1 622,34	–	1 324,96	1 490,58	–	1 210,88	1 362,24	–	1 099,68	1 237,14	–	991,36	1 115,28	–	886,08	996,84
	V	33 492	1 842,06	2 679,36	3 014,28	IV	27 858	1 192,49	2 158,16	2 427,93	1 087,77	2 087,76	2 348,73	982,94	2 017,28	2 269,44	878,10	1 946,80	2 190,15	773,26	1 876,32	2 110,86	668,54	1 805,92	2 031,66
	VI	33 927	1 865,98	2 714,16	3 053,43																				
100 763,99 West	I,IV	27 716	1 280,44	2 217,28	2 494,44	I	27 716	1 070,76	2 076,32	2 335,86	861,20	1 935,44	2 177,37	651,52	1 794,48	2 018,79	441,96	1 653,60	1 860,30	232,28	1 512,64	1 701,72	22,72	1 371,76	1 543,23
	II	26 914	1 185,–	2 153,12	2 422,26	II	26 914	975,44	2 012,24	2 263,77	765,76	1 871,28	2 105,19	556,20	1 730,40	1 946,70	346,52	1 589,44	1 788,12	136,96	1 448,56	1 629,63	–	1 307,68	1 471,14
	III	19 402	–	1 552,16	1 746,18	III	19 402	–	1 432,48	1 611,54	–	1 315,52	1 479,96	–	1 201,76	1 351,98	–	1 090,72	1 227,06	–	982,72	1 105,56	–	877,76	987,48
	V	33 350	1 834,25	2 668,–	3 001,50	IV	27 716	1 175,60	2 146,80	2 415,15	1 070,76	2 076,32	2 335,86	966,04	2 005,92	2 256,66	861,20	1 935,44	2 177,37	756,36	1 864,96	2 098,08	651,52	1 794,48	2 018,79
	VI	33 785	1 858,17	2 702,80	3 040,65																				
100 763,99 Ost	I,IV	27 873	1 299,12	2 229,84	2 508,57	I	27 873	1 089,56	2 088,96	2 350,08	879,88	1 948,–	2 191,50	670,32	1 807,12	2 033,01	460,64	1 666,16	1 874,43	251,09	1 525,28	1 715,94	41,41	1 384,32	1 557,36
	II	27 072	1 203,80	2 165,76	2 436,48	II	27 072	994,12	2 024,80	2 277,90	784,56	1 883,92	2 119,41	574,88	1 742,96	1 960,83	365,33	1 602,08	1 802,34	155,77	1 461,20	1 643,85	–	1 320,24	1 485,27
	III	19 538	–	1 563,04	1 758,42	III	19 538	–	1 443,04	1 623,42	–	1 325,92	1 491,66	–	1 211,84	1 363,32	–	1 100,64	1 238,22	–	992,32	1 116,36	–	887,04	997,92
	V	33 507	1 842,88	2 680,56	3 015,63	IV	27 873	1 194,40	2 159,44	2 429,37	1 089,56	2 088,96	2 350,08	984,72	2 018,48	2 270,79	879,88	1 948,–	2 191,50	775,16	1 877,60	2 112,30	670,32	1 807,12	2 033,01
	VI	33 942	1 866,81	2 715,36	3 054,78																				
100 799,99 West	I,IV	27 731	1 282,22	2 218,48	2 495,79	I	27 731	1 072,54	2 077,52	2 337,21	862,98	1 936,64	2 178,72	653,31	1 795,68	2 020,14	443,75	1 654,80	1 861,65	234,07	1 513,84	1 703,07	24,51	1 372,96	1 544,58
	II	26 930	1 186,90	2 154,40	2 423,70	II	26 930	977,22	2 013,44	2 265,12	767,66	1 872,56	2 106,63	557,99	1 731,60	1 948,05	348,43	1 590,72	1 789,56	138,75	1 449,76	1 630,98	–	1 308,88	1 472,49
	III	19 416	–	1 553,28	1 747,44	III	19 416	–	1 433,44	1 612,62	–	1 316,64	1 481,22	–	1 202,72	1 353,06	–	1 091,68	1 228,14	–	983,68	1 106,64	–	878,56	988,38
	V	33 365	1 835,07	2 669,20	3 002,85	IV	27 731	1 177,38	2 148,–	2 416,50	1 072,54	2 077,52	2 337,21	967,82	2 007,12	2 258,01	862,98	1 936,64	2 178,72	758,14	1 866,16	2 099,43	653,31	1 795,68	2 020,14
	VI	33 800	1 859,–	2 704,–	3 042,–																				
100 799,99 Ost	I,IV	27 888	1 300,90	2 231,04	2 509,92	I	27 888	1 091,34	2 090,16	2 351,43	881,67	1 949,20	2 192,85	672,11	1 808,32	2 034,36	462,43	1 667,36	1 875,78	252,87	1 526,48	1 717,29	43,31	1 385,60	1 558,80
	II	27 087	1 205,58	2 166,96	2 437,83	II	27 087	996,03	2 026,08	2 279,34	786,35	1 885,12	2 120,76	576,79	1 744,24	1 962,27	367,11	1 603,28	1 803,69	157,55	1 462,40	1 645,20	–	1 321,44	1 486,62
	III	19 552	–	1 564,16	1 759,68	III	19 552	–	1 444,–	1 624,50	–	1 326,88	1 492,74	–	1 212,80	1 364,40	–	1 101,60	1 239,30	–	993,28	1 117,44	–	887,84	998,82
	V	33 522	1 843,71	2 681,76	3 016,98	IV	27 888	1 196,18	2 160,64	2 430,72	1 091,34	2 090,16	2 351,43	986,51	2 019,68	2 272,14	881,67	1 949,20	2 192,85	776,95	1 878,80	2 113,65	672,11	1 808,32	2 034,36
	VI	33 957	1 867,63	2 716,56	3 056,13																				
100 835,99 West	I,IV	27 746	1 284,01	2 219,68	2 497,14	I	27 746	1 074,45	2 078,80	2 338,65	864,77	1 937,84	2 180,07	655,21	1 796,96	2 021,58	445,53	1 656,–	1 863,–	235,97	1 515,12	1 704,51	26,29	1 374,16	1 545,93
	II	26 945	1 188,69	2 155,60	2 425,05	II	26 945	979,01	2 014,64	2 266,47	769,45	1 873,76	2 107,98	559,77	1 732,80	1 949,40	350,21	1 591,92	1 790,91	140,53	1 450,96	1 632,33	–	1 310,08	1 473,84
	III	19 428	–	1 554,24	1 748,52	III	19 428	–	1 434,40	1 613,70	–	1 317,60	1 482,30	–	1 203,68	1 354,14	–	1 092,64	1 229,22	–	984,64	1 107,72	–	879,52	989,46
	V	33 380	1 835,90	2 670,40	3 004,20	IV	27 746	1 179,17	2 149,20	2 417,85	1 074,45	2 078,80	2 338,65	969,61	2 008,32	2 259,36	864,77	1 937,84	2 180,07	759,93	1 867,36	2 100,78	655,21	1 796,96	2 021,58
	VI	33 815	1 859,82	2 705,20	3 043,35																				
100 835,99 Ost	I,IV	27 904	1 302,81	2 232,32	2 511,36	I	27 904	1 093,13	2 091,36	2 352,78	883,57	1 950,48	2 194,29	673,89	1 809,52	2 035,71	464,33	1 668,64	1 877,22	254,66	1 527,68	1 718,64	45,10	1 386,80	1 560,15
	II	27 102	1 207,37	2 168,16	2 439,18	II	27 102	997,81	2 027,28	2 280,69	788,13	1 886,32	2 122,11	578,57	1 745,44	1 963,62	368,90	1 604,48	1 805,04	159,34	1 463,60	1 646,55	–	1 322,64	1 487,97
	III	19 564	–	1 565,12	1 760,76	III	19 564	–	1 445,12	1 625,76	–	1 328,–	1 494,–	–	1 213,76	1 365,48	–	1 102,40	1 240,20	–	994,08	1 118,34	–	888,80	999,90
	V	33 537	1 844,53	2 682,96	3 018,33	IV	27 904	1 197,97	2 161,84	2 432,07	1 093,13	2 091,36	2 352,78	988,29	2 020,88	2 273,49	883,57	1 950,48	2 194,29	778,73	1 880,–	2 115,–	673,89	1 809,52	2 035,71
	VI	33 972	1 868,46	2 717,76	3 057,48																				
100 871,99 West	I,IV	27 761	1 285,79	2 220,88	2 498,49	I	27 761	1 076,23	2 080,–	2 340,–	866,55	1 939,04	2 181,42	656,99	1 798,16	2 022,93	447,32	1 657,20	1 864,35	237,76	1 516,32	1 705,86	28,08	1 375,36	1 547,28
	II	26 960	1 190,47	2 156,80	2 426,40	II	26 960	980,79	2 015,84	2 267,82	771,23	1 874,96	2 109,33	561,56	1 734,–	1 950,75	352,–	1 593,12	1 792,26	142,32	1 452,16	1 633,68	–	1 311,28	1 475,19
	III	19 442	–	1 555,36	1 749,78	III	19 442	–	1 435,52	1 614,96	–	1 318,56	1 483,38	–	1 204,64	1 355,22	–	1 093,60	1 230,30	–	985,44	1 108,62	–	880,32	990,36
	V	33 395	1 836,72	2 671,60	3 005,55	IV	27 761	1 180,95	2 150,40	2 419,20	1 076,23	2 080,–	2 340,–	971,39	2 009,52	2 260,71	866,55	1 939,04	2 181,42	761,71	1 868,56	2 102,13	656,99	1 798,16	2 022,93
	VI	33 830	1 860,65	2 706,40	3 044,70																				
100 871,99 Ost	I,IV	27 919	1 304,59	2 233,52	2 512,71	I	27 919	1 094,91	2 092,56	2 354,13	885,36	1 951,68	2 195,64	675,68	1 810,72	2 037,06	466,12	1 669,84	1 878,57	256,44	1 528,88	1 719,99	46,88	1 388,–	1 561,50
	II	27 117	1 209,15	2 169,36	2 440,53	II	27 117	999,60	2 028,48	2 282,04	789,92	1 887,52	2 123,46	580,36	1 746,64	1 964,97	370,68	1 605,68	1 806,39	161,12	1 464,80	1 647,90	–	1 323,84	1 489,32
	III	19 578	–	1 566,24	1 762,02	III	19 578	–	1 446,08	1 626,84	–	1 328,96	1 495,08	–	1 214,72	1 366,56	–	1 103,36	1 241,28	–	995,04	1 119,42	–	889,60	1 000,80
	V	33 552	1 845,36	2 684,16	3 019,68	IV	27 919	1 199,75	2 163,04	2 433,42	1 094,91	2 092,56	2 354,13	990,08	2 022,08	2 274,84	885,36	1 951,68	2 195,64	780,52	1 881,20	2 116,35	675,68	1 810,72	2 037,06
	VI	33 988	1 869,34	2 719,04	3 058,92																				
100 907,99 West	I,IV	27 776	1 287,58	2 222,08	2 499,84	I	27 776	1 078,02	2 081,20	2 341,35	868,34	1 940,24	2 182,77	658,78	1 799,36	2 024,28	449,10	1 658,40	1 865,70	239,54	1 517,52	1 707,21	29,86	1 376,56	1 548,63
	II	26 975	1 192,26	2 158,–	2 427,75	II	26 975	982,58	2 017,04	2 269,17	773,02	1 876,16	2 110,68	563,34	1 735,20	1 952,10	353,78	1 594,32	1 793,61	144,10	1 453,36	1 635,03	–	1 312,48	1 476,54
	III	19 454	–	1 556,32	1 750,86	III	19 454	–	1 436,48	1 616,04	–	1 319,52	1 484,46	–	1 205,60	1 356,30	–	1 094,56	1 231,38	–	986,40	1 109,70	–	881,28	991,44
	V	33 410	1 837,55	2 672,80	3 006,90	IV	27 776	1 182,86	2 151,68	2 420,64	1 078,02	2 081,20	2 341,35	973,18	2 010,72	2 262,06	868,34	1 940,24	2 182,77	763,62	1 869,84	2 103,57	658,78	1 799,36	2 024,28
	VI	33 845	1 861,47	2 707,60	3 046,05																				
100 907,99 Ost	I,IV	27 934	1 306,38	2 234,72	2 514,06	I	27 934	1 096,70	2 093,76	2 355,48	887,14	1 952,88	2 196,99	677,46	1 811,92	2 038,41	467,90	1 671,04	1 879,92	258,23	1 530,08	1 721,34	48,67	1 389,20	1 562,85
	II	27 132	1 210,94	2 170,56	2 441,88	II	27 132	1 001,38	2 029,68	2 283,39	791,70	1 888,72	2 124,81	582,14	1 747,84	1 966,32	372,47	1 606,88	1 807,74	162,91	1 466,–	1 649,25	–	1 325,12	1 490,76
	III	19 590	–	1 567,20	1 763,10	III	19 590	–	1 447,04	1 627,92	–	1 329,92	1 496,16	–	1 215,68	1 367,64	–	1 104,32	1 242,36	–	996,–	1 120,50	–	890,56	1 001,88
	V	33 568	1 846,24	2 685,44	3 021,12	IV	27 934	1 201,54	2 164,24	2 434,77	1 096,70	2 093,76	2 355,48	991,98	2 023,36	2 276,28	887,14	1 952,88	2 196,99	782,30	1 882,40	2 117,70	677,46	1 811,92	2 038,41
	VI	34 003	1 870,16	2 720,24	3 060,27																				
100 943,99 West	I,IV	27 791	1 289,36	2 223,28	2 501,19	I	27 791	1 079,80	2 082,40	2 342,70	870,12	1 941,44	2 184,12	660,56	1 800,56	2 025,63	450,89	1 659,60	1 867,05	241,33	1 518,72	1 708,56	31,65	1 377,76	1 549,98
	II	26 990	1 194,04	2 159,20	2 429,10	II	26 990	984,48	2 018,32	2 270,61	774,80	1 877,36	2 112,03	565,25	1 736,48	1 953,54	355,57	1 595,52	1 794,96	146,01	1 454,64	1 636,47	–	1 313,68	1 477,89
	III	19 468	–	1 557,44	1 752,12	III	19 468	–	1 437,44	1 617,12	–	1 320,48	1 485,54	–	1 206,56	1 357,38	–	1 095,52	1 232,46	–	987,36	1 110,78	–	882,08	992,34
	V	33 425	1 838,37	2 674,–	3 008,25	IV	27 791	1 184,64	2 152,88	2 421,99	1 079,80	2 082,40	2 342,70	974,96	2 011,92	2 263,41	870,12	1 941,44	2 184,12	765,40	1 871,04	2 104,92	660,56	1 800,56	2 025,63
	VI	33 860	1 862,30	2 708,80	3 047,40																				
100 943,99 Ost	I,IV	27 949	1 308,16	2 235,92	2 515,41	I	27 949	1 098,48	2 094,96	2 356,83	888,93	1 954,08	2 198,34	679,25	1 813,12	2 039,76	469,69	1 672,24	1 881,27	260,01	1 531,28	1 722,69	50,45	1 390,40	1 564,20
	II	27 148	1 212,84	2 171,84	2 443,32	II	27 148	1 003,17	2 030,88	2 284,74	793,61	1 890,–	2 126,25	583,93	1 749,04	1 967,67	374,37	1 608,16	1 809,18	164,69	1 467,20	1 650,60	–	1 326,32	1 492,11
	III	19 604	–	1 568,32	1 764,36	III	19 604	–	1 448,16	1 629,18	–	1 330,88	1 497,24	–	1 216,64	1 368,72	–	1 105,28	1 243,44	–	996,96	1 121,58	–	891,52	1 002,96
	V	33 583	1 847,06	2 686,64	3 022,47	IV	27 949	1 203,32	2 165,44	2 436,12	1 098,48	2 094,96	2 356,83	993,76	2 024,56	2 277,63	888,93	1 954,08	2 198,34	784,09	1 883,60	2 119,05	679,25	1 813,12	2 039,76
	VI	34 018	1 870,99	2 721,44	3 061,62																				

* Die ausgewiesenen Tabellenwerte sind amtlich. Siehe Erläuterungen auf der Umschlaginnenseite (U2).

Abzüge an Lohnsteuer, Solidaritätszuschlag (SolZ) und Kirchensteuer (8%, 9%) in den Steuerklassen

Lohn/ Gehalt bis €*	StKl	LSt	I – VI ohne Kinderfreibeträge SolZ	8%	9%	StKl	LSt	I, II, III, IV mit Zahl der Kinderfreibeträge … 0,5 SolZ	8%	9%	1 SolZ	8%	9%	1,5 SolZ	8%	9%	2 SolZ	8%	9%	2,5 SolZ	8%	9%	3 SolZ	8%	9%
100 979,99 West	I,IV	27 806	1 291,15	2 224,48	2 502,54	I	27 806	1 081,59	2 083,60	2 344,05	872,03	1 942,72	2 185,56	662,35	1 801,76	2 026,98	452,79	1 660,88	1 868,49	243,11	1 519,92	1 709,91	33,55	1 379,04	1 551,42
	II	27 005	1 195,83	2 160,40	2 430,45	II	27 005	986,27	2 019,52	2 271,96	776,59	1 878,56	2 113,38	567,03	1 737,68	1 954,89	357,35	1 596,72	1 796,31	147,79	1 455,84	1 637,82	—	1 314,88	1 479,24
	III	19 480	—	1 558,40	1 753,20	III	19 480	—	1 438,56	1 618,38	—	1 321,60	1 486,80	—	1 207,52	1 358,46	—	1 096,48	1 233,54	—	988,32	1 111,86	—	883,04	993,42
	V	33 440	1 839,20	2 675,20	3 009,60	IV	27 806	1 186,43	2 154,08	2 423,34	1 081,59	2 083,60	2 344,05	976,75	2 013,12	2 264,76	872,03	1 942,72	2 185,56	767,19	1 872,24	2 106,27	662,35	1 801,76	2 026,98
	VI	33 875	1 863,12	2 710,—	3 048,75																				
100 979,99 Ost	I,IV	27 964	1 309,95	2 237,12	2 516,76	I	27 964	1 100,39	2 096,24	2 358,27	890,71	1 955,28	2 199,69	681,15	1 814,40	2 041,20	471,47	1 673,44	1 882,62	261,91	1 532,56	1 724,13	52,24	1 391,60	1 565,55
	II	27 163	1 214,63	2 173,04	2 444,67	II	27 163	1 004,95	2 032,08	2 286,09	795,39	1 891,20	2 127,60	585,71	1 750,24	1 969,02	376,15	1 609,36	1 810,53	166,48	1 468,40	1 651,95	—	1 327,52	1 493,46
	III	19 616	—	1 569,28	1 765,44	III	19 616	—	1 449,12	1 630,26	—	1 331,84	1 498,32	—	1 217,60	1 369,80	—	1 106,24	1 244,52	—	997,76	1 122,48	—	892,32	1 003,86
	V	33 598	1 847,89	2 687,84	3 023,82	IV	27 964	1 205,11	2 166,64	2 437,47	1 100,39	2 096,24	2 358,27	995,55	2 025,76	2 278,98	890,71	1 955,28	2 199,69	785,87	1 884,80	2 120,40	681,15	1 814,40	2 041,20
	VI	34 033	1 871,81	2 722,64	3 062,97																				
101 015,99 West	I,IV	27 822	1 293,05	2 225,76	2 503,98	I	27 822	1 083,37	2 084,80	2 345,40	873,81	1 943,92	2 186,91	664,13	1 802,96	2 028,33	454,58	1 662,08	1 869,84	244,90	1 521,12	1 711,26	35,34	1 380,24	1 552,77
	II	27 020	1 197,61	2 161,60	2 431,80	II	27 020	988,05	2 020,72	2 273,31	778,37	1 879,76	2 114,73	568,82	1 738,88	1 956,24	359,14	1 597,92	1 797,66	149,58	1 457,04	1 639,17	—	1 316,08	1 480,59
	III	19 494	—	1 559,52	1 754,46	III	19 494	—	1 439,52	1 619,46	—	1 322,56	1 487,88	—	1 208,48	1 359,54	—	1 097,28	1 234,44	—	989,12	1 112,76	—	883,84	994,32
	V	33 455	1 840,02	2 676,40	3 010,95	IV	27 822	1 188,21	2 155,28	2 424,69	1 083,37	2 084,80	2 345,40	978,53	2 014,32	2 266,11	873,81	1 943,92	2 186,91	768,97	1 873,44	2 107,62	664,13	1 802,96	2 028,33
	VI	33 891	1 864,—	2 711,28	3 050,19																				
101 015,99 Ost	I,IV	27 979	1 311,73	2 238,32	2 518,11	I	27 979	1 102,17	2 097,44	2 359,62	892,50	1 956,48	2 201,04	682,94	1 815,60	2 042,55	473,26	1 674,64	1 883,97	263,70	1 533,76	1 725,48	54,02	1 392,80	1 566,90
	II	27 178	1 216,41	2 174,24	2 446,02	II	27 178	1 006,74	2 033,28	2 287,44	797,18	1 892,40	2 128,95	587,50	1 751,44	1 970,37	377,94	1 610,56	1 811,88	168,26	1 469,60	1 653,30	—	1 328,72	1 494,81
	III	19 630	—	1 570,40	1 766,70	III	19 630	—	1 450,24	1 631,52	—	1 332,96	1 499,58	—	1 218,56	1 370,88	—	1 107,20	1 245,60	—	998,72	1 123,56	—	893,28	1 004,94
	V	33 613	1 848,71	2 689,04	3 025,17	IV	27 979	1 206,89	2 167,84	2 438,82	1 102,17	2 097,44	2 359,62	997,33	2 026,96	2 280,33	892,50	1 956,48	2 201,04	787,66	1 886,—	2 121,75	682,94	1 815,60	2 042,55
	VI	34 048	1 872,64	2 723,84	3 064,32																				
101 051,99 West	I,IV	27 837	1 294,83	2 226,96	2 505,33	I	27 837	1 085,16	2 086,—	2 346,75	875,60	1 945,12	2 188,26	665,92	1 804,16	2 029,68	456,36	1 663,28	1 871,19	246,68	1 522,32	1 712,61	37,12	1 381,44	1 554,12
	II	27 035	1 199,40	2 162,80	2 433,15	II	27 035	989,84	2 021,92	2 274,66	780,16	1 880,96	2 116,08	570,60	1 740,08	1 957,59	360,92	1 599,12	1 799,01	151,36	1 458,24	1 640,52	—	1 317,28	1 481,94
	III	19 506	—	1 560,48	1 755,54	III	19 506	—	1 440,48	1 620,54	—	1 323,52	1 488,96	—	1 209,44	1 360,62	—	1 098,24	1 235,52	—	990,08	1 113,84	—	884,80	995,40
	V	33 471	1 840,90	2 677,68	3 012,39	IV	27 837	1 190,—	2 156,48	2 426,04	1 085,16	2 086,—	2 346,75	980,44	2 015,60	2 267,55	875,60	1 945,12	2 188,26	770,76	1 874,64	2 108,97	665,92	1 804,16	2 029,68
	VI	33 906	1 864,83	2 712,48	3 051,54																				
101 051,99 Ost	I,IV	27 994	1 313,52	2 239,52	2 519,46	I	27 994	1 103,96	2 098,64	2 360,97	894,28	1 957,68	2 202,39	684,72	1 816,80	2 043,90	475,04	1 675,84	1 885,32	265,48	1 534,96	1 726,83	55,81	1 394,—	1 568,25
	II	27 193	1 218,20	2 175,44	2 447,37	II	27 193	1 008,52	2 034,48	2 288,79	798,96	1 893,60	2 130,30	589,28	1 752,64	1 971,72	379,72	1 611,76	1 813,23	170,05	1 470,80	1 654,65	—	1 329,92	1 496,16
	III	19 642	—	1 571,36	1 767,78	III	19 642	—	1 451,20	1 632,60	—	1 333,92	1 500,66	—	1 219,52	1 371,96	—	1 108,16	1 246,68	—	999,68	1 124,64	—	894,08	1 005,84
	V	33 628	1 849,54	2 690,24	3 026,52	IV	27 994	1 208,68	2 169,04	2 440,17	1 103,96	2 098,64	2 360,97	999,12	2 028,16	2 281,68	894,28	1 957,68	2 202,39	789,56	1 887,28	2 123,19	684,72	1 816,80	2 043,90
	VI	34 063	1 873,46	2 725,04	3 065,67																				
101 087,99 West	I,IV	27 852	1 296,62	2 228,16	2 506,68	I	27 852	1 086,94	2 087,20	2 348,10	877,38	1 946,32	2 189,61	667,70	1 805,36	2 031,03	458,15	1 664,48	1 872,54	248,47	1 523,52	1 713,96	38,91	1 382,64	1 555,47
	II	27 050	1 201,18	2 164,—	2 434,50	II	27 050	991,62	2 023,12	2 276,01	782,06	1 882,24	2 117,52	572,39	1 741,28	1 958,94	362,83	1 600,40	1 800,45	153,15	1 459,44	1 641,87	—	1 318,56	1 483,38
	III	19 520	—	1 561,60	1 756,80	III	19 520	—	1 441,60	1 621,80	—	1 324,48	1 490,04	—	1 210,40	1 361,70	—	1 099,20	1 236,60	—	991,04	1 114,92	—	885,76	996,48
	V	33 486	1 841,73	2 678,88	3 013,74	IV	27 852	1 191,78	2 157,68	2 427,39	1 086,94	2 087,20	2 348,10	982,22	2 016,80	2 268,90	877,38	1 946,32	2 189,61	772,54	1 875,84	2 110,32	667,70	1 805,36	2 031,03
	VI	33 921	1 865,65	2 713,68	3 052,89																				
101 087,99 Ost	I,IV	28 009	1 315,30	2 240,72	2 520,81	I	28 009	1 105,74	2 099,84	2 362,32	896,07	1 958,88	2 203,74	686,51	1 818,—	2 045,25	476,83	1 677,04	1 886,67	267,27	1 536,16	1 728,18	57,59	1 395,20	1 569,60
	II	27 208	1 219,98	2 176,64	2 448,72	II	27 208	1 010,42	2 035,76	2 290,23	800,75	1 894,80	2 131,65	591,19	1 753,92	1 973,16	381,51	1 612,96	1 814,58	171,95	1 472,08	1 656,09	—	1 331,12	1 497,51
	III	19 656	—	1 572,48	1 769,04	III	19 656	—	1 452,16	1 633,68	—	1 334,88	1 501,74	—	1 220,48	1 373,04	—	1 109,12	1 247,76	—	1 000,64	1 125,72	—	895,04	1 006,92
	V	33 643	1 850,36	2 691,44	3 027,87	IV	28 009	1 210,58	2 170,32	2 441,61	1 105,74	2 099,84	2 362,32	1 000,90	2 029,36	2 283,03	896,07	1 958,88	2 203,74	791,35	1 888,48	2 124,54	686,51	1 818,—	2 045,25
	VI	34 078	1 874,29	2 726,24	3 067,02																				
101 123,99 West	I,IV	27 867	1 298,40	2 229,36	2 508,03	I	27 867	1 088,73	2 088,40	2 349,45	879,17	1 947,52	2 190,96	669,61	1 806,64	2 032,47	459,93	1 665,68	1 873,89	250,37	1 524,80	1 715,40	40,69	1 383,84	1 556,82
	II	27 066	1 203,09	2 165,28	2 435,94	II	27 066	993,41	2 024,32	2 277,36	783,85	1 883,44	2 118,87	574,17	1 742,48	1 960,29	364,61	1 601,60	1 801,80	154,93	1 460,64	1 643,22	—	1 319,76	1 484,73
	III	19 532	—	1 562,56	1 757,88	III	19 532	—	1 442,56	1 622,88	—	1 325,44	1 491,12	—	1 211,36	1 362,78	—	1 100,16	1 237,68	—	991,84	1 115,82	—	886,56	997,38
	V	33 501	1 842,55	2 680,08	3 015,09	IV	27 867	1 193,57	2 158,88	2 428,74	1 088,73	2 088,40	2 349,45	984,01	2 018,—	2 270,25	879,17	1 947,52	2 190,96	774,33	1 877,04	2 111,67	669,61	1 806,64	2 032,47
	VI	33 936	1 866,48	2 714,88	3 054,24																				
101 123,99 Ost	I,IV	28 024	1 317,09	2 241,92	2 522,16	I	28 024	1 107,53	2 101,04	2 363,67	897,97	1 960,16	2 205,18	688,29	1 819,20	2 046,60	478,73	1 678,32	1 888,11	269,05	1 537,36	1 729,53	59,50	1 396,48	1 571,04
	II	27 223	1 221,77	2 177,84	2 450,07	II	27 223	1 012,21	2 036,96	2 291,58	802,53	1 896,—	2 133,—	592,97	1 755,12	1 974,51	383,29	1 614,16	1 815,93	173,74	1 473,28	1 657,44	—	1 332,32	1 498,86
	III	19 668	—	1 573,44	1 770,12	III	19 668	—	1 453,28	1 634,94	—	1 335,84	1 502,82	—	1 221,44	1 374,12	—	1 110,08	1 248,84	—	1 001,44	1 126,62	—	895,84	1 007,82
	V	33 658	1 851,19	2 692,64	3 029,22	IV	28 024	1 212,37	2 171,52	2 442,96	1 107,53	2 101,04	2 363,67	1 002,69	2 030,56	2 284,38	897,97	1 960,16	2 205,18	793,13	1 889,68	2 125,89	688,29	1 819,20	2 046,60
	VI	34 093	1 875,11	2 727,44	3 068,37																				
101 159,99 West	I,IV	27 882	1 300,19	2 230,56	2 509,38	I	27 882	1 090,63	2 089,68	2 350,89	880,95	1 948,72	2 192,31	671,39	1 807,84	2 033,82	461,72	1 666,88	1 875,24	252,16	1 526,—	1 716,75	42,48	1 385,04	1 558,17
	II	27 081	1 204,87	2 166,48	2 437,29	II	27 081	995,19	2 025,52	2 278,71	785,63	1 884,64	2 120,22	575,96	1 743,68	1 961,64	366,40	1 602,80	1 803,15	156,72	1 461,84	1 644,57	—	1 320,96	1 486,08
	III	19 546	—	1 563,68	1 759,14	III	19 546	—	1 443,68	1 624,14	—	1 326,56	1 492,38	—	1 212,32	1 363,86	—	1 101,12	1 238,76	—	992,80	1 116,90	—	887,52	998,46
	V	33 516	1 843,38	2 681,28	3 016,44	IV	27 882	1 195,35	2 160,08	2 430,09	1 090,63	2 089,68	2 350,89	985,79	2 019,20	2 271,60	880,95	1 948,72	2 192,31	776,11	1 878,24	2 113,02	671,39	1 807,84	2 033,82
	VI	33 951	1 867,30	2 716,08	3 055,59																				
101 159,99 Ost	I,IV	28 040	1 318,99	2 243,20	2 523,60	I	28 040	1 109,31	2 102,24	2 365,02	899,75	1 961,36	2 206,53	690,08	1 820,40	2 047,95	480,52	1 679,52	1 889,46	270,84	1 538,56	1 730,88	61,28	1 397,68	1 572,39
	II	27 238	1 223,55	2 179,04	2 451,42	II	27 238	1 013,99	2 038,16	2 292,93	804,32	1 897,20	2 134,35	594,76	1 756,32	1 975,86	385,08	1 615,36	1 817,28	175,52	1 474,48	1 658,79	—	1 333,52	1 500,21
	III	19 682	—	1 574,56	1 771,38	III	19 682	—	1 454,24	1 636,02	—	1 336,80	1 503,90	—	1 222,40	1 375,20	—	1 111,04	1 249,92	—	1 002,40	1 127,70	—	896,80	1 008,90
	V	33 673	1 852,01	2 693,84	3 030,57	IV	28 040	1 214,15	2 172,72	2 444,31	1 109,31	2 102,24	2 365,02	1 004,47	2 031,76	2 285,73	899,75	1 961,36	2 206,53	794,92	1 890,88	2 127,24	690,08	1 820,40	2 047,95
	VI	34 109	1 875,99	2 728,72	3 069,81																				
101 195,99 West	I,IV	27 897	1 301,97	2 231,76	2 510,73	I	27 897	1 092,42	2 090,88	2 352,24	882,74	1 949,92	2 193,66	673,18	1 809,04	2 035,17	463,50	1 668,08	1 876,59	253,94	1 527,20	1 718,10	44,26	1 386,24	1 559,52
	II	27 096	1 206,66	2 167,68	2 438,64	II	27 096	996,98	2 026,72	2 280,06	787,42	1 885,84	2 121,57	577,74	1 744,88	1 962,99	368,18	1 604,—	1 804,50	158,50	1 463,04	1 645,92	—	1 322,16	1 487,43
	III	19 558	—	1 564,64	1 760,22	III	19 558	—	1 444,64	1 625,22	—	1 327,52	1 493,46	—	1 213,28	1 364,94	—	1 102,08	1 239,84	—	993,76	1 117,98	—	888,32	999,36
	V	33 531	1 844,20	2 682,48	3 017,79	IV	27 897	1 197,14	2 161,28	2 431,44	1 092,42	2 090,88	2 352,24	987,58	2 020,40	2 272,95	882,74	1 949,92	2 193,66	778,02	1 879,52	2 114,46	673,18	1 809,04	2 035,17
	VI	33 966	1 868,13	2 717,28	3 056,94																				
101 195,99 Ost	I,IV	28 055	1 320,78	2 244,40	2 524,95	I	28 055	1 111,10	2 103,44	2 366,37	901,54	1 962,56	2 207,88	691,86	1 821,60	2 049,30	482,30	1 680,72	1 890,81	272,62	1 539,76	1 732,23	63,07	1 398,88	1 573,74
	II	27 253	1 225,34	2 180,24	2 452,77	II	27 253	1 015,78	2 039,36	2 294,28	806,10	1 898,40	2 135,70	596,54	1 757,52	1 977,21	386,86	1 616,56	1 818,63	177,31	1 475,68	1 660,14	—	1 334,72	1 501,56
	III	19 694	—	1 575,52	1 772,46	III	19 694	—	1 455,20	1 637,10	—	1 337,92	1 505,16	—	1 223,36	1 376,28	—	1 111,84	1 250,82	—	1 003,36	1 128,78	—	897,76	1 009,98
	V	33 689	1 852,89	2 695,12	3 032,01	IV	28 055	1 215,94	2 173,92	2 445,66	1 111,10	2 103,44	2 366,37	1 006,26	2 032,96	2 287,08	901,54	1 962,56	2 207,88	796,70	1 892,08	2 128,59	691,86	1 821,60	2 049,30
	VI	34 124	1 876,82	2 729,92	3 071,16																				
101 231,99 West	I,IV	27 912	1 303,76	2 232,96	2 512,08	I	27 912	1 094,20	2 092,08	2 353,59	884,52	1 951,12	2 195,01	674,96	1 810,24	2 036,52	465,29	1 669,28	1 877,94	255,73	1 528,40	1 719,45	46,05	1 387,44	1 560,87
	II	27 111	1 208,44	2 168,88	2 439,99	II	27 111	998,76	2 027,92	2 281,41	789,20	1 887,04	2 122,92	579,64	1 746,16	1 964,43	369,97	1 605,20	1 805,85	160,41	1 464,32	1 647,36	—	1 323,36	1 488,78
	III	19 572	—	1 565,76	1 761,48	III	19 572	—	1 445,60	1 626,30	—	1 328,48	1 494,54	—	1 214,24	1 366,02	—	1 103,04	1 240,92	—	994,72	1 119,06	—	889,28	1 000,44
	V	33 546	1 845,03	2 683,68	3 019,14	IV	27 912	1 199,04	2 162,56	2 432,88	1 094,20	2 092,08	2 353,59	989,36	2 021,60	2 274,30	884,52	1 951,12	2 195,01	779,80	1 880,72	2 115,81	674,96	1 810,24	2 036,52
	VI	33 981	1 868,95	2 718,48	3 058,29																				
101 231,99 Ost	I,IV	28 070	1 322,56	2 245,60	2 526,30	I	28 070	1 112,88	2 104,64	2 367,72	903,32	1 963,76	2 209,23	693,65	1 822,80	2 050,65	484,09	1 681,92	1 892,16	274,41	1 540,96	1 733,58	64,85	1 400,08	1 575,09
	II	27 268	1 227,12	2 181,44	2 454,12	II	27 268	1 017,56	2 040,56	2 295,63	808,01	1 899,60	2 137,14	598,33	1 758,72	1 978,56	388,77	1 617,84	1 820,07	179,09	1 476,88	1 661,49	—	1 336,—	1 503,—
	III	19 708	—	1 576,64	1 773,72	III	19 708	—	1 456,32	1 638,36	—	1 338,88	1 506,24	—	1 224,32	1 377,36	—	1 112,80	1 251,90	—	1 004,32	1 129,86	—	898,56	1 010,88
	V	33 704	1 853,72	2 696,32	3 033,36	IV	28 070	1 217,72	2 175,12	2 447,01	1 112,88	2 104,64	2 367,72	1 008,16	2 034,24	2 288,52	903,32	1 963,76	2 209,23	798,49	1 893,28	2 129,94	693,65	1 822,80	2 050,65
	VI	34 139	1 877,64	2 731,12	3 072,51																				

*** Die ausgewiesenen Tabellenwerte sind amtlich. Siehe Erläuterungen auf der Umschlaginnenseite (U2).**

Lohn/Gehalt bis €*	I – VI		ohne Kinderfreibeträge			I, II, III, IV		mit Zahl der Kinderfreibeträge . . . 0,5			1			1,5			2			2,5			3		
		LSt	SolZ	8%	9%		LSt	SolZ	8%	9%	SolZ	8%	9%	SolZ	8%	9%	SolZ	8%	9%	SolZ	8%	9%	SolZ	8%	9%
101 267,99 West	I,IV	27 927	1 305,54	2 234,16	2 513,43	I	27 927	1 095,99	2 093,28	2 354,94	886,31	1 952,32	2 196,36	676,75	1 811,44	2 037,87	467,19	1 670,56	1 879,38	257,51	1 529,60	1 720,80	47,95	1 388,72	1 562,31
	II	27 126	1 210,23	2 170,08	2 441,34	II	27 126	1 000,67	2 029,20	2 282,85	790,99	1 888,24	2 124,27	581,43	1 747,36	1 965,78	371,75	1 606,40	1 807,20	162,19	1 465,52	1 648,71	–	1 324,56	1 490,13
	III	19 584	–	1 566,72	1 762,56	III	19 584	–	1 446,72	1 627,56	–	1 329,44	1 495,62	–	1 215,20	1 367,10	–	1 104,–	1 242,–	–	995,52	1 119,96	–	890,08	1 001,34
	V	33 561	1 845,85	2 684,88	3 020,49	IV	27 927	1 200,82	2 163,76	2 434,23	1 095,99	2 093,28	2 354,94	991,15	2 022,80	2 275,65	886,31	1 952,32	2 196,36	781,59	1 881,92	2 117,16	676,75	1 811,44	2 037,87
	VI	33 996	1 869,78	2 719,68	3 059,64																				
101 267,99 Ost	I,IV	28 085	1 324,35	2 246,80	2 527,65	I	28 085	1 114,67	2 105,84	2 369,07	905,11	1 964,96	2 210,58	695,55	1 824,08	2 052,09	485,87	1 683,12	1 893,51	276,31	1 542,24	1 735,02	66,64	1 401,28	1 576,44
	II	27 284	1 229,03	2 182,72	2 455,56	II	27 284	1 019,35	2 041,76	2 296,98	809,79	1 900,88	2 138,49	600,11	1 759,92	1 979,91	390,55	1 619,04	1 821,42	180,88	1 478,08	1 662,84	–	1 337,20	1 504,35
	III	19 722	–	1 577,76	1 774,98	III	19 722	–	1 457,28	1 639,44	–	1 339,84	1 507,32	–	1 225,44	1 378,62	–	1 113,76	1 252,98	–	1 005,12	1 130,76	–	899,52	1 011,96
	V	33 719	1 854,54	2 697,52	3 034,71	IV	28 085	1 219,51	2 176,32	2 448,36	1 114,67	2 105,84	2 369,07	1 009,95	2 035,44	2 289,87	905,11	1 964,96	2 210,58	800,27	1 894,48	2 131,29	695,55	1 824,08	2 052,09
	VI	34 154	1 878,47	2 732,32	3 073,86																				
101 303,99 West	I,IV	27 943	1 307,45	2 235,44	2 514,87	I	27 943	1 097,77	2 094,48	2 356,29	888,21	1 953,60	2 197,80	678,53	1 812,64	2 039,22	468,97	1 671,76	1 880,73	259,30	1 530,80	1 722,15	49,74	1 389,92	1 563,66
	II	27 141	1 212,01	2 171,28	2 442,69	II	27 141	1 002,45	2 030,40	2 284,20	792,77	1 889,44	2 125,62	583,21	1 748,56	1 967,13	373,54	1 607,60	1 808,55	163,98	1 466,72	1 650,06	–	1 325,76	1 491,48
	III	19 598	–	1 567,84	1 763,82	III	19 598	–	1 447,68	1 628,64	–	1 330,40	1 496,70	–	1 216,16	1 368,18	–	1 104,96	1 243,08	–	996,48	1 121,04	–	891,04	1 002,42
	V	33 576	1 846,68	2 686,08	3 021,84	IV	27 943	1 202,61	2 164,96	2 435,58	1 097,77	2 094,48	2 356,29	992,93	2 024,–	2 277,–	888,21	1 953,60	2 197,80	783,37	1 883,12	2 118,51	678,53	1 812,64	2 039,22
	VI	34 012	1 870,66	2 720,96	3 061,08																				
101 303,99 Ost	I,IV	28 100	1 326,13	2 248,–	2 529,–	I	28 100	1 116,57	2 107,12	2 370,51	906,89	1 966,16	2 211,93	697,34	1 825,28	2 053,44	487,66	1 684,32	1 894,86	278,10	1 543,44	1 736,37	68,42	1 402,48	1 577,79
	II	27 299	1 230,81	2 183,92	2 456,91	II	27 299	1 021,13	2 042,96	2 298,33	811,58	1 902,08	2 139,84	601,90	1 761,12	1 981,26	392,34	1 620,24	1 822,77	182,66	1 479,28	1 664,19	–	1 338,40	1 505,70
	III	19 734	–	1 578,72	1 776,06	III	19 734	–	1 458,40	1 640,70	–	1 340,80	1 508,40	–	1 226,40	1 379,70	–	1 114,72	1 254,06	–	1 006,08	1 131,84	–	900,32	1 012,86
	V	33 734	1 855,37	2 698,72	3 036,06	IV	28 100	1 221,29	2 177,52	2 449,71	1 116,57	2 107,12	2 370,51	1 011,73	2 036,64	2 291,22	906,89	1 966,16	2 211,93	802,06	1 895,68	2 132,64	697,34	1 825,28	2 053,44
	VI	34 169	1 879,29	2 733,52	3 075,21																				
101 339,99 West	I,IV	27 958	1 309,23	2 236,64	2 516,22	I	27 958	1 099,56	2 095,68	2 357,64	890,–	1 954,80	2 199,15	680,32	1 813,84	2 040,57	470,76	1 672,96	1 882,08	261,08	1 532,–	1 723,50	51,52	1 391,12	1 565,01
	II	27 156	1 213,80	2 172,48	2 444,04	II	27 156	1 004,24	2 031,60	2 285,55	794,56	1 890,64	2 126,97	585,–	1 749,76	1 968,48	375,32	1 608,80	1 809,90	165,76	1 467,92	1 651,41	–	1 326,96	1 492,83
	III	19 610	–	1 568,80	1 764,90	III	19 610	–	1 448,64	1 629,72	–	1 331,52	1 497,96	–	1 217,12	1 369,26	–	1 105,76	1 243,98	–	997,44	1 122,12	–	892,–	1 003,50
	V	33 592	1 847,56	2 687,36	3 023,28	IV	27 958	1 204,39	2 166,16	2 436,93	1 099,56	2 095,68	2 357,64	994,72	2 025,20	2 278,35	890,–	1 954,80	2 199,15	785,16	1 884,32	2 119,86	680,32	1 813,84	2 040,57
	VI	34 027	1 871,48	2 722,16	3 062,43																				
101 339,99 Ost	I,IV	28 115	1 327,92	2 249,20	2 530,35	I	28 115	1 118,36	2 108,32	2 371,86	908,68	1 967,36	2 213,28	699,12	1 826,48	2 054,79	489,44	1 685,52	1 896,21	279,88	1 544,64	1 737,72	70,21	1 403,68	1 579,14
	II	27 314	1 232,60	2 185,12	2 458,26	II	27 314	1 022,92	2 044,16	2 299,68	813,36	1 903,28	2 141,19	603,68	1 762,32	1 982,61	394,12	1 621,44	1 824,12	184,45	1 480,48	1 665,54	–	1 339,60	1 507,05
	III	19 748	–	1 579,84	1 777,32	III	19 748	–	1 459,36	1 641,78	–	1 341,92	1 509,66	–	1 227,36	1 380,78	–	1 115,68	1 255,14	–	1 007,04	1 132,92	–	901,28	1 013,94
	V	33 749	1 856,19	2 699,92	3 037,41	IV	28 115	1 223,08	2 178,72	2 451,06	1 118,36	2 108,32	2 371,86	1 013,52	2 037,84	2 292,57	908,68	1 967,36	2 213,28	803,84	1 896,88	2 133,99	699,12	1 826,48	2 054,79
	VI	34 184	1 880,12	2 734,72	3 076,56																				
101 375,99 West	I,IV	27 973	1 311,02	2 237,84	2 517,57	I	27 973	1 101,34	2 096,88	2 358,99	891,78	1 956,–	2 200,50	682,10	1 815,04	2 041,92	472,54	1 674,16	1 883,43	262,87	1 533,20	1 724,85	53,31	1 392,32	1 566,36
	II	27 171	1 215,58	2 173,68	2 445,39	II	27 171	1 006,02	2 032,80	2 286,90	796,34	1 891,84	2 128,32	586,78	1 750,96	1 969,83	377,23	1 610,08	1 811,34	167,55	1 469,12	1 652,76	–	1 328,24	1 494,27
	III	19 624	–	1 569,92	1 766,16	III	19 624	–	1 449,76	1 630,98	–	1 332,48	1 499,04	–	1 218,08	1 370,34	–	1 106,72	1 245,06	–	998,40	1 123,20	–	892,80	1 004,40
	V	33 607	1 848,38	2 688,56	3 024,63	IV	27 973	1 206,18	2 167,36	2 438,28	1 101,34	2 096,88	2 358,99	996,62	2 026,48	2 279,79	891,78	1 956,–	2 200,50	786,94	1 885,52	2 121,21	682,10	1 815,04	2 041,92
	VI	34 042	1 872,31	2 723,36	3 063,78																				
101 375,99 Ost	I,IV	28 130	1 329,70	2 250,40	2 531,70	I	28 130	1 120,14	2 109,52	2 373,21	910,46	1 968,56	2 214,63	700,91	1 827,68	2 056,14	491,23	1 686,72	1 897,56	281,67	1 545,84	1 739,07	71,99	1 404,88	1 580,49
	II	27 329	1 234,38	2 186,32	2 459,61	II	27 329	1 024,70	2 045,36	2 301,03	815,15	1 904,48	2 142,54	605,59	1 763,60	1 984,05	395,91	1 622,64	1 825,47	186,35	1 481,76	1 666,98	–	1 340,80	1 508,40
	III	19 760	–	1 580,80	1 778,40	III	19 760	–	1 460,32	1 642,86	–	1 342,88	1 510,74	–	1 228,32	1 381,86	–	1 116,64	1 256,22	–	1 008,–	1 134,–	–	902,24	1 015,02
	V	33 764	1 857,02	2 701,12	3 038,76	IV	28 130	1 224,98	2 180,–	2 452,50	1 120,14	2 109,52	2 373,21	1 015,30	2 039,04	2 293,92	910,46	1 968,56	2 214,63	805,74	1 898,16	2 135,43	700,91	1 827,68	2 056,14
	VI	34 199	1 880,94	2 735,92	3 077,91																				
101 411,99 West	I,IV	27 988	1 312,80	2 239,04	2 518,92	I	27 988	1 103,13	2 098,08	2 360,34	893,57	1 957,20	2 201,85	683,89	1 816,24	2 043,27	474,33	1 675,36	1 884,78	264,77	1 534,48	1 726,29	55,09	1 393,52	1 567,71
	II	27 187	1 217,48	2 174,96	2 446,83	II	27 187	1 007,81	2 034,–	2 288,25	798,25	1 893,12	2 129,76	588,57	1 752,16	1 971,18	379,01	1 611,28	1 812,69	169,33	1 470,32	1 654,11	–	1 329,44	1 495,62
	III	19 636	–	1 570,88	1 767,24	III	19 636	–	1 450,72	1 632,06	–	1 333,44	1 500,12	–	1 219,04	1 371,42	–	1 107,68	1 246,14	–	999,20	1 124,10	–	893,76	1 005,48
	V	33 622	1 849,21	2 689,76	3 025,98	IV	27 988	1 207,96	2 168,56	2 439,63	1 103,13	2 098,08	2 360,34	998,41	2 027,68	2 281,14	893,57	1 957,20	2 201,85	788,73	1 886,72	2 122,56	683,89	1 816,24	2 043,27
	VI	34 057	1 873,13	2 724,56	3 065,13																				
101 411,99 Ost	I,IV	28 145	1 331,49	2 251,60	2 533,05	I	28 145	1 121,93	2 110,72	2 374,56	912,25	1 969,76	2 215,98	702,69	1 828,88	2 057,49	493,13	1 688,–	1 899,–	283,45	1 547,04	1 740,42	73,89	1 406,16	1 581,93
	II	27 344	1 236,17	2 187,52	2 460,96	II	27 344	1 026,61	2 046,64	2 302,47	816,93	1 905,68	2 143,89	607,37	1 764,80	1 985,40	397,69	1 623,84	1 826,82	188,13	1 482,96	1 668,33	–	1 342,–	1 509,75
	III	19 774	–	1 581,92	1 779,66	III	19 774	–	1 461,44	1 644,12	–	1 343,84	1 511,82	–	1 229,28	1 382,94	–	1 117,60	1 257,30	–	1 008,80	1 134,90	–	903,04	1 015,92
	V	33 779	1 857,84	2 702,32	3 040,11	IV	28 145	1 226,77	2 181,20	2 453,85	1 121,93	2 110,72	2 374,56	1 017,09	2 040,24	2 295,27	912,25	1 969,76	2 215,98	807,53	1 899,36	2 136,78	702,69	1 828,88	2 057,49
	VI	34 214	1 881,77	2 737,12	3 079,26																				
101 447,99 West	I,IV	28 003	1 314,59	2 240,24	2 520,27	I	28 003	1 105,03	2 099,36	2 361,78	895,35	1 958,40	2 203,20	685,79	1 817,52	2 044,71	476,11	1 676,56	1 886,13	266,56	1 535,68	1 727,64	56,88	1 394,72	1 569,06
	II	27 202	1 219,27	2 176,16	2 448,18	II	27 202	1 009,59	2 035,20	2 289,60	800,03	1 894,32	2 131,11	590,35	1 753,36	1 972,53	380,80	1 612,48	1 814,04	171,12	1 471,52	1 655,46	–	1 330,64	1 496,97
	III	19 650	–	1 572,–	1 768,50	III	19 650	–	1 451,68	1 633,14	–	1 334,40	1 501,20	–	1 220,16	1 372,68	–	1 108,64	1 247,22	–	1 000,16	1 125,18	–	894,56	1 006,38
	V	33 637	1 850,03	2 690,96	3 027,33	IV	28 003	1 209,75	2 169,76	2 440,98	1 105,03	2 099,36	2 361,78	1 000,19	2 028,88	2 282,49	895,35	1 958,40	2 203,20	790,51	1 887,92	2 123,91	685,79	1 817,52	2 044,71
	VI	34 072	1 873,96	2 725,76	3 066,48																				
101 447,99 Ost	I,IV	28 161	1 333,39	2 252,88	2 534,49	I	28 161	1 123,71	2 111,92	2 375,91	914,15	1 971,04	2 217,42	704,48	1 830,08	2 058,84	494,92	1 689,20	1 900,35	285,24	1 548,24	1 741,77	75,68	1 407,36	1 583,28
	II	27 359	1 237,95	2 188,72	2 462,31	II	27 359	1 028,39	2 047,84	2 303,82	818,72	1 906,88	2 145,24	609,16	1 766,–	1 986,75	399,48	1 625,04	1 828,17	189,92	1 484,16	1 669,68	–	1 343,20	1 511,10
	III	19 786	–	1 582,88	1 780,74	III	19 786	–	1 462,40	1 645,20	–	1 344,80	1 512,90	–	1 230,24	1 384,02	–	1 118,56	1 258,38	–	1 009,76	1 135,98	–	904,–	1 017,–
	V	33 794	1 858,67	2 703,52	3 041,46	IV	28 161	1 228,55	2 182,40	2 455,20	1 123,71	2 111,92	2 375,91	1 018,87	2 041,44	2 296,62	914,15	1 971,04	2 217,42	809,31	1 900,56	2 138,13	704,48	1 830,08	2 058,84
	VI	34 230	1 882,65	2 738,40	3 080,70																				
101 483,99 West	I,IV	28 018	1 316,37	2 241,44	2 521,62	I	28 018	1 106,81	2 100,56	2 363,13	897,14	1 959,60	2 204,55	687,58	1 818,72	2 046,06	477,90	1 677,76	1 887,48	268,34	1 536,88	1 728,99	58,66	1 395,92	1 570,41
	II	27 217	1 221,05	2 177,36	2 449,53	II	27 217	1 011,38	2 036,40	2 290,95	801,82	1 895,52	2 132,46	592,14	1 754,56	1 973,88	382,58	1 613,68	1 815,39	172,90	1 472,72	1 656,81	–	1 331,84	1 498,32
	III	19 664	–	1 573,12	1 769,76	III	19 664	–	1 452,80	1 634,40	–	1 335,52	1 502,46	–	1 221,12	1 373,76	–	1 109,60	1 248,30	–	1 001,12	1 126,26	–	895,52	1 007,46
	V	33 652	1 850,86	2 692,16	3 028,68	IV	28 018	1 211,53	2 170,96	2 442,33	1 106,81	2 100,56	2 363,13	1 001,98	2 030,08	2 283,84	897,14	1 959,60	2 204,55	792,30	1 889,12	2 125,26	687,58	1 818,72	2 046,06
	VI	34 087	1 874,78	2 726,96	3 067,83																				
101 483,99 Ost	I,IV	28 176	1 335,18	2 254,08	2 535,84	I	28 176	1 125,50	2 113,12	2 377,26	915,94	1 972,24	2 218,77	706,26	1 831,28	2 060,19	496,70	1 690,40	1 901,70	287,02	1 549,44	1 743,12	77,46	1 408,56	1 584,63
	II	27 374	1 239,74	2 189,92	2 463,66	II	27 374	1 030,18	2 049,04	2 305,17	820,50	1 908,08	2 146,59	610,94	1 767,20	1 988,10	401,26	1 626,24	1 829,52	191,70	1 485,36	1 671,03	–	1 344,40	1 512,45
	III	19 800	–	1 584,–	1 782,–	III	19 800	–	1 463,36	1 646,28	–	1 345,92	1 514,16	–	1 231,20	1 385,10	–	1 119,52	1 259,46	–	1 010,72	1 137,06	–	904,80	1 017,90
	V	33 810	1 859,55	2 704,80	3 042,90	IV	28 176	1 230,34	2 183,60	2 456,55	1 125,50	2 113,12	2 377,26	1 020,66	2 042,64	2 297,97	915,94	1 972,24	2 218,77	811,10	1 901,76	2 139,48	706,26	1 831,28	2 060,19
	VI	34 245	1 883,47	2 739,60	3 082,05																				
101 519,99 West	I,IV	28 033	1 318,16	2 242,64	2 522,97	I	28 033	1 108,60	2 101,76	2 364,48	898,92	1 960,80	2 205,90	689,36	1 819,92	2 047,41	479,68	1 678,96	1 888,83	270,13	1 538,08	1 730,34	60,45	1 397,12	1 571,76
	II	27 232	1 222,84	2 178,56	2 450,88	II	27 232	1 013,16	2 037,60	2 292,30	803,60	1 896,72	2 133,81	593,92	1 755,76	1 975,23	384,37	1 614,88	1 816,74	174,81	1 474,–	1 658,25	–	1 333,04	1 499,67
	III	19 676	–	1 574,08	1 770,84	III	19 676	–	1 453,76	1 635,48	–	1 336,48	1 503,54	–	1 222,08	1 374,84	–	1 110,56	1 249,38	–	1 002,08	1 127,34	–	896,48	1 008,54
	V	33 667	1 851,68	2 693,36	3 030,03	IV	28 033	1 213,44	2 172,24	2 443,77	1 108,60	2 101,76	2 364,48	1 003,76	2 031,28	2 285,19	898,92	1 960,80	2 205,90	794,20	1 890,40	2 126,70	689,36	1 819,92	2 047,41
	VI	34 102	1 875,61	2 728,16	3 069,18																				
101 519,99 Ost	I,IV	28 191	1 336,96	2 255,28	2 537,19	I	28 191	1 127,28	2 114,32	2 378,61	917,72	1 973,44	2 220,12	708,05	1 832,48	2 061,54	498,49	1 691,60	1 903,05	288,81	1 550,64	1 744,47	79,25	1 409,76	1 585,98
	II	27 389	1 241,52	2 191,12	2 465,01	II	27 389	1 031,96	2 050,24	2 306,52	822,29	1 909,28	2 147,94	612,73	1 768,40	1 989,45	403,17	1 627,52	1 830,96	193,49	1 486,56	1 672,38	–	1 345,68	1 513,89
	III	19 812	–	1 584,96	1 783,08	III	19 812	–	1 464,48	1 647,54	–	1 346,88	1 515,24	–	1 232,16	1 386,18	–	1 120,48	1 260,54	–	1 011,68	1 138,14	–	905,76	1 018,98
	V	33 825	1 860,37	2 706,–	3 044,25	IV	28 191	1 232,12	2 184,80	2 457,90	1 127,28	2 114,32	2 378,61	1 022,56	2 043,92	2 299,41	917,72	1 973,44	2 220,12	812,88	1 902,96	2 140,83	708,05	1 832,48	2 061,54
	VI	34 260	1 884,30	2 740,80	3 083,40																				

Abzüge an Lohnsteuer, Solidaritätszuschlag (SolZ) und Kirchensteuer (8%, 9%) in den Steuerklassen

* Die ausgewiesenen Tabellenwerte sind amtlich. Siehe Erläuterungen auf der Umschlaginnenseite (U2).

Abzüge an Lohnsteuer, Solidaritätszuschlag (SolZ) und Kirchensteuer (8%, 9%) in den Steuerklassen

Lohn/ Gehalt bis €*	I – VI		ohne Kinderfreibeträge			I, II, III, IV		mit Zahl der Kinderfreibeträge . . . 0,5			1			1,5			2			2,5			3		
		LSt	SolZ	8%	9%		LSt	SolZ	8%	9%	SolZ	8%	9%	SolZ	8%	9%	SolZ	8%	9%	SolZ	8%	9%	SolZ	8%	9%
101 555,99 West	I,IV	28 048	1 319,94	2 243,84	2 524,32	I	28 048	1 110,38	2 102,96	2 365,83	900,71	1 962,—	2 207,25	691,15	1 821,12	2 048,76	481,47	1 680,16	1 890,18	271,91	1 539,28	1 731,69	62,35	1 398,40	1 573,20
	II	27 247	1 224,62	2 179,76	2 452,23	II	27 247	1 015,07	2 038,88	2 293,74	805,39	1 897,92	2 135,16	595,83	1 757,04	1 976,67	386,15	1 616,08	1 818,09	176,59	1 475,20	1 659,60	—	1 334,24	1 501,02
	III	19 690	—	1 575,20	1 772,10	III	19 690	—	1 454,88	1 636,74	—	1 337,44	1 504,62	—	1 223,04	1 375,92	—	1 111,52	1 250,46	—	1 002,88	1 128,24	—	897,28	1 009,44
	V	33 682	1 852,51	2 694,56	3 031,38	IV	28 048	1 215,22	2 173,44	2 445,12	1 110,38	2 102,96	2 365,83	1 005,55	2 032,48	2 286,54	900,71	1 962,—	2 207,25	795,99	1 891,60	2 128,05	691,15	1 821,12	2 048,76
	VI	34 117	1 876,43	2 729,36	3 070,53																				
101 555,99 Ost	I,IV	28 206	1 338,75	2 256,48	2 538,54	I	28 206	1 129,07	2 115,52	2 379,96	919,51	1 974,64	2 221,47	709,83	1 833,68	2 062,89	500,27	1 692,80	1 904,40	290,71	1 551,92	1 745,91	81,03	1 410,96	1 587,33
	II	27 405	1 243,43	2 192,40	2 466,45	II	27 405	1 033,75	2 051,44	2 307,87	824,19	1 910,56	2 149,38	614,51	1 769,60	1 990,80	404,95	1 628,72	1 832,31	195,27	1 487,76	1 673,73	—	1 346,88	1 515,24
	III	19 826	—	1 586,08	1 784,34	III	19 826	—	1 465,44	1 648,62	—	1 347,84	1 516,32	—	1 233,12	1 387,26	—	1 121,44	1 261,62	—	1 012,48	1 139,04	—	906,72	1 020,06
	V	33 840	1 861,20	2 707,20	3 045,60	IV	28 206	1 233,91	2 186,—	2 459,25	1 129,07	2 115,52	2 379,96	1 024,35	2 045,12	2 300,76	919,51	1 974,64	2 221,47	814,67	1 904,16	2 142,18	709,83	1 833,68	2 062,89
	VI	34 275	1 885,12	2 742,—	3 084,75																				
101 591,99 West	I,IV	28 064	1 321,85	2 245,12	2 525,76	I	28 064	1 112,17	2 104,16	2 367,18	902,61	1 963,28	2 208,69	692,93	1 822,32	2 050,11	483,37	1 681,44	1 891,62	273,70	1 540,48	1 733,04	64,14	1 399,60	1 574,55
	II	27 262	1 226,41	2 180,96	2 453,58	II	27 262	1 016,85	2 040,08	2 295,09	807,17	1 899,12	2 136,51	597,61	1 758,24	1 978,02	387,94	1 617,28	1 819,44	178,38	1 476,40	1 660,95	—	1 335,44	1 502,37
	III	19 702	—	1 576,16	1 773,18	III	19 702	—	1 455,84	1 637,82	—	1 338,40	1 505,70	—	1 224,—	1 377,—	—	1 112,48	1 251,54	—	1 003,84	1 129,32	—	898,24	1 010,52
	V	33 697	1 853,33	2 695,76	3 032,73	IV	28 064	1 217,01	2 174,64	2 446,47	1 112,17	2 104,16	2 367,18	1 007,33	2 033,68	2 287,89	902,61	1 963,28	2 208,69	797,77	1 892,80	2 129,40	692,93	1 822,32	2 050,11
	VI	34 133	1 877,31	2 730,64	3 071,97																				
101 591,99 Ost	I,IV	28 221	1 340,53	2 257,68	2 539,89	I	28 221	1 130,97	2 116,80	2 381,40	921,29	1 975,84	2 222,82	711,73	1 834,96	2 064,33	502,06	1 694,—	1 905,75	292,50	1 553,12	1 747,26	82,82	1 412,16	1 588,68
	II	27 420	1 245,21	2 193,60	2 467,80	II	27 420	1 035,53	2 052,64	2 309,22	825,97	1 911,76	2 150,73	616,30	1 770,80	1 992,15	406,74	1 629,92	1 833,66	197,06	1 488,96	1 675,08	—	1 348,08	1 516,59
	III	19 838	—	1 587,04	1 785,42	III	19 838	—	1 466,56	1 649,88	—	1 348,80	1 517,40	—	1 234,08	1 388,34	—	1 122,24	1 262,52	—	1 013,44	1 140,12	—	907,52	1 020,96
	V	33 855	1 862,02	2 708,40	3 046,95	IV	28 221	1 235,69	2 187,20	2 460,60	1 130,97	2 116,80	2 381,40	1 026,13	2 046,32	2 302,11	921,29	1 975,84	2 222,82	816,45	1 905,36	2 143,53	711,73	1 834,96	2 064,33
	VI	34 290	1 885,95	2 743,20	3 086,10																				
101 627,99 West	I,IV	28 079	1 323,63	2 246,32	2 527,11	I	28 079	1 113,95	2 105,36	2 368,53	904,40	1 964,48	2 210,04	694,72	1 823,52	2 051,46	485,16	1 682,64	1 892,97	275,48	1 541,68	1 734,39	65,92	1 400,80	1 575,90
	II	27 277	1 228,19	2 182,16	2 454,93	II	27 277	1 018,64	2 041,28	2 296,44	808,96	1 900,32	2 137,86	599,40	1 759,44	1 979,37	389,72	1 618,48	1 820,79	180,16	1 477,60	1 662,30	—	1 336,64	1 503,72
	III	19 716	—	1 577,28	1 774,44	III	19 716	—	1 456,80	1 638,90	—	1 339,36	1 506,78	—	1 224,96	1 378,08	—	1 113,44	1 252,62	—	1 004,80	1 130,40	—	899,04	1 011,42
	V	33 713	1 854,21	2 697,04	3 034,17	IV	28 079	1 218,79	2 175,84	2 447,82	1 113,95	2 105,36	2 368,53	1 009,12	2 034,88	2 289,24	904,40	1 964,48	2 210,04	799,56	1 894,—	2 130,75	694,72	1 823,52	2 051,46
	VI	34 148	1 878,14	2 731,84	3 073,32																				
101 627,99 Ost	I,IV	28 236	1 342,32	2 258,88	2 541,24	I	28 236	1 132,76	2 118,—	2 382,75	923,08	1 977,04	2 224,17	713,52	1 836,16	2 065,68	503,84	1 695,20	1 907,10	294,28	1 554,32	1 748,61	84,60	1 413,36	1 590,03
	II	27 435	1 247,—	2 194,80	2 469,15	II	27 435	1 037,32	2 053,84	2 310,57	827,76	1 912,96	2 152,08	618,08	1 772,—	1 993,50	408,52	1 631,12	1 835,01	198,84	1 490,16	1 676,43	—	1 349,28	1 517,94
	III	19 852	—	1 588,16	1 786,68	III	19 852	—	1 467,52	1 650,96	—	1 349,76	1 518,48	—	1 235,04	1 389,42	—	1 123,20	1 263,60	—	1 014,40	1 141,20	—	908,48	1 022,04
	V	33 870	1 862,85	2 709,60	3 048,30	IV	28 236	1 237,48	2 188,40	2 461,95	1 132,76	2 118,—	2 382,75	1 027,92	2 047,52	2 303,46	923,08	1 977,04	2 224,17	818,24	1 906,56	2 144,88	713,52	1 836,16	2 065,68
	VI	34 305	1 886,77	2 744,40	3 087,45																				
101 663,99 West	I,IV	28 094	1 325,42	2 247,52	2 528,46	I	28 094	1 115,74	2 106,56	2 369,88	906,18	1 965,68	2 211,39	696,50	1 824,72	2 052,81	486,94	1 683,84	1 894,32	277,27	1 542,88	1 735,74	67,71	1 402,—	1 577,25
	II	27 292	1 229,98	2 183,36	2 456,28	II	27 292	1 020,42	2 042,48	2 297,79	810,74	1 901,52	2 139,21	601,18	1 760,64	1 980,72	391,51	1 619,68	1 822,14	181,95	1 478,80	1 663,65	—	1 337,92	1 505,16
	III	19 728	—	1 578,24	1 775,52	III	19 728	—	1 457,92	1 640,16	—	1 340,48	1 508,04	—	1 225,92	1 379,16	—	1 114,40	1 253,70	—	1 005,76	1 131,48	—	900,—	1 012,50
	V	33 728	1 855,04	2 698,24	3 035,52	IV	28 094	1 220,58	2 177,04	2 449,17	1 115,74	2 106,56	2 369,88	1 011,02	2 036,16	2 290,68	906,18	1 965,68	2 211,39	801,34	1 895,20	2 132,10	696,50	1 824,72	2 052,81
	VI	34 163	1 878,96	2 733,04	3 074,67																				
101 663,99 Ost	I,IV	28 251	1 344,10	2 260,08	2 542,59	I	28 251	1 134,54	2 119,20	2 384,10	924,86	1 978,24	2 225,52	715,30	1 837,36	2 067,03	505,63	1 696,40	1 908,45	296,07	1 555,52	1 749,96	86,39	1 414,56	1 591,38
	II	27 450	1 248,78	2 196,—	2 470,50	II	27 450	1 039,10	2 055,04	2 311,92	829,54	1 914,16	2 153,43	619,87	1 773,20	1 994,85	410,31	1 632,32	1 836,36	200,75	1 491,44	1 677,87	—	1 350,48	1 519,29
	III	19 866	—	1 589,28	1 787,94	III	19 866	—	1 468,48	1 652,04	—	1 350,88	1 519,74	—	1 236,—	1 390,50	—	1 124,16	1 264,68	—	1 015,36	1 142,28	—	909,28	1 022,94
	V	33 885	1 863,67	2 710,80	3 049,65	IV	28 251	1 239,38	2 189,68	2 463,39	1 134,54	2 119,20	2 384,10	1 029,70	2 048,72	2 304,81	924,86	1 978,24	2 225,52	820,14	1 907,84	2 146,32	715,30	1 837,36	2 067,03
	VI	34 320	1 887,60	2 745,60	3 088,80																				
101 699,99 West	I,IV	28 109	1 327,20	2 248,72	2 529,81	I	28 109	1 117,52	2 107,76	2 371,23	907,97	1 966,88	2 212,74	698,29	1 825,92	2 054,16	488,73	1 685,04	1 895,67	279,05	1 544,08	1 737,09	69,49	1 403,20	1 578,60
	II	27 308	1 231,88	2 184,64	2 457,72	II	27 308	1 022,21	2 043,68	2 299,14	812,65	1 902,80	2 140,65	602,97	1 761,84	1 982,07	393,41	1 620,96	1 823,58	183,73	1 480,—	1 665,—	—	1 339,12	1 506,51
	III	19 742	—	1 579,36	1 776,78	III	19 742	—	1 458,88	1 641,24	—	1 341,44	1 509,12	—	1 226,88	1 380,24	—	1 115,20	1 254,60	—	1 006,56	1 132,38	—	900,80	1 013,40
	V	33 743	1 855,86	2 699,44	3 036,87	IV	28 109	1 222,36	2 178,24	2 450,52	1 117,52	2 107,76	2 371,23	1 012,80	2 037,36	2 292,03	907,97	1 966,88	2 212,74	803,13	1 896,40	2 133,45	698,29	1 825,92	2 054,16
	VI	34 178	1 879,79	2 734,24	3 076,02																				
101 699,99 Ost	I,IV	28 266	1 345,89	2 261,28	2 543,94	I	28 266	1 136,33	2 120,40	2 385,45	926,65	1 979,44	2 226,87	717,09	1 838,56	2 068,38	507,41	1 697,60	1 909,80	297,85	1 556,72	1 751,31	88,29	1 415,84	1 592,82
	II	27 465	1 250,57	2 197,20	2 471,85	II	27 465	1 041,01	2 056,32	2 313,36	831,33	1 915,36	2 154,78	621,77	1 774,48	1 996,29	412,09	1 633,52	1 837,71	202,53	1 492,64	1 679,22	—	1 351,68	1 520,64
	III	19 878	—	1 590,24	1 789,02	III	19 878	—	1 469,60	1 653,30	—	1 351,84	1 520,82	—	1 236,96	1 391,58	—	1 125,12	1 265,76	—	1 016,16	1 143,18	—	910,24	1 024,02
	V	33 900	1 864,50	2 712,—	3 051,—	IV	28 266	1 241,17	2 190,88	2 464,74	1 136,33	2 120,40	2 385,45	1 031,49	2 049,92	2 306,16	926,65	1 979,44	2 226,87	821,93	1 909,04	2 147,67	717,09	1 838,56	2 068,38
	VI	34 335	1 888,42	2 746,80	3 090,15																				
101 735,99 West	I,IV	28 124	1 328,99	2 249,92	2 531,16	I	28 124	1 119,43	2 109,04	2 372,67	909,75	1 968,08	2 214,09	700,19	1 827,20	2 055,60	490,51	1 686,24	1 897,02	280,95	1 545,36	1 738,53	71,28	1 404,40	1 579,95
	II	27 323	1 233,67	2 185,84	2 459,07	II	27 323	1 023,99	2 044,88	2 300,49	814,43	1 904,—	2 142,—	604,75	1 763,04	1 983,42	395,19	1 622,16	1 824,93	185,52	1 481,20	1 666,35	—	1 340,32	1 507,86
	III	19 754	—	1 580,32	1 777,86	III	19 754	—	1 459,84	1 642,32	—	1 342,40	1 510,20	—	1 227,84	1 381,32	—	1 116,16	1 255,68	—	1 007,52	1 133,46	—	901,76	1 014,48
	V	33 758	1 856,69	2 700,64	3 038,22	IV	28 124	1 224,15	2 179,44	2 451,87	1 119,43	2 109,04	2 372,67	1 014,59	2 038,56	2 293,38	909,75	1 968,08	2 214,09	804,91	1 897,60	2 134,80	700,19	1 827,20	2 055,60
	VI	34 193	1 880,61	2 735,44	3 077,37																				
101 735,99 Ost	I,IV	28 282	1 347,79	2 262,56	2 545,38	I	28 282	1 138,11	2 121,60	2 386,80	928,55	1 980,72	2 228,31	718,87	1 839,76	2 069,73	509,32	1 698,88	1 911,24	299,64	1 557,92	1 752,66	90,08	1 417,04	1 594,17
	II	27 480	1 252,35	2 198,40	2 473,20	II	27 480	1 042,79	2 057,52	2 314,71	833,11	1 916,56	2 156,13	623,56	1 775,68	1 997,64	413,88	1 634,72	1 839,06	204,32	1 493,84	1 680,57	—	1 352,88	1 521,99
	III	19 892	—	1 591,36	1 790,28	III	19 892	—	1 470,56	1 654,38	—	1 352,80	1 521,90	—	1 237,92	1 392,66	—	1 126,08	1 266,84	—	1 017,12	1 144,26	—	911,20	1 025,10
	V	33 915	1 865,32	2 713,20	3 052,35	IV	28 282	1 242,95	2 192,08	2 466,09	1 138,11	2 121,60	2 386,80	1 033,27	2 051,12	2 307,51	928,55	1 980,72	2 228,31	823,71	1 910,24	2 149,02	718,87	1 839,76	2 069,73
	VI	34 350	1 889,25	2 748,—	3 091,50																				
101 771,99 West	I,IV	28 139	1 330,77	2 251,12	2 532,51	I	28 139	1 121,21	2 110,24	2 374,02	911,54	1 969,28	2 215,44	701,98	1 828,40	2 056,95	492,30	1 687,44	1 898,37	282,74	1 546,56	1 739,88	73,06	1 405,60	1 581,30
	II	27 338	1 235,45	2 187,04	2 460,42	II	27 338	1 025,78	2 046,08	2 301,84	816,22	1 905,20	2 143,35	606,54	1 764,24	1 984,77	396,98	1 623,36	1 826,28	187,30	1 482,40	1 667,70	—	1 341,52	1 509,21
	III	19 768	—	1 581,44	1 779,12	III	19 768	—	1 460,96	1 643,58	—	1 343,36	1 511,28	—	1 228,80	1 382,40	—	1 117,12	1 256,76	—	1 008,48	1 134,54	—	902,72	1 015,56
	V	33 773	1 857,51	2 701,84	3 039,57	IV	28 139	1 225,93	2 180,64	2 453,22	1 121,21	2 110,24	2 374,02	1 016,37	2 039,76	2 294,73	911,54	1 969,28	2 215,44	806,70	1 898,80	2 136,15	701,98	1 828,40	2 056,95
	VI	34 208	1 881,44	2 736,64	3 078,72																				
101 771,99 Ost	I,IV	28 297	1 349,57	2 263,76	2 546,73	I	28 297	1 139,90	2 122,80	2 388,15	930,34	1 981,92	2 229,66	720,66	1 840,96	2 071,08	511,10	1 700,08	1 912,59	301,42	1 559,12	1 754,01	91,86	1 418,24	1 595,52
	II	27 495	1 254,14	2 199,60	2 474,55	II	27 495	1 044,58	2 058,72	2 316,06	834,90	1 917,76	2 157,48	625,34	1 776,88	1 998,99	415,66	1 635,92	1 840,41	206,10	1 495,04	1 681,92	—	1 354,08	1 523,34
	III	19 904	—	1 592,32	1 791,36	III	19 904	—	1 471,68	1 655,64	—	1 353,76	1 522,98	—	1 239,04	1 393,92	—	1 127,04	1 267,92	—	1 018,08	1 145,34	—	912,—	1 026,—
	V	33 930	1 866,15	2 714,40	3 053,70	IV	28 297	1 244,74	2 193,28	2 467,44	1 139,90	2 122,80	2 388,15	1 035,06	2 052,32	2 308,86	930,34	1 981,92	2 229,66	825,50	1 911,44	2 150,37	720,66	1 840,96	2 071,08
	VI	34 366	1 890,13	2 749,28	3 092,94																				
101 807,99 West	I,IV	28 154	1 332,56	2 252,32	2 533,86	I	28 154	1 123,—	2 111,44	2 375,37	913,32	1 970,48	2 216,79	703,76	1 829,60	2 058,30	494,08	1 688,64	1 899,72	284,52	1 547,76	1 741,23	74,85	1 406,80	1 582,65
	II	27 353	1 237,24	2 188,24	2 461,77	II	27 353	1 027,56	2 047,28	2 303,19	818,—	1 906,40	2 144,70	608,32	1 765,44	1 986,12	398,76	1 624,56	1 827,63	189,09	1 483,60	1 669,05	—	1 342,72	1 510,56
	III	19 780	—	1 582,40	1 780,20	III	19 780	—	1 461,92	1 644,66	—	1 344,48	1 512,54	—	1 229,76	1 383,48	—	1 118,08	1 257,84	—	1 009,44	1 135,62	—	903,52	1 016,46
	V	33 788	1 858,34	2 703,04	3 040,92	IV	28 154	1 227,84	2 181,92	2 454,66	1 123,—	2 111,44	2 375,37	1 018,16	2 040,96	2 296,08	913,32	1 970,48	2 216,79	808,60	1 900,08	2 137,59	703,76	1 829,60	2 058,30
	VI	34 223	1 882,26	2 737,84	3 080,07																				
101 807,99 Ost	I,IV	28 312	1 351,36	2 264,96	2 548,08	I	28 312	1 141,68	2 124,—	2 389,50	932,12	1 983,12	2 231,01	722,44	1 842,16	2 072,43	512,89	1 701,28	1 913,94	303,21	1 560,32	1 755,36	93,65	1 419,44	1 596,87
	II	27 510	1 255,92	2 200,80	2 475,90	II	27 510	1 046,36	2 059,92	2 317,41	836,68	1 918,96	2 158,83	627,13	1 778,08	2 000,34	417,45	1 637,12	1 841,76	207,89	1 496,24	1 683,27	—	1 355,36	1 524,78
	III	19 918	—	1 593,44	1 792,62	III	19 918	—	1 472,64	1 656,72	—	1 354,88	1 524,24	—	1 240,—	1 395,—	—	1 128,—	1 269,—	—	1 019,04	1 146,42	—	912,96	1 027,08
	V	33 946	1 867,03	2 715,68	3 055,14	IV	28 312	1 246,52	2 194,48	2 468,79	1 141,68	2 124,—	2 389,50	1 036,96	2 053,60	2 310,30	932,12	1 983,12	2 231,01	827,28	1 912,64	2 151,72	722,44	1 842,16	2 072,43
	VI	34 381	1 890,95	2 750,48	3 094,29																				

* Die ausgewiesenen Tabellenwerte sind amtlich. Siehe Erläuterungen auf der Umschlaginnenseite (U2).

Abzüge an Lohnsteuer, Solidaritätszuschlag (SolZ) und Kirchensteuer (8%, 9%) in den Steuerklassen

Lohn/ Gehalt bis €*	I – VI		ohne Kinderfreibeträge			I, II, III, IV		mit Zahl der Kinderfreibeträge . . . 0,5			1			1,5			2			2,5			3		
		LSt	SolZ	8%	9%		LSt	SolZ	8%	9%	SolZ	8%	9%	SolZ	8%	9%	SolZ	8%	9%	SolZ	8%	9%	SolZ	8%	9%
101 843,99 West	I,IV	28 169	1 334,34	2 253,52	2 535,21	I	28 169	1 124,78	2 112,64	2 376,72	915,11	1 971,68	2 218,14	705,55	1 830,80	2 059,65	495,87	1 689,84	1 901,07	286,31	1 548,96	1 742,58	76,63	1 408,–	1 584,–
	II	27 368	1 239,02	2 189,44	2 463,12	II	27 368	1 029,46	2 048,56	2 304,63	819,79	1 907,60	2 146,05	610,23	1 766,72	1 987,56	400,55	1 625,76	1 828,98	190,99	1 484,88	1 670,49	–	1 343,92	1 511,91
	III	19 794	–	1 583,52	1 781,46	III	19 794	–	1 463,04	1 645,92	–	1 345,44	1 513,62	–	1 230,72	1 384,56	–	1 119,04	1 258,92	–	1 010,24	1 136,52	–	904,48	1 017,54
	V	33 803	1 859,16	2 704,24	3 042,27	IV	28 169	1 229,62	2 183,12	2 456,01	1 124,78	2 112,64	2 376,72	1 019,94	2 042,16	2 297,43	915,11	1 971,68	2 218,14	810,39	1 901,28	2 138,94	705,55	1 830,80	2 059,65
	VI	34 238	1 883,09	2 739,04	3 081,42																				
101 843,99 Ost	I,IV	28 327	1 353,14	2 266,16	2 549,43	I	28 327	1 143,47	2 125,20	2 390,85	933,91	1 984,32	2 232,36	724,23	1 843,36	2 073,78	514,67	1 702,48	1 915,29	304,99	1 561,52	1 756,71	95,43	1 420,64	1 598,22
	II	27 526	1 257,83	2 202,08	2 477,34	II	27 526	1 048,15	2 061,12	2 318,76	838,59	1 920,24	2 160,27	628,91	1 779,28	2 001,69	419,35	1 638,40	1 843,20	209,67	1 497,44	1 684,62	0,11	1 356,56	1 526,13
	III	19 930	–	1 594,40	1 793,70	III	19 930	–	1 473,60	1 657,80	–	1 355,84	1 525,32	–	1 240,96	1 396,08	–	1 128,96	1 270,08	–	1 019,84	1 147,32	–	913,76	1 027,98
	V	33 961	1 867,85	2 716,88	3 056,49	IV	28 327	1 248,31	2 195,68	2 470,14	1 143,47	2 125,20	2 390,85	1 038,75	2 054,80	2 311,65	933,91	1 984,32	2 232,36	829,07	1 913,84	2 153,07	724,23	1 843,36	2 073,78
	VI	34 396	1 891,78	2 751,68	3 095,64																				
101 879,99 West	I,IV	28 184	1 336,13	2 254,72	2 536,56	I	28 184	1 126,57	2 113,84	2 378,07	917,01	1 972,96	2 219,58	707,33	1 832,–	2 061,–	497,77	1 691,12	1 902,51	288,09	1 550,16	1 743,93	78,54	1 409,28	1 585,44
	II	27 383	1 240,81	2 190,64	2 464,47	II	27 383	1 031,25	2 049,76	2 305,98	821,57	1 908,80	2 147,40	612,01	1 767,92	1 988,91	402,33	1 626,96	1 830,33	192,78	1 486,08	1 671,84	–	1 345,12	1 513,26
	III	19 806	–	1 584,48	1 782,54	III	19 806	–	1 464,–	1 647,–	–	1 346,40	1 514,70	–	1 231,68	1 385,64	–	1 120,–	1 260,–	–	1 011,20	1 137,60	–	905,28	1 018,44
	V	33 818	1 859,99	2 705,44	3 043,62	IV	28 184	1 231,41	2 184,32	2 457,36	1 126,57	2 113,84	2 378,07	1 021,73	2 043,36	2 298,78	917,01	1 972,96	2 219,58	812,17	1 902,48	2 140,29	707,33	1 832,–	2 061,–
	VI	34 253	1 883,91	2 740,24	3 082,77																				
101 879,99 Ost	I,IV	28 342	1 354,93	2 267,36	2 550,78	I	28 342	1 145,37	2 126,48	2 392,29	935,69	1 985,52	2 233,71	726,13	1 844,64	2 075,22	516,46	1 703,68	1 916,64	306,90	1 562,80	1 758,15	97,22	1 421,84	1 599,57
	II	27 541	1 259,61	2 203,28	2 478,69	II	27 541	1 049,93	2 062,32	2 320,11	840,37	1 921,44	2 161,62	630,70	1 780,48	2 003,04	421,14	1 639,60	1 844,55	211,46	1 498,64	1 685,97	1,90	1 357,76	1 527,48
	III	19 944	–	1 595,52	1 794,96	III	19 944	–	1 474,72	1 659,06	–	1 356,80	1 526,40	–	1 241,92	1 397,16	–	1 129,92	1 271,16	–	1 020,80	1 148,40	–	914,72	1 029,06
	V	33 976	1 868,68	2 718,08	3 057,84	IV	28 342	1 250,09	2 196,88	2 471,49	1 145,37	2 126,48	2 392,29	1 040,53	2 056,–	2 313,–	935,69	1 985,52	2 233,71	830,85	1 915,04	2 154,42	726,13	1 844,64	2 075,22
	VI	34 411	1 892,60	2 752,88	3 096,99																				
101 915,99 West	I,IV	28 200	1 338,03	2 256,–	2 538,–	I	28 200	1 128,35	2 115,04	2 379,42	918,79	1 974,16	2 220,93	709,12	1 833,20	2 062,35	499,56	1 692,32	1 903,86	289,88	1 551,36	1 745,28	80,32	1 410,48	1 586,79
	II	27 398	1 242,59	2 191,84	2 465,82	II	27 398	1 033,03	2 050,96	2 307,33	823,36	1 910,–	2 148,75	613,80	1 769,12	1 990,26	404,12	1 628,16	1 831,68	194,56	1 487,28	1 673,19	–	1 346,32	1 514,61
	III	19 820	–	1 585,60	1 783,80	III	19 820	–	1 464,96	1 648,08	–	1 347,36	1 515,78	–	1 232,64	1 386,72	–	1 120,96	1 261,08	–	1 012,16	1 138,68	–	906,24	1 019,52
	V	33 833	1 860,81	2 706,64	3 044,97	IV	28 200	1 233,19	2 185,52	2 458,71	1 128,35	2 115,04	2 379,42	1 023,51	2 044,56	2 300,13	918,79	1 974,16	2 220,93	813,96	1 903,68	2 141,64	709,12	1 833,20	2 062,35
	VI	34 269	1 884,79	2 741,52	3 084,21																				
101 915,99 Ost	I,IV	28 357	1 356,71	2 268,56	2 552,13	I	28 357	1 147,16	2 127,68	2 393,64	937,48	1 986,72	2 235,06	727,92	1 845,84	2 076,57	518,24	1 704,88	1 917,99	308,68	1 564,–	1 759,50	99,–	1 423,04	1 600,92
	II	27 556	1 261,40	2 204,48	2 480,04	II	27 556	1 051,72	2 063,52	2 321,46	842,16	1 922,64	2 162,97	632,48	1 781,68	2 004,39	422,92	1 640,80	1 845,90	213,24	1 499,84	1 687,32	3,68	1 358,96	1 528,83
	III	19 956	–	1 596,48	1 796,04	III	19 956	–	1 475,68	1 660,14	–	1 357,76	1 527,48	–	1 242,88	1 398,24	–	1 130,88	1 272,24	–	1 021,76	1 149,48	–	915,68	1 030,14
	V	33 991	1 869,50	2 719,28	3 059,19	IV	28 357	1 251,88	2 198,08	2 472,84	1 147,16	2 127,68	2 393,64	1 042,32	2 057,20	2 314,35	937,48	1 986,72	2 235,06	832,64	1 916,24	2 155,77	727,92	1 845,84	2 076,57
	VI	34 426	1 893,43	2 754,08	3 098,34																				
101 951,99 West	I,IV	28 215	1 339,82	2 257,20	2 539,35	I	28 215	1 130,14	2 116,24	2 380,77	920,58	1 975,36	2 222,28	710,90	1 834,40	2 063,70	501,34	1 693,52	1 905,21	291,66	1 552,56	1 746,63	82,11	1 411,68	1 588,14
	II	27 413	1 244,38	2 193,04	2 467,17	II	27 413	1 034,82	2 052,16	2 308,68	825,14	1 911,20	2 150,10	615,58	1 770,32	1 991,61	405,90	1 629,36	1 833,03	196,35	1 488,48	1 674,54	–	1 347,52	1 515,96
	III	19 834	–	1 586,72	1 785,06	III	19 834	–	1 466,08	1 649,34	–	1 348,32	1 516,86	–	1 233,60	1 387,80	–	1 121,92	1 262,16	–	1 013,12	1 139,76	–	907,20	1 020,60
	V	33 849	1 861,69	2 707,92	3 046,41	IV	28 215	1 234,98	2 186,72	2 460,06	1 130,14	2 116,24	2 380,77	1 025,42	2 045,84	2 301,57	920,58	1 975,36	2 222,28	815,74	1 904,88	2 142,99	710,90	1 834,40	2 063,70
	VI	34 284	1 885,62	2 742,72	3 085,56																				
101 951,99 Ost	I,IV	28 372	1 358,50	2 269,76	2 553,48	I	28 372	1 148,94	2 128,88	2 394,99	939,26	1 987,92	2 236,41	729,70	1 847,04	2 077,92	520,03	1 706,08	1 919,34	310,47	1 565,20	1 760,85	100,79	1 424,24	1 602,27
	II	27 571	1 263,18	2 205,68	2 481,39	II	27 571	1 053,50	2 064,72	2 322,81	843,94	1 923,84	2 164,32	634,27	1 782,88	2 005,74	424,71	1 642,–	1 847,25	215,03	1 501,04	1 688,67	5,47	1 360,16	1 530,18
	III	19 970	–	1 597,60	1 797,30	III	19 970	–	1 476,80	1 661,40	–	1 358,88	1 528,74	–	1 243,84	1 399,32	–	1 131,84	1 273,32	–	1 022,72	1 150,56	–	916,48	1 031,04
	V	34 006	1 870,33	2 720,48	3 060,54	IV	28 372	1 253,66	2 199,28	2 474,19	1 148,94	2 128,88	2 394,99	1 044,10	2 058,40	2 315,70	939,26	1 987,92	2 236,41	834,54	1 917,52	2 157,21	729,70	1 847,04	2 077,92
	VI	34 441	1 894,25	2 755,28	3 099,69																				
101 987,99 West	I,IV	28 230	1 341,60	2 258,40	2 540,70	I	28 230	1 131,92	2 117,44	2 382,12	922,36	1 976,56	2 223,63	712,69	1 835,60	2 065,05	503,13	1 694,72	1 906,56	293,45	1 553,76	1 747,98	83,89	1 412,88	1 589,49
	II	27 428	1 246,16	2 194,24	2 468,52	II	27 428	1 036,60	2 053,36	2 310,03	827,05	1 912,48	2 151,54	617,37	1 771,52	1 992,96	407,81	1 630,64	1 834,47	198,13	1 489,68	1 675,89	–	1 348,80	1 517,40
	III	19 846	–	1 587,68	1 786,14	III	19 846	–	1 467,04	1 650,42	–	1 349,44	1 518,12	–	1 234,72	1 389,06	–	1 122,88	1 263,24	–	1 013,92	1 140,66	–	908,–	1 021,50
	V	33 864	1 862,52	2 709,12	3 047,76	IV	28 230	1 236,76	2 187,92	2 461,41	1 131,92	2 117,44	2 382,12	1 027,20	2 047,04	2 302,92	922,36	1 976,56	2 223,63	817,53	1 906,08	2 144,34	712,69	1 835,60	2 065,05
	VI	34 299	1 886,44	2 743,92	3 086,91																				
101 987,99 Ost	I,IV	28 387	1 360,28	2 270,96	2 554,83	I	28 387	1 150,73	2 130,08	2 396,34	941,05	1 989,12	2 237,76	731,49	1 848,24	2 079,27	521,81	1 707,28	1 920,69	312,25	1 566,40	1 762,20	102,57	1 425,44	1 603,62
	II	27 586	1 264,97	2 206,88	2 482,74	II	27 586	1 055,41	2 066,–	2 324,25	845,73	1 925,04	2 165,67	636,17	1 784,16	2 007,18	426,49	1 643,20	1 848,60	216,93	1 502,32	1 690,11	7,25	1 361,36	1 531,53
	III	19 984	–	1 598,72	1 798,56	III	19 984	–	1 477,76	1 662,48	–	1 359,84	1 529,82	–	1 244,80	1 400,40	–	1 132,80	1 274,40	–	1 023,68	1 151,64	–	917,44	1 032,12
	V	34 021	1 871,15	2 721,68	3 061,89	IV	28 387	1 255,56	2 200,56	2 475,63	1 150,73	2 130,08	2 396,34	1 045,89	2 059,60	2 317,05	941,05	1 989,12	2 237,76	836,33	1 918,72	2 158,56	731,49	1 848,24	2 079,27
	VI	34 456	1 895,08	2 756,48	3 101,04																				
102 023,99 West	I,IV	28 245	1 343,39	2 259,60	2 542,05	I	28 245	1 133,71	2 118,64	2 383,47	924,15	1 977,76	2 224,98	714,59	1 836,88	2 066,49	504,91	1 695,92	1 907,91	295,35	1 555,04	1 749,42	85,68	1 414,08	1 590,84
	II	27 444	1 248,07	2 195,52	2 469,96	II	27 444	1 038,39	2 054,56	2 311,38	828,83	1 913,68	2 152,89	619,15	1 772,72	1 994,31	409,59	1 631,84	1 835,82	199,92	1 490,88	1 677,24	–	1 350,–	1 518,75
	III	19 860	–	1 588,80	1 787,40	III	19 860	–	1 468,16	1 651,68	–	1 350,40	1 519,20	–	1 235,68	1 390,14	–	1 123,84	1 264,32	–	1 014,88	1 141,74	–	908,96	1 022,58
	V	33 879	1 863,34	2 710,32	3 049,11	IV	28 245	1 238,55	2 189,12	2 462,76	1 133,71	2 118,64	2 383,47	1 028,99	2 048,24	2 304,27	924,15	1 977,76	2 224,98	819,31	1 907,28	2 145,69	714,59	1 836,88	2 066,49
	VI	34 314	1 887,27	2 745,12	3 088,26																				
102 023,99 Ost	I,IV	28 402	1 362,07	2 272,16	2 556,18	I	28 402	1 152,51	2 131,28	2 397,69	942,95	1 990,40	2 239,20	733,27	1 849,44	2 080,62	523,71	1 708,56	1 922,13	314,04	1 567,60	1 763,55	104,48	1 426,72	1 605,06
	II	27 601	1 266,75	2 208,08	2 484,09	II	27 601	1 057,19	2 067,20	2 325,60	847,51	1 926,24	2 167,02	637,95	1 785,36	2 008,53	428,28	1 644,40	1 849,95	218,72	1 503,52	1 691,46	9,04	1 362,56	1 532,88
	III	19 996	–	1 599,68	1 799,64	III	19 996	–	1 478,72	1 663,56	–	1 360,80	1 530,90	–	1 245,76	1 401,48	–	1 133,76	1 275,48	–	1 024,48	1 152,54	–	918,40	1 033,20
	V	34 036	1 871,98	2 722,88	3 063,24	IV	28 402	1 257,35	2 201,76	2 476,98	1 152,51	2 131,28	2 397,69	1 047,67	2 060,80	2 318,40	942,95	1 990,40	2 239,20	838,11	1 919,92	2 159,91	733,27	1 849,44	2 080,62
	VI	34 471	1 895,90	2 757,68	3 102,39																				
102 059,99 West	I,IV	28 260	1 345,17	2 260,80	2 543,40	I	28 260	1 135,61	2 119,92	2 384,91	925,93	1 978,96	2 226,33	716,38	1 838,08	2 067,84	506,70	1 697,12	1 909,26	297,14	1 556,24	1 750,77	87,46	1 415,28	1 592,19
	II	27 459	1 249,85	2 196,72	2 471,31	II	27 459	1 040,17	2 055,76	2 312,73	830,62	1 914,88	2 154,24	620,94	1 773,92	1 995,66	411,38	1 633,04	1 837,17	201,70	1 492,08	1 678,59	–	1 351,20	1 520,10
	III	19 872	–	1 589,76	1 788,48	III	19 872	–	1 469,12	1 652,76	–	1 351,36	1 520,28	–	1 236,64	1 391,22	–	1 124,80	1 265,40	–	1 015,84	1 142,82	–	909,76	1 023,48
	V	33 894	1 864,17	2 711,52	3 050,46	IV	28 260	1 240,33	2 190,32	2 464,11	1 135,61	2 119,92	2 384,91	1 030,77	2 049,44	2 305,62	925,93	1 978,96	2 226,33	821,10	1 908,48	2 147,04	716,38	1 838,08	2 067,84
	VI	34 329	1 888,09	2 746,32	3 089,61																				
102 059,99 Ost	I,IV	28 418	1 363,97	2 273,44	2 557,62	I	28 418	1 154,30	2 132,48	2 399,04	944,74	1 991,60	2 240,55	735,06	1 850,64	2 081,97	525,50	1 709,76	1 923,48	315,82	1 568,80	1 764,90	106,26	1 427,92	1 606,41
	II	27 616	1 268,54	2 209,28	2 485,44	II	27 616	1 058,98	2 068,40	2 326,95	849,30	1 927,44	2 168,37	639,74	1 786,56	2 009,88	430,06	1 645,60	1 851,30	220,50	1 504,72	1 692,81	10,82	1 363,76	1 534,23
	III	20 010	–	1 600,80	1 800,90	III	20 010	–	1 479,84	1 664,82	–	1 361,76	1 531,98	–	1 246,72	1 402,56	–	1 134,72	1 276,56	–	1 025,44	1 153,62	–	919,20	1 034,10
	V	34 051	1 872,80	2 724,08	3 064,59	IV	28 418	1 259,13	2 202,96	2 478,33	1 154,30	2 132,48	2 399,04	1 049,46	2 062,–	2 319,75	944,74	1 991,60	2 240,55	839,90	1 921,12	2 161,26	735,06	1 850,64	2 081,97
	VI	34 487	1 896,78	2 758,96	3 103,83																				
102 095,99 West	I,IV	28 275	1 346,96	2 262,–	2 544,75	I	28 275	1 137,40	2 121,12	2 386,26	927,72	1 980,16	2 227,68	718,16	1 839,28	2 069,19	508,48	1 698,32	1 910,61	298,92	1 557,44	1 752,12	89,25	1 416,48	1 593,54
	II	27 474	1 251,64	2 197,92	2 472,66	II	27 474	1 041,96	2 056,96	2 314,08	832,40	1 916,08	2 155,59	622,72	1 775,12	1 997,01	413,16	1 634,24	1 838,52	203,49	1 493,28	1 679,94	–	1 352,40	1 521,45
	III	19 886	–	1 590,88	1 789,74	III	19 886	–	1 470,08	1 653,84	–	1 352,32	1 521,36	–	1 237,60	1 392,30	–	1 125,76	1 266,48	–	1 016,80	1 143,90	–	910,72	1 024,56
	V	33 909	1 864,99	2 712,72	3 051,81	IV	28 275	1 242,12	2 191,52	2 465,46	1 137,40	2 121,12	2 386,26	1 032,56	2 050,64	2 306,97	927,72	1 980,16	2 227,68	823,–	1 909,76	2 148,48	718,16	1 839,28	2 069,19
	VI	34 344	1 888,92	2 747,52	3 090,96																				
102 095,99 Ost	I,IV	28 433	1 365,76	2 274,64	2 558,97	I	28 433	1 156,08	2 133,68	2 400,39	946,52	1 992,80	2 241,90	736,84	1 851,84	2 083,32	527,28	1 710,96	1 924,83	317,61	1 570,–	1 766,25	108,05	1 429,12	1 607,76
	II	27 631	1 270,32	2 210,48	2 486,79	II	27 631	1 060,76	2 069,60	2 328,30	851,08	1 928,64	2 169,72	641,52	1 787,76	2 011,23	431,85	1 646,80	1 852,65	222,29	1 505,92	1 694,16	12,61	1 364,96	1 535,58
	III	20 022	–	1 601,76	1 801,98	III	20 022	–	1 480,80	1 665,90	–	1 362,88	1 533,24	–	1 247,68	1 403,64	–	1 135,52	1 277,46	–	1 026,40	1 154,70	–	920,16	1 035,18
	V	34 067	1 873,68	2 725,36	3 066,03	IV	28 433	1 260,92	2 204,16	2 479,68	1 156,08	2 133,68	2 400,39	1 051,24	2 063,20	2 321,10	946,52	1 992,80	2 241,90	841,68	1 922,32	2 162,61	736,84	1 851,84	2 083,32
	VI	34 502	1 897,61	2 760,16	3 105,18																				

* Die ausgewiesenen Tabellenwerte sind amtlich. Siehe Erläuterungen auf der Umschlaginnenseite (U2).

Abzüge an Lohnsteuer, Solidaritätszuschlag (SolZ) und Kirchensteuer (8%, 9%) in den Steuerklassen

Lohn/ Gehalt bis €*		I – VI				I, II, III, IV		mit Zahl der Kinderfreibeträge . . . 0,5			1			1,5			2			2,5			3		
		LSt	ohne Kinderfreibeträge SolZ	8%	9%		LSt	SolZ	8%	9%	SolZ	8%	9%	SolZ	8%	9%	SolZ	8%	9%	SolZ	8%	9%	SolZ	8%	9%
102 131,99 West	I,IV	28 290	1 348,74	2 263,20	2 546,10	I	28 290	1 139,18	2 122,32	2 387,61	929,50	1 981,36	2 229,03	719,95	1 840,48	2 070,54	510,27	1 699,52	1 911,96	300,71	1 558,64	1 753,47	91,03	1 417,68	1 594,89
	II	27 489	1 253,42	2 199,12	2 474,01	II	27 489	1 043,74	2 058,16	2 315,43	834,19	1 917,28	2 156,94	624,63	1 776,40	1 998,45	414,95	1 635,44	1 839,87	205,39	1 494,56	1 681,38	—	1 353,60	1 522,80
	III	19 898	—	1 591,84	1 790,82	III	19 898	—	1 471,20	1 655,10	—	1 353,44	1 522,62	—	1 238,56	1 393,38	—	1 126,56	1 267,38	—	1 017,60	1 144,80	—	911,68	1 025,64
	V	33 924	1 865,82	2 713,92	3 053,16	IV	28 290	1 244,02	2 192,80	2 466,90	1 139,18	2 122,32	2 387,61	1 034,34	2 051,84	2 308,32	929,50	1 981,36	2 229,03	824,78	1 910,96	2 149,83	719,95	1 840,48	2 070,54
	VI	34 359	1 889,74	2 748,72	3 092,31																				
102 131,99 Ost	I,IV	28 448	1 367,54	2 275,84	2 560,32	I	28 448	1 157,87	2 134,88	2 401,74	948,31	1 994,—	2 243,25	738,63	1 853,04	2 084,67	529,07	1 712,16	1 926,18	319,39	1 571,20	1 767,60	109,83	1 430,32	1 609,11
	II	27 646	1 272,11	2 211,68	2 488,14	II	27 646	1 062,55	2 070,80	2 329,65	852,99	1 929,92	2 171,16	643,31	1 788,96	2 012,58	433,75	1 648,08	1 854,09	224,07	1 507,12	1 695,51	14,51	1 366,24	1 537,02
	III	20 036	—	1 602,88	1 803,24	III	20 036	—	1 481,92	1 667,16	—	1 363,84	1 534,32	—	1 248,64	1 404,72	—	1 136,48	1 278,54	—	1 027,36	1 155,78	—	920,96	1 036,08
	V	34 082	1 874,51	2 726,56	3 067,38	IV	28 448	1 262,70	2 205,36	2 481,03	1 157,87	2 134,88	2 401,74	1 053,15	2 064,48	2 322,54	948,31	1 994,—	2 243,25	843,47	1 923,52	2 163,96	738,63	1 853,04	2 084,67
	VI	34 517	1 898,43	2 761,36	3 106,53																				
102 167,99 West	I,IV	28 305	1 350,53	2 264,40	2 547,45	I	28 305	1 140,97	2 123,52	2 388,96	931,29	1 982,56	2 230,38	721,73	1 841,68	2 071,89	512,17	1 700,80	1 913,40	302,49	1 559,84	1 754,82	92,93	1 418,96	1 596,33
	II	27 504	1 255,21	2 200,32	2 475,36	II	27 504	1 045,65	2 059,44	2 316,87	835,97	1 918,48	2 158,29	626,41	1 777,60	1 999,80	416,73	1 636,64	1 841,22	207,17	1 495,76	1 682,73	—	1 354,80	1 524,15
	III	19 912	—	1 592,96	1 792,08	III	19 912	—	1 472,16	1 656,18	—	1 354,40	1 523,70	—	1 239,52	1 394,46	—	1 127,52	1 268,46	—	1 018,56	1 145,88	—	912,48	1 026,54
	V	33 939	1 866,64	2 715,12	3 054,51	IV	28 305	1 245,81	2 194,—	2 468,25	1 140,97	2 123,52	2 388,96	1 036,13	2 053,04	2 309,67	931,29	1 982,56	2 230,38	826,57	1 912,16	2 151,18	721,73	1 841,68	2 071,89
	VI	34 374	1 890,57	2 749,92	3 093,66																				
102 167,99 Ost	I,IV	28 463	1 369,33	2 277,04	2 561,67	I	28 463	1 159,65	2 136,08	2 403,09	950,09	1 995,20	2 244,60	740,53	1 854,32	2 086,11	530,85	1 713,36	1 927,53	321,30	1 572,48	1 769,04	111,62	1 431,52	1 610,46
	II	27 662	1 274,01	2 212,96	2 489,58	II	27 662	1 064,33	2 072,—	2 331,—	854,77	1 931,12	2 172,51	645,09	1 790,16	2 013,93	435,54	1 649,28	1 855,44	225,86	1 508,32	1 696,86	16,30	1 367,44	1 538,37
	III	20 048	—	1 603,84	1 804,32	III	20 048	—	1 482,88	1 668,24	—	1 364,80	1 535,40	—	1 249,76	1 405,98	—	1 137,44	1 279,62	—	1 028,16	1 156,68	—	921,92	1 037,16
	V	34 097	1 875,33	2 727,76	3 068,73	IV	28 463	1 264,49	2 206,56	2 482,38	1 159,65	2 136,08	2 403,09	1 054,93	2 065,68	2 323,89	950,09	1 995,20	2 244,60	845,25	1 924,72	2 165,31	740,53	1 854,32	2 086,11
	VI	34 532	1 899,26	2 762,56	3 107,88																				
102 203,99 West	I,IV	28 321	1 352,43	2 265,68	2 548,89	I	28 321	1 142,75	2 124,72	2 390,31	933,19	1 983,84	2 231,82	723,52	1 842,88	2 073,24	513,96	1 702,—	1 914,75	304,28	1 561,04	1 756,17	94,72	1 420,16	1 597,68
	II	27 519	1 256,99	2 201,52	2 476,71	II	27 519	1 047,43	2 060,64	2 318,22	837,76	1 919,68	2 159,64	628,20	1 778,80	2 001,15	418,52	1 637,84	1 842,57	208,96	1 496,96	1 684,08	—	1 356,—	1 525,50
	III	19 924	—	1 593,92	1 793,16	III	19 924	—	1 473,28	1 657,44	—	1 355,36	1 524,78	—	1 240,48	1 395,54	—	1 128,48	1 269,54	—	1 019,52	1 146,96	—	913,44	1 027,62
	V	33 954	1 867,47	2 716,32	3 055,86	IV	28 321	1 247,59	2 195,20	2 469,60	1 142,75	2 124,72	2 390,31	1 037,91	2 054,24	2 311,02	933,19	1 983,84	2 231,82	828,35	1 913,36	2 152,53	723,52	1 842,88	2 073,24
	VI	34 390	1 891,45	2 751,20	3 095,10																				
102 203,99 Ost	I,IV	28 478	1 371,11	2 278,24	2 563,02	I	28 478	1 161,55	2 137,36	2 404,53	951,88	1 996,40	2 245,95	742,32	1 855,52	2 087,46	532,64	1 714,56	1 928,88	323,08	1 573,68	1 770,39	113,40	1 432,72	1 611,81
	II	27 677	1 275,79	2 214,16	2 490,93	II	27 677	1 066,12	2 073,20	2 332,35	856,56	1 932,32	2 173,86	646,88	1 791,36	2 015,28	437,32	1 650,48	1 856,79	227,64	1 509,52	1 698,21	18,08	1 368,64	1 539,72
	III	20 062	—	1 604,96	1 805,58	III	20 062	—	1 483,84	1 669,32	—	1 365,76	1 536,48	—	1 250,72	1 407,06	—	1 138,40	1 280,70	—	1 029,12	1 157,76	—	922,88	1 038,24
	V	34 112	1 876,16	2 728,96	3 070,08	IV	28 478	1 266,27	2 207,76	2 483,73	1 161,55	2 137,36	2 404,53	1 056,72	2 066,88	2 325,24	951,88	1 996,40	2 245,95	847,04	1 925,92	2 166,66	742,32	1 855,52	2 087,46
	VI	34 547	1 900,08	2 763,76	3 109,23																				
102 239,99 West	I,IV	28 336	1 354,22	2 266,88	2 550,24	I	28 336	1 144,54	2 125,92	2 391,66	934,98	1 985,04	2 233,17	725,30	1 844,08	2 074,59	515,74	1 703,20	1 916,10	306,06	1 562,24	1 757,52	96,50	1 421,36	1 599,03
	II	27 534	1 258,78	2 202,72	2 478,06	II	27 534	1 049,22	2 061,84	2 319,57	839,54	1 920,88	2 160,99	629,98	1 780,—	2 002,50	420,30	1 639,04	1 843,92	210,74	1 498,16	1 685,43	1,07	1 357,20	1 526,85
	III	19 938	—	1 595,04	1 794,42	III	19 938	—	1 474,24	1 658,52	—	1 356,32	1 525,86	—	1 241,44	1 396,62	—	1 129,44	1 270,62	—	1 020,48	1 148,04	—	914,40	1 028,70
	V	33 970	1 868,35	2 717,60	3 057,30	IV	28 336	1 249,38	2 196,40	2 470,95	1 144,54	2 125,92	2 391,66	1 039,70	2 055,44	2 312,37	934,98	1 985,04	2 233,17	830,14	1 914,56	2 153,88	725,30	1 844,08	2 074,59
	VI	34 405	1 892,27	2 752,40	3 096,45																				
102 239,99 Ost	I,IV	28 493	1 372,90	2 279,44	2 564,37	I	28 493	1 163,34	2 138,56	2 405,88	953,66	1 997,60	2 247,30	744,10	1 856,72	2 088,81	534,42	1 715,76	1 930,23	324,87	1 574,88	1 771,74	115,19	1 433,92	1 613,16
	II	27 692	1 277,58	2 215,36	2 492,28	II	27 692	1 067,90	2 074,40	2 333,70	858,34	1 933,52	2 175,21	648,66	1 792,56	2 016,63	439,11	1 651,68	1 858,14	229,43	1 510,72	1 699,56	19,87	1 369,84	1 541,07
	III	20 076	—	1 606,08	1 806,84	III	20 076	—	1 484,96	1 670,58	—	1 366,88	1 537,74	—	1 251,68	1 408,14	—	1 139,36	1 281,78	—	1 030,08	1 158,84	—	923,68	1 039,14
	V	34 127	1 876,98	2 730,16	3 071,43	IV	28 493	1 268,06	2 208,96	2 485,08	1 163,34	2 138,56	2 405,88	1 058,50	2 068,08	2 326,59	953,66	1 997,60	2 247,30	848,82	1 927,12	2 168,01	744,10	1 856,72	2 088,81
	VI	34 562	1 900,91	2 764,96	3 110,58																				
102 275,99 West	I,IV	28 351	1 356,—	2 268,08	2 551,59	I	28 351	1 146,32	2 127,12	2 393,01	936,76	1 986,24	2 234,52	727,09	1 845,28	2 075,94	517,53	1 704,40	1 917,45	307,85	1 563,44	1 758,87	98,29	1 422,56	1 600,38
	II	27 549	1 260,56	2 203,92	2 479,41	II	27 549	1 051,—	2 063,04	2 320,92	841,33	1 922,08	2 162,34	631,77	1 781,20	2 003,85	422,21	1 640,32	1 845,36	212,53	1 499,36	1 686,78	2,97	1 358,48	1 528,29
	III	19 952	—	1 596,16	1 795,68	III	19 952	—	1 475,20	1 659,60	—	1 357,44	1 527,12	—	1 242,40	1 397,70	—	1 130,40	1 271,70	—	1 021,28	1 148,94	—	915,20	1 029,60
	V	33 985	1 869,17	2 718,80	3 058,65	IV	28 351	1 251,16	2 197,60	2 472,30	1 146,32	2 127,12	2 393,01	1 041,60	2 056,72	2 313,81	936,76	1 986,24	2 234,52	831,92	1 915,76	2 155,23	727,09	1 845,28	2 075,94
	VI	34 420	1 893,10	2 753,60	3 097,80																				
102 275,99 Ost	I,IV	28 508	1 374,68	2 280,64	2 565,72	I	28 508	1 165,12	2 139,76	2 407,23	955,45	1 998,80	2 248,65	745,89	1 857,92	2 090,16	536,21	1 716,96	1 931,58	326,65	1 576,08	1 773,09	116,97	1 435,12	1 614,51
	II	27 707	1 279,36	2 216,56	2 493,63	II	27 707	1 069,69	2 075,60	2 335,05	860,13	1 934,72	2 176,56	650,57	1 793,84	2 018,07	440,89	1 652,88	1 859,49	231,33	1 512,—	1 701,—	21,65	1 371,04	1 542,42
	III	20 088	—	1 607,04	1 807,92	III	20 088	—	1 485,92	1 671,66	—	1 367,84	1 538,82	—	1 252,64	1 409,22	—	1 140,32	1 282,86	—	1 031,04	1 159,92	—	924,64	1 040,22
	V	34 142	1 877,81	2 731,36	3 072,78	IV	28 508	1 269,96	2 210,24	2 486,52	1 165,12	2 139,76	2 407,23	1 060,29	2 069,28	2 327,94	955,45	1 998,80	2 248,65	850,73	1 928,40	2 169,45	745,89	1 857,92	2 090,16
	VI	34 577	1 901,73	2 766,16	3 111,93																				
102 311,99 West	I,IV	28 366	1 357,79	2 269,28	2 552,94	I	28 366	1 148,11	2 128,32	2 394,36	938,55	1 987,44	2 235,87	728,87	1 846,48	2 077,29	519,31	1 705,60	1 918,80	309,75	1 564,72	1 760,31	100,07	1 423,76	1 601,73
	II	27 565	1 262,47	2 205,20	2 480,85	II	27 565	1 052,79	2 064,24	2 322,27	843,23	1 923,36	2 163,78	633,55	1 782,40	2 005,20	423,99	1 641,52	1 846,71	214,31	1 500,56	1 688,13	4,76	1 359,68	1 529,64
	III	19 964	—	1 597,12	1 796,76	III	19 964	—	1 476,32	1 660,86	—	1 358,40	1 528,20	—	1 243,36	1 398,78	—	1 131,36	1 272,78	—	1 022,24	1 150,02	—	916,16	1 030,68
	V	34 000	1 870,—	2 720,—	3 060,—	IV	28 366	1 252,95	2 198,80	2 473,65	1 148,11	2 128,32	2 394,36	1 043,39	2 057,92	2 315,16	938,55	1 987,44	2 235,87	833,71	1 916,96	2 156,58	728,87	1 846,48	2 077,29
	VI	34 435	1 893,92	2 754,80	3 099,15																				
102 311,99 Ost	I,IV	28 523	1 376,47	2 281,84	2 567,07	I	28 523	1 166,91	2 140,96	2 408,58	957,23	2 000,—	2 250,—	747,67	1 859,12	2 091,51	538,11	1 718,24	1 933,02	328,44	1 577,28	1 774,44	118,88	1 436,40	1 615,95
	II	27 722	1 281,15	2 217,76	2 494,98	II	27 722	1 071,59	2 076,88	2 336,49	861,91	1 935,92	2 177,91	652,35	1 795,04	2 019,42	442,68	1 654,08	1 860,84	233,12	1 513,20	1 702,35	23,44	1 372,24	1 543,77
	III	20 102	—	1 608,16	1 809,18	III	20 102	—	1 487,04	1 672,92	—	1 368,80	1 539,90	—	1 253,60	1 410,30	—	1 141,28	1 283,94	—	1 032,—	1 161,—	—	925,60	1 041,30
	V	34 157	1 878,63	2 732,56	3 074,13	IV	28 523	1 271,75	2 211,44	2 487,87	1 166,91	2 140,96	2 408,58	1 062,07	2 070,48	2 329,29	957,23	2 000,—	2 250,—	852,51	1 929,60	2 170,80	747,67	1 859,12	2 091,51
	VI	34 592	1 902,56	2 767,36	3 113,28																				
102 347,99 West	I,IV	28 381	1 359,57	2 270,48	2 554,29	I	28 381	1 150,01	2 129,60	2 395,80	940,33	1 988,64	2 237,22	730,77	1 847,76	2 078,73	521,10	1 706,80	1 920,15	311,54	1 565,92	1 761,66	101,86	1 424,96	1 603,08
	II	27 580	1 264,25	2 206,40	2 482,20	II	27 580	1 054,57	2 065,44	2 323,62	845,01	1 924,56	2 165,13	635,34	1 783,60	2 006,55	425,78	1 642,72	1 848,06	216,10	1 501,76	1 689,48	6,54	1 360,88	1 530,99
	III	19 978	—	1 598,24	1 798,02	III	19 978	—	1 477,28	1 661,94	—	1 359,36	1 529,28	—	1 244,32	1 399,86	—	1 132,32	1 273,86	—	1 023,20	1 151,10	—	916,96	1 031,58
	V	34 015	1 870,82	2 721,20	3 061,35	IV	28 381	1 254,73	2 200,—	2 475,—	1 150,01	2 129,60	2 395,80	1 045,17	2 059,12	2 316,51	940,33	1 988,64	2 237,22	835,49	1 918,16	2 157,93	730,77	1 847,76	2 078,73
	VI	34 450	1 894,75	2 756,—	3 100,50																				
102 347,99 Ost	I,IV	28 539	1 378,37	2 283,12	2 568,51	I	28 539	1 168,69	2 142,16	2 409,93	959,14	2 001,28	2 251,44	749,46	1 860,32	2 092,86	539,90	1 719,44	1 934,37	330,22	1 578,48	1 775,79	120,66	1 437,60	1 617,30
	II	27 737	1 282,93	2 218,96	2 496,33	II	27 737	1 073,38	2 078,08	2 337,84	863,70	1 937,12	2 179,26	654,14	1 796,24	2 020,77	444,46	1 655,28	1 862,19	234,90	1 514,40	1 703,70	25,22	1 373,44	1 545,12
	III	20 114	—	1 609,12	1 810,26	III	20 114	—	1 488,—	1 674,—	—	1 369,76	1 540,98	—	1 254,56	1 411,38	—	1 142,24	1 285,02	—	1 032,80	1 161,90	—	926,40	1 042,20
	V	34 172	1 879,46	2 733,76	3 075,48	IV	28 539	1 273,53	2 212,64	2 489,22	1 168,69	2 142,16	2 409,93	1 063,86	2 071,68	2 330,64	959,14	2 001,28	2 251,44	854,30	1 930,80	2 172,15	749,46	1 860,32	2 092,86
	VI	34 608	1 903,44	2 768,64	3 114,72																				
102 383,99 West	I,IV	28 396	1 361,36	2 271,68	2 555,64	I	28 396	1 151,80	2 130,80	2 397,15	942,12	1 989,84	2 238,57	732,56	1 848,96	2 080,08	522,88	1 708,—	1 921,50	313,32	1 567,12	1 763,01	103,64	1 426,16	1 604,43
	II	27 595	1 266,04	2 207,60	2 483,55	II	27 595	1 056,36	2 066,64	2 324,97	846,80	1 925,76	2 166,48	637,12	1 784,80	2 007,90	427,56	1 643,92	1 849,41	217,88	1 502,96	1 690,83	8,33	1 362,08	1 532,34
	III	19 990	—	1 599,20	1 799,10	III	19 990	—	1 478,40	1 663,20	—	1 360,32	1 530,36	—	1 245,28	1 400,94	—	1 133,28	1 274,94	—	1 024,16	1 152,18	—	917,92	1 032,66
	V	34 030	1 871,65	2 722,40	3 062,70	IV	28 396	1 256,52	2 201,20	2 476,35	1 151,80	2 130,80	2 397,15	1 046,96	2 060,32	2 317,86	942,12	1 989,84	2 238,57	837,28	1 919,36	2 159,28	732,56	1 848,96	2 080,08
	VI	34 465	1 895,57	2 757,20	3 101,85																				
102 383,99 Ost	I,IV	28 554	1 380,16	2 284,32	2 569,86	I	28 554	1 170,48	2 143,36	2 411,28	960,92	2 002,48	2 252,79	751,24	1 861,52	2 094,21	541,68	1 720,64	1 935,72	332,01	1 579,68	1 777,14	122,45	1 438,80	1 618,65
	II	27 752	1 284,72	2 220,16	2 497,68	II	27 752	1 075,16	2 079,28	2 339,19	865,48	1 938,32	2 180,61	655,92	1 797,44	2 022,12	446,25	1 656,48	1 863,54	236,69	1 515,60	1 705,05	27,01	1 374,64	1 546,47
	III	20 128	—	1 610,24	1 811,52	III	20 128	—	1 489,12	1 675,26	—	1 370,88	1 542,24	—	1 255,52	1 412,46	—	1 143,20	1 286,10	—	1 033,76	1 162,98	—	927,36	1 043,28
	V	34 188	1 880,34	2 735,04	3 076,92	IV	28 554	1 275,32	2 213,84	2 490,57	1 170,48	2 143,36	2 411,28	1 065,64	2 072,88	2 331,99	960,92	2 002,48	2 252,79	856,08	1 932,—	2 173,50	751,24	1 861,52	2 094,21
	VI	34 623	1 904,26	2 769,84	3 116,07																				

* Die ausgewiesenen Tabellenwerte sind amtlich. Siehe Erläuterungen auf der Umschlaginnenseite (U2).

JAHR 102 384,–*

Lohn/ Gehalt bis €*		I – VI LSt	I – VI ohne Kinderfreibeträge SolZ	8%	9%		I, II, III, IV LSt	mit Zahl der Kinderfreibeträge ... 0,5 SolZ	0,5 8%	0,5 9%	1 SolZ	1 8%	1 9%	1,5 SolZ	1,5 8%	1,5 9%	2 SolZ	2 8%	2 9%	2,5 SolZ	2,5 8%	2,5 9%	3 SolZ	3 8%	3 9%
102 419,99 West	I,IV	28 411	1 363,14	2 272,88	2 556,99	I	28 411	1 153,58	2 132,–	2 398,50	943,90	1 991,04	2 239,92	734,34	1 850,16	2 081,43	524,67	1 709,20	1 922,85	315,11	1 568,32	1 764,36	105,43	1 427,36	1 605,78
	II	27 610	1 267,82	2 208,80	2 484,90	II	27 610	1 058,14	2 067,84	2 326,32	848,58	1 926,96	2 167,83	638,91	1 786,–	2 009,25	429,35	1 645,12	1 850,76	219,79	1 504,24	1 692,27	10,11	1 363,28	1 533,69
	III	20 004	—	1 600,32	1 800,36	III	20 004	—	1 479,36	1 664,28	—	1 361,44	1 531,62	—	1 246,40	1 402,20	—	1 134,24	1 276,02	—	1 025,12	1 153,26	—	918,88	1 033,74
	V	34 045	1 872,47	2 723,60	3 064,05	IV	28 411	1 258,42	2 202,48	2 477,79	1 153,58	2 132,–	2 398,50	1 048,74	2 061,52	2 319,21	943,90	1 991,04	2 239,92	839,18	1 920,64	2 160,72	734,34	1 850,16	2 081,43
	VI	34 480	1 896,40	2 758,40	3 103,20																				
102 419,99 Ost	I,IV	28 569	1 381,94	2 285,52	2 571,21	I	28 569	1 172,26	2 144,56	2 412,63	962,71	2 003,68	2 254,14	753,03	1 862,72	2 095,56	543,47	1 721,84	1 937,07	333,79	1 580,88	1 778,49	124,23	1 440,–	1 620,–
	II	27 767	1 286,50	2 221,36	2 499,03	II	27 767	1 076,95	2 080,48	2 340,54	867,27	1 939,52	2 181,96	657,71	1 798,64	2 023,47	448,15	1 657,76	1 864,98	238,47	1 516,80	1 706,40	28,91	1 375,92	1 547,91
	III	20 140	—	1 611,20	1 812,60	III	20 140	—	1 490,08	1 676,34	—	1 371,84	1 543,32	—	1 256,48	1 413,54	—	1 144,16	1 287,18	—	1 034,72	1 164,06	—	928,16	1 044,18
	V	34 203	1 881,16	2 736,24	3 078,27	IV	28 569	1 277,10	2 215,04	2 491,92	1 172,26	2 144,56	2 412,63	1 067,54	2 074,16	2 333,43	962,71	2 003,68	2 254,14	857,87	1 933,20	2 174,85	753,03	1 862,72	2 095,56
	VI	34 638	1 905,09	2 771,04	3 117,42																				
102 455,99 West	I,IV	28 426	1 364,93	2 274,08	2 558,34	I	28 426	1 155,37	2 133,20	2 399,85	945,69	1 992,24	2 241,27	736,13	1 851,36	2 082,78	526,45	1 710,40	1 924,20	316,89	1 569,52	1 765,71	107,33	1 428,64	1 607,22
	II	27 625	1 269,61	2 210,–	2 486,25	II	27 625	1 060,05	2 069,12	2 327,76	850,37	1 928,16	2 169,18	640,81	1 787,28	2 010,69	431,13	1 646,32	1 852,11	221,57	1 505,44	1 693,62	11,90	1 364,48	1 535,04
	III	20 016	—	1 601,28	1 801,44	III	20 016	—	1 480,32	1 665,36	—	1 362,40	1 532,70	—	1 247,36	1 403,28	—	1 135,20	1 277,10	—	1 025,92	1 154,16	—	919,68	1 034,64
	V	34 060	1 873,30	2 724,80	3 065,40	IV	28 426	1 260,21	2 203,68	2 479,14	1 155,37	2 133,20	2 399,85	1 050,53	2 062,72	2 320,56	945,69	1 992,24	2 241,27	840,97	1 921,84	2 162,07	736,13	1 851,36	2 082,78
	VI	34 495	1 897,22	2 759,60	3 104,55																				
102 455,99 Ost	I,IV	28 584	1 383,73	2 286,72	2 572,56	I	28 584	1 174,05	2 145,76	2 413,98	964,49	2 004,88	2 255,49	754,81	1 863,92	2 096,91	545,25	1 723,04	1 938,42	335,69	1 582,16	1 779,93	126,02	1 441,20	1 621,35
	II	27 783	1 288,41	2 222,64	2 500,47	II	27 783	1 078,73	2 081,68	2 341,89	869,17	1 940,80	2 183,40	659,49	1 799,84	2 024,82	449,93	1 658,96	1 866,33	240,26	1 518,–	1 707,75	30,70	1 377,12	1 549,26
	III	20 154	—	1 612,32	1 813,86	III	20 154	—	1 491,04	1 677,42	—	1 372,80	1 544,40	—	1 257,44	1 414,62	—	1 145,12	1 288,26	—	1 035,68	1 165,14	—	929,12	1 045,26
	V	34 218	1 881,99	2 737,44	3 079,62	IV	28 584	1 278,89	2 216,24	2 493,27	1 174,05	2 145,76	2 413,98	1 069,33	2 075,36	2 334,78	964,49	2 004,88	2 255,49	859,65	1 934,40	2 176,20	754,81	1 863,92	2 096,91
	VI	34 653	1 905,91	2 772,24	3 118,77																				
102 491,99 West	I,IV	28 442	1 366,83	2 275,36	2 559,78	I	28 442	1 157,15	2 134,40	2 401,20	947,59	1 993,52	2 242,71	737,91	1 852,56	2 084,13	528,36	1 711,68	1 925,64	318,68	1 570,72	1 767,06	109,12	1 429,84	1 608,57
	II	27 640	1 271,39	2 211,20	2 487,60	II	27 640	1 061,83	2 070,32	2 329,11	852,15	1 929,36	2 170,53	642,60	1 788,48	2 012,04	432,92	1 647,52	1 853,46	223,36	1 506,64	1 694,97	13,68	1 365,68	1 536,39
	III	20 030	—	1 602,40	1 802,70	III	20 030	—	1 481,44	1 666,62	—	1 363,36	1 533,78	—	1 248,32	1 404,36	—	1 136,16	1 278,18	—	1 026,88	1 155,24	—	920,64	1 035,72
	V	34 075	1 874,12	2 726,–	3 066,75	IV	28 442	1 261,99	2 204,88	2 480,49	1 157,15	2 134,40	2 401,20	1 052,31	2 063,92	2 321,91	947,59	1 993,52	2 242,71	842,75	1 923,04	2 163,42	737,91	1 852,56	2 084,13
	VI	34 511	1 898,10	2 760,88	3 105,99																				
102 491,99 Ost	I,IV	28 599	1 385,51	2 287,92	2 573,91	I	28 599	1 175,95	2 147,04	2 415,42	966,28	2 006,08	2 256,84	756,72	1 865,20	2 098,35	547,04	1 724,24	1 939,77	337,48	1 583,36	1 781,28	127,80	1 442,40	1 622,70
	II	27 798	1 290,19	2 223,84	2 501,82	II	27 798	1 080,52	2 082,88	2 343,24	870,96	1 942,–	2 184,75	661,28	1 801,04	2 026,17	451,72	1 660,16	1 867,68	242,04	1 519,20	1 709,10	32,48	1 378,32	1 550,61
	III	20 168	—	1 613,44	1 815,12	III	20 168	—	1 492,16	1 678,68	—	1 373,76	1 545,48	—	1 258,40	1 415,70	—	1 146,08	1 289,34	—	1 036,64	1 166,22	—	930,08	1 046,34
	V	34 233	1 882,81	2 738,64	3 080,97	IV	28 599	1 280,67	2 217,44	2 494,62	1 175,95	2 147,04	2 415,42	1 071,11	2 076,56	2 336,13	966,28	2 006,08	2 256,84	861,44	1 935,60	2 177,55	756,72	1 865,20	2 098,35
	VI	34 668	1 906,74	2 773,44	3 120,12																				
102 527,99 West	I,IV	28 457	1 368,61	2 276,56	2 561,13	I	28 457	1 158,94	2 135,60	2 402,55	949,38	1 994,72	2 244,06	739,70	1 853,76	2 085,48	530,14	1 712,88	1 926,99	320,46	1 571,92	1 768,41	110,90	1 431,04	1 609,92
	II	27 655	1 273,18	2 212,40	2 488,95	II	27 655	1 063,62	2 071,52	2 330,46	853,94	1 930,56	2 171,88	644,38	1 789,68	2 013,39	434,70	1 648,72	1 854,81	225,14	1 507,84	1 696,32	15,47	1 366,88	1 537,74
	III	20 042	—	1 603,36	1 803,78	III	20 042	—	1 482,40	1 667,70	—	1 364,32	1 534,86	—	1 249,28	1 405,44	—	1 137,12	1 279,26	—	1 027,84	1 156,32	—	921,44	1 036,62
	V	34 091	1 875,–	2 727,28	3 068,19	IV	28 457	1 263,78	2 206,08	2 481,84	1 158,94	2 135,60	2 402,55	1 054,10	2 065,12	2 323,26	949,38	1 994,72	2 244,06	844,54	1 924,24	2 164,77	739,70	1 853,76	2 085,48
	VI	34 526	1 898,93	2 762,08	3 107,34																				
102 527,99 Ost	I,IV	28 614	1 387,30	2 289,12	2 575,26	I	28 614	1 177,74	2 148,24	2 416,77	968,06	2 007,28	2 258,19	758,50	1 866,40	2 099,70	548,82	1 725,44	1 941,12	339,26	1 584,56	1 782,63	129,59	1 443,60	1 624,05
	II	27 813	1 291,98	2 225,04	2 503,17	II	27 813	1 082,30	2 084,08	2 344,59	872,74	1 943,20	2 186,10	663,06	1 802,24	2 027,52	453,50	1 661,36	1 869,03	243,83	1 520,40	1 710,45	34,27	1 379,52	1 551,96
	III	20 180	—	1 614,40	1 816,20	III	20 180	—	1 493,12	1 679,76	—	1 374,88	1 546,74	—	1 259,52	1 416,96	—	1 147,04	1 290,42	—	1 037,44	1 167,12	—	930,88	1 047,24
	V	34 248	1 883,64	2 739,84	3 082,32	IV	28 614	1 282,46	2 218,64	2 495,97	1 177,74	2 148,24	2 416,77	1 072,90	2 077,76	2 337,48	968,06	2 007,28	2 258,19	863,22	1 936,80	2 178,90	758,50	1 866,40	2 099,70
	VI	34 683	1 907,56	2 774,64	3 121,47																				
102 563,99 West	I,IV	28 472	1 370,40	2 277,76	2 562,48	I	28 472	1 160,72	2 136,80	2 403,90	951,16	1 995,92	2 245,41	741,48	1 854,96	2 086,83	531,93	1 714,08	1 928,34	322,25	1 573,12	1 769,76	112,69	1 432,24	1 611,27
	II	27 670	1 274,96	2 213,60	2 490,30	II	27 670	1 065,40	2 072,72	2 331,81	855,72	1 931,76	2 173,23	646,17	1 790,88	2 014,74	436,49	1 649,92	1 856,16	226,93	1 509,04	1 697,67	17,37	1 368,16	1 539,18
	III	20 056	—	1 604,48	1 805,04	III	20 056	—	1 483,52	1 668,96	—	1 365,44	1 536,12	—	1 250,24	1 406,52	—	1 138,08	1 280,34	—	1 028,80	1 157,40	—	922,40	1 037,70
	V	34 106	1 875,83	2 728,48	3 069,54	IV	28 472	1 265,56	2 207,28	2 483,19	1 160,72	2 136,80	2 403,90	1 056,–	2 066,40	2 324,70	951,16	1 995,92	2 245,41	846,32	1 925,44	2 166,12	741,48	1 854,96	2 086,83
	VI	34 541	1 899,75	2 763,28	3 108,69																				
102 563,99 Ost	I,IV	28 629	1 389,08	2 290,32	2 576,61	I	28 629	1 179,52	2 149,44	2 418,12	969,85	2 008,48	2 259,54	760,29	1 867,60	2 101,05	550,61	1 726,64	1 942,47	341,05	1 585,76	1 783,98	131,37	1 444,80	1 625,40
	II	27 828	1 293,76	2 226,24	2 504,52	II	27 828	1 084,09	2 085,28	2 345,94	874,53	1 944,40	2 187,45	664,85	1 803,44	2 028,87	455,29	1 662,56	1 870,38	245,73	1 521,68	1 711,89	36,05	1 380,72	1 553,31
	III	20 194	—	1 615,52	1 817,46	III	20 194	—	1 494,24	1 681,02	—	1 375,84	1 547,82	—	1 260,48	1 418,04	—	1 148,–	1 291,50	—	1 038,40	1 168,20	—	931,84	1 048,32
	V	34 263	1 884,46	2 741,04	3 083,67	IV	28 629	1 284,36	2 219,92	2 497,41	1 179,52	2 149,44	2 418,12	1 074,68	2 078,96	2 338,83	969,85	2 008,48	2 259,54	865,13	1 938,08	2 180,34	760,29	1 867,60	2 101,05
	VI	34 698	1 908,39	2 775,84	3 122,82																				
102 599,99 West	I,IV	28 487	1 372,18	2 278,96	2 563,83	I	28 487	1 162,51	2 138,–	2 405,25	952,95	1 997,12	2 246,76	743,27	1 856,16	2 088,18	533,71	1 715,28	1 929,69	324,03	1 574,32	1 771,11	114,47	1 433,44	1 612,62
	II	27 686	1 276,87	2 214,88	2 491,74	II	27 686	1 067,19	2 073,92	2 333,16	857,63	1 933,04	2 174,67	647,95	1 792,08	2 016,09	438,39	1 651,20	1 857,60	228,71	1 510,24	1 699,02	19,15	1 369,36	1 540,53
	III	20 070	—	1 605,60	1 806,30	III	20 070	—	1 484,48	1 670,04	—	1 366,40	1 537,20	—	1 251,20	1 407,60	—	1 139,04	1 281,42	—	1 029,60	1 158,30	—	923,36	1 038,78
	V	34 121	1 876,65	2 729,68	3 070,89	IV	28 487	1 267,35	2 208,48	2 484,54	1 162,51	2 138,–	2 405,25	1 057,79	2 067,60	2 326,05	952,95	1 997,12	2 246,76	848,11	1 926,64	2 167,47	743,27	1 856,16	2 088,18
	VI	34 556	1 900,58	2 764,48	3 110,04																				
102 599,99 Ost	I,IV	28 644	1 390,87	2 291,52	2 577,96	I	28 644	1 181,31	2 150,64	2 419,47	971,63	2 009,68	2 260,89	762,07	1 868,80	2 102,40	552,39	1 727,84	1 943,82	342,83	1 586,96	1 785,33	133,28	1 446,08	1 626,84
	II	27 843	1 295,55	2 227,44	2 505,87	II	27 843	1 085,99	2 086,56	2 347,38	876,31	1 945,60	2 188,80	666,75	1 804,72	2 030,31	457,07	1 663,76	1 871,73	247,52	1 522,88	1 713,24	37,84	1 381,92	1 554,66
	III	20 206	—	1 616,48	1 818,54	III	20 206	—	1 495,20	1 682,10	—	1 376,80	1 548,90	—	1 261,44	1 419,12	—	1 148,96	1 292,58	—	1 039,36	1 169,28	—	932,80	1 049,40
	V	34 278	1 885,29	2 742,24	3 085,02	IV	28 644	1 286,15	2 221,12	2 498,76	1 181,31	2 150,64	2 419,47	1 076,47	2 080,16	2 340,18	971,63	2 009,68	2 260,89	866,91	1 939,28	2 181,69	762,07	1 868,80	2 102,40
	VI	34 713	1 909,21	2 777,04	3 124,17																				
102 635,99 West	I,IV	28 502	1 373,97	2 280,16	2 565,18	I	28 502	1 164,41	2 139,28	2 406,69	954,73	1 998,32	2 248,11	745,17	1 857,44	2 089,62	535,50	1 716,48	1 931,04	325,94	1 575,60	1 772,55	116,26	1 434,64	1 613,97
	II	27 701	1 278,65	2 216,08	2 493,09	II	27 701	1 068,97	2 075,12	2 334,51	859,41	1 934,24	2 176,02	649,74	1 793,28	2 017,44	440,18	1 652,40	1 858,95	230,50	1 511,44	1 700,37	20,94	1 370,56	1 541,88
	III	20 082	—	1 606,56	1 807,38	III	20 082	—	1 485,44	1 671,12	—	1 367,36	1 538,28	—	1 252,16	1 408,68	—	1 140,–	1 282,50	—	1 030,56	1 159,38	—	924,16	1 039,68
	V	34 136	1 877,48	2 730,88	3 072,24	IV	28 502	1 269,13	2 209,68	2 485,89	1 164,41	2 139,28	2 406,69	1 059,57	2 068,80	2 327,40	954,73	1 998,32	2 248,11	849,89	1 927,84	2 168,82	745,17	1 857,44	2 089,62
	VI	34 571	1 901,40	2 765,68	3 111,39																				
102 635,99 Ost	I,IV	28 660	1 392,77	2 292,80	2 579,40	I	28 660	1 183,09	2 151,84	2 420,82	973,53	2 010,96	2 262,33	763,86	1 870,–	2 103,75	554,30	1 729,12	1 945,26	344,62	1 588,16	1 786,68	135,06	1 447,28	1 628,19
	II	27 858	1 297,33	2 228,64	2 507,22	II	27 858	1 087,77	2 087,76	2 348,73	878,10	1 946,80	2 190,15	668,54	1 805,92	2 031,66	458,86	1 664,96	1 873,08	249,30	1 524,08	1 714,59	39,62	1 383,12	1 556,01
	III	20 220	—	1 617,60	1 819,80	III	20 220	—	1 496,32	1 683,36	—	1 377,92	1 550,16	—	1 262,40	1 420,20	—	1 149,92	1 293,66	—	1 040,32	1 170,36	—	933,60	1 050,30
	V	34 293	1 886,11	2 743,44	3 086,37	IV	28 660	1 287,93	2 222,32	2 500,11	1 183,09	2 151,84	2 420,82	1 078,25	2 081,36	2 341,53	973,53	2 010,96	2 262,33	868,70	1 940,48	2 183,04	763,86	1 870,–	2 103,75
	VI	34 728	1 910,04	2 778,24	3 125,52																				
102 671,99 West	I,IV	28 517	1 375,75	2 281,36	2 566,53	I	28 517	1 166,20	2 140,48	2 408,04	956,52	1 999,52	2 249,46	746,96	1 858,64	2 090,97	537,28	1 717,68	1 932,39	327,72	1 576,80	1 773,90	118,04	1 435,84	1 615,32
	II	27 716	1 280,44	2 217,28	2 494,44	II	27 716	1 070,76	2 076,32	2 335,86	861,20	1 935,44	2 177,37	651,52	1 794,48	2 018,79	441,96	1 653,60	1 860,30	232,28	1 512,64	1 701,72	22,72	1 371,76	1 543,23
	III	20 096	—	1 607,68	1 808,64	III	20 096	—	1 486,56	1 672,38	—	1 368,32	1 539,36	—	1 253,12	1 409,76	—	1 140,80	1 283,40	—	1 031,52	1 160,46	—	925,12	1 040,76
	V	34 151	1 878,30	2 732,08	3 073,59	IV	28 517	1 270,92	2 210,88	2 487,24	1 166,20	2 140,48	2 408,04	1 061,36	2 070,–	2 328,75	956,52	1 999,52	2 249,46	851,68	1 929,04	2 170,17	746,96	1 858,64	2 090,97
	VI	34 586	1 902,23	2 766,88	3 112,74																				
102 671,99 Ost	I,IV	28 675	1 394,56	2 294,–	2 580,75	I	28 675	1 184,88	2 153,04	2 422,17	975,32	2 012,16	2 263,68	765,64	1 871,20	2 105,10	556,08	1 730,32	1 946,61	346,40	1 589,36	1 788,03	136,85	1 448,48	1 629,54
	II	27 873	1 299,12	2 229,84	2 508,57	II	27 873	1 089,56	2 088,96	2 350,08	879,88	1 948,–	2 191,50	670,32	1 807,12	2 033,01	460,64	1 666,16	1 874,43	251,09	1 525,28	1 715,94	41,41	1 384,32	1 557,36
	III	20 234	—	1 618,72	1 821,06	III	20 234	—	1 497,28	1 684,44	—	1 378,88	1 551,24	—	1 263,36	1 421,28	—	1 150,88	1 294,74	—	1 041,28	1 171,44	—	934,56	1 051,38
	V	34 308	1 886,94	2 744,64	3 087,72	IV	28 675	1 289,72	2 223,52	2 501,46	1 184,88	2 153,04	2 422,17	1 080,04	2 082,56	2 342,88	975,32	2 012,16	2 263,68	870,48	1 941,68	2 184,39	765,64	1 871,20	2 105,10
	VI	34 744	1 910,92	2 779,52	3 126,96																				

Abzüge an Lohnsteuer, Solidaritätszuschlag (SolZ) und Kirchensteuer (8%, 9%) in den Steuerklassen

* Die ausgewiesenen Tabellenwerte sind amtlich. Siehe Erläuterungen auf der Umschlaginnenseite (U2).

Abzüge an Lohnsteuer, Solidaritätszuschlag (SolZ) und Kirchensteuer (8%, 9%) in den Steuerklassen

Lohn/ Gehalt bis €*	I – VI					I, II, III, IV		mit Zahl der Kinderfreibeträge . . . 0,5			1			1,5			2			2,5			3		
		LSt	ohne Kinderfreibeträge SolZ	8%	9%		LSt	SolZ	8%	9%	SolZ	8%	9%	SolZ	8%	9%	SolZ	8%	9%	SolZ	8%	9%	SolZ	8%	9%
102 707,99 West	I,IV	28 532	1 377,54	2 282,56	2 567,88	I	28 532	1 167,98	2 141,68	2 409,39	958,30	2 000,72	2 250,81	748,74	1 859,84	2 092,32	539,07	1 718,88	1 933,74	329,51	1 578,—	1 775,25	119,83	1 437,04	1 616,67
	II	27 731	1 282,22	2 218,48	2 495,79	II	27 731	1 072,54	2 077,52	2 337,21	862,98	1 936,64	2 178,72	653,31	1 795,68	2 020,14	443,75	1 654,80	1 861,65	234,07	1 513,84	1 703,07	24,51	1 372,96	1 544,58
	III	20 108	—	1 608,64	1 809,72	III	20 108	—	1 487,52	1 673,46	—	1 369,44	1 540,62	—	1 254,08	1 410,84	—	1 141,76	1 284,48	—	1 032,48	1 161,54	—	926,08	1 041,84
	V	34 166	1 879,13	2 733,28	3 074,94	IV	28 532	1 272,82	2 212,16	2 488,68	1 167,98	2 141,68	2 409,39	1 063,14	2 071,20	2 330,10	958,30	2 000,72	2 250,81	853,58	1 930,32	2 171,61	748,74	1 859,84	2 092,32
	VI	34 601	1 903,05	2 768,08	3 114,09																				
102 707,99 Ost	I,IV	28 690	1 396,34	2 295,20	2 582,10	I	28 690	1 186,66	2 154,24	2 423,52	977,10	2 013,36	2 265,03	767,43	1 872,40	2 106,45	557,87	1 731,52	1 947,96	348,19	1 590,56	1 789,38	138,63	1 449,68	1 630,89
	II	27 888	1 300,90	2 231,04	2 509,92	II	27 888	1 091,34	2 090,16	2 351,43	881,67	1 949,20	2 192,85	672,11	1 808,32	2 034,36	462,43	1 667,36	1 875,78	252,87	1 526,48	1 717,29	43,31	1 385,60	1 558,80
	III	20 246	—	1 619,68	1 822,14	III	20 246	—	1 498,24	1 685,52	—	1 379,84	1 552,32	—	1 264,32	1 422,36	—	1 151,84	1 295,82	—	1 042,08	1 172,34	—	935,52	1 052,46
	V	34 324	1 887,82	2 745,92	3 089,16	IV	28 690	1 291,50	2 224,72	2 502,81	1 186,66	2 154,24	2 423,52	1 081,94	2 083,84	2 344,32	977,10	2 013,36	2 265,03	872,27	1 942,88	2 185,74	767,43	1 872,40	2 106,45
	VI	34 759	1 911,74	2 780,72	3 128,31																				
102 743,99 West	I,IV	28 547	1 379,32	2 283,76	2 569,23	I	28 547	1 169,77	2 142,88	2 410,74	960,09	2 001,92	2 252,16	750,53	1 861,04	2 093,67	540,85	1 720,08	1 935,09	331,29	1 579,20	1 776,60	121,61	1 438,24	1 618,02
	II	27 746	1 284,01	2 219,68	2 497,14	II	27 746	1 074,45	2 078,80	2 338,65	864,77	1 937,84	2 180,07	655,21	1 796,96	2 021,58	445,53	1 656,—	1 863,—	235,97	1 515,12	1 704,51	26,29	1 374,16	1 545,93
	III	20 122	—	1 609,76	1 810,98	III	20 122	—	1 488,64	1 674,72	—	1 370,40	1 541,70	—	1 255,04	1 411,92	—	1 142,72	1 285,56	—	1 033,44	1 162,62	—	926,88	1 042,74
	V	34 181	1 879,95	2 734,48	3 076,29	IV	28 547	1 274,60	2 213,36	2 490,03	1 169,77	2 142,88	2 410,74	1 064,93	2 072,40	2 331,45	960,09	2 001,92	2 252,16	855,37	1 931,52	2 172,96	750,53	1 861,04	2 093,67
	VI	34 616	1 903,88	2 769,28	3 115,44																				
102 743,99 Ost	I,IV	28 705	1 398,13	2 296,40	2 583,45	I	28 705	1 188,45	2 155,44	2 424,87	978,89	2 014,56	2 266,38	769,21	1 873,60	2 107,80	559,65	1 732,72	1 949,31	349,97	1 591,76	1 790,73	140,42	1 450,88	1 632,24
	II	27 904	1 302,81	2 232,32	2 511,36	II	27 904	1 093,13	2 091,36	2 352,78	883,57	1 950,48	2 194,29	673,89	1 809,52	2 035,71	464,33	1 668,64	1 877,22	254,66	1 527,68	1 718,64	45,10	1 386,80	1 560,15
	III	20 260	—	1 620,80	1 823,40	III	20 260	—	1 499,36	1 686,78	—	1 380,80	1 553,40	—	1 265,28	1 423,44	—	1 152,80	1 296,90	—	1 043,04	1 173,42	—	936,32	1 053,36
	V	34 339	1 888,64	2 747,12	3 090,51	IV	28 705	1 293,29	2 225,92	2 504,16	1 188,45	2 155,44	2 424,87	1 083,73	2 085,04	2 345,67	978,89	2 014,56	2 266,38	874,05	1 944,08	2 187,09	769,21	1 873,60	2 107,80
	VI	34 774	1 912,57	2 781,92	3 129,66																				
102 779,99 West	I,IV	28 562	1 381,11	2 284,96	2 570,58	I	28 562	1 171,55	2 144,08	2 412,09	961,99	2 003,20	2 253,60	752,31	1 862,24	2 095,02	542,75	1 721,36	1 936,53	333,08	1 580,40	1 777,95	123,52	1 439,52	1 619,46
	II	27 761	1 285,79	2 220,88	2 498,49	II	27 761	1 076,23	2 080,—	2 340,—	866,55	1 939,04	2 181,42	656,99	1 798,16	2 022,93	447,32	1 657,20	1 864,35	237,76	1 516,32	1 705,86	28,08	1 375,36	1 547,28
	III	20 134	—	1 610,72	1 812,06	III	20 134	—	1 489,60	1 675,80	—	1 371,36	1 542,78	—	1 256,16	1 413,18	—	1 143,68	1 286,64	—	1 034,24	1 163,52	—	927,84	1 043,82
	V	34 196	1 880,78	2 735,68	3 077,64	IV	28 562	1 276,39	2 214,56	2 491,38	1 171,55	2 144,08	2 412,09	1 066,71	2 073,60	2 332,80	961,99	2 003,20	2 253,60	857,15	1 932,72	2 174,31	752,31	1 862,24	2 095,02
	VI	34 631	1 904,70	2 770,48	3 116,79																				
102 779,99 Ost	I,IV	28 720	1 399,91	2 297,60	2 584,80	I	28 720	1 190,35	2 156,72	2 426,31	980,67	2 015,76	2 267,73	771,12	1 874,88	2 109,24	561,44	1 733,92	1 950,66	351,88	1 593,04	1 792,17	142,20	1 452,08	1 633,59
	II	27 919	1 304,59	2 233,52	2 512,71	II	27 919	1 094,91	2 092,56	2 354,13	885,36	1 951,68	2 195,64	675,68	1 810,72	2 037,06	466,12	1 669,84	1 878,57	256,44	1 528,88	1 719,99	46,88	1 388,—	1 561,50
	III	20 272	—	1 621,76	1 824,48	III	20 272	—	1 500,32	1 687,86	—	1 381,92	1 554,66	—	1 266,24	1 424,52	—	1 153,60	1 297,80	—	1 044,—	1 174,50	—	937,28	1 054,44
	V	34 354	1 889,47	2 748,32	3 091,86	IV	28 720	1 295,07	2 227,12	2 505,51	1 190,35	2 156,72	2 426,31	1 085,51	2 086,24	2 347,02	980,67	2 015,76	2 267,73	875,84	1 945,28	2 188,44	771,12	1 874,88	2 109,24
	VI	34 789	1 913,39	2 783,12	3 131,01																				
102 815,99 West	I,IV	28 578	1 383,01	2 286,24	2 572,02	I	28 578	1 173,34	2 145,28	2 413,44	963,78	2 004,40	2 254,95	754,10	1 863,44	2 096,37	544,54	1 722,56	1 937,88	334,86	1 581,60	1 779,30	125,30	1 440,72	1 620,81
	II	27 776	1 287,58	2 222,08	2 499,84	II	27 776	1 078,02	2 081,20	2 341,35	868,34	1 940,24	2 182,77	658,78	1 799,36	2 024,28	449,10	1 658,40	1 865,70	239,54	1 517,52	1 707,21	29,86	1 376,56	1 548,63
	III	20 148	—	1 611,84	1 813,32	III	20 148	—	1 490,72	1 677,06	—	1 372,32	1 543,86	—	1 257,12	1 414,26	—	1 144,64	1 287,72	—	1 035,20	1 164,60	—	928,80	1 044,90
	V	34 211	1 881,60	2 736,88	3 078,99	IV	28 578	1 278,17	2 215,76	2 492,73	1 173,34	2 145,28	2 413,44	1 068,50	2 074,80	2 334,15	963,78	2 004,40	2 254,95	858,94	1 933,92	2 175,66	754,10	1 863,44	2 096,37
	VI	34 647	1 905,58	2 771,76	3 118,23																				
102 815,99 Ost	I,IV	28 735	1 401,70	2 298,80	2 586,15	I	28 735	1 192,14	2 157,92	2 427,66	982,46	2 016,96	2 269,08	772,90	1 876,08	2 110,59	563,22	1 735,12	1 952,01	353,66	1 594,24	1 793,52	143,99	1 453,28	1 634,94
	II	27 934	1 306,38	2 234,72	2 514,06	II	27 934	1 096,70	2 093,76	2 355,48	887,14	1 952,88	2 196,99	677,46	1 811,92	2 038,41	467,90	1 671,04	1 879,92	258,23	1 530,08	1 721,34	48,67	1 389,20	1 562,85
	III	20 286	—	1 622,88	1 825,74	III	20 286	—	1 501,44	1 689,12	—	1 382,88	1 555,74	—	1 267,36	1 425,78	—	1 154,56	1 298,88	—	1 044,96	1 175,58	—	938,08	1 055,34
	V	34 369	1 890,29	2 749,52	3 093,21	IV	28 735	1 296,86	2 228,32	2 506,86	1 192,14	2 157,92	2 427,66	1 087,30	2 087,44	2 348,37	982,46	2 016,96	2 269,08	877,62	1 946,48	2 189,79	772,90	1 876,08	2 110,59
	VI	34 804	1 914,22	2 784,32	3 132,36																				
102 851,99 West	I,IV	28 593	1 384,80	2 287,44	2 573,37	I	28 593	1 175,12	2 146,48	2 414,79	965,56	2 005,60	2 256,30	755,88	1 864,64	2 097,72	546,32	1 723,76	1 939,23	336,65	1 582,80	1 780,65	127,09	1 441,92	1 622,16
	II	27 791	1 289,36	2 223,28	2 501,19	II	27 791	1 079,80	2 082,40	2 342,70	870,12	1 941,44	2 184,12	660,56	1 800,56	2 025,63	450,89	1 659,60	1 867,05	241,33	1 518,72	1 708,56	31,65	1 377,76	1 549,98
	III	20 162	—	1 612,96	1 814,58	III	20 162	—	1 491,68	1 678,14	—	1 373,44	1 545,12	—	1 258,08	1 415,34	—	1 145,60	1 288,80	—	1 036,16	1 165,68	—	929,60	1 045,80
	V	34 227	1 882,48	2 738,16	3 080,43	IV	28 593	1 279,96	2 216,96	2 494,08	1 175,12	2 146,48	2 414,79	1 070,40	2 076,08	2 335,59	965,56	2 005,60	2 256,30	860,72	1 935,12	2 177,01	755,88	1 864,64	2 097,72
	VI	34 662	1 906,41	2 772,96	3 119,58																				
102 851,99 Ost	I,IV	28 750	1 403,48	2 300,—	2 587,50	I	28 750	1 193,92	2 159,12	2 429,01	984,24	2 018,16	2 270,43	774,69	1 877,28	2 111,94	565,01	1 736,32	1 953,36	355,45	1 595,44	1 794,87	145,77	1 454,48	1 636,29
	II	27 949	1 308,16	2 235,92	2 515,41	II	27 949	1 098,48	2 094,96	2 356,83	888,93	1 954,08	2 198,34	679,25	1 813,12	2 039,76	469,69	1 672,24	1 881,27	260,01	1 531,28	1 722,69	50,45	1 390,40	1 564,20
	III	20 298	—	1 623,84	1 826,82	III	20 298	—	1 502,40	1 690,20	—	1 383,84	1 556,82	—	1 268,32	1 426,86	—	1 155,52	1 299,96	—	1 045,92	1 176,66	—	939,04	1 056,42
	V	34 384	1 891,12	2 750,72	3 094,56	IV	28 750	1 298,64	2 229,52	2 508,21	1 193,92	2 159,12	2 429,01	1 089,08	2 088,64	2 349,72	984,24	2 018,16	2 270,43	879,52	1 947,76	2 191,23	774,69	1 877,28	2 111,94
	VI	34 819	1 915,04	2 785,52	3 133,71																				
102 887,99 West	I,IV	28 608	1 386,58	2 288,64	2 574,72	I	28 608	1 176,91	2 147,68	2 416,14	967,35	2 006,80	2 257,65	757,67	1 865,84	2 099,07	548,11	1 724,96	1 940,58	338,43	1 584,—	1 782,—	128,87	1 443,12	1 623,51
	II	27 806	1 291,15	2 224,48	2 502,54	II	27 806	1 081,59	2 083,60	2 344,05	872,03	1 942,72	2 185,56	662,35	1 801,76	2 026,98	452,79	1 660,88	1 868,49	243,11	1 519,92	1 709,91	33,55	1 379,04	1 551,42
	III	20 174	—	1 613,92	1 815,66	III	20 174	—	1 492,64	1 679,22	—	1 374,40	1 546,20	—	1 259,04	1 416,42	—	1 146,56	1 289,88	—	1 037,12	1 166,76	—	930,56	1 046,88
	V	34 242	1 883,31	2 739,36	3 081,78	IV	28 608	1 281,74	2 218,16	2 495,43	1 176,91	2 147,68	2 416,14	1 072,19	2 077,28	2 336,94	967,35	2 006,80	2 257,65	862,51	1 936,32	2 178,36	757,67	1 865,84	2 099,07
	VI	34 677	1 907,23	2 774,16	3 120,93																				
102 887,99 Ost	I,IV	28 765	1 405,27	2 301,20	2 588,85	I	28 765	1 195,71	2 160,32	2 430,36	986,03	2 019,36	2 271,78	776,47	1 878,48	2 113,29	566,79	1 737,52	1 954,71	357,23	1 596,64	1 796,22	147,56	1 455,68	1 637,64
	II	27 964	1 309,95	2 237,12	2 516,76	II	27 964	1 100,39	2 096,24	2 358,27	890,71	1 955,28	2 199,69	681,15	1 814,40	2 041,20	471,47	1 673,44	1 882,62	261,91	1 532,56	1 724,13	52,24	1 391,60	1 565,55
	III	20 312	—	1 624,96	1 828,08	III	20 312	—	1 503,52	1 691,46	—	1 384,96	1 558,08	—	1 269,28	1 427,94	—	1 156,48	1 301,04	—	1 046,72	1 177,56	—	940,—	1 057,50
	V	34 399	1 891,94	2 751,92	3 095,91	IV	28 765	1 300,55	2 230,80	2 509,65	1 195,71	2 160,32	2 430,36	1 090,87	2 089,84	2 351,07	986,03	2 019,36	2 271,78	881,31	1 948,96	2 192,58	776,47	1 878,48	2 113,29
	VI	34 834	1 915,87	2 786,72	3 135,06																				
102 923,99 West	I,IV	28 623	1 388,37	2 289,84	2 576,07	I	28 623	1 178,69	2 148,88	2 417,49	969,13	2 008,—	2 259,—	759,57	1 867,12	2 100,51	549,89	1 726,16	1 941,93	340,34	1 585,28	1 783,44	130,66	1 444,32	1 624,86
	II	27 822	1 293,05	2 225,76	2 503,98	II	27 822	1 083,37	2 084,80	2 345,40	873,81	1 943,92	2 186,91	664,13	1 802,96	2 028,33	454,58	1 662,08	1 869,84	244,90	1 521,12	1 711,26	35,34	1 380,24	1 552,77
	III	20 188	—	1 615,04	1 816,92	III	20 188	—	1 493,76	1 680,48	—	1 375,36	1 547,28	—	1 260,—	1 417,50	—	1 147,52	1 290,96	—	1 038,08	1 167,84	—	931,36	1 047,78
	V	34 257	1 884,13	2 740,56	3 083,13	IV	28 623	1 283,53	2 219,36	2 496,78	1 178,69	2 148,88	2 417,49	1 073,97	2 078,48	2 338,29	969,13	2 008,—	2 259,—	864,29	1 937,52	2 179,71	759,57	1 867,12	2 100,51
	VI	34 692	1 908,06	2 775,36	3 122,28																				
102 923,99 Ost	I,IV	28 780	1 407,05	2 302,40	2 590,20	I	28 780	1 197,49	2 161,52	2 431,71	987,93	2 020,64	2 273,22	778,26	1 879,68	2 114,64	568,70	1 738,80	1 956,15	359,02	1 597,84	1 797,57	149,46	1 456,96	1 639,08
	II	27 979	1 311,73	2 238,32	2 518,11	II	27 979	1 102,17	2 097,44	2 359,62	892,50	1 956,48	2 201,04	682,94	1 815,60	2 042,55	473,26	1 674,64	1 883,97	263,70	1 533,76	1 725,48	54,02	1 392,80	1 566,90
	III	20 326	—	1 626,08	1 829,34	III	20 326	—	1 504,48	1 692,54	—	1 385,92	1 559,16	—	1 270,24	1 429,02	—	1 157,44	1 302,12	—	1 047,68	1 178,64	—	940,80	1 058,40
	V	34 414	1 892,77	2 753,12	3 097,26	IV	28 780	1 302,33	2 232,—	2 511,—	1 197,49	2 161,52	2 431,71	1 092,65	2 091,04	2 352,42	987,93	2 020,64	2 273,22	883,09	1 950,16	2 193,93	778,26	1 879,68	2 114,64
	VI	34 849	1 916,69	2 787,92	3 136,41																				
102 959,99 West	I,IV	28 638	1 390,15	2 291,04	2 577,42	I	28 638	1 180,59	2 150,16	2 418,93	970,92	2 009,20	2 260,35	761,36	1 868,32	2 101,86	551,68	1 727,36	1 943,28	342,12	1 586,48	1 784,79	132,44	1 445,52	1 626,21
	II	27 837	1 294,83	2 226,96	2 505,33	II	27 837	1 085,16	2 086,—	2 346,75	875,60	1 945,12	2 188,26	665,92	1 804,16	2 029,68	456,36	1 663,28	1 871,19	246,68	1 522,32	1 712,61	37,12	1 381,44	1 554,12
	III	20 200	—	1 616,—	1 818,—	III	20 200	—	1 494,72	1 681,56	—	1 376,32	1 548,36	—	1 260,96	1 418,58	—	1 148,48	1 292,04	—	1 038,88	1 168,74	—	932,32	1 048,86
	V	34 272	1 884,96	2 741,76	3 084,48	IV	28 638	1 285,31	2 220,56	2 498,13	1 180,59	2 150,16	2 418,93	1 075,76	2 079,68	2 339,64	970,92	2 009,20	2 260,35	866,08	1 938,72	2 181,06	761,36	1 868,32	2 101,86
	VI	34 707	1 908,88	2 776,56	3 123,63																				
102 959,99 Ost	I,IV	28 796	1 408,96	2 303,68	2 591,64	I	28 796	1 199,28	2 162,72	2 433,06	989,72	2 021,84	2 274,57	780,04	1 880,88	2 115,99	570,48	1 740,—	1 957,50	360,80	1 599,04	1 798,92	151,24	1 458,16	1 640,43
	II	27 994	1 313,52	2 239,52	2 519,46	II	27 994	1 103,96	2 098,64	2 360,97	894,28	1 957,68	2 202,39	684,72	1 816,80	2 043,90	475,04	1 675,84	1 885,32	265,48	1 534,96	1 726,83	55,81	1 394,—	1 568,25
	III	20 338	—	1 627,04	1 830,42	III	20 338	—	1 505,44	1 693,62	—	1 386,88	1 560,24	—	1 271,20	1 430,10	—	1 158,40	1 303,20	—	1 048,64	1 179,72	—	941,76	1 059,48
	V	34 429	1 893,59	2 754,32	3 098,61	IV	28 796	1 304,12	2 233,20	2 512,35	1 199,28	2 162,72	2 433,06	1 094,44	2 092,24	2 353,77	989,72	2 021,84	2 274,57	884,88	1 951,36	2 195,28	780,04	1 880,88	2 115,99
	VI	34 865	1 917,57	2 789,20	3 137,85																				

* Die ausgewiesenen Tabellenwerte sind amtlich. Siehe Erläuterungen auf der Umschlaginnenseite (U2).

102 960,–*

Abzüge an Lohnsteuer, Solidaritätszuschlag (SolZ) und Kirchensteuer (8%, 9%) in den Steuerklassen

Lohn/ Gehalt bis €*	I – VI		ohne Kinderfreibeträge			I, II, III, IV		mit Zahl der Kinderfreibeträge . . . 0,5			1			1,5			2			2,5			3		
		LSt	SolZ	8%	9%		LSt	SolZ	8%	9%	SolZ	8%	9%	SolZ	8%	9%	SolZ	8%	9%	SolZ	8%	9%	SolZ	8%	9%
102 995,99 West	I,IV	28 653	1 391,94	2 292,24	2 578,77	I	28 653	1 182,38	2 151,36	2 420,28	972,70	2 010,40	2 261,70	763,14	1 869,52	2 103,21	553,46	1 728,56	1 944,63	343,91	1 587,68	1 786,14	134,23	1 446,72	1 627,56
	II	27 852	1 296,62	2 228,16	2 506,68	II	27 852	1 086,94	2 087,20	2 348,10	877,38	1 946,32	2 189,61	667,70	1 805,36	2 031,03	458,15	1 664,48	1 872,54	248,47	1 523,52	1 713,96	38,91	1 382,64	1 555,47
	III	20 214	–	1 617,12	1 819,26	III	20 214	–	1 495,84	1 682,82	–	1 377,44	1 549,62	–	1 261,92	1 419,66	–	1 149,44	1 293,12	–	1 039,84	1 169,82	–	933,28	1 049,94
	V	34 287	1 885,78	2 742,96	3 085,83	IV	28 653	1 287,10	2 221,76	2 499,48	1 182,38	2 151,36	2 420,28	1 077,54	2 080,88	2 340,99	972,70	2 010,40	2 261,70	867,98	1 940,–	2 182,50	763,14	1 869,52	2 103,21
	VI	34 722	1 909,71	2 777,76	3 124,98																				
102 995,99 Ost	I,IV	28 811	1 410,74	2 304,88	2 592,99	I	28 811	1 201,06	2 163,92	2 434,41	991,50	2 023,04	2 275,92	781,83	1 882,08	2 117,34	572,27	1 741,20	1 958,85	362,59	1 600,24	1 800,27	153,03	1 459,36	1 641,78
	II	28 009	1 315,30	2 240,72	2 520,81	II	28 009	1 105,74	2 099,84	2 362,32	896,07	1 958,88	2 203,74	686,51	1 818,–	2 045,25	476,83	1 677,04	1 886,67	267,27	1 536,16	1 728,18	57,59	1 395,20	1 569,60
	III	20 352	–	1 628,16	1 831,68	III	20 352	–	1 506,56	1 694,88	–	1 387,84	1 561,32	–	1 272,16	1 431,18	–	1 159,36	1 304,28	–	1 049,60	1 180,80	–	942,72	1 060,56
	V	34 445	1 894,47	2 755,60	3 100,05	IV	28 811	1 305,90	2 234,40	2 513,70	1 201,06	2 163,92	2 434,41	1 096,22	2 093,44	2 355,12	991,50	2 023,04	2 275,92	886,66	1 952,56	2 196,63	781,83	1 882,08	2 117,34
	VI	34 880	1 918,40	2 790,40	3 139,20																				
103 031,99 West	I,IV	28 668	1 393,72	2 293,44	2 580,12	I	28 668	1 184,16	2 152,56	2 421,63	974,49	2 011,60	2 263,05	764,93	1 870,72	2 104,56	555,25	1 729,76	1 945,98	345,69	1 588,88	1 787,49	136,01	1 447,92	1 628,91
	II	27 867	1 298,40	2 229,36	2 508,03	II	27 867	1 088,73	2 088,40	2 349,45	879,17	1 947,52	2 190,96	669,61	1 806,64	2 032,47	459,93	1 665,68	1 873,89	250,37	1 524,80	1 715,40	40,69	1 383,84	1 556,82
	III	20 228	–	1 618,24	1 820,52	III	20 228	–	1 496,80	1 683,90	–	1 378,40	1 550,70	–	1 262,88	1 420,74	–	1 150,40	1 294,20	–	1 040,80	1 170,90	–	934,08	1 050,84
	V	34 302	1 886,61	2 744,16	3 087,18	IV	28 668	1 289,–	2 223,04	2 500,92	1 184,16	2 152,56	2 421,63	1 079,33	2 082,08	2 342,34	974,49	2 011,60	2 263,05	869,77	1 941,20	2 183,85	764,93	1 870,72	2 104,56
	VI	34 737	1 910,53	2 778,96	3 126,33																				
103 031,99 Ost	I,IV	28 826	1 412,53	2 306,08	2 594,34	I	28 826	1 202,85	2 165,12	2 435,76	993,29	2 024,24	2 277,27	783,61	1 883,28	2 118,69	574,05	1 742,40	1 960,20	364,37	1 601,44	1 801,62	154,81	1 460,56	1 643,13
	II	28 024	1 317,09	2 241,92	2 522,16	II	28 024	1 107,53	2 101,04	2 363,67	897,97	1 960,16	2 205,18	688,29	1 819,20	2 046,60	478,73	1 678,32	1 888,11	269,05	1 537,36	1 729,53	59,50	1 396,48	1 571,04
	III	20 364	–	1 629,12	1 832,76	III	20 364	–	1 507,52	1 695,96	–	1 388,96	1 562,58	–	1 273,12	1 432,26	–	1 160,32	1 305,36	–	1 050,56	1 181,88	–	943,52	1 061,46
	V	34 460	1 895,30	2 756,80	3 101,40	IV	28 826	1 307,69	2 235,60	2 515,05	1 202,85	2 165,12	2 435,76	1 098,13	2 094,72	2 356,56	993,29	2 024,24	2 277,27	888,45	1 953,76	2 197,98	783,61	1 883,28	2 118,69
	VI	34 895	1 919,22	2 791,60	3 140,55																				
103 067,99 West	I,IV	28 683	1 395,51	2 294,64	2 581,47	I	28 683	1 185,95	2 153,76	2 422,98	976,27	2 012,80	2 264,40	766,71	1 871,92	2 105,91	557,15	1 731,04	1 947,42	347,48	1 590,08	1 788,84	137,92	1 449,20	1 630,35
	II	27 882	1 300,19	2 230,56	2 509,38	II	27 882	1 090,63	2 089,68	2 350,89	880,95	1 948,72	2 192,31	671,39	1 807,84	2 033,82	461,72	1 666,88	1 875,24	252,16	1 526,–	1 716,75	42,48	1 385,04	1 558,17
	III	20 240	–	1 619,20	1 821,60	III	20 240	–	1 497,92	1 685,16	–	1 379,36	1 551,78	–	1 263,84	1 421,82	–	1 151,36	1 295,28	–	1 041,76	1 171,98	–	935,04	1 051,92
	V	34 317	1 887,43	2 745,36	3 088,53	IV	28 683	1 290,79	2 224,24	2 502,27	1 185,95	2 153,76	2 422,98	1 081,11	2 083,28	2 343,69	976,27	2 012,80	2 264,40	871,55	1 942,40	2 185,20	766,71	1 871,92	2 105,91
	VI	34 752	1 911,36	2 780,16	3 127,68																				
103 067,99 Ost	I,IV	28 841	1 414,31	2 307,28	2 595,69	I	28 841	1 204,63	2 166,32	2 437,11	995,07	2 025,44	2 278,62	785,51	1 884,56	2 120,13	575,84	1 743,60	1 961,55	366,28	1 602,72	1 803,06	156,60	1 461,76	1 644,48
	II	28 040	1 318,99	2 243,20	2 523,60	II	28 040	1 109,31	2 102,24	2 365,02	899,75	1 961,36	2 206,53	690,08	1 820,40	2 047,95	480,52	1 679,52	1 889,46	270,84	1 538,56	1 730,88	61,28	1 397,68	1 572,39
	III	20 378	–	1 630,24	1 834,02	III	20 378	–	1 508,64	1 697,22	–	1 389,92	1 563,66	–	1 274,08	1 433,34	–	1 161,28	1 306,44	–	1 051,36	1 182,78	–	944,48	1 062,54
	V	34 475	1 896,12	2 758,–	3 102,75	IV	28 841	1 309,47	2 236,80	2 516,40	1 204,63	2 166,32	2 437,11	1 099,91	2 095,92	2 357,91	995,07	2 025,44	2 278,62	890,23	1 954,96	2 199,33	785,51	1 884,56	2 120,13
	VI	34 910	1 920,05	2 792,80	3 141,90																				
103 103,99 West	I,IV	28 699	1 397,41	2 295,92	2 582,91	I	28 699	1 187,73	2 154,96	2 424,33	978,18	2 014,08	2 265,84	768,50	1 873,12	2 107,26	558,94	1 732,24	1 948,77	349,26	1 591,28	1 790,19	139,70	1 450,40	1 631,70
	II	27 897	1 301,97	2 231,76	2 510,73	II	27 897	1 092,42	2 090,88	2 352,24	882,74	1 949,92	2 193,66	673,18	1 809,04	2 035,17	463,50	1 668,08	1 876,59	253,94	1 527,20	1 718,10	44,26	1 386,24	1 559,52
	III	20 254	–	1 620,32	1 822,86	III	20 254	–	1 498,88	1 686,24	–	1 380,48	1 553,04	–	1 264,96	1 423,08	–	1 152,32	1 296,36	–	1 042,72	1 173,06	–	936,–	1 053,–
	V	34 332	1 888,26	2 746,56	3 089,88	IV	28 699	1 292,57	2 225,44	2 503,62	1 187,73	2 154,96	2 424,33	1 082,90	2 084,48	2 345,04	978,18	2 014,08	2 265,84	873,34	1 943,60	2 186,55	768,50	1 873,12	2 107,26
	VI	34 768	1 912,24	2 781,44	3 129,12																				
103 103,99 Ost	I,IV	28 856	1 416,10	2 308,48	2 597,04	I	28 856	1 206,54	2 167,60	2 438,55	996,86	2 026,64	2 279,97	787,30	1 885,76	2 121,48	577,62	1 744,80	1 962,90	368,06	1 603,92	1 804,41	158,38	1 462,96	1 645,83
	II	28 055	1 320,78	2 244,40	2 524,95	II	28 055	1 111,10	2 103,44	2 366,37	901,54	1 962,56	2 207,88	691,86	1 821,60	2 049,30	482,30	1 680,72	1 890,81	272,62	1 539,76	1 732,23	63,07	1 398,88	1 573,74
	III	20 392	–	1 631,36	1 835,28	III	20 392	–	1 509,60	1 698,30	–	1 390,88	1 564,74	–	1 275,20	1 434,60	–	1 162,24	1 307,52	–	1 052,32	1 183,86	–	945,44	1 063,62
	V	34 490	1 896,95	2 759,20	3 104,10	IV	28 856	1 311,26	2 238,–	2 517,75	1 206,54	2 167,60	2 438,55	1 101,70	2 097,12	2 359,26	996,86	2 026,64	2 279,97	892,02	1 956,16	2 200,68	787,30	1 885,76	2 121,48
	VI	34 925	1 920,87	2 794,–	3 143,25																				
103 139,99 West	I,IV	28 714	1 399,20	2 297,12	2 584,26	I	28 714	1 189,52	2 156,16	2 425,68	979,96	2 015,28	2 267,19	770,28	1 874,32	2 108,61	560,72	1 733,44	1 950,12	351,05	1 592,48	1 791,54	141,49	1 451,60	1 633,05
	II	27 912	1 303,76	2 232,96	2 512,08	II	27 912	1 094,20	2 092,08	2 353,59	884,52	1 951,12	2 195,01	674,96	1 810,24	2 036,52	465,29	1 669,28	1 877,94	255,73	1 528,40	1 719,45	46,05	1 387,44	1 560,87
	III	20 266	–	1 621,28	1 823,94	III	20 266	–	1 499,84	1 687,32	–	1 381,44	1 554,12	–	1 265,92	1 424,16	–	1 153,28	1 297,44	–	1 043,52	1 173,96	–	936,80	1 053,90
	V	34 348	1 889,14	2 747,84	3 091,32	IV	28 714	1 294,36	2 226,64	2 504,97	1 189,52	2 156,16	2 425,68	1 084,68	2 085,68	2 346,39	979,96	2 015,28	2 267,19	875,12	1 944,80	2 187,90	770,28	1 874,32	2 108,61
	VI	34 783	1 913,06	2 782,64	3 130,47																				
103 139,99 Ost	I,IV	28 871	1 417,88	2 309,68	2 598,39	I	28 871	1 208,32	2 168,80	2 439,90	998,64	2 027,84	2 281,32	789,08	1 886,96	2 122,83	579,41	1 746,–	1 964,25	369,85	1 605,12	1 805,76	160,17	1 464,16	1 647,18
	II	28 070	1 322,56	2 245,60	2 526,30	II	28 070	1 112,88	2 104,64	2 367,72	903,32	1 963,76	2 209,23	693,65	1 822,80	2 050,65	484,09	1 681,92	1 892,16	274,41	1 540,96	1 733,58	64,85	1 400,08	1 575,09
	III	20 404	–	1 632,32	1 836,36	III	20 404	–	1 510,72	1 699,56	–	1 392,–	1 566,–	–	1 276,16	1 435,68	–	1 163,20	1 308,60	–	1 053,28	1 184,94	–	946,24	1 064,52
	V	34 505	1 897,77	2 760,40	3 105,45	IV	28 871	1 313,04	2 239,20	2 519,10	1 208,32	2 168,80	2 439,90	1 103,48	2 098,32	2 360,61	998,64	2 027,84	2 281,32	893,80	1 957,36	2 202,03	789,08	1 886,96	2 122,83
	VI	34 940	1 921,70	2 795,20	3 144,60																				
103 175,99 West	I,IV	28 729	1 400,98	2 298,32	2 585,61	I	28 729	1 191,30	2 157,36	2 427,03	981,75	2 016,48	2 268,54	772,07	1 875,52	2 109,96	562,51	1 734,64	1 951,47	352,83	1 593,68	1 792,89	143,27	1 452,80	1 634,40
	II	27 927	1 305,54	2 234,16	2 513,43	II	27 927	1 095,99	2 093,28	2 354,94	886,31	1 952,32	2 196,36	676,75	1 811,44	2 037,87	467,19	1 670,56	1 879,38	257,51	1 529,60	1 720,80	47,95	1 388,72	1 562,31
	III	20 280	–	1 622,40	1 825,20	III	20 280	–	1 500,96	1 688,58	–	1 382,40	1 555,20	–	1 266,88	1 425,24	–	1 154,24	1 298,52	–	1 044,48	1 175,04	–	937,76	1 054,98
	V	34 363	1 889,96	2 749,04	3 092,67	IV	28 729	1 296,14	2 227,84	2 506,32	1 191,30	2 157,36	2 427,03	1 086,58	2 086,96	2 347,83	981,75	2 016,48	2 268,54	876,91	1 946,–	2 189,25	772,07	1 875,52	2 109,96
	VI	34 798	1 913,89	2 783,84	3 131,82																				
103 175,99 Ost	I,IV	28 886	1 419,67	2 310,88	2 599,74	I	28 886	1 210,11	2 170,–	2 441,25	1 000,43	2 029,04	2 282,67	790,87	1 888,16	2 124,18	581,19	1 747,20	1 965,60	371,63	1 606,32	1 807,11	161,95	1 465,36	1 648,53
	II	28 085	1 324,35	2 246,80	2 527,65	II	28 085	1 114,67	2 105,84	2 369,07	905,11	1 964,96	2 210,58	695,55	1 824,08	2 052,09	485,87	1 683,12	1 893,51	276,31	1 542,24	1 735,02	66,64	1 401,28	1 576,44
	III	20 418	–	1 633,44	1 837,62	III	20 418	–	1 511,68	1 700,64	–	1 392,96	1 567,08	–	1 277,12	1 436,76	–	1 164,16	1 309,68	–	1 054,24	1 186,02	–	947,20	1 065,60
	V	34 520	1 898,60	2 761,60	3 106,80	IV	28 886	1 314,95	2 240,48	2 520,54	1 210,11	2 170,–	2 441,25	1 105,27	2 099,52	2 361,96	1 000,43	2 029,04	2 282,67	895,71	1 958,64	2 203,47	790,87	1 888,16	2 124,18
	VI	34 955	1 922,52	2 796,40	3 145,95																				
103 211,99 West	I,IV	28 744	1 402,77	2 299,52	2 586,96	I	28 744	1 193,09	2 158,56	2 428,38	983,53	2 017,68	2 269,89	773,85	1 876,72	2 111,31	564,29	1 735,84	1 952,82	354,73	1 594,96	1 794,33	145,06	1 454,–	1 635,75
	II	27 943	1 307,45	2 235,44	2 514,87	II	27 943	1 097,77	2 094,48	2 356,29	888,21	1 953,60	2 197,80	678,53	1 812,64	2 039,22	468,97	1 671,76	1 880,73	259,30	1 530,80	1 722,15	49,74	1 389,92	1 563,66
	III	20 294	–	1 623,52	1 826,46	III	20 294	–	1 501,92	1 689,66	–	1 383,36	1 556,28	–	1 267,84	1 426,32	–	1 155,20	1 299,60	–	1 045,44	1 176,12	–	938,72	1 056,06
	V	34 378	1 890,79	2 750,24	3 094,02	IV	28 744	1 297,93	2 229,04	2 507,67	1 193,09	2 158,56	2 428,38	1 088,37	2 088,16	2 349,18	983,53	2 017,68	2 269,89	878,69	1 947,20	2 190,60	773,85	1 876,72	2 111,31
	VI	34 813	1 914,71	2 785,04	3 133,17																				
103 211,99 Ost	I,IV	28 901	1 421,45	2 312,08	2 601,09	I	28 901	1 211,89	2 171,20	2 442,60	1 002,21	2 030,24	2 284,02	792,65	1 889,36	2 125,53	583,10	1 748,48	1 967,04	373,42	1 607,52	1 808,46	163,86	1 466,64	1 649,97
	II	28 100	1 326,13	2 248,–	2 529,–	II	28 100	1 116,57	2 107,12	2 370,51	906,89	1 966,16	2 211,93	697,34	1 825,28	2 053,44	487,66	1 684,32	1 894,86	278,10	1 543,44	1 736,37	68,42	1 402,48	1 577,79
	III	20 432	–	1 634,56	1 838,88	III	20 432	–	1 512,80	1 701,90	–	1 393,92	1 568,16	–	1 278,08	1 437,84	–	1 165,12	1 310,76	–	1 055,20	1 187,10	–	948,16	1 066,68
	V	34 535	1 899,42	2 762,80	3 108,15	IV	28 901	1 316,73	2 241,68	2 521,89	1 211,89	2 171,20	2 442,60	1 107,05	2 100,72	2 363,31	1 002,21	2 030,24	2 284,02	897,49	1 959,84	2 204,82	792,65	1 889,36	2 125,53
	VI	34 970	1 923,35	2 797,60	3 147,30																				
103 247,99 West	I,IV	28 759	1 404,55	2 300,72	2 588,31	I	28 759	1 194,99	2 159,84	2 429,82	985,32	2 018,88	2 271,24	775,76	1 878,–	2 112,75	566,08	1 737,04	1 954,17	356,52	1 596,16	1 795,68	146,84	1 455,20	1 637,10
	II	27 958	1 309,23	2 236,64	2 516,22	II	27 958	1 099,56	2 095,68	2 357,64	890,–	1 954,80	2 199,15	680,32	1 813,84	2 040,57	470,76	1 672,96	1 882,08	261,08	1 532,–	1 723,50	51,52	1 391,12	1 565,01
	III	20 306	–	1 624,48	1 827,54	III	20 306	–	1 503,04	1 690,92	–	1 384,48	1 557,54	–	1 268,80	1 427,40	–	1 156,16	1 300,68	–	1 046,40	1 177,20	–	939,52	1 056,96
	V	34 393	1 891,61	2 751,44	3 095,37	IV	28 759	1 299,71	2 230,24	2 509,02	1 194,99	2 159,84	2 429,82	1 090,15	2 089,36	2 350,53	985,32	2 018,88	2 271,24	880,48	1 948,40	2 191,95	775,76	1 878,–	2 112,75
	VI	34 828	1 915,54	2 786,24	3 134,52																				
103 247,99 Ost	I,IV	28 917	1 423,35	2 313,36	2 602,53	I	28 917	1 213,68	2 172,40	2 443,95	1 004,12	2 031,52	2 285,46	794,44	1 890,56	2 126,88	584,88	1 749,68	1 968,39	375,20	1 608,72	1 809,81	165,64	1 467,84	1 651,32
	II	28 115	1 327,92	2 249,20	2 530,35	II	28 115	1 118,36	2 108,32	2 371,86	908,68	1 967,36	2 213,28	699,12	1 826,48	2 054,79	489,44	1 685,52	1 896,21	279,88	1 544,64	1 737,72	70,21	1 403,68	1 579,14
	III	20 444	–	1 635,52	1 839,96	III	20 444	–	1 513,76	1 702,98	–	1 394,88	1 569,24	–	1 279,04	1 438,92	–	1 166,08	1 311,84	–	1 056,16	1 188,18	–	948,96	1 067,58
	V	34 550	1 900,25	2 764,–	3 109,50	IV	28 917	1 318,52	2 242,88	2 523,24	1 213,68	2 172,40	2 443,95	1 108,84	2 101,92	2 364,66	1 004,12	2 031,52	2 285,46	899,28	1 961,04	2 206,17	794,44	1 890,56	2 126,88
	VI	34 986	1 924,23	2 798,88	3 148,74																				

* Die ausgewiesenen Tabellenwerte sind amtlich. Siehe Erläuterungen auf der Umschlaginnenseite (U2).

Abzüge an Lohnsteuer, Solidaritätszuschlag (SolZ) und Kirchensteuer (8%, 9%) in den Steuerklassen

Lohn/ Gehalt bis €*	I – VI		ohne Kinderfreibeträge			I, II, III, IV		mit Zahl der Kinderfreibeträge . . . 0,5			1			1,5			2			2,5			3		
		LSt	SolZ	8%	9%		LSt	SolZ	8%	9%	SolZ	8%	9%	SolZ	8%	9%	SolZ	8%	9%	SolZ	8%	9%	SolZ	8%	9%
103 283,99 West	I,IV	28 774	1 406,34	2 301,92	2 589,66	I	28 774	1 196,78	2 161,04	2 431,17	987,10	2 020,08	2 272,59	777,54	1 879,20	2 114,10	567,86	1 738,24	1 955,52	358,30	1 597,36	1 797,03	148,63	1 456,40	1 638,45
	II	27 973	1 311,02	2 237,84	2 517,57	II	27 973	1 101,34	2 096,88	2 358,99	891,78	1 956,—	2 200,50	682,10	1 815,04	2 041,92	472,54	1 674,16	1 883,43	262,87	1 533,20	1 724,85	53,31	1 392,32	1 566,36
	III	20 320	—	1 625,60	1 828,80	III	20 320	—	1 504,—	1 692,—	—	1 385,44	1 558,62	—	1 269,76	1 428,48	—	1 157,12	1 301,76	—	1 047,36	1 178,28	—	940,48	1 058,04
	V	34 408	1 892,44	2 752,64	3 096,72	IV	28 774	1 301,50	2 231,44	2 510,37	1 196,78	2 161,04	2 431,17	1 091,94	2 090,56	2 351,88	987,10	2 020,08	2 272,59	882,26	1 949,60	2 193,30	777,54	1 879,20	2 114,10
	VI	34 843	1 916,36	2 787,44	3 135,87																				
103 283,99 Ost	I,IV	28 932	1 425,14	2 314,56	2 603,88	I	28 932	1 215,46	2 173,60	2 445,30	1 005,90	2 032,72	2 286,81	796,22	1 891,76	2 128,23	586,67	1 750,88	1 969,74	376,99	1 609,92	1 811,16	167,43	1 469,04	1 652,67
	II	28 130	1 329,70	2 250,40	2 531,70	II	28 130	1 120,14	2 109,52	2 373,21	910,46	1 968,56	2 214,63	700,91	1 827,68	2 056,14	491,23	1 686,72	1 897,56	281,67	1 545,84	1 739,07	71,99	1 404,88	1 580,49
	III	20 458	—	1 636,64	1 841,22	III	20 458	—	1 514,88	1 704,24	—	1 396,—	1 570,50	—	1 280,—	1 440,—	—	1 167,04	1 312,92	—	1 056,96	1 189,08	—	949,92	1 068,66
	V	34 566	1 901,13	2 765,28	3 110,94	IV	28 932	1 320,30	2 244,08	2 524,59	1 215,46	2 173,60	2 445,30	1 110,62	2 103,12	2 366,01	1 005,90	2 032,72	2 286,81	901,06	1 962,24	2 207,52	796,22	1 891,76	2 128,23
	VI	35 001	1 925,05	2 800,08	3 150,09																				
103 319,99 West	I,IV	28 789	1 408,12	2 303,12	2 591,01	I	28 789	1 198,56	2 162,24	2 432,52	988,89	2 021,28	2 273,94	779,33	1 880,40	2 115,45	569,65	1 739,44	1 956,87	360,09	1 598,56	1 798,38	150,41	1 457,60	1 639,80
	II	27 988	1 312,80	2 239,04	2 518,92	II	27 988	1 103,13	2 098,08	2 360,34	893,57	1 957,20	2 201,85	683,89	1 816,24	2 043,27	474,33	1 675,36	1 884,78	264,77	1 534,48	1 726,29	55,09	1 393,52	1 567,71
	III	20 332	—	1 626,56	1 829,88	III	20 332	—	1 505,12	1 693,26	—	1 386,40	1 559,70	—	1 270,72	1 429,56	—	1 158,08	1 302,84	—	1 048,16	1 179,18	—	941,44	1 059,12
	V	34 423	1 893,26	2 753,84	3 098,07	IV	28 789	1 303,40	2 232,72	2 511,81	1 198,56	2 162,24	2 432,52	1 093,72	2 091,76	2 353,23	988,89	2 021,28	2 273,94	884,17	1 950,88	2 194,74	779,33	1 880,40	2 115,45
	VI	34 858	1 917,19	2 788,64	3 137,22																				
103 319,99 Ost	I,IV	28 947	1 426,92	2 315,76	2 605,23	I	28 947	1 217,25	2 174,80	2 446,65	1 007,69	2 033,92	2 288,16	798,01	1 892,96	2 129,58	588,45	1 752,08	1 971,09	378,77	1 611,12	1 812,51	169,21	1 470,24	1 654,02
	II	28 145	1 331,49	2 251,60	2 533,05	II	28 145	1 121,93	2 110,72	2 374,56	912,25	1 969,76	2 215,98	702,69	1 828,88	2 057,49	493,13	1 688,—	1 899,—	283,45	1 547,04	1 740,42	73,89	1 406,16	1 581,93
	III	20 470	—	1 637,60	1 842,30	III	20 470	—	1 515,84	1 705,32	—	1 396,96	1 571,58	—	1 280,96	1 441,08	—	1 168,—	1 314,—	—	1 057,92	1 190,16	—	950,88	1 069,74
	V	34 581	1 901,95	2 766,48	3 112,29	IV	28 947	1 322,09	2 245,28	2 525,94	1 217,25	2 174,80	2 446,65	1 112,53	2 104,40	2 367,45	1 007,69	2 033,92	2 288,16	902,85	1 963,44	2 208,87	798,01	1 892,96	2 129,58
	VI	35 016	1 925,88	2 801,28	3 151,44																				
103 355,99 West	I,IV	28 804	1 409,91	2 304,32	2 592,36	I	28 804	1 200,35	2 163,44	2 433,87	990,67	2 022,48	2 275,29	781,11	1 881,60	2 116,80	571,43	1 740,64	1 958,22	361,87	1 599,76	1 799,73	152,32	1 458,88	1 641,24
	II	28 003	1 314,59	2 240,24	2 520,27	II	28 003	1 105,03	2 099,36	2 361,78	895,35	1 958,40	2 203,20	685,79	1 817,52	2 044,71	476,11	1 676,56	1 886,13	266,56	1 535,68	1 727,64	56,88	1 394,72	1 569,06
	III	20 346	—	1 627,68	1 831,14	III	20 346	—	1 506,08	1 694,34	—	1 387,52	1 560,96	—	1 271,68	1 430,64	—	1 159,04	1 303,92	—	1 049,12	1 180,26	—	942,24	1 060,02
	V	34 438	1 894,09	2 755,04	3 099,42	IV	28 804	1 305,19	2 233,92	2 513,16	1 200,35	2 163,44	2 433,87	1 095,51	2 092,96	2 354,58	990,67	2 022,48	2 275,29	885,95	1 952,08	2 196,09	781,11	1 881,60	2 116,80
	VI	34 873	1 918,01	2 789,84	3 138,57																				
103 355,99 Ost	I,IV	28 962	1 428,71	2 316,96	2 606,58	I	28 962	1 219,03	2 176,—	2 448,—	1 009,47	2 035,12	2 289,51	799,79	1 894,16	2 130,93	590,24	1 753,28	1 972,44	380,68	1 612,40	1 813,95	171,—	1 471,44	1 655,37
	II	28 161	1 333,39	2 252,88	2 534,49	II	28 161	1 123,71	2 111,92	2 375,91	914,15	1 971,04	2 217,42	704,48	1 830,08	2 058,84	494,92	1 689,20	1 900,35	285,24	1 548,24	1 741,77	75,68	1 407,36	1 583,28
	III	20 484	—	1 638,72	1 843,56	III	20 484	—	1 516,80	1 706,40	—	1 397,92	1 572,66	—	1 282,08	1 442,34	—	1 168,96	1 315,08	—	1 058,88	1 191,24	—	951,68	1 070,64
	V	34 596	1 902,78	2 767,68	3 113,64	IV	28 962	1 323,87	2 246,48	2 527,29	1 219,03	2 176,—	2 448,—	1 114,31	2 105,60	2 368,80	1 009,47	2 035,12	2 289,51	904,63	1 964,64	2 210,22	799,79	1 894,16	2 130,93
	VI	35 031	1 926,70	2 802,48	3 152,79																				
103 391,99 West	I,IV	28 820	1 411,81	2 305,60	2 593,80	I	28 820	1 202,13	2 164,64	2 435,22	992,57	2 023,76	2 276,73	782,90	1 882,80	2 118,15	573,34	1 741,92	1 959,66	363,66	1 600,96	1 801,08	154,10	1 460,08	1 642,59
	II	28 018	1 316,37	2 241,44	2 521,62	II	28 018	1 106,81	2 100,56	2 363,13	897,14	1 959,60	2 204,55	687,58	1 818,72	2 046,06	477,90	1 677,76	1 887,48	268,34	1 536,88	1 728,99	58,66	1 395,92	1 570,41
	III	20 360	—	1 628,80	1 832,40	III	20 360	—	1 507,20	1 695,60	—	1 388,48	1 562,04	—	1 272,80	1 431,90	—	1 160,—	1 305,—	—	1 050,08	1 181,34	—	943,20	1 061,10
	V	34 453	1 894,91	2 756,24	3 100,77	IV	28 820	1 306,97	2 235,12	2 514,51	1 202,13	2 164,64	2 435,22	1 097,29	2 094,16	2 355,93	992,57	2 023,76	2 276,73	887,74	1 953,28	2 197,44	782,90	1 882,80	2 118,15
	VI	34 889	1 918,89	2 791,12	3 140,01																				
103 391,99 Ost	I,IV	28 977	1 430,49	2 318,16	2 607,93	I	28 977	1 220,94	2 177,28	2 449,44	1 011,26	2 036,32	2 290,86	801,70	1 895,44	2 132,37	592,02	1 754,48	1 973,79	382,46	1 613,60	1 815,30	172,78	1 472,64	1 656,72
	II	28 176	1 335,18	2 254,08	2 535,84	II	28 176	1 125,50	2 113,12	2 377,26	915,94	1 972,24	2 218,77	706,26	1 831,28	2 060,19	496,70	1 690,40	1 901,70	287,02	1 549,44	1 743,12	77,46	1 408,56	1 584,63
	III	20 498	—	1 639,84	1 844,82	III	20 498	—	1 517,92	1 707,66	—	1 399,04	1 573,92	—	1 283,04	1 443,42	—	1 169,92	1 316,16	—	1 059,84	1 192,32	—	952,64	1 071,72
	V	34 611	1 903,60	2 768,88	3 114,99	IV	28 977	1 325,66	2 247,68	2 528,64	1 220,94	2 177,28	2 449,44	1 116,10	2 106,80	2 370,15	1 011,26	2 036,32	2 290,86	906,42	1 965,84	2 211,57	801,70	1 895,44	2 132,37
	VI	35 046	1 927,53	2 803,68	3 154,14																				
103 427,99 West	I,IV	28 835	1 413,60	2 306,80	2 595,15	I	28 835	1 203,92	2 165,84	2 436,57	994,36	2 024,96	2 278,08	784,68	1 884,—	2 119,50	575,12	1 743,12	1 961,01	365,44	1 602,16	1 802,43	155,89	1 461,28	1 643,94
	II	28 033	1 318,16	2 242,64	2 522,97	II	28 033	1 108,60	2 101,76	2 364,48	898,92	1 960,80	2 205,90	689,36	1 819,92	2 047,41	479,68	1 678,96	1 888,83	270,13	1 538,08	1 730,34	60,45	1 397,12	1 571,76
	III	20 372	—	1 629,76	1 833,48	III	20 372	—	1 508,16	1 696,68	—	1 389,44	1 563,12	—	1 273,76	1 432,98	—	1 160,96	1 306,08	—	1 051,04	1 182,42	—	944,16	1 062,18
	V	34 469	1 895,79	2 757,52	3 102,21	IV	28 835	1 308,76	2 236,32	2 515,86	1 203,92	2 165,84	2 436,57	1 099,08	2 095,36	2 357,28	994,36	2 024,96	2 278,08	889,52	1 954,48	2 198,79	784,68	1 884,—	2 119,50
	VI	34 904	1 919,72	2 792,32	3 141,36																				
103 427,99 Ost	I,IV	28 992	1 432,28	2 319,36	2 609,28	I	28 992	1 222,72	2 178,48	2 450,79	1 013,04	2 037,52	2 292,21	803,48	1 896,64	2 133,72	593,81	1 755,68	1 975,14	384,25	1 614,80	1 816,65	174,57	1 473,84	1 658,07
	II	28 191	1 336,96	2 255,28	2 537,19	II	28 191	1 127,28	2 114,32	2 378,61	917,72	1 973,44	2 220,12	708,05	1 832,48	2 061,54	498,49	1 691,60	1 903,05	288,81	1 550,64	1 744,47	79,25	1 409,76	1 585,98
	III	20 510	—	1 640,80	1 845,90	III	20 510	—	1 518,88	1 708,74	—	1 400,—	1 575,—	—	1 284,—	1 444,50	—	1 170,88	1 317,24	—	1 060,80	1 193,40	—	953,60	1 072,80
	V	34 626	1 904,43	2 770,08	3 116,34	IV	28 992	1 327,44	2 248,88	2 529,99	1 222,72	2 178,48	2 450,79	1 117,88	2 108,—	2 371,50	1 013,04	2 037,52	2 292,21	908,20	1 967,04	2 212,92	803,48	1 896,64	2 133,72
	VI	35 061	1 928,35	2 804,88	3 155,49																				
103 463,99 West	I,IV	28 850	1 415,38	2 308,—	2 596,50	I	28 850	1 205,70	2 167,04	2 437,92	996,14	2 026,16	2 279,43	786,47	1 885,20	2 120,85	576,91	1 744,32	1 962,36	367,23	1 603,36	1 803,78	157,67	1 462,48	1 645,29
	II	28 048	1 319,94	2 243,84	2 524,32	II	28 048	1 110,38	2 102,96	2 365,83	900,71	1 962,—	2 207,25	691,15	1 821,12	2 048,76	481,47	1 680,16	1 890,18	271,91	1 539,28	1 731,69	62,35	1 398,40	1 573,20
	III	20 386	—	1 630,88	1 834,74	III	20 386	—	1 509,12	1 697,76	—	1 390,40	1 564,20	—	1 274,72	1 434,06	—	1 161,92	1 307,16	—	1 052,—	1 183,50	—	944,96	1 063,08
	V	34 484	1 896,62	2 758,72	3 103,56	IV	28 850	1 310,54	2 237,52	2 517,21	1 205,70	2 167,04	2 437,92	1 100,98	2 096,64	2 358,72	996,14	2 026,16	2 279,43	891,31	1 955,68	2 200,14	786,47	1 885,20	2 120,85
	VI	34 919	1 920,54	2 793,52	3 142,71																				
103 463,99 Ost	I,IV	29 007	1 434,06	2 320,56	2 610,63	I	29 007	1 224,51	2 179,68	2 452,14	1 014,83	2 038,72	2 293,56	805,27	1 897,84	2 135,07	595,59	1 756,88	1 976,49	386,03	1 616,—	1 818,—	176,35	1 475,04	1 659,42
	II	28 206	1 338,75	2 256,48	2 538,54	II	28 206	1 129,07	2 115,52	2 379,96	919,51	1 974,64	2 221,47	709,83	1 833,68	2 062,89	500,27	1 692,80	1 904,40	290,71	1 551,92	1 745,91	81,03	1 410,96	1 587,33
	III	20 524	—	1 641,92	1 847,16	III	20 524	—	1 520,—	1 710,—	—	1 400,96	1 576,08	—	1 284,96	1 445,58	—	1 171,84	1 318,32	—	1 061,76	1 194,48	—	954,40	1 073,70
	V	34 641	1 905,25	2 771,28	3 117,69	IV	29 007	1 329,34	2 250,16	2 531,43	1 224,51	2 179,68	2 452,14	1 119,67	2 109,20	2 372,85	1 014,83	2 038,72	2 293,56	910,11	1 968,32	2 214,36	805,27	1 897,84	2 135,07
	VI	35 076	1 929,18	2 806,08	3 156,84																				
103 499,99 West	I,IV	28 865	1 417,17	2 309,20	2 597,85	I	28 865	1 207,49	2 168,24	2 439,27	997,93	2 027,36	2 280,78	788,25	1 886,40	2 122,20	578,69	1 745,52	1 963,71	369,01	1 604,56	1 805,13	159,46	1 463,68	1 646,64
	II	28 064	1 321,85	2 245,12	2 525,76	II	28 064	1 112,17	2 104,16	2 367,18	902,61	1 963,28	2 208,69	692,93	1 822,32	2 050,11	483,37	1 681,44	1 891,62	273,70	1 540,48	1 733,04	64,14	1 399,60	1 574,55
	III	20 398	—	1 631,84	1 835,82	III	20 398	—	1 510,24	1 699,02	—	1 391,52	1 565,46	—	1 275,68	1 435,14	—	1 162,88	1 308,24	—	1 052,96	1 184,58	—	945,92	1 064,16
	V	34 499	1 897,44	2 759,92	3 104,91	IV	28 865	1 312,33	2 238,72	2 518,56	1 207,49	2 168,24	2 439,27	1 102,77	2 097,84	2 360,07	997,93	2 027,36	2 280,78	893,09	1 956,88	2 201,49	788,25	1 886,40	2 122,20
	VI	34 934	1 921,37	2 794,72	3 144,06																				
103 499,99 Ost	I,IV	29 022	1 435,85	2 321,76	2 611,98	I	29 022	1 226,29	2 180,88	2 453,49	1 016,61	2 039,92	2 294,91	807,05	1 899,04	2 136,42	597,38	1 758,08	1 977,84	387,82	1 617,20	1 819,35	178,26	1 476,32	1 660,86
	II	28 221	1 340,53	2 257,68	2 539,89	II	28 221	1 130,97	2 116,80	2 381,40	921,29	1 975,84	2 222,82	711,73	1 834,96	2 064,33	502,06	1 694,—	1 905,75	292,50	1 553,12	1 747,26	82,82	1 412,16	1 588,68
	III	20 536	—	1 642,88	1 848,24	III	20 536	—	1 520,96	1 711,08	—	1 402,08	1 577,34	—	1 285,92	1 446,66	—	1 172,80	1 319,40	—	1 062,56	1 195,38	—	955,36	1 074,78
	V	34 656	1 906,08	2 772,48	3 119,04	IV	29 022	1 331,13	2 251,36	2 532,78	1 226,29	2 180,88	2 453,49	1 121,45	2 110,40	2 374,20	1 016,61	2 039,92	2 294,91	911,89	1 969,52	2 215,71	807,05	1 899,04	2 136,42
	VI	35 091	1 930,—	2 807,28	3 158,19																				
103 535,99 West	I,IV	28 880	1 418,95	2 310,40	2 599,20	I	28 880	1 209,39	2 169,52	2 440,71	999,71	2 028,56	2 282,13	790,16	1 887,68	2 123,64	580,48	1 746,72	1 965,06	370,92	1 605,84	1 806,57	161,24	1 464,88	1 647,99
	II	28 079	1 323,63	2 246,32	2 527,11	II	28 079	1 113,95	2 105,36	2 368,53	904,40	1 964,48	2 210,04	694,72	1 823,52	2 051,46	485,16	1 682,64	1 892,97	275,48	1 541,68	1 734,39	65,92	1 400,80	1 575,90
	III	20 412	—	1 632,96	1 837,08	III	20 412	—	1 511,20	1 700,10	—	1 392,48	1 566,54	—	1 276,64	1 436,22	—	1 163,84	1 309,32	—	1 053,76	1 185,48	—	946,88	1 065,24
	V	34 514	1 898,27	2 761,12	3 106,26	IV	28 880	1 314,11	2 239,92	2 519,91	1 209,39	2 169,52	2 440,71	1 104,55	2 099,04	2 361,42	999,71	2 028,56	2 282,13	894,88	1 958,08	2 202,84	790,16	1 887,68	2 123,64
	VI	34 949	1 922,19	2 795,92	3 145,41																				
103 535,99 Ost	I,IV	29 038	1 437,75	2 323,04	2 613,42	I	29 038	1 228,08	2 182,08	2 454,84	1 018,52	2 041,20	2 296,35	808,84	1 900,24	2 137,77	599,28	1 759,36	1 979,28	389,60	1 618,40	1 820,70	180,04	1 477,52	1 662,21
	II	28 236	1 342,32	2 258,88	2 541,24	II	28 236	1 132,76	2 118,—	2 382,75	923,08	1 977,04	2 224,17	713,52	1 836,16	2 065,68	503,84	1 695,20	1 907,10	294,28	1 554,32	1 748,61	84,60	1 413,36	1 590,03
	III	20 550	—	1 644,—	1 849,50	III	20 550	—	1 522,08	1 712,34	—	1 403,04	1 578,42	—	1 286,88	1 447,74	—	1 173,76	1 320,48	—	1 063,52	1 196,46	—	956,32	1 075,86
	V	34 671	1 906,90	2 773,68	3 120,39	IV	29 038	1 332,91	2 252,56	2 534,13	1 228,08	2 182,08	2 454,84	1 123,24	2 111,60	2 375,55	1 018,52	2 041,20	2 296,35	913,68	1 970,72	2 217,06	808,84	1 900,24	2 137,77
	VI	35 106	1 930,83	2 808,48	3 159,54																				

* Die ausgewiesenen Tabellenwerte sind amtlich. Siehe Erläuterungen auf der Umschlaginnenseite (U2).

Abzüge an Lohnsteuer, Solidaritätszuschlag (SolZ) und Kirchensteuer (8%, 9%) in den Steuerklassen

Lohn/ Gehalt bis €*		I – VI				I, II, III, IV		mit Zahl der Kinderfreibeträge . . .																	
			ohne Kinderfreibeträge					0,5			1			1,5			2			2,5			3		
		LSt	SolZ	8%	9%		LSt	SolZ	8%	9%	SolZ	8%	9%	SolZ	8%	9%	SolZ	8%	9%	SolZ	8%	9%	SolZ	8%	9%
103 571,99 West	I,IV	28 895	1 420,74	2 311,60	2 600,55	I	28 895	1 211,18	2 170,72	2 442,06	1 001,50	2 029,76	2 283,48	791,94	1 888,88	2 124,99	582,26	1 747,92	1 966,41	372,70	1 607,04	1 807,92	163,03	1 466,08	1 649,34
	II	28 094	1 325,42	2 247,52	2 528,46	II	28 094	1 115,74	2 106,56	2 369,88	906,18	1 965,68	2 211,39	696,50	1 824,72	2 052,81	486,94	1 683,84	1 894,32	277,27	1 542,88	1 735,74	67,71	1 402,—	1 577,25
	III	20 426	—	1 634,08	1 838,34	III	20 426	—	1 512,32	1 701,36	—	1 393,44	1 567,62	—	1 277,60	1 437,30	—	1 164,64	1 310,22	—	1 054,72	1 186,56	—	947,68	1 066,14
	V	34 529	1 899,09	2 762,32	3 107,61	IV	28 895	1 315,90	2 241,12	2 521,26	1 211,18	2 170,72	2 442,06	1 106,34	2 100,24	2 362,77	1 001,50	2 029,76	2 283,48	896,66	1 959,28	2 204,19	791,94	1 888,88	2 124,99
	VI	34 964	1 923,02	2 797,12	3 146,76																				
103 571,99 Ost	I,IV	29 053	1 439,54	2 324,24	2 614,77	I	29 053	1 229,86	2 183,28	2 456,19	1 020,30	2 042,40	2 297,70	810,62	1 901,44	2 139,12	601,06	1 760,56	1 980,63	391,39	1 619,60	1 822,05	181,83	1 478,72	1 663,56
	II	28 251	1 344,10	2 260,08	2 542,59	II	28 251	1 134,54	2 119,20	2 384,10	924,86	1 978,24	2 225,52	715,30	1 837,36	2 067,03	505,63	1 696,40	1 908,45	296,07	1 555,52	1 749,96	86,39	1 414,56	1 591,38
	III	20 564	—	1 645,12	1 850,76	III	20 564	—	1 523,04	1 713,42	—	1 404,—	1 579,50	—	1 287,84	1 448,82	—	1 174,72	1 321,56	—	1 064,48	1 197,54	—	957,12	1 076,76
	V	34 686	1 907,73	2 774,88	3 121,74	IV	29 053	1 334,70	2 253,76	2 535,48	1 229,86	2 183,28	2 456,19	1 125,02	2 112,80	2 376,90	1 020,30	2 042,40	2 297,70	915,46	1 971,92	2 218,41	810,62	1 901,44	2 139,12
	VI	35 122	1 931,71	2 809,76	3 160,98																				
103 607,99 West	I,IV	28 910	1 422,52	2 312,80	2 601,90	I	28 910	1 212,96	2 171,92	2 443,41	1 003,28	2 030,96	2 284,83	793,73	1 890,08	2 126,34	584,05	1 749,12	1 967,76	374,49	1 608,24	1 809,27	164,81	1 467,28	1 650,69
	II	28 109	1 327,20	2 248,72	2 529,81	II	28 109	1 117,52	2 107,76	2 371,23	907,97	1 966,88	2 212,74	698,29	1 825,92	2 054,16	488,73	1 685,04	1 895,67	279,05	1 544,08	1 737,09	69,49	1 403,20	1 578,60
	III	20 438	—	1 635,04	1 839,42	III	20 438	—	1 513,28	1 702,44	—	1 394,56	1 568,88	—	1 278,56	1 438,38	—	1 165,60	1 311,30	—	1 055,68	1 187,64	—	948,64	1 067,22
	V	34 544	1 899,92	2 763,52	3 108,96	IV	28 910	1 317,80	2 242,40	2 522,70	1 212,96	2 171,92	2 443,41	1 108,12	2 101,44	2 364,12	1 003,28	2 030,96	2 284,83	898,56	1 960,56	2 205,63	793,73	1 890,08	2 126,34
	VI	34 979	1 923,84	2 798,32	3 148,11																				
103 607,99 Ost	I,IV	29 068	1 441,32	2 325,44	2 616,12	I	29 068	1 231,65	2 184,48	2 457,54	1 022,09	2 043,60	2 299,05	812,41	1 902,64	2 140,47	602,85	1 761,76	1 981,98	393,17	1 620,80	1 823,40	183,61	1 479,92	1 664,91
	II	28 266	1 345,89	2 261,28	2 543,94	II	28 266	1 136,33	2 120,40	2 385,45	926,65	1 979,44	2 226,87	717,09	1 838,56	2 068,38	507,41	1 697,60	1 909,80	297,85	1 556,72	1 751,31	88,29	1 415,84	1 592,82
	III	20 576	—	1 646,08	1 851,84	III	20 576	—	1 524,16	1 714,68	—	1 404,96	1 580,58	—	1 288,96	1 450,08	—	1 175,68	1 322,64	—	1 065,44	1 198,62	—	958,08	1 077,84
	V	34 702	1 908,61	2 776,16	3 123,18	IV	29 068	1 336,48	2 254,96	2 536,83	1 231,65	2 184,48	2 457,54	1 126,93	2 114,08	2 378,34	1 022,09	2 043,60	2 299,05	917,25	1 973,12	2 219,76	812,41	1 902,64	2 140,47
	VI	35 137	1 932,53	2 810,96	3 162,33																				
103 643,99 West	I,IV	28 925	1 424,31	2 314,—	2 603,25	I	28 925	1 214,75	2 173,12	2 444,76	1 005,07	2 032,16	2 286,18	795,51	1 891,28	2 127,69	585,83	1 750,32	1 969,11	376,27	1 609,44	1 810,62	166,60	1 468,48	1 652,04
	II	28 124	1 328,99	2 249,92	2 531,16	II	28 124	1 119,43	2 109,04	2 372,67	909,75	1 968,08	2 214,09	700,19	1 827,20	2 055,60	490,51	1 686,24	1 897,02	280,95	1 545,36	1 738,53	71,28	1 404,40	1 579,95
	III	20 452	—	1 636,16	1 840,68	III	20 452	—	1 514,40	1 703,70	—	1 395,52	1 569,96	—	1 279,52	1 439,46	—	1 166,56	1 312,38	—	1 056,64	1 188,72	—	949,44	1 068,12
	V	34 559	1 900,74	2 764,72	3 110,31	IV	28 925	1 319,59	2 243,60	2 524,05	1 214,75	2 173,12	2 444,76	1 109,91	2 102,64	2 365,47	1 005,07	2 032,16	2 286,18	900,35	1 961,76	2 206,98	795,51	1 891,28	2 127,69
	VI	34 994	1 924,67	2 799,52	3 149,46																				
103 643,99 Ost	I,IV	29 083	1 443,11	2 326,64	2 617,47	I	29 083	1 233,43	2 185,68	2 458,89	1 023,87	2 044,80	2 300,40	814,19	1 903,84	2 141,82	604,63	1 762,96	1 983,33	394,96	1 622,—	1 824,75	185,40	1 481,12	1 666,26
	II	28 282	1 347,79	2 262,56	2 545,38	II	28 282	1 138,11	2 121,60	2 386,80	928,55	1 980,72	2 228,31	718,87	1 839,76	2 069,73	509,32	1 698,88	1 911,24	299,64	1 557,92	1 752,66	90,08	1 417,04	1 594,17
	III	20 590	—	1 647,20	1 853,10	III	20 590	—	1 525,12	1 715,76	—	1 406,08	1 581,84	—	1 289,92	1 451,16	—	1 176,64	1 323,72	—	1 066,40	1 199,70	—	959,04	1 078,92
	V	34 717	1 909,43	2 777,36	3 124,53	IV	29 083	1 338,27	2 256,16	2 538,18	1 233,43	2 185,68	2 458,89	1 128,71	2 115,28	2 379,69	1 023,87	2 044,80	2 300,40	919,03	1 974,32	2 221,11	814,19	1 903,84	2 141,82
	VI	35 152	1 933,36	2 812,16	3 163,68																				
103 679,99 West	I,IV	28 940	1 426,09	2 315,20	2 604,60	I	28 940	1 216,53	2 174,32	2 446,11	1 006,97	2 033,44	2 287,62	797,30	1 892,48	2 129,04	587,74	1 751,60	1 970,55	378,06	1 610,64	1 811,97	168,50	1 469,76	1 653,48
	II	28 139	1 330,77	2 251,12	2 532,51	II	28 139	1 121,21	2 110,24	2 374,02	911,54	1 969,28	2 215,44	701,98	1 828,40	2 056,95	492,30	1 687,44	1 898,37	282,74	1 546,56	1 739,88	73,06	1 405,60	1 581,30
	III	20 464	—	1 637,12	1 841,76	III	20 464	—	1 515,36	1 704,78	—	1 396,48	1 571,04	—	1 280,64	1 440,72	—	1 167,52	1 313,46	—	1 057,60	1 189,80	—	950,40	1 069,20
	V	34 574	1 901,57	2 765,92	3 111,66	IV	28 940	1 321,37	2 244,80	2 525,40	1 216,53	2 174,32	2 446,11	1 111,69	2 103,84	2 366,82	1 006,97	2 033,44	2 287,62	902,13	1 962,96	2 208,33	797,30	1 892,48	2 129,04
	VI	35 009	1 925,49	2 800,72	3 150,81																				
103 679,99 Ost	I,IV	29 098	1 444,89	2 327,84	2 618,82	I	29 098	1 235,33	2 186,96	2 460,33	1 025,66	2 046,—	2 301,75	816,10	1 905,12	2 143,26	606,42	1 764,16	1 984,68	396,86	1 623,28	1 826,19	187,18	1 482,32	1 667,61
	II	28 297	1 349,57	2 263,76	2 546,73	II	28 297	1 139,90	2 122,80	2 388,15	930,34	1 981,92	2 229,66	720,66	1 840,96	2 071,08	511,10	1 700,08	1 912,59	301,42	1 559,12	1 754,01	91,86	1 418,24	1 595,52
	III	20 604	—	1 648,32	1 854,36	III	20 604	—	1 526,24	1 717,02	—	1 407,04	1 582,92	—	1 290,88	1 452,24	—	1 177,60	1 324,80	—	1 067,36	1 200,78	—	959,84	1 079,82
	V	34 732	1 910,26	2 778,56	3 125,88	IV	29 098	1 340,05	2 257,36	2 539,53	1 235,33	2 186,96	2 460,33	1 130,50	2 116,48	2 381,04	1 025,66	2 046,—	2 301,75	920,82	1 975,52	2 222,46	816,10	1 905,12	2 143,26
	VI	35 167	1 934,18	2 813,36	3 165,03																				
103 715,99 West	I,IV	28 956	1 428,—	2 316,48	2 606,04	I	28 956	1 218,32	2 175,52	2 447,46	1 008,76	2 034,64	2 288,97	799,08	1 893,68	2 130,39	589,52	1 752,80	1 971,90	379,84	1 611,84	1 813,32	170,28	1 470,96	1 654,83
	II	28 154	1 332,56	2 252,32	2 533,86	II	28 154	1 123,—	2 111,44	2 375,37	913,32	1 970,48	2 216,79	703,76	1 829,60	2 058,30	494,08	1 688,64	1 899,72	284,52	1 547,76	1 741,23	74,85	1 406,80	1 582,65
	III	20 478	—	1 638,24	1 843,02	III	20 478	—	1 516,48	1 706,04	—	1 397,44	1 572,12	—	1 281,60	1 441,80	—	1 168,48	1 314,54	—	1 058,40	1 190,70	—	951,36	1 070,28
	V	34 589	1 902,39	2 767,12	3 113,01	IV	28 956	1 323,16	2 246,—	2 526,75	1 218,32	2 175,52	2 447,46	1 113,48	2 105,04	2 368,17	1 008,76	2 034,64	2 288,97	903,92	1 964,16	2 209,68	799,08	1 893,68	2 130,39
	VI	35 025	1 926,37	2 802,—	3 152,25																				
103 715,99 Ost	I,IV	29 113	1 446,68	2 329,04	2 620,17	I	29 113	1 237,12	2 188,16	2 461,68	1 027,44	2 047,20	2 303,10	817,88	1 906,32	2 144,61	608,20	1 765,36	1 986,03	398,65	1 624,48	1 827,54	188,97	1 483,52	1 668,96
	II	28 312	1 351,36	2 264,96	2 548,08	II	28 312	1 141,68	2 124,—	2 389,50	932,12	1 983,12	2 231,01	722,44	1 842,16	2 072,43	512,89	1 701,28	1 913,94	303,21	1 560,32	1 755,36	93,65	1 419,44	1 596,87
	III	20 616	—	1 649,28	1 855,44	III	20 616	—	1 527,20	1 718,10	—	1 408,—	1 584,—	—	1 291,84	1 453,32	—	1 178,56	1 325,88	—	1 068,16	1 201,68	—	960,80	1 080,90
	V	34 747	1 911,08	2 779,76	3 127,23	IV	29 113	1 341,84	2 258,56	2 540,88	1 237,12	2 188,16	2 461,68	1 132,28	2 117,68	2 382,39	1 027,44	2 047,20	2 303,10	922,60	1 976,72	2 223,81	817,88	1 906,32	2 144,61
	VI	35 182	1 935,01	2 814,56	3 166,38																				
103 751,99 West	I,IV	28 971	1 429,78	2 317,68	2 607,39	I	28 971	1 220,10	2 176,72	2 448,81	1 010,54	2 035,84	2 290,32	800,87	1 894,88	2 131,74	591,31	1 754,—	1 973,25	381,63	1 613,04	1 814,67	172,07	1 472,16	1 656,18
	II	28 169	1 334,34	2 253,52	2 535,21	II	28 169	1 124,78	2 112,64	2 376,72	915,11	1 971,68	2 218,14	705,55	1 830,80	2 059,65	495,87	1 689,84	1 901,07	286,31	1 548,96	1 742,58	76,63	1 408,—	1 584,—
	III	20 492	—	1 639,36	1 844,28	III	20 492	—	1 517,44	1 707,12	—	1 398,56	1 573,38	—	1 282,56	1 442,88	—	1 169,44	1 315,62	—	1 059,36	1 191,78	—	952,16	1 071,18
	V	34 605	1 903,27	2 768,40	3 114,45	IV	28 971	1 324,94	2 247,20	2 528,10	1 220,10	2 176,72	2 448,81	1 115,38	2 106,32	2 369,61	1 010,54	2 035,84	2 290,32	905,70	1 965,36	2 211,03	800,87	1 894,88	2 131,74
	VI	35 040	1 927,20	2 803,20	3 153,60																				
103 751,99 Ost	I,IV	29 128	1 448,46	2 330,24	2 621,52	I	29 128	1 238,90	2 189,36	2 463,03	1 029,23	2 048,40	2 304,45	819,67	1 907,52	2 145,96	609,99	1 766,56	1 987,38	400,43	1 625,68	1 828,89	190,75	1 484,72	1 670,31
	II	28 327	1 353,14	2 266,16	2 549,43	II	28 327	1 143,47	2 125,20	2 390,85	933,91	1 984,32	2 232,36	724,23	1 843,36	2 073,78	514,67	1 702,48	1 915,29	304,99	1 561,52	1 756,71	95,43	1 420,64	1 598,22
	III	20 630	—	1 650,40	1 856,70	III	20 630	—	1 528,32	1 719,36	—	1 409,12	1 585,26	—	1 292,80	1 454,40	—	1 179,52	1 326,96	—	1 069,12	1 202,76	—	961,76	1 081,98
	V	34 762	1 911,91	2 780,96	3 128,58	IV	29 128	1 343,62	2 259,76	2 542,23	1 238,90	2 189,36	2 463,03	1 134,07	2 118,88	2 383,74	1 029,23	2 048,40	2 304,45	924,51	1 978,—	2 225,25	819,67	1 907,52	2 145,96
	VI	35 197	1 935,83	2 815,76	3 167,73																				
103 787,99 West	I,IV	28 986	1 431,57	2 318,88	2 608,74	I	28 986	1 221,89	2 177,92	2 450,16	1 012,33	2 037,04	2 291,67	802,65	1 896,08	2 133,09	593,09	1 755,20	1 974,60	383,41	1 614,24	1 816,02	173,85	1 473,36	1 657,53
	II	28 184	1 336,13	2 254,72	2 536,56	II	28 184	1 126,57	2 113,84	2 378,07	917,01	1 972,96	2 219,58	707,33	1 832,—	2 061,—	497,77	1 691,12	1 902,51	288,09	1 550,16	1 743,93	78,54	1 409,28	1 585,44
	III	20 504	—	1 640,32	1 845,36	III	20 504	—	1 518,40	1 708,20	—	1 399,52	1 574,46	—	1 283,52	1 443,96	—	1 170,40	1 316,70	—	1 060,32	1 192,86	—	953,12	1 072,26
	V	34 620	1 904,10	2 769,60	3 115,80	IV	28 986	1 326,73	2 248,40	2 529,45	1 221,89	2 177,92	2 450,16	1 117,17	2 107,52	2 370,96	1 012,33	2 037,04	2 291,67	907,49	1 966,56	2 212,38	802,65	1 896,08	2 133,09
	VI	35 055	1 928,02	2 804,40	3 154,95																				
103 787,99 Ost	I,IV	29 143	1 450,25	2 331,44	2 622,87	I	29 143	1 240,69	2 190,56	2 464,38	1 031,01	2 049,60	2 305,80	821,45	1 908,72	2 147,31	611,77	1 767,76	1 988,73	402,22	1 626,88	1 830,24	192,54	1 485,92	1 671,66
	II	28 342	1 354,93	2 267,36	2 550,78	II	28 342	1 145,37	2 126,48	2 392,29	935,69	1 985,52	2 233,71	726,13	1 844,64	2 075,22	516,46	1 703,68	1 916,64	306,90	1 562,80	1 758,15	97,22	1 421,84	1 599,57
	III	20 642	—	1 651,36	1 857,78	III	20 642	—	1 529,28	1 720,44	—	1 410,08	1 586,34	—	1 293,76	1 455,48	—	1 180,48	1 328,04	—	1 070,08	1 203,84	—	962,56	1 082,88
	V	34 777	1 912,73	2 782,16	3 129,93	IV	29 143	1 345,53	2 261,04	2 543,67	1 240,69	2 190,56	2 464,38	1 135,85	2 120,08	2 385,09	1 031,01	2 049,60	2 305,80	926,29	1 979,20	2 226,60	821,45	1 908,72	2 147,31
	VI	35 212	1 936,66	2 816,96	3 169,08																				
103 823,99 West	I,IV	29 001	1 433,35	2 320,08	2 610,09	I	29 001	1 223,67	2 179,12	2 451,51	1 014,11	2 038,24	2 293,02	804,55	1 897,36	2 134,53	594,88	1 756,40	1 975,95	385,32	1 615,52	1 817,46	175,64	1 474,56	1 658,88
	II	28 200	1 338,03	2 256,—	2 538,—	II	28 200	1 128,35	2 115,04	2 379,42	918,79	1 974,16	2 220,93	709,12	1 833,20	2 062,35	499,56	1 692,32	1 903,86	289,88	1 551,36	1 745,28	80,32	1 410,48	1 586,79
	III	20 518	—	1 641,44	1 846,62	III	20 518	—	1 519,52	1 709,46	—	1 400,48	1 575,54	—	1 284,48	1 445,04	—	1 171,36	1 317,78	—	1 061,28	1 193,94	—	954,08	1 073,34
	V	34 635	1 904,92	2 770,80	3 117,15	IV	29 001	1 328,51	2 249,60	2 530,80	1 223,67	2 179,12	2 451,51	1 118,95	2 108,72	2 372,31	1 014,11	2 038,24	2 293,02	909,27	1 967,76	2 213,73	804,55	1 897,36	2 134,53
	VI	35 070	1 928,85	2 805,60	3 156,30																				
103 823,99 Ost	I,IV	29 158	1 452,03	2 332,64	2 624,22	I	29 158	1 242,47	2 191,76	2 465,73	1 032,92	2 050,88	2 307,24	823,24	1 909,92	2 148,66	613,68	1 769,04	1 990,17	404,—	1 628,08	1 831,59	194,44	1 487,20	1 673,10
	II	28 357	1 356,71	2 268,56	2 552,13	II	28 357	1 147,16	2 127,68	2 393,64	937,48	1 986,72	2 235,06	727,92	1 845,84	2 076,57	518,24	1 704,88	1 917,99	308,68	1 564,—	1 759,50	99,—	1 423,04	1 600,92
	III	20 656	—	1 652,48	1 859,04	III	20 656	—	1 530,40	1 721,70	—	1 411,04	1 587,42	—	1 294,72	1 456,56	—	1 181,44	1 329,12	—	1 071,04	1 204,92	—	963,52	1 083,96
	V	34 792	1 913,56	2 783,36	3 131,28	IV	29 158	1 347,31	2 262,24	2 545,02	1 242,47	2 191,76	2 465,73	1 137,64	2 121,28	2 386,44	1 032,92	2 050,88	2 307,24	928,08	1 980,40	2 227,95	823,24	1 909,92	2 148,66
	VI	35 227	1 937,48	2 818,16	3 170,43																				

* Die ausgewiesenen Tabellenwerte sind amtlich. Siehe Erläuterungen auf der Umschlaginnenseite (U2).

Abzüge an Lohnsteuer, Solidaritätszuschlag (SolZ) und Kirchensteuer (8%, 9%) in den Steuerklassen

Lohn/Gehalt bis €*	I – VI					I, II, III, IV		mit Zahl der Kinderfreibeträge . . . 0,5			1			1,5			2			2,5			3		
		LSt	ohne Kinderfreibeträge SolZ	8%	9%		LSt	SolZ	8%	9%	SolZ	8%	9%	SolZ	8%	9%	SolZ	8%	9%	SolZ	8%	9%	SolZ	8%	9%
103 859,99 West	I,IV	29 016	1 435,14	2 321,28	2 611,44	I	29 016	1 225,58	2 180,40	2 452,95	1 015,90	2 039,44	2 294,37	806,34	1 898,56	2 135,88	596,66	1 757,60	1 977,30	387,10	1 616,72	1 818,81	177,42	1 475,76	1 660,23
	II	28 215	1 339,82	2 257,20	2 539,35	II	28 215	1 130,14	2 116,24	2 380,77	920,58	1 975,36	2 222,28	710,90	1 834,40	2 063,70	501,34	1 693,52	1 905,21	291,66	1 552,56	1 746,63	82,11	1 411,68	1 588,14
	III	20 532	—	1 642,56	1 847,88	III	20 532	—	1 520,48	1 710,54	—	1 401,60	1 576,80	—	1 285,44	1 446,12	—	1 172,32	1 318,86	—	1 062,24	1 195,02	—	955,04	1 074,42
	V	34 650	1 905,75	2 772,—	3 118,50	IV	29 016	1 330,30	2 250,80	2 532,15	1 225,58	2 180,40	2 452,95	1 120,74	2 109,92	2 373,66	1 015,90	2 039,44	2 294,37	911,06	1 968,96	2 215,08	806,34	1 898,56	2 135,88
	VI	35 085	1 929,67	2 806,80	3 157,65																				
103 859,99 Ost	I,IV	29 174	1 453,94	2 333,92	2 625,66	I	29 174	1 244,26	2 192,96	2 467,08	1 034,70	2 052,08	2 308,59	825,02	1 911,12	2 150,01	615,46	1 770,24	1 991,52	405,79	1 629,28	1 832,94	196,23	1 488,40	1 674,45
	II	28 372	1 358,50	2 269,76	2 553,48	II	28 372	1 148,94	2 128,88	2 394,99	939,26	1 987,92	2 236,41	729,70	1 847,04	2 077,92	520,03	1 706,08	1 919,34	310,47	1 565,20	1 760,85	100,79	1 424,24	1 602,27
	III	20 670	—	1 653,60	1 860,30	III	20 670	—	1 531,36	1 722,78	—	1 412,16	1 588,68	—	1 295,84	1 457,82	—	1 182,40	1 330,20	—	1 072,—	1 206,—	—	964,48	1 085,04
	V	34 807	1 914,38	2 784,56	3 132,63	IV	29 174	1 349,10	2 263,44	2 546,37	1 244,26	2 192,96	2 467,08	1 139,42	2 122,48	2 387,79	1 034,70	2 052,08	2 308,59	929,86	1 981,60	2 229,30	825,02	1 911,12	2 150,01
	VI	35 243	1 938,36	2 819,44	3 171,87																				
103 895,99 West	I,IV	29 031	1 436,92	2 322,48	2 612,79	I	29 031	1 227,36	2 181,60	2 454,30	1 017,68	2 040,64	2 295,72	808,12	1 899,76	2 137,23	598,45	1 758,80	1 978,65	388,89	1 617,92	1 820,16	179,21	1 476,96	1 661,58
	II	28 230	1 341,60	2 258,40	2 540,70	II	28 230	1 131,92	2 117,44	2 382,12	922,36	1 976,56	2 223,63	712,69	1 835,60	2 065,05	503,13	1 694,72	1 906,56	293,45	1 553,76	1 747,98	83,89	1 412,88	1 589,49
	III	20 544	—	1 643,52	1 848,96	III	20 544	—	1 521,60	1 711,80	—	1 402,56	1 577,88	—	1 286,40	1 447,20	—	1 173,28	1 319,94	—	1 063,20	1 196,10	—	955,84	1 075,32
	V	34 665	1 906,57	2 773,20	3 119,85	IV	29 031	1 332,08	2 252,—	2 533,50	1 227,36	2 181,60	2 454,30	1 122,52	2 111,12	2 375,01	1 017,68	2 040,64	2 295,72	912,96	1 970,24	2 216,52	808,12	1 899,76	2 137,23
	VI	35 100	1 930,50	2 808,—	3 159,—																				
103 895,99 Ost	I,IV	29 189	1 455,72	2 335,12	2 627,01	I	29 189	1 246,04	2 194,16	2 468,43	1 036,49	2 053,28	2 309,94	826,81	1 912,32	2 151,36	617,25	1 771,44	1 992,87	407,57	1 630,48	1 834,29	198,01	1 489,60	1 675,80
	II	28 387	1 360,28	2 270,96	2 554,83	II	28 387	1 150,73	2 130,08	2 396,34	941,05	1 989,12	2 237,76	731,49	1 848,24	2 079,27	521,81	1 707,28	1 920,69	312,25	1 566,40	1 762,20	102,57	1 425,44	1 603,62
	III	20 682	—	1 654,56	1 861,38	III	20 682	—	1 532,32	1 723,86	—	1 413,12	1 589,76	—	1 296,80	1 458,90	—	1 183,36	1 331,28	—	1 072,96	1 207,08	—	965,44	1 086,12
	V	34 823	1 915,26	2 785,84	3 134,07	IV	29 189	1 350,88	2 264,64	2 547,72	1 246,04	2 194,16	2 468,43	1 141,21	2 123,68	2 389,14	1 036,49	2 053,28	2 309,94	931,65	1 982,80	2 230,65	826,81	1 912,32	2 151,36
	VI	35 258	1 939,19	2 820,64	3 173,22																				
103 931,99 West	I,IV	29 046	1 438,71	2 323,68	2 614,14	I	29 046	1 229,15	2 182,80	2 455,65	1 019,47	2 041,84	2 297,07	809,91	1 900,96	2 138,58	600,23	1 760,—	1 980,—	390,67	1 619,12	1 821,51	180,99	1 478,16	1 662,93
	II	28 245	1 343,39	2 259,60	2 542,05	II	28 245	1 133,71	2 118,64	2 383,47	924,15	1 977,76	2 224,98	714,59	1 836,88	2 066,49	504,91	1 695,92	1 907,91	295,35	1 555,04	1 749,42	85,68	1 414,08	1 590,84
	III	20 558	—	1 644,64	1 850,22	III	20 558	—	1 522,56	1 712,88	—	1 403,52	1 578,96	—	1 287,52	1 448,46	—	1 174,24	1 321,02	—	1 064,—	1 197,—	—	956,80	1 076,40
	V	34 680	1 907,40	2 774,40	3 121,20	IV	29 046	1 333,99	2 253,28	2 534,94	1 229,15	2 182,80	2 455,65	1 124,31	2 112,32	2 376,36	1 019,47	2 041,84	2 297,07	914,75	1 971,44	2 217,87	809,91	1 900,96	2 138,58
	VI	35 115	1 931,32	2 809,20	3 160,35																				
103 931,99 Ost	I,IV	29 204	1 457,51	2 336,32	2 628,36	I	29 204	1 247,83	2 195,36	2 469,78	1 038,27	2 054,48	2 311,29	828,59	1 913,52	2 152,71	619,03	1 772,64	1 994,22	409,36	1 631,68	1 835,64	199,80	1 490,80	1 677,15
	II	28 402	1 362,07	2 272,16	2 556,18	II	28 402	1 152,51	2 131,28	2 397,69	942,95	1 990,40	2 239,20	733,27	1 849,44	2 080,62	523,71	1 708,56	1 922,13	314,04	1 567,60	1 763,55	104,48	1 426,72	1 605,06
	III	20 696	—	1 655,68	1 862,64	III	20 696	—	1 533,44	1 725,12	—	1 414,08	1 590,84	—	1 297,76	1 459,98	—	1 184,32	1 332,36	—	1 073,76	1 207,98	—	966,24	1 087,02
	V	34 838	1 916,09	2 787,04	3 135,42	IV	29 204	1 352,67	2 265,84	2 549,07	1 247,83	2 195,36	2 469,78	1 143,11	2 124,96	2 390,58	1 038,27	2 054,48	2 311,29	933,43	1 984,—	2 232,—	828,59	1 913,52	2 152,71
	VI	35 273	1 940,01	2 821,84	3 174,57																				
103 967,99 West	I,IV	29 061	1 440,49	2 324,88	2 615,49	I	29 061	1 230,93	2 184,—	2 457,—	1 021,25	2 043,04	2 298,42	811,69	1 902,16	2 139,93	602,14	1 761,28	1 981,44	392,46	1 620,32	1 822,86	182,90	1 479,44	1 664,37
	II	28 260	1 345,17	2 260,80	2 543,40	II	28 260	1 135,61	2 119,92	2 384,91	925,93	1 978,96	2 226,33	716,38	1 838,08	2 067,84	506,70	1 697,12	1 909,26	297,14	1 556,24	1 750,77	87,46	1 415,28	1 592,19
	III	20 570	—	1 645,60	1 851,30	III	20 570	—	1 523,68	1 714,14	—	1 404,64	1 580,22	—	1 288,48	1 449,54	—	1 175,20	1 322,10	—	1 064,96	1 198,08	—	957,76	1 077,48
	V	34 695	1 908,22	2 775,60	3 122,55	IV	29 061	1 335,77	2 254,48	2 536,29	1 230,93	2 184,—	2 457,—	1 126,09	2 113,52	2 377,71	1 021,25	2 043,04	2 298,42	916,53	1 972,64	2 219,22	811,69	1 902,16	2 139,93
	VI	35 130	1 932,15	2 810,40	3 161,70																				
103 967,99 Ost	I,IV	29 219	1 459,29	2 337,52	2 629,71	I	29 219	1 249,61	2 196,56	2 471,13	1 040,06	2 055,68	2 312,64	830,50	1 914,80	2 154,15	620,82	1 773,84	1 995,57	411,26	1 632,96	1 837,08	201,58	1 492,—	1 678,50
	II	28 418	1 363,97	2 273,44	2 557,62	II	28 418	1 154,30	2 132,48	2 399,04	944,74	1 991,60	2 240,55	735,06	1 850,64	2 081,97	525,50	1 709,76	1 923,48	315,82	1 568,80	1 764,90	106,26	1 427,92	1 606,41
	III	20 710	—	1 656,80	1 863,90	III	20 710	—	1 534,40	1 726,20	—	1 415,20	1 592,10	—	1 298,72	1 461,06	—	1 185,28	1 333,44	—	1 074,72	1 209,06	—	967,20	1 088,10
	V	34 853	1 916,91	2 788,24	3 136,77	IV	29 219	1 354,45	2 267,04	2 550,42	1 249,61	2 196,56	2 471,13	1 144,89	2 126,16	2 391,93	1 040,06	2 055,68	2 312,64	935,22	1 985,20	2 233,35	830,50	1 914,80	2 154,15
	VI	35 288	1 940,84	2 823,04	3 175,92																				
104 003,99 West	I,IV	29 077	1 442,39	2 326,16	2 616,93	I	29 077	1 232,72	2 185,20	2 458,35	1 023,16	2 044,32	2 299,86	813,48	1 903,36	2 141,28	603,92	1 762,48	1 982,79	394,24	1 621,52	1 824,21	184,68	1 480,64	1 665,72
	II	28 275	1 346,96	2 262,—	2 544,75	II	28 275	1 137,40	2 121,12	2 386,26	927,72	1 980,16	2 227,68	718,16	1 839,28	2 069,19	508,48	1 698,32	1 910,61	298,92	1 557,44	1 752,12	89,25	1 416,48	1 593,54
	III	20 584	—	1 646,72	1 852,56	III	20 584	—	1 524,64	1 715,22	—	1 405,60	1 581,30	—	1 289,44	1 450,62	—	1 176,16	1 323,18	—	1 065,92	1 199,16	—	958,56	1 078,38
	V	34 710	1 909,05	2 776,80	3 123,90	IV	29 077	1 337,56	2 255,68	2 537,64	1 232,72	2 185,20	2 458,35	1 127,88	2 114,72	2 379,06	1 023,16	2 044,32	2 299,86	918,32	1 973,84	2 220,57	813,48	1 903,36	2 141,28
	VI	35 146	1 933,03	2 811,68	3 163,14																				
104 003,99 Ost	I,IV	29 234	1 461,08	2 338,72	2 631,06	I	29 234	1 251,52	2 197,84	2 472,57	1 041,84	2 056,88	2 313,99	832,28	1 916,—	2 155,50	622,60	1 775,04	1 996,92	413,04	1 634,16	1 838,43	203,37	1 493,20	1 679,85
	II	28 433	1 365,76	2 274,64	2 558,97	II	28 433	1 156,08	2 133,68	2 400,39	946,52	1 992,80	2 241,90	736,84	1 851,84	2 083,32	527,28	1 710,96	1 924,83	317,61	1 570,—	1 766,25	108,05	1 429,12	1 607,76
	III	20 722	—	1 657,76	1 864,98	III	20 722	—	1 535,52	1 727,46	—	1 416,16	1 593,18	—	1 299,68	1 462,14	—	1 186,24	1 334,52	—	1 075,68	1 210,14	—	968,16	1 089,18
	V	34 868	1 917,74	2 789,44	3 138,12	IV	29 234	1 356,24	2 268,24	2 551,77	1 251,52	2 197,84	2 472,57	1 146,68	2 127,36	2 393,28	1 041,84	2 056,88	2 313,99	937,—	1 986,40	2 234,70	832,28	1 916,—	2 155,50
	VI	35 303	1 941,66	2 824,24	3 177,27																				
104 039,99 West	I,IV	29 092	1 444,18	2 327,36	2 618,28	I	29 092	1 234,50	2 186,40	2 459,70	1 024,94	2 045,52	2 301,21	815,26	1 904,56	2 142,63	605,71	1 763,68	1 984,14	396,03	1 622,72	1 825,56	186,47	1 481,84	1 667,07
	II	28 290	1 348,74	2 263,20	2 546,10	II	28 290	1 139,18	2 122,32	2 387,61	929,50	1 981,36	2 229,03	719,95	1 840,48	2 070,54	510,27	1 699,52	1 911,96	300,71	1 558,64	1 753,47	91,03	1 417,68	1 594,89
	III	20 598	—	1 647,84	1 853,82	III	20 598	—	1 525,76	1 716,48	—	1 406,56	1 582,38	—	1 290,40	1 451,70	—	1 177,12	1 324,26	—	1 066,88	1 200,24	—	959,52	1 079,46
	V	34 726	1 909,93	2 778,08	3 125,34	IV	29 092	1 339,34	2 256,88	2 538,99	1 234,50	2 186,40	2 459,70	1 129,66	2 115,92	2 380,41	1 024,94	2 045,52	2 301,21	920,10	1 975,04	2 221,92	815,26	1 904,56	2 142,63
	VI	35 161	1 933,85	2 812,88	3 164,49																				
104 039,99 Ost	I,IV	29 249	1 462,86	2 339,92	2 632,41	I	29 249	1 253,30	2 199,04	2 473,92	1 043,63	2 058,08	2 315,34	834,07	1 917,20	2 156,85	624,39	1 776,24	1 998,27	414,83	1 635,36	1 839,78	205,15	1 494,40	1 681,20
	II	28 448	1 367,54	2 275,84	2 560,32	II	28 448	1 157,87	2 134,88	2 401,74	948,31	1 994,—	2 243,25	738,63	1 853,04	2 084,67	529,07	1 712,16	1 926,18	319,39	1 571,20	1 767,60	109,83	1 430,32	1 609,11
	III	20 736	—	1 658,88	1 866,24	III	20 736	—	1 536,48	1 728,54	—	1 417,12	1 594,26	—	1 300,64	1 463,22	—	1 187,20	1 335,60	—	1 076,64	1 211,22	—	968,96	1 090,08
	V	34 883	1 918,56	2 790,64	3 139,47	IV	29 249	1 358,02	2 269,44	2 553,12	1 253,30	2 199,04	2 473,92	1 148,46	2 128,56	2 394,63	1 043,63	2 058,08	2 315,34	938,79	1 987,60	2 236,05	834,07	1 917,20	2 156,85
	VI	35 318	1 942,49	2 825,44	3 178,62																				
104 075,99 West	I,IV	29 107	1 445,96	2 328,56	2 619,63	I	29 107	1 236,29	2 187,60	2 461,05	1 026,73	2 046,72	2 302,56	817,05	1 905,76	2 143,98	607,49	1 764,88	1 985,49	397,81	1 623,92	1 826,91	188,25	1 483,04	1 668,42
	II	28 305	1 350,53	2 264,40	2 547,45	II	28 305	1 140,97	2 123,52	2 388,96	931,29	1 982,56	2 230,38	721,73	1 841,68	2 071,89	512,17	1 700,80	1 913,40	302,49	1 559,84	1 754,82	92,93	1 418,96	1 596,33
	III	20 610	—	1 648,80	1 854,90	III	20 610	—	1 526,72	1 717,56	—	1 407,68	1 583,64	—	1 291,36	1 452,78	—	1 178,08	1 325,34	—	1 067,84	1 201,32	—	960,48	1 080,54
	V	34 741	1 910,75	2 779,28	3 126,69	IV	29 107	1 341,13	2 258,08	2 540,34	1 236,29	2 187,60	2 461,05	1 131,57	2 117,20	2 381,85	1 026,73	2 046,72	2 302,56	921,89	1 976,24	2 223,27	817,05	1 905,76	2 143,98
	VI	35 176	1 934,68	2 814,08	3 165,84																				
104 075,99 Ost	I,IV	29 264	1 464,65	2 341,12	2 633,76	I	29 264	1 255,09	2 200,24	2 475,27	1 045,41	2 059,28	2 316,69	835,85	1 918,40	2 158,20	626,17	1 777,44	1 999,62	416,61	1 636,56	1 841,13	206,94	1 495,60	1 682,55
	II	28 463	1 369,33	2 277,04	2 561,67	II	28 463	1 159,65	2 136,08	2 403,09	950,09	1 995,20	2 244,60	740,53	1 854,32	2 086,11	530,85	1 713,36	1 927,53	321,30	1 572,48	1 769,04	111,62	1 431,52	1 610,46
	III	20 750	—	1 660,—	1 867,50	III	20 750	—	1 537,60	1 729,80	—	1 418,24	1 595,52	—	1 301,76	1 464,48	—	1 188,16	1 336,68	—	1 077,60	1 212,30	—	969,92	1 091,16
	V	34 898	1 919,39	2 791,84	3 140,82	IV	29 264	1 359,93	2 270,72	2 554,56	1 255,09	2 200,24	2 475,27	1 150,25	2 129,76	2 395,98	1 045,41	2 059,28	2 316,69	940,69	1 988,88	2 237,49	835,85	1 918,40	2 158,20
	VI	35 333	1 943,31	2 826,64	3 179,97																				
104 111,99 West	I,IV	29 122	1 447,75	2 329,76	2 620,98	I	29 122	1 238,07	2 188,80	2 462,40	1 028,51	2 047,92	2 303,91	818,83	1 906,96	2 145,33	609,28	1 766,08	1 986,84	399,72	1 625,20	1 828,35	190,04	1 484,24	1 669,77
	II	28 321	1 352,43	2 265,68	2 548,89	II	28 321	1 142,75	2 124,72	2 390,31	933,19	1 983,84	2 231,82	723,52	1 842,88	2 073,24	513,96	1 702,—	1 914,75	304,28	1 561,04	1 756,17	94,72	1 420,16	1 597,68
	III	20 624	—	1 649,92	1 856,16	III	20 624	—	1 527,84	1 718,82	—	1 408,64	1 584,72	—	1 292,32	1 453,86	—	1 179,04	1 326,42	—	1 068,80	1 202,40	—	961,28	1 081,44
	V	34 756	1 911,58	2 780,48	3 128,04	IV	29 122	1 342,91	2 259,28	2 541,69	1 238,07	2 188,80	2 462,40	1 133,35	2 118,40	2 383,20	1 028,51	2 047,92	2 303,91	923,67	1 977,44	2 224,62	818,83	1 906,96	2 145,33
	VI	35 191	1 935,50	2 815,28	3 167,19																				
104 111,99 Ost	I,IV	29 279	1 466,43	2 342,32	2 635,11	I	29 279	1 256,87	2 201,44	2 476,62	1 047,20	2 060,48	2 318,04	837,64	1 919,60	2 159,55	628,08	1 778,72	2 001,06	418,40	1 637,76	1 842,48	208,84	1 496,88	1 683,99
	II	28 478	1 371,11	2 278,24	2 563,02	II	28 478	1 161,55	2 137,36	2 404,53	951,88	1 996,40	2 245,95	742,32	1 855,52	2 087,46	532,64	1 714,56	1 928,88	323,08	1 573,68	1 770,39	113,40	1 432,72	1 611,81
	III	20 762	—	1 660,96	1 868,58	III	20 762	—	1 538,56	1 730,88	—	1 419,20	1 596,60	—	1 302,72	1 465,56	—	1 189,12	1 337,76	—	1 078,56	1 213,38	—	970,88	1 092,24
	V	34 913	1 920,21	2 793,04	3 142,17	IV	29 279	1 361,71	2 271,92	2 555,91	1 256,87	2 201,44	2 476,62	1 152,03	2 130,96	2 397,33	1 047,20	2 060,48	2 318,04	942,48	1 990,08	2 238,84	837,64	1 919,60	2 159,55
	VI	35 348	1 944,14	2 827,84	3 181,32																				

*** Die ausgewiesenen Tabellenwerte sind amtlich. Siehe Erläuterungen auf der Umschlaginnenseite (U2).**

Abzüge an Lohnsteuer, Solidaritätszuschlag (SolZ) und Kirchensteuer (8%, 9%) in den Steuerklassen

Lohn/Gehalt bis €*		I – VI				I, II, III, IV																			
			ohne Kinderfreibeträge					mit Zahl der Kinderfreibeträge . . .																	
								0,5			1			1,5			2			2,5			3		
		LSt	SolZ	8%	9%		LSt	SolZ	8%	9%	SolZ	8%	9%	SolZ	8%	9%	SolZ	8%	9%	SolZ	8%	9%	SolZ	8%	9%
104 147,99 West	I,IV	29 137	1 449,53	2 330,96	2 622,33	I	29 137	1 239,98	2 190,08	2 463,84	1 030,30	2 049,12	2 305,26	820,74	1 908,24	2 146,77	611,06	1 767,28	1 988,19	401,50	1 626,40	1 829,70	191,82	1 485,44	1 671,12
	II	28 336	1 354,22	2 266,88	2 550,24	II	28 336	1 144,54	2 125,92	2 391,66	934,98	1 985,04	2 233,17	725,30	1 844,08	2 074,59	515,74	1 703,20	1 916,10	306,06	1 562,24	1 757,52	96,50	1 421,36	1 599,03
	III	20 638	–	1 651,04	1 857,42	III	20 638	–	1 528,80	1 719,90	–	1 409,60	1 585,80	–	1 293,44	1 455,12	–	1 180,–	1 327,50	–	1 069,60	1 203,30	–	962,24	1 082,52
	V	34 771	1 912,40	2 781,68	3 129,39	IV	29 137	1 344,70	2 260,48	2 543,04	1 239,98	2 190,08	2 463,84	1 135,14	2 119,60	2 384,55	1 030,30	2 049,12	2 305,26	925,46	1 978,64	2 225,97	820,74	1 908,24	2 146,77
	VI	35 206	1 936,33	2 816,48	3 168,54																				
104 147,99 Ost	I,IV	29 295	1 468,34	2 343,60	2 636,55	I	29 295	1 258,66	2 202,64	2 477,97	1 049,10	2 061,76	2 319,48	839,42	1 920,80	2 160,90	629,86	1 779,92	2 002,41	420,18	1 638,96	1 843,83	210,63	1 498,08	1 685,34
	II	28 493	1 372,90	2 279,44	2 564,37	II	28 493	1 163,34	2 138,56	2 405,88	953,66	1 997,60	2 247,30	744,10	1 856,72	2 088,81	534,42	1 715,76	1 930,23	324,87	1 574,88	1 771,74	115,19	1 433,92	1 613,16
	III	20 776	–	1 662,08	1 869,84	III	20 776	–	1 539,68	1 732,14	–	1 420,16	1 597,68	–	1 303,68	1 466,64	–	1 190,08	1 338,84	–	1 079,52	1 214,46	–	971,68	1 093,14
	V	34 928	1 921,04	2 794,24	3 143,52	IV	29 295	1 363,50	2 273,12	2 557,26	1 258,66	2 202,64	2 477,97	1 153,82	2 132,16	2 398,68	1 049,10	2 061,76	2 319,48	944,26	1 991,28	2 240,19	839,42	1 920,80	2 160,90
	VI	35 364	1 945,02	2 829,12	3 182,76																				
104 183,99 West	I,IV	29 152	1 451,32	2 332,16	2 623,68	I	29 152	1 241,76	2 191,28	2 465,19	1 032,08	2 050,32	2 306,61	822,52	1 909,44	2 148,12	612,85	1 768,48	1 989,54	403,29	1 627,60	1 831,05	193,61	1 486,64	1 672,47
	II	28 351	1 356,–	2 268,08	2 551,59	II	28 351	1 146,32	2 127,12	2 393,01	936,76	1 986,24	2 234,52	727,09	1 845,28	2 075,94	517,53	1 704,40	1 917,45	307,85	1 563,44	1 758,87	98,29	1 422,56	1 600,38
	III	20 650	–	1 652,–	1 858,50	III	20 650	–	1 529,92	1 721,16	–	1 410,56	1 586,88	–	1 294,40	1 456,20	–	1 180,96	1 328,58	–	1 070,56	1 204,38	–	963,20	1 083,60
	V	34 786	1 913,23	2 782,88	3 130,74	IV	29 152	1 346,48	2 261,68	2 544,39	1 241,76	2 191,28	2 465,19	1 136,92	2 120,80	2 385,90	1 032,08	2 050,32	2 306,61	927,24	1 979,84	2 227,32	822,52	1 909,44	2 148,12
	VI	35 221	1 937,15	2 817,68	3 169,89																				
104 183,99 Ost	I,IV	29 310	1 470,12	2 344,80	2 637,90	I	29 310	1 260,44	2 203,84	2 479,32	1 050,88	2 062,96	2 320,83	841,21	1 922,–	2 162,25	631,65	1 781,12	2 003,76	421,97	1 640,16	1 845,18	212,41	1 499,28	1 686,69
	II	28 508	1 374,68	2 280,64	2 565,72	II	28 508	1 165,12	2 139,76	2 407,23	955,45	1 998,80	2 248,65	745,89	1 857,92	2 090,16	536,21	1 716,96	1 931,58	326,65	1 576,08	1 773,09	116,97	1 435,12	1 614,51
	III	20 788	–	1 663,04	1 870,92	III	20 788	–	1 540,64	1 733,22	–	1 421,28	1 598,94	–	1 304,64	1 467,72	–	1 191,04	1 339,92	–	1 080,32	1 215,36	–	972,64	1 094,22
	V	34 944	1 921,92	2 795,52	3 144,96	IV	29 310	1 365,28	2 274,32	2 558,61	1 260,44	2 203,84	2 479,32	1 155,60	2 133,36	2 400,03	1 050,88	2 062,96	2 320,83	946,05	1 992,48	2 241,54	841,21	1 922,–	2 162,25
	VI	35 379	1 945,84	2 830,32	3 184,11																				
104 219,99 West	I,IV	29 167	1 453,10	2 333,36	2 625,03	I	29 167	1 243,55	2 192,48	2 466,54	1 033,87	2 051,52	2 307,96	824,31	1 910,64	2 149,47	614,63	1 769,68	1 990,89	405,07	1 628,80	1 832,40	195,39	1 487,84	1 673,82
	II	28 366	1 357,79	2 269,28	2 552,94	II	28 366	1 148,11	2 128,32	2 394,36	938,55	1 987,44	2 235,87	728,87	1 846,48	2 077,29	519,31	1 705,60	1 918,80	309,75	1 564,72	1 760,31	100,07	1 423,76	1 601,73
	III	20 664	–	1 653,12	1 859,76	III	20 664	–	1 530,88	1 722,24	–	1 411,68	1 588,14	–	1 295,36	1 457,28	–	1 181,92	1 329,66	–	1 071,52	1 205,46	–	964,–	1 084,50
	V	34 801	1 914,05	2 784,08	3 132,09	IV	29 167	1 348,38	2 262,96	2 545,83	1 243,55	2 192,48	2 466,54	1 138,71	2 122,–	2 387,25	1 033,87	2 051,52	2 307,96	929,15	1 981,12	2 228,76	824,31	1 910,64	2 149,47
	VI	35 236	1 937,98	2 818,88	3 171,24																				
104 219,99 Ost	I,IV	29 325	1 471,91	2 346,–	2 639,25	I	29 325	1 262,23	2 205,04	2 480,67	1 052,67	2 064,16	2 322,18	842,99	1 923,20	2 163,60	633,43	1 782,32	2 005,11	423,75	1 641,36	1 846,53	214,20	1 500,48	1 688,04
	II	28 523	1 376,47	2 281,84	2 567,07	II	28 523	1 166,91	2 140,96	2 408,58	957,23	2 000,–	2 250,–	747,67	1 859,12	2 091,51	538,11	1 718,24	1 933,02	328,44	1 577,28	1 774,44	118,88	1 436,40	1 615,95
	III	20 802	–	1 664,16	1 872,18	III	20 802	–	1 541,76	1 734,48	–	1 422,24	1 600,02	–	1 305,60	1 468,80	–	1 192,–	1 341,–	–	1 081,28	1 216,44	–	973,60	1 095,30
	V	34 959	1 922,74	2 796,72	3 146,31	IV	29 325	1 367,07	2 275,52	2 559,96	1 262,23	2 205,04	2 480,67	1 157,51	2 134,64	2 401,47	1 052,67	2 064,16	2 322,18	947,83	1 993,68	2 242,89	842,99	1 923,20	2 163,60
	VI	35 394	1 946,67	2 831,52	3 185,46																				
104 255,99 West	I,IV	29 182	1 454,89	2 334,56	2 626,38	I	29 182	1 245,33	2 193,68	2 467,89	1 035,65	2 052,72	2 309,31	826,09	1 911,84	2 150,82	616,42	1 770,88	1 992,24	406,86	1 630,–	1 833,75	197,30	1 489,12	1 675,26
	II	28 381	1 359,57	2 270,48	2 554,29	II	28 381	1 150,01	2 129,60	2 395,80	940,33	1 988,64	2 237,22	730,77	1 847,76	2 078,73	521,10	1 706,80	1 920,15	311,54	1 565,92	1 761,66	101,86	1 424,96	1 603,08
	III	20 676	–	1 654,08	1 860,84	III	20 676	–	1 532,–	1 723,50	–	1 412,64	1 589,22	–	1 296,32	1 458,36	–	1 182,88	1 330,74	–	1 072,48	1 206,54	–	964,96	1 085,58
	V	34 816	1 914,88	2 785,28	3 133,44	IV	29 182	1 350,17	2 264,16	2 547,18	1 245,33	2 193,68	2 467,89	1 140,49	2 123,20	2 388,60	1 035,65	2 052,72	2 309,31	930,93	1 982,32	2 230,11	826,09	1 911,84	2 150,82
	VI	35 251	1 938,80	2 820,08	3 172,59																				
104 255,99 Ost	I,IV	29 340	1 473,69	2 347,20	2 640,60	I	29 340	1 264,01	2 206,24	2 482,02	1 054,45	2 065,36	2 323,53	844,78	1 924,40	2 164,95	635,22	1 783,52	2 006,46	425,66	1 642,64	1 847,97	215,98	1 501,68	1 689,39
	II	28 539	1 378,37	2 283,12	2 568,51	II	28 539	1 168,69	2 142,16	2 409,93	959,14	2 001,28	2 251,44	749,46	1 860,32	2 092,86	539,90	1 719,44	1 934,37	330,22	1 578,48	1 775,79	120,66	1 437,60	1 617,30
	III	20 816	–	1 665,28	1 873,44	III	20 816	–	1 542,72	1 735,56	–	1 423,20	1 601,10	–	1 306,56	1 469,88	–	1 192,96	1 342,08	–	1 082,24	1 217,52	–	974,56	1 096,38
	V	34 974	1 923,57	2 797,92	3 147,66	IV	29 340	1 368,85	2 276,72	2 561,31	1 264,01	2 206,24	2 482,02	1 159,29	2 135,84	2 402,82	1 054,45	2 065,36	2 323,53	949,62	1 994,88	2 244,24	844,78	1 924,40	2 164,95
	VI	35 409	1 947,49	2 832,72	3 186,81																				
104 291,99 West	I,IV	29 198	1 456,79	2 335,84	2 627,82	I	29 198	1 247,12	2 194,88	2 469,24	1 037,56	2 054,–	2 310,75	827,88	1 913,04	2 152,17	618,32	1 772,16	1 993,68	408,64	1 631,20	1 835,10	199,08	1 490,32	1 676,61
	II	28 396	1 361,36	2 271,68	2 555,64	II	28 396	1 151,80	2 130,80	2 397,15	942,12	1 989,84	2 238,57	732,56	1 848,96	2 080,08	522,88	1 708,–	1 921,50	313,32	1 567,12	1 763,01	103,64	1 426,16	1 604,43
	III	20 690	–	1 655,20	1 862,10	III	20 690	–	1 532,96	1 724,58	–	1 413,60	1 590,30	–	1 297,28	1 459,44	–	1 183,84	1 331,82	–	1 073,44	1 207,62	–	965,92	1 086,66
	V	34 831	1 915,70	2 786,48	3 134,79	IV	29 198	1 351,95	2 265,36	2 548,53	1 247,12	2 194,88	2 469,24	1 142,28	2 124,40	2 389,95	1 037,56	2 054,–	2 310,75	932,72	1 983,52	2 231,46	827,88	1 913,04	2 152,17
	VI	35 267	1 939,68	2 821,36	3 174,03																				
104 291,99 Ost	I,IV	29 355	1 475,48	2 348,40	2 641,95	I	29 355	1 265,92	2 207,52	2 483,46	1 056,24	2 066,56	2 324,88	846,68	1 925,68	2 166,39	637,–	1 784,72	2 007,81	427,44	1 643,84	1 849,32	217,77	1 502,88	1 690,74
	II	28 554	1 380,16	2 284,32	2 569,86	II	28 554	1 170,48	2 143,36	2 411,28	960,92	2 002,48	2 252,79	751,24	1 861,52	2 094,21	541,68	1 720,64	1 935,72	332,01	1 579,68	1 777,14	122,45	1 438,80	1 618,65
	III	20 828	–	1 666,24	1 874,52	III	20 828	–	1 543,84	1 736,82	–	1 424,32	1 602,36	–	1 307,68	1 471,14	–	1 193,92	1 343,16	–	1 083,20	1 218,60	–	975,36	1 097,28
	V	34 989	1 924,39	2 799,12	3 149,01	IV	29 355	1 370,64	2 277,92	2 562,66	1 265,92	2 207,52	2 483,46	1 161,08	2 137,04	2 404,17	1 056,24	2 066,56	2 324,88	951,40	1 996,08	2 245,59	846,68	1 925,68	2 166,39
	VI	35 424	1 948,32	2 833,92	3 188,16																				
104 327,99 West	I,IV	29 213	1 458,58	2 337,04	2 629,17	I	29 213	1 248,90	2 196,08	2 470,59	1 039,34	2 055,20	2 312,10	829,66	1 914,24	2 153,52	620,10	1 773,36	1 995,03	410,43	1 632,40	1 836,45	200,87	1 491,52	1 677,96
	II	28 411	1 363,14	2 272,88	2 556,99	II	28 411	1 153,58	2 132,–	2 398,50	943,90	1 991,04	2 239,92	734,34	1 850,16	2 081,43	524,67	1 709,20	1 922,85	315,11	1 568,32	1 764,36	105,43	1 427,36	1 605,78
	III	20 704	–	1 656,32	1 863,36	III	20 704	–	1 534,08	1 725,84	–	1 414,72	1 591,56	–	1 298,24	1 460,52	–	1 184,80	1 332,90	–	1 074,40	1 208,70	–	966,72	1 087,56
	V	34 847	1 916,58	2 787,76	3 136,23	IV	29 213	1 353,74	2 266,56	2 549,88	1 248,90	2 196,08	2 470,59	1 144,06	2 125,60	2 391,30	1 039,34	2 055,20	2 312,10	934,50	1 984,72	2 232,81	829,66	1 914,24	2 153,52
	VI	35 282	1 940,51	2 822,56	3 175,38																				
104 327,99 Ost	I,IV	29 370	1 477,26	2 349,60	2 643,30	I	29 370	1 267,70	2 208,72	2 484,81	1 058,02	2 067,76	2 326,23	848,47	1 926,88	2 167,74	638,79	1 785,92	2 009,16	429,23	1 645,04	1 850,67	219,55	1 504,08	1 692,09
	II	28 569	1 381,94	2 285,52	2 571,21	II	28 569	1 172,26	2 144,56	2 412,63	962,71	2 003,68	2 254,14	753,03	1 862,72	2 095,56	543,47	1 721,84	1 937,07	333,79	1 580,88	1 778,49	124,23	1 440,–	1 620,–
	III	20 842	–	1 667,36	1 875,78	III	20 842	–	1 544,80	1 737,90	–	1 425,28	1 603,44	–	1 308,64	1 472,22	–	1 194,88	1 344,24	–	1 084,16	1 219,68	–	976,32	1 098,36
	V	35 004	1 925,22	2 800,32	3 150,36	IV	29 370	1 372,42	2 279,12	2 564,01	1 267,70	2 208,72	2 484,81	1 162,86	2 138,24	2 405,52	1 058,02	2 067,76	2 326,23	953,19	1 997,28	2 246,94	848,47	1 926,88	2 167,74
	VI	35 439	1 949,14	2 835,12	3 189,51																				
104 363,99 West	I,IV	29 228	1 460,36	2 338,24	2 630,52	I	29 228	1 250,69	2 197,28	2 471,94	1 041,13	2 056,40	2 313,45	831,45	1 915,44	2 154,87	621,89	1 774,56	1 996,38	412,21	1 633,60	1 837,80	202,65	1 492,72	1 679,31
	II	28 426	1 364,93	2 274,08	2 558,34	II	28 426	1 155,37	2 133,20	2 399,85	945,69	1 992,24	2 241,27	736,13	1 851,36	2 082,78	526,45	1 710,40	1 924,20	316,89	1 569,52	1 765,71	107,33	1 428,64	1 607,22
	III	20 716	–	1 657,28	1 864,44	III	20 716	–	1 535,04	1 726,92	–	1 415,68	1 592,64	–	1 299,36	1 461,78	–	1 185,76	1 333,98	–	1 075,36	1 209,78	–	967,68	1 088,64
	V	34 862	1 917,41	2 788,96	3 137,58	IV	29 228	1 355,52	2 267,76	2 551,23	1 250,69	2 197,28	2 471,94	1 145,97	2 126,88	2 392,74	1 041,13	2 056,40	2 313,45	936,29	1 985,92	2 234,16	831,45	1 915,44	2 154,87
	VI	35 297	1 941,33	2 823,76	3 176,73																				
104 363,99 Ost	I,IV	29 385	1 479,05	2 350,80	2 644,65	I	29 385	1 269,49	2 209,92	2 486,16	1 059,81	2 068,96	2 327,58	850,25	1 928,08	2 169,09	640,57	1 787,12	2 010,51	431,01	1 646,24	1 852,02	221,34	1 505,28	1 693,44
	II	28 584	1 383,73	2 286,72	2 572,56	II	28 584	1 174,05	2 145,76	2 413,98	964,49	2 004,88	2 255,49	754,81	1 863,92	2 096,91	545,25	1 723,04	1 938,42	335,69	1 582,16	1 779,93	126,02	1 441,20	1 621,35
	III	20 856	–	1 668,48	1 877,04	III	20 856	–	1 545,92	1 739,16	–	1 426,24	1 604,52	–	1 309,60	1 473,30	–	1 195,84	1 345,32	–	1 085,12	1 220,76	–	977,28	1 099,44
	V	35 019	1 926,04	2 801,52	3 151,71	IV	29 385	1 374,33	2 280,40	2 565,45	1 269,49	2 209,92	2 486,16	1 164,65	2 139,44	2 406,87	1 059,81	2 068,96	2 327,58	955,09	1 998,56	2 248,38	850,25	1 928,08	2 169,09
	VI	35 454	1 949,97	2 836,32	3 190,86																				
104 399,99 West	I,IV	29 243	1 462,15	2 339,44	2 631,87	I	29 243	1 252,47	2 198,48	2 473,29	1 042,91	2 057,60	2 314,80	833,23	1 916,64	2 156,22	623,67	1 775,76	1 997,73	414,–	1 634,80	1 839,15	204,44	1 493,92	1 680,66
	II	28 442	1 366,83	2 275,36	2 559,78	II	28 442	1 157,15	2 134,40	2 401,20	947,59	1 993,52	2 242,71	737,91	1 852,56	2 084,13	528,36	1 711,68	1 925,64	318,68	1 570,72	1 767,06	109,12	1 429,84	1 608,57
	III	20 730	–	1 658,40	1 865,70	III	20 730	–	1 536,16	1 728,18	–	1 416,64	1 593,72	–	1 300,32	1 462,86	–	1 186,72	1 335,06	–	1 076,16	1 210,68	–	968,64	1 089,72
	V	34 877	1 918,23	2 790,16	3 138,93	IV	29 243	1 357,31	2 268,96	2 552,58	1 252,47	2 198,48	2 473,29	1 147,75	2 128,08	2 394,09	1 042,91	2 057,60	2 314,80	938,07	1 987,12	2 235,51	833,23	1 916,64	2 156,22
	VI	35 312	1 942,16	2 824,96	3 178,08																				
104 399,99 Ost	I,IV	29 400	1 480,83	2 352,–	2 646,–	I	29 400	1 271,27	2 211,12	2 487,51	1 061,59	2 070,16	2 328,93	852,04	1 929,28	2 170,44	642,36	1 788,32	2 011,86	432,80	1 647,44	1 853,37	223,24	1 506,56	1 694,88
	II	28 599	1 385,51	2 287,92	2 573,91	II	28 599	1 175,95	2 147,04	2 415,42	966,28	2 006,08	2 256,84	756,72	1 865,20	2 098,35	547,04	1 724,24	1 939,77	337,48	1 583,36	1 781,28	127,80	1 442,40	1 622,70
	III	20 868	–	1 669,44	1 878,12	III	20 868	–	1 546,88	1 740,24	–	1 427,36	1 605,78	–	1 310,56	1 474,38	–	1 196,80	1 346,40	–	1 086,08	1 221,84	–	978,08	1 100,34
	V	35 034	1 926,87	2 802,72	3 153,06	IV	29 400	1 376,11	2 281,60	2 566,80	1 271,27	2 211,12	2 487,51	1 166,43	2 140,64	2 408,22	1 061,59	2 070,16	2 328,93	956,87	1 999,76	2 249,73	852,04	1 929,28	2 170,44
	VI	35 469	1 950,79	2 837,52	3 192,21																				

* Die ausgewiesenen Tabellenwerte sind amtlich. Siehe Erläuterungen auf der Umschlaginnenseite (U2).

Abzüge an Lohnsteuer, Solidaritätszuschlag (SolZ) und Kirchensteuer (8%, 9%) in den Steuerklassen

Lohn/ Gehalt bis €*	I – VI		ohne Kinderfreibeträge			I, II, III, IV		mit Zahl der Kinderfreibeträge . . . 0,5			1			1,5			2			2,5			3		
		LSt	SolZ	8%	9%		LSt	SolZ	8%	9%	SolZ	8%	9%	SolZ	8%	9%	SolZ	8%	9%	SolZ	8%	9%	SolZ	8%	9%
104 435,99 West	I,IV	29 258	1 463,93	2 340,64	2 633,22	I	29 258	1 254,37	2 199,76	2 474,73	1 044,70	2 058,80	2 316,15	835,14	1 917,92	2 157,66	625,46	1 776,96	1 999,08	415,90	1 636,08	1 840,59	206,22	1 495,12	1 682,01
	II	28 457	1 368,61	2 276,56	2 561,13	II	28 457	1 158,94	2 135,60	2 402,55	949,38	1 994,72	2 244,06	739,70	1 853,76	2 085,48	530,14	1 712,88	1 926,99	320,46	1 571,92	1 768,41	110,90	1 431,04	1 609,92
	III	20 744	—	1 659,52	1 866,96	III	20 744	—	1 537,12	1 729,26	—	1 417,76	1 594,98	—	1 301,28	1 463,94	—	1 187,68	1 336,14	—	1 077,12	1 211,76	—	969,44	1 090,62
	V	34 892	1 919,06	2 791,36	3 140,28	IV	29 258	1 359,09	2 270,16	2 553,93	1 254,37	2 199,76	2 474,73	1 149,54	2 129,28	2 395,44	1 044,70	2 058,80	2 316,15	939,86	1 988,32	2 236,86	835,14	1 917,92	2 157,66
	VI	35 327	1 942,98	2 826,16	3 179,43																				
104 435,99 Ost	I,IV	29 416	1 482,74	2 353,28	2 647,44	I	29 416	1 273,06	2 212,32	2 488,86	1 063,50	2 071,44	2 330,37	853,82	1 930,48	2 171,79	644,26	1 789,60	2 013,30	434,58	1 648,64	1 854,72	225,02	1 507,76	1 696,23
	II	28 614	1 387,30	2 289,12	2 575,26	II	28 614	1 177,74	2 148,24	2 416,77	968,06	2 007,28	2 258,19	758,50	1 866,40	2 099,70	548,82	1 725,44	1 941,12	339,26	1 584,56	1 782,63	129,59	1 443,60	1 624,05
	III	20 882	—	1 670,56	1 879,38	III	20 882	—	1 548,—	1 741,50	—	1 428,32	1 606,86	—	1 311,52	1 475,46	—	1 197,76	1 347,48	—	1 086,88	1 222,74	—	979,04	1 101,42
	V	35 049	1 927,69	2 803,92	3 154,41	IV	29 416	1 377,90	2 282,80	2 568,15	1 273,06	2 212,32	2 488,86	1 168,22	2 141,84	2 409,57	1 063,50	2 071,44	2 330,37	958,66	2 000,96	2 251,08	853,82	1 930,48	2 171,79
	VI	35 484	1 951,62	2 838,72	3 193,56																				
104 471,99 West	I,IV	29 273	1 465,72	2 341,84	2 634,57	I	29 273	1 256,16	2 200,96	2 476,08	1 046,48	2 060,—	2 317,50	836,92	1 919,12	2 159,01	627,24	1 778,16	2 000,43	417,69	1 637,28	1 841,94	208,01	1 496,32	1 683,36
	II	28 472	1 370,40	2 277,76	2 562,48	II	28 472	1 160,72	2 136,80	2 403,90	951,16	1 995,92	2 245,41	741,48	1 854,96	2 086,83	531,93	1 714,08	1 928,34	322,25	1 573,12	1 769,76	112,69	1 432,24	1 611,27
	III	20 756	—	1 660,48	1 868,04	III	20 756	—	1 538,08	1 730,34	—	1 418,72	1 596,06	—	1 302,24	1 465,02	—	1 188,64	1 337,22	—	1 078,08	1 212,84	—	970,40	1 091,70
	V	34 907	1 919,88	2 792,56	3 141,63	IV	29 273	1 360,88	2 271,36	2 555,28	1 256,16	2 200,96	2 476,08	1 151,32	2 130,48	2 396,79	1 046,48	2 060,—	2 317,50	941,64	1 989,52	2 238,21	836,92	1 919,12	2 159,01
	VI	35 342	1 943,81	2 827,36	3 180,78																				
104 471,99 Ost	I,IV	29 431	1 484,52	2 354,48	2 648,79	I	29 431	1 274,84	2 213,52	2 490,21	1 065,28	2 072,64	2 331,72	855,61	1 931,68	2 173,14	646,05	1 790,80	2 014,65	436,37	1 649,84	1 856,07	226,81	1 508,96	1 697,58
	II	28 629	1 389,08	2 290,32	2 576,61	II	28 629	1 179,52	2 149,44	2 418,12	969,85	2 008,48	2 259,54	760,29	1 867,60	2 101,05	550,61	1 726,64	1 942,47	341,05	1 585,76	1 783,98	131,37	1 444,80	1 625,40
	III	20 896	—	1 671,68	1 880,64	III	20 896	—	1 548,96	1 742,58	—	1 429,28	1 607,94	—	1 312,64	1 476,72	—	1 198,72	1 348,56	—	1 087,84	1 223,82	—	980,—	1 102,50
	V	35 064	1 928,52	2 805,12	3 155,76	IV	29 431	1 379,68	2 284,—	2 569,50	1 274,84	2 213,52	2 490,21	1 170,—	2 143,04	2 410,92	1 065,28	2 072,64	2 331,72	960,44	2 002,16	2 252,43	855,61	1 931,68	2 173,14
	VI	35 500	1 952,50	2 840,—	3 195,—																				
104 507,99 West	I,IV	29 288	1 467,50	2 343,04	2 635,92	I	29 288	1 257,94	2 202,16	2 477,43	1 048,27	2 061,20	2 318,85	838,71	1 920,32	2 160,36	629,03	1 779,36	2 001,78	419,47	1 638,48	1 843,29	209,79	1 497,52	1 684,71
	II	28 487	1 372,18	2 278,96	2 563,83	II	28 487	1 162,51	2 138,—	2 405,25	952,95	1 997,12	2 246,76	743,27	1 856,16	2 088,18	533,71	1 715,28	1 929,69	324,03	1 574,32	1 771,11	114,47	1 433,44	1 612,62
	III	20 770	—	1 661,60	1 869,30	III	20 770	—	1 539,20	1 731,60	—	1 419,68	1 597,14	—	1 303,20	1 466,10	—	1 189,60	1 338,30	—	1 079,04	1 213,92	—	971,36	1 092,78
	V	34 922	1 920,71	2 793,76	3 142,98	IV	29 288	1 362,78	2 272,64	2 556,72	1 257,94	2 202,16	2 477,43	1 153,11	2 131,68	2 398,14	1 048,27	2 061,20	2 318,85	943,55	1 990,80	2 239,65	838,71	1 920,32	2 160,36
	VI	35 357	1 944,63	2 828,56	3 182,13																				
104 507,99 Ost	I,IV	29 446	1 486,31	2 355,68	2 650,14	I	29 446	1 276,63	2 214,72	2 491,56	1 067,07	2 073,84	2 333,07	857,39	1 932,88	2 174,49	647,83	1 792,—	2 016,—	438,15	1 651,04	1 857,42	228,59	1 510,16	1 698,93
	II	28 644	1 390,87	2 291,52	2 577,96	II	28 644	1 181,31	2 150,64	2 419,47	971,63	2 009,68	2 260,89	762,07	1 868,80	2 102,40	552,39	1 727,84	1 943,82	342,83	1 586,96	1 785,33	133,28	1 446,08	1 626,84
	III	20 908	—	1 672,64	1 881,72	III	20 908	—	1 550,08	1 743,84	—	1 430,40	1 609,20	—	1 313,60	1 477,80	—	1 199,68	1 349,64	—	1 088,80	1 224,90	—	980,80	1 103,40
	V	35 080	1 929,40	2 806,40	3 157,20	IV	29 446	1 381,47	2 285,20	2 570,85	1 276,63	2 214,72	2 491,56	1 171,91	2 144,32	2 412,36	1 067,07	2 073,84	2 333,07	962,23	2 003,36	2 253,78	857,39	1 932,88	2 174,49
	VI	35 515	1 953,32	2 841,20	3 196,35																				
104 543,99 West	I,IV	29 303	1 469,29	2 344,24	2 637,27	I	29 303	1 259,73	2 203,36	2 478,78	1 050,05	2 062,40	2 320,20	840,49	1 921,52	2 161,71	630,81	1 780,56	2 003,13	421,26	1 639,68	1 844,64	211,58	1 498,72	1 686,06
	II	28 502	1 373,97	2 280,16	2 565,18	II	28 502	1 164,41	2 139,28	2 406,69	954,73	1 998,32	2 248,11	745,17	1 857,44	2 089,62	535,50	1 716,48	1 931,04	325,94	1 575,60	1 772,55	116,26	1 434,64	1 613,97
	III	20 784	—	1 662,72	1 870,56	III	20 784	—	1 540,16	1 732,68	—	1 420,80	1 598,40	—	1 304,16	1 467,18	—	1 190,56	1 339,38	—	1 080,—	1 215,—	—	972,32	1 093,86
	V	34 937	1 921,53	2 794,96	3 144,33	IV	29 303	1 364,57	2 273,84	2 558,07	1 259,73	2 203,36	2 478,78	1 154,89	2 132,88	2 399,49	1 050,05	2 062,40	2 320,20	945,33	1 992,—	2 241,—	840,49	1 921,52	2 161,71
	VI	35 372	1 945,46	2 829,76	3 183,48																				
104 543,99 Ost	I,IV	29 461	1 488,09	2 356,88	2 651,49	I	29 461	1 278,41	2 215,92	2 492,91	1 068,85	2 075,04	2 334,42	859,18	1 934,08	2 175,84	649,62	1 793,20	2 017,35	439,94	1 652,24	1 858,77	230,38	1 511,36	1 700,28
	II	28 660	1 392,77	2 292,80	2 579,40	II	28 660	1 183,09	2 151,84	2 420,82	973,53	2 010,96	2 262,33	763,86	1 870,—	2 103,75	554,30	1 729,12	1 945,26	344,62	1 588,16	1 786,68	135,06	1 447,28	1 628,19
	III	20 922	—	1 673,76	1 882,98	III	20 922	—	1 551,04	1 744,92	—	1 431,36	1 610,28	—	1 314,56	1 478,88	—	1 200,64	1 350,72	—	1 089,76	1 225,98	—	981,76	1 104,48
	V	35 095	1 930,22	2 807,60	3 158,55	IV	29 461	1 383,25	2 286,40	2 572,20	1 278,41	2 215,92	2 492,91	1 173,69	2 145,52	2 413,71	1 068,85	2 075,04	2 334,42	964,01	2 004,56	2 255,13	859,18	1 934,08	2 175,84
	VI	35 530	1 954,15	2 842,40	3 197,70																				
104 579,99 West	I,IV	29 318	1 471,07	2 345,44	2 638,62	I	29 318	1 261,51	2 204,56	2 480,13	1 051,96	2 063,68	2 321,64	842,28	1 922,72	2 163,06	632,72	1 781,84	2 004,57	423,04	1 640,88	1 845,99	213,48	1 500,—	1 687,50
	II	28 517	1 375,75	2 281,36	2 566,53	II	28 517	1 166,20	2 140,48	2 408,04	956,52	1 999,52	2 249,46	746,96	1 858,64	2 090,97	537,28	1 717,68	1 932,39	327,72	1 576,80	1 773,90	118,04	1 435,84	1 615,32
	III	20 796	—	1 663,68	1 871,64	III	20 796	—	1 541,28	1 733,94	—	1 421,76	1 599,48	—	1 305,28	1 468,44	—	1 191,52	1 340,46	—	1 080,96	1 216,08	—	973,12	1 094,76
	V	34 952	1 922,36	2 796,16	3 145,68	IV	29 318	1 366,35	2 275,04	2 559,42	1 261,51	2 204,56	2 480,13	1 156,68	2 134,08	2 400,84	1 051,96	2 063,68	2 321,64	947,12	1 993,20	2 242,35	842,28	1 922,72	2 163,06
	VI	35 387	1 946,28	2 830,96	3 184,83																				
104 579,99 Ost	I,IV	29 476	1 489,88	2 358,08	2 652,84	I	29 476	1 280,32	2 217,20	2 494,35	1 070,64	2 076,24	2 335,77	861,08	1 935,36	2 177,28	651,40	1 794,40	2 018,70	441,84	1 653,52	1 860,21	232,16	1 512,56	1 701,63
	II	28 675	1 394,56	2 294,—	2 580,75	II	28 675	1 184,88	2 153,04	2 422,17	975,32	2 012,16	2 263,68	765,64	1 871,20	2 105,10	556,08	1 730,32	1 946,61	346,40	1 589,36	1 788,03	136,85	1 448,48	1 629,54
	III	20 936	—	1 674,88	1 884,24	III	20 936	—	1 552,16	1 746,18	—	1 432,32	1 611,36	—	1 315,52	1 479,96	—	1 201,60	1 351,80	—	1 090,72	1 227,06	—	982,72	1 105,56
	V	35 110	1 931,05	2 808,80	3 159,90	IV	29 476	1 385,04	2 287,60	2 573,55	1 280,32	2 217,20	2 494,35	1 175,48	2 146,72	2 415,06	1 070,64	2 076,24	2 335,77	965,80	2 005,76	2 256,48	861,08	1 935,36	2 177,28
	VI	35 545	1 954,97	2 843,60	3 199,05																				
104 615,99 West	I,IV	29 334	1 472,98	2 346,72	2 640,06	I	29 334	1 263,30	2 205,76	2 481,48	1 053,74	2 064,88	2 322,99	844,06	1 923,92	2 164,41	634,50	1 783,04	2 005,92	424,83	1 642,08	1 847,34	215,27	1 501,20	1 688,85
	II	28 532	1 377,54	2 282,56	2 567,88	II	28 532	1 167,98	2 141,68	2 409,39	958,30	2 000,72	2 250,81	748,74	1 859,84	2 092,32	539,07	1 718,88	1 933,74	329,51	1 578,—	1 775,25	119,83	1 437,04	1 616,67
	III	20 810	—	1 664,80	1 872,90	III	20 810	—	1 542,24	1 735,02	—	1 422,72	1 600,56	—	1 306,24	1 469,52	—	1 192,48	1 341,54	—	1 081,92	1 217,16	—	974,08	1 095,84
	V	34 967	1 923,18	2 797,36	3 147,03	IV	29 334	1 368,14	2 276,24	2 560,77	1 263,30	2 205,76	2 481,48	1 158,46	2 135,28	2 402,19	1 053,74	2 064,88	2 322,99	948,90	1 994,40	2 243,70	844,06	1 923,92	2 164,41
	VI	35 403	1 947,16	2 832,24	3 186,27																				
104 615,99 Ost	I,IV	29 491	1 491,66	2 359,28	2 654,19	I	29 491	1 282,10	2 218,40	2 495,70	1 072,42	2 077,44	2 337,12	862,86	1 936,56	2 178,63	653,19	1 795,60	2 020,05	443,63	1 654,72	1 861,56	233,95	1 513,76	1 702,98
	II	28 690	1 396,34	2 295,20	2 582,10	II	28 690	1 186,66	2 154,24	2 423,52	977,10	2 013,36	2 265,03	767,43	1 872,40	2 106,45	557,87	1 731,52	1 947,96	348,19	1 590,56	1 789,38	138,63	1 449,68	1 630,89
	III	20 948	—	1 675,84	1 885,32	III	20 948	—	1 553,12	1 747,26	—	1 433,44	1 612,62	—	1 316,48	1 481,04	—	1 202,56	1 352,88	—	1 091,68	1 228,14	—	983,68	1 106,64
	V	35 125	1 931,87	2 810,—	3 161,25	IV	29 491	1 386,82	2 288,80	2 574,90	1 282,10	2 218,40	2 495,70	1 177,26	2 147,92	2 416,41	1 072,42	2 077,44	2 337,12	967,58	2 006,96	2 257,83	862,86	1 936,56	2 178,63
	VI	35 560	1 955,80	2 844,80	3 200,40																				
104 651,99 West	I,IV	29 349	1 474,76	2 347,92	2 641,41	I	29 349	1 265,08	2 206,96	2 482,83	1 055,53	2 066,08	2 324,34	845,85	1 925,12	2 165,76	636,29	1 784,24	2 007,27	426,61	1 643,28	1 848,69	217,05	1 502,40	1 690,20
	II	28 547	1 379,32	2 283,76	2 569,23	II	28 547	1 169,77	2 142,88	2 410,74	960,09	2 001,92	2 252,16	750,53	1 861,04	2 093,67	540,85	1 720,08	1 935,09	331,29	1 579,20	1 776,60	121,61	1 438,24	1 618,02
	III	20 822	—	1 665,76	1 873,98	III	20 822	—	1 543,36	1 736,28	—	1 423,84	1 601,82	—	1 307,20	1 470,60	—	1 193,44	1 342,62	—	1 082,72	1 218,06	—	975,04	1 096,92
	V	34 983	1 924,06	2 798,64	3 148,47	IV	29 349	1 369,92	2 277,44	2 562,12	1 265,08	2 206,96	2 482,83	1 160,36	2 136,56	2 403,63	1 055,53	2 066,08	2 324,34	950,69	1 995,60	2 245,05	845,85	1 925,12	2 165,76
	VI	35 418	1 947,99	2 833,44	3 187,62																				
104 651,99 Ost	I,IV	29 506	1 493,45	2 360,48	2 655,54	I	29 506	1 283,89	2 219,60	2 497,05	1 074,21	2 078,64	2 338,47	864,65	1 937,76	2 179,98	654,97	1 796,80	2 021,40	445,41	1 655,92	1 862,91	235,73	1 514,96	1 704,33
	II	28 705	1 398,13	2 296,40	2 583,45	II	28 705	1 188,45	2 155,44	2 424,87	978,89	2 014,56	2 266,38	769,21	1 873,60	2 107,80	559,65	1 732,72	1 949,31	349,97	1 591,76	1 790,73	140,42	1 450,88	1 632,24
	III	20 962	—	1 676,96	1 886,58	III	20 962	—	1 554,24	1 748,52	—	1 434,40	1 613,70	—	1 317,60	1 482,30	—	1 203,52	1 353,96	—	1 092,64	1 229,22	—	984,48	1 107,54
	V	35 140	1 932,70	2 811,20	3 162,60	IV	29 506	1 388,61	2 290,—	2 576,25	1 283,89	2 219,60	2 497,05	1 179,05	2 149,12	2 417,76	1 074,21	2 078,64	2 338,47	969,49	2 008,24	2 259,27	864,65	1 937,76	2 179,98
	VI	35 575	1 956,62	2 846,—	3 201,75																				
104 687,99 West	I,IV	29 364	1 476,55	2 349,12	2 642,76	I	29 364	1 266,87	2 208,16	2 484,18	1 057,31	2 067,28	2 325,69	847,63	1 926,32	2 167,11	638,07	1 785,44	2 008,62	428,40	1 644,48	1 850,04	218,84	1 503,60	1 691,55
	II	28 562	1 381,11	2 284,96	2 570,58	II	28 562	1 171,55	2 144,08	2 412,09	961,99	2 003,20	2 253,60	752,31	1 862,24	2 095,02	542,75	1 721,36	1 936,53	333,08	1 580,40	1 777,95	123,52	1 439,52	1 619,46
	III	20 836	—	1 666,88	1 875,24	III	20 836	—	1 544,32	1 737,36	—	1 424,80	1 602,90	—	1 308,16	1 471,68	—	1 194,40	1 343,70	—	1 083,68	1 219,14	—	975,84	1 097,82
	V	34 998	1 924,89	2 799,84	3 149,82	IV	29 364	1 371,71	2 278,64	2 563,47	1 266,87	2 208,16	2 484,18	1 162,15	2 137,76	2 404,98	1 057,31	2 067,28	2 325,69	952,47	1 996,80	2 246,40	847,63	1 926,32	2 167,11
	VI	35 433	1 948,81	2 834,64	3 188,97																				
104 687,99 Ost	I,IV	29 521	1 495,23	2 361,68	2 656,89	I	29 521	1 285,67	2 220,80	2 498,40	1 075,99	2 079,84	2 339,82	866,43	1 938,96	2 181,33	656,76	1 798,—	2 022,75	447,20	1 657,12	1 864,26	237,52	1 516,16	1 705,68
	II	28 720	1 399,91	2 297,60	2 584,80	II	28 720	1 190,35	2 156,72	2 426,31	980,67	2 015,76	2 267,73	771,12	1 874,88	2 109,24	561,44	1 733,92	1 950,66	351,88	1 593,04	1 792,17	142,20	1 452,08	1 633,59
	III	20 976	—	1 678,08	1 887,84	III	20 976	—	1 555,20	1 749,60	—	1 435,36	1 614,78	—	1 318,56	1 483,38	—	1 204,48	1 355,04	—	1 093,60	1 230,30	—	985,44	1 108,62
	V	35 155	1 933,52	2 812,40	3 163,95	IV	29 521	1 390,51	2 291,28	2 577,69	1 285,67	2 220,80	2 498,40	1 180,83	2 150,32	2 419,11	1 075,99	2 079,84	2 339,82	971,27	2 009,44	2 260,62	866,43	1 938,96	2 181,33
	VI	35 590	1 957,45	2 847,20	3 203,10																				

*** Die ausgewiesenen Tabellenwerte sind amtlich. Siehe Erläuterungen auf der Umschlaginnenseite (U2).**

JAHR 104 688,–*

Abzüge an Lohnsteuer, Solidaritätszuschlag (SolZ) und Kirchensteuer (8%, 9%) in den Steuerklassen

Lohn/ Gehalt bis €*		I – VI					I, II, III, IV																		
			ohne Kinder-freibeträge					mit Zahl der Kinderfreibeträge . . . 0,5			1			1,5			2			2,5			3		
		LSt	SolZ	8%	9%		LSt	SolZ	8%	9%	SolZ	8%	9%	SolZ	8%	9%	SolZ	8%	9%	SolZ	8%	9%	SolZ	8%	9%
104 723,99 West	I,IV	29 379	1 478,33	2 350,32	2 644,11	I	29 379	1 268,65	2 209,36	2 485,53	1 059,10	2 068,48	2 327,04	849,54	1 927,60	2 168,55	639,86	1 786,64	2 009,97	430,30	1 645,76	1 851,48	220,62	1 504,80	1 692,90
	II	28 578	1 383,01	2 286,24	2 572,02	II	28 578	1 173,34	2 145,28	2 413,44	963,78	2 004,40	2 254,95	754,10	1 863,44	2 096,37	544,54	1 722,56	1 937,88	334,86	1 581,60	1 779,30	125,30	1 440,72	1 620,81
	III	20 850	–	1 668,–	1 876,50	III	20 850	–	1 545,44	1 738,62	–	1 425,76	1 603,98	–	1 309,12	1 472,76	–	1 195,52	1 344,96	–	1 084,64	1 220,22	–	976,80	1 098,90
	V	35 013	1 925,71	2 801,04	3 151,17	IV	29 379	1 373,49	2 279,84	2 564,82	1 268,65	2 209,36	2 485,53	1 163,93	2 138,96	2 406,33	1 059,10	2 068,48	2 327,04	954,26	1 998,–	2 247,75	849,54	1 927,60	2 168,55
	VI	35 448	1 949,64	2 835,84	3 190,32																				
104 723,99 Ost	I,IV	29 536	1 497,02	2 362,88	2 658,24	I	29 536	1 287,46	2 222,–	2 499,75	1 077,90	2 081,12	2 341,26	868,22	1 940,16	2 182,68	658,66	1 799,28	2 024,19	448,98	1 658,32	1 865,61	239,42	1 517,44	1 707,12
	II	28 735	1 401,70	2 298,80	2 586,15	II	28 735	1 192,14	2 157,92	2 427,66	982,46	2 016,96	2 269,08	772,90	1 876,08	2 110,59	563,22	1 735,12	1 952,01	353,66	1 594,24	1 793,52	143,99	1 453,28	1 634,94
	III	20 988	–	1 679,04	1 888,92	III	20 988	–	1 556,32	1 750,86	–	1 436,48	1 616,04	–	1 319,52	1 484,46	–	1 205,44	1 356,12	–	1 094,40	1 231,20	–	986,40	1 109,70
	V	35 170	1 934,35	2 813,60	3 165,30	IV	29 536	1 392,30	2 292,48	2 579,04	1 287,46	2 222,–	2 499,75	1 182,62	2 151,52	2 420,46	1 077,90	2 081,12	2 341,26	973,06	2 010,64	2 261,97	868,22	1 940,16	2 182,68
	VI	35 605	1 958,27	2 848,40	3 204,45																				
104 759,99 West	I,IV	29 394	1 480,12	2 351,52	2 645,46	I	29 394	1 270,56	2 210,64	2 486,97	1 060,88	2 069,68	2 328,39	851,32	1 928,80	2 169,90	641,64	1 787,84	2 011,32	432,08	1 646,96	1 852,83	222,41	1 506,–	1 694,25
	II	28 593	1 384,80	2 287,44	2 573,37	II	28 593	1 175,12	2 146,48	2 414,79	965,56	2 005,60	2 256,30	755,88	1 864,64	2 097,72	546,32	1 723,76	1 939,23	336,65	1 582,80	1 780,65	127,09	1 441,92	1 622,16
	III	20 862	–	1 668,96	1 877,58	III	20 862	–	1 546,40	1 739,70	–	1 426,88	1 605,24	–	1 310,08	1 473,84	–	1 196,48	1 346,04	–	1 085,60	1 221,30	–	977,76	1 099,98
	V	35 028	1 926,54	2 802,24	3 152,52	IV	29 394	1 375,28	2 281,04	2 566,17	1 270,56	2 210,64	2 486,97	1 165,72	2 140,16	2 407,68	1 060,88	2 069,68	2 328,39	956,04	1 999,20	2 249,10	851,32	1 928,80	2 169,90
	VI	35 463	1 950,46	2 837,04	3 191,67																				
104 759,99 Ost	I,IV	29 552	1 498,92	2 364,16	2 659,68	I	29 552	1 289,24	2 223,20	2 501,10	1 079,68	2 082,32	2 342,61	870,–	1 941,36	2 184,03	660,45	1 800,48	2 025,54	450,77	1 659,52	1 866,96	241,21	1 518,64	1 708,47
	II	28 750	1 403,48	2 300,–	2 587,50	II	28 750	1 193,92	2 159,12	2 429,01	984,24	2 018,16	2 270,43	774,69	1 877,28	2 111,94	565,01	1 736,32	1 953,36	355,45	1 595,44	1 794,87	145,77	1 454,48	1 636,29
	III	21 002	–	1 680,16	1 890,18	III	21 002	–	1 557,28	1 751,94	–	1 437,44	1 617,12	–	1 320,48	1 485,54	–	1 206,56	1 357,38	–	1 095,36	1 232,28	–	987,20	1 110,60
	V	35 185	1 935,17	2 814,80	3 166,65	IV	29 552	1 394,08	2 293,68	2 580,39	1 289,24	2 223,20	2 501,10	1 184,40	2 152,72	2 421,81	1 079,68	2 082,32	2 342,61	974,84	2 011,84	2 263,32	870,–	1 941,36	2 184,03
	VI	35 621	1 959,15	2 849,68	3 205,89																				
104 795,99 West	I,IV	29 409	1 481,90	2 352,72	2 646,81	I	29 409	1 272,34	2 211,84	2 488,32	1 062,67	2 070,88	2 329,74	853,11	1 930,–	2 171,25	643,43	1 789,04	2 012,67	433,87	1 648,16	1 854,18	224,19	1 507,20	1 695,60
	II	28 608	1 386,58	2 288,64	2 574,72	II	28 608	1 176,91	2 147,68	2 416,14	967,35	2 006,80	2 257,65	757,67	1 865,84	2 099,07	548,11	1 724,96	1 940,58	338,43	1 584,–	1 782,–	128,87	1 443,12	1 623,51
	III	20 876	–	1 670,08	1 878,84	III	20 876	–	1 547,52	1 740,96	–	1 427,84	1 606,32	–	1 311,20	1 475,10	–	1 197,44	1 347,12	–	1 086,56	1 222,38	–	978,72	1 101,06
	V	35 043	1 927,36	2 803,44	3 153,87	IV	29 409	1 377,06	2 282,24	2 567,52	1 272,34	2 211,84	2 488,32	1 167,50	2 141,36	2 409,03	1 062,67	2 070,88	2 329,74	957,95	2 000,48	2 250,54	853,11	1 930,–	2 171,25
	VI	35 478	1 951,29	2 838,24	3 193,02																				
104 795,99 Ost	I,IV	29 567	1 500,70	2 365,36	2 661,03	I	29 567	1 291,03	2 224,40	2 502,45	1 081,47	2 083,52	2 343,96	871,79	1 942,56	2 185,38	662,23	1 801,68	2 026,89	452,55	1 660,72	1 868,31	242,99	1 519,84	1 709,82
	II	28 765	1 405,27	2 301,20	2 588,85	II	28 765	1 195,71	2 160,32	2 430,36	986,03	2 019,36	2 271,78	776,47	1 878,48	2 113,29	566,79	1 737,52	1 954,71	357,23	1 596,64	1 796,22	147,56	1 455,68	1 637,64
	III	21 016	–	1 681,28	1 891,44	III	21 016	–	1 558,40	1 753,20	–	1 438,40	1 618,20	–	1 321,44	1 486,62	–	1 207,52	1 358,46	–	1 096,32	1 233,36	–	988,16	1 111,68
	V	35 201	1 936,05	2 816,08	3 168,09	IV	29 567	1 395,87	2 294,88	2 581,74	1 291,03	2 224,40	2 502,45	1 186,19	2 153,92	2 423,16	1 081,47	2 083,52	2 343,96	976,63	2 013,04	2 264,67	871,79	1 942,56	2 185,38
	VI	35 636	1 959,98	2 850,88	3 207,24																				
104 831,99 West	I,IV	29 424	1 483,69	2 353,92	2 648,16	I	29 424	1 274,13	2 213,04	2 489,67	1 064,45	2 072,08	2 331,09	854,89	1 931,20	2 172,60	645,21	1 790,24	2 014,02	435,65	1 649,36	1 855,53	225,98	1 508,40	1 696,95
	II	28 623	1 388,37	2 289,84	2 576,07	II	28 623	1 178,69	2 148,88	2 417,49	969,13	2 008,–	2 259,–	759,57	1 867,12	2 100,51	549,89	1 726,16	1 941,93	340,34	1 585,28	1 783,44	130,66	1 444,32	1 624,86
	III	20 890	–	1 671,20	1 880,10	III	20 890	–	1 548,48	1 742,04	–	1 428,80	1 607,40	–	1 312,16	1 476,18	–	1 198,40	1 348,20	–	1 087,52	1 223,46	–	979,52	1 101,96
	V	35 058	1 928,19	2 804,64	3 155,22	IV	29 424	1 378,97	2 283,52	2 568,96	1 274,13	2 213,04	2 489,67	1 169,29	2 142,56	2 410,38	1 064,45	2 072,08	2 331,09	959,73	2 001,68	2 251,89	854,89	1 931,20	2 172,60
	VI	35 493	1 952,11	2 839,44	3 194,37																				
104 831,99 Ost	I,IV	29 582	1 502,49	2 366,56	2 662,38	I	29 582	1 292,81	2 225,60	2 503,80	1 083,25	2 084,72	2 345,31	873,57	1 943,76	2 186,73	664,02	1 802,88	2 028,24	454,34	1 661,92	1 869,66	244,78	1 521,04	1 711,17
	II	28 780	1 407,05	2 302,40	2 590,20	II	28 780	1 197,49	2 161,52	2 431,71	987,93	2 020,64	2 273,22	778,26	1 879,68	2 114,64	568,70	1 738,80	1 956,15	359,02	1 597,84	1 797,57	149,46	1 456,96	1 639,08
	III	21 028	–	1 682,24	1 892,52	III	21 028	–	1 559,36	1 754,28	–	1 439,52	1 619,46	–	1 322,40	1 487,70	–	1 208,48	1 359,54	–	1 097,28	1 234,44	–	989,12	1 112,76
	V	35 216	1 936,88	2 817,28	3 169,44	IV	29 582	1 397,65	2 296,08	2 583,09	1 292,81	2 225,60	2 503,80	1 188,09	2 155,20	2 424,60	1 083,25	2 084,72	2 345,31	978,41	2 014,24	2 266,02	873,57	1 943,76	2 186,73
	VI	35 651	1 960,80	2 852,08	3 208,59																				
104 867,99 West	I,IV	29 439	1 485,47	2 355,12	2 649,51	I	29 439	1 275,91	2 214,24	2 491,02	1 066,24	2 073,28	2 332,44	856,68	1 932,40	2 173,95	647,12	1 791,52	2 015,46	437,44	1 650,56	1 856,88	227,88	1 509,68	1 698,39
	II	28 638	1 390,15	2 291,04	2 577,42	II	28 638	1 180,59	2 150,16	2 418,93	970,92	2 009,20	2 260,35	761,36	1 868,32	2 101,86	551,68	1 727,36	1 943,28	342,12	1 586,48	1 784,79	132,44	1 445,52	1 626,21
	III	20 902	–	1 672,16	1 881,18	III	20 902	–	1 549,60	1 743,30	–	1 429,92	1 608,66	–	1 313,12	1 477,26	–	1 199,36	1 349,28	–	1 088,48	1 224,54	–	980,48	1 103,04
	V	35 073	1 929,01	2 805,84	3 156,57	IV	29 439	1 380,75	2 284,72	2 570,31	1 275,91	2 214,24	2 491,02	1 171,07	2 143,76	2 411,73	1 066,24	2 073,28	2 332,44	961,52	2 002,88	2 253,24	856,68	1 932,40	2 173,95
	VI	35 508	1 952,94	2 840,64	3 195,72																				
104 867,99 Ost	I,IV	29 597	1 504,27	2 367,76	2 663,73	I	29 597	1 294,60	2 226,80	2 505,15	1 085,04	2 085,92	2 346,66	875,48	1 945,04	2 188,17	665,80	1 804,08	2 029,59	456,24	1 663,20	1 871,10	246,56	1 522,24	1 712,52
	II	28 796	1 408,96	2 303,68	2 591,64	II	28 796	1 199,28	2 162,72	2 433,06	989,72	2 021,84	2 274,57	780,04	1 880,88	2 115,99	570,48	1 740,–	1 957,50	360,80	1 599,04	1 798,92	151,24	1 458,16	1 640,43
	III	21 042	–	1 683,36	1 893,78	III	21 042	–	1 560,48	1 755,54	–	1 440,48	1 620,54	–	1 323,52	1 488,96	–	1 209,44	1 360,62	–	1 098,24	1 235,52	–	990,08	1 113,84
	V	35 231	1 937,70	2 818,48	3 170,79	IV	29 597	1 399,44	2 297,28	2 584,44	1 294,60	2 226,80	2 505,15	1 189,88	2 156,40	2 425,95	1 085,04	2 085,92	2 346,66	980,20	2 015,44	2 267,37	875,48	1 945,04	2 188,17
	VI	35 666	1 961,63	2 853,28	3 209,94																				
104 903,99 West	I,IV	29 455	1 487,38	2 356,40	2 650,95	I	29 455	1 277,70	2 215,44	2 492,37	1 068,14	2 074,56	2 333,88	858,46	1 933,60	2 175,30	648,90	1 792,72	2 016,81	439,22	1 651,76	1 858,23	229,67	1 510,88	1 699,74
	II	28 653	1 391,94	2 292,24	2 578,77	II	28 653	1 182,38	2 151,36	2 420,28	972,70	2 010,40	2 261,70	763,14	1 869,52	2 103,21	553,46	1 728,56	1 944,63	343,91	1 587,68	1 786,14	134,23	1 446,72	1 627,56
	III	20 916	–	1 673,28	1 882,44	III	20 916	–	1 550,56	1 744,38	–	1 430,88	1 609,74	–	1 314,08	1 478,34	–	1 200,32	1 350,36	–	1 089,28	1 225,44	–	981,44	1 104,12
	V	35 088	1 929,84	2 807,04	3 157,92	IV	29 455	1 382,54	2 285,92	2 571,66	1 277,70	2 215,44	2 492,37	1 172,86	2 144,96	2 413,08	1 068,14	2 074,56	2 333,88	963,30	2 004,08	2 254,59	858,46	1 933,60	2 175,30
	VI	35 524	1 953,82	2 841,92	3 197,16																				
104 903,99 Ost	I,IV	29 612	1 506,06	2 368,96	2 665,08	I	29 612	1 296,50	2 228,08	2 506,59	1 086,82	2 087,12	2 348,01	877,26	1 946,24	2 189,52	667,59	1 805,28	2 030,94	458,03	1 664,40	1 872,45	248,35	1 523,44	1 713,87
	II	28 811	1 410,74	2 304,88	2 592,99	II	28 811	1 201,06	2 163,92	2 434,41	991,50	2 023,04	2 275,92	781,83	1 882,08	2 117,34	572,27	1 741,20	1 958,85	362,59	1 600,24	1 800,27	153,03	1 459,36	1 641,78
	III	21 056	–	1 684,48	1 895,04	III	21 056	–	1 561,44	1 756,62	–	1 441,44	1 621,62	–	1 324,48	1 490,04	–	1 210,40	1 361,70	–	1 099,20	1 236,60	–	990,88	1 114,74
	V	35 246	1 938,53	2 819,68	3 172,14	IV	29 612	1 401,22	2 298,48	2 585,79	1 296,50	2 228,08	2 506,59	1 191,66	2 157,60	2 427,30	1 086,82	2 087,12	2 348,01	981,98	2 016,64	2 268,72	877,26	1 946,24	2 189,52
	VI	35 681	1 962,45	2 854,48	3 211,29																				
104 939,99 West	I,IV	29 470	1 489,16	2 357,60	2 652,30	I	29 470	1 279,48	2 216,64	2 493,72	1 069,92	2 075,76	2 335,23	860,25	1 934,80	2 176,65	650,69	1 793,92	2 018,16	441,01	1 652,96	1 859,58	231,45	1 512,08	1 701,09
	II	28 668	1 393,72	2 293,44	2 580,12	II	28 668	1 184,16	2 152,56	2 421,63	974,49	2 011,60	2 263,05	764,93	1 870,72	2 104,56	555,25	1 729,76	1 945,98	345,69	1 588,88	1 787,49	136,01	1 447,92	1 628,91
	III	20 930	–	1 674,40	1 883,70	III	20 930	–	1 551,68	1 745,64	–	1 431,84	1 610,82	–	1 315,04	1 479,42	–	1 201,28	1 351,44	–	1 090,24	1 226,52	–	982,24	1 105,02
	V	35 104	1 930,72	2 808,32	3 159,36	IV	29 470	1 384,32	2 287,12	2 573,01	1 279,48	2 216,64	2 493,72	1 174,64	2 146,16	2 414,43	1 069,92	2 075,76	2 335,23	965,09	2 005,28	2 255,94	860,25	1 934,80	2 176,65
	VI	35 539	1 954,64	2 843,12	3 198,51																				
104 939,99 Ost	I,IV	29 627	1 507,84	2 370,16	2 666,43	I	29 627	1 298,29	2 229,28	2 507,94	1 088,61	2 088,32	2 349,36	879,05	1 947,44	2 190,87	669,37	1 806,48	2 032,29	459,81	1 665,60	1 873,80	250,13	1 524,64	1 715,22
	II	28 826	1 412,53	2 306,08	2 594,34	II	28 826	1 202,85	2 165,12	2 435,76	993,29	2 024,24	2 277,27	783,61	1 883,28	2 118,69	574,05	1 742,40	1 960,20	364,37	1 601,44	1 801,62	154,81	1 460,56	1 643,13
	III	21 068	–	1 685,44	1 896,12	III	21 068	–	1 562,56	1 757,88	–	1 442,56	1 622,88	–	1 325,44	1 491,12	–	1 211,36	1 362,78	–	1 100,16	1 237,68	–	991,84	1 115,82
	V	35 261	1 939,35	2 820,88	3 173,49	IV	29 627	1 403,01	2 299,68	2 587,14	1 298,29	2 229,28	2 507,94	1 193,45	2 158,80	2 428,65	1 088,61	2 088,32	2 349,36	983,77	2 017,84	2 270,07	879,05	1 947,44	2 190,87
	VI	35 696	1 963,28	2 855,68	3 212,64																				
104 975,99 West	I,IV	29 485	1 490,95	2 358,80	2 653,65	I	29 485	1 281,27	2 217,84	2 495,07	1 071,71	2 076,96	2 336,58	862,03	1 936,–	2 178,–	652,47	1 795,12	2 019,51	442,79	1 654,16	1 860,93	233,24	1 513,28	1 702,44
	II	28 683	1 395,51	2 294,64	2 581,47	II	28 683	1 185,95	2 153,76	2 422,98	976,27	2 012,80	2 264,40	766,71	1 871,92	2 105,91	557,15	1 731,04	1 947,42	347,48	1 590,08	1 788,84	137,92	1 449,20	1 630,35
	III	20 942	–	1 675,36	1 884,78	III	20 942	–	1 552,64	1 746,72	–	1 432,96	1 612,08	–	1 316,16	1 480,68	–	1 202,24	1 352,52	–	1 091,20	1 227,60	–	983,20	1 106,10
	V	35 119	1 931,54	2 809,52	3 160,71	IV	29 485	1 386,11	2 288,32	2 574,36	1 281,27	2 217,84	2 495,07	1 176,55	2 147,44	2 415,87	1 071,71	2 076,96	2 336,58	966,87	2 006,48	2 257,29	862,03	1 936,–	2 178,–
	VI	35 554	1 955,47	2 844,32	3 199,86																				
104 975,99 Ost	I,IV	29 642	1 509,63	2 371,36	2 667,78	I	29 642	1 300,07	2 230,48	2 509,29	1 090,39	2 089,52	2 350,71	880,83	1 948,64	2 192,22	671,16	1 807,68	2 033,64	461,60	1 666,80	1 875,15	251,92	1 525,84	1 716,57
	II	28 841	1 414,31	2 307,28	2 595,69	II	28 841	1 204,63	2 166,32	2 437,11	995,07	2 025,44	2 278,62	785,51	1 884,56	2 120,13	575,84	1 743,60	1 961,55	366,28	1 602,72	1 803,06	156,60	1 461,76	1 644,48
	III	21 082	–	1 686,56	1 897,38	III	21 082	–	1 563,52	1 758,96	–	1 443,52	1 623,96	–	1 326,40	1 492,20	–	1 212,32	1 363,86	–	1 101,12	1 238,76	–	992,80	1 116,90
	V	35 276	1 940,18	2 822,08	3 174,84	IV	29 642	1 404,91	2 300,96	2 588,58	1 300,07	2 230,48	2 509,29	1 195,23	2 160,–	2 430,–	1 090,39	2 089,52	2 350,71	985,67	2 019,12	2 271,51	880,83	1 948,64	2 192,22
	VI	35 711	1 964,10	2 856,88	3 213,99																				

* Die ausgewiesenen Tabellenwerte sind amtlich. Siehe Erläuterungen auf der Umschlaginnenseite (U2).

105 263,99* JAHR

Abzüge an Lohnsteuer, Solidaritätszuschlag (SolZ) und Kirchensteuer (8%, 9%) in den Steuerklassen

Lohn/ Gehalt bis €*		I – VI ohne Kinderfreibeträge				I, II, III, IV		mit Zahl der Kinderfreibeträge . . . 0,5			1			1,5			2			2,5			3		
		LSt	SolZ	8%	9%		LSt	SolZ	8%	9%	SolZ	8%	9%	SolZ	8%	9%	SolZ	8%	9%	SolZ	8%	9%	SolZ	8%	9%
105 011,99	I,IV	29 500	1 492,73	2 360,—	2 655,—	I	29 500	1 283,05	2 219,04	2 496,42	1 073,49	2 078,16	2 337,93	863,82	1 937,20	2 179,35	654,26	1 796,32	2 020,86	444,70	1 655,44	1 862,37	235,02	1 514,48	1 703,79
West	II	28 699	1 397,41	2 295,92	2 582,91	II	28 699	1 187,73	2 154,96	2 424,33	978,18	2 014,08	2 265,84	768,50	1 873,12	2 107,26	558,94	1 732,24	1 948,77	349,26	1 591,28	1 790,19	139,70	1 450,40	1 631,70
	III	20 956	—	1 676,48	1 886,04	III	20 956	—	1 553,76	1 747,98	—	1 433,92	1 613,16	—	1 317,12	1 481,76	—	1 203,20	1 353,60	—	1 092,16	1 228,68	—	984,16	1 107,18
	V	35 134	1 932,37	2 810,72	3 162,06	IV	29 500	1 387,89	2 289,52	2 575,71	1 283,05	2 219,04	2 496,42	1 178,33	2 148,64	2 417,22	1 073,49	2 078,16	2 337,93	968,66	2 007,68	2 258,64	863,82	1 937,20	2 179,35
	VI	35 569	1 956,29	2 845,52	3 201,21																				
105 011,99	I,IV	29 657	1 511,41	2 372,56	2 669,13	I	29 657	1 301,86	2 231,68	2 510,64	1 092,18	2 090,72	2 352,06	882,62	1 949,84	2 193,57	673,06	1 808,96	2 035,08	463,38	1 668,—	1 876,50	253,82	1 527,12	1 718,01
Ost	II	28 856	1 416,10	2 308,48	2 597,04	II	28 856	1 206,54	2 167,60	2 438,55	996,86	2 026,64	2 279,97	787,30	1 885,76	2 121,48	577,62	1 744,80	1 962,90	368,06	1 603,92	1 804,41	158,38	1 462,96	1 645,83
	III	21 096	—	1 687,68	1 898,64	III	21 096	—	1 564,64	1 760,22	—	1 444,64	1 625,22	—	1 327,36	1 493,28	—	1 213,28	1 364,94	—	1 102,08	1 239,84	—	993,76	1 117,98
	V	35 291	1 941,—	2 823,28	3 176,19	IV	29 657	1 406,69	2 302,16	2 589,93	1 301,86	2 231,68	2 510,64	1 197,02	2 161,20	2 431,35	1 092,18	2 090,72	2 352,06	987,46	2 020,32	2 272,86	882,62	1 949,84	2 193,57
	VI	35 726	1 964,93	2 858,08	3 215,34																				
105 047,99	I,IV	29 515	1 494,52	2 361,20	2 656,35	I	29 515	1 284,96	2 220,32	2 497,86	1 075,28	2 079,36	2 339,28	865,72	1 938,48	2 180,79	656,04	1 797,52	2 022,21	446,48	1 656,64	1 863,72	236,81	1 515,68	1 705,14
West	II	28 714	1 399,20	2 297,12	2 584,26	II	28 714	1 189,52	2 156,16	2 425,68	979,96	2 015,28	2 267,19	770,28	1 874,32	2 108,61	560,72	1 733,44	1 950,12	351,05	1 592,48	1 791,54	141,49	1 451,60	1 633,05
	III	20 970	—	1 677,60	1 887,30	III	20 970	—	1 554,72	1 749,06	—	1 435,04	1 614,42	—	1 318,08	1 482,84	—	1 204,16	1 354,68	—	1 093,12	1 229,76	—	985,12	1 108,26
	V	35 149	1 933,19	2 811,92	3 163,41	IV	29 515	1 389,68	2 290,72	2 577,06	1 284,96	2 220,32	2 497,86	1 180,12	2 149,84	2 418,57	1 075,28	2 079,36	2 339,28	970,44	2 008,88	2 259,99	865,72	1 938,48	2 180,79
	VI	35 584	1 957,12	2 846,72	3 202,56																				
105 047,99	I,IV	29 673	1 513,32	2 373,84	2 670,57	I	29 673	1 303,64	2 232,88	2 511,99	1 094,08	2 092,—	2 353,50	884,40	1 951,04	2 194,92	674,84	1 810,16	2 036,43	465,17	1 669,20	1 877,85	255,61	1 528,32	1 719,36
Ost	II	28 871	1 417,88	2 309,68	2 598,39	II	28 871	1 208,32	2 168,80	2 439,90	998,64	2 027,84	2 281,32	789,08	1 886,96	2 122,83	579,41	1 746,—	1 964,25	369,85	1 605,12	1 805,76	160,17	1 464,16	1 647,18
	III	21 108	—	1 688,64	1 899,72	III	21 108	—	1 565,60	1 761,30	—	1 445,60	1 626,30	—	1 328,48	1 494,54	—	1 214,24	1 366,02	—	1 102,88	1 240,74	—	994,56	1 118,88
	V	35 306	1 941,83	2 824,48	3 177,54	IV	29 673	1 408,48	2 303,36	2 591,28	1 303,64	2 232,88	2 511,99	1 198,80	2 162,40	2 432,70	1 094,08	2 092,—	2 353,50	989,24	2 021,52	2 274,21	884,40	1 951,04	2 194,92
	VI	35 742	1 965,81	2 859,36	3 216,78																				
105 083,99	I,IV	29 530	1 496,30	2 362,40	2 657,70	I	29 530	1 286,74	2 221,52	2 499,21	1 077,06	2 080,56	2 340,63	867,51	1 939,68	2 182,14	657,83	1 798,72	2 023,56	448,27	1 657,84	1 865,07	238,59	1 516,88	1 706,49
West	II	28 729	1 400,98	2 298,32	2 585,61	II	28 729	1 191,30	2 157,36	2 427,03	981,75	2 016,48	2 268,54	772,07	1 875,52	2 109,96	562,51	1 734,64	1 951,47	352,83	1 593,68	1 792,89	143,27	1 452,80	1 634,40
	III	20 982	—	1 678,56	1 888,38	III	20 982	—	1 555,84	1 750,32	—	1 436,—	1 615,50	—	1 319,04	1 483,92	—	1 205,12	1 355,76	—	1 094,08	1 230,84	—	985,92	1 109,16
	V	35 164	1 934,02	2 813,12	3 164,76	IV	29 530	1 391,46	2 291,92	2 578,41	1 286,74	2 221,52	2 499,21	1 181,90	2 151,04	2 419,92	1 077,06	2 080,56	2 340,63	972,23	2 010,08	2 261,34	867,51	1 939,68	2 182,14
	VI	35 599	1 957,94	2 847,92	3 203,91																				
105 083,99	I,IV	29 688	1 515,10	2 375,04	2 671,92	I	29 688	1 305,43	2 234,08	2 513,34	1 095,87	2 093,20	2 354,85	886,19	1 952,24	2 196,27	676,63	1 811,36	2 037,78	466,95	1 670,40	1 879,20	257,39	1 529,52	1 720,71
Ost	II	28 886	1 419,67	2 310,88	2 599,74	II	28 886	1 210,11	2 170,—	2 441,25	1 000,43	2 029,04	2 282,67	790,87	1 888,16	2 124,18	581,19	1 747,20	1 965,60	371,63	1 606,32	1 807,11	161,95	1 465,36	1 648,53
	III	21 122	—	1 689,76	1 900,98	III	21 122	—	1 566,72	1 762,56	—	1 446,56	1 627,38	—	1 329,44	1 495,62	—	1 215,20	1 367,10	—	1 103,84	1 241,82	—	995,52	1 119,96
	V	35 322	1 942,71	2 825,76	3 178,98	IV	29 688	1 410,26	2 304,56	2 592,63	1 305,43	2 234,08	2 513,34	1 200,59	2 163,60	2 434,05	1 095,87	2 093,20	2 354,85	991,03	2 022,72	2 275,56	886,19	1 952,24	2 196,27
	VI	35 757	1 966,63	2 860,56	3 218,13																				
105 119,99	I,IV	29 545	1 498,09	2 363,60	2 659,05	I	29 545	1 288,53	2 222,72	2 500,56	1 078,85	2 081,76	2 341,98	869,29	1 940,88	2 183,49	659,61	1 799,92	2 024,91	450,05	1 659,04	1 866,42	240,38	1 518,08	1 707,84
West	II	28 744	1 402,77	2 299,52	2 586,96	II	28 744	1 193,09	2 158,56	2 428,38	983,53	2 017,68	2 269,89	773,85	1 876,72	2 111,31	564,29	1 735,84	1 952,82	354,73	1 594,96	1 794,33	145,06	1 454,—	1 635,75
	III	20 996	—	1 679,68	1 889,64	III	20 996	—	1 556,80	1 751,40	—	1 436,96	1 616,58	—	1 320,—	1 485,—	—	1 206,08	1 356,84	—	1 095,04	1 231,92	—	986,88	1 110,24
	V	35 179	1 934,84	2 814,32	3 166,11	IV	29 545	1 393,37	2 293,20	2 579,85	1 288,53	2 222,72	2 500,56	1 183,69	2 152,24	2 421,27	1 078,85	2 081,76	2 341,98	974,13	2 011,36	2 262,78	869,29	1 940,88	2 183,49
	VI	35 614	1 958,77	2 849,12	3 205,26																				
105 119,99	I,IV	29 703	1 516,89	2 376,24	2 673,27	I	29 703	1 307,21	2 235,28	2 514,69	1 097,65	2 094,40	2 356,20	887,97	1 953,44	2 197,62	678,41	1 812,56	2 039,13	468,74	1 671,60	1 880,55	259,18	1 530,72	1 722,06
Ost	II	28 901	1 421,45	2 312,08	2 601,09	II	28 901	1 211,89	2 171,20	2 442,60	1 002,21	2 030,24	2 284,02	792,65	1 889,36	2 125,53	583,10	1 748,48	1 967,04	373,42	1 607,52	1 808,46	163,86	1 466,64	1 649,97
	III	21 136	—	1 690,88	1 902,24	III	21 136	—	1 567,84	1 763,82	—	1 447,68	1 628,64	—	1 330,40	1 496,70	—	1 216,16	1 368,18	—	1 104,80	1 242,90	—	996,48	1 121,04
	V	35 337	1 943,53	2 826,96	3 180,33	IV	29 703	1 412,05	2 305,76	2 593,98	1 307,21	2 235,28	2 514,69	1 202,49	2 164,88	2 435,49	1 097,65	2 094,40	2 356,20	992,81	2 023,92	2 276,91	887,97	1 953,44	2 197,62
	VI	35 772	1 967,46	2 861,76	3 219,48																				
105 155,99	I,IV	29 560	1 499,87	2 364,80	2 660,40	I	29 560	1 290,31	2 223,92	2 501,91	1 080,63	2 082,96	2 343,33	871,08	1 942,08	2 184,84	661,40	1 801,12	2 026,26	451,84	1 660,24	1 867,77	242,28	1 519,36	1 709,28
West	II	28 759	1 404,55	2 300,72	2 588,31	II	28 759	1 194,99	2 159,84	2 429,82	985,32	2 018,88	2 271,24	775,76	1 878,—	2 112,75	566,08	1 737,04	1 954,17	356,52	1 596,16	1 795,68	146,84	1 455,20	1 637,10
	III	21 010	—	1 680,80	1 890,90	III	21 010	—	1 557,92	1 752,66	—	1 438,08	1 617,84	—	1 321,12	1 486,26	—	1 207,04	1 357,92	—	1 096,—	1 233,—	—	987,84	1 111,32
	V	35 194	1 935,67	2 815,52	3 167,46	IV	29 560	1 395,15	2 294,40	2 581,20	1 290,31	2 223,92	2 501,91	1 185,47	2 153,44	2 422,62	1 080,63	2 082,96	2 343,33	975,91	2 012,56	2 264,13	871,08	1 942,08	2 184,84
	VI	35 629	1 959,59	2 850,32	3 206,61																				
105 155,99	I,IV	29 718	1 518,67	2 377,44	2 674,62	I	29 718	1 309,—	2 236,48	2 516,04	1 099,44	2 095,60	2 357,55	889,76	1 954,64	2 198,97	680,20	1 813,76	2 040,48	470,64	1 672,88	1 881,99	260,96	1 531,92	1 723,41
Ost	II	28 917	1 423,35	2 313,36	2 602,53	II	28 917	1 213,68	2 172,40	2 443,95	1 004,12	2 031,52	2 285,46	794,44	1 890,56	2 126,88	584,88	1 749,68	1 968,39	375,20	1 608,72	1 809,81	165,64	1 467,84	1 651,32
	III	21 148	—	1 691,84	1 903,32	III	21 148	—	1 568,80	1 764,90	—	1 448,64	1 629,72	—	1 331,36	1 497,78	—	1 217,12	1 369,26	—	1 105,76	1 243,98	—	997,44	1 122,12
	V	35 352	1 944,36	2 828,16	3 181,68	IV	29 718	1 413,83	2 306,96	2 595,33	1 309,—	2 236,48	2 516,04	1 204,28	2 166,08	2 436,84	1 099,44	2 095,60	2 357,55	994,60	2 025,12	2 278,26	889,76	1 954,64	2 198,97
	VI	35 787	1 968,28	2 862,96	3 220,83																				
105 191,99	I,IV	29 576	1 501,78	2 366,08	2 661,84	I	29 576	1 292,10	2 225,12	2 503,26	1 082,54	2 084,24	2 344,77	872,86	1 943,28	2 186,19	663,30	1 802,40	2 027,70	453,62	1 661,44	1 869,12	244,06	1 520,56	1 710,63
West	II	28 774	1 406,34	2 301,92	2 589,66	II	28 774	1 196,78	2 161,04	2 431,17	987,10	2 020,08	2 272,59	777,54	1 879,20	2 114,10	567,86	1 738,24	1 955,52	358,30	1 597,36	1 797,03	148,63	1 456,40	1 638,45
	III	21 022	—	1 681,76	1 891,98	III	21 022	—	1 558,88	1 753,74	—	1 439,04	1 618,92	—	1 322,08	1 487,34	—	1 208,—	1 359,—	—	1 096,80	1 233,90	—	988,64	1 112,22
	V	35 209	1 936,49	2 816,72	3 168,81	IV	29 576	1 396,94	2 295,60	2 582,55	1 292,10	2 225,12	2 503,26	1 187,26	2 154,64	2 423,97	1 082,54	2 084,24	2 344,77	977,70	2 013,76	2 265,48	872,86	1 943,28	2 186,19
	VI	35 645	1 960,47	2 851,60	3 208,05																				
105 191,99	I,IV	29 733	1 520,46	2 378,64	2 675,97	I	29 733	1 310,90	2 237,76	2 517,48	1 101,22	2 096,80	2 358,90	891,66	1 955,92	2 200,41	681,98	1 814,96	2 041,83	472,43	1 674,08	1 883,34	262,75	1 533,12	1 724,76
Ost	II	28 932	1 425,14	2 314,56	2 603,88	II	28 932	1 215,46	2 173,60	2 445,30	1 005,90	2 032,72	2 286,81	796,22	1 891,76	2 128,23	586,67	1 750,88	1 969,74	376,99	1 609,92	1 811,16	167,43	1 469,04	1 652,67
	III	21 162	—	1 692,96	1 904,58	III	21 162	—	1 569,92	1 766,16	—	1 449,60	1 630,80	—	1 332,48	1 499,04	—	1 218,08	1 370,34	—	1 106,72	1 245,06	—	998,24	1 123,02
	V	35 367	1 945,18	2 829,36	3 183,03	IV	29 733	1 415,62	2 308,16	2 596,68	1 310,90	2 237,76	2 517,48	1 206,06	2 167,28	2 438,19	1 101,22	2 096,80	2 358,90	996,38	2 026,32	2 279,61	891,66	1 955,92	2 200,41
	VI	35 802	1 969,11	2 864,16	3 222,18																				
105 227,99	I,IV	29 591	1 503,56	2 367,28	2 663,19	I	29 591	1 293,88	2 226,32	2 504,61	1 084,32	2 085,44	2 346,12	874,65	1 944,48	2 187,54	665,09	1 803,60	2 029,05	455,41	1 662,64	1 870,47	245,85	1 521,76	1 711,98
West	II	28 789	1 408,12	2 303,12	2 591,01	II	28 789	1 198,56	2 162,24	2 432,52	988,89	2 021,28	2 273,94	779,33	1 880,40	2 115,45	569,65	1 739,44	1 956,87	360,09	1 598,56	1 798,38	150,41	1 457,60	1 639,80
	III	21 036	—	1 682,88	1 893,24	III	21 036	—	1 560,—	1 755,—	—	1 440,—	1 620,—	—	1 323,04	1 488,42	—	1 208,96	1 360,08	—	1 097,76	1 234,98	—	989,60	1 113,30
	V	35 225	1 937,37	2 818,—	3 170,25	IV	29 591	1 398,72	2 296,80	2 583,90	1 293,88	2 226,32	2 504,61	1 189,04	2 155,84	2 425,32	1 084,32	2 085,44	2 346,12	979,48	2 014,96	2 266,83	874,65	1 944,48	2 187,54
	VI	35 660	1 961,30	2 852,80	3 209,40																				
105 227,99	I,IV	29 748	1 522,24	2 379,84	2 677,32	I	29 748	1 312,68	2 238,96	2 518,83	1 103,01	2 098,—	2 360,25	893,45	1 957,12	2 201,76	683,77	1 816,16	2 043,18	474,21	1 675,28	1 884,69	264,53	1 534,32	1 726,11
Ost	II	28 947	1 426,92	2 315,76	2 605,23	II	28 947	1 217,25	2 174,80	2 446,65	1 007,69	2 033,92	2 288,16	798,01	1 892,96	2 129,58	588,45	1 752,08	1 971,09	378,77	1 611,12	1 812,51	169,21	1 470,24	1 654,02
	III	21 176	—	1 694,08	1 905,84	III	21 176	—	1 570,88	1 767,24	—	1 450,72	1 632,06	—	1 333,44	1 500,12	—	1 219,04	1 371,42	—	1 107,68	1 246,14	—	999,20	1 124,10
	V	35 382	1 946,01	2 830,56	3 184,38	IV	29 748	1 417,40	2 309,36	2 598,03	1 312,68	2 238,96	2 518,83	1 207,85	2 168,48	2 439,54	1 103,01	2 098,—	2 360,25	998,17	2 027,52	2 280,96	893,45	1 957,12	2 201,76
	VI	35 817	1 969,93	2 865,36	3 223,53																				
105 263,99	I,IV	29 606	1 505,35	2 368,48	2 664,54	I	29 606	1 295,67	2 227,52	2 505,96	1 086,11	2 086,64	2 347,47	876,43	1 945,68	2 188,89	666,87	1 804,80	2 030,40	457,19	1 663,84	1 871,82	247,63	1 522,96	1 713,33
West	II	28 804	1 409,91	2 304,32	2 592,36	II	28 804	1 200,35	2 163,44	2 433,87	990,67	2 022,48	2 275,29	781,11	1 881,60	2 116,80	571,43	1 740,64	1 958,22	361,87	1 599,76	1 799,73	152,32	1 458,88	1 641,24
	III	21 050	—	1 684,—	1 894,50	III	21 050	—	1 560,96	1 756,08	—	1 441,12	1 621,26	—	1 324,—	1 489,50	—	1 209,92	1 361,16	—	1 098,72	1 236,06	—	990,56	1 114,38
	V	35 240	1 938,20	2 819,20	3 171,60	IV	29 606	1 400,51	2 298,—	2 585,25	1 295,67	2 227,52	2 505,96	1 190,95	2 157,12	2 426,76	1 086,11	2 086,64	2 347,47	981,27	2 016,16	2 268,18	876,43	1 945,68	2 188,89
	VI	35 675	1 962,12	2 854,—	3 210,75																				
105 263,99	I,IV	29 763	1 524,03	2 381,04	2 678,67	I	29 763	1 314,47	2 240,16	2 520,18	1 104,79	2 099,20	2 361,60	895,23	1 958,32	2 203,11	685,55	1 817,36	2 044,53	476,—	1 676,48	1 886,04	266,32	1 535,52	1 727,46
Ost	II	28 962	1 428,71	2 316,96	2 606,58	II	28 962	1 219,03	2 176,—	2 448,—	1 009,47	2 035,12	2 289,51	799,79	1 894,16	2 130,93	590,24	1 753,28	1 972,44	380,68	1 612,40	1 813,95	171,—	1 471,44	1 655,37
	III	21 188	—	1 695,04	1 906,92	III	21 188	—	1 572,—	1 768,50	—	1 451,68	1 633,14	—	1 334,40	1 501,20	—	1 220,—	1 372,50	—	1 108,64	1 247,22	—	1 000,16	1 125,18
	V	35 397	1 946,83	2 831,76	3 185,73	IV	29 763	1 419,31	2 310,64	2 599,47	1 314,47	2 240,16	2 520,18	1 209,63	2 169,68	2 440,89	1 104,79	2 099,20	2 361,60	1 000,07	2 028,80	2 282,40	895,23	1 958,32	2 203,11
	VI	35 832	1 970,76	2 866,56	3 224,88																				

* Die ausgewiesenen Tabellenwerte sind amtlich. Siehe Erläuterungen auf der Umschlaginnenseite (U2).

JAHR 105 264,–*

Lohn/Gehalt bis €*		I – VI LSt	ohne Kinderfreibeträge SolZ	8%	9%	I, II, III, IV	LSt	0,5 SolZ	0,5 8%	0,5 9%	1 SolZ	1 8%	1 9%	1,5 SolZ	1,5 8%	1,5 9%	2 SolZ	2 8%	2 9%	2,5 SolZ	2,5 8%	2,5 9%	3 SolZ	3 8%	3 9%
105 299,99 West	I,IV	29 621	1 507,13	2 369,68	2 665,89	I	29 621	1 297,45	2 228,72	2 507,31	1 087,89	2 087,84	2 348,82	878,22	1 946,88	2 190,24	668,66	1 806,—	2 031,75	458,98	1 665,04	1 873,17	249,42	1 524,16	1 714,68
	II	28 820	1 411,81	2 305,60	2 593,80	II	28 820	1 202,13	2 164,64	2 435,22	992,57	2 023,76	2 276,73	782,90	1 882,80	2 118,15	573,34	1 741,92	1 959,66	363,66	1 600,96	1 801,08	154,10	1 460,08	1 642,59
	III	21 062	—	1 684,96	1 895,58	III	21 062	—	1 562,08	1 757,34	—	1 442,08	1 622,34	—	1 324,96	1 490,58	—	1 210,88	1 362,24	—	1 099,68	1 237,14	—	991,52	1 115,46
	V	35 255	1 939,02	2 820,40	3 172,95	IV	29 621	1 402,29	2 299,20	2 586,60	1 297,45	2 228,72	2 507,31	1 192,73	2 158,32	2 428,11	1 087,89	2 087,84	2 348,82	983,05	2 017,36	2 269,53	878,22	1 946,88	2 190,24
	VI	35 690	1 962,95	2 855,20	3 212,10																				
105 299,99 Ost	I,IV	29 778	1 525,81	2 382,24	2 680,02	I	29 778	1 316,25	2 241,36	2 521,53	1 106,58	2 100,40	2 362,95	897,02	1 959,52	2 204,46	687,34	1 818,56	2 045,88	477,78	1 677,68	1 887,39	268,22	1 536,80	1 728,90
	II	28 977	1 430,49	2 318,16	2 607,93	II	28 977	1 220,94	2 177,28	2 449,44	1 011,26	2 036,32	2 290,86	801,70	1 895,44	2 132,37	592,02	1 754,48	1 973,79	382,46	1 613,60	1 815,30	172,78	1 472,64	1 656,72
	III	21 202	—	1 696,16	1 908,18	III	21 202	—	1 572,96	1 769,58	—	1 452,64	1 634,22	—	1 335,36	1 502,28	—	1 220,96	1 373,58	—	1 109,60	1 248,30	—	1 000,96	1 126,08
	V	35 412	1 947,66	2 832,96	3 187,08	IV	29 778	1 421,09	2 311,84	2 600,82	1 316,25	2 241,36	2 521,53	1 211,42	2 170,88	2 442,24	1 106,58	2 100,40	2 362,95	1 001,86	2 030,—	2 283,75	897,02	1 959,52	2 204,46
	VI	35 847	1 971,58	2 867,76	3 226,23																				
105 335,99 West	I,IV	29 636	1 508,92	2 370,88	2 667,24	I	29 636	1 299,36	2 230,—	2 508,75	1 089,68	2 089,04	2 350,17	880,12	1 948,16	2 191,68	670,44	1 807,20	2 033,10	460,88	1 666,32	1 874,61	251,20	1 525,36	1 716,03
	II	28 835	1 413,60	2 306,80	2 595,15	II	28 835	1 203,92	2 165,84	2 436,57	994,36	2 024,96	2 278,08	784,68	1 884,—	2 119,50	575,12	1 743,12	1 961,01	365,44	1 602,16	1 802,43	155,89	1 461,28	1 643,94
	III	21 076	—	1 686,08	1 896,84	III	21 076	—	1 563,20	1 758,60	—	1 443,04	1 623,42	—	1 326,08	1 491,84	—	1 211,84	1 363,32	—	1 100,64	1 238,22	—	992,32	1 116,36
	V	35 270	1 939,85	2 821,60	3 174,30	IV	29 636	1 404,08	2 300,40	2 587,95	1 299,36	2 230,—	2 508,75	1 194,52	2 159,52	2 429,46	1 089,68	2 089,04	2 350,17	984,84	2 018,56	2 270,88	880,12	1 948,16	2 191,68
	VI	35 705	1 963,77	2 856,40	3 213,45																				
105 335,99 Ost	I,IV	29 794	1 527,72	2 383,52	2 681,46	I	29 794	1 318,04	2 242,56	2 522,88	1 108,48	2 101,68	2 364,39	898,80	1 960,72	2 205,81	689,24	1 819,84	2 047,32	479,57	1 678,88	1 888,74	270,01	1 538,—	1 730,25
	II	28 992	1 432,28	2 319,36	2 609,28	II	28 992	1 222,72	2 178,48	2 450,79	1 013,04	2 037,52	2 292,21	803,48	1 896,64	2 133,72	593,81	1 755,68	1 975,14	384,25	1 614,80	1 816,65	174,57	1 473,84	1 658,07
	III	21 216	—	1 697,28	1 909,44	III	21 216	—	1 574,08	1 770,84	—	1 453,76	1 635,48	—	1 336,32	1 503,36	—	1 221,92	1 374,66	—	1 110,56	1 249,38	—	1 001,92	1 127,16
	V	35 427	1 948,48	2 834,16	3 188,43	IV	29 794	1 422,88	2 313,04	2 602,17	1 318,04	2 242,56	2 522,88	1 213,20	2 172,08	2 443,59	1 108,48	2 101,68	2 364,39	1 003,64	2 031,20	2 285,10	898,80	1 960,72	2 205,81
	VI	35 862	1 972,41	2 868,96	3 227,58																				
105 371,99 West	I,IV	29 651	1 510,70	2 372,08	2 668,59	I	29 651	1 301,14	2 231,20	2 510,10	1 091,46	2 090,24	2 351,52	881,90	1 949,36	2 193,03	672,23	1 808,40	2 034,45	462,67	1 667,52	1 875,96	252,99	1 526,56	1 717,38
	II	28 850	1 415,38	2 308,—	2 596,50	II	28 850	1 205,70	2 167,04	2 437,92	996,14	2 026,16	2 279,43	786,47	1 885,20	2 120,85	576,91	1 744,32	1 962,36	367,23	1 603,36	1 803,78	157,67	1 462,48	1 645,29
	III	21 090	—	1 687,20	1 898,10	III	21 090	—	1 564,16	1 759,68	—	1 444,16	1 624,68	—	1 327,04	1 492,92	—	1 212,80	1 364,40	—	1 101,60	1 239,30	—	993,28	1 117,44
	V	35 285	1 940,67	2 822,80	3 175,65	IV	29 651	1 405,86	2 301,60	2 589,30	1 301,14	2 231,20	2 510,10	1 196,30	2 160,72	2 430,81	1 091,46	2 090,24	2 351,52	986,62	2 019,76	2 272,23	881,90	1 949,36	2 193,03
	VI	35 720	1 964,60	2 857,60	3 214,80																				
105 371,99 Ost	I,IV	29 809	1 529,50	2 384,72	2 682,81	I	29 809	1 319,82	2 243,76	2 524,23	1 110,27	2 102,88	2 365,74	900,59	1 961,92	2 207,16	691,03	1 821,04	2 048,67	481,35	1 680,08	1 890,09	271,79	1 539,20	1 731,60
	II	29 007	1 434,06	2 320,56	2 610,63	II	29 007	1 224,51	2 179,68	2 452,14	1 014,83	2 038,72	2 293,56	805,27	1 897,84	2 135,07	595,59	1 756,88	1 976,49	386,03	1 616,—	1 818,—	176,35	1 475,04	1 659,42
	III	21 230	—	1 698,40	1 910,70	III	21 230	—	1 575,04	1 771,92	—	1 454,72	1 636,56	—	1 337,44	1 504,62	—	1 222,88	1 375,74	—	1 111,36	1 250,28	—	1 002,88	1 128,24
	V	35 442	1 949,31	2 835,36	3 189,78	IV	29 809	1 424,66	2 314,24	2 603,52	1 319,82	2 243,76	2 524,23	1 214,99	2 173,28	2 444,94	1 110,27	2 102,88	2 365,74	1 005,43	2 032,40	2 286,45	900,59	1 961,92	2 207,16
	VI	35 878	1 973,29	2 870,24	3 229,02																				
105 407,99 West	I,IV	29 666	1 512,49	2 373,28	2 669,94	I	29 666	1 302,93	2 232,40	2 511,45	1 093,25	2 091,44	2 352,87	883,69	1 950,56	2 194,38	674,01	1 809,60	2 035,80	464,45	1 668,72	1 877,31	254,77	1 527,76	1 718,73
	II	28 865	1 417,17	2 309,20	2 597,85	II	28 865	1 207,49	2 168,24	2 439,27	997,93	2 027,36	2 280,78	788,25	1 886,40	2 122,20	578,69	1 745,52	1 963,71	369,01	1 604,56	1 805,13	159,46	1 463,68	1 646,64
	III	21 102	—	1 688,16	1 899,18	III	21 102	—	1 565,28	1 760,94	—	1 445,12	1 625,76	—	1 328,—	1 494,—	—	1 213,76	1 365,48	—	1 102,56	1 240,38	—	994,24	1 118,52
	V	35 300	1 941,50	2 824,—	3 177,—	IV	29 666	1 407,77	2 302,88	2 590,74	1 302,93	2 232,40	2 511,45	1 198,09	2 161,92	2 432,16	1 093,25	2 091,44	2 352,87	988,53	2 021,04	2 273,67	883,69	1 950,56	2 194,38
	VI	35 735	1 965,42	2 858,80	3 216,15																				
105 407,99 Ost	I,IV	29 824	1 531,29	2 385,92	2 684,16	I	29 824	1 321,61	2 244,96	2 525,58	1 112,05	2 104,08	2 367,09	902,37	1 963,12	2 208,51	692,81	1 822,24	2 050,02	483,14	1 681,28	1 891,44	273,58	1 540,40	1 732,95
	II	29 022	1 435,85	2 321,76	2 611,98	II	29 022	1 226,29	2 180,88	2 453,49	1 016,61	2 039,92	2 294,91	807,05	1 899,04	2 136,42	597,38	1 758,08	1 977,84	387,82	1 617,20	1 819,35	178,26	1 476,32	1 660,86
	III	21 242	—	1 699,36	1 911,78	III	21 242	—	1 576,16	1 773,18	—	1 455,84	1 637,82	—	1 338,40	1 505,70	—	1 223,84	1 376,82	—	1 112,32	1 251,36	—	1 003,84	1 129,32
	V	35 458	1 950,19	2 836,64	3 191,22	IV	29 824	1 426,45	2 315,44	2 604,87	1 321,61	2 244,96	2 525,58	1 216,89	2 174,56	2 446,38	1 112,05	2 104,08	2 367,09	1 007,21	2 033,60	2 287,80	902,37	1 963,12	2 208,51
	VI	35 893	1 974,11	2 871,44	3 230,37																				
105 443,99 West	I,IV	29 681	1 514,27	2 374,48	2 671,29	I	29 681	1 304,71	2 233,60	2 512,80	1 095,03	2 092,64	2 354,22	885,47	1 951,76	2 195,73	675,80	1 810,80	2 037,15	466,24	1 669,92	1 878,66	256,56	1 528,96	1 720,08
	II	28 880	1 418,95	2 310,40	2 599,20	II	28 880	1 209,39	2 169,52	2 440,71	999,71	2 028,56	2 282,13	790,16	1 887,68	2 123,64	580,48	1 746,72	1 965,06	370,92	1 605,84	1 806,57	161,24	1 464,88	1 647,99
	III	21 116	—	1 689,28	1 900,44	III	21 116	—	1 566,24	1 762,02	—	1 446,08	1 626,84	—	1 328,96	1 495,08	—	1 214,72	1 366,56	—	1 103,52	1 241,46	—	995,04	1 119,42
	V	35 315	1 942,32	2 825,20	3 178,35	IV	29 681	1 409,55	2 304,08	2 592,09	1 304,71	2 233,60	2 512,80	1 199,87	2 163,12	2 433,51	1 095,03	2 092,64	2 354,22	990,31	2 022,24	2 275,02	885,47	1 951,76	2 195,73
	VI	35 750	1 966,25	2 860,—	3 217,50																				
105 443,99 Ost	I,IV	29 839	1 533,07	2 387,12	2 685,51	I	29 839	1 323,39	2 246,16	2 526,93	1 113,84	2 105,28	2 368,44	904,16	1 964,32	2 209,86	694,60	1 823,44	2 051,37	484,92	1 682,48	1 892,79	275,36	1 541,60	1 734,30
	II	29 038	1 437,75	2 323,04	2 613,42	II	29 038	1 228,08	2 182,08	2 454,84	1 018,52	2 041,20	2 296,35	808,84	1 900,24	2 137,77	599,28	1 759,36	1 979,28	389,60	1 618,40	1 820,70	180,04	1 477,52	1 662,21
	III	21 256	—	1 700,48	1 913,04	III	21 256	—	1 577,12	1 774,26	—	1 456,80	1 638,90	—	1 339,36	1 506,78	—	1 224,80	1 377,90	—	1 113,28	1 252,44	—	1 004,64	1 130,22
	V	35 473	1 951,01	2 837,84	3 192,57	IV	29 839	1 428,23	2 316,64	2 606,22	1 323,39	2 246,16	2 526,93	1 218,67	2 175,76	2 447,73	1 113,84	2 105,28	2 368,44	1 009,—	2 034,80	2 289,15	904,16	1 964,32	2 209,86
	VI	35 908	1 974,94	2 872,64	3 231,72																				
105 479,99 West	I,IV	29 696	1 516,06	2 375,68	2 672,64	I	29 696	1 306,50	2 234,80	2 514,15	1 096,94	2 093,92	2 355,66	887,26	1 952,96	2 197,08	677,70	1 812,08	2 038,59	468,02	1 671,12	1 880,01	258,46	1 530,24	1 721,52
	II	28 895	1 420,74	2 311,60	2 600,55	II	28 895	1 211,18	2 170,72	2 442,06	1 001,50	2 029,76	2 283,48	791,94	1 888,88	2 124,99	582,26	1 747,92	1 966,41	372,70	1 607,04	1 807,92	163,03	1 466,08	1 649,34
	III	21 130	—	1 690,40	1 901,70	III	21 130	—	1 567,36	1 763,28	—	1 447,20	1 628,10	—	1 329,92	1 496,16	—	1 215,68	1 367,64	—	1 104,48	1 242,54	—	996,—	1 120,50
	V	35 330	1 943,15	2 826,40	3 179,70	IV	29 696	1 411,34	2 305,28	2 593,44	1 306,50	2 234,80	2 514,15	1 201,66	2 164,32	2 434,86	1 096,94	2 093,92	2 355,66	992,10	2 023,44	2 276,37	887,26	1 952,96	2 197,08
	VI	35 765	1 967,07	2 861,20	3 218,85																				
105 479,99 Ost	I,IV	29 854	1 534,86	2 388,32	2 686,86	I	29 854	1 325,30	2 247,44	2 528,37	1 115,62	2 106,48	2 369,79	906,06	1 965,60	2 211,30	696,38	1 824,64	2 052,72	486,82	1 683,76	1 894,23	277,15	1 542,80	1 735,65
	II	29 053	1 439,54	2 324,24	2 614,77	II	29 053	1 229,86	2 183,28	2 456,19	1 020,30	2 042,40	2 297,70	810,62	1 901,44	2 139,12	601,06	1 760,56	1 980,63	391,39	1 619,60	1 822,05	181,83	1 478,72	1 663,56
	III	21 270	—	1 701,60	1 914,30	III	21 270	—	1 578,24	1 775,52	—	1 457,76	1 639,98	—	1 340,32	1 507,86	—	1 225,92	1 379,16	—	1 114,24	1 253,52	—	1 005,60	1 131,30
	V	35 488	1 951,84	2 839,04	3 193,92	IV	29 854	1 430,02	2 317,84	2 607,57	1 325,30	2 247,44	2 528,37	1 220,46	2 176,96	2 449,08	1 115,62	2 106,48	2 369,79	1 010,78	2 036,—	2 290,50	906,06	1 965,60	2 211,30
	VI	35 923	1 975,76	2 873,84	3 233,07																				
105 515,99 West	I,IV	29 712	1 517,96	2 376,96	2 674,08	I	29 712	1 308,28	2 236,—	2 515,50	1 098,72	2 095,12	2 357,01	889,04	1 954,16	2 198,43	679,49	1 813,28	2 039,94	469,81	1 672,32	1 881,36	260,25	1 531,44	1 722,87
	II	28 910	1 422,52	2 312,80	2 601,90	II	28 910	1 212,96	2 171,92	2 443,41	1 003,28	2 030,96	2 284,83	793,73	1 890,08	2 126,34	584,05	1 749,12	1 967,76	374,49	1 608,24	1 809,27	164,81	1 467,28	1 650,69
	III	21 142	—	1 691,36	1 902,78	III	21 142	—	1 568,32	1 764,36	—	1 448,16	1 629,18	—	1 331,04	1 497,42	—	1 216,64	1 368,72	—	1 105,28	1 243,44	—	996,96	1 121,58
	V	35 345	1 943,97	2 827,60	3 181,05	IV	29 712	1 413,12	2 306,48	2 594,79	1 308,28	2 236,—	2 515,50	1 203,44	2 165,52	2 436,21	1 098,72	2 095,12	2 357,01	993,88	2 024,64	2 277,72	889,04	1 954,16	2 198,43
	VI	35 781	1 967,95	2 862,48	3 220,29																				
105 515,99 Ost	I,IV	29 869	1 536,64	2 389,52	2 688,21	I	29 869	1 327,08	2 248,64	2 529,72	1 117,41	2 107,68	2 371,14	907,85	1 966,80	2 212,65	698,17	1 825,84	2 054,07	488,61	1 684,96	1 895,58	278,93	1 544,—	1 737,—
	II	29 068	1 441,32	2 325,44	2 616,12	II	29 068	1 231,65	2 184,48	2 457,54	1 022,09	2 043,60	2 299,05	812,41	1 902,64	2 140,47	602,85	1 761,76	1 981,98	393,17	1 620,80	1 823,40	183,61	1 479,92	1 664,91
	III	21 282	—	1 702,56	1 915,38	III	21 282	—	1 579,20	1 776,60	—	1 458,88	1 641,24	—	1 341,28	1 508,94	—	1 226,88	1 380,24	—	1 115,20	1 254,60	—	1 006,56	1 132,38
	V	35 503	1 952,66	2 840,24	3 195,27	IV	29 869	1 431,80	2 319,04	2 608,92	1 327,08	2 248,64	2 529,72	1 222,24	2 178,16	2 450,43	1 117,41	2 107,68	2 371,14	1 012,57	2 037,20	2 291,85	907,85	1 966,80	2 212,65
	VI	35 938	1 976,59	2 875,04	3 234,42																				
105 551,99 West	I,IV	29 727	1 519,74	2 378,16	2 675,43	I	29 727	1 310,07	2 237,20	2 516,85	1 100,51	2 096,32	2 358,36	890,83	1 955,36	2 199,78	681,27	1 814,48	2 041,29	471,59	1 673,52	1 882,71	262,03	1 532,64	1 724,22
	II	28 925	1 424,31	2 314,—	2 603,25	II	28 925	1 214,75	2 173,12	2 444,76	1 005,07	2 032,16	2 286,18	795,51	1 891,28	2 127,69	585,83	1 750,32	1 969,11	376,27	1 609,44	1 810,62	166,60	1 468,48	1 652,04
	III	21 156	—	1 692,48	1 904,04	III	21 156	—	1 569,44	1 765,62	—	1 449,28	1 630,44	—	1 332,—	1 498,50	—	1 217,60	1 369,80	—	1 106,24	1 244,52	—	997,92	1 122,66
	V	35 361	1 944,85	2 828,88	3 182,49	IV	29 727	1 414,91	2 307,68	2 596,14	1 310,07	2 237,20	2 516,85	1 205,35	2 166,80	2 437,65	1 100,51	2 096,32	2 358,36	995,67	2 025,84	2 279,07	890,83	1 955,36	2 199,78
	VI	35 796	1 968,78	2 863,68	3 221,64																				
105 551,99 Ost	I,IV	29 884	1 538,43	2 390,72	2 689,56	I	29 884	1 328,87	2 249,84	2 531,07	1 119,19	2 108,88	2 372,49	909,63	1 968,—	2 214,—	699,95	1 827,04	2 055,42	490,39	1 686,16	1 896,93	280,72	1 545,20	1 738,35
	II	29 083	1 443,11	2 326,64	2 617,47	II	29 083	1 233,43	2 185,68	2 458,89	1 023,87	2 044,80	2 300,40	814,19	1 903,84	2 141,82	604,63	1 762,96	1 983,33	394,96	1 622,—	1 824,75	185,40	1 481,12	1 666,26
	III	21 296	—	1 703,68	1 916,64	III	21 296	—	1 580,32	1 777,86	—	1 459,84	1 642,32	—	1 342,40	1 510,20	—	1 227,84	1 381,32	—	1 116,16	1 255,68	—	1 007,52	1 133,46
	V	35 518	1 953,49	2 841,44	3 196,62	IV	29 884	1 433,59	2 320,24	2 610,27	1 328,87	2 249,84	2 531,07	1 224,03	2 179,36	2 451,78	1 119,19	2 108,88	2 372,49	1 014,47	2 038,48	2 293,29	909,63	1 968,—	2 214,—
	VI	35 953	1 977,41	2 876,24	3 235,77																				

Abzüge an Lohnsteuer, Solidaritätszuschlag (SolZ) und Kirchensteuer (8%, 9%) in den Steuerklassen; mit Zahl der Kinderfreibeträge . . .

* Die ausgewiesenen Tabellenwerte sind amtlich. Siehe Erläuterungen auf der Umschlaginnenseite (U2).

Abzüge an Lohnsteuer, Solidaritätszuschlag (SolZ) und Kirchensteuer (8%, 9%) in den Steuerklassen

Lohn/ Gehalt bis €*		I – VI				I, II, III, IV																			
			ohne Kinderfreibeträge					mit Zahl der Kinderfreibeträge . . .																	
								0,5			1			1,5			2			2,5			3		
		LSt	SolZ	8%	9%		LSt	SolZ	8%	9%	SolZ	8%	9%	SolZ	8%	9%	SolZ	8%	9%	SolZ	8%	9%	SolZ	8%	9%
105 587,99	I,IV	29 742	1 521,53	2 379,36	2 676,78	I	29 742	1 311,85	2 238,40	2 518,20	1 102,29	2 097,52	2 359,71	892,61	1 956,56	2 201,13	683,06	1 815,68	2 042,64	473,38	1 674,72	1 884,06	263,82	1 533,84	1 725,57
West	II	28 940	1 426,09	2 315,20	2 604,60	II	28 940	1 216,53	2 174,32	2 446,11	1 006,97	2 033,44	2 287,62	797,30	1 892,48	2 129,04	587,74	1 751,60	1 970,55	378,06	1 610,64	1 811,97	168,50	1 469,76	1 653,48
	III	21 170	—	1 693,60	1 905,30	III	21 170	—	1 570,40	1 766,70	—	1 450,24	1 631,52	—	1 332,96	1 499,58	—	1 218,56	1 370,88	—	1 107,20	1 245,60	—	998,72	1 123,56
	V	35 376	1 945,68	2 830,08	3 183,84	IV	29 742	1 416,69	2 308,88	2 597,49	1 311,85	2 238,40	2 518,20	1 207,13	2 168,—	2 439,—	1 102,29	2 097,52	2 359,71	997,45	2 027,04	2 280,42	892,61	1 956,56	2 201,13
	VI	35 811	1 969,60	2 864,88	3 222,99																				
105 587,99	I,IV	29 899	1 540,21	2 391,92	2 690,91	I	29 899	1 330,65	2 251,04	2 532,42	1 120,98	2 110,08	2 373,84	911,42	1 969,20	2 215,35	701,74	1 828,24	2 056,77	492,18	1 687,36	1 898,28	282,50	1 546,40	1 739,70
Ost	II	29 098	1 444,89	2 327,84	2 618,82	II	29 098	1 235,33	2 186,96	2 460,33	1 025,66	2 046,—	2 301,75	816,10	1 905,12	2 143,26	606,42	1 764,16	1 984,68	396,86	1 623,28	1 826,19	187,18	1 482,32	1 667,61
	III	21 310	—	1 704,80	1 917,90	III	21 310	—	1 581,28	1 778,94	—	1 460,96	1 643,58	—	1 343,36	1 511,28	—	1 228,80	1 382,40	—	1 117,12	1 256,76	—	1 008,32	1 134,36
	V	35 533	1 954,31	2 842,64	3 197,97	IV	29 899	1 435,49	2 321,52	2 611,71	1 330,65	2 251,04	2 532,42	1 225,81	2 180,56	2 453,13	1 120,98	2 110,08	2 373,84	1 016,26	2 039,68	2 294,64	911,42	1 969,20	2 215,35
	VI	35 968	1 978,24	2 877,44	3 237,12																				
105 623,99	I,IV	29 757	1 523,31	2 380,56	2 678,13	I	29 757	1 313,64	2 239,60	2 519,55	1 104,08	2 098,72	2 361,06	894,52	1 957,84	2 202,57	684,84	1 816,88	2 043,99	475,28	1 676,—	1 885,50	265,60	1 535,04	1 726,92
West	II	28 956	1 428,—	2 316,48	2 606,04	II	28 956	1 218,32	2 175,52	2 447,46	1 008,76	2 034,64	2 288,97	799,08	1 893,68	2 130,39	589,52	1 752,80	1 971,90	379,84	1 611,84	1 813,32	170,28	1 470,96	1 654,83
	III	21 184	—	1 694,72	1 906,56	III	21 184	—	1 571,52	1 767,96	—	1 451,20	1 632,60	—	1 333,92	1 500,66	—	1 219,52	1 371,96	—	1 108,16	1 246,68	—	999,68	1 124,64
	V	35 391	1 946,50	2 831,28	3 185,19	IV	29 757	1 418,48	2 310,08	2 598,84	1 313,64	2 239,60	2 519,55	1 208,92	2 169,20	2 440,35	1 104,08	2 098,72	2 361,06	999,24	2 028,24	2 281,77	894,52	1 957,84	2 202,57
	VI	35 826	1 970,43	2 866,08	3 224,34																				
105 623,99	I,IV	29 914	1 542,—	2 393,12	2 692,26	I	29 914	1 332,44	2 252,24	2 533,77	1 122,88	2 111,36	2 375,28	913,20	1 970,40	2 216,70	703,64	1 829,52	2 058,21	493,96	1 688,56	1 899,63	284,41	1 547,68	1 741,14
Ost	II	29 113	1 446,68	2 329,04	2 620,17	II	29 113	1 237,12	2 188,16	2 461,68	1 027,44	2 047,20	2 303,10	817,88	1 906,32	2 144,61	608,20	1 765,36	1 986,03	398,65	1 624,48	1 827,54	188,97	1 483,52	1 668,96
	III	21 322	—	1 705,76	1 918,98	III	21 322	—	1 582,40	1 780,20	—	1 461,92	1 644,66	—	1 344,32	1 512,36	—	1 229,76	1 383,48	—	1 118,08	1 257,84	—	1 009,28	1 135,44
	V	35 548	1 955,14	2 843,84	3 199,32	IV	29 914	1 437,28	2 322,72	2 613,06	1 332,44	2 252,24	2 533,77	1 227,60	2 181,76	2 454,48	1 122,88	2 111,36	2 375,28	1 018,04	2 040,88	2 295,99	913,20	1 970,40	2 216,70
	VI	35 983	1 979,06	2 878,64	3 238,47																				
105 659,99	I,IV	29 772	1 525,10	2 381,76	2 679,48	I	29 772	1 315,54	2 240,88	2 520,99	1 105,86	2 099,92	2 362,41	896,30	1 959,04	2 203,92	686,63	1 818,08	2 045,34	477,07	1 677,20	1 886,85	267,39	1 536,24	1 728,27
West	II	28 971	1 429,78	2 317,68	2 607,39	II	28 971	1 220,10	2 176,72	2 448,81	1 010,54	2 035,84	2 290,32	800,87	1 894,88	2 131,74	591,31	1 754,—	1 973,25	381,63	1 613,04	1 814,67	172,07	1 472,16	1 656,18
	III	21 196	—	1 695,68	1 907,64	III	21 196	—	1 572,48	1 769,04	—	1 452,32	1 633,86	—	1 334,88	1 501,74	—	1 220,64	1 373,22	—	1 109,12	1 247,76	—	1 000,64	1 125,72
	V	35 406	1 947,33	2 832,48	3 186,54	IV	29 772	1 420,26	2 311,28	2 600,19	1 315,54	2 240,88	2 520,99	1 210,70	2 170,40	2 441,70	1 105,86	2 099,92	2 362,41	1 001,02	2 029,44	2 283,12	896,30	1 959,04	2 203,92
	VI	35 841	1 971,25	2 867,28	3 225,69																				
105 659,99	I,IV	29 930	1 543,90	2 394,40	2 693,70	I	29 930	1 334,22	2 253,44	2 535,12	1 124,66	2 112,56	2 376,63	914,99	1 971,60	2 218,05	705,43	1 830,72	2 059,56	495,75	1 689,76	1 900,98	286,19	1 548,88	1 742,49
Ost	II	29 128	1 448,46	2 330,24	2 621,52	II	29 128	1 238,90	2 189,36	2 463,03	1 029,23	2 048,40	2 304,45	819,67	1 907,52	2 145,96	609,99	1 766,56	1 987,38	400,43	1 625,68	1 828,89	190,75	1 484,72	1 670,31
	III	21 336	—	1 706,88	1 920,24	III	21 336	—	1 583,52	1 781,46	—	1 462,88	1 645,74	—	1 345,28	1 513,44	—	1 230,72	1 384,56	—	1 119,04	1 258,92	—	1 010,24	1 136,52
	V	35 563	1 955,96	2 845,04	3 200,67	IV	29 930	1 439,06	2 323,92	2 614,41	1 334,22	2 253,44	2 535,12	1 229,38	2 182,96	2 455,83	1 124,66	2 112,56	2 376,63	1 019,83	2 042,08	2 297,34	914,99	1 971,60	2 218,05
	VI	35 999	1 979,94	2 879,92	3 239,91																				
105 695,99	I,IV	29 787	1 526,88	2 382,96	2 680,83	I	29 787	1 317,33	2 242,08	2 522,34	1 107,65	2 101,12	2 363,76	898,09	1 960,24	2 205,27	688,41	1 819,28	2 046,69	478,85	1 678,40	1 888,20	269,17	1 537,44	1 729,62
West	II	28 986	1 431,57	2 318,88	2 608,74	II	28 986	1 221,89	2 177,92	2 450,16	1 012,33	2 037,04	2 291,67	802,65	1 896,08	2 133,09	593,09	1 755,20	1 974,60	383,41	1 614,24	1 816,02	173,85	1 473,36	1 657,53
	III	21 210	—	1 696,80	1 908,90	III	21 210	—	1 573,60	1 770,30	—	1 453,28	1 634,94	—	1 336,—	1 503,—	—	1 221,60	1 374,30	—	1 110,08	1 248,84	—	1 001,60	1 126,80
	V	35 421	1 948,15	2 833,68	3 187,89	IV	29 787	1 422,05	2 312,48	2 601,54	1 317,33	2 242,08	2 522,34	1 212,49	2 171,60	2 443,05	1 107,65	2 101,12	2 363,76	1 002,93	2 030,72	2 284,56	898,09	1 960,24	2 205,27
	VI	35 856	1 972,08	2 868,48	3 227,04																				
105 695,99	I,IV	29 945	1 545,69	2 395,60	2 695,05	I	29 945	1 336,01	2 254,64	2 536,47	1 126,45	2 113,76	2 377,98	916,77	1 972,80	2 219,40	707,21	1 831,92	2 060,91	497,53	1 690,96	1 902,33	287,98	1 550,08	1 743,84
Ost	II	29 143	1 450,25	2 331,44	2 622,87	II	29 143	1 240,69	2 190,56	2 464,38	1 031,01	2 049,60	2 305,80	821,45	1 908,72	2 147,31	611,77	1 767,76	1 988,73	402,22	1 626,88	1 830,24	192,54	1 485,92	1 671,66
	III	21 350	—	1 708,—	1 921,50	III	21 350	—	1 584,48	1 782,54	—	1 464,—	1 647,—	—	1 346,40	1 514,70	—	1 231,68	1 385,64	—	1 120,—	1 260,—	—	1 011,20	1 137,60
	V	35 579	1 956,84	2 846,32	3 202,11	IV	29 945	1 440,85	2 325,12	2 615,76	1 336,01	2 254,64	2 536,47	1 231,17	2 184,16	2 457,18	1 126,45	2 113,76	2 377,98	1 021,61	2 043,28	2 298,69	916,77	1 972,80	2 219,40
	VI	36 014	1 980,77	2 881,12	3 241,26																				
105 731,99	I,IV	29 802	1 528,67	2 384,16	2 682,18	I	29 802	1 319,11	2 243,28	2 523,69	1 109,43	2 102,32	2 365,11	899,87	1 961,44	2 206,62	690,20	1 820,48	2 048,04	480,64	1 679,60	1 889,55	270,96	1 538,64	1 730,97
West	II	29 001	1 433,35	2 320,08	2 610,09	II	29 001	1 223,67	2 179,12	2 451,51	1 014,11	2 038,24	2 293,02	804,55	1 897,36	2 134,53	594,88	1 756,40	1 975,95	385,32	1 615,52	1 817,46	175,64	1 474,56	1 658,88
	III	21 224	—	1 697,92	1 910,16	III	21 224	—	1 574,56	1 771,38	—	1 454,24	1 636,02	—	1 336,96	1 504,08	—	1 222,56	1 375,38	—	1 111,04	1 249,92	—	1 002,40	1 127,70
	V	35 436	1 948,98	2 834,88	3 189,24	IV	29 802	1 423,95	2 313,76	2 602,98	1 319,11	2 243,28	2 523,69	1 214,27	2 172,80	2 444,40	1 109,43	2 102,32	2 365,11	1 004,71	2 031,92	2 285,91	899,87	1 961,44	2 206,62
	VI	35 871	1 972,90	2 869,68	3 228,39																				
105 731,99	I,IV	29 960	1 547,47	2 396,80	2 696,40	I	29 960	1 337,79	2 255,84	2 537,82	1 128,23	2 114,96	2 379,33	918,56	1 974,—	2 220,75	709,—	1 833,12	2 062,26	499,32	1 692,16	1 903,68	289,76	1 551,28	1 745,19
Ost	II	29 158	1 452,03	2 332,64	2 624,22	II	29 158	1 242,47	2 191,76	2 465,73	1 032,92	2 050,88	2 307,24	823,24	1 909,92	2 148,66	613,68	1 769,04	1 990,17	404,—	1 628,08	1 831,59	194,44	1 487,20	1 673,10
	III	21 364	—	1 709,12	1 922,76	III	21 364	—	1 585,60	1 783,80	—	1 464,96	1 648,08	—	1 347,36	1 515,78	—	1 232,64	1 386,72	—	1 120,96	1 261,08	—	1 012,—	1 138,50
	V	35 594	1 957,67	2 847,52	3 203,46	IV	29 960	1 442,63	2 326,32	2 617,11	1 337,79	2 255,84	2 537,82	1 233,07	2 185,44	2 458,62	1 128,23	2 114,96	2 379,33	1 023,40	2 044,48	2 300,04	918,56	1 974,—	2 220,75
	VI	36 029	1 981,59	2 882,32	3 242,61																				
105 767,99	I,IV	29 817	1 530,45	2 385,36	2 683,53	I	29 817	1 320,90	2 244,48	2 525,04	1 111,22	2 103,52	2 366,46	901,66	1 962,64	2 207,97	692,10	1 821,76	2 049,48	482,42	1 680,80	1 890,90	272,86	1 539,92	1 732,41
West	II	29 016	1 435,14	2 321,28	2 611,44	II	29 016	1 225,58	2 180,40	2 452,95	1 015,90	2 039,44	2 294,37	806,34	1 898,56	2 135,88	596,66	1 757,60	1 977,30	387,10	1 616,72	1 818,81	177,42	1 475,76	1 660,23
	III	21 236	—	1 698,88	1 911,24	III	21 236	—	1 575,68	1 772,64	—	1 455,36	1 637,28	—	1 337,92	1 505,16	—	1 223,52	1 376,46	—	1 112,—	1 251,—	—	1 003,36	1 128,78
	V	35 451	1 949,80	2 836,08	3 190,59	IV	29 817	1 425,73	2 314,96	2 604,33	1 320,90	2 244,48	2 525,04	1 216,06	2 174,—	2 445,75	1 111,22	2 103,52	2 366,46	1 006,50	2 033,12	2 287,26	901,66	1 962,64	2 207,97
	VI	35 886	1 973,73	2 870,88	3 229,74																				
105 767,99	I,IV	29 975	1 549,26	2 398,—	2 697,75	I	29 975	1 339,58	2 257,04	2 539,17	1 130,02	2 116,16	2 380,68	920,46	1 975,28	2 222,19	710,78	1 834,32	2 063,61	501,22	1 693,44	1 905,12	291,55	1 552,48	1 746,54
Ost	II	29 174	1 453,94	2 333,92	2 625,66	II	29 174	1 244,26	2 192,96	2 467,08	1 034,70	2 052,08	2 308,59	825,02	1 911,12	2 150,01	615,46	1 770,24	1 991,52	405,79	1 629,28	1 832,94	196,23	1 488,40	1 674,45
	III	21 376	—	1 710,08	1 923,84	III	21 376	—	1 586,56	1 784,88	—	1 465,92	1 649,16	—	1 348,32	1 516,86	—	1 233,60	1 387,80	—	1 121,76	1 261,98	—	1 012,96	1 139,58
	V	35 609	1 958,49	2 848,72	3 204,81	IV	29 975	1 444,42	2 327,52	2 618,46	1 339,58	2 257,04	2 539,17	1 234,86	2 186,64	2 459,97	1 130,02	2 116,16	2 380,68	1 025,18	2 045,68	2 301,39	920,46	1 975,28	2 222,19
	VI	36 044	1 982,42	2 883,52	3 243,96																				
105 803,99	I,IV	29 833	1 532,36	2 386,64	2 684,97	I	29 833	1 322,68	2 245,68	2 526,39	1 113,12	2 104,80	2 367,90	903,44	1 963,84	2 209,32	693,88	1 822,96	2 050,83	484,21	1 682,—	1 892,25	274,65	1 541,12	1 733,76
West	II	29 031	1 436,92	2 322,48	2 612,79	II	29 031	1 227,36	2 181,60	2 454,30	1 017,68	2 040,64	2 295,72	808,12	1 899,76	2 137,23	598,45	1 758,80	1 978,65	388,89	1 617,92	1 820,16	179,21	1 476,96	1 661,58
	III	21 250	—	1 700,—	1 912,50	III	21 250	—	1 576,64	1 773,72	—	1 456,32	1 638,36	—	1 338,88	1 506,24	—	1 224,48	1 377,54	—	1 112,96	1 252,08	—	1 004,32	1 129,86
	V	35 466	1 950,63	2 837,28	3 191,94	IV	29 833	1 427,52	2 316,16	2 605,68	1 322,68	2 245,68	2 526,39	1 217,84	2 175,20	2 447,10	1 113,12	2 104,80	2 367,90	1 008,28	2 034,32	2 288,61	903,44	1 963,84	2 209,32
	VI	35 902	1 974,61	2 872,16	3 231,18																				
105 803,99	I,IV	29 990	1 551,04	2 399,20	2 699,10	I	29 990	1 341,48	2 258,32	2 540,61	1 131,80	2 117,36	2 382,03	922,25	1 976,48	2 223,54	712,57	1 835,52	2 064,96	503,01	1 694,64	1 906,47	293,33	1 553,68	1 747,89
Ost	II	29 189	1 455,72	2 335,12	2 627,01	II	29 189	1 246,04	2 194,16	2 468,43	1 036,49	2 053,28	2 309,94	826,81	1 912,32	2 151,36	617,25	1 771,44	1 992,87	407,57	1 630,48	1 834,29	198,01	1 489,60	1 675,80
	III	21 390	—	1 711,20	1 925,10	III	21 390	—	1 587,68	1 786,14	—	1 467,04	1 650,42	—	1 349,28	1 517,94	—	1 234,56	1 388,88	—	1 122,72	1 263,06	—	1 013,92	1 140,66
	V	35 624	1 959,32	2 849,92	3 206,16	IV	29 990	1 446,20	2 328,72	2 619,81	1 341,48	2 258,32	2 540,61	1 236,64	2 187,84	2 461,32	1 131,80	2 117,36	2 382,03	1 026,97	2 046,88	2 302,74	922,25	1 976,48	2 223,54
	VI	36 059	1 983,24	2 884,72	3 245,31																				
105 839,99	I,IV	29 848	1 534,14	2 387,84	2 686,32	I	29 848	1 324,47	2 246,88	2 527,74	1 114,91	2 106,—	2 369,25	905,23	1 965,04	2 210,67	695,67	1 824,16	2 052,18	485,99	1 683,20	1 893,60	276,43	1 542,32	1 735,11
West	II	29 046	1 438,71	2 323,68	2 614,14	II	29 046	1 229,15	2 182,80	2 455,65	1 019,47	2 041,84	2 297,07	809,91	1 900,96	2 138,58	600,23	1 760,—	1 980,—	390,67	1 619,12	1 821,51	180,99	1 478,16	1 662,93
	III	21 264	—	1 701,12	1 913,76	III	21 264	—	1 577,76	1 774,98	—	1 457,44	1 639,62	—	1 340,—	1 507,50	—	1 225,44	1 378,62	—	1 113,92	1 253,16	—	1 005,28	1 130,94
	V	35 482	1 951,51	2 838,56	3 193,38	IV	29 848	1 429,30	2 317,36	2 607,03	1 324,47	2 246,88	2 527,74	1 219,63	2 176,40	2 448,45	1 114,91	2 106,—	2 369,25	1 010,07	2 035,52	2 289,96	905,23	1 965,04	2 210,67
	VI	35 917	1 975,43	2 873,36	3 232,53																				
105 839,99	I,IV	30 005	1 552,83	2 400,40	2 700,45	I	30 005	1 343,27	2 259,52	2 541,96	1 133,59	2 118,56	2 383,38	924,03	1 977,68	2 224,89	714,35	1 836,72	2 066,31	504,79	1 695,84	1 907,82	295,12	1 554,88	1 749,24
Ost	II	29 204	1 457,51	2 336,32	2 628,36	II	29 204	1 247,83	2 195,36	2 469,78	1 038,27	2 054,48	2 311,29	828,59	1 913,52	2 152,71	619,03	1 772,64	1 994,22	409,36	1 631,68	1 835,64	199,80	1 490,80	1 677,15
	III	21 404	—	1 712,32	1 926,36	III	21 404	—	1 588,64	1 787,22	—	1 468,—	1 651,50	—	1 350,40	1 519,20	—	1 235,52	1 389,96	—	1 123,68	1 264,14	—	1 014,88	1 141,74
	V	35 639	1 960,14	2 851,12	3 207,51	IV	30 005	1 447,99	2 329,92	2 621,16	1 343,27	2 259,52	2 541,96	1 238,43	2 189,04	2 462,67	1 133,59	2 118,56	2 383,38	1 028,75	2 048,08	2 304,09	924,03	1 977,68	2 224,89
	VI	36 074	1 984,07	2 885,92	3 246,66																				

* Die ausgewiesenen Tabellenwerte sind amtlich. Siehe Erläuterungen auf der Umschlaginnenseite (U2).

Abzüge an Lohnsteuer, Solidaritätszuschlag (SolZ) und Kirchensteuer (8%, 9%) in den Steuerklassen

Lohn/ Gehalt bis €*	I – VI		ohne Kinderfreibeträge			I, II, III, IV		mit Zahl der Kinderfreibeträge . . . 0,5			1			1,5			2			2,5			3		
		LSt	SolZ	8%	9%		LSt	SolZ	8%	9%	SolZ	8%	9%	SolZ	8%	9%	SolZ	8%	9%	SolZ	8%	9%	SolZ	8%	9%
105 875,99 West	I,IV	29 863	1 535,93	2 389,04	2 687,67	I	29 863	1 326,25	2 248,08	2 529,09	1 116,69	2 107,20	2 370,60	907,01	1 966,24	2 212,02	697,45	1 825,36	2 053,53	487,78	1 684,40	1 894,95	278,22	1 543,52	1 736,46
	II	29 061	1 440,49	2 324,88	2 615,49	II	29 061	1 230,93	2 184,—	2 457,—	1 021,25	2 043,04	2 298,42	811,69	1 902,16	2 139,93	602,14	1 761,28	1 981,44	392,46	1 620,32	1 822,86	182,90	1 479,44	1 664,37
	III	21 276	—	1 702,08	1 914,84	III	21 276	—	1 578,72	1 776,06	—	1 458,40	1 640,70	—	1 340,96	1 508,58	—	1 226,40	1 379,70	—	1 114,72	1 254,06	—	1 006,08	1 131,84
	V	35 497	1 952,33	2 839,76	3 194,73	IV	29 863	1 431,09	2 318,56	2 608,38	1 326,25	2 248,08	2 529,09	1 221,53	2 177,68	2 449,89	1 116,69	2 107,20	2 370,60	1 011,85	2 036,72	2 291,31	907,01	1 966,24	2 212,02
	VI	35 932	1 976,26	2 874,56	3 233,88																				
105 875,99 Ost	I,IV	30 020	1 554,61	2 401,60	2 701,80	I	30 020	1 345,05	2 260,72	2 543,31	1 135,37	2 119,76	2 384,73	925,82	1 978,88	2 226,24	716,14	1 837,92	2 067,66	506,58	1 697,04	1 909,17	296,90	1 556,08	1 750,59
	II	29 219	1 459,29	2 337,52	2 629,71	II	29 219	1 249,61	2 196,56	2 471,13	1 040,06	2 055,68	2 312,64	830,50	1 914,80	2 154,15	620,82	1 773,84	1 995,57	411,26	1 632,96	1 837,08	201,58	1 492,—	1 678,50
	III	21 416	—	1 713,28	1 927,44	III	21 416	—	1 589,76	1 788,48	—	1 469,12	1 652,76	—	1 351,36	1 520,28	—	1 236,48	1 391,04	—	1 124,64	1 265,22	—	1 015,84	1 142,82
	V	35 654	1 960,97	2 852,32	3 208,86	IV	30 020	1 449,89	2 331,20	2 622,60	1 345,05	2 260,72	2 543,31	1 240,21	2 190,24	2 464,02	1 135,37	2 119,76	2 384,73	1 030,65	2 049,36	2 305,53	925,82	1 978,88	2 226,24
	VI	36 089	1 984,89	2 887,12	3 248,01																				
105 911,99 West	I,IV	29 878	1 537,71	2 390,24	2 689,02	I	29 878	1 328,04	2 249,28	2 530,44	1 118,48	2 108,40	2 371,95	908,80	1 967,44	2 213,37	699,24	1 826,56	2 054,88	489,68	1 685,68	1 896,39	280,—	1 544,72	1 737,81
	II	29 077	1 442,39	2 326,16	2 616,93	II	29 077	1 232,72	2 185,20	2 458,35	1 023,16	2 044,32	2 299,86	813,48	1 903,36	2 141,28	603,92	1 762,48	1 982,79	394,24	1 621,52	1 824,21	184,68	1 480,64	1 665,72
	III	21 290	—	1 703,20	1 916,10	III	21 290	—	1 579,84	1 777,32	—	1 459,36	1 641,78	—	1 341,92	1 509,66	—	1 227,36	1 380,78	—	1 115,68	1 255,14	—	1 007,04	1 132,92
	V	35 512	1 953,16	2 840,96	3 196,08	IV	29 878	1 432,87	2 319,76	2 609,73	1 328,04	2 249,28	2 530,44	1 223,32	2 178,88	2 451,24	1 118,48	2 108,40	2 371,95	1 013,64	2 037,92	2 292,66	908,80	1 967,44	2 213,37
	VI	35 947	1 977,08	2 875,76	3 235,23																				
105 911,99 Ost	I,IV	30 035	1 556,40	2 402,80	2 703,15	I	30 035	1 346,84	2 261,92	2 544,66	1 137,16	2 120,96	2 386,08	927,60	1 980,08	2 227,59	718,04	1 839,20	2 069,10	508,36	1 698,24	1 910,52	298,80	1 557,36	1 752,03
	II	29 234	1 461,08	2 338,72	2 631,06	II	29 234	1 251,52	2 197,84	2 472,57	1 041,84	2 056,88	2 313,99	832,28	1 916,—	2 155,50	622,60	1 775,04	1 996,92	413,04	1 634,16	1 838,43	203,37	1 493,20	1 679,85
	III	21 430	—	1 714,40	1 928,70	III	21 430	—	1 590,72	1 789,56	—	1 470,08	1 653,84	—	1 352,32	1 521,36	—	1 237,44	1 392,12	—	1 125,60	1 266,30	—	1 016,64	1 143,72
	V	35 669	1 961,79	2 853,52	3 210,21	IV	30 035	1 451,68	2 332,40	2 623,95	1 346,84	2 261,92	2 544,66	1 242,—	2 191,44	2 465,37	1 137,16	2 120,96	2 386,08	1 032,44	2 050,56	2 306,88	927,60	1 980,08	2 227,59
	VI	36 104	1 985,72	2 888,32	3 249,36																				
105 947,99 West	I,IV	29 893	1 539,50	2 391,44	2 690,37	I	29 893	1 329,94	2 250,56	2 531,88	1 120,26	2 109,60	2 373,30	910,70	1 968,72	2 214,81	701,02	1 827,76	2 056,23	491,47	1 686,88	1 897,74	281,79	1 545,92	1 739,16
	II	29 092	1 444,18	2 327,36	2 618,28	II	29 092	1 234,50	2 186,40	2 459,70	1 024,94	2 045,52	2 301,21	815,26	1 904,56	2 142,63	605,71	1 763,68	1 984,14	396,03	1 622,72	1 825,56	186,47	1 481,84	1 667,07
	III	21 304	—	1 704,32	1 917,36	III	21 304	—	1 580,96	1 778,58	—	1 460,48	1 643,04	—	1 342,88	1 510,74	—	1 228,32	1 381,86	—	1 116,64	1 256,22	—	1 008,—	1 134,—
	V	35 527	1 953,98	2 842,16	3 197,43	IV	29 893	1 434,66	2 320,96	2 611,08	1 329,94	2 250,56	2 531,88	1 225,10	2 180,08	2 452,59	1 120,26	2 109,60	2 373,30	1 015,42	2 039,12	2 294,01	910,70	1 968,72	2 214,81
	VI	35 962	1 977,91	2 876,96	3 236,58																				
105 947,99 Ost	I,IV	30 051	1 558,30	2 404,08	2 704,59	I	30 051	1 348,62	2 263,12	2 546,01	1 139,06	2 122,24	2 387,52	929,39	1 981,28	2 228,94	719,83	1 840,40	2 070,45	510,15	1 699,44	1 911,87	300,59	1 558,56	1 753,38
	II	29 249	1 462,86	2 339,92	2 632,41	II	29 249	1 253,30	2 199,04	2 473,92	1 043,63	2 058,08	2 315,34	834,07	1 917,20	2 156,85	624,39	1 776,24	1 998,27	414,83	1 635,36	1 839,78	205,15	1 494,40	1 681,20
	III	21 444	—	1 715,52	1 929,96	III	21 444	—	1 591,84	1 790,82	—	1 471,04	1 654,92	—	1 353,28	1 522,44	—	1 238,56	1 393,38	—	1 126,56	1 267,38	—	1 017,60	1 144,80
	V	35 684	1 962,62	2 854,72	3 211,56	IV	30 051	1 453,46	2 333,60	2 625,30	1 348,62	2 263,12	2 546,01	1 243,78	2 192,64	2 466,72	1 139,06	2 122,24	2 387,52	1 034,22	2 051,76	2 308,23	929,39	1 981,28	2 228,94
	VI	36 120	1 986,60	2 889,60	3 250,80																				
105 983,99 West	I,IV	29 908	1 541,28	2 392,64	2 691,72	I	29 908	1 331,72	2 251,76	2 533,23	1 122,05	2 110,80	2 374,65	912,49	1 969,92	2 216,16	702,81	1 828,96	2 057,58	493,25	1 688,08	1 899,09	283,57	1 547,12	1 740,51
	II	29 107	1 445,96	2 328,56	2 619,63	II	29 107	1 236,29	2 187,60	2 461,05	1 026,73	2 046,72	2 302,56	817,05	1 905,76	2 143,98	607,49	1 764,88	1 985,49	397,81	1 623,92	1 826,91	188,25	1 483,04	1 668,42
	III	21 316	—	1 705,28	1 918,44	III	21 316	—	1 581,92	1 779,66	—	1 461,44	1 644,12	—	1 343,84	1 511,82	—	1 229,28	1 382,94	—	1 117,60	1 257,30	—	1 008,96	1 135,08
	V	35 542	1 954,81	2 843,36	3 198,78	IV	29 908	1 436,44	2 322,16	2 612,43	1 331,72	2 251,76	2 533,23	1 226,89	2 181,28	2 453,94	1 122,05	2 110,80	2 374,65	1 017,21	2 040,32	2 295,36	912,49	1 969,92	2 216,16
	VI	35 977	1 978,73	2 878,16	3 237,93																				
105 983,99 Ost	I,IV	30 066	1 560,09	2 405,28	2 705,94	I	30 066	1 350,41	2 264,32	2 547,36	1 140,85	2 123,44	2 388,87	931,17	1 982,48	2 230,29	721,61	1 841,60	2 071,80	511,93	1 700,64	1 913,22	302,37	1 559,76	1 754,73
	II	29 264	1 464,65	2 341,12	2 633,76	II	29 264	1 255,09	2 200,24	2 475,27	1 045,41	2 059,28	2 316,69	835,85	1 918,40	2 158,20	626,17	1 777,44	1 999,62	416,61	1 636,56	1 841,13	206,94	1 495,60	1 682,55
	III	21 458	—	1 716,64	1 931,22	III	21 458	—	1 592,80	1 791,90	—	1 472,16	1 656,18	—	1 354,40	1 523,70	—	1 239,52	1 394,46	—	1 127,52	1 268,46	—	1 018,56	1 145,88
	V	35 700	1 963,50	2 856,—	3 213,—	IV	30 066	1 455,25	2 334,80	2 626,65	1 350,41	2 264,32	2 547,36	1 245,57	2 193,84	2 468,07	1 140,85	2 123,44	2 388,87	1 036,01	2 052,96	2 309,58	931,17	1 982,48	2 230,29
	VI	36 135	1 987,42	2 890,80	3 252,15																				
106 019,99 West	I,IV	29 923	1 543,07	2 393,84	2 693,07	I	29 923	1 333,51	2 252,96	2 534,58	1 123,83	2 112,—	2 376,—	914,27	1 971,12	2 217,51	704,59	1 830,16	2 058,93	495,04	1 689,28	1 900,44	285,36	1 548,32	1 741,86
	II	29 122	1 447,75	2 329,76	2 620,98	II	29 122	1 238,07	2 188,80	2 462,40	1 028,51	2 047,92	2 303,91	818,83	1 906,96	2 145,33	609,28	1 766,08	1 986,84	399,72	1 625,20	1 828,35	190,04	1 484,24	1 669,77
	III	21 330	—	1 706,40	1 919,70	III	21 330	—	1 583,04	1 780,92	—	1 462,40	1 645,20	—	1 344,96	1 513,08	—	1 230,24	1 384,02	—	1 118,56	1 258,38	—	1 009,76	1 135,98
	V	35 557	1 955,63	2 844,56	3 200,13	IV	29 923	1 438,35	2 323,44	2 613,87	1 333,51	2 252,96	2 534,58	1 228,67	2 182,48	2 455,29	1 123,83	2 112,—	2 376,—	1 019,11	2 041,60	2 296,80	914,27	1 971,12	2 217,51
	VI	35 992	1 979,56	2 879,36	3 239,28																				
106 019,99 Ost	I,IV	30 081	1 561,87	2 406,48	2 707,29	I	30 081	1 352,19	2 265,52	2 548,71	1 142,63	2 124,64	2 390,22	932,96	1 983,68	2 231,64	723,40	1 842,80	2 073,15	513,72	1 701,84	1 914,57	304,16	1 560,96	1 756,08
	II	29 279	1 466,43	2 342,32	2 635,11	II	29 279	1 256,87	2 201,44	2 476,62	1 047,20	2 060,48	2 318,04	837,64	1 919,60	2 159,55	628,08	1 778,72	2 001,06	418,40	1 637,76	1 842,48	208,84	1 496,88	1 683,99
	III	21 470	—	1 717,60	1 932,30	III	21 470	—	1 593,92	1 793,16	—	1 473,12	1 657,26	—	1 355,36	1 524,78	—	1 240,48	1 395,54	—	1 128,48	1 269,54	—	1 019,52	1 146,96
	V	35 715	1 964,32	2 857,20	3 214,35	IV	30 081	1 457,03	2 336,—	2 628,—	1 352,19	2 265,52	2 548,71	1 247,47	2 195,12	2 469,51	1 142,63	2 124,64	2 390,22	1 037,79	2 054,16	2 310,93	932,96	1 983,68	2 231,64
	VI	36 150	1 988,25	2 892,—	3 253,50																				
106 055,99 West	I,IV	29 938	1 544,85	2 395,04	2 694,42	I	29 938	1 335,29	2 254,16	2 535,93	1 125,62	2 113,20	2 377,35	916,06	1 972,32	2 218,86	706,38	1 831,36	2 060,28	496,82	1 690,48	1 901,79	287,26	1 549,60	1 743,30
	II	29 137	1 449,53	2 330,96	2 622,33	II	29 137	1 239,98	2 190,08	2 463,84	1 030,30	2 049,12	2 305,26	820,74	1 908,24	2 146,77	611,06	1 767,28	1 988,19	401,50	1 626,40	1 829,70	191,82	1 485,44	1 671,12
	III	21 344	—	1 707,52	1 920,96	III	21 344	—	1 584,—	1 782,—	—	1 463,52	1 646,46	—	1 345,92	1 514,16	—	1 231,20	1 385,10	—	1 119,52	1 259,46	—	1 010,72	1 137,06
	V	35 572	1 956,46	2 845,76	3 201,48	IV	29 938	1 440,13	2 324,64	2 615,22	1 335,29	2 254,16	2 535,93	1 230,46	2 183,68	2 456,64	1 125,62	2 113,20	2 377,35	1 020,90	2 042,80	2 298,15	916,06	1 972,32	2 218,86
	VI	36 007	1 980,38	2 880,56	3 240,63																				
106 055,99 Ost	I,IV	30 096	1 563,66	2 407,68	2 708,64	I	30 096	1 353,98	2 266,72	2 550,06	1 144,42	2 125,84	2 391,57	934,74	1 984,88	2 232,99	725,18	1 844,—	2 074,50	515,62	1 703,12	1 916,01	305,94	1 562,16	1 757,43
	II	29 295	1 468,34	2 343,60	2 636,55	II	29 295	1 258,66	2 202,64	2 477,97	1 049,10	2 061,76	2 319,48	839,42	1 920,80	2 160,90	629,86	1 779,92	2 002,41	420,18	1 638,96	1 843,83	210,63	1 498,08	1 685,34
	III	21 484	—	1 718,72	1 933,56	III	21 484	—	1 595,04	1 794,42	—	1 474,24	1 658,52	—	1 356,32	1 525,86	—	1 241,44	1 396,62	—	1 129,44	1 270,62	—	1 020,32	1 147,86
	V	35 730	1 965,15	2 858,40	3 215,70	IV	30 096	1 458,82	2 337,20	2 629,35	1 353,98	2 266,72	2 550,06	1 249,26	2 196,32	2 470,86	1 144,42	2 125,84	2 391,57	1 039,58	2 055,36	2 312,28	934,74	1 984,88	2 232,99
	VI	36 165	1 989,07	2 893,20	3 254,85																				
106 091,99 West	I,IV	29 954	1 546,76	2 396,32	2 695,86	I	29 954	1 337,08	2 255,36	2 537,28	1 127,52	2 114,48	2 378,79	917,84	1 973,52	2 220,21	708,28	1 832,64	2 061,72	498,61	1 691,68	1 903,14	289,05	1 550,80	1 744,65
	II	29 152	1 451,32	2 332,16	2 623,68	II	29 152	1 241,76	2 191,28	2 465,19	1 032,08	2 050,32	2 306,61	822,52	1 909,44	2 148,12	612,85	1 768,48	1 989,54	403,29	1 627,60	1 831,05	193,61	1 486,64	1 672,47
	III	21 358	—	1 708,64	1 922,22	III	21 358	—	1 585,12	1 783,26	—	1 464,48	1 647,54	—	1 346,88	1 515,24	—	1 232,16	1 386,18	—	1 120,48	1 260,54	—	1 011,68	1 138,14
	V	35 587	1 957,28	2 846,96	3 202,83	IV	29 954	1 441,92	2 325,84	2 616,57	1 337,08	2 255,36	2 537,28	1 232,24	2 184,88	2 457,99	1 127,52	2 114,48	2 378,79	1 022,68	2 044,—	2 299,50	917,84	1 973,52	2 220,21
	VI	36 023	1 981,26	2 881,84	3 242,07																				
106 091,99 Ost	I,IV	30 111	1 565,44	2 408,88	2 709,99	I	30 111	1 355,88	2 268,—	2 551,50	1 146,20	2 127,04	2 392,92	936,64	1 986,16	2 234,43	726,97	1 845,20	2 075,85	517,41	1 704,32	1 917,36	307,73	1 563,36	1 758,78
	II	29 310	1 470,12	2 344,80	2 637,90	II	29 310	1 260,44	2 203,84	2 479,32	1 050,88	2 062,96	2 320,83	841,21	1 922,—	2 162,25	631,65	1 781,12	2 003,76	421,97	1 640,16	1 845,18	212,41	1 499,28	1 686,69
	III	21 498	—	1 719,84	1 934,82	III	21 498	—	1 596,—	1 795,50	—	1 475,20	1 659,60	—	1 357,28	1 526,94	—	1 242,40	1 397,70	—	1 130,40	1 271,70	—	1 021,28	1 148,94
	V	35 745	1 965,97	2 859,60	3 217,05	IV	30 111	1 460,60	2 338,40	2 630,70	1 355,88	2 268,—	2 551,50	1 251,04	2 197,52	2 472,21	1 146,20	2 127,04	2 392,92	1 041,36	2 056,56	2 313,63	936,64	1 986,16	2 234,43
	VI	36 180	1 989,90	2 894,40	3 256,20																				
106 127,99 West	I,IV	29 969	1 548,54	2 397,52	2 697,21	I	29 969	1 338,86	2 256,56	2 538,63	1 129,31	2 115,68	2 380,14	919,63	1 974,72	2 221,56	710,07	1 833,84	2 063,07	500,39	1 692,88	1 904,49	290,83	1 552,—	1 746,—
	II	29 167	1 453,10	2 333,36	2 625,03	II	29 167	1 243,55	2 192,48	2 466,54	1 033,87	2 051,52	2 307,96	824,31	1 910,64	2 149,47	614,63	1 769,68	1 990,89	405,07	1 628,80	1 832,40	195,39	1 487,84	1 673,82
	III	21 370	—	1 709,60	1 923,30	III	21 370	—	1 586,08	1 784,34	—	1 465,60	1 648,80	—	1 347,84	1 516,32	—	1 233,12	1 387,26	—	1 121,44	1 261,62	—	1 012,64	1 139,22
	V	35 603	1 958,16	2 848,24	3 204,27	IV	29 969	1 443,70	2 327,04	2 617,92	1 338,86	2 256,56	2 538,63	1 234,03	2 186,08	2 459,34	1 129,31	2 115,68	2 380,14	1 024,47	2 045,20	2 300,85	919,63	1 974,72	2 221,56
	VI	36 038	1 982,09	2 883,04	3 243,42																				
106 127,99 Ost	I,IV	30 126	1 567,23	2 410,08	2 711,34	I	30 126	1 357,67	2 269,20	2 552,85	1 147,99	2 128,24	2 394,27	938,43	1 987,36	2 235,78	728,75	1 846,40	2 077,20	519,19	1 705,52	1 918,71	309,51	1 564,56	1 760,13
	II	29 325	1 471,91	2 346,—	2 639,25	II	29 325	1 262,23	2 205,04	2 480,67	1 052,67	2 064,16	2 322,18	842,99	1 923,20	2 163,60	633,43	1 782,32	2 005,11	423,75	1 641,36	1 846,53	214,20	1 500,48	1 688,04
	III	21 510	—	1 720,80	1 935,90	III	21 510	—	1 597,12	1 796,76	—	1 476,16	1 660,68	—	1 358,24	1 528,02	—	1 243,36	1 398,78	—	1 131,36	1 272,78	—	1 022,24	1 150,02
	V	35 760	1 966,80	2 860,80	3 218,40	IV	30 126	1 462,39	2 339,60	2 632,05	1 357,67	2 269,20	2 552,85	1 252,83	2 198,72	2 473,56	1 147,99	2 128,24	2 394,27	1 043,15	2 057,76	2 314,98	938,43	1 987,36	2 235,78
	VI	36 195	1 990,72	2 895,60	3 257,55																				

* Die ausgewiesenen Tabellenwerte sind amtlich. Siehe Erläuterungen auf der Umschlaginnenseite (U2).

Abzüge an Lohnsteuer, Solidaritätszuschlag (SolZ) und Kirchensteuer (8%, 9%) in den Steuerklassen

Lohn/ Gehalt bis €*		I – VI LSt	ohne Kinderfreibeträge SolZ	8%	9%	I, II, III, IV	LSt	mit Zahl der Kinderfreibeträge . . . 0,5 SolZ	0,5 8%	0,5 9%	1 SolZ	1 8%	1 9%	1,5 SolZ	1,5 8%	1,5 9%	2 SolZ	2 8%	2 9%	2,5 SolZ	2,5 8%	2,5 9%	3 SolZ	3 8%	3 9%
106 163,99 West	I,IV	29 984	1 550,33	2 398,72	2 698,56	I	29 984	1 340,65	2 257,76	2 539,98	1 131,09	2 116,88	2 381,49	921,41	1 975,92	2 222,91	711,85	1 835,04	2 064,42	502,18	1 694,08	1 905,84	292,62	1 553,20	1 747,35
	II	29 182	1 454,89	2 334,56	2 626,38	II	29 182	1 245,33	2 193,68	2 467,89	1 035,65	2 052,72	2 309,31	826,09	1 911,84	2 150,82	616,42	1 770,88	1 992,24	406,86	1 630,—	1 833,75	197,30	1 489,12	1 675,26
	III	21 384	—	1 710,72	1 924,56	III	21 384	—	1 587,20	1 785,60	—	1 466,56	1 649,88	—	1 348,96	1 517,58	—	1 234,08	1 388,34	—	1 122,40	1 262,70	—	1 013,44	1 140,12
	V	35 618	1 958,99	2 849,44	3 205,62	IV	29 984	1 445,49	2 328,24	2 619,27	1 340,65	2 257,76	2 539,98	1 235,93	2 187,36	2 460,78	1 131,09	2 116,88	2 381,49	1 026,25	2 046,40	2 302,20	921,41	1 975,92	2 222,91
	VI	36 053	1 982,91	2 884,24	3 244,77																				
106 163,99 Ost	I,IV	30 141	1 569,01	2 411,28	2 712,69	I	30 141	1 359,45	2 270,40	2 554,20	1 149,77	2 129,44	2 395,62	940,21	1 988,56	2 237,13	730,54	1 847,60	2 078,55	520,98	1 706,72	1 920,06	311,30	1 565,76	1 761,48
	II	29 340	1 473,69	2 347,20	2 640,60	II	29 340	1 264,01	2 206,24	2 482,02	1 054,45	2 065,36	2 323,53	844,78	1 924,40	2 164,95	635,22	1 783,52	2 006,46	425,66	1 642,64	1 847,97	215,98	1 501,68	1 689,39
	III	21 524	—	1 721,92	1 937,16	III	21 524	—	1 598,08	1 797,84	—	1 477,28	1 661,94	—	1 359,36	1 529,28	—	1 244,32	1 399,86	—	1 132,32	1 273,86	—	1 023,20	1 151,10
	V	35 775	1 967,62	2 862,—	3 219,75	IV	30 141	1 464,29	2 340,88	2 633,49	1 359,45	2 270,40	2 554,20	1 254,61	2 199,92	2 474,91	1 149,77	2 129,44	2 395,62	1 045,05	2 059,04	2 316,42	940,21	1 988,56	2 237,13
	VI	36 210	1 991,55	2 896,80	3 258,90																				
106 199,99 West	I,IV	29 999	1 552,11	2 399,92	2 699,91	I	29 999	1 342,43	2 258,96	2 541,33	1 132,88	2 118,08	2 382,84	923,20	1 977,12	2 224,26	713,64	1 836,24	2 065,77	503,96	1 695,28	1 907,19	294,40	1 554,40	1 748,70
	II	29 198	1 456,79	2 335,84	2 627,82	II	29 198	1 247,12	2 194,88	2 469,24	1 037,56	2 054,—	2 310,75	827,88	1 913,04	2 152,17	618,32	1 772,16	1 993,68	408,64	1 631,20	1 835,10	199,08	1 490,32	1 676,61
	III	21 398	—	1 711,84	1 925,82	III	21 398	—	1 588,16	1 786,68	—	1 467,52	1 650,96	—	1 349,92	1 518,66	—	1 235,20	1 389,60	—	1 123,36	1 263,78	—	1 014,40	1 141,20
	V	35 633	1 959,81	2 850,64	3 206,97	IV	29 999	1 447,27	2 329,44	2 620,62	1 342,43	2 258,96	2 541,33	1 237,71	2 188,56	2 462,13	1 132,88	2 118,08	2 382,84	1 028,04	2 047,60	2 303,55	923,20	1 977,12	2 224,26
	VI	36 068	1 983,74	2 885,44	3 246,12																				
106 199,99 Ost	I,IV	30 156	1 570,80	2 412,48	2 714,04	I	30 156	1 361,24	2 271,60	2 555,55	1 151,56	2 130,64	2 396,97	942,—	1 989,76	2 238,48	732,32	1 848,80	2 079,90	522,76	1 707,92	1 921,41	313,20	1 567,04	1 762,92
	II	29 355	1 475,48	2 348,40	2 641,95	II	29 355	1 265,92	2 207,52	2 483,46	1 056,24	2 066,56	2 324,88	846,68	1 925,68	2 166,39	637,—	1 784,72	2 007,81	427,44	1 643,84	1 849,32	217,77	1 502,88	1 690,74
	III	21 538	—	1 723,04	1 938,42	III	21 538	—	1 599,20	1 799,10	—	1 478,24	1 663,02	—	1 360,32	1 530,36	—	1 245,28	1 400,94	—	1 133,28	1 274,94	—	1 024,—	1 152,—
	V	35 790	1 968,45	2 863,20	3 221,10	IV	30 156	1 466,08	2 342,08	2 634,84	1 361,24	2 271,60	2 555,55	1 256,40	2 201,12	2 476,26	1 151,56	2 130,64	2 396,97	1 046,84	2 060,24	2 317,77	942,—	1 989,76	2 238,48
	VI	36 225	1 992,37	2 898,—	3 260,25																				
106 235,99 West	I,IV	30 014	1 553,90	2 401,12	2 701,26	I	30 014	1 344,34	2 260,24	2 542,77	1 134,66	2 119,28	2 384,19	925,10	1 978,40	2 225,70	715,42	1 837,44	2 067,12	505,86	1 696,56	1 908,63	296,19	1 555,60	1 750,05
	II	29 213	1 458,58	2 337,04	2 629,17	II	29 213	1 248,90	2 196,08	2 470,59	1 039,34	2 055,20	2 312,10	829,66	1 914,24	2 153,52	620,10	1 773,36	1 995,03	410,43	1 632,40	1 836,45	200,87	1 491,52	1 677,96
	III	21 410	—	1 712,80	1 926,90	III	21 410	—	1 589,28	1 787,94	—	1 468,64	1 652,22	—	1 350,88	1 519,74	—	1 236,16	1 390,68	—	1 124,32	1 264,86	—	1 015,36	1 142,28
	V	35 648	1 960,64	2 851,84	3 208,32	IV	30 014	1 449,06	2 330,64	2 621,97	1 344,34	2 260,24	2 542,77	1 239,50	2 189,76	2 463,48	1 134,66	2 119,28	2 384,19	1 029,82	2 048,80	2 304,90	925,10	1 978,40	2 225,70
	VI	36 083	1 984,56	2 886,64	3 247,47																				
106 235,99 Ost	I,IV	30 172	1 572,70	2 413,76	2 715,48	I	30 172	1 363,02	2 272,80	2 556,90	1 153,46	2 131,92	2 398,41	943,78	1 990,96	2 239,83	734,23	1 850,08	2 081,34	524,55	1 709,12	1 922,76	314,99	1 568,24	1 764,27
	II	29 370	1 477,26	2 349,60	2 643,30	II	29 370	1 267,70	2 208,72	2 484,81	1 058,02	2 067,76	2 326,23	848,47	1 926,88	2 167,74	638,79	1 785,92	2 009,16	429,23	1 645,04	1 850,67	219,55	1 504,08	1 692,09
	III	21 552	—	1 724,16	1 939,68	III	21 552	—	1 600,16	1 800,18	—	1 479,36	1 664,28	—	1 361,28	1 531,44	—	1 246,24	1 402,02	—	1 134,24	1 276,02	—	1 024,96	1 153,08
	V	35 805	1 969,27	2 864,40	3 222,45	IV	30 172	1 467,86	2 343,28	2 636,19	1 363,02	2 272,80	2 556,90	1 258,18	2 202,32	2 477,61	1 153,46	2 131,92	2 398,41	1 048,62	2 061,44	2 319,12	943,78	1 990,96	2 239,83
	VI	36 240	1 993,20	2 899,20	3 261,60																				
106 271,99 West	I,IV	30 029	1 555,68	2 402,32	2 702,61	I	30 029	1 346,12	2 261,44	2 544,12	1 136,45	2 120,48	2 385,54	926,89	1 979,60	2 227,05	717,21	1 838,64	2 068,47	507,65	1 697,76	1 909,98	297,97	1 556,80	1 751,40
	II	29 228	1 460,36	2 338,24	2 630,52	II	29 228	1 250,69	2 197,28	2 471,94	1 041,13	2 056,40	2 313,45	831,45	1 915,44	2 154,87	621,89	1 774,56	1 996,38	412,21	1 633,60	1 837,80	202,65	1 492,72	1 679,31
	III	21 424	—	1 713,92	1 928,16	III	21 424	—	1 590,24	1 789,02	—	1 469,60	1 653,30	—	1 351,84	1 520,82	—	1 237,12	1 391,76	—	1 125,28	1 265,94	—	1 016,32	1 143,36
	V	35 663	1 961,46	2 853,04	3 209,67	IV	30 029	1 450,84	2 331,84	2 623,32	1 346,12	2 261,44	2 544,12	1 241,28	2 190,96	2 464,83	1 136,45	2 120,48	2 385,54	1 031,61	2 050,—	2 306,25	926,89	1 979,60	2 227,05
	VI	36 098	1 985,39	2 887,84	3 248,82																				
106 271,99 Ost	I,IV	30 187	1 574,48	2 414,96	2 716,83	I	30 187	1 364,81	2 274,—	2 558,25	1 155,25	2 133,12	2 399,76	945,57	1 992,16	2 241,18	736,01	1 851,28	2 082,69	526,33	1 710,32	1 924,11	316,77	1 569,44	1 765,62
	II	29 385	1 479,05	2 350,80	2 644,65	II	29 385	1 269,49	2 209,92	2 486,16	1 059,81	2 068,96	2 327,58	850,25	1 928,08	2 169,09	640,57	1 787,12	2 010,51	431,01	1 646,24	1 852,02	221,34	1 505,28	1 693,44
	III	21 564	—	1 725,12	1 940,76	III	21 564	—	1 601,28	1 801,44	—	1 480,32	1 665,36	—	1 362,24	1 532,52	—	1 247,20	1 403,10	—	1 135,04	1 276,92	—	1 025,92	1 154,16
	V	35 820	1 970,10	2 865,60	3 223,80	IV	30 187	1 469,65	2 344,48	2 637,54	1 364,81	2 274,—	2 558,25	1 259,97	2 203,52	2 478,96	1 155,25	2 133,12	2 399,76	1 050,41	2 062,64	2 320,47	945,57	1 992,16	2 241,18
	VI	36 256	1 994,08	2 900,48	3 263,04																				
106 307,99 West	I,IV	30 044	1 557,47	2 403,52	2 703,96	I	30 044	1 347,91	2 262,64	2 545,47	1 138,23	2 121,68	2 386,89	928,67	1 980,80	2 228,40	718,99	1 839,84	2 069,82	509,43	1 698,96	1 911,33	299,76	1 558,—	1 752,75
	II	29 243	1 462,15	2 339,44	2 631,87	II	29 243	1 252,47	2 198,48	2 473,29	1 042,91	2 057,60	2 314,80	833,23	1 916,64	2 156,22	623,67	1 775,76	1 997,73	414,—	1 634,80	1 839,15	204,44	1 493,92	1 680,66
	III	21 438	—	1 715,04	1 929,42	III	21 438	—	1 591,36	1 790,28	—	1 470,72	1 654,56	—	1 352,80	1 521,90	—	1 238,08	1 392,84	—	1 126,08	1 266,84	—	1 017,12	1 144,26
	V	35 678	1 962,29	2 854,24	3 211,02	IV	30 044	1 452,75	2 333,12	2 624,76	1 347,91	2 262,64	2 545,47	1 243,07	2 192,16	2 466,18	1 138,23	2 121,68	2 386,89	1 033,51	2 051,28	2 307,69	928,67	1 980,80	2 228,40
	VI	36 113	1 986,21	2 889,04	3 250,17																				
106 307,99 Ost	I,IV	30 202	1 576,27	2 416,16	2 718,18	I	30 202	1 366,59	2 275,20	2 559,60	1 157,03	2 134,32	2 401,11	947,35	1 993,36	2 242,53	737,80	1 852,48	2 084,04	528,12	1 711,52	1 925,46	318,56	1 570,64	1 766,97
	II	29 400	1 480,83	2 352,—	2 646,—	II	29 400	1 271,27	2 211,12	2 487,51	1 061,59	2 070,16	2 328,93	852,04	1 929,28	2 170,44	642,36	1 788,32	2 011,86	432,80	1 647,44	1 853,37	223,24	1 506,56	1 694,88
	III	21 578	—	1 726,24	1 942,02	III	21 578	—	1 602,40	1 802,70	—	1 481,28	1 666,44	—	1 363,36	1 533,78	—	1 248,16	1 404,18	—	1 136,—	1 278,—	—	1 026,88	1 155,24
	V	35 836	1 970,98	2 866,88	3 225,24	IV	30 202	1 471,43	2 345,68	2 638,89	1 366,59	2 275,20	2 559,60	1 261,87	2 204,80	2 480,40	1 157,03	2 134,32	2 401,11	1 052,19	2 063,84	2 321,82	947,35	1 993,36	2 242,53
	VI	36 271	1 994,90	2 901,68	3 264,39																				
106 343,99 West	I,IV	30 059	1 559,25	2 404,72	2 705,31	I	30 059	1 349,69	2 263,84	2 546,82	1 140,02	2 122,88	2 388,24	930,46	1 982,—	2 229,75	720,78	1 841,04	2 071,17	511,22	1 700,16	1 912,68	301,54	1 559,20	1 754,10
	II	29 258	1 463,93	2 340,64	2 633,22	II	29 258	1 254,37	2 199,76	2 474,73	1 044,70	2 058,80	2 316,15	835,14	1 917,92	2 157,66	625,46	1 776,96	1 999,08	415,90	1 636,08	1 840,59	206,22	1 495,12	1 682,01
	III	21 452	—	1 716,16	1 930,68	III	21 452	—	1 592,48	1 791,54	—	1 471,68	1 655,64	—	1 353,92	1 523,16	—	1 239,04	1 393,92	—	1 127,04	1 267,92	—	1 018,08	1 145,34
	V	35 693	1 963,11	2 855,44	3 212,37	IV	30 059	1 454,53	2 334,32	2 626,11	1 349,69	2 263,84	2 546,82	1 244,85	2 193,36	2 467,53	1 140,02	2 122,88	2 388,24	1 035,30	2 052,48	2 309,04	930,46	1 982,—	2 229,75
	VI	36 128	1 987,04	2 890,24	3 251,52																				
106 343,99 Ost	I,IV	30 217	1 578,05	2 417,36	2 719,53	I	30 217	1 368,38	2 276,40	2 560,95	1 158,82	2 135,52	2 402,46	949,14	1 994,56	2 243,88	739,58	1 853,68	2 085,39	529,90	1 712,72	1 926,81	320,34	1 571,84	1 768,32
	II	29 416	1 482,74	2 353,28	2 647,44	II	29 416	1 273,06	2 212,32	2 488,86	1 063,50	2 071,44	2 330,37	853,82	1 930,48	2 171,79	644,26	1 789,60	2 013,30	434,58	1 648,64	1 854,72	225,02	1 507,76	1 696,23
	III	21 592	—	1 727,36	1 943,28	III	21 592	—	1 603,36	1 803,78	—	1 482,40	1 667,70	—	1 364,32	1 534,86	—	1 249,12	1 405,26	—	1 136,96	1 279,08	—	1 027,84	1 156,32
	V	35 851	1 971,80	2 868,08	3 226,59	IV	30 217	1 473,22	2 346,88	2 640,24	1 368,38	2 276,40	2 560,95	1 263,66	2 206,—	2 481,75	1 158,82	2 135,52	2 402,46	1 053,98	2 065,04	2 323,17	949,14	1 994,56	2 243,88
	VI	36 286	1 995,73	2 902,88	3 265,74																				
106 379,99 West	I,IV	30 074	1 561,04	2 405,92	2 706,66	I	30 074	1 351,48	2 265,04	2 548,17	1 141,92	2 124,16	2 389,68	932,24	1 983,20	2 231,10	722,68	1 842,32	2 072,61	513,—	1 701,36	1 914,03	303,45	1 560,48	1 755,54
	II	29 273	1 465,72	2 341,84	2 634,57	II	29 273	1 256,16	2 200,96	2 476,08	1 046,48	2 060,—	2 317,50	836,92	1 919,12	2 159,01	627,24	1 778,16	2 000,43	417,69	1 637,28	1 841,94	208,01	1 496,32	1 683,36
	III	21 464	—	1 717,12	1 931,76	III	21 464	—	1 593,44	1 792,62	—	1 472,64	1 656,72	—	1 354,88	1 524,24	—	1 240,—	1 395,—	—	1 128,—	1 269,—	—	1 019,04	1 146,42
	V	35 708	1 963,94	2 856,64	3 213,72	IV	30 074	1 456,32	2 335,52	2 627,46	1 351,48	2 265,04	2 548,17	1 246,64	2 194,56	2 468,88	1 141,92	2 124,16	2 389,68	1 037,08	2 053,68	2 310,39	932,24	1 983,20	2 231,10
	VI	36 143	1 987,86	2 891,44	3 252,87																				
106 379,99 Ost	I,IV	30 232	1 579,84	2 418,56	2 720,88	I	30 232	1 370,28	2 277,68	2 562,39	1 160,60	2 136,72	2 403,81	951,04	1 995,84	2 245,32	741,37	1 854,88	2 086,74	531,81	1 714,—	1 928,25	322,13	1 573,04	1 769,67
	II	29 431	1 484,52	2 354,48	2 648,79	II	29 431	1 274,84	2 213,52	2 490,21	1 065,28	2 072,64	2 331,72	855,61	1 931,68	2 173,14	646,05	1 790,80	2 014,65	436,37	1 649,84	1 856,07	226,81	1 508,96	1 697,58
	III	21 604	—	1 728,32	1 944,36	III	21 604	—	1 604,48	1 805,04	—	1 483,36	1 668,78	—	1 365,28	1 535,94	—	1 250,24	1 406,52	—	1 137,92	1 280,16	—	1 028,64	1 157,22
	V	35 866	1 972,63	2 869,28	3 227,94	IV	30 232	1 475,—	2 348,08	2 641,59	1 370,28	2 277,68	2 562,39	1 265,44	2 207,20	2 483,10	1 160,60	2 136,72	2 403,81	1 055,76	2 066,24	2 324,52	951,04	1 995,84	2 245,32
	VI	36 301	1 996,55	2 904,08	3 267,09																				
106 415,99 West	I,IV	30 090	1 562,94	2 407,20	2 708,10	I	30 090	1 353,26	2 266,24	2 549,52	1 143,70	2 125,36	2 391,03	934,03	1 984,40	2 232,45	724,47	1 843,52	2 073,96	514,79	1 702,56	1 915,38	305,23	1 561,68	1 756,89
	II	29 288	1 467,50	2 343,04	2 635,92	II	29 288	1 257,94	2 202,16	2 477,43	1 048,27	2 061,20	2 318,85	838,71	1 920,32	2 160,36	629,03	1 779,36	2 001,78	419,47	1 638,48	1 843,29	209,79	1 497,52	1 684,71
	III	21 478	—	1 718,24	1 933,02	III	21 478	—	1 594,56	1 793,88	—	1 473,76	1 657,98	—	1 355,84	1 525,32	—	1 240,96	1 396,08	—	1 128,96	1 270,08	—	1 020,—	1 147,50
	V	35 723	1 964,76	2 857,84	3 215,07	IV	30 090	1 458,10	2 336,72	2 628,81	1 353,26	2 266,24	2 549,52	1 248,42	2 195,76	2 470,23	1 143,70	2 125,36	2 391,03	1 038,87	2 054,88	2 311,74	934,03	1 984,40	2 232,45
	VI	36 159	1 988,74	2 892,72	3 254,31																				
106 415,99 Ost	I,IV	30 247	1 581,62	2 419,76	2 722,23	I	30 247	1 372,07	2 278,88	2 563,74	1 162,39	2 137,92	2 405,16	952,83	1 997,04	2 246,67	743,15	1 856,08	2 088,09	533,59	1 715,20	1 929,60	323,91	1 574,24	1 771,02
	II	29 446	1 486,31	2 355,68	2 650,14	II	29 446	1 276,63	2 214,72	2 491,56	1 067,07	2 073,84	2 333,07	857,39	1 932,88	2 174,49	647,83	1 792,—	2 016,—	438,15	1 651,04	1 857,42	228,59	1 510,16	1 698,93
	III	21 618	—	1 729,44	1 945,62	III	21 618	—	1 605,44	1 806,12	—	1 484,48	1 670,04	—	1 366,40	1 537,20	—	1 251,20	1 407,60	—	1 138,88	1 281,24	—	1 029,60	1 158,30
	V	35 881	1 973,45	2 870,48	3 229,29	IV	30 247	1 476,79	2 349,28	2 642,94	1 372,07	2 278,88	2 563,74	1 267,23	2 208,40	2 484,45	1 162,39	2 137,92	2 405,16	1 057,55	2 067,44	2 325,87	952,83	1 997,04	2 246,67
	VI	36 316	1 997,38	2 905,28	3 268,44																				

* Die ausgewiesenen Tabellenwerte sind amtlich. Siehe Erläuterungen auf der Umschlaginnenseite (U2).

JAHR 106 416,–*

Lohn/ Gehalt bis €*		I – VI LSt	ohne Kinderfreibeträge SolZ	8%	9%	I, II, III, IV	LSt	0,5 SolZ	0,5 8%	0,5 9%	1 SolZ	1 8%	1 9%	1,5 SolZ	1,5 8%	1,5 9%	2 SolZ	2 8%	2 9%	2,5 SolZ	2,5 8%	2,5 9%	3 SolZ	3 8%	3 9%
106 451,99 West	I,IV	30 105	1 564,73	2 408,40	2 709,45	I	30 105	1 355,05	2 267,44	2 550,87	1 145,49	2 126,56	2 392,38	935,81	1 985,60	2 233,80	726,25	1 844,72	2 075,31	516,57	1 703,76	1 916,73	307,02	1 562,88	1 758,24
	II	29 303	1 469,29	2 344,24	2 637,27	II	29 303	1 259,73	2 203,36	2 478,78	1 050,05	2 062,40	2 320,20	840,49	1 921,52	2 161,71	630,81	1 780,56	2 003,13	421,26	1 639,68	1 844,64	211,58	1 498,72	1 686,06
	III	21 492	—	1 719,36	1 934,28	III	21 492	—	1 595,52	1 794,96	—	1 474,72	1 659,06	—	1 356,80	1 526,40	—	1 241,92	1 397,16	—	1 129,92	1 271,16	—	1 020,96	1 148,58
	V	35 739	1 965,64	2 859,12	3 216,51	IV	30 105	1 459,89	2 337,92	2 630,16	1 355,05	2 267,44	2 550,87	1 250,33	2 197,04	2 471,67	1 145,49	2 126,56	2 392,38	1 040,65	2 056,08	2 313,09	935,81	1 985,60	2 233,80
	VI	36 174	1 989,57	2 893,92	3 255,66																				
106 451,99 Ost	I,IV	30 262	1 583,41	2 420,96	2 723,58	I	30 262	1 373,85	2 280,08	2 565,09	1 164,17	2 139,12	2 406,51	954,61	1 998,24	2 248,02	744,94	1 857,28	2 089,44	535,38	1 716,40	1 930,95	325,70	1 575,44	1 772,37
	II	29 461	1 488,09	2 356,88	2 651,49	II	29 461	1 278,41	2 215,92	2 492,91	1 068,85	2 075,04	2 334,42	859,18	1 934,08	2 175,84	649,62	1 793,20	2 017,35	439,94	1 652,24	1 858,77	230,38	1 511,36	1 700,28
	III	21 632	—	1 730,56	1 946,88	III	21 632	—	1 606,56	1 807,38	—	1 485,44	1 671,12	—	1 367,36	1 538,28	—	1 252,16	1 408,68	—	1 139,84	1 282,32	—	1 030,56	1 159,38
	V	35 896	1 974,28	2 871,68	3 230,64	IV	30 262	1 478,57	2 350,48	2 644,29	1 373,85	2 280,08	2 565,09	1 269,01	2 209,60	2 485,80	1 164,17	2 139,12	2 406,51	1 059,45	2 068,72	2 327,31	954,61	1 998,24	2 248,02
	VI	36 331	1 998,20	2 906,48	3 269,79																				
106 487,99 West	I,IV	30 120	1 566,51	2 409,60	2 710,80	I	30 120	1 356,83	2 268,64	2 552,22	1 147,27	2 127,76	2 393,73	937,60	1 986,80	2 235,15	728,04	1 845,92	2 076,66	518,36	1 704,96	1 918,08	308,80	1 564,08	1 759,59
	II	29 318	1 471,07	2 345,44	2 638,62	II	29 318	1 261,51	2 204,56	2 480,13	1 051,96	2 063,68	2 321,64	842,28	1 922,72	2 163,06	632,72	1 781,84	2 004,57	423,04	1 640,88	1 845,99	213,48	1 500,—	1 687,50
	III	21 504	—	1 720,32	1 935,36	III	21 504	—	1 596,64	1 796,22	—	1 475,84	1 660,32	—	1 357,92	1 527,66	—	1 242,88	1 398,24	—	1 130,88	1 272,24	—	1 021,76	1 149,48
	V	35 754	1 966,47	2 860,32	3 217,86	IV	30 120	1 461,67	2 339,12	2 631,51	1 356,83	2 268,64	2 552,22	1 252,11	2 198,24	2 473,02	1 147,27	2 127,76	2 393,73	1 042,44	2 057,28	2 314,44	937,60	1 986,80	2 235,15
	VI	36 189	1 990,39	2 895,12	3 257,01																				
106 487,99 Ost	I,IV	30 277	1 585,19	2 422,16	2 724,93	I	30 277	1 375,64	2 281,28	2 566,44	1 165,96	2 140,32	2 407,86	956,40	1 999,44	2 249,37	746,72	1 858,48	2 090,79	537,16	1 717,60	1 932,30	327,48	1 576,64	1 773,72
	II	29 476	1 489,88	2 358,08	2 652,84	II	29 476	1 280,32	2 217,20	2 494,35	1 070,64	2 076,24	2 335,77	861,08	1 935,36	2 177,28	651,40	1 794,40	2 018,70	441,84	1 653,52	1 860,21	232,16	1 512,56	1 701,63
	III	21 646	—	1 731,68	1 948,14	III	21 646	—	1 607,52	1 808,46	—	1 486,56	1 672,38	—	1 368,32	1 539,36	—	1 253,12	1 409,76	—	1 140,80	1 283,40	—	1 031,52	1 160,46
	V	35 911	1 975,10	2 872,88	3 231,99	IV	30 277	1 480,47	2 351,76	2 645,73	1 375,64	2 281,28	2 566,44	1 270,80	2 210,80	2 487,15	1 165,96	2 140,32	2 407,86	1 061,24	2 069,92	2 328,66	956,40	1 999,44	2 249,37
	VI	36 346	1 999,03	2 907,68	3 271,14																				
106 523,99 West	I,IV	30 135	1 568,30	2 410,80	2 712,15	I	30 135	1 358,62	2 269,84	2 553,57	1 149,06	2 128,96	2 395,08	939,50	1 988,08	2 236,59	729,82	1 847,12	2 078,01	520,26	1 706,24	1 919,52	310,59	1 565,28	1 760,94
	II	29 334	1 472,98	2 346,72	2 640,06	II	29 334	1 263,30	2 205,76	2 481,48	1 053,74	2 064,88	2 322,99	844,06	1 923,92	2 164,41	634,50	1 783,04	2 005,92	424,83	1 642,08	1 847,34	215,27	1 501,20	1 688,85
	III	21 518	—	1 721,44	1 936,62	III	21 518	—	1 597,60	1 797,30	—	1 476,80	1 661,40	—	1 358,88	1 528,74	—	1 243,84	1 399,32	—	1 131,84	1 273,32	—	1 022,72	1 150,56
	V	35 769	1 967,29	2 861,52	3 219,21	IV	30 135	1 463,46	2 340,32	2 632,86	1 358,62	2 269,84	2 553,57	1 253,90	2 199,44	2 474,37	1 149,06	2 128,96	2 395,08	1 044,22	2 058,48	2 315,79	939,50	1 988,08	2 236,59
	VI	36 204	1 991,22	2 896,32	3 258,36																				
106 523,99 Ost	I,IV	30 292	1 586,98	2 423,36	2 726,28	I	30 292	1 377,42	2 282,48	2 567,79	1 167,86	2 141,60	2 409,30	958,18	2 000,64	2 250,72	748,62	1 859,76	2 092,23	538,95	1 718,80	1 933,65	329,39	1 577,92	1 775,16
	II	29 491	1 491,66	2 359,28	2 654,19	II	29 491	1 282,10	2 218,40	2 495,70	1 072,42	2 077,44	2 337,12	862,86	1 936,56	2 178,63	653,19	1 795,60	2 020,05	443,63	1 654,72	1 861,56	233,95	1 513,76	1 702,98
	III	21 658	—	1 732,64	1 949,22	III	21 658	—	1 608,64	1 809,72	—	1 487,52	1 673,46	—	1 369,28	1 540,44	—	1 254,08	1 410,84	—	1 141,76	1 284,48	—	1 032,48	1 161,54
	V	35 926	1 975,93	2 874,08	3 233,34	IV	30 292	1 482,26	2 352,96	2 647,08	1 377,42	2 282,48	2 567,79	1 272,58	2 212,—	2 488,50	1 167,86	2 141,60	2 409,30	1 063,02	2 071,12	2 330,01	958,18	2 000,64	2 250,72
	VI	36 361	1 999,85	2 908,88	3 272,49																				
106 559,99 West	I,IV	30 150	1 570,08	2 412,—	2 713,50	I	30 150	1 360,52	2 271,12	2 555,01	1 150,84	2 130,16	2 396,43	941,29	1 989,28	2 237,94	731,61	1 848,32	2 079,36	522,05	1 707,44	1 920,87	312,37	1 566,48	1 762,29
	II	29 349	1 474,76	2 347,92	2 641,41	II	29 349	1 265,08	2 206,96	2 482,83	1 055,53	2 066,08	2 324,34	845,85	1 925,12	2 165,76	636,29	1 784,24	2 007,27	426,61	1 643,28	1 848,69	217,05	1 502,40	1 690,20
	III	21 532	—	1 722,56	1 937,88	III	21 532	—	1 598,72	1 798,56	—	1 477,76	1 662,48	—	1 359,84	1 529,82	—	1 244,80	1 400,40	—	1 132,80	1 274,40	—	1 023,68	1 151,64
	V	35 784	1 968,12	2 862,72	3 220,56	IV	30 150	1 465,24	2 341,52	2 634,21	1 360,52	2 271,12	2 555,01	1 255,68	2 200,64	2 475,72	1 150,84	2 130,16	2 396,43	1 046,01	2 059,68	2 317,14	941,29	1 989,28	2 237,94
	VI	36 219	1 992,04	2 897,52	3 259,71																				
106 559,99 Ost	I,IV	30 308	1 588,88	2 424,64	2 727,72	I	30 308	1 379,21	2 283,68	2 569,14	1 169,65	2 142,80	2 410,65	959,97	2 001,84	2 252,07	750,41	1 860,96	2 093,58	540,73	1 720,—	1 935,—	331,17	1 579,12	1 776,51
	II	29 506	1 493,45	2 360,48	2 655,54	II	29 506	1 283,89	2 219,60	2 497,05	1 074,21	2 078,64	2 338,47	864,65	1 937,76	2 179,98	654,97	1 796,80	2 021,40	445,41	1 655,92	1 862,91	235,73	1 514,96	1 704,33
	III	21 672	—	1 733,76	1 950,48	III	21 672	—	1 609,76	1 810,98	—	1 488,48	1 674,54	—	1 370,40	1 541,70	—	1 255,04	1 411,92	—	1 142,72	1 285,56	—	1 033,28	1 162,44
	V	35 941	1 976,75	2 875,28	3 234,69	IV	30 308	1 484,04	2 354,16	2 648,43	1 379,21	2 283,68	2 569,14	1 274,37	2 213,20	2 489,85	1 169,65	2 142,80	2 410,65	1 064,81	2 072,32	2 331,36	959,97	2 001,84	2 252,07
	VI	36 377	2 000,73	2 910,16	3 273,93																				
106 595,99 West	I,IV	30 165	1 571,87	2 413,20	2 714,85	I	30 165	1 362,31	2 272,32	2 556,36	1 152,63	2 131,36	2 397,78	943,07	1 990,48	2 239,29	733,39	1 849,52	2 080,71	523,83	1 708,64	1 922,22	314,16	1 567,68	1 763,64
	II	29 364	1 476,55	2 349,12	2 642,76	II	29 364	1 266,87	2 208,16	2 484,18	1 057,31	2 067,28	2 325,69	847,63	1 926,32	2 167,11	638,07	1 785,44	2 008,62	428,40	1 644,48	1 850,04	218,84	1 503,60	1 691,55
	III	21 546	—	1 723,68	1 939,14	III	21 546	—	1 599,68	1 799,64	—	1 478,88	1 663,74	—	1 360,80	1 530,90	—	1 245,76	1 401,48	—	1 133,76	1 275,48	—	1 024,64	1 152,72
	V	35 799	1 968,94	2 863,92	3 221,91	IV	30 165	1 467,03	2 342,72	2 635,56	1 362,31	2 272,32	2 556,36	1 257,47	2 201,84	2 477,07	1 152,63	2 131,36	2 397,78	1 047,91	2 060,96	2 318,58	943,07	1 990,48	2 239,29
	VI	36 234	1 992,87	2 898,72	3 261,06																				
106 595,99 Ost	I,IV	30 323	1 590,67	2 425,84	2 729,07	I	30 323	1 380,99	2 284,88	2 570,49	1 171,43	2 144,—	2 412,—	961,75	2 003,04	2 253,42	752,19	1 862,16	2 094,93	542,52	1 721,20	1 936,35	332,96	1 580,32	1 777,86
	II	29 521	1 495,23	2 361,68	2 656,89	II	29 521	1 285,67	2 220,80	2 498,40	1 075,99	2 079,84	2 339,82	866,43	1 938,96	2 181,33	656,76	1 798,—	2 022,75	447,20	1 657,12	1 864,26	237,52	1 516,16	1 705,68
	III	21 686	—	1 734,88	1 951,74	III	21 686	—	1 610,72	1 812,06	—	1 489,60	1 675,80	—	1 371,36	1 542,78	—	1 256,—	1 413,—	—	1 143,68	1 286,64	—	1 034,24	1 163,52
	V	35 957	1 977,63	2 876,56	3 236,13	IV	30 323	1 485,83	2 355,36	2 649,78	1 380,99	2 284,88	2 570,49	1 276,15	2 214,40	2 491,20	1 171,43	2 144,—	2 412,—	1 066,59	2 073,52	2 332,71	961,75	2 003,04	2 253,42
	VI	36 392	2 001,56	2 911,36	3 275,28																				
106 631,99 West	I,IV	30 180	1 573,65	2 414,40	2 716,20	I	30 180	1 364,09	2 273,52	2 557,71	1 154,41	2 132,56	2 399,13	944,86	1 991,68	2 240,64	735,18	1 850,72	2 082,06	525,62	1 709,84	1 923,57	315,94	1 568,88	1 764,99
	II	29 379	1 478,33	2 350,32	2 644,11	II	29 379	1 268,65	2 209,36	2 485,53	1 059,10	2 068,48	2 327,04	849,54	1 927,60	2 168,55	639,86	1 786,64	2 009,97	430,30	1 645,76	1 851,48	220,62	1 504,80	1 692,90
	III	21 558	—	1 724,64	1 940,22	III	21 558	—	1 600,80	1 800,90	—	1 479,84	1 664,82	—	1 361,92	1 532,16	—	1 246,88	1 402,74	—	1 134,72	1 276,56	—	1 025,44	1 153,62
	V	35 814	1 969,77	2 865,12	3 223,26	IV	30 180	1 468,93	2 344,—	2 637,—	1 364,09	2 273,52	2 557,71	1 259,25	2 203,04	2 478,42	1 154,41	2 132,56	2 399,13	1 049,69	2 062,16	2 319,93	944,86	1 991,68	2 240,64
	VI	36 249	1 993,69	2 899,92	3 262,41																				
106 631,99 Ost	I,IV	30 338	1 592,45	2 427,04	2 730,42	I	30 338	1 382,78	2 286,08	2 571,84	1 173,22	2 145,20	2 413,35	963,54	2 004,24	2 254,77	753,98	1 863,36	2 096,28	544,30	1 722,40	1 937,70	334,74	1 581,52	1 779,21
	II	29 536	1 497,02	2 362,88	2 658,24	II	29 536	1 287,46	2 222,—	2 499,75	1 077,90	2 081,12	2 341,26	868,22	1 940,16	2 182,68	658,66	1 799,28	2 024,19	448,98	1 658,32	1 865,61	239,42	1 517,44	1 707,12
	III	21 700	—	1 736,—	1 953,—	III	21 700	—	1 611,84	1 813,32	—	1 490,56	1 676,88	—	1 372,32	1 543,86	—	1 256,96	1 414,08	—	1 144,64	1 287,72	—	1 035,20	1 164,60
	V	35 972	1 978,46	2 877,76	3 237,48	IV	30 338	1 487,61	2 356,56	2 651,13	1 382,78	2 286,08	2 571,84	1 278,06	2 215,68	2 492,64	1 173,22	2 145,20	2 413,35	1 068,38	2 074,72	2 334,06	963,54	2 004,24	2 254,77
	VI	36 407	2 002,38	2 912,56	3 276,63																				
106 667,99 West	I,IV	30 195	1 575,44	2 415,60	2 717,55	I	30 195	1 365,88	2 274,72	2 559,06	1 156,20	2 133,76	2 400,48	946,64	1 992,88	2 241,99	737,08	1 852,—	2 083,50	527,40	1 711,04	1 924,92	317,84	1 570,16	1 766,43
	II	29 394	1 480,12	2 351,52	2 645,46	II	29 394	1 270,56	2 210,64	2 486,97	1 060,88	2 069,68	2 328,39	851,32	1 928,80	2 169,90	641,64	1 787,84	2 011,32	432,08	1 646,96	1 852,83	222,41	1 506,—	1 694,25
	III	21 572	—	1 725,76	1 941,48	III	21 572	—	1 601,92	1 802,16	—	1 480,96	1 666,08	—	1 362,88	1 533,24	—	1 247,84	1 403,82	—	1 135,68	1 277,64	—	1 026,40	1 154,70
	V	35 829	1 970,59	2 866,32	3 224,61	IV	30 195	1 470,72	2 345,20	2 638,35	1 365,88	2 274,72	2 559,06	1 261,04	2 204,24	2 479,77	1 156,20	2 133,76	2 400,48	1 051,48	2 063,36	2 321,28	946,64	1 992,88	2 241,99
	VI	36 264	1 994,52	2 901,12	3 263,76																				
106 667,99 Ost	I,IV	30 353	1 594,24	2 428,24	2 731,77	I	30 353	1 384,56	2 287,28	2 573,19	1 175,—	2 146,40	2 414,70	965,44	2 005,52	2 256,21	755,76	1 864,56	2 097,63	546,21	1 723,68	1 939,14	336,53	1 582,72	1 780,56
	II	29 552	1 498,92	2 364,16	2 659,68	II	29 552	1 289,24	2 223,20	2 501,10	1 079,68	2 082,32	2 342,61	870,—	1 941,36	2 184,03	660,45	1 800,48	2 025,54	450,77	1 659,52	1 866,96	241,21	1 518,64	1 708,47
	III	21 712	—	1 736,96	1 954,08	III	21 712	—	1 612,80	1 814,40	—	1 491,68	1 678,14	—	1 373,28	1 544,94	—	1 257,92	1 415,16	—	1 145,60	1 288,80	—	1 036,16	1 165,68
	V	35 987	1 979,28	2 878,96	3 238,83	IV	30 353	1 489,40	2 357,76	2 652,48	1 384,56	2 287,28	2 573,19	1 279,84	2 216,88	2 493,99	1 175,—	2 146,40	2 414,70	1 070,16	2 075,92	2 335,41	965,44	2 005,52	2 256,21
	VI	36 422	2 003,21	2 913,76	3 277,98																				
106 703,99 West	I,IV	30 211	1 577,34	2 416,88	2 718,99	I	30 211	1 367,66	2 275,92	2 560,41	1 158,10	2 135,04	2 401,92	948,43	1 994,08	2 243,34	738,87	1 853,20	2 084,85	529,19	1 712,24	1 926,27	319,63	1 571,36	1 767,78
	II	29 409	1 481,90	2 352,72	2 646,81	II	29 409	1 272,34	2 211,84	2 488,32	1 062,67	2 070,88	2 329,74	853,11	1 930,—	2 171,25	643,43	1 789,04	2 012,67	433,87	1 648,16	1 854,18	224,19	1 507,20	1 695,60
	III	21 586	—	1 726,88	1 942,74	III	21 586	—	1 602,88	1 803,24	—	1 481,92	1 667,16	—	1 363,84	1 534,32	—	1 248,80	1 404,90	—	1 136,64	1 278,72	—	1 027,36	1 155,78
	V	35 844	1 971,42	2 867,52	3 225,96	IV	30 211	1 472,50	2 346,40	2 639,70	1 367,66	2 275,92	2 560,41	1 262,82	2 205,44	2 481,12	1 158,10	2 135,04	2 401,92	1 053,26	2 064,56	2 322,63	948,43	1 994,08	2 243,34
	VI	36 280	1 995,40	2 902,40	3 265,20																				
106 703,99 Ost	I,IV	30 368	1 596,02	2 429,44	2 733,12	I	30 368	1 386,46	2 288,56	2 574,63	1 176,79	2 147,60	2 416,05	967,23	2 006,72	2 257,56	757,55	1 865,76	2 098,98	547,99	1 724,88	1 940,49	338,31	1 583,92	1 781,91
	II	29 567	1 500,70	2 365,36	2 661,03	II	29 567	1 291,03	2 224,40	2 502,45	1 081,47	2 083,52	2 343,96	871,79	1 942,56	2 185,38	662,23	1 801,68	2 026,89	452,55	1 660,72	1 868,31	242,99	1 519,84	1 709,82
	III	21 726	—	1 738,08	1 955,34	III	21 726	—	1 613,92	1 815,66	—	1 492,64	1 679,22	—	1 374,40	1 546,20	—	1 259,04	1 416,42	—	1 146,56	1 289,88	—	1 036,96	1 166,58
	V	36 002	1 980,11	2 880,16	3 240,18	IV	30 368	1 491,18	2 358,96	2 653,83	1 386,46	2 288,56	2 574,63	1 281,63	2 218,08	2 495,34	1 176,79	2 147,60	2 416,05	1 071,95	2 077,12	2 336,76	967,23	2 006,72	2 257,56
	VI	36 437	2 004,03	2 914,96	3 279,33																				

Abzüge an Lohnsteuer, Solidaritätszuschlag (SolZ) und Kirchensteuer (8%, 9%) in den Steuerklassen; I, II, III, IV mit Zahl der Kinderfreibeträge . . .

* Die ausgewiesenen Tabellenwerte sind amtlich. Siehe Erläuterungen auf der Umschlaginnenseite (U2).

Abzüge an Lohnsteuer, Solidaritätszuschlag (SolZ) und Kirchensteuer (8%, 9%) in den Steuerklassen

Lohn/ Gehalt bis €*	I – VI					I, II, III, IV																			
			ohne Kinderfreibeträge				mit Zahl der Kinderfreibeträge ...																		
							0,5			1			1,5			2			2,5			3			
		LSt	SolZ	8%	9%		LSt	SolZ	8%	9%	SolZ	8%	9%	SolZ	8%	9%	SolZ	8%	9%	SolZ	8%	9%	SolZ	8%	9%
106 739,99	I,IV	30 226	1 579,13	2 418,08	2 720,34	I	30 226	1 369,45	2 277,12	2 561,76	1 159,89	2 136,24	2 403,27	950,21	1 995,28	2 244,69	740,65	1 854,40	2 086,20	530,97	1 713,44	1 927,62	321,41	1 572,56	1 769,13
	II	29 424	1 483,69	2 353,92	2 648,16	II	29 424	1 274,13	2 213,04	2 489,67	1 064,45	2 072,08	2 331,09	854,89	1 931,20	2 172,60	645,21	1 790,24	2 014,02	435,65	1 649,36	1 855,53	225,98	1 508,40	1 696,95
West	III	21 598	–	1 727,84	1 943,82	III	21 598	–	1 604,–	1 804,50	–	1 482,88	1 668,24	–	1 364,80	1 535,40	–	1 249,76	1 405,98	–	1 137,60	1 279,80	–	1 028,32	1 156,86
	V	35 860	1 972,30	2 868,80	3 227,40	IV	30 226	1 474,29	2 347,60	2 641,05	1 369,45	2 277,12	2 561,76	1 264,61	2 206,64	2 482,47	1 159,89	2 136,24	2 403,27	1 055,05	2 065,76	2 323,98	950,21	1 995,28	2 244,69
	VI	36 295	1 996,22	2 903,60	3 266,55																				
106 739,99	I,IV	30 383	1 597,81	2 430,64	2 734,47	I	30 383	1 388,25	2 289,76	2 575,98	1 178,57	2 148,80	2 417,40	969,01	2 007,92	2 258,91	759,33	1 866,96	2 100,33	549,78	1 726,08	1 941,84	340,10	1 585,12	1 783,26
	II	29 582	1 502,49	2 366,56	2 662,38	II	29 582	1 292,81	2 225,60	2 503,80	1 083,25	2 084,72	2 345,31	873,57	1 943,76	2 186,73	664,02	1 802,88	2 028,24	454,34	1 661,92	1 869,66	244,78	1 521,04	1 711,17
Ost	III	21 740	–	1 739,20	1 956,60	III	21 740	–	1 614,88	1 816,74	–	1 493,60	1 680,30	–	1 375,36	1 547,28	–	1 260,–	1 417,50	–	1 147,52	1 290,96	–	1 037,92	1 167,66
	V	36 017	1 980,93	2 881,36	3 241,53	IV	30 383	1 492,97	2 360,16	2 655,18	1 388,25	2 289,76	2 575,98	1 283,41	2 219,28	2 496,69	1 178,57	2 148,80	2 417,40	1 073,73	2 078,32	2 338,11	969,01	2 007,92	2 258,91
	VI	36 452	2 004,86	2 916,16	3 280,68																				
106 775,99	I,IV	30 241	1 580,91	2 419,28	2 721,69	I	30 241	1 371,23	2 278,32	2 563,11	1 161,67	2 137,44	2 404,62	952,–	1 996,48	2 246,04	742,44	1 855,60	2 087,55	532,76	1 714,64	1 928,97	323,20	1 573,76	1 770,48
	II	29 439	1 485,47	2 355,12	2 649,51	II	29 439	1 275,91	2 214,24	2 491,02	1 066,24	2 073,28	2 332,44	856,68	1 932,40	2 173,95	647,12	1 791,52	2 015,46	437,44	1 650,56	1 856,88	227,88	1 509,68	1 698,39
West	III	21 612	–	1 728,96	1 945,08	III	21 612	–	1 604,96	1 805,58	–	1 484,–	1 669,50	–	1 365,92	1 536,66	–	1 250,72	1 407,06	–	1 138,56	1 280,88	–	1 029,28	1 157,94
	V	35 875	1 973,12	2 870,–	3 228,75	IV	30 241	1 476,07	2 348,80	2 642,40	1 371,23	2 278,32	2 563,11	1 266,51	2 207,92	2 483,91	1 161,67	2 137,44	2 404,62	1 056,83	2 066,96	2 325,33	952,–	1 996,48	2 246,04
	VI	36 310	1 997,05	2 904,80	3 267,90																				
106 775,99	I,IV	30 398	1 599,59	2 431,84	2 735,82	I	30 398	1 390,03	2 290,96	2 577,33	1 180,36	2 150,–	2 418,75	970,80	2 009,12	2 260,26	761,12	1 868,16	2 101,68	551,56	1 727,28	1 943,19	341,88	1 586,32	1 784,61
	II	29 597	1 504,27	2 367,76	2 663,73	II	29 597	1 294,60	2 226,80	2 505,15	1 085,04	2 085,92	2 346,66	875,48	1 945,04	2 188,17	665,80	1 804,08	2 029,59	456,24	1 663,20	1 871,10	246,56	1 522,24	1 712,52
Ost	III	21 754	–	1 740,32	1 957,86	III	21 754	–	1 616,–	1 818,–	–	1 494,72	1 681,56	–	1 376,32	1 548,36	–	1 260,96	1 418,58	–	1 148,48	1 292,04	–	1 038,88	1 168,74
	V	36 032	1 981,76	2 882,56	3 242,88	IV	30 398	1 494,87	2 361,44	2 656,62	1 390,03	2 290,96	2 577,33	1 285,20	2 220,48	2 498,04	1 180,36	2 150,–	2 418,75	1 075,64	2 079,60	2 339,55	970,80	2 009,12	2 260,26
	VI	36 467	2 005,68	2 917,36	3 282,03																				
106 811,99	I,IV	30 256	1 582,70	2 420,48	2 723,04	I	30 256	1 373,02	2 279,52	2 564,46	1 163,46	2 138,64	2 405,97	953,78	1 997,68	2 247,39	744,22	1 856,80	2 088,90	534,66	1 715,92	1 930,41	324,98	1 574,96	1 771,83
	II	29 455	1 487,38	2 356,40	2 650,95	II	29 455	1 277,70	2 215,44	2 492,37	1 068,14	2 074,56	2 333,88	858,46	1 933,60	2 175,30	648,90	1 792,72	2 016,81	439,22	1 651,76	1 858,23	229,67	1 510,88	1 699,74
West	III	21 626	–	1 730,08	1 946,34	III	21 626	–	1 606,08	1 806,84	–	1 484,96	1 670,58	–	1 366,88	1 537,74	–	1 251,68	1 408,14	–	1 139,52	1 281,96	–	1 030,08	1 158,84
	V	35 890	1 973,95	2 871,20	3 230,10	IV	30 256	1 477,86	2 350,–	2 643,75	1 373,02	2 279,52	2 564,46	1 268,30	2 209,12	2 485,26	1 163,46	2 138,64	2 405,97	1 058,62	2 068,16	2 326,68	953,78	1 997,68	2 247,39
	VI	36 325	1 997,87	2 906,–	3 269,25																				
106 811,99	I,IV	30 413	1 601,38	2 433,04	2 737,17	I	30 413	1 391,82	2 292,16	2 578,68	1 182,14	2 151,20	2 420,10	972,58	2 010,32	2 261,61	763,02	1 869,44	2 103,12	553,35	1 728,48	1 944,54	343,79	1 587,60	1 786,05
	II	29 612	1 506,06	2 368,96	2 665,08	II	29 612	1 296,50	2 228,08	2 506,59	1 086,82	2 087,12	2 348,01	877,26	1 946,24	2 189,52	667,59	1 805,28	2 030,94	458,03	1 664,40	1 872,45	248,35	1 523,44	1 713,87
Ost	III	21 766	–	1 741,28	1 958,94	III	21 766	–	1 617,12	1 819,26	–	1 495,68	1 682,64	–	1 377,28	1 549,44	–	1 261,92	1 419,66	–	1 149,44	1 293,12	–	1 039,84	1 169,82
	V	36 047	1 982,58	2 883,76	3 244,23	IV	30 413	1 496,66	2 362,64	2 657,97	1 391,82	2 292,16	2 578,68	1 286,98	2 221,68	2 499,39	1 182,14	2 151,20	2 420,10	1 077,42	2 080,80	2 340,90	972,58	2 010,32	2 261,61
	VI	36 482	2 006,51	2 918,56	3 283,38																				
106 847,99	I,IV	30 271	1 584,48	2 421,68	2 724,39	I	30 271	1 374,92	2 280,80	2 565,90	1 165,24	2 139,84	2 407,32	955,68	1 998,96	2 248,83	746,01	1 858,–	2 090,25	536,45	1 717,12	1 931,76	326,77	1 576,16	1 773,18
	II	29 470	1 489,16	2 357,60	2 652,30	II	29 470	1 279,48	2 216,64	2 493,72	1 069,92	2 075,76	2 335,23	860,25	1 934,80	2 176,65	650,69	1 793,92	2 018,16	441,01	1 652,96	1 859,58	231,45	1 512,08	1 701,09
West	III	21 640	–	1 731,20	1 947,60	III	21 640	–	1 607,04	1 807,92	–	1 486,08	1 671,84	–	1 367,84	1 538,82	–	1 252,64	1 409,22	–	1 140,32	1 282,86	–	1 031,04	1 159,92
	V	35 905	1 974,77	2 872,40	3 231,45	IV	30 271	1 479,64	2 351,20	2 645,10	1 374,92	2 280,80	2 565,90	1 270,08	2 210,32	2 486,61	1 165,24	2 139,84	2 407,32	1 060,40	2 069,36	2 328,03	955,68	1 998,96	2 248,83
	VI	36 340	1 998,70	2 907,20	3 270,60																				
106 847,99	I,IV	30 429	1 603,28	2 434,32	2 738,61	I	30 429	1 393,60	2 293,36	2 580,03	1 184,05	2 152,48	2 421,54	974,37	2 011,52	2 262,96	764,81	1 870,64	2 104,47	555,13	1 729,68	1 945,89	345,57	1 588,80	1 787,40
	II	29 627	1 507,84	2 370,16	2 666,43	II	29 627	1 298,29	2 229,28	2 507,94	1 088,61	2 088,32	2 349,36	879,05	1 947,44	2 190,87	669,37	1 806,48	2 032,29	459,81	1 665,60	1 873,80	250,13	1 524,64	1 715,22
Ost	III	21 780	–	1 742,40	1 960,20	III	21 780	–	1 618,08	1 820,34	–	1 496,80	1 683,90	–	1 378,40	1 550,70	–	1 262,88	1 420,74	–	1 150,40	1 294,20	–	1 040,80	1 170,90
	V	36 062	1 983,41	2 884,96	3 245,58	IV	30 429	1 498,44	2 363,84	2 659,32	1 393,60	2 293,36	2 580,03	1 288,77	2 222,88	2 500,74	1 184,05	2 152,48	2 421,54	1 079,21	2 082,–	2 342,25	974,37	2 011,52	2 262,96
	VI	36 498	2 007,39	2 919,84	3 284,82																				
106 883,99	I,IV	30 286	1 586,27	2 422,88	2 725,74	I	30 286	1 376,71	2 282,–	2 567,25	1 167,03	2 141,04	2 408,67	957,47	2 000,16	2 250,18	747,79	1 859,20	2 091,60	538,23	1 718,32	1 933,11	328,55	1 577,36	1 774,53
	II	29 485	1 490,95	2 358,80	2 653,65	II	29 485	1 281,27	2 217,84	2 495,07	1 071,71	2 076,96	2 336,58	862,03	1 936,–	2 178,–	652,47	1 795,12	2 019,51	442,79	1 654,16	1 860,93	233,24	1 513,28	1 702,44
West	III	21 652	–	1 732,16	1 948,68	III	21 652	–	1 608,16	1 809,18	–	1 487,04	1 672,92	–	1 368,96	1 540,08	–	1 253,60	1 410,30	–	1 141,28	1 283,94	–	1 032,–	1 161,–
	V	35 920	1 975,60	2 873,60	3 232,80	IV	30 286	1 481,43	2 352,40	2 646,45	1 376,71	2 282,–	2 567,25	1 271,87	2 211,52	2 487,96	1 167,03	2 141,04	2 408,67	1 062,19	2 070,56	2 329,38	957,47	2 000,16	2 250,18
	VI	36 355	1 999,52	2 908,40	3 271,95																				
106 883,99	I,IV	30 444	1 605,07	2 435,52	2 739,96	I	30 444	1 395,39	2 294,56	2 581,38	1 185,83	2 153,68	2 422,89	976,15	2 012,72	2 264,31	766,59	1 871,84	2 105,82	556,92	1 730,88	1 947,24	347,36	1 590,–	1 788,75
	II	29 642	1 509,63	2 371,36	2 667,78	II	29 642	1 300,07	2 230,48	2 509,29	1 090,39	2 089,52	2 350,71	880,83	1 948,64	2 192,22	671,16	1 807,68	2 033,64	461,60	1 666,80	1 875,15	251,92	1 525,84	1 716,57
Ost	III	21 794	–	1 743,52	1 961,46	III	21 794	–	1 619,20	1 821,60	–	1 497,76	1 684,98	–	1 379,36	1 551,78	–	1 263,84	1 421,82	–	1 151,36	1 295,28	–	1 041,60	1 171,80
	V	36 078	1 984,29	2 886,24	3 247,02	IV	30 444	1 500,23	2 365,04	2 660,67	1 395,39	2 294,56	2 581,38	1 290,55	2 224,08	2 502,09	1 185,83	2 153,68	2 422,89	1 080,99	2 083,20	2 343,60	976,15	2 012,72	2 264,31
	VI	36 513	2 008,21	2 921,04	3 286,17																				
106 919,99	I,IV	30 301	1 588,05	2 424,08	2 727,09	I	30 301	1 378,49	2 283,20	2 568,60	1 168,81	2 142,24	2 410,02	959,25	2 001,36	2 251,53	749,58	1 860,40	2 092,95	540,02	1 719,52	1 934,46	330,34	1 578,56	1 775,88
	II	29 500	1 492,73	2 360,–	2 655,–	II	29 500	1 283,05	2 219,04	2 496,42	1 073,49	2 078,16	2 337,93	863,82	1 937,20	2 179,35	654,26	1 796,32	2 020,86	444,70	1 655,44	1 862,37	235,02	1 514,48	1 703,79
West	III	21 666	–	1 733,28	1 949,94	III	21 666	–	1 609,28	1 810,44	–	1 488,16	1 674,18	–	1 369,92	1 541,16	–	1 254,56	1 411,38	–	1 142,24	1 285,02	–	1 032,96	1 162,08
	V	35 935	1 976,42	2 874,80	3 234,15	IV	30 301	1 483,33	2 353,68	2 647,89	1 378,49	2 283,20	2 568,60	1 273,65	2 212,72	2 489,31	1 168,81	2 142,24	2 410,02	1 064,09	2 071,84	2 330,82	959,25	2 001,36	2 251,53
	VI	36 370	2 000,35	2 909,60	3 273,30																				
106 919,99	I,IV	30 459	1 606,85	2 436,72	2 741,31	I	30 459	1 397,17	2 295,76	2 582,73	1 187,62	2 154,88	2 424,24	977,94	2 013,92	2 265,66	768,38	1 873,04	2 107,17	558,70	1 732,08	1 948,59	349,14	1 591,20	1 790,10
	II	29 657	1 511,41	2 372,56	2 669,13	II	29 657	1 301,86	2 231,68	2 510,64	1 092,18	2 090,72	2 352,06	882,62	1 949,84	2 193,57	673,06	1 808,96	2 035,08	463,38	1 668,–	1 876,50	253,82	1 527,12	1 718,01
Ost	III	21 808	–	1 744,64	1 962,72	III	21 808	–	1 620,16	1 822,68	–	1 498,88	1 686,24	–	1 380,32	1 552,86	–	1 264,80	1 422,90	–	1 152,32	1 296,36	–	1 042,56	1 172,88
	V	36 093	1 985,11	2 887,44	3 248,37	IV	30 459	1 502,01	2 366,24	2 662,02	1 397,17	2 295,76	2 582,73	1 292,45	2 225,36	2 503,53	1 187,62	2 154,88	2 424,24	1 082,78	2 084,40	2 344,95	977,94	2 013,92	2 265,66
	VI	36 528	2 009,04	2 922,24	3 287,52																				
106 955,99	I,IV	30 316	1 589,84	2 425,28	2 728,44	I	30 316	1 380,28	2 284,40	2 569,95	1 170,60	2 143,44	2 411,37	961,04	2 002,56	2 252,88	751,36	1 861,60	2 094,30	541,80	1 720,72	1 935,81	332,24	1 579,84	1 777,32
	II	29 515	1 494,52	2 361,20	2 656,35	II	29 515	1 284,96	2 220,32	2 497,86	1 075,28	2 079,36	2 339,28	865,72	1 938,48	2 180,79	656,04	1 797,52	2 022,21	446,48	1 656,64	1 863,72	236,81	1 515,68	1 705,14
West	III	21 680	–	1 734,40	1 951,20	III	21 680	–	1 610,24	1 811,52	–	1 489,12	1 675,26	–	1 370,88	1 542,24	–	1 255,52	1 412,46	–	1 143,20	1 286,10	–	1 033,92	1 163,16
	V	35 950	1 977,25	2 876,–	3 235,50	IV	30 316	1 485,12	2 354,88	2 649,24	1 380,28	2 284,40	2 569,95	1 275,44	2 213,92	2 490,66	1 170,60	2 143,44	2 411,37	1 065,88	2 073,04	2 332,17	961,04	2 002,56	2 252,88
	VI	36 385	2 001,17	2 910,80	3 274,65																				
106 955,99	I,IV	30 474	1 608,64	2 437,92	2 742,66	I	30 474	1 398,96	2 296,96	2 584,08	1 189,40	2 156,08	2 425,59	979,72	2 015,12	2 267,01	770,16	1 874,24	2 108,52	560,60	1 733,36	1 950,03	350,93	1 592,40	1 791,45
	II	29 673	1 513,32	2 373,84	2 670,57	II	29 673	1 303,64	2 232,88	2 511,99	1 094,08	2 092,–	2 353,50	884,40	1 951,04	2 194,92	674,84	1 810,16	2 036,43	465,17	1 669,20	1 877,85	255,61	1 528,32	1 719,36
Ost	III	21 820	–	1 745,60	1 963,80	III	21 820	–	1 621,28	1 823,94	–	1 499,84	1 687,32	–	1 381,44	1 554,12	–	1 265,76	1 423,98	–	1 153,28	1 297,44	–	1 043,52	1 173,96
	V	36 108	1 985,94	2 888,64	3 249,72	IV	30 474	1 503,80	2 367,44	2 663,37	1 398,96	2 296,96	2 584,08	1 294,24	2 226,56	2 504,88	1 189,40	2 156,08	2 425,59	1 084,56	2 085,60	2 346,30	979,72	2 015,12	2 267,01
	VI	36 543	2 009,86	2 923,44	3 288,87																				
106 991,99	I,IV	30 332	1 591,74	2 426,56	2 729,88	I	30 332	1 382,06	2 285,60	2 571,30	1 172,50	2 144,72	2 412,81	962,82	2 003,76	2 254,23	753,27	1 862,88	2 095,74	543,59	1 721,92	1 937,16	334,03	1 581,04	1 778,67
	II	29 530	1 496,30	2 362,40	2 657,70	II	29 530	1 286,74	2 221,52	2 499,21	1 077,06	2 080,56	2 340,63	867,51	1 939,68	2 182,14	657,83	1 798,72	2 023,56	448,27	1 657,84	1 865,07	238,59	1 516,88	1 706,49
West	III	21 694	–	1 735,52	1 952,46	III	21 694	–	1 611,36	1 812,78	–	1 490,08	1 676,34	–	1 371,84	1 543,32	–	1 256,64	1 413,72	–	1 144,16	1 287,18	–	1 034,72	1 164,06
	V	35 965	1 978,07	2 877,20	3 236,85	IV	30 332	1 486,90	2 356,08	2 650,59	1 382,06	2 285,60	2 571,30	1 277,22	2 215,12	2 492,01	1 172,50	2 144,72	2 412,81	1 067,66	2 074,24	2 333,52	962,82	2 003,76	2 254,23
	VI	36 401	2 002,05	2 912,08	3 276,09																				
106 991,99	I,IV	30 489	1 610,42	2 439,12	2 744,01	I	30 489	1 400,86	2 298,24	2 585,52	1 191,19	2 157,28	2 426,94	981,63	2 016,40	2 268,45	771,95	1 875,44	2 109,87	562,39	1 734,56	1 951,38	352,71	1 593,60	1 792,80
	II	29 688	1 515,10	2 375,04	2 671,92	II	29 688	1 305,43	2 234,08	2 513,34	1 095,87	2 093,20	2 354,85	886,19	1 952,24	2 196,27	676,63	1 811,36	2 037,78	466,95	1 670,40	1 879,20	257,39	1 529,52	1 720,71
Ost	III	21 834	–	1 746,72	1 965,06	III	21 834	–	1 622,40	1 825,20	–	1 500,96	1 688,58	–	1 382,40	1 555,20	–	1 266,72	1 425,06	–	1 154,08	1 298,34	–	1 044,48	1 175,04
	V	36 123	1 986,76	2 889,84	3 251,07	IV	30 489	1 505,58	2 368,64	2 664,72	1 400,86	2 298,24	2 585,52	1 296,02	2 227,76	2 506,23	1 191,19	2 157,28	2 426,94	1 086,35	2 086,80	2 347,65	981,63	2 016,40	2 268,45
	VI	36 558	2 010,69	2 924,64	3 290,22																				

* Die ausgewiesenen Tabellenwerte sind amtlich. Siehe Erläuterungen auf der Umschlaginnenseite (U2).

Abzüge an Lohnsteuer, Solidaritätszuschlag (SolZ) und Kirchensteuer (8%, 9%) in den Steuerklassen

Lohn/ Gehalt bis €*	I – VI		ohne Kinderfreibeträge			I, II, III, IV		mit Zahl der Kinderfreibeträge . . . 0,5			1			1,5			2			2,5			3		
		LSt	SolZ	8%	9%		LSt	SolZ	8%	9%	SolZ	8%	9%	SolZ	8%	9%	SolZ	8%	9%	SolZ	8%	9%	SolZ	8%	9%
107 027,99 West	I,IV	30 347	1 593,52	2 427,76	2 731,23	I	30 347	1 383,85	2 286,80	2 572,65	1 174,29	2 145,92	2 414,16	964,61	2 004,96	2 255,58	755,05	1 864,08	2 097,09	545,37	1 723,12	1 938,51	335,81	1 582,24	1 780,02
	II	29 545	1 498,09	2 363,60	2 659,05	II	29 545	1 288,53	2 222,72	2 500,56	1 078,85	2 081,76	2 341,98	869,29	1 940,88	2 183,49	659,61	1 799,92	2 024,91	450,05	1 659,04	1 866,42	240,38	1 518,08	1 707,84
	III	21 706	—	1 736,48	1 953,54	III	21 706	—	1 612,32	1 813,86	—	1 491,20	1 677,60	—	1 372,96	1 544,58	—	1 257,60	1 414,80	—	1 145,12	1 288,26	—	1 035,68	1 165,14
	V	35 981	1 978,95	2 878,48	3 238,29	IV	30 347	1 488,69	2 357,28	2 651,94	1 383,85	2 286,80	2 572,65	1 279,01	2 216,32	2 493,36	1 174,29	2 145,92	2 414,16	1 069,45	2 075,44	2 334,87	964,61	2 004,96	2 255,58
	VI	36 416	2 002,88	2 913,28	3 277,44																				
107 027,99 Ost	I,IV	30 504	1 612,21	2 440,32	2 745,36	I	30 504	1 402,65	2 299,44	2 586,87	1 192,97	2 158,48	2 428,29	983,41	2 017,60	2 269,80	773,73	1 876,64	2 111,22	564,17	1 735,76	1 952,73	354,50	1 594,80	1 794,15
	II	29 703	1 516,89	2 376,24	2 673,27	II	29 703	1 307,21	2 235,28	2 514,69	1 097,65	2 094,40	2 356,20	887,97	1 953,44	2 197,62	678,41	1 812,56	2 039,13	468,74	1 671,60	1 880,55	259,18	1 530,72	1 722,06
	III	21 848	—	1 747,84	1 966,32	III	21 848	—	1 623,36	1 826,28	—	1 501,92	1 689,66	—	1 383,36	1 556,28	—	1 267,84	1 426,32	—	1 155,04	1 299,42	—	1 045,44	1 176,12
	V	36 138	1 987,59	2 891,04	3 252,42	IV	30 504	1 507,37	2 369,84	2 666,07	1 402,65	2 299,44	2 586,87	1 297,81	2 228,96	2 507,58	1 192,97	2 158,48	2 428,29	1 088,13	2 088,—	2 349,—	983,41	2 017,60	2 269,80
	VI	36 573	2 011,51	2 925,84	3 291,57																				
107 063,99 West	I,IV	30 362	1 595,31	2 428,96	2 732,58	I	30 362	1 385,63	2 288,—	2 574,—	1 176,07	2 147,12	2 415,51	966,39	2 006,16	2 256,93	756,84	1 865,28	2 098,44	547,16	1 724,32	1 939,86	337,60	1 583,44	1 781,37
	II	29 560	1 499,87	2 364,80	2 660,40	II	29 560	1 290,31	2 223,92	2 501,91	1 080,63	2 082,96	2 343,33	871,08	1 942,08	2 184,84	661,40	1 801,12	2 026,26	451,84	1 660,24	1 867,77	242,28	1 519,36	1 709,28
	III	21 720	—	1 737,60	1 954,80	III	21 720	—	1 613,44	1 815,12	—	1 492,16	1 678,68	—	1 373,92	1 545,66	—	1 258,56	1 415,88	—	1 146,08	1 289,34	—	1 036,64	1 166,22
	V	35 996	1 979,78	2 879,68	3 239,64	IV	30 362	1 490,47	2 358,48	2 653,29	1 385,63	2 288,—	2 574,—	1 280,91	2 217,60	2 494,80	1 176,07	2 147,12	2 415,51	1 071,23	2 076,64	2 336,22	966,39	2 006,16	2 256,93
	VI	36 431	2 003,70	2 914,48	3 278,79																				
107 063,99 Ost	I,IV	30 519	1 613,99	2 441,52	2 746,71	I	30 519	1 404,43	2 300,64	2 588,22	1 194,76	2 159,68	2 429,64	985,20	2 018,80	2 271,15	775,52	1 877,84	2 112,57	565,96	1 736,96	1 954,08	356,28	1 596,—	1 795,50
	II	29 718	1 518,67	2 377,44	2 674,62	II	29 718	1 309,—	2 236,48	2 516,04	1 099,44	2 095,60	2 357,55	889,76	1 954,64	2 198,97	680,20	1 813,76	2 040,48	470,64	1 672,88	1 881,99	260,96	1 531,92	1 723,41
	III	21 862	—	1 748,96	1 967,58	III	21 862	—	1 624,48	1 827,54	—	1 502,88	1 690,74	—	1 384,32	1 557,36	—	1 268,80	1 427,40	—	1 156,—	1 300,50	—	1 046,24	1 177,02
	V	36 153	1 988,41	2 892,24	3 253,77	IV	30 519	1 509,27	2 371,12	2 667,51	1 404,43	2 300,64	2 588,22	1 299,59	2 230,16	2 508,93	1 194,76	2 159,68	2 429,64	1 090,04	2 089,28	2 350,44	985,20	2 018,80	2 271,15
	VI	36 588	2 012,34	2 927,04	3 292,92																				
107 099,99 West	I,IV	30 377	1 597,09	2 430,16	2 733,93	I	30 377	1 387,42	2 289,20	2 575,35	1 177,86	2 148,32	2 416,86	968,18	2 007,36	2 258,28	758,62	1 866,48	2 099,79	548,94	1 725,52	1 941,21	339,38	1 584,64	1 782,72
	II	29 576	1 501,78	2 366,08	2 661,84	II	29 576	1 292,10	2 225,12	2 503,26	1 082,54	2 084,24	2 344,77	872,86	1 943,28	2 186,19	663,30	1 802,40	2 027,70	453,62	1 661,44	1 869,12	244,06	1 520,56	1 710,63
	III	21 734	—	1 738,72	1 956,06	III	21 734	—	1 614,56	1 816,38	—	1 493,28	1 679,94	—	1 374,88	1 546,74	—	1 259,52	1 416,96	—	1 147,04	1 290,42	—	1 037,60	1 167,30
	V	36 011	1 980,60	2 880,88	3 240,99	IV	30 377	1 492,26	2 359,68	2 654,64	1 387,42	2 289,20	2 575,35	1 282,70	2 218,80	2 496,15	1 177,86	2 148,32	2 416,86	1 073,02	2 077,84	2 337,57	968,18	2 007,36	2 258,28
	VI	36 446	2 004,53	2 915,68	3 280,14																				
107 099,99 Ost	I,IV	30 534	1 615,78	2 442,72	2 748,06	I	30 534	1 406,22	2 301,84	2 589,57	1 196,54	2 160,88	2 430,99	986,98	2 020,—	2 272,50	777,30	1 879,04	2 113,92	567,74	1 738,16	1 955,43	358,19	1 597,28	1 796,94
	II	29 733	1 520,46	2 378,64	2 675,97	II	29 733	1 310,90	2 237,76	2 517,48	1 101,22	2 096,80	2 358,90	891,66	1 955,92	2 200,41	681,98	1 814,96	2 041,83	472,43	1 674,08	1 883,34	262,75	1 533,12	1 724,76
	III	21 874	—	1 749,92	1 968,66	III	21 874	—	1 625,44	1 828,62	—	1 504,—	1 692,—	—	1 385,44	1 558,62	—	1 269,76	1 428,48	—	1 156,96	1 301,58	—	1 047,20	1 178,10
	V	36 168	1 989,24	2 893,44	3 255,12	IV	30 534	1 511,06	2 372,32	2 668,86	1 406,22	2 301,84	2 589,57	1 301,38	2 231,36	2 510,28	1 196,54	2 160,88	2 430,99	1 091,82	2 090,48	2 351,79	986,98	2 020,—	2 272,50
	VI	36 603	2 013,16	2 928,24	3 294,27																				
107 135,99 West	I,IV	30 392	1 598,88	2 431,36	2 735,28	I	30 392	1 389,32	2 290,48	2 576,79	1 179,64	2 149,52	2 418,21	970,08	2 008,64	2 259,72	760,41	1 867,68	2 101,14	550,85	1 726,80	1 942,65	341,17	1 585,84	1 784,07
	II	29 591	1 503,56	2 367,28	2 663,19	II	29 591	1 293,88	2 226,32	2 504,61	1 084,32	2 085,44	2 346,12	874,65	1 944,48	2 187,54	665,09	1 803,60	2 029,05	455,41	1 662,64	1 870,47	245,85	1 521,76	1 711,98
	III	21 748	—	1 739,84	1 957,32	III	21 748	—	1 615,52	1 817,46	—	1 494,24	1 681,02	—	1 375,84	1 547,82	—	1 260,48	1 418,04	—	1 148,—	1 291,50	—	1 038,40	1 168,20
	V	36 026	1 981,43	2 882,08	3 242,34	IV	30 392	1 494,04	2 360,88	2 655,99	1 389,32	2 290,48	2 576,79	1 284,48	2 220,—	2 497,50	1 179,64	2 149,52	2 418,21	1 074,80	2 079,04	2 338,92	970,08	2 008,64	2 259,72
	VI	36 461	2 005,35	2 916,88	3 281,49																				
107 135,99 Ost	I,IV	30 550	1 617,68	2 444,—	2 749,50	I	30 550	1 408,—	2 303,04	2 590,92	1 198,44	2 162,16	2 432,43	988,77	2 021,20	2 273,85	779,21	1 880,32	2 115,36	569,53	1 739,36	1 956,78	359,97	1 598,48	1 798,29
	II	29 748	1 522,24	2 379,84	2 677,32	II	29 748	1 312,68	2 238,96	2 518,83	1 103,01	2 098,—	2 360,25	893,45	1 957,12	2 201,76	683,77	1 816,16	2 043,18	474,21	1 675,28	1 884,69	264,53	1 534,32	1 726,11
	III	21 888	—	1 751,04	1 969,92	III	21 888	—	1 626,56	1 829,88	—	1 504,96	1 693,08	—	1 386,40	1 559,70	—	1 270,72	1 429,56	—	1 157,92	1 302,66	—	1 048,16	1 179,18
	V	36 183	1 990,06	2 894,64	3 256,47	IV	30 550	1 512,84	2 373,52	2 670,21	1 408,—	2 303,04	2 590,92	1 303,16	2 232,56	2 511,63	1 198,44	2 162,16	2 432,43	1 093,61	2 091,68	2 353,14	988,77	2 021,20	2 273,85
	VI	36 618	2 013,99	2 929,44	3 295,62																				
107 171,99 West	I,IV	30 407	1 600,66	2 432,56	2 736,63	I	30 407	1 391,11	2 291,68	2 578,14	1 181,43	2 150,72	2 419,56	971,87	2 009,84	2 261,07	762,19	1 868,88	2 102,49	552,63	1 728,—	1 944,—	342,95	1 587,04	1 785,42
	II	29 606	1 505,35	2 368,48	2 664,54	II	29 606	1 295,67	2 227,52	2 505,96	1 086,11	2 086,64	2 347,47	876,43	1 945,68	2 188,89	666,87	1 804,80	2 030,40	457,19	1 663,84	1 871,82	247,63	1 522,96	1 713,33
	III	21 760	—	1 740,80	1 958,40	III	21 760	—	1 616,64	1 818,72	—	1 495,20	1 682,10	—	1 376,96	1 549,08	—	1 261,44	1 419,12	—	1 148,96	1 292,58	—	1 039,36	1 169,28
	V	36 041	1 982,25	2 883,28	3 243,69	IV	30 407	1 495,83	2 362,08	2 657,34	1 391,11	2 291,68	2 578,14	1 286,27	2 221,20	2 498,85	1 181,43	2 150,72	2 419,56	1 076,59	2 080,24	2 340,27	971,87	2 009,84	2 261,07
	VI	36 476	2 006,18	2 918,08	3 282,84																				
107 171,99 Ost	I,IV	30 565	1 619,47	2 445,20	2 750,85	I	30 565	1 409,79	2 304,24	2 592,27	1 200,23	2 163,36	2 433,78	990,55	2 022,40	2 275,20	780,99	1 881,52	2 116,71	571,31	1 740,56	1 958,13	361,76	1 599,68	1 799,64
	II	29 763	1 524,03	2 381,04	2 678,67	II	29 763	1 314,47	2 240,16	2 520,18	1 104,79	2 099,20	2 361,60	895,23	1 958,32	2 203,11	685,55	1 817,36	2 044,53	476,—	1 676,48	1 886,04	266,32	1 535,52	1 727,46
	III	21 902	—	1 752,16	1 971,18	III	21 902	—	1 627,68	1 831,14	—	1 506,08	1 694,34	—	1 387,36	1 560,78	—	1 271,68	1 430,64	—	1 158,88	1 303,74	—	1 049,12	1 180,26
	V	36 198	1 990,89	2 895,84	3 257,82	IV	30 565	1 514,63	2 374,72	2 671,56	1 409,79	2 304,24	2 592,27	1 304,95	2 233,76	2 512,98	1 200,23	2 163,36	2 433,78	1 095,39	2 092,88	2 354,49	990,55	2 022,40	2 275,20
	VI	36 634	2 014,87	2 930,72	3 297,06																				
107 207,99 West	I,IV	30 422	1 602,45	2 433,76	2 737,98	I	30 422	1 392,89	2 292,88	2 579,49	1 183,21	2 151,92	2 420,91	973,65	2 011,04	2 262,42	763,98	1 870,08	2 103,84	554,42	1 729,20	1 945,35	344,74	1 588,24	1 786,77
	II	29 621	1 507,13	2 369,68	2 665,89	II	29 621	1 297,45	2 228,72	2 507,31	1 087,89	2 087,84	2 348,82	878,22	1 946,88	2 190,24	668,66	1 806,—	2 031,75	458,98	1 665,04	1 873,17	249,42	1 524,16	1 714,68
	III	21 774	—	1 741,92	1 959,66	III	21 774	—	1 617,60	1 819,80	—	1 496,32	1 683,36	—	1 377,92	1 550,16	—	1 262,40	1 420,20	—	1 149,92	1 293,66	—	1 040,32	1 170,36
	V	36 056	1 983,08	2 884,48	3 245,04	IV	30 422	1 497,73	2 363,36	2 658,78	1 392,89	2 292,88	2 579,49	1 288,05	2 222,40	2 500,20	1 183,21	2 151,92	2 420,91	1 078,49	2 081,52	2 341,71	973,65	2 011,04	2 262,42
	VI	36 491	2 007,—	2 919,28	3 284,19																				
107 207,99 Ost	I,IV	30 580	1 621,25	2 446,40	2 752,20	I	30 580	1 411,57	2 305,44	2 593,62	1 202,01	2 164,56	2 435,13	992,34	2 023,60	2 276,55	782,78	1 882,72	2 118,06	573,10	1 741,76	1 959,48	363,54	1 600,88	1 800,99
	II	29 778	1 525,81	2 382,24	2 680,02	II	29 778	1 316,25	2 241,36	2 521,53	1 106,58	2 100,40	2 362,95	897,02	1 959,52	2 204,46	687,34	1 818,56	2 045,88	477,78	1 677,68	1 887,39	268,22	1 536,80	1 728,90
	III	21 916	—	1 753,28	1 972,44	III	21 916	—	1 628,64	1 832,22	—	1 507,04	1 695,42	—	1 388,48	1 562,04	—	1 272,64	1 431,72	—	1 159,84	1 304,82	—	1 050,08	1 181,34
	V	36 214	1 991,77	2 897,12	3 259,26	IV	30 580	1 516,41	2 375,92	2 672,91	1 411,57	2 305,44	2 593,62	1 306,85	2 235,04	2 514,42	1 202,01	2 164,56	2 435,13	1 097,18	2 094,08	2 355,84	992,34	2 023,60	2 276,55
	VI	36 649	2 015,69	2 931,92	3 298,41																				
107 243,99 West	I,IV	30 437	1 604,23	2 434,96	2 739,33	I	30 437	1 394,68	2 294,08	2 580,84	1 185,—	2 153,12	2 422,26	975,44	2 012,24	2 263,77	765,76	1 871,28	2 105,19	556,20	1 730,40	1 946,70	346,52	1 589,44	1 788,12
	II	29 636	1 508,92	2 370,88	2 667,24	II	29 636	1 299,36	2 230,—	2 508,75	1 089,68	2 089,04	2 350,17	880,12	1 948,16	2 191,68	670,44	1 807,20	2 033,10	460,88	1 666,32	1 874,61	251,20	1 525,36	1 716,03
	III	21 788	—	1 743,04	1 960,92	III	21 788	—	1 618,72	1 821,06	—	1 497,28	1 684,44	—	1 378,88	1 551,24	—	1 263,36	1 421,28	—	1 150,88	1 294,74	—	1 041,28	1 171,44
	V	36 071	1 983,90	2 885,68	3 246,39	IV	30 437	1 499,51	2 364,56	2 660,13	1 394,68	2 294,08	2 580,84	1 289,84	2 223,60	2 501,55	1 185,—	2 153,12	2 422,26	1 080,28	2 082,72	2 343,06	975,44	2 012,24	2 263,77
	VI	36 506	2 007,83	2 920,48	3 285,54																				
107 243,99 Ost	I,IV	30 595	1 623,04	2 447,60	2 753,55	I	30 595	1 413,36	2 306,64	2 594,97	1 203,80	2 165,76	2 436,48	994,12	2 024,80	2 277,90	784,56	1 883,92	2 119,41	574,88	1 742,96	1 960,83	365,33	1 602,08	1 802,34
	II	29 794	1 527,72	2 383,52	2 681,46	II	29 794	1 318,04	2 242,56	2 522,88	1 108,48	2 101,68	2 364,39	898,80	1 960,72	2 205,81	689,24	1 819,84	2 047,32	479,57	1 678,88	1 888,74	270,01	1 538,—	1 730,25
	III	21 928	—	1 754,24	1 973,52	III	21 928	—	1 629,76	1 833,48	—	1 508,16	1 696,68	—	1 389,44	1 563,12	—	1 273,60	1 432,80	—	1 160,80	1 305,90	—	1 051,04	1 182,42
	V	36 229	1 992,59	2 898,32	3 260,61	IV	30 595	1 518,20	2 377,12	2 674,26	1 413,36	2 306,64	2 594,97	1 308,64	2 236,24	2 515,77	1 203,80	2 165,76	2 436,48	1 098,96	2 095,28	2 357,19	994,12	2 024,80	2 277,90
	VI	36 664	2 016,52	2 933,12	3 299,76																				
107 279,99 West	I,IV	30 452	1 606,02	2 436,16	2 740,68	I	30 452	1 396,46	2 295,28	2 582,19	1 186,90	2 154,40	2 423,70	977,22	2 013,44	2 265,12	767,66	1 872,56	2 106,63	557,99	1 731,60	1 948,05	348,43	1 590,72	1 789,56
	II	29 651	1 510,70	2 372,08	2 668,59	II	29 651	1 301,14	2 231,20	2 510,10	1 091,46	2 090,24	2 351,52	881,90	1 949,36	2 193,03	672,23	1 808,40	2 034,45	462,67	1 667,52	1 875,96	252,99	1 526,56	1 717,38
	III	21 802	—	1 744,16	1 962,18	III	21 802	—	1 619,68	1 822,14	—	1 498,40	1 685,70	—	1 379,84	1 552,32	—	1 264,32	1 422,36	—	1 151,84	1 295,82	—	1 042,24	1 172,52
	V	36 086	1 984,73	2 886,88	3 247,74	IV	30 452	1 501,30	2 365,76	2 661,48	1 396,46	2 295,28	2 582,19	1 291,62	2 224,80	2 502,90	1 186,90	2 154,40	2 423,70	1 082,06	2 083,92	2 344,41	977,22	2 013,44	2 265,12
	VI	36 521	2 008,65	2 921,68	3 286,89																				
107 279,99 Ost	I,IV	30 610	1 624,82	2 448,80	2 754,90	I	30 610	1 415,26	2 307,92	2 596,41	1 205,58	2 166,96	2 437,83	996,03	2 026,08	2 279,34	786,35	1 885,12	2 120,76	576,79	1 744,24	1 962,27	367,11	1 603,28	1 803,69
	II	29 809	1 529,50	2 384,72	2 682,81	II	29 809	1 319,82	2 243,76	2 524,23	1 110,27	2 102,88	2 365,74	900,59	1 961,92	2 207,16	691,03	1 821,04	2 048,67	481,35	1 680,08	1 890,09	271,79	1 539,20	1 731,60
	III	21 942	—	1 755,36	1 974,78	III	21 942	—	1 630,72	1 834,56	—	1 509,12	1 697,76	—	1 390,40	1 564,20	—	1 274,56	1 433,88	—	1 161,76	1 306,98	—	1 051,84	1 183,32
	V	36 244	1 993,42	2 899,52	3 261,96	IV	30 610	1 519,98	2 378,32	2 675,61	1 415,26	2 307,92	2 596,41	1 310,42	2 237,44	2 517,12	1 205,58	2 166,96	2 437,83	1 100,75	2 096,48	2 358,54	996,03	2 026,08	2 279,34
	VI	36 679	2 017,34	2 934,32	3 301,11																				

* Die ausgewiesenen Tabellenwerte sind amtlich. Siehe Erläuterungen auf der Umschlaginnenseite (U2).

Abzüge an Lohnsteuer, Solidaritätszuschlag (SolZ) und Kirchensteuer (8%, 9%) in den Steuerklassen

Lohn/ Gehalt bis €*	I – VI	LSt	ohne Kinderfreibeträge SolZ	8%	9%	I, II, III, IV	LSt	mit Zahl der Kinderfreibeträge . . . 0,5 SolZ	0,5 8%	0,5 9%	1 SolZ	1 8%	1 9%	1,5 SolZ	1,5 8%	1,5 9%	2 SolZ	2 8%	2 9%	2,5 SolZ	2,5 8%	2,5 9%	3 SolZ	3 8%	3 9%
107 315,99 West	I,IV	30 468	1 607,92	2 437,44	2 742,12	I	30 468	1 398,25	2 296,48	2 583,54	1 188,69	2 155,60	2 425,05	979,01	2 014,64	2 266,47	769,45	1 873,76	2 107,98	559,77	1 732,80	1 949,40	350,21	1 591,92	1 790,91
	II	29 666	1 512,49	2 373,28	2 669,94	II	29 666	1 302,93	2 232,40	2 511,45	1 093,25	2 091,44	2 352,87	883,69	1 950,56	2 194,38	674,01	1 809,60	2 035,80	464,45	1 668,72	1 877,31	254,77	1 527,76	1 718,73
	III	21 814	—	1 745,12	1 963,26	III	21 814	—	1 620,80	1 823,40	—	1 499,36	1 686,78	—	1 380,96	1 553,58	—	1 265,44	1 423,62	—	1 152,80	1 296,90	—	1 043,04	1 173,42
	V	36 101	1 985,55	2 888,08	3 249,09	IV	30 468	1 503,08	2 366,96	2 662,83	1 398,25	2 296,48	2 583,54	1 293,41	2 226,—	2 504,25	1 188,69	2 155,60	2 425,05	1 083,85	2 085,12	2 345,76	979,01	2 014,64	2 266,47
	VI	36 537	2 009,53	2 922,96	3 288,33																				
107 315,99 Ost	I,IV	30 625	1 626,61	2 450,—	2 756,25	I	30 625	1 417,05	2 309,12	2 597,76	1 207,37	2 168,16	2 439,18	997,81	2 027,28	2 280,69	788,13	1 886,32	2 122,11	578,57	1 745,44	1 963,62	368,90	1 604,48	1 805,04
	II	29 824	1 531,29	2 385,92	2 684,16	II	29 824	1 321,61	2 244,96	2 525,58	1 112,05	2 104,08	2 367,09	902,37	1 963,12	2 208,51	692,81	1 822,24	2 050,02	483,14	1 681,28	1 891,44	273,58	1 540,40	1 732,95
	III	21 956	—	1 756,48	1 976,04	III	21 956	—	1 631,84	1 835,82	—	1 510,08	1 698,84	—	1 391,36	1 565,28	—	1 275,68	1 435,14	—	1 162,72	1 308,06	—	1 052,80	1 184,40
	V	36 259	1 994,24	2 900,72	3 263,31	IV	30 625	1 521,77	2 379,52	2 676,96	1 417,05	2 309,12	2 597,76	1 312,21	2 238,64	2 518,47	1 207,37	2 168,16	2 439,18	1 102,53	2 097,68	2 359,89	997,81	2 027,28	2 280,69
	VI	36 694	2 018,17	2 935,52	3 302,46																				
107 351,99 West	I,IV	30 483	1 609,71	2 438,64	2 743,47	I	30 483	1 400,03	2 297,68	2 584,89	1 190,47	2 156,80	2 426,40	980,79	2 015,84	2 267,82	771,23	1 874,96	2 109,33	561,56	1 734,—	1 950,75	352,—	1 593,12	1 792,26
	II	29 681	1 514,27	2 374,48	2 671,29	II	29 681	1 304,71	2 233,60	2 512,80	1 095,03	2 092,64	2 354,22	885,47	1 951,76	2 195,73	675,80	1 810,80	2 037,15	466,24	1 669,92	1 878,66	256,56	1 528,96	1 720,08
	III	21 828	—	1 746,24	1 964,52	III	21 828	—	1 621,92	1 824,66	—	1 500,48	1 688,04	—	1 381,92	1 554,66	—	1 266,40	1 424,70	—	1 153,76	1 297,98	—	1 044,—	1 174,50
	V	36 117	1 986,43	2 889,36	3 250,53	IV	30 483	1 504,87	2 368,16	2 664,18	1 400,03	2 297,68	2 584,89	1 295,31	2 227,28	2 505,69	1 190,47	2 156,80	2 426,40	1 085,63	2 086,32	2 347,11	980,79	2 015,84	2 267,82
	VI	36 552	2 010,36	2 924,16	3 289,68																				
107 351,99 Ost	I,IV	30 640	1 628,39	2 451,20	2 757,60	I	30 640	1 418,83	2 310,32	2 599,11	1 209,15	2 169,36	2 440,53	999,60	2 028,48	2 282,04	789,92	1 887,52	2 123,46	580,36	1 746,64	1 964,97	370,68	1 605,68	1 806,39
	II	29 839	1 533,07	2 387,12	2 685,51	II	29 839	1 323,39	2 246,16	2 526,93	1 113,84	2 105,28	2 368,44	904,16	1 964,32	2 209,86	694,60	1 823,44	2 051,37	484,92	1 682,48	1 892,79	275,36	1 541,60	1 734,30
	III	21 970	—	1 757,60	1 977,30	III	21 970	—	1 632,96	1 837,08	—	1 511,20	1 700,10	—	1 392,48	1 566,54	—	1 276,64	1 436,22	—	1 163,68	1 309,14	—	1 053,76	1 185,48
	V	36 274	1 995,07	2 901,92	3 264,66	IV	30 640	1 523,55	2 380,72	2 678,31	1 418,83	2 310,32	2 599,11	1 313,99	2 239,84	2 519,82	1 209,15	2 169,36	2 440,53	1 104,43	2 098,96	2 361,33	999,60	2 028,48	2 282,04
	VI	36 709	2 018,99	2 936,72	3 303,81																				
107 387,99 West	I,IV	30 498	1 611,49	2 439,84	2 744,82	I	30 498	1 401,82	2 298,88	2 586,24	1 192,26	2 158,—	2 427,75	982,58	2 017,04	2 269,17	773,02	1 876,16	2 110,68	563,34	1 735,20	1 952,10	353,78	1 594,32	1 793,61
	II	29 696	1 516,06	2 375,68	2 672,64	II	29 696	1 306,50	2 234,80	2 514,15	1 096,94	2 093,92	2 355,66	887,26	1 952,96	2 197,08	677,70	1 812,08	2 038,59	468,02	1 671,12	1 880,01	258,46	1 530,24	1 721,52
	III	21 842	—	1 747,36	1 965,78	III	21 842	—	1 622,88	1 825,74	—	1 501,44	1 689,12	—	1 382,88	1 555,74	—	1 267,36	1 425,78	—	1 154,72	1 299,06	—	1 044,96	1 175,58
	V	36 132	1 987,26	2 890,56	3 251,88	IV	30 498	1 506,65	2 369,36	2 665,53	1 401,82	2 298,88	2 586,24	1 297,10	2 228,48	2 507,04	1 192,26	2 158,—	2 427,75	1 087,42	2 087,52	2 348,46	982,58	2 017,04	2 269,17
	VI	36 567	2 011,18	2 925,36	3 291,03																				
107 387,99 Ost	I,IV	30 655	1 630,18	2 452,40	2 758,95	I	30 655	1 420,62	2 311,52	2 600,46	1 210,94	2 170,56	2 441,88	1 001,38	2 029,68	2 283,39	791,70	1 888,72	2 124,81	582,14	1 747,84	1 966,32	372,47	1 606,88	1 807,74
	II	29 854	1 534,86	2 388,32	2 686,86	II	29 854	1 325,30	2 247,44	2 528,37	1 115,62	2 106,48	2 369,79	906,06	1 965,60	2 211,30	696,38	1 824,64	2 052,72	486,82	1 683,76	1 894,23	277,15	1 542,80	1 735,65
	III	21 982	—	1 758,56	1 978,38	III	21 982	—	1 633,92	1 838,16	—	1 512,16	1 701,18	—	1 393,44	1 567,62	—	1 277,60	1 437,30	—	1 164,64	1 310,22	—	1 054,72	1 186,56
	V	36 289	1 995,89	2 903,12	3 266,01	IV	30 655	1 525,46	2 382,—	2 679,75	1 420,62	2 311,52	2 600,46	1 315,78	2 241,04	2 521,17	1 210,94	2 170,56	2 441,88	1 106,22	2 100,16	2 362,68	1 001,38	2 029,68	2 283,39
	VI	36 724	2 019,82	2 937,92	3 305,16																				
107 423,99 West	I,IV	30 513	1 613,28	2 441,04	2 746,17	I	30 513	1 403,60	2 300,08	2 587,59	1 194,04	2 159,20	2 429,10	984,48	2 018,32	2 270,61	774,80	1 877,36	2 112,03	565,25	1 736,48	1 953,54	355,57	1 595,52	1 794,96
	II	29 712	1 517,96	2 376,96	2 674,08	II	29 712	1 308,28	2 236,—	2 515,50	1 098,72	2 095,12	2 357,01	889,04	1 954,16	2 198,43	679,49	1 813,28	2 039,94	469,81	1 672,32	1 881,36	260,25	1 531,44	1 722,87
	III	21 856	—	1 748,48	1 967,04	III	21 856	—	1 624,—	1 827,—	—	1 502,56	1 690,38	—	1 384,—	1 557,—	—	1 268,32	1 426,86	—	1 155,68	1 300,14	—	1 045,92	1 176,66
	V	36 147	1 988,08	2 891,76	3 253,23	IV	30 513	1 508,44	2 370,56	2 666,88	1 403,60	2 300,08	2 587,59	1 298,88	2 229,68	2 508,39	1 194,04	2 159,20	2 429,10	1 089,20	2 088,72	2 349,81	984,48	2 018,32	2 270,61
	VI	36 582	2 012,01	2 926,56	3 292,38																				
107 423,99 Ost	I,IV	30 670	1 631,96	2 453,60	2 760,30	I	30 670	1 422,40	2 312,72	2 601,81	1 212,84	2 171,84	2 443,32	1 003,17	2 030,88	2 284,74	793,61	1 890,—	2 126,25	583,93	1 749,04	1 967,67	374,37	1 608,16	1 809,18
	II	29 869	1 536,64	2 389,52	2 688,21	II	29 869	1 327,08	2 248,64	2 529,72	1 117,41	2 107,68	2 371,14	907,85	1 966,80	2 212,65	698,17	1 825,84	2 054,07	488,61	1 684,96	1 895,58	278,93	1 544,—	1 737,—
	III	21 996	—	1 759,68	1 979,64	III	21 996	—	1 635,04	1 839,42	—	1 513,28	1 702,44	—	1 394,40	1 568,70	—	1 278,56	1 438,38	—	1 165,60	1 311,30	—	1 055,68	1 187,64
	V	36 304	1 996,72	2 904,32	3 267,36	IV	30 670	1 527,24	2 383,20	2 681,10	1 422,40	2 312,72	2 601,81	1 317,56	2 242,24	2 522,52	1 212,84	2 171,84	2 443,32	1 108,—	2 101,36	2 364,03	1 003,17	2 030,88	2 284,74
	VI	36 739	2 020,64	2 939,12	3 306,51																				
107 459,99 West	I,IV	30 528	1 615,06	2 442,24	2 747,52	I	30 528	1 405,50	2 301,36	2 589,03	1 195,83	2 160,40	2 430,45	986,27	2 019,52	2 271,96	776,59	1 878,56	2 113,38	567,03	1 737,68	1 954,89	357,35	1 596,72	1 796,31
	II	29 727	1 519,74	2 378,16	2 675,43	II	29 727	1 310,07	2 237,20	2 516,85	1 100,51	2 096,32	2 358,36	890,83	1 955,36	2 199,78	681,27	1 814,48	2 041,29	471,59	1 673,52	1 882,71	262,03	1 532,64	1 724,22
	III	21 868	—	1 749,44	1 968,12	III	21 868	—	1 624,96	1 828,08	—	1 503,52	1 691,46	—	1 384,96	1 558,08	—	1 269,28	1 427,94	—	1 156,64	1 301,22	—	1 046,88	1 177,74
	V	36 162	1 988,91	2 892,96	3 254,58	IV	30 528	1 510,22	2 371,76	2 668,23	1 405,50	2 301,36	2 589,03	1 300,67	2 230,88	2 509,74	1 195,83	2 160,40	2 430,45	1 090,99	2 089,92	2 351,16	986,27	2 019,52	2 271,96
	VI	36 597	2 012,83	2 927,76	3 293,73																				
107 459,99 Ost	I,IV	30 686	1 633,87	2 454,88	2 761,74	I	30 686	1 424,19	2 313,92	2 603,16	1 214,63	2 173,04	2 444,67	1 004,95	2 032,08	2 286,09	795,39	1 891,20	2 127,60	585,71	1 750,24	1 969,02	376,15	1 609,36	1 810,53
	II	29 884	1 538,43	2 390,72	2 689,56	II	29 884	1 328,87	2 249,84	2 531,07	1 119,19	2 108,88	2 372,49	909,63	1 968,—	2 214,—	699,95	1 827,04	2 055,42	490,39	1 686,16	1 896,93	280,72	1 545,20	1 738,35
	III	22 010	—	1 760,80	1 980,90	III	22 010	—	1 636,—	1 840,50	—	1 514,24	1 703,52	—	1 395,52	1 569,96	—	1 279,52	1 439,46	—	1 166,56	1 312,38	—	1 056,48	1 188,54
	V	36 319	1 997,54	2 905,52	3 268,71	IV	30 686	1 529,03	2 384,40	2 682,45	1 424,19	2 313,92	2 603,16	1 319,35	2 243,44	2 523,87	1 214,63	2 173,04	2 444,67	1 109,79	2 102,56	2 365,38	1 004,95	2 032,08	2 286,09
	VI	36 755	2 021,52	2 940,40	3 307,95																				
107 495,99 West	I,IV	30 543	1 616,85	2 443,44	2 748,87	I	30 543	1 407,29	2 302,56	2 590,38	1 197,61	2 161,60	2 431,80	988,05	2 020,72	2 273,31	778,37	1 879,76	2 114,73	568,82	1 738,88	1 956,24	359,14	1 597,92	1 797,66
	II	29 742	1 521,53	2 379,36	2 676,78	II	29 742	1 311,85	2 238,40	2 518,20	1 102,29	2 097,52	2 359,71	892,61	1 956,56	2 201,13	683,06	1 815,68	2 042,64	473,38	1 674,72	1 884,06	263,82	1 533,84	1 725,57
	III	21 882	—	1 750,56	1 969,38	III	21 882	—	1 626,08	1 829,34	—	1 504,48	1 692,54	—	1 385,92	1 559,16	—	1 270,24	1 429,02	—	1 157,60	1 302,30	—	1 047,84	1 178,82
	V	36 177	1 989,73	2 894,16	3 255,93	IV	30 543	1 512,01	2 372,96	2 669,58	1 407,29	2 302,56	2 590,38	1 302,45	2 232,08	2 511,09	1 197,61	2 161,60	2 431,80	1 092,89	2 091,20	2 352,60	988,05	2 020,72	2 273,31
	VI	36 612	2 013,66	2 928,96	3 295,08																				
107 495,99 Ost	I,IV	30 701	1 635,65	2 456,08	2 763,09	I	30 701	1 425,97	2 315,12	2 604,51	1 216,41	2 174,24	2 446,02	1 006,74	2 033,28	2 287,44	797,18	1 892,40	2 128,95	587,50	1 751,44	1 970,37	377,94	1 610,56	1 811,88
	II	29 899	1 540,21	2 391,92	2 690,91	II	29 899	1 330,65	2 251,04	2 532,42	1 120,98	2 110,08	2 373,84	911,42	1 969,20	2 215,35	701,74	1 828,24	2 056,77	492,18	1 687,36	1 898,28	282,50	1 546,40	1 739,70
	III	22 024	—	1 761,92	1 982,16	III	22 024	—	1 637,12	1 841,76	—	1 515,36	1 704,78	—	1 396,48	1 571,04	—	1 280,48	1 440,54	—	1 167,52	1 313,46	—	1 057,44	1 189,62
	V	36 335	1 998,42	2 906,80	3 270,15	IV	30 701	1 530,81	2 385,60	2 683,80	1 425,97	2 315,12	2 604,51	1 321,13	2 244,64	2 525,22	1 216,41	2 174,24	2 446,02	1 111,57	2 103,76	2 366,73	1 006,74	2 033,28	2 287,44
	VI	36 770	2 022,35	2 941,60	3 309,30																				
107 531,99 West	I,IV	30 558	1 618,63	2 444,64	2 750,22	I	30 558	1 409,07	2 303,76	2 591,73	1 199,40	2 162,80	2 433,15	989,84	2 021,92	2 274,66	780,16	1 880,96	2 116,08	570,60	1 740,08	1 957,59	360,92	1 599,12	1 799,01
	II	29 757	1 523,31	2 380,56	2 678,13	II	29 757	1 313,64	2 239,60	2 519,55	1 104,08	2 098,72	2 361,06	894,52	1 957,84	2 202,57	684,84	1 816,88	2 043,99	475,28	1 676,—	1 885,50	265,60	1 535,04	1 726,92
	III	21 896	—	1 751,68	1 970,64	III	21 896	—	1 627,20	1 830,60	—	1 505,60	1 693,80	—	1 386,88	1 560,24	—	1 271,20	1 430,10	—	1 158,56	1 303,38	—	1 048,64	1 179,72
	V	36 192	1 990,56	2 895,36	3 257,28	IV	30 558	1 513,91	2 374,24	2 671,02	1 409,07	2 303,76	2 591,73	1 304,24	2 233,28	2 512,44	1 199,40	2 162,80	2 433,15	1 094,68	2 092,40	2 353,95	989,84	2 021,92	2 274,66
	VI	36 627	2 014,48	2 930,16	3 296,43																				
107 531,99 Ost	I,IV	30 716	1 637,44	2 457,28	2 764,44	I	30 716	1 427,76	2 316,32	2 605,86	1 218,20	2 175,44	2 447,37	1 008,52	2 034,48	2 288,79	798,96	1 893,60	2 130,30	589,28	1 752,64	1 971,72	379,72	1 611,76	1 813,23
	II	29 914	1 542,—	2 393,12	2 692,26	II	29 914	1 332,44	2 252,24	2 533,77	1 122,88	2 111,36	2 375,28	913,20	1 970,40	2 216,70	703,64	1 829,52	2 058,21	493,96	1 688,56	1 899,63	284,41	1 547,68	1 741,14
	III	22 036	—	1 762,88	1 983,24	III	22 036	—	1 638,24	1 843,02	—	1 516,32	1 705,86	—	1 397,44	1 572,12	—	1 281,44	1 441,62	—	1 168,48	1 314,54	—	1 058,40	1 190,70
	V	36 350	1 999,25	2 908,—	3 271,50	IV	30 716	1 532,60	2 386,80	2 685,15	1 427,76	2 316,32	2 605,86	1 323,04	2 245,92	2 526,66	1 218,20	2 175,44	2 447,37	1 113,36	2 104,96	2 368,08	1 008,52	2 034,48	2 288,79
	VI	36 785	2 023,17	2 942,80	3 310,65																				
107 567,99 West	I,IV	30 573	1 620,42	2 445,84	2 751,57	I	30 573	1 410,86	2 304,96	2 593,08	1 201,18	2 164,—	2 434,50	991,62	2 023,12	2 276,01	782,06	1 882,24	2 117,52	572,39	1 741,28	1 958,94	362,83	1 600,40	1 800,45
	II	29 772	1 525,10	2 381,76	2 679,48	II	29 772	1 315,54	2 240,88	2 520,99	1 105,86	2 099,92	2 362,41	896,30	1 959,04	2 203,92	686,63	1 818,08	2 045,34	477,07	1 677,20	1 886,85	267,39	1 536,24	1 728,27
	III	21 910	—	1 752,80	1 971,90	III	21 910	—	1 628,16	1 831,68	—	1 506,56	1 694,88	—	1 388,—	1 561,50	—	1 272,16	1 431,18	—	1 159,52	1 304,46	—	1 049,60	1 180,80
	V	36 207	1 991,38	2 896,56	3 258,63	IV	30 573	1 515,70	2 375,44	2 672,37	1 410,86	2 304,96	2 593,08	1 306,02	2 234,48	2 513,79	1 201,18	2 164,—	2 434,50	1 096,46	2 093,60	2 355,30	991,62	2 023,12	2 276,01
	VI	36 642	2 015,31	2 931,36	3 297,78																				
107 567,99 Ost	I,IV	30 731	1 639,22	2 458,48	2 765,79	I	30 731	1 429,54	2 317,52	2 607,21	1 219,98	2 176,64	2 448,72	1 010,42	2 035,76	2 290,23	800,75	1 894,80	2 131,65	591,19	1 753,92	1 973,16	381,51	1 612,96	1 814,58
	II	29 930	1 543,90	2 394,40	2 693,70	II	29 930	1 334,22	2 253,44	2 535,12	1 124,66	2 112,56	2 376,63	914,99	1 971,60	2 218,05	705,43	1 830,72	2 059,56	495,75	1 689,76	1 900,98	286,19	1 548,88	1 742,49
	III	22 050	—	1 764,—	1 984,50	III	22 050	—	1 639,20	1 844,10	—	1 517,44	1 707,12	—	1 398,40	1 573,20	—	1 282,56	1 442,88	—	1 169,44	1 315,62	—	1 059,36	1 191,78
	V	36 365	2 000,07	2 909,20	3 272,85	IV	30 731	1 534,38	2 388,—	2 686,50	1 429,54	2 317,52	2 607,21	1 324,82	2 247,12	2 528,01	1 219,98	2 176,64	2 448,72	1 115,14	2 106,16	2 369,43	1 010,42	2 035,76	2 290,23
	VI	36 800	2 024,—	2 944,—	3 312,—																				

* Die ausgewiesenen Tabellenwerte sind amtlich. Siehe Erläuterungen auf der Umschlaginnenseite (U2).

107 568,–*

Abzüge an Lohnsteuer, Solidaritätszuschlag (SolZ) und Kirchensteuer (8%, 9%) in den Steuerklassen

Lohn/ Gehalt bis €*	I – VI LSt	ohne Kinderfreibeträge SolZ	8%	9%	I, II, III, IV LSt	mit Zahl der Kinderfreibeträge ... 0,5 SolZ	0,5 8%	0,5 9%	1 SolZ	1 8%	1 9%	1,5 SolZ	1,5 8%	1,5 9%	2 SolZ	2 8%	2 9%	2,5 SolZ	2,5 8%	2,5 9%	3 SolZ	3 8%	3 9%
107 603,99 West	I,IV 30 589	1 622,32	2 447,12	2 753,01	I 30 589	1 412,64	2 306,16	2 594,43	1 203,09	2 165,28	2 435,94	993,41	2 024,32	2 277,36	783,85	1 883,44	2 118,87	574,17	1 742,48	1 960,29	364,61	1 601,60	1 801,80
	II 29 787	1 526,88	2 382,96	2 680,83	II 29 787	1 317,33	2 242,08	2 522,34	1 107,65	2 101,12	2 363,76	898,09	1 960,24	2 205,27	688,41	1 819,28	2 046,69	478,85	1 678,40	1 888,20	269,17	1 537,44	1 729,62
	III 21 922	–	1 753,76	1 972,98	III 21 922	–	1 629,28	1 832,94	–	1 507,68	1 696,14	–	1 388,96	1 562,58	–	1 273,28	1 432,44	–	1 160,48	1 305,54	–	1 050,56	1 181,88
	V 36 222	1 992,21	2 897,76	3 259,98	IV 30 589	1 517,48	2 376,64	2 673,72	1 412,64	2 306,16	2 594,43	1 307,81	2 235,68	2 515,14	1 203,09	2 165,28	2 435,94	1 098,25	2 094,80	2 356,65	993,41	2 024,32	2 277,36
	VI 36 658	2 016,19	2 932,64	3 299,22																			
107 603,99 Ost	I,IV 30 746	1 641,01	2 459,68	2 767,14	I 30 746	1 431,45	2 318,80	2 608,65	1 221,77	2 177,84	2 450,07	1 012,21	2 036,96	2 291,58	802,53	1 896,–	2 133,–	592,97	1 755,12	1 974,51	383,29	1 614,16	1 815,93
	II 29 945	1 545,69	2 395,60	2 695,05	II 29 945	1 336,01	2 254,64	2 536,47	1 126,45	2 113,76	2 377,98	916,77	1 972,80	2 219,40	707,21	1 831,92	2 060,91	497,53	1 690,96	1 902,33	287,98	1 550,08	1 743,84
	III 22 064	–	1 765,12	1 985,76	III 22 064	–	1 640,32	1 845,36	–	1 518,40	1 708,20	–	1 399,52	1 574,46	–	1 283,52	1 443,96	–	1 170,40	1 316,70	–	1 060,32	1 192,86
	V 36 380	2 000,90	2 910,40	3 274,20	IV 30 746	1 536,17	2 389,20	2 687,85	1 431,45	2 318,80	2 608,65	1 326,61	2 248,32	2 529,36	1 221,77	2 177,84	2 450,07	1 116,93	2 107,36	2 370,78	1 012,21	2 036,96	2 291,58
	VI 36 815	2 024,82	2 945,20	3 313,35																			
107 639,99 West	I,IV 30 604	1 624,11	2 448,32	2 754,36	I 30 604	1 414,43	2 307,36	2 595,78	1 204,87	2 166,48	2 437,29	995,19	2 025,52	2 278,71	785,63	1 884,64	2 120,22	575,96	1 743,68	1 961,64	366,40	1 602,80	1 803,15
	II 29 802	1 528,67	2 384,16	2 682,18	II 29 802	1 319,11	2 243,28	2 523,69	1 109,43	2 102,32	2 365,11	899,87	1 961,44	2 206,62	690,20	1 820,48	2 048,04	480,64	1 679,60	1 889,55	270,96	1 538,64	1 730,97
	III 21 936	–	1 754,88	1 974,24	III 21 936	–	1 630,24	1 834,02	–	1 508,64	1 697,22	–	1 389,92	1 563,66	–	1 274,24	1 433,52	–	1 161,44	1 306,62	–	1 051,52	1 182,96
	V 36 238	1 993,09	2 899,04	3 261,42	IV 30 604	1 519,27	2 377,84	2 675,07	1 414,43	2 307,36	2 595,78	1 309,59	2 236,88	2 516,49	1 204,87	2 166,48	2 437,29	1 100,03	2 096,–	2 358,–	995,19	2 025,52	2 278,71
	VI 36 673	2 017,01	2 933,84	3 300,57																			
107 639,99 Ost	I,IV 30 761	1 642,79	2 460,88	2 768,49	I 30 761	1 433,23	2 320,–	2 610,–	1 223,55	2 179,04	2 451,42	1 013,99	2 038,16	2 292,93	804,32	1 897,20	2 134,35	594,76	1 756,32	1 975,86	385,08	1 615,36	1 817,28
	II 29 960	1 547,47	2 396,80	2 696,40	II 29 960	1 337,79	2 255,84	2 537,82	1 128,23	2 114,96	2 379,33	918,56	1 974,–	2 220,75	709,–	1 833,12	2 062,26	499,32	1 692,16	1 903,68	289,76	1 551,28	1 745,19
	III 22 078	–	1 766,24	1 987,02	III 22 078	–	1 641,44	1 846,62	–	1 519,52	1 709,46	–	1 400,48	1 575,54	–	1 284,48	1 445,04	–	1 171,36	1 317,78	–	1 061,28	1 193,94
	V 36 395	2 001,72	2 911,60	3 275,55	IV 30 761	1 537,95	2 390,40	2 689,20	1 433,23	2 320,–	2 610,–	1 328,39	2 249,52	2 530,71	1 223,55	2 179,04	2 451,42	1 118,71	2 108,56	2 372,13	1 013,99	2 038,16	2 292,93
	VI 36 830	2 025,65	2 946,40	3 314,70																			
107 675,99 West	I,IV 30 619	1 625,89	2 449,52	2 755,71	I 30 619	1 416,21	2 308,56	2 597,13	1 206,66	2 167,68	2 438,64	996,98	2 026,72	2 280,06	787,42	1 885,84	2 121,57	577,74	1 744,88	1 962,99	368,18	1 604,–	1 804,50
	II 29 817	1 530,45	2 385,36	2 683,53	II 29 817	1 320,90	2 244,48	2 525,04	1 111,22	2 103,52	2 366,46	901,66	1 962,64	2 207,97	692,10	1 821,76	2 049,48	482,42	1 680,80	1 890,90	272,86	1 539,92	1 732,41
	III 21 950	–	1 756,–	1 975,50	III 21 950	–	1 631,36	1 835,28	–	1 509,76	1 698,48	–	1 391,04	1 564,92	–	1 275,20	1 434,60	–	1 162,40	1 307,70	–	1 052,48	1 184,04
	V 36 253	1 993,91	2 900,24	3 262,77	IV 30 619	1 521,05	2 379,04	2 676,42	1 416,21	2 308,56	2 597,13	1 311,49	2 238,16	2 517,93	1 206,66	2 167,68	2 438,64	1 101,82	2 097,20	2 359,35	996,98	2 026,72	2 280,06
	VI 36 688	2 017,84	2 935,04	3 301,92																			
107 675,99 Ost	I,IV 30 776	1 644,58	2 462,08	2 769,84	I 30 776	1 435,02	2 321,20	2 611,35	1 225,34	2 180,24	2 452,77	1 015,78	2 039,36	2 294,28	806,10	1 898,40	2 135,70	596,54	1 757,52	1 977,21	386,86	1 616,56	1 818,63
	II 29 975	1 549,26	2 398,–	2 697,75	II 29 975	1 339,58	2 257,04	2 539,17	1 130,02	2 116,16	2 380,68	920,46	1 975,28	2 222,19	710,78	1 834,32	2 063,61	501,22	1 693,44	1 905,12	291,55	1 552,48	1 746,54
	III 22 092	–	1 767,36	1 988,28	III 22 092	–	1 642,40	1 847,70	–	1 520,48	1 710,54	–	1 401,44	1 576,62	–	1 285,44	1 446,12	–	1 172,32	1 318,86	–	1 062,08	1 194,84
	V 36 410	2 002,55	2 912,80	3 276,90	IV 30 776	1 539,86	2 391,68	2 690,64	1 435,02	2 321,20	2 611,35	1 330,18	2 250,72	2 532,06	1 225,34	2 180,24	2 452,77	1 120,62	2 109,84	2 373,57	1 015,78	2 039,36	2 294,28
	VI 36 845	2 026,47	2 947,60	3 316,05																			
107 711,99 West	I,IV 30 634	1 627,68	2 450,72	2 757,06	I 30 634	1 418,–	2 309,76	2 598,48	1 208,44	2 168,88	2 439,99	998,76	2 027,92	2 281,41	789,20	1 887,04	2 122,92	579,64	1 746,16	1 964,43	369,97	1 605,20	1 805,85
	II 29 833	1 532,36	2 386,64	2 684,97	II 29 833	1 322,68	2 245,68	2 526,39	1 113,12	2 104,80	2 367,90	903,44	1 963,84	2 209,32	693,88	1 822,96	2 050,83	484,21	1 682,–	1 892,25	274,65	1 541,12	1 733,76
	III 21 964	–	1 757,12	1 976,76	III 21 964	–	1 632,48	1 836,54	–	1 510,72	1 699,56	–	1 392,–	1 566,–	–	1 276,16	1 435,68	–	1 163,36	1 308,78	–	1 053,28	1 184,94
	V 36 268	1 994,74	2 901,44	3 264,12	IV 30 634	1 522,84	2 380,24	2 677,77	1 418,–	2 309,76	2 598,48	1 313,28	2 239,36	2 519,28	1 208,44	2 168,88	2 439,99	1 103,60	2 098,40	2 360,70	998,76	2 027,92	2 281,41
	VI 36 703	2 018,66	2 936,24	3 303,27																			
107 711,99 Ost	I,IV 30 791	1 646,36	2 463,28	2 771,19	I 30 791	1 436,80	2 322,40	2 612,70	1 227,12	2 181,44	2 454,12	1 017,56	2 040,56	2 295,63	808,01	1 899,68	2 137,14	598,33	1 758,72	1 978,56	388,77	1 617,84	1 820,07
	II 29 990	1 551,04	2 399,20	2 699,10	II 29 990	1 341,48	2 258,32	2 540,61	1 131,80	2 117,36	2 382,03	922,25	1 976,48	2 223,54	712,57	1 835,52	2 064,96	503,01	1 694,64	1 906,47	293,33	1 553,68	1 747,89
	III 22 104	–	1 768,32	1 989,36	III 22 104	–	1 643,52	1 848,96	–	1 521,60	1 711,80	–	1 402,56	1 577,88	–	1 286,40	1 447,20	–	1 173,28	1 319,94	–	1 063,04	1 195,92
	V 36 425	2 003,37	2 914,–	3 278,25	IV 30 791	1 541,64	2 392,88	2 691,99	1 436,80	2 322,40	2 612,70	1 331,96	2 251,92	2 533,41	1 227,12	2 181,44	2 454,12	1 122,40	2 111,04	2 374,92	1 017,56	2 040,56	2 295,63
	VI 36 860	2 027,30	2 948,80	3 317,40																			
107 747,99 West	I,IV 30 649	1 629,46	2 451,92	2 758,41	I 30 649	1 419,90	2 311,04	2 599,92	1 210,23	2 170,08	2 441,34	1 000,67	2 029,20	2 282,85	790,99	1 888,24	2 124,27	581,43	1 747,36	1 965,78	371,75	1 606,40	1 807,20
	II 29 848	1 534,14	2 387,84	2 686,32	II 29 848	1 324,47	2 246,88	2 527,74	1 114,91	2 106,–	2 369,25	905,23	1 965,04	2 210,67	695,67	1 824,16	2 052,18	485,99	1 683,20	1 893,60	276,43	1 542,32	1 735,11
	III 21 976	–	1 758,08	1 977,84	III 21 976	–	1 633,44	1 837,62	–	1 511,84	1 700,82	–	1 392,96	1 567,08	–	1 277,12	1 436,76	–	1 164,32	1 309,86	–	1 054,24	1 186,02
	V 36 283	1 995,56	2 902,64	3 265,47	IV 30 649	1 524,62	2 381,44	2 679,12	1 419,90	2 311,04	2 599,92	1 315,06	2 240,56	2 520,63	1 210,23	2 170,08	2 441,34	1 105,39	2 099,60	2 362,05	1 000,67	2 029,20	2 282,85
	VI 36 718	2 019,49	2 937,44	3 304,62																			
107 747,99 Ost	I,IV 30 807	1 648,26	2 464,56	2 772,63	I 30 807	1 438,59	2 323,60	2 614,05	1 229,03	2 182,72	2 455,56	1 019,35	2 041,76	2 296,98	809,79	1 900,88	2 138,49	600,11	1 759,92	1 979,91	390,55	1 619,04	1 821,42
	II 30 005	1 552,83	2 400,40	2 700,45	II 30 005	1 343,27	2 259,52	2 541,96	1 133,59	2 118,56	2 383,38	924,03	1 977,68	2 224,89	714,35	1 836,72	2 066,31	504,79	1 695,84	1 907,82	295,12	1 554,88	1 749,24
	III 22 118	–	1 769,44	1 990,62	III 22 118	–	1 644,48	1 850,04	–	1 522,56	1 712,88	–	1 403,52	1 578,96	–	1 287,36	1 448,28	–	1 174,24	1 321,02	–	1 064,–	1 197,–
	V 36 440	2 004,20	2 915,20	3 279,60	IV 30 807	1 543,43	2 394,08	2 693,34	1 438,59	2 323,60	2 614,05	1 333,75	2 253,12	2 534,76	1 229,03	2 182,72	2 455,56	1 124,19	2 112,24	2 376,27	1 019,35	2 041,76	2 296,98
	VI 36 876	2 028,18	2 950,08	3 318,84																			
107 783,99 West	I,IV 30 664	1 631,25	2 453,12	2 759,76	I 30 664	1 421,69	2 312,24	2 601,27	1 212,01	2 171,28	2 442,69	1 002,45	2 030,40	2 284,20	792,77	1 889,44	2 125,62	583,21	1 748,56	1 967,13	373,54	1 607,60	1 808,55
	II 29 863	1 535,93	2 389,04	2 687,67	II 29 863	1 326,25	2 248,08	2 529,09	1 116,69	2 107,20	2 370,60	907,01	1 966,24	2 212,02	697,45	1 825,36	2 053,53	487,78	1 684,40	1 894,95	278,22	1 543,52	1 736,46
	III 21 990	–	1 759,20	1 979,10	III 21 990	–	1 634,56	1 838,88	–	1 512,80	1 701,90	–	1 393,92	1 568,16	–	1 278,08	1 437,84	–	1 165,12	1 310,76	–	1 055,20	1 187,10
	V 36 298	1 996,39	2 903,84	3 266,82	IV 30 664	1 526,41	2 382,64	2 680,47	1 421,69	2 312,24	2 601,27	1 316,85	2 241,76	2 521,98	1 212,01	2 171,28	2 442,69	1 107,17	2 100,80	2 363,40	1 002,45	2 030,40	2 284,20
	VI 36 733	2 020,31	2 938,64	3 305,97																			
107 783,99 Ost	I,IV 30 822	1 650,05	2 465,76	2 773,98	I 30 822	1 440,37	2 324,80	2 615,40	1 230,81	2 183,92	2 456,91	1 021,13	2 042,96	2 298,33	811,58	1 902,08	2 139,84	601,90	1 761,12	1 981,26	392,34	1 620,24	1 822,77
	II 30 020	1 554,61	2 401,60	2 701,80	II 30 020	1 345,05	2 260,72	2 543,31	1 135,37	2 119,76	2 384,73	925,82	1 978,88	2 226,24	716,14	1 837,92	2 067,66	506,58	1 697,04	1 909,17	296,90	1 556,08	1 750,59
	III 22 132	–	1 770,56	1 991,88	III 22 132	–	1 645,60	1 851,30	–	1 523,52	1 713,96	–	1 404,48	1 580,04	–	1 288,32	1 449,36	–	1 175,20	1 322,10	–	1 064,96	1 198,08
	V 36 456	2 005,08	2 916,48	3 281,04	IV 30 822	1 545,21	2 395,28	2 694,69	1 440,37	2 324,80	2 615,40	1 335,53	2 254,32	2 536,11	1 230,81	2 183,92	2 456,91	1 125,97	2 113,44	2 377,62	1 021,13	2 042,96	2 298,33
	VI 36 891	2 029,–	2 951,28	3 320,19																			
107 819,99 West	I,IV 30 679	1 633,03	2 454,32	2 761,11	I 30 679	1 423,47	2 313,44	2 602,62	1 213,80	2 172,48	2 444,04	1 004,24	2 031,60	2 285,55	794,56	1 890,64	2 126,97	585,–	1 749,76	1 968,48	375,32	1 608,80	1 809,90
	II 29 878	1 537,71	2 390,24	2 689,02	II 29 878	1 328,04	2 249,28	2 530,44	1 118,48	2 108,40	2 371,95	908,80	1 967,44	2 213,37	699,24	1 826,56	2 054,88	489,68	1 685,68	1 896,39	280,–	1 544,72	1 737,81
	III 22 004	–	1 760,32	1 980,36	III 22 004	–	1 635,52	1 839,96	–	1 513,76	1 702,98	–	1 395,04	1 569,42	–	1 279,04	1 438,92	–	1 166,08	1 311,84	–	1 056,16	1 188,18
	V 36 313	1 997,21	2 905,04	3 268,17	IV 30 679	1 528,31	2 383,92	2 681,91	1 423,47	2 313,44	2 602,62	1 318,63	2 242,96	2 523,33	1 213,80	2 172,48	2 444,04	1 109,08	2 102,08	2 364,84	1 004,24	2 031,60	2 285,55
	VI 36 748	2 021,14	2 939,84	3 307,32																			
107 819,99 Ost	I,IV 30 837	1 651,83	2 466,96	2 775,33	I 30 837	1 442,16	2 326,–	2 616,75	1 232,60	2 185,12	2 458,26	1 022,92	2 044,16	2 299,68	813,36	1 903,28	2 141,19	603,68	1 762,32	1 982,61	394,12	1 621,44	1 824,12
	II 30 035	1 556,40	2 402,80	2 703,15	II 30 035	1 346,84	2 261,92	2 544,66	1 137,16	2 120,96	2 386,08	927,60	1 980,08	2 227,59	718,04	1 839,20	2 069,10	508,36	1 698,24	1 910,52	298,80	1 557,36	1 752,03
	III 22 146	–	1 771,68	1 993,14	III 22 146	–	1 646,72	1 852,56	–	1 524,64	1 715,22	–	1 405,60	1 581,30	–	1 289,44	1 450,62	–	1 176,16	1 323,18	–	1 065,92	1 199,16
	V 36 471	2 005,90	2 917,68	3 282,39	IV 30 837	1 547,–	2 396,48	2 696,04	1 442,16	2 326,–	2 616,75	1 337,44	2 255,60	2 537,55	1 232,60	2 185,12	2 458,26	1 127,76	2 114,64	2 378,97	1 022,92	2 044,16	2 299,68
	VI 36 906	2 029,83	2 952,48	3 321,54																			
107 855,99 West	I,IV 30 694	1 634,82	2 455,52	2 762,46	I 30 694	1 425,26	2 314,64	2 603,97	1 215,58	2 173,68	2 445,39	1 006,02	2 032,80	2 286,90	796,34	1 891,84	2 128,32	586,78	1 750,96	1 969,83	377,23	1 610,08	1 811,34
	II 29 893	1 539,50	2 391,44	2 690,37	II 29 893	1 329,94	2 250,56	2 531,88	1 120,26	2 109,60	2 373,30	910,70	1 968,72	2 214,81	701,02	1 827,76	2 056,23	491,47	1 686,88	1 897,74	281,79	1 545,92	1 739,16
	III 22 018	–	1 761,44	1 981,62	III 22 018	–	1 636,64	1 841,22	–	1 514,88	1 704,24	–	1 396,–	1 570,50	–	1 280,16	1 440,18	–	1 167,04	1 312,92	–	1 057,12	1 189,26
	V 36 328	1 998,04	2 906,24	3 269,52	IV 30 694	1 530,10	2 385,12	2 683,26	1 425,26	2 314,64	2 603,97	1 320,42	2 244,16	2 524,68	1 215,58	2 173,68	2 445,39	1 110,86	2 103,28	2 366,19	1 006,02	2 032,80	2 286,90
	VI 36 763	2 021,96	2 941,04	3 308,67																			
107 855,99 Ost	I,IV 30 852	1 653,62	2 468,16	2 776,68	I 30 852	1 443,94	2 327,20	2 618,10	1 234,38	2 186,32	2 459,61	1 024,70	2 045,36	2 301,03	815,15	1 904,48	2 142,54	605,59	1 763,60	1 984,05	395,91	1 622,64	1 825,47
	II 30 051	1 558,30	2 404,08	2 704,59	II 30 051	1 348,62	2 263,12	2 546,01	1 139,06	2 122,24	2 387,52	929,39	1 981,28	2 228,94	719,83	1 840,40	2 070,45	510,15	1 699,44	1 911,87	300,59	1 558,56	1 753,38
	III 22 158	–	1 772,64	1 994,22	III 22 158	–	1 647,68	1 853,64	–	1 525,60	1 716,30	–	1 406,56	1 582,38	–	1 290,40	1 451,70	–	1 177,12	1 324,26	–	1 066,88	1 200,24
	V 36 486	2 006,73	2 918,88	3 283,74	IV 30 852	1 548,78	2 397,68	2 697,39	1 443,94	2 327,20	2 618,10	1 339,22	2 256,80	2 538,90	1 234,38	2 186,32	2 459,61	1 129,54	2 115,84	2 380,32	1 024,70	2 045,36	2 301,03
	VI 36 921	2 030,65	2 953,68	3 322,89																			

* Die ausgewiesenen Tabellenwerte sind amtlich. Siehe Erläuterungen auf der Umschlaginnenseite (U2).

Abzüge an Lohnsteuer, Solidaritätszuschlag (SolZ) und Kirchensteuer (8%, 9%) in den Steuerklassen

Lohn/ Gehalt bis €*	I – VI		ohne Kinderfreibeträge			I, II, III, IV		mit Zahl der Kinderfreibeträge . . . 0,5			1			1,5			2			2,5			3		
		LSt	SolZ	8%	9%		LSt	SolZ	8%	9%	SolZ	8%	9%	SolZ	8%	9%	SolZ	8%	9%	SolZ	8%	9%	SolZ	8%	9%
107 891,99 West	I,IV	30 710	1 636,72	2 456,80	2 763,90	I	30 710	1 427,04	2 315,84	2 605,32	1 217,48	2 174,96	2 446,83	1 007,81	2 034,—	2 288,25	798,25	1 893,12	2 129,76	588,57	1 752,16	1 971,18	379,01	1 611,28	1 812,69
	II	29 908	1 541,28	2 392,64	2 691,72	II	29 908	1 331,72	2 251,76	2 533,23	1 122,05	2 110,80	2 374,65	912,49	1 969,92	2 216,16	702,81	1 828,96	2 057,58	493,25	1 688,08	1 899,09	283,57	1 547,12	1 740,51
	III	22 030	—	1 762,40	1 982,70	III	22 030	—	1 637,76	1 842,48	—	1 515,84	1 705,32	—	1 396,96	1 571,58	—	1 281,12	1 441,26	—	1 168,—	1 314,—	—	1 058,08	1 190,34
	V	36 343	1 998,86	2 907,44	3 270,87	IV	30 710	1 531,88	2 386,32	2 684,61	1 427,04	2 315,84	2 605,32	1 322,20	2 245,36	2 526,03	1 217,48	2 174,96	2 446,83	1 112,65	2 104,48	2 367,54	1 007,81	2 034,—	2 288,25
	VI	36 779	2 022,84	2 942,32	3 310,11																				
107 891,99 Ost	I,IV	30 867	1 655,40	2 469,36	2 778,03	I	30 867	1 445,85	2 328,48	2 619,54	1 236,17	2 187,52	2 460,96	1 026,61	2 046,64	2 302,47	816,93	1 905,68	2 143,89	607,37	1 764,80	1 985,40	397,69	1 623,84	1 826,82
	II	30 066	1 560,09	2 405,28	2 705,94	II	30 066	1 350,41	2 264,32	2 547,36	1 140,85	2 123,44	2 388,87	931,17	1 982,48	2 230,29	721,61	1 841,60	2 071,80	511,93	1 700,64	1 913,22	302,37	1 559,76	1 754,73
	III	22 172	—	1 773,76	1 995,48	III	22 172	—	1 648,80	1 854,90	—	1 526,72	1 717,56	—	1 407,52	1 583,46	—	1 291,36	1 452,78	—	1 178,08	1 325,34	—	1 067,68	1 201,14
	V	36 501	2 007,55	2 920,08	3 285,09	IV	30 867	1 550,57	2 398,88	2 698,74	1 445,85	2 328,48	2 619,54	1 341,01	2 258,—	2 540,25	1 236,17	2 187,52	2 460,96	1 131,33	2 117,04	2 381,67	1 026,61	2 046,64	2 302,47
	VI	36 936	2 031,48	2 954,88	3 324,24																				
107 927,99 West	I,IV	30 725	1 638,51	2 458,—	2 765,25	I	30 725	1 428,83	2 317,04	2 606,67	1 219,27	2 176,16	2 448,18	1 009,59	2 035,20	2 289,60	800,03	1 894,32	2 131,11	590,35	1 753,36	1 972,53	380,80	1 612,48	1 814,04
	II	29 923	1 543,07	2 393,84	2 693,07	II	29 923	1 333,51	2 252,96	2 534,58	1 123,83	2 112,—	2 376,—	914,27	1 971,12	2 217,51	704,59	1 830,16	2 058,93	495,04	1 689,28	1 900,44	285,36	1 548,32	1 741,86
	III	22 044	—	1 763,52	1 983,96	III	22 044	—	1 638,72	1 843,56	—	1 516,96	1 706,58	—	1 398,08	1 572,84	—	1 282,08	1 442,34	—	1 168,96	1 315,08	—	1 058,88	1 191,24
	V	36 359	1 999,74	2 908,72	3 272,31	IV	30 725	1 533,67	2 387,52	2 685,96	1 428,83	2 317,04	2 606,67	1 323,99	2 246,56	2 527,38	1 219,27	2 176,16	2 448,18	1 114,43	2 105,68	2 368,89	1 009,59	2 035,20	2 289,60
	VI	36 794	2 023,67	2 943,52	3 311,46																				
107 927,99 Ost	I,IV	30 882	1 657,19	2 470,56	2 779,38	I	30 882	1 447,63	2 329,68	2 620,89	1 237,95	2 188,72	2 462,31	1 028,39	2 047,84	2 303,82	818,72	1 906,88	2 145,24	609,16	1 766,—	1 986,75	399,48	1 625,04	1 828,17
	II	30 081	1 561,87	2 406,48	2 707,29	II	30 081	1 352,19	2 265,52	2 548,71	1 142,63	2 124,64	2 390,22	932,96	1 983,68	2 231,64	723,40	1 842,80	2 073,15	513,72	1 701,84	1 914,57	304,16	1 560,96	1 756,08
	III	22 186	—	1 774,88	1 996,74	III	22 186	—	1 649,92	1 856,16	—	1 527,68	1 718,64	—	1 408,64	1 584,72	—	1 292,32	1 453,86	—	1 179,04	1 326,42	—	1 068,64	1 202,22
	V	36 516	2 008,38	2 921,28	3 286,44	IV	30 882	1 552,35	2 400,08	2 700,09	1 447,63	2 329,68	2 620,89	1 342,79	2 259,20	2 541,60	1 237,95	2 188,72	2 462,31	1 133,11	2 118,24	2 383,02	1 028,39	2 047,84	2 303,82
	VI	36 951	2 032,30	2 956,08	3 325,59																				
107 963,99 West	I,IV	30 740	1 640,29	2 459,20	2 766,60	I	30 740	1 430,61	2 318,24	2 608,02	1 221,05	2 177,36	2 449,53	1 011,38	2 036,40	2 290,95	801,82	1 895,52	2 132,46	592,14	1 754,56	1 973,88	382,58	1 613,68	1 815,39
	II	29 938	1 544,85	2 395,04	2 694,42	II	29 938	1 335,29	2 254,16	2 535,93	1 125,62	2 113,20	2 377,35	916,06	1 972,32	2 218,86	706,38	1 831,36	2 060,28	496,82	1 690,48	1 901,79	287,26	1 549,60	1 743,30
	III	22 058	—	1 764,64	1 985,22	III	22 058	—	1 639,84	1 844,82	—	1 517,92	1 707,66	—	1 399,04	1 573,92	—	1 283,04	1 443,42	—	1 169,92	1 316,16	—	1 059,84	1 192,32
	V	36 374	2 000,57	2 909,92	3 273,66	IV	30 740	1 535,45	2 388,72	2 687,31	1 430,61	2 318,24	2 608,02	1 325,89	2 247,84	2 528,82	1 221,05	2 177,36	2 449,53	1 116,22	2 106,88	2 370,24	1 011,38	2 036,40	2 290,95
	VI	36 809	2 024,49	2 944,72	3 312,81																				
107 963,99 Ost	I,IV	30 897	1 658,97	2 471,76	2 780,73	I	30 897	1 449,42	2 330,88	2 622,24	1 239,74	2 189,92	2 463,66	1 030,18	2 049,04	2 305,17	820,50	1 908,08	2 146,59	610,94	1 767,20	1 988,10	401,26	1 626,24	1 829,52
	II	30 096	1 563,66	2 407,68	2 708,64	II	30 096	1 353,98	2 266,72	2 550,06	1 144,42	2 125,84	2 391,57	934,74	1 984,88	2 232,99	725,18	1 844,—	2 074,50	515,62	1 703,12	1 916,01	305,94	1 562,16	1 757,43
	III	22 200	—	1 776,—	1 998,—	III	22 200	—	1 650,88	1 857,24	—	1 528,80	1 719,90	—	1 409,60	1 585,80	—	1 293,28	1 454,94	—	1 180,—	1 327,50	—	1 069,60	1 203,30
	V	36 531	2 009,20	2 922,48	3 287,79	IV	30 897	1 554,25	2 401,36	2 701,53	1 449,42	2 330,88	2 622,24	1 344,58	2 260,40	2 542,95	1 239,74	2 189,92	2 463,66	1 135,02	2 119,52	2 384,46	1 030,18	2 049,04	2 305,17
	VI	36 966	2 033,13	2 957,28	3 326,94																				
107 999,99 West	I,IV	30 755	1 642,08	2 460,40	2 767,95	I	30 755	1 432,40	2 319,44	2 609,37	1 222,84	2 178,56	2 450,88	1 013,16	2 037,60	2 292,30	803,60	1 896,72	2 133,81	593,92	1 755,76	1 975,23	384,37	1 614,88	1 816,74
	II	29 954	1 546,76	2 396,32	2 695,86	II	29 954	1 337,08	2 255,36	2 537,28	1 127,52	2 114,48	2 378,79	917,84	1 973,52	2 220,21	708,28	1 832,64	2 061,72	498,61	1 691,68	1 903,14	289,05	1 550,80	1 744,65
	III	22 072	—	1 765,76	1 986,48	III	22 072	—	1 640,96	1 846,08	—	1 519,04	1 708,92	—	1 400,—	1 575,—	—	1 284,—	1 444,50	—	1 170,88	1 317,24	—	1 060,80	1 193,40
	V	36 389	2 001,39	2 911,12	3 275,01	IV	30 755	1 537,24	2 389,92	2 688,66	1 432,40	2 319,44	2 609,37	1 327,68	2 249,04	2 530,17	1 222,84	2 178,56	2 450,88	1 118,—	2 108,08	2 371,59	1 013,16	2 037,60	2 292,30
	VI	36 824	2 025,32	2 945,92	3 314,16																				
107 999,99 Ost	I,IV	30 912	1 660,76	2 472,96	2 782,08	I	30 912	1 451,20	2 332,08	2 623,59	1 241,52	2 191,12	2 465,01	1 031,96	2 050,24	2 306,52	822,29	1 909,28	2 147,94	612,73	1 768,40	1 989,45	403,17	1 627,52	1 830,96
	II	30 111	1 565,44	2 408,88	2 709,99	II	30 111	1 355,88	2 268,—	2 551,50	1 146,20	2 127,04	2 392,92	936,64	1 986,16	2 234,43	726,97	1 845,20	2 075,85	517,41	1 704,32	1 917,36	307,73	1 563,36	1 758,78
	III	22 214	—	1 777,12	1 999,26	III	22 214	—	1 652,—	1 858,50	—	1 529,76	1 720,98	—	1 410,56	1 586,88	—	1 294,24	1 456,02	—	1 180,96	1 328,58	—	1 070,56	1 204,38
	V	36 546	2 010,03	2 923,68	3 289,14	IV	30 912	1 556,04	2 402,56	2 702,88	1 451,20	2 332,08	2 623,59	1 346,36	2 261,60	2 544,30	1 241,52	2 191,12	2 465,01	1 136,80	2 120,72	2 385,81	1 031,96	2 050,24	2 306,52
	VI	36 981	2 033,95	2 958,48	3 328,29																				
108 035,99 West	I,IV	30 770	1 643,86	2 461,60	2 769,30	I	30 770	1 434,30	2 320,72	2 610,81	1 224,62	2 179,76	2 452,23	1 015,07	2 038,88	2 293,74	805,39	1 897,92	2 135,16	595,83	1 757,04	1 976,67	386,15	1 616,08	1 818,09
	II	29 969	1 548,54	2 397,52	2 697,21	II	29 969	1 338,86	2 256,56	2 538,63	1 129,31	2 115,68	2 380,14	919,63	1 974,72	2 221,56	710,07	1 833,84	2 063,07	500,39	1 692,88	1 904,49	290,83	1 552,—	1 746,—
	III	22 086	—	1 766,88	1 987,74	III	22 086	—	1 641,92	1 847,16	—	1 520,—	1 710,—	—	1 401,12	1 576,26	—	1 284,96	1 445,58	—	1 171,84	1 318,32	—	1 061,76	1 194,48
	V	36 404	2 002,22	2 912,32	3 276,36	IV	30 770	1 539,02	2 391,12	2 690,01	1 434,30	2 320,72	2 610,81	1 329,46	2 250,24	2 531,52	1 224,62	2 179,76	2 452,23	1 119,79	2 109,28	2 372,94	1 015,07	2 038,88	2 293,74
	VI	36 839	2 026,14	2 947,12	3 315,51																				
108 035,99 Ost	I,IV	30 928	1 662,66	2 474,24	2 783,52	I	30 928	1 452,99	2 333,28	2 624,94	1 243,43	2 192,40	2 466,45	1 033,75	2 051,44	2 307,87	824,19	1 910,56	2 149,38	614,51	1 769,60	1 990,80	404,95	1 628,72	1 832,31
	II	30 126	1 567,23	2 410,08	2 711,34	II	30 126	1 357,67	2 269,20	2 552,85	1 147,99	2 128,24	2 394,27	938,43	1 987,36	2 235,78	728,75	1 846,40	2 077,20	519,19	1 705,52	1 918,71	309,51	1 564,56	1 760,13
	III	22 226	—	1 778,08	2 000,34	III	22 226	—	1 652,96	1 859,58	—	1 530,88	1 722,24	—	1 411,52	1 587,96	—	1 295,36	1 457,28	—	1 181,92	1 329,66	—	1 071,52	1 205,46
	V	36 561	2 010,85	2 924,88	3 290,49	IV	30 928	1 557,82	2 403,76	2 704,23	1 452,99	2 333,28	2 624,94	1 348,15	2 262,80	2 545,65	1 243,43	2 192,40	2 466,45	1 138,59	2 121,92	2 387,16	1 033,75	2 051,44	2 307,87
	VI	36 996	2 034,78	2 959,68	3 329,64																				
108 071,99 West	I,IV	30 785	1 645,65	2 462,80	2 770,65	I	30 785	1 436,09	2 321,92	2 612,16	1 226,41	2 180,96	2 453,58	1 016,85	2 040,08	2 295,09	807,17	1 899,12	2 136,51	597,61	1 758,24	1 978,02	387,94	1 617,28	1 819,44
	II	29 984	1 550,33	2 398,72	2 698,56	II	29 984	1 340,65	2 257,76	2 539,98	1 131,09	2 116,88	2 381,49	921,41	1 975,92	2 222,91	711,85	1 835,04	2 064,42	502,18	1 694,08	1 905,84	292,62	1 553,20	1 747,35
	III	22 098	—	1 767,84	1 988,82	III	22 098	—	1 643,04	1 848,42	—	1 521,12	1 711,26	—	1 402,08	1 577,34	—	1 285,92	1 446,66	—	1 172,80	1 319,40	—	1 062,72	1 195,56
	V	36 419	2 003,04	2 913,52	3 277,71	IV	30 785	1 540,81	2 392,32	2 691,36	1 436,09	2 321,92	2 612,16	1 331,25	2 251,44	2 532,87	1 226,41	2 180,96	2 453,58	1 121,57	2 110,48	2 374,29	1 016,85	2 040,08	2 295,09
	VI	36 854	2 026,97	2 948,32	3 316,86																				
108 071,99 Ost	I,IV	30 943	1 664,45	2 475,44	2 784,87	I	30 943	1 454,77	2 334,48	2 626,29	1 245,21	2 193,60	2 467,80	1 035,53	2 052,64	2 309,22	825,97	1 911,76	2 150,73	616,30	1 770,80	1 992,15	406,74	1 629,92	1 833,66
	II	30 141	1 569,01	2 411,28	2 712,69	II	30 141	1 359,45	2 270,40	2 554,20	1 149,77	2 129,44	2 395,62	940,21	1 988,56	2 237,13	730,54	1 847,60	2 078,55	520,98	1 706,72	1 920,06	311,30	1 565,76	1 761,48
	III	22 240	—	1 779,20	2 001,60	III	22 240	—	1 654,08	1 860,84	—	1 531,84	1 723,32	—	1 412,64	1 589,22	—	1 296,32	1 458,36	—	1 182,88	1 330,74	—	1 072,48	1 206,54
	V	36 576	2 011,68	2 926,08	3 291,84	IV	30 943	1 559,61	2 404,96	2 705,58	1 454,77	2 334,48	2 626,29	1 349,93	2 264,—	2 547,—	1 245,21	2 193,60	2 467,80	1 140,37	2 123,12	2 388,51	1 035,53	2 052,64	2 309,22
	VI	37 012	2 035,66	2 960,96	3 331,08																				
108 107,99 West	I,IV	30 800	1 647,43	2 464,—	2 772,—	I	30 800	1 437,87	2 323,12	2 613,51	1 228,19	2 182,16	2 454,93	1 018,64	2 041,28	2 296,44	808,96	1 900,32	2 137,86	599,40	1 759,44	1 979,37	389,72	1 618,48	1 820,79
	II	29 999	1 552,11	2 399,92	2 699,91	II	29 999	1 342,43	2 258,96	2 541,33	1 132,88	2 118,08	2 382,84	923,20	1 977,12	2 224,26	713,64	1 836,24	2 065,77	503,96	1 695,28	1 907,19	294,40	1 554,40	1 748,70
	III	22 112	—	1 768,96	1 990,08	III	22 112	—	1 644,—	1 849,50	—	1 522,08	1 712,34	—	1 403,04	1 578,42	—	1 287,04	1 447,92	—	1 173,76	1 320,48	—	1 063,68	1 196,64
	V	36 434	2 003,87	2 914,72	3 279,06	IV	30 800	1 542,71	2 393,60	2 692,80	1 437,87	2 323,12	2 613,51	1 333,03	2 252,64	2 534,22	1 228,19	2 182,16	2 454,93	1 123,47	2 111,76	2 375,73	1 018,64	2 041,28	2 296,44
	VI	36 869	2 027,79	2 949,52	3 318,21																				
108 107,99 Ost	I,IV	30 958	1 666,23	2 476,64	2 786,22	I	30 958	1 456,56	2 335,68	2 627,64	1 247,—	2 194,80	2 469,15	1 037,32	2 053,84	2 310,57	827,76	1 912,96	2 152,08	618,08	1 772,—	1 993,50	408,52	1 631,12	1 835,01
	II	30 156	1 570,80	2 412,48	2 714,04	II	30 156	1 361,24	2 271,60	2 555,55	1 151,56	2 130,64	2 396,97	942,—	1 989,76	2 238,48	732,32	1 848,80	2 079,90	522,76	1 707,92	1 921,41	313,20	1 567,04	1 762,92
	III	22 254	—	1 780,32	2 002,86	III	22 254	—	1 655,20	1 862,10	—	1 532,96	1 724,58	—	1 413,60	1 590,30	—	1 297,28	1 459,44	—	1 183,84	1 331,82	—	1 073,44	1 207,62
	V	36 592	2 012,56	2 927,36	3 293,28	IV	30 958	1 561,39	2 406,16	2 706,93	1 456,56	2 335,68	2 627,64	1 351,84	2 265,28	2 548,44	1 247,—	2 194,80	2 469,15	1 142,16	2 124,32	2 389,86	1 037,32	2 053,84	2 310,57
	VI	37 027	2 036,48	2 962,16	3 332,43																				
108 143,99 West	I,IV	30 815	1 649,22	2 465,20	2 773,35	I	30 815	1 439,66	2 324,32	2 614,86	1 229,98	2 183,36	2 456,28	1 020,42	2 042,48	2 297,79	810,74	1 901,52	2 139,21	601,18	1 760,64	1 980,72	391,51	1 619,68	1 822,14
	II	30 014	1 553,90	2 401,12	2 701,26	II	30 014	1 344,34	2 260,24	2 542,77	1 134,66	2 119,28	2 384,19	925,10	1 978,40	2 225,70	715,42	1 837,44	2 067,12	505,86	1 696,56	1 908,63	296,19	1 555,60	1 750,05
	III	22 126	—	1 770,08	1 991,34	III	22 126	—	1 645,12	1 850,76	—	1 523,20	1 713,60	—	1 404,—	1 579,50	—	1 288,—	1 449,—	—	1 174,72	1 321,56	—	1 064,48	1 197,54
	V	36 449	2 004,69	2 915,92	3 280,41	IV	30 815	1 544,50	2 394,80	2 694,15	1 439,66	2 324,32	2 614,86	1 334,82	2 253,84	2 535,57	1 229,98	2 183,36	2 456,28	1 125,26	2 112,96	2 377,08	1 020,42	2 042,48	2 297,79
	VI	36 884	2 028,62	2 950,72	3 319,56																				
108 143,99 Ost	I,IV	30 973	1 668,02	2 477,84	2 787,57	I	30 973	1 458,34	2 336,88	2 628,99	1 248,78	2 196,—	2 470,50	1 039,10	2 055,04	2 311,92	829,54	1 914,16	2 153,43	619,87	1 773,20	1 994,85	410,31	1 632,32	1 836,36
	II	30 172	1 572,70	2 413,76	2 715,48	II	30 172	1 363,02	2 272,80	2 556,90	1 153,46	2 131,92	2 398,41	943,78	1 990,96	2 239,83	734,23	1 850,08	2 081,34	524,55	1 709,12	1 922,76	314,99	1 568,24	1 764,27
	III	22 268	—	1 781,44	2 004,12	III	22 268	—	1 656,16	1 863,18	—	1 533,92	1 725,66	—	1 414,56	1 591,38	—	1 298,24	1 460,52	—	1 184,80	1 332,90	—	1 074,24	1 208,52
	V	36 607	2 013,38	2 928,56	3 294,63	IV	30 973	1 563,18	2 407,36	2 708,28	1 458,34	2 336,88	2 628,99	1 353,62	2 266,48	2 549,79	1 248,78	2 196,—	2 470,50	1 143,94	2 125,52	2 391,21	1 039,10	2 055,04	2 311,92
	VI	37 042	2 037,31	2 963,36	3 333,78																				

*** Die ausgewiesenen Tabellenwerte sind amtlich. Siehe Erläuterungen auf der Umschlaginnenseite (U2).**

JAHR 108 144,–*

Lohn/ Gehalt bis €*		I – VI ohne Kinderfreibeträge				I, II, III, IV mit Zahl der Kinderfreibeträge . . .		0,5			1			1,5			2			2,5			3		
		LSt	SolZ	8%	9%		LSt	SolZ	8%	9%	SolZ	8%	9%	SolZ	8%	9%	SolZ	8%	9%	SolZ	8%	9%	SolZ	8%	9%
108 179,99 West	I,IV	30 830	1 651,–	2 466,40	2 774,70	I	30 830	1 441,44	2 325,52	2 616,21	1 231,88	2 184,64	2 457,72	1 022,21	2 043,68	2 299,14	812,65	1 902,80	2 140,65	602,97	1 761,84	1 982,07	393,41	1 620,96	1 823,58
	II	30 029	1 555,68	2 402,32	2 702,61	II	30 029	1 346,12	2 261,44	2 544,12	1 136,45	2 120,48	2 385,54	926,89	1 979,60	2 227,05	717,21	1 838,64	2 068,47	507,65	1 697,76	1 909,98	297,97	1 556,80	1 751,40
	III	22 140	–	1 771,20	1 992,60	III	22 140	–	1 646,24	1 852,02	–	1 524,16	1 714,68	–	1 405,12	1 580,76	–	1 288,96	1 450,08	–	1 175,68	1 322,64	–	1 065,44	1 198,62
	V	36 464	2 005,52	2 917,12	3 281,76	IV	30 830	1 546,28	2 396,–	2 695,50	1 441,44	2 325,52	2 616,21	1 336,60	2 255,04	2 536,92	1 231,88	2 184,64	2 457,72	1 127,04	2 114,16	2 378,43	1 022,21	2 043,68	2 299,14
	VI	36 899	2 029,44	2 951,92	3 320,91																				
108 179,99 Ost	I,IV	30 988	1 669,80	2 479,04	2 788,92	I	30 988	1 460,24	2 338,16	2 630,43	1 250,57	2 197,20	2 471,85	1 041,01	2 056,32	2 313,36	831,33	1 915,36	2 154,78	621,77	1 774,48	1 996,29	412,09	1 633,52	1 837,71
	II	30 187	1 574,48	2 414,96	2 716,83	II	30 187	1 364,81	2 274,–	2 558,25	1 155,25	2 133,12	2 399,76	945,57	1 992,16	2 241,18	736,01	1 851,28	2 082,69	526,33	1 710,32	1 924,11	316,77	1 569,44	1 765,62
	III	22 282	–	1 782,56	2 005,38	III	22 282	–	1 657,28	1 864,44	–	1 535,04	1 726,92	–	1 415,68	1 592,64	–	1 299,20	1 461,60	–	1 185,76	1 333,98	–	1 075,20	1 209,60
	V	36 622	2 014,21	2 929,76	3 295,98	IV	30 988	1 564,96	2 408,56	2 709,63	1 460,24	2 338,16	2 630,43	1 355,41	2 267,68	2 551,14	1 250,57	2 197,20	2 471,85	1 145,73	2 126,72	2 392,56	1 041,01	2 056,32	2 313,36
	VI	37 057	2 038,13	2 964,56	3 335,13																				
108 215,99 West	I,IV	30 846	1 652,91	2 467,68	2 776,14	I	30 846	1 443,23	2 326,72	2 617,56	1 233,67	2 185,84	2 459,07	1 023,99	2 044,88	2 300,49	814,43	1 904,–	2 142,–	604,75	1 763,04	1 983,42	395,19	1 622,16	1 824,93
	II	30 044	1 557,47	2 403,52	2 703,96	II	30 044	1 347,91	2 262,64	2 545,47	1 138,23	2 121,68	2 386,89	928,67	1 980,80	2 228,40	718,99	1 839,84	2 069,82	509,43	1 698,96	1 911,33	299,76	1 558,–	1 752,75
	III	22 152	–	1 772,16	1 993,68	III	22 152	–	1 647,20	1 853,10	–	1 525,28	1 715,94	–	1 406,08	1 581,84	–	1 289,92	1 451,16	–	1 176,64	1 323,72	–	1 066,40	1 199,70
	V	36 479	2 006,34	2 918,32	3 283,11	IV	30 846	1 548,07	2 397,20	2 696,85	1 443,23	2 326,72	2 617,56	1 338,39	2 256,24	2 538,27	1 233,67	2 185,84	2 459,07	1 128,83	2 115,36	2 379,78	1 023,99	2 044,88	2 300,49
	VI	36 915	2 030,32	2 953,20	3 322,35																				
108 215,99 Ost	I,IV	31 003	1 671,59	2 480,24	2 790,27	I	31 003	1 462,03	2 339,36	2 631,78	1 252,35	2 198,40	2 473,20	1 042,79	2 057,52	2 314,71	833,11	1 916,56	2 156,13	623,56	1 775,68	1 997,64	413,88	1 634,72	1 839,06
	II	30 202	1 576,27	2 416,16	2 718,18	II	30 202	1 366,59	2 275,20	2 559,60	1 157,03	2 134,32	2 401,11	947,35	1 993,36	2 242,53	737,80	1 852,48	2 084,04	528,12	1 711,52	1 925,46	318,56	1 570,64	1 766,97
	III	22 294	–	1 783,52	2 006,46	III	22 294	–	1 658,40	1 865,70	–	1 536,–	1 728,–	–	1 416,64	1 593,72	–	1 300,16	1 462,68	–	1 186,72	1 335,06	–	1 076,16	1 210,68
	V	36 637	2 015,03	2 930,96	3 297,33	IV	31 003	1 566,75	2 409,76	2 710,98	1 462,03	2 339,36	2 631,78	1 357,19	2 268,88	2 552,49	1 252,35	2 198,40	2 473,20	1 147,51	2 127,92	2 393,91	1 042,79	2 057,52	2 314,71
	VI	37 072	2 038,96	2 965,76	3 336,48																				
108 251,99 West	I,IV	30 861	1 654,69	2 468,88	2 777,49	I	30 861	1 445,01	2 327,92	2 618,91	1 235,45	2 187,04	2 460,42	1 025,78	2 046,08	2 301,84	816,22	1 905,20	2 143,35	606,54	1 764,24	1 984,77	396,98	1 623,36	1 826,28
	II	30 059	1 559,25	2 404,72	2 705,31	II	30 059	1 349,69	2 263,84	2 546,82	1 140,02	2 122,88	2 388,24	930,46	1 982,–	2 229,75	720,78	1 841,04	2 071,17	511,22	1 700,16	1 912,68	301,54	1 559,20	1 754,10
	III	22 166	–	1 773,28	1 994,94	III	22 166	–	1 648,32	1 854,36	–	1 526,24	1 717,02	–	1 407,04	1 582,92	–	1 290,88	1 452,24	–	1 177,60	1 324,80	–	1 067,36	1 200,78
	V	36 495	2 007,22	2 919,60	3 284,55	IV	30 861	1 549,85	2 398,40	2 698,20	1 445,01	2 327,92	2 618,91	1 340,29	2 257,52	2 539,71	1 235,45	2 187,04	2 460,42	1 130,61	2 116,56	2 381,13	1 025,78	2 046,08	2 301,84
	VI	36 930	2 031,15	2 954,40	3 323,70																				
108 251,99 Ost	I,IV	31 018	1 673,37	2 481,44	2 791,62	I	31 018	1 463,81	2 340,56	2 633,13	1 254,14	2 199,60	2 474,55	1 044,58	2 058,72	2 316,06	834,90	1 917,76	2 157,48	625,34	1 776,88	1 998,99	415,66	1 635,92	1 840,41
	II	30 217	1 578,05	2 417,36	2 719,53	II	30 217	1 368,38	2 276,40	2 560,95	1 158,82	2 135,52	2 402,46	949,14	1 994,56	2 243,88	739,58	1 853,68	2 085,39	529,90	1 712,72	1 926,81	320,34	1 571,84	1 768,32
	III	22 308	–	1 784,64	2 007,72	III	22 308	–	1 659,36	1 866,78	–	1 537,12	1 729,26	–	1 417,60	1 594,80	–	1 301,28	1 463,94	–	1 187,68	1 336,14	–	1 077,12	1 211,76
	V	36 652	2 015,86	2 932,16	3 298,68	IV	31 018	1 568,53	2 410,96	2 712,33	1 463,81	2 340,56	2 633,13	1 358,98	2 270,08	2 553,84	1 254,14	2 199,60	2 474,55	1 149,42	2 129,20	2 395,35	1 044,58	2 058,72	2 316,06
	VI	37 087	2 039,78	2 966,96	3 337,83																				
108 287,99 West	I,IV	30 876	1 656,48	2 470,08	2 778,84	I	30 876	1 446,80	2 329,12	2 620,26	1 237,24	2 188,24	2 461,77	1 027,56	2 047,28	2 303,19	818,–	1 906,40	2 144,70	608,32	1 765,44	1 986,12	398,76	1 624,56	1 827,63
	II	30 074	1 561,04	2 405,92	2 706,66	II	30 074	1 351,48	2 265,04	2 548,17	1 141,92	2 124,16	2 389,68	932,24	1 983,20	2 231,10	722,68	1 842,32	2 072,61	513,–	1 701,36	1 914,03	303,45	1 560,48	1 755,54
	III	22 180	–	1 774,40	1 996,20	III	22 180	–	1 649,44	1 855,62	–	1 527,20	1 718,10	–	1 408,16	1 584,18	–	1 291,84	1 453,32	–	1 178,56	1 325,88	–	1 068,32	1 201,86
	V	36 510	2 008,05	2 920,80	3 285,90	IV	30 876	1 551,64	2 399,60	2 699,55	1 446,80	2 329,12	2 620,26	1 342,08	2 258,72	2 541,06	1 237,24	2 188,24	2 461,77	1 132,40	2 117,76	2 382,48	1 027,56	2 047,28	2 303,19
	VI	36 945	2 031,97	2 955,60	3 325,05																				
108 287,99 Ost	I,IV	31 033	1 675,16	2 482,64	2 792,97	I	31 033	1 465,60	2 341,76	2 634,48	1 255,92	2 200,80	2 475,90	1 046,36	2 059,92	2 317,41	836,68	1 918,96	2 158,83	627,13	1 778,08	2 000,34	417,45	1 637,12	1 841,76
	II	30 232	1 579,84	2 418,56	2 720,88	II	30 232	1 370,28	2 277,68	2 562,39	1 160,60	2 136,72	2 403,81	951,04	1 995,84	2 245,32	741,37	1 854,88	2 086,74	531,81	1 714,–	1 928,25	322,13	1 573,04	1 769,67
	III	22 322	–	1 785,76	2 008,98	III	22 322	–	1 660,48	1 868,04	–	1 538,08	1 730,34	–	1 418,72	1 596,06	–	1 302,24	1 465,02	–	1 188,64	1 337,22	–	1 078,08	1 212,84
	V	36 667	2 016,68	2 933,36	3 300,03	IV	31 033	1 570,44	2 412,24	2 713,77	1 465,60	2 341,76	2 634,48	1 360,76	2 271,28	2 555,19	1 255,92	2 200,80	2 475,90	1 151,20	2 130,40	2 396,70	1 046,36	2 059,92	2 317,41
	VI	37 102	2 040,61	2 968,16	3 339,18																				
108 323,99 West	I,IV	30 891	1 658,26	2 471,28	2 780,19	I	30 891	1 448,58	2 330,32	2 621,61	1 239,02	2 189,44	2 463,12	1 029,46	2 048,56	2 304,63	819,79	1 907,60	2 146,05	610,23	1 766,72	1 987,56	400,55	1 625,76	1 828,98
	II	30 090	1 562,94	2 407,20	2 708,10	II	30 090	1 353,26	2 266,24	2 549,52	1 143,70	2 125,36	2 391,03	934,03	1 984,40	2 232,45	724,47	1 843,52	2 073,96	514,79	1 702,56	1 915,38	305,23	1 561,68	1 756,89
	III	22 194	–	1 775,52	1 997,46	III	22 194	–	1 650,40	1 856,70	–	1 528,32	1 719,36	–	1 409,12	1 585,26	–	1 292,80	1 454,40	–	1 179,52	1 326,96	–	1 069,28	1 202,94
	V	36 525	2 008,87	2 922,–	3 287,25	IV	30 891	1 553,42	2 400,80	2 700,90	1 448,58	2 330,32	2 621,61	1 343,86	2 259,92	2 542,41	1 239,02	2 189,44	2 463,12	1 134,18	2 118,96	2 383,83	1 029,46	2 048,56	2 304,63
	VI	36 960	2 032,80	2 956,80	3 326,40																				
108 323,99 Ost	I,IV	31 048	1 676,94	2 483,84	2 794,32	I	31 048	1 467,38	2 342,96	2 635,83	1 257,83	2 202,08	2 477,34	1 048,15	2 061,12	2 318,76	838,59	1 920,24	2 160,27	628,91	1 779,28	2 001,69	419,35	1 638,40	1 843,20
	II	30 247	1 581,62	2 419,76	2 722,23	II	30 247	1 372,07	2 278,88	2 563,74	1 162,39	2 137,92	2 405,16	952,83	1 997,04	2 246,67	743,15	1 856,08	2 088,09	533,59	1 715,20	1 929,60	323,91	1 574,24	1 771,02
	III	22 336	–	1 786,88	2 010,24	III	22 336	–	1 661,60	1 869,30	–	1 539,20	1 731,60	–	1 419,68	1 597,14	–	1 303,20	1 466,10	–	1 189,60	1 338,30	–	1 079,04	1 213,92
	V	36 682	2 017,51	2 934,56	3 301,38	IV	31 048	1 572,22	2 413,44	2 715,12	1 467,38	2 342,96	2 635,83	1 362,55	2 272,48	2 556,54	1 257,83	2 202,08	2 477,34	1 152,99	2 131,60	2 398,05	1 048,15	2 061,12	2 318,76
	VI	37 117	2 041,43	2 969,36	3 340,53																				
108 359,99 West	I,IV	30 906	1 660,05	2 472,48	2 781,54	I	30 906	1 450,49	2 331,60	2 623,05	1 240,81	2 190,64	2 464,47	1 031,25	2 049,76	2 305,98	821,57	1 908,80	2 147,40	612,01	1 767,92	1 988,91	402,33	1 626,96	1 830,33
	II	30 105	1 564,73	2 408,40	2 709,45	II	30 105	1 355,05	2 267,44	2 550,87	1 145,49	2 126,56	2 392,38	935,81	1 985,60	2 233,80	726,25	1 844,72	2 075,31	516,57	1 703,76	1 916,73	307,02	1 562,88	1 758,24
	III	22 208	–	1 776,64	1 998,72	III	22 208	–	1 651,52	1 857,96	–	1 529,28	1 720,44	–	1 410,08	1 586,34	–	1 293,92	1 455,66	–	1 180,48	1 328,04	–	1 070,08	1 203,84
	V	36 540	2 009,70	2 923,20	3 288,60	IV	30 906	1 555,21	2 402,–	2 702,25	1 450,49	2 331,60	2 623,05	1 345,65	2 261,12	2 543,76	1 240,81	2 190,64	2 464,47	1 135,97	2 120,16	2 385,18	1 031,25	2 049,76	2 305,98
	VI	36 975	2 033,62	2 958,–	3 327,75																				
108 359,99 Ost	I,IV	31 064	1 678,85	2 485,12	2 795,76	I	31 064	1 469,17	2 344,16	2 637,18	1 259,61	2 203,28	2 478,69	1 049,93	2 062,32	2 320,11	840,37	1 921,44	2 161,62	630,70	1 780,48	2 003,04	421,14	1 639,60	1 844,55
	II	30 262	1 583,41	2 420,96	2 723,58	II	30 262	1 373,85	2 280,08	2 565,09	1 164,17	2 139,12	2 406,51	954,61	1 998,24	2 248,02	744,94	1 857,28	2 089,44	535,38	1 716,40	1 930,95	325,70	1 575,44	1 772,37
	III	22 350	–	1 788,–	2 011,50	III	22 350	–	1 662,56	1 870,38	–	1 540,16	1 732,68	–	1 420,64	1 598,22	–	1 304,16	1 467,18	–	1 190,56	1 339,38	–	1 079,84	1 214,82
	V	36 697	2 018,33	2 935,76	3 302,73	IV	31 064	1 574,01	2 414,64	2 716,47	1 469,17	2 344,16	2 637,18	1 364,33	2 273,68	2 557,89	1 259,61	2 203,28	2 478,69	1 154,77	2 132,80	2 399,40	1 049,93	2 062,32	2 320,11
	VI	37 133	2 042,31	2 970,64	3 341,97																				
108 395,99 West	I,IV	30 921	1 661,83	2 473,68	2 782,89	I	30 921	1 452,27	2 332,80	2 624,40	1 242,59	2 191,84	2 465,82	1 033,03	2 050,96	2 307,33	823,36	1 910,–	2 148,75	613,80	1 769,12	1 990,26	404,12	1 628,16	1 831,68
	II	30 120	1 566,51	2 409,60	2 710,80	II	30 120	1 356,83	2 268,64	2 552,22	1 147,27	2 127,76	2 393,73	937,60	1 986,80	2 235,15	728,04	1 845,92	2 076,66	518,36	1 704,96	1 918,08	308,80	1 564,08	1 759,59
	III	22 220	–	1 777,60	1 999,80	III	22 220	–	1 652,48	1 859,04	–	1 530,40	1 721,70	–	1 411,20	1 587,60	–	1 294,88	1 456,74	–	1 181,44	1 329,12	–	1 071,04	1 204,92
	V	36 555	2 010,52	2 924,40	3 289,95	IV	30 921	1 556,99	2 403,20	2 703,60	1 452,27	2 332,80	2 624,40	1 347,43	2 262,32	2 545,11	1 242,59	2 191,84	2 465,82	1 137,87	2 121,44	2 386,62	1 033,03	2 050,96	2 307,33
	VI	36 990	2 034,45	2 959,20	3 329,10																				
108 395,99 Ost	I,IV	31 079	1 680,63	2 486,32	2 797,11	I	31 079	1 470,95	2 345,36	2 638,53	1 261,40	2 204,48	2 480,04	1 051,72	2 063,52	2 321,46	842,16	1 922,64	2 162,97	632,48	1 781,68	2 004,39	422,92	1 640,80	1 845,90
	II	30 277	1 585,19	2 422,16	2 724,93	II	30 277	1 375,64	2 281,28	2 566,44	1 165,96	2 140,32	2 407,86	956,40	1 999,44	2 249,37	746,72	1 858,48	2 090,79	537,16	1 717,60	1 932,30	327,48	1 576,64	1 773,72
	III	22 362	–	1 788,96	2 012,58	III	22 362	–	1 663,68	1 871,64	–	1 541,28	1 733,94	–	1 421,76	1 599,48	–	1 305,12	1 468,26	–	1 191,52	1 340,46	–	1 080,80	1 215,90
	V	36 713	2 019,21	2 937,04	3 304,17	IV	31 079	1 575,79	2 415,84	2 717,82	1 470,95	2 345,36	2 638,53	1 366,12	2 274,88	2 559,24	1 261,40	2 204,48	2 480,04	1 156,56	2 134,–	2 400,75	1 051,72	2 063,52	2 321,46
	VI	37 148	2 043,14	2 971,84	3 343,32																				
108 431,99 West	I,IV	30 936	1 663,62	2 474,88	2 784,24	I	30 936	1 454,06	2 334,–	2 625,75	1 244,38	2 193,04	2 467,17	1 034,82	2 052,16	2 308,68	825,14	1 911,20	2 150,10	615,58	1 770,32	1 991,61	405,90	1 629,36	1 833,03
	II	30 135	1 568,30	2 410,80	2 712,15	II	30 135	1 358,62	2 269,84	2 553,57	1 149,06	2 128,96	2 395,08	939,50	1 988,08	2 236,59	729,82	1 847,12	2 078,01	520,26	1 706,24	1 919,52	310,59	1 565,28	1 760,94
	III	22 234	–	1 778,72	2 001,06	III	22 234	–	1 653,60	1 860,30	–	1 531,36	1 722,78	–	1 412,16	1 588,68	–	1 295,84	1 457,82	–	1 182,40	1 330,20	–	1 072,–	1 206,–
	V	36 570	2 011,35	2 925,60	3 291,30	IV	30 936	1 558,90	2 404,48	2 705,04	1 454,06	2 334,–	2 625,75	1 349,22	2 263,52	2 546,46	1 244,38	2 193,04	2 467,17	1 139,66	2 122,64	2 387,97	1 034,82	2 052,16	2 308,68
	VI	37 005	2 035,27	2 960,40	3 330,45																				
108 431,99 Ost	I,IV	31 094	1 682,42	2 487,52	2 798,46	I	31 094	1 472,74	2 346,56	2 639,88	1 263,18	2 205,68	2 481,39	1 053,50	2 064,72	2 322,81	843,94	1 923,84	2 164,32	634,27	1 782,88	2 005,74	424,71	1 642,–	1 847,25
	II	30 292	1 586,98	2 423,36	2 726,28	II	30 292	1 377,42	2 282,48	2 567,79	1 167,86	2 141,60	2 409,30	958,18	2 000,64	2 250,72	748,62	1 859,76	2 092,23	538,95	1 718,80	1 933,65	329,39	1 577,92	1 775,16
	III	22 376	–	1 790,08	2 013,84	III	22 376	–	1 664,64	1 872,72	–	1 542,24	1 735,02	–	1 422,72	1 600,56	–	1 306,08	1 469,34	–	1 192,48	1 341,54	–	1 081,76	1 216,98
	V	36 728	2 020,04	2 938,24	3 305,52	IV	31 094	1 577,58	2 417,04	2 719,17	1 472,74	2 346,56	2 639,88	1 368,02	2 276,16	2 560,68	1 263,18	2 205,68	2 481,39	1 158,34	2 135,20	2 402,10	1 053,50	2 064,72	2 322,81
	VI	37 163	2 043,96	2 973,04	3 344,67																				

* Die ausgewiesenen Tabellenwerte sind amtlich. Siehe Erläuterungen auf der Umschlaginnenseite (U2).

Abzüge an Lohnsteuer, Solidaritätszuschlag (SolZ) und Kirchensteuer (8%, 9%) in den Steuerklassen

Lohn/ Gehalt bis €*	I – VI	LSt	ohne Kinderfreibeträge SolZ	8%	9%	I, II, III, IV	LSt	mit Zahl der Kinderfreibeträge . . . 0,5 SolZ	0,5 8%	0,5 9%	1 SolZ	1 8%	1 9%	1,5 SolZ	1,5 8%	1,5 9%	2 SolZ	2 8%	2 9%	2,5 SolZ	2,5 8%	2,5 9%	3 SolZ	3 8%	3 9%
108 467,99 West	I,IV	30 951	1 665,40	2 476,08	2 785,59	I	30 951	1 455,84	2 335,20	2 627,10	1 246,16	2 194,24	2 468,52	1 036,60	2 053,36	2 310,03	827,05	1 912,48	2 151,54	617,37	1 771,52	1 992,96	407,81	1 630,64	1 834,47
	II	30 150	1 570,08	2 412,—	2 713,50	II	30 150	1 360,52	2 271,12	2 555,01	1 150,84	2 130,16	2 396,43	941,29	1 989,28	2 237,94	731,61	1 848,32	2 079,36	522,05	1 707,44	1 920,87	312,37	1 566,48	1 762,29
	III	22 248	—	1 779,84	2 002,32	III	22 248	—	1 654,72	1 861,56	—	1 532,48	1 724,04	—	1 413,12	1 589,76	—	1 296,80	1 458,90	—	1 183,36	1 331,28	—	1 072,96	1 207,08
	V	36 585	2 012,17	2 926,80	3 292,65	IV	30 951	1 560,68	2 405,68	2 706,39	1 455,84	2 335,20	2 627,10	1 351,—	2 264,72	2 547,81	1 246,16	2 194,24	2 468,52	1 141,44	2 123,84	2 389,32	1 036,60	2 053,36	2 310,03
	VI	37 020	2 036,10	2 961,60	3 331,80																				
108 467,99 Ost	I,IV	31 109	1 684,20	2 488,72	2 799,81	I	31 109	1 474,52	2 347,76	2 641,23	1 264,97	2 206,88	2 482,74	1 055,41	2 066,—	2 324,25	845,73	1 925,04	2 165,67	636,17	1 784,16	2 007,18	426,49	1 643,20	1 848,60
	II	30 308	1 588,88	2 424,64	2 727,72	II	30 308	1 379,21	2 283,68	2 569,14	1 169,65	2 142,80	2 410,65	959,97	2 001,84	2 252,07	750,41	1 860,96	2 093,58	540,73	1 720,—	1 935,—	331,17	1 579,12	1 776,51
	III	22 390	—	1 791,20	2 015,10	III	22 390	—	1 665,76	1 873,98	—	1 543,36	1 736,28	—	1 423,68	1 601,64	—	1 307,20	1 470,60	—	1 193,44	1 342,62	—	1 082,72	1 218,06
	V	36 743	2 020,86	2 939,44	3 306,87	IV	31 109	1 579,36	2 418,24	2 720,52	1 474,52	2 347,76	2 641,23	1 369,80	2 277,36	2 562,03	1 264,97	2 206,88	2 482,74	1 160,13	2 136,40	2 403,45	1 055,41	2 066,—	2 324,25
	VI	37 178	2 044,79	2 974,24	3 346,02																				
108 503,99 West	I,IV	30 967	1 667,30	2 477,36	2 787,03	I	30 967	1 457,63	2 336,40	2 628,45	1 248,07	2 195,52	2 469,96	1 038,39	2 054,56	2 311,38	828,83	1 913,68	2 152,89	619,15	1 772,72	1 994,31	409,59	1 631,84	1 835,82
	II	30 165	1 571,87	2 413,20	2 714,85	II	30 165	1 362,31	2 272,32	2 556,36	1 152,63	2 131,36	2 397,78	943,07	1 990,48	2 239,29	733,39	1 849,52	2 080,71	523,83	1 708,64	1 922,22	314,16	1 567,68	1 763,64
	III	22 262	—	1 780,96	2 003,58	III	22 262	—	1 655,68	1 862,64	—	1 533,44	1 725,12	—	1 414,24	1 591,02	—	1 297,76	1 459,98	—	1 184,32	1 332,36	—	1 073,92	1 208,16
	V	36 600	2 013,—	2 928,—	3 294,—	IV	30 967	1 562,47	2 406,88	2 707,74	1 457,63	2 336,40	2 628,45	1 352,79	2 265,92	2 549,16	1 248,07	2 195,52	2 469,96	1 143,23	2 125,04	2 390,67	1 038,39	2 054,56	2 311,38
	VI	37 036	2 036,98	2 962,88	3 333,24																				
108 503,99 Ost	I,IV	31 124	1 685,99	2 489,92	2 801,16	I	31 124	1 476,43	2 349,04	2 642,67	1 266,75	2 208,08	2 484,09	1 057,19	2 067,20	2 325,60	847,51	1 926,24	2 167,02	637,95	1 785,36	2 008,53	428,28	1 644,40	1 849,95
	II	30 323	1 590,67	2 425,84	2 729,07	II	30 323	1 380,99	2 284,88	2 570,49	1 171,43	2 144,—	2 412,—	961,75	2 003,04	2 253,42	752,19	1 862,16	2 094,93	542,52	1 721,20	1 936,35	332,96	1 580,32	1 777,86
	III	22 404	—	1 792,32	2 016,36	III	22 404	—	1 666,88	1 875,24	—	1 544,32	1 737,36	—	1 424,80	1 602,90	—	1 308,16	1 471,68	—	1 194,40	1 343,70	—	1 083,68	1 219,14
	V	36 758	2 021,69	2 940,64	3 308,22	IV	31 124	1 581,15	2 419,44	2 721,87	1 476,43	2 349,04	2 642,67	1 371,59	2 278,56	2 563,38	1 266,75	2 208,08	2 484,09	1 161,91	2 137,60	2 404,80	1 057,19	2 067,20	2 325,60
	VI	37 193	2 045,61	2 975,44	3 347,37																				
108 539,99 West	I,IV	30 982	1 669,09	2 478,56	2 788,38	I	30 982	1 459,41	2 337,60	2 629,80	1 249,85	2 196,72	2 471,31	1 040,17	2 055,76	2 312,73	830,62	1 914,88	2 154,24	620,94	1 773,92	1 995,66	411,38	1 633,04	1 837,17
	II	30 180	1 573,65	2 414,40	2 716,20	II	30 180	1 364,09	2 273,52	2 557,71	1 154,41	2 132,56	2 399,13	944,86	1 991,68	2 240,64	735,18	1 850,72	2 082,06	525,62	1 709,84	1 923,57	315,94	1 568,88	1 764,99
	III	22 276	—	1 782,08	2 004,84	III	22 276	—	1 656,80	1 863,90	—	1 534,56	1 726,38	—	1 415,20	1 592,10	—	1 298,72	1 461,06	—	1 185,28	1 333,44	—	1 074,88	1 209,24
	V	36 616	2 013,88	2 929,28	3 295,44	IV	30 982	1 564,25	2 408,08	2 709,09	1 459,41	2 337,60	2 629,80	1 354,57	2 267,12	2 550,51	1 249,85	2 196,72	2 471,31	1 145,01	2 126,24	2 392,02	1 040,17	2 055,76	2 312,73
	VI	37 051	2 037,80	2 964,08	3 334,59																				
108 539,99 Ost	I,IV	31 139	1 687,77	2 491,12	2 802,51	I	31 139	1 478,21	2 350,24	2 644,02	1 268,54	2 209,28	2 485,44	1 058,98	2 068,40	2 326,95	849,30	1 927,44	2 168,37	639,74	1 786,56	2 009,88	430,06	1 645,60	1 851,30
	II	30 338	1 592,45	2 427,04	2 730,42	II	30 338	1 382,78	2 286,08	2 571,84	1 173,22	2 145,20	2 413,35	963,54	2 004,24	2 254,77	753,98	1 863,36	2 096,28	544,30	1 722,40	1 937,70	334,74	1 581,52	1 779,21
	III	22 418	—	1 793,44	2 017,62	III	22 418	—	1 667,84	1 876,32	—	1 545,44	1 738,62	—	1 425,76	1 603,98	—	1 309,12	1 472,76	—	1 195,36	1 344,78	—	1 084,64	1 220,22
	V	36 773	2 022,51	2 941,84	3 309,57	IV	31 139	1 582,93	2 420,64	2 723,22	1 478,21	2 350,24	2 644,02	1 373,37	2 279,76	2 564,73	1 268,54	2 209,28	2 485,44	1 163,70	2 138,80	2 406,15	1 058,98	2 068,40	2 326,95
	VI	37 208	2 046,44	2 976,64	3 348,72																				
108 575,99 West	I,IV	30 997	1 670,87	2 479,76	2 789,73	I	30 997	1 461,20	2 338,80	2 631,15	1 251,64	2 197,92	2 472,66	1 041,96	2 056,96	2 314,08	832,40	1 916,08	2 155,59	622,72	1 775,12	1 997,01	413,16	1 634,24	1 838,52
	II	30 195	1 575,44	2 415,60	2 717,55	II	30 195	1 365,88	2 274,72	2 559,06	1 156,20	2 133,76	2 400,48	946,64	1 992,88	2 241,99	737,08	1 852,—	2 083,50	527,40	1 711,04	1 924,92	317,84	1 570,16	1 766,43
	III	22 288	—	1 783,04	2 005,92	III	22 288	—	1 657,92	1 865,16	—	1 535,52	1 727,46	—	1 416,16	1 593,18	—	1 299,84	1 462,32	—	1 186,24	1 334,52	—	1 075,68	1 210,14
	V	36 631	2 014,70	2 930,48	3 296,79	IV	30 997	1 566,04	2 409,28	2 710,44	1 461,20	2 338,80	2 631,15	1 356,48	2 268,40	2 551,95	1 251,64	2 197,92	2 472,66	1 146,80	2 127,44	2 393,37	1 041,96	2 056,96	2 314,08
	VI	37 066	2 038,63	2 965,28	3 335,94																				
108 575,99 Ost	I,IV	31 154	1 689,56	2 492,32	2 803,86	I	31 154	1 480,—	2 351,44	2 645,37	1 270,32	2 210,48	2 486,79	1 060,76	2 069,60	2 328,30	851,08	1 928,64	2 169,72	641,52	1 787,76	2 011,23	431,85	1 646,80	1 852,65
	II	30 353	1 594,24	2 428,24	2 731,77	II	30 353	1 384,56	2 287,28	2 573,19	1 175,—	2 146,40	2 414,70	965,44	2 005,52	2 256,21	755,76	1 864,56	2 097,63	546,21	1 723,68	1 939,14	336,53	1 582,72	1 780,56
	III	22 430	—	1 794,40	2 018,70	III	22 430	—	1 668,96	1 877,58	—	1 546,40	1 739,70	—	1 426,72	1 605,06	—	1 310,08	1 473,84	—	1 196,32	1 345,86	—	1 085,60	1 221,30
	V	36 788	2 023,34	2 943,04	3 310,92	IV	31 154	1 584,84	2 421,92	2 724,66	1 480,—	2 351,44	2 645,37	1 375,16	2 280,96	2 566,08	1 270,32	2 210,48	2 486,79	1 165,60	2 140,08	2 407,59	1 060,76	2 069,60	2 328,30
	VI	37 223	2 047,26	2 977,84	3 350,07																				
108 611,99 West	I,IV	31 012	1 672,66	2 480,96	2 791,08	I	31 012	1 462,98	2 340,—	2 632,50	1 253,42	2 199,12	2 474,01	1 043,74	2 058,16	2 315,43	834,19	1 917,28	2 156,94	624,63	1 776,40	1 998,45	414,95	1 635,44	1 839,87
	II	30 211	1 577,34	2 416,88	2 718,99	II	30 211	1 367,66	2 275,92	2 560,41	1 158,10	2 135,04	2 401,92	948,43	1 994,08	2 243,34	738,87	1 853,20	2 084,85	529,19	1 712,24	1 926,27	319,63	1 571,36	1 767,78
	III	22 302	—	1 784,16	2 007,18	III	22 302	—	1 658,88	1 866,24	—	1 536,64	1 728,72	—	1 417,28	1 594,44	—	1 300,80	1 463,40	—	1 187,20	1 335,60	—	1 076,64	1 211,22
	V	36 646	2 015,53	2 931,68	3 298,14	IV	31 012	1 567,82	2 410,48	2 711,79	1 462,98	2 340,—	2 632,50	1 358,26	2 269,60	2 553,30	1 253,42	2 199,12	2 474,01	1 148,58	2 128,64	2 394,72	1 043,74	2 058,16	2 315,43
	VI	37 081	2 039,45	2 966,48	3 337,29																				
108 611,99 Ost	I,IV	31 169	1 691,34	2 493,52	2 805,21	I	31 169	1 481,78	2 352,64	2 646,72	1 272,11	2 211,68	2 488,14	1 062,55	2 070,80	2 329,65	852,99	1 929,92	2 171,16	643,31	1 788,96	2 012,58	433,75	1 648,08	1 854,09
	II	30 368	1 596,02	2 429,44	2 733,12	II	30 368	1 386,46	2 288,56	2 574,63	1 176,79	2 147,60	2 416,05	967,23	2 006,72	2 257,56	757,55	1 865,76	2 098,98	547,99	1 724,88	1 940,49	338,31	1 583,92	1 781,91
	III	22 444	—	1 795,52	2 019,96	III	22 444	—	1 670,08	1 878,84	—	1 547,52	1 740,96	—	1 427,84	1 606,32	—	1 311,04	1 474,92	—	1 197,28	1 346,94	—	1 086,56	1 222,38
	V	36 803	2 024,16	2 944,24	3 312,27	IV	31 169	1 586,62	2 423,12	2 726,01	1 481,78	2 352,64	2 646,72	1 376,94	2 282,16	2 567,43	1 272,11	2 211,68	2 488,14	1 167,39	2 141,28	2 408,94	1 062,55	2 070,80	2 329,65
	VI	37 238	2 048,09	2 979,04	3 351,42																				
108 647,99 West	I,IV	31 027	1 674,44	2 482,16	2 792,43	I	31 027	1 464,89	2 341,28	2 633,94	1 255,21	2 200,32	2 475,36	1 045,65	2 059,44	2 316,87	835,97	1 918,48	2 158,29	626,41	1 777,60	1 999,80	416,73	1 636,64	1 841,22
	II	30 226	1 579,13	2 418,08	2 720,34	II	30 226	1 369,45	2 277,12	2 561,76	1 159,89	2 136,24	2 403,27	950,21	1 995,28	2 244,69	740,65	1 854,40	2 086,20	530,97	1 713,44	1 927,62	321,41	1 572,56	1 769,13
	III	22 316	—	1 785,28	2 008,44	III	22 316	—	1 660,—	1 867,50	—	1 537,60	1 729,80	—	1 418,24	1 595,52	—	1 301,76	1 464,48	—	1 188,16	1 336,68	—	1 077,60	1 212,30
	V	36 661	2 016,35	2 932,88	3 299,49	IV	31 027	1 569,61	2 411,68	2 713,14	1 464,89	2 341,28	2 633,94	1 360,05	2 270,80	2 554,65	1 255,21	2 200,32	2 475,36	1 150,37	2 129,84	2 396,07	1 045,65	2 059,44	2 316,87
	VI	37 096	2 040,28	2 967,68	3 338,64																				
108 647,99 Ost	I,IV	31 185	1 693,25	2 494,80	2 806,65	I	31 185	1 483,57	2 353,84	2 648,07	1 274,01	2 212,96	2 489,58	1 064,33	2 072,—	2 331,—	854,77	1 931,12	2 172,51	645,09	1 790,16	2 013,93	435,54	1 649,28	1 855,44
	II	30 383	1 597,81	2 430,64	2 734,47	II	30 383	1 388,25	2 289,76	2 575,98	1 178,57	2 148,80	2 417,40	969,01	2 007,92	2 258,91	759,33	1 866,96	2 100,33	549,78	1 726,08	1 941,84	340,10	1 585,12	1 783,26
	III	22 458	—	1 796,64	2 021,22	III	22 458	—	1 671,04	1 879,92	—	1 548,48	1 742,04	—	1 428,80	1 607,40	—	1 312,—	1 476,—	—	1 198,24	1 348,02	—	1 087,36	1 223,28
	V	36 818	2 024,99	2 945,44	3 313,62	IV	31 185	1 588,41	2 424,32	2 727,36	1 483,57	2 353,84	2 648,07	1 378,73	2 283,36	2 568,78	1 274,01	2 212,96	2 489,58	1 169,17	2 142,48	2 410,29	1 064,33	2 072,—	2 331,—
	VI	37 254	2 048,97	2 980,32	3 352,86																				
108 683,99 West	I,IV	31 042	1 676,23	2 483,36	2 793,78	I	31 042	1 466,67	2 342,48	2 635,29	1 256,99	2 201,52	2 476,71	1 047,43	2 060,64	2 318,22	837,76	1 919,68	2 159,64	628,20	1 778,80	2 001,15	418,52	1 637,84	1 842,57
	II	30 241	1 580,91	2 419,28	2 721,69	II	30 241	1 371,23	2 278,32	2 563,11	1 161,67	2 137,44	2 404,62	952,—	1 996,48	2 246,04	742,44	1 855,60	2 087,55	532,76	1 714,64	1 928,97	323,20	1 573,76	1 770,48
	III	22 330	—	1 786,40	2 009,70	III	22 330	—	1 661,12	1 868,76	—	1 538,72	1 731,06	—	1 419,20	1 596,60	—	1 302,72	1 465,56	—	1 189,12	1 337,76	—	1 078,56	1 213,38
	V	36 676	2 017,18	2 934,08	3 300,84	IV	31 042	1 571,39	2 412,88	2 714,49	1 466,67	2 342,48	2 635,29	1 361,83	2 272,—	2 556,—	1 256,99	2 201,52	2 476,71	1 152,15	2 131,04	2 397,42	1 047,43	2 060,64	2 318,22
	VI	37 111	2 041,10	2 968,88	3 339,99																				
108 683,99 Ost	I,IV	31 200	1 695,03	2 496,—	2 808,—	I	31 200	1 485,35	2 355,04	2 649,42	1 275,79	2 214,16	2 490,93	1 066,12	2 073,20	2 332,35	856,56	1 932,32	2 173,86	646,88	1 791,36	2 015,28	437,32	1 650,48	1 856,79
	II	30 398	1 599,59	2 431,84	2 735,82	II	30 398	1 390,03	2 290,96	2 577,33	1 180,36	2 150,—	2 418,75	970,80	2 009,12	2 260,26	761,12	1 868,16	2 101,68	551,56	1 727,28	1 943,19	341,88	1 586,32	1 784,61
	III	22 472	—	1 797,76	2 022,48	III	22 472	—	1 672,16	1 881,18	—	1 549,60	1 743,30	—	1 429,76	1 608,48	—	1 313,12	1 477,26	—	1 199,20	1 349,10	—	1 088,32	1 224,36
	V	36 834	2 025,87	2 946,72	3 315,06	IV	31 200	1 590,19	2 425,52	2 728,71	1 485,35	2 355,04	2 649,42	1 380,51	2 284,56	2 570,13	1 275,79	2 214,16	2 490,93	1 170,96	2 143,68	2 411,64	1 066,12	2 073,20	2 332,35
	VI	37 269	2 049,79	2 981,52	3 354,21																				
108 719,99 West	I,IV	31 057	1 678,01	2 484,56	2 795,13	I	31 057	1 468,46	2 343,68	2 636,64	1 258,78	2 202,72	2 478,06	1 049,22	2 061,84	2 319,57	839,54	1 920,88	2 160,99	629,98	1 780,—	2 002,50	420,30	1 639,04	1 843,92
	II	30 256	1 582,70	2 420,48	2 723,04	II	30 256	1 373,02	2 279,52	2 564,46	1 163,46	2 138,64	2 405,97	953,78	1 997,68	2 247,39	744,22	1 856,80	2 088,90	534,66	1 715,92	1 930,41	324,98	1 574,96	1 771,83
	III	22 344	—	1 787,52	2 010,96	III	22 344	—	1 662,08	1 869,84	—	1 539,68	1 732,14	—	1 420,32	1 597,86	—	1 303,68	1 466,64	—	1 190,08	1 338,84	—	1 079,52	1 214,46
	V	36 691	2 018,—	2 935,28	3 302,19	IV	31 057	1 573,29	2 414,16	2 715,93	1 468,46	2 343,68	2 636,64	1 363,62	2 273,20	2 557,35	1 258,78	2 202,72	2 478,06	1 154,06	2 132,32	2 398,86	1 049,22	2 061,84	2 319,57
	VI	37 126	2 041,93	2 970,08	3 341,34																				
108 719,99 Ost	I,IV	31 215	1 696,82	2 497,20	2 809,35	I	31 215	1 487,14	2 356,24	2 650,77	1 277,58	2 215,36	2 492,28	1 067,90	2 074,40	2 333,70	858,34	1 933,52	2 175,21	648,66	1 792,56	2 016,63	439,11	1 651,68	1 858,14
	II	30 413	1 601,38	2 433,04	2 737,17	II	30 413	1 391,82	2 292,16	2 578,68	1 182,14	2 151,20	2 420,10	972,58	2 010,32	2 261,61	763,02	1 869,44	2 103,12	553,35	1 728,48	1 944,54	343,79	1 587,60	1 786,05
	III	22 486	—	1 798,88	2 023,74	III	22 486	—	1 673,28	1 882,44	—	1 550,56	1 744,38	—	1 430,88	1 609,74	—	1 314,08	1 478,34	—	1 200,16	1 350,18	—	1 089,28	1 225,44
	V	36 849	2 026,69	2 947,92	3 316,41	IV	31 215	1 591,98	2 426,72	2 730,06	1 487,14	2 356,24	2 650,77	1 382,42	2 285,84	2 571,57	1 277,58	2 215,36	2 492,28	1 172,74	2 144,88	2 412,99	1 067,90	2 074,40	2 333,70
	VI	37 284	2 050,62	2 982,72	3 355,56																				

*** Die ausgewiesenen Tabellenwerte sind amtlich. Siehe Erläuterungen auf der Umschlaginnenseite (U2).**

Lohn/ Gehalt bis €*		I – VI LSt	ohne Kinderfreibeträge SolZ	8%	9%		I, II, III, IV LSt	0,5 SolZ	8%	9%	1 SolZ	8%	9%	1,5 SolZ	8%	9%	2 SolZ	8%	9%	2,5 SolZ	8%	9%	3 SolZ	8%	9%
108 755,99 West	I,IV	31 072	1 679,80	2 485,76	2 796,48	I	31 072	1 470,24	2 344,88	2 637,99	1 260,56	2 203,92	2 479,41	1 051,—	2 063,04	2 320,92	841,33	1 922,08	2 162,34	631,77	1 781,20	2 003,85	422,21	1 640,32	1 845,36
	II	30 271	1 584,48	2 421,68	2 724,39	II	30 271	1 374,92	2 280,80	2 565,90	1 165,24	2 139,84	2 407,32	955,68	1 998,96	2 248,83	746,01	1 858,—	2 090,25	536,45	1 717,12	1 931,76	326,77	1 576,16	1 773,18
	III	22 356	—	1 788,48	2 012,04	III	22 356	—	1 663,20	1 871,10	—	1 540,80	1 733,40	—	1 421,28	1 598,94	—	1 304,64	1 467,72	—	1 191,04	1 339,92	—	1 080,48	1 215,54
	V	36 706	2 018,83	2 936,48	3 303,54	IV	31 072	1 575,08	2 415,36	2 717,28	1 470,24	2 344,88	2 637,99	1 365,40	2 274,40	2 558,70	1 260,56	2 203,92	2 479,41	1 155,84	2 133,52	2 400,21	1 051,—	2 063,04	2 320,92
	VI	37 141	2 042,75	2 971,28	3 342,69																				
108 755,99 Ost	I,IV	31 230	1 698,60	2 498,40	2 810,70	I	31 230	1 488,92	2 357,44	2 652,12	1 279,36	2 216,56	2 493,63	1 069,69	2 075,60	2 335,05	860,13	1 934,72	2 176,56	650,57	1 793,84	2 018,07	440,89	1 652,88	1 859,49
	II	30 429	1 603,28	2 434,32	2 738,61	II	30 429	1 393,60	2 293,36	2 580,03	1 184,05	2 152,48	2 421,54	974,37	2 011,52	2 262,96	764,81	1 870,64	2 104,47	555,13	1 729,68	1 945,89	345,57	1 588,80	1 787,40
	III	22 500	—	1 800,—	2 025,—	III	22 500	—	1 674,24	1 883,52	—	1 551,68	1 745,64	—	1 431,84	1 610,82	—	1 315,04	1 479,42	—	1 201,12	1 351,26	—	1 090,24	1 226,52
	V	36 864	2 027,52	2 949,12	3 317,76	IV	31 230	1 593,76	2 427,92	2 731,41	1 488,92	2 357,44	2 652,12	1 384,20	2 287,04	2 572,92	1 279,36	2 216,56	2 493,63	1 174,53	2 146,08	2 414,34	1 069,69	2 075,60	2 335,05
	VI	37 299	2 051,44	2 983,92	3 356,91																				
108 791,99 West	I,IV	31 088	1 681,70	2 487,04	2 797,92	I	31 088	1 472,03	2 346,08	2 639,34	1 262,47	2 205,20	2 480,85	1 052,79	2 064,24	2 322,27	843,23	1 923,36	2 163,78	633,55	1 782,40	2 005,20	423,99	1 641,52	1 846,71
	II	30 286	1 586,27	2 422,88	2 725,74	II	30 286	1 376,71	2 282,—	2 567,25	1 167,03	2 141,04	2 408,67	957,47	2 000,16	2 250,18	747,79	1 859,20	2 091,60	538,23	1 718,32	1 933,11	328,55	1 577,36	1 774,53
	III	22 370	—	1 789,60	2 013,30	III	22 370	—	1 664,32	1 872,36	—	1 541,76	1 734,48	—	1 422,24	1 600,02	—	1 305,76	1 468,98	—	1 192,—	1 341,—	—	1 081,44	1 216,62
	V	36 721	2 019,65	2 937,68	3 304,89	IV	31 088	1 576,86	2 416,56	2 718,63	1 472,03	2 346,08	2 639,34	1 367,19	2 275,60	2 560,05	1 262,47	2 205,20	2 480,85	1 157,63	2 134,72	2 401,56	1 052,79	2 064,24	2 322,27
	VI	37 157	2 043,63	2 972,56	3 344,13																				
108 791,99 Ost	I,IV	31 245	1 700,39	2 499,60	2 812,05	I	31 245	1 490,83	2 358,72	2 653,56	1 281,15	2 217,76	2 494,98	1 071,59	2 076,88	2 336,49	861,91	1 935,92	2 177,91	652,35	1 795,04	2 019,42	442,68	1 654,08	1 860,84
	II	30 444	1 605,07	2 435,52	2 739,96	II	30 444	1 395,39	2 294,56	2 581,38	1 185,83	2 153,68	2 422,89	976,15	2 012,72	2 264,31	766,59	1 871,84	2 105,82	556,92	1 730,88	1 947,24	347,36	1 590,—	1 788,75
	III	22 512	—	1 800,96	2 026,08	III	22 512	—	1 675,36	1 884,78	—	1 552,64	1 746,72	—	1 432,80	1 611,90	—	1 316,—	1 480,50	—	1 202,08	1 352,34	—	1 091,20	1 227,60
	V	36 879	2 028,34	2 950,32	3 319,11	IV	31 245	1 595,55	2 429,12	2 732,76	1 490,83	2 358,72	2 653,56	1 385,99	2 288,24	2 574,27	1 281,15	2 217,76	2 494,98	1 176,31	2 147,28	2 415,69	1 071,59	2 076,88	2 336,49
	VI	37 314	2 052,27	2 985,12	3 358,26																				
108 827,99 West	I,IV	31 103	1 683,49	2 488,24	2 799,27	I	31 103	1 473,81	2 347,28	2 640,69	1 264,25	2 206,40	2 482,20	1 054,57	2 065,44	2 323,62	845,01	1 924,56	2 165,13	635,34	1 783,60	2 006,55	425,78	1 642,72	1 848,06
	II	30 301	1 588,05	2 424,08	2 727,09	II	30 301	1 378,49	2 283,20	2 568,60	1 168,81	2 142,24	2 410,02	959,25	2 001,36	2 251,53	749,58	1 860,40	2 092,95	540,02	1 719,52	1 934,46	330,34	1 578,56	1 775,88
	III	22 384	—	1 790,72	2 014,56	III	22 384	—	1 665,28	1 873,44	—	1 542,88	1 735,74	—	1 423,36	1 601,28	—	1 306,72	1 470,06	—	1 192,96	1 342,08	—	1 082,24	1 217,52
	V	36 737	2 020,53	2 938,96	3 306,33	IV	31 103	1 578,65	2 417,76	2 719,98	1 473,81	2 347,28	2 640,69	1 368,97	2 276,80	2 561,40	1 264,25	2 206,40	2 482,20	1 159,41	2 135,92	2 402,91	1 054,57	2 065,44	2 323,62
	VI	37 172	2 044,46	2 973,76	3 345,48																				
108 827,99 Ost	I,IV	31 260	1 702,17	2 500,80	2 813,40	I	31 260	1 492,61	2 359,92	2 654,91	1 282,93	2 218,96	2 496,33	1 073,38	2 078,08	2 337,84	863,70	1 937,12	2 179,26	654,14	1 796,24	2 020,77	444,46	1 655,28	1 862,19
	II	30 459	1 606,85	2 436,72	2 741,31	II	30 459	1 397,17	2 295,76	2 582,73	1 187,62	2 154,88	2 424,24	977,94	2 013,92	2 265,66	768,38	1 873,04	2 107,17	558,70	1 732,08	1 948,59	349,14	1 591,20	1 790,10
	III	22 526	—	1 802,08	2 027,34	III	22 526	—	1 676,48	1 886,04	—	1 553,76	1 747,98	—	1 433,92	1 613,16	—	1 316,96	1 481,58	—	1 203,04	1 353,42	—	1 092,16	1 228,68
	V	36 894	2 029,17	2 951,52	3 320,46	IV	31 260	1 597,33	2 430,32	2 734,11	1 492,61	2 359,92	2 654,91	1 387,77	2 289,44	2 575,62	1 282,93	2 218,96	2 496,33	1 178,10	2 148,48	2 417,04	1 073,38	2 078,08	2 337,84
	VI	37 329	2 053,09	2 986,32	3 359,61																				
108 863,99 West	I,IV	31 118	1 685,27	2 489,44	2 800,62	I	31 118	1 475,60	2 348,48	2 642,04	1 266,04	2 207,60	2 483,55	1 056,36	2 066,64	2 324,97	846,80	1 925,76	2 166,48	637,12	1 784,80	2 007,90	427,56	1 643,92	1 849,41
	II	30 316	1 589,84	2 425,28	2 728,44	II	30 316	1 380,28	2 284,40	2 569,95	1 170,60	2 143,44	2 411,37	961,04	2 002,56	2 252,88	751,36	1 861,60	2 094,30	541,80	1 720,72	1 935,81	332,24	1 579,84	1 777,32
	III	22 398	—	1 791,84	2 015,82	III	22 398	—	1 666,40	1 874,70	—	1 543,84	1 736,82	—	1 424,32	1 602,36	—	1 307,68	1 471,14	—	1 193,92	1 343,16	—	1 083,20	1 218,60
	V	36 752	2 021,36	2 940,16	3 307,68	IV	31 118	1 580,43	2 418,96	2 721,33	1 475,60	2 348,48	2 642,04	1 370,88	2 278,08	2 562,84	1 266,04	2 207,60	2 483,55	1 161,20	2 137,12	2 404,26	1 056,36	2 066,64	2 324,97
	VI	37 187	2 045,28	2 974,96	3 346,83																				
108 863,99 Ost	I,IV	31 275	1 703,96	2 502,—	2 814,75	I	31 275	1 494,40	2 361,12	2 656,26	1 284,72	2 220,16	2 497,68	1 075,16	2 079,28	2 339,19	865,48	1 938,32	2 180,61	655,92	1 797,44	2 022,12	446,25	1 656,48	1 863,54
	II	30 474	1 608,64	2 437,92	2 742,66	II	30 474	1 398,96	2 296,96	2 584,08	1 189,40	2 156,08	2 425,59	979,72	2 015,12	2 267,01	770,16	1 874,24	2 108,52	560,60	1 733,36	1 950,03	350,93	1 592,40	1 791,45
	III	22 540	—	1 803,20	2 028,60	III	22 540	—	1 677,44	1 887,12	—	1 554,72	1 749,06	—	1 434,88	1 614,24	—	1 318,08	1 482,84	—	1 204,—	1 354,50	—	1 093,12	1 229,76
	V	36 909	2 029,99	2 952,72	3 321,81	IV	31 275	1 599,24	2 431,60	2 735,55	1 494,40	2 361,12	2 656,26	1 389,56	2 290,64	2 576,97	1 284,72	2 220,16	2 497,68	1 180,—	2 149,76	2 418,48	1 075,16	2 079,28	2 339,19
	VI	37 344	2 053,92	2 987,52	3 360,96																				
108 899,99 West	I,IV	31 133	1 687,06	2 490,64	2 801,97	I	31 133	1 477,38	2 349,68	2 643,39	1 267,82	2 208,80	2 484,90	1 058,14	2 067,84	2 326,32	848,58	1 926,96	2 167,83	638,91	1 786,—	2 009,25	429,35	1 645,12	1 850,76
	II	30 332	1 591,74	2 426,56	2 729,88	II	30 332	1 382,06	2 285,60	2 571,30	1 172,50	2 144,72	2 412,81	962,82	2 003,76	2 254,23	753,27	1 862,88	2 095,74	543,59	1 721,92	1 937,16	334,03	1 581,04	1 778,67
	III	22 412	—	1 792,96	2 017,08	III	22 412	—	1 667,36	1 875,78	—	1 544,96	1 738,08	—	1 425,28	1 603,44	—	1 308,64	1 472,22	—	1 195,04	1 344,42	—	1 084,16	1 219,68
	V	36 767	2 022,18	2 941,36	3 309,03	IV	31 133	1 582,22	2 420,16	2 722,68	1 477,38	2 349,68	2 643,39	1 372,66	2 279,28	2 564,19	1 267,82	2 208,80	2 484,90	1 162,98	2 138,32	2 405,61	1 058,14	2 067,84	2 326,32
	VI	37 202	2 046,11	2 976,16	3 348,18																				
108 899,99 Ost	I,IV	31 290	1 705,74	2 503,20	2 816,10	I	31 290	1 496,18	2 362,32	2 657,61	1 286,50	2 221,36	2 499,03	1 076,95	2 080,48	2 340,54	867,27	1 939,52	2 181,96	657,71	1 798,64	2 023,47	448,15	1 657,76	1 864,98
	II	30 489	1 610,42	2 439,12	2 744,01	II	30 489	1 400,86	2 298,24	2 585,52	1 191,19	2 157,28	2 426,94	981,63	2 016,40	2 268,45	771,95	1 875,44	2 109,87	562,39	1 734,56	1 951,38	352,71	1 593,60	1 792,80
	III	22 554	—	1 804,32	2 029,86	III	22 554	—	1 678,56	1 888,38	—	1 555,84	1 750,32	—	1 435,84	1 615,32	—	1 319,04	1 483,92	—	1 204,96	1 355,58	—	1 094,08	1 230,84
	V	36 924	2 030,82	2 953,92	3 323,16	IV	31 290	1 601,02	2 432,80	2 736,90	1 496,18	2 362,32	2 657,61	1 391,34	2 291,84	2 578,32	1 286,50	2 221,36	2 499,03	1 181,78	2 150,96	2 419,83	1 076,95	2 080,48	2 340,54
	VI	37 359	2 054,74	2 988,72	3 362,31																				
108 935,99 West	I,IV	31 148	1 688,84	2 491,84	2 803,32	I	31 148	1 479,28	2 350,96	2 644,83	1 269,61	2 210,—	2 486,25	1 060,05	2 069,12	2 327,76	850,37	1 928,16	2 169,18	640,81	1 787,28	2 010,69	431,13	1 646,32	1 852,11
	II	30 347	1 593,52	2 427,76	2 731,23	II	30 347	1 383,85	2 286,80	2 572,65	1 174,29	2 145,92	2 414,16	964,61	2 004,96	2 255,58	755,05	1 864,08	2 097,09	545,37	1 723,12	1 938,51	335,81	1 582,24	1 780,02
	III	22 424	—	1 793,92	2 018,16	III	22 424	—	1 668,48	1 877,04	—	1 545,92	1 739,16	—	1 426,40	1 604,70	—	1 309,60	1 473,30	—	1 196,—	1 345,50	—	1 085,12	1 220,76
	V	36 782	2 023,01	2 942,56	3 310,38	IV	31 148	1 584,—	2 421,36	2 724,03	1 479,28	2 350,96	2 644,83	1 374,45	2 280,48	2 565,54	1 269,61	2 210,—	2 486,25	1 164,77	2 139,52	2 406,96	1 060,05	2 069,12	2 327,76
	VI	37 217	2 046,93	2 977,36	3 349,53																				
108 935,99 Ost	I,IV	31 306	1 707,65	2 504,48	2 817,54	I	31 306	1 497,97	2 363,52	2 658,96	1 288,41	2 222,64	2 500,47	1 078,73	2 081,68	2 341,89	869,17	1 940,80	2 183,40	659,49	1 799,84	2 024,82	449,93	1 658,96	1 866,33
	II	30 504	1 612,21	2 440,32	2 745,36	II	30 504	1 402,65	2 299,44	2 586,87	1 192,97	2 158,48	2 428,29	983,41	2 017,60	2 269,80	773,73	1 876,64	2 111,22	564,17	1 735,76	1 952,73	354,50	1 594,80	1 794,15
	III	22 568	—	1 805,44	2 031,12	III	22 568	—	1 679,68	1 889,64	—	1 556,80	1 751,40	—	1 436,96	1 616,58	—	1 320,—	1 485,—	—	1 206,08	1 356,84	—	1 094,88	1 231,74
	V	36 939	2 031,64	2 955,12	3 324,51	IV	31 306	1 602,81	2 434,—	2 738,25	1 497,97	2 363,52	2 658,96	1 393,13	2 293,04	2 579,67	1 288,41	2 222,64	2 500,47	1 183,57	2 152,16	2 421,18	1 078,73	2 081,68	2 341,89
	VI	37 374	2 055,57	2 989,92	3 363,66																				
108 971,99 West	I,IV	31 163	1 690,63	2 493,04	2 804,67	I	31 163	1 481,07	2 352,16	2 646,18	1 271,39	2 211,20	2 487,60	1 061,83	2 070,32	2 329,11	852,15	1 929,36	2 170,53	642,60	1 788,48	2 012,04	432,92	1 647,52	1 853,46
	II	30 362	1 595,31	2 428,96	2 732,58	II	30 362	1 385,63	2 288,—	2 574,—	1 176,07	2 147,12	2 415,51	966,39	2 006,16	2 256,93	756,84	1 865,28	2 098,44	547,16	1 724,32	1 939,86	337,60	1 583,44	1 781,37
	III	22 438	—	1 795,04	2 019,42	III	22 438	—	1 669,60	1 878,30	—	1 547,04	1 740,42	—	1 427,36	1 605,78	—	1 310,72	1 474,56	—	1 196,96	1 346,58	—	1 086,08	1 221,84
	V	36 797	2 023,83	2 943,76	3 311,73	IV	31 163	1 585,79	2 422,56	2 725,38	1 481,07	2 352,16	2 646,18	1 376,23	2 281,68	2 566,89	1 271,39	2 211,20	2 487,60	1 166,55	2 140,72	2 408,31	1 061,83	2 070,32	2 329,11
	VI	37 232	2 047,76	2 978,56	3 350,88																				
108 971,99 Ost	I,IV	31 321	1 709,43	2 505,68	2 818,89	I	31 321	1 499,75	2 364,72	2 660,31	1 290,19	2 223,84	2 501,82	1 080,52	2 082,88	2 343,24	870,96	1 942,—	2 184,75	661,28	1 801,04	2 026,17	451,72	1 660,16	1 867,68
	II	30 519	1 613,99	2 441,52	2 746,71	II	30 519	1 404,43	2 300,64	2 588,22	1 194,76	2 159,68	2 429,64	985,20	2 018,80	2 271,15	775,52	1 877,84	2 112,57	565,96	1 736,96	1 954,08	356,28	1 596,—	1 795,50
	III	22 580	—	1 806,40	2 032,20	III	22 580	—	1 680,64	1 890,72	—	1 557,92	1 752,66	—	1 437,92	1 617,66	—	1 320,96	1 486,08	—	1 207,04	1 357,92	—	1 095,84	1 232,82
	V	36 954	2 032,47	2 956,32	3 325,86	IV	31 321	1 604,59	2 435,20	2 739,60	1 499,75	2 364,72	2 660,31	1 394,91	2 294,24	2 581,02	1 290,19	2 223,84	2 501,82	1 185,35	2 153,36	2 422,53	1 080,52	2 082,88	2 343,24
	VI	37 390	2 056,45	2 991,20	3 365,10																				
109 007,99 West	I,IV	31 178	1 692,41	2 494,24	2 806,02	I	31 178	1 482,85	2 353,36	2 647,53	1 273,18	2 212,40	2 488,95	1 063,62	2 071,52	2 330,46	853,94	1 930,56	2 171,88	644,38	1 789,68	2 013,39	434,70	1 648,72	1 854,81
	II	30 377	1 597,09	2 430,16	2 733,93	II	30 377	1 387,42	2 289,20	2 575,35	1 177,86	2 148,32	2 416,86	968,18	2 007,36	2 258,28	758,62	1 866,48	2 099,79	548,94	1 725,52	1 941,21	339,38	1 584,64	1 782,72
	III	22 452	—	1 796,16	2 020,68	III	22 452	—	1 670,56	1 879,38	—	1 548,—	1 741,50	—	1 428,32	1 606,86	—	1 311,68	1 475,64	—	1 197,92	1 347,66	—	1 087,04	1 222,92
	V	36 812	2 024,66	2 944,96	3 313,08	IV	31 178	1 587,69	2 423,84	2 726,82	1 482,85	2 353,36	2 647,53	1 378,02	2 282,88	2 568,24	1 273,18	2 212,40	2 488,95	1 168,46	2 142,—	2 409,75	1 063,62	2 071,52	2 330,46
	VI	37 247	2 048,58	2 979,76	3 352,23																				
109 007,99 Ost	I,IV	31 336	1 711,22	2 506,88	2 820,24	I	31 336	1 501,54	2 365,92	2 661,66	1 291,98	2 225,04	2 503,17	1 082,30	2 084,08	2 344,59	872,74	1 943,20	2 186,10	663,06	1 802,24	2 027,52	453,50	1 661,36	1 869,03
	II	30 534	1 615,78	2 442,72	2 748,06	II	30 534	1 406,22	2 301,84	2 589,57	1 196,54	2 160,88	2 430,99	986,98	2 020,—	2 272,50	777,30	1 879,04	2 113,92	567,74	1 738,16	1 955,43	358,19	1 597,28	1 796,94
	III	22 594	—	1 807,52	2 033,46	III	22 594	—	1 681,76	1 891,98	—	1 558,88	1 753,74	—	1 439,04	1 618,92	—	1 321,92	1 487,16	—	1 208,—	1 359,—	—	1 096,80	1 233,90
	V	36 970	2 033,35	2 957,60	3 327,30	IV	31 336	1 606,38	2 436,40	2 740,95	1 501,54	2 365,92	2 661,66	1 396,82	2 295,52	2 582,46	1 291,98	2 225,04	2 503,17	1 187,14	2 154,56	2 423,88	1 082,30	2 084,08	2 344,59
	VI	37 405	2 057,27	2 992,40	3 366,45																				

Table heading: Abzüge an Lohnsteuer, Solidaritätszuschlag (SolZ) und Kirchensteuer (8%, 9%) in den Steuerklassen I – VI / I, II, III, IV – mit Zahl der Kinderfreibeträge . . .

* Die ausgewiesenen Tabellenwerte sind amtlich. Siehe Erläuterungen auf der Umschlaginnenseite (U2).

Abzüge an Lohnsteuer, Solidaritätszuschlag (SolZ) und Kirchensteuer (8%, 9%) in den Steuerklassen

Lohn/Gehalt bis €*	I – VI		ohne Kinderfreibeträge			I, II, III, IV		mit Zahl der Kinderfreibeträge . . . 0,5			1			1,5			2			2,5			3		
		LSt	SolZ	8%	9%		LSt	SolZ	8%	9%	SolZ	8%	9%	SolZ	8%	9%	SolZ	8%	9%	SolZ	8%	9%	SolZ	8%	9%
109 043,99 West	I,IV	31 193	1 694,20	2 495,44	2 807,37	I	31 193	1 484,64	2 354,56	2 648,88	1 274,96	2 213,60	2 490,30	1 065,40	2 072,72	2 331,81	855,72	1 931,76	2 173,23	646,17	1 790,88	2 014,74	436,49	1 649,92	1 856,16
	II	30 392	1 598,88	2 431,36	2 735,28	II	30 392	1 389,32	2 290,48	2 576,79	1 179,64	2 149,52	2 418,21	970,08	2 008,64	2 259,72	760,41	1 867,68	2 101,14	550,85	1 726,80	1 942,65	341,17	1 585,84	1 784,07
	III	22 466	—	1 797,28	2 021,94	III	22 466	—	1 671,68	1 880,64	—	1 549,12	1 742,76	—	1 429,44	1 608,12	—	1 312,64	1 476,72	—	1 198,88	1 348,74	—	1 088,—	1 224,—
	V	36 827	2 025,48	2 946,16	3 314,43	IV	31 193	1 589,48	2 425,04	2 728,17	1 484,64	2 354,56	2 648,88	1 379,80	2 284,08	2 569,59	1 274,96	2 213,60	2 490,30	1 170,24	2 143,20	2 411,10	1 065,40	2 072,72	2 331,81
	VI	37 262	2 049,41	2 980,96	3 353,58																				
109 043,99 Ost	I,IV	31 351	1 713,—	2 508,08	2 821,59	I	31 351	1 503,32	2 367,12	2 663,01	1 293,76	2 226,24	2 504,52	1 084,09	2 085,28	2 345,94	874,53	1 944,40	2 187,45	664,85	1 803,44	2 028,87	455,29	1 662,56	1 870,38
	II	30 550	1 617,68	2 444,—	2 749,50	II	30 550	1 408,—	2 303,04	2 590,92	1 198,44	2 162,16	2 432,43	988,77	2 021,20	2 273,85	779,21	1 880,32	2 115,36	569,53	1 739,36	1 956,78	359,97	1 598,48	1 798,29
	III	22 608	—	1 808,64	2 034,72	III	22 608	—	1 682,88	1 893,24	—	1 560,—	1 755,—	—	1 440,—	1 620,—	—	1 323,04	1 488,42	—	1 208,96	1 360,08	—	1 097,76	1 234,98
	V	36 985	2 034,17	2 958,80	3 328,65	IV	31 351	1 608,16	2 437,60	2 742,30	1 503,32	2 367,12	2 663,01	1 398,60	2 296,72	2 583,81	1 293,76	2 226,24	2 504,52	1 188,92	2 155,76	2 425,23	1 084,09	2 085,28	2 345,94
	VI	37 420	2 058,10	2 993,60	3 367,80																				
109 079,99 West	I,IV	31 208	1 695,98	2 496,64	2 808,72	I	31 208	1 486,42	2 355,76	2 650,23	1 276,87	2 214,88	2 491,74	1 067,19	2 073,92	2 333,16	857,63	1 933,04	2 174,67	647,95	1 792,08	2 016,09	438,39	1 651,20	1 857,60
	II	30 407	1 600,66	2 432,56	2 736,63	II	30 407	1 391,11	2 291,68	2 578,14	1 181,43	2 150,72	2 419,56	971,87	2 009,84	2 261,07	762,19	1 868,88	2 102,49	552,63	1 728,—	1 944,—	342,95	1 587,04	1 785,42
	III	22 480	—	1 798,40	2 023,20	III	22 480	—	1 672,80	1 881,90	—	1 550,08	1 743,84	—	1 430,40	1 609,20	—	1 313,60	1 477,80	—	1 199,84	1 349,82	—	1 088,96	1 225,08
	V	36 842	2 026,31	2 947,36	3 315,78	IV	31 208	1 591,26	2 426,24	2 729,52	1 486,42	2 355,76	2 650,23	1 381,59	2 285,28	2 570,94	1 276,87	2 214,88	2 491,74	1 172,03	2 144,40	2 412,45	1 067,19	2 073,92	2 333,16
	VI	37 277	2 050,23	2 982,16	3 354,93																				
109 079,99 Ost	I,IV	31 366	1 714,79	2 509,28	2 822,94	I	31 366	1 505,23	2 368,40	2 664,45	1 295,55	2 227,44	2 505,87	1 085,99	2 086,56	2 347,38	876,31	1 945,60	2 188,80	666,75	1 804,72	2 030,31	457,07	1 663,76	1 871,73
	II	30 565	1 619,47	2 445,20	2 750,85	II	30 565	1 409,79	2 304,24	2 592,27	1 200,23	2 163,36	2 433,78	990,55	2 022,40	2 275,20	780,99	1 881,52	2 116,71	571,31	1 740,56	1 958,13	361,76	1 599,68	1 799,64
	III	22 622	—	1 809,76	2 035,98	III	22 622	—	1 683,84	1 894,32	—	1 560,96	1 756,08	—	1 440,96	1 621,08	—	1 324,—	1 489,50	—	1 209,92	1 361,16	—	1 098,72	1 236,06
	V	37 000	2 035,—	2 960,—	3 330,—	IV	31 366	1 609,95	2 438,80	2 743,65	1 505,23	2 368,40	2 664,45	1 400,39	2 297,92	2 585,16	1 295,55	2 227,44	2 505,87	1 190,71	2 156,96	2 426,58	1 085,99	2 086,56	2 347,38
	VI	37 435	2 058,92	2 994,80	3 369,15																				
109 115,99 West	I,IV	31 224	1 697,89	2 497,92	2 810,16	I	31 224	1 488,21	2 356,96	2 651,58	1 278,65	2 216,08	2 493,09	1 068,97	2 075,12	2 334,51	859,41	1 934,24	2 176,02	649,74	1 793,28	2 017,44	440,18	1 652,40	1 858,95
	II	30 422	1 602,45	2 433,76	2 737,98	II	30 422	1 392,89	2 292,88	2 579,49	1 183,21	2 151,92	2 420,91	973,65	2 011,04	2 262,42	763,98	1 870,08	2 103,84	554,42	1 729,20	1 945,35	344,74	1 588,24	1 786,77
	III	22 492	—	1 799,36	2 024,28	III	22 492	—	1 673,76	1 882,98	—	1 551,20	1 745,10	—	1 431,36	1 610,28	—	1 314,56	1 478,88	—	1 200,80	1 350,90	—	1 089,76	1 225,98
	V	36 857	2 027,13	2 948,56	3 317,13	IV	31 224	1 593,05	2 427,44	2 730,87	1 488,21	2 356,96	2 651,58	1 383,37	2 286,48	2 572,29	1 278,65	2 216,08	2 493,09	1 173,81	2 145,60	2 413,80	1 068,97	2 075,12	2 334,51
	VI	37 293	2 051,11	2 983,44	3 356,37																				
109 115,99 Ost	I,IV	31 381	1 716,57	2 510,48	2 824,29	I	31 381	1 507,01	2 369,60	2 665,80	1 297,33	2 228,64	2 507,22	1 087,77	2 087,76	2 348,73	878,10	1 946,80	2 190,15	668,54	1 805,92	2 031,66	458,86	1 664,96	1 873,08
	II	30 580	1 621,25	2 446,40	2 752,20	II	30 580	1 411,57	2 305,44	2 593,62	1 202,01	2 164,56	2 435,13	992,34	2 023,60	2 276,55	782,78	1 882,72	2 118,06	573,10	1 741,76	1 959,48	363,54	1 600,88	1 800,99
	III	22 636	—	1 810,88	2 037,24	III	22 636	—	1 684,96	1 895,58	—	1 562,08	1 757,34	—	1 442,08	1 622,34	—	1 324,96	1 490,58	—	1 210,88	1 362,24	—	1 099,68	1 237,14
	V	37 015	2 035,82	2 961,20	3 331,35	IV	31 381	1 611,73	2 440,—	2 745,—	1 507,01	2 369,60	2 665,80	1 402,17	2 299,12	2 586,51	1 297,33	2 228,64	2 507,22	1 192,49	2 158,16	2 427,93	1 087,77	2 087,76	2 348,73
	VI	37 450	2 059,75	2 996,—	3 370,50																				
109 151,99 West	I,IV	31 239	1 699,67	2 499,12	2 811,51	I	31 239	1 489,99	2 358,16	2 652,93	1 280,44	2 217,28	2 494,44	1 070,76	2 076,32	2 335,86	861,20	1 935,44	2 177,37	651,52	1 794,48	2 018,79	441,96	1 653,60	1 860,30
	II	30 437	1 604,23	2 434,96	2 739,33	II	30 437	1 394,68	2 294,08	2 580,84	1 185,—	2 153,12	2 422,26	975,44	2 012,24	2 263,77	765,76	1 871,28	2 105,19	556,20	1 730,40	1 946,70	346,52	1 589,44	1 788,12
	III	22 506	—	1 800,48	2 025,54	III	22 506	—	1 674,88	1 884,24	—	1 552,16	1 746,18	—	1 432,48	1 611,54	—	1 315,52	1 479,96	—	1 201,76	1 351,98	—	1 090,72	1 227,06
	V	36 873	2 028,01	2 949,84	3 318,57	IV	31 239	1 594,83	2 428,64	2 732,22	1 489,99	2 358,16	2 652,93	1 385,27	2 287,76	2 573,73	1 280,44	2 217,28	2 494,44	1 175,60	2 146,80	2 415,15	1 070,76	2 076,32	2 335,86
	VI	37 308	2 051,94	2 984,64	3 357,72																				
109 151,99 Ost	I,IV	31 396	1 718,36	2 511,68	2 825,64	I	31 396	1 508,80	2 370,80	2 667,15	1 299,12	2 229,84	2 508,57	1 089,56	2 088,96	2 350,08	879,88	1 948,—	2 191,50	670,32	1 807,12	2 033,01	460,64	1 666,16	1 874,43
	II	30 595	1 623,04	2 447,60	2 753,55	II	30 595	1 413,36	2 306,64	2 594,97	1 203,80	2 165,76	2 436,48	994,12	2 024,80	2 277,90	784,56	1 883,92	2 119,41	574,88	1 742,96	1 960,83	365,33	1 602,08	1 802,34
	III	22 650	—	1 812,—	2 038,50	III	22 650	—	1 686,08	1 896,84	—	1 563,04	1 758,42	—	1 443,04	1 623,42	—	1 325,92	1 491,66	—	1 211,84	1 363,32	—	1 100,64	1 238,22
	V	37 030	2 036,65	2 962,40	3 332,70	IV	31 396	1 613,52	2 441,20	2 746,35	1 508,80	2 370,80	2 667,15	1 403,96	2 300,32	2 587,86	1 299,12	2 229,84	2 508,57	1 194,40	2 159,44	2 429,37	1 089,56	2 088,96	2 350,08
	VI	37 465	2 060,57	2 997,20	3 371,85																				
109 187,99 West	I,IV	31 254	1 701,46	2 500,32	2 812,86	I	31 254	1 491,78	2 359,36	2 654,28	1 282,22	2 218,48	2 495,79	1 072,54	2 077,52	2 337,21	862,98	1 936,64	2 178,72	653,31	1 795,68	2 020,14	443,75	1 654,80	1 861,65
	II	30 452	1 606,02	2 436,16	2 740,68	II	30 452	1 396,46	2 295,28	2 582,19	1 186,90	2 154,40	2 423,70	977,22	2 013,44	2 265,12	767,66	1 872,56	2 106,63	557,99	1 731,60	1 948,05	348,43	1 590,72	1 789,56
	III	22 520	—	1 801,60	2 026,80	III	22 520	—	1 676,—	1 885,50	—	1 553,28	1 747,44	—	1 433,44	1 612,62	—	1 316,64	1 481,22	—	1 202,72	1 353,06	—	1 091,68	1 228,14
	V	36 888	2 028,84	2 951,04	3 319,92	IV	31 254	1 596,62	2 429,84	2 733,57	1 491,78	2 359,36	2 654,28	1 387,06	2 288,96	2 575,08	1 282,22	2 218,48	2 495,79	1 177,38	2 148,—	2 416,50	1 072,54	2 077,52	2 337,21
	VI	37 323	2 052,76	2 985,84	3 359,07																				
109 187,99 Ost	I,IV	31 411	1 720,14	2 512,88	2 826,99	I	31 411	1 510,58	2 372,—	2 668,50	1 300,90	2 231,04	2 509,92	1 091,34	2 090,16	2 351,43	881,67	1 949,20	2 192,85	672,11	1 808,32	2 034,36	462,43	1 667,36	1 875,78
	II	30 610	1 624,82	2 448,80	2 754,90	II	30 610	1 415,26	2 307,92	2 596,41	1 205,58	2 166,96	2 437,83	996,03	2 026,08	2 279,34	786,35	1 885,12	2 120,76	576,79	1 744,24	1 962,27	367,11	1 603,28	1 803,69
	III	22 662	—	1 812,96	2 039,58	III	22 662	—	1 687,04	1 897,92	—	1 564,16	1 759,68	—	1 444,—	1 624,50	—	1 326,88	1 492,74	—	1 212,80	1 364,40	—	1 101,60	1 239,30
	V	37 045	2 037,47	2 963,60	3 334,05	IV	31 411	1 615,42	2 442,48	2 747,79	1 510,58	2 372,—	2 668,50	1 405,74	2 301,52	2 589,21	1 300,90	2 231,04	2 509,92	1 196,18	2 160,64	2 430,72	1 091,34	2 090,16	2 351,43
	VI	37 480	2 061,40	2 998,40	3 373,20																				
109 223,99 West	I,IV	31 269	1 703,24	2 501,52	2 814,21	I	31 269	1 493,56	2 360,56	2 655,63	1 284,01	2 219,68	2 497,14	1 074,45	2 078,80	2 338,65	864,77	1 937,84	2 180,07	655,21	1 796,96	2 021,58	445,53	1 656,—	1 863,—
	II	30 468	1 607,92	2 437,44	2 742,12	II	30 468	1 398,25	2 296,48	2 583,54	1 188,69	2 155,60	2 425,05	979,01	2 014,64	2 266,47	769,45	1 873,76	2 107,98	559,77	1 732,80	1 949,40	350,21	1 591,92	1 790,91
	III	22 534	—	1 802,72	2 028,06	III	22 534	—	1 676,96	1 886,58	—	1 554,24	1 748,52	—	1 434,40	1 613,70	—	1 317,60	1 482,30	—	1 203,68	1 354,14	—	1 092,64	1 229,22
	V	36 903	2 029,66	2 952,24	3 321,27	IV	31 269	1 598,40	2 431,04	2 734,92	1 493,56	2 360,56	2 655,63	1 388,84	2 290,16	2 576,43	1 284,01	2 219,68	2 497,14	1 179,17	2 149,20	2 417,85	1 074,45	2 078,80	2 338,65
	VI	37 338	2 053,59	2 987,04	3 360,42																				
109 223,99 Ost	I,IV	31 426	1 721,93	2 514,08	2 828,34	I	31 426	1 512,37	2 373,20	2 669,85	1 302,81	2 232,32	2 511,36	1 093,13	2 091,36	2 352,78	883,57	1 950,48	2 194,29	673,89	1 809,52	2 035,71	464,33	1 668,64	1 877,22
	II	30 625	1 626,61	2 450,—	2 756,25	II	30 625	1 417,05	2 309,12	2 597,76	1 207,37	2 168,16	2 439,18	997,81	2 027,28	2 280,69	788,13	1 886,32	2 122,11	578,57	1 745,44	1 963,62	368,90	1 604,48	1 805,04
	III	22 676	—	1 814,08	2 040,84	III	22 676	—	1 688,16	1 899,18	—	1 565,12	1 760,76	—	1 445,12	1 625,76	—	1 328,—	1 494,—	—	1 213,76	1 365,48	—	1 102,40	1 240,20
	V	37 060	2 038,30	2 964,80	3 335,40	IV	31 426	1 617,21	2 443,68	2 749,14	1 512,37	2 373,20	2 669,85	1 407,53	2 302,72	2 590,56	1 302,81	2 232,32	2 511,36	1 197,97	2 161,84	2 432,07	1 093,13	2 091,36	2 352,78
	VI	37 495	2 062,22	2 999,60	3 374,55																				
109 259,99 West	I,IV	31 284	1 705,03	2 502,72	2 815,56	I	31 284	1 495,47	2 361,84	2 657,07	1 285,79	2 220,88	2 498,49	1 076,23	2 080,—	2 340,—	866,55	1 939,04	2 181,42	656,99	1 798,16	2 022,93	447,32	1 657,20	1 864,35
	II	30 483	1 609,71	2 438,64	2 743,47	II	30 483	1 400,03	2 297,68	2 584,89	1 190,47	2 156,80	2 426,40	980,79	2 015,84	2 267,82	771,23	1 874,96	2 109,33	561,56	1 734,—	1 950,75	352,—	1 593,12	1 792,26
	III	22 548	—	1 803,84	2 029,32	III	22 548	—	1 678,08	1 887,84	—	1 555,36	1 749,78	—	1 435,52	1 614,96	—	1 318,56	1 483,38	—	1 204,64	1 355,22	—	1 093,60	1 230,30
	V	36 918	2 030,49	2 953,44	3 322,62	IV	31 284	1 600,19	2 432,24	2 736,27	1 495,47	2 361,84	2 657,07	1 390,63	2 291,36	2 577,78	1 285,79	2 220,88	2 498,49	1 180,95	2 150,40	2 419,20	1 076,23	2 080,—	2 340,—
	VI	37 353	2 054,41	2 988,24	3 361,77																				
109 259,99 Ost	I,IV	31 442	1 723,83	2 515,36	2 829,78	I	31 442	1 514,15	2 374,40	2 671,20	1 304,59	2 233,52	2 512,71	1 094,91	2 092,56	2 354,13	885,36	1 951,68	2 195,64	675,68	1 810,72	2 037,06	466,12	1 669,84	1 878,57
	II	30 640	1 628,39	2 451,20	2 757,60	II	30 640	1 418,83	2 310,32	2 599,11	1 209,15	2 169,36	2 440,53	999,60	2 028,48	2 282,04	789,92	1 887,52	2 123,46	580,36	1 746,64	1 964,97	370,68	1 605,68	1 806,39
	III	22 690	—	1 815,20	2 042,10	III	22 690	—	1 689,28	1 900,44	—	1 566,24	1 762,02	—	1 446,08	1 626,84	—	1 328,96	1 495,08	—	1 214,72	1 366,56	—	1 103,36	1 241,28
	V	37 075	2 039,12	2 966,—	3 336,75	IV	31 442	1 618,99	2 444,88	2 750,49	1 514,15	2 374,40	2 671,20	1 409,31	2 303,92	2 591,91	1 304,59	2 233,52	2 512,71	1 199,75	2 163,04	2 433,42	1 094,91	2 092,56	2 354,13
	VI	37 511	2 063,10	3 000,88	3 375,99																				
109 295,99 West	I,IV	31 299	1 706,81	2 503,92	2 816,91	I	31 299	1 497,25	2 363,04	2 658,42	1 287,58	2 222,08	2 499,84	1 078,02	2 081,20	2 341,35	868,34	1 940,24	2 182,77	658,78	1 799,36	2 024,28	449,10	1 658,40	1 865,70
	II	30 498	1 611,49	2 439,84	2 744,82	II	30 498	1 401,82	2 298,88	2 586,24	1 192,26	2 158,—	2 427,75	982,58	2 017,04	2 269,17	773,02	1 876,16	2 110,68	563,34	1 735,20	1 952,10	353,78	1 594,32	1 793,61
	III	22 562	—	1 804,96	2 030,58	III	22 562	—	1 679,20	1 889,10	—	1 556,32	1 750,86	—	1 436,48	1 616,04	—	1 319,52	1 484,46	—	1 205,60	1 356,30	—	1 094,56	1 231,38
	V	36 933	2 031,31	2 954,64	3 323,97	IV	31 299	1 601,97	2 433,44	2 737,62	1 497,25	2 363,04	2 658,42	1 392,41	2 292,56	2 579,13	1 287,58	2 222,08	2 499,84	1 182,86	2 151,68	2 420,64	1 078,02	2 081,20	2 341,35
	VI	37 368	2 055,24	2 989,44	3 363,12																				
109 295,99 Ost	I,IV	31 457	1 725,61	2 516,56	2 831,13	I	31 457	1 515,94	2 375,60	2 672,55	1 306,38	2 234,72	2 514,06	1 096,70	2 093,76	2 355,48	887,14	1 952,88	2 196,99	677,46	1 811,92	2 038,41	467,90	1 671,04	1 879,92
	II	30 655	1 630,18	2 452,40	2 758,95	II	30 655	1 420,62	2 311,52	2 600,46	1 210,94	2 170,56	2 441,88	1 001,38	2 029,68	2 283,39	791,70	1 888,72	2 124,81	582,14	1 747,84	1 966,32	372,47	1 606,88	1 807,74
	III	22 704	—	1 816,32	2 043,36	III	22 704	—	1 690,24	1 901,52	—	1 567,20	1 763,10	—	1 447,04	1 627,92	—	1 329,92	1 496,16	—	1 215,68	1 367,64	—	1 104,32	1 242,36
	V	37 091	2 040,—	2 967,28	3 338,19	IV	31 457	1 620,78	2 446,08	2 751,84	1 515,94	2 375,60	2 672,55	1 411,10	2 305,12	2 593,26	1 306,38	2 234,72	2 514,06	1 201,54	2 164,24	2 434,77	1 096,70	2 093,76	2 355,48
	VI	37 526	2 063,93	3 002,08	3 377,34																				

*** Die ausgewiesenen Tabellenwerte sind amtlich. Siehe Erläuterungen auf der Umschlaginnenseite (U2).**

JAHR 109 296,–*

Lohn/Gehalt bis €*		**I – VI** LSt	ohne Kinderfreibeträge SolZ	8%	9%	**I, II, III, IV**	LSt	mit Zahl der Kinderfreibeträge . . . 0,5 SolZ	8%	9%	1 SolZ	8%	9%	1,5 SolZ	8%	9%	2 SolZ	8%	9%	2,5 SolZ	8%	9%	3 SolZ	8%	9%
								Abzüge an Lohnsteuer, Solidaritätszuschlag (SolZ) und Kirchensteuer (8%, 9%) in den Steuerklassen																	
109 331,99	I,IV	31 314	1 708,60	2 505,12	2 818,26	I	31 314	1 499,04	2 364,24	2 659,77	1 289,36	2 223,28	2 501,19	1 079,80	2 082,40	2 342,70	870,12	1 941,44	2 184,12	660,56	1 800,56	2 025,63	450,89	1 659,60	1 867,05
West	II	30 513	1 613,28	2 441,04	2 746,17	II	30 513	1 403,60	2 300,08	2 587,59	1 194,04	2 159,20	2 429,10	984,48	2 018,32	2 270,61	774,80	1 877,36	2 112,03	565,25	1 736,48	1 953,54	355,57	1 595,52	1 794,96
	III	22 574	—	1 805,92	2 031,66	III	22 574	—	1 680,16	1 890,18	—	1 557,44	1 752,12	—	1 437,44	1 617,12	—	1 320,48	1 485,54	—	1 206,56	1 357,38	—	1 095,52	1 232,46
	V	36 948	2 032,14	2 955,84	3 325,32	IV	31 314	1 603,88	2 434,72	2 739,06	1 499,04	2 364,24	2 659,77	1 394,20	2 293,76	2 580,48	1 289,36	2 223,28	2 501,19	1 184,64	2 152,88	2 421,99	1 079,80	2 082,40	2 342,70
	VI	37 383	2 056,06	2 990,64	3 364,47																				
109 331,99	I,IV	31 472	1 727,40	2 517,76	2 832,48	I	31 472	1 517,72	2 376,80	2 673,90	1 308,16	2 235,92	2 515,41	1 098,48	2 094,96	2 356,83	888,93	1 954,08	2 198,34	679,25	1 813,12	2 039,76	469,69	1 672,24	1 881,27
Ost	II	30 670	1 631,96	2 453,60	2 760,30	II	30 670	1 422,40	2 312,72	2 601,81	1 212,84	2 171,84	2 443,32	1 003,17	2 030,88	2 284,74	793,61	1 890,—	2 126,25	583,93	1 749,04	1 967,67	374,37	1 608,16	1 809,18
	III	22 718	—	1 817,44	2 044,62	III	22 718	—	1 691,36	1 902,78	—	1 568,32	1 764,36	—	1 448,16	1 629,18	—	1 330,88	1 497,24	—	1 216,64	1 368,72	—	1 105,28	1 243,44
	V	37 106	2 040,83	2 968,48	3 339,54	IV	31 472	1 622,56	2 447,28	2 753,19	1 517,72	2 376,80	2 673,90	1 413,—	2 306,40	2 594,70	1 308,16	2 235,92	2 515,41	1 203,32	2 165,44	2 436,12	1 098,48	2 094,96	2 356,83
	VI	37 541	2 064,75	3 003,28	3 378,69																				
109 367,99	I,IV	31 329	1 710,38	2 506,32	2 819,61	I	31 329	1 500,82	2 365,44	2 661,12	1 291,15	2 224,48	2 502,54	1 081,59	2 083,60	2 344,05	872,03	1 942,72	2 185,56	662,35	1 801,76	2 026,98	452,79	1 660,88	1 868,49
West	II	30 528	1 615,06	2 442,24	2 747,52	II	30 528	1 405,50	2 301,36	2 589,03	1 195,83	2 160,40	2 430,45	986,27	2 019,52	2 271,96	776,59	1 878,56	2 113,38	567,03	1 737,68	1 954,89	357,35	1 596,72	1 796,31
	III	22 588	—	1 807,04	2 032,92	III	22 588	—	1 681,28	1 891,44	—	1 558,40	1 753,20	—	1 438,56	1 618,38	—	1 321,60	1 486,80	—	1 207,52	1 358,46	—	1 096,48	1 233,54
	V	36 963	2 032,96	2 957,04	3 326,67	IV	31 329	1 605,66	2 435,92	2 740,41	1 500,82	2 365,44	2 661,12	1 395,98	2 294,96	2 581,83	1 291,15	2 224,48	2 502,54	1 186,43	2 154,08	2 423,34	1 081,59	2 083,60	2 344,05
	VI	37 398	2 056,89	2 991,84	3 365,82																				
109 367,99	I,IV	31 487	1 729,18	2 518,96	2 833,83	I	31 487	1 519,51	2 378,—	2 675,25	1 309,95	2 237,12	2 516,76	1 100,39	2 096,24	2 358,27	890,71	1 955,28	2 199,69	681,15	1 814,40	2 041,20	471,47	1 673,44	1 882,62
Ost	II	30 686	1 633,87	2 454,88	2 761,74	II	30 686	1 424,19	2 313,92	2 603,16	1 214,63	2 173,04	2 444,67	1 004,95	2 032,08	2 286,09	795,39	1 891,20	2 127,60	585,71	1 750,24	1 969,02	376,15	1 609,36	1 810,53
	III	22 732	—	1 818,56	2 045,88	III	22 732	—	1 692,48	1 904,04	—	1 569,28	1 765,44	—	1 449,12	1 630,26	—	1 331,84	1 498,32	—	1 217,60	1 369,80	—	1 106,24	1 244,52
	V	37 121	2 041,65	2 969,68	3 340,89	IV	31 487	1 624,35	2 448,48	2 754,54	1 519,51	2 378,—	2 675,25	1 414,79	2 307,60	2 596,05	1 309,95	2 237,12	2 516,76	1 205,11	2 166,64	2 437,47	1 100,39	2 096,24	2 358,27
	VI	37 556	2 065,58	3 004,48	3 380,04																				
109 403,99	I,IV	31 345	1 712,29	2 507,60	2 821,05	I	31 345	1 502,61	2 366,64	2 662,47	1 293,05	2 225,76	2 503,98	1 083,37	2 084,80	2 345,40	873,81	1 943,92	2 186,91	664,13	1 802,96	2 028,33	454,58	1 662,08	1 869,84
West	II	30 543	1 616,85	2 443,44	2 748,87	II	30 543	1 407,29	2 302,56	2 590,38	1 197,61	2 161,60	2 431,80	988,05	2 020,72	2 273,31	778,37	1 879,76	2 114,73	568,82	1 738,88	1 956,24	359,14	1 597,92	1 797,66
	III	22 602	—	1 808,16	2 034,18	III	22 602	—	1 682,40	1 892,70	—	1 559,52	1 754,46	—	1 439,52	1 619,46	—	1 322,56	1 487,88	—	1 208,48	1 359,54	—	1 097,28	1 234,44
	V	36 978	2 033,79	2 958,24	3 328,02	IV	31 345	1 607,45	2 437,12	2 741,76	1 502,61	2 366,64	2 662,47	1 397,77	2 296,16	2 583,18	1 293,05	2 225,76	2 503,98	1 188,21	2 155,28	2 424,69	1 083,37	2 084,80	2 345,40
	VI	37 414	2 057,77	2 993,12	3 367,26																				
109 403,99	I,IV	31 502	1 730,97	2 520,16	2 835,18	I	31 502	1 521,41	2 379,28	2 676,69	1 311,73	2 238,32	2 518,11	1 102,17	2 097,44	2 359,62	892,50	1 956,48	2 201,04	682,94	1 815,60	2 042,55	473,26	1 674,64	1 883,97
Ost	II	30 701	1 635,65	2 456,08	2 763,09	II	30 701	1 425,97	2 315,12	2 604,51	1 216,41	2 174,24	2 446,02	1 006,74	2 033,28	2 287,44	797,18	1 892,40	2 128,95	587,50	1 751,44	1 970,37	377,94	1 610,56	1 811,88
	III	22 744	—	1 819,52	2 046,96	III	22 744	—	1 693,44	1 905,12	—	1 570,40	1 766,70	—	1 450,24	1 631,52	—	1 332,96	1 499,58	—	1 218,56	1 370,88	—	1 107,20	1 245,60
	V	37 136	2 042,48	2 970,88	3 342,24	IV	31 502	1 626,13	2 449,68	2 755,89	1 521,41	2 379,28	2 676,69	1 416,57	2 308,80	2 597,40	1 311,73	2 238,32	2 518,11	1 206,89	2 167,84	2 438,82	1 102,17	2 097,44	2 359,62
	VI	37 571	2 066,40	3 005,68	3 381,39																				
109 439,99	I,IV	31 360	1 714,07	2 508,80	2 822,40	I	31 360	1 504,39	2 367,84	2 663,82	1 294,83	2 226,96	2 505,33	1 085,16	2 086,—	2 346,75	875,60	1 945,12	2 188,26	665,92	1 804,16	2 029,68	456,36	1 663,28	1 871,19
West	II	30 558	1 618,63	2 444,64	2 750,22	II	30 558	1 409,07	2 303,76	2 591,73	1 199,40	2 162,80	2 433,15	989,84	2 021,92	2 274,66	780,16	1 880,96	2 116,08	570,60	1 740,08	1 957,59	360,92	1 599,12	1 799,01
	III	22 616	—	1 809,28	2 035,44	III	22 616	—	1 683,36	1 893,78	—	1 560,48	1 755,54	—	1 440,48	1 620,54	—	1 323,52	1 488,96	—	1 209,44	1 360,62	—	1 098,24	1 235,52
	V	36 994	2 034,67	2 959,52	3 329,46	IV	31 360	1 609,23	2 438,32	2 743,11	1 504,39	2 367,84	2 663,82	1 399,55	2 297,36	2 584,53	1 294,83	2 226,96	2 505,33	1 190,—	2 156,48	2 426,04	1 085,16	2 086,—	2 346,75
	VI	37 429	2 058,59	2 994,32	3 368,61																				
109 439,99	I,IV	31 517	1 732,75	2 521,36	2 836,53	I	31 517	1 523,20	2 380,48	2 678,04	1 313,52	2 239,52	2 519,46	1 103,96	2 098,64	2 360,97	894,28	1 957,68	2 202,39	684,72	1 816,80	2 043,90	475,04	1 675,84	1 885,32
Ost	II	30 716	1 637,44	2 457,28	2 764,44	II	30 716	1 427,76	2 316,32	2 605,86	1 218,20	2 175,44	2 447,37	1 008,52	2 034,48	2 288,79	798,96	1 893,60	2 130,30	589,28	1 752,64	1 971,72	379,72	1 611,76	1 813,23
	III	22 758	—	1 820,64	2 048,22	III	22 758	—	1 694,56	1 906,38	—	1 571,36	1 767,78	—	1 451,20	1 632,60	—	1 333,92	1 500,66	—	1 219,52	1 371,96	—	1 108,16	1 246,68
	V	37 151	2 043,30	2 972,08	3 343,59	IV	31 517	1 627,92	2 450,88	2 757,24	1 523,20	2 380,48	2 678,04	1 418,36	2 310,—	2 598,75	1 313,52	2 239,52	2 519,46	1 208,68	2 169,04	2 440,17	1 103,96	2 098,64	2 360,97
	VI	37 586	2 067,23	3 006,88	3 382,74																				
109 475,99	I,IV	31 375	1 715,86	2 510,—	2 823,75	I	31 375	1 506,18	2 369,04	2 665,17	1 296,62	2 228,16	2 506,68	1 086,94	2 087,20	2 348,10	877,38	1 946,32	2 189,61	667,70	1 805,36	2 031,03	458,15	1 664,48	1 872,54
West	II	30 573	1 620,42	2 445,84	2 751,57	II	30 573	1 410,86	2 304,96	2 593,08	1 201,18	2 164,—	2 434,50	991,62	2 023,12	2 276,01	782,06	1 882,24	2 117,52	572,39	1 741,28	1 958,94	362,83	1 600,40	1 800,45
	III	22 630	—	1 810,40	2 036,70	III	22 630	—	1 684,48	1 895,04	—	1 561,60	1 756,80	—	1 441,60	1 621,80	—	1 324,48	1 490,04	—	1 210,40	1 361,70	—	1 099,20	1 236,60
	V	37 009	2 035,49	2 960,72	3 330,81	IV	31 375	1 611,02	2 439,52	2 744,46	1 506,18	2 369,04	2 665,17	1 401,46	2 298,64	2 585,97	1 296,62	2 228,16	2 506,68	1 191,78	2 157,68	2 427,39	1 086,94	2 087,20	2 348,10
	VI	37 444	2 059,42	2 995,52	3 369,96																				
109 475,99	I,IV	31 532	1 734,26	2 522,56	2 837,88	I	31 532	1 524,98	2 381,68	2 679,39	1 315,30	2 240,72	2 520,81	1 105,74	2 099,84	2 362,32	896,07	1 958,88	2 203,74	686,51	1 818,—	2 045,25	476,83	1 677,04	1 886,67
Ost	II	30 731	1 639,22	2 458,48	2 765,79	II	30 731	1 429,54	2 317,52	2 607,21	1 219,98	2 176,64	2 448,72	1 010,42	2 035,76	2 290,23	800,75	1 894,80	2 131,65	591,19	1 753,92	1 973,16	381,51	1 612,96	1 814,58
	III	22 772	—	1 821,76	2 049,48	III	22 772	—	1 695,68	1 907,64	—	1 572,48	1 769,04	—	1 452,16	1 633,68	—	1 334,88	1 501,74	—	1 220,48	1 373,04	—	1 109,12	1 247,76
	V	37 166	2 044,13	2 973,28	3 344,94	IV	31 532	1 629,82	2 452,16	2 758,68	1 524,98	2 381,68	2 679,39	1 420,14	2 311,20	2 600,10	1 315,30	2 240,72	2 520,81	1 210,58	2 170,32	2 441,61	1 105,74	2 099,84	2 362,32
	VI	37 601	2 068,05	3 008,08	3 384,09																				
109 511,99	I,IV	31 390	1 717,64	2 511,20	2 825,10	I	31 390	1 507,96	2 370,24	2 666,52	1 298,40	2 229,36	2 508,03	1 088,73	2 088,40	2 349,45	879,17	1 947,52	2 190,96	669,61	1 806,64	2 032,47	459,93	1 665,68	1 873,89
West	II	30 589	1 622,32	2 447,12	2 753,01	II	30 589	1 412,64	2 306,16	2 594,43	1 203,09	2 165,28	2 435,94	993,41	2 024,32	2 277,36	783,85	1 883,44	2 118,87	574,17	1 742,48	1 960,29	364,61	1 601,60	1 801,80
	III	22 644	—	1 811,52	2 037,96	III	22 644	—	1 685,60	1 896,30	—	1 562,56	1 757,88	—	1 442,56	1 622,88	—	1 325,44	1 491,12	—	1 211,36	1 362,78	—	1 100,16	1 237,68
	V	37 024	2 036,32	2 961,92	3 332,16	IV	31 390	1 612,80	2 440,72	2 745,81	1 507,96	2 370,24	2 666,52	1 403,24	2 299,84	2 587,32	1 298,40	2 229,36	2 508,03	1 193,57	2 158,88	2 428,74	1 088,73	2 088,40	2 349,45
	VI	37 459	2 060,24	2 996,72	3 371,31																				
109 511,99	I,IV	31 547	1 735,08	2 523,76	2 839,23	I	31 547	1 526,77	2 382,88	2 680,74	1 317,09	2 241,92	2 522,16	1 107,53	2 101,04	2 363,67	897,97	1 960,16	2 205,18	688,29	1 819,20	2 046,60	478,73	1 678,32	1 888,11
Ost	II	30 746	1 641,01	2 459,68	2 767,14	II	30 746	1 431,45	2 318,80	2 608,65	1 221,77	2 177,84	2 450,07	1 012,21	2 036,96	2 291,58	802,53	1 896,—	2 133,—	592,97	1 755,12	1 974,51	383,29	1 614,16	1 815,93
	III	22 786	—	1 822,88	2 050,74	III	22 786	—	1 696,80	1 908,90	—	1 573,44	1 770,12	—	1 453,28	1 634,94	—	1 335,84	1 502,82	—	1 221,44	1 374,12	—	1 110,08	1 248,84
	V	37 181	2 044,95	2 974,48	3 346,29	IV	31 547	1 631,60	2 453,36	2 760,03	1 526,77	2 382,88	2 680,74	1 421,93	2 312,40	2 601,45	1 317,09	2 241,92	2 522,16	1 212,37	2 171,52	2 442,96	1 107,53	2 101,04	2 363,67
	VI	37 616	2 068,88	3 009,28	3 385,44																				
109 547,99	I,IV	31 405	1 719,43	2 512,40	2 826,45	I	31 405	1 509,87	2 371,52	2 667,96	1 300,19	2 230,56	2 509,38	1 090,63	2 089,68	2 350,89	880,95	1 948,72	2 192,31	671,39	1 807,84	2 033,82	461,72	1 666,88	1 875,24
West	II	30 604	1 624,11	2 448,32	2 754,36	II	30 604	1 414,43	2 307,36	2 595,78	1 204,87	2 166,48	2 437,29	995,19	2 025,52	2 278,71	785,63	1 884,64	2 120,22	575,96	1 743,68	1 961,64	366,40	1 602,80	1 803,15
	III	22 656	—	1 812,48	2 039,04	III	22 656	—	1 686,56	1 897,38	—	1 563,68	1 759,14	—	1 443,68	1 624,14	—	1 326,56	1 492,38	—	1 212,32	1 363,86	—	1 101,12	1 238,76
	V	37 039	2 037,14	2 963,12	3 333,51	IV	31 405	1 614,59	2 441,92	2 747,16	1 509,87	2 371,52	2 667,96	1 405,03	2 301,04	2 588,67	1 300,19	2 230,56	2 509,38	1 195,35	2 160,08	2 430,09	1 090,63	2 089,68	2 350,89
	VI	37 474	2 061,07	2 997,92	3 372,66																				
109 547,99	I,IV	31 563	1 735,96	2 525,04	2 840,67	I	31 563	1 528,55	2 384,08	2 682,09	1 318,99	2 243,20	2 523,60	1 109,31	2 102,24	2 365,02	899,75	1 961,36	2 206,53	690,08	1 820,40	2 047,95	480,52	1 679,52	1 889,46
Ost	II	30 761	1 642,79	2 460,88	2 768,49	II	30 761	1 433,23	2 320,—	2 610,—	1 223,55	2 179,04	2 451,42	1 013,99	2 038,16	2 292,93	804,32	1 897,20	2 134,35	594,76	1 756,32	1 975,86	385,08	1 615,36	1 817,28
	III	22 800	—	1 824,—	2 052,—	III	22 800	—	1 697,76	1 909,98	—	1 574,56	1 771,38	—	1 454,24	1 636,02	—	1 336,80	1 503,90	—	1 222,40	1 375,20	—	1 111,04	1 249,92
	V	37 196	2 045,78	2 975,68	3 347,64	IV	31 563	1 633,39	2 454,56	2 761,38	1 528,55	2 384,08	2 682,09	1 423,71	2 313,60	2 602,80	1 318,99	2 243,20	2 523,60	1 214,15	2 172,72	2 444,31	1 109,31	2 102,24	2 365,02
	VI	37 632	2 069,76	3 010,56	3 386,88																				
109 583,99	I,IV	31 420	1 721,21	2 513,60	2 827,80	I	31 420	1 511,65	2 372,72	2 669,31	1 301,97	2 231,76	2 510,73	1 092,42	2 090,88	2 352,24	882,74	1 949,92	2 193,66	673,18	1 809,04	2 035,17	463,50	1 668,08	1 876,59
West	II	30 619	1 625,89	2 449,52	2 755,71	II	30 619	1 416,21	2 308,56	2 597,13	1 206,66	2 167,68	2 438,64	996,98	2 026,72	2 280,06	787,42	1 885,84	2 121,57	577,74	1 744,88	1 962,99	368,18	1 604,—	1 804,50
	III	22 670	—	1 813,60	2 040,30	III	22 670	—	1 687,68	1 898,64	—	1 564,64	1 760,22	—	1 444,64	1 625,22	—	1 327,52	1 493,46	—	1 213,28	1 364,94	—	1 102,08	1 239,84
	V	37 054	2 037,97	2 964,32	3 334,86	IV	31 420	1 616,37	2 443,12	2 748,51	1 511,65	2 372,72	2 669,31	1 406,81	2 302,24	2 590,02	1 301,97	2 231,76	2 510,73	1 197,14	2 161,28	2 431,44	1 092,42	2 090,88	2 352,24
	VI	37 489	2 061,89	2 999,12	3 374,01																				
109 583,99	I,IV	31 578	1 736,79	2 526,24	2 842,02	I	31 578	1 530,34	2 385,28	2 683,44	1 320,78	2 244,40	2 524,95	1 111,10	2 103,44	2 366,37	901,54	1 962,56	2 207,88	691,86	1 821,60	2 049,30	482,30	1 680,72	1 890,81
Ost	II	30 776	1 644,58	2 462,08	2 769,84	II	30 776	1 435,02	2 321,20	2 611,35	1 225,34	2 180,24	2 452,77	1 015,78	2 039,36	2 294,28	806,10	1 898,40	2 135,70	596,54	1 757,52	1 977,21	386,86	1 616,56	1 818,63
	III	22 814	—	1 825,12	2 053,26	III	22 814	—	1 698,88	1 911,24	—	1 575,52	1 772,46	—	1 455,20	1 637,10	—	1 337,92	1 505,16	—	1 223,36	1 376,28	—	1 111,84	1 250,82
	V	37 212	2 046,66	2 976,96	3 349,08	IV	31 578	1 635,17	2 455,76	2 762,73	1 530,34	2 385,28	2 683,44	1 425,50	2 314,80	2 604,15	1 320,78	2 244,40	2 524,95	1 215,94	2 173,92	2 445,66	1 111,10	2 103,44	2 366,37
	VI	37 647	2 070,58	3 011,76	3 388,23																				

* Die ausgewiesenen Tabellenwerte sind amtlich. Siehe Erläuterungen auf der Umschlaginnenseite (U2).

Abzüge an Lohnsteuer, Solidaritätszuschlag (SolZ) und Kirchensteuer (8%, 9%) in den Steuerklassen

Lohn/ Gehalt bis €*	I – VI					I, II, III, IV		mit Zahl der Kinderfreibeträge . . . 0,5			1			1,5			2			2,5			3		
		LSt	ohne Kinderfreibeträge SolZ	8%	9%		LSt	SolZ	8%	9%	SolZ	8%	9%	SolZ	8%	9%	SolZ	8%	9%	SolZ	8%	9%	SolZ	8%	9%
109 619,99 West	I,IV	31 435	1 723,—	2 514,80	2 829,15	I	31 435	1 513,44	2 373,92	2 670,66	1 303,76	2 232,96	2 512,08	1 094,20	2 092,08	2 353,59	884,52	1 951,12	2 195,01	674,96	1 810,24	2 036,52	465,29	1 669,28	1 877,94
	II	30 634	1 627,68	2 450,72	2 757,06	II	30 634	1 418,—	2 309,76	2 598,48	1 208,44	2 168,88	2 439,99	998,76	2 027,92	2 281,41	789,20	1 887,04	2 122,92	579,64	1 746,16	1 964,43	369,97	1 605,20	1 805,85
	III	22 684	—	1 814,72	2 041,56	III	22 684	—	1 688,80	1 899,90	—	1 565,76	1 761,48	—	1 445,60	1 626,30	—	1 328,48	1 494,54	—	1 214,24	1 366,02	—	1 103,04	1 240,92
	V	37 069	2 038,79	2 965,52	3 336,21	IV	31 435	1 618,28	2 444,40	2 749,95	1 513,44	2 373,92	2 670,66	1 408,60	2 303,44	2 591,37	1 303,76	2 232,96	2 512,08	1 199,04	2 162,56	2 432,88	1 094,20	2 092,08	2 353,59
	VI	37 504	2 062,72	3 000,32	3 375,36																				
109 619,99 Ost	I,IV	31 593	1 737,61	2 527,44	2 843,37	I	31 593	1 532,12	2 386,48	2 684,79	1 322,56	2 245,60	2 526,30	1 112,88	2 104,64	2 367,72	903,32	1 963,76	2 209,23	693,65	1 822,80	2 050,65	484,09	1 681,92	1 892,16
	II	30 791	1 646,36	2 463,28	2 771,19	II	30 791	1 436,80	2 322,40	2 612,70	1 227,12	2 181,44	2 454,12	1 017,56	2 040,56	2 295,63	808,01	1 899,68	2 137,14	598,33	1 758,72	1 978,56	388,77	1 617,84	1 820,07
	III	22 828	—	1 826,24	2 054,52	III	22 828	—	1 700,—	1 912,50	—	1 576,64	1 773,72	—	1 456,32	1 638,36	—	1 338,88	1 506,24	—	1 224,32	1 377,36	—	1 112,80	1 251,90
	V	37 227	2 047,48	2 978,16	3 350,43	IV	31 593	1 636,96	2 456,96	2 764,08	1 532,12	2 386,48	2 684,79	1 427,40	2 316,08	2 605,59	1 322,56	2 245,60	2 526,30	1 217,72	2 175,12	2 447,01	1 112,88	2 104,64	2 367,72
	VI	37 662	2 071,41	3 012,96	3 389,58																				
109 655,99 West	I,IV	31 450	1 724,78	2 516,—	2 830,50	I	31 450	1 515,22	2 375,12	2 672,01	1 305,54	2 234,16	2 513,43	1 095,99	2 093,28	2 354,94	886,31	1 952,32	2 196,36	676,75	1 811,44	2 037,87	467,19	1 670,56	1 879,38
	II	30 649	1 629,46	2 451,92	2 758,41	II	30 649	1 419,90	2 311,04	2 599,92	1 210,23	2 170,08	2 441,34	1 000,67	2 029,20	2 282,85	790,99	1 888,24	2 124,27	581,43	1 747,36	1 965,78	371,75	1 606,40	1 807,20
	III	22 698	—	1 815,84	2 042,82	III	22 698	—	1 689,76	1 900,98	—	1 566,72	1 762,56	—	1 446,72	1 627,56	—	1 329,44	1 495,62	—	1 215,20	1 367,10	—	1 104,—	1 242,—
	V	37 084	2 039,62	2 966,72	3 337,56	IV	31 450	1 620,06	2 445,60	2 751,30	1 515,22	2 375,12	2 672,01	1 410,38	2 304,64	2 592,72	1 305,54	2 234,16	2 513,43	1 200,82	2 163,76	2 434,23	1 095,99	2 093,28	2 354,94
	VI	37 519	2 063,54	3 001,52	3 376,71																				
109 655,99 Ost	I,IV	31 608	1 738,44	2 528,64	2 844,72	I	31 608	1 533,91	2 387,68	2 686,14	1 324,35	2 246,80	2 527,65	1 114,67	2 105,84	2 369,07	905,11	1 964,96	2 210,58	695,55	1 824,08	2 052,09	485,87	1 683,12	1 893,51
	II	30 807	1 648,26	2 464,56	2 772,63	II	30 807	1 438,59	2 323,60	2 614,05	1 229,03	2 182,72	2 455,56	1 019,35	2 041,76	2 296,98	809,79	1 900,88	2 138,49	600,11	1 759,92	1 979,91	390,55	1 619,04	1 821,42
	III	22 840	—	1 827,20	2 055,60	III	22 840	—	1 700,96	1 913,58	—	1 577,76	1 774,98	—	1 457,28	1 639,44	—	1 339,84	1 507,32	—	1 225,44	1 378,62	—	1 113,76	1 252,98
	V	37 242	2 048,31	2 979,36	3 351,78	IV	31 608	1 638,74	2 458,16	2 765,43	1 533,91	2 387,68	2 686,14	1 429,19	2 317,28	2 606,94	1 324,35	2 246,80	2 527,65	1 219,51	2 176,32	2 448,36	1 114,67	2 105,84	2 369,07
	VI	37 677	2 072,23	3 014,16	3 390,93																				
109 691,99 West	I,IV	31 466	1 726,69	2 517,28	2 831,94	I	31 466	1 517,01	2 376,32	2 673,36	1 307,45	2 235,44	2 514,87	1 097,77	2 094,48	2 356,29	888,21	1 953,60	2 197,80	678,53	1 812,64	2 039,22	468,97	1 671,76	1 880,73
	II	30 664	1 631,25	2 453,12	2 759,76	II	30 664	1 421,69	2 312,24	2 601,27	1 212,01	2 171,28	2 442,69	1 002,45	2 030,40	2 284,20	792,77	1 889,44	2 125,62	583,21	1 748,56	1 967,13	373,54	1 607,60	1 808,55
	III	22 712	—	1 816,96	2 044,08	III	22 712	—	1 690,88	1 902,24	—	1 567,84	1 763,82	—	1 447,68	1 628,64	—	1 330,40	1 496,70	—	1 216,16	1 368,18	—	1 104,96	1 243,08
	V	37 099	2 040,44	2 967,92	3 338,91	IV	31 466	1 621,85	2 446,80	2 752,65	1 517,01	2 376,32	2 673,36	1 412,17	2 305,84	2 594,07	1 307,45	2 235,44	2 514,87	1 202,61	2 164,96	2 435,58	1 097,77	2 094,48	2 356,29
	VI	37 535	2 064,42	3 002,80	3 378,15																				
109 691,99 Ost	I,IV	31 623	1 739,26	2 529,84	2 846,07	I	31 623	1 535,81	2 388,96	2 687,58	1 326,13	2 248,—	2 529,—	1 116,57	2 107,12	2 370,51	906,89	1 966,16	2 211,93	697,34	1 825,28	2 053,44	487,66	1 684,32	1 894,86
	II	30 822	1 650,05	2 465,76	2 773,98	II	30 822	1 440,37	2 324,80	2 615,40	1 230,81	2 183,92	2 456,91	1 021,13	2 042,96	2 298,33	811,58	1 902,08	2 139,84	601,90	1 761,12	1 981,26	392,34	1 620,24	1 822,77
	III	22 854	—	1 828,32	2 056,86	III	22 854	—	1 702,08	1 914,84	—	1 578,72	1 776,06	—	1 458,40	1 640,70	—	1 340,80	1 508,40	—	1 226,40	1 379,70	—	1 114,72	1 254,06
	V	37 257	2 049,13	2 980,56	3 353,13	IV	31 623	1 640,53	2 459,36	2 766,78	1 535,81	2 388,96	2 687,58	1 430,97	2 318,48	2 608,29	1 326,13	2 248,—	2 529,—	1 221,29	2 177,52	2 449,71	1 116,57	2 107,12	2 370,51
	VI	37 692	2 073,06	3 015,36	3 392,28																				
109 727,99 West	I,IV	31 481	1 728,47	2 518,48	2 833,29	I	31 481	1 518,79	2 377,52	2 674,71	1 309,23	2 236,64	2 516,22	1 099,56	2 095,68	2 357,64	890,—	1 954,80	2 199,15	680,32	1 813,84	2 040,57	470,76	1 672,96	1 882,08
	II	30 679	1 633,03	2 454,32	2 761,11	II	30 679	1 423,47	2 313,44	2 602,62	1 213,80	2 172,48	2 444,04	1 004,24	2 031,60	2 285,55	794,56	1 890,64	2 126,97	585,—	1 749,76	1 968,48	375,32	1 608,80	1 809,90
	III	22 726	—	1 818,08	2 045,34	III	22 726	—	1 692,—	1 903,50	—	1 568,80	1 764,90	—	1 448,64	1 629,72	—	1 331,52	1 497,96	—	1 217,12	1 369,26	—	1 105,76	1 243,98
	V	37 115	2 041,32	2 969,20	3 340,35	IV	31 481	1 623,63	2 448,—	2 754,—	1 518,79	2 377,52	2 674,71	1 413,95	2 307,04	2 595,42	1 309,23	2 236,64	2 516,22	1 204,39	2 166,16	2 436,93	1 099,56	2 095,68	2 357,64
	VI	37 550	2 065,25	3 004,—	3 379,50																				
109 727,99 Ost	I,IV	31 638	1 740,09	2 531,04	2 847,42	I	31 638	1 537,59	2 390,16	2 688,93	1 327,92	2 249,20	2 530,35	1 118,36	2 108,32	2 371,86	908,68	1 967,36	2 213,28	699,12	1 826,48	2 054,79	489,44	1 685,52	1 896,21
	II	30 837	1 651,83	2 466,96	2 775,33	II	30 837	1 442,16	2 326,—	2 616,75	1 232,60	2 185,12	2 458,26	1 022,92	2 044,16	2 299,68	813,36	1 903,28	2 141,19	603,68	1 762,32	1 982,61	394,12	1 621,44	1 824,12
	III	22 868	—	1 829,44	2 058,12	III	22 868	—	1 703,20	1 916,10	—	1 579,84	1 777,32	—	1 459,36	1 641,78	—	1 341,92	1 509,66	—	1 227,36	1 380,78	—	1 115,68	1 255,14
	V	37 272	2 049,96	2 981,76	3 354,48	IV	31 638	1 642,31	2 460,56	2 768,13	1 537,59	2 390,16	2 688,93	1 432,76	2 319,68	2 609,64	1 327,92	2 249,20	2 530,35	1 223,08	2 178,72	2 451,06	1 118,36	2 108,32	2 371,86
	VI	37 707	2 073,88	3 016,56	3 393,63																				
109 763,99 West	I,IV	31 496	1 730,26	2 519,68	2 834,64	I	31 496	1 520,58	2 378,72	2 676,06	1 311,02	2 237,84	2 517,57	1 101,34	2 096,88	2 358,99	891,78	1 956,—	2 200,50	682,10	1 815,04	2 041,92	472,54	1 674,16	1 883,43
	II	30 694	1 634,82	2 455,52	2 762,46	II	30 694	1 425,26	2 314,64	2 603,97	1 215,58	2 173,68	2 445,39	1 006,02	2 032,80	2 286,90	796,34	1 891,84	2 128,32	586,78	1 750,96	1 969,83	377,23	1 610,08	1 811,34
	III	22 738	—	1 819,04	2 046,42	III	22 738	—	1 692,96	1 904,58	—	1 569,92	1 766,16	—	1 449,76	1 630,98	—	1 332,48	1 499,04	—	1 218,08	1 370,34	—	1 106,72	1 245,06
	V	37 130	2 042,15	2 970,40	3 341,70	IV	31 496	1 625,42	2 449,20	2 755,35	1 520,58	2 378,72	2 676,06	1 415,86	2 308,32	2 596,86	1 311,02	2 237,84	2 517,57	1 206,18	2 167,36	2 438,28	1 101,34	2 096,88	2 358,99
	VI	37 565	2 066,07	3 005,20	3 380,85																				
109 763,99 Ost	I,IV	31 653	1 740,91	2 532,24	2 848,77	I	31 653	1 539,38	2 391,36	2 690,28	1 329,70	2 250,40	2 531,70	1 120,14	2 109,52	2 373,21	910,46	1 968,56	2 214,63	700,91	1 827,68	2 056,14	491,23	1 686,72	1 897,56
	II	30 852	1 653,62	2 468,16	2 776,68	II	30 852	1 443,94	2 327,20	2 618,10	1 234,38	2 186,32	2 459,61	1 024,70	2 045,36	2 301,03	815,15	1 904,48	2 142,54	605,59	1 763,60	1 984,05	395,91	1 622,64	1 825,47
	III	22 882	—	1 830,56	2 059,38	III	22 882	—	1 704,16	1 917,18	—	1 580,80	1 778,40	—	1 460,32	1 642,86	—	1 342,88	1 510,74	—	1 228,32	1 381,86	—	1 116,64	1 256,22
	V	37 287	2 050,78	2 982,96	3 355,83	IV	31 653	1 644,22	2 461,84	2 769,57	1 539,38	2 391,36	2 690,28	1 434,54	2 320,88	2 610,99	1 329,70	2 250,40	2 531,70	1 224,98	2 180,—	2 452,50	1 120,14	2 109,52	2 373,21
	VI	37 722	2 074,71	3 017,76	3 394,98																				
109 799,99 West	I,IV	31 511	1 732,04	2 520,88	2 835,99	I	31 511	1 522,36	2 379,92	2 677,41	1 312,80	2 239,04	2 518,92	1 103,13	2 098,08	2 360,34	893,57	1 957,20	2 201,85	683,89	1 816,24	2 043,27	474,33	1 675,36	1 884,78
	II	30 710	1 636,72	2 456,80	2 763,90	II	30 710	1 427,04	2 315,84	2 605,32	1 217,48	2 174,96	2 446,83	1 007,81	2 034,—	2 288,25	798,25	1 893,12	2 129,76	588,57	1 752,16	1 971,18	379,01	1 611,28	1 812,69
	III	22 752	—	1 820,16	2 047,68	III	22 752	—	1 694,08	1 905,84	—	1 570,88	1 767,24	—	1 450,72	1 632,06	—	1 333,44	1 500,12	—	1 219,04	1 371,42	—	1 107,68	1 246,14
	V	37 145	2 042,97	2 971,60	3 343,05	IV	31 511	1 627,20	2 450,40	2 756,70	1 522,36	2 379,92	2 677,41	1 417,64	2 309,52	2 598,21	1 312,80	2 239,04	2 518,92	1 207,96	2 168,56	2 439,63	1 103,13	2 098,08	2 360,34
	VI	37 580	2 066,90	3 006,40	3 382,20																				
109 799,99 Ost	I,IV	31 668	1 741,74	2 533,44	2 850,12	I	31 668	1 541,16	2 392,56	2 691,63	1 331,49	2 251,60	2 533,05	1 121,93	2 110,72	2 374,56	912,25	1 969,76	2 215,98	702,69	1 828,88	2 057,49	493,13	1 688,—	1 899,—
	II	30 867	1 655,40	2 469,36	2 778,03	II	30 867	1 445,85	2 328,48	2 619,54	1 236,17	2 187,52	2 460,96	1 026,61	2 046,64	2 302,47	816,93	1 905,68	2 143,89	607,37	1 764,80	1 985,40	397,69	1 623,84	1 826,82
	III	22 896	—	1 831,68	2 060,64	III	22 896	—	1 705,28	1 918,44	—	1 581,92	1 779,66	—	1 461,44	1 644,12	—	1 343,84	1 511,82	—	1 229,28	1 382,94	—	1 117,60	1 257,30
	V	37 302	2 051,61	2 984,16	3 357,18	IV	31 668	1 646,—	2 463,04	2 770,92	1 541,16	2 392,56	2 691,63	1 436,33	2 322,08	2 612,34	1 331,49	2 251,60	2 533,05	1 226,77	2 181,20	2 453,85	1 121,93	2 110,72	2 374,56
	VI	37 737	2 075,53	3 018,96	3 396,33																				
109 835,99 West	I,IV	31 526	1 733,83	2 522,08	2 837,34	I	31 526	1 524,27	2 381,20	2 678,85	1 314,59	2 240,24	2 520,27	1 105,03	2 099,36	2 361,78	895,35	1 958,40	2 203,20	685,79	1 817,52	2 044,71	476,11	1 676,56	1 886,13
	II	30 725	1 638,51	2 458,—	2 765,25	II	30 725	1 428,83	2 317,04	2 606,67	1 219,27	2 176,16	2 448,18	1 009,59	2 035,20	2 289,60	800,03	1 894,32	2 131,11	590,35	1 753,36	1 972,53	380,80	1 612,48	1 814,04
	III	22 766	—	1 821,28	2 048,94	III	22 766	—	1 695,20	1 907,10	—	1 572,—	1 768,50	—	1 451,68	1 633,14	—	1 334,40	1 501,20	—	1 220,16	1 372,68	—	1 108,64	1 247,22
	V	37 160	2 043,80	2 972,80	3 344,40	IV	31 526	1 628,99	2 451,60	2 758,05	1 524,27	2 381,20	2 678,85	1 419,43	2 310,72	2 599,56	1 314,59	2 240,24	2 520,27	1 209,75	2 169,76	2 440,98	1 105,03	2 099,36	2 361,78
	VI	37 595	2 067,72	3 007,60	3 383,55																				
109 835,99 Ost	I,IV	31 684	1 742,62	2 534,72	2 851,56	I	31 684	1 542,95	2 393,76	2 692,98	1 333,39	2 252,88	2 534,49	1 123,71	2 111,92	2 375,91	914,15	1 971,04	2 217,42	704,48	1 830,08	2 058,84	494,92	1 689,20	1 900,35
	II	30 882	1 657,19	2 470,56	2 779,38	II	30 882	1 447,63	2 329,68	2 620,89	1 237,95	2 188,72	2 462,31	1 028,39	2 047,84	2 303,82	818,72	1 906,88	2 145,24	609,16	1 766,—	1 986,75	399,48	1 625,04	1 828,17
	III	22 910	—	1 832,80	2 061,90	III	22 910	—	1 706,40	1 919,70	—	1 582,88	1 780,74	—	1 462,40	1 645,20	—	1 344,80	1 512,90	—	1 230,24	1 384,02	—	1 118,56	1 258,38
	V	37 317	2 052,43	2 985,36	3 358,53	IV	31 684	1 647,79	2 464,24	2 772,27	1 542,95	2 393,76	2 692,98	1 438,11	2 323,28	2 613,69	1 333,39	2 252,88	2 534,49	1 228,55	2 182,40	2 455,20	1 123,71	2 111,92	2 375,91
	VI	37 752	2 076,36	3 020,16	3 397,68																				
109 871,99 West	I,IV	31 541	1 734,75	2 523,28	2 838,69	I	31 541	1 526,05	2 382,40	2 680,20	1 316,37	2 241,44	2 521,62	1 106,81	2 100,56	2 363,13	897,14	1 959,60	2 204,55	687,58	1 818,72	2 046,06	477,90	1 677,76	1 887,48
	II	30 740	1 640,29	2 459,20	2 766,60	II	30 740	1 430,61	2 318,24	2 608,02	1 221,05	2 177,36	2 449,53	1 011,38	2 036,40	2 290,95	801,82	1 895,52	2 132,46	592,14	1 754,56	1 973,88	382,58	1 613,68	1 815,39
	III	22 780	—	1 822,40	2 050,20	III	22 780	—	1 696,32	1 908,36	—	1 573,12	1 769,76	—	1 452,80	1 634,40	—	1 335,52	1 502,46	—	1 221,12	1 373,76	—	1 109,60	1 248,30
	V	37 175	2 044,62	2 974,—	3 345,75	IV	31 541	1 630,77	2 452,80	2 759,40	1 526,05	2 382,40	2 680,20	1 421,21	2 311,92	2 600,91	1 316,37	2 241,44	2 521,62	1 211,53	2 170,96	2 442,33	1 106,81	2 100,56	2 363,13
	VI	37 610	2 068,55	3 008,80	3 384,90																				
109 871,99 Ost	I,IV	31 699	1 743,44	2 535,92	2 852,91	I	31 699	1 544,73	2 394,96	2 694,33	1 335,18	2 254,08	2 535,84	1 125,50	2 113,12	2 377,26	915,94	1 972,24	2 218,77	706,26	1 831,28	2 060,19	496,70	1 690,40	1 901,70
	II	30 897	1 658,97	2 471,76	2 780,73	II	30 897	1 449,42	2 330,88	2 622,24	1 239,74	2 189,92	2 463,66	1 030,18	2 049,04	2 305,17	820,50	1 908,08	2 146,59	610,94	1 767,20	1 988,10	401,26	1 626,24	1 829,52
	III	22 924	—	1 833,92	2 063,16	III	22 924	—	1 707,36	1 920,78	—	1 584,—	1 782,—	—	1 463,36	1 646,28	—	1 345,92	1 514,16	—	1 231,20	1 385,10	—	1 119,52	1 259,46
	V	37 332	2 053,26	2 986,56	3 359,88	IV	31 699	1 649,57	2 465,44	2 773,62	1 544,73	2 394,96	2 694,33	1 439,90	2 324,48	2 615,04	1 335,18	2 254,08	2 535,84	1 230,34	2 183,60	2 456,55	1 125,50	2 113,12	2 377,26
	VI	37 768	2 077,24	3 021,44	3 399,12																				

* Die ausgewiesenen Tabellenwerte sind amtlich. Siehe Erläuterungen auf der Umschlaginnenseite (U2).

JAHR 109 872,–*

Abzüge an Lohnsteuer, Solidaritätszuschlag (SolZ) und Kirchensteuer (8%, 9%) in den Steuerklassen

Lohn/Gehalt bis €*	I – VI		ohne Kinderfreibeträge			I, II, III, IV		mit Zahl der Kinderfreibeträge . . . 0,5			1			1,5			2			2,5			3		
		LSt	SolZ	8%	9%		LSt	SolZ	8%	9%	SolZ	8%	9%	SolZ	8%	9%	SolZ	8%	9%	SolZ	8%	9%	SolZ	8%	9%
109 907,99 West	I,IV	31 556	1 735,58	2 524,48	2 840,04	I	31 556	1 527,84	2 383,60	2 681,55	1 318,16	2 242,64	2 522,97	1 108,60	2 101,76	2 364,48	898,92	1 960,80	2 205,90	689,36	1 819,92	2 047,41	479,68	1 678,96	1 888,83
	II	30 755	1 642,08	2 460,40	2 767,95	II	30 755	1 432,40	2 319,44	2 609,37	1 222,84	2 178,56	2 450,88	1 013,16	2 037,60	2 292,30	803,60	1 896,72	2 133,81	593,92	1 755,76	1 975,23	384,37	1 614,88	1 816,74
	III	22 794	—	1 823,52	2 051,46	III	22 794	—	1 697,28	1 909,44	—	1 574,08	1 770,84	—	1 453,76	1 635,48	—	1 336,48	1 503,54	—	1 222,08	1 374,84	—	1 110,56	1 249,38
	V	37 190	2 045,45	2 975,20	3 347,10	IV	31 556	1 632,68	2 454,08	2 760,84	1 527,84	2 383,60	2 681,55	1 423,—	2 313,12	2 602,26	1 318,16	2 242,64	2 522,97	1 213,44	2 172,24	2 443,77	1 108,60	2 101,76	2 364,48
	VI	37 625	2 069,37	3 010,—	3 386,25																				
109 907,99 Ost	I,IV	31 714	1 744,27	2 537,12	2 854,26	I	31 714	1 546,52	2 396,16	2 695,68	1 336,96	2 255,28	2 537,19	1 127,28	2 114,32	2 378,61	917,72	1 973,44	2 220,12	708,05	1 832,48	2 061,54	498,49	1 691,60	1 903,05
	II	30 912	1 660,76	2 472,96	2 782,08	II	30 912	1 451,20	2 332,08	2 623,59	1 241,52	2 191,12	2 465,01	1 031,96	2 050,24	2 306,52	822,29	1 909,28	2 147,94	612,73	1 768,40	1 989,45	403,17	1 627,52	1 830,96
	III	22 936	—	1 834,88	2 064,24	III	22 936	—	1 708,48	1 922,04	—	1 584,96	1 783,08	—	1 464,48	1 647,54	—	1 346,88	1 515,24	—	1 232,16	1 386,18	—	1 120,48	1 260,54
	V	37 348	2 054,14	2 987,84	3 361,32	IV	31 714	1 651,36	2 466,64	2 774,97	1 546,52	2 396,16	2 695,68	1 441,80	2 325,76	2 616,48	1 336,96	2 255,28	2 537,19	1 232,12	2 184,80	2 457,90	1 127,28	2 114,32	2 378,61
	VI	37 783	2 078,06	3 022,64	3 400,47																				
109 943,99 West	I,IV	31 571	1 736,40	2 525,68	2 841,39	I	31 571	1 529,62	2 384,80	2 682,90	1 319,94	2 243,84	2 524,32	1 110,38	2 102,96	2 365,83	900,71	1 962,—	2 207,25	691,15	1 821,12	2 048,76	481,47	1 680,16	1 890,18
	II	30 770	1 643,86	2 461,60	2 769,30	II	30 770	1 434,30	2 320,72	2 610,81	1 224,62	2 179,76	2 452,23	1 015,07	2 038,88	2 293,74	805,39	1 897,92	2 135,16	595,83	1 757,04	1 976,67	386,15	1 616,08	1 818,09
	III	22 808	—	1 824,64	2 052,72	III	22 808	—	1 698,40	1 910,70	—	1 575,20	1 772,10	—	1 454,88	1 636,74	—	1 337,44	1 504,62	—	1 223,04	1 375,92	—	1 111,52	1 250,46
	V	37 205	2 046,27	2 976,40	3 348,45	IV	31 571	1 634,46	2 455,28	2 762,19	1 529,62	2 384,80	2 682,90	1 424,78	2 314,32	2 603,61	1 319,94	2 243,84	2 524,32	1 215,22	2 173,44	2 445,12	1 110,38	2 102,96	2 365,83
	VI	37 640	2 070,20	3 011,20	3 387,60																				
109 943,99 Ost	I,IV	31 729	1 745,09	2 538,32	2 855,61	I	31 729	1 548,30	2 397,36	2 697,03	1 338,75	2 256,48	2 538,54	1 129,07	2 115,52	2 379,96	919,51	1 974,64	2 221,47	709,83	1 833,68	2 062,89	500,27	1 692,80	1 904,40
	II	30 928	1 662,66	2 474,24	2 783,52	II	30 928	1 452,99	2 333,28	2 624,94	1 243,43	2 192,40	2 466,45	1 033,75	2 051,44	2 307,87	824,19	1 910,56	2 149,38	614,51	1 769,60	1 990,80	404,95	1 628,72	1 832,31
	III	22 950	—	1 836,—	2 065,50	III	22 950	—	1 709,60	1 923,30	—	1 586,08	1 784,34	—	1 465,44	1 648,62	—	1 347,84	1 516,32	—	1 233,12	1 387,26	—	1 121,44	1 261,62
	V	37 363	2 054,96	2 989,04	3 362,67	IV	31 729	1 653,14	2 467,84	2 776,32	1 548,30	2 397,36	2 697,03	1 443,58	2 326,96	2 617,83	1 338,75	2 256,48	2 538,54	1 233,91	2 186,—	2 459,25	1 129,07	2 115,52	2 379,96
	VI	37 798	2 078,89	3 023,84	3 401,82																				
109 979,99 West	I,IV	31 586	1 737,23	2 526,88	2 842,74	I	31 586	1 531,41	2 386,—	2 684,25	1 321,85	2 245,12	2 525,76	1 112,17	2 104,16	2 367,18	902,61	1 963,28	2 208,69	692,93	1 822,32	2 050,11	483,37	1 681,44	1 891,62
	II	30 785	1 645,65	2 462,80	2 770,65	II	30 785	1 436,09	2 321,92	2 612,16	1 226,41	2 180,96	2 453,58	1 016,85	2 040,08	2 295,09	807,17	1 899,12	2 136,51	597,61	1 758,24	1 978,02	387,94	1 617,28	1 819,44
	III	22 822	—	1 825,76	2 053,98	III	22 822	—	1 699,52	1 911,96	—	1 576,16	1 773,18	—	1 455,84	1 637,82	—	1 338,40	1 505,70	—	1 224,—	1 377,—	—	1 112,48	1 251,54
	V	37 220	2 047,10	2 977,60	3 349,80	IV	31 586	1 636,25	2 456,48	2 763,54	1 531,41	2 386,—	2 684,25	1 426,57	2 315,52	2 604,96	1 321,85	2 245,12	2 525,76	1 217,01	2 174,64	2 446,47	1 112,17	2 104,16	2 367,18
	VI	37 655	2 071,02	3 012,40	3 388,95																				
109 979,99 Ost	I,IV	31 744	1 745,92	2 539,52	2 856,96	I	31 744	1 550,21	2 398,64	2 698,47	1 340,53	2 257,68	2 539,89	1 130,97	2 116,80	2 381,40	921,29	1 975,84	2 222,82	711,73	1 834,96	2 064,33	502,06	1 694,—	1 905,75
	II	30 943	1 664,45	2 475,44	2 784,87	II	30 943	1 454,77	2 334,48	2 626,29	1 245,21	2 193,60	2 467,80	1 035,53	2 052,64	2 309,22	825,97	1 911,76	2 150,73	616,30	1 770,80	1 992,15	406,74	1 629,92	1 833,66
	III	22 964	—	1 837,12	2 066,76	III	22 964	—	1 710,72	1 924,56	—	1 587,04	1 785,42	—	1 466,56	1 649,88	—	1 348,80	1 517,40	—	1 234,08	1 388,34	—	1 122,24	1 262,52
	V	37 378	2 055,79	2 990,24	3 364,02	IV	31 744	1 654,93	2 469,04	2 777,67	1 550,21	2 398,64	2 698,47	1 445,37	2 328,16	2 619,18	1 340,53	2 257,68	2 539,89	1 235,69	2 187,20	2 460,60	1 130,97	2 116,80	2 381,40
	VI	37 813	2 079,71	3 025,04	3 403,17																				
110 015,99 West	I,IV	31 602	1 738,11	2 528,16	2 844,18	I	31 602	1 533,19	2 387,20	2 685,60	1 323,63	2 246,32	2 527,11	1 113,95	2 105,36	2 368,53	904,40	1 964,48	2 210,04	694,72	1 823,52	2 051,46	485,16	1 682,64	1 892,97
	II	30 800	1 647,43	2 464,—	2 772,—	II	30 800	1 437,87	2 323,12	2 613,51	1 228,19	2 182,16	2 454,93	1 018,64	2 041,28	2 296,44	808,96	1 900,32	2 137,86	599,40	1 759,44	1 979,37	389,72	1 618,48	1 820,79
	III	22 834	—	1 826,72	2 055,06	III	22 834	—	1 700,48	1 913,04	—	1 577,28	1 774,44	—	1 456,80	1 638,90	—	1 339,36	1 506,78	—	1 224,96	1 378,08	—	1 113,44	1 252,62
	V	37 235	2 047,92	2 978,80	3 351,15	IV	31 602	1 638,03	2 457,68	2 764,89	1 533,19	2 387,20	2 685,60	1 428,35	2 316,72	2 606,31	1 323,63	2 246,32	2 527,11	1 218,79	2 175,84	2 447,82	1 113,95	2 105,36	2 368,53
	VI	37 671	2 071,90	3 013,68	3 390,39																				
110 015,99 Ost	I,IV	31 759	1 746,74	2 540,72	2 858,31	I	31 759	1 551,99	2 399,84	2 699,82	1 342,32	2 258,88	2 541,24	1 132,76	2 118,—	2 382,75	923,08	1 977,04	2 224,17	713,52	1 836,16	2 065,68	503,84	1 695,20	1 907,10
	II	30 958	1 666,23	2 476,64	2 786,22	II	30 958	1 456,56	2 335,68	2 627,64	1 247,—	2 194,80	2 469,15	1 037,32	2 053,84	2 310,57	827,76	1 912,96	2 152,08	618,08	1 772,—	1 993,50	408,52	1 631,12	1 835,01
	III	22 978	—	1 838,24	2 068,02	III	22 978	—	1 711,68	1 925,64	—	1 588,16	1 786,68	—	1 467,52	1 650,96	—	1 349,76	1 518,48	—	1 235,04	1 389,42	—	1 123,20	1 263,60
	V	37 393	2 056,61	2 991,44	3 365,37	IV	31 759	1 656,71	2 470,24	2 779,02	1 551,99	2 399,84	2 699,82	1 447,15	2 329,36	2 620,53	1 342,32	2 258,88	2 541,24	1 237,48	2 188,40	2 461,95	1 132,76	2 118,—	2 382,75
	VI	37 828	2 080,54	3 026,24	3 404,52																				
110 051,99 West	I,IV	31 617	1 738,93	2 529,36	2 845,53	I	31 617	1 534,98	2 388,40	2 686,95	1 325,42	2 247,52	2 528,46	1 115,74	2 106,56	2 369,88	906,18	1 965,68	2 211,39	696,50	1 824,72	2 052,81	486,94	1 683,84	1 894,32
	II	30 815	1 649,22	2 465,20	2 773,35	II	30 815	1 439,66	2 324,32	2 614,86	1 229,98	2 183,36	2 456,28	1 020,42	2 042,48	2 297,79	810,74	1 901,52	2 139,21	601,18	1 760,64	1 980,72	391,51	1 619,68	1 822,14
	III	22 848	—	1 827,84	2 056,32	III	22 848	—	1 701,60	1 914,30	—	1 578,24	1 775,52	—	1 457,92	1 640,16	—	1 340,48	1 508,04	—	1 225,92	1 379,16	—	1 114,40	1 253,70
	V	37 251	2 048,80	2 980,08	3 352,59	IV	31 617	1 639,82	2 458,88	2 766,24	1 534,98	2 388,40	2 686,95	1 430,26	2 318,—	2 607,75	1 325,42	2 247,52	2 528,46	1 220,58	2 177,04	2 449,17	1 115,74	2 106,56	2 369,88
	VI	37 686	2 072,73	3 014,88	3 391,74																				
110 051,99 Ost	I,IV	31 774	1 747,57	2 541,92	2 859,66	I	31 774	1 553,78	2 401,04	2 701,17	1 344,10	2 260,08	2 542,59	1 134,54	2 119,20	2 384,10	924,86	1 978,24	2 225,52	715,30	1 837,36	2 067,03	505,63	1 696,40	1 908,45
	II	30 973	1 668,02	2 477,84	2 787,57	II	30 973	1 458,34	2 336,88	2 628,99	1 248,78	2 196,—	2 470,50	1 039,10	2 055,04	2 311,92	829,54	1 914,16	2 153,43	619,87	1 773,20	1 994,85	410,31	1 632,32	1 836,36
	III	22 992	—	1 839,36	2 069,28	III	22 992	—	1 712,80	1 926,90	—	1 589,28	1 787,94	—	1 468,48	1 652,04	—	1 350,88	1 519,74	—	1 236,—	1 390,50	—	1 124,16	1 264,68
	V	37 408	2 057,44	2 992,64	3 366,72	IV	31 774	1 658,50	2 471,44	2 780,37	1 553,78	2 401,04	2 701,17	1 448,94	2 330,56	2 621,88	1 344,10	2 260,08	2 542,59	1 239,38	2 189,68	2 463,39	1 134,54	2 119,20	2 384,10
	VI	37 843	2 081,36	3 027,44	3 405,87																				
110 087,99 West	I,IV	31 632	1 739,76	2 530,56	2 846,88	I	31 632	1 536,76	2 389,60	2 688,30	1 327,20	2 248,72	2 529,81	1 117,52	2 107,76	2 371,23	907,97	1 966,88	2 212,74	698,29	1 825,92	2 054,16	488,73	1 685,04	1 895,67
	II	30 830	1 651,—	2 466,40	2 774,70	II	30 830	1 441,44	2 325,52	2 616,21	1 231,88	2 184,64	2 457,72	1 022,21	2 043,68	2 299,14	812,65	1 902,80	2 140,65	602,97	1 761,84	1 982,07	393,41	1 620,96	1 823,58
	III	22 862	—	1 828,96	2 057,58	III	22 862	—	1 702,72	1 915,56	—	1 579,36	1 776,78	—	1 458,88	1 641,24	—	1 341,44	1 509,12	—	1 226,88	1 380,24	—	1 115,20	1 254,60
	V	37 266	2 049,63	2 981,28	3 353,94	IV	31 632	1 641,60	2 460,08	2 767,59	1 536,76	2 389,60	2 688,30	1 432,04	2 319,20	2 609,10	1 327,20	2 248,72	2 529,81	1 222,36	2 178,24	2 450,52	1 117,52	2 107,76	2 371,23
	VI	37 701	2 073,55	3 016,08	3 393,09																				
110 087,99 Ost	I,IV	31 789	1 748,39	2 543,12	2 861,01	I	31 789	1 555,56	2 402,24	2 702,52	1 345,89	2 261,28	2 543,94	1 136,33	2 120,40	2 385,45	926,65	1 979,44	2 226,87	717,09	1 838,56	2 068,38	507,41	1 697,60	1 909,80
	II	30 988	1 669,80	2 479,04	2 788,92	II	30 988	1 460,24	2 338,16	2 630,43	1 250,57	2 197,20	2 471,85	1 041,01	2 056,32	2 313,36	831,33	1 915,36	2 154,78	621,77	1 774,48	1 996,29	412,09	1 633,52	1 837,71
	III	23 006	—	1 840,48	2 070,54	III	23 006	—	1 713,92	1 928,16	—	1 590,24	1 789,02	—	1 469,60	1 653,30	—	1 351,84	1 520,82	—	1 236,96	1 391,58	—	1 125,12	1 265,76
	V	37 423	2 058,26	2 993,84	3 368,07	IV	31 789	1 660,40	2 472,72	2 781,81	1 555,56	2 402,24	2 702,52	1 450,72	2 331,76	2 623,23	1 345,89	2 261,28	2 543,94	1 241,17	2 190,88	2 464,74	1 136,33	2 120,40	2 385,45
	VI	37 858	2 082,19	3 028,64	3 407,22																				
110 123,99 West	I,IV	31 647	1 740,58	2 531,76	2 848,23	I	31 647	1 538,55	2 390,80	2 689,65	1 328,99	2 249,92	2 531,16	1 119,43	2 109,04	2 372,67	909,75	1 968,08	2 214,09	700,19	1 827,20	2 055,60	490,51	1 686,24	1 897,02
	II	30 846	1 652,91	2 467,68	2 776,14	II	30 846	1 443,23	2 326,72	2 617,56	1 233,67	2 185,84	2 459,07	1 023,99	2 044,88	2 300,49	814,43	1 904,—	2 142,—	604,75	1 763,04	1 983,42	395,19	1 622,16	1 824,93
	III	22 876	—	1 830,08	2 058,84	III	22 876	—	1 703,68	1 916,64	—	1 580,32	1 777,86	—	1 459,84	1 642,32	—	1 342,40	1 510,20	—	1 227,84	1 381,32	—	1 116,16	1 255,68
	V	37 281	2 050,45	2 982,48	3 355,29	IV	31 647	1 643,39	2 461,28	2 768,94	1 538,55	2 390,80	2 689,65	1 433,83	2 320,40	2 610,45	1 328,99	2 249,92	2 531,16	1 224,15	2 179,44	2 451,87	1 119,43	2 109,04	2 372,67
	VI	37 716	2 074,38	3 017,28	3 394,44																				
110 123,99 Ost	I,IV	31 804	1 749,22	2 544,32	2 862,36	I	31 804	1 557,35	2 403,44	2 703,87	1 347,79	2 262,56	2 545,38	1 138,11	2 121,60	2 386,80	928,55	1 980,72	2 228,31	718,87	1 839,76	2 069,73	509,32	1 698,88	1 911,24
	II	31 003	1 671,59	2 480,24	2 790,27	II	31 003	1 462,03	2 339,36	2 631,78	1 252,35	2 198,40	2 473,20	1 042,79	2 057,52	2 314,71	833,11	1 916,56	2 156,13	623,56	1 775,68	1 997,64	413,88	1 634,72	1 839,06
	III	23 020	—	1 841,60	2 071,80	III	23 020	—	1 714,88	1 929,24	—	1 591,36	1 790,28	—	1 470,56	1 654,38	—	1 352,80	1 521,90	—	1 237,92	1 392,66	—	1 126,08	1 266,84
	V	37 438	2 059,09	2 995,04	3 369,42	IV	31 804	1 662,19	2 473,92	2 783,16	1 557,35	2 403,44	2 703,87	1 452,51	2 332,96	2 624,58	1 347,79	2 262,56	2 545,38	1 242,95	2 192,08	2 466,09	1 138,11	2 121,60	2 386,80
	VI	37 873	2 083,01	3 029,84	3 408,57																				
110 159,99 West	I,IV	31 662	1 741,41	2 532,96	2 849,58	I	31 662	1 540,45	2 392,08	2 691,09	1 330,77	2 251,12	2 532,51	1 121,21	2 110,24	2 374,02	911,54	1 969,28	2 215,44	701,98	1 828,40	2 056,95	492,30	1 687,44	1 898,37
	II	30 861	1 654,69	2 468,88	2 777,49	II	30 861	1 445,01	2 327,92	2 618,91	1 235,45	2 187,04	2 460,42	1 025,78	2 046,08	2 301,84	816,22	1 905,20	2 143,35	606,54	1 764,24	1 984,77	396,98	1 623,36	1 826,28
	III	22 890	—	1 831,20	2 060,10	III	22 890	—	1 704,80	1 917,90	—	1 581,44	1 779,12	—	1 460,96	1 643,58	—	1 343,36	1 511,28	—	1 228,80	1 382,40	—	1 117,12	1 256,76
	V	37 296	2 051,28	2 983,68	3 356,64	IV	31 662	1 645,17	2 462,48	2 770,29	1 540,45	2 392,08	2 691,09	1 435,61	2 321,60	2 611,80	1 330,77	2 251,12	2 532,51	1 225,93	2 180,64	2 453,22	1 121,21	2 110,24	2 374,02
	VI	37 731	2 075,20	3 018,48	3 395,79																				
110 159,99 Ost	I,IV	31 820	1 750,10	2 545,60	2 863,80	I	31 820	1 559,13	2 404,64	2 705,22	1 349,57	2 263,76	2 546,73	1 139,90	2 122,80	2 388,15	930,34	1 981,92	2 229,66	720,66	1 840,96	2 071,08	511,10	1 700,08	1 912,59
	II	31 018	1 673,37	2 481,44	2 791,62	II	31 018	1 463,81	2 340,56	2 633,13	1 254,14	2 199,60	2 474,55	1 044,58	2 058,72	2 316,06	834,90	1 917,76	2 157,48	625,34	1 776,88	1 998,99	415,66	1 635,92	1 840,41
	III	23 032	—	1 842,56	2 072,88	III	23 032	—	1 716,—	1 930,50	—	1 592,32	1 791,36	—	1 471,68	1 655,64	—	1 353,76	1 522,98	—	1 239,04	1 393,92	—	1 127,04	1 267,92
	V	37 453	2 059,91	2 996,24	3 370,77	IV	31 820	1 663,97	2 475,12	2 784,51	1 559,13	2 404,64	2 705,22	1 454,29	2 334,16	2 625,93	1 349,57	2 263,76	2 546,73	1 244,74	2 193,28	2 467,44	1 139,90	2 122,80	2 388,15
	VI	37 889	2 083,89	3 031,12	3 410,01																				

* Die ausgewiesenen Tabellenwerte sind amtlich. Siehe Erläuterungen auf der Umschlaginnenseite (U2).

Abzüge an Lohnsteuer, Solidaritätszuschlag (SolZ) und Kirchensteuer (8%, 9%) in den Steuerklassen

Lohn/Gehalt bis €*		I – VI					I, II, III, IV																		
			ohne Kinderfreibeträge					mit Zahl der Kinderfreibeträge . . . 0,5			1			1,5			2			2,5			3		
		LSt	SolZ	8%	9%		LSt	SolZ	8%	9%	SolZ	8%	9%	SolZ	8%	9%	SolZ	8%	9%	SolZ	8%	9%	SolZ	8%	9%
110 195,99 West	I,IV	31 677	1 742,23	2 534,16	2 850,93	I	31 677	1 542,24	2 393,28	2 692,44	1 332,56	2 252,32	2 533,86	1 123,—	2 111,44	2 375,37	913,32	1 970,48	2 216,79	703,76	1 829,60	2 058,30	494,08	1 688,64	1 899,72
	II	30 876	1 656,48	2 470,08	2 778,84	II	30 876	1 446,80	2 329,12	2 620,26	1 237,24	2 188,24	2 461,77	1 027,56	2 047,28	2 303,19	818,—	1 906,40	2 144,70	608,32	1 765,44	1 986,12	398,76	1 624,56	1 827,63
	III	22 904	—	1 832,32	2 061,36	III	22 904	—	1 705,92	1 919,16	—	1 582,40	1 780,20	—	1 461,92	1 644,66	—	1 344,48	1 512,54	—	1 229,76	1 383,48	—	1 118,08	1 257,84
	V	37 311	2 052,10	2 984,88	3 357,99	IV	31 677	1 646,96	2 463,68	2 771,64	1 542,24	2 393,28	2 692,44	1 437,40	2 322,80	2 613,15	1 332,56	2 252,32	2 533,86	1 227,84	2 181,92	2 454,66	1 123,—	2 111,44	2 375,37
	VI	37 746	2 076,03	3 019,68	3 397,14																				
110 195,99 Ost	I,IV	31 835	1 750,92	2 546,80	2 865,15	I	31 835	1 560,92	2 405,84	2 706,57	1 351,36	2 264,96	2 548,08	1 141,68	2 124,—	2 389,50	932,12	1 983,12	2 231,01	722,44	1 842,16	2 072,43	512,89	1 701,28	1 913,94
	II	31 033	1 675,16	2 482,64	2 792,97	II	31 033	1 465,60	2 341,76	2 634,48	1 255,92	2 200,80	2 475,90	1 046,36	2 059,92	2 317,41	836,68	1 918,96	2 158,83	627,13	1 778,08	2 000,34	417,45	1 637,12	1 841,76
	III	23 046	—	1 843,68	2 074,14	III	23 046	—	1 717,12	1 931,76	—	1 593,44	1 792,62	—	1 472,64	1 656,72	—	1 354,88	1 524,24	—	1 240,—	1 395,—	—	1 128,—	1 269,—
	V	37 469	2 060,79	2 997,52	3 372,21	IV	31 835	1 665,76	2 476,32	2 785,86	1 560,92	2 405,84	2 706,57	1 456,08	2 335,36	2 627,28	1 351,36	2 264,96	2 548,08	1 246,52	2 194,48	2 468,79	1 141,68	2 124,—	2 389,50
	VI	37 904	2 084,72	3 032,32	3 411,36																				
110 231,99 West	I,IV	31 692	1 743,06	2 535,36	2 852,28	I	31 692	1 544,02	2 394,48	2 693,79	1 334,34	2 253,52	2 535,21	1 124,78	2 112,64	2 376,72	915,11	1 971,68	2 218,14	705,55	1 830,80	2 059,65	495,87	1 689,84	1 901,07
	II	30 891	1 658,26	2 471,28	2 780,19	II	30 891	1 448,58	2 330,32	2 621,61	1 239,02	2 189,44	2 463,12	1 029,46	2 048,56	2 304,63	819,79	1 907,60	2 146,05	610,23	1 766,72	1 987,56	400,55	1 625,76	1 828,98
	III	22 916	—	1 833,28	2 062,44	III	22 916	—	1 707,04	1 920,42	—	1 583,52	1 781,46	—	1 463,04	1 645,92	—	1 345,44	1 513,62	—	1 230,72	1 384,56	—	1 119,04	1 258,92
	V	37 326	2 052,93	2 986,08	3 359,34	IV	31 692	1 648,86	2 464,96	2 773,08	1 544,02	2 394,48	2 693,79	1 439,18	2 324,—	2 614,50	1 334,34	2 253,52	2 535,21	1 229,62	2 183,12	2 456,01	1 124,78	2 112,64	2 376,72
	VI	37 761	2 076,85	3 020,88	3 398,49																				
110 231,99 Ost	I,IV	31 850	1 751,75	2 548,—	2 866,50	I	31 850	1 562,70	2 407,04	2 707,92	1 353,14	2 266,16	2 549,43	1 143,47	2 125,20	2 390,85	933,91	1 984,32	2 232,36	724,23	1 843,36	2 073,78	514,67	1 702,48	1 915,29
	II	31 048	1 676,94	2 483,84	2 794,32	II	31 048	1 467,38	2 342,96	2 635,83	1 257,83	2 202,08	2 477,34	1 048,15	2 061,12	2 318,76	838,59	1 920,24	2 160,27	628,91	1 779,28	2 001,69	419,35	1 638,40	1 843,20
	III	23 060	—	1 844,80	2 075,40	III	23 060	—	1 718,24	1 933,02	—	1 594,40	1 793,70	—	1 473,60	1 657,80	—	1 355,84	1 525,32	—	1 240,96	1 396,08	—	1 128,96	1 270,08
	V	37 484	2 061,62	2 998,72	3 373,56	IV	31 850	1 667,54	2 477,52	2 787,21	1 562,70	2 407,04	2 707,92	1 457,98	2 336,64	2 628,72	1 353,14	2 266,16	2 549,43	1 248,31	2 195,68	2 470,14	1 143,47	2 125,20	2 390,85
	VI	37 919	2 085,54	3 033,52	3 412,71																				
110 267,99 West	I,IV	31 707	1 743,88	2 536,56	2 853,63	I	31 707	1 545,81	2 395,68	2 695,14	1 336,13	2 254,72	2 536,56	1 126,57	2 113,84	2 378,07	917,01	1 972,96	2 219,58	707,33	1 832,—	2 061,—	497,77	1 691,12	1 902,51
	II	30 906	1 660,05	2 472,48	2 781,54	II	30 906	1 450,49	2 331,60	2 623,05	1 240,81	2 190,64	2 464,47	1 031,25	2 049,76	2 305,98	821,57	1 908,80	2 147,40	612,01	1 767,92	1 988,91	402,33	1 626,96	1 830,33
	III	22 930	—	1 834,40	2 063,70	III	22 930	—	1 708,—	1 921,50	—	1 584,48	1 782,54	—	1 464,—	1 647,—	—	1 346,40	1 514,70	—	1 231,68	1 385,64	—	1 120,—	1 260,—
	V	37 341	2 053,75	2 987,28	3 360,69	IV	31 707	1 650,64	2 466,16	2 774,43	1 545,81	2 395,68	2 695,14	1 440,97	2 325,20	2 615,85	1 336,13	2 254,72	2 536,56	1 231,41	2 184,32	2 457,36	1 126,57	2 113,84	2 378,07
	VI	37 776	2 077,68	3 022,08	3 399,84																				
110 267,99 Ost	I,IV	31 865	1 752,57	2 549,20	2 867,85	I	31 865	1 564,49	2 408,24	2 709,27	1 354,93	2 267,36	2 550,78	1 145,37	2 126,48	2 392,29	935,69	1 985,52	2 233,71	726,13	1 844,64	2 075,22	516,46	1 703,68	1 916,64
	II	31 064	1 678,85	2 485,12	2 795,76	II	31 064	1 469,17	2 344,16	2 637,18	1 259,61	2 203,28	2 478,69	1 049,93	2 062,32	2 320,11	840,37	1 921,44	2 161,62	630,70	1 780,48	2 003,04	421,14	1 639,60	1 844,55
	III	23 074	—	1 845,92	2 076,66	III	23 074	—	1 719,20	1 934,10	—	1 595,52	1 794,96	—	1 474,72	1 659,06	—	1 356,80	1 526,40	—	1 241,92	1 397,16	—	1 129,92	1 271,16
	V	37 499	2 062,44	2 999,92	3 374,91	IV	31 865	1 669,33	2 478,72	2 788,56	1 564,49	2 408,24	2 709,27	1 459,77	2 337,84	2 630,07	1 354,93	2 267,36	2 550,78	1 250,09	2 196,88	2 471,49	1 145,37	2 126,48	2 392,29
	VI	37 934	2 086,37	3 034,72	3 414,06																				
110 303,99 West	I,IV	31 723	1 744,76	2 537,84	2 855,07	I	31 723	1 547,59	2 396,88	2 696,49	1 338,03	2 256,—	2 538,—	1 128,35	2 115,04	2 379,42	918,79	1 974,16	2 220,93	709,12	1 833,20	2 062,35	499,56	1 692,32	1 903,86
	II	30 921	1 661,83	2 473,68	2 782,89	II	30 921	1 452,27	2 332,80	2 624,40	1 242,59	2 191,84	2 465,82	1 033,03	2 050,96	2 307,33	823,36	1 910,—	2 148,75	613,80	1 769,12	1 990,26	404,12	1 628,16	1 831,68
	III	22 944	—	1 835,52	2 064,96	III	22 944	—	1 709,12	1 922,76	—	1 585,60	1 783,80	—	1 464,96	1 648,08	—	1 347,36	1 515,78	—	1 232,64	1 386,72	—	1 120,96	1 261,08
	V	37 356	2 054,58	2 988,48	3 362,04	IV	31 723	1 652,43	2 467,36	2 775,78	1 547,59	2 396,88	2 696,49	1 442,75	2 326,40	2 617,20	1 338,03	2 256,—	2 538,—	1 233,19	2 185,52	2 458,71	1 128,35	2 115,04	2 379,42
	VI	37 792	2 078,56	3 023,36	3 401,28																				
110 303,99 Ost	I,IV	31 880	1 753,40	2 550,40	2 869,20	I	31 880	1 566,39	2 409,52	2 710,71	1 356,71	2 268,56	2 552,13	1 147,16	2 127,68	2 393,64	937,48	1 986,72	2 235,06	727,92	1 845,84	2 076,57	518,24	1 704,88	1 917,99
	II	31 079	1 680,63	2 486,32	2 797,11	II	31 079	1 470,95	2 345,36	2 638,53	1 261,40	2 204,48	2 480,04	1 051,72	2 063,52	2 321,46	842,16	1 922,64	2 162,97	632,48	1 781,68	2 004,39	422,92	1 640,80	1 845,90
	III	23 088	—	1 847,04	2 077,92	III	23 088	—	1 720,32	1 935,36	—	1 596,48	1 796,04	—	1 475,68	1 660,14	—	1 357,76	1 527,48	—	1 242,88	1 398,24	—	1 130,88	1 272,24
	V	37 514	2 063,27	3 001,12	3 376,26	IV	31 880	1 671,11	2 479,92	2 789,91	1 566,39	2 409,52	2 710,71	1 461,55	2 339,04	2 631,42	1 356,71	2 268,56	2 552,13	1 251,88	2 198,08	2 472,84	1 147,16	2 127,68	2 393,64
	VI	37 949	2 087,19	3 035,92	3 415,41																				
110 339,99 West	I,IV	31 738	1 745,59	2 539,04	2 856,42	I	31 738	1 549,38	2 398,08	2 697,84	1 339,82	2 257,20	2 539,35	1 130,14	2 116,24	2 380,77	920,58	1 975,36	2 222,28	710,90	1 834,40	2 063,70	501,34	1 693,52	1 905,21
	II	30 936	1 663,62	2 474,88	2 784,24	II	30 936	1 454,06	2 334,—	2 625,75	1 244,38	2 193,04	2 467,17	1 034,82	2 052,16	2 308,68	825,14	1 911,20	2 150,10	615,58	1 770,32	1 991,61	405,90	1 629,36	1 833,03
	III	22 958	—	1 836,64	2 066,22	III	22 958	—	1 710,24	1 924,02	—	1 586,72	1 785,06	—	1 466,08	1 649,34	—	1 348,32	1 516,86	—	1 233,60	1 387,80	—	1 121,92	1 262,16
	V	37 372	2 055,46	2 989,76	3 363,48	IV	31 738	1 654,21	2 468,56	2 777,13	1 549,38	2 398,08	2 697,84	1 444,54	2 327,60	2 618,55	1 339,82	2 257,20	2 539,35	1 234,98	2 186,72	2 460,06	1 130,14	2 116,24	2 380,77
	VI	37 807	2 079,38	3 024,56	3 402,63																				
110 339,99 Ost	I,IV	31 895	1 754,22	2 551,60	2 870,55	I	31 895	1 568,18	2 410,72	2 712,06	1 358,50	2 269,76	2 553,48	1 148,94	2 128,88	2 394,99	939,26	1 987,92	2 236,41	729,70	1 847,04	2 077,92	520,03	1 706,08	1 919,34
	II	31 094	1 682,42	2 487,52	2 798,46	II	31 094	1 472,74	2 346,56	2 639,88	1 263,18	2 205,68	2 481,39	1 053,50	2 064,72	2 322,81	843,94	1 923,84	2 164,32	634,27	1 782,88	2 005,74	424,71	1 642,—	1 847,25
	III	23 102	—	1 848,16	2 079,18	III	23 102	—	1 721,44	1 936,62	—	1 597,60	1 797,30	—	1 476,80	1 661,40	—	1 358,88	1 528,74	—	1 243,84	1 399,32	—	1 131,84	1 273,32
	V	37 529	2 064,09	3 002,32	3 377,61	IV	31 895	1 672,90	2 481,12	2 791,26	1 568,18	2 410,72	2 712,06	1 463,34	2 340,24	2 632,77	1 358,50	2 269,76	2 553,48	1 253,66	2 199,28	2 474,19	1 148,94	2 128,88	2 394,99
	VI	37 964	2 088,02	3 037,12	3 416,76																				
110 375,99 West	I,IV	31 753	1 746,41	2 540,24	2 857,77	I	31 753	1 551,16	2 399,28	2 699,19	1 341,60	2 258,40	2 540,70	1 131,92	2 117,44	2 382,12	922,36	1 976,56	2 223,63	712,69	1 835,60	2 065,05	503,13	1 694,72	1 906,56
	II	30 951	1 665,40	2 476,08	2 785,59	II	30 951	1 455,84	2 335,20	2 627,10	1 246,16	2 194,24	2 468,52	1 036,60	2 053,36	2 310,03	827,05	1 912,48	2 151,54	617,37	1 771,52	1 992,96	407,81	1 630,64	1 834,47
	III	22 972	—	1 837,76	2 067,48	III	22 972	—	1 711,20	1 925,10	—	1 587,68	1 786,14	—	1 467,04	1 650,42	—	1 349,44	1 518,12	—	1 234,72	1 389,06	—	1 122,88	1 263,24
	V	37 387	2 056,28	2 990,96	3 364,83	IV	31 753	1 656,—	2 469,76	2 778,48	1 551,16	2 399,28	2 699,19	1 446,44	2 328,88	2 619,99	1 341,60	2 258,40	2 540,70	1 236,76	2 187,92	2 461,41	1 131,92	2 117,44	2 382,12
	VI	37 822	2 080,21	3 025,76	3 403,98																				
110 375,99 Ost	I,IV	31 910	1 755,05	2 552,80	2 871,90	I	31 910	1 569,96	2 411,92	2 713,41	1 360,28	2 270,96	2 554,83	1 150,73	2 130,08	2 396,34	941,05	1 989,12	2 237,76	731,49	1 848,24	2 079,27	521,81	1 707,28	1 920,69
	II	31 109	1 684,20	2 488,72	2 799,81	II	31 109	1 474,52	2 347,76	2 641,23	1 264,97	2 206,88	2 482,74	1 055,41	2 066,—	2 324,25	845,73	1 925,04	2 165,67	636,17	1 784,16	2 007,18	426,49	1 643,20	1 848,60
	III	23 116	—	1 849,28	2 080,44	III	23 116	—	1 722,40	1 937,70	—	1 598,72	1 798,56	—	1 477,76	1 662,48	—	1 359,84	1 529,82	—	1 244,80	1 400,40	—	1 132,80	1 274,40
	V	37 544	2 064,92	3 003,52	3 378,96	IV	31 910	1 674,80	2 482,40	2 792,70	1 569,96	2 411,92	2 713,41	1 465,12	2 341,44	2 634,12	1 360,28	2 270,96	2 554,83	1 255,56	2 200,56	2 475,63	1 150,73	2 130,08	2 396,34
	VI	37 979	2 088,84	3 038,32	3 418,11																				
110 411,99 West	I,IV	31 768	1 747,24	2 541,44	2 859,12	I	31 768	1 552,95	2 400,48	2 700,54	1 343,39	2 259,60	2 542,05	1 133,71	2 118,64	2 383,47	924,15	1 977,76	2 224,98	714,59	1 836,88	2 066,49	504,91	1 695,92	1 907,91
	II	30 967	1 667,30	2 477,36	2 787,03	II	30 967	1 457,63	2 336,40	2 628,45	1 248,07	2 195,52	2 469,96	1 038,39	2 054,56	2 311,38	828,83	1 913,68	2 152,89	619,15	1 772,72	1 994,31	409,59	1 631,84	1 835,82
	III	22 986	—	1 838,88	2 068,74	III	22 986	—	1 712,32	1 926,36	—	1 588,80	1 787,40	—	1 468,16	1 651,68	—	1 350,40	1 519,20	—	1 235,68	1 390,14	—	1 123,84	1 264,32
	V	37 402	2 057,11	2 992,16	3 366,18	IV	31 768	1 657,78	2 470,96	2 779,83	1 552,95	2 400,48	2 700,54	1 448,23	2 330,08	2 621,34	1 343,39	2 259,60	2 542,05	1 238,55	2 189,12	2 462,76	1 133,71	2 118,64	2 383,47
	VI	37 837	2 081,03	3 026,96	3 405,33																				
110 411,99 Ost	I,IV	31 925	1 755,87	2 554,—	2 873,25	I	31 925	1 571,75	2 413,12	2 714,76	1 362,07	2 272,16	2 556,18	1 152,51	2 131,28	2 397,69	942,95	1 990,40	2 239,20	733,27	1 849,44	2 080,62	523,71	1 708,56	1 922,13
	II	31 124	1 685,99	2 489,92	2 801,16	II	31 124	1 476,43	2 349,04	2 642,67	1 266,75	2 208,08	2 484,09	1 057,19	2 067,20	2 325,60	847,51	1 926,24	2 167,02	637,95	1 785,36	2 008,53	428,28	1 644,40	1 849,95
	III	23 130	—	1 850,40	2 081,70	III	23 130	—	1 723,52	1 938,96	—	1 599,68	1 799,64	—	1 478,72	1 663,56	—	1 360,80	1 530,90	—	1 245,76	1 401,48	—	1 133,76	1 275,48
	V	37 559	2 065,74	3 004,72	3 380,31	IV	31 925	1 676,59	2 483,60	2 794,05	1 571,75	2 413,12	2 714,76	1 466,91	2 342,64	2 635,47	1 362,07	2 272,16	2 556,18	1 257,35	2 201,76	2 476,98	1 152,51	2 131,28	2 397,69
	VI	37 994	2 089,67	3 039,52	3 419,46																				
110 447,99 West	I,IV	31 783	1 748,06	2 542,64	2 860,47	I	31 783	1 554,85	2 401,76	2 701,98	1 345,17	2 260,80	2 543,40	1 135,61	2 119,92	2 384,91	925,93	1 978,96	2 226,33	716,38	1 838,08	2 067,84	506,70	1 697,12	1 909,26
	II	30 982	1 669,09	2 478,56	2 788,38	II	30 982	1 459,41	2 337,60	2 629,80	1 249,85	2 196,72	2 471,31	1 040,17	2 055,76	2 312,73	830,62	1 914,88	2 154,24	620,94	1 773,92	1 995,66	411,38	1 633,04	1 837,17
	III	23 000	—	1 840,—	2 070,—	III	23 000	—	1 713,44	1 927,62	—	1 589,76	1 788,48	—	1 469,12	1 652,76	—	1 351,36	1 520,28	—	1 236,64	1 391,22	—	1 124,80	1 265,40
	V	37 417	2 057,93	2 993,36	3 367,53	IV	31 783	1 659,57	2 472,16	2 781,18	1 554,85	2 401,76	2 701,98	1 450,01	2 331,28	2 622,69	1 345,17	2 260,80	2 543,40	1 240,33	2 190,32	2 464,11	1 135,61	2 119,92	2 384,91
	VI	37 852	2 081,86	3 028,16	3 406,68																				
110 447,99 Ost	I,IV	31 941	1 756,75	2 555,28	2 874,69	I	31 941	1 573,53	2 414,32	2 716,11	1 363,97	2 273,44	2 557,62	1 154,30	2 132,48	2 399,04	944,74	1 991,60	2 240,55	735,06	1 850,64	2 081,97	525,50	1 709,76	1 923,48
	II	31 139	1 687,77	2 491,12	2 802,51	II	31 139	1 478,21	2 350,24	2 644,02	1 268,54	2 209,28	2 485,44	1 058,98	2 068,40	2 326,95	849,30	1 927,44	2 168,37	639,74	1 786,56	2 009,88	430,06	1 645,60	1 851,30
	III	23 142	—	1 851,36	2 082,78	III	23 142	—	1 724,64	1 940,22	—	1 600,80	1 800,90	—	1 479,84	1 664,82	—	1 361,76	1 531,98	—	1 246,72	1 402,56	—	1 134,72	1 276,56
	V	37 574	2 066,57	3 005,92	3 381,66	IV	31 941	1 678,37	2 484,80	2 795,40	1 573,53	2 414,32	2 716,11	1 468,69	2 343,84	2 636,82	1 363,97	2 273,44	2 557,62	1 259,13	2 202,96	2 478,33	1 154,30	2 132,48	2 399,04
	VI	38 010	2 090,55	3 040,80	3 420,90																				

* Die ausgewiesenen Tabellenwerte sind amtlich. Siehe Erläuterungen auf der Umschlaginnenseite (U2).

JAHR 110 448,–*

Lohn/ Gehalt bis €*	I – VI					I, II, III, IV		mit Zahl der Kinderfreibeträge . . . 0,5			1			1,5			2			2,5			3		
		LSt	ohne Kinderfreibeträge SolZ	8%	9%		LSt	SolZ	8%	9%	SolZ	8%	9%	SolZ	8%	9%	SolZ	8%	9%	SolZ	8%	9%	SolZ	8%	9%
110 483,99 West	I,IV	31 798	1 748,89	2 543,84	2 861,82	I	31 798	1 556,63	2 402,96	2 703,33	1 346,96	2 262,–	2 544,75	1 137,40	2 121,12	2 386,26	927,72	1 980,16	2 227,68	718,16	1 839,28	2 069,19	508,48	1 698,32	1 910,61
	II	30 997	1 670,87	2 479,76	2 789,73	II	30 997	1 461,20	2 338,80	2 631,15	1 251,64	2 197,92	2 472,66	1 041,96	2 056,96	2 314,08	832,40	1 916,08	2 155,59	622,72	1 775,12	1 997,01	413,16	1 634,24	1 838,52
	III	23 014	–	1 841,12	2 071,26	III	23 014	–	1 714,40	1 928,70	–	1 590,88	1 789,74	–	1 470,08	1 653,84	–	1 352,32	1 521,36	–	1 237,60	1 392,30	–	1 125,76	1 266,48
	V	37 432	2 058,76	2 994,56	3 368,88	IV	31 798	1 661,35	2 473,36	2 782,53	1 556,63	2 402,96	2 703,33	1 451,80	2 332,48	2 624,04	1 346,96	2 262,–	2 544,75	1 242,12	2 191,52	2 465,46	1 137,40	2 121,12	2 386,26
	VI	37 867	2 082,68	3 029,36	3 408,03																				
110 483,99 Ost	I,IV	31 956	1 757,58	2 556,48	2 876,04	I	31 956	1 575,32	2 415,52	2 717,46	1 365,76	2 274,64	2 558,97	1 156,08	2 133,68	2 400,39	946,52	1 992,80	2 241,90	736,84	1 851,84	2 083,32	527,28	1 710,96	1 924,83
	II	31 154	1 689,56	2 492,32	2 803,86	II	31 154	1 480,–	2 351,44	2 645,37	1 270,32	2 210,48	2 486,79	1 060,76	2 069,60	2 328,30	851,08	1 928,64	2 169,72	641,52	1 787,76	2 011,23	431,85	1 646,80	1 852,65
	III	23 156	–	1 852,48	2 084,04	III	23 156	–	1 725,76	1 941,48	–	1 601,76	1 801,98	–	1 480,80	1 665,90	–	1 362,88	1 533,24	–	1 247,68	1 403,64	–	1 135,52	1 277,46
	V	37 590	2 067,45	3 007,20	3 383,10	IV	31 956	1 680,16	2 486,–	2 796,75	1 575,32	2 415,52	2 717,46	1 470,48	2 345,04	2 638,17	1 365,76	2 274,64	2 558,97	1 260,92	2 204,16	2 479,68	1 156,08	2 133,68	2 400,39
	VI	38 025	2 091,37	3 042,–	3 422,25																				
110 519,99 West	I,IV	31 813	1 749,71	2 545,04	2 863,17	I	31 813	1 558,42	2 404,16	2 704,68	1 348,74	2 263,20	2 546,10	1 139,18	2 122,32	2 387,61	929,50	1 981,36	2 229,03	719,95	1 840,48	2 070,54	510,27	1 699,52	1 911,96
	II	31 012	1 672,66	2 480,96	2 791,08	II	31 012	1 462,98	2 340,–	2 632,50	1 253,42	2 199,12	2 474,01	1 043,74	2 058,16	2 315,43	834,19	1 917,28	2 156,94	624,63	1 776,40	1 998,45	414,95	1 635,44	1 839,87
	III	23 026	–	1 842,08	2 072,34	III	23 026	–	1 715,52	1 929,96	–	1 591,84	1 790,82	–	1 471,20	1 655,10	–	1 353,44	1 522,62	–	1 238,56	1 393,38	–	1 126,56	1 267,38
	V	37 447	2 059,58	2 995,76	3 370,23	IV	31 813	1 663,26	2 474,64	2 783,97	1 558,42	2 404,16	2 704,68	1 453,58	2 333,68	2 625,39	1 348,74	2 263,20	2 546,10	1 244,02	2 192,80	2 466,90	1 139,18	2 122,32	2 387,61
	VI	37 882	2 083,51	3 030,56	3 409,38																				
110 519,99 Ost	I,IV	31 971	1 758,40	2 557,68	2 877,39	I	31 971	1 577,10	2 416,72	2 718,81	1 367,54	2 275,84	2 560,32	1 157,87	2 134,88	2 401,74	948,31	1 994,–	2 243,25	738,63	1 853,04	2 084,67	529,07	1 712,16	1 926,18
	II	31 169	1 691,34	2 493,52	2 805,21	II	31 169	1 481,78	2 352,64	2 646,72	1 272,11	2 211,68	2 488,14	1 062,55	2 070,80	2 329,65	852,99	1 929,92	2 171,16	643,31	1 788,96	2 012,58	433,75	1 648,08	1 854,09
	III	23 170	–	1 853,60	2 085,30	III	23 170	–	1 726,72	1 942,56	–	1 602,88	1 803,24	–	1 481,92	1 667,16	–	1 363,84	1 534,32	–	1 248,64	1 404,72	–	1 136,48	1 278,54
	V	37 605	2 068,27	3 008,40	3 384,45	IV	31 971	1 681,94	2 487,20	2 798,10	1 577,10	2 416,72	2 718,81	1 472,38	2 346,32	2 639,61	1 367,54	2 275,84	2 560,32	1 262,70	2 205,36	2 481,03	1 157,87	2 134,88	2 401,74
	VI	38 040	2 092,20	3 043,20	3 423,60																				
110 555,99 West	I,IV	31 828	1 750,54	2 546,24	2 864,52	I	31 828	1 560,20	2 405,36	2 706,03	1 350,53	2 264,40	2 547,45	1 140,97	2 123,52	2 388,96	931,29	1 982,56	2 230,38	721,73	1 841,68	2 071,89	512,17	1 700,80	1 913,40
	II	31 027	1 674,44	2 482,16	2 792,43	II	31 027	1 464,89	2 341,28	2 633,94	1 255,21	2 200,32	2 475,36	1 045,65	2 059,44	2 316,87	835,97	1 918,48	2 158,29	626,41	1 777,60	1 999,80	416,73	1 636,64	1 841,22
	III	23 040	–	1 843,20	2 073,60	III	23 040	–	1 716,64	1 931,22	–	1 592,96	1 792,08	–	1 472,16	1 656,18	–	1 354,40	1 523,70	–	1 239,52	1 394,46	–	1 127,52	1 268,46
	V	37 462	2 060,41	2 996,96	3 371,58	IV	31 828	1 665,04	2 475,84	2 785,32	1 560,20	2 405,36	2 706,03	1 455,37	2 334,88	2 626,74	1 350,53	2 264,40	2 547,45	1 245,81	2 194,–	2 468,25	1 140,97	2 123,52	2 388,96
	VI	37 897	2 084,33	3 031,76	3 410,73																				
110 555,99 Ost	I,IV	31 986	1 759,23	2 558,88	2 878,74	I	31 986	1 578,89	2 417,92	2 720,16	1 369,33	2 277,04	2 561,67	1 159,65	2 136,08	2 403,09	950,09	1 995,20	2 244,60	740,53	1 854,32	2 086,11	530,85	1 713,36	1 927,53
	II	31 185	1 693,25	2 494,80	2 806,65	II	31 185	1 483,57	2 353,84	2 648,07	1 274,01	2 212,96	2 489,58	1 064,33	2 072,–	2 331,–	854,77	1 931,12	2 172,51	645,09	1 790,16	2 013,93	435,54	1 649,28	1 855,44
	III	23 184	–	1 854,72	2 086,56	III	23 184	–	1 727,84	1 943,82	–	1 603,84	1 804,32	–	1 482,88	1 668,24	–	1 364,80	1 535,40	–	1 249,76	1 405,98	–	1 137,44	1 279,62
	V	37 620	2 069,10	3 009,60	3 385,80	IV	31 986	1 683,73	2 488,40	2 799,45	1 578,89	2 417,92	2 720,16	1 474,17	2 347,52	2 640,96	1 369,33	2 277,04	2 561,67	1 264,49	2 206,56	2 482,38	1 159,65	2 136,08	2 403,09
	VI	38 055	2 093,02	3 044,40	3 424,95																				
110 591,99 West	I,IV	31 844	1 751,42	2 547,52	2 865,96	I	31 844	1 561,99	2 406,56	2 707,38	1 352,43	2 265,68	2 548,89	1 142,75	2 124,72	2 390,31	933,19	1 983,84	2 231,82	723,52	1 842,88	2 073,24	513,96	1 702,–	1 914,75
	II	31 042	1 676,23	2 483,36	2 793,78	II	31 042	1 466,67	2 342,48	2 635,29	1 256,99	2 201,52	2 476,71	1 047,43	2 060,64	2 318,22	837,76	1 919,68	2 159,64	628,20	1 778,80	2 001,15	418,52	1 637,84	1 842,57
	III	23 054	–	1 844,32	2 074,86	III	23 054	–	1 717,76	1 932,48	–	1 593,92	1 793,16	–	1 473,28	1 657,44	–	1 355,36	1 524,78	–	1 240,48	1 395,54	–	1 128,48	1 269,54
	V	37 477	2 061,23	2 998,16	3 372,93	IV	31 844	1 666,83	2 477,04	2 786,67	1 561,99	2 406,56	2 707,38	1 457,15	2 336,08	2 628,09	1 352,43	2 265,68	2 548,89	1 247,59	2 195,20	2 469,60	1 142,75	2 124,72	2 390,31
	VI	37 913	2 085,21	3 033,04	3 412,17																				
110 591,99 Ost	I,IV	32 001	1 760,05	2 560,08	2 880,09	I	32 001	1 580,79	2 419,20	2 721,60	1 371,11	2 278,24	2 563,02	1 161,55	2 137,36	2 404,53	951,88	1 996,40	2 245,95	742,32	1 855,52	2 087,46	532,64	1 714,56	1 928,88
	II	31 200	1 695,03	2 496,–	2 808,–	II	31 200	1 485,35	2 355,04	2 649,42	1 275,79	2 214,16	2 490,93	1 066,12	2 073,20	2 332,35	856,56	1 932,32	2 173,86	646,88	1 791,36	2 015,28	437,32	1 650,48	1 856,79
	III	23 198	–	1 855,84	2 087,82	III	23 198	–	1 728,96	1 945,08	–	1 604,96	1 805,58	–	1 483,84	1 669,32	–	1 365,76	1 536,48	–	1 250,72	1 407,06	–	1 138,40	1 280,70
	V	37 635	2 069,92	3 010,80	3 387,15	IV	32 001	1 685,51	2 489,60	2 800,80	1 580,79	2 419,20	2 721,60	1 475,95	2 348,72	2 642,31	1 371,11	2 278,24	2 563,02	1 266,27	2 207,76	2 483,73	1 161,55	2 137,36	2 404,53
	VI	38 070	2 093,85	3 045,60	3 426,30																				
110 627,99 West	I,IV	31 859	1 752,24	2 548,72	2 867,31	I	31 859	1 563,77	2 407,76	2 708,73	1 354,22	2 266,88	2 550,24	1 144,54	2 125,92	2 391,66	934,98	1 985,04	2 233,17	725,30	1 844,08	2 074,59	515,74	1 703,20	1 916,10
	II	31 057	1 678,01	2 484,56	2 795,13	II	31 057	1 468,46	2 343,68	2 636,64	1 258,78	2 202,72	2 478,06	1 049,22	2 061,84	2 319,57	839,54	1 920,88	2 160,99	629,98	1 780,–	2 002,50	420,30	1 639,04	1 843,92
	III	23 068	–	1 845,44	2 076,12	III	23 068	–	1 718,72	1 933,56	–	1 595,04	1 794,42	–	1 474,24	1 658,52	–	1 356,32	1 525,86	–	1 241,44	1 396,62	–	1 129,44	1 270,62
	V	37 493	2 062,11	2 999,44	3 374,37	IV	31 859	1 668,61	2 478,24	2 788,02	1 563,77	2 407,76	2 708,73	1 458,94	2 337,28	2 629,44	1 354,22	2 266,88	2 550,24	1 249,38	2 196,40	2 470,95	1 144,54	2 125,92	2 391,66
	VI	37 928	2 086,04	3 034,24	3 413,52																				
110 627,99 Ost	I,IV	32 016	1 760,88	2 561,28	2 881,44	I	32 016	1 582,58	2 420,40	2 722,95	1 372,90	2 279,44	2 564,37	1 163,34	2 138,56	2 405,88	953,66	1 997,60	2 247,30	744,10	1 856,72	2 088,81	534,42	1 715,76	1 930,23
	II	31 215	1 696,82	2 497,20	2 809,35	II	31 215	1 487,14	2 356,24	2 650,77	1 277,58	2 215,36	2 492,28	1 067,90	2 074,40	2 333,70	858,34	1 933,52	2 175,21	648,66	1 792,56	2 016,63	439,11	1 651,68	1 858,14
	III	23 212	–	1 856,96	2 089,08	III	23 212	–	1 730,08	1 946,34	–	1 606,08	1 806,84	–	1 484,96	1 670,58	–	1 366,88	1 537,74	–	1 251,68	1 408,14	–	1 139,36	1 281,78
	V	37 650	2 070,75	3 012,–	3 388,50	IV	32 016	1 687,30	2 490,80	2 802,15	1 582,58	2 420,40	2 722,95	1 477,74	2 349,92	2 643,66	1 372,90	2 279,44	2 564,37	1 268,06	2 208,96	2 485,08	1 163,34	2 138,56	2 405,88
	VI	38 085	2 094,67	3 046,80	3 427,65																				
110 663,99 West	I,IV	31 874	1 753,07	2 549,92	2 868,66	I	31 874	1 565,56	2 408,96	2 710,08	1 356,–	2 268,08	2 551,59	1 146,32	2 127,12	2 393,01	936,76	1 986,24	2 234,52	727,09	1 845,28	2 075,94	517,53	1 704,40	1 917,45
	II	31 072	1 679,80	2 485,76	2 796,48	II	31 072	1 470,24	2 344,88	2 637,99	1 260,56	2 203,92	2 479,41	1 051,–	2 063,04	2 320,92	841,33	1 922,08	2 162,34	631,77	1 781,20	2 003,85	422,21	1 640,32	1 845,36
	III	23 082	–	1 846,56	2 077,38	III	23 082	–	1 719,84	1 934,82	–	1 596,16	1 795,68	–	1 475,20	1 659,60	–	1 357,44	1 527,12	–	1 242,40	1 397,70	–	1 130,40	1 271,70
	V	37 508	2 062,94	3 000,64	3 375,72	IV	31 874	1 670,40	2 479,44	2 789,37	1 565,56	2 408,96	2 710,08	1 460,84	2 338,56	2 630,88	1 356,–	2 268,08	2 551,59	1 251,16	2 197,60	2 472,30	1 146,32	2 127,12	2 393,01
	VI	37 943	2 086,86	3 035,44	3 414,87																				
110 663,99 Ost	I,IV	32 031	1 761,70	2 562,48	2 882,79	I	32 031	1 584,36	2 421,60	2 724,30	1 374,68	2 280,64	2 565,72	1 165,12	2 139,76	2 407,23	955,45	1 998,80	2 248,65	745,89	1 857,92	2 090,16	536,21	1 716,96	1 931,58
	II	31 230	1 698,60	2 498,40	2 810,70	II	31 230	1 488,92	2 357,44	2 652,12	1 279,36	2 216,56	2 493,63	1 069,69	2 075,60	2 335,05	860,13	1 934,72	2 176,56	650,57	1 793,84	2 018,07	440,89	1 652,88	1 859,49
	III	23 226	–	1 858,08	2 090,34	III	23 226	–	1 731,04	1 947,42	–	1 607,04	1 807,92	–	1 485,92	1 671,66	–	1 367,84	1 538,82	–	1 252,64	1 409,22	–	1 140,32	1 282,86
	V	37 665	2 071,57	3 013,20	3 389,85	IV	32 031	1 689,20	2 492,08	2 803,59	1 584,36	2 421,60	2 724,30	1 479,52	2 351,12	2 645,01	1 374,68	2 280,64	2 565,72	1 269,96	2 210,24	2 486,52	1 165,12	2 139,76	2 407,23
	VI	38 100	2 095,50	3 048,–	3 429,–																				
110 699,99 West	I,IV	31 889	1 753,89	2 551,12	2 870,01	I	31 889	1 567,34	2 410,16	2 711,43	1 357,79	2 269,28	2 552,94	1 148,11	2 128,32	2 394,36	938,55	1 987,44	2 235,87	728,87	1 846,48	2 077,29	519,31	1 705,60	1 918,80
	II	31 088	1 681,70	2 487,04	2 797,92	II	31 088	1 472,03	2 346,08	2 639,34	1 262,47	2 205,20	2 480,85	1 052,79	2 064,24	2 322,27	843,23	1 923,36	2 163,78	633,55	1 782,40	2 005,20	423,99	1 641,52	1 846,71
	III	23 096	–	1 847,68	2 078,64	III	23 096	–	1 720,96	1 936,08	–	1 597,12	1 796,76	–	1 476,32	1 660,86	–	1 358,40	1 528,20	–	1 243,36	1 398,78	–	1 131,36	1 272,78
	V	37 523	2 063,76	3 001,84	3 377,07	IV	31 889	1 672,18	2 480,64	2 790,72	1 567,34	2 410,16	2 711,43	1 462,62	2 339,76	2 632,23	1 357,79	2 269,28	2 552,94	1 252,95	2 198,80	2 473,65	1 148,11	2 128,32	2 394,36
	VI	37 958	2 087,69	3 036,64	3 416,22																				
110 699,99 Ost	I,IV	32 046	1 762,53	2 563,68	2 884,14	I	32 046	1 586,15	2 422,80	2 725,65	1 376,47	2 281,84	2 567,07	1 166,91	2 140,96	2 408,58	957,23	2 000,–	2 250,–	747,67	1 859,12	2 091,51	538,11	1 718,24	1 933,02
	II	31 245	1 700,39	2 499,60	2 812,05	II	31 245	1 490,83	2 358,72	2 653,56	1 281,15	2 217,76	2 494,98	1 071,59	2 076,88	2 336,49	861,91	1 935,92	2 177,91	652,35	1 795,04	2 019,42	442,68	1 654,08	1 860,84
	III	23 240	–	1 859,20	2 091,60	III	23 240	–	1 732,16	1 948,68	–	1 608,16	1 809,18	–	1 487,04	1 672,92	–	1 368,80	1 539,90	–	1 253,60	1 410,30	–	1 141,28	1 283,94
	V	37 680	2 072,40	3 014,40	3 391,20	IV	32 046	1 690,99	2 493,28	2 804,94	1 586,15	2 422,80	2 725,65	1 481,31	2 352,32	2 646,36	1 376,47	2 281,84	2 567,07	1 271,75	2 211,44	2 487,87	1 166,91	2 140,96	2 408,58
	VI	38 115	2 096,32	3 049,20	3 430,35																				
110 735,99 West	I,IV	31 904	1 754,72	2 552,32	2 871,36	I	31 904	1 569,25	2 411,44	2 712,87	1 359,57	2 270,48	2 554,29	1 150,01	2 129,60	2 395,80	940,33	1 988,64	2 237,22	730,77	1 847,76	2 078,73	521,10	1 706,80	1 920,15
	II	31 103	1 683,49	2 488,24	2 799,27	II	31 103	1 473,81	2 347,28	2 640,69	1 264,25	2 206,40	2 482,20	1 054,57	2 065,44	2 323,62	845,01	1 924,56	2 165,13	635,34	1 783,60	2 006,55	425,78	1 642,72	1 848,06
	III	23 110	–	1 848,80	2 079,90	III	23 110	–	1 721,92	1 937,16	–	1 598,24	1 798,02	–	1 477,28	1 661,94	–	1 359,36	1 529,28	–	1 244,32	1 399,86	–	1 132,32	1 273,86
	V	37 538	2 064,59	3 003,04	3 378,42	IV	31 904	1 673,97	2 481,84	2 792,07	1 569,25	2 411,44	2 712,87	1 464,41	2 340,96	2 633,58	1 359,57	2 270,48	2 554,29	1 254,73	2 200,–	2 475,–	1 150,01	2 129,60	2 395,80
	VI	37 973	2 088,51	3 037,84	3 417,57																				
110 735,99 Ost	I,IV	32 062	1 763,41	2 564,96	2 885,58	I	32 062	1 587,93	2 424,–	2 727,–	1 378,37	2 283,12	2 568,51	1 168,69	2 142,16	2 409,93	959,14	2 001,28	2 251,44	749,46	1 860,32	2 092,86	539,90	1 719,44	1 934,37
	II	31 260	1 702,17	2 500,80	2 813,40	II	31 260	1 492,61	2 359,92	2 654,91	1 282,93	2 218,96	2 496,33	1 073,38	2 078,08	2 337,84	863,70	1 937,12	2 179,26	654,14	1 796,24	2 020,77	444,46	1 655,28	1 862,19
	III	23 254	–	1 860,32	2 092,86	III	23 254	–	1 733,28	1 949,94	–	1 609,12	1 810,26	–	1 488,–	1 674,–	–	1 369,76	1 540,98	–	1 254,56	1 411,38	–	1 142,24	1 285,02
	V	37 695	2 073,22	3 015,60	3 392,55	IV	32 062	1 692,77	2 494,48	2 806,29	1 587,93	2 424,–	2 727,–	1 483,09	2 353,52	2 647,71	1 378,37	2 283,12	2 568,51	1 273,53	2 212,64	2 489,22	1 168,69	2 142,16	2 409,93
	VI	38 130	2 097,15	3 050,40	3 431,70																				

Abzüge an Lohnsteuer, Solidaritätszuschlag (SolZ) und Kirchensteuer (8%, 9%) in den Steuerklassen

* Die ausgewiesenen Tabellenwerte sind amtlich. Siehe Erläuterungen auf der Umschlaginnenseite (U2).

Lohn/ Gehalt bis €*	Abzüge an Lohnsteuer, Solidaritätszuschlag (SolZ) und Kirchensteuer (8%, 9%) in den Steuerklassen I – VI		ohne Kinderfreibeträge			I, II, III, IV		mit Zahl der Kinderfreibeträge . . . 0,5			1			1,5			2			2,5			3		
		LSt	SolZ	8%	9%		LSt	SolZ	8%	9%	SolZ	8%	9%	SolZ	8%	9%	SolZ	8%	9%	SolZ	8%	9%	SolZ	8%	9%
110 771,99 West	I,IV	31 919	1 755,54	2 553,52	2 872,71	I	31 919	1 571,03	2 412,64	2 714,22	1 361,36	2 271,68	2 555,64	1 151,80	2 130,80	2 397,15	942,12	1 989,84	2 238,57	732,56	1 848,96	2 080,08	522,88	1 708,—	1 921,50
	II	31 118	1 685,27	2 489,44	2 800,62	II	31 118	1 475,60	2 348,48	2 642,04	1 266,04	2 207,60	2 483,55	1 056,36	2 066,64	2 324,97	846,80	1 925,76	2 166,48	637,12	1 784,80	2 007,90	427,56	1 643,92	1 849,41
	III	23 124	—	1 849,92	2 081,16	III	23 124	—	1 723,04	1 938,42	—	1 599,20	1 799,10	—	1 478,40	1 663,20	—	1 360,32	1 530,36	—	1 245,28	1 400,94	—	1 133,28	1 274,94
	V	37 553	2 065,41	3 004,24	3 379,77	IV	31 919	1 675,75	2 483,04	2 793,42	1 571,03	2 412,64	2 714,22	1 466,19	2 342,16	2 634,93	1 361,36	2 271,68	2 555,64	1 256,52	2 201,20	2 476,35	1 151,80	2 130,80	2 397,15
	VI	37 988	2 089,34	3 039,04	3 418,92																				
110 771,99 Ost	I,IV	32 077	1 764,23	2 566,16	2 886,93	I	32 077	1 589,72	2 425,20	2 728,35	1 380,16	2 284,32	2 569,86	1 170,48	2 143,36	2 411,28	960,92	2 002,48	2 252,79	751,24	1 861,52	2 094,21	541,68	1 720,64	1 935,72
	II	31 275	1 703,96	2 502,—	2 814,75	II	31 275	1 494,40	2 361,12	2 656,26	1 284,72	2 220,16	2 497,68	1 075,16	2 079,28	2 339,19	865,48	1 938,32	2 180,61	655,92	1 797,44	2 022,12	446,25	1 656,48	1 863,54
	III	23 266	—	1 861,28	2 093,94	III	23 266	—	1 734,24	1 951,02	—	1 610,24	1 811,52	—	1 489,12	1 675,26	—	1 370,88	1 542,24	—	1 255,52	1 412,46	—	1 143,20	1 286,10
	V	37 710	2 074,05	3 016,80	3 393,90	IV	32 077	1 694,56	2 495,68	2 807,64	1 589,72	2 425,20	2 728,35	1 484,88	2 354,72	2 649,06	1 380,16	2 284,32	2 569,86	1 275,32	2 213,84	2 490,57	1 170,48	2 143,36	2 411,28
	VI	38 146	2 098,03	3 051,68	3 433,14																				
110 807,99 West	I,IV	31 934	1 756,37	2 554,72	2 874,06	I	31 934	1 572,82	2 413,84	2 715,57	1 363,14	2 272,88	2 556,99	1 153,58	2 132,—	2 398,50	943,90	1 991,04	2 239,92	734,34	1 850,16	2 081,43	524,67	1 709,20	1 922,85
	II	31 133	1 687,06	2 490,64	2 801,97	II	31 133	1 477,38	2 349,68	2 643,39	1 267,82	2 208,80	2 484,90	1 058,14	2 067,84	2 326,32	848,58	1 926,96	2 167,83	638,91	1 786,—	2 009,25	429,35	1 645,12	1 850,76
	III	23 136	—	1 850,88	2 082,24	III	23 136	—	1 724,16	1 939,68	—	1 600,32	1 800,36	—	1 479,36	1 664,28	—	1 361,44	1 531,62	—	1 246,40	1 402,20	—	1 134,24	1 276,02
	V	37 568	2 066,24	3 005,44	3 381,12	IV	31 934	1 677,66	2 484,32	2 794,86	1 572,82	2 413,84	2 715,57	1 467,98	2 343,36	2 636,28	1 363,14	2 272,88	2 556,99	1 258,42	2 202,48	2 477,79	1 153,58	2 132,—	2 398,50
	VI	38 003	2 090,16	3 040,24	3 420,27																				
110 807,99 Ost	I,IV	32 092	1 765,06	2 567,36	2 888,28	I	32 092	1 591,50	2 426,40	2 729,70	1 381,94	2 285,52	2 571,21	1 172,26	2 144,56	2 412,63	962,71	2 003,68	2 254,14	753,03	1 862,72	2 095,56	543,47	1 721,84	1 937,07
	II	31 290	1 705,74	2 503,20	2 816,10	II	31 290	1 496,18	2 362,32	2 657,61	1 286,50	2 221,36	2 499,03	1 076,95	2 080,48	2 340,54	867,27	1 939,52	2 181,96	657,71	1 798,64	2 023,47	448,15	1 657,76	1 864,98
	III	23 280	—	1 862,40	2 095,20	III	23 280	—	1 735,36	1 952,28	—	1 611,20	1 812,60	—	1 490,08	1 676,34	—	1 371,84	1 543,32	—	1 256,48	1 413,54	—	1 144,16	1 287,18
	V	37 726	2 074,93	3 018,08	3 395,34	IV	32 092	1 696,34	2 496,88	2 808,99	1 591,50	2 426,40	2 729,70	1 486,78	2 356,—	2 650,50	1 381,94	2 285,52	2 571,21	1 277,10	2 215,04	2 491,92	1 172,26	2 144,56	2 412,63
	VI	38 161	2 098,85	3 052,88	3 434,49																				
110 843,99 West	I,IV	31 949	1 757,19	2 555,92	2 875,41	I	31 949	1 574,60	2 415,04	2 716,92	1 364,93	2 274,08	2 558,34	1 155,37	2 133,20	2 399,85	945,69	1 992,24	2 241,27	736,13	1 851,36	2 082,78	526,45	1 710,40	1 924,20
	II	31 148	1 688,84	2 491,84	2 803,32	II	31 148	1 479,28	2 350,96	2 644,83	1 269,61	2 210,—	2 486,25	1 060,05	2 069,12	2 327,76	850,37	1 928,16	2 169,18	640,81	1 787,28	2 010,69	431,13	1 646,32	1 852,11
	III	23 150	—	1 852,—	2 083,50	III	23 150	—	1 725,28	1 940,94	—	1 601,28	1 801,44	—	1 480,32	1 665,36	—	1 362,40	1 532,70	—	1 247,36	1 403,28	—	1 135,20	1 277,10
	V	37 583	2 067,06	3 006,64	3 382,47	IV	31 949	1 679,44	2 485,52	2 796,21	1 574,60	2 415,04	2 716,92	1 469,76	2 344,56	2 637,63	1 364,93	2 274,08	2 558,34	1 260,21	2 203,68	2 479,14	1 155,37	2 133,20	2 399,85
	VI	38 018	2 090,99	3 041,44	3 421,62																				
110 843,99 Ost	I,IV	32 107	1 765,88	2 568,56	2 889,63	I	32 107	1 593,29	2 427,60	2 731,05	1 383,73	2 286,72	2 572,56	1 174,05	2 145,76	2 413,98	964,49	2 004,88	2 255,49	754,81	1 863,92	2 096,91	545,25	1 723,04	1 938,42
	II	31 306	1 707,65	2 504,48	2 817,54	II	31 306	1 497,97	2 363,52	2 658,96	1 288,41	2 222,64	2 500,47	1 078,73	2 081,68	2 341,89	869,17	1 940,80	2 183,40	659,49	1 799,84	2 024,82	449,93	1 658,96	1 866,33
	III	23 294	—	1 863,52	2 096,46	III	23 294	—	1 736,48	1 953,54	—	1 612,32	1 813,86	—	1 491,04	1 677,42	—	1 372,80	1 544,40	—	1 257,44	1 414,62	—	1 145,12	1 288,26
	V	37 741	2 075,75	3 019,28	3 396,69	IV	32 107	1 698,13	2 498,08	2 810,34	1 593,29	2 427,60	2 731,05	1 488,57	2 357,20	2 651,85	1 383,73	2 286,72	2 572,56	1 278,89	2 216,24	2 493,27	1 174,05	2 145,76	2 413,98
	VI	38 176	2 099,68	3 054,08	3 435,84																				
110 879,99 West	I,IV	31 964	1 758,02	2 557,12	2 876,76	I	31 964	1 576,39	2 416,24	2 718,27	1 366,83	2 275,36	2 559,78	1 157,15	2 134,40	2 401,20	947,59	1 993,52	2 242,71	737,91	1 852,56	2 084,13	528,36	1 711,68	1 925,64
	II	31 163	1 690,63	2 493,04	2 804,67	II	31 163	1 481,07	2 352,16	2 646,18	1 271,39	2 211,20	2 487,60	1 061,83	2 070,32	2 329,11	852,15	1 929,36	2 170,53	642,60	1 788,48	2 012,04	432,92	1 647,52	1 853,46
	III	23 164	—	1 853,12	2 084,76	III	23 164	—	1 726,24	1 942,02	—	1 602,40	1 802,70	—	1 481,44	1 666,62	—	1 363,36	1 533,78	—	1 248,32	1 404,36	—	1 136,16	1 278,18
	V	37 598	2 067,89	3 007,84	3 383,82	IV	31 964	1 681,23	2 486,72	2 797,56	1 576,39	2 416,24	2 718,27	1 471,55	2 345,76	2 638,98	1 366,83	2 275,36	2 559,78	1 261,99	2 204,88	2 480,49	1 157,15	2 134,40	2 401,20
	VI	38 033	2 091,81	3 042,64	3 422,97																				
110 879,99 Ost	I,IV	32 122	1 766,71	2 569,76	2 890,98	I	32 122	1 595,19	2 428,88	2 732,49	1 385,51	2 287,92	2 573,91	1 175,95	2 147,04	2 415,42	966,28	2 006,08	2 256,84	756,72	1 865,20	2 098,35	547,04	1 724,24	1 939,77
	II	31 321	1 709,43	2 505,68	2 818,89	II	31 321	1 499,75	2 364,72	2 660,31	1 290,19	2 223,84	2 501,82	1 080,52	2 082,88	2 343,24	870,96	1 942,—	2 184,75	661,28	1 801,04	2 026,17	451,72	1 660,16	1 867,68
	III	23 308	—	1 864,64	2 097,72	III	23 308	—	1 737,60	1 954,80	—	1 613,44	1 815,12	—	1 492,16	1 678,68	—	1 373,76	1 545,48	—	1 258,40	1 415,70	—	1 146,08	1 289,34
	V	37 756	2 076,58	3 020,48	3 398,04	IV	32 122	1 699,91	2 499,28	2 811,69	1 595,19	2 428,88	2 732,49	1 490,35	2 358,40	2 653,20	1 385,51	2 287,92	2 573,91	1 280,67	2 217,44	2 494,62	1 175,95	2 147,04	2 415,42
	VI	38 191	2 100,50	3 055,28	3 437,19																				
110 915,99 West	I,IV	31 980	1 758,90	2 558,40	2 878,20	I	31 980	1 578,17	2 417,44	2 719,62	1 368,61	2 276,56	2 561,13	1 158,94	2 135,60	2 402,55	949,38	1 994,72	2 244,06	739,70	1 853,76	2 085,48	530,14	1 712,88	1 926,99
	II	31 178	1 692,41	2 494,24	2 806,02	II	31 178	1 482,85	2 353,36	2 647,53	1 273,18	2 212,40	2 488,95	1 063,62	2 071,52	2 330,46	853,94	1 930,56	2 171,88	644,38	1 789,68	2 013,39	434,70	1 648,72	1 854,81
	III	23 178	—	1 854,24	2 086,02	III	23 178	—	1 727,36	1 943,28	—	1 603,36	1 803,78	—	1 482,40	1 667,70	—	1 364,32	1 534,86	—	1 249,28	1 405,44	—	1 137,12	1 279,26
	V	37 613	2 068,71	3 009,04	3 385,17	IV	31 980	1 683,01	2 487,92	2 798,91	1 578,17	2 417,44	2 719,62	1 473,33	2 346,96	2 640,33	1 368,61	2 276,56	2 561,13	1 263,78	2 206,08	2 481,84	1 158,94	2 135,60	2 402,55
	VI	38 049	2 092,69	3 043,92	3 424,41																				
110 915,99 Ost	I,IV	32 137	1 767,53	2 570,96	2 892,33	I	32 137	1 596,98	2 430,08	2 733,84	1 387,30	2 289,12	2 575,26	1 177,74	2 148,24	2 416,77	968,06	2 007,28	2 258,19	758,50	1 866,40	2 099,70	548,82	1 725,44	1 941,12
	II	31 336	1 711,22	2 506,88	2 820,24	II	31 336	1 501,54	2 365,92	2 661,66	1 291,98	2 225,04	2 503,17	1 082,30	2 084,08	2 344,59	872,74	1 943,20	2 186,10	663,06	1 802,24	2 027,52	453,50	1 661,36	1 869,03
	III	23 322	—	1 865,76	2 098,98	III	23 322	—	1 738,56	1 955,88	—	1 614,40	1 816,20	—	1 493,12	1 679,76	—	1 374,88	1 546,74	—	1 259,52	1 416,96	—	1 147,04	1 290,42
	V	37 771	2 077,40	3 021,68	3 399,39	IV	32 137	1 701,70	2 500,48	2 813,04	1 596,98	2 430,08	2 733,84	1 492,14	2 359,60	2 654,55	1 387,30	2 289,12	2 575,26	1 282,46	2 218,64	2 495,97	1 177,74	2 148,24	2 416,77
	VI	38 206	2 101,33	3 056,48	3 438,54																				
110 951,99 West	I,IV	31 995	1 759,72	2 559,60	2 879,55	I	31 995	1 579,96	2 418,64	2 720,97	1 370,40	2 277,76	2 562,48	1 160,72	2 136,80	2 403,90	951,16	1 995,92	2 245,41	741,48	1 854,96	2 086,83	531,93	1 714,08	1 928,34
	II	31 193	1 694,20	2 495,44	2 807,37	II	31 193	1 484,64	2 354,56	2 648,88	1 274,96	2 213,60	2 490,30	1 065,40	2 072,72	2 331,81	855,72	1 931,76	2 173,23	646,17	1 790,88	2 014,74	436,49	1 649,92	1 856,16
	III	23 192	—	1 855,36	2 087,28	III	23 192	—	1 728,48	1 944,54	—	1 604,48	1 805,04	—	1 483,52	1 668,96	—	1 365,44	1 536,12	—	1 250,24	1 406,52	—	1 138,08	1 280,34
	V	37 629	2 069,59	3 010,32	3 386,61	IV	31 995	1 684,80	2 489,12	2 800,26	1 579,96	2 418,64	2 720,97	1 475,24	2 348,24	2 641,77	1 370,40	2 277,76	2 562,48	1 265,56	2 207,28	2 483,19	1 160,72	2 136,80	2 403,90
	VI	38 064	2 093,52	3 045,12	3 425,76																				
110 951,99 Ost	I,IV	32 152	1 768,36	2 572,16	2 893,68	I	32 152	1 598,76	2 431,28	2 735,19	1 389,08	2 290,32	2 576,61	1 179,52	2 149,44	2 418,12	969,85	2 008,48	2 259,54	760,29	1 867,60	2 101,05	550,61	1 726,64	1 942,47
	II	31 351	1 713,—	2 508,08	2 821,59	II	31 351	1 503,32	2 367,12	2 663,01	1 293,76	2 226,24	2 504,52	1 084,09	2 085,28	2 345,94	874,53	1 944,40	2 187,45	664,85	1 803,44	2 028,87	455,29	1 662,56	1 870,38
	III	23 336	—	1 866,88	2 100,24	III	23 336	—	1 739,68	1 957,14	—	1 615,52	1 817,46	—	1 494,24	1 681,02	—	1 375,84	1 547,82	—	1 260,48	1 418,04	—	1 148,—	1 291,50
	V	37 786	2 078,23	3 022,88	3 400,74	IV	32 152	1 703,48	2 501,68	2 814,39	1 598,76	2 431,28	2 735,19	1 493,92	2 360,80	2 655,90	1 389,08	2 290,32	2 576,61	1 284,36	2 219,92	2 497,41	1 179,52	2 149,44	2 418,12
	VI	38 221	2 102,15	3 057,68	3 439,89																				
110 987,99 West	I,IV	32 010	1 760,55	2 560,80	2 880,90	I	32 010	1 581,74	2 419,84	2 722,32	1 372,18	2 278,96	2 563,83	1 162,51	2 138,—	2 405,25	952,95	1 997,12	2 246,76	743,27	1 856,16	2 088,18	533,71	1 715,28	1 929,69
	II	31 208	1 695,98	2 496,64	2 808,72	II	31 208	1 486,42	2 355,76	2 650,23	1 276,87	2 214,88	2 491,74	1 067,19	2 073,92	2 333,16	857,63	1 933,04	2 174,67	647,95	1 792,08	2 016,09	438,39	1 651,20	1 857,60
	III	23 206	—	1 856,48	2 088,54	III	23 206	—	1 729,60	1 945,80	—	1 605,60	1 806,30	—	1 484,48	1 670,04	—	1 366,40	1 537,20	—	1 251,20	1 407,60	—	1 139,04	1 281,42
	V	37 644	2 070,42	3 011,52	3 387,96	IV	32 010	1 686,58	2 490,32	2 801,61	1 581,74	2 419,84	2 722,32	1 477,02	2 349,44	2 643,12	1 372,18	2 278,96	2 563,83	1 267,35	2 208,48	2 484,54	1 162,51	2 138,—	2 405,25
	VI	38 079	2 094,34	3 046,32	3 427,11																				
110 987,99 Ost	I,IV	32 167	1 769,18	2 573,36	2 895,03	I	32 167	1 600,55	2 432,48	2 736,54	1 390,87	2 291,52	2 577,96	1 181,31	2 150,64	2 419,47	971,63	2 009,68	2 260,89	762,07	1 868,80	2 102,40	552,39	1 727,84	1 943,82
	II	31 366	1 714,79	2 509,28	2 822,94	II	31 366	1 505,23	2 368,40	2 664,45	1 295,55	2 227,44	2 505,87	1 085,99	2 086,56	2 347,38	876,31	1 945,60	2 188,80	666,75	1 804,72	2 030,31	457,07	1 663,76	1 871,73
	III	23 350	—	1 868,—	2 101,50	III	23 350	—	1 740,80	1 958,40	—	1 616,48	1 818,54	—	1 495,20	1 682,10	—	1 376,80	1 548,90	—	1 261,44	1 419,12	—	1 148,96	1 292,58
	V	37 801	2 079,05	3 024,08	3 402,09	IV	32 167	1 705,38	2 502,96	2 815,83	1 600,55	2 432,48	2 736,54	1 495,71	2 362,—	2 657,25	1 390,87	2 291,52	2 577,96	1 286,15	2 221,12	2 498,76	1 181,31	2 150,64	2 419,47
	VI	38 236	2 102,98	3 058,88	3 441,24																				
111 023,99 West	I,IV	32 025	1 761,37	2 562,—	2 882,25	I	32 025	1 583,53	2 421,04	2 723,67	1 373,97	2 280,16	2 565,18	1 164,41	2 139,28	2 406,69	954,73	1 998,32	2 248,11	745,17	1 857,44	2 089,62	535,50	1 716,48	1 931,04
	II	31 224	1 697,89	2 497,92	2 810,16	II	31 224	1 488,21	2 356,96	2 651,58	1 278,65	2 216,08	2 493,09	1 068,97	2 075,12	2 334,51	859,41	1 934,24	2 176,02	649,74	1 793,28	2 017,44	440,18	1 652,40	1 858,95
	III	23 220	—	1 857,60	2 089,80	III	23 220	—	1 730,56	1 946,88	—	1 606,56	1 807,38	—	1 485,44	1 671,12	—	1 367,36	1 538,28	—	1 252,16	1 408,68	—	1 140,—	1 282,50
	V	37 659	2 071,24	3 012,72	3 389,31	IV	32 025	1 688,37	2 491,52	2 802,96	1 583,53	2 421,04	2 723,67	1 478,81	2 350,64	2 644,47	1 373,97	2 280,16	2 565,18	1 269,13	2 209,68	2 485,89	1 164,41	2 139,28	2 406,69
	VI	38 094	2 095,17	3 047,52	3 428,46																				
111 023,99 Ost	I,IV	32 182	1 770,01	2 574,56	2 896,38	I	32 182	1 602,33	2 433,68	2 737,89	1 392,77	2 292,80	2 579,40	1 183,09	2 151,84	2 420,82	973,53	2 010,96	2 262,33	763,86	1 870,—	2 103,75	554,30	1 729,12	1 945,26
	II	31 381	1 716,57	2 510,48	2 824,29	II	31 381	1 507,01	2 369,60	2 665,80	1 297,33	2 228,64	2 507,22	1 087,77	2 087,76	2 348,73	878,10	1 946,80	2 190,15	668,54	1 805,92	2 031,66	458,86	1 664,96	1 873,08
	III	23 364	—	1 869,12	2 102,76	III	23 364	—	1 741,92	1 959,66	—	1 617,60	1 819,80	—	1 496,32	1 683,36	—	1 377,92	1 550,16	—	1 262,40	1 420,20	—	1 149,92	1 293,66
	V	37 816	2 079,88	3 025,28	3 403,44	IV	32 182	1 707,17	2 504,16	2 817,18	1 602,33	2 433,68	2 737,89	1 497,49	2 363,20	2 658,60	1 392,77	2 292,80	2 579,40	1 287,93	2 222,32	2 500,11	1 183,09	2 151,84	2 420,82
	VI	38 251	2 103,80	3 060,08	3 442,59																				

* Die ausgewiesenen Tabellenwerte sind amtlich. Siehe Erläuterungen auf der Umschlaginnenseite (U2).

JAHR 111 024,–*

Lohn/ Gehalt bis €*		I – VI ohne Kinderfreibeträge LSt	SolZ	8%	9%		I, II, III, IV LSt	0,5 SolZ	0,5 8%	0,5 9%	1 SolZ	1 8%	1 9%	1,5 SolZ	1,5 8%	1,5 9%	2 SolZ	2 8%	2 9%	2,5 SolZ	2,5 8%	2,5 9%	3 SolZ	3 8%	3 9%
111 059,99 West	I,IV	32 040	1 762,20	2 563,20	2 883,60	I	32 040	1 585,43	2 422,32	2 725,11	1 375,75	2 281,36	2 566,53	1 166,20	2 140,48	2 408,04	956,52	1 999,52	2 249,46	746,96	1 858,64	2 090,97	537,28	1 717,68	1 932,39
	II	31 239	1 699,67	2 499,12	2 811,51	II	31 239	1 489,99	2 358,16	2 652,93	1 280,44	2 217,28	2 494,44	1 070,76	2 076,32	2 335,86	861,20	1 935,44	2 177,37	651,52	1 794,48	2 018,79	441,96	1 653,60	1 860,30
	III	23 234	–	1 858,72	2 091,06	III	23 234	–	1 731,68	1 948,14	–	1 607,68	1 808,64	–	1 486,56	1 672,38	–	1 368,32	1 539,36	–	1 253,12	1 409,76	–	1 140,80	1 283,40
	V	37 674	2 072,07	3 013,92	3 390,66	IV	32 040	1 690,15	2 492,72	2 804,31	1 585,43	2 422,32	2 725,11	1 480,59	2 351,84	2 645,82	1 375,75	2 281,36	2 566,53	1 270,92	2 210,88	2 487,24	1 166,20	2 140,48	2 408,04
	VI	38 109	2 095,99	3 048,72	3 429,81																				
111 059,99 Ost	I,IV	32 198	1 770,89	2 575,84	2 897,82	I	32 198	1 604,12	2 434,88	2 739,24	1 394,56	2 294,–	2 580,75	1 184,88	2 153,04	2 422,17	975,32	2 012,16	2 263,68	765,64	1 871,20	2 105,10	556,08	1 730,32	1 946,61
	II	31 396	1 718,36	2 511,68	2 825,64	II	31 396	1 508,80	2 370,80	2 667,15	1 299,12	2 229,84	2 508,57	1 089,56	2 088,96	2 350,08	879,88	1 948,–	2 191,50	670,32	1 807,12	2 033,01	460,64	1 666,16	1 874,43
	III	23 378	–	1 870,24	2 104,02	III	23 378	–	1 742,88	1 960,74	–	1 618,72	1 821,06	–	1 497,28	1 684,44	–	1 378,88	1 551,24	–	1 263,36	1 421,28	–	1 150,88	1 294,74
	V	37 831	2 080,70	3 026,48	3 404,79	IV	32 198	1 708,95	2 505,36	2 818,53	1 604,12	2 434,88	2 739,24	1 499,28	2 364,40	2 659,95	1 394,56	2 294,–	2 580,75	1 289,72	2 223,52	2 501,46	1 184,88	2 153,04	2 422,17
	VI	38 267	2 104,68	3 061,36	3 444,03																				
111 095,99 West	I,IV	32 055	1 763,02	2 564,40	2 884,95	I	32 055	1 587,22	2 423,52	2 726,46	1 377,54	2 282,56	2 567,88	1 167,98	2 141,68	2 409,39	958,30	2 000,72	2 250,81	748,74	1 859,84	2 092,32	539,07	1 718,88	1 933,74
	II	31 254	1 701,46	2 500,32	2 812,86	II	31 254	1 491,78	2 359,36	2 654,28	1 282,22	2 218,48	2 495,79	1 072,54	2 077,52	2 337,21	862,98	1 936,64	2 178,72	653,31	1 795,68	2 020,14	443,75	1 654,80	1 861,65
	III	23 248	–	1 859,84	2 092,32	III	23 248	–	1 732,80	1 949,40	–	1 608,64	1 809,72	–	1 487,52	1 673,46	–	1 369,44	1 540,62	–	1 254,08	1 410,84	–	1 141,76	1 284,48
	V	37 689	2 072,89	3 015,12	3 392,01	IV	32 055	1 691,94	2 493,92	2 805,66	1 587,22	2 423,52	2 726,46	1 482,38	2 353,04	2 647,17	1 377,54	2 282,56	2 567,88	1 272,82	2 212,16	2 488,68	1 167,98	2 141,68	2 409,39
	VI	38 124	2 096,82	3 049,92	3 431,16																				
111 095,99 Ost	I,IV	32 213	1 771,71	2 577,04	2 899,17	I	32 213	1 605,90	2 436,08	2 740,59	1 396,34	2 295,20	2 582,10	1 186,66	2 154,24	2 423,52	977,10	2 013,36	2 265,03	767,43	1 872,40	2 106,45	557,87	1 731,52	1 947,96
	II	31 411	1 720,14	2 512,88	2 826,99	II	31 411	1 510,58	2 372,–	2 668,50	1 300,90	2 231,04	2 509,92	1 091,34	2 090,16	2 351,43	881,67	1 949,20	2 192,85	672,11	1 808,32	2 034,36	462,43	1 667,36	1 875,78
	III	23 392	–	1 871,36	2 105,28	III	23 392	–	1 744,–	1 962,–	–	1 619,68	1 822,14	–	1 498,24	1 685,52	–	1 379,84	1 552,32	–	1 264,32	1 422,36	–	1 151,84	1 295,82
	V	37 847	2 081,58	3 027,76	3 406,23	IV	32 213	1 710,74	2 506,56	2 819,88	1 605,90	2 436,08	2 740,59	1 501,06	2 365,60	2 661,30	1 396,34	2 295,20	2 582,10	1 291,50	2 224,72	2 502,81	1 186,66	2 154,24	2 423,52
	VI	38 282	2 105,51	3 062,56	3 445,38																				
111 131,99 West	I,IV	32 070	1 763,85	2 565,60	2 886,30	I	32 070	1 589,–	2 424,72	2 727,81	1 379,32	2 283,76	2 569,23	1 169,77	2 142,88	2 410,74	960,09	2 001,92	2 252,16	750,53	1 861,04	2 093,67	540,85	1 720,08	1 935,09
	II	31 269	1 703,24	2 501,52	2 814,21	II	31 269	1 493,56	2 360,56	2 655,63	1 284,01	2 219,68	2 497,14	1 074,45	2 078,80	2 338,65	864,77	1 937,84	2 180,07	655,21	1 796,96	2 021,58	445,53	1 656,–	1 863,–
	III	23 260	–	1 860,80	2 093,40	III	23 260	–	1 733,76	1 950,48	–	1 609,76	1 810,98	–	1 488,64	1 674,72	–	1 370,40	1 541,70	–	1 255,04	1 411,92	–	1 142,72	1 285,56
	V	37 704	2 073,72	3 016,32	3 393,36	IV	32 070	1 693,84	2 495,20	2 807,10	1 589,–	2 424,72	2 727,81	1 484,16	2 354,24	2 648,52	1 379,32	2 283,76	2 569,23	1 274,60	2 213,36	2 490,03	1 169,77	2 142,88	2 410,74
	VI	38 139	2 097,64	3 051,12	3 432,51																				
111 131,99 Ost	I,IV	32 228	1 772,54	2 578,24	2 900,52	I	32 228	1 607,69	2 437,28	2 741,94	1 398,13	2 296,40	2 583,45	1 188,45	2 155,44	2 424,87	978,89	2 014,56	2 266,38	769,21	1 873,60	2 107,80	559,65	1 732,72	1 949,31
	II	31 426	1 721,93	2 514,08	2 828,34	II	31 426	1 512,37	2 373,20	2 669,85	1 302,81	2 232,32	2 511,36	1 093,13	2 091,36	2 352,78	883,57	1 950,48	2 194,29	673,89	1 809,52	2 035,71	464,33	1 668,64	1 877,22
	III	23 404	–	1 872,32	2 106,36	III	23 404	–	1 745,12	1 963,26	–	1 620,80	1 823,40	–	1 499,36	1 686,78	–	1 380,80	1 553,40	–	1 265,28	1 423,44	–	1 152,80	1 296,90
	V	37 862	2 082,41	3 028,96	3 407,58	IV	32 228	1 712,52	2 507,76	2 821,23	1 607,69	2 437,28	2 741,94	1 502,97	2 366,88	2 662,74	1 398,13	2 296,40	2 583,45	1 293,29	2 225,92	2 504,16	1 188,45	2 155,44	2 424,87
	VI	38 297	2 106,33	3 063,76	3 446,73																				
111 167,99 West	I,IV	32 085	1 764,67	2 566,80	2 887,65	I	32 085	1 590,79	2 425,92	2 729,16	1 381,11	2 284,96	2 570,58	1 171,55	2 144,08	2 412,09	961,99	2 003,20	2 253,60	752,31	1 862,24	2 095,02	542,75	1 721,36	1 936,53
	II	31 284	1 705,03	2 502,72	2 815,56	II	31 284	1 495,47	2 361,84	2 657,07	1 285,79	2 220,88	2 498,49	1 076,23	2 080,–	2 340,–	866,55	1 939,04	2 181,42	656,99	1 798,16	2 022,93	447,32	1 657,20	1 864,35
	III	23 274	–	1 861,92	2 094,66	III	23 274	–	1 734,88	1 951,74	–	1 610,72	1 812,06	–	1 489,60	1 675,80	–	1 371,36	1 542,78	–	1 256,16	1 413,18	–	1 143,68	1 286,64
	V	37 719	2 074,54	3 017,52	3 394,71	IV	32 085	1 695,63	2 496,40	2 808,45	1 590,79	2 425,92	2 729,16	1 485,95	2 355,44	2 649,87	1 381,11	2 284,96	2 570,58	1 276,39	2 214,56	2 491,38	1 171,55	2 144,08	2 412,09
	VI	38 154	2 098,47	3 052,32	3 433,86																				
111 167,99 Ost	I,IV	32 243	1 773,36	2 579,44	2 901,87	I	32 243	1 609,47	2 438,48	2 743,29	1 399,91	2 297,60	2 584,80	1 190,35	2 156,72	2 426,31	980,67	2 015,76	2 267,73	771,12	1 874,88	2 109,24	561,44	1 733,92	1 950,66
	II	31 442	1 723,83	2 515,36	2 829,78	II	31 442	1 514,15	2 374,40	2 671,20	1 304,59	2 233,52	2 512,71	1 094,91	2 092,56	2 354,13	885,36	1 951,68	2 195,64	675,68	1 810,72	2 037,06	466,12	1 669,84	1 878,57
	III	23 418	–	1 873,44	2 107,62	III	23 418	–	1 746,24	1 964,52	–	1 621,76	1 824,48	–	1 500,32	1 687,86	–	1 381,92	1 554,66	–	1 266,24	1 424,52	–	1 153,60	1 297,80
	V	37 877	2 083,23	3 030,16	3 408,93	IV	32 243	1 714,31	2 508,96	2 822,58	1 609,47	2 438,48	2 743,29	1 504,75	2 368,08	2 664,09	1 399,91	2 297,60	2 584,80	1 295,07	2 227,12	2 505,51	1 190,35	2 156,72	2 426,31
	VI	38 312	2 107,16	3 064,96	3 448,08																				
111 203,99 West	I,IV	32 101	1 765,55	2 568,08	2 889,09	I	32 101	1 592,57	2 427,12	2 730,51	1 383,01	2 286,24	2 572,02	1 173,34	2 145,28	2 413,44	963,78	2 004,40	2 254,95	754,10	1 863,44	2 096,37	544,54	1 722,56	1 937,88
	II	31 299	1 706,81	2 503,92	2 816,91	II	31 299	1 497,25	2 363,04	2 658,42	1 287,58	2 222,08	2 499,84	1 078,02	2 081,20	2 341,35	868,34	1 940,24	2 182,77	658,78	1 799,36	2 024,28	449,10	1 658,40	1 865,70
	III	23 288	–	1 863,04	2 095,92	III	23 288	–	1 736,–	1 953,–	–	1 611,84	1 813,32	–	1 490,72	1 677,06	–	1 372,32	1 543,86	–	1 257,12	1 414,26	–	1 144,64	1 287,72
	V	37 734	2 075,37	3 018,72	3 396,06	IV	32 101	1 697,41	2 497,60	2 809,80	1 592,57	2 427,12	2 730,51	1 487,73	2 356,64	2 651,22	1 383,01	2 286,24	2 572,02	1 278,17	2 215,76	2 492,73	1 173,34	2 145,28	2 413,44
	VI	38 170	2 099,35	3 053,60	3 435,30																				
111 203,99 Ost	I,IV	32 258	1 774,19	2 580,64	2 903,22	I	32 258	1 611,37	2 439,76	2 744,73	1 401,70	2 298,80	2 586,15	1 192,14	2 157,92	2 427,66	982,46	2 016,96	2 269,08	772,90	1 876,08	2 110,59	563,22	1 735,12	1 952,01
	II	31 457	1 725,61	2 516,56	2 831,13	II	31 457	1 515,94	2 375,60	2 672,55	1 306,38	2 234,72	2 514,06	1 096,70	2 093,76	2 355,48	887,14	1 952,88	2 196,99	677,46	1 811,92	2 038,41	467,90	1 671,04	1 879,92
	III	23 432	–	1 874,56	2 108,88	III	23 432	–	1 747,20	1 965,60	–	1 622,88	1 825,74	–	1 501,44	1 689,12	–	1 382,88	1 555,74	–	1 267,36	1 425,78	–	1 154,56	1 298,88
	V	37 892	2 084,06	3 031,36	3 410,28	IV	32 258	1 716,09	2 510,16	2 823,93	1 611,37	2 439,76	2 744,73	1 506,54	2 369,28	2 665,44	1 401,70	2 298,80	2 586,15	1 296,86	2 228,32	2 506,86	1 192,14	2 157,92	2 427,66
	VI	38 327	2 107,98	3 066,16	3 449,43																				
111 239,99 West	I,IV	32 116	1 766,38	2 569,28	2 890,44	I	32 116	1 594,36	2 428,32	2 731,86	1 384,80	2 287,44	2 573,37	1 175,12	2 146,48	2 414,79	965,56	2 005,60	2 256,30	755,88	1 864,64	2 097,72	546,32	1 723,76	1 939,23
	II	31 314	1 708,60	2 505,12	2 818,26	II	31 314	1 499,04	2 364,24	2 659,77	1 289,36	2 223,28	2 501,19	1 079,80	2 082,40	2 342,70	870,12	1 941,44	2 184,12	660,56	1 800,56	2 025,63	450,89	1 659,60	1 867,05
	III	23 302	–	1 864,16	2 097,18	III	23 302	–	1 737,12	1 954,26	–	1 612,96	1 814,58	–	1 491,68	1 678,14	–	1 373,44	1 545,12	–	1 258,08	1 415,34	–	1 145,60	1 288,80
	V	37 750	2 076,25	3 020,–	3 397,50	IV	32 116	1 699,20	2 498,80	2 811,15	1 594,36	2 428,32	2 731,86	1 489,52	2 357,84	2 652,57	1 384,80	2 287,44	2 573,37	1 279,96	2 216,96	2 494,08	1 175,12	2 146,48	2 414,79
	VI	38 185	2 100,17	3 054,80	3 436,65																				
111 239,99 Ost	I,IV	32 273	1 775,01	2 581,84	2 904,57	I	32 273	1 613,16	2 440,96	2 746,08	1 403,48	2 300,–	2 587,50	1 193,92	2 159,12	2 429,01	984,24	2 018,16	2 270,43	774,69	1 877,28	2 111,94	565,01	1 736,32	1 953,36
	II	31 472	1 727,40	2 517,76	2 832,48	II	31 472	1 517,72	2 376,80	2 673,90	1 308,16	2 235,92	2 515,41	1 098,48	2 094,96	2 356,83	888,93	1 954,08	2 198,34	679,25	1 813,12	2 039,76	469,69	1 672,24	1 881,27
	III	23 446	–	1 875,68	2 110,14	III	23 446	–	1 748,32	1 966,86	–	1 623,84	1 826,82	–	1 502,40	1 690,20	–	1 383,84	1 556,82	–	1 268,32	1 426,86	–	1 155,52	1 299,96
	V	37 907	2 084,88	3 032,56	3 411,63	IV	32 273	1 717,88	2 511,36	2 825,28	1 613,16	2 440,96	2 746,08	1 508,32	2 370,48	2 666,79	1 403,48	2 300,–	2 587,50	1 298,64	2 229,52	2 508,21	1 193,92	2 159,12	2 429,01
	VI	38 342	2 108,81	3 067,36	3 450,78																				
111 275,99 West	I,IV	32 131	1 767,20	2 570,48	2 891,79	I	32 131	1 596,14	2 429,52	2 733,21	1 386,58	2 288,64	2 574,72	1 176,91	2 147,68	2 416,14	967,35	2 006,80	2 257,65	757,67	1 865,84	2 099,07	548,11	1 724,96	1 940,58
	II	31 329	1 710,38	2 506,32	2 819,61	II	31 329	1 500,82	2 365,44	2 661,12	1 291,15	2 224,48	2 502,54	1 081,59	2 083,60	2 344,05	872,03	1 942,72	2 185,56	662,35	1 801,76	2 026,98	452,79	1 660,88	1 868,49
	III	23 316	–	1 865,28	2 098,44	III	23 316	–	1 738,08	1 955,34	–	1 613,92	1 815,66	–	1 492,64	1 679,22	–	1 374,40	1 546,20	–	1 259,04	1 416,42	–	1 146,56	1 289,88
	V	37 765	2 077,07	3 021,20	3 398,85	IV	32 131	1 700,98	2 500,–	2 812,50	1 596,14	2 429,52	2 733,21	1 491,42	2 359,12	2 654,01	1 386,58	2 288,64	2 574,72	1 281,74	2 218,16	2 495,43	1 176,91	2 147,68	2 416,14
	VI	38 200	2 101,–	3 056,–	3 438,–																				
111 275,99 Ost	I,IV	32 288	1 775,84	2 583,04	2 905,92	I	32 288	1 614,94	2 442,16	2 747,43	1 405,27	2 301,20	2 588,85	1 195,71	2 160,32	2 430,36	986,03	2 019,36	2 271,78	776,47	1 878,48	2 113,29	566,79	1 737,52	1 954,71
	II	31 487	1 729,18	2 518,96	2 833,83	II	31 487	1 519,51	2 378,–	2 675,25	1 309,95	2 237,12	2 516,76	1 100,39	2 096,24	2 358,27	890,71	1 955,28	2 199,69	681,15	1 814,40	2 041,20	471,47	1 673,44	1 882,62
	III	23 460	–	1 876,80	2 111,40	III	23 460	–	1 749,44	1 968,12	–	1 624,96	1 828,08	–	1 503,52	1 691,46	–	1 384,96	1 558,08	–	1 269,28	1 427,94	–	1 156,48	1 301,04
	V	37 922	2 085,71	3 033,76	3 412,98	IV	32 288	1 719,78	2 512,64	2 826,72	1 614,94	2 442,16	2 747,43	1 510,11	2 371,68	2 668,14	1 405,27	2 301,20	2 588,85	1 300,55	2 230,80	2 509,65	1 195,71	2 160,32	2 430,36
	VI	38 357	2 109,63	3 068,56	3 452,13																				
111 311,99 West	I,IV	32 146	1 768,03	2 571,68	2 893,14	I	32 146	1 597,93	2 430,72	2 734,56	1 388,37	2 289,84	2 576,07	1 178,69	2 148,88	2 417,49	969,13	2 008,–	2 259,–	759,57	1 867,12	2 100,51	549,89	1 726,16	1 941,93
	II	31 345	1 712,29	2 507,60	2 821,05	II	31 345	1 502,61	2 366,64	2 662,47	1 293,05	2 225,76	2 503,98	1 083,37	2 084,80	2 345,40	873,81	1 943,92	2 186,91	664,13	1 802,96	2 028,33	454,58	1 662,08	1 869,84
	III	23 330	–	1 866,40	2 099,70	III	23 330	–	1 739,20	1 956,60	–	1 615,04	1 816,92	–	1 493,76	1 680,48	–	1 375,36	1 547,28	–	1 260,–	1 417,50	–	1 147,52	1 290,96
	V	37 780	2 077,90	3 022,40	3 400,20	IV	32 146	1 702,77	2 501,20	2 813,85	1 597,93	2 430,72	2 734,56	1 493,21	2 360,32	2 655,36	1 388,37	2 289,84	2 576,07	1 283,53	2 219,36	2 496,78	1 178,69	2 148,88	2 417,49
	VI	38 215	2 101,82	3 057,20	3 439,35																				
111 311,99 Ost	I,IV	32 303	1 776,66	2 584,24	2 907,27	I	32 303	1 616,73	2 443,36	2 748,78	1 407,05	2 302,40	2 590,20	1 197,49	2 161,52	2 431,71	987,93	2 020,64	2 273,22	778,26	1 879,68	2 114,64	568,70	1 738,80	1 956,15
	II	31 502	1 730,97	2 520,16	2 835,18	II	31 502	1 521,41	2 379,28	2 676,69	1 311,73	2 238,32	2 518,11	1 102,17	2 097,44	2 359,62	892,50	1 956,48	2 201,04	682,94	1 815,60	2 042,55	473,26	1 674,64	1 883,97
	III	23 474	–	1 877,92	2 112,66	III	23 474	–	1 750,56	1 969,38	–	1 626,08	1 829,34	–	1 504,48	1 692,54	–	1 385,92	1 559,16	–	1 270,24	1 429,02	–	1 157,44	1 302,12
	V	37 937	2 086,53	3 034,96	3 414,33	IV	32 303	1 721,57	2 513,84	2 828,07	1 616,73	2 443,36	2 748,78	1 511,89	2 372,88	2 669,49	1 407,05	2 302,40	2 590,20	1 302,33	2 232,–	2 511,–	1 197,49	2 161,52	2 431,71
	VI	38 372	2 110,46	3 069,76	3 453,48																				

Abzüge an Lohnsteuer, Solidaritätszuschlag (SolZ) und Kirchensteuer (8%, 9%) in den Steuerklassen; mit Zahl der Kinderfreibeträge . . .

* Die ausgewiesenen Tabellenwerte sind amtlich. Siehe Erläuterungen auf der Umschlaginnenseite (U2).

Abzüge an Lohnsteuer, Solidaritätszuschlag (SolZ) und Kirchensteuer (8%, 9%) in den Steuerklassen

Lohn/ Gehalt bis €*	I – VI					I, II, III, IV																			
			ohne Kinderfreibeträge					mit Zahl der Kinderfreibeträge . . . 0,5			1			1,5			2			2,5			3		
		LSt	SolZ	8%	9%		LSt	SolZ	8%	9%	SolZ	8%	9%	SolZ	8%	9%	SolZ	8%	9%	SolZ	8%	9%	SolZ	8%	9%
111 347,99 West	I,IV	32 161	1 768,85	2 572,88	2 894,49	I	32 161	1 599,83	2 432,—	2 736,—	1 390,15	2 291,04	2 577,42	1 180,59	2 150,16	2 418,93	970,92	2 009,20	2 260,35	761,36	1 868,32	2 101,86	551,68	1 727,36	1 943,28
	II	31 360	1 714,07	2 508,80	2 822,40	II	31 360	1 504,39	2 367,84	2 663,82	1 294,83	2 226,96	2 505,33	1 085,16	2 086,—	2 346,75	875,60	1 945,12	2 188,26	665,92	1 804,16	2 029,68	456,36	1 663,28	1 871,19
	III	23 344	—	1 867,52	2 100,96	III	23 344	—	1 740,32	1 957,86	—	1 616,—	1 818,—	—	1 494,72	1 681,56	—	1 376,32	1 548,36	—	1 260,96	1 418,58	—	1 148,48	1 292,04
	V	37 795	2 078,72	3 023,60	3 401,55	IV	32 161	1 704,55	2 502,40	2 815,20	1 599,83	2 432,—	2 736,—	1 494,99	2 361,52	2 656,71	1 390,15	2 291,04	2 577,42	1 285,31	2 220,56	2 498,13	1 180,59	2 150,16	2 418,93
	VI	38 230	2 102,65	3 058,40	3 440,70																				
111 347,99 Ost	I,IV	32 319	1 777,54	2 585,52	2 908,71	I	32 319	1 618,51	2 444,56	2 750,13	1 408,96	2 303,68	2 591,64	1 199,28	2 162,72	2 433,06	989,72	2 021,84	2 274,57	780,04	1 880,88	2 115,99	570,48	1 740,—	1 957,50
	II	31 517	1 732,75	2 521,36	2 836,53	II	31 517	1 523,20	2 380,48	2 678,04	1 313,52	2 239,52	2 519,46	1 103,96	2 098,64	2 360,97	894,28	1 957,68	2 202,39	684,72	1 816,80	2 043,90	475,04	1 675,84	1 885,32
	III	23 488	—	1 879,04	2 113,92	III	23 488	—	1 751,52	1 970,46	—	1 627,04	1 830,42	—	1 505,44	1 693,62	—	1 386,88	1 560,24	—	1 271,20	1 430,10	—	1 158,40	1 303,20
	V	37 952	2 087,36	3 036,16	3 415,68	IV	32 319	1 723,35	2 515,04	2 829,42	1 618,51	2 444,56	2 750,13	1 513,68	2 374,08	2 670,84	1 408,96	2 303,68	2 591,64	1 304,12	2 233,20	2 512,35	1 199,28	2 162,72	2 433,06
	VI	38 388	2 111,34	3 071,04	3 454,92																				
111 383,99 West	I,IV	32 176	1 769,68	2 574,08	2 895,84	I	32 176	1 601,62	2 433,20	2 737,35	1 391,94	2 292,24	2 578,77	1 182,38	2 151,36	2 420,28	972,70	2 010,40	2 261,70	763,14	1 869,52	2 103,21	553,46	1 728,56	1 944,63
	II	31 375	1 715,86	2 510,—	2 823,75	II	31 375	1 506,18	2 369,04	2 665,17	1 296,62	2 228,16	2 506,68	1 086,94	2 087,20	2 348,10	877,38	1 946,32	2 189,61	667,70	1 805,36	2 031,03	458,15	1 664,48	1 872,54
	III	23 358	—	1 868,64	2 102,22	III	23 358	—	1 741,44	1 959,12	—	1 617,12	1 819,26	—	1 495,84	1 682,82	—	1 377,44	1 549,62	—	1 261,92	1 419,66	—	1 149,44	1 293,12
	V	37 810	2 079,55	3 024,80	3 402,90	IV	32 176	1 706,34	2 503,60	2 816,55	1 601,62	2 433,20	2 737,35	1 496,78	2 362,72	2 658,06	1 391,94	2 292,24	2 578,77	1 287,10	2 221,76	2 499,48	1 182,38	2 151,36	2 420,28
	VI	38 245	2 103,47	3 059,60	3 442,05																				
111 383,99 Ost	I,IV	32 334	1 778,37	2 586,72	2 910,06	I	32 334	1 620,30	2 445,76	2 751,48	1 410,74	2 304,88	2 592,99	1 201,06	2 163,92	2 434,41	991,50	2 023,04	2 275,92	781,83	1 882,08	2 117,34	572,27	1 741,20	1 958,85
	II	31 532	1 734,26	2 522,56	2 837,88	II	31 532	1 524,98	2 381,68	2 679,39	1 315,30	2 240,72	2 520,81	1 105,74	2 099,84	2 362,32	896,07	1 958,88	2 203,74	686,51	1 818,—	2 045,25	476,83	1 677,04	1 886,67
	III	23 502	—	1 880,16	2 115,18	III	23 502	—	1 752,64	1 971,72	—	1 628,16	1 831,68	—	1 506,56	1 694,88	—	1 387,84	1 561,32	—	1 272,16	1 431,18	—	1 159,36	1 304,28
	V	37 968	2 088,24	3 037,44	3 417,12	IV	32 334	1 725,14	2 516,24	2 830,77	1 620,30	2 445,76	2 751,48	1 515,46	2 375,28	2 672,19	1 410,74	2 304,88	2 592,99	1 305,90	2 234,40	2 513,70	1 201,06	2 163,92	2 434,41
	VI	38 403	2 112,16	3 072,24	3 456,27																				
111 419,99 West	I,IV	32 191	1 770,50	2 575,28	2 897,19	I	32 191	1 603,40	2 434,40	2 738,70	1 393,72	2 293,44	2 580,12	1 184,16	2 152,56	2 421,63	974,49	2 011,60	2 263,05	764,93	1 870,72	2 104,56	555,25	1 729,76	1 945,98
	II	31 390	1 717,64	2 511,20	2 825,10	II	31 390	1 507,96	2 370,24	2 666,52	1 298,40	2 229,36	2 508,03	1 088,73	2 088,40	2 349,45	879,17	1 947,52	2 190,96	669,61	1 806,64	2 032,47	459,93	1 665,68	1 873,89
	III	23 372	—	1 869,76	2 103,48	III	23 372	—	1 742,40	1 960,20	—	1 618,24	1 820,52	—	1 496,80	1 683,90	—	1 378,40	1 550,70	—	1 262,88	1 420,74	—	1 150,40	1 294,20
	V	37 825	2 080,37	3 026,—	3 404,25	IV	32 191	1 708,24	2 504,88	2 817,99	1 603,40	2 434,40	2 738,70	1 498,56	2 363,92	2 659,41	1 393,72	2 293,44	2 580,12	1 289,—	2 223,04	2 500,92	1 184,16	2 152,56	2 421,63
	VI	38 260	2 104,30	3 060,80	3 443,40																				
111 419,99 Ost	I,IV	32 349	1 779,19	2 587,92	2 911,41	I	32 349	1 622,08	2 446,96	2 752,83	1 412,53	2 306,08	2 594,34	1 202,85	2 165,12	2 435,76	993,29	2 024,24	2 277,27	783,61	1 883,28	2 118,69	574,05	1 742,40	1 960,20
	II	31 547	1 735,08	2 523,76	2 839,23	II	31 547	1 526,77	2 382,88	2 680,74	1 317,09	2 241,92	2 522,16	1 107,53	2 101,04	2 363,67	897,97	1 960,16	2 205,18	688,29	1 819,20	2 046,60	478,73	1 678,32	1 888,11
	III	23 516	—	1 881,28	2 116,44	III	23 516	—	1 753,76	1 972,98	—	1 629,12	1 832,76	—	1 507,52	1 695,96	—	1 388,96	1 562,58	—	1 273,12	1 432,26	—	1 160,32	1 305,36
	V	37 983	2 089,06	3 038,64	3 418,47	IV	32 349	1 726,92	2 517,44	2 832,12	1 622,08	2 446,96	2 752,83	1 517,36	2 376,56	2 673,63	1 412,53	2 306,08	2 594,34	1 307,69	2 235,60	2 515,05	1 202,85	2 165,12	2 435,76
	VI	38 418	2 112,99	3 073,44	3 457,62																				
111 455,99 West	I,IV	32 206	1 771,33	2 576,48	2 898,54	I	32 206	1 605,19	2 435,60	2 740,05	1 395,51	2 294,64	2 581,47	1 185,95	2 153,76	2 422,98	976,27	2 012,80	2 264,40	766,71	1 871,92	2 105,91	557,15	1 731,04	1 947,42
	II	31 405	1 719,43	2 512,40	2 826,45	II	31 405	1 509,87	2 371,52	2 667,96	1 300,19	2 230,56	2 509,38	1 090,63	2 089,68	2 350,89	880,95	1 948,72	2 192,31	671,39	1 807,84	2 033,82	461,72	1 666,88	1 875,24
	III	23 386	—	1 870,88	2 104,74	III	23 386	—	1 743,52	1 961,46	—	1 619,20	1 821,60	—	1 497,92	1 685,16	—	1 379,36	1 551,78	—	1 263,84	1 421,82	—	1 151,36	1 295,28
	V	37 840	2 081,20	3 027,20	3 405,60	IV	32 206	1 710,03	2 506,08	2 819,34	1 605,19	2 435,60	2 740,05	1 500,35	2 365,12	2 660,76	1 395,51	2 294,64	2 581,47	1 290,79	2 224,24	2 502,27	1 185,95	2 153,76	2 422,98
	VI	38 275	2 105,12	3 062,—	3 444,75																				
111 455,99 Ost	I,IV	32 364	1 780,02	2 589,12	2 912,76	I	32 364	1 623,87	2 448,16	2 754,18	1 414,31	2 307,28	2 595,69	1 204,63	2 166,32	2 437,11	995,07	2 025,44	2 278,62	785,51	1 884,56	2 120,13	575,84	1 743,60	1 961,55
	II	31 563	1 735,96	2 525,04	2 840,67	II	31 563	1 528,55	2 384,08	2 682,09	1 318,99	2 243,20	2 523,60	1 109,31	2 102,24	2 365,02	899,75	1 961,36	2 206,53	690,08	1 820,40	2 047,95	480,52	1 679,52	1 889,46
	III	23 530	—	1 882,40	2 117,70	III	23 530	—	1 754,88	1 974,24	—	1 630,24	1 834,02	—	1 508,64	1 697,22	—	1 389,92	1 563,66	—	1 274,08	1 433,34	—	1 161,28	1 306,44
	V	37 998	2 089,89	3 039,84	3 419,82	IV	32 364	1 728,71	2 518,64	2 833,47	1 623,87	2 448,16	2 754,18	1 519,15	2 377,76	2 674,98	1 414,31	2 307,28	2 595,69	1 309,47	2 236,80	2 516,40	1 204,63	2 166,32	2 437,11
	VI	38 433	2 113,81	3 074,64	3 458,97																				
111 491,99 West	I,IV	32 222	1 772,21	2 577,76	2 899,98	I	32 222	1 606,97	2 436,80	2 741,40	1 397,41	2 295,92	2 582,91	1 187,73	2 154,96	2 424,33	978,18	2 014,08	2 265,84	768,50	1 873,12	2 107,26	558,94	1 732,24	1 948,77
	II	31 420	1 721,21	2 513,60	2 827,80	II	31 420	1 511,65	2 372,72	2 669,31	1 301,97	2 231,76	2 510,73	1 092,42	2 090,88	2 352,24	882,74	1 949,92	2 193,66	673,18	1 809,04	2 035,17	463,50	1 668,08	1 876,59
	III	23 398	—	1 871,84	2 105,82	III	23 398	—	1 744,64	1 962,72	—	1 620,32	1 822,86	—	1 498,88	1 686,24	—	1 380,48	1 553,04	—	1 264,96	1 423,08	—	1 152,32	1 296,36
	V	37 855	2 082,02	3 028,40	3 406,95	IV	32 222	1 711,81	2 507,28	2 820,69	1 606,97	2 436,80	2 741,40	1 502,13	2 366,32	2 662,11	1 397,41	2 295,92	2 582,91	1 292,57	2 225,44	2 503,62	1 187,73	2 154,96	2 424,33
	VI	38 291	2 106,—	3 063,28	3 446,19																				
111 491,99 Ost	I,IV	32 379	1 780,84	2 590,32	2 914,11	I	32 379	1 625,77	2 449,44	2 755,62	1 416,10	2 308,48	2 597,04	1 206,54	2 167,60	2 438,55	996,86	2 026,64	2 279,97	787,30	1 885,76	2 121,48	577,62	1 744,80	1 962,90
	II	31 578	1 736,79	2 526,24	2 842,02	II	31 578	1 530,34	2 385,28	2 683,44	1 320,78	2 244,40	2 524,95	1 111,10	2 103,44	2 366,37	901,54	1 962,56	2 207,88	691,86	1 821,60	2 049,30	482,30	1 680,72	1 890,81
	III	23 544	—	1 883,52	2 118,96	III	23 544	—	1 755,84	1 975,32	—	1 631,36	1 835,28	—	1 509,60	1 698,30	—	1 390,88	1 564,74	—	1 275,20	1 434,60	—	1 162,24	1 307,52
	V	38 013	2 090,71	3 041,04	3 421,17	IV	32 379	1 730,49	2 519,84	2 834,82	1 625,77	2 449,44	2 755,62	1 520,93	2 378,96	2 676,33	1 416,10	2 308,48	2 597,04	1 311,26	2 238,—	2 517,75	1 206,54	2 167,60	2 438,55
	VI	38 448	2 114,64	3 075,84	3 460,32																				
111 527,99 West	I,IV	32 237	1 773,03	2 578,96	2 901,33	I	32 237	1 608,76	2 438,—	2 742,75	1 399,20	2 297,12	2 584,26	1 189,52	2 156,16	2 425,68	979,96	2 015,28	2 267,19	770,28	1 874,32	2 108,61	560,72	1 733,44	1 950,12
	II	31 435	1 723,—	2 514,80	2 829,15	II	31 435	1 513,44	2 373,92	2 670,66	1 303,76	2 232,96	2 512,08	1 094,20	2 092,08	2 353,59	884,52	1 951,12	2 195,01	674,96	1 810,24	2 036,52	465,29	1 669,28	1 877,94
	III	23 412	—	1 872,96	2 107,08	III	23 412	—	1 745,76	1 963,98	—	1 621,28	1 823,94	—	1 499,84	1 687,32	—	1 381,44	1 554,12	—	1 265,92	1 424,16	—	1 153,28	1 297,44
	V	37 871	2 082,90	3 029,68	3 408,39	IV	32 237	1 713,60	2 508,48	2 822,04	1 608,76	2 438,—	2 742,75	1 503,92	2 367,52	2 663,46	1 399,20	2 297,12	2 584,26	1 294,36	2 226,64	2 504,97	1 189,52	2 156,16	2 425,68
	VI	38 306	2 106,83	3 064,48	3 447,54																				
111 527,99 Ost	I,IV	32 394	1 781,67	2 591,52	2 915,46	I	32 394	1 627,56	2 450,64	2 756,97	1 417,88	2 309,68	2 598,39	1 208,32	2 168,80	2 439,90	998,64	2 027,84	2 281,32	789,08	1 886,96	2 122,83	579,41	1 746,—	1 964,25
	II	31 593	1 737,61	2 527,44	2 843,37	II	31 593	1 532,12	2 386,48	2 684,79	1 322,56	2 245,60	2 526,30	1 112,88	2 104,64	2 367,72	903,32	1 963,76	2 209,23	693,65	1 822,80	2 050,65	484,09	1 681,92	1 892,16
	III	23 558	—	1 884,64	2 120,22	III	23 558	—	1 756,96	1 976,58	—	1 632,32	1 836,36	—	1 510,72	1 699,56	—	1 392,—	1 566,—	—	1 276,16	1 435,68	—	1 163,20	1 308,60
	V	38 028	2 091,54	3 042,24	3 422,52	IV	32 394	1 732,28	2 521,04	2 836,17	1 627,56	2 450,64	2 756,97	1 522,72	2 380,16	2 677,68	1 417,88	2 309,68	2 598,39	1 313,04	2 239,20	2 519,10	1 208,32	2 168,80	2 439,90
	VI	38 463	2 115,46	3 077,04	3 461,67																				
111 563,99 West	I,IV	32 252	1 773,86	2 580,16	2 902,68	I	32 252	1 610,54	2 439,20	2 744,10	1 400,98	2 298,32	2 585,61	1 191,30	2 157,36	2 427,03	981,75	2 016,48	2 268,54	772,07	1 875,52	2 109,96	562,51	1 734,64	1 951,47
	II	31 450	1 724,78	2 516,—	2 830,50	II	31 450	1 515,22	2 375,12	2 672,01	1 305,54	2 234,16	2 513,43	1 095,99	2 093,28	2 354,94	886,31	1 952,32	2 196,36	676,75	1 811,44	2 037,87	467,19	1 670,56	1 879,38
	III	23 426	—	1 874,08	2 108,34	III	23 426	—	1 746,72	1 965,06	—	1 622,40	1 825,20	—	1 500,96	1 688,58	—	1 382,40	1 555,20	—	1 266,88	1 425,24	—	1 154,24	1 298,52
	V	37 886	2 083,73	3 030,88	3 409,74	IV	32 252	1 715,38	2 509,68	2 823,39	1 610,54	2 439,20	2 744,10	1 505,82	2 368,80	2 664,90	1 400,98	2 298,32	2 585,61	1 296,14	2 227,84	2 506,32	1 191,30	2 157,36	2 427,03
	VI	38 321	2 107,65	3 065,68	3 448,89																				
111 563,99 Ost	I,IV	32 409	1 782,49	2 592,72	2 916,81	I	32 409	1 629,34	2 451,84	2 758,32	1 419,67	2 310,88	2 599,74	1 210,11	2 170,—	2 441,25	1 000,43	2 029,04	2 282,67	790,87	1 888,16	2 124,18	581,19	1 747,20	1 965,60
	II	31 608	1 738,44	2 528,64	2 844,72	II	31 608	1 533,91	2 387,68	2 686,14	1 324,35	2 246,80	2 527,65	1 114,67	2 105,84	2 369,07	905,11	1 964,96	2 210,58	695,55	1 824,08	2 052,09	485,87	1 683,12	1 893,51
	III	23 570	—	1 885,60	2 121,30	III	23 570	—	1 758,08	1 977,84	—	1 633,44	1 837,62	—	1 511,68	1 700,64	—	1 392,96	1 567,08	—	1 277,12	1 436,76	—	1 164,16	1 309,68
	V	38 043	2 092,36	3 043,44	3 423,87	IV	32 409	1 734,09	2 522,32	2 837,61	1 629,34	2 451,84	2 758,32	1 524,50	2 381,36	2 679,03	1 419,67	2 310,88	2 599,74	1 314,95	2 240,48	2 520,54	1 210,11	2 170,—	2 441,25
	VI	38 478	2 116,29	3 078,24	3 463,02																				
111 599,99 West	I,IV	32 267	1 774,68	2 581,36	2 904,03	I	32 267	1 612,33	2 440,40	2 745,45	1 402,77	2 299,52	2 586,96	1 193,09	2 158,56	2 428,38	983,53	2 017,68	2 269,89	773,85	1 876,72	2 111,31	564,29	1 735,84	1 952,82
	II	31 466	1 726,69	2 517,28	2 831,94	II	31 466	1 517,01	2 376,32	2 673,36	1 307,45	2 235,44	2 514,87	1 097,77	2 094,48	2 356,29	888,21	1 953,60	2 197,80	678,53	1 812,64	2 039,22	468,97	1 671,76	1 880,73
	III	23 440	—	1 875,20	2 109,60	III	23 440	—	1 747,84	1 966,32	—	1 623,52	1 826,46	—	1 501,92	1 689,66	—	1 383,36	1 556,28	—	1 267,84	1 426,32	—	1 155,20	1 299,60
	V	37 901	2 084,55	3 032,08	3 411,09	IV	32 267	1 717,17	2 510,88	2 824,74	1 612,33	2 440,40	2 745,45	1 507,61	2 370,—	2 666,25	1 402,77	2 299,52	2 586,96	1 297,93	2 229,04	2 507,67	1 193,09	2 158,56	2 428,38
	VI	38 336	2 108,48	3 066,88	3 450,24																				
111 599,99 Ost	I,IV	32 424	1 783,32	2 593,92	2 918,16	I	32 424	1 631,13	2 453,04	2 759,67	1 421,45	2 312,08	2 601,09	1 211,89	2 171,20	2 442,60	1 002,21	2 030,24	2 284,02	792,65	1 889,36	2 125,53	583,10	1 748,48	1 967,04
	II	31 623	1 739,26	2 529,84	2 846,07	II	31 623	1 535,81	2 388,96	2 687,58	1 326,13	2 248,—	2 529,—	1 116,57	2 107,12	2 370,51	906,89	1 966,16	2 211,93	697,34	1 825,28	2 053,44	487,66	1 684,32	1 894,86
	III	23 584	—	1 886,72	2 122,56	III	23 584	—	1 759,20	1 979,10	—	1 634,56	1 838,88	—	1 512,80	1 701,90	—	1 393,92	1 568,16	—	1 278,08	1 437,84	—	1 165,12	1 310,76
	V	38 058	2 093,19	3 044,64	3 425,22	IV	32 424	1 734,92	2 523,52	2 838,96	1 631,13	2 453,04	2 759,67	1 526,29	2 382,56	2 680,38	1 421,45	2 312,08	2 601,09	1 316,73	2 241,68	2 521,89	1 211,89	2 171,20	2 442,60
	VI	38 493	2 117,11	3 079,44	3 464,37																				

* Die ausgewiesenen Tabellenwerte sind amtlich. Siehe Erläuterungen auf der Umschlaginnenseite (U2).

JAHR 111 600,–*

Abzüge an Lohnsteuer, Solidaritätszuschlag (SolZ) und Kirchensteuer (8%, 9%) in den Steuerklassen

Lohn/ Gehalt bis €*	I – VI		ohne Kinderfreibeträge			I, II, III, IV		mit Zahl der Kinderfreibeträge . . . 0,5			1			1,5			2			2,5			3		
		LSt	SolZ	8%	9%		LSt	SolZ	8%	9%	SolZ	8%	9%	SolZ	8%	9%	SolZ	8%	9%	SolZ	8%	9%	SolZ	8%	9%
111 635,99 West	I,IV	32 282	1 775,51	2 582,56	2 905,38	I	32 282	1 614,23	2 441,68	2 746,89	1 404,55	2 300,72	2 588,31	1 194,99	2 159,84	2 429,82	985,32	2 018,88	2 271,24	775,76	1 878,—	2 112,75	566,08	1 737,04	1 954,17
	II	31 481	1 728,47	2 518,48	2 833,29	II	31 481	1 518,79	2 377,52	2 674,71	1 309,23	2 236,64	2 516,22	1 099,56	2 095,68	2 357,64	890,—	1 954,80	2 199,15	680,32	1 813,84	2 040,57	470,76	1 672,96	1 882,08
	III	23 454	—	1 876,32	2 110,86	III	23 454	—	1 748,96	1 967,58	—	1 624,48	1 827,54	—	1 503,04	1 690,92	—	1 384,48	1 557,54	—	1 268,80	1 427,40	—	1 156,16	1 300,68
	V	37 916	2 085,38	3 033,28	3 412,44	IV	32 282	1 718,95	2 512,08	2 826,09	1 614,23	2 441,68	2 746,89	1 509,39	2 371,20	2 667,60	1 404,55	2 300,72	2 588,31	1 299,71	2 230,24	2 509,02	1 194,99	2 159,84	2 429,82
	VI	38 351	2 109,30	3 068,08	3 451,59																				
111 635,99 Ost	I,IV	32 440	1 784,20	2 595,20	2 919,60	I	32 440	1 632,91	2 454,24	2 761,02	1 423,35	2 313,36	2 602,53	1 213,68	2 172,40	2 443,95	1 004,12	2 031,52	2 285,46	794,44	1 890,56	2 126,88	584,88	1 749,68	1 968,39
	II	31 638	1 740,09	2 531,04	2 847,42	II	31 638	1 537,59	2 390,16	2 688,93	1 327,92	2 249,20	2 530,35	1 118,36	2 108,32	2 371,86	908,68	1 967,36	2 213,28	699,12	1 826,48	2 054,79	489,44	1 685,52	1 896,21
	III	23 598	—	1 887,84	2 123,82	III	23 598	—	1 760,32	1 980,36	—	1 635,52	1 839,96	—	1 513,76	1 702,98	—	1 394,88	1 569,24	—	1 279,04	1 438,92	—	1 166,08	1 311,84
	V	38 073	2 094,01	3 045,84	3 426,57	IV	32 440	1 735,74	2 524,72	2 840,31	1 632,91	2 454,24	2 761,02	1 528,07	2 383,76	2 681,73	1 423,35	2 313,36	2 602,53	1 318,52	2 242,88	2 523,24	1 213,68	2 172,40	2 443,95
	VI	38 508	2 117,94	3 080,64	3 465,72																				
111 671,99 West	I,IV	32 297	1 776,33	2 583,76	2 906,73	I	32 297	1 616,02	2 442,88	2 748,24	1 406,34	2 301,92	2 589,66	1 196,78	2 161,04	2 431,17	987,10	2 020,08	2 272,59	777,54	1 879,20	2 114,10	567,86	1 738,24	1 955,52
	II	31 496	1 730,26	2 519,68	2 834,64	II	31 496	1 520,58	2 378,72	2 676,06	1 311,02	2 237,84	2 517,57	1 101,34	2 096,88	2 358,99	891,78	1 956,—	2 200,50	682,10	1 815,04	2 041,92	472,54	1 674,16	1 883,43
	III	23 468	—	1 877,44	2 112,12	III	23 468	—	1 750,08	1 968,84	—	1 625,60	1 828,80	—	1 504,—	1 692,—	—	1 385,44	1 558,62	—	1 269,76	1 428,48	—	1 157,12	1 301,76
	V	37 931	2 086,20	3 034,48	3 413,79	IV	32 297	1 720,74	2 513,28	2 827,44	1 616,02	2 442,88	2 748,24	1 511,18	2 372,40	2 668,95	1 406,34	2 301,92	2 589,66	1 301,50	2 231,44	2 510,37	1 196,78	2 161,04	2 431,17
	VI	38 366	2 110,13	3 069,28	3 452,94																				
111 671,99 Ost	I,IV	32 455	1 785,02	2 596,40	2 920,95	I	32 455	1 634,70	2 455,44	2 762,37	1 425,14	2 314,56	2 603,88	1 215,46	2 173,60	2 445,30	1 005,90	2 032,72	2 286,81	796,22	1 891,76	2 128,23	586,67	1 750,88	1 969,74
	II	31 653	1 740,91	2 532,24	2 848,77	II	31 653	1 539,38	2 391,36	2 690,28	1 329,70	2 250,40	2 531,70	1 120,14	2 109,52	2 373,21	910,46	1 968,56	2 214,63	700,91	1 827,68	2 056,14	491,23	1 686,72	1 897,56
	III	23 612	—	1 888,96	2 125,08	III	23 612	—	1 761,28	1 981,44	—	1 636,64	1 841,22	—	1 514,88	1 704,24	—	1 396,—	1 570,50	—	1 280,—	1 440,—	—	1 167,04	1 312,92
	V	38 088	2 094,84	3 047,04	3 427,92	IV	32 455	1 736,57	2 525,92	2 841,66	1 634,70	2 455,44	2 762,37	1 529,86	2 384,96	2 683,08	1 425,14	2 314,56	2 603,88	1 320,30	2 244,08	2 524,59	1 215,46	2 173,60	2 445,30
	VI	38 524	2 118,82	3 081,92	3 467,16																				
111 707,99 West	I,IV	32 312	1 777,16	2 584,96	2 908,08	I	32 312	1 617,80	2 444,08	2 749,59	1 408,12	2 303,12	2 591,01	1 198,56	2 162,24	2 432,52	988,89	2 021,28	2 273,94	779,33	1 880,40	2 115,45	569,65	1 739,44	1 956,87
	II	31 511	1 732,04	2 520,88	2 835,99	II	31 511	1 522,36	2 379,92	2 677,41	1 312,80	2 239,04	2 518,92	1 103,13	2 098,08	2 360,34	893,57	1 957,20	2 201,85	683,89	1 816,24	2 043,27	474,33	1 675,36	1 884,78
	III	23 482	—	1 878,56	2 113,38	III	23 482	—	1 751,04	1 969,92	—	1 626,56	1 829,88	—	1 505,12	1 693,26	—	1 386,40	1 559,70	—	1 270,72	1 429,56	—	1 158,08	1 302,84
	V	37 946	2 087,03	3 035,68	3 415,14	IV	32 312	1 722,64	2 514,56	2 828,88	1 617,80	2 444,08	2 749,59	1 512,96	2 373,60	2 670,30	1 408,12	2 303,12	2 591,01	1 303,40	2 232,72	2 511,81	1 198,56	2 162,24	2 432,52
	VI	38 381	2 110,95	3 070,48	3 454,29																				
111 707,99 Ost	I,IV	32 470	1 785,85	2 597,60	2 922,30	I	32 470	1 636,48	2 456,64	2 763,72	1 426,92	2 315,76	2 605,23	1 217,25	2 174,80	2 446,65	1 007,69	2 033,92	2 288,16	798,01	1 892,96	2 129,58	588,45	1 752,08	1 971,09
	II	31 668	1 741,74	2 533,44	2 850,12	II	31 668	1 541,16	2 392,56	2 691,63	1 331,49	2 251,60	2 533,05	1 121,93	2 110,72	2 374,56	912,25	1 969,76	2 215,98	702,69	1 828,88	2 057,49	493,13	1 688,—	1 899,—
	III	23 626	—	1 890,08	2 126,34	III	23 626	—	1 762,40	1 982,70	—	1 637,60	1 842,30	—	1 515,84	1 705,32	—	1 396,96	1 571,58	—	1 280,96	1 441,08	—	1 168,—	1 314,—
	V	38 104	2 095,72	3 048,32	3 429,36	IV	32 470	1 737,39	2 527,12	2 843,01	1 636,48	2 456,64	2 763,72	1 531,76	2 386,24	2 684,52	1 426,92	2 315,76	2 605,23	1 322,09	2 245,28	2 525,94	1 217,25	2 174,80	2 446,65
	VI	38 539	2 119,64	3 083,12	3 468,51																				
111 743,99 West	I,IV	32 327	1 777,98	2 586,16	2 909,43	I	32 327	1 619,59	2 445,28	2 750,94	1 409,91	2 304,32	2 592,36	1 200,35	2 163,44	2 433,87	990,67	2 022,48	2 275,29	781,11	1 881,60	2 116,80	571,43	1 740,64	1 958,22
	II	31 526	1 733,83	2 522,08	2 837,34	II	31 526	1 524,27	2 381,20	2 678,85	1 314,59	2 240,24	2 520,27	1 105,03	2 099,36	2 361,78	895,35	1 958,40	2 203,20	685,79	1 817,52	2 044,71	476,11	1 676,56	1 886,13
	III	23 496	—	1 879,68	2 114,64	III	23 496	—	1 752,16	1 971,18	—	1 627,68	1 831,14	—	1 506,08	1 694,34	—	1 387,52	1 560,96	—	1 271,68	1 430,64	—	1 159,04	1 303,92
	V	37 961	2 087,85	3 036,88	3 416,49	IV	32 327	1 724,42	2 515,76	2 830,23	1 619,59	2 445,28	2 750,94	1 514,75	2 374,80	2 671,65	1 409,91	2 304,32	2 592,36	1 305,19	2 233,92	2 513,16	1 200,35	2 163,44	2 433,87
	VI	38 396	2 111,78	3 071,68	3 455,64																				
111 743,99 Ost	I,IV	32 485	1 786,67	2 598,80	2 923,65	I	32 485	1 638,27	2 457,84	2 765,07	1 428,71	2 316,96	2 606,58	1 219,03	2 176,—	2 448,—	1 009,47	2 035,12	2 289,51	799,79	1 894,16	2 130,93	590,24	1 753,28	1 972,44
	II	31 684	1 742,62	2 534,72	2 851,56	II	31 684	1 542,95	2 393,76	2 692,98	1 333,39	2 252,88	2 534,49	1 123,71	2 111,92	2 375,91	914,15	1 971,04	2 217,42	704,48	1 830,08	2 058,84	494,92	1 689,20	1 900,35
	III	23 640	—	1 891,20	2 127,60	III	23 640	—	1 763,52	1 983,96	—	1 638,72	1 843,56	—	1 516,80	1 706,40	—	1 397,92	1 572,66	—	1 282,08	1 442,34	—	1 168,96	1 315,08
	V	38 119	2 096,54	3 049,52	3 430,71	IV	32 485	1 738,22	2 528,32	2 844,36	1 638,27	2 457,84	2 765,07	1 533,55	2 387,44	2 685,87	1 428,71	2 316,96	2 606,58	1 323,87	2 246,48	2 527,29	1 219,03	2 176,—	2 448,—
	VI	38 554	2 120,47	3 084,32	3 469,86																				
111 779,99 West	I,IV	32 342	1 778,81	2 587,36	2 910,78	I	32 342	1 621,37	2 446,48	2 752,29	1 411,81	2 305,60	2 593,80	1 202,13	2 164,64	2 435,22	992,57	2 023,76	2 276,73	782,90	1 882,80	2 118,15	573,34	1 741,92	1 959,66
	II	31 541	1 734,75	2 523,28	2 838,69	II	31 541	1 526,05	2 382,40	2 680,20	1 316,37	2 241,44	2 521,62	1 106,81	2 100,56	2 363,13	897,14	1 959,60	2 204,55	687,58	1 818,72	2 046,06	477,90	1 677,76	1 887,48
	III	23 510	—	1 880,80	2 115,90	III	23 510	—	1 753,28	1 972,44	—	1 628,80	1 832,40	—	1 507,20	1 695,60	—	1 388,48	1 562,04	—	1 272,80	1 431,90	—	1 160,—	1 305,—
	V	37 976	2 088,68	3 038,08	3 417,84	IV	32 342	1 726,21	2 516,96	2 831,58	1 621,37	2 446,48	2 752,29	1 516,53	2 376,—	2 673,—	1 411,81	2 305,60	2 593,80	1 306,97	2 235,12	2 514,51	1 202,13	2 164,64	2 435,22
	VI	38 411	2 112,60	3 072,88	3 456,99																				
111 779,99 Ost	I,IV	32 500	1 787,50	2 600,—	2 925,—	I	32 500	1 640,17	2 459,12	2 766,51	1 430,49	2 318,16	2 607,93	1 220,94	2 177,28	2 449,44	1 011,26	2 036,32	2 290,86	801,70	1 895,44	2 132,37	592,02	1 754,48	1 973,79
	II	31 699	1 743,44	2 535,92	2 852,91	II	31 699	1 544,73	2 394,96	2 694,33	1 335,18	2 254,08	2 535,84	1 125,50	2 113,12	2 377,26	915,94	1 972,24	2 218,77	706,26	1 831,28	2 060,19	496,70	1 690,40	1 901,70
	III	23 654	—	1 892,32	2 128,86	III	23 654	—	1 764,64	1 985,22	—	1 639,84	1 844,82	—	1 517,92	1 707,66	—	1 399,04	1 573,92	—	1 283,04	1 443,42	—	1 169,92	1 316,16
	V	38 134	2 097,37	3 050,72	3 432,06	IV	32 500	1 739,04	2 529,52	2 845,71	1 640,17	2 459,12	2 766,51	1 535,33	2 388,64	2 687,22	1 430,49	2 318,16	2 607,93	1 325,66	2 247,68	2 528,64	1 220,94	2 177,28	2 449,44
	VI	38 569	2 121,29	3 085,52	3 471,21																				
111 815,99 West	I,IV	32 358	1 779,69	2 588,64	2 912,22	I	32 358	1 623,16	2 447,68	2 753,64	1 413,60	2 306,80	2 595,15	1 203,92	2 165,84	2 436,57	994,36	2 024,96	2 278,08	784,68	1 884,—	2 119,50	575,12	1 743,12	1 961,01
	II	31 556	1 735,58	2 524,48	2 840,04	II	31 556	1 527,84	2 383,60	2 681,55	1 318,16	2 242,64	2 522,97	1 108,60	2 101,76	2 364,48	898,92	1 960,80	2 205,90	689,36	1 819,92	2 047,41	479,68	1 678,96	1 888,83
	III	23 524	—	1 881,92	2 117,16	III	23 524	—	1 754,40	1 973,70	—	1 629,76	1 833,48	—	1 508,16	1 696,68	—	1 389,44	1 563,12	—	1 273,76	1 432,98	—	1 160,96	1 306,08
	V	37 991	2 089,50	3 039,28	3 419,19	IV	32 358	1 727,99	2 518,16	2 832,93	1 623,16	2 447,68	2 753,64	1 518,32	2 377,20	2 674,35	1 413,60	2 306,80	2 595,15	1 308,76	2 236,32	2 515,86	1 203,92	2 165,84	2 436,57
	VI	38 427	2 113,48	3 074,16	3 458,43																				
111 815,99 Ost	I,IV	32 515	1 788,32	2 601,20	2 926,35	I	32 515	1 641,96	2 460,32	2 767,86	1 432,28	2 319,36	2 609,28	1 222,72	2 178,48	2 450,79	1 013,04	2 037,52	2 292,21	803,48	1 896,64	2 133,72	593,81	1 755,68	1 975,14
	II	31 714	1 744,27	2 537,12	2 854,26	II	31 714	1 546,52	2 396,16	2 695,68	1 336,96	2 255,28	2 537,19	1 127,28	2 114,32	2 378,61	917,72	1 973,44	2 220,12	708,05	1 832,48	2 061,54	498,49	1 691,60	1 903,05
	III	23 668	—	1 893,44	2 130,12	III	23 668	—	1 765,60	1 986,30	—	1 640,80	1 845,90	—	1 518,88	1 708,74	—	1 400,—	1 575,—	—	1 284,—	1 444,50	—	1 170,88	1 317,24
	V	38 149	2 098,19	3 051,92	3 433,41	IV	32 515	1 739,87	2 530,72	2 847,06	1 641,96	2 460,32	2 767,86	1 537,12	2 389,84	2 688,57	1 432,28	2 319,36	2 609,28	1 327,44	2 248,88	2 529,99	1 222,72	2 178,48	2 450,79
	VI	38 584	2 122,12	3 086,72	3 472,56																				
111 851,99 West	I,IV	32 373	1 780,51	2 589,84	2 913,57	I	32 373	1 624,94	2 448,88	2 754,99	1 415,38	2 308,—	2 596,50	1 205,70	2 167,04	2 437,92	996,14	2 026,16	2 279,43	786,47	1 885,20	2 120,85	576,91	1 744,32	1 962,36
	II	31 571	1 736,40	2 525,68	2 841,39	II	31 571	1 529,62	2 384,80	2 682,90	1 319,94	2 243,84	2 524,32	1 110,38	2 102,96	2 365,83	900,71	1 962,—	2 207,25	691,15	1 821,12	2 048,76	481,47	1 680,16	1 890,18
	III	23 538	—	1 883,04	2 118,42	III	23 538	—	1 755,36	1 974,78	—	1 630,88	1 834,74	—	1 509,12	1 697,76	—	1 390,40	1 564,20	—	1 274,72	1 434,06	—	1 161,92	1 307,16
	V	38 007	2 090,38	3 040,56	3 420,63	IV	32 373	1 729,78	2 519,36	2 834,28	1 624,94	2 448,88	2 754,99	1 520,22	2 378,48	2 675,79	1 415,38	2 308,—	2 596,50	1 310,54	2 237,52	2 517,21	1 205,70	2 167,04	2 437,92
	VI	38 442	2 114,31	3 075,36	3 459,78																				
111 851,99 Ost	I,IV	32 530	1 789,15	2 602,40	2 927,70	I	32 530	1 643,74	2 461,52	2 769,21	1 434,06	2 320,56	2 610,63	1 224,51	2 179,68	2 452,14	1 014,83	2 038,72	2 293,56	805,27	1 897,84	2 135,07	595,59	1 756,88	1 976,49
	II	31 729	1 745,09	2 538,32	2 855,61	II	31 729	1 548,30	2 397,36	2 697,03	1 338,75	2 256,48	2 538,54	1 129,07	2 115,52	2 379,96	919,51	1 974,64	2 221,47	709,83	1 833,68	2 062,89	500,27	1 692,80	1 904,40
	III	23 682	—	1 894,56	2 131,38	III	23 682	—	1 766,72	1 987,56	—	1 641,92	1 847,16	—	1 520,—	1 710,—	—	1 400,96	1 576,08	—	1 284,96	1 445,58	—	1 171,84	1 318,32
	V	38 164	2 099,02	3 053,12	3 434,76	IV	32 530	1 740,69	2 531,92	2 848,41	1 643,74	2 461,52	2 769,21	1 538,90	2 391,04	2 689,92	1 434,06	2 320,56	2 610,63	1 329,34	2 250,16	2 531,43	1 224,51	2 179,68	2 452,14
	VI	38 599	2 122,94	3 087,92	3 473,91																				
111 887,99 West	I,IV	32 388	1 781,34	2 591,04	2 914,92	I	32 388	1 626,73	2 450,08	2 756,34	1 417,17	2 309,20	2 597,85	1 207,49	2 168,24	2 439,27	997,93	2 027,36	2 280,78	788,25	1 886,40	2 122,20	578,69	1 745,52	1 963,71
	II	31 586	1 737,23	2 526,88	2 842,74	II	31 586	1 531,41	2 386,—	2 684,25	1 321,85	2 245,12	2 525,76	1 112,17	2 104,16	2 367,18	902,61	1 963,28	2 208,69	692,93	1 822,32	2 050,11	483,37	1 681,44	1 891,62
	III	23 550	—	1 884,—	2 119,50	III	23 550	—	1 756,48	1 976,04	—	1 631,84	1 835,82	—	1 510,24	1 699,02	—	1 391,52	1 565,46	—	1 275,68	1 435,14	—	1 162,88	1 308,24
	V	38 022	2 091,21	3 041,76	3 421,98	IV	32 388	1 731,56	2 520,56	2 835,63	1 626,73	2 450,08	2 756,34	1 522,01	2 379,68	2 677,14	1 417,17	2 309,20	2 597,85	1 312,33	2 238,72	2 518,56	1 207,49	2 168,24	2 439,27
	VI	38 457	2 115,13	3 076,56	3 461,13																				
111 887,99 Ost	I,IV	32 545	1 789,97	2 603,60	2 929,05	I	32 545	1 645,53	2 462,72	2 770,56	1 435,85	2 321,76	2 611,98	1 226,29	2 180,88	2 453,49	1 016,61	2 039,92	2 294,91	807,05	1 899,04	2 136,42	597,38	1 758,08	1 977,84
	II	31 744	1 745,92	2 539,52	2 856,96	II	31 744	1 550,21	2 398,64	2 698,47	1 340,53	2 257,68	2 539,89	1 130,97	2 116,80	2 381,40	921,29	1 975,84	2 222,82	711,73	1 834,96	2 064,33	502,06	1 694,—	1 905,75
	III	23 696	—	1 895,68	2 132,64	III	23 696	—	1 767,84	1 988,82	—	1 642,88	1 848,24	—	1 520,96	1 711,08	—	1 402,08	1 577,34	—	1 285,92	1 446,66	—	1 172,80	1 319,40
	V	38 179	2 099,84	3 054,32	3 436,11	IV	32 545	1 741,57	2 533,20	2 849,85	1 645,53	2 462,72	2 770,56	1 540,69	2 392,24	2 691,27	1 435,85	2 321,76	2 611,98	1 331,13	2 251,36	2 532,78	1 226,29	2 180,88	2 453,49
	VI	38 614	2 123,77	3 089,12	3 475,26																				

* Die ausgewiesenen Tabellenwerte sind amtlich. Siehe Erläuterungen auf der Umschlaginnenseite (U2).

Abzüge an Lohnsteuer, Solidaritätszuschlag (SolZ) und Kirchensteuer (8%, 9%) in den Steuerklassen

Lohn/ Gehalt bis €*	I – VI					I, II, III, IV																			
			ohne Kinderfreibeträge					mit Zahl der Kinderfreibeträge . . .																	
								0,5			1			1,5			2			2,5			3		
		LSt	SolZ	8%	9%		LSt	SolZ	8%	9%	SolZ	8%	9%	SolZ	8%	9%	SolZ	8%	9%	SolZ	8%	9%	SolZ	8%	9%
111 923,99 West	I,IV	32 403	1 782,16	2 592,24	2 916,27	I	32 403	1 628,51	2 451,28	2 757,69	1 418,95	2 310,40	2 599,20	1 209,39	2 169,52	2 440,71	999,71	2 028,56	2 282,13	790,16	1 887,68	2 123,64	580,48	1 746,72	1 965,06
	II	31 602	1 738,11	2 528,16	2 844,18	II	31 602	1 533,19	2 387,20	2 685,60	1 323,63	2 246,32	2 527,11	1 113,95	2 105,36	2 368,53	904,40	1 964,48	2 210,04	694,72	1 823,52	2 051,46	485,16	1 682,64	1 892,97
	III	23 564	—	1 885,12	2 120,76	III	23 564	—	1 757,60	1 977,30	—	1 632,96	1 837,08	—	1 511,20	1 700,10	—	1 392,48	1 566,54	—	1 276,64	1 436,22	—	1 163,84	1 309,32
	V	38 037	2 092,03	3 042,96	3 423,33	IV	32 403	1 733,35	2 521,76	2 836,98	1 628,51	2 451,28	2 757,69	1 523,79	2 380,88	2 678,49	1 418,95	2 310,40	2 599,20	1 314,11	2 239,92	2 519,91	1 209,39	2 169,52	2 440,71
	VI	38 472	2 115,96	3 077,76	3 462,48																				
111 923,99 Ost	I,IV	32 560	1 790,80	2 604,80	2 930,40	I	32 560	1 647,31	2 463,92	2 771,91	1 437,75	2 323,04	2 613,42	1 228,08	2 182,08	2 454,84	1 018,52	2 041,20	2 296,35	808,84	1 900,24	2 137,77	599,28	1 759,36	1 979,28
	II	31 759	1 746,74	2 540,72	2 858,31	II	31 759	1 551,99	2 399,84	2 699,82	1 342,32	2 258,88	2 541,24	1 132,76	2 118,—	2 382,75	923,08	1 977,04	2 224,17	713,52	1 836,16	2 065,68	503,84	1 695,20	1 907,10
	III	23 710	—	1 896,80	2 133,90	III	23 710	—	1 768,96	1 990,08	—	1 644,—	1 849,50	—	1 522,08	1 712,34	—	1 403,04	1 578,42	—	1 286,88	1 447,74	—	1 173,76	1 320,48
	V	38 194	2 100,67	3 055,52	3 437,46	IV	32 560	1 742,40	2 534,40	2 851,20	1 647,31	2 463,92	2 771,91	1 542,47	2 393,44	2 692,62	1 437,75	2 323,04	2 613,42	1 332,91	2 252,56	2 534,13	1 228,08	2 182,08	2 454,84
	VI	38 629	2 124,59	3 090,32	3 476,61																				
111 959,99 West	I,IV	32 418	1 782,99	2 593,44	2 917,62	I	32 418	1 630,41	2 452,56	2 759,13	1 420,74	2 311,60	2 600,55	1 211,18	2 170,72	2 442,06	1 001,50	2 029,76	2 283,48	791,94	1 888,88	2 124,99	582,26	1 747,92	1 966,41
	II	31 617	1 738,93	2 529,36	2 845,53	II	31 617	1 534,98	2 388,40	2 686,95	1 325,42	2 247,52	2 528,46	1 115,74	2 106,56	2 369,88	906,18	1 965,68	2 211,39	696,50	1 824,72	2 052,81	486,94	1 683,84	1 894,32
	III	23 578	—	1 886,24	2 122,02	III	23 578	—	1 758,72	1 978,56	—	1 634,08	1 838,34	—	1 512,32	1 701,36	—	1 393,44	1 567,62	—	1 277,60	1 437,30	—	1 164,64	1 310,22
	V	38 052	2 092,86	3 044,16	3 424,68	IV	32 418	1 734,53	2 522,96	2 838,33	1 630,41	2 452,56	2 759,13	1 525,58	2 382,08	2 679,84	1 420,74	2 311,60	2 600,55	1 315,90	2 241,12	2 521,26	1 211,18	2 170,72	2 442,06
	VI	38 487	2 116,78	3 078,96	3 463,83																				
111 959,99 Ost	I,IV	32 576	1 791,68	2 606,08	2 931,84	I	32 576	1 649,10	2 465,12	2 773,26	1 439,54	2 324,24	2 614,77	1 229,86	2 183,28	2 456,19	1 020,30	2 042,40	2 297,70	810,62	1 901,44	2 139,12	601,06	1 760,56	1 980,63
	II	31 774	1 747,57	2 541,92	2 859,66	II	31 774	1 553,78	2 401,04	2 701,17	1 344,10	2 260,08	2 542,59	1 134,54	2 119,20	2 384,10	924,86	1 978,24	2 225,52	715,30	1 837,36	2 067,03	505,63	1 696,40	1 908,45
	III	23 724	—	1 897,92	2 135,16	III	23 724	—	1 770,08	1 991,34	—	1 645,12	1 850,76	—	1 523,04	1 713,42	—	1 404,—	1 579,50	—	1 287,84	1 448,82	—	1 174,72	1 321,56
	V	38 209	2 101,49	3 056,72	3 438,81	IV	32 576	1 743,22	2 535,60	2 852,55	1 649,10	2 465,12	2 773,26	1 544,26	2 394,64	2 693,97	1 439,54	2 324,24	2 614,77	1 334,70	2 253,76	2 535,48	1 229,86	2 183,28	2 456,19
	VI	38 645	2 125,47	3 091,60	3 478,05																				
111 995,99 West	I,IV	32 433	1 783,81	2 594,64	2 918,97	I	32 433	1 632,20	2 453,76	2 760,48	1 422,52	2 312,80	2 601,90	1 212,96	2 171,92	2 443,41	1 003,28	2 030,96	2 284,83	793,73	1 890,08	2 126,34	584,05	1 749,12	1 967,76
	II	31 632	1 739,76	2 530,56	2 846,88	II	31 632	1 536,76	2 389,60	2 688,30	1 327,20	2 248,72	2 529,81	1 117,52	2 107,76	2 371,23	907,97	1 966,88	2 212,74	698,29	1 825,92	2 054,16	488,73	1 685,04	1 895,67
	III	23 592	—	1 887,36	2 123,28	III	23 592	—	1 759,84	1 979,82	—	1 635,04	1 839,42	—	1 513,28	1 702,44	—	1 394,56	1 568,88	—	1 278,56	1 438,38	—	1 165,60	1 311,30
	V	38 067	2 093,68	3 045,36	3 426,03	IV	32 433	1 735,36	2 524,16	2 839,68	1 632,20	2 453,76	2 760,48	1 527,36	2 383,28	2 681,19	1 422,52	2 312,80	2 601,90	1 317,80	2 242,40	2 522,70	1 212,96	2 171,92	2 443,41
	VI	38 502	2 117,61	3 080,16	3 465,18																				
111 995,99 Ost	I,IV	32 591	1 792,50	2 607,28	2 933,19	I	32 591	1 650,88	2 466,32	2 774,61	1 441,32	2 325,44	2 616,12	1 231,65	2 184,48	2 457,54	1 022,09	2 043,60	2 299,05	812,41	1 902,64	2 140,47	602,85	1 761,76	1 981,98
	II	31 789	1 748,39	2 543,12	2 861,01	II	31 789	1 555,56	2 402,24	2 702,52	1 345,89	2 261,28	2 543,94	1 136,33	2 120,40	2 385,45	926,65	1 979,44	2 226,87	717,09	1 838,56	2 068,38	507,41	1 697,60	1 909,80
	III	23 738	—	1 899,04	2 136,42	III	23 738	—	1 771,04	1 992,42	—	1 646,08	1 851,84	—	1 524,16	1 714,68	—	1 404,96	1 580,58	—	1 288,96	1 450,08	—	1 175,68	1 322,64
	V	38 225	2 102,37	3 058,—	3 440,25	IV	32 591	1 744,05	2 536,80	2 853,90	1 650,88	2 466,32	2 774,61	1 546,04	2 395,84	2 695,32	1 441,32	2 325,44	2 616,12	1 336,48	2 254,96	2 536,83	1 231,65	2 184,48	2 457,54
	VI	38 660	2 126,30	3 092,80	3 479,40																				
112 031,99 West	I,IV	32 448	1 784,64	2 595,84	2 920,32	I	32 448	1 633,98	2 454,96	2 761,83	1 424,31	2 314,—	2 603,25	1 214,75	2 173,12	2 444,76	1 005,07	2 032,16	2 286,18	795,51	1 891,28	2 127,69	585,83	1 750,32	1 969,11
	II	31 647	1 740,58	2 531,76	2 848,23	II	31 647	1 538,55	2 390,80	2 689,65	1 328,99	2 249,92	2 531,16	1 119,43	2 109,04	2 372,67	909,75	1 968,08	2 214,09	700,19	1 827,20	2 055,60	490,51	1 686,24	1 897,02
	III	23 606	—	1 888,48	2 124,54	III	23 606	—	1 760,80	1 980,90	—	1 636,16	1 840,68	—	1 514,40	1 703,70	—	1 395,52	1 569,96	—	1 279,52	1 439,46	—	1 166,56	1 312,38
	V	38 082	2 094,51	3 046,56	3 427,38	IV	32 448	1 736,24	2 525,44	2 841,12	1 633,98	2 454,96	2 761,83	1 529,15	2 384,48	2 682,54	1 424,31	2 314,—	2 603,25	1 319,59	2 243,60	2 524,05	1 214,75	2 173,12	2 444,76
	VI	38 517	2 118,43	3 081,36	3 466,53																				
112 031,99 Ost	I,IV	32 606	1 793,33	2 608,48	2 934,54	I	32 606	1 652,67	2 467,52	2 775,96	1 443,11	2 326,64	2 617,47	1 233,43	2 185,68	2 458,89	1 023,87	2 044,80	2 300,40	814,19	1 903,84	2 141,82	604,63	1 762,96	1 983,33
	II	31 804	1 749,22	2 544,32	2 862,36	II	31 804	1 557,35	2 403,44	2 703,87	1 347,79	2 262,56	2 545,38	1 138,11	2 121,60	2 386,80	928,55	1 980,72	2 228,31	718,87	1 839,76	2 069,73	509,32	1 698,88	1 911,24
	III	23 752	—	1 900,16	2 137,68	III	23 752	—	1 772,16	1 993,68	—	1 647,20	1 853,10	—	1 525,12	1 715,76	—	1 406,08	1 581,84	—	1 289,92	1 451,16	—	1 176,64	1 323,72
	V	38 240	2 103,20	3 059,20	3 441,60	IV	32 606	1 744,87	2 538,—	2 855,25	1 652,67	2 467,52	2 775,96	1 547,95	2 397,12	2 696,76	1 443,11	2 326,64	2 617,47	1 338,27	2 256,16	2 538,18	1 233,43	2 185,68	2 458,89
	VI	38 675	2 127,12	3 094,—	3 480,75																				
112 067,99 West	I,IV	32 463	1 785,46	2 597,04	2 921,67	I	32 463	1 635,77	2 456,16	2 763,18	1 426,09	2 315,20	2 604,60	1 216,53	2 174,32	2 446,11	1 006,97	2 033,44	2 287,62	797,30	1 892,48	2 129,04	587,74	1 751,60	1 970,55
	II	31 662	1 741,41	2 532,96	2 849,58	II	31 662	1 540,45	2 392,08	2 691,09	1 330,77	2 251,12	2 532,51	1 121,21	2 110,24	2 374,02	911,54	1 969,28	2 215,44	701,98	1 828,40	2 056,95	492,30	1 687,44	1 898,37
	III	23 620	—	1 889,60	2 125,80	III	23 620	—	1 761,92	1 982,16	—	1 637,12	1 841,76	—	1 515,36	1 704,78	—	1 396,48	1 571,04	—	1 280,64	1 440,72	—	1 167,52	1 313,46
	V	38 097	2 095,33	3 047,76	3 428,73	IV	32 463	1 737,06	2 526,64	2 842,47	1 635,77	2 456,16	2 763,18	1 530,93	2 385,68	2 683,89	1 426,09	2 315,20	2 604,60	1 321,37	2 244,80	2 525,40	1 216,53	2 174,32	2 446,11
	VI	38 532	2 119,26	3 082,56	3 467,88																				
112 067,99 Ost	I,IV	32 621	1 794,15	2 609,68	2 935,89	I	32 621	1 654,45	2 468,72	2 777,31	1 444,89	2 327,84	2 618,82	1 235,33	2 186,96	2 460,33	1 025,66	2 046,—	2 301,75	816,10	1 905,12	2 143,26	606,42	1 764,16	1 984,68
	II	31 820	1 750,10	2 545,60	2 863,80	II	31 820	1 559,13	2 404,64	2 705,22	1 349,57	2 263,76	2 546,73	1 139,90	2 122,80	2 388,15	930,34	1 981,92	2 229,66	720,66	1 840,96	2 071,08	511,10	1 700,08	1 912,59
	III	23 766	—	1 901,28	2 138,94	III	23 766	—	1 773,28	1 994,94	—	1 648,32	1 854,36	—	1 526,24	1 717,02	—	1 407,04	1 582,92	—	1 290,88	1 452,24	—	1 177,60	1 324,80
	V	38 255	2 104,02	3 060,40	3 442,95	IV	32 621	1 745,70	2 539,20	2 856,60	1 654,45	2 468,72	2 777,31	1 549,73	2 398,32	2 698,11	1 444,89	2 327,84	2 618,82	1 340,05	2 257,36	2 539,53	1 235,33	2 186,96	2 460,33
	VI	38 690	2 127,95	3 095,20	3 482,10																				
112 103,99 West	I,IV	32 479	1 786,34	2 598,32	2 923,11	I	32 479	1 637,55	2 457,36	2 764,53	1 428,—	2 316,48	2 606,04	1 218,32	2 175,52	2 447,46	1 008,76	2 034,64	2 288,97	799,08	1 893,68	2 130,39	589,52	1 752,80	1 971,90
	II	31 677	1 742,23	2 534,16	2 850,93	II	31 677	1 542,24	2 393,28	2 692,44	1 332,56	2 252,32	2 533,86	1 123,—	2 111,44	2 375,37	913,32	1 970,48	2 216,79	703,76	1 829,60	2 058,30	494,08	1 688,64	1 899,72
	III	23 634	—	1 890,72	2 127,06	III	23 634	—	1 763,04	1 983,42	—	1 638,24	1 843,02	—	1 516,48	1 706,04	—	1 397,44	1 572,12	—	1 281,60	1 441,80	—	1 168,48	1 314,54
	V	38 112	2 096,16	3 048,96	3 430,08	IV	32 479	1 737,89	2 527,84	2 843,82	1 637,55	2 457,36	2 764,53	1 532,72	2 386,88	2 685,24	1 428,—	2 316,48	2 606,04	1 323,16	2 246,—	2 526,75	1 218,32	2 175,52	2 447,46
	VI	38 548	2 120,14	3 083,84	3 469,32																				
112 103,99 Ost	I,IV	32 636	1 794,98	2 610,88	2 937,24	I	32 636	1 656,36	2 470,—	2 778,75	1 446,68	2 329,04	2 620,17	1 237,12	2 188,16	2 461,68	1 027,44	2 047,20	2 303,10	817,88	1 906,32	2 144,61	608,20	1 765,36	1 986,03
	II	31 835	1 750,92	2 546,80	2 865,15	II	31 835	1 560,92	2 405,84	2 706,57	1 351,36	2 264,96	2 548,08	1 141,68	2 124,—	2 389,50	932,12	1 983,12	2 231,01	722,44	1 842,16	2 072,43	512,89	1 701,28	1 913,94
	III	23 778	—	1 902,24	2 140,02	III	23 778	—	1 774,40	1 996,20	—	1 649,28	1 855,44	—	1 527,20	1 718,10	—	1 408,—	1 584,—	—	1 291,84	1 453,32	—	1 178,56	1 325,88
	V	38 270	2 104,85	3 061,60	3 444,30	IV	32 636	1 746,52	2 540,40	2 857,95	1 656,36	2 470,—	2 778,75	1 551,52	2 399,52	2 699,46	1 446,68	2 329,04	2 620,17	1 341,84	2 258,56	2 540,88	1 237,12	2 188,16	2 461,68
	VI	38 705	2 128,77	3 096,40	3 483,45																				
112 139,99 West	I,IV	32 494	1 787,17	2 599,52	2 924,46	I	32 494	1 639,34	2 458,56	2 765,88	1 429,78	2 317,68	2 607,39	1 220,10	2 176,72	2 448,81	1 010,54	2 035,84	2 290,32	800,87	1 894,88	2 131,74	591,31	1 754,—	1 973,25
	II	31 692	1 743,06	2 535,36	2 852,28	II	31 692	1 544,02	2 394,48	2 693,79	1 334,34	2 253,52	2 535,21	1 124,78	2 112,64	2 376,72	915,11	1 971,68	2 218,14	705,55	1 830,80	2 059,65	495,87	1 689,84	1 901,07
	III	23 648	—	1 891,84	2 128,32	III	23 648	—	1 764,16	1 984,68	—	1 639,36	1 844,28	—	1 517,44	1 707,12	—	1 398,56	1 573,38	—	1 282,56	1 442,88	—	1 169,44	1 315,62
	V	38 128	2 097,04	3 050,24	3 431,52	IV	32 494	1 738,71	2 529,04	2 845,17	1 639,34	2 458,56	2 765,88	1 534,50	2 388,08	2 686,59	1 429,78	2 317,68	2 607,39	1 324,94	2 247,20	2 528,10	1 220,10	2 176,72	2 448,81
	VI	38 563	2 120,96	3 085,04	3 470,67																				
112 139,99 Ost	I,IV	32 651	1 795,80	2 612,08	2 938,59	I	32 651	1 658,14	2 471,20	2 780,10	1 448,46	2 330,24	2 621,52	1 238,90	2 189,36	2 463,03	1 029,23	2 048,40	2 304,45	819,67	1 907,52	2 145,96	609,99	1 766,56	1 987,38
	II	31 850	1 751,75	2 548,—	2 866,50	II	31 850	1 562,70	2 407,04	2 707,92	1 353,14	2 266,16	2 549,43	1 143,47	2 125,20	2 390,85	933,91	1 984,32	2 232,36	724,23	1 843,36	2 073,78	514,67	1 702,48	1 915,29
	III	23 792	—	1 903,36	2 141,28	III	23 792	—	1 775,36	1 997,28	—	1 650,40	1 856,70	—	1 528,32	1 719,36	—	1 409,12	1 585,26	—	1 292,80	1 454,40	—	1 179,52	1 326,96
	V	38 285	2 105,67	3 062,80	3 445,65	IV	32 651	1 747,35	2 541,60	2 859,30	1 658,14	2 471,20	2 780,10	1 553,30	2 400,72	2 700,81	1 448,46	2 330,24	2 621,52	1 343,62	2 259,76	2 542,23	1 238,90	2 189,36	2 463,03
	VI	38 720	2 129,60	3 097,60	3 484,80																				
112 175,99 West	I,IV	32 509	1 787,99	2 600,72	2 925,81	I	32 509	1 641,12	2 459,76	2 767,23	1 431,57	2 318,88	2 608,74	1 221,89	2 177,92	2 450,16	1 012,33	2 037,04	2 291,67	802,65	1 896,08	2 133,09	593,09	1 755,20	1 974,60
	II	31 707	1 743,88	2 536,56	2 853,63	II	31 707	1 545,81	2 395,68	2 695,14	1 336,13	2 254,72	2 536,56	1 126,57	2 113,84	2 378,07	917,01	1 972,96	2 219,58	707,33	1 832,—	2 061,—	497,77	1 691,12	1 902,51
	III	23 662	—	1 892,96	2 129,58	III	23 662	—	1 765,12	1 985,76	—	1 640,32	1 845,36	—	1 518,40	1 708,20	—	1 399,52	1 574,46	—	1 283,52	1 443,96	—	1 170,40	1 316,70
	V	38 143	2 097,86	3 051,44	3 432,87	IV	32 509	1 739,54	2 530,24	2 846,52	1 641,12	2 459,76	2 767,23	1 536,40	2 389,36	2 688,03	1 431,57	2 318,88	2 608,74	1 326,73	2 248,40	2 529,45	1 221,89	2 177,92	2 450,16
	VI	38 578	2 121,79	3 086,24	3 472,02																				
112 175,99 Ost	I,IV	32 666	1 796,63	2 613,28	2 939,94	I	32 666	1 659,93	2 472,40	2 781,45	1 450,25	2 331,44	2 622,87	1 240,69	2 190,56	2 464,38	1 031,01	2 049,60	2 305,80	821,45	1 908,72	2 147,31	611,77	1 767,76	1 988,73
	II	31 865	1 752,57	2 549,20	2 867,85	II	31 865	1 564,49	2 408,24	2 709,27	1 354,93	2 267,36	2 550,78	1 145,37	2 126,48	2 392,29	935,69	1 985,52	2 233,71	726,13	1 844,64	2 075,22	516,46	1 703,68	1 916,64
	III	23 806	—	1 904,48	2 142,54	III	23 806	—	1 776,48	1 998,54	—	1 651,36	1 857,78	—	1 529,28	1 720,44	—	1 410,08	1 586,34	—	1 293,76	1 455,48	—	1 180,48	1 328,04
	V	38 300	2 106,50	3 064,—	3 447,—	IV	32 666	1 748,23	2 542,88	2 860,74	1 659,93	2 472,40	2 781,45	1 555,09	2 401,92	2 702,16	1 450,25	2 331,44	2 622,87	1 345,53	2 261,04	2 543,67	1 240,69	2 190,56	2 464,38
	VI	38 735	2 130,42	3 098,80	3 486,15																				

* Die ausgewiesenen Tabellenwerte sind amtlich. Siehe Erläuterungen auf der Umschlaginnenseite (U2).

Abzüge an Lohnsteuer, Solidaritätszuschlag (SolZ) und Kirchensteuer (8%, 9%) in den Steuerklassen

Lohn/ Gehalt bis €*	I – VI					I, II, III, IV		mit Zahl der Kinderfreibeträge . . . 0,5			1			1,5			2			2,5			3		
		LSt	ohne Kinderfreibeträge SolZ	8%	9%		LSt	SolZ	8%	9%	SolZ	8%	9%	SolZ	8%	9%	SolZ	8%	9%	SolZ	8%	9%	SolZ	8%	9%
112 211,99 West	I,IV	32 524	1 788,82	2 601,92	2 927,16	I	32 524	1 642,91	2 460,96	2 768,58	1 433,35	2 320,08	2 610,09	1 223,67	2 179,12	2 451,51	1 014,11	2 038,24	2 293,02	804,55	1 897,36	2 134,53	594,88	1 756,40	1 975,95
	II	31 723	1 744,76	2 537,84	2 855,07	II	31 723	1 547,59	2 396,88	2 696,49	1 338,03	2 256,—	2 538,—	1 128,35	2 115,04	2 379,42	918,79	1 974,16	2 220,93	709,12	1 833,20	2 062,35	499,56	1 692,32	1 903,86
	III	23 676	—	1 894,08	2 130,84	III	23 676	—	1 766,24	1 987,02	—	1 641,44	1 846,62	—	1 519,52	1 709,46	—	1 400,48	1 575,54	—	1 284,48	1 445,04	—	1 171,36	1 317,78
	V	38 158	2 098,69	3 052,64	3 434,22	IV	32 524	1 740,36	2 531,44	2 847,87	1 642,91	2 460,96	2 768,58	1 538,19	2 390,56	2 689,38	1 433,35	2 320,08	2 610,09	1 328,51	2 249,60	2 530,80	1 223,67	2 179,12	2 451,51
	VI	38 593	2 122,61	3 087,44	3 473,37																				
112 211,99 Ost	I,IV	32 681	1 797,45	2 614,48	2 941,29	I	32 681	1 661,71	2 473,60	2 782,80	1 452,03	2 332,64	2 624,22	1 242,47	2 191,76	2 465,73	1 032,92	2 050,88	2 307,24	823,24	1 909,92	2 148,66	613,68	1 769,04	1 990,17
	II	31 880	1 753,40	2 550,40	2 869,20	II	31 880	1 566,39	2 409,52	2 710,71	1 356,71	2 268,56	2 552,13	1 147,16	2 127,68	2 393,64	937,48	1 986,72	2 235,06	727,92	1 845,84	2 076,57	518,24	1 704,88	1 917,99
	III	23 820	—	1 905,60	2 143,80	III	23 820	—	1 777,60	1 999,80	—	1 652,48	1 859,04	—	1 530,40	1 721,70	—	1 411,04	1 587,42	—	1 294,72	1 456,56	—	1 181,44	1 329,12
	V	38 315	2 107,32	3 065,20	3 448,35	IV	32 681	1 749,05	2 544,08	2 862,09	1 661,71	2 473,60	2 782,80	1 556,87	2 403,12	2 703,51	1 452,03	2 332,64	2 624,22	1 347,31	2 262,24	2 545,02	1 242,47	2 191,76	2 465,73
	VI	38 750	2 131,25	3 100,—	3 487,50																				
112 247,99 West	I,IV	32 539	1 789,64	2 603,12	2 928,51	I	32 539	1 644,81	2 462,24	2 770,02	1 435,14	2 321,28	2 611,44	1 225,58	2 180,40	2 452,95	1 015,90	2 039,44	2 294,37	806,34	1 898,56	2 135,88	596,66	1 757,60	1 977,30
	II	31 738	1 745,59	2 539,04	2 856,42	II	31 738	1 549,38	2 398,08	2 697,84	1 339,82	2 257,20	2 539,35	1 130,14	2 116,24	2 380,77	920,58	1 975,36	2 222,28	710,90	1 834,40	2 063,70	501,34	1 693,52	1 905,21
	III	23 690	—	1 895,20	2 132,10	III	23 690	—	1 767,36	1 988,28	—	1 642,56	1 847,88	—	1 520,48	1 710,54	—	1 401,60	1 576,80	—	1 285,44	1 446,12	—	1 172,32	1 318,86
	V	38 173	2 099,51	3 053,84	3 435,57	IV	32 539	1 741,19	2 532,64	2 849,22	1 644,81	2 462,24	2 770,02	1 539,97	2 391,76	2 690,73	1 435,14	2 321,28	2 611,44	1 330,30	2 250,80	2 532,15	1 225,58	2 180,40	2 452,95
	VI	38 608	2 123,44	3 088,64	3 474,72																				
112 247,99 Ost	I,IV	32 697	1 798,33	2 615,76	2 942,73	I	32 697	1 663,50	2 474,80	2 784,15	1 453,94	2 333,92	2 625,66	1 244,26	2 192,96	2 467,08	1 034,70	2 052,08	2 308,59	825,02	1 911,12	2 150,01	615,46	1 770,24	1 991,52
	II	31 895	1 754,22	2 551,60	2 870,55	II	31 895	1 568,18	2 410,72	2 712,06	1 358,50	2 269,76	2 553,48	1 148,94	2 128,88	2 394,99	939,26	1 987,92	2 236,41	729,70	1 847,04	2 077,92	520,03	1 706,08	1 919,34
	III	23 834	—	1 906,72	2 145,06	III	23 834	—	1 778,72	2 001,06	—	1 653,60	1 860,30	—	1 531,36	1 722,78	—	1 412,16	1 588,68	—	1 295,84	1 457,82	—	1 182,40	1 330,20
	V	38 330	2 108,15	3 066,40	3 449,70	IV	32 697	1 749,88	2 545,28	2 863,44	1 663,50	2 474,80	2 784,15	1 558,66	2 404,32	2 704,86	1 453,94	2 333,92	2 625,66	1 349,10	2 263,44	2 546,37	1 244,26	2 192,96	2 467,08
	VI	38 766	2 132,13	3 101,28	3 488,94																				
112 283,99 West	I,IV	32 554	1 790,47	2 604,32	2 929,86	I	32 554	1 646,60	2 463,44	2 771,37	1 436,92	2 322,48	2 612,79	1 227,36	2 181,60	2 454,30	1 017,68	2 040,64	2 295,72	808,12	1 899,76	2 137,23	598,45	1 758,80	1 978,65
	II	31 753	1 746,41	2 540,24	2 857,77	II	31 753	1 551,16	2 399,28	2 699,19	1 341,60	2 258,40	2 540,70	1 131,92	2 117,44	2 382,12	922,36	1 976,56	2 223,63	712,69	1 835,60	2 065,05	503,13	1 694,72	1 906,56
	III	23 704	—	1 896,32	2 133,36	III	23 704	—	1 768,48	1 989,54	—	1 643,52	1 848,96	—	1 521,60	1 711,80	—	1 402,56	1 577,88	—	1 286,40	1 447,20	—	1 173,28	1 319,94
	V	38 188	2 100,34	3 055,04	3 436,92	IV	32 554	1 742,01	2 533,84	2 850,57	1 646,60	2 463,44	2 771,37	1 541,76	2 392,96	2 692,08	1 436,92	2 322,48	2 612,79	1 332,08	2 252,—	2 533,50	1 227,36	2 181,60	2 454,30
	VI	38 623	2 124,26	3 089,84	3 476,07																				
112 283,99 Ost	I,IV	32 712	1 799,16	2 616,96	2 944,08	I	32 712	1 665,28	2 476,—	2 785,50	1 455,72	2 335,12	2 627,01	1 246,04	2 194,16	2 468,43	1 036,49	2 053,28	2 309,94	826,81	1 912,32	2 151,36	617,25	1 771,44	1 992,87
	II	31 910	1 755,05	2 552,80	2 871,90	II	31 910	1 569,96	2 411,92	2 713,41	1 360,28	2 270,96	2 554,83	1 150,73	2 130,08	2 396,34	941,05	1 989,12	2 237,76	731,49	1 848,24	2 079,27	521,81	1 707,28	1 920,69
	III	23 848	—	1 907,84	2 146,32	III	23 848	—	1 779,84	2 002,32	—	1 654,56	1 861,38	—	1 532,32	1 723,86	—	1 413,12	1 589,76	—	1 296,80	1 458,90	—	1 183,36	1 331,28
	V	38 346	2 109,03	3 067,68	3 451,14	IV	32 712	1 750,70	2 546,48	2 864,79	1 665,28	2 476,—	2 785,50	1 560,44	2 405,52	2 706,21	1 455,72	2 335,12	2 627,01	1 350,88	2 264,64	2 547,72	1 246,04	2 194,16	2 468,43
	VI	38 781	2 132,95	3 102,48	3 490,29																				
112 319,99 West	I,IV	32 569	1 791,29	2 605,52	2 931,21	I	32 569	1 648,38	2 464,64	2 772,72	1 438,71	2 323,68	2 614,14	1 229,15	2 182,80	2 455,65	1 019,47	2 041,84	2 297,07	809,91	1 900,96	2 138,58	600,23	1 760,—	1 980,—
	II	31 768	1 747,24	2 541,44	2 859,12	II	31 768	1 552,95	2 400,48	2 700,54	1 343,39	2 259,60	2 542,05	1 133,71	2 118,64	2 383,47	924,15	1 977,76	2 224,98	714,59	1 836,88	2 066,49	504,91	1 695,92	1 907,91
	III	23 718	—	1 897,44	2 134,62	III	23 718	—	1 769,60	1 990,80	—	1 644,64	1 850,22	—	1 522,56	1 712,88	—	1 403,52	1 578,96	—	1 287,52	1 448,46	—	1 174,24	1 321,02
	V	38 203	2 101,16	3 056,24	3 438,27	IV	32 569	1 742,89	2 535,12	2 852,01	1 648,38	2 464,64	2 772,72	1 543,54	2 394,16	2 693,43	1 438,71	2 323,68	2 614,14	1 333,99	2 253,28	2 534,94	1 229,15	2 182,80	2 455,65
	VI	38 638	2 125,09	3 091,04	3 477,42																				
112 319,99 Ost	I,IV	32 727	1 799,98	2 618,16	2 945,43	I	32 727	1 667,07	2 477,20	2 786,85	1 457,51	2 336,32	2 628,36	1 247,83	2 195,36	2 469,78	1 038,27	2 054,48	2 311,29	828,59	1 913,52	2 152,71	619,03	1 772,64	1 994,22
	II	31 925	1 755,87	2 554,—	2 873,25	II	31 925	1 571,75	2 413,12	2 714,76	1 362,07	2 272,16	2 556,18	1 152,51	2 131,28	2 397,69	942,95	1 990,40	2 239,20	733,27	1 849,44	2 080,62	523,71	1 708,56	1 922,13
	III	23 862	—	1 908,96	2 147,58	III	23 862	—	1 780,80	2 003,40	—	1 655,68	1 862,64	—	1 533,44	1 725,12	—	1 414,08	1 590,84	—	1 297,76	1 459,98	—	1 184,32	1 332,36
	V	38 361	2 109,85	3 068,88	3 452,49	IV	32 727	1 751,53	2 547,68	2 866,14	1 667,07	2 477,20	2 786,85	1 562,35	2 406,80	2 707,65	1 457,51	2 336,32	2 628,36	1 352,67	2 265,84	2 549,07	1 247,83	2 195,36	2 469,78
	VI	38 796	2 133,78	3 103,68	3 491,64																				
112 355,99 West	I,IV	32 584	1 792,12	2 606,72	2 932,56	I	32 584	1 650,17	2 465,84	2 774,07	1 440,49	2 324,88	2 615,49	1 230,93	2 184,—	2 457,—	1 021,25	2 043,04	2 298,42	811,69	1 902,16	2 139,93	602,14	1 761,28	1 981,44
	II	31 783	1 748,06	2 542,64	2 860,47	II	31 783	1 554,85	2 401,76	2 701,98	1 345,17	2 260,80	2 543,40	1 135,61	2 119,92	2 384,91	925,93	1 978,96	2 226,33	716,38	1 838,08	2 067,84	506,70	1 697,12	1 909,26
	III	23 732	—	1 898,56	2 135,88	III	23 732	—	1 770,56	1 991,88	—	1 645,60	1 851,30	—	1 523,68	1 714,14	—	1 404,64	1 580,22	—	1 288,48	1 449,54	—	1 175,20	1 322,10
	V	38 218	2 101,99	3 057,44	3 439,62	IV	32 584	1 743,72	2 536,32	2 853,36	1 650,17	2 465,84	2 774,07	1 545,33	2 395,36	2 694,78	1 440,49	2 324,88	2 615,49	1 335,77	2 254,48	2 536,29	1 230,93	2 184,—	2 457,—
	VI	38 653	2 125,91	3 092,24	3 478,77																				
112 355,99 Ost	I,IV	32 742	1 800,81	2 619,36	2 946,78	I	32 742	1 668,85	2 478,40	2 788,20	1 459,29	2 337,52	2 629,71	1 249,61	2 196,56	2 471,13	1 040,06	2 055,68	2 312,64	830,50	1 914,80	2 154,15	620,82	1 773,84	1 995,57
	II	31 941	1 756,75	2 555,28	2 874,69	II	31 941	1 573,53	2 414,32	2 716,11	1 363,97	2 273,44	2 557,62	1 154,30	2 132,48	2 399,04	944,74	1 991,60	2 240,55	735,06	1 850,64	2 081,97	525,50	1 709,76	1 923,48
	III	23 876	—	1 910,08	2 148,84	III	23 876	—	1 781,92	2 004,66	—	1 656,80	1 863,90	—	1 534,40	1 726,20	—	1 415,20	1 592,10	—	1 298,72	1 461,06	—	1 185,28	1 333,44
	V	38 376	2 110,68	3 070,08	3 453,84	IV	32 742	1 752,35	2 548,88	2 867,49	1 668,85	2 478,40	2 788,20	1 564,13	2 408,—	2 709,—	1 459,29	2 337,52	2 629,71	1 354,45	2 267,04	2 550,42	1 249,61	2 196,56	2 471,13
	VI	38 811	2 134,60	3 104,88	3 492,99																				
112 391,99 West	I,IV	32 600	1 793,—	2 608,—	2 934,—	I	32 600	1 651,95	2 467,04	2 775,42	1 442,39	2 326,16	2 616,93	1 232,72	2 185,20	2 458,35	1 023,16	2 044,32	2 299,86	813,48	1 903,36	2 141,28	603,92	1 762,48	1 982,79
	II	31 798	1 748,89	2 543,84	2 861,82	II	31 798	1 556,63	2 402,96	2 703,33	1 346,96	2 262,—	2 544,75	1 137,40	2 121,12	2 386,26	927,72	1 980,16	2 227,68	718,16	1 839,28	2 069,19	508,48	1 698,32	1 910,61
	III	23 746	—	1 899,68	2 137,14	III	23 746	—	1 771,68	1 993,14	—	1 646,72	1 852,56	—	1 524,64	1 715,22	—	1 405,60	1 581,30	—	1 289,44	1 450,62	—	1 176,16	1 323,18
	V	38 233	2 102,81	3 058,64	3 440,97	IV	32 600	1 744,54	2 537,52	2 854,71	1 651,95	2 467,04	2 775,42	1 547,11	2 396,56	2 696,13	1 442,39	2 326,16	2 616,93	1 337,56	2 255,68	2 537,64	1 232,72	2 185,20	2 458,35
	VI	38 669	2 126,79	3 093,52	3 480,21																				
112 391,99 Ost	I,IV	32 757	1 801,63	2 620,56	2 948,13	I	32 757	1 670,76	2 479,68	2 789,64	1 461,08	2 338,72	2 631,06	1 251,52	2 197,84	2 472,57	1 041,84	2 056,88	2 313,99	832,28	1 916,—	2 155,50	622,60	1 775,04	1 996,92
	II	31 956	1 757,58	2 556,48	2 876,04	II	31 956	1 575,32	2 415,52	2 717,46	1 365,76	2 274,64	2 558,97	1 156,08	2 133,68	2 400,39	946,52	1 992,80	2 241,90	736,84	1 851,84	2 083,32	527,28	1 710,96	1 924,83
	III	23 890	—	1 911,20	2 150,10	III	23 890	—	1 783,04	2 005,92	—	1 657,76	1 864,98	—	1 535,52	1 727,46	—	1 416,16	1 593,18	—	1 299,68	1 462,14	—	1 186,24	1 334,52
	V	38 391	2 111,50	3 071,28	3 455,19	IV	32 757	1 753,18	2 550,08	2 868,84	1 670,76	2 479,68	2 789,64	1 565,92	2 409,20	2 710,35	1 461,08	2 338,72	2 631,06	1 356,24	2 268,24	2 551,77	1 251,52	2 197,84	2 472,57
	VI	38 826	2 135,43	3 106,08	3 494,34																				
112 427,99 West	I,IV	32 615	1 793,82	2 609,20	2 935,35	I	32 615	1 653,74	2 468,24	2 776,77	1 444,18	2 327,36	2 618,28	1 234,50	2 186,40	2 459,70	1 024,94	2 045,52	2 301,21	815,26	1 904,56	2 142,63	605,71	1 763,68	1 984,14
	II	31 813	1 749,71	2 545,04	2 863,17	II	31 813	1 558,42	2 404,16	2 704,68	1 348,74	2 263,20	2 546,10	1 139,18	2 122,32	2 387,61	929,50	1 981,36	2 229,03	719,95	1 840,48	2 070,54	510,27	1 699,52	1 911,96
	III	23 758	—	1 900,64	2 138,22	III	23 758	—	1 772,80	1 994,40	—	1 647,84	1 853,82	—	1 525,76	1 716,48	—	1 406,56	1 582,38	—	1 290,40	1 451,70	—	1 177,12	1 324,26
	V	38 249	2 103,69	3 059,92	3 442,41	IV	32 615	1 745,37	2 538,72	2 856,06	1 653,74	2 468,24	2 776,77	1 548,90	2 397,76	2 697,48	1 444,18	2 327,36	2 618,28	1 339,34	2 256,88	2 538,99	1 234,50	2 186,40	2 459,70
	VI	38 684	2 127,62	3 094,72	3 481,56																				
112 427,99 Ost	I,IV	32 772	1 802,46	2 621,76	2 949,48	I	32 772	1 672,54	2 480,88	2 790,99	1 462,86	2 339,92	2 632,41	1 253,30	2 199,04	2 473,92	1 043,63	2 058,08	2 315,34	834,07	1 917,20	2 156,85	624,39	1 776,24	1 998,27
	II	31 971	1 758,40	2 557,68	2 877,39	II	31 971	1 577,10	2 416,72	2 718,81	1 367,54	2 275,84	2 560,32	1 157,87	2 134,88	2 401,74	948,31	1 994,—	2 243,25	738,63	1 853,04	2 084,67	529,07	1 712,16	1 926,18
	III	23 904	—	1 912,32	2 151,36	III	23 904	—	1 784,16	2 007,18	—	1 658,88	1 866,24	—	1 536,48	1 728,54	—	1 417,12	1 594,26	—	1 300,64	1 463,22	—	1 187,20	1 335,60
	V	38 406	2 112,33	3 072,48	3 456,54	IV	32 772	1 754,—	2 551,28	2 870,19	1 672,54	2 480,88	2 790,99	1 567,70	2 410,40	2 711,70	1 462,86	2 339,92	2 632,41	1 358,02	2 269,44	2 553,12	1 253,30	2 199,04	2 473,92
	VI	38 841	2 136,25	3 107,28	3 495,69																				
112 463,99 West	I,IV	32 630	1 794,65	2 610,40	2 936,70	I	32 630	1 655,52	2 469,44	2 778,12	1 445,96	2 328,56	2 619,63	1 236,29	2 187,60	2 461,05	1 026,73	2 046,72	2 302,56	817,05	1 905,76	2 143,98	607,49	1 764,88	1 985,49
	II	31 828	1 750,54	2 546,24	2 864,52	II	31 828	1 560,20	2 405,36	2 706,03	1 350,53	2 264,40	2 547,45	1 140,97	2 123,52	2 388,96	931,29	1 982,56	2 230,38	721,73	1 841,68	2 071,89	512,17	1 700,80	1 913,40
	III	23 772	—	1 901,76	2 139,48	III	23 772	—	1 773,92	1 995,66	—	1 648,80	1 854,90	—	1 526,72	1 717,56	—	1 407,68	1 583,64	—	1 291,36	1 452,78	—	1 178,08	1 325,34
	V	38 264	2 104,52	3 061,12	3 443,76	IV	32 630	1 746,19	2 539,92	2 857,41	1 655,52	2 469,44	2 778,12	1 550,80	2 399,04	2 698,92	1 445,96	2 328,56	2 619,63	1 341,13	2 258,08	2 540,34	1 236,29	2 187,60	2 461,05
	VI	38 699	2 128,44	3 095,92	3 482,91																				
112 463,99 Ost	I,IV	32 787	1 803,28	2 622,96	2 950,83	I	32 787	1 674,33	2 482,08	2 792,34	1 464,65	2 341,12	2 633,76	1 255,09	2 200,24	2 475,27	1 045,41	2 059,28	2 316,69	835,85	1 918,40	2 158,20	626,17	1 777,44	1 999,62
	II	31 986	1 759,23	2 558,88	2 878,74	II	31 986	1 578,89	2 417,92	2 720,16	1 369,33	2 277,04	2 561,67	1 159,65	2 136,08	2 403,09	950,09	1 995,20	2 244,60	740,53	1 854,32	2 086,11	530,85	1 713,36	1 927,53
	III	23 918	—	1 913,44	2 152,62	III	23 918	—	1 785,28	2 008,44	—	1 660,—	1 867,50	—	1 537,60	1 729,80	—	1 418,24	1 595,52	—	1 301,76	1 464,48	—	1 188,16	1 336,68
	V	38 421	2 113,15	3 073,68	3 457,89	IV	32 787	1 754,88	2 552,56	2 871,63	1 674,33	2 482,08	2 792,34	1 569,49	2 411,60	2 713,05	1 464,65	2 341,12	2 633,76	1 359,93	2 270,72	2 554,56	1 255,09	2 200,24	2 475,27
	VI	38 856	2 137,08	3 108,48	3 497,04																				

* Die ausgewiesenen Tabellenwerte sind amtlich. Siehe Erläuterungen auf der Umschlaginnenseite (U2).

Abzüge an Lohnsteuer, Solidaritätszuschlag (SolZ) und Kirchensteuer (8%, 9%) in den Steuerklassen

Lohn/ Gehalt bis €*	I – VI		ohne Kinderfreibeträge			I, II, III, IV		mit Zahl der Kinderfreibeträge . . . 0,5			1			1,5			2			2,5			3		
		LSt	SolZ	8%	9%		LSt	SolZ	8%	9%	SolZ	8%	9%	SolZ	8%	9%	SolZ	8%	9%	SolZ	8%	9%	SolZ	8%	9%
112 499,99 West	I,IV	32 645	1 795,47	2 611,60	2 938,05	I	32 645	1 657,31	2 470,64	2 779,47	1 447,75	2 329,76	2 620,98	1 238,07	2 188,80	2 462,40	1 028,51	2 047,92	2 303,91	818,83	1 906,96	2 145,33	609,28	1 766,08	1 986,84
	II	31 844	1 751,42	2 547,52	2 865,96	II	31 844	1 561,99	2 406,56	2 707,38	1 352,43	2 265,68	2 548,89	1 142,75	2 124,72	2 390,31	933,19	1 983,84	2 231,82	723,52	1 842,88	2 073,24	513,96	1 702,—	1 914,75
	III	23 786	—	1 902,88	2 140,74	III	23 786	—	1 774,88	1 996,74	—	1 649,92	1 856,16	—	1 527,84	1 718,82	—	1 408,64	1 584,72	—	1 292,32	1 453,86	—	1 179,04	1 326,42
	V	38 279	2 105,34	3 062,32	3 445,11	IV	32 645	1 747,02	2 541,12	2 858,76	1 657,31	2 470,64	2 779,47	1 552,59	2 400,24	2 700,27	1 447,75	2 329,76	2 620,98	1 342,91	2 259,28	2 541,69	1 238,07	2 188,80	2 462,40
	VI	38 714	2 129,27	3 097,12	3 484,26																				
112 499,99 Ost	I,IV	32 802	1 804,11	2 624,16	2 952,18	I	32 802	1 676,11	2 483,28	2 793,69	1 466,43	2 342,32	2 635,11	1 256,87	2 201,44	2 476,62	1 047,20	2 060,48	2 318,04	837,64	1 919,60	2 159,55	628,08	1 778,72	2 001,06
	II	32 001	1 760,05	2 560,08	2 880,09	II	32 001	1 580,79	2 419,20	2 721,60	1 371,11	2 278,24	2 563,02	1 161,55	2 137,36	2 404,53	951,88	1 996,40	2 245,95	742,32	1 855,52	2 087,46	532,64	1 714,56	1 928,88
	III	23 932	—	1 914,56	2 153,88	III	23 932	—	1 786,24	2 009,52	—	1 660,96	1 868,58	—	1 538,56	1 730,88	—	1 419,20	1 596,60	—	1 302,72	1 465,56	—	1 189,12	1 337,76
	V	38 436	2 113,98	3 074,88	3 459,24	IV	32 802	1 755,71	2 553,76	2 872,98	1 676,11	2 483,28	2 793,69	1 571,27	2 412,80	2 714,40	1 466,43	2 342,32	2 635,11	1 361,71	2 271,92	2 555,91	1 256,87	2 201,44	2 476,62
	VI	38 871	2 137,90	3 109,68	3 498,39																				
112 535,99 West	I,IV	32 660	1 796,30	2 612,80	2 939,40	I	32 660	1 659,21	2 471,92	2 780,91	1 449,53	2 330,96	2 622,33	1 239,98	2 190,08	2 463,84	1 030,30	2 049,12	2 305,26	820,74	1 908,24	2 146,77	611,06	1 767,28	1 988,19
	II	31 859	1 752,24	2 548,72	2 867,31	II	31 859	1 563,77	2 407,76	2 708,73	1 354,22	2 266,88	2 550,24	1 144,54	2 125,92	2 391,66	934,98	1 985,04	2 233,17	725,30	1 844,08	2 074,59	515,74	1 703,20	1 916,10
	III	23 800	—	1 904,—	2 142,—	III	23 800	—	1 776,—	1 998,—	—	1 651,04	1 857,42	—	1 528,80	1 719,90	—	1 409,60	1 585,80	—	1 293,44	1 455,12	—	1 180,—	1 327,50
	V	38 294	2 106,17	3 063,52	3 446,46	IV	32 660	1 747,84	2 542,32	2 860,11	1 659,21	2 471,92	2 780,91	1 554,37	2 401,44	2 701,62	1 449,53	2 330,96	2 622,33	1 344,70	2 260,48	2 543,04	1 239,98	2 190,08	2 463,84
	VI	38 729	2 130,09	3 098,32	3 485,61																				
112 535,99 Ost	I,IV	32 818	1 804,99	2 625,44	2 953,62	I	32 818	1 677,90	2 484,48	2 795,04	1 468,34	2 343,60	2 636,55	1 258,66	2 202,64	2 477,97	1 049,10	2 061,76	2 319,48	839,42	1 920,80	2 160,90	629,86	1 779,92	2 002,41
	II	32 016	1 760,88	2 561,28	2 881,44	II	32 016	1 582,58	2 420,40	2 722,95	1 372,90	2 279,44	2 564,37	1 163,34	2 138,56	2 405,88	953,66	1 997,60	2 247,30	744,10	1 856,72	2 088,81	534,42	1 715,76	1 930,23
	III	23 946	—	1 915,68	2 155,14	III	23 946	—	1 787,36	2 010,78	—	1 662,08	1 869,84	—	1 539,68	1 732,14	—	1 420,16	1 597,68	—	1 303,68	1 466,64	—	1 190,08	1 338,84
	V	38 451	2 114,80	3 076,08	3 460,59	IV	32 818	1 756,53	2 554,96	2 874,33	1 677,90	2 484,48	2 795,04	1 573,06	2 414,—	2 715,75	1 468,34	2 343,60	2 636,55	1 363,50	2 273,12	2 557,26	1 258,66	2 202,64	2 477,97
	VI	38 886	2 138,73	3 110,88	3 499,74																				
112 571,99 West	I,IV	32 675	1 797,12	2 614,—	2 940,75	I	32 675	1 661,—	2 473,12	2 782,26	1 451,32	2 332,16	2 623,68	1 241,76	2 191,28	2 465,19	1 032,08	2 050,32	2 306,61	822,52	1 909,44	2 148,12	612,85	1 768,48	1 989,54
	II	31 874	1 753,07	2 549,92	2 868,66	II	31 874	1 565,56	2 408,96	2 710,08	1 356,—	2 268,08	2 551,59	1 146,32	2 127,12	2 393,01	936,76	1 986,24	2 234,52	727,09	1 845,28	2 075,94	517,53	1 704,40	1 917,45
	III	23 814	—	1 905,12	2 143,26	III	23 814	—	1 777,12	1 999,26	—	1 652,—	1 858,50	—	1 529,92	1 721,16	—	1 410,56	1 586,88	—	1 294,40	1 456,20	—	1 180,96	1 328,58
	V	38 309	2 106,99	3 064,72	3 447,81	IV	32 675	1 748,67	2 543,52	2 861,46	1 661,—	2 473,12	2 782,26	1 556,16	2 402,64	2 702,97	1 451,32	2 332,16	2 623,68	1 346,48	2 261,68	2 544,39	1 241,76	2 191,28	2 465,19
	VI	38 744	2 130,92	3 099,52	3 486,96																				
112 571,99 Ost	I,IV	32 833	1 805,81	2 626,64	2 954,97	I	32 833	1 679,68	2 485,68	2 796,39	1 470,12	2 344,80	2 637,90	1 260,44	2 203,84	2 479,32	1 050,88	2 062,96	2 320,83	841,21	1 922,—	2 162,25	631,65	1 781,12	2 003,76
	II	32 031	1 761,70	2 562,48	2 882,79	II	32 031	1 584,36	2 421,60	2 724,30	1 374,68	2 280,64	2 565,72	1 165,12	2 139,76	2 407,23	955,45	1 998,80	2 248,65	745,89	1 857,92	2 090,16	536,21	1 716,96	1 931,58
	III	23 960	—	1 916,80	2 156,40	III	23 960	—	1 788,48	2 012,04	—	1 663,04	1 870,92	—	1 540,64	1 733,22	—	1 421,28	1 598,94	—	1 304,64	1 467,72	—	1 191,04	1 339,92
	V	38 466	2 115,63	3 077,28	3 461,94	IV	32 833	1 757,36	2 556,16	2 875,68	1 679,68	2 485,68	2 796,39	1 574,84	2 415,20	2 717,10	1 470,12	2 344,80	2 637,90	1 365,28	2 274,32	2 558,61	1 260,44	2 203,84	2 479,32
	VI	38 902	2 139,61	3 112,16	3 501,18																				
112 607,99 West	I,IV	32 690	1 797,95	2 615,20	2 942,10	I	32 690	1 662,78	2 474,32	2 783,61	1 453,10	2 333,36	2 625,03	1 243,55	2 192,48	2 466,54	1 033,87	2 051,52	2 307,96	824,31	1 910,64	2 149,47	614,63	1 769,68	1 990,89
	II	31 889	1 753,89	2 551,12	2 870,01	II	31 889	1 567,34	2 410,16	2 711,43	1 357,79	2 269,28	2 552,94	1 148,11	2 128,32	2 394,36	938,55	1 987,44	2 235,87	728,87	1 846,48	2 077,29	519,31	1 705,60	1 918,80
	III	23 828	—	1 906,24	2 144,52	III	23 828	—	1 778,24	2 000,52	—	1 653,12	1 859,76	—	1 530,88	1 722,24	—	1 411,68	1 588,14	—	1 295,36	1 457,28	—	1 181,92	1 329,66
	V	38 324	2 107,82	3 065,92	3 449,16	IV	32 690	1 749,55	2 544,80	2 862,90	1 662,78	2 474,32	2 783,61	1 557,94	2 403,84	2 704,32	1 453,10	2 333,36	2 625,03	1 348,38	2 262,96	2 545,83	1 243,55	2 192,48	2 466,54
	VI	38 759	2 131,74	3 100,72	3 488,31																				
112 607,99 Ost	I,IV	32 848	1 806,64	2 627,84	2 956,32	I	32 848	1 681,47	2 486,88	2 797,74	1 471,91	2 346,—	2 639,25	1 262,23	2 205,04	2 480,67	1 052,67	2 064,16	2 322,18	842,99	1 923,20	2 163,60	633,43	1 782,32	2 005,11
	II	32 046	1 762,53	2 563,68	2 884,14	II	32 046	1 586,15	2 422,80	2 725,65	1 376,47	2 281,84	2 567,07	1 166,91	2 140,96	2 408,58	957,23	2 000,—	2 250,—	747,67	1 859,12	2 091,51	538,11	1 718,24	1 933,02
	III	23 974	—	1 917,92	2 157,66	III	23 974	—	1 789,60	2 013,30	—	1 664,16	1 872,18	—	1 541,76	1 734,48	—	1 422,24	1 600,02	—	1 305,60	1 468,80	—	1 192,—	1 341,—
	V	38 482	2 116,51	3 078,56	3 463,38	IV	32 848	1 758,18	2 557,36	2 877,03	1 681,47	2 486,88	2 797,74	1 576,75	2 416,48	2 718,54	1 471,91	2 346,—	2 639,25	1 367,07	2 275,52	2 559,96	1 262,23	2 205,04	2 480,67
	VI	38 917	2 140,43	3 113,36	3 502,53																				
112 643,99 West	I,IV	32 705	1 798,77	2 616,40	2 943,45	I	32 705	1 664,57	2 475,52	2 784,96	1 454,89	2 334,56	2 626,38	1 245,33	2 193,68	2 467,89	1 035,65	2 052,72	2 309,31	826,09	1 911,84	2 150,82	616,42	1 770,88	1 992,24
	II	31 904	1 754,72	2 552,32	2 871,36	II	31 904	1 569,25	2 411,44	2 712,87	1 359,57	2 270,48	2 554,29	1 150,01	2 129,60	2 395,80	940,33	1 988,64	2 237,22	730,77	1 847,76	2 078,73	521,10	1 706,80	1 920,15
	III	23 842	—	1 907,36	2 145,78	III	23 842	—	1 779,36	2 001,78	—	1 654,08	1 860,84	—	1 532,—	1 723,50	—	1 412,64	1 589,22	—	1 296,32	1 458,36	—	1 182,88	1 330,74
	V	38 339	2 108,64	3 067,12	3 450,51	IV	32 705	1 750,37	2 546,—	2 864,25	1 664,57	2 475,52	2 784,96	1 559,73	2 405,04	2 705,67	1 454,89	2 334,56	2 626,38	1 350,17	2 264,16	2 547,18	1 245,33	2 193,68	2 467,89
	VI	38 774	2 132,57	3 101,92	3 489,66																				
112 643,99 Ost	I,IV	32 863	1 807,46	2 629,04	2 957,67	I	32 863	1 683,25	2 488,08	2 799,09	1 473,69	2 347,20	2 640,60	1 264,01	2 206,24	2 482,02	1 054,45	2 065,36	2 323,53	844,78	1 924,40	2 164,95	635,22	1 783,52	2 006,46
	II	32 062	1 763,41	2 564,96	2 885,58	II	32 062	1 587,93	2 424,—	2 727,—	1 378,37	2 283,12	2 568,51	1 168,69	2 142,16	2 409,93	959,14	2 001,28	2 251,44	749,46	1 860,32	2 092,86	539,90	1 719,44	1 934,37
	III	23 988	—	1 919,04	2 158,92	III	23 988	—	1 790,72	2 014,56	—	1 665,28	1 873,44	—	1 542,72	1 735,56	—	1 423,20	1 601,10	—	1 306,56	1 469,88	—	1 192,96	1 342,08
	V	38 497	2 117,33	3 079,76	3 464,73	IV	32 863	1 759,01	2 558,56	2 878,38	1 683,25	2 488,08	2 799,09	1 578,53	2 417,68	2 719,89	1 473,69	2 347,20	2 640,60	1 368,85	2 276,72	2 561,31	1 264,01	2 206,24	2 482,02
	VI	38 932	2 141,26	3 114,56	3 503,88																				
112 679,99 West	I,IV	32 720	1 799,60	2 617,60	2 944,80	I	32 720	1 666,35	2 476,72	2 786,31	1 456,79	2 335,84	2 627,82	1 247,12	2 194,88	2 469,24	1 037,56	2 054,—	2 310,75	827,88	1 913,04	2 152,17	618,32	1 772,16	1 993,68
	II	31 919	1 755,54	2 553,52	2 872,71	II	31 919	1 571,03	2 412,64	2 714,22	1 361,36	2 271,68	2 555,64	1 151,80	2 130,80	2 397,15	942,12	1 989,84	2 238,57	732,56	1 848,96	2 080,08	522,88	1 708,—	1 921,50
	III	23 856	—	1 908,48	2 147,04	III	23 856	—	1 780,32	2 002,86	—	1 655,20	1 862,10	—	1 532,96	1 724,58	—	1 413,60	1 590,30	—	1 297,28	1 459,44	—	1 183,84	1 331,82
	V	38 354	2 109,47	3 068,32	3 451,86	IV	32 720	1 751,20	2 547,20	2 865,60	1 666,35	2 476,72	2 786,31	1 561,51	2 406,24	2 707,02	1 456,79	2 335,84	2 627,82	1 351,95	2 265,36	2 548,53	1 247,12	2 194,88	2 469,24
	VI	38 789	2 133,39	3 103,12	3 491,01																				
112 679,99 Ost	I,IV	32 878	1 808,29	2 630,24	2 959,02	I	32 878	1 685,15	2 489,36	2 800,53	1 475,48	2 348,40	2 641,95	1 265,92	2 207,52	2 483,46	1 056,24	2 066,56	2 324,88	846,68	1 925,68	2 166,39	637,—	1 784,72	2 007,81
	II	32 077	1 764,23	2 566,16	2 886,93	II	32 077	1 589,72	2 425,20	2 728,35	1 380,16	2 284,32	2 569,86	1 170,48	2 143,36	2 411,28	960,92	2 002,48	2 252,79	751,24	1 861,52	2 094,21	541,68	1 720,64	1 935,72
	III	24 002	—	1 920,16	2 160,18	III	24 002	—	1 791,68	2 015,64	—	1 666,24	1 874,52	—	1 543,84	1 736,82	—	1 424,32	1 602,36	—	1 307,68	1 471,14	—	1 193,92	1 343,16
	V	38 512	2 118,16	3 080,96	3 466,08	IV	32 878	1 759,83	2 559,76	2 879,73	1 685,15	2 489,36	2 800,53	1 580,32	2 418,88	2 721,24	1 475,48	2 348,40	2 641,95	1 370,64	2 277,92	2 562,66	1 265,92	2 207,52	2 483,46
	VI	38 947	2 142,08	3 115,76	3 505,23																				
112 715,99 West	I,IV	32 736	1 800,48	2 618,88	2 946,24	I	32 736	1 668,14	2 477,92	2 787,66	1 458,58	2 337,04	2 629,17	1 248,90	2 196,08	2 470,59	1 039,34	2 055,20	2 312,10	829,66	1 914,24	2 153,52	620,10	1 773,36	1 995,03
	II	31 934	1 756,37	2 554,72	2 874,06	II	31 934	1 572,82	2 413,84	2 715,57	1 363,14	2 272,88	2 556,99	1 153,58	2 132,—	2 398,50	943,90	1 991,04	2 239,92	734,34	1 850,16	2 081,43	524,67	1 709,20	1 922,85
	III	23 870	—	1 909,60	2 148,30	III	23 870	—	1 781,44	2 004,12	—	1 656,32	1 863,36	—	1 534,08	1 725,84	—	1 414,72	1 591,56	—	1 298,24	1 460,52	—	1 184,80	1 332,90
	V	38 369	2 110,29	3 069,52	3 453,21	IV	32 736	1 752,02	2 548,40	2 866,95	1 668,14	2 477,92	2 787,66	1 563,30	2 407,44	2 708,37	1 458,58	2 337,04	2 629,17	1 353,74	2 266,56	2 549,88	1 248,90	2 196,08	2 470,59
	VI	38 805	2 134,27	3 104,40	3 492,45																				
112 715,99 Ost	I,IV	32 893	1 809,11	2 631,44	2 960,37	I	32 893	1 686,94	2 490,56	2 801,88	1 477,26	2 349,60	2 643,30	1 267,70	2 208,72	2 484,81	1 058,02	2 067,76	2 326,23	848,47	1 926,88	2 167,74	638,79	1 785,92	2 009,16
	II	32 092	1 765,06	2 567,36	2 888,28	II	32 092	1 591,50	2 426,40	2 729,70	1 381,94	2 285,52	2 571,21	1 172,26	2 144,56	2 412,63	962,71	2 003,68	2 254,14	753,03	1 862,72	2 095,56	543,47	1 721,84	1 937,07
	III	24 016	—	1 921,28	2 161,44	III	24 016	—	1 792,80	2 016,90	—	1 667,36	1 875,78	—	1 544,80	1 737,90	—	1 425,28	1 603,44	—	1 308,64	1 472,22	—	1 194,88	1 344,24
	V	38 527	2 118,98	3 082,16	3 467,43	IV	32 893	1 760,66	2 560,96	2 881,08	1 686,94	2 490,56	2 801,88	1 582,10	2 420,08	2 722,59	1 477,26	2 349,60	2 643,30	1 372,42	2 279,12	2 564,01	1 267,70	2 208,72	2 484,81
	VI	38 962	2 142,91	3 116,96	3 506,58																				
112 751,99 West	I,IV	32 751	1 801,30	2 620,08	2 947,59	I	32 751	1 669,92	2 479,12	2 789,01	1 460,36	2 338,24	2 630,52	1 250,69	2 197,28	2 471,94	1 041,13	2 056,40	2 313,45	831,45	1 915,44	2 154,87	621,89	1 774,56	1 996,38
	II	31 949	1 757,19	2 555,92	2 875,41	II	31 949	1 574,60	2 415,04	2 716,92	1 364,93	2 274,08	2 558,34	1 155,37	2 133,20	2 399,85	945,69	1 992,24	2 241,27	736,13	1 851,36	2 082,78	526,45	1 710,40	1 924,20
	III	23 884	—	1 910,72	2 149,56	III	23 884	—	1 782,56	2 005,38	—	1 657,28	1 864,44	—	1 535,04	1 726,92	—	1 415,68	1 592,64	—	1 299,36	1 461,78	—	1 185,76	1 333,98
	V	38 385	2 111,17	3 070,80	3 454,65	IV	32 751	1 752,85	2 549,60	2 868,30	1 669,92	2 479,12	2 789,01	1 565,20	2 408,72	2 709,81	1 460,36	2 338,24	2 630,52	1 355,52	2 267,76	2 551,23	1 250,69	2 197,28	2 471,94
	VI	38 820	2 135,10	3 105,60	3 493,80																				
112 751,99 Ost	I,IV	32 908	1 809,94	2 632,64	2 961,72	I	32 908	1 688,72	2 491,76	2 803,23	1 479,05	2 350,80	2 644,65	1 269,49	2 209,92	2 486,16	1 059,81	2 068,96	2 327,58	850,25	1 928,08	2 169,09	640,57	1 787,12	2 010,51
	II	32 107	1 765,88	2 568,56	2 889,63	II	32 107	1 593,29	2 427,60	2 731,05	1 383,73	2 286,72	2 572,56	1 174,05	2 145,76	2 413,98	964,49	2 004,88	2 255,49	754,81	1 863,92	2 096,91	545,25	1 723,04	1 938,42
	III	24 030	—	1 922,40	2 162,70	III	24 030	—	1 793,92	2 018,16	—	1 668,48	1 877,04	—	1 545,92	1 739,16	—	1 426,24	1 604,52	—	1 309,60	1 473,30	—	1 195,84	1 345,32
	V	38 542	2 119,81	3 083,36	3 468,78	IV	32 908	1 761,48	2 562,16	2 882,43	1 688,72	2 491,76	2 803,23	1 583,89	2 421,28	2 723,94	1 479,05	2 350,80	2 644,65	1 374,33	2 280,40	2 565,45	1 269,49	2 209,92	2 486,16
	VI	38 977	2 143,73	3 118,16	3 507,93																				

* Die ausgewiesenen Tabellenwerte sind amtlich. Siehe Erläuterungen auf der Umschlaginnenseite (U2).

JAHR 112 752,–*

Abzüge an Lohnsteuer, Solidaritätszuschlag (SolZ) und Kirchensteuer (8%, 9%) in den Steuerklassen

Lohn/ Gehalt bis €*	I – VI		ohne Kinderfreibeträge			I, II, III, IV		mit Zahl der Kinderfreibeträge . . . 0,5			1			1,5			2			2,5			3		
		LSt	SolZ	8%	9%		LSt	SolZ	8%	9%	SolZ	8%	9%	SolZ	8%	9%	SolZ	8%	9%	SolZ	8%	9%	SolZ	8%	9%
112 787,99 West	I,IV	32 766	1 802,13	2 621,28	2 948,94	I	32 766	1 671,71	2 480,32	2 790,36	1 462,15	2 339,44	2 631,87	1 252,47	2 198,48	2 473,29	1 042,91	2 057,60	2 314,80	833,23	1 916,64	2 156,22	623,67	1 775,76	1 997,73
	II	31 964	1 758,02	2 557,12	2 876,76	II	31 964	1 576,39	2 416,24	2 718,27	1 366,83	2 275,36	2 559,78	1 157,15	2 134,40	2 401,20	947,59	1 993,52	2 242,71	737,91	1 852,56	2 084,13	528,36	1 711,68	1 925,64
	III	23 898	—	1 911,84	2 150,82	III	23 898	—	1 783,68	2 006,64	—	1 658,40	1 865,70	—	1 536,16	1 728,18	—	1 416,64	1 593,72	—	1 300,32	1 462,86	—	1 186,72	1 335,06
	V	38 400	2 112,—	3 072,—	3 456,—	IV	32 766	1 753,67	2 550,80	2 869,65	1 671,71	2 480,32	2 790,36	1 566,99	2 409,92	2 711,16	1 462,15	2 339,44	2 631,87	1 357,31	2 268,96	2 552,58	1 252,47	2 198,48	2 473,29
	VI	38 835	2 135,92	3 106,80	3 495,15																				
112 787,99 Ost	I,IV	32 923	1 810,76	2 633,84	2 963,07	I	32 923	1 690,51	2 492,96	2 804,58	1 480,83	2 352,—	2 646,—	1 271,27	2 211,12	2 487,51	1 061,59	2 070,16	2 328,93	852,04	1 929,28	2 170,44	642,36	1 788,32	2 011,86
	II	32 122	1 766,71	2 569,76	2 890,98	II	32 122	1 595,19	2 428,88	2 732,49	1 385,51	2 287,92	2 573,91	1 175,95	2 147,04	2 415,42	966,28	2 006,08	2 256,84	756,72	1 865,20	2 098,35	547,04	1 724,24	1 939,77
	III	24 044	—	1 923,52	2 163,96	III	24 044	—	1 795,04	2 019,42	—	1 669,44	1 878,12	—	1 546,88	1 740,24	—	1 427,36	1 605,78	—	1 310,56	1 474,38	—	1 196,80	1 346,40
	V	38 557	2 120,63	3 084,56	3 470,13	IV	32 923	1 762,36	2 563,44	2 883,87	1 690,51	2 492,96	2 804,58	1 585,67	2 422,48	2 725,29	1 480,83	2 352,—	2 646,—	1 376,11	2 281,60	2 566,80	1 271,27	2 211,12	2 487,51
	VI	38 992	2 144,56	3 119,36	3 509,28																				
112 823,99 West	I,IV	32 781	1 802,95	2 622,48	2 950,29	I	32 781	1 673,49	2 481,52	2 791,71	1 463,93	2 340,64	2 633,22	1 254,37	2 199,76	2 474,73	1 044,70	2 058,80	2 316,15	835,14	1 917,92	2 157,66	625,46	1 776,96	1 999,08
	II	31 980	1 758,90	2 558,40	2 878,20	II	31 980	1 578,17	2 417,44	2 719,62	1 368,61	2 276,56	2 561,13	1 158,94	2 135,60	2 402,55	949,38	1 994,72	2 244,06	739,70	1 853,76	2 085,48	530,14	1 712,88	1 926,99
	III	23 912	—	1 912,96	2 152,08	III	23 912	—	1 784,80	2 007,90	—	1 659,52	1 866,96	—	1 537,12	1 729,26	—	1 417,76	1 594,98	—	1 301,28	1 463,94	—	1 187,68	1 336,14
	V	38 415	2 112,82	3 073,20	3 457,35	IV	32 781	1 754,50	2 552,—	2 871,—	1 673,49	2 481,52	2 791,71	1 568,77	2 411,12	2 712,51	1 463,93	2 340,64	2 633,22	1 359,09	2 270,16	2 553,93	1 254,37	2 199,76	2 474,73
	VI	38 850	2 136,75	3 108,—	3 496,50																				
112 823,99 Ost	I,IV	32 938	1 811,59	2 635,04	2 964,42	I	32 938	1 692,29	2 494,16	2 805,93	1 482,74	2 353,28	2 647,44	1 273,06	2 212,32	2 488,86	1 063,50	2 071,44	2 330,37	853,82	1 930,48	2 171,79	644,26	1 789,60	2 013,30
	II	32 137	1 767,53	2 570,96	2 892,33	II	32 137	1 596,98	2 430,08	2 733,84	1 387,30	2 289,12	2 575,26	1 177,74	2 148,24	2 416,77	968,06	2 007,28	2 258,19	758,50	1 866,40	2 099,70	548,82	1 725,44	1 941,12
	III	24 058	—	1 924,64	2 165,22	III	24 058	—	1 796,16	2 020,68	—	1 670,56	1 879,38	—	1 548,—	1 741,50	—	1 428,32	1 606,86	—	1 311,52	1 475,46	—	1 197,76	1 347,48
	V	38 572	2 121,46	3 085,76	3 471,48	IV	32 938	1 763,19	2 564,64	2 885,22	1 692,29	2 494,16	2 805,93	1 587,46	2 423,68	2 726,64	1 482,74	2 353,28	2 647,44	1 377,90	2 282,80	2 568,15	1 273,06	2 212,32	2 488,86
	VI	39 007	2 145,38	3 120,56	3 510,63																				
112 859,99 West	I,IV	32 796	1 803,78	2 623,68	2 951,64	I	32 796	1 675,40	2 482,80	2 793,15	1 465,72	2 341,84	2 634,57	1 256,16	2 200,96	2 476,08	1 046,48	2 060,—	2 317,50	836,92	1 919,12	2 159,01	627,24	1 778,16	2 000,43
	II	31 995	1 759,72	2 559,60	2 879,55	II	31 995	1 579,96	2 418,64	2 720,97	1 370,40	2 277,76	2 562,48	1 160,72	2 136,80	2 403,90	951,16	1 995,92	2 245,41	741,48	1 854,96	2 086,83	531,93	1 714,08	1 928,34
	III	23 926	—	1 914,08	2 153,34	III	23 926	—	1 785,76	2 008,98	—	1 660,48	1 868,04	—	1 538,08	1 730,34	—	1 418,72	1 596,06	—	1 302,24	1 465,02	—	1 188,64	1 337,22
	V	38 430	2 113,65	3 074,40	3 458,70	IV	32 796	1 755,32	2 553,20	2 872,35	1 675,40	2 482,80	2 793,15	1 570,56	2 412,32	2 713,86	1 465,72	2 341,84	2 634,57	1 360,88	2 271,36	2 555,28	1 256,16	2 200,96	2 476,08
	VI	38 865	2 137,57	3 109,20	3 497,85																				
112 859,99 Ost	I,IV	32 954	1 812,47	2 636,32	2 965,86	I	32 954	1 694,08	2 495,36	2 807,28	1 484,52	2 354,48	2 648,79	1 274,84	2 213,52	2 490,21	1 065,28	2 072,64	2 331,72	855,61	1 931,68	2 173,14	646,05	1 790,80	2 014,65
	II	32 152	1 768,36	2 572,16	2 893,68	II	32 152	1 598,76	2 431,28	2 735,19	1 389,08	2 290,32	2 576,61	1 179,52	2 149,44	2 418,12	969,85	2 008,48	2 259,54	760,29	1 867,60	2 101,05	550,61	1 726,64	1 942,47
	III	24 072	—	1 925,76	2 166,48	III	24 072	—	1 797,12	2 021,76	—	1 671,68	1 880,64	—	1 548,96	1 742,58	—	1 429,28	1 607,94	—	1 312,64	1 476,72	—	1 198,72	1 348,56
	V	38 587	2 122,28	3 086,96	3 472,83	IV	32 954	1 764,01	2 565,84	2 886,57	1 694,08	2 495,36	2 807,28	1 589,24	2 424,88	2 727,99	1 484,52	2 354,48	2 648,79	1 379,68	2 284,—	2 569,50	1 274,84	2 213,52	2 490,21
	VI	39 023	2 146,26	3 121,84	3 512,07																				
112 895,99 West	I,IV	32 811	1 804,60	2 624,88	2 952,99	I	32 811	1 677,18	2 484,—	2 794,50	1 467,50	2 343,04	2 635,92	1 257,94	2 202,16	2 477,43	1 048,27	2 061,20	2 318,85	838,71	1 920,32	2 160,36	629,03	1 779,36	2 001,78
	II	32 010	1 760,55	2 560,80	2 880,90	II	32 010	1 581,74	2 419,84	2 722,32	1 372,18	2 278,96	2 563,83	1 162,51	2 138,—	2 405,25	952,95	1 997,12	2 246,76	743,27	1 856,16	2 088,18	533,71	1 715,28	1 929,69
	III	23 940	—	1 915,20	2 154,60	III	23 940	—	1 786,88	2 010,24	—	1 661,60	1 869,30	—	1 539,20	1 731,60	—	1 419,68	1 597,14	—	1 303,20	1 466,10	—	1 189,60	1 338,30
	V	38 445	2 114,47	3 075,60	3 460,05	IV	32 811	1 756,15	2 554,40	2 873,70	1 677,18	2 484,—	2 794,50	1 572,34	2 413,52	2 715,21	1 467,50	2 343,04	2 635,92	1 362,78	2 272,64	2 556,72	1 257,94	2 202,16	2 477,43
	VI	38 880	2 138,40	3 110,40	3 499,20																				
112 895,99 Ost	I,IV	32 969	1 813,29	2 637,52	2 967,21	I	32 969	1 695,86	2 496,56	2 808,63	1 486,31	2 355,68	2 650,14	1 276,63	2 214,72	2 491,56	1 067,07	2 073,84	2 333,07	857,39	1 932,88	2 174,49	647,83	1 792,—	2 016,—
	II	32 167	1 769,18	2 573,36	2 895,03	II	32 167	1 600,55	2 432,48	2 736,54	1 390,87	2 291,52	2 577,96	1 181,31	2 150,64	2 419,47	971,63	2 009,68	2 260,89	762,07	1 868,80	2 102,40	552,39	1 727,84	1 943,82
	III	24 086	—	1 926,88	2 167,74	III	24 086	—	1 798,24	2 023,02	—	1 672,64	1 881,72	—	1 550,08	1 743,84	—	1 430,40	1 609,20	—	1 313,60	1 477,80	—	1 199,68	1 349,64
	V	38 603	2 123,16	3 088,24	3 474,27	IV	32 969	1 764,84	2 567,04	2 887,92	1 695,86	2 496,56	2 808,63	1 591,03	2 426,08	2 729,34	1 486,31	2 355,68	2 650,14	1 381,47	2 285,20	2 570,85	1 276,63	2 214,72	2 491,56
	VI	39 038	2 147,09	3 123,04	3 513,42																				
112 931,99 West	I,IV	32 826	1 805,43	2 626,08	2 954,34	I	32 826	1 678,97	2 485,20	2 795,85	1 469,29	2 344,24	2 637,27	1 259,73	2 203,36	2 478,78	1 050,05	2 062,40	2 320,20	840,49	1 921,52	2 161,71	630,81	1 780,56	2 003,13
	II	32 025	1 761,37	2 562,—	2 882,25	II	32 025	1 583,53	2 421,04	2 723,67	1 373,97	2 280,16	2 565,18	1 164,41	2 139,28	2 406,69	954,73	1 998,32	2 248,11	745,17	1 857,44	2 089,62	535,50	1 716,48	1 931,04
	III	23 954	—	1 916,32	2 155,86	III	23 954	—	1 788,—	2 011,50	—	1 662,72	1 870,56	—	1 540,16	1 732,68	—	1 420,80	1 598,40	—	1 304,16	1 467,18	—	1 190,56	1 339,38
	V	38 460	2 115,30	3 076,80	3 461,40	IV	32 826	1 757,03	2 555,68	2 875,14	1 678,97	2 485,20	2 795,85	1 574,13	2 414,72	2 716,56	1 469,29	2 344,24	2 637,27	1 364,57	2 273,84	2 558,07	1 259,73	2 203,36	2 478,78
	VI	38 895	2 139,22	3 111,60	3 500,55																				
112 931,99 Ost	I,IV	32 984	1 814,12	2 638,72	2 968,56	I	32 984	1 697,65	2 497,76	2 809,98	1 488,09	2 356,88	2 651,49	1 278,41	2 215,92	2 492,91	1 068,85	2 075,04	2 334,42	859,18	1 934,08	2 175,84	649,62	1 793,20	2 017,35
	II	32 182	1 770,01	2 574,56	2 896,38	II	32 182	1 602,33	2 433,68	2 737,89	1 392,77	2 292,80	2 579,40	1 183,09	2 151,84	2 420,82	973,53	2 010,96	2 262,33	763,86	1 870,—	2 103,75	554,30	1 729,12	1 945,26
	III	24 100	—	1 928,—	2 169,—	III	24 100	—	1 799,36	2 024,28	—	1 673,76	1 882,98	—	1 551,04	1 744,92	—	1 431,36	1 610,28	—	1 314,56	1 478,88	—	1 200,64	1 350,72
	V	38 618	2 123,99	3 089,44	3 475,62	IV	32 984	1 765,66	2 568,24	2 889,27	1 697,65	2 497,76	2 809,98	1 592,93	2 427,36	2 730,78	1 488,09	2 356,88	2 651,49	1 383,25	2 286,40	2 572,20	1 278,41	2 215,92	2 492,91
	VI	39 053	2 147,91	3 124,24	3 514,77																				
112 967,99 West	I,IV	32 841	1 806,25	2 627,28	2 955,69	I	32 841	1 680,75	2 486,40	2 797,20	1 471,07	2 345,44	2 638,62	1 261,51	2 204,56	2 480,13	1 051,96	2 063,68	2 321,64	842,28	1 922,72	2 163,06	632,72	1 781,84	2 004,57
	II	32 040	1 762,20	2 563,20	2 883,60	II	32 040	1 585,43	2 422,32	2 725,11	1 375,75	2 281,36	2 566,53	1 166,20	2 140,48	2 408,04	956,52	1 999,52	2 249,46	746,96	1 858,64	2 090,97	537,28	1 717,68	1 932,39
	III	23 968	—	1 917,44	2 157,12	III	23 968	—	1 789,12	2 012,76	—	1 663,68	1 871,64	—	1 541,28	1 733,94	—	1 421,76	1 599,48	—	1 305,28	1 468,44	—	1 191,52	1 340,46
	V	38 475	2 116,12	3 078,—	3 462,75	IV	32 841	1 757,85	2 556,88	2 876,49	1 680,75	2 486,40	2 797,20	1 575,91	2 415,92	2 717,91	1 471,07	2 345,44	2 638,62	1 366,35	2 275,04	2 559,42	1 261,51	2 204,56	2 480,13
	VI	38 910	2 140,05	3 112,80	3 501,90																				
112 967,99 Ost	I,IV	32 999	1 814,94	2 639,92	2 969,91	I	32 999	1 699,43	2 498,96	2 811,33	1 489,88	2 358,08	2 652,84	1 280,32	2 217,20	2 494,35	1 070,64	2 076,24	2 335,77	861,08	1 935,36	2 177,28	651,40	1 794,40	2 018,70
	II	32 198	1 770,89	2 575,84	2 897,82	II	32 198	1 604,12	2 434,88	2 739,24	1 394,56	2 294,—	2 580,75	1 184,88	2 153,04	2 422,17	975,32	2 012,16	2 263,68	765,64	1 871,20	2 105,10	556,08	1 730,32	1 946,61
	III	24 114	—	1 929,12	2 170,26	III	24 114	—	1 800,48	2 025,54	—	1 674,88	1 884,24	—	1 552,16	1 746,18	—	1 432,32	1 611,36	—	1 315,52	1 479,96	—	1 201,60	1 351,80
	V	38 633	2 124,81	3 090,64	3 476,97	IV	32 999	1 766,49	2 569,44	2 890,62	1 699,43	2 498,96	2 811,33	1 594,71	2 428,56	2 732,13	1 489,88	2 358,08	2 652,84	1 385,04	2 287,60	2 573,55	1 280,32	2 217,20	2 494,35
	VI	39 068	2 148,74	3 125,44	3 516,12																				
113 003,99 West	I,IV	32 857	1 807,13	2 628,56	2 957,13	I	32 857	1 682,54	2 487,60	2 798,55	1 472,98	2 346,72	2 640,06	1 263,30	2 205,76	2 481,48	1 053,74	2 064,88	2 322,99	844,06	1 923,92	2 164,41	634,50	1 783,04	2 005,92
	II	32 055	1 763,02	2 564,40	2 884,95	II	32 055	1 587,22	2 423,52	2 726,46	1 377,54	2 282,56	2 567,88	1 167,98	2 141,68	2 409,39	958,30	2 000,72	2 250,81	748,74	1 859,84	2 092,32	539,07	1 718,88	1 933,74
	III	23 982	—	1 918,56	2 158,38	III	23 982	—	1 790,24	2 014,02	—	1 664,80	1 872,90	—	1 542,24	1 735,02	—	1 422,72	1 600,56	—	1 306,24	1 469,52	—	1 192,48	1 341,54
	V	38 490	2 116,95	3 079,20	3 464,10	IV	32 857	1 758,68	2 558,08	2 877,84	1 682,54	2 487,60	2 798,55	1 577,70	2 417,12	2 719,26	1 472,98	2 346,72	2 640,06	1 368,14	2 276,24	2 560,77	1 263,30	2 205,76	2 481,48
	VI	38 926	2 140,93	3 114,08	3 503,34																				
113 003,99 Ost	I,IV	33 014	1 815,77	2 641,12	2 971,26	I	33 014	1 701,34	2 500,24	2 812,77	1 491,66	2 359,28	2 654,19	1 282,10	2 218,40	2 495,70	1 072,42	2 077,44	2 337,12	862,86	1 936,56	2 178,63	653,19	1 795,60	2 020,05
	II	32 213	1 771,71	2 577,04	2 899,17	II	32 213	1 605,90	2 436,08	2 740,59	1 396,34	2 295,20	2 582,10	1 186,66	2 154,24	2 423,52	977,10	2 013,36	2 265,03	767,43	1 872,40	2 106,45	557,87	1 731,52	1 947,96
	III	24 128	—	1 930,24	2 171,52	III	24 128	—	1 801,60	2 026,80	—	1 675,84	1 885,32	—	1 553,12	1 747,26	—	1 433,44	1 612,62	—	1 316,48	1 481,04	—	1 202,56	1 352,88
	V	38 648	2 125,64	3 091,84	3 478,32	IV	33 014	1 767,31	2 570,64	2 891,97	1 701,34	2 500,24	2 812,77	1 596,50	2 429,76	2 733,48	1 491,66	2 359,28	2 654,19	1 386,82	2 288,80	2 574,90	1 282,10	2 218,40	2 495,70
	VI	39 083	2 149,56	3 126,64	3 517,47																				
113 039,99 West	I,IV	32 872	1 807,96	2 629,76	2 958,48	I	32 872	1 684,32	2 488,80	2 799,90	1 474,76	2 347,92	2 641,41	1 265,08	2 206,96	2 482,83	1 055,53	2 066,08	2 324,34	845,85	1 925,12	2 165,76	636,29	1 784,24	2 007,27
	II	32 070	1 763,85	2 565,60	2 886,30	II	32 070	1 589,—	2 424,72	2 727,81	1 379,32	2 283,76	2 569,23	1 169,77	2 142,88	2 410,74	960,09	2 001,92	2 252,16	750,53	1 861,04	2 093,67	540,85	1 720,08	1 935,09
	III	23 996	—	1 919,68	2 159,64	III	23 996	—	1 791,20	2 015,10	—	1 665,76	1 873,98	—	1 543,36	1 736,28	—	1 423,84	1 601,82	—	1 307,20	1 470,60	—	1 193,44	1 342,62
	V	38 506	2 117,83	3 080,48	3 465,54	IV	32 872	1 759,50	2 559,28	2 879,19	1 684,32	2 488,80	2 799,90	1 579,48	2 418,32	2 720,61	1 474,76	2 347,92	2 641,41	1 369,92	2 277,44	2 562,12	1 265,08	2 206,96	2 482,83
	VI	38 941	2 141,75	3 115,28	3 504,69																				
113 039,99 Ost	I,IV	33 029	1 816,59	2 642,32	2 972,61	I	33 029	1 703,12	2 501,44	2 814,12	1 493,45	2 360,48	2 655,54	1 283,89	2 219,60	2 497,05	1 074,21	2 078,64	2 338,47	864,65	1 937,76	2 179,98	654,97	1 796,80	2 021,40
	II	32 228	1 772,54	2 578,24	2 900,52	II	32 228	1 607,69	2 437,28	2 741,94	1 398,13	2 296,40	2 583,45	1 188,45	2 155,44	2 424,87	978,89	2 014,56	2 266,38	769,21	1 873,60	2 107,80	559,65	1 732,72	1 949,31
	III	24 142	—	1 931,36	2 172,78	III	24 142	—	1 802,72	2 028,06	—	1 676,96	1 886,58	—	1 554,24	1 748,52	—	1 434,40	1 613,70	—	1 317,60	1 482,30	—	1 203,52	1 353,96
	V	38 663	2 126,46	3 093,04	3 479,67	IV	33 029	1 768,14	2 571,84	2 893,32	1 703,12	2 501,44	2 814,12	1 598,28	2 430,96	2 734,83	1 493,45	2 360,48	2 655,54	1 388,61	2 290,—	2 576,25	1 283,89	2 219,60	2 497,05
	VI	39 098	2 150,39	3 127,84	3 518,82																				

* Die ausgewiesenen Tabellenwerte sind amtlich. Siehe Erläuterungen auf der Umschlaginnenseite (U2).

Abzüge an Lohnsteuer, Solidaritätszuschlag (SolZ) und Kirchensteuer (8%, 9%) in den Steuerklassen

Lohn/Gehalt bis €*	I – VI		ohne Kinderfreibeträge			I, II, III, IV		mit Zahl der Kinderfreibeträge . . . 0,5			1			1,5			2			2,5			3		
		LSt	SolZ	8%	9%		LSt	SolZ	8%	9%	SolZ	8%	9%	SolZ	8%	9%	SolZ	8%	9%	SolZ	8%	9%	SolZ	8%	9%
113 075,99 West	I,IV	32 887	1 808,78	2 630,96	2 959,83	I	32 887	1 686,11	2 490,—	2 801,25	1 476,55	2 349,12	2 642,76	1 266,87	2 208,16	2 484,18	1 057,31	2 067,28	2 325,69	847,63	1 926,32	2 167,11	638,07	1 785,44	2 008,62
	II	32 085	1 764,67	2 566,80	2 887,65	II	32 085	1 590,79	2 425,92	2 729,16	1 381,11	2 284,96	2 570,58	1 171,55	2 144,08	2 412,09	961,99	2 003,20	2 253,60	752,31	1 862,24	2 095,02	542,75	1 721,36	1 936,53
	III	24 010	—	1 920,80	2 160,90	III	24 010	—	1 792,32	2 016,36	—	1 666,88	1 875,24	—	1 544,32	1 737,36	—	1 424,80	1 602,90	—	1 308,16	1 471,68	—	1 194,40	1 343,70
	V	38 521	2 118,65	3 081,68	3 466,89	IV	32 887	1 760,33	2 560,48	2 880,54	1 686,11	2 490,—	2 801,25	1 581,39	2 419,60	2 722,05	1 476,55	2 349,12	2 642,76	1 371,71	2 278,64	2 563,47	1 266,87	2 208,16	2 484,18
	VI	38 956	2 142,58	3 116,48	3 506,04																				
113 075,99 Ost	I,IV	33 044	1 817,42	2 643,52	2 973,96	I	33 044	1 704,91	2 502,64	2 815,47	1 495,23	2 361,68	2 656,89	1 285,67	2 220,80	2 498,40	1 075,99	2 079,84	2 339,82	866,43	1 938,96	2 181,33	656,76	1 798,—	2 022,75
	II	32 243	1 773,36	2 579,44	2 901,87	II	32 243	1 609,47	2 438,48	2 743,29	1 399,91	2 297,60	2 584,80	1 190,35	2 156,72	2 426,31	980,67	2 015,76	2 267,73	771,12	1 874,88	2 109,24	561,44	1 733,92	1 950,66
	III	24 154	—	1 932,32	2 173,86	III	24 154	—	1 803,68	2 029,14	—	1 678,08	1 887,84	—	1 555,20	1 749,60	—	1 435,36	1 614,78	—	1 318,56	1 483,38	—	1 204,48	1 355,04
	V	38 678	2 127,29	3 094,24	3 481,02	IV	33 044	1 769,02	2 573,12	2 894,76	1 704,91	2 502,64	2 815,47	1 600,07	2 432,16	2 736,18	1 495,23	2 361,68	2 656,89	1 390,51	2 291,28	2 577,69	1 285,67	2 220,80	2 498,40
	VI	39 113	2 151,21	3 129,04	3 520,17																				
113 111,99 West	I,IV	32 902	1 809,61	2 632,16	2 961,18	I	32 902	1 687,89	2 491,20	2 802,60	1 478,33	2 350,32	2 644,11	1 268,65	2 209,36	2 485,53	1 059,10	2 068,48	2 327,04	849,54	1 927,60	2 168,55	639,86	1 786,64	2 009,97
	II	32 101	1 765,55	2 568,08	2 889,09	II	32 101	1 592,57	2 427,12	2 730,51	1 383,01	2 286,24	2 572,02	1 173,34	2 145,28	2 413,44	963,78	2 004,40	2 254,95	754,10	1 863,44	2 096,37	544,54	1 722,56	1 937,88
	III	24 024	—	1 921,92	2 162,16	III	24 024	—	1 793,44	2 017,62	—	1 668,—	1 876,50	—	1 545,44	1 738,62	—	1 425,76	1 603,98	—	1 309,12	1 472,76	—	1 195,52	1 344,96
	V	38 536	2 119,48	3 082,88	3 468,24	IV	32 902	1 761,15	2 561,68	2 881,89	1 687,89	2 491,20	2 802,60	1 583,17	2 420,80	2 723,40	1 478,33	2 350,32	2 644,11	1 373,49	2 279,84	2 564,82	1 268,65	2 209,36	2 485,53
	VI	38 971	2 143,40	3 117,68	3 507,39																				
113 111,99 Ost	I,IV	33 059	1 818,24	2 644,72	2 975,31	I	33 059	1 706,69	2 503,84	2 816,82	1 497,02	2 362,88	2 658,24	1 287,46	2 222,—	2 499,75	1 077,90	2 081,12	2 341,26	868,22	1 940,16	2 182,68	658,66	1 799,28	2 024,19
	II	32 258	1 774,19	2 580,64	2 903,22	II	32 258	1 611,37	2 439,76	2 744,73	1 401,70	2 298,80	2 586,15	1 192,14	2 157,92	2 427,66	982,46	2 016,96	2 269,08	772,90	1 876,08	2 110,59	563,22	1 735,12	1 952,01
	III	24 168	—	1 933,44	2 175,12	III	24 168	—	1 804,80	2 030,40	—	1 679,04	1 888,92	—	1 556,32	1 750,86	—	1 436,48	1 616,04	—	1 319,52	1 484,46	—	1 205,44	1 356,12
	V	38 693	2 128,11	3 095,44	3 482,37	IV	33 059	1 769,84	2 574,32	2 896,11	1 706,69	2 503,84	2 816,82	1 601,85	2 433,36	2 737,53	1 497,02	2 362,88	2 658,24	1 392,30	2 292,48	2 579,04	1 287,46	2 222,—	2 499,75
	VI	39 128	2 152,04	3 130,24	3 521,52																				
113 147,99 West	I,IV	32 917	1 810,43	2 633,36	2 962,53	I	32 917	1 689,80	2 492,48	2 804,04	1 480,12	2 351,52	2 645,46	1 270,56	2 210,64	2 486,97	1 060,88	2 069,68	2 328,39	851,32	1 928,80	2 169,90	641,64	1 787,84	2 011,32
	II	32 116	1 766,38	2 569,28	2 890,44	II	32 116	1 594,36	2 428,32	2 731,86	1 384,80	2 287,44	2 573,37	1 175,12	2 146,48	2 414,79	965,56	2 005,60	2 256,30	755,88	1 864,64	2 097,72	546,32	1 723,76	1 939,23
	III	24 038	—	1 923,04	2 163,42	III	24 038	—	1 794,56	2 018,88	—	1 668,96	1 877,58	—	1 546,40	1 739,70	—	1 426,88	1 605,24	—	1 310,08	1 473,84	—	1 196,48	1 346,04
	V	38 551	2 120,30	3 084,08	3 469,59	IV	32 917	1 761,98	2 562,88	2 883,24	1 689,80	2 492,48	2 804,04	1 584,96	2 422,—	2 724,75	1 480,12	2 351,52	2 645,46	1 375,28	2 281,04	2 566,17	1 270,56	2 210,64	2 486,97
	VI	38 986	2 144,23	3 118,88	3 508,74																				
113 147,99 Ost	I,IV	33 075	1 819,12	2 646,—	2 976,75	I	33 075	1 708,48	2 505,04	2 818,17	1 498,92	2 364,16	2 659,68	1 289,24	2 223,20	2 501,10	1 079,68	2 082,32	2 342,61	870,—	1 941,36	2 184,03	660,45	1 800,48	2 025,54
	II	32 273	1 775,01	2 581,84	2 904,57	II	32 273	1 613,16	2 440,96	2 746,08	1 403,48	2 300,—	2 587,50	1 193,92	2 159,12	2 429,01	984,24	2 018,16	2 270,43	774,69	1 877,28	2 111,94	565,01	1 736,32	1 953,36
	III	24 182	—	1 934,56	2 176,38	III	24 182	—	1 805,92	2 031,66	—	1 680,16	1 890,18	—	1 557,28	1 751,94	—	1 437,44	1 617,12	—	1 320,48	1 485,54	—	1 206,56	1 357,38
	V	38 708	2 128,94	3 096,64	3 483,72	IV	33 075	1 770,67	2 575,52	2 897,46	1 708,48	2 505,04	2 818,17	1 603,64	2 434,56	2 738,88	1 498,92	2 364,16	2 659,68	1 394,08	2 293,68	2 580,39	1 289,24	2 223,20	2 501,10
	VI	39 144	2 152,92	3 131,52	3 522,96																				
113 183,99 West	I,IV	32 932	1 811,26	2 634,56	2 963,88	I	32 932	1 691,58	2 493,68	2 805,39	1 481,90	2 352,72	2 646,81	1 272,34	2 211,84	2 488,32	1 062,67	2 070,88	2 329,74	853,11	1 930,—	2 171,25	643,43	1 789,04	2 012,67
	II	32 131	1 767,20	2 570,48	2 891,79	II	32 131	1 596,14	2 429,52	2 733,21	1 386,58	2 288,64	2 574,72	1 176,91	2 147,68	2 416,14	967,35	2 006,80	2 257,65	757,67	1 865,84	2 099,07	548,11	1 724,96	1 940,58
	III	24 052	—	1 924,16	2 164,68	III	24 052	—	1 795,68	2 020,14	—	1 670,08	1 878,84	—	1 547,52	1 740,96	—	1 427,84	1 606,32	—	1 311,20	1 475,10	—	1 197,44	1 347,12
	V	38 566	2 121,13	3 085,28	3 470,94	IV	32 932	1 762,80	2 564,08	2 884,59	1 691,58	2 493,68	2 805,39	1 586,74	2 423,20	2 726,10	1 481,90	2 352,72	2 646,81	1 377,06	2 282,24	2 567,52	1 272,34	2 211,84	2 488,32
	VI	39 001	2 145,05	3 120,08	3 510,09																				
113 183,99 Ost	I,IV	33 090	1 819,95	2 647,20	2 978,10	I	33 090	1 710,26	2 506,24	2 819,52	1 500,70	2 365,36	2 661,03	1 291,03	2 224,40	2 502,45	1 081,47	2 083,52	2 343,96	871,79	1 942,56	2 185,38	662,23	1 801,68	2 026,89
	II	32 288	1 775,84	2 583,04	2 905,92	II	32 288	1 614,94	2 442,16	2 747,43	1 405,27	2 301,20	2 588,85	1 195,71	2 160,32	2 430,36	986,03	2 019,36	2 271,78	776,47	1 878,48	2 113,29	566,79	1 737,52	1 954,71
	III	24 196	—	1 935,68	2 177,64	III	24 196	—	1 807,04	2 032,92	—	1 681,28	1 891,44	—	1 558,40	1 753,20	—	1 438,40	1 618,20	—	1 321,44	1 486,62	—	1 207,52	1 358,46
	V	38 724	2 129,82	3 097,92	3 485,16	IV	33 090	1 771,49	2 576,72	2 898,81	1 710,26	2 506,24	2 819,52	1 605,42	2 435,76	2 740,23	1 500,70	2 365,36	2 661,03	1 395,87	2 294,88	2 581,74	1 291,03	2 224,40	2 502,45
	VI	39 159	2 153,74	3 132,72	3 524,31																				
113 219,99 West	I,IV	32 947	1 812,08	2 635,76	2 965,23	I	32 947	1 693,37	2 494,88	2 806,74	1 483,69	2 353,92	2 648,16	1 274,13	2 213,04	2 489,67	1 064,45	2 072,08	2 331,09	854,89	1 931,20	2 172,60	645,21	1 790,24	2 014,02
	II	32 146	1 768,03	2 571,68	2 893,14	II	32 146	1 597,93	2 430,72	2 734,56	1 388,37	2 289,84	2 576,07	1 178,69	2 148,88	2 417,49	969,13	2 008,—	2 259,—	759,57	1 867,12	2 100,51	549,89	1 726,16	1 941,93
	III	24 066	—	1 925,28	2 165,94	III	24 066	—	1 796,64	2 021,22	—	1 671,20	1 880,10	—	1 548,48	1 742,04	—	1 428,80	1 607,40	—	1 312,16	1 476,18	—	1 198,40	1 348,20
	V	38 581	2 121,95	3 086,48	3 472,29	IV	32 947	1 763,68	2 565,36	2 886,03	1 693,37	2 494,88	2 806,74	1 588,53	2 424,40	2 727,45	1 483,69	2 353,92	2 648,16	1 378,97	2 283,52	2 568,96	1 274,13	2 213,04	2 489,67
	VI	39 016	2 145,88	3 121,28	3 511,44																				
113 219,99 Ost	I,IV	33 105	1 820,77	2 648,40	2 979,45	I	33 105	1 712,05	2 507,44	2 820,87	1 502,49	2 366,56	2 662,38	1 292,81	2 225,60	2 503,80	1 083,25	2 084,72	2 345,31	873,57	1 943,76	2 186,73	664,02	1 802,88	2 028,24
	II	32 303	1 776,66	2 584,24	2 907,27	II	32 303	1 616,73	2 443,36	2 748,78	1 407,05	2 302,40	2 590,20	1 197,49	2 161,52	2 431,71	987,93	2 020,64	2 273,22	778,26	1 879,68	2 114,64	568,70	1 738,80	1 956,15
	III	24 210	—	1 936,80	2 178,90	III	24 210	—	1 808,16	2 034,18	—	1 682,24	1 892,52	—	1 559,36	1 754,28	—	1 439,52	1 619,46	—	1 322,40	1 487,70	—	1 208,48	1 359,54
	V	38 739	2 130,64	3 099,12	3 486,51	IV	33 105	1 772,32	2 577,92	2 900,16	1 712,05	2 507,44	2 820,87	1 607,33	2 437,04	2 741,67	1 502,49	2 366,56	2 662,38	1 397,65	2 296,08	2 583,09	1 292,81	2 225,60	2 503,80
	VI	39 174	2 154,57	3 133,92	3 525,66																				
113 255,99 West	I,IV	32 962	1 812,91	2 636,96	2 966,58	I	32 962	1 695,15	2 496,08	2 808,09	1 485,47	2 355,12	2 649,51	1 275,91	2 214,24	2 491,02	1 066,24	2 073,28	2 332,44	856,68	1 932,40	2 173,95	647,12	1 791,52	2 015,46
	II	32 161	1 768,85	2 572,88	2 894,49	II	32 161	1 599,83	2 432,—	2 736,—	1 390,15	2 291,04	2 577,42	1 180,59	2 150,16	2 418,93	970,92	2 009,20	2 260,35	761,36	1 868,32	2 101,86	551,68	1 727,36	1 943,28
	III	24 080	—	1 926,40	2 167,20	III	24 080	—	1 797,76	2 022,48	—	1 672,16	1 881,18	—	1 549,60	1 743,30	—	1 429,92	1 608,66	—	1 313,12	1 477,26	—	1 199,36	1 349,28
	V	38 596	2 122,78	3 087,68	3 473,64	IV	32 962	1 764,51	2 566,56	2 887,38	1 695,15	2 496,08	2 808,09	1 590,31	2 425,60	2 728,80	1 485,47	2 355,12	2 649,51	1 380,75	2 284,72	2 570,31	1 275,91	2 214,24	2 491,02
	VI	39 031	2 146,70	3 122,48	3 512,79																				
113 255,99 Ost	I,IV	33 120	1 821,60	2 649,60	2 980,80	I	33 120	1 713,83	2 508,64	2 822,22	1 504,27	2 367,76	2 663,73	1 294,60	2 226,80	2 505,15	1 085,04	2 085,92	2 346,66	875,48	1 945,04	2 188,17	665,80	1 804,08	2 029,59
	II	32 319	1 777,54	2 585,52	2 908,71	II	32 319	1 618,51	2 444,56	2 750,13	1 408,96	2 303,68	2 591,64	1 199,28	2 162,72	2 433,06	989,72	2 021,84	2 274,57	780,04	1 880,88	2 115,99	570,48	1 740,—	1 957,50
	III	24 224	—	1 937,92	2 180,16	III	24 224	—	1 809,28	2 035,44	—	1 683,36	1 893,78	—	1 560,48	1 755,54	—	1 440,48	1 620,54	—	1 323,52	1 488,96	—	1 209,44	1 360,62
	V	38 754	2 131,47	3 100,32	3 487,86	IV	33 120	1 773,14	2 579,12	2 901,51	1 713,83	2 508,64	2 822,22	1 609,11	2 438,24	2 743,02	1 504,27	2 367,76	2 663,73	1 399,44	2 297,28	2 584,44	1 294,60	2 226,80	2 505,15
	VI	39 189	2 155,39	3 135,12	3 527,01																				
113 291,99 West	I,IV	32 978	1 813,79	2 638,24	2 968,02	I	32 978	1 696,94	2 497,28	2 809,44	1 487,38	2 356,40	2 650,95	1 277,70	2 215,44	2 492,37	1 068,14	2 074,56	2 333,88	858,46	1 933,60	2 175,30	648,90	1 792,72	2 016,81
	II	32 176	1 769,68	2 574,08	2 895,84	II	32 176	1 601,62	2 433,20	2 737,35	1 391,94	2 292,24	2 578,77	1 182,38	2 151,36	2 420,28	972,70	2 010,40	2 261,70	763,14	1 869,52	2 103,21	553,46	1 728,56	1 944,63
	III	24 092	—	1 927,36	2 168,28	III	24 092	—	1 798,88	2 023,74	—	1 673,28	1 882,44	—	1 550,56	1 744,38	—	1 430,88	1 609,74	—	1 314,08	1 478,34	—	1 200,32	1 350,36
	V	38 611	2 123,60	3 088,88	3 474,99	IV	32 978	1 765,33	2 567,76	2 888,73	1 696,94	2 497,28	2 809,44	1 592,10	2 426,80	2 730,15	1 487,38	2 356,40	2 650,95	1 382,54	2 285,92	2 571,66	1 277,70	2 215,44	2 492,37
	VI	39 047	2 147,58	3 123,76	3 514,23																				
113 291,99 Ost	I,IV	33 135	1 822,42	2 650,80	2 982,15	I	33 135	1 715,74	2 509,92	2 823,66	1 506,06	2 368,96	2 665,08	1 296,50	2 228,08	2 506,59	1 086,82	2 087,12	2 348,01	877,26	1 946,24	2 189,52	667,59	1 805,28	2 030,94
	II	32 334	1 778,37	2 586,72	2 910,06	II	32 334	1 620,30	2 445,76	2 751,48	1 410,74	2 304,88	2 592,99	1 201,06	2 163,92	2 434,41	991,50	2 023,04	2 275,92	781,83	1 882,08	2 117,34	572,27	1 741,20	1 958,85
	III	24 238	—	1 939,04	2 181,42	III	24 238	—	1 810,24	2 036,52	—	1 684,48	1 895,04	—	1 561,44	1 756,62	—	1 441,44	1 621,62	—	1 324,48	1 490,04	—	1 210,40	1 361,70
	V	38 769	2 132,29	3 101,52	3 489,21	IV	33 135	1 773,97	2 580,32	2 902,86	1 715,74	2 509,92	2 823,66	1 610,90	2 439,44	2 744,37	1 506,06	2 368,96	2 665,08	1 401,22	2 298,48	2 585,79	1 296,50	2 228,08	2 506,59
	VI	39 204	2 156,22	3 136,32	3 528,36																				
113 327,99 West	I,IV	32 993	1 814,61	2 639,44	2 969,37	I	32 993	1 698,72	2 498,48	2 810,79	1 489,16	2 357,60	2 652,30	1 279,48	2 216,64	2 493,72	1 069,92	2 075,76	2 335,23	860,25	1 934,80	2 176,65	650,69	1 793,92	2 018,16
	II	32 191	1 770,50	2 575,28	2 897,19	II	32 191	1 603,40	2 434,40	2 738,70	1 393,72	2 293,44	2 580,12	1 184,16	2 152,56	2 421,63	974,49	2 011,60	2 263,05	764,93	1 870,72	2 104,56	555,25	1 729,76	1 945,98
	III	24 106	—	1 928,48	2 169,54	III	24 106	—	1 800,—	2 025,—	—	1 674,40	1 883,70	—	1 551,68	1 745,64	—	1 431,84	1 610,82	—	1 315,04	1 479,42	—	1 201,28	1 351,44
	V	38 627	2 124,48	3 090,16	3 476,43	IV	32 993	1 766,16	2 568,96	2 890,08	1 698,72	2 498,48	2 810,79	1 593,88	2 428,—	2 731,50	1 489,16	2 357,60	2 652,30	1 384,32	2 287,12	2 573,01	1 279,48	2 216,64	2 493,72
	VI	39 062	2 148,41	3 124,96	3 515,58																				
113 327,99 Ost	I,IV	33 150	1 823,25	2 652,—	2 983,50	I	33 150	1 717,52	2 511,12	2 825,01	1 507,84	2 370,16	2 666,43	1 298,29	2 229,28	2 507,94	1 088,61	2 088,32	2 349,36	879,05	1 947,44	2 190,87	669,37	1 806,48	2 032,29
	II	32 349	1 779,19	2 587,92	2 911,41	II	32 349	1 622,08	2 446,96	2 752,83	1 412,53	2 306,08	2 594,34	1 202,85	2 165,12	2 435,76	993,29	2 024,24	2 277,27	783,61	1 883,28	2 118,69	574,05	1 742,40	1 960,20
	III	24 252	—	1 940,16	2 182,68	III	24 252	—	1 811,36	2 037,78	—	1 685,44	1 896,12	—	1 562,56	1 757,88	—	1 442,56	1 622,88	—	1 325,44	1 491,12	—	1 211,36	1 362,78
	V	38 784	2 133,12	3 102,72	3 490,56	IV	33 150	1 774,79	2 581,52	2 904,21	1 717,52	2 511,12	2 825,01	1 612,68	2 440,64	2 745,72	1 507,84	2 370,16	2 666,43	1 403,01	2 299,68	2 587,14	1 298,29	2 229,28	2 507,94
	VI	39 219	2 157,04	3 137,52	3 529,71																				

* Die ausgewiesenen Tabellenwerte sind amtlich. Siehe Erläuterungen auf der Umschlaginnenseite (U2).

Abzüge an Lohnsteuer, Solidaritätszuschlag (SolZ) und Kirchensteuer (8%, 9%) in den Steuerklassen

Lohn/ Gehalt bis €*		I – VI	ohne Kinderfreibeträge				I, II, III, IV	mit Zahl der Kinderfreibeträge . . . 0,5			1			1,5			2			2,5			3		
		LSt	SolZ	8%	9%		LSt	SolZ	8%	9%	SolZ	8%	9%	SolZ	8%	9%	SolZ	8%	9%	SolZ	8%	9%	SolZ	8%	9%
113 363,99 West	I,IV	33 008	1 815,44	2 640,64	2 970,72	I	33 008	1 700,51	2 499,68	2 812,14	1 490,95	2 358,80	2 653,65	1 281,27	2 217,84	2 495,07	1 071,71	2 076,96	2 336,58	862,03	1 936,—	2 178,—	652,47	1 795,12	2 019,51
	II	32 206	1 771,33	2 576,48	2 898,54	II	32 206	1 605,19	2 435,60	2 740,05	1 395,51	2 294,64	2 581,47	1 185,95	2 153,76	2 422,98	976,27	2 012,80	2 264,40	766,71	1 871,92	2 105,91	557,15	1 731,04	1 947,42
	III	24 120	—	1 929,60	2 170,80	III	24 120	—	1 801,12	2 026,26	—	1 675,36	1 884,78	—	1 552,64	1 746,72	—	1 432,96	1 612,08	—	1 316,16	1 480,68	—	1 202,24	1 352,52
	V	38 642	2 125,31	3 091,36	3 477,78	IV	33 008	1 766,98	2 570,16	2 891,43	1 700,51	2 499,68	2 812,14	1 595,79	2 429,28	2 732,94	1 490,95	2 358,80	2 653,65	1 386,11	2 288,32	2 574,36	1 281,27	2 217,84	2 495,07
	VI	39 077	2 149,23	3 126,16	3 516,93																				
113 363,99 Ost	I,IV	33 165	1 824,07	2 653,20	2 984,85	I	33 165	1 719,31	2 512,32	2 826,36	1 509,63	2 371,36	2 667,78	1 300,07	2 230,48	2 509,29	1 090,39	2 089,52	2 350,71	880,83	1 948,64	2 192,22	671,16	1 807,68	2 033,64
	II	32 364	1 780,02	2 589,12	2 912,76	II	32 364	1 623,87	2 448,16	2 754,18	1 414,31	2 307,28	2 595,69	1 204,63	2 166,32	2 437,11	995,07	2 025,44	2 278,62	785,51	1 884,56	2 120,13	575,84	1 743,60	1 961,55
	III	24 266	—	1 941,28	2 183,94	III	24 266	—	1 812,48	2 039,04	—	1 686,56	1 897,38	—	1 563,52	1 758,96	—	1 443,52	1 623,96	—	1 326,40	1 492,20	—	1 212,32	1 363,86
	V	38 799	2 133,94	3 103,92	3 491,91	IV	33 165	1 775,67	2 582,80	2 905,65	1 719,31	2 512,32	2 826,36	1 614,47	2 441,84	2 747,07	1 509,63	2 371,36	2 667,78	1 404,91	2 300,96	2 588,58	1 300,07	2 230,48	2 509,29
	VI	39 234	2 157,87	3 138,72	3 531,06																				
113 399,99 West	I,IV	33 023	1 816,26	2 641,84	2 972,07	I	33 023	1 702,29	2 500,88	2 813,49	1 492,73	2 360,—	2 655,—	1 283,05	2 219,04	2 496,42	1 073,49	2 078,16	2 337,93	863,82	1 937,20	2 179,35	654,26	1 796,32	2 020,86
	II	32 222	1 772,21	2 577,76	2 899,98	II	32 222	1 606,97	2 436,80	2 741,40	1 397,41	2 295,92	2 582,91	1 187,73	2 154,96	2 424,33	978,18	2 014,08	2 265,84	768,50	1 873,12	2 107,26	558,94	1 732,24	1 948,77
	III	24 134	—	1 930,72	2 172,06	III	24 134	—	1 802,24	2 027,52	—	1 676,48	1 886,04	—	1 553,76	1 747,98	—	1 433,92	1 613,16	—	1 317,12	1 481,76	—	1 203,20	1 353,60
	V	38 657	2 126,13	3 092,56	3 479,13	IV	33 023	1 767,81	2 571,36	2 892,78	1 702,29	2 500,88	2 813,49	1 597,57	2 430,48	2 734,29	1 492,73	2 360,—	2 655,—	1 387,89	2 289,52	2 575,71	1 283,05	2 219,04	2 496,42
	VI	39 092	2 150,06	3 127,36	3 518,28																				
113 399,99 Ost	I,IV	33 180	1 824,90	2 654,40	2 986,20	I	33 180	1 721,09	2 513,52	2 827,71	1 511,41	2 372,56	2 669,13	1 301,86	2 231,68	2 510,64	1 092,18	2 090,72	2 352,06	882,62	1 949,84	2 193,57	673,06	1 808,96	2 035,08
	II	32 379	1 780,84	2 590,32	2 914,11	II	32 379	1 625,77	2 449,44	2 755,62	1 416,10	2 308,48	2 597,04	1 206,54	2 167,60	2 438,55	996,86	2 026,64	2 279,97	787,30	1 885,76	2 121,48	577,62	1 744,80	1 962,90
	III	24 280	—	1 942,40	2 185,20	III	24 280	—	1 813,60	2 040,30	—	1 687,68	1 898,64	—	1 564,64	1 760,22	—	1 444,64	1 625,22	—	1 327,36	1 493,28	—	1 213,28	1 364,94
	V	38 814	2 134,77	3 105,12	3 493,26	IV	33 180	1 776,50	2 584,—	2 907,—	1 721,09	2 513,52	2 827,71	1 616,25	2 443,04	2 748,42	1 511,41	2 372,56	2 669,13	1 406,69	2 302,16	2 589,93	1 301,86	2 231,68	2 510,64
	VI	39 249	2 158,69	3 139,92	3 532,41																				
113 435,99 West	I,IV	33 038	1 817,09	2 643,04	2 973,42	I	33 038	1 704,19	2 502,16	2 814,93	1 494,52	2 361,20	2 656,35	1 284,96	2 220,32	2 497,86	1 075,28	2 079,36	2 339,28	865,72	1 938,48	2 180,79	656,04	1 797,52	2 022,21
	II	32 237	1 773,03	2 578,96	2 901,33	II	32 237	1 608,76	2 438,—	2 742,75	1 399,20	2 297,12	2 584,26	1 189,52	2 156,16	2 425,68	979,96	2 015,28	2 267,19	770,28	1 874,32	2 108,61	560,72	1 733,44	1 950,12
	III	24 148	—	1 931,84	2 173,32	III	24 148	—	1 803,20	2 028,60	—	1 677,60	1 887,30	—	1 554,72	1 749,06	—	1 435,04	1 614,42	—	1 318,08	1 482,84	—	1 204,16	1 354,68
	V	38 672	2 126,96	3 093,76	3 480,48	IV	33 038	1 768,63	2 572,56	2 894,13	1 704,19	2 502,16	2 814,93	1 599,36	2 431,68	2 735,64	1 494,52	2 361,20	2 656,35	1 389,68	2 290,72	2 577,06	1 284,96	2 220,32	2 497,86
	VI	39 107	2 150,88	3 128,56	3 519,63																				
113 435,99 Ost	I,IV	33 196	1 825,78	2 655,68	2 987,64	I	33 196	1 722,88	2 514,72	2 829,06	1 513,32	2 373,84	2 670,57	1 303,64	2 232,88	2 511,99	1 094,08	2 092,—	2 353,50	884,40	1 951,04	2 194,92	674,84	1 810,16	2 036,43
	II	32 394	1 781,67	2 591,52	2 915,46	II	32 394	1 627,56	2 450,64	2 756,97	1 417,88	2 309,68	2 598,39	1 208,32	2 168,80	2 439,90	998,64	2 027,84	2 281,32	789,08	1 886,96	2 122,83	579,41	1 746,—	1 964,25
	III	24 294	—	1 943,52	2 186,46	III	24 294	—	1 814,72	2 041,56	—	1 688,64	1 899,72	—	1 565,60	1 761,30	—	1 445,60	1 626,30	—	1 328,48	1 494,54	—	1 214,24	1 366,02
	V	38 829	2 135,59	3 106,32	3 494,61	IV	33 196	1 777,32	2 585,20	2 908,35	1 722,88	2 514,72	2 829,06	1 618,04	2 444,24	2 749,77	1 513,32	2 373,84	2 670,57	1 408,48	2 303,36	2 591,28	1 303,64	2 232,88	2 511,99
	VI	39 264	2 159,52	3 141,12	3 533,76																				
113 471,99 West	I,IV	33 053	1 817,91	2 644,24	2 974,77	I	33 053	1 705,98	2 503,36	2 816,28	1 496,30	2 362,40	2 657,70	1 286,74	2 221,52	2 499,21	1 077,06	2 080,56	2 340,63	867,51	1 939,68	2 182,14	657,83	1 798,72	2 023,56
	II	32 252	1 773,86	2 580,16	2 902,68	II	32 252	1 610,54	2 439,20	2 744,10	1 400,98	2 298,32	2 585,61	1 191,30	2 157,36	2 427,03	981,75	2 016,48	2 268,54	772,07	1 875,52	2 109,96	562,51	1 734,64	1 951,47
	III	24 162	—	1 932,96	2 174,58	III	24 162	—	1 804,32	2 029,86	—	1 678,56	1 888,38	—	1 555,84	1 750,32	—	1 436,—	1 615,50	—	1 319,04	1 483,92	—	1 205,12	1 355,76
	V	38 687	2 127,78	3 094,96	3 481,83	IV	33 053	1 769,46	2 573,76	2 895,48	1 705,98	2 503,36	2 816,28	1 601,14	2 432,88	2 736,99	1 496,30	2 362,40	2 657,70	1 391,46	2 291,92	2 578,41	1 286,74	2 221,52	2 499,21
	VI	39 122	2 151,71	3 129,76	3 520,98																				
113 471,99 Ost	I,IV	33 211	1 826,60	2 656,88	2 988,99	I	33 211	1 724,66	2 515,92	2 830,41	1 515,10	2 375,04	2 671,92	1 305,43	2 234,08	2 513,34	1 095,87	2 093,20	2 354,85	886,19	1 952,24	2 196,27	676,63	1 811,36	2 037,78
	II	32 409	1 782,49	2 592,72	2 916,81	II	32 409	1 629,34	2 451,84	2 758,32	1 419,67	2 310,88	2 599,74	1 210,11	2 170,—	2 441,25	1 000,43	2 029,04	2 282,67	790,87	1 888,16	2 124,18	581,19	1 747,20	1 965,60
	III	24 308	—	1 944,64	2 187,72	III	24 308	—	1 815,84	2 042,82	—	1 689,76	1 900,98	—	1 566,72	1 762,56	—	1 446,56	1 627,38	—	1 329,44	1 495,62	—	1 215,20	1 367,10
	V	38 844	2 136,42	3 107,52	3 495,96	IV	33 211	1 778,15	2 586,40	2 909,70	1 724,66	2 515,92	2 830,41	1 619,82	2 445,44	2 751,12	1 515,10	2 375,04	2 671,92	1 410,26	2 304,56	2 592,63	1 305,43	2 234,08	2 513,34
	VI	39 280	2 160,40	3 142,40	3 535,20																				
113 507,99 West	I,IV	33 068	1 818,74	2 645,44	2 976,12	I	33 068	1 707,76	2 504,56	2 817,63	1 498,09	2 363,60	2 659,05	1 288,53	2 222,72	2 500,56	1 078,85	2 081,76	2 341,98	869,29	1 940,88	2 183,49	659,61	1 799,92	2 024,91
	II	32 267	1 774,68	2 581,36	2 904,03	II	32 267	1 612,33	2 440,40	2 745,45	1 402,77	2 299,52	2 586,96	1 193,09	2 158,56	2 428,38	983,53	2 017,68	2 269,89	773,85	1 876,72	2 111,31	564,29	1 735,84	1 952,82
	III	24 176	—	1 934,08	2 175,84	III	24 176	—	1 805,44	2 031,12	—	1 679,68	1 889,64	—	1 556,80	1 751,40	—	1 436,96	1 616,58	—	1 320,—	1 485,—	—	1 206,08	1 356,84
	V	38 702	2 128,61	3 096,16	3 483,18	IV	33 068	1 770,34	2 575,04	2 896,92	1 707,76	2 504,56	2 817,63	1 602,93	2 434,08	2 738,34	1 498,09	2 363,60	2 659,05	1 393,37	2 293,20	2 579,85	1 288,53	2 222,72	2 500,56
	VI	39 137	2 152,53	3 130,96	3 522,33																				
113 507,99 Ost	I,IV	33 226	1 827,43	2 658,08	2 990,34	I	33 226	1 726,45	2 517,12	2 831,76	1 516,89	2 376,24	2 673,27	1 307,21	2 235,28	2 514,69	1 097,65	2 094,40	2 356,20	887,97	1 953,44	2 197,62	678,41	1 812,56	2 039,13
	II	32 424	1 783,32	2 593,92	2 918,16	II	32 424	1 631,13	2 453,04	2 759,67	1 421,45	2 312,08	2 601,09	1 211,89	2 171,20	2 442,60	1 002,21	2 030,24	2 284,02	792,65	1 889,36	2 125,53	583,10	1 748,48	1 967,04
	III	24 322	—	1 945,76	2 188,98	III	24 322	—	1 816,80	2 043,90	—	1 690,88	1 902,24	—	1 567,84	1 763,82	—	1 447,68	1 628,64	—	1 330,40	1 496,70	—	1 216,16	1 368,18
	V	38 860	2 137,30	3 108,80	3 497,40	IV	33 226	1 778,97	2 587,60	2 911,05	1 726,45	2 517,12	2 831,76	1 621,73	2 446,72	2 752,56	1 516,89	2 376,24	2 673,27	1 412,05	2 305,76	2 593,98	1 307,21	2 235,28	2 514,69
	VI	39 295	2 161,22	3 143,60	3 536,55																				
113 543,99 West	I,IV	33 083	1 819,56	2 646,64	2 977,47	I	33 083	1 709,55	2 505,76	2 818,98	1 499,87	2 364,80	2 660,40	1 290,31	2 223,92	2 501,91	1 080,63	2 082,96	2 343,33	871,08	1 942,08	2 184,84	661,40	1 801,12	2 026,26
	II	32 282	1 775,51	2 582,56	2 905,38	II	32 282	1 614,23	2 441,68	2 746,89	1 404,55	2 300,72	2 588,31	1 194,99	2 159,84	2 429,82	985,32	2 018,88	2 271,24	775,76	1 878,—	2 112,75	566,08	1 737,04	1 954,17
	III	24 190	—	1 935,20	2 177,10	III	24 190	—	1 806,56	2 032,38	—	1 680,80	1 890,90	—	1 557,92	1 752,66	—	1 438,08	1 617,84	—	1 321,12	1 486,26	—	1 207,04	1 357,92
	V	38 717	2 129,43	3 097,36	3 484,53	IV	33 083	1 771,16	2 576,24	2 898,27	1 709,55	2 505,76	2 818,98	1 604,71	2 435,28	2 739,69	1 499,87	2 364,80	2 660,40	1 395,15	2 294,40	2 581,20	1 290,31	2 223,92	2 501,91
	VI	39 152	2 153,36	3 132,16	3 523,68																				
113 543,99 Ost	I,IV	33 241	1 828,25	2 659,28	2 991,69	I	33 241	1 728,23	2 518,32	2 833,11	1 518,67	2 377,44	2 674,62	1 309,—	2 236,48	2 516,04	1 099,44	2 095,60	2 357,55	889,76	1 954,64	2 198,97	680,20	1 813,76	2 040,48
	II	32 440	1 784,20	2 595,20	2 919,60	II	32 440	1 632,91	2 454,24	2 761,02	1 423,35	2 313,36	2 602,53	1 213,68	2 172,40	2 443,95	1 004,12	2 031,52	2 285,46	794,44	1 890,56	2 126,88	584,88	1 749,68	1 968,39
	III	24 336	—	1 946,88	2 190,24	III	24 336	—	1 817,92	2 045,16	—	1 691,84	1 903,32	—	1 568,80	1 764,90	—	1 448,64	1 629,72	—	1 331,36	1 497,78	—	1 217,12	1 369,26
	V	38 875	2 138,12	3 110,—	3 498,75	IV	33 241	1 779,80	2 588,80	2 912,40	1 728,23	2 518,32	2 833,11	1 623,51	2 447,92	2 753,91	1 518,67	2 377,44	2 674,62	1 413,83	2 306,96	2 595,33	1 309,—	2 236,48	2 516,04
	VI	39 310	2 162,05	3 144,80	3 537,90																				
113 579,99 West	I,IV	33 098	1 820,39	2 647,84	2 978,82	I	33 098	1 711,33	2 506,96	2 820,33	1 501,78	2 366,08	2 661,84	1 292,10	2 225,12	2 503,26	1 082,54	2 084,24	2 344,77	872,86	1 943,28	2 186,19	663,30	1 802,40	2 027,70
	II	32 297	1 776,33	2 583,76	2 906,73	II	32 297	1 616,02	2 442,88	2 748,24	1 406,34	2 301,92	2 589,66	1 196,78	2 161,04	2 431,17	987,10	2 020,08	2 272,59	777,54	1 879,20	2 114,10	567,86	1 738,24	1 955,52
	III	24 204	—	1 936,32	2 178,36	III	24 204	—	1 807,68	2 033,64	—	1 681,76	1 891,98	—	1 558,88	1 753,74	—	1 439,04	1 618,92	—	1 322,08	1 487,34	—	1 208,—	1 359,—
	V	38 732	2 130,26	3 098,56	3 485,88	IV	33 098	1 771,99	2 577,44	2 899,62	1 711,33	2 506,96	2 820,33	1 606,50	2 436,48	2 741,04	1 501,78	2 366,08	2 661,84	1 396,94	2 295,60	2 582,55	1 292,10	2 225,12	2 503,26
	VI	39 167	2 154,18	3 133,36	3 525,03																				
113 579,99 Ost	I,IV	33 256	1 829,08	2 660,48	2 993,04	I	33 256	1 730,14	2 519,60	2 834,55	1 520,46	2 378,64	2 675,97	1 310,90	2 237,76	2 517,48	1 101,22	2 096,80	2 358,90	891,66	1 955,92	2 200,41	681,98	1 814,96	2 041,83
	II	32 455	1 785,02	2 596,40	2 920,95	II	32 455	1 634,70	2 455,44	2 762,37	1 425,14	2 314,56	2 603,88	1 215,46	2 173,60	2 445,30	1 005,90	2 032,72	2 286,81	796,22	1 891,76	2 128,23	586,67	1 750,88	1 969,74
	III	24 350	—	1 948,—	2 191,50	III	24 350	—	1 819,04	2 046,42	—	1 692,96	1 904,58	—	1 569,92	1 766,16	—	1 449,60	1 630,80	—	1 332,48	1 499,04	—	1 218,08	1 370,34
	V	38 890	2 138,95	3 111,20	3 500,10	IV	33 256	1 780,62	2 590,—	2 913,75	1 730,14	2 519,60	2 834,55	1 625,30	2 449,12	2 755,26	1 520,46	2 378,64	2 675,97	1 415,62	2 308,16	2 596,68	1 310,90	2 237,76	2 517,48
	VI	39 325	2 162,87	3 146,—	3 539,25																				
113 615,99 West	I,IV	33 114	1 821,27	2 649,12	2 980,26	I	33 114	1 713,12	2 508,16	2 821,68	1 503,56	2 367,28	2 663,19	1 293,88	2 226,32	2 504,61	1 084,32	2 085,44	2 346,12	874,65	1 944,48	2 187,54	665,09	1 803,60	2 029,05
	II	32 312	1 777,16	2 584,96	2 908,08	II	32 312	1 617,80	2 444,08	2 749,59	1 408,12	2 303,12	2 591,01	1 198,56	2 162,24	2 432,52	988,89	2 021,28	2 273,94	779,33	1 880,40	2 115,45	569,65	1 739,44	1 956,87
	III	24 218	—	1 937,44	2 179,62	III	24 218	—	1 808,64	2 034,72	—	1 682,88	1 893,24	—	1 560,—	1 755,—	—	1 440,—	1 620,—	—	1 323,04	1 488,42	—	1 208,96	1 360,08
	V	38 747	2 131,08	3 099,76	3 487,23	IV	33 114	1 772,81	2 578,64	2 900,97	1 713,12	2 508,16	2 821,68	1 608,28	2 437,68	2 742,39	1 503,56	2 367,28	2 663,19	1 398,72	2 296,80	2 583,90	1 293,88	2 226,32	2 504,61
	VI	39 183	2 155,06	3 134,64	3 526,47																				
113 615,99 Ost	I,IV	33 271	1 829,90	2 661,68	2 994,39	I	33 271	1 731,92	2 520,80	2 835,90	1 522,24	2 379,84	2 677,32	1 312,68	2 238,96	2 518,83	1 103,01	2 098,—	2 360,25	893,45	1 957,12	2 201,76	683,77	1 816,16	2 043,18
	II	32 470	1 785,85	2 597,60	2 922,30	II	32 470	1 636,48	2 456,64	2 763,72	1 426,92	2 315,76	2 605,23	1 217,25	2 174,80	2 446,65	1 007,69	2 033,92	2 288,16	798,01	1 892,96	2 129,58	588,45	1 752,08	1 971,09
	III	24 364	—	1 949,12	2 192,76	III	24 364	—	1 820,16	2 047,68	—	1 694,08	1 905,84	—	1 570,88	1 767,24	—	1 450,72	1 632,06	—	1 333,44	1 500,12	—	1 219,04	1 371,42
	V	38 905	2 139,77	3 112,40	3 501,45	IV	33 271	1 781,45	2 591,20	2 915,10	1 731,92	2 520,80	2 835,90	1 627,08	2 450,32	2 756,61	1 522,24	2 379,84	2 677,32	1 417,40	2 309,36	2 598,03	1 312,68	2 238,96	2 518,83
	VI	39 340	2 163,70	3 147,20	3 540,60																				

* Die ausgewiesenen Tabellenwerte sind amtlich. Siehe Erläuterungen auf der Umschlaginnenseite (U2).

Abzüge an Lohnsteuer, Solidaritätszuschlag (SolZ) und Kirchensteuer (8%, 9%) in den Steuerklassen

Lohn/Gehalt bis €*	I – VI	LSt	ohne Kinderfreibeträge SolZ	8%	9%	I, II, III, IV	LSt	0,5 SolZ	0,5 8%	0,5 9%	1 SolZ	1 8%	1 9%	1,5 SolZ	1,5 8%	1,5 9%	2 SolZ	2 8%	2 9%	2,5 SolZ	2,5 8%	2,5 9%	3 SolZ	3 8%	3 9%
113 651,99 West	I,IV	33 129	1 822,09	2 650,32	2 981,61	I	33 129	1 714,90	2 509,36	2 823,03	1 505,35	2 368,48	2 664,54	1 295,67	2 227,52	2 505,96	1 086,11	2 086,64	2 347,47	876,43	1 945,68	2 188,89	666,87	1 804,80	2 030,40
	II	32 327	1 777,98	2 586,16	2 909,43	II	32 327	1 619,59	2 445,28	2 750,94	1 409,91	2 304,32	2 592,36	1 200,35	2 163,44	2 433,87	990,67	2 022,48	2 275,29	781,11	1 881,60	2 116,80	571,43	1 740,64	1 958,22
	III	24 232	—	1 938,56	2 180,88	III	24 232	—	1 809,76	2 035,98	—	1 684,—	1 894,50	—	1 560,96	1 756,08	—	1 441,12	1 621,26	—	1 324,—	1 489,50	—	1 209,92	1 361,16
	V	38 763	2 131,96	3 101,04	3 488,67	IV	33 129	1 773,64	2 579,84	2 902,32	1 714,90	2 509,36	2 823,03	1 610,18	2 438,96	2 743,83	1 505,35	2 368,48	2 664,54	1 400,51	2 298,—	2 585,25	1 295,67	2 227,52	2 505,96
	VI	39 198	2 155,89	3 135,84	3 527,82																				
113 651,99 Ost	I,IV	33 286	1 830,73	2 662,88	2 995,74	I	33 286	1 733,71	2 522,—	2 837,25	1 524,03	2 381,04	2 678,67	1 314,47	2 240,16	2 520,18	1 104,79	2 099,20	2 361,60	895,23	1 958,32	2 203,11	685,55	1 817,36	2 044,53
	II	32 485	1 786,67	2 598,80	2 923,65	II	32 485	1 638,27	2 457,84	2 765,07	1 428,71	2 316,96	2 606,58	1 219,03	2 176,—	2 448,—	1 009,47	2 035,12	2 289,51	799,79	1 894,16	2 130,93	590,24	1 753,28	1 972,44
	III	24 378	—	1 950,24	2 194,02	III	24 378	—	1 821,28	2 048,94	—	1 695,04	1 906,92	—	1 572,—	1 768,50	—	1 451,68	1 633,14	—	1 334,40	1 501,20	—	1 220,—	1 372,50
	V	38 920	2 140,60	3 113,60	3 502,80	IV	33 286	1 782,27	2 592,40	2 916,45	1 733,71	2 522,—	2 837,25	1 628,87	2 451,52	2 757,96	1 524,03	2 381,04	2 678,67	1 419,31	2 310,64	2 599,47	1 314,47	2 240,16	2 520,18
	VI	39 355	2 164,52	3 148,40	3 541,95																				
113 687,99 West	I,IV	33 144	1 822,92	2 651,52	2 982,96	I	33 144	1 716,69	2 510,56	2 824,38	1 507,13	2 369,68	2 665,89	1 297,45	2 228,72	2 507,31	1 087,89	2 087,84	2 348,82	878,22	1 946,88	2 190,24	668,66	1 806,—	2 031,75
	II	32 342	1 778,81	2 587,36	2 910,78	II	32 342	1 621,37	2 446,48	2 752,29	1 411,81	2 305,60	2 593,80	1 202,13	2 164,64	2 435,22	992,57	2 023,76	2 276,73	782,90	1 882,80	2 118,15	573,34	1 741,92	1 959,66
	III	24 246	—	1 939,68	2 182,14	III	24 246	—	1 810,88	2 037,24	—	1 684,96	1 895,58	—	1 562,08	1 757,34	—	1 442,08	1 622,34	—	1 324,96	1 490,58	—	1 210,88	1 362,24
	V	38 778	2 132,79	3 102,24	3 490,02	IV	33 144	1 774,46	2 581,04	2 903,67	1 716,69	2 510,56	2 824,38	1 611,97	2 440,16	2 745,18	1 507,13	2 369,68	2 665,89	1 402,29	2 299,20	2 586,60	1 297,45	2 228,72	2 507,31
	VI	39 213	2 156,71	3 137,04	3 529,17																				
113 687,99 Ost	I,IV	33 301	1 831,55	2 664,08	2 997,09	I	33 301	1 734,70	2 523,20	2 838,60	1 525,81	2 382,24	2 680,02	1 316,25	2 241,36	2 521,53	1 106,58	2 100,40	2 362,95	897,02	1 959,52	2 204,46	687,34	1 818,56	2 045,88
	II	32 500	1 787,50	2 600,—	2 925,—	II	32 500	1 640,17	2 459,12	2 766,51	1 430,49	2 318,16	2 607,93	1 220,94	2 177,28	2 449,44	1 011,26	2 036,32	2 290,86	801,70	1 895,44	2 132,37	592,02	1 754,48	1 973,79
	III	24 392	—	1 951,36	2 195,28	III	24 392	—	1 822,40	2 050,20	—	1 696,16	1 908,18	—	1 572,96	1 769,58	—	1 452,64	1 634,22	—	1 335,36	1 502,28	—	1 220,96	1 373,58
	V	38 935	2 141,42	3 114,80	3 504,15	IV	33 301	1 783,15	2 593,68	2 917,89	1 734,70	2 523,20	2 838,60	1 630,65	2 452,72	2 759,31	1 525,81	2 382,24	2 680,02	1 421,09	2 311,84	2 600,82	1 316,25	2 241,36	2 521,53
	VI	39 370	2 165,35	3 149,60	3 543,30																				
113 723,99 West	I,IV	33 159	1 823,74	2 652,72	2 984,31	I	33 159	1 718,47	2 511,76	2 825,73	1 508,92	2 370,88	2 667,24	1 299,36	2 230,—	2 508,75	1 089,68	2 089,04	2 350,17	880,12	1 948,16	2 191,68	670,44	1 807,20	2 033,10
	II	32 358	1 779,69	2 588,64	2 912,22	II	32 358	1 623,16	2 447,68	2 753,64	1 413,60	2 306,80	2 595,15	1 203,92	2 165,84	2 436,57	994,36	2 024,96	2 278,08	784,68	1 884,—	2 119,50	575,12	1 743,12	1 961,01
	III	24 260	—	1 940,80	2 183,40	III	24 260	—	1 812,—	2 038,50	—	1 686,08	1 896,84	—	1 563,20	1 758,60	—	1 443,04	1 623,42	—	1 326,08	1 491,84	—	1 211,84	1 363,32
	V	38 793	2 133,61	3 103,44	3 491,37	IV	33 159	1 775,29	2 582,24	2 905,02	1 718,47	2 511,76	2 825,73	1 613,75	2 441,36	2 746,53	1 508,92	2 370,88	2 667,24	1 404,08	2 300,40	2 587,95	1 299,36	2 230,—	2 508,75
	VI	39 228	2 157,54	3 138,24	3 530,52																				
113 723,99 Ost	I,IV	33 316	1 832,38	2 665,28	2 998,44	I	33 316	1 735,52	2 524,40	2 839,95	1 527,72	2 383,52	2 681,46	1 318,04	2 242,56	2 522,88	1 108,48	2 101,68	2 364,39	898,80	1 960,72	2 205,81	689,24	1 819,84	2 047,32
	II	32 515	1 788,32	2 601,20	2 926,35	II	32 515	1 641,96	2 460,32	2 767,86	1 432,28	2 319,36	2 609,28	1 222,72	2 178,48	2 450,79	1 013,04	2 037,52	2 292,21	803,48	1 896,64	2 133,72	593,81	1 755,68	1 975,14
	III	24 406	—	1 952,48	2 196,54	III	24 406	—	1 823,36	2 051,28	—	1 697,28	1 909,44	—	1 574,08	1 770,84	—	1 453,76	1 635,48	—	1 336,32	1 503,36	—	1 221,92	1 374,66
	V	38 950	2 142,25	3 116,—	3 505,50	IV	33 316	1 783,98	2 594,88	2 919,24	1 735,52	2 524,40	2 839,95	1 632,44	2 453,92	2 760,66	1 527,72	2 383,52	2 681,46	1 422,88	2 313,04	2 602,17	1 318,04	2 242,56	2 522,88
	VI	39 385	2 166,17	3 150,80	3 544,65																				
113 759,99 West	I,IV	33 174	1 824,57	2 653,92	2 985,66	I	33 174	1 720,38	2 513,04	2 827,17	1 510,70	2 372,08	2 668,59	1 301,14	2 231,20	2 510,10	1 091,46	2 090,24	2 351,52	881,90	1 949,36	2 193,03	672,23	1 808,40	2 034,45
	II	32 373	1 780,51	2 589,84	2 913,57	II	32 373	1 624,94	2 448,88	2 754,99	1 415,38	2 308,—	2 596,50	1 205,70	2 167,04	2 437,92	996,14	2 026,16	2 279,43	786,47	1 885,20	2 120,85	576,91	1 744,32	1 962,36
	III	24 274	—	1 941,92	2 184,66	III	24 274	—	1 813,12	2 039,76	—	1 687,20	1 898,10	—	1 564,16	1 759,68	—	1 444,16	1 624,68	—	1 327,04	1 492,92	—	1 212,80	1 364,40
	V	38 808	2 134,44	3 104,64	3 492,72	IV	33 174	1 776,11	2 583,44	2 906,37	1 720,38	2 513,04	2 827,17	1 615,54	2 442,56	2 747,88	1 510,70	2 372,08	2 668,59	1 405,86	2 301,60	2 589,30	1 301,14	2 231,20	2 510,10
	VI	39 243	2 158,36	3 139,44	3 531,87																				
113 759,99 Ost	I,IV	33 332	1 833,26	2 666,56	2 999,88	I	33 332	1 736,35	2 525,60	2 841,30	1 529,50	2 384,72	2 682,81	1 319,82	2 243,76	2 524,23	1 110,27	2 102,88	2 365,74	900,59	1 961,92	2 207,16	691,03	1 821,04	2 048,67
	II	32 530	1 789,15	2 602,40	2 927,70	II	32 530	1 643,74	2 461,52	2 769,21	1 434,06	2 320,56	2 610,63	1 224,51	2 179,68	2 452,14	1 014,83	2 038,72	2 293,56	805,27	1 897,84	2 135,07	595,59	1 756,88	1 976,49
	III	24 420	—	1 953,60	2 197,80	III	24 420	—	1 824,48	2 052,54	—	1 698,40	1 910,70	—	1 575,04	1 771,92	—	1 454,72	1 636,56	—	1 337,44	1 504,62	—	1 222,88	1 375,74
	V	38 965	2 143,07	3 117,20	3 506,85	IV	33 332	1 784,80	2 596,08	2 920,59	1 736,35	2 525,60	2 841,30	1 634,22	2 455,12	2 762,01	1 529,50	2 384,72	2 682,81	1 424,66	2 314,24	2 603,52	1 319,82	2 243,76	2 524,23
	VI	39 401	2 167,05	3 152,08	3 546,09																				
113 795,99 West	I,IV	33 189	1 825,39	2 655,12	2 987,01	I	33 189	1 722,16	2 514,24	2 828,52	1 512,49	2 373,28	2 669,94	1 302,93	2 232,40	2 511,45	1 093,25	2 091,44	2 352,87	883,69	1 950,56	2 194,38	674,01	1 809,60	2 035,80
	II	32 388	1 781,34	2 591,04	2 914,92	II	32 388	1 626,73	2 450,08	2 756,34	1 417,17	2 309,20	2 597,85	1 207,49	2 168,24	2 439,27	997,93	2 027,36	2 280,78	788,25	1 886,40	2 122,20	578,69	1 745,52	1 963,71
	III	24 288	—	1 943,04	2 185,92	III	24 288	—	1 814,24	2 041,02	—	1 688,16	1 899,18	—	1 565,28	1 760,94	—	1 445,12	1 625,76	—	1 328,—	1 494,—	—	1 213,76	1 365,48
	V	38 823	2 135,26	3 105,84	3 494,07	IV	33 189	1 776,94	2 584,64	2 907,72	1 722,16	2 514,24	2 828,52	1 617,32	2 443,76	2 749,23	1 512,49	2 373,28	2 669,94	1 407,77	2 302,88	2 590,74	1 302,93	2 232,40	2 511,45
	VI	39 258	2 159,19	3 140,64	3 533,22																				
113 795,99 Ost	I,IV	33 347	1 834,08	2 667,76	3 001,23	I	33 347	1 737,17	2 526,80	2 842,65	1 531,29	2 385,92	2 684,16	1 321,61	2 244,96	2 525,58	1 112,05	2 104,08	2 367,09	902,37	1 963,12	2 208,51	692,81	1 822,24	2 050,02
	II	32 545	1 789,97	2 603,60	2 929,05	II	32 545	1 645,53	2 462,72	2 770,56	1 435,85	2 321,76	2 611,98	1 226,29	2 180,88	2 453,49	1 016,61	2 039,92	2 294,91	807,05	1 899,04	2 136,42	597,38	1 758,08	1 977,84
	III	24 434	—	1 954,72	2 199,06	III	24 434	—	1 825,60	2 053,80	—	1 699,36	1 911,78	—	1 576,16	1 773,18	—	1 455,84	1 637,82	—	1 338,40	1 505,70	—	1 223,84	1 376,82
	V	38 981	2 143,95	3 118,48	3 508,29	IV	33 347	1 785,63	2 597,28	2 921,94	1 737,17	2 526,80	2 842,65	1 636,01	2 456,32	2 763,36	1 531,29	2 385,92	2 684,16	1 426,45	2 315,44	2 604,87	1 321,61	2 244,96	2 525,58
	VI	39 416	2 167,88	3 153,28	3 547,44																				
113 831,99 West	I,IV	33 204	1 826,22	2 656,32	2 988,36	I	33 204	1 723,95	2 515,44	2 829,87	1 514,27	2 374,48	2 671,29	1 304,71	2 233,60	2 512,80	1 095,03	2 092,64	2 354,22	885,47	1 951,76	2 195,73	675,80	1 810,80	2 037,15
	II	32 403	1 782,16	2 592,24	2 916,27	II	32 403	1 628,51	2 451,28	2 757,69	1 418,95	2 310,40	2 599,20	1 209,39	2 169,52	2 440,71	999,71	2 028,56	2 282,13	790,16	1 887,68	2 123,64	580,48	1 746,72	1 965,06
	III	24 302	—	1 944,16	2 187,18	III	24 302	—	1 815,20	2 042,10	—	1 689,28	1 900,44	—	1 566,24	1 762,02	—	1 446,08	1 626,84	—	1 328,96	1 495,08	—	1 214,72	1 366,56
	V	38 838	2 136,09	3 107,04	3 495,42	IV	33 204	1 777,82	2 585,92	2 909,16	1 723,95	2 515,44	2 829,87	1 619,11	2 444,96	2 750,58	1 514,27	2 374,48	2 671,29	1 409,55	2 304,08	2 592,09	1 304,71	2 233,60	2 512,80
	VI	39 273	2 160,01	3 141,84	3 534,57																				
113 831,99 Ost	I,IV	33 362	1 834,91	2 668,96	3 002,58	I	33 362	1 738,—	2 528,—	2 844,—	1 533,07	2 387,12	2 685,51	1 323,39	2 246,16	2 526,93	1 113,84	2 105,28	2 368,44	904,16	1 964,32	2 209,86	694,60	1 823,44	2 051,37
	II	32 560	1 790,80	2 604,80	2 930,40	II	32 560	1 647,31	2 463,92	2 771,91	1 437,75	2 323,04	2 613,42	1 228,08	2 182,08	2 454,84	1 018,52	2 041,20	2 296,35	808,84	1 900,24	2 137,77	599,28	1 759,36	1 979,28
	III	24 448	—	1 955,84	2 200,32	III	24 448	—	1 826,72	2 055,06	—	1 700,48	1 913,04	—	1 577,12	1 774,26	—	1 456,80	1 638,90	—	1 339,36	1 506,78	—	1 224,80	1 377,90
	V	38 996	2 144,78	3 119,68	3 509,64	IV	33 362	1 786,45	2 598,48	2 923,29	1 738,—	2 528,—	2 844,—	1 637,91	2 457,60	2 764,80	1 533,07	2 387,12	2 685,51	1 428,23	2 316,64	2 606,22	1 323,39	2 246,16	2 526,93
	VI	39 431	2 168,70	3 154,48	3 548,79																				
113 867,99 West	I,IV	33 219	1 827,04	2 657,52	2 989,71	I	33 219	1 725,73	2 516,64	2 831,22	1 516,06	2 375,68	2 672,64	1 306,50	2 234,80	2 514,15	1 096,94	2 093,92	2 355,66	887,26	1 952,96	2 197,08	677,70	1 812,08	2 038,59
	II	32 418	1 782,99	2 593,44	2 917,62	II	32 418	1 630,41	2 452,56	2 759,13	1 420,74	2 311,60	2 600,55	1 211,18	2 170,72	2 442,06	1 001,50	2 029,76	2 283,48	791,94	1 888,88	2 124,99	582,26	1 747,92	1 966,41
	III	24 316	—	1 945,28	2 188,44	III	24 316	—	1 816,32	2 043,36	—	1 690,40	1 901,70	—	1 567,36	1 763,28	—	1 447,20	1 628,10	—	1 329,92	1 496,16	—	1 215,68	1 367,64
	V	38 853	2 136,91	3 108,24	3 496,77	IV	33 219	1 778,64	2 587,12	2 910,51	1 725,73	2 516,64	2 831,22	1 620,89	2 446,16	2 751,93	1 516,06	2 375,68	2 672,64	1 411,34	2 305,28	2 593,44	1 306,50	2 234,80	2 514,15
	VI	39 288	2 160,84	3 143,04	3 535,92																				
113 867,99 Ost	I,IV	33 377	1 835,73	2 670,16	3 003,93	I	33 377	1 738,82	2 529,20	2 845,35	1 534,86	2 388,32	2 686,86	1 325,30	2 247,44	2 528,37	1 115,62	2 106,48	2 369,79	906,06	1 965,60	2 211,30	696,38	1 824,64	2 052,72
	II	32 576	1 791,68	2 606,08	2 931,84	II	32 576	1 649,10	2 465,12	2 773,26	1 439,54	2 324,24	2 614,77	1 229,86	2 183,28	2 456,19	1 020,30	2 042,40	2 297,70	810,62	1 901,44	2 139,12	601,06	1 760,56	1 980,63
	III	24 462	—	1 956,96	2 201,58	III	24 462	—	1 827,84	2 056,32	—	1 701,60	1 914,30	—	1 578,24	1 775,52	—	1 457,76	1 639,98	—	1 340,32	1 507,86	—	1 225,92	1 379,16
	V	39 011	2 145,60	3 120,88	3 510,99	IV	33 377	1 787,28	2 599,68	2 924,64	1 738,82	2 529,20	2 845,35	1 639,70	2 458,80	2 766,15	1 534,86	2 388,32	2 686,86	1 430,02	2 317,84	2 607,57	1 325,30	2 247,44	2 528,37
	VI	39 446	2 169,53	3 155,68	3 550,14																				
113 903,99 West	I,IV	33 235	1 827,92	2 658,80	2 991,15	I	33 235	1 727,52	2 517,84	2 832,57	1 517,96	2 376,96	2 674,08	1 308,28	2 236,—	2 515,50	1 098,72	2 095,12	2 357,01	889,04	1 954,16	2 198,43	679,49	1 813,28	2 039,94
	II	32 433	1 783,81	2 594,64	2 918,97	II	32 433	1 632,20	2 453,76	2 760,48	1 422,52	2 312,80	2 601,90	1 212,96	2 171,92	2 443,41	1 003,28	2 030,96	2 284,83	793,73	1 890,08	2 126,34	584,05	1 749,12	1 967,76
	III	24 330	—	1 946,40	2 189,70	III	24 330	—	1 817,44	2 044,62	—	1 691,36	1 902,78	—	1 568,32	1 764,36	—	1 448,16	1 629,18	—	1 331,04	1 497,42	—	1 216,64	1 368,72
	V	38 868	2 137,74	3 109,44	3 498,12	IV	33 235	1 779,47	2 588,32	2 911,86	1 727,52	2 517,84	2 832,57	1 622,68	2 447,36	2 753,28	1 517,96	2 376,96	2 674,08	1 413,12	2 306,48	2 594,79	1 308,28	2 236,—	2 515,50
	VI	39 304	2 161,72	3 144,32	3 537,36																				
113 903,99 Ost	I,IV	33 392	1 836,56	2 671,36	3 005,28	I	33 392	1 739,70	2 530,48	2 846,79	1 536,64	2 389,52	2 688,21	1 327,08	2 248,64	2 529,72	1 117,41	2 107,68	2 371,14	907,85	1 966,80	2 212,65	698,17	1 825,84	2 054,07
	II	32 591	1 792,50	2 607,28	2 933,19	II	32 591	1 650,88	2 466,32	2 774,61	1 441,32	2 325,44	2 616,12	1 231,65	2 184,48	2 457,54	1 022,09	2 043,60	2 299,05	812,41	1 902,64	2 140,47	602,85	1 761,76	1 981,98
	III	24 476	—	1 958,08	2 202,84	III	24 476	—	1 828,96	2 057,58	—	1 702,56	1 915,38	—	1 579,20	1 776,60	—	1 458,88	1 641,24	—	1 341,28	1 508,94	—	1 226,88	1 380,24
	V	39 026	2 146,43	3 122,08	3 512,34	IV	33 392	1 788,10	2 600,88	2 925,99	1 739,70	2 530,48	2 846,79	1 641,48	2 460,—	2 767,50	1 536,64	2 389,52	2 688,21	1 431,80	2 319,04	2 608,92	1 327,08	2 248,64	2 529,72
	VI	39 461	2 170,35	3 156,88	3 551,49																				

* Die ausgewiesenen Tabellenwerte sind amtlich. Siehe Erläuterungen auf der Umschlaginnenseite (U2).

Abzüge an Lohnsteuer, Solidaritätszuschlag (SolZ) und Kirchensteuer (8%, 9%) in den Steuerklassen

Lohn/ Gehalt bis €*	I – VI		ohne Kinderfreibeträge			I, II, III, IV		mit Zahl der Kinderfreibeträge . . . 0,5			1			1,5			2			2,5			3		
		LSt	SolZ	8%	9%		LSt	SolZ	8%	9%	SolZ	8%	9%	SolZ	8%	9%	SolZ	8%	9%	SolZ	8%	9%	SolZ	8%	9%
113 939,99 West	I,IV	33 250	1 828,75	2 660,—	2 992,50	I	33 250	1 729,30	2 519,04	2 833,92	1 519,74	2 378,16	2 675,43	1 310,07	2 237,20	2 516,85	1 100,51	2 096,32	2 358,36	890,83	1 955,36	2 199,78	681,27	1 814,48	2 041,29
	II	32 448	1 784,64	2 595,84	2 920,32	II	32 448	1 633,98	2 454,96	2 761,83	1 424,31	2 314,—	2 603,25	1 214,75	2 173,12	2 444,76	1 005,07	2 032,16	2 286,18	795,51	1 891,28	2 127,69	585,83	1 750,32	1 969,11
	III	24 344	—	1 947,52	2 190,96	III	24 344	—	1 818,56	2 045,88	—	1 692,48	1 904,04	—	1 569,44	1 765,62	—	1 449,28	1 630,44	—	1 332,—	1 498,50	—	1 217,60	1 369,80
	V	38 884	2 138,62	3 110,72	3 499,56	IV	33 250	1 780,29	2 589,52	2 913,21	1 729,30	2 519,04	2 833,92	1 624,46	2 448,56	2 754,63	1 519,74	2 378,16	2 675,43	1 414,91	2 307,68	2 596,14	1 310,07	2 237,20	2 516,85
	VI	39 319	2 162,54	3 145,52	3 538,71																				
113 939,99 Ost	I,IV	33 407	1 837,38	2 672,56	3 006,63	I	33 407	1 740,53	2 531,68	2 848,14	1 538,43	2 390,72	2 689,56	1 328,87	2 249,84	2 531,07	1 119,19	2 108,88	2 372,49	909,63	1 968,—	2 214,—	699,95	1 827,04	2 055,42
	II	32 606	1 793,33	2 608,48	2 934,54	II	32 606	1 652,67	2 467,52	2 775,96	1 443,11	2 326,64	2 617,47	1 233,43	2 185,68	2 458,89	1 023,87	2 044,80	2 300,40	814,19	1 903,84	2 141,82	604,63	1 762,96	1 983,33
	III	24 490	—	1 959,20	2 204,10	III	24 490	—	1 830,08	2 058,84	—	1 703,68	1 916,64	—	1 580,32	1 777,86	—	1 459,84	1 642,32	—	1 342,40	1 510,20	—	1 227,84	1 381,32
	V	39 041	2 147,25	3 123,28	3 513,69	IV	33 407	1 788,93	2 602,08	2 927,34	1 740,53	2 531,68	2 848,14	1 643,27	2 461,20	2 768,85	1 538,43	2 390,72	2 689,56	1 433,59	2 320,24	2 610,27	1 328,87	2 249,84	2 531,07
	VI	39 476	2 171,18	3 158,08	3 552,84																				
113 975,99 West	I,IV	33 265	1 829,57	2 661,20	2 993,85	I	33 265	1 731,09	2 520,24	2 835,27	1 521,53	2 379,36	2 676,78	1 311,85	2 238,40	2 518,20	1 102,29	2 097,52	2 359,71	892,61	1 956,56	2 201,13	683,06	1 815,68	2 042,64
	II	32 463	1 785,46	2 597,04	2 921,67	II	32 463	1 635,77	2 456,16	2 763,18	1 426,09	2 315,20	2 604,60	1 216,53	2 174,32	2 446,11	1 006,97	2 033,44	2 287,62	797,30	1 892,48	2 129,04	587,74	1 751,60	1 970,55
	III	24 358	—	1 948,64	2 192,22	III	24 358	—	1 819,68	2 047,14	—	1 693,60	1 905,30	—	1 570,40	1 766,70	—	1 450,24	1 631,52	—	1 332,96	1 499,58	—	1 218,56	1 370,88
	V	38 899	2 139,44	3 111,92	3 500,91	IV	33 265	1 781,12	2 590,72	2 914,56	1 731,09	2 520,24	2 835,27	1 626,37	2 449,84	2 756,07	1 521,53	2 379,36	2 676,78	1 416,69	2 308,88	2 597,49	1 311,85	2 238,40	2 518,20
	VI	39 334	2 163,37	3 146,72	3 540,06																				
113 975,99 Ost	I,IV	33 422	1 838,21	2 673,76	3 007,98	I	33 422	1 741,35	2 532,88	2 849,49	1 540,21	2 391,92	2 690,91	1 330,65	2 251,04	2 532,42	1 120,98	2 110,08	2 373,84	911,42	1 969,20	2 215,35	701,74	1 828,24	2 056,77
	II	32 621	1 794,15	2 609,68	2 935,89	II	32 621	1 654,45	2 468,72	2 777,31	1 444,89	2 327,84	2 618,82	1 235,33	2 186,96	2 460,33	1 025,66	2 046,—	2 301,75	816,10	1 905,12	2 143,26	606,42	1 764,16	1 984,68
	III	24 504	—	1 960,32	2 205,36	III	24 504	—	1 831,04	2 059,92	—	1 704,80	1 917,90	—	1 581,28	1 778,94	—	1 460,96	1 643,58	—	1 343,36	1 511,28	—	1 228,80	1 382,40
	V	39 056	2 148,08	3 124,48	3 515,04	IV	33 422	1 789,81	2 603,36	2 928,78	1 741,35	2 532,88	2 849,49	1 645,05	2 462,40	2 770,20	1 540,21	2 391,92	2 690,91	1 435,49	2 321,52	2 611,71	1 330,65	2 251,04	2 532,42
	VI	39 491	2 172,—	3 159,28	3 554,19																				
114 011,99 West	I,IV	33 280	1 830,40	2 662,40	2 995,20	I	33 280	1 732,87	2 521,44	2 836,62	1 523,31	2 380,56	2 678,13	1 313,64	2 239,60	2 519,55	1 104,08	2 098,72	2 361,06	894,52	1 957,84	2 202,57	684,84	1 816,88	2 043,99
	II	32 479	1 786,34	2 598,32	2 923,11	II	32 479	1 637,55	2 457,36	2 764,53	1 428,—	2 316,48	2 606,04	1 218,32	2 175,52	2 447,46	1 008,76	2 034,64	2 288,97	799,08	1 893,68	2 130,39	589,52	1 752,80	1 971,90
	III	24 372	—	1 949,76	2 193,48	III	24 372	—	1 820,80	2 048,40	—	1 694,72	1 906,56	—	1 571,52	1 767,96	—	1 451,20	1 632,60	—	1 333,92	1 500,66	—	1 219,52	1 371,96
	V	38 914	2 140,27	3 113,12	3 502,26	IV	33 280	1 781,94	2 591,92	2 915,91	1 732,87	2 521,44	2 836,62	1 628,15	2 451,04	2 757,42	1 523,31	2 380,56	2 678,13	1 418,48	2 310,08	2 598,84	1 313,64	2 239,60	2 519,55
	VI	39 349	2 164,19	3 147,92	3 541,41																				
114 011,99 Ost	I,IV	33 437	1 839,03	2 674,96	3 009,33	I	33 437	1 742,18	2 534,08	2 850,84	1 542,—	2 393,12	2 692,26	1 332,44	2 252,24	2 533,77	1 122,88	2 111,36	2 375,28	913,20	1 970,40	2 216,70	703,64	1 829,52	2 058,21
	II	32 636	1 794,98	2 610,88	2 937,24	II	32 636	1 656,36	2 470,—	2 778,75	1 446,68	2 329,04	2 620,17	1 237,12	2 188,16	2 461,68	1 027,44	2 047,20	2 303,10	817,88	1 906,32	2 144,61	608,20	1 765,36	1 986,03
	III	24 518	—	1 961,44	2 206,62	III	24 518	—	1 832,16	2 061,18	—	1 705,76	1 918,98	—	1 582,40	1 780,20	—	1 461,92	1 644,66	—	1 344,32	1 512,36	—	1 229,76	1 383,48
	V	39 071	2 148,90	3 125,68	3 516,39	IV	33 437	1 790,63	2 604,56	2 930,13	1 742,18	2 534,08	2 850,84	1 646,84	2 463,60	2 771,55	1 542,—	2 393,12	2 692,26	1 437,28	2 322,72	2 613,06	1 332,44	2 252,24	2 533,77
	VI	39 506	2 172,83	3 160,48	3 555,54																				
114 047,99 West	I,IV	33 295	1 831,22	2 663,60	2 996,55	I	33 295	1 734,37	2 522,72	2 838,06	1 525,10	2 381,76	2 679,48	1 315,54	2 240,88	2 520,99	1 105,86	2 099,92	2 362,41	896,30	1 959,04	2 203,92	686,63	1 818,08	2 045,34
	II	32 494	1 787,17	2 599,52	2 924,46	II	32 494	1 639,34	2 458,56	2 765,88	1 429,78	2 317,68	2 607,39	1 220,10	2 176,72	2 448,81	1 010,54	2 035,84	2 290,32	800,87	1 894,88	2 131,74	591,31	1 754,—	1 973,25
	III	24 386	—	1 950,88	2 194,74	III	24 386	—	1 821,92	2 049,66	—	1 695,68	1 907,64	—	1 572,48	1 769,04	—	1 452,32	1 633,86	—	1 334,88	1 501,74	—	1 220,64	1 373,22
	V	38 929	2 141,09	3 114,32	3 503,61	IV	33 295	1 782,77	2 593,12	2 917,26	1 734,37	2 522,72	2 838,06	1 629,94	2 452,24	2 758,77	1 525,10	2 381,76	2 679,48	1 420,26	2 311,28	2 600,19	1 315,54	2 240,88	2 520,99
	VI	39 364	2 165,02	3 149,12	3 542,76																				
114 047,99 Ost	I,IV	33 453	1 839,91	2 676,24	3 010,77	I	33 453	1 743,—	2 535,28	2 852,19	1 543,90	2 394,40	2 693,70	1 334,22	2 253,44	2 535,12	1 124,66	2 112,56	2 376,63	914,99	1 971,60	2 218,05	705,43	1 830,72	2 059,56
	II	32 651	1 795,80	2 612,08	2 938,59	II	32 651	1 658,14	2 471,20	2 780,10	1 448,46	2 330,24	2 621,52	1 238,90	2 189,36	2 463,03	1 029,23	2 048,40	2 304,45	819,67	1 907,52	2 145,96	609,99	1 766,56	1 987,38
	III	24 532	—	1 962,56	2 207,88	III	24 532	—	1 833,28	2 062,44	—	1 706,88	1 920,24	—	1 583,52	1 781,46	—	1 462,88	1 645,74	—	1 345,28	1 513,44	—	1 230,72	1 384,56
	V	39 086	2 149,73	3 126,88	3 517,74	IV	33 453	1 791,46	2 605,76	2 931,48	1 743,—	2 535,28	2 852,19	1 648,62	2 464,80	2 772,90	1 543,90	2 394,40	2 693,70	1 439,06	2 323,92	2 614,41	1 334,22	2 253,44	2 535,12
	VI	39 522	2 173,71	3 161,76	3 556,98																				
114 083,99 West	I,IV	33 310	1 832,05	2 664,80	2 997,90	I	33 310	1 735,19	2 523,92	2 839,41	1 526,88	2 382,96	2 680,83	1 317,33	2 242,08	2 522,34	1 107,65	2 101,12	2 363,76	898,09	1 960,24	2 205,27	688,41	1 819,28	2 046,69
	II	32 509	1 787,99	2 600,72	2 925,81	II	32 509	1 641,12	2 459,76	2 767,23	1 431,57	2 318,88	2 608,74	1 221,89	2 177,92	2 450,16	1 012,33	2 037,04	2 291,67	802,65	1 896,08	2 133,09	593,09	1 755,20	1 974,60
	III	24 400	—	1 952,—	2 196,—	III	24 400	—	1 822,88	2 050,74	—	1 696,80	1 908,90	—	1 573,60	1 770,30	—	1 453,28	1 634,94	—	1 336,—	1 503,—	—	1 221,60	1 374,30
	V	38 944	2 141,92	3 115,52	3 504,96	IV	33 310	1 783,59	2 594,32	2 918,61	1 735,19	2 523,92	2 839,41	1 631,72	2 453,44	2 760,12	1 526,88	2 382,96	2 680,83	1 422,05	2 312,48	2 601,54	1 317,33	2 242,08	2 522,34
	VI	39 379	2 165,84	3 150,32	3 544,11																				
114 083,99 Ost	I,IV	33 468	1 840,74	2 677,44	3 012,12	I	33 468	1 743,83	2 536,48	2 853,54	1 545,69	2 395,60	2 695,05	1 336,01	2 254,64	2 536,47	1 126,45	2 113,76	2 377,98	916,77	1 972,80	2 219,40	707,21	1 831,92	2 060,91
	II	32 666	1 796,63	2 613,28	2 939,94	II	32 666	1 659,93	2 472,40	2 781,45	1 450,25	2 331,44	2 622,87	1 240,69	2 190,56	2 464,38	1 031,01	2 049,60	2 305,80	821,45	1 908,72	2 147,31	611,77	1 767,76	1 988,73
	III	24 546	—	1 963,68	2 209,14	III	24 546	—	1 834,40	2 063,70	—	1 708,—	1 921,50	—	1 584,48	1 782,54	—	1 464,—	1 647,—	—	1 346,40	1 514,70	—	1 231,68	1 385,64
	V	39 102	2 150,61	3 128,16	3 519,18	IV	33 468	1 792,28	2 606,96	2 932,83	1 743,83	2 536,48	2 853,54	1 650,41	2 466,—	2 774,25	1 545,69	2 395,60	2 695,05	1 440,85	2 325,12	2 615,76	1 336,01	2 254,64	2 536,47
	VI	39 537	2 174,53	3 162,96	3 558,33																				
114 119,99 West	I,IV	33 325	1 832,87	2 666,—	2 999,25	I	33 325	1 736,02	2 525,12	2 840,76	1 528,67	2 384,16	2 682,18	1 319,11	2 243,28	2 523,69	1 109,43	2 102,32	2 365,11	899,87	1 961,44	2 206,62	690,20	1 820,48	2 048,04
	II	32 524	1 788,82	2 601,92	2 927,16	II	32 524	1 642,91	2 460,96	2 768,58	1 433,35	2 320,08	2 610,09	1 223,67	2 179,12	2 451,51	1 014,11	2 038,24	2 293,02	804,55	1 897,36	2 134,53	594,88	1 756,40	1 975,95
	III	24 414	—	1 953,12	2 197,26	III	24 414	—	1 824,—	2 052,—	—	1 697,92	1 910,16	—	1 574,56	1 771,38	—	1 454,24	1 636,02	—	1 336,96	1 504,08	—	1 222,56	1 375,38
	V	38 959	2 142,74	3 116,72	3 506,31	IV	33 325	1 784,47	2 595,60	2 920,05	1 736,02	2 525,12	2 840,76	1 633,51	2 454,64	2 761,47	1 528,67	2 384,16	2 682,18	1 423,95	2 313,76	2 602,98	1 319,11	2 243,28	2 523,69
	VI	39 394	2 166,67	3 151,52	3 545,46																				
114 119,99 Ost	I,IV	33 483	1 841,56	2 678,64	3 013,47	I	33 483	1 744,65	2 537,68	2 854,89	1 547,47	2 396,80	2 696,40	1 337,79	2 255,84	2 537,82	1 128,23	2 114,96	2 379,33	918,56	1 974,—	2 220,75	709,—	1 833,12	2 062,26
	II	32 681	1 797,45	2 614,48	2 941,29	II	32 681	1 661,71	2 473,60	2 782,80	1 452,03	2 332,64	2 624,22	1 242,47	2 191,76	2 465,73	1 032,92	2 050,80	2 307,24	823,24	1 909,92	2 148,66	613,68	1 769,04	1 990,17
	III	24 562	—	1 964,96	2 210,58	III	24 562	—	1 835,52	2 064,96	—	1 709,12	1 922,76	—	1 585,60	1 783,80	—	1 464,96	1 648,08	—	1 347,36	1 515,78	—	1 232,64	1 386,72
	V	39 117	2 151,43	3 129,36	3 520,53	IV	33 483	1 793,11	2 608,16	2 934,18	1 744,65	2 537,68	2 854,89	1 652,31	2 467,28	2 775,69	1 547,47	2 396,80	2 696,40	1 442,63	2 326,32	2 617,11	1 337,79	2 255,84	2 537,82
	VI	39 552	2 175,36	3 164,16	3 559,68																				
114 155,99 West	I,IV	33 340	1 833,70	2 667,20	3 000,60	I	33 340	1 736,84	2 526,32	2 842,11	1 530,45	2 385,36	2 683,53	1 320,90	2 244,48	2 525,04	1 111,22	2 103,52	2 366,46	901,66	1 962,64	2 207,97	692,10	1 821,76	2 049,48
	II	32 539	1 789,64	2 603,12	2 928,51	II	32 539	1 644,81	2 462,24	2 770,02	1 435,14	2 321,28	2 611,44	1 225,58	2 180,40	2 452,95	1 015,90	2 039,44	2 294,37	806,34	1 898,56	2 135,88	596,66	1 757,60	1 977,30
	III	24 428	—	1 954,24	2 198,52	III	24 428	—	1 825,12	2 053,26	—	1 698,88	1 911,24	—	1 575,68	1 772,64	—	1 455,36	1 637,28	—	1 337,92	1 505,16	—	1 223,52	1 376,46
	V	38 974	2 143,57	3 117,92	3 507,66	IV	33 340	1 785,30	2 596,80	2 921,40	1 736,84	2 526,32	2 842,11	1 635,29	2 455,84	2 762,82	1 530,45	2 385,36	2 683,53	1 425,73	2 314,96	2 604,33	1 320,90	2 244,48	2 525,04
	VI	39 409	2 167,49	3 152,72	3 546,81																				
114 155,99 Ost	I,IV	33 498	1 842,39	2 679,84	3 014,82	I	33 498	1 745,48	2 538,88	2 856,24	1 549,26	2 398,—	2 697,75	1 339,58	2 257,04	2 539,17	1 130,02	2 116,16	2 380,68	920,46	1 975,28	2 222,19	710,78	1 834,32	2 063,61
	II	32 697	1 798,33	2 615,76	2 942,73	II	32 697	1 663,50	2 474,80	2 784,15	1 453,94	2 333,92	2 625,66	1 244,26	2 192,96	2 467,08	1 034,70	2 052,08	2 308,59	825,02	1 911,12	2 150,01	615,46	1 770,24	1 991,52
	III	24 576	—	1 966,08	2 211,84	III	24 576	—	1 836,64	2 066,22	—	1 710,08	1 923,84	—	1 586,56	1 784,88	—	1 465,92	1 649,16	—	1 348,32	1 516,86	—	1 233,60	1 387,80
	V	39 132	2 152,26	3 130,56	3 521,88	IV	33 498	1 793,93	2 609,36	2 935,53	1 745,48	2 538,88	2 856,24	1 654,10	2 468,48	2 777,04	1 549,26	2 398,—	2 697,75	1 444,42	2 327,52	2 618,46	1 339,58	2 257,04	2 539,17
	VI	39 567	2 176,18	3 165,36	3 561,03																				
114 191,99 West	I,IV	33 356	1 834,58	2 668,48	3 002,04	I	33 356	1 737,67	2 527,52	2 843,46	1 532,36	2 386,64	2 684,97	1 322,68	2 245,68	2 526,39	1 113,12	2 104,80	2 367,90	903,44	1 963,84	2 209,32	693,88	1 822,96	2 050,83
	II	32 554	1 790,47	2 604,32	2 929,86	II	32 554	1 646,60	2 463,44	2 771,37	1 436,92	2 322,48	2 612,79	1 227,36	2 181,60	2 454,30	1 017,68	2 040,64	2 295,72	808,12	1 899,76	2 137,23	598,45	1 758,80	1 978,65
	III	24 442	—	1 955,36	2 199,78	III	24 442	—	1 826,24	2 054,52	—	1 700,—	1 912,50	—	1 576,64	1 773,72	—	1 456,32	1 638,36	—	1 338,88	1 506,24	—	1 224,48	1 377,54
	V	38 989	2 144,39	3 119,12	3 509,01	IV	33 356	1 786,12	2 598,—	2 922,75	1 737,67	2 527,52	2 843,46	1 637,08	2 457,04	2 764,17	1 532,36	2 386,64	2 684,97	1 427,52	2 316,16	2 605,68	1 322,68	2 245,68	2 526,39
	VI	39 425	2 168,37	3 154,—	3 548,25																				
114 191,99 Ost	I,IV	33 513	1 843,21	2 681,04	3 016,17	I	33 513	1 746,36	2 540,16	2 857,68	1 551,04	2 399,20	2 699,10	1 341,48	2 258,32	2 540,61	1 131,80	2 117,36	2 382,03	922,25	1 976,48	2 223,54	712,57	1 835,52	2 064,96
	II	32 712	1 799,16	2 616,96	2 944,08	II	32 712	1 665,28	2 476,—	2 785,50	1 455,72	2 335,12	2 627,01	1 246,04	2 194,16	2 468,43	1 036,49	2 053,28	2 309,94	826,81	1 912,32	2 151,36	617,25	1 771,44	1 992,87
	III	24 590	—	1 967,20	2 213,10	III	24 590	—	1 837,76	2 067,48	—	1 711,20	1 925,10	—	1 587,68	1 786,14	—	1 467,04	1 650,42	—	1 349,28	1 517,94	—	1 234,56	1 388,88
	V	39 147	2 153,08	3 131,76	3 523,23	IV	33 513	1 794,76	2 610,56	2 936,88	1 746,36	2 540,16	2 857,68	1 655,88	2 469,68	2 778,39	1 551,04	2 399,20	2 699,10	1 446,20	2 328,72	2 619,81	1 341,48	2 258,32	2 540,61
	VI	39 582	2 177,01	3 166,56	3 562,38																				

* Die ausgewiesenen Tabellenwerte sind amtlich. Siehe Erläuterungen auf der Umschlaginnenseite (U2).

Abzüge an Lohnsteuer, Solidaritätszuschlag (SolZ) und Kirchensteuer (8%, 9%) in den Steuerklassen

Lohn/ Gehalt bis €*		I – VI				I, II, III, IV		mit Zahl der Kinderfreibeträge . . .																	
			ohne Kinderfreibeträge					0,5			1			1,5			2			2,5			3		
		LSt	SolZ	8%	9%		LSt	SolZ	8%	9%	SolZ	8%	9%	SolZ	8%	9%	SolZ	8%	9%	SolZ	8%	9%	SolZ	8%	9%
114 227,99 West	I,IV	33 371	1 835,40	2 669,68	3 003,39	I	33 371	1 738,49	2 528,72	2 844,81	1 534,14	2 387,84	2 686,32	1 324,47	2 246,88	2 527,74	1 114,91	2 106,—	2 369,25	905,23	1 965,04	2 210,67	695,67	1 824,16	2 052,18
	II	32 569	1 791,29	2 605,52	2 931,21	II	32 569	1 648,38	2 464,64	2 772,72	1 438,71	2 323,68	2 614,14	1 229,15	2 182,80	2 455,65	1 019,47	2 041,84	2 297,07	809,91	1 900,96	2 138,58	600,23	1 760,—	1 980,—
	III	24 456	—	1 956,48	2 201,04	III	24 456	—	1 827,36	2 055,78	—	1 701,12	1 913,76	—	1 577,76	1 774,98	—	1 457,44	1 639,62	—	1 340,—	1 507,50	—	1 225,44	1 378,62
	V	39 005	2 145,27	3 120,40	3 510,45	IV	33 371	1 786,95	2 599,20	2 924,10	1 738,49	2 528,72	2 844,81	1 638,86	2 458,24	2 765,52	1 534,14	2 387,84	2 686,32	1 429,30	2 317,36	2 607,03	1 324,47	2 246,88	2 527,74
	VI	39 440	2 169,20	3 155,20	3 549,60																				
114 227,99 Ost	I,IV	33 528	1 844,04	2 682,24	3 017,52	I	33 528	1 747,18	2 541,36	2 859,03	1 552,83	2 400,40	2 700,45	1 343,27	2 259,52	2 541,96	1 133,59	2 118,56	2 383,38	924,03	1 977,68	2 224,89	714,35	1 836,72	2 066,31
	II	32 727	1 799,98	2 618,16	2 945,43	II	32 727	1 667,07	2 477,20	2 786,85	1 457,51	2 336,32	2 628,36	1 247,83	2 195,36	2 469,78	1 038,27	2 054,48	2 311,29	828,59	1 913,52	2 152,71	619,03	1 772,64	1 994,22
	III	24 604	—	1 968,32	2 214,36	III	24 604	—	1 838,72	2 068,56	—	1 712,32	1 926,36	—	1 588,64	1 787,22	—	1 468,—	1 651,50	—	1 350,40	1 519,20	—	1 235,52	1 389,96
	V	39 162	2 153,91	3 132,96	3 524,58	IV	33 528	1 795,58	2 611,76	2 938,23	1 747,18	2 541,36	2 859,03	1 657,67	2 470,88	2 779,74	1 552,83	2 400,40	2 700,45	1 447,99	2 329,92	2 621,16	1 343,27	2 259,52	2 541,96
	VI	39 597	2 177,83	3 167,76	3 563,73																				
114 263,99 West	I,IV	33 386	1 836,23	2 670,88	3 004,74	I	33 386	1 739,32	2 529,92	2 846,16	1 535,93	2 389,04	2 687,67	1 326,25	2 248,08	2 529,09	1 116,69	2 107,20	2 370,60	907,01	1 966,24	2 212,02	697,45	1 825,36	2 053,53
	II	32 584	1 792,12	2 606,72	2 932,56	II	32 584	1 650,17	2 465,84	2 774,07	1 440,49	2 324,88	2 615,49	1 230,93	2 184,—	2 457,—	1 021,25	2 043,04	2 298,42	811,69	1 902,16	2 139,93	602,14	1 761,28	1 981,44
	III	24 470	—	1 957,60	2 202,30	III	24 470	—	1 828,48	2 057,04	—	1 702,08	1 914,84	—	1 578,72	1 776,06	—	1 458,40	1 640,70	—	1 340,96	1 508,58	—	1 226,40	1 379,70
	V	39 020	2 146,10	3 121,60	3 511,80	IV	33 386	1 787,77	2 600,40	2 925,45	1 739,32	2 529,92	2 846,16	1 640,77	2 459,52	2 766,96	1 535,93	2 389,04	2 687,67	1 431,09	2 318,56	2 608,38	1 326,25	2 248,08	2 529,09
	VI	39 455	2 170,02	3 156,40	3 550,95																				
114 263,99 Ost	I,IV	33 543	1 844,86	2 683,44	3 018,87	I	33 543	1 748,01	2 542,56	2 860,38	1 554,61	2 401,60	2 701,80	1 345,05	2 260,72	2 543,31	1 135,37	2 119,76	2 384,73	925,82	1 978,88	2 226,24	716,14	1 837,92	2 067,66
	II	32 742	1 800,81	2 619,36	2 946,78	II	32 742	1 668,85	2 478,40	2 788,20	1 459,29	2 337,52	2 629,71	1 249,61	2 196,56	2 471,13	1 040,06	2 055,68	2 312,64	830,50	1 914,80	2 154,15	620,82	1 773,84	1 995,57
	III	24 618	—	1 969,44	2 215,62	III	24 618	—	1 839,84	2 069,82	—	1 713,28	1 927,44	—	1 589,76	1 788,48	—	1 469,12	1 652,76	—	1 351,36	1 520,28	—	1 236,48	1 391,04
	V	39 177	2 154,73	3 134,16	3 525,93	IV	33 543	1 796,46	2 613,04	2 939,67	1 748,01	2 542,56	2 860,38	1 659,45	2 472,08	2 781,09	1 554,61	2 401,60	2 701,80	1 449,89	2 331,20	2 622,60	1 345,05	2 260,72	2 543,31
	VI	39 612	2 178,66	3 168,96	3 565,08																				
114 299,99 West	I,IV	33 401	1 837,05	2 672,08	3 006,09	I	33 401	1 740,14	2 531,12	2 847,51	1 537,71	2 390,24	2 689,02	1 328,04	2 249,28	2 530,44	1 118,48	2 108,40	2 371,95	908,80	1 967,44	2 213,37	699,24	1 826,56	2 054,88
	II	32 600	1 793,—	2 608,—	2 934,—	II	32 600	1 651,95	2 467,04	2 775,42	1 442,39	2 326,16	2 616,93	1 232,72	2 185,20	2 458,35	1 023,16	2 044,32	2 299,86	813,48	1 903,36	2 141,28	603,92	1 762,48	1 982,79
	III	24 484	—	1 958,72	2 203,56	III	24 484	—	1 829,44	2 058,12	—	1 703,20	1 916,10	—	1 579,84	1 777,32	—	1 459,36	1 641,78	—	1 341,92	1 509,66	—	1 227,36	1 380,78
	V	39 035	2 146,92	3 122,80	3 513,15	IV	33 401	1 788,60	2 601,60	2 926,80	1 740,14	2 531,12	2 847,51	1 642,55	2 460,72	2 768,31	1 537,71	2 390,24	2 689,02	1 432,87	2 319,76	2 609,73	1 328,04	2 249,28	2 530,44
	VI	39 470	2 170,85	3 157,60	3 552,30																				
114 299,99 Ost	I,IV	33 558	1 845,69	2 684,64	3 020,22	I	33 558	1 748,83	2 543,76	2 861,73	1 556,40	2 402,80	2 703,15	1 346,84	2 261,92	2 544,66	1 137,16	2 120,96	2 386,08	927,60	1 980,08	2 227,59	718,04	1 839,20	2 069,10
	II	32 757	1 801,63	2 620,56	2 948,13	II	32 757	1 670,76	2 479,68	2 789,64	1 461,08	2 338,72	2 631,06	1 251,52	2 197,84	2 472,57	1 041,84	2 056,88	2 313,99	832,28	1 916,—	2 155,50	622,60	1 775,04	1 996,92
	III	24 632	—	1 970,56	2 216,88	III	24 632	—	1 840,96	2 071,08	—	1 714,40	1 928,70	—	1 590,72	1 789,56	—	1 470,08	1 653,84	—	1 352,32	1 521,36	—	1 237,44	1 392,12
	V	39 192	2 155,56	3 135,36	3 527,28	IV	33 558	1 797,29	2 614,24	2 941,02	1 748,83	2 543,76	2 861,73	1 661,24	2 473,28	2 782,44	1 556,40	2 402,80	2 703,15	1 451,68	2 332,40	2 623,95	1 346,84	2 261,92	2 544,66
	VI	39 627	2 179,48	3 170,16	3 566,43																				
114 335,99 West	I,IV	33 416	1 837,88	2 673,28	3 007,44	I	33 416	1 741,02	2 532,40	2 848,95	1 539,50	2 391,44	2 690,37	1 329,94	2 250,56	2 531,88	1 120,26	2 109,60	2 373,30	910,70	1 968,72	2 214,81	701,02	1 827,76	2 056,23
	II	32 615	1 793,82	2 609,20	2 935,35	II	32 615	1 653,74	2 468,24	2 776,77	1 444,18	2 327,36	2 618,28	1 234,50	2 186,40	2 459,70	1 024,94	2 045,52	2 301,21	815,26	1 904,56	2 142,63	605,71	1 763,68	1 984,14
	III	24 498	—	1 959,84	2 204,82	III	24 498	—	1 830,56	2 059,38	—	1 704,32	1 917,36	—	1 580,96	1 778,58	—	1 460,48	1 643,04	—	1 342,88	1 510,74	—	1 228,32	1 381,86
	V	39 050	2 147,75	3 124,—	3 514,50	IV	33 416	1 789,42	2 602,80	2 928,15	1 741,02	2 532,40	2 848,95	1 644,34	2 461,92	2 769,66	1 539,50	2 391,44	2 690,37	1 434,66	2 320,96	2 611,08	1 329,94	2 250,56	2 531,88
	VI	39 485	2 171,67	3 158,80	3 553,65																				
114 335,99 Ost	I,IV	33 574	1 846,57	2 685,92	3 021,66	I	33 574	1 749,66	2 544,96	2 863,08	1 558,30	2 404,08	2 704,59	1 348,62	2 263,12	2 546,01	1 139,06	2 122,24	2 387,52	929,39	1 981,28	2 228,94	719,83	1 840,40	2 070,45
	II	32 772	1 802,46	2 621,76	2 949,48	II	32 772	1 672,54	2 480,88	2 790,99	1 462,86	2 339,92	2 632,41	1 253,30	2 199,04	2 473,92	1 043,63	2 058,08	2 315,34	834,07	1 917,20	2 156,85	624,39	1 776,24	1 998,27
	III	24 646	—	1 971,68	2 218,14	III	24 646	—	1 842,08	2 072,34	—	1 715,52	1 929,96	—	1 591,84	1 790,82	—	1 471,04	1 654,92	—	1 353,28	1 522,44	—	1 238,56	1 393,38
	V	39 207	2 156,38	3 136,56	3 528,63	IV	33 574	1 798,11	2 615,44	2 942,37	1 749,66	2 544,96	2 863,08	1 663,02	2 474,48	2 783,79	1 558,30	2 404,08	2 704,59	1 453,46	2 333,60	2 625,30	1 348,62	2 263,12	2 546,01
	VI	39 642	2 180,31	3 171,36	3 567,78																				
114 371,99 West	I,IV	33 431	1 838,70	2 674,48	3 008,79	I	33 431	1 741,85	2 533,60	2 850,30	1 541,28	2 392,64	2 691,72	1 331,72	2 251,76	2 533,23	1 122,05	2 110,80	2 374,65	912,49	1 969,92	2 216,16	702,81	1 828,96	2 057,58
	II	32 630	1 794,65	2 610,40	2 936,70	II	32 630	1 655,52	2 469,44	2 778,12	1 445,96	2 328,56	2 619,63	1 236,29	2 187,60	2 461,05	1 026,73	2 046,72	2 302,56	817,05	1 905,76	2 143,98	607,49	1 764,88	1 985,49
	III	24 512	—	1 960,96	2 206,08	III	24 512	—	1 831,68	2 060,64	—	1 705,28	1 918,44	—	1 581,92	1 779,66	—	1 461,44	1 644,12	—	1 343,84	1 511,82	—	1 229,28	1 382,94
	V	39 065	2 148,57	3 125,20	3 515,85	IV	33 431	1 790,25	2 604,—	2 929,50	1 741,85	2 533,60	2 850,30	1 646,12	2 463,12	2 771,01	1 541,28	2 392,64	2 691,72	1 436,44	2 322,16	2 612,43	1 331,72	2 251,76	2 533,23
	VI	39 500	2 172,50	3 160,—	3 555,—																				
114 371,99 Ost	I,IV	33 589	1 847,39	2 687,12	3 023,01	I	33 589	1 750,48	2 546,16	2 864,43	1 560,09	2 405,28	2 705,94	1 350,41	2 264,32	2 547,36	1 140,85	2 123,44	2 388,87	931,17	1 982,48	2 230,29	721,61	1 841,60	2 071,80
	II	32 787	1 803,28	2 622,96	2 950,83	II	32 787	1 674,33	2 482,08	2 792,34	1 464,65	2 341,12	2 633,76	1 255,09	2 200,24	2 475,27	1 045,41	2 059,28	2 316,69	835,85	1 918,40	2 158,20	626,17	1 777,44	1 999,62
	III	24 660	—	1 972,80	2 219,40	III	24 660	—	1 843,20	2 073,60	—	1 716,64	1 931,22	—	1 592,80	1 791,90	—	1 472,16	1 656,18	—	1 354,40	1 523,70	—	1 239,52	1 394,46
	V	39 222	2 157,21	3 137,76	3 529,98	IV	33 589	1 798,94	2 616,64	2 943,72	1 750,48	2 546,16	2 864,43	1 664,81	2 475,68	2 785,14	1 560,09	2 405,28	2 705,94	1 455,25	2 334,80	2 626,65	1 350,41	2 264,32	2 547,36
	VI	39 658	2 181,19	3 172,64	3 569,22																				
114 407,99 West	I,IV	33 446	1 839,53	2 675,68	3 010,14	I	33 446	1 742,67	2 534,80	2 851,65	1 543,07	2 393,84	2 693,07	1 333,51	2 252,96	2 534,58	1 123,83	2 112,—	2 376,—	914,27	1 971,12	2 217,51	704,59	1 830,16	2 058,93
	II	32 645	1 795,47	2 611,60	2 938,05	II	32 645	1 657,31	2 470,64	2 779,47	1 447,75	2 329,76	2 620,98	1 238,07	2 188,80	2 462,40	1 028,51	2 047,92	2 303,91	818,83	1 906,96	2 145,33	609,28	1 766,08	1 986,84
	III	24 526	—	1 962,08	2 207,34	III	24 526	—	1 832,80	2 061,90	—	1 706,40	1 919,70	—	1 583,04	1 780,92	—	1 462,40	1 645,20	—	1 344,96	1 513,08	—	1 230,24	1 384,02
	V	39 080	2 149,40	3 126,40	3 517,20	IV	33 446	1 791,13	2 605,28	2 930,94	1 742,67	2 534,80	2 851,65	1 647,91	2 464,32	2 772,36	1 543,07	2 393,84	2 693,07	1 438,35	2 323,44	2 613,87	1 333,51	2 252,96	2 534,58
	VI	39 515	2 173,32	3 161,20	3 556,35																				
114 407,99 Ost	I,IV	33 604	1 848,22	2 688,32	3 024,36	I	33 604	1 751,31	2 547,36	2 865,78	1 561,87	2 406,48	2 707,29	1 352,19	2 265,52	2 548,71	1 142,63	2 124,64	2 390,22	932,96	1 983,68	2 231,64	723,40	1 842,80	2 073,15
	II	32 802	1 804,11	2 624,16	2 952,18	II	32 802	1 676,11	2 483,28	2 793,69	1 466,43	2 342,32	2 635,11	1 256,87	2 201,44	2 476,62	1 047,20	2 060,48	2 318,04	837,64	1 919,60	2 159,55	628,08	1 778,72	2 001,06
	III	24 674	—	1 973,92	2 220,66	III	24 674	—	1 844,32	2 074,86	—	1 717,60	1 932,30	—	1 593,92	1 793,16	—	1 473,12	1 657,26	—	1 355,36	1 524,78	—	1 240,48	1 395,54
	V	39 238	2 158,09	3 139,04	3 531,42	IV	33 604	1 799,76	2 617,84	2 945,07	1 751,31	2 547,36	2 865,78	1 666,71	2 476,96	2 786,58	1 561,87	2 406,48	2 707,29	1 457,03	2 336,—	2 628,—	1 352,19	2 265,52	2 548,71
	VI	39 673	2 182,01	3 173,84	3 570,57																				
114 443,99 West	I,IV	33 461	1 840,35	2 676,88	3 011,49	I	33 461	1 743,50	2 536,—	2 853,—	1 544,85	2 395,04	2 694,42	1 335,29	2 254,16	2 535,93	1 125,62	2 113,20	2 377,35	916,06	1 972,32	2 218,86	706,38	1 831,36	2 060,28
	II	32 660	1 796,30	2 612,80	2 939,40	II	32 660	1 659,21	2 471,92	2 780,91	1 449,53	2 330,96	2 622,33	1 239,98	2 190,08	2 463,84	1 030,30	2 049,12	2 305,26	820,74	1 908,24	2 146,77	611,06	1 767,28	1 988,19
	III	24 540	—	1 963,20	2 208,60	III	24 540	—	1 833,92	2 063,16	—	1 707,52	1 920,96	—	1 584,—	1 782,—	—	1 463,52	1 646,46	—	1 345,92	1 514,16	—	1 231,20	1 385,10
	V	39 095	2 150,22	3 127,60	3 518,55	IV	33 461	1 791,95	2 606,48	2 932,29	1 743,50	2 536,—	2 853,—	1 649,69	2 465,52	2 773,71	1 544,85	2 395,04	2 694,42	1 440,13	2 324,64	2 615,22	1 335,29	2 254,16	2 535,93
	VI	39 530	2 174,15	3 162,40	3 557,70																				
114 443,99 Ost	I,IV	33 619	1 849,04	2 689,52	3 025,71	I	33 619	1 752,13	2 548,56	2 867,13	1 563,66	2 407,68	2 708,64	1 353,98	2 266,72	2 550,06	1 144,42	2 125,84	2 391,57	934,74	1 984,88	2 232,99	725,18	1 844,—	2 074,50
	II	32 818	1 804,99	2 625,44	2 953,62	II	32 818	1 677,90	2 484,48	2 795,04	1 468,34	2 343,60	2 636,55	1 258,66	2 202,64	2 477,97	1 049,10	2 061,76	2 319,48	839,42	1 920,80	2 160,90	629,86	1 779,92	2 002,41
	III	24 688	—	1 975,04	2 221,92	III	24 688	—	1 845,44	2 076,12	—	1 718,72	1 933,56	—	1 595,04	1 794,42	—	1 474,24	1 658,52	—	1 356,32	1 525,86	—	1 241,44	1 396,62
	V	39 253	2 158,91	3 140,24	3 532,77	IV	33 619	1 800,59	2 619,04	2 946,42	1 752,13	2 548,56	2 867,13	1 668,49	2 478,16	2 787,93	1 563,66	2 407,68	2 708,64	1 458,82	2 337,20	2 629,35	1 353,98	2 266,72	2 550,06
	VI	39 688	2 182,84	3 175,04	3 571,92																				
114 479,99 West	I,IV	33 476	1 841,18	2 678,08	3 012,84	I	33 476	1 744,32	2 537,20	2 854,35	1 546,76	2 396,32	2 695,86	1 337,08	2 255,36	2 537,28	1 127,52	2 114,48	2 378,79	917,84	1 973,52	2 220,21	708,28	1 832,64	2 061,72
	II	32 675	1 797,12	2 614,—	2 940,75	II	32 675	1 661,—	2 473,12	2 782,26	1 451,32	2 332,16	2 623,68	1 241,76	2 191,28	2 465,19	1 032,08	2 050,32	2 306,61	822,52	1 909,44	2 148,12	612,85	1 768,48	1 989,54
	III	24 554	—	1 964,32	2 209,86	III	24 554	—	1 835,04	2 064,42	—	1 708,64	1 922,22	—	1 585,12	1 783,26	—	1 464,48	1 647,54	—	1 346,88	1 515,24	—	1 232,16	1 386,18
	V	39 110	2 151,05	3 128,80	3 519,90	IV	33 476	1 792,78	2 607,68	2 933,64	1 744,32	2 537,20	2 854,35	1 651,48	2 466,72	2 775,06	1 546,76	2 396,32	2 695,86	1 441,92	2 325,84	2 616,57	1 337,08	2 255,36	2 537,28
	VI	39 545	2 174,97	3 163,60	3 559,05																				
114 479,99 Ost	I,IV	33 634	1 849,87	2 690,72	3 027,06	I	33 634	1 753,01	2 549,84	2 868,57	1 565,44	2 408,88	2 709,99	1 355,88	2 268,—	2 551,50	1 146,20	2 127,04	2 392,92	936,64	1 986,16	2 234,43	726,97	1 845,20	2 075,85
	II	32 833	1 805,81	2 626,64	2 954,97	II	32 833	1 679,68	2 485,68	2 796,39	1 470,12	2 344,80	2 637,90	1 260,44	2 203,84	2 479,32	1 050,88	2 062,96	2 320,83	841,21	1 922,—	2 162,25	631,65	1 781,12	2 003,76
	III	24 702	—	1 976,16	2 223,18	III	24 702	—	1 846,56	2 077,38	—	1 719,84	1 934,82	—	1 596,—	1 795,50	—	1 475,20	1 659,60	—	1 357,28	1 526,94	—	1 242,40	1 397,70
	V	39 268	2 159,74	3 141,44	3 534,12	IV	33 634	1 801,41	2 620,24	2 947,77	1 753,01	2 549,84	2 868,57	1 670,28	2 479,36	2 789,28	1 565,44	2 408,88	2 709,99	1 460,60	2 338,40	2 630,70	1 355,88	2 268,—	2 551,50
	VI	39 703	2 183,66	3 176,24	3 573,27																				

* Die ausgewiesenen Tabellenwerte sind amtlich. Siehe Erläuterungen auf der Umschlaginnenseite (U2).

JAHR 114 480,–*

Abzüge an Lohnsteuer, Solidaritätszuschlag (SolZ) und Kirchensteuer (8%, 9%) in den Steuerklassen

Lohn/ Gehalt bis €*	I – VI ohne Kinderfreibeträge	LSt	SolZ	8%	9%	I, II, III, IV mit Zahl der Kinderfreibeträge . . .	LSt	0,5 SolZ	0,5 8%	0,5 9%	1 SolZ	1 8%	1 9%	1,5 SolZ	1,5 8%	1,5 9%	2 SolZ	2 8%	2 9%	2,5 SolZ	2,5 8%	2,5 9%	3 SolZ	3 8%	3 9%
114 515,99 West	I,IV	33 492	1 842,06	2 679,36	3 014,28	I	33 492	1 745,15	2 538,40	2 855,70	1 548,54	2 397,52	2 697,21	1 338,86	2 256,56	2 538,63	1 129,31	2 115,68	2 380,14	919,63	1 974,72	2 221,56	710,07	1 833,84	2 063,07
	II	32 690	1 797,95	2 615,20	2 942,10	II	32 690	1 662,78	2 474,32	2 783,61	1 453,10	2 333,36	2 625,03	1 243,55	2 192,48	2 466,54	1 033,87	2 051,52	2 307,96	824,31	1 910,64	2 149,47	614,63	1 769,68	1 990,89
	III	24 568	–	1 965,44	2 211,12	III	24 568	–	1 836,16	2 065,68	–	1 709,60	1 923,30	–	1 586,08	1 784,34	–	1 465,60	1 648,80	–	1 347,84	1 516,32	–	1 233,12	1 387,26
	V	39 125	2 151,87	3 130,–	3 521,25	IV	33 492	1 793,60	2 608,88	2 934,99	1 745,15	2 538,40	2 855,70	1 653,26	2 467,92	2 776,41	1 548,54	2 397,52	2 697,21	1 443,70	2 327,04	2 617,92	1 338,86	2 256,56	2 538,63
	VI	39 561	2 175,85	3 164,88	3 560,49																				
114 515,99 Ost	I,IV	33 649	1 850,69	2 691,92	3 028,41	I	33 649	1 753,84	2 551,04	2 869,92	1 567,23	2 410,08	2 711,34	1 357,67	2 269,20	2 552,85	1 147,99	2 128,24	2 394,27	938,43	1 987,36	2 235,78	728,75	1 846,40	2 077,20
	II	32 848	1 806,64	2 627,84	2 956,32	II	32 848	1 681,47	2 486,88	2 797,74	1 471,91	2 346,–	2 639,25	1 262,23	2 205,04	2 480,67	1 052,67	2 064,16	2 322,18	842,99	1 923,20	2 163,60	633,43	1 782,32	2 005,11
	III	24 716	–	1 977,28	2 224,44	III	24 716	–	1 847,52	2 078,46	–	1 720,80	1 935,90	–	1 597,12	1 796,76	–	1 476,16	1 660,68	–	1 358,24	1 528,02	–	1 243,36	1 398,78
	V	39 283	2 160,56	3 142,64	3 535,47	IV	33 649	1 802,24	2 621,44	2 949,12	1 753,84	2 551,04	2 869,92	1 672,06	2 480,56	2 790,63	1 567,23	2 410,08	2 711,34	1 462,39	2 339,60	2 632,05	1 357,67	2 269,20	2 552,85
	VI	39 718	2 184,49	3 177,44	3 574,62																				
114 551,99 West	I,IV	33 507	1 842,88	2 680,56	3 015,63	I	33 507	1 745,97	2 539,60	2 857,05	1 550,33	2 398,72	2 698,56	1 340,65	2 257,76	2 539,98	1 131,09	2 116,88	2 381,49	921,41	1 975,92	2 222,91	711,85	1 835,04	2 064,42
	II	32 705	1 798,77	2 616,40	2 943,45	II	32 705	1 664,57	2 475,52	2 784,96	1 454,89	2 334,56	2 626,38	1 245,33	2 193,68	2 467,89	1 035,65	2 052,72	2 309,31	826,09	1 911,84	2 150,82	616,42	1 770,88	1 992,24
	III	24 582	–	1 966,56	2 212,38	III	24 582	–	1 837,28	2 066,94	–	1 710,72	1 924,56	–	1 587,20	1 785,60	–	1 466,56	1 649,88	–	1 348,96	1 517,58	–	1 234,08	1 388,34
	V	39 141	2 152,75	3 131,28	3 522,69	IV	33 507	1 794,43	2 610,08	2 936,34	1 745,97	2 539,60	2 857,05	1 655,17	2 469,20	2 777,85	1 550,33	2 398,72	2 698,56	1 445,49	2 328,24	2 619,27	1 340,65	2 257,76	2 539,98
	VI	39 576	2 176,68	3 166,08	3 561,84																				
114 551,99 Ost	I,IV	33 664	1 851,52	2 693,12	3 029,76	I	33 664	1 754,66	2 552,24	2 871,27	1 569,01	2 411,28	2 712,69	1 359,45	2 270,40	2 554,20	1 149,77	2 129,44	2 395,62	940,21	1 988,56	2 237,13	730,54	1 847,60	2 078,55
	II	32 863	1 807,46	2 629,04	2 957,67	II	32 863	1 683,25	2 488,08	2 799,09	1 473,69	2 347,20	2 640,60	1 264,01	2 206,24	2 482,02	1 054,45	2 065,36	2 323,53	844,78	1 924,40	2 164,95	635,22	1 783,52	2 006,46
	III	24 730	–	1 978,40	2 225,70	III	24 730	–	1 848,64	2 079,72	–	1 721,92	1 937,16	–	1 598,08	1 797,84	–	1 477,28	1 661,94	–	1 359,36	1 529,28	–	1 244,32	1 399,86
	V	39 298	2 161,39	3 143,84	3 536,82	IV	33 664	1 803,06	2 622,64	2 950,47	1 754,66	2 552,24	2 871,27	1 673,85	2 481,76	2 791,98	1 569,01	2 411,28	2 712,69	1 464,29	2 340,88	2 633,49	1 359,45	2 270,40	2 554,20
	VI	39 733	2 185,31	3 178,64	3 575,97																				
114 587,99 West	I,IV	33 522	1 843,71	2 681,76	3 016,98	I	33 522	1 746,80	2 540,80	2 858,40	1 552,11	2 399,92	2 699,91	1 342,43	2 258,96	2 541,33	1 132,88	2 118,08	2 382,84	923,20	1 977,12	2 224,26	713,64	1 836,24	2 065,77
	II	32 720	1 799,60	2 617,60	2 944,80	II	32 720	1 666,35	2 476,72	2 786,31	1 456,79	2 335,84	2 627,82	1 247,12	2 194,88	2 469,24	1 037,56	2 054,–	2 310,75	827,88	1 913,04	2 152,17	618,32	1 772,16	1 993,68
	III	24 596	–	1 967,68	2 213,64	III	24 596	–	1 838,24	2 068,02	–	1 711,84	1 925,82	–	1 588,16	1 786,68	–	1 467,52	1 650,96	–	1 349,92	1 518,66	–	1 235,20	1 389,60
	V	39 156	2 153,58	3 132,48	3 524,04	IV	33 522	1 795,25	2 611,28	2 937,69	1 746,80	2 540,80	2 858,40	1 656,95	2 470,40	2 779,20	1 552,11	2 399,92	2 699,91	1 447,27	2 329,44	2 620,62	1 342,43	2 258,96	2 541,33
	VI	39 591	2 177,50	3 167,28	3 563,19																				
114 587,99 Ost	I,IV	33 679	1 852,34	2 694,32	3 031,11	I	33 679	1 755,49	2 553,44	2 872,62	1 570,80	2 412,48	2 714,04	1 361,24	2 271,60	2 555,55	1 151,56	2 130,64	2 396,97	942,–	1 989,76	2 238,48	732,32	1 848,80	2 079,90
	II	32 878	1 808,29	2 630,24	2 959,02	II	32 878	1 685,15	2 489,36	2 800,53	1 475,48	2 348,40	2 641,95	1 265,92	2 207,52	2 483,46	1 056,24	2 066,56	2 324,88	846,68	1 925,68	2 166,39	637,–	1 784,72	2 007,81
	III	24 744	–	1 979,52	2 226,96	III	24 744	–	1 849,76	2 080,98	–	1 723,04	1 938,42	–	1 599,20	1 799,10	–	1 478,24	1 663,02	–	1 360,32	1 530,36	–	1 245,28	1 400,94
	V	39 313	2 162,21	3 145,04	3 538,17	IV	33 679	1 803,94	2 623,92	2 951,91	1 755,49	2 553,44	2 872,62	1 675,63	2 482,96	2 793,33	1 570,80	2 412,48	2 714,04	1 466,08	2 342,08	2 634,84	1 361,24	2 271,60	2 555,55
	VI	39 748	2 186,14	3 179,84	3 577,32																				
114 623,99 West	I,IV	33 537	1 844,53	2 682,96	3 018,33	I	33 537	1 747,62	2 542,–	2 859,75	1 553,90	2 401,12	2 701,26	1 344,34	2 260,24	2 542,77	1 134,66	2 119,28	2 384,19	925,10	1 978,40	2 225,70	715,42	1 837,44	2 067,12
	II	32 736	1 800,48	2 618,88	2 946,24	II	32 736	1 668,14	2 477,92	2 787,66	1 458,58	2 337,04	2 629,17	1 248,90	2 196,08	2 470,59	1 039,34	2 055,20	2 312,10	829,66	1 914,24	2 153,52	620,10	1 773,36	1 995,03
	III	24 610	–	1 968,80	2 214,90	III	24 610	–	1 839,36	2 069,28	–	1 712,80	1 926,90	–	1 589,28	1 787,94	–	1 468,64	1 652,22	–	1 350,88	1 519,74	–	1 236,16	1 390,68
	V	39 171	2 154,40	3 133,68	3 525,39	IV	33 537	1 796,08	2 612,48	2 939,04	1 747,62	2 542,–	2 859,75	1 658,74	2 471,60	2 780,55	1 553,90	2 401,12	2 701,26	1 449,06	2 330,64	2 621,97	1 344,34	2 260,24	2 542,77
	VI	39 606	2 178,33	3 168,48	3 564,54																				
114 623,99 Ost	I,IV	33 694	1 853,17	2 695,52	3 032,46	I	33 694	1 756,31	2 554,64	2 873,97	1 572,70	2 413,76	2 715,48	1 363,02	2 272,80	2 556,90	1 153,46	2 131,92	2 398,41	943,78	1 990,96	2 239,83	734,23	1 850,08	2 081,34
	II	32 893	1 809,11	2 631,44	2 960,37	II	32 893	1 686,94	2 490,56	2 801,88	1 477,26	2 349,60	2 643,30	1 267,70	2 208,72	2 484,81	1 058,02	2 067,76	2 326,23	848,47	1 926,88	2 167,74	638,79	1 785,92	2 009,16
	III	24 758	–	1 980,64	2 228,22	III	24 758	–	1 850,88	2 082,24	–	1 724,16	1 939,68	–	1 600,16	1 800,18	–	1 479,36	1 664,28	–	1 361,28	1 531,44	–	1 246,24	1 402,02
	V	39 328	2 163,04	3 146,24	3 539,52	IV	33 694	1 804,77	2 625,12	2 953,26	1 756,31	2 554,64	2 873,97	1 677,42	2 484,16	2 794,68	1 572,70	2 413,76	2 715,48	1 467,86	2 343,28	2 636,19	1 363,02	2 272,80	2 556,90
	VI	39 763	2 186,96	3 181,04	3 578,67																				
114 659,99 West	I,IV	33 552	1 845,36	2 684,16	3 019,68	I	33 552	1 748,50	2 543,28	2 861,19	1 555,68	2 402,32	2 702,61	1 346,12	2 261,44	2 544,12	1 136,45	2 120,48	2 385,54	926,89	1 979,60	2 227,05	717,21	1 838,64	2 068,47
	II	32 751	1 801,30	2 620,08	2 947,59	II	32 751	1 669,92	2 479,12	2 789,01	1 460,36	2 338,24	2 630,52	1 250,69	2 197,28	2 471,94	1 041,13	2 056,40	2 313,45	831,45	1 915,44	2 154,87	621,89	1 774,56	1 996,38
	III	24 626	–	1 970,08	2 216,34	III	24 626	–	1 840,48	2 070,54	–	1 713,92	1 928,16	–	1 590,24	1 789,02	–	1 469,60	1 653,30	–	1 351,84	1 520,82	–	1 237,12	1 391,76
	V	39 186	2 155,23	3 134,88	3 526,74	IV	33 552	1 796,90	2 613,68	2 940,39	1 748,50	2 543,28	2 861,19	1 660,52	2 472,80	2 781,90	1 555,68	2 402,32	2 702,61	1 450,84	2 331,84	2 623,32	1 346,12	2 261,44	2 544,12
	VI	39 621	2 179,15	3 169,68	3 565,89																				
114 659,99 Ost	I,IV	33 710	1 854,05	2 696,80	3 033,90	I	33 710	1 757,14	2 555,84	2 875,32	1 574,48	2 414,96	2 716,83	1 364,81	2 274,–	2 558,25	1 155,25	2 133,12	2 399,76	945,57	1 992,16	2 241,18	736,01	1 851,28	2 082,69
	II	32 908	1 809,94	2 632,64	2 961,72	II	32 908	1 688,72	2 491,76	2 803,23	1 479,05	2 350,80	2 644,65	1 269,49	2 209,92	2 486,16	1 059,81	2 068,96	2 327,58	850,25	1 928,08	2 169,09	640,57	1 787,12	2 010,51
	III	24 772	–	1 981,76	2 229,48	III	24 772	–	1 852,–	2 083,50	–	1 725,12	1 940,76	–	1 601,28	1 801,44	–	1 480,32	1 665,36	–	1 362,24	1 532,52	–	1 247,20	1 403,10
	V	39 343	2 163,86	3 147,44	3 540,87	IV	33 710	1 805,59	2 626,32	2 954,61	1 757,14	2 555,84	2 875,32	1 679,20	2 485,36	2 796,03	1 574,48	2 414,96	2 716,83	1 469,65	2 344,48	2 637,54	1 364,81	2 274,–	2 558,25
	VI	39 779	2 187,84	3 182,32	3 580,11																				
114 695,99 West	I,IV	33 567	1 846,18	2 685,36	3 021,03	I	33 567	1 749,33	2 544,48	2 862,54	1 557,47	2 403,52	2 703,96	1 347,91	2 262,64	2 545,47	1 138,23	2 121,68	2 386,89	928,67	1 980,80	2 228,40	718,99	1 839,84	2 069,82
	II	32 766	1 802,13	2 621,28	2 948,94	II	32 766	1 671,71	2 480,32	2 790,36	1 462,15	2 339,44	2 631,87	1 252,47	2 198,48	2 473,29	1 042,91	2 057,60	2 314,80	833,23	1 916,64	2 156,22	623,67	1 775,76	1 997,73
	III	24 640	–	1 971,20	2 217,60	III	24 640	–	1 841,60	2 071,80	–	1 715,04	1 929,42	–	1 591,36	1 790,28	–	1 470,72	1 654,56	–	1 352,80	1 521,90	–	1 238,08	1 392,84
	V	39 201	2 156,05	3 136,08	3 528,09	IV	33 567	1 797,73	2 614,88	2 941,74	1 749,33	2 544,48	2 862,54	1 662,31	2 474,–	2 783,25	1 557,47	2 403,52	2 703,96	1 452,75	2 333,12	2 624,76	1 347,91	2 262,64	2 545,47
	VI	39 636	2 179,98	3 170,88	3 567,24																				
114 695,99 Ost	I,IV	33 725	1 854,87	2 698,–	3 035,25	I	33 725	1 757,96	2 557,04	2 876,67	1 576,27	2 416,16	2 718,18	1 366,59	2 275,20	2 559,60	1 157,03	2 134,32	2 401,11	947,35	1 993,36	2 242,53	737,80	1 852,48	2 084,04
	II	32 923	1 810,76	2 633,84	2 963,07	II	32 923	1 690,51	2 492,96	2 804,58	1 480,83	2 352,–	2 646,–	1 271,27	2 211,12	2 487,51	1 061,59	2 070,16	2 328,93	852,04	1 929,28	2 170,44	642,36	1 788,32	2 011,86
	III	24 786	–	1 982,88	2 230,74	III	24 786	–	1 853,12	2 084,76	–	1 726,24	1 942,02	–	1 602,40	1 802,70	–	1 481,28	1 666,44	–	1 363,36	1 533,78	–	1 248,16	1 404,18
	V	39 359	2 164,74	3 148,72	3 542,31	IV	33 725	1 806,42	2 627,52	2 955,96	1 757,96	2 557,04	2 876,67	1 680,99	2 486,56	2 797,38	1 576,27	2 416,16	2 718,18	1 471,43	2 345,68	2 638,89	1 366,59	2 275,20	2 559,60
	VI	39 794	2 188,67	3 183,52	3 581,46																				
114 731,99 West	I,IV	33 582	1 847,01	2 686,56	3 022,38	I	33 582	1 750,15	2 545,68	2 863,89	1 559,25	2 404,72	2 705,31	1 349,69	2 263,84	2 546,82	1 140,02	2 122,88	2 388,24	930,46	1 982,–	2 229,75	720,78	1 841,04	2 071,17
	II	32 781	1 802,95	2 622,48	2 950,29	II	32 781	1 673,49	2 481,52	2 791,71	1 463,93	2 340,64	2 633,22	1 254,37	2 199,76	2 474,73	1 044,70	2 058,80	2 316,15	835,14	1 917,92	2 157,66	625,46	1 776,96	1 999,08
	III	24 654	–	1 972,32	2 218,86	III	24 654	–	1 842,72	2 073,06	–	1 716,16	1 930,68	–	1 592,48	1 791,54	–	1 471,68	1 655,64	–	1 353,92	1 523,16	–	1 239,04	1 393,92
	V	39 216	2 156,88	3 137,28	3 529,44	IV	33 582	1 798,61	2 616,16	2 943,18	1 750,15	2 545,68	2 863,89	1 664,09	2 475,20	2 784,60	1 559,25	2 404,72	2 705,31	1 454,53	2 334,32	2 626,11	1 349,69	2 263,84	2 546,82
	VI	39 651	2 180,80	3 172,08	3 568,59																				
114 731,99 Ost	I,IV	33 740	1 855,70	2 699,20	3 036,60	I	33 740	1 758,79	2 558,24	2 878,02	1 578,05	2 417,36	2 719,53	1 368,38	2 276,40	2 560,95	1 158,82	2 135,52	2 402,46	949,14	1 994,56	2 243,88	739,58	1 853,68	2 085,39
	II	32 938	1 811,59	2 635,04	2 964,42	II	32 938	1 692,29	2 494,16	2 805,93	1 482,74	2 353,28	2 647,44	1 273,06	2 212,32	2 488,86	1 063,50	2 071,44	2 330,37	853,82	1 930,48	2 171,79	644,26	1 789,60	2 013,30
	III	24 800	–	1 984,–	2 232,–	III	24 800	–	1 854,24	2 086,02	–	1 727,36	1 943,28	–	1 603,36	1 803,78	–	1 482,40	1 667,70	–	1 364,32	1 534,86	–	1 249,12	1 405,26
	V	39 374	2 165,57	3 149,92	3 543,66	IV	33 740	1 807,24	2 628,72	2 957,31	1 758,79	2 558,24	2 878,02	1 682,89	2 487,84	2 798,82	1 578,05	2 417,36	2 719,53	1 473,22	2 346,88	2 640,24	1 368,38	2 276,40	2 560,95
	VI	39 809	2 189,49	3 184,72	3 582,81																				
114 767,99 West	I,IV	33 597	1 847,83	2 687,76	3 023,73	I	33 597	1 750,98	2 546,88	2 865,24	1 561,04	2 405,92	2 706,66	1 351,48	2 265,04	2 548,17	1 141,92	2 124,16	2 389,68	932,24	1 983,20	2 231,10	722,68	1 842,32	2 072,61
	II	32 796	1 803,78	2 623,68	2 951,64	II	32 796	1 675,40	2 482,80	2 793,15	1 465,72	2 341,84	2 634,57	1 256,16	2 200,96	2 476,08	1 046,48	2 060,–	2 317,50	836,92	1 919,12	2 159,01	627,24	1 778,16	2 000,43
	III	24 668	–	1 973,44	2 220,12	III	24 668	–	1 843,84	2 074,32	–	1 717,12	1 931,76	–	1 593,44	1 792,62	–	1 472,64	1 656,72	–	1 354,88	1 524,24	–	1 240,–	1 395,–
	V	39 231	2 157,70	3 138,48	3 530,79	IV	33 597	1 799,43	2 617,36	2 944,53	1 750,98	2 546,88	2 865,24	1 665,88	2 476,40	2 785,95	1 561,04	2 405,92	2 706,66	1 456,32	2 335,52	2 627,46	1 351,48	2 265,04	2 548,17
	VI	39 666	2 181,63	3 173,28	3 569,94																				
114 767,99 Ost	I,IV	33 755	1 856,52	2 700,40	3 037,95	I	33 755	1 759,61	2 559,44	2 879,37	1 579,84	2 418,56	2 720,88	1 370,28	2 277,68	2 562,39	1 160,60	2 136,72	2 403,81	951,04	1 995,84	2 245,32	741,37	1 854,88	2 086,74
	II	32 954	1 812,47	2 636,32	2 965,86	II	32 954	1 694,08	2 495,36	2 807,28	1 484,52	2 354,48	2 648,79	1 274,84	2 213,52	2 490,21	1 065,28	2 072,64	2 331,72	855,61	1 931,68	2 173,14	646,05	1 790,80	2 014,65
	III	24 814	–	1 985,12	2 233,26	III	24 814	–	1 855,36	2 087,28	–	1 728,32	1 944,36	–	1 604,48	1 805,04	–	1 483,36	1 668,78	–	1 365,28	1 535,94	–	1 250,24	1 406,52
	V	39 389	2 166,39	3 151,12	3 545,01	IV	33 755	1 808,07	2 629,92	2 958,66	1 759,61	2 559,44	2 879,37	1 684,68	2 489,04	2 800,17	1 579,84	2 418,56	2 720,88	1 475,–	2 348,08	2 641,59	1 370,28	2 277,68	2 562,39
	VI	39 824	2 190,32	3 185,92	3 584,16																				

* Die ausgewiesenen Tabellenwerte sind amtlich. Siehe Erläuterungen auf der Umschlaginnenseite (U2).

Abzüge an Lohnsteuer, Solidaritätszuschlag (SolZ) und Kirchensteuer (8%, 9%) in den Steuerklassen

Lohn/ Gehalt bis €*	I – VI		ohne Kinderfreibeträge			I, II, III, IV		mit Zahl der Kinderfreibeträge . . . 0,5			1			1,5			2			2,5			3		
		LSt	SolZ	8%	9%		LSt	SolZ	8%	9%	SolZ	8%	9%	SolZ	8%	9%	SolZ	8%	9%	SolZ	8%	9%	SolZ	8%	9%
114 803,99 West	I,IV	33 613	1 848,71	2 689,04	3 025,17	I	33 613	1 751,80	2 548,08	2 866,59	1 562,94	2 407,20	2 708,10	1 353,26	2 266,24	2 549,52	1 143,70	2 125,36	2 391,03	934,03	1 984,40	2 232,45	724,47	1 843,52	2 073,96
	II	32 811	1 804,60	2 624,88	2 952,99	II	32 811	1 677,18	2 484,—	2 794,50	1 467,50	2 343,04	2 635,92	1 257,94	2 202,16	2 477,43	1 048,27	2 061,20	2 318,85	838,71	1 920,32	2 160,36	629,03	1 779,36	2 001,78
	III	24 682	—	1 974,56	2 221,38	III	24 682	—	1 844,96	2 075,58	—	1 718,24	1 933,02	—	1 594,56	1 793,88	—	1 473,76	1 657,98	—	1 355,84	1 525,32	—	1 240,96	1 396,08
	V	39 246	2 158,53	3 139,68	3 532,14	IV	33 613	1 800,26	2 618,56	2 945,88	1 751,80	2 548,08	2 866,59	1 667,66	2 477,60	2 787,30	1 562,94	2 407,20	2 708,10	1 458,10	2 336,72	2 628,81	1 353,26	2 266,24	2 549,52
	VI	39 682	2 182,51	3 174,56	3 571,38																				
114 803,99 Ost	I,IV	33 770	1 857,35	2 701,60	3 039,30	I	33 770	1 760,49	2 560,72	2 880,81	1 581,62	2 419,76	2 722,23	1 372,07	2 278,88	2 563,74	1 162,39	2 137,92	2 405,16	952,83	1 997,04	2 246,67	743,15	1 856,08	2 088,09
	II	32 969	1 813,29	2 637,52	2 967,21	II	32 969	1 695,86	2 496,56	2 808,63	1 486,31	2 355,68	2 650,14	1 276,63	2 214,72	2 491,56	1 067,07	2 073,84	2 333,07	857,39	1 932,88	2 174,49	647,83	1 792,—	2 016,—
	III	24 828	—	1 986,24	2 234,52	III	24 828	—	1 856,32	2 088,36	—	1 729,44	1 945,62	—	1 605,44	1 806,12	—	1 484,48	1 670,04	—	1 366,40	1 537,20	—	1 251,20	1 407,60
	V	39 404	2 167,22	3 152,32	3 546,36	IV	33 770	1 808,89	2 631,12	2 960,01	1 760,49	2 560,72	2 880,81	1 686,46	2 490,24	2 801,52	1 581,62	2 419,76	2 722,23	1 476,79	2 349,28	2 642,94	1 372,07	2 278,88	2 563,74
	VI	39 839	2 191,14	3 187,12	3 585,51																				
114 839,99 West	I,IV	33 628	1 849,54	2 690,24	3 026,52	I	33 628	1 752,63	2 549,28	2 867,94	1 564,73	2 408,40	2 709,45	1 355,05	2 267,44	2 550,87	1 145,49	2 126,56	2 392,38	935,81	1 985,60	2 233,80	726,25	1 844,72	2 075,31
	II	32 826	1 805,43	2 626,08	2 954,34	II	32 826	1 678,97	2 485,20	2 795,85	1 469,29	2 344,24	2 637,27	1 259,73	2 203,36	2 478,78	1 050,05	2 062,40	2 320,20	840,49	1 921,52	2 161,71	630,81	1 780,56	2 003,13
	III	24 696	—	1 975,68	2 222,64	III	24 696	—	1 845,92	2 076,66	—	1 719,36	1 934,28	—	1 595,52	1 794,96	—	1 474,72	1 659,06	—	1 356,80	1 526,40	—	1 241,92	1 397,16
	V	39 262	2 159,41	3 140,96	3 533,58	IV	33 628	1 801,08	2 619,76	2 947,23	1 752,63	2 549,28	2 867,94	1 669,45	2 478,80	2 788,65	1 564,73	2 408,40	2 709,45	1 459,89	2 337,92	2 630,16	1 355,05	2 267,44	2 550,87
	VI	39 697	2 183,33	3 175,76	3 572,73																				
114 839,99 Ost	I,IV	33 785	1 858,17	2 702,80	3 040,65	I	33 785	1 761,32	2 561,92	2 882,16	1 583,41	2 420,96	2 723,58	1 373,85	2 280,08	2 565,09	1 164,17	2 139,12	2 406,51	954,61	1 998,24	2 248,02	744,94	1 857,28	2 089,44
	II	32 984	1 814,12	2 638,72	2 968,56	II	32 984	1 697,65	2 497,76	2 809,98	1 488,09	2 356,88	2 651,49	1 278,41	2 215,92	2 492,91	1 068,85	2 075,04	2 334,42	859,18	1 934,08	2 175,84	649,62	1 793,20	2 017,35
	III	24 842	—	1 987,36	2 235,78	III	24 842	—	1 857,44	2 089,62	—	1 730,56	1 946,88	—	1 606,56	1 807,38	—	1 485,44	1 671,12	—	1 367,36	1 538,28	—	1 252,16	1 408,68
	V	39 419	2 168,04	3 153,52	3 547,71	IV	33 785	1 809,72	2 632,32	2 961,36	1 761,32	2 561,92	2 882,16	1 688,25	2 491,44	2 802,87	1 583,41	2 420,96	2 723,58	1 478,57	2 350,48	2 644,29	1 373,85	2 280,08	2 565,09
	VI	39 854	2 191,97	3 188,32	3 586,86																				
114 875,99 West	I,IV	33 643	1 850,36	2 691,44	3 027,87	I	33 643	1 753,45	2 550,48	2 869,29	1 566,51	2 409,60	2 710,80	1 356,83	2 268,64	2 552,22	1 147,27	2 127,76	2 393,73	937,60	1 986,80	2 235,15	728,04	1 845,92	2 076,66
	II	32 841	1 806,25	2 627,28	2 955,69	II	32 841	1 680,75	2 486,40	2 797,20	1 471,07	2 345,44	2 638,62	1 261,51	2 204,56	2 480,13	1 051,96	2 063,68	2 321,64	842,28	1 922,72	2 163,06	632,72	1 781,84	2 004,57
	III	24 710	—	1 976,80	2 223,90	III	24 710	—	1 847,04	2 077,92	—	1 720,32	1 935,36	—	1 596,64	1 796,22	—	1 475,84	1 660,32	—	1 357,92	1 527,66	—	1 242,88	1 398,24
	V	39 277	2 160,23	3 142,16	3 534,93	IV	33 643	1 801,91	2 620,96	2 948,58	1 753,45	2 550,48	2 869,29	1 671,35	2 480,08	2 790,09	1 566,51	2 409,60	2 710,80	1 461,67	2 339,12	2 631,51	1 356,83	2 268,64	2 552,22
	VI	39 712	2 184,16	3 176,96	3 574,08																				
114 875,99 Ost	I,IV	33 800	1 859,—	2 704,—	3 042,—	I	33 800	1 762,14	2 563,12	2 883,51	1 585,19	2 422,16	2 724,93	1 375,64	2 281,28	2 566,44	1 165,96	2 140,32	2 407,86	956,40	1 999,44	2 249,37	746,72	1 858,48	2 090,79
	II	32 999	1 814,94	2 639,92	2 969,91	II	32 999	1 699,43	2 498,96	2 811,33	1 489,88	2 358,08	2 652,84	1 280,32	2 217,20	2 494,35	1 070,64	2 076,24	2 335,77	861,08	1 935,36	2 177,28	651,40	1 794,40	2 018,70
	III	24 856	—	1 988,48	2 237,04	III	24 856	—	1 858,56	2 090,88	—	1 731,68	1 948,14	—	1 607,52	1 808,46	—	1 486,56	1 672,38	—	1 368,32	1 539,36	—	1 253,12	1 409,76
	V	39 434	2 168,87	3 154,72	3 549,06	IV	33 800	1 810,60	2 633,60	2 962,80	1 762,14	2 563,12	2 883,51	1 690,03	2 492,64	2 804,22	1 585,19	2 422,16	2 724,93	1 480,47	2 351,76	2 645,73	1 375,64	2 281,28	2 566,44
	VI	39 869	2 192,79	3 189,52	3 588,21																				
114 911,99 West	I,IV	33 658	1 851,19	2 692,64	3 029,22	I	33 658	1 754,28	2 551,68	2 870,64	1 568,30	2 410,80	2 712,15	1 358,62	2 269,84	2 553,57	1 149,06	2 128,96	2 395,08	939,50	1 988,08	2 236,59	729,82	1 847,12	2 078,01
	II	32 857	1 807,13	2 628,56	2 957,13	II	32 857	1 682,54	2 487,60	2 798,55	1 472,98	2 346,72	2 640,06	1 263,30	2 205,76	2 481,48	1 053,74	2 064,88	2 322,99	844,06	1 923,92	2 164,41	634,50	1 783,04	2 005,92
	III	24 724	—	1 977,92	2 225,16	III	24 724	—	1 848,16	2 079,18	—	1 721,44	1 936,62	—	1 597,60	1 797,30	—	1 476,80	1 661,40	—	1 358,88	1 528,74	—	1 243,84	1 399,32
	V	39 292	2 161,06	3 143,36	3 536,28	IV	33 658	1 802,73	2 622,16	2 949,93	1 754,28	2 551,68	2 870,64	1 673,14	2 481,28	2 791,44	1 568,30	2 410,80	2 712,15	1 463,46	2 340,32	2 632,86	1 358,62	2 269,84	2 553,57
	VI	39 727	2 184,98	3 178,16	3 575,43																				
114 911,99 Ost	I,IV	33 815	1 859,82	2 705,20	3 043,35	I	33 815	1 762,97	2 564,32	2 884,86	1 586,98	2 423,36	2 726,28	1 377,42	2 282,48	2 567,79	1 167,86	2 141,60	2 409,30	958,18	2 000,64	2 250,72	748,62	1 859,76	2 092,23
	II	33 014	1 815,77	2 641,12	2 971,26	II	33 014	1 701,34	2 500,24	2 812,77	1 491,66	2 359,28	2 654,19	1 282,10	2 218,40	2 495,70	1 072,42	2 077,44	2 337,12	862,86	1 936,56	2 178,63	653,19	1 795,60	2 020,05
	III	24 870	—	1 989,60	2 238,30	III	24 870	—	1 859,68	2 092,14	—	1 732,64	1 949,22	—	1 608,64	1 809,72	—	1 487,52	1 673,46	—	1 369,28	1 540,44	—	1 254,08	1 410,84
	V	39 449	2 169,69	3 155,92	3 550,41	IV	33 815	1 811,42	2 634,80	2 964,15	1 762,97	2 564,32	2 884,86	1 691,82	2 493,84	2 805,57	1 586,98	2 423,36	2 726,28	1 482,26	2 352,96	2 647,08	1 377,42	2 282,48	2 567,79
	VI	39 884	2 193,62	3 190,72	3 589,56																				
114 947,99 West	I,IV	33 673	1 852,01	2 693,84	3 030,57	I	33 673	1 755,16	2 552,96	2 872,08	1 570,08	2 412,—	2 713,50	1 360,52	2 271,12	2 555,01	1 150,84	2 130,16	2 396,43	941,29	1 989,28	2 237,94	731,61	1 848,32	2 079,36
	II	32 872	1 807,96	2 629,76	2 958,48	II	32 872	1 684,32	2 488,80	2 799,90	1 474,76	2 347,92	2 641,41	1 265,08	2 206,96	2 482,83	1 055,53	2 066,08	2 324,34	845,85	1 925,12	2 165,76	636,29	1 784,24	2 007,27
	III	24 738	—	1 979,04	2 226,42	III	24 738	—	1 849,28	2 080,44	—	1 722,56	1 937,88	—	1 598,72	1 798,56	—	1 477,76	1 662,48	—	1 359,84	1 529,82	—	1 244,80	1 400,40
	V	39 307	2 161,88	3 144,56	3 537,63	IV	33 673	1 803,56	2 623,36	2 951,28	1 755,16	2 552,96	2 872,08	1 674,92	2 482,48	2 792,79	1 570,08	2 412,—	2 713,50	1 465,24	2 341,52	2 634,21	1 360,52	2 271,12	2 555,01
	VI	39 742	2 185,81	3 179,36	3 576,78																				
114 947,99 Ost	I,IV	33 831	1 860,70	2 706,48	3 044,79	I	33 831	1 763,79	2 565,52	2 886,21	1 588,88	2 424,64	2 727,72	1 379,21	2 283,68	2 569,14	1 169,65	2 142,80	2 410,65	959,97	2 001,84	2 252,07	750,41	1 860,96	2 093,58
	II	33 029	1 816,59	2 642,32	2 972,61	II	33 029	1 703,12	2 501,44	2 814,12	1 493,45	2 360,48	2 655,54	1 283,89	2 219,60	2 497,05	1 074,21	2 078,64	2 338,47	864,65	1 937,76	2 179,98	654,97	1 796,80	2 021,40
	III	24 884	—	1 990,72	2 239,56	III	24 884	—	1 860,80	2 093,40	—	1 733,76	1 950,48	—	1 609,76	1 810,98	—	1 488,48	1 674,54	—	1 370,40	1 541,70	—	1 255,04	1 411,92
	V	39 464	2 170,52	3 157,12	3 551,76	IV	33 831	1 812,25	2 636,—	2 965,50	1 763,79	2 565,52	2 886,21	1 693,60	2 495,04	2 806,92	1 588,88	2 424,64	2 727,72	1 484,04	2 354,16	2 648,43	1 379,21	2 283,68	2 569,14
	VI	39 900	2 194,50	3 192,—	3 591,—																				
114 983,99 West	I,IV	33 688	1 852,84	2 695,04	3 031,92	I	33 688	1 755,98	2 554,16	2 873,43	1 571,87	2 413,20	2 714,85	1 362,31	2 272,32	2 556,36	1 152,63	2 131,36	2 397,78	943,07	1 990,48	2 239,29	733,39	1 849,52	2 080,71
	II	32 887	1 808,78	2 630,96	2 959,83	II	32 887	1 686,11	2 490,—	2 801,25	1 476,55	2 349,12	2 642,76	1 266,87	2 208,16	2 484,18	1 057,31	2 067,28	2 325,69	847,63	1 926,32	2 167,11	638,07	1 785,44	2 008,62
	III	24 752	—	1 980,16	2 227,68	III	24 752	—	1 850,40	2 081,70	—	1 723,68	1 939,14	—	1 599,68	1 799,64	—	1 478,88	1 663,74	—	1 360,80	1 530,90	—	1 245,76	1 401,48
	V	39 322	2 162,71	3 145,76	3 538,98	IV	33 688	1 804,38	2 624,56	2 952,63	1 755,98	2 554,16	2 873,43	1 676,71	2 483,68	2 794,14	1 571,87	2 413,20	2 714,85	1 467,03	2 342,72	2 635,56	1 362,31	2 272,32	2 556,36
	VI	39 757	2 186,63	3 180,56	3 578,13																				
114 983,99 Ost	I,IV	33 846	1 861,53	2 707,68	3 046,14	I	33 846	1 764,62	2 566,72	2 887,56	1 590,67	2 425,84	2 729,07	1 380,99	2 284,88	2 570,49	1 171,43	2 144,—	2 412,—	961,75	2 003,04	2 253,42	752,19	1 862,16	2 094,93
	II	33 044	1 817,42	2 643,52	2 973,96	II	33 044	1 704,91	2 502,64	2 815,47	1 495,23	2 361,68	2 656,89	1 285,67	2 220,80	2 498,40	1 075,99	2 079,84	2 339,82	866,43	1 938,96	2 181,33	656,76	1 798,—	2 022,75
	III	24 898	—	1 991,84	2 240,82	III	24 898	—	1 861,92	2 094,66	—	1 734,88	1 951,74	—	1 610,72	1 812,06	—	1 489,60	1 675,80	—	1 371,36	1 542,78	—	1 256,—	1 413,—
	V	39 480	2 171,40	3 158,40	3 553,20	IV	33 846	1 813,07	2 637,20	2 966,85	1 764,62	2 566,72	2 887,56	1 695,39	2 496,24	2 808,27	1 590,67	2 425,84	2 729,07	1 485,83	2 355,36	2 649,78	1 380,99	2 284,88	2 570,49
	VI	39 915	2 195,32	3 193,20	3 592,35																				
115 019,99 West	I,IV	33 703	1 853,66	2 696,24	3 033,27	I	33 703	1 756,81	2 555,36	2 874,78	1 573,65	2 414,40	2 716,20	1 364,09	2 273,52	2 557,71	1 154,41	2 132,56	2 399,13	944,86	1 991,68	2 240,64	735,18	1 850,72	2 082,06
	II	32 902	1 809,61	2 632,16	2 961,18	II	32 902	1 687,89	2 491,20	2 802,60	1 478,33	2 350,32	2 644,11	1 268,65	2 209,36	2 485,53	1 059,10	2 068,48	2 327,04	849,54	1 927,60	2 168,55	639,86	1 786,64	2 009,97
	III	24 766	—	1 981,28	2 228,94	III	24 766	—	1 851,52	2 082,96	—	1 724,64	1 940,22	—	1 600,80	1 800,90	—	1 479,84	1 664,82	—	1 361,92	1 532,16	—	1 246,88	1 402,74
	V	39 337	2 163,53	3 146,96	3 540,33	IV	33 703	1 805,26	2 625,84	2 954,07	1 756,81	2 555,36	2 874,78	1 678,49	2 484,88	2 795,49	1 573,65	2 414,40	2 716,20	1 468,93	2 344,—	2 637,—	1 364,09	2 273,52	2 557,71
	VI	39 772	2 187,46	3 181,76	3 579,48																				
115 019,99 Ost	I,IV	33 861	1 862,35	2 708,88	3 047,49	I	33 861	1 765,44	2 567,92	2 888,91	1 592,45	2 427,04	2 730,42	1 382,78	2 286,08	2 571,84	1 173,22	2 145,20	2 413,35	963,54	2 004,24	2 254,77	753,98	1 863,36	2 096,28
	II	33 059	1 818,24	2 644,72	2 975,31	II	33 059	1 706,69	2 503,84	2 816,82	1 497,02	2 362,88	2 658,24	1 287,46	2 222,—	2 499,75	1 077,90	2 081,12	2 341,26	868,22	1 940,16	2 182,68	658,66	1 799,28	2 024,19
	III	24 912	—	1 992,96	2 242,08	III	24 912	—	1 863,04	2 095,92	—	1 736,—	1 953,—	—	1 611,84	1 813,32	—	1 490,56	1 676,88	—	1 372,32	1 543,86	—	1 256,96	1 414,08
	V	39 495	2 172,22	3 159,60	3 554,55	IV	33 861	1 813,90	2 638,40	2 968,20	1 765,44	2 567,92	2 888,91	1 697,29	2 497,52	2 809,71	1 592,45	2 427,04	2 730,42	1 487,61	2 356,56	2 651,13	1 382,78	2 286,08	2 571,84
	VI	39 930	2 196,15	3 194,40	3 593,70																				
115 055,99 West	I,IV	33 718	1 854,49	2 697,44	3 034,62	I	33 718	1 757,63	2 556,56	2 876,13	1 575,44	2 415,60	2 717,55	1 365,88	2 274,72	2 559,06	1 156,20	2 133,76	2 400,48	946,64	1 992,88	2 241,99	737,08	1 852,—	2 083,50
	II	32 917	1 810,43	2 633,36	2 962,53	II	32 917	1 689,80	2 492,48	2 804,04	1 480,12	2 351,52	2 645,46	1 270,56	2 210,64	2 486,97	1 060,88	2 069,68	2 328,39	851,32	1 928,80	2 169,90	641,64	1 787,84	2 011,32
	III	24 780	—	1 982,40	2 230,20	III	24 780	—	1 852,64	2 084,22	—	1 725,76	1 941,48	—	1 601,92	1 802,16	—	1 480,96	1 666,08	—	1 362,88	1 533,24	—	1 247,84	1 403,82
	V	39 352	2 164,36	3 148,16	3 541,68	IV	33 718	1 806,09	2 627,04	2 955,42	1 757,63	2 556,56	2 876,13	1 680,28	2 486,08	2 796,84	1 575,44	2 415,60	2 717,55	1 470,72	2 345,20	2 638,35	1 365,88	2 274,72	2 559,06
	VI	39 787	2 188,28	3 182,96	3 580,83																				
115 055,99 Ost	I,IV	33 876	1 863,18	2 710,08	3 048,84	I	33 876	1 766,27	2 569,12	2 890,26	1 594,24	2 428,24	2 731,77	1 384,56	2 287,28	2 573,19	1 175,—	2 146,40	2 414,70	965,44	2 005,52	2 256,21	755,76	1 864,56	2 097,63
	II	33 075	1 819,12	2 646,—	2 976,75	II	33 075	1 708,48	2 505,04	2 818,17	1 498,92	2 364,16	2 659,68	1 289,24	2 223,20	2 501,10	1 079,68	2 082,32	2 342,61	870,—	1 941,36	2 184,03	660,45	1 800,48	2 025,54
	III	24 926	—	1 994,08	2 243,34	III	24 926	—	1 864,16	2 097,18	—	1 736,96	1 954,08	—	1 612,80	1 814,40	—	1 491,68	1 678,14	—	1 373,28	1 544,94	—	1 257,92	1 415,16
	V	39 510	2 173,05	3 160,80	3 555,90	IV	33 876	1 814,72	2 639,60	2 969,55	1 766,27	2 569,12	2 890,26	1 699,08	2 498,72	2 811,06	1 594,24	2 428,24	2 731,77	1 489,40	2 357,76	2 652,48	1 384,56	2 287,28	2 573,19
	VI	39 945	2 196,97	3 195,60	3 595,05																				

* Die ausgewiesenen Tabellenwerte sind amtlich. Siehe Erläuterungen auf der Umschlaginnenseite (U2).

Abzüge an Lohnsteuer, Solidaritätszuschlag (SolZ) und Kirchensteuer (8%, 9%) in den Steuerklassen

Lohn/ Gehalt bis €*	I – VI	LSt	ohne Kinderfreibeträge SolZ	8%	9%	I, II, III, IV	LSt	0,5 SolZ	0,5 8%	0,5 9%	1 SolZ	1 8%	1 9%	1,5 SolZ	1,5 8%	1,5 9%	2 SolZ	2 8%	2 9%	2,5 SolZ	2,5 8%	2,5 9%	3 SolZ	3 8%	3 9%
115 091,99 West	I,IV	33 734	1 855,37	2 698,72	3 036,06	I	33 734	1 758,46	2 557,76	2 877,48	1 577,34	2 416,88	2 718,99	1 367,66	2 275,92	2 560,41	1 158,10	2 135,04	2 401,92	948,43	1 994,08	2 243,34	738,87	1 853,20	2 084,85
	II	32 932	1 811,26	2 634,56	2 963,88	II	32 932	1 691,58	2 493,68	2 805,39	1 481,90	2 352,72	2 646,81	1 272,34	2 211,84	2 488,32	1 062,67	2 070,88	2 329,74	853,11	1 930,—	2 171,25	643,43	1 789,04	2 012,67
	III	24 794	—	1 983,52	2 231,46	III	24 794	—	1 853,76	2 085,48	—	1 726,88	1 942,74	—	1 602,88	1 803,24	—	1 481,92	1 667,16	—	1 363,84	1 534,32	—	1 248,80	1 404,90
	V	39 367	2 165,18	3 149,36	3 543,03	IV	33 734	1 806,91	2 628,24	2 956,77	1 758,46	2 557,76	2 877,48	1 682,06	2 487,28	2 798,19	1 577,34	2 416,88	2 718,99	1 472,50	2 346,40	2 639,70	1 367,66	2 275,92	2 560,41
	VI	39 803	2 189,16	3 184,24	3 582,27																				
115 091,99 Ost	I,IV	33 891	1 864,—	2 711,28	3 050,19	I	33 891	1 767,15	2 570,40	2 891,70	1 596,02	2 429,44	2 733,12	1 386,46	2 288,56	2 574,63	1 176,79	2 147,60	2 416,05	967,23	2 006,72	2 257,56	757,55	1 865,76	2 098,98
	II	33 090	1 819,95	2 647,20	2 978,10	II	33 090	1 710,26	2 506,24	2 819,52	1 500,70	2 365,36	2 661,03	1 291,03	2 224,40	2 502,45	1 081,47	2 083,52	2 343,96	871,79	1 942,56	2 185,38	662,23	1 801,68	2 026,89
	III	24 942	—	1 995,36	2 244,78	III	24 942	—	1 865,28	2 098,44	—	1 738,08	1 955,34	—	1 613,92	1 815,66	—	1 492,64	1 679,22	—	1 374,40	1 546,20	—	1 259,04	1 416,42
	V	39 525	2 173,87	3 162,—	3 557,25	IV	33 891	1 815,55	2 640,80	2 970,90	1 767,15	2 570,40	2 891,70	1 700,86	2 499,92	2 812,41	1 596,02	2 429,44	2 733,12	1 491,18	2 358,96	2 653,83	1 386,46	2 288,56	2 574,63
	VI	39 960	2 197,80	3 196,80	3 596,40																				
115 127,99 West	I,IV	33 749	1 856,19	2 699,92	3 037,41	I	33 749	1 759,28	2 558,96	2 878,83	1 579,13	2 418,08	2 720,34	1 369,45	2 277,12	2 561,76	1 159,89	2 136,24	2 403,27	950,21	1 995,28	2 244,69	740,65	1 854,40	2 086,20
	II	32 947	1 812,08	2 635,76	2 965,23	II	32 947	1 693,37	2 494,88	2 806,74	1 483,69	2 353,92	2 648,16	1 274,13	2 213,04	2 489,67	1 064,45	2 072,08	2 331,09	854,89	1 931,20	2 172,60	645,21	1 790,24	2 014,02
	III	24 808	—	1 984,64	2 232,72	III	24 808	—	1 854,88	2 086,74	—	1 727,84	1 943,82	—	1 604,—	1 804,50	—	1 482,88	1 668,24	—	1 364,80	1 535,40	—	1 249,76	1 405,98
	V	39 383	2 166,06	3 150,64	3 544,47	IV	33 749	1 807,74	2 629,44	2 958,12	1 759,28	2 558,96	2 878,83	1 683,85	2 488,48	2 799,54	1 579,13	2 418,08	2 720,34	1 474,29	2 347,60	2 641,05	1 369,45	2 277,12	2 561,76
	VI	39 818	2 189,99	3 185,44	3 583,62																				
115 127,99 Ost	I,IV	33 906	1 864,83	2 712,48	3 051,54	I	33 906	1 767,97	2 571,60	2 893,05	1 597,81	2 430,64	2 734,47	1 388,25	2 289,76	2 575,98	1 178,57	2 148,80	2 417,40	969,01	2 007,92	2 258,91	759,33	1 866,96	2 100,33
	II	33 105	1 820,77	2 648,40	2 979,45	II	33 105	1 712,05	2 507,44	2 820,87	1 502,49	2 366,56	2 662,38	1 292,81	2 225,60	2 503,80	1 083,25	2 084,72	2 345,31	873,57	1 943,76	2 186,73	664,02	1 802,88	2 028,24
	III	24 956	—	1 996,48	2 246,04	III	24 956	—	1 866,40	2 099,70	—	1 739,20	1 956,60	—	1 614,88	1 816,74	—	1 493,60	1 680,30	—	1 375,36	1 547,28	—	1 260,—	1 417,50
	V	39 540	2 174,70	3 163,20	3 558,60	IV	33 906	1 816,37	2 642,—	2 972,25	1 767,97	2 571,60	2 893,05	1 702,65	2 501,12	2 813,76	1 597,81	2 430,64	2 734,47	1 492,97	2 360,16	2 655,18	1 388,25	2 289,76	2 575,98
	VI	39 975	2 198,62	3 198,—	3 597,75																				
115 163,99 West	I,IV	33 764	1 857,02	2 701,12	3 038,76	I	33 764	1 760,11	2 560,16	2 880,18	1 580,91	2 419,28	2 721,69	1 371,23	2 278,32	2 563,11	1 161,67	2 137,44	2 404,62	952,—	1 996,48	2 246,04	742,44	1 855,60	2 087,55
	II	32 962	1 812,91	2 636,96	2 966,58	II	32 962	1 695,15	2 496,08	2 808,09	1 485,47	2 355,12	2 649,51	1 275,91	2 214,24	2 491,02	1 066,24	2 073,28	2 332,44	856,68	1 932,40	2 173,95	647,12	1 791,52	2 015,46
	III	24 822	—	1 985,76	2 233,98	III	24 822	—	1 855,84	2 087,82	—	1 728,96	1 945,08	—	1 604,96	1 805,58	—	1 484,—	1 669,50	—	1 365,92	1 536,66	—	1 250,72	1 407,06
	V	39 398	2 166,89	3 151,84	3 545,82	IV	33 764	1 808,56	2 630,64	2 959,47	1 760,11	2 560,16	2 880,18	1 685,75	2 489,76	2 800,98	1 580,91	2 419,28	2 721,69	1 476,07	2 348,80	2 642,40	1 371,23	2 278,32	2 563,11
	VI	39 833	2 190,81	3 186,64	3 584,97																				
115 163,99 Ost	I,IV	33 921	1 865,65	2 713,68	3 052,89	I	33 921	1 768,80	2 572,80	2 894,40	1 599,59	2 431,84	2 735,82	1 390,03	2 290,96	2 577,33	1 180,36	2 150,—	2 418,75	970,80	2 009,12	2 260,26	761,12	1 868,16	2 101,68
	II	33 120	1 821,60	2 649,60	2 980,80	II	33 120	1 713,83	2 508,64	2 822,22	1 504,27	2 367,76	2 663,73	1 294,60	2 226,80	2 505,15	1 085,04	2 085,92	2 346,66	875,48	1 945,04	2 188,17	665,80	1 804,08	2 029,59
	III	24 970	—	1 997,60	2 247,30	III	24 970	—	1 867,36	2 100,78	—	1 740,32	1 957,86	—	1 616,—	1 818,—	—	1 494,72	1 681,56	—	1 376,32	1 548,36	—	1 260,96	1 418,58
	V	39 555	2 175,52	3 164,40	3 559,95	IV	33 921	1 817,25	2 643,28	2 973,69	1 768,80	2 572,80	2 894,40	1 704,43	2 502,32	2 815,11	1 599,59	2 431,84	2 735,82	1 494,87	2 361,44	2 656,62	1 390,03	2 290,96	2 577,33
	VI	39 990	2 199,45	3 199,20	3 599,10																				
115 199,99 West	I,IV	33 779	1 857,84	2 702,32	3 040,11	I	33 779	1 760,93	2 561,36	2 881,53	1 582,70	2 420,48	2 723,04	1 373,02	2 279,52	2 564,46	1 163,46	2 138,64	2 405,97	953,78	1 997,68	2 247,39	744,22	1 856,80	2 088,90
	II	32 978	1 813,79	2 638,24	2 968,02	II	32 978	1 696,94	2 497,28	2 809,44	1 487,38	2 356,40	2 650,95	1 277,70	2 215,44	2 492,37	1 068,14	2 074,56	2 333,88	858,46	1 933,60	2 175,30	648,90	1 792,72	2 016,81
	III	24 836	—	1 986,88	2 235,24	III	24 836	—	1 856,96	2 089,08	—	1 730,08	1 946,34	—	1 606,08	1 806,84	—	1 484,96	1 670,58	—	1 366,88	1 537,74	—	1 251,68	1 408,14
	V	39 413	2 167,71	3 153,04	3 547,17	IV	33 779	1 809,39	2 631,84	2 960,82	1 760,93	2 561,36	2 881,53	1 687,53	2 490,96	2 802,33	1 582,70	2 420,48	2 723,04	1 477,86	2 350,—	2 643,75	1 373,02	2 279,52	2 564,46
	VI	39 848	2 191,64	3 187,84	3 586,32																				
115 199,99 Ost	I,IV	33 936	1 866,48	2 714,88	3 054,24	I	33 936	1 769,62	2 574,—	2 895,75	1 601,38	2 433,04	2 737,17	1 391,82	2 292,16	2 578,68	1 182,14	2 151,20	2 420,10	972,58	2 010,32	2 261,61	763,02	1 869,44	2 103,12
	II	33 135	1 822,42	2 650,80	2 982,15	II	33 135	1 715,74	2 509,92	2 823,66	1 506,06	2 368,96	2 665,08	1 296,50	2 228,08	2 506,59	1 086,82	2 087,12	2 348,01	877,26	1 946,24	2 189,52	667,59	1 805,28	2 030,94
	III	24 984	—	1 998,72	2 248,56	III	24 984	—	1 868,48	2 102,04	—	1 741,28	1 958,94	—	1 617,12	1 819,26	—	1 495,68	1 682,64	—	1 377,28	1 549,44	—	1 261,92	1 419,66
	V	39 570	2 176,35	3 165,60	3 561,30	IV	33 936	1 818,08	2 644,48	2 975,04	1 769,62	2 574,—	2 895,75	1 706,22	2 503,52	2 816,46	1 601,38	2 433,04	2 737,17	1 496,66	2 362,64	2 657,97	1 391,82	2 292,16	2 578,68
	VI	40 005	2 200,27	3 200,40	3 600,45																				
115 235,99 West	I,IV	33 794	1 858,67	2 703,52	3 041,46	I	33 794	1 761,81	2 562,64	2 882,97	1 584,48	2 421,68	2 724,39	1 374,92	2 280,80	2 565,90	1 165,24	2 139,84	2 407,32	955,68	1 998,96	2 248,83	746,01	1 858,—	2 090,25
	II	32 993	1 814,61	2 639,44	2 969,37	II	32 993	1 698,72	2 498,48	2 810,79	1 489,16	2 357,60	2 652,30	1 279,48	2 216,64	2 493,72	1 069,92	2 075,76	2 335,23	860,25	1 934,80	2 176,65	650,69	1 793,92	2 018,16
	III	24 850	—	1 988,—	2 236,50	III	24 850	—	1 858,08	2 090,34	—	1 731,20	1 947,60	—	1 607,04	1 807,92	—	1 486,08	1 671,84	—	1 367,84	1 538,82	—	1 252,64	1 409,22
	V	39 428	2 168,54	3 154,24	3 548,52	IV	33 794	1 810,21	2 633,04	2 962,17	1 761,81	2 562,64	2 882,97	1 689,32	2 492,16	2 803,68	1 584,48	2 421,68	2 724,39	1 479,64	2 351,20	2 645,10	1 374,92	2 280,80	2 565,90
	VI	39 863	2 192,46	3 189,04	3 587,67																				
115 235,99 Ost	I,IV	33 952	1 867,36	2 716,16	3 055,68	I	33 952	1 770,45	2 575,20	2 897,10	1 603,28	2 434,32	2 738,61	1 393,60	2 293,36	2 580,03	1 184,05	2 152,48	2 421,54	974,37	2 011,52	2 262,96	764,81	1 870,64	2 104,47
	II	33 150	1 823,25	2 652,—	2 983,50	II	33 150	1 717,52	2 511,12	2 825,01	1 507,84	2 370,16	2 666,43	1 298,29	2 229,28	2 507,94	1 088,61	2 088,32	2 349,36	879,05	1 947,44	2 190,87	669,37	1 806,48	2 032,29
	III	24 998	—	1 999,84	2 249,82	III	24 998	—	1 869,60	2 103,30	—	1 742,40	1 960,20	—	1 618,08	1 820,34	—	1 496,80	1 683,90	—	1 378,40	1 550,70	—	1 262,88	1 420,74
	V	39 585	2 177,17	3 166,80	3 562,65	IV	33 952	1 818,90	2 645,68	2 976,39	1 770,45	2 575,20	2 897,10	1 708,—	2 504,72	2 817,81	1 603,28	2 434,32	2 738,61	1 498,44	2 363,84	2 659,32	1 393,60	2 293,36	2 580,03
	VI	40 020	2 201,10	3 201,60	3 601,80																				
115 271,99 West	I,IV	33 809	1 859,49	2 704,72	3 042,81	I	33 809	1 762,64	2 563,84	2 884,32	1 586,27	2 422,88	2 725,74	1 376,71	2 282,—	2 567,25	1 167,03	2 141,04	2 408,67	957,47	2 000,16	2 250,18	747,79	1 859,20	2 091,60
	II	33 008	1 815,44	2 640,64	2 970,72	II	33 008	1 700,51	2 499,68	2 812,14	1 490,95	2 358,80	2 653,65	1 281,27	2 217,84	2 495,07	1 071,71	2 076,96	2 336,58	862,03	1 936,—	2 178,—	652,47	1 795,12	2 019,51
	III	24 864	—	1 989,12	2 237,76	III	24 864	—	1 859,20	2 091,60	—	1 732,16	1 948,68	—	1 608,16	1 809,18	—	1 487,04	1 672,92	—	1 368,96	1 540,08	—	1 253,60	1 410,30
	V	39 443	2 169,36	3 155,44	3 549,87	IV	33 809	1 811,04	2 634,24	2 963,52	1 762,64	2 563,84	2 884,32	1 691,10	2 493,36	2 805,03	1 586,27	2 422,88	2 725,74	1 481,43	2 352,40	2 646,45	1 376,71	2 282,—	2 567,25
	VI	39 878	2 193,29	3 190,24	3 589,02																				
115 271,99 Ost	I,IV	33 967	1 868,18	2 717,36	3 057,03	I	33 967	1 771,27	2 576,40	2 898,45	1 605,07	2 435,52	2 739,96	1 395,39	2 294,56	2 581,38	1 185,83	2 153,68	2 422,89	976,15	2 012,72	2 264,31	766,59	1 871,84	2 105,82
	II	33 165	1 824,07	2 653,20	2 984,85	II	33 165	1 719,31	2 512,32	2 826,36	1 509,63	2 371,36	2 667,78	1 300,07	2 230,48	2 509,29	1 090,39	2 089,52	2 350,71	880,83	1 948,64	2 192,22	671,16	1 807,68	2 033,64
	III	25 012	—	2 000,96	2 251,08	III	25 012	—	1 870,72	2 104,56	—	1 743,52	1 961,46	—	1 619,20	1 821,60	—	1 497,76	1 684,98	—	1 379,36	1 551,78	—	1 263,84	1 421,82
	V	39 600	2 178,—	3 168,—	3 564,—	IV	33 967	1 819,73	2 646,88	2 977,74	1 771,27	2 576,40	2 898,45	1 709,79	2 505,92	2 819,16	1 605,07	2 435,52	2 739,96	1 500,23	2 365,04	2 660,67	1 395,39	2 294,56	2 581,38
	VI	40 036	2 201,98	3 202,88	3 603,24																				
115 307,99 West	I,IV	33 824	1 860,32	2 705,92	3 044,16	I	33 824	1 763,46	2 565,04	2 885,67	1 588,05	2 424,08	2 727,09	1 378,49	2 283,20	2 568,60	1 168,81	2 142,24	2 410,02	959,25	2 001,36	2 251,53	749,58	1 860,40	2 092,95
	II	33 023	1 816,26	2 641,84	2 972,07	II	33 023	1 702,29	2 500,88	2 813,49	1 492,73	2 360,—	2 655,—	1 283,05	2 219,04	2 496,42	1 073,49	2 078,16	2 337,93	863,82	1 937,20	2 179,35	654,26	1 796,32	2 020,86
	III	24 878	—	1 990,24	2 239,02	III	24 878	—	1 860,32	2 092,86	—	1 733,28	1 949,94	—	1 609,28	1 810,44	—	1 488,16	1 674,18	—	1 369,92	1 541,16	—	1 254,56	1 411,38
	V	39 458	2 170,19	3 156,64	3 551,22	IV	33 824	1 811,92	2 635,52	2 964,96	1 763,46	2 565,04	2 885,67	1 692,89	2 494,56	2 806,38	1 588,05	2 424,08	2 727,09	1 483,33	2 353,68	2 647,89	1 378,49	2 283,20	2 568,60
	VI	39 893	2 194,11	3 191,44	3 590,37																				
115 307,99 Ost	I,IV	33 982	1 869,01	2 718,56	3 058,38	I	33 982	1 772,10	2 577,60	2 899,80	1 606,85	2 436,72	2 741,31	1 397,17	2 295,76	2 582,73	1 187,62	2 154,88	2 424,24	977,94	2 013,92	2 265,66	768,38	1 873,04	2 107,17
	II	33 180	1 824,90	2 654,40	2 986,20	II	33 180	1 721,09	2 513,52	2 827,71	1 511,41	2 372,56	2 669,13	1 301,86	2 231,68	2 510,64	1 092,18	2 090,72	2 352,06	882,62	1 949,84	2 193,57	673,06	1 808,96	2 035,08
	III	25 026	—	2 002,08	2 252,34	III	25 026	—	1 871,84	2 105,82	—	1 744,64	1 962,72	—	1 620,16	1 822,68	—	1 498,88	1 686,24	—	1 380,32	1 552,86	—	1 264,80	1 422,90
	V	39 616	2 178,88	3 169,28	3 565,44	IV	33 982	1 820,55	2 648,08	2 979,09	1 772,10	2 577,60	2 899,80	1 711,69	2 507,20	2 820,60	1 606,85	2 436,72	2 741,31	1 502,01	2 366,24	2 662,02	1 397,17	2 295,76	2 582,73
	VI	40 051	2 202,80	3 204,08	3 604,59																				
115 343,99 West	I,IV	33 839	1 861,14	2 707,12	3 045,51	I	33 839	1 764,29	2 566,24	2 887,02	1 589,84	2 425,28	2 728,44	1 380,28	2 284,40	2 569,95	1 170,60	2 143,44	2 411,37	961,04	2 002,56	2 252,88	751,36	1 861,60	2 094,30
	II	33 038	1 817,09	2 643,04	2 973,42	II	33 038	1 704,19	2 502,16	2 814,93	1 494,52	2 361,20	2 656,35	1 284,96	2 220,32	2 497,86	1 075,28	2 079,36	2 339,28	865,72	1 938,48	2 180,79	656,04	1 797,52	2 022,21
	III	24 892	—	1 991,36	2 240,28	III	24 892	—	1 861,44	2 094,12	—	1 734,40	1 951,20	—	1 610,24	1 811,52	—	1 489,12	1 675,26	—	1 370,88	1 542,24	—	1 255,52	1 412,46
	V	39 473	2 171,01	3 157,84	3 552,57	IV	33 839	1 812,74	2 636,72	2 966,31	1 764,29	2 566,24	2 887,02	1 694,67	2 495,76	2 807,73	1 589,84	2 425,28	2 728,44	1 485,12	2 354,88	2 649,24	1 380,28	2 284,40	2 569,95
	VI	39 908	2 194,94	3 192,64	3 591,72																				
115 343,99 Ost	I,IV	33 997	1 869,83	2 719,76	3 059,73	I	33 997	1 772,92	2 578,80	2 901,15	1 608,64	2 437,92	2 742,66	1 398,96	2 296,96	2 584,08	1 189,40	2 156,08	2 425,59	979,72	2 015,12	2 267,01	770,16	1 874,24	2 108,52
	II	33 196	1 825,78	2 655,68	2 987,64	II	33 196	1 722,88	2 514,72	2 829,06	1 513,32	2 373,84	2 670,57	1 303,64	2 232,88	2 511,99	1 094,08	2 092,—	2 353,50	884,40	1 951,04	2 194,92	674,84	1 810,16	2 036,43
	III	25 040	—	2 003,20	2 253,60	III	25 040	—	1 872,96	2 107,08	—	1 745,60	1 963,80	—	1 621,28	1 823,94	—	1 499,84	1 687,32	—	1 381,44	1 554,12	—	1 265,76	1 423,98
	V	39 631	2 179,70	3 170,48	3 566,79	IV	33 997	1 821,38	2 649,28	2 980,44	1 772,92	2 578,80	2 901,15	1 713,48	2 508,40	2 821,95	1 608,64	2 437,92	2 742,66	1 503,80	2 367,44	2 663,37	1 398,96	2 296,96	2 584,08
	VI	40 066	2 203,63	3 205,28	3 605,94																				

(Spaltenkopf I, II, III, IV: mit Zahl der Kinderfreibeträge . . .)

* Die ausgewiesenen Tabellenwerte sind amtlich. Siehe Erläuterungen auf der Umschlaginnenseite (U2).

Abzüge an Lohnsteuer, Solidaritätszuschlag (SolZ) und Kirchensteuer (8%, 9%) in den Steuerklassen

Lohn/ Gehalt bis €*	I – VI	LSt	ohne Kinderfreibeträge SolZ	8%	9%	I, II, III, IV	LSt	0,5 SolZ	0,5 8%	0,5 9%	1 SolZ	1 8%	1 9%	1,5 SolZ	1,5 8%	1,5 9%	2 SolZ	2 8%	2 9%	2,5 SolZ	2,5 8%	2,5 9%	3 SolZ	3 8%	3 9%
115 379,99 West	I,IV	33 854	1 861,97	2 708,32	3 046,86	I	33 854	1 765,11	2 567,44	2 888,37	1 591,74	2 426,56	2 729,88	1 382,06	2 285,60	2 571,30	1 172,50	2 144,72	2 412,81	962,82	2 003,76	2 254,23	753,27	1 862,88	2 095,74
	II	33 053	1 817,91	2 644,24	2 974,77	II	33 053	1 705,98	2 503,36	2 816,28	1 496,30	2 362,40	2 657,70	1 286,74	2 221,52	2 499,21	1 077,06	2 080,56	2 340,63	867,51	1 939,68	2 182,14	657,83	1 798,72	2 023,56
	III	24 906	—	1 992,48	2 241,54	III	24 906	—	1 862,56	2 095,38	—	1 735,52	1 952,46	—	1 611,36	1 812,78	—	1 490,08	1 676,34	—	1 371,84	1 543,32	—	1 256,64	1 413,72
	V	39 488	2 171,84	3 159,04	3 553,92	IV	33 854	1 813,57	2 637,92	2 967,66	1 765,11	2 567,44	2 888,37	1 696,46	2 496,96	2 809,08	1 591,74	2 426,56	2 729,88	1 486,90	2 356,08	2 650,59	1 382,06	2 285,60	2 571,30
	VI	39 923	2 195,76	3 193,84	3 593,07																				
115 379,99 Ost	I,IV	34 012	1 870,66	2 720,96	3 061,08	I	34 012	1 773,80	2 580,08	2 902,59	1 610,42	2 439,12	2 744,01	1 400,86	2 298,24	2 585,52	1 191,19	2 157,28	2 426,94	981,63	2 016,40	2 268,45	771,95	1 875,44	2 109,87
	II	33 211	1 826,60	2 656,88	2 988,99	II	33 211	1 724,66	2 515,92	2 830,41	1 515,10	2 375,04	2 671,92	1 305,43	2 234,08	2 513,34	1 095,87	2 093,20	2 354,85	886,19	1 952,24	2 196,27	676,63	1 811,36	2 037,78
	III	25 054	—	2 004,32	2 254,86	III	25 054	—	1 874,08	2 108,34	—	1 746,72	1 965,06	—	1 622,40	1 825,20	—	1 500,96	1 688,58	—	1 382,40	1 555,20	—	1 266,72	1 425,06
	V	39 646	2 180,53	3 171,68	3 568,14	IV	34 012	1 822,20	2 650,48	2 981,79	1 773,80	2 580,08	2 902,59	1 715,26	2 509,60	2 823,30	1 610,42	2 439,12	2 744,01	1 505,58	2 368,64	2 664,72	1 400,86	2 298,24	2 585,52
	VI	40 081	2 204,45	3 206,48	3 607,29																				
115 415,99 West	I,IV	33 870	1 862,85	2 709,60	3 048,30	I	33 870	1 765,94	2 568,64	2 889,72	1 593,52	2 427,76	2 731,23	1 383,85	2 286,80	2 572,65	1 174,29	2 145,92	2 414,16	964,61	2 004,96	2 255,58	755,05	1 864,08	2 097,09
	II	33 068	1 818,74	2 645,44	2 976,12	II	33 068	1 707,76	2 504,56	2 817,63	1 498,09	2 363,60	2 659,05	1 288,53	2 222,72	2 500,56	1 078,85	2 081,76	2 341,98	869,29	1 940,88	2 183,49	659,61	1 799,92	2 024,91
	III	24 920	—	1 993,60	2 242,80	III	24 920	—	1 863,68	2 096,64	—	1 736,48	1 953,54	—	1 612,32	1 813,86	—	1 491,20	1 677,60	—	1 372,96	1 544,58	—	1 257,60	1 414,80
	V	39 503	2 172,66	3 160,24	3 555,27	IV	33 870	1 814,39	2 639,12	2 969,01	1 765,94	2 568,64	2 889,72	1 698,24	2 498,16	2 810,43	1 593,52	2 427,76	2 731,23	1 488,69	2 357,28	2 651,94	1 383,85	2 286,80	2 572,65
	VI	39 939	2 196,64	3 195,12	3 594,51																				
115 415,99 Ost	I,IV	34 027	1 871,48	2 722,16	3 062,43	I	34 027	1 774,63	2 581,28	2 903,94	1 612,21	2 440,32	2 745,36	1 402,65	2 299,44	2 586,87	1 192,97	2 158,48	2 428,29	983,41	2 017,60	2 269,80	773,73	1 876,64	2 111,22
	II	33 226	1 827,43	2 658,08	2 990,34	II	33 226	1 726,45	2 517,12	2 831,76	1 516,89	2 376,24	2 673,27	1 307,21	2 235,28	2 514,69	1 097,65	2 094,40	2 356,20	887,97	1 953,44	2 197,62	678,41	1 812,56	2 039,13
	III	25 068	—	2 005,44	2 256,12	III	25 068	—	1 875,20	2 109,60	—	1 747,84	1 966,32	—	1 623,36	1 826,28	—	1 501,92	1 689,66	—	1 383,36	1 556,28	—	1 267,84	1 426,32
	V	39 661	2 181,35	3 172,88	3 569,49	IV	34 027	1 823,03	2 651,68	2 983,14	1 774,63	2 581,28	2 903,94	1 717,05	2 510,80	2 824,65	1 612,21	2 440,32	2 745,36	1 507,37	2 369,84	2 666,07	1 402,65	2 299,44	2 586,87
	VI	40 096	2 205,28	3 207,68	3 608,64																				
115 451,99 West	I,IV	33 885	1 863,67	2 710,80	3 049,65	I	33 885	1 766,76	2 569,84	2 891,07	1 595,31	2 428,96	2 732,58	1 385,63	2 288,—	2 574,—	1 176,07	2 147,12	2 415,51	966,39	2 006,16	2 256,93	756,84	1 865,28	2 098,44
	II	33 083	1 819,56	2 646,64	2 977,47	II	33 083	1 709,55	2 505,76	2 818,98	1 499,87	2 364,80	2 660,40	1 290,31	2 223,92	2 501,91	1 080,63	2 082,96	2 343,33	871,08	1 942,08	2 184,84	661,40	1 801,12	2 026,26
	III	24 934	—	1 994,72	2 244,06	III	24 934	—	1 864,80	2 097,90	—	1 737,60	1 954,80	—	1 613,44	1 815,12	—	1 492,16	1 678,68	—	1 373,92	1 545,66	—	1 258,56	1 415,88
	V	39 519	2 173,54	3 161,52	3 556,71	IV	33 885	1 815,22	2 640,32	2 970,36	1 766,76	2 569,84	2 891,07	1 700,15	2 499,44	2 811,87	1 595,31	2 428,96	2 732,58	1 490,47	2 358,48	2 653,29	1 385,63	2 288,—	2 574,—
	VI	39 954	2 197,47	3 196,32	3 595,86																				
115 451,99 Ost	I,IV	34 042	1 872,31	2 723,36	3 063,78	I	34 042	1 775,45	2 582,48	2 905,29	1 613,99	2 441,52	2 746,71	1 404,43	2 300,64	2 588,22	1 194,76	2 159,68	2 429,64	985,20	2 018,80	2 271,15	775,52	1 877,84	2 112,57
	II	33 241	1 828,25	2 659,28	2 991,69	II	33 241	1 728,23	2 518,32	2 833,11	1 518,67	2 377,44	2 674,62	1 309,—	2 236,48	2 516,04	1 099,44	2 095,60	2 357,55	889,76	1 954,64	2 198,97	680,20	1 813,76	2 040,48
	III	25 082	—	2 006,56	2 257,38	III	25 082	—	1 876,32	2 110,86	—	1 748,96	1 967,58	—	1 624,48	1 827,54	—	1 502,88	1 690,74	—	1 384,32	1 557,36	—	1 268,80	1 427,40
	V	39 676	2 182,18	3 174,08	3 570,84	IV	34 042	1 823,85	2 652,88	2 984,49	1 775,45	2 582,48	2 905,29	1 718,83	2 512,—	2 826,—	1 613,99	2 441,52	2 746,71	1 509,27	2 371,12	2 667,51	1 404,43	2 300,64	2 588,22
	VI	40 111	2 206,10	3 208,88	3 609,99																				
115 487,99 West	I,IV	33 900	1 864,50	2 712,—	3 051,—	I	33 900	1 767,59	2 571,04	2 892,42	1 597,09	2 430,16	2 733,93	1 387,42	2 289,20	2 575,35	1 177,86	2 148,32	2 416,86	968,18	2 007,36	2 258,28	758,62	1 866,48	2 099,79
	II	33 098	1 820,39	2 647,84	2 978,82	II	33 098	1 711,33	2 506,96	2 820,33	1 501,78	2 366,08	2 661,84	1 292,10	2 225,12	2 503,26	1 082,54	2 084,24	2 344,77	872,86	1 943,28	2 186,19	663,30	1 802,40	2 027,70
	III	24 948	—	1 995,84	2 245,32	III	24 948	—	1 865,76	2 098,98	—	1 738,72	1 956,06	—	1 614,56	1 816,38	—	1 493,28	1 679,94	—	1 374,88	1 546,74	—	1 259,52	1 416,96
	V	39 534	2 174,37	3 162,72	3 558,06	IV	33 900	1 816,04	2 641,52	2 971,71	1 767,59	2 571,04	2 892,42	1 701,93	2 500,64	2 813,22	1 597,09	2 430,16	2 733,93	1 492,26	2 359,68	2 654,64	1 387,42	2 289,20	2 575,35
	VI	39 969	2 198,29	3 197,52	3 597,21																				
115 487,99 Ost	I,IV	34 057	1 873,13	2 724,56	3 065,13	I	34 057	1 776,28	2 583,68	2 906,64	1 615,78	2 442,72	2 748,06	1 406,22	2 301,84	2 589,57	1 196,54	2 160,88	2 430,99	986,98	2 020,—	2 272,50	777,30	1 879,04	2 113,92
	II	33 256	1 829,08	2 660,48	2 993,04	II	33 256	1 730,14	2 519,60	2 834,55	1 520,46	2 378,64	2 675,97	1 310,90	2 237,76	2 517,48	1 101,22	2 096,80	2 358,90	891,66	1 955,92	2 200,41	681,98	1 814,96	2 041,83
	III	25 096	—	2 007,68	2 258,64	III	25 096	—	1 877,44	2 112,12	—	1 749,92	1 968,66	—	1 625,44	1 828,62	—	1 504,—	1 692,—	—	1 385,44	1 558,62	—	1 269,76	1 428,48
	V	39 691	2 183,—	3 175,28	3 572,19	IV	34 057	1 824,73	2 654,16	2 985,93	1 776,28	2 583,68	2 906,64	1 720,62	2 513,20	2 827,35	1 615,78	2 442,72	2 748,06	1 511,06	2 372,32	2 668,86	1 406,22	2 301,84	2 589,57
	VI	40 126	2 206,93	3 210,08	3 611,34																				
115 523,99 West	I,IV	33 915	1 865,32	2 713,20	3 052,35	I	33 915	1 768,41	2 572,24	2 893,77	1 598,88	2 431,36	2 735,28	1 389,32	2 290,48	2 576,79	1 179,64	2 149,52	2 418,21	970,08	2 008,64	2 259,72	760,41	1 867,68	2 101,14
	II	33 114	1 821,27	2 649,12	2 980,26	II	33 114	1 713,12	2 508,16	2 821,68	1 503,56	2 367,28	2 663,19	1 293,88	2 226,32	2 504,61	1 084,32	2 085,44	2 346,12	874,65	1 944,48	2 187,54	665,09	1 803,60	2 029,05
	III	24 964	—	1 997,12	2 246,76	III	24 964	—	1 866,88	2 100,24	—	1 739,84	1 957,32	—	1 615,52	1 817,46	—	1 494,24	1 681,02	—	1 375,84	1 547,82	—	1 260,48	1 418,04
	V	39 549	2 175,19	3 163,92	3 559,41	IV	33 915	1 816,87	2 642,72	2 973,06	1 768,41	2 572,24	2 893,77	1 703,72	2 501,84	2 814,57	1 598,88	2 431,36	2 735,28	1 494,04	2 360,88	2 655,99	1 389,32	2 290,48	2 576,79
	VI	39 984	2 199,12	3 198,72	3 598,56																				
115 523,99 Ost	I,IV	34 072	1 873,96	2 725,76	3 066,48	I	34 072	1 777,10	2 584,88	2 907,99	1 617,68	2 444,—	2 749,50	1 408,—	2 303,04	2 590,92	1 198,44	2 162,16	2 432,43	988,77	2 021,20	2 273,85	779,21	1 880,32	2 115,36
	II	33 271	1 829,90	2 661,68	2 994,39	II	33 271	1 731,92	2 520,80	2 835,90	1 522,24	2 379,84	2 677,32	1 312,68	2 238,96	2 518,83	1 103,01	2 098,—	2 360,25	893,45	1 957,12	2 201,76	683,77	1 816,16	2 043,18
	III	25 110	—	2 008,80	2 259,90	III	25 110	—	1 878,56	2 113,38	—	1 751,04	1 969,92	—	1 626,56	1 829,88	—	1 504,96	1 693,08	—	1 386,40	1 559,70	—	1 270,72	1 429,56
	V	39 706	2 183,83	3 176,48	3 573,54	IV	34 072	1 825,56	2 655,36	2 987,28	1 777,10	2 584,88	2 907,99	1 722,40	2 514,40	2 828,70	1 617,68	2 444,—	2 749,50	1 512,84	2 373,52	2 670,21	1 408,—	2 303,04	2 590,92
	VI	40 141	2 207,75	3 211,28	3 612,69																				
115 559,99 West	I,IV	33 930	1 866,15	2 714,40	3 053,70	I	33 930	1 769,29	2 573,52	2 895,21	1 600,66	2 432,56	2 736,63	1 391,11	2 291,68	2 578,14	1 181,43	2 150,72	2 419,56	971,87	2 009,84	2 261,07	762,19	1 868,88	2 102,49
	II	33 129	1 822,09	2 650,32	2 981,61	II	33 129	1 714,90	2 509,36	2 823,03	1 505,35	2 368,48	2 664,54	1 295,67	2 227,52	2 505,96	1 086,11	2 086,64	2 347,47	876,43	1 945,68	2 188,89	666,87	1 804,80	2 030,40
	III	24 978	—	1 998,24	2 248,02	III	24 978	—	1 868,—	2 101,50	—	1 740,80	1 958,40	—	1 616,64	1 818,72	—	1 495,20	1 682,10	—	1 376,96	1 549,08	—	1 261,44	1 419,12
	V	39 564	2 176,02	3 165,12	3 560,76	IV	33 930	1 817,69	2 643,92	2 974,41	1 769,29	2 573,52	2 895,21	1 705,50	2 503,04	2 815,92	1 600,66	2 432,56	2 736,63	1 495,83	2 362,08	2 657,34	1 391,11	2 291,68	2 578,14
	VI	39 999	2 199,94	3 199,92	3 599,91																				
115 559,99 Ost	I,IV	34 088	1 874,84	2 727,04	3 067,92	I	34 088	1 777,93	2 586,08	2 909,34	1 619,47	2 445,20	2 750,85	1 409,79	2 304,24	2 592,27	1 200,23	2 163,36	2 433,78	990,55	2 022,40	2 275,20	780,99	1 881,52	2 116,71
	II	33 286	1 830,73	2 662,88	2 995,74	II	33 286	1 733,71	2 522,—	2 837,25	1 524,03	2 381,04	2 678,67	1 314,47	2 240,16	2 520,18	1 104,79	2 099,20	2 361,60	895,23	1 958,32	2 203,11	685,55	1 817,36	2 044,53
	III	25 124	—	2 009,92	2 261,16	III	25 124	—	1 879,52	2 114,46	—	1 752,16	1 971,18	—	1 627,68	1 831,14	—	1 506,08	1 694,34	—	1 387,36	1 560,78	—	1 271,68	1 430,64
	V	39 721	2 184,65	3 177,68	3 574,89	IV	34 088	1 826,38	2 656,56	2 988,63	1 777,93	2 586,08	2 909,34	1 724,19	2 515,60	2 830,05	1 619,47	2 445,20	2 750,85	1 514,63	2 374,72	2 671,56	1 409,79	2 304,24	2 592,27
	VI	40 157	2 208,63	3 212,56	3 614,13																				
115 595,99 West	I,IV	33 945	1 866,97	2 715,60	3 055,05	I	33 945	1 770,12	2 574,72	2 896,56	1 602,45	2 433,76	2 737,98	1 392,89	2 292,88	2 579,49	1 183,21	2 151,92	2 420,91	973,65	2 011,04	2 262,42	763,98	1 870,08	2 103,84
	II	33 144	1 822,92	2 651,52	2 982,96	II	33 144	1 716,69	2 510,56	2 824,38	1 507,13	2 369,68	2 665,89	1 297,45	2 228,72	2 507,31	1 087,89	2 087,84	2 348,82	878,22	1 946,88	2 190,24	668,66	1 806,—	2 031,75
	III	24 992	—	1 999,36	2 249,28	III	24 992	—	1 869,12	2 102,76	—	1 741,92	1 959,66	—	1 617,60	1 819,80	—	1 496,32	1 683,36	—	1 377,92	1 550,16	—	1 262,40	1 420,20
	V	39 579	2 176,84	3 166,32	3 562,11	IV	33 945	1 818,52	2 645,12	2 975,76	1 770,12	2 574,72	2 896,56	1 707,29	2 504,24	2 817,27	1 602,45	2 433,76	2 737,98	1 497,73	2 363,36	2 658,78	1 392,89	2 292,88	2 579,49
	VI	40 014	2 200,77	3 201,12	3 601,26																				
115 595,99 Ost	I,IV	34 103	1 875,66	2 728,24	3 069,27	I	34 103	1 778,75	2 587,28	2 910,69	1 621,25	2 446,40	2 752,20	1 411,57	2 305,44	2 593,62	1 202,01	2 164,56	2 435,13	992,34	2 023,60	2 276,55	782,78	1 882,72	2 118,06
	II	33 301	1 831,55	2 664,08	2 997,09	II	33 301	1 734,70	2 523,20	2 838,60	1 525,81	2 382,24	2 680,02	1 316,25	2 241,36	2 521,53	1 106,58	2 100,40	2 362,95	897,02	1 959,52	2 204,46	687,34	1 818,56	2 045,88
	III	25 138	—	2 011,04	2 262,42	III	25 138	—	1 880,64	2 115,72	—	1 753,28	1 972,44	—	1 628,64	1 832,22	—	1 507,04	1 695,42	—	1 388,48	1 562,04	—	1 272,64	1 431,72
	V	39 737	2 185,53	3 178,96	3 576,33	IV	34 103	1 827,21	2 657,76	2 989,98	1 778,75	2 587,28	2 910,69	1 725,97	2 516,80	2 831,40	1 621,25	2 446,40	2 752,20	1 516,41	2 375,92	2 672,91	1 411,57	2 305,44	2 593,62
	VI	40 172	2 209,46	3 213,76	3 615,48																				
115 631,99 West	I,IV	33 960	1 867,80	2 716,80	3 056,40	I	33 960	1 770,94	2 575,92	2 897,91	1 604,23	2 434,96	2 739,33	1 394,68	2 294,08	2 580,84	1 185,—	2 153,12	2 422,26	975,44	2 012,24	2 263,77	765,76	1 871,28	2 105,19
	II	33 159	1 823,74	2 652,72	2 984,31	II	33 159	1 718,47	2 511,76	2 825,73	1 508,92	2 370,88	2 667,24	1 299,36	2 230,—	2 508,75	1 089,68	2 089,04	2 350,17	880,12	1 948,16	2 191,68	670,44	1 807,20	2 033,10
	III	25 006	—	2 000,48	2 250,54	III	25 006	—	1 870,24	2 104,02	—	1 743,04	1 960,92	—	1 618,72	1 821,06	—	1 497,28	1 684,44	—	1 378,88	1 551,24	—	1 263,36	1 421,28
	V	39 594	2 177,67	3 167,52	3 563,46	IV	33 960	1 819,40	2 646,40	2 977,20	1 770,94	2 575,92	2 897,91	1 709,07	2 505,44	2 818,62	1 604,23	2 434,96	2 739,33	1 499,51	2 364,56	2 660,13	1 394,68	2 294,08	2 580,84
	VI	40 029	2 201,59	3 202,32	3 602,61																				
115 631,99 Ost	I,IV	34 118	1 876,49	2 729,44	3 070,62	I	34 118	1 779,58	2 588,48	2 912,04	1 623,04	2 447,60	2 753,55	1 413,36	2 306,64	2 594,97	1 203,80	2 165,76	2 436,48	994,12	2 024,80	2 277,90	784,56	1 883,92	2 119,41
	II	33 316	1 832,38	2 665,28	2 998,44	II	33 316	1 735,52	2 524,40	2 839,95	1 527,72	2 383,52	2 681,46	1 318,04	2 242,56	2 522,88	1 108,48	2 101,68	2 364,39	898,80	1 960,72	2 205,81	689,24	1 819,84	2 047,32
	III	25 154	—	2 012,32	2 263,86	III	25 154	—	1 881,76	2 116,98	—	1 754,24	1 973,52	—	1 629,76	1 833,48	—	1 508,16	1 696,68	—	1 389,44	1 563,12	—	1 273,60	1 432,80
	V	39 752	2 186,36	3 180,16	3 577,68	IV	34 118	1 828,03	2 658,96	2 991,33	1 779,58	2 588,48	2 912,04	1 727,88	2 518,08	2 832,84	1 623,04	2 447,60	2 753,55	1 518,20	2 377,12	2 674,26	1 413,36	2 306,64	2 594,97
	VI	40 187	2 210,28	3 214,96	3 616,83																				

* Die ausgewiesenen Tabellenwerte sind amtlich. Siehe Erläuterungen auf der Umschlaginnenseite (U2).

JAHR 115 632,–*

Abzüge an Lohnsteuer, Solidaritätszuschlag (SolZ) und Kirchensteuer (8%, 9%) in den Steuerklassen

I – VI: ohne Kinderfreibeträge; I, II, III, IV: mit Zahl der Kinderfreibeträge . . .

Lohn/Gehalt bis €*	StKl	LSt	SolZ	8%	9%	StKl	LSt	0,5 SolZ	0,5 8%	0,5 9%	1 SolZ	1 8%	1 9%	1,5 SolZ	1,5 8%	1,5 9%	2 SolZ	2 8%	2 9%	2,5 SolZ	2,5 8%	2,5 9%	3 SolZ	3 8%	3 9%
115 667,99 West	I,IV	33 975	1 868,62	2 718,–	3 057,75	I	33 975	1 771,77	2 577,12	2 899,26	1 606,02	2 436,16	2 740,68	1 396,46	2 295,28	2 582,19	1 186,90	2 154,40	2 423,70	977,22	2 013,44	2 265,12	767,66	1 872,56	2 106,63
	II	33 174	1 824,57	2 653,92	2 985,66	II	33 174	1 720,38	2 513,04	2 827,17	1 510,70	2 372,08	2 668,59	1 301,14	2 231,20	2 510,10	1 091,46	2 090,24	2 351,52	881,90	1 949,36	2 193,03	672,23	1 808,40	2 034,45
	III	25 020	–	2 001,60	2 251,80	III	25 020	–	1 871,36	2 105,28	–	1 744,16	1 962,18	–	1 619,68	1 822,14	–	1 498,40	1 685,70	–	1 379,84	1 552,32	–	1 264,32	1 422,36
	V	39 609	2 178,49	3 168,72	3 564,81	IV	33 975	1 820,22	2 647,60	2 978,55	1 771,77	2 577,12	2 899,26	1 710,86	2 506,64	2 819,97	1 606,02	2 436,16	2 740,68	1 501,30	2 365,76	2 661,48	1 396,46	2 295,28	2 582,19
	VI	40 044	2 202,42	3 203,52	3 603,96																				
115 667,99 Ost	I,IV	34 133	1 877,31	2 730,64	3 071,97	I	34 133	1 780,40	2 589,68	2 913,39	1 624,82	2 448,80	2 754,90	1 415,26	2 307,92	2 596,41	1 205,58	2 166,96	2 437,83	996,03	2 026,08	2 279,34	786,35	1 885,12	2 120,76
	II	33 332	1 833,26	2 666,56	2 999,88	II	33 332	1 736,35	2 525,60	2 841,30	1 529,50	2 384,72	2 682,81	1 319,82	2 243,76	2 524,23	1 110,27	2 102,88	2 365,74	900,59	1 961,92	2 207,16	691,03	1 821,04	2 048,67
	III	25 168	–	2 013,44	2 265,12	III	25 168	–	1 882,88	2 118,24	–	1 755,36	1 974,78	–	1 630,72	1 834,56	–	1 509,12	1 697,76	–	1 390,40	1 564,20	–	1 274,56	1 433,88
	V	39 767	2 187,18	3 181,36	3 579,03	IV	34 133	1 828,86	2 660,16	2 992,68	1 780,40	2 589,68	2 913,39	1 729,66	2 519,28	2 834,19	1 624,82	2 448,80	2 754,90	1 519,98	2 378,32	2 675,61	1 415,26	2 307,92	2 596,41
	VI	40 202	2 211,11	3 216,16	3 618,18																				
115 703,99 West	I,IV	33 991	1 869,50	2 719,28	3 059,19	I	33 991	1 772,59	2 578,32	2 900,61	1 607,92	2 437,44	2 742,12	1 398,25	2 296,48	2 583,54	1 188,69	2 155,60	2 425,05	979,01	2 014,64	2 266,47	769,45	1 873,76	2 107,98
	II	33 189	1 825,39	2 655,12	2 987,01	II	33 189	1 722,16	2 514,24	2 828,52	1 512,49	2 373,28	2 669,94	1 302,93	2 232,40	2 511,45	1 093,25	2 091,44	2 352,87	883,69	1 950,56	2 194,38	674,01	1 809,60	2 035,80
	III	25 034	–	2 002,72	2 253,06	III	25 034	–	1 872,48	2 106,54	–	1 745,12	1 963,26	–	1 620,80	1 823,40	–	1 499,36	1 686,78	–	1 380,96	1 553,58	–	1 265,44	1 423,62
	V	39 624	2 179,32	3 169,92	3 566,16	IV	33 991	1 821,05	2 648,80	2 979,90	1 772,59	2 578,32	2 900,61	1 712,64	2 507,84	2 821,32	1 607,92	2 437,44	2 742,12	1 503,08	2 366,96	2 662,83	1 398,25	2 296,48	2 583,54
	VI	40 060	2 203,30	3 204,80	3 605,40																				
115 703,99 Ost	I,IV	34 148	1 878,14	2 731,84	3 073,32	I	34 148	1 781,28	2 590,96	2 914,83	1 626,61	2 450,–	2 756,25	1 417,05	2 309,12	2 597,76	1 207,37	2 168,16	2 439,18	997,81	2 027,28	2 280,69	788,13	1 886,32	2 122,11
	II	33 347	1 834,08	2 667,76	3 001,23	II	33 347	1 737,17	2 526,80	2 842,65	1 531,29	2 385,92	2 684,16	1 321,61	2 244,96	2 525,58	1 112,05	2 104,08	2 367,09	902,37	1 963,12	2 208,51	692,81	1 822,24	2 050,02
	III	25 182	–	2 014,56	2 266,38	III	25 182	–	1 884,–	2 119,50	–	1 756,48	1 976,04	–	1 631,84	1 835,82	–	1 510,08	1 698,84	–	1 391,36	1 565,28	–	1 275,68	1 435,14
	V	39 782	2 188,01	3 182,56	3 580,38	IV	34 148	1 829,68	2 661,36	2 994,03	1 781,28	2 590,96	2 914,83	1 731,45	2 520,48	2 835,54	1 626,61	2 450,–	2 756,25	1 521,77	2 379,52	2 676,96	1 417,05	2 309,12	2 597,76
	VI	40 217	2 211,93	3 217,36	3 619,53																				
115 739,99 West	I,IV	34 006	1 870,33	2 720,48	3 060,54	I	34 006	1 773,42	2 579,52	2 901,96	1 609,71	2 438,64	2 743,47	1 400,03	2 297,68	2 584,89	1 190,47	2 156,80	2 426,40	980,79	2 015,84	2 267,82	771,23	1 874,96	2 109,33
	II	33 204	1 826,22	2 656,32	2 988,36	II	33 204	1 723,95	2 515,44	2 829,87	1 514,27	2 374,48	2 671,29	1 304,71	2 233,60	2 512,80	1 095,03	2 092,64	2 354,22	885,47	1 951,76	2 195,73	675,80	1 810,80	2 037,15
	III	25 048	–	2 003,84	2 254,32	III	25 048	–	1 873,60	2 107,80	–	1 746,24	1 964,52	–	1 621,92	1 824,66	–	1 500,48	1 688,04	–	1 381,92	1 554,66	–	1 266,40	1 424,70
	V	39 640	2 180,20	3 171,20	3 567,60	IV	34 006	1 821,87	2 650,–	2 981,25	1 773,42	2 579,52	2 901,96	1 714,43	2 509,04	2 822,67	1 609,71	2 438,64	2 743,47	1 504,87	2 368,16	2 664,18	1 400,03	2 297,68	2 584,89
	VI	40 075	2 204,12	3 206,–	3 606,75																				
115 739,99 Ost	I,IV	34 163	1 878,96	2 733,04	3 074,67	I	34 163	1 782,11	2 592,16	2 916,18	1 628,39	2 451,20	2 757,60	1 418,83	2 310,32	2 599,11	1 209,15	2 169,36	2 440,53	999,60	2 028,48	2 282,04	789,92	1 887,52	2 123,46
	II	33 362	1 834,91	2 668,96	3 002,58	II	33 362	1 738,–	2 528,–	2 844,–	1 533,07	2 387,12	2 685,51	1 323,39	2 246,16	2 526,93	1 113,84	2 105,28	2 368,44	904,16	1 964,32	2 209,86	694,60	1 823,44	2 051,37
	III	25 196	–	2 015,68	2 267,64	III	25 196	–	1 885,12	2 120,76	–	1 757,60	1 977,30	–	1 632,96	1 837,08	–	1 511,20	1 700,10	–	1 392,48	1 566,54	–	1 276,64	1 436,22
	V	39 797	2 188,83	3 183,76	3 581,73	IV	34 163	1 830,51	2 662,56	2 995,38	1 782,11	2 592,16	2 916,18	1 733,23	2 521,68	2 836,89	1 628,39	2 451,20	2 757,60	1 523,55	2 380,72	2 678,31	1 418,83	2 310,32	2 599,11
	VI	40 232	2 212,76	3 218,56	3 620,88																				
115 775,99 West	I,IV	34 021	1 871,15	2 721,68	3 061,89	I	34 021	1 774,24	2 580,72	2 903,31	1 611,49	2 439,84	2 744,82	1 401,82	2 298,88	2 586,24	1 192,26	2 158,–	2 427,75	982,58	2 017,04	2 269,17	773,02	1 876,16	2 110,68
	II	33 219	1 827,04	2 657,52	2 989,71	II	33 219	1 725,73	2 516,64	2 831,22	1 516,06	2 375,68	2 672,64	1 306,50	2 234,80	2 514,15	1 096,94	2 093,92	2 355,66	887,26	1 952,96	2 197,08	677,70	1 812,08	2 038,59
	III	25 062	–	2 004,96	2 255,58	III	25 062	–	1 874,72	2 109,06	–	1 747,36	1 965,78	–	1 622,88	1 825,74	–	1 501,44	1 689,12	–	1 382,88	1 555,74	–	1 267,36	1 425,78
	V	39 655	2 181,02	3 172,40	3 568,95	IV	34 021	1 822,70	2 651,20	2 982,60	1 774,24	2 580,72	2 903,31	1 716,33	2 510,32	2 824,11	1 611,49	2 439,84	2 744,82	1 506,65	2 369,36	2 665,53	1 401,82	2 298,88	2 586,24
	VI	40 090	2 204,95	3 207,20	3 608,10																				
115 775,99 Ost	I,IV	34 178	1 879,79	2 734,24	3 076,02	I	34 178	1 782,93	2 593,36	2 917,53	1 630,18	2 452,40	2 758,95	1 420,62	2 311,52	2 600,46	1 210,94	2 170,56	2 441,88	1 001,38	2 029,68	2 283,39	791,70	1 888,72	2 124,81
	II	33 377	1 835,73	2 670,16	3 003,93	II	33 377	1 738,82	2 529,20	2 845,35	1 534,86	2 388,32	2 686,86	1 325,30	2 247,44	2 528,37	1 115,62	2 106,48	2 369,79	906,06	1 965,60	2 211,30	696,38	1 824,64	2 052,72
	III	25 210	–	2 016,80	2 268,90	III	25 210	–	1 886,24	2 122,02	–	1 758,56	1 978,38	–	1 633,92	1 838,16	–	1 512,16	1 701,18	–	1 393,44	1 567,62	–	1 277,60	1 437,30
	V	39 812	2 189,66	3 184,96	3 583,08	IV	34 178	1 831,39	2 663,84	2 996,82	1 782,93	2 593,36	2 917,53	1 734,48	2 522,88	2 838,24	1 630,18	2 452,40	2 758,95	1 525,46	2 382,–	2 679,75	1 420,62	2 311,52	2 600,46
	VI	40 247	2 213,58	3 219,76	3 622,23																				
115 811,99 West	I,IV	34 036	1 871,98	2 722,88	3 063,24	I	34 036	1 775,07	2 581,92	2 904,66	1 613,28	2 441,04	2 746,17	1 403,60	2 300,08	2 587,59	1 194,04	2 159,20	2 429,10	984,48	2 018,32	2 270,61	774,80	1 877,36	2 112,03
	II	33 235	1 827,92	2 658,80	2 991,15	II	33 235	1 727,52	2 517,84	2 832,57	1 517,96	2 376,96	2 674,08	1 308,28	2 236,–	2 515,50	1 098,72	2 095,12	2 357,01	889,04	1 954,16	2 198,43	679,49	1 813,28	2 039,94
	III	25 076	–	2 006,08	2 256,84	III	25 076	–	1 875,84	2 110,32	–	1 748,48	1 967,04	–	1 624,–	1 827,–	–	1 502,56	1 690,38	–	1 384,–	1 557,–	–	1 268,32	1 426,86
	V	39 670	2 181,85	3 173,60	3 570,30	IV	34 036	1 823,52	2 652,40	2 983,95	1 775,07	2 581,92	2 904,66	1 718,12	2 511,52	2 825,46	1 613,28	2 441,04	2 746,17	1 508,44	2 370,56	2 666,88	1 403,60	2 300,08	2 587,59
	VI	40 105	2 205,77	3 208,40	3 609,45																				
115 811,99 Ost	I,IV	34 193	1 880,61	2 735,44	3 077,37	I	34 193	1 783,76	2 594,56	2 918,88	1 631,96	2 453,60	2 760,30	1 422,40	2 312,72	2 601,81	1 212,84	2 171,84	2 443,32	1 003,17	2 030,88	2 284,74	793,61	1 890,–	2 126,25
	II	33 392	1 836,56	2 671,36	3 005,28	II	33 392	1 739,70	2 530,48	2 846,79	1 536,64	2 389,52	2 688,21	1 327,08	2 248,64	2 529,72	1 117,41	2 107,68	2 371,14	907,85	1 966,80	2 212,65	698,17	1 825,84	2 054,07
	III	25 224	–	2 017,92	2 270,16	III	25 224	–	1 887,36	2 123,28	–	1 759,68	1 979,64	–	1 635,04	1 839,42	–	1 513,28	1 702,44	–	1 394,40	1 568,70	–	1 278,56	1 438,38
	V	39 827	2 190,48	3 186,16	3 584,43	IV	34 193	1 832,21	2 665,04	2 998,17	1 783,76	2 594,56	2 918,88	1 735,30	2 524,08	2 839,59	1 631,96	2 453,60	2 760,30	1 527,24	2 383,20	2 681,10	1 422,40	2 312,72	2 601,81
	VI	40 262	2 214,41	3 220,96	3 623,58																				
115 847,99 West	I,IV	34 051	1 872,80	2 724,08	3 064,59	I	34 051	1 775,95	2 583,20	2 906,10	1 615,06	2 442,24	2 747,52	1 405,50	2 301,36	2 589,03	1 195,83	2 160,40	2 430,45	986,27	2 019,52	2 271,96	776,59	1 878,56	2 113,38
	II	33 250	1 828,75	2 660,–	2 992,50	II	33 250	1 729,30	2 519,04	2 833,92	1 519,74	2 378,16	2 675,43	1 310,07	2 237,20	2 516,85	1 100,51	2 096,32	2 358,36	890,83	1 955,36	2 199,78	681,27	1 814,48	2 041,29
	III	25 090	–	2 007,20	2 258,10	III	25 090	–	1 876,96	2 111,58	–	1 749,44	1 968,12	–	1 624,96	1 828,08	–	1 503,52	1 691,46	–	1 384,96	1 558,08	–	1 269,28	1 427,94
	V	39 685	2 182,67	3 174,80	3 571,65	IV	34 051	1 824,35	2 653,60	2 985,30	1 775,95	2 583,20	2 906,10	1 719,90	2 512,72	2 826,81	1 615,06	2 442,24	2 747,52	1 510,22	2 371,76	2 668,23	1 405,50	2 301,36	2 589,03
	VI	40 120	2 206,60	3 209,60	3 610,80																				
115 847,99 Ost	I,IV	34 209	1 881,49	2 736,72	3 078,81	I	34 209	1 784,58	2 595,76	2 920,23	1 633,87	2 454,88	2 761,74	1 424,19	2 313,92	2 603,16	1 214,63	2 173,04	2 444,67	1 004,95	2 032,08	2 286,09	795,39	1 891,20	2 127,60
	II	33 407	1 837,38	2 672,56	3 006,63	II	33 407	1 740,53	2 531,68	2 848,14	1 538,43	2 390,72	2 689,56	1 328,87	2 249,84	2 531,07	1 119,19	2 108,88	2 372,49	909,63	1 968,–	2 214,–	699,95	1 827,04	2 055,42
	III	25 238	–	2 019,04	2 271,42	III	25 238	–	1 888,48	2 124,54	–	1 760,80	1 980,90	–	1 636,–	1 840,50	–	1 514,24	1 703,52	–	1 395,52	1 569,96	–	1 279,52	1 439,46
	V	39 842	2 191,31	3 187,36	3 585,78	IV	34 209	1 833,04	2 666,24	2 999,52	1 784,58	2 595,76	2 920,23	1 736,13	2 525,28	2 840,94	1 633,87	2 454,88	2 761,74	1 529,03	2 384,40	2 682,45	1 424,19	2 313,92	2 603,16
	VI	40 278	2 215,29	3 222,24	3 625,02																				
115 883,99 West	I,IV	34 066	1 873,63	2 725,28	3 065,94	I	34 066	1 776,77	2 584,40	2 907,45	1 616,85	2 443,44	2 748,87	1 407,29	2 302,56	2 590,38	1 197,61	2 161,60	2 431,80	988,05	2 020,72	2 273,31	778,37	1 879,76	2 114,73
	II	33 265	1 829,57	2 661,20	2 993,85	II	33 265	1 731,09	2 520,24	2 835,27	1 521,53	2 379,36	2 676,78	1 311,85	2 238,40	2 518,20	1 102,29	2 097,52	2 359,71	892,61	1 956,56	2 201,13	683,06	1 815,68	2 042,64
	III	25 104	–	2 008,32	2 259,36	III	25 104	–	1 877,92	2 112,66	–	1 750,56	1 969,38	–	1 626,08	1 829,34	–	1 504,48	1 692,54	–	1 385,92	1 559,16	–	1 270,24	1 429,02
	V	39 700	2 183,50	3 176,–	3 573,–	IV	34 066	1 825,17	2 654,80	2 986,65	1 776,77	2 584,40	2 907,45	1 721,69	2 513,92	2 828,16	1 616,85	2 443,44	2 748,87	1 512,01	2 372,96	2 669,58	1 407,29	2 302,56	2 590,38
	VI	40 135	2 207,42	3 210,80	3 612,15																				
115 883,99 Ost	I,IV	34 224	1 882,32	2 737,92	3 080,16	I	34 224	1 785,41	2 596,96	2 921,58	1 635,65	2 456,08	2 763,09	1 425,97	2 315,12	2 604,51	1 216,41	2 174,24	2 446,02	1 006,74	2 033,28	2 287,44	797,18	1 892,40	2 128,95
	II	33 422	1 838,21	2 673,76	3 007,98	II	33 422	1 741,35	2 532,88	2 849,49	1 540,21	2 391,92	2 690,91	1 330,65	2 251,04	2 532,42	1 120,98	2 110,08	2 373,84	911,42	1 969,20	2 215,35	701,74	1 828,24	2 056,77
	III	25 252	–	2 020,16	2 272,68	III	25 252	–	1 889,60	2 125,80	–	1 761,92	1 982,16	–	1 637,12	1 841,76	–	1 515,36	1 704,78	–	1 396,48	1 571,04	–	1 280,48	1 440,54
	V	39 858	2 192,19	3 188,64	3 587,22	IV	34 224	1 833,86	2 667,44	3 000,87	1 785,41	2 596,96	2 921,58	1 736,95	2 526,48	2 842,29	1 635,65	2 456,08	2 763,09	1 530,81	2 385,60	2 683,80	1 425,97	2 315,12	2 604,51
	VI	40 293	2 216,11	3 223,44	3 626,37																				
115 919,99 West	I,IV	34 081	1 874,45	2 726,48	3 067,29	I	34 081	1 777,60	2 585,60	2 908,80	1 618,63	2 444,64	2 750,22	1 409,07	2 303,76	2 591,73	1 199,40	2 162,80	2 433,15	989,84	2 021,92	2 274,66	780,16	1 880,96	2 116,08
	II	33 280	1 830,40	2 662,40	2 995,20	II	33 280	1 732,87	2 521,44	2 836,62	1 523,31	2 380,56	2 678,13	1 313,64	2 239,60	2 519,55	1 104,08	2 098,72	2 361,06	894,52	1 957,84	2 202,57	684,84	1 816,88	2 043,99
	III	25 118	–	2 009,44	2 260,62	III	25 118	–	1 879,04	2 113,92	–	1 751,68	1 970,64	–	1 627,20	1 830,60	–	1 505,60	1 693,80	–	1 386,88	1 560,24	–	1 271,20	1 430,10
	V	39 715	2 184,32	3 177,20	3 574,35	IV	34 081	1 826,05	2 656,08	2 988,09	1 777,60	2 585,60	2 908,80	1 723,47	2 515,12	2 829,51	1 618,63	2 444,64	2 750,22	1 513,91	2 374,24	2 671,02	1 409,07	2 303,76	2 591,73
	VI	40 150	2 208,25	3 212,–	3 613,50																				
115 919,99 Ost	I,IV	34 239	1 883,14	2 739,12	3 081,51	I	34 239	1 786,23	2 598,16	2 922,93	1 637,44	2 457,28	2 764,44	1 427,76	2 316,32	2 605,86	1 218,20	2 175,44	2 447,37	1 008,52	2 034,48	2 288,79	798,96	1 893,60	2 130,30
	II	33 437	1 839,03	2 674,96	3 009,33	II	33 437	1 742,18	2 534,08	2 850,84	1 542,–	2 393,12	2 692,26	1 332,44	2 252,24	2 533,77	1 122,88	2 111,36	2 375,28	913,20	1 970,40	2 216,70	703,64	1 829,52	2 058,21
	III	25 266	–	2 021,28	2 273,94	III	25 266	–	1 890,72	2 127,06	–	1 762,88	1 983,24	–	1 638,24	1 843,02	–	1 516,32	1 705,86	–	1 397,44	1 572,12	–	1 281,44	1 441,62
	V	39 873	2 193,01	3 189,84	3 588,57	IV	34 239	1 834,69	2 668,64	3 002,22	1 786,23	2 598,16	2 922,93	1 737,83	2 527,76	2 843,73	1 637,44	2 457,28	2 764,44	1 532,60	2 386,80	2 685,15	1 427,76	2 316,32	2 605,86
	VI	40 308	2 216,94	3 224,64	3 627,84																				

*** Die ausgewiesenen Tabellenwerte sind amtlich. Siehe Erläuterungen auf der Umschlaginnenseite (U2).**

Abzüge an Lohnsteuer, Solidaritätszuschlag (SolZ) und Kirchensteuer (8%, 9%) in den Steuerklassen

Lohn/ Gehalt bis €*	I – VI	LSt	ohne Kinderfreibeträge SolZ	8%	9%	I, II, III, IV	LSt	mit Zahl der Kinderfreibeträge . . . 0,5 SolZ	8%	9%	1 SolZ	8%	9%	1,5 SolZ	8%	9%	2 SolZ	8%	9%	2,5 SolZ	8%	9%	3 SolZ	8%	9%
115 955,99 West	I,IV	34 096	1 875,28	2 727,68	3 068,64	I	34 096	1 778,42	2 586,80	2 910,15	1 620,42	2 445,84	2 751,57	1 410,86	2 304,96	2 593,08	1 201,18	2 164,—	2 434,50	991,62	2 023,12	2 276,01	782,06	1 882,24	2 117,52
	II	33 295	1 831,22	2 663,60	2 996,55	II	33 295	1 734,37	2 522,72	2 838,06	1 525,10	2 381,76	2 679,48	1 315,54	2 240,88	2 520,99	1 105,86	2 099,92	2 362,41	896,30	1 959,04	2 203,92	686,63	1 818,08	2 045,34
	III	25 132	—	2 010,56	2 261,88	III	25 132	—	1 880,16	2 115,18	—	1 752,80	1 971,90	—	1 628,16	1 831,68	—	1 506,56	1 694,88	—	1 388,—	1 561,50	—	1 272,16	1 431,18
	V	39 730	2 185,15	3 178,40	3 575,70	IV	34 096	1 826,88	2 657,28	2 989,44	1 778,42	2 586,80	2 910,15	1 725,26	2 516,32	2 830,86	1 620,42	2 445,84	2 751,57	1 515,70	2 375,44	2 672,37	1 410,86	2 304,96	2 593,08
	VI	40 165	2 209,07	3 213,20	3 614,85																				
115 955,99 Ost	I,IV	34 254	1 883,97	2 740,32	3 082,86	I	34 254	1 787,06	2 599,36	2 924,28	1 639,22	2 458,48	2 765,79	1 429,54	2 317,52	2 607,21	1 219,98	2 176,64	2 448,72	1 010,42	2 035,76	2 290,23	800,75	1 894,80	2 131,65
	II	33 453	1 839,91	2 676,24	3 010,77	II	33 453	1 743,—	2 535,28	2 852,19	1 543,90	2 394,40	2 693,70	1 334,22	2 253,44	2 535,12	1 124,66	2 112,56	2 376,63	914,99	1 971,60	2 218,05	705,43	1 830,72	2 059,56
	III	25 280	—	2 022,40	2 275,20	III	25 280	—	1 891,84	2 128,32	—	1 764,—	1 984,50	—	1 639,20	1 844,10	—	1 517,44	1 707,12	—	1 398,40	1 573,20	—	1 282,56	1 442,88
	V	39 888	2 193,84	3 191,04	3 589,92	IV	34 254	1 835,51	2 669,84	3 003,57	1 787,06	2 599,36	2 924,28	1 738,66	2 528,96	2 845,08	1 639,22	2 458,48	2 765,79	1 534,38	2 388,—	2 686,50	1 429,54	2 317,52	2 607,21
	VI	40 323	2 217,76	3 225,84	3 629,07																				
115 991,99 West	I,IV	34 112	1 876,16	2 728,96	3 070,08	I	34 112	1 779,25	2 588,—	2 911,50	1 622,32	2 447,12	2 753,01	1 412,64	2 306,16	2 594,43	1 203,09	2 165,28	2 435,94	993,41	2 024,32	2 277,36	783,85	1 883,44	2 118,87
	II	33 310	1 832,05	2 664,80	2 997,90	II	33 310	1 735,19	2 523,92	2 839,41	1 526,88	2 382,96	2 680,83	1 317,33	2 242,08	2 522,34	1 107,65	2 101,12	2 363,76	898,09	1 960,24	2 205,27	688,41	1 819,28	2 046,69
	III	25 146	—	2 011,68	2 263,14	III	25 146	—	1 881,28	2 116,44	—	1 753,76	1 972,98	—	1 629,28	1 832,94	—	1 507,68	1 696,14	—	1 388,96	1 562,58	—	1 273,28	1 432,44
	V	39 745	2 185,97	3 179,60	3 577,05	IV	34 112	1 827,70	2 658,48	2 990,79	1 779,25	2 588,—	2 911,50	1 727,04	2 517,52	2 832,21	1 622,32	2 447,12	2 753,01	1 517,48	2 376,64	2 673,72	1 412,64	2 306,16	2 594,43
	VI	40 181	2 209,95	3 214,48	3 616,29																				
115 991,99 Ost	I,IV	34 269	1 884,79	2 741,52	3 084,21	I	34 269	1 787,94	2 600,64	2 925,72	1 641,01	2 459,68	2 767,14	1 431,45	2 318,80	2 608,65	1 221,77	2 177,84	2 450,07	1 012,21	2 036,96	2 291,58	802,53	1 896,—	2 133,—
	II	33 468	1 840,74	2 677,44	3 012,12	II	33 468	1 743,83	2 536,48	2 853,54	1 545,69	2 395,60	2 695,05	1 336,01	2 254,64	2 536,47	1 126,45	2 113,76	2 377,98	916,77	1 972,80	2 219,40	707,21	1 831,92	2 060,91
	III	25 294	—	2 023,52	2 276,46	III	25 294	—	1 892,96	2 129,58	—	1 765,12	1 985,76	—	1 640,32	1 845,36	—	1 518,40	1 708,20	—	1 399,52	1 574,46	—	1 283,52	1 443,96
	V	39 903	2 194,66	3 192,24	3 591,27	IV	34 269	1 836,34	2 671,04	3 004,92	1 787,94	2 600,64	2 925,72	1 739,48	2 530,16	2 846,43	1 641,01	2 459,68	2 767,14	1 536,17	2 389,20	2 687,85	1 431,45	2 318,80	2 608,65
	VI	40 338	2 218,59	3 227,04	3 630,42																				
116 027,99 West	I,IV	34 127	1 876,98	2 730,16	3 071,43	I	34 127	1 780,07	2 589,20	2 912,85	1 624,11	2 448,32	2 754,36	1 414,43	2 307,36	2 595,78	1 204,87	2 166,48	2 437,29	995,19	2 025,52	2 278,71	785,63	1 884,64	2 120,22
	II	33 325	1 832,87	2 666,—	2 999,25	II	33 325	1 736,02	2 525,12	2 840,76	1 528,67	2 384,16	2 682,18	1 319,11	2 243,28	2 523,69	1 109,43	2 102,32	2 365,11	899,87	1 961,44	2 206,62	690,20	1 820,48	2 048,04
	III	25 160	—	2 012,80	2 264,40	III	25 160	—	1 882,40	2 117,70	—	1 754,88	1 974,24	—	1 630,24	1 834,02	—	1 508,64	1 697,22	—	1 389,92	1 563,66	—	1 274,24	1 433,52
	V	39 761	2 186,85	3 180,88	3 578,49	IV	34 127	1 828,53	2 659,68	2 992,14	1 780,07	2 589,20	2 912,85	1 728,83	2 518,72	2 833,56	1 624,11	2 448,32	2 754,36	1 519,27	2 377,84	2 675,07	1 414,43	2 307,36	2 595,78
	VI	40 196	2 210,78	3 215,68	3 617,64																				
116 027,99 Ost	I,IV	34 284	1 885,62	2 742,72	3 085,56	I	34 284	1 788,76	2 601,84	2 927,07	1 642,79	2 460,88	2 768,49	1 433,23	2 320,—	2 610,—	1 223,55	2 179,04	2 451,42	1 013,99	2 038,16	2 292,93	804,32	1 897,20	2 134,35
	II	33 483	1 841,56	2 678,64	3 013,47	II	33 483	1 744,65	2 537,68	2 854,89	1 547,47	2 396,80	2 696,40	1 337,79	2 255,84	2 537,82	1 128,23	2 114,96	2 379,33	918,56	1 974,—	2 220,75	709,—	1 833,12	2 062,26
	III	25 308	—	2 024,64	2 277,72	III	25 308	—	1 893,92	2 130,66	—	1 766,24	1 987,02	—	1 641,44	1 846,62	—	1 519,52	1 709,46	—	1 400,48	1 575,54	—	1 284,48	1 445,04
	V	39 918	2 195,49	3 193,44	3 592,62	IV	34 284	1 837,16	2 672,24	3 006,27	1 788,76	2 601,84	2 927,07	1 740,31	2 531,36	2 847,78	1 642,79	2 460,88	2 768,49	1 537,95	2 390,40	2 689,20	1 433,23	2 320,—	2 610,—
	VI	40 353	2 219,41	3 228,24	3 631,77																				
116 063,99 West	I,IV	34 142	1 877,81	2 731,36	3 072,78	I	34 142	1 780,90	2 590,40	2 914,20	1 625,89	2 449,52	2 755,71	1 416,21	2 308,56	2 597,13	1 206,66	2 167,68	2 438,64	996,98	2 026,72	2 280,06	787,42	1 885,84	2 121,57
	II	33 340	1 833,70	2 667,20	3 000,60	II	33 340	1 736,84	2 526,32	2 842,11	1 530,45	2 385,36	2 683,53	1 320,90	2 244,48	2 525,04	1 111,22	2 103,52	2 366,46	901,66	1 962,64	2 207,97	692,10	1 821,76	2 049,48
	III	25 176	—	2 014,08	2 265,84	III	25 176	—	1 883,52	2 118,96	—	1 756,—	1 975,50	—	1 631,36	1 835,28	—	1 509,76	1 698,48	—	1 391,04	1 564,92	—	1 275,20	1 434,60
	V	39 776	2 187,68	3 182,08	3 579,84	IV	34 142	1 829,35	2 660,88	2 993,49	1 780,90	2 590,40	2 914,20	1 730,73	2 520,—	2 835,—	1 625,89	2 449,52	2 755,71	1 521,05	2 379,04	2 676,42	1 416,21	2 308,56	2 597,13
	VI	40 211	2 211,60	3 216,88	3 618,99																				
116 063,99 Ost	I,IV	34 299	1 886,44	2 743,92	3 086,91	I	34 299	1 789,59	2 603,04	2 928,42	1 644,58	2 462,08	2 769,84	1 435,02	2 321,20	2 611,35	1 225,34	2 180,24	2 452,77	1 015,78	2 039,36	2 294,28	806,10	1 898,40	2 135,70
	II	33 498	1 842,39	2 679,84	3 014,82	II	33 498	1 745,48	2 538,88	2 856,24	1 549,26	2 398,—	2 697,75	1 339,58	2 257,04	2 539,17	1 130,02	2 116,16	2 380,68	920,46	1 975,28	2 222,19	710,78	1 834,32	2 063,61
	III	25 324	—	2 025,92	2 279,16	III	25 324	—	1 895,04	2 131,92	—	1 767,36	1 988,28	—	1 642,40	1 847,70	—	1 520,48	1 710,54	—	1 401,44	1 576,62	—	1 285,44	1 446,12
	V	39 933	2 196,31	3 194,64	3 593,97	IV	34 299	1 838,04	2 673,52	3 007,71	1 789,59	2 603,04	2 928,42	1 741,13	2 532,56	2 849,13	1 644,58	2 462,08	2 769,84	1 539,86	2 391,68	2 690,64	1 435,02	2 321,20	2 611,35
	VI	40 368	2 220,24	3 229,44	3 633,12																				
116 099,99 West	I,IV	34 157	1 878,63	2 732,56	3 074,13	I	34 157	1 781,72	2 591,60	2 915,55	1 627,68	2 450,72	2 757,06	1 418,—	2 309,76	2 598,48	1 208,44	2 168,88	2 439,99	998,76	2 027,92	2 281,41	789,20	1 887,04	2 122,92
	II	33 356	1 834,58	2 668,48	3 002,04	II	33 356	1 737,67	2 527,52	2 843,46	1 532,36	2 386,64	2 684,97	1 322,68	2 245,68	2 526,39	1 113,12	2 104,80	2 367,90	903,44	1 963,84	2 209,32	693,88	1 822,96	2 050,83
	III	25 190	—	2 015,20	2 267,10	III	25 190	—	1 884,64	2 120,22	—	1 757,12	1 976,76	—	1 632,48	1 836,54	—	1 510,72	1 699,56	—	1 392,—	1 566,—	—	1 276,16	1 435,68
	V	39 791	2 188,50	3 183,28	3 581,19	IV	34 157	1 830,18	2 662,08	2 994,84	1 781,72	2 591,60	2 915,55	1 732,52	2 521,20	2 836,35	1 627,68	2 450,72	2 757,06	1 522,84	2 380,24	2 677,77	1 418,—	2 309,76	2 598,48
	VI	40 226	2 212,43	3 218,08	3 620,34																				
116 099,99 Ost	I,IV	34 314	1 887,27	2 745,12	3 088,26	I	34 314	1 790,41	2 604,24	2 929,77	1 646,36	2 463,28	2 771,19	1 436,80	2 322,40	2 612,70	1 227,12	2 181,44	2 454,12	1 017,56	2 040,56	2 295,63	808,01	1 899,68	2 137,14
	II	33 513	1 843,21	2 681,04	3 016,17	II	33 513	1 746,36	2 540,16	2 857,68	1 551,04	2 399,20	2 699,10	1 341,48	2 258,32	2 540,61	1 131,80	2 117,36	2 382,03	922,25	1 976,48	2 223,54	712,57	1 835,52	2 064,96
	III	25 338	—	2 027,04	2 280,42	III	25 338	—	1 896,16	2 133,18	—	1 768,32	1 989,36	—	1 643,52	1 848,96	—	1 521,60	1 711,80	—	1 402,56	1 577,88	—	1 286,40	1 447,20
	V	39 948	2 197,14	3 195,84	3 595,32	IV	34 314	1 838,87	2 674,72	3 009,06	1 790,41	2 604,24	2 929,77	1 741,96	2 533,76	2 850,48	1 646,36	2 463,28	2 771,19	1 541,64	2 392,88	2 691,99	1 436,80	2 322,40	2 612,70
	VI	40 383	2 221,06	3 230,64	3 634,47																				
116 135,99 West	I,IV	34 172	1 879,46	2 733,76	3 075,48	I	34 172	1 782,60	2 592,88	2 916,99	1 629,46	2 451,92	2 758,41	1 419,90	2 311,04	2 599,92	1 210,23	2 170,08	2 441,34	1 000,67	2 029,20	2 282,85	790,99	1 888,24	2 124,27
	II	33 371	1 835,40	2 669,68	3 003,39	II	33 371	1 738,49	2 528,72	2 844,81	1 534,14	2 387,84	2 686,32	1 324,47	2 246,88	2 527,74	1 114,91	2 106,—	2 369,25	905,23	1 965,04	2 210,67	695,67	1 824,16	2 052,18
	III	25 204	—	2 016,32	2 268,36	III	25 204	—	1 885,76	2 121,48	—	1 758,08	1 977,84	—	1 633,44	1 837,62	—	1 511,84	1 700,82	—	1 392,96	1 567,08	—	1 277,12	1 436,76
	V	39 806	2 189,33	3 184,48	3 582,54	IV	34 172	1 831,—	2 663,28	2 996,19	1 782,60	2 592,88	2 916,99	1 734,15	2 522,40	2 837,70	1 629,46	2 451,92	2 758,41	1 524,62	2 381,44	2 679,12	1 419,90	2 311,04	2 599,92
	VI	40 241	2 213,25	3 219,28	3 621,69																				
116 135,99 Ost	I,IV	34 330	1 888,15	2 746,40	3 089,70	I	34 330	1 791,24	2 605,44	2 931,12	1 648,26	2 464,56	2 772,63	1 438,59	2 323,60	2 614,05	1 229,03	2 182,72	2 455,56	1 019,35	2 041,76	2 296,98	809,79	1 900,88	2 138,49
	II	33 528	1 844,04	2 682,24	3 017,52	II	33 528	1 747,18	2 541,36	2 859,03	1 552,83	2 400,40	2 700,45	1 343,27	2 259,52	2 541,96	1 133,59	2 118,56	2 383,38	924,03	1 977,68	2 224,89	714,35	1 836,72	2 066,31
	III	25 352	—	2 028,16	2 281,68	III	25 352	—	1 897,28	2 134,44	—	1 769,44	1 990,62	—	1 644,48	1 850,04	—	1 522,56	1 712,88	—	1 403,52	1 578,96	—	1 287,36	1 448,28
	V	39 963	2 197,96	3 197,04	3 596,67	IV	34 330	1 839,69	2 675,92	3 010,41	1 791,24	2 605,44	2 931,12	1 742,78	2 534,96	2 851,83	1 648,26	2 464,56	2 772,63	1 543,43	2 394,08	2 693,34	1 438,59	2 323,60	2 614,05
	VI	40 398	2 221,89	3 231,84	3 635,82																				
116 171,99 West	I,IV	34 187	1 880,28	2 734,96	3 076,83	I	34 187	1 783,43	2 594,08	2 918,34	1 631,25	2 453,12	2 759,76	1 421,69	2 312,24	2 601,27	1 212,01	2 171,28	2 442,69	1 002,45	2 030,40	2 284,20	792,77	1 889,44	2 125,62
	II	33 386	1 836,23	2 670,88	3 004,74	II	33 386	1 739,32	2 529,92	2 846,16	1 535,93	2 389,04	2 687,67	1 326,25	2 248,08	2 529,09	1 116,69	2 107,20	2 370,60	907,01	1 966,24	2 212,02	697,45	1 825,36	2 053,53
	III	25 218	—	2 017,44	2 269,62	III	25 218	—	1 886,88	2 122,74	—	1 759,20	1 979,10	—	1 634,56	1 838,88	—	1 512,80	1 701,90	—	1 393,92	1 568,16	—	1 278,08	1 437,84
	V	39 821	2 190,15	3 185,68	3 583,89	IV	34 187	1 831,83	2 664,48	2 997,54	1 783,43	2 594,08	2 918,34	1 734,97	2 523,60	2 839,05	1 631,25	2 453,12	2 759,76	1 526,41	2 382,64	2 680,47	1 421,69	2 312,24	2 601,27
	VI	40 256	2 214,08	3 220,48	3 623,04																				
116 171,99 Ost	I,IV	34 345	1 888,97	2 747,60	3 091,05	I	34 345	1 792,06	2 606,64	2 932,47	1 650,05	2 465,76	2 773,98	1 440,37	2 324,80	2 615,40	1 230,81	2 183,92	2 456,91	1 021,13	2 042,96	2 298,33	811,58	1 902,08	2 139,84
	II	33 543	1 844,86	2 683,44	3 018,87	II	33 543	1 748,01	2 542,56	2 860,38	1 554,61	2 401,60	2 701,80	1 345,05	2 260,72	2 543,31	1 135,37	2 119,76	2 384,73	925,82	1 978,88	2 226,24	716,14	1 837,92	2 067,66
	III	25 366	—	2 029,28	2 282,94	III	25 366	—	1 898,40	2 135,70	—	1 770,56	1 991,88	—	1 645,60	1 851,30	—	1 523,52	1 713,96	—	1 404,48	1 580,04	—	1 288,32	1 449,36
	V	39 978	2 198,79	3 198,24	3 598,02	IV	34 345	1 840,52	2 677,12	3 011,76	1 792,06	2 606,64	2 932,47	1 743,61	2 536,16	2 853,18	1 650,05	2 465,76	2 773,98	1 545,21	2 395,28	2 694,69	1 440,37	2 324,80	2 615,40
	VI	40 414	2 222,77	3 233,12	3 637,26																				
116 207,99 West	I,IV	34 202	1 881,11	2 736,16	3 078,18	I	34 202	1 784,25	2 595,28	2 919,69	1 633,03	2 454,32	2 761,11	1 423,47	2 313,44	2 602,62	1 213,80	2 172,48	2 444,04	1 004,24	2 031,60	2 285,55	794,56	1 890,64	2 126,97
	II	33 401	1 837,05	2 672,08	3 006,09	II	33 401	1 740,14	2 531,12	2 847,51	1 537,71	2 390,24	2 689,02	1 328,04	2 249,28	2 530,44	1 118,48	2 108,40	2 371,95	908,80	1 967,44	2 213,37	699,24	1 826,56	2 054,88
	III	25 232	—	2 018,56	2 270,88	III	25 232	—	1 888,—	2 124,—	—	1 760,32	1 980,36	—	1 635,52	1 839,96	—	1 513,76	1 702,98	—	1 395,04	1 569,42	—	1 279,04	1 438,92
	V	39 836	2 190,98	3 186,88	3 585,24	IV	34 202	1 832,71	2 665,76	2 998,98	1 784,25	2 595,28	2 919,69	1 735,80	2 524,80	2 840,40	1 633,03	2 454,32	2 761,11	1 528,31	2 383,92	2 681,91	1 423,47	2 313,44	2 602,62
	VI	40 271	2 214,90	3 221,68	3 624,39																				
116 207,99 Ost	I,IV	34 360	1 889,80	2 748,80	3 092,40	I	34 360	1 792,89	2 607,84	2 933,82	1 651,83	2 466,96	2 775,33	1 442,16	2 326,—	2 616,75	1 232,60	2 185,12	2 458,26	1 022,92	2 044,16	2 299,68	813,36	1 903,28	2 141,19
	II	33 558	1 845,69	2 684,64	3 020,22	II	33 558	1 748,83	2 543,76	2 861,73	1 556,40	2 402,80	2 703,15	1 346,84	2 261,92	2 544,66	1 137,16	2 120,96	2 386,08	927,60	1 980,08	2 227,59	718,04	1 839,20	2 069,10
	III	25 380	—	2 030,40	2 284,20	III	25 380	—	1 899,52	2 136,96	—	1 771,68	1 993,14	—	1 646,72	1 852,56	—	1 524,64	1 715,22	—	1 405,60	1 581,30	—	1 289,44	1 450,62
	V	39 994	2 199,67	3 199,52	3 599,46	IV	34 360	1 841,34	2 678,32	3 013,11	1 792,89	2 607,84	2 933,82	1 744,49	2 537,44	2 854,62	1 651,83	2 466,96	2 775,33	1 547,—	2 396,48	2 696,04	1 442,16	2 326,—	2 616,75
	VI	40 429	2 223,59	3 234,32	3 638,61																				

* **Die ausgewiesenen Tabellenwerte sind amtlich. Siehe Erläuterungen auf der Umschlaginnenseite (U2).**

Abzüge an Lohnsteuer, Solidaritätszuschlag (SolZ) und Kirchensteuer (8%, 9%) in den Steuerklassen

Lohn/ Gehalt bis €*	I – VI	LSt	ohne Kinderfreibeträge SolZ	8%	9%	I, II, III, IV	LSt	mit Zahl der Kinderfreibeträge . . . 0,5 SolZ	8%	9%	1 SolZ	8%	9%	1,5 SolZ	8%	9%	2 SolZ	8%	9%	2,5 SolZ	8%	9%	3 SolZ	8%	9%
116 243,99 West	I,IV	34 217	1 881,93	2 737,36	3 079,53	I	34 217	1 785,08	2 596,48	2 921,04	1 634,82	2 455,52	2 762,46	1 425,26	2 314,64	2 603,97	1 215,58	2 173,68	2 445,39	1 006,02	2 032,80	2 286,90	796,34	1 891,84	2 128,32
	II	33 416	1 837,88	2 673,28	3 007,44	II	33 416	1 741,02	2 532,40	2 848,95	1 539,50	2 391,44	2 690,37	1 329,94	2 250,56	2 531,88	1 120,26	2 109,60	2 373,30	910,70	1 968,72	2 214,81	701,02	1 827,76	2 056,23
	III	25 246	–	2 019,68	2 272,14	III	25 246	–	1 889,12	2 125,26	–	1 761,44	1 981,62	–	1 636,64	1 841,22	–	1 514,88	1 704,24	–	1 396,–	1 570,50	–	1 280,16	1 440,18
	V	39 851	2 191,80	3 188,08	3 586,59	IV	34 217	1 833,53	2 666,96	3 000,33	1 785,08	2 596,48	2 921,04	1 736,62	2 526,–	2 841,75	1 634,82	2 455,52	2 762,46	1 530,10	2 385,12	2 683,26	1 425,26	2 314,64	2 603,97
	VI	40 286	2 215,73	3 222,88	3 625,74																				
116 243,99 Ost	I,IV	34 375	1 890,62	2 750,–	3 093,75	I	34 375	1 793,71	2 609,04	2 935,17	1 653,62	2 468,16	2 776,68	1 443,94	2 327,20	2 618,10	1 234,38	2 186,32	2 459,61	1 024,70	2 045,36	2 301,03	815,15	1 904,48	2 142,54
	II	33 574	1 846,57	2 685,92	3 021,66	II	33 574	1 749,66	2 544,96	2 863,08	1 558,30	2 404,08	2 704,59	1 348,62	2 263,12	2 546,01	1 139,06	2 122,24	2 387,52	929,39	1 981,28	2 228,94	719,83	1 840,40	2 070,45
	III	25 394	–	2 031,52	2 285,46	III	25 394	–	1 900,64	2 138,22	–	1 772,64	1 994,22	–	1 647,68	1 853,64	–	1 525,60	1 716,30	–	1 406,56	1 582,38	–	1 290,40	1 451,70
	V	40 009	2 200,49	3 200,72	3 600,81	IV	34 375	1 842,17	2 679,52	3 014,46	1 793,71	2 609,04	2 935,17	1 745,31	2 538,64	2 855,97	1 653,62	2 468,16	2 776,68	1 548,78	2 397,68	2 697,39	1 443,94	2 327,20	2 618,10
	VI	40 444	2 224,42	3 235,52	3 639,96																				
116 279,99 West	I,IV	34 232	1 882,76	2 738,56	3 080,88	I	34 232	1 785,90	2 597,68	2 922,39	1 636,72	2 456,80	2 763,90	1 427,04	2 315,84	2 605,32	1 217,48	2 174,96	2 446,83	1 007,81	2 034,–	2 288,25	798,25	1 893,12	2 129,76
	II	33 431	1 838,70	2 674,48	3 008,79	II	33 431	1 741,85	2 533,60	2 850,30	1 541,28	2 392,64	2 691,72	1 331,72	2 251,76	2 533,23	1 122,05	2 110,80	2 374,65	912,49	1 969,92	2 216,16	702,81	1 828,96	2 057,58
	III	25 260	–	2 020,80	2 273,40	III	25 260	–	1 890,24	2 126,52	–	1 762,40	1 982,70	–	1 637,76	1 842,48	–	1 515,84	1 705,32	–	1 396,96	1 571,58	–	1 281,12	1 441,26
	V	39 866	2 192,63	3 189,28	3 587,94	IV	34 232	1 834,36	2 668,16	3 001,68	1 785,90	2 597,68	2 922,39	1 737,45	2 527,20	2 843,10	1 636,72	2 456,80	2 763,90	1 531,88	2 386,32	2 684,61	1 427,04	2 315,84	2 605,32
	VI	40 301	2 216,55	3 224,08	3 627,09																				
116 279,99 Ost	I,IV	34 390	1 891,45	2 751,20	3 095,10	I	34 390	1 794,59	2 610,32	2 936,61	1 655,40	2 469,36	2 778,03	1 445,85	2 328,48	2 619,54	1 236,17	2 187,52	2 460,96	1 026,61	2 046,64	2 302,47	816,93	1 905,68	2 143,89
	II	33 589	1 847,39	2 687,12	3 023,01	II	33 589	1 750,48	2 546,16	2 864,43	1 560,09	2 405,28	2 705,94	1 350,41	2 264,32	2 547,36	1 140,85	2 123,44	2 388,87	931,17	1 982,48	2 230,29	721,61	1 841,60	2 071,80
	III	25 408	–	2 032,64	2 286,72	III	25 408	–	1 901,76	2 139,48	–	1 773,76	1 995,48	–	1 648,80	1 854,90	–	1 526,72	1 717,56	–	1 407,52	1 583,46	–	1 291,36	1 452,78
	V	40 024	2 201,32	3 201,92	3 602,16	IV	34 390	1 842,99	2 680,72	3 015,81	1 794,59	2 610,32	2 936,61	1 746,14	2 539,84	2 857,32	1 655,40	2 469,36	2 778,03	1 550,57	2 398,88	2 698,74	1 445,85	2 328,48	2 619,54
	VI	40 459	2 225,24	3 236,72	3 641,31																				
116 315,99 West	I,IV	34 248	1 883,64	2 739,84	3 082,32	I	34 248	1 786,73	2 598,88	2 923,74	1 638,51	2 458,–	2 765,25	1 428,83	2 317,04	2 606,67	1 219,27	2 176,16	2 448,18	1 009,59	2 035,20	2 289,60	800,03	1 894,32	2 131,11
	II	33 446	1 839,53	2 675,68	3 010,14	II	33 446	1 742,67	2 534,80	2 851,65	1 543,07	2 393,84	2 693,07	1 333,51	2 252,96	2 534,58	1 123,83	2 112,–	2 376,–	914,27	1 971,12	2 217,51	704,59	1 830,16	2 058,93
	III	25 274	–	2 021,92	2 274,66	III	25 274	–	1 891,36	2 127,78	–	1 763,52	1 983,96	–	1 638,72	1 843,56	–	1 516,96	1 706,58	–	1 398,08	1 572,84	–	1 282,08	1 442,34
	V	39 881	2 193,45	3 190,48	3 589,29	IV	34 248	1 835,18	2 669,36	3 003,03	1 786,73	2 598,88	2 923,74	1 738,27	2 528,40	2 844,45	1 638,51	2 458,–	2 765,25	1 533,67	2 387,52	2 685,96	1 428,83	2 317,04	2 606,67
	VI	40 317	2 217,43	3 225,36	3 628,53																				
116 315,99 Ost	I,IV	34 405	1 892,27	2 752,40	3 096,45	I	34 405	1 795,42	2 611,52	2 937,96	1 657,19	2 470,56	2 779,38	1 447,63	2 329,68	2 620,89	1 237,95	2 188,72	2 462,31	1 028,39	2 047,84	2 303,82	818,72	1 906,88	2 145,24
	II	33 604	1 848,22	2 688,32	3 024,36	II	33 604	1 751,31	2 547,36	2 865,78	1 561,87	2 406,48	2 707,29	1 352,19	2 265,52	2 548,71	1 142,63	2 124,64	2 390,22	932,96	1 983,68	2 231,64	723,40	1 842,80	2 073,15
	III	25 422	–	2 033,76	2 287,98	III	25 422	–	1 902,88	2 140,74	–	1 774,88	1 996,74	–	1 649,92	1 856,16	–	1 527,68	1 718,64	–	1 408,64	1 584,72	–	1 292,32	1 453,86
	V	40 039	2 202,14	3 203,12	3 603,51	IV	34 405	1 843,82	2 681,92	3 017,16	1 795,42	2 611,52	2 937,96	1 746,96	2 541,04	2 858,67	1 657,19	2 470,56	2 779,38	1 552,35	2 400,08	2 700,09	1 447,63	2 329,68	2 620,89
	VI	40 474	2 226,07	3 237,92	3 642,66																				
116 351,99 West	I,IV	34 263	1 884,46	2 741,04	3 083,67	I	34 263	1 787,55	2 600,08	2 925,09	1 640,29	2 459,20	2 766,60	1 430,61	2 318,24	2 608,02	1 221,05	2 177,36	2 449,53	1 011,38	2 036,40	2 290,95	801,82	1 895,52	2 132,46
	II	33 461	1 840,35	2 676,88	3 011,49	II	33 461	1 743,50	2 536,–	2 853,–	1 544,85	2 395,04	2 694,42	1 335,29	2 254,16	2 535,93	1 125,62	2 113,20	2 377,35	916,06	1 972,32	2 218,86	706,38	1 831,36	2 060,28
	III	25 288	–	2 023,04	2 275,92	III	25 288	–	1 892,32	2 128,86	–	1 764,64	1 985,22	–	1 639,84	1 844,82	–	1 517,92	1 707,66	–	1 399,04	1 573,92	–	1 283,04	1 443,42
	V	39 897	2 194,33	3 191,76	3 590,73	IV	34 263	1 836,01	2 670,56	3 004,38	1 787,55	2 600,08	2 925,09	1 739,15	2 529,68	2 845,89	1 640,29	2 459,20	2 766,60	1 535,45	2 388,72	2 687,31	1 430,61	2 318,24	2 608,02
	VI	40 332	2 218,26	3 226,56	3 629,88																				
116 351,99 Ost	I,IV	34 420	1 893,10	2 753,60	3 097,80	I	34 420	1 796,24	2 612,72	2 939,31	1 658,97	2 471,76	2 780,73	1 449,42	2 330,88	2 622,24	1 239,74	2 189,92	2 463,66	1 030,18	2 049,04	2 305,17	820,50	1 908,08	2 146,59
	II	33 619	1 849,04	2 689,52	3 025,71	II	33 619	1 752,13	2 548,56	2 867,13	1 563,66	2 407,68	2 708,64	1 353,98	2 266,72	2 550,06	1 144,42	2 125,84	2 391,57	934,74	1 984,88	2 232,99	725,18	1 844,–	2 074,50
	III	25 436	–	2 034,88	2 289,24	III	25 436	–	1 904,–	2 142,–	–	1 776,–	1 998,–	–	1 650,88	1 857,24	–	1 528,80	1 719,90	–	1 409,60	1 585,80	–	1 293,28	1 454,94
	V	40 054	2 202,97	3 204,32	3 604,86	IV	34 420	1 844,64	2 683,12	3 018,51	1 796,24	2 612,72	2 939,31	1 747,79	2 542,24	2 860,02	1 658,97	2 471,76	2 780,73	1 554,25	2 401,36	2 701,53	1 449,42	2 330,88	2 622,24
	VI	40 489	2 226,89	3 239,12	3 644,01																				
116 387,99 West	I,IV	34 278	1 885,29	2 742,24	3 085,02	I	34 278	1 788,38	2 601,28	2 926,44	1 642,08	2 460,40	2 767,95	1 432,40	2 319,44	2 609,37	1 222,84	2 178,56	2 450,88	1 013,16	2 037,60	2 292,30	803,60	1 896,72	2 133,81
	II	33 476	1 841,18	2 678,08	3 012,84	II	33 476	1 744,32	2 537,20	2 854,35	1 546,76	2 396,32	2 695,86	1 337,08	2 255,36	2 537,28	1 127,52	2 114,48	2 378,79	917,84	1 973,52	2 220,21	708,28	1 832,64	2 061,72
	III	25 302	–	2 024,16	2 277,18	III	25 302	–	1 893,44	2 130,12	–	1 765,76	1 986,48	–	1 640,96	1 846,08	–	1 519,04	1 708,92	–	1 400,–	1 575,–	–	1 284,–	1 444,50
	V	39 912	2 195,16	3 192,96	3 592,08	IV	34 278	1 836,83	2 671,76	3 005,73	1 788,38	2 601,28	2 926,44	1 739,98	2 530,88	2 847,24	1 642,08	2 460,40	2 767,95	1 537,24	2 389,92	2 688,66	1 432,40	2 319,44	2 609,37
	VI	40 347	2 219,08	3 227,76	3 631,23																				
116 387,99 Ost	I,IV	34 435	1 893,92	2 754,80	3 099,15	I	34 435	1 797,07	2 613,92	2 940,66	1 660,76	2 472,96	2 782,08	1 451,20	2 332,08	2 623,59	1 241,52	2 191,12	2 465,01	1 031,96	2 050,24	2 306,52	822,29	1 909,28	2 147,94
	II	33 634	1 849,87	2 690,72	3 027,06	II	33 634	1 753,01	2 549,84	2 868,57	1 565,44	2 408,88	2 709,99	1 355,88	2 268,–	2 551,50	1 146,20	2 127,04	2 392,92	936,64	1 986,16	2 234,43	726,97	1 845,20	2 075,85
	III	25 450	–	2 036,–	2 290,50	III	25 450	–	1 905,12	2 143,26	–	1 777,12	1 999,26	–	1 652,–	1 858,50	–	1 529,76	1 720,98	–	1 410,56	1 586,88	–	1 294,24	1 456,02
	V	40 069	2 203,79	3 205,52	3 606,21	IV	34 435	1 845,52	2 684,40	3 019,95	1 797,07	2 613,92	2 940,66	1 748,61	2 543,44	2 861,37	1 660,76	2 472,96	2 782,08	1 556,04	2 402,56	2 702,88	1 451,20	2 332,08	2 623,59
	VI	40 504	2 227,72	3 240,32	3 645,36																				
116 423,99 West	I,IV	34 293	1 886,11	2 743,44	3 086,37	I	34 293	1 789,20	2 602,48	2 927,79	1 643,86	2 461,60	2 769,30	1 434,30	2 320,72	2 610,81	1 224,62	2 179,76	2 452,23	1 015,07	2 038,88	2 293,74	805,39	1 897,92	2 135,16
	II	33 492	1 842,06	2 679,36	3 014,28	II	33 492	1 745,15	2 538,40	2 855,70	1 548,54	2 397,52	2 697,21	1 338,86	2 256,56	2 538,63	1 129,31	2 115,68	2 380,14	919,63	1 974,72	2 221,56	710,07	1 833,84	2 063,07
	III	25 316	–	2 025,28	2 278,44	III	25 316	–	1 894,56	2 131,38	–	1 766,88	1 987,74	–	1 641,92	1 847,16	–	1 520,–	1 710,–	–	1 401,12	1 576,26	–	1 284,96	1 445,58
	V	39 927	2 195,98	3 194,16	3 593,43	IV	34 293	1 837,66	2 672,96	3 007,08	1 789,20	2 602,48	2 927,79	1 740,80	2 532,08	2 848,59	1 643,86	2 461,60	2 769,30	1 539,02	2 391,12	2 690,01	1 434,30	2 320,72	2 610,81
	VI	40 362	2 219,91	3 228,96	3 632,58																				
116 423,99 Ost	I,IV	34 450	1 894,75	2 756,–	3 100,50	I	34 450	1 797,89	2 615,12	2 942,01	1 662,66	2 474,24	2 783,52	1 452,99	2 333,28	2 624,94	1 243,43	2 192,40	2 466,45	1 033,75	2 051,44	2 307,87	824,19	1 910,56	2 149,38
	II	33 649	1 850,69	2 691,92	3 028,41	II	33 649	1 753,84	2 551,04	2 869,92	1 567,23	2 410,08	2 711,34	1 357,67	2 269,20	2 552,85	1 147,99	2 128,24	2 394,27	938,43	1 987,36	2 235,78	728,75	1 846,40	2 077,20
	III	25 466	–	2 037,28	2 291,94	III	25 466	–	1 906,24	2 144,52	–	1 778,08	2 000,34	–	1 652,96	1 859,58	–	1 530,88	1 722,24	–	1 411,52	1 587,96	–	1 295,36	1 457,28
	V	40 084	2 204,62	3 206,72	3 607,56	IV	34 450	1 846,35	2 685,60	3 021,30	1 797,89	2 615,12	2 942,01	1 749,44	2 544,64	2 862,72	1 662,66	2 474,24	2 783,52	1 557,82	2 403,76	2 704,23	1 452,99	2 333,28	2 624,94
	VI	40 519	2 228,54	3 241,52	3 646,71																				
116 459,99 West	I,IV	34 308	1 886,94	2 744,64	3 087,72	I	34 308	1 790,08	2 603,76	2 929,23	1 645,65	2 462,80	2 770,65	1 436,09	2 321,92	2 612,16	1 226,41	2 180,96	2 453,58	1 016,85	2 040,08	2 295,09	807,17	1 899,12	2 136,51
	II	33 507	1 842,88	2 680,56	3 015,63	II	33 507	1 745,97	2 539,60	2 857,05	1 550,33	2 398,72	2 698,56	1 340,65	2 257,76	2 539,98	1 131,09	2 116,88	2 381,49	921,41	1 975,92	2 222,91	711,85	1 835,04	2 064,42
	III	25 332	–	2 026,56	2 279,88	III	25 332	–	1 895,68	2 132,64	–	1 767,84	1 988,82	–	1 643,04	1 848,42	–	1 521,12	1 711,26	–	1 402,08	1 577,34	–	1 285,92	1 446,66
	V	39 942	2 196,81	3 195,36	3 594,78	IV	34 308	1 838,48	2 674,16	3 008,43	1 790,08	2 603,76	2 929,23	1 741,63	2 533,28	2 849,94	1 645,65	2 462,80	2 770,65	1 540,81	2 392,32	2 691,36	1 436,09	2 321,92	2 612,16
	VI	40 377	2 220,73	3 230,16	3 633,93																				
116 459,99 Ost	I,IV	34 466	1 895,63	2 757,28	3 101,94	I	34 466	1 798,72	2 616,32	2 943,36	1 664,45	2 475,44	2 784,87	1 454,77	2 334,48	2 626,29	1 245,21	2 193,60	2 467,80	1 035,53	2 052,64	2 309,22	825,97	1 911,76	2 150,73
	II	33 664	1 851,52	2 693,12	3 029,76	II	33 664	1 754,66	2 552,24	2 871,27	1 569,01	2 411,28	2 712,69	1 359,45	2 270,40	2 554,20	1 149,77	2 129,44	2 395,62	940,21	1 988,56	2 237,13	730,54	1 847,60	2 078,55
	III	25 480	–	2 038,40	2 293,20	III	25 480	–	1 907,36	2 145,78	–	1 779,20	2 001,60	–	1 654,08	1 860,84	–	1 531,84	1 723,32	–	1 412,64	1 589,22	–	1 296,32	1 458,36
	V	40 099	2 205,44	3 207,92	3 608,91	IV	34 466	1 847,17	2 686,80	3 022,65	1 798,72	2 616,32	2 943,36	1 750,26	2 545,84	2 864,07	1 664,45	2 475,44	2 784,87	1 559,61	2 404,96	2 705,58	1 454,77	2 334,48	2 626,29
	VI	40 535	2 229,42	3 242,80	3 648,15																				
116 495,99 West	I,IV	34 323	1 887,76	2 745,84	3 089,07	I	34 323	1 790,91	2 604,96	2 930,58	1 647,43	2 464,–	2 772,–	1 437,87	2 323,12	2 613,51	1 228,19	2 182,16	2 454,93	1 018,64	2 041,28	2 296,44	808,96	1 900,32	2 137,86
	II	33 522	1 843,71	2 681,76	3 016,98	II	33 522	1 746,80	2 540,80	2 858,40	1 552,11	2 399,92	2 699,91	1 342,43	2 258,96	2 541,33	1 132,88	2 118,08	2 382,84	923,20	1 977,12	2 224,26	713,64	1 836,24	2 065,77
	III	25 346	–	2 027,68	2 281,14	III	25 346	–	1 896,80	2 133,90	–	1 768,96	1 990,08	–	1 644,–	1 849,50	–	1 522,08	1 712,34	–	1 403,04	1 578,42	–	1 287,04	1 447,92
	V	39 957	2 197,63	3 196,56	3 596,13	IV	34 323	1 839,31	2 675,36	3 009,78	1 790,91	2 604,96	2 930,58	1 742,45	2 534,48	2 851,29	1 647,43	2 464,–	2 772,–	1 542,71	2 393,60	2 692,80	1 437,87	2 323,12	2 613,51
	VI	40 392	2 221,56	3 231,36	3 635,28																				
116 495,99 Ost	I,IV	34 481	1 896,45	2 758,48	3 103,29	I	34 481	1 799,54	2 617,52	2 944,71	1 666,23	2 476,64	2 786,22	1 456,56	2 335,68	2 627,64	1 247,–	2 194,80	2 469,15	1 037,32	2 053,84	2 310,57	827,76	1 912,96	2 152,08
	II	33 679	1 852,34	2 694,32	3 031,11	II	33 679	1 755,49	2 553,44	2 872,62	1 570,80	2 412,48	2 714,04	1 361,24	2 271,60	2 555,55	1 151,56	2 130,64	2 396,97	942,–	1 989,76	2 238,48	732,32	1 848,80	2 079,90
	III	25 494	–	2 039,52	2 294,46	III	25 494	–	1 908,48	2 147,04	–	1 780,32	2 002,86	–	1 655,20	1 862,10	–	1 532,96	1 724,58	–	1 413,60	1 590,30	–	1 297,28	1 459,44
	V	40 115	2 206,32	3 209,20	3 610,35	IV	34 481	1 848,–	2 688,–	3 024,–	1 799,54	2 617,52	2 944,71	1 751,09	2 547,04	2 865,42	1 666,23	2 476,64	2 786,22	1 561,39	2 406,16	2 706,93	1 456,56	2 335,68	2 627,64
	VI	40 550	2 230,25	3 244,–	3 649,50																				

* Die ausgewiesenen Tabellenwerte sind amtlich. Siehe Erläuterungen auf der Umschlaginnenseite (U2).

Abzüge an Lohnsteuer, Solidaritätszuschlag (SolZ) und Kirchensteuer (8%, 9%) in den Steuerklassen

Lohn/ Gehalt bis €*		I – VI LSt	ohne Kinderfreibeträge SolZ	8%	9%	I, II, III, IV	LSt	mit Zahl der Kinderfreibeträge . . . 0,5 SolZ	8%	9%	1 SolZ	8%	9%	1,5 SolZ	8%	9%	2 SolZ	8%	9%	2,5 SolZ	8%	9%	3 SolZ	8%	9%
116 531,99 West	I,IV	34 338	1 888,59	2 747,04	3 090,42	I	34 338	1 791,73	2 606,16	2 931,93	1 649,22	2 465,20	2 773,35	1 439,66	2 324,32	2 614,86	1 229,98	2 183,36	2 456,28	1 020,42	2 042,48	2 297,79	810,74	1 901,52	2 139,21
	II	33 537	1 844,53	2 682,96	3 018,33	II	33 537	1 747,62	2 542,—	2 859,75	1 553,90	2 401,12	2 701,26	1 344,34	2 260,24	2 542,77	1 134,66	2 119,28	2 384,19	925,10	1 978,40	2 225,70	715,42	1 837,44	2 067,12
	III	25 360	—	2 028,80	2 282,40	III	25 360	—	1 897,92	2 135,16	—	1 770,08	1 991,34	—	1 645,12	1 850,76	—	1 523,20	1 713,60	—	1 404,—	1 579,50	—	1 288,—	1 449,—
	V	39 972	2 198,46	3 197,76	3 597,48	IV	34 338	1 840,19	2 676,64	3 011,22	1 791,73	2 606,16	2 931,93	1 743,28	2 535,68	2 852,64	1 649,22	2 465,20	2 773,35	1 544,50	2 394,80	2 694,15	1 439,66	2 324,32	2 614,86
	VI	40 407	2 222,38	3 232,56	3 636,63																				
116 531,99 Ost	I,IV	34 496	1 897,28	2 759,68	3 104,64	I	34 496	1 800,37	2 618,72	2 946,06	1 668,02	2 477,84	2 787,57	1 458,34	2 336,88	2 628,99	1 248,78	2 196,—	2 470,50	1 039,10	2 055,04	2 311,92	829,54	1 914,16	2 153,43
	II	33 694	1 853,17	2 695,52	3 032,46	II	33 694	1 756,31	2 554,64	2 873,97	1 572,70	2 413,76	2 715,48	1 363,02	2 272,80	2 556,90	1 153,46	2 131,92	2 398,41	943,78	1 990,96	2 239,83	734,23	1 850,08	2 081,34
	III	25 508	—	2 040,64	2 295,72	III	25 508	—	1 909,60	2 148,30	—	1 781,44	2 004,12	—	1 656,16	1 863,18	—	1 533,92	1 725,66	—	1 414,56	1 591,38	—	1 298,24	1 460,52
	V	40 130	2 207,15	3 210,40	3 611,70	IV	34 496	1 848,82	2 689,20	3 025,35	1 800,37	2 618,72	2 946,06	1 751,97	2 548,32	2 866,86	1 668,02	2 477,84	2 787,57	1 563,18	2 407,36	2 708,28	1 458,34	2 336,88	2 628,99
	VI	40 565	2 231,07	3 245,20	3 650,85																				
116 567,99 West	I,IV	34 353	1 889,41	2 748,24	3 091,77	I	34 353	1 792,56	2 607,36	2 933,28	1 651,—	2 466,40	2 774,70	1 441,44	2 325,52	2 616,21	1 231,88	2 184,64	2 457,72	1 022,21	2 043,68	2 299,14	812,65	1 902,80	2 140,65
	II	33 552	1 845,36	2 684,16	3 019,68	II	33 552	1 748,50	2 543,28	2 861,19	1 555,68	2 402,32	2 702,61	1 346,12	2 261,44	2 544,12	1 136,45	2 120,48	2 385,54	926,89	1 979,60	2 227,05	717,21	1 838,64	2 068,47
	III	25 374	—	2 029,92	2 283,66	III	25 374	—	1 899,04	2 136,42	—	1 771,20	1 992,60	—	1 646,24	1 852,02	—	1 524,16	1 714,68	—	1 405,12	1 580,76	—	1 288,96	1 450,08
	V	39 987	2 199,28	3 198,96	3 598,83	IV	34 353	1 841,01	2 677,84	3 012,57	1 792,56	2 607,36	2 933,28	1 744,10	2 536,88	2 853,99	1 651,—	2 466,40	2 774,70	1 546,28	2 396,—	2 695,50	1 441,44	2 325,52	2 616,21
	VI	40 422	2 223,21	3 233,76	3 637,98																				
116 567,99 Ost	I,IV	34 511	1 898,10	2 760,88	3 105,99	I	34 511	1 801,19	2 619,92	2 947,41	1 669,80	2 479,04	2 788,92	1 460,24	2 338,16	2 630,43	1 250,57	2 197,20	2 471,85	1 041,01	2 056,32	2 313,36	831,33	1 915,36	2 154,78
	II	33 710	1 854,05	2 696,80	3 033,90	II	33 710	1 757,14	2 555,84	2 875,32	1 574,48	2 414,96	2 716,83	1 364,81	2 274,—	2 558,25	1 155,25	2 133,12	2 399,76	945,57	1 992,16	2 241,18	736,01	1 851,28	2 082,69
	III	25 522	—	2 041,76	2 296,98	III	25 522	—	1 910,72	2 149,56	—	1 782,56	2 005,38	—	1 657,28	1 864,44	—	1 535,04	1 726,92	—	1 415,68	1 592,64	—	1 299,20	1 461,60
	V	40 145	2 207,97	3 211,60	3 613,05	IV	34 511	1 849,65	2 690,40	3 026,70	1 801,19	2 619,92	2 947,41	1 752,79	2 549,52	2 868,21	1 669,80	2 479,04	2 788,92	1 564,96	2 408,56	2 709,63	1 460,24	2 338,16	2 630,43
	VI	40 580	2 231,90	3 246,40	3 652,20																				
116 603,99 West	I,IV	34 369	1 890,29	2 749,52	3 093,21	I	34 369	1 793,38	2 608,56	2 934,63	1 652,91	2 467,68	2 776,14	1 443,23	2 326,72	2 617,56	1 233,67	2 185,84	2 459,07	1 023,99	2 044,88	2 300,49	814,43	1 904,—	2 142,—
	II	33 567	1 846,18	2 685,36	3 021,03	II	33 567	1 749,33	2 544,48	2 862,54	1 557,47	2 403,52	2 703,96	1 347,91	2 262,64	2 545,47	1 138,23	2 121,68	2 386,89	928,67	1 980,80	2 228,40	718,99	1 839,84	2 069,82
	III	25 388	—	2 031,04	2 284,92	III	25 388	—	1 900,16	2 137,68	—	1 772,16	1 993,68	—	1 647,20	1 853,10	—	1 525,28	1 715,94	—	1 406,08	1 581,84	—	1 289,92	1 451,16
	V	40 002	2 200,11	3 200,16	3 600,18	IV	34 369	1 841,84	2 679,04	3 013,92	1 793,38	2 608,56	2 934,63	1 744,93	2 538,08	2 855,34	1 652,91	2 467,68	2 776,14	1 548,07	2 397,20	2 696,85	1 443,23	2 326,72	2 617,56
	VI	40 438	2 224,09	3 235,04	3 639,42																				
116 603,99 Ost	I,IV	34 526	1 898,93	2 762,08	3 107,34	I	34 526	1 802,07	2 621,20	2 948,85	1 671,59	2 480,24	2 790,27	1 462,03	2 339,36	2 631,78	1 252,35	2 198,40	2 473,20	1 042,79	2 057,52	2 314,71	833,11	1 916,56	2 156,13
	II	33 725	1 854,87	2 698,—	3 035,25	II	33 725	1 757,96	2 557,04	2 876,67	1 576,27	2 416,16	2 718,18	1 366,59	2 275,20	2 559,60	1 157,03	2 134,32	2 401,11	947,35	1 993,36	2 242,53	737,80	1 852,48	2 084,04
	III	25 536	—	2 042,88	2 298,24	III	25 536	—	1 911,84	2 150,82	—	1 783,52	2 006,46	—	1 658,40	1 865,70	—	1 536,—	1 728,—	—	1 416,64	1 593,72	—	1 300,16	1 462,68
	V	40 160	2 208,80	3 212,80	3 614,40	IV	34 526	1 850,47	2 691,60	3 028,05	1 802,07	2 621,20	2 948,85	1 753,62	2 550,72	2 869,56	1 671,59	2 480,24	2 790,27	1 566,75	2 409,76	2 710,98	1 462,03	2 339,36	2 631,78
	VI	40 595	2 232,72	3 247,60	3 653,55																				
116 639,99 West	I,IV	34 384	1 891,12	2 750,72	3 094,56	I	34 384	1 794,21	2 609,76	2 935,98	1 654,69	2 468,88	2 777,49	1 445,01	2 327,92	2 618,91	1 235,45	2 187,04	2 460,42	1 025,78	2 046,08	2 301,84	816,22	1 905,20	2 143,35
	II	33 582	1 847,01	2 686,56	3 022,38	II	33 582	1 750,15	2 545,68	2 863,89	1 559,25	2 404,72	2 705,31	1 349,69	2 263,84	2 546,82	1 140,02	2 122,88	2 388,24	930,46	1 982,—	2 229,75	720,78	1 841,04	2 071,17
	III	25 402	—	2 032,16	2 286,18	III	25 402	—	1 901,28	2 138,94	—	1 773,28	1 994,94	—	1 648,32	1 854,36	—	1 526,24	1 717,02	—	1 407,04	1 582,92	—	1 290,88	1 452,24
	V	40 018	2 200,99	3 201,44	3 601,62	IV	34 384	1 842,66	2 680,24	3 015,27	1 794,21	2 609,76	2 935,98	1 745,75	2 539,28	2 856,69	1 654,69	2 468,88	2 777,49	1 549,85	2 398,40	2 698,20	1 445,01	2 327,92	2 618,91
	VI	40 453	2 224,91	3 236,24	3 640,77																				
116 639,99 Ost	I,IV	34 541	1 899,75	2 763,28	3 108,69	I	34 541	1 802,90	2 622,40	2 950,20	1 673,37	2 481,44	2 791,62	1 463,81	2 340,56	2 633,13	1 254,14	2 199,60	2 474,55	1 044,58	2 058,72	2 316,06	834,90	1 917,76	2 157,48
	II	33 740	1 855,70	2 699,20	3 036,60	II	33 740	1 758,79	2 558,24	2 878,02	1 578,05	2 417,36	2 719,53	1 368,38	2 276,40	2 560,95	1 158,82	2 135,52	2 402,46	949,14	1 994,56	2 243,88	739,58	1 853,68	2 085,39
	III	25 550	—	2 044,—	2 299,50	III	25 550	—	1 912,96	2 152,08	—	1 784,64	2 007,72	—	1 659,36	1 866,78	—	1 537,12	1 729,26	—	1 417,60	1 594,80	—	1 301,28	1 463,94
	V	40 175	2 209,62	3 214,—	3 615,75	IV	34 541	1 851,30	2 692,80	3 029,40	1 802,90	2 622,40	2 950,20	1 754,44	2 551,92	2 870,91	1 673,37	2 481,44	2 791,62	1 568,53	2 410,96	2 712,33	1 463,81	2 340,56	2 633,13
	VI	40 610	2 233,55	3 248,80	3 654,90																				
116 675,99 West	I,IV	34 399	1 891,94	2 751,92	3 095,91	I	34 399	1 795,03	2 610,96	2 937,33	1 656,48	2 470,08	2 778,84	1 446,80	2 329,12	2 620,26	1 237,24	2 188,24	2 461,77	1 027,56	2 047,28	2 303,19	818,—	1 906,40	2 144,70
	II	33 597	1 847,83	2 687,76	3 023,73	II	33 597	1 750,98	2 546,88	2 865,24	1 561,04	2 405,92	2 706,66	1 351,48	2 265,04	2 548,17	1 141,92	2 124,16	2 389,68	932,24	1 983,20	2 231,10	722,68	1 842,32	2 072,61
	III	25 416	—	2 033,28	2 287,44	III	25 416	—	1 902,40	2 140,20	—	1 774,40	1 996,20	—	1 649,44	1 855,62	—	1 527,20	1 718,10	—	1 408,16	1 584,18	—	1 291,84	1 453,32
	V	40 033	2 201,81	3 202,64	3 602,97	IV	34 399	1 843,49	2 681,44	3 016,62	1 795,03	2 610,96	2 937,33	1 746,63	2 540,56	2 858,13	1 656,48	2 470,08	2 778,84	1 551,64	2 399,60	2 699,55	1 446,80	2 329,12	2 620,26
	VI	40 468	2 225,74	3 237,44	3 642,12																				
116 675,99 Ost	I,IV	34 556	1 900,58	2 764,48	3 110,04	I	34 556	1 803,72	2 623,60	2 951,55	1 675,16	2 482,64	2 792,97	1 465,60	2 341,76	2 634,48	1 255,92	2 200,80	2 475,90	1 046,36	2 059,92	2 317,41	836,68	1 918,96	2 158,83
	II	33 755	1 856,52	2 700,40	3 037,95	II	33 755	1 759,61	2 559,44	2 879,37	1 579,84	2 418,56	2 720,88	1 370,28	2 277,68	2 562,39	1 160,60	2 136,72	2 403,81	951,04	1 995,84	2 245,32	741,37	1 854,88	2 086,74
	III	25 564	—	2 045,12	2 300,76	III	25 564	—	1 913,92	2 153,16	—	1 785,76	2 008,98	—	1 660,48	1 868,04	—	1 538,08	1 730,34	—	1 418,72	1 596,06	—	1 302,24	1 465,02
	V	40 190	2 210,45	3 215,20	3 617,10	IV	34 556	1 852,18	2 694,08	3 030,84	1 803,72	2 623,60	2 951,55	1 755,27	2 553,12	2 872,26	1 675,16	2 482,64	2 792,97	1 570,44	2 412,24	2 713,77	1 465,60	2 341,76	2 634,48
	VI	40 625	2 234,37	3 250,—	3 656,25																				
116 711,99 West	I,IV	34 414	1 892,77	2 753,12	3 097,26	I	34 414	1 795,86	2 612,16	2 938,68	1 658,26	2 471,28	2 780,19	1 448,58	2 330,32	2 621,61	1 239,02	2 189,44	2 463,12	1 029,46	2 048,56	2 304,63	819,79	1 907,60	2 146,05
	II	33 613	1 848,71	2 689,04	3 025,17	II	33 613	1 751,80	2 548,08	2 866,59	1 562,94	2 407,20	2 708,10	1 353,26	2 266,24	2 549,52	1 143,70	2 125,36	2 391,03	934,03	1 984,40	2 232,45	724,47	1 843,52	2 073,96
	III	25 430	—	2 034,40	2 288,70	III	25 430	—	1 903,52	2 141,46	—	1 775,52	1 997,46	—	1 650,40	1 856,70	—	1 528,32	1 719,36	—	1 409,12	1 585,26	—	1 292,80	1 454,40
	V	40 048	2 202,64	3 203,84	3 604,32	IV	34 414	1 844,31	2 682,64	3 017,97	1 795,86	2 612,16	2 938,68	1 747,46	2 541,76	2 859,48	1 658,26	2 471,28	2 780,19	1 553,42	2 400,80	2 700,90	1 448,58	2 330,32	2 621,61
	VI	40 483	2 226,56	3 238,64	3 643,47																				
116 711,99 Ost	I,IV	34 571	1 901,40	2 765,68	3 111,39	I	34 571	1 804,55	2 624,80	2 952,90	1 676,94	2 483,84	2 794,32	1 467,38	2 342,96	2 635,83	1 257,83	2 202,08	2 477,34	1 048,15	2 061,12	2 318,76	838,59	1 920,24	2 160,27
	II	33 770	1 857,35	2 701,60	3 039,30	II	33 770	1 760,49	2 560,72	2 880,81	1 581,62	2 419,76	2 722,23	1 372,07	2 278,88	2 563,74	1 162,39	2 137,92	2 405,16	952,83	1 997,04	2 246,67	743,15	1 856,08	2 088,09
	III	25 578	—	2 046,24	2 302,02	III	25 578	—	1 915,04	2 154,42	—	1 786,88	2 010,24	—	1 661,60	1 869,30	—	1 539,20	1 731,60	—	1 419,68	1 597,14	—	1 303,20	1 466,10
	V	40 205	2 211,27	3 216,40	3 618,45	IV	34 571	1 853,—	2 695,28	3 032,19	1 804,55	2 624,80	2 952,90	1 756,09	2 554,32	2 873,61	1 676,94	2 483,84	2 794,32	1 572,22	2 413,44	2 715,12	1 467,38	2 342,96	2 635,83
	VI	40 640	2 235,20	3 251,20	3 657,60																				
116 747,99 West	I,IV	34 429	1 893,59	2 754,32	3 098,61	I	34 429	1 796,74	2 613,44	2 940,12	1 660,05	2 472,48	2 781,54	1 450,49	2 331,60	2 623,05	1 240,81	2 190,64	2 464,47	1 031,25	2 049,76	2 305,98	821,57	1 908,80	2 147,40
	II	33 628	1 849,54	2 690,24	3 026,52	II	33 628	1 752,63	2 549,28	2 867,94	1 564,73	2 408,40	2 709,45	1 355,05	2 267,44	2 550,87	1 145,49	2 126,56	2 392,38	935,81	1 985,60	2 233,80	726,25	1 844,72	2 075,31
	III	25 444	—	2 035,52	2 289,96	III	25 444	—	1 904,64	2 142,72	—	1 776,64	1 998,72	—	1 651,52	1 857,96	—	1 529,28	1 720,44	—	1 410,08	1 586,34	—	1 293,92	1 455,66
	V	40 063	2 203,46	3 205,04	3 605,67	IV	34 429	1 845,14	2 683,84	3 019,32	1 796,74	2 613,44	2 940,12	1 748,28	2 542,96	2 860,83	1 660,05	2 472,48	2 781,54	1 555,21	2 402,—	2 702,25	1 450,49	2 331,60	2 623,05
	VI	40 498	2 227,39	3 239,84	3 644,82																				
116 747,99 Ost	I,IV	34 587	1 902,28	2 766,96	3 112,83	I	34 587	1 805,37	2 626,—	2 954,25	1 678,85	2 485,12	2 795,76	1 469,17	2 344,16	2 637,18	1 259,61	2 203,28	2 478,69	1 049,93	2 062,32	2 320,11	840,37	1 921,44	2 161,62
	II	33 785	1 858,17	2 702,80	3 040,65	II	33 785	1 761,32	2 561,92	2 882,16	1 583,41	2 420,96	2 723,58	1 373,85	2 280,08	2 565,09	1 164,17	2 139,12	2 406,51	954,61	1 998,24	2 248,02	744,94	1 857,28	2 089,44
	III	25 594	—	2 047,52	2 303,46	III	25 594	—	1 916,16	2 155,68	—	1 788,—	2 011,50	—	1 662,56	1 870,38	—	1 540,16	1 732,68	—	1 420,64	1 598,22	—	1 304,16	1 467,18
	V	40 220	2 212,10	3 217,60	3 619,80	IV	34 587	1 853,83	2 696,48	3 033,54	1 805,37	2 626,—	2 954,25	1 756,92	2 555,52	2 874,96	1 678,85	2 485,12	2 795,76	1 574,01	2 414,64	2 716,47	1 469,17	2 344,16	2 637,18
	VI	40 656	2 236,08	3 252,48	3 659,04																				
116 783,99 West	I,IV	34 444	1 894,42	2 755,52	3 099,96	I	34 444	1 797,56	2 614,64	2 941,47	1 661,83	2 473,68	2 782,89	1 452,27	2 332,80	2 624,40	1 242,59	2 191,84	2 465,82	1 033,03	2 050,96	2 307,33	823,36	1 910,—	2 148,75
	II	33 643	1 850,36	2 691,44	3 027,87	II	33 643	1 753,45	2 550,48	2 869,29	1 566,51	2 409,60	2 710,80	1 356,83	2 268,64	2 552,22	1 147,27	2 127,76	2 393,73	937,60	1 986,80	2 235,15	728,04	1 845,92	2 076,66
	III	25 458	—	2 036,64	2 291,22	III	25 458	—	1 905,76	2 143,98	—	1 777,60	1 999,80	—	1 652,48	1 859,04	—	1 530,40	1 721,70	—	1 411,20	1 587,60	—	1 294,88	1 456,74
	V	40 078	2 204,29	3 206,24	3 607,02	IV	34 444	1 845,96	2 685,04	3 020,67	1 797,56	2 614,64	2 941,47	1 749,11	2 544,16	2 862,18	1 661,83	2 473,68	2 782,89	1 556,99	2 403,20	2 703,60	1 452,27	2 332,80	2 624,40
	VI	40 513	2 228,21	3 241,04	3 646,17																				
116 783,99 Ost	I,IV	34 602	1 903,11	2 768,16	3 114,18	I	34 602	1 806,20	2 627,20	2 955,60	1 680,63	2 486,32	2 797,11	1 470,95	2 345,36	2 638,53	1 261,40	2 204,48	2 480,04	1 051,72	2 063,52	2 321,46	842,16	1 922,64	2 162,97
	II	33 800	1 859,—	2 704,—	3 042,—	II	33 800	1 762,14	2 563,12	2 883,51	1 585,19	2 422,16	2 724,93	1 375,64	2 281,28	2 566,44	1 165,96	2 140,32	2 407,86	956,40	1 999,44	2 249,37	746,72	1 858,48	2 090,79
	III	25 608	—	2 048,64	2 304,72	III	25 608	—	1 917,28	2 156,94	—	1 788,96	2 012,58	—	1 663,68	1 871,64	—	1 541,28	1 733,94	—	1 421,76	1 599,48	—	1 305,12	1 468,26
	V	40 236	2 212,98	3 218,88	3 621,42	IV	34 602	1 854,65	2 697,68	3 034,89	1 806,20	2 627,20	2 955,60	1 757,74	2 556,72	2 876,31	1 680,63	2 486,32	2 797,11	1 575,79	2 415,84	2 717,82	1 470,95	2 345,36	2 638,53
	VI	40 671	2 236,90	3 253,68	3 660,39																				

* Die ausgewiesenen Tabellenwerte sind amtlich. Siehe Erläuterungen auf der Umschlaginnenseite (U2).

Abzüge an Lohnsteuer, Solidaritätszuschlag (SolZ) und Kirchensteuer (8%, 9%) in den Steuerklassen

Lohn/ Gehalt bis €*	I – VI	LSt	ohne Kinderfreibeträge SolZ	8%	9%	I, II, III, IV	LSt	mit Zahl der Kinderfreibeträge . . . 0,5 SolZ	0,5 8%	0,5 9%	1 SolZ	1 8%	1 9%	1,5 SolZ	1,5 8%	1,5 9%	2 SolZ	2 8%	2 9%	2,5 SolZ	2,5 8%	2,5 9%	3 SolZ	3 8%	3 9%
116 819,99 West	I,IV	34 459	1 895,24	2 756,72	3 101,31	I	34 459	1 798,39	2 615,84	2 942,82	1 663,62	2 474,88	2 784,24	1 454,06	2 334,—	2 625,75	1 244,38	2 193,04	2 467,17	1 034,82	2 052,16	2 308,68	825,14	1 911,20	2 150,10
	II	33 658	1 851,19	2 692,64	3 029,22	II	33 658	1 754,28	2 551,68	2 870,64	1 568,30	2 410,80	2 712,15	1 358,62	2 269,84	2 553,57	1 149,06	2 128,96	2 395,08	939,50	1 988,08	2 236,59	729,82	1 847,12	2 078,01
	III	25 474	—	2 037,92	2 292,66	III	25 474	—	1 906,88	2 145,24	—	1 778,72	2 001,06	—	1 653,60	1 860,30	—	1 531,36	1 722,78	—	1 412,16	1 588,68	—	1 295,84	1 457,82
	V	40 093	2 205,11	3 207,44	3 608,37	IV	34 459	1 846,84	2 686,32	3 022,11	1 798,39	2 615,84	2 942,82	1 749,93	2 545,36	2 863,53	1 663,62	2 474,88	2 784,24	1 558,90	2 404,48	2 705,04	1 454,06	2 334,—	2 625,75
	VI	40 528	2 229,04	3 242,24	3 647,52																				
116 819,99 Ost	I,IV	34 617	1 903,93	2 769,36	3 115,53	I	34 617	1 807,02	2 628,40	2 956,95	1 682,42	2 487,52	2 798,46	1 472,74	2 346,56	2 639,88	1 263,18	2 205,68	2 481,39	1 053,50	2 064,72	2 322,81	843,94	1 923,84	2 164,32
	II	33 815	1 859,82	2 705,20	3 043,35	II	33 815	1 762,97	2 564,32	2 884,86	1 586,98	2 423,36	2 726,28	1 377,42	2 282,48	2 567,79	1 167,86	2 141,60	2 409,30	958,18	2 000,64	2 250,72	748,62	1 859,76	2 092,23
	III	25 622	—	2 049,76	2 305,98	III	25 622	—	1 918,40	2 158,20	—	1 790,08	2 013,84	—	1 664,64	1 872,72	—	1 542,24	1 735,02	—	1 422,72	1 600,56	—	1 306,08	1 469,34
	V	40 251	2 213,80	3 220,08	3 622,59	IV	34 617	1 855,48	2 698,88	3 036,24	1 807,02	2 628,40	2 956,95	1 758,62	2 558,—	2 877,75	1 682,42	2 487,52	2 798,46	1 577,58	2 417,04	2 719,17	1 472,74	2 346,56	2 639,88
	VI	40 686	2 237,73	3 254,88	3 661,74																				
116 855,99 West	I,IV	34 474	1 896,07	2 757,92	3 102,66	I	34 474	1 799,21	2 617,04	2 944,17	1 665,40	2 476,08	2 785,59	1 455,84	2 335,20	2 627,10	1 246,16	2 194,24	2 468,52	1 036,60	2 053,36	2 310,03	827,05	1 912,48	2 151,54
	II	33 673	1 852,01	2 693,84	3 030,57	II	33 673	1 755,16	2 552,96	2 872,08	1 570,08	2 412,—	2 713,50	1 360,52	2 271,12	2 555,01	1 150,84	2 130,16	2 396,43	941,29	1 989,28	2 237,94	731,61	1 848,32	2 079,36
	III	25 488	—	2 039,04	2 293,92	III	25 488	—	1 908,—	2 146,50	—	1 779,84	2 002,32	—	1 654,72	1 861,56	—	1 532,48	1 724,04	—	1 413,12	1 589,76	—	1 296,80	1 458,90
	V	40 108	2 205,94	3 208,64	3 609,72	IV	34 474	1 847,67	2 687,52	3 023,46	1 799,21	2 617,04	2 944,17	1 750,76	2 546,56	2 864,88	1 665,40	2 476,08	2 785,59	1 560,68	2 405,68	2 706,39	1 455,84	2 335,20	2 627,10
	VI	40 543	2 229,86	3 243,44	3 648,87																				
116 855,99 Ost	I,IV	34 632	1 904,76	2 770,56	3 116,88	I	34 632	1 807,85	2 629,60	2 958,30	1 684,20	2 488,72	2 799,81	1 474,52	2 347,76	2 641,23	1 264,97	2 206,88	2 482,74	1 055,41	2 066,—	2 324,25	845,73	1 925,04	2 165,67
	II	33 831	1 860,70	2 706,48	3 044,79	II	33 831	1 763,79	2 565,52	2 886,21	1 588,88	2 424,64	2 727,72	1 379,21	2 283,68	2 569,14	1 169,65	2 142,80	2 410,65	959,97	2 001,84	2 252,07	750,41	1 860,96	2 093,58
	III	25 636	—	2 050,88	2 307,24	III	25 636	—	1 919,52	2 159,46	—	1 791,20	2 015,10	—	1 665,76	1 873,98	—	1 543,36	1 736,28	—	1 423,68	1 601,64	—	1 307,20	1 470,60
	V	40 266	2 214,63	3 221,28	3 623,94	IV	34 632	1 856,30	2 700,08	3 037,59	1 807,85	2 629,60	2 958,30	1 759,45	2 559,20	2 879,10	1 684,20	2 488,72	2 799,81	1 579,36	2 418,24	2 720,52	1 474,52	2 347,76	2 641,23
	VI	40 701	2 238,55	3 256,08	3 663,09																				
116 891,99 West	I,IV	34 490	1 896,95	2 759,20	3 104,10	I	34 490	1 800,04	2 618,24	2 945,52	1 667,30	2 477,36	2 787,03	1 457,63	2 336,40	2 628,45	1 248,07	2 195,52	2 469,96	1 038,39	2 054,56	2 311,38	828,83	1 913,68	2 152,89
	II	33 688	1 852,84	2 695,04	3 031,92	II	33 688	1 755,98	2 554,16	2 873,43	1 571,87	2 413,20	2 714,85	1 362,31	2 272,32	2 556,36	1 152,63	2 131,36	2 397,78	943,07	1 990,48	2 239,29	733,39	1 849,52	2 080,71
	III	25 502	—	2 040,16	2 295,18	III	25 502	—	1 909,12	2 147,76	—	1 780,96	2 003,58	—	1 655,68	1 862,64	—	1 533,44	1 725,12	—	1 414,24	1 591,02	—	1 297,76	1 459,98
	V	40 123	2 206,76	3 209,84	3 611,07	IV	34 490	1 848,49	2 688,72	3 024,81	1 800,04	2 618,24	2 945,52	1 751,58	2 547,76	2 866,23	1 667,30	2 477,36	2 787,03	1 562,47	2 406,88	2 707,74	1 457,63	2 336,40	2 628,45
	VI	40 559	2 230,74	3 244,72	3 650,31																				
116 891,99 Ost	I,IV	34 647	1 905,58	2 771,76	3 118,23	I	34 647	1 808,73	2 630,88	2 959,74	1 685,99	2 489,92	2 801,16	1 476,43	2 349,04	2 642,67	1 266,75	2 208,08	2 484,09	1 057,19	2 067,20	2 325,60	847,51	1 926,24	2 167,02
	II	33 846	1 861,53	2 707,68	3 046,14	II	33 846	1 764,62	2 566,72	2 887,56	1 590,67	2 425,84	2 729,07	1 380,99	2 284,88	2 570,49	1 171,43	2 144,—	2 412,—	961,75	2 003,04	2 253,42	752,19	1 862,16	2 094,93
	III	25 650	—	2 052,—	2 308,50	III	25 650	—	1 920,64	2 160,72	—	1 792,32	2 016,36	—	1 666,88	1 875,24	—	1 544,32	1 737,36	—	1 424,80	1 602,90	—	1 308,16	1 471,68
	V	40 281	2 215,45	3 222,48	3 625,29	IV	34 647	1 857,13	2 701,28	3 038,94	1 808,73	2 630,88	2 959,74	1 760,27	2 560,40	2 880,45	1 685,99	2 489,92	2 801,16	1 581,15	2 419,44	2 721,87	1 476,43	2 349,04	2 642,67
	VI	40 716	2 239,38	3 257,28	3 664,44																				
116 927,99 West	I,IV	34 505	1 897,77	2 760,40	3 105,45	I	34 505	1 800,86	2 619,44	2 946,87	1 669,09	2 478,56	2 788,38	1 459,41	2 337,60	2 629,80	1 249,85	2 196,72	2 471,31	1 040,17	2 055,76	2 312,73	830,62	1 914,88	2 154,24
	II	33 703	1 853,66	2 696,24	3 033,27	II	33 703	1 756,81	2 555,36	2 874,78	1 573,65	2 414,40	2 716,20	1 364,09	2 273,52	2 557,71	1 154,41	2 132,56	2 399,13	944,86	1 991,68	2 240,64	735,18	1 850,72	2 082,06
	III	25 516	—	2 041,28	2 296,44	III	25 516	—	1 910,24	2 149,02	—	1 782,08	2 004,84	—	1 656,80	1 863,90	—	1 534,56	1 726,38	—	1 415,20	1 592,10	—	1 298,72	1 461,06
	V	40 139	2 207,64	3 211,12	3 612,51	IV	34 505	1 849,32	2 689,92	3 026,16	1 800,86	2 619,44	2 946,87	1 752,41	2 548,96	2 867,58	1 669,09	2 478,56	2 788,38	1 564,25	2 408,08	2 709,09	1 459,41	2 337,60	2 629,80
	VI	40 574	2 231,57	3 245,92	3 651,66																				
116 927,99 Ost	I,IV	34 662	1 906,41	2 772,96	3 119,58	I	34 662	1 809,55	2 632,08	2 961,09	1 687,77	2 491,12	2 802,51	1 478,21	2 350,24	2 644,02	1 268,54	2 209,28	2 485,44	1 058,98	2 068,40	2 326,95	849,30	1 927,44	2 168,37
	II	33 861	1 862,35	2 708,88	3 047,49	II	33 861	1 765,44	2 567,92	2 888,91	1 592,45	2 427,04	2 730,42	1 382,78	2 286,08	2 571,84	1 173,22	2 145,20	2 413,35	963,54	2 004,24	2 254,77	753,98	1 863,36	2 096,28
	III	25 664	—	2 053,12	2 309,76	III	25 664	—	1 921,76	2 161,98	—	1 793,44	2 017,62	—	1 667,84	1 876,32	—	1 545,44	1 738,62	—	1 425,76	1 603,98	—	1 309,12	1 472,76
	V	40 296	2 216,28	3 223,68	3 626,64	IV	34 662	1 857,95	2 702,48	3 040,29	1 809,55	2 632,08	2 961,09	1 761,10	2 561,60	2 881,80	1 687,77	2 491,12	2 802,51	1 582,93	2 420,64	2 723,22	1 478,21	2 350,24	2 644,02
	VI	40 731	2 240,20	3 258,48	3 665,79																				
116 963,99 West	I,IV	34 520	1 898,60	2 761,60	3 106,80	I	34 520	1 801,69	2 620,64	2 948,22	1 670,87	2 479,76	2 789,73	1 461,20	2 338,80	2 631,15	1 251,64	2 197,92	2 472,66	1 041,96	2 056,96	2 314,08	832,40	1 916,08	2 155,59
	II	33 718	1 854,49	2 697,44	3 034,62	II	33 718	1 757,63	2 556,56	2 876,13	1 575,44	2 415,60	2 717,55	1 365,88	2 274,72	2 559,06	1 156,20	2 133,76	2 400,48	946,64	1 992,88	2 241,99	737,08	1 852,—	2 083,50
	III	25 530	—	2 042,40	2 297,70	III	25 530	—	1 911,20	2 150,10	—	1 783,04	2 005,92	—	1 657,92	1 865,16	—	1 535,52	1 727,46	—	1 416,16	1 593,18	—	1 299,84	1 462,32
	V	40 154	2 208,47	3 212,32	3 613,86	IV	34 520	1 850,14	2 691,12	3 027,51	1 801,69	2 620,64	2 948,22	1 753,29	2 550,24	2 869,02	1 670,87	2 479,76	2 789,73	1 566,04	2 409,28	2 710,44	1 461,20	2 338,80	2 631,15
	VI	40 589	2 232,39	3 247,12	3 653,01																				
116 963,99 Ost	I,IV	34 677	1 907,23	2 774,16	3 120,93	I	34 677	1 810,38	2 633,28	2 962,44	1 689,56	2 492,32	2 803,86	1 480,—	2 351,44	2 645,37	1 270,32	2 210,48	2 486,79	1 060,76	2 069,60	2 328,30	851,08	1 928,64	2 169,72
	II	33 876	1 863,18	2 710,08	3 048,84	II	33 876	1 766,27	2 569,12	2 890,26	1 594,24	2 428,24	2 731,77	1 384,56	2 287,28	2 573,19	1 175,—	2 146,40	2 414,70	965,44	2 005,52	2 256,21	755,76	1 864,56	2 097,63
	III	25 678	—	2 054,24	2 311,02	III	25 678	—	1 922,88	2 163,24	—	1 794,40	2 018,70	—	1 668,96	1 877,58	—	1 546,40	1 739,70	—	1 426,72	1 605,06	—	1 310,08	1 473,84
	V	40 311	2 217,10	3 224,88	3 627,99	IV	34 677	1 858,83	2 703,76	3 041,73	1 810,38	2 633,28	2 962,44	1 761,92	2 562,80	2 883,15	1 689,56	2 492,32	2 803,86	1 584,84	2 421,92	2 724,66	1 480,—	2 351,44	2 645,37
	VI	40 746	2 241,03	3 259,68	3 667,14																				
116 999,99 West	I,IV	34 535	1 899,42	2 762,80	3 108,15	I	34 535	1 802,51	2 621,84	2 949,57	1 672,66	2 480,96	2 791,08	1 462,98	2 340,—	2 632,50	1 253,42	2 199,12	2 474,01	1 043,74	2 058,16	2 315,43	834,19	1 917,28	2 156,94
	II	33 734	1 855,37	2 698,72	3 036,06	II	33 734	1 758,46	2 557,76	2 877,48	1 577,34	2 416,88	2 718,99	1 367,66	2 275,92	2 560,41	1 158,10	2 135,04	2 401,92	948,43	1 994,08	2 243,34	738,87	1 853,20	2 084,85
	III	25 544	—	2 043,52	2 298,96	III	25 544	—	1 912,32	2 151,36	—	1 784,16	2 007,18	—	1 658,88	1 866,24	—	1 536,64	1 728,72	—	1 417,28	1 594,44	—	1 300,80	1 463,40
	V	40 169	2 209,29	3 213,52	3 615,21	IV	34 535	1 850,97	2 692,32	3 028,86	1 802,51	2 621,84	2 949,57	1 754,11	2 551,44	2 870,37	1 672,66	2 480,96	2 791,08	1 567,82	2 410,48	2 711,79	1 462,98	2 340,—	2 632,50
	VI	40 604	2 233,22	3 248,32	3 654,36																				
116 999,99 Ost	I,IV	34 692	1 908,06	2 775,36	3 122,28	I	34 692	1 811,20	2 634,48	2 963,79	1 691,34	2 493,52	2 805,21	1 481,78	2 352,64	2 646,72	1 272,11	2 211,68	2 488,14	1 062,55	2 070,80	2 329,65	852,99	1 929,92	2 171,16
	II	33 891	1 864,—	2 711,28	3 050,19	II	33 891	1 767,15	2 570,40	2 891,70	1 596,02	2 429,44	2 733,12	1 386,46	2 288,56	2 574,63	1 176,79	2 147,60	2 416,05	967,23	2 006,72	2 257,56	757,55	1 865,76	2 098,98
	III	25 692	—	2 055,36	2 312,28	III	25 692	—	1 924,—	2 164,50	—	1 795,52	2 019,96	—	1 670,08	1 878,84	—	1 547,52	1 740,96	—	1 427,84	1 606,32	—	1 311,04	1 474,92
	V	40 326	2 217,93	3 226,08	3 629,34	IV	34 692	1 859,66	2 704,96	3 043,08	1 811,20	2 634,48	2 963,79	1 762,75	2 564,—	2 884,50	1 691,34	2 493,52	2 805,21	1 586,62	2 423,12	2 726,01	1 481,78	2 352,64	2 646,72
	VI	40 761	2 241,85	3 260,88	3 668,49																				
117 035,99 West	I,IV	34 550	1 900,25	2 764,—	3 109,50	I	34 550	1 803,39	2 623,12	2 951,01	1 674,44	2 482,16	2 792,43	1 464,89	2 341,28	2 633,94	1 255,21	2 200,32	2 475,36	1 045,65	2 059,44	2 316,87	835,97	1 918,48	2 158,29
	II	33 749	1 856,19	2 699,92	3 037,41	II	33 749	1 759,28	2 558,96	2 878,83	1 579,13	2 418,08	2 720,34	1 369,45	2 277,12	2 561,76	1 159,89	2 136,24	2 403,27	950,21	1 995,28	2 244,69	740,65	1 854,40	2 086,20
	III	25 558	—	2 044,64	2 300,22	III	25 558	—	1 913,44	2 152,62	—	1 785,28	2 008,44	—	1 660,—	1 867,50	—	1 537,60	1 729,80	—	1 418,24	1 595,52	—	1 301,76	1 464,48
	V	40 184	2 210,12	3 214,72	3 616,56	IV	34 550	1 851,79	2 693,52	3 030,21	1 803,39	2 623,12	2 951,01	1 754,94	2 552,64	2 871,72	1 674,44	2 482,16	2 792,43	1 569,61	2 411,68	2 713,14	1 464,89	2 341,28	2 633,94
	VI	40 619	2 234,04	3 249,52	3 655,71																				
117 035,99 Ost	I,IV	34 708	1 908,94	2 776,64	3 123,72	I	34 708	1 812,03	2 635,68	2 965,14	1 693,25	2 494,80	2 806,65	1 483,57	2 353,84	2 648,07	1 274,01	2 212,96	2 489,58	1 064,33	2 072,—	2 331,—	854,77	1 931,12	2 172,51
	II	33 906	1 864,83	2 712,48	3 051,54	II	33 906	1 767,97	2 571,60	2 893,05	1 597,81	2 430,64	2 734,47	1 388,25	2 289,76	2 575,98	1 178,57	2 148,80	2 417,40	969,01	2 007,92	2 258,91	759,33	1 866,96	2 100,33
	III	25 708	—	2 056,64	2 313,72	III	25 708	—	1 925,12	2 165,76	—	1 796,64	2 021,22	—	1 671,04	1 879,92	—	1 548,48	1 742,04	—	1 428,80	1 607,40	—	1 312,—	1 476,—
	V	40 341	2 218,75	3 227,28	3 630,69	IV	34 708	1 860,48	2 706,16	3 044,43	1 812,03	2 635,68	2 965,14	1 763,57	2 565,20	2 885,85	1 693,25	2 494,80	2 806,65	1 588,41	2 424,32	2 727,36	1 483,57	2 353,84	2 648,07
	VI	40 776	2 242,68	3 262,08	3 669,84																				
117 071,99 West	I,IV	34 565	1 901,07	2 765,20	3 110,85	I	34 565	1 804,22	2 624,32	2 952,36	1 676,23	2 483,36	2 793,78	1 466,67	2 342,48	2 635,29	1 256,99	2 201,52	2 476,71	1 047,43	2 060,64	2 318,22	837,76	1 919,68	2 159,64
	II	33 764	1 857,02	2 701,12	3 038,76	II	33 764	1 760,11	2 560,16	2 880,18	1 580,91	2 419,28	2 721,69	1 371,23	2 278,32	2 563,11	1 161,67	2 137,44	2 404,62	952,—	1 996,48	2 246,04	742,44	1 855,60	2 087,55
	III	25 572	—	2 045,76	2 301,48	III	25 572	—	1 914,56	2 153,88	—	1 786,40	2 009,70	—	1 661,12	1 868,76	—	1 538,72	1 731,06	—	1 419,20	1 596,60	—	1 302,72	1 465,56
	V	40 199	2 210,94	3 215,92	3 617,91	IV	34 565	1 852,62	2 694,72	3 031,56	1 804,22	2 624,32	2 952,36	1 755,76	2 553,84	2 873,07	1 676,23	2 483,36	2 793,78	1 571,39	2 412,88	2 714,49	1 466,67	2 342,48	2 635,29
	VI	40 634	2 234,87	3 250,72	3 657,06																				
117 071,99 Ost	I,IV	34 723	1 909,76	2 777,84	3 125,07	I	34 723	1 812,85	2 636,88	2 966,49	1 695,03	2 496,—	2 808,—	1 485,35	2 355,04	2 649,42	1 275,79	2 214,16	2 490,93	1 066,12	2 073,20	2 332,35	856,56	1 932,32	2 173,86
	II	33 921	1 865,65	2 713,68	3 052,89	II	33 921	1 768,80	2 572,80	2 894,40	1 599,59	2 431,84	2 735,82	1 390,03	2 290,96	2 577,33	1 180,36	2 150,—	2 418,75	970,80	2 009,12	2 260,26	761,12	1 868,16	2 101,68
	III	25 722	—	2 057,76	2 314,98	III	25 722	—	1 926,24	2 167,02	—	1 797,76	2 022,48	—	1 672,16	1 881,18	—	1 549,60	1 743,30	—	1 429,76	1 608,48	—	1 313,12	1 477,26
	V	40 356	2 219,58	3 228,48	3 632,04	IV	34 723	1 861,31	2 707,36	3 045,78	1 812,85	2 636,88	2 966,49	1 764,40	2 566,40	2 887,20	1 695,03	2 496,—	2 808,—	1 590,19	2 425,52	2 728,71	1 485,35	2 355,04	2 649,42
	VI	40 792	2 243,56	3 263,36	3 671,28																				

* Die ausgewiesenen Tabellenwerte sind amtlich. Siehe Erläuterungen auf der Umschlaginnenseite (U2).

Abzüge an Lohnsteuer, Solidaritätszuschlag (SolZ) und Kirchensteuer (8%, 9%) in den Steuerklassen

Lohn/Gehalt bis €*	I – VI		ohne Kinderfreibeträge			I, II, III, IV		mit Zahl der Kinderfreibeträge . . . 0,5			1			1,5			2			2,5			3		
		LSt	SolZ	8%	9%		LSt	SolZ	8%	9%	SolZ	8%	9%	SolZ	8%	9%	SolZ	8%	9%	SolZ	8%	9%	SolZ	8%	9%
117 107,99 West	I,IV	34 580	1 901,90	2 766,40	3 112,20	I	34 580	1 805,04	2 625,52	2 953,71	1 678,01	2 484,56	2 795,13	1 468,46	2 343,68	2 636,64	1 258,78	2 202,72	2 478,06	1 049,22	2 061,84	2 319,57	839,54	1 920,88	2 160,99
	II	33 779	1 857,84	2 702,32	3 040,11	II	33 779	1 760,93	2 561,36	2 881,53	1 582,70	2 420,48	2 723,04	1 373,02	2 279,52	2 564,46	1 163,46	2 138,64	2 405,97	953,78	1 997,68	2 247,39	744,22	1 856,80	2 088,90
	III	25 586	—	2 046,88	2 302,74	III	25 586	—	1 915,68	2 155,14	—	1 787,52	2 010,96	—	1 662,08	1 869,84	—	1 539,68	1 732,14	—	1 420,32	1 597,86	—	1 303,68	1 466,64
	V	40 214	2 211,77	3 217,12	3 619,26	IV	34 580	1 853,50	2 696,—	3 033,—	1 805,04	2 625,52	2 953,71	1 756,59	2 555,04	2 874,42	1 678,01	2 484,56	2 795,13	1 573,29	2 414,16	2 715,93	1 468,46	2 343,68	2 636,64
	VI	40 649	2 235,69	3 251,92	3 658,41																				
117 107,99 Ost	I,IV	34 738	1 910,59	2 779,04	3 126,42	I	34 738	1 813,68	2 638,08	2 967,84	1 696,82	2 497,20	2 809,35	1 487,14	2 356,24	2 650,77	1 277,58	2 215,36	2 492,28	1 067,90	2 074,40	2 333,70	858,34	1 933,52	2 175,21
	II	33 936	1 866,48	2 714,88	3 054,24	II	33 936	1 769,62	2 574,—	2 895,75	1 601,38	2 433,04	2 737,17	1 391,82	2 292,16	2 578,68	1 182,14	2 151,20	2 420,10	972,58	2 010,32	2 261,61	763,02	1 869,44	2 103,12
	III	25 736	—	2 058,88	2 316,24	III	25 736	—	1 927,36	2 168,28	—	1 798,88	2 023,74	—	1 673,28	1 882,44	—	1 550,56	1 744,38	—	1 430,88	1 609,74	—	1 314,08	1 478,34
	V	40 372	2 220,46	3 229,76	3 633,48	IV	34 738	1 862,13	2 708,56	3 047,13	1 813,68	2 638,08	2 967,84	1 765,28	2 567,68	2 888,64	1 696,82	2 497,20	2 809,35	1 591,98	2 426,72	2 730,06	1 487,14	2 356,24	2 650,77
	VI	40 807	2 244,38	3 264,56	3 672,63																				
117 143,99 West	I,IV	34 595	1 902,72	2 767,60	3 113,55	I	34 595	1 805,87	2 626,72	2 955,06	1 679,80	2 485,76	2 796,48	1 470,24	2 344,88	2 637,99	1 260,56	2 203,92	2 479,41	1 051,—	2 063,04	2 320,92	841,33	1 922,08	2 162,34
	II	33 794	1 858,67	2 703,52	3 041,46	II	33 794	1 761,81	2 562,64	2 882,97	1 584,48	2 421,68	2 724,39	1 374,92	2 280,80	2 565,90	1 165,24	2 139,84	2 407,32	955,68	1 998,96	2 248,83	746,01	1 858,—	2 090,25
	III	25 602	—	2 048,16	2 304,18	III	25 602	—	1 916,80	2 156,40	—	1 788,48	2 012,04	—	1 663,20	1 871,10	—	1 540,80	1 733,40	—	1 421,28	1 598,94	—	1 304,64	1 467,72
	V	40 229	2 212,59	3 218,32	3 620,61	IV	34 595	1 854,32	2 697,20	3 034,35	1 805,87	2 626,72	2 955,06	1 757,41	2 556,24	2 875,77	1 679,80	2 485,76	2 796,48	1 575,08	2 415,36	2 717,28	1 470,24	2 344,88	2 637,99
	VI	40 664	2 236,52	3 253,12	3 659,76																				
117 143,99 Ost	I,IV	34 753	1 911,41	2 780,24	3 127,77	I	34 753	1 814,50	2 639,28	2 969,19	1 698,60	2 498,40	2 810,70	1 488,92	2 357,44	2 652,12	1 279,36	2 216,56	2 493,63	1 069,69	2 075,60	2 335,05	860,13	1 934,72	2 176,56
	II	33 952	1 867,36	2 716,16	3 055,68	II	33 952	1 770,45	2 575,20	2 897,10	1 603,28	2 434,32	2 738,61	1 393,60	2 293,36	2 580,03	1 184,05	2 152,48	2 421,54	974,37	2 011,52	2 262,96	764,81	1 870,64	2 104,47
	III	25 750	—	2 060,—	2 317,50	III	25 750	—	1 928,48	2 169,54	—	1 800,—	2 025,—	—	1 674,24	1 883,52	—	1 551,68	1 745,64	—	1 431,84	1 610,82	—	1 315,04	1 479,42
	V	40 387	2 221,28	3 230,96	3 634,83	IV	34 753	1 862,96	2 709,76	3 048,48	1 814,50	2 639,28	2 969,19	1 766,10	2 568,88	2 889,99	1 698,60	2 498,40	2 810,70	1 593,76	2 427,92	2 731,41	1 488,92	2 357,44	2 652,12
	VI	40 822	2 245,21	3 265,76	3 673,98																				
117 179,99 West	I,IV	34 610	1 903,55	2 768,80	3 114,90	I	34 610	1 806,69	2 627,92	2 956,41	1 681,70	2 487,04	2 797,92	1 472,03	2 346,08	2 639,34	1 262,47	2 205,20	2 480,85	1 052,79	2 064,24	2 322,27	843,23	1 923,36	2 163,78
	II	33 809	1 859,49	2 704,72	3 042,81	II	33 809	1 762,64	2 563,84	2 884,32	1 586,27	2 422,88	2 725,74	1 376,71	2 282,—	2 567,25	1 167,03	2 141,04	2 408,67	957,47	2 000,16	2 250,18	747,79	1 859,20	2 091,60
	III	25 616	—	2 049,28	2 305,44	III	25 616	—	1 917,92	2 157,66	—	1 789,60	2 013,30	—	1 664,32	1 872,36	—	1 541,76	1 734,48	—	1 422,24	1 600,02	—	1 305,76	1 468,98
	V	40 244	2 213,42	3 219,52	3 621,96	IV	34 610	1 855,15	2 698,40	3 035,70	1 806,69	2 627,92	2 956,41	1 758,24	2 557,44	2 877,12	1 681,70	2 487,04	2 797,92	1 576,86	2 416,56	2 718,63	1 472,03	2 346,08	2 639,34
	VI	40 679	2 237,34	3 254,32	3 661,11																				
117 179,99 Ost	I,IV	34 768	1 912,24	2 781,44	3 129,12	I	34 768	1 815,38	2 640,56	2 970,63	1 700,39	2 499,60	2 812,05	1 490,83	2 358,72	2 653,56	1 281,15	2 217,76	2 494,98	1 071,59	2 076,88	2 336,49	861,91	1 935,92	2 177,91
	II	33 967	1 868,18	2 717,36	3 057,03	II	33 967	1 771,27	2 576,40	2 898,45	1 605,07	2 435,52	2 739,96	1 395,39	2 294,56	2 581,38	1 185,83	2 153,68	2 422,89	976,15	2 012,72	2 264,31	766,59	1 871,84	2 105,82
	III	25 764	—	2 061,12	2 318,76	III	25 764	—	1 929,60	2 170,80	—	1 800,96	2 026,08	—	1 675,36	1 884,78	—	1 552,64	1 746,72	—	1 432,80	1 611,90	—	1 316,—	1 480,50
	V	40 402	2 222,11	3 232,16	3 636,18	IV	34 768	1 863,78	2 710,96	3 049,83	1 815,38	2 640,56	2 970,63	1 766,93	2 570,08	2 891,34	1 700,39	2 499,60	2 812,05	1 595,55	2 429,12	2 732,76	1 490,83	2 358,72	2 653,56
	VI	40 837	2 246,03	3 266,96	3 675,33																				
117 215,99 West	I,IV	34 626	1 904,43	2 770,08	3 116,34	I	34 626	1 807,52	2 629,12	2 957,76	1 683,49	2 488,24	2 799,27	1 473,81	2 347,28	2 640,69	1 264,25	2 206,40	2 482,20	1 054,57	2 065,44	2 323,62	845,01	1 924,56	2 165,13
	II	33 824	1 860,32	2 705,92	3 044,16	II	33 824	1 763,46	2 565,04	2 885,67	1 588,05	2 424,08	2 727,09	1 378,49	2 283,20	2 568,60	1 168,81	2 142,24	2 410,02	959,25	2 001,36	2 251,53	749,58	1 860,40	2 092,95
	III	25 630	—	2 050,40	2 306,70	III	25 630	—	1 919,04	2 158,92	—	1 790,72	2 014,56	—	1 665,28	1 873,44	—	1 542,88	1 735,74	—	1 423,36	1 601,28	—	1 306,72	1 470,06
	V	40 259	2 214,24	3 220,72	3 623,31	IV	34 626	1 855,97	2 699,60	3 037,05	1 807,52	2 629,12	2 957,76	1 759,06	2 558,64	2 878,47	1 683,49	2 488,24	2 799,27	1 578,65	2 417,76	2 719,98	1 473,81	2 347,28	2 640,69
	VI	40 695	2 238,22	3 255,60	3 662,55																				
117 215,99 Ost	I,IV	34 783	1 913,06	2 782,64	3 130,47	I	34 783	1 816,21	2 641,76	2 971,98	1 702,17	2 500,80	2 813,40	1 492,61	2 359,92	2 654,91	1 282,93	2 218,96	2 496,33	1 073,38	2 078,08	2 337,84	863,70	1 937,12	2 179,26
	II	33 982	1 869,01	2 718,56	3 058,38	II	33 982	1 772,10	2 577,60	2 899,80	1 606,85	2 436,72	2 741,31	1 397,17	2 295,76	2 582,73	1 187,62	2 154,88	2 424,24	977,94	2 013,92	2 265,66	768,38	1 873,04	2 107,17
	III	25 778	—	2 062,24	2 320,02	III	25 778	—	1 930,72	2 172,06	—	1 802,08	2 027,34	—	1 676,48	1 886,04	—	1 553,76	1 747,98	—	1 433,92	1 613,16	—	1 316,96	1 481,58
	V	40 417	2 222,93	3 233,36	3 637,53	IV	34 783	1 864,61	2 712,16	3 051,18	1 816,21	2 641,76	2 971,98	1 767,75	2 571,28	2 892,69	1 702,17	2 500,80	2 813,40	1 597,33	2 430,32	2 734,11	1 492,61	2 359,92	2 654,91
	VI	40 852	2 246,86	3 268,16	3 676,68																				
117 251,99 West	I,IV	34 641	1 905,25	2 771,28	3 117,69	I	34 641	1 808,34	2 630,32	2 959,11	1 685,27	2 489,44	2 800,62	1 475,60	2 348,48	2 642,04	1 266,04	2 207,60	2 483,55	1 056,36	2 066,64	2 324,97	846,80	1 925,76	2 166,48
	II	33 839	1 861,14	2 707,12	3 045,51	II	33 839	1 764,29	2 566,24	2 887,02	1 589,84	2 425,28	2 728,44	1 380,28	2 284,40	2 569,95	1 170,60	2 143,44	2 411,37	961,04	2 002,56	2 252,88	751,36	1 861,60	2 094,30
	III	25 644	—	2 051,52	2 307,96	III	25 644	—	1 920,16	2 160,18	—	1 791,84	2 015,82	—	1 666,40	1 874,70	—	1 543,84	1 736,82	—	1 424,32	1 602,36	—	1 307,68	1 471,14
	V	40 275	2 215,12	3 222,—	3 624,75	IV	34 641	1 856,80	2 700,80	3 038,40	1 808,34	2 630,32	2 959,11	1 759,94	2 559,92	2 879,91	1 685,27	2 489,44	2 800,62	1 580,43	2 418,96	2 721,33	1 475,60	2 348,48	2 642,04
	VI	40 710	2 239,05	3 256,80	3 663,90																				
117 251,99 Ost	I,IV	34 798	1 913,89	2 783,84	3 131,82	I	34 798	1 817,03	2 642,96	2 973,33	1 703,96	2 502,—	2 814,75	1 494,40	2 361,12	2 656,26	1 284,72	2 220,16	2 497,68	1 075,16	2 079,28	2 339,19	865,48	1 938,32	2 180,61
	II	33 997	1 869,83	2 719,76	3 059,73	II	33 997	1 772,92	2 578,80	2 901,15	1 608,64	2 437,92	2 742,66	1 398,96	2 296,96	2 584,08	1 189,40	2 156,08	2 425,59	979,72	2 015,12	2 267,01	770,16	1 874,24	2 108,52
	III	25 792	—	2 063,36	2 321,28	III	25 792	—	1 931,84	2 173,32	—	1 803,20	2 028,60	—	1 677,44	1 887,12	—	1 554,72	1 749,06	—	1 434,88	1 614,24	—	1 318,08	1 482,84
	V	40 432	2 223,76	3 234,56	3 638,88	IV	34 798	1 865,43	2 713,36	3 052,53	1 817,03	2 642,96	2 973,33	1 768,58	2 572,48	2 894,04	1 703,96	2 502,—	2 814,75	1 599,24	2 431,60	2 735,55	1 494,40	2 361,12	2 656,26
	VI	40 867	2 247,68	3 269,36	3 678,03																				
117 287,99 West	I,IV	34 656	1 906,08	2 772,48	3 119,04	I	34 656	1 809,17	2 631,52	2 960,46	1 687,06	2 490,64	2 801,97	1 477,38	2 349,68	2 643,39	1 267,82	2 208,80	2 484,90	1 058,14	2 067,84	2 326,32	848,58	1 926,96	2 167,83
	II	33 854	1 861,97	2 708,32	3 046,86	II	33 854	1 765,11	2 567,44	2 888,37	1 591,74	2 426,56	2 729,88	1 382,06	2 285,60	2 571,30	1 172,50	2 144,72	2 412,81	962,82	2 003,76	2 254,23	753,27	1 862,88	2 095,74
	III	25 658	—	2 052,64	2 309,22	III	25 658	—	1 921,28	2 161,44	—	1 792,96	2 017,08	—	1 667,36	1 875,78	—	1 544,96	1 738,08	—	1 425,28	1 603,44	—	1 308,64	1 472,22
	V	40 290	2 215,95	3 223,20	3 626,10	IV	34 656	1 857,62	2 702,—	3 039,75	1 809,17	2 631,52	2 960,46	1 760,77	2 561,12	2 881,26	1 687,06	2 490,64	2 801,97	1 582,22	2 420,16	2 722,68	1 477,38	2 349,68	2 643,39
	VI	40 725	2 239,87	3 258,—	3 665,25																				
117 287,99 Ost	I,IV	34 813	1 914,71	2 785,04	3 133,17	I	34 813	1 817,86	2 644,16	2 974,68	1 705,74	2 503,20	2 816,10	1 496,18	2 362,32	2 657,61	1 286,50	2 221,36	2 499,03	1 076,95	2 080,48	2 340,54	867,27	1 939,52	2 181,96
	II	34 012	1 870,66	2 720,96	3 061,08	II	34 012	1 773,80	2 580,08	2 902,59	1 610,42	2 439,12	2 744,01	1 400,86	2 298,24	2 585,52	1 191,19	2 157,28	2 426,94	981,63	2 016,40	2 268,45	771,95	1 875,44	2 109,87
	III	25 808	—	2 064,64	2 322,72	III	25 808	—	1 932,96	2 174,58	—	1 804,32	2 029,86	—	1 678,56	1 888,38	—	1 555,84	1 750,32	—	1 435,84	1 615,32	—	1 319,04	1 483,92
	V	40 447	2 224,58	3 235,76	3 640,23	IV	34 813	1 866,31	2 714,64	3 053,97	1 817,86	2 644,16	2 974,68	1 769,40	2 573,68	2 895,39	1 705,74	2 503,20	2 816,10	1 601,02	2 432,80	2 736,90	1 496,18	2 362,32	2 657,61
	VI	40 882	2 248,51	3 270,56	3 679,38																				
117 323,99 West	I,IV	34 671	1 906,90	2 773,68	3 120,39	I	34 671	1 809,99	2 632,72	2 961,81	1 688,84	2 491,84	2 803,32	1 479,28	2 350,96	2 644,83	1 269,61	2 210,—	2 486,25	1 060,05	2 069,12	2 327,76	850,37	1 928,16	2 169,18
	II	33 870	1 862,85	2 709,60	3 048,30	II	33 870	1 765,94	2 568,64	2 889,72	1 593,52	2 427,76	2 731,23	1 383,85	2 286,80	2 572,65	1 174,29	2 145,92	2 414,16	964,61	2 004,96	2 255,58	755,05	1 864,08	2 097,09
	III	25 672	—	2 053,76	2 310,48	III	25 672	—	1 922,40	2 162,70	—	1 793,92	2 018,16	—	1 668,48	1 877,04	—	1 545,92	1 739,16	—	1 426,40	1 604,70	—	1 309,60	1 473,30
	V	40 305	2 216,77	3 224,40	3 627,45	IV	34 671	1 858,45	2 703,20	3 041,10	1 809,99	2 632,72	2 961,81	1 761,59	2 562,32	2 882,61	1 688,84	2 491,84	2 803,32	1 584,—	2 421,36	2 724,03	1 479,28	2 350,96	2 644,83
	VI	40 740	2 240,70	3 259,20	3 666,60																				
117 323,99 Ost	I,IV	34 828	1 915,54	2 786,24	3 134,52	I	34 828	1 818,68	2 645,36	2 976,03	1 707,65	2 504,48	2 817,54	1 497,97	2 363,52	2 658,96	1 288,41	2 222,64	2 500,47	1 078,73	2 081,68	2 341,89	869,17	1 940,80	2 183,40
	II	34 027	1 871,48	2 722,16	3 062,43	II	34 027	1 774,63	2 581,28	2 903,94	1 612,21	2 440,32	2 745,36	1 402,65	2 299,44	2 586,87	1 192,97	2 158,48	2 428,29	983,41	2 017,60	2 269,80	773,73	1 876,64	2 111,22
	III	25 822	—	2 065,76	2 323,98	III	25 822	—	1 934,08	2 175,84	—	1 805,44	2 031,12	—	1 679,68	1 889,64	—	1 556,80	1 751,40	—	1 436,96	1 616,58	—	1 320,—	1 485,—
	V	40 462	2 225,41	3 236,96	3 641,58	IV	34 828	1 867,14	2 715,84	3 055,32	1 818,68	2 645,36	2 976,03	1 770,23	2 574,88	2 896,74	1 707,65	2 504,48	2 817,54	1 602,81	2 434,—	2 738,25	1 497,97	2 363,52	2 658,96
	VI	40 897	2 249,33	3 271,76	3 680,73																				
117 359,99 West	I,IV	34 686	1 907,73	2 774,88	3 121,74	I	34 686	1 810,87	2 634,—	2 963,25	1 690,63	2 493,04	2 804,67	1 481,07	2 352,16	2 646,18	1 271,39	2 211,20	2 487,60	1 061,83	2 070,32	2 329,11	852,15	1 929,36	2 170,53
	II	33 885	1 863,67	2 710,80	3 049,65	II	33 885	1 766,76	2 569,84	2 891,07	1 595,31	2 428,96	2 732,58	1 385,63	2 288,—	2 574,—	1 176,07	2 147,12	2 415,51	966,39	2 006,16	2 256,93	756,84	1 865,28	2 098,44
	III	25 686	—	2 054,88	2 311,74	III	25 686	—	1 923,52	2 163,96	—	1 795,04	2 019,42	—	1 669,60	1 878,30	—	1 547,04	1 740,42	—	1 427,36	1 605,78	—	1 310,72	1 474,56
	V	40 320	2 217,60	3 225,60	3 628,80	IV	34 686	1 859,27	2 704,40	3 042,45	1 810,87	2 634,—	2 963,25	1 762,42	2 563,52	2 883,96	1 690,63	2 493,04	2 804,67	1 585,79	2 422,56	2 725,38	1 481,07	2 352,16	2 646,18
	VI	40 755	2 241,52	3 260,40	3 667,95																				
117 359,99 Ost	I,IV	34 844	1 916,42	2 787,52	3 135,96	I	34 844	1 819,51	2 646,56	2 977,38	1 709,43	2 505,68	2 818,89	1 499,75	2 364,72	2 660,31	1 290,19	2 223,84	2 501,82	1 080,52	2 082,88	2 343,24	870,96	1 942,—	2 184,75
	II	34 042	1 872,31	2 723,36	3 063,78	II	34 042	1 775,45	2 582,48	2 905,29	1 613,99	2 441,52	2 746,71	1 404,43	2 300,64	2 588,22	1 194,76	2 159,68	2 429,64	985,20	2 018,80	2 271,15	775,52	1 877,84	2 112,57
	III	25 836	—	2 066,88	2 325,24	III	25 836	—	1 935,20	2 177,10	—	1 806,40	2 032,20	—	1 680,64	1 890,72	—	1 557,92	1 752,66	—	1 437,92	1 617,66	—	1 320,96	1 486,08
	V	40 477	2 226,23	3 238,16	3 642,93	IV	34 844	1 867,96	2 717,04	3 056,67	1 819,51	2 646,56	2 977,38	1 771,05	2 576,08	2 898,09	1 709,43	2 505,68	2 818,89	1 604,59	2 435,20	2 739,60	1 499,75	2 364,72	2 660,31
	VI	40 913	2 250,21	3 273,04	3 682,17																				

* Die ausgewiesenen Tabellenwerte sind amtlich. Siehe Erläuterungen auf der Umschlaginnenseite (U2).

Abzüge an Lohnsteuer, Solidaritätszuschlag (SolZ) und Kirchensteuer (8%, 9%) in den Steuerklassen

Lohn/ Gehalt bis €*	I – VI	LSt	ohne Kinderfreibeträge SolZ	8%	9%	I, II, III, IV	LSt	0,5 SolZ	0,5 8%	0,5 9%	1 SolZ	1 8%	1 9%	1,5 SolZ	1,5 8%	1,5 9%	2 SolZ	2 8%	2 9%	2,5 SolZ	2,5 8%	2,5 9%	3 SolZ	3 8%	3 9%
117 395,99 West	I,IV	34 701	1 908,55	2 776,08	3 123,09	I	34 701	1 811,70	2 635,20	2 964,60	1 692,41	2 494,24	2 806,02	1 482,85	2 353,36	2 647,53	1 273,18	2 212,40	2 488,95	1 063,62	2 071,52	2 330,46	853,94	1 930,56	2 171,88
	II	33 900	1 864,50	2 712,—	3 051,—	II	33 900	1 767,59	2 571,04	2 892,42	1 597,09	2 430,16	2 733,93	1 387,42	2 289,20	2 575,35	1 177,86	2 148,32	2 416,86	968,18	2 007,36	2 258,28	758,62	1 866,48	2 099,79
	III	25 700	—	2 056,—	2 313,—	III	25 700	—	1 924,64	2 165,22	—	1 796,16	2 020,68	—	1 670,56	1 879,38	—	1 548,—	1 741,50	—	1 428,32	1 606,86	—	1 311,68	1 475,64
	V	40 335	2 218,42	3 226,80	3 630,15	IV	34 701	1 860,10	2 705,60	3 043,80	1 811,70	2 635,20	2 964,60	1 763,24	2 564,72	2 885,31	1 692,41	2 494,24	2 806,02	1 587,69	2 423,84	2 726,82	1 482,85	2 353,36	2 647,53
	VI	40 770	2 242,35	3 261,60	3 669,30																				
117 395,99 Ost	I,IV	34 859	1 917,24	2 788,72	3 137,31	I	34 859	1 820,33	2 647,76	2 978,73	1 711,22	2 506,88	2 820,24	1 501,54	2 365,92	2 661,66	1 291,98	2 225,04	2 503,17	1 082,30	2 084,08	2 344,59	872,74	1 943,20	2 186,10
	II	34 057	1 873,13	2 724,56	3 065,13	II	34 057	1 776,28	2 583,68	2 906,64	1 615,78	2 442,72	2 748,06	1 406,22	2 301,84	2 589,57	1 196,54	2 160,88	2 430,99	986,98	2 020,—	2 272,50	777,30	1 879,04	2 113,92
	III	25 850	—	2 068,—	2 326,50	III	25 850	—	1 936,32	2 178,36	—	1 807,52	2 033,46	—	1 681,76	1 891,98	—	1 558,88	1 753,74	—	1 439,04	1 618,92	—	1 321,92	1 487,16
	V	40 493	2 227,11	3 239,44	3 644,37	IV	34 859	1 868,79	2 718,24	3 058,02	1 820,33	2 647,76	2 978,73	1 771,88	2 577,28	2 899,44	1 711,22	2 506,88	2 820,24	1 606,38	2 436,40	2 740,95	1 501,54	2 365,92	2 661,66
	VI	40 928	2 251,04	3 274,24	3 683,52																				
117 431,99 West	I,IV	34 716	1 909,38	2 777,28	3 124,44	I	34 716	1 812,52	2 636,40	2 965,95	1 694,20	2 495,44	2 807,37	1 484,64	2 354,56	2 648,88	1 274,96	2 213,60	2 490,30	1 065,40	2 072,72	2 331,81	855,72	1 931,76	2 173,23
	II	33 915	1 865,32	2 713,20	3 052,35	II	33 915	1 768,41	2 572,24	2 893,77	1 598,88	2 431,36	2 735,28	1 389,32	2 290,48	2 576,79	1 179,64	2 149,52	2 418,21	970,08	2 008,64	2 259,72	760,41	1 867,68	2 101,14
	III	25 716	—	2 057,28	2 314,44	III	25 716	—	1 925,76	2 166,48	—	1 797,28	2 021,94	—	1 671,68	1 880,64	—	1 549,12	1 742,76	—	1 429,44	1 608,12	—	1 312,64	1 476,72
	V	40 350	2 219,25	3 228,—	3 631,50	IV	34 716	1 860,98	2 706,88	3 045,24	1 812,52	2 636,40	2 965,95	1 764,07	2 565,92	2 886,66	1 694,20	2 495,44	2 807,37	1 589,48	2 425,04	2 728,17	1 484,64	2 354,56	2 648,88
	VI	40 785	2 243,17	3 262,80	3 670,65																				
117 431,99 Ost	I,IV	34 874	1 918,07	2 789,92	3 138,66	I	34 874	1 821,16	2 648,96	2 980,08	1 713,—	2 508,08	2 821,59	1 503,32	2 367,12	2 663,01	1 293,76	2 226,24	2 504,52	1 084,09	2 085,28	2 345,94	874,53	1 944,40	2 187,45
	II	34 072	1 873,96	2 725,76	3 066,48	II	34 072	1 777,10	2 584,88	2 907,99	1 617,68	2 444,—	2 749,50	1 408,—	2 303,04	2 590,92	1 198,44	2 162,16	2 432,43	988,77	2 021,20	2 273,85	779,21	1 880,32	2 115,36
	III	25 864	—	2 069,12	2 327,76	III	25 864	—	1 937,44	2 179,62	—	1 808,64	2 034,72	—	1 682,88	1 893,24	—	1 560,—	1 755,—	—	1 440,—	1 620,—	—	1 323,04	1 488,42
	V	40 508	2 227,94	3 240,64	3 645,72	IV	34 874	1 869,61	2 719,44	3 059,37	1 821,16	2 648,96	2 980,08	1 772,76	2 578,56	2 900,88	1 713,—	2 508,08	2 821,59	1 608,16	2 437,60	2 742,30	1 503,32	2 367,12	2 663,01
	VI	40 943	2 251,86	3 275,44	3 684,87																				
117 467,99 West	I,IV	34 731	1 910,20	2 778,48	3 125,79	I	34 731	1 813,35	2 637,60	2 967,30	1 695,98	2 496,64	2 808,72	1 486,42	2 355,76	2 650,23	1 276,87	2 214,88	2 491,74	1 067,19	2 073,92	2 333,16	857,63	1 933,04	2 174,67
	II	33 930	1 866,15	2 714,40	3 053,70	II	33 930	1 769,29	2 573,52	2 895,21	1 600,66	2 432,56	2 736,63	1 391,11	2 291,68	2 578,14	1 181,43	2 150,72	2 419,56	971,87	2 009,84	2 261,07	762,19	1 868,88	2 102,49
	III	25 730	—	2 058,40	2 315,70	III	25 730	—	1 926,88	2 167,74	—	1 798,40	2 023,20	—	1 672,80	1 881,90	—	1 550,08	1 743,84	—	1 430,40	1 609,20	—	1 313,60	1 477,80
	V	40 365	2 220,07	3 229,20	3 632,85	IV	34 731	1 861,80	2 708,08	3 046,59	1 813,35	2 637,60	2 967,30	1 764,89	2 567,12	2 888,01	1 695,98	2 496,64	2 808,72	1 591,26	2 426,24	2 729,52	1 486,42	2 355,76	2 650,23
	VI	40 800	2 244,—	3 264,—	3 672,—																				
117 467,99 Ost	I,IV	34 889	1 918,89	2 791,12	3 140,01	I	34 889	1 821,98	2 650,16	2 981,43	1 714,79	2 509,28	2 822,94	1 505,23	2 368,40	2 664,45	1 295,55	2 227,44	2 505,87	1 085,99	2 086,56	2 347,38	876,31	1 945,60	2 188,80
	II	34 088	1 874,84	2 727,04	3 067,92	II	34 088	1 777,93	2 586,08	2 909,34	1 619,47	2 445,20	2 750,85	1 409,79	2 304,24	2 592,27	1 200,23	2 163,36	2 433,78	990,55	2 022,40	2 275,20	780,99	1 881,52	2 116,71
	III	25 878	—	2 070,24	2 329,02	III	25 878	—	1 938,56	2 180,88	—	1 809,76	2 035,98	—	1 683,84	1 894,32	—	1 560,96	1 756,08	—	1 440,96	1 621,08	—	1 324,—	1 489,50
	V	40 523	2 228,76	3 241,84	3 647,07	IV	34 889	1 870,44	2 720,64	3 060,72	1 821,98	2 650,16	2 981,43	1 773,58	2 579,76	2 902,23	1 714,79	2 509,28	2 822,94	1 609,95	2 438,80	2 743,65	1 505,23	2 368,40	2 664,45
	VI	40 958	2 252,69	3 276,64	3 686,22																				
117 503,99 West	I,IV	34 747	1 911,08	2 779,76	3 127,23	I	34 747	1 814,17	2 638,80	2 968,65	1 697,89	2 497,92	2 810,16	1 488,21	2 356,96	2 651,58	1 278,65	2 216,08	2 493,09	1 068,97	2 075,12	2 334,51	859,41	1 934,24	2 176,02
	II	33 945	1 866,97	2 715,60	3 055,05	II	33 945	1 770,12	2 574,72	2 896,56	1 602,45	2 433,76	2 737,98	1 392,89	2 292,88	2 579,49	1 183,21	2 151,92	2 420,91	973,65	2 011,04	2 262,42	763,98	1 870,08	2 103,84
	III	25 744	—	2 059,52	2 316,96	III	25 744	—	1 928,—	2 169,—	—	1 799,36	2 024,28	—	1 673,76	1 882,98	—	1 551,20	1 745,10	—	1 431,36	1 610,28	—	1 314,56	1 478,88
	V	40 380	2 220,90	3 230,40	3 634,20	IV	34 747	1 862,63	2 709,28	3 047,94	1 814,17	2 638,80	2 968,65	1 765,72	2 568,32	2 889,36	1 697,89	2 497,92	2 810,16	1 593,05	2 427,44	2 730,87	1 488,21	2 356,96	2 651,58
	VI	40 816	2 244,88	3 265,28	3 673,44																				
117 503,99 Ost	I,IV	34 904	1 919,72	2 792,32	3 141,36	I	34 904	1 822,86	2 651,44	2 982,87	1 716,57	2 510,48	2 824,29	1 507,01	2 369,60	2 665,80	1 297,33	2 228,64	2 507,22	1 087,77	2 087,76	2 348,73	878,10	1 946,80	2 190,15
	II	34 103	1 875,66	2 728,24	3 069,27	II	34 103	1 778,75	2 587,28	2 910,69	1 621,25	2 446,40	2 752,20	1 411,57	2 305,44	2 593,62	1 202,01	2 164,56	2 435,13	992,34	2 023,60	2 276,55	782,78	1 882,72	2 118,06
	III	25 892	—	2 071,36	2 330,28	III	25 892	—	1 939,68	2 182,14	—	1 810,88	2 037,24	—	1 684,96	1 895,58	—	1 562,08	1 757,34	—	1 442,08	1 622,34	—	1 324,96	1 490,58
	V	40 538	2 229,59	3 243,04	3 648,42	IV	34 904	1 871,26	2 721,84	3 062,07	1 822,86	2 651,44	2 982,87	1 774,41	2 580,96	2 903,58	1 716,57	2 510,48	2 824,29	1 611,73	2 440,—	2 745,—	1 507,01	2 369,60	2 665,80
	VI	40 973	2 253,51	3 277,84	3 687,57																				
117 539,99 West	I,IV	34 762	1 911,91	2 780,96	3 128,58	I	34 762	1 815,—	2 640,—	2 970,—	1 699,67	2 499,12	2 811,51	1 489,99	2 358,16	2 652,93	1 280,44	2 217,28	2 494,44	1 070,76	2 076,32	2 335,86	861,20	1 935,44	2 177,37
	II	33 960	1 867,80	2 716,80	3 056,40	II	33 960	1 770,94	2 575,92	2 897,91	1 604,23	2 434,96	2 739,33	1 394,68	2 294,08	2 580,84	1 185,—	2 153,12	2 422,26	975,44	2 012,24	2 263,77	765,76	1 871,28	2 105,19
	III	25 758	—	2 060,64	2 318,22	III	25 758	—	1 929,12	2 170,26	—	1 800,48	2 025,54	—	1 674,88	1 884,24	—	1 552,16	1 746,18	—	1 432,48	1 611,54	—	1 315,52	1 479,96
	V	40 396	2 221,78	3 231,68	3 635,64	IV	34 762	1 863,45	2 710,48	3 049,29	1 815,—	2 640,—	2 970,—	1 766,54	2 569,52	2 890,71	1 699,67	2 499,12	2 811,51	1 594,83	2 428,64	2 732,22	1 489,99	2 358,16	2 652,93
	VI	40 831	2 245,70	3 266,48	3 674,79																				
117 539,99 Ost	I,IV	34 919	1 920,54	2 793,52	3 142,71	I	34 919	1 823,69	2 652,64	2 984,22	1 718,36	2 511,68	2 825,64	1 508,80	2 370,80	2 667,15	1 299,12	2 229,84	2 508,57	1 089,56	2 088,96	2 350,08	879,88	1 948,—	2 191,50
	II	34 118	1 876,49	2 729,44	3 070,62	II	34 118	1 779,58	2 588,48	2 912,04	1 623,04	2 447,60	2 753,55	1 413,36	2 306,64	2 594,97	1 203,80	2 165,76	2 436,48	994,12	2 024,80	2 277,90	784,56	1 883,92	2 119,41
	III	25 908	—	2 072,64	2 331,72	III	25 908	—	1 940,80	2 183,40	—	1 812,—	2 038,50	—	1 686,08	1 896,84	—	1 563,04	1 758,42	—	1 443,04	1 623,42	—	1 325,92	1 491,66
	V	40 553	2 230,41	3 244,24	3 649,77	IV	34 919	1 872,09	2 723,04	3 063,42	1 823,69	2 652,64	2 984,22	1 775,23	2 582,16	2 904,93	1 718,36	2 511,68	2 825,64	1 613,52	2 441,20	2 746,35	1 508,80	2 370,80	2 667,15
	VI	40 988	2 254,34	3 279,04	3 688,92																				
117 575,99 West	I,IV	34 777	1 912,73	2 782,16	3 129,93	I	34 777	1 815,82	2 641,20	2 971,35	1 701,46	2 500,32	2 812,86	1 491,78	2 359,36	2 654,28	1 282,22	2 218,48	2 495,79	1 072,54	2 077,52	2 337,21	862,98	1 936,64	2 178,72
	II	33 975	1 868,62	2 718,—	3 057,75	II	33 975	1 771,77	2 577,12	2 899,26	1 606,02	2 436,16	2 740,68	1 396,46	2 295,28	2 582,19	1 186,90	2 154,40	2 423,70	977,22	2 013,44	2 265,12	767,66	1 872,56	2 106,63
	III	25 772	—	2 061,76	2 319,48	III	25 772	—	1 930,24	2 171,52	—	1 801,60	2 026,80	—	1 676,—	1 885,50	—	1 553,28	1 747,44	—	1 433,44	1 612,62	—	1 316,64	1 481,22
	V	40 411	2 222,60	3 232,88	3 636,99	IV	34 777	1 864,28	2 711,68	3 050,64	1 815,82	2 641,20	2 971,35	1 767,42	2 570,80	2 892,15	1 701,46	2 500,32	2 812,86	1 596,62	2 429,84	2 733,57	1 491,78	2 359,36	2 654,28
	VI	40 846	2 246,53	3 267,68	3 676,14																				
117 575,99 Ost	I,IV	34 934	1 921,37	2 794,72	3 144,06	I	34 934	1 824,51	2 653,84	2 985,57	1 720,14	2 512,88	2 826,99	1 510,58	2 372,—	2 668,50	1 300,90	2 231,04	2 509,92	1 091,34	2 090,16	2 351,43	881,67	1 949,20	2 192,85
	II	34 133	1 877,31	2 730,64	3 071,97	II	34 133	1 780,40	2 589,68	2 913,39	1 624,82	2 448,80	2 754,90	1 415,26	2 307,92	2 596,41	1 205,58	2 166,96	2 437,83	996,03	2 026,08	2 279,34	786,35	1 885,12	2 120,76
	III	25 922	—	2 073,76	2 332,98	III	25 922	—	1 941,92	2 184,66	—	1 812,96	2 039,58	—	1 687,04	1 897,92	—	1 564,16	1 759,68	—	1 444,—	1 624,50	—	1 326,88	1 492,74
	V	40 568	2 231,24	3 245,44	3 651,12	IV	34 934	1 872,97	2 724,32	3 064,86	1 824,51	2 653,84	2 985,57	1 776,06	2 583,36	2 906,28	1 720,14	2 512,88	2 826,99	1 615,42	2 442,48	2 747,79	1 510,58	2 372,—	2 668,50
	VI	41 003	2 255,16	3 280,24	3 690,27																				
117 611,99 West	I,IV	34 792	1 913,56	2 783,36	3 131,28	I	34 792	1 816,65	2 642,40	2 972,70	1 703,24	2 501,52	2 814,21	1 493,56	2 360,56	2 655,63	1 284,01	2 219,68	2 497,14	1 074,45	2 078,80	2 338,65	864,77	1 937,84	2 180,07
	II	33 991	1 869,50	2 719,28	3 059,19	II	33 991	1 772,59	2 578,32	2 900,61	1 607,92	2 437,44	2 742,12	1 398,25	2 296,48	2 583,54	1 188,69	2 155,60	2 425,05	979,01	2 014,64	2 266,47	769,45	1 873,76	2 107,98
	III	25 786	—	2 062,88	2 320,74	III	25 786	—	1 931,36	2 172,78	—	1 802,72	2 028,06	—	1 676,96	1 886,58	—	1 554,24	1 748,52	—	1 434,40	1 613,70	—	1 317,60	1 482,30
	V	40 426	2 223,43	3 234,08	3 638,34	IV	34 792	1 865,10	2 712,88	3 051,99	1 816,65	2 642,40	2 972,70	1 768,25	2 572,—	2 893,50	1 703,24	2 501,52	2 814,21	1 598,40	2 431,04	2 734,92	1 493,56	2 360,56	2 655,63
	VI	40 861	2 247,35	3 268,88	3 677,49																				
117 611,99 Ost	I,IV	34 949	1 922,19	2 795,92	3 145,41	I	34 949	1 825,34	2 655,04	2 986,92	1 721,93	2 514,08	2 828,34	1 512,37	2 373,20	2 669,85	1 302,81	2 232,32	2 511,36	1 093,13	2 091,36	2 352,78	883,57	1 950,48	2 194,29
	II	34 148	1 878,14	2 731,84	3 073,32	II	34 148	1 781,28	2 590,96	2 914,83	1 626,61	2 450,—	2 756,25	1 417,05	2 309,12	2 597,76	1 207,37	2 168,16	2 439,18	997,81	2 027,28	2 280,69	788,13	1 886,32	2 122,11
	III	25 936	—	2 074,88	2 334,24	III	25 936	—	1 943,04	2 185,92	—	1 814,08	2 040,84	—	1 688,16	1 899,18	—	1 565,12	1 760,76	—	1 445,12	1 625,76	—	1 328,—	1 494,—
	V	40 583	2 232,06	3 246,64	3 652,47	IV	34 949	1 873,79	2 725,52	3 066,21	1 825,34	2 655,04	2 986,92	1 776,88	2 584,56	2 907,63	1 721,93	2 514,08	2 828,34	1 617,21	2 443,68	2 749,14	1 512,37	2 373,20	2 669,85
	VI	41 018	2 255,99	3 281,44	3 691,62																				
117 647,99 West	I,IV	34 807	1 914,38	2 784,56	3 132,63	I	34 807	1 817,53	2 643,68	2 974,14	1 705,03	2 502,72	2 815,56	1 495,47	2 361,84	2 657,07	1 285,79	2 220,88	2 498,49	1 076,23	2 080,—	2 340,—	866,55	1 939,04	2 181,42
	II	34 006	1 870,33	2 720,48	3 060,54	II	34 006	1 773,42	2 579,52	2 901,96	1 609,71	2 438,64	2 743,47	1 400,03	2 297,68	2 584,89	1 190,47	2 156,80	2 426,40	980,79	2 015,84	2 267,82	771,23	1 874,96	2 109,33
	III	25 800	—	2 064,—	2 322,—	III	25 800	—	1 932,48	2 174,04	—	1 803,84	2 029,32	—	1 678,08	1 887,84	—	1 555,36	1 749,78	—	1 435,52	1 614,96	—	1 318,56	1 483,38
	V	40 441	2 224,25	3 235,28	3 639,69	IV	34 807	1 865,93	2 714,08	3 053,34	1 817,53	2 643,68	2 974,14	1 769,07	2 573,20	2 894,85	1 705,03	2 502,72	2 815,56	1 600,19	2 432,24	2 736,27	1 495,47	2 361,84	2 657,07
	VI	40 876	2 248,18	3 270,08	3 678,84																				
117 647,99 Ost	I,IV	34 965	1 923,07	2 797,20	3 146,85	I	34 965	1 826,16	2 656,24	2 988,27	1 723,83	2 515,36	2 829,78	1 514,15	2 374,40	2 671,20	1 304,59	2 233,52	2 512,71	1 094,91	2 092,56	2 354,13	885,36	1 951,68	2 195,64
	II	34 163	1 878,96	2 733,04	3 074,67	II	34 163	1 782,11	2 592,16	2 916,18	1 628,39	2 451,20	2 757,60	1 418,83	2 310,32	2 599,11	1 209,15	2 169,36	2 440,53	999,60	2 028,48	2 282,04	789,92	1 887,52	2 123,46
	III	25 950	—	2 076,—	2 335,50	III	25 950	—	1 944,16	2 187,18	—	1 815,20	2 042,10	—	1 689,28	1 900,44	—	1 566,24	1 762,02	—	1 446,08	1 626,84	—	1 328,96	1 495,08
	V	40 598	2 232,89	3 247,84	3 653,82	IV	34 965	1 874,62	2 726,72	3 067,56	1 826,16	2 656,24	2 988,27	1 777,71	2 585,76	2 908,98	1 723,83	2 515,36	2 829,78	1 618,99	2 444,88	2 750,49	1 514,15	2 374,40	2 671,20
	VI	41 034	2 256,87	3 282,72	3 693,06																				

* Die ausgewiesenen Tabellenwerte sind amtlich. Siehe Erläuterungen auf der Umschlaginnenseite (U2).

Lohn/ Gehalt bis €*		LSt	ohne Kinderfreibeträge SolZ	8%	9%		LSt	0,5 SolZ	8%	9%	1 SolZ	8%	9%	1,5 SolZ	8%	9%	2 SolZ	8%	9%	2,5 SolZ	8%	9%	3 SolZ	8%	9%
		Abzüge an Lohnsteuer, Solidaritätszuschlag (SolZ) und Kirchensteuer (8%, 9%) in den Steuerklassen																							
		I – VI					**I, II, III, IV** mit Zahl der Kinderfreibeträge . . .																		
117 683,99 West	I,IV	34 822	1 915,21	2 785,76	3 133,98	I	34 822	1 818,35	2 644,88	2 975,49	1 706,81	2 503,92	2 816,91	1 497,25	2 363,04	2 658,42	1 287,58	2 222,08	2 499,84	1 078,02	2 081,20	2 341,35	868,34	1 940,24	2 182,77
	II	34 021	1 871,15	2 721,68	3 061,89	II	34 021	1 774,24	2 580,72	2 903,31	1 611,49	2 439,84	2 744,82	1 401,82	2 298,88	2 586,24	1 192,26	2 158,—	2 427,75	982,58	2 017,04	2 269,17	773,02	1 876,16	2 110,68
	III	25 814	—	2 065,12	2 323,26	III	25 814	—	1 933,60	2 175,30	—	1 804,96	2 030,58	—	1 679,20	1 889,10	—	1 556,32	1 750,86	—	1 436,48	1 616,04	—	1 319,52	1 484,46
	V	40 456	2 225,08	3 236,48	3 641,04	IV	34 822	1 866,75	2 715,28	3 054,69	1 818,35	2 644,88	2 975,49	1 769,90	2 574,40	2 896,20	1 706,81	2 503,92	2 816,91	1 601,97	2 433,44	2 737,62	1 497,25	2 363,04	2 658,42
	VI	40 891	2 249,—	3 271,28	3 680,19																				
117 683,99 Ost	I,IV	34 980	1 923,90	2 798,40	3 148,20	I	34 980	1 826,99	2 657,44	2 989,62	1 725,61	2 516,56	2 831,13	1 515,94	2 375,60	2 672,55	1 306,38	2 234,72	2 514,06	1 096,70	2 093,76	2 355,48	887,14	1 952,88	2 196,99
	II	34 178	1 879,79	2 734,24	3 076,02	II	34 178	1 782,93	2 593,36	2 917,53	1 630,18	2 452,40	2 758,95	1 420,62	2 311,52	2 600,46	1 210,94	2 170,56	2 441,88	1 001,38	2 029,68	2 283,39	791,70	1 888,72	2 124,81
	III	25 964	—	2 077,12	2 336,76	III	25 964	—	1 945,28	2 188,44	—	1 816,32	2 043,36	—	1 690,24	1 901,52	—	1 567,20	1 763,10	—	1 447,04	1 627,92	—	1 329,92	1 496,16
	V	40 614	2 233,77	3 249,12	3 655,26	IV	34 980	1 875,44	2 727,92	3 068,91	1 826,99	2 657,44	2 989,62	1 778,53	2 586,96	2 910,33	1 725,61	2 516,56	2 831,13	1 620,78	2 446,08	2 751,84	1 515,94	2 375,60	2 672,55
	VI	41 049	2 257,69	3 283,92	3 694,41																				
117 719,99 West	I,IV	34 837	1 916,03	2 786,96	3 135,33	I	34 837	1 819,18	2 646,08	2 976,84	1 708,60	2 505,12	2 818,26	1 499,04	2 364,24	2 659,77	1 289,36	2 223,28	2 501,19	1 079,80	2 082,40	2 342,70	870,12	1 941,44	2 184,12
	II	34 036	1 871,98	2 722,88	3 063,24	II	34 036	1 775,07	2 581,92	2 904,66	1 613,28	2 441,04	2 746,17	1 403,60	2 300,08	2 587,59	1 194,04	2 159,20	2 429,10	984,48	2 018,32	2 270,61	774,80	1 877,36	2 112,03
	III	25 830	—	2 066,40	2 324,70	III	25 830	—	1 934,72	2 176,56	—	1 805,92	2 031,66	—	1 680,16	1 890,18	—	1 557,44	1 752,12	—	1 437,44	1 617,12	—	1 320,48	1 485,54
	V	40 471	2 225,90	3 237,68	3 642,39	IV	34 837	1 867,63	2 716,56	3 056,13	1 819,18	2 646,08	2 976,84	1 770,72	2 575,60	2 897,55	1 708,60	2 505,12	2 818,26	1 603,88	2 434,72	2 739,06	1 499,04	2 364,24	2 659,77
	VI	40 906	2 249,83	3 272,48	3 681,54																				
117 719,99 Ost	I,IV	34 995	1 924,72	2 799,60	3 149,55	I	34 995	1 827,81	2 658,64	2 990,97	1 727,40	2 517,76	2 832,48	1 517,72	2 376,80	2 673,90	1 308,16	2 235,92	2 515,41	1 098,48	2 094,96	2 356,83	888,93	1 954,08	2 198,34
	II	34 193	1 880,61	2 735,44	3 077,37	II	34 193	1 783,76	2 594,56	2 918,88	1 631,96	2 453,60	2 760,30	1 422,40	2 312,72	2 601,81	1 212,84	2 171,84	2 443,32	1 003,17	2 030,88	2 284,74	793,61	1 890,—	2 126,25
	III	25 978	—	2 078,24	2 338,02	III	25 978	—	1 946,40	2 189,70	—	1 817,44	2 044,62	—	1 691,36	1 902,78	—	1 568,32	1 764,36	—	1 448,16	1 629,18	—	1 330,88	1 497,24
	V	40 629	2 234,59	3 250,32	3 656,61	IV	34 995	1 876,27	2 729,12	3 070,26	1 827,81	2 658,64	2 990,97	1 779,41	2 588,24	2 911,77	1 727,40	2 517,76	2 832,48	1 622,56	2 447,28	2 753,19	1 517,72	2 376,80	2 673,90
	VI	41 064	2 258,52	3 285,12	3 695,76																				
117 755,99 West	I,IV	34 852	1 916,86	2 788,16	3 136,68	I	34 852	1 820,—	2 647,28	2 978,19	1 710,38	2 506,32	2 819,61	1 500,82	2 365,44	2 661,12	1 291,15	2 224,48	2 502,54	1 081,59	2 083,60	2 344,05	872,03	1 942,72	2 185,56
	II	34 051	1 872,80	2 724,08	3 064,59	II	34 051	1 775,95	2 583,20	2 906,10	1 615,06	2 442,24	2 747,52	1 405,50	2 301,36	2 589,03	1 195,83	2 160,40	2 430,45	986,27	2 019,52	2 271,96	776,59	1 878,56	2 113,38
	III	25 844	—	2 067,52	2 325,96	III	25 844	—	1 935,84	2 177,82	—	1 807,04	2 032,92	—	1 681,28	1 891,44	—	1 558,40	1 753,20	—	1 438,56	1 618,38	—	1 321,60	1 486,80
	V	40 486	2 226,73	3 238,88	3 643,74	IV	34 852	1 868,46	2 717,76	3 057,48	1 820,—	2 647,28	2 978,19	1 771,55	2 576,80	2 898,90	1 710,38	2 506,32	2 819,61	1 605,66	2 435,92	2 740,41	1 500,82	2 365,44	2 661,12
	VI	40 921	2 250,65	3 273,68	3 682,89																				
117 755,99 Ost	I,IV	35 010	1 925,55	2 800,80	3 150,90	I	35 010	1 828,64	2 659,84	2 992,32	1 729,18	2 518,96	2 833,83	1 519,51	2 378,—	2 675,25	1 309,95	2 237,12	2 516,76	1 100,39	2 096,24	2 358,27	890,71	1 955,28	2 199,69
	II	34 209	1 881,49	2 736,72	3 078,81	II	34 209	1 784,58	2 595,76	2 920,23	1 633,87	2 454,88	2 761,74	1 424,19	2 313,92	2 603,16	1 214,63	2 173,04	2 444,67	1 004,95	2 032,08	2 286,09	795,39	1 891,20	2 127,60
	III	25 992	—	2 079,36	2 339,28	III	25 992	—	1 947,52	2 190,96	—	1 818,56	2 045,88	—	1 692,48	1 904,04	—	1 569,28	1 765,44	—	1 449,12	1 630,26	—	1 331,84	1 498,32
	V	40 644	2 235,42	3 251,52	3 657,96	IV	35 010	1 877,09	2 730,32	3 071,61	1 828,64	2 659,84	2 992,32	1 780,24	2 589,44	2 913,12	1 729,18	2 518,96	2 833,83	1 624,35	2 448,48	2 754,54	1 519,51	2 378,—	2 675,25
	VI	41 079	2 259,34	3 286,32	3 697,11																				
117 791,99 West	I,IV	34 868	1 917,74	2 789,44	3 138,12	I	34 868	1 820,83	2 648,48	2 979,54	1 712,29	2 507,60	2 821,05	1 502,61	2 366,64	2 662,47	1 293,05	2 225,76	2 503,98	1 083,37	2 084,80	2 345,40	873,81	1 943,92	2 186,91
	II	34 066	1 873,63	2 725,28	3 065,94	II	34 066	1 776,77	2 584,40	2 907,45	1 616,85	2 443,44	2 748,87	1 407,29	2 302,56	2 590,38	1 197,61	2 161,60	2 431,80	988,05	2 020,72	2 273,31	778,37	1 879,76	2 114,73
	III	25 858	—	2 068,64	2 327,22	III	25 858	—	1 936,96	2 179,08	—	1 808,16	2 034,18	—	1 682,40	1 892,70	—	1 559,52	1 754,46	—	1 439,52	1 619,46	—	1 322,56	1 487,88
	V	40 501	2 227,55	3 240,08	3 645,09	IV	34 868	1 869,28	2 718,96	3 058,83	1 820,83	2 648,48	2 979,54	1 772,37	2 578,—	2 900,25	1 712,29	2 507,60	2 821,05	1 607,45	2 437,12	2 741,76	1 502,61	2 366,64	2 662,47
	VI	40 937	2 251,53	3 274,96	3 684,33																				
117 791,99 Ost	I,IV	35 025	1 926,37	2 802,—	3 152,25	I	35 025	1 829,52	2 661,12	2 993,76	1 730,97	2 520,16	2 835,18	1 521,41	2 379,28	2 676,69	1 311,73	2 238,32	2 518,11	1 102,17	2 097,44	2 359,62	892,50	1 956,48	2 201,04
	II	34 224	1 882,32	2 737,92	3 080,16	II	34 224	1 785,41	2 596,96	2 921,58	1 635,65	2 456,08	2 763,09	1 425,97	2 315,12	2 604,51	1 216,41	2 174,24	2 446,02	1 006,74	2 033,28	2 287,44	797,18	1 892,40	2 128,95
	III	26 008	—	2 080,64	2 340,72	III	26 008	—	1 948,64	2 192,22	—	1 819,52	2 046,96	—	1 693,44	1 905,12	—	1 570,40	1 766,70	—	1 450,24	1 631,52	—	1 332,96	1 499,58
	V	40 659	2 236,24	3 252,72	3 659,31	IV	35 025	1 877,92	2 731,52	3 072,96	1 829,52	2 661,12	2 993,76	1 781,06	2 590,64	2 914,47	1 730,97	2 520,16	2 835,18	1 626,13	2 449,68	2 755,89	1 521,41	2 379,28	2 676,69
	VI	41 094	2 260,17	3 287,52	3 698,46																				
117 827,99 West	I,IV	34 883	1 918,56	2 790,64	3 139,47	I	34 883	1 821,65	2 649,68	2 980,89	1 714,07	2 508,80	2 822,40	1 504,39	2 367,84	2 663,82	1 294,83	2 226,96	2 505,33	1 085,16	2 086,—	2 346,75	875,60	1 945,12	2 188,26
	II	34 081	1 874,45	2 726,48	3 067,29	II	34 081	1 777,60	2 585,60	2 908,80	1 618,63	2 444,64	2 750,22	1 409,07	2 303,76	2 591,73	1 199,40	2 162,80	2 433,15	989,84	2 021,92	2 274,66	780,16	1 880,96	2 116,08
	III	25 872	—	2 069,76	2 328,48	III	25 872	—	1 938,08	2 180,34	—	1 809,28	2 035,44	—	1 683,36	1 893,78	—	1 560,48	1 755,54	—	1 440,48	1 620,54	—	1 323,52	1 488,96
	V	40 517	2 228,43	3 241,36	3 646,53	IV	34 883	1 870,11	2 720,16	3 060,18	1 821,65	2 649,68	2 980,89	1 773,20	2 579,20	2 901,60	1 714,07	2 508,80	2 822,40	1 609,23	2 438,32	2 743,11	1 504,39	2 367,84	2 663,82
	VI	40 952	2 252,36	3 276,16	3 685,68																				
117 827,99 Ost	I,IV	35 040	1 927,20	2 803,20	3 153,60	I	35 040	1 830,34	2 662,32	2 995,11	1 732,75	2 521,36	2 836,53	1 523,20	2 380,48	2 678,04	1 313,52	2 239,52	2 519,46	1 103,96	2 098,64	2 360,97	894,28	1 957,68	2 202,39
	II	34 239	1 883,14	2 739,12	3 081,51	II	34 239	1 786,23	2 598,16	2 922,93	1 637,44	2 457,28	2 764,44	1 427,76	2 316,32	2 605,86	1 218,20	2 175,44	2 447,37	1 008,52	2 034,48	2 288,79	798,96	1 893,60	2 130,30
	III	26 022	—	2 081,76	2 341,98	III	26 022	—	1 949,76	2 193,48	—	1 820,64	2 048,22	—	1 694,56	1 906,38	—	1 571,36	1 767,78	—	1 451,20	1 632,60	—	1 333,92	1 500,66
	V	40 674	2 237,07	3 253,92	3 660,66	IV	35 040	1 878,74	2 732,72	3 074,31	1 830,34	2 662,32	2 995,11	1 781,89	2 591,84	2 915,82	1 732,75	2 521,36	2 836,53	1 627,92	2 450,88	2 757,24	1 523,20	2 380,48	2 678,04
	VI	41 109	2 260,99	3 288,72	3 699,81																				
117 863,99 West	I,IV	34 898	1 919,39	2 791,84	3 140,82	I	34 898	1 822,48	2 650,88	2 982,24	1 715,86	2 510,—	2 823,75	1 506,18	2 369,04	2 665,17	1 296,62	2 228,16	2 506,68	1 086,94	2 087,20	2 348,10	877,38	1 946,32	2 189,61
	II	34 096	1 875,28	2 727,68	3 068,64	II	34 096	1 778,42	2 586,80	2 910,15	1 620,42	2 445,84	2 751,57	1 410,86	2 304,96	2 593,08	1 201,18	2 164,—	2 434,50	991,62	2 023,12	2 276,01	782,06	1 882,24	2 117,52
	III	25 886	—	2 070,88	2 329,74	III	25 886	—	1 939,20	2 181,60	—	1 810,40	2 036,70	—	1 684,48	1 895,04	—	1 561,60	1 756,80	—	1 441,60	1 621,80	—	1 324,48	1 490,04
	V	40 532	2 229,26	3 242,56	3 647,88	IV	34 898	1 870,93	2 721,36	3 061,53	1 822,48	2 650,88	2 982,24	1 774,08	2 580,48	2 903,04	1 715,86	2 510,—	2 823,75	1 611,02	2 439,52	2 744,46	1 506,18	2 369,04	2 665,17
	VI	40 967	2 253,18	3 277,36	3 687,03																				
117 863,99 Ost	I,IV	35 055	1 928,02	2 804,40	3 154,95	I	35 055	1 831,17	2 663,52	2 996,46	1 734,26	2 522,56	2 837,88	1 524,98	2 381,68	2 679,39	1 315,30	2 240,72	2 520,81	1 105,74	2 099,84	2 362,32	896,07	1 958,88	2 203,74
	II	34 254	1 883,97	2 740,32	3 082,86	II	34 254	1 787,06	2 599,36	2 924,28	1 639,22	2 458,48	2 765,79	1 429,54	2 317,52	2 607,21	1 219,98	2 176,64	2 448,72	1 010,42	2 035,76	2 290,23	800,75	1 894,80	2 131,65
	III	26 036	—	2 082,88	2 343,24	III	26 036	—	1 950,88	2 194,74	—	1 821,76	2 049,48	—	1 695,68	1 907,64	—	1 572,48	1 769,04	—	1 452,16	1 633,68	—	1 334,88	1 501,74
	V	40 689	2 237,89	3 255,12	3 662,01	IV	35 055	1 879,62	2 734,—	3 075,75	1 831,17	2 663,52	2 996,46	1 782,71	2 593,04	2 917,17	1 734,26	2 522,56	2 837,88	1 629,82	2 452,16	2 758,68	1 524,98	2 381,68	2 679,39
	VI	41 124	2 261,82	3 289,92	3 701,16																				
117 899,99 West	I,IV	34 913	1 920,21	2 793,04	3 142,17	I	34 913	1 823,30	2 652,08	2 983,59	1 717,64	2 511,20	2 825,10	1 507,96	2 370,24	2 666,52	1 298,40	2 229,36	2 508,03	1 088,73	2 088,40	2 349,45	879,17	1 947,52	2 190,96
	II	34 112	1 876,16	2 728,96	3 070,08	II	34 112	1 779,25	2 588,—	2 911,50	1 622,32	2 447,12	2 753,01	1 412,64	2 306,16	2 594,43	1 203,09	2 165,28	2 435,94	993,41	2 024,32	2 277,36	783,85	1 883,44	2 118,87
	III	25 900	—	2 072,—	2 331,—	III	25 900	—	1 940,32	2 182,86	—	1 811,52	2 037,96	—	1 685,60	1 896,30	—	1 562,56	1 757,88	—	1 442,56	1 622,88	—	1 325,44	1 491,12
	V	40 547	2 230,08	3 243,76	3 649,23	IV	34 913	1 871,76	2 722,56	3 062,88	1 823,30	2 652,08	2 983,59	1 774,90	2 581,68	2 904,39	1 717,64	2 511,20	2 825,10	1 612,80	2 440,72	2 745,81	1 507,96	2 370,24	2 666,52
	VI	40 982	2 254,01	3 278,56	3 688,38																				
117 899,99 Ost	I,IV	35 070	1 928,85	2 805,60	3 156,30	I	35 070	1 831,99	2 664,72	2 997,81	1 735,08	2 523,76	2 839,23	1 526,77	2 382,88	2 680,74	1 317,09	2 241,92	2 522,16	1 107,53	2 101,04	2 363,67	897,97	1 960,16	2 205,18
	II	34 269	1 884,79	2 741,52	3 084,21	II	34 269	1 787,94	2 600,64	2 925,72	1 641,01	2 459,68	2 767,14	1 431,45	2 318,80	2 608,65	1 221,77	2 177,84	2 450,07	1 012,21	2 036,96	2 291,58	802,53	1 896,—	2 133,—
	III	26 050	—	2 084,—	2 344,50	III	26 050	—	1 952,—	2 196,—	—	1 822,88	2 050,74	—	1 696,80	1 908,90	—	1 573,44	1 770,12	—	1 453,28	1 634,94	—	1 335,84	1 502,82
	V	40 704	2 238,72	3 256,32	3 663,36	IV	35 070	1 880,45	2 735,20	3 077,10	1 831,99	2 664,72	2 997,81	1 783,54	2 594,24	2 918,52	1 735,08	2 523,76	2 839,23	1 631,60	2 453,36	2 760,03	1 526,77	2 382,88	2 680,74
	VI	41 139	2 262,64	3 291,12	3 702,51																				
117 935,99 West	I,IV	34 928	1 921,04	2 794,24	3 143,52	I	34 928	1 824,18	2 653,36	2 985,03	1 719,43	2 512,40	2 826,45	1 509,87	2 371,52	2 667,96	1 300,19	2 230,56	2 509,38	1 090,63	2 089,68	2 350,89	880,95	1 948,72	2 192,31
	II	34 127	1 876,98	2 730,16	3 071,43	II	34 127	1 780,07	2 589,20	2 912,85	1 624,11	2 448,32	2 754,36	1 414,43	2 307,36	2 595,78	1 204,87	2 166,48	2 437,29	995,19	2 025,52	2 278,71	785,63	1 884,64	2 120,22
	III	25 916	—	2 073,28	2 332,44	III	25 916	—	1 941,44	2 184,12	—	1 812,48	2 039,04	—	1 686,56	1 897,38	—	1 563,68	1 759,14	—	1 443,68	1 624,14	—	1 326,56	1 492,38
	V	40 562	2 230,91	3 244,96	3 650,58	IV	34 928	1 872,58	2 723,76	3 064,23	1 824,18	2 653,36	2 985,03	1 775,73	2 582,88	2 905,74	1 719,43	2 512,40	2 826,45	1 614,59	2 441,92	2 747,16	1 509,87	2 371,52	2 667,96
	VI	40 997	2 254,83	3 279,76	3 689,73																				
117 935,99 Ost	I,IV	35 086	1 929,73	2 806,88	3 157,74	I	35 086	1 832,82	2 665,92	2 999,16	1 735,96	2 525,04	2 840,67	1 528,55	2 384,08	2 682,09	1 318,99	2 243,20	2 523,60	1 109,31	2 102,24	2 365,02	899,75	1 961,36	2 206,53
	II	34 284	1 885,62	2 742,72	3 085,56	II	34 284	1 788,76	2 601,84	2 927,07	1 642,79	2 460,88	2 768,49	1 433,23	2 320,—	2 610,—	1 223,55	2 179,04	2 451,42	1 013,99	2 038,16	2 292,93	804,32	1 897,20	2 134,35
	III	26 064	—	2 085,12	2 345,76	III	26 064	—	1 953,12	2 197,26	—	1 824,—	2 052,—	—	1 697,76	1 909,98	—	1 574,56	1 771,38	—	1 454,24	1 636,02	—	1 336,80	1 503,90
	V	40 719	2 239,54	3 257,52	3 664,71	IV	35 086	1 881,27	2 736,40	3 078,45	1 832,82	2 665,92	2 999,16	1 784,36	2 595,44	2 919,87	1 735,96	2 525,04	2 840,67	1 633,39	2 454,56	2 761,38	1 528,55	2 384,08	2 682,09
	VI	41 154	2 263,47	3 292,32	3 703,86																				

* Die ausgewiesenen Tabellenwerte sind amtlich. Siehe Erläuterungen auf der Umschlaginnenseite (U2).

Abzüge an Lohnsteuer, Solidaritätszuschlag (SolZ) und Kirchensteuer (8%, 9%) in den Steuerklassen

Lohn/ Gehalt bis €*		I – VI LSt	ohne Kinderfreibeträge SolZ	8%	9%	I, II, III, IV	LSt	mit Zahl der Kinderfreibeträge 0,5 SolZ	8%	9%	1 SolZ	8%	9%	1,5 SolZ	8%	9%	2 SolZ	8%	9%	2,5 SolZ	8%	9%	3 SolZ	8%	9%
117 971,99 West	I,IV	34 943	1 921,86	2 795,44	3 144,87	I	34 943	1 825,01	2 654,56	2 986,38	1 721,21	2 513,60	2 827,80	1 511,65	2 372,72	2 669,31	1 301,97	2 231,76	2 510,73	1 092,42	2 090,88	2 352,24	882,74	1 949,92	2 193,66
	II	34 142	1 877,81	2 731,36	3 072,78	II	34 142	1 780,90	2 590,40	2 914,20	1 625,89	2 449,52	2 755,71	1 416,21	2 308,56	2 597,13	1 206,66	2 167,68	2 438,64	996,98	2 026,72	2 280,06	787,42	1 885,84	2 121,57
	III	25 930	–	2 074,40	2 333,70	III	25 930	–	1 942,56	2 185,38	–	1 813,60	2 040,30	–	1 687,68	1 898,64	–	1 564,64	1 760,22	–	1 444,64	1 625,22	–	1 327,52	1 493,46
	V	40 577	2 231,73	3 246,16	3 651,93	IV	34 943	1 873,41	2 724,96	3 065,58	1 825,01	2 654,56	2 986,38	1 776,55	2 584,08	2 907,09	1 721,21	2 513,60	2 827,80	1 616,37	2 443,12	2 748,51	1 511,65	2 372,72	2 669,31
	VI	41 012	2 255,66	3 280,96	3 691,08																				
117 971,99 Ost	I,IV	35 101	1 930,55	2 808,08	3 159,09	I	35 101	1 833,64	2 667,12	3 000,51	1 736,79	2 526,24	2 842,02	1 530,34	2 385,28	2 683,44	1 320,78	2 244,40	2 524,95	1 111,10	2 103,44	2 366,37	901,54	1 962,56	2 207,88
	II	34 299	1 886,44	2 743,92	3 086,91	II	34 299	1 789,59	2 603,04	2 928,42	1 644,58	2 462,08	2 769,84	1 435,02	2 321,20	2 611,35	1 225,34	2 180,24	2 452,77	1 015,78	2 039,36	2 294,28	806,10	1 898,40	2 135,70
	III	26 078	–	2 086,24	2 347,02	III	26 078	–	1 954,24	2 198,52	–	1 825,12	2 053,26	–	1 698,88	1 911,24	–	1 575,52	1 772,46	–	1 455,20	1 637,10	–	1 337,92	1 505,16
	V	40 734	2 240,37	3 258,72	3 666,06	IV	35 101	1 882,10	2 737,60	3 079,80	1 833,64	2 667,12	3 000,51	1 785,19	2 596,64	2 921,22	1 736,79	2 526,24	2 842,02	1 635,17	2 455,76	2 762,73	1 530,34	2 385,28	2 683,44
	VI	41 170	2 264,35	3 293,60	3 705,30																				
118 007,99 West	I,IV	34 958	1 922,69	2 796,64	3 146,22	I	34 958	1 825,83	2 655,76	2 987,73	1 723,–	2 514,80	2 829,15	1 513,44	2 373,92	2 670,66	1 303,76	2 232,96	2 512,08	1 094,20	2 092,08	2 353,59	884,52	1 951,12	2 195,01
	II	34 157	1 878,63	2 732,56	3 074,13	II	34 157	1 781,72	2 591,60	2 915,55	1 627,68	2 450,72	2 757,06	1 418,–	2 309,76	2 598,48	1 208,44	2 168,88	2 439,99	998,76	2 027,92	2 281,41	789,20	1 887,04	2 122,92
	III	25 944	–	2 075,52	2 334,96	III	25 944	–	1 943,68	2 186,64	–	1 814,72	2 041,56	–	1 688,80	1 899,90	–	1 565,76	1 761,48	–	1 445,60	1 626,30	–	1 328,48	1 494,54
	V	40 592	2 232,56	3 247,36	3 653,28	IV	34 958	1 874,29	2 726,24	3 067,02	1 825,83	2 655,76	2 987,73	1 777,38	2 585,28	2 908,44	1 723,–	2 514,80	2 829,15	1 618,28	2 444,40	2 749,95	1 513,44	2 373,92	2 670,66
	VI	41 027	2 256,48	3 282,16	3 692,43																				
118 007,99 Ost	I,IV	35 116	1 931,38	2 809,28	3 160,44	I	35 116	1 834,47	2 668,32	3 001,86	1 737,61	2 527,44	2 843,37	1 532,12	2 386,48	2 684,79	1 322,56	2 245,60	2 526,30	1 112,88	2 104,64	2 367,72	903,32	1 963,76	2 209,23
	II	34 314	1 887,27	2 745,12	3 088,26	II	34 314	1 790,41	2 604,24	2 929,77	1 646,36	2 463,28	2 771,19	1 436,80	2 322,40	2 612,70	1 227,12	2 181,44	2 454,12	1 017,56	2 040,56	2 295,63	808,01	1 899,68	2 137,14
	III	26 094	–	2 087,52	2 348,46	III	26 094	–	1 955,36	2 199,78	–	1 826,24	2 054,52	–	1 700,–	1 912,50	–	1 576,64	1 773,72	–	1 456,32	1 638,36	–	1 338,88	1 506,24
	V	40 750	2 241,25	3 260,–	3 667,50	IV	35 116	1 882,92	2 738,80	3 081,15	1 834,47	2 668,32	3 001,86	1 786,07	2 597,92	2 922,66	1 737,61	2 527,44	2 843,37	1 636,96	2 456,96	2 764,08	1 532,12	2 386,48	2 684,79
	VI	41 185	2 265,17	3 294,80	3 706,65																				
118 043,99 West	I,IV	34 973	1 923,51	2 797,84	3 147,57	I	34 973	1 826,66	2 656,96	2 989,08	1 724,78	2 516,–	2 830,50	1 515,22	2 375,12	2 672,01	1 305,54	2 234,16	2 513,43	1 095,99	2 093,28	2 354,94	886,31	1 952,32	2 196,36
	II	34 172	1 879,46	2 733,76	3 075,48	II	34 172	1 782,60	2 592,88	2 916,99	1 629,46	2 451,92	2 758,41	1 419,90	2 311,04	2 599,92	1 210,23	2 170,08	2 441,34	1 000,67	2 029,20	2 282,85	790,99	1 888,24	2 124,27
	III	25 958	–	2 076,64	2 336,22	III	25 958	–	1 944,80	2 187,90	–	1 815,84	2 042,82	–	1 689,76	1 900,98	–	1 566,72	1 762,56	–	1 446,72	1 627,56	–	1 329,44	1 495,62
	V	40 607	2 233,38	3 248,56	3 654,63	IV	34 973	1 875,11	2 727,44	3 068,37	1 826,66	2 656,96	2 989,08	1 778,20	2 586,48	2 909,79	1 724,78	2 516,–	2 830,50	1 620,06	2 445,60	2 751,30	1 515,22	2 375,12	2 672,01
	VI	41 042	2 257,31	3 283,36	3 693,78																				
118 043,99 Ost	I,IV	35 131	1 932,20	2 810,48	3 161,79	I	35 131	1 835,29	2 669,52	3 003,21	1 738,44	2 528,64	2 844,72	1 533,91	2 387,68	2 686,14	1 324,35	2 246,80	2 527,65	1 114,67	2 105,84	2 369,07	905,11	1 964,96	2 210,58
	II	34 330	1 888,15	2 746,40	3 089,70	II	34 330	1 791,24	2 605,44	2 931,12	1 648,26	2 464,56	2 772,63	1 438,59	2 323,60	2 614,05	1 229,03	2 182,72	2 455,56	1 019,35	2 041,76	2 296,98	809,79	1 900,88	2 138,49
	III	26 108	–	2 088,64	2 349,72	III	26 108	–	1 956,48	2 201,04	–	1 827,20	2 055,60	–	1 700,96	1 913,58	–	1 577,76	1 774,98	–	1 457,28	1 639,44	–	1 339,84	1 507,32
	V	40 765	2 242,07	3 261,20	3 668,85	IV	35 131	1 883,75	2 740,–	3 082,50	1 835,29	2 669,52	3 003,21	1 786,89	2 599,12	2 924,01	1 738,44	2 528,64	2 844,72	1 638,74	2 458,16	2 765,43	1 533,91	2 387,68	2 686,14
	VI	41 200	2 266,–	3 296,–	3 708,–																				
118 079,99 West	I,IV	34 988	1 924,34	2 799,04	3 148,92	I	34 988	1 827,48	2 658,16	2 990,43	1 726,69	2 517,28	2 831,94	1 517,01	2 376,32	2 673,36	1 307,45	2 235,44	2 514,87	1 097,77	2 094,48	2 356,29	888,21	1 953,60	2 197,80
	II	34 187	1 880,28	2 734,96	3 076,83	II	34 187	1 783,43	2 594,08	2 918,34	1 631,25	2 453,12	2 759,76	1 421,69	2 312,24	2 601,27	1 212,01	2 171,28	2 442,69	1 002,45	2 030,40	2 284,20	792,77	1 889,44	2 125,62
	III	25 972	–	2 077,76	2 337,48	III	25 972	–	1 945,92	2 189,16	–	1 816,96	2 044,08	–	1 690,88	1 902,24	–	1 567,84	1 763,82	–	1 447,68	1 628,64	–	1 330,40	1 496,70
	V	40 622	2 234,21	3 249,76	3 655,98	IV	34 988	1 875,94	2 728,64	3 069,72	1 827,48	2 658,16	2 990,43	1 779,03	2 587,68	2 911,14	1 726,69	2 517,28	2 831,94	1 621,85	2 446,80	2 752,65	1 517,01	2 376,32	2 673,36
	VI	41 057	2 258,13	3 284,56	3 695,13																				
118 079,99 Ost	I,IV	35 146	1 933,03	2 811,68	3 163,14	I	35 146	1 836,17	2 670,80	3 004,65	1 739,26	2 529,84	2 846,07	1 535,81	2 388,96	2 687,58	1 326,13	2 248,–	2 529,–	1 116,57	2 107,12	2 370,51	906,89	1 966,16	2 211,93
	II	34 345	1 888,97	2 747,60	3 091,05	II	34 345	1 792,06	2 606,64	2 932,47	1 650,05	2 465,76	2 773,98	1 440,37	2 324,80	2 615,40	1 230,81	2 183,92	2 456,91	1 021,13	2 042,96	2 298,33	811,58	1 902,08	2 139,84
	III	26 122	–	2 089,76	2 350,98	III	26 122	–	1 957,60	2 202,30	–	1 828,32	2 056,86	–	1 702,08	1 914,84	–	1 578,72	1 776,06	–	1 458,40	1 640,70	–	1 340,80	1 508,40
	V	40 780	2 242,90	3 262,40	3 670,20	IV	35 146	1 884,57	2 741,20	3 083,85	1 836,17	2 670,80	3 004,65	1 787,72	2 600,32	2 925,36	1 739,26	2 529,84	2 846,07	1 640,53	2 459,36	2 766,78	1 535,81	2 388,96	2 687,58
	VI	41 215	2 266,82	3 297,20	3 709,35																				
118 115,99 West	I,IV	35 004	1 925,22	2 800,32	3 150,36	I	35 004	1 828,31	2 659,36	2 991,78	1 728,47	2 518,48	2 833,29	1 518,79	2 377,52	2 674,71	1 309,23	2 236,64	2 516,22	1 099,56	2 095,68	2 357,64	890,–	1 954,80	2 199,15
	II	34 202	1 881,11	2 736,16	3 078,18	II	34 202	1 784,25	2 595,28	2 919,69	1 633,03	2 454,32	2 761,11	1 423,47	2 313,44	2 602,62	1 213,80	2 172,48	2 444,04	1 004,24	2 031,60	2 285,55	794,56	1 890,64	2 126,97
	III	25 986	–	2 078,88	2 338,74	III	25 986	–	1 947,04	2 190,42	–	1 818,08	2 045,34	–	1 692,–	1 903,50	–	1 568,80	1 764,90	–	1 448,64	1 629,72	–	1 331,52	1 497,96
	V	40 637	2 235,03	3 250,96	3 657,33	IV	35 004	1 876,76	2 729,84	3 071,07	1 828,31	2 659,36	2 991,78	1 779,85	2 588,88	2 912,49	1 728,47	2 518,48	2 833,29	1 623,63	2 448,–	2 754,–	1 518,79	2 377,52	2 674,71
	VI	41 073	2 259,01	3 285,84	3 696,57																				
118 115,99 Ost	I,IV	35 161	1 933,85	2 812,88	3 164,49	I	35 161	1 837,–	2 672,–	3 006,–	1 740,09	2 531,04	2 847,42	1 537,59	2 390,16	2 688,93	1 327,92	2 249,20	2 530,35	1 118,36	2 108,32	2 371,86	908,68	1 967,36	2 213,28
	II	34 360	1 889,80	2 748,80	3 092,40	II	34 360	1 792,89	2 607,84	2 933,82	1 651,83	2 466,96	2 775,33	1 442,16	2 326,–	2 616,75	1 232,60	2 185,12	2 458,26	1 022,92	2 044,16	2 299,68	813,36	1 903,28	2 141,19
	III	26 136	–	2 090,88	2 352,24	III	26 136	–	1 958,72	2 203,56	–	1 829,44	2 058,12	–	1 703,20	1 916,10	–	1 579,84	1 777,32	–	1 459,36	1 641,78	–	1 341,92	1 509,66
	V	40 795	2 243,72	3 263,60	3 671,55	IV	35 161	1 885,40	2 742,40	3 085,20	1 837,–	2 672,–	3 006,–	1 788,54	2 601,52	2 926,71	1 740,09	2 531,04	2 847,42	1 642,31	2 460,56	2 768,13	1 537,59	2 390,16	2 688,93
	VI	41 230	2 267,65	3 298,40	3 710,70																				
118 151,99 West	I,IV	35 019	1 926,04	2 801,52	3 151,71	I	35 019	1 829,13	2 660,56	2 993,13	1 730,26	2 519,68	2 834,64	1 520,58	2 378,72	2 676,06	1 311,02	2 237,84	2 517,57	1 101,34	2 096,88	2 358,99	891,78	1 956,–	2 200,50
	II	34 217	1 881,93	2 737,36	3 079,53	II	34 217	1 785,08	2 596,48	2 921,04	1 634,82	2 455,52	2 762,46	1 425,26	2 314,64	2 603,97	1 215,58	2 173,68	2 445,39	1 006,02	2 032,80	2 286,90	796,34	1 891,84	2 128,32
	III	26 000	–	2 080,–	2 340,–	III	26 000	–	1 948,16	2 191,68	–	1 819,04	2 046,42	–	1 692,96	1 904,58	–	1 569,92	1 766,16	–	1 449,76	1 630,98	–	1 332,48	1 499,04
	V	40 653	2 235,91	3 252,24	3 658,77	IV	35 019	1 877,59	2 731,04	3 072,42	1 829,13	2 660,56	2 993,13	1 780,73	2 590,16	2 913,93	1 730,26	2 519,68	2 834,64	1 625,42	2 449,20	2 755,35	1 520,58	2 378,72	2 676,06
	VI	41 088	2 259,84	3 287,04	3 697,92																				
118 151,99 Ost	I,IV	35 176	1 934,68	2 814,08	3 165,84	I	35 176	1 837,82	2 673,20	3 007,35	1 740,91	2 532,24	2 848,77	1 539,38	2 391,36	2 690,28	1 329,70	2 250,40	2 531,70	1 120,14	2 109,52	2 373,21	910,46	1 968,56	2 214,63
	II	34 375	1 890,62	2 750,–	3 093,75	II	34 375	1 793,71	2 609,04	2 935,17	1 653,62	2 468,16	2 776,68	1 443,94	2 327,20	2 618,10	1 234,38	2 186,32	2 459,61	1 024,70	2 045,36	2 301,03	815,15	1 904,48	2 142,54
	III	26 150	–	2 092,–	2 353,50	III	26 150	–	1 959,84	2 204,82	–	1 830,56	2 059,38	–	1 704,16	1 917,18	–	1 580,80	1 778,40	–	1 460,32	1 642,86	–	1 342,88	1 510,74
	V	40 810	2 244,55	3 264,80	3 672,90	IV	35 176	1 886,22	2 743,60	3 086,55	1 837,82	2 673,20	3 007,35	1 789,37	2 602,72	2 928,06	1 740,91	2 532,24	2 848,77	1 644,22	2 461,84	2 769,57	1 539,38	2 391,36	2 690,28
	VI	41 245	2 268,47	3 299,60	3 712,05																				
118 187,99 West	I,IV	35 034	1 926,87	2 802,72	3 153,06	I	35 034	1 829,96	2 661,76	2 994,48	1 732,04	2 520,88	2 835,99	1 522,36	2 379,92	2 677,41	1 312,80	2 239,04	2 518,92	1 103,13	2 098,08	2 360,34	893,57	1 957,20	2 201,85
	II	34 232	1 882,76	2 738,56	3 080,88	II	34 232	1 785,90	2 597,68	2 922,39	1 636,72	2 456,80	2 763,90	1 427,04	2 315,84	2 605,32	1 217,48	2 174,96	2 446,83	1 007,81	2 034,–	2 288,25	798,25	1 893,12	2 129,76
	III	26 016	–	2 081,28	2 341,44	III	26 016	–	1 949,28	2 192,94	–	1 820,16	2 047,68	–	1 694,08	1 905,84	–	1 570,88	1 767,24	–	1 450,72	1 632,06	–	1 333,44	1 500,12
	V	40 668	2 236,74	3 253,44	3 660,12	IV	35 034	1 878,41	2 732,24	3 073,77	1 829,96	2 661,76	2 994,48	1 781,56	2 591,36	2 915,28	1 732,04	2 520,88	2 835,99	1 627,20	2 450,40	2 756,70	1 522,36	2 379,92	2 677,41
	VI	41 103	2 260,66	3 288,24	3 699,27																				
118 187,99 Ost	I,IV	35 191	1 935,50	2 815,28	3 167,19	I	35 191	1 838,65	2 674,40	3 008,70	1 741,74	2 533,44	2 850,12	1 541,16	2 392,56	2 691,63	1 331,49	2 251,60	2 533,05	1 121,93	2 110,72	2 374,56	912,25	1 969,76	2 215,98
	II	34 390	1 891,45	2 751,20	3 095,10	II	34 390	1 794,59	2 610,32	2 936,61	1 655,40	2 469,36	2 778,03	1 445,85	2 328,48	2 619,54	1 236,17	2 187,52	2 460,96	1 026,61	2 046,64	2 302,47	816,93	1 905,68	2 143,89
	III	26 164	–	2 093,12	2 354,76	III	26 164	–	1 960,96	2 206,08	–	1 831,68	2 060,64	–	1 705,28	1 918,44	–	1 581,92	1 779,66	–	1 461,44	1 644,12	–	1 343,84	1 511,82
	V	40 825	2 245,37	3 266,–	3 674,25	IV	35 191	1 887,10	2 744,88	3 087,99	1 838,65	2 674,40	3 008,70	1 790,19	2 603,92	2 929,41	1 741,74	2 533,44	2 850,12	1 646,–	2 463,04	2 770,92	1 541,16	2 392,56	2 691,63
	VI	41 260	2 269,30	3 300,80	3 713,40																				
118 223,99 West	I,IV	35 049	1 927,69	2 803,92	3 154,41	I	35 049	1 830,78	2 662,96	2 995,83	1 733,83	2 522,08	2 837,34	1 524,27	2 381,20	2 678,85	1 314,59	2 240,24	2 520,27	1 105,03	2 099,36	2 361,78	895,35	1 958,40	2 203,20
	II	34 248	1 883,64	2 739,84	3 082,32	II	34 248	1 786,73	2 598,88	2 923,74	1 638,51	2 458,–	2 765,25	1 428,83	2 317,04	2 606,67	1 219,27	2 176,16	2 448,18	1 009,59	2 035,20	2 289,60	800,03	1 894,32	2 131,11
	III	26 030	–	2 082,40	2 342,70	III	26 030	–	1 950,40	2 194,20	–	1 821,28	2 048,94	–	1 695,20	1 907,10	–	1 572,–	1 768,50	–	1 451,68	1 633,14	–	1 334,40	1 501,20
	V	40 683	2 237,56	3 254,64	3 661,47	IV	35 049	1 879,24	2 733,44	3 075,12	1 830,78	2 662,96	2 995,83	1 782,38	2 592,56	2 916,63	1 733,83	2 522,08	2 837,34	1 628,99	2 451,60	2 758,05	1 524,27	2 381,20	2 678,85
	VI	41 118	2 261,49	3 289,44	3 700,62																				
118 223,99 Ost	I,IV	35 206	1 936,33	2 816,48	3 168,54	I	35 206	1 839,47	2 675,60	3 010,05	1 742,62	2 534,72	2 851,56	1 542,95	2 393,76	2 692,98	1 333,39	2 252,88	2 534,49	1 123,71	2 111,92	2 375,91	914,15	1 971,04	2 217,42
	II	34 405	1 892,27	2 752,40	3 096,45	II	34 405	1 795,42	2 611,52	2 937,96	1 657,19	2 470,56	2 779,38	1 447,63	2 329,68	2 620,89	1 237,95	2 188,72	2 462,31	1 028,39	2 047,84	2 303,82	818,72	1 906,88	2 145,24
	III	26 180	–	2 094,40	2 356,20	III	26 180	–	1 962,08	2 207,34	–	1 832,80	2 061,90	–	1 706,40	1 919,70	–	1 582,88	1 780,74	–	1 462,40	1 645,20	–	1 344,80	1 512,90
	V	40 840	2 246,20	3 267,20	3 675,60	IV	35 206	1 887,93	2 746,08	3 089,34	1 839,47	2 675,60	3 010,05	1 791,02	2 605,12	2 930,76	1 742,62	2 534,72	2 851,56	1 647,79	2 464,24	2 772,27	1 542,95	2 393,76	2 692,98
	VI	41 275	2 270,12	3 302,–	3 714,75																				

* Die ausgewiesenen Tabellenwerte sind amtlich. Siehe Erläuterungen auf der Umschlaginnenseite (U2).

Abzüge an Lohnsteuer, Solidaritätszuschlag (SolZ) und Kirchensteuer (8%, 9%) in den Steuerklassen

Lohn/Gehalt bis €*	I – VI		ohne Kinderfreibeträge			I, II, III, IV		mit Zahl der Kinderfreibeträge . . . 0,5			1			1,5			2			2,5			3		
		LSt	SolZ	8%	9%		LSt	SolZ	8%	9%	SolZ	8%	9%	SolZ	8%	9%	SolZ	8%	9%	SolZ	8%	9%	SolZ	8%	9%
	I,IV	35 064	1 928,52	2 805,12	3 155,76	I	35 064	1 831,66	2 664,24	2 997,27	1 734,75	2 523,28	2 838,69	1 526,05	2 382,40	2 680,20	1 316,37	2 241,44	2 521,62	1 106,81	2 100,56	2 363,13	897,14	1 959,60	2 204,55
118 259,99	II	34 263	1 884,46	2 741,04	3 083,67	II	34 263	1 787,55	2 600,08	2 925,09	1 640,29	2 459,20	2 766,60	1 430,61	2 318,24	2 608,02	1 221,05	2 177,36	2 449,53	1 011,38	2 036,40	2 290,95	801,82	1 895,52	2 132,46
	III	26 044	—	2 083,52	2 343,96	III	26 044	—	1 951,52	2 195,46	—	1 822,40	2 050,20	—	1 696,32	1 908,36	—	1 573,12	1 769,76	—	1 452,80	1 634,40	—	1 335,52	1 502,46
West	V	40 698	2 238,39	3 255,84	3 662,82	IV	35 064	1 880,06	2 734,64	3 076,47	1 831,66	2 664,24	2 997,27	1 783,21	2 593,76	2 917,98	1 734,75	2 523,28	2 838,69	1 630,77	2 452,80	2 759,40	1 526,05	2 382,40	2 680,20
	VI	41 133	2 262,31	3 290,64	3 701,97																				
	I,IV	35 222	1 937,21	2 817,76	3 169,98	I	35 222	1 840,30	2 676,80	3 011,40	1 743,44	2 535,92	2 852,91	1 544,73	2 394,96	2 694,33	1 335,18	2 254,08	2 535,84	1 125,50	2 113,12	2 377,26	915,94	1 972,24	2 218,77
118 259,99	II	34 420	1 893,10	2 753,60	3 097,80	II	34 420	1 796,24	2 612,72	2 939,31	1 658,97	2 471,76	2 780,73	1 449,42	2 330,88	2 622,24	1 239,74	2 189,92	2 463,66	1 030,18	2 049,04	2 305,17	820,50	1 908,08	2 146,59
	III	26 194	—	2 095,52	2 357,46	III	26 194	—	1 963,20	2 208,60	—	1 833,92	2 063,16	—	1 707,36	1 920,78	—	1 584,—	1 782,—	—	1 463,36	1 646,28	—	1 345,92	1 514,16
Ost	V	40 855	2 247,02	3 268,40	3 676,95	IV	35 222	1 888,75	2 747,28	3 090,69	1 840,30	2 676,80	3 011,40	1 791,84	2 606,32	2 932,11	1 743,44	2 535,92	2 852,91	1 649,57	2 465,44	2 773,62	1 544,73	2 394,96	2 694,33
	VI	41 291	2 271,—	3 303,28	3 716,19																				
	I,IV	35 079	1 929,34	2 806,32	3 157,11	I	35 079	1 832,49	2 665,44	2 998,62	1 735,58	2 524,48	2 840,04	1 527,84	2 383,60	2 681,55	1 318,16	2 242,64	2 522,97	1 108,60	2 101,76	2 364,48	898,92	1 960,80	2 205,90
118 295,99	II	34 278	1 885,29	2 742,24	3 085,02	II	34 278	1 788,38	2 601,28	2 926,44	1 642,08	2 460,40	2 767,95	1 432,40	2 319,44	2 609,37	1 222,84	2 178,56	2 450,88	1 013,16	2 037,60	2 292,30	803,60	1 896,72	2 133,81
	III	26 058	—	2 084,64	2 345,22	III	26 058	—	1 952,64	2 196,72	—	1 823,52	2 051,46	—	1 697,28	1 909,44	—	1 574,08	1 770,84	—	1 453,76	1 635,48	—	1 336,48	1 503,54
West	V	40 713	2 239,21	3 257,04	3 664,17	IV	35 079	1 880,89	2 735,84	3 077,82	1 832,49	2 665,44	2 998,62	1 784,03	2 594,96	2 919,33	1 735,58	2 524,48	2 840,04	1 632,68	2 454,08	2 760,84	1 527,84	2 383,60	2 681,55
	VI	41 148	2 263,14	3 291,84	3 703,32																				
	I,IV	35 237	1 938,03	2 818,96	3 171,33	I	35 237	1 841,12	2 678,—	3 012,75	1 744,27	2 537,12	2 854,26	1 546,52	2 396,16	2 695,68	1 336,96	2 255,28	2 537,19	1 127,28	2 114,32	2 378,61	917,72	1 973,44	2 220,12
118 295,99	II	34 435	1 893,92	2 754,80	3 099,15	II	34 435	1 797,07	2 613,92	2 940,66	1 660,76	2 472,96	2 782,08	1 451,20	2 332,08	2 623,59	1 241,52	2 191,12	2 465,01	1 031,96	2 050,24	2 306,52	822,29	1 909,28	2 147,94
	III	26 208	—	2 096,64	2 358,72	III	26 208	—	1 964,32	2 209,86	—	1 834,88	2 064,24	—	1 708,48	1 922,04	—	1 584,96	1 783,08	—	1 464,48	1 647,54	—	1 346,88	1 515,24
Ost	V	40 871	2 247,90	3 269,68	3 678,39	IV	35 237	1 889,58	2 748,48	3 092,04	1 841,12	2 678,—	3 012,75	1 792,67	2 607,52	2 933,46	1 744,27	2 537,12	2 854,26	1 651,36	2 466,64	2 774,97	1 546,52	2 396,16	2 695,68
	VI	41 306	2 271,83	3 304,48	3 717,54																				
	I,IV	35 094	1 930,17	2 807,52	3 158,46	I	35 094	1 833,31	2 666,64	2 999,97	1 736,40	2 525,68	2 841,39	1 529,62	2 384,80	2 682,90	1 319,94	2 243,84	2 524,32	1 110,38	2 102,96	2 365,83	900,71	1 962,—	2 207,25
118 331,99	II	34 293	1 886,11	2 743,44	3 086,37	II	34 293	1 789,20	2 602,48	2 927,79	1 643,86	2 461,60	2 769,30	1 434,30	2 320,72	2 610,81	1 224,62	2 179,76	2 452,23	1 015,07	2 038,88	2 293,74	805,39	1 897,92	2 135,16
	III	26 072	—	2 085,76	2 346,48	III	26 072	—	1 953,76	2 197,98	—	1 824,64	2 052,72	—	1 698,40	1 910,70	—	1 575,20	1 772,10	—	1 454,88	1 636,74	—	1 337,44	1 504,62
West	V	40 728	2 240,04	3 258,24	3 665,52	IV	35 094	1 881,77	2 737,12	3 079,26	1 833,31	2 666,64	2 999,97	1 784,86	2 596,16	2 920,68	1 736,40	2 525,68	2 841,39	1 634,46	2 455,28	2 762,19	1 529,62	2 384,80	2 682,90
	VI	41 163	2 263,96	3 293,04	3 704,67																				
	I,IV	35 252	1 938,86	2 820,16	3 172,68	I	35 252	1 841,95	2 679,20	3 014,10	1 745,09	2 538,32	2 855,61	1 548,30	2 397,36	2 697,03	1 338,75	2 256,48	2 538,54	1 129,07	2 115,52	2 379,96	919,51	1 974,64	2 221,47
118 331,99	II	34 450	1 894,75	2 756,—	3 100,50	II	34 450	1 797,89	2 615,12	2 942,01	1 662,66	2 474,24	2 783,52	1 452,99	2 333,28	2 624,94	1 243,43	2 192,40	2 466,45	1 033,75	2 051,44	2 307,87	824,19	1 910,56	2 149,38
	III	26 222	—	2 097,76	2 359,98	III	26 222	—	1 965,44	2 211,12	—	1 836,—	2 065,50	—	1 709,60	1 923,30	—	1 586,08	1 784,34	—	1 465,44	1 648,62	—	1 347,84	1 516,32
Ost	V	40 886	2 248,73	3 270,88	3 679,74	IV	35 252	1 890,40	2 749,68	3 093,39	1 841,95	2 679,20	3 014,10	1 793,55	2 608,80	2 934,90	1 745,09	2 538,32	2 855,61	1 653,14	2 467,84	2 776,32	1 548,30	2 397,36	2 697,03
	VI	41 321	2 272,65	3 305,68	3 718,89																				
	I,IV	35 109	1 930,99	2 808,72	3 159,81	I	35 109	1 834,14	2 667,84	3 001,32	1 737,23	2 526,88	2 842,74	1 531,41	2 386,—	2 684,25	1 321,85	2 245,12	2 525,76	1 112,17	2 104,16	2 367,18	902,61	1 963,28	2 208,69
118 367,99	II	34 308	1 886,94	2 744,64	3 087,72	II	34 308	1 790,08	2 603,76	2 929,23	1 645,65	2 462,80	2 770,65	1 436,09	2 321,92	2 612,16	1 226,41	2 180,96	2 453,58	1 016,85	2 040,08	2 295,09	807,17	1 899,12	2 136,51
	III	26 086	—	2 086,88	2 347,74	III	26 086	—	1 954,88	2 199,24	—	1 825,76	2 053,98	—	1 699,52	1 911,96	—	1 576,16	1 773,18	—	1 455,84	1 637,82	—	1 338,40	1 505,70
West	V	40 743	2 240,86	3 259,44	3 666,87	IV	35 109	1 882,59	2 738,32	3 080,61	1 834,14	2 667,84	3 001,32	1 785,68	2 597,36	2 922,03	1 737,23	2 526,88	2 842,74	1 636,25	2 456,48	2 763,54	1 531,41	2 386,—	2 684,25
	VI	41 178	2 264,79	3 294,24	3 706,02																				
	I,IV	35 267	1 939,68	2 821,36	3 174,03	I	35 267	1 842,77	2 680,40	3 015,45	1 745,92	2 539,52	2 856,96	1 550,21	2 398,64	2 698,47	1 340,53	2 257,68	2 539,89	1 130,97	2 116,80	2 381,40	921,29	1 975,84	2 222,82
118 367,99	II	34 466	1 895,63	2 757,28	3 101,94	II	34 466	1 798,72	2 616,32	2 943,36	1 664,45	2 475,44	2 784,87	1 454,77	2 334,48	2 626,29	1 245,21	2 193,60	2 467,80	1 035,53	2 052,64	2 309,22	825,97	1 911,76	2 150,73
	III	26 236	—	2 098,88	2 361,24	III	26 236	—	1 966,56	2 212,38	—	1 837,12	2 066,76	—	1 710,72	1 924,56	—	1 587,04	1 785,42	—	1 466,56	1 649,88	—	1 348,80	1 517,40
Ost	V	40 901	2 249,55	3 272,08	3 681,09	IV	35 267	1 891,23	2 750,88	3 094,74	1 842,77	2 680,40	3 015,45	1 794,37	2 610,—	2 936,25	1 745,92	2 539,52	2 856,96	1 654,93	2 469,04	2 777,67	1 550,21	2 398,64	2 698,47
	VI	41 336	2 273,48	3 306,88	3 720,24																				
	I,IV	35 125	1 931,87	2 810,—	3 161,25	I	35 125	1 834,96	2 669,04	3 002,67	1 738,11	2 528,16	2 844,18	1 533,19	2 387,20	2 685,60	1 323,63	2 246,32	2 527,11	1 113,95	2 105,36	2 368,53	904,40	1 964,48	2 210,04
118 403,99	II	34 323	1 887,76	2 745,84	3 089,07	II	34 323	1 790,91	2 604,96	2 930,58	1 647,43	2 464,—	2 772,—	1 437,87	2 323,12	2 613,51	1 228,19	2 182,16	2 454,93	1 018,64	2 041,28	2 296,44	808,96	1 900,32	2 137,86
	III	26 102	—	2 088,16	2 349,18	III	26 102	—	1 956,—	2 200,50	—	1 826,72	2 055,06	—	1 700,48	1 913,04	—	1 577,28	1 774,44	—	1 456,80	1 638,90	—	1 339,36	1 506,78
West	V	40 758	2 241,69	3 260,64	3 668,22	IV	35 125	1 883,42	2 739,52	3 081,96	1 834,96	2 669,04	3 002,67	1 786,51	2 598,56	2 923,38	1 738,11	2 528,16	2 844,18	1 638,03	2 457,68	2 764,89	1 533,19	2 387,20	2 685,60
	VI	41 194	2 265,67	3 295,52	3 707,46																				
	I,IV	35 282	1 940,51	2 822,56	3 175,38	I	35 282	1 843,65	2 681,68	3 016,89	1 746,74	2 540,72	2 858,31	1 551,99	2 399,84	2 699,82	1 342,32	2 258,88	2 541,24	1 132,76	2 118,—	2 382,75	923,08	1 977,04	2 224,17
118 403,99	II	34 481	1 896,45	2 758,48	3 103,29	II	34 481	1 799,54	2 617,52	2 944,71	1 666,23	2 476,64	2 786,22	1 456,56	2 335,68	2 627,64	1 247,—	2 194,80	2 469,15	1 037,32	2 053,84	2 310,57	827,76	1 912,96	2 152,08
	III	26 250	—	2 100,—	2 362,50	III	26 250	—	1 967,68	2 213,64	—	1 838,24	2 068,02	—	1 711,68	1 925,64	—	1 588,16	1 786,68	—	1 467,52	1 650,96	—	1 349,76	1 518,48
Ost	V	40 916	2 250,38	3 273,28	3 682,44	IV	35 282	1 892,05	2 752,08	3 096,09	1 843,65	2 681,68	3 016,89	1 795,20	2 611,20	2 937,60	1 746,74	2 540,72	2 858,31	1 656,71	2 470,24	2 779,02	1 551,99	2 399,84	2 699,82
	VI	41 351	2 274,30	3 308,08	3 721,59																				
	I,IV	35 140	1 932,70	2 811,20	3 162,60	I	35 140	1 835,79	2 670,24	3 004,02	1 738,93	2 529,36	2 845,53	1 534,98	2 388,40	2 686,95	1 325,42	2 247,52	2 528,46	1 115,74	2 106,56	2 369,88	906,18	1 965,68	2 211,39
118 439,99	II	34 338	1 888,59	2 747,04	3 090,42	II	34 338	1 791,73	2 606,16	2 931,93	1 649,22	2 465,20	2 773,35	1 439,66	2 324,32	2 614,86	1 229,98	2 183,36	2 456,28	1 020,42	2 042,48	2 297,79	810,74	1 901,52	2 139,21
	III	26 116	—	2 089,28	2 350,44	III	26 116	—	1 957,12	2 201,76	—	1 827,84	2 056,32	—	1 701,60	1 914,30	—	1 578,24	1 775,52	—	1 457,92	1 640,16	—	1 340,48	1 508,04
West	V	40 774	2 242,57	3 261,92	3 669,66	IV	35 140	1 884,24	2 740,72	3 083,31	1 835,79	2 670,24	3 004,02	1 787,33	2 599,76	2 924,73	1 738,93	2 529,36	2 845,53	1 639,82	2 458,88	2 766,24	1 534,98	2 388,40	2 686,95
	VI	41 209	2 266,49	3 296,72	3 708,81																				
	I,IV	35 297	1 941,33	2 823,76	3 176,73	I	35 297	1 844,48	2 682,88	3 018,24	1 747,57	2 541,92	2 859,66	1 553,78	2 401,04	2 701,17	1 344,10	2 260,08	2 542,59	1 134,54	2 119,20	2 384,10	924,86	1 978,24	2 225,52
118 439,99	II	34 496	1 897,28	2 759,68	3 104,64	II	34 496	1 800,37	2 618,72	2 946,06	1 668,02	2 477,84	2 787,57	1 458,34	2 336,88	2 628,99	1 248,78	2 196,—	2 470,50	1 039,10	2 055,04	2 311,92	829,54	1 914,16	2 153,43
	III	26 266	—	2 101,28	2 363,94	III	26 266	—	1 968,80	2 214,90	—	1 839,36	2 069,28	—	1 712,80	1 926,90	—	1 589,28	1 787,94	—	1 468,48	1 652,04	—	1 350,88	1 519,74
Ost	V	40 931	2 251,20	3 274,48	3 683,79	IV	35 297	1 892,88	2 753,28	3 097,44	1 844,48	2 682,88	3 018,24	1 796,02	2 612,40	2 938,95	1 747,57	2 541,92	2 859,66	1 658,50	2 471,44	2 780,37	1 553,78	2 401,04	2 701,17
	VI	41 366	2 275,13	3 309,28	3 722,94																				
	I,IV	35 155	1 933,52	2 812,40	3 163,95	I	35 155	1 836,61	2 671,44	3 005,37	1 739,76	2 530,56	2 846,88	1 536,76	2 389,60	2 688,30	1 327,20	2 248,72	2 529,81	1 117,52	2 107,76	2 371,23	907,97	1 966,88	2 212,74
118 475,99	II	34 353	1 889,41	2 748,24	3 091,77	II	34 353	1 792,56	2 607,36	2 933,28	1 651,—	2 466,40	2 774,70	1 441,44	2 325,52	2 616,21	1 231,88	2 184,64	2 457,72	1 022,21	2 043,68	2 299,14	812,65	1 902,80	2 140,65
	III	26 130	—	2 090,40	2 351,70	III	26 130	—	1 958,24	2 203,02	—	1 828,96	2 057,58	—	1 702,72	1 915,56	—	1 579,36	1 776,78	—	1 458,88	1 641,24	—	1 341,44	1 509,12
West	V	40 789	2 243,39	3 263,12	3 671,01	IV	35 155	1 885,07	2 741,92	3 084,66	1 836,61	2 671,44	3 005,37	1 788,21	2 601,04	2 926,17	1 739,76	2 530,56	2 846,88	1 641,60	2 460,08	2 767,59	1 536,76	2 389,60	2 688,30
	VI	41 224	2 267,32	3 297,92	3 710,16																				
	I,IV	35 312	1 942,16	2 824,96	3 178,08	I	35 312	1 845,30	2 684,08	3 019,59	1 748,39	2 543,12	2 861,01	1 555,56	2 402,24	2 702,52	1 345,89	2 261,28	2 543,94	1 136,33	2 120,40	2 385,45	926,65	1 979,44	2 226,87
118 475,99	II	34 511	1 898,10	2 760,88	3 105,99	II	34 511	1 801,19	2 619,92	2 947,41	1 669,80	2 479,04	2 788,92	1 460,24	2 338,16	2 630,43	1 250,57	2 197,20	2 471,85	1 041,01	2 056,32	2 313,36	831,33	1 915,36	2 154,78
	III	26 280	—	2 102,40	2 365,20	III	26 280	—	1 969,92	2 216,16	—	1 840,48	2 070,54	—	1 713,92	1 928,16	—	1 590,24	1 789,02	—	1 469,60	1 653,30	—	1 351,84	1 520,82
Ost	V	40 946	2 252,03	3 275,68	3 685,14	IV	35 312	1 893,76	2 754,56	3 098,88	1 845,30	2 684,08	3 019,59	1 796,85	2 613,60	2 940,30	1 748,39	2 543,12	2 861,01	1 660,40	2 472,72	2 781,81	1 555,56	2 402,24	2 702,52
	VI	41 381	2 275,95	3 310,48	3 724,29																				
	I,IV	35 170	1 934,35	2 813,60	3 165,30	I	35 170	1 837,44	2 672,64	3 006,72	1 740,58	2 531,76	2 848,23	1 538,55	2 390,80	2 689,65	1 328,99	2 249,92	2 531,16	1 119,43	2 109,04	2 372,67	909,75	1 968,08	2 214,09
118 511,99	II	34 369	1 890,29	2 749,52	3 093,21	II	34 369	1 793,38	2 608,56	2 934,63	1 652,91	2 467,68	2 776,14	1 443,23	2 326,72	2 617,56	1 233,67	2 185,84	2 459,07	1 023,99	2 044,88	2 300,49	814,43	1 904,—	2 142,—
	III	26 144	—	2 091,52	2 352,96	III	26 144	—	1 959,36	2 204,28	—	1 830,08	2 058,84	—	1 703,68	1 916,64	—	1 580,32	1 777,86	—	1 459,84	1 642,32	—	1 342,40	1 510,20
West	V	40 804	2 244,22	3 264,32	3 672,36	IV	35 170	1 885,89	2 743,12	3 086,01	1 837,44	2 672,64	3 006,72	1 789,04	2 602,24	2 927,52	1 740,58	2 531,76	2 848,23	1 643,39	2 461,28	2 768,94	1 538,55	2 390,80	2 689,65
	VI	41 239	2 268,14	3 299,12	3 711,51																				
	I,IV	35 327	1 942,98	2 826,16	3 179,43	I	35 327	1 846,13	2 685,28	3 020,94	1 749,22	2 544,32	2 862,36	1 557,35	2 403,44	2 703,87	1 347,79	2 262,56	2 545,38	1 138,11	2 121,60	2 386,80	928,55	1 980,72	2 228,31
118 511,99	II	34 526	1 898,93	2 762,08	3 107,34	II	34 526	1 802,07	2 621,20	2 948,85	1 671,59	2 480,24	2 790,27	1 462,03	2 339,36	2 631,78	1 252,35	2 198,40	2 473,20	1 042,79	2 057,52	2 314,71	833,11	1 916,56	2 156,13
	III	26 294	—	2 103,52	2 366,46	III	26 294	—	1 971,04	2 217,42	—	1 841,60	2 071,80	—	1 714,88	1 929,24	—	1 591,36	1 790,28	—	1 470,56	1 654,38	—	1 352,80	1 521,90
Ost	V	40 961	2 252,85	3 276,88	3 686,49	IV	35 327	1 894,58	2 755,76	3 100,23	1 846,13	2 685,28	3 020,94	1 797,67	2 614,80	2 941,65	1 749,22	2 544,32	2 862,36	1 662,19	2 473,92	2 783,16	1 557,35	2 403,44	2 703,87
	VI	41 396	2 276,78	3 311,68	3 725,64																				

* Die ausgewiesenen Tabellenwerte sind amtlich. Siehe Erläuterungen auf der Umschlaginnenseite (U2).

Abzüge an Lohnsteuer, Solidaritätszuschlag (SolZ) und Kirchensteuer (8%, 9%) in den Steuerklassen

Lohn/ Gehalt bis €*	I – VI					I, II, III, IV		mit Zahl der Kinderfreibeträge . . .																	
			ohne Kinderfreibeträge					0,5			1			1,5			2			2,5			3		
		LSt	SolZ	8%	9%		LSt	SolZ	8%	9%	SolZ	8%	9%	SolZ	8%	9%	SolZ	8%	9%	SolZ	8%	9%	SolZ	8%	9%
118 547,99 West	I,IV	35 185	1 935,17	2 814,80	3 166,65	I	35 185	1 838,32	2 673,92	3 008,16	1 741,41	2 532,96	2 849,58	1 540,45	2 392,08	2 691,09	1 330,77	2 251,12	2 532,51	1 121,21	2 110,24	2 374,02	911,54	1 969,28	2 215,44
	II	34 384	1 891,12	2 750,72	3 094,56	II	34 384	1 794,21	2 609,76	2 935,98	1 654,69	2 468,88	2 777,49	1 445,01	2 327,92	2 618,91	1 235,45	2 187,04	2 460,42	1 025,78	2 046,08	2 301,84	816,22	1 905,20	2 143,35
	III	26 158	—	2 092,64	2 354,22	III	26 158	—	1 960,48	2 205,54	—	1 831,20	2 060,10	—	1 704,80	1 917,90	—	1 581,44	1 779,12	—	1 460,96	1 643,58	—	1 343,36	1 511,28
	V	40 819	2 245,04	3 265,52	3 673,71	IV	35 185	1 886,72	2 744,32	3 087,36	1 838,32	2 673,92	3 008,16	1 789,86	2 603,44	2 928,87	1 741,41	2 532,96	2 849,58	1 645,17	2 462,48	2 770,29	1 540,45	2 392,08	2 691,09
	VI	41 254	2 268,97	3 300,32	3 712,86																				
118 547,99 Ost	I,IV	35 343	1 943,86	2 827,44	3 180,87	I	35 343	1 846,95	2 686,48	3 022,29	1 750,10	2 545,60	2 863,80	1 559,13	2 404,64	2 705,22	1 349,57	2 263,76	2 546,73	1 139,90	2 122,80	2 388,15	930,34	1 981,92	2 229,66
	II	34 541	1 899,75	2 763,28	3 108,69	II	34 541	1 802,90	2 622,40	2 950,20	1 673,37	2 481,44	2 791,62	1 463,81	2 340,56	2 633,13	1 254,14	2 199,60	2 474,55	1 044,58	2 058,72	2 316,06	834,90	1 917,76	2 157,48
	III	26 308	—	2 104,64	2 367,72	III	26 308	—	1 972,16	2 218,68	—	1 842,56	2 072,88	—	1 716,–	1 930,50	—	1 592,32	1 791,36	—	1 471,68	1 655,64	—	1 353,76	1 522,98
	V	40 976	2 253,68	3 278,08	3 687,84	IV	35 343	1 895,41	2 756,96	3 101,58	1 846,95	2 686,48	3 022,29	1 798,50	2 616,–	2 943,–	1 750,10	2 545,60	2 863,80	1 663,97	2 475,12	2 784,51	1 559,13	2 404,64	2 705,22
	VI	41 412	2 277,66	3 312,96	3 727,08																				
118 583,99 West	I,IV	35 200	1 936,–	2 816,–	3 168,–	I	35 200	1 839,14	2 675,12	3 009,51	1 742,23	2 534,16	2 850,93	1 542,24	2 393,28	2 692,44	1 332,56	2 252,32	2 533,86	1 123,–	2 111,44	2 375,37	913,32	1 970,48	2 216,79
	II	34 399	1 891,94	2 751,92	3 095,91	II	34 399	1 795,03	2 610,96	2 937,33	1 656,48	2 470,08	2 778,84	1 446,80	2 329,12	2 620,26	1 237,24	2 188,24	2 461,77	1 027,56	2 047,28	2 303,19	818,–	1 906,40	2 144,70
	III	26 172	—	2 093,76	2 355,48	III	26 172	—	1 961,60	2 206,80	—	1 832,32	2 061,36	—	1 705,92	1 919,16	—	1 582,40	1 780,20	—	1 461,92	1 644,66	—	1 344,48	1 512,54
	V	40 834	2 245,87	3 266,72	3 675,06	IV	35 200	1 887,54	2 745,52	3 088,71	1 839,14	2 675,12	3 009,51	1 790,69	2 604,64	2 930,22	1 742,23	2 534,16	2 850,93	1 646,96	2 463,68	2 771,64	1 542,24	2 393,28	2 692,44
	VI	41 269	2 269,79	3 301,52	3 714,21																				
118 583,99 Ost	I,IV	35 358	1 944,69	2 828,64	3 182,22	I	35 358	1 847,78	2 687,68	3 023,64	1 750,92	2 546,80	2 865,15	1 560,92	2 405,84	2 706,57	1 351,36	2 264,96	2 548,08	1 141,68	2 124,–	2 389,50	932,12	1 983,12	2 231,01
	II	34 556	1 900,58	2 764,48	3 110,04	II	34 556	1 803,72	2 623,60	2 951,55	1 675,16	2 482,64	2 792,97	1 465,60	2 341,76	2 634,48	1 255,92	2 200,80	2 475,90	1 046,36	2 059,92	2 317,41	836,68	1 918,96	2 158,83
	III	26 322	—	2 105,76	2 368,98	III	26 322	—	1 973,28	2 219,94	—	1 843,68	2 074,14	—	1 717,12	1 931,76	—	1 593,44	1 792,62	—	1 472,64	1 656,72	—	1 354,88	1 524,24
	V	40 992	2 254,56	3 279,36	3 689,28	IV	35 358	1 896,23	2 758,16	3 102,93	1 847,78	2 687,68	3 023,64	1 799,32	2 617,20	2 944,35	1 750,92	2 546,80	2 865,15	1 665,76	2 476,32	2 785,86	1 560,92	2 405,84	2 706,57
	VI	41 427	2 278,48	3 314,16	3 728,43																				
118 619,99 West	I,IV	35 215	1 936,82	2 817,20	3 169,35	I	35 215	1 839,97	2 676,32	3 010,86	1 743,06	2 535,36	2 852,28	1 544,02	2 394,48	2 693,79	1 334,34	2 253,52	2 535,21	1 124,78	2 112,64	2 376,72	915,11	1 971,68	2 218,14
	II	34 414	1 892,77	2 753,12	3 097,26	II	34 414	1 795,86	2 612,16	2 938,68	1 658,26	2 471,28	2 780,19	1 448,58	2 330,32	2 621,61	1 239,02	2 189,44	2 463,12	1 029,46	2 048,56	2 304,63	819,79	1 907,60	2 146,05
	III	26 188	—	2 095,04	2 356,92	III	26 188	—	1 962,72	2 208,06	—	1 833,28	2 062,44	—	1 707,04	1 920,42	—	1 583,52	1 781,46	—	1 463,04	1 645,92	—	1 345,44	1 513,62
	V	40 849	2 246,69	3 267,92	3 676,41	IV	35 215	1 888,42	2 746,80	3 090,15	1 839,97	2 676,32	3 010,86	1 791,51	2 605,84	2 931,57	1 743,06	2 535,36	2 852,28	1 648,86	2 464,96	2 773,08	1 544,02	2 394,48	2 693,79
	VI	41 284	2 270,62	3 302,72	3 715,56																				
118 619,99 Ost	I,IV	35 373	1 945,51	2 829,84	3 183,57	I	35 373	1 848,60	2 688,88	3 024,99	1 751,75	2 548,–	2 866,50	1 562,70	2 407,04	2 707,92	1 353,14	2 266,16	2 549,43	1 143,47	2 125,20	2 390,85	933,91	1 984,32	2 232,36
	II	34 571	1 901,40	2 765,68	3 111,39	II	34 571	1 804,55	2 624,80	2 952,90	1 676,94	2 483,84	2 794,32	1 467,38	2 342,96	2 635,83	1 257,83	2 202,08	2 477,34	1 048,15	2 061,12	2 318,76	838,59	1 920,24	2 160,27
	III	26 338	—	2 107,04	2 370,42	III	26 338	—	1 974,40	2 221,20	—	1 844,80	2 075,40	—	1 718,24	1 933,02	—	1 594,40	1 793,70	—	1 473,60	1 657,80	—	1 355,84	1 525,32
	V	41 007	2 255,38	3 280,56	3 690,63	IV	35 373	1 897,06	2 759,36	3 104,28	1 848,60	2 688,88	3 024,99	1 800,20	2 618,48	2 945,79	1 751,75	2 548,–	2 866,50	1 667,54	2 477,52	2 787,21	1 562,70	2 407,04	2 707,92
	VI	41 442	2 279,31	3 315,36	3 729,78																				
118 655,99 West	I,IV	35 230	1 937,65	2 818,40	3 170,70	I	35 230	1 840,79	2 677,52	3 012,21	1 743,88	2 536,56	2 853,63	1 545,81	2 395,68	2 695,14	1 336,13	2 254,72	2 536,56	1 126,57	2 113,84	2 378,07	917,01	1 972,96	2 219,58
	II	34 429	1 893,59	2 754,32	3 098,61	II	34 429	1 796,74	2 613,44	2 940,12	1 660,05	2 472,48	2 781,54	1 450,49	2 331,60	2 623,05	1 240,81	2 190,64	2 464,47	1 031,25	2 049,76	2 305,98	821,57	1 908,80	2 147,40
	III	26 202	—	2 096,16	2 358,18	III	26 202	—	1 963,84	2 209,32	—	1 834,40	2 063,70	—	1 708,–	1 921,50	—	1 584,48	1 782,54	—	1 464,–	1 647,–	—	1 346,40	1 514,70
	V	40 864	2 247,52	3 269,12	3 677,76	IV	35 230	1 889,25	2 748,–	3 091,50	1 840,79	2 677,52	3 012,21	1 792,34	2 607,04	2 932,92	1 743,88	2 536,56	2 853,63	1 650,64	2 466,16	2 774,43	1 545,81	2 395,68	2 695,14
	VI	41 299	2 271,44	3 303,92	3 716,91																				
118 655,99 Ost	I,IV	35 388	1 946,34	2 831,04	3 184,92	I	35 388	1 849,43	2 690,08	3 026,34	1 752,57	2 549,20	2 867,85	1 564,49	2 408,24	2 709,27	1 354,93	2 267,36	2 550,78	1 145,37	2 126,48	2 392,29	935,69	1 985,52	2 233,71
	II	34 587	1 902,28	2 766,96	3 112,83	II	34 587	1 805,37	2 626,–	2 954,25	1 678,85	2 485,12	2 795,76	1 469,17	2 344,16	2 637,18	1 259,61	2 203,28	2 478,69	1 049,93	2 062,32	2 320,11	840,37	1 921,44	2 161,62
	III	26 352	—	2 108,16	2 371,68	III	26 352	—	1 975,52	2 222,46	—	1 845,92	2 076,66	—	1 719,20	1 934,10	—	1 595,52	1 794,96	—	1 474,72	1 659,06	—	1 356,80	1 526,40
	V	41 022	2 256,21	3 281,76	3 691,98	IV	35 388	1 897,88	2 760,56	3 105,63	1 849,43	2 690,08	3 026,34	1 801,03	2 619,68	2 947,14	1 752,57	2 549,20	2 867,85	1 669,33	2 478,72	2 788,56	1 564,49	2 408,24	2 709,27
	VI	41 457	2 280,13	3 316,56	3 731,13																				
118 691,99 West	I,IV	35 246	1 938,53	2 819,68	3 172,14	I	35 246	1 841,62	2 678,72	3 013,56	1 744,76	2 537,84	2 855,07	1 547,59	2 396,88	2 696,49	1 338,03	2 256,–	2 538,–	1 128,35	2 115,04	2 379,42	918,79	1 974,16	2 220,93
	II	34 444	1 894,42	2 755,52	3 099,96	II	34 444	1 797,56	2 614,64	2 941,47	1 661,83	2 473,68	2 782,89	1 452,27	2 332,80	2 624,40	1 242,59	2 191,84	2 465,82	1 033,03	2 050,96	2 307,33	823,36	1 910,–	2 148,75
	III	26 216	—	2 097,28	2 359,44	III	26 216	—	1 964,96	2 210,58	—	1 835,52	2 064,96	—	1 709,12	1 922,76	—	1 585,60	1 783,80	—	1 464,96	1 648,08	—	1 347,36	1 515,78
	V	40 879	2 248,34	3 270,32	3 679,11	IV	35 246	1 890,07	2 749,20	3 092,85	1 841,62	2 678,72	3 013,56	1 793,16	2 608,24	2 934,27	1 744,76	2 537,84	2 855,07	1 652,43	2 467,36	2 775,78	1 547,59	2 396,88	2 696,49
	VI	41 315	2 272,32	3 305,20	3 718,35																				
118 691,99 Ost	I,IV	35 403	1 947,16	2 832,24	3 186,27	I	35 403	1 850,31	2 691,36	3 027,78	1 753,40	2 550,40	2 869,20	1 566,39	2 409,52	2 710,71	1 356,71	2 268,56	2 552,13	1 147,16	2 127,68	2 393,64	937,48	1 986,72	2 235,06
	II	34 602	1 903,11	2 768,16	3 114,18	II	34 602	1 806,20	2 627,20	2 955,60	1 680,63	2 486,32	2 797,11	1 470,95	2 345,36	2 638,53	1 261,40	2 204,48	2 480,04	1 051,72	2 063,52	2 321,46	842,16	1 922,64	2 162,97
	III	26 366	—	2 109,28	2 372,94	III	26 366	—	1 976,64	2 223,72	—	1 847,04	2 077,92	—	1 720,32	1 935,36	—	1 596,48	1 796,04	—	1 475,68	1 660,14	—	1 357,76	1 527,48
	V	41 037	2 257,03	3 282,96	3 693,33	IV	35 403	1 898,71	2 761,76	3 106,98	1 850,31	2 691,36	3 027,78	1 801,85	2 620,88	2 948,49	1 753,40	2 550,40	2 869,20	1 671,11	2 479,92	2 789,91	1 566,39	2 409,52	2 710,71
	VI	41 472	2 280,96	3 317,76	3 732,48																				
118 727,99 West	I,IV	35 261	1 939,35	2 820,88	3 173,49	I	35 261	1 842,44	2 679,92	3 014,91	1 745,59	2 539,04	2 856,42	1 549,38	2 398,08	2 697,84	1 339,82	2 257,20	2 539,35	1 130,14	2 116,24	2 380,77	920,58	1 975,36	2 222,28
	II	34 459	1 895,24	2 756,72	3 101,31	II	34 459	1 798,39	2 615,84	2 942,82	1 663,62	2 474,88	2 784,24	1 454,06	2 334,–	2 625,75	1 244,38	2 193,04	2 467,17	1 034,82	2 052,16	2 308,68	825,14	1 911,20	2 150,10
	III	26 230	—	2 098,40	2 360,70	III	26 230	—	1 966,08	2 211,84	—	1 836,64	2 066,22	—	1 710,24	1 924,02	—	1 586,72	1 785,06	—	1 466,08	1 649,34	—	1 348,32	1 516,86
	V	40 895	2 249,22	3 271,60	3 680,55	IV	35 261	1 890,90	2 750,40	3 094,20	1 842,44	2 679,92	3 014,91	1 793,99	2 609,44	2 935,62	1 745,59	2 539,04	2 856,42	1 654,21	2 468,56	2 777,13	1 549,38	2 398,08	2 697,84
	VI	41 330	2 273,15	3 306,40	3 719,70																				
118 727,99 Ost	I,IV	35 418	1 947,99	2 833,44	3 187,62	I	35 418	1 851,13	2 692,56	3 029,13	1 754,22	2 551,60	2 870,55	1 568,18	2 410,72	2 712,06	1 358,50	2 269,76	2 553,48	1 148,94	2 128,88	2 394,99	939,26	1 987,92	2 236,41
	II	34 617	1 903,93	2 769,36	3 115,53	II	34 617	1 807,02	2 628,40	2 956,95	1 682,42	2 487,52	2 798,46	1 472,74	2 346,56	2 639,88	1 263,18	2 205,68	2 481,39	1 053,50	2 064,72	2 322,81	843,94	1 923,84	2 164,32
	III	26 380	—	2 110,40	2 374,20	III	26 380	—	1 977,76	2 224,98	—	1 848,16	2 079,18	—	1 721,44	1 936,62	—	1 597,60	1 797,30	—	1 476,80	1 661,40	—	1 358,88	1 528,74
	V	41 052	2 257,86	3 284,16	3 694,68	IV	35 418	1 899,53	2 762,96	3 108,33	1 851,13	2 692,56	3 029,13	1 802,68	2 622,08	2 949,84	1 754,22	2 551,60	2 870,55	1 672,90	2 481,12	2 791,26	1 568,18	2 410,72	2 712,06
	VI	41 487	2 281,78	3 318,96	3 733,83																				
118 763,99 West	I,IV	35 276	1 940,18	2 822,08	3 174,84	I	35 276	1 843,27	2 681,12	3 016,26	1 746,41	2 540,24	2 857,77	1 551,16	2 399,28	2 699,19	1 341,60	2 258,40	2 540,70	1 131,92	2 117,44	2 382,12	922,36	1 976,56	2 223,63
	II	34 474	1 896,07	2 757,92	3 102,66	II	34 474	1 799,21	2 617,04	2 944,17	1 665,40	2 476,08	2 785,59	1 455,84	2 335,20	2 627,10	1 246,16	2 194,24	2 468,52	1 036,60	2 053,36	2 310,03	827,05	1 912,48	2 151,54
	III	26 244	—	2 099,52	2 361,96	III	26 244	—	1 967,20	2 213,10	—	1 837,76	2 067,48	—	1 711,20	1 925,10	—	1 587,68	1 786,14	—	1 467,04	1 650,42	—	1 349,44	1 518,12
	V	40 910	2 250,05	3 272,80	3 681,90	IV	35 276	1 891,72	2 751,60	3 095,55	1 843,27	2 681,12	3 016,26	1 794,87	2 610,72	2 937,06	1 746,41	2 540,24	2 857,77	1 656,–	2 469,76	2 778,48	1 551,16	2 399,28	2 699,19
	VI	41 345	2 273,97	3 307,60	3 721,05																				
118 763,99 Ost	I,IV	35 433	1 948,81	2 834,64	3 188,97	I	35 433	1 851,96	2 693,76	3 030,48	1 755,05	2 552,80	2 871,90	1 569,96	2 411,92	2 713,41	1 360,28	2 270,96	2 554,83	1 150,73	2 130,08	2 396,34	941,05	1 989,12	2 237,76
	II	34 632	1 904,76	2 770,56	3 116,88	II	34 632	1 807,85	2 629,60	2 958,30	1 684,20	2 488,72	2 799,81	1 474,52	2 347,76	2 641,23	1 264,97	2 206,88	2 482,74	1 055,41	2 066,–	2 324,25	845,73	1 925,04	2 165,67
	III	26 394	—	2 111,52	2 375,46	III	26 394	—	1 978,88	2 226,24	—	1 849,28	2 080,44	—	1 722,40	1 937,70	—	1 598,72	1 798,56	—	1 477,76	1 662,48	—	1 359,84	1 529,82
	V	41 067	2 258,68	3 285,36	3 696,03	IV	35 433	1 900,41	2 764,24	3 109,77	1 851,96	2 693,76	3 030,48	1 803,50	2 623,28	2 951,19	1 755,05	2 552,80	2 871,90	1 674,80	2 482,40	2 792,70	1 569,96	2 411,92	2 713,41
	VI	41 502	2 282,61	3 320,16	3 735,18																				
118 799,99 West	I,IV	35 291	1 941,–	2 823,28	3 176,19	I	35 291	1 844,09	2 682,32	3 017,61	1 747,24	2 541,44	2 859,12	1 552,95	2 400,48	2 700,54	1 343,39	2 259,60	2 542,05	1 133,71	2 118,64	2 383,47	924,15	1 977,76	2 224,98
	II	34 490	1 896,95	2 759,20	3 104,10	II	34 490	1 800,04	2 618,24	2 945,52	1 667,30	2 477,36	2 787,03	1 457,63	2 336,40	2 628,45	1 248,07	2 195,52	2 469,96	1 038,39	2 054,56	2 311,38	828,83	1 913,68	2 152,89
	III	26 258	—	2 100,64	2 363,22	III	26 258	—	1 968,32	2 214,36	—	1 838,88	2 068,74	—	1 712,32	1 926,36	—	1 588,80	1 787,40	—	1 468,16	1 651,68	—	1 350,40	1 519,20
	V	40 925	2 250,87	3 274,–	3 683,25	IV	35 291	1 892,55	2 752,80	3 096,90	1 844,09	2 682,32	3 017,61	1 795,69	2 611,92	2 938,41	1 747,24	2 541,44	2 859,12	1 657,78	2 470,96	2 779,83	1 552,95	2 400,48	2 700,54
	VI	41 360	2 274,80	3 308,80	3 722,40																				
118 799,99 Ost	I,IV	35 448	1 949,64	2 835,84	3 190,32	I	35 448	1 852,78	2 694,96	3 031,83	1 755,87	2 554,–	2 873,25	1 571,75	2 413,12	2 714,76	1 362,07	2 272,16	2 556,18	1 152,51	2 131,28	2 397,69	942,95	1 990,40	2 239,20
	II	34 647	1 905,58	2 771,76	3 118,23	II	34 647	1 808,73	2 630,88	2 959,74	1 685,99	2 489,92	2 801,16	1 476,43	2 349,04	2 642,67	1 266,75	2 208,08	2 484,09	1 057,19	2 067,20	2 325,60	847,51	1 926,24	2 167,02
	III	26 410	—	2 112,80	2 376,90	III	26 410	—	1 980,–	2 227,50	—	1 850,40	2 081,70	—	1 723,52	1 938,96	—	1 599,68	1 799,64	—	1 478,72	1 663,56	—	1 360,80	1 530,90
	V	41 082	2 259,51	3 286,56	3 697,38	IV	35 448	1 901,24	2 765,44	3 111,12	1 852,78	2 694,96	3 031,83	1 804,33	2 624,48	2 952,54	1 755,87	2 554,–	2 873,25	1 676,59	2 483,60	2 794,05	1 571,75	2 413,12	2 714,76
	VI	41 517	2 283,43	3 321,36	3 736,53																				

* Die ausgewiesenen Tabellenwerte sind amtlich. Siehe Erläuterungen auf der Umschlaginnenseite (U2).

Lohn/ Gehalt bis €*		Abzüge an Lohnsteuer, Solidaritätszuschlag (SolZ) und Kirchensteuer (8%, 9%) in den Steuerklassen I – VI				I, II, III, IV		mit Zahl der Kinderfreibeträge . . .																	
			ohne Kinderfreibeträge					0,5			1			1,5			2			2,5			3		
		LSt	SolZ	8%	9%		LSt	SolZ	8%	9%	SolZ	8%	9%	SolZ	8%	9%	SolZ	8%	9%	SolZ	8%	9%	SolZ	8%	9%
118 835,99 West	I,IV	35 306	1 941,83	2 824,48	3 177,54	I	35 306	1 844,97	2 683,60	3 019,05	1 748,06	2 542,64	2 860,47	1 554,85	2 401,76	2 701,98	1 345,17	2 260,80	2 543,40	1 135,61	2 119,92	2 384,91	925,93	1 978,96	2 226,33
	II	34 505	1 897,77	2 760,40	3 105,45	II	34 505	1 800,86	2 619,44	2 946,87	1 669,09	2 478,56	2 788,38	1 459,41	2 337,60	2 629,80	1 249,85	2 196,72	2 471,31	1 040,17	2 055,76	2 312,73	830,62	1 914,88	2 154,24
	III	26 274	—	2 101,92	2 364,66	III	26 274	—	1 969,44	2 215,62	—	1 840,—	2 070,—	—	1 713,44	1 927,62	—	1 589,76	1 788,48	—	1 469,12	1 652,76	—	1 351,36	1 520,28
	V	40 940	2 251,70	3 275,20	3 684,60	IV	35 306	1 893,37	2 754,—	3 098,25	1 844,97	2 683,60	3 019,05	1 796,52	2 613,12	2 939,76	1 748,06	2 542,64	2 860,47	1 659,57	2 472,16	2 781,18	1 554,85	2 401,76	2 701,98
	VI	41 375	2 275,62	3 310,—	3 723,75																				
118 835,99 Ost	I,IV	35 464	1 950,52	2 837,12	3 191,76	I	35 464	1 853,61	2 696,16	3 033,18	1 756,75	2 555,28	2 874,69	1 573,53	2 414,32	2 716,11	1 363,97	2 273,44	2 557,62	1 154,30	2 132,48	2 399,04	944,74	1 991,60	2 240,55
	II	34 662	1 906,41	2 772,96	3 119,58	II	34 662	1 809,55	2 632,08	2 961,09	1 687,77	2 491,12	2 802,51	1 478,21	2 350,24	2 644,02	1 268,54	2 209,28	2 485,44	1 058,98	2 068,40	2 326,95	849,30	1 927,44	2 168,37
	III	26 424	—	2 113,92	2 378,16	III	26 424	—	1 981,12	2 228,76	—	1 851,36	2 082,78	—	1 724,64	1 940,22	—	1 600,80	1 800,90	—	1 479,84	1 664,82	—	1 361,76	1 531,98
	V	41 097	2 260,33	3 287,76	3 698,73	IV	35 464	1 902,06	2 766,64	3 112,47	1 853,61	2 696,16	3 033,18	1 805,15	2 625,68	2 953,89	1 756,75	2 555,28	2 874,69	1 678,37	2 484,80	2 795,40	1 573,53	2 414,32	2 716,11
	VI	41 532	2 284,26	3 322,56	3 737,88																				
118 871,99 West	I,IV	35 321	1 942,65	2 825,68	3 178,89	I	35 321	1 845,80	2 684,80	3 020,40	1 748,89	2 543,84	2 861,82	1 556,63	2 402,96	2 703,33	1 346,96	2 262,—	2 544,75	1 137,40	2 121,12	2 386,26	927,72	1 980,16	2 227,68
	II	34 520	1 898,60	2 761,60	3 106,80	II	34 520	1 801,69	2 620,64	2 948,22	1 670,87	2 479,76	2 789,73	1 461,20	2 338,80	2 631,15	1 251,64	2 197,92	2 472,66	1 041,96	2 056,96	2 314,08	832,40	1 916,08	2 155,59
	III	26 288	—	2 103,04	2 365,92	III	26 288	—	1 970,56	2 216,88	—	1 841,12	2 071;26	—	1 714,40	1 928,70	—	1 590,88	1 789,74	—	1 470,08	1 653,84	—	1 352,32	1 521,36
	V	40 955	2 252,52	3 276,40	3 685,95	IV	35 321	1 894,20	2 755,20	3 099,60	1 845,80	2 684,80	3 020,40	1 797,34	2 614,32	2 941,11	1 748,89	2 543,84	2 861,82	1 661,35	2 473,36	2 782,53	1 556,63	2 402,96	2 703,33
	VI	41 390	2 276,45	3 311,20	3 725,10																				
118 871,99 Ost	I,IV	35 479	1 951,34	2 838,32	3 193,11	I	35 479	1 854,43	2 697,36	3 034,53	1 757,58	2 556,48	2 876,04	1 575,32	2 415,52	2 717,46	1 365,76	2 274,64	2 558,97	1 156,08	2 133,68	2 400,39	946,52	1 992,80	2 241,90
	II	34 677	1 907,23	2 774,16	3 120,93	II	34 677	1 810,38	2 633,28	2 962,44	1 689,56	2 492,32	2 803,86	1 480,—	2 351,44	2 645,37	1 270,32	2 210,48	2 486,79	1 060,76	2 069,60	2 328,30	851,08	1 928,64	2 169,72
	III	26 438	—	2 115,04	2 379,42	III	26 438	—	1 982,24	2 230,02	—	1 852,48	2 084,04	—	1 725,76	1 941,48	—	1 601,76	1 801,98	—	1 480,80	1 665,90	—	1 362,88	1 533,24
	V	41 112	2 261,16	3 288,96	3 700,08	IV	35 479	1 902,89	2 767,84	3 113,82	1 854,43	2 697,36	3 034,53	1 805,98	2 626,88	2 955,24	1 757,58	2 556,48	2 876,04	1 680,16	2 486,—	2 796,75	1 575,32	2 415,52	2 717,46
	VI	41 548	2 285,14	3 323,84	3 739,32																				
118 907,99 West	I,IV	35 336	1 943,48	2 826,88	3 180,24	I	35 336	1 846,62	2 686,—	3 021,75	1 749,71	2 545,04	2 863,17	1 558,42	2 404,16	2 704,68	1 348,74	2 263,20	2 546,10	1 139,18	2 122,32	2 387,61	929,50	1 981,36	2 229,03
	II	34 535	1 899,42	2 762,80	3 108,15	II	34 535	1 802,51	2 621,84	2 949,57	1 672,66	2 480,96	2 791,08	1 462,98	2 340,—	2 632,50	1 253,42	2 199,12	2 474,01	1 043,74	2 058,16	2 315,43	834,19	1 917,28	2 156,94
	III	26 302	—	2 104,16	2 367,18	III	26 302	—	1 971,68	2 218,14	—	1 842,08	2 072,34	—	1 715,52	1 929,96	—	1 591,84	1 790,82	—	1 471,20	1 655,10	—	1 353,44	1 522,62
	V	40 970	2 253,35	3 277,60	3 687,30	IV	35 336	1 895,08	2 756,48	3 101,04	1 846,62	2 686,—	3 021,75	1 798,17	2 615,52	2 942,46	1 749,71	2 545,04	2 863,17	1 663,26	2 474,64	2 783,97	1 558,42	2 404,16	2 704,68
	VI	41 405	2 277,27	3 312,40	3 726,45																				
118 907,99 Ost	I,IV	35 494	1 952,17	2 839,52	3 194,46	I	35 494	1 855,26	2 698,56	3 035,88	1 758,40	2 557,68	2 877,39	1 577,10	2 416,72	2 718,81	1 367,54	2 275,84	2 560,32	1 157,87	2 134,88	2 401,74	948,31	1 994,—	2 243,25
	II	34 692	1 908,06	2 775,36	3 122,28	II	34 692	1 811,20	2 634,48	2 963,79	1 691,34	2 493,52	2 805,21	1 481,78	2 352,64	2 646,72	1 272,11	2 211,68	2 488,14	1 062,55	2 070,80	2 329,65	852,99	1 929,92	2 171,16
	III	26 452	—	2 116,16	2 380,68	III	26 452	—	1 983,52	2 231,46	—	1 853,60	2 085,30	—	1 726,72	1 942,56	—	1 602,88	1 803,24	—	1 481,92	1 667,16	—	1 363,84	1 534,32
	V	41 128	2 262,04	3 290,24	3 701,52	IV	35 494	1 903,71	2 769,04	3 115,17	1 855,26	2 698,56	3 035,88	1 806,86	2 628,16	2 956,68	1 758,40	2 557,68	2 877,39	1 681,94	2 487,20	2 798,10	1 577,10	2 416,72	2 718,81
	VI	41 563	2 285,96	3 325,04	3 740,67																				
118 943,99 West	I,IV	35 351	1 944,30	2 828,08	3 181,59	I	35 351	1 847,45	2 687,20	3 023,10	1 750,54	2 546,24	2 864,52	1 560,20	2 405,36	2 706,03	1 350,53	2 264,40	2 547,45	1 140,97	2 123,52	2 388,96	931,29	1 982,56	2 230,38
	II	34 550	1 900,25	2 764,—	3 109,50	II	34 550	1 803,39	2 623,12	2 951,01	1 674,44	2 482,16	2 792,43	1 464,89	2 341,28	2 633,94	1 255,21	2 200,32	2 475,36	1 045,65	2 059,44	2 316,87	835,97	1 918,48	2 158,29
	III	26 316	—	2 105,28	2 368,44	III	26 316	—	1 972,80	2 219,40	—	1 843,20	2 073,60	—	1 716,64	1 931,22	—	1 592,96	1 792,08	—	1 472,16	1 656,18	—	1 354,40	1 523,70
	V	40 985	2 254,17	3 278,80	3 688,65	IV	35 351	1 895,90	2 757,68	3 102,39	1 847,45	2 687,20	3 023,10	1 798,99	2 616,72	2 943,81	1 750,54	2 546,24	2 864,52	1 665,04	2 475,84	2 785,32	1 560,20	2 405,36	2 706,03
	VI	41 420	2 278,10	3 313,60	3 727,80																				
118 943,99 Ost	I,IV	35 509	1 952,99	2 840,72	3 195,81	I	35 509	1 856,08	2 699,76	3 037,23	1 759,23	2 558,88	2 878,74	1 578,89	2 417,92	2 720,16	1 369,33	2 277,04	2 561,67	1 159,65	2 136,08	2 403,09	950,09	1 995,20	2 244,60
	II	34 708	1 908,94	2 776,64	3 123,72	II	34 708	1 812,03	2 635,68	2 965,14	1 693,25	2 494,80	2 806,65	1 483,57	2 353,84	2 648,07	1 274,01	2 212,96	2 489,58	1 064,33	2 072,—	2 331,—	854,77	1 931,12	2 172,51
	III	26 466	—	2 117,28	2 381,94	III	26 466	—	1 984,64	2 232,72	—	1 854,72	2 086,56	—	1 727,84	1 943,82	—	1 603,84	1 804,32	—	1 482,88	1 668,24	—	1 364,80	1 535,40
	V	41 143	2 262,86	3 291,44	3 702,87	IV	35 509	1 904,54	2 770,24	3 116,52	1 856,08	2 699,76	3 037,23	1 807,68	2 629,36	2 958,03	1 759,23	2 558,88	2 878,74	1 683,73	2 488,40	2 799,45	1 578,89	2 417,92	2 720,16
	VI	41 578	2 286,79	3 326,24	3 742,02																				
118 979,99 West	I,IV	35 366	1 945,13	2 829,28	3 182,94	I	35 366	1 848,27	2 688,40	3 024,45	1 751,42	2 547,52	2 865,96	1 561,99	2 406,56	2 707,38	1 352,43	2 265,68	2 548,89	1 142,75	2 124,72	2 390,31	933,19	1 983,84	2 231,82
	II	34 565	1 901,07	2 765,20	3 110,85	II	34 565	1 804,22	2 624,32	2 952,36	1 676,23	2 483,36	2 793,78	1 466,67	2 342,48	2 635,29	1 256,99	2 201,52	2 476,71	1 047,43	2 060,64	2 318,22	837,76	1 919,68	2 159,64
	III	26 330	—	2 106,40	2 369,70	III	26 330	—	1 973,92	2 220,66	—	1 844,32	2 074,86	—	1 717,76	1 932,48	—	1 593,92	1 793,16	—	1 473,28	1 657,44	—	1 355,36	1 524,78
	V	41 000	2 255,—	3 280,—	3 690,—	IV	35 366	1 896,73	2 758,88	3 103,74	1 848,27	2 688,40	3 024,45	1 799,82	2 617,92	2 945,16	1 751,42	2 547,52	2 865,96	1 666,83	2 477,04	2 786,67	1 561,99	2 406,56	2 707,38
	VI	41 435	2 278,92	3 314,80	3 729,15																				
118 979,99 Ost	I,IV	35 524	1 953,82	2 841,92	3 197,16	I	35 524	1 856,96	2 701,04	3 038,67	1 760,05	2 560,08	2 880,09	1 580,79	2 419,20	2 721,60	1 371,11	2 278,24	2 563,02	1 161,55	2 137,36	2 404,53	951,88	1 996,40	2 245,95
	II	34 723	1 909,76	2 777,84	3 125,07	II	34 723	1 812,85	2 636,88	2 966,49	1 695,03	2 496,—	2 808,—	1 485,35	2 355,04	2 649,42	1 275,79	2 214,16	2 490,93	1 066,12	2 073,20	2 332,35	856,56	1 932,32	2 173,86
	III	26 482	—	2 118,56	2 383,38	III	26 482	—	1 985,76	2 233,98	—	1 855,84	2 087,82	—	1 728,96	1 945,08	—	1 604,96	1 805,58	—	1 483,84	1 669,32	—	1 365,76	1 536,48
	V	41 158	2 263,69	3 292,64	3 704,22	IV	35 524	1 905,36	2 771,44	3 117,87	1 856,96	2 701,04	3 038,67	1 808,51	2 630,56	2 959,38	1 760,05	2 560,08	2 880,09	1 685,51	2 489,60	2 800,80	1 580,79	2 419,20	2 721,60
	VI	41 593	2 287,61	3 327,44	3 743,37																				
119 015,99 West	I,IV	35 382	1 946,01	2 830,56	3 184,38	I	35 382	1 849,10	2 689,60	3 025,80	1 752,24	2 548,72	2 867,31	1 563,77	2 407,76	2 708,73	1 354,22	2 266,88	2 550,24	1 144,54	2 125,92	2 391,66	934,98	1 985,04	2 233,17
	II	34 580	1 901,90	2 766,40	3 112,20	II	34 580	1 805,04	2 625,52	2 953,71	1 678,01	2 484,56	2 795,13	1 468,46	2 343,68	2 636,64	1 258,78	2 202,72	2 478,06	1 049,22	2 061,84	2 319,57	839,54	1 920,88	2 160,99
	III	26 346	—	2 107,68	2 371,14	III	26 346	—	1 975,04	2 221,92	—	1 845,44	2 076,12	—	1 718,72	1 933,56	—	1 595,04	1 794,42	—	1 474,24	1 658,52	—	1 356,32	1 525,86
	V	41 015	2 255,82	3 281,20	3 691,35	IV	35 382	1 897,55	2 760,08	3 105,09	1 849,10	2 689,60	3 025,80	1 800,64	2 619,12	2 946,51	1 752,24	2 548,72	2 867,31	1 668,61	2 478,24	2 788,02	1 563,77	2 407,76	2 708,73
	VI	41 451	2 279,80	3 316,08	3 730,59																				
119 015,99 Ost	I,IV	35 539	1 954,64	2 843,12	3 198,51	I	35 539	1 857,79	2 702,24	3 040,02	1 760,88	2 561,28	2 881,44	1 582,58	2 420,40	2 722,95	1 372,90	2 279,44	2 564,37	1 163,34	2 138,56	2 405,88	953,66	1 997,60	2 247,30
	II	34 738	1 910,59	2 779,04	3 126,42	II	34 738	1 813,68	2 638,08	2 967,84	1 696,82	2 497,20	2 809,35	1 487,14	2 356,24	2 650,77	1 277,58	2 215,36	2 492,28	1 067,90	2 074,40	2 333,70	858,34	1 933,52	2 175,21
	III	26 496	—	2 119,68	2 384,64	III	26 496	—	1 986,88	2 235,24	—	1 856,96	2 089,08	—	1 730,08	1 946,34	—	1 606,08	1 806,84	—	1 484,96	1 670,58	—	1 366,88	1 537,74
	V	41 173	2 264,51	3 293,84	3 705,57	IV	35 539	1 906,19	2 772,64	3 119,22	1 857,79	2 702,24	3 040,02	1 809,33	2 631,76	2 960,73	1 760,88	2 561,28	2 881,44	1 687,30	2 490,80	2 802,15	1 582,58	2 420,40	2 722,95
	VI	41 608	2 288,44	3 328,64	3 744,72																				
119 051,99 West	I,IV	35 397	1 946,83	2 831,76	3 185,73	I	35 397	1 849,92	2 690,80	3 027,15	1 753,07	2 549,92	2 868,66	1 565,56	2 408,96	2 710,08	1 356,—	2 268,08	2 551,59	1 146,32	2 127,12	2 393,01	936,76	1 986,24	2 234,52
	II	34 595	1 902,72	2 767,60	3 113,55	II	34 595	1 805,87	2 626,72	2 955,06	1 679,80	2 485,76	2 796,48	1 470,24	2 344,88	2 637,99	1 260,56	2 203,92	2 479,41	1 051,—	2 063,04	2 320,92	841,33	1 922,08	2 162,34
	III	26 360	—	2 108,80	2 372,40	III	26 360	—	1 976,16	2 223,18	—	1 846,56	2 077,38	—	1 719,84	1 934,82	—	1 596,16	1 795,68	—	1 475,20	1 659,60	—	1 357,44	1 527,12
	V	41 031	2 256,70	3 282,48	3 692,79	IV	35 397	1 898,38	2 761,28	3 106,44	1 849,92	2 690,80	3 027,15	1 801,52	2 620,40	2 947,95	1 753,07	2 549,92	2 868,66	1 670,40	2 479,44	2 789,37	1 565,56	2 408,96	2 710,08
	VI	41 466	2 280,63	3 317,28	3 731,94																				
119 051,99 Ost	I,IV	35 554	1 955,47	2 844,32	3 199,86	I	35 554	1 858,61	2 703,44	3 041,37	1 761,70	2 562,48	2 882,79	1 584,36	2 421,60	2 724,30	1 374,68	2 280,64	2 565,72	1 165,12	2 139,76	2 407,23	955,45	1 998,80	2 248,65
	II	34 753	1 911,41	2 780,24	3 127,77	II	34 753	1 814,50	2 639,28	2 969,19	1 698,60	2 498,40	2 810,70	1 488,92	2 357,44	2 652,12	1 279,36	2 216,56	2 493,63	1 069,69	2 075,60	2 335,05	860,13	1 934,72	2 176,56
	III	26 510	—	2 120,80	2 385,90	III	26 510	—	1 988,—	2 236,50	—	1 858,08	2 090,34	—	1 731,04	1 947,42	—	1 607,04	1 807,92	—	1 485,92	1 671,66	—	1 367,84	1 538,82
	V	41 188	2 265,34	3 295,04	3 706,92	IV	35 554	1 907,01	2 773,84	3 120,57	1 858,61	2 703,44	3 041,37	1 810,16	2 632,96	2 962,08	1 761,70	2 562,48	2 882,79	1 689,20	2 492,08	2 803,59	1 584,36	2 421,60	2 724,30
	VI	41 623	2 289,26	3 329,84	3 746,07																				
119 087,99 West	I,IV	35 412	1 947,66	2 832,96	3 187,08	I	35 412	1 850,75	2 692,—	3 028,50	1 753,89	2 551,12	2 870,01	1 567,34	2 410,16	2 711,43	1 357,79	2 269,28	2 552,94	1 148,11	2 128,32	2 394,36	938,55	1 987,44	2 235,87
	II	34 610	1 903,55	2 768,80	3 114,90	II	34 610	1 806,69	2 627,92	2 956,41	1 681,70	2 487,04	2 797,92	1 472,03	2 346,08	2 639,34	1 262,47	2 205,20	2 480,85	1 052,79	2 064,24	2 322,27	843,23	1 923,36	2 163,78
	III	26 374	—	2 109,92	2 373,66	III	26 374	—	1 977,28	2 224,44	—	1 847,68	2 078,64	—	1 720,96	1 936,08	—	1 597,12	1 796,76	—	1 476,32	1 660,86	—	1 358,40	1 528,20
	V	41 046	2 257,53	3 283,68	3 694,14	IV	35 412	1 899,20	2 762,48	3 107,79	1 850,75	2 692,—	3 028,50	1 802,35	2 621,60	2 949,30	1 753,89	2 551,12	2 870,01	1 672,18	2 480,64	2 790,72	1 567,34	2 410,16	2 711,43
	VI	41 481	2 281,45	3 318,48	3 733,29																				
119 087,99 Ost	I,IV	35 569	1 956,29	2 845,52	3 201,21	I	35 569	1 859,44	2 704,64	3 042,72	1 762,53	2 563,68	2 884,14	1 586,15	2 422,80	2 725,65	1 376,47	2 281,84	2 567,07	1 166,91	2 140,96	2 408,58	957,23	2 000,—	2 250,—
	II	34 768	1 912,24	2 781,44	3 129,12	II	34 768	1 815,38	2 640,56	2 970,63	1 700,39	2 499,60	2 812,05	1 490,83	2 358,72	2 653,56	1 281,15	2 217,76	2 494,98	1 071,59	2 076,88	2 336,49	861,91	1 935,92	2 177,91
	III	26 524	—	2 121,92	2 387,16	III	26 524	—	1 989,12	2 237,76	—	1 859,20	2 091,60	—	1 732,16	1 948,68	—	1 608,16	1 809,18	—	1 487,04	1 672,92	—	1 368,80	1 539,90
	V	41 203	2 266,16	3 296,24	3 708,27	IV	35 569	1 907,89	2 775,12	3 122,01	1 859,44	2 704,64	3 042,72	1 810,98	2 634,16	2 963,43	1 762,53	2 563,68	2 884,14	1 690,99	2 493,28	2 804,94	1 586,15	2 422,80	2 725,65
	VI	41 638	2 290,09	3 331,04	3 747,42																				

* Die ausgewiesenen Tabellenwerte sind amtlich. Siehe Erläuterungen auf der Umschlaginnenseite (U2).

Abzüge an Lohnsteuer, Solidaritätszuschlag (SolZ) und Kirchensteuer (8%, 9%) in den Steuerklassen

Lohn/ Gehalt bis €*	I – VI					I, II, III, IV		mit Zahl der Kinderfreibeträge . . . 0,5			1			1,5			2			2,5			3		
		LSt	ohne Kinderfreibeträge SolZ	8%	9%		LSt	SolZ	8%	9%	SolZ	8%	9%	SolZ	8%	9%	SolZ	8%	9%	SolZ	8%	9%	SolZ	8%	9%
119 123,99 West	I,IV	35 427	1 948,48	2 834,16	3 188,43	I	35 427	1 851,57	2 693,20	3 029,85	1 754,72	2 552,32	2 871,36	1 569,25	2 411,44	2 712,87	1 359,57	2 270,48	2 554,29	1 150,01	2 129,60	2 395,80	940,33	1 988,64	2 237,22
	II	34 626	1 904,43	2 770,08	3 116,34	II	34 626	1 807,52	2 629,12	2 957,76	1 683,49	2 488,24	2 799,27	1 473,81	2 347,28	2 640,69	1 264,25	2 206,40	2 482,20	1 054,57	2 065,44	2 323,62	845,01	1 924,56	2 165,13
	III	26 388	–	2 111,04	2 374,92	III	26 388	–	1 978,40	2 225,70	–	1 848,80	2 079,90	–	1 721,92	1 937,16	–	1 598,24	1 798,02	–	1 477,28	1 661,94	–	1 359,36	1 529,28
	V	41 061	2 258,35	3 284,88	3 695,49	IV	35 427	1 900,03	2 763,68	3 109,14	1 851,57	2 693,20	3 029,85	1 803,17	2 622,80	2 950,65	1 754,72	2 552,32	2 871,36	1 673,97	2 481,84	2 792,07	1 569,25	2 411,44	2 712,87
	VI	41 496	2 282,28	3 319,68	3 734,64																				
119 123,99 Ost	I,IV	35 584	1 957,12	2 846,72	3 202,56	I	35 584	1 860,26	2 705,84	3 044,07	1 763,41	2 564,96	2 885,58	1 587,93	2 424,–	2 727,–	1 378,37	2 283,12	2 568,51	1 168,69	2 142,16	2 409,93	959,14	2 001,28	2 251,44
	II	34 783	1 913,06	2 782,64	3 130,47	II	34 783	1 816,21	2 641,76	2 971,98	1 702,17	2 500,80	2 813,40	1 492,61	2 359,92	2 654,91	1 282,93	2 218,96	2 496,33	1 073,38	2 078,08	2 337,84	863,70	1 937,12	2 179,26
	III	26 538	–	2 123,04	2 388,42	III	26 538	–	1 990,24	2 239,02	–	1 860,32	2 092,86	–	1 733,28	1 949,94	–	1 609,12	1 810,26	–	1 488,–	1 674,–	–	1 369,76	1 540,98
	V	41 218	2 266,99	3 297,44	3 709,62	IV	35 584	1 908,72	2 776,32	3 123,36	1 860,26	2 705,84	3 044,07	1 811,81	2 635,36	2 964,78	1 763,41	2 564,96	2 885,58	1 692,77	2 494,48	2 806,29	1 587,93	2 424,–	2 727,–
	VI	41 653	2 290,91	3 332,24	3 748,77																				
119 159,99 West	I,IV	35 442	1 949,31	2 835,36	3 189,78	I	35 442	1 852,45	2 694,48	3 031,29	1 755,54	2 553,52	2 872,71	1 571,03	2 412,64	2 714,22	1 361,36	2 271,68	2 555,64	1 151,80	2 130,80	2 397,15	942,12	1 989,84	2 238,57
	II	34 641	1 905,25	2 771,28	3 117,69	II	34 641	1 808,34	2 630,32	2 959,11	1 685,27	2 489,44	2 800,62	1 475,60	2 348,48	2 642,04	1 266,04	2 207,60	2 483,55	1 056,36	2 066,64	2 324,97	846,80	1 925,76	2 166,48
	III	26 402	–	2 112,16	2 376,18	III	26 402	–	1 979,52	2 226,96	–	1 849,92	2 081,16	–	1 723,04	1 938,42	–	1 599,20	1 799,10	–	1 478,40	1 663,20	–	1 360,32	1 530,36
	V	41 076	2 259,18	3 286,08	3 696,84	IV	35 442	1 900,85	2 764,88	3 110,49	1 852,45	2 694,48	3 031,29	1 804,–	2 624,–	2 952,–	1 755,54	2 553,52	2 872,71	1 675,75	2 483,04	2 793,42	1 571,03	2 412,64	2 714,22
	VI	41 511	2 283,10	3 320,88	3 735,99																				
119 159,99 Ost	I,IV	35 600	1 958,–	2 848,–	3 204,–	I	35 600	1 861,09	2 707,04	3 045,42	1 764,23	2 566,16	2 886,93	1 589,72	2 425,20	2 728,35	1 380,16	2 284,32	2 569,86	1 170,48	2 143,36	2 411,28	960,92	2 002,48	2 252,79
	II	34 798	1 913,89	2 783,84	3 131,82	II	34 798	1 817,03	2 642,96	2 973,33	1 703,96	2 502,–	2 814,75	1 494,40	2 361,12	2 656,26	1 284,72	2 220,16	2 497,68	1 075,16	2 079,28	2 339,19	865,48	1 938,32	2 180,61
	III	26 554	–	2 124,32	2 389,86	III	26 554	–	1 991,36	2 240,28	–	1 861,28	2 093,94	–	1 734,24	1 951,02	–	1 610,24	1 811,52	–	1 489,12	1 675,26	–	1 370,88	1 542,24
	V	41 233	2 267,81	3 298,64	3 710,97	IV	35 600	1 909,54	2 777,52	3 124,71	1 861,09	2 707,04	3 045,42	1 812,63	2 636,56	2 966,13	1 764,23	2 566,16	2 886,93	1 694,56	2 495,68	2 807,64	1 589,72	2 425,20	2 728,35
	VI	41 669	2 291,79	3 333,52	3 750,21																				
119 195,99 West	I,IV	35 457	1 950,13	2 836,56	3 191,13	I	35 457	1 853,28	2 695,68	3 032,64	1 756,37	2 554,72	2 874,06	1 572,82	2 413,84	2 715,57	1 363,14	2 272,88	2 556,99	1 153,58	2 132,–	2 398,50	943,90	1 991,04	2 239,92
	II	34 656	1 906,08	2 772,48	3 119,04	II	34 656	1 809,17	2 631,52	2 960,46	1 687,06	2 490,64	2 801,97	1 477,38	2 349,68	2 643,39	1 267,82	2 208,80	2 484,90	1 058,14	2 067,84	2 326,32	848,58	1 926,96	2 167,83
	III	26 418	–	2 113,44	2 377,62	III	26 418	–	1 980,64	2 228,22	–	1 850,88	2 082,24	–	1 724,16	1 939,68	–	1 600,32	1 800,36	–	1 479,36	1 664,28	–	1 361,44	1 531,62
	V	41 091	2 260,–	3 287,28	3 698,19	IV	35 457	1 901,68	2 766,08	3 111,84	1 853,28	2 695,68	3 032,64	1 804,82	2 625,20	2 953,35	1 756,37	2 554,72	2 874,06	1 677,66	2 484,32	2 794,86	1 572,82	2 413,84	2 715,57
	VI	41 526	2 283,93	3 322,08	3 737,34																				
119 195,99 Ost	I,IV	35 615	1 958,82	2 849,20	3 205,35	I	35 615	1 861,91	2 708,24	3 046,77	1 765,06	2 567,36	2 888,28	1 591,50	2 426,40	2 729,70	1 381,94	2 285,52	2 571,21	1 172,26	2 144,56	2 412,63	962,71	2 003,68	2 254,14
	II	34 813	1 914,71	2 785,04	3 133,17	II	34 813	1 817,86	2 644,16	2 974,68	1 705,74	2 503,20	2 816,10	1 496,18	2 362,32	2 657,61	1 286,50	2 221,36	2 499,03	1 076,95	2 080,48	2 340,54	867,27	1 939,52	2 181,96
	III	26 568	–	2 125,44	2 391,12	III	26 568	–	1 992,48	2 241,54	–	1 862,40	2 095,20	–	1 735,36	1 952,28	–	1 611,20	1 812,60	–	1 490,08	1 676,34	–	1 371,84	1 543,32
	V	41 249	2 268,69	3 299,92	3 712,41	IV	35 615	1 910,37	2 778,72	3 126,06	1 861,91	2 708,24	3 046,77	1 813,46	2 637,76	2 967,48	1 765,06	2 567,36	2 888,28	1 696,34	2 496,88	2 808,99	1 591,50	2 426,40	2 729,70
	VI	41 684	2 292,62	3 334,72	3 751,56																				
119 231,99 West	I,IV	35 472	1 950,96	2 837,76	3 192,48	I	35 472	1 854,10	2 696,88	3 033,99	1 757,19	2 555,92	2 875,41	1 574,60	2 415,04	2 716,92	1 364,93	2 274,08	2 558,34	1 155,37	2 133,20	2 399,85	945,69	1 992,24	2 241,27
	II	34 671	1 906,90	2 773,68	3 120,39	II	34 671	1 809,99	2 632,72	2 961,81	1 688,84	2 491,84	2 803,32	1 479,28	2 350,96	2 644,83	1 269,61	2 210,–	2 486,25	1 060,05	2 069,12	2 327,76	850,37	1 928,16	2 169,18
	III	26 432	–	2 114,56	2 378,88	III	26 432	–	1 981,76	2 229,48	–	1 852,–	2 083,50	–	1 725,28	1 940,94	–	1 601,28	1 801,44	–	1 480,32	1 665,36	–	1 362,40	1 532,70
	V	41 106	2 260,83	3 288,48	3 699,54	IV	35 472	1 902,56	2 767,36	3 113,28	1 854,10	2 696,88	3 033,99	1 805,65	2 626,40	2 954,70	1 757,19	2 555,92	2 875,41	1 679,44	2 485,52	2 796,21	1 574,60	2 415,04	2 716,92
	VI	41 541	2 284,75	3 323,28	3 738,69																				
119 231,99 Ost	I,IV	35 630	1 959,65	2 850,40	3 206,70	I	35 630	1 862,74	2 709,44	3 048,12	1 765,88	2 568,56	2 889,63	1 593,29	2 427,60	2 731,05	1 383,73	2 286,72	2 572,56	1 174,05	2 145,76	2 413,98	964,49	2 004,88	2 255,49
	II	34 828	1 915,54	2 786,24	3 134,52	II	34 828	1 818,68	2 645,36	2 976,03	1 707,65	2 504,48	2 817,54	1 497,97	2 363,52	2 658,96	1 288,41	2 222,64	2 500,47	1 078,73	2 081,68	2 341,89	869,17	1 940,80	2 183,40
	III	26 582	–	2 126,56	2 392,38	III	26 582	–	1 993,60	2 242,80	–	1 863,52	2 096,46	–	1 736,48	1 953,54	–	1 612,32	1 813,86	–	1 491,04	1 677,42	–	1 372,80	1 544,40
	V	41 264	2 269,52	3 301,12	3 713,76	IV	35 630	1 911,19	2 779,92	3 127,41	1 862,74	2 709,44	3 048,12	1 814,34	2 639,04	2 968,92	1 765,88	2 568,56	2 889,63	1 698,13	2 498,08	2 810,34	1 593,29	2 427,60	2 731,05
	VI	41 699	2 293,44	3 335,92	3 752,91																				
119 267,99 West	I,IV	35 487	1 951,78	2 838,96	3 193,83	I	35 487	1 854,93	2 698,08	3 035,34	1 758,02	2 557,12	2 876,76	1 576,39	2 416,24	2 718,27	1 366,83	2 275,36	2 559,78	1 157,15	2 134,40	2 401,20	947,59	1 993,52	2 242,71
	II	34 686	1 907,73	2 774,88	3 121,74	II	34 686	1 810,87	2 634,–	2 963,25	1 690,63	2 493,04	2 804,67	1 481,07	2 352,16	2 646,18	1 271,39	2 211,20	2 487,60	1 061,83	2 070,32	2 329,11	852,15	1 929,36	2 170,53
	III	26 446	–	2 115,68	2 380,14	III	26 446	–	1 982,88	2 230,74	–	1 853,12	2 084,76	–	1 726,24	1 942,02	–	1 602,40	1 802,70	–	1 481,44	1 666,62	–	1 363,36	1 533,78
	V	41 121	2 261,65	3 289,68	3 700,89	IV	35 487	1 903,38	2 768,56	3 114,63	1 854,93	2 698,08	3 035,34	1 806,47	2 627,60	2 956,05	1 758,02	2 557,12	2 876,76	1 681,23	2 486,72	2 797,56	1 576,39	2 416,24	2 718,27
	VI	41 556	2 285,58	3 324,48	3 740,04																				
119 267,99 Ost	I,IV	35 645	1 960,47	2 851,60	3 208,05	I	35 645	1 863,56	2 710,64	3 049,47	1 766,71	2 569,76	2 890,98	1 595,19	2 428,88	2 732,49	1 385,51	2 287,92	2 573,91	1 175,95	2 147,04	2 415,42	966,28	2 006,08	2 256,84
	II	34 844	1 916,42	2 787,52	3 135,96	II	34 844	1 819,51	2 646,56	2 977,38	1 709,43	2 505,68	2 818,89	1 499,75	2 364,72	2 660,31	1 290,19	2 223,84	2 501,82	1 080,52	2 082,88	2 343,24	870,96	1 942,–	2 184,75
	III	26 596	–	2 127,68	2 393,64	III	26 596	–	1 994,72	2 244,06	–	1 864,64	2 097,72	–	1 737,60	1 954,80	–	1 613,44	1 815,12	–	1 492,16	1 678,68	–	1 373,76	1 545,48
	V	41 279	2 270,34	3 302,32	3 715,11	IV	35 645	1 912,02	2 781,12	3 128,76	1 863,56	2 710,64	3 049,47	1 815,16	2 640,24	2 970,27	1 766,71	2 569,76	2 890,98	1 699,91	2 499,28	2 811,69	1 595,19	2 428,88	2 732,49
	VI	41 714	2 294,27	3 337,12	3 754,26																				
119 303,99 West	I,IV	35 503	1 952,66	2 840,24	3 195,27	I	35 503	1 855,75	2 699,28	3 036,69	1 758,90	2 558,40	2 878,20	1 578,17	2 417,44	2 719,62	1 368,61	2 276,56	2 561,13	1 158,94	2 135,60	2 402,55	949,38	1 994,72	2 244,06
	II	34 701	1 908,55	2 776,08	3 123,09	II	34 701	1 811,70	2 635,20	2 964,60	1 692,41	2 494,24	2 806,02	1 482,85	2 353,36	2 647,53	1 273,18	2 212,40	2 488,95	1 063,62	2 071,52	2 330,46	853,94	1 930,56	2 171,88
	III	26 460	–	2 116,80	2 381,40	III	26 460	–	1 984,–	2 232,–	–	1 854,24	2 086,02	–	1 727,36	1 943,28	–	1 603,36	1 803,78	–	1 482,40	1 667,70	–	1 364,32	1 534,86
	V	41 136	2 262,48	3 290,88	3 702,24	IV	35 503	1 904,21	2 769,76	3 115,98	1 855,75	2 699,28	3 036,69	1 807,30	2 628,80	2 957,40	1 758,90	2 558,40	2 878,20	1 683,01	2 487,92	2 798,91	1 578,17	2 417,44	2 719,62
	VI	41 572	2 286,46	3 325,76	3 741,48																				
119 303,99 Ost	I,IV	35 660	1 961,30	2 852,80	3 209,40	I	35 660	1 864,44	2 711,92	3 050,91	1 767,53	2 570,96	2 892,33	1 596,98	2 430,08	2 733,84	1 387,30	2 289,12	2 575,26	1 177,74	2 148,24	2 416,77	968,06	2 007,28	2 258,19
	II	34 859	1 917,24	2 788,72	3 137,31	II	34 859	1 820,33	2 647,76	2 978,73	1 711,22	2 506,88	2 820,24	1 501,54	2 365,92	2 661,66	1 291,98	2 225,04	2 503,17	1 082,30	2 084,08	2 344,59	872,74	1 943,20	2 186,10
	III	26 610	–	2 128,80	2 394,90	III	26 610	–	1 995,84	2 245,32	–	1 865,76	2 098,98	–	1 738,56	1 955,88	–	1 614,40	1 816,20	–	1 493,12	1 679,76	–	1 374,88	1 546,74
	V	41 294	2 271,17	3 303,52	3 716,46	IV	35 660	1 912,84	2 782,32	3 130,11	1 864,44	2 711,92	3 050,91	1 815,99	2 641,44	2 971,62	1 767,53	2 570,96	2 892,33	1 701,70	2 500,48	2 813,04	1 596,98	2 430,08	2 733,84
	VI	41 729	2 295,09	3 338,32	3 755,61																				
119 339,99 West	I,IV	35 518	1 953,49	2 841,44	3 196,62	I	35 518	1 856,58	2 700,48	3 038,04	1 759,72	2 559,60	2 879,55	1 579,96	2 418,64	2 720,97	1 370,40	2 277,76	2 562,48	1 160,72	2 136,80	2 403,90	951,16	1 995,92	2 245,41
	II	34 716	1 909,38	2 777,28	3 124,44	II	34 716	1 812,52	2 636,40	2 965,95	1 694,20	2 495,44	2 807,37	1 484,64	2 354,56	2 648,88	1 274,96	2 213,60	2 490,30	1 065,40	2 072,72	2 331,81	855,72	1 931,76	2 173,23
	III	26 474	–	2 117,92	2 382,66	III	26 474	–	1 985,12	2 233,26	–	1 855,36	2 087,28	–	1 728,48	1 944,54	–	1 604,48	1 805,04	–	1 483,52	1 668,96	–	1 365,44	1 536,12
	V	41 152	2 263,36	3 292,16	3 703,68	IV	35 518	1 905,03	2 770,96	3 117,33	1 856,58	2 700,48	3 038,04	1 808,12	2 630,–	2 958,75	1 759,72	2 559,60	2 879,55	1 684,80	2 489,12	2 800,26	1 579,96	2 418,64	2 720,97
	VI	41 587	2 287,28	3 326,96	3 742,83																				
119 339,99 Ost	I,IV	35 675	1 962,12	2 854,–	3 210,75	I	35 675	1 865,27	2 713,12	3 052,26	1 768,36	2 572,16	2 893,68	1 598,76	2 431,28	2 735,19	1 389,08	2 290,32	2 576,61	1 179,52	2 149,44	2 418,12	969,85	2 008,48	2 259,54
	II	34 874	1 918,07	2 789,92	3 138,66	II	34 874	1 821,16	2 648,96	2 980,08	1 713,–	2 508,08	2 821,59	1 503,32	2 367,12	2 663,01	1 293,76	2 226,24	2 504,52	1 084,09	2 085,28	2 345,94	874,53	1 944,40	2 187,45
	III	26 626	–	2 130,08	2 396,34	III	26 626	–	1 996,96	2 246,58	–	1 866,88	2 100,24	–	1 739,68	1 957,14	–	1 615,52	1 817,46	–	1 494,24	1 681,02	–	1 375,84	1 547,82
	V	41 309	2 271,99	3 304,72	3 717,81	IV	35 675	1 913,67	2 783,52	3 131,46	1 865,27	2 713,12	3 052,26	1 816,81	2 642,64	2 972,97	1 768,36	2 572,16	2 893,68	1 703,48	2 501,68	2 814,39	1 598,76	2 431,28	2 735,19
	VI	41 744	2 295,92	3 339,52	3 756,96																				
119 375,99 West	I,IV	35 533	1 954,31	2 842,64	3 197,97	I	35 533	1 857,40	2 701,68	3 039,39	1 760,55	2 560,80	2 880,90	1 581,74	2 419,84	2 722,32	1 372,18	2 278,96	2 563,83	1 162,51	2 138,–	2 405,25	952,95	1 997,12	2 246,76
	II	34 731	1 910,20	2 778,48	3 125,79	II	34 731	1 813,35	2 637,60	2 967,30	1 695,98	2 496,64	2 808,72	1 486,42	2 355,76	2 650,23	1 276,87	2 214,88	2 491,74	1 067,19	2 073,92	2 333,16	857,63	1 933,04	2 174,67
	III	26 490	–	2 119,20	2 384,10	III	26 490	–	1 986,40	2 234,70	–	1 856,48	2 088,54	–	1 729,60	1 945,80	–	1 605,60	1 806,30	–	1 484,48	1 670,04	–	1 366,40	1 537,20
	V	41 167	2 264,18	3 293,36	3 705,03	IV	35 533	1 905,86	2 772,16	3 118,68	1 857,40	2 701,68	3 039,39	1 809,–	2 631,28	2 960,19	1 760,55	2 560,80	2 880,90	1 686,58	2 490,32	2 801,61	1 581,74	2 419,84	2 722,32
	VI	41 602	2 288,11	3 328,16	3 744,18																				
119 375,99 Ost	I,IV	35 690	1 962,95	2 855,20	3 212,10	I	35 690	1 866,09	2 714,32	3 053,61	1 769,18	2 573,36	2 895,03	1 600,55	2 432,48	2 736,54	1 390,87	2 291,52	2 577,96	1 181,31	2 150,64	2 419,47	971,63	2 009,68	2 260,89
	II	34 889	1 918,89	2 791,12	3 140,01	II	34 889	1 821,98	2 650,16	2 981,43	1 714,79	2 509,28	2 822,94	1 505,23	2 368,40	2 664,45	1 295,55	2 227,44	2 505,87	1 085,99	2 086,56	2 347,38	876,31	1 945,60	2 188,80
	III	26 640	–	2 131,20	2 397,60	III	26 640	–	1 998,08	2 247,84	–	1 868,–	2 101,50	–	1 740,80	1 958,40	–	1 616,48	1 818,54	–	1 495,20	1 682,10	–	1 376,80	1 548,90
	V	41 324	2 272,82	3 305,92	3 719,16	IV	35 690	1 914,55	2 784,80	3 132,90	1 866,09	2 714,32	3 053,61	1 817,64	2 643,84	2 974,32	1 769,18	2 573,36	2 895,03	1 705,38	2 502,96	2 815,83	1 600,55	2 432,48	2 736,54
	VI	41 759	2 296,74	3 340,72	3 758,31																				

* Die ausgewiesenen Tabellenwerte sind amtlich. Siehe Erläuterungen auf der Umschlaginnenseite (U2).

Abzüge an Lohnsteuer, Solidaritätszuschlag (SolZ) und Kirchensteuer (8%, 9%) in den Steuerklassen

Lohn/ Gehalt bis €*	I – VI		ohne Kinderfreibeträge			I, II, III, IV		mit Zahl der Kinderfreibeträge . . . 0,5			1			1,5			2			2,5			3		
		LSt	SolZ	8%	9%		LSt	SolZ	8%	9%	SolZ	8%	9%	SolZ	8%	9%	SolZ	8%	9%	SolZ	8%	9%	SolZ	8%	9%
119 411,99 West	I,IV	35 548	1 955,14	2 843,84	3 199,32	I	35 548	1 858,23	2 702,88	3 040,74	1 761,37	2 562,—	2 882,25	1 583,53	2 421,04	2 723,67	1 373,97	2 280,16	2 565,18	1 164,41	2 139,28	2 406,69	954,73	1 998,32	2 248,11
	II	34 747	1 911,08	2 779,76	3 127,23	II	34 747	1 814,17	2 638,80	2 968,65	1 697,89	2 497,92	2 810,16	1 488,21	2 356,96	2 651,58	1 278,65	2 216,08	2 493,09	1 068,97	2 075,12	2 334,51	859,41	1 934,24	2 176,02
	III	26 504	—	2 120,32	2 385,36	III	26 504	—	1 987,52	2 235,96	—	1 857,60	2 089,80	—	1 730,56	1 946,88	—	1 606,56	1 807,38	—	1 485,44	1 671,12	—	1 367,36	1 538,28
	V	41 182	2 265,01	3 294,56	3 706,38	IV	35 548	1 906,68	2 773,36	3 120,03	1 858,23	2 702,88	3 040,74	1 809,83	2 632,48	2 961,54	1 761,37	2 562,—	2 882,25	1 688,37	2 491,52	2 802,96	1 583,53	2 421,04	2 723,67
	VI	41 617	2 288,93	3 329,36	3 745,53																				
119 411,99 Ost	I,IV	35 705	1 963,77	2 856,40	3 213,45	I	35 705	1 866,92	2 715,52	3 054,96	1 770,01	2 574,56	2 896,38	1 602,33	2 433,68	2 737,89	1 392,77	2 292,80	2 579,40	1 183,09	2 151,84	2 420,82	973,53	2 010,96	2 262,33
	II	34 904	1 919,72	2 792,32	3 141,36	II	34 904	1 822,86	2 651,44	2 982,87	1 716,57	2 510,48	2 824,29	1 507,01	2 369,60	2 665,80	1 297,33	2 228,64	2 507,22	1 087,77	2 087,76	2 348,73	878,10	1 946,80	2 190,15
	III	26 654	—	2 132,32	2 398,86	III	26 654	—	1 999,20	2 249,10	—	1 869,12	2 102,76	—	1 741,92	1 959,66	—	1 617,60	1 819,80	—	1 496,32	1 683,36	—	1 377,92	1 550,16
	V	41 339	2 273,64	3 307,12	3 720,51	IV	35 705	1 915,37	2 786,—	3 134,25	1 866,92	2 715,52	3 054,96	1 818,46	2 645,04	2 975,67	1 770,01	2 574,56	2 896,38	1 707,17	2 504,16	2 817,18	1 602,33	2 433,68	2 737,89
	VI	41 774	2 297,57	3 341,92	3 759,66																				
119 447,99 West	I,IV	35 563	1 955,96	2 845,04	3 200,67	I	35 563	1 859,11	2 704,16	3 042,18	1 762,20	2 563,20	2 883,60	1 585,43	2 422,32	2 725,11	1 375,75	2 281,36	2 566,53	1 166,20	2 140,48	2 408,04	956,52	1 999,52	2 249,46
	II	34 762	1 911,91	2 780,96	3 128,58	II	34 762	1 815,—	2 640,—	2 970,—	1 699,67	2 499,12	2 811,51	1 489,99	2 358,16	2 652,93	1 280,44	2 217,28	2 494,44	1 070,76	2 076,32	2 335,86	861,20	1 935,44	2 177,37
	III	26 518	—	2 121,44	2 386,62	III	26 518	—	1 988,64	2 237,22	—	1 858,72	2 091,06	—	1 731,68	1 948,14	—	1 607,68	1 808,64	—	1 486,56	1 672,38	—	1 368,32	1 539,36
	V	41 197	2 265,83	3 295,76	3 707,73	IV	35 563	1 907,51	2 774,56	3 121,38	1 859,11	2 704,16	3 042,18	1 810,65	2 633,68	2 962,89	1 762,20	2 563,20	2 883,60	1 690,15	2 492,72	2 804,31	1 585,43	2 422,32	2 725,11
	VI	41 632	2 289,76	3 330,56	3 746,88																				
119 447,99 Ost	I,IV	35 721	1 964,65	2 857,68	3 214,89	I	35 721	1 867,74	2 716,72	3 056,31	1 770,89	2 575,84	2 897,82	1 604,12	2 434,88	2 739,24	1 394,56	2 294,—	2 580,75	1 184,88	2 153,04	2 422,17	975,32	2 012,16	2 263,68
	II	34 919	1 920,54	2 793,52	3 142,71	II	34 919	1 823,69	2 652,64	2 984,22	1 718,36	2 511,68	2 825,64	1 508,80	2 370,80	2 667,15	1 299,12	2 229,84	2 508,57	1 089,56	2 088,96	2 350,08	879,88	1 948,—	2 191,50
	III	26 668	—	2 133,44	2 400,12	III	26 668	—	2 000,32	2 250,36	—	1 870,24	2 104,02	—	1 742,88	1 960,74	—	1 618,72	1 821,06	—	1 497,28	1 684,44	—	1 378,88	1 551,24
	V	41 354	2 274,47	3 308,32	3 721,86	IV	35 721	1 916,20	2 787,20	3 135,60	1 867,74	2 716,72	3 056,31	1 819,29	2 646,24	2 977,02	1 770,89	2 575,84	2 897,82	1 708,95	2 505,36	2 818,53	1 604,12	2 434,88	2 739,24
	VI	41 790	2 298,45	3 343,20	3 761,10																				
119 483,99 West	I,IV	35 578	1 956,79	2 846,24	3 202,02	I	35 578	1 859,93	2 705,36	3 043,53	1 763,02	2 564,40	2 884,95	1 587,22	2 423,52	2 726,46	1 377,54	2 282,56	2 567,88	1 167,98	2 141,68	2 409,39	958,30	2 000,72	2 250,81
	II	34 777	1 912,73	2 782,16	3 129,93	II	34 777	1 815,82	2 641,20	2 971,35	1 701,46	2 500,32	2 812,86	1 491,78	2 359,36	2 654,28	1 282,22	2 218,48	2 495,79	1 072,54	2 077,52	2 337,21	862,98	1 936,64	2 178,72
	III	26 532	—	2 122,56	2 387,88	III	26 532	—	1 989,76	2 238,48	—	1 859,84	2 092,32	—	1 732,80	1 949,40	—	1 608,64	1 809,72	—	1 487,52	1 673,46	—	1 369,44	1 540,62
	V	41 212	2 266,66	3 296,96	3 709,08	IV	35 578	1 908,33	2 775,76	3 122,73	1 859,93	2 705,36	3 043,53	1 811,48	2 634,88	2 964,24	1 763,02	2 564,40	2 884,95	1 691,94	2 493,92	2 805,66	1 587,22	2 423,52	2 726,46
	VI	41 647	2 290,58	3 331,76	3 748,23																				
119 483,99 Ost	I,IV	35 736	1 965,48	2 858,88	3 216,24	I	35 736	1 868,57	2 717,92	3 057,66	1 771,71	2 577,04	2 899,17	1 605,90	2 436,08	2 740,59	1 396,34	2 295,20	2 582,10	1 186,66	2 154,24	2 423,52	977,10	2 013,36	2 265,03
	II	34 934	1 921,37	2 794,72	3 144,06	II	34 934	1 824,51	2 653,84	2 985,57	1 720,14	2 512,88	2 826,99	1 510,58	2 372,—	2 668,50	1 300,90	2 231,04	2 509,92	1 091,34	2 090,16	2 351,43	881,67	1 949,20	2 192,85
	III	26 684	—	2 134,72	2 401,56	III	26 684	—	2 001,44	2 251,62	—	1 871,36	2 105,28	—	1 744,—	1 962,—	—	1 619,68	1 822,14	—	1 498,24	1 685,52	—	1 379,84	1 552,32
	V	41 370	2 275,35	3 309,60	3 723,30	IV	35 736	1 917,02	2 788,40	3 136,95	1 868,57	2 717,92	3 057,66	1 820,11	2 647,44	2 978,37	1 771,71	2 577,04	2 899,17	1 710,74	2 506,56	2 819,88	1 605,90	2 436,08	2 740,59
	VI	41 805	2 299,27	3 344,40	3 762,45																				
119 519,99 West	I,IV	35 593	1 957,61	2 847,44	3 203,37	I	35 593	1 860,76	2 706,56	3 044,88	1 763,85	2 565,60	2 886,30	1 589,—	2 424,72	2 727,81	1 379,32	2 283,76	2 569,23	1 169,77	2 142,88	2 410,74	960,09	2 001,92	2 252,16
	II	34 792	1 913,56	2 783,36	3 131,28	II	34 792	1 816,65	2 642,40	2 972,70	1 703,24	2 501,52	2 814,21	1 493,56	2 360,56	2 655,63	1 284,01	2 219,68	2 497,14	1 074,45	2 078,80	2 338,65	864,77	1 937,84	2 180,07
	III	26 546	—	2 123,68	2 389,14	III	26 546	—	1 990,88	2 239,74	—	1 860,80	2 093,40	—	1 733,76	1 950,48	—	1 609,76	1 810,98	—	1 488,64	1 674,72	—	1 370,40	1 541,70
	V	41 227	2 267,48	3 298,16	3 710,43	IV	35 593	1 909,21	2 777,04	3 124,17	1 860,76	2 706,56	3 044,88	1 812,30	2 636,08	2 965,59	1 763,85	2 565,60	2 886,30	1 693,84	2 495,20	2 807,10	1 589,—	2 424,72	2 727,81
	VI	41 662	2 291,41	3 332,96	3 749,58																				
119 519,99 Ost	I,IV	35 751	1 966,30	2 860,08	3 217,59	I	35 751	1 869,39	2 719,12	3 059,01	1 772,54	2 578,24	2 900,52	1 607,69	2 437,28	2 741,94	1 398,13	2 296,40	2 583,45	1 188,45	2 155,44	2 424,87	978,89	2 014,56	2 266,38
	II	34 949	1 922,19	2 795,92	3 145,41	II	34 949	1 825,34	2 655,04	2 986,92	1 721,93	2 514,08	2 828,34	1 512,37	2 373,20	2 669,85	1 302,81	2 232,32	2 511,36	1 093,13	2 091,36	2 352,78	883,57	1 950,48	2 194,29
	III	26 698	—	2 135,84	2 402,82	III	26 698	—	2 002,56	2 252,88	—	1 872,32	2 106,36	—	1 745,12	1 963,26	—	1 620,80	1 823,40	—	1 499,36	1 686,78	—	1 380,80	1 553,40
	V	41 385	2 276,17	3 310,80	3 724,65	IV	35 751	1 917,85	2 789,60	3 138,30	1 869,39	2 719,12	3 059,01	1 820,99	2 648,72	2 979,81	1 772,54	2 578,24	2 900,52	1 712,52	2 507,76	2 821,23	1 607,69	2 437,28	2 741,94
	VI	41 820	2 300,10	3 345,60	3 763,80																				
119 555,99 West	I,IV	35 608	1 958,44	2 848,64	3 204,72	I	35 608	1 861,58	2 707,76	3 046,23	1 764,67	2 566,80	2 887,65	1 590,79	2 425,92	2 729,16	1 381,11	2 284,96	2 570,58	1 171,55	2 144,08	2 412,09	961,99	2 003,20	2 253,60
	II	34 807	1 914,38	2 784,56	3 132,63	II	34 807	1 817,53	2 643,68	2 974,14	1 705,03	2 502,72	2 815,56	1 495,47	2 361,84	2 657,07	1 285,79	2 220,88	2 498,49	1 076,23	2 080,—	2 340,—	866,55	1 939,04	2 181,42
	III	26 562	—	2 124,96	2 390,58	III	26 562	—	1 992,—	2 241,—	—	1 861,92	2 094,66	—	1 734,88	1 951,74	—	1 610,72	1 812,06	—	1 489,60	1 675,80	—	1 371,36	1 542,78
	V	41 242	2 268,31	3 299,36	3 711,78	IV	35 608	1 910,04	2 778,24	3 125,52	1 861,58	2 707,76	3 046,23	1 813,13	2 637,28	2 966,94	1 764,67	2 566,80	2 887,65	1 695,63	2 496,40	2 808,45	1 590,79	2 425,92	2 729,16
	VI	41 677	2 292,23	3 334,16	3 750,93																				
119 555,99 Ost	I,IV	35 766	1 967,13	2 861,28	3 218,94	I	35 766	1 870,22	2 720,32	3 060,36	1 773,36	2 579,44	2 901,87	1 609,47	2 438,48	2 743,29	1 399,91	2 297,60	2 584,80	1 190,35	2 156,72	2 426,31	980,67	2 015,76	2 267,73
	II	34 965	1 923,07	2 797,20	3 146,85	II	34 965	1 826,16	2 656,24	2 988,27	1 723,83	2 515,36	2 829,78	1 514,15	2 374,40	2 671,20	1 304,59	2 233,52	2 512,71	1 094,91	2 092,56	2 354,13	885,36	1 951,68	2 195,64
	III	26 712	—	2 136,96	2 404,08	III	26 712	—	2 003,84	2 254,32	—	1 873,44	2 107,62	—	1 746,24	1 964,52	—	1 621,76	1 824,48	—	1 500,32	1 687,86	—	1 381,92	1 554,66
	V	41 400	2 277,—	3 312,—	3 726,—	IV	35 766	1 918,67	2 790,80	3 139,65	1 870,22	2 720,32	3 060,36	1 821,82	2 649,92	2 981,16	1 773,36	2 579,44	2 901,87	1 714,31	2 508,96	2 822,58	1 609,47	2 438,48	2 743,29
	VI	41 835	2 300,92	3 346,80	3 765,15																				
119 591,99 West	I,IV	35 624	1 959,32	2 849,92	3 206,16	I	35 624	1 862,41	2 708,96	3 047,58	1 765,55	2 568,08	2 889,09	1 592,57	2 427,12	2 730,51	1 383,01	2 286,24	2 572,02	1 173,34	2 145,28	2 413,44	963,78	2 004,40	2 254,95
	II	34 822	1 915,21	2 785,76	3 133,98	II	34 822	1 818,35	2 644,88	2 975,49	1 706,81	2 503,92	2 816,91	1 497,25	2 363,04	2 658,42	1 287,58	2 222,08	2 499,84	1 078,02	2 081,20	2 341,35	868,34	1 940,24	2 182,77
	III	26 576	—	2 126,08	2 391,84	III	26 576	—	1 993,12	2 242,26	—	1 863,04	2 095,92	—	1 736,—	1 953,—	—	1 611,84	1 813,32	—	1 490,72	1 677,06	—	1 372,32	1 543,86
	V	41 257	2 269,13	3 300,56	3 713,13	IV	35 624	1 910,86	2 779,44	3 126,87	1 862,41	2 708,96	3 047,58	1 813,95	2 638,48	2 968,29	1 765,55	2 568,08	2 889,09	1 697,41	2 497,60	2 809,80	1 592,57	2 427,12	2 730,51
	VI	41 693	2 293,11	3 335,44	3 752,37																				
119 591,99 Ost	I,IV	35 781	1 967,95	2 862,48	3 220,29	I	35 781	1 871,10	2 721,60	3 061,80	1 774,19	2 580,64	2 903,22	1 611,37	2 439,76	2 744,73	1 401,70	2 298,80	2 586,15	1 192,14	2 157,92	2 427,66	982,46	2 016,96	2 269,08
	II	34 980	1 923,90	2 798,40	3 148,20	II	34 980	1 826,99	2 657,44	2 989,62	1 725,61	2 516,56	2 831,13	1 515,94	2 375,60	2 672,55	1 306,38	2 234,72	2 514,06	1 096,70	2 093,76	2 355,48	887,14	1 952,88	2 196,99
	III	26 726	—	2 138,08	2 405,34	III	26 726	—	2 004,96	2 255,58	—	1 874,56	2 108,88	—	1 747,20	1 965,60	—	1 622,88	1 825,74	—	1 501,44	1 689,12	—	1 382,88	1 555,74
	V	41 415	2 277,82	3 313,20	3 727,35	IV	35 781	1 919,50	2 792,—	3 141,—	1 871,10	2 721,60	3 061,80	1 822,64	2 651,12	2 982,51	1 774,19	2 580,64	2 903,22	1 716,09	2 510,16	2 823,93	1 611,37	2 439,76	2 744,73
	VI	41 850	2 301,75	3 348,—	3 766,50																				
119 627,99 West	I,IV	35 639	1 960,14	2 851,12	3 207,51	I	35 639	1 863,23	2 710,16	3 048,93	1 766,38	2 569,28	2 890,44	1 594,36	2 428,32	2 731,86	1 384,80	2 287,44	2 573,37	1 175,12	2 146,48	2 414,79	965,56	2 005,60	2 256,30
	II	34 837	1 916,03	2 786,96	3 135,33	II	34 837	1 819,18	2 646,08	2 976,84	1 708,60	2 505,12	2 818,26	1 499,04	2 364,24	2 659,77	1 289,36	2 223,28	2 501,19	1 079,80	2 082,40	2 342,70	870,12	1 941,44	2 184,12
	III	26 590	—	2 127,20	2 393,10	III	26 590	—	1 994,24	2 243,52	—	1 864,16	2 097,18	—	1 737,12	1 954,26	—	1 612,96	1 814,58	—	1 491,68	1 678,14	—	1 373,44	1 545,12
	V	41 273	2 270,01	3 301,84	3 714,57	IV	35 639	1 911,69	2 780,64	3 128,22	1 863,23	2 710,16	3 048,93	1 814,78	2 639,68	2 969,64	1 766,38	2 569,28	2 890,44	1 699,20	2 498,80	2 811,15	1 594,36	2 428,32	2 731,86
	VI	41 708	2 293,94	3 336,64	3 753,72																				
119 627,99 Ost	I,IV	35 796	1 968,78	2 863,68	3 221,64	I	35 796	1 871,92	2 722,80	3 063,15	1 775,01	2 581,84	2 904,57	1 613,16	2 440,96	2 746,08	1 403,48	2 300,—	2 587,50	1 193,92	2 159,12	2 429,01	984,24	2 018,16	2 270,43
	II	34 995	1 924,72	2 799,60	3 149,55	II	34 995	1 827,81	2 658,64	2 990,97	1 727,40	2 517,76	2 832,48	1 517,72	2 376,80	2 673,90	1 308,16	2 235,92	2 515,41	1 098,48	2 094,96	2 356,83	888,93	1 954,08	2 198,34
	III	26 740	—	2 139,20	2 406,60	III	26 740	—	2 006,08	2 256,84	—	1 875,68	2 110,14	—	1 748,32	1 966,86	—	1 623,84	1 826,82	—	1 502,40	1 690,20	—	1 383,84	1 556,82
	V	41 430	2 278,65	3 314,40	3 728,70	IV	35 796	1 920,32	2 793,20	3 142,35	1 871,92	2 722,80	3 063,15	1 823,47	2 652,32	2 983,86	1 775,01	2 581,84	2 904,57	1 717,88	2 511,36	2 825,28	1 613,16	2 440,96	2 746,08
	VI	41 865	2 302,57	3 349,20	3 767,85																				
119 663,99 West	I,IV	35 654	1 960,97	2 852,32	3 208,86	I	35 654	1 864,06	2 711,36	3 050,28	1 767,20	2 570,48	2 891,79	1 596,14	2 429,52	2 733,21	1 386,58	2 288,64	2 574,72	1 176,91	2 147,68	2 416,14	967,35	2 006,80	2 257,65
	II	34 852	1 916,86	2 788,16	3 136,68	II	34 852	1 820,—	2 647,28	2 978,19	1 710,38	2 506,32	2 819,61	1 500,82	2 365,44	2 661,12	1 291,15	2 224,48	2 502,54	1 081,59	2 083,60	2 344,05	872,03	1 942,72	2 185,56
	III	26 604	—	2 128,32	2 394,36	III	26 604	—	1 995,36	2 244,78	—	1 865,28	2 098,44	—	1 738,08	1 955,34	—	1 613,92	1 815,66	—	1 492,64	1 679,22	—	1 374,40	1 546,20
	V	41 288	2 270,84	3 303,04	3 715,92	IV	35 654	1 912,51	2 781,84	3 129,57	1 864,06	2 711,36	3 050,28	1 815,66	2 640,96	2 971,08	1 767,20	2 570,48	2 891,79	1 700,98	2 500,—	2 812,50	1 596,14	2 429,52	2 733,21
	VI	41 723	2 294,76	3 337,84	3 755,07																				
119 663,99 Ost	I,IV	35 811	1 969,60	2 864,88	3 222,99	I	35 811	1 872,75	2 724,—	3 064,50	1 775,84	2 583,04	2 905,92	1 614,94	2 442,16	2 747,43	1 405,27	2 301,20	2 588,85	1 195,71	2 160,32	2 430,36	986,03	2 019,36	2 271,78
	II	35 010	1 925,55	2 800,80	3 150,90	II	35 010	1 828,64	2 659,84	2 992,32	1 729,18	2 518,96	2 833,83	1 519,51	2 378,—	2 675,25	1 309,95	2 237,12	2 516,76	1 100,39	2 096,24	2 358,27	890,71	1 955,28	2 199,69
	III	26 756	—	2 140,48	2 408,04	III	26 756	—	2 007,20	2 258,10	—	1 876,80	2 111,40	—	1 749,44	1 968,12	—	1 624,96	1 828,08	—	1 503,52	1 691,46	—	1 384,96	1 558,08
	V	41 445	2 279,47	3 315,60	3 730,05	IV	35 811	1 921,20	2 794,48	3 143,79	1 872,75	2 724,—	3 064,50	1 824,29	2 653,52	2 985,21	1 775,84	2 583,04	2 905,92	1 719,78	2 512,64	2 826,72	1 614,94	2 442,16	2 747,43
	VI	41 880	2 303,40	3 350,40	3 769,20																				

* Die ausgewiesenen Tabellenwerte sind amtlich. Siehe Erläuterungen auf der Umschlaginnenseite (U2).

JAHR 119 664,–*

Abzüge an Lohnsteuer, Solidaritätszuschlag (SolZ) und Kirchensteuer (8%, 9%) in den Steuerklassen

Lohn/ Gehalt bis €*	I – VI		ohne Kinderfreibeträge			I, II, III, IV		mit Zahl der Kinderfreibeträge . . . 0,5			1			1,5			2			2,5			3		
		LSt	SolZ	8%	9%		LSt	SolZ	8%	9%	SolZ	8%	9%	SolZ	8%	9%	SolZ	8%	9%	SolZ	8%	9%	SolZ	8%	9%
119 699,99 West	I,IV	35 669	1 961,79	2 853,52	3 210,21	I	35 669	1 864,88	2 712,56	3 051,63	1 768,03	2 571,68	2 893,14	1 597,93	2 430,72	2 734,56	1 388,37	2 289,84	2 576,07	1 178,69	2 148,88	2 417,49	969,13	2 008,–	2 259,–
	II	34 868	1 917,74	2 789,44	3 138,12	II	34 868	1 820,83	2 648,48	2 979,54	1 712,29	2 507,60	2 821,05	1 502,61	2 366,64	2 662,47	1 293,05	2 225,76	2 503,98	1 083,37	2 084,80	2 345,40	873,81	1 943,92	2 186,91
	III	26 618	–	2 129,44	2 395,62	III	26 618	–	1 996,48	2 246,04	–	1 866,40	2 099,70	–	1 739,20	1 956,60	–	1 615,04	1 816,92	–	1 493,76	1 680,48	–	1 375,36	1 547,28
	V	41 303	2 271,66	3 304,24	3 717,27	IV	35 669	1 913,34	2 783,04	3 130,92	1 864,88	2 712,56	3 051,63	1 816,48	2 642,16	2 972,43	1 768,03	2 571,68	2 893,14	1 702,77	2 501,20	2 813,85	1 597,93	2 430,72	2 734,56
	VI	41 738	2 295,59	3 339,04	3 756,42																				
119 699,99 Ost	I,IV	35 826	1 970,43	2 866,08	3 224,34	I	35 826	1 873,57	2 725,20	3 065,85	1 776,66	2 584,24	2 907,27	1 616,73	2 443,36	2 748,78	1 407,05	2 302,40	2 590,20	1 197,49	2 161,52	2 431,71	987,93	2 020,64	2 273,22
	II	35 025	1 926,37	2 802,–	3 152,25	II	35 025	1 829,52	2 661,12	2 993,76	1 730,97	2 520,16	2 835,18	1 521,41	2 379,28	2 676,69	1 311,73	2 238,32	2 518,11	1 102,17	2 097,44	2 359,62	892,50	1 956,48	2 201,04
	III	26 770	–	2 141,60	2 409,30	III	26 770	–	2 008,32	2 259,36	–	1 877,92	2 112,66	–	1 750,56	1 969,38	–	1 626,08	1 829,34	–	1 504,48	1 692,54	–	1 385,92	1 559,16
	V	41 460	2 280,30	3 316,80	3 731,40	IV	35 826	1 922,03	2 795,68	3 145,14	1 873,57	2 725,20	3 065,85	1 825,12	2 654,72	2 986,56	1 776,66	2 584,24	2 907,27	1 721,57	2 513,84	2 828,07	1 616,73	2 443,36	2 748,78
	VI	41 895	2 304,22	3 351,60	3 770,55																				
119 735,99 West	I,IV	35 684	1 962,62	2 854,72	3 211,56	I	35 684	1 865,76	2 713,84	3 053,07	1 768,85	2 572,88	2 894,49	1 599,83	2 432,–	2 736,–	1 390,15	2 291,04	2 577,42	1 180,59	2 150,16	2 418,93	970,92	2 009,20	2 260,35
	II	34 883	1 918,56	2 790,64	3 139,47	II	34 883	1 821,65	2 649,68	2 980,89	1 714,07	2 508,80	2 822,40	1 504,39	2 367,84	2 663,82	1 294,83	2 226,96	2 505,33	1 085,16	2 086,–	2 346,75	875,60	1 945,12	2 188,26
	III	26 634	–	2 130,72	2 397,06	III	26 634	–	1 997,60	2 247,30	–	1 867,52	2 100,96	–	1 740,32	1 957,86	–	1 616,–	1 818,–	–	1 494,72	1 681,56	–	1 376,32	1 548,36
	V	41 318	2 272,49	3 305,44	3 718,62	IV	35 684	1 914,16	2 784,24	3 132,27	1 865,76	2 713,84	3 053,07	1 817,31	2 643,36	2 973,78	1 768,85	2 572,88	2 894,49	1 704,55	2 502,40	2 815,20	1 599,83	2 432,–	2 736,–
	VI	41 753	2 296,41	3 340,24	3 757,77																				
119 735,99 Ost	I,IV	35 842	1 971,31	2 867,36	3 225,78	I	35 842	1 874,40	2 726,40	3 067,20	1 777,54	2 585,52	2 908,71	1 618,51	2 444,56	2 750,13	1 408,96	2 303,68	2 591,64	1 199,28	2 162,72	2 433,06	989,72	2 021,84	2 274,57
	II	35 040	1 927,20	2 803,20	3 153,60	II	35 040	1 830,34	2 662,32	2 995,11	1 732,75	2 521,36	2 836,53	1 523,20	2 380,48	2 678,04	1 313,52	2 239,52	2 519,46	1 103,96	2 098,64	2 360,97	894,28	1 957,68	2 202,39
	III	26 784	–	2 142,72	2 410,56	III	26 784	–	2 009,44	2 260,62	–	1 879,04	2 113,92	–	1 751,52	1 970,46	–	1 627,04	1 830,42	–	1 505,44	1 693,62	–	1 386,88	1 560,24
	V	41 475	2 281,12	3 318,–	3 732,75	IV	35 842	1 922,85	2 796,88	3 146,49	1 874,40	2 726,40	3 067,20	1 825,94	2 655,92	2 987,91	1 777,54	2 585,52	2 908,71	1 723,35	2 515,04	2 829,42	1 618,51	2 444,56	2 750,13
	VI	41 910	2 305,05	3 352,80	3 771,90																				
119 771,99 West	I,IV	35 699	1 963,44	2 855,92	3 212,91	I	35 699	1 866,59	2 715,04	3 054,42	1 769,68	2 574,08	2 895,84	1 601,62	2 433,20	2 737,35	1 391,94	2 292,24	2 578,77	1 182,38	2 151,36	2 420,28	972,70	2 010,40	2 261,70
	II	34 898	1 919,39	2 791,84	3 140,82	II	34 898	1 822,48	2 650,88	2 982,24	1 715,86	2 510,–	2 823,75	1 506,18	2 369,04	2 665,17	1 296,62	2 228,16	2 506,68	1 086,94	2 087,20	2 348,10	877,38	1 946,32	2 189,61
	III	26 648	–	2 131,84	2 398,32	III	26 648	–	1 998,72	2 248,56	–	1 868,64	2 102,22	–	1 741,44	1 959,12	–	1 617,12	1 819,26	–	1 495,84	1 682,82	–	1 377,44	1 549,62
	V	41 333	2 273,31	3 306,64	3 719,97	IV	35 699	1 914,99	2 785,44	3 133,62	1 866,59	2 715,04	3 054,42	1 818,13	2 644,56	2 975,13	1 769,68	2 574,08	2 895,84	1 706,34	2 503,60	2 816,55	1 601,62	2 433,20	2 737,35
	VI	41 768	2 297,24	3 341,44	3 759,12																				
119 771,99 Ost	I,IV	35 857	1 972,13	2 868,56	3 227,13	I	35 857	1 875,22	2 727,60	3 068,55	1 778,37	2 586,72	2 910,06	1 620,30	2 445,76	2 751,48	1 410,74	2 304,88	2 592,99	1 201,06	2 163,92	2 434,41	991,50	2 023,04	2 275,92
	II	35 055	1 928,02	2 804,40	3 154,95	II	35 055	1 831,17	2 663,52	2 996,46	1 734,26	2 522,56	2 837,88	1 524,98	2 381,68	2 679,39	1 315,30	2 240,72	2 520,81	1 105,74	2 099,84	2 362,32	896,07	1 958,88	2 203,74
	III	26 798	–	2 143,84	2 411,82	III	26 798	–	2 010,56	2 261,88	–	1 880,16	2 115,18	–	1 752,64	1 971,72	–	1 628,16	1 831,68	–	1 506,56	1 694,88	–	1 387,84	1 561,32
	V	41 490	2 281,95	3 319,20	3 734,10	IV	35 857	1 923,68	2 798,08	3 147,84	1 875,22	2 727,60	3 068,55	1 826,77	2 657,12	2 989,26	1 778,37	2 586,72	2 910,06	1 725,14	2 516,24	2 830,77	1 620,30	2 445,76	2 751,48
	VI	41 926	2 305,93	3 354,08	3 773,34																				
119 807,99 West	I,IV	35 714	1 964,27	2 857,12	3 214,26	I	35 714	1 867,41	2 716,24	3 055,77	1 770,50	2 575,28	2 897,19	1 603,40	2 434,40	2 738,70	1 393,72	2 293,44	2 580,12	1 184,16	2 152,56	2 421,63	974,49	2 011,60	2 263,05
	II	34 913	1 920,21	2 793,04	3 142,17	II	34 913	1 823,30	2 652,08	2 983,59	1 717,64	2 511,20	2 825,10	1 507,96	2 370,24	2 666,52	1 298,40	2 229,36	2 508,03	1 088,73	2 088,40	2 349,45	879,17	1 947,52	2 190,96
	III	26 662	–	2 132,96	2 399,58	III	26 662	–	1 999,84	2 249,82	–	1 869,76	2 103,48	–	1 742,40	1 960,20	–	1 618,24	1 820,52	–	1 496,80	1 683,90	–	1 378,40	1 550,70
	V	41 348	2 274,14	3 307,84	3 721,32	IV	35 714	1 915,87	2 786,72	3 135,06	1 867,41	2 716,24	3 055,77	1 818,96	2 645,76	2 976,48	1 770,50	2 575,28	2 897,19	1 708,24	2 504,88	2 817,99	1 603,40	2 434,40	2 738,70
	VI	41 783	2 298,06	3 342,64	3 760,47																				
119 807,99 Ost	I,IV	35 872	1 972,96	2 869,76	3 228,48	I	35 872	1 876,05	2 728,80	3 069,90	1 779,19	2 587,92	2 911,41	1 622,08	2 446,96	2 752,83	1 412,53	2 306,08	2 594,34	1 202,85	2 165,12	2 435,76	993,29	2 024,24	2 277,27
	II	35 070	1 928,85	2 805,60	3 156,30	II	35 070	1 831,99	2 664,72	2 997,81	1 735,08	2 523,76	2 839,23	1 526,77	2 382,88	2 680,74	1 317,09	2 241,92	2 522,16	1 107,53	2 101,04	2 363,67	897,97	1 960,16	2 205,18
	III	26 814	–	2 145,12	2 413,26	III	26 814	–	2 011,68	2 263,14	–	1 881,28	2 116,44	–	1 753,76	1 972,98	–	1 629,12	1 832,76	–	1 507,52	1 695,96	–	1 388,96	1 562,58
	V	41 506	2 282,83	3 320,48	3 735,54	IV	35 872	1 924,50	2 799,28	3 149,19	1 876,05	2 728,80	3 069,90	1 827,65	2 658,40	2 990,70	1 779,19	2 587,92	2 911,41	1 726,92	2 517,44	2 832,12	1 622,08	2 446,96	2 752,83
	VI	41 941	2 306,75	3 355,28	3 774,69																				
119 843,99 West	I,IV	35 729	1 965,09	2 858,32	3 215,61	I	35 729	1 868,24	2 717,44	3 057,12	1 771,33	2 576,48	2 898,54	1 605,19	2 435,60	2 740,05	1 395,51	2 294,64	2 581,47	1 185,95	2 153,76	2 422,98	976,27	2 012,80	2 264,40
	II	34 928	1 921,04	2 794,24	3 143,52	II	34 928	1 824,18	2 653,36	2 985,03	1 719,43	2 512,40	2 826,45	1 509,87	2 371,52	2 667,96	1 300,19	2 230,56	2 509,38	1 090,63	2 089,68	2 350,89	880,95	1 948,72	2 192,31
	III	26 676	–	2 134,08	2 400,84	III	26 676	–	2 000,96	2 251,08	–	1 870,88	2 104,74	–	1 743,52	1 961,46	–	1 619,20	1 821,60	–	1 497,92	1 685,16	–	1 379,36	1 551,78
	V	41 363	2 274,96	3 309,04	3 722,67	IV	35 729	1 916,69	2 787,92	3 136,41	1 868,24	2 717,44	3 057,12	1 819,78	2 646,96	2 977,83	1 771,33	2 576,48	2 898,54	1 710,03	2 506,08	2 819,34	1 605,19	2 435,60	2 740,05
	VI	41 798	2 298,89	3 343,84	3 761,82																				
119 843,99 Ost	I,IV	35 887	1 973,78	2 870,96	3 229,83	I	35 887	1 876,87	2 730,–	3 071,25	1 780,02	2 589,12	2 912,76	1 623,87	2 448,16	2 754,18	1 414,31	2 307,28	2 595,69	1 204,63	2 166,32	2 437,11	995,07	2 025,44	2 278,62
	II	35 086	1 929,73	2 806,88	3 157,74	II	35 086	1 832,82	2 665,92	2 999,16	1 735,96	2 525,04	2 840,67	1 528,55	2 384,08	2 682,09	1 318,99	2 243,20	2 523,60	1 109,31	2 102,24	2 365,02	899,75	1 961,36	2 206,53
	III	26 828	–	2 146,24	2 414,52	III	26 828	–	2 012,80	2 264,40	–	1 882,40	2 117,70	–	1 754,88	1 974,24	–	1 630,24	1 834,02	–	1 508,64	1 697,22	–	1 389,92	1 563,66
	V	41 521	2 283,65	3 321,68	3 736,89	IV	35 887	1 925,33	2 800,48	3 150,54	1 876,87	2 730,–	3 071,25	1 828,47	2 659,60	2 992,05	1 780,02	2 589,12	2 912,76	1 728,71	2 518,64	2 833,47	1 623,87	2 448,16	2 754,18
	VI	41 956	2 307,58	3 356,48	3 776,04																				
119 879,99 West	I,IV	35 744	1 965,92	2 859,52	3 216,96	I	35 744	1 869,06	2 718,64	3 058,47	1 772,21	2 577,76	2 899,98	1 606,97	2 436,80	2 741,40	1 397,41	2 295,92	2 582,91	1 187,73	2 154,96	2 424,33	978,18	2 014,08	2 265,84
	II	34 943	1 921,86	2 795,44	3 144,87	II	34 943	1 825,01	2 654,56	2 986,38	1 721,21	2 513,60	2 827,80	1 511,65	2 372,72	2 669,31	1 301,97	2 231,76	2 510,73	1 092,42	2 090,88	2 352,24	882,74	1 949,92	2 193,66
	III	26 692	–	2 135,36	2 402,28	III	26 692	–	2 002,08	2 252,34	–	1 871,84	2 105,82	–	1 744,64	1 962,72	–	1 620,32	1 822,86	–	1 498,88	1 686,24	–	1 380,48	1 553,04
	V	41 378	2 275,79	3 310,24	3 724,02	IV	35 744	1 917,52	2 789,12	3 137,76	1 869,06	2 718,64	3 058,47	1 820,61	2 648,16	2 979,18	1 772,21	2 577,76	2 899,98	1 711,81	2 507,28	2 820,69	1 606,97	2 436,80	2 741,40
	VI	41 813	2 299,71	3 345,04	3 763,17																				
119 879,99 Ost	I,IV	35 902	1 974,61	2 872,16	3 231,18	I	35 902	1 877,75	2 731,28	3 072,69	1 780,84	2 590,32	2 914,11	1 625,77	2 449,44	2 755,62	1 416,10	2 308,48	2 597,04	1 206,54	2 167,60	2 438,55	996,86	2 026,64	2 279,97
	II	35 101	1 930,55	2 808,08	3 159,09	II	35 101	1 833,64	2 667,12	3 000,51	1 736,79	2 526,24	2 842,02	1 530,34	2 385,28	2 683,44	1 320,78	2 244,40	2 524,95	1 111,10	2 103,44	2 366,37	901,54	1 962,56	2 207,88
	III	26 842	–	2 147,36	2 415,78	III	26 842	–	2 013,92	2 265,66	–	1 883,52	2 118,96	–	1 755,84	1 975,32	–	1 631,36	1 835,28	–	1 509,60	1 698,30	–	1 390,88	1 564,74
	V	41 536	2 284,48	3 322,88	3 738,24	IV	35 902	1 926,15	2 801,68	3 151,89	1 877,75	2 731,28	3 072,69	1 829,30	2 660,80	2 993,40	1 780,84	2 590,32	2 914,11	1 730,49	2 519,84	2 834,82	1 625,77	2 449,44	2 755,62
	VI	41 971	2 308,40	3 357,68	3 777,39																				
119 915,99 West	I,IV	35 760	1 966,80	2 860,80	3 218,40	I	35 760	1 869,89	2 719,84	3 059,82	1 773,03	2 578,96	2 901,33	1 608,76	2 438,–	2 742,75	1 399,20	2 297,12	2 584,26	1 189,52	2 156,16	2 425,68	979,96	2 015,28	2 267,19
	II	34 958	1 922,69	2 796,64	3 146,22	II	34 958	1 825,83	2 655,76	2 987,73	1 723,–	2 514,80	2 829,15	1 513,44	2 373,92	2 670,66	1 303,76	2 232,96	2 512,08	1 094,20	2 092,08	2 353,59	884,52	1 951,12	2 195,01
	III	26 706	–	2 136,48	2 403,54	III	26 706	–	2 003,20	2 253,60	–	1 872,96	2 107,08	–	1 745,76	1 963,98	–	1 621,28	1 823,94	–	1 499,84	1 687,32	–	1 381,44	1 554,12
	V	41 393	2 276,61	3 311,44	3 725,37	IV	35 760	1 918,34	2 790,32	3 139,11	1 869,89	2 719,84	3 059,82	1 821,43	2 649,36	2 980,53	1 773,03	2 578,96	2 901,33	1 713,60	2 508,48	2 822,04	1 608,76	2 438,–	2 742,75
	VI	41 829	2 300,59	3 346,32	3 764,61																				
119 915,99 Ost	I,IV	35 917	1 975,43	2 873,36	3 232,53	I	35 917	1 878,58	2 732,48	3 074,04	1 781,67	2 591,52	2 915,46	1 627,56	2 450,64	2 756,97	1 417,88	2 309,68	2 598,39	1 208,32	2 168,80	2 439,90	998,64	2 027,84	2 281,32
	II	35 116	1 931,38	2 809,28	3 160,44	II	35 116	1 834,47	2 668,32	3 001,86	1 737,61	2 527,44	2 843,37	1 532,12	2 386,48	2 684,79	1 322,56	2 245,60	2 526,30	1 112,88	2 104,64	2 367,72	903,32	1 963,76	2 209,23
	III	26 856	–	2 148,48	2 417,04	III	26 856	–	2 015,04	2 266,92	–	1 884,64	2 120,22	–	1 756,96	1 976,58	–	1 632,32	1 836,36	–	1 510,72	1 699,56	–	1 392,–	1 566,–
	V	41 551	2 285,30	3 324,08	3 739,59	IV	35 917	1 926,98	2 802,88	3 153,24	1 878,58	2 732,48	3 074,04	1 830,12	2 662,–	2 994,75	1 781,67	2 591,52	2 915,46	1 732,28	2 521,04	2 836,17	1 627,56	2 450,64	2 756,97
	VI	41 986	2 309,23	3 358,88	3 778,74																				
119 951,99 West	I,IV	35 775	1 967,62	2 862,–	3 219,75	I	35 775	1 870,71	2 721,04	3 061,17	1 773,86	2 580,16	2 902,68	1 610,54	2 439,20	2 744,10	1 400,98	2 298,32	2 585,61	1 191,30	2 157,36	2 427,03	981,75	2 016,48	2 268,54
	II	34 973	1 923,51	2 797,84	3 147,57	II	34 973	1 826,66	2 656,96	2 989,08	1 724,78	2 516,–	2 830,50	1 515,22	2 375,12	2 672,01	1 305,54	2 234,16	2 513,43	1 095,99	2 093,28	2 354,94	886,31	1 952,32	2 196,36
	III	26 720	–	2 137,60	2 404,80	III	26 720	–	2 004,32	2 254,86	–	1 874,08	2 108,34	–	1 746,72	1 965,06	–	1 622,40	1 825,20	–	1 500,96	1 688,58	–	1 382,40	1 555,20
	V	41 409	2 277,49	3 312,72	3 726,81	IV	35 775	1 919,17	2 791,52	3 140,46	1 870,71	2 721,04	3 061,17	1 822,31	2 650,64	2 981,97	1 773,86	2 580,16	2 902,68	1 715,38	2 509,68	2 823,39	1 610,54	2 439,20	2 744,10
	VI	41 844	2 301,42	3 347,52	3 765,96																				
119 951,99 Ost	I,IV	35 932	1 976,26	2 874,56	3 233,88	I	35 932	1 879,40	2 733,68	3 075,39	1 782,49	2 592,72	2 916,81	1 629,34	2 451,84	2 758,32	1 419,67	2 310,88	2 599,74	1 210,11	2 170,–	2 441,25	1 000,43	2 029,04	2 282,67
	II	35 131	1 932,20	2 810,48	3 161,79	II	35 131	1 835,29	2 669,52	3 003,21	1 738,44	2 528,64	2 844,72	1 533,91	2 387,68	2 686,14	1 324,35	2 246,80	2 527,65	1 114,67	2 105,84	2 369,07	905,11	1 964,96	2 210,58
	III	26 872	–	2 149,76	2 418,48	III	26 872	–	2 016,16	2 268,18	–	1 885,60	2 121,30	–	1 758,08	1 977,84	–	1 633,44	1 837,62	–	1 511,68	1 700,64	–	1 392,96	1 567,08
	V	41 566	2 286,13	3 325,28	3 740,94	IV	35 932	1 927,80	2 804,08	3 154,59	1 879,40	2 733,68	3 075,39	1 830,95	2 663,20	2 996,10	1 782,49	2 592,72	2 916,81	1 734,09	2 522,32	2 837,61	1 629,34	2 451,84	2 758,32
	VI	42 001	2 310,05	3 360,08	3 780,09																				

* Die ausgewiesenen Tabellenwerte sind amtlich. Siehe Erläuterungen auf der Umschlaginnenseite (U2).

Lohn/ Gehalt bis €*		I – VI LSt	ohne Kinderfreibeträge SolZ	8%	9%		I, II, III, IV LSt	0,5 SolZ	8%	9%	1 SolZ	8%	9%	1,5 SolZ	8%	9%	2 SolZ	8%	9%	2,5 SolZ	8%	9%	3 SolZ	8%	9%
119 987,99 West	I,IV	35 790	1 968,45	2 863,20	3 221,10	I	35 790	1 871,54	2 722,24	3 062,52	1 774,68	2 581,36	2 904,03	1 612,33	2 440,40	2 745,45	1 402,77	2 299,52	2 586,96	1 193,09	2 158,56	2 428,38	983,53	2 017,68	2 269,89
	II	34 988	1 924,34	2 799,04	3 148,92	II	34 988	1 827,48	2 658,16	2 990,43	1 726,69	2 517,28	2 831,94	1 517,01	2 376,32	2 673,36	1 307,45	2 235,44	2 514,87	1 097,77	2 094,48	2 356,29	888,21	1 953,60	2 197,80
	III	26 734	–	2 138,72	2 406,06	III	26 734	–	2 005,60	2 256,30	–	1 875,20	2 109,60	–	1 747,84	1 966,32	–	1 623,52	1 826,46	–	1 501,92	1 689,66	–	1 383,36	1 556,28
	V	41 424	2 278,32	3 313,92	3 728,16	IV	35 790	1 919,99	2 792,72	3 141,81	1 871,54	2 722,24	3 062,52	1 823,14	2 651,84	2 983,32	1 774,68	2 581,36	2 904,03	1 717,17	2 510,88	2 824,74	1 612,33	2 440,40	2 745,45
	VI	41 859	2 302,24	3 348,72	3 767,31																				
119 987,99 Ost	I,IV	35 947	1 977,08	2 875,76	3 235,23	I	35 947	1 880,23	2 734,88	3 076,74	1 783,32	2 593,92	2 918,16	1 631,13	2 453,04	2 759,67	1 421,45	2 312,08	2 601,09	1 211,89	2 171,20	2 442,60	1 002,21	2 030,24	2 284,02
	II	35 146	1 933,03	2 811,68	3 163,14	II	35 146	1 836,17	2 670,80	3 004,65	1 739,26	2 529,84	2 846,07	1 535,81	2 388,96	2 687,58	1 326,13	2 248,—	2 529,—	1 116,57	2 107,12	2 370,51	906,89	1 966,16	2 211,93
	III	26 886	–	2 150,88	2 419,74	III	26 886	–	2 017,28	2 269,44	–	1 886,72	2 122,56	–	1 759,20	1 979,10	–	1 634,56	1 838,88	–	1 512,80	1 701,90	–	1 393,92	1 568,16
	V	41 581	2 286,95	3 326,48	3 742,29	IV	35 947	1 928,68	2 805,36	3 156,03	1 880,23	2 734,88	3 076,74	1 831,77	2 664,40	2 997,45	1 783,32	2 593,92	2 918,16	1 734,92	2 523,52	2 838,96	1 631,13	2 453,04	2 759,67
	VI	42 016	2 310,88	3 361,28	3 781,44																				
120 023,99 West	I,IV	35 805	1 969,27	2 864,40	3 222,45	I	35 805	1 872,36	2 723,44	3 063,87	1 775,51	2 582,56	2 905,38	1 614,23	2 441,68	2 746,89	1 404,55	2 300,72	2 588,31	1 194,99	2 159,84	2 429,82	985,32	2 018,88	2 271,24
	II	35 004	1 925,22	2 800,32	3 150,36	II	35 004	1 828,31	2 659,36	2 991,78	1 728,47	2 518,48	2 833,29	1 518,79	2 377,52	2 674,71	1 309,23	2 236,64	2 516,22	1 099,56	2 095,68	2 357,64	890,—	1 954,80	2 199,15
	III	26 748	–	2 139,84	2 407,32	III	26 748	–	2 006,72	2 257,56	–	1 876,32	2 110,86	–	1 748,96	1 967,58	–	1 624,48	1 827,54	–	1 503,04	1 690,92	–	1 384,48	1 557,54
	V	41 439	2 279,14	3 315,12	3 729,51	IV	35 805	1 920,82	2 793,92	3 143,16	1 872,36	2 723,44	3 063,87	1 823,96	2 653,04	2 984,67	1 775,51	2 582,56	2 905,38	1 718,95	2 512,08	2 826,09	1 614,23	2 441,68	2 746,89
	VI	41 874	2 303,07	3 349,92	3 768,66																				
120 023,99 Ost	I,IV	35 962	1 977,91	2 876,96	3 236,58	I	35 962	1 881,05	2 736,08	3 078,09	1 784,20	2 595,20	2 919,60	1 632,91	2 454,24	2 761,02	1 423,35	2 313,36	2 602,53	1 213,68	2 172,40	2 443,95	1 004,12	2 031,52	2 285,46
	II	35 161	1 933,85	2 812,88	3 164,49	II	35 161	1 837,—	2 672,—	3 006,—	1 740,09	2 531,04	2 847,42	1 537,59	2 390,16	2 688,93	1 327,92	2 249,20	2 530,35	1 118,36	2 108,32	2 371,86	908,68	1 967,36	2 213,28
	III	26 900	–	2 152,—	2 421,—	III	26 900	–	2 018,40	2 270,70	–	1 887,84	2 123,82	–	1 760,32	1 980,36	–	1 635,52	1 839,96	–	1 513,76	1 702,98	–	1 394,88	1 569,24
	V	41 596	2 287,78	3 327,68	3 743,64	IV	35 962	1 929,51	2 806,56	3 157,38	1 881,05	2 736,08	3 078,09	1 832,60	2 665,60	2 998,80	1 784,20	2 595,20	2 919,60	1 735,74	2 524,72	2 840,31	1 632,91	2 454,24	2 761,02
	VI	42 031	2 311,70	3 362,48	3 782,79																				
120 059,99 West	I,IV	35 820	1 970,10	2 865,60	3 223,80	I	35 820	1 873,24	2 724,72	3 065,31	1 776,33	2 583,76	2 906,73	1 616,02	2 442,88	2 748,24	1 406,34	2 301,92	2 589,66	1 196,78	2 161,04	2 431,17	987,10	2 020,08	2 272,59
	II	35 019	1 926,04	2 801,52	3 151,71	II	35 019	1 829,13	2 660,56	2 993,13	1 730,26	2 519,68	2 834,64	1 520,58	2 378,72	2 676,06	1 311,02	2 237,84	2 517,57	1 101,34	2 096,88	2 358,99	891,78	1 956,—	2 200,50
	III	26 764	–	2 141,12	2 408,76	III	26 764	–	2 007,84	2 258,82	–	1 877,44	2 112,12	–	1 750,08	1 968,84	–	1 625,60	1 828,80	–	1 504,—	1 692,—	–	1 385,44	1 558,62
	V	41 454	2 279,97	3 316,32	3 730,86	IV	35 820	1 921,64	2 795,12	3 144,51	1 873,24	2 724,72	3 065,31	1 824,79	2 654,24	2 986,02	1 776,33	2 583,76	2 906,73	1 720,74	2 513,28	2 827,44	1 616,02	2 442,88	2 748,24
	VI	41 889	2 303,89	3 351,12	3 770,01																				
120 059,99 Ost	I,IV	35 978	1 978,79	2 878,24	3 238,02	I	35 978	1 881,88	2 737,28	3 079,44	1 785,02	2 596,40	2 920,95	1 634,70	2 455,44	2 762,37	1 425,14	2 314,56	2 603,88	1 215,46	2 173,60	2 445,30	1 005,90	2 032,72	2 286,81
	II	35 176	1 934,68	2 814,08	3 165,84	II	35 176	1 837,82	2 673,20	3 007,35	1 740,91	2 532,24	2 848,77	1 539,38	2 391,36	2 690,28	1 329,70	2 250,40	2 531,70	1 120,14	2 109,52	2 373,21	910,46	1 968,56	2 214,63
	III	26 914	–	2 153,12	2 422,26	III	26 914	–	2 019,68	2 272,14	–	1 888,96	2 125,08	–	1 761,28	1 981,44	–	1 636,64	1 841,22	–	1 514,88	1 704,24	–	1 396,—	1 570,50
	V	41 611	2 288,60	3 328,88	3 744,99	IV	35 978	1 930,33	2 807,76	3 158,73	1 881,88	2 737,28	3 079,44	1 833,42	2 666,80	3 000,15	1 785,02	2 596,40	2 920,95	1 736,57	2 525,92	2 841,66	1 634,70	2 455,44	2 762,37
	VI	42 047	2 312,58	3 363,76	3 784,23																				
120 095,99 West	I,IV	35 835	1 970,92	2 866,80	3 225,15	I	35 835	1 874,07	2 725,92	3 066,66	1 777,16	2 584,96	2 908,08	1 617,80	2 444,08	2 749,59	1 408,12	2 303,12	2 591,01	1 198,56	2 162,24	2 432,52	988,89	2 021,28	2 273,94
	II	35 034	1 926,87	2 802,72	3 153,06	II	35 034	1 829,96	2 661,76	2 994,48	1 732,04	2 520,88	2 835,99	1 522,36	2 379,92	2 677,41	1 312,80	2 239,04	2 518,92	1 103,13	2 098,08	2 360,34	893,57	1 957,20	2 201,85
	III	26 778	–	2 142,24	2 410,02	III	26 778	–	2 008,96	2 260,08	–	1 878,56	2 113,38	–	1 751,04	1 969,92	–	1 626,56	1 829,88	–	1 505,12	1 693,26	–	1 386,40	1 559,70
	V	41 469	2 280,79	3 317,52	3 732,21	IV	35 835	1 922,47	2 796,32	3 145,86	1 874,07	2 725,92	3 066,66	1 825,61	2 655,44	2 987,37	1 777,16	2 584,96	2 908,08	1 722,64	2 514,56	2 828,88	1 617,80	2 444,08	2 749,59
	VI	41 904	2 304,72	3 352,32	3 771,36																				
120 095,99 Ost	I,IV	35 993	1 979,61	2 879,44	3 239,37	I	35 993	1 882,70	2 738,48	3 080,79	1 785,85	2 597,60	2 922,30	1 636,48	2 456,64	2 763,72	1 426,92	2 315,76	2 605,23	1 217,25	2 174,80	2 446,65	1 007,69	2 033,92	2 288,16
	II	35 191	1 935,50	2 815,28	3 167,19	II	35 191	1 838,65	2 674,40	3 008,70	1 741,74	2 533,44	2 850,12	1 541,16	2 392,56	2 691,63	1 331,49	2 251,60	2 533,05	1 121,93	2 110,72	2 374,56	912,25	1 969,76	2 215,98
	III	26 928	–	2 154,24	2 423,52	III	26 928	–	2 020,80	2 273,40	–	1 890,08	2 126,34	–	1 762,40	1 982,70	–	1 637,60	1 842,30	–	1 515,84	1 705,32	–	1 396,96	1 571,58
	V	41 627	2 289,48	3 330,16	3 746,43	IV	35 993	1 931,16	2 808,96	3 160,08	1 882,70	2 738,48	3 080,79	1 834,25	2 668,—	3 001,50	1 785,85	2 597,60	2 922,30	1 737,39	2 527,12	2 843,01	1 636,48	2 456,64	2 763,72
	VI	42 062	2 313,41	3 364,96	3 785,58																				
120 131,99 West	I,IV	35 850	1 971,75	2 868,—	3 226,50	I	35 850	1 874,89	2 727,12	3 068,01	1 777,98	2 586,16	2 909,43	1 619,59	2 445,28	2 750,94	1 409,91	2 304,32	2 592,36	1 200,35	2 163,44	2 433,87	990,67	2 022,48	2 275,29
	II	35 049	1 927,69	2 803,92	3 154,41	II	35 049	1 830,78	2 662,96	2 995,83	1 733,83	2 522,08	2 837,34	1 524,27	2 381,20	2 678,85	1 314,59	2 240,24	2 520,27	1 105,03	2 099,36	2 361,78	895,35	1 958,40	2 203,20
	III	26 792	–	2 143,36	2 411,28	III	26 792	–	2 010,08	2 261,34	–	1 879,68	2 114,64	–	1 752,16	1 971,18	–	1 627,68	1 831,14	–	1 506,08	1 694,34	–	1 387,52	1 560,96
	V	41 484	2 281,62	3 318,72	3 733,56	IV	35 850	1 923,35	2 797,60	3 147,30	1 874,89	2 727,12	3 068,01	1 826,44	2 656,64	2 988,72	1 777,98	2 586,16	2 909,43	1 724,42	2 515,76	2 830,23	1 619,59	2 445,28	2 750,94
	VI	41 919	2 305,54	3 353,52	3 772,71																				
120 131,99 Ost	I,IV	36 008	1 980,44	2 880,64	3 240,72	I	36 008	1 883,53	2 739,68	3 082,14	1 786,67	2 598,80	2 923,65	1 638,27	2 457,84	2 765,07	1 428,71	2 316,96	2 606,58	1 219,03	2 176,—	2 448,—	1 009,47	2 035,12	2 289,51
	II	35 206	1 936,33	2 816,48	3 168,54	II	35 206	1 839,47	2 675,60	3 010,05	1 742,62	2 534,72	2 851,56	1 542,95	2 393,76	2 692,98	1 333,39	2 252,88	2 534,49	1 123,71	2 111,92	2 375,91	914,15	1 971,04	2 217,42
	III	26 944	–	2 155,52	2 424,96	III	26 944	–	2 021,92	2 274,66	–	1 891,20	2 127,60	–	1 763,52	1 983,96	–	1 638,72	1 843,56	–	1 516,80	1 706,40	–	1 397,92	1 572,66
	V	41 642	2 290,31	3 331,36	3 747,78	IV	36 008	1 931,98	2 810,16	3 161,43	1 883,53	2 739,68	3 082,14	1 835,13	2 669,28	3 002,94	1 786,67	2 598,80	2 923,65	1 738,22	2 528,32	2 844,36	1 638,27	2 457,84	2 765,07
	VI	42 077	2 314,23	3 366,16	3 786,93																				
120 167,99 West	I,IV	35 865	1 972,57	2 869,20	3 227,85	I	35 865	1 875,72	2 728,32	3 069,36	1 778,81	2 587,36	2 910,78	1 621,37	2 446,48	2 752,29	1 411,81	2 305,60	2 593,80	1 202,13	2 164,64	2 435,22	992,57	2 023,76	2 276,73
	II	35 064	1 928,52	2 805,12	3 155,76	II	35 064	1 831,66	2 664,24	2 997,27	1 734,75	2 523,28	2 838,69	1 526,05	2 382,40	2 680,20	1 316,37	2 241,44	2 521,62	1 106,81	2 100,56	2 363,13	897,14	1 959,60	2 204,55
	III	26 806	–	2 144,48	2 412,54	III	26 806	–	2 011,20	2 262,60	–	1 880,80	2 115,90	–	1 753,28	1 972,44	–	1 628,80	1 832,40	–	1 507,20	1 695,60	–	1 388,48	1 562,04
	V	41 499	2 282,44	3 319,92	3 734,91	IV	35 865	1 924,17	2 798,80	3 148,65	1 875,72	2 728,32	3 069,36	1 827,26	2 657,84	2 990,07	1 778,81	2 587,36	2 910,78	1 726,21	2 516,96	2 831,58	1 621,37	2 446,48	2 752,29
	VI	41 934	2 306,37	3 354,72	3 774,06																				
120 167,99 Ost	I,IV	36 023	1 981,26	2 881,84	3 242,07	I	36 023	1 884,35	2 740,88	3 083,49	1 787,50	2 600,—	2 925,—	1 640,17	2 459,12	2 766,51	1 430,49	2 318,16	2 607,93	1 220,94	2 177,28	2 449,44	1 011,26	2 036,32	2 290,86
	II	35 222	1 937,21	2 817,76	3 169,98	II	35 222	1 840,30	2 676,80	3 011,40	1 743,44	2 535,92	2 852,91	1 544,73	2 394,96	2 694,33	1 335,18	2 254,08	2 535,84	1 125,50	2 113,12	2 377,26	915,94	1 972,24	2 218,77
	III	26 958	–	2 156,64	2 426,22	III	26 958	–	2 023,04	2 275,92	–	1 892,32	2 128,86	–	1 764,64	1 985,22	–	1 639,84	1 844,82	–	1 517,92	1 707,66	–	1 399,04	1 573,92
	V	41 657	2 291,13	3 332,56	3 749,13	IV	36 023	1 932,81	2 811,36	3 162,78	1 884,35	2 740,88	3 083,49	1 835,95	2 670,48	3 004,29	1 787,50	2 600,—	2 925,—	1 739,04	2 529,52	2 845,71	1 640,17	2 459,12	2 766,51
	VI	42 092	2 315,06	3 367,36	3 788,28																				
120 203,99 West	I,IV	35 881	1 973,45	2 870,48	3 229,29	I	35 881	1 876,54	2 729,52	3 070,71	1 779,69	2 588,64	2 912,22	1 623,16	2 447,68	2 753,64	1 413,60	2 306,80	2 595,15	1 203,92	2 165,84	2 436,57	994,36	2 024,96	2 278,08
	II	35 079	1 929,34	2 806,32	3 157,11	II	35 079	1 832,49	2 665,44	2 998,62	1 735,58	2 524,48	2 840,04	1 527,84	2 383,60	2 681,55	1 318,16	2 242,64	2 522,97	1 108,60	2 101,76	2 364,48	898,92	1 960,80	2 205,90
	III	26 822	–	2 145,76	2 413,98	III	26 822	–	2 012,32	2 263,86	–	1 881,92	2 117,16	–	1 754,40	1 973,70	–	1 629,76	1 833,48	–	1 508,16	1 696,68	–	1 389,44	1 563,12
	V	41 514	2 283,27	3 321,12	3 736,26	IV	35 881	1 925,—	2 800,—	3 150,—	1 876,54	2 729,52	3 070,71	1 828,09	2 659,04	2 991,42	1 779,69	2 588,64	2 912,22	1 727,99	2 518,16	2 832,93	1 623,16	2 447,68	2 753,64
	VI	41 950	2 307,25	3 356,—	3 775,50																				
120 203,99 Ost	I,IV	36 038	1 982,09	2 883,04	3 243,42	I	36 038	1 885,23	2 742,16	3 084,93	1 788,32	2 601,20	2 926,35	1 641,96	2 460,32	2 767,86	1 432,28	2 319,36	2 609,28	1 222,72	2 178,48	2 450,79	1 013,04	2 037,52	2 292,21
	II	35 237	1 938,03	2 818,96	3 171,33	II	35 237	1 841,12	2 678,—	3 012,75	1 744,27	2 537,12	2 854,26	1 546,52	2 396,16	2 695,68	1 336,96	2 255,28	2 537,19	1 127,28	2 114,32	2 378,61	917,72	1 973,44	2 220,12
	III	26 972	–	2 157,76	2 427,48	III	26 972	–	2 024,16	2 277,18	–	1 893,44	2 130,12	–	1 765,60	1 986,30	–	1 640,80	1 845,90	–	1 518,88	1 708,74	–	1 400,—	1 575,—
	V	41 672	2 291,96	3 333,76	3 750,48	IV	36 038	1 933,63	2 812,56	3 164,13	1 885,23	2 742,16	3 084,93	1 836,78	2 671,68	3 005,64	1 788,32	2 601,20	2 926,35	1 739,87	2 530,72	2 847,06	1 641,96	2 460,32	2 767,86
	VI	42 107	2 315,88	3 368,56	3 789,63																				
120 239,99 West	I,IV	35 896	1 974,28	2 871,68	3 230,64	I	35 896	1 877,37	2 730,72	3 072,06	1 780,51	2 589,84	2 913,57	1 624,94	2 448,88	2 754,99	1 415,38	2 308,—	2 596,50	1 205,70	2 167,04	2 437,92	996,14	2 026,16	2 279,43
	II	35 094	1 930,17	2 807,52	3 158,46	II	35 094	1 833,31	2 666,64	2 999,97	1 736,40	2 525,68	2 841,39	1 529,62	2 384,80	2 682,90	1 319,94	2 243,84	2 524,32	1 110,38	2 102,96	2 365,83	900,71	1 962,—	2 207,25
	III	26 836	–	2 146,88	2 415,24	III	26 836	–	2 013,44	2 265,12	–	1 883,04	2 118,42	–	1 755,36	1 974,78	–	1 630,88	1 834,74	–	1 509,12	1 697,76	–	1 390,40	1 564,20
	V	41 530	2 284,15	3 322,40	3 737,70	IV	35 896	1 925,82	2 801,20	3 151,35	1 877,37	2 730,72	3 072,06	1 828,91	2 660,24	2 992,77	1 780,51	2 589,84	2 913,57	1 729,78	2 519,36	2 834,28	1 624,94	2 448,88	2 754,99
	VI	41 965	2 308,07	3 357,20	3 776,85																				
120 239,99 Ost	I,IV	36 053	1 982,91	2 884,24	3 244,77	I	36 053	1 886,06	2 743,36	3 086,28	1 789,15	2 602,40	2 927,70	1 643,74	2 461,52	2 769,21	1 434,06	2 320,56	2 610,63	1 224,51	2 179,68	2 452,14	1 014,83	2 038,72	2 293,56
	II	35 252	1 938,86	2 820,16	3 172,68	II	35 252	1 841,95	2 679,20	3 014,10	1 745,09	2 538,32	2 855,61	1 548,30	2 397,36	2 697,03	1 338,75	2 256,48	2 538,54	1 129,07	2 115,52	2 379,96	919,51	1 974,64	2 221,47
	III	26 986	–	2 158,88	2 428,74	III	26 986	–	2 025,28	2 278,44	–	1 894,56	2 131,38	–	1 766,72	1 987,56	–	1 641,92	1 847,16	–	1 520,—	1 710,—	–	1 400,96	1 576,08
	V	41 687	2 292,78	3 334,96	3 751,83	IV	36 053	1 934,46	2 813,76	3 165,48	1 886,06	2 743,36	3 086,28	1 837,60	2 672,88	3 006,99	1 789,15	2 602,40	2 927,70	1 740,69	2 531,92	2 848,41	1 643,74	2 461,52	2 769,21
	VI	42 122	2 316,71	3 369,76	3 790,98																				

Abzüge an Lohnsteuer, Solidaritätszuschlag (SolZ) und Kirchensteuer (8%, 9%) in den Steuerklassen I – VI (ohne Kinderfreibeträge) bzw. I, II, III, IV (mit Zahl der Kinderfreibeträge . . .)

* Die ausgewiesenen Tabellenwerte sind amtlich. Siehe Erläuterungen auf der Umschlaginnenseite (U2).

Abzüge an Lohnsteuer, Solidaritätszuschlag (SolZ) und Kirchensteuer (8%, 9%) in den Steuerklassen

Lohn/ Gehalt bis €*	I – VI	LSt	ohne Kinderfreibeträge SolZ	8%	9%	I, II, III, IV	LSt	mit Zahl der Kinderfreibeträge … 0,5 SolZ	0,5 8%	0,5 9%	1 SolZ	1 8%	1 9%	1,5 SolZ	1,5 8%	1,5 9%	2 SolZ	2 8%	2 9%	2,5 SolZ	2,5 8%	2,5 9%	3 SolZ	3 8%	3 9%
120 275,99 West	I,IV	35 911	1 975,10	2 872,88	3 231,99	I	35 911	1 878,19	2 731,92	3 073,41	1 781,34	2 591,04	2 914,92	1 626,73	2 450,08	2 756,34	1 417,17	2 309,20	2 597,85	1 207,49	2 168,24	2 439,27	997,93	2 027,36	2 280,78
	II	35 109	1 930,99	2 808,72	3 159,81	II	35 109	1 834,14	2 667,84	3 001,32	1 737,23	2 526,88	2 842,74	1 531,41	2 386,—	2 684,25	1 321,85	2 245,12	2 525,76	1 112,17	2 104,16	2 367,18	902,61	1 963,28	2 208,69
	III	26 850	—	2 148,—	2 416,50	III	26 850	—	2 014,56	2 266,38	—	1 884,—	2 119,50	—	1 756,48	1 976,04	—	1 631,84	1 835,82	—	1 510,24	1 699,02	—	1 391,52	1 565,46
	V	41 545	2 284,97	3 323,60	3 739,05	IV	35 911	1 926,65	2 802,40	3 152,70	1 878,19	2 731,92	3 073,41	1 829,79	2 661,52	2 994,21	1 781,34	2 591,04	2 914,92	1 731,56	2 520,56	2 835,63	1 626,73	2 450,08	2 756,34
	VI	41 980	2 308,90	3 358,40	3 778,20																				
120 275,99 Ost	I,IV	36 068	1 983,74	2 885,44	3 246,12	I	36 068	1 886,88	2 744,56	3 087,63	1 789,97	2 603,60	2 929,05	1 645,53	2 462,72	2 770,56	1 435,85	2 321,76	2 611,98	1 226,29	2 180,88	2 453,49	1 016,61	2 039,92	2 294,91
	II	35 267	1 939,68	2 821,36	3 174,03	II	35 267	1 842,77	2 680,40	3 015,45	1 745,92	2 539,52	2 856,96	1 550,21	2 398,64	2 698,47	1 340,53	2 257,68	2 539,89	1 130,97	2 116,80	2 381,40	921,29	1 975,84	2 222,82
	III	27 002	—	2 160,16	2 430,18	III	27 002	—	2 026,40	2 279,70	—	1 895,68	2 132,64	—	1 767,84	1 988,82	—	1 642,88	1 848,24	—	1 520,96	1 711,08	—	1 402,08	1 577,34
	V	41 702	2 293,61	3 336,16	3 753,18	IV	36 068	1 935,34	2 815,04	3 166,92	1 886,88	2 744,56	3 087,63	1 838,43	2 674,08	3 008,34	1 789,97	2 603,60	2 929,05	1 741,57	2 533,20	2 849,85	1 645,53	2 462,72	2 770,56
	VI	42 137	2 317,53	3 370,96	3 792,33																				
120 311,99 West	I,IV	35 926	1 975,93	2 874,08	3 233,34	I	35 926	1 879,02	2 733,12	3 074,76	1 782,16	2 592,24	2 916,27	1 628,51	2 451,28	2 757,69	1 418,95	2 310,40	2 599,20	1 209,39	2 169,52	2 440,71	999,71	2 028,56	2 282,13
	II	35 125	1 931,87	2 810,—	3 161,25	II	35 125	1 834,96	2 669,04	3 002,67	1 738,11	2 528,16	2 844,18	1 533,19	2 387,20	2 685,60	1 323,63	2 246,32	2 527,11	1 113,95	2 105,36	2 368,53	904,40	1 964,48	2 210,04
	III	26 864	—	2 149,12	2 417,76	III	26 864	—	2 015,68	2 267,64	—	1 885,12	2 120,76	—	1 757,60	1 977,30	—	1 632,96	1 837,08	—	1 511,20	1 700,10	—	1 392,48	1 566,54
	V	41 560	2 285,80	3 324,80	3 740,40	IV	35 926	1 927,47	2 803,60	3 154,05	1 879,02	2 733,12	3 074,76	1 830,62	2 662,72	2 995,56	1 782,16	2 592,24	2 916,27	1 733,35	2 521,76	2 836,98	1 628,51	2 451,28	2 757,69
	VI	41 995	2 309,72	3 359,60	3 779,55																				
120 311,99 Ost	I,IV	36 083	1 984,56	2 886,64	3 247,47	I	36 083	1 887,71	2 745,76	3 088,98	1 790,80	2 604,80	2 930,40	1 647,31	2 463,92	2 771,91	1 437,75	2 323,04	2 613,42	1 228,08	2 182,08	2 454,84	1 018,52	2 041,20	2 296,35
	II	35 282	1 940,51	2 822,56	3 175,38	II	35 282	1 843,65	2 681,68	3 016,89	1 746,74	2 540,72	2 858,31	1 551,99	2 399,84	2 699,82	1 342,32	2 258,88	2 541,24	1 132,76	2 118,—	2 382,75	923,08	1 977,04	2 224,17
	III	27 016	—	2 161,28	2 431,44	III	27 016	—	2 027,52	2 280,96	—	1 896,80	2 133,90	—	1 768,96	1 990,08	—	1 644,—	1 849,50	—	1 522,08	1 712,34	—	1 403,04	1 578,42
	V	41 717	2 294,43	3 337,36	3 754,53	IV	36 083	1 936,16	2 816,24	3 168,27	1 887,71	2 745,76	3 088,98	1 839,25	2 675,28	3 009,69	1 790,80	2 604,80	2 930,40	1 742,40	2 534,40	2 851,20	1 647,31	2 463,92	2 771,91
	VI	42 152	2 318,36	3 372,16	3 793,68																				
120 347,99 West	I,IV	35 941	1 976,75	2 875,28	3 234,69	I	35 941	1 879,90	2 734,40	3 076,20	1 782,99	2 593,44	2 917,62	1 630,41	2 452,56	2 759,13	1 420,74	2 311,60	2 600,55	1 211,18	2 170,72	2 442,06	1 001,50	2 029,76	2 283,48
	II	35 140	1 932,70	2 811,20	3 162,60	II	35 140	1 835,79	2 670,24	3 004,02	1 738,93	2 529,36	2 845,53	1 534,98	2 388,40	2 686,95	1 325,42	2 247,52	2 528,46	1 115,74	2 106,56	2 369,88	906,18	1 965,68	2 211,39
	III	26 880	—	2 150,40	2 419,20	III	26 880	—	2 016,80	2 268,90	—	1 886,24	2 122,02	—	1 758,72	1 978,56	—	1 634,08	1 838,34	—	1 512,32	1 701,36	—	1 393,44	1 567,62
	V	41 575	2 286,62	3 326,—	3 741,75	IV	35 941	1 928,30	2 804,80	3 155,40	1 879,90	2 734,40	3 076,20	1 831,44	2 663,92	2 996,91	1 782,99	2 593,44	2 917,62	1 734,53	2 522,96	2 838,33	1 630,41	2 452,56	2 759,13
	VI	42 010	2 310,55	3 360,80	3 780,90																				
120 347,99 Ost	I,IV	36 099	1 985,44	2 887,92	3 248,91	I	36 099	1 888,53	2 746,96	3 090,33	1 791,68	2 606,08	2 931,84	1 649,10	2 465,12	2 773,26	1 439,54	2 324,24	2 614,77	1 229,86	2 183,28	2 456,19	1 020,30	2 042,40	2 297,70
	II	35 297	1 941,33	2 823,76	3 176,73	II	35 297	1 844,48	2 682,88	3 018,24	1 747,57	2 541,92	2 859,66	1 553,78	2 401,04	2 701,17	1 344,10	2 260,08	2 542,59	1 134,54	2 119,20	2 384,10	924,86	1 978,24	2 225,52
	III	27 030	—	2 162,40	2 432,70	III	27 030	—	2 028,64	2 282,22	—	1 897,92	2 135,16	—	1 770,08	1 991,34	—	1 645,12	1 850,76	—	1 523,04	1 713,42	—	1 404,—	1 579,50
	V	41 732	2 295,26	3 338,56	3 755,88	IV	36 099	1 936,99	2 817,44	3 169,62	1 888,53	2 746,96	3 090,33	1 840,08	2 676,48	3 011,04	1 791,68	2 606,08	2 931,84	1 743,22	2 535,60	2 852,55	1 649,10	2 465,12	2 773,26
	VI	42 168	2 319,24	3 373,44	3 795,12																				
120 383,99 West	I,IV	35 956	1 977,58	2 876,48	3 236,04	I	35 956	1 880,72	2 735,60	3 077,55	1 783,81	2 594,64	2 918,97	1 632,20	2 453,76	2 760,48	1 422,52	2 312,80	2 601,90	1 212,96	2 171,92	2 443,41	1 003,28	2 030,96	2 284,83
	II	35 155	1 933,52	2 812,40	3 163,95	II	35 155	1 836,61	2 671,44	3 005,37	1 739,76	2 530,56	2 846,88	1 536,76	2 389,60	2 688,30	1 327,20	2 248,72	2 529,81	1 117,52	2 107,76	2 371,23	907,97	1 966,88	2 212,74
	III	26 894	—	2 151,52	2 420,46	III	26 894	—	2 017,92	2 270,16	—	1 887,36	2 123,28	—	1 759,84	1 979,82	—	1 635,04	1 839,42	—	1 513,28	1 702,44	—	1 394,56	1 568,88
	V	41 590	2 287,45	3 327,20	3 743,10	IV	35 956	1 929,12	2 806,—	3 156,75	1 880,72	2 735,60	3 077,55	1 832,27	2 665,12	2 998,26	1 783,81	2 594,64	2 918,97	1 735,36	2 524,16	2 839,68	1 632,20	2 453,76	2 760,48
	VI	42 025	2 311,37	3 362,—	3 782,25																				
120 383,99 Ost	I,IV	36 114	1 986,27	2 889,12	3 250,26	I	36 114	1 889,36	2 748,16	3 091,68	1 792,50	2 607,28	2 933,19	1 650,88	2 466,32	2 774,61	1 441,32	2 325,44	2 616,12	1 231,65	2 184,48	2 457,54	1 022,09	2 043,60	2 299,05
	II	35 312	1 942,16	2 824,96	3 178,08	II	35 312	1 845,30	2 684,08	3 019,59	1 748,39	2 543,12	2 861,01	1 555,56	2 402,24	2 702,52	1 345,89	2 261,28	2 543,94	1 136,33	2 120,40	2 385,45	926,65	1 979,44	2 226,87
	III	27 046	—	2 163,68	2 434,14	III	27 046	—	2 029,76	2 283,48	—	1 899,04	2 136,42	—	1 771,04	1 992,42	—	1 646,08	1 851,84	—	1 524,16	1 714,68	—	1 404,96	1 580,58
	V	41 748	2 296,14	3 339,84	3 757,32	IV	36 114	1 937,81	2 818,64	3 170,97	1 889,36	2 748,16	3 091,68	1 840,90	2 677,68	3 012,39	1 792,50	2 607,28	2 933,19	1 744,05	2 536,80	2 853,90	1 650,88	2 466,32	2 774,61
	VI	42 183	2 320,06	3 374,64	3 796,47																				
120 419,99 West	I,IV	35 971	1 978,40	2 877,68	3 237,39	I	35 971	1 881,55	2 736,80	3 078,90	1 784,64	2 595,84	2 920,32	1 633,98	2 454,96	2 761,83	1 424,31	2 314,—	2 603,25	1 214,75	2 173,12	2 444,76	1 005,07	2 032,16	2 286,18
	II	35 170	1 934,35	2 813,60	3 165,30	II	35 170	1 837,44	2 672,64	3 006,72	1 740,58	2 531,76	2 848,23	1 538,55	2 390,80	2 689,65	1 328,99	2 249,92	2 531,16	1 119,43	2 109,04	2 372,67	909,75	1 968,08	2 214,09
	III	26 908	—	2 152,64	2 421,72	III	26 908	—	2 019,04	2 271,42	—	1 888,48	2 124,54	—	1 760,80	1 980,90	—	1 636,16	1 840,68	—	1 514,40	1 703,70	—	1 395,52	1 569,96
	V	41 605	2 288,27	3 328,40	3 744,45	IV	35 971	1 930,—	2 807,28	3 158,19	1 881,55	2 736,80	3 078,90	1 833,09	2 666,32	2 999,61	1 784,64	2 595,84	2 920,32	1 736,24	2 525,44	2 841,12	1 633,98	2 454,96	2 761,83
	VI	42 040	2 312,20	3 363,20	3 783,60																				
120 419,99 Ost	I,IV	36 129	1 987,09	2 890,32	3 251,61	I	36 129	1 890,18	2 749,36	3 093,03	1 793,33	2 608,48	2 934,54	1 652,67	2 467,52	2 775,96	1 443,11	2 326,64	2 617,47	1 233,43	2 185,68	2 458,89	1 023,87	2 044,80	2 300,40
	II	35 327	1 942,98	2 826,16	3 179,43	II	35 327	1 846,13	2 685,28	3 020,94	1 749,22	2 544,32	2 862,36	1 557,35	2 403,44	2 703,87	1 347,79	2 262,56	2 545,38	1 138,11	2 121,60	2 386,80	928,55	1 980,72	2 228,31
	III	27 060	—	2 164,80	2 435,40	III	27 060	—	2 031,04	2 284,92	—	1 900,16	2 137,68	—	1 772,16	1 993,68	—	1 647,20	1 853,10	—	1 525,12	1 715,76	—	1 406,08	1 581,84
	V	41 763	2 296,96	3 341,04	3 758,67	IV	36 129	1 938,64	2 819,84	3 172,32	1 890,18	2 749,36	3 093,03	1 841,78	2 678,96	3 013,83	1 793,33	2 608,48	2 934,54	1 744,87	2 538,—	2 855,25	1 652,67	2 467,52	2 775,96
	VI	42 198	2 320,89	3 375,84	3 797,82																				
120 455,99 West	I,IV	35 986	1 979,23	2 878,88	3 238,74	I	35 986	1 882,37	2 738,—	3 080,25	1 785,46	2 597,04	2 921,67	1 635,77	2 456,16	2 763,18	1 426,09	2 315,20	2 604,60	1 216,53	2 174,32	2 446,11	1 006,97	2 033,44	2 287,62
	II	35 185	1 935,17	2 814,80	3 166,65	II	35 185	1 838,32	2 673,92	3 008,16	1 741,41	2 532,96	2 849,58	1 540,45	2 392,08	2 691,09	1 330,77	2 251,12	2 532,51	1 121,21	2 110,24	2 374,02	911,54	1 969,28	2 215,44
	III	26 922	—	2 153,76	2 422,98	III	26 922	—	2 020,32	2 272,86	—	1 889,60	2 125,80	—	1 761,92	1 982,16	—	1 637,12	1 841,76	—	1 515,36	1 704,78	—	1 396,48	1 571,04
	V	41 620	2 289,10	3 329,60	3 745,80	IV	35 986	1 930,83	2 808,48	3 159,54	1 882,37	2 738,—	3 080,25	1 833,92	2 667,52	3 000,96	1 785,46	2 597,04	2 921,67	1 737,06	2 526,64	2 842,47	1 635,77	2 456,16	2 763,18
	VI	42 055	2 313,02	3 364,40	3 784,95																				
120 455,99 Ost	I,IV	36 144	1 987,92	2 891,52	3 252,96	I	36 144	1 891,01	2 750,56	3 094,38	1 794,15	2 609,68	2 935,89	1 654,45	2 468,72	2 777,31	1 444,89	2 327,84	2 618,82	1 235,33	2 186,96	2 460,33	1 025,66	2 046,—	2 301,75
	II	35 343	1 943,86	2 827,44	3 180,87	II	35 343	1 846,95	2 686,48	3 022,29	1 750,10	2 545,60	2 863,80	1 559,13	2 404,64	2 705,22	1 349,57	2 263,76	2 546,73	1 139,90	2 122,80	2 388,15	930,34	1 981,92	2 229,66
	III	27 074	—	2 165,92	2 436,66	III	27 074	—	2 032,16	2 286,18	—	1 901,28	2 138,94	—	1 773,28	1 994,94	—	1 648,32	1 854,36	—	1 526,24	1 717,02	—	1 407,04	1 582,92
	V	41 778	2 297,79	3 342,24	3 760,02	IV	36 144	1 939,46	2 821,04	3 173,67	1 891,01	2 750,56	3 094,38	1 842,61	2 680,16	3 015,18	1 794,15	2 609,68	2 935,89	1 745,70	2 539,20	2 856,60	1 654,45	2 468,72	2 777,31
	VI	42 213	2 321,71	3 377,04	3 799,17																				
120 491,99 West	I,IV	36 002	1 980,11	2 880,16	3 240,18	I	36 002	1 883,20	2 739,20	3 081,60	1 786,34	2 598,32	2 923,11	1 637,55	2 457,36	2 764,53	1 428,—	2 316,48	2 606,04	1 218,32	2 175,52	2 447,46	1 008,76	2 034,64	2 288,97
	II	35 200	1 936,—	2 816,—	3 168,—	II	35 200	1 839,14	2 675,12	3 009,51	1 742,23	2 534,16	2 850,93	1 542,24	2 393,28	2 692,44	1 332,56	2 252,32	2 533,86	1 123,—	2 111,44	2 375,37	913,32	1 970,48	2 216,79
	III	26 938	—	2 155,04	2 424,42	III	26 938	—	2 021,44	2 274,12	—	1 890,72	2 127,06	—	1 763,04	1 983,42	—	1 638,24	1 843,02	—	1 516,48	1 706,04	—	1 397,44	1 572,12
	V	41 635	2 289,92	3 330,80	3 747,15	IV	36 002	1 931,65	2 809,68	3 160,89	1 883,20	2 739,20	3 081,60	1 834,74	2 668,72	3 002,31	1 786,34	2 598,32	2 923,11	1 737,89	2 527,84	2 843,82	1 637,55	2 457,36	2 764,53
	VI	42 071	2 313,90	3 365,68	3 786,39																				
120 491,99 Ost	I,IV	36 159	1 988,74	2 892,72	3 254,31	I	36 159	1 891,89	2 751,84	3 095,82	1 794,98	2 610,88	2 937,24	1 656,36	2 470,—	2 778,75	1 446,68	2 329,04	2 620,17	1 237,12	2 188,16	2 461,68	1 027,44	2 047,20	2 303,10
	II	35 358	1 944,69	2 828,64	3 182,22	II	35 358	1 847,78	2 687,68	3 023,64	1 750,92	2 546,80	2 865,15	1 560,92	2 405,84	2 706,57	1 351,36	2 264,96	2 548,08	1 141,68	2 124,—	2 389,50	932,12	1 983,12	2 231,01
	III	27 088	—	2 167,04	2 437,92	III	27 088	—	2 033,28	2 287,44	—	1 902,24	2 140,02	—	1 774,40	1 996,20	—	1 649,28	1 855,44	—	1 527,20	1 718,10	—	1 408,—	1 584,—
	V	41 793	2 298,61	3 343,44	3 761,37	IV	36 159	1 940,29	2 822,24	3 175,02	1 891,89	2 751,84	3 095,82	1 843,43	2 681,36	3 016,53	1 794,98	2 610,88	2 937,24	1 746,52	2 540,40	2 857,95	1 656,36	2 470,—	2 778,75
	VI	42 228	2 322,54	3 378,24	3 800,52																				
120 527,99 West	I,IV	36 017	1 980,93	2 881,36	3 241,53	I	36 017	1 884,02	2 740,40	3 082,95	1 787,17	2 599,52	2 924,46	1 639,34	2 458,56	2 765,88	1 429,78	2 317,68	2 607,39	1 220,10	2 176,72	2 448,81	1 010,54	2 035,84	2 290,32
	II	35 215	1 936,82	2 817,20	3 169,35	II	35 215	1 839,97	2 676,32	3 010,86	1 743,06	2 535,36	2 852,28	1 544,02	2 394,48	2 693,79	1 334,34	2 253,52	2 535,21	1 124,78	2 112,64	2 376,72	915,11	1 971,68	2 218,14
	III	26 952	—	2 156,16	2 425,68	III	26 952	—	2 022,56	2 275,38	—	1 891,84	2 128,32	—	1 764,16	1 984,68	—	1 639,36	1 844,28	—	1 517,44	1 707,12	—	1 398,56	1 573,38
	V	41 651	2 290,80	3 332,08	3 748,59	IV	36 017	1 932,48	2 810,88	3 162,24	1 884,02	2 740,40	3 082,95	1 835,57	2 669,92	3 003,66	1 787,17	2 599,52	2 924,46	1 738,71	2 529,04	2 845,17	1 639,34	2 458,56	2 765,88
	VI	42 086	2 314,73	3 366,88	3 787,74																				
120 527,99 Ost	I,IV	36 174	1 989,57	2 893,92	3 255,66	I	36 174	1 892,71	2 753,04	3 097,17	1 795,80	2 612,08	2 938,59	1 658,14	2 471,20	2 780,10	1 448,46	2 330,24	2 621,52	1 238,90	2 189,36	2 463,03	1 029,23	2 048,40	2 304,45
	II	35 373	1 945,51	2 829,84	3 183,57	II	35 373	1 848,60	2 688,88	3 024,99	1 751,75	2 548,—	2 866,50	1 562,70	2 407,04	2 707,92	1 353,14	2 266,16	2 549,43	1 143,47	2 125,20	2 390,85	933,91	1 984,32	2 232,36
	III	27 104	—	2 168,32	2 439,36	III	27 104	—	2 034,40	2 288,70	—	1 903,36	2 141,28	—	1 775,36	1 997,28	—	1 650,40	1 856,70	—	1 528,32	1 719,36	—	1 409,12	1 585,26
	V	41 808	2 299,44	3 344,64	3 762,72	IV	36 174	1 941,11	2 823,44	3 176,37	1 892,71	2 753,04	3 097,17	1 844,26	2 682,56	3 017,88	1 795,80	2 612,08	2 938,59	1 747,35	2 541,60	2 859,30	1 658,14	2 471,20	2 780,10
	VI	42 243	2 323,36	3 379,44	3 801,87																				

* Die ausgewiesenen Tabellenwerte sind amtlich. Siehe Erläuterungen auf der Umschlaginnenseite (U2).

Abzüge an Lohnsteuer, Solidaritätszuschlag (SolZ) und Kirchensteuer (8%, 9%) in den Steuerklassen

Lohn/ Gehalt bis €*	I – VI		ohne Kinderfreibeträge			I, II, III, IV		mit Zahl der Kinderfreibeträge . . . 0,5			1			1,5			2			2,5			3		
		LSt	SolZ	8%	9%		LSt	SolZ	8%	9%	SolZ	8%	9%	SolZ	8%	9%	SolZ	8%	9%	SolZ	8%	9%	SolZ	8%	9%
120 563,99 West	I,IV	36 032	1 981,76	2 882,56	3 242,88	I	36 032	1 884,85	2 741,60	3 084,30	1 787,99	2 600,72	2 925,81	1 641,12	2 459,76	2 767,23	1 431,57	2 318,88	2 608,74	1 221,89	2 177,92	2 450,16	1 012,33	2 037,04	2 291,67
	II	35 230	1 937,65	2 818,40	3 170,70	II	35 230	1 840,79	2 677,52	3 012,21	1 743,88	2 536,56	2 853,63	1 545,81	2 395,68	2 695,14	1 336,13	2 254,72	2 536,56	1 126,57	2 113,84	2 378,07	917,01	1 972,96	2 219,58
	III	26 966	–	2 157,28	2 426,94	III	26 966	–	2 023,68	2 276,64	–	1 892,96	2 129,58	–	1 765,12	1 985,76	–	1 640,32	1 845,36	–	1 518,40	1 708,20	–	1 399,52	1 574,46
	V	41 666	2 291,63	3 333,28	3 749,94	IV	36 032	1 933,30	2 812,08	3 163,59	1 884,85	2 741,60	3 084,30	1 836,45	2 671,20	3 005,10	1 787,99	2 600,72	2 925,81	1 739,54	2 530,24	2 846,52	1 641,12	2 459,76	2 767,23
	VI	42 101	2 315,55	3 368,08	3 789,09																				
120 563,99 Ost	I,IV	36 189	1 990,39	2 895,12	3 257,01	I	36 189	1 893,54	2 754,24	3 098,52	1 796,63	2 613,28	2 939,94	1 659,93	2 472,40	2 781,45	1 450,25	2 331,44	2 622,87	1 240,69	2 190,56	2 464,38	1 031,01	2 049,60	2 305,80
	II	35 388	1 946,34	2 831,04	3 184,92	II	35 388	1 849,43	2 690,08	3 026,34	1 752,57	2 549,20	2 867,85	1 564,49	2 408,24	2 709,27	1 354,93	2 267,36	2 550,78	1 145,37	2 126,48	2 392,29	935,69	1 985,52	2 233,71
	III	27 118	–	2 169,44	2 440,62	III	27 118	–	2 035,52	2 289,96	–	1 904,48	2 142,54	–	1 776,48	1 998,54	–	1 651,36	1 857,78	–	1 529,28	1 720,44	–	1 410,08	1 586,34
	V	41 823	2 300,26	3 345,84	3 764,07	IV	36 189	1 941,99	2 824,72	3 177,81	1 893,54	2 754,24	3 098,52	1 845,08	2 683,76	3 019,23	1 796,63	2 613,28	2 939,94	1 748,23	2 542,88	2 860,74	1 659,93	2 472,40	2 781,45
	VI	42 258	2 324,19	3 380,64	3 803,22																				
120 599,99 West	I,IV	36 047	1 982,58	2 883,76	3 244,23	I	36 047	1 885,67	2 742,80	3 085,65	1 788,82	2 601,92	2 927,16	1 642,91	2 460,96	2 768,58	1 433,35	2 320,08	2 610,09	1 223,67	2 179,12	2 451,51	1 014,11	2 038,24	2 293,02
	II	35 246	1 938,53	2 819,68	3 172,14	II	35 246	1 841,62	2 678,72	3 013,56	1 744,76	2 537,84	2 855,07	1 547,59	2 396,88	2 696,49	1 338,03	2 256,–	2 538,–	1 128,35	2 115,04	2 379,42	918,79	1 974,16	2 220,93
	III	26 980	–	2 158,40	2 428,20	III	26 980	–	2 024,80	2 277,90	–	1 894,08	2 130,84	–	1 766,24	1 987,02	–	1 641,44	1 846,62	–	1 519,52	1 709,46	–	1 400,48	1 575,54
	V	41 681	2 292,45	3 334,48	3 751,29	IV	36 047	1 934,13	2 813,28	3 164,94	1 885,67	2 742,80	3 085,65	1 837,27	2 672,40	3 006,45	1 788,82	2 601,92	2 927,16	1 740,36	2 531,44	2 847,87	1 642,91	2 460,96	2 768,58
	VI	42 116	2 316,38	3 369,28	3 790,44																				
120 599,99 Ost	I,IV	36 204	1 991,22	2 896,32	3 258,36	I	36 204	1 894,36	2 755,44	3 099,87	1 797,45	2 614,48	2 941,29	1 661,71	2 473,60	2 782,80	1 452,03	2 332,64	2 624,22	1 242,47	2 191,76	2 465,73	1 032,92	2 050,88	2 307,24
	II	35 403	1 947,16	2 832,24	3 186,27	II	35 403	1 850,31	2 691,36	3 027,78	1 753,40	2 550,40	2 869,20	1 566,39	2 409,52	2 710,71	1 356,71	2 268,56	2 552,13	1 147,16	2 127,68	2 393,64	937,48	1 986,72	2 235,06
	III	27 132	–	2 170,56	2 441,88	III	27 132	–	2 036,64	2 291,22	–	1 905,60	2 143,80	–	1 777,60	1 999,80	–	1 652,48	1 859,04	–	1 530,40	1 721,70	–	1 411,04	1 587,42
	V	41 838	2 301,09	3 347,04	3 765,42	IV	36 204	1 942,82	2 825,92	3 179,16	1 894,36	2 755,44	3 099,87	1 845,91	2 684,96	3 020,58	1 797,45	2 614,48	2 941,29	1 749,05	2 544,08	2 862,09	1 661,71	2 473,60	2 782,80
	VI	42 273	2 325,01	3 381,84	3 804,57																				
120 635,99 West	I,IV	36 062	1 983,41	2 884,96	3 245,58	I	36 062	1 886,55	2 744,08	3 087,09	1 789,64	2 603,12	2 928,51	1 644,81	2 462,24	2 770,02	1 435,14	2 321,28	2 611,44	1 225,58	2 180,40	2 452,95	1 015,90	2 039,44	2 294,37
	II	35 261	1 939,35	2 820,88	3 173,49	II	35 261	1 842,44	2 679,92	3 014,91	1 745,59	2 539,04	2 856,42	1 549,38	2 398,08	2 697,84	1 339,82	2 257,20	2 539,35	1 130,14	2 116,24	2 380,77	920,58	1 975,36	2 222,28
	III	26 996	–	2 159,68	2 429,64	III	26 996	–	2 025,92	2 279,16	–	1 895,20	2 132,10	–	1 767,36	1 988,28	–	1 642,56	1 847,88	–	1 520,48	1 710,54	–	1 401,60	1 576,80
	V	41 696	2 293,28	3 335,68	3 752,64	IV	36 062	1 934,95	2 814,48	3 166,29	1 886,55	2 744,08	3 087,09	1 838,10	2 673,60	3 007,80	1 789,64	2 603,12	2 928,51	1 741,19	2 532,64	2 849,22	1 644,81	2 462,24	2 770,02
	VI	42 131	2 317,20	3 370,48	3 791,79																				
120 635,99 Ost	I,IV	36 220	1 992,10	2 897,60	3 259,80	I	36 220	1 895,19	2 756,64	3 101,22	1 798,33	2 615,76	2 942,73	1 663,50	2 474,80	2 784,15	1 453,94	2 333,92	2 625,66	1 244,26	2 192,96	2 467,08	1 034,70	2 052,08	2 308,59
	II	35 418	1 947,99	2 833,44	3 187,62	II	35 418	1 851,13	2 692,56	3 029,13	1 754,22	2 551,60	2 870,55	1 568,18	2 410,72	2 712,06	1 358,50	2 269,76	2 553,48	1 148,94	2 128,88	2 394,99	939,26	1 987,92	2 236,41
	III	27 146	–	2 171,68	2 443,14	III	27 146	–	2 037,76	2 292,48	–	1 906,72	2 145,06	–	1 778,72	2 001,06	–	1 653,60	1 860,30	–	1 531,36	1 722,78	–	1 412,16	1 588,68
	V	41 853	2 301,91	3 348,24	3 766,77	IV	36 220	1 943,64	2 827,12	3 180,51	1 895,19	2 756,64	3 101,22	1 846,73	2 686,16	3 021,93	1 798,33	2 615,76	2 942,73	1 749,88	2 545,28	2 863,44	1 663,50	2 474,80	2 784,15
	VI	42 288	2 325,84	3 383,04	3 805,92																				
120 671,99 West	I,IV	36 077	1 984,23	2 886,16	3 246,93	I	36 077	1 887,38	2 745,28	3 088,44	1 790,47	2 604,32	2 929,86	1 646,60	2 463,44	2 771,37	1 436,92	2 322,48	2 612,79	1 227,36	2 181,60	2 454,30	1 017,68	2 040,64	2 295,72
	II	35 276	1 940,18	2 822,08	3 174,84	II	35 276	1 843,27	2 681,12	3 016,26	1 746,41	2 540,24	2 857,77	1 551,16	2 399,28	2 699,19	1 341,60	2 258,40	2 540,70	1 131,92	2 117,44	2 382,12	922,36	1 976,56	2 223,63
	III	27 010	–	2 160,80	2 430,90	III	27 010	–	2 027,04	2 280,42	–	1 896,32	2 133,36	–	1 768,48	1 989,54	–	1 643,52	1 848,96	–	1 521,60	1 711,80	–	1 402,56	1 577,88
	V	41 711	2 294,10	3 336,88	3 753,99	IV	36 077	1 935,78	2 815,68	3 167,64	1 887,38	2 745,28	3 088,44	1 838,92	2 674,80	3 009,15	1 790,47	2 604,32	2 929,86	1 742,01	2 533,84	2 850,57	1 646,60	2 463,44	2 771,37
	VI	42 146	2 318,03	3 371,68	3 793,14																				
120 671,99 Ost	I,IV	36 235	1 992,92	2 898,80	3 261,15	I	36 235	1 896,01	2 757,84	3 102,57	1 799,16	2 616,96	2 944,08	1 665,28	2 476,–	2 785,50	1 455,72	2 335,12	2 627,01	1 246,04	2 194,16	2 468,43	1 036,49	2 053,28	2 309,94
	II	35 433	1 948,81	2 834,64	3 188,97	II	35 433	1 851,96	2 693,76	3 030,48	1 755,05	2 552,80	2 871,90	1 569,96	2 411,92	2 713,41	1 360,28	2 270,96	2 554,83	1 150,73	2 130,08	2 396,34	941,05	1 989,12	2 237,76
	III	27 162	–	2 172,96	2 444,58	III	27 162	–	2 038,88	2 293,74	–	1 907,84	2 146,32	–	1 779,84	2 002,32	–	1 654,56	1 861,38	–	1 532,32	1 723,86	–	1 413,12	1 589,76
	V	41 868	2 302,74	3 349,44	3 768,12	IV	36 235	1 944,47	2 828,32	3 181,86	1 896,01	2 757,84	3 102,57	1 847,56	2 687,36	3 023,28	1 799,16	2 616,96	2 944,08	1 750,70	2 546,48	2 864,79	1 665,28	2 476,–	2 785,50
	VI	42 304	2 326,72	3 384,32	3 807,36																				
120 707,99 West	I,IV	36 092	1 985,06	2 887,36	3 248,28	I	36 092	1 888,20	2 746,48	3 089,79	1 791,29	2 605,52	2 931,21	1 648,38	2 464,64	2 772,72	1 438,71	2 323,68	2 614,14	1 229,15	2 182,80	2 455,65	1 019,47	2 041,84	2 297,07
	II	35 291	1 941,–	2 823,28	3 176,19	II	35 291	1 844,09	2 682,32	3 017,61	1 747,24	2 541,44	2 859,12	1 552,95	2 400,48	2 700,54	1 343,39	2 259,60	2 542,05	1 133,71	2 118,64	2 383,47	924,15	1 977,76	2 224,98
	III	27 024	–	2 161,92	2 432,16	III	27 024	–	2 028,16	2 281,68	–	1 897,44	2 134,62	–	1 769,60	1 990,80	–	1 644,64	1 850,22	–	1 522,56	1 712,88	–	1 403,52	1 578,96
	V	41 726	2 294,93	3 338,08	3 755,34	IV	36 092	1 936,66	2 816,96	3 169,08	1 888,20	2 746,48	3 089,79	1 839,75	2 676,–	3 010,50	1 791,29	2 605,52	2 931,21	1 742,89	2 535,12	2 852,01	1 648,38	2 464,64	2 772,72
	VI	42 161	2 318,85	3 372,88	3 794,49																				
120 707,99 Ost	I,IV	36 250	1 993,75	2 900,–	3 262,50	I	36 250	1 896,84	2 759,04	3 103,92	1 799,98	2 618,16	2 945,43	1 667,07	2 477,20	2 786,85	1 457,51	2 336,32	2 628,36	1 247,83	2 195,36	2 469,78	1 038,27	2 054,48	2 311,29
	II	35 448	1 949,64	2 835,84	3 190,32	II	35 448	1 852,78	2 694,96	3 031,83	1 755,87	2 554,–	2 873,25	1 571,75	2 413,12	2 714,76	1 362,07	2 272,16	2 556,18	1 152,51	2 131,28	2 397,69	942,95	1 990,40	2 239,20
	III	27 176	–	2 174,08	2 445,84	III	27 176	–	2 040,–	2 295,–	–	1 908,96	2 147,58	–	1 780,80	2 003,40	–	1 655,68	1 862,64	–	1 533,44	1 725,12	–	1 414,08	1 590,84
	V	41 884	2 303,62	3 350,72	3 769,56	IV	36 250	1 945,29	2 829,52	3 183,21	1 896,84	2 759,04	3 103,92	1 848,44	2 688,64	3 024,72	1 799,98	2 618,16	2 945,43	1 751,53	2 547,68	2 866,14	1 667,07	2 477,20	2 786,85
	VI	42 319	2 327,54	3 385,52	3 808,71																				
120 743,99 West	I,IV	36 107	1 985,88	2 888,56	3 249,63	I	36 107	1 889,03	2 747,68	3 091,14	1 792,12	2 606,72	2 932,56	1 650,17	2 465,84	2 774,07	1 440,49	2 324,88	2 615,49	1 230,93	2 184,–	2 457,–	1 021,25	2 043,04	2 298,42
	II	35 306	1 941,83	2 824,48	3 177,54	II	35 306	1 844,97	2 683,60	3 019,05	1 748,06	2 542,64	2 860,47	1 554,85	2 401,76	2 701,98	1 345,17	2 260,80	2 543,40	1 135,61	2 119,92	2 384,91	925,93	1 978,96	2 226,33
	III	27 038	–	2 163,04	2 433,42	III	27 038	–	2 029,28	2 282,94	–	1 898,56	2 135,88	–	1 770,56	1 991,88	–	1 645,60	1 851,30	–	1 523,68	1 714,14	–	1 404,64	1 580,22
	V	41 741	2 295,75	3 339,28	3 756,69	IV	36 107	1 937,48	2 818,16	3 170,43	1 889,03	2 747,68	3 091,14	1 840,57	2 677,20	3 011,85	1 792,12	2 606,72	2 932,56	1 743,72	2 536,32	2 853,36	1 650,17	2 465,84	2 774,07
	VI	42 176	2 319,68	3 374,08	3 795,84																				
120 743,99 Ost	I,IV	36 265	1 994,57	2 901,20	3 263,85	I	36 265	1 897,66	2 760,24	3 105,27	1 800,81	2 619,36	2 946,78	1 668,85	2 478,40	2 788,20	1 459,29	2 337,52	2 629,71	1 249,61	2 196,56	2 471,13	1 040,06	2 055,68	2 312,64
	II	35 464	1 950,52	2 837,12	3 191,76	II	35 464	1 853,61	2 696,16	3 033,18	1 756,75	2 555,28	2 874,69	1 573,53	2 414,32	2 716,11	1 363,97	2 273,44	2 557,62	1 154,30	2 132,48	2 399,04	944,74	1 991,60	2 240,55
	III	27 190	–	2 175,20	2 447,10	III	27 190	–	2 041,12	2 296,26	–	1 910,08	2 148,84	–	1 781,92	2 004,66	–	1 656,80	1 863,90	–	1 534,40	1 726,20	–	1 415,20	1 592,10
	V	41 899	2 304,44	3 351,92	3 770,91	IV	36 265	1 946,12	2 830,72	3 184,56	1 897,66	2 760,24	3 105,27	1 849,26	2 689,84	3 026,07	1 800,81	2 619,36	2 946,78	1 752,35	2 548,88	2 867,49	1 668,85	2 478,40	2 788,20
	VI	42 334	2 328,37	3 386,72	3 810,06																				
120 779,99 West	I,IV	36 122	1 986,71	2 889,76	3 250,98	I	36 122	1 889,85	2 748,88	3 092,49	1 793,–	2 608,–	2 934,–	1 651,95	2 467,04	2 775,42	1 442,39	2 326,16	2 616,93	1 232,72	2 185,20	2 458,35	1 023,16	2 044,32	2 299,86
	II	35 321	1 942,65	2 825,68	3 178,89	II	35 321	1 845,80	2 684,80	3 020,40	1 748,89	2 543,84	2 861,82	1 556,63	2 402,96	2 703,33	1 346,96	2 262,–	2 544,75	1 137,40	2 121,12	2 386,26	927,72	1 980,16	2 227,68
	III	27 054	–	2 164,32	2 434,86	III	27 054	–	2 030,40	2 284,20	–	1 899,68	2 137,14	–	1 771,68	1 993,14	–	1 646,72	1 852,56	–	1 524,64	1 715,22	–	1 405,60	1 581,30
	V	41 756	2 296,58	3 340,48	3 758,04	IV	36 122	1 938,31	2 819,36	3 171,78	1 889,85	2 748,88	3 092,49	1 841,40	2 678,40	3 013,20	1 793,–	2 608,–	2 934,–	1 744,54	2 537,52	2 854,71	1 651,95	2 467,04	2 775,42
	VI	42 191	2 320,50	3 375,28	3 797,19																				
120 779,99 Ost	I,IV	36 280	1 995,40	2 902,40	3 265,20	I	36 280	1 898,54	2 761,52	3 106,71	1 801,63	2 620,56	2 948,13	1 670,76	2 479,68	2 789,64	1 461,08	2 338,72	2 631,06	1 251,52	2 197,84	2 472,57	1 041,84	2 056,88	2 313,99
	II	35 479	1 951,34	2 838,32	3 193,11	II	35 479	1 854,43	2 697,36	3 034,53	1 757,58	2 556,48	2 876,04	1 575,32	2 415,52	2 717,46	1 365,76	2 274,64	2 558,97	1 156,08	2 133,68	2 400,39	946,52	1 992,80	2 241,90
	III	27 204	–	2 176,32	2 448,36	III	27 204	–	2 042,40	2 297,70	–	1 911,20	2 150,10	–	1 783,04	2 005,92	–	1 657,76	1 864,98	–	1 535,52	1 727,46	–	1 416,16	1 593,18
	V	41 914	2 305,27	3 353,12	3 772,26	IV	36 280	1 946,94	2 831,92	3 185,91	1 898,54	2 761,52	3 106,71	1 850,09	2 691,04	3 027,42	1 801,63	2 620,56	2 948,13	1 753,18	2 550,08	2 868,84	1 670,76	2 479,68	2 789,64
	VI	42 349	2 329,19	3 387,92	3 811,41																				
120 815,99 West	I,IV	36 138	1 987,59	2 891,04	3 252,42	I	36 138	1 890,68	2 750,08	3 093,84	1 793,82	2 609,20	2 935,35	1 653,74	2 468,24	2 776,77	1 444,18	2 327,36	2 618,28	1 234,50	2 186,40	2 459,70	1 024,94	2 045,52	2 301,21
	II	35 336	1 943,48	2 826,88	3 180,24	II	35 336	1 846,62	2 686,–	3 021,75	1 749,71	2 545,04	2 863,17	1 558,42	2 404,16	2 704,68	1 348,74	2 263,20	2 546,10	1 139,18	2 122,32	2 387,61	929,50	1 981,36	2 229,03
	III	27 068	–	2 165,44	2 436,12	III	27 068	–	2 031,52	2 285,46	–	1 900,64	2 138,22	–	1 772,80	1 994,40	–	1 647,84	1 853,82	–	1 525,76	1 716,48	–	1 406,56	1 582,38
	V	41 771	2 297,40	3 341,68	3 759,39	IV	36 138	1 939,13	2 820,56	3 173,13	1 890,68	2 750,08	3 093,84	1 842,22	2 679,60	3 014,55	1 793,82	2 609,20	2 935,35	1 745,37	2 538,72	2 856,06	1 653,74	2 468,24	2 776,77
	VI	42 207	2 321,38	3 376,56	3 798,63																				
120 815,99 Ost	I,IV	36 295	1 996,22	2 903,60	3 266,55	I	36 295	1 899,37	2 762,72	3 108,06	1 802,46	2 621,76	2 949,48	1 672,54	2 480,88	2 790,99	1 462,86	2 339,92	2 632,41	1 253,30	2 199,04	2 473,92	1 043,63	2 058,08	2 315,34
	II	35 494	1 952,17	2 839,52	3 194,46	II	35 494	1 855,26	2 698,56	3 035,88	1 758,40	2 557,68	2 877,39	1 577,10	2 416,72	2 718,81	1 367,54	2 275,84	2 560,32	1 157,87	2 134,88	2 401,74	948,31	1 994,–	2 243,25
	III	27 220	–	2 177,60	2 449,80	III	27 220	–	2 043,52	2 298,96	–	1 912,32	2 151,36	–	1 784,16	2 007,18	–	1 658,88	1 866,24	–	1 536,48	1 728,54	–	1 417,12	1 594,26
	V	41 929	2 306,09	3 354,32	3 773,61	IV	36 295	1 947,77	2 833,12	3 187,26	1 899,37	2 762,72	3 108,06	1 850,91	2 692,24	3 028,77	1 802,46	2 621,76	2 949,48	1 754,–	2 551,28	2 870,19	1 672,54	2 480,88	2 790,99
	VI	42 364	2 330,02	3 389,12	3 812,76																				

* Die ausgewiesenen Tabellenwerte sind amtlich. Siehe Erläuterungen auf der Umschlaginnenseite (U2).

120 816,–*

Abzüge an Lohnsteuer, Solidaritätszuschlag (SolZ) und Kirchensteuer (8%, 9%) in den Steuerklassen

Lohn/ Gehalt bis €*	I – VI		ohne Kinderfreibeträge			I, II, III, IV		mit Zahl der Kinderfreibeträge . . . 0,5			1			1,5			2			2,5			3		
		LSt	SolZ	8%	9%		LSt	SolZ	8%	9%	SolZ	8%	9%	SolZ	8%	9%	SolZ	8%	9%	SolZ	8%	9%	SolZ	8%	9%
120 851,99 West	I,IV	36 153	1 988,41	2 892,24	3 253,77	I	36 153	1 891,50	2 751,28	3 095,19	1 794,65	2 610,40	2 936,70	1 655,52	2 469,44	2 778,12	1 445,96	2 328,56	2 619,63	1 236,29	2 187,60	2 461,05	1 026,73	2 046,72	2 302,56
	II	35 351	1 944,30	2 828,08	3 181,59	II	35 351	1 847,45	2 687,20	3 023,10	1 750,54	2 546,24	2 864,52	1 560,20	2 405,36	2 706,03	1 350,53	2 264,40	2 547,45	1 140,97	2 123,52	2 388,96	931,29	1 982,56	2 230,38
	III	27 082	–	2 166,56	2 437,38	III	27 082	–	2 032,80	2 286,90	–	1 901,76	2 139,48	–	1 773,92	1 995,66	–	1 648,80	1 854,90	–	1 526,72	1 717,56	–	1 407,68	1 583,64
	V	41 787	2 298,28	3 342,96	3 760,83	IV	36 153	1 939,96	2 821,76	3 174,48	1 891,50	2 751,28	3 095,19	1 843,10	2 680,88	3 015,99	1 794,65	2 610,40	2 936,70	1 746,19	2 539,92	2 857,41	1 655,52	2 469,44	2 778,12
	VI	42 222	2 322,21	3 377,76	3 799,98																				
120 851,99 Ost	I,IV	36 310	1 997,05	2 904,80	3 267,90	I	36 310	1 900,19	2 763,92	3 109,41	1 803,28	2 622,96	2 950,83	1 674,33	2 482,08	2 792,34	1 464,65	2 341,12	2 633,76	1 255,09	2 200,24	2 475,27	1 045,41	2 059,28	2 316,69
	II	35 509	1 952,99	2 840,72	3 195,81	II	35 509	1 856,08	2 699,76	3 037,23	1 759,23	2 558,88	2 878,74	1 578,89	2 417,92	2 720,16	1 369,33	2 277,04	2 561,67	1 159,65	2 136,08	2 403,09	950,09	1 995,20	2 244,60
	III	27 234	–	2 178,72	2 451,06	III	27 234	–	2 044,64	2 300,22	–	1 913,44	2 152,62	–	1 785,28	2 008,44	–	1 660,–	1 867,50	–	1 537,60	1 729,80	–	1 418,24	1 595,52
	V	41 944	2 306,92	3 355,52	3 774,96	IV	36 310	1 948,59	2 834,32	3 188,61	1 900,19	2 763,92	3 109,41	1 851,74	2 693,44	3 030,12	1 803,28	2 622,96	2 950,83	1 754,88	2 552,56	2 871,63	1 674,33	2 482,08	2 792,34
	VI	42 379	2 330,84	3 390,32	3 814,11																				
120 887,99 West	I,IV	36 168	1 989,24	2 893,44	3 255,12	I	36 168	1 892,33	2 752,48	3 096,54	1 795,47	2 611,60	2 938,05	1 657,31	2 470,64	2 779,47	1 447,75	2 329,76	2 620,98	1 238,07	2 188,80	2 462,40	1 028,51	2 047,92	2 303,91
	II	35 366	1 945,13	2 829,28	3 182,94	II	35 366	1 848,27	2 688,40	3 024,45	1 751,42	2 547,52	2 865,96	1 561,99	2 406,56	2 707,38	1 352,43	2 265,68	2 548,89	1 142,75	2 124,72	2 390,31	933,19	1 983,84	2 231,82
	III	27 096	–	2 167,68	2 438,64	III	27 096	–	2 033,92	2 288,16	–	1 902,88	2 140,74	–	1 774,88	1 996,74	–	1 649,92	1 856,16	–	1 527,84	1 718,82	–	1 408,64	1 584,72
	V	41 802	2 299,11	3 344,16	3 762,18	IV	36 168	1 940,78	2 822,96	3 175,83	1 892,33	2 752,48	3 096,54	1 843,93	2 682,08	3 017,34	1 795,47	2 611,60	2 938,05	1 747,02	2 541,12	2 858,76	1 657,31	2 470,64	2 779,47
	VI	42 237	2 323,03	3 378,96	3 801,33																				
120 887,99 Ost	I,IV	36 325	1 997,87	2 906,–	3 269,25	I	36 325	1 901,02	2 765,12	3 110,76	1 804,11	2 624,16	2 952,18	1 676,11	2 483,28	2 793,69	1 466,43	2 342,32	2 635,11	1 256,87	2 201,44	2 476,62	1 047,20	2 060,48	2 318,04
	II	35 524	1 953,82	2 841,92	3 197,16	II	35 524	1 856,96	2 701,04	3 038,67	1 760,05	2 560,08	2 880,09	1 580,79	2 419,20	2 721,60	1 371,11	2 278,24	2 563,02	1 161,55	2 137,36	2 404,53	951,88	1 996,40	2 245,95
	III	27 248	–	2 179,84	2 452,32	III	27 248	–	2 045,76	2 301,48	–	1 914,56	2 153,88	–	1 786,24	2 009,52	–	1 660,96	1 868,58	–	1 538,56	1 730,88	–	1 419,20	1 596,60
	V	41 959	2 307,74	3 356,72	3 776,31	IV	36 325	1 949,47	2 835,60	3 190,05	1 901,02	2 765,12	3 110,76	1 852,56	2 694,64	3 031,47	1 804,11	2 624,16	2 952,18	1 755,71	2 553,76	2 872,98	1 676,11	2 483,28	2 793,69
	VI	42 394	2 331,67	3 391,52	3 815,46																				
120 923,99 West	I,IV	36 183	1 990,06	2 894,64	3 256,47	I	36 183	1 893,15	2 753,68	3 097,89	1 796,30	2 612,80	2 939,40	1 659,21	2 471,92	2 780,91	1 449,53	2 330,96	2 622,33	1 239,98	2 190,08	2 463,84	1 030,30	2 049,12	2 305,26
	II	35 382	1 946,01	2 830,56	3 184,38	II	35 382	1 849,10	2 689,60	3 025,80	1 752,24	2 548,72	2 867,31	1 563,77	2 407,76	2 708,73	1 354,22	2 266,88	2 550,24	1 144,54	2 125,92	2 391,66	934,98	1 985,04	2 233,17
	III	27 112	–	2 168,96	2 440,08	III	27 112	–	2 035,04	2 289,42	–	1 904,–	2 142,–	–	1 776,–	1 998,–	–	1 651,04	1 857,42	–	1 528,80	1 719,90	–	1 409,60	1 585,80
	V	41 817	2 299,93	3 345,36	3 763,53	IV	36 183	1 941,61	2 824,16	3 177,18	1 893,15	2 753,68	3 097,89	1 844,75	2 683,28	3 018,69	1 796,30	2 612,80	2 939,40	1 747,84	2 542,32	2 860,11	1 659,21	2 471,92	2 780,91
	VI	42 252	2 323,86	3 380,16	3 802,68																				
120 923,99 Ost	I,IV	36 340	1 998,70	2 907,20	3 270,60	I	36 340	1 901,84	2 766,32	3 112,11	1 804,99	2 625,44	2 953,62	1 677,90	2 484,48	2 795,04	1 468,34	2 343,60	2 636,55	1 258,66	2 202,64	2 477,97	1 049,10	2 061,76	2 319,48
	II	35 539	1 954,64	2 843,12	3 198,51	II	35 539	1 857,79	2 702,24	3 040,02	1 760,88	2 561,28	2 881,44	1 582,58	2 420,40	2 722,95	1 372,90	2 279,44	2 564,37	1 163,34	2 138,56	2 405,88	953,66	1 997,60	2 247,30
	III	27 262	–	2 180,96	2 453,58	III	27 262	–	2 046,88	2 302,74	–	1 915,68	2 155,14	–	1 787,36	2 010,78	–	1 662,08	1 869,84	–	1 539,68	1 732,14	–	1 420,16	1 597,68
	V	41 974	2 308,57	3 357,92	3 777,66	IV	36 340	1 950,30	2 836,80	3 191,40	1 901,84	2 766,32	3 112,11	1 853,39	2 695,84	3 032,82	1 804,99	2 625,44	2 953,62	1 756,53	2 554,96	2 874,33	1 677,90	2 484,48	2 795,04
	VI	42 409	2 332,49	3 392,72	3 816,81																				
120 959,99 West	I,IV	36 198	1 990,89	2 895,84	3 257,82	I	36 198	1 894,03	2 754,96	3 099,33	1 797,12	2 614,–	2 940,75	1 661,–	2 473,12	2 782,26	1 451,32	2 332,16	2 623,68	1 241,76	2 191,28	2 465,19	1 032,08	2 050,32	2 306,61
	II	35 397	1 946,83	2 831,76	3 185,73	II	35 397	1 849,92	2 690,80	3 027,15	1 753,07	2 549,92	2 868,66	1 565,56	2 408,96	2 710,08	1 356,–	2 268,08	2 551,59	1 146,32	2 127,12	2 393,01	936,76	1 986,24	2 234,52
	III	27 126	–	2 170,08	2 441,34	III	27 126	–	2 036,16	2 290,68	–	1 905,12	2 143,26	–	1 777,12	1 999,26	–	1 652,–	1 858,50	–	1 529,92	1 721,16	–	1 410,56	1 586,88
	V	41 832	2 300,76	3 346,56	3 764,88	IV	36 198	1 942,43	2 825,36	3 178,53	1 894,03	2 754,96	3 099,33	1 845,58	2 684,48	3 020,04	1 797,12	2 614,–	2 940,75	1 748,67	2 543,52	2 861,46	1 661,–	2 473,12	2 782,26
	VI	42 267	2 324,68	3 381,36	3 804,03																				
120 959,99 Ost	I,IV	36 356	1 999,58	2 908,48	3 272,04	I	36 356	1 902,67	2 767,52	3 113,46	1 805,81	2 626,64	2 954,97	1 679,68	2 485,68	2 796,39	1 470,12	2 344,80	2 637,90	1 260,44	2 203,84	2 479,32	1 050,88	2 062,96	2 320,83
	II	35 554	1 955,47	2 844,32	3 199,86	II	35 554	1 858,61	2 703,44	3 041,37	1 761,70	2 562,48	2 882,79	1 584,36	2 421,60	2 724,30	1 374,68	2 280,64	2 565,72	1 165,12	2 139,76	2 407,23	955,45	1 998,80	2 248,65
	III	27 278	–	2 182,24	2 455,02	III	27 278	–	2 048,–	2 304,–	–	1 916,80	2 156,40	–	1 788,48	2 012,04	–	1 663,04	1 870,92	–	1 540,64	1 733,22	–	1 421,28	1 598,94
	V	41 989	2 309,39	3 359,12	3 779,01	IV	36 356	1 951,12	2 838,–	3 192,75	1 902,67	2 767,52	3 113,46	1 854,21	2 697,04	3 034,17	1 805,81	2 626,64	2 954,97	1 757,36	2 556,16	2 875,68	1 679,68	2 485,68	2 796,39
	VI	42 425	2 333,37	3 394,–	3 818,25																				
120 995,99 West	I,IV	36 213	1 991,71	2 897,04	3 259,17	I	36 213	1 894,86	2 756,16	3 100,68	1 797,95	2 615,20	2 942,10	1 662,78	2 474,32	2 783,61	1 453,10	2 333,36	2 625,03	1 243,55	2 192,48	2 466,54	1 033,87	2 051,52	2 307,96
	II	35 412	1 947,66	2 832,96	3 187,08	II	35 412	1 850,75	2 692,–	3 028,50	1 753,89	2 551,12	2 870,01	1 567,34	2 410,16	2 711,43	1 357,79	2 269,28	2 552,94	1 148,11	2 128,32	2 394,36	938,55	1 987,44	2 235,87
	III	27 140	–	2 171,20	2 442,60	III	27 140	–	2 037,28	2 291,94	–	1 906,24	2 144,52	–	1 778,24	2 000,52	–	1 653,12	1 859,76	–	1 530,88	1 722,24	–	1 411,68	1 588,14
	V	41 847	2 301,58	3 347,76	3 766,23	IV	36 213	1 943,26	2 826,56	3 179,88	1 894,86	2 756,16	3 100,68	1 846,40	2 685,68	3 021,39	1 797,95	2 615,20	2 942,10	1 749,55	2 544,80	2 862,90	1 662,78	2 474,32	2 783,61
	VI	42 282	2 325,51	3 382,56	3 805,38																				
120 995,99 Ost	I,IV	36 371	2 000,40	2 909,68	3 273,39	I	36 371	1 903,49	2 768,72	3 114,81	1 806,64	2 627,84	2 956,32	1 681,47	2 486,88	2 797,74	1 471,91	2 346,–	2 639,25	1 262,23	2 205,04	2 480,67	1 052,67	2 064,16	2 322,18
	II	35 569	1 956,29	2 845,52	3 201,21	II	35 569	1 859,44	2 704,64	3 042,72	1 762,53	2 563,68	2 884,14	1 586,15	2 422,80	2 725,65	1 376,47	2 281,84	2 567,07	1 166,91	2 140,96	2 408,58	957,23	2 000,–	2 250,–
	III	27 292	–	2 183,36	2 456,28	III	27 292	–	2 049,12	2 305,26	–	1 917,92	2 157,66	–	1 789,60	2 013,30	–	1 664,16	1 872,18	–	1 541,76	1 734,48	–	1 422,24	1 600,02
	V	42 005	2 310,27	3 360,40	3 780,45	IV	36 371	1 951,95	2 839,20	3 194,10	1 903,49	2 768,72	3 114,81	1 855,04	2 698,24	3 035,52	1 806,64	2 627,84	2 956,32	1 758,18	2 557,36	2 877,03	1 681,47	2 486,88	2 797,74
	VI	42 440	2 334,20	3 395,20	3 819,60																				
121 031,99 West	I,IV	36 228	1 992,54	2 898,24	3 260,52	I	36 228	1 895,68	2 757,36	3 102,03	1 798,77	2 616,40	2 943,45	1 664,57	2 475,52	2 784,96	1 454,89	2 334,56	2 626,38	1 245,33	2 193,68	2 467,89	1 035,65	2 052,72	2 309,31
	II	35 427	1 948,48	2 834,16	3 188,43	II	35 427	1 851,57	2 693,20	3 029,85	1 754,72	2 552,32	2 871,36	1 569,25	2 411,44	2 712,87	1 359,57	2 270,48	2 554,29	1 150,01	2 129,60	2 395,80	940,33	1 988,64	2 237,22
	III	27 154	–	2 172,32	2 443,86	III	27 154	–	2 038,40	2 293,20	–	1 907,36	2 145,78	–	1 779,36	2 001,78	–	1 654,08	1 860,84	–	1 532,–	1 723,50	–	1 412,64	1 589,22
	V	41 862	2 302,41	3 348,96	3 767,58	IV	36 228	1 944,14	2 827,84	3 181,32	1 895,68	2 757,36	3 102,03	1 847,23	2 686,88	3 022,74	1 798,77	2 616,40	2 943,45	1 750,37	2 546,–	2 864,25	1 664,57	2 475,52	2 784,96
	VI	42 297	2 326,33	3 383,76	3 806,73																				
121 031,99 Ost	I,IV	36 386	2 001,23	2 910,88	3 274,74	I	36 386	1 904,32	2 769,92	3 116,16	1 807,46	2 629,04	2 957,67	1 683,25	2 488,08	2 799,09	1 473,69	2 347,20	2 640,60	1 264,01	2 206,24	2 482,02	1 054,45	2 065,36	2 323,53
	II	35 584	1 957,12	2 846,72	3 202,56	II	35 584	1 860,26	2 705,84	3 044,07	1 763,41	2 564,96	2 885,58	1 587,93	2 424,–	2 727,–	1 378,37	2 283,12	2 568,51	1 168,69	2 142,16	2 409,93	959,14	2 001,28	2 251,44
	III	27 306	–	2 184,48	2 457,54	III	27 306	–	2 050,24	2 306,52	–	1 919,04	2 158,92	–	1 790,72	2 014,56	–	1 665,28	1 873,44	–	1 542,72	1 735,56	–	1 423,20	1 601,10
	V	42 020	2 311,10	3 361,60	3 781,80	IV	36 386	1 952,77	2 840,40	3 195,45	1 904,32	2 769,92	3 116,16	1 855,92	2 699,52	3 036,96	1 807,46	2 629,04	2 957,67	1 759,01	2 558,56	2 878,38	1 683,25	2 488,08	2 799,09
	VI	42 455	2 335,02	3 396,40	3 820,95																				
121 067,99 West	I,IV	36 243	1 993,36	2 899,44	3 261,87	I	36 243	1 896,51	2 758,56	3 103,38	1 799,60	2 617,60	2 944,80	1 666,35	2 476,72	2 786,31	1 456,79	2 335,84	2 627,82	1 247,12	2 194,88	2 469,24	1 037,56	2 054,–	2 310,75
	II	35 442	1 949,31	2 835,36	3 189,78	II	35 442	1 852,45	2 694,48	3 031,29	1 755,54	2 553,52	2 872,71	1 571,03	2 412,64	2 714,22	1 361,36	2 271,68	2 555,64	1 151,80	2 130,80	2 397,15	942,12	1 989,84	2 238,57
	III	27 170	–	2 173,60	2 445,30	III	27 170	–	2 039,52	2 294,46	–	1 908,48	2 147,04	–	1 780,32	2 002,86	–	1 655,20	1 862,10	–	1 532,96	1 724,58	–	1 413,60	1 590,30
	V	41 877	2 303,23	3 350,16	3 768,93	IV	36 243	1 944,96	2 829,04	3 182,67	1 896,51	2 758,56	3 103,38	1 848,05	2 688,08	3 024,09	1 799,60	2 617,60	2 944,80	1 751,20	2 547,20	2 865,60	1 666,35	2 476,72	2 786,31
	VI	42 312	2 327,16	3 384,96	3 808,08																				
121 067,99 Ost	I,IV	36 401	2 002,05	2 912,08	3 276,09	I	36 401	1 905,14	2 771,12	3 117,51	1 808,29	2 630,24	2 959,02	1 685,15	2 489,36	2 800,53	1 475,48	2 348,40	2 641,95	1 265,92	2 207,52	2 483,46	1 056,24	2 066,56	2 324,88
	II	35 600	1 958,–	2 848,–	3 204,–	II	35 600	1 861,09	2 707,04	3 045,42	1 764,23	2 566,16	2 886,93	1 589,72	2 425,20	2 728,35	1 380,16	2 284,32	2 569,86	1 170,48	2 143,36	2 411,28	960,92	2 002,48	2 252,79
	III	27 322	–	2 185,76	2 458,98	III	27 322	–	2 051,52	2 307,96	–	1 920,16	2 160,18	–	1 791,68	2 015,64	–	1 666,24	1 874,52	–	1 543,84	1 736,82	–	1 424,32	1 602,36
	V	42 035	2 311,92	3 362,80	3 783,15	IV	36 401	1 953,60	2 841,60	3 196,80	1 905,14	2 771,12	3 117,51	1 856,74	2 700,72	3 038,31	1 808,29	2 630,24	2 959,02	1 759,83	2 559,76	2 879,73	1 685,15	2 489,36	2 800,53
	VI	42 470	2 335,85	3 397,60	3 822,30																				
121 103,99 West	I,IV	36 259	1 994,24	2 900,72	3 263,31	I	36 259	1 897,33	2 759,76	3 104,73	1 800,48	2 618,88	2 946,24	1 668,14	2 477,92	2 787,66	1 458,58	2 337,04	2 629,17	1 248,90	2 196,08	2 470,59	1 039,34	2 055,20	2 312,10
	II	35 457	1 950,13	2 836,56	3 191,13	II	35 457	1 853,28	2 695,68	3 032,64	1 756,37	2 554,72	2 874,06	1 572,82	2 413,84	2 715,57	1 363,14	2 272,88	2 556,99	1 153,58	2 132,–	2 398,50	943,90	1 991,04	2 239,92
	III	27 184	–	2 174,72	2 446,56	III	27 184	–	2 040,64	2 295,72	–	1 909,60	2 148,30	–	1 781,44	2 004,12	–	1 656,32	1 863,36	–	1 534,08	1 725,84	–	1 414,72	1 591,56
	V	41 892	2 304,06	3 351,36	3 770,28	IV	36 259	1 945,79	2 830,24	3 184,02	1 897,33	2 759,76	3 104,73	1 848,88	2 689,28	3 025,44	1 800,48	2 618,88	2 946,24	1 752,02	2 548,40	2 866,95	1 668,14	2 477,92	2 787,66
	VI	42 328	2 328,04	3 386,24	3 809,52																				
121 103,99 Ost	I,IV	36 416	2 002,88	2 913,28	3 277,44	I	36 416	1 906,02	2 772,40	3 118,95	1 809,11	2 631,44	2 960,37	1 686,94	2 490,56	2 801,88	1 477,26	2 349,60	2 643,30	1 267,70	2 208,72	2 484,81	1 058,02	2 067,76	2 326,23
	II	35 615	1 958,82	2 849,20	3 205,35	II	35 615	1 861,91	2 708,24	3 046,77	1 765,06	2 567,36	2 888,28	1 591,50	2 426,40	2 729,70	1 381,94	2 285,52	2 571,21	1 172,26	2 144,56	2 412,63	962,71	2 003,68	2 254,14
	III	27 336	–	2 186,88	2 460,24	III	27 336	–	2 052,64	2 309,22	–	1 921,28	2 161,44	–	1 792,80	2 016,90	–	1 667,36	1 875,78	–	1 544,80	1 737,90	–	1 425,28	1 603,44
	V	42 050	2 312,75	3 364,–	3 784,50	IV	36 416	1 954,42	2 842,80	3 198,15	1 906,02	2 772,40	3 118,95	1 857,57	2 701,92	3 039,66	1 809,11	2 631,44	2 960,37	1 760,66	2 560,96	2 881,08	1 686,94	2 490,56	2 801,88
	VI	42 485	2 336,67	3 398,80	3 823,65																				

* Die ausgewiesenen Tabellenwerte sind amtlich. Siehe Erläuterungen auf der Umschlaginnenseite (U2).

Lohn/ Gehalt bis €*	I – VI					I, II, III, IV																			
Abzüge an Lohnsteuer, Solidaritätszuschlag (SolZ) und Kirchensteuer (8%, 9%) in den Steuerklassen			ohne Kinderfreibeträge					mit Zahl der Kinderfreibeträge . . . 0,5			1			1,5			2			2,5			3		
		LSt	SolZ	8%	9%		LSt	SolZ	8%	9%	SolZ	8%	9%	SolZ	8%	9%	SolZ	8%	9%	SolZ	8%	9%	SolZ	8%	9%
121 139,99 West	I,IV	36 274	1 995,07	2 901,92	3 264,66	I	36 274	1 898,16	2 760,96	3 106,08	1 801,30	2 620,08	2 947,59	1 669,92	2 479,12	2 789,01	1 460,36	2 338,24	2 630,52	1 250,69	2 197,28	2 471,94	1 041,13	2 056,40	2 313,45
	II	35 472	1 950,96	2 837,76	3 192,48	II	35 472	1 854,10	2 696,88	3 033,99	1 757,19	2 555,92	2 875,41	1 574,60	2 415,04	2 716,92	1 364,93	2 274,08	2 558,34	1 155,37	2 133,20	2 399,85	945,69	1 992,24	2 241,27
	III	27 198	—	2 175,84	2 447,82	III	27 198	—	2 041,76	2 296,98	—	1 910,72	2 149,56	—	1 782,56	2 005,38	—	1 657,28	1 864,44	—	1 535,04	1 726,92	—	1 415,68	1 592,64
	V	41 908	2 304,94	3 352,64	3 771,72	IV	36 274	1 946,61	2 831,44	3 185,37	1 898,16	2 760,96	3 106,08	1 849,70	2 690,48	3 026,79	1 801,30	2 620,08	2 947,59	1 752,85	2 549,60	2 868,30	1 669,92	2 479,12	2 789,01
	VI	42 343	2 328,86	3 387,44	3 810,87																				
121 139,99 Ost	I,IV	36 431	2 003,70	2 914,48	3 278,79	I	36 431	1 906,85	2 773,60	3 120,30	1 809,94	2 632,64	2 961,72	1 688,72	2 491,76	2 803,23	1 479,05	2 350,80	2 644,65	1 269,49	2 209,92	2 486,16	1 059,81	2 068,96	2 327,58
	II	35 630	1 959,65	2 850,40	3 206,70	II	35 630	1 862,74	2 709,44	3 048,12	1 765,88	2 568,56	2 889,63	1 593,29	2 427,60	2 731,05	1 383,73	2 286,72	2 572,56	1 174,05	2 145,76	2 413,98	964,49	2 004,88	2 255,49
	III	27 350	—	2 188,—	2 461,50	III	27 350	—	2 053,76	2 310,48	—	1 922,40	2 162,70	—	1 793,92	2 018,16	—	1 668,48	1 877,04	—	1 545,92	1 739,16	—	1 426,24	1 604,52
	V	42 065	2 313,57	3 365,20	3 785,85	IV	36 431	1 955,25	2 844,—	3 199,50	1 906,85	2 773,60	3 120,30	1 858,39	2 703,12	3 041,01	1 809,94	2 632,64	2 961,72	1 761,48	2 562,16	2 882,43	1 688,72	2 491,76	2 803,23
	VI	42 500	2 337,50	3 400,—	3 825,—																				
121 175,99 West	I,IV	36 289	1 995,89	2 903,12	3 266,01	I	36 289	1 898,98	2 762,16	3 107,43	1 802,13	2 621,28	2 948,94	1 671,71	2 480,32	2 790,36	1 462,15	2 339,44	2 631,87	1 252,47	2 198,48	2 473,29	1 042,91	2 057,60	2 314,80
	II	35 487	1 951,78	2 838,96	3 193,83	II	35 487	1 854,93	2 698,08	3 035,34	1 758,02	2 557,12	2 876,76	1 576,39	2 416,24	2 718,27	1 366,83	2 275,36	2 559,78	1 157,15	2 134,40	2 401,20	947,59	1 993,52	2 242,71
	III	27 212	—	2 176,96	2 449,08	III	27 212	—	2 043,04	2 298,42	—	1 911,84	2 150,82	—	1 783,68	2 006,64	—	1 658,40	1 865,70	—	1 536,16	1 728,18	—	1 416,64	1 593,72
	V	41 923	2 305,76	3 353,84	3 773,07	IV	36 289	1 947,44	2 832,64	3 186,72	1 898,98	2 762,16	3 107,43	1 850,58	2 691,76	3 028,23	1 802,13	2 621,28	2 948,94	1 753,67	2 550,80	2 869,65	1 671,71	2 480,32	2 790,36
	VI	42 358	2 329,69	3 388,64	3 812,22																				
121 175,99 Ost	I,IV	36 446	2 004,53	2 915,68	3 280,14	I	36 446	1 907,67	2 774,80	3 121,65	1 810,76	2 633,84	2 963,07	1 690,51	2 492,96	2 804,58	1 480,83	2 352,—	2 646,—	1 271,27	2 211,12	2 487,51	1 061,59	2 070,16	2 328,93
	II	35 645	1 960,47	2 851,60	3 208,05	II	35 645	1 863,56	2 710,64	3 049,47	1 766,71	2 569,76	2 890,98	1 595,19	2 428,88	2 732,49	1 385,51	2 287,92	2 573,91	1 175,95	2 147,04	2 415,42	966,28	2 006,08	2 256,84
	III	27 364	—	2 189,12	2 462,76	III	27 364	—	2 054,88	2 311,74	—	1 923,52	2 163,96	—	1 795,04	2 019,42	—	1 669,44	1 878,12	—	1 546,88	1 740,24	—	1 427,36	1 605,78
	V	42 080	2 314,40	3 366,40	3 787,20	IV	36 446	1 956,13	2 845,28	3 200,94	1 907,67	2 774,80	3 121,65	1 859,22	2 704,32	3 042,36	1 810,76	2 633,84	2 963,07	1 762,36	2 563,44	2 883,87	1 690,51	2 492,96	2 804,58
	VI	42 515	2 338,32	3 401,20	3 826,35																				
121 211,99 West	I,IV	36 304	1 996,72	2 904,32	3 267,36	I	36 304	1 899,81	2 763,36	3 108,78	1 802,95	2 622,48	2 950,29	1 673,49	2 481,52	2 791,71	1 463,93	2 340,64	2 633,22	1 254,37	2 199,76	2 474,73	1 044,70	2 058,80	2 316,15
	II	35 503	1 952,66	2 840,24	3 195,27	II	35 503	1 855,75	2 699,28	3 036,69	1 758,90	2 558,40	2 878,20	1 578,17	2 417,44	2 719,62	1 368,61	2 276,56	2 561,13	1 158,94	2 135,60	2 402,55	949,38	1 994,72	2 244,06
	III	27 228	—	2 178,24	2 450,52	III	27 228	—	2 044,16	2 299,68	—	1 912,96	2 152,08	—	1 784,80	2 007,90	—	1 659,52	1 866,96	—	1 537,12	1 729,26	—	1 417,76	1 594,98
	V	41 938	2 306,59	3 355,04	3 774,42	IV	36 304	1 948,26	2 833,84	3 188,07	1 899,81	2 763,36	3 108,78	1 851,41	2 692,96	3 029,58	1 802,95	2 622,48	2 950,29	1 754,50	2 552,—	2 871,—	1 673,49	2 481,52	2 791,71
	VI	42 373	2 330,51	3 389,84	3 813,57																				
121 211,99 Ost	I,IV	36 461	2 005,35	2 916,88	3 281,49	I	36 461	1 908,50	2 776,—	3 123,—	1 811,59	2 635,04	2 964,42	1 692,29	2 494,16	2 805,93	1 482,74	2 353,28	2 647,44	1 273,06	2 212,32	2 488,86	1 063,50	2 071,44	2 330,37
	II	35 660	1 961,30	2 852,80	3 209,40	II	35 660	1 864,44	2 711,92	3 050,91	1 767,53	2 570,96	2 892,33	1 596,98	2 430,08	2 733,84	1 387,30	2 289,12	2 575,26	1 177,74	2 148,24	2 416,77	968,06	2 007,28	2 258,19
	III	27 380	—	2 190,40	2 464,20	III	27 380	—	2 056,—	2 313,—	—	1 924,64	2 165,22	—	1 796,16	2 020,68	—	1 670,56	1 879,38	—	1 548,—	1 741,50	—	1 428,32	1 606,86
	V	42 095	2 315,22	3 367,60	3 788,55	IV	36 461	1 956,95	2 846,48	3 202,29	1 908,50	2 776,—	3 123,—	1 860,04	2 705,52	3 043,71	1 811,59	2 635,04	2 964,42	1 763,19	2 564,64	2 885,22	1 692,29	2 494,16	2 805,93
	VI	42 530	2 339,15	3 402,40	3 827,70																				
121 247,99 West	I,IV	36 319	1 997,54	2 905,52	3 268,71	I	36 319	1 900,69	2 764,64	3 110,22	1 803,78	2 623,68	2 951,64	1 675,40	2 482,80	2 793,15	1 465,72	2 341,84	2 634,57	1 256,16	2 200,96	2 476,08	1 046,48	2 060,—	2 317,50
	II	35 518	1 953,49	2 841,44	3 196,62	II	35 518	1 856,58	2 700,48	3 038,04	1 759,72	2 559,60	2 879,55	1 579,96	2 418,64	2 720,97	1 370,40	2 277,76	2 562,48	1 160,72	2 136,80	2 403,90	951,16	1 995,92	2 245,41
	III	27 242	—	2 179,36	2 451,78	III	27 242	—	2 045,28	2 300,94	—	1 914,08	2 153,34	—	1 785,76	2 008,98	—	1 660,48	1 868,04	—	1 538,08	1 730,34	—	1 418,72	1 596,06
	V	41 953	2 307,41	3 356,24	3 775,77	IV	36 319	1 949,09	2 835,04	3 189,42	1 900,69	2 764,64	3 110,22	1 852,23	2 694,16	3 030,93	1 803,78	2 623,68	2 951,64	1 755,32	2 553,20	2 872,35	1 675,40	2 482,80	2 793,15
	VI	42 388	2 331,34	3 391,04	3 814,92																				
121 247,99 Ost	I,IV	36 477	2 006,23	2 918,16	3 282,93	I	36 477	1 909,32	2 777,20	3 124,35	1 812,47	2 636,32	2 965,86	1 694,08	2 495,36	2 807,28	1 484,52	2 354,48	2 648,79	1 274,84	2 213,52	2 490,21	1 065,28	2 072,64	2 331,72
	II	35 675	1 962,12	2 854,—	3 210,75	II	35 675	1 865,27	2 713,12	3 052,26	1 768,36	2 572,16	2 893,68	1 598,76	2 431,28	2 735,19	1 389,08	2 290,32	2 576,61	1 179,52	2 149,44	2 418,12	969,85	2 008,48	2 259,54
	III	27 394	—	2 191,52	2 465,46	III	27 394	—	2 057,12	2 314,26	—	1 925,76	2 166,48	—	1 797,12	2 021,76	—	1 671,68	1 880,64	—	1 548,96	1 742,58	—	1 429,28	1 607,94
	V	42 110	2 316,05	3 368,80	3 789,90	IV	36 477	1 957,78	2 847,68	3 203,64	1 909,32	2 777,20	3 124,35	1 860,87	2 706,72	3 045,06	1 812,47	2 636,32	2 965,86	1 764,01	2 565,84	2 886,57	1 694,08	2 495,36	2 807,28
	VI	42 546	2 340,03	3 403,68	3 829,14																				
121 283,99 West	I,IV	36 334	1 998,37	2 906,72	3 270,06	I	36 334	1 901,51	2 765,84	3 111,57	1 804,60	2 624,88	2 952,99	1 677,18	2 484,—	2 794,50	1 467,50	2 343,04	2 635,92	1 257,94	2 202,16	2 477,43	1 048,27	2 061,20	2 318,85
	II	35 533	1 954,31	2 842,64	3 197,97	II	35 533	1 857,40	2 701,68	3 039,39	1 760,55	2 560,80	2 880,90	1 581,74	2 419,84	2 722,32	1 372,18	2 278,96	2 563,83	1 162,51	2 138,—	2 405,25	952,95	1 997,12	2 246,76
	III	27 256	—	2 180,48	2 453,04	III	27 256	—	2 046,40	2 302,20	—	1 915,20	2 154,60	—	1 786,88	2 010,24	—	1 661,60	1 869,30	—	1 539,20	1 731,60	—	1 419,68	1 597,14
	V	41 968	2 308,24	3 357,44	3 777,12	IV	36 334	1 949,91	2 836,24	3 190,77	1 901,51	2 765,84	3 111,57	1 853,06	2 695,36	3 032,28	1 804,60	2 624,88	2 952,99	1 756,15	2 554,40	2 873,70	1 677,18	2 484,—	2 794,50
	VI	42 403	2 332,16	3 392,24	3 816,27																				
121 283,99 Ost	I,IV	36 492	2 007,06	2 919,36	3 284,28	I	36 492	1 910,15	2 778,40	3 125,70	1 813,29	2 637,52	2 967,21	1 695,86	2 496,56	2 808,63	1 486,31	2 355,68	2 650,14	1 276,63	2 214,72	2 491,56	1 067,07	2 073,84	2 333,07
	II	35 690	1 962,95	2 855,20	3 212,10	II	35 690	1 866,09	2 714,32	3 053,61	1 769,18	2 573,36	2 895,03	1 600,55	2 432,48	2 736,54	1 390,87	2 291,52	2 577,96	1 181,31	2 150,64	2 419,47	971,63	2 009,68	2 260,89
	III	27 408	—	2 192,64	2 466,72	III	27 408	—	2 058,24	2 315,52	—	1 926,88	2 167,74	—	1 798,24	2 023,02	—	1 672,64	1 881,72	—	1 550,08	1 743,84	—	1 430,40	1 609,20
	V	42 126	2 316,93	3 370,08	3 791,34	IV	36 492	1 958,60	2 848,88	3 204,99	1 910,15	2 778,40	3 125,70	1 861,69	2 707,92	3 046,41	1 813,29	2 637,52	2 967,21	1 764,84	2 567,04	2 887,92	1 695,86	2 496,56	2 808,63
	VI	42 561	2 340,85	3 404,88	3 830,49																				
121 319,99 West	I,IV	36 349	1 999,19	2 907,92	3 271,41	I	36 349	1 902,34	2 767,04	3 112,92	1 805,43	2 626,08	2 954,34	1 678,97	2 485,20	2 795,85	1 469,29	2 344,24	2 637,27	1 259,73	2 203,36	2 478,78	1 050,05	2 062,40	2 320,20
	II	35 548	1 955,14	2 843,84	3 199,32	II	35 548	1 858,23	2 702,88	3 040,74	1 761,37	2 562,—	2 882,25	1 583,53	2 421,04	2 723,67	1 373,97	2 280,16	2 565,18	1 164,41	2 139,28	2 406,69	954,73	1 998,32	2 248,11
	III	27 272	—	2 181,76	2 454,48	III	27 272	—	2 047,52	2 303,46	—	1 916,32	2 155,86	—	1 788,—	2 011,50	—	1 662,72	1 870,56	—	1 540,16	1 732,68	—	1 420,80	1 598,40
	V	41 983	2 309,06	3 358,64	3 778,47	IV	36 349	1 950,79	2 837,52	3 192,21	1 902,34	2 767,04	3 112,92	1 853,88	2 696,56	3 033,63	1 805,43	2 626,08	2 954,34	1 757,03	2 555,68	2 875,14	1 678,97	2 485,20	2 795,85
	VI	42 418	2 332,99	3 393,44	3 817,62																				
121 319,99 Ost	I,IV	36 507	2 007,88	2 920,56	3 285,63	I	36 507	1 910,97	2 779,60	3 127,05	1 814,12	2 638,72	2 968,56	1 697,65	2 497,76	2 809,98	1 488,09	2 356,88	2 651,49	1 278,41	2 215,92	2 492,91	1 068,85	2 075,04	2 334,42
	II	35 705	1 963,77	2 856,40	3 213,45	II	35 705	1 866,92	2 715,52	3 054,96	1 770,01	2 574,56	2 896,38	1 602,33	2 433,68	2 737,89	1 392,77	2 292,80	2 579,40	1 183,09	2 151,84	2 420,82	973,53	2 010,96	2 262,33
	III	27 424	—	2 193,92	2 468,16	III	27 424	—	2 059,36	2 316,78	—	1 928,—	2 169,—	—	1 799,36	2 024,28	—	1 673,76	1 882,98	—	1 551,04	1 744,92	—	1 431,36	1 610,28
	V	42 141	2 317,75	3 371,28	3 792,69	IV	36 507	1 959,43	2 850,08	3 206,34	1 910,97	2 779,60	3 127,05	1 862,57	2 709,20	3 047,85	1 814,12	2 638,72	2 968,56	1 765,66	2 568,24	2 889,27	1 697,65	2 497,76	2 809,98
	VI	42 576	2 341,68	3 406,08	3 831,84																				
121 355,99 West	I,IV	36 364	2 000,02	2 909,12	3 272,76	I	36 364	1 903,16	2 768,24	3 114,27	1 806,25	2 627,28	2 955,69	1 680,75	2 486,40	2 797,20	1 471,07	2 345,44	2 638,62	1 261,51	2 204,56	2 480,13	1 051,96	2 063,68	2 321,64
	II	35 563	1 955,96	2 845,04	3 200,67	II	35 563	1 859,11	2 704,16	3 042,18	1 762,20	2 563,20	2 883,60	1 585,43	2 422,32	2 725,11	1 375,75	2 281,36	2 566,53	1 166,20	2 140,48	2 408,04	956,52	1 999,52	2 249,46
	III	27 286	—	2 182,88	2 455,74	III	27 286	—	2 048,64	2 304,72	—	1 917,44	2 157,12	—	1 789,12	2 012,76	—	1 663,68	1 871,64	—	1 541,28	1 733,94	—	1 421,76	1 599,48
	V	41 998	2 309,89	3 359,84	3 779,82	IV	36 364	1 951,62	2 838,72	3 193,56	1 903,16	2 768,24	3 114,27	1 854,71	2 697,76	3 034,98	1 806,25	2 627,28	2 955,69	1 757,85	2 556,88	2 876,49	1 680,75	2 486,40	2 797,20
	VI	42 433	2 333,81	3 394,64	3 818,97																				
121 355,99 Ost	I,IV	36 522	2 008,71	2 921,76	3 286,98	I	36 522	1 911,80	2 780,80	3 128,40	1 814,94	2 639,92	2 969,91	1 699,43	2 498,96	2 811,33	1 489,88	2 358,08	2 652,84	1 280,32	2 217,20	2 494,35	1 070,64	2 076,24	2 335,77
	II	35 721	1 964,65	2 857,68	3 214,89	II	35 721	1 867,74	2 716,72	3 056,31	1 770,89	2 575,84	2 897,82	1 604,12	2 434,88	2 739,24	1 394,56	2 294,—	2 580,75	1 184,88	2 153,04	2 422,17	975,32	2 012,16	2 263,68
	III	27 438	—	2 195,04	2 469,42	III	27 438	—	2 060,64	2 318,22	—	1 929,12	2 170,26	—	1 800,48	2 025,54	—	1 674,88	1 884,24	—	1 552,16	1 746,18	—	1 432,32	1 611,36
	V	42 156	2 318,58	3 372,48	3 794,04	IV	36 522	1 960,25	2 851,28	3 207,69	1 911,80	2 780,80	3 128,40	1 863,40	2 710,40	3 049,20	1 814,94	2 639,92	2 969,91	1 766,49	2 569,44	2 890,62	1 699,43	2 498,96	2 811,33
	VI	42 591	2 342,50	3 407,28	3 833,19																				
121 391,99 West	I,IV	36 380	2 000,90	2 910,40	3 274,20	I	36 380	1 903,99	2 769,44	3 115,62	1 807,13	2 628,56	2 957,13	1 682,54	2 487,60	2 798,55	1 472,98	2 346,72	2 640,06	1 263,30	2 205,76	2 481,48	1 053,74	2 064,88	2 322,99
	II	35 578	1 956,79	2 846,24	3 202,02	II	35 578	1 859,93	2 705,36	3 043,53	1 763,02	2 564,40	2 884,95	1 587,22	2 423,52	2 726,46	1 377,54	2 282,56	2 567,88	1 167,98	2 141,68	2 409,39	958,30	2 000,72	2 250,81
	III	27 300	—	2 184,—	2 457,—	III	27 300	—	2 049,76	2 305,98	—	1 918,56	2 158,38	—	1 790,24	2 014,02	—	1 664,80	1 872,90	—	1 542,24	1 735,02	—	1 422,72	1 600,56
	V	42 013	2 310,71	3 361,04	3 781,17	IV	36 380	1 952,44	2 839,92	3 194,91	1 903,99	2 769,44	3 115,62	1 855,53	2 698,96	3 036,33	1 807,13	2 628,56	2 957,13	1 758,68	2 558,08	2 877,84	1 682,54	2 487,60	2 798,55
	VI	42 449	2 334,69	3 395,92	3 820,41																				
121 391,99 Ost	I,IV	36 537	2 009,53	2 922,96	3 288,33	I	36 537	1 912,68	2 782,08	3 129,84	1 815,77	2 641,12	2 971,26	1 701,34	2 500,24	2 812,77	1 491,66	2 359,28	2 654,19	1 282,10	2 218,40	2 495,70	1 072,42	2 077,44	2 337,12
	II	35 736	1 965,48	2 858,88	3 216,24	II	35 736	1 868,57	2 717,92	3 057,66	1 771,71	2 577,04	2 899,17	1 605,90	2 436,08	2 740,59	1 396,34	2 295,20	2 582,10	1 186,66	2 154,24	2 423,52	977,10	2 013,36	2 265,03
	III	27 452	—	2 196,16	2 470,68	III	27 452	—	2 061,76	2 319,48	—	1 930,24	2 171,52	—	1 801,60	2 026,80	—	1 675,84	1 885,32	—	1 553,12	1 747,26	—	1 433,44	1 612,62
	V	42 171	2 319,40	3 373,68	3 795,39	IV	36 537	1 961,08	2 852,48	3 209,04	1 912,68	2 782,08	3 129,84	1 864,22	2 711,60	3 050,55	1 815,77	2 641,12	2 971,26	1 767,31	2 570,64	2 891,97	1 701,34	2 500,24	2 812,77
	VI	42 606	2 343,33	3 408,48	3 834,54																				

* Die ausgewiesenen Tabellenwerte sind amtlich. Siehe Erläuterungen auf der Umschlaginnenseite (U2).

121 392,–*

Abzüge an Lohnsteuer, Solidaritätszuschlag (SolZ) und Kirchensteuer (8%, 9%) in den Steuerklassen

Lohn/Gehalt bis €*	I – VI					I, II, III, IV		mit Zahl der Kinderfreibeträge . . .																	
			ohne Kinderfreibeträge					0,5			1			1,5			2			2,5			3		
		LSt	SolZ	8%	9%		LSt	SolZ	8%	9%	SolZ	8%	9%	SolZ	8%	9%	SolZ	8%	9%	SolZ	8%	9%	SolZ	8%	9%
121 427,99 West	I,IV	36 395	2 001,72	2 911,60	3 275,55	I	36 395	1 904,81	2 770,64	3 116,97	1 807,96	2 629,76	2 958,48	1 684,32	2 488,80	2 799,90	1 474,76	2 347,92	2 641,41	1 265,08	2 206,96	2 482,83	1 055,53	2 066,08	2 324,34
	II	35 593	1 957,61	2 847,44	3 203,37	II	35 593	1 860,76	2 706,56	3 044,88	1 763,85	2 565,60	2 886,30	1 589,–	2 424,72	2 727,81	1 379,32	2 283,76	2 569,23	1 169,77	2 142,88	2 410,74	960,09	2 001,92	2 252,16
	III	27 314	–	2 185,12	2 458,26	III	27 314	–	2 050,88	2 307,24	–	1 919,68	2 159,64	–	1 791,20	2 015,10	–	1 665,76	1 873,98	–	1 543,36	1 736,28	–	1 423,84	1 601,82
	V	42 029	2 311,59	3 362,32	3 782,61	IV	36 395	1 953,27	2 841,12	3 196,26	1 904,81	2 770,64	3 116,97	1 856,36	2 700,16	3 037,68	1 807,96	2 629,76	2 958,48	1 759,50	2 559,28	2 879,19	1 684,32	2 488,80	2 799,90
	VI	42 464	2 335,52	3 397,12	3 821,76																				
121 427,99 Ost	I,IV	36 552	2 010,36	2 924,16	3 289,68	I	36 552	1 913,50	2 783,28	3 131,19	1 816,59	2 642,32	2 972,61	1 703,12	2 501,44	2 814,12	1 493,45	2 360,48	2 655,54	1 283,89	2 219,60	2 497,05	1 074,21	2 078,64	2 338,47
	II	35 751	1 966,30	2 860,08	3 217,59	II	35 751	1 869,39	2 719,12	3 059,01	1 772,54	2 578,24	2 900,52	1 607,69	2 437,28	2 741,94	1 398,13	2 296,40	2 583,45	1 188,45	2 155,44	2 424,87	978,89	2 014,56	2 266,38
	III	27 466	–	2 197,28	2 471,94	III	27 466	–	2 062,88	2 320,74	–	1 931,36	2 172,78	–	1 802,72	2 028,06	–	1 676,96	1 886,58	–	1 554,24	1 748,52	–	1 434,40	1 613,70
	V	42 186	2 320,23	3 374,88	3 796,74	IV	36 552	1 961,90	2 853,68	3 210,39	1 913,50	2 783,28	3 131,19	1 865,05	2 712,80	3 051,90	1 816,59	2 642,32	2 972,61	1 768,14	2 571,84	2 893,32	1 703,12	2 501,44	2 814,12
	VI	42 621	2 344,15	3 409,68	3 835,89																				
121 463,99 West	I,IV	36 410	2 002,55	2 912,80	3 276,90	I	36 410	1 905,64	2 771,84	3 118,32	1 808,78	2 630,96	2 959,83	1 686,11	2 490,–	2 801,25	1 476,55	2 349,12	2 642,76	1 266,87	2 208,16	2 484,18	1 057,31	2 067,28	2 325,69
	II	35 608	1 958,44	2 848,64	3 204,72	II	35 608	1 861,58	2 707,76	3 046,23	1 764,67	2 566,80	2 887,65	1 590,79	2 425,92	2 729,16	1 381,11	2 284,96	2 570,58	1 171,55	2 144,08	2 412,09	961,99	2 003,20	2 253,60
	III	27 330	–	2 186,40	2 459,70	III	27 330	–	2 052,–	2 308,50	–	1 920,80	2 160,90	–	1 792,32	2 016,36	–	1 666,88	1 875,24	–	1 544,32	1 737,36	–	1 424,80	1 602,90
	V	42 044	2 312,42	3 363,52	3 783,96	IV	36 410	1 954,09	2 842,32	3 197,61	1 905,64	2 771,84	3 118,32	1 857,24	2 701,44	3 039,12	1 808,78	2 630,96	2 959,83	1 760,33	2 560,48	2 880,54	1 686,11	2 490,–	2 801,25
	VI	42 479	2 336,34	3 398,32	3 823,11																				
121 463,99 Ost	I,IV	36 567	2 011,18	2 925,36	3 291,03	I	36 567	1 914,33	2 784,48	3 132,54	1 817,42	2 643,52	2 973,96	1 704,91	2 502,64	2 815,47	1 495,23	2 361,68	2 656,89	1 285,67	2 220,80	2 498,40	1 075,99	2 079,84	2 339,82
	II	35 766	1 967,13	2 861,28	3 218,94	II	35 766	1 870,22	2 720,32	3 060,36	1 773,36	2 579,44	2 901,87	1 609,47	2 438,48	2 743,29	1 399,91	2 297,60	2 584,80	1 190,35	2 156,72	2 426,31	980,67	2 015,76	2 267,73
	III	27 482	–	2 198,56	2 473,38	III	27 482	–	2 064,–	2 322,–	–	1 932,32	2 173,86	–	1 803,68	2 029,14	–	1 678,08	1 887,84	–	1 555,20	1 749,60	–	1 435,36	1 614,78
	V	42 201	2 321,05	3 376,08	3 798,09	IV	36 567	1 962,78	2 854,96	3 211,83	1 914,33	2 784,48	3 132,54	1 865,87	2 714,–	3 053,25	1 817,42	2 643,52	2 973,96	1 769,02	2 573,12	2 894,76	1 704,91	2 502,64	2 815,47
	VI	42 636	2 344,98	3 410,88	3 837,24																				
121 499,99 West	I,IV	36 425	2 003,37	2 914,–	3 278,25	I	36 425	1 906,46	2 773,04	3 119,67	1 809,61	2 632,16	2 961,18	1 687,89	2 491,20	2 802,60	1 478,33	2 350,32	2 644,11	1 268,65	2 209,36	2 485,53	1 059,10	2 068,48	2 327,04
	II	35 624	1 959,32	2 849,92	3 206,16	II	35 624	1 862,41	2 708,96	3 047,58	1 765,55	2 568,08	2 889,09	1 592,57	2 427,12	2 730,51	1 383,01	2 286,24	2 572,02	1 173,34	2 145,28	2 413,44	963,78	2 004,40	2 254,95
	III	27 344	–	2 187,52	2 460,96	III	27 344	–	2 053,28	2 309,94	–	1 921,92	2 162,16	–	1 793,44	2 017,62	–	1 668,–	1 876,50	–	1 545,44	1 738,62	–	1 425,76	1 603,98
	V	42 059	2 313,24	3 364,72	3 785,31	IV	36 425	1 954,92	2 843,52	3 198,96	1 906,46	2 773,04	3 119,67	1 858,06	2 702,64	3 040,47	1 809,61	2 632,16	2 961,18	1 761,15	2 561,68	2 881,89	1 687,89	2 491,20	2 802,60
	VI	42 494	2 337,17	3 399,52	3 824,46																				
121 499,99 Ost	I,IV	36 582	2 012,01	2 926,56	3 292,38	I	36 582	1 915,15	2 785,68	3 133,89	1 818,24	2 644,72	2 975,31	1 706,69	2 503,84	2 816,82	1 497,02	2 362,88	2 658,24	1 287,46	2 222,–	2 499,75	1 077,90	2 081,12	2 341,26
	II	35 781	1 967,95	2 862,48	3 220,29	II	35 781	1 871,10	2 721,60	3 061,80	1 774,19	2 580,64	2 903,22	1 611,37	2 439,76	2 744,73	1 401,70	2 298,80	2 586,15	1 192,14	2 157,92	2 427,66	982,46	2 016,96	2 269,08
	III	27 496	–	2 199,68	2 474,64	III	27 496	–	2 065,12	2 323,26	–	1 933,44	2 175,12	–	1 804,80	2 030,40	–	1 679,04	1 888,92	–	1 556,32	1 750,86	–	1 436,48	1 616,04
	V	42 216	2 321,88	3 377,28	3 799,44	IV	36 582	1 963,61	2 856,16	3 213,18	1 915,15	2 785,68	3 133,89	1 866,70	2 715,20	3 054,60	1 818,24	2 644,72	2 975,31	1 769,84	2 574,32	2 896,11	1 706,69	2 503,84	2 816,82
	VI	42 651	2 345,80	3 412,08	3 838,59																				
121 535,99 West	I,IV	36 440	2 004,20	2 915,20	3 279,60	I	36 440	1 907,34	2 774,32	3 121,11	1 810,43	2 633,36	2 962,53	1 689,80	2 492,48	2 804,04	1 480,12	2 351,52	2 645,46	1 270,56	2 210,64	2 486,97	1 060,88	2 069,68	2 328,39
	II	35 639	1 960,14	2 851,12	3 207,51	II	35 639	1 863,23	2 710,16	3 048,93	1 766,38	2 569,28	2 890,44	1 594,36	2 428,32	2 731,86	1 384,80	2 287,44	2 573,37	1 175,12	2 146,48	2 414,79	965,56	2 005,60	2 256,30
	III	27 358	–	2 188,64	2 462,22	III	27 358	–	2 054,40	2 311,20	–	1 923,04	2 163,42	–	1 794,56	2 018,88	–	1 668,96	1 877,58	–	1 546,40	1 739,70	–	1 426,88	1 605,24
	V	42 074	2 314,07	3 365,92	3 786,66	IV	36 440	1 955,74	2 844,72	3 200,31	1 907,34	2 774,32	3 121,11	1 858,89	2 703,84	3 041,82	1 810,43	2 633,36	2 962,53	1 761,98	2 562,88	2 883,24	1 689,80	2 492,48	2 804,04
	VI	42 509	2 337,99	3 400,72	3 825,81																				
121 535,99 Ost	I,IV	36 598	2 012,89	2 927,84	3 293,82	I	36 598	1 915,98	2 786,88	3 135,24	1 819,12	2 646,–	2 976,75	1 708,48	2 505,04	2 818,17	1 498,92	2 364,16	2 659,68	1 289,24	2 223,20	2 501,10	1 079,68	2 082,32	2 342,61
	II	35 796	1 968,78	2 863,68	3 221,64	II	35 796	1 871,92	2 722,80	3 063,15	1 775,01	2 581,84	2 904,57	1 613,16	2 440,96	2 746,08	1 403,48	2 300,–	2 587,50	1 193,92	2 159,12	2 429,01	984,24	2 018,16	2 270,43
	III	27 510	–	2 200,80	2 475,90	III	27 510	–	2 066,24	2 324,52	–	1 934,56	2 176,38	–	1 805,92	2 031,66	–	1 680,16	1 890,18	–	1 557,28	1 751,94	–	1 437,44	1 617,12
	V	42 231	2 322,70	3 378,48	3 800,79	IV	36 598	1 964,43	2 857,36	3 214,53	1 915,98	2 786,88	3 135,24	1 867,52	2 716,40	3 055,95	1 819,12	2 646,–	2 976,75	1 770,67	2 575,52	2 897,46	1 708,48	2 505,04	2 818,17
	VI	42 666	2 346,63	3 413,28	3 839,94																				
121 571,99 West	I,IV	36 455	2 005,02	2 916,40	3 280,95	I	36 455	1 908,17	2 775,52	3 122,46	1 811,26	2 634,56	2 963,88	1 691,58	2 493,68	2 805,39	1 481,90	2 352,72	2 646,81	1 272,34	2 211,84	2 488,32	1 062,67	2 070,88	2 329,74
	II	35 654	1 960,97	2 852,32	3 208,86	II	35 654	1 864,06	2 711,36	3 050,28	1 767,20	2 570,48	2 891,79	1 596,14	2 429,52	2 733,21	1 386,58	2 288,64	2 574,72	1 176,91	2 147,68	2 416,14	967,35	2 006,80	2 257,65
	III	27 374	–	2 189,92	2 463,66	III	27 374	–	2 055,52	2 312,46	–	1 924,16	2 164,68	–	1 795,68	2 020,14	–	1 670,08	1 878,84	–	1 547,52	1 740,96	–	1 427,84	1 606,32
	V	42 089	2 314,89	3 367,12	3 788,01	IV	36 455	1 956,57	2 845,92	3 201,66	1 908,17	2 775,52	3 122,46	1 859,71	2 705,04	3 043,17	1 811,26	2 634,56	2 963,88	1 762,80	2 564,08	2 884,59	1 691,58	2 493,68	2 805,39
	VI	42 524	2 338,82	3 401,92	3 827,16																				
121 571,99 Ost	I,IV	36 613	2 013,71	2 929,04	3 295,17	I	36 613	1 916,80	2 788,08	3 136,59	1 819,95	2 647,20	2 978,10	1 710,26	2 506,24	2 819,52	1 500,70	2 365,36	2 661,03	1 291,03	2 224,40	2 502,45	1 081,47	2 083,52	2 343,96
	II	35 811	1 969,60	2 864,88	3 222,99	II	35 811	1 872,75	2 724,–	3 064,50	1 775,84	2 583,04	2 905,92	1 614,94	2 442,16	2 747,43	1 405,27	2 301,20	2 588,85	1 195,71	2 160,32	2 430,36	986,03	2 019,36	2 271,78
	III	27 526	–	2 202,08	2 477,34	III	27 526	–	2 067,36	2 325,78	–	1 935,68	2 177,64	–	1 807,04	2 032,92	–	1 681,28	1 891,44	–	1 558,40	1 753,20	–	1 438,40	1 618,20
	V	42 246	2 323,53	3 379,68	3 802,14	IV	36 613	1 965,26	2 858,56	3 215,88	1 916,80	2 788,08	3 136,59	1 868,35	2 717,60	3 057,30	1 819,95	2 647,20	2 978,10	1 771,49	2 576,72	2 898,81	1 710,26	2 506,24	2 819,52
	VI	42 682	2 347,51	3 414,56	3 841,38																				
121 607,99 West	I,IV	36 470	2 005,85	2 917,60	3 282,30	I	36 470	1 908,99	2 776,72	3 123,81	1 812,08	2 635,76	2 965,23	1 693,37	2 494,88	2 806,74	1 483,69	2 353,92	2 648,16	1 274,13	2 213,04	2 489,67	1 064,45	2 072,08	2 331,09
	II	35 669	1 961,79	2 853,52	3 210,21	II	35 669	1 864,88	2 712,56	3 051,63	1 768,03	2 571,68	2 893,14	1 597,93	2 430,72	2 734,56	1 388,37	2 289,84	2 576,07	1 178,69	2 148,88	2 417,49	969,13	2 008,–	2 259,–
	III	27 388	–	2 191,04	2 464,92	III	27 388	–	2 056,64	2 313,72	–	1 925,28	2 165,94	–	1 796,64	2 021,22	–	1 671,20	1 880,10	–	1 548,48	1 742,04	–	1 428,80	1 607,40
	V	42 104	2 315,72	3 368,32	3 789,36	IV	36 470	1 957,45	2 847,20	3 203,10	1 908,99	2 776,72	3 123,81	1 860,54	2 706,24	3 044,52	1 812,08	2 635,76	2 965,23	1 763,68	2 565,36	2 886,03	1 693,37	2 494,88	2 806,74
	VI	42 539	2 339,64	3 403,12	3 828,51																				
121 607,99 Ost	I,IV	36 628	2 014,54	2 930,24	3 296,52	I	36 628	1 917,63	2 789,28	3 137,94	1 820,77	2 648,40	2 979,45	1 712,05	2 507,44	2 820,87	1 502,49	2 366,56	2 662,38	1 292,81	2 225,60	2 503,80	1 083,25	2 084,72	2 345,31
	II	35 826	1 970,43	2 866,08	3 224,34	II	35 826	1 873,57	2 725,20	3 065,85	1 776,66	2 584,24	2 907,27	1 616,73	2 443,36	2 748,78	1 407,05	2 302,40	2 590,20	1 197,49	2 161,52	2 431,71	987,93	2 020,64	2 273,22
	III	27 540	–	2 203,20	2 478,60	III	27 540	–	2 068,64	2 327,22	–	1 936,80	2 178,90	–	1 808,16	2 034,18	–	1 682,24	1 892,52	–	1 559,36	1 754,28	–	1 439,52	1 619,46
	V	42 262	2 324,41	3 380,96	3 803,58	IV	36 628	1 966,08	2 859,76	3 217,23	1 917,63	2 789,28	3 137,94	1 869,23	2 718,88	3 058,74	1 820,77	2 648,40	2 979,45	1 772,32	2 577,92	2 900,16	1 712,05	2 507,44	2 820,87
	VI	42 697	2 348,33	3 415,76	3 842,73																				
121 643,99 West	I,IV	36 485	2 006,67	2 918,80	3 283,65	I	36 485	1 909,82	2 777,92	3 125,16	1 812,91	2 636,96	2 966,58	1 695,15	2 496,08	2 808,09	1 485,47	2 355,12	2 649,51	1 275,91	2 214,24	2 491,02	1 066,24	2 073,28	2 332,44
	II	35 684	1 962,62	2 854,72	3 211,56	II	35 684	1 865,76	2 713,84	3 053,07	1 768,85	2 572,88	2 894,49	1 599,83	2 432,–	2 736,–	1 390,15	2 291,04	2 577,42	1 180,59	2 150,16	2 418,93	970,92	2 009,20	2 260,35
	III	27 402	–	2 192,16	2 466,18	III	27 402	–	2 057,76	2 314,98	–	1 926,40	2 167,20	–	1 797,76	2 022,48	–	1 672,16	1 881,18	–	1 549,60	1 743,30	–	1 429,92	1 608,66
	V	42 119	2 316,54	3 369,52	3 790,71	IV	36 485	1 958,27	2 848,40	3 204,45	1 909,82	2 777,92	3 125,16	1 861,36	2 707,44	3 045,87	1 812,91	2 636,96	2 966,58	1 764,51	2 566,56	2 887,38	1 695,15	2 496,08	2 808,09
	VI	42 554	2 340,47	3 404,32	3 829,86																				
121 643,99 Ost	I,IV	36 643	2 015,36	2 931,44	3 297,87	I	36 643	1 918,45	2 790,48	3 139,29	1 821,60	2 649,60	2 980,80	1 713,83	2 508,64	2 822,22	1 504,27	2 367,76	2 663,73	1 294,60	2 226,80	2 505,15	1 085,04	2 085,92	2 346,66
	II	35 842	1 971,31	2 867,36	3 225,78	II	35 842	1 874,40	2 726,40	3 067,20	1 777,54	2 585,52	2 908,71	1 618,51	2 444,56	2 750,13	1 408,96	2 303,68	2 591,64	1 199,28	2 162,72	2 433,06	989,72	2 021,84	2 274,57
	III	27 554	–	2 204,32	2 479,86	III	27 554	–	2 069,76	2 328,48	–	1 937,92	2 180,16	–	1 809,28	2 035,44	–	1 683,36	1 893,78	–	1 560,48	1 755,54	–	1 440,48	1 620,54
	V	42 277	2 325,23	3 382,16	3 804,93	IV	36 643	1 966,91	2 860,96	3 218,58	1 918,45	2 790,48	3 139,29	1 870,05	2 720,08	3 060,09	1 821,60	2 649,60	2 980,80	1 773,14	2 579,12	2 901,51	1 713,83	2 508,64	2 822,22
	VI	42 712	2 349,16	3 416,96	3 844,08																				
121 679,99 West	I,IV	36 500	2 007,50	2 920,–	3 285,–	I	36 500	1 910,64	2 779,12	3 126,51	1 813,79	2 638,24	2 968,02	1 696,94	2 497,28	2 809,44	1 487,38	2 356,40	2 650,95	1 277,70	2 215,44	2 492,37	1 068,14	2 074,56	2 333,88
	II	35 699	1 963,44	2 855,92	3 212,91	II	35 699	1 866,59	2 715,04	3 054,42	1 769,68	2 574,08	2 895,84	1 601,62	2 433,20	2 737,35	1 391,94	2 292,24	2 578,77	1 182,38	2 151,36	2 420,28	972,70	2 010,40	2 261,70
	III	27 416	–	2 193,28	2 467,44	III	27 416	–	2 058,88	2 316,24	–	1 927,36	2 168,28	–	1 798,88	2 023,74	–	1 673,28	1 882,44	–	1 550,56	1 744,38	–	1 430,88	1 609,74
	V	42 134	2 317,37	3 370,72	3 792,06	IV	36 500	1 959,10	2 849,60	3 205,80	1 910,64	2 779,12	3 126,51	1 862,19	2 708,64	3 047,22	1 813,79	2 638,24	2 968,02	1 765,33	2 567,76	2 888,73	1 696,94	2 497,28	2 809,44
	VI	42 569	2 341,29	3 405,52	3 831,21																				
121 679,99 Ost	I,IV	36 658	2 016,19	2 932,64	3 299,22	I	36 658	1 919,33	2 791,76	3 140,73	1 822,42	2 650,80	2 982,15	1 715,74	2 509,92	2 823,66	1 506,06	2 368,96	2 665,08	1 296,50	2 228,08	2 506,59	1 086,82	2 087,12	2 348,01
	II	35 857	1 972,13	2 868,56	3 227,13	II	35 857	1 875,22	2 727,60	3 068,55	1 778,37	2 586,72	2 910,06	1 620,30	2 445,76	2 751,48	1 410,74	2 304,88	2 592,99	1 201,06	2 163,92	2 434,41	991,50	2 023,04	2 275,92
	III	27 570	–	2 205,60	2 481,30	III	27 570	–	2 070,88	2 329,74	–	1 939,04	2 181,42	–	1 810,24	2 036,52	–	1 684,48	1 895,04	–	1 561,44	1 756,62	–	1 441,44	1 621,62
	V	42 292	2 326,06	3 383,36	3 806,28	IV	36 658	1 967,73	2 862,16	3 219,93	1 919,33	2 791,76	3 140,73	1 870,88	2 721,28	3 061,44	1 822,42	2 650,80	2 982,15	1 773,97	2 580,32	2 902,86	1 715,74	2 509,92	2 823,66
	VI	42 727	2 349,98	3 418,16	3 845,43																				

* Die ausgewiesenen Tabellenwerte sind amtlich. Siehe Erläuterungen auf der Umschlaginnenseite (U2).

Abzüge an Lohnsteuer, Solidaritätszuschlag (SolZ) und Kirchensteuer (8%, 9%) in den Steuerklassen

Lohn/Gehalt bis €*	I – VI	LSt	ohne Kinderfreibeträge SolZ	8%	9%	I, II, III, IV	LSt	mit Zahl der Kinderfreibeträge . . . 0,5 SolZ	0,5 8%	0,5 9%	1 SolZ	1 8%	1 9%	1,5 SolZ	1,5 8%	1,5 9%	2 SolZ	2 8%	2 9%	2,5 SolZ	2,5 8%	2,5 9%	3 SolZ	3 8%	3 9%
121 715,99 West	I,IV	36 516	2 008,38	2 921,28	3 286,44	I	36 516	1 911,47	2 780,32	3 127,86	1 814,61	2 639,44	2 969,37	1 698,72	2 498,48	2 810,79	1 489,16	2 357,60	2 652,30	1 279,48	2 216,64	2 493,72	1 069,92	2 075,76	2 335,23
	II	35 714	1 964,27	2 857,12	3 214,26	II	35 714	1 867,41	2 716,24	3 055,77	1 770,50	2 575,28	2 897,19	1 603,40	2 434,40	2 738,70	1 393,72	2 293,44	2 580,12	1 184,16	2 152,56	2 421,63	974,49	2 011,60	2 263,05
	III	27 432	–	2 194,56	2 468,88	III	27 432	–	2 060,–	2 317,50	–	1 928,48	2 169,54	–	1 800,–	2 025,–	–	1 674,40	1 883,70	–	1 551,68	1 745,64	–	1 431,84	1 610,82
	V	42 149	2 318,19	3 371,92	3 793,41	IV	36 516	1 959,92	2 850,80	3 207,15	1 911,47	2 780,32	3 127,86	1 863,01	2 709,84	3 048,57	1 814,61	2 639,44	2 969,37	1 766,16	2 568,96	2 890,08	1 698,72	2 498,48	2 810,79
	VI	42 585	2 342,17	3 406,80	3 832,65																				
121 715,99 Ost	I,IV	36 673	2 017,01	2 933,84	3 300,57	I	36 673	1 920,16	2 792,96	3 142,08	1 823,25	2 652,–	2 983,50	1 717,52	2 511,12	2 825,01	1 507,84	2 370,16	2 666,43	1 298,29	2 229,28	2 507,94	1 088,61	2 088,32	2 349,36
	II	35 872	1 972,96	2 869,76	3 228,48	II	35 872	1 876,05	2 728,80	3 069,90	1 779,19	2 587,92	2 911,41	1 622,08	2 446,96	2 752,83	1 412,53	2 306,08	2 594,34	1 202,85	2 165,12	2 435,76	993,29	2 024,24	2 277,27
	III	27 584	–	2 206,72	2 482,56	III	27 584	–	2 072,–	2 331,–	–	1 940,16	2 182,68	–	1 811,36	2 037,78	–	1 685,44	1 896,12	–	1 562,56	1 757,88	–	1 442,56	1 622,88
	V	42 307	2 326,88	3 384,56	3 807,63	IV	36 673	1 968,56	2 863,36	3 221,28	1 920,16	2 792,96	3 142,08	1 871,70	2 722,48	3 062,79	1 823,25	2 652,–	2 983,50	1 774,79	2 581,52	2 904,21	1 717,52	2 511,12	2 825,01
	VI	42 742	2 350,81	3 419,36	3 846,78																				
121 751,99 West	I,IV	36 531	2 009,20	2 922,48	3 287,79	I	36 531	1 912,29	2 781,52	3 129,21	1 815,44	2 640,64	2 970,72	1 700,51	2 499,68	2 812,14	1 490,95	2 358,80	2 653,65	1 281,27	2 217,84	2 495,07	1 071,71	2 076,96	2 336,58
	II	35 729	1 965,09	2 858,32	3 215,61	II	35 729	1 868,24	2 717,44	3 057,12	1 771,33	2 576,48	2 898,54	1 605,19	2 435,60	2 740,05	1 395,51	2 294,64	2 581,47	1 185,95	2 153,76	2 422,98	976,27	2 012,80	2 264,40
	III	27 446	–	2 195,68	2 470,14	III	27 446	–	2 061,28	2 318,94	–	1 929,60	2 170,80	–	1 801,12	2 026,26	–	1 675,36	1 884,78	–	1 552,64	1 746,72	–	1 432,96	1 612,08
	V	42 165	2 319,07	3 373,20	3 794,85	IV	36 531	1 960,75	2 852,–	3 208,50	1 912,29	2 781,52	3 129,21	1 863,89	2 711,12	3 050,01	1 815,44	2 640,64	2 970,72	1 766,98	2 570,16	2 891,43	1 700,51	2 499,68	2 812,14
	VI	42 600	2 343,–	3 408,–	3 834,–																				
121 751,99 Ost	I,IV	36 688	2 017,84	2 935,04	3 301,92	I	36 688	1 920,98	2 794,16	3 143,43	1 824,07	2 653,20	2 984,85	1 719,31	2 512,32	2 826,36	1 509,63	2 371,36	2 667,78	1 300,07	2 230,48	2 509,29	1 090,39	2 089,52	2 350,71
	II	35 887	1 973,78	2 870,96	3 229,83	II	35 887	1 876,87	2 730,–	3 071,25	1 780,02	2 589,12	2 912,76	1 623,87	2 448,16	2 754,18	1 414,31	2 307,28	2 595,69	1 204,63	2 166,32	2 437,11	995,07	2 025,44	2 278,62
	III	27 598	–	2 207,84	2 483,82	III	27 598	–	2 073,12	2 332,26	–	1 941,28	2 183,94	–	1 812,48	2 039,04	–	1 686,56	1 897,38	–	1 563,52	1 758,96	–	1 443,52	1 623,96
	V	42 322	2 327,71	3 385,76	3 808,98	IV	36 688	1 969,38	2 864,56	3 222,63	1 920,98	2 794,16	3 143,43	1 872,53	2 723,68	3 064,14	1 824,07	2 653,20	2 984,85	1 775,67	2 582,80	2 905,65	1 719,31	2 512,32	2 826,36
	VI	42 757	2 351,63	3 420,56	3 848,13																				
121 787,99 West	I,IV	36 546	2 010,03	2 923,68	3 289,14	I	36 546	1 913,12	2 782,72	3 130,56	1 816,26	2 641,84	2 972,07	1 702,29	2 500,88	2 813,49	1 492,73	2 360,–	2 655,–	1 283,05	2 219,04	2 496,42	1 073,49	2 078,16	2 337,93
	II	35 744	1 965,92	2 859,52	3 216,96	II	35 744	1 869,06	2 718,64	3 058,47	1 772,21	2 577,76	2 899,98	1 606,97	2 436,80	2 741,40	1 397,41	2 295,92	2 582,91	1 187,73	2 154,96	2 424,33	978,18	2 014,08	2 265,84
	III	27 460	–	2 196,80	2 471,40	III	27 460	–	2 062,40	2 320,20	–	1 930,72	2 172,06	–	1 802,24	2 027,52	–	1 676,48	1 886,04	–	1 553,76	1 747,98	–	1 433,92	1 613,16
	V	42 180	2 319,90	3 374,40	3 796,20	IV	36 546	1 961,57	2 853,20	3 209,85	1 913,12	2 782,72	3 130,56	1 864,72	2 712,32	3 051,36	1 816,26	2 641,84	2 972,07	1 767,81	2 571,36	2 892,78	1 702,29	2 500,88	2 813,49
	VI	42 615	2 343,82	3 409,20	3 835,35																				
121 787,99 Ost	I,IV	36 703	2 018,66	2 936,24	3 303,27	I	36 703	1 921,81	2 795,36	3 144,78	1 824,90	2 654,40	2 986,20	1 721,09	2 513,52	2 827,71	1 511,41	2 372,56	2 669,13	1 301,86	2 231,68	2 510,64	1 092,18	2 090,72	2 352,06
	II	35 902	1 974,61	2 872,16	3 231,18	II	35 902	1 877,75	2 731,28	3 072,69	1 780,84	2 590,32	2 914,11	1 625,77	2 449,44	2 755,62	1 416,10	2 308,48	2 597,04	1 206,54	2 167,60	2 438,55	996,86	2 026,64	2 279,97
	III	27 614	–	2 209,12	2 485,26	III	27 614	–	2 074,24	2 333,52	–	1 942,40	2 185,20	–	1 813,60	2 040,30	–	1 687,68	1 898,64	–	1 564,64	1 760,22	–	1 444,64	1 625,22
	V	42 337	2 328,53	3 386,96	3 810,33	IV	36 703	1 970,26	2 865,84	3 224,07	1 921,81	2 795,36	3 144,78	1 873,35	2 724,88	3 065,49	1 824,90	2 654,40	2 986,20	1 776,50	2 584,–	2 907,–	1 721,09	2 513,52	2 827,71
	VI	42 772	2 352,46	3 421,76	3 849,48																				
121 823,99 West	I,IV	36 561	2 010,85	2 924,88	3 290,49	I	36 561	1 913,94	2 783,92	3 131,91	1 817,09	2 643,04	2 973,42	1 704,19	2 502,16	2 814,93	1 494,52	2 361,20	2 656,35	1 284,96	2 220,32	2 497,86	1 075,28	2 079,36	2 339,28
	II	35 760	1 966,80	2 860,80	3 218,40	II	35 760	1 869,89	2 719,84	3 059,82	1 773,03	2 578,96	2 901,33	1 608,76	2 438,–	2 742,75	1 399,20	2 297,12	2 584,26	1 189,52	2 156,16	2 425,68	979,96	2 015,28	2 267,19
	III	27 476	–	2 198,08	2 472,84	III	27 476	–	2 063,52	2 321,46	–	1 931,84	2 173,32	–	1 803,20	2 028,60	–	1 677,60	1 887,30	–	1 554,72	1 749,06	–	1 435,04	1 614,42
	V	42 195	2 320,72	3 375,60	3 797,55	IV	36 561	1 962,40	2 854,40	3 211,20	1 913,94	2 783,92	3 131,91	1 865,54	2 713,52	3 052,71	1 817,09	2 643,04	2 973,42	1 768,63	2 572,56	2 894,13	1 704,19	2 502,16	2 814,93
	VI	42 630	2 344,65	3 410,40	3 836,70																				
121 823,99 Ost	I,IV	36 718	2 019,49	2 937,44	3 304,62	I	36 718	1 922,63	2 796,56	3 146,13	1 825,78	2 655,68	2 987,64	1 722,88	2 514,72	2 829,06	1 513,32	2 373,84	2 670,57	1 303,64	2 232,88	2 511,99	1 094,08	2 092,–	2 353,50
	II	35 917	1 975,43	2 873,36	3 232,53	II	35 917	1 878,58	2 732,48	3 074,04	1 781,67	2 591,52	2 915,46	1 627,56	2 450,64	2 756,97	1 417,88	2 309,68	2 598,39	1 208,32	2 168,80	2 439,90	998,64	2 027,84	2 281,32
	III	27 628	–	2 210,24	2 486,52	III	27 628	–	2 075,36	2 334,78	–	1 943,52	2 186,46	–	1 814,72	2 041,56	–	1 688,64	1 899,72	–	1 565,60	1 761,30	–	1 445,60	1 626,30
	V	42 352	2 329,36	3 388,16	3 811,68	IV	36 718	1 971,09	2 867,04	3 225,42	1 922,63	2 796,56	3 146,13	1 874,18	2 726,08	3 066,84	1 825,78	2 655,68	2 987,64	1 777,32	2 585,20	2 908,35	1 722,88	2 514,72	2 829,06
	VI	42 787	2 353,28	3 422,96	3 850,83																				
121 859,99 West	I,IV	36 576	2 011,68	2 926,08	3 291,84	I	36 576	1 914,82	2 785,20	3 133,35	1 817,91	2 644,24	2 974,77	1 705,98	2 503,36	2 816,28	1 496,30	2 362,40	2 657,70	1 286,74	2 221,52	2 499,21	1 077,06	2 080,56	2 340,63
	II	35 775	1 967,62	2 862,–	3 219,75	II	35 775	1 870,71	2 721,04	3 061,17	1 773,86	2 580,16	2 902,68	1 610,54	2 439,20	2 744,10	1 400,98	2 298,32	2 585,61	1 191,30	2 157,36	2 427,03	981,75	2 016,48	2 268,54
	III	27 490	–	2 199,20	2 474,10	III	27 490	–	2 064,64	2 322,72	–	1 932,96	2 174,58	–	1 804,32	2 029,86	–	1 678,56	1 888,38	–	1 555,84	1 750,32	–	1 436,–	1 615,50
	V	42 210	2 321,55	3 376,80	3 798,90	IV	36 576	1 963,22	2 855,60	3 212,55	1 914,82	2 785,20	3 133,35	1 866,37	2 714,72	3 054,06	1 817,91	2 644,24	2 974,77	1 769,46	2 573,76	2 895,48	1 705,98	2 503,36	2 816,28
	VI	42 645	2 345,47	3 411,60	3 838,05																				
121 859,99 Ost	I,IV	36 734	2 020,37	2 938,72	3 306,06	I	36 734	1 923,46	2 797,76	3 147,48	1 826,60	2 656,88	2 988,99	1 724,66	2 515,92	2 830,41	1 515,10	2 375,04	2 671,92	1 305,43	2 234,08	2 513,34	1 095,87	2 093,20	2 354,85
	II	35 932	1 976,26	2 874,56	3 233,88	II	35 932	1 879,40	2 733,68	3 075,39	1 782,49	2 592,72	2 916,81	1 629,34	2 451,84	2 758,32	1 419,67	2 310,88	2 599,74	1 210,11	2 170,–	2 441,25	1 000,43	2 029,04	2 282,67
	III	27 642	–	2 211,36	2 487,78	III	27 642	–	2 076,64	2 336,22	–	1 944,64	2 187,72	–	1 815,84	2 042,82	–	1 689,76	1 900,98	–	1 566,72	1 762,56	–	1 446,56	1 627,38
	V	42 367	2 330,18	3 389,36	3 813,03	IV	36 734	1 971,91	2 868,24	3 226,77	1 923,46	2 797,76	3 147,48	1 875,–	2 727,28	3 068,19	1 826,60	2 656,88	2 988,99	1 778,15	2 586,40	2 909,70	1 724,66	2 515,92	2 830,41
	VI	42 803	2 354,16	3 424,24	3 852,27																				
121 895,99 West	I,IV	36 591	2 012,50	2 927,28	3 293,19	I	36 591	1 915,65	2 786,40	3 134,70	1 818,74	2 645,44	2 976,12	1 707,76	2 504,56	2 817,63	1 498,09	2 363,60	2 659,05	1 288,53	2 222,72	2 500,56	1 078,85	2 081,76	2 341,98
	II	35 790	1 968,45	2 863,20	3 221,10	II	35 790	1 871,54	2 722,24	3 062,52	1 774,68	2 581,36	2 904,03	1 612,33	2 440,40	2 745,45	1 402,77	2 299,52	2 586,96	1 193,09	2 158,56	2 428,38	983,53	2 017,68	2 269,89
	III	27 504	–	2 200,32	2 475,36	III	27 504	–	2 065,76	2 323,98	–	1 934,08	2 175,84	–	1 805,44	2 031,12	–	1 679,68	1 889,64	–	1 556,80	1 751,40	–	1 436,96	1 616,58
	V	42 225	2 322,37	3 378,–	3 800,25	IV	36 591	1 964,05	2 856,80	3 213,90	1 915,65	2 786,40	3 134,70	1 867,19	2 715,92	3 055,41	1 818,74	2 645,44	2 976,12	1 770,34	2 575,04	2 896,92	1 707,76	2 504,56	2 817,63
	VI	42 660	2 346,30	3 412,80	3 839,40																				
121 895,99 Ost	I,IV	36 749	2 021,19	2 939,92	3 307,41	I	36 749	1 924,28	2 798,96	3 148,83	1 827,43	2 658,08	2 990,34	1 726,45	2 517,12	2 831,76	1 516,89	2 376,24	2 673,27	1 307,21	2 235,28	2 514,69	1 097,65	2 094,40	2 356,20
	II	35 947	1 977,08	2 875,76	3 235,23	II	35 947	1 880,23	2 734,88	3 076,74	1 783,32	2 593,92	2 918,16	1 631,13	2 453,04	2 759,67	1 421,45	2 312,08	2 601,09	1 211,89	2 171,20	2 442,60	1 002,21	2 030,24	2 284,02
	III	27 656	–	2 212,48	2 489,04	III	27 656	–	2 077,76	2 337,48	–	1 945,76	2 188,98	–	1 816,80	2 043,90	–	1 690,88	1 902,24	–	1 567,84	1 763,82	–	1 447,68	1 628,64
	V	42 383	2 331,06	3 390,64	3 814,47	IV	36 749	1 972,74	2 869,44	3 228,12	1 924,28	2 798,96	3 148,83	1 875,83	2 728,48	3 069,54	1 827,43	2 658,08	2 990,34	1 778,97	2 587,60	2 911,05	1 726,45	2 517,12	2 831,76
	VI	42 818	2 354,99	3 425,44	3 853,62																				
121 931,99 West	I,IV	36 606	2 013,33	2 928,48	3 294,54	I	36 606	1 916,47	2 787,60	3 136,05	1 819,56	2 646,64	2 977,47	1 709,55	2 505,76	2 818,98	1 499,87	2 364,80	2 660,40	1 290,31	2 223,92	2 501,91	1 080,63	2 082,96	2 343,33
	II	35 805	1 969,27	2 864,40	3 222,45	II	35 805	1 872,36	2 723,44	3 063,87	1 775,51	2 582,56	2 905,38	1 614,23	2 441,68	2 746,89	1 404,55	2 300,72	2 588,31	1 194,99	2 159,84	2 429,82	985,32	2 018,88	2 271,24
	III	27 518	–	2 201,44	2 476,62	III	27 518	–	2 066,88	2 325,24	–	1 935,20	2 177,10	–	1 806,56	2 032,38	–	1 680,80	1 890,90	–	1 557,92	1 752,66	–	1 438,08	1 617,84
	V	42 240	2 323,20	3 379,20	3 801,60	IV	36 606	1 964,93	2 858,08	3 215,34	1 916,47	2 787,60	3 136,05	1 868,02	2 717,12	3 056,76	1 819,56	2 646,64	2 977,47	1 771,16	2 576,24	2 898,27	1 709,55	2 505,76	2 818,98
	VI	42 675	2 347,12	3 414,–	3 840,75																				
121 931,99 Ost	I,IV	36 764	2 022,02	2 941,12	3 308,76	I	36 764	1 925,11	2 800,16	3 150,18	1 828,25	2 659,28	2 991,69	1 728,23	2 518,32	2 833,11	1 518,67	2 377,44	2 674,62	1 309,–	2 236,48	2 516,04	1 099,44	2 095,60	2 357,55
	II	35 962	1 977,91	2 876,96	3 236,58	II	35 962	1 881,05	2 736,08	3 078,09	1 784,20	2 595,20	2 919,60	1 632,91	2 454,24	2 761,02	1 423,35	2 313,36	2 602,53	1 213,68	2 172,40	2 443,95	1 004,12	2 031,52	2 285,46
	III	27 672	–	2 213,76	2 490,48	III	27 672	–	2 078,88	2 338,74	–	1 946,88	2 190,24	–	1 817,92	2 045,16	–	1 691,84	1 903,32	–	1 568,80	1 764,90	–	1 448,64	1 629,72
	V	42 398	2 331,89	3 391,84	3 815,82	IV	36 764	1 973,56	2 870,64	3 229,47	1 925,11	2 800,16	3 150,18	1 876,71	2 729,76	3 070,98	1 828,25	2 659,28	2 991,69	1 779,80	2 588,80	2 912,40	1 728,23	2 518,32	2 833,11
	VI	42 833	2 355,81	3 426,64	3 854,97																				
121 967,99 West	I,IV	36 621	2 014,15	2 929,68	3 295,89	I	36 621	1 917,30	2 788,80	3 137,40	1 820,39	2 647,84	2 978,82	1 711,33	2 506,96	2 820,33	1 501,78	2 366,08	2 661,84	1 292,10	2 225,12	2 503,26	1 082,54	2 084,24	2 344,77
	II	35 820	1 970,10	2 865,60	3 223,80	II	35 820	1 873,24	2 724,72	3 065,31	1 776,33	2 583,76	2 906,73	1 616,02	2 442,88	2 748,24	1 406,34	2 301,92	2 589,66	1 196,78	2 161,04	2 431,17	987,10	2 020,08	2 272,59
	III	27 534	–	2 202,72	2 478,06	III	27 534	–	2 068,–	2 326,50	–	1 936,32	2 178,36	–	1 807,68	2 033,64	–	1 681,76	1 891,98	–	1 558,88	1 753,74	–	1 439,04	1 618,92
	V	42 255	2 324,02	3 380,40	3 802,95	IV	36 621	1 965,75	2 859,28	3 216,69	1 917,30	2 788,80	3 137,40	1 868,84	2 718,32	3 058,11	1 820,39	2 647,84	2 978,82	1 771,99	2 577,44	2 899,62	1 711,33	2 506,96	2 820,33
	VI	42 690	2 347,95	3 415,20	3 842,10																				
121 967,99 Ost	I,IV	36 779	2 022,84	2 942,32	3 310,11	I	36 779	1 925,93	2 801,36	3 151,53	1 829,08	2 660,48	2 993,04	1 730,14	2 519,60	2 834,55	1 520,46	2 378,64	2 675,97	1 310,90	2 237,76	2 517,48	1 101,22	2 096,80	2 358,90
	II	35 978	1 978,79	2 878,24	3 238,02	II	35 978	1 881,88	2 737,28	3 079,44	1 785,02	2 596,40	2 920,95	1 634,70	2 455,44	2 762,37	1 425,14	2 314,56	2 603,88	1 215,46	2 173,60	2 445,30	1 005,90	2 032,72	2 286,81
	III	27 686	–	2 214,88	2 491,74	III	27 686	–	2 080,–	2 340,–	–	1 948,–	2 191,50	–	1 819,04	2 046,42	–	1 692,96	1 904,58	–	1 569,92	1 766,16	–	1 449,60	1 630,80
	V	42 413	2 332,71	3 393,04	3 817,17	IV	36 779	1 974,39	2 871,84	3 230,82	1 925,93	2 801,36	3 151,53	1 877,53	2 730,96	3 072,33	1 829,08	2 660,48	2 993,04	1 780,62	2 590,–	2 913,75	1 730,14	2 519,60	2 834,55
	VI	42 848	2 356,64	3 427,84	3 856,32																				

* Die ausgewiesenen Tabellenwerte sind amtlich. Siehe Erläuterungen auf der Umschlaginnenseite (U2).

Abzüge an Lohnsteuer, Solidaritätszuschlag (SolZ) und Kirchensteuer (8%, 9%) in den Steuerklassen

Lohn/ Gehalt bis €*	I – VI			ohne Kinderfreibeträge		I, II, III, IV		mit Zahl der Kinderfreibeträge . . . 0,5			1			1,5			2			2,5			3		
		LSt	SolZ	8%	9%		LSt	SolZ	8%	9%	SolZ	8%	9%	SolZ	8%	9%	SolZ	8%	9%	SolZ	8%	9%	SolZ	8%	9%
122 003,99 West	I,IV	36 637	2 015,03	2 930,96	3 297,33	I	36 637	1 918,12	2 790,–	3 138,75	1 821,27	2 649,12	2 980,26	1 713,12	2 508,16	2 821,68	1 503,56	2 367,28	2 663,19	1 293,88	2 226,32	2 504,61	1 084,32	2 085,44	2 346,12
	II	35 835	1 970,92	2 866,80	3 225,15	II	35 835	1 874,07	2 725,92	3 066,66	1 777,16	2 584,96	2 908,08	1 617,80	2 444,08	2 749,59	1 408,12	2 303,12	2 591,01	1 198,56	2 162,24	2 432,52	988,89	2 021,28	2 273,94
	III	27 548	–	2 203,84	2 479,32	III	27 548	–	2 069,12	2 327,76	–	1 937,44	2 179,62	–	1 808,64	2 034,72	–	1 682,88	1 893,24	–	1 560,–	1 755,–	–	1 440,–	1 620,–
	V	42 270	2 324,85	3 381,60	3 804,30	IV	36 637	1 966,58	2 860,48	3 218,04	1 918,12	2 790,–	3 138,75	1 869,67	2 719,52	3 059,46	1 821,27	2 649,12	2 980,26	1 772,81	2 578,64	2 900,97	1 713,12	2 508,16	2 821,68
	VI	42 706	2 348,83	3 416,48	3 843,54																				
122 003,99 Ost	I,IV	36 794	2 023,67	2 943,52	3 311,46	I	36 794	1 926,81	2 802,64	3 152,97	1 829,90	2 661,68	2 994,39	1 731,92	2 520,80	2 835,90	1 522,24	2 379,84	2 677,32	1 312,68	2 238,96	2 518,83	1 103,01	2 098,–	2 360,25
	II	35 993	1 979,61	2 879,44	3 239,37	II	35 993	1 882,70	2 738,48	3 080,79	1 785,85	2 597,60	2 922,30	1 636,48	2 456,64	2 763,72	1 426,92	2 315,76	2 605,23	1 217,25	2 174,80	2 446,65	1 007,69	2 033,92	2 288,16
	III	27 700	–	2 216,–	2 493,–	III	27 700	–	2 081,12	2 341,26	–	1 949,12	2 192,76	–	1 820,16	2 047,68	–	1 694,08	1 905,84	–	1 570,88	1 767,24	–	1 450,72	1 632,06
	V	42 428	2 333,54	3 394,24	3 818,52	IV	36 794	1 975,21	2 873,04	3 232,17	1 926,81	2 802,64	3 152,97	1 878,36	2 732,16	3 073,68	1 829,90	2 661,68	2 994,39	1 781,45	2 591,20	2 915,10	1 731,92	2 520,80	2 835,90
	VI	42 863	2 357,46	3 429,04	3 857,67																				
122 039,99 West	I,IV	36 652	2 015,86	2 932,16	3 298,68	I	36 652	1 918,95	2 791,20	3 140,10	1 822,09	2 650,32	2 981,61	1 714,90	2 509,36	2 823,03	1 505,35	2 368,48	2 664,54	1 295,67	2 227,52	2 505,96	1 086,11	2 086,64	2 347,47
	II	35 850	1 971,75	2 868,–	3 226,50	II	35 850	1 874,89	2 727,12	3 068,01	1 777,98	2 586,16	2 909,43	1 619,59	2 445,28	2 750,94	1 409,91	2 304,32	2 592,36	1 200,35	2 163,44	2 433,87	990,67	2 022,48	2 275,29
	III	27 562	–	2 204,96	2 480,58	III	27 562	–	2 070,40	2 329,20	–	1 938,56	2 180,88	–	1 809,76	2 035,98	–	1 684,–	1 894,50	–	1 560,96	1 756,08	–	1 441,12	1 621,26
	V	42 286	2 325,73	3 382,88	3 805,74	IV	36 652	1 967,40	2 861,68	3 219,39	1 918,95	2 791,20	3 140,10	1 870,49	2 720,72	3 060,81	1 822,09	2 650,32	2 981,61	1 773,64	2 579,84	2 902,32	1 714,90	2 509,36	2 823,03
	VI	42 721	2 349,65	3 417,68	3 844,89																				
122 039,99 Ost	I,IV	36 809	2 024,49	2 944,72	3 312,81	I	36 809	1 927,64	2 803,84	3 154,32	1 830,73	2 662,88	2 995,74	1 733,71	2 522,–	2 837,25	1 524,03	2 381,04	2 678,67	1 314,47	2 240,16	2 520,18	1 104,79	2 099,20	2 361,60
	II	36 008	1 980,44	2 880,64	3 240,72	II	36 008	1 883,53	2 739,68	3 082,14	1 786,67	2 598,80	2 923,65	1 638,27	2 457,84	2 765,07	1 428,71	2 316,96	2 606,58	1 219,03	2 176,–	2 448,–	1 009,47	2 035,12	2 289,51
	III	27 716	–	2 217,28	2 494,44	III	27 716	–	2 082,24	2 342,52	–	1 950,24	2 194,02	–	1 821,28	2 048,94	–	1 695,04	1 906,92	–	1 572,–	1 768,50	–	1 451,68	1 633,14
	V	42 443	2 334,36	3 395,44	3 819,87	IV	36 809	1 976,04	2 874,24	3 233,52	1 927,64	2 803,84	3 154,32	1 879,18	2 733,36	3 075,03	1 830,73	2 662,88	2 995,74	1 782,27	2 592,40	2 916,45	1 733,71	2 522,–	2 837,25
	VI	42 878	2 358,29	3 430,24	3 859,02																				
122 075,99 West	I,IV	36 667	2 016,68	2 933,36	3 300,03	I	36 667	1 919,77	2 792,40	3 141,45	1 822,92	2 651,52	2 982,96	1 716,69	2 510,56	2 824,38	1 507,13	2 369,68	2 665,89	1 297,45	2 228,72	2 507,31	1 087,89	2 087,84	2 348,82
	II	35 865	1 972,57	2 869,20	3 227,85	II	35 865	1 875,72	2 728,32	3 069,36	1 778,81	2 587,36	2 910,78	1 621,37	2 446,48	2 752,29	1 411,81	2 305,60	2 593,80	1 202,13	2 164,64	2 435,22	992,57	2 023,76	2 276,73
	III	27 578	–	2 206,24	2 482,02	III	27 578	–	2 071,52	2 330,46	–	1 939,68	2 182,14	–	1 810,88	2 037,24	–	1 684,96	1 895,58	–	1 562,08	1 757,34	–	1 442,08	1 622,34
	V	42 301	2 326,55	3 384,08	3 807,09	IV	36 667	1 968,23	2 862,88	3 220,74	1 919,77	2 792,40	3 141,45	1 871,37	2 722,–	3 062,25	1 822,92	2 651,52	2 982,96	1 774,46	2 581,04	2 903,67	1 716,69	2 510,56	2 824,38
	VI	42 736	2 350,48	3 418,88	3 846,24																				
122 075,99 Ost	I,IV	36 824	2 025,32	2 945,92	3 314,16	I	36 824	1 928,46	2 805,04	3 155,67	1 831,55	2 664,08	2 997,09	1 734,70	2 523,20	2 838,60	1 525,81	2 382,24	2 680,02	1 316,25	2 241,36	2 521,53	1 106,58	2 100,40	2 362,95
	II	36 023	1 981,26	2 881,84	3 242,07	II	36 023	1 884,35	2 740,88	3 083,49	1 787,50	2 600,–	2 925,–	1 640,17	2 459,12	2 766,51	1 430,49	2 318,16	2 607,93	1 220,94	2 177,28	2 449,44	1 011,26	2 036,32	2 290,86
	III	27 730	–	2 218,40	2 495,70	III	27 730	–	2 083,52	2 343,96	–	1 951,36	2 195,28	–	1 822,40	2 050,20	–	1 696,16	1 908,18	–	1 572,96	1 769,58	–	1 452,64	1 634,22
	V	42 458	2 335,19	3 396,64	3 821,22	IV	36 824	1 976,92	2 875,52	3 234,96	1 928,46	2 805,04	3 155,67	1 880,01	2 734,56	3 076,38	1 831,55	2 664,08	2 997,09	1 783,15	2 593,68	2 917,89	1 734,70	2 523,20	2 838,60
	VI	42 893	2 359,11	3 431,44	3 860,37																				
122 111,99 West	I,IV	36 682	2 017,51	2 934,56	3 301,38	I	36 682	1 920,60	2 793,60	3 142,80	1 823,74	2 652,72	2 984,31	1 718,47	2 511,76	2 825,73	1 508,92	2 370,88	2 667,24	1 299,36	2 230,–	2 508,75	1 089,68	2 089,04	2 350,17
	II	35 881	1 973,45	2 870,48	3 229,29	II	35 881	1 876,54	2 729,52	3 070,71	1 779,69	2 588,64	2 912,22	1 623,16	2 447,68	2 753,64	1 413,60	2 306,80	2 595,15	1 203,92	2 165,84	2 436,57	994,36	2 024,96	2 278,08
	III	27 592	–	2 207,36	2 483,28	III	27 592	–	2 072,64	2 331,72	–	1 940,80	2 183,40	–	1 812,–	2 038,50	–	1 686,08	1 896,84	–	1 563,20	1 758,60	–	1 443,04	1 623,42
	V	42 316	2 327,38	3 385,28	3 808,44	IV	36 682	1 969,05	2 864,08	3 222,09	1 920,60	2 793,60	3 142,80	1 872,20	2 723,20	3 063,60	1 823,74	2 652,72	2 984,31	1 775,29	2 582,24	2 905,02	1 718,47	2 511,76	2 825,73
	VI	42 751	2 351,30	3 420,08	3 847,59																				
122 111,99 Ost	I,IV	36 839	2 026,14	2 947,12	3 315,51	I	36 839	1 929,29	2 806,24	3 157,02	1 832,38	2 665,28	2 998,44	1 735,52	2 524,40	2 839,95	1 527,72	2 383,52	2 681,46	1 318,04	2 242,56	2 522,88	1 108,48	2 101,68	2 364,39
	II	36 038	1 982,09	2 883,04	3 243,42	II	36 038	1 885,23	2 742,16	3 084,93	1 788,32	2 601,20	2 926,35	1 641,96	2 460,32	2 767,86	1 432,28	2 319,36	2 609,28	1 222,72	2 178,48	2 450,79	1 013,04	2 037,52	2 292,21
	III	27 744	–	2 219,52	2 496,96	III	27 744	–	2 084,64	2 345,22	–	1 952,48	2 196,54	–	1 823,36	2 051,28	–	1 697,28	1 909,44	–	1 574,08	1 770,84	–	1 453,76	1 635,48
	V	42 473	2 336,01	3 397,84	3 822,57	IV	36 839	1 977,74	2 876,72	3 236,31	1 929,29	2 806,24	3 157,02	1 880,83	2 735,76	3 077,73	1 832,38	2 665,28	2 998,44	1 783,98	2 594,88	2 919,24	1 735,52	2 524,40	2 839,95
	VI	42 908	2 359,94	3 432,64	3 861,72																				
122 147,99 West	I,IV	36 697	2 018,33	2 935,76	3 302,73	I	36 697	1 921,48	2 794,88	3 144,24	1 824,57	2 653,92	2 985,66	1 720,38	2 513,04	2 827,17	1 510,70	2 372,08	2 668,59	1 301,14	2 231,20	2 510,10	1 091,46	2 090,24	2 351,52
	II	35 896	1 974,28	2 871,68	3 230,64	II	35 896	1 877,37	2 730,72	3 072,06	1 780,51	2 589,84	2 913,57	1 624,94	2 448,88	2 754,99	1 415,38	2 308,–	2 596,50	1 205,70	2 167,04	2 437,92	996,14	2 026,16	2 279,43
	III	27 606	–	2 208,48	2 484,54	III	27 606	–	2 073,76	2 332,98	–	1 941,92	2 184,66	–	1 813,12	2 039,76	–	1 687,20	1 898,10	–	1 564,16	1 759,68	–	1 444,16	1 624,68
	V	42 331	2 328,20	3 386,48	3 809,79	IV	36 697	1 969,88	2 865,28	3 223,44	1 921,48	2 794,88	3 144,24	1 873,02	2 724,40	3 064,95	1 824,57	2 653,92	2 985,66	1 776,11	2 583,44	2 906,37	1 720,38	2 513,04	2 827,17
	VI	42 766	2 352,13	3 421,28	3 848,94																				
122 147,99 Ost	I,IV	36 855	2 027,02	2 948,40	3 316,95	I	36 855	1 930,11	2 807,44	3 158,37	1 833,26	2 666,56	2 999,88	1 736,35	2 525,60	2 841,30	1 529,50	2 384,72	2 682,81	1 319,82	2 243,76	2 524,23	1 110,27	2 102,88	2 365,74
	II	36 053	1 982,91	2 884,24	3 244,77	II	36 053	1 886,06	2 743,36	3 086,28	1 789,15	2 602,40	2 927,70	1 643,74	2 461,52	2 769,21	1 434,06	2 320,56	2 610,63	1 224,51	2 179,68	2 452,14	1 014,83	2 038,72	2 293,56
	III	27 760	–	2 220,80	2 498,40	III	27 760	–	2 085,76	2 346,48	–	1 953,60	2 197,80	–	1 824,48	2 052,54	–	1 698,40	1 910,70	–	1 575,04	1 771,92	–	1 454,72	1 636,56
	V	42 488	2 336,84	3 399,04	3 823,92	IV	36 855	1 978,57	2 877,92	3 237,66	1 930,11	2 807,44	3 158,37	1 881,66	2 736,96	3 079,08	1 833,26	2 666,56	2 999,88	1 784,80	2 596,08	2 920,59	1 736,35	2 525,60	2 841,30
	VI	42 924	2 360,82	3 433,92	3 863,16																				
122 183,99 West	I,IV	36 712	2 019,16	2 936,96	3 304,08	I	36 712	1 922,30	2 796,08	3 145,59	1 825,39	2 655,12	2 987,01	1 722,16	2 514,24	2 828,52	1 512,49	2 373,28	2 669,94	1 302,93	2 232,40	2 511,45	1 093,25	2 091,44	2 352,87
	II	35 911	1 975,10	2 872,88	3 231,99	II	35 911	1 878,19	2 731,92	3 073,41	1 781,34	2 591,04	2 914,92	1 626,73	2 450,08	2 756,34	1 417,17	2 309,20	2 597,85	1 207,49	2 168,24	2 439,27	997,93	2 027,36	2 280,78
	III	27 622	–	2 209,76	2 485,98	III	27 622	–	2 074,88	2 334,24	–	1 943,04	2 185,92	–	1 814,24	2 041,02	–	1 688,16	1 899,18	–	1 565,28	1 760,94	–	1 445,12	1 625,76
	V	42 346	2 329,03	3 387,68	3 811,14	IV	36 712	1 970,70	2 866,48	3 224,79	1 922,30	2 796,08	3 145,59	1 873,85	2 725,60	3 066,30	1 825,39	2 655,12	2 987,01	1 776,94	2 584,64	2 907,72	1 722,16	2 514,24	2 828,52
	VI	42 781	2 352,95	3 422,48	3 850,29																				
122 183,99 Ost	I,IV	36 870	2 027,85	2 949,60	3 318,30	I	36 870	1 930,94	2 808,64	3 159,72	1 834,08	2 667,76	3 001,23	1 737,17	2 526,80	2 842,65	1 531,29	2 385,92	2 684,16	1 321,61	2 244,96	2 525,58	1 112,05	2 104,08	2 367,09
	II	36 068	1 983,74	2 885,44	3 246,12	II	36 068	1 886,88	2 744,56	3 087,63	1 789,97	2 603,60	2 929,05	1 645,53	2 462,72	2 770,56	1 435,85	2 321,76	2 611,98	1 226,29	2 180,88	2 453,49	1 016,61	2 039,92	2 294,91
	III	27 774	–	2 221,92	2 499,66	III	27 774	–	2 086,88	2 347,74	–	1 954,72	2 199,06	–	1 825,60	2 053,80	–	1 699,36	1 911,78	–	1 576,16	1 773,18	–	1 455,84	1 637,82
	V	42 504	2 337,72	3 400,32	3 825,36	IV	36 870	1 979,39	2 879,12	3 239,01	1 930,94	2 808,64	3 159,72	1 882,48	2 738,16	3 080,43	1 834,08	2 667,76	3 001,23	1 785,63	2 597,28	2 921,94	1 737,17	2 526,80	2 842,65
	VI	42 939	2 361,64	3 435,12	3 864,51																				
122 219,99 West	I,IV	36 727	2 019,98	2 938,16	3 305,43	I	36 727	1 923,13	2 797,28	3 146,94	1 826,22	2 656,32	2 988,36	1 723,95	2 515,44	2 829,87	1 514,27	2 374,48	2 671,29	1 304,71	2 233,60	2 512,80	1 095,03	2 092,64	2 354,22
	II	35 926	1 975,93	2 874,08	3 233,34	II	35 926	1 879,02	2 733,12	3 074,76	1 782,16	2 592,24	2 916,27	1 628,51	2 451,28	2 757,69	1 418,95	2 310,40	2 599,20	1 209,39	2 169,52	2 440,71	999,71	2 028,56	2 282,13
	III	27 636	–	2 210,88	2 487,24	III	27 636	–	2 076,–	2 335,50	–	1 944,16	2 187,18	–	1 815,20	2 042,10	–	1 689,28	1 900,44	–	1 566,24	1 762,02	–	1 446,08	1 626,84
	V	42 361	2 329,85	3 388,88	3 812,49	IV	36 727	1 971,58	2 867,76	3 226,23	1 923,13	2 797,28	3 146,94	1 874,67	2 726,80	3 067,65	1 826,22	2 656,32	2 988,36	1 777,82	2 585,92	2 909,16	1 723,95	2 515,44	2 829,87
	VI	42 796	2 353,78	3 423,68	3 851,64																				
122 219,99 Ost	I,IV	36 885	2 028,67	2 950,80	3 319,65	I	36 885	1 931,76	2 809,84	3 161,07	1 834,91	2 668,96	3 002,58	1 738,–	2 528,–	2 844,–	1 533,07	2 387,12	2 685,51	1 323,39	2 246,16	2 526,93	1 113,84	2 105,28	2 368,44
	II	36 083	1 984,56	2 886,64	3 247,47	II	36 083	1 887,71	2 745,76	3 088,98	1 790,80	2 604,80	2 930,40	1 647,31	2 463,92	2 771,91	1 437,75	2 323,04	2 613,42	1 228,08	2 182,08	2 454,84	1 018,52	2 041,20	2 296,35
	III	27 788	–	2 223,04	2 500,92	III	27 788	–	2 088,–	2 349,–	–	1 955,84	2 200,32	–	1 826,72	2 055,06	–	1 700,48	1 913,04	–	1 577,12	1 774,26	–	1 456,80	1 638,90
	V	42 519	2 338,54	3 401,52	3 826,71	IV	36 885	1 980,22	2 880,32	3 240,36	1 931,76	2 809,84	3 161,07	1 883,36	2 739,44	3 081,87	1 834,91	2 668,96	3 002,58	1 786,45	2 598,48	2 923,29	1 738,–	2 528,–	2 844,–
	VI	42 954	2 362,47	3 436,32	3 865,86																				
122 255,99 West	I,IV	36 742	2 020,81	2 939,36	3 306,78	I	36 742	1 923,95	2 798,48	3 148,29	1 827,04	2 657,52	2 989,71	1 725,73	2 516,64	2 831,22	1 516,06	2 375,68	2 672,64	1 306,50	2 234,80	2 514,15	1 096,94	2 093,92	2 355,66
	II	35 941	1 976,75	2 875,28	3 234,69	II	35 941	1 879,85	2 734,40	3 076,20	1 782,99	2 593,44	2 917,62	1 630,41	2 452,56	2 759,13	1 420,74	2 311,60	2 600,55	1 211,18	2 170,72	2 442,06	1 001,50	2 029,76	2 283,48
	III	27 650	–	2 212,–	2 488,50	III	27 650	–	2 077,28	2 336,94	–	1 945,28	2 188,44	–	1 816,32	2 043,36	–	1 690,40	1 901,70	–	1 567,36	1 763,28	–	1 447,20	1 628,10
	V	42 376	2 330,68	3 390,08	3 813,84	IV	36 742	1 972,41	2 868,96	3 227,58	1 923,95	2 798,48	3 148,29	1 875,50	2 728,–	3 069,–	1 827,04	2 657,52	2 989,71	1 778,64	2 587,12	2 910,51	1 725,73	2 516,64	2 831,22
	VI	42 811	2 354,60	3 424,88	3 852,99																				
122 255,99 Ost	I,IV	36 900	2 029,50	2 952,–	3 321,–	I	36 900	1 932,59	2 811,04	3 162,42	1 835,73	2 670,16	3 003,93	1 738,82	2 529,20	2 845,35	1 534,86	2 388,32	2 686,86	1 325,30	2 247,44	2 528,37	1 115,62	2 106,48	2 369,79
	II	36 099	1 985,44	2 887,92	3 248,91	II	36 099	1 888,53	2 746,96	3 090,33	1 791,68	2 606,08	2 931,84	1 649,10	2 465,12	2 773,26	1 439,54	2 324,24	2 614,77	1 229,86	2 183,28	2 456,19	1 020,30	2 042,40	2 297,70
	III	27 804	–	2 224,32	2 502,36	III	27 804	–	2 089,12	2 350,26	–	1 956,96	2 201,58	–	1 827,84	2 056,32	–	1 701,60	1 914,30	–	1 578,24	1 775,52	–	1 457,76	1 639,98
	V	42 534	2 339,37	3 402,72	3 828,06	IV	36 900	1 981,04	2 881,52	3 241,71	1 932,59	2 811,04	3 162,42	1 884,19	2 740,64	3 083,22	1 835,73	2 670,16	3 003,93	1 787,28	2 599,68	2 924,64	1 738,82	2 529,20	2 845,35
	VI	42 969	2 363,29	3 437,52	3 867,21																				

* Die ausgewiesenen Tabellenwerte sind amtlich. Siehe Erläuterungen auf der Umschlaginnenseite (U2).

Abzüge an Lohnsteuer, Solidaritätszuschlag (SolZ) und Kirchensteuer (8%, 9%) in den Steuerklassen

Lohn/ Gehalt bis €*	I – VI					I, II, III, IV		mit Zahl der Kinderfreibeträge . . . 0,5			1			1,5			2			2,5			3		
		LSt	ohne Kinderfreibeträge SolZ	8%	9%		LSt	SolZ	8%	9%	SolZ	8%	9%	SolZ	8%	9%	SolZ	8%	9%	SolZ	8%	9%	SolZ	8%	9%
122 291,99 West	I,IV	36 758	2 021,69	2 940,64	3 308,22	I	36 758	1 924,78	2 799,68	3 149,64	1 827,92	2 658,80	2 991,15	1 727,52	2 517,84	2 832,57	1 517,96	2 376,96	2 674,08	1 308,28	2 236,—	2 515,50	1 098,72	2 095,12	2 357,01
	II	35 956	1 977,58	2 876,48	3 236,04	II	35 956	1 880,72	2 735,60	3 077,55	1 783,81	2 594,64	2 918,97	1 632,20	2 453,76	2 760,48	1 422,52	2 312,80	2 601,90	1 212,96	2 171,92	2 443,41	1 003,28	2 030,96	2 284,83
	III	27 664	—	2 213,12	2 489,76	III	27 664	—	2 078,40	2 338,20	—	1 946,40	2 189,70	—	1 817,44	2 044,62	—	1 691,36	1 902,78	—	1 568,32	1 764,36	—	1 448,16	1 629,18
	V	42 391	2 331,50	3 391,28	3 815,19	IV	36 758	1 973,23	2 870,16	3 228,93	1 924,78	2 799,68	3 149,64	1 876,32	2 729,20	3 070,35	1 827,92	2 658,80	2 991,15	1 779,47	2 588,32	2 911,86	1 727,52	2 517,84	2 832,57
	VI	42 827	2 355,48	3 426,16	3 854,43																				
122 291,99 Ost	I,IV	36 915	2 030,32	2 953,20	3 322,35	I	36 915	1 933,47	2 812,32	3 163,86	1 836,56	2 671,36	3 005,28	1 739,70	2 530,48	2 846,79	1 536,64	2 389,52	2 688,21	1 327,08	2 248,64	2 529,72	1 117,41	2 107,68	2 371,14
	II	36 114	1 986,27	2 889,12	3 250,26	II	36 114	1 889,36	2 748,16	3 091,68	1 792,50	2 607,28	2 933,19	1 650,88	2 466,32	2 774,61	1 441,32	2 325,44	2 616,12	1 231,65	2 184,48	2 457,54	1 022,09	2 043,60	2 299,05
	III	27 818	—	2 225,44	2 503,62	III	27 818	—	2 090,24	2 351,52	—	1 958,08	2 202,84	—	1 828,96	2 057,58	—	1 702,56	1 915,38	—	1 579,20	1 776,60	—	1 458,88	1 641,24
	V	42 549	2 340,19	3 403,92	3 829,41	IV	36 915	1 981,87	2 882,72	3 243,06	1 933,47	2 812,32	3 163,86	1 885,01	2 741,84	3 084,57	1 836,56	2 671,36	3 005,28	1 788,10	2 600,88	2 925,99	1 739,70	2 530,48	2 846,79
	VI	42 984	2 364,12	3 438,72	3 868,56																				
122 327,99 West	I,IV	36 773	2 022,51	2 941,84	3 309,57	I	36 773	1 925,60	2 800,88	3 150,99	1 828,75	2 660,—	2 992,50	1 729,30	2 519,04	2 833,92	1 519,74	2 378,16	2 675,43	1 310,07	2 237,20	2 516,85	1 100,51	2 096,32	2 358,36
	II	35 971	1 978,40	2 877,68	3 237,39	II	35 971	1 881,55	2 736,80	3 078,90	1 784,64	2 595,84	2 920,32	1 633,98	2 454,96	2 761,83	1 424,31	2 314,—	2 603,25	1 214,75	2 173,12	2 444,76	1 005,07	2 032,16	2 286,18
	III	27 680	—	2 214,40	2 491,20	III	27 680	—	2 079,52	2 339,46	—	1 947,52	2 190,96	—	1 818,56	2 045,88	—	1 692,48	1 904,04	—	1 569,44	1 765,62	—	1 449,28	1 630,44
	V	42 407	2 332,38	3 392,56	3 816,63	IV	36 773	1 974,06	2 871,36	3 230,28	1 925,60	2 800,88	3 150,99	1 877,15	2 730,40	3 071,70	1 828,75	2 660,—	2 992,50	1 780,29	2 589,52	2 913,21	1 729,30	2 519,04	2 833,92
	VI	42 842	2 356,31	3 427,36	3 855,78																				
122 327,99 Ost	I,IV	36 930	2 031,15	2 954,40	3 323,70	I	36 930	1 934,29	2 813,52	3 165,21	1 837,38	2 672,56	3 006,63	1 740,53	2 531,68	2 848,14	1 538,43	2 390,72	2 689,56	1 328,87	2 249,84	2 531,07	1 119,19	2 108,88	2 372,49
	II	36 129	1 987,09	2 890,32	3 251,61	II	36 129	1 890,18	2 749,36	3 093,03	1 793,33	2 608,48	2 934,54	1 652,67	2 467,52	2 775,96	1 443,11	2 326,64	2 617,47	1 233,43	2 185,68	2 458,89	1 023,87	2 044,80	2 300,40
	III	27 832	—	2 226,56	2 504,88	III	27 832	—	2 091,52	2 352,96	—	1 959,20	2 204,10	—	1 830,08	2 058,84	—	1 703,68	1 916,64	—	1 580,32	1 777,86	—	1 459,84	1 642,32
	V	42 564	2 341,02	3 405,12	3 830,76	IV	36 930	1 982,69	2 883,92	3 244,41	1 934,29	2 813,52	3 165,21	1 885,84	2 743,04	3 085,92	1 837,38	2 672,56	3 006,63	1 788,93	2 602,08	2 927,34	1 740,53	2 531,68	2 848,14
	VI	42 999	2 364,94	3 439,92	3 869,91																				
122 363,99 West	I,IV	36 788	2 023,34	2 943,04	3 310,92	I	36 788	1 926,43	2 802,08	3 152,34	1 829,57	2 661,20	2 993,85	1 731,09	2 520,24	2 835,27	1 521,53	2 379,36	2 676,78	1 311,85	2 238,40	2 518,20	1 102,29	2 097,52	2 359,71
	II	35 986	1 979,23	2 878,88	3 238,74	II	35 986	1 882,37	2 738,—	3 080,25	1 785,46	2 597,04	2 921,67	1 635,77	2 456,16	2 763,18	1 426,09	2 315,20	2 604,60	1 216,53	2 174,32	2 446,11	1 006,97	2 033,44	2 287,62
	III	27 694	—	2 215,52	2 492,46	III	27 694	—	2 080,64	2 340,72	—	1 948,64	2 192,22	—	1 819,68	2 047,14	—	1 693,60	1 905,30	—	1 570,40	1 766,70	—	1 450,24	1 631,52
	V	42 422	2 333,21	3 393,76	3 817,98	IV	36 788	1 974,88	2 872,56	3 231,63	1 926,43	2 802,08	3 152,34	1 878,03	2 731,68	3 073,14	1 829,57	2 661,20	2 993,85	1 781,12	2 590,72	2 914,56	1 731,09	2 520,24	2 835,27
	VI	42 857	2 357,13	3 428,56	3 857,13																				
122 363,99 Ost	I,IV	36 945	2 031,97	2 955,60	3 325,05	I	36 945	1 935,12	2 814,72	3 166,56	1 838,21	2 673,76	3 007,98	1 741,35	2 532,88	2 849,49	1 540,21	2 391,92	2 690,91	1 330,65	2 251,04	2 532,42	1 120,98	2 110,08	2 373,84
	II	36 144	1 987,92	2 891,52	3 252,96	II	36 144	1 891,01	2 750,56	3 094,38	1 794,15	2 609,68	2 935,89	1 654,45	2 468,72	2 777,31	1 444,89	2 327,84	2 618,82	1 235,33	2 186,96	2 460,33	1 025,66	2 046,—	2 301,75
	III	27 848	—	2 227,84	2 506,32	III	27 848	—	2 092,64	2 354,22	—	1 960,32	2 205,36	—	1 831,04	2 059,92	—	1 704,80	1 917,90	—	1 581,28	1 778,94	—	1 460,96	1 643,58
	V	42 579	2 341,84	3 406,32	3 832,11	IV	36 945	1 983,57	2 885,20	3 245,85	1 935,12	2 814,72	3 166,56	1 886,66	2 744,24	3 087,27	1 838,21	2 673,76	3 007,98	1 789,81	2 603,36	2 928,78	1 741,35	2 532,88	2 849,49
	VI	43 014	2 365,77	3 441,12	3 871,26																				
122 399,99 West	I,IV	36 803	2 024,16	2 944,24	3 312,27	I	36 803	1 927,25	2 803,28	3 153,69	1 830,40	2 662,40	2 995,20	1 732,87	2 521,44	2 836,62	1 523,31	2 380,56	2 678,13	1 313,64	2 239,60	2 519,55	1 104,08	2 098,72	2 361,06
	II	36 002	1 980,11	2 880,16	3 240,18	II	36 002	1 883,20	2 739,20	3 081,60	1 786,34	2 598,32	2 923,11	1 637,55	2 457,36	2 764,53	1 428,—	2 316,48	2 606,04	1 218,32	2 175,52	2 447,46	1 008,76	2 034,64	2 288,97
	III	27 708	—	2 216,64	2 493,72	III	27 708	—	2 081,76	2 341,98	—	1 949,76	2 193,48	—	1 820,80	2 048,40	—	1 694,72	1 906,56	—	1 571,52	1 767,96	—	1 451,20	1 632,60
	V	42 437	2 334,03	3 394,96	3 819,33	IV	36 803	1 975,71	2 873,76	3 232,98	1 927,25	2 803,28	3 153,69	1 878,85	2 732,88	3 074,49	1 830,40	2 662,40	2 995,20	1 781,94	2 591,92	2 915,91	1 732,87	2 521,44	2 836,62
	VI	42 872	2 357,96	3 429,76	3 858,48																				
122 399,99 Ost	I,IV	36 960	2 032,80	2 956,80	3 326,40	I	36 960	1 935,94	2 815,92	3 167,91	1 839,03	2 674,96	3 009,33	1 742,18	2 534,08	2 850,84	1 542,—	2 393,12	2 692,26	1 332,44	2 252,24	2 533,77	1 122,88	2 111,36	2 375,28
	II	36 159	1 988,74	2 892,72	3 254,31	II	36 159	1 891,89	2 751,84	3 095,82	1 794,98	2 610,88	2 937,24	1 656,36	2 470,—	2 778,75	1 446,68	2 329,04	2 620,17	1 237,12	2 188,16	2 461,68	1 027,44	2 047,20	2 303,10
	III	27 862	—	2 228,96	2 507,58	III	27 862	—	2 093,76	2 355,48	—	1 961,44	2 206,62	—	1 832,16	2 061,18	—	1 705,76	1 918,98	—	1 582,40	1 780,20	—	1 461,92	1 644,66
	V	42 594	2 342,67	3 407,52	3 833,46	IV	36 960	1 984,40	2 886,40	3 247,20	1 935,94	2 815,92	3 167,91	1 887,49	2 745,44	3 088,62	1 839,03	2 674,96	3 009,33	1 790,63	2 604,56	2 930,13	1 742,18	2 534,08	2 850,84
	VI	43 029	2 366,59	3 442,32	3 872,61																				
122 435,99 West	I,IV	36 818	2 024,99	2 945,44	3 313,62	I	36 818	1 928,13	2 804,56	3 155,13	1 831,22	2 663,60	2 996,55	1 734,37	2 522,72	2 838,06	1 525,10	2 381,76	2 679,48	1 315,54	2 240,88	2 520,99	1 105,86	2 099,92	2 362,41
	II	36 017	1 980,93	2 881,36	3 241,53	II	36 017	1 884,02	2 740,40	3 082,95	1 787,17	2 599,52	2 924,46	1 639,34	2 458,56	2 765,88	1 429,78	2 317,68	2 607,39	1 220,10	2 176,72	2 448,81	1 010,54	2 035,84	2 290,32
	III	27 724	—	2 217,92	2 495,16	III	27 724	—	2 082,88	2 343,24	—	1 950,88	2 194,74	—	1 821,92	2 049,66	—	1 695,68	1 907,64	—	1 572,48	1 769,04	—	1 452,32	1 633,86
	V	42 452	2 334,86	3 396,16	3 820,68	IV	36 818	1 976,53	2 874,96	3 234,33	1 928,13	2 804,56	3 155,13	1 879,68	2 734,08	3 075,84	1 831,22	2 663,60	2 996,55	1 782,77	2 593,12	2 917,26	1 734,37	2 522,72	2 838,06
	VI	42 887	2 358,78	3 430,96	3 859,83																				
122 435,99 Ost	I,IV	36 976	2 033,68	2 958,08	3 327,84	I	36 976	1 936,77	2 817,12	3 169,26	1 839,91	2 676,24	3 010,77	1 743,—	2 535,28	2 852,19	1 543,90	2 394,40	2 693,70	1 334,22	2 253,44	2 535,12	1 124,66	2 112,56	2 376,63
	II	36 174	1 989,57	2 893,92	3 255,66	II	36 174	1 892,71	2 753,04	3 097,17	1 795,80	2 612,08	2 938,59	1 658,14	2 471,20	2 780,10	1 448,46	2 330,24	2 621,52	1 238,90	2 189,36	2 463,03	1 029,23	2 048,40	2 304,45
	III	27 876	—	2 230,08	2 508,84	III	27 876	—	2 094,88	2 356,74	—	1 962,56	2 207,88	—	1 833,28	2 062,44	—	1 706,88	1 920,24	—	1 583,52	1 781,46	—	1 462,88	1 645,74
	V	42 609	2 343,49	3 408,72	3 834,81	IV	36 976	1 985,22	2 887,60	3 248,55	1 936,77	2 817,12	3 169,26	1 888,31	2 746,64	3 089,97	1 839,91	2 676,24	3 010,77	1 791,46	2 605,76	2 931,48	1 743,—	2 535,28	2 852,19
	VI	43 044	2 367,42	3 443,52	3 873,96																				
122 471,99 West	I,IV	36 833	2 025,81	2 946,64	3 314,97	I	36 833	1 928,96	2 805,76	3 156,48	1 832,05	2 664,80	2 997,90	1 735,19	2 523,92	2 839,41	1 526,88	2 382,96	2 680,83	1 317,33	2 242,08	2 522,34	1 107,65	2 101,12	2 363,76
	II	36 032	1 981,76	2 882,56	3 242,88	II	36 032	1 884,85	2 741,60	3 084,30	1 787,99	2 600,72	2 925,81	1 641,12	2 459,76	2 767,23	1 431,57	2 318,88	2 608,74	1 221,89	2 177,92	2 450,16	1 012,33	2 037,04	2 291,67
	III	27 738	—	2 219,04	2 496,42	III	27 738	—	2 084,—	2 344,50	—	1 952,—	2 196,—	—	1 822,88	2 050,74	—	1 696,80	1 908,90	—	1 573,60	1 770,30	—	1 453,28	1 634,94
	V	42 467	2 335,68	3 397,36	3 822,03	IV	36 833	1 977,36	2 876,16	3 235,68	1 928,96	2 805,76	3 156,48	1 880,50	2 735,28	3 077,19	1 832,05	2 664,80	2 997,90	1 783,59	2 594,32	2 918,61	1 735,19	2 523,92	2 839,41
	VI	42 902	2 359,61	3 432,16	3 861,18																				
122 471,99 Ost	I,IV	36 991	2 034,50	2 959,28	3 329,19	I	36 991	1 937,59	2 818,32	3 170,61	1 840,74	2 677,44	3 012,12	1 743,83	2 536,48	2 853,54	1 545,69	2 395,60	2 695,05	1 336,01	2 254,64	2 536,47	1 126,45	2 113,76	2 377,98
	II	36 189	1 990,39	2 895,12	3 257,01	II	36 189	1 893,54	2 754,24	3 098,52	1 796,63	2 613,28	2 939,94	1 659,93	2 472,40	2 781,45	1 450,25	2 331,44	2 622,87	1 240,69	2 190,56	2 464,38	1 031,01	2 049,60	2 305,80
	III	27 892	—	2 231,36	2 510,28	III	27 892	—	2 096,—	2 358,—	—	1 963,68	2 209,14	—	1 834,40	2 063,70	—	1 708,—	1 921,50	—	1 584,48	1 782,54	—	1 464,—	1 647,—
	V	42 624	2 344,32	3 409,92	3 836,16	IV	36 991	1 986,05	2 888,80	3 249,90	1 937,59	2 818,32	3 170,61	1 889,14	2 747,84	3 091,32	1 840,74	2 677,44	3 012,12	1 792,28	2 606,96	2 932,83	1 743,83	2 536,48	2 853,54
	VI	43 060	2 368,30	3 444,80	3 875,40																				
122 507,99 West	I,IV	36 848	2 026,64	2 947,84	3 316,32	I	36 848	1 929,78	2 806,96	3 157,83	1 832,87	2 666,—	2 999,25	1 736,02	2 525,12	2 840,76	1 528,67	2 384,16	2 682,18	1 319,11	2 243,28	2 523,69	1 109,43	2 102,32	2 365,11
	II	36 047	1 982,58	2 883,76	3 244,23	II	36 047	1 885,67	2 742,80	3 085,65	1 788,82	2 601,92	2 927,16	1 642,91	2 460,96	2 768,58	1 433,35	2 320,08	2 610,09	1 223,67	2 179,12	2 451,51	1 014,11	2 038,24	2 293,02
	III	27 752	—	2 220,16	2 497,68	III	27 752	—	2 085,28	2 345,94	—	1 953,12	2 197,26	—	1 824,—	2 052,—	—	1 697,92	1 910,16	—	1 574,56	1 771,38	—	1 454,24	1 636,02
	V	42 482	2 336,51	3 398,56	3 823,38	IV	36 848	1 978,24	2 877,44	3 237,12	1 929,78	2 806,96	3 157,83	1 881,33	2 736,48	3 078,54	1 832,87	2 666,—	2 999,25	1 784,47	2 595,60	2 920,05	1 736,02	2 525,12	2 840,76
	VI	42 917	2 360,43	3 433,36	3 862,53																				
122 507,99 Ost	I,IV	37 006	2 035,33	2 960,48	3 330,54	I	37 006	1 938,42	2 819,52	3 171,96	1 841,56	2 678,64	3 013,47	1 744,65	2 537,68	2 854,89	1 547,47	2 396,80	2 696,40	1 337,79	2 255,84	2 537,82	1 128,23	2 114,96	2 379,33
	II	36 204	1 991,22	2 896,32	3 258,36	II	36 204	1 894,36	2 755,44	3 099,87	1 797,45	2 614,48	2 941,29	1 661,71	2 473,60	2 782,80	1 452,03	2 332,64	2 624,22	1 242,47	2 191,76	2 465,73	1 032,92	2 050,88	2 307,24
	III	27 906	—	2 232,48	2 511,54	III	27 906	—	2 097,28	2 359,44	—	1 964,96	2 210,58	—	1 835,52	2 064,96	—	1 709,12	1 922,76	—	1 585,60	1 783,80	—	1 464,96	1 648,08
	V	42 640	2 345,20	3 411,20	3 837,60	IV	37 006	1 986,87	2 890,—	3 251,25	1 938,42	2 819,52	3 171,96	1 890,02	2 749,12	3 092,76	1 841,56	2 678,64	3 013,47	1 793,11	2 608,16	2 934,18	1 744,65	2 537,68	2 854,89
	VI	43 075	2 369,12	3 446,—	3 876,75																				
122 543,99 West	I,IV	36 863	2 027,46	2 949,04	3 317,67	I	36 863	1 930,61	2 808,16	3 159,18	1 833,70	2 667,20	3 000,60	1 736,84	2 526,32	2 842,11	1 530,45	2 385,36	2 683,53	1 320,90	2 244,48	2 525,04	1 111,22	2 103,52	2 366,46
	II	36 062	1 983,41	2 884,96	3 245,58	II	36 062	1 886,55	2 744,08	3 087,09	1 789,64	2 603,12	2 928,51	1 644,81	2 462,24	2 770,02	1 435,14	2 321,28	2 611,44	1 225,58	2 180,40	2 452,95	1 015,90	2 039,44	2 294,37
	III	27 768	—	2 221,44	2 499,12	III	27 768	—	2 086,40	2 347,20	—	1 954,24	2 198,52	—	1 825,12	2 053,26	—	1 698,88	1 911,24	—	1 575,68	1 772,64	—	1 455,36	1 637,28
	V	42 497	2 337,33	3 399,76	3 824,73	IV	36 863	1 979,06	2 878,64	3 238,47	1 930,61	2 808,16	3 159,18	1 882,15	2 737,68	3 079,89	1 833,70	2 667,20	3 000,60	1 785,30	2 596,80	2 921,40	1 736,84	2 526,32	2 842,11
	VI	42 932	2 361,26	3 434,56	3 863,88																				
122 543,99 Ost	I,IV	37 021	2 036,15	2 961,68	3 331,89	I	37 021	1 939,24	2 820,72	3 173,31	1 842,39	2 679,84	3 014,82	1 745,48	2 538,88	2 856,24	1 549,26	2 398,—	2 697,75	1 339,58	2 257,04	2 539,17	1 130,02	2 116,16	2 380,68
	II	36 220	1 992,10	2 897,60	3 259,80	II	36 220	1 895,19	2 756,64	3 101,22	1 798,33	2 615,76	2 942,73	1 663,50	2 474,80	2 784,15	1 453,94	2 333,92	2 625,66	1 244,26	2 192,96	2 467,08	1 034,70	2 052,08	2 308,59
	III	27 920	—	2 233,60	2 512,80	III	27 920	—	2 098,40	2 360,70	—	1 966,08	2 211,84	—	1 836,64	2 066,22	—	1 710,08	1 923,84	—	1 586,56	1 784,88	—	1 465,92	1 649,16
	V	42 655	2 346,02	3 412,40	3 838,95	IV	37 021	1 987,70	2 891,20	3 252,60	1 939,24	2 820,72	3 173,31	1 890,84	2 750,32	3 094,11	1 842,39	2 679,84	3 014,82	1 793,93	2 609,36	2 935,53	1 745,48	2 538,88	2 856,24
	VI	43 090	2 369,95	3 447,20	3 878,10																				

* Die ausgewiesenen Tabellenwerte sind amtlich. Siehe Erläuterungen auf der Umschlaginnenseite (U2).

JAHR 122 544,–*

Abzüge an Lohnsteuer, Solidaritätszuschlag (SolZ) und Kirchensteuer (8%, 9%) in den Steuerklassen

Lohn/ Gehalt bis €*	I – VI		ohne Kinderfreibeträge			I, II, III, IV		mit Zahl der Kinderfreibeträge . . . 0,5			1			1,5			2			2,5			3		
		LSt	SolZ	8%	9%		LSt	SolZ	8%	9%	SolZ	8%	9%	SolZ	8%	9%	SolZ	8%	9%	SolZ	8%	9%	SolZ	8%	9%
122 579,99 West	I,IV	36 878	2 028,29	2 950,24	3 319,02	I	36 878	1 931,43	2 809,36	3 160,53	1 834,58	2 668,48	3 002,04	1 737,67	2 527,52	2 843,46	1 532,36	2 386,64	2 684,97	1 322,68	2 245,68	2 526,39	1 113,12	2 104,80	2 367,90
	II	36 077	1 984,23	2 886,16	3 246,93	II	36 077	1 887,38	2 745,28	3 088,44	1 790,47	2 604,32	2 929,86	1 646,60	2 463,44	2 771,37	1 436,92	2 322,48	2 612,79	1 227,36	2 181,60	2 454,30	1 017,68	2 040,64	2 295,72
	III	27 782	–	2 222,56	2 500,38	III	27 782	–	2 087,52	2 348,46	–	1 955,36	2 199,78	–	1 826,24	2 054,52	–	1 700,–	1 912,50	–	1 576,64	1 773,72	–	1 456,32	1 638,36
	V	42 512	2 338,16	3 400,96	3 826,08	IV	36 878	1 979,89	2 879,84	3 239,82	1 931,43	2 809,36	3 160,53	1 882,98	2 738,88	3 081,24	1 834,58	2 668,48	3 002,04	1 786,12	2 598,–	2 922,75	1 737,67	2 527,52	2 843,46
	VI	42 947	2 362,08	3 435,76	3 865,23																				
122 579,99 Ost	I,IV	37 036	2 036,98	2 962,88	3 333,24	I	37 036	1 940,12	2 822,–	3 174,75	1 843,21	2 681,04	3 016,17	1 746,36	2 540,16	2 857,68	1 551,04	2 399,20	2 699,10	1 341,48	2 258,32	2 540,61	1 131,80	2 117,36	2 382,03
	II	36 235	1 992,92	2 898,80	3 261,15	II	36 235	1 896,01	2 757,84	3 102,57	1 799,16	2 616,96	2 944,08	1 665,28	2 476,–	2 785,50	1 455,72	2 335,12	2 627,01	1 246,04	2 194,16	2 468,43	1 036,49	2 053,28	2 309,94
	III	27 936	–	2 234,88	2 514,24	III	27 936	–	2 099,52	2 361,96	–	1 967,20	2 213,10	–	1 837,76	2 067,48	–	1 711,20	1 925,10	–	1 587,68	1 786,14	–	1 467,04	1 650,42
	V	42 670	2 346,85	3 413,60	3 840,30	IV	37 036	1 988,52	2 892,40	3 253,95	1 940,12	2 822,–	3 174,75	1 891,67	2 751,52	3 095,46	1 843,21	2 681,04	3 016,17	1 794,76	2 610,56	2 936,88	1 746,36	2 540,16	2 857,68
	VI	43 105	2 370,77	3 448,40	3 879,45																				
122 615,99 West	I,IV	36 894	2 029,17	2 951,52	3 320,46	I	36 894	1 932,26	2 810,56	3 161,88	1 835,40	2 669,68	3 003,39	1 738,49	2 528,72	2 844,81	1 534,14	2 387,84	2 686,32	1 324,47	2 246,88	2 527,74	1 114,91	2 106,–	2 369,25
	II	36 092	1 985,06	2 887,36	3 248,28	II	36 092	1 888,20	2 746,48	3 089,79	1 791,29	2 605,52	2 931,21	1 648,38	2 464,64	2 772,72	1 438,71	2 323,68	2 614,14	1 229,15	2 182,80	2 455,65	1 019,47	2 041,84	2 297,07
	III	27 796	–	2 223,68	2 501,64	III	27 796	–	2 088,64	2 349,72	–	1 956,48	2 201,04	–	1 827,36	2 055,78	–	1 701,12	1 913,76	–	1 577,76	1 774,98	–	1 457,44	1 639,62
	V	42 527	2 338,98	3 402,16	3 827,43	IV	36 894	1 980,71	2 881,04	3 241,17	1 932,26	2 810,56	3 161,88	1 883,80	2 740,08	3 082,59	1 835,40	2 669,68	3 003,39	1 786,95	2 599,20	2 924,10	1 738,49	2 528,72	2 844,81
	VI	42 963	2 362,96	3 437,04	3 866,67																				
122 615,99 Ost	I,IV	37 051	2 037,80	2 964,08	3 334,59	I	37 051	1 940,95	2 823,20	3 176,10	1 844,04	2 682,24	3 017,52	1 747,18	2 541,36	2 859,03	1 552,83	2 400,40	2 700,45	1 343,27	2 259,52	2 541,96	1 133,59	2 118,56	2 383,38
	II	36 250	1 993,75	2 900,–	3 262,50	II	36 250	1 896,84	2 759,04	3 103,92	1 799,98	2 618,16	2 945,43	1 667,07	2 477,20	2 786,85	1 457,51	2 336,32	2 628,36	1 247,83	2 195,36	2 469,78	1 038,27	2 054,48	2 311,29
	III	27 950	–	2 236,–	2 515,50	III	27 950	–	2 100,64	2 363,22	–	1 968,32	2 214,36	–	1 838,72	2 068,56	–	1 712,32	1 926,36	–	1 588,64	1 787,22	–	1 468,–	1 651,50
	V	42 685	2 347,67	3 414,80	3 841,65	IV	37 051	1 989,35	2 893,60	3 255,30	1 940,95	2 823,20	3 176,10	1 892,49	2 752,72	3 096,81	1 844,04	2 682,24	3 017,52	1 795,58	2 611,76	2 938,23	1 747,18	2 541,36	2 859,03
	VI	43 120	2 371,60	3 449,60	3 880,80																				
122 651,99 West	I,IV	36 909	2 029,99	2 952,72	3 321,81	I	36 909	1 933,08	2 811,76	3 163,23	1 836,23	2 670,88	3 004,74	1 739,32	2 529,92	2 846,16	1 535,93	2 389,04	2 687,67	1 326,25	2 248,08	2 529,09	1 116,69	2 107,20	2 370,60
	II	36 107	1 985,88	2 888,56	3 249,63	II	36 107	1 889,03	2 747,68	3 091,14	1 792,12	2 606,72	2 932,56	1 650,17	2 465,84	2 774,07	1 440,49	2 324,88	2 615,49	1 230,93	2 184,–	2 457,–	1 021,25	2 043,04	2 298,42
	III	27 812	–	2 224,96	2 503,08	III	27 812	–	2 089,76	2 350,98	–	1 957,60	2 202,30	–	1 828,48	2 057,04	–	1 702,08	1 914,84	–	1 578,72	1 776,06	–	1 458,40	1 640,70
	V	42 543	2 339,86	3 403,44	3 828,87	IV	36 909	1 981,54	2 882,24	3 242,52	1 933,08	2 811,76	3 163,23	1 884,68	2 741,36	3 084,03	1 836,23	2 670,88	3 004,74	1 787,77	2 600,40	2 925,45	1 739,32	2 529,92	2 846,16
	VI	42 978	2 363,79	3 438,24	3 868,02																				
122 651,99 Ost	I,IV	37 066	2 038,63	2 965,28	3 335,94	I	37 066	1 941,77	2 824,40	3 177,45	1 844,86	2 683,44	3 018,87	1 748,01	2 542,56	2 860,38	1 554,61	2 401,60	2 701,80	1 345,05	2 260,72	2 543,31	1 135,37	2 119,76	2 384,73
	II	36 265	1 994,57	2 901,20	3 263,85	II	36 265	1 897,66	2 760,24	3 105,27	1 800,81	2 619,36	2 946,78	1 668,85	2 478,40	2 788,20	1 459,29	2 337,52	2 629,71	1 249,61	2 196,56	2 471,13	1 040,06	2 055,68	2 312,64
	III	27 964	–	2 237,12	2 516,76	III	27 964	–	2 101,76	2 364,48	–	1 969,44	2 215,62	–	1 839,84	2 069,82	–	1 713,28	1 927,44	–	1 589,76	1 788,48	–	1 469,12	1 652,76
	V	42 700	2 348,50	3 416,–	3 843,–	IV	37 066	1 990,17	2 894,80	3 256,65	1 941,77	2 824,40	3 177,45	1 893,32	2 753,92	3 098,16	1 844,86	2 683,44	3 018,87	1 796,46	2 613,04	2 939,67	1 748,01	2 542,56	2 860,38
	VI	43 135	2 372,42	3 450,80	3 882,15																				
122 687,99 West	I,IV	36 924	2 030,82	2 953,92	3 323,16	I	36 924	1 933,91	2 812,96	3 164,58	1 837,05	2 672,08	3 006,09	1 740,14	2 531,12	2 847,51	1 537,71	2 390,24	2 689,02	1 328,04	2 249,28	2 530,44	1 118,48	2 108,40	2 371,95
	II	36 122	1 986,71	2 889,76	3 250,98	II	36 122	1 889,85	2 748,88	3 092,49	1 793,–	2 608,–	2 934,–	1 651,95	2 467,04	2 775,42	1 442,39	2 326,16	2 616,93	1 232,72	2 185,20	2 458,35	1 023,16	2 044,32	2 299,86
	III	27 826	–	2 226,08	2 504,34	III	27 826	–	2 090,88	2 352,24	–	1 958,72	2 203,56	–	1 829,44	2 058,12	–	1 703,20	1 916,10	–	1 579,84	1 777,32	–	1 459,36	1 641,78
	V	42 558	2 340,69	3 404,64	3 830,22	IV	36 924	1 982,36	2 883,44	3 243,87	1 933,91	2 812,96	3 164,58	1 885,51	2 742,56	3 085,38	1 837,05	2 672,08	3 006,09	1 788,60	2 601,60	2 926,80	1 740,14	2 531,12	2 847,51
	VI	42 993	2 364,61	3 439,44	3 869,37																				
122 687,99 Ost	I,IV	37 081	2 039,45	2 966,48	3 337,29	I	37 081	1 942,60	2 825,60	3 178,80	1 845,69	2 684,64	3 020,22	1 748,83	2 543,76	2 861,73	1 556,40	2 402,80	2 703,15	1 346,84	2 261,92	2 544,66	1 137,16	2 120,96	2 386,08
	II	36 280	1 995,40	2 902,40	3 265,20	II	36 280	1 898,54	2 761,52	3 106,71	1 801,63	2 620,56	2 948,13	1 670,76	2 479,68	2 789,64	1 461,08	2 338,72	2 631,06	1 251,52	2 197,84	2 472,57	1 041,84	2 056,88	2 313,99
	III	27 980	–	2 238,40	2 518,20	III	27 980	–	2 102,88	2 365,74	–	1 970,56	2 216,88	–	1 840,96	2 071,08	–	1 714,40	1 928,70	–	1 590,72	1 789,56	–	1 470,08	1 653,84
	V	42 715	2 349,32	3 417,20	3 844,35	IV	37 081	1 991,05	2 896,08	3 258,09	1 942,60	2 825,60	3 178,80	1 894,14	2 755,12	3 099,51	1 845,69	2 684,64	3 020,22	1 797,29	2 614,24	2 941,02	1 748,83	2 543,76	2 861,73
	VI	43 150	2 373,25	3 452,–	3 883,50																				
122 723,99 West	I,IV	36 939	2 031,64	2 955,12	3 324,51	I	36 939	1 934,73	2 814,16	3 165,93	1 837,88	2 673,28	3 007,44	1 741,02	2 532,40	2 848,95	1 539,50	2 391,44	2 690,37	1 329,94	2 250,56	2 531,88	1 120,26	2 109,60	2 373,30
	II	36 138	1 987,59	2 891,04	3 252,42	II	36 138	1 890,68	2 750,08	3 093,84	1 793,82	2 609,20	2 935,35	1 653,74	2 468,24	2 776,77	1 444,18	2 327,36	2 618,28	1 234,50	2 186,40	2 459,70	1 024,94	2 045,52	2 301,21
	III	27 840	–	2 227,20	2 505,60	III	27 840	–	2 092,16	2 353,68	–	1 959,84	2 204,82	–	1 830,56	2 059,38	–	1 704,32	1 917,36	–	1 580,96	1 778,58	–	1 460,48	1 643,04
	V	42 573	2 341,51	3 405,84	3 831,57	IV	36 939	1 983,19	2 884,64	3 245,22	1 934,73	2 814,16	3 165,93	1 886,33	2 743,76	3 086,73	1 837,88	2 673,28	3 007,44	1 789,42	2 602,80	2 928,15	1 741,02	2 532,40	2 848,95
	VI	43 008	2 365,44	3 440,64	3 870,72																				
122 723,99 Ost	I,IV	37 096	2 040,28	2 967,68	3 338,64	I	37 096	1 943,42	2 826,80	3 180,15	1 846,57	2 685,92	3 021,66	1 749,66	2 544,96	2 863,08	1 558,30	2 404,08	2 704,59	1 348,62	2 263,12	2 546,01	1 139,06	2 122,24	2 387,52
	II	36 295	1 996,22	2 903,60	3 266,55	II	36 295	1 899,37	2 762,72	3 108,06	1 802,46	2 621,76	2 949,48	1 672,54	2 480,88	2 790,99	1 462,86	2 339,92	2 632,41	1 253,30	2 199,04	2 473,92	1 043,63	2 058,08	2 315,34
	III	27 994	–	2 239,52	2 519,46	III	27 994	–	2 104,16	2 367,18	–	1 971,68	2 218,14	–	1 842,08	2 072,34	–	1 715,52	1 929,96	–	1 591,84	1 790,82	–	1 471,04	1 654,92
	V	42 730	2 350,15	3 418,40	3 845,70	IV	37 096	1 991,88	2 897,28	3 259,44	1 943,42	2 826,80	3 180,15	1 894,97	2 756,32	3 100,86	1 846,57	2 685,92	3 021,66	1 798,11	2 615,44	2 942,37	1 749,66	2 544,96	2 863,08
	VI	43 165	2 374,07	3 453,20	3 884,85																				
122 759,99 West	I,IV	36 954	2 032,47	2 956,32	3 325,86	I	36 954	1 935,61	2 815,44	3 167,37	1 838,70	2 674,48	3 008,79	1 741,85	2 533,60	2 850,30	1 541,28	2 392,64	2 691,72	1 331,72	2 251,76	2 533,23	1 122,05	2 110,80	2 374,65
	II	36 153	1 988,41	2 892,24	3 253,77	II	36 153	1 891,50	2 751,28	3 095,19	1 794,65	2 610,40	2 936,70	1 655,52	2 469,44	2 778,12	1 445,96	2 328,56	2 619,63	1 236,29	2 187,60	2 461,05	1 026,73	2 046,72	2 302,56
	III	27 856	–	2 228,48	2 507,04	III	27 856	–	2 093,28	2 354,94	–	1 960,96	2 206,08	–	1 831,68	2 060,64	–	1 705,28	1 918,44	–	1 581,92	1 779,66	–	1 461,44	1 644,12
	V	42 588	2 342,34	3 407,04	3 832,92	IV	36 954	1 984,01	2 885,84	3 246,57	1 935,61	2 815,44	3 167,37	1 887,16	2 744,96	3 088,08	1 838,70	2 674,48	3 008,79	1 790,25	2 604,–	2 929,50	1 741,85	2 533,60	2 850,30
	VI	43 023	2 366,26	3 441,84	3 872,07																				
122 759,99 Ost	I,IV	37 112	2 041,16	2 968,96	3 340,08	I	37 112	1 944,25	2 828,–	3 181,50	1 847,39	2 687,12	3 023,01	1 750,48	2 546,16	2 864,43	1 560,09	2 405,28	2 705,94	1 350,41	2 264,32	2 547,36	1 140,85	2 123,44	2 388,87
	II	36 310	1 997,05	2 904,80	3 267,90	II	36 310	1 900,19	2 763,92	3 109,41	1 803,28	2 622,96	2 950,83	1 674,33	2 482,08	2 792,34	1 464,65	2 341,12	2 633,76	1 255,09	2 200,24	2 475,27	1 045,41	2 059,28	2 316,69
	III	28 008	–	2 240,64	2 520,72	III	28 008	–	2 105,28	2 368,44	–	1 972,80	2 219,40	–	1 843,20	2 073,60	–	1 716,64	1 931,22	–	1 592,80	1 791,90	–	1 472,16	1 656,18
	V	42 745	2 350,97	3 419,60	3 847,05	IV	37 112	1 992,70	2 898,48	3 260,79	1 944,25	2 828,–	3 181,50	1 895,79	2 757,52	3 102,21	1 847,39	2 687,12	3 023,01	1 798,94	2 616,64	2 943,72	1 750,48	2 546,16	2 864,43
	VI	43 181	2 374,95	3 454,48	3 886,29																				
122 795,99 West	I,IV	36 969	2 033,29	2 957,52	3 327,21	I	36 969	1 936,44	2 816,64	3 168,72	1 839,53	2 675,68	3 010,14	1 742,67	2 534,80	2 851,65	1 543,07	2 393,84	2 693,07	1 333,51	2 252,96	2 534,58	1 123,83	2 112,–	2 376,–
	II	36 168	1 989,24	2 893,44	3 255,12	II	36 168	1 892,33	2 752,48	3 096,54	1 795,47	2 611,60	2 938,05	1 657,31	2 470,64	2 779,47	1 447,75	2 329,76	2 620,98	1 238,07	2 188,80	2 462,40	1 028,51	2 047,92	2 303,91
	III	27 870	–	2 229,60	2 508,30	III	27 870	–	2 094,40	2 356,20	–	1 962,08	2 207,34	–	1 832,80	2 061,90	–	1 706,40	1 919,70	–	1 583,04	1 780,92	–	1 462,40	1 645,20
	V	42 603	2 343,16	3 408,24	3 834,27	IV	36 969	1 984,84	2 887,04	3 247,92	1 936,44	2 816,64	3 168,72	1 887,98	2 746,16	3 089,43	1 839,53	2 675,68	3 010,14	1 791,13	2 605,28	2 930,94	1 742,67	2 534,80	2 851,65
	VI	43 038	2 367,09	3 443,04	3 873,42																				
122 795,99 Ost	I,IV	37 127	2 041,98	2 970,16	3 341,43	I	37 127	1 945,07	2 829,20	3 182,85	1 848,22	2 688,32	3 024,36	1 751,31	2 547,36	2 865,78	1 561,87	2 406,48	2 707,29	1 352,19	2 265,52	2 548,71	1 142,63	2 124,64	2 390,22
	II	36 325	1 997,87	2 906,–	3 269,25	II	36 325	1 901,02	2 765,12	3 110,76	1 804,11	2 624,16	2 952,18	1 676,11	2 483,28	2 793,69	1 466,43	2 342,32	2 635,11	1 256,87	2 201,44	2 476,62	1 047,20	2 060,48	2 318,04
	III	28 024	–	2 241,92	2 522,16	III	28 024	–	2 106,40	2 369,70	–	1 973,92	2 220,66	–	1 844,32	2 074,86	–	1 717,60	1 932,30	–	1 593,92	1 793,16	–	1 473,12	1 657,26
	V	42 761	2 351,85	3 420,88	3 848,49	IV	37 127	1 993,53	2 899,68	3 262,14	1 945,07	2 829,20	3 182,85	1 896,62	2 758,72	3 103,56	1 848,22	2 688,32	3 024,36	1 799,76	2 617,84	2 945,07	1 751,31	2 547,36	2 865,78
	VI	43 196	2 375,78	3 455,68	3 887,64																				
122 831,99 West	I,IV	36 984	2 034,12	2 958,72	3 328,56	I	36 984	1 937,26	2 817,84	3 170,07	1 840,35	2 676,88	3 011,49	1 743,50	2 536,–	2 853,–	1 544,85	2 395,04	2 694,42	1 335,29	2 254,16	2 535,93	1 125,62	2 113,20	2 377,35
	II	36 183	1 990,06	2 894,64	3 256,47	II	36 183	1 893,15	2 753,68	3 097,89	1 796,30	2 612,80	2 939,40	1 659,21	2 471,92	2 780,91	1 449,53	2 330,96	2 622,33	1 239,98	2 190,08	2 463,84	1 030,30	2 049,12	2 305,26
	III	27 884	–	2 230,72	2 509,56	III	27 884	–	2 095,52	2 357,46	–	1 963,20	2 208,60	–	1 833,92	2 063,16	–	1 707,52	1 920,96	–	1 584,–	1 782,–	–	1 463,52	1 646,46
	V	42 618	2 343,99	3 409,44	3 835,62	IV	36 984	1 985,72	2 888,32	3 249,36	1 937,26	2 817,84	3 170,07	1 888,81	2 747,36	3 090,78	1 840,35	2 676,88	3 011,49	1 791,95	2 606,48	2 932,29	1 743,50	2 536,–	2 853,–
	VI	43 053	2 367,91	3 444,24	3 874,77																				
122 831,99 Ost	I,IV	37 142	2 042,81	2 971,36	3 342,78	I	37 142	1 945,90	2 830,40	3 184,20	1 849,04	2 689,52	3 025,71	1 752,13	2 548,56	2 867,13	1 563,66	2 407,68	2 708,64	1 353,98	2 266,72	2 550,06	1 144,42	2 125,84	2 391,57
	II	36 340	1 998,70	2 907,20	3 270,60	II	36 340	1 901,84	2 766,32	3 112,11	1 804,99	2 625,44	2 953,62	1 677,90	2 484,48	2 795,04	1 468,34	2 343,60	2 636,55	1 258,66	2 202,64	2 477,97	1 049,10	2 061,76	2 319,48
	III	28 038	–	2 243,04	2 523,42	III	28 038	–	2 107,52	2 370,96	–	1 975,04	2 221,92	–	1 845,44	2 076,12	–	1 718,72	1 933,56	–	1 595,04	1 794,42	–	1 474,24	1 658,52
	V	42 776	2 352,68	3 422,08	3 849,84	IV	37 142	1 994,35	2 900,88	3 263,49	1 945,90	2 830,40	3 184,20	1 897,50	2 760,–	3 105,–	1 849,04	2 689,52	3 025,71	1 800,59	2 619,04	2 946,42	1 752,13	2 548,56	2 867,13
	VI	43 211	2 376,60	3 456,88	3 888,99																				

* Die ausgewiesenen Tabellenwerte sind amtlich. Siehe Erläuterungen auf der Umschlaginnenseite (U2).

Abzüge an Lohnsteuer, Solidaritätszuschlag (SolZ) und Kirchensteuer (8%, 9%) in den Steuerklassen

Lohn/ Gehalt bis €*	I – VI					I, II, III, IV																			
			ohne Kinderfreibeträge					mit Zahl der Kinderfreibeträge . . .																	
								0,5			1			1,5			2			2,5			3		
		LSt	SolZ	8%	9%		LSt	SolZ	8%	9%	SolZ	8%	9%	SolZ	8%	9%	SolZ	8%	9%	SolZ	8%	9%	SolZ	8%	9%
122 867,99 West	I,IV	36 999	2 034,94	2 959,92	3 329,91	I	36 999	1 938,09	2 819,04	3 171,42	1 841,18	2 678,08	3 012,84	1 744,32	2 537,20	2 854,35	1 546,76	2 396,32	2 695,86	1 337,08	2 255,36	2 537,28	1 127,52	2 114,48	2 378,79
	II	36 198	1 990,89	2 895,84	3 257,82	II	36 198	1 894,03	2 754,96	3 099,33	1 797,12	2 614,—	2 940,75	1 661,—	2 473,12	2 782,26	1 451,32	2 332,16	2 623,68	1 241,76	2 191,28	2 465,19	1 032,08	2 050,32	2 306,61
	III	27 900	—	2 232,—	2 511,—	III	27 900	—	2 096,64	2 358,72	—	1 964,32	2 209,86	—	1 835,04	2 064,42	—	1 708,64	1 922,22	—	1 585,12	1 783,26	—	1 464,48	1 647,54
	V	42 633	2 344,81	3 410,64	3 836,97	IV	36 999	1 986,54	2 889,52	3 250,71	1 938,09	2 819,04	3 171,42	1 889,63	2 748,56	3 092,13	1 841,18	2 678,08	3 012,84	1 792,78	2 607,68	2 933,64	1 744,32	2 537,20	2 854,35
	VI	43 068	2 368,74	3 445,44	3 876,12																				
122 867,99 Ost	I,IV	37 157	2 043,63	2 972,56	3 344,13	I	37 157	1 946,72	2 831,60	3 185,55	1 849,87	2 690,72	3 027,06	1 753,01	2 549,84	2 868,57	1 565,44	2 408,88	2 709,99	1 355,88	2 268,—	2 551,50	1 146,20	2 127,04	2 392,92
	II	36 356	1 999,58	2 908,48	3 272,04	II	36 356	1 902,67	2 767,52	3 113,46	1 805,81	2 626,64	2 954,97	1 679,68	2 485,68	2 796,39	1 470,12	2 344,80	2 637,90	1 260,44	2 203,84	2 479,32	1 050,88	2 062,96	2 320,83
	III	28 052	—	2 244,16	2 524,68	III	28 052	—	2 108,64	2 372,22	—	1 976,16	2 223,18	—	1 846,56	2 077,38	—	1 719,84	1 934,82	—	1 596,—	1 795,50	—	1 475,20	1 659,60
	V	42 791	2 353,50	3 423,28	3 851,19	IV	37 157	1 995,18	2 902,08	3 264,84	1 946,72	2 831,60	3 185,55	1 898,32	2 761,20	3 106,35	1 849,87	2 690,72	3 027,06	1 801,41	2 620,24	2 947,77	1 753,01	2 549,84	2 868,57
	VI	43 226	2 377,43	3 458,08	3 890,34																				
122 903,99 West	I,IV	37 015	2 035,82	2 961,20	3 331,35	I	37 015	1 938,91	2 820,24	3 172,77	1 842,06	2 679,36	3 014,28	1 745,15	2 538,40	2 855,70	1 548,54	2 397,52	2 697,21	1 338,86	2 256,56	2 538,63	1 129,31	2 115,68	2 380,14
	II	36 213	1 991,71	2 897,04	3 259,17	II	36 213	1 894,86	2 756,16	3 100,68	1 797,95	2 615,20	2 942,10	1 662,78	2 474,32	2 783,61	1 453,10	2 333,36	2 625,03	1 243,55	2 192,48	2 466,54	1 033,87	2 051,52	2 307,96
	III	27 914	—	2 233,12	2 512,26	III	27 914	—	2 097,92	2 360,16	—	1 965,44	2 211,12	—	1 836,16	2 065,68	—	1 709,60	1 923,30	—	1 586,08	1 784,34	—	1 465,60	1 648,80
	V	42 648	2 345,64	3 411,84	3 838,32	IV	37 015	1 987,37	2 890,72	3 252,06	1 938,91	2 820,24	3 172,77	1 890,46	2 749,76	3 093,48	1 842,06	2 679,36	3 014,28	1 793,60	2 608,88	2 934,99	1 745,15	2 538,40	2 855,70
	VI	43 084	2 369,62	3 446,72	3 877,56																				
122 903,99 Ost	I,IV	37 172	2 044,46	2 973,76	3 345,48	I	37 172	1 947,60	2 832,88	3 186,99	1 850,69	2 691,92	3 028,41	1 753,84	2 551,04	2 869,92	1 567,23	2 410,08	2 711,34	1 357,67	2 269,20	2 552,85	1 147,99	2 128,24	2 394,27
	II	36 371	2 000,40	2 909,68	3 273,39	II	36 371	1 903,49	2 768,72	3 114,81	1 806,64	2 627,84	2 956,32	1 681,47	2 486,88	2 797,74	1 471,91	2 346,—	2 639,25	1 262,23	2 205,04	2 480,67	1 052,67	2 064,16	2 322,18
	III	28 068	—	2 245,44	2 526,12	III	28 068	—	2 109,92	2 373,66	—	1 977,28	2 224,44	—	1 847,52	2 078,46	—	1 720,80	1 935,90	—	1 597,12	1 796,76	—	1 476,16	1 660,68
	V	42 806	2 354,33	3 424,48	3 852,54	IV	37 172	1 996,—	2 903,28	3 266,19	1 947,60	2 832,88	3 186,99	1 899,15	2 762,40	3 107,70	1 850,69	2 691,92	3 028,41	1 802,24	2 621,44	2 949,12	1 753,84	2 551,04	2 869,92
	VI	43 241	2 378,25	3 459,28	3 891,69																				
122 939,99 West	I,IV	37 030	2 036,65	2 962,40	3 332,70	I	37 030	1 939,74	2 821,44	3 174,12	1 842,88	2 680,56	3 015,63	1 745,97	2 539,60	2 857,05	1 550,33	2 398,72	2 698,56	1 340,65	2 257,76	2 539,98	1 131,09	2 116,88	2 381,49
	II	36 228	1 992,54	2 898,24	3 260,52	II	36 228	1 895,68	2 757,36	3 102,03	1 798,77	2 616,40	2 943,45	1 664,57	2 475,52	2 784,96	1 454,89	2 334,56	2 626,38	1 245,33	2 193,68	2 467,89	1 035,65	2 052,72	2 309,31
	III	27 928	—	2 234,24	2 513,52	III	27 928	—	2 099,04	2 361,42	—	1 966,56	2 212,38	—	1 837,28	2 066,94	—	1 710,72	1 924,56	—	1 587,20	1 785,60	—	1 466,56	1 649,88
	V	42 664	2 346,52	3 413,12	3 839,76	IV	37 030	1 988,19	2 891,92	3 253,41	1 939,74	2 821,44	3 174,12	1 891,28	2 750,96	3 094,83	1 842,88	2 680,56	3 015,63	1 794,43	2 610,08	2 936,34	1 745,97	2 539,60	2 857,05
	VI	43 099	2 370,44	3 447,92	3 878,91																				
122 939,99 Ost	I,IV	37 187	2 045,28	2 974,96	3 346,83	I	37 187	1 948,43	2 834,08	3 188,34	1 851,52	2 693,12	3 029,76	1 754,66	2 552,24	2 871,27	1 569,01	2 411,28	2 712,69	1 359,45	2 270,40	2 554,20	1 149,77	2 129,44	2 395,62
	II	36 386	2 001,23	2 910,88	3 274,74	II	36 386	1 904,32	2 769,92	3 116,16	1 807,46	2 629,04	2 957,67	1 683,25	2 488,08	2 799,09	1 473,69	2 347,20	2 640,60	1 264,01	2 206,24	2 482,02	1 054,45	2 065,36	2 323,53
	III	28 082	—	2 246,56	2 527,38	III	28 082	—	2 111,04	2 374,92	—	1 978,40	2 225,70	—	1 848,64	2 079,72	—	1 721,92	1 937,16	—	1 598,08	1 797,84	—	1 477,28	1 661,94
	V	42 821	2 355,15	3 425,68	3 853,89	IV	37 187	1 996,83	2 904,48	3 267,54	1 948,43	2 834,08	3 188,34	1 899,97	2 763,60	3 109,05	1 851,52	2 693,12	3 029,76	1 803,06	2 622,64	2 950,47	1 754,66	2 552,24	2 871,27
	VI	43 256	2 379,08	3 460,48	3 893,04																				
122 975,99 West	I,IV	37 045	2 037,47	2 963,60	3 334,05	I	37 045	1 940,56	2 822,64	3 175,47	1 843,71	2 681,76	3 016,98	1 746,80	2 540,80	2 858,40	1 552,11	2 399,92	2 699,91	1 342,43	2 258,96	2 541,33	1 132,88	2 118,08	2 382,84
	II	36 243	1 993,36	2 899,44	3 261,87	II	36 243	1 896,51	2 758,56	3 103,38	1 799,60	2 617,60	2 944,80	1 666,35	2 476,72	2 786,31	1 456,79	2 335,84	2 627,82	1 247,12	2 194,88	2 469,24	1 037,56	2 054,—	2 310,75
	III	27 944	—	2 235,52	2 514,96	III	27 944	—	2 100,16	2 362,68	—	1 967,68	2 213,64	—	1 838,24	2 068,02	—	1 711,84	1 925,82	—	1 588,16	1 786,68	—	1 467,52	1 650,96
	V	42 679	2 347,34	3 414,32	3 841,11	IV	37 045	1 989,02	2 893,12	3 254,76	1 940,56	2 822,64	3 175,47	1 892,16	2 752,24	3 096,27	1 843,71	2 681,76	3 016,98	1 795,25	2 611,28	2 937,69	1 746,80	2 540,80	2 858,40
	VI	43 114	2 371,27	3 449,12	3 880,26																				
122 975,99 Ost	I,IV	37 202	2 046,11	2 976,16	3 348,18	I	37 202	1 949,25	2 835,28	3 189,69	1 852,34	2 694,32	3 031,11	1 755,49	2 553,44	2 872,62	1 570,80	2 412,48	2 714,04	1 361,24	2 271,60	2 555,55	1 151,56	2 130,64	2 396,97
	II	36 401	2 002,05	2 912,08	3 276,09	II	36 401	1 905,14	2 771,12	3 117,51	1 808,29	2 630,24	2 959,02	1 685,15	2 489,36	2 800,53	1 475,48	2 348,40	2 641,95	1 265,92	2 207,52	2 483,46	1 056,24	2 066,56	2 324,88
	III	28 096	—	2 247,68	2 528,64	III	28 096	—	2 112,16	2 376,18	—	1 979,52	2 226,96	—	1 849,76	2 080,98	—	1 723,04	1 938,42	—	1 599,20	1 799,10	—	1 478,24	1 663,02
	V	42 836	2 355,98	3 426,88	3 855,24	IV	37 202	1 997,71	2 905,76	3 268,98	1 949,25	2 835,28	3 189,69	1 900,80	2 764,80	3 110,40	1 852,34	2 694,32	3 031,11	1 803,94	2 623,92	2 951,91	1 755,49	2 553,44	2 872,62
	VI	43 271	2 379,90	3 461,68	3 894,39																				
123 011,99 West	I,IV	37 060	2 038,30	2 964,80	3 335,40	I	37 060	1 941,39	2 823,84	3 176,82	1 844,53	2 682,96	3 018,33	1 747,62	2 542,—	2 859,75	1 553,90	2 401,12	2 701,26	1 344,34	2 260,24	2 542,77	1 134,66	2 119,28	2 384,19
	II	36 259	1 994,24	2 900,72	3 263,31	II	36 259	1 897,33	2 759,76	3 104,73	1 800,48	2 618,88	2 946,24	1 668,14	2 477,92	2 787,66	1 458,58	2 337,04	2 629,17	1 248,90	2 196,08	2 470,59	1 039,34	2 055,20	2 312,10
	III	27 958	—	2 236,64	2 516,22	III	27 958	—	2 101,28	2 363,94	—	1 968,80	2 214,90	—	1 839,36	2 069,28	—	1 712,80	1 926,90	—	1 589,28	1 787,94	—	1 468,64	1 652,22
	V	42 694	2 348,17	3 415,52	3 842,46	IV	37 060	1 989,84	2 894,32	3 256,11	1 941,39	2 823,84	3 176,82	1 892,99	2 753,44	3 097,62	1 844,53	2 682,96	3 018,33	1 796,08	2 612,48	2 939,04	1 747,62	2 542,—	2 859,75
	VI	43 129	2 372,09	3 450,32	3 881,61																				
123 011,99 Ost	I,IV	37 217	2 046,93	2 977,36	3 349,53	I	37 217	1 950,08	2 836,48	3 191,04	1 853,17	2 695,52	3 032,46	1 756,31	2 554,64	2 873,97	1 572,70	2 413,76	2 715,48	1 363,02	2 272,80	2 556,90	1 153,46	2 131,92	2 398,41
	II	36 416	2 002,88	2 913,28	3 277,44	II	36 416	1 906,02	2 772,40	3 118,95	1 809,11	2 631,44	2 960,37	1 686,94	2 490,56	2 801,88	1 477,26	2 349,60	2 643,30	1 267,70	2 208,72	2 484,81	1 058,02	2 067,76	2 326,23
	III	28 112	—	2 248,96	2 530,08	III	28 112	—	2 113,28	2 377,44	—	1 980,64	2 228,22	—	1 850,88	2 082,24	—	1 724,16	1 939,68	—	1 600,16	1 800,18	—	1 479,36	1 664,28
	V	42 851	2 356,80	3 428,08	3 856,59	IV	37 217	1 998,53	2 906,96	3 270,33	1 950,08	2 836,48	3 191,04	1 901,62	2 766,—	3 111,75	1 853,17	2 695,52	3 032,46	1 804,77	2 625,12	2 953,26	1 756,31	2 554,64	2 873,97
	VI	43 286	2 380,73	3 462,88	3 895,74																				
123 047,99 West	I,IV	37 075	2 039,12	2 966,—	3 336,75	I	37 075	1 942,27	2 825,12	3 178,26	1 845,36	2 684,16	3 019,68	1 748,50	2 543,28	2 861,19	1 555,68	2 402,32	2 702,61	1 346,12	2 261,44	2 544,12	1 136,45	2 120,48	2 385,54
	II	36 274	1 995,07	2 901,92	3 264,66	II	36 274	1 898,16	2 760,96	3 106,08	1 801,30	2 620,08	2 947,59	1 669,92	2 479,12	2 789,01	1 460,36	2 338,24	2 630,52	1 250,69	2 197,28	2 471,94	1 041,13	2 056,40	2 313,45
	III	27 972	—	2 237,76	2 517,48	III	27 972	—	2 102,40	2 365,20	—	1 970,08	2 216,34	—	1 840,48	2 070,54	—	1 713,92	1 928,16	—	1 590,24	1 789,02	—	1 469,60	1 653,30
	V	42 709	2 348,99	3 416,72	3 843,81	IV	37 075	1 990,67	2 895,52	3 257,46	1 942,27	2 825,12	3 178,26	1 893,81	2 754,64	3 098,97	1 845,36	2 684,16	3 019,68	1 796,90	2 613,68	2 940,39	1 748,50	2 543,28	2 861,19
	VI	43 144	2 372,92	3 451,52	3 882,96																				
123 047,99 Ost	I,IV	37 233	2 047,81	2 978,64	3 350,97	I	37 233	1 950,90	2 837,68	3 192,39	1 854,05	2 696,80	3 033,90	1 757,14	2 555,84	2 875,32	1 574,48	2 414,96	2 716,83	1 364,81	2 274,—	2 558,25	1 155,25	2 133,12	2 399,76
	II	36 431	2 003,70	2 914,48	3 278,79	II	36 431	1 906,85	2 773,60	3 120,30	1 809,94	2 632,64	2 961,72	1 688,72	2 491,76	2 803,23	1 479,05	2 350,80	2 644,65	1 269,49	2 209,92	2 486,16	1 059,81	2 068,96	2 327,58
	III	28 126	—	2 250,08	2 531,34	III	28 126	—	2 114,40	2 378,70	—	1 981,76	2 229,48	—	1 852,—	2 083,50	—	1 725,12	1 940,76	—	1 601,28	1 801,44	—	1 480,32	1 665,36
	V	42 866	2 357,63	3 429,28	3 857,94	IV	37 233	1 999,36	2 908,16	3 271,68	1 950,90	2 837,68	3 192,39	1 902,45	2 767,20	3 113,10	1 854,05	2 696,80	3 033,90	1 805,59	2 626,32	2 954,61	1 757,14	2 555,84	2 875,32
	VI	43 302	2 381,61	3 464,16	3 897,18																				
123 083,99 West	I,IV	37 090	2 039,95	2 967,20	3 338,10	I	37 090	1 943,09	2 826,32	3 179,61	1 846,18	2 685,36	3 021,03	1 749,33	2 544,48	2 862,54	1 557,47	2 403,52	2 703,96	1 347,91	2 262,64	2 545,47	1 138,23	2 121,68	2 386,89
	II	36 289	1 995,89	2 903,12	3 266,01	II	36 289	1 898,98	2 762,16	3 107,43	1 802,13	2 621,28	2 948,94	1 671,71	2 480,32	2 790,36	1 462,15	2 339,44	2 631,87	1 252,47	2 198,48	2 473,29	1 042,91	2 057,60	2 314,80
	III	27 988	—	2 239,04	2 518,92	III	27 988	—	2 103,52	2 366,46	—	1 971,20	2 217,60	—	1 841,60	2 071,80	—	1 715,04	1 929,42	—	1 591,36	1 790,28	—	1 470,72	1 654,56
	V	42 724	2 349,82	3 417,92	3 845,16	IV	37 090	1 991,49	2 896,72	3 258,81	1 943,09	2 826,32	3 179,61	1 894,64	2 755,84	3 100,32	1 846,18	2 685,36	3 021,03	1 797,73	2 614,88	2 941,74	1 749,33	2 544,48	2 862,54
	VI	43 159	2 373,74	3 452,72	3 884,31																				
123 083,99 Ost	I,IV	37 248	2 048,64	2 979,84	3 352,32	I	37 248	1 951,73	2 838,88	3 193,74	1 854,87	2 698,—	3 035,25	1 757,96	2 557,04	2 876,67	1 576,27	2 416,16	2 718,18	1 366,59	2 275,20	2 559,60	1 157,03	2 134,32	2 401,11
	II	36 446	2 004,53	2 915,68	3 280,14	II	36 446	1 907,67	2 774,80	3 121,65	1 810,76	2 633,84	2 963,07	1 690,51	2 492,96	2 804,58	1 480,83	2 352,—	2 646,—	1 271,27	2 211,12	2 487,51	1 061,59	2 070,16	2 328,93
	III	28 140	—	2 251,20	2 532,60	III	28 140	—	2 115,68	2 380,14	—	1 982,88	2 230,74	—	1 853,12	2 084,76	—	1 726,24	1 942,02	—	1 602,40	1 802,70	—	1 481,28	1 666,44
	V	42 882	2 358,51	3 430,56	3 859,38	IV	37 248	2 000,18	2 909,36	3 273,03	1 951,73	2 838,88	3 193,74	1 903,27	2 768,40	3 114,45	1 854,87	2 698,—	3 035,25	1 806,42	2 627,52	2 955,96	1 757,96	2 557,04	2 876,67
	VI	43 317	2 382,43	3 465,36	3 898,53																				
123 119,99 West	I,IV	37 105	2 040,77	2 968,40	3 339,45	I	37 105	1 943,92	2 827,52	3 180,96	1 847,01	2 686,56	3 022,38	1 750,15	2 545,68	2 863,89	1 559,25	2 404,72	2 705,31	1 349,69	2 263,84	2 546,82	1 140,02	2 122,88	2 388,24
	II	36 304	1 996,72	2 904,32	3 267,36	II	36 304	1 899,81	2 763,36	3 108,78	1 802,95	2 622,48	2 950,29	1 673,49	2 481,52	2 791,71	1 463,93	2 340,64	2 633,22	1 254,37	2 199,76	2 474,73	1 044,70	2 058,80	2 316,15
	III	28 002	—	2 240,16	2 520,18	III	28 002	—	2 104,80	2 367,90	—	1 972,32	2 218,86	—	1 842,72	2 073,06	—	1 716,16	1 930,68	—	1 592,48	1 791,54	—	1 471,68	1 655,64
	V	42 739	2 350,64	3 419,12	3 846,51	IV	37 105	1 992,37	2 898,—	3 260,25	1 943,92	2 827,52	3 180,96	1 895,46	2 757,04	3 101,67	1 847,01	2 686,56	3 022,38	1 798,61	2 616,16	2 943,18	1 750,15	2 545,68	2 863,89
	VI	43 174	2 374,57	3 453,92	3 885,66																				
123 119,99 Ost	I,IV	37 263	2 049,46	2 981,04	3 353,67	I	37 263	1 952,55	2 840,08	3 195,09	1 855,70	2 699,20	3 036,60	1 758,79	2 558,24	2 878,02	1 578,05	2 417,36	2 719,53	1 368,38	2 276,40	2 560,95	1 158,82	2 135,52	2 402,46
	II	36 461	2 005,35	2 916,88	3 281,49	II	36 461	1 908,50	2 776,—	3 123,—	1 811,59	2 635,04	2 964,42	1 692,29	2 494,16	2 805,93	1 482,74	2 353,28	2 647,44	1 273,06	2 212,32	2 488,86	1 063,50	2 071,44	2 330,37
	III	28 156	—	2 252,48	2 534,04	III	28 156	—	2 116,80	2 381,40	—	1 984,—	2 232,—	—	1 854,24	2 086,02	—	1 727,36	1 943,28	—	1 603,36	1 803,78	—	1 482,40	1 667,70
	V	42 897	2 359,33	3 431,76	3 860,73	IV	37 263	2 001,01	2 910,56	3 274,38	1 952,55	2 840,08	3 195,09	1 904,15	2 769,68	3 115,89	1 855,70	2 699,20	3 036,60	1 807,24	2 628,72	2 957,31	1 758,79	2 558,24	2 878,02
	VI	43 332	2 383,26	3 466,56	3 899,88																				

*** Die ausgewiesenen Tabellenwerte sind amtlich. Siehe Erläuterungen auf der Umschlaginnenseite (U2).**

JAHR 123 120,–*

Abzüge an Lohnsteuer, Solidaritätszuschlag (SolZ) und Kirchensteuer (8%, 9%) in den Steuerklassen

Lohn/ Gehalt bis €*	I – VI		ohne Kinderfreibeträge			I, II, III, IV		mit Zahl der Kinderfreibeträge . . . 0,5			1			1,5			2			2,5			3		
		LSt	SolZ	8%	9%		LSt	SolZ	8%	9%	SolZ	8%	9%	SolZ	8%	9%	SolZ	8%	9%	SolZ	8%	9%	SolZ	8%	9%
123 155,99 West	I,IV	37 120	2 041,60	2 969,60	3 340,80	I	37 120	1 944,74	2 828,72	3 182,31	1 847,83	2 687,76	3 023,73	1 750,98	2 546,88	2 865,24	1 561,04	2 405,92	2 706,66	1 351,48	2 265,04	2 548,17	1 141,92	2 124,16	2 389,68
	II	36 319	1 997,54	2 905,52	3 268,71	II	36 319	1 900,69	2 764,64	3 110,22	1 803,78	2 623,68	2 951,64	1 675,40	2 482,80	2 793,15	1 465,72	2 341,84	2 634,57	1 256,16	2 200,96	2 476,08	1 046,48	2 060,—	2 317,50
	III	28 016	—	2 241,28	2 521,44	III	28 016	—	2 105,92	2 369,16	—	1 973,44	2 220,12	—	1 843,84	2 074,32	—	1 717,12	1 931,76	—	1 593,44	1 792,62	—	1 472,64	1 656,72
	V	42 754	2 351,47	3 420,32	3 847,86	IV	37 120	1 993,20	2 899,20	3 261,60	1 944,74	2 828,72	3 182,31	1 896,29	2 758,24	3 103,02	1 847,83	2 687,76	3 023,73	1 799,43	2 617,36	2 944,53	1 750,98	2 546,88	2 865,24
	VI	43 189	2 375,39	3 455,12	3 887,01																				
123 155,99 Ost	I,IV	37 278	2 050,29	2 982,24	3 355,02	I	37 278	1 953,38	2 841,28	3 196,44	1 856,52	2 700,40	3 037,95	1 759,61	2 559,44	2 879,37	1 579,84	2 418,56	2 720,88	1 370,28	2 277,68	2 562,39	1 160,60	2 136,72	2 403,81
	II	36 477	2 006,23	2 918,16	3 282,93	II	36 477	1 909,32	2 777,20	3 124,35	1 812,47	2 636,32	2 965,86	1 694,08	2 495,36	2 807,28	1 484,52	2 354,48	2 648,79	1 274,84	2 213,52	2 490,21	1 065,28	2 072,64	2 331,72
	III	28 170	—	2 253,60	2 535,30	III	28 170	—	2 117,92	2 382,66	—	1 985,12	2 233,26	—	1 855,36	2 087,28	—	1 728,32	1 944,36	—	1 604,48	1 805,04	—	1 483,36	1 668,78
	V	42 912	2 360,16	3 432,96	3 862,08	IV	37 278	2 001,83	2 911,76	3 275,73	1 953,38	2 841,28	3 196,44	1 904,98	2 770,88	3 117,24	1 856,52	2 700,40	3 037,95	1 808,07	2 629,92	2 958,66	1 759,61	2 559,44	2 879,37
	VI	43 347	2 384,08	3 467,76	3 901,23																				
123 191,99 West	I,IV	37 136	2 042,48	2 970,88	3 342,24	I	37 136	1 945,57	2 829,92	3 183,66	1 848,71	2 689,04	3 025,17	1 751,80	2 548,08	2 866,59	1 562,94	2 407,20	2 708,10	1 353,26	2 266,24	2 549,52	1 143,70	2 125,36	2 391,03
	II	36 334	1 998,37	2 906,72	3 270,06	II	36 334	1 901,51	2 765,84	3 111,57	1 804,60	2 624,88	2 952,99	1 677,18	2 484,—	2 794,50	1 467,50	2 343,04	2 635,92	1 257,94	2 202,16	2 477,43	1 048,27	2 061,20	2 318,85
	III	28 032	—	2 242,56	2 522,88	III	28 032	—	2 107,04	2 370,42	—	1 974,56	2 221,38	—	1 844,96	2 075,58	—	1 718,24	1 933,02	—	1 594,56	1 793,88	—	1 473,76	1 657,98
	V	42 769	2 352,29	3 421,52	3 849,21	IV	37 136	1 994,02	2 900,40	3 262,95	1 945,57	2 829,92	3 183,66	1 897,11	2 759,44	3 104,37	1 848,71	2 689,04	3 025,17	1 800,26	2 618,56	2 945,88	1 751,80	2 548,08	2 866,59
	VI	43 205	2 376,27	3 456,40	3 888,45																				
123 191,99 Ost	I,IV	37 293	2 051,11	2 983,44	3 356,37	I	37 293	1 954,26	2 842,56	3 197,88	1 857,35	2 701,60	3 039,30	1 760,49	2 560,72	2 880,81	1 581,62	2 419,76	2 722,23	1 372,07	2 278,88	2 563,74	1 162,39	2 137,92	2 405,16
	II	36 492	2 007,06	2 919,36	3 284,28	II	36 492	1 910,15	2 778,40	3 125,70	1 813,29	2 637,52	2 967,21	1 695,86	2 496,56	2 808,63	1 486,31	2 355,68	2 650,14	1 276,63	2 214,72	2 491,56	1 067,07	2 073,84	2 333,07
	III	28 186	—	2 254,88	2 536,74	III	28 186	—	2 119,04	2 383,92	—	1 986,24	2 234,52	—	1 856,32	2 088,36	—	1 729,44	1 945,62	—	1 605,44	1 806,12	—	1 484,48	1 670,04
	V	42 927	2 360,98	3 434,16	3 863,43	IV	37 293	2 002,66	2 912,96	3 277,08	1 954,26	2 842,56	3 197,88	1 905,80	2 772,08	3 118,59	1 857,35	2 701,60	3 039,30	1 808,89	2 631,12	2 960,01	1 760,49	2 560,72	2 880,81
	VI	43 362	2 384,91	3 468,96	3 902,58																				
123 227,99 West	I,IV	37 151	2 043,30	2 972,08	3 343,59	I	37 151	1 946,39	2 831,12	3 185,01	1 849,54	2 690,24	3 026,52	1 752,63	2 549,28	2 867,94	1 564,73	2 408,40	2 709,45	1 355,05	2 267,44	2 550,87	1 145,49	2 126,56	2 392,38
	II	36 349	1 999,19	2 907,92	3 271,41	II	36 349	1 902,34	2 767,04	3 112,92	1 805,43	2 626,08	2 954,34	1 678,97	2 485,20	2 795,85	1 469,29	2 344,24	2 637,27	1 259,73	2 203,36	2 478,78	1 050,05	2 062,40	2 320,20
	III	28 046	—	2 243,68	2 524,14	III	28 046	—	2 108,16	2 371,68	—	1 975,68	2 222,64	—	1 845,92	2 076,66	—	1 719,36	1 934,28	—	1 595,52	1 794,96	—	1 474,72	1 659,06
	V	42 785	2 353,17	3 422,80	3 850,65	IV	37 151	1 994,85	2 901,60	3 264,30	1 946,39	2 831,12	3 185,01	1 897,94	2 760,64	3 105,72	1 849,54	2 690,24	3 026,52	1 801,08	2 619,76	2 947,23	1 752,63	2 549,28	2 867,94
	VI	43 220	2 377,10	3 457,60	3 889,80																				
123 227,99 Ost	I,IV	37 308	2 051,94	2 984,64	3 357,72	I	37 308	1 955,08	2 843,76	3 199,23	1 858,17	2 702,80	3 040,65	1 761,32	2 561,92	2 882,16	1 583,41	2 420,96	2 723,58	1 373,85	2 280,08	2 565,09	1 164,17	2 139,12	2 406,51
	II	36 507	2 007,88	2 920,56	3 285,63	II	36 507	1 910,97	2 779,60	3 127,05	1 814,12	2 638,72	2 968,56	1 697,65	2 497,76	2 809,98	1 488,09	2 356,88	2 651,49	1 278,41	2 215,92	2 492,91	1 068,85	2 075,04	2 334,42
	III	28 200	—	2 256,—	2 538,—	III	28 200	—	2 120,16	2 385,18	—	1 987,36	2 235,78	—	1 857,44	2 089,62	—	1 730,56	1 946,88	—	1 606,56	1 807,38	—	1 485,44	1 671,12
	V	42 942	2 361,81	3 435,36	3 864,78	IV	37 308	2 003,48	2 914,16	3 278,43	1 955,08	2 843,76	3 199,23	1 906,63	2 773,28	3 119,94	1 858,17	2 702,80	3 040,65	1 809,72	2 632,32	2 961,36	1 761,32	2 561,92	2 882,16
	VI	43 377	2 385,73	3 470,16	3 903,93																				
123 263,99 West	I,IV	37 166	2 044,13	2 973,28	3 344,94	I	37 166	1 947,22	2 832,32	3 186,36	1 850,36	2 691,44	3 027,87	1 753,45	2 550,48	2 869,29	1 566,51	2 409,60	2 710,80	1 356,83	2 268,64	2 552,22	1 147,27	2 127,76	2 393,73
	II	36 364	2 000,02	2 909,12	3 272,76	II	36 364	1 903,16	2 768,24	3 114,27	1 806,25	2 627,28	2 955,69	1 680,75	2 486,40	2 797,20	1 471,07	2 345,44	2 638,62	1 261,51	2 204,56	2 480,13	1 051,96	2 063,68	2 321,64
	III	28 060	—	2 244,80	2 525,40	III	28 060	—	2 109,28	2 372,94	—	1 976,80	2 223,90	—	1 847,04	2 077,92	—	1 720,32	1 935,36	—	1 596,64	1 796,22	—	1 475,84	1 660,32
	V	42 800	2 354,—	3 424,—	3 852,—	IV	37 166	1 995,67	2 902,80	3 265,65	1 947,22	2 832,32	3 186,36	1 898,82	2 761,92	3 107,16	1 850,36	2 691,44	3 027,87	1 801,91	2 620,96	2 948,58	1 753,45	2 550,48	2 869,29
	VI	43 235	2 377,92	3 458,80	3 891,15																				
123 263,99 Ost	I,IV	37 323	2 052,76	2 985,84	3 359,07	I	37 323	1 955,91	2 844,96	3 200,58	1 859,—	2 704,—	3 042,—	1 762,14	2 563,12	2 883,51	1 585,19	2 422,16	2 724,93	1 375,64	2 281,28	2 566,44	1 165,96	2 140,32	2 407,86
	II	36 522	2 008,71	2 921,76	3 286,98	II	36 522	1 911,80	2 780,80	3 128,40	1 814,94	2 639,92	2 969,91	1 699,43	2 498,96	2 811,33	1 489,88	2 358,08	2 652,84	1 280,32	2 217,20	2 494,35	1 070,64	2 076,24	2 335,77
	III	28 214	—	2 257,12	2 539,26	III	28 214	—	2 121,44	2 386,62	—	1 988,48	2 237,04	—	1 858,56	2 090,88	—	1 731,68	1 948,14	—	1 607,52	1 808,46	—	1 486,56	1 672,38
	V	42 957	2 362,63	3 436,56	3 866,13	IV	37 323	2 004,36	2 915,44	3 279,87	1 955,91	2 844,96	3 200,58	1 907,45	2 774,48	3 121,29	1 859,—	2 704,—	3 042,—	1 810,60	2 633,60	2 962,80	1 762,14	2 563,12	2 883,51
	VI	43 392	2 386,56	3 471,36	3 905,28																				
123 299,99 West	I,IV	37 181	2 044,95	2 974,48	3 346,29	I	37 181	1 948,04	2 833,52	3 187,71	1 851,19	2 692,64	3 029,22	1 754,28	2 551,68	2 870,64	1 568,30	2 410,80	2 712,15	1 358,62	2 269,84	2 553,57	1 149,06	2 128,96	2 395,08
	II	36 380	2 000,90	2 910,40	3 274,20	II	36 380	1 903,99	2 769,44	3 115,62	1 807,13	2 628,56	2 957,13	1 682,54	2 487,60	2 798,55	1 472,98	2 346,72	2 640,06	1 263,30	2 205,76	2 481,48	1 053,74	2 064,88	2 322,99
	III	28 076	—	2 246,08	2 526,84	III	28 076	—	2 110,56	2 374,38	—	1 977,92	2 225,16	—	1 848,16	2 079,18	—	1 721,44	1 936,62	—	1 597,60	1 797,30	—	1 476,80	1 661,40
	V	42 815	2 354,82	3 425,20	3 853,35	IV	37 181	1 996,50	2 904,—	3 267,—	1 948,04	2 833,52	3 187,71	1 899,64	2 763,12	3 108,51	1 851,19	2 692,64	3 029,22	1 802,73	2 622,16	2 949,93	1 754,28	2 551,68	2 870,64
	VI	43 250	2 378,75	3 460,—	3 892,50																				
123 299,99 Ost	I,IV	37 338	2 053,59	2 987,04	3 360,42	I	37 338	1 956,73	2 846,16	3 201,93	1 859,82	2 705,20	3 043,35	1 762,97	2 564,32	2 884,86	1 586,98	2 423,36	2 726,28	1 377,42	2 282,48	2 567,79	1 167,86	2 141,60	2 409,30
	II	36 537	2 009,53	2 922,96	3 288,33	II	36 537	1 912,68	2 782,08	3 129,84	1 815,77	2 641,12	2 971,26	1 701,34	2 500,24	2 812,77	1 491,66	2 359,28	2 654,19	1 282,10	2 218,40	2 495,70	1 072,42	2 077,44	2 337,12
	III	28 230	—	2 258,40	2 540,70	III	28 230	—	2 122,56	2 387,88	—	1 989,60	2 238,30	—	1 859,68	2 092,14	—	1 732,64	1 949,22	—	1 608,64	1 809,72	—	1 487,52	1 673,46
	V	42 972	2 363,46	3 437,76	3 867,48	IV	37 338	2 005,19	2 916,64	3 281,22	1 956,73	2 846,16	3 201,93	1 908,28	2 775,68	3 122,64	1 859,82	2 705,20	3 043,35	1 811,42	2 634,80	2 964,15	1 762,97	2 564,32	2 884,86
	VI	43 407	2 387,38	3 472,56	3 906,63																				
123 335,99 West	I,IV	37 196	2 045,78	2 975,68	3 347,64	I	37 196	1 948,92	2 834,80	3 189,15	1 852,01	2 693,84	3 030,57	1 755,16	2 552,96	2 872,08	1 570,08	2 412,—	2 713,50	1 360,52	2 271,12	2 555,01	1 150,84	2 130,16	2 396,43
	II	36 395	2 001,72	2 911,60	3 275,55	II	36 395	1 904,81	2 770,64	3 116,97	1 807,96	2 629,76	2 958,48	1 684,32	2 488,80	2 799,90	1 474,76	2 347,92	2 641,41	1 265,08	2 206,96	2 482,83	1 055,53	2 066,08	2 324,34
	III	28 090	—	2 247,20	2 528,10	III	28 090	—	2 111,68	2 375,64	—	1 979,04	2 226,42	—	1 849,28	2 080,44	—	1 722,56	1 937,88	—	1 598,72	1 798,56	—	1 477,76	1 662,48
	V	42 830	2 355,65	3 426,40	3 854,70	IV	37 196	1 997,32	2 905,20	3 268,35	1 948,92	2 834,80	3 189,15	1 900,47	2 764,32	3 109,86	1 852,01	2 693,84	3 030,57	1 803,56	2 623,36	2 951,28	1 755,16	2 552,96	2 872,08
	VI	43 265	2 379,57	3 461,20	3 893,85																				
123 335,99 Ost	I,IV	37 354	2 054,47	2 988,32	3 361,86	I	37 354	1 957,56	2 847,36	3 203,28	1 860,70	2 706,48	3 044,79	1 763,79	2 565,52	2 886,21	1 588,88	2 424,64	2 727,72	1 379,21	2 283,68	2 569,14	1 169,65	2 142,80	2 410,65
	II	36 552	2 010,36	2 924,16	3 289,68	II	36 552	1 913,50	2 783,28	3 131,19	1 816,59	2 642,32	2 972,61	1 703,12	2 501,44	2 814,12	1 493,45	2 360,48	2 655,54	1 283,89	2 219,60	2 497,05	1 074,21	2 078,64	2 338,47
	III	28 244	—	2 259,52	2 541,96	III	28 244	—	2 123,68	2 389,14	—	1 990,72	2 239,56	—	1 860,80	2 093,40	—	1 733,76	1 950,48	—	1 609,76	1 810,98	—	1 488,48	1 674,54
	V	42 987	2 364,28	3 438,96	3 868,83	IV	37 354	2 006,01	2 917,84	3 282,57	1 957,56	2 847,36	3 203,28	1 909,10	2 776,88	3 123,99	1 860,70	2 706,48	3 044,79	1 812,25	2 636,—	2 965,50	1 763,79	2 565,52	2 886,21
	VI	43 422	2 388,21	3 473,76	3 907,98																				
123 371,99 West	I,IV	37 211	2 046,60	2 976,88	3 348,99	I	37 211	1 949,75	2 836,—	3 190,50	1 852,84	2 695,04	3 031,92	1 755,98	2 554,16	2 873,43	1 571,87	2 413,20	2 714,85	1 362,31	2 272,32	2 556,36	1 152,63	2 131,36	2 397,78
	II	36 410	2 002,55	2 912,80	3 276,90	II	36 410	1 905,64	2 771,84	3 118,32	1 808,78	2 630,96	2 959,83	1 686,11	2 490,—	2 801,25	1 476,55	2 349,12	2 642,76	1 266,87	2 208,16	2 484,18	1 057,31	2 067,28	2 325,69
	III	28 106	—	2 248,48	2 529,54	III	28 106	—	2 112,80	2 376,90	—	1 980,16	2 227,68	—	1 850,40	2 081,70	—	1 723,68	1 939,14	—	1 599,68	1 799,64	—	1 478,88	1 663,74
	V	42 845	2 356,47	3 427,60	3 856,05	IV	37 211	1 998,15	2 906,40	3 269,70	1 949,75	2 836,—	3 190,50	1 901,29	2 765,52	3 111,21	1 852,84	2 695,04	3 031,92	1 804,38	2 624,56	2 952,63	1 755,98	2 554,16	2 873,43
	VI	43 280	2 380,40	3 462,40	3 895,20																				
123 371,99 Ost	I,IV	37 369	2 055,29	2 989,52	3 363,21	I	37 369	1 958,38	2 848,56	3 204,63	1 861,53	2 707,68	3 046,14	1 764,62	2 566,72	2 887,56	1 590,67	2 425,84	2 729,07	1 380,99	2 284,88	2 570,49	1 171,43	2 144,—	2 412,—
	II	36 567	2 011,18	2 925,36	3 291,03	II	36 567	1 914,33	2 784,48	3 132,54	1 817,42	2 643,52	2 973,96	1 704,91	2 502,64	2 815,47	1 495,23	2 361,68	2 656,89	1 285,67	2 220,80	2 498,40	1 075,99	2 079,84	2 339,82
	III	28 258	—	2 260,64	2 543,22	III	28 258	—	2 124,80	2 390,40	—	1 991,84	2 240,82	—	1 861,92	2 094,66	—	1 734,88	1 951,74	—	1 610,72	1 812,06	—	1 489,60	1 675,80
	V	43 002	2 365,11	3 440,16	3 870,18	IV	37 369	2 006,84	2 919,04	3 283,92	1 958,38	2 848,56	3 204,63	1 909,93	2 778,08	3 125,34	1 861,53	2 707,68	3 046,14	1 813,07	2 637,20	2 966,85	1 764,62	2 566,72	2 887,56
	VI	43 438	2 389,09	3 475,04	3 909,42																				
123 407,99 West	I,IV	37 226	2 047,43	2 978,08	3 350,34	I	37 226	1 950,57	2 837,20	3 191,85	1 853,66	2 696,24	3 033,27	1 756,81	2 555,36	2 874,78	1 573,65	2 414,40	2 716,20	1 364,09	2 273,52	2 557,71	1 154,41	2 132,56	2 399,13
	II	36 425	2 003,37	2 914,—	3 278,25	II	36 425	1 906,46	2 773,04	3 119,67	1 809,61	2 632,16	2 961,18	1 687,89	2 491,20	2 802,60	1 478,33	2 350,32	2 644,11	1 268,65	2 209,36	2 485,53	1 059,10	2 068,48	2 327,04
	III	28 120	—	2 249,60	2 530,80	III	28 120	—	2 113,92	2 378,16	—	1 981,28	2 228,94	—	1 851,52	2 082,96	—	1 724,64	1 940,22	—	1 600,80	1 800,90	—	1 479,84	1 664,82
	V	42 860	2 357,30	3 428,80	3 857,40	IV	37 226	1 999,03	2 907,68	3 271,14	1 950,57	2 837,20	3 191,85	1 902,12	2 766,72	3 112,56	1 853,66	2 696,24	3 033,27	1 805,26	2 625,84	2 954,07	1 756,81	2 555,36	2 874,78
	VI	43 295	2 381,22	3 463,60	3 896,55																				
123 407,99 Ost	I,IV	37 384	2 056,12	2 990,72	3 364,56	I	37 384	1 959,21	2 849,76	3 205,98	1 862,35	2 708,88	3 047,49	1 765,44	2 567,92	2 888,91	1 592,45	2 427,04	2 730,42	1 382,78	2 286,08	2 571,84	1 173,22	2 145,20	2 413,35
	II	36 582	2 012,01	2 926,56	3 292,38	II	36 582	1 915,15	2 785,68	3 133,89	1 818,24	2 644,72	2 975,31	1 706,69	2 503,84	2 816,82	1 497,02	2 362,88	2 658,24	1 287,46	2 222,—	2 499,75	1 077,90	2 081,12	2 341,26
	III	28 274	—	2 261,92	2 544,66	III	28 274	—	2 125,92	2 391,66	—	1 992,96	2 242,08	—	1 863,04	2 095,92	—	1 736,—	1 953,—	—	1 611,84	1 813,32	—	1 490,56	1 676,88
	V	43 018	2 365,99	3 441,44	3 871,62	IV	37 384	2 007,66	2 920,24	3 285,27	1 959,21	2 849,76	3 205,98	1 910,81	2 779,36	3 126,78	1 862,35	2 708,88	3 047,49	1 813,90	2 638,40	2 968,20	1 765,44	2 567,92	2 888,91
	VI	43 453	2 389,91	3 476,24	3 910,77																				

* Die ausgewiesenen Tabellenwerte sind amtlich. Siehe Erläuterungen auf der Umschlaginnenseite (U2).

Lohn/ Gehalt bis €*		I – VI LSt	ohne Kinderfreibeträge SolZ	8%	9%	I, II, III, IV	LSt	0,5 SolZ	8%	9%	1 SolZ	8%	9%	1,5 SolZ	8%	9%	2 SolZ	8%	9%	2,5 SolZ	8%	9%	3 SolZ	8%	9%
123 443,99 West	I,IV	37 241	2 048,25	2 979,28	3 351,69	I	37 241	1 951,40	2 838,40	3 193,20	1 854,49	2 697,44	3 034,62	1 757,63	2 556,56	2 876,13	1 575,44	2 415,60	2 717,55	1 365,88	2 274,72	2 559,06	1 156,20	2 133,76	2 400,48
	II	36 440	2 004,20	2 915,20	3 279,60	II	36 440	1 907,34	2 774,32	3 121,11	1 810,43	2 633,36	2 962,53	1 689,80	2 492,48	2 804,04	1 480,12	2 351,52	2 645,46	1 270,56	2 210,64	2 486,97	1 060,88	2 069,68	2 328,39
	III	28 134	—	2 250,72	2 532,06	III	28 134	—	2 115,04	2 379,42	—	1 982,40	2 230,20	—	1 852,64	2 084,22	—	1 725,76	1 941,48	—	1 601,92	1 802,16	—	1 480,96	1 666,08
	V	42 875	2 358,12	3 430,—	3 858,75	IV	37 241	1 999,85	2 908,88	3 272,49	1 951,40	2 838,40	3 193,20	1 902,94	2 767,92	3 113,91	1 854,49	2 697,44	3 034,62	1 806,09	2 627,04	2 955,42	1 757,63	2 556,56	2 876,13
	VI	43 310	2 382,05	3 464,80	3 897,90																				
123 443,99 Ost	I,IV	37 399	2 056,94	2 991,92	3 365,91	I	37 399	1 960,03	2 850,96	3 207,33	1 863,18	2 710,08	3 048,84	1 766,27	2 569,12	2 890,26	1 594,24	2 428,24	2 731,77	1 384,56	2 287,28	2 573,19	1 175,—	2 146,40	2 414,70
	II	36 598	2 012,89	2 927,84	3 293,82	II	36 598	1 915,98	2 786,88	3 135,24	1 819,12	2 646,—	2 976,75	1 708,48	2 505,04	2 818,17	1 498,92	2 364,16	2 659,68	1 289,24	2 223,20	2 501,10	1 079,68	2 082,32	2 342,61
	III	28 288	—	2 263,04	2 545,92	III	28 288	—	2 127,20	2 393,10	—	1 994,08	2 243,34	—	1 864,16	2 097,18	—	1 736,96	1 954,08	—	1 612,80	1 814,40	—	1 491,68	1 678,14
	V	43 033	2 366,81	3 442,64	3 872,97	IV	37 399	2 008,49	2 921,44	3 286,62	1 960,03	2 850,96	3 207,33	1 911,63	2 780,56	3 128,13	1 863,18	2 710,08	3 048,84	1 814,72	2 639,60	2 969,55	1 766,27	2 569,12	2 890,26
	VI	43 468	2 390,74	3 477,44	3 912,12																				
123 479,99 West	I,IV	37 256	2 049,08	2 980,48	3 353,04	I	37 256	1 952,22	2 839,60	3 194,55	1 855,37	2 698,72	3 036,06	1 758,46	2 557,76	2 877,48	1 577,34	2 416,88	2 718,99	1 367,66	2 275,92	2 560,41	1 158,10	2 135,04	2 401,92
	II	36 455	2 005,02	2 916,40	3 280,95	II	36 455	1 908,17	2 775,52	3 122,46	1 811,26	2 634,56	2 963,88	1 691,58	2 493,68	2 805,39	1 481,90	2 352,72	2 646,81	1 272,34	2 211,84	2 488,32	1 062,67	2 070,88	2 329,74
	III	28 150	—	2 252,—	2 533,50	III	28 150	—	2 116,32	2 380,86	—	1 983,52	2 231,46	—	1 853,76	2 085,48	—	1 726,88	1 942,74	—	1 602,88	1 803,24	—	1 481,92	1 667,16
	V	42 890	2 358,95	3 431,20	3 860,10	IV	37 256	2 000,68	2 910,08	3 273,84	1 952,22	2 839,60	3 194,55	1 903,77	2 769,12	3 115,26	1 855,37	2 698,72	3 036,06	1 806,91	2 628,24	2 956,77	1 758,46	2 557,76	2 877,48
	VI	43 325	2 382,87	3 466,—	3 899,25																				
123 479,99 Ost	I,IV	37 414	2 057,77	2 993,12	3 367,26	I	37 414	1 960,91	2 852,24	3 208,77	1 864,—	2 711,28	3 050,19	1 767,15	2 570,40	2 891,70	1 596,02	2 429,44	2 733,12	1 386,46	2 288,56	2 574,63	1 176,79	2 147,60	2 416,05
	II	36 613	2 013,71	2 929,04	3 295,17	II	36 613	1 916,80	2 788,08	3 136,59	1 819,95	2 647,20	2 978,10	1 710,26	2 506,24	2 819,52	1 500,70	2 365,36	2 661,03	1 291,03	2 224,40	2 502,45	1 081,47	2 083,52	2 343,96
	III	28 302	—	2 264,16	2 547,18	III	28 302	—	2 128,32	2 394,36	—	1 995,36	2 244,78	—	1 865,28	2 098,44	—	1 738,08	1 955,34	—	1 613,92	1 815,66	—	1 492,64	1 679,22
	V	43 048	2 367,64	3 443,84	3 874,32	IV	37 414	2 009,31	2 922,64	3 287,97	1 960,91	2 852,24	3 208,77	1 912,46	2 781,76	3 129,48	1 864,—	2 711,28	3 050,19	1 815,55	2 640,80	2 970,90	1 767,15	2 570,40	2 891,70
	VI	43 483	2 391,56	3 478,64	3 913,47																				
123 515,99 West	I,IV	37 272	2 049,96	2 981,76	3 354,48	I	37 272	1 953,05	2 840,80	3 195,90	1 856,19	2 699,92	3 037,41	1 759,28	2 558,96	2 878,83	1 579,13	2 418,08	2 720,34	1 369,45	2 277,12	2 561,76	1 159,89	2 136,24	2 403,27
	II	36 470	2 005,85	2 917,60	3 282,30	II	36 470	1 908,99	2 776,72	3 123,81	1 812,08	2 635,76	2 965,23	1 693,37	2 494,88	2 806,74	1 483,69	2 353,92	2 648,16	1 274,13	2 213,04	2 489,67	1 064,45	2 072,08	2 331,09
	III	28 164	—	2 253,12	2 534,76	III	28 164	—	2 117,44	2 382,12	—	1 984,64	2 232,72	—	1 854,88	2 086,74	—	1 727,84	1 943,82	—	1 604,—	1 804,50	—	1 482,88	1 668,24
	V	42 905	2 359,77	3 432,40	3 861,45	IV	37 272	2 001,50	2 911,28	3 275,19	1 953,05	2 840,80	3 195,90	1 904,59	2 770,32	3 116,61	1 856,19	2 699,92	3 037,41	1 807,74	2 629,44	2 958,12	1 759,28	2 558,96	2 878,83
	VI	43 341	2 383,75	3 467,28	3 900,69																				
123 515,99 Ost	I,IV	37 429	2 058,59	2 994,32	3 368,61	I	37 429	1 961,74	2 853,44	3 210,12	1 864,83	2 712,48	3 051,54	1 767,97	2 571,60	2 893,05	1 597,81	2 430,64	2 734,47	1 388,25	2 289,76	2 575,98	1 178,57	2 148,80	2 417,40
	II	36 628	2 014,54	2 930,24	3 296,52	II	36 628	1 917,63	2 789,28	3 137,94	1 820,77	2 648,40	2 979,45	1 712,05	2 507,44	2 820,87	1 502,49	2 366,56	2 662,38	1 292,81	2 225,60	2 503,80	1 083,25	2 084,72	2 345,31
	III	28 318	—	2 265,44	2 548,62	III	28 318	—	2 129,44	2 395,62	—	1 996,48	2 246,04	—	1 866,40	2 099,70	—	1 739,20	1 956,60	—	1 614,88	1 816,74	—	1 493,60	1 680,30
	V	43 063	2 368,46	3 445,04	3 875,67	IV	37 429	2 010,14	2 923,84	3 289,32	1 961,74	2 853,44	3 210,12	1 913,28	2 782,96	3 130,83	1 864,83	2 712,48	3 051,54	1 816,37	2 642,—	2 972,25	1 767,97	2 571,60	2 893,05
	VI	43 498	2 392,39	3 479,84	3 914,82																				
123 551,99 West	I,IV	37 287	2 050,78	2 982,96	3 355,83	I	37 287	1 953,87	2 842,—	3 197,25	1 857,02	2 701,12	3 038,76	1 760,11	2 560,16	2 880,18	1 580,91	2 419,28	2 721,69	1 371,23	2 278,32	2 563,11	1 161,67	2 137,44	2 404,62
	II	36 485	2 006,67	2 918,80	3 283,65	II	36 485	1 909,82	2 777,92	3 125,16	1 812,91	2 636,96	2 966,58	1 695,15	2 496,08	2 808,09	1 485,47	2 355,12	2 649,51	1 275,91	2 214,24	2 491,02	1 066,24	2 073,28	2 332,44
	III	28 178	—	2 254,24	2 536,02	III	28 178	—	2 118,56	2 383,38	—	1 985,76	2 233,98	—	1 855,84	2 087,82	—	1 728,96	1 945,08	—	1 604,96	1 805,58	—	1 484,—	1 669,50
	V	42 921	2 360,65	3 433,68	3 862,89	IV	37 287	2 002,33	2 912,48	3 276,54	1 953,87	2 842,—	3 197,25	1 905,47	2 771,60	3 118,05	1 857,02	2 701,12	3 038,76	1 808,56	2 630,64	2 959,47	1 760,11	2 560,16	2 880,18
	VI	43 356	2 384,58	3 468,48	3 902,04																				
123 551,99 Ost	I,IV	37 444	2 059,42	2 995,52	3 369,96	I	37 444	1 962,56	2 854,64	3 211,47	1 865,65	2 713,68	3 052,89	1 768,80	2 572,80	2 894,40	1 599,59	2 431,84	2 735,82	1 390,03	2 290,96	2 577,33	1 180,36	2 150,—	2 418,75
	II	36 643	2 015,36	2 931,44	3 297,87	II	36 643	1 918,45	2 790,48	3 139,29	1 821,60	2 649,60	2 980,80	1 713,83	2 508,64	2 822,22	1 504,27	2 367,76	2 663,73	1 294,60	2 226,80	2 505,15	1 085,04	2 085,92	2 346,66
	III	28 332	—	2 266,56	2 549,88	III	28 332	—	2 130,56	2 396,88	—	1 997,60	2 247,30	—	1 867,36	2 100,78	—	1 740,32	1 957,86	—	1 616,—	1 818,—	—	1 494,72	1 681,56
	V	43 078	2 369,29	3 446,24	3 877,02	IV	37 444	2 010,96	2 925,04	3 290,67	1 962,56	2 854,64	3 211,47	1 914,11	2 784,16	3 132,18	1 865,65	2 713,68	3 052,89	1 817,25	2 643,28	2 973,69	1 768,80	2 572,80	2 894,40
	VI	43 513	2 393,21	3 481,04	3 916,17																				
123 587,99 West	I,IV	37 302	2 051,61	2 984,16	3 357,18	I	37 302	1 954,70	2 843,20	3 198,60	1 857,84	2 702,32	3 040,11	1 760,93	2 561,36	2 881,53	1 582,70	2 420,48	2 723,04	1 373,02	2 279,52	2 564,46	1 163,46	2 138,64	2 405,97
	II	36 500	2 007,50	2 920,—	3 285,—	II	36 500	1 910,64	2 779,12	3 126,51	1 813,79	2 638,24	2 968,02	1 696,94	2 497,28	2 809,44	1 487,38	2 356,40	2 650,95	1 277,70	2 215,44	2 492,37	1 068,14	2 074,56	2 333,88
	III	28 194	—	2 255,52	2 537,46	III	28 194	—	2 119,68	2 384,64	—	1 986,88	2 235,24	—	1 856,96	2 089,08	—	1 730,08	1 946,34	—	1 606,08	1 806,84	—	1 484,96	1 670,58
	V	42 936	2 361,48	3 434,88	3 864,24	IV	37 302	2 003,15	2 913,68	3 277,89	1 954,70	2 843,20	3 198,60	1 906,30	2 772,80	3 119,40	1 857,84	2 702,32	3 040,11	1 809,39	2 631,84	2 960,82	1 760,93	2 561,36	2 881,53
	VI	43 371	2 385,40	3 469,68	3 903,39																				
123 587,99 Ost	I,IV	37 459	2 060,24	2 996,72	3 371,31	I	37 459	1 963,39	2 855,84	3 212,82	1 866,48	2 714,88	3 054,24	1 769,62	2 574,—	2 895,75	1 601,38	2 433,04	2 737,17	1 391,82	2 292,16	2 578,68	1 182,14	2 151,20	2 420,10
	II	36 658	2 016,19	2 932,64	3 299,22	II	36 658	1 919,33	2 791,76	3 140,73	1 822,42	2 650,80	2 982,15	1 715,74	2 509,92	2 823,66	1 506,06	2 368,96	2 665,08	1 296,50	2 228,08	2 506,59	1 086,82	2 087,12	2 348,01
	III	28 348	—	2 267,84	2 551,32	III	28 348	—	2 131,68	2 398,14	—	1 998,72	2 248,56	—	1 868,48	2 102,04	—	1 741,28	1 958,94	—	1 617,12	1 819,26	—	1 495,68	1 682,64
	V	43 093	2 370,11	3 447,44	3 878,37	IV	37 459	2 011,84	2 926,32	3 292,11	1 963,39	2 855,84	3 212,82	1 914,93	2 785,36	3 133,53	1 866,48	2 714,88	3 054,24	1 818,08	2 644,48	2 975,04	1 769,62	2 574,—	2 895,75
	VI	43 528	2 394,04	3 482,24	3 917,52																				
123 623,99 West	I,IV	37 317	2 052,43	2 985,36	3 358,53	I	37 317	1 955,52	2 844,40	3 199,95	1 858,67	2 703,52	3 041,46	1 761,81	2 562,64	2 882,97	1 584,48	2 421,68	2 724,39	1 374,92	2 280,80	2 565,90	1 165,24	2 139,84	2 407,32
	II	36 516	2 008,38	2 921,28	3 286,44	II	36 516	1 911,47	2 780,32	3 127,86	1 814,61	2 639,44	2 969,37	1 698,72	2 498,48	2 810,79	1 489,16	2 357,60	2 652,30	1 279,48	2 216,64	2 493,72	1 069,92	2 075,76	2 335,23
	III	28 208	—	2 256,64	2 538,72	III	28 208	—	2 120,80	2 385,90	—	1 988,—	2 236,50	—	1 858,08	2 090,34	—	1 731,20	1 947,60	—	1 607,04	1 807,92	—	1 486,08	1 671,84
	V	42 951	2 362,30	3 436,08	3 865,59	IV	37 317	2 003,98	2 914,88	3 279,24	1 955,52	2 844,40	3 199,95	1 907,12	2 774,—	3 120,75	1 858,67	2 703,52	3 041,46	1 810,21	2 633,04	2 962,17	1 761,81	2 562,64	2 882,97
	VI	43 386	2 386,23	3 470,88	3 904,74																				
123 623,99 Ost	I,IV	37 474	2 061,07	2 997,92	3 372,66	I	37 474	1 964,21	2 857,04	3 214,17	1 867,36	2 716,16	3 055,68	1 770,45	2 575,20	2 897,10	1 603,28	2 434,32	2 738,61	1 393,60	2 293,36	2 580,03	1 184,05	2 152,48	2 421,54
	II	36 673	2 017,01	2 933,84	3 300,57	II	36 673	1 920,16	2 792,96	3 142,08	1 823,25	2 652,—	2 983,50	1 717,52	2 511,12	2 825,01	1 507,84	2 370,16	2 666,43	1 298,29	2 229,28	2 507,94	1 088,61	2 088,32	2 349,36
	III	28 362	—	2 268,96	2 552,58	III	28 362	—	2 132,96	2 399,58	—	1 999,84	2 249,82	—	1 869,60	2 103,30	—	1 742,40	1 960,20	—	1 618,08	1 820,34	—	1 496,80	1 683,90
	V	43 108	2 370,94	3 448,64	3 879,72	IV	37 474	2 012,67	2 927,52	3 293,46	1 964,21	2 857,04	3 214,17	1 915,76	2 786,56	3 134,88	1 867,36	2 716,16	3 055,68	1 818,90	2 645,68	2 976,39	1 770,45	2 575,20	2 897,10
	VI	43 543	2 394,86	3 483,44	3 918,87																				
123 659,99 West	I,IV	37 332	2 053,26	2 986,56	3 359,88	I	37 332	1 956,40	2 845,68	3 201,39	1 859,49	2 704,72	3 042,81	1 762,64	2 563,84	2 884,32	1 586,27	2 422,88	2 725,74	1 376,71	2 282,—	2 567,25	1 167,03	2 141,04	2 408,67
	II	36 531	2 009,20	2 922,48	3 287,79	II	36 531	1 912,29	2 781,52	3 129,21	1 815,44	2 640,64	2 970,72	1 700,51	2 499,68	2 812,14	1 490,95	2 358,80	2 653,65	1 281,27	2 217,84	2 495,07	1 071,71	2 076,96	2 336,58
	III	28 222	—	2 257,76	2 539,98	III	28 222	—	2 122,08	2 387,34	—	1 989,12	2 237,76	—	1 859,20	2 091,60	—	1 732,16	1 948,68	—	1 608,16	1 809,18	—	1 487,04	1 672,92
	V	42 966	2 363,13	3 437,28	3 866,94	IV	37 332	2 004,80	2 916,08	3 280,59	1 956,40	2 845,68	3 201,39	1 907,95	2 775,20	3 122,10	1 859,49	2 704,72	3 042,81	1 811,04	2 634,24	2 963,52	1 762,64	2 563,84	2 884,32
	VI	43 401	2 387,05	3 472,08	3 906,09																				
123 659,99 Ost	I,IV	37 490	2 061,95	2 999,20	3 374,10	I	37 490	1 965,04	2 858,24	3 215,52	1 868,18	2 717,36	3 057,03	1 771,27	2 576,40	2 898,45	1 605,07	2 435,52	2 739,96	1 395,39	2 294,56	2 581,38	1 185,83	2 153,68	2 422,89
	II	36 688	2 017,84	2 935,04	3 301,92	II	36 688	1 920,98	2 794,16	3 143,43	1 824,07	2 653,20	2 984,85	1 719,31	2 512,32	2 826,36	1 509,63	2 371,36	2 667,78	1 300,07	2 230,48	2 509,29	1 090,39	2 089,52	2 350,71
	III	28 376	—	2 270,08	2 553,84	III	28 376	—	2 134,08	2 400,84	—	2 000,96	2 251,08	—	1 870,72	2 104,56	—	1 743,52	1 961,46	—	1 619,20	1 821,60	—	1 497,76	1 684,98
	V	43 123	2 371,76	3 449,84	3 881,07	IV	37 490	2 013,49	2 928,72	3 294,81	1 965,04	2 858,24	3 215,52	1 916,58	2 787,76	3 136,23	1 868,18	2 717,36	3 057,03	1 819,73	2 646,88	2 977,74	1 771,27	2 576,40	2 898,45
	VI	43 559	2 395,74	3 484,72	3 920,31																				
123 695,99 West	I,IV	37 347	2 054,08	2 987,76	3 361,23	I	37 347	1 957,23	2 846,88	3 202,74	1 860,32	2 705,92	3 044,16	1 763,46	2 565,04	2 885,67	1 588,05	2 424,08	2 727,09	1 378,49	2 283,20	2 568,60	1 168,81	2 142,24	2 410,02
	II	36 546	2 010,03	2 923,68	3 289,14	II	36 546	1 913,12	2 782,72	3 130,56	1 816,26	2 641,84	2 972,07	1 702,29	2 500,88	2 813,49	1 492,73	2 360,—	2 655,—	1 283,05	2 219,04	2 496,42	1 073,49	2 078,16	2 337,93
	III	28 238	—	2 259,04	2 541,42	III	28 238	—	2 123,20	2 388,60	—	1 990,24	2 239,02	—	1 860,32	2 092,86	—	1 733,28	1 949,94	—	1 609,28	1 810,44	—	1 488,16	1 674,18
	V	42 981	2 363,95	3 438,48	3 868,29	IV	37 347	2 005,63	2 917,28	3 281,94	1 957,23	2 846,88	3 202,74	1 908,77	2 776,40	3 123,45	1 860,32	2 705,92	3 044,16	1 811,92	2 635,52	2 964,96	1 763,46	2 565,04	2 885,67
	VI	43 416	2 387,88	3 473,28	3 907,44																				
123 695,99 Ost	I,IV	37 505	2 062,77	3 000,40	3 375,45	I	37 505	1 965,86	2 859,44	3 216,87	1 869,01	2 718,56	3 058,38	1 772,10	2 577,60	2 899,80	1 606,85	2 436,72	2 741,31	1 397,17	2 295,76	2 582,73	1 187,62	2 154,88	2 424,24
	II	36 703	2 018,66	2 936,24	3 303,27	II	36 703	1 921,81	2 795,36	3 144,78	1 824,90	2 654,40	2 986,20	1 721,09	2 513,52	2 827,71	1 511,41	2 372,56	2 669,13	1 301,86	2 231,68	2 510,64	1 092,18	2 090,72	2 352,06
	III	28 392	—	2 271,36	2 555,28	III	28 392	—	2 135,20	2 402,10	—	2 002,08	2 252,34	—	1 871,84	2 105,82	—	1 744,64	1 962,72	—	1 620,16	1 822,68	—	1 498,88	1 686,24
	V	43 139	2 372,64	3 451,12	3 882,51	IV	37 505	2 014,32	2 929,92	3 296,16	1 965,86	2 859,44	3 216,87	1 917,41	2 788,96	3 137,58	1 869,01	2 718,56	3 058,38	1 820,55	2 648,08	2 979,09	1 772,10	2 577,60	2 899,80
	VI	43 574	2 396,57	3 485,92	3 921,66																				

Abzüge an Lohnsteuer, Solidaritätszuschlag (SolZ) und Kirchensteuer (8%, 9%) in den Steuerklassen; I, II, III, IV: mit Zahl der Kinderfreibeträge . . .

* Die ausgewiesenen Tabellenwerte sind amtlich. Siehe Erläuterungen auf der Umschlaginnenseite (U2).

JAHR 123 696,–*

Lohn/ Gehalt bis €*		Abzüge an Lohnsteuer, Solidaritätszuschlag (SolZ) und Kirchensteuer (8%, 9%) in den Steuerklassen I – VI				I, II, III, IV		mit Zahl der Kinderfreibeträge . . .																	
			ohne Kinderfreibeträge					0,5			1			1,5			2			2,5			3		
		LSt	SolZ	8%	9%		LSt	SolZ	8%	9%	SolZ	8%	9%	SolZ	8%	9%	SolZ	8%	9%	SolZ	8%	9%	SolZ	8%	9%
123 731,99 West	I,IV	37 362	2 054,91	2 988,96	3 362,58	I	37 362	1 958,05	2 848,08	3 204,09	1 861,14	2 707,12	3 045,51	1 764,29	2 566,24	2 887,02	1 589,84	2 425,28	2 728,44	1 380,28	2 284,40	2 569,95	1 170,60	2 143,44	2 411,37
	II	36 561	2 010,85	2 924,88	3 290,49	II	36 561	1 913,94	2 783,92	3 131,91	1 817,09	2 643,04	2 973,42	1 704,19	2 502,16	2 814,93	1 494,52	2 361,20	2 656,35	1 284,96	2 220,32	2 497,86	1 075,28	2 079,36	2 339,28
	III	28 252	–	2 260,16	2 542,68	III	28 252	–	2 124,32	2 389,86	–	1 991,36	2 240,28	–	1 861,44	2 094,12	–	1 734,40	1 951,20	–	1 610,24	1 811,52	–	1 489,12	1 675,26
	V	42 996	2 364,78	3 439,68	3 869,64	IV	37 362	2 006,51	2 918,56	3 283,38	1 958,05	2 848,08	3 204,09	1 909,60	2 777,60	3 124,80	1 861,14	2 707,12	3 045,51	1 812,74	2 636,72	2 966,31	1 764,29	2 566,24	2 887,02
	VI	43 431	2 388,70	3 474,48	3 908,79																				
123 731,99 Ost	I,IV	37 520	2 063,60	3 001,60	3 376,80	I	37 520	1 966,69	2 860,64	3 218,22	1 869,83	2 719,76	3 059,73	1 772,92	2 578,80	2 901,15	1 608,64	2 437,92	2 742,66	1 398,96	2 296,96	2 584,08	1 189,40	2 156,08	2 425,59
	II	36 718	2 019,49	2 937,44	3 304,62	II	36 718	1 922,63	2 796,56	3 146,13	1 825,78	2 655,68	2 987,64	1 722,88	2 514,72	2 829,06	1 513,32	2 373,84	2 670,57	1 303,64	2 232,88	2 511,99	1 094,08	2 092,–	2 353,50
	III	28 406	–	2 272,48	2 556,54	III	28 406	–	2 136,32	2 403,36	–	2 003,20	2 253,60	–	1 872,96	2 107,08	–	1 745,60	1 963,80	–	1 621,28	1 823,94	–	1 499,84	1 687,32
	V	43 154	2 373,47	3 452,32	3 883,86	IV	37 520	2 015,14	2 931,12	3 297,51	1 966,69	2 860,64	3 218,22	1 918,29	2 790,24	3 139,02	1 869,83	2 719,76	3 059,73	1 821,38	2 649,28	2 980,44	1 772,92	2 578,80	2 901,15
	VI	43 589	2 397,39	3 487,12	3 923,01																				
123 767,99 West	I,IV	37 377	2 055,73	2 990,16	3 363,93	I	37 377	1 958,88	2 849,28	3 205,44	1 861,97	2 708,32	3 046,86	1 765,11	2 567,44	2 888,37	1 591,74	2 426,56	2 729,88	1 382,06	2 285,60	2 571,30	1 172,50	2 144,72	2 412,81
	II	36 576	2 011,68	2 926,08	3 291,84	II	36 576	1 914,82	2 785,20	3 133,35	1 817,91	2 644,24	2 974,77	1 705,98	2 503,36	2 816,28	1 496,30	2 362,40	2 657,70	1 286,74	2 221,52	2 499,21	1 077,06	2 080,56	2 340,63
	III	28 266	–	2 261,28	2 543,94	III	28 266	–	2 125,44	2 391,12	–	1 992,48	2 241,54	–	1 862,56	2 095,38	–	1 735,52	1 952,46	–	1 611,36	1 812,78	–	1 490,08	1 676,34
	V	43 011	2 365,60	3 440,88	3 870,99	IV	37 377	2 007,33	2 919,76	3 284,73	1 958,88	2 849,28	3 205,44	1 910,42	2 778,80	3 126,15	1 861,97	2 708,32	3 046,86	1 813,57	2 637,92	2 967,66	1 765,11	2 567,44	2 888,37
	VI	43 446	2 389,53	3 475,68	3 910,14																				
123 767,99 Ost	I,IV	37 535	2 064,42	3 002,80	3 378,15	I	37 535	1 967,51	2 861,84	3 219,57	1 870,66	2 720,96	3 061,08	1 773,80	2 580,08	2 902,59	1 610,42	2 439,12	2 744,01	1 400,86	2 298,24	2 585,52	1 191,19	2 157,28	2 426,94
	II	36 734	2 020,37	2 938,72	3 306,06	II	36 734	1 923,46	2 797,76	3 147,48	1 826,60	2 656,88	2 988,99	1 724,66	2 515,92	2 830,41	1 515,10	2 375,04	2 671,92	1 305,43	2 234,08	2 513,34	1 095,87	2 093,20	2 354,85
	III	28 422	–	2 273,76	2 557,98	III	28 422	–	2 137,60	2 404,80	–	2 004,32	2 254,86	–	1 874,08	2 108,34	–	1 746,72	1 965,06	–	1 622,40	1 825,20	–	1 500,96	1 688,58
	V	43 169	2 374,29	3 453,52	3 885,21	IV	37 535	2 015,97	2 932,32	3 298,86	1 967,51	2 861,84	3 219,57	1 919,11	2 791,44	3 140,37	1 870,66	2 720,96	3 061,08	1 822,20	2 650,48	2 981,79	1 773,80	2 580,08	2 902,59
	VI	43 604	2 398,22	3 488,32	3 924,36																				
123 803,99 West	I,IV	37 393	2 056,61	2 991,44	3 365,37	I	37 393	1 959,70	2 850,48	3 206,79	1 862,85	2 709,60	3 048,30	1 765,94	2 568,64	2 889,72	1 593,52	2 427,76	2 731,23	1 383,85	2 286,80	2 572,65	1 174,29	2 145,92	2 414,16
	II	36 591	2 012,50	2 927,28	3 293,19	II	36 591	1 915,65	2 786,40	3 134,70	1 818,74	2 645,44	2 976,12	1 707,76	2 504,56	2 817,63	1 498,09	2 363,60	2 659,05	1 288,53	2 222,72	2 500,56	1 078,85	2 081,76	2 341,98
	III	28 282	–	2 262,56	2 545,38	III	28 282	–	2 126,56	2 392,38	–	1 993,60	2 242,80	–	1 863,68	2 096,64	–	1 736,48	1 953,54	–	1 612,32	1 813,86	–	1 491,20	1 677,60
	V	43 026	2 366,43	3 442,08	3 872,34	IV	37 393	2 008,16	2 920,96	3 286,08	1 959,70	2 850,48	3 206,79	1 911,25	2 780,–	3 127,50	1 862,85	2 709,60	3 048,30	1 814,39	2 639,12	2 969,01	1 765,94	2 568,64	2 889,72
	VI	43 462	2 390,41	3 476,96	3 911,58																				
123 803,99 Ost	I,IV	37 550	2 065,25	3 004,–	3 379,50	I	37 550	1 968,39	2 863,12	3 221,01	1 871,48	2 722,16	3 062,43	1 774,63	2 581,28	2 903,94	1 612,21	2 440,32	2 745,36	1 402,65	2 299,44	2 586,87	1 192,97	2 158,48	2 428,29
	II	36 749	2 021,19	2 939,92	3 307,41	II	36 749	1 924,28	2 798,96	3 148,83	1 827,43	2 658,08	2 990,34	1 726,45	2 517,12	2 831,76	1 516,89	2 376,24	2 673,27	1 307,21	2 235,28	2 514,69	1 097,65	2 094,40	2 356,20
	III	28 436	–	2 274,88	2 559,24	III	28 436	–	2 138,72	2 406,06	–	2 005,44	2 256,12	–	1 875,20	2 109,60	–	1 747,84	1 966,32	–	1 623,36	1 826,28	–	1 501,92	1 689,66
	V	43 184	2 375,12	3 454,72	3 886,56	IV	37 550	2 016,79	2 933,52	3 300,21	1 968,39	2 863,12	3 221,01	1 919,94	2 792,64	3 141,72	1 871,48	2 722,16	3 062,43	1 823,03	2 651,68	2 983,14	1 774,63	2 581,28	2 903,94
	VI	43 619	2 399,04	3 489,52	3 925,71																				
123 839,99 West	I,IV	37 408	2 057,44	2 992,64	3 366,72	I	37 408	1 960,53	2 851,68	3 208,14	1 863,67	2 710,80	3 049,65	1 766,76	2 569,84	2 891,07	1 595,31	2 428,96	2 732,58	1 385,63	2 288,–	2 574,–	1 176,07	2 147,12	2 415,51
	II	36 606	2 013,33	2 928,48	3 294,54	II	36 606	1 916,47	2 787,60	3 136,05	1 819,56	2 646,64	2 977,47	1 709,55	2 505,76	2 818,98	1 499,87	2 364,80	2 660,40	1 290,31	2 223,92	2 501,91	1 080,63	2 082,96	2 343,33
	III	28 296	–	2 263,68	2 546,64	III	28 296	–	2 127,84	2 393,82	–	1 994,72	2 244,06	–	1 864,80	2 097,90	–	1 737,60	1 954,80	–	1 613,44	1 815,12	–	1 492,16	1 678,68
	V	43 042	2 367,31	3 443,36	3 873,78	IV	37 408	2 008,98	2 922,16	3 287,43	1 960,53	2 851,68	3 208,14	1 912,07	2 781,20	3 128,85	1 863,67	2 710,80	3 049,65	1 815,22	2 640,32	2 970,36	1 766,76	2 569,84	2 891,07
	VI	43 477	2 391,23	3 478,16	3 912,93																				
123 839,99 Ost	I,IV	37 565	2 066,07	3 005,20	3 380,85	I	37 565	1 969,22	2 864,32	3 222,36	1 872,31	2 723,36	3 063,78	1 775,45	2 582,48	2 905,29	1 613,99	2 441,52	2 746,71	1 404,43	2 300,64	2 588,22	1 194,76	2 159,68	2 429,64
	II	36 764	2 022,02	2 941,12	3 308,76	II	36 764	1 925,11	2 800,16	3 150,18	1 828,25	2 659,28	2 991,69	1 728,23	2 518,32	2 833,11	1 518,67	2 377,44	2 674,62	1 309,–	2 236,48	2 516,04	1 099,44	2 095,60	2 357,55
	III	28 450	–	2 276,–	2 560,50	III	28 450	–	2 139,84	2 407,32	–	2 006,56	2 257,38	–	1 876,32	2 110,86	–	1 748,96	1 967,58	–	1 624,48	1 827,54	–	1 502,88	1 690,74
	V	43 199	2 375,94	3 455,92	3 887,91	IV	37 565	2 017,62	2 934,72	3 301,56	1 969,22	2 864,32	3 222,36	1 920,76	2 793,84	3 143,07	1 872,31	2 723,36	3 063,78	1 823,85	2 652,88	2 984,49	1 775,45	2 582,48	2 905,29
	VI	43 634	2 399,87	3 490,72	3 927,06																				
123 875,99 West	I,IV	37 423	2 058,26	2 993,84	3 368,07	I	37 423	1 961,35	2 852,88	3 209,49	1 864,50	2 712,–	3 051,–	1 767,59	2 571,04	2 892,42	1 597,09	2 430,16	2 733,93	1 387,42	2 289,20	2 575,35	1 177,86	2 148,32	2 416,86
	II	36 621	2 014,15	2 929,68	3 295,89	II	36 621	1 917,30	2 788,80	3 137,40	1 820,39	2 647,84	2 978,82	1 711,33	2 506,96	2 820,33	1 501,78	2 366,08	2 661,84	1 292,10	2 225,12	2 503,26	1 082,54	2 084,24	2 344,77
	III	28 312	–	2 264,96	2 548,08	III	28 312	–	2 128,96	2 395,08	–	1 995,84	2 245,32	–	1 865,76	2 098,98	–	1 738,72	1 956,06	–	1 614,56	1 816,38	–	1 493,28	1 679,94
	V	43 057	2 368,13	3 444,56	3 875,13	IV	37 423	2 009,81	2 923,36	3 288,78	1 961,35	2 852,88	3 209,49	1 912,95	2 782,48	3 130,29	1 864,50	2 712,–	3 051,–	1 816,04	2 641,52	2 971,71	1 767,59	2 571,04	2 892,42
	VI	43 492	2 392,06	3 479,36	3 914,28																				
123 875,99 Ost	I,IV	37 580	2 066,90	3 006,40	3 382,20	I	37 580	1 970,04	2 865,52	3 223,71	1 873,13	2 724,56	3 065,13	1 776,28	2 583,68	2 906,64	1 615,78	2 442,72	2 748,06	1 406,22	2 301,84	2 589,57	1 196,54	2 160,88	2 430,99
	II	36 779	2 022,84	2 942,32	3 310,11	II	36 779	1 925,93	2 801,36	3 151,53	1 829,08	2 660,48	2 993,04	1 730,14	2 519,60	2 834,55	1 520,46	2 378,64	2 675,97	1 310,90	2 237,76	2 517,48	1 101,22	2 096,80	2 358,90
	III	28 466	–	2 277,28	2 561,94	III	28 466	–	2 140,96	2 408,58	–	2 007,68	2 258,64	–	1 877,44	2 112,12	–	1 749,92	1 968,66	–	1 625,44	1 828,62	–	1 504,–	1 692,–
	V	43 214	2 376,77	3 457,12	3 889,26	IV	37 580	2 018,50	2 936,–	3 303,–	1 970,04	2 865,52	3 223,71	1 921,59	2 795,04	3 144,42	1 873,13	2 724,56	3 065,13	1 824,73	2 654,16	2 985,93	1 776,28	2 583,68	2 906,64
	VI	43 649	2 400,69	3 491,92	3 928,41																				
123 911,99 West	I,IV	37 438	2 059,09	2 995,04	3 369,42	I	37 438	1 962,18	2 854,08	3 210,84	1 865,32	2 713,20	3 052,35	1 768,41	2 572,24	2 893,77	1 598,88	2 431,36	2 735,28	1 389,32	2 290,48	2 576,79	1 179,64	2 149,52	2 418,21
	II	36 637	2 015,03	2 930,96	3 297,33	II	36 637	1 918,12	2 790,–	3 138,75	1 821,27	2 649,12	2 980,26	1 713,12	2 508,16	2 821,68	1 503,56	2 367,28	2 663,19	1 293,88	2 226,32	2 504,61	1 084,32	2 085,44	2 346,12
	III	28 326	–	2 266,08	2 549,34	III	28 326	–	2 130,08	2 396,34	–	1 997,12	2 246,76	–	1 866,88	2 100,24	–	1 739,84	1 957,32	–	1 615,52	1 817,46	–	1 494,24	1 681,02
	V	43 072	2 368,96	3 445,76	3 876,48	IV	37 438	2 010,63	2 924,56	3 290,13	1 962,18	2 854,08	3 210,84	1 913,78	2 783,68	3 131,64	1 865,32	2 713,20	3 052,35	1 816,87	2 642,72	2 973,06	1 768,41	2 572,24	2 893,77
	VI	43 507	2 392,88	3 480,56	3 915,63																				
123 911,99 Ost	I,IV	37 595	2 067,72	3 007,60	3 383,55	I	37 595	1 970,87	2 866,72	3 225,06	1 873,96	2 725,76	3 066,48	1 777,10	2 584,88	2 907,99	1 617,68	2 444,–	2 749,50	1 408,–	2 303,04	2 590,92	1 198,44	2 162,16	2 432,43
	II	36 794	2 023,67	2 943,52	3 311,46	II	36 794	1 926,81	2 802,64	3 152,97	1 829,90	2 661,68	2 994,39	1 731,92	2 520,80	2 835,90	1 522,24	2 379,84	2 677,32	1 312,68	2 238,96	2 518,83	1 103,01	2 098,–	2 360,25
	III	28 480	–	2 278,40	2 563,20	III	28 480	–	2 142,24	2 410,02	–	2 008,80	2 259,90	–	1 878,56	2 113,38	–	1 751,04	1 969,92	–	1 626,56	1 829,88	–	1 504,96	1 693,08
	V	43 229	2 377,59	3 458,32	3 890,61	IV	37 595	2 019,32	2 937,20	3 304,35	1 970,87	2 866,72	3 225,06	1 922,41	2 796,24	3 145,77	1 873,96	2 725,76	3 066,48	1 825,56	2 655,36	2 987,28	1 777,10	2 584,88	2 907,99
	VI	43 664	2 401,52	3 493,12	3 929,76																				
123 947,99 West	I,IV	37 453	2 059,91	2 996,24	3 370,77	I	37 453	1 963,06	2 855,36	3 212,28	1 866,15	2 714,40	3 053,70	1 769,29	2 573,52	2 895,21	1 600,66	2 432,56	2 736,63	1 391,11	2 291,68	2 578,14	1 181,43	2 150,72	2 419,56
	II	36 652	2 015,86	2 932,16	3 298,68	II	36 652	1 918,95	2 791,20	3 140,10	1 822,09	2 650,32	2 981,61	1 714,90	2 509,36	2 823,03	1 505,35	2 368,48	2 664,54	1 295,67	2 227,52	2 505,96	1 086,11	2 086,64	2 347,47
	III	28 340	–	2 267,20	2 550,60	III	28 340	–	2 131,20	2 397,60	–	1 998,24	2 248,02	–	1 868,–	2 101,50	–	1 740,80	1 958,40	–	1 616,64	1 818,72	–	1 495,20	1 682,10
	V	43 087	2 369,78	3 446,96	3 877,83	IV	37 453	2 011,46	2 925,76	3 291,48	1 963,06	2 855,36	3 212,28	1 914,60	2 784,88	3 132,99	1 866,15	2 714,40	3 053,70	1 817,69	2 643,92	2 974,41	1 769,29	2 573,52	2 895,21
	VI	43 522	2 393,71	3 481,76	3 916,98																				
123 947,99 Ost	I,IV	37 611	2 068,60	3 008,88	3 384,99	I	37 611	1 971,69	2 867,92	3 226,41	1 874,84	2 727,04	3 067,92	1 777,93	2 586,08	2 909,34	1 619,47	2 445,20	2 750,85	1 409,79	2 304,24	2 592,27	1 200,23	2 163,36	2 433,78
	II	36 809	2 024,49	2 944,72	3 312,81	II	36 809	1 927,64	2 803,84	3 154,32	1 830,73	2 662,88	2 995,74	1 733,71	2 522,–	2 837,25	1 524,03	2 381,04	2 678,67	1 314,47	2 240,16	2 520,18	1 104,79	2 099,20	2 361,60
	III	28 494	–	2 279,52	2 564,46	III	28 494	–	2 143,36	2 411,28	–	2 009,92	2 261,16	–	1 879,52	2 114,46	–	1 752,16	1 971,18	–	1 627,68	1 831,14	–	1 506,08	1 694,34
	V	43 244	2 378,42	3 459,52	3 891,96	IV	37 611	2 020,15	2 938,40	3 305,70	1 971,69	2 867,92	3 226,41	1 923,24	2 797,44	3 147,12	1 874,84	2 727,04	3 067,92	1 826,38	2 656,56	2 988,63	1 777,93	2 586,08	2 909,34
	VI	43 680	2 402,40	3 494,40	3 931,20																				
123 983,99 West	I,IV	37 468	2 060,74	2 997,44	3 372,12	I	37 468	1 963,88	2 856,56	3 213,63	1 866,97	2 715,60	3 055,05	1 770,12	2 574,72	2 896,56	1 602,45	2 433,76	2 737,98	1 392,89	2 292,88	2 579,49	1 183,21	2 151,92	2 420,91
	II	36 667	2 016,68	2 933,36	3 300,03	II	36 667	1 919,77	2 792,40	3 141,45	1 822,92	2 651,52	2 982,96	1 716,69	2 510,56	2 824,38	1 507,13	2 369,68	2 665,89	1 297,45	2 228,72	2 507,31	1 087,89	2 087,84	2 348,82
	III	28 356	–	2 268,48	2 552,04	III	28 356	–	2 132,32	2 398,86	–	1 999,36	2 249,28	–	1 869,12	2 102,76	–	1 741,92	1 959,66	–	1 617,60	1 819,80	–	1 496,32	1 683,36
	V	43 102	2 370,61	3 448,16	3 879,18	IV	37 468	2 012,28	2 926,96	3 292,83	1 963,88	2 856,56	3 213,63	1 915,43	2 786,08	3 134,34	1 866,97	2 715,60	3 055,05	1 818,52	2 645,12	2 975,76	1 770,12	2 574,72	2 896,56
	VI	43 537	2 394,53	3 482,96	3 918,33																				
123 983,99 Ost	I,IV	37 626	2 069,43	3 010,08	3 386,34	I	37 626	1 972,52	2 869,12	3 227,76	1 875,66	2 728,24	3 069,27	1 778,75	2 587,28	2 910,69	1 621,25	2 446,40	2 752,20	1 411,57	2 305,44	2 593,62	1 202,01	2 164,56	2 435,13
	II	36 824	2 025,32	2 945,92	3 314,16	II	36 824	1 928,46	2 805,04	3 155,67	1 831,55	2 664,08	2 997,09	1 734,70	2 523,20	2 838,60	1 525,81	2 382,24	2 680,02	1 316,25	2 241,36	2 521,53	1 106,58	2 100,40	2 362,95
	III	28 510	–	2 280,80	2 565,90	III	28 510	–	2 144,48	2 412,54	–	2 011,04	2 262,42	–	1 880,64	2 115,72	–	1 753,28	1 972,44	–	1 628,64	1 832,22	–	1 507,04	1 695,42
	V	43 260	2 379,30	3 460,80	3 893,40	IV	37 626	2 020,97	2 939,60	3 307,05	1 972,52	2 869,12	3 227,76	1 924,06	2 798,64	3 148,47	1 875,66	2 728,24	3 069,27	1 827,21	2 657,76	2 989,98	1 778,75	2 587,28	2 910,69
	VI	43 695	2 403,22	3 495,60	3 932,55																				

* Die ausgewiesenen Tabellenwerte sind amtlich. Siehe Erläuterungen auf der Umschlaginnenseite (U2).

Lohn/ Gehalt bis €*	I – VI		ohne Kinderfreibeträge			I, II, III, IV		mit Zahl der Kinderfreibeträge . . . 0,5			1			1,5			2			2,5			3		
		LSt	SolZ	8%	9%		LSt	SolZ	8%	9%	SolZ	8%	9%	SolZ	8%	9%	SolZ	8%	9%	SolZ	8%	9%	SolZ	8%	9%
124 019,99 West	I,IV	37 483	2 061,56	2 998,64	3 373,47	I	37 483	1 964,71	2 857,76	3 214,98	1 867,80	2 716,80	3 056,40	1 770,94	2 575,92	2 897,91	1 604,23	2 434,96	2 739,33	1 394,68	2 294,08	2 580,84	1 185,—	2 153,12	2 422,26
	II	36 682	2 017,51	2 934,56	3 301,38	II	36 682	1 920,60	2 793,60	3 142,80	1 823,74	2 652,72	2 984,31	1 718,47	2 511,76	2 825,73	1 508,92	2 370,88	2 667,24	1 299,36	2 230,—	2 508,75	1 089,68	2 089,04	2 350,17
	III	28 370	—	2 269,60	2 553,30	III	28 370	—	2 133,60	2 400,30	—	2 000,48	2 250,54	—	1 870,24	2 104,02	—	1 743,04	1 960,92	—	1 618,72	1 821,06	—	1 497,28	1 684,44
	V	43 117	2 371,43	3 449,36	3 880,53	IV	37 483	2 013,16	2 928,24	3 294,27	1 964,71	2 857,76	3 214,98	1 916,25	2 787,28	3 135,69	1 867,80	2 716,80	3 056,40	1 819,40	2 646,40	2 977,20	1 770,94	2 575,92	2 897,91
	VI	43 552	2 395,36	3 484,16	3 919,68																				
124 019,99 Ost	I,IV	37 641	2 070,25	3 011,28	3 387,69	I	37 641	1 973,34	2 870,32	3 229,11	1 876,49	2 729,44	3 070,62	1 779,58	2 588,48	2 912,04	1 623,04	2 447,60	2 753,55	1 413,36	2 306,64	2 594,97	1 203,80	2 165,76	2 436,48
	II	36 839	2 026,14	2 947,12	3 315,51	II	36 839	1 929,29	2 806,24	3 157,02	1 832,38	2 665,28	2 998,44	1 735,52	2 524,40	2 839,95	1 527,72	2 383,52	2 681,46	1 318,04	2 242,56	2 522,88	1 108,48	2 101,68	2 364,39
	III	28 524	—	2 281,92	2 567,16	III	28 524	—	2 145,60	2 413,80	—	2 012,32	2 263,86	—	1 881,76	2 116,98	—	1 754,24	1 973,52	—	1 629,76	1 833,48	—	1 508,16	1 696,68
	V	43 275	2 380,12	3 462,—	3 894,75	IV	37 641	2 021,80	2 940,80	3 308,40	1 973,34	2 870,32	3 229,11	1 924,94	2 799,92	3 149,91	1 876,49	2 729,44	3 070,62	1 828,03	2 658,96	2 991,33	1 779,58	2 588,48	2 912,04
	VI	43 710	2 404,05	3 496,80	3 933,90																				
124 055,99 West	I,IV	37 498	2 062,39	2 999,84	3 374,82	I	37 498	1 965,53	2 858,96	3 216,33	1 868,62	2 718,—	3 057,75	1 771,77	2 577,12	2 899,26	1 606,02	2 436,16	2 740,68	1 396,46	2 295,28	2 582,19	1 186,90	2 154,40	2 423,70
	II	36 697	2 018,33	2 935,76	3 302,73	II	36 697	1 921,48	2 794,88	3 144,24	1 824,57	2 653,92	2 985,66	1 720,38	2 513,04	2 827,17	1 510,70	2 372,08	2 668,59	1 301,14	2 231,20	2 510,10	1 091,46	2 090,24	2 351,52
	III	28 384	—	2 270,72	2 554,56	III	28 384	—	2 134,72	2 401,56	—	2 001,60	2 251,80	—	1 871,36	2 105,28	—	1 744,16	1 962,18	—	1 619,68	1 822,14	—	1 498,40	1 685,70
	V	43 132	2 372,26	3 450,56	3 881,88	IV	37 498	2 013,99	2 929,44	3 295,62	1 965,53	2 858,96	3 216,33	1 917,08	2 788,48	3 137,04	1 868,62	2 718,—	3 057,75	1 820,22	2 647,60	2 978,55	1 771,77	2 577,12	2 899,26
	VI	43 567	2 396,18	3 485,36	3 921,03																				
124 055,99 Ost	I,IV	37 656	2 071,08	3 012,48	3 389,04	I	37 656	1 974,17	2 871,52	3 230,46	1 877,31	2 730,64	3 071,97	1 780,40	2 589,68	2 913,39	1 624,82	2 448,80	2 754,90	1 415,26	2 307,92	2 596,41	1 205,58	2 166,96	2 437,83
	II	36 855	2 027,02	2 948,40	3 316,95	II	36 855	1 930,11	2 807,44	3 158,37	1 833,26	2 666,56	2 999,88	1 736,35	2 525,60	2 841,30	1 529,50	2 384,72	2 682,81	1 319,82	2 243,76	2 524,23	1 110,27	2 102,88	2 365,74
	III	28 540	—	2 283,20	2 568,60	III	28 540	—	2 146,72	2 415,06	—	2 013,44	2 265,12	—	1 882,88	2 118,24	—	1 755,36	1 974,78	—	1 630,72	1 834,56	—	1 509,12	1 697,76
	V	43 290	2 380,95	3 463,20	3 896,10	IV	37 656	2 022,62	2 942,—	3 309,75	1 974,17	2 871,52	3 230,46	1 925,77	2 801,12	3 151,26	1 877,31	2 730,64	3 071,97	1 828,86	2 660,16	2 992,68	1 780,40	2 589,68	2 913,39
	VI	43 725	2 404,87	3 498,—	3 935,25																				
124 091,99 West	I,IV	37 514	2 063,27	3 001,12	3 376,26	I	37 514	1 966,36	2 860,16	3 217,68	1 869,50	2 719,28	3 059,19	1 772,59	2 578,32	2 900,61	1 607,92	2 437,44	2 742,12	1 398,25	2 296,48	2 583,54	1 188,69	2 155,60	2 425,05
	II	36 712	2 019,16	2 936,96	3 304,08	II	36 712	1 922,30	2 796,08	3 145,59	1 825,39	2 655,12	2 987,01	1 722,16	2 514,24	2 828,52	1 512,49	2 373,28	2 669,94	1 302,93	2 232,40	2 511,45	1 093,25	2 091,44	2 352,87
	III	28 400	—	2 272,—	2 556,—	III	28 400	—	2 135,84	2 402,82	—	2 002,72	2 253,06	—	1 872,48	2 106,54	—	1 745,12	1 963,26	—	1 620,80	1 823,40	—	1 499,36	1 686,78
	V	43 147	2 373,08	3 451,76	3 883,23	IV	37 514	2 014,81	2 930,64	3 296,97	1 966,36	2 860,16	3 217,68	1 917,90	2 789,68	3 138,39	1 869,50	2 719,28	3 059,19	1 821,05	2 648,80	2 979,90	1 772,59	2 578,32	2 900,61
	VI	43 583	2 397,06	3 486,64	3 922,47																				
124 091,99 Ost	I,IV	37 671	2 071,90	3 013,68	3 390,39	I	37 671	1 975,05	2 872,80	3 231,90	1 878,14	2 731,84	3 073,32	1 781,28	2 590,96	2 914,83	1 626,61	2 450,—	2 756,25	1 417,05	2 309,12	2 597,76	1 207,37	2 168,16	2 439,18
	II	36 870	2 027,85	2 949,60	3 318,30	II	36 870	1 930,94	2 808,64	3 159,72	1 834,08	2 667,76	3 001,23	1 737,17	2 526,80	2 842,65	1 531,29	2 385,92	2 684,16	1 321,61	2 244,96	2 525,58	1 112,05	2 104,08	2 367,09
	III	28 554	—	2 284,32	2 569,86	III	28 554	—	2 148,—	2 416,50	—	2 014,56	2 266,38	—	1 884,—	2 119,50	—	1 756,48	1 976,04	—	1 631,84	1 835,82	—	1 510,08	1 698,84
	V	43 305	2 381,77	3 464,40	3 897,45	IV	37 671	2 023,45	2 943,20	3 311,10	1 975,05	2 872,80	3 231,90	1 926,59	2 802,32	3 152,61	1 878,14	2 731,84	3 073,32	1 829,68	2 661,36	2 994,03	1 781,28	2 590,96	2 914,83
	VI	43 740	2 405,70	3 499,20	3 936,60																				
124 127,99 West	I,IV	37 529	2 064,09	3 002,32	3 377,61	I	37 529	1 967,18	2 861,36	3 219,03	1 870,33	2 720,48	3 060,54	1 773,42	2 579,52	2 901,96	1 609,71	2 438,64	2 743,47	1 400,03	2 297,68	2 584,89	1 190,47	2 156,80	2 426,40
	II	36 727	2 019,98	2 938,16	3 305,43	II	36 727	1 923,13	2 797,28	3 146,94	1 826,22	2 656,32	2 988,36	1 723,95	2 515,44	2 829,87	1 514,27	2 374,48	2 671,29	1 304,71	2 233,60	2 512,80	1 095,03	2 092,64	2 354,22
	III	28 414	—	2 273,12	2 557,26	III	28 414	—	2 136,96	2 404,08	—	2 003,84	2 254,32	—	1 873,60	2 107,80	—	1 746,24	1 964,52	—	1 621,92	1 824,66	—	1 500,48	1 688,04
	V	43 163	2 373,96	3 453,04	3 884,67	IV	37 529	2 015,64	2 931,84	3 298,32	1 967,18	2 861,36	3 219,03	1 918,73	2 790,88	3 139,74	1 870,33	2 720,48	3 060,54	1 821,87	2 650,—	2 981,25	1 773,42	2 579,52	2 901,96
	VI	43 598	2 397,89	3 487,84	3 923,82																				
124 127,99 Ost	I,IV	37 686	2 072,73	3 014,88	3 391,74	I	37 686	1 975,87	2 874,—	3 233,25	1 878,96	2 733,04	3 074,67	1 782,11	2 592,16	2 916,18	1 628,39	2 451,20	2 757,60	1 418,83	2 310,32	2 599,11	1 209,15	2 169,36	2 440,53
	II	36 885	2 028,67	2 950,80	3 319,65	II	36 885	1 931,76	2 809,84	3 161,07	1 834,91	2 668,96	3 002,58	1 738,—	2 528,—	2 844,—	1 533,07	2 387,12	2 685,51	1 323,39	2 246,16	2 526,93	1 113,84	2 105,28	2 368,44
	III	28 568	—	2 285,44	2 571,12	III	28 568	—	2 149,12	2 417,76	—	2 015,68	2 267,64	—	1 885,12	2 120,76	—	1 757,60	1 977,30	—	1 632,96	1 837,08	—	1 511,20	1 700,10
	V	43 320	2 382,60	3 465,60	3 898,80	IV	37 686	2 024,27	2 944,40	3 312,45	1 975,87	2 874,—	3 233,25	1 927,42	2 803,52	3 153,96	1 878,96	2 733,04	3 074,67	1 830,51	2 662,56	2 995,38	1 782,11	2 592,16	2 916,18
	VI	43 755	2 406,52	3 500,40	3 937,95																				
124 163,99 West	I,IV	37 544	2 064,92	3 003,52	3 378,96	I	37 544	1 968,01	2 862,56	3 220,38	1 871,15	2 721,68	3 061,89	1 774,24	2 580,72	2 903,31	1 611,49	2 439,84	2 744,82	1 401,82	2 298,88	2 586,24	1 192,26	2 158,—	2 427,75
	II	36 742	2 020,81	2 939,36	3 306,78	II	36 742	1 923,95	2 798,48	3 148,29	1 827,04	2 657,52	2 989,71	1 725,73	2 516,64	2 831,22	1 516,06	2 375,68	2 672,64	1 306,50	2 234,80	2 514,15	1 096,94	2 093,92	2 355,66
	III	28 430	—	2 274,40	2 558,70	III	28 430	—	2 138,24	2 405,52	—	2 004,96	2 255,58	—	1 874,72	2 109,06	—	1 747,36	1 965,78	—	1 622,88	1 825,74	—	1 501,44	1 689,12
	V	43 178	2 374,79	3 454,24	3 886,02	IV	37 544	2 016,46	2 933,04	3 299,67	1 968,01	2 862,56	3 220,38	1 919,61	2 792,16	3 141,18	1 871,15	2 721,68	3 061,89	1 822,70	2 651,20	2 982,60	1 774,24	2 580,72	2 903,31
	VI	43 613	2 398,71	3 489,04	3 925,17																				
124 163,99 Ost	I,IV	37 701	2 073,55	3 016,08	3 393,09	I	37 701	1 976,70	2 875,20	3 234,60	1 879,79	2 734,24	3 076,02	1 782,93	2 593,36	2 917,53	1 630,18	2 452,40	2 758,95	1 420,62	2 311,52	2 600,46	1 210,94	2 170,56	2 441,88
	II	36 900	2 029,50	2 952,—	3 321,—	II	36 900	1 932,59	2 811,04	3 162,42	1 835,73	2 670,16	3 003,93	1 738,82	2 529,20	2 845,35	1 534,86	2 388,32	2 686,86	1 325,30	2 247,44	2 528,37	1 115,62	2 106,48	2 369,79
	III	28 584	—	2 286,72	2 572,56	III	28 584	—	2 150,24	2 419,02	—	2 016,80	2 268,90	—	1 886,24	2 122,02	—	1 758,56	1 978,38	—	1 633,92	1 838,16	—	1 512,16	1 701,18
	V	43 335	2 383,42	3 466,80	3 900,15	IV	37 701	2 025,15	2 945,68	3 313,89	1 976,70	2 875,20	3 234,60	1 928,24	2 804,72	3 155,31	1 879,79	2 734,24	3 076,02	1 831,39	2 663,84	2 996,82	1 782,93	2 593,36	2 917,53
	VI	43 770	2 407,35	3 501,60	3 939,30																				
124 199,99 West	I,IV	37 559	2 065,74	3 004,72	3 380,31	I	37 559	1 968,83	2 863,76	3 221,73	1 871,98	2 722,88	3 063,24	1 775,07	2 581,92	2 904,66	1 613,28	2 441,04	2 746,17	1 403,60	2 300,08	2 587,59	1 194,04	2 159,20	2 429,10
	II	36 758	2 021,69	2 940,64	3 308,22	II	36 758	1 924,78	2 799,68	3 149,64	1 827,92	2 658,80	2 991,15	1 727,52	2 517,84	2 832,57	1 517,96	2 376,96	2 674,08	1 308,28	2 236,—	2 515,50	1 098,72	2 095,12	2 357,01
	III	28 444	—	2 275,52	2 559,96	III	28 444	—	2 139,36	2 406,78	—	2 006,08	2 256,84	—	1 875,84	2 110,32	—	1 748,48	1 967,04	—	1 624,—	1 827,—	—	1 502,56	1 690,38
	V	43 193	2 375,61	3 455,44	3 887,37	IV	37 559	2 017,29	2 934,24	3 301,02	1 968,83	2 863,76	3 221,73	1 920,43	2 793,36	3 142,53	1 871,98	2 722,88	3 063,24	1 823,52	2 652,40	2 983,95	1 775,07	2 581,92	2 904,66
	VI	43 628	2 399,54	3 490,24	3 926,52																				
124 199,99 Ost	I,IV	37 716	2 074,38	3 017,28	3 394,44	I	37 716	1 977,52	2 876,40	3 235,95	1 880,61	2 735,44	3 077,37	1 783,76	2 594,56	2 918,88	1 631,96	2 453,60	2 760,30	1 422,40	2 312,72	2 601,81	1 212,84	2 171,84	2 443,32
	II	36 915	2 030,32	2 953,20	3 322,35	II	36 915	1 933,47	2 812,32	3 163,86	1 836,56	2 671,36	3 005,28	1 739,70	2 530,48	2 846,79	1 536,64	2 389,52	2 688,21	1 327,08	2 248,64	2 529,72	1 117,41	2 107,68	2 371,14
	III	28 598	—	2 287,84	2 573,82	III	28 598	—	2 151,36	2 420,28	—	2 017,92	2 270,16	—	1 887,36	2 123,28	—	1 759,68	1 979,64	—	1 635,04	1 839,42	—	1 513,28	1 702,44
	V	43 350	2 384,25	3 468,—	3 901,50	IV	37 716	2 025,98	2 946,88	3 315,24	1 977,52	2 876,40	3 235,95	1 929,07	2 805,92	3 156,66	1 880,61	2 735,44	3 077,37	1 832,21	2 665,04	2 998,17	1 783,76	2 594,56	2 918,88
	VI	43 785	2 408,17	3 502,80	3 940,65																				
124 235,99 West	I,IV	37 574	2 066,57	3 005,92	3 381,66	I	37 574	1 969,71	2 865,04	3 223,17	1 872,80	2 724,08	3 064,59	1 775,95	2 583,20	2 906,10	1 615,06	2 442,24	2 747,52	1 405,50	2 301,36	2 589,03	1 195,83	2 160,40	2 430,45
	II	36 773	2 022,51	2 941,84	3 309,57	II	36 773	1 925,60	2 800,88	3 150,99	1 828,75	2 660,—	2 992,50	1 729,30	2 519,04	2 833,92	1 519,74	2 378,16	2 675,43	1 310,07	2 237,20	2 516,85	1 100,51	2 096,32	2 358,36
	III	28 458	—	2 276,64	2 561,22	III	28 458	—	2 140,48	2 408,04	—	2 007,20	2 258,10	—	1 876,96	2 111,58	—	1 749,44	1 968,12	—	1 624,96	1 828,08	—	1 503,52	1 691,46
	V	43 208	2 376,44	3 456,64	3 888,72	IV	37 574	2 018,11	2 935,44	3 302,37	1 969,71	2 865,04	3 223,17	1 921,26	2 794,56	3 143,88	1 872,80	2 724,08	3 064,59	1 824,35	2 653,60	2 985,30	1 775,95	2 583,20	2 906,10
	VI	43 643	2 400,36	3 491,44	3 927,87																				
124 235,99 Ost	I,IV	37 732	2 075,26	3 018,56	3 395,88	I	37 732	1 978,35	2 877,60	3 237,30	1 881,49	2 736,72	3 078,81	1 784,58	2 595,76	2 920,23	1 633,87	2 454,88	2 761,74	1 424,19	2 313,92	2 603,16	1 214,63	2 173,04	2 444,67
	II	36 930	2 031,15	2 954,40	3 323,70	II	36 930	1 934,29	2 813,52	3 165,21	1 837,38	2 672,56	3 006,63	1 740,53	2 531,68	2 848,14	1 538,43	2 390,72	2 689,56	1 328,87	2 249,84	2 531,07	1 119,19	2 108,88	2 372,49
	III	28 614	—	2 289,12	2 575,26	III	28 614	—	2 152,64	2 421,72	—	2 019,04	2 271,42	—	1 888,48	2 124,54	—	1 760,80	1 980,90	—	1 636,—	1 840,50	—	1 514,24	1 703,52
	V	43 365	2 385,07	3 469,20	3 902,85	IV	37 732	2 026,80	2 948,08	3 316,59	1 978,35	2 877,60	3 237,30	1 929,89	2 807,12	3 158,01	1 881,49	2 736,72	3 078,81	1 833,04	2 666,24	2 999,52	1 784,58	2 595,76	2 920,23
	VI	43 800	2 409,—	3 504,—	3 942,—																				
124 271,99 West	I,IV	37 589	2 067,39	3 007,12	3 383,01	I	37 589	1 970,54	2 866,24	3 224,52	1 873,63	2 725,28	3 065,94	1 776,77	2 584,40	2 907,45	1 616,85	2 443,44	2 748,87	1 407,29	2 302,56	2 590,38	1 197,61	2 161,60	2 431,80
	II	36 788	2 023,34	2 943,04	3 310,92	II	36 788	1 926,43	2 802,08	3 152,34	1 829,57	2 661,20	2 993,85	1 731,09	2 520,24	2 835,27	1 521,53	2 379,36	2 676,78	1 311,85	2 238,40	2 518,20	1 102,29	2 097,52	2 359,71
	III	28 474	—	2 277,92	2 562,66	III	28 474	—	2 141,60	2 409,30	—	2 008,32	2 259,36	—	1 877,92	2 112,66	—	1 750,56	1 969,38	—	1 626,08	1 829,34	—	1 504,48	1 692,54
	V	43 223	2 377,26	3 457,84	3 890,07	IV	37 589	2 018,94	2 936,64	3 303,72	1 970,54	2 866,24	3 224,52	1 922,08	2 795,76	3 145,23	1 873,63	2 725,28	3 065,94	1 825,17	2 654,80	2 986,65	1 776,77	2 584,40	2 907,45
	VI	43 658	2 401,19	3 492,64	3 929,22																				
124 271,99 Ost	I,IV	37 747	2 076,08	3 019,76	3 397,23	I	37 747	1 979,17	2 878,80	3 238,65	1 882,32	2 737,92	3 080,16	1 785,41	2 596,96	2 921,58	1 635,65	2 456,08	2 763,09	1 425,97	2 315,12	2 604,51	1 216,41	2 174,24	2 446,02
	II	36 945	2 031,97	2 955,60	3 325,05	II	36 945	1 935,12	2 814,72	3 166,56	1 838,21	2 673,76	3 007,98	1 741,35	2 532,88	2 849,49	1 540,21	2 391,92	2 690,91	1 330,65	2 251,04	2 532,42	1 120,98	2 110,08	2 373,84
	III	28 628	—	2 290,24	2 576,52	III	28 628	—	2 153,76	2 422,98	—	2 020,16	2 272,68	—	1 889,60	2 125,80	—	1 761,92	1 982,16	—	1 637,12	1 841,76	—	1 515,36	1 704,78
	V	43 380	2 385,90	3 470,40	3 904,20	IV	37 747	2 027,63	2 949,28	3 317,94	1 979,17	2 878,80	3 238,65	1 930,72	2 808,32	3 159,36	1 882,32	2 737,92	3 080,16	1 833,86	2 667,44	3 000,87	1 785,41	2 596,96	2 921,58
	VI	43 816	2 409,88	3 505,28	3 943,44																				

Abzüge an Lohnsteuer, Solidaritätszuschlag (SolZ) und Kirchensteuer (8%, 9%) in den Steuerklassen

* Die ausgewiesenen Tabellenwerte sind amtlich. Siehe Erläuterungen auf der Umschlaginnenseite (U2).

JAHR 124 272,–*

Lohn/ Gehalt bis €*		LSt	SolZ	8%	9%		LSt	0,5 SolZ	0,5 8%	0,5 9%	1 SolZ	1 8%	1 9%	1,5 SolZ	1,5 8%	1,5 9%	2 SolZ	2 8%	2 9%	2,5 SolZ	2,5 8%	2,5 9%	3 SolZ	3 8%	3 9%
		I – VI	ohne Kinderfreibeträge				**I, II, III, IV**	mit Zahl der Kinderfreibeträge . . .																	
124 307,99 West	I,IV	37 604	2 068,22	3 008,32	3 384,36	I	37 604	1 971,36	2 867,44	3 225,87	1 874,45	2 726,48	3 067,29	1 777,60	2 585,60	2 908,80	1 618,63	2 444,64	2 750,22	1 409,07	2 303,76	2 591,73	1 199,40	2 162,80	2 433,15
	II	36 803	2 024,16	2 944,24	3 312,27	II	36 803	1 927,25	2 803,28	3 153,69	1 830,40	2 662,40	2 995,20	1 732,87	2 521,44	2 836,62	1 523,31	2 380,56	2 678,13	1 313,64	2 239,60	2 519,55	1 104,08	2 098,72	2 361,06
	III	28 488	–	2 279,04	2 563,92	III	28 488	–	2 142,88	2 410,74	–	2 009,44	2 260,62	–	1 879,04	2 113,92	–	1 751,68	1 970,64	–	1 627,20	1 830,60	–	1 505,60	1 693,80
	V	43 238	2 378,09	3 459,04	3 891,42	IV	37 604	2 019,82	2 937,92	3 305,16	1 971,36	2 867,44	3 225,87	1 922,91	2 796,96	3 146,58	1 874,45	2 726,48	3 067,29	1 826,05	2 656,08	2 988,09	1 777,60	2 585,60	2 908,80
	VI	43 673	2 402,01	3 493,84	3 930,57																				
124 307,99 Ost	I,IV	37 762	2 076,91	3 020,96	3 398,58	I	37 762	1 980,–	2 880,–	3 240,–	1 883,14	2 739,12	3 081,51	1 786,23	2 598,16	2 922,93	1 637,44	2 457,28	2 764,44	1 427,76	2 316,32	2 605,86	1 218,20	2 175,44	2 447,37
	II	36 960	2 032,80	2 956,80	3 326,40	II	36 960	1 935,94	2 815,92	3 167,91	1 839,03	2 674,96	3 009,33	1 742,18	2 534,08	2 850,84	1 542,–	2 393,12	2 692,26	1 332,44	2 252,24	2 533,77	1 122,88	2 111,36	2 375,28
	III	28 642	–	2 291,36	2 577,78	III	28 642	–	2 154,88	2 424,24	–	2 021,28	2 273,94	–	1 890,72	2 127,06	–	1 762,88	1 983,24	–	1 638,24	1 843,02	–	1 516,32	1 705,86
	V	43 396	2 386,78	3 471,68	3 905,64	IV	37 762	2 028,45	2 950,48	3 319,29	1 980,–	2 880,–	3 240,–	1 931,60	2 809,60	3 160,80	1 883,14	2 739,12	3 081,51	1 834,69	2 668,64	3 002,22	1 786,23	2 598,16	2 922,93
	VI	43 831	2 410,70	3 506,48	3 944,79																				
124 343,99 West	I,IV	37 619	2 069,04	3 009,52	3 385,71	I	37 619	1 972,19	2 868,64	3 227,22	1 875,28	2 727,68	3 068,64	1 778,42	2 586,80	2 910,15	1 620,42	2 445,84	2 751,57	1 410,86	2 304,96	2 593,08	1 201,18	2 164,–	2 434,50
	II	36 818	2 024,99	2 945,44	3 313,62	II	36 818	1 928,13	2 804,56	3 155,13	1 831,22	2 663,60	2 996,55	1 734,37	2 522,72	2 838,06	1 525,10	2 381,76	2 679,48	1 315,54	2 240,88	2 520,99	1 105,86	2 099,92	2 362,41
	III	28 504	–	2 280,32	2 565,36	III	28 504	–	2 144,–	2 412,–	–	2 010,56	2 261,88	–	1 880,16	2 115,18	–	1 752,80	1 971,90	–	1 628,16	1 831,68	–	1 506,56	1 694,88
	V	43 253	2 378,91	3 460,24	3 892,77	IV	37 619	2 020,64	2 939,12	3 306,51	1 972,19	2 868,64	3 227,22	1 923,73	2 798,16	3 147,93	1 875,28	2 727,68	3 068,64	1 826,88	2 657,28	2 989,44	1 778,42	2 586,80	2 910,15
	VI	43 688	2 402,84	3 495,04	3 931,92																				
124 343,99 Ost	I,IV	37 777	2 077,73	3 022,16	3 399,93	I	37 777	1 980,82	2 881,20	3 241,35	1 883,97	2 740,32	3 082,86	1 787,06	2 599,36	2 924,28	1 639,22	2 458,48	2 765,79	1 429,54	2 317,52	2 607,21	1 219,98	2 176,64	2 448,72
	II	36 976	2 033,68	2 958,08	3 327,84	II	36 976	1 936,77	2 817,12	3 169,26	1 839,91	2 676,24	3 010,77	1 743,–	2 535,28	2 852,19	1 543,90	2 394,40	2 693,70	1 334,22	2 253,44	2 535,12	1 124,66	2 112,56	2 376,63
	III	28 658	–	2 292,64	2 579,22	III	28 658	–	2 156,–	2 425,50	–	2 022,40	2 275,20	–	1 891,84	2 128,32	–	1 764,–	1 984,50	–	1 639,20	1 844,10	–	1 517,44	1 707,12
	V	43 411	2 387,60	3 472,88	3 906,99	IV	37 777	2 029,28	2 951,68	3 320,64	1 980,82	2 881,20	3 241,35	1 932,42	2 810,80	3 162,15	1 883,97	2 740,32	3 082,86	1 835,51	2 669,84	3 003,57	1 787,06	2 599,36	2 924,28
	VI	43 846	2 411,53	3 507,68	3 946,14																				
124 379,99 West	I,IV	37 634	2 069,87	3 010,72	3 387,06	I	37 634	1 973,01	2 869,84	3 228,57	1 876,16	2 728,96	3 070,08	1 779,25	2 588,–	2 911,50	1 622,32	2 447,12	2 753,01	1 412,64	2 306,16	2 594,43	1 203,09	2 165,28	2 435,94
	II	36 833	2 025,81	2 946,64	3 314,97	II	36 833	1 928,96	2 805,76	3 156,48	1 832,05	2 664,80	2 997,90	1 735,19	2 523,92	2 839,41	1 526,88	2 382,96	2 680,83	1 317,33	2 242,08	2 522,34	1 107,65	2 101,12	2 363,76
	III	28 518	–	2 281,44	2 566,62	III	28 518	–	2 145,12	2 413,26	–	2 011,68	2 263,14	–	1 881,28	2 116,44	–	1 753,76	1 972,98	–	1 629,28	1 832,94	–	1 507,68	1 696,14
	V	43 268	2 379,74	3 461,44	3 894,12	IV	37 634	2 021,47	2 940,32	3 307,86	1 973,01	2 869,84	3 228,57	1 924,56	2 799,36	3 149,28	1 876,16	2 728,96	3 070,08	1 827,70	2 658,48	2 990,79	1 779,25	2 588,–	2 911,50
	VI	43 703	2 403,66	3 496,24	3 933,27																				
124 379,99 Ost	I,IV	37 792	2 078,56	3 023,36	3 401,28	I	37 792	1 981,70	2 882,48	3 242,79	1 884,79	2 741,52	3 084,21	1 787,94	2 600,64	2 925,72	1 641,01	2 459,68	2 767,14	1 431,45	2 318,80	2 608,65	1 221,77	2 177,84	2 450,07
	II	36 991	2 034,50	2 959,28	3 329,19	II	36 991	1 937,59	2 818,32	3 170,61	1 840,74	2 677,44	3 012,12	1 743,83	2 536,48	2 853,54	1 545,69	2 395,60	2 695,05	1 336,01	2 254,64	2 536,47	1 126,45	2 113,76	2 377,98
	III	28 672	–	2 293,76	2 580,48	III	28 672	–	2 157,28	2 426,94	–	2 023,52	2 276,46	–	1 892,96	2 129,58	–	1 765,12	1 985,76	–	1 640,32	1 845,36	–	1 518,40	1 708,20
	V	43 426	2 388,43	3 474,08	3 908,34	IV	37 792	2 030,10	2 952,88	3 321,99	1 981,70	2 882,48	3 242,79	1 933,25	2 812,–	3 163,50	1 884,79	2 741,52	3 084,21	1 836,34	2 671,04	3 004,92	1 787,94	2 600,64	2 925,72
	VI	43 861	2 412,35	3 508,88	3 947,49																				
124 415,99 West	I,IV	37 650	2 070,75	3 012,–	3 388,50	I	37 650	1 973,84	2 871,04	3 229,92	1 876,98	2 730,16	3 071,43	1 780,07	2 589,20	2 912,85	1 624,11	2 448,32	2 754,36	1 414,43	2 307,36	2 595,78	1 204,87	2 166,48	2 437,29
	II	36 848	2 026,64	2 947,84	3 316,32	II	36 848	1 929,78	2 806,96	3 157,83	1 832,87	2 666,–	2 999,25	1 736,02	2 525,12	2 840,76	1 528,67	2 384,16	2 682,18	1 319,11	2 243,28	2 523,69	1 109,43	2 102,32	2 365,11
	III	28 532	–	2 282,56	2 567,88	III	28 532	–	2 146,24	2 414,52	–	2 012,80	2 264,40	–	1 882,40	2 117,70	–	1 754,88	1 974,24	–	1 630,24	1 834,02	–	1 508,64	1 697,22
	V	43 283	2 380,56	3 462,64	3 895,47	IV	37 650	2 022,29	2 941,52	3 309,21	1 973,84	2 871,04	3 229,92	1 925,38	2 800,56	3 150,63	1 876,98	2 730,16	3 071,43	1 828,53	2 659,68	2 992,14	1 780,07	2 589,20	2 912,85
	VI	43 719	2 404,54	3 497,52	3 934,71																				
124 415,99 Ost	I,IV	37 807	2 079,38	3 024,56	3 402,63	I	37 807	1 982,53	2 883,68	3 244,14	1 885,62	2 742,72	3 085,56	1 788,76	2 601,84	2 927,07	1 642,79	2 460,88	2 768,49	1 433,23	2 320,–	2 610,–	1 223,55	2 179,04	2 451,42
	II	37 006	2 035,33	2 960,48	3 330,54	II	37 006	1 938,42	2 819,52	3 171,96	1 841,56	2 678,64	3 013,47	1 744,65	2 537,68	2 854,89	1 547,47	2 396,80	2 696,40	1 337,79	2 255,84	2 537,82	1 128,23	2 114,96	2 379,33
	III	28 688	–	2 295,04	2 581,92	III	28 688	–	2 158,40	2 428,20	–	2 024,64	2 277,72	–	1 893,92	2 130,66	–	1 766,24	1 987,02	–	1 641,44	1 846,62	–	1 519,52	1 709,46
	V	43 441	2 389,25	3 475,28	3 909,69	IV	37 807	2 030,93	2 954,08	3 323,34	1 982,53	2 883,68	3 244,14	1 934,07	2 813,20	3 164,85	1 885,62	2 742,72	3 085,56	1 837,16	2 672,24	3 006,27	1 788,76	2 601,84	2 927,07
	VI	43 876	2 413,18	3 510,08	3 948,84																				
124 451,99 West	I,IV	37 665	2 071,57	3 013,20	3 389,85	I	37 665	1 974,66	2 872,24	3 231,27	1 877,81	2 731,36	3 072,78	1 780,90	2 590,40	2 914,20	1 625,89	2 449,52	2 755,71	1 416,21	2 308,56	2 597,13	1 206,66	2 167,68	2 438,64
	II	36 863	2 027,46	2 949,04	3 317,67	II	36 863	1 930,61	2 808,16	3 159,18	1 833,70	2 667,20	3 000,60	1 736,84	2 526,32	2 842,11	1 530,45	2 385,36	2 683,53	1 320,90	2 244,48	2 525,04	1 111,22	2 103,52	2 366,46
	III	28 548	–	2 283,84	2 569,32	III	28 548	–	2 147,36	2 415,78	–	2 014,08	2 265,84	–	1 883,52	2 118,96	–	1 756,–	1 975,50	–	1 631,36	1 835,28	–	1 509,76	1 698,48
	V	43 299	2 381,44	3 463,92	3 896,91	IV	37 665	2 023,12	2 942,72	3 310,56	1 974,66	2 872,24	3 231,27	1 926,26	2 801,84	3 152,07	1 877,81	2 731,36	3 072,78	1 829,35	2 660,88	2 993,49	1 780,90	2 590,40	2 914,20
	VI	43 734	2 405,37	3 498,72	3 936,06																				
124 451,99 Ost	I,IV	37 822	2 080,21	3 025,76	3 403,98	I	37 822	1 983,35	2 884,88	3 245,49	1 886,44	2 743,92	3 086,91	1 789,59	2 603,04	2 928,42	1 644,58	2 462,08	2 769,84	1 435,02	2 321,20	2 611,35	1 225,34	2 180,24	2 452,77
	II	37 021	2 036,15	2 961,68	3 331,89	II	37 021	1 939,24	2 820,72	3 173,31	1 842,39	2 679,84	3 014,82	1 745,48	2 538,88	2 856,24	1 549,26	2 398,–	2 697,75	1 339,58	2 257,04	2 539,17	1 130,02	2 116,16	2 380,68
	III	28 702	–	2 296,16	2 583,18	III	28 702	–	2 159,52	2 429,46	–	2 025,92	2 279,16	–	1 895,04	2 131,92	–	1 767,36	1 988,28	–	1 642,40	1 847,70	–	1 520,48	1 710,54
	V	43 456	2 390,08	3 476,48	3 911,04	IV	37 822	2 031,75	2 955,28	3 324,69	1 983,35	2 884,88	3 245,49	1 934,90	2 814,40	3 166,20	1 886,44	2 743,92	3 086,91	1 838,04	2 673,52	3 007,71	1 789,59	2 603,04	2 928,42
	VI	43 891	2 414,–	3 511,28	3 950,19																				
124 487,99 West	I,IV	37 680	2 072,40	3 014,40	3 391,20	I	37 680	1 975,49	2 873,44	3 232,62	1 878,63	2 732,56	3 074,13	1 781,72	2 591,60	2 915,55	1 627,68	2 450,72	2 757,06	1 418,–	2 309,76	2 598,48	1 208,44	2 168,88	2 439,99
	II	36 878	2 028,29	2 950,24	3 319,02	II	36 878	1 931,43	2 809,36	3 160,53	1 834,58	2 668,48	3 002,04	1 737,67	2 527,52	2 843,46	1 532,36	2 386,64	2 684,97	1 322,68	2 245,68	2 526,39	1 113,12	2 104,80	2 367,90
	III	28 562	–	2 284,96	2 570,58	III	28 562	–	2 148,64	2 417,22	–	2 015,20	2 267,10	–	1 884,64	2 120,22	–	1 757,12	1 976,76	–	1 632,48	1 836,54	–	1 510,72	1 699,56
	V	43 314	2 382,27	3 465,12	3 898,26	IV	37 680	2 023,94	2 943,92	3 311,91	1 975,49	2 873,44	3 232,62	1 927,09	2 803,04	3 153,42	1 878,63	2 732,56	3 074,13	1 830,18	2 662,08	2 994,84	1 781,72	2 591,60	2 915,55
	VI	43 749	2 406,19	3 499,92	3 937,41																				
124 487,99 Ost	I,IV	37 837	2 081,03	3 026,96	3 405,33	I	37 837	1 984,18	2 886,08	3 246,84	1 887,27	2 745,12	3 088,26	1 790,41	2 604,24	2 929,77	1 646,36	2 463,28	2 771,19	1 436,80	2 322,40	2 612,70	1 227,12	2 181,44	2 454,12
	II	37 036	2 036,98	2 962,88	3 333,24	II	37 036	1 940,12	2 822,–	3 174,75	1 843,21	2 681,04	3 016,17	1 746,36	2 540,16	2 857,68	1 551,04	2 399,20	2 699,10	1 341,48	2 258,32	2 540,61	1 131,80	2 117,36	2 382,03
	III	28 716	–	2 297,28	2 584,44	III	28 716	–	2 160,64	2 430,72	–	2 027,04	2 280,42	–	1 896,16	2 133,18	–	1 768,32	1 989,36	–	1 643,52	1 848,96	–	1 521,60	1 711,80
	V	43 471	2 390,90	3 477,68	3 912,39	IV	37 837	2 032,63	2 956,56	3 326,13	1 984,18	2 886,08	3 246,84	1 935,72	2 815,60	3 167,55	1 887,27	2 745,12	3 088,26	1 838,87	2 674,72	3 009,06	1 790,41	2 604,24	2 929,77
	VI	43 906	2 414,83	3 512,48	3 951,54																				
124 523,99 West	I,IV	37 695	2 073,22	3 015,60	3 392,55	I	37 695	1 976,31	2 874,64	3 233,97	1 879,46	2 733,76	3 075,48	1 782,60	2 592,88	2 916,99	1 629,46	2 451,92	2 758,41	1 419,90	2 311,04	2 599,92	1 210,23	2 170,08	2 441,34
	II	36 894	2 029,17	2 951,52	3 320,46	II	36 894	1 932,26	2 810,56	3 161,88	1 835,40	2 669,68	3 003,39	1 738,49	2 528,72	2 844,81	1 534,14	2 387,84	2 686,32	1 324,47	2 246,88	2 527,74	1 114,91	2 106,–	2 369,25
	III	28 578	–	2 286,24	2 572,02	III	28 578	–	2 149,76	2 418,48	–	2 016,32	2 268,36	–	1 885,76	2 121,48	–	1 758,08	1 977,84	–	1 633,44	1 837,62	–	1 511,84	1 700,82
	V	43 329	2 383,09	3 466,32	3 899,61	IV	37 695	2 024,77	2 945,12	3 313,26	1 976,31	2 874,64	3 233,97	1 927,91	2 804,24	3 154,77	1 879,46	2 733,76	3 075,48	1 831,–	2 663,28	2 996,19	1 782,60	2 592,88	2 916,99
	VI	43 764	2 407,02	3 501,12	3 938,76																				
124 523,99 Ost	I,IV	37 852	2 081,86	3 028,16	3 406,68	I	37 852	1 985,–	2 887,28	3 248,19	1 888,15	2 746,40	3 089,70	1 791,24	2 605,44	2 931,12	1 648,26	2 464,56	2 772,63	1 438,59	2 323,60	2 614,05	1 229,03	2 182,72	2 455,56
	II	37 051	2 037,80	2 964,08	3 334,59	II	37 051	1 940,95	2 823,20	3 176,10	1 844,04	2 682,24	3 017,52	1 747,18	2 541,36	2 859,03	1 552,83	2 400,40	2 700,45	1 343,27	2 259,52	2 541,96	1 133,59	2 118,56	2 383,38
	III	28 732	–	2 298,56	2 585,88	III	28 732	–	2 161,92	2 432,16	–	2 028,16	2 281,68	–	1 897,28	2 134,44	–	1 769,44	1 990,62	–	1 644,48	1 850,04	–	1 522,56	1 712,88
	V	43 486	2 391,73	3 478,88	3 913,74	IV	37 852	2 033,46	2 957,76	3 327,48	1 985,–	2 887,28	3 248,19	1 936,55	2 816,80	3 168,90	1 888,15	2 746,40	3 089,70	1 839,69	2 675,92	3 010,41	1 791,24	2 605,44	2 931,12
	VI	43 921	2 415,65	3 513,68	3 952,89																				
124 559,99 West	I,IV	37 710	2 074,05	3 016,80	3 393,90	I	37 710	1 977,19	2 875,92	3 235,41	1 880,28	2 734,96	3 076,83	1 783,43	2 594,08	2 918,34	1 631,25	2 453,12	2 759,76	1 421,69	2 312,24	2 601,27	1 212,01	2 171,28	2 442,69
	II	36 909	2 029,99	2 952,72	3 321,81	II	36 909	1 933,08	2 811,76	3 163,23	1 836,23	2 670,88	3 004,74	1 739,32	2 529,92	2 846,16	1 535,93	2 389,04	2 687,67	1 326,25	2 248,08	2 529,09	1 116,69	2 107,20	2 370,60
	III	28 592	–	2 287,36	2 573,28	III	28 592	–	2 150,88	2 419,74	–	2 017,44	2 269,62	–	1 886,88	2 122,74	–	1 759,20	1 979,10	–	1 634,56	1 838,88	–	1 512,80	1 701,90
	V	43 344	2 383,92	3 467,52	3 900,96	IV	37 710	2 025,59	2 946,32	3 314,61	1 977,19	2 875,92	3 235,41	1 928,74	2 805,44	3 156,12	1 880,28	2 734,96	3 076,83	1 831,83	2 664,48	2 997,54	1 783,43	2 594,08	2 918,34
	VI	43 779	2 407,84	3 502,32	3 940,11																				
124 559,99 Ost	I,IV	37 868	2 082,74	3 029,44	3 408,12	I	37 868	1 985,83	2 888,48	3 249,54	1 888,97	2 747,60	3 091,05	1 792,06	2 606,64	2 932,47	1 650,05	2 465,76	2 773,98	1 440,37	2 324,80	2 615,40	1 230,81	2 183,92	2 456,91
	II	37 066	2 038,63	2 965,28	3 335,94	II	37 066	1 941,77	2 824,40	3 177,45	1 844,86	2 683,44	3 018,87	1 748,01	2 542,56	2 860,38	1 554,61	2 401,60	2 701,80	1 345,05	2 260,72	2 543,31	1 135,37	2 119,76	2 384,73
	III	28 746	–	2 299,68	2 587,14	III	28 746	–	2 163,04	2 433,42	–	2 029,28	2 282,94	–	1 898,40	2 135,70	–	1 770,56	1 991,88	–	1 645,60	1 851,30	–	1 523,52	1 713,96
	V	43 501	2 392,55	3 480,08	3 915,09	IV	37 868	2 034,28	2 958,96	3 328,83	1 985,83	2 888,48	3 249,54	1 937,37	2 818,–	3 170,25	1 888,97	2 747,60	3 091,05	1 840,52	2 677,12	3 011,76	1 792,06	2 606,64	2 932,47
	VI	43 937	2 416,53	3 514,96	3 954,33																				

Abzüge an Lohnsteuer, Solidaritätszuschlag (SolZ) und Kirchensteuer (8%, 9%) in den Steuerklassen

* Die ausgewiesenen Tabellenwerte sind amtlich. Siehe Erläuterungen auf der Umschlaginnenseite (U2).

Abzüge an Lohnsteuer, Solidaritätszuschlag (SolZ) und Kirchensteuer (8%, 9%) in den Steuerklassen

Lohn/Gehalt bis €*	I – VI					I, II, III, IV		mit Zahl der Kinderfreibeträge . . .																	
			ohne Kinderfreibeträge					0,5			1			1,5			2			2,5			3		
		LSt	SolZ	8%	9%		LSt	SolZ	8%	9%	SolZ	8%	9%	SolZ	8%	9%	SolZ	8%	9%	SolZ	8%	9%	SolZ	8%	9%
124 595,99 West	I,IV	37 725	2 074,87	3 018,—	3 395,25	I	37 725	1 978,02	2 877,12	3 236,76	1 881,11	2 736,16	3 078,18	1 784,25	2 595,28	2 919,69	1 633,03	2 454,32	2 761,11	1 423,47	2 313,44	2 602,62	1 213,80	2 172,48	2 444,04
	II	36 924	2 030,82	2 953,92	3 323,16	II	36 924	1 933,91	2 812,96	3 164,58	1 837,05	2 672,08	3 006,09	1 740,14	2 531,12	2 847,51	1 537,71	2 390,24	2 689,02	1 328,04	2 249,28	2 530,44	1 118,48	2 108,40	2 371,95
	III	28 606	—	2 288,48	2 574,54	III	28 606	—	2 152,—	2 421,—	—	2 018,56	2 270,88	—	1 888,—	2 124,—	—	1 760,32	1 980,36	—	1 635,52	1 839,96	—	1 513,76	1 702,98
	V	43 359	2 384,74	3 468,72	3 902,31	IV	37 725	2 026,42	2 947,52	3 315,96	1 978,02	2 877,12	3 236,76	1 929,56	2 806,64	3 157,47	1 881,11	2 736,16	3 078,18	1 832,71	2 665,76	2 998,98	1 784,25	2 595,28	2 919,69
	VI	43 794	2 408,67	3 503,52	3 941,46																				
124 595,99 Ost	I,IV	37 883	2 083,56	3 030,64	3 409,47	I	37 883	1 986,65	2 889,68	3 250,89	1 889,80	2 748,80	3 092,40	1 792,89	2 607,84	2 933,82	1 651,83	2 466,96	2 775,33	1 442,16	2 326,—	2 616,75	1 232,60	2 185,12	2 458,26
	II	37 081	2 039,45	2 966,48	3 337,29	II	37 081	1 942,60	2 825,60	3 178,80	1 845,69	2 684,64	3 020,22	1 748,83	2 543,76	2 861,73	1 556,40	2 402,80	2 703,15	1 346,84	2 261,92	2 544,66	1 137,16	2 120,96	2 386,08
	III	28 762	—	2 300,96	2 588,58	III	28 762	—	2 164,16	2 434,68	—	2 030,40	2 284,20	—	1 899,52	2 136,96	—	1 771,68	1 993,14	—	1 646,72	1 852,56	—	1 524,64	1 715,22
	V	43 517	2 393,43	3 481,36	3 916,53	IV	37 883	2 035,11	2 960,16	3 330,18	1 986,65	2 889,68	3 250,89	1 938,20	2 819,20	3 171,60	1 889,80	2 748,80	3 092,40	1 841,34	2 678,32	3 013,11	1 792,89	2 607,84	2 933,82
	VI	43 952	2 417,36	3 516,16	3 955,68																				
124 631,99 West	I,IV	37 740	2 075,70	3 019,20	3 396,60	I	37 740	1 978,84	2 878,32	3 238,11	1 881,93	2 737,36	3 079,53	1 785,08	2 596,48	2 921,04	1 634,82	2 455,52	2 762,46	1 425,26	2 314,64	2 603,97	1 215,58	2 173,68	2 445,39
	II	36 939	2 031,64	2 955,12	3 324,51	II	36 939	1 934,73	2 814,16	3 165,93	1 837,88	2 673,28	3 007,44	1 741,02	2 532,40	2 848,95	1 539,50	2 391,44	2 690,37	1 329,94	2 250,56	2 531,88	1 120,26	2 109,60	2 373,30
	III	28 622	—	2 289,76	2 575,98	III	28 622	—	2 153,28	2 422,44	—	2 019,68	2 272,14	—	1 889,12	2 125,26	—	1 761,44	1 981,62	—	1 636,64	1 841,22	—	1 514,88	1 704,24
	V	43 374	2 385,57	3 469,92	3 903,66	IV	37 740	2 027,30	2 948,80	3 317,40	1 978,84	2 878,32	3 238,11	1 930,39	2 807,84	3 158,82	1 881,93	2 737,36	3 079,53	1 833,53	2 666,96	3 000,33	1 785,08	2 596,48	2 921,04
	VI	43 809	2 409,49	3 504,72	3 942,81																				
124 631,99 Ost	I,IV	37 898	2 084,39	3 031,84	3 410,82	I	37 898	1 987,48	2 890,88	3 252,24	1 890,62	2 750,—	3 093,75	1 793,71	2 609,04	2 935,17	1 653,62	2 468,16	2 776,68	1 443,94	2 327,20	2 618,10	1 234,38	2 186,32	2 459,61
	II	37 096	2 040,28	2 967,68	3 338,64	II	37 096	1 943,42	2 826,80	3 180,15	1 846,57	2 685,92	3 021,66	1 749,66	2 544,96	2 863,08	1 558,30	2 404,08	2 704,59	1 348,62	2 263,12	2 546,01	1 139,06	2 122,24	2 387,52
	III	28 776	—	2 302,08	2 589,84	III	28 776	—	2 165,28	2 435,94	—	2 031,52	2 285,46	—	1 900,64	2 138,22	—	1 772,64	1 994,22	—	1 647,68	1 853,64	—	1 525,60	1 716,30
	V	43 532	2 394,26	3 482,56	3 917,88	IV	37 898	2 035,93	2 961,36	3 331,53	1 987,48	2 890,88	3 252,24	1 939,08	2 820,48	3 173,04	1 890,62	2 750,—	3 093,75	1 842,17	2 679,52	3 014,46	1 793,71	2 609,04	2 935,17
	VI	43 967	2 418,18	3 517,36	3 957,03																				
124 667,99 West	I,IV	37 755	2 076,52	3 020,40	3 397,95	I	37 755	1 979,67	2 879,52	3 239,46	1 882,76	2 738,56	3 080,88	1 785,90	2 597,68	2 922,39	1 636,72	2 456,80	2 763,90	1 427,04	2 315,84	2 605,32	1 217,48	2 174,96	2 446,83
	II	36 954	2 032,47	2 956,32	3 325,86	II	36 954	1 935,61	2 815,44	3 167,37	1 838,70	2 674,48	3 008,79	1 741,85	2 533,60	2 850,30	1 541,28	2 392,64	2 691,72	1 331,72	2 251,76	2 533,23	1 122,05	2 110,80	2 374,65
	III	28 636	—	2 290,88	2 577,24	III	28 636	—	2 154,40	2 423,70	—	2 020,80	2 273,40	—	1 890,24	2 126,52	—	1 762,40	1 982,70	—	1 637,76	1 842,48	—	1 515,84	1 705,32
	V	43 389	2 386,39	3 471,12	3 905,01	IV	37 755	2 028,12	2 950,—	3 318,75	1 979,67	2 879,52	3 239,46	1 931,21	2 809,04	3 160,17	1 882,76	2 738,56	3 080,88	1 834,36	2 668,16	3 001,68	1 785,90	2 597,68	2 922,39
	VI	43 824	2 410,32	3 505,92	3 944,16																				
124 667,99 Ost	I,IV	37 913	2 085,21	3 033,04	3 412,17	I	37 913	1 988,30	2 892,08	3 253,59	1 891,45	2 751,20	3 095,10	1 794,59	2 610,32	2 936,61	1 655,40	2 469,36	2 778,03	1 445,85	2 328,48	2 619,54	1 236,17	2 187,52	2 460,96
	II	37 112	2 041,16	2 968,96	3 340,08	II	37 112	1 944,25	2 828,—	3 181,50	1 847,39	2 687,12	3 023,01	1 750,48	2 546,16	2 864,43	1 560,09	2 405,28	2 705,94	1 350,41	2 264,32	2 547,36	1 140,85	2 123,44	2 388,87
	III	28 792	—	2 303,36	2 591,28	III	28 792	—	2 166,56	2 437,38	—	2 032,64	2 286,72	—	1 901,76	2 139,48	—	1 773,76	1 995,48	—	1 648,80	1 854,90	—	1 526,72	1 717,56
	V	43 547	2 395,08	3 483,76	3 919,23	IV	37 913	2 036,76	2 962,56	3 332,88	1 988,30	2 892,08	3 253,59	1 939,90	2 821,68	3 174,39	1 891,45	2 751,20	3 095,10	1 842,99	2 680,72	3 015,81	1 794,59	2 610,32	2 936,61
	VI	43 982	2 419,01	3 518,56	3 958,38																				
124 703,99 West	I,IV	37 771	2 077,40	3 021,68	3 399,39	I	37 771	1 980,49	2 880,72	3 240,81	1 883,64	2 739,84	3 082,32	1 786,73	2 598,88	2 923,74	1 638,51	2 458,—	2 765,25	1 428,83	2 317,04	2 606,67	1 219,27	2 176,16	2 448,18
	II	36 969	2 033,29	2 957,52	3 327,21	II	36 969	1 936,44	2 816,64	3 168,72	1 839,53	2 675,68	3 010,14	1 742,67	2 534,80	2 851,65	1 543,07	2 393,84	2 693,07	1 333,51	2 252,96	2 534,58	1 123,83	2 112,—	2 376,—
	III	28 652	—	2 292,16	2 578,68	III	28 652	—	2 155,52	2 424,96	—	2 021,92	2 274,66	—	1 891,36	2 127,78	—	1 763,52	1 983,96	—	1 638,72	1 843,56	—	1 516,96	1 706,58
	V	43 404	2 387,22	3 472,32	3 906,36	IV	37 771	2 028,95	2 951,20	3 320,10	1 980,49	2 880,72	3 240,81	1 932,04	2 810,24	3 161,52	1 883,64	2 739,84	3 082,32	1 835,18	2 669,36	3 003,03	1 786,73	2 598,88	2 923,74
	VI	43 840	2 411,20	3 507,20	3 945,60																				
124 703,99 Ost	I,IV	37 928	2 086,04	3 034,24	3 413,52	I	37 928	1 989,18	2 893,36	3 255,03	1 892,27	2 752,40	3 096,45	1 795,42	2 611,52	2 937,96	1 657,19	2 470,56	2 779,38	1 447,63	2 329,68	2 620,89	1 237,95	2 188,72	2 462,31
	II	37 127	2 041,98	2 970,16	3 341,43	II	37 127	1 945,07	2 829,20	3 182,85	1 848,22	2 688,32	3 024,36	1 751,31	2 547,36	2 865,78	1 561,87	2 406,48	2 707,29	1 352,19	2 265,52	2 548,71	1 142,63	2 124,64	2 390,22
	III	28 806	—	2 304,48	2 592,54	III	28 806	—	2 167,68	2 438,64	—	2 033,76	2 287,98	—	1 902,88	2 140,74	—	1 774,88	1 996,74	—	1 649,92	1 856,16	—	1 527,68	1 718,64
	V	43 562	2 395,91	3 484,96	3 920,58	IV	37 928	2 037,58	2 963,76	3 334,23	1 989,18	2 893,36	3 255,03	1 940,73	2 822,88	3 175,74	1 892,27	2 752,40	3 096,45	1 843,82	2 681,92	3 017,16	1 795,42	2 611,52	2 937,96
	VI	43 997	2 419,83	3 519,76	3 959,73																				
124 739,99 West	I,IV	37 786	2 078,23	3 022,88	3 400,74	I	37 786	1 981,32	2 881,92	3 242,16	1 884,46	2 741,04	3 083,67	1 787,55	2 600,08	2 925,09	1 640,29	2 459,20	2 766,60	1 430,61	2 318,24	2 608,02	1 221,05	2 177,36	2 449,53
	II	36 984	2 034,12	2 958,72	3 328,56	II	36 984	1 937,26	2 817,84	3 170,07	1 840,35	2 676,88	3 011,49	1 743,50	2 536,—	2 853,—	1 544,85	2 395,04	2 694,42	1 335,29	2 254,16	2 535,93	1 125,62	2 113,20	2 377,35
	III	28 666	—	2 293,28	2 579,94	III	28 666	—	2 156,64	2 426,22	—	2 023,04	2 275,92	—	1 892,32	2 128,86	—	1 764,64	1 985,22	—	1 639,84	1 844,82	—	1 517,92	1 707,66
	V	43 420	2 388,10	3 473,60	3 907,80	IV	37 786	2 029,77	2 952,40	3 321,45	1 981,32	2 881,92	3 242,16	1 932,86	2 811,44	3 162,87	1 884,46	2 741,04	3 083,67	1 836,01	2 670,56	3 004,38	1 787,55	2 600,08	2 925,09
	VI	43 855	2 412,02	3 508,40	3 946,95																				
124 739,99 Ost	I,IV	37 943	2 086,86	3 035,44	3 414,87	I	37 943	1 990,01	2 894,56	3 256,38	1 893,10	2 753,60	3 097,80	1 796,24	2 612,72	2 939,31	1 658,97	2 471,76	2 780,73	1 449,42	2 330,88	2 622,24	1 239,74	2 189,92	2 463,66
	II	37 142	2 042,81	2 971,36	3 342,78	II	37 142	1 945,90	2 830,40	3 184,20	1 849,04	2 689,52	3 025,71	1 752,13	2 548,56	2 867,13	1 563,66	2 407,68	2 708,64	1 353,98	2 266,72	2 550,06	1 144,42	2 125,84	2 391,57
	III	28 820	—	2 305,60	2 593,80	III	28 820	—	2 168,80	2 439,90	—	2 034,88	2 289,24	—	1 904,—	2 142,—	—	1 776,—	1 998,—	—	1 650,88	1 857,24	—	1 528,80	1 719,90
	V	43 577	2 396,73	3 486,16	3 921,93	IV	37 943	2 038,41	2 964,96	3 335,58	1 990,01	2 894,56	3 256,38	1 941,55	2 824,08	3 177,09	1 893,10	2 753,60	3 097,80	1 844,64	2 683,12	3 018,51	1 796,24	2 612,72	2 939,31
	VI	44 012	2 420,66	3 520,96	3 961,08																				
124 775,99 West	I,IV	37 801	2 079,05	3 024,08	3 402,09	I	37 801	1 982,14	2 883,12	3 243,51	1 885,29	2 742,24	3 085,02	1 788,38	2 601,28	2 926,44	1 642,08	2 460,40	2 767,95	1 432,40	2 319,44	2 609,37	1 222,84	2 178,56	2 450,88
	II	36 999	2 034,94	2 959,92	3 329,91	II	36 999	1 938,09	2 819,04	3 171,42	1 841,18	2 678,08	3 012,84	1 744,32	2 537,20	2 854,35	1 546,76	2 396,32	2 695,86	1 337,08	2 255,36	2 537,28	1 127,52	2 114,48	2 378,79
	III	28 680	—	2 294,40	2 581,20	III	28 680	—	2 157,92	2 427,66	—	2 024,16	2 277,18	—	1 893,44	2 130,12	—	1 765,76	1 986,48	—	1 640,96	1 846,08	—	1 519,04	1 708,92
	V	43 435	2 388,92	3 474,80	3 909,15	IV	37 801	2 030,60	2 953,60	3 322,80	1 982,14	2 883,12	3 243,51	1 933,74	2 812,72	3 164,31	1 885,29	2 742,24	3 085,02	1 836,83	2 671,76	3 005,73	1 788,38	2 601,28	2 926,44
	VI	43 870	2 412,85	3 509,60	3 948,30																				
124 775,99 Ost	I,IV	37 958	2 087,69	3 036,64	3 416,22	I	37 958	1 990,83	2 895,76	3 257,73	1 893,92	2 754,80	3 099,15	1 797,07	2 613,92	2 940,66	1 660,76	2 472,96	2 782,08	1 451,20	2 332,08	2 623,59	1 241,52	2 191,12	2 465,01
	II	37 157	2 043,63	2 972,56	3 344,13	II	37 157	1 946,72	2 831,60	3 185,55	1 849,87	2 690,72	3 027,06	1 753,01	2 549,84	2 868,57	1 565,44	2 408,88	2 709,99	1 355,88	2 268,—	2 551,50	1 146,20	2 127,04	2 392,92
	III	28 836	—	2 306,88	2 595,24	III	28 836	—	2 169,92	2 441,16	—	2 036,—	2 290,50	—	1 905,12	2 143,26	—	1 777,12	1 999,26	—	1 652,—	1 858,50	—	1 529,76	1 720,98
	V	43 592	2 397,56	3 487,36	3 923,28	IV	37 958	2 039,29	2 966,24	3 337,02	1 990,83	2 895,76	3 257,73	1 942,38	2 825,28	3 178,44	1 893,92	2 754,80	3 099,15	1 845,52	2 684,40	3 019,95	1 797,07	2 613,92	2 940,66
	VI	44 027	2 421,48	3 522,16	3 962,43																				
124 811,99 West	I,IV	37 816	2 079,88	3 025,28	3 403,44	I	37 816	1 982,97	2 884,32	3 244,86	1 886,11	2 743,44	3 086,37	1 789,20	2 602,48	2 927,79	1 643,86	2 461,60	2 769,30	1 434,30	2 320,72	2 610,81	1 224,62	2 179,76	2 452,23
	II	37 015	2 035,82	2 961,20	3 331,35	II	37 015	1 938,91	2 820,24	3 172,77	1 842,06	2 679,36	3 014,28	1 745,15	2 538,40	2 855,70	1 548,54	2 397,52	2 697,21	1 338,86	2 256,56	2 538,63	1 129,31	2 115,68	2 380,14
	III	28 696	—	2 295,68	2 582,64	III	28 696	—	2 159,04	2 428,92	—	2 025,28	2 278,44	—	1 894,56	2 131,38	—	1 766,88	1 987,74	—	1 641,92	1 847,16	—	1 520,—	1 710,—
	V	43 450	2 389,75	3 476,—	3 910,50	IV	37 816	2 031,42	2 954,80	3 324,15	1 982,97	2 884,32	3 244,86	1 934,57	2 813,92	3 165,66	1 886,11	2 743,44	3 086,37	1 837,66	2 672,96	3 007,08	1 789,20	2 602,48	2 927,79
	VI	43 885	2 413,67	3 510,80	3 949,65																				
124 811,99 Ost	I,IV	37 973	2 088,51	3 037,84	3 417,57	I	37 973	1 991,66	2 896,96	3 259,08	1 894,75	2 756,—	3 100,50	1 797,89	2 615,12	2 942,01	1 662,66	2 474,24	2 783,52	1 452,99	2 333,28	2 624,94	1 243,43	2 192,40	2 466,45
	II	37 172	2 044,46	2 973,76	3 345,48	II	37 172	1 947,60	2 832,88	3 186,99	1 850,69	2 691,92	3 028,41	1 753,84	2 551,04	2 869,92	1 567,23	2 410,08	2 711,34	1 357,67	2 269,20	2 552,85	1 147,99	2 128,24	2 394,27
	III	28 850	—	2 308,—	2 596,50	III	28 850	—	2 171,20	2 442,60	—	2 037,28	2 291,94	—	1 906,24	2 144,52	—	1 778,08	2 000,34	—	1 652,96	1 859,58	—	1 530,88	1 722,24
	V	43 607	2 398,38	3 488,56	3 924,63	IV	37 973	2 040,11	2 967,44	3 338,37	1 991,66	2 896,96	3 259,08	1 943,20	2 826,48	3 179,79	1 894,75	2 756,—	3 100,50	1 846,35	2 685,60	3 021,30	1 797,89	2 615,12	2 942,01
	VI	44 042	2 422,31	3 523,36	3 963,78																				
124 847,99 West	I,IV	37 831	2 080,70	3 026,48	3 404,79	I	37 831	1 983,85	2 885,60	3 246,30	1 886,94	2 744,64	3 087,72	1 790,08	2 603,76	2 929,23	1 645,65	2 462,80	2 770,65	1 436,09	2 321,92	2 612,16	1 226,41	2 180,96	2 453,58
	II	37 030	2 036,65	2 962,40	3 332,70	II	37 030	1 939,74	2 821,44	3 174,12	1 842,88	2 680,56	3 015,63	1 745,97	2 539,60	2 857,05	1 550,33	2 398,72	2 698,56	1 340,65	2 257,76	2 539,98	1 131,09	2 116,88	2 381,49
	III	28 710	—	2 296,80	2 583,90	III	28 710	—	2 160,16	2 430,18	—	2 026,56	2 279,88	—	1 895,68	2 132,64	—	1 767,84	1 988,82	—	1 643,04	1 848,42	—	1 521,12	1 711,26
	V	43 465	2 390,57	3 477,20	3 911,85	IV	37 831	2 032,25	2 956,—	3 325,50	1 983,85	2 885,60	3 246,30	1 935,39	2 815,12	3 167,01	1 886,94	2 744,64	3 087,72	1 838,48	2 674,16	3 008,43	1 790,08	2 603,76	2 929,23
	VI	43 900	2 414,50	3 512,—	3 951,—																				
124 847,99 Ost	I,IV	37 989	2 089,39	3 039,12	3 419,01	I	37 989	1 992,48	2 898,16	3 260,43	1 895,63	2 757,28	3 101,94	1 798,72	2 616,32	2 943,36	1 664,45	2 475,44	2 784,87	1 454,77	2 334,48	2 626,29	1 245,21	2 193,60	2 467,80
	II	37 187	2 045,28	2 974,96	3 346,83	II	37 187	1 948,43	2 834,08	3 188,34	1 851,52	2 693,12	3 029,76	1 754,66	2 552,24	2 871,27	1 569,01	2 411,28	2 712,69	1 359,45	2 270,40	2 554,20	1 149,77	2 129,44	2 395,62
	III	28 866	—	2 309,28	2 597,94	III	28 866	—	2 172,32	2 443,86	—	2 038,40	2 293,20	—	1 907,36	2 145,78	—	1 779,20	2 001,60	—	1 654,08	1 860,84	—	1 531,84	1 723,32
	V	43 622	2 399,21	3 489,76	3 925,98	IV	37 989	2 040,94	2 968,64	3 339,72	1 992,48	2 898,16	3 260,43	1 944,03	2 827,68	3 181,14	1 895,63	2 757,28	3 101,94	1 847,17	2 686,80	3 022,65	1 798,72	2 616,32	2 943,36
	VI	44 058	2 423,19	3 524,64	3 965,22																				

* Die ausgewiesenen Tabellenwerte sind amtlich. Siehe Erläuterungen auf der Umschlaginnenseite (U2).

Lohn/ Gehalt bis €*	I – VI		ohne Kinderfreibeträge			I, II, III, IV		mit Zahl der Kinderfreibeträge . . . 0,5			1			1,5			2			2,5			3		
		LSt	SolZ	8%	9%		LSt	SolZ	8%	9%	SolZ	8%	9%	SolZ	8%	9%	SolZ	8%	9%	SolZ	8%	9%	SolZ	8%	9%
124 883,99 West	I,IV	37 846	2 081,53	3 027,68	3 406,14	I	37 846	1 984,67	2 886,80	3 247,65	1 887,76	2 745,84	3 089,07	1 790,91	2 604,96	2 930,58	1 647,43	2 464,—	2 772,—	1 437,87	2 323,12	2 613,51	1 228,19	2 182,16	2 454,93
	II	37 045	2 037,47	2 963,60	3 334,05	II	37 045	1 940,56	2 822,64	3 175,47	1 843,71	2 681,76	3 016,98	1 746,80	2 540,80	2 858,40	1 552,11	2 399,92	2 699,91	1 342,43	2 258,96	2 541,33	1 132,88	2 118,08	2 382,84
	III	28 726	—	2 298,08	2 585,34	III	28 726	—	2 161,28	2 431,44	—	2 027,68	2 281,14	—	1 896,80	2 133,90	—	1 768,96	1 990,08	—	1 644,—	1 849,50	—	1 522,08	1 712,34
	V	43 480	2 391,40	3 478,40	3 913,20	IV	37 846	2 033,07	2 957,20	3 326,85	1 984,67	2 886,80	3 247,65	1 936,22	2 816,32	3 168,36	1 887,76	2 745,84	3 089,07	1 839,31	2 675,36	3 009,78	1 790,91	2 604,96	2 930,58
	VI	43 915	2 415,32	3 513,20	3 952,35																				
124 883,99 Ost	I,IV	38 004	2 090,22	3 040,32	3 420,36	I	38 004	1 993,31	2 899,36	3 261,78	1 896,45	2 758,48	3 103,29	1 799,54	2 617,52	2 944,71	1 666,23	2 476,64	2 786,22	1 456,56	2 335,68	2 627,64	1 247,—	2 194,80	2 469,15
	II	37 202	2 046,11	2 976,16	3 348,18	II	37 202	1 949,25	2 835,28	3 189,69	1 852,34	2 694,32	3 031,11	1 755,49	2 553,44	2 872,62	1 570,80	2 412,48	2 714,04	1 361,24	2 271,60	2 555,55	1 151,56	2 130,64	2 396,97
	III	28 880	—	2 310,40	2 599,20	III	28 880	—	2 173,44	2 445,12	—	2 039,52	2 294,46	—	1 908,48	2 147,04	—	1 780,32	2 002,86	—	1 655,20	1 862,10	—	1 532,96	1 724,58
	V	43 638	2 400,09	3 491,04	3 927,42	IV	38 004	2 041,76	2 969,84	3 341,07	1 993,31	2 899,36	3 261,78	1 944,85	2 828,88	3 182,49	1 896,45	2 758,48	3 103,29	1 848,—	2 688,—	3 024,—	1 799,54	2 617,52	2 944,71
	VI	44 073	2 424,01	3 525,84	3 966,57																				
124 919,99 West	I,IV	37 861	2 082,35	3 028,88	3 407,49	I	37 861	1 985,50	2 888,—	3 249,—	1 888,59	2 747,04	3 090,42	1 791,73	2 606,16	2 931,93	1 649,22	2 465,20	2 773,35	1 439,66	2 324,32	2 614,86	1 229,98	2 183,36	2 456,28
	II	37 060	2 038,30	2 964,80	3 335,40	II	37 060	1 941,39	2 823,84	3 176,82	1 844,53	2 682,96	3 018,33	1 747,62	2 542,—	2 859,75	1 553,90	2 401,12	2 701,26	1 344,34	2 260,24	2 542,77	1 134,66	2 119,28	2 384,19
	III	28 740	—	2 299,20	2 586,60	III	28 740	—	2 162,56	2 432,88	—	2 028,80	2 282,40	—	1 897,92	2 135,16	—	1 770,08	1 991,34	—	1 645,12	1 850,76	—	1 523,20	1 713,60
	V	43 495	2 392,22	3 479,60	3 914,55	IV	37 861	2 033,95	2 958,48	3 328,29	1 985,50	2 888,—	3 249,—	1 937,04	2 817,52	3 169,71	1 888,59	2 747,04	3 090,42	1 840,19	2 676,64	3 011,22	1 791,73	2 606,16	2 931,93
	VI	43 930	2 416,15	3 514,40	3 953,70																				
124 919,99 Ost	I,IV	38 019	2 091,04	3 041,52	3 421,71	I	38 019	1 994,13	2 900,56	3 263,13	1 897,28	2 759,68	3 104,64	1 800,37	2 618,72	2 946,06	1 668,02	2 477,84	2 787,57	1 458,34	2 336,88	2 628,99	1 248,78	2 196,—	2 470,50
	II	37 217	2 046,93	2 977,36	3 349,53	II	37 217	1 950,08	2 836,48	3 191,04	1 853,17	2 695,52	3 032,46	1 756,31	2 554,64	2 873,97	1 572,70	2 413,76	2 715,48	1 363,02	2 272,80	2 556,90	1 153,46	2 131,92	2 398,41
	III	28 894	—	2 311,52	2 600,46	III	28 894	—	2 174,56	2 446,38	—	2 040,64	2 295,72	—	1 909,60	2 148,30	—	1 781,44	2 004,12	—	1 656,16	1 863,18	—	1 533,92	1 725,66
	V	43 653	2 400,91	3 492,24	3 928,77	IV	38 019	2 042,59	2 971,04	3 342,42	1 994,13	2 900,56	3 263,13	1 945,73	2 830,16	3 183,93	1 897,28	2 759,68	3 104,64	1 848,82	2 689,20	3 025,35	1 800,37	2 618,72	2 946,06
	VI	44 088	2 424,84	3 527,04	3 967,92																				
124 955,99 West	I,IV	37 876	2 083,18	3 030,08	3 408,84	I	37 876	1 986,32	2 889,20	3 250,35	1 889,41	2 748,24	3 091,77	1 792,56	2 607,36	2 933,28	1 651,—	2 466,40	2 774,70	1 441,44	2 325,52	2 616,21	1 231,88	2 184,64	2 457,72
	II	37 075	2 039,12	2 966,—	3 336,75	II	37 075	1 942,27	2 825,12	3 178,26	1 845,36	2 684,16	3 019,68	1 748,50	2 543,28	2 861,19	1 555,68	2 402,32	2 702,61	1 346,12	2 261,44	2 544,12	1 136,45	2 120,48	2 385,54
	III	28 754	—	2 300,32	2 587,86	III	28 754	—	2 163,68	2 434,14	—	2 029,92	2 283,66	—	1 899,04	2 136,42	—	1 771,20	1 992,60	—	1 646,24	1 852,02	—	1 524,16	1 714,68
	V	43 510	2 393,05	3 480,80	3 915,90	IV	37 876	2 034,78	2 959,68	3 329,64	1 986,32	2 889,20	3 250,35	1 937,87	2 818,72	3 171,06	1 889,41	2 748,24	3 091,77	1 841,01	2 677,84	3 012,57	1 792,56	2 607,36	2 933,28
	VI	43 945	2 416,97	3 515,60	3 955,05																				
124 955,99 Ost	I,IV	38 034	2 091,87	3 042,72	3 423,06	I	38 034	1 994,96	2 901,76	3 264,48	1 898,10	2 760,88	3 105,99	1 801,19	2 619,92	2 947,41	1 669,80	2 479,04	2 788,92	1 460,24	2 338,16	2 630,43	1 250,57	2 197,20	2 471,85
	II	37 233	2 047,81	2 978,64	3 350,97	II	37 233	1 950,90	2 837,68	3 192,39	1 854,05	2 696,80	3 033,90	1 757,14	2 555,84	2 875,32	1 574,48	2 414,96	2 716,83	1 364,81	2 274,—	2 558,25	1 155,25	2 133,12	2 399,76
	III	28 910	—	2 312,80	2 601,90	III	28 910	—	2 175,84	2 447,82	—	2 041,76	2 296,98	—	1 910,72	2 149,56	—	1 782,56	2 005,38	—	1 657,28	1 864,44	—	1 535,04	1 726,92
	V	43 668	2 401,74	3 493,44	3 930,12	IV	38 034	2 043,41	2 972,24	3 343,77	1 994,96	2 901,76	3 264,48	1 946,56	2 831,36	3 185,28	1 898,10	2 760,88	3 105,99	1 849,65	2 690,40	3 026,70	1 801,19	2 619,92	2 947,41
	VI	44 103	2 425,66	3 528,24	3 969,27																				
124 991,99 West	I,IV	37 892	2 084,06	3 031,36	3 410,28	I	37 892	1 987,15	2 890,40	3 251,70	1 890,29	2 749,52	3 093,21	1 793,38	2 608,56	2 934,63	1 652,91	2 467,68	2 776,14	1 443,23	2 326,72	2 617,56	1 233,67	2 185,84	2 459,07
	II	37 090	2 039,95	2 967,20	3 338,10	II	37 090	1 943,09	2 826,32	3 179,61	1 846,18	2 685,36	3 021,03	1 749,33	2 544,48	2 862,54	1 557,47	2 403,52	2 703,96	1 347,91	2 262,64	2 545,47	1 138,23	2 121,68	2 386,89
	III	28 770	—	2 301,60	2 589,30	III	28 770	—	2 164,80	2 435,40	—	2 031,04	2 284,92	—	1 900,16	2 137,68	—	1 772,16	1 993,68	—	1 647,20	1 853,10	—	1 525,28	1 715,94
	V	43 525	2 393,87	3 482,—	3 917,25	IV	37 892	2 035,60	2 960,88	3 330,99	1 987,15	2 890,40	3 251,70	1 938,69	2 819,92	3 172,41	1 890,29	2 749,52	3 093,21	1 841,84	2 679,04	3 013,92	1 793,38	2 608,56	2 934,63
	VI	43 961	2 417,85	3 516,88	3 956,49																				
124 991,99 Ost	I,IV	38 049	2 092,69	3 043,92	3 424,41	I	38 049	1 995,84	2 903,04	3 265,92	1 898,93	2 762,08	3 107,34	1 802,07	2 621,20	2 948,85	1 671,59	2 480,24	2 790,27	1 462,03	2 339,36	2 631,78	1 252,35	2 198,40	2 473,20
	II	37 248	2 048,64	2 979,84	3 352,32	II	37 248	1 951,73	2 838,88	3 193,74	1 854,87	2 698,—	3 035,25	1 757,96	2 557,04	2 876,67	1 576,27	2 416,16	2 718,18	1 366,59	2 275,20	2 559,60	1 157,03	2 134,32	2 401,11
	III	28 924	—	2 313,92	2 603,16	III	28 924	—	2 176,96	2 449,08	—	2 042,88	2 298,24	—	1 911,84	2 150,82	—	1 783,52	2 006,46	—	1 658,40	1 865,70	—	1 536,—	1 728,—
	V	43 683	2 402,56	3 494,64	3 931,47	IV	38 049	2 044,24	2 973,44	3 345,12	1 995,84	2 903,04	3 265,92	1 947,38	2 832,56	3 186,63	1 898,93	2 762,08	3 107,34	1 850,47	2 691,60	3 028,05	1 802,07	2 621,20	2 948,85
	VI	44 118	2 426,49	3 529,44	3 970,62																				
125 027,99 West	I,IV	37 907	2 084,88	3 032,56	3 411,63	I	37 907	1 987,97	2 891,60	3 253,05	1 891,12	2 750,72	3 094,56	1 794,21	2 609,76	2 935,98	1 654,69	2 468,88	2 777,49	1 445,01	2 327,92	2 618,91	1 235,45	2 187,04	2 460,42
	II	37 105	2 040,77	2 968,40	3 339,45	II	37 105	1 943,92	2 827,52	3 180,96	1 847,01	2 686,56	3 022,38	1 750,15	2 545,68	2 863,89	1 559,25	2 404,72	2 705,31	1 349,69	2 263,84	2 546,82	1 140,02	2 122,88	2 388,24
	III	28 784	—	2 302,72	2 590,56	III	28 784	—	2 165,92	2 436,66	—	2 032,16	2 286,18	—	1 901,28	2 138,94	—	1 773,28	1 994,94	—	1 648,32	1 854,36	—	1 526,24	1 717,02
	V	43 541	2 394,75	3 483,28	3 918,69	IV	37 907	2 036,43	2 962,08	3 332,34	1 987,97	2 891,60	3 253,05	1 939,52	2 821,12	3 173,76	1 891,12	2 750,72	3 094,56	1 842,66	2 680,24	3 015,27	1 794,21	2 609,76	2 935,98
	VI	43 976	2 418,68	3 518,08	3 957,84																				
125 027,99 Ost	I,IV	38 064	2 093,52	3 045,12	3 425,76	I	38 064	1 996,66	2 904,24	3 267,27	1 899,75	2 763,28	3 108,69	1 802,90	2 622,40	2 950,20	1 673,37	2 481,44	2 791,62	1 463,81	2 340,56	2 633,13	1 254,14	2 199,60	2 474,55
	II	37 263	2 049,46	2 981,04	3 353,67	II	37 263	1 952,55	2 840,08	3 195,09	1 855,70	2 699,20	3 036,60	1 758,79	2 558,24	2 878,02	1 578,05	2 417,36	2 719,53	1 368,38	2 276,40	2 560,95	1 158,82	2 135,52	2 402,46
	III	28 940	—	2 315,20	2 604,60	III	28 940	—	2 178,08	2 450,34	—	2 044,—	2 299,50	—	1 912,96	2 152,08	—	1 784,64	2 007,72	—	1 659,36	1 866,78	—	1 537,12	1 729,26
	V	43 698	2 403,39	3 495,84	3 932,82	IV	38 064	2 045,06	2 974,64	3 346,47	1 996,66	2 904,24	3 267,27	1 948,21	2 833,76	3 187,98	1 899,75	2 763,28	3 108,69	1 851,30	2 692,80	3 029,40	1 802,90	2 622,40	2 950,20
	VI	44 133	2 427,31	3 530,64	3 971,97																				
125 063,99 West	I,IV	37 922	2 085,71	3 033,76	3 412,98	I	37 922	1 988,80	2 892,80	3 254,40	1 891,94	2 751,92	3 095,91	1 795,03	2 610,96	2 937,33	1 656,48	2 470,08	2 778,84	1 446,80	2 329,12	2 620,26	1 237,24	2 188,24	2 461,77
	II	37 120	2 041,60	2 969,60	3 340,80	II	37 120	1 944,74	2 828,72	3 182,31	1 847,83	2 687,76	3 023,73	1 750,98	2 546,88	2 865,24	1 561,04	2 405,92	2 706,66	1 351,48	2 265,04	2 548,17	1 141,92	2 124,16	2 389,68
	III	28 800	—	2 304,—	2 592,—	III	28 800	—	2 167,20	2 438,10	—	2 033,28	2 287,44	—	1 902,40	2 140,20	—	1 774,40	1 996,20	—	1 649,44	1 855,62	—	1 527,20	1 718,10
	V	43 556	2 395,58	3 484,48	3 920,04	IV	37 922	2 037,25	2 963,28	3 333,69	1 988,80	2 892,80	3 254,40	1 940,40	2 822,40	3 175,20	1 891,94	2 751,92	3 095,91	1 843,49	2 681,44	3 016,62	1 795,03	2 610,96	2 937,33
	VI	43 991	2 419,50	3 519,28	3 959,19																				
125 063,99 Ost	I,IV	38 079	2 094,34	3 046,32	3 427,11	I	38 079	1 997,49	2 905,44	3 268,62	1 900,58	2 764,48	3 110,04	1 803,72	2 623,60	2 951,55	1 675,16	2 482,64	2 792,97	1 465,60	2 341,76	2 634,48	1 255,92	2 200,80	2 475,90
	II	37 278	2 050,29	2 982,24	3 355,02	II	37 278	1 953,38	2 841,28	3 196,44	1 856,52	2 700,40	3 037,95	1 759,61	2 559,44	2 879,37	1 579,84	2 418,56	2 720,88	1 370,28	2 277,68	2 562,39	1 160,60	2 136,72	2 403,81
	III	28 954	—	2 316,32	2 605,86	III	28 954	—	2 179,36	2 451,78	—	2 045,12	2 300,76	—	1 913,92	2 153,16	—	1 785,76	2 008,98	—	1 660,48	1 868,04	—	1 538,08	1 730,34
	V	43 713	2 404,21	3 497,04	3 934,17	IV	38 079	2 045,94	2 975,92	3 347,91	1 997,49	2 905,44	3 268,62	1 949,03	2 834,96	3 189,33	1 900,58	2 764,48	3 110,04	1 852,18	2 694,08	3 030,84	1 803,72	2 623,60	2 951,55
	VI	44 148	2 428,14	3 531,84	3 973,32																				
125 099,99 West	I,IV	37 937	2 086,53	3 034,96	3 414,33	I	37 937	1 989,62	2 894,—	3 255,75	1 892,77	2 753,12	3 097,26	1 795,86	2 612,16	2 938,68	1 658,26	2 471,28	2 780,19	1 448,58	2 330,32	2 621,61	1 239,02	2 189,44	2 463,12
	II	37 136	2 042,48	2 970,88	3 342,24	II	37 136	1 945,57	2 829,92	3 183,66	1 848,71	2 689,04	3 025,17	1 751,80	2 548,08	2 866,59	1 562,94	2 407,20	2 708,10	1 353,26	2 266,24	2 549,52	1 143,70	2 125,36	2 391,03
	III	28 814	—	2 305,12	2 593,26	III	28 814	—	2 168,32	2 439,36	—	2 034,40	2 288,70	—	1 903,52	2 141,46	—	1 775,52	1 997,46	—	1 650,40	1 856,70	—	1 528,32	1 719,36
	V	43 571	2 396,40	3 485,68	3 921,39	IV	37 937	2 038,08	2 964,48	3 335,04	1 989,62	2 894,—	3 255,75	1 941,22	2 823,60	3 176,55	1 892,77	2 753,12	3 097,26	1 844,31	2 682,64	3 017,97	1 795,86	2 612,16	2 938,68
	VI	44 006	2 420,33	3 520,48	3 960,54																				
125 099,99 Ost	I,IV	38 094	2 095,17	3 047,52	3 428,46	I	38 094	1 998,31	2 906,64	3 269,97	1 901,40	2 765,68	3 111,39	1 804,55	2 624,80	2 952,90	1 676,94	2 483,84	2 794,32	1 467,38	2 342,96	2 635,83	1 257,83	2 202,08	2 477,34
	II	37 293	2 051,11	2 983,44	3 356,37	II	37 293	1 954,26	2 842,56	3 197,88	1 857,35	2 701,60	3 039,30	1 760,49	2 560,72	2 880,81	1 581,62	2 419,76	2 722,23	1 372,07	2 278,88	2 563,74	1 162,39	2 137,92	2 405,16
	III	28 970	—	2 317,60	2 607,30	III	28 970	—	2 180,48	2 453,04	—	2 046,24	2 302,02	—	1 915,04	2 154,42	—	1 786,88	2 010,24	—	1 661,60	1 869,30	—	1 539,20	1 731,60
	V	43 728	2 405,04	3 498,24	3 935,52	IV	38 094	2 046,77	2 977,12	3 349,26	1 998,31	2 906,64	3 269,97	1 949,86	2 836,16	3 190,68	1 901,40	2 765,68	3 111,39	1 853,—	2 695,28	3 032,19	1 804,55	2 624,80	2 952,90
	VI	44 163	2 428,96	3 533,04	3 974,67																				
125 135,99 West	I,IV	37 952	2 087,36	3 036,16	3 415,68	I	37 952	1 990,50	2 895,28	3 257,19	1 893,59	2 754,32	3 098,61	1 796,74	2 613,44	2 940,12	1 660,05	2 472,48	2 781,54	1 450,49	2 331,60	2 623,05	1 240,81	2 190,64	2 464,47
	II	37 151	2 043,30	2 972,08	3 343,59	II	37 151	1 946,39	2 831,12	3 185,01	1 849,54	2 690,24	3 026,52	1 752,63	2 549,28	2 867,94	1 564,73	2 408,40	2 709,45	1 355,05	2 267,44	2 550,87	1 145,49	2 126,56	2 392,38
	III	28 828	—	2 306,24	2 594,52	III	28 828	—	2 169,44	2 440,62	—	2 035,52	2 289,96	—	1 904,64	2 142,72	—	1 776,64	1 998,72	—	1 651,52	1 857,96	—	1 529,28	1 720,44
	V	43 586	2 397,23	3 486,88	3 922,74	IV	37 952	2 038,90	2 965,68	3 336,39	1 990,50	2 895,28	3 257,19	1 942,05	2 824,80	3 177,90	1 893,59	2 754,32	3 098,61	1 845,14	2 683,84	3 019,32	1 796,74	2 613,44	2 940,12
	VI	44 021	2 421,15	3 521,68	3 961,89																				
125 135,99 Ost	I,IV	38 110	2 096,05	3 048,80	3 429,90	I	38 110	1 999,14	2 907,84	3 271,32	1 902,28	2 766,96	3 112,83	1 805,37	2 626,—	2 954,25	1 678,85	2 485,12	2 795,76	1 469,17	2 344,16	2 637,18	1 259,61	2 203,28	2 478,69
	II	37 308	2 051,94	2 984,64	3 357,72	II	37 308	1 955,08	2 843,76	3 199,23	1 858,17	2 702,80	3 040,65	1 761,32	2 561,92	2 882,16	1 583,41	2 420,96	2 723,58	1 373,85	2 280,08	2 565,09	1 164,17	2 139,12	2 406,51
	III	28 984	—	2 318,72	2 608,56	III	28 984	—	2 181,60	2 454,30	—	2 047,52	2 303,46	—	1 916,16	2 155,68	—	1 788,—	2 011,50	—	1 662,56	1 870,38	—	1 540,16	1 732,68
	V	43 743	2 405,86	3 499,44	3 936,87	IV	38 110	2 047,59	2 978,32	3 350,61	1 999,14	2 907,84	3 271,32	1 950,68	2 837,36	3 192,03	1 902,28	2 766,96	3 112,83	1 853,83	2 696,48	3 033,54	1 805,37	2 626,—	2 954,25
	VI	44 178	2 429,79	3 534,24	3 976,02																				

Abzüge an Lohnsteuer, Solidaritätszuschlag (SolZ) und Kirchensteuer (8%, 9%) in den Steuerklassen

* Die ausgewiesenen Tabellenwerte sind amtlich. Siehe Erläuterungen auf der Umschlaginnenseite (U2).

Abzüge an Lohnsteuer, Solidaritätszuschlag (SolZ) und Kirchensteuer (8%, 9%) in den Steuerklassen

Lohn/ Gehalt bis €*	I – VI		ohne Kinderfreibeträge			I, II, III, IV		mit Zahl der Kinderfreibeträge . . . 0,5			1			1,5			2			2,5			3		
		LSt	SolZ	8%	9%		LSt	SolZ	8%	9%	SolZ	8%	9%	SolZ	8%	9%	SolZ	8%	9%	SolZ	8%	9%	SolZ	8%	9%
125 171,99 West	I,IV	37 967	2 088,18	3 037,36	3 417,03	I	37 967	1 991,33	2 896,48	3 258,54	1 894,42	2 755,52	3 099,96	1 797,56	2 614,64	2 941,47	1 661,83	2 473,68	2 782,89	1 452,27	2 332,80	2 624,40	1 242,59	2 191,84	2 465,82
	II	37 166	2 044,13	2 973,28	3 344,94	II	37 166	1 947,22	2 832,32	3 186,36	1 850,36	2 691,44	3 027,87	1 753,45	2 550,48	2 869,29	1 566,51	2 409,60	2 710,80	1 356,83	2 268,64	2 552,22	1 147,27	2 127,76	2 393,73
	III	28 844	–	2 307,52	2 595,96	III	28 844	–	2 170,56	2 441,88	–	2 036,64	2 291,22	–	1 905,76	2 143,98	–	1 777,60	1 999,80	–	1 652,48	1 859,04	–	1 530,40	1 721,70
	V	43 601	2 398,05	3 488,08	3 924,09	IV	37 967	2 039,73	2 966,88	3 337,74	1 991,33	2 896,48	3 258,54	1 942,87	2 826,–	3 179,25	1 894,42	2 755,52	3 099,96	1 845,96	2 685,04	3 020,67	1 797,56	2 614,64	2 941,47
	VI	44 036	2 421,98	3 522,88	3 963,24																				
125 171,99 Ost	I,IV	38 125	2 096,87	3 050,–	3 431,25	I	38 125	1 999,96	2 909,04	3 272,67	1 903,11	2 768,16	3 114,18	1 806,20	2 627,20	2 955,60	1 680,63	2 486,32	2 797,11	1 470,95	2 345,36	2 638,53	1 261,40	2 204,48	2 480,04
	II	37 323	2 052,76	2 985,84	3 359,07	II	37 323	1 955,91	2 844,96	3 200,58	1 859,–	2 704,–	3 042,–	1 762,14	2 563,12	2 883,51	1 585,19	2 422,16	2 724,93	1 375,64	2 281,28	2 566,44	1 165,96	2 140,32	2 407,86
	III	28 998	–	2 319,84	2 609,82	III	28 998	–	2 182,72	2 455,56	–	2 048,64	2 304,72	–	1 917,28	2 156,94	–	1 788,96	2 012,58	–	1 663,68	1 871,64	–	1 541,28	1 733,94
	V	43 758	2 406,69	3 500,64	3 938,22	IV	38 125	2 048,42	2 979,52	3 351,96	1 999,96	2 909,04	3 272,67	1 951,51	2 838,56	3 193,38	1 903,11	2 768,16	3 114,18	1 854,65	2 697,68	3 034,89	1 806,20	2 627,20	2 955,60
	VI	44 194	2 430,67	3 535,52	3 977,46																				
125 207,99 West	I,IV	37 982	2 089,01	3 038,56	3 418,38	I	37 982	1 992,15	2 897,68	3 259,89	1 895,24	2 756,72	3 101,31	1 798,39	2 615,84	2 942,82	1 663,62	2 474,88	2 784,24	1 454,06	2 334,–	2 625,75	1 244,38	2 193,04	2 467,17
	II	37 181	2 044,95	2 974,48	3 346,29	II	37 181	1 948,04	2 833,52	3 187,71	1 851,19	2 692,64	3 029,22	1 754,28	2 551,68	2 870,64	1 568,30	2 410,80	2 712,15	1 358,62	2 269,84	2 553,57	1 149,06	2 128,96	2 395,08
	III	28 858	–	2 308,64	2 597,22	III	28 858	–	2 171,84	2 443,32	–	2 037,92	2 292,66	–	1 906,88	2 145,24	–	1 778,72	2 001,06	–	1 653,60	1 860,30	–	1 531,36	1 722,78
	V	43 616	2 398,88	3 489,28	3 925,44	IV	37 982	2 040,61	2 968,16	3 339,18	1 992,15	2 897,68	3 259,89	1 943,70	2 827,20	3 180,60	1 895,24	2 756,72	3 101,31	1 846,84	2 686,32	3 022,11	1 798,39	2 615,84	2 942,82
	VI	44 051	2 422,80	3 524,08	3 964,59																				
125 207,99 Ost	I,IV	38 140	2 097,70	3 051,20	3 432,60	I	38 140	2 000,79	2 910,24	3 274,02	1 903,93	2 769,36	3 115,53	1 807,02	2 628,40	2 956,95	1 682,42	2 487,52	2 798,46	1 472,74	2 346,56	2 639,88	1 263,18	2 205,68	2 481,39
	II	37 338	2 053,59	2 987,04	3 360,42	II	37 338	1 956,73	2 846,16	3 201,93	1 859,82	2 705,20	3 043,35	1 762,97	2 564,32	2 884,86	1 586,98	2 423,36	2 726,28	1 377,42	2 282,48	2 567,79	1 167,86	2 141,60	2 409,30
	III	29 014	–	2 321,12	2 611,26	III	29 014	–	2 184,–	2 457,–	–	2 049,76	2 305,98	–	1 918,40	2 158,20	–	1 790,08	2 013,84	–	1 664,64	1 872,72	–	1 542,24	1 735,02
	V	43 774	2 407,57	3 501,92	3 939,66	IV	38 140	2 049,24	2 980,72	3 353,31	2 000,79	2 910,24	3 274,02	1 952,39	2 839,84	3 194,82	1 903,93	2 769,36	3 115,53	1 855,48	2 698,88	3 036,24	1 807,02	2 628,40	2 956,95
	VI	44 209	2 431,49	3 536,72	3 978,81																				
125 243,99 West	I,IV	37 997	2 089,83	3 039,76	3 419,73	I	37 997	1 992,98	2 898,88	3 261,24	1 896,07	2 757,92	3 102,66	1 799,21	2 617,04	2 944,17	1 665,40	2 476,08	2 785,59	1 455,84	2 335,20	2 627,10	1 246,16	2 194,24	2 468,52
	II	37 196	2 045,78	2 975,68	3 347,64	II	37 196	1 948,92	2 834,80	3 189,15	1 852,01	2 693,84	3 030,57	1 755,16	2 552,96	2 872,08	1 570,08	2 412,–	2 713,50	1 360,52	2 271,12	2 555,01	1 150,84	2 130,16	2 396,43
	III	28 874	–	2 309,92	2 598,66	III	28 874	–	2 172,96	2 444,58	–	2 039,04	2 293,92	–	1 908,–	2 146,50	–	1 779,84	2 002,32	–	1 654,72	1 861,56	–	1 532,48	1 724,04
	V	43 631	2 399,70	3 490,48	3 926,79	IV	37 997	2 041,43	2 969,36	3 340,53	1 992,98	2 898,88	3 261,24	1 944,52	2 828,40	3 181,95	1 896,07	2 757,92	3 102,66	1 847,67	2 687,52	3 023,46	1 799,21	2 617,04	2 944,17
	VI	44 066	2 423,63	3 525,28	3 965,94																				
125 243,99 Ost	I,IV	38 155	2 098,52	3 052,40	3 433,95	I	38 155	2 001,61	2 911,44	3 275,37	1 904,76	2 770,56	3 116,88	1 807,85	2 629,60	2 958,30	1 684,20	2 488,72	2 799,81	1 474,52	2 347,76	2 641,23	1 264,97	2 206,88	2 482,74
	II	37 354	2 054,47	2 988,32	3 361,86	II	37 354	1 957,56	2 847,36	3 203,28	1 860,70	2 706,48	3 044,79	1 763,79	2 565,52	2 886,21	1 588,88	2 424,64	2 727,72	1 379,21	2 283,68	2 569,14	1 169,65	2 142,80	2 410,65
	III	29 028	–	2 322,24	2 612,52	III	29 028	–	2 185,12	2 458,26	–	2 050,88	2 307,24	–	1 919,52	2 159,46	–	1 791,20	2 015,10	–	1 665,76	1 873,98	–	1 543,36	1 736,28
	V	43 789	2 408,39	3 503,12	3 941,01	IV	38 155	2 050,07	2 981,92	3 354,66	2 001,61	2 911,44	3 275,37	1 953,21	2 841,04	3 196,17	1 904,76	2 770,56	3 116,88	1 856,30	2 700,08	3 037,59	1 807,85	2 629,60	2 958,30
	VI	44 224	2 432,32	3 537,92	3 980,16																				
125 279,99 West	I,IV	38 012	2 090,66	3 040,96	3 421,08	I	38 012	1 993,80	2 900,08	3 262,59	1 896,95	2 759,20	3 104,10	1 800,04	2 618,24	2 945,52	1 667,30	2 477,36	2 787,03	1 457,63	2 336,40	2 628,45	1 248,07	2 195,52	2 469,96
	II	37 211	2 046,60	2 976,88	3 348,99	II	37 211	1 949,75	2 836,–	3 190,50	1 852,84	2 695,04	3 031,92	1 755,98	2 554,16	2 873,43	1 571,87	2 413,20	2 714,85	1 362,31	2 272,32	2 556,36	1 152,63	2 131,36	2 397,78
	III	28 888	–	2 311,04	2 599,92	III	28 888	–	2 174,08	2 445,84	–	2 040,16	2 295,18	–	1 909,12	2 147,76	–	1 780,96	2 003,58	–	1 655,68	1 862,64	–	1 533,44	1 725,12
	V	43 646	2 400,53	3 491,68	3 928,14	IV	38 012	2 042,26	2 970,56	3 341,88	1 993,80	2 900,08	3 262,59	1 945,35	2 829,60	3 183,30	1 896,95	2 759,20	3 104,10	1 848,49	2 688,72	3 024,81	1 800,04	2 618,24	2 945,52
	VI	44 081	2 424,45	3 526,48	3 967,29																				
125 279,99 Ost	I,IV	38 170	2 099,35	3 053,60	3 435,30	I	38 170	2 002,49	2 912,72	3 276,81	1 905,58	2 771,76	3 118,23	1 808,73	2 630,88	2 959,74	1 685,99	2 489,92	2 801,16	1 476,43	2 349,04	2 642,67	1 266,75	2 208,08	2 484,09
	II	37 369	2 055,29	2 989,52	3 363,21	II	37 369	1 958,38	2 848,56	3 204,63	1 861,53	2 707,68	3 046,14	1 764,62	2 566,72	2 887,56	1 590,67	2 425,84	2 729,07	1 380,99	2 284,88	2 570,49	1 171,43	2 144,–	2 412,–
	III	29 044	–	2 323,52	2 613,96	III	29 044	–	2 186,24	2 459,52	–	2 052,–	2 308,50	–	1 920,64	2 160,72	–	1 792,32	2 016,36	–	1 666,88	1 875,24	–	1 544,32	1 737,36
	V	43 804	2 409,22	3 504,32	3 942,36	IV	38 170	2 050,89	2 983,12	3 356,01	2 002,49	2 912,72	3 276,81	1 954,04	2 842,24	3 197,52	1 905,58	2 771,76	3 118,23	1 857,13	2 701,28	3 038,94	1 808,73	2 630,88	2 959,74
	VI	44 239	2 433,14	3 539,12	3 981,51																				
125 315,99 West	I,IV	38 028	2 091,54	3 042,24	3 422,52	I	38 028	1 994,63	2 901,28	3 263,94	1 897,77	2 760,40	3 105,45	1 800,86	2 619,44	2 946,87	1 669,09	2 478,56	2 788,38	1 459,41	2 337,60	2 629,80	1 249,85	2 196,72	2 471,31
	II	37 226	2 047,43	2 978,08	3 350,34	II	37 226	1 950,57	2 837,20	3 191,85	1 853,66	2 696,24	3 033,27	1 756,81	2 555,36	2 874,78	1 573,65	2 414,40	2 716,20	1 364,09	2 273,52	2 557,71	1 154,41	2 132,56	2 399,13
	III	28 904	–	2 312,32	2 601,36	III	28 904	–	2 175,36	2 447,28	–	2 041,28	2 296,44	–	1 910,24	2 149,02	–	1 782,08	2 004,84	–	1 656,80	1 863,90	–	1 534,56	1 726,38
	V	43 661	2 401,35	3 492,88	3 929,49	IV	38 028	2 043,08	2 971,76	3 343,23	1 994,63	2 901,28	3 263,94	1 946,17	2 830,80	3 184,65	1 897,77	2 760,40	3 105,45	1 849,32	2 689,92	3 026,16	1 800,86	2 619,44	2 946,87
	VI	44 097	2 425,33	3 527,76	3 968,73																				
125 315,99 Ost	I,IV	38 185	2 100,17	3 054,80	3 436,65	I	38 185	2 003,32	2 913,92	3 278,16	1 906,41	2 772,96	3 119,58	1 809,55	2 632,08	2 961,09	1 687,77	2 491,12	2 802,51	1 478,21	2 350,24	2 644,02	1 268,54	2 209,28	2 485,44
	II	37 384	2 056,12	2 990,72	3 364,56	II	37 384	1 959,21	2 849,76	3 205,98	1 862,35	2 708,88	3 047,49	1 765,44	2 567,92	2 888,91	1 592,45	2 427,04	2 730,42	1 382,78	2 286,08	2 571,84	1 173,22	2 145,20	2 413,35
	III	29 058	–	2 324,64	2 615,22	III	29 058	–	2 187,52	2 460,96	–	2 053,12	2 309,76	–	1 921,76	2 161,98	–	1 793,44	2 017,62	–	1 667,84	1 876,32	–	1 545,44	1 738,62
	V	43 819	2 410,04	3 505,52	3 943,71	IV	38 185	2 051,72	2 984,32	3 357,36	2 003,32	2 913,92	3 278,16	1 954,86	2 843,44	3 198,87	1 906,41	2 772,96	3 119,58	1 857,95	2 702,48	3 040,29	1 809,55	2 632,08	2 961,09
	VI	44 254	2 433,97	3 540,32	3 982,86																				
125 351,99 West	I,IV	38 043	2 092,36	3 043,44	3 423,87	I	38 043	1 995,45	2 902,48	3 265,29	1 898,60	2 761,60	3 106,80	1 801,69	2 620,64	2 948,22	1 670,87	2 479,76	2 789,73	1 461,20	2 338,80	2 631,15	1 251,64	2 197,92	2 472,66
	II	37 241	2 048,25	2 979,28	3 351,69	II	37 241	1 951,40	2 838,40	3 193,20	1 854,49	2 697,44	3 034,62	1 757,63	2 556,56	2 876,13	1 575,44	2 415,60	2 717,55	1 365,88	2 274,72	2 559,06	1 156,20	2 133,76	2 400,48
	III	28 918	–	2 313,44	2 602,62	III	28 918	–	2 176,48	2 448,54	–	2 042,40	2 297,70	–	1 911,20	2 150,10	–	1 783,04	2 005,92	–	1 657,92	1 865,16	–	1 535,52	1 727,46
	V	43 677	2 402,23	3 494,16	3 930,93	IV	38 043	2 043,91	2 972,96	3 344,58	1 995,45	2 902,48	3 265,29	1 947,05	2 832,08	3 186,09	1 898,60	2 761,60	3 106,80	1 850,14	2 691,12	3 027,51	1 801,69	2 620,64	2 948,22
	VI	44 112	2 426,16	3 528,96	3 970,08																				
125 351,99 Ost	I,IV	38 200	2 101,–	3 056,–	3 438,–	I	38 200	2 004,14	2 915,12	3 279,51	1 907,23	2 774,16	3 120,93	1 810,38	2 633,28	2 962,44	1 689,56	2 492,32	2 803,86	1 480,–	2 351,44	2 645,37	1 270,32	2 210,48	2 486,79
	II	37 399	2 056,94	2 991,92	3 365,91	II	37 399	1 960,03	2 850,96	3 207,33	1 863,18	2 710,08	3 048,84	1 766,27	2 569,12	2 890,26	1 594,24	2 428,24	2 731,77	1 384,56	2 287,28	2 573,19	1 175,–	2 146,40	2 414,70
	III	29 074	–	2 325,92	2 616,66	III	29 074	–	2 188,64	2 462,22	–	2 054,24	2 311,02	–	1 922,88	2 163,24	–	1 794,40	2 018,70	–	1 668,96	1 877,58	–	1 546,40	1 739,70
	V	43 834	2 410,87	3 506,72	3 945,06	IV	38 200	2 052,54	2 985,52	3 358,71	2 004,14	2 915,12	3 279,51	1 955,69	2 844,64	3 200,22	1 907,23	2 774,16	3 120,93	1 858,83	2 703,76	3 041,73	1 810,38	2 633,28	2 962,44
	VI	44 269	2 434,79	3 541,52	3 984,21																				
125 387,99 West	I,IV	38 058	2 093,19	3 044,64	3 425,22	I	38 058	1 996,28	2 903,68	3 266,64	1 899,42	2 762,80	3 108,15	1 802,51	2 621,84	2 949,57	1 672,66	2 480,96	2 791,08	1 462,98	2 340,–	2 632,50	1 253,42	2 199,12	2 474,01
	II	37 256	2 049,08	2 980,48	3 353,04	II	37 256	1 952,22	2 839,60	3 194,55	1 855,37	2 698,72	3 036,06	1 758,46	2 557,76	2 877,48	1 577,34	2 416,88	2 718,99	1 367,66	2 275,92	2 560,41	1 158,10	2 135,04	2 401,92
	III	28 932	–	2 314,56	2 603,88	III	28 932	–	2 177,60	2 449,80	–	2 043,52	2 298,96	–	1 912,32	2 151,36	–	1 784,16	2 007,18	–	1 658,88	1 866,24	–	1 536,64	1 728,72
	V	43 692	2 403,06	3 495,36	3 932,28	IV	38 058	2 044,73	2 974,16	3 345,93	1 996,28	2 903,68	3 266,64	1 947,88	2 833,28	3 187,44	1 899,42	2 762,80	3 108,15	1 850,97	2 692,32	3 028,86	1 802,51	2 621,84	2 949,57
	VI	44 127	2 426,98	3 530,16	3 971,43																				
125 387,99 Ost	I,IV	38 215	2 101,82	3 057,20	3 439,35	I	38 215	2 004,97	2 916,32	3 280,86	1 908,06	2 775,36	3 122,28	1 811,20	2 634,48	2 963,79	1 691,34	2 493,52	2 805,21	1 481,78	2 352,64	2 646,72	1 272,11	2 211,68	2 488,14
	II	37 414	2 057,77	2 993,12	3 367,26	II	37 414	1 960,91	2 852,24	3 208,77	1 864,–	2 711,28	3 050,19	1 767,15	2 570,40	2 891,70	1 596,02	2 429,44	2 733,12	1 386,46	2 288,56	2 574,63	1 176,79	2 147,60	2 416,05
	III	29 088	–	2 327,04	2 617,92	III	29 088	–	2 189,76	2 463,48	–	2 055,36	2 312,28	–	1 924,–	2 164,50	–	1 795,52	2 019,96	–	1 670,08	1 878,84	–	1 547,52	1 740,96
	V	43 849	2 411,69	3 507,92	3 946,41	IV	38 215	2 053,42	2 986,80	3 360,15	2 004,97	2 916,32	3 280,86	1 956,51	2 845,84	3 201,57	1 908,06	2 775,36	3 122,28	1 859,66	2 704,96	3 043,08	1 811,20	2 634,48	2 963,79
	VI	44 284	2 435,62	3 542,72	3 985,56																				
125 423,99 West	I,IV	38 073	2 094,01	3 045,84	3 426,57	I	38 073	1 997,10	2 904,88	3 267,99	1 900,25	2 764,–	3 109,50	1 803,39	2 623,12	2 951,01	1 674,44	2 482,16	2 792,43	1 464,89	2 341,28	2 633,94	1 255,21	2 200,32	2 475,36
	II	37 272	2 049,96	2 981,76	3 354,48	II	37 272	1 953,05	2 840,80	3 195,90	1 856,19	2 699,92	3 037,41	1 759,28	2 558,96	2 878,83	1 579,13	2 418,08	2 720,34	1 369,45	2 277,12	2 561,76	1 159,89	2 136,24	2 403,27
	III	28 948	–	2 315,84	2 605,32	III	28 948	–	2 178,72	2 451,06	–	2 044,64	2 300,22	–	1 913,44	2 152,62	–	1 785,28	2 008,44	–	1 660,–	1 867,50	–	1 537,60	1 729,80
	V	43 707	2 403,88	3 496,56	3 933,63	IV	38 073	2 045,56	2 975,36	3 347,28	1 997,10	2 904,88	3 267,99	1 948,70	2 834,48	3 188,79	1 900,25	2 764,–	3 109,50	1 851,79	2 693,52	3 030,21	1 803,39	2 623,12	2 951,01
	VI	44 142	2 427,81	3 531,36	3 972,78																				
125 423,99 Ost	I,IV	38 230	2 102,65	3 058,40	3 440,70	I	38 230	2 005,79	2 917,52	3 282,21	1 908,94	2 776,64	3 123,72	1 812,03	2 635,68	2 965,14	1 693,25	2 494,80	2 806,65	1 483,57	2 353,84	2 648,07	1 274,01	2 212,96	2 489,58
	II	37 429	2 058,59	2 994,32	3 368,61	II	37 429	1 961,74	2 853,44	3 210,12	1 864,83	2 712,48	3 051,54	1 767,97	2 571,60	2 893,05	1 597,81	2 430,64	2 734,47	1 388,25	2 289,76	2 575,98	1 178,57	2 148,80	2 417,40
	III	29 104	–	2 328,32	2 619,36	III	29 104	–	2 190,88	2 464,74	–	2 056,64	2 313,72	–	1 925,12	2 165,76	–	1 796,64	2 021,22	–	1 671,04	1 879,92	–	1 548,48	1 742,04
	V	43 864	2 412,52	3 509,12	3 947,76	IV	38 230	2 054,25	2 988,–	3 361,50	2 005,79	2 917,52	3 282,21	1 957,34	2 847,04	3 202,92	1 908,94	2 776,64	3 123,72	1 860,48	2 706,16	3 044,43	1 812,03	2 635,68	2 965,14
	VI	44 299	2 436,44	3 543,92	3 986,91																				

* Die ausgewiesenen Tabellenwerte sind amtlich. Siehe Erläuterungen auf der Umschlaginnenseite (U2).

JAHR 125 424,–*

Lohn/ Gehalt bis €*		I – VI LSt	ohne Kinderfreibeträge SolZ	8%	9%		I, II, III, IV LSt	0,5 SolZ	8%	9%	1 SolZ	8%	9%	1,5 SolZ	8%	9%	2 SolZ	8%	9%	2,5 SolZ	8%	9%	3 SolZ	8%	9%
125 459,99 West	I,IV	38 088	2 094,84	3 047,04	3 427,92	I	38 088	1 997,98	2 906,16	3 269,43	1 901,07	2 765,20	3 110,85	1 804,22	2 624,32	2 952,36	1 676,23	2 483,36	2 793,78	1 466,67	2 342,48	2 635,29	1 256,99	2 201,52	2 476,71
	II	37 287	2 050,78	2 982,96	3 355,83	II	37 287	1 953,87	2 842,—	3 197,25	1 857,02	2 701,12	3 038,76	1 760,11	2 560,16	2 880,18	1 580,91	2 419,28	2 721,69	1 371,23	2 278,32	2 563,11	1 161,67	2 137,44	2 404,62
	III	28 962	—	2 316,96	2 606,58	III	28 962	—	2 180,—	2 452,50	—	2 045,76	2 301,48	—	1 914,56	2 153,88	—	1 786,40	2 009,70	—	1 661,12	1 868,76	—	1 538,72	1 731,06
	V	43 722	2 404,71	3 497,76	3 934,98	IV	38 088	2 046,38	2 976,56	3 348,63	1 997,98	2 906,16	3 269,43	1 949,53	2 835,68	3 190,14	1 901,07	2 765,20	3 110,85	1 852,62	2 694,72	3 031,56	1 804,22	2 624,32	2 952,36
	VI	44 157	2 428,63	3 532,56	3 974,13																				
125 459,99 Ost	I,IV	38 246	2 103,53	3 059,68	3 442,14	I	38 246	2 006,62	2 918,72	3 283,56	1 909,76	2 777,84	3 125,07	1 812,85	2 636,88	2 966,49	1 695,03	2 496,—	2 808,—	1 485,35	2 355,04	2 649,42	1 275,79	2 214,16	2 490,93
	II	37 444	2 059,42	2 995,52	3 369,96	II	37 444	1 962,56	2 854,64	3 211,47	1 865,65	2 713,68	3 052,89	1 768,80	2 572,80	2 894,40	1 599,59	2 431,84	2 735,82	1 390,03	2 290,96	2 577,33	1 180,36	2 150,—	2 418,75
	III	29 118	—	2 329,44	2 620,62	III	29 118	—	2 192,16	2 466,18	—	2 057,76	2 314,98	—	1 926,24	2 167,02	—	1 797,76	2 022,48	—	1 672,16	1 881,18	—	1 549,60	1 743,30
	V	43 879	2 413,34	3 510,32	3 949,11	IV	38 246	2 055,07	2 989,20	3 362,85	2 006,62	2 918,72	3 283,56	1 958,16	2 848,24	3 204,27	1 909,76	2 777,84	3 125,07	1 861,31	2 707,36	3 045,78	1 812,85	2 636,88	2 966,49
	VI	44 315	2 437,32	3 545,20	3 988,35																				
125 495,99 West	I,IV	38 103	2 095,66	3 048,24	3 429,27	I	38 103	1 998,81	2 907,36	3 270,78	1 901,90	2 766,40	3 112,20	1 805,04	2 625,52	2 953,71	1 678,01	2 484,56	2 795,13	1 468,46	2 343,68	2 636,64	1 258,78	2 202,72	2 478,06
	II	37 302	2 051,61	2 984,16	3 357,18	II	37 302	1 954,70	2 843,20	3 198,60	1 857,84	2 702,32	3 040,11	1 760,93	2 561,36	2 881,53	1 582,70	2 420,48	2 723,04	1 373,02	2 279,52	2 564,46	1 163,46	2 138,64	2 405,97
	III	28 978	—	2 318,24	2 608,02	III	28 978	—	2 181,12	2 453,76	—	2 046,88	2 302,74	—	1 915,68	2 155,14	—	1 787,52	2 010,96	—	1 662,08	1 869,84	—	1 539,68	1 732,14
	V	43 737	2 405,53	3 498,96	3 936,33	IV	38 103	2 047,21	2 977,76	3 349,98	1 998,81	2 907,36	3 270,78	1 950,35	2 836,88	3 191,49	1 901,90	2 766,40	3 112,20	1 853,50	2 696,—	3 033,—	1 805,04	2 625,52	2 953,71
	VI	44 172	2 429,46	3 533,76	3 975,48																				
125 495,99 Ost	I,IV	38 261	2 104,35	3 060,88	3 443,49	I	38 261	2 007,44	2 919,92	3 284,91	1 910,59	2 779,04	3 126,42	1 813,68	2 638,08	2 967,84	1 696,82	2 497,20	2 809,35	1 487,14	2 356,24	2 650,77	1 277,58	2 215,36	2 492,28
	II	37 459	2 060,24	2 996,72	3 371,31	II	37 459	1 963,39	2 855,84	3 212,82	1 866,48	2 714,88	3 054,24	1 769,62	2 574,—	2 895,75	1 601,38	2 433,04	2 737,17	1 391,82	2 292,16	2 578,68	1 182,14	2 151,20	2 420,10
	III	29 132	—	2 330,56	2 621,88	III	29 132	—	2 193,28	2 467,44	—	2 058,88	2 316,24	—	1 927,36	2 168,28	—	1 798,88	2 023,74	—	1 673,28	1 882,44	—	1 550,56	1 744,38
	V	43 895	2 414,22	3 511,60	3 950,55	IV	38 261	2 055,90	2 990,40	3 364,20	2 007,44	2 919,92	3 284,91	1 958,99	2 849,44	3 205,62	1 910,59	2 779,04	3 126,42	1 862,13	2 708,56	3 047,13	1 813,68	2 638,08	2 967,84
	VI	44 330	2 438,15	3 546,40	3 989,70																				
125 531,99 West	I,IV	38 118	2 096,49	3 049,44	3 430,62	I	38 118	1 999,63	2 908,56	3 272,13	1 902,72	2 767,60	3 113,55	1 805,87	2 626,72	2 955,06	1 679,80	2 485,76	2 796,48	1 470,24	2 344,88	2 637,99	1 260,56	2 203,92	2 479,41
	II	37 317	2 052,43	2 985,36	3 358,53	II	37 317	1 955,52	2 844,40	3 199,95	1 858,67	2 703,52	3 041,46	1 761,81	2 562,64	2 882,97	1 584,48	2 421,68	2 724,39	1 374,92	2 280,80	2 565,90	1 165,24	2 139,84	2 407,32
	III	28 992	—	2 319,36	2 609,28	III	28 992	—	2 182,24	2 455,02	—	2 048,16	2 304,18	—	1 916,80	2 156,40	—	1 788,48	2 012,04	—	1 663,20	1 871,10	—	1 540,80	1 733,40
	V	43 752	2 406,36	3 500,16	3 937,68	IV	38 118	2 048,09	2 979,04	3 351,42	1 999,63	2 908,56	3 272,13	1 951,18	2 838,08	3 192,84	1 902,72	2 767,60	3 113,55	1 854,32	2 697,20	3 034,35	1 805,87	2 626,72	2 955,06
	VI	44 187	2 430,28	3 534,96	3 976,83																				
125 531,99 Ost	I,IV	38 276	2 105,18	3 062,08	3 444,84	I	38 276	2 008,27	2 921,12	3 286,26	1 911,41	2 780,24	3 127,77	1 814,50	2 639,28	2 969,19	1 698,60	2 498,40	2 810,70	1 488,92	2 357,44	2 652,12	1 279,36	2 216,56	2 493,63
	II	37 474	2 061,07	2 997,92	3 372,66	II	37 474	1 964,21	2 857,04	3 214,17	1 867,36	2 716,16	3 055,68	1 770,45	2 575,20	2 897,10	1 603,28	2 434,32	2 738,61	1 393,60	2 293,36	2 580,03	1 184,05	2 152,48	2 421,54
	III	29 148	—	2 331,84	2 623,32	III	29 148	—	2 194,40	2 468,70	—	2 060,—	2 317,50	—	1 928,48	2 169,54	—	1 800,—	2 025,—	—	1 674,24	1 883,52	—	1 551,68	1 745,64
	V	43 910	2 415,05	3 512,80	3 951,90	IV	38 276	2 056,72	2 991,60	3 365,55	2 008,27	2 921,12	3 286,26	1 959,87	2 850,72	3 207,06	1 911,41	2 780,24	3 127,77	1 862,96	2 709,76	3 048,48	1 814,50	2 639,28	2 969,19
	VI	44 345	2 438,97	3 547,60	3 991,05																				
125 567,99 West	I,IV	38 133	2 097,31	3 050,64	3 431,97	I	38 133	2 000,46	2 909,76	3 273,48	1 903,55	2 768,80	3 114,90	1 806,69	2 627,92	2 956,41	1 681,70	2 487,04	2 797,92	1 472,03	2 346,08	2 639,34	1 262,47	2 205,20	2 480,85
	II	37 332	2 053,26	2 986,56	3 359,88	II	37 332	1 956,40	2 845,68	3 201,39	1 859,49	2 704,72	3 042,81	1 762,64	2 563,84	2 884,32	1 586,27	2 422,88	2 725,74	1 376,71	2 282,—	2 567,25	1 167,03	2 141,04	2 408,67
	III	29 008	—	2 320,64	2 610,72	III	29 008	—	2 183,36	2 456,28	—	2 049,28	2 305,44	—	1 917,92	2 157,66	—	1 789,60	2 013,30	—	1 664,32	1 872,36	—	1 541,76	1 734,48
	V	43 767	2 407,18	3 501,36	3 939,03	IV	38 133	2 048,91	2 980,24	3 352,77	2 000,46	2 909,76	3 273,48	1 952,—	2 839,28	3 194,19	1 903,55	2 768,80	3 114,90	1 855,15	2 698,40	3 035,70	1 806,69	2 627,92	2 956,41
	VI	44 202	2 431,11	3 536,16	3 978,18																				
125 567,99 Ost	I,IV	38 291	2 106,—	3 063,28	3 446,19	I	38 291	2 009,09	2 922,32	3 287,61	1 912,24	2 781,44	3 129,12	1 815,38	2 640,56	2 970,63	1 700,39	2 499,60	2 812,05	1 490,83	2 358,72	2 653,56	1 281,15	2 217,76	2 494,98
	II	37 490	2 061,95	2 999,20	3 374,10	II	37 490	1 965,04	2 858,24	3 215,52	1 868,18	2 717,36	3 057,03	1 771,27	2 576,40	2 898,45	1 605,07	2 435,52	2 739,96	1 395,39	2 294,56	2 581,38	1 185,83	2 153,68	2 422,89
	III	29 162	—	2 332,96	2 624,58	III	29 162	—	2 195,68	2 470,14	—	2 061,12	2 318,76	—	1 929,60	2 170,80	—	1 800,96	2 026,08	—	1 675,36	1 884,78	—	1 552,64	1 746,72
	V	43 925	2 415,87	3 514,—	3 953,25	IV	38 291	2 057,55	2 992,80	3 366,90	2 009,09	2 922,32	3 287,61	1 960,69	2 851,92	3 208,41	1 912,24	2 781,44	3 129,12	1 863,78	2 710,96	3 049,83	1 815,38	2 640,56	2 970,63
	VI	44 360	2 439,80	3 548,80	3 992,40																				
125 603,99 West	I,IV	38 149	2 098,19	3 051,92	3 433,41	I	38 149	2 001,28	2 910,96	3 274,83	1 904,43	2 770,08	3 116,34	1 807,52	2 629,12	2 957,76	1 683,49	2 488,24	2 799,27	1 473,81	2 347,28	2 640,69	1 264,25	2 206,40	2 482,20
	II	37 347	2 054,08	2 987,76	3 361,23	II	37 347	1 957,23	2 846,88	3 202,74	1 860,32	2 705,92	3 044,16	1 763,46	2 565,04	2 885,67	1 588,05	2 424,08	2 727,09	1 378,49	2 283,20	2 568,60	1 168,81	2 142,24	2 410,02
	III	29 022	—	2 321,76	2 611,98	III	29 022	—	2 184,64	2 457,72	—	2 050,40	2 306,70	—	1 919,04	2 158,92	—	1 790,72	2 014,56	—	1 665,28	1 873,44	—	1 542,88	1 735,74
	V	43 782	2 408,01	3 502,56	3 940,38	IV	38 149	2 049,74	2 981,44	3 354,12	2 001,28	2 910,96	3 274,83	1 952,83	2 840,48	3 195,54	1 904,43	2 770,08	3 116,34	1 855,97	2 699,60	3 037,05	1 807,52	2 629,12	2 957,76
	VI	44 218	2 431,99	3 537,44	3 979,62																				
125 603,99 Ost	I,IV	38 306	2 106,83	3 064,48	3 447,54	I	38 306	2 009,97	2 923,60	3 289,05	1 913,06	2 782,64	3 130,47	1 816,21	2 641,76	2 971,98	1 702,17	2 500,80	2 813,40	1 492,61	2 359,92	2 654,91	1 282,93	2 218,96	2 496,33
	II	37 505	2 062,77	3 000,40	3 375,45	II	37 505	1 965,86	2 859,44	3 216,87	1 869,01	2 718,56	3 058,38	1 772,10	2 577,60	2 899,80	1 606,85	2 436,72	2 741,31	1 397,17	2 295,76	2 582,73	1 187,62	2 154,88	2 424,24
	III	29 178	—	2 334,24	2 626,02	III	29 178	—	2 196,80	2 471,40	—	2 062,24	2 320,02	—	1 930,72	2 172,06	—	1 802,08	2 027,34	—	1 676,48	1 886,04	—	1 553,76	1 747,98
	V	43 940	2 416,70	3 515,20	3 954,60	IV	38 306	2 058,37	2 994,—	3 368,25	2 009,97	2 923,60	3 289,05	1 961,52	2 853,12	3 209,76	1 913,06	2 782,64	3 130,47	1 864,61	2 712,16	3 051,18	1 816,21	2 641,76	2 971,98
	VI	44 375	2 440,62	3 550,—	3 993,75																				
125 639,99 West	I,IV	38 164	2 099,02	3 053,12	3 434,76	I	38 164	2 002,11	2 912,16	3 276,18	1 905,25	2 771,28	3 117,69	1 808,34	2 630,32	2 959,11	1 685,27	2 489,44	2 800,62	1 475,60	2 348,48	2 642,04	1 266,04	2 207,60	2 483,55
	II	37 362	2 054,91	2 988,96	3 362,58	II	37 362	1 958,05	2 848,08	3 204,09	1 861,14	2 707,12	3 045,51	1 764,29	2 566,24	2 887,02	1 589,84	2 425,28	2 728,44	1 380,28	2 284,40	2 569,95	1 170,60	2 143,44	2 411,37
	III	29 036	—	2 322,88	2 613,24	III	29 036	—	2 185,76	2 458,98	—	2 051,52	2 307,96	—	1 920,16	2 160,18	—	1 791,84	2 015,82	—	1 666,40	1 874,70	—	1 543,84	1 736,82
	V	43 798	2 408,89	3 503,84	3 941,82	IV	38 164	2 050,56	2 982,64	3 355,47	2 002,11	2 912,16	3 276,18	1 953,65	2 841,68	3 196,89	1 905,25	2 771,28	3 117,69	1 856,80	2 700,80	3 038,40	1 808,34	2 630,32	2 959,11
	VI	44 233	2 432,81	3 538,64	3 980,97																				
125 639,99 Ost	I,IV	38 321	2 107,65	3 065,68	3 448,89	I	38 321	2 010,80	2 924,80	3 290,40	1 913,89	2 783,84	3 131,82	1 817,03	2 642,96	2 973,33	1 703,96	2 502,—	2 814,75	1 494,40	2 361,12	2 656,26	1 284,72	2 220,16	2 497,68
	II	37 520	2 063,60	3 001,60	3 376,80	II	37 520	1 966,69	2 860,64	3 218,22	1 869,83	2 719,76	3 059,73	1 772,92	2 578,80	2 901,15	1 608,64	2 437,92	2 742,66	1 398,96	2 296,96	2 584,08	1 189,40	2 156,08	2 425,59
	III	29 192	—	2 335,36	2 627,28	III	29 192	—	2 197,92	2 472,66	—	2 063,36	2 321,28	—	1 931,84	2 173,32	—	1 803,20	2 028,60	—	1 677,44	1 887,12	—	1 554,72	1 749,06
	V	43 955	2 417,52	3 516,40	3 955,95	IV	38 321	2 059,20	2 995,20	3 369,60	2 010,80	2 924,80	3 290,40	1 962,34	2 854,32	3 211,11	1 913,89	2 783,84	3 131,82	1 865,43	2 713,36	3 052,53	1 817,03	2 642,96	2 973,33
	VI	44 390	2 441,45	3 551,20	3 995,10																				
125 675,99 West	I,IV	38 179	2 099,84	3 054,32	3 436,11	I	38 179	2 002,93	2 913,36	3 277,53	1 906,08	2 772,48	3 119,04	1 809,17	2 631,52	2 960,46	1 687,06	2 490,64	2 801,97	1 477,38	2 349,68	2 643,39	1 267,82	2 208,80	2 484,90
	II	37 377	2 055,73	2 990,16	3 363,93	II	37 377	1 958,88	2 849,28	3 205,44	1 861,97	2 708,32	3 046,86	1 765,11	2 567,44	2 888,37	1 591,74	2 426,56	2 729,88	1 382,06	2 285,60	2 571,30	1 172,50	2 144,72	2 412,81
	III	29 052	—	2 324,16	2 614,68	III	29 052	—	2 186,88	2 460,24	—	2 052,64	2 309,22	—	1 921,28	2 161,44	—	1 792,96	2 017,08	—	1 667,36	1 875,78	—	1 544,96	1 738,08
	V	43 813	2 409,71	3 505,04	3 943,17	IV	38 179	2 051,39	2 983,84	3 356,82	2 002,93	2 913,36	3 277,53	1 954,53	2 842,96	3 198,33	1 906,08	2 772,48	3 119,04	1 857,62	2 702,—	3 039,75	1 809,17	2 631,52	2 960,46
	VI	44 248	2 433,64	3 539,84	3 982,32																				
125 675,99 Ost	I,IV	38 336	2 108,48	3 066,88	3 450,24	I	38 336	2 011,62	2 926,—	3 291,75	1 914,71	2 785,04	3 133,17	1 817,86	2 644,16	2 974,68	1 705,74	2 503,20	2 816,10	1 496,18	2 362,32	2 657,61	1 286,50	2 221,36	2 499,03
	II	37 535	2 064,42	3 002,80	3 378,15	II	37 535	1 967,51	2 861,84	3 219,57	1 870,66	2 720,96	3 061,08	1 773,80	2 580,08	2 902,59	1 610,42	2 439,12	2 744,01	1 400,86	2 298,24	2 585,52	1 191,19	2 157,28	2 426,94
	III	29 208	—	2 336,64	2 628,72	III	29 208	—	2 199,04	2 473,92	—	2 064,64	2 322,72	—	1 932,96	2 174,58	—	1 804,32	2 029,86	—	1 678,56	1 888,38	—	1 555,84	1 750,32
	V	43 970	2 418,35	3 517,60	3 957,30	IV	38 336	2 060,08	2 996,48	3 371,04	2 011,62	2 926,—	3 291,75	1 963,17	2 855,52	3 212,46	1 914,71	2 785,04	3 133,17	1 866,31	2 714,64	3 053,97	1 817,86	2 644,16	2 974,68
	VI	44 405	2 442,27	3 552,40	3 996,45																				
125 711,99 West	I,IV	38 194	2 100,67	3 055,52	3 437,46	I	38 194	2 003,76	2 914,56	3 278,88	1 906,90	2 773,68	3 120,39	1 809,99	2 632,72	2 961,81	1 688,84	2 491,84	2 803,32	1 479,28	2 350,96	2 644,83	1 269,61	2 210,—	2 486,25
	II	37 393	2 056,61	2 991,44	3 365,37	II	37 393	1 959,70	2 850,48	3 206,79	1 862,85	2 709,60	3 048,30	1 765,94	2 568,64	2 889,72	1 593,52	2 427,76	2 731,23	1 383,85	2 286,80	2 572,65	1 174,29	2 145,92	2 414,16
	III	29 066	—	2 325,28	2 615,94	III	29 066	—	2 188,16	2 461,68	—	2 053,76	2 310,48	—	1 922,40	2 162,70	—	1 793,92	2 018,16	—	1 668,48	1 877,04	—	1 545,92	1 739,16
	V	43 828	2 410,54	3 506,24	3 944,52	IV	38 194	2 052,21	2 985,04	3 358,17	2 003,76	2 914,56	3 278,88	1 955,36	2 844,16	3 199,68	1 906,90	2 773,68	3 120,39	1 858,45	2 703,20	3 041,10	1 809,99	2 632,72	2 961,81
	VI	44 263	2 434,46	3 541,04	3 983,67																				
125 711,99 Ost	I,IV	38 351	2 109,30	3 068,08	3 451,59	I	38 351	2 012,45	2 927,20	3 293,10	1 915,54	2 786,24	3 134,52	1 818,68	2 645,36	2 976,03	1 707,65	2 504,48	2 817,54	1 497,97	2 363,52	2 658,96	1 288,41	2 222,64	2 500,47
	II	37 550	2 065,25	3 004,—	3 379,50	II	37 550	1 968,39	2 863,12	3 221,01	1 871,48	2 722,16	3 062,43	1 774,63	2 581,28	2 903,94	1 612,21	2 440,32	2 745,36	1 402,65	2 299,44	2 586,87	1 192,97	2 158,48	2 428,29
	III	29 222	—	2 337,76	2 629,98	III	29 222	—	2 200,32	2 475,36	—	2 065,76	2 323,98	—	1 934,08	2 175,84	—	1 805,44	2 031,12	—	1 679,68	1 889,64	—	1 556,80	1 751,40
	V	43 985	2 419,17	3 518,80	3 958,65	IV	38 351	2 060,90	2 997,68	3 372,39	2 012,45	2 927,20	3 293,10	1 963,99	2 856,72	3 213,81	1 915,54	2 786,24	3 134,52	1 867,14	2 715,84	3 055,32	1 818,68	2 645,36	2 976,03
	VI	44 420	2 443,10	3 553,60	3 997,80																				

Table heading: Abzüge an Lohnsteuer, Solidaritätszuschlag (SolZ) und Kirchensteuer (8%, 9%) in den Steuerklassen I – VI (ohne Kinderfreibeträge) and I, II, III, IV (mit Zahl der Kinderfreibeträge . . . 0,5 / 1 / 1,5 / 2 / 2,5 / 3)

* Die ausgewiesenen Tabellenwerte sind amtlich. Siehe Erläuterungen auf der Umschlaginnenseite (U2).

Abzüge an Lohnsteuer, Solidaritätszuschlag (SolZ) und Kirchensteuer (8%, 9%) in den Steuerklassen

Lohn/Gehalt bis €*	I – VI		ohne Kinderfreibeträge			I, II, III, IV		mit Zahl der Kinderfreibeträge . . . 0,5			1			1,5			2			2,5			3		
		LSt	SolZ	8%	9%		LSt	SolZ	8%	9%	SolZ	8%	9%	SolZ	8%	9%	SolZ	8%	9%	SolZ	8%	9%	SolZ	8%	9%
125 747,99 West	I,IV	38 209	2 101,49	3 056,72	3 438,81	I	38 209	2 004,64	2 915,84	3 280,32	1 907,73	2 774,88	3 121,74	1 810,87	2 634,—	2 963,25	1 690,63	2 493,04	2 804,67	1 481,07	2 352,16	2 646,18	1 271,39	2 211,20	2 487,60
	II	37 408	2 057,44	2 992,64	3 366,72	II	37 408	1 960,53	2 851,68	3 208,14	1 863,67	2 710,80	3 049,65	1 766,76	2 569,84	2 891,07	1 595,31	2 428,96	2 732,58	1 385,63	2 288,—	2 574,—	1 176,07	2 147,12	2 415,51
	III	29 082	—	2 326,56	2 617,38	III	29 082	—	2 189,28	2 462,94	—	2 054,88	2 311,74	—	1 923,52	2 163,96	—	1 795,04	2 019,42	—	1 669,60	1 878,30	—	1 547,04	1 740,42
	V	43 843	2 411,36	3 507,44	3 945,87	IV	38 209	2 053,04	2 986,24	3 359,52	2 004,64	2 915,84	3 280,32	1 956,18	2 845,36	3 201,03	1 907,73	2 774,88	3 121,74	1 859,27	2 704,40	3 042,45	1 810,87	2 634,—	2 963,25
	VI	44 278	2 435,29	3 542,24	3 985,02																				
125 747,99 Ost	I,IV	38 367	2 110,18	3 069,36	3 453,03	I	38 367	2 013,27	2 928,40	3 294,45	1 916,42	2 787,52	3 135,96	1 819,51	2 646,56	2 977,38	1 709,43	2 505,68	2 818,89	1 499,75	2 364,72	2 660,31	1 290,19	2 223,84	2 501,82
	II	37 565	2 066,07	3 005,20	3 380,85	II	37 565	1 969,22	2 864,32	3 222,36	1 872,31	2 723,36	3 063,78	1 775,45	2 582,48	2 905,29	1 613,99	2 441,52	2 746,71	1 404,43	2 300,64	2 588,22	1 194,76	2 159,68	2 429,64
	III	29 238	—	2 339,04	2 631,42	III	29 238	—	2 201,44	2 476,62	—	2 066,88	2 325,24	—	1 935,20	2 177,10	—	1 806,40	2 032,20	—	1 680,64	1 890,72	—	1 557,92	1 752,66
	V	44 000	2 420,—	3 520,—	3 960,—	IV	38 367	2 061,73	2 998,88	3 373,74	2 013,27	2 928,40	3 294,45	1 964,82	2 857,92	3 215,16	1 916,42	2 787,52	3 135,96	1 867,96	2 717,04	3 056,67	1 819,51	2 646,56	2 977,38
	VI	44 436	2 443,98	3 554,88	3 999,24																				
125 783,99 West	I,IV	38 224	2 102,32	3 057,92	3 440,16	I	38 224	2 005,46	2 917,04	3 281,67	1 908,55	2 776,08	3 123,09	1 811,70	2 635,20	2 964,60	1 692,41	2 494,24	2 806,02	1 482,85	2 353,36	2 647,53	1 273,18	2 212,40	2 488,95
	II	37 423	2 058,26	2 993,84	3 368,07	II	37 423	1 961,35	2 852,88	3 209,49	1 864,50	2 712,—	3 051,—	1 767,59	2 571,04	2 892,42	1 597,09	2 430,16	2 733,93	1 387,42	2 289,20	2 575,35	1 177,86	2 148,32	2 416,86
	III	29 096	—	2 327,68	2 618,64	III	29 096	—	2 190,40	2 464,20	—	2 056,—	2 313,—	—	1 924,64	2 165,22	—	1 796,16	2 020,68	—	1 670,56	1 879,38	—	1 548,—	1 741,50
	V	43 858	2 412,19	3 508,64	3 947,22	IV	38 224	2 053,86	2 987,44	3 360,87	2 005,46	2 917,04	3 281,67	1 957,01	2 846,56	3 202,38	1 908,55	2 776,08	3 123,09	1 860,10	2 705,60	3 043,80	1 811,70	2 635,20	2 964,60
	VI	44 293	2 436,11	3 543,44	3 986,37																				
125 783,99 Ost	I,IV	38 382	2 111,01	3 070,56	3 454,38	I	38 382	2 014,10	2 929,60	3 295,80	1 917,24	2 788,72	3 137,31	1 820,33	2 647,76	2 978,73	1 711,22	2 506,88	2 820,24	1 501,54	2 365,92	2 661,66	1 291,98	2 225,04	2 503,17
	II	37 580	2 066,90	3 006,40	3 382,20	II	37 580	1 970,04	2 865,52	3 223,71	1 873,13	2 724,56	3 065,13	1 776,28	2 583,68	2 906,64	1 615,78	2 442,72	2 748,06	1 406,22	2 301,84	2 589,57	1 196,54	2 160,88	2 430,99
	III	29 252	—	2 340,16	2 632,68	III	29 252	—	2 202,56	2 477,88	—	2 068,—	2 326,50	—	1 936,32	2 178,36	—	1 807,52	2 033,46	—	1 681,76	1 891,98	—	1 558,88	1 753,74
	V	44 016	2 420,88	3 521,28	3 961,44	IV	38 382	2 062,55	3 000,08	3 375,09	2 014,10	2 929,60	3 295,80	1 965,64	2 859,12	3 216,51	1 917,24	2 788,72	3 137,31	1 868,79	2 718,24	3 058,02	1 820,33	2 647,76	2 978,73
	VI	44 451	2 444,80	3 556,08	4 000,59																				
125 819,99 West	I,IV	38 239	2 103,14	3 059,12	3 441,51	I	38 239	2 006,29	2 918,24	3 283,02	1 909,38	2 777,28	3 124,44	1 812,52	2 636,40	2 965,95	1 694,20	2 495,44	2 807,37	1 484,64	2 354,56	2 648,88	1 274,96	2 213,60	2 490,30
	II	37 438	2 059,09	2 995,04	3 369,42	II	37 438	1 962,18	2 854,08	3 210,84	1 865,32	2 713,20	3 052,35	1 768,41	2 572,24	2 893,77	1 598,88	2 431,36	2 735,28	1 389,32	2 290,48	2 576,79	1 179,64	2 149,52	2 418,21
	III	29 112	—	2 328,96	2 620,08	III	29 112	—	2 191,52	2 465,46	—	2 057,28	2 314,44	—	1 925,76	2 166,48	—	1 797,28	2 021,94	—	1 671,68	1 880,64	—	1 549,12	1 742,76
	V	43 873	2 413,01	3 509,84	3 948,57	IV	38 239	2 054,74	2 988,72	3 362,31	2 006,29	2 918,24	3 283,02	1 957,83	2 847,76	3 203,73	1 909,38	2 777,28	3 124,44	1 860,98	2 706,88	3 045,24	1 812,52	2 636,40	2 965,95
	VI	44 308	2 436,94	3 544,64	3 987,72																				
125 819,99 Ost	I,IV	38 397	2 111,83	3 071,76	3 455,73	I	38 397	2 014,92	2 930,80	3 297,15	1 918,07	2 789,92	3 138,66	1 821,16	2 648,96	2 980,08	1 713,—	2 508,08	2 821,59	1 503,32	2 367,12	2 663,01	1 293,76	2 226,24	2 504,52
	II	37 595	2 067,72	3 007,60	3 383,55	II	37 595	1 970,87	2 866,72	3 225,06	1 873,96	2 725,76	3 066,48	1 777,10	2 584,88	2 907,99	1 617,68	2 444,—	2 749,50	1 408,—	2 303,04	2 590,92	1 198,44	2 162,16	2 432,43
	III	29 268	—	2 341,44	2 634,12	III	29 268	—	2 203,84	2 479,32	—	2 069,12	2 327,76	—	1 937,44	2 179,62	—	1 808,64	2 034,72	—	1 682,88	1 893,24	—	1 560,—	1 755,—
	V	44 031	2 421,70	3 522,48	3 962,79	IV	38 397	2 063,38	3 001,28	3 376,44	2 014,92	2 930,80	3 297,15	1 966,52	2 860,40	3 217,95	1 918,07	2 789,92	3 138,66	1 869,61	2 719,44	3 059,37	1 821,16	2 648,96	2 980,08
	VI	44 466	2 445,63	3 557,28	4 001,94																				
125 855,99 West	I,IV	38 254	2 103,97	3 060,32	3 442,86	I	38 254	2 007,11	2 919,44	3 284,37	1 910,20	2 778,48	3 125,79	1 813,35	2 637,60	2 967,30	1 695,98	2 496,64	2 808,72	1 486,42	2 355,76	2 650,23	1 276,87	2 214,88	2 491,74
	II	37 453	2 059,91	2 996,24	3 370,77	II	37 453	1 963,06	2 855,36	3 212,28	1 866,15	2 714,40	3 053,70	1 769,29	2 573,52	2 895,21	1 600,66	2 432,56	2 736,63	1 391,11	2 291,68	2 578,14	1 181,43	2 150,72	2 419,56
	III	29 126	—	2 330,08	2 621,34	III	29 126	—	2 192,80	2 466,90	—	2 058,40	2 315,70	—	1 926,88	2 167,74	—	1 798,40	2 023,20	—	1 672,80	1 881,90	—	1 550,08	1 743,84
	V	43 888	2 413,84	3 511,04	3 949,92	IV	38 254	2 055,57	2 989,92	3 363,66	2 007,11	2 919,44	3 284,37	1 958,66	2 848,96	3 205,08	1 910,20	2 778,48	3 125,79	1 861,80	2 708,08	3 046,59	1 813,35	2 637,60	2 967,30
	VI	44 323	2 437,76	3 545,84	3 989,07																				
125 855,99 Ost	I,IV	38 412	2 112,66	3 072,96	3 457,08	I	38 412	2 015,75	2 932,—	3 298,50	1 918,89	2 791,12	3 140,01	1 821,98	2 650,16	2 981,43	1 714,79	2 509,28	2 822,94	1 505,23	2 368,40	2 664,45	1 295,55	2 227,44	2 505,87
	II	37 611	2 068,60	3 008,88	3 384,99	II	37 611	1 971,69	2 867,92	3 226,41	1 874,84	2 727,04	3 067,92	1 777,93	2 586,08	2 909,34	1 619,47	2 445,20	2 750,85	1 409,79	2 304,24	2 592,27	1 200,23	2 163,36	2 433,78
	III	29 282	—	2 342,56	2 635,38	III	29 282	—	2 204,96	2 480,58	—	2 070,24	2 329,02	—	1 938,56	2 180,88	—	1 809,76	2 035,98	—	1 683,84	1 894,32	—	1 560,96	1 756,08
	V	44 046	2 422,53	3 523,68	3 964,14	IV	38 412	2 064,20	3 002,48	3 377,79	2 015,75	2 932,—	3 298,50	1 967,35	2 861,60	3 219,30	1 918,89	2 791,12	3 140,01	1 870,44	2 720,64	3 060,72	1 821,98	2 650,16	2 981,43
	VI	44 481	2 446,45	3 558,48	4 003,29																				
125 891,99 West	I,IV	38 270	2 104,85	3 061,60	3 444,30	I	38 270	2 007,94	2 920,64	3 285,72	1 911,08	2 779,76	3 127,23	1 814,17	2 638,80	2 968,65	1 697,89	2 497,92	2 810,16	1 488,21	2 356,96	2 651,58	1 278,65	2 216,08	2 493,09
	II	37 468	2 060,74	2 997,44	3 372,12	II	37 468	1 963,88	2 856,56	3 213,63	1 866,97	2 715,60	3 055,05	1 770,12	2 574,72	2 896,56	1 602,45	2 433,76	2 737,98	1 392,89	2 292,88	2 579,49	1 183,21	2 151,92	2 420,91
	III	29 142	—	2 331,36	2 622,78	III	29 142	—	2 193,92	2 468,16	—	2 059,52	2 316,96	—	1 928,—	2 169,—	—	1 799,36	2 024,28	—	1 673,76	1 882,98	—	1 551,20	1 745,10
	V	43 903	2 414,66	3 512,24	3 951,27	IV	38 270	2 056,39	2 991,12	3 365,01	2 007,94	2 920,64	3 285,72	1 959,48	2 850,16	3 206,43	1 911,08	2 779,76	3 127,23	1 862,63	2 709,28	3 047,94	1 814,17	2 638,80	2 968,65
	VI	44 339	2 438,64	3 547,12	3 990,51																				
125 891,99 Ost	I,IV	38 427	2 113,48	3 074,16	3 458,43	I	38 427	2 016,63	2 933,28	3 299,94	1 919,72	2 792,32	3 141,36	1 822,86	2 651,44	2 982,87	1 716,57	2 510,48	2 824,29	1 507,01	2 369,60	2 665,80	1 297,33	2 228,64	2 507,22
	II	37 626	2 069,43	3 010,08	3 386,34	II	37 626	1 972,52	2 869,12	3 227,76	1 875,66	2 728,24	3 069,27	1 778,75	2 587,28	2 910,69	1 621,25	2 446,40	2 752,20	1 411,57	2 305,44	2 593,62	1 202,01	2 164,56	2 435,13
	III	29 296	—	2 343,68	2 636,64	III	29 296	—	2 206,08	2 481,84	—	2 071,36	2 330,28	—	1 939,68	2 182,14	—	1 810,88	2 037,24	—	1 684,96	1 895,58	—	1 562,08	1 757,34
	V	44 061	2 423,35	3 524,88	3 965,49	IV	38 427	2 065,03	3 003,68	3 379,14	2 016,63	2 933,28	3 299,94	1 968,17	2 862,80	3 220,65	1 919,72	2 792,32	3 141,36	1 871,26	2 721,84	3 062,07	1 822,86	2 651,44	2 982,87
	VI	44 496	2 447,28	3 559,68	4 004,64																				
125 927,99 West	I,IV	38 285	2 105,67	3 062,80	3 445,65	I	38 285	2 008,76	2 921,84	3 287,07	1 911,91	2 780,96	3 128,58	1 815,—	2 640,—	2 970,—	1 699,67	2 499,12	2 811,51	1 489,99	2 358,16	2 652,93	1 280,44	2 217,28	2 494,44
	II	37 483	2 061,56	2 998,64	3 373,47	II	37 483	1 964,71	2 857,76	3 214,98	1 867,80	2 716,80	3 056,40	1 770,94	2 575,92	2 897,91	1 604,23	2 434,96	2 739,33	1 394,68	2 294,08	2 580,84	1 185,—	2 153,12	2 422,26
	III	29 156	—	2 332,48	2 624,04	III	29 156	—	2 195,04	2 469,42	—	2 060,64	2 318,22	—	1 929,12	2 170,26	—	1 800,48	2 025,54	—	1 674,88	1 884,24	—	1 552,16	1 746,18
	V	43 919	2 415,54	3 513,52	3 952,71	IV	38 285	2 057,22	2 992,32	3 366,36	2 008,76	2 921,84	3 287,07	1 960,31	2 851,36	3 207,78	1 911,91	2 780,96	3 128,58	1 863,45	2 710,48	3 049,29	1 815,—	2 640,—	2 970,—
	VI	44 354	2 439,47	3 548,32	3 991,86																				
125 927,99 Ost	I,IV	38 442	2 114,31	3 075,36	3 459,78	I	38 442	2 017,45	2 934,48	3 301,29	1 920,54	2 793,52	3 142,71	1 823,69	2 652,64	2 984,22	1 718,36	2 511,68	2 825,64	1 508,80	2 370,80	2 667,15	1 299,12	2 229,84	2 508,57
	II	37 641	2 070,25	3 011,28	3 387,69	II	37 641	1 973,34	2 870,32	3 229,11	1 876,49	2 729,44	3 070,62	1 779,58	2 588,48	2 912,04	1 623,04	2 447,60	2 753,55	1 413,36	2 306,64	2 594,97	1 203,80	2 165,76	2 436,48
	III	29 312	—	2 344,96	2 638,08	III	29 312	—	2 207,36	2 483,28	—	2 072,64	2 331,72	—	1 940,80	2 183,40	—	1 812,—	2 038,50	—	1 686,08	1 896,84	—	1 563,04	1 758,42
	V	44 076	2 424,18	3 526,08	3 966,84	IV	38 442	2 065,85	3 004,88	3 380,49	2 017,45	2 934,48	3 301,29	1 969,—	2 864,—	3 222,—	1 920,54	2 793,52	3 142,71	1 872,09	2 723,04	3 063,42	1 823,69	2 652,64	2 984,22
	VI	44 511	2 448,10	3 560,88	4 005,99																				
125 963,99 West	I,IV	38 300	2 106,50	3 064,—	3 447,—	I	38 300	2 009,59	2 923,04	3 288,42	1 912,73	2 782,16	3 129,93	1 815,82	2 641,20	2 971,35	1 701,46	2 500,32	2 812,86	1 491,78	2 359,36	2 654,28	1 282,22	2 218,48	2 495,79
	II	37 498	2 062,39	2 999,84	3 374,82	II	37 498	1 965,53	2 858,96	3 216,33	1 868,62	2 718,—	3 057,75	1 771,77	2 577,12	2 899,26	1 606,02	2 436,16	2 740,68	1 396,46	2 295,28	2 582,19	1 186,90	2 154,40	2 423,70
	III	29 170	—	2 333,60	2 625,30	III	29 170	—	2 196,32	2 470,86	—	2 061,76	2 319,48	—	1 930,24	2 171,52	—	1 801,60	2 026,80	—	1 676,—	1 885,50	—	1 553,28	1 747,44
	V	43 934	2 416,37	3 514,72	3 954,06	IV	38 300	2 058,04	2 993,52	3 367,71	2 009,59	2 923,04	3 288,42	1 961,19	2 852,64	3 209,22	1 912,73	2 782,16	3 129,93	1 864,28	2 711,68	3 050,64	1 815,82	2 641,20	2 971,35
	VI	44 369	2 440,29	3 549,52	3 993,21																				
125 963,99 Ost	I,IV	38 457	2 115,13	3 076,56	3 461,13	I	38 457	2 018,28	2 935,68	3 302,64	1 921,37	2 794,72	3 144,06	1 824,51	2 653,84	2 985,57	1 720,14	2 512,88	2 826,99	1 510,58	2 372,—	2 668,50	1 300,90	2 231,04	2 509,92
	II	37 656	2 071,08	3 012,48	3 389,04	II	37 656	1 974,17	2 871,52	3 230,46	1 877,31	2 730,64	3 071,97	1 780,40	2 589,68	2 913,39	1 624,82	2 448,80	2 754,90	1 415,26	2 307,92	2 596,41	1 205,58	2 166,96	2 437,83
	III	29 326	—	2 346,08	2 639,34	III	29 326	—	2 208,48	2 484,54	—	2 073,76	2 332,98	—	1 941,92	2 184,66	—	1 812,96	2 039,58	—	1 687,04	1 897,92	—	1 564,16	1 759,68
	V	44 091	2 425,—	3 527,28	3 968,19	IV	38 457	2 066,73	3 006,16	3 381,93	2 018,28	2 935,68	3 302,64	1 969,82	2 865,20	3 223,35	1 921,37	2 794,72	3 144,06	1 872,97	2 724,32	3 064,86	1 824,51	2 653,84	2 985,57
	VI	44 526	2 448,93	3 562,08	4 007,34																				
125 999,99 West	I,IV	38 315	2 107,32	3 065,20	3 448,35	I	38 315	2 010,41	2 924,24	3 289,77	1 913,56	2 783,36	3 131,28	1 816,65	2 642,40	2 972,70	1 703,24	2 501,52	2 814,21	1 493,56	2 360,56	2 655,63	1 284,01	2 219,68	2 497,14
	II	37 514	2 063,27	3 001,12	3 376,26	II	37 514	1 966,36	2 860,16	3 217,68	1 869,50	2 719,28	3 059,19	1 772,59	2 578,32	2 900,61	1 607,92	2 437,44	2 742,12	1 398,25	2 296,48	2 583,54	1 188,69	2 155,60	2 425,05
	III	29 186	—	2 334,88	2 626,74	III	29 186	—	2 197,44	2 472,12	—	2 062,88	2 320,74	—	1 931,36	2 172,78	—	1 802,72	2 028,06	—	1 676,96	1 886,58	—	1 554,24	1 748,52
	V	43 949	2 417,19	3 515,92	3 955,41	IV	38 315	2 058,87	2 994,72	3 369,06	2 010,41	2 924,24	3 289,77	1 962,01	2 853,84	3 210,57	1 913,56	2 783,36	3 131,28	1 865,10	2 712,88	3 051,99	1 816,65	2 642,40	2 972,70
	VI	44 384	2 441,12	3 550,72	3 994,56																				
125 999,99 Ost	I,IV	38 472	2 115,96	3 077,76	3 462,48	I	38 472	2 019,10	2 936,88	3 303,99	1 922,19	2 795,92	3 145,41	1 825,34	2 655,04	2 986,92	1 721,93	2 514,08	2 828,34	1 512,37	2 373,20	2 669,85	1 302,81	2 232,32	2 511,36
	II	37 671	2 071,90	3 013,68	3 390,39	II	37 671	1 975,05	2 872,80	3 231,90	1 878,14	2 731,84	3 073,32	1 781,28	2 590,96	2 914,83	1 626,61	2 450,—	2 756,25	1 417,05	2 309,12	2 597,76	1 207,37	2 168,16	2 439,18
	III	29 342	—	2 347,36	2 640,78	III	29 342	—	2 209,60	2 485,80	—	2 074,88	2 334,24	—	1 943,04	2 185,92	—	1 814,08	2 040,84	—	1 688,16	1 899,18	—	1 565,12	1 760,76
	V	44 106	2 425,83	3 528,48	3 969,54	IV	38 472	2 067,56	3 007,36	3 383,28	2 019,10	2 936,88	3 303,99	1 970,65	2 866,40	3 224,70	1 922,19	2 795,92	3 145,41	1 873,79	2 725,52	3 066,21	1 825,34	2 655,04	2 986,92
	VI	44 541	2 449,75	3 563,28	4 008,69																				

* Die ausgewiesenen Tabellenwerte sind amtlich. Siehe Erläuterungen auf der Umschlaginnenseite (U2).

JAHR 126 000,–*

Abzüge an Lohnsteuer, Solidaritätszuschlag (SolZ) und Kirchensteuer (8%, 9%) in den Steuerklassen

Lohn/ Gehalt bis €*	I – VI		ohne Kinderfreibeträge			I, II, III, IV		mit Zahl der Kinderfreibeträge . . . 0,5			1			1,5			2			2,5			3		
		LSt	SolZ	8%	9%		LSt	SolZ	8%	9%	SolZ	8%	9%	SolZ	8%	9%	SolZ	8%	9%	SolZ	8%	9%	SolZ	8%	9%
	I,IV	38 330	2 108,15	3 066,40	3 449,70	I	38 330	2 011,29	2 925,52	3 291,21	1 914,38	2 784,56	3 132,63	1 817,53	2 643,68	2 974,14	1 705,03	2 502,72	2 815,56	1 495,47	2 361,84	2 657,07	1 285,79	2 220,88	2 498,49
126 035,99	II	37 529	2 064,09	3 002,32	3 377,61	II	37 529	1 967,18	2 861,36	3 219,03	1 870,33	2 720,48	3 060,54	1 773,42	2 579,52	2 901,96	1 609,71	2 438,64	2 743,47	1 400,03	2 297,68	2 584,89	1 190,47	2 156,80	2 426,40
	III	29 200	–	2 336,–	2 628,–	III	29 200	–	2 198,56	2 473,38	–	2 064,–	2 322,–	–	1 932,48	2 174,04	–	1 803,84	2 029,32	–	1 678,08	1 887,84	–	1 555,36	1 749,78
West	V	43 964	2 418,02	3 517,12	3 956,76	IV	38 330	2 059,69	2 995,92	3 370,41	2 011,29	2 925,52	3 291,21	1 962,84	2 855,04	3 211,92	1 914,38	2 784,56	3 132,63	1 865,93	2 714,08	3 053,34	1 817,53	2 643,68	2 974,14
	VI	44 399	2 441,94	3 551,92	3 995,91																				
	I,IV	38 488	2 116,84	3 079,04	3 463,92	I	38 488	2 019,93	2 938,08	3 305,34	1 923,07	2 797,20	3 146,85	1 826,16	2 656,24	2 988,27	1 723,83	2 515,36	2 829,78	1 514,15	2 374,40	2 671,20	1 304,59	2 233,52	2 512,71
126 035,99	II	37 686	2 072,73	3 014,88	3 391,74	II	37 686	1 975,87	2 874,–	3 233,25	1 878,96	2 733,04	3 074,67	1 782,11	2 592,16	2 916,18	1 628,39	2 451,20	2 757,60	1 418,83	2 310,32	2 599,11	1 209,15	2 169,36	2 440,53
	III	29 356	–	2 348,48	2 642,04	III	29 356	–	2 210,72	2 487,06	–	2 076,–	2 335,50	–	1 944,16	2 187,18	–	1 815,20	2 042,10	–	1 689,28	1 900,44	–	1 566,24	1 762,02
Ost	V	44 121	2 426,65	3 529,68	3 970,89	IV	38 488	2 068,38	3 008,56	3 384,63	2 019,93	2 938,08	3 305,34	1 971,47	2 867,60	3 226,05	1 923,07	2 797,20	3 146,85	1 874,62	2 726,72	3 067,56	1 826,16	2 656,24	2 988,27
	VI	44 556	2 450,58	3 564,48	4 010,04																				
	I,IV	38 345	2 108,97	3 067,60	3 451,05	I	38 345	2 012,12	2 926,72	3 292,56	1 915,21	2 785,76	3 133,98	1 818,35	2 644,88	2 975,49	1 706,81	2 503,92	2 816,91	1 497,25	2 363,04	2 658,42	1 287,58	2 222,08	2 499,84
126 071,99	II	37 544	2 064,92	3 003,52	3 378,96	II	37 544	1 968,01	2 862,56	3 220,38	1 871,15	2 721,68	3 061,89	1 774,24	2 580,72	2 903,31	1 611,49	2 439,84	2 744,82	1 401,82	2 298,88	2 586,24	1 192,26	2 158,–	2 427,75
	III	29 216	–	2 337,28	2 629,44	III	29 216	–	2 199,68	2 474,64	–	2 065,12	2 323,26	–	1 933,60	2 175,30	–	1 804,96	2 030,58	–	1 679,20	1 889,10	–	1 556,32	1 750,86
West	V	43 979	2 418,84	3 518,32	3 958,11	IV	38 345	2 060,52	2 997,12	3 371,76	2 012,12	2 926,72	3 292,56	1 963,66	2 856,24	3 213,27	1 915,21	2 785,76	3 133,98	1 866,75	2 715,28	3 054,69	1 818,35	2 644,88	2 975,49
	VI	44 414	2 442,77	3 553,12	3 997,26																				
	I,IV	38 503	2 117,66	3 080,24	3 465,27	I	38 503	2 020,75	2 939,28	3 306,69	1 923,90	2 798,40	3 148,20	1 826,99	2 657,44	2 989,62	1 725,61	2 516,56	2 831,13	1 515,94	2 375,60	2 672,55	1 306,38	2 234,72	2 514,06
126 071,99	II	37 701	2 073,55	3 016,08	3 393,09	II	37 701	1 976,70	2 875,20	3 234,60	1 879,79	2 734,24	3 076,02	1 782,93	2 593,36	2 917,53	1 630,18	2 452,40	2 758,95	1 420,62	2 311,52	2 600,46	1 210,94	2 170,56	2 441,88
	III	29 372	–	2 349,76	2 643,48	III	29 372	–	2 212,–	2 488,50	–	2 077,12	2 336,76	–	1 945,28	2 188,44	–	1 816,32	2 043,36	–	1 690,24	1 901,52	–	1 567,20	1 763,10
Ost	V	44 136	2 427,48	3 530,88	3 972,24	IV	38 503	2 069,21	3 009,76	3 385,98	2 020,75	2 939,28	3 306,69	1 972,30	2 868,80	3 227,40	1 923,90	2 798,40	3 148,20	1 875,44	2 727,92	3 068,91	1 826,99	2 657,44	2 989,62
	VI	44 572	2 451,46	3 565,76	4 011,48																				
	I,IV	38 360	2 109,80	3 068,80	3 452,40	I	38 360	2 012,94	2 927,92	3 293,91	1 916,03	2 786,96	3 135,33	1 819,18	2 646,08	2 976,84	1 708,60	2 505,12	2 818,26	1 499,04	2 364,24	2 659,77	1 289,36	2 223,28	2 501,19
126 107,99	II	37 559	2 065,74	3 004,72	3 380,31	II	37 559	1 968,83	2 863,76	3 221,73	1 871,98	2 722,88	3 063,24	1 775,07	2 581,92	2 904,66	1 613,28	2 441,04	2 746,17	1 403,60	2 300,08	2 587,59	1 194,04	2 159,20	2 429,10
	III	29 230	–	2 338,40	2 630,70	III	29 230	–	2 200,96	2 476,08	–	2 066,40	2 324,70	–	1 934,72	2 176,56	–	1 805,92	2 031,66	–	1 680,16	1 890,18	–	1 557,44	1 752,12
West	V	43 994	2 419,67	3 519,52	3 959,46	IV	38 360	2 061,40	2 998,40	3 373,20	2 012,94	2 927,92	3 293,91	1 964,49	2 857,44	3 214,62	1 916,03	2 786,96	3 135,33	1 867,63	2 716,56	3 056,13	1 819,18	2 646,08	2 976,84
	VI	44 429	2 443,59	3 554,32	3 998,61																				
	I,IV	38 518	2 118,49	3 081,44	3 466,62	I	38 518	2 021,58	2 940,48	3 308,04	1 924,72	2 799,60	3 149,55	1 827,81	2 658,64	2 990,97	1 727,40	2 517,76	2 832,48	1 517,72	2 376,80	2 673,90	1 308,16	2 235,92	2 515,41
126 107,99	II	37 716	2 074,38	3 017,28	3 394,44	II	37 716	1 977,52	2 876,40	3 235,95	1 880,61	2 735,44	3 077,37	1 783,76	2 594,56	2 918,88	1 631,96	2 453,60	2 760,30	1 422,40	2 312,72	2 601,81	1 212,84	2 171,84	2 443,32
	III	29 386	–	2 350,88	2 644,74	III	29 386	–	2 213,12	2 489,76	–	2 078,24	2 338,02	–	1 946,40	2 189,70	–	1 817,44	2 044,62	–	1 691,36	1 902,78	–	1 568,32	1 764,36
Ost	V	44 152	2 428,36	3 532,16	3 973,68	IV	38 518	2 070,03	3 010,96	3 387,33	2 021,58	2 940,48	3 308,04	1 973,18	2 870,08	3 228,84	1 924,72	2 799,60	3 149,55	1 876,27	2 729,12	3 070,26	1 827,81	2 658,64	2 990,97
	VI	44 587	2 452,28	3 566,96	4 012,83																				
	I,IV	38 375	2 110,62	3 070,–	3 453,75	I	38 375	2 013,77	2 929,12	3 295,26	1 916,86	2 788,16	3 136,68	1 820,–	2 647,28	2 978,19	1 710,38	2 506,32	2 819,61	1 500,82	2 365,44	2 661,12	1 291,15	2 224,48	2 502,54
126 143,99	II	37 574	2 066,57	3 005,92	3 381,66	II	37 574	1 969,71	2 865,04	3 223,17	1 872,80	2 724,08	3 064,59	1 775,95	2 583,20	2 906,10	1 615,06	2 442,24	2 747,52	1 405,50	2 301,36	2 589,03	1 195,83	2 160,40	2 430,45
	III	29 246	–	2 339,68	2 632,14	III	29 246	–	2 202,08	2 477,34	–	2 067,52	2 325,96	–	1 935,84	2 177,82	–	1 807,04	2 032,92	–	1 681,28	1 891,44	–	1 558,40	1 753,20
West	V	44 009	2 420,49	3 520,72	3 960,81	IV	38 375	2 062,22	2 999,60	3 374,55	2 013,77	2 929,12	3 295,26	1 965,31	2 858,64	3 215,97	1 916,86	2 788,16	3 136,68	1 868,46	2 717,76	3 057,48	1 820,–	2 647,28	2 978,19
	VI	44 444	2 444,42	3 555,52	3 999,96																				
	I,IV	38 533	2 119,31	3 082,64	3 467,97	I	38 533	2 022,40	2 941,68	3 309,39	1 925,55	2 800,80	3 150,90	1 828,64	2 659,84	2 992,32	1 729,18	2 518,96	2 833,83	1 519,51	2 378,–	2 675,25	1 309,95	2 237,12	2 516,76
126 143,99	II	37 732	2 075,26	3 018,56	3 395,88	II	37 732	1 978,35	2 877,60	3 237,30	1 881,49	2 736,72	3 078,81	1 784,58	2 595,76	2 920,23	1 633,87	2 454,88	2 761,74	1 424,19	2 313,92	2 603,16	1 214,63	2 173,04	2 444,67
	III	29 402	–	2 352,16	2 646,18	III	29 402	–	2 214,24	2 491,02	–	2 079,36	2 339,28	–	1 947,52	2 190,96	–	1 818,56	2 045,88	–	1 692,48	1 904,04	–	1 569,28	1 765,44
Ost	V	44 167	2 429,18	3 533,36	3 975,03	IV	38 533	2 070,86	3 012,16	3 388,68	2 022,40	2 941,68	3 309,39	1 974,–	2 871,28	3 230,19	1 925,55	2 800,80	3 150,90	1 877,09	2 730,32	3 071,61	1 828,64	2 659,84	2 992,32
	VI	44 602	2 453,11	3 568,16	4 014,18																				
	I,IV	38 390	2 111,45	3 071,20	3 455,10	I	38 390	2 014,59	2 930,32	3 296,61	1 917,74	2 789,44	3 138,12	1 820,83	2 648,48	2 979,54	1 712,29	2 507,60	2 821,05	1 502,61	2 366,64	2 662,47	1 293,05	2 225,76	2 503,98
126 179,99	II	37 589	2 067,39	3 007,12	3 383,01	II	37 589	1 970,54	2 866,24	3 224,52	1 873,63	2 725,28	3 065,94	1 776,77	2 584,40	2 907,45	1 616,85	2 443,44	2 748,87	1 407,29	2 302,56	2 590,38	1 197,61	2 161,60	2 431,80
	III	29 260	–	2 340,80	2 633,40	III	29 260	–	2 203,20	2 478,60	–	2 068,64	2 327,22	–	1 936,96	2 179,08	–	1 808,16	2 034,18	–	1 682,40	1 892,70	–	1 559,52	1 754,46
West	V	44 024	2 421,32	3 521,92	3 962,16	IV	38 390	2 063,05	3 000,80	3 375,90	2 014,59	2 930,32	3 296,61	1 966,14	2 859,84	3 217,32	1 917,74	2 789,44	3 138,12	1 869,28	2 718,96	3 058,83	1 820,83	2 648,48	2 979,54
	VI	44 459	2 445,24	3 556,72	4 001,31																				
	I,IV	38 548	2 120,14	3 083,84	3 469,32	I	38 548	2 023,28	2 942,96	3 310,83	1 926,37	2 802,–	3 152,25	1 829,52	2 661,12	2 993,76	1 730,97	2 520,16	2 835,18	1 521,41	2 379,28	2 676,69	1 311,73	2 238,32	2 518,11
126 179,99	II	37 747	2 076,08	3 019,76	3 397,23	II	37 747	1 979,17	2 878,80	3 238,65	1 882,32	2 737,92	3 080,16	1 785,41	2 596,96	2 921,58	1 635,65	2 456,08	2 763,09	1 425,97	2 315,12	2 604,51	1 216,41	2 174,24	2 446,02
	III	29 416	–	2 353,28	2 647,44	III	29 416	–	2 215,52	2 492,46	–	2 080,64	2 340,72	–	1 948,64	2 192,22	–	1 819,52	2 046,96	–	1 693,44	1 905,12	–	1 570,40	1 766,70
Ost	V	44 182	2 430,01	3 534,56	3 976,38	IV	38 548	2 071,68	3 013,36	3 390,03	2 023,28	2 942,96	3 310,83	1 974,83	2 872,48	3 231,54	1 926,37	2 802,–	3 152,25	1 877,92	2 731,52	3 072,96	1 829,52	2 661,12	2 993,76
	VI	44 617	2 453,93	3 569,36	4 015,53																				
	I,IV	38 406	2 112,33	3 072,48	3 456,54	I	38 406	2 015,42	2 931,52	3 297,96	1 918,56	2 790,64	3 139,47	1 821,65	2 649,68	2 980,89	1 714,07	2 508,80	2 822,40	1 504,39	2 367,84	2 663,82	1 294,83	2 226,96	2 505,33
126 215,99	II	37 604	2 068,22	3 008,32	3 384,36	II	37 604	1 971,36	2 867,44	3 225,87	1 874,45	2 726,48	3 067,29	1 777,60	2 585,60	2 908,80	1 618,63	2 444,64	2 750,22	1 409,07	2 303,76	2 591,73	1 199,40	2 162,80	2 433,15
	III	29 276	–	2 342,08	2 634,84	III	29 276	–	2 204,48	2 480,04	–	2 069,76	2 328,48	–	1 938,08	2 180,34	–	1 809,28	2 035,44	–	1 683,36	1 893,78	–	1 560,48	1 755,54
West	V	44 039	2 422,14	3 523,12	3 963,51	IV	38 406	2 063,87	3 002,–	3 377,25	2 015,42	2 931,52	3 297,96	1 966,96	2 861,04	3 218,67	1 918,56	2 790,64	3 139,47	1 870,11	2 720,16	3 060,18	1 821,65	2 649,68	2 980,89
	VI	44 475	2 446,12	3 558,–	4 002,75																				
	I,IV	38 563	2 120,96	3 085,04	3 470,67	I	38 563	2 024,11	2 944,16	3 312,18	1 927,20	2 803,20	3 153,60	1 830,34	2 662,32	2 995,11	1 732,75	2 521,36	2 836,53	1 523,20	2 380,48	2 678,04	1 313,52	2 239,52	2 519,46
126 215,99	II	37 762	2 076,91	3 020,96	3 398,58	II	37 762	1 980,–	2 880,–	3 240,–	1 883,14	2 739,12	3 081,51	1 786,23	2 598,16	2 922,93	1 637,44	2 457,28	2 764,44	1 427,76	2 316,32	2 605,86	1 218,20	2 175,44	2 447,37
	III	29 432	–	2 354,56	2 648,88	III	29 432	–	2 216,64	2 493,72	–	2 081,76	2 341,98	–	1 949,76	2 193,48	–	1 820,64	2 048,22	–	1 694,56	1 906,38	–	1 571,36	1 767,78
Ost	V	44 197	2 430,83	3 535,76	3 977,73	IV	38 563	2 072,51	3 014,56	3 391,38	2 024,11	2 944,16	3 312,18	1 975,65	2 873,68	3 232,89	1 927,20	2 803,20	3 153,60	1 878,74	2 732,72	3 074,31	1 830,34	2 662,32	2 995,11
	VI	44 632	2 454,76	3 570,56	4 016,88																				
	I,IV	38 421	2 113,15	3 073,68	3 457,89	I	38 421	2 016,24	2 932,72	3 299,31	1 919,39	2 791,84	3 140,82	1 822,48	2 650,88	2 982,24	1 715,86	2 510,–	2 823,75	1 506,18	2 369,04	2 665,17	1 296,62	2 228,16	2 506,68
126 251,99	II	37 619	2 069,04	3 009,52	3 385,71	II	37 619	1 972,19	2 868,64	3 227,22	1 875,28	2 727,68	3 068,64	1 778,42	2 586,80	2 910,15	1 620,42	2 445,84	2 751,57	1 410,86	2 304,96	2 593,08	1 201,18	2 164,–	2 434,50
	III	29 290	–	2 343,20	2 636,10	III	29 290	–	2 205,60	2 481,30	–	2 070,88	2 329,74	–	1 939,20	2 181,60	–	1 810,40	2 036,70	–	1 684,48	1 895,04	–	1 561,60	1 756,80
West	V	44 055	2 423,02	3 524,40	3 964,95	IV	38 421	2 064,70	3 003,20	3 378,60	2 016,24	2 932,72	3 299,31	1 967,84	2 862,32	3 220,11	1 919,39	2 791,84	3 140,82	1 870,93	2 721,36	3 061,53	1 822,48	2 650,88	2 982,24
	VI	44 490	2 446,95	3 559,20	4 004,10																				
	I,IV	38 578	2 121,79	3 086,24	3 472,02	I	38 578	2 024,93	2 945,36	3 313,53	1 928,02	2 804,40	3 154,95	1 831,17	2 663,52	2 996,46	1 734,26	2 522,56	2 837,88	1 524,98	2 381,68	2 679,39	1 315,30	2 240,72	2 520,81
126 251,99	II	37 777	2 077,73	3 022,16	3 399,93	II	37 777	1 980,82	2 881,20	3 241,35	1 883,97	2 740,32	3 082,86	1 787,06	2 599,36	2 924,28	1 639,22	2 458,48	2 765,79	1 429,54	2 317,52	2 607,21	1 219,98	2 176,64	2 448,72
	III	29 446	–	2 355,68	2 650,14	III	29 446	–	2 217,76	2 494,98	–	2 082,88	2 343,24	–	1 950,88	2 194,74	–	1 821,76	2 049,48	–	1 695,68	1 907,64	–	1 572,48	1 769,04
Ost	V	44 212	2 431,66	3 536,96	3 979,08	IV	38 578	2 073,33	3 015,76	3 392,73	2 024,93	2 945,36	3 313,53	1 976,48	2 874,88	3 234,24	1 928,02	2 804,40	3 154,95	1 879,62	2 734,–	3 075,75	1 831,17	2 663,52	2 996,46
	VI	44 647	2 455,58	3 571,76	4 018,23																				
	I,IV	38 436	2 113,98	3 074,88	3 459,24	I	38 436	2 017,07	2 933,92	3 300,66	1 920,21	2 793,04	3 142,17	1 823,30	2 652,08	2 983,59	1 717,64	2 511,20	2 825,10	1 507,96	2 370,24	2 666,52	1 298,40	2 229,36	2 508,03
126 287,99	II	37 634	2 069,87	3 010,72	3 387,06	II	37 634	1 973,01	2 869,84	3 228,57	1 876,16	2 728,96	3 070,08	1 779,25	2 588,–	2 911,50	1 622,32	2 447,12	2 753,01	1 412,64	2 306,16	2 594,43	1 203,09	2 165,28	2 435,94
	III	29 306	–	2 344,48	2 637,54	III	29 306	–	2 206,72	2 482,56	–	2 072,–	2 331,–	–	1 940,32	2 182,86	–	1 811,52	2 037,96	–	1 685,60	1 896,30	–	1 562,56	1 757,88
West	V	44 070	2 423,85	3 525,60	3 966,30	IV	38 436	2 065,52	3 004,40	3 379,95	2 017,07	2 933,92	3 300,66	1 968,67	2 863,52	3 221,46	1 920,21	2 793,04	3 142,17	1 871,76	2 722,56	3 062,88	1 823,30	2 652,08	2 983,59
	VI	44 505	2 447,77	3 560,40	4 005,45																				
	I,IV	38 593	2 122,61	3 087,44	3 473,37	I	38 593	2 025,76	2 946,56	3 314,88	1 928,85	2 805,60	3 156,30	1 831,99	2 664,72	2 997,81	1 735,08	2 523,76	2 839,23	1 526,77	2 382,88	2 680,74	1 317,09	2 241,92	2 522,16
126 287,99	II	37 792	2 078,56	3 023,36	3 401,28	II	37 792	1 981,70	2 882,48	3 242,79	1 884,79	2 741,52	3 084,21	1 787,94	2 600,64	2 925,72	1 641,01	2 459,68	2 767,14	1 431,45	2 318,80	2 608,65	1 221,77	2 177,84	2 450,07
	III	29 462	–	2 356,96	2 651,58	III	29 462	–	2 219,04	2 496,42	–	2 084,–	2 344,50	–	1 952,–	2 196,–	–	1 822,88	2 050,74	–	1 696,80	1 908,90	–	1 573,44	1 770,12
Ost	V	44 227	2 432,48	3 538,16	3 980,43	IV	38 593	2 074,21	3 017,04	3 394,17	2 025,76	2 946,56	3 314,88	1 977,30	2 876,08	3 235,59	1 928,85	2 805,60	3 156,30	1 880,45	2 735,20	3 077,10	1 831,99	2 664,72	2 997,81
	VI	44 662	2 456,41	3 572,96	4 019,58																				

* Die ausgewiesenen Tabellenwerte sind amtlich. Siehe Erläuterungen auf der Umschlaginnenseite (U2).

Abzüge an Lohnsteuer, Solidaritätszuschlag (SolZ) und Kirchensteuer (8%, 9%) in den Steuerklassen

Lohn/ Gehalt bis €*	I – VI		ohne Kinderfreibeträge			I, II, III, IV		mit Zahl der Kinderfreibeträge . . . 0,5			1			1,5			2			2,5			3		
		LSt	SolZ	8%	9%		LSt	SolZ	8%	9%	SolZ	8%	9%	SolZ	8%	9%	SolZ	8%	9%	SolZ	8%	9%	SolZ	8%	9%
126 323,99 West	I,IV	38 451	2 114,80	3 076,08	3 460,59	I	38 451	2 017,89	2 935,12	3 302,01	1 921,04	2 794,24	3 143,52	1 824,18	2 653,36	2 985,03	1 719,43	2 512,40	2 826,45	1 509,87	2 371,52	2 667,96	1 300,19	2 230,56	2 509,38
	II	37 650	2 070,75	3 012,–	3 388,50	II	37 650	1 973,84	2 871,04	3 229,92	1 876,98	2 730,16	3 071,43	1 780,07	2 589,20	2 912,85	1 624,11	2 448,32	2 754,36	1 414,43	2 307,36	2 595,78	1 204,87	2 166,48	2 437,29
	III	29 320	–	2 345,60	2 638,80	III	29 320	–	2 208,–	2 484,–	–	2 073,28	2 332,44	–	1 941,44	2 184,12	–	1 812,48	2 039,04	–	1 686,56	1 897,38	–	1 563,68	1 759,14
	V	44 085	2 424,67	3 526,80	3 967,65	IV	38 451	2 066,35	3 005,60	3 381,30	2 017,89	2 935,12	3 302,01	1 969,49	2 864,72	3 222,81	1 921,04	2 794,24	3 143,52	1 872,58	2 723,76	3 064,23	1 824,18	2 653,36	2 985,03
	VI	44 520	2 448,60	3 561,60	4 006,80																				
126 323,99 Ost	I,IV	38 608	2 123,44	3 088,64	3 474,72	I	38 608	2 026,58	2 947,76	3 316,23	1 929,73	2 806,88	3 157,74	1 832,82	2 665,92	2 999,16	1 735,96	2 525,04	2 840,67	1 528,55	2 384,08	2 682,09	1 318,99	2 243,20	2 523,60
	II	37 807	2 079,38	3 024,56	3 402,63	II	37 807	1 982,53	2 883,68	3 244,14	1 885,62	2 742,72	3 085,56	1 788,76	2 601,84	2 927,07	1 642,79	2 460,88	2 768,49	1 433,23	2 320,–	2 610,–	1 223,55	2 179,04	2 451,42
	III	29 476	–	2 358,08	2 652,84	III	29 476	–	2 220,16	2 497,68	–	2 085,12	2 345,76	–	1 953,12	2 197,26	–	1 824,–	2 052,–	–	1 697,76	1 909,98	–	1 574,56	1 771,38
	V	44 242	2 433,31	3 539,36	3 981,78	IV	38 608	2 075,04	3 018,24	3 395,52	2 026,58	2 947,76	3 316,23	1 978,13	2 877,28	3 236,94	1 929,73	2 806,88	3 157,74	1 881,27	2 736,40	3 078,45	1 832,82	2 665,92	2 999,16
	VI	44 677	2 457,23	3 574,16	4 020,93																				
126 359,99 West	I,IV	38 466	2 115,63	3 077,28	3 461,94	I	38 466	2 018,77	2 936,40	3 303,45	1 921,86	2 795,44	3 144,87	1 825,01	2 654,56	2 986,38	1 721,21	2 513,60	2 827,80	1 511,65	2 372,72	2 669,31	1 301,97	2 231,76	2 510,73
	II	37 665	2 071,57	3 013,20	3 389,85	II	37 665	1 974,66	2 872,24	3 231,27	1 877,81	2 731,36	3 072,78	1 780,90	2 590,40	2 914,20	1 625,89	2 449,52	2 755,71	1 416,21	2 308,56	2 597,13	1 206,66	2 167,68	2 438,64
	III	29 336	–	2 346,88	2 640,24	III	29 336	–	2 209,12	2 485,26	–	2 074,40	2 333,70	–	1 942,56	2 185,38	–	1 813,60	2 040,30	–	1 687,68	1 898,64	–	1 564,64	1 760,22
	V	44 100	2 425,50	3 528,–	3 969,–	IV	38 466	2 067,17	3 006,80	3 382,65	2 018,77	2 936,40	3 303,45	1 970,32	2 865,92	3 224,16	1 921,86	2 795,44	3 144,87	1 873,41	2 724,96	3 065,58	1 825,01	2 654,56	2 986,38
	VI	44 535	2 449,42	3 562,80	4 008,15																				
126 359,99 Ost	I,IV	38 624	2 124,32	3 089,92	3 476,16	I	38 624	2 027,41	2 948,96	3 317,58	1 930,55	2 808,08	3 159,09	1 833,64	2 667,12	3 000,51	1 736,79	2 526,24	2 842,02	1 530,34	2 385,28	2 683,44	1 320,78	2 244,40	2 524,95
	II	37 822	2 080,21	3 025,76	3 403,98	II	37 822	1 983,35	2 884,88	3 245,49	1 886,44	2 743,92	3 086,91	1 789,59	2 603,04	2 928,42	1 644,58	2 462,08	2 769,84	1 435,02	2 321,20	2 611,35	1 225,34	2 180,24	2 452,77
	III	29 492	–	2 359,36	2 654,28	III	29 492	–	2 221,28	2 498,94	–	2 086,24	2 347,02	–	1 954,24	2 198,52	–	1 825,12	2 053,26	–	1 698,88	1 911,24	–	1 575,52	1 772,46
	V	44 257	2 434,13	3 540,56	3 983,13	IV	38 624	2 075,86	3 019,44	3 396,87	2 027,41	2 948,96	3 317,58	1 978,95	2 878,48	3 238,29	1 930,55	2 808,08	3 159,09	1 882,10	2 737,60	3 079,80	1 833,64	2 667,12	3 000,51
	VI	44 693	2 458,11	3 575,44	4 022,37																				
126 395,99 West	I,IV	38 481	2 116,45	3 078,48	3 463,29	I	38 481	2 019,60	2 937,60	3 304,80	1 922,69	2 796,64	3 146,22	1 825,83	2 655,76	2 987,73	1 723,–	2 514,80	2 829,15	1 513,44	2 373,92	2 670,66	1 303,76	2 232,96	2 512,08
	II	37 680	2 072,40	3 014,40	3 391,20	II	37 680	1 975,49	2 873,44	3 232,62	1 878,63	2 732,56	3 074,13	1 781,72	2 591,60	2 915,55	1 627,68	2 450,72	2 757,06	1 418,–	2 309,76	2 598,48	1 208,44	2 168,88	2 439,99
	III	29 350	–	2 348,–	2 641,50	III	29 350	–	2 210,24	2 486,52	–	2 075,52	2 334,96	–	1 943,68	2 186,64	–	1 814,72	2 041,56	–	1 688,80	1 899,90	–	1 565,76	1 761,48
	V	44 115	2 426,32	3 529,20	3 970,35	IV	38 481	2 068,–	3 008,–	3 384,–	2 019,60	2 937,60	3 304,80	1 971,14	2 867,12	3 225,51	1 922,69	2 796,64	3 146,22	1 874,29	2 726,24	3 067,02	1 825,83	2 655,76	2 987,73
	VI	44 550	2 450,25	3 564,–	4 009,50																				
126 395,99 Ost	I,IV	38 639	2 125,14	3 091,12	3 477,51	I	38 639	2 028,23	2 950,16	3 318,93	1 931,38	2 809,28	3 160,44	1 834,47	2 668,32	3 001,86	1 737,61	2 527,44	2 843,37	1 532,12	2 386,48	2 684,79	1 322,56	2 245,60	2 526,30
	II	37 837	2 081,03	3 026,96	3 405,33	II	37 837	1 984,18	2 886,08	3 246,84	1 887,27	2 745,12	3 088,26	1 790,41	2 604,24	2 929,77	1 646,36	2 463,28	2 771,19	1 436,80	2 322,40	2 612,70	1 227,12	2 181,44	2 454,12
	III	29 506	–	2 360,48	2 655,54	III	29 506	–	2 222,56	2 500,38	–	2 087,52	2 348,46	–	1 955,36	2 199,78	–	1 826,24	2 054,52	–	1 700,–	1 912,50	–	1 576,64	1 773,72
	V	44 273	2 435,01	3 541,84	3 984,57	IV	38 639	2 076,69	3 020,64	3 398,22	2 028,23	2 950,16	3 318,93	1 979,78	2 879,68	3 239,64	1 931,38	2 809,28	3 160,44	1 882,92	2 738,80	3 081,15	1 834,47	2 668,32	3 001,86
	VI	44 708	2 458,94	3 576,64	4 023,72																				
126 431,99 West	I,IV	38 496	2 117,28	3 079,68	3 464,64	I	38 496	2 020,42	2 938,80	3 306,15	1 923,51	2 797,84	3 147,57	1 826,66	2 656,96	2 989,08	1 724,78	2 516,–	2 830,50	1 515,22	2 375,12	2 672,01	1 305,54	2 234,16	2 513,43
	II	37 695	2 073,22	3 015,60	3 392,55	II	37 695	1 976,31	2 874,64	3 233,97	1 879,46	2 733,76	3 075,48	1 782,60	2 592,88	2 916,99	1 629,46	2 451,92	2 758,41	1 419,90	2 311,04	2 599,92	1 210,23	2 170,08	2 441,34
	III	29 364	–	2 349,12	2 642,76	III	29 364	–	2 211,52	2 487,96	–	2 076,64	2 336,22	–	1 944,80	2 187,90	–	1 815,84	2 042,82	–	1 689,76	1 900,98	–	1 566,72	1 762,56
	V	44 130	2 427,15	3 530,40	3 971,70	IV	38 496	2 068,88	3 009,28	3 385,44	2 020,42	2 938,80	3 306,15	1 971,97	2 868,32	3 226,86	1 923,51	2 797,84	3 147,57	1 875,11	2 727,44	3 068,37	1 826,66	2 656,96	2 989,08
	VI	44 565	2 451,07	3 565,20	4 010,85																				
126 431,99 Ost	I,IV	38 654	2 125,97	3 092,32	3 478,86	I	38 654	2 029,06	2 951,36	3 320,28	1 932,20	2 810,48	3 161,79	1 835,29	2 669,52	3 003,21	1 738,44	2 528,64	2 844,72	1 533,91	2 387,68	2 686,14	1 324,35	2 246,80	2 527,65
	II	37 852	2 081,86	3 028,16	3 406,68	II	37 852	1 985,–	2 887,28	3 248,19	1 888,15	2 746,40	3 089,70	1 791,24	2 605,44	2 931,12	1 648,26	2 464,56	2 772,63	1 438,59	2 323,60	2 614,05	1 229,03	2 182,72	2 455,56
	III	29 522	–	2 361,76	2 656,98	III	29 522	–	2 223,68	2 501,64	–	2 088,64	2 349,72	–	1 956,48	2 201,04	–	1 827,20	2 055,60	–	1 700,96	1 913,58	–	1 577,76	1 774,98
	V	44 288	2 435,84	3 543,04	3 985,92	IV	38 654	2 077,51	3 021,84	3 399,57	2 029,06	2 951,36	3 320,28	1 980,66	2 880,96	3 241,08	1 932,20	2 810,48	3 161,79	1 883,75	2 740,–	3 082,50	1 835,29	2 669,52	3 003,21
	VI	44 723	2 459,76	3 577,84	4 025,07																				
126 467,99 West	I,IV	38 511	2 118,10	3 080,88	3 465,99	I	38 511	2 021,25	2 940,–	3 307,50	1 924,34	2 799,04	3 148,92	1 827,48	2 658,16	2 990,43	1 726,69	2 517,28	2 831,94	1 517,01	2 376,32	2 673,36	1 307,45	2 235,44	2 514,87
	II	37 710	2 074,05	3 016,80	3 393,90	II	37 710	1 977,19	2 875,92	3 235,41	1 880,28	2 734,96	3 076,83	1 783,43	2 594,08	2 918,34	1 631,25	2 453,12	2 759,76	1 421,69	2 312,24	2 601,27	1 212,01	2 171,28	2 442,69
	III	29 380	–	2 350,40	2 644,20	III	29 380	–	2 212,64	2 489,22	–	2 077,76	2 337,48	–	1 945,92	2 189,16	–	1 816,96	2 044,08	–	1 690,88	1 902,24	–	1 567,84	1 763,82
	V	44 145	2 427,97	3 531,60	3 973,05	IV	38 511	2 069,70	3 010,48	3 386,79	2 021,25	2 940,–	3 307,50	1 972,79	2 869,52	3 228,21	1 924,34	2 799,04	3 148,92	1 875,94	2 728,64	3 069,72	1 827,48	2 658,16	2 990,43
	VI	44 580	2 451,90	3 566,40	4 012,20																				
126 467,99 Ost	I,IV	38 669	2 126,79	3 093,52	3 480,21	I	38 669	2 029,88	2 952,56	3 321,63	1 933,03	2 811,68	3 163,14	1 836,17	2 670,80	3 004,65	1 739,26	2 529,84	2 846,07	1 535,81	2 388,96	2 687,58	1 326,13	2 248,–	2 529,–
	II	37 868	2 082,74	3 029,44	3 408,12	II	37 868	1 985,83	2 888,48	3 249,54	1 888,97	2 747,60	3 091,05	1 792,06	2 606,64	2 932,47	1 650,05	2 465,76	2 773,98	1 440,37	2 324,80	2 615,40	1 230,81	2 183,92	2 456,91
	III	29 536	–	2 362,88	2 658,24	III	29 536	–	2 224,80	2 502,90	–	2 089,76	2 350,98	–	1 957,60	2 202,30	–	1 828,32	2 056,86	–	1 702,08	1 914,84	–	1 578,72	1 776,06
	V	44 303	2 436,66	3 544,24	3 987,27	IV	38 669	2 078,34	3 023,04	3 400,92	2 029,88	2 952,56	3 321,63	1 981,48	2 882,16	3 242,43	1 933,03	2 811,68	3 163,14	1 884,57	2 741,20	3 083,85	1 836,17	2 670,80	3 004,65
	VI	44 738	2 460,59	3 579,04	4 026,42																				
126 503,99 West	I,IV	38 527	2 118,98	3 082,16	3 467,43	I	38 527	2 022,07	2 941,20	3 308,85	1 925,22	2 800,32	3 150,36	1 828,31	2 659,36	2 991,78	1 728,47	2 518,48	2 833,29	1 518,79	2 377,52	2 674,71	1 309,23	2 236,64	2 516,22
	II	37 725	2 074,87	3 018,–	3 395,25	II	37 725	1 978,02	2 877,12	3 236,76	1 881,11	2 736,16	3 078,18	1 784,25	2 595,28	2 919,69	1 633,03	2 454,32	2 761,11	1 423,47	2 313,44	2 602,62	1 213,80	2 172,48	2 444,04
	III	29 394	–	2 351,52	2 645,46	III	29 394	–	2 213,76	2 490,48	–	2 078,88	2 338,74	–	1 947,04	2 190,42	–	1 818,08	2 045,34	–	1 692,–	1 903,50	–	1 568,80	1 764,90
	V	44 160	2 428,80	3 532,80	3 974,40	IV	38 527	2 070,53	3 011,68	3 388,14	2 022,07	2 941,20	3 308,85	1 973,62	2 870,72	3 229,56	1 925,22	2 800,32	3 150,36	1 876,76	2 729,84	3 071,07	1 828,31	2 659,36	2 991,78
	VI	44 596	2 452,78	3 567,68	4 013,64																				
126 503,99 Ost	I,IV	38 684	2 127,62	3 094,72	3 481,56	I	38 684	2 030,76	2 953,84	3 323,07	1 933,85	2 812,88	3 164,49	1 837,–	2 672,–	3 006,–	1 740,09	2 531,04	2 847,42	1 537,59	2 390,16	2 688,93	1 327,92	2 249,20	2 530,35
	II	37 883	2 083,56	3 030,64	3 409,47	II	37 883	1 986,65	2 889,68	3 250,89	1 889,80	2 748,80	3 092,40	1 792,89	2 607,84	2 933,82	1 651,83	2 466,96	2 775,33	1 442,16	2 326,–	2 616,75	1 232,60	2 185,12	2 458,26
	III	29 552	–	2 364,16	2 659,68	III	29 552	–	2 226,08	2 504,34	–	2 090,88	2 352,24	–	1 958,72	2 203,56	–	1 829,44	2 058,12	–	1 703,20	1 916,10	–	1 579,84	1 777,32
	V	44 318	2 437,49	3 545,44	3 988,62	IV	38 684	2 079,16	3 024,24	3 402,27	2 030,76	2 953,84	3 323,07	1 982,31	2 883,36	3 243,78	1 933,85	2 812,88	3 164,49	1 885,40	2 742,40	3 085,20	1 837,–	2 672,–	3 006,–
	VI	44 753	2 461,41	3 580,24	4 027,77																				
126 539,99 West	I,IV	38 542	2 119,81	3 083,36	3 468,78	I	38 542	2 022,90	2 942,40	3 310,20	1 926,04	2 801,52	3 151,71	1 829,13	2 660,56	2 993,13	1 730,26	2 519,68	2 834,64	1 520,58	2 378,72	2 676,06	1 311,02	2 237,84	2 517,57
	II	37 740	2 075,70	3 019,20	3 396,60	II	37 740	1 978,84	2 878,32	3 238,11	1 881,93	2 737,36	3 079,53	1 785,08	2 596,48	2 921,04	1 634,82	2 455,52	2 762,46	1 425,26	2 314,64	2 603,97	1 215,58	2 173,68	2 445,39
	III	29 410	–	2 352,80	2 646,90	III	29 410	–	2 214,88	2 491,74	–	2 080,–	2 340,–	–	1 948,16	2 191,68	–	1 819,04	2 046,42	–	1 692,96	1 904,58	–	1 569,92	1 766,16
	V	44 176	2 429,68	3 534,08	3 975,84	IV	38 542	2 071,35	3 012,88	3 389,49	2 022,90	2 942,40	3 310,20	1 974,44	2 871,92	3 230,91	1 926,04	2 801,52	3 151,71	1 877,59	2 731,04	3 072,42	1 829,13	2 660,56	2 993,13
	VI	44 611	2 453,60	3 568,88	4 014,99																				
126 539,99 Ost	I,IV	38 699	2 128,44	3 095,92	3 482,91	I	38 699	2 031,59	2 955,04	3 324,42	1 934,68	2 814,08	3 165,84	1 837,82	2 673,20	3 007,35	1 740,91	2 532,24	2 848,77	1 539,38	2 391,36	2 690,28	1 329,70	2 250,40	2 531,70
	II	37 898	2 084,39	3 031,84	3 410,82	II	37 898	1 987,48	2 890,88	3 252,24	1 890,62	2 750,–	3 093,75	1 793,71	2 609,04	2 935,17	1 653,62	2 468,16	2 776,68	1 443,94	2 327,20	2 618,10	1 234,38	2 186,32	2 459,61
	III	29 566	–	2 365,28	2 660,94	III	29 566	–	2 227,20	2 505,60	–	2 092,–	2 353,50	–	1 959,84	2 204,82	–	1 830,56	2 059,38	–	1 704,16	1 917,18	–	1 580,80	1 778,40
	V	44 333	2 438,31	3 546,64	3 989,97	IV	38 699	2 079,99	3 025,44	3 403,62	2 031,59	2 955,04	3 324,42	1 983,13	2 884,56	3 245,13	1 934,68	2 814,08	3 165,84	1 886,22	2 743,60	3 086,55	1 837,82	2 673,20	3 007,35
	VI	44 768	2 462,24	3 581,44	4 029,12																				
126 575,99 West	I,IV	38 557	2 120,63	3 084,56	3 470,13	I	38 557	2 023,72	2 943,60	3 311,55	1 926,87	2 802,72	3 153,06	1 829,96	2 661,76	2 994,48	1 732,04	2 520,88	2 835,99	1 522,36	2 379,92	2 677,41	1 312,80	2 239,04	2 518,92
	II	37 755	2 076,52	3 020,40	3 397,95	II	37 755	1 979,67	2 879,52	3 239,46	1 882,76	2 738,56	3 080,88	1 785,90	2 597,68	2 922,39	1 636,72	2 456,80	2 763,90	1 427,04	2 315,84	2 605,32	1 217,48	2 174,96	2 446,83
	III	29 424	–	2 353,92	2 648,16	III	29 424	–	2 216,16	2 493,18	–	2 081,28	2 341,44	–	1 949,28	2 192,94	–	1 820,16	2 047,68	–	1 694,08	1 905,84	–	1 570,88	1 767,24
	V	44 191	2 430,50	3 535,28	3 977,19	IV	38 557	2 072,18	3 014,08	3 390,84	2 023,72	2 943,60	3 311,55	1 975,32	2 873,20	3 232,35	1 926,87	2 802,72	3 153,06	1 878,41	2 732,24	3 073,77	1 829,96	2 661,76	2 994,48
	VI	44 626	2 454,43	3 570,08	4 016,34																				
126 575,99 Ost	I,IV	38 714	2 129,27	3 097,12	3 484,26	I	38 714	2 032,41	2 956,24	3 325,77	1 935,50	2 815,28	3 167,19	1 838,65	2 674,40	3 008,70	1 741,74	2 533,44	2 850,12	1 541,16	2 392,56	2 691,63	1 331,49	2 251,60	2 533,05
	II	37 913	2 085,21	3 033,04	3 412,17	II	37 913	1 988,30	2 892,08	3 253,59	1 891,45	2 751,20	3 095,10	1 794,59	2 610,32	2 936,61	1 655,40	2 469,36	2 778,03	1 445,85	2 328,48	2 619,54	1 236,17	2 187,52	2 460,96
	III	29 580	–	2 366,40	2 662,20	III	29 580	–	2 228,32	2 506,86	–	2 093,12	2 354,76	–	1 960,96	2 206,08	–	1 831,68	2 060,64	–	1 705,28	1 918,44	–	1 581,92	1 779,66
	V	44 348	2 439,14	3 547,84	3 991,32	IV	38 714	2 080,87	3 026,72	3 405,06	2 032,41	2 956,24	3 325,77	1 983,96	2 885,76	3 246,48	1 935,50	2 815,28	3 167,19	1 887,10	2 744,88	3 087,99	1 838,65	2 674,40	3 008,70
	VI	44 783	2 463,06	3 582,64	4 030,47																				

* Die ausgewiesenen Tabellenwerte sind amtlich. Siehe Erläuterungen auf der Umschlaginnenseite (U2).

Abzüge an Lohnsteuer, Solidaritätszuschlag (SolZ) und Kirchensteuer (8%, 9%) in den Steuerklassen

Lohn/ Gehalt bis €*		I – VI	ohne Kinder-freibeträge			I, II, III, IV		mit Zahl der Kinderfreibeträge . . . 0,5			1			1,5			2			2,5			3		
		LSt	SolZ	8%	9%		LSt	SolZ	8%	9%	SolZ	8%	9%	SolZ	8%	9%	SolZ	8%	9%	SolZ	8%	9%	SolZ	8%	9%
126 611,99 West	I,IV	38 572	2 121,46	3 085,76	3 471,48	I	38 572	2 024,55	2 944,80	3 312,90	1 927,69	2 803,92	3 154,41	1 830,78	2 662,96	2 995,83	1 733,83	2 522,08	2 837,34	1 524,27	2 381,20	2 678,85	1 314,59	2 240,24	2 520,27
	II	37 771	2 077,40	3 021,68	3 399,39	II	37 771	1 980,49	2 880,72	3 240,81	1 883,64	2 739,84	3 082,32	1 786,73	2 598,88	2 923,74	1 638,51	2 458,–	2 765,25	1 428,83	2 317,04	2 606,67	1 219,27	2 176,16	2 448,18
	III	29 440	–	2 355,20	2 649,60	III	29 440	–	2 217,28	2 494,44	–	2 082,40	2 342,70	–	1 950,40	2 194,20	–	1 821,28	2 048,94	–	1 695,20	1 907,10	–	1 572,–	1 768,50
	V	44 206	2 431,33	3 536,48	3 978,54	IV	38 572	2 073,–	3 015,28	3 392,19	2 024,55	2 944,80	3 312,90	1 976,15	2 874,40	3 233,70	1 927,69	2 803,92	3 154,41	1 879,24	2 733,44	3 075,12	1 830,78	2 662,96	2 995,83
	VI	44 641	2 455,25	3 571,28	4 017,69																				
126 611,99 Ost	I,IV	38 729	2 130,09	3 098,32	3 485,61	I	38 729	2 033,24	2 957,44	3 327,12	1 936,33	2 816,48	3 168,54	1 839,47	2 675,60	3 010,05	1 742,62	2 534,72	2 851,56	1 542,95	2 393,76	2 692,98	1 333,39	2 252,88	2 534,49
	II	37 928	2 086,04	3 034,24	3 413,52	II	37 928	1 989,18	2 893,36	3 255,03	1 892,27	2 752,40	3 096,45	1 795,42	2 611,52	2 937,96	1 657,19	2 470,56	2 779,38	1 447,63	2 329,68	2 620,89	1 237,95	2 188,72	2 462,31
	III	29 596	–	2 367,68	2 663,64	III	29 596	–	2 229,60	2 508,30	–	2 094,40	2 356,20	–	1 962,08	2 207,34	–	1 832,80	2 061,90	–	1 706,40	1 919,70	–	1 582,88	1 780,74
	V	44 363	2 439,96	3 549,04	3 992,67	IV	38 729	2 081,69	3 027,92	3 406,41	2 033,24	2 957,44	3 327,12	1 984,78	2 886,96	3 247,83	1 936,33	2 816,48	3 168,54	1 887,93	2 746,08	3 089,34	1 839,47	2 675,60	3 010,05
	VI	44 798	2 463,89	3 583,84	4 031,82																				
126 647,99 West	I,IV	38 587	2 122,28	3 086,96	3 472,83	I	38 587	2 025,43	2 946,08	3 314,34	1 928,52	2 805,12	3 155,76	1 831,66	2 664,24	2 997,27	1 734,75	2 523,28	2 838,69	1 526,05	2 382,40	2 680,20	1 316,37	2 241,44	2 521,62
	II	37 786	2 078,23	3 022,88	3 400,74	II	37 786	1 981,32	2 881,92	3 242,16	1 884,46	2 741,04	3 083,67	1 787,55	2 600,08	2 925,09	1 640,29	2 459,20	2 766,60	1 430,61	2 318,24	2 608,02	1 221,05	2 177,36	2 449,53
	III	29 454	–	2 356,32	2 650,86	III	29 454	–	2 218,40	2 495,70	–	2 083,52	2 343,96	–	1 951,52	2 195,46	–	1 822,40	2 050,20	–	1 696,32	1 908,36	–	1 573,12	1 769,76
	V	44 221	2 432,15	3 537,68	3 979,89	IV	38 587	2 073,83	3 016,48	3 393,54	2 025,43	2 946,08	3 314,34	1 976,97	2 875,60	3 235,05	1 928,52	2 805,12	3 155,76	1 880,06	2 734,64	3 076,47	1 831,66	2 664,24	2 997,27
	VI	44 656	2 456,08	3 572,48	4 019,04																				
126 647,99 Ost	I,IV	38 745	2 130,97	3 099,60	3 487,05	I	38 745	2 034,06	2 958,64	3 328,47	1 937,21	2 817,76	3 169,98	1 840,30	2 676,80	3 011,40	1 743,44	2 535,92	2 852,91	1 544,73	2 394,96	2 694,33	1 335,18	2 254,08	2 535,84
	II	37 943	2 086,86	3 035,44	3 414,87	II	37 943	1 990,01	2 894,56	3 256,38	1 893,10	2 753,60	3 097,80	1 796,24	2 612,72	2 939,31	1 658,97	2 471,76	2 780,73	1 449,42	2 330,88	2 622,24	1 239,74	2 189,92	2 463,66
	III	29 610	–	2 368,80	2 664,90	III	29 610	–	2 230,72	2 509,56	–	2 095,52	2 357,46	–	1 963,20	2 208,60	–	1 833,92	2 063,16	–	1 707,36	1 920,78	–	1 584,–	1 782,–
	V	44 378	2 440,79	3 550,24	3 994,02	IV	38 745	2 082,52	3 029,12	3 407,76	2 034,06	2 958,64	3 328,47	1 985,61	2 888,16	3 249,18	1 937,21	2 817,76	3 169,98	1 888,75	2 747,28	3 090,69	1 840,30	2 676,80	3 011,40
	VI	44 814	2 464,77	3 585,12	4 033,26																				
126 683,99 West	I,IV	38 602	2 123,11	3 088,16	3 474,18	I	38 602	2 026,25	2 947,28	3 315,69	1 929,34	2 806,32	3 157,11	1 832,49	2 665,44	2 998,62	1 735,58	2 524,48	2 840,04	1 527,84	2 383,60	2 681,55	1 318,16	2 242,64	2 522,97
	II	37 801	2 079,05	3 024,08	3 402,09	II	37 801	1 982,14	2 883,12	3 243,51	1 885,29	2 742,24	3 085,02	1 788,38	2 601,28	2 926,44	1 642,08	2 460,40	2 767,95	1 432,40	2 319,44	2 609,37	1 222,84	2 178,56	2 450,88
	III	29 470	–	2 357,60	2 652,30	III	29 470	–	2 219,68	2 497,14	–	2 084,64	2 345,22	–	1 952,64	2 196,72	–	1 823,52	2 051,46	–	1 697,28	1 909,44	–	1 574,08	1 770,84
	V	44 236	2 432,98	3 538,88	3 981,24	IV	38 602	2 074,65	3 017,68	3 394,89	2 026,25	2 947,28	3 315,69	1 977,80	2 876,80	3 236,40	1 929,34	2 806,32	3 157,11	1 880,89	2 735,84	3 077,82	1 832,49	2 665,44	2 998,62
	VI	44 671	2 456,90	3 573,68	4 020,39																				
126 683,99 Ost	I,IV	38 760	2 131,80	3 100,80	3 488,40	I	38 760	2 034,89	2 959,84	3 329,82	1 938,03	2 818,96	3 171,33	1 841,12	2 678,–	3 012,75	1 744,27	2 537,12	2 854,26	1 546,52	2 396,16	2 695,68	1 336,96	2 255,28	2 537,19
	II	37 958	2 087,69	3 036,64	3 416,22	II	37 958	1 990,83	2 895,76	3 257,73	1 893,92	2 754,80	3 099,15	1 797,07	2 613,92	2 940,66	1 660,76	2 472,96	2 782,08	1 451,20	2 332,08	2 623,59	1 241,52	2 191,12	2 465,01
	III	29 626	–	2 370,08	2 666,34	III	29 626	–	2 231,84	2 510,82	–	2 096,64	2 358,72	–	1 964,32	2 209,86	–	1 834,88	2 064,24	–	1 708,48	1 922,04	–	1 584,96	1 783,08
	V	44 394	2 441,67	3 551,52	3 995,46	IV	38 760	2 083,34	3 030,32	3 409,11	2 034,89	2 959,84	3 329,82	1 986,43	2 889,36	3 250,53	1 938,03	2 818,96	3 171,33	1 889,58	2 748,48	3 092,04	1 841,12	2 678,–	3 012,75
	VI	44 829	2 465,59	3 586,32	4 034,61																				
126 719,99 West	I,IV	38 617	2 123,93	3 089,36	3 475,53	I	38 617	2 027,08	2 948,48	3 317,04	1 930,17	2 807,52	3 158,46	1 833,31	2 666,64	2 999,97	1 736,40	2 525,68	2 841,39	1 529,62	2 384,80	2 682,90	1 319,94	2 243,84	2 524,32
	II	37 816	2 079,88	3 025,28	3 403,44	II	37 816	1 982,97	2 884,32	3 244,86	1 886,11	2 743,44	3 086,37	1 789,20	2 602,48	2 927,79	1 643,86	2 461,60	2 769,30	1 434,30	2 320,72	2 610,81	1 224,62	2 179,76	2 452,23
	III	29 484	–	2 358,72	2 653,56	III	29 484	–	2 220,80	2 498,40	–	2 085,76	2 346,48	–	1 953,76	2 197,98	–	1 824,64	2 052,72	–	1 698,40	1 910,70	–	1 575,20	1 772,10
	V	44 251	2 433,80	3 540,08	3 982,59	IV	38 617	2 075,53	3 018,96	3 396,33	2 027,08	2 948,48	3 317,04	1 978,62	2 878,–	3 237,75	1 930,17	2 807,52	3 158,46	1 881,77	2 737,12	3 079,26	1 833,31	2 666,64	2 999,97
	VI	44 686	2 457,73	3 574,88	4 021,74																				
126 719,99 Ost	I,IV	38 775	2 132,62	3 102,–	3 489,75	I	38 775	2 035,71	2 961,04	3 331,17	1 938,86	2 820,16	3 172,68	1 841,95	2 679,20	3 014,10	1 745,09	2 538,32	2 855,61	1 548,30	2 397,36	2 697,03	1 338,75	2 256,48	2 538,54
	II	37 973	2 088,51	3 037,84	3 417,57	II	37 973	1 991,66	2 896,96	3 259,08	1 894,75	2 756,–	3 100,50	1 797,89	2 615,12	2 942,01	1 662,66	2 474,24	2 783,52	1 452,99	2 333,28	2 624,94	1 243,43	2 192,40	2 466,45
	III	29 640	–	2 371,20	2 667,60	III	29 640	–	2 233,12	2 512,26	–	2 097,76	2 359,98	–	1 965,44	2 211,12	–	1 836,–	2 065,50	–	1 709,60	1 923,30	–	1 586,08	1 784,34
	V	44 409	2 442,49	3 552,72	3 996,81	IV	38 775	2 084,17	3 031,52	3 410,46	2 035,71	2 961,04	3 331,17	1 987,31	2 890,64	3 251,97	1 938,86	2 820,16	3 172,68	1 890,40	2 749,68	3 093,39	1 841,95	2 679,20	3 014,10
	VI	44 844	2 466,42	3 587,52	4 035,96																				
126 755,99 West	I,IV	38 632	2 124,76	3 090,56	3 476,88	I	38 632	2 027,90	2 949,68	3 318,39	1 930,99	2 808,72	3 159,81	1 834,14	2 667,84	3 001,32	1 737,23	2 526,88	2 842,74	1 531,41	2 386,–	2 684,25	1 321,85	2 245,12	2 525,76
	II	37 831	2 080,70	3 026,48	3 404,79	II	37 831	1 983,85	2 885,60	3 246,30	1 886,94	2 744,64	3 087,72	1 790,08	2 603,76	2 929,23	1 645,65	2 462,80	2 770,65	1 436,09	2 321,92	2 612,16	1 226,41	2 180,96	2 453,58
	III	29 500	–	2 360,–	2 655,–	III	29 500	–	2 221,92	2 499,66	–	2 086,88	2 347,74	–	1 954,88	2 199,24	–	1 825,76	2 053,98	–	1 699,52	1 911,96	–	1 576,16	1 773,18
	V	44 266	2 434,63	3 541,28	3 983,94	IV	38 632	2 076,36	3 020,16	3 397,68	2 027,90	2 949,68	3 318,39	1 979,45	2 879,20	3 239,10	1 930,99	2 808,72	3 159,81	1 882,59	2 738,32	3 080,61	1 834,14	2 667,84	3 001,32
	VI	44 701	2 458,55	3 576,08	4 023,09																				
126 755,99 Ost	I,IV	38 790	2 133,45	3 103,20	3 491,10	I	38 790	2 036,54	2 962,24	3 332,52	1 939,68	2 821,36	3 174,03	1 842,77	2 680,40	3 015,45	1 745,92	2 539,52	2 856,96	1 550,21	2 398,64	2 698,47	1 340,53	2 257,68	2 539,89
	II	37 989	2 089,39	3 039,12	3 419,01	II	37 989	1 992,48	2 898,16	3 260,43	1 895,63	2 757,28	3 101,94	1 798,72	2 616,32	2 943,36	1 664,45	2 475,44	2 784,87	1 454,77	2 334,48	2 626,29	1 245,21	2 193,60	2 467,80
	III	29 656	–	2 372,48	2 669,04	III	29 656	–	2 234,24	2 513,52	–	2 098,88	2 361,24	–	1 966,56	2 212,38	–	1 837,12	2 066,76	–	1 710,72	1 924,56	–	1 587,04	1 785,42
	V	44 424	2 443,32	3 553,92	3 998,16	IV	38 790	2 084,99	3 032,72	3 411,81	2 036,54	2 962,24	3 332,52	1 988,14	2 891,84	3 253,32	1 939,68	2 821,36	3 174,03	1 891,23	2 750,88	3 094,74	1 842,77	2 680,40	3 015,45
	VI	44 859	2 467,24	3 588,72	4 037,31																				
126 791,99 West	I,IV	38 648	2 125,64	3 091,84	3 478,32	I	38 648	2 028,73	2 950,88	3 319,74	1 931,87	2 810,–	3 161,25	1 834,96	2 669,04	3 002,67	1 738,11	2 528,16	2 844,18	1 533,19	2 387,20	2 685,60	1 323,63	2 246,32	2 527,11
	II	37 846	2 081,53	3 027,68	3 406,14	II	37 846	1 984,67	2 886,80	3 247,65	1 887,76	2 745,84	3 089,07	1 790,91	2 604,96	2 930,58	1 647,43	2 464,–	2 772,–	1 437,87	2 323,12	2 613,51	1 228,19	2 182,16	2 454,93
	III	29 514	–	2 361,12	2 656,26	III	29 514	–	2 223,20	2 501,10	–	2 088,16	2 349,18	–	1 956,–	2 200,50	–	1 826,72	2 055,06	–	1 700,48	1 913,04	–	1 577,28	1 774,44
	V	44 281	2 435,45	3 542,48	3 985,29	IV	38 648	2 077,18	3 021,36	3 399,03	2 028,73	2 950,88	3 319,74	1 980,27	2 880,40	3 240,45	1 931,87	2 810,–	3 161,25	1 883,42	2 739,52	3 081,96	1 834,96	2 669,04	3 002,67
	VI	44 717	2 459,43	3 577,36	4 024,53																				
126 791,99 Ost	I,IV	38 805	2 134,27	3 104,40	3 492,45	I	38 805	2 037,42	2 963,52	3 333,96	1 940,51	2 822,56	3 175,38	1 843,65	2 681,68	3 016,89	1 746,74	2 540,72	2 858,31	1 551,99	2 399,84	2 699,82	1 342,32	2 258,88	2 541,24
	II	38 004	2 090,22	3 040,32	3 420,36	II	38 004	1 993,31	2 899,36	3 261,78	1 896,45	2 758,48	3 103,29	1 799,54	2 617,52	2 944,71	1 666,23	2 476,64	2 786,22	1 456,56	2 335,68	2 627,64	1 247,–	2 194,80	2 469,15
	III	29 670	–	2 373,60	2 670,30	III	29 670	–	2 235,36	2 514,78	–	2 100,–	2 362,50	–	1 967,68	2 213,64	–	1 838,24	2 068,02	–	1 711,68	1 925,64	–	1 588,16	1 786,68
	V	44 439	2 444,14	3 555,12	3 999,51	IV	38 805	2 085,82	3 033,92	3 413,16	2 037,42	2 963,52	3 333,96	1 988,96	2 893,04	3 254,67	1 940,51	2 822,56	3 175,38	1 892,05	2 752,08	3 096,09	1 843,65	2 681,68	3 016,89
	VI	44 874	2 468,07	3 589,92	4 038,66																				
126 827,99 West	I,IV	38 663	2 126,46	3 093,04	3 479,67	I	38 663	2 029,55	2 952,08	3 321,09	1 932,70	2 811,20	3 162,60	1 835,79	2 670,24	3 004,02	1 738,93	2 529,36	2 845,53	1 534,98	2 388,40	2 686,95	1 325,42	2 247,52	2 528,46
	II	37 861	2 082,35	3 028,88	3 407,49	II	37 861	1 985,50	2 888,–	3 249,–	1 888,59	2 747,04	3 090,42	1 791,73	2 606,16	2 931,93	1 649,22	2 465,20	2 773,35	1 439,66	2 324,32	2 614,86	1 229,98	2 183,36	2 456,28
	III	29 530	–	2 362,40	2 657,70	III	29 530	–	2 224,32	2 502,36	–	2 089,28	2 350,44	–	1 957,12	2 201,76	–	1 827,84	2 056,32	–	1 701,60	1 914,30	–	1 578,24	1 775,52
	V	44 297	2 436,33	3 543,76	3 986,73	IV	38 663	2 078,01	3 022,56	3 400,38	2 029,55	2 952,08	3 321,09	1 981,10	2 881,60	3 241,80	1 932,70	2 811,20	3 162,60	1 884,24	2 740,72	3 083,31	1 835,79	2 670,24	3 004,02
	VI	44 732	2 460,26	3 578,56	4 025,88																				
126 827,99 Ost	I,IV	38 820	2 135,10	3 105,60	3 493,80	I	38 820	2 038,24	2 964,72	3 335,31	1 941,33	2 823,76	3 176,73	1 844,48	2 682,88	3 018,24	1 747,57	2 541,92	2 859,66	1 553,78	2 401,04	2 701,17	1 344,10	2 260,08	2 542,59
	II	38 019	2 091,04	3 041,52	3 421,71	II	38 019	1 994,13	2 900,56	3 263,13	1 897,28	2 759,68	3 104,64	1 800,37	2 618,72	2 946,06	1 668,02	2 477,84	2 787,57	1 458,34	2 336,88	2 628,99	1 248,78	2 196,–	2 470,50
	III	29 686	–	2 374,88	2 671,74	III	29 686	–	2 236,64	2 516,22	–	2 101,28	2 363,94	–	1 968,80	2 214,90	–	1 839,36	2 069,28	–	1 712,80	1 926,90	–	1 589,28	1 787,94
	V	44 454	2 444,97	3 556,32	4 000,86	IV	38 820	2 086,64	3 035,12	3 414,51	2 038,24	2 964,72	3 335,31	1 989,79	2 894,24	3 256,02	1 941,33	2 823,76	3 176,73	1 892,88	2 753,28	3 097,44	1 844,48	2 682,88	3 018,24
	VI	44 889	2 468,89	3 591,12	4 040,01																				
126 863,99 West	I,IV	38 678	2 127,29	3 094,24	3 481,02	I	38 678	2 030,38	2 953,28	3 322,44	1 933,52	2 812,40	3 163,95	1 836,61	2 671,44	3 005,37	1 739,76	2 530,56	2 846,88	1 536,76	2 389,60	2 688,30	1 327,20	2 248,72	2 529,81
	II	37 876	2 083,18	3 030,08	3 408,84	II	37 876	1 986,32	2 889,20	3 250,35	1 889,41	2 748,24	3 091,77	1 792,56	2 607,36	2 933,28	1 651,–	2 466,40	2 774,70	1 441,44	2 325,52	2 616,21	1 231,88	2 184,64	2 457,72
	III	29 544	–	2 363,52	2 658,96	III	29 544	–	2 225,44	2 503,62	–	2 090,40	2 351,70	–	1 958,24	2 203,02	–	1 828,96	2 057,58	–	1 702,72	1 915,56	–	1 579,36	1 776,78
	V	44 312	2 437,16	3 544,96	3 988,08	IV	38 678	2 078,83	3 023,76	3 401,73	2 030,38	2 953,28	3 322,44	1 981,98	2 882,88	3 243,24	1 933,52	2 812,40	3 163,95	1 885,07	2 741,92	3 084,66	1 836,61	2 671,44	3 005,37
	VI	44 747	2 461,08	3 579,76	4 027,23																				
126 863,99 Ost	I,IV	38 835	2 135,92	3 106,80	3 495,15	I	38 835	2 039,07	2 965,92	3 336,66	1 942,16	2 824,96	3 178,08	1 845,30	2 684,08	3 019,59	1 748,39	2 543,12	2 861,01	1 555,56	2 402,24	2 702,52	1 345,89	2 261,28	2 543,94
	II	38 034	2 091,87	3 042,72	3 423,06	II	38 034	1 994,96	2 901,76	3 264,48	1 898,10	2 760,88	3 105,99	1 801,19	2 619,92	2 947,41	1 669,80	2 479,04	2 788,92	1 460,24	2 338,16	2 630,43	1 250,57	2 197,20	2 471,85
	III	29 700	–	2 376,–	2 673,–	III	29 700	–	2 237,76	2 517,48	–	2 102,40	2 365,20	–	1 969,92	2 216,16	–	1 840,48	2 070,54	–	1 713,92	1 928,16	–	1 590,24	1 789,02
	V	44 469	2 445,79	3 557,52	4 002,21	IV	38 835	2 087,52	3 036,40	3 415,95	2 039,07	2 965,92	3 336,66	1 990,61	2 895,44	3 257,37	1 942,16	2 824,96	3 178,08	1 893,76	2 754,56	3 098,88	1 845,30	2 684,08	3 019,59
	VI	44 904	2 469,72	3 592,32	4 041,36																				

* Die ausgewiesenen Tabellenwerte sind amtlich. Siehe Erläuterungen auf der Umschlaginnenseite (U2).

Abzüge an Lohnsteuer, Solidaritätszuschlag (SolZ) und Kirchensteuer (8%, 9%) in den Steuerklassen

Lohn/Gehalt bis €*	I – VI	LSt	ohne Kinderfreibeträge SolZ	8%	9%	I, II, III, IV	LSt	mit Zahl der Kinderfreibeträge … 0,5 SolZ	0,5 8%	0,5 9%	1 SolZ	1 8%	1 9%	1,5 SolZ	1,5 8%	1,5 9%	2 SolZ	2 8%	2 9%	2,5 SolZ	2,5 8%	2,5 9%	3 SolZ	3 8%	3 9%
126 899,99 West	I,IV	38 693	2 128,11	3 095,44	3 482,37	I	38 693	2 031,20	2 954,48	3 323,79	1 934,35	2 813,60	3 165,30	1 837,44	2 672,64	3 006,72	1 740,58	2 531,76	2 848,23	1 538,55	2 390,80	2 689,65	1 328,99	2 249,92	2 531,16
	II	37 892	2 084,06	3 031,36	3 410,28	II	37 892	1 987,15	2 890,40	3 251,70	1 890,29	2 749,52	3 093,21	1 793,38	2 608,56	2 934,63	1 652,91	2 467,68	2 776,14	1 443,23	2 326,72	2 617,56	1 233,67	2 185,84	2 459,07
	III	29 560	–	2 364,80	2 660,40	III	29 560	–	2 226,72	2 505,06	–	2 091,52	2 352,96	–	1 959,36	2 204,28	–	1 830,08	2 058,84	–	1 703,68	1 916,64	–	1 580,32	1 777,86
	V	44 327	2 437,98	3 546,16	3 989,43	IV	38 693	2 079,66	3 024,96	3 403,08	2 031,20	2 954,48	3 323,79	1 982,80	2 884,08	3 244,59	1 934,35	2 813,60	3 165,30	1 885,89	2 743,12	3 086,01	1 837,44	2 672,64	3 006,72
	VI	44 762	2 461,91	3 580,96	4 028,58																				
126 899,99 Ost	I,IV	38 850	2 136,75	3 108,–	3 496,50	I	38 850	2 039,89	2 967,12	3 338,01	1 942,98	2 826,16	3 179,43	1 846,13	2 685,28	3 020,94	1 749,22	2 544,32	2 862,36	1 557,35	2 403,44	2 703,87	1 347,79	2 262,56	2 545,38
	II	38 049	2 092,69	3 043,92	3 424,41	II	38 049	1 995,84	2 903,04	3 265,92	1 898,93	2 762,08	3 107,34	1 802,07	2 621,20	2 948,85	1 671,59	2 480,24	2 790,27	1 462,03	2 339,36	2 631,78	1 252,35	2 198,40	2 473,20
	III	29 716	–	2 377,28	2 674,44	III	29 716	–	2 238,88	2 518,74	–	2 103,52	2 366,46	–	1 971,04	2 217,42	–	1 841,60	2 071,80	–	1 714,88	1 929,24	–	1 591,36	1 790,28
	V	44 484	2 446,62	3 558,72	4 003,56	IV	38 850	2 088,35	3 037,60	3 417,30	2 039,89	2 967,12	3 338,01	1 991,44	2 896,64	3 258,72	1 942,98	2 826,16	3 179,43	1 894,58	2 755,76	3 100,23	1 846,13	2 685,28	3 020,94
	VI	44 919	2 470,54	3 593,52	4 042,71																				
126 935,99 West	I,IV	38 708	2 128,94	3 096,64	3 483,72	I	38 708	2 032,08	2 955,76	3 325,23	1 935,17	2 814,80	3 166,65	1 838,32	2 673,92	3 008,16	1 741,41	2 532,96	2 849,58	1 540,45	2 392,08	2 691,09	1 330,77	2 251,12	2 532,51
	II	37 907	2 084,88	3 032,56	3 411,63	II	37 907	1 987,97	2 891,60	3 253,05	1 891,12	2 750,72	3 094,56	1 794,21	2 609,76	2 935,98	1 654,69	2 468,88	2 777,49	1 445,01	2 327,92	2 618,91	1 235,45	2 187,04	2 460,42
	III	29 574	–	2 365,92	2 661,66	III	29 574	–	2 227,84	2 506,32	–	2 092,64	2 354,22	–	1 960,48	2 205,54	–	1 831,20	2 060,10	–	1 704,80	1 917,90	–	1 581,44	1 779,12
	V	44 342	2 438,81	3 547,36	3 990,78	IV	38 708	2 080,48	3 026,16	3 404,43	2 032,08	2 955,76	3 325,23	1 983,63	2 885,28	3 245,94	1 935,17	2 814,80	3 166,65	1 886,72	2 744,32	3 087,36	1 838,32	2 673,92	3 008,16
	VI	44 777	2 462,73	3 582,16	4 029,93																				
126 935,99 Ost	I,IV	38 866	2 137,63	3 109,28	3 497,94	I	38 866	2 040,72	2 968,32	3 339,36	1 943,86	2 827,44	3 180,87	1 846,95	2 686,48	3 022,29	1 750,10	2 545,60	2 863,80	1 559,13	2 404,64	2 705,22	1 349,57	2 263,76	2 546,73
	II	38 064	2 093,52	3 045,12	3 425,76	II	38 064	1 996,66	2 904,24	3 267,27	1 899,75	2 763,28	3 108,69	1 802,90	2 622,40	2 950,20	1 673,37	2 481,44	2 791,62	1 463,81	2 340,56	2 633,13	1 254,14	2 199,60	2 474,55
	III	29 730	–	2 378,40	2 675,70	III	29 730	–	2 240,16	2 520,18	–	2 104,64	2 367,72	–	1 972,16	2 218,68	–	1 842,56	2 072,88	–	1 716,–	1 930,50	–	1 592,32	1 791,36
	V	44 499	2 447,44	3 559,92	4 004,91	IV	38 866	2 089,17	3 038,80	3 418,65	2 040,72	2 968,32	3 339,36	1 992,26	2 897,84	3 260,07	1 943,86	2 827,44	3 180,87	1 895,41	2 756,96	3 101,58	1 846,95	2 686,48	3 022,29
	VI	44 934	2 471,37	3 594,72	4 044,06																				
126 971,99 West	I,IV	38 723	2 129,76	3 097,84	3 485,07	I	38 723	2 032,91	2 956,96	3 326,58	1 936,–	2 816,–	3 168,–	1 839,14	2 675,12	3 009,51	1 742,23	2 534,16	2 850,93	1 542,24	2 393,28	2 692,44	1 332,56	2 252,32	2 533,86
	II	37 922	2 085,71	3 033,76	3 412,98	II	37 922	1 988,80	2 892,80	3 254,40	1 891,94	2 751,92	3 095,91	1 795,03	2 610,96	2 937,33	1 656,48	2 470,08	2 778,84	1 446,80	2 329,12	2 620,26	1 237,24	2 188,24	2 461,77
	III	29 590	–	2 367,20	2 663,10	III	29 590	–	2 228,96	2 507,58	–	2 093,76	2 355,48	–	1 961,60	2 206,80	–	1 832,32	2 061,36	–	1 705,92	1 919,16	–	1 582,40	1 780,20
	V	44 357	2 439,63	3 548,56	3 992,13	IV	38 723	2 081,31	3 027,36	3 405,78	2 032,91	2 956,96	3 326,58	1 984,45	2 886,48	3 247,29	1 936,–	2 816,–	3 168,–	1 887,54	2 745,52	3 088,71	1 839,14	2 675,12	3 009,51
	VI	44 792	2 463,56	3 583,36	4 031,28																				
126 971,99 Ost	I,IV	38 881	2 138,45	3 110,48	3 499,29	I	38 881	2 041,54	2 969,52	3 340,71	1 944,69	2 828,64	3 182,22	1 847,78	2 687,68	3 023,64	1 750,92	2 546,80	2 865,15	1 560,92	2 405,84	2 706,57	1 351,36	2 264,96	2 548,08
	II	38 079	2 094,34	3 046,32	3 427,11	II	38 079	1 997,49	2 905,44	3 268,62	1 900,58	2 764,48	3 110,04	1 803,72	2 623,60	2 951,55	1 675,16	2 482,64	2 792,97	1 465,60	2 341,76	2 634,48	1 255,92	2 200,80	2 475,90
	III	29 746	–	2 379,68	2 677,14	III	29 746	–	2 241,28	2 521,44	–	2 105,76	2 368,98	–	1 973,28	2 219,94	–	1 843,68	2 074,14	–	1 717,12	1 931,76	–	1 593,44	1 792,62
	V	44 514	2 448,27	3 561,12	4 006,26	IV	38 881	2 090,–	3 040,–	3 420,–	2 041,54	2 969,52	3 340,71	1 993,09	2 899,04	3 261,42	1 944,69	2 828,64	3 182,22	1 896,23	2 758,16	3 102,93	1 847,78	2 687,68	3 023,64
	VI	44 950	2 472,25	3 596,–	4 045,50																				
127 007,99 West	I,IV	38 738	2 130,59	3 099,04	3 486,42	I	38 738	2 033,73	2 958,16	3 327,93	1 936,82	2 817,20	3 169,35	1 839,97	2 676,32	3 010,86	1 743,06	2 535,36	2 852,28	1 544,02	2 394,48	2 693,79	1 334,34	2 253,52	2 535,21
	II	37 937	2 086,53	3 034,96	3 414,33	II	37 937	1 989,62	2 894,–	3 255,75	1 892,77	2 753,12	3 097,26	1 795,86	2 612,16	2 938,68	1 658,26	2 471,28	2 780,19	1 448,58	2 330,32	2 621,61	1 239,02	2 189,44	2 463,12
	III	29 604	–	2 368,32	2 664,36	III	29 604	–	2 230,24	2 509,02	–	2 095,04	2 356,92	–	1 962,72	2 208,06	–	1 833,28	2 062,44	–	1 707,04	1 920,42	–	1 583,52	1 781,46
	V	44 372	2 440,46	3 549,76	3 993,48	IV	38 738	2 082,19	3 028,64	3 407,22	2 033,73	2 958,16	3 327,93	1 985,28	2 887,68	3 248,64	1 936,82	2 817,20	3 169,35	1 888,42	2 746,80	3 090,15	1 839,97	2 676,32	3 010,86
	VI	44 807	2 464,38	3 584,56	4 032,63																				
127 007,99 Ost	I,IV	38 896	2 139,28	3 111,68	3 500,64	I	38 896	2 042,37	2 970,72	3 342,06	1 945,51	2 829,84	3 183,57	1 848,60	2 688,88	3 024,99	1 751,75	2 548,–	2 866,50	1 562,70	2 407,04	2 707,92	1 353,14	2 266,16	2 549,43
	II	38 094	2 095,17	3 047,52	3 428,46	II	38 094	1 998,31	2 906,64	3 269,97	1 901,40	2 765,68	3 111,39	1 804,55	2 624,80	2 952,90	1 676,94	2 483,84	2 794,32	1 467,38	2 342,96	2 635,83	1 257,83	2 202,08	2 477,34
	III	29 760	–	2 380,80	2 678,40	III	29 760	–	2 242,40	2 522,70	–	2 107,04	2 370,42	–	1 974,40	2 221,20	–	1 844,80	2 075,40	–	1 718,24	1 933,02	–	1 594,40	1 793,70
	V	44 530	2 449,15	3 562,40	4 007,70	IV	38 896	2 090,82	3 041,20	3 421,35	2 042,37	2 970,72	3 342,06	1 993,97	2 900,32	3 262,86	1 945,51	2 829,84	3 183,57	1 897,06	2 759,36	3 104,28	1 848,60	2 688,88	3 024,99
	VI	44 965	2 473,07	3 597,20	4 046,85																				
127 043,99 West	I,IV	38 753	2 131,41	3 100,24	3 487,77	I	38 753	2 034,56	2 959,36	3 329,28	1 937,65	2 818,40	3 170,70	1 840,79	2 677,52	3 012,21	1 743,88	2 536,56	2 853,63	1 545,81	2 395,68	2 695,14	1 336,13	2 254,72	2 536,56
	II	37 952	2 087,36	3 036,16	3 415,68	II	37 952	1 990,50	2 895,28	3 257,19	1 893,59	2 754,32	3 098,61	1 796,74	2 613,44	2 940,12	1 660,05	2 472,48	2 781,54	1 450,49	2 331,60	2 623,05	1 240,81	2 190,64	2 464,47
	III	29 620	–	2 369,60	2 665,80	III	29 620	–	2 231,36	2 510,28	–	2 096,16	2 358,18	–	1 963,84	2 209,32	–	1 834,40	2 063,70	–	1 708,–	1 921,50	–	1 584,48	1 782,54
	V	44 387	2 441,28	3 550,96	3 994,83	IV	38 753	2 083,01	3 029,84	3 408,57	2 034,56	2 959,36	3 329,28	1 986,10	2 888,88	3 249,99	1 937,65	2 818,40	3 170,70	1 889,25	2 748,–	3 091,50	1 840,79	2 677,52	3 012,21
	VI	44 822	2 465,21	3 585,76	4 033,98																				
127 043,99 Ost	I,IV	38 911	2 140,10	3 112,88	3 501,99	I	38 911	2 043,19	2 971,92	3 343,41	1 946,34	2 831,04	3 184,92	1 849,43	2 690,08	3 026,34	1 752,57	2 549,20	2 867,85	1 564,49	2 408,24	2 709,27	1 354,93	2 267,36	2 550,78
	II	38 110	2 096,05	3 048,80	3 429,90	II	38 110	1 999,14	2 907,84	3 271,32	1 902,28	2 766,96	3 112,83	1 805,37	2 626,–	2 954,25	1 678,85	2 485,12	2 795,76	1 469,17	2 344,16	2 637,18	1 259,61	2 203,28	2 478,69
	III	29 776	–	2 382,08	2 679,84	III	29 776	–	2 243,68	2 524,14	–	2 108,16	2 371,68	–	1 975,52	2 222,46	–	1 845,92	2 076,66	–	1 719,20	1 934,10	–	1 595,52	1 794,96
	V	44 545	2 449,97	3 563,60	4 009,05	IV	38 911	2 091,65	3 042,40	3 422,70	2 043,19	2 971,92	3 343,41	1 994,79	2 901,52	3 264,21	1 946,34	2 831,04	3 184,92	1 897,88	2 760,56	3 105,63	1 849,43	2 690,08	3 026,34
	VI	44 980	2 473,90	3 598,40	4 048,20																				
127 079,99 West	I,IV	38 768	2 132,24	3 101,44	3 489,12	I	38 768	2 035,38	2 960,56	3 330,63	1 938,53	2 819,68	3 172,14	1 841,62	2 678,72	3 013,56	1 744,76	2 537,84	2 855,07	1 547,59	2 396,88	2 696,49	1 338,03	2 256,–	2 538,–
	II	37 967	2 088,18	3 037,36	3 417,03	II	37 967	1 991,33	2 896,48	3 258,54	1 894,42	2 755,52	3 099,96	1 797,56	2 614,64	2 941,47	1 661,83	2 473,68	2 782,89	1 452,27	2 332,80	2 624,40	1 242,59	2 191,84	2 465,82
	III	29 634	–	2 370,72	2 667,06	III	29 634	–	2 232,48	2 511,54	–	2 097,28	2 359,44	–	1 964,96	2 210,58	–	1 835,52	2 064,96	–	1 709,12	1 922,76	–	1 585,60	1 783,80
	V	44 402	2 442,11	3 552,16	3 996,18	IV	38 768	2 083,84	3 031,04	3 409,92	2 035,38	2 960,56	3 330,63	1 986,93	2 890,08	3 251,34	1 938,53	2 819,68	3 172,14	1 890,07	2 749,20	3 092,85	1 841,62	2 678,72	3 013,56
	VI	44 837	2 466,03	3 586,96	4 035,33																				
127 079,99 Ost	I,IV	38 926	2 140,93	3 114,08	3 503,34	I	38 926	2 044,07	2 973,20	3 344,85	1 947,16	2 832,24	3 186,27	1 850,31	2 691,36	3 027,78	1 753,40	2 550,40	2 869,20	1 566,39	2 409,52	2 710,71	1 356,71	2 268,56	2 552,13
	II	38 125	2 096,87	3 050,–	3 431,25	II	38 125	1 999,96	2 909,04	3 272,67	1 903,11	2 768,16	3 114,18	1 806,20	2 627,20	2 955,60	1 680,63	2 486,32	2 797,11	1 470,95	2 345,36	2 638,53	1 261,40	2 204,48	2 480,04
	III	29 790	–	2 383,20	2 681,10	III	29 790	–	2 244,80	2 525,40	–	2 109,28	2 372,94	–	1 976,64	2 223,72	–	1 847,04	2 077,92	–	1 720,32	1 935,36	–	1 596,48	1 796,04
	V	44 560	2 450,80	3 564,80	4 010,40	IV	38 926	2 092,47	3 043,60	3 424,05	2 044,07	2 973,20	3 344,85	1 995,62	2 902,72	3 265,56	1 947,16	2 832,24	3 186,27	1 898,71	2 761,76	3 106,98	1 850,31	2 691,36	3 027,78
	VI	44 995	2 474,72	3 599,60	4 049,55																				
127 115,99 West	I,IV	38 784	2 133,12	3 102,72	3 490,56	I	38 784	2 036,21	2 961,76	3 331,98	1 939,35	2 820,88	3 173,49	1 842,44	2 679,92	3 014,91	1 745,59	2 539,04	2 856,42	1 549,38	2 398,08	2 697,84	1 339,82	2 257,20	2 539,35
	II	37 982	2 089,01	3 038,56	3 418,38	II	37 982	1 992,15	2 897,68	3 259,89	1 895,24	2 756,72	3 101,31	1 798,39	2 615,84	2 942,82	1 663,62	2 474,88	2 784,24	1 454,06	2 334,–	2 625,75	1 244,38	2 193,04	2 467,17
	III	29 650	–	2 372,–	2 668,50	III	29 650	–	2 233,76	2 512,98	–	2 098,40	2 360,70	–	1 966,08	2 211,84	–	1 836,64	2 066,22	–	1 710,24	1 924,02	–	1 586,72	1 785,06
	V	44 417	2 442,93	3 553,36	3 997,53	IV	38 784	2 084,66	3 032,24	3 411,27	2 036,21	2 961,76	3 331,98	1 987,75	2 891,28	3 252,69	1 939,35	2 820,88	3 173,49	1 890,90	2 750,40	3 094,20	1 842,44	2 679,92	3 014,91
	VI	44 853	2 466,91	3 588,24	4 036,77																				
127 115,99 Ost	I,IV	38 941	2 141,75	3 115,28	3 504,69	I	38 941	2 044,90	2 974,40	3 346,20	1 947,99	2 833,44	3 187,62	1 851,13	2 692,56	3 029,13	1 754,22	2 551,60	2 870,55	1 568,18	2 410,72	2 712,06	1 358,50	2 269,76	2 553,48
	II	38 140	2 097,70	3 051,20	3 432,60	II	38 140	2 000,79	2 910,24	3 274,02	1 903,93	2 769,36	3 115,53	1 807,02	2 628,40	2 956,95	1 682,42	2 487,52	2 798,46	1 472,74	2 346,56	2 639,88	1 263,18	2 205,68	2 481,39
	III	29 806	–	2 384,48	2 682,54	III	29 806	–	2 245,92	2 526,66	–	2 110,40	2 374,20	–	1 977,76	2 224,98	–	1 848,16	2 079,18	–	1 721,44	1 936,62	–	1 597,60	1 797,30
	V	44 575	2 451,62	3 566,–	4 011,75	IV	38 941	2 093,30	3 044,80	3 425,40	2 044,90	2 974,40	3 346,20	1 996,44	2 903,92	3 266,91	1 947,99	2 833,44	3 187,62	1 899,53	2 762,96	3 108,33	1 851,13	2 692,56	3 029,13
	VI	45 010	2 475,55	3 600,80	4 050,90																				
127 151,99 West	I,IV	38 799	2 133,94	3 103,92	3 491,91	I	38 799	2 037,03	2 962,96	3 333,33	1 940,18	2 822,08	3 174,84	1 843,27	2 681,12	3 016,26	1 746,41	2 540,24	2 857,77	1 551,16	2 399,28	2 699,19	1 341,60	2 258,40	2 540,70
	II	37 997	2 089,83	3 039,76	3 419,73	II	37 997	1 992,98	2 898,88	3 261,24	1 896,07	2 757,92	3 102,66	1 799,21	2 617,04	2 944,17	1 665,40	2 476,08	2 785,59	1 455,84	2 335,20	2 627,10	1 246,16	2 194,24	2 468,52
	III	29 664	–	2 373,12	2 669,76	III	29 664	–	2 234,88	2 514,24	–	2 099,52	2 361,96	–	1 967,20	2 213,10	–	1 837,76	2 067,48	–	1 711,20	1 925,10	–	1 587,68	1 786,14
	V	44 433	2 443,81	3 554,64	3 998,97	IV	38 799	2 085,49	3 033,44	3 412,62	2 037,03	2 962,96	3 333,33	1 988,63	2 892,56	3 254,13	1 940,18	2 822,08	3 174,84	1 891,72	2 751,60	3 095,55	1 843,27	2 681,12	3 016,26
	VI	44 868	2 467,74	3 589,44	4 038,12																				
127 151,99 Ost	I,IV	38 956	2 142,58	3 116,48	3 506,04	I	38 956	2 045,72	2 975,60	3 347,55	1 948,81	2 834,64	3 188,97	1 851,96	2 693,76	3 030,48	1 755,05	2 552,80	2 871,90	1 569,96	2 411,92	2 713,41	1 360,28	2 270,96	2 554,83
	II	38 155	2 098,52	3 052,40	3 433,95	II	38 155	2 001,61	2 911,44	3 275,37	1 904,76	2 770,56	3 116,88	1 807,85	2 629,60	2 958,30	1 684,20	2 488,72	2 799,81	1 474,52	2 347,76	2 641,23	1 264,97	2 206,88	2 482,74
	III	29 820	–	2 385,60	2 683,80	III	29 820	–	2 247,20	2 528,10	–	2 111,52	2 375,46	–	1 978,88	2 226,24	–	1 849,28	2 080,44	–	1 722,40	1 937,70	–	1 598,72	1 798,56
	V	44 590	2 452,45	3 567,20	4 013,10	IV	38 956	2 094,12	3 046,–	3 426,75	2 045,72	2 975,60	3 347,55	1 997,27	2 905,12	3 268,26	1 948,81	2 834,64	3 188,97	1 900,41	2 764,24	3 109,77	1 851,96	2 693,76	3 030,48
	VI	45 025	2 476,37	3 602,–	4 052,25																				

* Die ausgewiesenen Tabellenwerte sind amtlich. Siehe Erläuterungen auf der Umschlaginnenseite (U2).

JAHR 127 152,–*

Abzüge an Lohnsteuer, Solidaritätszuschlag (SolZ) und Kirchensteuer (8%, 9%) in den Steuerklassen

Lohn/Gehalt bis €*	I – VI	LSt	ohne Kinderfreibeträge SolZ	8%	9%	I, II, III, IV	LSt	mit Zahl der Kinderfreibeträge . . . 0,5 SolZ	0,5 8%	0,5 9%	1 SolZ	1 8%	1 9%	1,5 SolZ	1,5 8%	1,5 9%	2 SolZ	2 8%	2 9%	2,5 SolZ	2,5 8%	2,5 9%	3 SolZ	3 8%	3 9%
127 187,99 West	I,IV	38 814	2 134,77	3 105,12	3 493,26	I	38 814	2 037,86	2 964,16	3 334,68	1 941,–	2 823,28	3 176,19	1 844,09	2 682,32	3 017,61	1 747,24	2 541,44	2 859,12	1 552,95	2 400,48	2 700,54	1 343,39	2 259,60	2 542,05
	II	38 012	2 090,66	3 040,96	3 421,08	II	38 012	1 993,80	2 900,08	3 262,59	1 896,95	2 759,20	3 104,10	1 800,04	2 618,24	2 945,52	1 667,30	2 477,36	2 787,03	1 457,63	2 336,40	2 628,45	1 248,07	2 195,52	2 469,96
	III	29 680	–	2 374,40	2 671,20	III	29 680	–	2 236,–	2 515,50	–	2 100,64	2 363,22	–	1 968,32	2 214,36	–	1 838,88	2 068,74	–	1 712,32	1 926,36	–	1 588,80	1 787,40
	V	44 448	2 444,64	3 555,84	4 000,32	IV	38 814	2 086,31	3 034,64	3 413,97	2 037,86	2 964,16	3 334,68	1 989,46	2 893,76	3 255,48	1 941,–	2 823,28	3 176,19	1 892,55	2 752,80	3 096,90	1 844,09	2 682,32	3 017,61
	VI	44 883	2 468,56	3 590,64	4 039,47																				
127 187,99 Ost	I,IV	38 971	2 143,40	3 117,68	3 507,39	I	38 971	2 046,55	2 976,80	3 348,90	1 949,64	2 835,84	3 190,32	1 852,78	2 694,96	3 031,83	1 755,87	2 554,–	2 873,25	1 571,75	2 413,12	2 714,76	1 362,07	2 272,16	2 556,18
	II	38 170	2 099,35	3 053,60	3 435,30	II	38 170	2 002,49	2 912,72	3 276,81	1 905,58	2 771,76	3 118,23	1 808,73	2 630,88	2 959,74	1 685,99	2 489,92	2 801,16	1 476,43	2 349,04	2 642,67	1 266,75	2 208,08	2 484,09
	III	29 836	–	2 386,88	2 685,24	III	29 836	–	2 248,32	2 529,36	–	2 112,80	2 376,90	–	1 980,–	2 227,50	–	1 850,40	2 081,70	–	1 723,52	1 938,96	–	1 599,68	1 799,64
	V	44 605	2 453,27	3 568,40	4 014,45	IV	38 971	2 095,–	3 047,28	3 428,19	2 046,55	2 976,80	3 348,90	1 998,09	2 906,32	3 269,61	1 949,64	2 835,84	3 190,32	1 901,24	2 765,44	3 111,12	1 852,78	2 694,96	3 031,83
	VI	45 040	2 477,20	3 603,20	4 053,60																				
127 223,99 West	I,IV	38 829	2 135,59	3 106,32	3 494,61	I	38 829	2 038,68	2 965,36	3 336,03	1 941,83	2 824,48	3 177,54	1 844,97	2 683,60	3 019,05	1 748,06	2 542,64	2 860,47	1 554,85	2 401,76	2 701,98	1 345,17	2 260,80	2 543,40
	II	38 028	2 091,54	3 042,24	3 422,52	II	38 028	1 994,63	2 901,28	3 263,94	1 897,77	2 760,40	3 105,45	1 800,86	2 619,44	2 946,87	1 669,09	2 478,56	2 788,38	1 459,41	2 337,60	2 629,80	1 249,85	2 196,72	2 471,31
	III	29 694	–	2 375,52	2 672,46	III	29 694	–	2 237,28	2 516,94	–	2 101,92	2 364,66	–	1 969,44	2 215,62	–	1 840,–	2 070,–	–	1 713,44	1 927,62	–	1 589,76	1 788,48
	V	44 463	2 445,46	3 557,04	4 001,67	IV	38 829	2 087,14	3 035,84	3 415,32	2 038,68	2 965,36	3 336,03	1 990,28	2 894,96	3 256,83	1 941,83	2 824,48	3 177,54	1 893,37	2 754,–	3 098,25	1 844,97	2 683,60	3 019,05
	VI	44 898	2 469,39	3 591,84	4 040,82																				
127 223,99 Ost	I,IV	38 986	2 144,23	3 118,88	3 508,74	I	38 986	2 047,37	2 978,–	3 350,25	1 950,52	2 837,12	3 191,76	1 853,61	2 696,16	3 033,18	1 756,75	2 555,28	2 874,69	1 573,53	2 414,32	2 716,11	1 363,97	2 273,44	2 557,62
	II	38 185	2 100,17	3 054,80	3 436,65	II	38 185	2 003,32	2 913,92	3 278,16	1 906,41	2 772,96	3 119,58	1 809,55	2 632,08	2 961,09	1 687,77	2 491,12	2 802,51	1 478,21	2 350,24	2 644,02	1 268,54	2 209,28	2 485,44
	III	29 852	–	2 388,16	2 686,68	III	29 852	–	2 249,44	2 530,62	–	2 113,92	2 378,16	–	1 981,12	2 228,76	–	1 851,36	2 082,78	–	1 724,64	1 940,22	–	1 600,80	1 800,90
	V	44 620	2 454,10	3 569,60	4 015,80	IV	38 986	2 095,83	3 048,48	3 429,54	2 047,37	2 978,–	3 350,25	1 998,92	2 907,52	3 270,96	1 950,52	2 837,12	3 191,76	1 902,06	2 766,64	3 112,47	1 853,61	2 696,16	3 033,18
	VI	45 055	2 478,02	3 604,40	4 054,95																				
127 259,99 West	I,IV	38 844	2 136,42	3 107,52	3 495,96	I	38 844	2 039,56	2 966,64	3 337,47	1 942,65	2 825,68	3 178,89	1 845,80	2 684,80	3 020,40	1 748,89	2 543,84	2 861,82	1 556,63	2 402,96	2 703,33	1 346,96	2 262,–	2 544,75
	II	38 043	2 092,36	3 043,44	3 423,87	II	38 043	1 995,45	2 902,48	3 265,29	1 898,60	2 761,60	3 106,80	1 801,69	2 620,64	2 948,22	1 670,87	2 479,76	2 789,73	1 461,20	2 338,80	2 631,15	1 251,64	2 197,92	2 472,66
	III	29 710	–	2 376,80	2 673,90	III	29 710	–	2 238,40	2 518,20	–	2 103,04	2 365,92	–	1 970,56	2 216,88	–	1 841,12	2 071,26	–	1 714,40	1 928,70	–	1 590,88	1 789,74
	V	44 478	2 446,29	3 558,24	4 003,02	IV	38 844	2 087,96	3 037,04	3 416,67	2 039,56	2 966,64	3 337,47	1 991,11	2 896,16	3 258,18	1 942,65	2 825,68	3 178,89	1 894,20	2 755,20	3 099,60	1 845,80	2 684,80	3 020,40
	VI	44 913	2 470,21	3 593,04	4 042,17																				
127 259,99 Ost	I,IV	39 002	2 145,11	3 120,16	3 510,18	I	39 002	2 048,20	2 979,20	3 351,60	1 951,34	2 838,32	3 193,11	1 854,43	2 697,36	3 034,53	1 757,58	2 556,48	2 876,04	1 575,32	2 415,52	2 717,46	1 365,76	2 274,64	2 558,97
	II	38 200	2 101,–	3 056,–	3 438,–	II	38 200	2 004,14	2 915,12	3 279,51	1 907,23	2 774,16	3 120,93	1 810,38	2 633,28	2 962,44	1 689,56	2 492,32	2 803,86	1 480,–	2 351,44	2 645,37	1 270,32	2 210,48	2 486,79
	III	29 866	–	2 389,28	2 687,94	III	29 866	–	2 250,72	2 532,06	–	2 115,04	2 379,42	–	1 982,24	2 230,02	–	1 852,48	2 084,04	–	1 725,76	1 941,48	–	1 601,76	1 801,98
	V	44 635	2 454,92	3 570,80	4 017,15	IV	39 002	2 096,65	3 049,68	3 430,89	2 048,20	2 979,20	3 351,60	1 999,74	2 908,72	3 272,31	1 951,34	2 838,32	3 193,11	1 902,89	2 767,84	3 113,82	1 854,43	2 697,36	3 034,53
	VI	45 071	2 478,90	3 605,68	4 056,39																				
127 295,99 West	I,IV	38 859	2 137,24	3 108,72	3 497,31	I	38 859	2 040,39	2 967,84	3 338,82	1 943,48	2 826,88	3 180,24	1 846,62	2 686,–	3 021,75	1 749,71	2 545,04	2 863,17	1 558,42	2 404,16	2 704,68	1 348,74	2 263,20	2 546,10
	II	38 058	2 093,19	3 044,64	3 425,22	II	38 058	1 996,28	2 903,68	3 266,64	1 899,42	2 762,80	3 108,15	1 802,51	2 621,84	2 949,57	1 672,66	2 480,96	2 791,08	1 462,98	2 340,–	2 632,50	1 253,42	2 199,12	2 474,01
	III	29 724	–	2 377,92	2 675,16	III	29 724	–	2 239,52	2 519,46	–	2 104,16	2 367,18	–	1 971,68	2 218,14	–	1 842,08	2 072,34	–	1 715,52	1 929,96	–	1 591,84	1 790,82
	V	44 493	2 447,11	3 559,44	4 004,37	IV	38 859	2 088,79	3 038,24	3 418,02	2 040,39	2 967,84	3 338,82	1 991,93	2 897,36	3 259,53	1 943,48	2 826,88	3 180,24	1 895,08	2 756,48	3 101,04	1 846,62	2 686,–	3 021,75
	VI	44 928	2 471,04	3 594,24	4 043,52																				
127 295,99 Ost	I,IV	39 017	2 145,93	3 121,36	3 511,53	I	39 017	2 049,02	2 980,40	3 352,95	1 952,17	2 839,52	3 194,46	1 855,26	2 698,56	3 035,88	1 758,40	2 557,68	2 877,39	1 577,10	2 416,72	2 718,81	1 367,54	2 275,84	2 560,32
	II	38 215	2 101,82	3 057,20	3 439,35	II	38 215	2 004,97	2 916,32	3 280,86	1 908,06	2 775,36	3 122,28	1 811,20	2 634,48	2 963,79	1 691,34	2 493,52	2 805,21	1 481,78	2 352,64	2 646,72	1 272,11	2 211,68	2 488,14
	III	29 882	–	2 390,56	2 689,38	III	29 882	–	2 251,84	2 533,32	–	2 116,16	2 380,68	–	1 983,52	2 231,46	–	1 853,60	2 085,30	–	1 726,72	1 942,56	–	1 602,88	1 803,24
	V	44 651	2 455,80	3 572,08	4 018,59	IV	39 017	2 097,48	3 050,88	3 432,24	2 049,02	2 980,40	3 352,95	2 000,57	2 909,92	3 273,66	1 952,17	2 839,52	3 194,46	1 903,71	2 769,04	3 115,17	1 855,26	2 698,56	3 035,88
	VI	45 086	2 479,73	3 606,88	4 057,74																				
127 331,99 West	I,IV	38 874	2 138,07	3 109,92	3 498,66	I	38 874	2 041,21	2 969,04	3 340,17	1 944,30	2 828,08	3 181,59	1 847,45	2 687,20	3 023,10	1 750,54	2 546,24	2 864,52	1 560,20	2 405,36	2 706,03	1 350,53	2 264,40	2 547,45
	II	38 073	2 094,01	3 045,84	3 426,57	II	38 073	1 997,10	2 904,88	3 267,99	1 900,25	2 764,–	3 109,50	1 803,39	2 623,12	2 951,01	1 674,44	2 482,16	2 792,43	1 464,89	2 341,28	2 633,94	1 255,21	2 200,32	2 475,36
	III	29 740	–	2 379,20	2 676,60	III	29 740	–	2 240,80	2 520,90	–	2 105,28	2 368,44	–	1 972,80	2 219,40	–	1 843,20	2 073,60	–	1 716,64	1 931,22	–	1 592,96	1 792,08
	V	44 508	2 447,94	3 560,64	4 005,72	IV	38 874	2 089,67	3 039,52	3 419,46	2 041,21	2 969,04	3 340,17	1 992,76	2 898,56	3 260,88	1 944,30	2 828,08	3 181,59	1 895,90	2 757,68	3 102,39	1 847,45	2 687,20	3 023,10
	VI	44 943	2 471,86	3 595,44	4 044,87																				
127 331,99 Ost	I,IV	39 032	2 146,76	3 122,56	3 512,88	I	39 032	2 049,85	2 981,60	3 354,30	1 952,99	2 840,72	3 195,81	1 856,08	2 699,76	3 037,23	1 759,23	2 558,88	2 878,74	1 578,89	2 417,92	2 720,16	1 369,33	2 277,04	2 561,67
	II	38 230	2 102,65	3 058,40	3 440,70	II	38 230	2 005,79	2 917,52	3 282,21	1 908,94	2 776,64	3 123,72	1 812,03	2 635,68	2 965,14	1 693,25	2 494,80	2 806,65	1 483,57	2 353,84	2 648,07	1 274,01	2 212,96	2 489,58
	III	29 896	–	2 391,68	2 690,64	III	29 896	–	2 253,12	2 534,76	–	2 117,28	2 381,94	–	1 984,64	2 232,72	–	1 854,72	2 086,56	–	1 727,84	1 943,82	–	1 603,84	1 804,32
	V	44 666	2 456,63	3 573,28	4 019,94	IV	39 032	2 098,30	3 052,08	3 433,59	2 049,85	2 981,60	3 354,30	2 001,45	2 911,20	3 275,10	1 952,99	2 840,72	3 195,81	1 904,54	2 770,24	3 116,52	1 856,08	2 699,76	3 037,23
	VI	45 101	2 480,55	3 608,08	4 059,09																				
127 367,99 West	I,IV	38 889	2 138,89	3 111,12	3 500,01	I	38 889	2 042,04	2 970,24	3 341,52	1 945,13	2 829,28	3 182,94	1 848,27	2 688,40	3 024,45	1 751,42	2 547,52	2 865,96	1 561,99	2 406,56	2 707,38	1 352,43	2 265,68	2 548,89
	II	38 088	2 094,84	3 047,04	3 427,92	II	38 088	1 997,98	2 906,16	3 269,43	1 901,07	2 765,20	3 110,85	1 804,22	2 624,32	2 952,36	1 676,23	2 483,36	2 793,78	1 466,67	2 342,48	2 635,29	1 256,99	2 201,52	2 476,71
	III	29 754	–	2 380,32	2 677,86	III	29 754	–	2 241,92	2 522,16	–	2 106,40	2 369,70	–	1 973,92	2 220,66	–	1 844,32	2 074,86	–	1 717,76	1 932,48	–	1 593,92	1 793,16
	V	44 523	2 448,76	3 561,84	4 007,07	IV	38 889	2 090,49	3 040,72	3 420,81	2 042,04	2 970,24	3 341,52	1 993,58	2 899,76	3 262,23	1 945,13	2 829,28	3 182,94	1 896,73	2 758,88	3 103,74	1 848,27	2 688,40	3 024,45
	VI	44 958	2 472,69	3 596,64	4 046,22																				
127 367,99 Ost	I,IV	39 047	2 147,58	3 123,76	3 514,23	I	39 047	2 050,67	2 982,80	3 355,65	1 953,82	2 841,92	3 197,16	1 856,96	2 701,04	3 038,67	1 760,05	2 560,08	2 880,09	1 580,79	2 419,20	2 721,60	1 371,11	2 278,24	2 563,02
	II	38 246	2 103,53	3 059,68	3 442,14	II	38 246	2 006,62	2 918,72	3 283,56	1 909,76	2 777,84	3 125,07	1 812,85	2 636,88	2 966,49	1 695,03	2 496,–	2 808,–	1 485,35	2 355,04	2 649,42	1 275,79	2 214,16	2 490,93
	III	29 912	–	2 392,96	2 692,08	III	29 912	–	2 254,24	2 536,02	–	2 118,56	2 383,38	–	1 985,76	2 233,98	–	1 855,84	2 087,82	–	1 728,96	1 945,08	–	1 604,96	1 805,58
	V	44 681	2 457,45	3 574,48	4 021,29	IV	39 047	2 099,13	3 053,28	3 434,94	2 050,67	2 982,80	3 355,65	2 002,27	2 912,40	3 276,45	1 953,82	2 841,92	3 197,16	1 905,36	2 771,44	3 117,87	1 856,96	2 701,04	3 038,67
	VI	45 116	2 481,38	3 609,28	4 060,44																				
127 403,99 West	I,IV	38 905	2 139,77	3 112,40	3 501,45	I	38 905	2 042,86	2 971,44	3 342,87	1 946,01	2 830,56	3 184,38	1 849,10	2 689,60	3 025,80	1 752,24	2 548,72	2 867,31	1 563,77	2 407,76	2 708,73	1 354,22	2 266,88	2 550,24
	II	38 103	2 095,66	3 048,24	3 429,27	II	38 103	1 998,81	2 907,36	3 270,78	1 901,90	2 766,40	3 112,20	1 805,04	2 625,52	2 953,71	1 678,01	2 484,56	2 795,13	1 468,46	2 343,68	2 636,64	1 258,78	2 202,72	2 478,06
	III	29 770	–	2 381,60	2 679,30	III	29 770	–	2 243,04	2 523,42	–	2 107,68	2 371,14	–	1 975,04	2 221,92	–	1 845,44	2 076,12	–	1 718,72	1 933,56	–	1 595,04	1 794,42
	V	44 538	2 449,59	3 563,04	4 008,42	IV	38 905	2 091,32	3 041,92	3 422,16	2 042,86	2 971,44	3 342,87	1 994,41	2 900,96	3 263,58	1 946,01	2 830,56	3 184,38	1 897,55	2 760,08	3 105,09	1 849,10	2 689,60	3 025,80
	VI	44 974	2 473,57	3 597,92	4 047,66																				
127 403,99 Ost	I,IV	39 062	2 148,41	3 124,96	3 515,58	I	39 062	2 051,55	2 984,08	3 357,09	1 954,64	2 843,12	3 198,51	1 857,79	2 702,24	3 040,02	1 760,88	2 561,28	2 881,44	1 582,58	2 420,40	2 722,95	1 372,90	2 279,44	2 564,37
	II	38 261	2 104,35	3 060,88	3 443,49	II	38 261	2 007,44	2 919,92	3 284,91	1 910,59	2 779,04	3 126,42	1 813,68	2 638,08	2 967,84	1 696,82	2 497,20	2 809,35	1 487,14	2 356,24	2 650,77	1 277,58	2 215,36	2 492,28
	III	29 926	–	2 394,08	2 693,34	III	29 926	–	2 255,36	2 537,28	–	2 119,68	2 384,64	–	1 986,88	2 235,24	–	1 856,96	2 089,08	–	1 730,08	1 946,34	–	1 606,08	1 806,84
	V	44 696	2 458,28	3 575,68	4 022,64	IV	39 062	2 099,95	3 054,48	3 436,29	2 051,55	2 984,08	3 357,09	2 003,10	2 913,60	3 277,80	1 954,64	2 843,12	3 198,51	1 906,19	2 772,64	3 119,22	1 857,79	2 702,24	3 040,02
	VI	45 131	2 482,20	3 610,48	4 061,79																				
127 439,99 West	I,IV	38 920	2 140,60	3 113,60	3 502,80	I	38 920	2 043,69	2 972,64	3 344,22	1 946,83	2 831,76	3 185,73	1 849,92	2 690,80	3 027,15	1 753,07	2 549,92	2 868,66	1 565,56	2 408,96	2 710,08	1 356,–	2 268,08	2 551,59
	II	38 118	2 096,49	3 049,44	3 430,62	II	38 118	1 999,63	2 908,56	3 272,13	1 902,72	2 767,60	3 113,55	1 805,87	2 626,72	2 955,06	1 679,80	2 485,76	2 796,48	1 470,24	2 344,88	2 637,99	1 260,56	2 203,92	2 479,41
	III	29 784	–	2 382,72	2 680,56	III	29 784	–	2 244,32	2 524,86	–	2 108,80	2 372,40	–	1 976,16	2 223,18	–	1 846,56	2 077,38	–	1 719,84	1 934,82	–	1 596,16	1 795,68
	V	44 554	2 450,47	3 564,32	4 009,86	IV	38 920	2 092,14	3 043,12	3 423,51	2 043,69	2 972,64	3 344,22	1 995,23	2 902,16	3 264,93	1 946,83	2 831,76	3 185,73	1 898,38	2 761,28	3 106,44	1 849,92	2 690,80	3 027,15
	VI	44 989	2 474,39	3 599,12	4 049,01																				
127 439,99 Ost	I,IV	39 077	2 149,23	3 126,16	3 516,93	I	39 077	2 052,38	2 985,28	3 358,44	1 955,47	2 844,32	3 199,86	1 858,61	2 703,44	3 041,37	1 761,70	2 562,48	2 882,79	1 584,36	2 421,60	2 724,30	1 374,68	2 280,64	2 565,72
	II	38 276	2 105,18	3 062,08	3 444,84	II	38 276	2 008,27	2 921,12	3 286,26	1 911,41	2 780,24	3 127,77	1 814,50	2 639,28	2 969,19	1 698,60	2 498,40	2 810,70	1 488,92	2 357,44	2 652,12	1 279,36	2 216,56	2 493,63
	III	29 942	–	2 395,36	2 694,78	III	29 942	–	2 256,64	2 538,72	–	2 120,80	2 385,90	–	1 988,–	2 236,50	–	1 858,08	2 090,34	–	1 731,04	1 947,42	–	1 607,04	1 807,92
	V	44 711	2 459,10	3 576,88	4 023,99	IV	39 077	2 100,78	3 055,68	3 437,64	2 052,38	2 985,28	3 358,44	2 003,92	2 914,80	3 279,15	1 955,47	2 844,32	3 199,86	1 907,01	2 773,84	3 120,57	1 858,61	2 703,44	3 041,37
	VI	45 146	2 483,03	3 611,68	4 063,14																				

* Die ausgewiesenen Tabellenwerte sind amtlich. Siehe Erläuterungen auf der Umschlaginnenseite (U2).

Abzüge an Lohnsteuer, Solidaritätszuschlag (SolZ) und Kirchensteuer (8%, 9%) in den Steuerklassen

Lohn/ Gehalt bis €*	I – VI		ohne Kinderfreibeträge			I, II, III, IV		mit Zahl der Kinderfreibeträge . . . 0,5			1			1,5			2			2,5			3		
		LSt	SolZ	8%	9%		LSt	SolZ	8%	9%	SolZ	8%	9%	SolZ	8%	9%	SolZ	8%	9%	SolZ	8%	9%	SolZ	8%	9%
127 475,99 West	I,IV	38 935	2 141,42	3 114,80	3 504,15	I	38 935	2 044,51	2 973,84	3 345,57	1 947,66	2 832,96	3 187,08	1 850,75	2 692,—	3 028,50	1 753,89	2 551,12	2 870,01	1 567,34	2 410,16	2 711,43	1 357,79	2 269,28	2 552,94
	II	38 133	2 097,31	3 050,64	3 431,97	II	38 133	2 000,46	2 909,76	3 273,48	1 903,55	2 768,80	3 114,90	1 806,69	2 627,92	2 956,41	1 681,70	2 487,04	2 797,92	1 472,03	2 346,08	2 639,34	1 262,47	2 205,20	2 480,85
	III	29 800	—	2 384,—	2 682,—	III	29 800	—	2 245,44	2 526,12	—	2 109,92	2 373,66	—	1 977,28	2 224,44	—	1 847,68	2 078,64	—	1 720,96	1 936,08	—	1 597,12	1 796,76
	V	44 569	2 451,29	3 565,52	4 011,21	IV	38 935	2 092,97	3 044,32	3 424,86	2 044,51	2 973,84	3 345,57	1 996,11	2 903,44	3 266,37	1 947,66	2 832,96	3 187,08	1 899,20	2 762,48	3 107,79	1 850,75	2 692,—	3 028,50
	VI	45 004	2 475,22	3 600,32	4 050,36																				
127 475,99 Ost	I,IV	39 092	2 150,06	3 127,36	3 518,28	I	39 092	2 053,20	2 986,48	3 359,79	1 956,29	2 845,52	3 201,21	1 859,44	2 704,64	3 042,72	1 762,53	2 563,68	2 884,14	1 586,15	2 422,80	2 725,65	1 376,47	2 281,84	2 567,07
	II	38 291	2 106,—	3 063,28	3 446,19	II	38 291	2 009,09	2 922,32	3 287,61	1 912,24	2 781,44	3 129,12	1 815,38	2 640,56	2 970,63	1 700,39	2 499,60	2 812,05	1 490,83	2 358,72	2 653,56	1 281,15	2 217,76	2 494,98
	III	29 956	—	2 396,48	2 696,04	III	29 956	—	2 257,76	2 539,98	—	2 121,92	2 387,16	—	1 989,12	2 237,76	—	1 859,20	2 091,60	—	1 732,16	1 948,68	—	1 608,16	1 809,18
	V	44 726	2 459,93	3 578,08	4 025,34	IV	39 092	2 101,66	3 056,96	3 439,08	2 053,20	2 986,48	3 359,79	2 004,75	2 916,—	3 280,50	1 956,29	2 845,52	3 201,21	1 907,89	2 775,12	3 122,01	1 859,44	2 704,64	3 042,72
	VI	45 161	2 483,85	3 612,88	4 064,49																				
127 511,99 West	I,IV	38 950	2 142,25	3 116,—	3 505,50	I	38 950	2 045,34	2 975,04	3 346,92	1 948,48	2 834,16	3 188,43	1 851,57	2 693,20	3 029,85	1 754,72	2 552,32	2 871,36	1 569,25	2 411,44	2 712,87	1 359,57	2 270,48	2 554,29
	II	38 149	2 098,19	3 051,92	3 433,41	II	38 149	2 001,28	2 910,96	3 274,83	1 904,43	2 770,08	3 116,34	1 807,52	2 629,12	2 957,76	1 683,49	2 488,24	2 799,27	1 473,81	2 347,28	2 640,69	1 264,25	2 206,40	2 482,20
	III	29 814	—	2 385,12	2 683,26	III	29 814	—	2 246,56	2 527,38	—	2 111,04	2 374,92	—	1 978,40	2 225,70	—	1 848,80	2 079,90	—	1 721,92	1 937,16	—	1 598,24	1 798,02
	V	44 584	2 452,12	3 566,72	4 012,56	IV	38 950	2 093,79	3 045,52	3 426,21	2 045,34	2 975,04	3 346,92	1 996,94	2 904,64	3 267,72	1 948,48	2 834,16	3 188,43	1 900,03	2 763,68	3 109,14	1 851,57	2 693,20	3 029,85
	VI	45 019	2 476,04	3 601,52	4 051,71																				
127 511,99 Ost	I,IV	39 107	2 150,88	3 128,56	3 519,63	I	39 107	2 054,03	2 987,68	3 361,14	1 957,12	2 846,72	3 202,56	1 860,26	2 705,84	3 044,07	1 763,41	2 564,96	2 885,58	1 587,93	2 424,—	2 727,—	1 378,37	2 283,12	2 568,51
	II	38 306	2 106,83	3 064,48	3 447,54	II	38 306	2 009,97	2 923,60	3 289,05	1 913,06	2 782,64	3 130,47	1 816,21	2 641,76	2 971,98	1 702,17	2 500,80	2 813,40	1 492,61	2 359,92	2 654,91	1 282,93	2 218,96	2 496,33
	III	29 972	—	2 397,76	2 697,48	III	29 972	—	2 258,88	2 541,24	—	2 123,04	2 388,42	—	1 990,24	2 239,02	—	1 860,32	2 092,86	—	1 733,28	1 949,94	—	1 609,12	1 810,26
	V	44 741	2 460,75	3 579,28	4 026,69	IV	39 107	2 102,48	3 058,16	3 440,43	2 054,03	2 987,68	3 361,14	2 005,57	2 917,20	3 281,85	1 957,12	2 846,72	3 202,56	1 908,72	2 776,32	3 123,36	1 860,26	2 705,84	3 044,07
	VI	45 176	2 484,68	3 614,08	4 065,84																				
127 547,99 West	I,IV	38 965	2 143,07	3 117,20	3 506,85	I	38 965	2 046,22	2 976,32	3 348,36	1 949,31	2 835,36	3 189,78	1 852,45	2 694,48	3 031,29	1 755,54	2 553,52	2 872,71	1 571,03	2 412,64	2 714,22	1 361,36	2 271,68	2 555,64
	II	38 164	2 099,02	3 053,12	3 434,76	II	38 164	2 002,11	2 912,16	3 276,18	1 905,25	2 771,28	3 117,69	1 808,34	2 630,32	2 959,11	1 685,27	2 489,44	2 800,62	1 475,60	2 348,48	2 642,04	1 266,04	2 207,60	2 483,55
	III	29 830	—	2 386,40	2 684,70	III	29 830	—	2 247,84	2 528,82	—	2 112,16	2 376,18	—	1 979,52	2 226,96	—	1 849,92	2 081,16	—	1 723,04	1 938,42	—	1 599,20	1 799,10
	V	44 599	2 452,94	3 567,92	4 013,91	IV	38 965	2 094,62	3 046,72	3 427,56	2 046,22	2 976,32	3 348,36	1 997,76	2 905,84	3 269,07	1 949,31	2 835,36	3 189,78	1 900,85	2 764,88	3 110,49	1 852,45	2 694,48	3 031,29
	VI	45 034	2 476,87	3 602,72	4 053,06																				
127 547,99 Ost	I,IV	39 123	2 151,76	3 129,84	3 521,07	I	39 123	2 054,85	2 988,88	3 362,49	1 958,—	2 848,—	3 204,—	1 861,09	2 707,04	3 045,42	1 764,23	2 566,16	2 886,93	1 589,72	2 425,20	2 728,35	1 380,16	2 284,32	2 569,86
	II	38 321	2 107,65	3 065,68	3 448,89	II	38 321	2 010,80	2 924,80	3 290,40	1 913,89	2 783,84	3 131,82	1 817,03	2 642,96	2 973,33	1 703,96	2 502,—	2 814,75	1 494,40	2 361,12	2 656,26	1 284,72	2 220,16	2 497,68
	III	29 986	—	2 398,88	2 698,74	III	29 986	—	2 260,16	2 542,68	—	2 124,32	2 389,86	—	1 991,36	2 240,28	—	1 861,28	2 093,94	—	1 734,24	1 951,02	—	1 610,24	1 811,52
	V	44 756	2 461,58	3 580,48	4 028,04	IV	39 123	2 103,31	3 059,36	3 441,78	2 054,85	2 988,88	3 362,49	2 006,40	2 918,40	3 283,20	1 958,—	2 848,—	3 204,—	1 909,54	2 777,52	3 124,71	1 861,09	2 707,04	3 045,42
	VI	45 192	2 485,56	3 615,36	4 067,28																				
127 583,99 West	I,IV	38 980	2 143,90	3 118,40	3 508,20	I	38 980	2 047,04	2 977,52	3 349,71	1 950,13	2 836,56	3 191,13	1 853,28	2 695,68	3 032,64	1 756,37	2 554,72	2 874,06	1 572,82	2 413,84	2 715,57	1 363,14	2 272,88	2 556,99
	II	38 179	2 099,84	3 054,32	3 436,11	II	38 179	2 002,93	2 913,36	3 277,53	1 906,08	2 772,48	3 119,04	1 809,17	2 631,52	2 960,46	1 687,06	2 490,64	2 801,97	1 477,38	2 349,68	2 643,39	1 267,82	2 208,80	2 484,90
	III	29 844	—	2 387,52	2 685,96	III	29 844	—	2 248,96	2 530,08	—	2 113,44	2 377,62	—	1 980,64	2 228,22	—	1 850,88	2 082,24	—	1 724,16	1 939,68	—	1 600,32	1 800,36
	V	44 614	2 453,77	3 569,12	4 015,26	IV	38 980	2 095,44	3 047,92	3 428,91	2 047,04	2 977,52	3 349,71	1 998,59	2 907,04	3 270,42	1 950,13	2 836,56	3 191,13	1 901,68	2 766,08	3 111,84	1 853,28	2 695,68	3 032,64
	VI	45 049	2 477,69	3 603,92	4 054,41																				
127 583,99 Ost	I,IV	39 138	2 152,59	3 131,04	3 522,42	I	39 138	2 055,68	2 990,08	3 363,84	1 958,82	2 849,20	3 205,35	1 861,91	2 708,24	3 046,77	1 765,06	2 567,36	2 888,28	1 591,50	2 426,40	2 729,70	1 381,94	2 285,52	2 571,21
	II	38 336	2 108,48	3 066,88	3 450,24	II	38 336	2 011,62	2 926,—	3 291,75	1 914,71	2 785,04	3 133,17	1 817,86	2 644,16	2 974,68	1 705,74	2 503,20	2 816,10	1 496,18	2 362,32	2 657,61	1 286,50	2 221,36	2 499,03
	III	30 002	—	2 400,16	2 700,18	III	30 002	—	2 261,28	2 543,94	—	2 125,44	2 391,12	—	1 992,48	2 241,54	—	1 862,40	2 095,20	—	1 735,36	1 952,28	—	1 611,20	1 812,60
	V	44 772	2 462,46	3 581,76	4 029,48	IV	39 138	2 104,13	3 060,56	3 443,13	2 055,68	2 990,08	3 363,84	2 007,22	2 919,60	3 284,55	1 958,82	2 849,20	3 205,35	1 910,37	2 778,72	3 126,06	1 861,91	2 708,24	3 046,77
	VI	45 207	2 486,38	3 616,56	4 068,63																				
127 619,99 West	I,IV	38 995	2 144,72	3 119,60	3 509,55	I	38 995	2 047,87	2 978,72	3 351,06	1 950,96	2 837,76	3 192,48	1 854,10	2 696,88	3 033,99	1 757,19	2 555,92	2 875,41	1 574,60	2 415,04	2 716,92	1 364,93	2 274,08	2 558,34
	II	38 194	2 100,67	3 055,52	3 437,46	II	38 194	2 003,76	2 914,56	3 278,88	1 906,90	2 773,68	3 120,39	1 809,99	2 632,72	2 961,81	1 688,84	2 491,84	2 803,32	1 479,28	2 350,96	2 644,83	1 269,61	2 210,—	2 486,25
	III	29 860	—	2 388,80	2 687,40	III	29 860	—	2 250,24	2 531,52	—	2 114,56	2 378,88	—	1 981,76	2 229,48	—	1 852,—	2 083,50	—	1 725,28	1 940,94	—	1 601,28	1 801,44
	V	44 629	2 454,59	3 570,32	4 016,61	IV	38 995	2 096,32	3 049,20	3 430,35	2 047,87	2 978,72	3 351,06	1 999,41	2 908,24	3 271,77	1 950,96	2 837,76	3 192,48	1 902,56	2 767,36	3 113,28	1 854,10	2 696,88	3 033,99
	VI	45 064	2 478,52	3 605,12	4 055,76																				
127 619,99 Ost	I,IV	39 153	2 153,41	3 132,24	3 523,77	I	39 153	2 056,50	2 991,28	3 365,19	1 959,65	2 850,40	3 206,70	1 862,74	2 709,44	3 048,12	1 765,88	2 568,56	2 889,63	1 593,29	2 427,60	2 731,05	1 383,73	2 286,72	2 572,56
	II	38 351	2 109,30	3 068,08	3 451,59	II	38 351	2 012,45	2 927,20	3 293,10	1 915,54	2 786,24	3 134,52	1 818,68	2 645,36	2 976,03	1 707,65	2 504,48	2 817,54	1 497,97	2 363,52	2 658,96	1 288,41	2 222,64	2 500,47
	III	30 016	—	2 401,28	2 701,44	III	30 016	—	2 262,40	2 545,20	—	2 126,56	2 392,38	—	1 993,60	2 242,80	—	1 863,52	2 096,46	—	1 736,48	1 953,54	—	1 612,32	1 813,86
	V	44 787	2 463,28	3 582,96	4 030,83	IV	39 153	2 104,96	3 061,76	3 444,48	2 056,50	2 991,28	3 365,19	2 008,10	2 920,88	3 285,99	1 959,65	2 850,40	3 206,70	1 911,19	2 779,92	3 127,41	1 862,74	2 709,44	3 048,12
	VI	45 222	2 487,21	3 617,76	4 069,98																				
127 655,99 West	I,IV	39 010	2 145,55	3 120,80	3 510,90	I	39 010	2 048,69	2 979,92	3 352,41	1 951,78	2 838,96	3 193,83	1 854,93	2 698,08	3 035,34	1 758,02	2 557,12	2 876,76	1 576,39	2 416,24	2 718,27	1 366,83	2 275,36	2 559,78
	II	38 209	2 101,49	3 056,72	3 438,81	II	38 209	2 004,64	2 915,84	3 280,32	1 907,73	2 774,88	3 121,74	1 810,87	2 634,—	2 963,25	1 690,63	2 493,04	2 804,67	1 481,07	2 352,16	2 646,18	1 271,39	2 211,20	2 487,60
	III	29 874	—	2 389,92	2 688,66	III	29 874	—	2 251,36	2 532,78	—	2 115,68	2 380,14	—	1 982,88	2 230,74	—	1 853,12	2 084,76	—	1 726,24	1 942,02	—	1 602,40	1 802,70
	V	44 644	2 455,42	3 571,52	4 017,96	IV	39 010	2 097,15	3 050,40	3 431,70	2 048,69	2 979,92	3 352,41	2 000,24	2 909,44	3 273,12	1 951,78	2 838,96	3 193,83	1 903,38	2 768,56	3 114,63	1 854,93	2 698,08	3 035,34
	VI	45 079	2 479,34	3 606,32	4 057,11																				
127 655,99 Ost	I,IV	39 168	2 154,24	3 133,44	3 525,12	I	39 168	2 057,33	2 992,48	3 366,54	1 960,47	2 851,60	3 208,05	1 863,56	2 710,64	3 049,47	1 766,71	2 569,76	2 890,98	1 595,19	2 428,88	2 732,49	1 385,51	2 287,92	2 573,91
	II	38 367	2 110,18	3 069,36	3 453,03	II	38 367	2 013,27	2 928,40	3 294,45	1 916,42	2 787,52	3 135,96	1 819,51	2 646,56	2 977,38	1 709,43	2 505,68	2 818,89	1 499,75	2 364,72	2 660,31	1 290,19	2 223,84	2 501,82
	III	30 032	—	2 402,56	2 702,88	III	30 032	—	2 263,68	2 546,64	—	2 127,68	2 393,64	—	1 994,72	2 244,06	—	1 864,64	2 097,72	—	1 737,60	1 954,80	—	1 613,44	1 815,12
	V	44 802	2 464,11	3 584,16	4 032,18	IV	39 168	2 105,78	3 062,96	3 445,83	2 057,33	2 992,48	3 366,54	2 008,93	2 922,08	3 287,34	1 960,47	2 851,60	3 208,05	1 912,02	2 781,12	3 128,76	1 863,56	2 710,64	3 049,47
	VI	45 237	2 488,03	3 618,96	4 071,33																				
127 691,99 West	I,IV	39 026	2 146,43	3 122,08	3 512,34	I	39 026	2 049,52	2 981,12	3 353,76	1 952,66	2 840,24	3 195,27	1 855,75	2 699,28	3 036,69	1 758,90	2 558,40	2 878,20	1 578,17	2 417,44	2 719,62	1 368,61	2 276,56	2 561,13
	II	38 224	2 102,32	3 057,92	3 440,16	II	38 224	2 005,46	2 917,04	3 281,67	1 908,55	2 776,08	3 123,09	1 811,70	2 635,20	2 964,60	1 692,41	2 494,24	2 806,02	1 482,85	2 353,36	2 647,53	1 273,18	2 212,40	2 488,95
	III	29 890	—	2 391,20	2 690,10	III	29 890	—	2 252,48	2 534,04	—	2 116,80	2 381,40	—	1 984,—	2 232,—	—	1 854,24	2 086,02	—	1 727,36	1 943,28	—	1 603,36	1 803,78
	V	44 659	2 456,24	3 572,72	4 019,31	IV	39 026	2 097,97	3 051,60	3 433,05	2 049,52	2 981,12	3 353,76	2 001,06	2 910,64	3 274,47	1 952,66	2 840,24	3 195,27	1 904,21	2 769,76	3 115,98	1 855,75	2 699,28	3 036,69
	VI	45 095	2 480,22	3 607,60	4 058,55																				
127 691,99 Ost	I,IV	39 183	2 155,06	3 134,64	3 526,47	I	39 183	2 058,21	2 993,76	3 367,98	1 961,30	2 852,80	3 209,40	1 864,44	2 711,92	3 050,91	1 767,53	2 570,96	2 892,33	1 596,98	2 430,08	2 733,84	1 387,30	2 289,12	2 575,26
	II	38 382	2 111,01	3 070,56	3 454,38	II	38 382	2 014,10	2 929,60	3 295,80	1 917,24	2 788,72	3 137,31	1 820,33	2 647,76	2 978,73	1 711,22	2 506,88	2 820,24	1 501,54	2 365,92	2 661,66	1 291,98	2 225,04	2 503,17
	III	30 046	—	2 403,68	2 704,14	III	30 046	—	2 264,80	2 547,90	—	2 128,80	2 394,90	—	1 995,84	2 245,32	—	1 865,76	2 098,98	—	1 738,56	1 955,88	—	1 614,40	1 816,20
	V	44 817	2 464,93	3 585,36	4 033,53	IV	39 183	2 106,61	3 064,16	3 447,18	2 058,21	2 993,76	3 367,98	2 009,75	2 923,28	3 288,69	1 961,30	2 852,80	3 209,40	1 912,84	2 782,32	3 130,11	1 864,44	2 711,92	3 050,91
	VI	45 252	2 488,86	3 620,16	4 072,68																				
127 727,99 West	I,IV	39 041	2 147,25	3 123,28	3 513,69	I	39 041	2 050,34	2 982,32	3 355,11	1 953,49	2 841,44	3 196,62	1 856,58	2 700,48	3 038,04	1 759,72	2 559,60	2 879,55	1 579,96	2 418,64	2 720,97	1 370,40	2 277,76	2 562,48
	II	38 239	2 103,14	3 059,12	3 441,51	II	38 239	2 006,29	2 918,24	3 283,02	1 909,38	2 777,28	3 124,44	1 812,52	2 636,40	2 965,95	1 694,20	2 495,44	2 807,37	1 484,64	2 354,56	2 648,88	1 274,96	2 213,60	2 490,30
	III	29 904	—	2 392,32	2 691,36	III	29 904	—	2 253,76	2 535,48	—	2 117,92	2 382,66	—	1 985,12	2 233,26	—	1 855,36	2 087,28	—	1 728,48	1 944,54	—	1 604,48	1 805,04
	V	44 675	2 457,12	3 574,—	4 020,75	IV	39 041	2 098,80	3 052,80	3 434,40	2 050,34	2 982,32	3 355,11	2 001,89	2 911,84	3 275,82	1 953,49	2 841,44	3 196,62	1 905,03	2 770,96	3 117,33	1 856,58	2 700,48	3 038,04
	VI	45 110	2 481,05	3 608,80	4 059,90																				
127 727,99 Ost	I,IV	39 198	2 155,89	3 135,84	3 527,82	I	39 198	2 059,03	2 994,96	3 369,33	1 962,12	2 854,—	3 210,75	1 865,27	2 713,12	3 052,26	1 768,36	2 572,16	2 893,68	1 598,76	2 431,28	2 735,19	1 389,08	2 290,32	2 576,61
	II	38 397	2 111,83	3 071,76	3 455,73	II	38 397	2 014,92	2 930,80	3 297,15	1 918,07	2 789,92	3 138,66	1 821,16	2 648,96	2 980,08	1 713,—	2 508,08	2 821,59	1 503,32	2 367,12	2 663,01	1 293,76	2 226,24	2 504,52
	III	30 062	—	2 404,96	2 705,58	III	30 062	—	2 266,08	2 549,34	—	2 130,08	2 396,34	—	1 996,96	2 246,58	—	1 866,88	2 100,24	—	1 739,68	1 957,14	—	1 615,52	1 817,46
	V	44 832	2 465,76	3 586,56	4 034,88	IV	39 198	2 107,43	3 065,36	3 448,53	2 059,03	2 994,96	3 369,33	2 010,58	2 924,48	3 290,04	1 962,12	2 854,—	3 210,75	1 913,67	2 783,52	3 131,46	1 865,27	2 713,12	3 052,26
	VI	45 267	2 489,68	3 621,36	4 074,03																				

* Die ausgewiesenen Tabellenwerte sind amtlich. Siehe Erläuterungen auf der Umschlaginnenseite (U2).

JAHR 127 728,–*

Lohn/ Gehalt bis €*	I – VI		ohne Kinderfreibeträge			I, II, III, IV		0,5			1			1,5			2			2,5			3		
		LSt	SolZ	8%	9%		LSt	SolZ	8%	9%	SolZ	8%	9%	SolZ	8%	9%	SolZ	8%	9%	SolZ	8%	9%	SolZ	8%	9%
127 763,99 West	I,IV	39 056	2 148,08	3 124,48	3 515,04	I	39 056	2 051,17	2 983,52	3 356,46	1 954,31	2 842,64	3 197,97	1 857,40	2 701,68	3 039,39	1 760,55	2 560,80	2 880,90	1 581,74	2 419,84	2 722,32	1 372,18	2 278,96	2 563,83
	II	38 254	2 103,97	3 060,32	3 442,86	II	38 254	2 007,11	2 919,44	3 284,37	1 910,20	2 778,48	3 125,79	1 813,35	2 637,60	2 967,30	1 695,98	2 496,64	2 808,72	1 486,42	2 355,76	2 650,23	1 276,87	2 214,88	2 491,74
	III	29 920	—	2 393,60	2 692,80	III	29 920	—	2 254,88	2 536,74	—	2 119,20	2 384,10	—	1 986,40	2 234,70	—	1 856,48	2 088,54	—	1 729,60	1 945,80	—	1 605,60	1 806,30
	V	44 690	2 457,95	3 575,20	4 022,10	IV	39 056	2 099,62	3 054,—	3 435,75	2 051,17	2 983,52	3 356,46	2 002,77	2 913,12	3 277,26	1 954,31	2 842,64	3 197,97	1 905,86	2 772,16	3 118,68	1 857,40	2 701,68	3 039,39
	VI	45 125	2 481,87	3 610,—	4 061,25																				
127 763,99 Ost	I,IV	39 213	2 156,71	3 137,04	3 529,17	I	39 213	2 059,86	2 996,16	3 370,68	1 962,95	2 855,20	3 212,10	1 866,09	2 714,32	3 053,61	1 769,18	2 573,36	2 895,03	1 600,55	2 432,48	2 736,54	1 390,87	2 291,52	2 577,96
	II	38 412	2 112,66	3 072,96	3 457,08	II	38 412	2 015,75	2 932,—	3 298,50	1 918,89	2 791,12	3 140,01	1 821,98	2 650,16	2 981,43	1 714,79	2 509,28	2 822,94	1 505,23	2 368,40	2 664,45	1 295,55	2 227,44	2 505,87
	III	30 076	—	2 406,08	2 706,84	III	30 076	—	2 267,20	2 550,60	—	2 131,20	2 397,60	—	1 998,08	2 247,84	—	1 868,—	2 101,50	—	1 740,80	1 958,40	—	1 616,48	1 818,54
	V	44 847	2 466,58	3 587,76	4 036,23	IV	39 213	2 108,31	3 066,64	3 449,97	2 059,86	2 996,16	3 370,68	2 011,40	2 925,68	3 291,39	1 962,95	2 855,20	3 212,10	1 914,55	2 784,80	3 132,90	1 866,09	2 714,32	3 053,61
	VI	45 282	2 490,51	3 622,56	4 075,38																				
127 799,99 West	I,IV	39 071	2 148,90	3 125,68	3 516,39	I	39 071	2 051,99	2 984,72	3 357,81	1 955,14	2 843,84	3 199,32	1 858,23	2 702,88	3 040,74	1 761,37	2 562,—	2 882,25	1 583,53	2 421,04	2 723,67	1 373,97	2 280,16	2 565,18
	II	38 270	2 104,85	3 061,60	3 444,30	II	38 270	2 007,94	2 920,64	3 285,72	1 911,08	2 779,76	3 127,23	1 814,17	2 638,80	2 968,65	1 697,89	2 497,92	2 810,16	1 488,21	2 356,96	2 651,58	1 278,65	2 216,08	2 493,09
	III	29 934	—	2 394,72	2 694,06	III	29 934	—	2 256,—	2 538,—	—	2 120,32	2 385,36	—	1 987,52	2 235,96	—	1 857,60	2 089,80	—	1 730,56	1 946,88	—	1 606,56	1 807,38
	V	44 705	2 458,77	3 576,40	4 023,45	IV	39 071	2 100,45	3 055,20	3 437,10	2 051,99	2 984,72	3 357,81	2 003,59	2 914,32	3 278,61	1 955,14	2 843,84	3 199,32	1 906,68	2 773,36	3 120,03	1 858,23	2 702,88	3 040,74
	VI	45 140	2 482,70	3 611,20	4 062,60																				
127 799,99 Ost	I,IV	39 228	2 157,54	3 138,24	3 530,52	I	39 228	2 060,68	2 997,36	3 372,03	1 963,77	2 856,40	3 213,45	1 866,92	2 715,52	3 054,96	1 770,01	2 574,56	2 896,38	1 602,33	2 433,68	2 737,89	1 392,77	2 292,80	2 579,40
	II	38 427	2 113,48	3 074,16	3 458,43	II	38 427	2 016,63	2 933,28	3 299,94	1 919,72	2 792,32	3 141,36	1 822,86	2 651,44	2 982,87	1 716,57	2 510,48	2 824,29	1 507,01	2 369,60	2 665,80	1 297,33	2 228,64	2 507,22
	III	30 092	—	2 407,36	2 708,28	III	30 092	—	2 268,32	2 551,86	—	2 132,32	2 398,86	—	1 999,20	2 249,10	—	1 869,12	2 102,76	—	1 741,92	1 959,66	—	1 617,60	1 819,80
	V	44 862	2 467,41	3 588,96	4 037,58	IV	39 228	2 109,14	3 067,84	3 451,32	2 060,68	2 997,36	3 372,03	2 012,23	2 926,88	3 292,74	1 963,77	2 856,40	3 213,45	1 915,37	2 786,—	3 134,25	1 866,92	2 715,52	3 054,96
	VI	45 297	2 491,33	3 623,76	4 076,73																				
127 835,99 West	I,IV	39 086	2 149,73	3 126,88	3 517,74	I	39 086	2 052,87	2 986,—	3 359,25	1 955,96	2 845,04	3 200,67	1 859,11	2 704,16	3 042,18	1 762,20	2 563,20	2 883,60	1 585,43	2 422,32	2 725,11	1 375,75	2 281,36	2 566,53
	II	38 285	2 105,67	3 062,80	3 445,65	II	38 285	2 008,76	2 921,84	3 287,07	1 911,91	2 780,96	3 128,58	1 815,—	2 640,—	2 970,—	1 699,67	2 499,12	2 811,51	1 489,99	2 358,16	2 652,93	1 280,44	2 217,28	2 494,44
	III	29 950	—	2 396,—	2 695,50	III	29 950	—	2 257,28	2 539,44	—	2 121,44	2 386,62	—	1 988,64	2 237,22	—	1 858,72	2 091,06	—	1 731,68	1 948,14	—	1 607,68	1 808,64
	V	44 720	2 459,60	3 577,60	4 024,80	IV	39 086	2 101,27	3 056,40	3 438,45	2 052,87	2 986,—	3 359,25	2 004,42	2 915,52	3 279,96	1 955,96	2 845,04	3 200,67	1 907,51	2 774,56	3 121,38	1 859,11	2 704,16	3 042,18
	VI	45 155	2 483,52	3 612,40	4 063,95																				
127 835,99 Ost	I,IV	39 244	2 158,42	3 139,52	3 531,96	I	39 244	2 061,51	2 998,56	3 373,38	1 964,65	2 857,68	3 214,89	1 867,74	2 716,72	3 056,31	1 770,89	2 575,84	2 897,82	1 604,12	2 434,88	2 739,24	1 394,56	2 294,—	2 580,75
	II	38 442	2 114,31	3 075,36	3 459,78	II	38 442	2 017,45	2 934,48	3 301,29	1 920,54	2 793,52	3 142,71	1 823,69	2 652,64	2 984,22	1 718,36	2 511,68	2 825,64	1 508,80	2 370,80	2 667,15	1 299,12	2 229,84	2 508,57
	III	30 106	—	2 408,48	2 709,54	III	30 106	—	2 269,60	2 553,30	—	2 133,44	2 400,12	—	2 000,32	2 250,36	—	1 870,24	2 104,02	—	1 742,88	1 960,74	—	1 618,72	1 821,06
	V	44 877	2 468,23	3 590,16	4 038,93	IV	39 244	2 109,96	3 069,04	3 452,67	2 061,51	2 998,56	3 373,38	2 013,05	2 928,08	3 294,09	1 964,65	2 857,68	3 214,89	1 916,20	2 787,20	3 135,60	1 867,74	2 716,72	3 056,31
	VI	45 312	2 492,16	3 624,96	4 078,08																				
127 871,99 West	I,IV	39 101	2 150,55	3 128,08	3 519,09	I	39 101	2 053,70	2 987,20	3 360,60	1 956,79	2 846,24	3 202,02	1 859,93	2 705,36	3 043,53	1 763,02	2 564,40	2 884,95	1 587,22	2 423,52	2 726,46	1 377,54	2 282,56	2 567,88
	II	38 300	2 106,50	3 064,—	3 447,—	II	38 300	2 009,59	2 923,04	3 288,42	1 912,73	2 782,16	3 129,93	1 815,82	2 641,20	2 971,35	1 701,46	2 500,32	2 812,86	1 491,78	2 359,36	2 654,28	1 282,22	2 218,48	2 495,79
	III	29 964	—	2 397,12	2 696,76	III	29 964	—	2 258,40	2 540,70	—	2 122,56	2 387,88	—	1 989,76	2 238,48	—	1 859,84	2 092,32	—	1 732,80	1 949,40	—	1 608,64	1 809,72
	V	44 735	2 460,42	3 578,80	4 026,15	IV	39 101	2 102,10	3 057,60	3 439,80	2 053,70	2 987,20	3 360,60	2 005,24	2 916,72	3 281,31	1 956,79	2 846,24	3 202,02	1 908,33	2 775,76	3 122,73	1 859,93	2 705,36	3 043,53
	VI	45 170	2 484,35	3 613,60	4 065,30																				
127 871,99 Ost	I,IV	39 259	2 159,24	3 140,72	3 533,31	I	39 259	2 062,33	2 999,76	3 374,73	1 965,48	2 858,88	3 216,24	1 868,57	2 717,92	3 057,66	1 771,71	2 577,04	2 899,17	1 605,90	2 436,08	2 740,59	1 396,34	2 295,20	2 582,10
	II	38 457	2 115,13	3 076,56	3 461,13	II	38 457	2 018,28	2 935,68	3 302,64	1 921,37	2 794,72	3 144,06	1 824,51	2 653,84	2 985,57	1 720,14	2 512,88	2 826,99	1 510,58	2 372,—	2 668,50	1 300,90	2 231,04	2 509,92
	III	30 122	—	2 409,76	2 710,98	III	30 122	—	2 270,72	2 554,56	—	2 134,72	2 401,56	—	2 001,44	2 251,62	—	1 871,36	2 105,28	—	1 744,—	1 962,—	—	1 619,68	1 822,14
	V	44 892	2 469,06	3 591,36	4 040,28	IV	39 259	2 110,79	3 070,24	3 454,02	2 062,33	2 999,76	3 374,73	2 013,88	2 929,28	3 295,44	1 965,48	2 858,88	3 216,24	1 917,02	2 788,40	3 136,95	1 868,57	2 717,92	3 057,66
	VI	45 328	2 493,04	3 626,24	4 079,52																				
127 907,99 West	I,IV	39 116	2 151,38	3 129,28	3 520,44	I	39 116	2 054,52	2 988,40	3 361,95	1 957,61	2 847,44	3 203,37	1 860,76	2 706,56	3 044,88	1 763,85	2 565,60	2 886,30	1 589,—	2 424,72	2 727,81	1 379,32	2 283,76	2 569,23
	II	38 315	2 107,32	3 065,20	3 448,35	II	38 315	2 010,41	2 924,24	3 289,77	1 913,56	2 783,36	3 131,28	1 816,65	2 642,40	2 972,70	1 703,24	2 501,52	2 814,21	1 493,56	2 360,56	2 655,63	1 284,01	2 219,68	2 497,14
	III	29 980	—	2 398,40	2 698,20	III	29 980	—	2 259,52	2 541,96	—	2 123,68	2 389,14	—	1 990,88	2 239,74	—	1 860,80	2 093,40	—	1 733,76	1 950,48	—	1 609,76	1 810,98
	V	44 750	2 461,25	3 580,—	4 027,50	IV	39 116	2 102,98	3 058,88	3 441,24	2 054,52	2 988,40	3 361,95	2 006,07	2 917,92	3 282,66	1 957,61	2 847,44	3 203,37	1 909,21	2 777,04	3 124,17	1 860,76	2 706,56	3 044,88
	VI	45 185	2 485,17	3 614,80	4 066,65																				
127 907,99 Ost	I,IV	39 274	2 160,07	3 141,92	3 534,66	I	39 274	2 063,16	3 000,96	3 376,08	1 966,30	2 860,08	3 217,59	1 869,39	2 719,12	3 059,01	1 772,54	2 578,24	2 900,52	1 607,69	2 437,28	2 741,94	1 398,13	2 296,40	2 583,45
	II	38 472	2 115,96	3 077,76	3 462,48	II	38 472	2 019,10	2 936,88	3 303,99	1 922,19	2 795,92	3 145,41	1 825,34	2 655,04	2 986,92	1 721,93	2 514,08	2 828,34	1 512,37	2 373,20	2 669,85	1 302,81	2 232,32	2 511,36
	III	30 136	—	2 410,88	2 712,24	III	30 136	—	2 271,84	2 555,82	—	2 135,84	2 402,82	—	2 002,56	2 252,88	—	1 872,32	2 106,36	—	1 745,12	1 963,26	—	1 620,80	1 823,40
	V	44 908	2 469,94	3 592,64	4 041,72	IV	39 274	2 111,61	3 071,44	3 455,37	2 063,16	3 000,96	3 376,08	2 014,76	2 930,56	3 296,88	1 966,30	2 860,08	3 217,59	1 917,85	2 789,60	3 138,30	1 869,39	2 719,12	3 059,01
	VI	45 343	2 493,86	3 627,44	4 080,87																				
127 943,99 West	I,IV	39 131	2 152,20	3 130,48	3 521,79	I	39 131	2 055,35	2 989,60	3 363,30	1 958,44	2 848,64	3 204,72	1 861,58	2 707,76	3 046,23	1 764,67	2 566,80	2 887,65	1 590,79	2 425,92	2 729,16	1 381,11	2 284,96	2 570,58
	II	38 330	2 108,15	3 066,40	3 449,70	II	38 330	2 011,29	2 925,52	3 291,21	1 914,38	2 784,56	3 132,63	1 817,53	2 643,68	2 974,14	1 705,03	2 502,72	2 815,56	1 495,47	2 361,84	2 657,07	1 285,79	2 220,88	2 498,49
	III	29 994	—	2 399,52	2 699,46	III	29 994	—	2 260,80	2 543,40	—	2 124,96	2 390,58	—	1 992,—	2 241,—	—	1 861,92	2 094,66	—	1 734,88	1 951,74	—	1 610,72	1 812,06
	V	44 765	2 462,07	3 581,20	4 028,85	IV	39 131	2 103,80	3 060,08	3 442,59	2 055,35	2 989,60	3 363,30	2 006,89	2 919,12	3 284,01	1 958,44	2 848,64	3 204,72	1 910,04	2 778,24	3 125,52	1 861,58	2 707,76	3 046,23
	VI	45 200	2 486,—	3 616,—	4 068,—																				
127 943,99 Ost	I,IV	39 289	2 160,89	3 143,12	3 536,01	I	39 289	2 063,98	3 002,16	3 377,43	1 967,13	2 861,28	3 218,94	1 870,22	2 720,32	3 060,36	1 773,36	2 579,44	2 901,87	1 609,47	2 438,48	2 743,29	1 399,91	2 297,60	2 584,80
	II	38 488	2 116,84	3 079,04	3 463,92	II	38 488	2 019,93	2 938,08	3 305,34	1 923,07	2 797,20	3 146,85	1 826,16	2 656,24	2 988,27	1 723,83	2 515,36	2 829,78	1 514,15	2 374,40	2 671,20	1 304,59	2 233,52	2 512,71
	III	30 152	—	2 412,16	2 713,68	III	30 152	—	2 273,12	2 557,26	—	2 136,96	2 404,08	—	2 003,84	2 254,32	—	1 873,44	2 107,62	—	1 746,24	1 964,52	—	1 621,76	1 824,48
	V	44 923	2 470,76	3 593,84	4 043,07	IV	39 289	2 112,44	3 072,64	3 456,72	2 063,98	3 002,16	3 377,43	2 015,58	2 931,76	3 298,23	1 967,13	2 861,28	3 218,94	1 918,67	2 790,80	3 139,65	1 870,22	2 720,32	3 060,36
	VI	45 358	2 494,69	3 628,64	4 082,22																				
127 979,99 West	I,IV	39 146	2 153,03	3 131,68	3 523,14	I	39 146	2 056,17	2 990,80	3 364,65	1 959,32	2 849,92	3 206,16	1 862,41	2 708,96	3 047,58	1 765,55	2 568,08	2 889,09	1 592,57	2 427,12	2 730,51	1 383,01	2 286,24	2 572,02
	II	38 345	2 108,97	3 067,60	3 451,05	II	38 345	2 012,12	2 926,72	3 292,56	1 915,21	2 785,76	3 133,98	1 818,35	2 644,88	2 975,49	1 706,81	2 503,92	2 816,91	1 497,25	2 363,04	2 658,42	1 287,58	2 222,08	2 499,84
	III	30 010	—	2 400,80	2 700,90	III	30 010	—	2 261,92	2 544,66	—	2 126,08	2 391,84	—	1 993,12	2 242,26	—	1 863,04	2 095,92	—	1 736,—	1 953,—	—	1 611,84	1 813,32
	V	44 780	2 462,90	3 582,40	4 030,20	IV	39 146	2 104,63	3 061,28	3 443,94	2 056,17	2 990,80	3 364,65	2 007,72	2 920,32	3 285,36	1 959,32	2 849,92	3 206,16	1 910,86	2 779,44	3 126,87	1 862,41	2 708,96	3 047,58
	VI	45 215	2 486,82	3 617,20	4 069,35																				
127 979,99 Ost	I,IV	39 304	2 161,72	3 144,32	3 537,36	I	39 304	2 064,86	3 003,44	3 378,87	1 967,95	2 862,48	3 220,29	1 871,10	2 721,60	3 061,80	1 774,19	2 580,64	2 903,22	1 611,37	2 439,76	2 744,73	1 401,70	2 298,80	2 586,15
	II	38 503	2 117,66	3 080,24	3 465,27	II	38 503	2 020,75	2 939,28	3 306,69	1 923,90	2 798,40	3 148,20	1 826,99	2 657,44	2 989,62	1 725,61	2 516,56	2 831,13	1 515,94	2 375,60	2 672,55	1 306,38	2 234,72	2 514,06
	III	30 168	—	2 413,44	2 715,12	III	30 168	—	2 274,24	2 558,52	—	2 138,08	2 405,34	—	2 004,96	2 255,58	—	1 874,56	2 108,88	—	1 747,20	1 965,60	—	1 622,88	1 825,74
	V	44 938	2 471,59	3 595,04	4 044,42	IV	39 304	2 113,26	3 073,84	3 458,07	2 064,86	3 003,44	3 378,87	2 016,41	2 932,96	3 299,58	1 967,95	2 862,48	3 220,29	1 919,50	2 792,—	3 141,—	1 871,10	2 721,60	3 061,80
	VI	45 373	2 495,51	3 629,84	4 083,57																				
128 015,99 West	I,IV	39 162	2 153,91	3 132,96	3 524,58	I	39 162	2 057,—	2 992,—	3 366,—	1 960,14	2 851,12	3 207,51	1 863,23	2 710,16	3 048,93	1 766,38	2 569,28	2 890,44	1 594,36	2 428,32	2 731,86	1 384,80	2 287,44	2 573,37
	II	38 360	2 109,80	3 068,80	3 452,40	II	38 360	2 012,94	2 927,92	3 293,91	1 916,03	2 786,96	3 135,33	1 819,18	2 646,08	2 976,84	1 708,60	2 505,12	2 818,26	1 499,04	2 364,24	2 659,77	1 289,36	2 223,28	2 501,19
	III	30 024	—	2 401,92	2 702,16	III	30 024	—	2 263,20	2 546,10	—	2 127,20	2 393,10	—	1 994,24	2 243,52	—	1 864,16	2 097,18	—	1 737,12	1 954,26	—	1 612,96	1 814,58
	V	44 795	2 463,72	3 583,60	4 031,55	IV	39 162	2 105,45	3 062,48	3 445,29	2 057,—	2 992,—	3 366,—	2 008,54	2 921,52	3 286,71	1 960,14	2 851,12	3 207,51	1 911,69	2 780,64	3 128,22	1 863,23	2 710,16	3 048,93
	VI	45 231	2 487,70	3 618,48	4 070,79																				
128 015,99 Ost	I,IV	39 319	2 162,54	3 145,52	3 538,71	I	39 319	2 065,69	3 004,64	3 380,22	1 968,78	2 863,68	3 221,64	1 871,92	2 722,80	3 063,15	1 775,01	2 581,84	2 904,57	1 613,16	2 440,96	2 746,08	1 403,48	2 300,—	2 587,50
	II	38 518	2 118,49	3 081,44	3 466,62	II	38 518	2 021,58	2 940,48	3 308,04	1 924,72	2 799,60	3 149,55	1 827,81	2 658,64	2 990,97	1 727,40	2 517,76	2 832,48	1 517,72	2 376,80	2 673,90	1 308,16	2 235,92	2 515,41
	III	30 182	—	2 414,56	2 716,38	III	30 182	—	2 275,52	2 559,96	—	2 139,20	2 406,60	—	2 006,08	2 256,84	—	1 875,68	2 110,14	—	1 748,32	1 966,86	—	1 623,84	1 826,82
	V	44 953	2 472,41	3 596,24	4 045,77	IV	39 319	2 114,09	3 075,04	3 459,42	2 065,69	3 004,64	3 380,22	2 017,23	2 934,16	3 300,93	1 968,78	2 863,68	3 221,64	1 920,32	2 793,20	3 142,35	1 871,92	2 722,80	3 063,15
	VI	45 388	2 496,34	3 631,04	4 084,92																				

Abzüge an Lohnsteuer, Solidaritätszuschlag (SolZ) und Kirchensteuer (8%, 9%) in den Steuerklassen; mit Zahl der Kinderfreibeträge . . .

* Die ausgewiesenen Tabellenwerte sind amtlich. Siehe Erläuterungen auf der Umschlaginnenseite (U2).

Abzüge an Lohnsteuer, Solidaritätszuschlag (SolZ) und Kirchensteuer (8%, 9%) in den Steuerklassen

Lohn/ Gehalt bis €*	I – VI		ohne Kinderfreibeträge			I, II, III, IV		mit Zahl der Kinderfreibeträge . . . 0,5			1			1,5			2			2,5			3		
		LSt	SolZ	8%	9%		LSt	SolZ	8%	9%	SolZ	8%	9%	SolZ	8%	9%	SolZ	8%	9%	SolZ	8%	9%	SolZ	8%	9%
128 051,99 West	I,IV	39 177	2 154,73	3 134,16	3 525,93	I	39 177	2 057,82	2 993,20	3 367,35	1 960,97	2 852,32	3 208,86	1 864,06	2 711,36	3 050,28	1 767,20	2 570,48	2 891,79	1 596,14	2 429,52	2 733,21	1 386,58	2 288,64	2 574,72
	II	38 375	2 110,62	3 070,—	3 453,75	II	38 375	2 013,77	2 929,12	3 295,26	1 916,86	2 788,16	3 136,68	1 820,—	2 647,28	2 978,19	1 710,38	2 506,32	2 819,61	1 500,82	2 365,44	2 661,12	1 291,15	2 224,48	2 502,54
	III	30 040	—	2 403,20	2 703,60	III	30 040	—	2 264,32	2 547,36	—	2 128,32	2 394,36	—	1 995,36	2 244,78	—	1 865,28	2 098,44	—	1 738,08	1 955,34	—	1 613,92	1 815,66
	V	44 811	2 464,60	3 584,88	4 032,99	IV	39 177	2 106,28	3 063,68	3 446,64	2 057,82	2 993,20	3 367,35	2 009,42	2 922,80	3 288,15	1 960,97	2 852,32	3 208,86	1 912,51	2 781,84	3 129,57	1 864,06	2 711,36	3 050,28
	VI	45 246	2 488,53	3 619,68	4 072,14																				
128 051,99 Ost	I,IV	39 334	2 163,37	3 146,72	3 540,06	I	39 334	2 066,51	3 005,84	3 381,57	1 969,60	2 864,88	3 222,99	1 872,75	2 724,—	3 064,50	1 775,84	2 583,04	2 905,92	1 614,94	2 442,16	2 747,43	1 405,27	2 301,20	2 588,85
	II	38 533	2 119,31	3 082,64	3 467,97	II	38 533	2 022,40	2 941,68	3 309,39	1 925,55	2 800,80	3 150,90	1 828,64	2 659,84	2 992,32	1 729,18	2 518,96	2 833,83	1 519,51	2 378,—	2 675,25	1 309,95	2 237,12	2 516,76
	III	30 198	—	2 415,84	2 717,82	III	30 198	—	2 276,64	2 561,22	—	2 140,48	2 408,04	—	2 007,20	2 258,10	—	1 876,80	2 111,40	—	1 749,44	1 968,12	—	1 624,96	1 828,08
	V	44 968	2 473,24	3 597,44	4 047,12	IV	39 334	2 114,91	3 076,24	3 460,77	2 066,51	3 005,84	3 381,57	2 018,06	2 935,36	3 302,28	1 969,60	2 864,88	3 222,99	1 921,20	2 794,48	3 143,79	1 872,75	2 724,—	3 064,50
	VI	45 403	2 497,16	3 632,24	4 086,27																				
128 087,99 West	I,IV	39 192	2 155,56	3 135,36	3 527,28	I	39 192	2 058,65	2 994,40	3 368,70	1 961,79	2 853,52	3 210,21	1 864,88	2 712,56	3 051,63	1 768,03	2 571,68	2 893,14	1 597,93	2 430,72	2 734,56	1 388,37	2 289,84	2 576,07
	II	38 390	2 111,45	3 071,20	3 455,10	II	38 390	2 014,59	2 930,32	3 296,61	1 917,74	2 789,44	3 138,12	1 820,83	2 648,48	2 979,54	1 712,29	2 507,60	2 821,05	1 502,61	2 366,64	2 662,47	1 293,05	2 225,76	2 503,98
	III	30 054	—	2 404,32	2 704,86	III	30 054	—	2 265,44	2 548,62	—	2 129,44	2 395,62	—	1 996,48	2 246,04	—	1 866,40	2 099,70	—	1 739,20	1 956,60	—	1 615,04	1 816,92
	V	44 826	2 465,43	3 586,08	4 034,34	IV	39 192	2 107,10	3 064,88	3 447,99	2 058,65	2 994,40	3 368,70	2 010,25	2 924,—	3 289,50	1 961,79	2 853,52	3 210,21	1 913,34	2 783,04	3 130,92	1 864,88	2 712,56	3 051,63
	VI	45 261	2 489,35	3 620,88	4 073,49																				
128 087,99 Ost	I,IV	39 349	2 164,19	3 147,92	3 541,41	I	39 349	2 067,34	3 007,04	3 382,92	1 970,43	2 866,08	3 224,34	1 873,57	2 725,20	3 065,85	1 776,66	2 584,24	2 907,27	1 616,73	2 443,36	2 748,78	1 407,05	2 302,40	2 590,20
	II	38 548	2 120,14	3 083,84	3 469,32	II	38 548	2 023,28	2 942,96	3 310,83	1 926,37	2 802,—	3 152,25	1 829,52	2 661,12	2 993,76	1 730,97	2 520,16	2 835,18	1 521,41	2 379,28	2 676,69	1 311,73	2 238,32	2 518,11
	III	30 212	—	2 416,96	2 719,08	III	30 212	—	2 277,76	2 562,48	—	2 141,60	2 409,30	—	2 008,32	2 259,36	—	1 877,92	2 112,66	—	1 750,56	1 969,38	—	1 626,08	1 829,34
	V	44 983	2 474,06	3 598,64	4 048,47	IV	39 349	2 115,79	3 077,52	3 462,21	2 067,34	3 007,04	3 382,92	2 018,88	2 936,56	3 303,63	1 970,43	2 866,08	3 224,34	1 922,03	2 795,68	3 145,14	1 873,57	2 725,20	3 065,85
	VI	45 418	2 497,99	3 633,44	4 087,62																				
128 123,99 West	I,IV	39 207	2 156,38	3 136,56	3 528,63	I	39 207	2 059,47	2 995,60	3 370,05	1 962,62	2 854,72	3 211,56	1 865,76	2 713,84	3 053,07	1 768,85	2 572,88	2 894,49	1 599,83	2 432,—	2 736,—	1 390,15	2 291,04	2 577,42
	II	38 406	2 112,33	3 072,48	3 456,54	II	38 406	2 015,42	2 931,52	3 297,96	1 918,56	2 790,64	3 139,47	1 821,65	2 649,68	2 980,89	1 714,07	2 508,80	2 822,40	1 504,39	2 367,84	2 663,82	1 294,83	2 226,96	2 505,33
	III	30 070	—	2 405,60	2 706,30	III	30 070	—	2 266,72	2 550,06	—	2 130,72	2 397,06	—	1 997,60	2 247,30	—	1 867,52	2 100,96	—	1 740,32	1 957,86	—	1 616,—	1 818,—
	V	44 841	2 466,25	3 587,28	4 035,69	IV	39 207	2 107,93	3 066,08	3 449,34	2 059,47	2 995,60	3 370,05	2 011,07	2 925,20	3 290,85	1 962,62	2 854,72	3 211,56	1 914,16	2 784,24	3 132,27	1 865,76	2 713,84	3 053,07
	VI	45 276	2 490,18	3 622,08	4 074,84																				
128 123,99 Ost	I,IV	39 364	2 165,02	3 149,12	3 542,76	I	39 364	2 068,16	3 008,24	3 384,27	1 971,31	2 867,36	3 225,78	1 874,40	2 726,40	3 067,20	1 777,54	2 585,52	2 908,71	1 618,51	2 444,56	2 750,13	1 408,96	2 303,68	2 591,64
	II	38 563	2 120,96	3 085,04	3 470,67	II	38 563	2 024,11	2 944,16	3 312,18	1 927,20	2 803,20	3 153,60	1 830,34	2 662,32	2 995,11	1 732,75	2 521,36	2 836,53	1 523,20	2 380,48	2 678,04	1 313,52	2 239,52	2 519,46
	III	30 228	—	2 418,24	2 720,52	III	30 228	—	2 279,04	2 563,92	—	2 142,72	2 410,56	—	2 009,44	2 260,62	—	1 879,04	2 113,92	—	1 751,52	1 970,46	—	1 627,04	1 830,42
	V	44 998	2 474,89	3 599,84	4 049,82	IV	39 364	2 116,62	3 078,72	3 463,56	2 068,16	3 008,24	3 384,27	2 019,71	2 937,76	3 304,98	1 971,31	2 867,36	3 225,78	1 922,85	2 796,88	3 146,49	1 874,40	2 726,40	3 067,20
	VI	45 433	2 498,81	3 634,64	4 088,97																				
128 159,99 West	I,IV	39 222	2 157,21	3 137,76	3 529,98	I	39 222	2 060,35	2 996,88	3 371,49	1 963,44	2 855,92	3 212,91	1 866,59	2 715,04	3 054,42	1 769,68	2 574,08	2 895,84	1 601,62	2 433,20	2 737,35	1 391,94	2 292,24	2 578,77
	II	38 421	2 113,15	3 073,68	3 457,89	II	38 421	2 016,24	2 932,72	3 299,31	1 919,39	2 791,84	3 140,82	1 822,48	2 650,88	2 982,24	1 715,86	2 510,—	2 823,75	1 506,18	2 369,04	2 665,17	1 296,62	2 228,16	2 506,68
	III	30 086	—	2 406,88	2 707,74	III	30 086	—	2 267,84	2 551,32	—	2 131,84	2 398,32	—	1 998,72	2 248,56	—	1 868,64	2 102,22	—	1 741,44	1 959,12	—	1 617,12	1 819,26
	V	44 856	2 467,08	3 588,48	4 037,04	IV	39 222	2 108,75	3 067,28	3 450,69	2 060,35	2 996,88	3 371,49	2 011,90	2 926,40	3 292,20	1 963,44	2 855,92	3 212,91	1 914,99	2 785,44	3 133,62	1 866,59	2 715,04	3 054,42
	VI	45 291	2 491,—	3 623,28	4 076,19																				
128 159,99 Ost	I,IV	39 380	2 165,90	3 150,40	3 544,20	I	39 380	2 068,99	3 009,44	3 385,62	1 972,13	2 868,56	3 227,13	1 875,22	2 727,60	3 068,55	1 778,37	2 586,72	2 910,06	1 620,30	2 445,76	2 751,48	1 410,74	2 304,88	2 592,99
	II	38 578	2 121,79	3 086,24	3 472,02	II	38 578	2 024,93	2 945,36	3 313,53	1 928,02	2 804,40	3 154,95	1 831,17	2 663,52	2 996,46	1 734,26	2 522,56	2 837,88	1 524,98	2 381,68	2 679,39	1 315,30	2 240,72	2 520,81
	III	30 242	—	2 419,36	2 721,78	III	30 242	—	2 280,16	2 565,18	—	2 143,84	2 411,82	—	2 010,56	2 261,88	—	1 880,16	2 115,18	—	1 752,64	1 971,72	—	1 628,16	1 831,68
	V	45 013	2 475,71	3 601,04	4 051,17	IV	39 380	2 117,44	3 079,92	3 464,91	2 068,99	3 009,44	3 385,62	2 020,53	2 938,96	3 306,33	1 972,13	2 868,56	3 227,13	1 923,68	2 798,08	3 147,84	1 875,22	2 727,60	3 068,55
	VI	45 449	2 499,69	3 635,92	4 090,41																				
128 195,99 West	I,IV	39 237	2 158,03	3 138,96	3 531,33	I	39 237	2 061,18	2 998,08	3 372,84	1 964,27	2 857,12	3 214,26	1 867,41	2 716,24	3 055,77	1 770,50	2 575,28	2 897,19	1 603,40	2 434,40	2 738,70	1 393,72	2 293,44	2 580,12
	II	38 436	2 113,98	3 074,88	3 459,24	II	38 436	2 017,07	2 933,92	3 300,66	1 920,21	2 793,04	3 142,17	1 823,30	2 652,08	2 983,59	1 717,64	2 511,20	2 825,10	1 507,96	2 370,24	2 666,52	1 298,40	2 229,36	2 508,03
	III	30 100	—	2 408,—	2 709,—	III	30 100	—	2 268,96	2 552,58	—	2 132,96	2 399,58	—	1 999,84	2 249,82	—	1 869,76	2 103,48	—	1 742,40	1 960,20	—	1 618,24	1 820,52
	V	44 871	2 467,90	3 589,68	4 038,39	IV	39 237	2 109,58	3 068,48	3 452,04	2 061,18	2 998,08	3 372,84	2 012,72	2 927,60	3 293,55	1 964,27	2 857,12	3 214,26	1 915,87	2 786,72	3 135,06	1 867,41	2 716,24	3 055,77
	VI	45 306	2 491,83	3 624,48	4 077,54																				
128 195,99 Ost	I,IV	39 395	2 166,72	3 151,60	3 545,55	I	39 395	2 069,81	3 010,64	3 386,97	1 972,96	2 869,76	3 228,48	1 876,05	2 728,80	3 069,90	1 779,19	2 587,92	2 911,41	1 622,08	2 446,96	2 752,83	1 412,53	2 306,08	2 594,34
	II	38 593	2 122,61	3 087,44	3 473,37	II	38 593	2 025,76	2 946,56	3 314,88	1 928,85	2 805,60	3 156,30	1 831,99	2 664,72	2 997,81	1 735,08	2 523,76	2 839,23	1 526,77	2 382,88	2 680,74	1 317,09	2 241,92	2 522,16
	III	30 258	—	2 420,64	2 723,22	III	30 258	—	2 281,44	2 566,62	—	2 145,12	2 413,26	—	2 011,68	2 263,14	—	1 881,28	2 116,44	—	1 753,76	1 972,98	—	1 629,12	1 832,76
	V	45 029	2 476,59	3 602,32	4 052,61	IV	39 395	2 118,27	3 081,12	3 466,26	2 069,81	3 010,64	3 386,97	2 021,36	2 940,16	3 307,68	1 972,96	2 869,76	3 228,48	1 924,50	2 799,28	3 149,19	1 876,05	2 728,80	3 069,90
	VI	45 464	2 500,52	3 637,12	4 091,76																				
128 231,99 West	I,IV	39 252	2 158,86	3 140,16	3 532,68	I	39 252	2 062,—	2 999,28	3 374,19	1 965,09	2 858,32	3 215,61	1 868,24	2 717,44	3 057,12	1 771,33	2 576,48	2 898,54	1 605,19	2 435,60	2 740,05	1 395,51	2 294,64	2 581,47
	II	38 451	2 114,80	3 076,08	3 460,59	II	38 451	2 017,89	2 935,12	3 302,01	1 921,04	2 794,24	3 143,52	1 824,18	2 653,36	2 985,03	1 719,43	2 512,40	2 826,45	1 509,87	2 371,52	2 667,96	1 300,19	2 230,56	2 509,38
	III	30 116	—	2 409,28	2 710,44	III	30 116	—	2 270,24	2 554,02	—	2 134,08	2 400,84	—	2 000,96	2 251,08	—	1 870,88	2 104,74	—	1 743,52	1 961,46	—	1 619,20	1 821,60
	V	44 886	2 468,73	3 590,88	4 039,74	IV	39 252	2 110,46	3 069,76	3 453,48	2 062,—	2 999,28	3 374,19	2 013,55	2 928,80	3 294,90	1 965,09	2 858,32	3 215,61	1 916,69	2 787,92	3 136,41	1 868,24	2 717,44	3 057,12
	VI	45 321	2 492,65	3 625,68	4 078,89																				
128 231,99 Ost	I,IV	39 410	2 167,55	3 152,80	3 546,90	I	39 410	2 070,64	3 011,84	3 388,32	1 973,78	2 870,96	3 229,83	1 876,87	2 730,—	3 071,25	1 780,02	2 589,12	2 912,76	1 623,87	2 448,16	2 754,18	1 414,31	2 307,28	2 595,69
	II	38 608	2 123,44	3 088,64	3 474,72	II	38 608	2 026,58	2 947,76	3 316,23	1 929,73	2 806,88	3 157,74	1 832,82	2 665,92	2 999,16	1 735,96	2 525,04	2 840,67	1 528,55	2 384,08	2 682,09	1 318,99	2 243,20	2 523,60
	III	30 272	—	2 421,76	2 724,48	III	30 272	—	2 282,56	2 567,88	—	2 146,24	2 414,52	—	2 012,80	2 264,40	—	1 882,40	2 117,70	—	1 754,88	1 974,24	—	1 630,24	1 834,02
	V	45 044	2 477,42	3 603,52	4 053,96	IV	39 410	2 119,09	3 082,32	3 467,61	2 070,64	3 011,84	3 388,32	2 022,24	2 941,44	3 309,12	1 973,78	2 870,96	3 229,83	1 925,33	2 800,48	3 150,54	1 876,87	2 730,—	3 071,25
	VI	45 479	2 501,34	3 638,32	4 093,11																				
128 267,99 West	I,IV	39 267	2 159,68	3 141,36	3 534,03	I	39 267	2 062,83	3 000,48	3 375,54	1 965,92	2 859,52	3 216,96	1 869,06	2 718,64	3 058,47	1 772,21	2 577,76	2 899,98	1 606,97	2 436,80	2 741,40	1 397,41	2 295,92	2 582,91
	II	38 466	2 115,63	3 077,28	3 461,94	II	38 466	2 018,77	2 936,40	3 303,45	1 921,86	2 795,44	3 144,87	1 825,01	2 654,56	2 986,38	1 721,21	2 513,60	2 827,80	1 511,65	2 372,72	2 669,31	1 301,97	2 231,76	2 510,73
	III	30 130	—	2 410,40	2 711,70	III	30 130	—	2 271,36	2 555,28	—	2 135,36	2 402,28	—	2 002,08	2 252,34	—	1 871,84	2 105,82	—	1 744,64	1 962,72	—	1 620,32	1 822,86
	V	44 901	2 469,55	3 592,08	4 041,09	IV	39 267	2 111,28	3 070,96	3 454,83	2 062,83	3 000,48	3 375,54	2 014,37	2 930,—	3 296,25	1 965,92	2 859,52	3 216,96	1 917,52	2 789,12	3 137,76	1 869,06	2 718,64	3 058,47
	VI	45 336	2 493,48	3 626,88	4 080,24																				
128 267,99 Ost	I,IV	39 425	2 168,37	3 154,—	3 548,25	I	39 425	2 071,46	3 013,04	3 389,67	1 974,61	2 872,16	3 231,18	1 877,75	2 731,28	3 072,69	1 780,84	2 590,32	2 914,11	1 625,77	2 449,44	2 755,62	1 416,10	2 308,48	2 597,04
	II	38 624	2 124,32	3 089,92	3 476,16	II	38 624	2 027,41	2 948,96	3 317,58	1 930,55	2 808,08	3 159,09	1 833,64	2 667,12	3 000,51	1 736,79	2 526,24	2 842,02	1 530,34	2 385,28	2 683,44	1 320,78	2 244,40	2 524,95
	III	30 288	—	2 423,04	2 725,92	III	30 288	—	2 283,68	2 569,14	—	2 147,36	2 415,78	—	2 013,92	2 265,66	—	1 883,52	2 118,96	—	1 755,84	1 975,32	—	1 631,36	1 835,28
	V	45 059	2 478,24	3 604,72	4 055,31	IV	39 425	2 119,92	3 083,52	3 468,96	2 071,46	3 013,04	3 389,67	2 023,06	2 942,64	3 310,47	1 974,61	2 872,16	3 231,18	1 926,15	2 801,68	3 151,89	1 877,75	2 731,28	3 072,69
	VI	45 494	2 502,17	3 639,52	4 094,46																				
128 303,99 West	I,IV	39 283	2 160,56	3 142,64	3 535,47	I	39 283	2 063,65	3 001,68	3 376,89	1 966,80	2 860,80	3 218,40	1 869,89	2 719,84	3 059,82	1 773,03	2 578,96	2 901,33	1 608,76	2 438,—	2 742,75	1 399,20	2 297,12	2 584,26
	II	38 481	2 116,45	3 078,48	3 463,29	II	38 481	2 019,60	2 937,60	3 304,80	1 922,69	2 796,64	3 146,22	1 825,83	2 655,76	2 987,73	1 723,—	2 514,80	2 829,15	1 513,44	2 373,92	2 670,66	1 303,76	2 232,96	2 512,08
	III	30 146	—	2 411,68	2 713,14	III	30 146	—	2 272,64	2 556,72	—	2 136,48	2 403,54	—	2 003,20	2 253,60	—	1 872,96	2 107,08	—	1 745,76	1 963,98	—	1 621,28	1 823,94
	V	44 916	2 470,38	3 593,28	4 042,44	IV	39 283	2 112,11	3 072,16	3 456,18	2 063,65	3 001,68	3 376,89	2 015,20	2 931,20	3 297,60	1 966,80	2 860,80	3 218,40	1 918,34	2 790,32	3 139,11	1 869,89	2 719,84	3 059,82
	VI	45 352	2 494,36	3 628,16	4 081,68																				
128 303,99 Ost	I,IV	39 440	2 169,20	3 155,20	3 549,60	I	39 440	2 072,34	3 014,32	3 391,11	1 975,43	2 873,36	3 232,53	1 878,58	2 732,48	3 074,04	1 781,67	2 591,52	2 915,46	1 627,56	2 450,64	2 756,97	1 417,88	2 309,68	2 598,39
	II	38 639	2 125,14	3 091,12	3 477,51	II	38 639	2 028,23	2 950,16	3 318,93	1 931,38	2 809,28	3 160,44	1 834,47	2 668,32	3 001,86	1 737,61	2 527,44	2 843,37	1 532,12	2 386,48	2 684,79	1 322,56	2 245,60	2 526,30
	III	30 302	—	2 424,16	2 727,18	III	30 302	—	2 284,96	2 570,58	—	2 148,48	2 417,04	—	2 015,04	2 266,92	—	1 884,64	2 120,22	—	1 756,96	1 976,58	—	1 632,32	1 836,36
	V	45 074	2 479,07	3 605,92	4 056,66	IV	39 440	2 120,74	3 084,72	3 470,31	2 072,34	3 014,32	3 391,11	2 023,89	2 943,84	3 311,82	1 975,43	2 873,36	3 232,53	1 926,98	2 802,88	3 153,24	1 878,58	2 732,48	3 074,04
	VI	45 509	2 502,99	3 640,72	4 095,81																				

* Die ausgewiesenen Tabellenwerte sind amtlich. Siehe Erläuterungen auf der Umschlaginnenseite (U2).

Abzüge an Lohnsteuer, Solidaritätszuschlag (SolZ) und Kirchensteuer (8%, 9%) in den Steuerklassen

Lohn/ Gehalt bis €*	I – VI		ohne Kinderfreibeträge			I, II, III, IV		mit Zahl der Kinderfreibeträge . . . 0,5			1			1,5			2			2,5			3		
		LSt	SolZ	8%	9%		LSt	SolZ	8%	9%	SolZ	8%	9%	SolZ	8%	9%	SolZ	8%	9%	SolZ	8%	9%	SolZ	8%	9%
128 339,99 West	I,IV	39 298	2 161,39	3 143,84	3 536,82	I	39 298	2 064,48	3 002,88	3 378,24	1 967,62	2 862,—	3 219,75	1 870,71	2 721,04	3 061,17	1 773,86	2 580,16	2 902,68	1 610,54	2 439,20	2 744,10	1 400,98	2 298,32	2 585,61
	II	38 496	2 117,28	3 079,68	3 464,64	II	38 496	2 020,42	2 938,80	3 306,15	1 923,51	2 797,84	3 147,57	1 826,66	2 656,96	2 989,08	1 724,78	2 516,—	2 830,50	1 515,22	2 375,12	2 672,01	1 305,54	2 234,16	2 513,43
	III	30 160	—	2 412,80	2 714,40	III	30 160	—	2 273,76	2 557,98	—	2 137,60	2 404,80	—	2 004,32	2 254,86	—	1 874,08	2 108,34	—	1 746,72	1 965,06	—	1 622,40	1 825,20
	V	44 932	2 471,26	3 594,56	4 043,88	IV	39 298	2 112,93	3 073,36	3 457,53	2 064,48	3 002,88	3 378,24	2 016,02	2 932,40	3 298,95	1 967,62	2 862,—	3 219,75	1 919,17	2 791,52	3 140,46	1 870,71	2 721,04	3 061,17
	VI	45 367	2 495,18	3 629,36	4 083,03																				
128 339,99 Ost	I,IV	39 455	2 170,02	3 156,40	3 550,95	I	39 455	2 073,17	3 015,52	3 392,46	1 976,26	2 874,56	3 233,88	1 879,40	2 733,68	3 075,39	1 782,49	2 592,72	2 916,81	1 629,34	2 451,84	2 758,32	1 419,67	2 310,88	2 599,74
	II	38 654	2 125,97	3 092,32	3 478,86	II	38 654	2 029,06	2 951,36	3 320,28	1 932,20	2 810,48	3 161,79	1 835,29	2 669,52	3 003,21	1 738,44	2 528,64	2 844,72	1 533,91	2 387,68	2 686,14	1 324,35	2 246,80	2 527,65
	III	30 318	—	2 425,44	2 728,62	III	30 318	—	2 286,08	2 571,84	—	2 149,76	2 418,48	—	2 016,16	2 268,18	—	1 885,60	2 121,30	—	1 758,08	1 977,84	—	1 633,44	1 837,62
	V	45 089	2 479,89	3 607,12	4 058,01	IV	39 455	2 121,57	3 085,92	3 471,66	2 073,17	3 015,52	3 392,46	2 024,71	2 945,04	3 313,17	1 976,26	2 874,56	3 233,88	1 927,80	2 804,08	3 154,59	1 879,40	2 733,68	3 075,39
	VI	45 524	2 503,82	3 641,92	4 097,16																				
128 375,99 West	I,IV	39 313	2 162,21	3 145,04	3 538,17	I	39 313	2 065,30	3 004,08	3 379,59	1 968,45	2 863,20	3 221,10	1 871,54	2 722,24	3 062,52	1 774,68	2 581,36	2 904,03	1 612,33	2 440,40	2 745,45	1 402,77	2 299,52	2 586,96
	II	38 511	2 118,10	3 080,88	3 465,99	II	38 511	2 021,25	2 940,—	3 307,50	1 924,34	2 799,04	3 148,92	1 827,48	2 658,16	2 990,43	1 726,69	2 517,28	2 831,94	1 517,01	2 376,32	2 673,36	1 307,45	2 235,44	2 514,87
	III	30 176	—	2 414,08	2 715,84	III	30 176	—	2 274,88	2 559,24	—	2 138,72	2 406,06	—	2 005,60	2 256,30	—	1 875,20	2 109,60	—	1 747,84	1 966,32	—	1 623,52	1 826,46
	V	44 947	2 472,08	3 595,76	4 045,23	IV	39 313	2 113,76	3 074,56	3 458,88	2 065,30	3 004,08	3 379,59	2 016,90	2 933,68	3 300,39	1 968,45	2 863,20	3 221,10	1 919,99	2 792,72	3 141,81	1 871,54	2 722,24	3 062,52
	VI	45 382	2 496,01	3 630,56	4 084,38																				
128 375,99 Ost	I,IV	39 470	2 170,85	3 157,60	3 552,30	I	39 470	2 073,99	3 016,72	3 393,81	1 977,08	2 875,76	3 235,23	1 880,23	2 734,88	3 076,74	1 783,32	2 593,92	2 918,16	1 631,13	2 453,04	2 759,67	1 421,45	2 312,08	2 601,09
	II	38 669	2 126,79	3 093,52	3 480,21	II	38 669	2 029,88	2 952,56	3 321,63	1 933,03	2 811,68	3 163,14	1 836,17	2 670,80	3 004,65	1 739,26	2 529,84	2 846,07	1 535,81	2 388,96	2 687,58	1 326,13	2 248,—	2 529,—
	III	30 334	—	2 426,72	2 730,06	III	30 334	—	2 287,36	2 573,28	—	2 150,88	2 419,74	—	2 017,28	2 269,44	—	1 886,72	2 122,56	—	1 759,20	1 979,10	—	1 634,56	1 838,88
	V	45 104	2 480,72	3 608,32	4 059,36	IV	39 470	2 122,45	3 087,20	3 473,10	2 073,99	3 016,72	3 393,81	2 025,54	2 946,24	3 314,52	1 977,08	2 875,76	3 235,23	1 928,68	2 805,36	3 156,03	1 880,23	2 734,88	3 076,74
	VI	45 539	2 504,64	3 643,12	4 098,51																				
128 411,99 West	I,IV	39 328	2 163,04	3 146,24	3 539,52	I	39 328	2 066,13	3 005,28	3 380,94	1 969,27	2 864,40	3 222,45	1 872,36	2 723,44	3 063,87	1 775,51	2 582,56	2 905,38	1 614,23	2 441,68	2 746,89	1 404,55	2 300,72	2 588,31
	II	38 527	2 118,98	3 082,16	3 467,43	II	38 527	2 022,07	2 941,20	3 308,85	1 925,22	2 800,32	3 150,36	1 828,31	2 659,36	2 991,78	1 728,47	2 518,48	2 833,29	1 518,79	2 377,52	2 674,71	1 309,23	2 236,64	2 516,22
	III	30 190	—	2 415,20	2 717,10	III	30 190	—	2 276,16	2 560,68	—	2 139,84	2 407,32	—	2 006,72	2 257,56	—	1 876,32	2 110,86	—	1 748,96	1 967,58	—	1 624,48	1 827,54
	V	44 962	2 472,91	3 596,96	4 046,58	IV	39 328	2 114,58	3 075,76	3 460,23	2 066,13	3 005,28	3 380,94	2 017,73	2 934,88	3 301,74	1 969,27	2 864,40	3 222,45	1 920,82	2 793,92	3 143,16	1 872,36	2 723,44	3 063,87
	VI	45 397	2 496,83	3 631,76	4 085,73																				
128 411,99 Ost	I,IV	39 485	2 171,67	3 158,80	3 553,65	I	39 485	2 074,82	3 017,92	3 395,16	1 977,91	2 876,96	3 236,58	1 881,05	2 736,08	3 078,09	1 784,20	2 595,20	2 919,60	1 632,91	2 454,24	2 761,02	1 423,35	2 313,36	2 602,53
	II	38 684	2 127,62	3 094,72	3 481,56	II	38 684	2 030,76	2 953,84	3 323,07	1 933,85	2 812,88	3 164,49	1 837,—	2 672,—	3 006,—	1 740,09	2 531,04	2 847,42	1 537,59	2 390,16	2 688,93	1 327,92	2 249,20	2 530,35
	III	30 348	—	2 427,84	2 731,32	III	30 348	—	2 288,48	2 574,54	—	2 152,—	2 421,—	—	2 018,40	2 270,70	—	1 887,84	2 123,82	—	1 760,32	1 980,36	—	1 635,52	1 839,96
	V	45 119	2 481,54	3 609,52	4 060,71	IV	39 485	2 123,27	3 088,40	3 474,45	2 074,82	3 017,92	3 395,16	2 026,36	2 947,44	3 315,87	1 977,91	2 876,96	3 236,58	1 929,51	2 806,56	3 157,38	1 881,05	2 736,08	3 078,09
	VI	45 554	2 505,47	3 644,32	4 099,86																				
128 447,99 West	I,IV	39 343	2 163,86	3 147,44	3 540,87	I	39 343	2 067,01	3 006,56	3 382,38	1 970,10	2 865,60	3 223,80	1 873,24	2 724,72	3 065,31	1 776,33	2 583,76	2 906,73	1 616,02	2 442,88	2 748,24	1 406,34	2 301,92	2 589,66
	II	38 542	2 119,81	3 083,36	3 468,78	II	38 542	2 022,90	2 942,40	3 310,20	1 926,04	2 801,52	3 151,71	1 829,13	2 660,56	2 993,13	1 730,26	2 519,68	2 834,64	1 520,58	2 378,72	2 676,06	1 311,02	2 237,84	2 517,57
	III	30 206	—	2 416,48	2 718,54	III	30 206	—	2 277,28	2 561,94	—	2 141,12	2 408,76	—	2 007,84	2 258,82	—	1 877,44	2 112,12	—	1 750,08	1 968,84	—	1 625,60	1 828,80
	V	44 977	2 473,73	3 598,16	4 047,93	IV	39 343	2 115,41	3 076,96	3 461,58	2 067,01	3 006,56	3 382,38	2 018,55	2 936,08	3 303,09	1 970,10	2 865,60	3 223,80	1 921,64	2 795,12	3 144,51	1 873,24	2 724,72	3 065,31
	VI	45 412	2 497,66	3 632,96	4 087,08																				
128 447,99 Ost	I,IV	39 501	2 172,55	3 160,08	3 555,09	I	39 501	2 075,64	3 019,12	3 396,51	1 978,79	2 878,24	3 238,02	1 881,88	2 737,28	3 079,44	1 785,02	2 596,40	2 920,95	1 634,70	2 455,44	2 762,37	1 425,14	2 314,56	2 603,88
	II	38 699	2 128,44	3 095,92	3 482,91	II	38 699	2 031,59	2 955,04	3 324,42	1 934,68	2 814,08	3 165,84	1 837,82	2 673,20	3 007,35	1 740,91	2 532,24	2 848,77	1 539,38	2 391,36	2 690,28	1 329,70	2 250,40	2 531,70
	III	30 364	—	2 429,12	2 732,76	III	30 364	—	2 289,60	2 575,80	—	2 153,12	2 422,26	—	2 019,68	2 272,14	—	1 888,96	2 125,08	—	1 761,28	1 981,44	—	1 636,64	1 841,22
	V	45 134	2 482,37	3 610,72	4 062,06	IV	39 501	2 124,10	3 089,60	3 475,80	2 075,64	3 019,12	3 396,51	2 027,19	2 948,64	3 317,22	1 978,79	2 878,24	3 238,02	1 930,33	2 807,76	3 158,73	1 881,88	2 737,28	3 079,44
	VI	45 570	2 506,35	3 645,60	4 101,30																				
128 483,99 West	I,IV	39 358	2 164,69	3 148,64	3 542,22	I	39 358	2 067,83	3 007,76	3 383,73	1 970,92	2 866,80	3 225,15	1 874,07	2 725,92	3 066,66	1 777,16	2 584,96	2 908,08	1 617,80	2 444,08	2 749,59	1 408,12	2 303,12	2 591,01
	II	38 557	2 120,63	3 084,56	3 470,13	II	38 557	2 023,72	2 943,60	3 311,55	1 926,87	2 802,72	3 153,06	1 829,96	2 661,76	2 994,48	1 732,04	2 520,88	2 835,99	1 522,36	2 379,92	2 677,41	1 312,80	2 239,04	2 518,92
	III	30 220	—	2 417,60	2 719,80	III	30 220	—	2 278,40	2 563,20	—	2 142,24	2 410,02	—	2 008,96	2 260,08	—	1 878,56	2 113,38	—	1 751,04	1 969,92	—	1 626,56	1 829,88
	V	44 992	2 474,56	3 599,36	4 049,28	IV	39 358	2 116,23	3 078,16	3 462,93	2 067,83	3 007,76	3 383,73	2 019,38	2 937,28	3 304,44	1 970,92	2 866,80	3 225,15	1 922,47	2 796,32	3 145,86	1 874,07	2 725,92	3 066,66
	VI	45 427	2 498,48	3 634,16	4 088,43																				
128 483,99 Ost	I,IV	39 516	2 173,38	3 161,28	3 556,44	I	39 516	2 076,47	3 020,32	3 397,86	1 979,61	2 879,44	3 239,37	1 882,70	2 738,48	3 080,79	1 785,85	2 597,60	2 922,30	1 636,48	2 456,64	2 763,72	1 426,92	2 315,76	2 605,23
	II	38 714	2 129,27	3 097,12	3 484,26	II	38 714	2 032,41	2 956,24	3 325,77	1 935,50	2 815,28	3 167,19	1 838,65	2 674,40	3 008,70	1 741,74	2 533,44	2 850,12	1 541,16	2 392,56	2 691,63	1 331,49	2 251,60	2 533,05
	III	30 378	—	2 430,24	2 734,02	III	30 378	—	2 290,88	2 577,24	—	2 154,24	2 423,52	—	2 020,80	2 273,40	—	1 890,08	2 126,34	—	1 762,40	1 982,70	—	1 637,60	1 842,30
	V	45 150	2 483,25	3 612,—	4 063,50	IV	39 516	2 124,92	3 090,80	3 477,15	2 076,47	3 020,32	3 397,86	2 028,01	2 949,84	3 318,57	1 979,61	2 879,44	3 239,37	1 931,16	2 808,96	3 160,08	1 882,70	2 738,48	3 080,79
	VI	45 585	2 507,17	3 646,80	4 102,65																				
128 519,99 West	I,IV	39 373	2 165,51	3 149,84	3 543,57	I	39 373	2 068,66	3 008,96	3 385,08	1 971,75	2 868,—	3 226,50	1 874,89	2 727,12	3 068,01	1 777,98	2 586,16	2 909,43	1 619,59	2 445,28	2 750,94	1 409,91	2 304,32	2 592,36
	II	38 572	2 121,46	3 085,76	3 471,48	II	38 572	2 024,55	2 944,80	3 312,90	1 927,69	2 803,92	3 154,41	1 830,78	2 662,96	2 995,83	1 733,83	2 522,08	2 837,34	1 524,27	2 381,20	2 678,85	1 314,59	2 240,24	2 520,27
	III	30 236	—	2 418,88	2 721,24	III	30 236	—	2 279,68	2 564,64	—	2 143,36	2 411,28	—	2 010,08	2 261,34	—	1 879,68	2 114,64	—	1 752,16	1 971,18	—	1 627,68	1 831,14
	V	45 007	2 475,38	3 600,56	4 050,63	IV	39 373	2 117,11	3 079,44	3 464,37	2 068,66	3 008,96	3 385,08	2 020,20	2 938,48	3 305,79	1 971,75	2 868,—	3 226,50	1 923,35	2 797,60	3 147,30	1 874,89	2 727,12	3 068,01
	VI	45 442	2 499,31	3 635,36	4 089,78																				
128 519,99 Ost	I,IV	39 531	2 174,20	3 162,48	3 557,79	I	39 531	2 077,29	3 021,52	3 399,21	1 980,44	2 880,64	3 240,72	1 883,53	2 739,68	3 082,14	1 786,67	2 598,80	2 923,65	1 638,27	2 457,84	2 765,07	1 428,71	2 316,96	2 606,58
	II	38 729	2 130,09	3 098,32	3 485,61	II	38 729	2 033,24	2 957,44	3 327,12	1 936,33	2 816,48	3 168,54	1 839,47	2 675,60	3 010,05	1 742,62	2 534,72	2 851,56	1 542,95	2 393,76	2 692,98	1 333,39	2 252,88	2 534,49
	III	30 394	—	2 431,52	2 735,46	III	30 394	—	2 292,—	2 578,50	—	2 155,52	2 424,96	—	2 021,92	2 274,66	—	1 891,20	2 127,60	—	1 763,52	1 983,96	—	1 638,72	1 843,56
	V	45 165	2 484,07	3 613,20	4 064,85	IV	39 531	2 125,75	3 092,—	3 478,50	2 077,29	3 021,52	3 399,21	2 028,89	2 951,12	3 320,01	1 980,44	2 880,64	3 240,72	1 931,98	2 810,16	3 161,43	1 883,53	2 739,68	3 082,14
	VI	45 600	2 508,—	3 648,—	4 104,—																				
128 555,99 West	I,IV	39 388	2 166,34	3 151,04	3 544,92	I	39 388	2 069,48	3 010,16	3 386,43	1 972,57	2 869,20	3 227,85	1 875,72	2 728,32	3 069,36	1 778,81	2 587,36	2 910,78	1 621,37	2 446,48	2 752,29	1 411,81	2 305,60	2 593,80
	II	38 587	2 122,28	3 086,96	3 472,83	II	38 587	2 025,43	2 946,08	3 314,34	1 928,52	2 805,12	3 155,76	1 831,66	2 664,24	2 997,27	1 734,75	2 523,28	2 838,69	1 526,05	2 382,40	2 680,20	1 316,37	2 241,44	2 521,62
	III	30 250	—	2 420,—	2 722,50	III	30 250	—	2 280,80	2 565,90	—	2 144,48	2 412,54	—	2 011,20	2 262,60	—	1 880,80	2 115,90	—	1 753,28	1 972,44	—	1 628,80	1 832,40
	V	45 022	2 476,21	3 601,76	4 051,98	IV	39 388	2 117,94	3 080,64	3 465,72	2 069,48	3 010,16	3 386,43	2 021,03	2 939,68	3 307,14	1 972,57	2 869,20	3 227,85	1 924,17	2 798,80	3 148,65	1 875,72	2 728,32	3 069,36
	VI	45 457	2 500,13	3 636,56	4 091,13																				
128 555,99 Ost	I,IV	39 546	2 175,03	3 163,68	3 559,14	I	39 546	2 078,12	3 022,72	3 400,56	1 981,26	2 881,84	3 242,07	1 884,35	2 740,88	3 083,49	1 787,50	2 600,—	2 925,—	1 640,17	2 459,12	2 766,51	1 430,49	2 318,16	2 607,93
	II	38 745	2 130,97	3 099,60	3 487,05	II	38 745	2 034,06	2 958,64	3 328,47	1 937,21	2 817,76	3 169,98	1 840,30	2 676,80	3 011,40	1 743,44	2 535,92	2 852,91	1 544,73	2 394,96	2 694,33	1 335,18	2 254,08	2 535,84
	III	30 408	—	2 432,64	2 736,72	III	30 408	—	2 293,28	2 579,94	—	2 156,64	2 426,22	—	2 023,04	2 275,92	—	1 892,32	2 128,86	—	1 764,64	1 985,22	—	1 639,84	1 844,82
	V	45 180	2 484,90	3 614,40	4 066,20	IV	39 546	2 126,57	3 093,20	3 479,85	2 078,12	3 022,72	3 400,56	2 029,72	2 952,32	3 321,36	1 981,26	2 881,84	3 242,07	1 932,81	2 811,36	3 162,78	1 884,35	2 740,88	3 083,49
	VI	45 615	2 508,82	3 649,20	4 105,35																				
128 591,99 West	I,IV	39 404	2 167,22	3 152,32	3 546,36	I	39 404	2 070,31	3 011,36	3 387,78	1 973,45	2 870,48	3 229,29	1 876,54	2 729,52	3 070,71	1 779,69	2 588,64	2 912,22	1 623,16	2 447,68	2 753,64	1 413,60	2 306,80	2 595,15
	II	38 602	2 123,11	3 088,16	3 474,18	II	38 602	2 026,25	2 947,28	3 315,69	1 929,34	2 806,32	3 157,11	1 832,49	2 665,44	2 998,62	1 735,58	2 524,48	2 840,04	1 527,84	2 383,60	2 681,55	1 318,16	2 242,64	2 522,97
	III	30 266	—	2 421,28	2 723,94	III	30 266	—	2 282,08	2 567,34	—	2 145,76	2 413,98	—	2 012,32	2 263,86	—	1 881,92	2 117,16	—	1 754,40	1 973,70	—	1 629,76	1 833,48
	V	45 037	2 477,03	3 602,96	4 053,33	IV	39 404	2 118,76	3 081,84	3 467,07	2 070,31	3 011,36	3 387,78	2 021,85	2 940,88	3 308,49	1 973,45	2 870,48	3 229,29	1 925,—	2 800,—	3 150,—	1 876,54	2 729,52	3 070,71
	VI	45 473	2 501,01	3 637,84	4 092,57																				
128 591,99 Ost	I,IV	39 561	2 175,85	3 164,88	3 560,49	I	39 561	2 079,—	3 024,—	3 402,—	1 982,09	2 883,04	3 243,42	1 885,23	2 742,16	3 084,93	1 788,32	2 601,20	2 926,35	1 641,96	2 460,32	2 767,86	1 432,28	2 319,36	2 609,28
	II	38 760	2 131,80	3 100,80	3 488,40	II	38 760	2 034,89	2 959,84	3 329,82	1 938,03	2 818,96	3 171,33	1 841,12	2 678,—	3 012,75	1 744,27	2 537,12	2 854,26	1 546,52	2 396,16	2 695,68	1 336,96	2 255,28	2 537,19
	III	30 424	—	2 433,92	2 738,16	III	30 424	—	2 294,40	2 581,20	—	2 157,76	2 427,48	—	2 024,16	2 277,18	—	1 893,44	2 130,12	—	1 765,60	1 986,30	—	1 640,80	1 845,90
	V	45 195	2 485,72	3 615,60	4 067,55	IV	39 561	2 127,40	3 094,40	3 481,20	2 079,—	3 024,—	3 402,—	2 030,54	2 953,52	3 322,71	1 982,09	2 883,04	3 243,42	1 933,63	2 812,56	3 164,13	1 885,23	2 742,16	3 084,93
	VI	45 630	2 509,65	3 650,40	4 106,70																				

* Die ausgewiesenen Tabellenwerte sind amtlich. Siehe Erläuterungen auf der Umschlaginnenseite (U2).

Abzüge an Lohnsteuer, Solidaritätszuschlag (SolZ) und Kirchensteuer (8%, 9%) in den Steuerklassen

Lohn/ Gehalt bis €*	I – VI		ohne Kinderfreibeträge			I, II, III, IV		mit Zahl der Kinderfreibeträge . . . 0,5			1			1,5			2			2,5			3		
		LSt	SolZ	8%	9%		LSt	SolZ	8%	9%	SolZ	8%	9%	SolZ	8%	9%	SolZ	8%	9%	SolZ	8%	9%	SolZ	8%	9%
128 627,99 West	I,IV	39 419	2 168,04	3 153,52	3 547,71	I	39 419	2 071,13	3 012,56	3 389,13	1 974,28	2 871,68	3 230,64	1 877,37	2 730,72	3 072,06	1 780,51	2 589,84	2 913,57	1 624,94	2 448,88	2 754,99	1 415,38	2 308,—	2 596,50
	II	38 617	2 123,93	3 089,36	3 475,53	II	38 617	2 027,08	2 948,48	3 317,04	1 930,17	2 807,52	3 158,46	1 833,31	2 666,64	2 999,97	1 736,40	2 525,68	2 841,39	1 529,62	2 384,80	2 682,90	1 319,94	2 243,84	2 524,32
	III	30 282	—	2 422,56	2 725,38	III	30 282	—	2 283,20	2 568,60	—	2 146,88	2 415,24	—	2 013,44	2 265,12	—	1 883,04	2 118,42	—	1 755,36	1 974,78	—	1 630,88	1 834,74
	V	45 053	2 477,91	3 604,24	4 054,77	IV	39 419	2 119,59	3 083,04	3 468,42	2 071,13	3 012,56	3 389,13	2 022,68	2 942,08	3 309,84	1 974,28	2 871,68	3 230,64	1 925,82	2 801,20	3 151,35	1 877,37	2 730,72	3 072,06
	VI	45 488	2 501,84	3 639,04	4 093,92																				
128 627,99 Ost	I,IV	39 576	2 176,68	3 166,08	3 561,84	I	39 576	2 079,82	3 025,20	3 403,35	1 982,91	2 884,24	3 244,77	1 886,06	2 743,36	3 086,28	1 789,15	2 602,40	2 927,70	1 643,74	2 461,52	2 769,21	1 434,06	2 320,56	2 610,63
	II	38 775	2 132,62	3 102,—	3 489,75	II	38 775	2 035,71	2 961,04	3 331,17	1 938,86	2 820,16	3 172,68	1 841,95	2 679,20	3 014,10	1 745,09	2 538,32	2 855,61	1 548,30	2 397,36	2 697,03	1 338,75	2 256,48	2 538,54
	III	30 440	—	2 435,20	2 739,60	III	30 440	—	2 295,52	2 582,46	—	2 158,88	2 428,74	—	2 025,28	2 278,44	—	1 894,56	2 131,38	—	1 766,72	1 987,56	—	1 641,92	1 847,16
	V	45 210	2 486,55	3 616,80	4 068,90	IV	39 576	2 128,22	3 095,60	3 482,55	2 079,82	3 025,20	3 403,35	2 031,37	2 954,72	3 324,06	1 982,91	2 884,24	3 244,77	1 934,46	2 813,76	3 165,48	1 886,06	2 743,36	3 086,28
	VI	45 645	2 510,47	3 651,60	4 108,05																				
128 663,99 West	I,IV	39 434	2 168,87	3 154,72	3 549,06	I	39 434	2 071,96	3 013,76	3 390,48	1 975,10	2 872,88	3 231,99	1 878,19	2 731,92	3 073,41	1 781,34	2 591,04	2 914,92	1 626,73	2 450,08	2 756,34	1 417,17	2 309,20	2 597,85
	II	38 632	2 124,76	3 090,56	3 476,88	II	38 632	2 027,90	2 949,68	3 318,39	1 930,99	2 808,72	3 159,81	1 834,14	2 667,84	3 001,32	1 737,23	2 526,88	2 842,74	1 531,41	2 386,—	2 684,25	1 321,85	2 245,12	2 525,76
	III	30 296	—	2 423,68	2 726,64	III	30 296	—	2 284,32	2 569,86	—	2 148,—	2 416,50	—	2 014,56	2 266,38	—	1 884,—	2 119,50	—	1 756,48	1 976,04	—	1 631,84	1 835,82
	V	45 068	2 478,74	3 605,44	4 056,12	IV	39 434	2 120,41	3 084,24	3 469,77	2 071,96	3 013,76	3 390,48	2 023,56	2 943,36	3 311,28	1 975,10	2 872,88	3 231,99	1 926,65	2 802,40	3 152,70	1 878,19	2 731,92	3 073,41
	VI	45 503	2 502,66	3 640,24	4 095,27																				
128 663,99 Ost	I,IV	39 591	2 177,50	3 167,28	3 563,19	I	39 591	2 080,65	3 026,40	3 404,70	1 983,74	2 885,44	3 246,12	1 886,88	2 744,56	3 087,63	1 789,97	2 603,60	2 929,05	1 645,53	2 462,72	2 770,56	1 435,85	2 321,76	2 611,98
	II	38 790	2 133,45	3 103,20	3 491,10	II	38 790	2 036,54	2 962,24	3 332,52	1 939,68	2 821,36	3 174,03	1 842,77	2 680,40	3 015,45	1 745,92	2 539,52	2 856,96	1 550,21	2 398,64	2 698,47	1 340,53	2 257,68	2 539,89
	III	30 454	—	2 436,32	2 740,86	III	30 454	—	2 296,80	2 583,90	—	2 160,16	2 430,18	—	2 026,40	2 279,70	—	1 895,68	2 132,64	—	1 767,84	1 988,82	—	1 642,88	1 848,24
	V	45 225	2 487,37	3 618,—	4 070,25	IV	39 591	2 129,10	3 096,88	3 483,99	2 080,65	3 026,40	3 404,70	2 032,19	2 955,92	3 325,41	1 983,74	2 885,44	3 246,12	1 935,34	2 815,04	3 166,92	1 886,88	2 744,56	3 087,63
	VI	45 660	2 511,30	3 652,80	4 109,40																				
128 699,99 West	I,IV	39 449	2 169,69	3 155,92	3 550,41	I	39 449	2 072,78	3 014,96	3 391,83	1 975,93	2 874,08	3 233,34	1 879,02	2 733,12	3 074,76	1 782,16	2 592,24	2 916,27	1 628,51	2 451,28	2 757,69	1 418,95	2 310,40	2 599,20
	II	38 648	2 125,64	3 091,84	3 478,32	II	38 648	2 028,73	2 950,88	3 319,74	1 931,87	2 810,—	3 161,25	1 834,96	2 669,04	3 002,67	1 738,11	2 528,16	2 844,18	1 533,19	2 387,20	2 685,60	1 323,63	2 246,32	2 527,11
	III	30 312	—	2 424,96	2 728,08	III	30 312	—	2 285,60	2 571,30	—	2 149,12	2 417,76	—	2 015,68	2 267,64	—	1 885,12	2 120,76	—	1 757,60	1 977,30	—	1 632,96	1 837,08
	V	45 083	2 479,56	3 606,64	4 057,47	IV	39 449	2 121,24	3 085,44	3 471,12	2 072,78	3 014,96	3 391,83	2 024,38	2 944,56	3 312,63	1 975,93	2 874,08	3 233,34	1 927,47	2 803,60	3 154,05	1 879,02	2 733,12	3 074,76
	VI	45 518	2 503,49	3 641,44	4 096,62																				
128 699,99 Ost	I,IV	39 606	2 178,33	3 168,48	3 564,54	I	39 606	2 081,47	3 027,60	3 406,05	1 984,56	2 886,64	3 247,47	1 887,71	2 745,76	3 088,98	1 790,80	2 604,80	2 930,40	1 647,31	2 463,92	2 771,91	1 437,75	2 323,04	2 613,42
	II	38 805	2 134,27	3 104,40	3 492,45	II	38 805	2 037,42	2 963,52	3 333,96	1 940,51	2 822,56	3 175,38	1 843,65	2 681,68	3 016,89	1 746,74	2 540,72	2 858,31	1 551,99	2 399,84	2 699,82	1 342,32	2 258,88	2 541,24
	III	30 470	—	2 437,60	2 742,30	III	30 470	—	2 297,92	2 585,16	—	2 161,28	2 431,44	—	2 027,52	2 280,96	—	1 896,80	2 133,90	—	1 768,96	1 990,08	—	1 644,—	1 849,50
	V	45 240	2 488,20	3 619,20	4 071,60	IV	39 606	2 129,93	3 098,08	3 485,34	2 081,47	3 027,60	3 406,05	2 033,02	2 957,12	3 326,76	1 984,56	2 886,64	3 247,47	1 936,16	2 816,24	3 168,27	1 887,71	2 745,76	3 088,98
	VI	45 675	2 512,12	3 654,—	4 110,75																				
128 735,99 West	I,IV	39 464	2 170,52	3 157,12	3 551,76	I	39 464	2 073,66	3 016,24	3 393,27	1 976,75	2 875,28	3 234,69	1 879,90	2 734,40	3 076,20	1 782,99	2 593,44	2 917,62	1 630,41	2 452,56	2 759,13	1 420,74	2 311,60	2 600,55
	II	38 663	2 126,46	3 093,04	3 479,67	II	38 663	2 029,55	2 952,08	3 321,09	1 932,70	2 811,20	3 162,60	1 835,79	2 670,24	3 004,02	1 738,93	2 529,36	2 845,53	1 534,98	2 388,40	2 686,95	1 325,42	2 247,52	2 528,46
	III	30 326	—	2 426,08	2 729,34	III	30 326	—	2 286,72	2 572,56	—	2 150,40	2 419,20	—	2 016,80	2 268,90	—	1 886,24	2 122,02	—	1 758,72	1 978,56	—	1 634,08	1 838,34
	V	45 098	2 480,39	3 607,84	4 058,82	IV	39 464	2 122,06	3 086,64	3 472,47	2 073,66	3 016,24	3 393,27	2 025,21	2 945,76	3 313,98	1 976,75	2 875,28	3 234,69	1 928,30	2 804,80	3 155,40	1 879,90	2 734,40	3 076,20
	VI	45 533	2 504,31	3 642,64	4 097,97																				
128 735,99 Ost	I,IV	39 622	2 179,21	3 169,76	3 565,98	I	39 622	2 082,30	3 028,80	3 407,40	1 985,44	2 887,92	3 248,91	1 888,53	2 746,96	3 090,33	1 791,68	2 606,08	2 931,84	1 649,10	2 465,12	2 773,26	1 439,54	2 324,24	2 614,77
	II	38 820	2 135,10	3 105,60	3 493,80	II	38 820	2 038,24	2 964,72	3 335,31	1 941,33	2 823,76	3 176,73	1 844,48	2 682,88	3 018,24	1 747,57	2 541,92	2 859,66	1 553,78	2 401,04	2 701,17	1 344,10	2 260,08	2 542,59
	III	30 484	—	2 438,72	2 743,56	III	30 484	—	2 299,20	2 586,60	—	2 162,40	2 432,70	—	2 028,64	2 282,22	—	1 897,92	2 135,16	—	1 770,08	1 991,34	—	1 645,12	1 850,76
	V	45 255	2 489,02	3 620,40	4 072,95	IV	39 622	2 130,75	3 099,28	3 486,69	2 082,30	3 028,80	3 407,40	2 033,84	2 958,32	3 328,11	1 985,44	2 887,92	3 248,91	1 936,99	2 817,44	3 169,62	1 888,53	2 746,96	3 090,33
	VI	45 690	2 512,95	3 655,20	4 112,10																				
128 771,99 West	I,IV	39 479	2 171,34	3 158,32	3 553,11	I	39 479	2 074,49	3 017,44	3 394,62	1 977,58	2 876,48	3 236,04	1 880,72	2 735,60	3 077,55	1 783,81	2 594,64	2 918,97	1 632,20	2 453,76	2 760,48	1 422,52	2 312,80	2 601,90
	II	38 678	2 127,29	3 094,24	3 481,02	II	38 678	2 030,38	2 953,28	3 322,44	1 933,52	2 812,40	3 163,95	1 836,61	2 671,44	3 005,37	1 739,76	2 530,56	2 846,88	1 536,76	2 389,60	2 688,30	1 327,20	2 248,72	2 529,81
	III	30 342	—	2 427,36	2 730,78	III	30 342	—	2 288,—	2 574,—	—	2 151,52	2 420,46	—	2 017,92	2 270,16	—	1 887,36	2 123,28	—	1 759,84	1 979,82	—	1 635,04	1 839,42
	V	45 113	2 481,21	3 609,04	4 060,17	IV	39 479	2 122,89	3 087,84	3 473,82	2 074,49	3 017,44	3 394,62	2 026,03	2 946,96	3 315,33	1 977,58	2 876,48	3 236,04	1 929,12	2 806,—	3 156,75	1 880,72	2 735,60	3 077,55
	VI	45 548	2 505,14	3 643,84	4 099,32																				
128 771,99 Ost	I,IV	39 637	2 180,03	3 170,96	3 567,33	I	39 637	2 083,12	3 030,—	3 408,75	1 986,27	2 889,12	3 250,26	1 889,36	2 748,16	3 091,68	1 792,50	2 607,28	2 933,19	1 650,88	2 466,32	2 774,61	1 441,32	2 325,44	2 616,12
	II	38 835	2 135,92	3 106,80	3 495,15	II	38 835	2 039,07	2 965,92	3 336,66	1 942,16	2 824,96	3 178,08	1 845,30	2 684,08	3 019,59	1 748,39	2 543,12	2 861,01	1 555,56	2 402,24	2 702,52	1 345,89	2 261,28	2 543,94
	III	30 500	—	2 440,—	2 745,—	III	30 500	—	2 300,32	2 587,86	—	2 163,68	2 434,14	—	2 029,76	2 283,48	—	1 899,04	2 136,42	—	1 771,04	1 992,42	—	1 646,08	1 851,84
	V	45 270	2 489,85	3 621,60	4 074,30	IV	39 637	2 131,58	3 100,48	3 488,04	2 083,12	3 030,—	3 408,75	2 034,67	2 959,52	3 329,46	1 986,27	2 889,12	3 250,26	1 937,81	2 818,64	3 170,97	1 889,36	2 748,16	3 091,68
	VI	45 706	2 513,83	3 656,48	4 113,54																				
128 807,99 West	I,IV	39 494	2 172,17	3 159,52	3 554,46	I	39 494	2 075,31	3 018,64	3 395,97	1 978,40	2 877,68	3 237,39	1 881,55	2 736,80	3 078,90	1 784,64	2 595,84	2 920,32	1 633,98	2 454,96	2 761,83	1 424,31	2 314,—	2 603,25
	II	38 693	2 128,11	3 095,44	3 482,37	II	38 693	2 031,20	2 954,48	3 323,79	1 934,35	2 813,60	3 165,30	1 837,44	2 672,64	3 006,72	1 740,58	2 531,76	2 848,23	1 538,55	2 390,80	2 689,65	1 328,99	2 249,92	2 531,16
	III	30 356	—	2 428,48	2 732,04	III	30 356	—	2 289,12	2 575,26	—	2 152,64	2 421,72	—	2 019,04	2 271,42	—	1 888,48	2 124,54	—	1 760,80	1 980,90	—	1 636,16	1 840,68
	V	45 128	2 482,04	3 610,24	4 061,52	IV	39 494	2 123,77	3 089,12	3 475,26	2 075,31	3 018,64	3 395,97	2 026,86	2 948,16	3 316,68	1 978,40	2 877,68	3 237,39	1 930,—	2 807,28	3 158,19	1 881,55	2 736,80	3 078,90
	VI	45 563	2 505,96	3 645,04	4 100,67																				
128 807,99 Ost	I,IV	39 652	2 180,86	3 172,16	3 568,68	I	39 652	2 083,95	3 031,20	3 410,10	1 987,09	2 890,32	3 251,61	1 890,18	2 749,36	3 093,03	1 793,33	2 608,48	2 934,54	1 652,67	2 467,52	2 775,96	1 443,11	2 326,64	2 617,47
	II	38 850	2 136,75	3 108,—	3 496,50	II	38 850	2 039,89	2 967,12	3 338,01	1 942,98	2 826,16	3 179,43	1 846,13	2 685,28	3 020,94	1 749,22	2 544,32	2 862,36	1 557,35	2 403,44	2 703,87	1 347,79	2 262,56	2 545,38
	III	30 514	—	2 441,12	2 746,26	III	30 514	—	2 301,44	2 589,12	—	2 164,80	2 435,40	—	2 031,04	2 284,92	—	1 900,16	2 137,68	—	1 772,16	1 993,68	—	1 647,20	1 853,10
	V	45 286	2 490,73	3 622,88	4 075,74	IV	39 652	2 132,40	3 101,68	3 489,39	2 083,95	3 031,20	3 410,10	2 035,55	2 960,80	3 330,90	1 987,09	2 890,32	3 251,61	1 938,64	2 819,84	3 172,32	1 890,18	2 749,36	3 093,03
	VI	45 721	2 514,65	3 657,68	4 114,89																				
128 843,99 West	I,IV	39 509	2 172,99	3 160,72	3 555,81	I	39 509	2 076,14	3 019,84	3 397,32	1 979,23	2 878,88	3 238,74	1 882,37	2 738,—	3 080,25	1 785,46	2 597,04	2 921,67	1 635,77	2 456,16	2 763,18	1 426,09	2 315,20	2 604,60
	II	38 708	2 128,94	3 096,64	3 483,72	II	38 708	2 032,08	2 955,76	3 325,23	1 935,17	2 814,80	3 166,65	1 838,32	2 673,92	3 008,16	1 741,41	2 532,96	2 849,58	1 540,45	2 392,08	2 691,09	1 330,77	2 251,12	2 532,51
	III	30 372	—	2 429,76	2 733,48	III	30 372	—	2 290,24	2 576,52	—	2 153,76	2 422,98	—	2 020,32	2 272,86	—	1 889,60	2 125,80	—	1 761,92	1 982,16	—	1 637,12	1 841,76
	V	45 143	2 482,86	3 611,44	4 062,87	IV	39 509	2 124,59	3 090,32	3 476,61	2 076,14	3 019,84	3 397,32	2 027,68	2 949,36	3 318,03	1 979,23	2 878,88	3 238,74	1 930,83	2 808,48	3 159,54	1 882,37	2 738,—	3 080,25
	VI	45 578	2 506,79	3 646,24	4 102,02																				
128 843,99 Ost	I,IV	39 667	2 181,68	3 173,36	3 570,03	I	39 667	2 084,77	3 032,40	3 411,45	1 987,92	2 891,52	3 252,96	1 891,01	2 750,56	3 094,38	1 794,15	2 609,68	2 935,89	1 654,45	2 468,72	2 777,31	1 444,89	2 327,84	2 618,82
	II	38 866	2 137,63	3 109,28	3 497,94	II	38 866	2 040,72	2 968,32	3 339,36	1 943,86	2 827,44	3 180,87	1 846,95	2 686,48	3 022,29	1 750,10	2 545,60	2 863,80	1 559,13	2 404,64	2 705,22	1 349,57	2 263,76	2 546,73
	III	30 530	—	2 442,40	2 747,70	III	30 530	—	2 302,72	2 590,56	—	2 165,92	2 436,66	—	2 032,16	2 286,18	—	1 901,28	2 138,94	—	1 773,28	1 994,94	—	1 648,32	1 854,36
	V	45 301	2 491,55	3 624,08	4 077,09	IV	39 667	2 133,23	3 102,88	3 490,74	2 084,77	3 032,40	3 411,45	2 036,37	2 962,—	3 332,25	1 987,92	2 891,52	3 252,96	1 939,46	2 821,04	3 173,67	1 891,01	2 750,56	3 094,38
	VI	45 736	2 515,48	3 658,88	4 116,24																				
128 879,99 West	I,IV	39 524	2 173,82	3 161,92	3 557,16	I	39 524	2 076,96	3 021,04	3 398,67	1 980,11	2 880,16	3 240,18	1 883,20	2 739,20	3 081,60	1 786,34	2 598,32	2 923,11	1 637,55	2 457,36	2 764,53	1 428,—	2 316,48	2 606,04
	II	38 723	2 129,76	3 097,84	3 485,07	II	38 723	2 032,91	2 956,96	3 326,58	1 936,—	2 816,—	3 168,—	1 839,14	2 675,12	3 009,51	1 742,23	2 534,16	2 850,93	1 542,24	2 393,28	2 692,44	1 332,56	2 252,32	2 533,86
	III	30 386	—	2 430,88	2 734,74	III	30 386	—	2 291,52	2 577,96	—	2 155,04	2 424,42	—	2 021,44	2 274,12	—	1 890,72	2 127,06	—	1 763,04	1 983,42	—	1 638,24	1 843,02
	V	45 158	2 483,69	3 612,64	4 064,22	IV	39 524	2 125,42	3 091,52	3 477,96	2 076,96	3 021,04	3 398,67	2 028,51	2 950,56	3 319,38	1 980,11	2 880,16	3 240,18	1 931,65	2 809,68	3 160,89	1 883,20	2 739,20	3 081,60
	VI	45 593	2 507,61	3 647,44	4 103,37																				
128 879,99 Ost	I,IV	39 682	2 182,51	3 174,56	3 571,38	I	39 682	2 085,65	3 033,68	3 412,89	1 988,74	2 892,72	3 254,31	1 891,89	2 751,84	3 095,82	1 794,98	2 610,88	2 937,24	1 656,36	2 470,—	2 778,75	1 446,68	2 329,04	2 620,17
	II	38 881	2 138,45	3 110,48	3 499,29	II	38 881	2 041,54	2 969,52	3 340,71	1 944,69	2 828,64	3 182,22	1 847,78	2 687,68	3 023,64	1 750,92	2 546,80	2 865,15	1 560,92	2 405,84	2 706,57	1 351,36	2 264,96	2 548,08
	III	30 544	—	2 443,52	2 748,96	III	30 544	—	2 303,84	2 591,82	—	2 167,04	2 437,92	—	2 033,28	2 287,44	—	1 902,24	2 140,02	—	1 774,40	1 996,20	—	1 649,28	1 855,44
	V	45 316	2 492,38	3 625,28	4 078,44	IV	39 682	2 134,05	3 104,08	3 492,09	2 085,65	3 033,68	3 412,89	2 037,20	2 963,20	3 333,60	1 988,74	2 892,72	3 254,31	1 940,29	2 822,24	3 175,02	1 891,89	2 751,84	3 095,82
	VI	45 751	2 516,30	3 660,08	4 117,59																				

* Die ausgewiesenen Tabellenwerte sind amtlich. Siehe Erläuterungen auf der Umschlaginnenseite (U2).

JAHR 128 880,–*

Lohn/ Gehalt bis €*		I – VI	ohne Kinderfreibeträge			I, II, III, IV	mit Zahl der Kinderfreibeträge . . . 0,5			1			1,5			2			2,5			3		
		LSt	SolZ	8%	9%		LSt	SolZ	8%	9%	SolZ	8%	9%	SolZ	8%	9%	SolZ	8%	9%	SolZ	8%	9%	SolZ	8%	9%
128 915,99 West	I,IV	39 540	2 174,70	3 163,20	3 558,60	I	39 540	2 077,79	3 022,24	3 400,02	1 980,93	2 881,36	3 241,53	1 884,02	2 740,40	3 082,95	1 787,17	2 599,52	2 924,46	1 639,34	2 458,56	2 765,88	1 429,78	2 317,68	2 607,39
	II	38 738	2 130,59	3 099,04	3 486,42	II	38 738	2 033,73	2 958,16	3 327,93	1 936,82	2 817,20	3 169,35	1 839,97	2 676,32	3 010,86	1 743,06	2 535,36	2 852,28	1 544,02	2 394,48	2 693,79	1 334,34	2 253,52	2 535,21
	III	30 402	–	2 432,16	2 736,18	III	30 402	–	2 292,64	2 579,22	–	2 156,16	2 425,68	–	2 022,56	2 275,38	–	1 891,84	2 128,32	–	1 764,16	1 984,68	–	1 639,36	1 844,28
	V	45 173	2 484,51	3 613,84	4 065,57	IV	39 540	2 126,24	3 092,72	3 479,31	2 077,79	3 022,24	3 400,02	2 029,33	2 951,76	3 320,73	1 980,93	2 881,36	3 241,53	1 932,48	2 810,88	3 162,24	1 884,02	2 740,40	3 082,95
	VI	45 609	2 508,49	3 648,72	4 104,81																				
128 915,99 Ost	I,IV	39 697	2 183,33	3 175,76	3 572,73	I	39 697	2 086,48	3 034,88	3 414,24	1 989,57	2 893,92	3 255,66	1 892,71	2 753,04	3 097,17	1 795,80	2 612,08	2 938,59	1 658,14	2 471,20	2 780,10	1 448,46	2 330,24	2 621,52
	II	38 896	2 139,28	3 111,68	3 500,64	II	38 896	2 042,37	2 970,72	3 342,06	1 945,51	2 829,84	3 183,57	1 848,60	2 688,88	3 024,99	1 751,75	2 548,–	2 866,50	1 562,70	2 407,04	2 707,92	1 353,14	2 266,16	2 549,43
	III	30 560	–	2 444,80	2 750,40	III	30 560	–	2 305,12	2 593,26	–	2 168,32	2 439,36	–	2 034,40	2 288,70	–	1 903,36	2 141,28	–	1 775,36	1 997,28	–	1 650,40	1 856,70
	V	45 331	2 493,20	3 626,48	4 079,79	IV	39 697	2 134,88	3 105,28	3 493,44	2 086,48	3 034,88	3 414,24	2 038,02	2 964,40	3 334,95	1 989,57	2 893,92	3 255,66	1 941,11	2 823,44	3 176,37	1 892,71	2 753,04	3 097,17
	VI	45 766	2 517,13	3 661,28	4 118,94																				
128 951,99 West	I,IV	39 555	2 175,52	3 164,40	3 559,95	I	39 555	2 078,61	3 023,44	3 401,37	1 981,76	2 882,56	3 242,88	1 884,85	2 741,60	3 084,30	1 787,99	2 600,72	2 925,81	1 641,12	2 459,76	2 767,23	1 431,57	2 318,88	2 608,74
	II	38 753	2 131,41	3 100,24	3 487,77	II	38 753	2 034,56	2 959,36	3 329,28	1 937,65	2 818,40	3 170,70	1 840,79	2 677,52	3 012,21	1 743,88	2 536,56	2 853,63	1 545,81	2 395,68	2 695,14	1 336,13	2 254,72	2 536,56
	III	30 418	–	2 433,44	2 737,62	III	30 418	–	2 293,92	2 580,66	–	2 157,28	2 426,94	–	2 023,68	2 276,64	–	1 892,96	2 129,58	–	1 765,12	1 985,76	–	1 640,32	1 845,36
	V	45 189	2 485,39	3 615,12	4 067,01	IV	39 555	2 127,07	3 093,92	3 480,66	2 078,61	3 023,44	3 401,37	2 030,21	2 953,04	3 322,17	1 981,76	2 882,56	3 242,88	1 933,30	2 812,08	3 163,59	1 884,85	2 741,60	3 084,30
	VI	45 624	2 509,32	3 649,92	4 106,16																				
128 951,99 Ost	I,IV	39 712	2 184,16	3 176,96	3 574,08	I	39 712	2 087,30	3 036,08	3 415,59	1 990,39	2 895,12	3 257,01	1 893,54	2 754,24	3 098,52	1 796,63	2 613,28	2 939,94	1 659,93	2 472,40	2 781,45	1 450,25	2 331,44	2 622,87
	II	38 911	2 140,10	3 112,88	3 501,99	II	38 911	2 043,19	2 971,92	3 343,41	1 946,34	2 831,04	3 184,92	1 849,43	2 690,08	3 026,34	1 752,57	2 549,20	2 867,85	1 564,49	2 408,24	2 709,27	1 354,93	2 267,36	2 550,78
	III	30 576	–	2 446,08	2 751,84	III	30 576	–	2 306,24	2 594,52	–	2 169,44	2 440,62	–	2 035,52	2 289,96	–	1 904,48	2 142,54	–	1 776,48	1 998,54	–	1 651,36	1 857,78
	V	45 346	2 494,03	3 627,68	4 081,14	IV	39 712	2 135,70	3 106,48	3 494,79	2 087,30	3 036,08	3 415,59	2 038,85	2 965,60	3 336,30	1 990,39	2 895,12	3 257,01	1 941,99	2 824,72	3 177,81	1 893,54	2 754,24	3 098,52
	VI	45 781	2 517,95	3 662,48	4 120,29																				
128 987,99 West	I,IV	39 570	2 176,35	3 165,60	3 561,30	I	39 570	2 079,44	3 024,64	3 402,72	1 982,58	2 883,76	3 244,23	1 885,67	2 742,80	3 085,65	1 788,82	2 601,92	2 927,16	1 642,91	2 460,96	2 768,58	1 433,35	2 320,08	2 610,09
	II	38 768	2 132,24	3 101,44	3 489,12	II	38 768	2 035,38	2 960,56	3 330,63	1 938,53	2 819,68	3 172,14	1 841,62	2 678,72	3 013,56	1 744,76	2 537,84	2 855,07	1 547,59	2 396,88	2 696,49	1 338,03	2 256,–	2 538,–
	III	30 432	–	2 434,56	2 738,88	III	30 432	–	2 295,04	2 581,92	–	2 158,40	2 428,20	–	2 024,80	2 277,90	–	1 894,08	2 130,84	–	1 766,24	1 987,02	–	1 641,44	1 846,62
	V	45 204	2 486,22	3 616,32	4 068,36	IV	39 570	2 127,89	3 095,12	3 482,01	2 079,44	3 024,64	3 402,72	2 031,04	2 954,24	3 323,52	1 982,58	2 883,76	3 244,23	1 934,13	2 813,28	3 164,94	1 885,67	2 742,80	3 085,65
	VI	45 639	2 510,14	3 651,12	4 107,51																				
128 987,99 Ost	I,IV	39 727	2 184,98	3 178,16	3 575,43	I	39 727	2 088,13	3 037,28	3 416,94	1 991,22	2 896,32	3 258,36	1 894,36	2 755,44	3 099,87	1 797,45	2 614,48	2 941,29	1 661,71	2 473,60	2 782,80	1 452,03	2 332,64	2 624,22
	II	38 926	2 140,93	3 114,08	3 503,34	II	38 926	2 044,07	2 973,20	3 344,85	1 947,16	2 832,24	3 186,27	1 850,31	2 691,36	3 027,78	1 753,40	2 550,40	2 869,20	1 566,39	2 409,52	2 710,71	1 356,71	2 268,56	2 552,13
	III	30 590	–	2 447,20	2 753,10	III	30 590	–	2 307,36	2 595,78	–	2 170,56	2 441,88	–	2 036,64	2 291,22	–	1 905,60	2 143,80	–	1 777,60	1 999,80	–	1 652,48	1 859,04
	V	45 361	2 494,85	3 628,88	4 082,49	IV	39 727	2 136,58	3 107,76	3 496,23	2 088,13	3 037,28	3 416,94	2 039,67	2 966,80	3 337,65	1 991,22	2 896,32	3 258,36	1 942,82	2 825,92	3 179,16	1 894,36	2 755,44	3 099,87
	VI	45 796	2 518,78	3 663,68	4 121,64																				
129 023,99 West	I,IV	39 585	2 177,17	3 166,80	3 562,65	I	39 585	2 080,26	3 025,84	3 404,07	1 983,41	2 884,96	3 245,58	1 886,55	2 744,08	3 087,09	1 789,64	2 603,12	2 928,51	1 644,81	2 462,24	2 770,02	1 435,14	2 321,28	2 611,44
	II	38 784	2 133,12	3 102,72	3 490,56	II	38 784	2 036,21	2 961,76	3 331,98	1 939,35	2 820,88	3 173,49	1 842,44	2 679,92	3 014,91	1 745,59	2 539,04	2 856,42	1 549,38	2 398,08	2 697,84	1 339,82	2 257,20	2 539,35
	III	30 448	–	2 435,84	2 740,32	III	30 448	–	2 296,16	2 583,18	–	2 159,68	2 429,64	–	2 025,92	2 279,16	–	1 895,20	2 132,10	–	1 767,36	1 988,28	–	1 642,56	1 847,88
	V	45 219	2 487,04	3 617,52	4 069,71	IV	39 585	2 128,72	3 096,32	3 483,36	2 080,26	3 025,84	3 404,07	2 031,86	2 955,44	3 324,87	1 983,41	2 884,96	3 245,58	1 934,95	2 814,48	3 166,29	1 886,55	2 744,08	3 087,09
	VI	45 654	2 510,97	3 652,32	4 108,86																				
129 023,99 Ost	I,IV	39 742	2 185,81	3 179,36	3 576,78	I	39 742	2 088,95	3 038,48	3 418,29	1 992,10	2 897,60	3 259,80	1 895,19	2 756,64	3 101,22	1 798,33	2 615,76	2 942,73	1 663,50	2 474,80	2 784,15	1 453,94	2 333,92	2 625,66
	II	38 941	2 141,75	3 115,28	3 504,69	II	38 941	2 044,90	2 974,40	3 346,20	1 947,99	2 833,44	3 187,62	1 851,13	2 692,56	3 029,13	1 754,22	2 551,60	2 870,55	1 568,18	2 410,72	2 712,06	1 358,50	2 269,76	2 553,48
	III	30 606	–	2 448,48	2 754,54	III	30 606	–	2 308,64	2 597,22	–	2 171,68	2 443,14	–	2 037,76	2 292,48	–	1 906,72	2 145,06	–	1 778,72	2 001,06	–	1 653,60	1 860,30
	V	45 376	2 495,68	3 630,08	4 083,84	IV	39 742	2 137,41	3 108,96	3 497,58	2 088,95	3 038,48	3 418,29	2 040,50	2 968,–	3 339,–	1 992,10	2 897,60	3 259,80	1 943,64	2 827,12	3 180,51	1 895,19	2 756,64	3 101,22
	VI	45 811	2 519,60	3 664,88	4 122,99																				
129 059,99 West	I,IV	39 600	2 178,–	3 168,–	3 564,–	I	39 600	2 081,14	3 027,12	3 405,51	1 984,23	2 886,16	3 246,93	1 887,38	2 745,28	3 088,44	1 790,47	2 604,32	2 929,86	1 646,60	2 463,44	2 771,37	1 436,92	2 322,48	2 612,79
	II	38 799	2 133,94	3 103,92	3 491,91	II	38 799	2 037,03	2 962,96	3 333,33	1 940,18	2 822,08	3 174,84	1 843,27	2 681,12	3 016,26	1 746,41	2 540,24	2 857,77	1 551,16	2 399,28	2 699,19	1 341,60	2 258,40	2 540,70
	III	30 462	–	2 436,96	2 741,58	III	30 462	–	2 297,44	2 584,62	–	2 160,80	2 430,90	–	2 027,04	2 280,42	–	1 896,32	2 133,36	–	1 768,48	1 989,54	–	1 643,52	1 848,96
	V	45 234	2 487,87	3 618,72	4 071,06	IV	39 600	2 129,54	3 097,52	3 484,71	2 081,14	3 027,12	3 405,51	2 032,69	2 956,64	3 326,22	1 984,23	2 886,16	3 246,93	1 935,78	2 815,68	3 167,64	1 887,38	2 745,28	3 088,44
	VI	45 669	2 511,79	3 653,52	4 110,21																				
129 059,99 Ost	I,IV	39 758	2 186,69	3 180,64	3 578,22	I	39 758	2 089,78	3 039,68	3 419,64	1 992,92	2 898,80	3 261,15	1 896,01	2 757,84	3 102,57	1 799,16	2 616,96	2 944,08	1 665,28	2 476,–	2 785,50	1 455,72	2 335,12	2 627,01
	II	38 956	2 142,58	3 116,48	3 506,04	II	38 956	2 045,72	2 975,60	3 347,55	1 948,81	2 834,64	3 188,97	1 851,96	2 693,76	3 030,48	1 755,05	2 552,80	2 871,90	1 569,96	2 411,92	2 713,41	1 360,28	2 270,96	2 554,83
	III	30 620	–	2 449,60	2 755,80	III	30 620	–	2 309,76	2 598,48	–	2 172,96	2 444,58	–	2 038,88	2 293,74	–	1 907,84	2 146,32	–	1 779,84	2 002,32	–	1 654,56	1 861,38
	V	45 391	2 496,50	3 631,28	4 085,19	IV	39 758	2 138,23	3 110,16	3 498,93	2 089,78	3 039,68	3 419,64	2 041,32	2 969,20	3 340,35	1 992,92	2 898,80	3 261,15	1 944,47	2 828,32	3 181,86	1 896,01	2 757,84	3 102,57
	VI	45 827	2 520,48	3 666,16	4 124,43																				
129 095,99 West	I,IV	39 615	2 178,82	3 169,20	3 565,35	I	39 615	2 081,97	3 028,32	3 406,86	1 985,06	2 887,36	3 248,28	1 888,20	2 746,48	3 089,79	1 791,29	2 605,52	2 931,21	1 648,38	2 464,64	2 772,72	1 438,71	2 323,68	2 614,14
	II	38 814	2 134,77	3 105,12	3 493,26	II	38 814	2 037,86	2 964,16	3 334,68	1 941,–	2 823,28	3 176,19	1 844,09	2 682,32	3 017,61	1 747,24	2 541,44	2 859,12	1 552,95	2 400,48	2 700,54	1 343,39	2 259,60	2 542,05
	III	30 478	–	2 438,24	2 743,02	III	30 478	–	2 298,56	2 585,88	–	2 161,92	2 432,16	–	2 028,16	2 281,68	–	1 897,44	2 134,62	–	1 769,60	1 990,80	–	1 644,64	1 850,22
	V	45 249	2 488,69	3 619,92	4 072,41	IV	39 615	2 130,37	3 098,72	3 486,06	2 081,97	3 028,32	3 406,86	2 033,51	2 957,84	3 327,57	1 985,06	2 887,36	3 248,28	1 936,66	2 816,96	3 169,08	1 888,20	2 746,48	3 089,79
	VI	45 684	2 512,62	3 654,72	4 111,56																				
129 095,99 Ost	I,IV	39 773	2 187,51	3 181,84	3 579,57	I	39 773	2 090,60	3 040,88	3 420,99	1 993,75	2 900,–	3 262,50	1 896,84	2 759,04	3 103,92	1 799,98	2 618,16	2 945,43	1 667,07	2 477,20	2 786,85	1 457,51	2 336,32	2 628,36
	II	38 971	2 143,40	3 117,68	3 507,39	II	38 971	2 046,55	2 976,80	3 348,90	1 949,64	2 835,84	3 190,32	1 852,78	2 694,96	3 031,83	1 755,87	2 554,–	2 873,25	1 571,75	2 413,12	2 714,76	1 362,07	2 272,16	2 556,18
	III	30 636	–	2 450,88	2 757,24	III	30 636	–	2 311,04	2 599,92	–	2 174,08	2 445,84	–	2 040,–	2 295,–	–	1 908,96	2 147,58	–	1 780,80	2 003,40	–	1 655,68	1 862,64
	V	45 407	2 497,38	3 632,56	4 086,63	IV	39 773	2 139,06	3 111,36	3 500,28	2 090,60	3 040,88	3 420,99	2 042,15	2 970,40	3 341,70	1 993,75	2 900,–	3 262,50	1 945,29	2 829,52	3 183,21	1 896,84	2 759,04	3 103,92
	VI	45 842	2 521,31	3 667,36	4 125,78																				
129 131,99 West	I,IV	39 630	2 179,65	3 170,40	3 566,70	I	39 630	2 082,79	3 029,52	3 408,21	1 985,88	2 888,56	3 249,63	1 889,03	2 747,68	3 091,14	1 792,12	2 606,72	2 932,56	1 650,17	2 465,84	2 774,07	1 440,49	2 324,88	2 615,49
	II	38 829	2 135,59	3 106,32	3 494,61	II	38 829	2 038,68	2 965,36	3 336,03	1 941,83	2 824,48	3 177,54	1 844,97	2 683,60	3 019,05	1 748,06	2 542,64	2 860,47	1 554,85	2 401,76	2 701,98	1 345,17	2 260,80	2 543,40
	III	30 492	–	2 439,36	2 744,28	III	30 492	–	2 299,84	2 587,32	–	2 163,04	2 433,42	–	2 029,28	2 282,94	–	1 898,56	2 135,88	–	1 770,56	1 991,88	–	1 645,60	1 851,30
	V	45 264	2 489,52	3 621,12	4 073,76	IV	39 630	2 131,25	3 100,–	3 487,50	2 082,79	3 029,52	3 408,21	2 034,34	2 959,04	3 328,92	1 985,88	2 888,56	3 249,63	1 937,48	2 818,16	3 170,43	1 889,03	2 747,68	3 091,14
	VI	45 699	2 513,44	3 655,92	4 112,91																				
129 131,99 Ost	I,IV	39 788	2 188,34	3 183,04	3 580,92	I	39 788	2 091,43	3 042,08	3 422,34	1 994,57	2 901,20	3 263,85	1 897,66	2 760,24	3 105,27	1 800,81	2 619,36	2 946,78	1 668,85	2 478,40	2 788,20	1 459,29	2 337,52	2 629,71
	II	38 986	2 144,23	3 118,88	3 508,74	II	38 986	2 047,37	2 978,–	3 350,25	1 950,52	2 837,12	3 191,76	1 853,61	2 696,16	3 033,18	1 756,75	2 555,28	2 874,69	1 573,53	2 414,32	2 716,11	1 363,97	2 273,44	2 557,62
	III	30 650	–	2 452,–	2 758,50	III	30 650	–	2 312,16	2 601,18	–	2 175,20	2 447,10	–	2 041,12	2 296,26	–	1 910,08	2 148,84	–	1 781,92	2 004,66	–	1 656,80	1 863,90
	V	45 422	2 498,21	3 633,76	4 087,98	IV	39 788	2 139,88	3 112,56	3 501,63	2 091,43	3 042,08	3 422,34	2 043,03	2 971,68	3 343,14	1 994,57	2 901,20	3 263,85	1 946,12	2 830,72	3 184,56	1 897,66	2 760,24	3 105,27
	VI	45 857	2 522,13	3 668,56	4 127,13																				
129 167,99 West	I,IV	39 645	2 180,47	3 171,60	3 568,05	I	39 645	2 083,62	3 030,72	3 409,56	1 986,71	2 889,76	3 250,98	1 889,85	2 748,88	3 092,49	1 793,–	2 608,–	2 934,–	1 651,95	2 467,04	2 775,42	1 442,39	2 326,16	2 616,93
	II	38 844	2 136,42	3 107,52	3 495,96	II	38 844	2 039,56	2 966,64	3 337,47	1 942,65	2 825,68	3 178,89	1 845,80	2 684,80	3 020,40	1 748,89	2 543,84	2 861,82	1 556,63	2 402,96	2 703,33	1 346,96	2 262,–	2 544,75
	III	30 508	–	2 440,64	2 745,72	III	30 508	–	2 300,96	2 588,58	–	2 164,32	2 434,86	–	2 030,40	2 284,20	–	1 899,68	2 137,14	–	1 771,68	1 993,14	–	1 646,72	1 852,56
	V	45 279	2 490,34	3 622,32	4 075,11	IV	39 645	2 132,07	3 101,20	3 488,85	2 083,62	3 030,72	3 409,56	2 035,16	2 960,24	3 330,27	1 986,71	2 889,76	3 250,98	1 938,31	2 819,36	3 171,78	1 889,85	2 748,88	3 092,49
	VI	45 714	2 514,27	3 657,12	4 114,26																				
129 167,99 Ost	I,IV	39 803	2 189,16	3 184,24	3 582,27	I	39 803	2 092,25	3 043,28	3 423,69	1 995,40	2 902,40	3 265,20	1 898,54	2 761,52	3 106,71	1 801,63	2 620,56	2 948,13	1 670,76	2 479,68	2 789,64	1 461,08	2 338,72	2 631,06
	II	39 002	2 145,11	3 120,16	3 510,18	II	39 002	2 048,20	2 979,20	3 351,60	1 951,34	2 838,32	3 193,11	1 854,43	2 697,36	3 034,53	1 757,58	2 556,48	2 876,04	1 575,32	2 415,52	2 717,46	1 365,76	2 274,64	2 558,97
	III	30 666	–	2 453,28	2 759,94	III	30 666	–	2 313,44	2 602,62	–	2 176,32	2 448,36	–	2 042,40	2 297,70	–	1 911,20	2 150,10	–	1 783,04	2 005,92	–	1 657,76	1 864,98
	V	45 437	2 499,03	3 634,96	4 089,33	IV	39 803	2 140,71	3 113,76	3 502,98	2 092,25	3 043,28	3 423,69	2 043,85	2 972,88	3 344,49	1 995,40	2 902,40	3 265,20	1 946,94	2 831,92	3 185,91	1 898,54	2 761,52	3 106,71
	VI	45 872	2 522,96	3 669,76	4 128,48																				

Table heading: Abzüge an Lohnsteuer, Solidaritätszuschlag (SolZ) und Kirchensteuer (8%, 9%) in den Steuerklassen

* Die ausgewiesenen Tabellenwerte sind amtlich. Siehe Erläuterungen auf der Umschlaginnenseite (U2).

Lohn/ Gehalt bis €*	Abzüge an Lohnsteuer, Solidaritätszuschlag (SolZ) und Kirchensteuer (8%, 9%) in den Steuerklassen I – VI					I, II, III, IV																			
			ohne Kinderfreibeträge					mit Zahl der Kinderfreibeträge . . . 0,5			1			1,5			2			2,5			3		
		LSt	SolZ	8%	9%		LSt	SolZ	8%	9%	SolZ	8%	9%	SolZ	8%	9%	SolZ	8%	9%	SolZ	8%	9%	SolZ	8%	9%
129 203,99 West	I,IV	39 661	2 181,35	3 172,88	3 569,49	I	39 661	2 084,44	3 031,92	3 410,91	1 987,59	2 891,04	3 252,42	1 890,68	2 750,08	3 093,84	1 793,82	2 609,20	2 935,35	1 653,74	2 468,24	2 776,77	1 444,18	2 327,36	2 618,28
	II	38 859	2 137,24	3 108,72	3 497,31	II	38 859	2 040,39	2 967,84	3 338,82	1 943,48	2 826,88	3 180,24	1 846,62	2 686,—	3 021,75	1 749,71	2 545,04	2 863,17	1 558,42	2 404,16	2 704,68	1 348,74	2 263,20	2 546,10
	III	30 524	—	2 441,92	2 747,16	III	30 524	—	2 302,24	2 590,02	—	2 165,44	2 436,12	—	2 031,52	2 285,46	—	1 900,64	2 138,22	—	1 772,80	1 994,40	—	1 647,84	1 853,82
	V	45 294	2 491,17	3 623,52	4 076,46	IV	39 661	2 132,90	3 102,40	3 490,20	2 084,44	3 031,92	3 410,91	2 035,99	2 961,44	3 331,62	1 987,59	2 891,04	3 252,42	1 939,13	2 820,56	3 173,13	1 890,68	2 750,08	3 093,84
	VI	45 730	2 515,15	3 658,40	4 115,70																				
129 203,99 Ost	I,IV	39 818	2 189,99	3 185,44	3 583,62	I	39 818	2 093,13	3 044,56	3 425,13	1 996,22	2 903,60	3 266,55	1 899,37	2 762,72	3 108,06	1 802,46	2 621,76	2 949,48	1 672,54	2 480,88	2 790,99	1 462,86	2 339,92	2 632,41
	II	39 017	2 145,93	3 121,36	3 511,53	II	39 017	2 049,02	2 980,40	3 352,95	1 952,17	2 839,52	3 194,46	1 855,26	2 698,56	3 035,88	1 758,40	2 557,68	2 877,39	1 577,10	2 416,72	2 718,81	1 367,54	2 275,84	2 560,32
	III	30 680	—	2 454,40	2 761,20	III	30 680	—	2 314,56	2 603,88	—	2 177,60	2 449,80	—	2 043,52	2 298,96	—	1 912,32	2 151,36	—	1 784,16	2 007,18	—	1 658,88	1 866,24
	V	45 452	2 499,86	3 636,16	4 090,68	IV	39 818	2 141,53	3 114,96	3 504,33	2 093,13	3 044,56	3 425,13	2 044,68	2 974,08	3 345,84	1 996,22	2 903,60	3 266,55	1 947,77	2 833,12	3 187,26	1 899,37	2 762,72	3 108,06
	VI	45 887	2 523,78	3 670,96	4 129,83																				
129 239,99 West	I,IV	39 676	2 182,18	3 174,08	3 570,84	I	39 676	2 085,27	3 033,12	3 412,26	1 988,41	2 892,24	3 253,77	1 891,50	2 751,28	3 095,19	1 794,65	2 610,40	2 936,70	1 655,52	2 469,44	2 778,12	1 445,96	2 328,56	2 619,63
	II	38 874	2 138,07	3 109,92	3 498,66	II	38 874	2 041,21	2 969,04	3 340,17	1 944,30	2 828,08	3 181,59	1 847,45	2 687,20	3 023,10	1 750,54	2 546,24	2 864,52	1 560,20	2 405,36	2 706,03	1 350,53	2 264,40	2 547,45
	III	30 538	—	2 443,04	2 748,42	III	30 538	—	2 303,36	2 591,28	—	2 166,56	2 437,38	—	2 032,80	2 286,90	—	1 901,76	2 139,48	—	1 773,92	1 995,66	—	1 648,80	1 854,90
	V	45 310	2 492,05	3 624,80	4 077,90	IV	39 676	2 133,72	3 103,60	3 491,55	2 085,27	3 033,12	3 412,26	2 036,81	2 962,64	3 332,97	1 988,41	2 892,24	3 253,77	1 939,96	2 821,76	3 174,48	1 891,50	2 751,28	3 095,19
	VI	45 745	2 515,97	3 659,60	4 117,05																				
129 239,99 Ost	I,IV	39 833	2 190,81	3 186,64	3 584,97	I	39 833	2 093,96	3 045,76	3 426,48	1 997,05	2 904,80	3 267,90	1 900,19	2 763,92	3 109,41	1 803,28	2 622,96	2 950,83	1 674,33	2 482,08	2 792,34	1 464,65	2 341,12	2 633,76
	II	39 032	2 146,76	3 122,56	3 512,88	II	39 032	2 049,85	2 981,60	3 354,30	1 952,99	2 840,72	3 195,81	1 856,08	2 699,76	3 037,23	1 759,23	2 558,88	2 878,74	1 578,89	2 417,92	2 720,16	1 369,33	2 277,04	2 561,67
	III	30 696	—	2 455,68	2 762,64	III	30 696	—	2 315,68	2 605,14	—	2 178,72	2 451,06	—	2 044,64	2 300,22	—	1 913,44	2 152,62	—	1 785,28	2 008,44	—	1 660,—	1 867,50
	V	45 467	2 500,68	3 637,36	4 092,03	IV	39 833	2 142,36	3 116,16	3 505,68	2 093,96	3 045,76	3 426,48	2 045,50	2 975,28	3 347,19	1 997,05	2 904,80	3 267,90	1 948,59	2 834,32	3 188,61	1 900,19	2 763,92	3 109,41
	VI	45 902	2 524,61	3 672,16	4 131,18																				
129 275,99 West	I,IV	39 691	2 183,—	3 175,28	3 572,19	I	39 691	2 086,09	3 034,32	3 413,61	1 989,24	2 893,44	3 255,12	1 892,33	2 752,48	3 096,54	1 795,47	2 611,60	2 938,05	1 657,31	2 470,64	2 779,47	1 447,75	2 329,76	2 620,98
	II	38 889	2 138,89	3 111,12	3 500,01	II	38 889	2 042,04	2 970,24	3 341,52	1 945,13	2 829,28	3 182,94	1 848,27	2 688,40	3 024,45	1 751,42	2 547,52	2 865,96	1 561,99	2 406,56	2 707,38	1 352,43	2 265,68	2 548,89
	III	30 554	—	2 444,32	2 749,86	III	30 554	—	2 304,48	2 592,54	—	2 167,68	2 438,64	—	2 033,92	2 288,16	—	1 902,88	2 140,74	—	1 774,88	1 996,74	—	1 649,92	1 856,16
	V	45 325	2 492,87	3 626,—	4 079,25	IV	39 691	2 134,55	3 104,80	3 492,90	2 086,09	3 034,32	3 413,61	2 037,69	2 963,92	3 334,41	1 989,24	2 893,44	3 255,12	1 940,78	2 822,96	3 175,83	1 892,33	2 752,48	3 096,54
	VI	45 760	2 516,80	3 660,80	4 118,40																				
129 275,99 Ost	I,IV	39 848	2 191,64	3 187,84	3 586,32	I	39 848	2 094,78	3 046,96	3 427,83	1 997,87	2 906,—	3 269,25	1 901,02	2 765,12	3 110,76	1 804,11	2 624,16	2 952,18	1 676,11	2 483,28	2 793,69	1 466,43	2 342,32	2 635,11
	II	39 047	2 147,58	3 123,76	3 514,23	II	39 047	2 050,67	2 982,80	3 355,65	1 953,82	2 841,92	3 197,16	1 856,96	2 701,04	3 038,67	1 760,05	2 560,08	2 880,09	1 580,79	2 419,20	2 721,60	1 371,11	2 278,24	2 563,02
	III	30 712	—	2 456,96	2 764,08	III	30 712	—	2 316,96	2 606,58	—	2 179,84	2 452,32	—	2 045,76	2 301,48	—	1 914,56	2 153,88	—	1 786,24	2 009,52	—	1 660,96	1 868,58
	V	45 482	2 501,51	3 638,56	4 093,38	IV	39 848	2 143,24	3 117,44	3 507,12	2 094,78	3 046,96	3 427,83	2 046,33	2 976,48	3 348,54	1 997,87	2 906,—	3 269,25	1 949,47	2 835,60	3 190,05	1 901,02	2 765,12	3 110,76
	VI	45 917	2 525,43	3 673,36	4 132,53																				
129 311,99 West	I,IV	39 706	2 183,83	3 176,48	3 573,54	I	39 706	2 086,92	3 035,52	3 414,96	1 990,06	2 894,64	3 256,47	1 893,15	2 753,68	3 097,89	1 796,30	2 612,80	2 939,40	1 659,21	2 471,92	2 780,91	1 449,53	2 330,96	2 622,33
	II	38 905	2 139,77	3 112,40	3 501,45	II	38 905	2 042,86	2 971,44	3 342,87	1 946,01	2 830,56	3 184,38	1 849,10	2 689,60	3 025,80	1 752,24	2 548,72	2 867,31	1 563,77	2 407,76	2 708,73	1 354,22	2 266,88	2 550,24
	III	30 568	—	2 445,44	2 751,12	III	30 568	—	2 305,76	2 593,98	—	2 168,96	2 440,08	—	2 035,04	2 289,42	—	1 904,—	2 142,—	—	1 776,—	1 998,—	—	1 651,04	1 857,42
	V	45 340	2 493,70	3 627,20	4 080,60	IV	39 706	2 135,37	3 106,—	3 494,25	2 086,92	3 035,52	3 414,96	2 038,52	2 965,12	3 335,76	1 990,06	2 894,64	3 256,47	1 941,61	2 824,16	3 177,18	1 893,15	2 753,68	3 097,89
	VI	45 775	2 517,62	3 662,—	4 119,75																				
129 311,99 Ost	I,IV	39 863	2 192,46	3 189,04	3 587,67	I	39 863	2 095,61	3 048,16	3 429,18	1 998,70	2 907,20	3 270,60	1 901,84	2 766,32	3 112,11	1 804,99	2 625,44	2 953,62	1 677,90	2 484,48	2 795,04	1 468,34	2 343,60	2 636,55
	II	39 062	2 148,41	3 124,96	3 515,58	II	39 062	2 051,55	2 984,08	3 357,09	1 954,64	2 843,12	3 198,51	1 857,79	2 702,24	3 040,02	1 760,88	2 561,28	2 881,44	1 582,58	2 420,40	2 722,95	1 372,90	2 279,44	2 564,37
	III	30 726	—	2 458,08	2 765,34	III	30 726	—	2 318,08	2 607,84	—	2 180,96	2 453,58	—	2 046,88	2 302,74	—	1 915,68	2 155,14	—	1 787,36	2 010,78	—	1 662,08	1 869,84
	V	45 497	2 502,33	3 639,76	4 094,73	IV	39 863	2 144,06	3 118,64	3 508,47	2 095,61	3 048,16	3 429,18	2 047,15	2 977,68	3 349,89	1 998,70	2 907,20	3 270,60	1 950,30	2 836,80	3 191,40	1 901,84	2 766,32	3 112,11
	VI	45 932	2 526,26	3 674,56	4 133,88																				
129 347,99 West	I,IV	39 721	2 184,65	3 177,68	3 574,89	I	39 721	2 087,80	3 036,80	3 416,40	1 990,89	2 895,84	3 257,82	1 894,03	2 754,96	3 099,33	1 797,12	2 614,—	2 940,75	1 661,—	2 473,12	2 782,26	1 451,32	2 332,16	2 623,68
	II	38 920	2 140,60	3 113,60	3 502,80	II	38 920	2 043,69	2 972,64	3 344,22	1 946,83	2 831,76	3 185,73	1 849,92	2 690,80	3 027,15	1 753,07	2 549,92	2 868,66	1 565,56	2 408,96	2 710,08	1 356,—	2 268,08	2 551,59
	III	30 584	—	2 446,72	2 752,56	III	30 584	—	2 306,88	2 595,24	—	2 170,08	2 441,34	—	2 036,16	2 290,68	—	1 905,12	2 143,26	—	1 777,12	1 999,26	—	1 652,—	1 858,50
	V	45 355	2 494,52	3 628,40	4 081,95	IV	39 721	2 136,20	3 107,20	3 495,60	2 087,80	3 036,80	3 416,40	2 039,34	2 966,32	3 337,11	1 990,89	2 895,84	3 257,82	1 942,43	2 825,36	3 178,53	1 894,03	2 754,96	3 099,33
	VI	45 790	2 518,45	3 663,20	4 121,10																				
129 347,99 Ost	I,IV	39 879	2 193,34	3 190,32	3 589,11	I	39 879	2 096,43	3 049,36	3 430,53	1 999,58	2 908,48	3 272,04	1 902,67	2 767,52	3 113,46	1 805,81	2 626,64	2 954,97	1 679,68	2 485,68	2 796,39	1 470,12	2 344,80	2 637,90
	II	39 077	2 149,23	3 126,16	3 516,93	II	39 077	2 052,38	2 985,28	3 358,44	1 955,47	2 844,32	3 199,86	1 858,61	2 703,44	3 041,37	1 761,70	2 562,48	2 882,79	1 584,36	2 421,60	2 724,30	1 374,68	2 280,64	2 565,72
	III	30 742	—	2 459,36	2 766,78	III	30 742	—	2 319,36	2 609,28	—	2 182,24	2 455,02	—	2 048,—	2 304,—	—	1 916,80	2 156,40	—	1 788,48	2 012,04	—	1 663,04	1 870,92
	V	45 512	2 503,16	3 640,96	4 096,08	IV	39 879	2 144,89	3 119,84	3 509,82	2 096,43	3 049,36	3 430,53	2 047,98	2 978,88	3 351,24	1 999,58	2 908,48	3 272,04	1 951,12	2 838,—	3 192,75	1 902,67	2 767,52	3 113,46
	VI	45 948	2 527,14	3 675,84	4 135,32																				
129 383,99 West	I,IV	39 736	2 185,48	3 178,88	3 576,24	I	39 736	2 088,62	3 038,—	3 417,75	1 991,71	2 897,04	3 259,17	1 894,86	2 756,16	3 100,68	1 797,95	2 615,20	2 942,10	1 662,78	2 474,32	2 783,61	1 453,10	2 333,36	2 625,03
	II	38 935	2 141,42	3 114,80	3 504,15	II	38 935	2 044,51	2 973,84	3 345,57	1 947,66	2 832,96	3 187,08	1 850,75	2 692,—	3 028,50	1 753,89	2 551,12	2 870,01	1 567,34	2 410,16	2 711,43	1 357,79	2 269,28	2 552,94
	III	30 598	—	2 447,84	2 753,82	III	30 598	—	2 308,16	2 596,68	—	2 171,20	2 442,60	—	2 037,28	2 291,94	—	1 906,24	2 144,52	—	1 778,24	2 000,52	—	1 653,12	1 859,76
	V	45 370	2 495,35	3 629,60	4 083,30	IV	39 736	2 137,02	3 108,40	3 496,95	2 088,62	3 038,—	3 417,75	2 040,17	2 967,52	3 338,46	1 991,71	2 897,04	3 259,17	1 943,26	2 826,56	3 179,88	1 894,86	2 756,16	3 100,68
	VI	45 805	2 519,27	3 664,40	4 122,45																				
129 383,99 Ost	I,IV	39 894	2 194,17	3 191,52	3 590,46	I	39 894	2 097,26	3 050,56	3 431,88	2 000,40	2 909,68	3 273,39	1 903,49	2 768,72	3 114,81	1 806,64	2 627,84	2 956,32	1 681,47	2 486,88	2 797,74	1 471,91	2 346,—	2 639,25
	II	39 092	2 150,06	3 127,36	3 518,28	II	39 092	2 053,20	2 986,48	3 359,79	1 956,29	2 845,52	3 201,21	1 859,44	2 704,64	3 042,72	1 762,53	2 563,68	2 884,14	1 586,15	2 422,80	2 725,65	1 376,47	2 281,84	2 567,07
	III	30 756	—	2 460,48	2 768,04	III	30 756	—	2 320,48	2 610,54	—	2 183,36	2 456,28	—	2 049,12	2 305,26	—	1 917,92	2 157,66	—	1 789,60	2 013,30	—	1 664,16	1 872,18
	V	45 528	2 504,04	3 642,24	4 097,52	IV	39 894	2 145,71	3 121,04	3 511,17	2 097,26	3 050,56	3 431,88	2 048,80	2 980,08	3 352,59	2 000,40	2 909,68	3 273,39	1 951,95	2 839,20	3 194,10	1 903,49	2 768,72	3 114,81
	VI	45 963	2 527,96	3 677,04	4 136,67																				
129 419,99 West	I,IV	39 751	2 186,30	3 180,08	3 577,59	I	39 751	2 089,45	3 039,20	3 419,10	1 992,54	2 898,24	3 260,52	1 895,68	2 757,36	3 102,03	1 798,77	2 616,40	2 943,45	1 664,57	2 475,52	2 784,96	1 454,89	2 334,56	2 626,38
	II	38 950	2 142,25	3 116,—	3 505,50	II	38 950	2 045,34	2 975,04	3 346,92	1 948,48	2 834,16	3 188,43	1 851,57	2 693,20	3 029,85	1 754,72	2 552,32	2 871,36	1 569,25	2 411,44	2 712,87	1 359,57	2 270,48	2 554,29
	III	30 614	—	2 449,12	2 755,26	III	30 614	—	2 309,28	2 597,94	—	2 172,32	2 443,86	—	2 038,40	2 293,20	—	1 907,36	2 145,78	—	1 779,36	2 001,78	—	1 654,08	1 860,84
	V	45 385	2 496,17	3 630,80	4 084,65	IV	39 751	2 137,90	3 109,68	3 498,39	2 089,45	3 039,20	3 419,10	2 040,99	2 968,72	3 339,81	1 992,54	2 898,24	3 260,52	1 944,14	2 827,84	3 181,32	1 895,68	2 757,36	3 102,03
	VI	45 820	2 520,10	3 665,60	4 123,80																				
129 419,99 Ost	I,IV	39 909	2 194,99	3 192,72	3 591,81	I	39 909	2 098,08	3 051,76	3 433,23	2 001,23	2 910,88	3 274,74	1 904,32	2 769,92	3 116,16	1 807,46	2 629,04	2 957,67	1 683,25	2 488,08	2 799,09	1 473,69	2 347,20	2 640,60
	II	39 107	2 150,88	3 128,56	3 519,63	II	39 107	2 054,03	2 987,68	3 361,14	1 957,12	2 846,72	3 202,56	1 860,26	2 705,84	3 044,07	1 763,41	2 564,96	2 885,58	1 587,93	2 424,—	2 727,—	1 378,37	2 283,12	2 568,51
	III	30 772	—	2 461,76	2 769,48	III	30 772	—	2 321,76	2 611,98	—	2 184,48	2 457,54	—	2 050,24	2 306,52	—	1 919,04	2 158,92	—	1 790,72	2 014,56	—	1 665,28	1 873,44
	V	45 543	2 504,86	3 643,44	4 098,87	IV	39 909	2 146,54	3 122,24	3 512,52	2 098,08	3 051,76	3 433,23	2 049,68	2 981,36	3 354,03	2 001,23	2 910,88	3 274,74	1 952,77	2 840,40	3 195,45	1 904,32	2 769,92	3 116,16
	VI	45 978	2 528,79	3 678,24	4 138,02																				
129 455,99 West	I,IV	39 766	2 187,13	3 181,28	3 578,94	I	39 766	2 090,27	3 040,40	3 420,45	1 993,36	2 899,44	3 261,87	1 896,51	2 758,56	3 103,38	1 799,60	2 617,60	2 944,80	1 666,35	2 476,72	2 786,31	1 456,79	2 335,84	2 627,82
	II	38 965	2 143,07	3 117,20	3 506,85	II	38 965	2 046,22	2 976,32	3 348,36	1 949,31	2 835,36	3 189,78	1 852,45	2 694,48	3 031,29	1 755,54	2 553,52	2 872,71	1 571,03	2 412,64	2 714,22	1 361,36	2 271,68	2 555,64
	III	30 628	—	2 450,24	2 756,52	III	30 628	—	2 310,40	2 599,20	—	2 173,60	2 445,30	—	2 039,52	2 294,46	—	1 908,48	2 147,04	—	1 780,32	2 002,86	—	1 655,20	1 862,10
	V	45 400	2 497,—	3 632,—	4 086,—	IV	39 766	2 138,73	3 110,88	3 499,74	2 090,27	3 040,40	3 420,45	2 041,82	2 969,92	3 341,16	1 993,36	2 899,44	3 261,87	1 944,96	2 829,04	3 182,67	1 896,51	2 758,56	3 103,38
	VI	45 835	2 520,92	3 666,80	4 125,15																				
129 455,99 Ost	I,IV	39 924	2 195,82	3 193,92	3 593,16	I	39 924	2 098,91	3 052,96	3 434,58	2 002,05	2 912,08	3 276,09	1 905,14	2 771,12	3 117,51	1 808,29	2 630,24	2 959,02	1 685,15	2 489,36	2 800,53	1 475,48	2 348,40	2 641,95
	II	39 123	2 151,76	3 129,84	3 521,07	II	39 123	2 054,85	2 988,88	3 362,49	1 958,—	2 848,—	3 204,—	1 861,09	2 707,04	3 045,42	1 764,23	2 566,16	2 886,93	1 589,72	2 425,20	2 728,35	1 380,16	2 284,32	2 569,86
	III	30 786	—	2 462,88	2 770,74	III	30 786	—	2 322,88	2 613,24	—	2 185,76	2 458,98	—	2 051,52	2 307,96	—	1 920,16	2 160,18	—	1 791,68	2 015,64	—	1 666,24	1 874,52
	V	45 558	2 505,69	3 644,64	4 100,22	IV	39 924	2 147,36	3 123,44	3 513,87	2 098,91	3 052,96	3 434,58	2 050,51	2 982,56	3 355,38	2 002,05	2 912,08	3 276,09	1 953,60	2 841,60	3 196,80	1 905,14	2 771,12	3 117,51
	VI	45 993	2 529,61	3 679,44	4 139,37																				

* Die ausgewiesenen Tabellenwerte sind amtlich. Siehe Erläuterungen auf der Umschlaginnenseite (U2).

Lohn/Gehalt bis €*	I – VI	LSt	ohne Kinderfreibeträge SolZ	8%	9%	I, II, III, IV	LSt	0,5 SolZ	0,5 8%	0,5 9%	1 SolZ	1 8%	1 9%	1,5 SolZ	1,5 8%	1,5 9%	2 SolZ	2 8%	2 9%	2,5 SolZ	2,5 8%	2,5 9%	3 SolZ	3 8%	3 9%
129 491,99	I,IV	39 782	2 188,01	3 182,56	3 580,38	I	39 782	2 091,10	3 041,60	3 421,80	1 994,24	2 900,72	3 263,31	1 897,33	2 759,76	3 104,73	1 800,48	2 618,88	2 946,24	1 668,14	2 477,92	2 787,66	1 458,58	2 337,04	2 629,17
West	II	38 980	2 143,90	3 118,40	3 508,20	II	38 980	2 047,04	2 977,52	3 349,71	1 950,13	2 836,56	3 191,13	1 853,28	2 695,68	3 032,64	1 756,37	2 554,72	2 874,06	1 572,82	2 413,84	2 715,57	1 363,14	2 272,88	2 556,99
	III	30 644	–	2 451,52	2 757,96	III	30 644	–	2 311,68	2 600,64	–	2 174,72	2 446,56	–	2 040,64	2 295,72	–	1 909,60	2 148,30	–	1 781,44	2 004,12	–	1 656,32	1 863,36
	V	45 415	2 497,82	3 633,20	4 087,35	IV	39 782	2 139,55	3 112,08	3 501,09	2 091,10	3 041,60	3 421,80	2 042,64	2 971,12	3 342,51	1 994,24	2 900,72	3 263,31	1 945,79	2 830,24	3 184,02	1 897,33	2 759,76	3 104,73
	VI	45 851	2 521,80	3 668,08	4 126,59																				
129 491,99	I,IV	39 939	2 196,64	3 195,12	3 594,51	I	39 939	2 099,79	3 054,24	3 436,02	2 002,88	2 913,28	3 277,44	1 906,02	2 772,40	3 118,95	1 809,11	2 631,44	2 960,37	1 686,94	2 490,56	2 801,88	1 477,26	2 349,60	2 643,30
Ost	II	39 138	2 152,59	3 131,04	3 522,42	II	39 138	2 055,68	2 990,08	3 363,84	1 958,82	2 849,20	3 205,35	1 861,91	2 708,24	3 046,77	1 765,06	2 567,36	2 888,28	1 591,50	2 426,40	2 729,70	1 381,94	2 285,52	2 571,21
	III	30 802	–	2 464,16	2 772,18	III	30 802	–	2 324,16	2 614,68	–	2 186,88	2 460,24	–	2 052,64	2 309,22	–	1 921,28	2 161,44	–	1 792,80	2 016,90	–	1 667,36	1 875,78
	V	45 573	2 506,51	3 645,84	4 101,57	IV	39 939	2 148,19	3 124,64	3 515,22	2 099,79	3 054,24	3 436,02	2 051,33	2 983,76	3 356,73	2 002,88	2 913,28	3 277,44	1 954,42	2 842,80	3 198,15	1 906,02	2 772,40	3 118,95
	VI	46 008	2 530,44	3 680,64	4 140,72																				
129 527,99	I,IV	39 797	2 188,83	3 183,76	3 581,73	I	39 797	2 091,92	3 042,80	3 423,15	1 995,07	2 901,92	3 264,66	1 898,16	2 760,96	3 106,08	1 801,30	2 620,08	2 947,59	1 669,92	2 479,12	2 789,01	1 460,36	2 338,24	2 630,52
West	II	38 995	2 144,72	3 119,60	3 509,55	II	38 995	2 047,87	2 978,72	3 351,06	1 950,96	2 837,76	3 192,48	1 854,10	2 696,88	3 033,99	1 757,19	2 555,92	2 875,41	1 574,60	2 415,04	2 716,92	1 364,93	2 274,08	2 558,34
	III	30 660	–	2 452,80	2 759,40	III	30 660	–	2 312,80	2 601,90	–	2 175,84	2 447,82	–	2 041,76	2 296,98	–	1 910,72	2 149,56	–	1 782,56	2 005,38	–	1 657,28	1 864,44
	V	45 431	2 498,70	3 634,48	4 088,79	IV	39 797	2 140,38	3 113,28	3 502,44	2 091,92	3 042,80	3 423,15	2 043,47	2 972,32	3 343,86	1 995,07	2 901,92	3 264,66	1 946,61	2 831,44	3 185,37	1 898,16	2 760,96	3 106,08
	VI	45 866	2 522,63	3 669,28	4 127,94																				
129 527,99	I,IV	39 954	2 197,47	3 196,32	3 595,86	I	39 954	2 100,61	3 055,44	3 437,37	2 003,70	2 914,48	3 278,79	1 906,85	2 773,60	3 120,30	1 809,94	2 632,64	2 961,72	1 688,72	2 491,76	2 803,23	1 479,05	2 350,80	2 644,65
Ost	II	39 153	2 153,41	3 132,24	3 523,77	II	39 153	2 056,50	2 991,28	3 365,19	1 959,65	2 850,40	3 206,70	1 862,74	2 709,44	3 048,12	1 765,88	2 568,56	2 889,63	1 593,29	2 427,60	2 731,05	1 383,73	2 286,72	2 572,56
	III	30 818	–	2 465,44	2 773,62	III	30 818	–	2 325,28	2 615,94	–	2 188,–	2 461,50	–	2 053,76	2 310,48	–	1 922,40	2 162,70	–	1 793,92	2 018,16	–	1 668,48	1 877,04
	V	45 588	2 507,34	3 647,04	4 102,92	IV	39 954	2 149,01	3 125,84	3 516,57	2 100,61	3 055,44	3 437,37	2 052,16	2 984,96	3 358,08	2 003,70	2 914,48	3 278,79	1 955,25	2 844,–	3 199,50	1 906,85	2 773,60	3 120,30
	VI	46 023	2 531,26	3 681,84	4 142,07																				
129 563,99	I,IV	39 812	2 189,66	3 184,96	3 583,08	I	39 812	2 092,75	3 044,–	3 424,50	1 995,89	2 903,12	3 266,01	1 898,98	2 762,16	3 107,43	1 802,13	2 621,28	2 948,94	1 671,71	2 480,32	2 790,36	1 462,15	2 339,44	2 631,87
West	II	39 010	2 145,55	3 120,80	3 510,90	II	39 010	2 048,69	2 979,92	3 352,41	1 951,78	2 838,96	3 193,83	1 854,93	2 698,08	3 035,34	1 758,02	2 557,12	2 876,76	1 576,39	2 416,24	2 718,27	1 366,83	2 275,36	2 559,78
	III	30 674	–	2 453,92	2 760,66	III	30 674	–	2 314,08	2 603,34	–	2 176,96	2 449,08	–	2 043,04	2 298,42	–	1 911,84	2 150,82	–	1 783,68	2 006,64	–	1 658,40	1 865,70
	V	45 446	2 499,53	3 635,68	4 090,14	IV	39 812	2 141,20	3 114,48	3 503,79	2 092,75	3 044,–	3 424,50	2 044,35	2 973,60	3 345,30	1 995,89	2 903,12	3 266,01	1 947,44	2 832,64	3 186,72	1 898,98	2 762,16	3 107,43
	VI	45 881	2 523,45	3 670,48	4 129,29																				
129 563,99	I,IV	39 969	2 198,29	3 197,52	3 597,21	I	39 969	2 101,44	3 056,64	3 438,72	2 004,53	2 915,68	3 280,14	1 907,67	2 774,80	3 121,65	1 810,76	2 633,84	2 963,07	1 690,51	2 492,96	2 804,58	1 480,83	2 352,–	2 646,–
Ost	II	39 168	2 154,24	3 133,44	3 525,12	II	39 168	2 057,33	2 992,48	3 366,54	1 960,47	2 851,60	3 208,05	1 863,56	2 710,64	3 049,47	1 766,71	2 569,76	2 890,98	1 595,19	2 428,88	2 732,49	1 385,51	2 287,92	2 573,91
	III	30 832	–	2 466,56	2 774,88	III	30 832	–	2 326,40	2 617,20	–	2 189,12	2 462,76	–	2 054,88	2 311,74	–	1 923,52	2 163,96	–	1 795,04	2 019,42	–	1 669,44	1 878,12
	V	45 603	2 508,16	3 648,24	4 104,27	IV	39 969	2 149,89	3 127,12	3 518,01	2 101,44	3 056,64	3 438,72	2 052,98	2 986,16	3 359,43	2 004,53	2 915,68	3 280,14	1 956,13	2 845,28	3 200,94	1 907,67	2 774,80	3 121,65
	VI	46 038	2 532,09	3 683,04	4 143,42																				
129 599,99	I,IV	39 827	2 190,48	3 186,16	3 584,43	I	39 827	2 093,57	3 045,20	3 425,85	1 996,72	2 904,32	3 267,36	1 899,81	2 763,36	3 108,78	1 802,95	2 622,48	2 950,29	1 673,49	2 481,52	2 791,71	1 463,93	2 340,64	2 633,22
West	II	39 026	2 146,43	3 122,08	3 512,34	II	39 026	2 049,52	2 981,12	3 353,76	1 952,66	2 840,24	3 195,27	1 855,75	2 699,28	3 036,69	1 758,90	2 558,40	2 878,20	1 578,17	2 417,44	2 719,62	1 368,61	2 276,56	2 561,13
	III	30 690	–	2 455,20	2 762,10	III	30 690	–	2 315,20	2 604,60	–	2 178,24	2 450,52	–	2 044,16	2 299,68	–	1 912,96	2 152,08	–	1 784,80	2 007,90	–	1 659,52	1 866,96
	V	45 461	2 500,35	3 636,88	4 091,49	IV	39 827	2 142,03	3 115,68	3 505,14	2 093,57	3 045,20	3 425,85	2 045,17	2 974,80	3 346,65	1 996,72	2 904,32	3 267,36	1 948,26	2 833,84	3 188,07	1 899,81	2 763,36	3 108,78
	VI	45 896	2 524,28	3 671,68	4 130,64																				
129 599,99	I,IV	39 984	2 199,12	3 198,72	3 598,56	I	39 984	2 102,26	3 057,84	3 440,07	2 005,35	2 916,88	3 281,49	1 908,50	2 776,–	3 123,–	1 811,59	2 635,04	2 964,42	1 692,29	2 494,16	2 805,93	1 482,74	2 353,28	2 647,44
Ost	II	39 183	2 155,06	3 134,64	3 526,47	II	39 183	2 058,21	2 993,76	3 367,98	1 961,30	2 852,80	3 209,40	1 864,44	2 711,92	3 050,91	1 767,53	2 570,96	2 892,33	1 596,98	2 430,08	2 733,84	1 387,30	2 289,12	2 575,26
	III	30 848	–	2 467,84	2 776,32	III	30 848	–	2 327,68	2 618,64	–	2 190,40	2 464,20	–	2 056,–	2 313,–	–	1 924,64	2 165,22	–	1 796,16	2 020,68	–	1 670,56	1 879,38
	V	45 618	2 508,99	3 649,44	4 105,62	IV	39 984	2 150,72	3 128,32	3 519,36	2 102,26	3 057,84	3 440,07	2 053,81	2 987,36	3 360,78	2 005,35	2 916,88	3 281,49	1 956,95	2 846,48	3 202,29	1 908,50	2 776,–	3 123,–
	VI	46 053	2 532,91	3 684,24	4 144,77																				
129 635,99	I,IV	39 842	2 191,31	3 187,36	3 585,78	I	39 842	2 094,45	3 046,48	3 427,29	1 997,54	2 905,52	3 268,71	1 900,69	2 764,64	3 110,22	1 803,78	2 623,68	2 951,64	1 675,40	2 482,80	2 793,15	1 465,72	2 341,84	2 634,57
West	II	39 041	2 147,25	3 123,28	3 513,69	II	39 041	2 050,34	2 982,32	3 355,11	1 953,49	2 841,44	3 196,62	1 856,58	2 700,48	3 038,04	1 759,72	2 559,60	2 879,55	1 579,96	2 418,64	2 720,97	1 370,40	2 277,76	2 562,48
	III	30 704	–	2 456,32	2 763,36	III	30 704	–	2 316,48	2 606,04	–	2 179,36	2 451,78	–	2 045,28	2 300,94	–	1 914,08	2 153,34	–	1 785,76	2 008,98	–	1 660,48	1 868,04
	V	45 476	2 501,18	3 638,08	4 092,84	IV	39 842	2 142,85	3 116,88	3 506,49	2 094,45	3 046,48	3 427,29	2 046,–	2 976,–	3 348,–	1 997,54	2 905,52	3 268,71	1 949,09	2 835,04	3 189,42	1 900,69	2 764,64	3 110,22
	VI	45 911	2 525,10	3 672,88	4 131,99																				
129 635,99	I,IV	40 000	2 200,–	3 200,–	3 600,–	I	40 000	2 103,09	3 059,04	3 441,42	2 006,23	2 918,16	3 282,93	1 909,32	2 777,20	3 124,35	1 812,47	2 636,32	2 965,86	1 694,08	2 495,36	2 807,28	1 484,52	2 354,48	2 648,79
Ost	II	39 198	2 155,89	3 135,84	3 527,82	II	39 198	2 059,03	2 994,96	3 369,33	1 962,12	2 854,–	3 210,75	1 865,27	2 713,12	3 052,26	1 768,36	2 572,16	2 893,68	1 598,76	2 431,28	2 735,19	1 389,08	2 290,32	2 576,61
	III	30 862	–	2 468,96	2 777,58	III	30 862	–	2 328,80	2 619,90	–	2 191,52	2 465,46	–	2 057,12	2 314,26	–	1 925,76	2 166,48	–	1 797,12	2 021,76	–	1 671,68	1 880,64
	V	45 633	2 509,81	3 650,64	4 106,97	IV	40 000	2 151,54	3 129,52	3 520,71	2 103,09	3 059,04	3 441,42	2 054,63	2 988,56	3 362,13	2 006,23	2 918,16	3 282,93	1 957,78	2 847,68	3 203,64	1 909,32	2 777,20	3 124,35
	VI	46 068	2 533,74	3 685,44	4 146,12																				
129 671,99	I,IV	39 857	2 192,13	3 188,56	3 587,13	I	39 857	2 095,28	3 047,68	3 428,64	1 998,37	2 906,72	3 270,06	1 901,51	2 765,84	3 111,57	1 804,60	2 624,88	2 952,99	1 677,18	2 484,–	2 794,50	1 467,50	2 343,04	2 635,92
West	II	39 056	2 148,08	3 124,48	3 515,04	II	39 056	2 051,17	2 983,52	3 356,46	1 954,31	2 842,64	3 197,97	1 857,40	2 701,68	3 039,39	1 760,55	2 560,80	2 880,90	1 581,74	2 419,84	2 722,32	1 372,18	2 278,96	2 563,83
	III	30 720	–	2 457,60	2 764,80	III	30 720	–	2 317,60	2 607,30	–	2 180,48	2 453,04	–	2 046,40	2 302,20	–	1 915,20	2 154,60	–	1 786,88	2 010,24	–	1 661,60	1 869,30
	V	45 491	2 502,–	3 639,28	4 094,19	IV	39 857	2 143,68	3 118,08	3 507,84	2 095,28	3 047,68	3 428,64	2 046,82	2 977,20	3 349,35	1 998,37	2 906,72	3 270,06	1 949,91	2 836,24	3 190,77	1 901,51	2 765,84	3 111,57
	VI	45 926	2 525,93	3 674,08	4 133,34																				
129 671,99	I,IV	40 015	2 200,82	3 201,20	3 601,35	I	40 015	2 103,91	3 060,24	3 442,77	2 007,06	2 919,36	3 284,28	1 910,15	2 778,40	3 125,70	1 813,29	2 637,52	2 967,21	1 695,86	2 496,56	2 808,63	1 486,31	2 355,68	2 650,14
Ost	II	39 213	2 156,71	3 137,04	3 529,17	II	39 213	2 059,86	2 996,16	3 370,68	1 962,95	2 855,20	3 212,10	1 866,09	2 714,32	3 053,61	1 769,18	2 573,36	2 895,03	1 600,55	2 432,48	2 736,54	1 390,87	2 291,52	2 577,96
	III	30 878	–	2 470,24	2 779,02	III	30 878	–	2 330,08	2 621,34	–	2 192,64	2 466,72	–	2 058,24	2 315,52	–	1 926,88	2 167,74	–	1 798,24	2 023,02	–	1 672,64	1 881,72
	V	45 648	2 510,64	3 651,84	4 108,32	IV	40 015	2 152,37	3 130,72	3 522,06	2 103,91	3 060,24	3 442,77	2 055,46	2 989,76	3 363,48	2 007,06	2 919,36	3 284,28	1 958,60	2 848,88	3 204,99	1 910,15	2 778,40	3 125,70
	VI	46 084	2 534,62	3 686,72	4 147,56																				
129 707,99	I,IV	39 872	2 192,96	3 189,76	3 588,48	I	39 872	2 096,10	3 048,88	3 429,99	1 999,19	2 907,92	3 271,41	1 902,34	2 767,04	3 112,92	1 805,43	2 626,08	2 954,34	1 678,97	2 485,20	2 795,85	1 469,29	2 344,24	2 637,27
West	II	39 071	2 148,90	3 125,68	3 516,39	II	39 071	2 051,99	2 984,72	3 357,81	1 955,14	2 843,84	3 199,32	1 858,23	2 702,88	3 040,74	1 761,37	2 562,–	2 882,25	1 583,53	2 421,04	2 723,67	1 373,97	2 280,16	2 565,18
	III	30 734	–	2 458,72	2 766,06	III	30 734	–	2 318,72	2 608,56	–	2 181,76	2 454,48	–	2 047,52	2 303,46	–	1 916,32	2 155,86	–	1 788,–	2 011,50	–	1 662,72	1 870,56
	V	45 506	2 502,83	3 640,48	4 095,54	IV	39 872	2 144,56	3 119,36	3 509,28	2 096,10	3 048,88	3 429,99	2 047,65	2 978,40	3 350,70	1 999,19	2 907,92	3 271,41	1 950,79	2 837,52	3 192,21	1 902,34	2 767,04	3 112,92
	VI	45 941	2 526,75	3 675,28	4 134,69																				
129 707,99	I,IV	40 030	2 201,65	3 202,40	3 602,70	I	40 030	2 104,74	3 061,44	3 444,12	2 007,88	2 920,56	3 285,63	1 910,97	2 779,60	3 127,05	1 814,12	2 638,72	2 968,56	1 697,65	2 497,76	2 809,98	1 488,09	2 356,88	2 651,49
Ost	II	39 228	2 157,54	3 138,24	3 530,52	II	39 228	2 060,68	2 997,36	3 372,03	1 963,77	2 856,40	3 213,45	1 866,92	2 715,52	3 054,96	1 770,01	2 574,56	2 896,38	1 602,33	2 433,68	2 737,89	1 392,77	2 292,80	2 579,40
	III	30 892	–	2 471,36	2 780,28	III	30 892	–	2 331,20	2 622,60	–	2 193,92	2 468,16	–	2 059,36	2 316,78	–	1 928,–	2 169,–	–	1 799,36	2 024,28	–	1 673,76	1 882,98
	V	45 664	2 511,52	3 653,12	4 109,76	IV	40 030	2 153,19	3 131,92	3 523,41	2 104,74	3 061,44	3 444,12	2 056,34	2 991,04	3 364,92	2 007,88	2 920,56	3 285,63	1 959,43	2 850,08	3 206,34	1 910,97	2 779,60	3 127,05
	VI	46 099	2 535,44	3 687,92	4 148,91																				
129 743,99	I,IV	39 887	2 193,78	3 190,96	3 589,83	I	39 887	2 096,93	3 050,08	3 431,34	2 000,02	2 909,12	3 272,76	1 903,16	2 768,24	3 114,27	1 806,25	2 627,28	2 955,69	1 680,75	2 486,40	2 797,20	1 471,07	2 345,44	2 638,62
West	II	39 086	2 149,73	3 126,88	3 517,74	II	39 086	2 052,87	2 986,–	3 359,25	1 955,96	2 845,04	3 200,67	1 859,11	2 704,16	3 042,18	1 762,20	2 563,20	2 883,60	1 585,43	2 422,32	2 725,11	1 375,75	2 281,36	2 566,53
	III	30 750	–	2 460,–	2 767,50	III	30 750	–	2 320,–	2 610,–	–	2 182,88	2 455,74	–	2 048,64	2 304,72	–	1 917,44	2 157,12	–	1 789,12	2 012,76	–	1 663,68	1 871,64
	V	45 521	2 503,65	3 641,68	4 096,89	IV	39 887	2 145,38	3 120,56	3 510,63	2 096,93	3 050,08	3 431,34	2 048,47	2 979,60	3 352,05	2 000,02	2 909,12	3 272,76	1 951,62	2 838,72	3 193,56	1 903,16	2 768,24	3 114,27
	VI	45 956	2 527,58	3 676,48	4 136,04																				
129 743,99	I,IV	40 045	2 202,47	3 203,60	3 604,05	I	40 045	2 105,56	3 062,64	3 445,47	2 008,71	2 921,76	3 286,98	1 911,80	2 780,80	3 128,40	1 814,94	2 639,92	2 969,91	1 699,43	2 498,96	2 811,33	1 489,88	2 358,08	2 652,84
Ost	II	39 244	2 158,42	3 139,52	3 531,96	II	39 244	2 061,51	2 998,56	3 373,38	1 964,65	2 857,68	3 214,89	1 867,74	2 716,72	3 056,31	1 770,89	2 575,84	2 897,82	1 604,12	2 434,88	2 739,24	1 394,56	2 294,–	2 580,75
	III	30 908	–	2 472,64	2 781,72	III	30 908	–	2 332,48	2 624,04	–	2 195,04	2 469,42	–	2 060,64	2 318,22	–	1 929,12	2 170,26	–	1 800,48	2 025,54	–	1 674,88	1 884,24
	V	45 679	2 512,34	3 654,32	4 111,11	IV	40 045	2 154,02	3 133,12	3 524,76	2 105,56	3 062,64	3 445,47	2 057,16	2 992,24	3 366,27	2 008,71	2 921,76	3 286,98	1 960,25	2 851,28	3 207,69	1 911,80	2 780,80	3 128,40
	VI	46 114	2 536,27	3 689,12	4 150,26																				

Abzüge an Lohnsteuer, Solidaritätszuschlag (SolZ) und Kirchensteuer (8%, 9%) in den Steuerklassen; mit Zahl der Kinderfreibeträge . . .

* Die ausgewiesenen Tabellenwerte sind amtlich. Siehe Erläuterungen auf der Umschlaginnenseite (U2).

Abzüge an Lohnsteuer, Solidaritätszuschlag (SolZ) und Kirchensteuer (8%, 9%) in den Steuerklassen

Lohn/ Gehalt bis €*	I – VI					I, II, III, IV		mit Zahl der Kinderfreibeträge . . .																	
			ohne Kinder-freibeträge					0,5			1			1,5			2			2,5			3		
		LSt	SolZ	8%	9%		LSt	SolZ	8%	9%	SolZ	8%	9%	SolZ	8%	9%	SolZ	8%	9%	SolZ	8%	9%	SolZ	8%	9%
129 779,99 West	I,IV	39 902	2 194,61	3 192,16	3 591,18	I	39 902	2 097,75	3 051,28	3 432,69	2 000,90	2 910,40	3 274,20	1 903,99	2 769,44	3 115,62	1 807,13	2 628,56	2 957,13	1 682,54	2 487,60	2 798,55	1 472,98	2 346,72	2 640,06
	II	39 101	2 150,55	3 128,08	3 519,09	II	39 101	2 053,70	2 987,20	3 360,60	1 956,79	2 846,24	3 202,02	1 859,93	2 705,36	3 043,53	1 763,02	2 564,40	2 884,95	1 587,22	2 423,52	2 726,46	1 377,54	2 282,56	2 567,88
	III	30 764	—	2 461,12	2 768,76	III	30 764	—	2 321,12	2 611,26	—	2 184,—	2 457,—	—	2 049,76	2 305,98	—	1 918,56	2 158,38	—	1 790,24	2 014,02	—	1 664,80	1 872,90
	V	45 536	2 504,48	3 642,88	4 098,24	IV	39 902	2 146,21	3 121,76	3 511,98	2 097,75	3 051,28	3 432,69	2 049,30	2 980,80	3 353,40	2 000,90	2 910,40	3 274,20	1 952,44	2 839,92	3 194,91	1 903,99	2 769,44	3 115,62
	VI	45 971	2 528,40	3 677,68	4 137,39																				
129 779,99 Ost	I,IV	40 060	2 203,30	3 204,80	3 605,40	I	40 060	2 106,44	3 063,92	3 446,91	2 009,53	2 922,96	3 288,33	1 912,68	2 782,08	3 129,84	1 815,77	2 641,12	2 971,26	1 701,34	2 500,24	2 812,77	1 491,66	2 359,28	2 654,19
	II	39 259	2 159,24	3 140,72	3 533,31	II	39 259	2 062,33	2 999,76	3 374,73	1 965,48	2 858,88	3 216,24	1 868,57	2 717,92	3 057,66	1 771,71	2 577,04	2 899,17	1 605,90	2 436,08	2 740,59	1 396,34	2 295,20	2 582,10
	III	30 922	—	2 473,76	2 782,98	III	30 922	—	2 333,60	2 625,30	—	2 196,16	2 470,68	—	2 061,76	2 319,48	—	1 930,24	2 171,52	—	1 801,60	2 026,80	—	1 675,84	1 885,32
	V	45 694	2 513,17	3 655,52	4 112,46	IV	40 060	2 154,84	3 134,32	3 526,11	2 106,44	3 063,92	3 446,91	2 057,99	2 993,44	3 367,62	2 009,53	2 922,96	3 288,33	1 961,08	2 852,48	3 209,04	1 912,68	2 782,08	3 129,84
	VI	46 129	2 537,09	3 690,32	4 151,61																				
129 815,99 West	I,IV	39 918	2 195,49	3 193,44	3 592,62	I	39 918	2 098,58	3 052,48	3 434,04	2 001,72	2 911,60	3 275,55	1 904,81	2 770,64	3 116,97	1 807,96	2 629,76	2 958,48	1 684,32	2 488,80	2 799,90	1 474,76	2 347,92	2 641,41
	II	39 116	2 151,38	3 129,28	3 520,44	II	39 116	2 054,52	2 988,40	3 361,95	1 957,61	2 847,44	3 203,37	1 860,76	2 706,56	3 044,88	1 763,85	2 565,60	2 886,30	1 589,—	2 424,72	2 727,81	1 379,32	2 283,76	2 569,23
	III	30 780	—	2 462,40	2 770,20	III	30 780	—	2 322,40	2 612,70	—	2 185,12	2 458,26	—	2 050,88	2 307,24	—	1 919,68	2 159,64	—	1 791,20	2 015,10	—	1 665,76	1 873,98
	V	45 551	2 505,30	3 644,08	4 099,59	IV	39 918	2 147,03	3 122,96	3 513,33	2 098,58	3 052,48	3 434,04	2 050,12	2 982,—	3 354,75	2 001,72	2 911,60	3 275,55	1 953,27	2 841,12	3 196,26	1 904,81	2 770,64	3 116,97
	VI	45 987	2 529,28	3 678,96	4 138,83																				
129 815,99 Ost	I,IV	40 075	2 204,12	3 206,—	3 606,75	I	40 075	2 107,27	3 065,12	3 448,26	2 010,36	2 924,16	3 289,68	1 913,50	2 783,28	3 131,19	1 816,59	2 642,32	2 972,61	1 703,12	2 501,44	2 814,12	1 493,45	2 360,48	2 655,54
	II	39 274	2 160,07	3 141,92	3 534,66	II	39 274	2 063,16	3 000,96	3 376,08	1 966,30	2 860,08	3 217,59	1 869,39	2 719,12	3 059,01	1 772,54	2 578,24	2 900,52	1 607,69	2 437,28	2 741,94	1 398,13	2 296,40	2 583,45
	III	30 938	—	2 475,04	2 784,42	III	30 938	—	2 334,88	2 626,74	—	2 197,28	2 471,94	—	2 062,88	2 320,74	—	1 931,36	2 172,78	—	1 802,72	2 028,06	—	1 676,96	1 886,58
	V	45 709	2 513,99	3 656,72	4 113,81	IV	40 075	2 155,67	3 135,52	3 527,46	2 107,27	3 065,12	3 448,26	2 058,81	2 994,64	3 368,97	2 010,36	2 924,16	3 289,68	1 961,90	2 853,68	3 210,39	1 913,50	2 783,28	3 131,19
	VI	46 144	2 537,92	3 691,52	4 152,96																				
129 851,99 West	I,IV	39 933	2 196,31	3 194,64	3 593,97	I	39 933	2 099,40	3 053,68	3 435,39	2 002,55	2 912,80	3 276,90	1 905,64	2 771,84	3 118,32	1 808,78	2 630,96	2 959,83	1 686,11	2 490,—	2 801,25	1 476,55	2 349,12	2 642,76
	II	39 131	2 152,20	3 130,48	3 521,79	II	39 131	2 055,35	2 989,60	3 363,30	1 958,44	2 848,64	3 204,72	1 861,58	2 707,76	3 046,23	1 764,67	2 566,80	2 887,65	1 590,79	2 425,92	2 729,16	1 381,11	2 284,96	2 570,58
	III	30 796	—	2 463,68	2 771,64	III	30 796	—	2 323,52	2 613,96	—	2 186,40	2 459,70	—	2 052,—	2 308,50	—	1 920,80	2 160,90	—	1 792,32	2 016,36	—	1 666,88	1 875,24
	V	45 567	2 506,18	3 645,36	4 101,03	IV	39 933	2 147,86	3 124,16	3 514,68	2 099,40	3 053,68	3 435,39	2 051,—	2 983,28	3 356,19	2 002,55	2 912,80	3 276,90	1 954,09	2 842,32	3 197,61	1 905,64	2 771,84	3 118,32
	VI	46 002	2 530,11	3 680,16	4 140,18																				
129 851,99 Ost	I,IV	40 090	2 204,95	3 207,20	3 608,10	I	40 090	2 108,09	3 066,32	3 449,61	2 011,18	2 925,36	3 291,03	1 914,33	2 784,48	3 132,54	1 817,42	2 643,52	2 973,96	1 704,91	2 502,64	2 815,47	1 495,23	2 361,68	2 656,89
	II	39 289	2 160,89	3 143,12	3 536,01	II	39 289	2 063,98	3 002,16	3 377,43	1 967,13	2 861,28	3 218,94	1 870,22	2 720,32	3 060,36	1 773,36	2 579,44	2 901,87	1 609,47	2 438,48	2 743,29	1 399,91	2 297,60	2 584,80
	III	30 954	—	2 476,32	2 785,86	III	30 954	—	2 336,—	2 628,—	—	2 198,56	2 473,38	—	2 064,—	2 322,—	—	1 932,32	2 173,86	—	1 803,68	2 029,14	—	1 678,08	1 887,84
	V	45 724	2 514,82	3 657,92	4 115,16	IV	40 090	2 156,49	3 136,72	3 528,81	2 108,09	3 066,32	3 449,61	2 059,64	2 995,84	3 370,32	2 011,18	2 925,36	3 291,03	1 962,78	2 854,96	3 211,83	1 914,33	2 784,48	3 132,54
	VI	46 159	2 538,74	3 692,72	4 154,31																				
129 887,99 West	I,IV	39 948	2 197,14	3 195,84	3 595,32	I	39 948	2 100,23	3 054,88	3 436,74	2 003,37	2 914,—	3 278,25	1 906,46	2 773,04	3 119,67	1 809,61	2 632,16	2 961,18	1 687,89	2 491,20	2 802,60	1 478,33	2 350,32	2 644,11
	II	39 146	2 153,03	3 131,68	3 523,14	II	39 146	2 056,17	2 990,80	3 364,65	1 959,32	2 849,92	3 206,16	1 862,41	2 708,96	3 047,58	1 765,55	2 568,08	2 889,09	1 592,57	2 427,12	2 730,51	1 383,01	2 286,24	2 572,02
	III	30 810	—	2 464,80	2 772,90	III	30 810	—	2 324,80	2 615,40	—	2 187,52	2 460,96	—	2 053,28	2 309,94	—	1 921,92	2 162,16	—	1 793,44	2 017,62	—	1 668,—	1 876,50
	V	45 582	2 507,01	3 646,56	4 102,38	IV	39 948	2 148,68	3 125,36	3 516,03	2 100,23	3 054,88	3 436,74	2 051,83	2 984,48	3 357,54	2 003,37	2 914,—	3 278,25	1 954,92	2 843,52	3 198,96	1 906,46	2 773,04	3 119,67
	VI	46 017	2 530,93	3 681,36	4 141,53																				
129 887,99 Ost	I,IV	40 105	2 205,77	3 208,40	3 609,45	I	40 105	2 108,92	3 067,52	3 450,96	2 012,01	2 926,56	3 292,38	1 915,15	2 785,68	3 133,89	1 818,24	2 644,72	2 975,31	1 706,69	2 503,84	2 816,82	1 497,02	2 362,88	2 658,24
	II	39 304	2 161,72	3 144,32	3 537,36	II	39 304	2 064,86	3 003,44	3 378,87	1 967,95	2 862,48	3 220,29	1 871,10	2 721,60	3 061,80	1 774,19	2 580,64	2 903,22	1 611,37	2 439,76	2 744,73	1 401,70	2 298,80	2 586,15
	III	30 968	—	2 477,44	2 787,12	III	30 968	—	2 337,12	2 629,26	—	2 199,68	2 474,64	—	2 065,12	2 323,26	—	1 933,44	2 175,12	—	1 804,80	2 030,40	—	1 679,04	1 888,92
	V	45 739	2 515,64	3 659,12	4 116,51	IV	40 105	2 157,37	3 138,—	3 530,25	2 108,92	3 067,52	3 450,96	2 060,46	2 997,04	3 371,67	2 012,01	2 926,56	3 292,38	1 963,61	2 856,16	3 213,18	1 915,15	2 785,68	3 133,89
	VI	46 174	2 539,57	3 693,92	4 155,66																				
129 923,99 West	I,IV	39 963	2 197,96	3 197,04	3 596,67	I	39 963	2 101,05	3 056,08	3 438,09	2 004,20	2 915,20	3 279,60	1 907,34	2 774,32	3 121,11	1 810,43	2 633,36	2 962,53	1 689,80	2 492,48	2 804,04	1 480,12	2 351,52	2 645,46
	II	39 162	2 153,91	3 132,96	3 524,58	II	39 162	2 057,—	2 992,—	3 366,—	1 960,14	2 851,12	3 207,51	1 863,23	2 710,16	3 048,93	1 766,38	2 569,28	2 890,44	1 594,36	2 428,32	2 731,86	1 384,80	2 287,44	2 573,37
	III	30 826	—	2 466,08	2 774,34	III	30 826	—	2 325,92	2 616,66	—	2 188,64	2 462,22	—	2 054,40	2 311,20	—	1 923,04	2 163,42	—	1 794,56	2 018,88	—	1 668,96	1 877,58
	V	45 597	2 507,83	3 647,76	4 103,73	IV	39 963	2 149,51	3 126,56	3 517,38	2 101,05	3 056,08	3 438,09	2 052,65	2 985,68	3 358,89	2 004,20	2 915,20	3 279,60	1 955,74	2 844,72	3 200,31	1 907,34	2 774,32	3 121,11
	VI	46 032	2 531,76	3 682,56	4 142,88																				
129 923,99 Ost	I,IV	40 120	2 206,60	3 209,60	3 610,80	I	40 120	2 109,74	3 068,72	3 452,31	2 012,89	2 927,84	3 293,82	1 915,98	2 786,88	3 135,24	1 819,12	2 646,—	2 976,75	1 708,48	2 505,04	2 818,17	1 498,92	2 364,16	2 659,68
	II	39 319	2 162,54	3 145,52	3 538,71	II	39 319	2 065,69	3 004,64	3 380,22	1 968,78	2 863,68	3 221,64	1 871,92	2 722,80	3 063,15	1 775,01	2 581,84	2 904,57	1 613,16	2 440,96	2 746,08	1 403,48	2 300,—	2 587,50
	III	30 984	—	2 478,72	2 788,56	III	30 984	—	2 338,40	2 630,70	—	2 200,80	2 475,90	—	2 066,24	2 324,52	—	1 934,56	2 176,38	—	1 805,92	2 031,66	—	1 680,16	1 890,18
	V	45 754	2 516,47	3 660,32	4 117,86	IV	40 120	2 158,20	3 139,20	3 531,60	2 109,74	3 068,72	3 452,31	2 061,29	2 998,24	3 373,02	2 012,89	2 927,84	3 293,82	1 964,43	2 857,36	3 214,53	1 915,98	2 786,88	3 135,24
	VI	46 189	2 540,39	3 695,12	4 157,01																				
129 959,99 West	I,IV	39 978	2 198,79	3 198,24	3 598,02	I	39 978	2 101,93	3 057,36	3 439,53	2 005,02	2 916,40	3 280,95	1 908,17	2 775,52	3 122,46	1 811,26	2 634,56	2 963,88	1 691,58	2 493,68	2 805,39	1 481,90	2 352,72	2 646,81
	II	39 177	2 154,73	3 134,16	3 525,93	II	39 177	2 057,82	2 993,20	3 367,35	1 960,97	2 852,32	3 208,86	1 864,06	2 711,36	3 050,28	1 767,20	2 570,48	2 891,79	1 596,14	2 429,52	2 733,21	1 386,58	2 288,64	2 574,72
	III	30 840	—	2 467,20	2 775,60	III	30 840	—	2 327,20	2 618,10	—	2 189,92	2 463,66	—	2 055,52	2 312,46	—	1 924,16	2 164,68	—	1 795,68	2 020,14	—	1 670,08	1 878,84
	V	45 612	2 508,66	3 648,96	4 105,08	IV	39 978	2 150,33	3 127,76	3 518,73	2 101,93	3 057,36	3 439,53	2 053,48	2 986,88	3 360,24	2 005,02	2 916,40	3 280,95	1 956,57	2 845,92	3 201,66	1 908,17	2 775,52	3 122,46
	VI	46 047	2 532,58	3 683,76	4 144,23																				
129 959,99 Ost	I,IV	40 136	2 207,48	3 210,88	3 612,24	I	40 136	2 110,57	3 069,92	3 453,66	2 013,71	2 929,04	3 295,17	1 916,80	2 788,08	3 136,59	1 819,95	2 647,20	2 978,10	1 710,26	2 506,24	2 819,52	1 500,70	2 365,36	2 661,03
	II	39 334	2 163,37	3 146,72	3 540,06	II	39 334	2 066,51	3 005,84	3 381,57	1 969,60	2 864,88	3 222,99	1 872,75	2 724,—	3 064,50	1 775,84	2 583,04	2 905,92	1 614,94	2 442,16	2 747,43	1 405,27	2 301,20	2 588,85
	III	30 998	—	2 479,84	2 789,82	III	30 998	—	2 339,52	2 631,96	—	2 202,08	2 477,34	—	2 067,36	2 325,78	—	1 935,68	2 177,64	—	1 807,04	2 032,92	—	1 681,28	1 891,44
	V	45 769	2 517,29	3 661,52	4 119,21	IV	40 136	2 159,02	3 140,40	3 532,95	2 110,57	3 069,92	3 453,66	2 062,11	2 999,44	3 374,37	2 013,71	2 929,04	3 295,17	1 965,26	2 858,56	3 215,88	1 916,80	2 788,08	3 136,59
	VI	46 205	2 541,27	3 696,40	4 158,45																				
129 995,99 West	I,IV	39 993	2 199,61	3 199,44	3 599,37	I	39 993	2 102,76	3 058,56	3 440,88	2 005,85	2 917,60	3 282,30	1 908,99	2 776,72	3 123,81	1 812,08	2 635,76	2 965,23	1 693,37	2 494,88	2 806,74	1 483,69	2 353,92	2 648,16
	II	39 192	2 155,56	3 135,36	3 527,28	II	39 192	2 058,65	2 994,40	3 368,70	1 961,79	2 853,52	3 210,21	1 864,88	2 712,56	3 051,63	1 768,03	2 571,68	2 893,14	1 597,93	2 430,72	2 734,56	1 388,37	2 289,84	2 576,07
	III	30 856	—	2 468,48	2 777,04	III	30 856	—	2 328,32	2 619,36	—	2 191,04	2 464,92	—	2 056,64	2 313,72	—	1 925,28	2 165,94	—	1 796,64	2 021,22	—	1 671,20	1 880,10
	V	45 627	2 509,48	3 650,16	4 106,43	IV	39 993	2 151,16	3 128,96	3 520,08	2 102,76	3 058,56	3 440,88	2 054,30	2 988,08	3 361,59	2 005,85	2 917,60	3 282,30	1 957,45	2 847,20	3 203,10	1 908,99	2 776,72	3 123,81
	VI	46 062	2 533,41	3 684,96	4 145,58																				
129 995,99 Ost	I,IV	40 151	2 208,30	3 212,08	3 613,59	I	40 151	2 111,39	3 071,12	3 455,01	2 014,54	2 930,24	3 296,52	1 917,63	2 789,28	3 137,94	1 820,77	2 648,40	2 979,45	1 712,05	2 507,44	2 820,87	1 502,49	2 366,56	2 662,38
	II	39 349	2 164,19	3 147,92	3 541,41	II	39 349	2 067,34	3 007,04	3 382,92	1 970,43	2 866,08	3 224,34	1 873,57	2 725,20	3 065,85	1 776,66	2 584,24	2 907,27	1 616,73	2 443,36	2 748,78	1 407,05	2 302,40	2 590,20
	III	31 014	—	2 481,12	2 791,26	III	31 014	—	2 340,80	2 633,40	—	2 203,20	2 478,60	—	2 068,64	2 327,22	—	1 936,80	2 178,90	—	1 808,16	2 034,18	—	1 682,24	1 892,52
	V	45 785	2 518,17	3 662,80	4 120,65	IV	40 151	2 159,85	3 141,60	3 534,30	2 111,39	3 071,12	3 455,01	2 062,94	3 000,64	3 375,72	2 014,54	2 930,24	3 296,52	1 966,08	2 859,76	3 217,23	1 917,63	2 789,28	3 137,94
	VI	46 220	2 542,10	3 697,60	4 159,80																				
130 031,99 West	I,IV	40 008	2 200,44	3 200,64	3 600,72	I	40 008	2 103,58	3 059,76	3 442,23	2 006,67	2 918,80	3 283,65	1 909,82	2 777,92	3 125,16	1 812,91	2 636,96	2 966,58	1 695,15	2 496,08	2 808,09	1 485,47	2 355,12	2 649,51
	II	39 207	2 156,38	3 136,56	3 528,63	II	39 207	2 059,47	2 995,60	3 370,05	1 962,62	2 854,72	3 211,56	1 865,76	2 713,84	3 053,07	1 768,85	2 572,88	2 894,49	1 599,83	2 432,—	2 736,—	1 390,15	2 291,04	2 577,42
	III	30 870	—	2 469,60	2 778,30	III	30 870	—	2 329,44	2 620,62	—	2 192,16	2 466,18	—	2 057,76	2 314,98	—	1 926,40	2 167,20	—	1 797,76	2 022,48	—	1 672,16	1 881,18
	V	45 642	2 510,31	3 651,36	4 107,78	IV	40 008	2 152,04	3 130,24	3 521,52	2 103,58	3 059,76	3 442,23	2 055,13	2 989,28	3 362,94	2 006,67	2 918,80	3 283,65	1 958,27	2 848,40	3 204,45	1 909,82	2 777,92	3 125,16
	VI	46 077	2 534,23	3 686,16	4 146,93																				
130 031,99 Ost	I,IV	40 166	2 209,13	3 213,28	3 614,94	I	40 166	2 112,22	3 072,32	3 456,36	2 015,36	2 931,44	3 297,87	1 918,45	2 790,48	3 139,29	1 821,60	2 649,60	2 980,80	1 713,83	2 508,64	2 822,22	1 504,27	2 367,76	2 663,73
	II	39 364	2 165,02	3 149,12	3 542,76	II	39 364	2 068,16	3 008,24	3 384,27	1 971,31	2 867,36	3 225,78	1 874,40	2 726,40	3 067,20	1 777,54	2 585,52	2 908,71	1 618,51	2 444,56	2 750,13	1 408,96	2 303,68	2 591,64
	III	31 028	—	2 482,24	2 792,52	III	31 028	—	2 341,92	2 634,66	—	2 204,32	2 479,86	—	2 069,76	2 328,48	—	1 937,92	2 180,16	—	1 809,28	2 035,44	—	1 683,36	1 893,78
	V	45 800	2 519,—	3 664,—	4 122,—	IV	40 166	2 160,67	3 142,80	3 535,65	2 112,22	3 072,32	3 456,36	2 063,82	3 001,92	3 377,16	2 015,36	2 931,44	3 297,87	1 966,91	2 860,96	3 218,58	1 918,45	2 790,48	3 139,29
	VI	46 235	2 542,92	3 698,80	4 161,15																				

* Die ausgewiesenen Tabellenwerte sind amtlich. Siehe Erläuterungen auf der Umschlaginnenseite (U2).

Abzüge an Lohnsteuer, Solidaritätszuschlag (SolZ) und Kirchensteuer (8%, 9%) in den Steuerklassen

Lohn/ Gehalt bis €*	I – VI	LSt	SolZ	8%	9%	I, II, III, IV	LSt	0,5 SolZ	0,5 8%	0,5 9%	1 SolZ	1 8%	1 9%	1,5 SolZ	1,5 8%	1,5 9%	2 SolZ	2 8%	2 9%	2,5 SolZ	2,5 8%	2,5 9%	3 SolZ	3 8%	3 9%
			ohne Kinderfreibeträge					mit Zahl der Kinderfreibeträge . . .																	
130 067,99 West	I,IV	40 023	2 201,26	3 201,84	3 602,07	I	40 023	2 104,41	3 060,96	3 443,58	2 007,50	2 920,—	3 285,—	1 910,64	2 779,12	3 126,51	1 813,79	2 638,24	2 968,02	1 696,94	2 497,28	2 809,44	1 487,38	2 356,40	2 650,95
	II	39 222	2 157,21	3 137,76	3 529,98	II	39 222	2 060,35	2 996,88	3 371,49	1 963,44	2 855,92	3 212,91	1 866,59	2 715,04	3 054,42	1 769,68	2 574,08	2 895,84	1 601,62	2 433,20	2 737,35	1 391,94	2 292,24	2 578,77
	III	30 886	—	2 470,88	2 779,74	III	30 886	—	2 330,72	2 622,06	—	2 193,28	2 467,44	—	2 058,88	2 316,24	—	1 927,36	2 168,28	—	1 798,88	2 023,74	—	1 673,28	1 882,44
	V	45 657	2 511,13	3 652,56	4 109,13	IV	40 023	2 152,86	3 131,44	3 522,87	2 104,41	3 060,96	3 443,58	2 055,95	2 990,48	3 364,29	2 007,50	2 920,—	3 285,—	1 959,10	2 849,60	3 205,80	1 910,64	2 779,12	3 126,51
	VI	46 092	2 535,06	3 687,36	4 148,28																				
130 067,99 Ost	I,IV	40 181	2 209,95	3 214,48	3 616,29	I	40 181	2 113,04	3 073,52	3 457,71	2 016,19	2 932,64	3 299,22	1 919,33	2 791,76	3 140,73	1 822,42	2 650,80	2 982,15	1 715,74	2 509,92	2 823,66	1 506,06	2 368,96	2 665,08
	II	39 380	2 165,90	3 150,40	3 544,20	II	39 380	2 068,99	3 009,44	3 385,62	1 972,13	2 868,56	3 227,13	1 875,22	2 727,60	3 068,55	1 778,37	2 586,72	2 910,06	1 620,30	2 445,76	2 751,48	1 410,74	2 304,88	2 592,99
	III	31 044	—	2 483,52	2 793,96	III	31 044	—	2 343,20	2 636,10	—	2 205,60	2 481,30	—	2 070,88	2 329,74	—	1 939,04	2 181,42	—	1 810,24	2 036,52	—	1 684,48	1 895,04
	V	45 815	2 519,82	3 665,20	4 123,35	IV	40 181	2 161,50	3 144,—	3 537,—	2 113,04	3 073,52	3 457,71	2 064,64	3 003,12	3 378,51	2 016,19	2 932,64	3 299,22	1 967,73	2 862,16	3 219,93	1 919,33	2 791,76	3 140,73
	VI	46 250	2 543,75	3 700,—	4 162,50																				
130 103,99 West	I,IV	40 039	2 202,14	3 203,12	3 603,51	I	40 039	2 105,23	3 062,16	3 444,93	2 008,38	2 921,28	3 286,44	1 911,47	2 780,32	3 127,86	1 814,61	2 639,44	2 969,37	1 698,72	2 498,48	2 810,79	1 489,16	2 357,60	2 652,30
	II	39 237	2 158,03	3 138,96	3 531,33	II	39 237	2 061,18	2 998,08	3 372,84	1 964,27	2 857,12	3 214,26	1 867,41	2 716,24	3 055,77	1 770,50	2 575,28	2 897,19	1 603,40	2 434,40	2 738,70	1 393,72	2 293,44	2 580,12
	III	30 902	—	2 472,16	2 781,18	III	30 902	—	2 331,84	2 623,32	—	2 194,56	2 468,88	—	2 060,—	2 317,50	—	1 928,48	2 169,54	—	1 800,—	2 025,—	—	1 674,40	1 883,70
	V	45 672	2 511,96	3 653,76	4 110,48	IV	40 039	2 153,69	3 132,64	3 524,22	2 105,23	3 062,16	3 444,93	2 056,78	2 991,68	3 365,64	2 008,38	2 921,28	3 286,44	1 959,92	2 850,80	3 207,15	1 911,47	2 780,32	3 127,86
	VI	46 108	2 535,94	3 688,64	4 149,72																				
130 103,99 Ost	I,IV	40 196	2 210,78	3 215,68	3 617,64	I	40 196	2 113,92	3 074,80	3 459,15	2 017,01	2 933,84	3 300,57	1 920,16	2 792,96	3 142,08	1 823,25	2 652,—	2 983,50	1 717,52	2 511,12	2 825,01	1 507,84	2 370,16	2 666,43
	II	39 395	2 166,72	3 151,60	3 545,55	II	39 395	2 069,81	3 010,64	3 386,97	1 972,96	2 869,76	3 228,48	1 876,05	2 728,80	3 069,90	1 779,19	2 587,92	2 911,41	1 622,08	2 446,96	2 752,83	1 412,53	2 306,08	2 594,34
	III	31 058	—	2 484,64	2 795,22	III	31 058	—	2 344,32	2 637,36	—	2 206,72	2 482,56	—	2 072,—	2 331,—	—	1 940,16	2 182,68	—	1 811,36	2 037,78	—	1 685,44	1 896,12
	V	45 830	2 520,65	3 666,40	4 124,70	IV	40 196	2 162,32	3 145,20	3 538,35	2 113,92	3 074,80	3 459,15	2 065,47	3 004,32	3 379,86	2 017,01	2 933,84	3 300,57	1 968,56	2 863,36	3 221,28	1 920,16	2 792,96	3 142,08
	VI	46 265	2 544,57	3 701,20	4 163,85																				
130 139,99 West	I,IV	40 054	2 202,97	3 204,32	3 604,86	I	40 054	2 106,06	3 063,36	3 446,28	2 009,20	2 922,48	3 287,79	1 912,29	2 781,52	3 129,21	1 815,44	2 640,64	2 970,72	1 700,51	2 499,68	2 812,14	1 490,95	2 358,80	2 653,65
	II	39 252	2 158,86	3 140,16	3 532,68	II	39 252	2 062,—	2 999,28	3 374,19	1 965,09	2 858,32	3 215,61	1 868,24	2 717,44	3 057,12	1 771,33	2 576,48	2 898,54	1 605,19	2 435,60	2 740,05	1 395,51	2 294,64	2 581,47
	III	30 916	—	2 473,28	2 782,44	III	30 916	—	2 333,12	2 624,76	—	2 195,68	2 470,14	—	2 061,28	2 318,94	—	1 929,60	2 170,80	—	1 801,12	2 026,26	—	1 675,36	1 884,78
	V	45 688	2 512,84	3 655,04	4 111,92	IV	40 054	2 154,51	3 133,84	3 525,57	2 106,06	3 063,36	3 446,28	2 057,60	2 992,88	3 366,99	2 009,20	2 922,48	3 287,79	1 960,75	2 852,—	3 208,50	1 912,29	2 781,52	3 129,21
	VI	46 123	2 536,76	3 689,84	4 151,07																				
130 139,99 Ost	I,IV	40 211	2 211,60	3 216,88	3 618,99	I	40 211	2 114,75	3 076,—	3 460,50	2 017,84	2 935,04	3 301,92	1 920,98	2 794,16	3 143,43	1 824,07	2 653,20	2 984,85	1 719,31	2 512,32	2 826,36	1 509,63	2 371,36	2 667,78
	II	39 410	2 167,55	3 152,80	3 546,90	II	39 410	2 070,64	3 011,84	3 388,32	1 973,78	2 870,96	3 229,83	1 876,87	2 730,—	3 071,25	1 780,02	2 589,12	2 912,76	1 623,87	2 448,16	2 754,18	1 414,31	2 307,28	2 595,69
	III	31 074	—	2 485,92	2 796,66	III	31 074	—	2 345,60	2 638,80	—	2 207,84	2 483,82	—	2 073,12	2 332,26	—	1 941,28	2 183,94	—	1 812,48	2 039,04	—	1 686,56	1 897,38
	V	45 845	2 521,47	3 667,60	4 126,05	IV	40 211	2 163,15	3 146,40	3 539,70	2 114,75	3 076,—	3 460,50	2 066,29	3 005,52	3 381,21	2 017,84	2 935,04	3 301,92	1 969,38	2 864,56	3 222,63	1 920,98	2 794,16	3 143,43
	VI	46 280	2 545,40	3 702,40	4 165,20																				
130 175,99 West	I,IV	40 069	2 203,79	3 205,52	3 606,21	I	40 069	2 106,88	3 064,56	3 447,63	2 010,03	2 923,68	3 289,14	1 913,12	2 782,72	3 130,56	1 816,26	2 641,84	2 972,07	1 702,29	2 500,88	2 813,49	1 492,73	2 360,—	2 655,—
	II	39 267	2 159,68	3 141,36	3 534,03	II	39 267	2 062,83	3 000,48	3 375,54	1 965,92	2 859,52	3 216,96	1 869,06	2 718,64	3 058,47	1 772,21	2 577,76	2 899,98	1 606,97	2 436,80	2 741,40	1 397,41	2 295,92	2 582,91
	III	30 932	—	2 474,56	2 783,88	III	30 932	—	2 334,24	2 626,02	—	2 196,80	2 471,40	—	2 062,40	2 320,20	—	1 930,72	2 172,06	—	1 802,24	2 027,52	—	1 676,48	1 886,04
	V	45 703	2 513,66	3 656,24	4 113,27	IV	40 069	2 155,34	3 135,04	3 526,92	2 106,88	3 064,56	3 447,63	2 058,48	2 994,16	3 368,43	2 010,03	2 923,68	3 289,14	1 961,57	2 853,20	3 209,85	1 913,12	2 782,72	3 130,56
	VI	46 138	2 537,59	3 691,04	4 152,42																				
130 175,99 Ost	I,IV	40 226	2 212,43	3 218,08	3 620,34	I	40 226	2 115,57	3 077,20	3 461,85	2 018,66	2 936,24	3 303,27	1 921,81	2 795,36	3 144,78	1 824,90	2 654,40	2 986,20	1 721,09	2 513,52	2 827,71	1 511,41	2 372,56	2 669,13
	II	39 425	2 168,37	3 154,—	3 548,25	II	39 425	2 071,46	3 013,04	3 389,67	1 974,61	2 872,16	3 231,18	1 877,75	2 731,28	3 072,69	1 780,84	2 590,32	2 914,11	1 625,77	2 449,44	2 755,62	1 416,10	2 308,48	2 597,04
	III	31 090	—	2 487,20	2 798,10	III	31 090	—	2 346,72	2 640,06	—	2 209,12	2 485,26	—	2 074,24	2 333,52	—	1 942,40	2 185,20	—	1 813,60	2 040,30	—	1 687,68	1 898,64
	V	45 860	2 522,30	3 668,80	4 127,40	IV	40 226	2 164,03	3 147,68	3 541,14	2 115,57	3 077,20	3 461,85	2 067,12	3 006,72	3 382,56	2 018,66	2 936,24	3 303,27	1 970,26	2 865,84	3 224,07	1 921,81	2 795,36	3 144,78
	VI	46 295	2 546,22	3 703,60	4 166,55																				
130 211,99 West	I,IV	40 084	2 204,62	3 206,72	3 607,56	I	40 084	2 107,71	3 065,76	3 448,98	2 010,85	2 924,88	3 290,49	1 913,94	2 783,92	3 131,91	1 817,09	2 643,04	2 973,42	1 704,19	2 502,16	2 814,93	1 494,52	2 361,20	2 656,35
	II	39 283	2 160,56	3 142,64	3 535,47	II	39 283	2 063,65	3 001,68	3 376,89	1 966,80	2 860,80	3 218,40	1 869,89	2 719,84	3 059,82	1 773,03	2 578,96	2 901,33	1 608,76	2 438,—	2 742,75	1 399,20	2 297,12	2 584,26
	III	30 946	—	2 475,68	2 785,14	III	30 946	—	2 335,52	2 627,46	—	2 198,08	2 472,84	—	2 063,52	2 321,46	—	1 931,84	2 173,32	—	1 803,20	2 028,60	—	1 677,60	1 887,30
	V	45 718	2 514,49	3 657,44	4 114,62	IV	40 084	2 156,16	3 136,24	3 528,27	2 107,71	3 065,76	3 448,98	2 059,31	2 995,36	3 369,78	2 010,85	2 924,88	3 290,49	1 962,40	2 854,40	3 211,20	1 913,94	2 783,92	3 131,91
	VI	46 153	2 538,41	3 692,24	4 153,77																				
130 211,99 Ost	I,IV	40 241	2 213,25	3 219,28	3 621,69	I	40 241	2 116,40	3 078,40	3 463,20	2 019,49	2 937,44	3 304,62	1 922,63	2 796,56	3 146,13	1 825,78	2 655,68	2 987,64	1 722,88	2 514,72	2 829,06	1 513,32	2 373,84	2 670,57
	II	39 440	2 169,20	3 155,20	3 549,60	II	39 440	2 072,34	3 014,32	3 391,11	1 975,43	2 873,36	3 232,53	1 878,58	2 732,48	3 074,04	1 781,67	2 591,52	2 915,46	1 627,56	2 450,64	2 756,97	1 417,88	2 309,68	2 598,39
	III	31 104	—	2 488,32	2 799,36	III	31 104	—	2 348,—	2 641,50	—	2 210,24	2 486,52	—	2 075,36	2 334,78	—	1 943,52	2 186,46	—	1 814,72	2 041,56	—	1 688,64	1 899,72
	V	45 875	2 523,12	3 670,—	4 128,75	IV	40 241	2 164,85	3 148,88	3 542,49	2 116,40	3 078,40	3 463,20	2 067,94	3 007,92	3 383,91	2 019,49	2 937,44	3 304,62	1 971,09	2 867,04	3 225,42	1 922,63	2 796,56	3 146,13
	VI	46 310	2 547,05	3 704,80	4 167,90																				
130 247,99 West	I,IV	40 099	2 205,44	3 207,92	3 608,91	I	40 099	2 108,59	3 067,04	3 450,42	2 011,68	2 926,08	3 291,84	1 914,82	2 785,20	3 133,35	1 817,91	2 644,24	2 974,77	1 705,98	2 503,36	2 816,28	1 496,30	2 362,40	2 657,70
	II	39 298	2 161,39	3 143,84	3 536,82	II	39 298	2 064,48	3 002,88	3 378,24	1 967,62	2 862,—	3 219,75	1 870,71	2 721,04	3 061,17	1 773,86	2 580,16	2 902,68	1 610,54	2 439,20	2 744,10	1 400,98	2 298,32	2 585,61
	III	30 962	—	2 476,96	2 786,58	III	30 962	—	2 336,64	2 628,72	—	2 199,20	2 474,10	—	2 064,64	2 322,72	—	1 932,96	2 174,58	—	1 804,32	2 029,86	—	1 678,56	1 888,38
	V	45 733	2 515,31	3 658,64	4 115,97	IV	40 099	2 156,99	3 137,44	3 529,62	2 108,59	3 067,04	3 450,42	2 060,13	2 996,56	3 371,13	2 011,68	2 926,08	3 291,84	1 963,22	2 855,60	3 212,55	1 914,82	2 785,20	3 133,35
	VI	46 168	2 539,24	3 693,44	4 155,12																				
130 247,99 Ost	I,IV	40 257	2 214,13	3 220,56	3 623,13	I	40 257	2 117,22	3 079,60	3 464,55	2 020,37	2 938,72	3 306,06	1 923,46	2 797,76	3 147,48	1 826,60	2 656,88	2 988,99	1 724,66	2 515,92	2 830,41	1 515,10	2 375,04	2 671,92
	II	39 455	2 170,02	3 156,40	3 550,95	II	39 455	2 073,17	3 015,52	3 392,46	1 976,26	2 874,56	3 233,88	1 879,40	2 733,68	3 075,39	1 782,49	2 592,72	2 916,81	1 629,34	2 451,84	2 758,32	1 419,67	2 310,88	2 599,74
	III	31 120	—	2 489,60	2 800,80	III	31 120	—	2 349,12	2 642,76	—	2 211,36	2 487,78	—	2 076,64	2 336,22	—	1 944,64	2 187,72	—	1 815,84	2 042,82	—	1 689,76	1 900,98
	V	45 890	2 523,95	3 671,20	4 130,10	IV	40 257	2 165,68	3 150,08	3 543,84	2 117,22	3 079,60	3 464,55	2 068,77	3 009,12	3 385,26	2 020,37	2 938,72	3 306,06	1 971,91	2 868,24	3 226,77	1 923,46	2 797,76	3 147,48
	VI	46 326	2 547,93	3 706,08	4 169,34																				
130 283,99 West	I,IV	40 114	2 206,27	3 209,12	3 610,26	I	40 114	2 109,41	3 068,24	3 451,77	2 012,50	2 927,28	3 293,19	1 915,65	2 786,40	3 134,70	1 818,74	2 645,44	2 976,12	1 707,76	2 504,56	2 817,63	1 498,09	2 363,60	2 659,05
	II	39 313	2 162,21	3 145,04	3 538,17	II	39 313	2 065,30	3 004,08	3 379,59	1 968,45	2 863,20	3 221,10	1 871,54	2 722,24	3 062,52	1 774,68	2 581,36	2 904,03	1 612,33	2 440,40	2 745,45	1 402,77	2 299,52	2 586,96
	III	30 976	—	2 478,08	2 787,84	III	30 976	—	2 337,92	2 630,16	—	2 200,32	2 475,36	—	2 065,76	2 323,98	—	1 934,08	2 175,84	—	1 805,44	2 031,12	—	1 679,68	1 889,64
	V	45 748	2 516,14	3 659,84	4 117,32	IV	40 114	2 157,81	3 138,64	3 530,97	2 109,41	3 068,24	3 451,77	2 060,96	2 997,76	3 372,48	2 012,50	2 927,28	3 293,19	1 964,05	2 856,80	3 213,90	1 915,65	2 786,40	3 134,70
	VI	46 183	2 540,06	3 694,64	4 156,47																				
130 283,99 Ost	I,IV	40 272	2 214,96	3 221,76	3 624,48	I	40 272	2 118,05	3 080,80	3 465,90	2 021,19	2 939,92	3 307,41	1 924,28	2 798,96	3 148,83	1 827,43	2 658,08	2 990,34	1 726,45	2 517,12	2 831,76	1 516,89	2 376,24	2 673,27
	II	39 470	2 170,85	3 157,60	3 552,30	II	39 470	2 073,99	3 016,72	3 393,81	1 977,08	2 875,76	3 235,23	1 880,23	2 734,88	3 076,74	1 783,32	2 593,92	2 918,16	1 631,13	2 453,04	2 759,67	1 421,45	2 312,08	2 601,09
	III	31 134	—	2 490,72	2 802,06	III	31 134	—	2 350,40	2 644,20	—	2 212,48	2 489,04	—	2 077,76	2 337,48	—	1 945,76	2 188,98	—	1 816,80	2 043,90	—	1 690,88	1 902,24
	V	45 906	2 524,83	3 672,48	4 131,54	IV	40 272	2 166,50	3 151,28	3 545,19	2 118,05	3 080,80	3 465,90	2 069,59	3 010,32	3 386,61	2 021,19	2 939,92	3 307,41	1 972,74	2 869,44	3 228,12	1 924,28	2 798,96	3 148,83
	VI	46 341	2 548,75	3 707,28	4 170,69																				
130 319,99 West	I,IV	40 129	2 207,09	3 210,32	3 611,61	I	40 129	2 110,24	3 069,44	3 453,12	2 013,33	2 928,48	3 294,54	1 916,47	2 787,60	3 136,05	1 819,56	2 646,64	2 977,47	1 709,55	2 505,76	2 818,98	1 499,87	2 364,80	2 660,40
	II	39 328	2 163,04	3 146,24	3 539,52	II	39 328	2 066,13	3 005,28	3 380,94	1 969,27	2 864,40	3 222,45	1 872,36	2 723,44	3 063,87	1 775,51	2 582,56	2 905,38	1 614,23	2 441,68	2 746,89	1 404,55	2 300,72	2 588,31
	III	30 992	—	2 479,36	2 789,28	III	30 992	—	2 339,04	2 631,42	—	2 201,44	2 476,62	—	2 066,88	2 325,24	—	1 935,20	2 177,10	—	1 806,56	2 032,38	—	1 680,80	1 890,90
	V	45 763	2 516,96	3 661,04	4 118,67	IV	40 129	2 158,69	3 139,92	3 532,41	2 110,24	3 069,44	3 453,12	2 061,78	2 998,96	3 373,83	2 013,33	2 928,48	3 294,54	1 964,93	2 858,08	3 215,34	1 916,47	2 787,60	3 136,05
	VI	46 198	2 540,89	3 695,84	4 157,82																				
130 319,99 Ost	I,IV	40 287	2 215,78	3 222,96	3 625,83	I	40 287	2 118,87	3 082,—	3 467,25	2 022,02	2 941,12	3 308,76	1 925,11	2 800,16	3 150,18	1 828,25	2 659,28	2 991,69	1 728,23	2 518,32	2 833,11	1 518,67	2 377,44	2 674,62
	II	39 485	2 171,67	3 158,80	3 553,65	II	39 485	2 074,82	3 017,92	3 395,16	1 977,91	2 876,96	3 236,58	1 881,05	2 736,08	3 078,09	1 784,20	2 595,20	2 919,60	1 632,91	2 454,24	2 761,02	1 423,35	2 313,36	2 602,53
	III	31 150	—	2 492,—	2 803,50	III	31 150	—	2 351,52	2 645,46	—	2 213,76	2 490,48	—	2 078,88	2 338,74	—	1 946,88	2 190,24	—	1 817,92	2 045,16	—	1 691,84	1 903,32
	V	45 921	2 525,65	3 673,68	4 132,89	IV	40 287	2 167,33	3 152,48	3 546,54	2 118,87	3 082,—	3 467,25	2 070,47	3 011,60	3 388,05	2 022,02	2 941,12	3 308,76	1 973,56	2 870,64	3 229,47	1 925,11	2 800,16	3 150,18
	VI	46 356	2 549,58	3 708,48	4 172,04																				

* Die ausgewiesenen Tabellenwerte sind amtlich. Siehe Erläuterungen auf der Umschlaginnenseite (U2).

Abzüge an Lohnsteuer, Solidaritätszuschlag (SolZ) und Kirchensteuer (8%, 9%) in den Steuerklassen

Lohn/ Gehalt bis €*	I – VI	LSt	ohne Kinderfreibeträge SolZ	8%	9%	I, II, III, IV	LSt	mit Zahl der Kinderfreibeträge . . . 0,5 SolZ	0,5 8%	0,5 9%	1 SolZ	1 8%	1 9%	1,5 SolZ	1,5 8%	1,5 9%	2 SolZ	2 8%	2 9%	2,5 SolZ	2,5 8%	2,5 9%	3 SolZ	3 8%	3 9%
130 355,99 West	I,IV	40 144	2 207,92	3 211,52	3 612,96	I	40 144	2 111,06	3 070,64	3 454,47	2 014,15	2 929,68	3 295,89	1 917,30	2 788,80	3 137,40	1 820,39	2 647,84	2 978,82	1 711,33	2 506,96	2 820,33	1 501,78	2 366,08	2 661,84
	II	39 343	2 163,86	3 147,44	3 540,87	II	39 343	2 067,01	3 006,56	3 382,38	1 970,10	2 865,60	3 223,80	1 873,24	2 724,72	3 065,31	1 776,33	2 583,76	2 906,73	1 616,02	2 442,88	2 748,24	1 406,34	2 301,92	2 589,66
	III	31 006	—	2 480,48	2 790,54	III	31 006	—	2 340,16	2 632,68	—	2 202,72	2 478,06	—	2 068,—	2 326,50	—	1 936,32	2 178,36	—	1 807,68	2 033,64	—	1 681,76	1 891,98
	V	45 778	2 517,79	3 662,24	4 120,02	IV	40 144	2 159,52	3 141,12	3 533,76	2 111,06	3 070,64	3 454,47	2 062,61	3 000,16	3 375,18	2 014,15	2 929,68	3 295,89	1 965,75	2 859,28	3 216,69	1 917,30	2 788,80	3 137,40
	VI	46 213	2 541,71	3 697,04	4 159,17																				
130 355,99 Ost	I,IV	40 302	2 216,61	3 224,16	3 627,18	I	40 302	2 119,70	3 083,20	3 468,60	2 022,84	2 942,32	3 310,11	1 925,93	2 801,36	3 151,53	1 829,08	2 660,48	2 993,04	1 730,14	2 519,60	2 834,55	1 520,46	2 378,64	2 675,97
	II	39 501	2 172,55	3 160,08	3 555,09	II	39 501	2 075,64	3 019,12	3 396,51	1 978,79	2 878,24	3 238,02	1 881,88	2 737,28	3 079,44	1 785,02	2 596,40	2 920,95	1 634,70	2 455,44	2 762,37	1 425,14	2 314,56	2 603,88
	III	31 164	—	2 493,12	2 804,76	III	31 164	—	2 352,64	2 646,72	—	2 214,88	2 491,74	—	2 080,—	2 340,—	—	1 948,—	2 191,50	—	1 819,04	2 046,42	—	1 692,96	1 904,58
	V	45 936	2 526,48	3 674,88	4 134,24	IV	40 302	2 168,15	3 153,68	3 547,89	2 119,70	3 083,20	3 468,60	2 071,30	3 012,80	3 389,40	2 022,84	2 942,32	3 310,11	1 974,39	2 871,84	3 230,82	1 925,93	2 801,36	3 151,53
	VI	46 371	2 550,40	3 709,68	4 173,39																				
130 391,99 West	I,IV	40 160	2 208,80	3 212,80	3 614,40	I	40 160	2 111,89	3 071,84	3 455,82	2 015,03	2 930,96	3 297,33	1 918,12	2 790,—	3 138,75	1 821,27	2 649,12	2 980,26	1 713,12	2 508,16	2 821,68	1 503,56	2 367,28	2 663,19
	II	39 358	2 164,69	3 148,64	3 542,22	II	39 358	2 067,83	3 007,76	3 383,73	1 970,92	2 866,80	3 225,15	1 874,07	2 725,92	3 066,66	1 777,16	2 584,96	2 908,08	1 617,80	2 444,08	2 749,59	1 408,12	2 303,12	2 591,01
	III	31 022	—	2 481,76	2 791,98	III	31 022	—	2 341,44	2 634,12	—	2 203,84	2 479,32	—	2 069,12	2 327,76	—	1 937,44	2 179,62	—	1 808,64	2 034,72	—	1 682,88	1 893,24
	V	45 793	2 518,61	3 663,44	4 121,37	IV	40 160	2 160,34	3 142,32	3 535,11	2 111,89	3 071,84	3 455,82	2 063,43	3 001,36	3 376,53	2 015,03	2 930,96	3 297,33	1 966,58	2 860,48	3 218,04	1 918,12	2 790,—	3 138,75
	VI	46 229	2 542,59	3 698,32	4 160,61																				
130 391,99 Ost	I,IV	40 317	2 217,43	3 225,36	3 628,53	I	40 317	2 120,58	3 084,48	3 470,04	2 023,67	2 943,52	3 311,46	1 926,81	2 802,64	3 152,97	1 829,90	2 661,68	2 994,39	1 731,92	2 520,80	2 835,90	1 522,24	2 379,84	2 677,32
	II	39 516	2 173,38	3 161,28	3 556,44	II	39 516	2 076,47	3 020,32	3 397,86	1 979,61	2 879,44	3 239,37	1 882,70	2 738,48	3 080,79	1 785,85	2 597,60	2 922,30	1 636,48	2 456,64	2 763,72	1 426,92	2 315,76	2 605,23
	III	31 180	—	2 494,40	2 806,20	III	31 180	—	2 353,92	2 648,16	—	2 216,—	2 493,—	—	2 081,12	2 341,26	—	1 949,12	2 192,76	—	1 820,16	2 047,68	—	1 694,08	1 905,84
	V	45 951	2 527,30	3 676,08	4 135,59	IV	40 317	2 168,98	3 154,88	3 549,24	2 120,58	3 084,48	3 470,04	2 072,12	3 014,—	3 390,75	2 023,67	2 943,52	3 311,46	1 975,21	2 873,04	3 232,17	1 926,81	2 802,64	3 152,97
	VI	46 386	2 551,23	3 710,88	4 174,74																				
130 427,99 West	I,IV	40 175	2 209,62	3 214,—	3 615,75	I	40 175	2 112,71	3 073,04	3 457,17	2 015,86	2 932,16	3 298,68	1 918,95	2 791,20	3 140,10	1 822,09	2 650,32	2 981,61	1 714,90	2 509,36	2 823,03	1 505,35	2 368,48	2 664,54
	II	39 373	2 165,51	3 149,84	3 543,57	II	39 373	2 068,66	3 008,96	3 385,08	1 971,75	2 868,—	3 226,50	1 874,89	2 727,12	3 068,01	1 777,98	2 586,16	2 909,43	1 619,59	2 445,28	2 750,94	1 409,91	2 304,32	2 592,36
	III	31 038	—	2 483,04	2 793,42	III	31 038	—	2 342,56	2 635,38	—	2 204,96	2 480,58	—	2 070,40	2 329,20	—	1 938,56	2 180,88	—	1 809,76	2 035,98	—	1 684,—	1 894,50
	V	45 809	2 519,49	3 664,72	4 122,81	IV	40 175	2 161,17	3 143,52	3 536,46	2 112,71	3 073,04	3 457,17	2 064,26	3 002,56	3 377,88	2 015,86	2 932,16	3 298,68	1 967,40	2 861,68	3 219,39	1 918,95	2 791,20	3 140,10
	VI	46 244	2 543,42	3 699,52	4 161,96																				
130 427,99 Ost	I,IV	40 332	2 218,26	3 226,56	3 629,88	I	40 332	2 121,40	3 085,68	3 471,39	2 024,49	2 944,72	3 312,81	1 927,64	2 803,84	3 154,32	1 830,73	2 662,88	2 995,74	1 733,71	2 522,—	2 837,25	1 524,03	2 381,04	2 678,67
	II	39 531	2 174,20	3 162,48	3 557,79	II	39 531	2 077,29	3 021,52	3 399,21	1 980,44	2 880,64	3 240,72	1 883,53	2 739,68	3 082,14	1 786,67	2 598,80	2 923,65	1 638,27	2 457,84	2 765,07	1 428,71	2 316,96	2 606,58
	III	31 196	—	2 495,68	2 807,64	III	31 196	—	2 355,04	2 649,42	—	2 217,28	2 494,44	—	2 082,24	2 342,52	—	1 950,24	2 194,02	—	1 821,28	2 048,94	—	1 695,04	1 906,92
	V	45 966	2 528,13	3 677,28	4 136,94	IV	40 332	2 169,80	3 156,08	3 550,59	2 121,40	3 085,68	3 471,39	2 072,95	3 015,20	3 392,10	2 024,49	2 944,72	3 312,81	1 976,04	2 874,24	3 233,52	1 927,64	2 803,84	3 154,32
	VI	46 401	2 552,05	3 712,08	4 176,09																				
130 463,99 West	I,IV	40 190	2 210,45	3 215,20	3 617,10	I	40 190	2 113,54	3 074,24	3 458,52	2 016,68	2 933,36	3 300,03	1 919,77	2 792,40	3 141,45	1 822,92	2 651,52	2 982,96	1 716,69	2 510,56	2 824,38	1 507,13	2 369,68	2 665,89
	II	39 388	2 166,34	3 151,04	3 544,92	II	39 388	2 069,48	3 010,16	3 386,43	1 972,57	2 869,20	3 227,85	1 875,72	2 728,32	3 069,36	1 778,81	2 587,36	2 910,78	1 621,37	2 446,48	2 752,29	1 411,81	2 305,60	2 593,80
	III	31 052	—	2 484,16	2 794,68	III	31 052	—	2 343,84	2 636,82	—	2 206,24	2 482,02	—	2 071,52	2 330,46	—	1 939,68	2 182,14	—	1 810,88	2 037,24	—	1 684,96	1 895,58
	V	45 824	2 520,32	3 665,92	4 124,16	IV	40 190	2 161,99	3 144,72	3 537,81	2 113,54	3 074,24	3 458,52	2 065,14	3 003,84	3 379,32	2 016,68	2 933,36	3 300,03	1 968,23	2 862,88	3 220,74	1 919,77	2 792,40	3 141,45
	VI	46 259	2 544,24	3 700,72	4 163,31																				
130 463,99 Ost	I,IV	40 347	2 219,08	3 227,76	3 631,23	I	40 347	2 122,23	3 086,88	3 472,74	2 025,32	2 945,92	3 314,16	1 928,46	2 805,04	3 155,67	1 831,55	2 664,08	2 997,09	1 734,70	2 523,20	2 838,60	1 525,81	2 382,24	2 680,02
	II	39 546	2 175,03	3 163,68	3 559,14	II	39 546	2 078,12	3 022,72	3 400,56	1 981,26	2 881,84	3 242,07	1 884,35	2 740,88	3 083,49	1 787,50	2 600,—	2 925,—	1 640,17	2 459,12	2 766,51	1 430,49	2 318,16	2 607,93
	III	31 210	—	2 496,80	2 808,90	III	31 210	—	2 356,32	2 650,86	—	2 218,40	2 495,70	—	2 083,52	2 343,96	—	1 951,36	2 195,28	—	1 822,40	2 050,20	—	1 696,16	1 908,18
	V	45 981	2 528,95	3 678,48	4 138,29	IV	40 347	2 170,68	3 157,36	3 552,03	2 122,23	3 086,88	3 472,74	2 073,77	3 016,40	3 393,45	2 025,32	2 945,92	3 314,16	1 976,92	2 875,52	3 234,96	1 928,46	2 805,04	3 155,67
	VI	46 416	2 552,88	3 713,28	4 177,44																				
130 499,99 West	I,IV	40 205	2 211,27	3 216,40	3 618,45	I	40 205	2 114,36	3 075,44	3 459,87	2 017,51	2 934,56	3 301,38	1 920,60	2 793,60	3 142,80	1 823,74	2 652,72	2 984,31	1 718,47	2 511,76	2 825,73	1 508,92	2 370,88	2 667,24
	II	39 404	2 167,22	3 152,32	3 546,36	II	39 404	2 070,31	3 011,36	3 387,78	1 973,45	2 870,48	3 229,29	1 876,54	2 729,52	3 070,71	1 779,69	2 588,64	2 912,22	1 623,16	2 447,68	2 753,64	1 413,60	2 306,80	2 595,15
	III	31 068	—	2 485,44	2 796,12	III	31 068	—	2 344,96	2 638,08	—	2 207,36	2 483,28	—	2 072,64	2 331,72	—	1 940,80	2 183,40	—	1 812,—	2 038,50	—	1 686,08	1 896,84
	V	45 839	2 521,14	3 667,12	4 125,51	IV	40 205	2 162,82	3 145,92	3 539,16	2 114,36	3 075,44	3 459,87	2 065,96	3 005,04	3 380,67	2 017,51	2 934,56	3 301,38	1 969,05	2 864,08	3 222,09	1 920,60	2 793,60	3 142,80
	VI	46 274	2 545,07	3 701,92	4 164,66																				
130 499,99 Ost	I,IV	40 362	2 219,91	3 228,96	3 632,58	I	40 362	2 123,05	3 088,08	3 474,09	2 026,14	2 947,12	3 315,51	1 929,29	2 806,24	3 157,02	1 832,38	2 665,28	2 998,44	1 735,52	2 524,40	2 839,95	1 527,72	2 383,52	2 681,46
	II	39 561	2 175,85	3 164,88	3 560,49	II	39 561	2 079,—	3 024,—	3 402,—	1 982,09	2 883,04	3 243,42	1 885,23	2 742,16	3 084,93	1 788,32	2 601,20	2 926,35	1 641,96	2 460,32	2 767,86	1 432,28	2 319,36	2 609,28
	III	31 226	—	2 498,08	2 810,34	III	31 226	—	2 357,44	2 652,12	—	2 219,52	2 496,96	—	2 084,64	2 345,22	—	1 952,48	2 196,54	—	1 823,36	2 051,28	—	1 697,28	1 909,44
	V	45 996	2 529,78	3 679,68	4 139,64	IV	40 362	2 171,51	3 158,56	3 553,38	2 123,05	3 088,08	3 474,09	2 074,60	3 017,60	3 394,80	2 026,14	2 947,12	3 315,51	1 977,74	2 876,72	3 236,31	1 929,29	2 806,24	3 157,02
	VI	46 431	2 553,70	3 714,48	4 178,79																				
130 535,99 West	I,IV	40 220	2 212,10	3 217,60	3 619,80	I	40 220	2 115,24	3 076,72	3 461,31	2 018,33	2 935,76	3 302,73	1 921,48	2 794,88	3 144,24	1 824,57	2 653,92	2 985,66	1 720,38	2 513,04	2 827,17	1 510,70	2 372,08	2 668,59
	II	39 419	2 168,04	3 153,52	3 547,71	II	39 419	2 071,13	3 012,56	3 389,13	1 974,28	2 871,68	3 230,64	1 877,37	2 730,72	3 072,06	1 780,51	2 589,84	2 913,57	1 624,94	2 448,88	2 754,99	1 415,38	2 308,—	2 596,50
	III	31 082	—	2 486,56	2 797,38	III	31 082	—	2 346,24	2 639,52	—	2 208,48	2 484,54	—	2 073,76	2 332,98	—	1 941,92	2 184,66	—	1 813,12	2 039,76	—	1 687,20	1 898,10
	V	45 854	2 521,97	3 668,32	4 126,86	IV	40 220	2 163,64	3 147,12	3 540,51	2 115,24	3 076,72	3 461,31	2 066,79	3 006,24	3 382,02	2 018,33	2 935,76	3 302,73	1 969,88	2 865,28	3 223,44	1 921,48	2 794,88	3 144,24
	VI	46 289	2 545,89	3 703,12	4 166,01																				
130 535,99 Ost	I,IV	40 378	2 220,79	3 230,24	3 634,02	I	40 378	2 123,88	3 089,28	3 475,44	2 027,02	2 948,40	3 316,95	1 930,11	2 807,44	3 158,37	1 833,26	2 666,56	2 999,88	1 736,35	2 525,60	2 841,30	1 529,50	2 384,72	2 682,81
	II	39 576	2 176,68	3 166,08	3 561,84	II	39 576	2 079,82	3 025,20	3 403,35	1 982,91	2 884,24	3 244,77	1 886,06	2 743,36	3 086,28	1 789,15	2 602,40	2 927,70	1 643,74	2 461,52	2 769,21	1 434,06	2 320,56	2 610,63
	III	31 240	—	2 499,20	2 811,60	III	31 240	—	2 358,72	2 653,56	—	2 220,80	2 498,40	—	2 085,76	2 346,48	—	1 953,60	2 197,80	—	1 824,48	2 052,54	—	1 698,40	1 910,70
	V	46 011	2 530,60	3 680,88	4 140,99	IV	40 378	2 172,33	3 159,76	3 554,73	2 123,88	3 089,28	3 475,44	2 075,42	3 018,80	3 396,15	2 027,02	2 948,40	3 316,95	1 978,57	2 877,92	3 237,66	1 930,11	2 807,44	3 158,37
	VI	46 446	2 554,53	3 715,68	4 180,14																				
130 571,99 West	I,IV	40 235	2 212,92	3 218,80	3 621,15	I	40 235	2 116,07	3 077,92	3 462,66	2 019,16	2 936,96	3 304,08	1 922,30	2 796,08	3 145,59	1 825,39	2 655,12	2 987,01	1 722,16	2 514,24	2 828,52	1 512,49	2 373,28	2 669,94
	II	39 434	2 168,87	3 154,72	3 549,06	II	39 434	2 071,96	3 013,76	3 390,48	1 975,10	2 872,88	3 231,99	1 878,19	2 731,92	3 073,41	1 781,34	2 591,04	2 914,92	1 626,73	2 450,08	2 756,34	1 417,17	2 309,20	2 597,85
	III	31 098	—	2 487,84	2 798,82	III	31 098	—	2 347,36	2 640,78	—	2 209,76	2 485,98	—	2 074,88	2 334,24	—	1 943,04	2 185,92	—	1 814,24	2 041,02	—	1 688,16	1 899,18
	V	45 869	2 522,79	3 669,52	4 128,21	IV	40 235	2 164,47	3 148,32	3 541,86	2 116,07	3 077,92	3 462,66	2 067,61	3 007,44	3 383,37	2 019,16	2 936,96	3 304,08	1 970,70	2 866,48	3 224,79	1 922,30	2 796,08	3 145,59
	VI	46 304	2 546,72	3 704,32	4 167,36																				
130 571,99 Ost	I,IV	40 393	2 221,61	3 231,44	3 635,37	I	40 393	2 124,70	3 090,48	3 476,79	2 027,85	2 949,60	3 318,30	1 930,94	2 808,64	3 159,72	1 834,08	2 667,76	3 001,23	1 737,17	2 526,80	2 842,65	1 531,29	2 385,92	2 684,16
	II	39 591	2 177,50	3 167,28	3 563,19	II	39 591	2 080,65	3 026,40	3 404,70	1 983,74	2 885,44	3 246,12	1 886,88	2 744,56	3 087,63	1 789,97	2 603,60	2 929,05	1 645,53	2 462,72	2 770,56	1 435,85	2 321,76	2 611,98
	III	31 256	—	2 500,48	2 813,04	III	31 256	—	2 359,84	2 654,82	—	2 221,92	2 499,66	—	2 086,88	2 347,74	—	1 954,72	2 199,06	—	1 825,60	2 053,80	—	1 699,36	1 911,78
	V	46 026	2 531,43	3 682,08	4 142,34	IV	40 393	2 173,16	3 160,96	3 556,08	2 124,70	3 090,48	3 476,79	2 076,25	3 020,—	3 397,50	2 027,85	2 949,60	3 318,30	1 979,39	2 879,12	3 239,01	1 930,94	2 808,64	3 159,72
	VI	46 462	2 555,41	3 716,96	4 181,58																				
130 607,99 West	I,IV	40 250	2 213,75	3 220,—	3 622,50	I	40 250	2 116,89	3 079,12	3 464,01	2 019,98	2 938,16	3 305,43	1 923,13	2 797,28	3 146,94	1 826,22	2 656,32	2 988,36	1 723,95	2 515,44	2 829,87	1 514,27	2 374,48	2 671,29
	II	39 449	2 169,69	3 155,92	3 550,41	II	39 449	2 072,78	3 014,96	3 391,83	1 975,93	2 874,08	3 233,34	1 879,02	2 733,12	3 074,76	1 782,16	2 592,24	2 916,27	1 628,51	2 451,28	2 757,69	1 418,95	2 310,40	2 599,20
	III	31 112	—	2 488,96	2 800,08	III	31 112	—	2 348,64	2 642,22	—	2 210,88	2 487,24	—	2 076,—	2 335,50	—	1 944,16	2 187,18	—	1 815,20	2 042,10	—	1 689,28	1 900,44
	V	45 884	2 523,62	3 670,72	4 129,56	IV	40 250	2 165,35	3 149,60	3 543,30	2 116,89	3 079,12	3 464,01	2 068,44	3 008,64	3 384,72	2 019,98	2 938,16	3 305,43	1 971,58	2 867,76	3 226,23	1 923,13	2 797,28	3 146,94
	VI	46 319	2 547,54	3 705,52	4 168,71																				
130 607,99 Ost	I,IV	40 408	2 222,44	3 232,64	3 636,72	I	40 408	2 125,53	3 091,68	3 478,14	2 028,67	2 950,80	3 319,65	1 931,76	2 809,84	3 161,07	1 834,91	2 668,96	3 002,58	1 738,—	2 528,—	2 844,—	1 533,07	2 387,12	2 685,51
	II	39 606	2 178,33	3 168,48	3 564,54	II	39 606	2 081,47	3 027,60	3 406,05	1 984,56	2 886,64	3 247,47	1 887,71	2 745,76	3 088,98	1 790,80	2 604,80	2 930,40	1 647,31	2 463,92	2 771,91	1 437,75	2 323,04	2 613,42
	III	31 270	—	2 501,60	2 814,30	III	31 270	—	2 361,12	2 656,26	—	2 223,04	2 500,92	—	2 088,—	2 349,—	—	1 955,84	2 200,32	—	1 826,72	2 055,06	—	1 700,48	1 913,04
	V	46 042	2 532,31	3 683,36	4 143,78	IV	40 408	2 173,98	3 162,16	3 557,43	2 125,53	3 091,68	3 478,14	2 077,13	3 021,28	3 398,94	2 028,67	2 950,80	3 319,65	1 980,22	2 880,32	3 240,36	1 931,76	2 809,84	3 161,07
	VI	46 477	2 556,23	3 718,16	4 182,93																				

* Die ausgewiesenen Tabellenwerte sind amtlich. Siehe Erläuterungen auf der Umschlaginnenseite (U2).

JAHR 130 608,–*

Abzüge an Lohnsteuer, Solidaritätszuschlag (SolZ) und Kirchensteuer (8%, 9%) in den Steuerklassen

Lohn/ Gehalt bis €*	I – VI	LSt	ohne Kinderfreibeträge SolZ	8%	9%	I, II, III, IV	LSt	0,5 SolZ	0,5 8%	0,5 9%	1 SolZ	1 8%	1 9%	1,5 SolZ	1,5 8%	1,5 9%	2 SolZ	2 8%	2 9%	2,5 SolZ	2,5 8%	2,5 9%	3 SolZ	3 8%	3 9%
130 643,99 West	I,IV	40 265	2 214,57	3 221,20	3 623,85	I	40 265	2 117,72	3 080,32	3 465,36	2 020,81	2 939,36	3 306,78	1 923,95	2 798,48	3 148,29	1 827,04	2 657,52	2 989,71	1 725,73	2 516,64	2 831,22	1 516,06	2 375,68	2 672,64
	II	39 464	2 170,52	3 157,12	3 551,76	II	39 464	2 073,66	3 016,24	3 393,27	1 976,75	2 875,28	3 234,69	1 879,90	2 734,40	3 076,20	1 782,99	2 593,44	2 917,62	1 630,41	2 452,56	2 759,13	1 420,74	2 311,60	2 600,55
	III	31 128	–	2 490,24	2 801,52	III	31 128	–	2 349,76	2 643,48	–	2 212,–	2 488,50	–	2 077,28	2 336,94	–	1 945,28	2 188,44	–	1 816,32	2 043,36	–	1 690,40	1 901,70
	V	45 899	2 524,44	3 671,92	4 130,91	IV	40 265	2 166,17	3 150,80	3 544,65	2 117,72	3 080,32	3 465,36	2 069,26	3 009,84	3 386,07	2 020,81	2 939,36	3 306,78	1 972,41	2 868,96	3 227,58	1 923,95	2 798,48	3 148,29
	VI	46 334	2 548,37	3 706,72	4 170,06																				
130 643,99 Ost	I,IV	40 423	2 223,26	3 233,84	3 638,07	I	40 423	2 126,35	3 092,88	3 479,49	2 029,50	2 952,–	3 321,–	1 932,59	2 811,04	3 162,42	1 835,73	2 670,16	3 003,93	1 738,82	2 529,20	2 845,35	1 534,86	2 388,32	2 686,86
	II	39 622	2 179,21	3 169,76	3 565,98	II	39 622	2 082,30	3 028,80	3 407,40	1 985,44	2 887,92	3 248,91	1 888,53	2 746,96	3 090,33	1 791,68	2 606,08	2 931,84	1 649,10	2 465,12	2 773,26	1 439,54	2 324,24	2 614,77
	III	31 286	–	2 502,88	2 815,74	III	31 286	–	2 362,24	2 657,52	–	2 224,32	2 502,36	–	2 089,12	2 350,26	–	1 956,96	2 201,58	–	1 827,84	2 056,32	–	1 701,60	1 914,30
	V	46 057	2 533,13	3 684,56	4 145,13	IV	40 423	2 174,81	3 163,36	3 558,78	2 126,35	3 092,88	3 479,49	2 077,95	3 022,48	3 400,29	2 029,50	2 952,–	3 321,–	1 981,04	2 881,52	3 241,71	1 932,59	2 811,04	3 162,42
	VI	46 492	2 557,06	3 719,36	4 184,28																				
130 679,99 West	I,IV	40 280	2 215,40	3 222,40	3 625,20	I	40 280	2 118,54	3 081,52	3 466,71	2 021,69	2 940,64	3 308,22	1 924,78	2 799,68	3 149,64	1 827,92	2 658,80	2 991,15	1 727,52	2 517,84	2 832,57	1 517,96	2 376,96	2 674,08
	II	39 479	2 171,34	3 158,32	3 553,11	II	39 479	2 074,49	3 017,44	3 394,62	1 977,58	2 876,48	3 236,04	1 880,72	2 735,60	3 077,55	1 783,81	2 594,64	2 918,97	1 632,20	2 453,76	2 760,48	1 422,52	2 312,80	2 601,90
	III	31 142	–	2 491,36	2 802,78	III	31 142	–	2 351,04	2 644,92	–	2 213,12	2 489,76	–	2 078,40	2 338,20	–	1 946,40	2 189,70	–	1 817,44	2 044,62	–	1 691,36	1 902,78
	V	45 914	2 525,27	3 673,12	4 132,26	IV	40 280	2 167,–	3 152,–	3 546,–	2 118,54	3 081,52	3 466,71	2 070,09	3 011,04	3 387,42	2 021,69	2 940,64	3 308,22	1 973,23	2 870,16	3 228,93	1 924,78	2 799,68	3 149,64
	VI	46 349	2 549,19	3 707,92	4 171,41																				
130 679,99 Ost	I,IV	40 438	2 224,09	3 235,04	3 639,42	I	40 438	2 127,23	3 094,16	3 480,93	2 030,32	2 953,20	3 322,35	1 933,47	2 812,32	3 163,86	1 836,56	2 671,36	3 005,28	1 739,70	2 530,48	2 846,79	1 536,64	2 389,52	2 688,21
	II	39 637	2 180,03	3 170,96	3 567,33	II	39 637	2 083,12	3 030,–	3 408,75	1 986,27	2 889,12	3 250,26	1 889,36	2 748,16	3 091,68	1 792,50	2 607,28	2 933,19	1 650,88	2 466,32	2 774,61	1 441,32	2 325,44	2 616,12
	III	31 300	–	2 504,–	2 817,–	III	31 300	–	2 363,52	2 658,96	–	2 225,44	2 503,62	–	2 090,24	2 351,52	–	1 958,08	2 202,84	–	1 828,96	2 057,58	–	1 702,56	1 915,38
	V	46 072	2 533,96	3 685,76	4 146,48	IV	40 438	2 175,63	3 164,56	3 560,13	2 127,23	3 094,16	3 480,93	2 078,78	3 023,68	3 401,64	2 030,32	2 953,20	3 322,35	1 981,87	2 882,72	3 243,06	1 933,47	2 812,32	3 163,86
	VI	46 507	2 557,88	3 720,56	4 185,63																				
130 715,99 West	I,IV	40 296	2 216,28	3 223,68	3 626,64	I	40 296	2 119,37	3 082,72	3 468,06	2 022,51	2 941,84	3 309,57	1 925,60	2 800,88	3 150,99	1 828,75	2 660,–	2 992,50	1 729,30	2 519,04	2 833,92	1 519,74	2 378,16	2 675,43
	II	39 494	2 172,17	3 159,52	3 554,46	II	39 494	2 075,31	3 018,64	3 395,97	1 978,40	2 877,68	3 237,39	1 881,55	2 736,80	3 078,90	1 784,64	2 595,84	2 920,32	1 633,98	2 454,96	2 761,83	1 424,31	2 314,–	2 603,25
	III	31 158	–	2 492,64	2 804,22	III	31 158	–	2 352,16	2 646,18	–	2 214,40	2 491,20	–	2 079,52	2 339,46	–	1 947,52	2 190,96	–	1 818,56	2 045,88	–	1 692,48	1 904,04
	V	45 929	2 526,09	3 674,32	4 133,61	IV	40 296	2 167,82	3 153,20	3 547,35	2 119,37	3 082,72	3 468,06	2 070,91	3 012,24	3 388,77	2 022,51	2 941,84	3 309,57	1 974,06	2 871,36	3 230,28	1 925,60	2 800,88	3 150,99
	VI	46 365	2 550,07	3 709,20	4 172,85																				
130 715,99 Ost	I,IV	40 453	2 224,91	3 236,24	3 640,77	I	40 453	2 128,06	3 095,36	3 482,28	2 031,15	2 954,40	3 323,70	1 934,29	2 813,52	3 165,21	1 837,38	2 672,56	3 006,63	1 740,53	2 531,68	2 848,14	1 538,43	2 390,72	2 689,56
	II	39 652	2 180,86	3 172,16	3 568,68	II	39 652	2 083,95	3 031,20	3 410,10	1 987,09	2 890,32	3 251,61	1 890,18	2 749,36	3 093,03	1 793,33	2 608,48	2 934,54	1 652,67	2 467,52	2 775,96	1 443,11	2 326,64	2 617,47
	III	31 316	–	2 505,28	2 818,44	III	31 316	–	2 364,64	2 660,22	–	2 226,56	2 504,88	–	2 091,52	2 352,96	–	1 959,20	2 204,10	–	1 830,08	2 058,84	–	1 703,68	1 916,64
	V	46 087	2 534,78	3 686,96	4 147,83	IV	40 453	2 176,46	3 165,76	3 561,48	2 128,06	3 095,36	3 482,28	2 079,60	3 024,88	3 402,99	2 031,15	2 954,40	3 323,70	1 982,69	2 883,92	3 244,41	1 934,29	2 813,52	3 165,21
	VI	46 522	2 558,71	3 721,76	4 186,98																				
130 751,99 West	I,IV	40 311	2 217,10	3 224,88	3 627,99	I	40 311	2 120,19	3 083,92	3 469,41	2 023,34	2 943,04	3 310,92	1 926,43	2 802,08	3 152,34	1 829,57	2 661,20	2 993,85	1 731,09	2 520,24	2 835,27	1 521,53	2 379,36	2 676,78
	II	39 509	2 172,99	3 160,72	3 555,81	II	39 509	2 076,14	3 019,84	3 397,32	1 979,23	2 878,88	3 238,74	1 882,37	2 738,–	3 080,25	1 785,46	2 597,04	2 921,67	1 635,77	2 456,16	2 763,18	1 426,09	2 315,20	2 604,60
	III	31 174	–	2 493,92	2 805,66	III	31 174	–	2 353,44	2 647,62	–	2 215,52	2 492,46	–	2 080,64	2 340,72	–	1 948,64	2 192,22	–	1 819,68	2 047,14	–	1 693,60	1 905,30
	V	45 945	2 526,97	3 675,60	4 135,05	IV	40 311	2 168,65	3 154,40	3 548,70	2 120,19	3 083,92	3 469,41	2 071,79	3 013,52	3 390,21	2 023,34	2 943,04	3 310,92	1 974,88	2 872,56	3 231,63	1 926,43	2 802,08	3 152,34
	VI	46 380	2 550,90	3 710,40	4 174,20																				
130 751,99 Ost	I,IV	40 468	2 225,74	3 237,44	3 642,12	I	40 468	2 128,88	3 096,56	3 483,63	2 031,97	2 955,60	3 325,05	1 935,12	2 814,72	3 166,56	1 838,21	2 673,76	3 007,98	1 741,35	2 532,88	2 849,49	1 540,21	2 391,92	2 690,91
	II	39 667	2 181,68	3 173,36	3 570,03	II	39 667	2 084,77	3 032,40	3 411,45	1 987,92	2 891,52	3 252,96	1 891,01	2 750,56	3 094,38	1 794,15	2 609,68	2 935,89	1 654,45	2 468,72	2 777,31	1 444,89	2 327,84	2 618,82
	III	31 332	–	2 506,56	2 819,88	III	31 332	–	2 365,92	2 661,66	–	2 227,84	2 506,32	–	2 092,64	2 354,22	–	1 960,32	2 205,36	–	1 831,04	2 059,92	–	1 704,80	1 917,90
	V	46 102	2 535,61	3 688,16	4 149,18	IV	40 468	2 177,28	3 166,96	3 562,83	2 128,88	3 096,56	3 483,63	2 080,43	3 026,08	3 404,34	2 031,97	2 955,60	3 325,05	1 983,57	2 885,20	3 245,85	1 935,12	2 814,72	3 166,56
	VI	46 537	2 559,53	3 722,96	4 188,33																				
130 787,99 West	I,IV	40 326	2 217,93	3 226,08	3 629,34	I	40 326	2 121,02	3 085,12	3 470,76	2 024,16	2 944,24	3 312,27	1 927,25	2 803,28	3 153,69	1 830,40	2 662,40	2 995,20	1 732,87	2 521,44	2 836,62	1 523,31	2 380,56	2 678,13
	II	39 524	2 173,82	3 161,92	3 557,16	II	39 524	2 076,96	3 021,04	3 398,67	1 980,11	2 880,16	3 240,18	1 883,20	2 739,20	3 081,60	1 786,34	2 598,32	2 923,11	1 637,55	2 457,36	2 764,53	1 428,–	2 316,48	2 606,04
	III	31 188	–	2 495,04	2 806,92	III	31 188	–	2 354,56	2 648,88	–	2 216,64	2 493,72	–	2 081,76	2 341,98	–	1 949,76	2 193,48	–	1 820,80	2 048,40	–	1 694,72	1 906,56
	V	45 960	2 527,80	3 676,80	4 136,40	IV	40 326	2 169,47	3 155,60	3 550,05	2 121,02	3 085,12	3 470,76	2 072,62	3 014,72	3 391,56	2 024,16	2 944,24	3 312,27	1 975,71	2 873,76	3 232,98	1 927,25	2 803,28	3 153,69
	VI	46 395	2 551,72	3 711,60	4 175,55																				
130 787,99 Ost	I,IV	40 483	2 226,56	3 238,64	3 643,47	I	40 483	2 129,71	3 097,76	3 484,98	2 032,80	2 956,80	3 326,40	1 935,94	2 815,92	3 167,91	1 839,03	2 674,96	3 009,33	1 742,18	2 534,08	2 850,84	1 542,–	2 393,12	2 692,26
	II	39 682	2 182,51	3 174,56	3 571,38	II	39 682	2 085,65	3 033,68	3 412,89	1 988,74	2 892,72	3 254,31	1 891,89	2 751,84	3 095,82	1 794,98	2 610,88	2 937,24	1 656,36	2 470,–	2 778,75	1 446,68	2 329,04	2 620,17
	III	31 346	–	2 507,68	2 821,14	III	31 346	–	2 367,04	2 662,92	–	2 228,96	2 507,58	–	2 093,76	2 355,48	–	1 961,44	2 206,62	–	1 832,16	2 061,18	–	1 705,76	1 918,98
	V	46 117	2 536,43	3 689,36	4 150,53	IV	40 483	2 178,16	3 168,24	3 564,27	2 129,71	3 097,76	3 484,98	2 081,25	3 027,28	3 405,69	2 032,80	2 956,80	3 326,40	1 984,40	2 886,40	3 247,20	1 935,94	2 815,92	3 167,91
	VI	46 552	2 560,36	3 724,16	4 189,68																				
130 823,99 West	I,IV	40 341	2 218,75	3 227,28	3 630,69	I	40 341	2 121,84	3 086,32	3 472,11	2 024,99	2 945,44	3 313,62	1 928,13	2 804,56	3 155,13	1 831,22	2 663,60	2 996,55	1 734,37	2 522,72	2 838,06	1 525,10	2 381,76	2 679,48
	II	39 540	2 174,70	3 163,20	3 558,60	II	39 540	2 077,79	3 022,24	3 400,02	1 980,93	2 881,36	3 241,53	1 884,02	2 740,40	3 082,95	1 787,17	2 599,52	2 924,46	1 639,34	2 458,56	2 765,88	1 429,78	2 317,68	2 607,39
	III	31 204	–	2 496,32	2 808,36	III	31 204	–	2 355,84	2 650,32	–	2 217,92	2 495,16	–	2 082,88	2 343,24	–	1 950,88	2 194,74	–	1 821,92	2 049,66	–	1 695,68	1 907,64
	V	45 975	2 528,62	3 678,–	4 137,75	IV	40 341	2 170,30	3 156,80	3 551,40	2 121,84	3 086,32	3 472,11	2 073,44	3 015,92	3 392,91	2 024,99	2 945,44	3 313,62	1 976,53	2 874,96	3 234,33	1 928,13	2 804,56	3 155,13
	VI	46 410	2 552,55	3 712,80	4 176,90																				
130 823,99 Ost	I,IV	40 498	2 227,39	3 239,84	3 644,82	I	40 498	2 130,53	3 098,96	3 486,33	2 033,68	2 958,08	3 327,84	1 936,77	2 817,12	3 169,26	1 839,91	2 676,24	3 010,77	1 743,–	2 535,28	2 852,19	1 543,90	2 394,40	2 693,70
	II	39 697	2 183,33	3 175,76	3 572,73	II	39 697	2 086,48	3 034,88	3 414,24	1 989,57	2 893,92	3 255,66	1 892,71	2 753,04	3 097,17	1 795,80	2 612,08	2 938,59	1 658,14	2 471,20	2 780,10	1 448,46	2 330,24	2 621,52
	III	31 362	–	2 508,96	2 822,58	III	31 362	–	2 368,32	2 664,36	–	2 230,08	2 508,84	–	2 094,88	2 356,74	–	1 962,56	2 207,88	–	1 833,28	2 062,44	–	1 706,88	1 920,24
	V	46 132	2 537,26	3 690,56	4 151,88	IV	40 498	2 178,99	3 169,44	3 565,62	2 130,53	3 098,96	3 486,33	2 082,08	3 028,48	3 407,04	2 033,68	2 958,08	3 327,84	1 985,22	2 887,60	3 248,55	1 936,77	2 817,12	3 169,26
	VI	46 567	2 561,18	3 725,36	4 191,03																				
130 859,99 West	I,IV	40 356	2 219,58	3 228,48	3 632,04	I	40 356	2 122,72	3 087,60	3 473,55	2 025,81	2 946,64	3 314,97	1 928,96	2 805,76	3 156,48	1 832,05	2 664,80	2 997,90	1 735,19	2 523,92	2 839,41	1 526,88	2 382,96	2 680,83
	II	39 555	2 175,52	3 164,40	3 559,95	II	39 555	2 078,61	3 023,44	3 401,37	1 981,76	2 882,56	3 242,88	1 884,85	2 741,60	3 084,30	1 787,99	2 600,72	2 925,81	1 641,12	2 459,76	2 767,23	1 431,57	2 318,88	2 608,74
	III	31 218	–	2 497,44	2 809,62	III	31 218	–	2 356,96	2 651,58	–	2 219,04	2 496,42	–	2 084,–	2 344,50	–	1 952,–	2 196,–	–	1 822,88	2 050,74	–	1 696,80	1 908,90
	V	45 990	2 529,45	3 679,20	4 139,10	IV	40 356	2 171,12	3 158,–	3 552,75	2 122,72	3 087,60	3 473,55	2 074,27	3 017,12	3 394,26	2 025,81	2 946,64	3 314,97	1 977,36	2 876,16	3 235,68	1 928,96	2 805,76	3 156,48
	VI	46 425	2 553,37	3 714,–	4 178,25																				
130 859,99 Ost	I,IV	40 514	2 228,27	3 241,12	3 646,26	I	40 514	2 131,36	3 100,16	3 487,68	2 034,50	2 959,28	3 329,19	1 937,59	2 818,32	3 170,61	1 840,74	2 677,44	3 012,12	1 743,83	2 536,48	2 853,54	1 545,69	2 395,60	2 695,05
	II	39 712	2 184,16	3 176,96	3 574,08	II	39 712	2 087,30	3 036,08	3 415,59	1 990,39	2 895,12	3 257,01	1 893,54	2 754,24	3 098,52	1 796,63	2 613,28	2 939,94	1 659,93	2 472,40	2 781,45	1 450,25	2 331,44	2 622,87
	III	31 376	–	2 510,08	2 823,84	III	31 376	–	2 369,44	2 665,62	–	2 231,36	2 510,28	–	2 096,–	2 358,–	–	1 963,68	2 209,14	–	1 834,40	2 063,70	–	1 708,–	1 921,50
	V	46 147	2 538,08	3 691,76	4 153,23	IV	40 514	2 179,81	3 170,64	3 566,97	2 131,36	3 100,16	3 487,68	2 082,90	3 029,68	3 408,39	2 034,50	2 959,28	3 329,19	1 986,05	2 888,80	3 249,90	1 937,59	2 818,32	3 170,61
	VI	46 583	2 562,06	3 726,64	4 192,47																				
130 895,99 West	I,IV	40 371	2 220,40	3 229,68	3 633,39	I	40 371	2 123,55	3 088,80	3 474,90	2 026,64	2 947,84	3 316,32	1 929,78	2 806,96	3 157,83	1 832,87	2 666,–	2 999,25	1 736,02	2 525,12	2 840,76	1 528,67	2 384,16	2 682,18
	II	39 570	2 176,35	3 165,60	3 561,30	II	39 570	2 079,44	3 024,64	3 402,72	1 982,58	2 883,76	3 244,23	1 885,67	2 742,80	3 085,65	1 788,82	2 601,92	2 927,16	1 642,91	2 460,96	2 768,58	1 433,35	2 320,08	2 610,09
	III	31 234	–	2 498,72	2 811,06	III	31 234	–	2 358,24	2 653,02	–	2 220,16	2 497,68	–	2 085,28	2 345,94	–	1 953,12	2 197,26	–	1 824,–	2 052,–	–	1 697,92	1 910,16
	V	46 005	2 530,27	3 680,40	4 140,45	IV	40 371	2 171,95	3 159,20	3 554,10	2 123,55	3 088,80	3 474,90	2 075,09	3 018,32	3 395,61	2 026,64	2 947,84	3 316,32	1 978,24	2 877,44	3 237,12	1 929,78	2 806,96	3 157,83
	VI	46 440	2 554,20	3 715,20	4 179,60																				
130 895,99 Ost	I,IV	40 529	2 229,09	3 242,32	3 647,61	I	40 529	2 132,18	3 101,36	3 489,03	2 035,33	2 960,48	3 330,54	1 938,42	2 819,52	3 171,96	1 841,56	2 678,64	3 013,47	1 744,65	2 537,68	2 854,89	1 547,47	2 396,80	2 696,40
	II	39 727	2 184,98	3 178,16	3 575,43	II	39 727	2 088,13	3 037,28	3 416,94	1 991,22	2 896,32	3 258,36	1 894,36	2 755,44	3 099,87	1 797,45	2 614,48	2 941,29	1 661,71	2 473,60	2 782,80	1 452,03	2 332,64	2 624,22
	III	31 392	–	2 511,36	2 825,28	III	31 392	–	2 370,72	2 667,06	–	2 232,48	2 511,54	–	2 097,28	2 359,44	–	1 964,96	2 210,58	–	1 835,52	2 064,96	–	1 709,12	1 922,76
	V	46 163	2 538,96	3 693,04	4 154,67	IV	40 529	2 180,64	3 171,84	3 568,32	2 132,18	3 101,36	3 489,03	2 083,73	3 030,88	3 409,74	2 035,33	2 960,48	3 330,54	1 986,87	2 890,–	3 251,25	1 938,42	2 819,52	3 171,96
	VI	46 598	2 562,89	3 727,84	4 193,82																				

* Die ausgewiesenen Tabellenwerte sind amtlich. Siehe Erläuterungen auf der Umschlaginnenseite (U2).

Abzüge an Lohnsteuer, Solidaritätszuschlag (SolZ) und Kirchensteuer (8%, 9%) in den Steuerklassen

Lohn/Gehalt bis €*	I – VI		ohne Kinderfreibeträge			I, II, III, IV		mit Zahl der Kinderfreibeträge . . . 0,5			1			1,5			2			2,5			3		
		LSt	SolZ	8%	9%		LSt	SolZ	8%	9%	SolZ	8%	9%	SolZ	8%	9%	SolZ	8%	9%	SolZ	8%	9%	SolZ	8%	9%
130 931,99 West	I,IV	40 386	2 221,23	3 230,88	3 634,74	I	40 386	2 124,37	3 090,—	3 476,25	2 027,46	2 949,04	3 317,67	1 930,61	2 808,16	3 159,18	1 833,70	2 667,20	3 000,60	1 736,84	2 526,32	2 842,11	1 530,45	2 385,36	2 683,53
	II	39 585	2 177,17	3 166,80	3 562,65	II	39 585	2 080,26	3 025,84	3 404,07	1 983,41	2 884,96	3 245,58	1 886,55	2 744,08	3 087,09	1 789,64	2 603,12	2 928,51	1 644,81	2 462,24	2 770,02	1 435,14	2 321,28	2 611,44
	III	31 248	—	2 499,84	2 812,32	III	31 248	—	2 359,36	2 654,28	—	2 221,44	2 499,12	—	2 086,40	2 347,20	—	1 954,24	2 198,52	—	1 825,12	2 053,26	—	1 698,88	1 911,24
	V	46 020	2 531,10	3 681,60	4 141,80	IV	40 386	2 172,83	3 160,48	3 555,54	2 124,37	3 090,—	3 476,25	2 075,92	3 019,52	3 396,96	2 027,46	2 949,04	3 317,67	1 979,06	2 878,64	3 238,47	1 930,61	2 808,16	3 159,18
	VI	46 455	2 555,02	3 716,40	4 180,95																				
130 931,99 Ost	I,IV	40 544	2 229,92	3 243,52	3 648,96	I	40 544	2 133,01	3 102,56	3 490,38	2 036,15	2 961,68	3 331,89	1 939,24	2 820,72	3 173,31	1 842,39	2 679,84	3 014,82	1 745,48	2 538,88	2 856,24	1 549,26	2 398,—	2 697,75
	II	39 742	2 185,81	3 179,36	3 576,78	II	39 742	2 088,95	3 038,48	3 418,29	1 992,10	2 897,60	3 259,80	1 895,19	2 756,64	3 101,22	1 798,33	2 615,76	2 942,73	1 663,50	2 474,80	2 784,15	1 453,94	2 333,92	2 625,66
	III	31 406	—	2 512,48	2 826,54	III	31 406	—	2 371,84	2 668,32	—	2 233,60	2 512,80	—	2 098,40	2 360,70	—	1 966,08	2 211,84	—	1 836,64	2 066,22	—	1 710,08	1 923,84
	V	46 178	2 539,79	3 694,24	4 156,02	IV	40 544	2 181,46	3 173,04	3 569,67	2 133,01	3 102,56	3 490,38	2 084,61	3 032,16	3 411,18	2 036,15	2 961,68	3 331,89	1 987,70	2 891,20	3 252,60	1 939,24	2 820,72	3 173,31
	VI	46 613	2 563,71	3 729,04	4 195,17																				
130 967,99 West	I,IV	40 401	2 222,05	3 232,08	3 636,09	I	40 401	2 125,20	3 091,20	3 477,60	2 028,29	2 950,24	3 319,02	1 931,43	2 809,36	3 160,53	1 834,58	2 668,48	3 002,04	1 737,67	2 527,52	2 843,46	1 532,36	2 386,64	2 684,97
	II	39 600	2 178,—	3 168,—	3 564,—	II	39 600	2 081,14	3 027,12	3 405,51	1 984,23	2 886,16	3 246,93	1 887,38	2 745,28	3 088,44	1 790,47	2 604,32	2 929,86	1 646,60	2 463,44	2 771,37	1 436,92	2 322,48	2 612,79
	III	31 264	—	2 501,12	2 813,76	III	31 264	—	2 360,48	2 655,54	—	2 222,56	2 500,38	—	2 087,52	2 348,46	—	1 955,36	2 199,78	—	1 826,24	2 054,52	—	1 700,—	1 912,50
	V	46 035	2 531,92	3 682,80	4 143,15	IV	40 401	2 173,65	3 161,68	3 556,89	2 125,20	3 091,20	3 477,60	2 076,74	3 020,72	3 398,31	2 028,29	2 950,24	3 319,02	1 979,89	2 879,84	3 239,82	1 931,43	2 809,36	3 160,53
	VI	46 470	2 555,85	3 717,60	4 182,30																				
130 967,99 Ost	I,IV	40 559	2 230,74	3 244,72	3 650,31	I	40 559	2 133,83	3 103,76	3 491,73	2 036,98	2 962,88	3 333,24	1 940,12	2 822,—	3 174,75	1 843,21	2 681,04	3 016,17	1 746,36	2 540,16	2 857,68	1 551,04	2 399,20	2 699,10
	II	39 758	2 186,69	3 180,64	3 578,22	II	39 758	2 089,78	3 039,68	3 419,64	1 992,92	2 898,80	3 261,15	1 896,01	2 757,84	3 102,57	1 799,16	2 616,96	2 944,08	1 665,28	2 476,—	2 785,50	1 455,72	2 335,12	2 627,01
	III	31 422	—	2 513,76	2 827,98	III	31 422	—	2 373,12	2 669,76	—	2 234,88	2 514,24	—	2 099,52	2 361,96	—	1 967,20	2 213,10	—	1 837,76	2 067,48	—	1 711,20	1 925,10
	V	46 193	2 540,61	3 695,44	4 157,37	IV	40 559	2 182,29	3 174,24	3 571,02	2 133,83	3 103,76	3 491,73	2 085,43	3 033,36	3 412,53	2 036,98	2 962,88	3 333,24	1 988,52	2 892,40	3 253,95	1 940,12	2 822,—	3 174,75
	VI	46 628	2 564,54	3 730,24	4 196,52																				
131 003,99 West	I,IV	40 417	2 222,93	3 233,36	3 637,53	I	40 417	2 126,02	3 092,40	3 478,95	2 029,17	2 951,52	3 320,46	1 932,26	2 810,56	3 161,88	1 835,40	2 669,68	3 003,39	1 738,49	2 528,72	2 844,81	1 534,14	2 387,84	2 686,32
	II	39 615	2 178,82	3 169,20	3 565,35	II	39 615	2 081,97	3 028,32	3 406,86	1 985,06	2 887,36	3 248,28	1 888,20	2 746,48	3 089,79	1 791,29	2 605,52	2 931,21	1 648,38	2 464,64	2 772,72	1 438,71	2 323,68	2 614,14
	III	31 280	—	2 502,40	2 815,20	III	31 280	—	2 361,76	2 656,98	—	2 223,68	2 501,64	—	2 088,64	2 349,72	—	1 956,48	2 201,04	—	1 827,36	2 055,78	—	1 701,12	1 913,76
	V	46 050	2 532,75	3 684,—	4 144,50	IV	40 417	2 174,48	3 162,88	3 558,24	2 126,02	3 092,40	3 478,95	2 077,57	3 021,92	3 399,66	2 029,17	2 951,52	3 320,46	1 980,71	2 881,04	3 241,17	1 932,26	2 810,56	3 161,88
	VI	46 486	2 556,73	3 718,88	4 183,74																				
131 003,99 Ost	I,IV	40 574	2 231,57	3 245,92	3 651,66	I	40 574	2 134,71	3 105,04	3 493,17	2 037,80	2 964,08	3 334,59	1 940,95	2 823,20	3 176,10	1 844,04	2 682,24	3 017,52	1 747,18	2 541,36	2 859,03	1 552,83	2 400,40	2 700,45
	II	39 773	2 187,51	3 181,84	3 579,57	II	39 773	2 090,60	3 040,88	3 420,99	1 993,75	2 900,—	3 262,50	1 896,84	2 759,04	3 103,92	1 799,98	2 618,16	2 945,43	1 667,07	2 477,20	2 786,85	1 457,51	2 336,32	2 628,36
	III	31 436	—	2 514,88	2 829,24	III	31 436	—	2 374,24	2 671,02	—	2 236,—	2 515,50	—	2 100,64	2 363,22	—	1 968,32	2 214,36	—	1 838,72	2 068,56	—	1 712,32	1 926,36
	V	46 208	2 541,44	3 696,64	4 158,72	IV	40 574	2 183,11	3 175,44	3 572,37	2 134,71	3 105,04	3 493,17	2 086,26	3 034,56	3 413,88	2 037,80	2 964,08	3 334,59	1 989,35	2 893,60	3 255,30	1 940,95	2 823,20	3 176,10
	VI	46 643	2 565,36	3 731,44	4 197,87																				
131 039,99 West	I,IV	40 432	2 223,76	3 234,56	3 638,88	I	40 432	2 126,85	3 093,60	3 480,30	2 029,99	2 952,72	3 321,81	1 933,08	2 811,76	3 163,23	1 836,23	2 670,88	3 004,74	1 739,32	2 529,92	2 846,16	1 535,93	2 389,04	2 687,67
	II	39 630	2 179,65	3 170,40	3 566,70	II	39 630	2 082,79	3 029,52	3 408,21	1 985,88	2 888,56	3 249,63	1 889,03	2 747,68	3 091,14	1 792,12	2 606,72	2 932,56	1 650,17	2 465,84	2 774,07	1 440,49	2 324,88	2 615,49
	III	31 294	—	2 503,52	2 816,46	III	31 294	—	2 362,88	2 658,24	—	2 224,96	2 503,08	—	2 089,76	2 350,98	—	1 957,60	2 202,30	—	1 828,48	2 057,04	—	1 702,08	1 914,84
	V	46 066	2 533,63	3 685,28	4 145,94	IV	40 432	2 175,30	3 164,08	3 559,59	2 126,85	3 093,60	3 480,30	2 078,39	3 023,12	3 401,01	2 029,99	2 952,72	3 321,81	1 981,54	2 882,24	3 242,52	1 933,08	2 811,76	3 163,23
	VI	46 501	2 557,55	3 720,08	4 185,09																				
131 039,99 Ost	I,IV	40 589	2 232,39	3 247,12	3 653,01	I	40 589	2 135,54	3 106,24	3 494,52	2 038,63	2 965,28	3 335,94	1 941,77	2 824,40	3 177,45	1 844,86	2 683,44	3 018,87	1 748,01	2 542,56	2 860,38	1 554,61	2 401,60	2 701,80
	II	39 788	2 188,34	3 183,04	3 580,92	II	39 788	2 091,43	3 042,08	3 422,34	1 994,57	2 901,20	3 263,85	1 897,66	2 760,24	3 105,27	1 800,81	2 619,36	2 946,78	1 668,85	2 478,40	2 788,20	1 459,29	2 337,52	2 629,71
	III	31 452	—	2 516,16	2 830,68	III	31 452	—	2 375,52	2 672,46	—	2 237,12	2 516,76	—	2 101,76	2 364,48	—	1 969,44	2 215,62	—	1 839,84	2 069,82	—	1 713,28	1 927,44
	V	46 223	2 542,26	3 697,84	4 160,07	IV	40 589	2 183,94	3 176,64	3 573,72	2 135,54	3 106,24	3 494,52	2 087,08	3 035,76	3 415,23	2 038,63	2 965,28	3 335,94	1 990,17	2 894,80	3 256,65	1 941,77	2 824,40	3 177,45
	VI	46 658	2 566,19	3 732,64	4 199,22																				
131 075,99 West	I,IV	40 447	2 224,58	3 235,76	3 640,23	I	40 447	2 127,67	3 094,80	3 481,65	2 030,82	2 953,92	3 323,16	1 933,91	2 812,96	3 164,58	1 837,05	2 672,08	3 006,09	1 740,14	2 531,12	2 847,51	1 537,71	2 390,24	2 689,02
	II	39 645	2 180,47	3 171,60	3 568,05	II	39 645	2 083,62	3 030,72	3 409,56	1 986,71	2 889,76	3 250,98	1 889,85	2 748,88	3 092,49	1 793,—	2 608,—	2 934,—	1 651,95	2 467,04	2 775,42	1 442,39	2 326,16	2 616,93
	III	31 310	—	2 504,80	2 817,90	III	31 310	—	2 364,16	2 659,68	—	2 226,08	2 504,34	—	2 090,88	2 352,24	—	1 958,72	2 203,56	—	1 829,44	2 058,12	—	1 703,20	1 916,10
	V	46 081	2 534,45	3 686,48	4 147,29	IV	40 447	2 176,13	3 165,28	3 560,94	2 127,67	3 094,80	3 481,65	2 079,27	3 024,40	3 402,45	2 030,82	2 953,92	3 323,16	1 982,36	2 883,44	3 243,87	1 933,91	2 812,96	3 164,58
	VI	46 516	2 558,38	3 721,28	4 186,44																				
131 075,99 Ost	I,IV	40 604	2 233,22	3 248,32	3 654,36	I	40 604	2 136,36	3 107,44	3 495,87	2 039,45	2 966,48	3 337,29	1 942,60	2 825,60	3 178,80	1 845,69	2 684,64	3 020,22	1 748,83	2 543,76	2 861,73	1 556,40	2 402,80	2 703,15
	II	39 803	2 189,16	3 184,24	3 582,27	II	39 803	2 092,25	3 043,28	3 423,69	1 995,40	2 902,40	3 265,20	1 898,54	2 761,52	3 106,71	1 801,63	2 620,56	2 948,13	1 670,76	2 479,68	2 789,64	1 461,08	2 338,72	2 631,06
	III	31 468	—	2 517,44	2 832,12	III	31 468	—	2 376,64	2 673,72	—	2 238,40	2 518,20	—	2 102,88	2 365,74	—	1 970,56	2 216,88	—	1 840,96	2 071,08	—	1 714,40	1 928,70
	V	46 238	2 543,09	3 699,04	4 161,42	IV	40 604	2 184,82	3 177,92	3 575,16	2 136,36	3 107,44	3 495,87	2 087,91	3 036,96	3 416,58	2 039,45	2 966,48	3 337,29	1 991,05	2 896,08	3 258,09	1 942,60	2 825,60	3 178,80
	VI	46 673	2 567,01	3 733,84	4 200,57																				
131 111,99 West	I,IV	40 462	2 225,41	3 236,96	3 641,58	I	40 462	2 128,50	3 096,—	3 483,—	2 031,64	2 955,12	3 324,51	1 934,73	2 814,16	3 165,93	1 837,88	2 673,28	3 007,44	1 741,02	2 532,40	2 848,95	1 539,50	2 391,44	2 690,37
	II	39 661	2 181,35	3 172,88	3 569,49	II	39 661	2 084,44	3 031,92	3 410,91	1 987,59	2 891,04	3 252,42	1 890,68	2 750,08	3 093,84	1 793,82	2 609,20	2 935,35	1 653,74	2 468,24	2 776,77	1 444,18	2 327,36	2 618,28
	III	31 324	—	2 505,92	2 819,16	III	31 324	—	2 365,28	2 660,94	—	2 227,20	2 505,60	—	2 092,16	2 353,68	—	1 959,84	2 204,82	—	1 830,56	2 059,38	—	1 704,32	1 917,36
	V	46 096	2 535,28	3 687,68	4 148,64	IV	40 462	2 176,95	3 166,48	3 562,29	2 128,50	3 096,—	3 483,—	2 080,10	3 025,60	3 403,80	2 031,64	2 955,12	3 324,51	1 983,19	2 884,64	3 245,22	1 934,73	2 814,16	3 165,93
	VI	46 531	2 559,20	3 722,48	4 187,79																				
131 111,99 Ost	I,IV	40 619	2 234,04	3 249,52	3 655,71	I	40 619	2 137,19	3 108,64	3 497,22	2 040,28	2 967,68	3 338,64	1 943,42	2 826,80	3 180,15	1 846,57	2 685,92	3 021,66	1 749,66	2 544,96	2 863,08	1 558,30	2 404,08	2 704,59
	II	39 818	2 189,99	3 185,44	3 583,62	II	39 818	2 093,13	3 044,56	3 425,13	1 996,22	2 903,60	3 266,55	1 899,37	2 762,72	3 108,06	1 802,46	2 621,76	2 949,48	1 672,54	2 480,88	2 790,99	1 462,86	2 339,92	2 632,41
	III	31 482	—	2 518,56	2 833,38	III	31 482	—	2 377,92	2 675,16	—	2 239,52	2 519,46	—	2 104,16	2 367,18	—	1 971,68	2 218,14	—	1 842,08	2 072,34	—	1 715,52	1 929,96
	V	46 253	2 543,91	3 700,24	4 162,77	IV	40 619	2 185,64	3 179,12	3 576,51	2 137,19	3 108,64	3 497,22	2 088,73	3 038,16	3 417,93	2 040,28	2 967,68	3 338,64	1 991,88	2 897,28	3 259,44	1 943,42	2 826,80	3 180,15
	VI	46 688	2 567,84	3 735,04	4 201,92																				
131 147,99 West	I,IV	40 477	2 226,23	3 238,16	3 642,93	I	40 477	2 129,38	3 097,28	3 484,44	2 032,47	2 956,32	3 325,86	1 935,61	2 815,44	3 167,37	1 838,70	2 674,48	3 008,79	1 741,85	2 533,60	2 850,30	1 541,28	2 392,64	2 691,72
	II	39 676	2 182,18	3 174,08	3 570,84	II	39 676	2 085,27	3 033,12	3 412,26	1 988,41	2 892,24	3 253,77	1 891,50	2 751,28	3 095,19	1 794,65	2 610,40	2 936,70	1 655,52	2 469,44	2 778,12	1 445,96	2 328,56	2 619,63
	III	31 340	—	2 507,20	2 820,60	III	31 340	—	2 366,56	2 662,38	—	2 228,48	2 507,04	—	2 093,28	2 354,94	—	1 960,96	2 206,08	—	1 831,68	2 060,64	—	1 705,28	1 918,44
	V	46 111	2 536,10	3 688,88	4 149,99	IV	40 477	2 177,78	3 167,68	3 563,64	2 129,38	3 097,28	3 484,44	2 080,92	3 026,80	3 405,15	2 032,47	2 956,32	3 325,86	1 984,01	2 885,84	3 246,57	1 935,61	2 815,44	3 167,37
	VI	46 546	2 560,03	3 723,68	4 189,14																				
131 147,99 Ost	I,IV	40 635	2 234,92	3 250,80	3 657,15	I	40 635	2 138,01	3 109,84	3 498,57	2 041,16	2 968,96	3 340,08	1 944,25	2 828,—	3 181,50	1 847,39	2 687,12	3 023,01	1 750,48	2 546,16	2 864,43	1 560,09	2 405,28	2 705,94
	II	39 833	2 190,81	3 186,64	3 584,97	II	39 833	2 093,96	3 045,76	3 426,48	1 997,05	2 904,80	3 267,90	1 900,19	2 763,92	3 109,41	1 803,28	2 622,96	2 950,83	1 674,33	2 482,08	2 792,34	1 464,65	2 341,12	2 633,76
	III	31 498	—	2 519,84	2 834,82	III	31 498	—	2 379,04	2 676,42	—	2 240,64	2 520,72	—	2 105,28	2 368,44	—	1 972,80	2 219,40	—	1 843,20	2 073,60	—	1 716,64	1 931,22
	V	46 268	2 544,74	3 701,44	4 164,12	IV	40 635	2 186,47	3 180,32	3 577,86	2 138,01	3 109,84	3 498,57	2 089,56	3 039,36	3 419,28	2 041,16	2 968,96	3 340,08	1 992,70	2 898,48	3 260,79	1 944,25	2 828,—	3 181,50
	VI	46 704	2 568,72	3 736,32	4 203,36																				
131 183,99 West	I,IV	40 492	2 227,06	3 239,36	3 644,28	I	40 492	2 130,20	3 098,48	3 485,79	2 033,29	2 957,52	3 327,21	1 936,44	2 816,64	3 168,72	1 839,53	2 675,68	3 010,14	1 742,67	2 534,80	2 851,65	1 543,07	2 393,84	2 693,07
	II	39 691	2 183,—	3 175,28	3 572,19	II	39 691	2 086,09	3 034,32	3 413,61	1 989,24	2 893,44	3 255,12	1 892,33	2 752,48	3 096,54	1 795,47	2 611,60	2 938,05	1 657,31	2 470,64	2 779,47	1 447,75	2 329,76	2 620,98
	III	31 354	—	2 508,32	2 821,86	III	31 354	—	2 367,68	2 663,64	—	2 229,60	2 508,30	—	2 094,40	2 356,20	—	1 962,08	2 207,34	—	1 832,80	2 061,90	—	1 706,40	1 919,70
	V	46 126	2 536,93	3 690,08	4 151,34	IV	40 492	2 178,60	3 168,88	3 564,99	2 130,20	3 098,48	3 485,79	2 081,75	3 028,—	3 406,50	2 033,29	2 957,52	3 327,21	1 984,84	2 887,04	3 247,92	1 936,44	2 816,64	3 168,72
	VI	46 561	2 560,85	3 724,88	4 190,49																				
131 183,99 Ost	I,IV	40 650	2 235,75	3 252,—	3 658,50	I	40 650	2 138,84	3 111,04	3 499,92	2 041,98	2 970,16	3 341,43	1 945,07	2 829,20	3 182,85	1 848,22	2 688,32	3 024,36	1 751,31	2 547,36	2 865,78	1 561,87	2 406,48	2 707,29
	II	39 848	2 191,64	3 187,84	3 586,32	II	39 848	2 094,78	3 046,96	3 427,83	1 997,87	2 906,—	3 269,25	1 901,02	2 765,12	3 110,76	1 804,11	2 624,16	2 952,18	1 676,11	2 483,28	2 793,69	1 466,43	2 342,32	2 635,11
	III	31 512	—	2 520,96	2 836,08	III	31 512	—	2 380,32	2 677,86	—	2 241,92	2 522,16	—	2 106,40	2 369,70	—	1 973,92	2 220,66	—	1 844,32	2 074,86	—	1 717,60	1 932,30
	V	46 284	2 545,62	3 702,72	4 165,56	IV	40 650	2 187,29	3 181,52	3 579,21	2 138,84	3 111,04	3 499,92	2 090,38	3 040,56	3 420,63	2 041,98	2 970,16	3 341,43	1 993,53	2 899,68	3 262,14	1 945,07	2 829,20	3 182,85
	VI	46 719	2 569,54	3 737,52	4 204,71																				

* Die ausgewiesenen Tabellenwerte sind amtlich. Siehe Erläuterungen auf der Umschlaginnenseite (U2).

Abzüge an Lohnsteuer, Solidaritätszuschlag (SolZ) und Kirchensteuer (8%, 9%) in den Steuerklassen

Lohn/Gehalt bis €*	I – VI		ohne Kinderfreibeträge			I, II, III, IV		mit Zahl der Kinderfreibeträge . . . 0,5			1			1,5			2			2,5			3		
		LSt	SolZ	8%	9%		LSt	SolZ	8%	9%	SolZ	8%	9%	SolZ	8%	9%	SolZ	8%	9%	SolZ	8%	9%	SolZ	8%	9%
131 219,99 West	I,IV	40 507	2 227,88	3 240,56	3 645,63	I	40 507	2 131,03	3 099,68	3 487,14	2 034,12	2 958,72	3 328,56	1 937,26	2 817,84	3 170,07	1 840,35	2 676,88	3 011,49	1 743,50	2 536,–	2 853,–	1 544,85	2 395,04	2 694,42
	II	39 706	2 183,83	3 176,48	3 573,54	II	39 706	2 086,92	3 035,52	3 414,96	1 990,06	2 894,64	3 256,47	1 893,15	2 753,68	3 097,89	1 796,30	2 612,80	2 939,40	1 659,21	2 471,92	2 780,91	1 449,53	2 330,96	2 622,33
	III	31 370	–	2 509,60	2 823,30	III	31 370	–	2 368,96	2 665,08	–	2 230,72	2 509,56	–	2 095,52	2 357,46	–	1 963,20	2 208,60	–	1 833,92	2 063,16	–	1 707,52	1 920,96
	V	46 141	2 537,75	3 691,28	4 152,69	IV	40 507	2 179,48	3 170,16	3 566,43	2 131,03	3 099,68	3 487,14	2 082,57	3 029,20	3 407,85	2 034,12	2 958,72	3 328,56	1 985,72	2 888,32	3 249,36	1 937,26	2 817,84	3 170,07
	VI	46 576	2 561,68	3 726,08	4 191,84																				
131 219,99 Ost	I,IV	40 665	2 236,57	3 253,20	3 659,85	I	40 665	2 139,66	3 112,24	3 501,27	2 042,81	2 971,36	3 342,78	1 945,90	2 830,40	3 184,20	1 849,04	2 689,52	3 025,71	1 752,13	2 548,56	2 867,13	1 563,66	2 407,68	2 708,64
	II	39 863	2 192,46	3 189,04	3 587,67	II	39 863	2 095,61	3 048,16	3 429,18	1 998,70	2 907,20	3 270,60	1 901,84	2 766,32	3 112,11	1 804,99	2 625,44	2 953,62	1 677,90	2 484,48	2 795,04	1 468,34	2 343,60	2 636,55
	III	31 528	–	2 522,24	2 837,52	III	31 528	–	2 381,44	2 679,12	–	2 243,04	2 523,42	–	2 107,52	2 370,96	–	1 975,04	2 221,92	–	1 845,44	2 076,12	–	1 718,72	1 933,56
	V	46 299	2 546,44	3 703,92	4 166,91	IV	40 665	2 188,12	3 182,72	3 580,56	2 139,66	3 112,24	3 501,27	2 091,26	3 041,84	3 422,07	2 042,81	2 971,36	3 342,78	1 994,35	2 900,88	3 263,49	1 945,90	2 830,40	3 184,20
	VI	46 734	2 570,37	3 738,72	4 206,06																				
131 255,99 West	I,IV	40 522	2 228,71	3 241,76	3 646,98	I	40 522	2 131,85	3 100,88	3 488,49	2 034,94	2 959,92	3 329,91	1 938,09	2 819,04	3 171,42	1 841,18	2 678,08	3 012,84	1 744,32	2 537,20	2 854,35	1 546,76	2 396,32	2 695,86
	II	39 721	2 184,65	3 177,68	3 574,89	II	39 721	2 087,80	3 036,80	3 416,40	1 990,89	2 895,84	3 257,82	1 894,03	2 754,96	3 099,33	1 797,12	2 614,–	2 940,75	1 661,–	2 473,12	2 782,26	1 451,32	2 332,16	2 623,68
	III	31 384	–	2 510,72	2 824,56	III	31 384	–	2 370,08	2 666,34	–	2 232,–	2 511,–	–	2 096,64	2 358,72	–	1 964,32	2 209,86	–	1 835,04	2 064,42	–	1 708,64	1 922,22
	V	46 156	2 538,58	3 692,48	4 154,04	IV	40 522	2 180,31	3 171,36	3 567,78	2 131,85	3 100,88	3 488,49	2 083,40	3 030,40	3 409,20	2 034,94	2 959,92	3 329,91	1 986,54	2 889,52	3 250,71	1 938,09	2 819,04	3 171,42
	VI	46 591	2 562,50	3 727,28	4 193,19																				
131 255,99 Ost	I,IV	40 680	2 237,40	3 254,40	3 661,20	I	40 680	2 140,49	3 113,44	3 502,62	2 043,63	2 972,56	3 344,13	1 946,72	2 831,60	3 185,55	1 849,87	2 690,72	3 027,06	1 753,01	2 549,84	2 868,57	1 565,44	2 408,88	2 709,99
	II	39 879	2 193,34	3 190,32	3 589,11	II	39 879	2 096,43	3 049,36	3 430,53	1 999,58	2 908,48	3 272,04	1 902,67	2 767,52	3 113,46	1 805,81	2 626,64	2 954,97	1 679,68	2 485,68	2 796,39	1 470,12	2 344,80	2 637,90
	III	31 542	–	2 523,36	2 838,78	III	31 542	–	2 382,72	2 680,56	–	2 244,16	2 524,68	–	2 108,64	2 372,22	–	1 976,16	2 223,18	–	1 846,56	2 077,38	–	1 719,84	1 934,82
	V	46 314	2 547,27	3 705,12	4 168,26	IV	40 680	2 188,94	3 183,92	3 581,91	2 140,49	3 113,44	3 502,62	2 092,09	3 043,04	3 423,42	2 043,63	2 972,56	3 344,13	1 995,18	2 902,08	3 264,84	1 946,72	2 831,60	3 185,55
	VI	46 749	2 571,19	3 739,92	4 207,41																				
131 291,99 West	I,IV	40 538	2 229,59	3 243,04	3 648,42	I	40 538	2 132,68	3 102,08	3 489,84	2 035,82	2 961,20	3 331,35	1 938,91	2 820,24	3 172,77	1 842,06	2 679,36	3 014,28	1 745,15	2 538,40	2 855,70	1 548,54	2 397,52	2 697,21
	II	39 736	2 185,48	3 178,88	3 576,24	II	39 736	2 088,62	3 038,–	3 417,75	1 991,71	2 897,04	3 259,17	1 894,86	2 756,16	3 100,68	1 797,95	2 615,20	2 942,10	1 662,78	2 474,32	2 783,61	1 453,10	2 333,36	2 625,03
	III	31 400	–	2 512,–	2 826,–	III	31 400	–	2 371,36	2 667,78	–	2 233,12	2 512,26	–	2 097,92	2 360,16	–	1 965,44	2 211,12	–	1 836,16	2 065,68	–	1 709,60	1 923,30
	V	46 171	2 539,40	3 693,68	4 155,39	IV	40 538	2 181,13	3 172,56	3 569,13	2 132,68	3 102,08	3 489,84	2 084,22	3 031,60	3 410,55	2 035,82	2 961,20	3 331,35	1 987,37	2 890,72	3 252,06	1 938,91	2 820,24	3 172,77
	VI	46 607	2 563,38	3 728,56	4 194,63																				
131 291,99 Ost	I,IV	40 695	2 238,22	3 255,60	3 662,55	I	40 695	2 141,37	3 114,72	3 504,06	2 044,46	2 973,76	3 345,48	1 947,60	2 832,88	3 186,99	1 850,69	2 691,92	3 028,41	1 753,84	2 551,04	2 869,92	1 567,23	2 410,08	2 711,34
	II	39 894	2 194,17	3 191,52	3 590,46	II	39 894	2 097,26	3 050,56	3 431,88	2 000,40	2 909,68	3 273,39	1 903,49	2 768,72	3 114,81	1 806,64	2 627,84	2 956,32	1 681,47	2 486,88	2 797,74	1 471,91	2 346,–	2 639,25
	III	31 558	–	2 524,64	2 840,22	III	31 558	–	2 383,84	2 681,82	–	2 245,44	2 526,12	–	2 109,92	2 373,66	–	1 977,28	2 224,44	–	1 847,52	2 078,46	–	1 720,80	1 935,90
	V	46 329	2 548,09	3 706,32	4 169,61	IV	40 695	2 189,77	3 185,12	3 583,26	2 141,37	3 114,72	3 504,06	2 092,91	3 044,24	3 424,77	2 044,46	2 973,76	3 345,48	1 996,–	2 903,28	3 266,19	1 947,60	2 832,88	3 186,99
	VI	46 764	2 572,02	3 741,12	4 208,76																				
131 327,99 West	I,IV	40 553	2 230,41	3 244,24	3 649,77	I	40 553	2 133,50	3 103,28	3 491,19	2 036,65	2 962,40	3 332,70	1 939,74	2 821,44	3 174,12	1 842,88	2 680,56	3 015,63	1 745,97	2 539,60	2 857,05	1 550,33	2 398,72	2 698,56
	II	39 751	2 186,30	3 180,08	3 577,59	II	39 751	2 089,45	3 039,20	3 419,10	1 992,54	2 898,24	3 260,52	1 895,68	2 757,36	3 102,03	1 798,77	2 616,40	2 943,45	1 664,57	2 475,52	2 784,96	1 454,89	2 334,56	2 626,38
	III	31 416	–	2 513,28	2 827,44	III	31 416	–	2 372,48	2 669,04	–	2 234,24	2 513,52	–	2 099,04	2 361,42	–	1 966,56	2 212,38	–	1 837,28	2 066,94	–	1 710,72	1 924,56
	V	46 187	2 540,28	3 694,96	4 156,83	IV	40 553	2 181,96	3 173,76	3 570,48	2 133,50	3 103,28	3 491,19	2 085,05	3 032,80	3 411,90	2 036,65	2 962,40	3 332,70	1 988,19	2 891,92	3 253,41	1 939,74	2 821,44	3 174,12
	VI	46 622	2 564,21	3 729,76	4 195,98																				
131 327,99 Ost	I,IV	40 710	2 239,05	3 256,80	3 663,90	I	40 710	2 142,19	3 115,92	3 505,41	2 045,28	2 974,96	3 346,83	1 948,43	2 834,08	3 188,34	1 851,52	2 693,12	3 029,76	1 754,66	2 552,24	2 871,27	1 569,01	2 411,28	2 712,69
	II	39 909	2 194,99	3 192,72	3 591,81	II	39 909	2 098,08	3 051,76	3 433,23	2 001,23	2 910,88	3 274,74	1 904,32	2 769,92	3 116,16	1 807,46	2 629,04	2 957,67	1 683,25	2 488,08	2 799,09	1 473,69	2 347,20	2 640,60
	III	31 574	–	2 525,92	2 841,66	III	31 574	–	2 385,12	2 683,26	–	2 246,56	2 527,38	–	2 111,04	2 374,92	–	1 978,40	2 225,70	–	1 848,64	2 079,72	–	1 721,92	1 937,16
	V	46 344	2 548,92	3 707,52	4 170,96	IV	40 710	2 190,59	3 186,32	3 584,61	2 142,19	3 115,92	3 505,41	2 093,74	3 045,44	3 426,12	2 045,28	2 974,96	3 346,83	1 996,83	2 904,48	3 267,54	1 948,43	2 834,08	3 188,34
	VI	46 779	2 572,84	3 742,32	4 210,11																				
131 363,99 West	I,IV	40 568	2 231,24	3 245,44	3 651,12	I	40 568	2 134,33	3 104,48	3 492,54	2 037,47	2 963,60	3 334,05	1 940,56	2 822,64	3 175,47	1 843,71	2 681,76	3 016,98	1 746,80	2 540,80	2 858,40	1 552,11	2 399,92	2 699,91
	II	39 766	2 187,13	3 181,28	3 578,94	II	39 766	2 090,27	3 040,40	3 420,45	1 993,36	2 899,44	3 261,87	1 896,51	2 758,56	3 103,38	1 799,60	2 617,60	2 944,80	1 666,35	2 476,72	2 786,31	1 456,79	2 335,84	2 627,82
	III	31 430	–	2 514,40	2 828,70	III	31 430	–	2 373,76	2 670,48	–	2 235,52	2 514,96	–	2 100,16	2 362,68	–	1 967,68	2 213,64	–	1 838,24	2 068,02	–	1 711,84	1 925,82
	V	46 202	2 541,11	3 696,16	4 158,18	IV	40 568	2 182,78	3 174,96	3 571,83	2 134,33	3 104,48	3 492,54	2 085,93	3 034,08	3 413,34	2 037,47	2 963,60	3 334,05	1 989,02	2 893,12	3 254,76	1 940,56	2 822,64	3 175,47
	VI	46 637	2 565,03	3 730,96	4 197,33																				
131 363,99 Ost	I,IV	40 725	2 239,87	3 258,–	3 665,25	I	40 725	2 143,02	3 117,12	3 506,76	2 046,11	2 976,16	3 348,18	1 949,25	2 835,28	3 189,69	1 852,34	2 694,32	3 031,11	1 755,49	2 553,44	2 872,62	1 570,80	2 412,48	2 714,04
	II	39 924	2 195,82	3 193,92	3 593,16	II	39 924	2 098,91	3 052,96	3 434,58	2 002,05	2 912,08	3 276,09	1 905,14	2 771,12	3 117,51	1 808,29	2 630,24	2 959,02	1 685,15	2 489,36	2 800,53	1 475,48	2 348,40	2 641,95
	III	31 588	–	2 527,04	2 842,92	III	31 588	–	2 386,24	2 684,52	–	2 247,68	2 528,64	–	2 112,16	2 376,18	–	1 979,52	2 226,96	–	1 849,76	2 080,98	–	1 723,04	1 938,42
	V	46 359	2 549,74	3 708,72	4 172,31	IV	40 725	2 191,47	3 187,60	3 586,05	2 143,02	3 117,12	3 506,76	2 094,56	3 046,64	3 427,47	2 046,11	2 976,16	3 348,18	1 997,71	2 905,76	3 268,98	1 949,25	2 835,28	3 189,69
	VI	46 794	2 573,67	3 743,52	4 211,46																				
131 399,99 West	I,IV	40 583	2 232,06	3 246,64	3 652,47	I	40 583	2 135,15	3 105,68	3 493,89	2 038,30	2 964,80	3 335,40	1 941,39	2 823,84	3 176,82	1 844,53	2 682,96	3 018,33	1 747,62	2 542,–	2 859,75	1 553,90	2 401,12	2 701,26
	II	39 782	2 188,01	3 182,56	3 580,38	II	39 782	2 091,10	3 041,60	3 421,80	1 994,24	2 900,72	3 263,31	1 897,33	2 759,76	3 104,73	1 800,48	2 618,88	2 946,24	1 668,14	2 477,92	2 787,66	1 458,58	2 337,04	2 629,17
	III	31 446	–	2 515,68	2 830,14	III	31 446	–	2 374,88	2 671,74	–	2 236,64	2 516,22	–	2 101,28	2 363,94	–	1 968,80	2 214,90	–	1 839,36	2 069,28	–	1 712,80	1 926,90
	V	46 217	2 541,93	3 697,36	4 159,53	IV	40 583	2 183,61	3 176,16	3 573,18	2 135,15	3 105,68	3 493,89	2 086,75	3 035,28	3 414,69	2 038,30	2 964,80	3 335,40	1 989,84	2 894,32	3 256,11	1 941,39	2 823,84	3 176,82
	VI	46 652	2 565,86	3 732,16	4 198,68																				
131 399,99 Ost	I,IV	40 740	2 240,70	3 259,20	3 666,60	I	40 740	2 143,84	3 118,32	3 508,11	2 046,93	2 977,36	3 349,53	1 950,08	2 836,48	3 191,04	1 853,17	2 695,52	3 032,46	1 756,31	2 554,64	2 873,97	1 572,70	2 413,76	2 715,48
	II	39 939	2 196,64	3 195,12	3 594,51	II	39 939	2 099,79	3 054,24	3 436,02	2 002,88	2 913,28	3 277,44	1 906,02	2 772,40	3 118,95	1 809,11	2 631,44	2 960,37	1 686,94	2 490,56	2 801,88	1 477,26	2 349,60	2 643,30
	III	31 604	–	2 528,32	2 844,36	III	31 604	–	2 387,52	2 685,96	–	2 248,96	2 530,08	–	2 113,28	2 377,44	–	1 980,64	2 228,22	–	1 850,88	2 082,24	–	1 724,16	1 939,68
	V	46 374	2 550,57	3 709,92	4 173,66	IV	40 740	2 192,30	3 188,80	3 587,40	2 143,84	3 118,32	3 508,11	2 095,39	3 047,84	3 428,82	2 046,93	2 977,36	3 349,53	1 998,53	2 906,96	3 270,33	1 950,08	2 836,48	3 191,04
	VI	46 809	2 574,49	3 744,72	4 212,81																				
131 435,99 West	I,IV	40 598	2 232,89	3 247,84	3 653,82	I	40 598	2 136,03	3 106,96	3 495,33	2 039,12	2 966,–	3 336,75	1 942,27	2 825,12	3 178,26	1 845,36	2 684,16	3 019,68	1 748,50	2 543,28	2 861,19	1 555,68	2 402,32	2 702,61
	II	39 797	2 188,83	3 183,76	3 581,73	II	39 797	2 091,92	3 042,80	3 423,15	1 995,07	2 901,92	3 264,66	1 898,16	2 760,96	3 106,08	1 801,30	2 620,08	2 947,59	1 669,92	2 479,12	2 789,01	1 460,36	2 338,24	2 630,52
	III	31 460	–	2 516,80	2 831,40	III	31 460	–	2 376,16	2 673,18	–	2 237,76	2 517,48	–	2 102,40	2 365,20	–	1 970,08	2 216,34	–	1 840,48	2 070,54	–	1 713,92	1 928,16
	V	46 232	2 542,76	3 698,56	4 160,88	IV	40 598	2 184,43	3 177,36	3 574,53	2 136,03	3 106,96	3 495,33	2 087,58	3 036,48	3 416,04	2 039,12	2 966,–	3 336,75	1 990,67	2 895,52	3 257,46	1 942,27	2 825,12	3 178,26
	VI	46 667	2 566,68	3 733,36	4 200,03																				
131 435,99 Ost	I,IV	40 756	2 241,58	3 260,48	3 668,04	I	40 756	2 144,67	3 119,52	3 509,46	2 047,81	2 978,64	3 350,97	1 950,90	2 837,68	3 192,39	1 854,05	2 696,80	3 033,90	1 757,14	2 555,84	2 875,32	1 574,48	2 414,96	2 716,83
	II	39 954	2 197,47	3 196,32	3 595,86	II	39 954	2 100,61	3 055,44	3 437,37	2 003,70	2 914,48	3 278,79	1 906,85	2 773,60	3 120,30	1 809,94	2 632,64	2 961,72	1 688,72	2 491,76	2 803,23	1 479,05	2 350,80	2 644,65
	III	31 618	–	2 529,44	2 845,62	III	31 618	–	2 388,64	2 687,22	–	2 250,08	2 531,34	–	2 114,40	2 378,70	–	1 981,76	2 229,48	–	1 852,–	2 083,50	–	1 725,12	1 940,76
	V	46 389	2 551,39	3 711,12	4 175,01	IV	40 756	2 193,12	3 190,–	3 588,75	2 144,67	3 119,52	3 509,46	2 096,21	3 049,04	3 430,17	2 047,81	2 978,64	3 350,97	1 999,36	2 908,16	3 271,68	1 950,90	2 837,68	3 192,39
	VI	46 824	2 575,32	3 745,92	4 214,16																				
131 471,99 West	I,IV	40 613	2 233,71	3 249,04	3 655,17	I	40 613	2 136,86	3 108,16	3 496,68	2 039,95	2 967,20	3 338,10	1 943,09	2 826,32	3 179,61	1 846,18	2 685,36	3 021,03	1 749,33	2 544,48	2 862,54	1 557,47	2 403,52	2 703,96
	II	39 812	2 189,66	3 184,96	3 583,08	II	39 812	2 092,75	3 044,–	3 424,50	1 995,89	2 903,12	3 266,01	1 898,98	2 762,16	3 107,43	1 802,13	2 621,28	2 948,94	1 671,71	2 480,32	2 790,36	1 462,15	2 339,44	2 631,87
	III	31 476	–	2 518,08	2 832,84	III	31 476	–	2 377,28	2 674,44	–	2 239,04	2 518,92	–	2 103,52	2 366,46	–	1 971,20	2 217,60	–	1 841,60	2 071,80	–	1 715,04	1 929,42
	V	46 247	2 543,58	3 699,76	4 162,23	IV	40 613	2 185,26	3 178,56	3 575,88	2 136,86	3 108,16	3 496,68	2 088,40	3 037,68	3 417,39	2 039,95	2 967,20	3 338,10	1 991,49	2 896,72	3 258,81	1 943,09	2 826,32	3 179,61
	VI	46 682	2 567,51	3 734,56	4 201,38																				
131 471,99 Ost	I,IV	40 771	2 242,40	3 261,68	3 669,39	I	40 771	2 145,49	3 120,72	3 510,81	2 048,64	2 979,84	3 352,32	1 951,73	2 838,88	3 193,74	1 854,87	2 698,–	3 035,25	1 757,96	2 557,04	2 876,67	1 576,27	2 416,16	2 718,18
	II	39 969	2 198,29	3 197,52	3 597,21	II	39 969	2 101,44	3 056,64	3 438,72	2 004,53	2 915,68	3 280,14	1 907,67	2 774,80	3 121,65	1 810,76	2 633,84	2 963,07	1 690,51	2 492,96	2 804,58	1 480,83	2 352,–	2 646,–
	III	31 634	–	2 530,72	2 847,06	III	31 634	–	2 389,92	2 688,66	–	2 251,20	2 532,60	–	2 115,68	2 380,14	–	1 982,88	2 230,74	–	1 853,12	2 084,76	–	1 726,24	1 942,02
	V	46 404	2 552,22	3 712,32	4 176,36	IV	40 771	2 193,95	3 191,20	3 590,10	2 145,49	3 120,72	3 510,81	2 097,04	3 050,24	3 431,52	2 048,64	2 979,84	3 352,32	2 000,18	2 909,36	3 273,03	1 951,73	2 838,88	3 193,74
	VI	46 840	2 576,20	3 747,20	4 215,60																				

* Die ausgewiesenen Tabellenwerte sind amtlich. Siehe Erläuterungen auf der Umschlaginnenseite (U2).

Abzüge an Lohnsteuer, Solidaritätszuschlag (SolZ) und Kirchensteuer (8%, 9%) in den Steuerklassen

Lohn/ Gehalt bis €*	I – VI	LSt	ohne Kinderfreibeträge SolZ	8%	9%	I, II, III, IV	LSt	mit Zahl der Kinderfreibeträge … 0,5 SolZ	0,5 8%	0,5 9%	1 SolZ	1 8%	1 9%	1,5 SolZ	1,5 8%	1,5 9%	2 SolZ	2 8%	2 9%	2,5 SolZ	2,5 8%	2,5 9%	3 SolZ	3 8%	3 9%
131 507,99 West	I,IV	40 628	2 234,54	3 250,24	3 656,52	I	40 628	2 137,68	3 109,36	3 498,03	2 040,77	2 968,40	3 339,45	1 943,92	2 827,52	3 180,96	1 847,01	2 686,56	3 022,38	1 750,15	2 545,68	2 863,89	1 559,25	2 404,72	2 705,31
	II	39 827	2 190,48	3 186,16	3 584,43	II	39 827	2 093,57	3 045,20	3 425,85	1 996,72	2 904,32	3 267,36	1 899,81	2 763,36	3 108,78	1 802,95	2 622,48	2 950,29	1 673,49	2 481,52	2 791,71	1 463,93	2 340,64	2 633,22
	III	31 490	—	2 519,20	2 834,10	III	31 490	—	2 378,56	2 675,88	—	2 240,16	2 520,18	—	2 104,80	2 367,90	—	1 972,32	2 218,86	—	1 842,72	2 073,06	—	1 716,16	1 930,68
	V	46 262	2 544,41	3 700,96	4 163,58	IV	40 628	2 186,14	3 179,84	3 577,32	2 137,68	3 109,36	3 498,03	2 089,23	3 038,88	3 418,74	2 040,77	2 968,40	3 339,45	1 992,37	2 898,—	3 260,25	1 943,92	2 827,52	3 180,96
	VI	46 697	2 568,33	3 735,76	4 202,73																				
131 507,99 Ost	I,IV	40 786	2 243,23	3 262,88	3 670,74	I	40 786	2 146,32	3 121,92	3 512,16	2 049,46	2 981,04	3 353,67	1 952,55	2 840,08	3 195,09	1 855,70	2 699,20	3 036,60	1 758,79	2 558,24	2 878,02	1 578,05	2 417,36	2 719,53
	II	39 984	2 199,12	3 198,72	3 598,56	II	39 984	2 102,26	3 057,84	3 440,07	2 005,35	2 916,88	3 281,49	1 908,50	2 776,—	3 123,—	1 811,59	2 635,04	2 964,42	1 692,29	2 494,16	2 805,93	1 482,74	2 353,28	2 647,44
	III	31 648	—	2 531,84	2 848,32	III	31 648	—	2 391,04	2 689,92	—	2 252,48	2 534,04	—	2 116,80	2 381,40	—	1 984,—	2 232,—	—	1 854,24	2 086,02	—	1 727,36	1 943,28
	V	46 420	2 553,10	3 713,60	4 177,80	IV	40 786	2 194,77	3 192,40	3 591,45	2 146,32	3 121,92	3 512,16	2 097,92	3 051,52	3 432,96	2 049,46	2 981,04	3 353,67	2 001,01	2 910,56	3 274,38	1 952,55	2 840,08	3 195,09
	VI	46 855	2 577,02	3 748,40	4 216,95																				
131 543,99 West	I,IV	40 643	2 235,36	3 251,44	3 657,87	I	40 643	2 138,51	3 110,56	3 499,38	2 041,60	2 969,60	3 340,80	1 944,74	2 828,72	3 182,31	1 847,83	2 687,76	3 023,73	1 750,98	2 546,88	2 865,24	1 561,04	2 405,92	2 706,66
	II	39 842	2 191,31	3 187,36	3 585,78	II	39 842	2 094,45	3 046,48	3 427,29	1 997,54	2 905,52	3 268,71	1 900,69	2 764,64	3 110,22	1 803,78	2 623,68	2 951,64	1 675,40	2 482,80	2 793,15	1 465,72	2 341,84	2 634,57
	III	31 506	—	2 520,48	2 835,54	III	31 506	—	2 379,68	2 677,14	—	2 241,28	2 521,44	—	2 105,92	2 369,16	—	1 973,44	2 220,12	—	1 843,84	2 074,32	—	1 717,12	1 931,76
	V	46 277	2 545,23	3 702,16	4 164,93	IV	40 643	2 186,96	3 181,04	3 578,67	2 138,51	3 110,56	3 499,38	2 090,05	3 040,08	3 420,09	2 041,60	2 969,60	3 340,80	1 993,20	2 899,20	3 261,60	1 944,74	2 828,72	3 182,31
	VI	46 712	2 569,16	3 736,96	4 204,08																				
131 543,99 Ost	I,IV	40 801	2 244,05	3 264,08	3 672,09	I	40 801	2 147,14	3 123,12	3 513,51	2 050,29	2 982,24	3 355,02	1 953,38	2 841,28	3 196,44	1 856,52	2 700,40	3 037,95	1 759,61	2 559,44	2 879,37	1 579,84	2 418,56	2 720,88
	II	40 000	2 200,—	3 200,—	3 600,—	II	40 000	2 103,09	3 059,04	3 441,42	2 006,23	2 918,16	3 282,93	1 909,32	2 777,20	3 124,35	1 812,47	2 636,32	2 965,86	1 694,08	2 495,36	2 807,28	1 484,52	2 354,48	2 648,79
	III	31 664	—	2 533,12	2 849,76	III	31 664	—	2 392,32	2 691,36	—	2 253,60	2 535,30	—	2 117,92	2 382,66	—	1 985,12	2 233,26	—	1 855,36	2 087,28	—	1 728,32	1 944,36
	V	46 435	2 553,92	3 714,80	4 179,15	IV	40 801	2 195,60	3 193,60	3 592,80	2 147,14	3 123,12	3 513,51	2 098,74	3 052,72	3 434,31	2 050,29	2 982,24	3 355,02	2 001,83	2 911,76	3 275,73	1 953,38	2 841,28	3 196,44
	VI	46 870	2 577,85	3 749,60	4 218,30																				
131 579,99 West	I,IV	40 658	2 236,19	3 252,64	3 659,22	I	40 658	2 139,33	3 111,76	3 500,73	2 042,48	2 970,88	3 342,24	1 945,57	2 829,92	3 183,66	1 848,71	2 689,04	3 025,17	1 751,80	2 548,08	2 866,59	1 562,94	2 407,20	2 708,10
	II	39 857	2 192,13	3 188,56	3 587,13	II	39 857	2 095,28	3 047,68	3 428,64	1 998,37	2 906,72	3 270,06	1 901,51	2 765,84	3 111,57	1 804,60	2 624,88	2 952,99	1 677,18	2 484,—	2 794,50	1 467,50	2 343,04	2 635,92
	III	31 520	—	2 521,60	2 836,80	III	31 520	—	2 380,96	2 678,58	—	2 242,56	2 522,88	—	2 107,04	2 370,42	—	1 974,56	2 221,38	—	1 844,96	2 075,58	—	1 718,24	1 933,02
	V	46 292	2 546,06	3 703,36	4 166,28	IV	40 658	2 187,79	3 182,24	3 580,02	2 139,33	3 111,76	3 500,73	2 090,88	3 041,28	3 421,44	2 042,48	2 970,88	3 342,24	1 994,02	2 900,40	3 262,95	1 945,57	2 829,92	3 183,66
	VI	46 727	2 569,98	3 738,16	4 205,43																				
131 579,99 Ost	I,IV	40 816	2 244,88	3 265,28	3 673,44	I	40 816	2 148,02	3 124,40	3 514,95	2 051,11	2 983,44	3 356,37	1 954,26	2 842,56	3 197,88	1 857,35	2 701,60	3 039,30	1 760,49	2 560,72	2 880,81	1 581,62	2 419,76	2 722,23
	II	40 015	2 200,82	3 201,20	3 601,35	II	40 015	2 103,91	3 060,24	3 442,77	2 007,06	2 919,36	3 284,28	1 910,15	2 778,40	3 125,70	1 813,29	2 637,52	2 967,21	1 695,86	2 496,56	2 808,63	1 486,31	2 355,68	2 650,14
	III	31 678	—	2 534,24	2 851,02	III	31 678	—	2 393,44	2 692,62	—	2 254,88	2 536,74	—	2 119,04	2 383,92	—	1 986,24	2 234,52	—	1 856,32	2 088,36	—	1 729,44	1 945,62
	V	46 450	2 554,75	3 716,—	4 180,50	IV	40 816	2 196,42	3 194,80	3 594,15	2 148,02	3 124,40	3 514,95	2 099,57	3 053,92	3 435,66	2 051,11	2 983,44	3 356,37	2 002,66	2 912,96	3 277,08	1 954,26	2 842,56	3 197,88
	VI	46 885	2 578,67	3 750,80	4 219,65																				
131 615,99 West	I,IV	40 674	2 237,07	3 253,92	3 660,66	I	40 674	2 140,16	3 112,96	3 502,08	2 043,30	2 972,08	3 343,59	1 946,39	2 831,12	3 185,01	1 849,54	2 690,24	3 026,52	1 752,63	2 549,28	2 867,94	1 564,73	2 408,40	2 709,45
	II	39 872	2 192,96	3 189,76	3 588,48	II	39 872	2 096,10	3 048,88	3 429,99	1 999,19	2 907,92	3 271,41	1 902,34	2 767,04	3 112,92	1 805,43	2 626,08	2 954,34	1 678,97	2 485,20	2 795,85	1 469,29	2 344,24	2 637,27
	III	31 536	—	2 522,88	2 838,24	III	31 536	—	2 382,08	2 679,84	—	2 243,68	2 524,14	—	2 108,16	2 371,68	—	1 975,68	2 222,64	—	1 845,92	2 076,66	—	1 719,36	1 934,28
	V	46 307	2 546,88	3 704,56	4 167,63	IV	40 674	2 188,61	3 183,44	3 581,37	2 140,16	3 112,96	3 502,08	2 091,70	3 042,48	3 422,79	2 043,30	2 972,08	3 343,59	1 994,85	2 901,60	3 264,30	1 946,39	2 831,12	3 185,01
	VI	46 743	2 570,86	3 739,44	4 206,87																				
131 615,99 Ost	I,IV	40 831	2 245,70	3 266,48	3 674,79	I	40 831	2 148,85	3 125,60	3 516,30	2 051,94	2 984,64	3 357,72	1 955,08	2 843,76	3 199,23	1 858,17	2 702,80	3 040,65	1 761,32	2 561,92	2 882,16	1 583,41	2 420,96	2 723,58
	II	40 030	2 201,65	3 202,40	3 602,70	II	40 030	2 104,74	3 061,44	3 444,12	2 007,88	2 920,56	3 285,63	1 910,97	2 779,60	3 127,05	1 814,12	2 638,72	2 968,56	1 697,65	2 497,76	2 809,98	1 488,09	2 356,88	2 651,49
	III	31 694	—	2 535,52	2 852,46	III	31 694	—	2 394,72	2 694,06	—	2 256,—	2 538,—	—	2 120,16	2 385,18	—	1 987,36	2 235,78	—	1 857,44	2 089,62	—	1 730,56	1 946,88
	V	46 465	2 555,57	3 717,20	4 181,85	IV	40 831	2 197,25	3 196,—	3 595,50	2 148,85	3 125,60	3 516,30	2 100,39	3 055,12	3 437,01	2 051,94	2 984,64	3 357,72	2 003,48	2 914,16	3 278,43	1 955,08	2 843,76	3 199,23
	VI	46 900	2 579,50	3 752,—	4 221,—																				
131 651,99 West	I,IV	40 689	2 237,89	3 255,12	3 662,01	I	40 689	2 140,98	3 114,16	3 503,43	2 044,13	2 973,28	3 344,94	1 947,22	2 832,32	3 186,36	1 850,36	2 691,44	3 027,87	1 753,45	2 550,48	2 869,29	1 566,51	2 409,60	2 710,80
	II	39 887	2 193,78	3 190,96	3 589,83	II	39 887	2 096,93	3 050,08	3 431,34	2 000,02	2 909,12	3 272,76	1 903,16	2 768,24	3 114,27	1 806,25	2 627,28	2 955,69	1 680,75	2 486,40	2 797,20	1 471,07	2 345,44	2 638,62
	III	31 552	—	2 524,16	2 839,68	III	31 552	—	2 383,36	2 681,28	—	2 244,80	2 525,40	—	2 109,28	2 372,94	—	1 976,80	2 223,90	—	1 847,04	2 077,92	—	1 720,32	1 935,36
	V	46 323	2 547,76	3 705,84	4 169,07	IV	40 689	2 189,44	3 184,64	3 582,72	2 140,98	3 114,16	3 503,43	2 092,58	3 043,76	3 424,23	2 044,13	2 973,28	3 344,94	1 995,67	2 902,80	3 265,65	1 947,22	2 832,32	3 186,36
	VI	46 758	2 571,69	3 740,64	4 208,22																				
131 651,99 Ost	I,IV	40 846	2 246,53	3 267,68	3 676,14	I	40 846	2 149,67	3 126,80	3 517,65	2 052,76	2 985,84	3 359,07	1 955,91	2 844,96	3 200,58	1 859,—	2 704,—	3 042,—	1 762,14	2 563,12	2 883,51	1 585,19	2 422,16	2 724,93
	II	40 045	2 202,47	3 203,60	3 604,05	II	40 045	2 105,56	3 062,64	3 445,47	2 008,71	2 921,76	3 286,98	1 911,80	2 780,80	3 128,40	1 814,94	2 639,92	2 969,91	1 699,43	2 498,96	2 811,33	1 489,88	2 358,08	2 652,84
	III	31 710	—	2 536,80	2 853,90	III	31 710	—	2 395,84	2 695,32	—	2 257,12	2 539,26	—	2 121,44	2 386,62	—	1 988,48	2 237,04	—	1 858,56	2 090,88	—	1 731,68	1 948,14
	V	46 480	2 556,40	3 718,40	4 183,20	IV	40 846	2 198,07	3 197,20	3 596,85	2 149,67	3 126,80	3 517,65	2 101,22	3 056,32	3 438,36	2 052,76	2 985,84	3 359,07	2 004,36	2 915,44	3 279,87	1 955,91	2 844,96	3 200,58
	VI	46 915	2 580,32	3 753,20	4 222,35																				
131 687,99 West	I,IV	40 704	2 238,72	3 256,32	3 663,36	I	40 704	2 141,81	3 115,36	3 504,78	2 044,95	2 974,48	3 346,29	1 948,04	2 833,52	3 187,71	1 851,19	2 692,64	3 029,22	1 754,28	2 551,68	2 870,64	1 568,30	2 410,80	2 712,15
	II	39 902	2 194,61	3 192,16	3 591,18	II	39 902	2 097,75	3 051,28	3 432,69	2 000,90	2 910,40	3 274,20	1 903,99	2 769,44	3 115,62	1 807,13	2 628,56	2 957,13	1 682,54	2 487,60	2 798,55	1 472,98	2 346,72	2 640,06
	III	31 566	—	2 525,28	2 840,94	III	31 566	—	2 384,48	2 682,54	—	2 246,08	2 526,84	—	2 110,56	2 374,38	—	1 977,92	2 225,16	—	1 848,16	2 079,18	—	1 721,44	1 936,62
	V	46 338	2 548,59	3 707,04	4 170,42	IV	40 704	2 190,26	3 185,84	3 584,07	2 141,81	3 115,36	3 504,78	2 093,41	3 044,96	3 425,58	2 044,95	2 974,48	3 346,29	1 996,50	2 904,—	3 267,—	1 948,04	2 833,52	3 187,71
	VI	46 773	2 572,51	3 741,84	4 209,57																				
131 687,99 Ost	I,IV	40 861	2 247,35	3 268,88	3 677,49	I	40 861	2 150,50	3 128,—	3 519,—	2 053,59	2 987,04	3 360,42	1 956,73	2 846,16	3 201,93	1 859,82	2 705,20	3 043,35	1 762,97	2 564,32	2 884,86	1 586,98	2 423,36	2 726,28
	II	40 060	2 203,30	3 204,80	3 605,40	II	40 060	2 106,44	3 063,92	3 446,91	2 009,53	2 922,96	3 288,33	1 912,68	2 782,08	3 129,84	1 815,77	2 641,12	2 971,26	1 701,34	2 500,24	2 812,77	1 491,66	2 359,28	2 654,19
	III	31 724	—	2 537,92	2 855,16	III	31 724	—	2 397,12	2 696,76	—	2 258,40	2 540,70	—	2 122,56	2 387,88	—	1 989,60	2 238,30	—	1 859,68	2 092,14	—	1 732,64	1 949,22
	V	46 495	2 557,22	3 719,60	4 184,55	IV	40 861	2 198,95	3 198,48	3 598,29	2 150,50	3 128,—	3 519,—	2 102,04	3 057,52	3 439,71	2 053,59	2 987,04	3 360,42	2 005,19	2 916,64	3 281,22	1 956,73	2 846,16	3 201,93
	VI	46 930	2 581,15	3 754,40	4 223,70																				
131 723,99 West	I,IV	40 719	2 239,54	3 257,52	3 664,71	I	40 719	2 142,63	3 116,56	3 506,13	2 045,78	2 975,68	3 347,64	1 948,92	2 834,80	3 189,15	1 852,01	2 693,84	3 030,57	1 755,16	2 552,96	2 872,08	1 570,08	2 412,—	2 713,50
	II	39 918	2 195,49	3 193,44	3 592,62	II	39 918	2 098,58	3 052,48	3 434,04	2 001,72	2 911,60	3 275,55	1 904,81	2 770,64	3 116,97	1 807,96	2 629,76	2 958,48	1 684,32	2 488,80	2 799,90	1 474,76	2 347,92	2 641,41
	III	31 582	—	2 526,56	2 842,38	III	31 582	—	2 385,76	2 683,98	—	2 247,20	2 528,10	—	2 111,68	2 375,64	—	1 979,04	2 226,42	—	1 849,28	2 080,44	—	1 722,56	1 937,88
	V	46 353	2 549,41	3 708,24	4 171,77	IV	40 719	2 191,09	3 187,04	3 585,42	2 142,63	3 116,56	3 506,13	2 094,23	3 046,16	3 426,93	2 045,78	2 975,68	3 347,64	1 997,32	2 905,20	3 268,35	1 948,92	2 834,80	3 189,15
	VI	46 788	2 573,34	3 743,04	4 210,92																				
131 723,99 Ost	I,IV	40 876	2 248,18	3 270,08	3 678,84	I	40 876	2 151,32	3 129,20	3 520,35	2 054,47	2 988,32	3 361,86	1 957,56	2 847,36	3 203,28	1 860,70	2 706,48	3 044,79	1 763,79	2 565,52	2 886,21	1 588,88	2 424,64	2 727,72
	II	40 075	2 204,12	3 206,—	3 606,75	II	40 075	2 107,27	3 065,12	3 448,26	2 010,36	2 924,16	3 289,68	1 913,50	2 783,28	3 131,19	1 816,59	2 642,32	2 972,61	1 703,12	2 501,44	2 814,12	1 493,45	2 360,48	2 655,54
	III	31 740	—	2 539,20	2 856,60	III	31 740	—	2 398,24	2 698,02	—	2 259,52	2 541,96	—	2 123,68	2 389,14	—	1 990,72	2 239,56	—	1 860,80	2 093,40	—	1 733,76	1 950,48
	V	46 510	2 558,05	3 720,80	4 185,90	IV	40 876	2 199,78	3 199,68	3 599,64	2 151,32	3 129,20	3 520,35	2 102,87	3 058,72	3 441,06	2 054,47	2 988,32	3 361,86	2 006,01	2 917,84	3 282,57	1 957,56	2 847,36	3 203,28
	VI	46 945	2 581,97	3 755,60	4 225,05																				
131 759,99 West	I,IV	40 734	2 240,37	3 258,72	3 666,06	I	40 734	2 143,51	3 117,84	3 507,57	2 046,60	2 976,88	3 348,99	1 949,75	2 836,—	3 190,50	1 852,84	2 695,04	3 031,92	1 755,98	2 554,16	2 873,43	1 571,87	2 413,20	2 714,85
	II	39 933	2 196,31	3 194,64	3 593,97	II	39 933	2 099,40	3 053,68	3 435,39	2 002,55	2 912,80	3 276,90	1 905,64	2 771,84	3 118,32	1 808,78	2 630,96	2 959,83	1 686,11	2 490,—	2 801,25	1 476,55	2 349,12	2 642,76
	III	31 596	—	2 527,68	2 843,64	III	31 596	—	2 386,88	2 685,24	—	2 248,48	2 529,54	—	2 112,80	2 376,90	—	1 980,16	2 227,68	—	1 850,40	2 081,70	—	1 723,68	1 939,14
	V	46 368	2 550,24	3 709,44	4 173,12	IV	40 734	2 191,91	3 188,24	3 586,77	2 143,51	3 117,84	3 507,57	2 095,06	3 047,36	3 428,28	2 046,60	2 976,88	3 348,99	1 998,15	2 906,40	3 269,70	1 949,75	2 836,—	3 190,50
	VI	46 803	2 574,16	3 744,24	4 212,27																				
131 759,99 Ost	I,IV	40 892	2 249,06	3 271,36	3 680,28	I	40 892	2 152,15	3 130,40	3 521,70	2 055,29	2 989,52	3 363,21	1 958,38	2 848,56	3 204,63	1 861,53	2 707,68	3 046,14	1 764,62	2 566,72	2 887,56	1 590,67	2 425,84	2 729,07
	II	40 090	2 204,95	3 207,20	3 608,10	II	40 090	2 108,09	3 066,32	3 449,61	2 011,18	2 925,36	3 291,03	1 914,33	2 784,48	3 132,54	1 817,42	2 643,52	2 973,96	1 704,91	2 502,64	2 815,47	1 495,23	2 361,68	2 656,89
	III	31 754	—	2 540,32	2 857,86	III	31 754	—	2 399,52	2 699,46	—	2 260,64	2 543,22	—	2 124,80	2 390,40	—	1 991,84	2 240,82	—	1 861,92	2 094,66	—	1 734,88	1 951,74
	V	46 525	2 558,87	3 722,—	4 187,25	IV	40 892	2 200,60	3 200,88	3 600,99	2 152,15	3 130,40	3 521,70	2 103,69	3 059,92	3 442,41	2 055,29	2 989,52	3 363,21	2 006,84	2 919,04	3 283,92	1 958,38	2 848,56	3 204,63
	VI	46 961	2 582,85	3 756,88	4 226,49																				

* Die ausgewiesenen Tabellenwerte sind amtlich. Siehe Erläuterungen auf der Umschlaginnenseite (U2).

131 760,–*

Abzüge an Lohnsteuer, Solidaritätszuschlag (SolZ) und Kirchensteuer (8%, 9%) in den Steuerklassen

Lohn/Gehalt bis €*	I – VI		ohne Kinderfreibeträge			I, II, III, IV		mit Zahl der Kinderfreibeträge . . . 0,5			1			1,5			2			2,5			3		
		LSt	SolZ	8%	9%		LSt	SolZ	8%	9%	SolZ	8%	9%	SolZ	8%	9%	SolZ	8%	9%	SolZ	8%	9%	SolZ	8%	9%
131 795,99 West	I,IV	40 749	2 241,19	3 259,92	3 667,41	I	40 749	2 144,34	3 119,04	3 508,92	2 047,43	2 978,08	3 350,34	1 950,57	2 837,20	3 191,85	1 853,66	2 696,24	3 033,27	1 756,81	2 555,36	2 874,78	1 573,65	2 414,40	2 716,20
	II	39 948	2 197,14	3 195,84	3 595,32	II	39 948	2 100,23	3 054,88	3 436,74	2 003,37	2 914,–	3 278,25	1 906,46	2 773,04	3 119,67	1 809,61	2 632,16	2 961,18	1 687,89	2 491,20	2 802,60	1 478,33	2 350,32	2 644,11
	III	31 612	—	2 528,96	2 845,08	III	31 612	—	2 388,16	2 686,68	—	2 249,60	2 530,80	—	2 113,92	2 378,16	—	1 981,28	2 228,94	—	1 851,52	2 082,96	—	1 724,64	1 940,22
	V	46 383	2 551,06	3 710,64	4 174,47	IV	40 749	2 192,74	3 189,44	3 588,12	2 144,34	3 119,04	3 508,92	2 095,88	3 048,56	3 429,63	2 047,43	2 978,08	3 350,34	1 999,03	2 907,68	3 271,14	1 950,57	2 837,20	3 191,85
	VI	46 818	2 574,99	3 745,44	4 213,62																				
131 795,99 Ost	I,IV	40 907	2 249,88	3 272,56	3 681,63	I	40 907	2 152,97	3 131,60	3 523,05	2 056,12	2 990,72	3 364,56	1 959,21	2 849,76	3 205,98	1 862,35	2 708,88	3 047,49	1 765,44	2 567,92	2 888,91	1 592,45	2 427,04	2 730,42
	II	40 105	2 205,77	3 208,40	3 609,45	II	40 105	2 108,92	3 067,52	3 450,96	2 012,01	2 926,56	3 292,38	1 915,15	2 785,68	3 133,89	1 818,24	2 644,72	2 975,31	1 706,69	2 503,84	2 816,82	1 497,02	2 362,88	2 658,24
	III	31 770	—	2 541,60	2 859,30	III	31 770	—	2 400,64	2 700,72	—	2 261,92	2 544,66	—	2 125,92	2 391,66	—	1 992,96	2 242,08	—	1 863,04	2 095,92	—	1 736,–	1 953,–
	V	46 541	2 559,75	3 723,28	4 188,69	IV	40 907	2 201,43	3 202,08	3 602,34	2 152,97	3 131,60	3 523,05	2 104,52	3 061,12	3 443,76	2 056,12	2 990,72	3 364,56	2 007,66	2 920,24	3 285,27	1 959,21	2 849,76	3 205,98
	VI	46 976	2 583,68	3 758,08	4 227,84																				
131 831,99 West	I,IV	40 764	2 242,02	3 261,12	3 668,76	I	40 764	2 145,16	3 120,24	3 510,27	2 048,25	2 979,28	3 351,69	1 951,40	2 838,40	3 193,20	1 854,49	2 697,44	3 034,62	1 757,63	2 556,56	2 876,13	1 575,44	2 415,60	2 717,55
	II	39 963	2 197,96	3 197,04	3 596,67	II	39 963	2 101,05	3 056,08	3 438,09	2 004,20	2 915,20	3 279,60	1 907,34	2 774,32	3 121,11	1 810,43	2 633,36	2 962,53	1 689,80	2 492,48	2 804,04	1 480,12	2 351,52	2 645,46
	III	31 626	—	2 530,08	2 846,34	III	31 626	—	2 389,28	2 687,94	—	2 250,72	2 532,06	—	2 115,04	2 379,42	—	1 982,40	2 230,20	—	1 852,64	2 084,22	—	1 725,76	1 941,48
	V	46 398	2 551,89	3 711,84	4 175,82	IV	40 764	2 193,62	3 190,72	3 589,56	2 145,16	3 120,24	3 510,27	2 096,71	3 049,76	3 430,98	2 048,25	2 979,28	3 351,69	1 999,85	2 908,88	3 272,49	1 951,40	2 838,40	3 193,20
	VI	46 833	2 575,81	3 746,64	4 214,97																				
131 831,99 Ost	I,IV	40 922	2 250,71	3 273,76	3 682,98	I	40 922	2 153,80	3 132,80	3 524,40	2 056,94	2 991,92	3 365,91	1 960,03	2 850,96	3 207,33	1 863,18	2 710,08	3 048,84	1 766,27	2 569,12	2 890,26	1 594,24	2 428,24	2 731,77
	II	40 120	2 206,60	3 209,60	3 610,80	II	40 120	2 109,74	3 068,72	3 452,31	2 012,89	2 927,84	3 293,82	1 915,98	2 786,88	3 135,24	1 819,12	2 646,–	2 976,75	1 708,48	2 505,04	2 818,17	1 498,92	2 364,16	2 659,68
	III	31 784	—	2 542,72	2 860,56	III	31 784	—	2 401,92	2 702,16	—	2 263,04	2 545,92	—	2 127,20	2 393,10	—	1 994,08	2 243,34	—	1 864,16	2 097,18	—	1 736,96	1 954,08
	V	46 556	2 560,58	3 724,48	4 190,04	IV	40 922	2 202,25	3 203,28	3 603,69	2 153,80	3 132,80	3 524,40	2 105,40	3 062,40	3 445,20	2 056,94	2 991,92	3 365,91	2 008,49	2 921,44	3 286,62	1 960,03	2 850,96	3 207,33
	VI	46 991	2 584,50	3 759,28	4 229,19																				
131 867,99 West	I,IV	40 779	2 242,84	3 262,32	3 670,11	I	40 779	2 145,99	3 121,44	3 511,62	2 049,08	2 980,48	3 353,04	1 952,22	2 839,60	3 194,55	1 855,37	2 698,72	3 036,06	1 758,46	2 557,76	2 877,48	1 577,34	2 416,88	2 718,99
	II	39 978	2 198,79	3 198,24	3 598,02	II	39 978	2 101,93	3 057,36	3 439,53	2 005,02	2 916,40	3 280,95	1 908,17	2 775,52	3 122,46	1 811,26	2 634,56	2 963,88	1 691,58	2 493,68	2 805,39	1 481,90	2 352,72	2 646,81
	III	31 642	—	2 531,36	2 847,78	III	31 642	—	2 390,56	2 689,38	—	2 252,–	2 533,50	—	2 116,32	2 380,86	—	1 983,52	2 231,46	—	1 853,76	2 085,48	—	1 726,88	1 942,74
	V	46 413	2 552,71	3 713,04	4 177,17	IV	40 779	2 194,44	3 191,92	3 590,91	2 145,99	3 121,44	3 511,62	2 097,53	3 050,96	3 432,33	2 049,08	2 980,48	3 353,04	2 000,68	2 910,08	3 273,84	1 952,22	2 839,60	3 194,55
	VI	46 848	2 576,64	3 747,84	4 216,32																				
131 867,99 Ost	I,IV	40 937	2 251,53	3 274,96	3 684,33	I	40 937	2 154,62	3 134,–	3 525,75	2 057,77	2 993,12	3 367,26	1 960,91	2 852,24	3 208,77	1 864,–	2 711,28	3 050,19	1 767,15	2 570,40	2 891,70	1 596,02	2 429,44	2 733,12
	II	40 136	2 207,48	3 210,88	3 612,24	II	40 136	2 110,57	3 069,92	3 453,66	2 013,71	2 929,04	3 295,17	1 916,80	2 788,08	3 136,59	1 819,95	2 647,20	2 978,10	1 710,26	2 506,24	2 819,52	1 500,70	2 365,36	2 661,03
	III	31 800	—	2 544,–	2 862,–	III	31 800	—	2 403,20	2 703,60	—	2 264,16	2 547,18	—	2 128,32	2 394,36	—	1 995,36	2 244,78	—	1 865,28	2 098,44	—	1 738,08	1 955,34
	V	46 571	2 561,40	3 725,68	4 191,39	IV	40 937	2 203,08	3 204,48	3 605,04	2 154,62	3 134,–	3 525,75	2 106,22	3 063,60	3 446,55	2 057,77	2 993,12	3 367,26	2 009,31	2 922,64	3 287,97	1 960,91	2 852,24	3 208,77
	VI	47 006	2 585,33	3 760,48	4 230,54																				
131 903,99 West	I,IV	40 795	2 243,72	3 263,60	3 671,55	I	40 795	2 146,81	3 122,64	3 512,97	2 049,96	2 981,76	3 354,48	1 953,05	2 840,80	3 195,90	1 856,19	2 699,92	3 037,41	1 759,28	2 558,96	2 878,83	1 579,13	2 418,08	2 720,34
	II	39 993	2 199,61	3 199,44	3 599,37	II	39 993	2 102,76	3 058,56	3 440,88	2 005,85	2 917,60	3 282,30	1 908,99	2 776,72	3 123,81	1 812,08	2 635,76	2 965,23	1 693,37	2 494,88	2 806,74	1 483,69	2 353,92	2 648,16
	III	31 658	—	2 532,64	2 849,22	III	31 658	—	2 391,68	2 690,64	—	2 253,12	2 534,76	—	2 117,44	2 382,12	—	1 984,64	2 232,72	—	1 854,88	2 086,74	—	1 727,84	1 943,82
	V	46 428	2 553,54	3 714,24	4 178,52	IV	40 795	2 195,27	3 193,12	3 592,26	2 146,81	3 122,64	3 512,97	2 098,36	3 052,16	3 433,68	2 049,96	2 981,76	3 354,48	2 001,50	2 911,28	3 275,19	1 953,05	2 840,80	3 195,90
	VI	46 864	2 577,52	3 749,12	4 217,76																				
131 903,99 Ost	I,IV	40 952	2 252,36	3 276,16	3 685,68	I	40 952	2 155,50	3 135,28	3 527,19	2 058,59	2 994,32	3 368,61	1 961,74	2 853,44	3 210,12	1 864,83	2 712,48	3 051,54	1 767,97	2 571,60	2 893,05	1 597,81	2 430,64	2 734,47
	II	40 151	2 208,30	3 212,08	3 613,59	II	40 151	2 111,39	3 071,12	3 455,01	2 014,54	2 930,24	3 296,52	1 917,63	2 789,28	3 137,94	1 820,77	2 648,40	2 979,45	1 712,05	2 507,44	2 820,87	1 502,49	2 366,56	2 662,38
	III	31 814	—	2 545,12	2 863,26	III	31 814	—	2 404,32	2 704,86	—	2 265,44	2 548,62	—	2 129,44	2 395,62	—	1 996,48	2 246,04	—	1 866,40	2 099,70	—	1 739,20	1 956,60
	V	46 586	2 562,23	3 726,88	4 192,74	IV	40 952	2 203,90	3 205,68	3 606,39	2 155,50	3 135,28	3 527,19	2 107,05	3 064,80	3 447,90	2 058,59	2 994,32	3 368,61	2 010,14	2 923,84	3 289,32	1 961,74	2 853,44	3 210,12
	VI	47 021	2 586,15	3 761,68	4 231,89																				
131 939,99 West	I,IV	40 810	2 244,55	3 264,80	3 672,90	I	40 810	2 147,64	3 123,84	3 514,32	2 050,78	2 982,96	3 355,83	1 953,87	2 842,–	3 197,25	1 857,02	2 701,12	3 038,76	1 760,11	2 560,16	2 880,18	1 580,91	2 419,28	2 721,69
	II	40 008	2 200,44	3 200,64	3 600,72	II	40 008	2 103,58	3 059,76	3 442,23	2 006,67	2 918,80	3 283,65	1 909,82	2 777,92	3 125,16	1 812,91	2 636,96	2 966,58	1 695,15	2 496,08	2 808,09	1 485,47	2 355,12	2 649,51
	III	31 672	—	2 533,76	2 850,48	III	31 672	—	2 392,96	2 692,08	—	2 254,24	2 536,02	—	2 118,56	2 383,38	—	1 985,76	2 233,98	—	1 855,84	2 087,82	—	1 728,96	1 945,08
	V	46 444	2 554,42	3 715,52	4 179,96	IV	40 810	2 196,09	3 194,32	3 593,61	2 147,64	3 123,84	3 514,32	2 099,18	3 053,36	3 435,03	2 050,78	2 982,96	3 355,83	2 002,33	2 912,48	3 276,54	1 953,87	2 842,–	3 197,25
	VI	46 879	2 578,34	3 750,32	4 219,11																				
131 939,99 Ost	I,IV	40 967	2 253,18	3 277,36	3 687,03	I	40 967	2 156,33	3 136,48	3 528,54	2 059,42	2 995,52	3 369,96	1 962,56	2 854,64	3 211,47	1 865,65	2 713,68	3 052,89	1 768,80	2 572,80	2 894,40	1 599,59	2 431,84	2 735,82
	II	40 166	2 209,13	3 213,28	3 614,94	II	40 166	2 112,22	3 072,32	3 456,36	2 015,36	2 931,44	3 297,87	1 918,45	2 790,48	3 139,29	1 821,60	2 649,60	2 980,80	1 713,83	2 508,64	2 822,22	1 504,27	2 367,76	2 663,73
	III	31 830	—	2 546,40	2 864,70	III	31 830	—	2 405,60	2 706,30	—	2 266,56	2 549,88	—	2 130,56	2 396,88	—	1 997,60	2 247,30	—	1 867,36	2 100,78	—	1 740,32	1 957,86
	V	46 601	2 563,05	3 728,08	4 194,09	IV	40 967	2 204,73	3 206,88	3 607,74	2 156,33	3 136,48	3 528,54	2 107,87	3 066,–	3 449,25	2 059,42	2 995,52	3 369,96	2 010,96	2 925,04	3 290,67	1 962,56	2 854,64	3 211,47
	VI	47 036	2 586,98	3 762,88	4 233,24																				
131 975,99 West	I,IV	40 825	2 245,37	3 266,–	3 674,25	I	40 825	2 148,46	3 125,04	3 515,67	2 051,61	2 984,16	3 357,18	1 954,70	2 843,20	3 198,60	1 857,84	2 702,32	3 040,11	1 760,93	2 561,36	2 881,53	1 582,70	2 420,48	2 723,04
	II	40 023	2 201,26	3 201,84	3 602,07	II	40 023	2 104,41	3 060,96	3 443,58	2 007,50	2 920,–	3 285,–	1 910,64	2 779,12	3 126,51	1 813,79	2 638,24	2 968,02	1 696,94	2 497,28	2 809,44	1 487,38	2 356,40	2 650,95
	III	31 688	—	2 535,04	2 851,92	III	31 688	—	2 394,24	2 693,52	—	2 255,52	2 537,46	—	2 119,68	2 384,64	—	1 986,88	2 235,24	—	1 856,96	2 089,08	—	1 730,08	1 946,34
	V	46 459	2 555,24	3 716,72	4 181,31	IV	40 825	2 196,92	3 195,52	3 594,96	2 148,46	3 125,04	3 515,67	2 100,06	3 054,64	3 436,47	2 051,61	2 984,16	3 357,18	2 003,15	2 913,68	3 277,89	1 954,70	2 843,20	3 198,60
	VI	46 894	2 579,17	3 751,52	4 220,46																				
131 975,99 Ost	I,IV	40 982	2 254,01	3 278,56	3 688,38	I	40 982	2 157,15	3 137,68	3 529,89	2 060,24	2 996,72	3 371,31	1 963,39	2 855,84	3 212,82	1 866,48	2 714,88	3 054,24	1 769,62	2 574,–	2 895,75	1 601,38	2 433,04	2 737,17
	II	40 181	2 209,95	3 214,48	3 616,29	II	40 181	2 113,04	3 073,52	3 457,71	2 016,19	2 932,64	3 299,22	1 919,33	2 791,76	3 140,73	1 822,42	2 650,80	2 982,15	1 715,74	2 509,92	2 823,66	1 506,06	2 368,96	2 665,08
	III	31 846	—	2 547,68	2 866,14	III	31 846	—	2 406,72	2 707,56	—	2 267,84	2 551,32	—	2 131,68	2 398,14	—	1 998,72	2 248,56	—	1 868,48	2 102,04	—	1 741,28	1 958,94
	V	46 616	2 563,88	3 729,28	4 195,44	IV	40 982	2 205,61	3 208,16	3 609,18	2 157,15	3 137,68	3 529,89	2 108,70	3 067,20	3 450,60	2 060,24	2 996,72	3 371,31	2 011,84	2 926,32	3 292,11	1 963,39	2 855,84	3 212,82
	VI	47 051	2 587,80	3 764,08	4 234,59																				
132 011,99 West	I,IV	40 840	2 246,20	3 267,20	3 675,60	I	40 840	2 149,29	3 126,24	3 517,02	2 052,43	2 985,36	3 358,53	1 955,52	2 844,40	3 199,95	1 858,67	2 703,52	3 041,46	1 761,81	2 562,64	2 882,97	1 584,48	2 421,68	2 724,39
	II	40 039	2 202,14	3 203,12	3 603,51	II	40 039	2 105,23	3 062,16	3 444,93	2 008,38	2 921,28	3 286,44	1 911,47	2 780,32	3 127,86	1 814,61	2 639,44	2 969,37	1 698,72	2 498,48	2 810,79	1 489,16	2 357,60	2 652,30
	III	31 702	—	2 536,16	2 853,18	III	31 702	—	2 395,36	2 694,78	—	2 256,64	2 538,72	—	2 120,80	2 385,90	—	1 988,–	2 236,50	—	1 858,08	2 090,34	—	1 731,20	1 947,60
	V	46 474	2 556,07	3 717,92	4 182,66	IV	40 840	2 197,74	3 196,72	3 596,31	2 149,29	3 126,24	3 517,02	2 100,89	3 055,84	3 437,82	2 052,43	2 985,36	3 358,53	2 003,98	2 914,88	3 279,24	1 955,52	2 844,40	3 199,95
	VI	46 909	2 579,99	3 752,72	4 221,81																				
132 011,99 Ost	I,IV	40 997	2 254,83	3 279,76	3 689,73	I	40 997	2 157,98	3 138,88	3 531,24	2 061,07	2 997,92	3 372,66	1 964,21	2 857,04	3 214,17	1 867,36	2 716,16	3 055,68	1 770,45	2 575,20	2 897,10	1 603,28	2 434,32	2 738,61
	II	40 196	2 210,78	3 215,68	3 617,64	II	40 196	2 113,92	3 074,80	3 459,15	2 017,01	2 933,84	3 300,57	1 920,16	2 792,96	3 142,08	1 823,25	2 652,–	2 983,50	1 717,52	2 511,12	2 825,01	1 507,84	2 370,16	2 666,43
	III	31 860	—	2 548,80	2 867,40	III	31 860	—	2 408,–	2 709,–	—	2 268,96	2 552,58	—	2 132,96	2 399,58	—	1 999,84	2 249,82	—	1 869,60	2 103,30	—	1 742,40	1 960,20
	V	46 631	2 564,70	3 730,48	4 196,79	IV	40 997	2 206,43	3 209,36	3 610,53	2 157,98	3 138,88	3 531,24	2 109,52	3 068,40	3 451,95	2 061,07	2 997,92	3 372,66	2 012,67	2 927,52	3 293,46	1 964,21	2 857,04	3 214,17
	VI	47 066	2 588,63	3 765,28	4 235,94																				
132 047,99 West	I,IV	40 855	2 247,02	3 268,40	3 676,95	I	40 855	2 150,17	3 127,52	3 518,46	2 053,26	2 986,56	3 359,88	1 956,40	2 845,68	3 201,39	1 859,49	2 704,72	3 042,81	1 762,64	2 563,84	2 884,32	1 586,27	2 422,88	2 725,74
	II	40 054	2 202,97	3 204,32	3 604,86	II	40 054	2 106,06	3 063,36	3 446,28	2 009,20	2 922,48	3 287,79	1 912,29	2 781,52	3 129,21	1 815,44	2 640,64	2 970,72	1 700,51	2 499,68	2 812,14	1 490,95	2 358,80	2 653,65
	III	31 718	—	2 537,44	2 854,62	III	31 718	—	2 396,64	2 696,22	—	2 257,76	2 539,98	—	2 122,08	2 387,34	—	1 989,12	2 237,76	—	1 859,20	2 091,60	—	1 732,16	1 948,68
	V	46 489	2 556,89	3 719,12	4 184,01	IV	40 855	2 198,57	3 197,92	3 597,66	2 150,17	3 127,52	3 518,46	2 101,71	3 057,04	3 439,17	2 053,26	2 986,56	3 359,88	2 004,80	2 916,08	3 280,59	1 956,40	2 845,68	3 201,39
	VI	46 924	2 580,82	3 753,92	4 223,16																				
132 047,99 Ost	I,IV	41 013	2 255,71	3 281,04	3 691,17	I	41 013	2 158,80	3 140,08	3 532,59	2 061,95	2 999,20	3 374,10	1 965,04	2 858,24	3 215,52	1 868,18	2 717,36	3 057,03	1 771,27	2 576,40	2 898,45	1 605,07	2 435,52	2 739,96
	II	40 211	2 211,60	3 216,88	3 618,99	II	40 211	2 114,75	3 076,–	3 460,50	2 017,84	2 935,04	3 301,92	1 920,98	2 794,16	3 143,43	1 824,07	2 653,20	2 984,85	1 719,31	2 512,32	2 826,36	1 509,63	2 371,36	2 667,78
	III	31 876	—	2 550,08	2 868,84	III	31 876	—	2 409,12	2 710,26	—	2 270,08	2 553,84	—	2 134,08	2 400,84	—	2 000,96	2 251,08	—	1 870,72	2 104,56	—	1 743,52	1 961,46
	V	46 646	2 565,53	3 731,68	4 198,14	IV	41 013	2 207,26	3 210,56	3 611,88	2 158,80	3 140,08	3 532,59	2 110,35	3 069,60	3 453,30	2 061,95	2 999,20	3 374,10	2 013,49	2 928,72	3 294,81	1 965,04	2 858,24	3 215,52
	VI	47 082	2 589,51	3 766,56	4 237,38																				

* Die ausgewiesenen Tabellenwerte sind amtlich. Siehe Erläuterungen auf der Umschlaginnenseite (U2).

Abzüge an Lohnsteuer, Solidaritätszuschlag (SolZ) und Kirchensteuer (8%, 9%) in den Steuerklassen

Lohn/Gehalt bis €*	I – VI					I, II, III, IV		mit Zahl der Kinderfreibeträge . . . 0,5			1			1,5			2			2,5			3		
		LSt	ohne Kinderfreibeträge SolZ	8%	9%		LSt	SolZ	8%	9%	SolZ	8%	9%	SolZ	8%	9%	SolZ	8%	9%	SolZ	8%	9%	SolZ	8%	9%
132 083,99 West	I,IV	40 870	2 247,85	3 269,60	3 678,30	I	40 870	2 150,99	3 128,72	3 519,81	2 054,08	2 987,76	3 361,23	1 957,23	2 846,88	3 202,74	1 860,32	2 705,92	3 044,16	1 763,46	2 565,04	2 885,67	1 588,05	2 424,08	2 727,09
	II	40 069	2 203,79	3 205,52	3 606,21	II	40 069	2 106,88	3 064,56	3 447,63	2 010,03	2 923,68	3 289,14	1 913,12	2 782,72	3 130,56	1 816,26	2 641,84	2 972,07	1 702,29	2 500,88	2 813,49	1 492,73	2 360,—	2 655,—
	III	31 732	—	2 538,56	2 855,88	III	31 732	—	2 397,76	2 697,48	—	2 259,04	2 541,42	—	2 123,20	2 388,60	—	1 990,24	2 239,02	—	1 860,32	2 092,86	—	1 733,28	1 949,94
	V	46 504	2 557,72	3 720,32	4 185,36	IV	40 870	2 199,39	3 199,12	3 599,01	2 150,99	3 128,72	3 519,81	2 102,54	3 058,24	3 440,52	2 054,08	2 987,76	3 361,23	2 005,63	2 917,28	3 281,94	1 957,23	2 846,88	3 202,74
	VI	46 939	2 581,64	3 755,12	4 224,51																				
132 083,99 Ost	I,IV	41 028	2 256,54	3 282,24	3 692,52	I	41 028	2 159,63	3 141,28	3 533,94	2 062,77	3 000,40	3 375,45	1 965,86	2 859,44	3 216,87	1 869,01	2 718,56	3 058,38	1 772,10	2 577,60	2 899,80	1 606,85	2 436,72	2 741,31
	II	40 226	2 212,43	3 218,08	3 620,34	II	40 226	2 115,57	3 077,20	3 461,85	2 018,66	2 936,24	3 303,27	1 921,81	2 795,36	3 144,78	1 824,90	2 654,40	2 986,20	1 721,09	2 513,52	2 827,71	1 511,41	2 372,56	2 669,13
	III	31 890	—	2 551,20	2 870,10	III	31 890	—	2 410,40	2 711,70	—	2 271,36	2 555,28	—	2 135,20	2 402,10	—	2 002,08	2 252,34	—	1 871,84	2 105,82	—	1 744,64	1 962,72
	V	46 662	2 566,41	3 732,96	4 199,58	IV	41 028	2 208,08	3 211,76	3 613,23	2 159,63	3 141,28	3 533,94	2 111,17	3 070,80	3 454,65	2 062,77	3 000,40	3 375,45	2 014,32	2 929,92	3 296,16	1 965,86	2 859,44	3 216,87
	VI	47 097	2 590,33	3 767,76	4 238,73																				
132 119,99 West	I,IV	40 885	2 248,67	3 270,80	3 679,65	I	40 885	2 151,82	3 129,92	3 521,16	2 054,91	2 988,96	3 362,58	1 958,05	2 848,08	3 204,09	1 861,14	2 707,12	3 045,51	1 764,29	2 566,24	2 887,02	1 589,84	2 425,28	2 728,44
	II	40 084	2 204,62	3 206,72	3 607,56	II	40 084	2 107,71	3 065,76	3 448,98	2 010,85	2 924,88	3 290,49	1 913,94	2 783,92	3 131,91	1 817,09	2 643,04	2 973,42	1 704,19	2 502,16	2 814,93	1 494,52	2 361,20	2 656,35
	III	31 748	—	2 539,84	2 857,32	III	31 748	—	2 399,04	2 698,92	—	2 260,16	2 542,68	—	2 124,32	2 389,86	—	1 991,36	2 240,28	—	1 861,44	2 094,12	—	1 734,40	1 951,20
	V	46 519	2 558,54	3 721,52	4 186,71	IV	40 885	2 200,27	3 200,40	3 600,45	2 151,82	3 129,92	3 521,16	2 103,36	3 059,44	3 441,87	2 054,91	2 988,96	3 362,58	2 006,51	2 918,56	3 283,38	1 958,05	2 848,08	3 204,09
	VI	46 954	2 582,47	3 756,32	4 225,86																				
132 119,99 Ost	I,IV	41 043	2 257,36	3 283,44	3 693,87	I	41 043	2 160,45	3 142,48	3 535,29	2 063,60	3 001,60	3 376,80	1 966,69	2 860,64	3 218,22	1 869,83	2 719,76	3 059,73	1 772,92	2 578,80	2 901,15	1 608,64	2 437,92	2 742,66
	II	40 241	2 213,25	3 219,28	3 621,69	II	40 241	2 116,40	3 078,40	3 463,20	2 019,49	2 937,44	3 304,62	1 922,63	2 796,56	3 146,13	1 825,78	2 655,68	2 987,64	1 722,88	2 514,72	2 829,06	1 513,32	2 373,84	2 670,57
	III	31 906	—	2 552,48	2 871,54	III	31 906	—	2 411,52	2 712,96	—	2 272,48	2 556,54	—	2 136,32	2 403,36	—	2 003,20	2 253,60	—	1 872,96	2 107,08	—	1 745,60	1 963,80
	V	46 677	2 567,23	3 734,16	4 200,93	IV	41 043	2 208,91	3 212,96	3 614,58	2 160,45	3 142,48	3 535,29	2 112,05	3 072,08	3 456,09	2 063,60	3 001,60	3 376,80	2 015,14	2 931,12	3 297,51	1 966,69	2 860,64	3 218,22
	VI	47 112	2 591,16	3 768,96	4 240,08																				
132 155,99 West	I,IV	40 900	2 249,50	3 272,—	3 681,—	I	40 900	2 152,64	3 131,12	3 522,51	2 055,73	2 990,16	3 363,93	1 958,88	2 849,28	3 205,44	1 861,97	2 708,32	3 046,86	1 765,11	2 567,44	2 888,37	1 591,74	2 426,56	2 729,88
	II	40 099	2 205,44	3 207,92	3 608,91	II	40 099	2 108,59	3 067,04	3 450,42	2 011,68	2 926,08	3 291,84	1 914,82	2 785,20	3 133,35	1 817,91	2 644,24	2 974,77	1 705,98	2 503,36	2 816,28	1 496,30	2 362,40	2 657,70
	III	31 762	—	2 540,96	2 858,58	III	31 762	—	2 400,16	2 700,18	—	2 261,28	2 543,94	—	2 125,44	2 391,12	—	1 992,48	2 241,54	—	1 862,56	2 095,38	—	1 735,52	1 952,46
	V	46 534	2 559,37	3 722,72	4 188,06	IV	40 900	2 201,10	3 201,60	3 601,80	2 152,64	3 131,12	3 522,51	2 104,19	3 060,64	3 443,22	2 055,73	2 990,16	3 363,93	2 007,33	2 919,76	3 284,73	1 958,88	2 849,28	3 205,44
	VI	46 969	2 583,29	3 757,52	4 227,21																				
132 155,99 Ost	I,IV	41 058	2 258,19	3 284,64	3 695,22	I	41 058	2 161,28	3 143,68	3 536,64	2 064,42	3 002,80	3 378,15	1 967,51	2 861,84	3 219,57	1 870,66	2 720,96	3 061,08	1 773,80	2 580,08	2 902,59	1 610,42	2 439,12	2 744,01
	II	40 257	2 214,13	3 220,56	3 623,13	II	40 257	2 117,22	3 079,60	3 464,55	2 020,37	2 938,72	3 306,06	1 923,46	2 797,76	3 147,48	1 826,60	2 656,88	2 988,99	1 724,66	2 515,92	2 830,41	1 515,10	2 375,04	2 671,92
	III	31 920	—	2 553,60	2 872,80	III	31 920	—	2 412,80	2 714,40	—	2 273,76	2 557,98	—	2 137,60	2 404,80	—	2 004,32	2 254,86	—	1 874,08	2 108,34	—	1 746,72	1 965,06
	V	46 692	2 568,06	3 735,36	4 202,28	IV	41 058	2 209,73	3 214,16	3 615,93	2 161,28	3 143,68	3 536,64	2 112,88	3 073,28	3 457,44	2 064,42	3 002,80	3 378,15	2 015,97	2 932,32	3 298,86	1 967,51	2 861,84	3 219,57
	VI	47 127	2 591,98	3 770,16	4 241,43																				
132 191,99 West	I,IV	40 916	2 250,38	3 273,28	3 682,44	I	40 916	2 153,47	3 132,32	3 523,86	2 056,61	2 991,44	3 365,37	1 959,70	2 850,48	3 206,79	1 862,85	2 709,60	3 048,30	1 765,94	2 568,64	2 889,72	1 593,52	2 427,76	2 731,23
	II	40 114	2 206,27	3 209,12	3 610,26	II	40 114	2 109,41	3 068,24	3 451,77	2 012,50	2 927,28	3 293,19	1 915,65	2 786,40	3 134,70	1 818,74	2 645,44	2 976,12	1 707,76	2 504,56	2 817,63	1 498,09	2 363,60	2 659,05
	III	31 778	—	2 542,24	2 860,02	III	31 778	—	2 401,44	2 701,62	—	2 262,56	2 545,38	—	2 126,56	2 392,38	—	1 993,60	2 242,80	—	1 863,68	2 096,64	—	1 736,48	1 953,54
	V	46 549	2 560,19	3 723,92	4 189,41	IV	40 916	2 201,92	3 202,80	3 603,15	2 153,47	3 132,32	3 523,86	2 105,01	3 061,84	3 444,57	2 056,61	2 991,44	3 365,37	2 008,16	2 920,96	3 286,08	1 959,70	2 850,48	3 206,79
	VI	46 985	2 584,17	3 758,80	4 228,65																				
132 191,99 Ost	I,IV	41 073	2 259,01	3 285,84	3 696,57	I	41 073	2 162,16	3 144,96	3 538,08	2 065,25	3 004,—	3 379,50	1 968,39	2 863,12	3 221,01	1 871,48	2 722,16	3 062,43	1 774,63	2 581,28	2 903,94	1 612,21	2 440,32	2 745,36
	II	40 272	2 214,96	3 221,76	3 624,48	II	40 272	2 118,05	3 080,80	3 465,90	2 021,19	2 939,92	3 307,41	1 924,28	2 798,96	3 148,83	1 827,43	2 658,08	2 990,34	1 726,45	2 517,12	2 831,76	1 516,89	2 376,24	2 673,27
	III	31 936	—	2 554,88	2 874,24	III	31 936	—	2 413,92	2 715,66	—	2 274,88	2 559,24	—	2 138,72	2 406,06	—	2 005,44	2 256,12	—	1 875,20	2 109,60	—	1 747,84	1 966,32
	V	46 707	2 568,88	3 736,56	4 203,63	IV	41 073	2 210,56	3 215,36	3 617,28	2 162,16	3 144,96	3 538,08	2 113,70	3 074,48	3 458,79	2 065,25	3 004,—	3 379,50	2 016,79	2 933,52	3 300,21	1 968,39	2 863,12	3 221,01
	VI	47 142	2 592,81	3 771,36	4 242,78																				
132 227,99 West	I,IV	40 931	2 251,20	3 274,48	3 683,79	I	40 931	2 154,29	3 133,52	3 525,21	2 057,44	2 992,64	3 366,72	1 960,53	2 851,68	3 208,14	1 863,67	2 710,80	3 049,65	1 766,76	2 569,84	2 891,07	1 595,31	2 428,96	2 732,58
	II	40 129	2 207,09	3 210,32	3 611,61	II	40 129	2 110,24	3 069,44	3 453,12	2 013,33	2 928,48	3 294,54	1 916,47	2 787,60	3 136,05	1 819,56	2 646,64	2 977,47	1 709,55	2 505,76	2 818,98	1 499,87	2 364,80	2 660,40
	III	31 794	—	2 543,52	2 861,46	III	31 794	—	2 402,56	2 702,88	—	2 263,68	2 546,64	—	2 127,84	2 393,82	—	1 994,72	2 244,06	—	1 864,80	2 097,90	—	1 737,60	1 954,80
	V	46 565	2 561,07	3 725,20	4 190,85	IV	40 931	2 202,75	3 204,—	3 604,50	2 154,29	3 133,52	3 525,21	2 105,84	3 063,04	3 445,92	2 057,44	2 992,64	3 366,72	2 008,98	2 922,16	3 287,43	1 960,53	2 851,68	3 208,14
	VI	47 000	2 585,—	3 760,—	4 230,—																				
132 227,99 Ost	I,IV	41 088	2 259,84	3 287,04	3 697,92	I	41 088	2 162,98	3 146,16	3 539,43	2 066,07	3 005,20	3 380,85	1 969,22	2 864,32	3 222,36	1 872,31	2 723,36	3 063,78	1 775,45	2 582,48	2 905,29	1 613,99	2 441,52	2 746,71
	II	40 287	2 215,78	3 222,96	3 625,83	II	40 287	2 118,87	3 082,—	3 467,25	2 022,02	2 941,12	3 308,76	1 925,11	2 800,16	3 150,18	1 828,25	2 659,28	2 991,69	1 728,23	2 518,32	2 833,11	1 518,67	2 377,44	2 674,62
	III	31 952	—	2 556,16	2 875,68	III	31 952	—	2 415,20	2 717,10	—	2 276,—	2 560,50	—	2 139,84	2 407,32	—	2 006,56	2 257,38	—	1 876,32	2 110,86	—	1 748,96	1 967,58
	V	46 722	2 569,71	3 737,76	4 204,98	IV	41 088	2 211,38	3 216,56	3 618,63	2 162,98	3 146,16	3 539,43	2 114,53	3 075,68	3 460,14	2 066,07	3 005,20	3 380,85	2 017,62	2 934,72	3 301,56	1 969,22	2 864,32	3 222,36
	VI	47 157	2 593,63	3 772,56	4 244,13																				
132 263,99 West	I,IV	40 946	2 252,03	3 275,68	3 685,14	I	40 946	2 155,12	3 134,72	3 526,56	2 058,26	2 993,84	3 368,07	1 961,35	2 852,88	3 209,49	1 864,50	2 712,—	3 051,—	1 767,59	2 571,04	2 892,42	1 597,09	2 430,16	2 733,93
	II	40 144	2 207,92	3 211,52	3 612,96	II	40 144	2 111,06	3 070,64	3 454,47	2 014,15	2 929,68	3 295,89	1 917,30	2 788,80	3 137,40	1 820,39	2 647,84	2 978,82	1 711,33	2 506,96	2 820,33	1 501,78	2 366,08	2 661,84
	III	31 808	—	2 544,64	2 862,72	III	31 808	—	2 403,84	2 704,32	—	2 264,96	2 548,08	—	2 128,96	2 395,08	—	1 995,84	2 245,32	—	1 865,76	2 098,98	—	1 738,72	1 956,06
	V	46 580	2 561,90	3 726,40	4 192,20	IV	40 946	2 203,57	3 205,20	3 605,85	2 155,12	3 134,72	3 526,56	2 106,72	3 064,32	3 447,36	2 058,26	2 993,84	3 368,07	2 009,81	2 923,36	3 288,78	1 961,35	2 852,88	3 209,49
	VI	47 015	2 585,82	3 761,20	4 231,35																				
132 263,99 Ost	I,IV	41 103	2 260,66	3 288,24	3 699,27	I	41 103	2 163,81	3 147,36	3 540,78	2 066,90	3 006,40	3 382,20	1 970,04	2 865,52	3 223,71	1 873,13	2 724,56	3 065,13	1 776,28	2 583,68	2 906,64	1 615,78	2 442,72	2 748,06
	II	40 302	2 216,61	3 224,16	3 627,18	II	40 302	2 119,70	3 083,20	3 468,60	2 022,84	2 942,32	3 310,11	1 925,93	2 801,36	3 151,53	1 829,08	2 660,48	2 993,04	1 730,14	2 519,60	2 834,55	1 520,46	2 378,64	2 675,97
	III	31 966	—	2 557,28	2 876,94	III	31 966	—	2 416,32	2 718,36	—	2 277,28	2 561,94	—	2 140,96	2 408,58	—	2 007,68	2 258,64	—	1 877,44	2 112,12	—	1 749,92	1 968,66
	V	46 737	2 570,53	3 738,96	4 206,33	IV	41 103	2 212,26	3 217,84	3 620,07	2 163,81	3 147,36	3 540,78	2 115,35	3 076,88	3 461,49	2 066,90	3 006,40	3 382,20	2 018,50	2 936,—	3 303,—	1 970,04	2 865,52	3 223,71
	VI	47 172	2 594,46	3 773,76	4 245,48																				
132 299,99 West	I,IV	40 961	2 252,85	3 276,88	3 686,49	I	40 961	2 155,94	3 135,92	3 527,91	2 059,09	2 995,04	3 369,42	1 962,18	2 854,08	3 210,84	1 865,32	2 713,20	3 052,35	1 768,41	2 572,24	2 893,77	1 598,88	2 431,36	2 735,28
	II	40 160	2 208,80	3 212,80	3 614,40	II	40 160	2 111,89	3 071,84	3 455,82	2 015,03	2 930,96	3 297,33	1 918,12	2 790,—	3 138,75	1 821,27	2 649,12	2 980,26	1 713,12	2 508,16	2 821,68	1 503,56	2 367,28	2 663,19
	III	31 824	—	2 545,92	2 864,16	III	31 824	—	2 404,96	2 705,58	—	2 266,08	2 549,34	—	2 130,08	2 396,34	—	1 997,12	2 246,76	—	1 866,88	2 100,24	—	1 739,84	1 957,32
	V	46 595	2 562,72	3 727,60	4 193,55	IV	40 961	2 204,40	3 206,40	3 607,20	2 155,94	3 135,92	3 527,91	2 107,54	3 065,52	3 448,71	2 059,09	2 995,04	3 369,42	2 010,63	2 924,56	3 290,13	1 962,18	2 854,08	3 210,84
	VI	47 030	2 586,65	3 762,40	4 232,70																				
132 299,99 Ost	I,IV	41 118	2 261,49	3 289,44	3 700,62	I	41 118	2 164,63	3 148,56	3 542,13	2 067,72	3 007,60	3 383,55	1 970,87	2 866,72	3 225,06	1 873,96	2 725,76	3 066,48	1 777,10	2 584,88	2 907,99	1 617,68	2 444,—	2 749,50
	II	40 317	2 217,43	3 225,36	3 628,53	II	40 317	2 120,58	3 084,48	3 470,04	2 023,67	2 943,52	3 311,46	1 926,81	2 802,64	3 152,97	1 829,90	2 661,68	2 994,39	1 731,92	2 520,80	2 835,90	1 522,24	2 379,84	2 677,32
	III	31 982	—	2 558,56	2 878,38	III	31 982	—	2 417,60	2 719,80	—	2 278,40	2 563,20	—	2 142,24	2 410,02	—	2 008,80	2 259,90	—	1 878,56	2 113,38	—	1 751,04	1 969,92
	V	46 752	2 571,36	3 740,16	4 207,68	IV	41 118	2 213,09	3 219,04	3 621,42	2 164,63	3 148,56	3 542,13	2 116,18	3 078,08	3 462,84	2 067,72	3 007,60	3 383,55	2 019,32	2 937,20	3 304,35	1 970,87	2 866,72	3 225,06
	VI	47 187	2 595,28	3 774,96	4 246,83																				
132 335,99 West	I,IV	40 976	2 253,68	3 278,08	3 687,84	I	40 976	2 156,82	3 137,20	3 529,35	2 059,91	2 996,24	3 370,77	1 963,06	2 855,36	3 212,28	1 866,15	2 714,40	3 053,70	1 769,29	2 573,52	2 895,21	1 600,66	2 432,56	2 736,63
	II	40 175	2 209,62	3 214,—	3 615,75	II	40 175	2 112,71	3 073,04	3 457,17	2 015,86	2 932,16	3 298,68	1 918,95	2 791,20	3 140,10	1 822,09	2 650,32	2 981,61	1 714,90	2 509,36	2 823,03	1 505,35	2 368,48	2 664,54
	III	31 838	—	2 547,04	2 865,42	III	31 838	—	2 406,24	2 707,02	—	2 267,20	2 550,60	—	2 131,20	2 397,60	—	1 998,24	2 248,02	—	1 868,—	2 101,50	—	1 740,80	1 958,40
	V	46 610	2 563,55	3 728,80	4 194,90	IV	40 976	2 205,22	3 207,60	3 608,55	2 156,82	3 137,20	3 529,35	2 108,37	3 066,72	3 450,06	2 059,91	2 996,24	3 370,77	2 011,46	2 925,76	3 291,48	1 963,06	2 855,36	3 212,28
	VI	47 045	2 587,47	3 763,60	4 234,05																				
132 335,99 Ost	I,IV	41 134	2 262,37	3 290,72	3 702,06	I	41 134	2 165,46	3 149,76	3 543,48	2 068,60	3 008,88	3 384,99	1 971,69	2 867,92	3 226,41	1 874,84	2 727,04	3 067,92	1 777,93	2 586,08	2 909,34	1 619,47	2 445,20	2 750,85
	II	40 332	2 218,26	3 226,56	3 629,88	II	40 332	2 121,40	3 085,68	3 471,39	2 024,49	2 944,72	3 312,81	1 927,64	2 803,84	3 154,32	1 830,73	2 662,88	2 995,74	1 733,71	2 522,—	2 837,25	1 524,03	2 381,04	2 678,67
	III	31 996	—	2 559,68	2 879,64	III	31 996	—	2 418,88	2 721,24	—	2 279,52	2 564,46	—	2 143,36	2 411,28	—	2 009,92	2 261,16	—	1 879,52	2 114,46	—	1 752,16	1 971,18
	V	46 767	2 572,18	3 741,36	4 209,03	IV	41 134	2 213,91	3 220,24	3 622,77	2 165,46	3 149,76	3 543,48	2 117,—	3 079,28	3 464,19	2 068,60	3 008,88	3 384,99	2 020,15	2 938,40	3 305,70	1 971,69	2 867,92	3 226,41
	VI	47 202	2 596,11	3 776,16	4 248,18																				

* Die ausgewiesenen Tabellenwerte sind amtlich. Siehe Erläuterungen auf der Umschlaginnenseite (U2).

JAHR 132 336,–*

Abzüge an Lohnsteuer, Solidaritätszuschlag (SolZ) und Kirchensteuer (8%, 9%) in den Steuerklassen

Lohn/Gehalt bis €*	I – VI	ohne Kinderfreibeträge				I, II, III, IV	mit Zahl der Kinderfreibeträge . . . 0,5			1			1,5			2			2,5			3		
		LSt	SolZ	8%	9%		LSt	SolZ	8%	9%	SolZ	8%	9%	SolZ	8%	9%	SolZ	8%	9%	SolZ	8%	9%	SolZ	8%	9%
132 371,99 West	I,IV	40 991	2 254,50	3 279,28	3 689,19	I	40 991	2 157,65	3 138,40	3 530,70	2 060,74	2 997,44	3 372,12	1 963,88	2 856,56	3 213,63	1 866,97	2 715,60	3 055,05	1 770,12	2 574,72	2 896,56	1 602,45	2 433,76	2 737,98
	II	40 190	2 210,45	3 215,20	3 617,10	II	40 190	2 113,54	3 074,24	3 458,52	2 016,68	2 933,36	3 300,03	1 919,77	2 792,40	3 141,45	1 822,92	2 651,52	2 982,96	1 716,69	2 510,56	2 824,38	1 507,13	2 369,68	2 665,89
	III	31 854	–	2 548,32	2 866,86	III	31 854	–	2 407,36	2 708,28	–	2 268,48	2 552,04	–	2 132,32	2 398,86	–	1 999,36	2 249,28	–	1 869,12	2 102,76	–	1 741,92	1 959,66
	V	46 625	2 564,37	3 730,–	4 196,25	IV	40 991	2 206,05	3 208,80	3 609,90	2 157,65	3 138,40	3 530,70	2 109,19	3 067,92	3 451,41	2 060,74	2 997,44	3 372,12	2 012,28	2 926,96	3 292,83	1 963,88	2 856,56	3 213,63
	VI	47 060	2 588,30	3 764,80	4 235,40																				
132 371,99 Ost	I,IV	41 149	2 263,19	3 291,92	3 703,41	I	41 149	2 166,28	3 150,96	3 544,83	2 069,43	3 010,08	3 386,34	1 972,52	2 869,12	3 227,76	1 875,66	2 728,24	3 069,27	1 778,75	2 587,28	2 910,69	1 621,25	2 446,40	2 752,20
	II	40 347	2 219,08	3 227,76	3 631,23	II	40 347	2 122,23	3 086,88	3 472,74	2 025,32	2 945,92	3 314,16	1 928,46	2 805,04	3 155,67	1 831,55	2 664,08	2 997,09	1 734,70	2 523,20	2 838,60	1 525,81	2 382,24	2 680,02
	III	32 012	–	2 560,96	2 881,08	III	32 012	–	2 420,–	2 722,50	–	2 280,80	2 565,90	–	2 144,48	2 412,54	–	2 011,04	2 262,42	–	1 880,64	2 115,72	–	1 753,28	1 972,44
	V	46 782	2 573,01	3 742,56	4 210,38	IV	41 149	2 214,74	3 221,44	3 624,12	2 166,28	3 150,96	3 544,83	2 117,83	3 080,48	3 465,54	2 069,43	3 010,08	3 386,34	2 020,97	2 939,60	3 307,05	1 972,52	2 869,12	3 227,76
	VI	47 218	2 596,99	3 777,44	4 249,62																				
132 407,99 West	I,IV	41 006	2 255,33	3 280,48	3 690,54	I	41 006	2 158,47	3 139,60	3 532,05	2 061,56	2 998,64	3 373,47	1 964,71	2 857,76	3 214,98	1 867,80	2 716,80	3 056,40	1 770,94	2 575,92	2 897,91	1 604,23	2 434,96	2 739,33
	II	40 205	2 211,27	3 216,40	3 618,45	II	40 205	2 114,36	3 075,44	3 459,87	2 017,51	2 934,56	3 301,38	1 920,60	2 793,60	3 142,80	1 823,74	2 652,72	2 984,31	1 718,47	2 511,76	2 825,73	1 508,92	2 370,88	2 667,24
	III	31 868	–	2 549,44	2 868,12	III	31 868	–	2 408,64	2 709,72	–	2 269,60	2 553,30	–	2 133,60	2 400,30	–	2 000,48	2 250,54	–	1 870,24	2 104,02	–	1 743,04	1 960,92
	V	46 640	2 565,20	3 731,20	4 197,60	IV	41 006	2 206,93	3 210,08	3 611,34	2 158,47	3 139,60	3 532,05	2 110,02	3 069,12	3 452,76	2 061,56	2 998,64	3 373,47	2 013,16	2 928,24	3 294,27	1 964,71	2 857,76	3 214,98
	VI	47 075	2 589,12	3 766,–	4 236,75																				
132 407,99 Ost	I,IV	41 164	2 264,02	3 293,12	3 704,76	I	41 164	2 167,11	3 152,16	3 546,18	2 070,25	3 011,28	3 387,69	1 973,34	2 870,32	3 229,11	1 876,49	2 729,44	3 070,62	1 779,58	2 588,48	2 912,04	1 623,04	2 447,60	2 753,55
	II	40 362	2 219,91	3 228,96	3 632,58	II	40 362	2 123,05	3 088,08	3 474,09	2 026,14	2 947,12	3 315,51	1 929,29	2 806,24	3 157,02	1 832,38	2 665,28	2 998,44	1 735,52	2 524,40	2 839,95	1 527,72	2 383,52	2 681,46
	III	32 026	–	2 562,08	2 882,34	III	32 026	–	2 421,28	2 723,94	–	2 281,92	2 567,16	–	2 145,60	2 413,80	–	2 012,32	2 263,86	–	1 881,76	2 116,98	–	1 754,24	1 973,52
	V	46 798	2 573,89	3 743,84	4 211,82	IV	41 164	2 215,56	3 222,64	3 625,47	2 167,11	3 152,16	3 546,18	2 118,71	3 081,76	3 466,98	2 070,25	3 011,28	3 387,69	2 021,80	2 940,80	3 308,40	1 973,34	2 870,32	3 229,11
	VI	47 233	2 597,81	3 778,64	4 250,97																				
132 443,99 West	I,IV	41 021	2 256,15	3 281,68	3 691,89	I	41 021	2 159,30	3 140,80	3 533,40	2 062,39	2 999,84	3 374,82	1 965,53	2 858,96	3 216,33	1 868,62	2 718,–	3 057,75	1 771,77	2 577,12	2 899,26	1 606,02	2 436,16	2 740,68
	II	40 220	2 212,10	3 217,60	3 619,80	II	40 220	2 115,24	3 076,72	3 461,31	2 018,33	2 935,76	3 302,73	1 921,48	2 794,88	3 144,24	1 824,57	2 653,92	2 985,66	1 720,38	2 513,04	2 827,17	1 510,70	2 372,08	2 668,59
	III	31 884	–	2 550,72	2 869,56	III	31 884	–	2 409,76	2 710,98	–	2 270,72	2 554,56	–	2 134,72	2 401,56	–	2 001,60	2 251,80	–	1 871,36	2 105,28	–	1 744,16	1 962,18
	V	46 655	2 566,02	3 732,40	4 198,95	IV	41 021	2 207,75	3 211,28	3 612,69	2 159,30	3 140,80	3 533,40	2 110,84	3 070,32	3 454,11	2 062,39	2 999,84	3 374,82	2 013,99	2 929,44	3 295,62	1 965,53	2 858,96	3 216,33
	VI	47 090	2 589,95	3 767,20	4 238,10																				
132 443,99 Ost	I,IV	41 179	2 264,84	3 294,32	3 706,11	I	41 179	2 167,93	3 153,36	3 547,53	2 071,08	3 012,48	3 389,04	1 974,17	2 871,52	3 230,46	1 877,31	2 730,64	3 071,97	1 780,40	2 589,68	2 913,39	1 624,82	2 448,80	2 754,90
	II	40 378	2 220,79	3 230,24	3 634,02	II	40 378	2 123,88	3 089,28	3 475,44	2 027,02	2 948,40	3 316,95	1 930,11	2 807,44	3 158,37	1 833,26	2 666,56	2 999,88	1 736,35	2 525,60	2 841,30	1 529,50	2 384,72	2 682,81
	III	32 042	–	2 563,36	2 883,78	III	32 042	–	2 422,40	2 725,20	–	2 283,20	2 568,60	–	2 146,72	2 415,06	–	2 013,44	2 265,12	–	1 882,88	2 118,24	–	1 755,36	1 974,78
	V	46 813	2 574,71	3 745,04	4 213,17	IV	41 179	2 216,39	3 223,84	3 626,82	2 167,93	3 153,36	3 547,53	2 119,53	3 082,96	3 468,33	2 071,08	3 012,48	3 389,04	2 022,62	2 942,–	3 309,75	1 974,17	2 871,52	3 230,46
	VI	47 248	2 598,64	3 779,84	4 252,32																				
132 479,99 West	I,IV	41 036	2 256,98	3 282,88	3 693,24	I	41 036	2 160,12	3 142,–	3 534,75	2 063,27	3 001,12	3 376,26	1 966,36	2 860,16	3 217,68	1 869,50	2 719,28	3 059,19	1 772,59	2 578,32	2 900,61	1 607,92	2 437,44	2 742,12
	II	40 235	2 212,92	3 218,80	3 621,15	II	40 235	2 116,07	3 077,92	3 462,66	2 019,16	2 936,96	3 304,08	1 922,30	2 796,08	3 145,59	1 825,39	2 655,12	2 987,01	1 722,16	2 514,24	2 828,52	1 512,49	2 373,28	2 669,94
	III	31 898	–	2 551,84	2 870,82	III	31 898	–	2 411,04	2 712,42	–	2 272,–	2 556,–	–	2 135,84	2 402,82	–	2 002,72	2 253,06	–	1 872,48	2 106,54	–	1 745,12	1 963,26
	V	46 670	2 566,85	3 733,60	4 200,30	IV	41 036	2 208,58	3 212,48	3 614,04	2 160,12	3 142,–	3 534,75	2 111,67	3 071,52	3 455,46	2 063,27	3 001,12	3 376,26	2 014,81	2 930,64	3 296,97	1 966,36	2 860,16	3 217,68
	VI	47 105	2 590,77	3 768,40	4 239,45																				
132 479,99 Ost	I,IV	41 194	2 265,67	3 295,52	3 707,46	I	41 194	2 168,81	3 154,64	3 548,97	2 071,90	3 013,68	3 390,39	1 975,05	2 872,80	3 231,90	1 878,14	2 731,84	3 073,32	1 781,28	2 590,96	2 914,83	1 626,61	2 450,–	2 756,25
	II	40 393	2 221,61	3 231,44	3 635,37	II	40 393	2 124,70	3 090,48	3 476,79	2 027,85	2 949,60	3 318,30	1 930,94	2 808,64	3 159,72	1 834,08	2 667,76	3 001,23	1 737,17	2 526,80	2 842,65	1 531,29	2 385,92	2 684,16
	III	32 056	–	2 564,48	2 885,04	III	32 056	–	2 423,68	2 726,64	–	2 284,32	2 569,86	–	2 148,–	2 416,50	–	2 014,56	2 266,38	–	1 884,–	2 119,50	–	1 756,48	1 976,04
	V	46 828	2 575,54	3 746,24	4 214,52	IV	41 194	2 217,21	3 225,04	3 628,17	2 168,81	3 154,64	3 548,97	2 120,36	3 084,16	3 469,68	2 071,90	3 013,68	3 390,39	2 023,45	2 943,20	3 311,10	1 975,05	2 872,80	3 231,90
	VI	47 263	2 599,46	3 781,04	4 253,67																				
132 515,99 West	I,IV	41 052	2 257,86	3 284,16	3 694,68	I	41 052	2 160,95	3 143,20	3 536,10	2 064,09	3 002,32	3 377,61	1 967,18	2 861,36	3 219,03	1 870,33	2 720,48	3 060,54	1 773,42	2 579,52	2 901,96	1 609,71	2 438,64	2 743,47
	II	40 250	2 213,75	3 220,–	3 622,50	II	40 250	2 116,89	3 079,12	3 464,01	2 019,98	2 938,16	3 305,43	1 923,13	2 797,28	3 146,94	1 826,22	2 656,32	2 988,36	1 723,95	2 515,44	2 829,87	1 514,27	2 374,48	2 671,29
	III	31 914	–	2 553,12	2 872,26	III	31 914	–	2 412,16	2 713,68	–	2 273,12	2 557,26	–	2 136,96	2 404,08	–	2 003,84	2 254,32	–	1 873,60	2 107,80	–	1 746,24	1 964,52
	V	46 685	2 567,67	3 734,80	4 201,65	IV	41 052	2 209,40	3 213,68	3 615,39	2 160,95	3 143,20	3 536,10	2 112,49	3 072,72	3 456,81	2 064,09	3 002,32	3 377,61	2 015,64	2 931,84	3 298,32	1 967,18	2 861,36	3 219,03
	VI	47 121	2 591,65	3 769,68	4 240,89																				
132 515,99 Ost	I,IV	41 209	2 266,49	3 296,72	3 708,81	I	41 209	2 169,64	3 155,84	3 550,32	2 072,73	3 014,88	3 391,74	1 975,87	2 874,–	3 233,25	1 878,96	2 733,04	3 074,67	1 782,11	2 592,16	2 916,18	1 628,39	2 451,20	2 757,60
	II	40 408	2 222,44	3 232,64	3 636,72	II	40 408	2 125,53	3 091,68	3 478,14	2 028,67	2 950,80	3 319,65	1 931,76	2 809,84	3 161,07	1 834,91	2 668,96	3 002,58	1 738,–	2 528,–	2 844,–	1 533,07	2 387,12	2 685,51
	III	32 072	–	2 565,76	2 886,48	III	32 072	–	2 424,80	2 727,90	–	2 285,44	2 571,12	–	2 149,12	2 417,76	–	2 015,68	2 267,64	–	1 885,12	2 120,76	–	1 757,60	1 977,30
	V	46 843	2 576,36	3 747,44	4 215,87	IV	41 209	2 218,04	3 226,24	3 629,52	2 169,64	3 155,84	3 550,32	2 121,18	3 085,36	3 471,03	2 072,73	3 014,88	3 391,74	2 024,27	2 944,40	3 312,45	1 975,87	2 874,–	3 233,25
	VI	47 278	2 600,29	3 782,24	4 255,02																				
132 551,99 West	I,IV	41 067	2 258,68	3 285,36	3 696,03	I	41 067	2 161,77	3 144,40	3 537,45	2 064,92	3 003,52	3 378,96	1 968,01	2 862,56	3 220,38	1 871,15	2 721,68	3 061,89	1 774,24	2 580,72	2 903,31	1 611,49	2 439,84	2 744,82
	II	40 265	2 214,57	3 221,20	3 623,85	II	40 265	2 117,72	3 080,32	3 465,36	2 020,81	2 939,36	3 306,78	1 923,95	2 798,48	3 148,29	1 827,04	2 657,52	2 989,71	1 725,73	2 516,64	2 831,22	1 516,06	2 375,68	2 672,64
	III	31 930	–	2 554,40	2 873,70	III	31 930	–	2 413,44	2 715,12	–	2 274,40	2 558,70	–	2 138,24	2 405,52	–	2 004,96	2 255,58	–	1 874,72	2 109,06	–	1 747,36	1 965,78
	V	46 701	2 568,55	3 736,08	4 203,09	IV	41 067	2 210,23	3 214,88	3 616,74	2 161,77	3 144,40	3 537,45	2 113,37	3 074,–	3 458,25	2 064,92	3 003,52	3 378,96	2 016,46	2 933,04	3 299,67	1 968,01	2 862,56	3 220,38
	VI	47 136	2 592,48	3 770,88	4 242,24																				
132 551,99 Ost	I,IV	41 224	2 267,32	3 297,92	3 710,16	I	41 224	2 170,46	3 157,04	3 551,67	2 073,55	3 016,08	3 393,09	1 976,70	2 875,20	3 234,60	1 879,79	2 734,24	3 076,02	1 782,93	2 593,36	2 917,53	1 630,18	2 452,40	2 758,95
	II	40 423	2 223,26	3 233,84	3 638,07	II	40 423	2 126,35	3 092,88	3 479,49	2 029,50	2 952,–	3 321,–	1 932,59	2 811,04	3 162,42	1 835,73	2 670,16	3 003,93	1 738,82	2 529,20	2 845,35	1 534,86	2 388,32	2 686,86
	III	32 088	–	2 567,04	2 887,92	III	32 088	–	2 426,08	2 729,34	–	2 286,72	2 572,56	–	2 150,24	2 419,02	–	2 016,80	2 268,90	–	1 886,24	2 122,02	–	1 758,56	1 978,38
	V	46 858	2 577,19	3 748,64	4 217,22	IV	41 224	2 218,86	3 227,44	3 630,87	2 170,46	3 157,04	3 551,67	2 122,01	3 086,56	3 472,38	2 073,55	3 016,08	3 393,09	2 025,15	2 945,68	3 313,89	1 976,70	2 875,20	3 234,60
	VI	47 293	2 601,11	3 783,44	4 256,37																				
132 587,99 West	I,IV	41 082	2 259,51	3 286,56	3 697,38	I	41 082	2 162,60	3 145,60	3 538,80	2 065,74	3 004,72	3 380,31	1 968,83	2 863,76	3 221,73	1 871,98	2 722,88	3 063,24	1 775,07	2 581,92	2 904,66	1 613,28	2 441,04	2 746,17
	II	40 280	2 215,40	3 222,40	3 625,20	II	40 280	2 118,54	3 081,52	3 466,71	2 021,69	2 940,64	3 308,22	1 924,78	2 799,68	3 149,64	1 827,92	2 658,80	2 991,15	1 727,52	2 517,84	2 832,57	1 517,96	2 376,96	2 674,08
	III	31 944	–	2 555,52	2 874,96	III	31 944	–	2 414,72	2 716,56	–	2 275,52	2 559,96	–	2 139,36	2 406,78	–	2 006,08	2 256,84	–	1 875,84	2 110,32	–	1 748,48	1 967,04
	V	46 716	2 569,38	3 737,28	4 204,44	IV	41 082	2 211,05	3 216,08	3 618,09	2 162,60	3 145,60	3 538,80	2 114,20	3 075,20	3 459,60	2 065,74	3 004,72	3 380,31	2 017,29	2 934,24	3 301,02	1 968,83	2 863,76	3 221,73
	VI	47 151	2 593,30	3 772,08	4 243,59																				
132 587,99 Ost	I,IV	41 239	2 268,14	3 299,12	3 711,51	I	41 239	2 171,29	3 158,24	3 553,02	2 074,38	3 017,28	3 394,44	1 977,52	2 876,40	3 235,95	1 880,61	2 735,44	3 077,37	1 783,76	2 594,56	2 918,88	1 631,96	2 453,60	2 760,30
	II	40 438	2 224,09	3 235,04	3 639,42	II	40 438	2 127,23	3 094,16	3 480,93	2 030,32	2 953,20	3 322,35	1 933,47	2 812,32	3 163,86	1 836,56	2 671,36	3 005,28	1 739,70	2 530,48	2 846,79	1 536,64	2 389,52	2 688,21
	III	32 102	–	2 568,16	2 889,18	III	32 102	–	2 427,20	2 730,60	–	2 287,84	2 573,82	–	2 151,36	2 420,28	–	2 017,92	2 270,16	–	1 887,36	2 123,28	–	1 759,68	1 979,64
	V	46 873	2 578,01	3 749,84	4 218,57	IV	41 239	2 219,74	3 228,72	3 632,31	2 171,29	3 158,24	3 553,02	2 122,83	3 087,76	3 473,73	2 074,38	3 017,28	3 394,44	2 025,98	2 946,88	3 315,24	1 977,52	2 876,40	3 235,95
	VI	47 308	2 601,94	3 784,64	4 257,72																				

Für höhere Löhne/Gehälter können die Abzugsbeträge mit Hilfe der von Stollfuß Medien angebotenen Software „Stotax-Lohn" ermittelt werden.

* Die ausgewiesenen Tabellenwerte sind amtlich. Siehe Erläuterungen auf der Umschlaginnenseite (U2).

Hinweise zur Anwendung der Zusatztabelle „Abzugsbetrag bei privat Kranken- und Pflegeversicherten“ zu den Allgemeinen Lohnsteuertabellen

1 Anwendung der Allgemeinen Lohnsteuertabelle

Durch den Lohnsteuerabzug gilt die Einkommensteuer bei Einkünften aus nichtselbstständiger Arbeit grundsätzlich als abgegolten. Um dieses Ziel zu erreichen, muss für den jeweiligen Arbeitslohn die dafür fällige Einkommensteuer ermittelt und als Lohnsteuer ausgewiesen werden. Grundlage dafür ist der Lohnsteuertarif, der auf dem Einkommensteuertarif und dem dafür maßgebenden zu versteuernden Einkommen aufbaut.[1] Wie bei der Einkommensteuer sind auch für die Lohnsteuerermittlung vom Arbeitslohn stets abzusetzen:

- **Grundfreibetrag** (2021: 9 744 €), Arbeitnehmer-Pauschbetrag (1 000 €),
- Pauschbetrag für unbeschränkt abziehbare **Sonderausgaben** (36 € bei Alleinstehenden bzw. 72 € bei Verheirateten) sowie
- **Vorsorgeaufwendungen**.

Im Lohnsteuerabzugsverfahren werden in den Steuerklassen I bis VI als Vorsorgeaufwendungen die Beiträge des Arbeitnehmers für eine Basiskranken- und Pflegeversicherung typisierend i. R. d. sog. **Vorsorgepauschale** berücksichtigt. Auf Grundlage des steuerpflichtigen Arbeitslohns setzt sich diese Vorsorgepauschale für sozialversicherungspflichtige Arbeitnehmer aus folgenden Teilbeträgen zusammen:

- Teilbetrag für die Rentenversicherung (für 2021: 9,3 % des Arbeitslohns, davon 84 %)[2] und
- Teilbetrag für die gesetzliche Kranken- und soziale Pflegeversicherung (für 2021: 7 % bzw. 1,525 %[3] des Arbeitslohns, zzgl. des hälftigen durchschnittlichen Zusatzbeitrags i.H.v. 0,65 %).[4]

Für die Beiträge zur gesetzlichen Kranken- und Pflegeversicherung ist als Mindestbetrag die sog. **Mindestvorsorgepauschale** anzusetzen. In der vorliegenden Allgemeinen Lohnsteuertabelle werden diese Beträge bereits in der zutreffenden Höhe berücksichtigt.

Ob die Voraussetzungen für den Ansatz der einzelnen Teilbeträge vorliegen, hat der Arbeitgeber jeweils gesondert zu prüfen. Hierfür ist stets der Versicherungsstatus des Arbeitnehmers am Ende des jeweiligen Lohnzahlungszeitraums maßgebend. Teilmonate des Dienstverhältnisses dürfen nicht angesetzt werden.

2 Anwendungsbereiche der Zusatztabelle

2.1 Mindestvorsorgepauschale

Ist ein rentenversicherungspflichtiger Arbeitnehmer in der gesetzlichen Krankenversicherung und in der Pflegeversicherung weder pflichtversichert noch freiwillig versichert, darf die Vorsorgepauschale nicht angesetzt werden. Anstelle des jeweiligen Arbeitnehmeranteils ist im Lohnsteuerabzugsverfahren die sog. **Mindestvorsorgepauschale i.H.v. 12 %** des Arbeitslohns mit einem **Höchstbetrag** von

- jährlich 1 900 € (**im Monat 158,33 €**) in den Steuerklassen I, II und IV bis VI sowie
- jährlich 3 000 € (**im Monat 250,00 €**) in der Steuerklasse III

anzusetzen.[5] In diesem Fall sind die tatsächlichen Vorsorgeaufwendungen des Arbeitnehmers unbeachtlich.

Möchte der Arbeitgeber die Allgemeine Lohnsteuertabelle verwenden, ist die dort berücksichtigte Vorsorgepauschale (siehe in Spalte 3 der Zusatztabelle die ausgewiesene **Teilvorsorgepauschale** KV/PV) zu überprüfen und eine zu hohe Vorsorgepauschale zu korrigieren. S. hierzu Abschnitt *3 Anwendung der Zusatztabelle und 5 Beispiele nach Monatstabelle, Beispiel 1*.

2.2 Ansatz tatsächlicher Beiträge zur privaten Basiskranken- und Pflegeversicherung

Der in einer privaten Kranken- und Pflegeversicherung versicherte Arbeitnehmer mit den Steuerklassen I bis V darf seinem Arbeitgeber die **tatsächlichen Beiträge** zur privaten Basiskranken- und Pflege(pflicht)versicherung zur Berücksichtigung im Lohnsteuerabzugsverfahren mitteilen. Hierzu muss der Arbeitnehmer eine Beitragsbescheinigung des Versicherungsunternehmens vorlegen, in der die **steuerlich abziehbaren Beträge** ausgewiesen werden.

Der Arbeitgeber hat die mitgeteilten Beiträge arbeitslohnmindernd anzusetzen, wenn sie höher sind als die maßgebende Mindestvorsorgepauschale.

Hinweise:

- **Gesetzlich krankenversicherte** Arbeitnehmer dürfen im Lohnsteuerabzugsverfahren weder für sich noch für den privat versicherten Ehegatten/Lebenspartner Beiträge für eine private Kranken- und Pflegeversicherung nachweisen.
- In der **Steuerklasse VI** dürfen keine Beiträge zur privaten Basiskranken- und Pflegeversicherung angesetzt werden.
- Eine dem Arbeitgeber vorliegende Beitragsbescheinigung ist auch im Rahmen des Lohnsteuerabzugs der Folgejahre (weiter) zu berücksichtigen, wenn der Arbeitnehmer **keine neue Beitragsbescheinigung** vorlegt.
- Beitragsbescheinigungen **ausländischer Versicherungsunternehmen** darf der Arbeitgeber nicht berücksichtigen.

3 Anwendung der Zusatztabelle

Um beim Nachweis der **tatsächlichen Versicherungsbeiträge** die Allgemeine Lohnsteuertabelle anwenden zu können, ist die dort eingearbeitete Vorsorgepauschale zu berichtigen. Die nachgewiesenen tatsächlichen Beiträge des Arbeitnehmers sind **zu kürzen** um

- die in der Lohnsteuertabelle bereits berücksichtigte Vorsorgepauschale sowie
- den steuerfreien Arbeitgeberzuschuss.

Dazu ist die vorliegende Zusatztabelle mit ihren beiden **Korrekturspalten** Teilvorsorgepauschale KV/PV sowie typisierter Arbeitgeberzuschuss zu verwenden. Wie die Lohnsteuertabelle ist auch die Zusatztabelle nach Arbeitslohnstufen aufgebaut. In der jeweiligen Lohnstufe ist nach den Steuerklassen I, II, IV und V sowie nach Steuerklasse III zu unterscheiden.

Überschreitet der Arbeitslohn die **Beitragsbemessungsgrenze** in der gesetzlichen Krankenversicherung (Jahresgrenze für 2021: 58 050 €, Monatsgrenze 4 837,50 €), verändern sich die Korrekturbeträge nicht mehr. Gleiches gilt für die Pflegeversicherung.

---

1 § 39b Abs. 2 EStG.
2 § 39b Abs. 2 Satz 5 Nr. 3 Buchst. a und Abs. 4 EStG.
3 Der ggf. zu zahlende Zuschlag für Kinderlose über 23 Jahre in der Pflegeversicherung wird im Lohnsteuerabzugsverfahren nicht berücksichtigt.
4 § 39b Abs. 2 Satz 5 Nr. 3 Buchst. b und c EStG.
5 § 39b Abs. 2 Satz 5 Nr. 3 dritter Teilsatz EStG.

4 Berechnungsschema für die Anwendung der Zusatztabelle

Monatliche tatsächliche Basiskranken- und Pflegeversicherungsbeiträge laut Nachweis	... €
Abzüglich in Spalte 3 ausgewiesene Teilvorsorgepauschale KV/PV	... €
Abzüglich in Spalte 4 ausgewiesener Typisierter Arbeitgeberzuschuss	... €
Differenz	... €

Ist die **Differenz positiv**, ist sie als (ggf. zusätzlicher) Freibetrag vom Monatsarbeitslohn **abzuziehen**. Ist die **Differenz negativ**, ist sie als zusätzlicher Arbeitslohnteil dem Monatsarbeitslohn **hinzuzurechnen**.

Für den so ermittelten **maßgebenden Arbeitslohn** kann die zu erhebende Lohnsteuer aus der **Allgemeinen Lohnsteuertabelle** abgelesen werden. Sie ist maßgebend für den durchzuführenden Lohnsteuerabzug.

5 Beispiele nach Monatstabelle

5.1 Fehlender Nachweis der tatsächlichen Beiträge zur privaten Basiskranken- und Pflegeversicherung

Beispiel 1 – ohne Beitragsbescheinigung PKV:

Der rentenversicherungspflichtige Arbeitnehmer mit der Steuerklasse I ist in der gesetzlichen Krankenversicherung und in der Pflegeversicherung weder pflichtversichert noch freiwillig versichert. Er legt dem Arbeitgeber **keine Beitragsbescheinigung** des Versicherungsunternehmens mit den tatsächlich entrichteten monatlichen Beiträgen zur privaten Basiskranken- und Pflegeversicherung vor.

Folglich darf der Arbeitgeber im Lohnsteuerabzugsverfahren anstelle der nach Prozentsätzen ermittelten Vorsorgepauschale lediglich die Mindestvorsorgepauschale ansetzen. Der monatliche Bruttolohn beträgt 4 600 €. Die nach der Allgemeinen Lohnsteuertabelle einzubehaltende Lohnsteuer ist wie folgt zu berechnen:

Mindestvorsorgepauschale i.H.v. 12 % von 4 600 € = 552,00 € **begrenzt** auf Mindestvorsorgepauschale	158,33 €
Abzüglich der in Zeile 4 442,99 € in Spalte 3 ausgewiesenen Teilvorsorgepauschale KV/PV	407,58 €
Differenz negativ	–249,25 €

5.2 Nachweis der tatsächlichen Beiträge zur privaten Basiskranken- und Pflegeversicherung

Beispiel 2 – mit PKV-Beitragsbescheinigung:

Ein gesetzlich rentenversicherungspflichtiger Arbeitnehmer mit der **Steuerklasse I** ist in einer privaten Kranken- und Pflegeversicherung pflichtversichert. Er legt dem Arbeitgeber eine **Beitragsbescheinigung** des Versicherungsunternehmens vor, in der als monatliche Beiträge zur privaten Basiskranken- und Pflegeversicherung (KV- und PV-Versicherungsbeiträge) 750 € ausgewiesen sind. Der Monatslohn beträgt 3 095 €. Die nach der Allgemeinen Lohnsteuertabelle einzubehaltende Lohnsteuer ist wie folgt zu berechnen:

Nachgewiesene monatliche KV- und PV-Versicherungsbeiträge	750,00 €
Abzüglich der in Zeile 3.095,99 EUR in Spalte 3 ausgewiesenen Teilvorsorgepauschale KV/PV	284,00 €
Abzüglich dem in o. g. Zeile in Spalte 4 ausgewiesenen Typisierten Arbeitgeberzuschuss	284,00 €
Differenz positiv	182,00 €

Weil die **Differenz positiv** ist, muss der Arbeitgeber den Monatslohn von 3 095 € um 182 € **vermindern** (= 2 913 €) und davon in der Allgemeinen Lohnsteuertabelle in der Zeile „Lohn/Gehalt bis 2 915,99 €" die monatliche Lohnsteuer i.H.v. 374,58 € ablesen. Hinzu kommen noch ggf. der Solidaritätszuschlag und die Kirchensteuer.

6 Beispiel nach Tagestabelle

Beispiel 3 – Teilmonat 15 Tage mit PKV-Beitragsbescheinigung:

Eine Arbeitnehmerin in **Steuerklasse V** nimmt nach Elternzeit ihre bisherige Tätigkeit zum 16.9.2021 wieder auf. Für den Teilmonat September stehen ihr anteilig 1 927,50 € zu. Da sie zuvor privat kranken-/pflegeversichert war, hat sie sich ab Wiedereintritt von der Krankenversicherungspflicht befreien lassen. Sie weist dem Arbeitgeber eine PKV-Basisprämie zur KV/PV in Summe von 290 € nach.

Für die Ermittlung der ist der anteilige Tageslohn (128,50 €) mit 30 zu multiplizieren = 3 855 €. Hierauf ist die Nebenberechnung zur Korrektur des (auf den Monat bezogenen) lohnsteuerpflichtigen Arbeitslohns vorzunehmen:

Nachgewiesene monatliche KV- und PV-Versicherungsbeiträge	290,00 €
Abzüglich der in Zeile 3 857,99 € abgelesenen Teilvorsorgepauschale KV/PV	353,91 €
Abzüglich dem aus gleicher Zeile abgelesenen Typisierten Arbeitgeberzuschuss	353,91 €
Differenz negativ	–417,82 €

Dem **fiktiven Monatslohn** von 3 855 € sind somit 417,82 € **hinzuzurechnen**, es ergibt sich ein fiktiver zu versteuernder Monatslohn von 4 272,82 €. Dieser ist durch 30 Tage zu teilen, woraus ein korrigierter Tageslohn von 142,42 € resultiert. Hierfür lesen Sie nun aus der Allgemeinen Tagestabelle die täglichen Lohnsteuerwerte ab:

Die abgelesene Lohnsteuer von 38,74 € × 15 Tage ergibt für den Teilmonat September insgesamt 581,10 €. Der Solidaritätszuschlag beträgt 0,00 € (= 0,00 € × 15 Tage), sowie die mit 9 % anzusetzende Kirchensteuer 52,20 € (= 3,48 € × 15 Tage).

7 Besondere Lohnsteuertabelle

Die Besondere Lohnsteuertabelle ist anzuwenden für **nicht sozialversicherungspflichtige Arbeitnehmer** (insbesondere Beamte), die keinen Arbeitnehmeranteil zur gesetzlichen Rentenversicherung zu entrichten haben. Sie erhalten **keinen steuerfreien Arbeitgeberzuschuss**. Zudem wird in der Lohnsteuertabelle als Vorsorgepauschale stets die Mindestvorsorgepauschale angesetzt.

Folglich braucht bei einer Anwendung der Zusatztabelle die in **Spalte 3** ausgewiesene Teilvorsorgepauschale KV/PV (BVSP) **nicht** berücksichtigt zu werden. Bei der Ermittlung des Korrekturbetrags anhand der **Spalte 4** (TAGZ) ist zu beachten, dass der dort ausgewiesene Betrag zusätzlich mit der Mindestvorsorgepauschale **abgeglichen** und ggf. korrigiert werden muss. Insoweit sollte die Zusatztabelle lediglich zur groben Ermittlung der Lohnsteuer herangezogen werden.

Lohn/Gehalt bis €	Abzugsbetrag bei privat Kranken- und Pflegeversicherten*	BVSP**	TAGZ***
2,99	I, II, IV, V	0,33	0,25
	III	0,33	0,25
5,99	I, II, IV, V	0,66	0,50
	III	0,66	0,50
8,99	I, II, IV, V	1,—	0,75
	III	1,—	0,75
11,99	I, II, IV, V	1,41	1,08
	III	1,41	1,08
14,99	I, II, IV, V	1,75	1,33
	III	1,75	1,33
17,99	I, II, IV, V	2,08	1,58
	III	2,08	1,58
20,99	I, II, IV, V	2,50	1,91
	III	2,50	1,91
23,99	I, II, IV, V	2,83	2,16
	III	2,83	2,16
26,99	I, II, IV, V	3,16	2,41
	III	3,16	2,41
29,99	I, II, IV, V	3,58	2,75
	III	3,58	2,75
32,99	I, II, IV, V	3,91	3,—
	III	3,91	3,—
35,99	I, II, IV, V	4,25	3,25
	III	4,25	3,25
38,99	I, II, IV, V	4,66	3,50
	III	4,66	3,50
41,99	I, II, IV, V	5,—	3,83
	III	5,—	3,83
44,99	I, II, IV, V	5,33	4,08
	III	5,33	4,08
47,99	I, II, IV, V	5,75	4,33
	III	5,75	4,33
50,99	I, II, IV, V	6,08	4,66
	III	6,08	4,66
53,99	I, II, IV, V	6,41	4,91
	III	6,41	4,91
56,99	I, II, IV, V	6,83	5,16
	III	6,83	5,16
59,99	I, II, IV, V	7,16	5,50
	III	7,16	5,50
62,99	I, II, IV, V	7,50	5,75
	III	7,50	5,75
65,99	I, II, IV, V	7,91	6,—
	III	7,91	6,—
68,99	I, II, IV, V	8,25	6,25
	III	8,25	6,25
71,99	I, II, IV, V	8,58	6,58
	III	8,58	6,58
74,99	I, II, IV, V	8,91	6,83
	III	8,91	6,83
77,99	I, II, IV, V	9,33	7,08
	III	9,33	7,08
80,99	I, II, IV, V	9,66	7,41
	III	9,66	7,41
83,99	I, II, IV, V	10,—	7,66
	III	10,—	7,66
86,99	I, II, IV, V	10,41	7,91
	III	10,41	7,91
89,99	I, II, IV, V	10,75	8,25
	III	10,75	8,25
92,99	I, II, IV, V	11,08	8,50
	III	11,08	8,50
95,99	I, II, IV, V	11,50	8,75
	III	11,50	8,75
98,99	I, II, IV, V	11,83	9,—
	III	11,83	9,—
101,99	I, II, IV, V	12,16	9,33
	III	12,16	9,33
104,99	I, II, IV, V	12,58	9,58
	III	12,58	9,58
107,99	I, II, IV, V	12,91	9,83
	III	12,91	9,83
110,99	I, II, IV, V	13,25	10,16
	III	13,25	10,16
113,99	I, II, IV, V	13,66	10,41
	III	13,66	10,41

Lohn/Gehalt bis €	Abzugsbetrag bei privat Kranken- und Pflegeversicherten*	BVSP**	TAGZ***
116,99	I, II, IV, V	14,—	10,66
	III	14,—	10,66
119,99	I, II, IV, V	14,33	11,—
	III	14,33	11,—
122,99	I, II, IV, V	14,75	11,25
	III	14,75	11,25
125,99	I, II, IV, V	15,08	11,50
	III	15,08	11,50
128,99	I, II, IV, V	15,41	11,83
	III	15,41	11,83
131,99	I, II, IV, V	15,83	12,08
	III	15,83	12,08
134,99	I, II, IV, V	16,16	12,33
	III	16,16	12,33
137,99	I, II, IV, V	16,50	12,58
	III	16,50	12,58
140,99	I, II, IV, V	16,91	12,91
	III	16,91	12,91
143,99	I, II, IV, V	17,25	13,16
	III	17,25	13,16
146,99	I, II, IV, V	17,58	13,41
	III	17,58	13,41
149,99	I, II, IV, V	17,91	13,75
	III	17,91	13,75
152,99	I, II, IV, V	18,33	14,—
	III	18,33	14,—
155,99	I, II, IV, V	18,66	14,25
	III	18,66	14,25
158,99	I, II, IV, V	19,—	14,58
	III	19,—	14,58
161,99	I, II, IV, V	19,41	14,83
	III	19,41	14,83
164,99	I, II, IV, V	19,75	15,08
	III	19,75	15,08
167,99	I, II, IV, V	20,08	15,33
	III	20,08	15,33
170,99	I, II, IV, V	20,50	15,66
	III	20,50	15,66
173,99	I, II, IV, V	20,83	15,91
	III	20,83	15,91
176,99	I, II, IV, V	21,16	16,16
	III	21,16	16,16
179,99	I, II, IV, V	21,58	16,50
	III	21,58	16,50
182,99	I, II, IV, V	21,91	16,75
	III	21,91	16,75
185,99	I, II, IV, V	22,25	17,—
	III	22,25	17,—
188,99	I, II, IV, V	22,66	17,33
	III	22,66	17,33
191,99	I, II, IV, V	23,—	17,58
	III	23,—	17,58
194,99	I, II, IV, V	23,33	17,83
	III	23,33	17,83
197,99	I, II, IV, V	23,75	18,08
	III	23,75	18,08
200,99	I, II, IV, V	24,08	18,41
	III	24,08	18,41
203,99	I, II, IV, V	24,41	18,66
	III	24,41	18,66
206,99	I, II, IV, V	24,83	18,91
	III	24,83	18,91
209,99	I, II, IV, V	25,16	19,25
	III	25,16	19,25
212,99	I, II, IV, V	25,50	19,50
	III	25,50	19,50
215,99	I, II, IV, V	25,91	19,75
	III	25,91	19,75
218,99	I, II, IV, V	26,25	20,08
	III	26,25	20,08
221,99	I, II, IV, V	26,58	20,33
	III	26,58	20,33
224,99	I, II, IV, V	26,91	20,58
	III	26,91	20,58
227,99	I, II, IV, V	27,33	20,91
	III	27,33	20,91

Lohn/Gehalt bis €	Abzugsbetrag bei privat Kranken- und Pflegeversicherten*	BVSP**	TAGZ***
230,99	I, II, IV, V	27,66	21,16
	III	27,66	21,16
233,99	I, II, IV, V	28,—	21,41
	III	28,—	21,41
236,99	I, II, IV, V	28,41	21,66
	III	28,41	21,66
239,99	I, II, IV, V	28,75	22,—
	III	28,75	22,—
242,99	I, II, IV, V	29,08	22,25
	III	29,08	22,25
245,99	I, II, IV, V	29,50	22,50
	III	29,50	22,50
248,99	I, II, IV, V	29,83	22,83
	III	29,83	22,83
251,99	I, II, IV, V	30,16	23,08
	III	30,16	23,08
254,99	I, II, IV, V	30,58	23,33
	III	30,58	23,33
257,99	I, II, IV, V	30,91	23,66
	III	30,91	23,66
260,99	I, II, IV, V	31,25	23,91
	III	31,25	23,91
263,99	I, II, IV, V	31,66	24,16
	III	31,66	24,16
266,99	I, II, IV, V	32,—	24,41
	III	32,—	24,41
269,99	I, II, IV, V	32,33	24,75
	III	32,33	24,75
272,99	I, II, IV, V	32,75	25,—
	III	32,75	25,—
275,99	I, II, IV, V	33,08	25,25
	III	33,08	25,25
278,99	I, II, IV, V	33,41	25,58
	III	33,41	25,58
281,99	I, II, IV, V	33,83	25,83
	III	33,83	25,83
284,99	I, II, IV, V	34,16	26,08
	III	34,16	26,08
287,99	I, II, IV, V	34,50	26,41
	III	34,50	26,41
290,99	I, II, IV, V	34,91	26,66
	III	34,91	26,66
293,99	I, II, IV, V	35,25	26,91
	III	35,25	26,91
296,99	I, II, IV, V	35,58	27,16
	III	35,58	27,16
299,99	I, II, IV, V	35,91	27,50
	III	35,91	27,50
302,99	I, II, IV, V	36,33	27,75
	III	36,33	27,75
305,99	I, II, IV, V	36,66	28,—
	III	36,66	28,—
308,99	I, II, IV, V	37,—	28,33
	III	37,—	28,33
311,99	I, II, IV, V	37,41	28,58
	III	37,41	28,58
314,99	I, II, IV, V	37,75	28,83
	III	37,75	28,83
317,99	I, II, IV, V	38,08	29,16
	III	38,08	29,16
320,99	I, II, IV, V	38,50	29,41
	III	38,50	29,41
323,99	I, II, IV, V	38,83	29,66
	III	38,83	29,66
326,99	I, II, IV, V	39,16	30,—
	III	39,16	30,—
329,99	I, II, IV, V	39,58	30,25
	III	39,58	30,25
332,99	I, II, IV, V	39,91	30,50
	III	39,91	30,50
335,99	I, II, IV, V	40,25	30,75
	III	40,25	30,75
338,99	I, II, IV, V	40,66	31,08
	III	40,66	31,08
341,99	I, II, IV, V	41,—	31,33
	III	41,—	31,33

* Zur Anwendung beachten Sie bitte die Erläuterungen auf den Seiten AP 1f.
** BVSP = Berücksichtigter Teil der Vorsorgepauschale für Kranken- und Pflegeversicherungsaufwendungen.
*** TAGZ = Typisierter Arbeitgeberzuschuss zur Kranken- und Pflegeversicherung.

Lohn/ Gehalt bis €		Abzugsbetrag bei privat Kranken- und Pflegeversicherten* BVSP**	TAGZ***
344,99	I, II, IV, V	41,33	31,58
	III	41,33	31,58
347,99	I, II, IV, V	41,75	31,91
	III	41,75	31,91
350,99	I, II, IV, V	42,08	32,16
	III	42,08	32,16
353,99	I, II, IV, V	42,41	32,41
	III	42,41	32,41
356,99	I, II, IV, V	42,83	32,75
	III	42,83	32,75
359,99	I, II, IV, V	43,16	33,—
	III	43,16	33,—
362,99	I, II, IV, V	43,50	33,25
	III	43,50	33,25
365,99	I, II, IV, V	43,91	33,50
	III	43,91	33,50
368,99	I, II, IV, V	44,25	33,83
	III	44,25	33,83
371,99	I, II, IV, V	44,58	34,08
	III	44,58	34,08
374,99	I, II, IV, V	44,91	34,33
	III	44,91	34,33
377,99	I, II, IV, V	45,33	34,66
	III	45,33	34,66
380,99	I, II, IV, V	45,66	34,91
	III	45,66	34,91
383,99	I, II, IV, V	46,—	35,16
	III	46,—	35,16
386,99	I, II, IV, V	46,41	35,50
	III	46,41	35,50
389,99	I, II, IV, V	46,75	35,75
	III	46,75	35,75
392,99	I, II, IV, V	47,08	36,—
	III	47,08	36,—
395,99	I, II, IV, V	47,50	36,25
	III	47,50	36,25
398,99	I, II, IV, V	47,83	36,58
	III	47,83	36,58
401,99	I, II, IV, V	48,16	36,83
	III	48,16	36,83
404,99	I, II, IV, V	48,58	37,08
	III	48,58	37,08
407,99	I, II, IV, V	48,91	37,41
	III	48,91	37,41
410,99	I, II, IV, V	49,25	37,66
	III	49,25	37,66
413,99	I, II, IV, V	49,66	37,91
	III	49,66	37,91
416,99	I, II, IV, V	50,—	38,25
	III	50,—	38,25
419,99	I, II, IV, V	50,33	38,50
	III	50,33	38,50
422,99	I, II, IV, V	50,75	38,75
	III	50,75	38,75
425,99	I, II, IV, V	51,08	39,08
	III	51,08	39,08
428,99	I, II, IV, V	51,41	39,33
	III	51,41	39,33
431,99	I, II, IV, V	51,83	39,58
	III	51,83	39,58
434,99	I, II, IV, V	52,16	39,83
	III	52,16	39,83
437,99	I, II, IV, V	52,50	40,16
	III	52,50	40,16
440,99	I, II, IV, V	52,91	40,41
	III	52,91	40,41
443,99	I, II, IV, V	53,25	40,66
	III	53,25	40,66
446,99	I, II, IV, V	53,58	41,—
	III	53,58	41,—
449,99	I, II, IV, V	53,91	41,25
	III	53,91	41,25
452,99	I, II, IV, V	54,33	41,50
	III	54,33	41,50
455,99	I, II, IV, V	54,66	41,83
	III	54,66	41,83

Lohn/ Gehalt bis €		Abzugsbetrag bei privat Kranken- und Pflegeversicherten* BVSP**	TAGZ***
458,99	I, II, IV, V	55,—	42,08
	III	55,—	42,08
461,99	I, II, IV, V	55,41	42,33
	III	55,41	42,33
464,99	I, II, IV, V	55,75	42,58
	III	55,75	42,58
467,99	I, II, IV, V	56,08	42,91
	III	56,08	42,91
470,99	I, II, IV, V	56,50	43,16
	III	56,50	43,16
473,99	I, II, IV, V	56,83	43,41
	III	56,83	43,41
476,99	I, II, IV, V	57,16	43,75
	III	57,16	43,75
479,99	I, II, IV, V	57,58	44,—
	III	57,58	44,—
482,99	I, II, IV, V	57,91	44,25
	III	57,91	44,25
485,99	I, II, IV, V	58,25	44,58
	III	58,25	44,58
488,99	I, II, IV, V	58,66	44,83
	III	58,66	44,83
491,99	I, II, IV, V	59,—	45,08
	III	59,—	45,08
494,99	I, II, IV, V	59,33	45,33
	III	59,33	45,33
497,99	I, II, IV, V	59,75	45,66
	III	59,75	45,66
500,99	I, II, IV, V	60,08	45,91
	III	60,08	45,91
503,99	I, II, IV, V	60,41	46,16
	III	60,41	46,16
506,99	I, II, IV, V	60,83	46,50
	III	60,83	46,50
509,99	I, II, IV, V	61,16	46,75
	III	61,16	46,75
512,99	I, II, IV, V	61,50	47,—
	III	61,50	47,—
515,99	I, II, IV, V	61,91	47,33
	III	61,91	47,33
518,99	I, II, IV, V	62,25	47,58
	III	62,25	47,58
521,99	I, II, IV, V	62,58	47,83
	III	62,58	47,83
524,99	I, II, IV, V	62,91	48,16
	III	62,91	48,16
527,99	I, II, IV, V	63,33	48,41
	III	63,33	48,41
530,99	I, II, IV, V	63,66	48,66
	III	63,66	48,66
533,99	I, II, IV, V	64,—	48,91
	III	64,—	48,91
536,99	I, II, IV, V	64,41	49,25
	III	64,41	49,25
539,99	I, II, IV, V	64,75	49,50
	III	64,75	49,50
542,99	I, II, IV, V	65,08	49,75
	III	65,08	49,75
545,99	I, II, IV, V	65,50	50,08
	III	65,50	50,08
548,99	I, II, IV, V	65,83	50,33
	III	65,83	50,33
551,99	I, II, IV, V	66,16	50,58
	III	66,16	50,58
554,99	I, II, IV, V	66,58	50,91
	III	66,58	50,91
557,99	I, II, IV, V	66,91	51,16
	III	66,91	51,16
560,99	I, II, IV, V	67,25	51,41
	III	67,25	51,41
563,99	I, II, IV, V	67,66	51,66
	III	67,66	51,66
566,99	I, II, IV, V	68,—	52,—
	III	68,—	52,—
569,99	I, II, IV, V	68,33	52,25
	III	68,33	52,25

Lohn/ Gehalt bis €		Abzugsbetrag bei privat Kranken- und Pflegeversicherten* BVSP**	TAGZ***
572,99	I, II, IV, V	68,75	52,50
	III	68,75	52,50
575,99	I, II, IV, V	69,08	52,83
	III	69,08	52,83
578,99	I, II, IV, V	69,41	53,08
	III	69,41	53,08
581,99	I, II, IV, V	69,83	53,33
	III	69,83	53,33
584,99	I, II, IV, V	70,16	53,66
	III	70,16	53,66
587,99	I, II, IV, V	70,50	53,91
	III	70,50	53,91
590,99	I, II, IV, V	70,91	54,16
	III	70,91	54,16
593,99	I, II, IV, V	71,25	54,41
	III	71,25	54,41
596,99	I, II, IV, V	71,58	54,75
	III	71,58	54,75
599,99	I, II, IV, V	71,91	55,—
	III	71,91	55,—
602,99	I, II, IV, V	72,33	55,25
	III	72,33	55,25
605,99	I, II, IV, V	72,66	55,58
	III	72,66	55,58
608,99	I, II, IV, V	73,—	55,83
	III	73,—	55,83
611,99	I, II, IV, V	73,41	56,08
	III	73,41	56,08
614,99	I, II, IV, V	73,75	56,41
	III	73,75	56,41
617,99	I, II, IV, V	74,08	56,66
	III	74,08	56,66
620,99	I, II, IV, V	74,50	56,91
	III	74,50	56,91
623,99	I, II, IV, V	74,83	57,25
	III	74,83	57,25
626,99	I, II, IV, V	75,16	57,50
	III	75,16	57,50
629,99	I, II, IV, V	75,58	57,75
	III	75,58	57,75
632,99	I, II, IV, V	75,91	58,—
	III	75,91	58,—
635,99	I, II, IV, V	76,25	58,33
	III	76,25	58,33
638,99	I, II, IV, V	76,66	58,58
	III	76,66	58,58
641,99	I, II, IV, V	77,—	58,83
	III	77,—	58,83
644,99	I, II, IV, V	77,33	59,16
	III	77,33	59,16
647,99	I, II, IV, V	77,75	59,41
	III	77,75	59,41
650,99	I, II, IV, V	78,08	59,66
	III	78,08	59,66
653,99	I, II, IV, V	78,41	60,—
	III	78,41	60,—
656,99	I, II, IV, V	78,83	60,25
	III	78,83	60,25
659,99	I, II, IV, V	79,16	60,50
	III	79,16	60,50
662,99	I, II, IV, V	79,50	60,75
	III	79,50	60,75
665,99	I, II, IV, V	79,91	61,08
	III	79,91	61,08
668,99	I, II, IV, V	80,25	61,33
	III	80,25	61,33
671,99	I, II, IV, V	80,58	61,58
	III	80,58	61,58
674,99	I, II, IV, V	80,91	61,91
	III	80,91	61,91
677,99	I, II, IV, V	81,33	62,16
	III	81,33	62,16
680,99	I, II, IV, V	81,66	62,41
	III	81,66	62,41
683,99	I, II, IV, V	82,—	62,75
	III	82,—	62,75

* Zur Anwendung beachten Sie bitte die Erläuterungen auf den Seiten AP 1f.
** BVSP = Berücksichtigter Teil der Vorsorgepauschale für Kranken- und Pflegeversicherungsaufwendungen.
*** TAGZ = Typisierter Arbeitgeberzuschuss zur Kranken- und Pflegeversicherung.

Lohn/Gehalt bis €	Abzugsbetrag bei privat Kranken- und Pflegeversicherten*	BVSP**	TAGZ***
686,99	I, II, IV, V	82,41	63,—
	III	82,41	63,—
689,99	I, II, IV, V	82,75	63,25
	III	82,75	63,25
692,99	I, II, IV, V	83,08	63,50
	III	83,08	63,50
695,99	I, II, IV, V	83,50	63,83
	III	83,50	63,83
698,99	I, II, IV, V	83,83	64,08
	III	83,83	64,08
701,99	I, II, IV, V	84,16	64,33
	III	84,16	64,33
704,99	I, II, IV, V	84,58	64,66
	III	84,58	64,66
707,99	I, II, IV, V	84,91	64,91
	III	84,91	64,91
710,99	I, II, IV, V	85,25	65,16
	III	85,25	65,16
713,99	I, II, IV, V	85,66	65,50
	III	85,66	65,50
716,99	I, II, IV, V	86,—	65,75
	III	86,—	65,75
719,99	I, II, IV, V	86,33	66,—
	III	86,33	66,—
722,99	I, II, IV, V	86,75	66,33
	III	86,75	66,33
725,99	I, II, IV, V	87,08	66,58
	III	87,08	66,58
728,99	I, II, IV, V	87,41	66,83
	III	87,41	66,83
731,99	I, II, IV, V	87,83	67,08
	III	87,83	67,08
734,99	I, II, IV, V	88,16	67,41
	III	88,16	67,41
737,99	I, II, IV, V	88,50	67,66
	III	88,50	67,66
740,99	I, II, IV, V	88,91	67,91
	III	88,91	67,91
743,99	I, II, IV, V	89,25	68,25
	III	89,25	68,25
746,99	I, II, IV, V	89,58	68,50
	III	89,58	68,50
749,99	I, II, IV, V	89,91	68,75
	III	89,91	68,75
752,99	I, II, IV, V	90,33	69,08
	III	90,33	69,08
755,99	I, II, IV, V	90,66	69,33
	III	90,66	69,33
758,99	I, II, IV, V	91,—	69,58
	III	91,—	69,58
761,99	I, II, IV, V	91,41	69,83
	III	91,41	69,83
764,99	I, II, IV, V	91,75	70,16
	III	91,75	70,16
767,99	I, II, IV, V	92,08	70,41
	III	92,08	70,41
770,99	I, II, IV, V	92,50	70,66
	III	92,50	70,66
773,99	I, II, IV, V	92,83	71,—
	III	92,83	71,—
776,99	I, II, IV, V	93,16	71,25
	III	93,16	71,25
779,99	I, II, IV, V	93,58	71,50
	III	93,58	71,50
782,99	I, II, IV, V	93,91	71,83
	III	93,91	71,83
785,99	I, II, IV, V	94,25	72,08
	III	94,25	72,08
788,99	I, II, IV, V	94,66	72,33
	III	94,66	72,33
791,99	I, II, IV, V	95,—	72,58
	III	95,—	72,58
794,99	I, II, IV, V	95,33	72,91
	III	95,33	72,91
797,99	I, II, IV, V	95,75	73,16
	III	95,75	73,16

Lohn/Gehalt bis €	Abzugsbetrag bei privat Kranken- und Pflegeversicherten*	BVSP**	TAGZ***
800,99	I, II, IV, V	96,08	73,41
	III	96,08	73,41
803,99	I, II, IV, V	96,41	73,75
	III	96,41	73,75
806,99	I, II, IV, V	96,83	74,—
	III	96,83	74,—
809,99	I, II, IV, V	97,16	74,25
	III	97,16	74,25
812,99	I, II, IV, V	97,50	74,58
	III	97,50	74,58
815,99	I, II, IV, V	97,91	74,83
	III	97,91	74,83
818,99	I, II, IV, V	98,25	75,08
	III	98,25	75,08
821,99	I, II, IV, V	98,58	75,41
	III	98,58	75,41
824,99	I, II, IV, V	98,91	75,66
	III	98,91	75,66
827,99	I, II, IV, V	99,33	75,91
	III	99,33	75,91
830,99	I, II, IV, V	99,66	76,16
	III	99,66	76,16
833,99	I, II, IV, V	100,—	76,50
	III	100,—	76,50
836,99	I, II, IV, V	100,41	76,75
	III	100,41	76,75
839,99	I, II, IV, V	100,75	77,—
	III	100,75	77,—
842,99	I, II, IV, V	101,08	77,33
	III	101,08	77,33
845,99	I, II, IV, V	101,50	77,58
	III	101,50	77,58
848,99	I, II, IV, V	101,83	77,83
	III	101,83	77,83
851,99	I, II, IV, V	102,16	78,16
	III	102,16	78,16
854,99	I, II, IV, V	102,58	78,41
	III	102,58	78,41
857,99	I, II, IV, V	102,91	78,66
	III	102,91	78,66
860,99	I, II, IV, V	103,25	78,91
	III	103,25	78,91
863,99	I, II, IV, V	103,66	79,25
	III	103,66	79,25
866,99	I, II, IV, V	104,—	79,50
	III	104,—	79,50
869,99	I, II, IV, V	104,33	79,75
	III	104,33	79,75
872,99	I, II, IV, V	104,75	80,08
	III	104,75	80,08
875,99	I, II, IV, V	105,08	80,33
	III	105,08	80,33
878,99	I, II, IV, V	105,41	80,58
	III	105,41	80,58
881,99	I, II, IV, V	105,83	80,91
	III	105,83	80,91
884,99	I, II, IV, V	106,16	81,16
	III	106,16	81,16
887,99	I, II, IV, V	106,50	81,41
	III	106,50	81,41
890,99	I, II, IV, V	106,91	81,66
	III	106,91	81,66
893,99	I, II, IV, V	107,25	82,—
	III	107,25	82,—
896,99	I, II, IV, V	107,58	82,25
	III	107,58	82,25
899,99	I, II, IV, V	107,91	82,50
	III	107,91	82,50
902,99	I, II, IV, V	108,33	82,83
	III	108,33	82,83
905,99	I, II, IV, V	108,66	83,08
	III	108,66	83,08
908,99	I, II, IV, V	109,—	83,33
	III	109,—	83,33
911,99	I, II, IV, V	109,41	83,66
	III	109,41	83,66

Lohn/Gehalt bis €	Abzugsbetrag bei privat Kranken- und Pflegeversicherten*	BVSP**	TAGZ***
914,99	I, II, IV, V	109,75	83,91
	III	109,75	83,91
917,99	I, II, IV, V	110,08	84,16
	III	110,08	84,16
920,99	I, II, IV, V	110,50	84,50
	III	110,50	84,50
923,99	I, II, IV, V	110,83	84,75
	III	110,83	84,75
926,99	I, II, IV, V	111,16	85,—
	III	111,16	85,—
929,99	I, II, IV, V	111,58	85,25
	III	111,58	85,25
932,99	I, II, IV, V	111,91	85,58
	III	111,91	85,58
935,99	I, II, IV, V	112,25	85,83
	III	112,25	85,83
938,99	I, II, IV, V	112,66	86,08
	III	112,66	86,08
941,99	I, II, IV, V	113,—	86,41
	III	113,—	86,41
944,99	I, II, IV, V	113,33	86,66
	III	113,33	86,66
947,99	I, II, IV, V	113,75	86,91
	III	113,75	86,91
950,99	I, II, IV, V	114,08	87,25
	III	114,08	87,25
953,99	I, II, IV, V	114,41	87,50
	III	114,41	87,50
956,99	I, II, IV, V	114,83	87,75
	III	114,83	87,75
959,99	I, II, IV, V	115,16	88,—
	III	115,16	88,—
962,99	I, II, IV, V	115,50	88,33
	III	115,50	88,33
965,99	I, II, IV, V	115,91	88,58
	III	115,91	88,58
968,99	I, II, IV, V	116,25	88,83
	III	116,25	88,83
971,99	I, II, IV, V	116,58	89,16
	III	116,58	89,16
974,99	I, II, IV, V	116,91	89,41
	III	116,91	89,41
977,99	I, II, IV, V	117,33	89,66
	III	117,33	89,66
980,99	I, II, IV, V	117,66	90,—
	III	117,66	90,—
983,99	I, II, IV, V	118,—	90,25
	III	118,—	90,25
986,99	I, II, IV, V	118,41	90,50
	III	118,41	90,50
989,99	I, II, IV, V	118,75	90,75
	III	118,75	90,75
992,99	I, II, IV, V	119,08	91,08
	III	119,08	91,08
995,99	I, II, IV, V	119,50	91,33
	III	119,50	91,33
998,99	I, II, IV, V	119,83	91,58
	III	119,83	91,58
1 001,99	I, II, IV, V	120,16	91,91
	III	120,16	91,91
1 004,99	I, II, IV, V	120,58	92,16
	III	120,58	92,16
1 007,99	I, II, IV, V	120,91	92,41
	III	120,91	92,41
1 010,99	I, II, IV, V	121,25	92,75
	III	121,25	92,75
1 013,99	I, II, IV, V	121,66	93,—
	III	121,66	93,—
1 016,99	I, II, IV, V	122,—	93,25
	III	122,—	93,25
1 019,99	I, II, IV, V	122,33	93,58
	III	122,33	93,58
1 022,99	I, II, IV, V	122,75	93,83
	III	122,75	93,83
1 025,99	I, II, IV, V	123,08	94,08
	III	123,08	94,08

* Zur Anwendung beachten Sie bitte die Erläuterungen auf den Seiten AP 1f.

** BVSP = Berücksichtigter Teil der Vorsorgepauschale für Kranken- und Pflegeversicherungsaufwendungen.

*** TAGZ = Typisierter Arbeitgeberzuschuss zur Kranken- und Pflegeversicherung.

MONAT 1 026,–

Lohn/ Gehalt bis €	Abzugsbetrag bei privat Kranken- und Pflegeversicherten*	BVSP**	TAGZ***
1 028,99	I, II, IV, V	123,41	94,33
	III	123,41	94,33
1 031,99	I, II, IV, V	123,83	94,66
	III	123,83	94,66
1 034,99	I, II, IV, V	124,16	94,91
	III	124,16	94,91
1 037,99	I, II, IV, V	124,50	95,16
	III	124,50	95,16
1 040,99	I, II, IV, V	124,91	95,50
	III	124,91	95,50
1 043,99	I, II, IV, V	125,25	95,75
	III	125,25	95,75
1 046,99	I, II, IV, V	125,58	96,–
	III	125,58	96,–
1 049,99	I, II, IV, V	125,91	96,33
	III	125,91	96,33
1 052,99	I, II, IV, V	126,33	96,58
	III	126,33	96,58
1 055,99	I, II, IV, V	126,66	96,83
	III	126,66	96,83
1 058,99	I, II, IV, V	127,–	97,08
	III	127,–	97,08
1 061,99	I, II, IV, V	127,41	97,41
	III	127,41	97,41
1 064,99	I, II, IV, V	127,75	97,66
	III	127,75	97,66
1 067,99	I, II, IV, V	128,08	97,91
	III	128,08	97,91
1 070,99	I, II, IV, V	128,50	98,25
	III	128,50	98,25
1 073,99	I, II, IV, V	128,83	98,50
	III	128,83	98,50
1 076,99	I, II, IV, V	129,16	98,75
	III	129,16	98,75
1 079,99	I, II, IV, V	129,58	99,08
	III	129,58	99,08
1 082,99	I, II, IV, V	129,91	99,33
	III	129,91	99,33
1 085,99	I, II, IV, V	130,25	99,58
	III	130,25	99,58
1 088,99	I, II, IV, V	130,66	99,83
	III	130,66	99,83
1 091,99	I, II, IV, V	131,–	100,16
	III	131,–	100,16
1 094,99	I, II, IV, V	131,33	100,41
	III	131,33	100,41
1 097,99	I, II, IV, V	131,75	100,66
	III	131,75	100,66
1 100,99	I, II, IV, V	132,08	101,–
	III	132,08	101,–
1 103,99	I, II, IV, V	132,41	101,25
	III	132,41	101,25
1 106,99	I, II, IV, V	132,83	101,50
	III	132,83	101,50
1 109,99	I, II, IV, V	133,16	101,83
	III	133,16	101,83
1 112,99	I, II, IV, V	133,50	102,08
	III	133,50	102,08
1 115,99	I, II, IV, V	133,91	102,33
	III	133,91	102,33
1 118,99	I, II, IV, V	134,25	102,66
	III	134,25	102,66
1 121,99	I, II, IV, V	134,58	102,91
	III	134,58	102,91
1 124,99	I, II, IV, V	134,91	103,16
	III	134,91	103,16
1 127,99	I, II, IV, V	135,33	103,41
	III	135,33	103,41
1 130,99	I, II, IV, V	135,66	103,75
	III	135,66	103,75
1 133,99	I, II, IV, V	136,–	104,–
	III	136,–	104,–
1 136,99	I, II, IV, V	136,41	104,25
	III	136,41	104,25
1 139,99	I, II, IV, V	136,75	104,58
	III	136,75	104,58
1 142,99	I, II, IV, V	137,08	104,83
	III	137,08	104,83
1 145,99	I, II, IV, V	137,50	105,08
	III	137,50	105,08
1 148,99	I, II, IV, V	137,83	105,41
	III	137,83	105,41
1 151,99	I, II, IV, V	138,16	105,66
	III	138,16	105,66
1 154,99	I, II, IV, V	138,58	105,91
	III	138,58	105,91
1 157,99	I, II, IV, V	138,91	106,16
	III	138,91	106,16
1 160,99	I, II, IV, V	139,25	106,50
	III	139,25	106,50
1 163,99	I, II, IV, V	139,66	106,75
	III	139,66	106,75
1 166,99	I, II, IV, V	140,–	107,–
	III	140,–	107,–
1 169,99	I, II, IV, V	140,33	107,33
	III	140,33	107,33
1 172,99	I, II, IV, V	140,75	107,58
	III	140,75	107,58
1 175,99	I, II, IV, V	141,08	107,83
	III	141,08	107,83
1 178,99	I, II, IV, V	141,41	108,16
	III	141,41	108,16
1 181,99	I, II, IV, V	141,83	108,41
	III	141,83	108,41
1 184,99	I, II, IV, V	142,16	108,66
	III	142,16	108,66
1 187,99	I, II, IV, V	142,50	108,91
	III	142,50	108,91
1 190,99	I, II, IV, V	142,91	109,25
	III	142,91	109,25
1 193,99	I, II, IV, V	143,25	109,50
	III	143,25	109,50
1 196,99	I, II, IV, V	143,58	109,75
	III	143,58	109,75
1 199,99	I, II, IV, V	143,91	110,08
	III	143,91	110,08
1 202,99	I, II, IV, V	144,33	110,33
	III	144,33	110,33
1 205,99	I, II, IV, V	144,66	110,58
	III	144,66	110,58
1 208,99	I, II, IV, V	145,–	110,91
	III	145,–	110,91
1 211,99	I, II, IV, V	145,41	111,16
	III	145,41	111,16
1 214,99	I, II, IV, V	145,75	111,41
	III	145,75	111,41
1 217,99	I, II, IV, V	146,08	111,75
	III	146,08	111,75
1 220,99	I, II, IV, V	146,50	112,–
	III	146,50	112,–
1 223,99	I, II, IV, V	146,83	112,25
	III	146,83	112,25
1 226,99	I, II, IV, V	147,16	112,50
	III	147,16	112,50
1 229,99	I, II, IV, V	147,58	112,83
	III	147,58	112,83
1 232,99	I, II, IV, V	147,91	113,08
	III	147,91	113,08
1 235,99	I, II, IV, V	148,25	113,33
	III	148,25	113,33
1 238,99	I, II, IV, V	148,66	113,66
	III	148,66	113,66
1 241,99	I, II, IV, V	149,–	113,91
	III	149,–	113,91
1 244,99	I, II, IV, V	149,33	114,16
	III	149,33	114,16
1 247,99	I, II, IV, V	149,75	114,50
	III	149,75	114,50
1 250,99	I, II, IV, V	150,08	114,75
	III	150,08	114,75
1 253,99	I, II, IV, V	150,41	115,–
	III	150,41	115,–
1 256,99	I, II, IV, V	150,83	115,25
	III	150,83	115,25
1 259,99	I, II, IV, V	151,16	115,58
	III	151,16	115,58
1 262,99	I, II, IV, V	151,50	115,83
	III	151,50	115,83
1 265,99	I, II, IV, V	151,91	116,08
	III	151,91	116,08
1 268,99	I, II, IV, V	152,25	116,41
	III	152,25	116,41
1 271,99	I, II, IV, V	152,58	116,66
	III	152,58	116,66
1 274,99	I, II, IV, V	152,91	116,91
	III	152,91	116,91
1 277,99	I, II, IV, V	153,33	117,25
	III	153,33	117,25
1 280,99	I, II, IV, V	153,66	117,50
	III	153,66	117,50
1 283,99	I, II, IV, V	154,–	117,75
	III	154,–	117,75
1 286,99	I, II, IV, V	154,41	118,–
	III	154,41	118,–
1 289,99	I, II, IV, V	154,75	118,33
	III	154,75	118,33
1 292,99	I, II, IV, V	155,08	118,58
	III	155,08	118,58
1 295,99	I, II, IV, V	155,50	118,83
	III	155,50	118,83
1 298,99	I, II, IV, V	155,83	119,16
	III	155,83	119,16
1 301,99	I, II, IV, V	156,16	119,41
	III	156,16	119,41
1 304,99	I, II, IV, V	156,58	119,66
	III	156,58	119,66
1 307,99	I, II, IV, V	156,91	120,–
	III	156,91	120,–
1 310,99	I, II, IV, V	157,25	120,25
	III	157,25	120,25
1 313,99	I, II, IV, V	157,66	120,50
	III	157,66	120,50
1 316,99	I, II, IV, V	158,–	120,83
	III	158,–	120,83
1 319,99	I, II, IV, V	158,33	121,08
	III	158,33	121,08
1 322,99	I, II, IV, V	158,33	121,33
	III	158,75	121,33
1 325,99	I, II, IV, V	158,33	121,58
	III	159,08	121,58
1 328,99	I, II, IV, V	158,33	121,91
	III	159,41	121,91
1 331,99	I, II, IV, V	158,33	122,16
	III	159,83	122,16
1 334,99	I, II, IV, V	158,33	122,41
	III	160,16	122,41
1 337,99	I, II, IV, V	158,33	122,75
	III	160,50	122,75
1 340,99	I, II, IV, V	158,33	123,–
	III	160,91	123,–
1 343,99	I, II, IV, V	158,33	123,25
	III	161,25	123,25
1 346,99	I, II, IV, V	158,33	123,58
	III	161,58	123,58
1 349,99	I, II, IV, V	158,33	123,83
	III	161,91	123,83
1 352,99	I, II, IV, V	158,33	124,08
	III	162,33	124,08
1 355,99	I, II, IV, V	158,33	124,33
	III	162,66	124,33
1 358,99	I, II, IV, V	158,33	124,66
	III	163,–	124,66
1 361,99	I, II, IV, V	158,33	124,91
	III	163,41	124,91
1 364,99	I, II, IV, V	158,33	125,16
	III	163,75	125,16
1 367,99	I, II, IV, V	158,33	125,50
	III	164,08	125,50

* Zur Anwendung beachten Sie bitte die Erläuterungen auf den Seiten AP 1f.
** BVSP = Berücksichtigter Teil der Vorsorgepauschale für Kranken- und Pflegeversicherungsaufwendungen.
*** TAGZ = Typisierter Arbeitgeberzuschuss zur Kranken- und Pflegeversicherung.

Lohn/ Gehalt bis €	Abzugsbetrag bei privat Kranken- und Pflegeversicherten*		
		BVSP**	TAGZ***
1 370,99	I, II, IV, V	158,33	125,75
	III	164,50	125,75
1 373,99	I, II, IV, V	158,33	126,—
	III	164,83	126,—
1 376,99	I, II, IV, V	158,33	126,33
	III	165,16	126,33
1 379,99	I, II, IV, V	158,33	126,58
	III	165,58	126,58
1 382,99	I, II, IV, V	158,33	126,83
	III	165,91	126,83
1 385,99	I, II, IV, V	158,33	127,08
	III	166,25	127,08
1 388,99	I, II, IV, V	158,33	127,41
	III	166,66	127,41
1 391,99	I, II, IV, V	158,33	127,66
	III	167,—	127,66
1 394,99	I, II, IV, V	158,33	127,91
	III	167,33	127,91
1 397,99	I, II, IV, V	158,33	128,25
	III	167,75	128,25
1 400,99	I, II, IV, V	158,33	128,50
	III	168,08	128,50
1 403,99	I, II, IV, V	158,33	128,75
	III	168,41	128,75
1 406,99	I, II, IV, V	158,33	129,08
	III	168,83	129,08
1 409,99	I, II, IV, V	158,33	129,33
	III	169,16	129,33
1 412,99	I, II, IV, V	158,33	129,58
	III	169,50	129,58
1 415,99	I, II, IV, V	158,33	129,91
	III	169,91	129,91
1 418,99	I, II, IV, V	158,33	130,16
	III	170,25	130,16
1 421,99	I, II, IV, V	158,33	130,41
	III	170,58	130,41
1 424,99	I, II, IV, V	158,33	130,66
	III	170,91	130,66
1 427,99	I, II, IV, V	158,33	131,—
	III	171,33	131,—
1 430,99	I, II, IV, V	158,33	131,25
	III	171,66	131,25
1 433,99	I, II, IV, V	158,33	131,50
	III	172,—	131,50
1 436,99	I, II, IV, V	158,33	131,83
	III	172,41	131,83
1 439,99	I, II, IV, V	158,33	132,08
	III	172,75	132,08
1 442,99	I, II, IV, V	158,33	132,33
	III	173,08	132,33
1 445,99	I, II, IV, V	158,33	132,66
	III	173,50	132,66
1 448,99	I, II, IV, V	158,33	132,91
	III	173,83	132,91
1 451,99	I, II, IV, V	158,33	133,16
	III	174,16	133,16
1 454,99	I, II, IV, V	158,33	133,41
	III	174,58	133,41
1 457,99	I, II, IV, V	158,33	133,75
	III	174,91	133,75
1 460,99	I, II, IV, V	158,33	134,—
	III	175,25	134,—
1 463,99	I, II, IV, V	158,33	134,25
	III	175,66	134,25
1 466,99	I, II, IV, V	158,33	134,58
	III	176,—	134,58
1 469,99	I, II, IV, V	158,33	134,83
	III	176,33	134,83
1 472,99	I, II, IV, V	158,33	135,08
	III	176,75	135,08
1 475,99	I, II, IV, V	158,33	135,41
	III	177,08	135,41
1 478,99	I, II, IV, V	158,33	135,66
	III	177,41	135,66
1 481,99	I, II, IV, V	158,33	135,91
	III	177,83	135,91

Lohn/ Gehalt bis €	Abzugsbetrag bei privat Kranken- und Pflegeversicherten*		
		BVSP**	TAGZ***
1 484,99	I, II, IV, V	158,33	136,16
	III	178,16	136,16
1 487,99	I, II, IV, V	158,33	136,50
	III	178,50	136,50
1 490,99	I, II, IV, V	158,33	136,75
	III	178,91	136,75
1 493,99	I, II, IV, V	158,33	137,—
	III	179,25	137,—
1 496,99	I, II, IV, V	158,33	137,33
	III	179,58	137,33
1 499,99	I, II, IV, V	158,33	137,58
	III	179,91	137,58
1 502,99	I, II, IV, V	158,33	137,83
	III	180,33	137,83
1 505,99	I, II, IV, V	158,33	138,16
	III	180,66	138,16
1 508,99	I, II, IV, V	158,33	138,41
	III	181,—	138,41
1 511,99	I, II, IV, V	158,33	138,66
	III	181,41	138,66
1 514,99	I, II, IV, V	158,33	139,—
	III	181,75	139,—
1 517,99	I, II, IV, V	158,33	139,25
	III	182,08	139,25
1 520,99	I, II, IV, V	158,33	139,50
	III	182,50	139,50
1 523,99	I, II, IV, V	158,33	139,75
	III	182,83	139,75
1 526,99	I, II, IV, V	158,33	140,08
	III	183,16	140,08
1 529,99	I, II, IV, V	158,33	140,33
	III	183,58	140,33
1 532,99	I, II, IV, V	158,33	140,58
	III	183,91	140,58
1 535,99	I, II, IV, V	158,33	140,91
	III	184,25	140,91
1 538,99	I, II, IV, V	158,33	141,16
	III	184,66	141,16
1 541,99	I, II, IV, V	158,33	141,41
	III	185,—	141,41
1 544,99	I, II, IV, V	158,33	141,75
	III	185,33	141,75
1 547,99	I, II, IV, V	158,33	142,—
	III	185,75	142,—
1 550,99	I, II, IV, V	158,33	142,25
	III	186,08	142,25
1 553,99	I, II, IV, V	158,33	142,50
	III	186,41	142,50
1 556,99	I, II, IV, V	158,33	142,83
	III	186,83	142,83
1 559,99	I, II, IV, V	158,33	143,08
	III	187,16	143,08
1 562,99	I, II, IV, V	158,33	143,33
	III	187,50	143,33
1 565,99	I, II, IV, V	158,33	143,66
	III	187,91	143,66
1 568,99	I, II, IV, V	158,33	143,91
	III	188,25	143,91
1 571,99	I, II, IV, V	158,33	144,16
	III	188,58	144,16
1 574,99	I, II, IV, V	158,33	144,50
	III	188,91	144,50
1 577,99	I, II, IV, V	158,33	144,75
	III	189,33	144,75
1 580,99	I, II, IV, V	158,33	145,—
	III	189,66	145,—
1 583,99	I, II, IV, V	158,33	145,25
	III	190,—	145,25
1 586,99	I, II, IV, V	158,33	145,58
	III	190,41	145,58
1 589,99	I, II, IV, V	158,33	145,83
	III	190,75	145,83
1 592,99	I, II, IV, V	158,33	146,08
	III	191,08	146,08
1 595,99	I, II, IV, V	158,33	146,41
	III	191,50	146,41

Lohn/ Gehalt bis €	Abzugsbetrag bei privat Kranken- und Pflegeversicherten*		
		BVSP**	TAGZ***
1 598,99	I, II, IV, V	158,33	146,66
	III	191,83	146,66
1 601,99	I, II, IV, V	158,33	146,91
	III	192,16	146,91
1 604,99	I, II, IV, V	158,33	147,25
	III	192,58	147,25
1 607,99	I, II, IV, V	158,33	147,50
	III	192,91	147,50
1 610,99	I, II, IV, V	158,33	147,75
	III	193,25	147,75
1 613,99	I, II, IV, V	158,33	148,08
	III	193,66	148,08
1 616,99	I, II, IV, V	158,33	148,33
	III	194,—	148,33
1 619,99	I, II, IV, V	158,33	148,58
	III	194,33	148,58
1 622,99	I, II, IV, V	158,33	148,83
	III	194,75	148,83
1 625,99	I, II, IV, V	158,33	149,16
	III	195,08	149,16
1 628,99	I, II, IV, V	158,33	149,41
	III	195,41	149,41
1 631,99	I, II, IV, V	158,33	149,66
	III	195,83	149,66
1 634,99	I, II, IV, V	158,33	150,—
	III	196,16	150,—
1 637,99	I, II, IV, V	158,33	150,25
	III	196,50	150,25
1 640,99	I, II, IV, V	158,33	150,50
	III	196,91	150,50
1 643,99	I, II, IV, V	158,33	150,83
	III	197,25	150,83
1 646,99	I, II, IV, V	158,33	151,08
	III	197,58	151,08
1 649,99	I, II, IV, V	158,33	151,33
	III	197,91	151,33
1 652,99	I, II, IV, V	158,33	151,58
	III	198,33	151,58
1 655,99	I, II, IV, V	158,33	151,91
	III	198,66	151,91
1 658,99	I, II, IV, V	158,33	152,16
	III	199,—	152,16
1 661,99	I, II, IV, V	158,33	152,41
	III	199,41	152,41
1 664,99	I, II, IV, V	158,33	152,75
	III	199,75	152,75
1 667,99	I, II, IV, V	158,33	153,—
	III	200,08	153,—
1 670,99	I, II, IV, V	158,33	153,25
	III	200,50	153,25
1 673,99	I, II, IV, V	158,33	153,58
	III	200,83	153,58
1 676,99	I, II, IV, V	158,33	153,83
	III	201,16	153,83
1 679,99	I, II, IV, V	158,33	154,08
	III	201,58	154,08
1 682,99	I, II, IV, V	158,33	154,33
	III	201,91	154,33
1 685,99	I, II, IV, V	158,33	154,66
	III	202,25	154,66
1 688,99	I, II, IV, V	158,33	154,91
	III	202,66	154,91
1 691,99	I, II, IV, V	158,33	155,16
	III	203,—	155,16
1 694,99	I, II, IV, V	158,33	155,50
	III	203,33	155,50
1 697,99	I, II, IV, V	158,33	155,75
	III	203,75	155,75
1 700,99	I, II, IV, V	158,33	156,—
	III	204,08	156,—
1 703,99	I, II, IV, V	158,33	156,33
	III	204,41	156,33
1 706,99	I, II, IV, V	158,33	156,58
	III	204,83	156,58
1 709,99	I, II, IV, V	158,33	156,83
	III	205,16	156,83

* Zur Anwendung beachten Sie bitte die Erläuterungen auf den Seiten AP 1f.

** BVSP = Berücksichtigter Teil der Vorsorgepauschale für Kranken- und Pflegeversicherungsaufwendungen.

*** TAGZ = Typisierter Arbeitgeberzuschuss zur Kranken- und Pflegeversicherung.

Lohn/ Gehalt bis €	Abzugsbetrag bei privat Kranken- und Pflegeversicherten*	BVSP**	TAGZ***
1 712,99	I, II, IV, V	158,33	157,16
	III	205,50	157,16
1 715,99	I, II, IV, V	158,33	157,41
	III	205,91	157,41
1 718,99	I, II, IV, V	158,33	157,66
	III	206,25	157,66
1 721,99	I, II, IV, V	158,33	157,91
	III	206,58	157,91
1 724,99	I, II, IV, V	158,33	158,25
	III	206,91	158,25
1 727,99	I, II, IV, V	158,50	158,50
	III	207,33	158,50
1 730,99	I, II, IV, V	158,75	158,75
	III	207,66	158,75
1 733,99	I, II, IV, V	159,08	159,08
	III	208,—	159,08
1 736,99	I, II, IV, V	159,33	159,33
	III	208,41	159,33
1 739,99	I, II, IV, V	159,58	159,58
	III	208,75	159,58
1 742,99	I, II, IV, V	159,91	159,91
	III	209,08	159,91
1 745,99	I, II, IV, V	160,16	160,16
	III	209,50	160,16
1 748,99	I, II, IV, V	160,41	160,41
	III	209,83	160,41
1 751,99	I, II, IV, V	160,66	160,66
	III	210,16	160,66
1 754,99	I, II, IV, V	161,—	161,—
	III	210,58	161,—
1 757,99	I, II, IV, V	161,25	161,25
	III	210,91	161,25
1 760,99	I, II, IV, V	161,50	161,50
	III	211,25	161,50
1 763,99	I, II, IV, V	161,83	161,83
	III	211,66	161,83
1 766,99	I, II, IV, V	162,08	162,08
	III	212,—	162,08
1 769,99	I, II, IV, V	162,33	162,33
	III	212,33	162,33
1 772,99	I, II, IV, V	162,66	162,66
	III	212,75	162,66
1 775,99	I, II, IV, V	162,91	162,91
	III	213,08	162,91
1 778,99	I, II, IV, V	163,16	163,16
	III	213,41	163,16
1 781,99	I, II, IV, V	163,41	163,41
	III	213,83	163,41
1 784,99	I, II, IV, V	163,75	163,75
	III	214,16	163,75
1 787,99	I, II, IV, V	164,—	164,—
	III	214,50	164,—
1 790,99	I, II, IV, V	164,25	164,25
	III	214,91	164,25
1 793,99	I, II, IV, V	164,58	164,58
	III	215,25	164,58
1 796,99	I, II, IV, V	164,83	164,83
	III	215,58	164,83
1 799,99	I, II, IV, V	165,08	165,08
	III	215,91	165,08
1 802,99	I, II, IV, V	165,41	165,41
	III	216,33	165,41
1 805,99	I, II, IV, V	165,66	165,66
	III	216,66	165,66
1 808,99	I, II, IV, V	165,91	165,91
	III	217,—	165,91
1 811,99	I, II, IV, V	166,25	166,25
	III	217,41	166,25
1 814,99	I, II, IV, V	166,50	166,50
	III	217,75	166,50
1 817,99	I, II, IV, V	166,75	166,75
	III	218,08	166,75
1 820,99	I, II, IV, V	167,—	167,—
	III	218,50	167,—
1 823,99	I, II, IV, V	167,33	167,33
	III	218,83	167,33

Lohn/ Gehalt bis €	Abzugsbetrag bei privat Kranken- und Pflegeversicherten*	BVSP**	TAGZ***
1 826,99	I, II, IV, V	167,58	167,58
	III	219,16	167,58
1 829,99	I, II, IV, V	167,83	167,83
	III	219,58	167,83
1 832,99	I, II, IV, V	168,16	168,16
	III	219,91	168,16
1 835,99	I, II, IV, V	168,41	168,41
	III	220,25	168,41
1 838,99	I, II, IV, V	168,66	168,66
	III	220,66	168,66
1 841,99	I, II, IV, V	169,—	169,—
	III	221,—	169,—
1 844,99	I, II, IV, V	169,25	169,25
	III	221,33	169,25
1 847,99	I, II, IV, V	169,50	169,50
	III	221,75	169,50
1 850,99	I, II, IV, V	169,75	169,75
	III	222,08	169,75
1 853,99	I, II, IV, V	170,08	170,08
	III	222,41	170,08
1 856,99	I, II, IV, V	170,33	170,33
	III	222,83	170,33
1 859,99	I, II, IV, V	170,58	170,58
	III	223,16	170,58
1 862,99	I, II, IV, V	170,91	170,91
	III	223,50	170,91
1 865,99	I, II, IV, V	171,16	171,16
	III	223,91	171,16
1 868,99	I, II, IV, V	171,41	171,41
	III	224,25	171,41
1 871,99	I, II, IV, V	171,75	171,75
	III	224,58	171,75
1 874,99	I, II, IV, V	172,—	172,—
	III	224,91	172,—
1 877,99	I, II, IV, V	172,25	172,25
	III	225,33	172,25
1 880,99	I, II, IV, V	172,50	172,50
	III	225,66	172,50
1 883,99	I, II, IV, V	172,83	172,83
	III	226,—	172,83
1 886,99	I, II, IV, V	173,08	173,08
	III	226,41	173,08
1 889,99	I, II, IV, V	173,33	173,33
	III	226,75	173,33
1 892,99	I, II, IV, V	173,66	173,66
	III	227,08	173,66
1 895,99	I, II, IV, V	173,91	173,91
	III	227,50	173,91
1 898,99	I, II, IV, V	174,16	174,16
	III	227,83	174,16
1 901,99	I, II, IV, V	174,50	174,50
	III	228,16	174,50
1 904,99	I, II, IV, V	174,75	174,75
	III	228,58	174,75
1 907,99	I, II, IV, V	175,—	175,—
	III	228,91	175,—
1 910,99	I, II, IV, V	175,33	175,33
	III	229,25	175,33
1 913,99	I, II, IV, V	175,58	175,58
	III	229,66	175,58
1 916,99	I, II, IV, V	175,83	175,83
	III	230,—	175,83
1 919,99	I, II, IV, V	176,08	176,08
	III	230,33	176,08
1 922,99	I, II, IV, V	176,41	176,41
	III	230,75	176,41
1 925,99	I, II, IV, V	176,66	176,66
	III	231,08	176,66
1 928,99	I, II, IV, V	176,91	176,91
	III	231,41	176,91
1 931,99	I, II, IV, V	177,25	177,25
	III	231,83	177,25
1 934,99	I, II, IV, V	177,50	177,50
	III	232,16	177,50
1 937,99	I, II, IV, V	177,75	177,75
	III	232,50	177,75

Lohn/ Gehalt bis €	Abzugsbetrag bei privat Kranken- und Pflegeversicherten*	BVSP**	TAGZ***
1 940,99	I, II, IV, V	178,08	178,08
	III	232,91	178,08
1 943,99	I, II, IV, V	178,33	178,33
	III	233,25	178,33
1 946,99	I, II, IV, V	178,58	178,58
	III	233,58	178,58
1 949,99	I, II, IV, V	178,83	178,83
	III	233,91	178,83
1 952,99	I, II, IV, V	179,16	179,16
	III	234,33	179,16
1 955,99	I, II, IV, V	179,41	179,41
	III	234,66	179,41
1 958,99	I, II, IV, V	179,66	179,66
	III	235,—	179,66
1 961,99	I, II, IV, V	180,—	180,—
	III	235,41	180,—
1 964,99	I, II, IV, V	180,25	180,25
	III	235,75	180,25
1 967,99	I, II, IV, V	180,50	180,50
	III	236,08	180,50
1 970,99	I, II, IV, V	180,83	180,83
	III	236,50	180,83
1 973,99	I, II, IV, V	181,08	181,08
	III	236,83	181,08
1 976,99	I, II, IV, V	181,33	181,33
	III	237,16	181,33
1 979,99	I, II, IV, V	181,58	181,58
	III	237,58	181,58
1 982,99	I, II, IV, V	181,91	181,91
	III	237,91	181,91
1 985,99	I, II, IV, V	182,16	182,16
	III	238,25	182,16
1 988,99	I, II, IV, V	182,41	182,41
	III	238,66	182,41
1 991,99	I, II, IV, V	182,75	182,75
	III	239,—	182,75
1 994,99	I, II, IV, V	183,—	183,—
	III	239,33	183,—
1 997,99	I, II, IV, V	183,25	183,25
	III	239,75	183,25
2 000,99	I, II, IV, V	183,58	183,58
	III	240,08	183,58
2 003,99	I, II, IV, V	183,83	183,83
	III	240,41	183,83
2 006,99	I, II, IV, V	184,08	184,08
	III	240,83	184,08
2 009,99	I, II, IV, V	184,41	184,41
	III	241,16	184,41
2 012,99	I, II, IV, V	184,66	184,66
	III	241,50	184,66
2 015,99	I, II, IV, V	184,91	184,91
	III	241,91	184,91
2 018,99	I, II, IV, V	185,16	185,16
	III	242,25	185,16
2 021,99	I, II, IV, V	185,50	185,50
	III	242,58	185,50
2 024,99	I, II, IV, V	185,75	185,75
	III	242,91	185,75
2 027,99	I, II, IV, V	186,—	186,—
	III	243,33	186,—
2 030,99	I, II, IV, V	186,33	186,33
	III	243,66	186,33
2 033,99	I, II, IV, V	186,58	186,58
	III	244,—	186,58
2 036,99	I, II, IV, V	186,83	186,83
	III	244,41	186,83
2 039,99	I, II, IV, V	187,16	187,16
	III	244,75	187,16
2 042,99	I, II, IV, V	187,41	187,41
	III	245,08	187,41
2 045,99	I, II, IV, V	187,66	187,66
	III	245,50	187,66
2 048,99	I, II, IV, V	187,91	187,91
	III	245,83	187,91
2 051,99	I, II, IV, V	188,25	188,25
	III	246,16	188,25

* Zur Anwendung beachten Sie bitte die Erläuterungen auf den Seiten AP 1f.

** BVSP = Berücksichtigter Teil der Vorsorgepauschale für Kranken- und Pflegeversicherungsaufwendungen.

*** TAGZ = Typisierter Arbeitgeberzuschuss zur Kranken- und Pflegeversicherung.

Lohn/Gehalt bis €	Abzugsbetrag bei privat Kranken- und Pflegeversicherten*	BVSP**	TAGZ***
2 054,99	I, II, IV, V	188,50	188,50
	III	246,58	188,50
2 057,99	I, II, IV, V	188,75	188,75
	III	246,91	188,75
2 060,99	I, II, IV, V	189,08	189,08
	III	247,25	189,08
2 063,99	I, II, IV, V	189,33	189,33
	III	247,66	189,33
2 066,99	I, II, IV, V	189,58	189,58
	III	248,—	189,58
2 069,99	I, II, IV, V	189,91	189,91
	III	248,33	189,91
2 072,99	I, II, IV, V	190,16	190,16
	III	248,75	190,16
2 075,99	I, II, IV, V	190,41	190,41
	III	249,08	190,41
2 078,99	I, II, IV, V	190,66	190,66
	III	249,41	190,66
2 081,99	I, II, IV, V	191,—	191,—
	III	249,83	191,—
2 084,99	I, II, IV, V	191,25	191,25
	III	250,—	191,25
2 087,99	I, II, IV, V	191,50	191,50
	III	250,—	191,50
2 090,99	I, II, IV, V	191,83	191,83
	III	250,—	191,83
2 093,99	I, II, IV, V	192,08	192,08
	III	250,—	192,08
2 096,99	I, II, IV, V	192,33	192,33
	III	250,—	192,33
2 099,99	I, II, IV, V	192,66	192,66
	III	250,—	192,66
2 102,99	I, II, IV, V	192,91	192,91
	III	250,—	192,91
2 105,99	I, II, IV, V	193,16	193,16
	III	250,—	193,16
2 108,99	I, II, IV, V	193,50	193,50
	III	250,—	193,50
2 111,99	I, II, IV, V	193,75	193,75
	III	250,—	193,75
2 114,99	I, II, IV, V	194,—	194,—
	III	250,—	194,—
2 117,99	I, II, IV, V	194,25	194,25
	III	250,—	194,25
2 120,99	I, II, IV, V	194,58	194,58
	III	250,—	194,58
2 123,99	I, II, IV, V	194,83	194,83
	III	250,—	194,83
2 126,99	I, II, IV, V	195,08	195,08
	III	250,—	195,08
2 129,99	I, II, IV, V	195,41	195,41
	III	250,—	195,41
2 132,99	I, II, IV, V	195,66	195,66
	III	250,—	195,66
2 135,99	I, II, IV, V	195,91	195,91
	III	250,—	195,91
2 138,99	I, II, IV, V	196,25	196,25
	III	250,—	196,25
2 141,99	I, II, IV, V	196,50	196,50
	III	250,—	196,50
2 144,99	I, II, IV, V	196,75	196,75
	III	250,—	196,75
2 147,99	I, II, IV, V	197,—	197,—
	III	250,—	197,—
2 150,99	I, II, IV, V	197,33	197,33
	III	250,—	197,33
2 153,99	I, II, IV, V	197,58	197,58
	III	250,—	197,58
2 156,99	I, II, IV, V	197,83	197,83
	III	250,—	197,83
2 159,99	I, II, IV, V	198,16	198,16
	III	250,—	198,16
2 162,99	I, II, IV, V	198,41	198,41
	III	250,—	198,41
2 165,99	I, II, IV, V	198,66	198,66
	III	250,—	198,66
2 168,99	I, II, IV, V	199,—	199,—
	III	250,—	199,—
2 171,99	I, II, IV, V	199,25	199,25
	III	250,—	199,25
2 174,99	I, II, IV, V	199,50	199,50
	III	250,—	199,50
2 177,99	I, II, IV, V	199,75	199,75
	III	250,—	199,75
2 180,99	I, II, IV, V	200,08	200,08
	III	250,—	200,08
2 183,99	I, II, IV, V	200,33	200,33
	III	250,—	200,33
2 186,99	I, II, IV, V	200,58	200,58
	III	250,—	200,58
2 189,99	I, II, IV, V	200,91	200,91
	III	250,—	200,91
2 192,99	I, II, IV, V	201,16	201,16
	III	250,—	201,16
2 195,99	I, II, IV, V	201,41	201,41
	III	250,—	201,41
2 198,99	I, II, IV, V	201,75	201,75
	III	250,—	201,75
2 201,99	I, II, IV, V	202,—	202,—
	III	250,—	202,—
2 204,99	I, II, IV, V	202,25	202,25
	III	250,—	202,25
2 207,99	I, II, IV, V	202,58	202,58
	III	250,—	202,58
2 210,99	I, II, IV, V	202,83	202,83
	III	250,—	202,83
2 213,99	I, II, IV, V	203,08	203,08
	III	250,—	203,08
2 216,99	I, II, IV, V	203,33	203,33
	III	250,—	203,33
2 219,99	I, II, IV, V	203,66	203,66
	III	250,—	203,66
2 222,99	I, II, IV, V	203,91	203,91
	III	250,—	203,91
2 225,99	I, II, IV, V	204,16	204,16
	III	250,—	204,16
2 228,99	I, II, IV, V	204,50	204,50
	III	250,—	204,50
2 231,99	I, II, IV, V	204,75	204,75
	III	250,—	204,75
2 234,99	I, II, IV, V	205,—	205,—
	III	250,—	205,—
2 237,99	I, II, IV, V	205,33	205,33
	III	250,—	205,33
2 240,99	I, II, IV, V	205,58	205,58
	III	250,—	205,58
2 243,99	I, II, IV, V	205,83	205,83
	III	250,—	205,83
2 246,99	I, II, IV, V	206,08	206,08
	III	250,—	206,08
2 249,99	I, II, IV, V	206,41	206,41
	III	250,—	206,41
2 252,99	I, II, IV, V	206,66	206,66
	III	250,—	206,66
2 255,99	I, II, IV, V	206,91	206,91
	III	250,—	206,91
2 258,99	I, II, IV, V	207,25	207,25
	III	250,—	207,25
2 261,99	I, II, IV, V	207,50	207,50
	III	250,—	207,50
2 264,99	I, II, IV, V	207,75	207,75
	III	250,—	207,75
2 267,99	I, II, IV, V	208,08	208,08
	III	250,—	208,08
2 270,99	I, II, IV, V	208,33	208,33
	III	250,—	208,33
2 273,99	I, II, IV, V	208,58	208,58
	III	250,—	208,58
2 276,99	I, II, IV, V	208,83	208,83
	III	250,—	208,83
2 279,99	I, II, IV, V	209,16	209,16
	III	250,—	209,16
2 282,99	I, II, IV, V	209,41	209,41
	III	250,—	209,41
2 285,99	I, II, IV, V	209,66	209,66
	III	250,—	209,66
2 288,99	I, II, IV, V	210,—	210,—
	III	250,—	210,—
2 291,99	I, II, IV, V	210,25	210,25
	III	250,—	210,25
2 294,99	I, II, IV, V	210,50	210,50
	III	250,—	210,50
2 297,99	I, II, IV, V	210,83	210,83
	III	250,—	210,83
2 300,99	I, II, IV, V	211,08	211,08
	III	250,—	211,08
2 303,99	I, II, IV, V	211,33	211,33
	III	250,—	211,33
2 306,99	I, II, IV, V	211,66	211,66
	III	250,—	211,66
2 309,99	I, II, IV, V	211,91	211,91
	III	250,—	211,91
2 312,99	I, II, IV, V	212,16	212,16
	III	250,—	212,16
2 315,99	I, II, IV, V	212,41	212,41
	III	250,—	212,41
2 318,99	I, II, IV, V	212,75	212,75
	III	250,—	212,75
2 321,99	I, II, IV, V	213,—	213,—
	III	250,—	213,—
2 324,99	I, II, IV, V	213,25	213,25
	III	250,—	213,25
2 327,99	I, II, IV, V	213,58	213,58
	III	250,—	213,58
2 330,99	I, II, IV, V	213,83	213,83
	III	250,—	213,83
2 333,99	I, II, IV, V	214,08	214,08
	III	250,—	214,08
2 336,99	I, II, IV, V	214,41	214,41
	III	250,—	214,41
2 339,99	I, II, IV, V	214,66	214,66
	III	250,—	214,66
2 342,99	I, II, IV, V	214,91	214,91
	III	250,—	214,91
2 345,99	I, II, IV, V	215,16	215,16
	III	250,—	215,16
2 348,99	I, II, IV, V	215,50	215,50
	III	250,—	215,50
2 351,99	I, II, IV, V	215,75	215,75
	III	250,—	215,75
2 354,99	I, II, IV, V	216,—	216,—
	III	250,—	216,—
2 357,99	I, II, IV, V	216,33	216,33
	III	250,—	216,33
2 360,99	I, II, IV, V	216,58	216,58
	III	250,—	216,58
2 363,99	I, II, IV, V	216,83	216,83
	III	250,—	216,83
2 366,99	I, II, IV, V	217,16	217,16
	III	250,—	217,16
2 369,99	I, II, IV, V	217,41	217,41
	III	250,—	217,41
2 372,99	I, II, IV, V	217,66	217,66
	III	250,—	217,66
2 375,99	I, II, IV, V	217,91	217,91
	III	250,—	217,91
2 378,99	I, II, IV, V	218,25	218,25
	III	250,—	218,25
2 381,99	I, II, IV, V	218,50	218,50
	III	250,—	218,50
2 384,99	I, II, IV, V	218,75	218,75
	III	250,—	218,75
2 387,99	I, II, IV, V	219,08	219,08
	III	250,—	219,08
2 390,99	I, II, IV, V	219,33	219,33
	III	250,—	219,33
2 393,99	I, II, IV, V	219,58	219,58
	III	250,—	219,58

* Zur Anwendung beachten Sie bitte die Erläuterungen auf den Seiten AP 1f.
** BVSP = Berücksichtigter Teil der Vorsorgepauschale für Kranken- und Pflegeversicherungsaufwendungen.
*** TAGZ = Typisierter Arbeitgeberzuschuss zur Kranken- und Pflegeversicherung.

MONAT 2 394,–

Lohn/Gehalt bis €		Abzugsbetrag bei privat Kranken- und Pflegeversicherten* BVSP**	TAGZ***
2 396,99	I, II, IV, V III	219,91 250,–	219,91 219,91
2 399,99	I, II, IV, V III	220,16 250,–	220,16 220,16
2 402,99	I, II, IV, V III	220,41 250,–	220,41 220,41
2 405,99	I, II, IV, V III	220,75 250,–	220,75 220,75
2 408,99	I, II, IV, V III	221,– 250,–	221,– 221,–
2 411,99	I, II, IV, V III	221,25 250,–	221,25 221,25
2 414,99	I, II, IV, V III	221,50 250,–	221,50 221,50
2 417,99	I, II, IV, V III	221,83 250,–	221,83 221,83
2 420,99	I, II, IV, V III	222,08 250,–	222,08 222,08
2 423,99	I, II, IV, V III	222,33 250,–	222,33 222,33
2 426,99	I, II, IV, V III	222,66 250,–	222,66 222,66
2 429,99	I, II, IV, V III	222,91 250,–	222,91 222,91
2 432,99	I, II, IV, V III	223,16 250,–	223,16 223,16
2 435,99	I, II, IV, V III	223,50 250,–	223,50 223,50
2 438,99	I, II, IV, V III	223,75 250,–	223,75 223,75
2 441,99	I, II, IV, V III	224,– 250,–	224,– 224,–
2 444,99	I, II, IV, V III	224,25 250,–	224,25 224,25
2 447,99	I, II, IV, V III	224,58 250,–	224,58 224,58
2 450,99	I, II, IV, V III	224,83 250,–	224,83 224,83
2 453,99	I, II, IV, V III	225,08 250,–	225,08 225,08
2 456,99	I, II, IV, V III	225,41 250,–	225,41 225,41
2 459,99	I, II, IV, V III	225,66 250,–	225,66 225,66
2 462,99	I, II, IV, V III	225,91 250,–	225,91 225,91
2 465,99	I, II, IV, V III	226,25 250,–	226,25 226,25
2 468,99	I, II, IV, V III	226,50 250,–	226,50 226,50
2 471,99	I, II, IV, V III	226,75 250,–	226,75 226,75
2 474,99	I, II, IV, V III	227,– 250,–	227,– 227,–
2 477,99	I, II, IV, V III	227,33 250,–	227,33 227,33
2 480,99	I, II, IV, V III	227,58 250,–	227,58 227,58
2 483,99	I, II, IV, V III	227,83 250,–	227,83 227,83
2 486,99	I, II, IV, V III	228,16 250,–	228,16 228,16
2 489,99	I, II, IV, V III	228,41 250,–	228,41 228,41
2 492,99	I, II, IV, V III	228,66 250,–	228,66 228,66
2 495,99	I, II, IV, V III	229,– 250,–	229,– 229,–
2 498,99	I, II, IV, V III	229,25 250,–	229,25 229,25
2 501,99	I, II, IV, V III	229,50 250,–	229,50 229,50
2 504,99	I, II, IV, V III	229,83 250,–	229,83 229,83
2 507,99	I, II, IV, V III	230,08 250,–	230,08 230,08
2 510,99	I, II, IV, V III	230,33 250,–	230,33 230,33
2 513,99	I, II, IV, V III	230,58 250,–	230,58 230,58
2 516,99	I, II, IV, V III	230,91 250,–	230,91 230,91
2 519,99	I, II, IV, V III	231,16 250,–	231,16 231,16
2 522,99	I, II, IV, V III	231,41 250,–	231,41 231,41
2 525,99	I, II, IV, V III	231,75 250,–	231,75 231,75
2 528,99	I, II, IV, V III	232,– 250,–	232,– 232,–
2 531,99	I, II, IV, V III	232,25 250,–	232,25 232,25
2 534,99	I, II, IV, V III	232,58 250,–	232,58 232,58
2 537,99	I, II, IV, V III	232,83 250,–	232,83 232,83
2 540,99	I, II, IV, V III	233,08 250,–	233,08 233,08
2 543,99	I, II, IV, V III	233,33 250,–	233,33 233,33
2 546,99	I, II, IV, V III	233,66 250,–	233,66 233,66
2 549,99	I, II, IV, V III	233,91 250,–	233,91 233,91
2 552,99	I, II, IV, V III	234,16 250,–	234,16 234,16
2 555,99	I, II, IV, V III	234,50 250,–	234,50 234,50
2 558,99	I, II, IV, V III	234,75 250,–	234,75 234,75
2 561,99	I, II, IV, V III	235,– 250,–	235,– 235,–
2 564,99	I, II, IV, V III	235,33 250,–	235,33 235,33
2 567,99	I, II, IV, V III	235,58 250,–	235,58 235,58
2 570,99	I, II, IV, V III	235,83 250,–	235,83 235,83
2 573,99	I, II, IV, V III	236,08 250,–	236,08 236,08
2 576,99	I, II, IV, V III	236,41 250,–	236,41 236,41
2 579,99	I, II, IV, V III	236,66 250,–	236,66 236,66
2 582,99	I, II, IV, V III	236,91 250,–	236,91 236,91
2 585,99	I, II, IV, V III	237,25 250,–	237,25 237,25
2 588,99	I, II, IV, V III	237,50 250,–	237,50 237,50
2 591,99	I, II, IV, V III	237,75 250,–	237,75 237,75
2 594,99	I, II, IV, V III	238,08 250,–	238,08 238,08
2 597,99	I, II, IV, V III	238,33 250,–	238,33 238,33
2 600,99	I, II, IV, V III	238,58 250,–	238,58 238,58
2 603,99	I, II, IV, V III	238,91 250,–	238,91 238,91
2 606,99	I, II, IV, V III	239,16 250,–	239,16 239,16
2 609,99	I, II, IV, V III	239,41 250,–	239,41 239,41
2 612,99	I, II, IV, V III	239,66 250,–	239,66 239,66
2 615,99	I, II, IV, V III	240,– 250,–	240,– 240,–
2 618,99	I, II, IV, V III	240,25 250,–	240,25 240,25
2 621,99	I, II, IV, V III	240,50 250,–	240,50 240,50
2 624,99	I, II, IV, V III	240,83 250,–	240,83 240,83
2 627,99	I, II, IV, V III	241,08 250,–	241,08 241,08
2 630,99	I, II, IV, V III	241,33 250,–	241,33 241,33
2 633,99	I, II, IV, V III	241,66 250,–	241,66 241,66
2 636,99	I, II, IV, V III	241,91 250,–	241,91 241,91
2 639,99	I, II, IV, V III	242,16 250,–	242,16 242,16
2 642,99	I, II, IV, V III	242,41 250,–	242,41 242,41
2 645,99	I, II, IV, V III	242,75 250,–	242,75 242,75
2 648,99	I, II, IV, V III	243,– 250,–	243,– 243,–
2 651,99	I, II, IV, V III	243,25 250,–	243,25 243,25
2 654,99	I, II, IV, V III	243,58 250,–	243,58 243,58
2 657,99	I, II, IV, V III	243,83 250,–	243,83 243,83
2 660,99	I, II, IV, V III	244,08 250,–	244,08 244,08
2 663,99	I, II, IV, V III	244,41 250,–	244,41 244,41
2 666,99	I, II, IV, V III	244,66 250,–	244,66 244,66
2 669,99	I, II, IV, V III	244,91 250,–	244,91 244,91
2 672,99	I, II, IV, V III	245,16 250,–	245,16 245,16
2 675,99	I, II, IV, V III	245,50 250,–	245,50 245,50
2 678,99	I, II, IV, V III	245,75 250,–	245,75 245,75
2 681,99	I, II, IV, V III	246,– 250,–	246,– 246,–
2 684,99	I, II, IV, V III	246,33 250,–	246,33 246,33
2 687,99	I, II, IV, V III	246,58 250,–	246,58 246,58
2 690,99	I, II, IV, V III	246,83 250,–	246,83 246,83
2 693,99	I, II, IV, V III	247,16 250,–	247,16 247,16
2 696,99	I, II, IV, V III	247,41 250,–	247,41 247,41
2 699,99	I, II, IV, V III	247,66 250,–	247,66 247,66
2 702,99	I, II, IV, V III	248,– 250,–	248,– 248,–
2 705,99	I, II, IV, V III	248,25 250,–	248,25 248,25
2 708,99	I, II, IV, V III	248,50 250,–	248,50 248,50
2 711,99	I, II, IV, V III	248,75 250,–	248,75 248,75
2 714,99	I, II, IV, V III	249,08 250,–	249,08 249,08
2 717,99	I, II, IV, V III	249,33 250,–	249,33 249,33
2 720,99	I, II, IV, V III	249,58 250,–	249,58 249,58
2 723,99	I, II, IV, V III	249,91 250,–	249,91 249,91
2 726,99	I, II, IV, V III	250,16 250,16	250,16 250,16
2 729,99	I, II, IV, V III	250,41 250,41	250,41 250,41
2 732,99	I, II, IV, V III	250,75 250,75	250,75 250,75
2 735,99	I, II, IV, V III	251,– 251,–	251,– 251,–

* Zur Anwendung beachten Sie bitte die Erläuterungen auf den Seiten AP 1f.
** BVSP = Berücksichtigter Teil der Vorsorgepauschale für Kranken- und Pflegeversicherungsaufwendungen.
*** TAGZ = Typisierter Arbeitgeberzuschuss zur Kranken- und Pflegeversicherung.

Lohn/ Gehalt bis €	Abzugsbetrag bei privat Kranken- und Pflegeversicherten*		
		BVSP**	TAGZ***
2 738,99	I, II, IV, V	251,25	251,25
	III	251,25	251,25
2 741,99	I, II, IV, V	251,50	251,50
	III	251,50	251,50
2 744,99	I, II, IV, V	251,83	251,83
	III	251,83	251,83
2 747,99	I, II, IV, V	252,08	252,08
	III	252,08	252,08
2 750,99	I, II, IV, V	252,33	252,33
	III	252,33	252,33
2 753,99	I, II, IV, V	252,66	252,66
	III	252,66	252,66
2 756,99	I, II, IV, V	252,91	252,91
	III	252,91	252,91
2 759,99	I, II, IV, V	253,16	253,16
	III	253,16	253,16
2 762,99	I, II, IV, V	253,50	253,50
	III	253,50	253,50
2 765,99	I, II, IV, V	253,75	253,75
	III	253,75	253,75
2 768,99	I, II, IV, V	254,—	254,—
	III	254,—	254,—
2 771,99	I, II, IV, V	254,25	254,25
	III	254,25	254,25
2 774,99	I, II, IV, V	254,58	254,58
	III	254,58	254,58
2 777,99	I, II, IV, V	254,83	254,83
	III	254,83	254,83
2 780,99	I, II, IV, V	255,08	255,08
	III	255,08	255,08
2 783,99	I, II, IV, V	255,41	255,41
	III	255,41	255,41
2 786,99	I, II, IV, V	255,66	255,66
	III	255,66	255,66
2 789,99	I, II, IV, V	255,91	255,91
	III	255,91	255,91
2 792,99	I, II, IV, V	256,25	256,25
	III	256,25	256,25
2 795,99	I, II, IV, V	256,50	256,50
	III	256,50	256,50
2 798,99	I, II, IV, V	256,75	256,75
	III	256,75	256,75
2 801,99	I, II, IV, V	257,08	257,08
	III	257,08	257,08
2 804,99	I, II, IV, V	257,33	257,33
	III	257,33	257,33
2 807,99	I, II, IV, V	257,58	257,58
	III	257,58	257,58
2 810,99	I, II, IV, V	257,83	257,83
	III	257,83	257,83
2 813,99	I, II, IV, V	258,16	258,16
	III	258,16	258,16
2 816,99	I, II, IV, V	258,41	258,41
	III	258,41	258,41
2 819,99	I, II, IV, V	258,66	258,66
	III	258,66	258,66
2 822,99	I, II, IV, V	259,—	259,—
	III	259,—	259,—
2 825,99	I, II, IV, V	259,25	259,25
	III	259,25	259,25
2 828,99	I, II, IV, V	259,50	259,50
	III	259,50	259,50
2 831,99	I, II, IV, V	259,83	259,83
	III	259,83	259,83
2 834,99	I, II, IV, V	260,08	260,08
	III	260,08	260,08
2 837,99	I, II, IV, V	260,33	260,33
	III	260,33	260,33
2 840,99	I, II, IV, V	260,58	260,58
	III	260,58	260,58
2 843,99	I, II, IV, V	260,91	260,91
	III	260,91	260,91
2 846,99	I, II, IV, V	261,16	261,16
	III	261,16	261,16
2 849,99	I, II, IV, V	261,41	261,41
	III	261,41	261,41
2 852,99	I, II, IV, V	261,75	261,75
	III	261,75	261,75
2 855,99	I, II, IV, V	262,—	262,—
	III	262,—	262,—
2 858,99	I, II, IV, V	262,25	262,25
	III	262,25	262,25
2 861,99	I, II, IV, V	262,58	262,58
	III	262,58	262,58
2 864,99	I, II, IV, V	262,83	262,83
	III	262,83	262,83
2 867,99	I, II, IV, V	263,08	263,08
	III	263,08	263,08
2 870,99	I, II, IV, V	263,33	263,33
	III	263,33	263,33
2 873,99	I, II, IV, V	263,66	263,66
	III	263,66	263,66
2 876,99	I, II, IV, V	263,91	263,91
	III	263,91	263,91
2 879,99	I, II, IV, V	264,16	264,16
	III	264,16	264,16
2 882,99	I, II, IV, V	264,50	264,50
	III	264,50	264,50
2 885,99	I, II, IV, V	264,75	264,75
	III	264,75	264,75
2 888,99	I, II, IV, V	265,—	265,—
	III	265,—	265,—
2 891,99	I, II, IV, V	265,33	265,33
	III	265,33	265,33
2 894,99	I, II, IV, V	265,58	265,58
	III	265,58	265,58
2 897,99	I, II, IV, V	265,83	265,83
	III	265,83	265,83
2 900,99	I, II, IV, V	266,16	266,16
	III	266,16	266,16
2 903,99	I, II, IV, V	266,41	266,41
	III	266,41	266,41
2 906,99	I, II, IV, V	266,66	266,66
	III	266,66	266,66
2 909,99	I, II, IV, V	266,91	266,91
	III	266,91	266,91
2 912,99	I, II, IV, V	267,25	267,25
	III	267,25	267,25
2 915,99	I, II, IV, V	267,50	267,50
	III	267,50	267,50
2 918,99	I, II, IV, V	267,75	267,75
	III	267,75	267,75
2 921,99	I, II, IV, V	268,08	268,08
	III	268,08	268,08
2 924,99	I, II, IV, V	268,33	268,33
	III	268,33	268,33
2 927,99	I, II, IV, V	268,58	268,58
	III	268,58	268,58
2 930,99	I, II, IV, V	268,91	268,91
	III	268,91	268,91
2 933,99	I, II, IV, V	269,16	269,16
	III	269,16	269,16
2 936,99	I, II, IV, V	269,41	269,41
	III	269,41	269,41
2 939,99	I, II, IV, V	269,66	269,66
	III	269,66	269,66
2 942,99	I, II, IV, V	270,—	270,—
	III	270,—	270,—
2 945,99	I, II, IV, V	270,25	270,25
	III	270,25	270,25
2 948,99	I, II, IV, V	270,50	270,50
	III	270,50	270,50
2 951,99	I, II, IV, V	270,83	270,83
	III	270,83	270,83
2 954,99	I, II, IV, V	271,08	271,08
	III	271,08	271,08
2 957,99	I, II, IV, V	271,33	271,33
	III	271,33	271,33
2 960,99	I, II, IV, V	271,66	271,66
	III	271,66	271,66
2 963,99	I, II, IV, V	271,91	271,91
	III	271,91	271,91
2 966,99	I, II, IV, V	272,16	272,16
	III	272,16	272,16
2 969,99	I, II, IV, V	272,41	272,41
	III	272,41	272,41
2 972,99	I, II, IV, V	272,75	272,75
	III	272,75	272,75
2 975,99	I, II, IV, V	273,—	273,—
	III	273,—	273,—
2 978,99	I, II, IV, V	273,25	273,25
	III	273,25	273,25
2 981,99	I, II, IV, V	273,58	273,58
	III	273,58	273,58
2 984,99	I, II, IV, V	273,83	273,83
	III	273,83	273,83
2 987,99	I, II, IV, V	274,08	274,08
	III	274,08	274,08
2 990,99	I, II, IV, V	274,41	274,41
	III	274,41	274,41
2 993,99	I, II, IV, V	274,66	274,66
	III	274,66	274,66
2 996,99	I, II, IV, V	274,91	274,91
	III	274,91	274,91
2 999,99	I, II, IV, V	275,16	275,16
	III	275,16	275,16
3 002,99	I, II, IV, V	275,50	275,50
	III	275,50	275,50
3 005,99	I, II, IV, V	275,75	275,75
	III	275,75	275,75
3 008,99	I, II, IV, V	276,—	276,—
	III	276,—	276,—
3 011,99	I, II, IV, V	276,33	276,33
	III	276,33	276,33
3 014,99	I, II, IV, V	276,58	276,58
	III	276,58	276,58
3 017,99	I, II, IV, V	276,83	276,83
	III	276,83	276,83
3 020,99	I, II, IV, V	277,16	277,16
	III	277,16	277,16
3 023,99	I, II, IV, V	277,41	277,41
	III	277,41	277,41
3 026,99	I, II, IV, V	277,66	277,66
	III	277,66	277,66
3 029,99	I, II, IV, V	278,—	278,—
	III	278,—	278,—
3 032,99	I, II, IV, V	278,25	278,25
	III	278,25	278,25
3 035,99	I, II, IV, V	278,50	278,50
	III	278,50	278,50
3 038,99	I, II, IV, V	278,75	278,75
	III	278,75	278,75
3 041,99	I, II, IV, V	279,08	279,08
	III	279,08	279,08
3 044,99	I, II, IV, V	279,33	279,33
	III	279,33	279,33
3 047,99	I, II, IV, V	279,58	279,58
	III	279,58	279,58
3 050,99	I, II, IV, V	279,91	279,91
	III	279,91	279,91
3 053,99	I, II, IV, V	280,16	280,16
	III	280,16	280,16
3 056,99	I, II, IV, V	280,41	280,41
	III	280,41	280,41
3 059,99	I, II, IV, V	280,75	280,75
	III	280,75	280,75
3 062,99	I, II, IV, V	281,—	281,—
	III	281,—	281,—
3 065,99	I, II, IV, V	281,25	281,25
	III	281,25	281,25
3 068,99	I, II, IV, V	281,50	281,50
	III	281,50	281,50
3 071,99	I, II, IV, V	281,83	281,83
	III	281,83	281,83
3 074,99	I, II, IV, V	282,08	282,08
	III	282,08	282,08
3 077,99	I, II, IV, V	282,33	282,33
	III	282,33	282,33

* Zur Anwendung beachten Sie bitte die Erläuterungen auf den Seiten AP 1f.
** BVSP = Berücksichtigter Teil der Vorsorgepauschale für Kranken- und Pflegeversicherungsaufwendungen.
*** TAGZ = Typisierter Arbeitgeberzuschuss zur Kranken- und Pflegeversicherung.

Lohn/ Gehalt bis €		Abzugsbetrag bei privat Kranken- und Pflegeversicherten* BVSP**	TAGZ***
3 080,99	I, II, IV, V III	282,66 282,66	282,66 282,66
3 083,99	I, II, IV, V III	282,91 282,91	282,91 282,91
3 086,99	I, II, IV, V III	283,16 283,16	283,16 283,16
3 089,99	I, II, IV, V III	283,50 283,50	283,50 283,50
3 092,99	I, II, IV, V III	283,75 283,75	283,75 283,75
3 095,99	I, II, IV, V III	284,— 284,—	284,— 284,—
3 098,99	I, II, IV, V III	284,25 284,25	284,25 284,25
3 101,99	I, II, IV, V III	284,58 284,58	284,58 284,58
3 104,99	I, II, IV, V III	284,83 284,83	284,83 284,83
3 107,99	I, II, IV, V III	285,08 285,08	285,08 285,08
3 110,99	I, II, IV, V III	285,41 285,41	285,41 285,41
3 113,99	I, II, IV, V III	285,66 285,66	285,66 285,66
3 116,99	I, II, IV, V III	285,91 285,91	285,91 285,91
3 119,99	I, II, IV, V III	286,25 286,25	286,25 286,25
3 122,99	I, II, IV, V III	286,50 286,50	286,50 286,50
3 125,99	I, II, IV, V III	286,75 286,75	286,75 286,75
3 128,99	I, II, IV, V III	287,08 287,08	287,08 287,08
3 131,99	I, II, IV, V III	287,33 287,33	287,33 287,33
3 134,99	I, II, IV, V III	287,58 287,58	287,58 287,58
3 137,99	I, II, IV, V III	287,83 287,83	287,83 287,83
3 140,99	I, II, IV, V III	288,16 288,16	288,16 288,16
3 143,99	I, II, IV, V III	288,41 288,41	288,41 288,41
3 146,99	I, II, IV, V III	288,66 288,66	288,66 288,66
3 149,99	I, II, IV, V III	289,— 289,—	289,— 289,—
3 152,99	I, II, IV, V III	289,25 289,25	289,25 289,25
3 155,99	I, II, IV, V III	289,50 289,50	289,50 289,50
3 158,99	I, II, IV, V III	289,83 289,83	289,83 289,83
3 161,99	I, II, IV, V III	290,08 290,08	290,08 290,08
3 164,99	I, II, IV, V III	290,33 290,33	290,33 290,33
3 167,99	I, II, IV, V III	290,58 290,58	290,58 290,58
3 170,99	I, II, IV, V III	290,91 290,91	290,91 290,91
3 173,99	I, II, IV, V III	291,16 291,16	291,16 291,16
3 176,99	I, II, IV, V III	291,41 291,41	291,41 291,41
3 179,99	I, II, IV, V III	291,75 291,75	291,75 291,75
3 182,99	I, II, IV, V III	292,— 292,—	292,— 292,—
3 185,99	I, II, IV, V III	292,25 292,25	292,25 292,25
3 188,99	I, II, IV, V III	292,58 292,58	292,58 292,58
3 191,99	I, II, IV, V III	292,83 292,83	292,83 292,83

Lohn/ Gehalt bis €		Abzugsbetrag bei privat Kranken- und Pflegeversicherten* BVSP**	TAGZ***
3 194,99	I, II, IV, V III	293,08 293,08	293,08 293,08
3 197,99	I, II, IV, V III	293,33 293,33	293,33 293,33
3 200,99	I, II, IV, V III	293,66 293,66	293,66 293,66
3 203,99	I, II, IV, V III	293,91 293,91	293,91 293,91
3 206,99	I, II, IV, V III	294,16 294,16	294,16 294,16
3 209,99	I, II, IV, V III	294,50 294,50	294,50 294,50
3 212,99	I, II, IV, V III	294,75 294,75	294,75 294,75
3 215,99	I, II, IV, V III	295,— 295,—	295,— 295,—
3 218,99	I, II, IV, V III	295,33 295,33	295,33 295,33
3 221,99	I, II, IV, V III	295,58 295,58	295,58 295,58
3 224,99	I, II, IV, V III	295,83 295,83	295,83 295,83
3 227,99	I, II, IV, V III	296,16 296,16	296,16 296,16
3 230,99	I, II, IV, V III	296,41 296,41	296,41 296,41
3 233,99	I, II, IV, V III	296,66 296,66	296,66 296,66
3 236,99	I, II, IV, V III	296,91 296,91	296,91 296,91
3 239,99	I, II, IV, V III	297,25 297,25	297,25 297,25
3 242,99	I, II, IV, V III	297,50 297,50	297,50 297,50
3 245,99	I, II, IV, V III	297,75 297,75	297,75 297,75
3 248,99	I, II, IV, V III	298,08 298,08	298,08 298,08
3 251,99	I, II, IV, V III	298,33 298,33	298,33 298,33
3 254,99	I, II, IV, V III	298,58 298,58	298,58 298,58
3 257,99	I, II, IV, V III	298,91 298,91	298,91 298,91
3 260,99	I, II, IV, V III	299,16 299,16	299,16 299,16
3 263,99	I, II, IV, V III	299,41 299,41	299,41 299,41
3 266,99	I, II, IV, V III	299,66 299,66	299,66 299,66
3 269,99	I, II, IV, V III	300,— 300,—	300,— 300,—
3 272,99	I, II, IV, V III	300,25 300,25	300,25 300,25
3 275,99	I, II, IV, V III	300,50 300,50	300,50 300,50
3 278,99	I, II, IV, V III	300,83 300,83	300,83 300,83
3 281,99	I, II, IV, V III	301,08 301,08	301,08 301,08
3 284,99	I, II, IV, V III	301,33 301,33	301,33 301,33
3 287,99	I, II, IV, V III	301,66 301,66	301,66 301,66
3 290,99	I, II, IV, V III	301,91 301,91	301,91 301,91
3 293,99	I, II, IV, V III	302,16 302,16	302,16 302,16
3 296,99	I, II, IV, V III	302,41 302,41	302,41 302,41
3 299,99	I, II, IV, V III	302,75 302,75	302,75 302,75
3 302,99	I, II, IV, V III	303,— 303,—	303,— 303,—
3 305,99	I, II, IV, V III	303,25 303,25	303,25 303,25

Lohn/ Gehalt bis €		Abzugsbetrag bei privat Kranken- und Pflegeversicherten* BVSP**	TAGZ***
3 308,99	I, II, IV, V III	303,58 303,58	303,58 303,58
3 311,99	I, II, IV, V III	303,83 303,83	303,83 303,83
3 314,99	I, II, IV, V III	304,08 304,08	304,08 304,08
3 317,99	I, II, IV, V III	304,41 304,41	304,41 304,41
3 320,99	I, II, IV, V III	304,66 304,66	304,66 304,66
3 323,99	I, II, IV, V III	304,91 304,91	304,91 304,91
3 326,99	I, II, IV, V III	305,25 305,25	305,25 305,25
3 329,99	I, II, IV, V III	305,50 305,50	305,50 305,50
3 332,99	I, II, IV, V III	305,75 305,75	305,75 305,75
3 335,99	I, II, IV, V III	306,— 306,—	306,— 306,—
3 338,99	I, II, IV, V III	306,33 306,33	306,33 306,33
3 341,99	I, II, IV, V III	306,58 306,58	306,58 306,58
3 344,99	I, II, IV, V III	306,83 306,83	306,83 306,83
3 347,99	I, II, IV, V III	307,16 307,16	307,16 307,16
3 350,99	I, II, IV, V III	307,41 307,41	307,41 307,41
3 353,99	I, II, IV, V III	307,66 307,66	307,66 307,66
3 356,99	I, II, IV, V III	308,— 308,—	308,— 308,—
3 359,99	I, II, IV, V III	308,25 308,25	308,25 308,25
3 362,99	I, II, IV, V III	308,50 308,50	308,50 308,50
3 365,99	I, II, IV, V III	308,75 308,75	308,75 308,75
3 368,99	I, II, IV, V III	309,08 309,08	309,08 309,08
3 371,99	I, II, IV, V III	309,33 309,33	309,33 309,33
3 374,99	I, II, IV, V III	309,58 309,58	309,58 309,58
3 377,99	I, II, IV, V III	309,91 309,91	309,91 309,91
3 380,99	I, II, IV, V III	310,16 310,16	310,16 310,16
3 383,99	I, II, IV, V III	310,41 310,41	310,41 310,41
3 386,99	I, II, IV, V III	310,75 310,75	310,75 310,75
3 389,99	I, II, IV, V III	311,— 311,—	311,— 311,—
3 392,99	I, II, IV, V III	311,25 311,25	311,25 311,25
3 395,99	I, II, IV, V III	311,50 311,50	311,50 311,50
3 398,99	I, II, IV, V III	311,83 311,83	311,83 311,83
3 401,99	I, II, IV, V III	312,08 312,08	312,08 312,08
3 404,99	I, II, IV, V III	312,33 312,33	312,33 312,33
3 407,99	I, II, IV, V III	312,66 312,66	312,66 312,66
3 410,99	I, II, IV, V III	312,91 312,91	312,91 312,91
3 413,99	I, II, IV, V III	313,16 313,16	313,16 313,16
3 416,99	I, II, IV, V III	313,50 313,50	313,50 313,50
3 419,99	I, II, IV, V III	313,75 313,75	313,75 313,75

* Zur Anwendung beachten Sie bitte die Erläuterungen auf den Seiten AP 1f.
** BVSP = Berücksichtigter Teil der Vorsorgepauschale für Kranken- und Pflegeversicherungsaufwendungen.
*** TAGZ = Typisierter Arbeitgeberzuschuss zur Kranken- und Pflegeversicherung.

Lohn/ Gehalt bis €	Abzugsbetrag bei privat Kranken- und Pflegeversicherten*		
		BVSP**	TAGZ***
3 422,99	I, II, IV, V	314,—	314,—
	III	314,—	314,—
3 425,99	I, II, IV, V	314,33	314,33
	III	314,33	314,33
3 428,99	I, II, IV, V	314,58	314,58
	III	314,58	314,58
3 431,99	I, II, IV, V	314,83	314,83
	III	314,83	314,83
3 434,99	I, II, IV, V	315,08	315,08
	III	315,08	315,08
3 437,99	I, II, IV, V	315,41	315,41
	III	315,41	315,41
3 440,99	I, II, IV, V	315,66	315,66
	III	315,66	315,66
3 443,99	I, II, IV, V	315,91	315,91
	III	315,91	315,91
3 446,99	I, II, IV, V	316,25	316,25
	III	316,25	316,25
3 449,99	I, II, IV, V	316,50	316,50
	III	316,50	316,50
3 452,99	I, II, IV, V	316,75	316,75
	III	316,75	316,75
3 455,99	I, II, IV, V	317,08	317,08
	III	317,08	317,08
3 458,99	I, II, IV, V	317,33	317,33
	III	317,33	317,33
3 461,99	I, II, IV, V	317,58	317,58
	III	317,58	317,58
3 464,99	I, II, IV, V	317,83	317,83
	III	317,83	317,83
3 467,99	I, II, IV, V	318,16	318,16
	III	318,16	318,16
3 470,99	I, II, IV, V	318,41	318,41
	III	318,41	318,41
3 473,99	I, II, IV, V	318,66	318,66
	III	318,66	318,66
3 476,99	I, II, IV, V	319,—	319,—
	III	319,—	319,—
3 479,99	I, II, IV, V	319,25	319,25
	III	319,25	319,25
3 482,99	I, II, IV, V	319,50	319,50
	III	319,50	319,50
3 485,99	I, II, IV, V	319,83	319,83
	III	319,83	319,83
3 488,99	I, II, IV, V	320,08	320,08
	III	320,08	320,08
3 491,99	I, II, IV, V	320,33	320,33
	III	320,33	320,33
3 494,99	I, II, IV, V	320,58	320,58
	III	320,58	320,58
3 497,99	I, II, IV, V	320,91	320,91
	III	320,91	320,91
3 500,99	I, II, IV, V	321,16	321,16
	III	321,16	321,16
3 503,99	I, II, IV, V	321,41	321,41
	III	321,41	321,41
3 506,99	I, II, IV, V	321,75	321,75
	III	321,75	321,75
3 509,99	I, II, IV, V	322,—	322,—
	III	322,—	322,—
3 512,99	I, II, IV, V	322,25	322,25
	III	322,25	322,25
3 515,99	I, II, IV, V	322,58	322,58
	III	322,58	322,58
3 518,99	I, II, IV, V	322,83	322,83
	III	322,83	322,83
3 521,99	I, II, IV, V	323,08	323,08
	III	323,08	323,08
3 524,99	I, II, IV, V	323,41	323,41
	III	323,41	323,41
3 527,99	I, II, IV, V	323,66	323,66
	III	323,66	323,66
3 530,99	I, II, IV, V	323,91	323,91
	III	323,91	323,91
3 533,99	I, II, IV, V	324,16	324,16
	III	324,16	324,16
3 536,99	I, II, IV, V	324,50	324,50
	III	324,50	324,50
3 539,99	I, II, IV, V	324,75	324,75
	III	324,75	324,75
3 542,99	I, II, IV, V	325,—	325,—
	III	325,—	325,—
3 545,99	I, II, IV, V	325,33	325,33
	III	325,33	325,33
3 548,99	I, II, IV, V	325,58	325,58
	III	325,58	325,58
3 551,99	I, II, IV, V	325,83	325,83
	III	325,83	325,83
3 554,99	I, II, IV, V	326,16	326,16
	III	326,16	326,16
3 557,99	I, II, IV, V	326,41	326,41
	III	326,41	326,41
3 560,99	I, II, IV, V	326,66	326,66
	III	326,66	326,66
3 563,99	I, II, IV, V	326,91	326,91
	III	326,91	326,91
3 566,99	I, II, IV, V	327,25	327,25
	III	327,25	327,25
3 569,99	I, II, IV, V	327,50	327,50
	III	327,50	327,50
3 572,99	I, II, IV, V	327,75	327,75
	III	327,75	327,75
3 575,99	I, II, IV, V	328,08	328,08
	III	328,08	328,08
3 578,99	I, II, IV, V	328,33	328,33
	III	328,33	328,33
3 581,99	I, II, IV, V	328,58	328,58
	III	328,58	328,58
3 584,99	I, II, IV, V	328,91	328,91
	III	328,91	328,91
3 587,99	I, II, IV, V	329,16	329,16
	III	329,16	329,16
3 590,99	I, II, IV, V	329,41	329,41
	III	329,41	329,41
3 593,99	I, II, IV, V	329,66	329,66
	III	329,66	329,66
3 596,99	I, II, IV, V	330,—	330,—
	III	330,—	330,—
3 599,99	I, II, IV, V	330,25	330,25
	III	330,25	330,25
3 602,99	I, II, IV, V	330,50	330,50
	III	330,50	330,50
3 605,99	I, II, IV, V	330,83	330,83
	III	330,83	330,83
3 608,99	I, II, IV, V	331,08	331,08
	III	331,08	331,08
3 611,99	I, II, IV, V	331,33	331,33
	III	331,33	331,33
3 614,99	I, II, IV, V	331,66	331,66
	III	331,66	331,66
3 617,99	I, II, IV, V	331,91	331,91
	III	331,91	331,91
3 620,99	I, II, IV, V	332,16	332,16
	III	332,16	332,16
3 623,99	I, II, IV, V	332,50	332,50
	III	332,50	332,50
3 626,99	I, II, IV, V	332,75	332,75
	III	332,75	332,75
3 629,99	I, II, IV, V	333,—	333,—
	III	333,—	333,—
3 632,99	I, II, IV, V	333,25	333,25
	III	333,25	333,25
3 635,99	I, II, IV, V	333,58	333,58
	III	333,58	333,58
3 638,99	I, II, IV, V	333,83	333,83
	III	333,83	333,83
3 641,99	I, II, IV, V	334,08	334,08
	III	334,08	334,08
3 644,99	I, II, IV, V	334,41	334,41
	III	334,41	334,41
3 647,99	I, II, IV, V	334,66	334,66
	III	334,66	334,66
3 650,99	I, II, IV, V	334,91	334,91
	III	334,91	334,91
3 653,99	I, II, IV, V	335,25	335,25
	III	335,25	335,25
3 656,99	I, II, IV, V	335,50	335,50
	III	335,50	335,50
3 659,99	I, II, IV, V	335,75	335,75
	III	335,75	335,75
3 662,99	I, II, IV, V	336,—	336,—
	III	336,—	336,—
3 665,99	I, II, IV, V	336,33	336,33
	III	336,33	336,33
3 668,99	I, II, IV, V	336,58	336,58
	III	336,58	336,58
3 671,99	I, II, IV, V	336,83	336,83
	III	336,83	336,83
3 674,99	I, II, IV, V	337,16	337,16
	III	337,16	337,16
3 677,99	I, II, IV, V	337,41	337,41
	III	337,41	337,41
3 680,99	I, II, IV, V	337,66	337,66
	III	337,66	337,66
3 683,99	I, II, IV, V	338,—	338,—
	III	338,—	338,—
3 686,99	I, II, IV, V	338,25	338,25
	III	338,25	338,25
3 689,99	I, II, IV, V	338,50	338,50
	III	338,50	338,50
3 692,99	I, II, IV, V	338,75	338,75
	III	338,75	338,75
3 695,99	I, II, IV, V	339,08	339,08
	III	339,08	339,08
3 698,99	I, II, IV, V	339,33	339,33
	III	339,33	339,33
3 701,99	I, II, IV, V	339,58	339,58
	III	339,58	339,58
3 704,99	I, II, IV, V	339,91	339,91
	III	339,91	339,91
3 707,99	I, II, IV, V	340,16	340,16
	III	340,16	340,16
3 710,99	I, II, IV, V	340,41	340,41
	III	340,41	340,41
3 713,99	I, II, IV, V	340,75	340,75
	III	340,75	340,75
3 716,99	I, II, IV, V	341,—	341,—
	III	341,—	341,—
3 719,99	I, II, IV, V	341,25	341,25
	III	341,25	341,25
3 722,99	I, II, IV, V	341,58	341,58
	III	341,58	341,58
3 725,99	I, II, IV, V	341,83	341,83
	III	341,83	341,83
3 728,99	I, II, IV, V	342,08	342,08
	III	342,08	342,08
3 731,99	I, II, IV, V	342,33	342,33
	III	342,33	342,33
3 734,99	I, II, IV, V	342,66	342,66
	III	342,66	342,66
3 737,99	I, II, IV, V	342,91	342,91
	III	342,91	342,91
3 740,99	I, II, IV, V	343,16	343,16
	III	343,16	343,16
3 743,99	I, II, IV, V	343,50	343,50
	III	343,50	343,50
3 746,99	I, II, IV, V	343,75	343,75
	III	343,75	343,75
3 749,99	I, II, IV, V	344,—	344,—
	III	344,—	344,—
3 752,99	I, II, IV, V	344,33	344,33
	III	344,33	344,33
3 755,99	I, II, IV, V	344,58	344,58
	III	344,58	344,58
3 758,99	I, II, IV, V	344,83	344,83
	III	344,83	344,83
3 761,99	I, II, IV, V	345,08	345,08
	III	345,08	345,08

* Zur Anwendung beachten Sie bitte die Erläuterungen auf den Seiten AP 1f.
** BVSP = Berücksichtigter Teil der Vorsorgepauschale für Kranken- und Pflegeversicherungsaufwendungen.
*** TAGZ = Typisierter Arbeitgeberzuschuss zur Kranken- und Pflegeversicherung.

MONAT 3 762,–

Lohn/ Gehalt bis €	Abzugsbetrag bei privat Kranken- und Pflegeversicherten*		
		BVSP**	TAGZ***
3 764,99	I, II, IV, V	345,41	345,41
	III	345,41	345,41
3 767,99	I, II, IV, V	345,66	345,66
	III	345,66	345,66
3 770,99	I, II, IV, V	345,91	345,91
	III	345,91	345,91
3 773,99	I, II, IV, V	346,25	346,25
	III	346,25	346,25
3 776,99	I, II, IV, V	346,50	346,50
	III	346,50	346,50
3 779,99	I, II, IV, V	346,75	346,75
	III	346,75	346,75
3 782,99	I, II, IV, V	347,08	347,08
	III	347,08	347,08
3 785,99	I, II, IV, V	347,33	347,33
	III	347,33	347,33
3 788,99	I, II, IV, V	347,58	347,58
	III	347,58	347,58
3 791,99	I, II, IV, V	347,83	347,83
	III	347,83	347,83
3 794,99	I, II, IV, V	348,16	348,16
	III	348,16	348,16
3 797,99	I, II, IV, V	348,41	348,41
	III	348,41	348,41
3 800,99	I, II, IV, V	348,66	348,66
	III	348,66	348,66
3 803,99	I, II, IV, V	349,—	349,—
	III	349,—	349,—
3 806,99	I, II, IV, V	349,25	349,25
	III	349,25	349,25
3 809,99	I, II, IV, V	349,50	349,50
	III	349,50	349,50
3 812,99	I, II, IV, V	349,83	349,83
	III	349,83	349,83
3 815,99	I, II, IV, V	350,08	350,08
	III	350,08	350,08
3 818,99	I, II, IV, V	350,33	350,33
	III	350,33	350,33
3 821,99	I, II, IV, V	350,66	350,66
	III	350,66	350,66
3 824,99	I, II, IV, V	350,91	350,91
	III	350,91	350,91
3 827,99	I, II, IV, V	351,16	351,16
	III	351,16	351,16
3 830,99	I, II, IV, V	351,41	351,41
	III	351,41	351,41
3 833,99	I, II, IV, V	351,75	351,75
	III	351,75	351,75
3 836,99	I, II, IV, V	352,—	352,—
	III	352,—	352,—
3 839,99	I, II, IV, V	352,25	352,25
	III	352,25	352,25
3 842,99	I, II, IV, V	352,58	352,58
	III	352,58	352,58
3 845,99	I, II, IV, V	352,83	352,83
	III	352,83	352,83
3 848,99	I, II, IV, V	353,08	353,08
	III	353,08	353,08
3 851,99	I, II, IV, V	353,41	353,41
	III	353,41	353,41
3 854,99	I, II, IV, V	353,66	353,66
	III	353,66	353,66
3 857,99	I, II, IV, V	353,91	353,91
	III	353,91	353,91
3 860,99	I, II, IV, V	354,16	354,16
	III	354,16	354,16
3 863,99	I, II, IV, V	354,50	354,50
	III	354,50	354,50
3 866,99	I, II, IV, V	354,75	354,75
	III	354,75	354,75
3 869,99	I, II, IV, V	355,—	355,—
	III	355,—	355,—
3 872,99	I, II, IV, V	355,33	355,33
	III	355,33	355,33
3 875,99	I, II, IV, V	355,58	355,58
	III	355,58	355,58

Lohn/ Gehalt bis €	Abzugsbetrag bei privat Kranken- und Pflegeversicherten*		
		BVSP**	TAGZ***
3 878,99	I, II, IV, V	355,83	355,83
	III	355,83	355,83
3 881,99	I, II, IV, V	356,16	356,16
	III	356,16	356,16
3 884,99	I, II, IV, V	356,41	356,41
	III	356,41	356,41
3 887,99	I, II, IV, V	356,66	356,66
	III	356,66	356,66
3 890,99	I, II, IV, V	356,91	356,91
	III	356,91	356,91
3 893,99	I, II, IV, V	357,25	357,25
	III	357,25	357,25
3 896,99	I, II, IV, V	357,50	357,50
	III	357,50	357,50
3 899,99	I, II, IV, V	357,75	357,75
	III	357,75	357,75
3 902,99	I, II, IV, V	358,08	358,08
	III	358,08	358,08
3 905,99	I, II, IV, V	358,33	358,33
	III	358,33	358,33
3 908,99	I, II, IV, V	358,58	358,58
	III	358,58	358,58
3 911,99	I, II, IV, V	358,91	358,91
	III	358,91	358,91
3 914,99	I, II, IV, V	359,16	359,16
	III	359,16	359,16
3 917,99	I, II, IV, V	359,41	359,41
	III	359,41	359,41
3 920,99	I, II, IV, V	359,75	359,75
	III	359,75	359,75
3 923,99	I, II, IV, V	360,—	360,—
	III	360,—	360,—
3 926,99	I, II, IV, V	360,25	360,25
	III	360,25	360,25
3 929,99	I, II, IV, V	360,50	360,50
	III	360,50	360,50
3 932,99	I, II, IV, V	360,83	360,83
	III	360,83	360,83
3 935,99	I, II, IV, V	361,08	361,08
	III	361,08	361,08
3 938,99	I, II, IV, V	361,33	361,33
	III	361,33	361,33
3 941,99	I, II, IV, V	361,66	361,66
	III	361,66	361,66
3 944,99	I, II, IV, V	361,91	361,91
	III	361,91	361,91
3 947,99	I, II, IV, V	362,16	362,16
	III	362,16	362,16
3 950,99	I, II, IV, V	362,50	362,50
	III	362,50	362,50
3 953,99	I, II, IV, V	362,75	362,75
	III	362,75	362,75
3 956,99	I, II, IV, V	363,—	363,—
	III	363,—	363,—
3 959,99	I, II, IV, V	363,25	363,25
	III	363,25	363,25
3 962,99	I, II, IV, V	363,58	363,58
	III	363,58	363,58
3 965,99	I, II, IV, V	363,83	363,83
	III	363,83	363,83
3 968,99	I, II, IV, V	364,08	364,08
	III	364,08	364,08
3 971,99	I, II, IV, V	364,41	364,41
	III	364,41	364,41
3 974,99	I, II, IV, V	364,66	364,66
	III	364,66	364,66
3 977,99	I, II, IV, V	364,91	364,91
	III	364,91	364,91
3 980,99	I, II, IV, V	365,25	365,25
	III	365,25	365,25
3 983,99	I, II, IV, V	365,50	365,50
	III	365,50	365,50
3 986,99	I, II, IV, V	365,75	365,75
	III	365,75	365,75
3 989,99	I, II, IV, V	366,—	366,—
	III	366,—	366,—

Lohn/ Gehalt bis €	Abzugsbetrag bei privat Kranken- und Pflegeversicherten*		
		BVSP**	TAGZ***
3 992,99	I, II, IV, V	366,33	366,33
	III	366,33	366,33
3 995,99	I, II, IV, V	366,58	366,58
	III	366,58	366,58
3 998,99	I, II, IV, V	366,83	366,83
	III	366,83	366,83
4 001,99	I, II, IV, V	367,16	367,16
	III	367,16	367,16
4 004,99	I, II, IV, V	367,41	367,41
	III	367,41	367,41
4 007,99	I, II, IV, V	367,66	367,66
	III	367,66	367,66
4 010,99	I, II, IV, V	368,—	368,—
	III	368,—	368,—
4 013,99	I, II, IV, V	368,25	368,25
	III	368,25	368,25
4 016,99	I, II, IV, V	368,50	368,50
	III	368,50	368,50
4 019,99	I, II, IV, V	368,83	368,83
	III	368,83	368,83
4 022,99	I, II, IV, V	369,08	369,08
	III	369,08	369,08
4 025,99	I, II, IV, V	369,33	369,33
	III	369,33	369,33
4 028,99	I, II, IV, V	369,58	369,58
	III	369,58	369,58
4 031,99	I, II, IV, V	369,91	369,91
	III	369,91	369,91
4 034,99	I, II, IV, V	370,16	370,16
	III	370,16	370,16
4 037,99	I, II, IV, V	370,41	370,41
	III	370,41	370,41
4 040,99	I, II, IV, V	370,75	370,75
	III	370,75	370,75
4 043,99	I, II, IV, V	371,—	371,—
	III	371,—	371,—
4 046,99	I, II, IV, V	371,25	371,25
	III	371,25	371,25
4 049,99	I, II, IV, V	371,58	371,58
	III	371,58	371,58
4 052,99	I, II, IV, V	371,83	371,83
	III	371,83	371,83
4 055,99	I, II, IV, V	372,08	372,08
	III	372,08	372,08
4 058,99	I, II, IV, V	372,33	372,33
	III	372,33	372,33
4 061,99	I, II, IV, V	372,66	372,66
	III	372,66	372,66
4 064,99	I, II, IV, V	372,91	372,91
	III	372,91	372,91
4 067,99	I, II, IV, V	373,16	373,16
	III	373,16	373,16
4 070,99	I, II, IV, V	373,50	373,50
	III	373,50	373,50
4 073,99	I, II, IV, V	373,75	373,75
	III	373,75	373,75
4 076,99	I, II, IV, V	374,—	374,—
	III	374,—	374,—
4 079,99	I, II, IV, V	374,33	374,33
	III	374,33	374,33
4 082,99	I, II, IV, V	374,58	374,58
	III	374,58	374,58
4 085,99	I, II, IV, V	374,83	374,83
	III	374,83	374,83
4 088,99	I, II, IV, V	375,08	375,08
	III	375,08	375,08
4 091,99	I, II, IV, V	375,41	375,41
	III	375,41	375,41
4 094,99	I, II, IV, V	375,66	375,66
	III	375,66	375,66
4 097,99	I, II, IV, V	375,91	375,91
	III	375,91	375,91
4 100,99	I, II, IV, V	376,25	376,25
	III	376,25	376,25
4 103,99	I, II, IV, V	376,50	376,50
	III	376,50	376,50

*** Zur Anwendung beachten Sie bitte die Erläuterungen auf den Seiten AP 1f.**
**** BVSP = Berücksichtigter Teil der Vorsorgepauschale für Kranken- und Pflegeversicherungsaufwendungen.**
***** TAGZ = Typisierter Arbeitgeberzuschuss zur Kranken- und Pflegeversicherung.**

Lohn/ Gehalt bis €		Abzugsbetrag bei privat Kranken- und Pflegeversicherten*	
		BVSP**	TAGZ***
4 106,99	I, II, IV, V	376,75	376,75
	III	376,75	376,75
4 109,99	I, II, IV, V	377,08	377,08
	III	377,08	377,08
4 112,99	I, II, IV, V	377,33	377,33
	III	377,33	377,33
4 115,99	I, II, IV, V	377,58	377,58
	III	377,58	377,58
4 118,99	I, II, IV, V	377,91	377,91
	III	377,91	377,91
4 121,99	I, II, IV, V	378,16	378,16
	III	378,16	378,16
4 124,99	I, II, IV, V	378,41	378,41
	III	378,41	378,41
4 127,99	I, II, IV, V	378,66	378,66
	III	378,66	378,66
4 130,99	I, II, IV, V	379,—	379,—
	III	379,—	379,—
4 133,99	I, II, IV, V	379,25	379,25
	III	379,25	379,25
4 136,99	I, II, IV, V	379,50	379,50
	III	379,50	379,50
4 139,99	I, II, IV, V	379,83	379,83
	III	379,83	379,83
4 142,99	I, II, IV, V	380,08	380,08
	III	380,08	380,08
4 145,99	I, II, IV, V	380,33	380,33
	III	380,33	380,33
4 148,99	I, II, IV, V	380,66	380,66
	III	380,66	380,66
4 151,99	I, II, IV, V	380,91	380,91
	III	380,91	380,91
4 154,99	I, II, IV, V	381,16	381,16
	III	381,16	381,16
4 157,99	I, II, IV, V	381,41	381,41
	III	381,41	381,41
4 160,99	I, II, IV, V	381,75	381,75
	III	381,75	381,75
4 163,99	I, II, IV, V	382,—	382,—
	III	382,—	382,—
4 166,99	I, II, IV, V	382,25	382,25
	III	382,25	382,25
4 169,99	I, II, IV, V	382,58	382,58
	III	382,58	382,58
4 172,99	I, II, IV, V	382,83	382,83
	III	382,83	382,83
4 175,99	I, II, IV, V	383,08	383,08
	III	383,08	383,08
4 178,99	I, II, IV, V	383,41	383,41
	III	383,41	383,41
4 181,99	I, II, IV, V	383,66	383,66
	III	383,66	383,66
4 184,99	I, II, IV, V	383,91	383,91
	III	383,91	383,91
4 187,99	I, II, IV, V	384,16	384,16
	III	384,16	384,16
4 190,99	I, II, IV, V	384,50	384,50
	III	384,50	384,50
4 193,99	I, II, IV, V	384,75	384,75
	III	384,75	384,75
4 196,99	I, II, IV, V	385,—	385,—
	III	385,—	385,—
4 199,99	I, II, IV, V	385,33	385,33
	III	385,33	385,33
4 202,99	I, II, IV, V	385,58	385,58
	III	385,58	385,58
4 205,99	I, II, IV, V	385,83	385,83
	III	385,83	385,83
4 208,99	I, II, IV, V	386,16	386,16
	III	386,16	386,16
4 211,99	I, II, IV, V	386,41	386,41
	III	386,41	386,41
4 214,99	I, II, IV, V	386,66	386,66
	III	386,66	386,66
4 217,99	I, II, IV, V	387,—	387,—
	III	387,—	387,—

Lohn/ Gehalt bis €		Abzugsbetrag bei privat Kranken- und Pflegeversicherten*	
		BVSP**	TAGZ***
4 220,99	I, II, IV, V	387,25	387,25
	III	387,25	387,25
4 223,99	I, II, IV, V	387,50	387,50
	III	387,50	387,50
4 226,99	I, II, IV, V	387,75	387,75
	III	387,75	387,75
4 229,99	I, II, IV, V	388,08	388,08
	III	388,08	388,08
4 232,99	I, II, IV, V	388,33	388,33
	III	388,33	388,33
4 235,99	I, II, IV, V	388,58	388,58
	III	388,58	388,58
4 238,99	I, II, IV, V	388,91	388,91
	III	388,91	388,91
4 241,99	I, II, IV, V	389,16	389,16
	III	389,16	389,16
4 244,99	I, II, IV, V	389,41	389,41
	III	389,41	389,41
4 247,99	I, II, IV, V	389,75	389,75
	III	389,75	389,75
4 250,99	I, II, IV, V	390,—	390,—
	III	390,—	390,—
4 253,99	I, II, IV, V	390,25	390,25
	III	390,25	390,25
4 256,99	I, II, IV, V	390,50	390,50
	III	390,50	390,50
4 259,99	I, II, IV, V	390,83	390,83
	III	390,83	390,83
4 262,99	I, II, IV, V	391,08	391,08
	III	391,08	391,08
4 265,99	I, II, IV, V	391,33	391,33
	III	391,33	391,33
4 268,99	I, II, IV, V	391,66	391,66
	III	391,66	391,66
4 271,99	I, II, IV, V	391,91	391,91
	III	391,91	391,91
4 274,99	I, II, IV, V	392,16	392,16
	III	392,16	392,16
4 277,99	I, II, IV, V	392,50	392,50
	III	392,50	392,50
4 280,99	I, II, IV, V	392,75	392,75
	III	392,75	392,75
4 283,99	I, II, IV, V	393,—	393,—
	III	393,—	393,—
4 286,99	I, II, IV, V	393,25	393,25
	III	393,25	393,25
4 289,99	I, II, IV, V	393,58	393,58
	III	393,58	393,58
4 292,99	I, II, IV, V	393,83	393,83
	III	393,83	393,83
4 295,99	I, II, IV, V	394,08	394,08
	III	394,08	394,08
4 298,99	I, II, IV, V	394,41	394,41
	III	394,41	394,41
4 301,99	I, II, IV, V	394,66	394,66
	III	394,66	394,66
4 304,99	I, II, IV, V	394,91	394,91
	III	394,91	394,91
4 307,99	I, II, IV, V	395,25	395,25
	III	395,25	395,25
4 310,99	I, II, IV, V	395,50	395,50
	III	395,50	395,50
4 313,99	I, II, IV, V	395,75	395,75
	III	395,75	395,75
4 316,99	I, II, IV, V	396,08	396,08
	III	396,08	396,08
4 319,99	I, II, IV, V	396,33	396,33
	III	396,33	396,33
4 322,99	I, II, IV, V	396,58	396,58
	III	396,58	396,58
4 325,99	I, II, IV, V	396,83	396,83
	III	396,83	396,83
4 328,99	I, II, IV, V	397,16	397,16
	III	397,16	397,16
4 331,99	I, II, IV, V	397,41	397,41
	III	397,41	397,41

Lohn/ Gehalt bis €		Abzugsbetrag bei privat Kranken- und Pflegeversicherten*	
		BVSP**	TAGZ***
4 334,99	I, II, IV, V	397,66	397,66
	III	397,66	397,66
4 337,99	I, II, IV, V	398,—	398,—
	III	398,—	398,—
4 340,99	I, II, IV, V	398,25	398,25
	III	398,25	398,25
4 343,99	I, II, IV, V	398,50	398,50
	III	398,50	398,50
4 346,99	I, II, IV, V	398,83	398,83
	III	398,83	398,83
4 349,99	I, II, IV, V	399,08	399,08
	III	399,08	399,08
4 352,99	I, II, IV, V	399,33	399,33
	III	399,33	399,33
4 355,99	I, II, IV, V	399,58	399,58
	III	399,58	399,58
4 358,99	I, II, IV, V	399,91	399,91
	III	399,91	399,91
4 361,99	I, II, IV, V	400,16	400,16
	III	400,16	400,16
4 364,99	I, II, IV, V	400,41	400,41
	III	400,41	400,41
4 367,99	I, II, IV, V	400,75	400,75
	III	400,75	400,75
4 370,99	I, II, IV, V	401,—	401,—
	III	401,—	401,—
4 373,99	I, II, IV, V	401,25	401,25
	III	401,25	401,25
4 376,99	I, II, IV, V	401,58	401,58
	III	401,58	401,58
4 379,99	I, II, IV, V	401,83	401,83
	III	401,83	401,83
4 382,99	I, II, IV, V	402,08	402,08
	III	402,08	402,08
4 385,99	I, II, IV, V	402,33	402,33
	III	402,33	402,33
4 388,99	I, II, IV, V	402,66	402,66
	III	402,66	402,66
4 391,99	I, II, IV, V	402,91	402,91
	III	402,91	402,91
4 394,99	I, II, IV, V	403,16	403,16
	III	403,16	403,16
4 397,99	I, II, IV, V	403,50	403,50
	III	403,50	403,50
4 400,99	I, II, IV, V	403,75	403,75
	III	403,75	403,75
4 403,99	I, II, IV, V	404,—	404,—
	III	404,—	404,—
4 406,99	I, II, IV, V	404,33	404,33
	III	404,33	404,33
4 409,99	I, II, IV, V	404,58	404,58
	III	404,58	404,58
4 412,99	I, II, IV, V	404,83	404,83
	III	404,83	404,83
4 415,99	I, II, IV, V	405,16	405,16
	III	405,16	405,16
4 418,99	I, II, IV, V	405,41	405,41
	III	405,41	405,41
4 421,99	I, II, IV, V	405,66	405,66
	III	405,66	405,66
4 424,99	I, II, IV, V	405,91	405,91
	III	405,91	405,91
4 427,99	I, II, IV, V	406,25	406,25
	III	406,25	406,25
4 430,99	I, II, IV, V	406,50	406,50
	III	406,50	406,50
4 433,99	I, II, IV, V	406,75	406,75
	III	406,75	406,75
4 436,99	I, II, IV, V	407,08	407,08
	III	407,08	407,08
4 439,99	I, II, IV, V	407,33	407,33
	III	407,33	407,33
4 442,99	I, II, IV, V	407,58	407,58
	III	407,58	407,58
4 445,99	I, II, IV, V	407,91	407,91
	III	407,91	407,91

* Zur Anwendung beachten Sie bitte die Erläuterungen auf den Seiten AP 1f.
** BVSP = Berücksichtigter Teil der Vorsorgepauschale für Kranken- und Pflegeversicherungsaufwendungen.
*** TAGZ = Typisierter Arbeitgeberzuschuss zur Kranken- und Pflegeversicherung.

MONAT 4 446,–

Lohn/Gehalt bis €	Abzugsbetrag bei privat Kranken- und Pflegeversicherten*	BVSP**	TAGZ***
4 448,99	I, II, IV, V	408,16	408,16
	III	408,16	408,16
4 451,99	I, II, IV, V	408,41	408,41
	III	408,41	408,41
4 454,99	I, II, IV, V	408,66	408,66
	III	408,66	408,66
4 457,99	I, II, IV, V	409,—	409,—
	III	409,—	409,—
4 460,99	I, II, IV, V	409,25	409,25
	III	409,25	409,25
4 463,99	I, II, IV, V	409,50	409,50
	III	409,50	409,50
4 466,99	I, II, IV, V	409,83	409,83
	III	409,83	409,83
4 469,99	I, II, IV, V	410,08	410,08
	III	410,08	410,08
4 472,99	I, II, IV, V	410,33	410,33
	III	410,33	410,33
4 475,99	I, II, IV, V	410,66	410,66
	III	410,66	410,66
4 478,99	I, II, IV, V	410,91	410,91
	III	410,91	410,91
4 481,99	I, II, IV, V	411,16	411,16
	III	411,16	411,16
4 484,99	I, II, IV, V	411,41	411,41
	III	411,41	411,41
4 487,99	I, II, IV, V	411,75	411,75
	III	411,75	411,75
4 490,99	I, II, IV, V	412,—	412,—
	III	412,—	412,—
4 493,99	I, II, IV, V	412,25	412,25
	III	412,25	412,25
4 496,99	I, II, IV, V	412,58	412,58
	III	412,58	412,58
4 499,99	I, II, IV, V	412,83	412,83
	III	412,83	412,83
4 502,99	I, II, IV, V	413,08	413,08
	III	413,08	413,08
4 505,99	I, II, IV, V	413,41	413,41
	III	413,41	413,41
4 508,99	I, II, IV, V	413,66	413,66
	III	413,66	413,66
4 511,99	I, II, IV, V	413,91	413,91
	III	413,91	413,91
4 514,99	I, II, IV, V	414,25	414,25
	III	414,25	414,25
4 517,99	I, II, IV, V	414,50	414,50
	III	414,50	414,50
4 520,99	I, II, IV, V	414,75	414,75
	III	414,75	414,75
4 523,99	I, II, IV, V	415,—	415,—
	III	415,—	415,—
4 526,99	I, II, IV, V	415,33	415,33
	III	415,33	415,33
4 529,99	I, II, IV, V	415,58	415,58
	III	415,58	415,58
4 532,99	I, II, IV, V	415,83	415,83
	III	415,83	415,83
4 535,99	I, II, IV, V	416,16	416,16
	III	416,16	416,16
4 538,99	I, II, IV, V	416,41	416,41
	III	416,41	416,41
4 541,99	I, II, IV, V	416,66	416,66
	III	416,66	416,66
4 544,99	I, II, IV, V	417,—	417,—
	III	417,—	417,—
4 547,99	I, II, IV, V	417,25	417,25
	III	417,25	417,25
4 550,99	I, II, IV, V	417,50	417,50
	III	417,50	417,50
4 553,99	I, II, IV, V	417,75	417,75
	III	417,75	417,75
4 556,99	I, II, IV, V	418,08	418,08
	III	418,08	418,08
4 559,99	I, II, IV, V	418,33	418,33
	III	418,33	418,33

Lohn/Gehalt bis €	Abzugsbetrag bei privat Kranken- und Pflegeversicherten*	BVSP**	TAGZ***
4 562,99	I, II, IV, V	418,58	418,58
	III	418,58	418,58
4 565,99	I, II, IV, V	418,91	418,91
	III	418,91	418,91
4 568,99	I, II, IV, V	419,16	419,16
	III	419,16	419,16
4 571,99	I, II, IV, V	419,41	419,41
	III	419,41	419,41
4 574,99	I, II, IV, V	419,75	419,75
	III	419,75	419,75
4 577,99	I, II, IV, V	420,—	420,—
	III	420,—	420,—
4 580,99	I, II, IV, V	420,25	420,25
	III	420,25	420,25
4 583,99	I, II, IV, V	420,50	420,50
	III	420,50	420,50
4 586,99	I, II, IV, V	420,83	420,83
	III	420,83	420,83
4 589,99	I, II, IV, V	421,08	421,08
	III	421,08	421,08
4 592,99	I, II, IV, V	421,33	421,33
	III	421,33	421,33
4 595,99	I, II, IV, V	421,66	421,66
	III	421,66	421,66
4 598,99	I, II, IV, V	421,91	421,91
	III	421,91	421,91
4 601,99	I, II, IV, V	422,16	422,16
	III	422,16	422,16
4 604,99	I, II, IV, V	422,50	422,50
	III	422,50	422,50
4 607,99	I, II, IV, V	422,75	422,75
	III	422,75	422,75
4 610,99	I, II, IV, V	423,—	423,—
	III	423,—	423,—
4 613,99	I, II, IV, V	423,33	423,33
	III	423,33	423,33
4 616,99	I, II, IV, V	423,58	423,58
	III	423,58	423,58
4 619,99	I, II, IV, V	423,83	423,83
	III	423,83	423,83
4 622,99	I, II, IV, V	424,08	424,08
	III	424,08	424,08
4 625,99	I, II, IV, V	424,41	424,41
	III	424,41	424,41
4 628,99	I, II, IV, V	424,66	424,66
	III	424,66	424,66
4 631,99	I, II, IV, V	424,91	424,91
	III	424,91	424,91
4 634,99	I, II, IV, V	425,25	425,25
	III	425,25	425,25
4 637,99	I, II, IV, V	425,50	425,50
	III	425,50	425,50
4 640,99	I, II, IV, V	425,75	425,75
	III	425,75	425,75
4 643,99	I, II, IV, V	426,08	426,08
	III	426,08	426,08
4 646,99	I, II, IV, V	426,33	426,33
	III	426,33	426,33
4 649,99	I, II, IV, V	426,58	426,58
	III	426,58	426,58
4 652,99	I, II, IV, V	426,83	426,83
	III	426,83	426,83
4 655,99	I, II, IV, V	427,16	427,16
	III	427,16	427,16
4 658,99	I, II, IV, V	427,41	427,41
	III	427,41	427,41
4 661,99	I, II, IV, V	427,66	427,66
	III	427,66	427,66
4 664,99	I, II, IV, V	428,—	428,—
	III	428,—	428,—
4 667,99	I, II, IV, V	428,25	428,25
	III	428,25	428,25
4 670,99	I, II, IV, V	428,50	428,50
	III	428,50	428,50
4 673,99	I, II, IV, V	428,83	428,83
	III	428,83	428,83

Lohn/Gehalt bis €	Abzugsbetrag bei privat Kranken- und Pflegeversicherten*	BVSP**	TAGZ***
4 676,99	I, II, IV, V	429,08	429,08
	III	429,08	429,08
4 679,99	I, II, IV, V	429,33	429,33
	III	429,33	429,33
4 682,99	I, II, IV, V	429,58	429,58
	III	429,58	429,58
4 685,99	I, II, IV, V	429,91	429,91
	III	429,91	429,91
4 688,99	I, II, IV, V	430,16	430,16
	III	430,16	430,16
4 691,99	I, II, IV, V	430,41	430,41
	III	430,41	430,41
4 694,99	I, II, IV, V	430,75	430,75
	III	430,75	430,75
4 697,99	I, II, IV, V	431,—	431,—
	III	431,—	431,—
4 700,99	I, II, IV, V	431,25	431,25
	III	431,25	431,25
4 703,99	I, II, IV, V	431,58	431,58
	III	431,58	431,58
4 706,99	I, II, IV, V	431,83	431,83
	III	431,83	431,83
4 709,99	I, II, IV, V	432,08	432,08
	III	432,08	432,08
4 712,99	I, II, IV, V	432,41	432,41
	III	432,41	432,41
4 715,99	I, II, IV, V	432,66	432,66
	III	432,66	432,66
4 718,99	I, II, IV, V	432,91	432,91
	III	432,91	432,91
4 721,99	I, II, IV, V	433,16	433,16
	III	433,16	433,16
4 724,99	I, II, IV, V	433,50	433,50
	III	433,50	433,50
4 727,99	I, II, IV, V	433,75	433,75
	III	433,75	433,75
4 730,99	I, II, IV, V	434,—	434,—
	III	434,—	434,—
4 733,99	I, II, IV, V	434,33	434,33
	III	434,33	434,33
4 736,99	I, II, IV, V	434,58	434,58
	III	434,58	434,58
4 739,99	I, II, IV, V	434,83	434,83
	III	434,83	434,83
4 742,99	I, II, IV, V	435,16	435,16
	III	435,16	435,16
4 745,99	I, II, IV, V	435,41	435,41
	III	435,41	435,41
4 748,99	I, II, IV, V	435,66	435,66
	III	435,66	435,66
4 751,99	I, II, IV, V	435,91	435,91
	III	435,91	435,91
4 754,99	I, II, IV, V	436,25	436,25
	III	436,25	436,25
4 757,99	I, II, IV, V	436,50	436,50
	III	436,50	436,50
4 760,99	I, II, IV, V	436,75	436,75
	III	436,75	436,75
4 763,99	I, II, IV, V	437,08	437,08
	III	437,08	437,08
4 766,99	I, II, IV, V	437,33	437,33
	III	437,33	437,33
4 769,99	I, II, IV, V	437,58	437,58
	III	437,58	437,58
4 772,99	I, II, IV, V	437,91	437,91
	III	437,91	437,91
4 775,99	I, II, IV, V	438,16	438,16
	III	438,16	438,16
4 778,99	I, II, IV, V	438,41	438,41
	III	438,41	438,41
4 781,99	I, II, IV, V	438,66	438,66
	III	438,66	438,66
4 784,99	I, II, IV, V	439,—	439,—
	III	439,—	439,—
4 787,99	I, II, IV, V	439,25	439,25
	III	439,25	439,25

* Zur Anwendung beachten Sie bitte die Erläuterungen auf den Seiten AP 1f.
** BVSP = Berücksichtigter Teil der Vorsorgepauschale für Kranken- und Pflegeversicherungsaufwendungen.
*** TAGZ = Typisierter Arbeitgeberzuschuss zur Kranken- und Pflegeversicherung.

Lohn/ Gehalt bis €	Abzugsbetrag bei privat Kranken- und Pflegeversicherten*		
		BVSP**	TAGZ***
4 790,99	I, II, IV, V	439,50	439,50
	III	439,50	439,50
4 793,99	I, II, IV, V	439,83	439,83
	III	439,83	439,83
4 796,99	I, II, IV, V	440,08	440,08
	III	440,08	440,08
4 799,99	I, II, IV, V	440,33	440,33
	III	440,33	440,33
4 802,99	I, II, IV, V	440,66	440,66
	III	440,66	440,66
4 805,99	I, II, IV, V	440,91	440,91
	III	440,91	440,91
4 808,99	I, II, IV, V	441,16	441,16
	III	441,16	441,16
4 811,99	I, II, IV, V	441,50	441,50
	III	441,50	441,50
4 814,99	I, II, IV, V	441,75	441,75
	III	441,75	441,75
4 817,99	I, II, IV, V	442,—	442,—
	III	442,—	442,—
4 820,99	I, II, IV, V	442,25	442,25
	III	442,25	442,25
4 823,99	I, II, IV, V	442,58	442,58
	III	442,58	442,58
4 826,99	I, II, IV, V	442,83	442,83
	III	442,83	442,83
4 829,99	I, II, IV, V	443,08	443,08
	III	443,08	443,08
4 832,99	I, II, IV, V	443,41	443,41
	III	443,41	443,41
4 835,99	I, II, IV, V	443,66	443,66
	III	443,66	443,66
4 838,99	I, II, IV, V	443,83	443,83
	III	443,83	443,83
4 841,99	I, II, IV, V	443,83	443,83
	III	443,83	443,83
4 844,99	I, II, IV, V	443,83	443,83
	III	443,83	443,83
4 847,99	I, II, IV, V	443,83	443,83
	III	443,83	443,83
4 850,99	I, II, IV, V	443,83	443,83
	III	443,83	443,83
4 853,99	I, II, IV, V	443,83	443,83
	III	443,83	443,83
4 856,99	I, II, IV, V	443,83	443,83
	III	443,83	443,83
4 859,99	I, II, IV, V	443,83	443,83
	III	443,83	443,83
4 862,99	I, II, IV, V	443,83	443,83
	III	443,83	443,83
4 865,99	I, II, IV, V	443,83	443,83
	III	443,83	443,83
4 868,99	I, II, IV, V	443,83	443,83
	III	443,83	443,83
4 871,99	I, II, IV, V	443,83	443,83
	III	443,83	443,83
4 874,99	I, II, IV, V	443,83	443,83
	III	443,83	443,83
4 877,99	I, II, IV, V	443,83	443,83
	III	443,83	443,83
4 880,99	I, II, IV, V	443,83	443,83
	III	443,83	443,83
4 883,99	I, II, IV, V	443,83	443,83
	III	443,83	443,83
4 886,99	I, II, IV, V	443,83	443,83
	III	443,83	443,83
4 889,99	I, II, IV, V	443,83	443,83
	III	443,83	443,83
4 892,99	I, II, IV, V	443,83	443,83
	III	443,83	443,83
4 895,99	I, II, IV, V	443,83	443,83
	III	443,83	443,83
4 898,99	I, II, IV, V	443,83	443,83
	III	443,83	443,83
4 901,99	I, II, IV, V	443,83	443,83
	III	443,83	443,83

Lohn/ Gehalt bis €	Abzugsbetrag bei privat Kranken- und Pflegeversicherten*		
		BVSP**	TAGZ***
4 904,99	I, II, IV, V	443,83	443,83
	III	443,83	443,83
4 907,99	I, II, IV, V	443,83	443,83
	III	443,83	443,83
4 910,99	I, II, IV, V	443,83	443,83
	III	443,83	443,83
4 913,99	I, II, IV, V	443,83	443,83
	III	443,83	443,83
4 916,99	I, II, IV, V	443,83	443,83
	III	443,83	443,83
4 919,99	I, II, IV, V	443,83	443,83
	III	443,83	443,83
4 922,99	I, II, IV, V	443,83	443,83
	III	443,83	443,83
4 925,99	I, II, IV, V	443,83	443,83
	III	443,83	443,83
4 928,99	I, II, IV, V	443,83	443,83
	III	443,83	443,83
4 931,99	I, II, IV, V	443,83	443,83
	III	443,83	443,83
4 934,99	I, II, IV, V	443,83	443,83
	III	443,83	443,83
4 937,99	I, II, IV, V	443,83	443,83
	III	443,83	443,83
4 940,99	I, II, IV, V	443,83	443,83
	III	443,83	443,83
4 943,99	I, II, IV, V	443,83	443,83
	III	443,83	443,83
4 946,99	I, II, IV, V	443,83	443,83
	III	443,83	443,83
4 949,99	I, II, IV, V	443,83	443,83
	III	443,83	443,83
4 952,99	I, II, IV, V	443,83	443,83
	III	443,83	443,83
4 955,99	I, II, IV, V	443,83	443,83
	III	443,83	443,83
4 958,99	I, II, IV, V	443,83	443,83
	III	443,83	443,83
4 961,99	I, II, IV, V	443,83	443,83
	III	443,83	443,83
4 964,99	I, II, IV, V	443,83	443,83
	III	443,83	443,83
4 967,99	I, II, IV, V	443,83	443,83
	III	443,83	443,83
4 970,99	I, II, IV, V	443,83	443,83
	III	443,83	443,83
4 973,99	I, II, IV, V	443,83	443,83
	III	443,83	443,83
4 976,99	I, II, IV, V	443,83	443,83
	III	443,83	443,83
4 979,99	I, II, IV, V	443,83	443,83
	III	443,83	443,83
4 982,99	I, II, IV, V	443,83	443,83
	III	443,83	443,83
4 985,99	I, II, IV, V	443,83	443,83
	III	443,83	443,83
4 988,99	I, II, IV, V	443,83	443,83
	III	443,83	443,83
4 991,99	I, II, IV, V	443,83	443,83
	III	443,83	443,83
4 994,99	I, II, IV, V	443,83	443,83
	III	443,83	443,83
4 997,99	I, II, IV, V	443,83	443,83
	III	443,83	443,83
5 000,99	I, II, IV, V	443,83	443,83
	III	443,83	443,83
5 003,99	I, II, IV, V	443,83	443,83
	III	443,83	443,83
5 006,99	I, II, IV, V	443,83	443,83
	III	443,83	443,83
5 009,99	I, II, IV, V	443,83	443,83
	III	443,83	443,83
5 012,99	I, II, IV, V	443,83	443,83
	III	443,83	443,83
5 015,99	I, II, IV, V	443,83	443,83
	III	443,83	443,83

Lohn/ Gehalt bis €	Abzugsbetrag bei privat Kranken- und Pflegeversicherten*		
		BVSP**	TAGZ***
5 018,99	I, II, IV, V	443,83	443,83
	III	443,83	443,83
5 021,99	I, II, IV, V	443,83	443,83
	III	443,83	443,83
5 024,99	I, II, IV, V	443,83	443,83
	III	443,83	443,83
5 027,99	I, II, IV, V	443,83	443,83
	III	443,83	443,83
5 030,99	I, II, IV, V	443,83	443,83
	III	443,83	443,83
5 033,99	I, II, IV, V	443,83	443,83
	III	443,83	443,83
5 036,99	I, II, IV, V	443,83	443,83
	III	443,83	443,83
5 039,99	I, II, IV, V	443,83	443,83
	III	443,83	443,83
5 042,99	I, II, IV, V	443,83	443,83
	III	443,83	443,83
5 045,99	I, II, IV, V	443,83	443,83
	III	443,83	443,83
5 048,99	I, II, IV, V	443,83	443,83
	III	443,83	443,83
5 051,99	I, II, IV, V	443,83	443,83
	III	443,83	443,83
5 054,99	I, II, IV, V	443,83	443,83
	III	443,83	443,83
5 057,99	I, II, IV, V	443,83	443,83
	III	443,83	443,83
5 060,99	I, II, IV, V	443,83	443,83
	III	443,83	443,83
5 063,99	I, II, IV, V	443,83	443,83
	III	443,83	443,83
5 066,99	I, II, IV, V	443,83	443,83
	III	443,83	443,83
5 069,99	I, II, IV, V	443,83	443,83
	III	443,83	443,83
5 072,99	I, II, IV, V	443,83	443,83
	III	443,83	443,83
5 075,99	I, II, IV, V	443,83	443,83
	III	443,83	443,83
5 078,99	I, II, IV, V	443,83	443,83
	III	443,83	443,83
5 081,99	I, II, IV, V	443,83	443,83
	III	443,83	443,83
5 084,99	I, II, IV, V	443,83	443,83
	III	443,83	443,83
5 087,99	I, II, IV, V	443,83	443,83
	III	443,83	443,83
5 090,99	I, II, IV, V	443,83	443,83
	III	443,83	443,83
5 093,99	I, II, IV, V	443,83	443,83
	III	443,83	443,83
5 096,99	I, II, IV, V	443,83	443,83
	III	443,83	443,83
5 099,99	I, II, IV, V	443,83	443,83
	III	443,83	443,83
5 102,99	I, II, IV, V	443,83	443,83
	III	443,83	443,83
5 105,99	I, II, IV, V	443,83	443,83
	III	443,83	443,83
5 108,99	I, II, IV, V	443,83	443,83
	III	443,83	443,83
5 111,99	I, II, IV, V	443,83	443,83
	III	443,83	443,83
5 114,99	I, II, IV, V	443,83	443,83
	III	443,83	443,83
5 117,99	I, II, IV, V	443,83	443,83
	III	443,83	443,83
5 120,99	I, II, IV, V	443,83	443,83
	III	443,83	443,83
5 123,99	I, II, IV, V	443,83	443,83
	III	443,83	443,83
5 126,99	I, II, IV, V	443,83	443,83
	III	443,83	443,83
5 129,99	I, II, IV, V	443,83	443,83
	III	443,83	443,83

* Zur Anwendung beachten Sie bitte die Erläuterungen auf den Seiten AP 1f.
** BVSP = Berücksichtigter Teil der Vorsorgepauschale für Kranken- und Pflegeversicherungsaufwendungen.
*** TAGZ = Typisierter Arbeitgeberzuschuss zur Kranken- und Pflegeversicherung.

MONAT **5 130,–**

Lohn/ Gehalt bis €		Abzugsbetrag bei privat Kranken- und Pflegeversicherten* BVSP**	TAGZ***
5 132,99	I, II, IV, V	443,83	443,83
	III	443,83	443,83
5 135,99	I, II, IV, V	443,83	443,83
	III	443,83	443,83
5 138,99	I, II, IV, V	443,83	443,83
	III	443,83	443,83
5 141,99	I, II, IV, V	443,83	443,83
	III	443,83	443,83
5 144,99	I, II, IV, V	443,83	443,83
	III	443,83	443,83
5 147,99	I, II, IV, V	443,83	443,83
	III	443,83	443,83
5 150,99	I, II, IV, V	443,83	443,83
	III	443,83	443,83
5 153,99	I, II, IV, V	443,83	443,83
	III	443,83	443,83
5 156,99	I, II, IV, V	443,83	443,83
	III	443,83	443,83
5 159,99	I, II, IV, V	443,83	443,83
	III	443,83	443,83
5 162,99	I, II, IV, V	443,83	443,83
	III	443,83	443,83
5 165,99	I, II, IV, V	443,83	443,83
	III	443,83	443,83
5 168,99	I, II, IV, V	443,83	443,83
	III	443,83	443,83
5 171,99	I, II, IV, V	443,83	443,83
	III	443,83	443,83
5 174,99	I, II, IV, V	443,83	443,83
	III	443,83	443,83
5 177,99	I, II, IV, V	443,83	443,83
	III	443,83	443,83
5 180,99	I, II, IV, V	443,83	443,83
	III	443,83	443,83
5 183,99	I, II, IV, V	443,83	443,83
	III	443,83	443,83
5 186,99	I, II, IV, V	443,83	443,83
	III	443,83	443,83
5 189,99	I, II, IV, V	443,83	443,83
	III	443,83	443,83
5 192,99	I, II, IV, V	443,83	443,83
	III	443,83	443,83
5 195,99	I, II, IV, V	443,83	443,83
	III	443,83	443,83
5 198,99	I, II, IV, V	443,83	443,83
	III	443,83	443,83
5 201,99	I, II, IV, V	443,83	443,83
	III	443,83	443,83
5 204,99	I, II, IV, V	443,83	443,83
	III	443,83	443,83
5 207,99	I, II, IV, V	443,83	443,83
	III	443,83	443,83
5 210,99	I, II, IV, V	443,83	443,83
	III	443,83	443,83
5 213,99	I, II, IV, V	443,83	443,83
	III	443,83	443,83
5 216,99	I, II, IV, V	443,83	443,83
	III	443,83	443,83
5 219,99	I, II, IV, V	443,83	443,83
	III	443,83	443,83
5 222,99	I, II, IV, V	443,83	443,83
	III	443,83	443,83
5 225,99	I, II, IV, V	443,83	443,83
	III	443,83	443,83
5 228,99	I, II, IV, V	443,83	443,83
	III	443,83	443,83
5 231,99	I, II, IV, V	443,83	443,83
	III	443,83	443,83
5 234,99	I, II, IV, V	443,83	443,83
	III	443,83	443,83
5 237,99	I, II, IV, V	443,83	443,83
	III	443,83	443,83
5 240,99	I, II, IV, V	443,83	443,83
	III	443,83	443,83
5 243,99	I, II, IV, V	443,83	443,83
	III	443,83	443,83
5 246,99	I, II, IV, V	443,83	443,83
	III	443,83	443,83
5 249,99	I, II, IV, V	443,83	443,83
	III	443,83	443,83
5 252,99	I, II, IV, V	443,83	443,83
	III	443,83	443,83
5 255,99	I, II, IV, V	443,83	443,83
	III	443,83	443,83
5 258,99	I, II, IV, V	443,83	443,83
	III	443,83	443,83
5 261,99	I, II, IV, V	443,83	443,83
	III	443,83	443,83
5 264,99	I, II, IV, V	443,83	443,83
	III	443,83	443,83
5 267,99	I, II, IV, V	443,83	443,83
	III	443,83	443,83
5 270,99	I, II, IV, V	443,83	443,83
	III	443,83	443,83
5 273,99	I, II, IV, V	443,83	443,83
	III	443,83	443,83
5 276,99	I, II, IV, V	443,83	443,83
	III	443,83	443,83
5 279,99	I, II, IV, V	443,83	443,83
	III	443,83	443,83
5 282,99	I, II, IV, V	443,83	443,83
	III	443,83	443,83
5 285,99	I, II, IV, V	443,83	443,83
	III	443,83	443,83
5 288,99	I, II, IV, V	443,83	443,83
	III	443,83	443,83
5 291,99	I, II, IV, V	443,83	443,83
	III	443,83	443,83
5 294,99	I, II, IV, V	443,83	443,83
	III	443,83	443,83
5 297,99	I, II, IV, V	443,83	443,83
	III	443,83	443,83
5 300,99	I, II, IV, V	443,83	443,83
	III	443,83	443,83
5 303,99	I, II, IV, V	443,83	443,83
	III	443,83	443,83
5 306,99	I, II, IV, V	443,83	443,83
	III	443,83	443,83
5 309,99	I, II, IV, V	443,83	443,83
	III	443,83	443,83
5 312,99	I, II, IV, V	443,83	443,83
	III	443,83	443,83
5 315,99	I, II, IV, V	443,83	443,83
	III	443,83	443,83
5 318,99	I, II, IV, V	443,83	443,83
	III	443,83	443,83
5 321,99	I, II, IV, V	443,83	443,83
	III	443,83	443,83
5 324,99	I, II, IV, V	443,83	443,83
	III	443,83	443,83
5 327,99	I, II, IV, V	443,83	443,83
	III	443,83	443,83
5 330,99	I, II, IV, V	443,83	443,83
	III	443,83	443,83
5 333,99	I, II, IV, V	443,83	443,83
	III	443,83	443,83
5 336,99	I, II, IV, V	443,83	443,83
	III	443,83	443,83
5 339,99	I, II, IV, V	443,83	443,83
	III	443,83	443,83
5 342,99	I, II, IV, V	443,83	443,83
	III	443,83	443,83
5 345,99	I, II, IV, V	443,83	443,83
	III	443,83	443,83
5 348,99	I, II, IV, V	443,83	443,83
	III	443,83	443,83
5 351,99	I, II, IV, V	443,83	443,83
	III	443,83	443,83
5 354,99	I, II, IV, V	443,83	443,83
	III	443,83	443,83
5 357,99	I, II, IV, V	443,83	443,83
	III	443,83	443,83
5 360,99	I, II, IV, V	443,83	443,83
	III	443,83	443,83
5 363,99	I, II, IV, V	443,83	443,83
	III	443,83	443,83
5 366,99	I, II, IV, V	443,83	443,83
	III	443,83	443,83
5 369,99	I, II, IV, V	443,83	443,83
	III	443,83	443,83
5 372,99	I, II, IV, V	443,83	443,83
	III	443,83	443,83
5 375,99	I, II, IV, V	443,83	443,83
	III	443,83	443,83
5 378,99	I, II, IV, V	443,83	443,83
	III	443,83	443,83
5 381,99	I, II, IV, V	443,83	443,83
	III	443,83	443,83
5 384,99	I, II, IV, V	443,83	443,83
	III	443,83	443,83
5 387,99	I, II, IV, V	443,83	443,83
	III	443,83	443,83
5 390,99	I, II, IV, V	443,83	443,83
	III	443,83	443,83
5 393,99	I, II, IV, V	443,83	443,83
	III	443,83	443,83
5 396,99	I, II, IV, V	443,83	443,83
	III	443,83	443,83
5 399,99	I, II, IV, V	443,83	443,83
	III	443,83	443,83
5 402,99	I, II, IV, V	443,83	443,83
	III	443,83	443,83
5 405,99	I, II, IV, V	443,83	443,83
	III	443,83	443,83
5 408,99	I, II, IV, V	443,83	443,83
	III	443,83	443,83
5 411,99	I, II, IV, V	443,83	443,83
	III	443,83	443,83
5 414,99	I, II, IV, V	443,83	443,83
	III	443,83	443,83
5 417,99	I, II, IV, V	443,83	443,83
	III	443,83	443,83
5 420,99	I, II, IV, V	443,83	443,83
	III	443,83	443,83
5 423,99	I, II, IV, V	443,83	443,83
	III	443,83	443,83
5 426,99	I, II, IV, V	443,83	443,83
	III	443,83	443,83
5 429,99	I, II, IV, V	443,83	443,83
	III	443,83	443,83
5 432,99	I, II, IV, V	443,83	443,83
	III	443,83	443,83
5 435,99	I, II, IV, V	443,83	443,83
	III	443,83	443,83
5 438,99	I, II, IV, V	443,83	443,83
	III	443,83	443,83
5 441,99	I, II, IV, V	443,83	443,83
	III	443,83	443,83
5 444,99	I, II, IV, V	443,83	443,83
	III	443,83	443,83
5 447,99	I, II, IV, V	443,83	443,83
	III	443,83	443,83
5 450,99	I, II, IV, V	443,83	443,83
	III	443,83	443,83
5 453,99	I, II, IV, V	443,83	443,83
	III	443,83	443,83
5 456,99	I, II, IV, V	443,83	443,83
	III	443,83	443,83
5 459,99	I, II, IV, V	443,83	443,83
	III	443,83	443,83
5 462,99	I, II, IV, V	443,83	443,83
	III	443,83	443,83
5 465,99	I, II, IV, V	443,83	443,83
	III	443,83	443,83
5 468,99	I, II, IV, V	443,83	443,83
	III	443,83	443,83
5 471,99	I, II, IV, V	443,83	443,83
	III	443,83	443,83

* Zur Anwendung beachten Sie bitte die Erläuterungen auf den Seiten AP 1f.
** BVSP = Berücksichtigter Teil der Vorsorgepauschale für Kranken- und Pflegeversicherungsaufwendungen.
*** TAGZ = Typisierter Arbeitgeberzuschuss zur Kranken- und Pflegeversicherung.

Lohn/ Gehalt bis €		Abzugsbetrag bei privat Kranken- und Pflegeversicherten* BVSP**	TAGZ***
5 474,99	I, II, IV, V	443,83	443,83
	III	443,83	443,83
5 477,99	I, II, IV, V	443,83	443,83
	III	443,83	443,83
5 480,99	I, II, IV, V	443,83	443,83
	III	443,83	443,83
5 483,99	I, II, IV, V	443,83	443,83
	III	443,83	443,83
5 486,99	I, II, IV, V	443,83	443,83
	III	443,83	443,83
5 489,99	I, II, IV, V	443,83	443,83
	III	443,83	443,83
5 492,99	I, II, IV, V	443,83	443,83
	III	443,83	443,83
5 495,99	I, II, IV, V	443,83	443,83
	III	443,83	443,83
5 498,99	I, II, IV, V	443,83	443,83
	III	443,83	443,83
5 501,99	I, II, IV, V	443,83	443,83
	III	443,83	443,83
5 504,99	I, II, IV, V	443,83	443,83
	III	443,83	443,83
5 507,99	I, II, IV, V	443,83	443,83
	III	443,83	443,83
5 510,99	I, II, IV, V	443,83	443,83
	III	443,83	443,83
5 513,99	I, II, IV, V	443,83	443,83
	III	443,83	443,83
5 516,99	I, II, IV, V	443,83	443,83
	III	443,83	443,83
5 519,99	I, II, IV, V	443,83	443,83
	III	443,83	443,83
5 522,99	I, II, IV, V	443,83	443,83
	III	443,83	443,83
5 525,99	I, II, IV, V	443,83	443,83
	III	443,83	443,83
5 528,99	I, II, IV, V	443,83	443,83
	III	443,83	443,83
5 531,99	I, II, IV, V	443,83	443,83
	III	443,83	443,83
5 534,99	I, II, IV, V	443,83	443,83
	III	443,83	443,83
5 537,99	I, II, IV, V	443,83	443,83
	III	443,83	443,83
5 540,99	I, II, IV, V	443,83	443,83
	III	443,83	443,83
5 543,99	I, II, IV, V	443,83	443,83
	III	443,83	443,83
5 546,99	I, II, IV, V	443,83	443,83
	III	443,83	443,83
5 549,99	I, II, IV, V	443,83	443,83
	III	443,83	443,83
5 552,99	I, II, IV, V	443,83	443,83
	III	443,83	443,83
5 555,99	I, II, IV, V	443,83	443,83
	III	443,83	443,83
5 558,99	I, II, IV, V	443,83	443,83
	III	443,83	443,83
5 561,99	I, II, IV, V	443,83	443,83
	III	443,83	443,83
5 564,99	I, II, IV, V	443,83	443,83
	III	443,83	443,83
5 567,99	I, II, IV, V	443,83	443,83
	III	443,83	443,83
5 570,99	I, II, IV, V	443,83	443,83
	III	443,83	443,83
5 573,99	I, II, IV, V	443,83	443,83
	III	443,83	443,83
5 576,99	I, II, IV, V	443,83	443,83
	III	443,83	443,83
5 579,99	I, II, IV, V	443,83	443,83
	III	443,83	443,83
5 582,99	I, II, IV, V	443,83	443,83
	III	443,83	443,83
5 585,99	I, II, IV, V	443,83	443,83
	III	443,83	443,83
5 588,99	I, II, IV, V	443,83	443,83
	III	443,83	443,83
5 591,99	I, II, IV, V	443,83	443,83
	III	443,83	443,83
5 594,99	I, II, IV, V	443,83	443,83
	III	443,83	443,83
5 597,99	I, II, IV, V	443,83	443,83
	III	443,83	443,83
5 600,99	I, II, IV, V	443,83	443,83
	III	443,83	443,83
5 603,99	I, II, IV, V	443,83	443,83
	III	443,83	443,83
5 606,99	I, II, IV, V	443,83	443,83
	III	443,83	443,83
5 609,99	I, II, IV, V	443,83	443,83
	III	443,83	443,83
5 612,99	I, II, IV, V	443,83	443,83
	III	443,83	443,83
5 615,99	I, II, IV, V	443,83	443,83
	III	443,83	443,83
5 618,99	I, II, IV, V	443,83	443,83
	III	443,83	443,83
5 621,99	I, II, IV, V	443,83	443,83
	III	443,83	443,83
5 624,99	I, II, IV, V	443,83	443,83
	III	443,83	443,83
5 627,99	I, II, IV, V	443,83	443,83
	III	443,83	443,83
5 630,99	I, II, IV, V	443,83	443,83
	III	443,83	443,83
5 633,99	I, II, IV, V	443,83	443,83
	III	443,83	443,83
5 636,99	I, II, IV, V	443,83	443,83
	III	443,83	443,83
5 639,99	I, II, IV, V	443,83	443,83
	III	443,83	443,83
5 642,99	I, II, IV, V	443,83	443,83
	III	443,83	443,83
5 645,99	I, II, IV, V	443,83	443,83
	III	443,83	443,83
5 648,99	I, II, IV, V	443,83	443,83
	III	443,83	443,83
5 651,99	I, II, IV, V	443,83	443,83
	III	443,83	443,83
5 654,99	I, II, IV, V	443,83	443,83
	III	443,83	443,83
5 657,99	I, II, IV, V	443,83	443,83
	III	443,83	443,83
5 660,99	I, II, IV, V	443,83	443,83
	III	443,83	443,83
5 663,99	I, II, IV, V	443,83	443,83
	III	443,83	443,83
5 666,99	I, II, IV, V	443,83	443,83
	III	443,83	443,83
5 669,99	I, II, IV, V	443,83	443,83
	III	443,83	443,83
5 672,99	I, II, IV, V	443,83	443,83
	III	443,83	443,83
5 675,99	I, II, IV, V	443,83	443,83
	III	443,83	443,83
5 678,99	I, II, IV, V	443,83	443,83
	III	443,83	443,83
5 681,99	I, II, IV, V	443,83	443,83
	III	443,83	443,83
5 684,99	I, II, IV, V	443,83	443,83
	III	443,83	443,83
5 687,99	I, II, IV, V	443,83	443,83
	III	443,83	443,83
5 690,99	I, II, IV, V	443,83	443,83
	III	443,83	443,83
5 693,99	I, II, IV, V	443,83	443,83
	III	443,83	443,83
5 696,99	I, II, IV, V	443,83	443,83
	III	443,83	443,83
5 699,99	I, II, IV, V	443,83	443,83
	III	443,83	443,83
5 702,99	I, II, IV, V	443,83	443,83
	III	443,83	443,83
5 705,99	I, II, IV, V	443,83	443,83
	III	443,83	443,83
5 708,99	I, II, IV, V	443,83	443,83
	III	443,83	443,83
5 711,99	I, II, IV, V	443,83	443,83
	III	443,83	443,83
5 714,99	I, II, IV, V	443,83	443,83
	III	443,83	443,83
5 717,99	I, II, IV, V	443,83	443,83
	III	443,83	443,83
5 720,99	I, II, IV, V	443,83	443,83
	III	443,83	443,83
5 723,99	I, II, IV, V	443,83	443,83
	III	443,83	443,83
5 726,99	I, II, IV, V	443,83	443,83
	III	443,83	443,83
5 729,99	I, II, IV, V	443,83	443,83
	III	443,83	443,83
5 732,99	I, II, IV, V	443,83	443,83
	III	443,83	443,83
5 735,99	I, II, IV, V	443,83	443,83
	III	443,83	443,83
5 738,99	I, II, IV, V	443,83	443,83
	III	443,83	443,83
5 741,99	I, II, IV, V	443,83	443,83
	III	443,83	443,83
5 744,99	I, II, IV, V	443,83	443,83
	III	443,83	443,83
5 747,99	I, II, IV, V	443,83	443,83
	III	443,83	443,83
5 750,99	I, II, IV, V	443,83	443,83
	III	443,83	443,83
5 753,99	I, II, IV, V	443,83	443,83
	III	443,83	443,83
5 756,99	I, II, IV, V	443,83	443,83
	III	443,83	443,83
5 759,99	I, II, IV, V	443,83	443,83
	III	443,83	443,83
5 762,99	I, II, IV, V	443,83	443,83
	III	443,83	443,83
5 765,99	I, II, IV, V	443,83	443,83
	III	443,83	443,83
5 768,99	I, II, IV, V	443,83	443,83
	III	443,83	443,83
5 771,99	I, II, IV, V	443,83	443,83
	III	443,83	443,83
5 774,99	I, II, IV, V	443,83	443,83
	III	443,83	443,83
5 777,99	I, II, IV, V	443,83	443,83
	III	443,83	443,83
5 780,99	I, II, IV, V	443,83	443,83
	III	443,83	443,83
5 783,99	I, II, IV, V	443,83	443,83
	III	443,83	443,83
5 786,99	I, II, IV, V	443,83	443,83
	III	443,83	443,83
5 789,99	I, II, IV, V	443,83	443,83
	III	443,83	443,83
5 792,99	I, II, IV, V	443,83	443,83
	III	443,83	443,83
5 795,99	I, II, IV, V	443,83	443,83
	III	443,83	443,83
5 798,99	I, II, IV, V	443,83	443,83
	III	443,83	443,83
5 801,99	I, II, IV, V	443,83	443,83
	III	443,83	443,83
5 804,99	I, II, IV, V	443,83	443,83
	III	443,83	443,83
5 807,99	I, II, IV, V	443,83	443,83
	III	443,83	443,83
5 810,99	I, II, IV, V	443,83	443,83
	III	443,83	443,83
5 813,99	I, II, IV, V	443,83	443,83
	III	443,83	443,83

* Zur Anwendung beachten Sie bitte die Erläuterungen auf den Seiten AP 1f.
** BVSP = Berücksichtigter Teil der Vorsorgepauschale für Kranken- und Pflegeversicherungsaufwendungen.
*** TAGZ = Typisierter Arbeitgeberzuschuss zur Kranken- und Pflegeversicherung.

MONAT 5 814,–

Lohn/ Gehalt bis €	Abzugsbetrag bei privat Kranken- und Pflegeversicherten*		
		BVSP**	TAGZ***
5 816,99	I, II, IV, V	443,83	443,83
	III	443,83	443,83
5 819,99	I, II, IV, V	443,83	443,83
	III	443,83	443,83
5 822,99	I, II, IV, V	443,83	443,83
	III	443,83	443,83
5 825,99	I, II, IV, V	443,83	443,83
	III	443,83	443,83
5 828,99	I, II, IV, V	443,83	443,83
	III	443,83	443,83
5 831,99	I, II, IV, V	443,83	443,83
	III	443,83	443,83
5 834,99	I, II, IV, V	443,83	443,83
	III	443,83	443,83
5 837,99	I, II, IV, V	443,83	443,83
	III	443,83	443,83
5 840,99	I, II, IV, V	443,83	443,83
	III	443,83	443,83
5 843,99	I, II, IV, V	443,83	443,83
	III	443,83	443,83
5 846,99	I, II, IV, V	443,83	443,83
	III	443,83	443,83
5 849,99	I, II, IV, V	443,83	443,83
	III	443,83	443,83
5 852,99	I, II, IV, V	443,83	443,83
	III	443,83	443,83
5 855,99	I, II, IV, V	443,83	443,83
	III	443,83	443,83
5 858,99	I, II, IV, V	443,83	443,83
	III	443,83	443,83
5 861,99	I, II, IV, V	443,83	443,83
	III	443,83	443,83
5 864,99	I, II, IV, V	443,83	443,83
	III	443,83	443,83
5 867,99	I, II, IV, V	443,83	443,83
	III	443,83	443,83
5 870,99	I, II, IV, V	443,83	443,83
	III	443,83	443,83
5 873,99	I, II, IV, V	443,83	443,83
	III	443,83	443,83
5 876,99	I, II, IV, V	443,83	443,83
	III	443,83	443,83
5 879,99	I, II, IV, V	443,83	443,83
	III	443,83	443,83
5 882,99	I, II, IV, V	443,83	443,83
	III	443,83	443,83
5 885,99	I, II, IV, V	443,83	443,83
	III	443,83	443,83
5 888,99	I, II, IV, V	443,83	443,83
	III	443,83	443,83
5 891,99	I, II, IV, V	443,83	443,83
	III	443,83	443,83
5 894,99	I, II, IV, V	443,83	443,83
	III	443,83	443,83
5 897,99	I, II, IV, V	443,83	443,83
	III	443,83	443,83
5 900,99	I, II, IV, V	443,83	443,83
	III	443,83	443,83
5 903,99	I, II, IV, V	443,83	443,83
	III	443,83	443,83
5 906,99	I, II, IV, V	443,83	443,83
	III	443,83	443,83
5 909,99	I, II, IV, V	443,83	443,83
	III	443,83	443,83
5 912,99	I, II, IV, V	443,83	443,83
	III	443,83	443,83
5 915,99	I, II, IV, V	443,83	443,83
	III	443,83	443,83
5 918,99	I, II, IV, V	443,83	443,83
	III	443,83	443,83
5 921,99	I, II, IV, V	443,83	443,83
	III	443,83	443,83
5 924,99	I, II, IV, V	443,83	443,83
	III	443,83	443,83
5 927,99	I, II, IV, V	443,83	443,83
	III	443,83	443,83
5 930,99	I, II, IV, V	443,83	443,83
	III	443,83	443,83
5 933,99	I, II, IV, V	443,83	443,83
	III	443,83	443,83
5 936,99	I, II, IV, V	443,83	443,83
	III	443,83	443,83
5 939,99	I, II, IV, V	443,83	443,83
	III	443,83	443,83
5 942,99	I, II, IV, V	443,83	443,83
	III	443,83	443,83
5 945,99	I, II, IV, V	443,83	443,83
	III	443,83	443,83
5 948,99	I, II, IV, V	443,83	443,83
	III	443,83	443,83
5 951,99	I, II, IV, V	443,83	443,83
	III	443,83	443,83
5 954,99	I, II, IV, V	443,83	443,83
	III	443,83	443,83
5 957,99	I, II, IV, V	443,83	443,83
	III	443,83	443,83
5 960,99	I, II, IV, V	443,83	443,83
	III	443,83	443,83
5 963,99	I, II, IV, V	443,83	443,83
	III	443,83	443,83
5 966,99	I, II, IV, V	443,83	443,83
	III	443,83	443,83
5 969,99	I, II, IV, V	443,83	443,83
	III	443,83	443,83
5 972,99	I, II, IV, V	443,83	443,83
	III	443,83	443,83
5 975,99	I, II, IV, V	443,83	443,83
	III	443,83	443,83
5 978,99	I, II, IV, V	443,83	443,83
	III	443,83	443,83
5 981,99	I, II, IV, V	443,83	443,83
	III	443,83	443,83
5 984,99	I, II, IV, V	443,83	443,83
	III	443,83	443,83
5 987,99	I, II, IV, V	443,83	443,83
	III	443,83	443,83
5 990,99	I, II, IV, V	443,83	443,83
	III	443,83	443,83
5 993,99	I, II, IV, V	443,83	443,83
	III	443,83	443,83
5 996,99	I, II, IV, V	443,83	443,83
	III	443,83	443,83
5 999,99	I, II, IV, V	443,83	443,83
	III	443,83	443,83
6 002,99	I, II, IV, V	443,83	443,83
	III	443,83	443,83
6 005,99	I, II, IV, V	443,83	443,83
	III	443,83	443,83
6 008,99	I, II, IV, V	443,83	443,83
	III	443,83	443,83
6 011,99	I, II, IV, V	443,83	443,83
	III	443,83	443,83
6 014,99	I, II, IV, V	443,83	443,83
	III	443,83	443,83
6 017,99	I, II, IV, V	443,83	443,83
	III	443,83	443,83
6 020,99	I, II, IV, V	443,83	443,83
	III	443,83	443,83
6 023,99	I, II, IV, V	443,83	443,83
	III	443,83	443,83
6 026,99	I, II, IV, V	443,83	443,83
	III	443,83	443,83
6 029,99	I, II, IV, V	443,83	443,83
	III	443,83	443,83
6 032,99	I, II, IV, V	443,83	443,83
	III	443,83	443,83
6 035,99	I, II, IV, V	443,83	443,83
	III	443,83	443,83
6 038,99	I, II, IV, V	443,83	443,83
	III	443,83	443,83
6 041,99	I, II, IV, V	443,83	443,83
	III	443,83	443,83
6 044,99	I, II, IV, V	443,83	443,83
	III	443,83	443,83
6 047,99	I, II, IV, V	443,83	443,83
	III	443,83	443,83
6 050,99	I, II, IV, V	443,83	443,83
	III	443,83	443,83
6 053,99	I, II, IV, V	443,83	443,83
	III	443,83	443,83
6 056,99	I, II, IV, V	443,83	443,83
	III	443,83	443,83
6 059,99	I, II, IV, V	443,83	443,83
	III	443,83	443,83
6 062,99	I, II, IV, V	443,83	443,83
	III	443,83	443,83
6 065,99	I, II, IV, V	443,83	443,83
	III	443,83	443,83
6 068,99	I, II, IV, V	443,83	443,83
	III	443,83	443,83
6 071,99	I, II, IV, V	443,83	443,83
	III	443,83	443,83
6 074,99	I, II, IV, V	443,83	443,83
	III	443,83	443,83
6 077,99	I, II, IV, V	443,83	443,83
	III	443,83	443,83
6 080,99	I, II, IV, V	443,83	443,83
	III	443,83	443,83
6 083,99	I, II, IV, V	443,83	443,83
	III	443,83	443,83
6 086,99	I, II, IV, V	443,83	443,83
	III	443,83	443,83
6 089,99	I, II, IV, V	443,83	443,83
	III	443,83	443,83
6 092,99	I, II, IV, V	443,83	443,83
	III	443,83	443,83
6 095,99	I, II, IV, V	443,83	443,83
	III	443,83	443,83
6 098,99	I, II, IV, V	443,83	443,83
	III	443,83	443,83
6 101,99	I, II, IV, V	443,83	443,83
	III	443,83	443,83
6 104,99	I, II, IV, V	443,83	443,83
	III	443,83	443,83
6 107,99	I, II, IV, V	443,83	443,83
	III	443,83	443,83
6 110,99	I, II, IV, V	443,83	443,83
	III	443,83	443,83
6 113,99	I, II, IV, V	443,83	443,83
	III	443,83	443,83
6 116,99	I, II, IV, V	443,83	443,83
	III	443,83	443,83
6 119,99	I, II, IV, V	443,83	443,83
	III	443,83	443,83
6 122,99	I, II, IV, V	443,83	443,83
	III	443,83	443,83
6 125,99	I, II, IV, V	443,83	443,83
	III	443,83	443,83
6 128,99	I, II, IV, V	443,83	443,83
	III	443,83	443,83
6 131,99	I, II, IV, V	443,83	443,83
	III	443,83	443,83
6 134,99	I, II, IV, V	443,83	443,83
	III	443,83	443,83
6 137,99	I, II, IV, V	443,83	443,83
	III	443,83	443,83
6 140,99	I, II, IV, V	443,83	443,83
	III	443,83	443,83
6 143,99	I, II, IV, V	443,83	443,83
	III	443,83	443,83
6 146,99	I, II, IV, V	443,83	443,83
	III	443,83	443,83

Für höhere Löhne und Gehälter ändern sich die Abzugsbeträge nicht mehr. Die Werte können aus der letzten Lohnstufe abgelesen werden.

* Zur Anwendung beachten Sie bitte die Erläuterungen auf den Seiten AP 1f.

** BVSP = Berücksichtigter Teil der Vorsorgepauschale für Kranken- und Pflegeversicherungsaufwendungen.

*** TAGZ = Typisierter Arbeitgeberzuschuss zur Kranken- und Pflegeversicherung.

Hinweis: Die Neuregelungen sind durch **senkrechte Randstriche** | kenntlich gemacht

Lohnsteuer-Jahresausgleich 2021

Inhaltsübersicht

A. Anwendung der Allgemeinen und Besonderen Lohnsteuer-Tabelle

1 **Hinweis:**
Verheiratete/Ehegatten/Ehen und eingetragene Lebenspartner/Lebenspartnerschaften werden im Einkommensteuerrecht als Stpfl. gleichbehandelt. Dies regelt § 2 Abs. 8 EStG. In den nachfolgenden Erläuterungen dieser Lohnsteuer-Tabelle wird daher allgemein von Stpfl., Ehegatten sowie von Ehen gesprochen.

2 Mit dem Lohnsteuerabzugsverfahren soll für den Jahresarbeitslohn des Arbeitnehmers die zutreffende Lohnsteuer bzw. Einkommensteuer ermittelt und einbehalten werden. Zur Durchführung dieser Aufgaben ist der Arbeitgeber steuerrechtlich und arbeitsrechtlich verpflichtet. Um die zutreffende Lohnsteuer zu ermitteln, sind die in Betracht kommenden einkommensteuerlichen Frei- und Pauschbeträge in die Lohnsteuer-Tabellen eingearbeitet (z.B. Grundfreibetrag, Arbeitnehmer-Pauschbetrag, Vorsorgepauschale).

Die **Vorsorgepauschale** wird bei Arbeitnehmern für die sog. typischen Vorsorgeaufwendungen (z.B. Beiträge zur gesetzlichen Sozialversicherung → Tz. 91 f.) angesetzt. Ihre Höhe ist vom Arbeitslohn abhängig (Besonderheit bei berücksichtigten Freibeträgen → Tz. 17 f.) und davon, ob der Arbeitnehmer sozialversicherungspflichtig ist oder nicht. Aus diesem Grund hat der Arbeitgeber für den Lohnsteuerabzug zwischen **zwei** verschiedenen **Lohnsteuer-Tabellen** zu unterscheiden: zwischen der **Allgemeinen** Lohnsteuer-Tabelle und der **Besonderen Lohnsteuer-Tabelle**. Maßgebend für deren Anwendung ist stets der sozialversicherungsrechtliche Versicherungsstatus des Arbeitnehmers am Ende des jeweiligen Lohnzahlungszeitraums (regelmäßig der Kalendermonat, keine Aufteilung in Teilmonate).

Allgemeine Lohnsteuer-Tabelle

Die Allgemeine Lohnsteuer-Tabelle ist anzuwenden für Arbeitnehmer, die in **allen Zweigen** der **Sozialversicherung** (Renten-, Kranken- und Pflegeversicherung) **versichert** sind (Ansatz der ungekürzten Vorsorgepauschale). Die Teilbeträge der Vorsorgepauschale in den jeweiligen Versicherungszweigen richten sich nach dem Arbeitslohn in Verbindung mit den gesetzlichen Beitragssätzen und den Beitragsbemessungsgrenzen. Entsprechend dem steuerlichen Arbeitslohn wird beim Lohnsteuerabzug unabhängig von der Berechnung der tatsächlich abzuführenden Rentenversicherungsbeiträge typisierend ein Arbeitnehmeranteil für die gesetzliche **Rentenversicherung** angesetzt, wenn der Arbeitnehmer in der gesetzlichen Rentenversicherung pflichtversichert und er einen Arbeitnehmeranteil zu entrichten hat. Das gilt auch bei der Versicherung in einer berufsständischen Versorgungseinrichtung auf Grund einer Befreiung von der gesetzlichen Rentenversicherung (§ 6 Abs. 1 Nr. 1 SGB VI). Das Steuerrecht folgt insoweit der sozialversicherungsrechtlichen Beurteilung, so dass der Arbeitgeber hinsichtlich der maßgeblichen Vorsorgepauschale keinen zusätzlichen Ermittlungsaufwand anstellen muss, sondern auf die ihm i.R. des Dienstverhältnisses bekannten Tatsachen bei der Abführung der Rentenversicherungsbeiträge zurückgreifen kann. Besteht Sozialversicherungspflicht im Inland und zugleich im Ausland, bleiben im Lohnsteuerabzugsverfahren die Beiträge an den ausländischen Sozialversicherungsträger unberücksichtigt.

Nach den zuvor genannten Grundsätzen wird beim Lohnsteuerabzug zusätzlich ein Arbeitnehmeranteil für die **Krankenversicherung** eines Arbeitnehmers berechnet, wenn der Arbeitnehmer in der gesetzlichen Krankenversicherung pflichtversichert oder freiwillig versichert ist (z.B. bei höher verdienenden Arbeitnehmern). Dieser typisierte Arbeitnehmeranteil wird auch dann angesetzt, wenn die versicherten Arbeitnehmer ihre Krankenversicherungsbeiträge in voller Höhe allein tragen müssen (z.B. freiwillig versicherte Beamte, Empfänger von Versorgungsbezügen). Der entsprechende Teilbetrag wird jedoch nur berücksichtigt, wenn der Arbeitnehmer Beiträge zur inländischen gesetzlichen Krankenversicherung leistet. Andernfalls wird für die Kranken- und Pflegeversicherungsbeiträge die Mindestvorsorgepauschale (→ Tz. 17, → Tz. 92) angesetzt.

Der Teilbetrag für die soziale **Pflegeversicherung** wird beim Lohnsteuerabzug für Arbeitnehmer angesetzt, wenn sie in der inländischen sozialen Pflegeversicherung versichert sind. Dieser Teilbetrag wird auch dann berücksichtigt, wenn der Arbeitnehmer gesetzlich krankenversichert, jedoch privat pflegeversichert ist.

Ob und in welcher Höhe Beiträge zur **Arbeitslosenversicherung** entrichtet werden, ist für die Bemessung der Vorsorgepauschale unerheblich.

Steuerbegünstigte Entschädigungen sind für die Ermittlung der Vorsorgepauschale nicht zu berücksichtigen. Gleiches gilt für **steuerfreie** Lohnteile. Aus Vereinfachungsgründen beanstandet es die Finanzverwaltung jedoch nicht, wenn üblich zu besteuernde Entschädigungen in die Bemessungsgrundlage für die Berechnung der Vorsorgepauschale einbezogen werden.

Besondere Lohnsteuer-Tabelle

Die Besondere Lohnsteuer-Tabelle berücksichtigt nur eine gekürzte Vorsorgepauschale, die bei bestimmten, nicht rentenversicherungspflichtigen Arbeitnehmern angesetzt wird. Somit ist diese Tabelle anzuwenden für Arbeitnehmer, die weder einen Beitrag an die gesetzliche Rentenversicherung noch an die gesetzliche Krankenversicherung zu entrichten haben. Dies sind insbesondere

- Beamte, Richter, Berufssoldaten sowie Soldaten auf Zeit und sämtliche Arbeitnehmer, die **keinen Beitragsanteil** zur gesetzlichen **Renten**versicherung sowie zur gesetzlichen **Kranken**- und sozialen **Pflege**versicherung entrichten;
- Arbeitnehmer, die nach § 5 Abs. 1 Satz 1 Nr. 2 und 3 SGB VI versicherungsfrei sind (z.B. Beschäftigte bei Trägern der Sozialversicherung, Geistliche der als öffentlich-rechtliche Körperschaften anerkannten Religionsgemeinschaften);
- Arbeitnehmer, die von ihrem Arbeitgeber nur Versorgungsbezüge i.S.d. § 19 Abs. 2 Satz 2 EStG erhalten (z.B. Beamtenpensionäre, Bezieher von Witwen- oder Waisengeld auf Grund beamtenrechtlicher Vorschriften sowie **Werkspensionäre**);
- weiterbeschäftigte Arbeitnehmer, die keinen eigenen Beitragsanteil zur gesetzlichen Rentenversicherung mehr entrichten, weil sie eine Altersrente (Vollrente) beziehen und vergleichbare Pensionsempfänger (nach beamten- oder kirchenrechtlichen Regelungen oder nach den Regelungen einer berufsständischen Versorgungseinrichtung). Inzwischen können diese Arbeitnehmer auf die Versicherungsfreiheit in der gesetzlichen Rentenversicherung verzichten. Da sie dann Arbeitnehmeranteile zur gesetzlichen Rentenversicherung entrichten müssen, wird in den entsprechenden Fällen beim Lohnsteuerabzug auch der Teilbetrag der Vorsorgepauschale für die Rentenversicherung berücksichtigt.
- Arbeitnehmer, die auf Antrag des Arbeitgebers von der gesetzlichen Rentenversicherungspflicht befreit worden sind (z.B. Lehrkräfte an nicht öffentlichen Schulen mit einer Altersversorgung nach beamtenrechtlichen oder entsprechenden kirchenrechtlichen Grundsätzen);
- Arbeitnehmer, die **nicht** der gesetzlichen Rentenversicherungspflicht unterliegen und denen ganz oder teilweise **ohne eigene Beitragsleistung** eine **betriebliche Altersversorgung** zugesagt wurde (Vorstandsmitglieder von Aktiengesellschaften, beherrschende GmbH-Gesellschafter-Geschäftsführer); auf die Art der Finanzierung (arbeitge-

berfinanziert oder Entgeltumwandlung) kommt es nicht an;

- **geringfügig beschäftigte** Arbeitnehmer, bei denen die Lohnsteuer nach den individuellen Lohnsteuerabzugsmerkmalen erhoben wird und der Arbeitnehmer keine Beiträge zur Aufstockung auf den Beitragssatz zur allgemeinen Rentenversicherung leistet (es wird nur der pauschale Arbeitgeberbeitrag zur gesetzlichen Rentenversicherung entrichtet), sowie für **versicherungsfrei kurzfristig** beschäftigte Arbeitnehmer, von deren Arbeitslohn die Lohnsteuer nicht pauschal erhoben wird;
- Arbeitnehmer, für die der Arbeitgeber den Gesamtsozialversicherungsbeitrag allein trägt (§ 20 Abs. 3 Satz 1 SGB IV); dies sind Auszubildende mit einem Arbeitsentgelt von bis zu monatlich 325 € (Geringverdienergrenze);
- andere Arbeitnehmer, die nicht in der gesetzlichen Rentenversicherung pflichtversichert sind und deshalb auch keinen Arbeitnehmerbeitrag zur gesetzlichen Rentenversicherung zu leisten haben (z.B. als Praktikanten oder aus anderen Gründen).

Beiträge für die **private Kranken- und Pflegeversicherung** werden in den Lohnsteuer-Tabellen mit der Mindestvorsorgepauschale (→ Tz. 17, → Tz. 92) berücksichtigt. Soweit der privat versicherte Arbeitnehmer höhere abziehbare Beiträge als private Kranken- und Pflegeversicherungsbeiträge nachweist und dem Arbeitgeber darüber eine für das Kalenderjahr 2021 ausgestellte Bescheinigung der Versicherungsgesellschaft vorlegt, können diese höheren Beiträge beim Lohnsteuerabzug berücksichtigt werden. Dieser **Nachweis** kann auch durch eine Bescheinigung für zurückliegende Kalenderjahre (von 2010 bis 2020) geführt werden. Die so für Jahre vor 2021 nachgewiesenen Beträge können aus Vereinfachungsgründen im Rahmen des Lohnsteuerabzugs für 2021 berücksichtigt werden, wenn der Arbeitnehmer dem Arbeitgeber bestätigt, diese Beiträge weiterhin zu zahlen.

Hinweis zur Anwendung der Tabelle:
Die vorliegende Tabelle gilt für die Arbeitnehmer, deren Arbeitslohn nach der **Allgemeinen Lohnsteuer-Tabelle** abzurechnen ist. Mit der zur Verfügung gestellten Software Stotax-Lohn können Sie die Lohnsteuer auch nach der **Besonderen Lohnsteuer-Tabelle** berechnen.

B. Lohnsteuer-Jahresausgleich 2021

3 Bei den Lohn- und Gehaltszahlungen muss der Arbeitgeber kraft gesetzlicher Verpflichtung Lohn- und Kirchensteuer sowie Solidaritätszuschlag einbehalten und an die Finanzkasse überweisen. Die Höhe der **Lohnsteuer** richtet sich nach dem jeweiligen Arbeitslohn und ausschließlich nach den vom Arbeitgeber bei der Finanzverwaltung abgerufenen **elektronischen** Lohnsteuerabzugsmerkmalen (sog. ELStAM) oder nach den auf der ersatzweise jeweils für ein Kalenderjahr ausgestellten amtlichen **Bescheinigung für den Lohnsteuerabzug** eingetragenen Lohnsteuerabzugsmerkmalen.

Für die **Kirchensteuer** und den **Solidaritätszuschlag** ist die Lohnsteuer maßgebend, die vom laufenden Arbeitslohn und von sonstigen Bezügen zu erheben ist (→ Teil E und Tz. 21). Schwankende Arbeitslöhne, Lohnerhöhungen, Sonderzahlungen sowie eine Unterbrechung der Beschäftigung während des Kalenderjahrs wirken sich regelmäßig auf die vom Arbeitgeber für den Jahresarbeitslohn insgesamt einzubehaltenden sowie auf die vom Arbeitnehmer zu zahlenden Jahressteuerbeträge aus.

Der Gesetzgeber hat deshalb vorgeschrieben, dass am Jahresende geprüft wird, ob die Lohnbuchhaltung dem Arbeitnehmer zu viel Steuern und Solidaritätszuschlag abgezogen hat. Dazu ist vom **Arbeitgeber** ein Lohnsteuer-Jahresausgleich durchzuführen. Dieser **Lohnsteuer-Jahresausgleich** dient folglich nur dem Abgleich, ob die Summe der von den **monatlichen** Arbeitslöhnen des Arbeitnehmers einbehaltenen Steuern (Lohnsteuer, Kirchensteuer und Solidaritätszuschlag) mit den gesetzlich festgelegten Beträgen übereinstimmt, die für den **Jahresarbeitslohn** einzubehalten sind. Hat der Arbeitgeber insgesamt zu viel Lohnsteuer einbehalten, ist der Einbehalt bzw. Abzug zu korrigieren. Der Jahresausgleich setzt voraus, dass der Arbeitnehmer das **gesamte** Kalenderjahr beim Arbeitgeber beschäftigt war. Nur dann darf der Arbeitgeber für ihn einen Lohnsteuer-Jahresausgleich durchführen.

Von diesem Jahresausgleichs-Verfahren ist die **Veranlagung zur Einkommensteuer** zu unterscheiden, die das Finanzamt auf Grund gesetzlicher Verpflichtung oder auf Antrag des Arbeitnehmers durchführt. Eine solche Veranlagung berührt nur das Verhältnis **Arbeitnehmer** und Finanzamt. Eine Verpflichtung oder Belastung des **Arbeitgebers** ergibt sich hierdurch nicht.

Im Rahmen der **Veranlagung** zur Einkommensteuer kann der Arbeitnehmer

- die vorgenannten Jahresbeträge der einbehaltenen Steuern prüfen lassen, falls der Arbeitgeber den Lohnsteuer-Jahresausgleich nicht durchführt hat, oder
- seine steuerlich zu berücksichtigenden Aufwendungen geltend machen und hierdurch die Steuerlast senken.

Entsprechend den Angaben in der Einkommensteuererklärung setzt das Finanzamt die für das Kalenderjahr zu zahlende Einkommensteuer, den zutreffenden Solidaritätszuschlag sowie ggf. die fällige Kirchensteuer fest. Zu viel entrichtete Steuern werden erstattet, evtl. zu wenig gezahlte Steuern werden nachgefordert. Die folgenden **Erläuterungen** sind deshalb entsprechend dieser steuerlichen Verfahren gegliedert:

- zuerst Hinweise für **Arbeitgeber** für die Durchführung des **Lohnsteuer-Jahresausgleichs**,
- dann Hinweise für **Arbeitnehmer** zur Erläuterung, welche Abzugsbeträge i.R. einer **Einkommensteuerveranlagung** angesetzt werden können.

Die **Erläuterungen** verzichten zu Gunsten einer allgemein verständlichen Darstellung auf zu sehr in Einzelheiten gehende Informationen. Mitunter wird auf die Rechtslage im Einkommensteuergesetz hingewiesen, auf die im Bundessteuerblatt Teil II veröffentlichte Rechtsprechung des Bundesfinanzhofs (BFH-Urteil, BStBl II), auf die Rechtsprechung der Finanzgerichte (FG-Urteil) oder auf im Bundessteuerblatt Teil I (BStBl I) veröffentlichten Schreiben des Bundesministeriums der Finanzen (BMF-Schreiben) sowie auf Fundstellen im Bundesgesetzblatt Teil I (BGBl. I), so dass Leser, die zur angesprochenen Rechtsfrage bzw. dem steuerlichen Sachverhalt mehr wissen möchten, dort nachschlagen können.

Die wesentlichen **Rechtsgrundlagen** für den Lohnsteuer-Jahresausgleich 2021 durch den Arbeitgeber sind:

- im Einkommensteuergesetz: § 42b EStG,
- in den Lohnsteuer-Richtlinien 2021: R 42b LStR 2021 sowie
- die dazu ergangenen Lohnsteuer-Hinweise: H 42b LStH 2021.

Seit dem Kalenderjahr 2020 hat der Arbeitgeber auch **beschränkt einkommensteuerpflichtige** Arbeitnehmer in das Lohnsteuer-Jahresausgleichsverfahren einzubeziehen. Für diesen Personenkreis gelten insoweit die allgemeinen und zuvor nur für die unbeschränkt steuerpflichtigen Arbeitnehmer maßgebenden steuerlichen Vorschriften. 4

C. Lohnsteuer-Jahresausgleich durch den Arbeitgeber

I. Vorbemerkung

1. Lohnsteuer-Jahresausgleich

5 Dieser Teil informiert den Arbeitgeber,
- unter welchen Voraussetzungen er den Jahresausgleich für die Arbeitnehmer durchzuführen hat (→ Tz. 7),
- wie er den Jahresausgleich für die Lohn- und Kirchensteuer zutreffend abwickelt (→ Tz. 9, → Tz. 136 ff.),
- wie er den Jahresausgleich für den Solidaritätszuschlag durchführen muss (→ Tz. 21), und
- was er unter dem Blickwinkel des Jahresausgleichs bei den vermögenswirksamen Leistungen zu beachten hat (→ Tz. 22 ff.).

Wichtig: Der Arbeitgeber muss unterscheiden zwischen
- dem **permanenten** Lohnsteuer-Jahresausgleich (→ Tz. 6) sowie
- dem **betrieblichen** Lohnsteuer-Jahresausgleich (→ Tz. 7 ff.).

2. Permanenter Lohnsteuer-Jahresausgleich

Üblicher permanenter Lohnsteuer-Jahresausgleich

6 Der permanente Lohnsteuer-Jahresausgleich ist eine besondere Methode zur Ermittlung der von den **laufenden** Lohnzahlungen einzubehaltenden Lohnsteuerbeträge. Sie hat zum Ziel, für den gezahlten Arbeitslohn stets – also bei jeder Lohnabrechnung – die auf das Kalenderjahr bezogene zutreffende Lohnsteuer einzubehalten. Hierdurch wird die einzubehaltende Lohnsteuer an die jeweils anteilige Jahreslohnsteuer angepasst, wodurch Überzahlungen regelmäßig vermieden werden und ein eigenständiger Lohnsteuer-Jahresausgleich nicht mehr erforderlich ist.

Ein solcher Lohnsteuerabzug ist grundsätzlich unter den **Voraussetzungen** des betrieblichen Lohnsteuer-Jahresausgleichs zulässig (→ Tz. 7 f.). **Sonstige Bezüge** dürfen nicht einbezogen werden, weil sich durch die Hochrechnung auf einen Jahresbetrag eine zu hohe Steuerbelastung ergeben würde.

Ein wesentlicher **Unterschied** zum betrieblichen Lohnsteuer-Jahresausgleich besteht darin, dass es auf die **Steuerklasse nicht** ankommt. Der permanente Lohnsteuer-Jahresausgleich darf deshalb unter den weiteren Voraussetzungen auch für Arbeitnehmer mit der Steuerklasse V oder VI angewendet werden. Ferner ist diese Berechnungsmethode auch bei einem Steuerklassenwechsel möglich (R 39b.8 LStR 2021).

Voraussetzung für den permanenten Lohnsteuer-Jahresausgleich ist grundsätzlich eine allgemeine oder auf Antrag erteilte Zustimmung des Betriebsstättenfinanzamts. Solch eine Genehmigung des Betriebsstättenfinanzamts gilt grundsätzlich als erteilt, wenn die in R 39b.8 Satz 2 LStR 2021 genannten Voraussetzungen erfüllt sind.

Für den **permanenten** Lohnsteuer-Jahresausgleich ist
- zunächst der **voraussichtliche Jahresarbeitslohn** auf Grundlage des Arbeitslohns für den laufenden (bzw. aktuell abgelaufenen) Lohnzahlungszeitraum zuzüglich des in den vorangegangenen Lohnzahlungszeiträumen des Kalenderjahrs gezahlten laufenden Arbeitslohns zu ermitteln und auf einen **Jahresbetrag** hochzurechnen; z.B. der laufende Arbeitslohn für die (vier) Monate Januar einschl. des aktuell abzurechnenden Monats April x 3.

  Von diesem Jahresbetrag sind die evtl. anzusetzenden Freibeträge für Versorgungsbezüge (→ Tz. 12) und der evtl. Altersentlastungsbetrag (→ Tz. 13) abzuziehen. Für den so verbleibenden Jahreslohn ist die **Jahreslohnsteuer** zu ermitteln. Dabei ist die für den aktuellen Lohnzahlungszeitraum geltende Steuerklasse maßgebend.
- Im nächsten Schritt ist der **Teilbetrag** der Jahreslohnsteuer zu ermitteln, der auf die zuvor angesetzten Lohnzahlungszeiträume entfällt; z.B. ist für die oben angesetzten vier Lohnzahlungszeiträume die ermittelte Jahreslohnsteuer durch 3 zu dividieren (ergibt 4/12).
- Von diesem Steuerbetrag ist die Lohnsteuer **abzuziehen**, die von dem laufenden Arbeitslohn der abgelaufenen Lohnzahlungszeiträume bereits erhoben worden ist; im Beispielsfall die Lohnsteuer für die Monate Januar bis März.
- Der sich so ergebende **Unterschiedsbetrag** ist die Lohnsteuer, die für den laufenden bzw. aktuell abgerechneten Lohnzahlungszeitraum zu erheben ist; im Beispielsfall die Lohnsteuer für den Monat April.

Hat der Arbeitnehmer seine Steuerklasse während des Kalenderjahrs gewechselt, ist anstelle der Lohnsteuer, die vom laufenden Arbeitslohn der vorangegangenen Lohnzahlungszeiträume erhoben worden ist, die Lohnsteuer abzuziehen, die nach der zuletzt maßgebenden Steuerklasse vom laufenden Arbeitslohn bis zum vorletzten abgelaufenen Lohnzahlungszeitraum zu erheben gewesen wäre.

An Stelle des Lohnzahlungszeitraums ist ggf. der vom Arbeitgeber gewählte Lohnzahlungszeitraum anzusetzen.

Beim **Ausscheiden** eines Arbeitnehmers während des Kalenderjahrs bleibt es grundsätzlich bei den bis dahin erhobenen Steuerbeträgen. Eine Neuberechnung der Steuern (nach allgemeinen Grundsätzen) muss nicht erfolgen.

Permanenter Lohnsteuer-Jahresausgleich bei kurzfristiger Beschäftigung

Der Vollständigkeit halber wird auf die seit 2018 gesetzlich geregelte Möglichkeit zur Ermittlung des Arbeitslohns bei kurzfristig beschäftigten Arbeitnehmern mit der **Steuerklasse VI** hingewiesen (§ 39b Abs. 2 Satz 13 ff. EStG). Zielgruppe sind **Aushilfskräfte** (z.B. auf Volksfesten), deren Lohnsteuer nach der Steuerklasse VI zu ermitteln ist.

Danach kann das Betriebsstättenfinanzamt auf Antrag des Arbeitgebers zulassen, dass auch bei Aushilfskräften mit **nicht** ganzjähriger Beschäftigung sowie mit der **Steuerklasse VI** dieser besondere permanente Lohnsteuer-Jahresausgleich durchgeführt werden darf. Dies führt zu einem höheren Nettolohn der Aushilfskraft.

Folgende **Voraussetzungen** sind zu beachten:
- Der Arbeitnehmer mit der **Steuerklasse VI** muss unbeschränkt einkommensteuerpflichtig sein (seit 2020 im Gegensatz zum „üblichen" permanenten Lohnsteuer-Jahresausgleich),
- für die Lohnsteuerberechnung darf kein Freibetrag (nach § 39a EStG) als Lohnsteuerabzugsmerkmal berücksichtigt werden,
- der Arbeitnehmer darf beim Arbeitgeber nur gelegentlich, nicht regelmäßig wiederkehrend beschäftigt werden und
- die jeweilige Beschäftigungsdauer darf 24 zusammenhängende Arbeitstage nicht übersteigen.

Damit die so erhobene Lohnsteuer der sich letztlich ergebenden Lohn- bzw. Einkommensteuer möglichst nahekommt, müssen die vom Arbeitnehmer im laufenden Kalenderjahr bereits bezogenen Löhne aus anderen Nebenbeschäftigungen (auch bei anderen Arbeitgebern) einbezogen werden, wenn für diese die Lohnsteuer ebenfalls nach dem besonderen permanenten Lohnsteuer-Jahresausgleich ermittelt worden ist. Dabei werden die einbehaltenen Steuerbeträge ebenfalls berücksichtigt. Zum Nachweis hat der Arbeitnehmer dem Arbeitgeber ggf. die entsprechenden Lohnunterlagen zur Verfügung zu stellen.

Die erforderlichen Vordrucke („Antrag auf Anwendung des permanenten Lohnsteuer- Jahresausgleichs für Arbeitnehmer [§ 39b Absatz 2 Satz 13 bis 16 EStG]") sowie die „Erklärung des Arbeitnehmers zur Anwendung des permanenten Lohnsteuer-Jahresausgleichs nach § 39b Absatz 2 Satz 13 bis 16 EStG" stellt die Finanzverwaltung im Internet bereit (unter https://www.formulare-bfinv.de) im Formularcenter in der Rubrik „Formulare A–Z", „Unternehmen" im Ordner

„Lohnsteuer [Arbeitgeber]" der Vordruck Nr. 70 sowie in der Rubrik „Bürger" im Ordner „Lohnsteuer [Arbeitnehmer]" der Vordruck Nr. 75).

Als Besonderheit für diesen permanenten Lohnsteuer-Jahresausgleich ist zu beachten, dass der während der Beschäftigung erzielte Arbeitslohn auf einen Jahresbetrag hochzurechnen und die sich ergebende Lohnsteuer auf den Lohnabrechnungszeitraum zurückzurechnen ist, der sich vom Beginn des Kalenderjahrs bis zum Ende der Beschäftigung ergibt. Dies erledigen regelmäßig die maschinellen Lohnabrechnungsprogramme, wie z.B. Stotax Gehalt und Lohn.

Weitere Voraussetzung für die Anwendung dieser besonderen Berechnungsmethode ist, dass der Arbeitnehmer vor Aufnahme der Beschäftigung

- seinem Arbeitgeber die Identifikationsnummer mitteilt (ist im ELStAM-Verfahren obligatorisch, → Tz. 15),
- dem Berechnungsverfahren schriftlich zustimmt,
- den bereits zuvor so besteuerten Arbeitslohn und die darauf erhobene Lohnsteuer sowie den Solidaritätszuschlag mitteilt und
- mit seiner Zustimmung versichert, dass ihm die gesetzliche Verpflichtung zur Abgabe einer Einkommensteuererklärung (Pflichtveranlagung nach § 46 Abs. 2 Nr. 2 und 3a EStG) bekannt ist.

Der Arbeitgeber muss die Zustimmungserklärung des Arbeitnehmers zum Lohnkonto nehmen und aufbewahren.

Mit dieser besonderen Berechnungsmethode wird der einmalig erzielte hohe Arbeitslohn rechnerisch auf mehrere Monate verteilt. Hierdurch behält der Arbeitgeber weniger Steuern ein als nach der üblichen Berechnungsmethode. Sollten diese Steuerbeträge jedoch durch den Bezug weiterer Einkünfte im Kalenderjahr zu niedrig sein – was dann regelmäßig der Fall sein wird –, wird das Finanzamt die Differenz nachfordern.

Ohne den permanenten Lohnsteuer-Jahresausgleich würde die Lohnsteuer als Monatslohn berechnet oder ggf. nach der Tageslohnsteuertabelle ermittelt. Falls dadurch eine aus Jahressicht zu hohe Lohnsteuer einbehalten wird, kann sie nur nachträglich i.R. einer Veranlagung zur Einkommensteuer ausgeglichen bzw. erstattet werden.

Permanenter Lohnsteuer-Jahresausgleich für Annexsteuern

Neben dem permanenten Jahresausgleich für die Lohnsteuer hat der Arbeitgeber auch für den **Solidaritätszuschlag** und die **Kirchensteuer** (Annexsteuern) einen permanenten Jahresausgleich vorzunehmen. Hierfür sind die Steuerklasse und die Zahl der Kinderfreibeträge maßgebend, die für den permanenten Lohnsteuer-Jahresausgleich als Lohnsteuerabzugsmerkmale abgerufen bzw. angesetzt worden sind.

Der Jahresausgleich für den Solidaritätszuschlag und die Kirchensteuer ist jeweils ein eigenständiges Ausgleichsverfahren.

II. Verpflichtung zum betrieblichen Jahresausgleich

7 Beschäftigt der Arbeitgeber am 31. Dezember des Ausgleichsjahrs mindestens **zehn** Arbeitnehmer, so ist er **gesetzlich verpflichtet**, für denjenigen Arbeitnehmer einen betrieblichen Lohnsteuer-Jahresausgleich durchzuführen, der

- unbeschränkt oder seit 2020 beschränkt einkommensteuerpflichtig ist,
- während des Ausgleichsjahrs ständig in einem zu ihm bestehenden Dienst-(Arbeits-)verhältnis gestanden hat und
- am 31. Dezember des Ausgleichsjahrs (noch) in seinen Diensten steht oder zu diesem Zeitpunkt von ihm Arbeitslohn aus einem früheren Dienstverhältnis bezieht (Ausschlüsse → Tz. 8).

Bei einer geringeren Arbeitnehmerzahl ist der Arbeitgeber **berechtigt**, unter den zuvor aufgezeigten Voraussetzungen einen Lohnsteuer-Jahresausgleich durchzuführen.

Wendet der Arbeitgeber in 2021 die **elektronischen** Lohnsteuerabzugsmerkmale noch **nicht** an (sog. Härtefall), hat ihm das Finanzamt für jeden beschäftigten Arbeitnehmer eine jahresbezogene Bescheinigung für den Lohnsteuerabzug 2021 ausgestellt. Diese Bescheinigung muss dem Arbeitgeber für den Jahresausgleich noch vorliegen.

Der Arbeitgeber darf den Jahresausgleich **nicht durchführen**, 8

- wenn der Arbeitnehmer während des aktuellen Ausgleichsjahrs beim Arbeitgeber **nicht ständig** beschäftigt gewesen ist (z.B. weil er bei einem anderen Arbeitgeber gearbeitet hat);
- wenn ein Arbeitnehmer **beantragt**, den Ausgleich nicht vorzunehmen;
- wenn ein Arbeitnehmer für das Ausgleichsjahr oder für einen Teil des Ausgleichsjahrs nach den **Steuerklassen** V oder VI zu besteuern war.

  Hiervon **ausgenommen** sind die Fälle, in denen der Arbeitslohn zunächst nach der **Steuerklasse VI** versteuert worden ist und
  - wenn der Arbeitnehmer danach seinem Arbeitgeber eine Bescheinigung für den Lohnsteuerabzug vorgelegt hat oder
  - wenn der Arbeitgeber danach die elektronischen Lohnsteuerabzugsmerkmale abgerufen hat

  und der Arbeitgeber die jeweils vorangegangenen Lohnabrechnungen entsprechend korrigiert hat (dadurch keine Steuerklasse VI);
- wenn die Lohnsteuer nur für einen Teil des Ausgleichsjahrs nach den Steuerklassen II, III oder IV (einschl. IV mit Faktorverfahren) zu erheben war;
- wenn der Arbeitnehmer im Ausgleichsjahr **Kurzarbeitergeld** (einschl. Saison-Kurzarbeitergeld), Zuschüsse zum Mutterschaftsgeld nach dem Mutterschutzgesetz, Zuschüsse nach beamtenrechtlichen Grundsätzen bei Beschäftigungsverbot wegen einer Entbindung, Entschädigungen für Verdienstausfall nach dem Infektionsschutzgesetz (z.B. anlässlich einer behördlich angeordneten Corona-Quarantäne) oder steuerfreie Aufstockungsbeträge (wegen Altersteilzeit oder nach Bundesbesoldungsgesetz) bezogen hat;
- wenn der Arbeitnehmer im Kalenderjahr keine der für 2021 (und 2020) zeitlich begrenzt steuerfrei gestellten Arbeitgeberzuschüsse zum Kurzarbeitergeld, Saison- oder Transfer-Kurzarbeitergeld (§ 3 Nr. 28a EStG) bezogen hat;
- wenn die Anzahl der im Lohnkonto des Arbeitnehmers eingetragenen **Großbuchstaben** U mindestens eins beträgt;
- wenn bei der Lohnsteuerberechnung ein **Freibetrag** oder Hinzurechnungsbetrag zu berücksichtigen war;
- wenn der Arbeitnehmer im Ausgleichsjahr sowohl nach der Allgemeinen **Lohnsteuer-Tabelle** als auch nach der Besonderen Lohnsteuer-Tabelle zu besteuern war (→ Tz. 2);
- wenn für den Arbeitnehmer innerhalb des Kalenderjahrs nicht nur eine Beitragsbemessungsgrenze zur Rentenversicherung (West oder Ost) anzuwenden gewesen ist oder wenn sich im Ausgleichsjahr der Beitragssatz der Krankenkasse geändert hat (BMF v. 26.11.2013, IV C 5 – S 2367/13/10001, BStBl I 2013, 1532, Tz. 8);
- wenn der Arbeitnehmer im Ausgleichsjahr **ausländische Einkünfte** aus nichtselbständiger Arbeit bezogen hat, die nach einem Doppelbesteuerungsabkommen oder unter Progressionsvorbehalt nach § 34c Abs. 5 EStG von der Lohnsteuer freigestellt waren.

III. Durchführung des Jahresausgleichs

1. Vorbemerkung

Üblicherweise nimmt der Arbeitgeber den Jahresausgleich **im Zusammenhang** mit einer Lohnabrechnung vor. Dies kann frühestens die Lohnabrechnung für den letzten im Ausgleichsjahr endenden Lohnzahlungszeitraum sein; z.B. die Gehaltsabrechnung für den Monat Dezember. Für den Jahresausgleich 2021 ist zu beachten, dass er spätestens mit der Lohnabrechnung für den Lohnzahlungszeitraum durchzuführen ist, der im Februar des folgenden Jahrs (2022) endet (§ 42b Abs. 3 Satz 1 EStG); dies ist die Februarabrechnung 2022. Berechnet der Arbeitgeber die Lohnsteuer **maschinell**, 9 hat er die elektronische **Lohnsteuerbescheinigung** bis zum 28. bzw. 29. Februar des Folgejahrs (für die elektronische Lohnsteuerbescheinigung 2021 ist dies der 28.2.2022) an das Finanzamt zu übermitteln (der Rosenmontag ist kein gesetzlicher Feiertag).

Wichtig: Ohne Anwendung des Verfahrens der elektronischen Lohnsteuerabzugsmerkmale (also im sog. Härtefallverfahren) darf der Arbeitgeber den Jahresausgleich **nur dann durchführen**, wenn er noch im Besitz der vom Finanzamt aktuell ausgestellten Papierbescheinigung ist. Weil diese ohnehin arbeitgeberbezogen ist und nur für ein Kalenderjahr gilt, dürfte diese Voraussetzung regelmäßig erfüllt sein (anderenfalls → Tz. 8).

Sind im laufenden Kalenderjahr die steuerlichen Vorschriften (z.B. das EStG) mit **Rückwirkung** geändert worden, hat der Arbeitgeber die neuen bzw. geänderten Regelungen grundsätzlich auch für zurückliegende Lohnzahlungen anzuwenden (Neuberechnung der einzubehaltenden Lohnsteuer; vgl. § 41c Abs. 1 Satz 1 Nr. 2 EStG), wenn die Finanzverwaltung keine Ausnahme zulässt. Grundsätzlich sind für den **Jahresausgleich stets** die aktuellen und damit auch die ggf. während des Kalenderjahrs geänderten steuerlichen Regelungen und (Frei-)Beträge zu berücksichtigen.

Folgende **Schritte** sind für den Jahresausgleich notwendig:
- Ermittlung des Jahresarbeitslohns (→ Tz. 10 ff.),
- Ermittlung der Jahreslohnsteuer (→ Tz. 14 ff.),
- Vergleich u. Korrektur der Lohnsteuerabzüge (→ Tz. 18 f.),
- Abschlussbuchungen im Lohnkonto (→ Tz. 20).

2. Ermittlung des Jahresarbeitslohns

10 Zunächst hat der Arbeitgeber den Jahresarbeitslohn festzustellen. Dessen Höhe ergibt sich regelmäßig aus den Aufzeichnungen im Lohnkonto des Arbeitnehmers.

11 Somit stellt sich für den Arbeitgeber die Frage, welche Lohnteile zum **Jahresarbeitslohn** zählen. Grundsätzlich sind alle steuerpflichtigen Zahlungen und Bezüge zu berücksichtigen, die der Arbeitnehmer in dem Dienstverhältnis des Ausgleichsjahrs erhalten hat – gleichgültig, ob diese Einnahmen laufend oder nur einmal im Jahr gezahlt worden sind und ob es sich um Geld- oder Sachleistungen gehandelt hat. Ihre Summe ergibt regelmäßig den steuerpflichtigen Bruttoarbeitslohn.

Bruttoarbeitslohn ist die Summe
- aus dem laufenden Arbeitslohn, der für Lohnzahlungszeiträume gezahlt worden ist, die im Kalenderjahr geendet haben, und
- aus den sonstigen Bezügen, die dem Arbeitnehmer im Kalenderjahr zugeflossen sind.

Ein **netto** gezahlter Arbeitslohn ist mit dem hochgerechneten Bruttobetrag anzusetzen. Zum Bruttoarbeitslohn **rechnen auch** die laufend und einmalig gezahlten Versorgungsbezüge einschließlich Sterbegelder und Abfindungen/Kapitalauszahlungen solcher Ansprüche.

Nicht hinzugerechnet werden:
- steuerfreie Einnahmen, wie z.B. steuerfreie Reisekosten- und Umzugskostenvergütungen sowie die steuerfreien coronabedingten Sonderzahlungen (Beihilfen und Unterstützungen nach § 3 Nr. 11a EStG sowie Zuschüsse des Arbeitgebers zum Kurzarbeitergeld und Saison-Kurzarbeitergeld nach § 3 Nr. 28a EStG;
- Bezüge für mehrjährige Tätigkeit (§ 34 Abs. 2 Nr. 4 EStG, z.B. Jubiläumszuwendungen) und ermäßigt besteuerte Entschädigungen für entgangenen oder entgehenden Arbeitslohn (§ 34 Abs. 1 und Abs. 2 Nr. 2 EStG, z.B. Entlassungsabfindungen) – es sei denn, der Arbeitnehmer verlangt ausdrücklich ihre Einbeziehung;
- pauschal besteuerte Lohnteile; auch dann nicht, wenn der Arbeitnehmer im Innenverhältnis die pauschale Lohnsteuer trägt (vgl. §§ 40 Abs. 3, 40a Abs. 5, 40b Abs. 5 EStG).

Von dem so ermittelten Jahresarbeitslohn hat der Arbeitgeber jeweils den in Betracht kommenden Altersentlastungsbetrag (→ Tz. 13) sowie ggf. den Versorgungsfreibetrag und Zuschlag zum Versorgungsfreibetrag (→ Tz. 12) **abzuziehen.**

12 Erhält der Arbeitnehmer vom Arbeitgeber wegen Erreichens einer Altersgrenze eine betriebliche Rente (Werksrente) oder solch eine Rente wegen Berufsunfähigkeit oder als Hinterbliebenenbezüge, hat dieser für die Lohnsteuerberechnung vom Versorgungsbezug den **Versorgungsfreibetrag** sowie einen **Zuschlag** zum Versorgungsfreibetrag abzuziehen (§ 19 Abs. 2 EStG). Bei Versorgungsbeginn bis 2005 betragen der Freibetrag 40 % der Versorgungsbezüge bzw. der gesondert ermittelten Bemessungsgrundlage, höchstens jedoch 3 000 €, und der Zuschlag 900 € jährlich; bei Versorgungsbeginn in 2021 sind anzusetzen: 15,2 %, höchstens 1 140 € und 342 € (→ Tz.35). Gleiches gilt für andere Versorgungsbezüge, die auf Grund eines früheren Dienstverhältnisses gezahlt werden, wie z.B. Pensionen im öffentlichen Dienst.

Einen **Altersentlastungsbetrag** (§ 24a EStG) erhalten solche 13 Arbeitnehmer, die vor Beginn des Kalenderjahrs das 64. Lebensjahr vollendet haben (für 2021: **vor** dem 2.1.1957 geborene Stpfl.). Der Freibetrag beträgt für Arbeitnehmer, die in 2021 erstmals die Altersvoraussetzungen erfüllen, 15,2 % des Arbeitslohns aus einem aktiven Dienstverhältnis (und der positiven Summe der Einkünfte, die nicht solche aus nichtselbständiger Arbeit sind), höchstens 722 € jährlich (→ Tz. 35). Der Freibetrag ist von dem steuerpflichtigen Arbeitslohn zu berechnen, Renten oder Pensionen sind nicht begünstigt.

3. Ermittlung der Jahreslohnsteuer

Wurde nach den zuvor beschriebenen Schritten der **Jahresarbeitslohn** des Arbeitnehmers für das Ausgleichsjahr (hier 2021) berechnet, kann aus der (hier abgedruckten) **Allgemeinen Tabelle Lohnsteuer-Jahr** die **Jahreslohnsteuer abgelesen** werden (→ Tz. 2). 14

In dem Verfahren der elektronischen Lohnsteuerabzugsmerkmale (sog. ELStAM-Verfahren) ist die Jahreslohnsteuer nach der Steuerklasse zu ermitteln, die der Arbeitgeber für den letzten Lohnzahlungszeitraum des Ausgleichsjahrs (hier 2021) als Lohnsteuerabzugsmerkmal abgerufen hat. Darf der Arbeitgeber den Lohnsteuerabzug im Papierverfahren durchführen (sog. Härtefall), ist die Steuerklasse maßgebend, welche in der für das aktuelle Ausgleichsjahr (hier 2021) zuletzt ausgestellten Bescheinigung für den Lohnsteuerabzug ausgewiesen wird. 15

Zu beachten ist, dass die Jahreslohnsteuer des betrieblichen Jahresausgleichs zuweilen mit der durch eine Einkommensteuer-Veranlagung festgesetzten tariflichen Einkommensteuer nicht ganz übereinstimmt. Das hängt u.a. mit der **Vorsorgepauschale** zusammen. 16

Besonderheiten bei der Vorsorgepauschale 17

Bei Arbeitnehmern wird zur Ermittlung der Lohnsteuer die sog. **Vorsorgepauschale** (→ Tz. 92) angesetzt. Mit ihr sollen die typischen Vorsorgeaufwendungen (→ Tz. 91) abgegolten werden. Die Vorsorgepauschale wird prozentual von der Höhe des Arbeitslohns berechnet und ist durch Höchstbeträge begrenzt. Diese Pauschale setzt sich aus den **Teilbeträgen** gesetzliche **Rentenversicherung** sowie gesetzliche/soziale **Kranken-** und **Pflegeversicherung** bzw. **private** Basiskranken- und Pflegepflichtversicherung bei **privat versicherten** Arbeitnehmern zusammen.

Der Teilbetrag **Rentenversicherung** (Altersversorgung) entspricht dabei den tatsächlichen Beiträgen zur gesetzlichen Rentenversicherung.

Dagegen ist beim **zweiten** Teilbetrag zwischen gesetzlich und privat **Krankenversicherten** zu unterscheiden. Bemessungsgrundlage bei gesetzlich versicherten Arbeitnehmern sind die jeweiligen Arbeitnehmeranteile; bei Privatversicherten wird sie nach den tatsächlichen Beiträgen für die Basisversorgung berechnet, falls der Arbeitnehmer seinem Arbeitgeber diese Beiträge nachgewiesen hat.

Beim Lohnsteuerabzug hat jeder Arbeitnehmer zumindest Anspruch auf die **Mindestvorsorgepauschale** (12 % des Arbeitslohns, höchstens 1 900 € für die Steuerklassen I, II und IV bis VI sowie 3 000 € für die Steuerklasse III). **Steuerbegünstigte Entschädigungen** sind nicht als Bemessungsgrundlagen (Arbeitslohnteile) zu berücksichtigen.

In den vom Verlag herausgegebenen **Lohnsteuertabellen** ist regelmäßig die **zutreffende** Vorsorgepauschale eingearbeitet.

Hat der Arbeitgeber einen lohnsteuerlichen **Freibetrag** (lt. Papierbescheinigung oder als elektronisches Lohnsteuerabzugsmerkmal) zu berücksichtigen, ist die Lohnsteuer für den um diesen Betrag geminderten Arbeitslohn aus der Tabelle abzulesen. Führt dieser geminderte Arbeitslohn zu einer geringeren Vorsorgepauschale, als nach dem tatsächlichen Arbeitslohn zustünde, erfolgt der Lohnsteuerabzug letztlich von einem etwas zu hohen Arbeitslohn. Der sich so ergebende Lohnsteuerbetrag ist jedoch nur geringwertig höher. In diesem Fall kann die zutreffende Vorsorgepauschale nur vom Finanzamt im Rahmen einer Einkommensteuer-Veranlagung berücksichtigt werden. Die nach den amtlichen Vorgaben erstellten maschinellen Lohnsteuer-Berechnungsprogramme rechnen da etwas genauer. Deshalb können die nach beiden Berechnungsarten ermittelten Lohnsteuerbeträge in bestimmten Fällen mitunter geringfügig voneinander abweichen.

4. Jahresausgleich und Korrektur der Lohnsteuerabzüge

18 Nachdem die Jahreslohnsteuer ermittelt worden ist, hat der Arbeitgeber diesen Betrag mit der im Lohnkonto aufgezeichneten Lohnsteuer zu vergleichen, die von dem in den Jahresausgleich einbezogenen Arbeitslohn im Kalenderjahr insgesamt **einbehalten** worden ist. Diese **Vergleichsrechnung** ergibt regelmäßig, dass bei den Lohn- bzw. Gehaltszahlungen im laufenden Kalenderjahr insgesamt **zu viel** oder – in Ausnahmefällen – ggf. zu wenig Lohnsteuer einbehalten worden ist. Gleiches gilt für die Kirchensteuer (→ Tz. 136 ff.) sowie für den Solidaritätszuschlag (→ Tz. 21).

Zu beachten ist, dass für den **Lohnsteuervergleich** die tatsächlich einbehaltene Lohnsteuer heranzuziehen ist. Dabei ist aber die Lohnsteuer auf solche Bezüge **auszuscheiden**, die nicht in den Jahresarbeitslohn einbezogen wurden; z.B. ermäßigt besteuerte Einkünfte nach § 34 EStG, es sei denn, sie wurden auf Antrag des Arbeitnehmers einbezogen.

Erstattung der Lohnsteuer

Hat der Arbeitgeber **zu viel Lohnsteuer** einbehalten, ist er verpflichtet, dem Arbeitnehmer den entsprechenden Betrag im Rahmen des Lohnsteuer-Jahresausgleichs zu **erstatten**.

Der zu erstattende Betrag ergibt sich durch den **Vergleich** der im Kalenderjahr insgesamt einbehaltenen Lohnsteuerbeträge und der zu dem Jahresarbeitslohn ausgewiesenen Jahreslohnsteuer. Der Arbeitgeber ist verpflichtet, dem Arbeitnehmer den Erstattungsbetrag in einem Betrag auszahlen. Eine Verrechnung mit künftiger Lohnsteuer ist nicht zulässig.

Bei maschineller Lohnabrechnung kann der Arbeitgeber den Jahresausgleich mit der Ermittlung der Lohnsteuer für den Monat Dezember zusammenfassen (**Jahresausgleich mit Dezemberabrechnung**). Übersteigt die dabei maschinell ermittelte Jahreslohnsteuer die für die vorausgegangenen Monate Januar bis November einbehaltene Lohnsteuersumme, gilt der Unterschiedsbetrag als die für Dezember einzubehaltende Lohnsteuer. Hierdurch wird ein evtl. zu viel einbehaltener Lohnsteuerbetrag verrechnet. Übersteigt hingegen die erhobene Lohnsteuer die ermittelte Jahreslohnsteuer, ist der Unterschiedsbetrag dem Arbeitnehmer mit der Arbeitslohnzahlung für Dezember zu erstatten. Für die Erstattung kann der Arbeitgeber die im Lohnzahlungszeitraum von anderen Arbeitslöhnen einbehaltenen und an das Finanzamt abzuführenden Lohnsteuerbeträge verwenden.

In besonders gelagerten Fällen kann die dem bzw. den Arbeitnehmer/n beim Jahresausgleich zu erstattende Lohnsteuer höher sein als die Lohnsteuer, die der Arbeitgeber für die im Ausgleichsmonat gezahlten Löhne einzubehalten hat. Dann erstattet das **Betriebsstättenfinanzamt** dem Arbeitgeber den **Fehlbetrag**. Hierfür ist der Erstattungsbetrag in der (elektronischen) Lohnsteuer-Anmeldung mit einem Minuszeichen zu kennzeichnen. In diesem Fall gilt die Abgabe der Lohnsteuer-Anmeldung als Erstattungsantrag.

19 ***Lohnsteuer-Minderbetrag***

Übersteigt die im Jahresausgleich ermittelte Jahreslohnsteuer die Summe der im Kalenderjahr einbehaltenen Lohnsteuerbeträge, darf der Arbeitgeber den Differenzbetrag **nicht** ein- bzw. nachfordern. Denn der Fehlbetrag muss nicht auf einer unzutreffenden Lohnsteuerermittlung beruhen. Er kann sich auf Grund monatlicher Lohnschwankungen ergeben.

Wurde jedoch für einen oder mehrere Lohnzahlungszeiträume (Monate) **vorschriftswidrig** eine **zu geringe** Lohnsteuer **erhoben**, kann sie der Arbeitgeber nachträglich einbehalten (R 41c.1 Abs. 1 und 4 LStR 2021). Unterlässt er dies, ist der Arbeitgeber zu einer Anzeige an das Betriebsstättenfinanzamt verpflichtet. Eine **Anzeigepflicht** besteht auch dann, wenn der Arbeitgeber die zu geringe Lohnsteuer nicht nacherheben kann, weil

- ihm für den Arbeitnehmer elektronische Lohnsteuerabzugsmerkmale zum Abruf zur Verfügung gestellt worden sind, die auf einen Zeitpunkt vor Abruf der Lohnsteuerabzugsmerkmale zurückwirken,
- er dem Arbeitnehmer keinen Arbeitslohn mehr zahlt,
- er nach Ablauf des Kalenderjahrs die Lohnsteuerbescheinigung bereits ausgeschrieben hat,
- ihm der Arbeitnehmer im Härtefallverfahren eine Bescheinigung für den Lohnsteuerabzug mit Lohnsteuerabzugsmerkmalen vorlegt, die auf einen Zeitpunkt vor Vorlage der Bescheinigung für den Lohnsteuerabzug zurückwirken.

Vordrucke für diese Mitteilung („Anzeige über nicht durchgeführten Lohnsteuerabzug“), deren Kopie dem Lohnkonto beigefügt werden sollte, gibt es bei den Finanzämtern oder im Internet als PDF-Datei zum Ausdrucken im Formular-Management-System der Bundesfinanzverwaltung (https://www.formulare-bfinv.de/) im Formularcenter unter der Rubrik „Unternehmen“, im Ordner „Lohnsteuer (Arbeitgeber)“ dort Vordruck-Nr. 85.

Für die Bearbeitung der Mitteilung/Anzeige benötigt das Betriebsstättenfinanzamt Namen und Anschrift des Arbeitnehmers, dessen Geburtsdatum sowie dessen steuerliche Identifikationsnummer. Die in R 41c.2 Abs. 2 LStR 2021 geforderten weiteren Merkmale wie die als ELStAM übermittelten oder auf der Bescheinigung für den Lohnsteuerabzug eingetragenen Besteuerungsmerkmale (z.B. Geburtsdatum, Steuerklasse) und ggf. den Freibetrag oder Hinzurechnungsbetrag sind auf dem aktuellen amtlichen Vordruck nicht anzugeben. Wichtig ist jedoch, im Vordruck den Grund für die Anzeige zu erläutern.

Anrufungsauskunft

Weil auf Grund der vielfältigen Aufgaben des Arbeitgebers im Lohnsteuerabzugsverfahren **Zweifelsfragen** nicht auszuschließen sind, sieht das Einkommensteuergesetz für lohnsteuerliche Zweifelsfälle eine sog. **Anrufungsauskunft** vor (§ 42e EStG). Damit können sich Arbeitgeber und Arbeitnehmer an das Betriebsstättenfinanzamt des Arbeitgebers wenden und erfragen, wie bei einem konkret beschriebenen Sachverhalt steuerlich zu verfahren ist.

Verfährt der Arbeitgeber nach der erteilten Auskunft des Finanzamts, ist seine spätere Haftung für evtl. zu wenig einbehaltene Lohnsteuer ausgeschlossen. Deshalb sollte auch dann nach der Anrufungsauskunft verfahren werden, wenn sie als unzutreffend eingeschätzt wird.

Nach dem BFH-Urteil vom 30.4.2009, VI R 54/07, BStBl II 2010, 996, ist die Anrufungsauskunft ein feststellender Verwaltungsakt, der mit einem Rechtsbehelf (Einspruch) angefochten werden kann. Mit Urteil vom 17.10.2013 (VI R 44/12, BStBl II 2014, 892) hat dieses Gericht entschieden, dass eine dem Arbeitgeber vom Betriebsstättenfinanzamt erteilte Lohnsteuer-Anrufungsauskunft die Finanzbehörden auch im Rahmen des Lohnsteuerabzugsverfahrens gegenüber dem Arbeitnehmer bindet. Die ordnungsgemäße Abführung der auskunftsgemäß einbehaltenen Lohnsteuer führe zum Erlöschen des Lohnsteueranspruchs des Finanzamts. Es könne daher die vom Arbeitgeber auf Grund einer (unrichtigen) Anrufungsauskunft nicht einbehaltene und abgeführte Lohnsteuer vom Arbeitnehmer nicht im Haftungsweg (nach § 42d Abs. 3 Satz 4 Nr. 1 EStG) nachfordern. Dies komme jedoch dann in Betracht, wenn der Arbeitnehmer i.R. einer Pflichtveranlagung zur Einkommensteuer zu veranlagen ist (→ Tz. 129 f.). Wie diese beiden BFH-Urteile in der Praxis anzuwenden sind, erläutert ein BMF-Schreiben (vom 12.12.2017, IV C 5 – S 2388/14/10001, BStBl I 2017, 1656).

Zu beachten ist aber, dass die erteilte Auskunft das Finanzamt nur gegenüber demjenigen bindet, der die Auskunft erfragt hat. Weil sie den reibungslosen Lohnsteuerabzug sicherstellen soll, ist die Auskunft zudem auf das Lohnsteuerabzugs-Verfahren beschränkt (BFH v. 9.10.1992, BStBl II

1993, 166). Deshalb kann das (Veranlagungs-)Finanzamt des Arbeitnehmers im Rahmen einer **Einkommensteuer-Veranlagung** einen anderen, für ihn evtl. ungünstigeren Rechtsstandpunkt einnehmen (s. o.g. BMF-Schreiben vom 12.12.2017, Tz. 20).

5. Abschlussbuchungen

20 Im **Lohnkonto** ist die im Lohnsteuer-Jahresausgleich erstattete Lohnsteuer gesondert einzutragen. Hingegen ist in der (elektronischen) **Lohnsteuerbescheinigung** nur der sich nach Verrechnung der einbehaltenen mit der erstatteten Lohnsteuer ergebende Betrag als erhobene Jahreslohnsteuer auszuweisen.

6. Jahresausgleich und Solidaritätszuschlag (Solz)

21 Im Lohnsteuer-Jahresausgleichsverfahren teilt der Solz das Schicksal der Lohnsteuer. Insoweit gelten die Ausführungen im Abschnitt „Lohnsteuer-Jahresausgleich durch den Arbeitgeber" (→ Tz. 5 ff.) entsprechend.

Bemessungsgrundlage für den Solz ist die nach den (elektronischen) Lohnsteuerabzugsmerkmalen ermittelte Lohnsteuer. Sind Kinder zu berücksichtigen (→ Tz. 118 f.), ist der Jahresarbeitslohn zunächst um die Kinder- und Bedarfsfreibeträge gemäß des als Lohnsteuerabzugsmerkmal gebildeten Kinderfreibetrags-Zählers zu mindern (regelmäßig 0,5 bei Ledigen und 1 bei Verheirateten). Hierdurch werden in 2021 als jährlicher Kinderfreibetrag in den Steuerklassen I, II und IV jeweils 2 730 € und in der Steuerklasse III 5 460 € angesetzt (§ 51a Abs. 2a EStG, § 3 Abs. 2a SolzG). Hinzu kommt der **Bedarfsfreibetrag** mit jeweils 1 464 € bzw. 2 928 € in der Steuerklasse III. Für die Berechnung des Solidaritätszuschlags nach den Steuerklassen V und VI werden keine Kinderfreibeträge angesetzt.

Der Solz ist ab dem Kalenderjahr 2021 erst ab folgender (Maßstabs-) Lohnsteuer zu ermitteln:

- in Steuerklasse III ab einer Lohnsteuer i.H.v. 33 912 € und
- in den Steuerklassen I, II, IV, V und VI ab einer Lohnsteuer i.H.v. 16 956 €.

Für Arbeitslöhne, deren Lohnsteuer unter der o.g. Maßstabslohnsteuer liegt, wird kein Solz erhoben.

Nach dieser sog. Nullzone **steigt** der Solz linear auf 5,5 % an (sog. **Milderungszone**). Erst danach beträgt der Solz stets 5,5 % der Bemessungsgrundlage (sog. Maßstabslohnsteuer). Diese sehr aufwendige Rechenarbeit vermeidet diese Lohnsteuer-Tabelle (Lohnsteuer-Jahresausgleich), in der zu dem Jahresarbeitslohn bereits der **zutreffende** Solz ausgewiesen ist.

Wenn der im Kalenderjahr einbehaltene Solz den vom Arbeitgeber im Lohnsteuer-Jahresausgleich ermittelten Solz übersteigt, ist er dem Arbeitnehmer **zu erstatten**. Hierbei ist der im Rahmen einer Lohnsteuer-Pauschalierung erhobene Solz nicht zu berücksichtigen; er bleibt beim Jahresausgleich – ebenso wie die pauschal erhobene Lohnsteuer – außer Ansatz.

Ergibt der Jahresausgleich, dass im Kalenderjahr **zu wenig** Solz einbehalten wurde, so darf der Arbeitgeber den Minderbetrag nur dann einbehalten, wenn er den Solz zu Unrecht – also fehlerhaft – nicht oder in zu geringer Höhe erhoben hat (→ Tz. 19). Darf oder will der Arbeitgeber einen solchen Minderbetrag nicht einbehalten, so ist er verpflichtet, dies dem zuständigen Betriebsstättenfinanzamt anzuzeigen, damit das Finanzamt den zu wenig erhobenen Solz vom Arbeitnehmer nachfordern kann.

Der Solz ist nur auf die Lohnsteuer zu erheben, **nicht** auf die Kirchensteuer. Für die Abschlussbuchungen im Lohnkonto gelten die Ausführungen zu → Tz. 20 entsprechend.

IV. Jahresausgleich und Vermögensbildung

1. Personenkreis

22 Die Vermögensbildung von Arbeitnehmern wird durch staatliche Leistungen (Sparzulage) **gefördert**. Die begünstigten Sparformen und vermögensbildenden(-wirksamen) Leistungen sowie der Umfang der Förderung sind im **Fünften Vermögensbildungsgesetz** (5. VermBG) festgelegt. Das 5. VermBG gilt für unbeschränkt und beschränkt einkommensteuerpflichtige Arbeitnehmer, Beamte, Richter, Berufssoldaten, Soldaten auf Zeit sowie für in Heimarbeit Beschäftigte.

Begünstigt sind **Arbeitnehmer** im arbeitsrechtlichen Sinne (Arbeiter und Angestellte einschl. der zur Berufsausbildung Beschäftigten, z.B. Auszubildende, Anlernlinge, Volontäre und Praktikanten). Auch Teilzeitbeschäftigte und Aushilfskräfte in der Land- und Forstwirtschaft sowie geringfügig entlohnte Beschäftigte (Mini-Jobber), deren Arbeitslohn pauschal besteuert wird, rechnen zu den nach dem 5. VermBG begünstigten Arbeitnehmern. Im Zweifel gilt eine Person als Arbeitnehmer, wenn sie Arbeitslohn im **steuerlichen** Sinne aus einem gegenwärtigen Dienstverhältnis bezieht. Gleiches gilt für einen Gesellschafter, wenn für ihn Sozialversicherungspflicht besteht.

Das Arbeitsverhältnis muss jedoch dem deutschen **Arbeitsrecht** unterliegen, wie z.B. bei Arbeitnehmern, die als entsandte Kräfte oder deutsche Ortskräfte an den Auslandsvertretungen der Bundesrepublik Deutschland beschäftigt sind, oder bei ausländischen Arbeitnehmern, die als Grenzgänger hier arbeiten. Arbeitnehmer mit ständigem Wohnsitz im Inland, die als Grenzgänger im benachbarten Ausland arbeiten, können aus Gleichbehandlungsgründen die Arbeitnehmer-Sparzulage (→ Tz. 23, → Tz. 25) ebenfalls erhalten.

Anspruchsberechtigt sind auch Menschen mit einer Behinderung, die im Arbeitsbereich anerkannter Werkstätten für behinderte Menschen tätig sind und zu den Werkstätten in einem arbeitnehmerähnlichen Rechtsverhältnis stehen (§ 221 Abs. 1 SGB IX), und Personen, die aus dem Arbeitsverhältnis ausgeschieden sind, aber im Rahmen seiner Abwicklung noch Entgelt für geleistete Arbeit erhalten.

Nicht begünstigt sind z.B.

- Bundesfreiwilligendienstleistende, wenn sie nicht in einem (ruhenden) Arbeitsverhältnis stehen,
- Helferinnen und Helfer während der Ableistung eines freiwilligen sozialen oder ökologischen Jahrs nach dem Jugendfreiwilligendienstgesetz oder einen anderen europäischen oder entwicklungspolitischen Freiwilligendienst leisten,
- Entwicklungshelfer, Rentenbezieher, Pensionäre, Ehrenbeamte wie ehrenamtliche Bürgermeister, Empfänger von Vorruhestandsbezügen und Bedienstete internationaler Organisationen, deren Arbeitsverhältnis nicht dem deutschen Arbeitsrecht unterliegt, sowie
- Personen, die in keinem aktiven Arbeitsverhältnis mehr stehen – auch dann, wenn sie während ihrer aktiven Dienstzeit begünstigte Verträge abgeschlossen haben und nach Beendigung des Arbeitsverhältnisses hierauf noch Zahlungen leisten.

Die Förderung nach dem 5. VermBG ist ferner **nicht** möglich

- für vermögenswirksame Leistungen juristischer Personen an Mitglieder des Organs, das zur gesetzlichen Vertretung der juristischen Person berufen ist (z.B. Vorstandsmitglieder von Aktiengesellschaften, Genossenschaften und rechtsfähigen Vereinen, Geschäftsführer einer GmbH) und
- für vermögenswirksame Leistungen von Personengesamtheiten an die durch Gesetz, Satzung oder Gesellschaftsvertrag zur Vertretung der Personengesamtheit berufenen Personen (z.B. Gesellschafter einer OHG oder KG).

2. Vermögenswirksame Leistungen

Vermögenswirksame Leistungen sind Geldleistungen, die der Arbeitgeber für den Arbeitnehmer auf Grund von Verträgen mit Arbeitnehmern, Betriebsvereinbarungen und Tarifverträgen oder auf Grund bindender Festsetzungen nach dem Heimarbeitsgesetz in den begünstigten Anlageformen (→ Tz. 31) anlegt. Diese Geldleistungen sind steuerpflichtiger Arbeitslohn. Leistet der Arbeitgeber keine zusätzlichen Zahlungen für die Vermögensbildung, kann der Arbeitnehmer **Teile** seines Arbeitslohns vermögenswirksam anlegen; das gilt auch beim Bezug von pauschal besteuerten oder steuerfreien Arbeitslöhnen (z.B. steuerfreier Zuschuss zum Mutterschaftsgeld, steuerfreie Zuschläge für Nachtarbeit). **Kein Arbeitslohn** in diesem Sinne sind dagegen z.B. die steuerfreien 23

Lohnersatzleistungen, wie Kurzarbeitergeld und Mutterschaftsgeld. Die Anlage der vermögenswirksamen Leistungen muss in einer der **Anlageformen** erfolgen, die im 5. VermBG vorgeschrieben sind (→ Tz. 31).

Der Arbeitnehmer hat zwei Möglichkeiten zur Vermögensbildung mit staatlicher Förderung:

- Zum einen die Anlagemöglichkeit in Form von sog. **Produktivkapital,** z.B. Aktien (Förderung mit 20 % Sparzulage, → Tz. 25).
- Zum anderen **Bausparen** und der Erwerb von **Wohneigentum** (Förderung getrennt vom Produktivkapital zusätzlich mit 9 % Sparzulage, → Tz. 25).

3. Einkommensgrenze

24 Anspruch auf die Sparzulage haben Arbeitnehmer, deren zu versteuerndes Einkommen in dem Kalenderjahr, in dem die vermögenswirksamen Leistungen angelegt worden sind, bestimmte Einkommensgrenzen nicht übersteigen. Seit 2009 sind **zwei Einkommensgrenzen** zu beachten:

- bei Anlagen in **Produktivkapital**, z.B. betriebliche Beteiligungen und Aktien (→ Tz. 25, 31), eine Grenze von 20 000 € für Ledige und 40 000 € für Verheiratete;
- für die **übrigen** Anlageformen eine Grenze von 17 900 € für Ledige bzw. 35 800 € für Verheiratete.

4. Höhe der Sparzulage

25 Die Arbeitnehmer-Sparzulage beträgt

- **20** % für die vermögenswirksame Anlage in Produktivkapital als betriebliche oder außerbetriebliche Beteiligungen (z.B. Aktien, Investmentsparplan/-fonds). **Begünstigt** sind jährliche **Aufwendungen** von höchstens **400 €**;

und zusätzlich

- **9** % für vermögenswirksame Leistungen beim Bausparen und zum Erwerb, Bau, Ausbau oder zur Entschuldung von Wohneigentum (übrige Anlageformen). **Begünstigt** sind jährliche **Aufwendungen** von höchstens **470** €.

Wer beide Förderungen wählt, kann einen jährlichen **Höchstbetrag von 123 €** (80 € zzgl. 43 € – gerundet) erhalten.

Zulagenbegünstigt sind auch die vom Arbeitgeber nach § 3 Nr. 39 EStG bis zu 1 440 € (ab 2021, zuvor 360 €) im Kalenderjahr **steuerfrei** überlassene **Vermögensbeteiligungen**. Erhält der Arbeitnehmer z.B. begünstigte Aktien des Arbeitgebers i.H.v. 400 €, entsteht dafür keine Lohnsteuerpflicht. Gleichwohl kann eine Arbeitnehmer-Sparzulage gewährt werden, wenn die Voraussetzungen dafür gegeben sind.

Daneben besteht die sog. **Nullförderung**. Nullförderung bedeutet: Für die vom Arbeitgeber an den Arbeitnehmer gezahlten vermögenswirksamen Leistungen wird eine Anlageform gewählt, für die keine Arbeitnehmer-Sparzulage gezahlt wird (nicht zulagebegünstigt), z.B. Sparvertrag, (Kapital-)Lebensversicherung. Dann erhält der Sparer zwar keine staatlichen Zulagen, jedoch die vom Arbeitgeber regelmäßig tarifvertraglich zu zahlenden steuerpflichtigen vermögenswirksamen Leistungen.

Die Arbeitnehmer-Sparzulage gilt – im Gegensatz zu den vermögenswirksamen Leistungen – weder als steuerpflichtige Einnahme noch als Entgelt i.S.d. Sozialversicherung oder des Dritten Buches Sozialgesetzbuch (SGB III).

5. Antrag

26 Die Arbeitnehmer-Sparzulage wird nach Ablauf des jeweiligen Kalenderjahrs auf Antrag des Arbeitnehmers durch das Wohnsitzfinanzamt festgesetzt. Dieser Antrag ist regelmäßig im Rahmen einer Pflichtveranlagung oder einer Antragsveranlagung zur Einkommensteuer zu stellen. Wird eine Pflichtveranlagung nicht durchgeführt, z.B. weil der Arbeitnehmer nur pauschal besteuerten Arbeitslohn bezogen hat, ist eine gesonderte Antragstellung (Antragsveranlagung) erforderlich. Auch in diesem Fall ist beim Finanzamt eine Einkommensteuererklärung abzugeben.

Ein Antrag zur Festsetzung der Arbeitnehmer-Sparzulage ist spätestens bis zum Ende des vierten Kalenderjahrs nach Ablauf des Kalenderjahrs zu stellen, in dem die vermögenswirksamen Leistungen angelegt worden sind; für die im Sparjahr 2021 angelegten Leistungen also bis zum 31.12.2025.

Um für vermögenswirksame Leistungen die Arbeitnehmer-Sparzulage beantragen zu können, stellt das jeweilige Anlageinstitut seit dem Sparjahr 2017 eine **elektronische Vermögensbildungsbescheinigung** aus. Der Anbieter bzw. das Anlageinstitut muss diese Daten seitdem elektronisch an die Finanzverwaltung übermitteln. Hierfür ist eine Einwilligung des Anlegers bzw. Sparers erforderlich; ansonsten wird keine Arbeitnehmer-Sparzulage festgesetzt. Zu Informationszwecken sind die Anlageinstitute verpflichtet, den Anlegern die der Finanzverwaltung übermittelten Daten mitzuteilen (§ 93c AO).

Seit 2017 enthält das Hauptformular zur Einkommensteuererklärung (Einkommensteuer-Mantelbogen – ESt 1A) auf der Seite 4 in Zeile 91 (bzw. nunmehr auf der Seite 2 in Zeile 37) folgende Abfrage zur Beantragung der Arbeitnehmer-Sparzulage *„Für alle vom Anbieter übermittelten elektronischen Vermögensbildungsbescheinigungen wird die Festsetzung der Arbeitnehmer-Sparzulage beantragt.“* In zwei Ankreuzfeldern kann die Zulage sowohl für den Ehemann (Stpfl., Arbeitnehmer) als auch für eine zweite Person (z.B. Ehegatte) beantragt werden (Eintragung „1“).

Ergibt sich aus einer **geänderten** Einkommensteuerfestsetzung erstmals, dass die erforderlichen Einkommensgrenzen **nicht** überschritten sind, ist die (frühere) Ablehnung der Festsetzung einer Arbeitnehmer-Sparzulage wegen Überschreitens der Einkommensgrenzen aufzuheben und die Arbeitnehmer-Sparzulage nachträglich festzusetzen (§ 14 Abs. 5 und 6 des 5. VermBG). Die Nachholung der Festsetzung der Arbeitnehmer-Sparzulage wird regelmäßig von Amts wegen erfolgen und mit der Änderung der Einkommensteuerfestsetzung vorgenommen. Ein erneuter Antrag auf Festsetzung der Arbeitnehmer-Sparzulage wird hierdurch entbehrlich.

6. Festsetzung und Auszahlung

Die Arbeitnehmer-Sparzulage wird nicht vom Arbeitgeber ausgezahlt, sondern ausschließlich auf Antrag des Arbeitnehmers durch das **Wohnsitzfinanzamt** festgesetzt und ausgezahlt. Hat der Arbeitnehmer im Inland weder seinen Wohnsitz noch seinen gewöhnlichen Aufenthalt, ist für die Festsetzung und Auszahlung der Arbeitnehmer-Sparzulage das Betriebsstättenfinanzamt des Arbeitgebers zuständig. 27

Die Finanzverwaltung setzt die Arbeitnehmer-Sparzulage zunächst nur fest. Ihre Auszahlung erfolgt erst nach Ablauf der für die jeweilige Anlageform vorgeschriebenen **Sperrfrist** oder **vor** Ablauf der Frist im Fall einer **unschädlichen** Verfügung des angesparten Kapitals oder mit Ablauf der im Wohnungsbau-Prämiengesetz bzw. der Wohnungsbau-Prämienverordnung genannten Sperr- und Rückzahlungsfristen. Ist keine Sperrfrist vorgesehen (z.B. bei Anlagen zum Erwerb von Grundstücken und zum Bau, Erwerb oder Ausbau von Wohneigentum), erfolgt die Auszahlung jährlich. 28

Eine unschädliche Verfügung des angesparten Kapitals liegt z.B. vor, wenn in folgenden Fällen über den angelegten Betrag vor Ablauf der Sperrfrist verfügt wird:

- nach dem **Tod** oder der dauernden **Erwerbsunfähigkeit** des Arbeitnehmers oder seines Ehegatten,
- nach der **Heirat** des Arbeitnehmers, falls im Zeitpunkt der Verfügung mindestens zwei Jahre seit Beginn der Sperrfrist vergangen sind, sowie
- bei Arbeitslosigkeit.

Der Arbeitgeber ist nicht verpflichtet, die vermögenswirksamen Leistungen im Lohnkonto aufzuzeichnen. 29

7. Arbeitnehmer-Sparzulage und Wohnungsbauprämie

Bausparleistungen können entweder mit der Arbeitnehmer-**Sparzulage** oder durch die **Wohnungsbauprämie** staatlich gefördert werden. Die doppelte Förderung eines (Bau-)Sparbetrags mit Arbeitnehmer-Sparzulage und Wohnungsbauprämie ist jedoch nicht möglich. Allerdings können beide Zulagen genutzt werden, wenn in **zwei** Bausparverträge eingezahlt wird oder wenn innerhalb eines Bausparvertrags jährlich zusätzlich zu den 470 € (→ Tz. 25) noch weitere 700 € angespart werden. 30

Die Gewährung der **Wohnungsbauprämie** i.H.v. 10 % (ab 2021, zuvor 8,8 %) der Aufwendungen setzt voraus, dass das zu versteuernde **Einkommen** des Prämienberechtigten 35 000 € bei Ledigen und 70 000 € bei Ehegatten nicht übersteigt (ab 2021). Die jährlich maximal geförderte Sparleistung beträgt ab 2021 bei Ledigen 700 € und 1 400 € bei Ehegatten.

8. Anlagemöglichkeiten

31 Die Anlagemöglichkeiten ergeben sich aus der nachfolgenden Übersicht.

Zusammenstellung der Anlageformen, des Begünstigungsrahmens sowie der Arbeitnehmer-Sparzulage nach dem 5. VermBG

Lfd. Nr.		Anlageform Vermögenswirksame Leistungen können angelegt werden als	Begünstigungsrahmen (Euro)	Sparzulagensatz (%)	Bemerkungen
I.		**Aufwendungen für Beteiligungen am Produktivkapital**	insgesamt		
	■	**Sparbeiträge des Arbeitnehmers auf Grund eines Sparvertrags über Wertpapiere oder andere Vermögensbeteiligungen zum Erwerb von**			Voraussetzung ist der Abschluss eines (Spar-)Vertrags mit einem inländischen Kreditinstitut oder mit einem Kreditinstitut in einem EU-Mitgliedstaat oder aber einer solchen Kapitalanlagegesellschaft oder Verwaltungsgesellschaft, in dem sich der Arbeitnehmer verpflichtet, zum Erwerb von verbrieften oder nichtverbrieften Vermögensbeteiligungen einmalig oder für die **Dauer von sechs Jahren** seit Vertragsabschluss laufend vermögenswirksame Leistungen **einzuzahlen.**
1	•	Aktien von inländischen und ausländischen Arbeitgebern; Aktien von mit dem Arbeitgeber verbundenen herrschenden Unternehmen und sonstige inländische und ausländische Aktien, die an einer deutschen Börse zum regulierten Markt (z.B. amtlichen Handel) zugelassen oder in den Freiverkehr einbezogen sind.	400	20	Mit den Leistungen eines Kalenderjahrs müssen spätestens bis zum Ablauf des folgenden Kalenderjahrs die Vermögensbeteiligungen (Wertpapiere usw.) erworben werden. Die Wertpapiere sind festzulegen; über sie darf bis zum Ablauf der Sperrfrist weder durch Rückzahlung, Abtretung, Beleihung noch in anderer Weise verfügt werden.
2	•	Wandelschuldverschreibungen inländischer und ausländischer Arbeitgeber oder von Unternehmen, deren Papiere an einer deutschen Börse zum regulierten Markt (z.B. amtlichen Handel) zugelassen oder in den Freiverkehr einbezogen sind, sowie von Gewinnschuldverschreibungen, die vom inländischen oder ausländischen Arbeitgeber ausgegeben werden oder von dem mit dem Arbeitgeber verbundenen herrschenden Unternehmen.	400	20	Die **Sperrfrist** beträgt für sämtliche Anlageformen einheitlich **sieben Jahre;** sie beginnt einheitlich für alle nach dem Vertrag erworbenen Wertpapiere mit dem 1.1. des Jahrs, in dem die erste oder einmalige vermögenswirksame Einzahlung beim Kreditinstitut eingeht. Eine **vorzeitige** Veräußerung ist jedoch z.B. unschädlich, wenn – der Arbeitnehmer oder sein von ihm nicht dauernd getrennt lebender Ehegatte (i.S.d. EStG) nach Vertragsabschluss gestorben oder völlig erwerbsunfähig geworden ist, – der Arbeitnehmer nach Vertragsabschluss, aber vor der vorzeitigen Verfügung geheiratet hat und im Zeitpunkt der vorzeitigen Verfügung mindestens zwei Jahre seit Beginn der Sperrfrist vergangen sind, – der Arbeitnehmer nach Vertragsabschluss arbeitslos geworden ist und die Arbeitslosigkeit mindestens ein Jahr lang ununterbrochen bestanden hat und im Zeitpunkt der vorzeitigen Verfügung noch besteht, – der Arbeitnehmer den Verkaufserlös innerhalb der drei folgenden Monate unmittelbar für seine außerbetriebliche Weiterbildung oder die seines Ehegatten verwendet und diese Maßnahme dem beruflichen Fortkommen dient und über arbeitsplatzbezogene Fortbildungen hinausgeht („Bildungsprämie"), – der Arbeitnehmer nach Vertragsabschluss unter Aufgabe der nichtselbständigen Arbeit eine selbständige Erwerbstätigkeit aufgenommen hat oder – festgelegte Wertpapiere veräußert werden und der Erlös bis zum Ablauf des Kalendermonats, der dem Kalendermonat der Veräußerung folgt, zum Erwerb begünstigter Wertpapiere wiederverwendet wird (Austausch); der bis zum Ablauf des der Veräußerung folgenden Kalendermonats nicht wiederverwendete Erlös gilt als rechtzeitig wiederverwendet, wenn er am Ende eines Kalendermonats insgesamt 150 € nicht übersteigt (§ 4 Abs. 4 5. VermBG). **Unschädlich** ist auch, wenn in die Rechte und Pflichten des Kreditinstituts aus dem Sparvertrag an seine Stelle ein anderes Kreditinstitut während der Laufzeit des Vertrags durch Rechtsgeschäft eintritt. Werden auf einen Vertrag über laufend einzuzahlende vermögenswirksame Leistungen oder andere Beträge in einem Kalenderjahr, das dem Kalenderjahr des Vertragsabschlusses folgt, weder vermögenswirksame Leistungen noch andere Beträge eingezahlt, so ist der Vertrag unterbrochen und kann nicht fortgeführt werden. Das Gleiche gilt, wenn mindestens alle Einzahlungen eines Kalenderjahrs zurückgezahlt oder die Rückzahlungsansprüche aus dem Vertrag abgetreten oder beliehen werden.
3	•	Anteilen an OGAW-Sondervermögen sowie an als Sondervermögen aufgelegten offenen Publikums-AIF nach den §§ 218 und 219 des Kapitalanlagegesetzbuchs sowie von Anteilen an offenen EU-Investmentvermögen und offenen ausländischen AIF, die	400	20	**OGAW** (= Organismen für gemeinsame Anlagen in Wertpapiere) **AIF** (= Alternative Investmentfonds)

Lfd. Nr.		Anlageform Vermögenswirksame Leistungen können angelegt werden als	Begünstigungsrahmen (Euro)	Sparzulagensatz (%)	Bemerkungen
		nach dem Kapitalanlagegesetzbuch vertrieben werden dürfen (der Wert der Aktien im Investmentvermögendarf 60 % des Werts dieses Investmentvermögens nicht unterschreiten).			
4	•	Genussscheinen (als Wertpapier verbrieftes Recht über Gewinnbeteiligungen ohne Mitgliedschafts- und Stimmrechte), die von inländischen oder ausländischen Arbeitgebern oder einem als herrschendes Unternehmen verbundenen Unternehmen ausgegeben werden oder die von einem inländischen Unternehmen, das kein Kreditinstitut ist, ausgegeben werden und an einer deutschen Börse zum regulierten Markt (z.B. amtlichen Handel) zugelassen oder in den Freiverkehr einbezogen sind.	400	20	
	■	**Sparbeiträge des Arbeitnehmers zur Begründung oder zum Erwerb**			
5	•	eines Geschäftsguthabens bei einer inländischen Genossenschaft	400	20	
6	•	einer Stammeinlage oder eines Geschäftsanteils an einer inländischen GmbH, wenn sie der Arbeitgeber ist oder als inländisches herrschendes Unternehmen mit dem Arbeitgeber verbunden ist	400	20	
7	•	einer Beteiligung als stiller Gesellschafter am inländischen Unternehmen des Arbeitgebers oder am inländischen herrschenden Unternehmen	400	20	
8	•	einer Darlehensforderung gegenüber dem Arbeitgeber	400	20	
9	•	eines Genussrechts am inländischen Unternehmen des Arbeitgebers oder am inländischen herrschenden Unternehmen.	400	20	
	■	**Aufwendungen des Arbeitnehmers auf Grund eines**			
10	•	Wertpapier-Kaufvertrags zum Erwerb von Wertpapieren der laufenden Nrn. 1 bis 4	400	20	Voraussetzung ist ein Kaufvertrag zwischen Arbeitgeber und Arbeitnehmer mit der Vereinbarung, den vom Arbeitnehmer geschuldeten Kaufpreis mit vermögenswirksamen Leistungen zu verrechnen oder mit anderen Beträgen (Lohnteilen) zu bezahlen; die Einschaltung eines Kreditinstituts ist nicht erforderlich. Mit den Leistungen eines Kalenderjahrs müssen spätestens bis zum Ablauf des folgenden Kalenderjahrs die Wertpapiere erworben werden. Die erworbenen Wertpapiere müssen bis zum Ablauf einer **Frist von sechs Jahren** festgelegt sein; die Sperrfrist beginnt am 1.1. des Anschaffungsjahrs (bei jahresweisem Erwerb jeweils neue Sperrfrist).
11	•	Beteiligungs-Vertrags zur erstmaligen Begründung nichtverbriefter Vermögensbeteiligungen am Unternehmen des Arbeitgebers oder an in § 6 5. VermBG genannten Unternehmen (Genossenschaftsanteile, GmbH-Geschäftsanteile, stille Beteiligungen, Arbeitnehmer-Darlehen, Genussrechte)	400	20	Erforderlich ist ein Vertrag zwischen Arbeitgeber und Arbeitnehmer über die (erstmalige) Begründung von Rechten am Unternehmen des Arbeitgebers mit vermögenswirksamen Leistungen. Ein Vertrag über die Begründung von Vermögensbeteiligungen der laufenden Nrn. 5 bis 7 kann auch zwischen dem Arbeitnehmer und einem Dritten geschlossen werden (außerbetriebliche Vermögensbeteiligung); i.d.R. wird es dann um eine Vermögensbeteiligung am Unternehmen des Dritten gehen. Wegen der Anlage und Sperrfrist s.o. zur laufenden Nr. 10.
12	•	Beteiligungs-Kaufvertrags zum Erwerb bestehender nicht verbriefter Vermögensbeteiligungen (am Unternehmen des Arbeitgebers oder an in § 7 5. VermBG genannten Unternehmen, s.o. zur laufenden Nr. 11).	400	20	Voraussetzungen wie für Beteiligungs-Vertrag mit dem Unterschied, dass die Vereinbarung nicht die Begründung neuer Rechte, sondern den Erwerb bereits bestehender Rechte betrifft.
II.		**Aufwendungen für Bausparen und Wohneigentum**	insgesamt		
	■	**Aufwendungen des Arbeitnehmers nach den Vorschriften des Wohnungsbau-Prämiengesetzes als**			Für die Anlage mit vermögenswirksamen Leistungen brauchen die Voraussetzungen für die Gewährung einer Prämie nach dem Wohnungsbau-Prämiengesetz nicht vorzuliegen; es sind nur im Inland gelegene Wohngebäude begünstigt.
13	•	Beiträge an Bausparkassen (Bausparverträge)	470	9	**Bitte beachten:** Eine **Wohnungsbauprämie** i.H.v. 10 % (ab 2021, zuvor 8,8 %) der Sparleistungen wird nur dann gewährt, wenn das angesparte Bausparguthaben in einen begünstigten Zweck (Immobilie, Modernisierung von Wohneigentum) investiert wird. Die zuvor mögliche prämienunschädliche Verwendung des Kapitals für andere Zwecke ist für Neuverträge ab 2009 ausgeschlossen. Deshalb wird die Wohnungsbauprämie erst bei wohnwirtschaftlicher Verwendung ausbezahlt. Hingegen wird die Prämie (weiterhin) jährlich festgesetzt. Von dieser Zweckbindung ausgenommen sind Verträge, die bis zum 25. Lebensjahr des Sparers abgeschlossen werden (Fortdauer der 7-jährigen Sperrfrist).
14	•	Aufwendungen für den Ersterwerb von Anteilen an Bau- und Wohnungsgenossenschaften	470	9	
15	•	Beiträge auf Wohnbau-Sparverträge, wenn die Sparbeiträge zum Erwerb eines selbst genutzten Eigenheims oder einer solchen Eigentumswohnung verwendet werden sollen	470	9	
16	•	Beiträge auf Grund von Baufinanzierungsverträgen mit Wohnungs- und Siedlungsunternehmen zum Zwecke des Erwerbs eines selbst genutzten Eigenheims oder einer solchen Eigentumswohnung	470	9	

Lfd. Nr.		Anlageform Vermögenswirksame Leistungen können angelegt werden als	Begünstigungsrahmen (Euro)	Sparzulagensatz (%)	Bemerkungen
	■	**für folgende Zwecke**			
17	•	zum Bau, Erwerb, Ausbau, zur Erweiterung oder Entschuldung von Wohngebäuden oder Eigentumswohnungen	470	9	Grundstücke, Wohngebäude oder Eigentumswohnungen müssen im Inland gelegen sein. Die Mittel müssen unmittelbar für die in der linken Spalte aufgeführten Vorhaben verwendet werden.
18	•	zum Erwerb eines Dauerwohnrechts	470	9	
19	•	zum Erwerb eines Grundstücks zum Zwecke des Wohnungsbaus	470	9	
20	•	zur Erfüllung von Verpflichtungen, die im Zusammenhang mit den Vorhaben der laufenden Nrn. 17 bis 19 eingegangen worden sind.	470	9	

D. Antragsveranlagung durch das Finanzamt

I. Vorbemerkung

32 Der Arbeitgeber führt den Lohnsteuer-Jahresausgleich nur unter bestimmten Voraussetzungen durch (→ Tz. 4, → Tz. 7 f.). Unabhängig davon kann das Finanzamt den Arbeitnehmer zur Einkommensteuer veranlagen. Auslöser hierfür sind zum einen ein Antrag des Arbeitnehmers (Antragsveranlagung) oder zum andern eine Initiative des Finanzamts (Veranlagung von Amts wegen). Für Arbeitnehmer sind zwei Fallgruppen der Veranlagung zur Einkommensteuer zu unterscheiden:

- Für bestimmte Fälle schreibt das Gesetz die Veranlagung zwingend vor (Veranlagung von Amts wegen oder auch Pflichtveranlagung), z.B. bei mehreren nebeneinander ausgeübten Beschäftigungen oder für Ehepartner, die beide Arbeitslohn beziehen; abschließend geregelt in § 46 Abs. 2 EStG (→ Tz. 129). Die dort aufgelisteten Voraussetzungen werden als Veranlagungstatbestände bezeichnet. Hierfür ist die Höhe der Einkünfte aus nichtselbstständiger Arbeit unbeachtlich.
- In anderen Fällen wird das Finanzamt nur auf Antrag des Arbeitnehmers tätig (Veranlagung auf Antrag bzw. Antragsveranlagung, → Tz. 33).

Einen Antrag auf Veranlagung darf der Arbeitnehmer in jedem Fall stellen. Dafür müssen keine besonderen Voraussetzungen erfüllt sein. Führt solch eine Veranlagung zu einer Nachzahlung an Stelle einer Erstattung, darf der Arbeitnehmer seinen Antrag zurücknehmen, falls die Einkommensteuer-Veranlagung nicht zwingend vorgeschrieben ist (→ Tz. 129). Solch eine Rücknahme darf (innerhalb der Rechtsbehelfsfrist) bis zur Bestandskraft des Einkommensteuerbescheids erklärt werden.

Die Fragen, wann es sich lohnt, beim Finanzamt einen Antrag auf **Veranlagung** zur Einkommensteuer zu stellen und wann mit einer **Steuerrückzahlung** vom Finanzamt gerechnet werden kann, werden im Folgenden beantwortet.

Allgemein gilt, dass sich eine Steuerveranlagung für viele Arbeitnehmer „lohnt", selbst wenn sie gar nicht dazu verpflichtet sind. Schon durch einen Ansatz der Entfernungspauschale (→ Tz. 36) wird oft die beim Lohnsteuerabzug berücksichtigte Werbungskostenpauschale i.H.v. 1 000 € (Arbeitnehmer-Pauschbetrag, → Tz. 35) überschritten. Zudem sind noch weitere berufliche Aufwendungen als Werbungskosten absetzbar (z.B. die Homeoffice-Tagespauschale in den Kalenderjahren 2020 und 2021 → Umschlaginnenseite, Coronabedingte Neuregelungen), ferner Sonderausgaben, wie z.B. die Kirchensteuer (→ Tz. 37) und Versicherungsbeiträge als Vorsorgeaufwendungen (→ Tz. 37).

Zunächst ist zu beachten: Im betrieblichen Erstattungsverfahren, dem Lohnsteuer-Jahresausgleich, ermittelt der Arbeitgeber die Jahreslohnsteuer. Danach hat er eine evtl. zu hoch einbehaltene Lohnsteuer dem Arbeitnehmer zu erstatten. Jedoch können nur Arbeitnehmer, die in einem Betrieb mit **mindestens zehn Arbeitnehmern** beschäftigt sind, davon ausgehen, dass der **Arbeitgeber den Jahresausgleich durchführt**. Sind weniger Personen tätig, ist der „Chef" dazu berechtigt, jedoch nicht verpflichtet – und mitunter darf er den Jahresausgleich nicht durchführen (siehe „Jahresausgleich durch den Arbeitgeber" → Tz. 7 f.).

Auch wenn der Arbeitgeber den Lohnsteuer-Jahresausgleich vorgenommen hat, stehen die Chancen gut, durch eine Antragsveranlagung zur Einkommensteuer zusätzlich Steuern vom Finanzamt zurückzuerhalten. Denn: Beim Lohnsteuerabzug werden nur die Besteuerungsdaten berücksichtigt, die dem Arbeitgeber als (elektronische) Lohnsteuerabzugsmerkmale bekannt sind. Die Finanzbeamten müssen dagegen von den „tatsächlichen Verhältnissen bzw. Aufwendungen" des Stpfl. bzw. Arbeitnehmers ausgehen. Deshalb empfiehlt es sich, am Ende des Kalenderjahrs akribisch zu prüfen, ob die tatsächlichen Aufwendungen, beispielsweise die Werbungskosten oder Sonderausgaben, über den steuerlichen **Pauschbeträgen** liegen. Dies gilt insbesondere, wenn auf Grund der **Antragsgrenze** von 600 € ein Antrag auf Lohnsteuer-Ermäßigung zur Berücksichtigung eines **persönlichen Freibetrags** beim Lohnsteuerabzug nicht gestellt werden konnte.

Ein **Lohnsteuer-Ermäßigungsantrag** darf gestellt werden, wenn der Arbeitnehmer einen zu hohen Lohnsteuereinbehalt vermeiden möchte. Durch solch einen Antrag ermittelt das Finanzamt erhöhte Werbungskosten sowie bestimmte Sonderausgaben und außergewöhnliche Belastungen als Lohnsteuerfreibetrag und teilt ihn dem Arbeitgeber als Lohnsteuerabzugsmerkmal mit.

Eine Erstattung zu viel gezahlter Lohnsteuer (Einkommensteuer) ist auch dann möglich, wenn sich die steuerlichen oder persönlichen Verhältnisse im Kalenderjahr geändert haben; z.B. Ansatz höherer Werbungskosten durch Änderung der Fahrtstrecke auf Grund einer neuen Arbeitsstelle oder eines Wohnungswechsels oder die Wahl der Zusammenveranlagung nach einer Eheschließung.

Für das Kalenderjahr 2021 wird sich eine Veranlagung zur Einkommensteuer „lohnen",

- um den beim Lohnsteuerabzug nicht angesetzten und nicht in die Steuerklasse II eingearbeiteten Erhöhungsbetrag von je 240 € für das zweite und weitere Kind geltend zu machen und
- um den seit 2020 um 2 100 € erhöhten Entlastungsbetrag für Alleinerziehende anzusetzen.

Steuerfreie und dem **Progressionsvorbehalt** unterliegende Bezüge (z.B. Kurzarbeitergeld oder die in den Kalenderjahren 2020 sowie 2021 erhaltenen steuerfreien Arbeitgeberzuschüsse zum Kurzarbeitergeld (§ 3 Nr. 28a EStG) können bewirken, dass eine Einkommensteuer-Veranlagung zu Steuernachforderungen führt. Hat der Arbeitnehmer jedoch für einen Teil des Kalenderjahrs einen sehr niedrigen oder gar keinen Arbeitslohn bezogen, kann dies trotz Progressionsvorbehalt eine Steuererstattung ergeben.

Die **Hinweise** für Arbeitnehmer

- beginnen mit fünf tabellarischen Übersichten zu den in Betracht kommenden Abzugsposten. Die Übersichten sollen zu der Frage „Antragsveranlagung zur Einkommensteuer – ja oder nein?" in knapper Form Entscheidungshilfen bieten;
- daran anschließend wird über die wichtigsten der dort aufgeführten Abzugsposten eingehender informiert;

- zum Schluss folgen Verfahrenshinweise zur Einkommensteuer-Veranlagung.

Auch im Fall einer Pflichtveranlagung sind die folgenden Informationen über die Abzugs- und Antragsmöglichkeiten von großer Bedeutung.

33 **Vorweg** noch zwei Anmerkungen:

- Für den **Antrag** auf Veranlagung zur Einkommensteuer (Antragsveranlagung) ist die nicht verlängerbare vierjährige Festsetzungsfrist zu beachten. Folglich endet die **Abgabefrist** für die Einkommensteuererklärung 2021 am 31.12.2025, der ein Mittwoch ist. Somit verschiebt sich die Abgabefrist nicht (→ Tz. 129 ff.).
- Ist der Arbeitnehmer hingegen zur Abgabe einer Einkommensteuererklärung für das Kalenderjahr 2021 **verpflichtet**, wäre sie bis zum 31.7.2022 beim Finanzamt einzureichen. Weil der 31.7.2022 ein Sonntag ist, verschiebt sich die Abgabefrist auf den nachfolgenden Montag, den 1.8.2022 (→ Umschlaginnenseite, Einkommensteuererklärung).

II. Tabellarische Übersichten zu den Abzugsmöglichkeiten

34 Die nachfolgenden Übersichten enthalten die wichtigsten Posten, die vom Jahresarbeitslohn entweder in voller Höhe oder zumindest teilweise abgezogen werden können und damit die im Kalenderjahr zu zahlende Lohn-/Einkommensteuer mindern. Die Übersichten sind wie folgt untergliedert:

- Freibeträge (→ Tz. 35),
- Werbungskosten (→ Tz. 36),
- Sonderausgaben (→ Tz. 37),
- außergewöhnliche Belastungen (→ Tz. 38),
- Sonderfreibetrag (→ Tz. 39) und
- Steuerermäßigung (→ Tz. 40).

Die einzelnen Textspalten der Übersichten enthalten als erste Orientierungs- und Entscheidungshilfen zumeist nur kurze Erläuterungen. Die in der ersten und letzten Spalte angegebenen Referenzen verweisen auf die Ziffern am Textrand der Tabellen-Erläuterungen.

Anhand der dort beschriebenen ausführlichen Erläuterungen kann der Leser die steuerlichen Abzugsbeträge ermitteln. Für den so verminderten Jahresarbeitslohn ist die sich danach ergebende Jahreslohnsteuer einschl. Solidaritätszuschlag aus der entsprechend geminderten Lohnstufe (Spalte 1) in dieser Lohnsteuer-Tabelle abzulesen. Der anschließende Vergleich mit den auf der Jahres-Lohnsteuerbescheinigung des Arbeitgebers (Papierausdruck) ausgewiesenen (Steuer-)Beträgen zeigt in etwa, wie viel Geld der Arbeitnehmer durch eine Einkommensteuer-Veranlagung von seinem Finanzamt zurückerhalten kann.

1. Freibeträge

Vom Jahresarbeitslohn können bei Vorliegen der Voraussetzungen folgende Freibeträge abgezogen werden: 35

1.	**Arbeitnehmer-Pauschbetrag** (→ Tz. 32)	1 000 € im Kalenderjahr (Jahresbetrag), unabhängig von der Beschäftigungsdauer; gilt nicht für Versorgungsbezüge	Erhält jeder Arbeitnehmer, soweit seine tatsächlichen Werbungskosten (→ Tz. 41 ff.) nicht mehr als 1 000 € betragen. Wichtig für die Berechnung: Der Pauschbetrag ist in die Lohnsteuer-Tabellen eingearbeitet.
2.1	**Versorgungsfreibetrag, Zuschlag zum Versorgungsfreibetrag** (→ Tz. 12)	Von Versorgungsbezügen bleiben ein Versorgungsfreibetrag und ein Zuschlag zum Versorgungsfreibetrag steuerfrei. Der einmal berechnete Versorgungsfreibetrag und Zuschlag werden für die gesamte Laufzeit des Versorgungsbezugs festgeschrieben. Regelmäßige Anpassungen (z.B. Erhöhungen) des Versorgungsbezugs führen nicht zu einer Neuberechnung. Erhöht oder vermindert sich der Versorgungsbezug jedoch auf Grund von Anrechnungs-, Ruhens-, Erhöhungs- oder Kürzungsregelungen, werden die Freibeträge neu berechnet. Erhält ein Stpfl. mehrere Versorgungsbezüge, sind sie getrennt zu behandeln. Jedoch ist die Summe der jeweiligen Freibeträge auf den für den ersten Versorgungsbezug anzusetzenden Höchstbetrag und Zuschlag begrenzt. Beginnen mehrere Versorgungsbezüge im selben Kalenderjahr, können die Bemessungsgrundlagen zusammengerechnet werden. Für jeden vollen Kalendermonat, für den im Kalenderjahr keine Versorgungsbezüge gezahlt werden, ermäßigen sich der Versorgungsfreibetrag und der Zuschlag zum Versorgungsfreibetrag um je ein Zwölftel. Bei Kapitalauszahlungen und Abfindungen sowie Nachzahlungen entfällt die Zwölftelung. Der Versorgungsfreibetrag wird nach einem Prozentsatz ermittelt und ist auf einen Höchstbetrag begrenzt. Der maßgebende Prozentsatz, der Höchstbetrag des Versorgungsfreibetrags sowie der Zuschlag zum Versorgungsfreibetrag sind tabellarisch festgelegt (§ 19 Abs. 2 EStG). Sie verringern sich jährlich für jeden neuen in Ruhestand getretenen Jahrgang (Kohortenregelung) und werden bis zum Jahr 2040 auf 0 % bzw. 0 € abgeschmolzen (§ 19 Abs. 2 EStG). **Bemessungsgrundlage** für den Versorgungsfreibetrag ist bei Versorgungsbeginn **ab** 2005 das Zwölffache des Versorgungsbezugs für den ersten vollen Monat, jeweils zuzüglich voraussichtlicher Sonderzahlungen im Kalenderjahr, auf die zu diesem Zeitpunkt ein Rechtsanspruch besteht.	Erhalten nur Empfänger von Versorgungsbezügen, z.B. von Werksrenten, Ruhegehältern, Witwen- oder Waisengeldern. (Näheres über steuerbegünstigte und steuerpflichtige Versorgungsbezüge: R 19.8 LStR 2021, H 19.8 LStH 2021). Liegt der Versorgungsbeginn im Kalenderjahr 2021, betragen der Versorgungsfreibetrag 15,2 % der Versorgungsbezüge, höchstens jedoch 1 140 €, und der Zuschlag zum Versorgungsfreibetrag 342 €; bei Versorgungsbeginn im Kalenderjahr 2020 betragen der Freibetrag 16,0 %, höchstens 1 200 €, und der Zuschlag 360 €.
2.2	**Werbungskosten-Pauschbetrag für Versorgungsbezüge**	102 € im Kalenderjahr. Bezieht ein Arbeitnehmer daneben noch Arbeitslohn für ein aktives Dienstverhältnis, ist dafür der Arbeitnehmer-Pauschbetrag (→ Nr. 1) anzusetzen.	Erhält jeder Empfänger von Versorgungsbezügen, wenn nicht höhere Werbungskosten nachgewiesen werden.
3.	**Altersentlastungsbetrag** (→ Tz. 13)	Der Altersentlastungsbetrag ist bis zu einem Höchstbetrag im Kalenderjahr ein nach einem Prozentsatz ermittelter Betrag des Arbeitslohns zzgl. der positiven Summe der Einkünfte, die nicht solche aus nichtselbständiger Arbeit sind. Versorgungsbezüge und Einkünfte aus Leibrenten werden bei der Berechnung nicht berücksichtigt. Der maßgebende Prozentsatz und der Höchstbetrag des Altersentlastungsbetrags sind in einer Tabelle gesetzlich festgelegt und verringern sich bis zum Jahr 2040 auf 0 % bzw. 0 € (§ 24a EStG). Der in dem auf die Vollendung des 64. Lebensjahrs folgenden Jahr anzuwendende Prozentsatz und der Höchstbetrag werden für den Stpfl. „eingefroren" und zeitlebens berücksichtigt.	Erhalten beschränkt und unbeschränkt einkommensteuerpflichtige Personen, die vor Beginn des Kalender- bzw. Veranlagungsjahrs das 64. Lebensjahr vollendet haben; für Kalenderjahr 2021: vor dem 2.1.1957 geborene Personen. In den Fällen der Zusammenveranlagung zur Einkommensteuer werden die Voraussetzungen für den Ansatz des Altersentlastungsbetrags für jeden Ehegatten gesondert geprüft. Liegen die Altersvoraussetzungen in 2021 erstmals vor, betragen der Prozentsatz 15,2 % und der Höchstbetrag 722 €; für 2020 sind 16,0 % und höchstens 760 € anzusetzen.

4.1 **Kinderfreibetrag** (→ Tz. 21, → Tz. 100, → Tz. 118 f.)	Für 2021 monatlich 227,50 € für ledige bzw. nicht zusammenveranlagte Elternteile bzw. 455 € für verheiratete Eltern, die zusammen zur Einkommensteuer veranlagt werden; Jahresbeträge für 2021: 2 730 €/5 460 €; jeweils für ledige/nicht zusammenveranlagte Elternteile bzw. für verheiratete Eltern mit Zusammenveranlagung. Die üblicherweise gewählte Bezeichnung „Kinderfreibetrag" setzt sich aus dem Kinderfreibetrag zuzüglich dem → Bedarfsfreibetrag (→ Nr. 4.2) zusammen.	Der Kinderfreibetrag kann nicht neben dem Kindergeld in Anspruch genommen werden. Ist die Steuerentlastung durch den Kinderfreibetrag (einschl. Bedarfsfreibetrag) höher als der Betrag des Kindergeldes, berücksichtigt das Finanzamt den Freibetrag i.R. der Einkommensteuer-Veranlagung von Amts wegen. Gleiches gilt für den in 2020 sowie in 2021 einmalig gezahlten Kinderbonus.
4.2 **Freibetrag** für den Betreuungs- und Erziehungs- oder Ausbildungsbedarf des Kindes (**Bedarfsfreibetrag**) (→ Tz. 21, → Tz. 100, → Tz. 118 f.)	Ab 2021 monatlich 122 € für ledige bzw. nicht zusammenveranlagte Elternteile und 244 € für verheiratete Eltern, die zusammen zur Einkommensteuer veranlagt werden; Jahresbeträge: 1 464 €/2 928 €.	Dieser Bedarfsfreibetrag ist stets dann anzusetzen, wenn der Kinderfreibetrag abgezogen wird.

2. Werbungskosten

36 Werbungskosten sind sämtliche Aufwendungen des Stpfl., die durch ein Dienstverhältnis entstanden sind und zur Erwerbung, Sicherung und Erhaltung des Arbeitslohns dienen. Die Aufwendungen sind i.R. der Einkommensteuer-Veranlagung berücksichtigungsfähig, soweit der Arbeitgeber sie nicht steuerfrei erstattet hat. Werbungskosten können auch im Hinblick auf ein früheres oder zukünftiges Dienstverhältnis entstehen und angesetzt werden (nachträgliche bzw. vorweggenommene Werbungskosten).

Werbungskosten sind demnach auch die nach einer vorausgegangenen oder abgeschlossenen erstmaligen Berufsausbildung oder einem abgeschlossenen Erststudium durch eine **weitere Berufsausbildung** veranlassten Aufwendungen, wenn ein hinreichend konkreter, objektiv feststellbarer Zusammenhang mit späteren steuerpflichtigen Einnahmen aus der angestrebten beruflichen Tätigkeit besteht. Entsprechendes gilt für ein Studium nach einem abgeschlossenen Erststudium (weiteres Studium). Nach § 9 Abs. 6 EStG sind allerdings Aufwendungen für die erstmalige Berufsausbildung sowie für ein Erststudium vom Werbungskostenabzug ausgeschlossen. Sie sind als Sonderausgaben bis zu 6 000 € abzugsfähig (→ Tz. 37).

Nach dem BVerfG-Beschluss v. 19.11.2019 zu den Verfahren 2 BvL 22/14, 2 BvL 27/14, 2 BvL 26/14, 2 BvL 25/14, 2 BvL 24/14 sowie 2 BvL 23/14 (www.stotax-first.de, HFR 2020, 174) ist der Ausschluss vom Werbungskostenansatz von Aufwendungen des Stpfl. für seine **erstmalige Berufsausbildung** oder für sein Erststudium, das zugleich eine Erstausbildung vermittelt (Erstausbildungskosten), mit dem Grundgesetz vereinbar. Solche Aufwendungen sind durch ihre besondere Nähe zur individuellen Persönlichkeitsentwicklung gekennzeichnet. Folglich habe der Gesetzgeber die Aufwendungen für diese Ausbildung den Sonderausgaben zuordnen dürfen.

Als Werbungskosten sind insbesondere ansatzfähig:

1. Aufwendungen für die Fahrten **zwischen Wohnung und erster Tätigkeitsstätte als Entfernungspauschale** (→ Tz. 42 ff.)	Die **Entfernungspauschale** beträgt ab 2021 je 0,30 € für die ersten 20 km der Entfernung zwischen Wohnung und erster Tätigkeitsstätte und für jeden weiteren vollen Kilometer 0,35 €, (→ Tz. 47). Die Pauschale ist auf einen Höchstbetrag von 4 500 € im Kalenderjahr begrenzt; diese Begrenzung gilt nicht für bzw. bei Fahrten im eigenen Pkw. Die durch einen Unfall auf diesen Fahrten entstandenen Kosten können daneben berücksichtigt werden. Werden öffentliche Verkehrsmittel benutzt, können die tatsächlichen Aufwendungen angesetzt werden, soweit sie über der Entfernungspauschale liegen. Näheres zur alternativen Mobilitätsprämie → Umschlaginnenseite, Mobilitätsprämie sowie → Tz. 40.
2. Mehraufwendungen für eine **doppelte Haushaltsführung** (→ Tz. 53 ff.)	Bei Tätigkeiten außerhalb des Wohnortes, die eine zusätzliche Unterkunft (Zimmer oder Wohnung) erforderlich machen, können die folgenden Aufwendungen abgezogen werden: – Für die erste Hin- und letzte Rückfahrt (tatsächliche Kosten oder pauschale Kilometersätze wie bei „Reisekosten"), – für eine Familienheimfahrt pro Woche (ab 2021 je 0,30 € für die ersten 20 km der Entfernung zwischen Wohnung und erster Tätigkeitsstätte und für jeden weiteren vollen Kilometer 0,35 €, (→ Tz. 47), – für die Unterkunft (tatsächliche Kosten), auch bei einem Wegzug vom Tätigkeitsort, – Pauschalen für Verpflegungsmehraufwendungen am Beschäftigungsort für einen Zeitraum von bis zu drei Monaten.
3. **Reisekosten** (→ Tz. 68 ff.)	Als (Reisekosten-)Aufwendungen anlässlich einer beruflich veranlassten Auswärtstätigkeit (einschl. Fahrtätigkeit und Einsatzwechseltätigkeit) können abgesetzt werden: – Fahrtkosten (tatsächliche Kosten oder pauschale Kilometersätze), – Pauschalen für Verpflegungsmehraufwendungen pro auswärtigem Tätigkeits- bzw. Reisetag und – tatsächliche Übernachtungskosten.
4. **Umzugskosten** (→ Tz. 90)	Absetzbar sind nahezu sämtliche Kosten, die durch einen beruflich bedingten Umzug entstehen.
5. **Beiträge zu Berufsverbänden**	Absetzbar sind Beiträge zu Institutionen, die auf die Förderung der beruflichen Interessen ausgerichtet sind (z.B. Gewerkschaften, Beamtenbund), und die Ausgaben für die Teilnahme an den Veranstaltungen von Berufsverbänden (wie „Reisekosten").
6. **Aufwendungen für Arbeitsmittel**	Aufwendungen für Arbeitsmittel, die zur Bewältigung beruflicher Aufgaben erforderlich sind, können angesetzt werden (z.B. Fachliteratur, Werkzeuge, typische Berufskleidung, PC, Internetnutzung, Datenverarbeitungsgeräte).
7. Aufwendungen für die berufliche **Fortbildung und Weiterbildung** sowie **Umschulung**	Abzugsfähig sind Aufwendungen des Arbeitnehmers, um seine Kenntnisse in einem ausgeübten Beruf zu vertiefen und um dadurch seine Aufstiegschancen zu verbessern, einschl. Umschulungsmaßnahmen (z.B. Fremdsprachenkurse, Vorbereitung zur Meisterprüfung, Fortbildungsveranstaltungen einer Volkshochschule). Das gilt auch für die Aufwendungen eines weiteren Studiums, wenn dieses in einem hinreichend konkreten objektiv feststellbaren Zusammenhang mit späteren steuerpflichtigen Einnahmen aus der angestrebten beruflichen Tätigkeit steht. Für die Aufwendungen durch den Besuch einer auswärtigen Fortbildungsstätte gelten die Erläuterungen zu den „Reisekosten", den „Fahrten zwischen Wohnung und erster Tätigkeitsstätte" oder – wenn der Arbeitnehmer zwei Haushalte führt – unter „Doppelte Haushaltsführung" (→ Tz. 57 ff.) sinngemäß. Die **Reisekostengrundsätze** sind maßgebend, wenn ein Arbeitnehmer zu **Fortbildungszwecken** vorübergehend eine außerhalb seiner ersten Tätigkeitsstätte im Betrieb des Arbeitgebers gelegene Fortbildungsstätte aufsucht. Dies gilt auch dann, wenn die Fortbildung in der Freizeit, z.B. am Wochenende, stattfindet. Sucht der Arbeitnehmer die Fortbildungsstätte an nicht mehr als zwei Tagen wöchentlich auf, ist jeweils von einer neuen beruflichen Auswärtstätigkeit auszugehen. Als Abzugsbeträge kommen in Betracht: – Schul- und Lehrgangsgebühren, Lehrbücher, Schreibmaterial usw.,

		– Fahrtkosten (wie bei „Reisekosten“, → Tz. 74 ff.); falls als Fahrten zwischen Wohnung und erster Tätigkeitsstätte anzusetzen: Ansatz der Entfernungspauschale (→ Tz. 47, → Tz. 50), – Verpflegungsmehraufwendungen (Pauschbeträge wie bei „Reisekosten“, → Tz. 81 ff.), – Übernachtungskosten (wie bei „Reisekosten“, → Tz. 85 f.).
8.	**Homeoffice-Pauschale**	In den Kalenderjahren 2020 sowie 2021 darf eine Homeoffice-Pauschale i.H.v. 5 €/Tag als Werbungskosten angesetzt werden, höchstens jedoch 600 € im Kalenderjahr. Näheres → Umschlaginnenseite, Homeoffice-Tagespauschale als Werbungskosten sowie die → Sonderausgabe Juli der Lohnsteuer-Tabellen 2021 im Schwerpunktthema Corona sowie das Brennpunktthema: Corona, www.stotax-first.de.

3. Sonderausgaben

Sonderausgaben sind Lebenshaltungskosten, die der Gesetzgeber ausnahmsweise zum vollen oder teilweisen Abzug zulässt. 37
Dies sind:

1.	**Vorsorgeaufwendungen** (→ Tz. 91 f.)	Sie umfassen die Arbeitnehmerbeiträge zur gesetzlichen Sozialversicherung, Beiträge zu privaten Kranken-, Pflege-, Unfall-, Lebens- und Haftpflichtversicherungen und werden im Lohnsteuerabzugsverfahren durch eine (ggf. nur gekürzte) Vorsorgepauschale oder bei privat Versicherten durch einen Nachweis berücksichtigt. Die Vorsorgepauschale ist in die Lohnsteuer-Tabellen eingearbeitet (daher werden Vorsorgeaufwendungen beim Lohnsteuerabzug nicht als Freibetrag berücksichtigt). Übersteigen die Vorsorgeaufwendungen diese Pauschale, können sie i.R. einer Einkommensteuer-Veranlagung bis zu bestimmten Höchstbeträgen berücksichtigt werden.	
2.	**Übrige Sonderausgaben**	Für diese Aufwendungen wird stets der Sonderausgaben-Pauschbetrag (36 € bei den Steuerklassen I, II und IV bzw. pro Stpfl.; 72 € bei der Steuerklasse III) angesetzt, falls sich nicht durch die folgenden Abzugsposten ein höherer Betrag ergibt. Der jeweilige Pauschbetrag ist bereits in die Lohnsteuer-Tabellen eingearbeitet.	
2.1	**Unterhaltsleistungen** an den geschiedenen oder dauernd getrennt lebenden Ehegatten	Bis zu 13 805 € im Kalenderjahr zuzüglich der im Kalenderjahr für diesen Ehegatten aufgewandten Kranken- und Pflegeversicherungsbeiträgen (zur Grundabsicherung)	Der Abzug setzt die Zustimmung des unbeschränkt einkommensteuerpflichtigen Empfängers voraus. Er muss in diesem Fall die Unterhaltsleistungen versteuern, sog. Realsplitting. Eine erteilte Zustimmung hat Dauerwirkung und gilt bis zu ihrem Widerruf. Der Widerruf ist vor Beginn des Kalenderjahrs, für das die Zustimmung erstmals nicht gelten soll, gegenüber dem Finanzamt zu erklären. Im Erstjahr ist die Rücknahme des Antrags nicht zulässig; ein im Lohnsteuer-Ermäßigungs- oder Einkommensteuer-Vorauszahlungsverfahren gestellter Antrag ist stets bindend. Wird der Sonderausgabenabzug nicht beantragt oder liegt keine Zustimmung vor, können Unterhaltsleistungen als außergewöhnliche Belastung geltend gemacht werden (→ Tz. 38).
2.2	**Versorgungsausgleich**, Versorgungsverpflichtungen	–	Absetzbar sind lebenslange und wiederkehrende **Versorgungsleistungen** auf Grund der **Übertragung** bestimmter Mitunternehmeranteile, (Teil-)Betriebe, GmbH-Anteile (mindestens 50 %), des Wohnteils in der Land- und Forstwirtschaft sowie Leistungen auf Grund eines schuldrechtlichen **Versorgungsausgleichs**, soweit die Einnahmen daraus beim Ausgleichsverpflichteten besteuert werden. Wird z.B. eine mit dem Ertragsanteil zu besteuernde Leibrente des Ausgleichsverpflichteten ausgeglichen, erhält dieser den Abzug nur in Höhe des Ertragsanteils. Ferner sind abzugsfähig – Ausgleichszahlungen zur Vermeidung des Versorgungsausgleichs nach einer Ehescheidung/der Auflösung einer Lebenspartnerschaft sowie – Ausgleichszahlungen im Rahmen des Versorgungsausgleichs nach dem Versorgungsausgleichsgesetz und dem BGB, soweit die ihnen zu Grunde liegenden Einnahmen bei der ausgleichspflichtigen Person der Besteuerung unterliegen und wenn die ausgleichsberechtigte Person unbeschränkt einkommensteuerpflichtig ist.
2.3	**Kirchensteuer** (→ Tz. 136 ff.)	–	Absetzbar sind die im Kalenderjahr gezahlten Kirchensteuern, abzüglich eventueller Erstattungen (→ Tz. 136 ff.).
2.4	**Kinderbetreuungskosten**	Abziehbar sind zwei Drittel der Aufwendungen, höchstens 4 000 € je Kind im Kalenderjahr; die Aufwendungen müssen durch Rechnung und Überweisungsbeleg nachweisbar sein. Kinderbetreuungskosten sind unabhängig von einer Erwerbstätigkeit der Eltern ansatzfähig.	Kinderbetreuungskosten sind nur einheitlich als Sonderausgaben abziehbar. Für außersteuerliche Rechtsnormen, die an steuerliche Einkommensbegriffe anknüpfen, wie z.B. das Wohngeldgesetz, sind erwerbsbedingte Kinderbetreuungskosten von den Einnahmen abzugsfähig (§ 2 Abs. 5a Satz 2 EStG). Anders verhält es sich, wenn die Kinderbetreuungskosten nicht erwerbsbedingt angefallen sind. Abzugsfähig sind Aufwendungen für Dienstleistungen zur Betreuung eines zum Haushalt des Stpfl. gehörenden Kindes, – welches das 14. Lebensjahr noch nicht vollendet hat oder – das wegen einer vor Vollendung des 25. Lebensjahrs eingetretenen Behinderung außerstande ist, sich selbst zu unterhalten. Der Höchstbetrag ist auch bei einem Elternpaar, das entweder gar nicht oder nur zeitweise zusammengelebt hat, auf 4 000 € je Kind und Kalenderjahr begrenzt. Haben beide Elternteile entsprechende Aufwendungen getragen, sind diese bei jedem Elternteil grundsätzlich nur bis zu einem Höchstbetrag von 2 000 € zu berücksichtigen. Der Höchstbetrag ist ein Jahresbetrag. Eine zeitanteilige Aufteilung findet auch dann nicht statt, wenn für das Kind nicht im gesamten Kalenderjahr Betreuungskosten angefallen sind. Zu berücksichtigen sind Ausgaben in Geld oder Geldeswert (Wohnung, Kost, Waren, sonstige Sachleistungen) für Dienstleistungen zur Betreuung eines Kindes einschließlich der Erstattungen an die Betreuungsperson (z.B. Fahrtkosten), wenn die Leistungen im Einzelnen in der Rechnung oder im Vertrag aufgeführt werden. Umfasst eine sog. Nachmittagsbetreuung in der Schule nicht nur eine Hausaufgabenbetreuung, sind die anderen Entgeltanteile, die z.B. auf Nachhilfe, bestimmte Kurse (z.B. Computerkurs) oder auf eine etwaige Verpflegung entfallen, nicht zu berücksichtigen. Aufwendungen für anlässlich der Betreuung in **Kindertagesstätten** spielerisch vermittelte Fremdsprachenkenntnisse sind jedoch abziehbare Kinderbetreuungskosten (BFH v. 19.4.2012, III R 29/11, BStBl II 2012, 862). Die Kinderbetreuungskosten müssen entsprechend aufschlüsselt sein.

		Aufwendungen für Fahrten des Kindes zur Betreuungsperson sind nicht zu berücksichtigen. Eine Gehaltsreduzierung durch Minderung der Arbeitszeit zur Kindesbetreuung ist kein begünstigter Aufwand. Ebenso sind Aufwendungen für Unterricht, die Vermittlung besonderer Fähigkeiten sowie für sportliche und andere Freizeitbetätigungen nicht begünstigt. Ist das zu betreuende Kind nicht unbeschränkt einkommensteuerpflichtig, ist der Höchstbetrag zu kürzen, soweit es nach den Verhältnissen im Wohnsitzstaat des Kindes notwendig und angemessen ist. Kinderbetreuungskosten dürfen nur unbeschränkt einkommensteuerpflichtige Eltern ansetzen. Sind sie beschränkt steuerpflichtig (Wohnsitz im Ausland), ist ein Abzug ausgeschlossen.	
2.5 **Ausbildungskosten** für Beruf und Erststudium Zum Ausschluss der Aufwendungen für eine erstmalige Berufsausbildung oder für ein Erststudium vom Werbungskostenansatz, → Tz. 36.	Bis zu 6 000 € im Kalenderjahr	Dies sind Aufwendungen für die **erstmalige** eigene Berufsausbildung oder ein Erststudium, wenn sie nicht, wie z.B. bei einem Ausbildungsdienstverhältnis, Betriebsausgaben oder Werbungskosten darstellen bestätigt durch BVerfG v. 19.11.2019, 2 BvL 22-27/14, HFR 2020, 174). Eine **Berufsausbildung** liegt vor, wenn der Stpfl. durch eine berufliche Ausbildungsmaßnahme die notwendigen fachlichen Fertigkeiten und Kenntnisse erwirbt, die zur Aufnahme eines Berufs befähigen. Voraussetzung ist regelmäßig, dass der Beruf durch eine Ausbildung im Rahmen eines öffentlich-rechtlich geordneten Ausbildungsgangs erlernt und der Ausbildungsgang durch eine Prüfung abgeschlossen wird. Der Besuch **allgemeinbildender** Schulen stellt keine Berufsausbildung dar; hierdurch veranlasste Aufwendungen sind nicht berücksichtigungsfähig. Dies gilt auch, wenn das Abitur nach Abschluss einer Berufsausbildung nachgeholt wird. Ein **Erststudium** liegt vor, wenn ihm kein anderes durch einen berufsqualifizierenden Abschluss beendetes Studium vorangegangen ist; z.B. ist die erstmalige Aufnahme eines Studiums nach dem Abschluss einer Fachschule auch dann ein Erststudium, wenn die von der Fachschule vermittelte Bildung und das Studium sich auf ein ähnliches Wissensgebiet beziehen. **Ansatzfähig sind**: Schul-, Lehrgangs- und Studiengebühren, Fachliteratur usw.; Fahrtkosten (s. „Entfernungspauschale“, „Reisekosten“), Pauschalen für Verpflegung, Übernachtungskosten bei auswärtiger Unterbringung. Ist der Berufsausbildung eine abgeschlossene erstmalige Berufsausbildung oder ein abgeschlossenes Erststudium vorausgegangen (**weitere Berufsausbildung**), können Werbungskosten vorliegen (→ Tz. 36, → Tz. 41 ff.).	
2.6 **Schulgeldzahlungen**	Von den Schulgeldzahlungen für ein Kind, für das Kindergeld gezahlt oder ein Kinderfreibetrag gewährt wird, sind 30 %, höchstens 5 000 €, abziehbar.	Ansatzfähig ist das gezahlte Entgelt für ein Kind, für das ein Anspruch auf einen Kinderfreibetrag oder Kindergeld besteht, wenn es eine Schule in freier Trägerschaft oder eine überwiegend privat finanzierte Schule besucht. Berücksichtigt wird ein Schuldgeld von bis zu 16 667 € im Kalenderjahr. Begünstigt sind Schulen innerhalb der EU bzw. des EWR, wenn sie zu einem staatlich anerkannten oder einem inländischen Abschluss an einer öffentlichen Schule als gleichwertig anerkannten allgemein bildenden oder berufsbildenden Schul-, Jahrgangs- oder Berufsabschluss führen. Gleiches gilt für den Besuch einer anderen Einrichtung, die auf einen Schul-, Jahrgangs- oder Berufsabschluss im vorgenannten Sinne ordnungsgemäß vorbereitet. Der Besuch einer Deutschen Schule im Ausland steht dem Besuch einer solchen Schule gleich, unabhängig von ihrer Belegenheit. **Nicht berücksichtigungsfähig** ist das Entgelt/der Anteil für die Beherbergung, Betreuung und Verpflegung des Kindes. Der Höchstbetrag von 5 000 € kann für jedes Kind je Elternpaar nur einmal angesetzt werden. Entgelte an Nachhilfeinstitute, Musikhochschulen, Sportvereine und Ferienkurse (insbesondere Feriensprachkurse), Hochschulen sowie Fachhochschulen dürfen nicht abgezogen werden.	
2.7 **Spenden und Mitgliedsbeiträge**	Bis zu 20 % des Gesamtbetrags der Einkünfte (→ Tz. 94, → Tz. 96)	Bei Förderung mildtätiger, kirchlicher, wissenschaftlicher und gemeinnütziger Zwecke sowie Kunst/Kultur (§§ 52–54 AO; auch im EU-/EWR-Raum); einschl. Spenden an Stiftungen.	Nachweis durch Spendenquittungen bzw. Einzahlungsbelege bei Spenden bis zu 300 € (vereinfachte Nachweispflicht).
	Abzug von der **Einkommensteuer** bis zu 825 € bzw. 1 650 € bei Ehegatten (→ Tz. 95 ff.)	**Steuerermäßigung** i.H.v. 50 % der Beiträge und Spenden an politische Parteien **sowie** gesondert an unabhängige Wählervereinigungen durch Abzug von der Einkommensteuerschuld nach § 34g EStG.	Nachweis der Beiträge durch Einzahlungsbelege oder Beitragsmarken; Nachweis der Spenden durch Spendenquittungen.
	Höchstens bis zu 1 650 € bzw. 3 300 € bei Ehegatten als Sonderausgaben (→ Tz. 95)	Über die vorgenannte Steuerermäßigung **hinausgehende** Ausgaben an politische Parteien sind als Sonderausgaben bis zu den nebenstehenden Höchstbeträgen abziehbar.	
	Zusätzlich bis zu 1 Mio. bzw. bis zu 2 Mio. €	Zusätzlich sind abzugsfähig Spenden (Zuwendungen) in das zu erhaltende Vermögen (Vermögensstock) einer inländischen oder einer EU- oder EWR-belegenen Stiftung des öffentlichen Rechts und bestimmter steuerbefreiter Stiftungen des privaten Rechts bis zu 1 bzw. 2 Mio. € pro 10-Jahreszeitraum. Diese Spenden sind abzugsfähig im Jahr der Zahlung und/oder in den folgenden neun Veranlagungszeiträumen nach Antrag des Stpfl. Spenden zusammen veranlagte Ehegatten, gilt für sie ein Gesamtbetrag von 2 Mio. €. Auf den Nachweis, dass formal beide Ehegatten gespendet haben, kann verzichtet werden.	

4. Außergewöhnliche Belastungen

Außergewöhnliche Belastungen (nach §§ 33, 33a, 33b EStG) sind Ausgaben auf Grund besonderer Umstände (z.B. Krankheit, Kur, Hochwasserschäden). Angesetzt werden können: 38

1. **Unterhaltsaufwendungen** (→ Tz. 98 ff.)	In 2021 bis zu 9 744 € im Kalenderjahr	Bei Unterstützung von Personen mit gesetzlichem Unterhaltsanspruch (z.B. Mutter oder Vater eines nichtehelichen Kindes, Verwandte in gerader Linie wie Eltern oder Kinder) – sofern für die unterhaltene Person kein Kinderfreibetrag oder Kindergeld gewährt wird – sowie von geschiedenen bzw. getrennt lebenden Ehegatten (wenn kein Sonderausgabenabzug → Tz. 37). Der Höchstbetrag vermindert sich um die 624 € übersteigenden eigenen Einkünfte und Bezüge der unterhaltenen Person. Diese werden nur berücksichtigt, sofern sie in den Monaten zugeflossen sind, für die auch Freibeträge für die Unterhaltsgewährung zu berücksichtigen sind. Ausbildungsbeihilfen aus öffentlichen Mitteln werden abzugsmindernd angerechnet. Ein Abzug der Aufwendungen setzt die Angabe der steuerlichen Identifikationsnummer der unterhaltenen Person in der Steuererklärung des Unterhaltsleistenden voraus. Teilt die unterhaltene Person diese Nummer nicht mit, darf der Unterhaltsleistende bei der für ihn zuständigen Finanzbehörde die Identifikationsnummer der unterhaltenen Person erfragen.
2. **Freibetrag für Berufsausbildung** (→ Tz. 103 ff.)	924 € im Kalenderjahr	Der Freibetrag für Aufwendungen im Zusammenhang mit der Berufsausbildung eines auswärts untergebrachten volljährigen Kindes i.H.v. 462 € **pro Elternteil** ist abziehbar, wenn für das Kind Kindergeld gezahlt oder der Kinderfreibetrag angesetzt wird. Der Ausbildungsfreibetrag vermindert sich nicht um die eigenen Einkünfte und Bezüge des Kindes.
3. Aufwendungen für die **Beschäftigung einer Hilfe im Haushalt** (→ Tz. 120)		Solche Aufwendungen werden durch eine Steuerermäßigung berücksichtigt.
4. Aufwendungen für **Heim- oder Pflegeunterbringung** (→ Tz. 107)		Für Aufwendungen zur Unterbringung und Pflege in einem Altenheim, Altenwohnheim oder Pflegeheim kommt eine Steuerermäßigung für eine haushaltsnahe Beschäftigung/Dienstleistung in Betracht.
5. **Kinderbetreuungskosten** (→ Tz. 37)		Sie sind ausschließlich als Sonderausgaben abzugsfähig.
6. **Pauschbetrag für Pflegepersonen** (→ Tz. 110)	gestaffelte Pauschbeträge entsprechend des Pflegegrads: Pflegegrad 2/3/4 oder 5 oder Merkzeichen H: 600 €/1 100 €/1 800 € im Kalenderjahr (Pflege-Pauschbetrag)	Aufwendungen, die durch die Pflege einer Person ab dem Pflegegrad 2 entstehen, können an Stelle der Berücksichtigung nach § 33 EStG mit einem bestimmten Pauschbetrag berücksichtigt werden (zur Staffelung s. mittlere Spalte).
7. **Pauschbeträge** für Menschen mit Behinderungen, Pflegepersonen und Hinterbliebene; die Pauschbeträge können mehrfach und nebeneinander angesetzt werden	Gestaffelt von 384 € bis zu 2 840 € im Kalenderjahr (→ Tz. 108)	Berücksichtigung bei behinderten Menschen, je nach dem Grad ihrer Behinderung; alternativ ggf. Abzug der tatsächlichen Aufwendungen als außergewöhnliche Belastungen nach § 33 EStG.
	7 400 € im Kalenderjahr (→ Tz. 108)	Für Blinde, Taubblinde sowie hilflose Personen; bei ggf. höheren Aufwendungen s.u. (Abzug als außergewöhnliche Belastung).
	370 € im Kalenderjahr (→ Tz. 109)	Für Personen, die ständig Hinterbliebenenbezüge erhalten (z.B. nach dem Bundesversorgungsgesetz oder aus der gesetzlichen Unfallversicherung).

Die folgenden Posten der „Außergewöhnlichen Belastungen" (→ Nr. 8–13) sind nicht in voller Höhe abzugsfähig, sondern nur mit dem Betrag, der einen bestimmten Prozentsatz des Einkommens, die sog. **zumutbare Belastung**, übersteigt (→ Tz. 111).

8. **Bestattungskosten/ Beerdigungskosten**	Absetzbar (→ Tz. 111) sind die Kosten, die unmittelbar mit der Bestattung eines Angehörigen zusammenhängen (z.B. Kauf einer Grabstätte, Kosten für einen Sarg, Blumen, Kränze, Todesanzeigen; nicht jedoch die Kosten für Trauerkleidung, Kosten der An- und Abreise oder die Bewirtung der Trauergäste), soweit sie höher sind als der Nachlass und eventuelle Versicherungsleistungen auf Grund des Todes.	
9. **Krankheitskosten**	Absetzbar (→ Tz. 111) sind die Aufwendungen für Arzt, Krankenhaus, Arzneimittel, medizinische Hilfsmittel usw. – abzüglich der Leistungen der Krankenkasse u.a. Erstattungen.	
10. **Kurkosten** (Bade-/Heilkuren)	Abziehbar (→ Tz. 111) sind Kosten für Unterkunft, Verpflegung (abzüglich der Haushaltsersparnis von einem Fünftel der Aufwendungen) und die Fahrtkosten (im Allgemeinen nur die Aufwendungen für öffentliche Verkehrsmittel).	Voraussetzungen für den Abzug: Eine vor Antritt der Kur ausgestellte Bescheinigung über die Kurbedürftigkeit durch den Amtsarzt oder Nachweis durch vergleichbare Unterlagen (z.B. Bescheinigung der Versicherungsanstalt/gesetzliche Krankenkasse) sowie ständige ärztliche Überwachung der Kur bzw. Anwendungen am Kurort.
11. **Ehescheidungskosten** oder Kosten bei Aufhebung der Partnerschaft und	Scheidungskosten sowie Aufwendungen zur Aufhebung einer Lebenspartnerschaft sind Aufwendungen für die Führung eines Rechtsstreits (Prozesskosten) und damit vom Abzug als außergewöhnliche Belastungen ausgeschlossen (§ 33 Abs. 2 Satz 4 EStG). Das grundsätzliche Abzugsverbot für Prozesskosten greift nur dann nicht ein, wenn der Stpfl. ohne die Aufwendungen Gefahr liefe, seine Existenzgrundlage zu verlieren und seine notwendigen Bedürfnisse in dem üblichen Rahmen nicht mehr befriedigen zu können. Prozesskosten für ein Scheidungsverfahren zählen nicht hierzu. Kosten für ein Scheidungsverfahren sind daher regelmäßig nicht als außergewöhnliche Belastung zu berücksichtigen, selbst wenn das Festhalten an der Ehe für den Stpfl. eine starke Beeinträchtigung seines Lebens darstellt. Gleiches gilt für Gerichts- und Anwaltskosten für das Ehescheidungsverfahren sowie für die Verfahrenskosten im Zusammenhang mit Scheidungsfolgeregelungen, z.B. zum Sorge- und Umgangsrecht für die Kinder (BFH v. 18.5.2017, VI R 9/16, BStBl II 2017, 988 und v. 14.4.2016, VI R 56/14, n.v., BFH/NV 2016, 1270 Nr. 9).	
Zivilprozesskosten	Aufwendungen für **Zivilprozesse** bzw. für die Führung eines Rechtsstreits (Prozesskosten) sind gesetzlich vom Abzug ausgeschlossen, es sei denn es handelt sich um Aufwendungen ohne die der Stpfl. Gefahr liefe, seine Existenzgrundlage zu verlieren und seine lebensnotwendigen Bedürfnisse in dem üblichen Rahmen nicht mehr befriedigen zu können.	
12. **Kraftfahrzeugkosten** bei behinderten Menschen neben den übrigen Pauschbeträgen (§ 33 Abs. 2a EStG, H 33.1–33.4 EStH 2021)	Aufwendungen für die durch eine Behinderung veranlassten Fahrten werden ab 2021 **ausschließlich** durch eine gestaffelte Pauschale berücksichtigt (behinderungsbedingte Fahrtkostenpauschale). Diese Pauschale beträgt für Menschen mit – einem Grad der Behinderung von mindestens 80 oder mit einem Grad der Behinderung von mindestens 70 und dem Merkzeichen „G": 900 €, – mit dem Merkzeichen „aG", mit dem Merkzeichen „Bl", mit dem Merkzeichen „TBl" oder mit dem Merkzeichen „H": 4 500 €.	

13. **Pflegekosten** (→ Tz. 112)	Abziehbar sind die Aufwendungen des Arbeitnehmers (Stpfl.) infolge seiner Pflegebedürftigkeit oder der Pflegebedürftigkeit einer Person, der gegenüber er aus rechtlichen, tatsächlichen oder sittlichen Gründen zum Unterhalt verpflichtet ist. Für die Pflegebedürftigkeit wird ein Schweregrad i.S.d. § 14 SGB XI vorausgesetzt (ab Pflegestufe I oder Merkzeichen H).

5. Sonderfreibetrag

39 Als Sonderfreibetrag wird angesetzt:

Entlastungsbetrag für Alleinerziehende	4 008 € für alleinstehende Stpfl., wenn eine Haushaltsgemeinschaft mit einem Kind (mit Anspruch auf Kinderfreibetrag/-geld) besteht. Der Entlastungsbetrag i.H.v. 1 908 € wurde zunächst nur für die Kalenderjahre **2020 und 2021** um jeweils 2 100 € erhöht. Ab 2022 beträgt der Entlastungsbetrag jedoch dauerhaft 4 008 € jährlich (§ 24b Abs. 2 Satz 1 EStG). Für jedes weitere zum Haushalt des alleinstehenden Stpfl. gehörende Kind erhöht sich der Entlastungsbetrag i.H.v. 4 008 € um jeweils 240 € (sog. Erhöhungsbetrag).	Für Arbeitnehmer/innen in der Lohnsteuerklasse II und Stpfl. bei einer Einzelveranlagung zur Einkommensteuer. Wichtig für die Berechnung: Der Entlastungsbetrag ist in die Lohnsteuer-Tabelle der Steuerklasse II bereits eingearbeitet. Jedoch ist der sog. Erhöhungsbetrag i.H.v. 240 € pro weiterem Kind als üblicher Freibetrag beim Finanzamt zu beantragen. Den Entlastungsbetrag erhalten sog. „echte" Alleinerziehende, die einen gemeinsamen Haushalt nur mit ihrem Kind führen. Liegen diese Voraussetzungen nicht das gesamte Kalenderjahr vor, erfolgt der Ansatz zeitanteilig. **Wichtig:** Die Beantragung und Berücksichtigung eines Erhöhungsbetrags beim Entlastungsbetrag für Alleinerziehende führt zu keiner Pflichtveranlagung zur Einkommensteuer. In der Lohnsteuertabelle für das Kalenderjahr 2021 wird die Erhöhung des Entlastungsbetrags in der Steuerklasse II noch nicht berücksichtigt. Dies ist erst ab 2022 zulässig. Allerdings wird er in 2021 bei einem bestehenden Dienstverhältnis dem Arbeitgeber als (elektronisches) Abzugsmerkmal mitgeteilt.

6. Steuerermäßigung, Mobilitätsprämie

40 Von der im Einkommensteuerbescheid berechneten (tariflichen) **Einkommensteuer** wird auf Antrag abgezogen:

Steuerermäßigung für **haushaltsnahe Beschäftigungen** oder für die Inanspruchnahme von **Dienst- und Betreuungs-(Pflege-)leistungen** (→ Tz. 120 ff.).	Die Aufwendungen für **haushaltsnahe** Beschäftigungsverhältnisse/Dienstleistungen einschließlich **Pflege-** und **Betreuungsleistungen** im Haushalt oder in einem Heim werden steuermindernd berücksichtigt. Im **Kalenderjahr** können folgende jährliche **Steuerermäßigungen** beansprucht werden: – Für **sozialversicherungspflichtig** angestellte Haushaltshilfen oder bei Inanspruchnahme der Dienstleistungen von selbständig Tätigen oder bei einem anderen Arbeitgeber angestellte Haushaltshilfen: 20 % der Aufwendungen von bis zu 20 000 €, höchstens **4 000 €**; – Bei **geringfügig** beschäftigten Haushaltshilfen: 20 % der Aufwendungen von bis zu 2 550 €, höchstens **510 €**.
Handwerkerleistungen	Bei **Handwerkerleistungen** für Renovierungs-, Erhaltungs- und Modernisierungsmaßnahmen sind 20 % des gezahlten Arbeitslohns bzw. des Rechnungsbetrags für die Arbeitsleistung bis zum Höchstbetrag von **1 200 €** ansetzbar. Vom Abzug ausgenommen sind Aufwendungen für die nach dem CO2-Gebäudesanierungsprogramm der KfW Förderbank geförderten Maßnahmen.
Voraussetzungen für Steuerermäßigung	Die zuvor genannten Aufwendungen der beiden Ermäßigungsarten dürfen nicht Betriebsausgaben oder Werbungskosten (z.B. Kinderbetreuungskosten) darstellen und nicht als außergewöhnliche Belastung (z.B. Krankenpflege) oder Sonderausgaben berücksichtigt worden sein. Zudem muss das Beschäftigungsverhältnis, die Dienstleistung oder die Handwerkerleistung in der EU oder dem EWR ausgeübt oder erbracht werden bzw. das Heim oder der Ort der dauernden Pflege dort liegen.
An Stelle der ab 2021 erhöhten Entfernungspauschale von 0,35 € ab dem 21. Entfernungskilometer können sog. Geringverdiener eine Mobilitätsprämie erhalten.	
Mobilitätsprämie	Arbeitnehmer, bei denen sich die erhöhte Entfernungspauschale ab dem 21. km auf Grund eines niedrigen Einkommens nicht steuermindernd auswirkt, erhalten an deren Stelle auf Antrag eine Mobilitätsprämie (§ 101 EStG, → Umschlaginnenseite, Mobilitätsprämie). Dazu ist beim Wohnsitz-Finanzamt nach amtlich vorgeschriebenem Vordruck ein Antrag zu stellen (§ 104 Abs. 1 EStG). Der Zeitraum dafür beträgt vier Kalenderjahre nach Ablauf des Jahres, in dem der Anspruch entstanden ist. Üblicherweise ist dies zugleich ein Antrag auf eine Einkommensteuer-Veranlagung. Besteht jedoch keine Pflicht zur Durchführung einer solchen Veranlagung und stellt der Arbeitnehmer keinen Antrag dazu, wird die Einkommensteuer mit 0 € festgesetzt.

III. Ergänzende Informationen zu Abzugsposten

1. Werbungskosten

41 Als Werbungskosten sind ansatzfähig die **Aufwendungen** des Arbeitnehmers zur Erwerbung, Sicherung und Erhaltung der Einnahmen (§ 9 Abs. 1 Satz 1 EStG). Ebenso können vergebliche (erfolglose) Aufwendungen angesetzt werden, wenn sie mit angestrebten Einnahmen eindeutig erkennbar und nachweisbar sind; z.B. Aufwendungen für erfolglose Bewerbungen. Werbungskosten kann grundsätzlich nur der Stpfl. ansetzen, der sie getragen hat und für den sie bestimmt waren.

Aufwendungen setzen **Vermögensabflüsse** in Geld oder Geldeswert voraus. Werden abnutzbare Wirtschaftsgüter mit mehr als einjähriger **Nutzungsdauer** angeschafft, z.B. ein privates Kfz, das auch dienstlich genutzt wird, so sind die Anschaffungs- oder Herstellungskosten nur im Rahmen der Absetzungen für Abnutzung (AfA) berücksichtigungsfähig.

Hiervon gilt im Steuerrecht eine Ausnahme für bewegliche Wirtschaftsgüter von geringem Wert (sog. geringwertige Wirtschaftsgüter [GWG], § 6 Abs. 2 Satz 1 EStG), die zu einer selbständigen Nutzung fähig sind (und folglich ohne andere Gegenstände/Geräte betrieben werden können). Seit dem Kalenderjahr 2018 gilt für solche GWG eine Wertgrenze von 800 € (netto, ohne Umsatzsteuer, Anschaffungskosten). Ihre Anschaffungskosten können im Jahr der Anschaffung in voller Höhe als Werbungskosten abgezogen werden (§ 9 Abs. 1 Satz 3 Nr. 7 EStG). Sie müssen also nicht über die gewöhnliche Nutzungsdauer abgeschrieben werden.

Nach dem BMF-Schreiben v. 26.2.2021 (IV C 3 – S 2190/21/10002 :013, BStBl I 2021, 298) darf ab dem Kalenderjahr 2021 abweichend von den vorgenannten Grundsätzen für **Computerhardware** sowie für **Betriebs- und Anwendersoftware** eine betriebsgewöhnliche Nutzungsdauer von **einem Jahr** zugrunde gelegt werden. Sind solche Wirtschaftsgüter vor dem Kalenderjahr 2021 angeschafft worden, darf ein evtl. Restwert aus 2020 in 2021 abgeschrieben und angesetzt werden.

Ein Ansatz von Werbungskosten ist allerdings nur zulässig, soweit solche Aufwendungen nicht bereits vom Arbeitgeber steuerfrei erstattet worden sind.

Ergänzend zu den Hinweisen in der vorstehenden tabellarischen Übersicht werden nachfolgend die für Arbeitnehmer am häufigsten in Betracht kommenden Werbungskosten ausführlich erläutert.

a) Fahrten zwischen Wohnung und erster Tätigkeitsstätte, Entfernungspauschale

42 Mit der Entfernungspauschale sollen die Aufwendungen für die Fahrten (Wege) zwischen Wohnung und erster Tätigkeitsstätte erfasst werden. Ihrem Wesen als Pauschale entsprechend, kommt es grundsätzlich nicht auf die Höhe der tatsächlichen Aufwendungen an. Dennoch kann der Arbeitnehmer bei Benutzung öffentlicher Verkehrsmittel die die Entfernungspauschale übersteigenden Aufwendungen zusätzlich ansetzen; ebenso sind Unfallkosten berücksichtigungsfähig. Die **Entfernungspauschale** kann für die Fahrten (Wege) zu derselben ersten Tätigkeitsstätte für jeden **Arbeitstag nur einmal** angesetzt werden.

Ausgenommen von der Entfernungspauschale sind **Flugstrecken,** für sie sind die tatsächlichen Aufwendungen anzusetzen. Bei **entgeltlicher Sammelbeförderung** durch den Arbeitgeber darf der Arbeitnehmer seine tatsächlichen Aufwendungen (Zahlungen) als Werbungskosten geltend machen.

43 Eine weitere Fahrt pro Arbeitstag kann bei **Menschen mit einer Behinderung** anerkannt werden, wenn durch das Hinbringen und Abholen jeweils zusätzliche Rück- und Hinfahrten (Leerfahrten) notwendig sind, z.B. weil der behinderte Mensch keine gültige Fahrerlaubnis besitzt oder von seiner Fahrerlaubnis aus Gründen, die mit seiner Behinderung im Zusammenhang stehen, keinen Gebrauch macht. Diese Regelungen gelten für Arbeitnehmer, bei denen der Grad der Behinderung mindestens 70 beträgt oder weniger als 70, aber mindestens 50, wenn sie zugleich erheblich geh- und stehbehindert sind.

44 Für die Bestimmung der **Entfernung** zwischen Wohnung und erster Tätigkeitsstätte ist grundsätzlich die kürzeste Straßenverbindung maßgebend. Anzusetzen sind nur volle Kilometer der Entfernung, ein angefangener Kilometer wird nicht berücksichtigt. Die Entfernungsbestimmung richtet sich stets nach der Straßenverbindung, und zwar unabhängig von dem Verkehrsmittel, das tatsächlich für die Fahrten zwischen Wohnung und erster Tätigkeitsstätte benutzt wird. Eine andere als die kürzeste benutzbare Straßenverbindung kann nur dann angesetzt werden, wenn sie offensichtlich verkehrsgünstiger ist und vom Arbeitnehmer regelmäßig mit dem Kraftfahrzeug oder öffentlichen Verkehrsmittel benutzt wird. Das Merkmal „offensichtlich verkehrsgünstiger" verlangt nicht in jedem Fall eine tägliche Zeitersparnis von mindestens 20 Minuten.

Zu Fährverbindung → Tz. 47. Teilstrecken mit steuerfreier Sammelbeförderung sind nicht in die Entfernungsermittlung einzubeziehen.

Fährt ein Arbeitnehmer von **mehreren Wohnungen** abwechselnd zu seiner ersten Tätigkeitsstätte, können die Fahrten von der entfernteren Wohnung nur dann angesetzt werden, wenn sie den **Mittelpunkt** der **Lebensinteressen** des Arbeitnehmers bildet und nicht nur gelegentlich aufgesucht wird. Dieser Mittelpunkt ist nach den persönlichen Beziehungen zu dem Wohn- bzw. Heimatort zu beurteilen und nach der Art und Weise, wie die Beziehungen zu diesem Ort unterhalten werden. Bei **verheirateten** Arbeitnehmern wird der Mittelpunkt der Lebensinteressen dort unterstellt, wo die Familie wohnt. Diese Wohnung kann das Finanzamt aber nur dann **ohne** nähere **Prüfung** berücksichtigen, wenn der Arbeitnehmer sie mindestens sechsmal im Kalenderjahr aufsucht (R 9.10 Abs. 1 Satz 5 LStR 2021 und H 9.10 (Wohnung) LStH 2021; ggf. reichen jedoch fünf Fahrten aus).

Bei **ledigen** (anderen) Arbeitnehmern befindet sich der Mittelpunkt der Lebensinteressen an dem Wohnort, zu dem die engeren persönlichen Beziehungen bestehen. Die persönlichen Beziehungen können ihren Ausdruck insbesondere in Bindungen an Personen finden, z.B. Eltern, Verlobte, Freundes- und Bekanntenkreis, aber auch in Vereinszugehörigkeiten und anderen, z.B. ehrenamtlichen, Aktivitäten. Sucht der Arbeitnehmer diese Wohnung im Durchschnitt mindestens zweimal monatlich auf, ist davon auszugehen, dass sich dort der Mittelpunkt seiner Lebensinteressen befindet. Die vorstehenden Grundsätze gelten unabhängig davon, ob sich der Lebensmittelpunkt im Inland oder im Ausland befindet.

Führt der Arbeitnehmer einen **doppelten Haushalt,** kann er bei mehrfachen wöchentlichen Heimfahrten zu der weiter entfernt liegenden (Familien-)Wohnung zwischen dem Ansatz sämtlicher Fahrten zu dieser Wohnung (Entfernungspauschale Wohnung – erste Tätigkeitsstätte) und dem Ansatz der Mehraufwendungen wegen doppelter Haushaltsführung (→ Tz. 57 ff.) und einer wöchentlichen Familienheimfahrt wählen. 45

Ersetzt der Arbeitgeber die Aufwendungen des Arbeitnehmers für Fahrten zwischen Wohnung und erster Tätigkeitsstätte (einschl. Job-Ticket) 46

- **steuerfrei** (§ 3 Nr.15 EStG) oder
- mit einer **pauschalen** Lohnbesteuerung i.H.v. 15 % und übernimmt er die pauschale Lohnsteuer,

mindern diese Beträge die **Werbungskosten** (→ Tz. 48).

Um dies zu **vermeiden**, besteht für den Arbeitgeber die Möglichkeit, seine eigentlich unter § 3 Nr. 15 EStG fallenden Zuschüsse bzw. Aufwendungen für die gestellten Fahrkarten/ Job-Tickets **nicht** steuerfrei zahlen, sondern eine besondere **Pauschalbesteuerung** mit **25 %** zu wählen. Mit dieser Pauschalbesteuerung **entfällt** beim Arbeitnehmer die Anrechnung auf die Entfernungspauschale. Diese neue Wahlmöglichkeit ist rückwirkend ab dem 1.1.2019 eingeführt worden. Weitere Einzelheiten zur neuen Steuerfreiheit, insbesondere bei Nutzung einer Fahrberechtigung für den Personenfernverkehr, regelt das neue umfangreiche BMF-Schreiben v. 15.8.2019, IV C 5 – S 2342/19/10007 :001, BStBl I 2019, 875. Es enthält zahlreiche Beispiele der in Betracht kommenden Anwendungsmöglichkeiten.

Die **Entfernungspauschale** beträgt ab 2021 für 47

- die ersten 20 km der Entfernung zwischen Wohnung und erster Tätigkeitsstätte je 0,30 € für jeden Kilometer und für
- jeden weiteren vollen Kilometer 0,35 €.

Angefangene Kilometer bleiben unberücksichtigt.

Beispiel: Berechnung der Entfernungspauschale

Ein Arbeitnehmer ist im Kalenderjahr 2021 an 180 Arbeitstagen mit der U-Bahn zur ersten Tätigkeitsstätte gefahren. Einschließlich Fußwege und U-Bahnfahrt betrug die ab der Wohnung zurückgelegte Entfernung 30 km. Die kürzeste Straßenverbindung ist 25 km. Ein steuerfreies Job-Ticket hat der Arbeitgeber nicht gestellt.

Für die Ermittlung der Entfernungspauschale ist eine Entfernung von 25 km anzusetzen.

Die im Kalenderjahr 2021 anzusetzende Entfernungspauschale beträgt:

180 Arbeitstage × 20 Entfernungskilometer × 0,30 € =	1 080 €
180 Arbeitstage × 5 Entfernungskilometer × 0,35 € =	315 €
Summe	1 395 €

Die Pauschale darf auch für die **An**- und **Abfahrten** zu und von Flughäfen angesetzt werden. Für die Strecken einer steuerfreien **Sammelbeförderung** durch den Arbeitgeber ist ein Ansatz der Entfernungspauschale nicht zulässig. Zahlt der Arbeitnehmer für die Sammelbeförderung jedoch eine **Entschädigung** (Gebühr), ist diese als allgemeine Werbungskosten abzugsfähig (→ Tz. 41); ihre Abzugsfähigkeit ist nicht auf die Höhe der Entfernungspauschale begrenzt.

Die anzusetzende Entfernungspauschale ist grundsätzlich auf einen **Höchstbetrag** von 4 500 € begrenzt. Diese Beschränkung ist zu beachten, wenn der Weg zwischen Wohnung und erster Tätigkeitsstätte mit einem Motorrad, Motorroller, Moped, Fahrrad oder zu Fuß zurückgelegt wird; ferner bei Benutzung eines Kraftwagens für die Teilnehmer an einer Fahrgemeinschaft für die Tage, an denen der Arbeitnehmer sein eigenes oder zur Nutzung überlassenes Kraftfahrzeug nicht einsetzt, sowie bei Benutzung öffentlicher Verkehrsmittel, soweit keine höheren Aufwendungen entstanden sind.

Wird für die Fahrten ein eigener oder zur Nutzung überlassener **Kraftwagen** benutzt, ist die Begrenzung auf 4 500 € **nicht** zu beachten. Diese Arbeitnehmer müssen ggf. lediglich nachweisen oder glaubhaft machen, dass sie die Fahrten zwischen Wohnung und erster Tätigkeitsstätte mit dem eigenen bzw. zur Nutzung überlassenen Kraftwagen zurückgelegt haben. Ein Nachweis der tatsächlichen Aufwendungen ist nicht erforderlich.

Sind die Aufwendungen für die Benutzung **öffentlicher Verkehrsmittel** höher als die Entfernungspauschale (0,30 € bzw.

0,35 €/Entfernungskilometer), können die **übersteigenden** Aufwendungen zusätzlich angesetzt werden (unabhängig von der Begrenzung auf 4 500 €). Die Vergleichsrechnung zwischen Entfernungspauschale und den tatsächlich entstandenen Kosten ist **jahresbezogen** vorzunehmen; s. nachfolgendes Beispiel. Diese Beschränkung der Abzugsfähigkeit soll die Berechnung der Entfernungspauschale bei teilweiser Nutzung der öffentlichen Verkehrsmittel vereinfachen. Zum Bereich der öffentlichen Verkehrsmittel rechnen auch die durch **Taxifahrten** angefallenen Aufwendungen.

Eine **Fährverbindung** ist in die Entfernungsberechnung einzubeziehen, wenn die Benutzung zumutbar erscheint und wirtschaftlich sinnvoll ist. Die Fahrtstrecke der Fähre selbst ist jedoch nicht Teil der maßgebenden Entfernung. An ihrer Stelle können die tatsächlichen Fährkosten zusätzlich zur Entfernungspauschale angesetzt werden. Im Urteil v. 19.4.2012, VI R 53/11, BStBl II 2012, 802, stellt der BFH jedoch fest, dass die Besonderheiten einer solchen Fährverbindung wie Wartezeiten, technische Schwierigkeiten oder Auswirkungen der Witterungsbedingungen dazu führen können, dass eine andere Straßenverbindung als "offensichtlich verkehrsgünstiger" anzusehen ist als die kürzeste Straßenverbindung.

Fallen die Hin- und Rückfahrt zur ersten Tätigkeitsstätte auf **verschiedene** Arbeitstage, so können die Fahrten als an einem Arbeitstag durchgeführt angesetzt werden; ansonsten ist die Entfernungspauschale zur Hälfte anzusetzen.

Wird die Strecke zwischen Wohnung und erster Tätigkeitsstätte i.R. einer **Fahrgemeinschaft** zurückgelegt, darf jeder Teilnehmer die Entfernungspauschale beanspruchen. Bei einer wechselseitigen Fahrgemeinschaft ist für die Mitfahrer an den Arbeitstagen, an denen sie ihren Kraftwagen nicht einsetzen (also mitgefahren sind), die Entfernungspauschale auf den Höchstbetrag von 4 500 € begrenzt; Umwegstrecken zu den Wohnungen der Mitfahrer dürfen nicht angesetzt werden.

Deshalb ist zunächst die **begrenzt** anzusetzende Entfernungspauschale für die Tage zu berechnen, an denen der Arbeitnehmer „mitgefahren" ist. Anschließend ist die **unbegrenzt** anzusetzende Entfernungspauschale für die Tage zu ermitteln, an denen der Arbeitnehmer seinen eigenen Kraftwagen benutzt hat. Beide Beträge zusammen ergeben die insgesamt anzusetzende Entfernungspauschale.

Setzt nur ein Teilnehmer einer Fahrgemeinschaft seinen Kraftwagen ein, kommt für diesen die Begrenzung auf 4 500 € nicht in Betracht. Auch in diesem Fall ist eine evtl. Umwegstrecke zum Abholen der Mitfahrer in die Entfernungsermittlung nicht einzubeziehen. Für die Mitfahrer ist die Entfernungspauschale auf den Höchstbetrag von 4 500 € begrenzt.

Benutzt der Arbeitnehmer für die Fahrten zwischen Wohnung und erster Tätigkeitsstätte **verschiedene Verkehrsmittel**, z.B. für eine Teilstrecke den Kraftwagen, für die weitere Teilstrecke öffentliche Verkehrsmittel (Park & Ride), oder für einen Teil des Jahrs den Kraftwagen und für den anderen Teil öffentliche Verkehrsmittel, spricht man von Mischfällen. Auch in diesen Fällen können die Aufwendungen für öffentliche Verkehrsmittel nur dann angesetzt werden, soweit sie den im Kalenderjahr insgesamt als Entfernungspauschale abziehbaren Betrag übersteigen.[1)]

Beispiel: Entfernungspauschale bei Teilstrecken

Ein Arbeitnehmer fährt im Kalenderjahr 2021 an 220 Arbeitstagen 20 km mit eigenem Pkw zum Treffpunkt einer Fahrgemeinschaft. Die nächsten 40 km legt er als Mitfahrer einer Fahrgemeinschaft zurück und die letzten 60 km mit dem Zug. Die tatsächlichen Kosten für die Benutzung des Zugs betragen 4 200 €.

Die anzusetzenden Werbungskosten für die Wege zwischen Wohnung und erster Tätigkeitsstätte sind wie folgt zu ermitteln:

Entfernungspauschale:			
Teilstrecke eigener Pkw:			
220 Arbeitstage x 20 km x 0,30 €			1 320 €
Teilstrecke Fahrgemeinschaft:			
220 Arbeitstage x 40 km x 0,35 €	3 080 €		
Teilstrecke Zug:			
220 Arbeitstage x 60 km x 0,35 €	4 628 €		
Ergibt folgende Entfernungspauschale	7 700 €		
Begrenzung auf den Höchstbetrag		**4 500 €**	4 500 €
Entfernungspauschale **insgesamt** = Werbungskosten			**5 820 €**

Hat ein Arbeitnehmer **mehrere Dienstverhältnisse**, darf er die Entfernungspauschale für die Fahrten zu den auseinander liegenden ersten Tätigkeitsstätten ansetzen. Kehrt der Arbeitnehmer am Tag jeweils in die Wohnung zurück, ist die Entfernungspauschale für jeden Weg zur ersten Tätigkeitsstätte anzusetzen. Die Begrenzung auf nur eine Fahrt täglich gilt nur für eine, nicht aber für mehrere **erste Tätigkeitsstätten**.

Sucht der Arbeitnehmer täglich mehrere erste Tätigkeitsstätten **ohne Rückkehr** zur Wohnung nacheinander auf, ist für die Entfernungsermittlung die Fahrt zu der ersten Tätigkeitsstätte als Umwegfahrt zur nächsten ersten Tätigkeitsstätte anzusetzen. Insgesamt darf die anzusetzende Entfernung jedoch höchstens die Hälfte der Gesamtstrecke betragen.

Beispiel: Entfernungspauschale bei mehreren ersten Tätigkeitsstätten

Arbeitnehmer A fährt an 220 Tagen vormittags von seiner Wohnung A zur ersten Tätigkeitsstätte B, nachmittags weiter zur ersten Tätigkeitsstätte C und abends zur Wohnung in A zurück.

Die Entfernungen betragen zwischen A und B 30 km, zwischen B und C 40 km und zwischen C und A 50 km. Die Gesamtentfernung beträgt 30 + 40 + 50 km = 120 km.

Die Entfernung zwischen der Wohnung und den beiden ersten Tätigkeitsstätten beträgt 30 + 50 km = 80 km.

Da dies mehr als die Hälfte der Gesamtentfernung ist, **sind** für die Ermittlung der Entfernungspauschale 60 km **anzusetzen** (120 km : 2). Die Entfernungspauschale beträgt ab 2021 je 0,30 € für die ersten 20 km der Entfernung zwischen Wohnung und erster Tätigkeitsstätte und für jeden weiteren vollen Kilometer 0,35 € (220 Tage x 20 km x 0,30 € zuzüglich 220 Tage x 10 km x 0,35 €).

Fahrten zwischen Wohnung und erster Tätigkeitsstätte liegen auch dann vor, wenn sie gleichzeitig zu dienstlichen Verrichtungen für den Arbeitgeber genutzt werden (z.B. Abholen der Post) und dabei nur ein geringer Umweg erforderlich wird; die erforderliche Umwegstrecke ist als Dienstreise zu werten (→ Tz. 76).

Durch die Entfernungspauschale sind sämtliche Aufwendungen **abgegolten**, die durch die Fahrten zwischen Wohnung und erster Tätigkeitsstätte entstehen. Dies gilt z.B. auch für **Parkgebühren** sowie für die Kosten eines **Austauschmotors. Unfallkosten** sind hingegen als außergewöhnliche Kosten neben der Entfernungspauschale **berücksichtigungsfähig** (→ Tz. 49). Näheres zur alternativen Mobilitätsprämie → Umschlaginnenseite, Mobilitätsprämie sowie → Tz. 40.

Zu den Parkgebühren: Werden Parkgebühren vom Arbeit- 48
geber für das Abstellen des Kraftfahrzeugs während der Arbeitszeit erstattet, so sind die Arbeitgeberleistungen einschließlich der **Zuschüsse für die Fahrten** zwischen Wohnung und erster Tätigkeitsstätte lohnsteuerpflichtig; die Zahlungen können vom Arbeitgeber mit 15 % **pauschal versteuert** werden, jedoch nur bis zur Höhe der ansetzbaren Entfernungspauschale. Zu beachten ist, dass die mit 15 % besteuerten Arbeitgeberleistungen die vom Arbeitnehmer als Fahrtkosten anzusetzenden Werbungskosten mindern. Zu den Regelungen für behinderte Menschen und Arbeitnehmern mit Einsatzwechseltätigkeit → Tz. 50 ff.

Neben der Entfernungspauschale kann der Arbeitnehmer **au- 49
ßergewöhnliche Kosten**, die auf den Fahrten zwischen Wohnung und erster Tätigkeitsstätte entstanden sind, als allgemeine Werbungskosten ansetzen. Hierzu gehören z.B. die Kosten zur Beseitigung von **Unfallschäden**, die auf der Fahrt zwischen Wohnung und erster Tätigkeitsstätte oder auf einer Umwegstrecke, bedingt durch das Abholen von Mitgliedern einer Fahrgemeinschaft (unabhängig von deren Gestaltung) oder das Betanken des Fahrzeugs sowie ggf. auf einer Leerfahrt des Ehegatten entstanden sind.

An Stelle der Entfernungspauschale können die **tatsächli- 50
chen Aufwendungen** oder – ohne Einzelnachweis der tat-

1) Anm.: Bei Redaktionsschluss dieser Tabellentexte hatte das BMF das veraltete BMF-Schreiben v. 31.10.2013 (IV C 5 – S 2351/09/10002 :001, BStBl I 2013, 1376) noch nicht aktualisiert.

sächlichen Aufwendungen – die pauschalen **Kilometersätze** wie bei Reisekosten (→ Tz. 76) angesetzt werden:

51 – von Menschen mit einer **Behinderung**, deren Grad der Behinderung mindestens 70 oder aber mindestens 50 bei einer erheblichen Beeinträchtigung in ihrer Bewegungsfähigkeit im Straßenverkehr beträgt;

52 – von **Arbeitnehmern** für folgende Fahrten:
  - zwischen Wohnung oder erster Tätigkeitsstätte und **auswärtiger** Tätigkeitsstätte bzw. Unterkunft einschließlich sämtlicher Zwischenheimfahrten; zur Abgrenzung dieser Fahrten von den Fahrten zwischen Wohnung und erster Tätigkeitsstätte (→ Tz. 69),
  - innerhalb desselben Dienstverhältnisses zwischen **mehreren auswärtigen** Tätigkeitsstätten oder innerhalb eines weiträumigen Arbeitsgebiets,
  - zwischen einer Unterkunft am **Ort** der **auswärtigen** Tätigkeitsstätte oder in ihrem Einzugsbereich und auswärtiger **Tätigkeitsstätte**,
  - zwischen Wohnung und ständig **wechselnden** Tätigkeitsstätten,
  - bei Übernachtung am **auswärtigen** Tätigkeitsort für die Wege zwischen **Wohnung** und Tätigkeitsort und die Wege zwischen auswärtiger Unterkunft und Tätigkeitsstätte.

b) Doppelte Haushaltsführung

53 Eine doppelte Haushaltsführung liegt vor, wenn
- ein Arbeitnehmer außerhalb des Orts beschäftigt ist, an dem er einen eigenen Haushalt unterhält (Hauptwohnung), und wenn er auch
- am Beschäftigungsort (Ort der ersten Tätigkeitsstätte) oder in dessen Nähe wohnt (Zweitwohnung); die Anzahl der Übernachtungen ist dabei unbeachtlich.

Nach der neuen Rechtsprechung ist die **Hauptwohnung** am Ort der ersten Tätigkeitsstätte belegen, wenn der Steuerpflichtige von dieser Wohnung aus seine erste Tätigkeitsstätte in zumutbarer Weise täglich erreichen kann. Eine **Fahrzeit** von bis zu einer Stunde je Wegstrecke unter Zugrundelegung individueller Verkehrsverbindungen und Wegezeiten ist als zumutbar anzusehen (BFH v. 16.11.2017, VI R 31/16, BStBl II 2018, 404). Die Finanzverwaltung geht davon aus, dass bei einer Entfernung zwischen Hauptwohnung und erster Tätigkeitsstätte von mehr als 50 km die Hauptwohnung außerhalb des Orts der ersten Tätigkeitsstätte liegt.

Eine **Zweitwohnung** oder Zweitunterkunft in der Nähe des Orts der ersten Tätigkeitsstätte steht einer Zweitwohnung am Ort der ersten Tätigkeitsstätte gleich. Aus Vereinfachungsgründen kann davon ausgegangen werden, dass die Zweitwohnung noch am Ort der ersten Tätigkeitstätte belegen ist, wenn die Entfernung der kürzesten Straßenverbindung zwischen Zweitwohnung oder -unterkunft und erster Tätigkeitsstätte nicht mehr als 50 km beträgt.

Liegt die Zweitwohnung mehr als 50 km von dem Ort der ersten Tätigkeitsstätte entfernt, prüft die Finanzverwaltung, ob die erste Tätigkeitsstätte von der Zweitwohnung oder -unterkunft noch in zumutbarer Weise täglich erreicht werden kann. Eine Fahrzeit von bis zu einer Stunde je Wegstrecke unter Zugrundelegung individueller Verkehrsverbindungen und Wegezeiten ist dabei als zumutbar anzusehen (BFH v. 19.4.2012, VI R 59/11, BStBl II 2012, 833).

Die notwendigen **Mehraufwendungen** auf Grund einer doppelten Haushaltsführung sind als Werbungskosten zeitlich unbefristet abziehbar, wenn die Begründung der doppelten Haushaltsführung beruflich veranlasst ist; auf die Gründe der **Beibehaltung** kommt es nicht an (berufliche oder private Gründe).

Der Werbungskostenansatz ist für eine beruflich veranlasste doppelte Haushaltsführung auch nach einer **Wegverlegung** des Haupthausstands vom Beschäftigungsort aus **privaten** Gründen möglich. Voraussetzung ist, dass dann ein beruflich veranlasster Zweithaushalt am Beschäftigungsort eingerichtet wird und der Arbeitnehmer von dort seiner Beschäftigung nachgeht. Dies gilt selbst dann, wenn der Haupthausstand aus privaten Gründen vom Beschäftigungsort wegverlegt und danach die bereits vorhandene oder eine neu eingerichtete Wohnung am Beschäftigungsort aus beruflichen Gründen als Zweithaushalt genutzt wird.

Liegen in den sog. **Wegverlegungsfällen** die Voraussetzungen einer beruflich veranlassten doppelten Haushaltsführung vor, gelten die allgemeinen Regelungen von → Tz. 54 ff. entsprechend mit der Maßgabe, dass für die ersten 3 Monate nach Begründung der doppelten Haushaltsführung **keine** Pauschbeträge für **Verpflegungsmehraufwendungen** berücksichtigt werden dürfen und der Abzug von **Umzugskosten ausscheidet**, weil die Wegverlegung nicht beruflich veranlasst ist.

Nicht begünstigt ist der **Wegzug** in eine **Ferienwohnung**, weil die Wegverlegung des Lebensmittelpunktes voraussichtlich nicht auf Dauer erfolgt (BMF v. 10.12.2009, BStBl I 2009, 1599, Abschnitt Nr. 1; inzwischen formal aufgehoben). Die Aufhebung dieses BMF-Schreibens bedeutet jedoch nicht, dass die Finanzverwaltung ihre oben beschriebenen Rechtsauffassung aufgegeben hat; sie soll lediglich die Anzahl der Verwaltungsregelungen verringern. Unterstützend für die zitierte Regelung des o.g. BMF-Schreibens können die Rechtsprechung des BFH sowie die Regelung der LStR 2021 herangezogen werden (BFH v. 4.5.2011, VI B 152/10, NV, www.stotax-first.de sowie R 9.11 Abs. 2 Satz 6 LStR 2021).

Der Bezug einer Zweitwohnung (doppelte Haushaltsführung) ist im Allgemeinen **beruflich veranlasst**, wenn der Beschäftigungsort gewechselt wird wegen einer Versetzung im Betrieb, dem Wechsel des Arbeitgebers oder beim Beginn des Berufslebens. Eine berufliche Veranlassung liegt auch vor, wenn der eigene Hausstand nach der Eheschließung am Beschäftigungsort des ebenfalls berufstätigen Ehegatten begründet oder wegen der Aufnahme einer Berufstätigkeit des Ehegatten an dessen Beschäftigungsort verlegt und am Beschäftigungsort eine Zweitwohnung des Arbeitnehmers bezogen worden ist. Auch die nachträgliche Errichtung eines zweiten Haushalts am Beschäftigungsort kann beruflich veranlasst sein. 54

Sind **beide** Ehegatten außerhalb ihres gemeinsamen Hausstands an verschiedenen Orten beschäftigt und beziehen sie dort jeweils eine Zweitwohnung, ist für jeden Ehegatten eine doppelte Haushaltsführung beruflich veranlasst. Dies gilt auch, wenn beide den gleichen Beschäftigungsort haben und eine gemeinsame Zweitwohnung beziehen. Ist ein Ehegatte nicht berufstätig, steht seine **Mitnahme** an den Beschäftigungsort der beruflichen Veranlassung einer doppelten Haushaltsführung nicht entgegen. Ein Ansatz der Aufwendungen für eine Zweitwohnung am Beschäftigungsort ist auch bei gleichzeitiger Beschäftigung am Ort des Hausstands möglich.

Die zur doppelten Haushaltsführung von Eheleuten ergangene BFH-Rspr. gilt auch für **Lebenspartnerschaften**.

Wichtig: Für die Annahme einer doppelten Haushaltsführung darf es sich bei der auswärtigen Beschäftigung nicht um eine **Auswärtstätigkeit** handeln (→ Tz. 69).

Das **Vorliegen** eines **eigenen Hausstands** setzt neben dem Innehaben einer Wohnung aus eigenem Recht als Eigentümer oder Mieter bzw. aus gemeinsamem oder abgeleitetem Recht als Ehegatte, Lebenspartner oder Lebensgefährte sowie Mitbewohner, auch eine **finanzielle Beteiligung** an den Kosten der Lebensführung (laufende Kosten der Haushaltsführung) voraus. 55

Es **genügt nicht**, wenn der Arbeitnehmer z.B. im Haushalt der Eltern lediglich ein oder mehrere Zimmer unentgeltlich bewohnt oder wenn dem Arbeitnehmer eine Wohnung im Haus der Eltern unentgeltlich zur Nutzung überlassen wird.

Die finanzielle Beteiligung an den Kosten der Haushaltsführung ist i.d.R. dem Finanzamt nachzuweisen und kann auch bei volljährigen Kindern, die bei ihren Eltern oder einem Elternteil wohnen, nicht generell unterstellt werden.

Eine finanzielle Beteiligung an den Kosten der Haushaltsführung mit Bagatellbeträgen ist **nicht** ausreichend. Betragen die Barleistungen des Arbeitnehmers **mehr als 10 %** der monatlich regelmäßig anfallenden **laufenden Kosten** der Haushaltsführung (z.B. Miete, Mietnebenkosten, Kosten für Lebensmittel und andere Dinge des täglichen Bedarfs) hat das Finanzamt von einer finanziellen Beteiligung oberhalb der Bagatellgrenze auszugehen. Liegen die Barleistungen darunter, kann der Arbeitnehmer eine hinreichende finanzielle Beteiligung auch auf andere Art und Weise darlegen. Bei **zusam-**

menlebenden Ehegatten oder Lebenspartnern unterstellt die Finanzverwaltung eine finanzielle Beteiligung an den Kosten der Haushaltsführung ohne entsprechenden Nachweis.

Auch bei **alleinstehenden** Arbeitnehmern kann eine (unbefristete) doppelte Haushaltsführung in Betracht kommen. Dazu reicht es aus, wenn der alleinstehende Arbeitnehmer in der Hauptwohnung seinen Lebensmittelpunkt beibehält.

Weil Voraussetzung für die Anerkennung der doppelten Haushaltsführung das Bestehen von zwei Haushalten ist, führt die **Aufgabe** eines Haushalts, z.B. wegen Trennung der Ehepartner, zum **Wegfall** dieser Voraussetzung mit der Folge, dass die doppelte Haushaltsführung entfällt.

c) Doppelte Haushaltsführung von Arbeitnehmern mit eigenem Hausstand

56 **Ansetzbar sind:**

Fahrten zwischen Beschäftigungsort und eigenem Hausstand

57 1. **Erste Fahrt zum Beschäftigungsort und letzte Rückfahrt zum Wohnort** (Wohnungswechsel): Die absetzbaren Beträge sind wie bei „Reisekosten" zu ermitteln (→ Tz. 74 ff.), z.B. bei Benutzung des eigenen oder zur Nutzung überlassenen Pkw ohne Einzelnachweis 0,30 € je gefahrenen Kilometer. Etwaige außergewöhnliche Kosten, wie z.B. Unfallschäden, sind neben den pauschalen Kilometersätzen ansetzbar, wenn die Kosten durch die vorgenannten Fahrten entstanden sind.
2. **Familienheimfahrten** (einmal pro Woche): Die absetzbaren Beträge sind entsprechend der Regelungen bei „Fahrten zwischen Wohnung und erster Tätigkeitsstätte" zu berechnen (→ Tz. 44 ff.), z.B. bei Benutzung des eigenen Pkw ohne Einzelnachweis ab 2021 je 0,30 € für die ersten 20 km der Entfernung zwischen Wohnung und doppeltem Haushalt und für jeden weiteren vollen Kilometer 0,35 €, (→ Tz. 47). Menschen mit einer Behinderung (→ Tz. 50 ff.) können bei der Benutzung eines eigenen Kraftfahrzeugs die tatsächlichen Kosten oder die Kilometersätze wie bei Dienstreisen (→ Tz. 75 f.) geltend machen.
   Werden die Heimfahrten mit einem vom Arbeitgeber unentgeltlich oder teilentgeltlich überlassenen **Dienstwagen** durchgeführt, können keine Werbungskosten angesetzt werden (im Gegenzug kein Ansatz als geldwerter Vorteil).
   Für mit dem **Flugzeug** zurückgelegte Strecken kann auch bei Familienheimfahrten die Entfernungspauschale nicht angesetzt werden. Berücksichtigungsfähig sind stets die tatsächlichen Flugkosten.
3. Führt der Arbeitnehmer **mehr als eine Heimfahrt** in der Woche durch, kann er **wählen**, ob er die Mehraufwendungen auf Grund der doppelten Haushaltsführung (eine Heimfahrt pro Woche sowie Aufwendungen für die Unterkunft) **oder** (lediglich) die (höheren) Fahrtkosten als Aufwendungen für Fahrten zwischen Wohnung und erster Tätigkeitsstätte nach → Tz. 44 ff. geltend macht.
4. **An Stelle** der Aufwendungen für eine **Familienheimfahrt** können auch die Gebühren für ein wöchentliches **Ferngespräch** bis zu einer Dauer von 15 Minuten mit Angehörigen, die zum Familienhausstand des Arbeitnehmers gehören, als Werbungskosten abgezogen werden. So sind die Aufwendungen eines Arbeitnehmers für die anlässlich eines längeren Auslandseinsatzes an den Wochenenden geführten 15 Telefongespräche mit der Lebensgefährtin und Angehörigen für insgesamt 252 € als Werbungskosten abzugsfähig (BFH v. 5.7.2012, BStBl II 2013, 282).
5. Ist der den doppelten Haushalt führende Ehegatte aus beruflichen Gründen an einer **Familienheimfahrt gehindert**, sind die Aufwendungen für die Besuchsfahrt des **anderen** Ehegatten zum Beschäftigungsort bis zur Höhe der für die unterlassene Familienheimfahrt berücksichtigungsfähigen Aufwendungen als Werbungskosten abziehbar (BFH v. 21.8.1974, VI R 201/72, BStBl II 1975, 64). Entsprechendes gilt für die Besuchsfahrten des Lebenspartners (§ 2 Abs. 8 EStG).
   Nicht berücksichtigt werden dagegen sog. **umgekehrte** Familienheimfahrten im Rahmen der doppelten Haushaltsführung, wenn der den doppelten Haushalt führende Ehegatte die wöchentliche Familienheimfahrt aus privaten Gründen nicht durchführt. In diesem Fall sind die Aufwendungen für die stattdessen durchgeführte Besuchsfahrt des anderen Ehegatten zum Beschäftigungsort **keine** Werbungskosten (BFH v. 2.2.2011, VI R 15/10, BStBl II 2011, 456).

Unterkunftskosten im Inland

Trägt der Arbeitnehmer die entstandenen Aufwendungen für 58
die Wohnung oder Unterkunft i.R. einer doppelten Haushaltsführung im Inland selbst, sind sie bis zum Höchstbetrag von **1 000 €** im Monat ansatzfähig (Nachweis ist erforderlich). Die Notwendigkeit und Angemessenheit der Wohnung ist nicht zu prüfen. Auch kommt es auf die Zahl der Wohnungsbenutzer (Angehörige) nicht an.

Der **Höchstbetrag** umfasst sämtliche vom Arbeitnehmer selbst getragenen Aufwendungen wie z.B. Miete, Betriebskosten sowie Kosten der laufenden Reinigung und Pflege der Zweitwohnung/Zweitunterkunft, Zweitwohnungsteuer, Rundfunkbeitrag, Miete für einen Kfz-Stellplatz.

Nicht einzubeziehen sind die Aufwendungen für Hausrat, Einrichtungsgegenstände oder Arbeitsmittel (Arbeitszimmer), mit denen die Zweitwohnung ausgestattet ist. Solche Aufwendungen für die erforderliche Einrichtung und Ausstattung der Zweitwohnung können – soweit sie nicht überhöht sind – als sonstige notwendige Mehraufwendungen der doppelten Haushaltsführung berücksichtigt werden (BFH v. 4.4.2019, VI R 18/17, BStBl II 2019, 449). Übersteigen die Anschaffungskosten des Arbeitnehmers für Einrichtung und Ausstattung der Zweitwohnung (ohne Arbeitsmittel) insgesamt nicht den Betrag von 5 000 € (einschl. Umsatzsteuer), geht die Finanzverwaltung davon aus, dass es sich um notwendige Mehraufwendungen der doppelten Haushaltsführung handelt.

Wird die Zweitwohnung möbliert angemietet und überschreitet die monatliche Miete den Höchstbetrag und enthält der Mietvertrag keine Aufteilung der Miete für die Überlassung der Wohnung und der Einrichtung sowie der Ausstattung, ist die Miete im Schätzungswege aufzuteilen (BFH v. 4.4.2019, VI R 18/17, BStBl II 2019, 449).

Bei der Ermittlung des Höchstbetrags von 1 000 € im Monat sind die auf ein in der Unterkunft steuerrechtlich anzuerkennendes häusliches **Arbeitszimmer** entfallenden Aufwendungen gesondert zu beurteilen (insoweit nicht anzusetzen). Solcher Aufwand ist nicht durch den Wohnzweck der doppelten Haushaltsführung, sondern durch die berufliche Nutzung als Arbeitszimmer veranlasst.

Bewohnt der Arbeitnehmer eine ihm gehörende **Eigentumswohnung** (oder ein eigenes **Haus**), sind die dadurch entstehenden Kosten bis zum Höchstbetrag von **1 000 €** im Monat abzugsfähig; das gilt sowohl für die laufenden Betriebskosten als auch für die Abschreibungen auf die Wohnung, die Hypothekenzinsen sowie die Reparaturkosten.

Der Abzug von Unterkunftskosten ist nur zulässig, wenn der **Arbeitgeber** die Unterkunft nicht kostenlos zur Verfügung stellt; steuerfreie Erstattungen des Arbeitgebers für die Zweitwohnung mindern den abzugsfähigen Betrag. Ein **pauschaler Betrag** für Unterkunftskosten ist als Werbungskosten **nicht** abziehbar.

Verpflegungsmehraufwendungen im Inland

Als Werbungskosten sind für die **ersten drei Monate** nach 59
Bezug der Wohnung (bzw. Unterkunft) am neuen Beschäftigungsort die **Pauschbeträge** abzugsfähig, die als Reisekosten ansetzbar sind (→ Tz. 82 f.). Für die Ermittlung der 3-Monatsfrist ist allein die Dauer der Abwesenheit vom eigenen Hausstand (Mittelpunktwohnung) maßgebend. Ist der Tätigkeit am Beschäftigungsort eine Auswärtstätigkeit am selben Ort unmittelbar vorausgegangen, so ist deren Dauer auf die 3-Monatsfrist anzurechnen. Nach Ablauf der 3-Monatsfrist können bei einer beruflich veranlassten Auswärtstätigkeit, z.B. „Fahrtätigkeit" oder „Einsatzwechseltätigkeit" weitere Verpflegungspauschalen angesetzt werden, wenn die dafür maßgebende Abwesenheitsdauer erreicht wird (→ Tz. 81 f.). Dabei ist jedoch zu beachten, dass in diesen Fällen allein die Dauer der Abwesenheit von der (Zweit-)**Wohnung** am jeweiligen Kalendertag maßgebend ist.

d) Beschäftigungsort im Ausland

Fahrtkosten

60 Sie sind sowohl dem Umfang als auch der Höhe nach wie die entsprechenden Fahrten im Inland ansetzbar (→ Tz. 57).

Unterkunftskosten

61 Ansetzbar sind nur die **tatsächlichen Aufwendungen** für die Zweitwohnung (→ Tz. 58) im ausländischen Staat, **nicht** jedoch die amtlich festgesetzten pauschalen Höchstbeträge für Übernachtungskosten, bis zu denen der Arbeitgeber die Reisekosten steuerfrei zahlen kann.

Für Zweitwohnungen im Ausland gilt die für das Inland zu beachtende 1 000 €-Grenze nicht. Ansetzbar sind die **angemessenen** Kosten einer Unterkunft im Ausland. Angemessen im Sinne von notwendig ist nach Meinung der Finanzverwaltung für eine im Ausland gelegene Zweitwohnung eine Wohnungsgröße von bis zu 60 qm. Diese Auffassung ist durch die Rechtsprechung des BFH abgesichert.

Für eine solche nach Lage und Ausstattung durchschnittliche 60 qm-Wohnung ist die Durchschnittsmiete berücksichtigungsfähig. Hierbei bezieht sich die Begrenzung nicht allein auf den qm-Preis, sondern auf die Gesamtkosten der Vergleichs-Zweitwohnung. Die tatsächliche Größe, Lage und Ausstattung der bewohnten Zweitwohnung sind nicht entscheidend. Maßgebend ist allein die fiktive Vergleichsmiete der durchschnittlichen 60 qm-Wohnung. Auf den sich so ergebende Betrag ist der Werbungskostenabzug für die tatsächlich angefallenen Unterkunftskosten beschränkt.

Diese Grundsätze gelten auch dann, wenn der Arbeitgeber eine Unterkunft unentgeltlich zur Verfügung stellt und der Arbeitnehmer sie nicht in Anspruch nimmt, sondern eine selbst ausgewählte Zweitwohnung bezogen hat.

Verpflegungsmehraufwendungen

62 Auch ein im Ausland entstandener Verpflegungsmehraufwand ist nur im Rahmen von amtlichen Pauschbeträgen steuerlich berücksichtigungsfähig. Dabei sind die tatsächlich entstandenen Kosten unbeachtlich. Verpflegungsmehraufwendungen dürfen nur für die ersten drei Monate der doppelten Haushaltsführung mit den für Auslandsdienstreisen länderweise festgesetzten amtlichen Pauschbeträgen angesetzt werden (Auslandstagegelder; → Tz. 84).

e) Doppelte Haushaltsführung von Arbeitnehmern ohne eigenen Hausstand

63 Wechselt ein Arbeitnehmer ohne eigenen Hausstand (→ Tz. 55, z.B. weil er noch im Haushalt der Eltern lebt) aus beruflichen Gründen den Wohnort, und behält er die bisherige Wohnung (den Lebensmittelpunkt) bei, liegen die Voraussetzungen für eine doppelte Haushaltsführung nicht vor (→ Tz. 53). Für Arbeitnehmer ohne eigenen Hausstand kommen folgende Werbungskosten in Betracht:

- Fahrtkosten für Fahrten zum neuen Beschäftigungsort sowie für Heimfahrten vom Beschäftigungsort zum Heimatwohnort (wenn sich dort der Lebensmittelpunkt befindet, → Tz. 57),
- für beruflich veranlasste Auswärtstätigkeiten mit Abwesenheit von der ersten Tätigkeitsstätte (→ Tz. 68 ff.).

Üben Arbeitnehmer ohne eigenen Hausstand eine Auswärtstätigkeit aus, z.B. „Einsatzwechseltätigkeit" (→ Tz. 73, → Tz. 79 f.), können sie die Unterkunftskosten am auswärtigen Tätigkeitsort zeitlich unbegrenzt als Werbungskosten ansetzen (Gleichstellung mit Arbeitnehmern mit eigenem Hausstand; → Tz. 85 ff.).

Fahrtkosten

64 Sie sind ansetzbar für die erste Fahrt von der Wohnung am Heimatort zum neuen Beschäftigungsort und für die letzte Rückfahrt zu dieser Wohnung (→ Tz. 57).

Fahrten zum Lebensmittelpunkt

65 Als Werbungskosten abziehbar sind die Fahrtkosten für jeweils eine Fahrt wöchentlich von der Unterkunft am Beschäftigungsort zur Wohnung am Lebensmittelpunkt; bei Benutzung eines eigenen Kraftfahrzeugs ist ab 2021 die Entfernungspauschale mit je 0,30 € für die ersten 20 km der Entfernung und für jeden weiteren vollen Kilometer mit je 0,35 € anzusetzen (→ Tz. 42 ff.). Menschen mit einer **Behinderung** können bei der Benutzung eines eigenen Kraftfahrzeugs die tatsächlichen Kosten oder die Kilometersätze wie bei Reisekosten (→ Tz. 50 f.) geltend machen.

Unterkunftskosten

Kosten für die beibehaltene Wohnung am Heimatort als auch für die Unterkunft am Beschäftigungsort sind nicht berücksichtigungsfähig (keine doppelte Haushaltsführung); bei Auswärts-/Einsatzwechseltätigkeit → Tz. 63. 66

Verpflegungsmehraufwendungen

Verpflegungsmehraufwendungen am Beschäftigungsort sind grundsätzlich nicht berücksichtigungsfähig. Bei Auswärts-/Einsatzwechseltätigkeit können sie jedoch jeweils für die ersten drei Monate der Abwesenheit vom Lebensmittelpunkt angesetzt werden (→ Tz. 63). 67

f) Reisekosten

Reisekosten sind die durch eine **beruflich veranlasste Auswärtstätigkeit** entstandenen 68

- **Fahrtkosten** (z.B. Kosten der öffentlichen Verkehrsmittel, Kraftfahrzeugkosten),
- **Verpflegungsmehraufwendungen**,
- **Übernachtungskosten** sowie
- **Nebenkosten** (z.B. Kosten für Beförderung und Aufbewahrung von Gepäck, für Telefon, Telegramme, Porto, Garage, Parkplatzgebühr, Straßenbahn oder Taxi am Reiseort).

Der **Vorstellungsbesuch** eines Stellenbewerbers rechnet auch dann zu den Auswärtstätigkeiten, wenn dieser (noch) keine erste Tätigkeitsstätte hat. Mittelbare Kosten, z.B. Kosten für Kleidung, gehören jedoch nicht zu den Reisekosten.

Grundbegriffe des Reisekostenrechts

Eine beruflich veranlasste **Auswärtstätigkeit liegt vor**, wenn der Arbeitnehmer vorübergehend außerhalb seiner Wohnung und **nicht** an seiner ersten Tätigkeitsstätte beruflich tätig wird. Der (lohn-)steuerliche Oberbegriff der beruflich veranlassten vorübergehenden Auswärtstätigkeit umfasst **Dienstreisen, Einsatzwechsel- und Fahrtätigkeit**. Sie werden einheitlich behandelt. Für den Ansatz der Pauschbeträge für Verpflegungsmehraufwendungen ist die Unterscheidung zwischen den einzelnen Arten der Auswärtstätigkeiten jedoch weiterhin vorteilhaft. 69

Erste Tätigkeitsstätte ist die **ortsfeste betriebliche** Einrichtung des Arbeitgebers, eines verbundenen Unternehmens oder eines vom Arbeitgeber bestimmten Dritten (z.B. der Kunde, bei dem der Leiharbeitnehmer tätig ist), welcher der Arbeitnehmer **dauerhaft** zugeordnet ist. Danach kann auch die ortsfeste betriebliche Einrichtung eines Dritten (z.B. Kunden des Arbeitgebers) eine erste Tätigkeitsstätte sein. 70

Von einer **dauerhaften Zuordnung** des Arbeitnehmers an eine ortsfeste betriebliche Einrichtung des Arbeitgebers kann insbesondere dann ausgegangen werden, wenn der Arbeitnehmer

- unbefristet,
- für die Dauer des Dienstverhältnisses oder
- über einen Zeitraum von 48 Monaten hinaus

an einer solchen Tätigkeitsstätte tätig werden soll.

Eine Zuordnung ist **unbefristet**, wenn die Dauer der Zuordnung zu einer Tätigkeitsstätte nicht kalendermäßig bestimmt ist und sich auch nicht aus Art, Zweck oder Beschaffenheit der Arbeitsleistung ergibt. Auch der Umstand, dass der Arbeitnehmer jederzeit einer anderen Tätigkeitsstätte zugeordnet werden könnte, führt nicht zur Annahme einer befristeten Zuordnung (BFH v. 4.4.2019, VI R 27/17, BStBl II 2019, 536). Entscheidend sind allein die Festlegungen des Arbeitgebers.

Die Bestimmung der ersten Tätigkeitsstätte erfolgt vorrangig anhand der arbeits- oder dienstrechtlichen Festlegungen. Damit entscheidet grundsätzlich der Arbeitgeber durch seine auf Dauer angelegte Zuordnung des Arbeitnehmers die Frage, wo sich dessen erste Tätigkeitsstätte befindet. Solch eine Prognoseentscheidung wirkt grundsätzlich für die Dauer der Tätigkeit und ist nur für die Zukunft zu korrigieren (z.B. bei einer Änderung der Verhältnisse).

Nur wenn eine solche Festlegung nicht vorhanden, nicht eindeutig ist oder wenn der Arbeitgeber (ausdrücklich) auf eine Zuordnung verzichtet hat, liegt nach den hilfsweise heranzuziehenden quantitativen Kriterien eine erste Tätigkeitsstätte an der ortsfesten betrieblichen Einrichtung vor, an welcher der Arbeitnehmer

- typischerweise arbeitstäglich oder
- je Arbeitswoche zwei volle Arbeitstage oder mindestens ein Drittel seiner vereinbarten regelmäßigen Arbeitszeit

dauerhaft tätig werden soll. Im Zweifel ist die räumliche Nähe zur Wohnung des Arbeitnehmers maßgebend bzw. muss ggf. das Finanzamt entscheiden.

Keine ortsfesten betrieblichen Einrichtungen sind:

- Fahrzeuge, Flugzeuge, Schiffe des Arbeitgebers bzw. eines Dritten,
- Tätigkeitsgebiete ohne ortsfeste betriebliche Einrichtungen, wie z. B. Forstrevier, Neubaugebiet oder Hafen,
- das häusliche Arbeitszimmer des Arbeitnehmers; es ist keine betriebliche Einrichtung des Arbeitgebers oder eines Dritten.

Der Arbeitnehmer kann je Dienstverhältnis höchstens eine erste Tätigkeitsstätte, ggfs. aber auch keine erste, sondern nur auswärtige Tätigkeitsstätten innehaben.

Die Tätigkeit außerhalb der ersten Tätigkeitsstätte, also an den auswärtigen Tätigkeitsstätten, ermöglicht einen steuerfreien Arbeitgeberersatz in Höhe der beruflich veranlassten sowie tatsächlich entstandenen Mehraufwendungen oder einen solchen Werbungskostenabzug.

Beispiel: Erste Tätigkeitsstätte

Firma A stellt einen Arbeitnehmer Z als Bauleiter ein. Das Dienstverhältnis ist befristet und ausschließlich für den Bau eines Flughafens in P abgeschlossen worden; jedoch längstens für 40 Monate. A bestimmt den Betrieb in B und nicht die Baustelle in P als erste Tätigkeitsstätte. Begründet wird dies mit der Verpflichtung des Arbeitnehmers, im Betrieb regelmäßig wöchentlich an einem Tag Sachstandsberichte zu erstellen sowie ggf. Vor- und Nacharbeiten zu erledigen.

Folge:

Z hat von Beginn an seine erste Tätigkeitsstätte im Betrieb des Arbeitgebers in B (arbeitsvertragliche Zuordnung). Diese Zuordnung ist auch begründet, weil A im Betrieb tatsächlich tätig werden soll.

Die Fahrten zur Baustelle und die Tätigkeit dort sind nach Reisekostengrundsätzen zu behandeln (Auswärtstätigkeit) mit der Folge, dass Reisekosten steuerfrei gezahlt bzw. als Werbungskosten angesetzt werden können.

Abwandlung

Der Arbeitgeber bestimmt die Baustelle in P als erste Tätigkeitsstätte.

Folge: Es liegt keine Auswärtstätigkeit vor, Reisekosten können – abgesehen von den gelegentlichen Fahrten zum Betrieb – nicht steuerfrei gezahlt bzw. als Werbungskosten angesetzt werden.

Leiharbeitnehmer, Befristung

71 Nach Auffassung der Finanzverwaltung ist die arbeitsrechtliche **Zuweisung** des Leiharbeitnehmers zu einer Tätigkeitsstätte durch den **Leiharbeitgeber** als **dauerhafte Zuordnung** anzusehen, mit der Folge, dass der Leiharbeitnehmer Fahrtkosten nur in Höhe der Entfernungspauschale (→ Tz. 42 ff.) geltend machen kann (da erste Tätigkeitsstätte). Im Jahr 2019 hat der BFH die Auffassung der Finanzverwaltung zur ersten Tätigkeitsstätte von Leiharbeitnehmern im Wesentlichen bestätigt (BFH v. 10.4.2019, VI R 6/17, BStBl II 2019, 539). Danach liegt eine erste Tätigkeitsstätte vor, wenn der Arbeitnehmer für die Dauer des befristeten Dienst- oder Arbeitsverhältnisses an einer ortsfesten betrieblichen Einrichtung tätig werden soll.

Wird ein befristetes Beschäftigungsverhältnis vor Ablauf der Befristung schriftlich durch bloßes Hinausschieben des Beendigungszeitpunkts bei ansonsten unverändertem Vertragsinhalt verlängert, liegt ein einheitliches Beschäftigungsverhältnis vor. Für die Frage, ob eine Zuordnung für die Dauer des Beschäftigungsverhältnisses erfolgt, ist daher ab dem Zeitpunkt der Verlängerung auf das einheitliche Beschäftigungsverhältnis und nicht lediglich auf den Zeitraum der Verlängerung abzustellen (BFH v. 10.4.2019, VI R 6/17, BStBl II 2019, 539).

Für die Zuordnung ist allein entscheidend, ob der Arbeitnehmer bei einer in die Zukunft gerichteten Prognose nach den dienst- oder arbeitsrechtlichen Festlegungen an einer ortsfesten betrieblichen Einrichtung des Arbeitgebers, eines verbundenen Unternehmens oder eines vom Arbeitgeber bestimmten Dritten tätig werden soll (BFH v. 4.4.2019, VI R 27/17, BStBl II 2019, 536 und BFH v. 11.4.2019, VI R 40/16, BStBl II 2019, 546).

Erfolgt jedoch während der Befristung eine Zuordnung zu einer anderen Tätigkeitsstätte, stellt letztere keine erste Tätigkeitsstätte mehr dar, weshalb ab diesem Zeitpunkt (wieder) die Dienstreisegrundsätze Anwendung finden.

Auf Grund dieser nun gefestigten Rechtslage können Leiharbeitnehmer i.R. ihrer Einkommensteuer-Veranlagung die Kosten für ihre **Fahrten** zwischen Wohnung und Tätigkeitsstätte regelmäßig nur i.R. der Entfernungspauschale (→ Tz. 41 ff.) und nicht nach Reisekostengrundsätzen ansetzen.

Die vorgenannten Grundsätze enthält das aktualisierte BMF-Schreiben „Steuerliche Behandlung der Reisekosten von Arbeitnehmern" v. 25.11.2020 (IV C 5 – S 2353/19/10011 :006, BStBl I 2020, 1228).

Sonderformen der Auswärtstätigkeit

Übt der Arbeitnehmer seine berufliche Tätigkeit auf einem Fahrzeug aus, spricht man von einer **Fahrtätigkeit** (→ Tz. 78), z.B. Berufskraftfahrer, Beifahrer, Linienbusfahrer, Straßenbahnführer, Taxifahrer, Müllfahrzeugführer, Beton- und Kiesfahrer, Lokführer und Zugbegleitpersonal. 72

Wird die berufliche Tätigkeit an ständig wechselnden Tätigkeitsstätten ausgeübt, liegt eine **Einsatzwechseltätigkeit** vor; z.B. bei Bau- und Montagearbeitern, Leiharbeitnehmern, wenn sie nicht (dauerhaft) einer ersten Tätigkeitsstätte zugeordnet sind, und bei Arbeitnehmer(innen) im häuslichen Pflegedienst, Mitgliedern einer Betriebsreserve für Filialbetriebe sowie bei Auszubildenden, wenn keine Ausbildungsstätte als Mittelpunkt ihrer Ausbildungstätigkeit angesehen werden kann (→ Tz. 79). 73

g) Fahrtkosten als Reisekosten

Fahrtkosten sind die **tatsächlichen Aufwendungen**, die dem Arbeitnehmer durch die Benutzung eines Beförderungsmittels entstehen. Bei **öffentlichen Verkehrsmitteln** ist der tatsächlich gezahlte Fahrpreis einschließlich etwaiger Zuschläge anzusetzen. Bei der Benutzung eines eigenen **Kraftfahrzeugs** ist der anteilige Betrag an den jährlichen **Gesamtkosten** des Fahrzeugs (→ Tz. 75) abziehbar. Den Absetzungen für Abnutzung (AfA, „Abschreibung") ist bei einem Personenkraftwagen und Kombifahrzeug eine Nutzungsdauer von acht Jahren (12,5 % jährlich) zu Grunde zu legen. Die AfA für angeschaffte Gebrauchtwagen richtet sich nach der entsprechenden restlichen Nutzungsdauer. 74

Nachweis der tatsächlichen Kfz-Kosten

Den **Nachweis** über die Höhe der tatsächlichen Kfz-Kosten kann ein Arbeitnehmer dadurch erbringen, dass er für zwölf Monate sämtliche mit dem Fahrzeug zusammenhängenden Kosten ermittelt. Auf Grund der jährlichen Fahrleistung (private und dienstliche Fahrten sowie Fahrten zwischen Wohnung und erster Tätigkeitsstätte) wird der individuelle Kilometersatz für jeden gefahrenen Kilometer errechnet. 75

Zu den **Gesamtkosten** eines Fahrzeugs gehören die tatsächlichen Betriebsstoffkosten, Wartungs- und Reparaturkosten, Kosten einer Garage am Wohnort, Kfz-Steuer, Aufwendungen für die Halterhaftpflicht- und Fahrzeugversicherungen sowie Zinsen für ein Anschaffungsdarlehen; bei einem **geleasten** Fahrzeug ist eine Leasingsonderzahlung im Kalenderjahr der Zahlung in voller Höhe zu erfassen.

Nicht dazu gehören z.B. Park-, Straßen- und Tunnelbenutzungsgebühren, Aufwendungen für Insassen- und Unfallversicherungen sowie Verwarnungs-, Ordnungs- und Bußgelder; diese Aufwendungen sind mit Ausnahme der Verwarnungs-, Ordnungs- und Bußgelder als Reisenebenkosten (→ Tz. 89) abziehbar. Auch **Unfallkosten** gehören **nicht** zu den Gesamtkosten eines Kraftfahrzeugs. Hat der Arbeitnehmer jedoch nach Erstattungen durch Dritte **verbleibende** Unfallkosten bis zur Höhe von **1 000 €** (zzgl. Umsatzsteuer) je Schaden zu tragen, können diese als Reparaturkosten in die Gesamtkosten einbezogen werden (R 8.1 Abs. 9 Nr. 2 Satz 12 bis 15 LStR 2021).

Beispiel: Ermittlung der tatsächlichen Kfz-Kosten

Ein Arbeitnehmer hat im Januar 2018 einen fabrikneuen Pkw für 35 000 € gekauft. In 2021 hat er mit diesem Pkw nach seinem Fahrtenbuch folgende Fahrten ausgeführt:

Gesamtfahrleistung in 2021	30 000 km	
davon entfallen auf		
a) berufliche Fahrten (Auswärtstätigkeiten, z.B. „Dienstreisen")	20 100 km	(= 67 %)
b) Fahrten zwischen Wohnung und erster Tätigkeitsstätte	900 km	(= 3 %)
c) Privatfahrten	9 000 km	(= 30 %)

Die fixen Kosten (z.B. Kfz-Steuer, Zinsen) haben 750 € und die variablen Kosten (Benzin, Öl, Reifen, Inspektionen, Reparaturen, Autopflege) 5 000 € (ohne AfA) betragen.

Weil der Arbeitgeber keine Kfz-Kosten übernommen und für die Fahrten auch keine steuerfreien pauschalen Beträge als Reisekostenvergütung gezahlt hat, sind die als Werbungskosten abzugsfähigen Aufwendungen für die beruflich ausgeführten Fahrten wie folgt zu berechnen:

1. Berechnung der Absetzung für Abnutzung (AfA):

Anschaffungskosten (voraussichtliche Nutzungsdauer acht Jahre):	35 000,– €	
AfA je Kalenderjahr: 1/8 von 35 000,– €	4 375,– €	
hiervon anteilig für berufliche Fahrten absetzbar (67 % von 4 375,– € =)		2 931,25 €

2. Berechnung der absetzbaren fixen u. variablen Kosten:

fixe Kosten	750,– €	
davon anteilig für berufliche Fahrten (67 % von 750,– € =)		502,50 €
variable Kosten	5 000,– €	
davon anteilig für berufliche Fahrten (67 % von 5 000,– € =)		3 350,– €
insgesamt abzugsfähig		6 783,75 €

Es ergibt sich ein **Kilometersatz** von (6 783,75 € : 20 100 km =) 0,3375 €.

Als alternative Berechnung darf der Kilometersatz auch anhand der Gesamtkosten des Pkw einschl. AfA (10 125 €) sowie der Gesamtfahrleistung (30 000 km) ermittelt werden (10.125 € : 30 000 km = 0,3375 €).

Dieser individuelle Kilometersatz gilt so lange, bis sich die Verhältnisse grundsätzlich ändern (z.B. Neukauf eines Fahrzeugs, Wegfall des AfA-Betrags). Für den **Werbungskostenabzug** sind die dienstlich gefahrenen Kilometer mit dem individuellen Kilometersatz zu vervielfachen (im o.g. Beispiel: 20 100 km x 0,3375 € = 6 783,75 €).

Beginnt die Auswärtstätigkeit an der ersten Tätigkeitsstätte, ist für die Fahrten zwischen **Wohnung** und der ersten Tätigkeitsstätte nur die gesetzliche Entfernungspauschale von 0,30 € bzw. 0,35 € pro Entfernungskilometer anzusetzen (→ Tz. 47).

Kein Nachweis der tatsächlichen Kfz-Kosten

76 Ohne besonderen Nachweis kann der Arbeitnehmer bei Benutzung des eigenen Fahrzeugs zu dienstlichen Fahrten zeitlich unbegrenzt für jeden gefahrenen Kilometer **pauschal** folgende **Kilometersätze** ansetzen:

- Benutzung eines Kraftwagens, z.B. PKW 0,30 €
- für jedes andere (zulassungsrechtlich eingestufte) motorbetriebene Fahrzeug, z.B. Motorrad, Motorroller sowie Moped 0,20 €

Maßgebend ist jeweils die höchste Wegstreckenentschädigung nach dem Bundesreisekostengesetz für das jeweils benutzte Beförderungsmittel. Diese Kilometersätze gelten für jeden **gefahrenen Kilometer** und nicht für den Entfernungskilometer. Mit den pauschalen Sätzen sind sämtliche Fahrtkosten abgegolten – mit Ausnahme der bei den Auswärtstätigkeiten anfallenden Parkgebühren sowie eventueller außergewöhnlicher Aufwendungen, beispielsweise für Unfallschäden. Erhöhungsbeträge für mitgenommene Personen oder für den Transport von beruflich erforderlichem Gepäck dürfen nicht angesetzt werden.

Ein pauschaler Kilometersatz für das beruflich eingesetzte eigene **Fahrrad** ist nicht möglich. Wird es für eine Auswärtstätigkeit eingesetzt, sind die **tatsächlichen Kosten** anzusetzen.

Als **Reisekosten** können die Aufwendungen für folgende Fahrten angesetzt werden: 77

- Fahrten **zwischen** Wohnung oder erster Tätigkeitsstätte **und** auswärtiger Tätigkeitsstätte oder Unterkunft am Ort der auswärtigen Tätigkeitsstätte (kein doppelter Haushalt) sowie sämtliche Zwischenheimfahrten,
- die innerhalb desselben Dienstverhältnisses durchgeführten Fahrten **zwischen mehreren** auswärtigen Tätigkeitsstätten oder innerhalb eines weiträumigen Arbeitsgebiets,
- Fahrten **zwischen** einer Unterkunft am Ort der auswärtigen Tätigkeitsstätte oder in ihrem Einzugsbereich **und** der auswärtigen Tätigkeitsstätte (doppelter Haushalt).

h) Fahrtkosten bei Fahrtätigkeit

Zu den beruflich veranlassten Auswärtstätigkeiten rechnet auch eine Fahrtätigkeit (→ Tz. 69, 72) mit der Folge, dass die Kosten für Fahrten zwischen Wohnung und Betrieb, Standort, Fahrzeugdepot oder Einsatzstelle entweder, 78

- wenn der **Einsatzort nicht** ständig wechselt, als Aufwendungen für Fahrten zwischen Wohnung und erster Tätigkeitsstätte (Entfernungspauschale, → Tz. 42 ff.) angesetzt werden oder,
- wenn der Einsatzort ständig **wechselt**, als Fahrtkosten entsprechend der Reisekostenregelungen (→ Tz. 74 ff.) berücksichtigt werden.

i) Fahrtkosten bei Einsatzwechseltätigkeit

Auch die Einsatzwechseltätigkeit wird als beruflich veranlasste Auswärtstätigkeit behandelt (→ Tz. 69, 73). Deshalb können die Aufwendungen für Fahrten 79

- zwischen **Wohnung** und auswärtiger **Tätigkeitsstätte**

oder, falls der Arbeitnehmer zunächst die erste Tätigkeitsstätte aufsucht,

- zwischen dieser und der auswärtigen Tätigkeitsstätte sowie
- zwischen mehreren auswärtigen Tätigkeitsstätten

einschließlich sämtlicher Zwischenheimfahrten zeitlich unbegrenzt als Reisekosten (→ Tz. 74 ff.) angesetzt werden. Für die Fahrten zwischen Wohnung und erster Tätigkeitsstätte → Tz. 42 ff.

Hat der Arbeitnehmer an einer **auswärtigen wechselnden** Tätigkeitsstätte/Einsatzstelle eine **Unterkunft** genommen, führt er am auswärtigen Tätigkeitsort keinen doppelten Haushalt. Folglich sind die **Aufwendungen** für die **Unterkunft** und sämtliche **Heimfahrten** (auch mehrmals pro Woche) als **Reisekosten** (→ Tz. 74 ff.) anzusetzen. 80

j) Verpflegungsmehraufwendungen

Verpflegungsmehraufwendungen bei Auswärtstätigkeiten

Arbeitnehmer können Verpflegungsmehraufwendungen für eine beruflich veranlasste **Auswärtstätigkeit** (einschl. Fahrtätigkeit und Einsatzwechseltätigkeit) als Werbungskosten steuermindernd geltend machen. Berücksichtigungsfähig sind nicht die tatsächlichen Aufwendungen, sondern folgende gestaffelte Pauschbeträge: 81

Eintägige/mehrtägige Reise im Inland

Für eintägige Auswärtstätigkeiten ohne Übernachtung kommt seit dem Kalenderjahr 2020 ab einer Abwesenheit von **mehr als 8 Stunden** von der Wohnung und der ersten Tätigkeitsstätte eine Verpflegungspauschale von **14 €** zum Ansatz. 82

Mehrere Abwesenheiten an einem Kalendertag sind zusammenzurechnen. Eine Abreise und Anreise an einem Arbeitstag kann jedoch nicht zu einer Erhöhung der Pauschale von 14 € führen. **Beginnt** eine Auswärtstätigkeit **nach 16.00 Uhr** und endet sie vor 8.00 Uhr des nachfolgenden Kalendertags, ist die Abwesenheitszeit an beiden Tagen zusammenzurechnen und dem Kalendertag mit der **überwiegenden** Abwesenheitsdauer zuzurechnen, falls der Arbeitnehmer nicht übernachtet.

Mehrtägige Abwesenheiten im Inland

83 Bei mehrtägigen beruflich veranlassten Auswärtstätigkeiten sind seit dem Kalenderjahr 2020 folgende **zwei** Verpflegungspauschalen zu beachten:

- für den An- und Abreisetag jeweils 14 €,
- für die Kalendertage mit 24-stündiger Abwesenheit jeweils 28 €.

Zu berücksichtigen sind die Kalendertage, an denen der Arbeitnehmer außerhalb seiner Wohnung und ersten Tätigkeitsstätte beruflich tätig ist (auswärtige berufliche Tätigkeit).

Der Ansatz von 14 € für den An- und Abreisetag einer mindestens zweitägigen auswärtigen beruflichen Tätigkeit setzt **keine bestimmte** Abwesenheitsdauer von der Wohnung bzw. ersten Tätigkeitsstätte voraus.

Der Abzug von Verpflegungspauschalen ist auf die **ersten drei Monate** der(selben) Auswärtstätigkeit **begrenzt** (sog. 3-Monatsfrist; Begrenzung auch bei Einsatzwechseltätigkeit). Dies gilt **nicht**, wenn die auswärtige Tätigkeitsstätte an nicht mehr als zwei Tagen wöchentlich aufgesucht wird; in diesem Fall beginnt der Fristlauf noch nicht.

Unterbricht der Arbeitnehmer seine berufliche auswärtige Tätigkeit an derselben Tätigkeitsstätte für mindestens **vier Wochen**, führt dies stets zu einem **Neubeginn** der 3-Monatsfrist für den Ansatz von Verpflegungspauschalen. Der Grund für die Unterbrechung ist unerheblich. Ausschlaggebend ist allein die Unterbrechungsdauer. Unterbrechungen von weniger als vier Wochen verlängern die 3-Monatsfrist nicht. Für eine **Fahrtätigkeit** (→ Tz. 78) ist die 3-Monatsfrist **nicht** zu beachten.

Verpflegungsmehraufwendungen bei Auslandsdienstreisen

84 Bei Auswärtstätigkeiten im Ausland sind für den Ansatz von Verpflegungsmehraufwendungen amtlich festgesetzte landesspezifische Pauschalen zu beachten. Diese werden vor Jahresbeginn regelmäßig angepasst. Für Zeiträume ab 2021 sind die maßgebenden Verpflegungspauschalen mit dem BMF-Schreiben v. 3.12.2020, IV C 5 – S 2353/19/10010 :002, BStBl I 2020, 1256, www.stotax-first.de, bekannt gemacht worden. Für weitergehende Fragen und vertiefte Informationen siehe R 9.6 Abs. 3 LStR 2021 und H 9.6 LStH 2021 sowie den vom Verlag herausgegebenen Ratgeber „Reisekosten 2021“.

k) Übernachtungskosten

85 Bei beruflich veranlassten Auswärtstätigkeiten können die tatsächlichen Übernachtungskosten als Werbungskosten abgezogen werden, soweit sie der Arbeitgeber nicht steuerfrei ersetzt hat. Bei einer längerfristigen beruflichen Auswärtstätigkeit an derselben Tätigkeitsstätte im **Inland** ist ihr Ansatz nach Ablauf von **48 Monaten** nur noch in begrenzter Höhe möglich. Ab dem 49. Monat dürfen die tatsächlich entstehenden Unterkunftskosten nur noch bis zur Höhe von **1 000 €** im Monat vom Arbeitgeber steuerfrei erstattet oder als Werbungskosten angesetzt werden. Das gilt auch für Hotelübernachtungen.

Übernachtet der Arbeitnehmer im Rahmen einer längerfristigen Auswärtstätigkeit im **Ausland**, gilt die Höchstgrenze von 1 000 € **nicht**.

86 Auch wenn die Kosten für Übernachtungen im Inland und im Ausland nur in **nachgewiesener** Höhe als Werbungskosten ansetzbar sind, können die Übernachtungskosten bei fehlenden bzw. verlegten Rechnungsbelegen ggf. geschätzt werden.

Wird in der (Hotel-)Rechnung nur ein **Gesamtpreis** für Unterkunft und Verpflegung nachgewiesen und lässt sich der Preis für die Verpflegung nicht feststellen, z.B. Ausweis einer Tagungspauschale, ist der Gesamtpreis zur Ermittlung der Übernachtungskosten wie folgt zu kürzen:

1. für ein Frühstück um 20 %,
2. für ein Mittag- und Abendessen um jeweils 40 %

von dem für den Unterkunftsort maßgebenden **Pauschbetrag** für **Verpflegungsmehraufwendungen** bei einer Auswärtstätigkeit mit einer Abwesenheitsdauer von mindestens 24 Stunden. Dies ergibt seit dem Kalenderjahr 2020 für das **Inland** einen Kürzungsbetrag i.H.v. 5,60 € für ein Frühstück und i.H.v. jeweils 11,20 € für ein Mittag- und ein Abendessen.

Ist in der Rechnung der Übernachtungspreis gesondert ausgewiesen und daneben noch ein **Sammelposten** für Nebenleistungen, ohne dass sich der Preis für die Verpflegung feststellen lässt, so ist der jeweilige pauschale Kürzungsbetrag vom Sammelposten für Nebenleistungen abzuziehen. Der **verbleibende** Teil des Sammelpostens ist als **Reisenebenkosten** (→ Tz. 89) zu behandeln, wenn die Bezeichnung des Sammelpostens für die Nebenleistungen keinen Anlass gibt für die Vermutung, darin seien steuerlich nicht anzuerkennende Nebenleistungen enthalten. Zu den **nicht** steuerlich anzuerkennenden Nebenleistungen rechnen Aufwendungen für private Ferngespräche, Massagen, Minibar oder Pay-TV.

Beinhaltet der Übernachtungspreis landestypischerweise den Preis für das Frühstück nicht, kann von einer solchen Kürzung abgesehen werden, wenn der Arbeitnehmer dies auf der Rechnung handschriftlich vermerkt und mit Datum und Unterschrift bestätigt. 87

Übernachtet der Arbeitnehmer im **Beförderungsmittel** (z.B. Fahr-, Flugzeug), dürfen keine Übernachtungskosten angesetzt werden. 88

l) Reisenebenkosten

Als Nebenkosten sind nur tatsächliche Aufwendungen ansetzbar. In Betracht kommen Ausgaben für: 89

- Beförderung, Versicherung und Aufbewahrung von Gepäck sowie Reisegepäckversicherungen, soweit sich der Versicherungsschutz auf eine beruflich bedingte Abwesenheit von der ortsgebundenen ersten Tätigkeitsstätte beschränkt,
- Ferngespräche und Schriftverkehr beruflichen Inhalts mit dem Arbeitgeber oder dessen Geschäftspartnern,
- Straßenbenutzung, Parkplatz und Garage außerhalb des Wohnorts sowie Unfallkosten,
- Schadensersatz infolge eines Verkehrsunfalls, wenn die Aufwendungen für die Fahrt, auf der sich der Unfall ereignet hat, zu den Reisekosten rechnen,
- Unfallversicherungen für Berufsunfälle außerhalb der ersten Tätigkeitsstätte,

sowie der nach Tz. 86 ansetzbare Teil des **Sammelpostens** für Nebenleistungen. Auch für Reisenebenkosten ist der Grundsatz zu beachten, dass sie nur insoweit als **Werbungskosten** ansetzbar sind, als sie nicht vom Arbeitgeber steuerfrei erstattet werden bzw. worden sind.

Übernachtet ein Kraftfahrer in der **Schlafkabine** seines Lkw, kann er folgende durch seine auswärtige berufliche Tätigkeit (Fahrtätigkeit) entstehenden Aufwendungen als Reisenebenkosten in vereinfachter Weise ermitteln und dem Finanzamt gegenüber glaubhaft machen:

- Gebühren für die Benutzung der sanitären Einrichtungen auf Raststätten (Toiletten sowie Dusch- oder Waschgelegenheiten),
- Aufwendungen für die Reinigung der eigenen Schlafkabine.

Es reicht aus, wenn der Arbeitnehmer die ihm tatsächlich entstandenen und regelmäßig wiederkehrenden Reisenebenkosten für einen repräsentativen Zeitraum von drei Monaten im Einzelnen durch entsprechende Aufzeichnungen glaubhaft macht.

Danach kann dieser tägliche Durchschnittsbetrag für den Ansatz von Werbungskosten oder auch für die steuerfreie Erstattung durch den Arbeitgeber so lange zu Grunde gelegt werden, bis sich die Verhältnisse wesentlich ändern. Einzelheiten dazu regelt das BMF-Schreiben v. 4.12.2012, IV C 5 – S 2353/12/10009, BStBl I 2012, 1249.

Anstelle der tatsächlichen Aufwendungen ist seit dem Kalenderjahr 2020 ein neuer gesetzlicher steuerfreier **Pauschbetrag** i.H.v. **8 €** eingeführt worden. Er darf angesetzt werden für jeden Kalendertag einer Auswärtstätigkeit im In- oder Ausland, an dem der Arbeitnehmer eine Verpflegungspauschale beanspruchen kann. Dies sind

- jeweils der An- und Abreisetag sowie
- jeder Kalendertag mit einer Abwesenheit von 24 Stunden.

Die gesetzliche Voraussetzung, dass dem Grunde nach tatsächlich die o.g. Aufwendungen entstanden sind, wird man im Regelfall unterstellen können. Bei Wahl des Pauschbetrags müssen keine Aufzeichnungen und Einzelberechnung vorgenommen werden. Die Pauschale kann auch von mitfahrenden Arbeitnehmern beansprucht werden, wenn sie ebenfalls im Fahrzeug übernachten und der Arbeitgeber keine weiteren Erstattungen für Übernachtungskosten leistet oder der Arbeitnehmer keine weiteren Übernachtungskosten als Werbungskosten geltend macht.

Zusätzlich sind die amtlichen **Verpflegungspauschalen** als Werbungskosten ansetzbar.

Übersteigt der als Durchschnittsbetrag ermittelte tatsächliche Aufwand die neue Pauschale, darf der ermittelte Durchschnittsbetrag als Werbungskosten angesetzt werden.

m) Umzugskosten

90 Als Werbungskosten abzugsfähig sind sämtliche beruflich veranlassten Aufwendungen, die einem Arbeitnehmer durch einen **beruflich** bedingten Umzug entstehen. Das Kriterium „beruflicher Anlass" ist z.B. erfüllt,

- wenn durch den Wohnungswechsel die Entfernung zwischen Wohnung und erster Tätigkeitsstätte erheblich verkürzt wird (Fahrzeitverkürzung von mindestens zeitweise einer Stunde täglich) und die verbleibende Wegezeit im Berufsverkehr als normal angesehen werden kann. Bei beiderseits berufstätigen Ehepartnern sind die Fahrzeitersparnisse weder zusammenzurechnen noch zu saldieren. Werden die vorgenannten Kriterien erfüllt, sind evtl. persönliche Beweggründe, z.B. Zusammenleben mit dem Lebensgefährten am neuen Wohnort, unbeachtlich.

Dies gilt ebenso,

- wenn der Wohnungswechsel im ganz überwiegenden **betrieblichen** Interesse des Arbeitgebers erfolgt, z.B. weil eine Dienst- oder Werkswohnung bezogen oder geräumt werden muss, oder
- wenn der Umzug anlässlich des **Beginns** einer Tätigkeit oder der **Aufgabe** der Zweitwohnung bei einer beruflich veranlassten doppelten Haushaltsführung durchgeführt wird.

Tatsächliche Umzugskosten sind bei einem beruflich veranlassten Wohnungswechsel grundsätzlich bis zur Höhe der Beträge als Werbungskosten ansatzfähig, die nach dem Bundesumzugskostenrecht (BUKG) als Umzugskostenvergütung höchstens steuerfrei gezahlt werden könnten (R 9.9 Abs. 2 LStR 2021). Werden diese Grenzen eingehalten, darf das **Finanzamt** nach den LStR **nicht** im Einzelnen prüfen, ob die jeweiligen Aufwendungen Werbungskosten darstellen (R 9.9 Abs. 2 Satz 2 LStR 2021).

Die Umzugskostenvergütung nach dem BUKG umfasst u.a.:

- Reisekostenvergütungen für die
  - Wohnungsbesichtigungsreise(n) für zwei Reisen einer Person oder eine Reise von zwei Personen zum Suchen oder Besichtigen einer Wohnung,
  - Umzugsvorbereitungsreise für die Reise vom neuen Arbeitsort zur bisherigen Wohnung zur Vorbereitung und Durchführung des Umzugs (wie bei einer Wohnungsbesichtigungsreise),
  - Umzugsreise in die neue Wohnung; Übernachtungskosten sind nur für die Nacht nach dem Ausladen des Umzugsgutes ansatzfähig, wenn nicht in der neuen Wohnung übernachtet werden konnte,

  grundsätzlich nach Maßgabe einer Auswärtstätigkeit (§ 7 BUKG). Bei Nutzung des eigenen Kfz sind allerdings nur 0,20 € pro Km ansatzfähig;
- Erstattung der Beförderungsauslagen für das Umzugsgut und der Reisekosten des Arbeitnehmers sowie der zu seinem Haushalt gehörenden Personen;
- Mietentschädigungen; wenn umzugsbedingt auf Grund vertraglicher Verpflichtungen für dieselbe Zeit Miete für zwei Wohnungen zahlen ist, können die Kosten für die Wohnung, die nicht mehr genutzt wird und die gänzlich leer steht, angesetzt werden, und zwar
  - für die bisherige Mietwohnung längstens bis zu sechs Monaten,
  - für die bisherige Wohnung im eigenen Haus bzw. die Eigentumswohnung längstens für ein Jahr;
- Erstattung von Auslagen für zusätzlichen **Unterricht** der Kinder und für Umzugsvorbereitungen;
- **Pauschvergütungen** für sonstige Umzugsauslagen.

Auf Grund des ab dem 1.6.2020 geänderten BUKG wird die o.g. Pauschvergütung für Umzüge nunmehr unabhängig von der Besoldungsgruppe und dem Familienstand berechnet (§ 10 BUKG). Ebenso ist die Erstattung der Kosten für umzugsbedingten Unterricht für ein Kind geändert worden (§ 9 BUKG).

Zu den Pauschvergütungen, Unterrichtskosten und Ausstattungsbeiträgen für Umzüge ab 1.6.2020 siehe BMF v. 20.5.2020, IV C 5 – S 2353/20/10004 :001, BStBl I 2020, 544, und für Umzüge ab 1.4.2021 bzw. 1.4.2022: BMF v. 21.7.2021, IV C 5 – S 2353/20/10004 :002, BStBl I 2021, 1021. Für Umzüge in das **Ausland** und im Ausland können die Kosten bis zu den in der Auslandsumzugskostenverordnung sowie die für Inlandsumzüge maßgebenden Beträge (jedoch doppelter Betrag der Pauschvergütung für sonstige Umzugsauslagen bei Inlandsumzügen, ausgenommen Umzüge innerhalb der EU) angesetzt werden.

2. Sonderausgaben

Zu den Sonderausgaben gehören v.a. die **Altersvorsorgeaufwendungen**, die sich zusammensetzen aus Beiträgen: 91

- zur gesetzlichen Rentenversicherung, an berufsständische Versorgungswerke, landwirtschaftliche Alterskassen und für die sog. Rürup-Rente,
- für sonstige Vorsorgeaufwendungen (z.B. an Kranken-, Pflege-, Arbeitslosen-, Haftpflicht- sowie Unfallversicherung, an die „klassische" Lebensversicherung bei Abschluss vor 2005) sowie
- für eine Zusatzversorgung (sog. Riester-Rente).

Voraussetzung für den Abzug ist, dass diese Aufwendungen

- nicht im wirtschaftlichen Zusammenhang mit steuerfreien Einnahmen stehen und
- an einen Sozialversicherungsträger, eine berufsständische Versorgungseinrichtung oder
- an ein Versicherungsunternehmen geleistet werden, das seinen Sitz oder seine Geschäftsleitung in einem Mitgliedstaat der Europäischen Union oder einem anderen Vertragsstaat des Europäischen Wirtschaftsraums hat und das Versicherungsgeschäft im Inland betreiben darf, oder an ein Versicherungsunternehmen, das die Erlaubnis zum Geschäftsbetrieb im Inland hat.

Die zuvor genannten Aufwendungen sind nur in begrenzter Höhe als Sonderausgaben abzugsfähig und werden beim **Lohnsteuerabzug** durch die sog. **allgemeine Vorsorgepauschale** oder die **Mindestvorsorgepauschale** berücksichtigt (→ Tz. 2).

Lohnsteuerabzugsverfahren

Im Lohnsteuerabzugsverfahren wird für sozialversicherungspflichtige Arbeitnehmer mit Einkünften aus nichtselbständiger Arbeit die Vorsorgepauschale aus den Teilbeträgen zur Renten-, Kranken- und Pflegeversicherung ermittelt. Maßgebend sind die gesetzlichen Beitragsregelungen (Beitragssätze sowie unterschiedlichen Beitragsbemessungsgrenzen Ost und West) – gem. dem Beschäftigungsort i.S.v. § 9 SGB IV –. Inwieweit die Voraussetzungen hierfür vorliegen, prüft der Arbeitgeber anhand des Versicherungsstatus am Ende des jeweiligen Lohnzahlungszeitraums. Für das Kalenderjahr 2021 setzt sich die Vorsorgepauschale zusammen aus 92

- 50 % des für den Arbeitslohn des Arbeitnehmers zu zahlenden Beitrags zur gesetzlichen **Rentenversicherung** (also aus dem Arbeitnehmeranteil; s. aber unten) und
- 7,3 % vom Arbeitslohn für die Beiträge zur gesetzlichen **Krankenversicherung** (ermäßigter Beitragssatz zur gesetzlichen Krankenversicherung) und
- dem Arbeitnehmeranteil für die **Pflegeversicherung** i.H.v. 1,525 % (Hälfte des gesetzlichen Gesamtbeitragssatzes zur Pflegeversicherung i.H.v. 3,05 %. Der Beitragszuschlag i.H.v. 0,25 %, den kinderlose Arbeitnehmer [als Versicherte in der gesetzlichen Pflegeversicherung nach Ablauf des Monates zu entrichten haben, in dem sie das 23. Lebensjahr vollendet haben], wird nicht berücksichtigt).

Bis zum Kalenderjahr 2024 wird bei der Ermittlung der Vorsorgepauschale – wie auch beim Sonderausgabenabzug für Altersvorsorgeaufwendungen – der **50 %-Betrag** noch **nicht** in voller Höhe angesetzt. Im Kalenderjahr 2021 werden vom 50 %-Betrag **nur** 84% angesetzt; dieser Prozentsatz erhöht sich in jedem folgenden Kalenderjahr um je 4 %-Punkte; für 2022 also auf 88 %.

Für die Teilbeträge der Kranken- und Pflegeversicherung wird beim Lohnsteuerabzug als Mindestbetrag die gesetzlichen **Mindestvorsorgepauschale** (i.H.v. 12 % des Arbeitslohns, höchstens 1 900 € und in Steuerklasse III 3 000 €) angesetzt. In den Lohnsteuer-Tabellen wird die jeweils anzusetzende Vorsorgepauschale bereits berücksichtigt, wodurch eine Vergleichsrechnung entfällt.

Für nicht rentenversicherungspflichtige Arbeitnehmer, z.B. Beamte, Berufs- und Zeitsoldaten, Richter, Beamte im Ruhestand, Hinterbliebene von Beamten und weiter beschäftigte Altersrentner, wird in der **Besonderen Tabelle** nur die Mindestvorsorgepauschale berücksichtigt. Weist der Arbeitnehmer höhere abziehbare Beiträge für eine private Kranken- und Pflegeversicherung nach (Vorlage einer Bescheinigung der Versicherungsgesellschaft beim Arbeitgeber), werden diese beim Lohnsteuerabzug berücksichtigt.

Einkommensteuer-Veranlagung

93 Im Rahmen der **Einkommensteuer-Veranlagung** wird selbst beim Bezug von Einkünften aus nichtselbständiger Arbeit **keine** Vorsorgepauschale angesetzt. Berücksichtigt werden lediglich die tatsächlich **geleisteten** Vorsorgeaufwendungen (→ Tz. 91), zu denen auch die Beiträge an die landwirtschaftlichen Alterskassen sowie an berufsständische Versorgungseinrichtungen, die den gesetzlichen Rentenversicherungen (Arbeitnehmer- und Arbeitgeberanteil) vergleichbare Leistungen erbringen, gehören.

Der als Vorsorgeaufwendungen ermittelte Wert ist auf einen vollen Betrag in Euro aufzurunden. Für 2021 ergibt sich ein Höchstbetrag von 25 787 € (104 400 € [= Beitragsbemessungsgrenze der Knappschaftlichen Rentenversicherung] x 24,7 % [= Beitragssatz]). Für zusammen zur Einkommensteuer veranlagte Ehegatten/Lebenspartnern verdoppelt sich der Höchstbetrag auf 51 574 €.

Zu beachten ist, dass dieser Höchstbetrag sowie die tatsächlichen Vorsorgeaufwendungen noch **nicht** vollständig angesetzt werden dürfen. Im Kalenderjahr 2021 dürfen lediglich 92 % der Vorsorgeaufwendungen angesetzt werden, also höchstens 23 724 € (25 787 € x 92 %) bzw. 47 448 € (51 574 € x 92 %). Diese ansetzbaren Höchstbeträge erhöhen sich bis zum Kalenderjahr 2025 jährlich um 2 %.

Der sich so ergebende Betrag darf nicht vollständig steuersparend angesetzt werden. Er ist um den steuerfreien **Arbeitgeberanteil** zur gesetzlichen Rentenversicherung oder um einen diesem gleichgestellten steuerfreien Zuschuss des Arbeitgebers **zu vermindern**. Hat der Arbeitnehmer eine geringfügige Beschäftigung ausgeübt, sind auch die vom Arbeitgeber geleisteten pauschalen Beiträge zur Rentenversicherung abzuziehen, wenn der Arbeitnehmer die Berücksichtigung der in diesem Dienstverhältnis geleisteten Vorsorgeaufwendungen beantragt hat.

Die Beiträge zur Basiskrankenversicherung (für sich und unterhaltsberechtigte Personen, z.B. Ehegatten, Kinder, Lebenspartner) sind grundsätzlich in voller Höhe abziehbar. Dies gilt sowohl für die gesetzliche als auch die private Krankenversicherung. Beitragsanteile, die auf das Krankengeld und „Komfortleistungen" entfallen, sind lediglich als weitere sonstige Vorsorgeaufwendungen berücksichtigungsfähig. Für den **Anspruch auf Krankengeld** oder einen Anspruch auf eine Leistung, die anstelle von Krankengeld gewährt wird, werden die gezahlten Beiträge um 4 % gekürzt. Keine Kürzung erfolgt bei Rentnern, weil sie keinen Anspruch auf Krankengeld haben.

Sind in einem Versicherungstarif einer privaten Krankenversicherung begünstigte und nicht begünstigte Versicherungsleistungen abgesichert, muss das Versicherungsunternehmen die vom Versicherungsnehmer geleisteten Beiträge aufteilen. Dazu stellt der private Krankenversicherer jährlich eine **Bescheinigung** aus und **übermittelt** diese Daten an die Finanzverwaltung.

Ferner sind die Beiträge zur gesetzlichen Pflegeversicherung (soziale Pflegeversicherung und private Pflege-Pflichtversicherung) in voller Höhe abzugsfähig. Für geschiedene oder dauernd getrennt lebende Ehegatten gelten Sonderregelungen.

Vor dem steuermindernden Ansatz der ermittelten Beträge zur Basiskranken- und Pflegeversicherung müssen noch die steuerfreien Zuschüsse des **Arbeitgebers** zur Kranken- und Pflegeversicherung des Arbeitnehmers abgezogen werden.

Weitere sonstige **Vorsorgeaufwendungen** des Stpfl., wie seine

- zuvor nicht berücksichtigten Beiträge zu Kranken- und Pflegeversicherungen für „Komfortleistungen" sowie der Krankengeldanteil,
- Beiträge zu
  - Versicherungen gegen Arbeitslosigkeit (das sind die gesetzlichen Arbeitnehmerbeiträge an die Bundesagentur für Arbeit sowie entsprechende Beiträge zu privaten Versicherungen),
  - Erwerbs- und Berufsunfähigkeitsversicherungen,
  - Lebens-(Kapital-)versicherungen mit laufenden Beitragszahlungen i.H.v. 88 %, wenn die Vertragsdauer mindestens zwölf Jahre beträgt, sofern die Versicherung vor dem 1.1.2005 abgeschlossen und bis zum 31.12.2004 mindestens ein Versicherungsbeitrag entrichtet wurde, es sei denn, sie werden zur Tilgung oder Sicherung von Darlehen eingesetzt,
  - Unfall- und Haftpflichtversicherungen sowie Risikolebensversicherungen, die nur für den Todesfall eine Leistung vorsehen,
  - Rentenversicherungen ohne Kapitalwahlrecht, wenn die Versicherung vor dem 1.1.2005 begonnen hat und bis zum 31.12.2004 mindestens ein Versicherungsbeitrag entrichtet wurde,

sind im Kalenderjahr insgesamt bis zu **2 800 €** abzugsfähig.

Für Beiträge zu fondsgebundenen Lebensversicherungen ist kein Sonderausgabenabzug möglich.

Der zuvor genannte Höchstbetrag von 2 800 € verringert sich auf **1 900 €**,

- wenn der Stpfl. einen Anspruch auf Erstattung oder Übernahme von Krankheitskosten hat (wie z.B. Beamte und Familienangehörige mit Beihilfeansprüchen) oder
- wenn für den Stpfl. steuerfreie (Arbeitgeber-)Leistungen für eine Krankenversicherung erbracht werden (z.B. bei sozialversicherungspflichtigen Arbeitnehmern, Rentnern).

Bei zusammenveranlagten Ehegatten bestimmt sich der gemeinsame Höchstbetrag aus der Summe des jedem Ehegatten zustehenden Höchstbetrags.

Weil diese Berechnungsmethode zu geringeren berücksichtigungsfähigen Vorsorgeaufwendungen als nach dem früheren Recht führen konnte, hat die Finanzverwaltung bis zum Jahr 2019 eine Günstigerprüfung durchgeführt. Deren Ziel war, mindestens den Betrag an Vorsorgeaufwendungen zu berücksichtigen, der sich nach den bis zum Kalenderjahr 2004 maßgebenden Regelungen ergeben hätte. Seit dem Kalenderjahr 2020 ist diese Prüfung entfallen.

Ferner dürfen **Spenden** und **Mitgliedsbeiträge zur Förderung mildtätiger, kirchlicher, wissenschaftlicher und gemeinnütziger Zwecke** i.S.d. §§ 52 bis 54 AO bis zu 20 % des Gesamtbetrags der Einkünfte als Sonderausgaben abgezogen werden. 94

Für **Mitgliedsbeiträge und Spenden an politische Parteien** kommt eine **Steuerermäßigung** nach § 34g EStG i.H.v. 50 % der Aufwendungen in Betracht, höchstens jedoch 825 €/1 650 € (Einzel-/Zusammenveranlagung). Soweit die Mitgliedsbeiträge und Spenden an politische Parteien über diese berücksichtigungsfähigen Beträge von 1 650 € bzw. 3 300 € hinausgehen oder ein Ansatz als Steuerermäßigung nicht möglich ist, können sie als **Sonderausgaben** nach § 10b Abs. 2 EStG bis zu 1 650 €/3 300 € abgezogen werden. Insgesamt sind somit Beiträge und Spenden von max. 3 300 €/6 600 € für Alleinstehende/Verheiratete nach den §§ 34g und 10b Abs. 2 EStG berücksichtigungsfähig. 95

Als Spenden sind nicht nur Geldbeträge ansetzbar, sondern auch **Sachspenden** (Ansatz mit gemeinem Wert, § 10b Abs. 3 EStG). Zur Verfügung gestellte Nutzungen und er- 96 brachte (Dienst-)Leistungen gelten nicht als Ausgaben i.S.d. § 10b EStG.

97 Beiträge und Spenden an **unabhängige Wählervereinigungen** sind nach § 34g Satz 1 Nr. 2 und Satz 2 EStG mit 50 % der Ausgaben, höchstens mit 825 €/1 650 € für Alleinstehende/Verheiratete, von der Steuer abziehbar, und zwar gesondert und nebeneinander zu den Beiträgen und Spenden an politische Parteien. Diese Regelung gilt nur für Mitgliedsbeiträge und Spenden an unabhängige Wählervereinigungen in der Rechtsform des eingetragenen oder des nichtrechtsfähigen Vereins. Ein Sonderausgabenabzug ist für diese Aufwendungen nicht möglich (BFH v. 20.3.2017, X R 55/14, BStBl II 2017, 1122). Das Vorliegen der Voraussetzungen ist durch eine Spendenbestätigung nachzuweisen (H 34g EStH 2021).

3. Außergewöhnliche Belastungen

98 Die Informationen in der unter → Tz. 38 aufgelisteten tabellarischen Übersicht werden hier zu folgenden Sachverhalten ergänzt:

- Zwangsläufige Unterhaltsleistungen an Personen (→ Tz. 99 ff.),
- Ausbildungsfreibeträge (→ Tz. 103 ff.),
- Hausgehilfin/Haushaltshilfe (→ Tz. 106 f.),
- Menschen mit einer Behinderung und Hinterbliebene (→ Tz. 108 ff.),
- Zumutbare Belastung (→ Tz. 111),
- Aufwendungen für Pflegebedürftigkeit (→ Tz. 112).

a) Unterstützung gesetzlich unterhaltsberechtigter Personen

99 In der vorangegangenen Übersicht (→ Tz. 38) wird die Abzugsmöglichkeit von Unterstützungsleistungen an im Inland lebende und gesetzlich unterhaltsberechtigte Personen erläutert. Dies sind Personen, gegenüber denen der Stpfl. nach dem BGB oder dem früheren LPartG unterhaltsverpflichtet ist. Für den Abzug der Unterstützungsleistungen reicht es aus, dass die unterhaltsberechtigte Person dem Grunde nach gesetzlich unterhaltsberechtigt (z.B. verwandt in gerader Linie) und bedürftig ist. Abziehbare Aufwendungen sind Leistungen für den typischen Unterhalt (laufenden Lebensunterhalt, Krankenversicherungsbeiträge) sowie Aufwendungen für eine Berufsausbildung.

Neben den in → Tz. 38 genannten Beispielen gelten als typische Unterhaltsaufwendungen Leistungen bzw. Zahlungen für ein Studium des (eigenen) Kindes, wenn der Anspruch auf das Kindergeld bzw. den Kinderfreibetrag entfallen ist.

Eine Steuerermäßigung kommt nur für typische Unterhaltsauswendungen in Betracht (z.B. für Ernährung, Wohnung sowie deren Nebenkosten, Kleidung). Es ist unbeachtlich, ob die Unterhaltsleistung in Geld oder durch Sachleistungen gewährt wird. Gehört der Unterhaltsempfänger zum Haushalt des Unterhaltsleistenden, wird regelmäßig davon ausgegangen, dass mindestens Unterhaltsaufwendungen i.H.d. Unterhaltshöchstbetrags entstehen (R 33a. 1 Abs. 1 Satz 5 EStR 2012).

Wohnt die unterstützte Person im **Ausland**, sind folgende Grundsätze zu beachten:

- Unterhaltsaufwendungen an Kinder, für die ein Anspruch auf Kinderfreibetrag/Kindergeld besteht, sind als außergewöhnliche Belastungen nicht abziehbar.

100 – Für Kinder, die ihren Wohnsitz oder gewöhnlichen Aufenthalt im Ausland haben, können der Kinderfreibetrag und der Bedarfsfreibetrag in Anspruch genommen werden (→ Tz. 35, → Tz. 118).

  Diese Beträge werden jedoch – abhängig vom Wohnsitzstaat – ggf. um ein bis drei Viertel gekürzt (sog. Ländergruppeneinteilung, für Kalenderjahre ab 1.1.2021 bestimmt durch BMF v. 11.11.2020, IV C 8 – S 2285/19/10001 :002, BStBl I 2020, 1212).

101 – Leistungen an gesetzlich unterhaltsberechtigte Personen (z.B. Eltern, Kinder, nicht jedoch Geschwister) im Ausland für den Unterhalt und eine etwaige Berufsausbildung sind nur berücksichtigungsfähig, soweit die Aufwendungen nach den Verhältnissen des Wohnsitzstaates der unterhaltenen Personen notwendig und angemessen sind.

  Das bedeutet, der für 2021 maßgebende abzugsfähige Höchstbetrag i.H.v. 9 744 € und der anrechnungsfreie Betrag für eigene Einkünfte und Bezüge der unterhaltenen Person i.H.v. 624 € verringern sich entsprechend der in → Tz. 100 genannten Ländergruppeneinteilung.

Wurden die Zwangsläufigkeit, Notwendigkeit und Angemessenheit der Unterhaltsleistungen – bezogen auf den Empfänger – bejaht, ist noch zu prüfen, inwieweit der Stpfl./Arbeitnehmer auf Grund seiner persönlichen Verhältnisse zur Unterhaltsleistung verpflichtet ist. Wegen Einzelheiten der Berücksichtigung der sog. Opfergrenze siehe R 33a.1 EStR 2012, H 33a.1 EStH 2021 und das BMF v. 7.6.2010 (BStBl I 2010, 582 und 588). Die sog. Opfergrenze ist bei Unterhaltsaufwendungen für den (ggf. auch geschiedenen) Ehegatten nicht anzuwenden. 102

b) Ausbildungsfreibeträge

Zur Abgeltung der Aufwendungen für die Berufsausbildung eines auswärts untergebrachten volljährigen Kindes können Eltern einen Ausbildungsfreibetrag erhalten. Ein Ausbildungsfreibetrag kommt in Betracht für ein volljähriges Kind, für das dem Arbeitnehmer ein **Kinderfreibetrag** zusteht oder für das er Kindergeld erhält. 103

Der Ausbildungsfreibetrag beträgt 924 € je Kalenderjahr und vermindert sich nicht um die eigenen Einkünfte und Bezüge des Kindes, die auf die betreffenden Kalendermonate der Ausbildung entfallen. Als Ausbildungshilfe bezogene Zuschüsse mindern den Freibetrag zeitanteilig. Sie sind auf die Freibeträge der Kalendermonate anzurechnen, für die die Zuschüsse bestimmt sind. 104

Lebt das Kind im Ausland, kann sich der in Betracht kommende Ausbildungsfreibetrag nach den Verhältnissen des Wohnsitzstaats um ein bis drei Viertel mindern (→ Tz. 100).

Für jeden vollen Kalendermonat, in dem die Voraussetzungen für den Ansatz des Freibetrags nicht vorliegen, ermäßigt sich der Jahresbetrag um ein Zwölftel. 105

Im Lohnsteuerabzugsverfahren wird bei geschiedenen, dauernd getrennt lebenden Eltern sowie bei Eltern nichtehelicher Kinder der Ausbildungsfreibetrag jeweils zur Hälfte pro Elternteil angesetzt. Auf Grund eines gemeinsamen Antrags beider Elternteile kann das Finanzamt im Rahmen einer Einkommensteuer-Veranlagung den Ausbildungsfreibetrag auf einen Elternteil in voller Höhe übertragen.

c) Beschäftigung einer Hilfe im Haushalt

Aufwendungen für die Beschäftigung einer Hausgehilfin oder einer Haushaltshilfe können im Rahmen einer Veranlagung zur Einkommensteuer durch eine Steuerermäßigung berücksichtigt werden. Begünstigt sind nur bestimmte Tätigkeiten i.R. haushaltsnaher Dienstleistungen bzw. solcher Beschäftigungsverhältnisse (→ Tz. 120 ff.). 106

d) Heim- oder Pflegeunterbringung

Im Fall von Krankheit oder Pflegebedürftigkeit kommt für die durch eine Unterbringung in einem Pflegeheim o.Ä. entstandenen Aufwendungen eine Steuerermäßigung nach § 35a EStG in Betracht. Begünstigt sind Aufwendungen für haushaltsnahe Beschäftigungsverhältnisse, haushaltsnahe Dienstleistungen und Handwerkerleistungen (→ Tz. 120 ff.). Bei geringen Pflegeaufwendungen, z.B. bei ambulanter häuslicher Pflege, kann der Ansatz des Pauschbetrags für Menschen mit Behinderungen günstiger sein. Übersteigen bei Unterbringung im Pflegeheim die Pflegeaufwendungen (abzgl. der zumutbaren Belastung) den Pauschbetrag für Menschen mit Behinderungen, ist die Inanspruchnahme dieses Pauschbetrags regelmäßig nachteilig. 107

e) Menschen mit Behinderung, Hinterbliebene und Pflegepersonen

Menschen mit Behinderung und **Blinde** können für ihre besonderen Belastungen, die ihnen im Vergleich zu nicht Behinderten entstehen, bestimmte steuerliche Pauschbeträge ansetzen. Die Pauschbeträge dienen der Verwaltungsvereinfachung und dürfen unabhängig von den tatsächlich entstandenen Aufwendungen angesetzt werden. Sie sind ab 2021 deutlich erhöht worden (Verdoppelung) und sollen kleinliche Bürokratie vermeiden. 108

Alternativ kann der kranke oder behinderte Mensch sämtliche seiner Mehraufwendungen, die ihm auf Grund seiner Krankheit oder Behinderung entstehen, als Krankheitskosten als allgemeine außergewöhnliche Belastung geltend machen. Dazu müssen die tatsächlichen Aufwendungen dem Finanzamt nachgewiesen oder glaubhaft gemacht werden. Der Gesamtbetrag mindert sich um die zumutbare Belastung.

Im Rahmen der Einkommensteuer-Veranlagung kann für jedes Kalenderjahr zwischen einem Ansatz und Abzug des Pauschbetrags oder der Berücksichtigung von tatsächlich entstandenen Aufwendungen gewählt werden.

Ein Pauschbetrag für Menschen mit einer **Behinderung**, der **Hinterbliebenen-**Pauschbetrag und der **Pflege-**Pauschbetrag können **mehrfach** gewährt werden, wenn mehrere Personen die Voraussetzungen erfüllen (z.B. Stpfl., Ehegatte, Kind) oder wenn eine Person die Voraussetzungen für verschiedene Pauschbeträge erfüllt.

Mit dem Pauschbetrag für **behinderte** Menschen werden die laufenden und typischen Aufwendungen für die Hilfe bei den gewöhnlichen und regelmäßig wiederkehrenden Verrichtungen des täglichen Lebens, für die Pflege sowie für einen erhöhten Wäschebedarf abgegolten. Es handelt sich um Aufwendungen, die Menschen mit einer Behinderung erfahrungsgemäß durch ihre Krankheit bzw. Behinderung entstehen und deren alleinige behinderungsbedingte Veranlassung nur schwer nachzuweisen ist.

Alle **übrigen** behinderungsbedingten Aufwendungen (z.B. Operationskosten sowie Heilbehandlungen, Kuren, Arznei- und Arztkosten, Fahrtkosten) können **daneben** als außergewöhnliche Belastung (→ Tz. 38, 111) berücksichtigt werden.

Blinde Personen sowie dauernd pflegebedürftige sowie hilflose Personen erhalten zur Abgeltung der dadurch veranlassten Aufwendungen ab dem Kalenderjahr 2021 auf Antrag den erhöhten steuerfreien Pauschbetrag von **7 400 €** pro Kalenderjahr. In anderen Fällen ist der jährliche **Pauschbetrag** nach dem Grad der Behinderung abgestuft:

Bei einem Grad der Behinderung von mindestens	Euro
20	384
30	620
40	860
50	1 140
60	1 440
70	1 780
80	2 120
90	2 460
100	2 840

Wird der Grad der Behinderung im Laufe des Kalenderjahrs herauf- oder herabgesetzt, so steht den betroffenen Personen der Pauschbetrag mit dem höchsten Grad zu, der für das Kalenderjahr festgesetzt worden ist (das gilt übrigens auch für die Wahl der Kilometersätze bei den „Fahrten zwischen Wohnung und erster Tätigkeitsstätte", → Tz. 50 f.).

109 Personen, die laufende **Hinterbliebenenbezüge** – z.B. nach dem Bundesversorgungsgesetz oder aus der gesetzlichen Unfallversicherung – erhalten, steht ein Hinterbliebenen-Pauschbetrag i.H.v. jährlich 370 € zu. Als Billigkeitsregelung wird diese Vergünstigung zusätzlich zu den Hinterbliebenenbezügen gewährt. Dieser Pauschbetrag steht dem Hinterbliebenen auch dann zu, wenn die Hinterbliebenenbezüge ruhen oder der Anspruch auf Hinterbliebenenbezüge durch eine Kapitalzahlung abgefunden worden ist.

Auf Antrag wird bei Kindern der Pauschbetrag für Menschen mit einer Behinderung und Hinterbliebene auf die Elternteile bzw. Kindergeldberechtigten übertragen (ggf. in § 33b Abs. 5 EStG und R 33b. EStR 2012 sowie H 33b EStH 2021 nachschlagen).

f) Pflegepauschbetrag

110 Neben der erkrankten oder der behinderten Person kann auch eine **pflegende Person** steuerliche Vergünstigungen beanspruchen. Ohne Nachweis der ihr entstehenden Aufwendungen erhält eine Pflegeperson ab dem Kalenderjahr 2021 einen gestaffelten Pflegepauschbetrag i.H.v.

- 600 € bei Pflegegrad 2,
- 1 100 € bei Pflegegrad 3,
- 1 800 € bei Pflegegrad 4 und 5 oder bei Hilflosigkeit,

wenn

- die persönliche Pflege in der Wohnung der Pflegeperson oder in der Wohnung des Pflegebedürftigen durchgeführt wird und
- die Pflegeperson dafür keine Einnahmen erhält.

Die geforderte persönliche Pflege liegt auch vor, wenn die pflegende Person durch eine ambulante Pflegekraft unterstützt wird.

Die Höhe der Aufwendungen der pflegenden Person spielt keine Rolle. Es wird regelmäßig unterstellt, dass Aufwendungen entstanden sind (z.B. für Fahrten, Verbands- und Hilfsmittel). Der Pflegepauschbetrag berücksichtigt die Aufwendungen der pflegenden Person.

Die der gepflegten Person zustehenden Abzugsbeträge für außergewöhnliche Belastungen (z.B. Krankheitskosten) und der Behinderten-Pauschbetrag werden durch einen Ansatz des Pflegepauschbetrags nicht gekürzt. Nimmt der Angehörige den Pflegepauschbetrag in Anspruch, darf er insoweit für die selbst geleisteten Pflegeaufwendungen die Steuerermäßigung nach § 35a Abs. 2 EStG nicht in Anspruch nehmen. Wegen weiterer Einzelheiten siehe R 33b. EStR 2012 und H 33b EStH 2021.

g) Zumutbare Belastung

In der tabellarischen Übersicht (→ Tz. 38) ist bereits angemerkt, dass bei dem Stpfl. bestimmte Aufwendungen (Bestattungskosten, Krankheitskosten, Kurkosten, Kraftfahrzeugkosten bei Menschen mit einer Behinderung, Kinderbetreuungskosten, soweit tatsächliche Aufwendungen geltend gemacht werden) nur mit dem Betrag berücksichtigt werden können, um den sie die „zumutbare Belastung" übersteigen. 111

Die zumutbare Belastung beträgt

bei einem Gesamtbetrag der Einkünfte	bis 15 340 €	über 15 340 € bis 51 130 €	über 51 130 €
1. bei Stpfl., die keine Kinder haben und bei denen die ESt			
a) nach der Grundtabelle	5	6	7
b) nach der Splittingtabelle	4	5	6
zu berechnen ist;			
2. bei Stpfl. mit			
a) einem Kind oder zwei Kindern,	2	3	4
b) drei oder mehr Kindern	1	1	2
	Prozent des Gesamtbetrags der Einkünfte.		

h) Aufwendungen für Pflegebedürftigkeit

Aufwendungen des Arbeitnehmers bzw. Stpfl. infolge seiner Pflegebedürftigkeit sind als außergewöhnliche Belastung abziehbar. Dazu zählen die Kosten für die Beschäftigung einer ambulanten Pflegekraft und auch die Aufwendungen zur Unterbringung in einer Pflegestation eines Altenheims, in einem Altenpflegeheim oder Pflegeheim; Abzugsmöglichkeit ggf. auch als Steuerermäßigung (→ Tz. 125 f.). 112

Abziehbar sind auch die Aufwendungen wegen Pflegebedürftigkeit einer Person, die einen rechtlichen, tatsächlichen oder sittlichen Unterhaltsanspruch hat, z.B. Eltern oder Kinder, wenn der Pflege-Pauschbetrag (→ Tz. 110) nicht in Anspruch genommen wird; vgl. im Übrigen R 33.3 EStR 2012, H 33.1–33.4 EStH 2021.

4. Berücksichtigung von Kindern

Kinder unter 18 Jahre, Grundsätze 113

Kinder werden steuerlich ab dem Jahr der Geburt bis zum Ende des Kalenderjahrs berücksichtigt, in dem sie das 18. Lebensjahr vollendet haben. Die unbeschränkte Steuerpflicht des Kindes ist für seine Berücksichtigung nicht erforderlich. Als Kinder werden berücksichtigt:

- **Kinder (im ersten Grad mit dem Stpfl. verwandt):** Hierzu zählen leibliche Kinder einschließlich der für ehelich erklärten und angenommenen Kinder.

114 – **Pflegekinder:**
Sie müssen durch ein familienähnliches, auf längere Dauer berechnetes Band mit dem Stpfl. verbunden und in seinen Haushalt aufgenommen worden sein. Die Anerkennung als Pflegekind setzt außerdem voraus, dass das Obhuts- und Pflegeverhältnis zu den Eltern nicht mehr besteht und der Stpfl. das Kind mindestens zu einem nicht unwesentlichen Teil auf seine Kosten unterhält; das Kind darf nicht zu Erwerbszwecken, z.B. als „Kostkind", im Haushalt leben.

115 Kinder, die das 18. Lebensjahr noch nicht vollendet haben, werden ohne weitere Einschränkungen steuerlich berücksichtigt. Für im Inland ansässige Kinder erfolgt dies grundsätzlich automatisch über die Gemeinde und das Finanzamt. Ist das Kind nicht in der Wohnung des Arbeitnehmers gemeldet, ist ein einmaliger Antrag erforderlich (amtlicher Vordruck „Antrag auf Lohnsteuer-Ermäßigung" nebst „Anlage Kinder zum Lohnsteuer-Ermäßigungsantrag", vgl. www.formulare-bfinv.de). Als Nachweis ist dem Antrag eine Geburtsurkunde des Kindes oder ein Auszug aus dem Geburtsregister beizufügen oder die Identifikationsnummer des Kindes anzugeben.

116 ***Kinder über 18 Jahre***

Ältere Kinder können unter bestimmten Voraussetzungen steuerlich berücksichtigt werden. So werden Kinder, die das 18. Lebensjahr vollendet haben (für 2021: vor dem 2.1.2003 geboren), berücksichtigt, wenn sie

- das 21. Lebensjahr noch nicht vollendet haben, arbeitslos sind und bei einer inländischen Agentur für Arbeit als Arbeitssuchende gemeldet sind;
- das 25. Lebensjahr noch nicht vollendet haben und
  - in einer Berufsausbildung (darunter fällt auch die Schulausbildung bzw. das Studium) sind oder
  - eine Berufsausbildung mangels eines Ausbildungsplatzes nicht beginnen oder fortsetzen können,
  - sich in einer Übergangszeit von höchstens vier Monaten befinden, die zwischen zwei Ausbildungsabschnitten oder zwischen einem Ausbildungsabschnitt und der Ableistung des freiwilligen Wehrdienstes nach § 58b des Soldatengesetzes oder eines nachfolgend aufgeführten freiwilligen Dienstes liegt oder
  - ein freiwilliges soziales oder ökologisches Jahr, eine europäische Freiwilligenaktivität, einen entwicklungspolitischen Freiwilligendienst oder einen Freiwilligendienst aller Generationen i.S.v. § 2 Abs. 1a SGB VII oder einen Bundesfreiwilligendienst oder einen Internationalen Jugendfreiwilligendienst oder einen anderen Dienst im Ausland (§ 5 Bundesfreiwilligendienstgesetz) leisten.

Ein über 18 Jahre altes Kind berücksichtigt das Finanzamt grundsätzlich bis zum Abschluss seiner erstmaligen Berufsausbildung oder seines Erststudiums. Dies setzt voraus, dass es keiner schädlichen Erwerbstätigkeit nachgeht. Solch eine schädliche Erwerbstätigkeit liegt **nicht vor** bei Kindern, die sich in einem Ausbildungsdienstverhältnis befinden, einer Erwerbstätigkeit mit einer regelmäßigen wöchentlichen Arbeitszeit von maximal 20 Stunden oder einer geringfügigen Beschäftigung (sog. Mini-Job) nachgehen.

117 Für über 18 Jahre alte Kinder, die wegen körperlicher, geistiger oder seelischer Behinderung außerstande sind, sich selbst zu unterhalten, kann ebenfalls auf Antrag vom Finanzamt ein Kinderfreibetrag berücksichtigt werden. Dies gilt auch für Kinder, die älter als 25 Jahre sind, wenn die Behinderung vor Vollendung des 25. Lebensjahrs eingetreten ist.

Befindet sich ein über 25 (bzw. 27) Jahre altes Kind wegen seiner Behinderung noch in der Schul- oder Berufsausbildung, ist es stets als unfähig zur Ausübung einer Erwerbstätigkeit zu behandeln. Weitere Einzelheiten siehe unter R 32.9 EStR 2012 und H 32.9–H 32.13 EStH 2021.

Für über diese Erläuterungen hinausgehende Besonderheiten zur Berücksichtigung volljähriger Kinder s. BMF v. 8.2.2016, IV C 4 – S 2282/07/0001-01, BStBl I 2016, 226.

118 Kinder bzw. Kinderfreibeträge werden bei der Lohnsteuerermittlung nicht berücksichtigt; jedoch für die Ermittlung des Solidaritätszuschlags und der Kirchensteuer (Kinderfreibetrag und Bedarfsfreibetrag → Tz. 21, → Tz. 35). Ferner prüft das Finanzamt i.R. der Einkommensteuer-Veranlagung, ob die Berücksichtigung des Kinderfreibetrags (für 2021 i.H.v. 2 730 €) sowie des Bedarfsfreibetrags i.H.v. 1 464 € (Summe: 4 194 €, jeweils pro Elternteil) zu einer Steuerentlastung führt, die über dem zustehenden Kindergeld liegt. Hierbei werden beide Freibeträge je Anspruchsmonat und berücksichtigungsfähigem Kind angesetzt. Überwiegt die Steuerentlastung, erfolgt automatisch eine Verrechnung der Steuerminderung mit dem (erhaltenen) Kindergeld. In der Regel profitieren bereits die mittleren Einkommen durch die Kinderfreibeträge (Ledige ab einem zu versteuernden Einkommen von ca. 33 500 € im Jahr, Verheiratete ab ca. 63 500 € im Jahr).

Die Monatswerte dieser Freibeträge (für 2021 i.H.v. 227,50 € und 122 €) sind mit dem **zweifachen** Betrag anzusetzen, wenn

- Ehegatten unbeschränkt einkommensteuerpflichtig sind, nicht dauernd getrennt leben und das Kind zu beiden Ehegatten in einem Kindschaftsverhältnis steht;
- im Inland wohnende, nicht dauernd getrennt lebende Ehegatten ein Kind gemeinsam angenommen (adoptiert) haben;
- der andere leibliche Elternteil oder Adoptivelternteil des Kindes verstorben ist;
- ein Stpfl./Elternteil das Kind nur allein angenommen (z.B. adoptiert) hat;
- es sich um ein Pflegekind handelt und das Pflegekindschaftsverhältnis nur zum Stpfl. besteht;
- der Wohnsitz oder gewöhnliche Aufenthalt des anderen Elternteils auf Dauer nicht zu ermitteln ist oder der Vater des Kindes amtlich nicht feststellbar ist oder
- der andere Elternteil im Inland weder einen Wohnsitz noch einen gewöhnlichen Aufenthalt hat.

Steht einem Elternteil der jährliche **Kinderfreibetrag** i.H.v. 119
2 730 € (für das Kalenderjahr 2021) zu (→ Tz. 118), kann er den Kinderfreibetrag des anderen Elternteils auf sich **übertragen** lassen, wenn

- nur er, nicht jedoch der andere Elternteil seiner Unterhaltsverpflichtung gegenüber dem Kind für das Kalenderjahr im Wesentlichen, d.h. mindestens zu 75 %, nachkommt oder
- wenn mangels Leistungsfähigkeit keine Unterhaltspflicht besteht.

In diesem Fall werden beide Elternteile stets zur Einkommensteuer veranlagt. Der Kinderfreibetrag kann **auch** auf einen Stiefelternteil oder die Großeltern **übertragen** werden, wenn er bzw. sie das Kind in ihren Haushalt aufgenommen hat bzw. haben. Soll dieses Kind für den Lohnsteuerabzug berücksichtigt werden, ist für den Antrag die besondere Anlage K erforderlich.

Die Übertragung des Kinderfreibetrags führt **stets auch** zur **Übertragung** des Freibetrags für Betreuungs- und Erziehungs- oder Ausbildungsbedarfs (**Bedarfsfreibetrag,** → Tz. 21, → Tz. 35) und damit zur Zurechnung des gesamten **Kindergeldanspruchs** und entsprechender Verrechnung mit der Steuerersparnis durch die Freibeträge für Kinder.

Sind Kinderfreibeträge zu berücksichtigen, wird der **Solidaritätszuschlag** nicht nach der tatsächlichen Lohn- bzw. Einkommensteuer berechnet. **Bemessungsgrundlage** ist vielmehr eine fiktive Lohn-/Einkommensteuer unter Berücksichtigung der Freibeträge für Kinder. Diese werden von dem tatsächlich zu versteuernden Einkommen abgezogen. Die sich hiernach ergebende Einkommensteuer ist die Bemessungsgrundlage für den Solidaritätszuschlag. Es werden stets die ungekürzten Freibeträge für Kinder angesetzt (keine zeitanteilige Berücksichtigung, → Tz. 113).

5. Steuerermäßigung für haushaltsnahe Beschäftigungsverhältnisse und haushaltsnahe Dienstleistungen

Arbeitgebern eines haushaltsnahen **Beschäftigungsverhält-** 120
nisses in der EU sowie dem EWR und Stpfl. mit **Aufwendungen** für haushaltsnahe **Dienstleistungen** oder **Handwerkerleistungen** in der EU oder dem EWR wird auf Antrag eine Steuerermäßigung gewährt, welche die tarifliche Einkommensteuer (Steuerschuld) **mindert.** Solche Aufwendungen werden nur dann für eine Steuerermäßigung berücksichtigt, wenn sie **nicht** Werbungskosten (oder Betriebsausgaben) darstellen, z.B. im Rahmen von Vermietungseinkünften, oder

wenn sie nicht als Sonderausgaben oder als außergewöhnliche Belastung berücksichtigt worden sind.

Beispiel: Abgrenzung Steuerermäßigung bzw. Werbungskosten, Betriebsausgaben

Der Stpfl. lässt die Rasenflächen seines vermieteten Einfamilienhauses sowie seines Geschäftsgebäudes schneiden und pflegen.

Weil die Aufwendungen dafür Werbungskosten bzw. Betriebsausgaben sind, können sie für eine Steuerermäßigung nicht berücksichtigt werden.

a) Haushaltsnahe Beschäftigung mit Minijob

121 Zur **Höhe** der **Steuerermäßigung** für haushaltsnahe Beschäftigungsverhältnisse → Tz. 40, → Tz. 106.

Haushaltsnah ist ein Beschäftigungsverhältnis, wenn es eine haushaltsnahe Tätigkeit zum Gegenstand hat, z.B. Zubereiten von Mahlzeiten im Haushalt, Reinigung der Wohnung und Kleidung des Stpfl., Gartenpflege, Pflege und Betreuung von Kindern und alten oder pflegebedürftigen Personen. Beschäftigungsverhältnisse **zwischen** im Haushalt zusammenlebenden nahen Angehörigen oder zwischen Partnern einer eingetragenen Lebenspartnerschaft oder einer nichtehelichen Lebensgemeinschaft werden nicht anerkannt.

In diesen Fällen setzt ein **geringfügiges Beschäftigungsverhältnis** (i.S.d. § 8a SGB IV) voraus, dass der Stpfl. als Arbeitgeber das Haushaltsscheckverfahren anwendet (Abwicklung über die Minijob-Zentrale in 45115 Essen).

Um die Steuerermäßigung im Rahmen der Einkommensteuererklärung geltend machen zu können, stellt die Minijob-Zentrale nach Ablauf des Kalenderjahrs nach § 28h Abs. 4 SGB IV eine entsprechende Bescheinigung aus und schickt sie dem Arbeitgeber zu. Sie enthält die Höhe des Arbeitsentgelts, das der Arbeitgeber dem Minijobber im gesamten Vorjahr gezahlt hat, sowie die weiteren erforderlichen Abgaben. Die Einkommensteuerermäßigung beträgt bei einer ganzjährigen Beschäftigung maximal 42,50 € im Monat (1/12 von 510 €).

122 Zu den **begünstigten Aufwendungen** gehört der Bruttoarbeitslohn bzw. das Arbeitsentgelt sowie die vom Arbeitgeber getragenen Sozialversicherungsbeiträge und weiteren Beiträge, die pauschalen Lohnsteuern ggf. zuzüglich Solidaritätszuschlag und Kirchensteuer. Der Höchstbetrag ermäßigt sich nicht, falls die Voraussetzungen für die Steuerermäßigung nicht im ganzen Kalenderjahr vorgelegen haben (Jahresbetrag).

b) Handwerkerleistungen

123 Bei der Inanspruchnahme von **Handwerkerleistungen** für **Renovierungs-, Erhaltungs- und Modernisierungsmaßnahmen** ermäßigt sich die tarifliche Einkommensteuer auf Antrag um 20 % der gezahlten Aufwendungen, höchstens **1 200 €** im Kalenderjahr. Begünstigt sind handwerkliche Tätigkeiten in der von Mietern und Eigentümern zu eigenen Wohnzwecken genutzten Wohnung, z.B. Streichen und Tapezieren, Beseitigung kleinerer Schäden, Erneuerung des Bodenbelags (Teppichboden, Parkett oder Fliesen), Modernisierung des Badezimmers oder Austausch von Fenstern. Ferner sind begünstigt Aufwendungen für Renovierungs-, Erhaltungs- und Modernisierungsarbeiten auf dem Grundstück, z.B. Garten-, Wegebauarbeiten sowie **Kontrollaufwendungen**, z.B. Schornsteinfegergebühren. Zur Haushaltsführung gehört auch das Bewirtschaften von Zubehörräumen und Außenanlagen. Die Grenzen des Haushalts in diesem Sinne werden regelmäßig – unabhängig von den Eigentumsverhältnissen – durch die Grundstücksgrenzen abgesteckt.

124 Voraussetzung für die Steuerermäßigung ist, dass der Stpfl. die gezahlten Aufwendungen bzw. diesen Betrag durch Vorlage einer **Rechnung** und die Zahlung auf das **Konto** des Erbringers der Handwerkerleistung durch Beleg des Kreditinstituts, z.B. Kontoauszug, nachweisen kann. Eine Vorlage dieser Nachweise beim Finanzamt ist grundsätzlich nicht erforderlich; lediglich auf Anforderung. Barzahlungen werden steuerlich nicht berücksichtigt.

Die Steuerermäßigung gilt nur für Arbeitskosten sowie für Maschinen-, Fahrtkosten und für Verbrauchsmittel, die regelmäßig in der Rechnung gesondert ausgewiesen werden. Nicht begünstigt sind Material- oder Warenkosten. Leben zwei Alleinstehende in einem Haushalt zusammen, können sie die Höchstbeträge insgesamt jeweils nur einmal in Anspruch nehmen.

c) Andere haushaltsnahe Beschäftigungen und Dienstleistungen

Wird eine haushaltsnahe Beschäftigung nicht als Minijob (→ Tz. 121) sondern sozialversicherungspflichtig ausgeübt und rechnen haushaltsnahe Dienstleistungen nicht zu den Handwerkerleistungen (→ Tz. 123), kommt eine weitere Steuerermäßigung in Betracht (i.H.v. 20 % der gezahlten Aufwendungen, höchstens **4 000 €** im Kalenderjahr). 125

Dieser Höchstbetrag darf für sämtliche sozialversicherungspflichtige haushaltsnahe Beschäftigungen und Dienstleistungen insgesamt nur einmal im Jahr angesetzt werden. Soll sich die Steuerermäßigung bereits beim Lohnsteuerabzug auswirken, kann der Arbeitnehmer beim Finanzamt einen entsprechenden Freibetrag als Lohnsteuerabzugsmerkmal beantragen.

Zu diesen haushaltsnahen Dienstleistungen gehören Tätigkeiten, die gewöhnlich durch Mitglieder des privaten Haushalts erledigt werden und für die eine Dienstleistungsagentur oder ein selbständiger Dienstleister in Anspruch genommen wird, z.B. Reinigung der Wohnung durch Angestellte einer Dienstleistungsagentur, Pflege von Angehörigen durch einen Pflegedienst, Gartenpflegearbeiten wie Rasenmähen, Heckenschneiden, oder Umzugsdienstleistungen für Privatpersonen.

Diese Steuerermäßigung bis zu 4 000 € kommt auch dann in Betracht, wenn **Pflege- und Betreuungsleistungen** auf Grund von Krankheit oder Pflegebedürftigkeit in Anspruch genommen werden. Begünstigt sind Aufwendungen, die auf Grund der Unterbringung in einem Heim oder zur dauernden Pflege erwachsen, soweit darin Kosten für Dienstleistungen enthalten sind, die mit denen einer Hilfe im Haushalt vergleichbar sind. 126

Für die Nachweispflichten gilt → Tz. 124 entsprechend, Leistungen der Pflegeversicherung sind anzurechnen, so dass nur die nicht durch die Pflegeversicherung finanzierten Aufwendungen zu einer Steuerermäßigung führen. Der Pflege-Pauschbetrag (→ Tz. 38, 110) schließt eine Berücksichtigung der Pflegeaufwendungen als Steuerermäßigung aus.

d) Ausschluss einer Doppelförderung

Liegen die Voraussetzungen für eine Steuerermäßigung bei Aufwendungen für ein haushaltsnahes **Beschäftigungsverhältnis** vor, scheidet eine Steuerermäßigung wegen Inanspruchnahme einer haushaltsnahen **Dienstleistung** (Kinderbetreuungskosten) aus. 127

Zur vertieften Erläuterung, insbesondere zur Berücksichtigung von Aufwendungen für Betreuungs- oder Pflegeleistungen sowie für das Wohnen in einem Altenwohnheim oder Pflegeheim s. BMF v. 9.11.2016, IV C 8 – S 2296-b/07/10003 :008, BStBl I 2016, 1213. Dieses Schreiben enthält auch eine Aufzählung der steuerlich begünstigten sowie der nicht begünstigten haushaltsnahen Dienstleistungen und Handwerkerleistungen.

IV. Durchführung der Antragsveranlagung zur Einkommensteuer

Hat die überschlägige Prüfung ergeben, dass während des Kalenderjahrs mehr Lohnsteuer als die maßgebende Einkommensteuer gezahlt worden ist, sollte unbedingt ein Antrag auf Durchführung einer Veranlagung zur Einkommensteuer (Antragsveranlagung, → Tz. 129) gestellt werden; sonst bleibt das Geld in der Staatskasse. 128

1. Abgabe der Einkommensteuererklärung für die Antragsveranlagung und Pflichtveranlagung

Wie in der Vorbemerkung unter → Tz. 32 f. erläutert, unterscheidet das EStG zwischen einer Arbeitnehmer-Veranlagung von Amts wegen (sog. Pflichtveranlagung) und der Arbeitnehmer-Veranlagung auf Antrag (sog. Antragsveranlagung). 129

Von Amts wegen, also auch ohne Antrag des Arbeitnehmers, ist eine Einkommensteuer-Veranlagung durchzuführen,

- wenn die positive Summe der einkommensteuerpflichtigen Einkünfte, die nicht dem Steuerabzug vom Arbeitslohn zu unterwerfen waren, oder die positive Summe der Einkünfte und Leistungen, die dem Progressionsvorbehalt unterliegen, jeweils mehr als 410 € beträgt;
- wenn der Stpfl. aus mehreren Dienstverhältnissen nebeneinander Arbeitslohn bezogen hat, es sei denn, ein Dritter hat die von mehreren Arbeitgebern bezogenen Arbeitslöhne für den Lohnsteuerabzug zusammengefasst und abgerechnet;
- wenn die nach dem Splittingverfahren (Zusammenveranlagung) zu besteuernden Ehegatten beide Arbeitslohn bezogen haben und einer für das Kalenderjahr oder einen Teil davon nach Steuerklasse V oder VI besteuert worden ist oder wenn bei der Steuerklasse IV ein Faktor berücksichtigt worden ist;
- wenn bei dem Stpfl. die Summe der beim Lohnsteuerabzug berücksichtigten Teilbeträge der Vorsorgepauschale für die gesetzliche und private Kranken- und Pflegeversicherung höher ist als die später bei der Veranlagung als Sonderausgaben abziehbaren tatsächlichen Vorsorgeaufwendungen.

  Hierzu gehört grundsätzlich auch der Fall, dass die beim Lohnsteuerabzug berücksichtigte Mindestvorsorgepauschale höher ist als die bei der Veranlagung zur Einkommensteuer als Sonderausgaben abziehbaren (tatsächlichen) Vorsorgeaufwendungen.

  Dies betrifft einen Großteil der Arbeitnehmer mit geringem Arbeitslohn sowie Soldaten und Arbeitslohn beziehende Studenten und Auszubildende. Für sie besteht in 2021 eine Veranlagungsverpflichtung jedoch nur dann, wenn der im Kalenderjahr erzielte Jahresarbeitslohn 12 250 € bei Ledigen bzw. 23 250 € bei Ehegatten übersteigt;
- wenn in 2021 für den Arbeitnehmer/Stpfl. ein Freibetrag gebildet (Lohnsteuer-Ermäßigungsverfahren) und beim Lohnsteuerabzug berücksichtigt worden ist und der im Kalenderjahr insgesamt erzielte Arbeitslohn 12 250 € übersteigt oder bei Ehegatten, welche die Voraussetzungen für die Zusammenveranlagung erfüllen, der im Kalenderjahr 2021 von den Ehegatten insgesamt erzielte Arbeitslohn mehr als 23 250 €beträgt;
- bei einem Elternpaar, das nicht als Ehegatten zusammenlebt, wenn beide Elternteile die Übertragung des einem Elternteil zustehenden Anteils am abzuziehenden Ausbildungsfreibetrag auf den anderen Elternteil beantragen (§ 33a Abs. 2 Satz 5 EStG) oder wenn beide Elternteile eine Aufteilung des Pauschbetrags für Menschen mit Behinderungen oder des Pauschbetrags für Hinterbliebene in einem anderen Verhältnis als je zur Hälfte beantragen (§ 33b Abs. 5 Satz 3 EStG).

  Diese Veranlagungspflicht besteht für jeden Elternteil, der Einkünfte aus nichtselbständiger Tätigkeit bezogen hat;
- wenn für eine Entschädigung (z.B. Entlassungsentschädigung) oder eine Vergütung für mehrjährige Tätigkeiten die Lohnsteuer mit dem ermäßigten Steuersatz nach § 34 EStG (Fünftelung) berechnet worden ist oder ein Dritter tarifvertragliche Geldansprüche („Urlaubskasse Baugewerbe") gezahlt und diese mit 20 % pauschal versteuert hat (§§ 38 Abs. 3a Satz 1, 39c Abs. 3 EStG);
- wenn der Arbeitgeber die Lohnsteuer für einen sonstigen Bezug ohne Berücksichtigung des beim früheren Arbeitgeber bezogenen Arbeitslohns berechnet hat, sondern durch Hochrechnung des aktuellen Arbeitslohns (Großbuchstabe S in Lohnsteuerbescheinigung);
- wenn die Ehe/Partnerschaft eines Arbeitnehmers im Kalenderjahr durch Tod, Scheidung oder Aufhebung aufgelöst worden ist und er oder sein Ehegatte/Partner im Kalenderjahr wieder geheiratet hat;
- wenn
  a) für einen im Inland lebenden unbeschränkt Stpfl. i.S.d. § 1 Abs. 1 EStG bei den Lohnsteuerabzugsmerkmalen der im Ausland lebende Ehegatte i.S.d. § 1a Abs. 1 Nr. 2 EStG berücksichtigt worden ist oder
  b) für einen im Ausland lebenden und zum Personenkreis des § 1 Abs. 3 EStG oder des § 1a EStG gehörenden Stpfl. das Betriebsstättenfinanzamt entsprechend der beantragten unbeschränkten Einkommensteuerpflicht nach § 39 Abs. 2 EStG Lohnsteuerabzugsmerkmale gebildet hat; dieses Finanzamt ist dann auch für die Veranlagung zur Einkommensteuer zuständig.

Es besteht **keine** Verpflichtung zur Abgabe einer Einkommensteuererklärung, wenn im Kalenderjahr

- lediglich der Pauschbetrag für behinderte Menschen oder der Pauschbetrag für Hinterbliebene oder
- beim Entlastungsbetrag für Alleinerziehende ein Erhöhungsbetrag

als Lohnsteuerabzugsmerkmal gebildet worden ist oder wenn die Kinderfreibetragszahl geändert worden ist.

2. Antragstellung

Für die Antragstellung ist zu unterscheiden, ob eine Pflicht- 130
bzw. Amtsveranlagung oder eine Antragsveranlagung (→ Tz. 32 f., → Tz. 129) durchzuführen ist. Die Anträge sind mittels der amtlich vorgeschriebenen Einkommensteuererklärung sowie den dazugehörenden Anlagen einzureichen.

Bei dem Vierjahreszeitraum der **Antragsveranlagung** handelt es sich um eine Ausschlussfrist, die grundsätzlich nicht verlängert werden kann. Eine Wiedereinsetzung in den vorigen Stand (§ 110 AO) kann jedoch bei schuldloser Versäumung der Frist gewährt werden.

Bei einer **Pflichtveranlagung** zur Einkommensteuer endet die Frist für die Abgabe der Einkommensteuererklärung am 31.7. des Folgejahrs. Folglich läuft die Frist für die Abgabe der Einkommensteuererklärung 2021 am 31.7.2022 ab. Weil dies jedoch ein Sonntag ist, verschiebt sich die Abgabefrist bis zum Ablauf des nächstfolgenden Werktags (1.8.2022). Fristverstöße bzw. eine verspätete Erklärungsabgabe werden jetzt strenger verfolgt. Nunmehr verlangt das Finanzamt stets einen Verspätungszuschlag. Dieser beträgt regelmäßig 0,25 % der festgesetzten Steuer abzüglich Vorauszahlungen und Steuerabzugsbeträge, mindestens jedoch 25 € für jeden angefangenen Monat der eingetretenen Verspätung.

Kann der Abgabetermin nicht eingehalten werden, sollte beim Finanzamt ein Antrag auf Fristverlängerung gestellt werden (mit Begründung). Ein Anspruch auf Fristverlängerung besteht jedoch nicht. Ob und für welchen Zeitraum die Abgabefrist verlängert wird, entscheidet das Finanzamt im Rahmen seines Ermessens.

Wird ein Stpfl. durch einen Lohnsteuer-Hilfeverein oder einen Steuerberater vertreten, ist eine Fristverlängerung bis Ende Februar des übernächsten Jahrs möglich; für 2021 also bis zum 28.2.2023.

Für die **Durchführung** der Einkommensteuer-Veranlagung ist 131
das Finanzamt zuständig, in dessen Bezirk der Stpfl. im Zeitpunkt der Antragstellung seinen Wohnsitz oder in Ermangelung seines Wohnsitzes seinen gewöhnlichen Aufenthalt hat (Wohnsitzfinanzamt). Hat der Arbeitnehmer mehrere Wohnsitze im Inland, ist der Wohnsitz maßgebend, an dem er sich im Zeitpunkt der Antragstellung vorwiegend aufgehalten hat, bzw. bei einem verheirateten Arbeitnehmer, der von seinem Ehegatten nicht dauernd getrennt lebt, der Wohnsitz, an dem sich die Familie vorwiegend aufgehalten hat.

Verheiratete Stpfl. haben den Antrag für die Antragsveranla- 132
gung gemeinsam zu stellen, vorausgesetzt, dass sie im Veranlagungszeitraum (= Kalenderjahr) beide unbeschränkt einkommensteuerpflichtig waren, nicht dauernd getrennt gelebt haben und die Zusammenveranlagung beantragen. Ist einer der beiden Stpfl. aus zwingenden Gründen dazu nicht in der Lage, kann ausnahmsweise der andere Partner den Antrag alleine stellen.

Für die Steuererklärung stehen mehrere Möglichkeiten bereit. Wie bisher bieten die Finanzämter kostenlose Papierformulare an. Zusätzlich hält die Finanzverwaltung einen kostenlosen elektronischen Weg bereit: Mit einem üblichen Browser kann im Internet unter https://www.elster.de die Anwendung „Mein Elster" aufgerufen werden. Auf diesem Weg können auch die vorausgefüllte Steuererklärung oder gespeicherte Bescheinigungen elektronisch abgerufen werden. Als Voraussetzung für diese Verfahren muss sich der Stpfl. unter o.g. Internetadresse registrieren („authentifizierte Übermittlung). Informationen hierzu stellt die Finanzverwaltung im Internet bereit.

Passend zu dem elektronischen Verfahren hat die Finanzverwaltung die **Papierformulare** strukturiert. Der zweiseitige Hauptvordruck ESt 1 A ist stets auszufüllen und dem Finanzamt zuzuleiten; hinzu kommen zahlreiche Anlagen; z.B. die „Anlage N“ für Einkünfte als Arbeitnehmer mit Angaben zum Arbeitslohn sowie zu den Werbungskosten.

Für die Erklärung der anderen steuermindernden Ausgaben stehen weitere Anlagen bereit wie „Außergewöhnliche Belastungen“, „Haushaltsnahe Aufwendungen“, „Kind“, „Sonderausgaben“, „Unterhalt“ sowie „Vorsorgeaufwand“.

Seit dem Kalenderjahr 2019 verzichtet die Finanzverwaltung auf die Angabe zahlreicher **Besteuerungsgrundlagen** des Stpfl.; z.B. auf den Bruttoarbeitslohn sowie die zugehörigen Lohnsteuerabzugsbeträge, auf bestimmte Beiträge zur Kranken-, Pflegeversicherung und zur Altersvorsorge sowie von Lohnersatzleistungen. Sie sind auf Grund elektronischer Datenübermittlungen der mitteilungspflichtigen Stellen bei der Finanzverwaltung bereits gespeichert; sog. **eDaten**.

Das neue **Anlagensystem** verlangt vom Stpfl. eine gewisse Grundkenntnis im Einkommensteuerrecht. So muss er z.B. wissen, dass Krankheitskosten zu den außergewöhnlichen Belastungen gehören und in dieser Anlage angegeben werden müssen. Hierfür helfen die vorangegangenen Erläuterungen weiter.

Belege sollen der Einkommensteuererklärung grundsätzlich nicht beigefügt werden. Hierbei verfahren die Länder z.T. unterschiedlich. Der Stpfl. muss sie dennoch aufbewahren. Denn das Finanzamt **verzichtet** zunächst lediglich auf ihre Vorlage. Im Bedarfsfall werden sie angefordert; z.B. i.R. einer Überprüfung. Soweit nicht anders geregelt (z.B. für Handwerkerrechnungen), müssen die Belege bis zur Bestandskraft des Einkommensteuerbescheids aufbewahrt werden. Für ein Einspruchs- oder gar Klageverfahren werden sie regelmäßig benötigt.

Arbeitnehmer, die im Kalenderjahr zeitweise nicht in einem 133
Dienstverhältnis gestanden haben (Nichtbeschäftigungszeiten), müssen diese Zeiten nachweisen oder zumindest in geeigneter Weise glaubhaft machen. Die Dauer der Nichtbeschäftigung kann z.B. durch eine Bescheinigung der Agentur für Arbeit (Leistungsbescheid Arbeitslosengeld oder Leistungen nach dem Dritten Sozialgesetzbuch) nachgewiesen werden. Bei Teilzeitbeschäftigten, für deren Arbeitslohn in dieser Zeit die Lohnsteuer pauschal erhoben worden ist, reicht eine Bescheinigung des Arbeitgebers aus.

3. Erstattung der Lohnsteuer

Das Finanzamt übersendet nach der Durchführung der Ein- 134
kommensteuer-Veranlagung einen **Steuerbescheid,** aus dem man ersehen kann, welche Steuerbeträge (Einkommensteuer, Kirchensteuer und Solidaritätszuschlag) festgesetzt und nach Verrechnung mit den vom Arbeitgeber einbehaltenen Beträgen (ggf.) erstattet werden.

Eine Abtretung oder Verpfändung der Einkommensteuer-Er- 135
stattungsansprüche hat der Arbeitnehmer dem Finanzamt auf einem vorgeschriebenen Vordruck anzuzeigen – sobald solch ein Anspruch entstanden ist. Der Zeitpunkt des Anzeigeneingangs beim Finanzamt ist bei mehrfacher Abtretung oder Verpfändung der Erstattungsansprüche wichtig für die Wirksamkeit und Rangfolge der abgetretenen oder verpfändeten Beträge.

E. Kirchensteuer

I. Jahresausgleich bei der Kirchensteuer

1. Allgemeines zum Kirchensteuerabzug

136 Die Kirchensteuer ist vom Arbeitgeber neben der Lohnsteuer einzubehalten und an das Finanzamt abzuführen. Sie wird grundsätzlich mit einem bestimmten, in den einzelnen Ländern verschiedenen Prozentsatz der Lohnsteuer erhoben.

Ändert sich der Lohnsteuerbetrag, so wirkt sich dies auch auf die Kirchensteuer aus; denn die Kirchensteuer wird nach Maßgabe der Lohnsteuer berechnet. Der Arbeitgeber muss deshalb die Kirchensteuer in den Jahresausgleich einbeziehen:

- Er hat zunächst zu prüfen, ob die Voraussetzungen für den Kirchensteuerabzug während des gesamten Jahres gegeben waren;
- er hat die Jahreskirchensteuer auf Grund der ermittelten Jahreslohnsteuer zu berechnen;
- er hat den Kirchensteuerabzug ggf. zu korrigieren.

2. Voraussetzungen für den Kirchensteuerabzug

137 Der Arbeitgeber hat sich allein nach dem Nachweis in den Lohnsteuerabzugsmerkmalen (§§ 39, 39e EStG, BMF-Schreiben v. 8.11.2018; BStBl I 2018, 1137) bzw. der Bescheinigung für den Lohnsteuerabzug (§ 39 Abs. 3 EStG) zu richten. Ist eine der folgenden Kirchen, Religionsgemeinschaften oder Weltanschauungsgemeinschaften vermerkt, muss er Kirchensteuer[1)] abziehen:

Baden-Württemberg	evang., röm.-kath. und alt-kath. Kirche, israelitische Religionsgemeinschaften Baden und Württemberg, Freireligiöse Landesgemeinden Baden
Bayern	evang., röm.-kath., alt-kath. Kirche, israelitische Kultusgemeinden
Berlin	evang., röm.-kath. und alt-kath. Kirche
Brandenburg	evang., röm.-kath. und alt-kath. Kirche, Freireligiöse Gemeinde Mainz, Israelitische Kultusgemeinden in Bayern, Jüdische Gemeinde in Hamburg, Jüdische Gemeinden in Hessen, Jüdische Gemeinde Frankfurt am Main, Jüdische Gemeinden von Nordrhein, Jüdische Gemeinden von Westfalen-Lippe, Synagogen-Gemeinde Köln
Bremen	evang. und röm.-kath. Kirche
Hamburg	evang. (ev., lt., rf., fr.), röm.-kath. und alt-kath. Kirche, jüdische Gemeinde
Hessen	evang. (ev., lt., rf., fr.), röm.-kath. und alt-kath. Kirche, jüdische Gemeinden in Frankfurt, Gießen, Kassel, Darmstadt, Bad Nauheim, freireligiöse Gemeinden Mainz und Offenbach
Mecklenburg-Vorpommern	evang. und röm.-kath. Kirche
Niedersachsen	ev.-luth., ev.-ref. (evang.), röm.-kath. und alt-kath. Kirche
Nordrhein-Westfalen	evang. (ev., lt., rf., fr.), röm.-kath. und alt-kath. Kirche, Landesverbände der jüdischen Kultusgemeinde Nordrhein und Westfalen-Lippe und Synagogengemeinde Köln
Rheinland-Pfalz	evang., röm.-kath. und alt-kath. Kirche, jüdische Kultusgemeinde Koblenz, jüdische Kultusgemeinde Bad Kreuznach, freireligiöse Gemeinde Mainz, Freireligiöse Landesgemeinde Pfalz und Freie Religionsgemeinschaft Alzey
Saarland	evang. röm.-kath. und alt-kath. Kirche, Synagogengemeinde Saar
Sachsen	evang. und röm.-kath. Kirche
Sachsen-Anhalt	evang. und röm.-kath. Kirche
Schleswig-Holstein	evang., röm.-kath. und alt-kath. Kirche, jüdische Gemeinde Hamburg
Thüringen	evang. und röm.-kath. Kirche

1) Evangelische Kirchensteuer ist auch dann einzubehalten, wenn in den elektronischen Lohnsteuerabzugsmerkmalen bzw. auf der Lohnsteuerabzugsbescheinigung statt des Religionsmerkers „ev.“ die Merker „lt.“, „rf.“ oder „fr.“ ausgewiesen werden.

Zu den Religionsmerkern s. i.Ü. die Bekanntmachung des Musters für die Lohnsteuer-Anmeldung 2022, Bekanntmachung v. 11.8.2021, IV C 5 – S 2533/19/10026 :002, BStBl I 2021, 1075.

138 Bei kirchensteuerpflichtigen Beschäftigten beginnt der Steuerabzug bei der ersten Lohnzahlung nach einer Neueinstellung und endet mit der letzten Lohnzahlung (im Todesfall spätestens mit Ablauf des Sterbemonats).

139 Wer während eines Beschäftigungsverhältnisses **Mitglied einer Religionsgemeinschaft** wird, hat bei der Lohnzahlung Kirchensteuer zu entrichten, die in den auf den Aufnahmetag folgenden Kalendermonat fällt. Ein **Übertritt** wirkt sich erst nach dem Ende der bisherigen Kirchensteuerpflicht aus. Bei einem **Kirchenaustritt,** auch bei einem Übertritt zu einer anderen Religionsgemeinschaft, endet der Kirchensteuerabzug mit dem Monat, in dem der Austritt/Übertritt wirksam geworden ist.

140 Sind während des Jahres Änderungen in der Kirchensteuerpflicht (z.B. durch Kirchenaustritt) eingetreten, die bei den Gehalts- bzw. Lohnabrechnungen nicht oder nur zu einem verspäteten Zeitpunkt berücksichtigt wurden, so muss die Kirchensteuer nachträglich entsprechend berichtigt werden. In jedem Fall ist der Nachweis in den Lohnsteuerabzugsmerkmalen (§§ 39, 39e EstG, BMF-Schreiben v. 8.11.2018; BStBl I 2018, 1137) bzw. der Bescheinigung für den Lohnsteuerabzug (§ 39 Abs. 3 EStG) bei Beginn oder Ende der Kirchensteuerpflicht maßgeblich.

Beispiel:

Bestand die Kirchensteuerpflicht nur sieben Monate, so beträgt die Kirchensteuer in der Steuerklasse III bei einer Jahreslohnsteuer von 2 154 € nur 2 154 € × 7/12 × 9 % = 113,08 €.

3. Steuerpflicht bei Ehegatten/ eingetragenen Lebenspartnerschaften

141 Wie verhält es sich mit der Kirchensteuer, wenn **Ehegatten/ Lebenspartner verschiedene Konfessionen** haben, oder wenn einer von ihnen einer nicht Steuer erhebenden bzw. keiner Religionsgemeinschaft angehört?

Im ersten Fall wird die Kirchensteuer des oder der steuerpflichtigen Ehe-/Lebenspartner auf beide Steuer erhebenden Religionsgemeinschaften je zur Hälfte aufgeteilt. **Ausnahme** in **Bayern, Bremen** und **Niedersachsen;** dort wird die volle Kirchensteuer des Beschäftigten jeweils für die Religionsgemeinschaft einbehalten, der er angehört. So wird generell auch verfahren, wenn der **Arbeitnehmer** Mitglied einer Steuer erhebenden Religionsgemeinschaft ist, **nicht** aber sein **Ehe-/Lebenspartner.**

Gehört der Arbeitnehmer dagegen keiner oder einer nicht Steuer erhebenden Religionsgemeinschaft an, ist keine Kirchensteuer einzubehalten – auch dann nicht, wenn der Ehe-/ Lebenspartner einer Steuer erhebenden Religionsgemeinschaft angehört.

4. Kirchensteuersätze

142 Der Kirchensteuersatz beträgt

- in **Baden-Württemberg**[1] und **Bayern** 8 % der Lohnsteuer;
- in Berlin, Brandenburg, Bremen, Hamburg, Hessen, Mecklenburg-Vorpommern, Niedersachsen, Nordrhein-Westfalen, Rheinland-Pfalz, im Saarland, in Sachsen, Sachsen-Anhalt, Schleswig-Holstein und Thüringen 9 % der Lohnsteuer.

Bei der Ermittlung der Kirchensteuer hat der Arbeitgeber zu beachten,

- dass diese Steuer in einigen Bundesländern auf einen bestimmten Höchstsatz des zu versteuernden Einkommens begrenzt ist (Kappung, → Tz. 144).

5. Maßgebliches Bundesland

143 Bei der **Berechnung der Jahreskirchensteuer** sind in den Bundesländern die unterschiedlichen Bestimmungen zu beachten. Dabei gilt:

1) Für röm.-kath. Kirchengemeinde der Diözese Mainz in Bad Wimpfen 9 % ab VZ 2016.

Der Arbeitgeber hat sich jeweils nach den Bestimmungen des Landes zu richten, in dem sein Betrieb liegt – egal, ob ein Beschäftigter im selben oder in einem anderen Bundesland wohnt. Ausnahmen gibt es in Niedersachsen, Nordrhein-Westfalen und Rheinland-Pfalz: Hier kann der Arbeitgeber beim Finanzamt beantragen, dass die Kirchensteuer nach dem Steuersatz berechnet wird, der am Wohnort des Mitarbeiters gilt. In den übrigen Bundesländern wird es i.d.R. von der Finanzverwaltung nicht beanstandet, wenn der Arbeitgeber ebenso verfährt.

6. Kappung der Kirchensteuer

Die folgende Tabelle zeigt, in welchen Bundesländern die Kirchensteuer auf bestimmte Höchstsätze des zu versteuernden Einkommens begrenzt wird: 144

Bundesland	Höchstsatz vom zu versteuernden Einkommen
Baden-Württemberg	ev. Württemberg 2,75 % / ev. Baden und kath. Diözesen 3,5 % (auf Antrag)
Bayern	–
Berlin	3 %
Brandenburg	3 %
Bremen	3,5 %
Bremerhaven	3,5 %
Hamburg	3 %
Hessen	ev. Kirchen 3,5 % / kath. Diözesen 4 % (auf Antrag)
Mecklenburg-Vorpommern	3 %
Niedersachsen	3,5 %
Nordrhein-Westfalen	ev. Kirchen 3,5 % / kath. Diözesen 4 % (auf Antrag)
Rheinland-Pfalz	ev. Kirchen 3,5 % / kath. Diözesen 4 % (auf Antrag)
Saarland	ev. Kirchen 3,5 % / kath. Diözesen 4 % (auf Antrag)
Sachsen	3,5 %
Sachsen-Anhalt	3,5 %
Schleswig-Holstein	3 %
Thüringen	3,5 %

In den Ländern **Berlin, Brandenburg, Bremen, Hamburg, Niedersachsen, Sachsen, Sachsen-Anhalt, Schleswig-Holstein** und **Thüringen** ist beim Lohnsteuer-Jahresausgleich die Kappung der Kirchensteuer – d.h. Begrenzung der Kirchensteuer auf 3 % bzw. 3,5 % des zu versteuernden Einkommens – zwingend vorgeschrieben.

In den Ländern **Baden-Württemberg, Hessen, Nordrhein-Westfalen, Rheinland-Pfalz** und **Saarland** wird die Kappung in bestimmten Landeskirchen und Diözesen auf Antrag gewährt (siehe obenstehende Übersicht). Ist dieser Antrag bewilligt worden, so beträgt die Kirchensteuer nicht mehr 8 % bzw. 9 % der Lohnsteuer, sondern 2,75 %, 3,5 %, 3,75 % bzw. 4 % des zu versteuernden Einkommens.

7. Mindestbetrags-Kirchensteuer

Ein Mindestbetrag an Kirchensteuer wird nicht (mehr) erhoben. Bis einschließlich zum Kalenderjahr 2015 wurde ein Mindestbetrag i.H.v. 3,60 € jährlich (nur noch) von der Evangelischen Kirche in Mitteldeutschland in Sachsen-Anhalt erhoben[1]: 145

8. Korrektur der Kirchensteuerabzüge

Sollte sich beim Vergleich der errechneten **Jahreskirchensteuer** und der bei den Lohn- bzw. Gehaltszahlungen einbehaltenen Kirchensteuer zeigen, dass zu viel oder zu wenig abgezogen wurde, wird ebenso verfahren wie im entsprechenden „Lohnsteuerfall". 146

1) S. dazu Kirchensteuerbeschlüsse im Freistaat Sachsen für das Kalenderjahr 2016 v. 27.5.2016, BStBl I 2016, 259.

II. Auskünfte in Kirchensteuerfragen

147 Bei Einzel- oder in Zweifelsfragen erteilen die folgenden Religionsgemeinschaften Auskunft:

Evangelische Landeskirchen

Evang. Landeskirchen	Behörde	Str./Ort	Tel.	Fax
Anhalt	Landeskirchenrat der Ev. Kirche Anhalts	Friedrichstr. 22/24 06844 Dessau www.landeskirche-anhalts.de	0340 2526-0	2526-130
Baden	Ev. Oberkirchenrat Baden	Blumenstr. 1-7 76133 Karlsruhe www.ekiba.de	0721 9175-175	9175-553
Bayern	Landeskirchenamt der Ev.-Luth. Landeskirche in Bayern	Katharina-v.-Bora-Str. 7-13 80333 München www.bayern-evangelisch.de	089 5595-0	5595-444
Berlin-Brandenburg – schlesische Oberlausitz	Ev. Zentrum Berlin-Brandenburg-schlesische Oberlausitz	Georgenkirchstr. 69 10249 Berlin www.ekbo.de	030 24344-121	24344-500
Braunschweig	Landeskirchenamt der Ev.-luth. Landeskirche in Braunschweig	Dietr.-Bonhoeffer-Str. 1 38300 Wolfenbüttel www.landeskirche-braunschweig.de	05331 802-0	802-707
Bremen	Kirchenkanzlei der Bremischen Ev. Kirche	Franziuseck 2-4 28199 Bremen www.kirche-bremen.de	0421 5597-0	5597-265
Hannover	Landeskirchenamt der Ev.-Luth. Landeskirche Hannover	Rote Reihe 6 30169 Hannover www.landeskirche-hannover.de	0511 1241-0	1241-266
Hessen-Nassau	Kirchenverwaltung der Ev. Kirche in Hessen und Nassau	Paulusplatz 1 64285 Darmstadt www.ekhn.de	06151 405-0	405-220
Kurhessen-Waldeck	Landeskirchenamt der Ev. Kirche in Kurhessen-Waldeck	Wilhelmshöher Allee 330 34131 Kassel www.ekkw.de	0561 9378-0	9378-400
Lippe	Landeskirchenamt der Lippischen Landeskirche	Leopoldstr. 27 32756 Detmold www.lippische-landeskirche.de	05231 976-60	976-8164
Mitteldeutschland	Landeskirchenamt der Ev. Kirche in Mitteldeutschland	Michaelisstr. 39 99084 Erfurt www.ekmd.de	0361 51800-143	51800-149
Nordkirche	Landeskirchenamt der Ev.-Luth. Kirche in Norddeutschland	Dänische Str. 21-35 24103 Kiel www.nordkirche.de	0431 9797-5	9797-997
Oldenburg	Oberkirchenrat der Ev.-Luth. Kirche in Oldenburg	Philosophenweg 1 26121 Oldenburg www.ev-kirche-oldenburg.de	0441 7701-0	7701-2199
Pfalz	Landeskirchenrat Ev. Kirche der Pfalz	Domplatz 5 67346 Speyer www.evkirche-pfalz.de	06232 667-0	667-480
Reformierte Kirche	Reformierter Synodalrat	Saarstr. 6 26789 Leer www.reformiert.de	0491 9198-0	9198-251
Rheinland	Landeskirchenamt der Ev. Kirche im Rheinland	H.-Böckler-Str. 7 40476 Düsseldorf www.ekir.de	0211 4562-0	4562-444
Sachsen (Landeskirche)	Landeskirchenamt der Ev.-Luth. Landeskirche Sachsens	Lukasstr. 6 01069 Dresden www.evlks.de	0351 4692-0	4692-109
Schaumburg-Lippe	Landeskirchenamt der Ev.-Luth. Landeskirche Schaumburg-Lippe	Bahnhofstr. 6 31675 Bückeburg www.landeskirche-schaumburg-lippe.de	05722 960-0	960-101
Westfalen	Landeskirchenamt der Ev. Kirche von Westfalen	Altstädter Kirchplatz 5 33602 Bielefeld www.ekvw.de	0521 594-0	594-129
Württemberg	Ev. Oberkirchenrat	Gänsheidestr. 4 70184 Stuttgart www.elk-wue.de	0711 2149-0	2149-9236

Römisch-katholische (Erz-)Bistümer

(Erz-)Bistum	Str./Ort	Tel.	Fax
Aachen	Klosterplatz 7 52062 Aachen www.bistum-aachen.de	0241 452-0	452-436
Augsburg	Fronhof 4 86152 Augsburg www.bistum-augsburg.de	0821 3166-0	3166-209
Bamberg	Domplatz 1-5 96049 Bamberg www.erzbistum-bamberg.de	0951 502-0	502-1509
Berlin	Niederwallstr. 8-9 10117 Berlin www.erzbistumberlin.de	030 32684-0	32684-7136
Dresden	Käthe-Kollwitz-Ufer 84 01309 Dresden www.bistum-dresden-meissen.de	0351 3364-600	3364-791
Eichstätt	Luitpoldstr. 2 85072 Eichstätt www.bistum-eichstaett.de	08421 50-0	50-259
Erfurt	Herrmannsplatz 9 99084 Erfurt www.bistum-erfurt.de	0361 6572-0	6572-444
Essen	Zwölfling 16 45127 Essen www.bistum-essen.de	0201 2204-0	2204-570
Freiburg	Schoferstr. 2 79098 Freiburg www.erzbistum-freiburg.de	0761 2188-0	2188-427
Fulda	Paulustor 5 36037 Fulda www.bistum-fulda.de	0661 87-0	87-578
Görlitz	C.-v.-Ossietzky-Str. 41/43 02826 Görlitz www.bistum-goerlitz.de	03581 4782-0	4782-12
Hamburg	Am Mariendom 4 20099 Hamburg www.erzbistum-hamburg.de	040 24877-100	24877-233
Hildesheim	Domhof 18-21 31134 Hildesheim www.bistum-hildesheim.de	05121 307-0	307-488
Köln	Marzellenstr. 32 50668 Köln www.erzbistum-koeln.de	0221 1642-0	1642-1700
Limburg	Roßmarkt 4 65549 Limburg www.bistumlimburg.de	06431 295-0	295-476

(Erz-)Bistum	Str./Ort	Tel.	Fax
Magdeburg	Max-Josef-Metzger-Str. 1 39104 Magdeburg www.bistum-magdeburg.de	0391 5961-134	5961-100
Mainz	Bischofsplatz 2 55116 Mainz www.bistum-mainz.de	06131 253-0	253-401
München-Freising	Rochusstr. 5 80333 München www.erzbistum-muenchen.de	089 2137-0	2137-1585
Münster	Domplatz 27 48143 Münster www.bistummuenster.de	0251 495-0	495-6086
Osnabrück	Hasestr. 40a 49074 Osnabrück www.bistum-osnabrueck.de	0541 318-0	318-117
Paderborn	Domplatz 3 33098 Paderborn www.erzbistum-paderborn.de	05251 125-0	125-1470
Passau	Residenzplatz 8 94032 Passau www.bistum-passau.de	0851 393-0	393-1109
Regensburg	Niedermünstergasse 1 93047 Regensburg www.bistum-regensburg.de	0941 597-01	597-1055
Rottenburg-Stuttgart	Eugen-Bolz-Platz 1 72108 Rottenburg www.drs.de	07472 169-0	169-555
Speyer	Kleine Pfarrengasse 16 67346 Speyer www.bistum-speyer.de	06232 102-0	102-300
Trier	Mustorstraße 2 54290 Trier www.bistum-trier.de	0651 7105-0	7105-498
Vechta	Bahnhofstr. 6 49377 Vechta www.offizialat-vechta.de	04441 872-0	872-199
Würzburg	Domerschulstr. 2 97070 Würzburg www.bistum-wuerzburg.de	0931 386-0	386-334

Andere Religionsgemeinschaften

	Adresse	Tel.	Fax
Katholisches Bistum der Alt-Katholiken in Deutschland	Gregor-Mendel-Str. 28 53115 Bonn www.alt-katholisch.de	0228 232285	238314
Freie Religionsgemeinschaft Alzey	Am Rabenstein 14 55232 Alzey www.freie-religionsgemein.de	06731 2591	
Freireligiöse Landesgemeinde Baden	T 6, 26 68161 Mannheim www.freireligioese-baden.de	0621 22805	28289
Freireligiöse Landesgemeinde Mainz	Gartenfeldstr. 1 55118 Mainz www.freireligioese-gemeinde-mainz.de	06131 674940	611095
Freireligiöse Gemeinde Offenbach	Schillerplatz 1 63067 Offenbach www.freireligioese-offenbach.de	069 8008060	80080610
Freireligiöse Landesgemeinde Pfalz	Wörthstr. 6a 67059 Ludwigshafen www.freireligioese-pfalz.de	0621 512582	626633
Israelitische Religionsgemeinschaft Baden	Knielinger Allee 11 76133 Karlsruhe www.irg-baden.de	0721 972500	97250-20
Jüdische Gemeinde Bad Nauheim	Karlstr. 34 61231 Bad Nauheim www.jg-badnauheim.de	06032 5605	938956
Landesverband der Israelitischen Kultusgemeinden (Bayern)	Effnerstr. 68 81925 München www.ikg-bayern.de	089 989442	9827354
Jüdische Gemeinde Darmstadt K.d.ö.R.	Wilhelm-Glässing-Str. 26 64283 Darmstadt www.jg-darmstadt.de	06151 28897	296320
Jüdische Gemeinde Frankfurt/M.	Westendstr. 43 60325 Frankfurt/M www.jg-ffm.de	069 768036-100	768036-149
Jüdische Gemeinde Gießen	Burggraben 4–6 35390 Gießen www.jg-giessen.de	0641 932890	9328925
Jüdische Gemeinde Hannover	Haeckelstr. 10 30173 Hannover www.jg-hannover.de	0511 810472	852983
Jüdische Gemeinde Hamburg	Grindelhof 30 20146 Hamburg www.jghh.org	040 440944-43	410843-0
Landesverband der Jüdischen Gemeinden in Hessen	Hebelstr. 6 60318 Frankfurt/M. www.lvjgh.de	069 444049	431455
Jüdische Gemeinde Kassel	Bremer Str. 3 34117 Kassel www.lvjgh.de	0561 7880930	78809312
Synagogengemeinde Köln	Ottostr. 85 50823 Köln-Ehrenfeld www.sgk.de	0221 71662-0	71662-599
Jüdische Gemeinde Düsseldorf	Paul-Spiegel-Platz 1 40476 Düsseldorf www.jgd.de	0211 469120	
Jüdische Gemeinde Mainz	Synagogenplatz 1 55118 Mainz www.jgmainz.de	06131 2108800	2018821
Synagogengemeinde Saar	Lortzingstraße 8 66111 Saarbrücken www.sgsaar.de	0681 910380	9103813
Landesverband der Jüdischen Gemeinden von Schleswig-Holstein	Jean-Labowsky-Weg 1 23795 Bad Segeberg www.lvjgsh.de		
Landesverband der Jüdischen Gemeinden von Westfalen-Lippe	Prinz-Friedrich-Karl-Str. 12 44135 Dortmund www.zentralratdjuden.de/de/topic/59.html?landesverband=19	0231 528495	5860372
Israelitische Religionsgemeinschaft Württemberg	Hospitalstr. 36 70174 Stuttgart www.irgw.de	0711 228360	2283618

Sachregister

Die Ziffern des Sachregisters verweisen auf die Textziffern am Seitenrand